Dictionnaire étymologique de la langue française

PUBLIÉ SOUS LA DIRECTION DE

Oscar Bloch
Walther von Wartburg

Dictionnaire étymologique de la langue française

QUADRIGE / PUF

ISBN 978-2-13-056621-2
ISSN 0291-0498

1re édition « Quadrige » : 2002
3e édition : 2008, mars
4e tirage : 2016, avril

« Grands dictionnaires »
6, avenue Reille, 75014 Paris

PRÉFACE

L'objet d'un dictionnaire étymologique est d'expliquer le vocabulaire d'une langue. Mais il faut définir ce qu'on entend par « expliquer ».

En principe, il n'y a pas de lien entre la forme du mot et la notion qu'évoque le mot. Soit une phrase comme celle-ci : *le voisin vanne son blé*. Rien, dans les formes de *voisin* ou de *blé*, n'a avec les notions qu'évoquent ces mots un rapport. Le signe linguistique est arbitraire ; la valeur qu'il a est due, non au signe lui-même, mais à une tradition. Si l'on a recours à un mot donné, c'est que tel est l'usage.

Il y a un rapport de dérivation entre le nom de l'instrument : le *van*, et le verbe *vanner*, qui indique l'opération. Mais ce nom de l'instrument, le *van*, est aussi arbitraire que le nom du *voisin* ou celui du *blé*.

Ce caractère arbitraire, et par suite purement traditionnel, du mot ne satisfait pas l'esprit des hommes qui emploient la langue ; ils réagissent souvent contre le fait que le signe linguistique ne s'explique pas directement. Ainsi, dans le cas indiqué, comme le vent, en enlevant les balles, joue un rôle dans le vannage, les gens du peuple tendent à dire : *le voisin vente son blé*. L'expression n'a pas grand sens ; mais on y aperçoit un effort pour échapper au caractère immotivé du signe. C'est ce que l'on appelle une « étymologie populaire ».

Quand il veut serrer le sens d'un mot, Platon le met souvent en rapport avec d'autres mots. Ce n'est pas à dire que le mot interprété procède du mot rapproché : Platon constate seulement un rapport. Du reste plusieurs rapprochements peuvent être envisagés, dont l'un n'exclut pas l'autre ; les rapprochements du *Cratyle* sont de cette sorte. Le mot *etymologia* qui apparaît à l'époque hellénistique, indique l'art de trouver par des rapprochements de ce genre le « vrai » sens du mot. Il n'implique pas une histoire de mot.

L'étymologie du linguiste est autre chose. Constatant que le mot est arbitraire et n'a sa valeur qu'en vertu d'une tradition, le linguiste se propose de déterminer quelle a été en chaque cas cette tradition. Le linguiste moderne qui fait une étymologie ne cherche pas le sens réel du mot ni même le sens qu'il a eu dans le passé, mais s'efforce de suivre l'enchaînement des faits de diverses sortes par lesquelles le mot a pris sa forme et sa valeur. En pareille matière, le linguiste est historien et n'est qu'historien.

Toute histoire s'entend naturellement entre deux dates : l'usage des dictionnaires étymologiques français est de partir du latin de l'époque impériale pour aboutir au français moderne. L'étymologie du latin relève de la grammaire comparée des langues indo-européennes, celle du français de la grammaire comparée des langues romanes, donc de deux disciplines distinctes. Ce n'est qu'une convention commode. Car on ne réussit à faire l'étymologie du latin que par la comparaison avec des langues diverses, souvent lointaines ou mal connues. On connaît bien l'histoire du latin *credere*, d'où le français *croire*. Mais pour la faire, il faut rapprocher des formes de vieil irlandais et de sanskrit. La tâche des romanistes est assez lourde pour qu'on ne leur demande pas de manier les anciens textes celtiques et les anciens textes indo-iraniens. D'ailleurs les rapprochements de ce genre seraient inaccessibles à la plupart des lecteurs. Pour faire comprendre des rapprochements sûrs comme celui de *granum* du latin (français *grain*) avec *korn* de l'allemand et *corn* de l'anglais, et avec *zerno* du russe, *ziarno* du polonais, il faudrait trop d'explications. On renverra donc aux dictionnaires étymologiques du latin le lecteur curieux de l'histoire ancienne des mots latins : un dictionnaire étymologique du latin d'A. Ernout et d'A. Meillet est maintenant paru.

Assurément il est dommage que des considérations pratiques ne permettent pas de tracer jusqu'au passé le plus lointain qu'on puisse atteindre — dans les meilleurs cas le troisième millénaire avant l'ère chrétienne — l'histoire des mots français. Il aurait été intéressant de montrer comment le latin *pater* que continue le français *père* est un mot du plus ancien vocabulaire indo-européen et comment ce mot désignait moins l'homme qui a engendré des enfants que le chef de famille. A propos de *hors (de-hors)* qui représente *foris* du latin, il n'aurait pas été inutile de montrer que le latin *fores* ne désignait pas la porte matérielle, mais l'entrée de l'ensemble que constituait la maison indo-européenne avec son enclos : être hors, c'est être de l'autre côté de l'entrée de l'enclos ; on voit que c'est le sens du mot indo-européen représenté par *fores* du latin qui rend compte de la façon dont s'est constituée une expression adverbiale du français. Bien des lecteurs auraient appris avec curiosité que le mot *vin*, qui continue *vinum* du latin, n'est pas du vieux fonds du vocabulaire indo-européen et que, avec la culture de la vigne, les Romains ont reçu ce mot des vieilles civilisations méditerranéennes que révèlent les fouilles récentes. Ces civilisations ont enrichi de nombreux mots le vocabulaire. Il suffit de l'indiquer ici une fois pour toutes.

Nombre de mots latins ont été pris au grec qui a fourni à Rome une large part des usages de la vie civilisée et, par emprunt pur et simple ou par traduction, le principal du vocabulaire de la culture intellectuelle. Des mots comme *peine* ou comme *machine* sont en français d'origine latine ; en latin, ils étaient d'origine grecque. La valeur philosophique du latin *causa* se retrouve dans le français *cause* ; en latin, elle était due à ce que *causa* avait absorbé les sens d'un mot grec, de même que le mot *parlement* du français est de formation française, mais doit le sens politique qu'il a d'ordinaire aujourd'hui à l'emploi du mot anglais correspondant.

De même que l'histoire du vocabulaire français, l'histoire du vocabulaire latin est compliquée. Le présent dictionnaire fait, en général, abstraction du passé des mots latins qu'il prend comme points de départ. Mais c'est seulement pour des raisons de commodité, des lecteurs comme des auteurs, que l'on a ainsi, suivant une habitude établie, limité l'exposé.

Les faits historiques sont par nature singuliers ; ils résultent de concours de circonstances qui ne se reproduisent pas deux fois d'une manière identique et dont, par suite, on ne peut faire état que si des témoignages les font connaître. On ne devine donc pas une étymologie ; on la détermine par des témoignages exprès sur le passé des mots ou grâce à la méthode comparative qui permet de suppléer, en partie, à l'absence de témoignages.

Sans les procédés comparatifs, l'histoire des mots serait dans a plupart des cas impossible.

Soit le mot français *jeu*. On sait que le français est une forme considérablement altérée, du latin, et que le provençal, l'italien, le roumain, l'espagnol, le portugais sont des formes, plus ou moins altérées, et autrement altérées, de la même langue. Les mots de même sens sont en provençal *joc*, en italien *giuoco*, en roumain *joc*, en espagnol *juego*, en portugais *jogo* ; tous ces mots font apparaître une consonne médiane de type guttural et plusieurs d'entre eux une voyelle finale articulée du côté arrière du palais ;

la concordance avec le latin *iocum* en devient évidente. Le traitement de *-ocum* est le même que dans le cas de *focum* : français *feu*, provençal *foc*, italien *fuoco*, roumain *foc*, vieil espagnol *huego*, portugais *fogo*. Quant au fait que l'*i* consonne initial est représenté en français par *j-*, il est général dans notre langue : *iumentum* est représenté par *jument*, *iuncum* par *jonc*, et ainsi toujours. Comme le sens du latin *jocus* subsiste dans le français *jeu* et que le mot *jeu* se lit dès les plus anciens textes français, il n'y a pas à douter que *jeu* ne continue simplement le latin *jocum*.

Si l'histoire de tous les mots se développait dans les mêmes conditions, le problème serait relativement simple. Mais, en réalité, chaque mot a son histoire qui lui est propre.

Soit le latin *folium* ; ce mot est représenté par *feuille* en français, *folha* en provençal, *hoja* en espagnol, *folha* en portugais ; pour rendre compte de la forme et du sens de ces mots, il faut considérer que la forme du nominatif-accusatif pluriel neutre latin, *folia*, concordait avec celle des féminins en *-a* ; *folia* « feuilles » a servi en français à désigner la feuille.

Soit maintenant le mot latin *oleum*, qui aboutissait en roman à *olium* ; le français a *huile*, le provençal *oli*, l'italien *olio*, le portugais *oleo* (l'espagnol a *olio* et *oleo*, mais le mot populaire est *aceite*, d'origine arabe). C'est qu'il s'agit d'un objet de commerce dont le nom s'est transmis autrement que le terme *folium* de la langue courante. On est ici en présence de deux mots dont les histoires ne sont pas comparables entre elles.

Le latin *oleum* désignait l'huile extraite de l'olive. Or, en français, dès le début, *huile* a désigné tout produit gras liquide, quel que soit le corps d'où il est issu : peu de Français du Nord ont connu autrefois l'huile d'olive. Aujourd'hui *huile* désigne de plus des produits gras, extraits du pétrole, et qui servent à graisser des machines. *Huile* a donc en français un sens beaucoup plus étendu que le latin *oleum*. En latin, *oleum* et *oliva* sont des mots d'origine grecque ; et, en grec, *elai(w)on* et *elai(w)ā* désignent, l'un, un produit, l'autre, le fruit dont le produit est extrait. Qui ne connaîtrait pas les faits grecs et latins ne saurait expliquer les origines lointaines du nom de l' « huile ».

Dans des cas tels que ceux-ci, on aperçoit une continuité de forme et de sens. Mais, souvent, il s'est produit des accidents que rien n'autorise à supposer si quelque témoignage historique n'avertit de ce qui est arrivé.

Ainsi le nom du « foie » ne continue pas le nom latin *iecur*, qui, du reste, n'a survécu dans aucune des langues romanes. Or, si l'on cherche le mot *foie* dans le *Dictionnaire étymologique des langues romanes* de M. Meyer-Lübke, on constate qu'il figure sous le mot grec *sykōton*, bien qu'aucune forme d'aucune langue romane ne repose directement sur *sykōton* et bien que ce mot grec signifie « fourré de figues », ce qui, à première vue, n'a rien de commun avec le nom du « foie ». Il faut savoir que, à l'époque impériale, on engraissait les oies avec des figues, ce qui rendait le foie de ces animaux particulièrement délicat. C'est un terme de cuisine qui a été généralisé pour désigner le « foie ». Mais le mot a été latinisé de manière à faire apparaître le nom *fīcus* de la « figue » ; cette latinisation, qui ne date pas de l'époque du latin classique, a eu lieu de façons diverses dans les diverses parties du domaine latin : l'*ī* de *fīcus* n'apparaît que dans une partie de l'Italie, au sud de la Toscane, si bien que l'italien classique a *fégato*, et, de même, le français a *foie*, qui exclut un ancien *ī*, au contraire, les parlers italiens du Nord ont le représentant de *ī*, ainsi en piémontais *fidik*, et l'on a de même dans les parlers sardes, calabrais, siciliens *fikatu*, et, dans la péninsule hispanique, en espagnol *hígado*, en portugais *fígado* ; l'accent est sur la seconde syllabe de la forme ancienne du mot dans le vénitien *figáo* et le roumain *ficát*. Si l'on jette les yeux sur la carte « foie » de l'*Atlas linguistique de l'Italie et de la Suisse méridionale* de MM. Jaberg et Jud, on comprend comment le nom du « foie » peut être fourni par le nom d'un plat cuisiné : le foie est souvent nommé dans l'Italie du Nord-Ouest *frikasa* (dont on trouve le correspondant de ce côté-ci des Alpes, d'après l'*Atlas linguistique de la France* de Gilliéron) et *fritüra* dont le sens originel est évident et qui, du reste, ne désignent encore parfois que le foie des animaux.

En se transmettant d'une langue à l'autre ou de la langue commune à des langues techniques ou inversement, les mots prennent des sens nouveaux. Un mot grec comme *parabolē* a servi à indiquer le fait de mettre un objet à côté d'un autre. La langue de la rhétorique y a recouru pour désigner les comparaisons. Or, dans l'Évangile, ce mot a été employé pour désigner les allégories par lesquelles, en nombre de cas, le Christ donne son enseignement. Les chrétiens de langue latine en ont fait *parabola*, mais il est apparu ainsi que *parabola* est la « parole » du Christ. La langue commune a donc employé le mot avec le sens de « parole » du Christ, et, comme c'est la « parole » par excellence, avec le sens général de « parole ». L'accent tombant sur *ra*, l'*o* de *bo* a cessé de se prononcer, et *parabola* a passé à la prononciation *parabla*, où, en latin de basse époque, le *b* était spirant ; ainsi s'expliquent *paraula* du provençal, *parola* de l'italien et *parole* du français. De là est sorti le verbe dérivé *parler*. Dans beaucoup de parlers, *l* et *r* ont interverti leurs places, et l'on a ainsi *palabra* en espagnol et *palavra* en portugais. Le mot espagnol a été pris par les coloniaux pour désigner les conversations tenues avec les indigènes des pays colonisés, d'où *palabre* en français. L'histoire de ces mots s'explique ainsi par l'action de la rhétorique grecque ; et elle manifeste la grandeur du rôle qu'a joué le christianisme dans le développement des langues romanes.

Il y a des cas plus singuliers, surprenants. L'un des plus imprévus, connu depuis Ménage, est celui du mot *lésine.* C'est la francisation du mot italien *lesina* « alêne de cordonnier ». Mais, en italien, *lesina* ne s'emploie pas exactement au sens d'avarice sordide qui est celui du mot français, et, en français, *lésine* n'a jamais le sens technique du mot italien. Ce qui rend compte du sens, c'est qu'un écrivain italien a publié au cours du XVIe siècle une sorte de satire sur l'avarice ; il y feint qu'un groupe d'avares aurait fondé une société et aurait fait en commun l'achat d'une alêne pour ravauder les chaussures des membres de la compagnie, d'où le nom de *Compagnia della lesina.* Le livre a été traduit en français, et de là vient *lésine* ; le satiriste Régnier a encore la forme italienne *lesina.* Quand des aventures de cette sorte arrivent à des mots, sans qu'on en soit averti par des témoignages, on ne saurait évidemment les deviner.

Sans doute il y a quelques onomatopées évidentes comme *coucou.* Mais il est exceptionnel qu'elles aboutissent à fournir des mots à la langue générale. Sans doute le type *cocorico*, dont les langues diverses ont l'équivalent, paraît avoir donné *coq* qui, dans une partie de la Gaule romane, et de là en français littéraire, a remplacé le représentant du latin *gallus* ; mais on n'aperçoit que peu de cas pareils. Sans doute aussi, l'usage populaire joue avec les mots, et il résulte de là des variations qui ont lieu suivant des modèles plus ou moins vagues comme *bouffer*, *bâfrer*, *brifer* ; mais ces formations sont pour la plupart instables et en général n'arrivent pas à se fixer ; il faut des circonstances spéciales pour qu'elles soient admises dans la langue générale.

Ce ne sont là que des exemples sur lesquels, par une heureuse fortune, on est renseigné. Mais il y a beaucoup de cas sur lesquels manque toute donnée.

Tout mot résulte d'une tradition, connue ou inconnue. Il est rare que des mots soient jamais créés arbitrairement. On a souvent cité comme exemple d'un mot fabriqué de toutes pièces *gaz* qui est en effet dû au Flamand Van Helmont ; mais Van Helmont ne l'a pas inventé, il a employé le mot *chaos* pour donner un nom à une notion particulière, celle de « substance subtile unie aux corps » et en effet, dans la prononciation flamande de *g*, *gaz* est près de *chaos*, avec un *ch* prononcé spirant. Depuis que l'on a trouvé le témoignage de Van Helmont lui-même, il n'y a sur l'origine de *gaz* aucun doute ; mais, avant la découverte du témoignage, personne ne s'était avisé de cette hypothèse.

Il y a donc, derrière chaque mot, un passé complexe ; mais ce passé est souvent inconnu. A lire certains dictionnaires étymologiques, on croirait que les auteurs ont été condamnés à donner pour chaque mot une étymologie. Rien de moins scientifique. Il faut louer l'auteur du présent ouvrage d'avoir souvent professé qu'il ne connaissait pas l'histoire de tel ou tel mot.

Tout vocabulaire exprime une civilisation. Si l'on a, dans une large mesure, une idée précise du vocabulaire français, c'est qu'on est informé sur l'histoire de la civilisation en France.

Dans l'ensemble, le vocabulaire général du français continue simplement le vocabulaire du latin, parce que, à la suite de la conquête romaine et de la christianisation qui s'en est suivie, la civilisation romaine a été adoptée en Gaule. C'est pour cela que *pater* et *mater*, que *bibere* et *dormire*, que *canis* et *bos* (accusatif *bovem*) se sont maintenus sous les formes *père* et *mère*, *boire* et *dormir*, *chien* et *bœuf*, et ainsi de la plupart des principaux termes de la langue commune. Il n'y a presque aucun mot de ce genre dont l'histoire ne soit pas connue.

Par suite de la ruine de la civilisation antique, il est arrivé que des termes du vocabulaire familier ou même vulgaire aient prévalu sur les mots de la langue littéraire.

Comme on a, sur ce vocabulaire, nombre de données, on s'explique une forme telle que *oreille* : la langue de niveau élevé avait *auris*, mais des textes de caractère populaire montrent que leur parler avait *auricula*, *oricla* : c'est cette forme « vulgaire » que continue le français *oreille* comme l'italien *orecchia*. Le verbe du latin classique *esse* (ou vulgairement *edere*) n'est pas représenté en français ; mais le terme vulgaire, presque argotique, *manducare*, a subsisté sous la forme *manger*, et il est devenu le terme normal.

Gardant ce qu'elle pouvait de la civilisation romaine, mais dominée pendant plusieurs siècles par des envahisseurs germaniques, la France a passé par une période de bilinguisme chez beaucoup de sujets, et les plus influents. Le latin s'est maintenu, avec des changements profonds. Mais il a pénétré des mots germaniques ; jusqu'à des verbes comme *choisir*, *haïr* ont été pris au germanique. Et même des mots latins ont subi l'influence germanique : si l'initiale de *altus* n'est pas traitée comme celle de *alter*, et si l'on dit : *le haut pays*, *un haut personnage*, tandis que l'on dit : *l'autre pays*, *un autre personnage*, c'est que, à l'époque franque, *altus* a subi l'influence du synonyme germanique commençant par *h* : *hoch* de l'allemand, *high* de l'anglais.

Même après que le français s'est écrit pour des usagers profanes et mondains, le latin ancien est demeuré la langue de l'Église, du droit, de la culture intellectuelle. Aussi les mots qui se rapportent aux choses de la pensée ont-ils des formes prises au latin écrit, d'abord fortement adaptées comme dans *siècle* ou *empire*, puis de plus en plus proches de la forme écrite. Le latin *causa* a survécu dans la langue courante sous la forme *chose* ; mais, en tant qu'il est terme de philosophie ou de droit, il est de la forme *cause*, légère francisation de la forme de langue écrite *causa*. Ainsi la plus grande part du vocabulaire pour les notions d'ordre intellectuel se compose de mots latins légèrement francisés, comme *nation* ou *nature* ; et même un grand nombre de verbes, maintenant usuels, ont été pris au latin écrit : *agir* ou *dominer* par exemple. A côté des verbes qui ont été conservés sous les formes qu'ils avaient prises dans la langue parlée, les noms d'action et d'agent ont ordinairement des formes provenant de la langue écrite : en face de *lire*, on a ainsi *lecture* et *lecteur* ; en face de *recevoir*, *réception*, *récepteur*, *réceptacle* ; en face de *joindre*, *jonction* ; en face de *vaincre*, *victoire* ; en face de *devoir*, *débiteur*, etc. Le français est allé jusqu'à faire du substantif *personne*, venu de la langue écrite, l'un de ses mots négatifs, à côté de *rien* et de *jamais*.

Intime au moyen âge et encore aux XVI-XVIIe siècles, le contact du français commun avec le latin écrit ne s'est relâché qu'à l'époque moderne ; il n'a pas été perdu jusqu'à présent, et, pour désigner une invention récente, on recourt encore à un dérivé en *-ation*, de type latin littéraire, du nom latin de l'oiseau *avis*, d'où *aviation*. On ne saurait rien tirer de *oiseau*.

L'action du latin écrit est allée si loin que, en plus d'un cas, le mot traditionnel tend à sortir de l'usage et ne survit que dans la langue des gens cultivés ou dans la littérature, tandis que le mot venu de la langue écrite est courant : le représentant *frêle* de *fragilis* est aujourd'hui un mot littéraire ; la forme à peine francisée de *fragilis*, *fragile*, est un mot que tout le monde emploie. Un verbe pris au latin écrit, *pensare*, d'où *penser*, est devenu en français si usuel qu'il a pris une importance supérieure à celle de *peser*, resté toujours un peu technique. *Idée*, qui vient du grec, est, dans bien des cas, un mot vulgaire : *faire à son idée*.

Les mots traditionnels ont perdu de leur vitalité parce que les déviations de formes voisines ont tendu à les isoler : on pense si peu à un rapport entre *poids* et *peser* — qui formaient anciennement un groupe — que les clercs ont pu, d'après un rapport imaginaire avec *pondus* du latin, orner le mot *pois* de son *d* purement orthographique.

Comme les noms d'action ou de qualité sont en général pris à la langue écrite, un adjectif comme *frêle* n'est accompagné d'aucun nom de qualité. Mais, à côté de *fragile*, on a pris au latin écrit *fragilité*.

Il résulte de là que les mots français ne se groupent guère en familles. Le substantif *cause* et le verbe *causer* sont aujourd'hui indépendants l'un de l'autre. Il faut être latiniste pour apercevoir qu'il y a un rapport entre l'original latin du mot *cause* et les originaux de *accuser*, *excuser*, *récuser*. Il y a chance pour que le proverbe *qui s'excuse s'accuse* ait été forgé par des gens qui savaient le latin. L'isolement est l'état normal du mot français. En règle générale, il faut se reporter au latin pour comprendre les rapports que soutiennent entre eux les mots français. Le français d'aujourd'hui ne saurait dire quel rapport il y a entre *devoir* et *dette*, *dette* et *débiteur*, *débit* (d'un compte). Aussi les mots qui remontent à un même groupe du latin écrit perdent-ils souvent le contact les uns avec les autres : la langue du droit a maintenu le contact entre *transiger* et *transaction*, mais *exaction* est loin de *exiger*.

Le français n'en éprouve guère de gêne. Car même les mots traditionnels, où le latin écrit n'est pas intervenu, se sont dissociés les uns des autres par suite des changements profonds de la prononciation. On ne pense guère que *graine* et *grain* sont, étymologiquement, presque le même mot ; et l'on ne pense pas du tout que *grenier* et *grange* sont des dérivés du mot qui est devenu *grain* et *graine*. Si les mots *lecteur* et *lecture*, pris au latin écrit, sont loin de *lire*, le mot de vieille forme traditionnelle *leçon* n'en est pas plus près pour la forme, et il en est loin pour le sens. Il y a en français aussi peu de « familles de mots » qu'il est possible. Tel est l'enseignement le plus clair qui ressort d'un dictionnaire étymologique.

Les mêmes mots du latin écrit ont souvent été pris plusieurs fois, et avec des sens différents : *impressio* a fourni une *impression* qu'on ressent et l'*impression* d'un imprimeur. Ce sont en français deux mots indépendants, et dont ni l'un ni l'autre n'a rien de commun avec *empreinte*. *Exprimer* est pris à l'*exprimere* du latin ; mais il y a deux verbes distincts dans *exprimer* un sentiment et *exprimer* le jus d'un citron. Chaque technique a recouru au latin pour son compte sans se soucier de ce que faisaient les autres. Dans chaque technique, un même mot initial prend une valeur particulière qui va jusqu'à en faire proprement un mot nouveau. Un même mot latin *nota* fournit au français une série de termes techniques qui n'ont de commun les uns avec les autres que la forme *note* : ainsi, dans *prendre une note*, *une note de bas de page*, *prendre note*, *remettre une note diplomatique*, *la note du plombier*, *une note musicale* (d'où *une note personnelle*). Ces valeurs techniques sont toutes entrées dans la langue commune, sans se rapprocher les unes des autres.

En somme, le vocabulaire français est un vocabulaire intellectuel dont le latin écrit a fourni la plus grande part. Depuis la Renaissance il s'y est joint des formations grecques : en face d'*œil*, les formations sont les unes tirées du latin écrit, ainsi *oculaire*, *oculiste*, les autres du grec, ainsi *ophtalmie*, *ophtalmique*. Il faut descendre bas dans la langue populaire pour trouver un dérivé tiré du mot français *œil*, *yeux*, à savoir *zyeuter*. Dans le français de niveau littéraire, les dérivés nouveaux s'obtiennent en recourant à des formations latines ou grecques. Il faut penser au latin pour comprendre le lien entre *cœur* et *cordial*, au grec pour le rapport entre *cœur* et *cardiaque*. On voit par là combien le français est par essence une langue de civilisation.

Mais le fonds traditionnel du français appartient à des hommes qui vivaient à la campagne et de la campagne. Plusieurs verbes qui avaient en latin un sens général : *ponere*, *cubare*, *trahere*, *exclaudere* (remplaçant *excludere*) n'ont plus en français qu'un sens particulier propre à la vie rurale : *pondre*, *couver*, *traire*, *éclore*. Le seul sens tout à fait usuel du représentant *saillir* de *salire* est un sens rural : le représentant *cheptel* (où le *p*, écrit mais qui ne doit pas se prononcer, est dû à un pédantisme de juristes) de *capitale* s'applique à une notion rurale. Sans la masse des emprunts au latin écrit, le vocabulaire français serait mal fait pour les choses de l'esprit. Mais, grâce au fait que le latin lui a apporté tout prêt un vocabulaire philosophique et juridique, le français s'est trouvé propre à rendre à peu près toutes les idées.

Des emprunts aux langues voisines ont complété ses ressources. L'arabe avait fourni à l'espagnol des termes savants que le français a adoptés, ainsi un mot comme *algèbre*. L'italien a fourni des mots comme *infanterie*, *fantassin* ou *ambassade*. Plus tard, l'anglais a enrichi la langue de la politique : un mot tel que *budget* — que l'anglais avait pris au français avec le sens de « bourse » — est dû à l'anglais. A côté du vocabulaire savant d'origine latine, le français a ainsi acquis beaucoup de termes à demi techniques qui sont entrés dans la langue courante. Des langues lointaines n'ont fourni que peu de noms d'objets, et en grande partie à travers des influences étrangères, espagnoles, portugaises ou anglaises, notamment.

On sait comment tous ces mots ont pénétré dans la langue. Beaucoup des influences de civilisation dont ils procèdent sont connues dans le détail. Le vocabulaire courant se nourrit de termes pris aux diverses techniques, souvent aux techniques intellectuelles : théologie, droit, médecine, rhétorique, sciences.

Grâce à cette circonstance, la plupart des mots essentiels d'une langue comme le français ont une histoire plus ou moins complète. Mais les termes des métiers et les mots provenant de la langue populaire sont souvent sans histoire : si l'on ne savait que les alchimistes se servaient du bain-marie et que Marie la Juive a passé pour pratiquer l'alchimie à l'époque alexandrine, personne ne pourrait expliquer le terme *bain-marie*. Dans son dictionnaire, qu'on admire d'autant plus qu'on le connaît davantage, Littré s'est posé la question sans la résoudre. On trouvera ci l'explication du terme. Faute de renseignements sur l'alchimie, tout essai d'explication serait vain.

Un dictionnaire étymologique du français est, on le voit, prématuré. M. von Wartburg a dépouillé tout ce qu'il a pu trouver sur le vocabulaire des parlers locaux français et un nombre considérable de dictionnaires français ; on trouve dans son grand *Etymologisches Wörterbuch*, en cours de publication, mais dont la fin se fera longtemps attendre, les résultats de ce travail immense. Mais le reste est à faire.

Il faudrait d'abord un dépouillement des textes français médiévaux et modernes équivalant, au moins, à ce qui a été fait pour le dictionnaire anglais de Murray. Depuis l'œuvre grandiose, mais tout individuelle, de Littré, il n'a été fait aucun dépouillement d'ensemble. Il est scandaleux qu'il n'ait pas été mis à la disposition des historiens français les ressources nécessaires pour faire un dictionnaire. Le précieux dictionnaire du XVIe siècle de M. Huguet n'est publié qu'en partie.

Il faudrait, de plus, un dépouillement complet des textes latins du Moyen âge, de la Renaissance et même du XVIIe siècle : personne ne peut prévoir quand simplement le dictionnaire de Du Cange aura été refait.

Il faudrait, enfin, un relevé de tous les termes de la civilisation européenne, avec les formes particulières prises dans chaque langue, car cette civilisation est une, et au fond elle a un vocabulaire un : le travail n'est pas commencé. L'extension du moulin à eau que n'a pas connu l'antiquité a donné au groupe de *molinus* une importance qu'on n'aperçoit que si, en même temps qu'à français *moulin* et *meunier*, on pense à *Mühle* et *Müller* de l'allemand, à *mill* de l'anglais.

L'auteur de ce dictionnaire s'est efforcé d'indiquer l'état actuel des connaissances et, par là, de répondre à un besoin pressant du public français. Personne ne sait mieux combien ces connaissances sont actuellement insuffisantes et quel travail reste à faire. Il faut espérer que la présente publication, en mettant en évidence les lacunes de la science actuelle, imprimera un élan à la recherche.

A. MEILLET.

INTRODUCTION

Le *Dictionnaire étymologique* que nous publions aujourd'hui a été rédigé à l'intention du public non spécialiste.

On ne trouvera ici que le vocabulaire usuel du français contemporain au sens large du mot : ce vocabulaire comprend de nombreux mots techniques, auxquels l'usage et la langue écrite donnent une diffusion. On a écarté les mots archaïques, conservés dans les dictionnaires comme témoignages de la langue des grands siècles de notre littérature, mais sortis de l'usage ; toutefois nous avons maintenu ceux de ces mots qui sont encore de quelque emploi dans la langue littéraire ou ceux qui expriment des notions historiques connues, tels que *alleu*, *fief*, *leude*, etc. On a en outre écarté les mots appartenant à des techniques périmées ou employés par les seuls techniciens. Ces mots dont les dictionnaires fourmillent offrent peu d'intérêt pour le lecteur non spécialiste, qui souvent ne les connaît pas ; de plus, l'histoire en est fréquemment mal connue et l'étymologie en conséquence obscure. Les spécialistes qui ont quelque raison de les étudier les trouveront dans des recueils plus complets que le nôtre. Par contre, nous avons accueilli beaucoup de termes du français populaire, usuels dans la langue parlée, bien qu'ayant à peine trouvé place dans les dictionnaires ; mais nous laissons de côté l'argot proprement dit, souvent passager, et qui pose des problèmes délicats ou insolubles dans l'état de nos connaissances. Notre choix soulèvera des critiques : on regrettera l'absence de tel mot, on jugera inutile la présence de tel autre. Il fallait choisir, et, en cette matière, tout choix comporte de l'arbitraire.

La définition des mots n'est pas donnée : un dictionnaire étymologique n'est pas un dictionnaire de l'usage. Nous supposons que celui qui consultera notre ouvrage aura sous la main un dictionnaire courant où il trouvera les sens dont nos articles exigent la connaissance. Nous n'avons fait exception à cette règle que pour quelques cas particuliers ou pour distinguer les homonymes. En ce cas même, notre définition ne donne que les indications nécessaires pour distinguer ces homonymes. Le mot est envisagé dans ses sens fondamentaux ; les acceptions techniques ne le sont que quand elles demandent des explications.

Notre méthode est historique : l'étymologie ne consiste que dans l'histoire des mots et des notions qu'ils expriment. Cette méthode a fait ses preuves. Loin d'avoir la prétention de la renouveler, nous avons essayé de l'appliquer avec le plus de rigueur possible. Trop de gens croient que faire l'étymologie d'un mot, c'est l'interpréter, le rapprocher d'un mot d'une autre langue avec une ingéniosité plus ou moins subtile ; c'est à leurs yeux à peu près un jeu de devinettes. Or, plus une étymologie est une devinette, moins elle a d'intérêt, faute de preuve. Bien entendu, on ne confondra pas avec cette méthode ou plutôt cette absence de méthode l'hypothèse fondée sur l'examen des faits donnés ; la valeur d'une hypothèse est relative, mais on ne peut s'en passer.

Établir l'étymologie d'un mot, c'est, dans la mesure du possible, faire l'histoire de ce mot, c'est mettre en évidence les conditions particulières de sa présence dans la langue et les faits de civilisation auxquels cette présence répond. Une histoire est nécessairement comprise entre deux dates. Ici, l'on n'envisage l'histoire des mots qu'entre le latin et l'époque actuelle, sans envisager l'histoire des mots latins avant l'époque romane ; pour rendre compte de *chien* on prend pour point de départ le latin *canis*, sans se demander comment ce mot est parvenu en latin.

En dehors des mots qui ont toujours été usités depuis que le latin s'est implanté en Gaule, nous avons daté tous les mots. La date de l'apparition d'un mot est un des points principaux de son histoire. C'est une des heureuses innovations du *Dictionnaire général de la langue française*, de Darmesteter-Hatzfeld-Thomas, que d'avoir donné des dates précises. Nous n'avons donc fait que suivre cette voie ; mais nous avons apporté deux améliorations. Le *Dictionnaire général* se contente souvent, depuis le XVIe siècle, de donner le nom du premier auteur, qui s'est servi du mot et, pour le XIXe, du mot *néologisme* : nous avons essayé de donner des dates pour toute époque. D'autre part, il donne souvent la date du premier exemple sans indiquer si le mot a été usuel dès lors ; nous avons signalé, dans la mesure du possible, la date où le mot est vraiment entré en usage : c'est un point important pour les mots repris au latin, qui l'ont souvent été à plusieurs reprises et avec des sens et des succès différents. Nous avons en outre tiré de nombreuses indications nouvelles des travaux lexicographiques parus depuis la publication du *Dic-*

tionnaire général. En dehors de relevés et d'études de détail, que nous ne pouvons énumérer ici, nos principales sources ont été :

L'Histoire de la langue française de M. F. Brunot, dont les tomes III, IV et VI contiennent un nombre considérable de dates nouvelles ;

L'*Altfranzösisches Wörterbuch* de Tobler-Lommatzsch qui n'en est malheureusement qu'à la fin de la lettre *E* et dont la publication est très lente ;

Le *Dictionnaire du XVIe siècle* de M. Huguet, qui en est à la lettre *G* ;

Les *Transformations de la langue française pendant la deuxième moitié du XVIIIe siècle*, de M. Gohin ;

L'important compte rendu du *Dictionnaire général*, de D. Behrens dans la *Zeitschrift für französische Sprache und Litteratur*, en 1901, où sont utilisés plusieurs dictionnaires français-allemands ;

Les dépouillements que M. Vaganay a publiés en 1913 dans les *Romanische Forschungen* ;

Le *Lexique du « Journal des Goncourt »*, de M. M. Fuchs ;

Les importants ouvrages de M. L. Sainéan, surtout ceux qu'il a consacrés au français populaire du XIXe siècle et à l'argot ;

Les *notes lexicologiques* que Delboulle a publiées dans la *Romania* et dans la *Revue d'histoire littéraire de la France* ; celles-ci s'arrêtent à la fin de la lettre *F* ; la suite, qui est inédite, est déposée à la bibliothèque de la Sorbonne ; nous l'avons utilisée pour notre dictionnaire et nous avons en outre relevé pour les lettres *A-F* les dates nouvelles que fournissent des notes, également inédites, recueillies par Delboulle après la publication de ses premières notes.

Ces dates, cependant, sont la plupart provisoires : elles seront modifiées par de nouveaux dépouillements. Mais telles quelles, elles sont le premier jalon de la recherche étymologique. On ne s'étonnera pas que certaines dates paraissent en contradiction avec la succession réelle des mots, qu'un dérivé ou un composé ait une date un peu antérieure à celle du simple : c'est le résultat de l'insuffisance de nos connaissances. Nous espérons que nos lecteurs prendront plaisir à rectifier ces données et voudront bien nous communiquer le résultat de leurs découvertes. A la suite de la date, nous avons ajouté le nom de l'auteur, quand c'est un grand écrivain ou un écrivain dont le rôle a été considérable dans l'introduction de mots techniques dans la langue : il eût été utile d'ajouter en outre le titre de l'œuvre elle-même et l'indication du passage d'où l'exemple est extrait ; mais nous avons dû y renoncer, faute de place. Nous avons cependant cité des textes qui viennent à l'appui d'une étymologie. Certaines dates reviennent souvent ; ce sont celles de dictionnaires, dont voici les principaux :

Robert Estienne, Dictionarium latinogallicum, Paris, 1538 ; Dictionnaire français-latin, 1539 ; *2e éd.*, 1549 ;

Jehan Thierry, Dictionnaire français-latin, *Paris*, 1564 ;

Nicot, Thresor de la langue françayse, *Paris*, 1606 ;

Colgrave, A Dictionary of the French and English tongues, *Londres*, 1611 ;

Monet, Inventaire des langues française et latine, *Lyon*, 1635 et 36 ;

A. Oudin, Recherches italiennes et françaises, *Paris*, 1640 ; *seconde partie*, 1642 ;

Richelet, Dictionnaire, *Genève*, 1680 ;

Furetière, Dictionnaire universel, *La Haye*, 1690 ; *2e éd.*, 1701 ;

Th. Corneille, Dictionnaire des Arts et Sciences, *Paris*, 1694 ;

Dictionnaire de l'Académie, 1694 ; *2e éd.*, 1718 ; *3e éd.*, 1740 ; *4e éd.*, 1762 ; *5e éd.*, 1798 ; *6e éd.*, 1835 ; *7e éd.*, 1878 ; *8e éd.*, 1932-35. En outre *éd. de l'an X* (1802). *Supplément...*, 1836 ;

Savary, Dictionnaire du Commerce, 1723 ;

Encyclopédie *(publiée sous la direction de Diderot)*, 1751-1771 ;

Encyclopédie méthodique *(publiée par Panckouke)*, 1781-1832 ;

Dictionnaire de Trévoux, 1704 ; 1721 ; 1732 ; 1743 ; 1752 ; 1771 ;

Féraud, Dictionnaire critique de la langue française, *Marseille*, 1787-88 ;

Gattel, Dictionnaire portatif de la langue française, *Lyon*, 1797 ;

Boiste, Dictionnaire universel de la langue française, *Paris*, 1800 ; 1803 ; 1808 ; 1823 ; 1834 ; 1841 ;

De Wailly, Nouveau vocabulaire français, 1801 ; 1806 ; 1808 ; 1818 ; 1826 ;

Landais, Dictionnaire général et grammatical..., *Paris*, 1834 ; 1836. *Complément...*, 1853 ;

Bescherelle, Dictionnaire national..., 1845-46 (un fascicule allant jusqu'à *adulte* a paru en 1843) ;

Legoarant, Nouveau dictionnaire critique..., 1858 ;

Littré..., 1863 et suiv. *Supplément*, 1877 ;

Larousse..., *1re éd.* 1866 et suiv. ; en outre les autres éditions.

Parmi les autres dates qui reviennent fréquemment, on signalera les suivantes :

1314 : *Chirurgie de Mondeville*, un des plus importants ouvrages de médecine écrits en français au moyen âge.

Vers 1327, Jean de Vignay, auteur du *Miroir historial*, traduction d'une partie du fameux *Speculum majus* de Vincent de Beauvais ;

toutefois l'édition du XVIe siècle dont s'est servi Delboulle contient des interpolations ;

1372, Corbichon, *la Propriété des choses*, qui est également une traduction ; même observation que pour le précédent ouvrage ;

1503, *Guidon en francoys*, ou chirurgie de Guy de Chauliac, le maître de Paré ;

1488, *la Mer des histoires*, sorte d'histoire générale du monde.

Nous considérons en principe le mot dans son usage actuel : c'est d'après sa forme et son sens d'aujourd'hui que nous le datons ; nous ajoutons à la suite les modifications que cette forme et ce sens ont subies, pour remonter au moment où le mot est entré dans la langue. Mais nous n'avons pas été systématiques : ce mode d'exposé n'a été appliqué que là où il nous a paru le meilleur.

Chaque mot a son caractère individuel. Nous avons essayé, quand nous l'avons pu, de faire apparaître ce qui fait l'intérêt propre de chaque étymologie.

Pour les mots d'origine latine, nous indiquons quelle valeur chacun d'eux a eue en latin, de quel milieu il provient, quel mot de la langue classique un mot populaire a remplacé et pourquoi. D'autre part, pour ces mots qui continuent un usage latin sans interruption, il est intéressant de savoir quel en est l'emploi dans l'ensemble des langues romanes, s'ils ont été conservés partout ou seulement dans une partie du domaine roman ; mais nous n'avons cité en principe que les formes de l'italien, de l'espagnol et de l'ancien provençal. Le catalan, le roumain, le portugais et les parlers rhétiques (ou rhéto-romans) ne viennent à l'appui que de cas particuliers. Il est non moins intéressant de connaître l'usage de ces mots dans l'ensemble des parlers gallo-romans ; *l'Atlas linguistique de la France* a été d'un secours inappréciable ; non seulement il nous a permis d'être à la fois bref et précis ; sans lui, cette confrontation aurait été à peine possible.

Tout emprunt a sa raison d'être : nous avons tenté de la trouver. Pour beaucoup de mots, la notion qu'ils expriment suffit à l'indiquer, et, pour d'autres, tels que les emprunts à l'italien au XVIe siècle, ils se rattachent à une cause générale qu'on ne pouvait répéter à propos de chacun d'eux. Mais nous avons relevé les causes particulières que les textes nous ont permis de retrouver ; car, si l'histoire du vocabulaire est le reflet de la civilisation, l'emprunt d'un mot ou d'un sens peut être dû à un accident imprévisible. Il est légitime aussi et souvent indispensable d'expliquer étymologiquement le mot emprunté dans la langue d'où il provient, car cette étymologie contient plus d'une fois les raisons de l'emprunt.

L'étymologie n'intéresse pas seulement l'introduction d'un

mot : dans le cours du développement, des accidents surgissent, des innovations de sens dont il est non moins important de donner la cause. Ceci est particulièrement nécessaire pour les mots repris au latin, qui l'ont souvent été à deux ou trois reprises avec des acceptions différentes. La part de ces mots apparaîtra considérable : c'est qu'en effet, le contact avec le latin n'a jamais été rompu. Le français est la langue d'une société cultivée, et c'est sa principale qualité.

Les mots ont été groupés en familles ; sous le simple nous avons placé les dérivés (on regrettera peut-être que nous ayons en général négligé, pour économiser la place, les adverbes en *–ment*, qui avaient autant de titres à être relevés que les composés en *re–*) et les composés : de ce fait l'article consacré au simple est parfois beaucoup plus court que la liste des dérivés et des composés. C'est la meilleure façon de rendre compte de la vitalité d'un mot en français. Mais les dérivés ou composés qui ont été formés en latin, même s'ils nous donnent l'impression de l'avoir été en français, restent à leur place alphabétique. Un jeu de références permet de faire les rapprochements utiles. Ces références sont aussi complètes que possible ; elles ne manquent que quand des additions ou des corrections faites au dernier moment ont imposé des suppressions.

On sera frappé du grand nombre des étymologies qualifiées d'incertaines ou obscures : nous n'avons pas voulu donner pour acquis ce qui ne l'est pas, et nous avons indiqué pour quelles raisons l'incertitude régnait encore sur telle ou telle étymologie. Dans bien des cas nous aurions pu laisser de côté une explication insuffisamment justifiée. Mais il nous a paru bon de montrer le défaut d'une étymologie volontiers admise et le point d'arrêt de nos connaissances, ce qui peut mettre en garde contre l'erreur. Toutefois, il faut le dire, le progrès, en matière d'étymologie, dépend essentiellement de la connaissance de l'histoire du lexique, et celle-ci est liée à la constitution d'un dictionnaire général de la langue française. Quand on constate combien d'étymologies sont éclaircies par un texte, par l'indication d'un observateur qui précise les conditions particulières dans lesquelles un mot ou un sens s'est introduit dans la langue, on conçoit quelles sources encore insoupçonnées sont cachées dans les auteurs non dépouillés. Certes il restera toujours des étymologies inconnues ; il faudra toujours recourir à des reconstructions de formes non attestées. Le gaulois, le prélatin, le latin lui-même ne nous livreront jamais tous leurs secrets ; des mots même de date plus récente demeureront mystérieux. Mais un grand dictionnaire apportera tant de faits nouveaux que notre ouvrage sera en grande partie frappé de caducité. Nous espérons que, du moins momentanément, nous aurons fait œuvre utile, en mettant à la disposition du public cultivé le résultat du travail qui a été fait depuis une cinquantaine d'années et même antérieurement sur l'étymologie du français. En effet, les linguistes ont été préoccupés de mettre en lumière le fait de civilisation qui a provoqué tel emprunt ; ils se sont souciés de suivre les voies de pénétration par lesquelles il a passé ; ils ont recherché les causes psychologiques des innovations lexicales sémantiques, noté les milieux sociaux qui ont été le point de départ d'un mot ou d'un sens : tous ces points de vue nous ont été présents, et nous avons essayé d'en profiter. Sous la forme du mot, nous avons poursuivi le réel.

Dans un dictionnaire du genre de celui-ci, la bibliographie n'avait pas de place : on la trouvera dans des ouvrages spéciaux, mais nous avons l'intention, si notre tentative reçoit un bon accueil et par conséquent répond aux besoins auxquels nous le destinons, de publier un fascicule supplémentaire de bibliographie. Un deuxième fascicule contiendra les mots français classés d'après les langues d'où ils proviennent.

Un dictionnaire doit beaucoup à ses devanciers. Nous n'avons pas indiqué à qui nous devons telle ou telle étymologie. Nous n'avons pas non plus indiqué ce qui nous appartient en propre : les spécialistes reconnaîtront la part de chacun. Mais nous ne voudrions pas passer sous silence ce que la science étymologique doit à Ménage. On connaît ses défauts plus que ses mérites. Son erreur, c'est celle qui se commet encore aujourd'hui et qui consiste à rapprocher des formes ou à reconstituer des étapes disparues sans s'appuyer sur l'histoire ; car on ne peut pas lui reprocher d'avoir ignoré ce qui a été découvert au XIXe siècle, à savoir la rigueur des transformations des sons. Encore faut-il ajouter que les règles qu'on a établies ne s'appliquent pas mécaniquement et qu'on est exposé, en les utilisant sans prudence, à commettre de graves erreurs. Mais Ménage avait des lettres, et savait se servir de ses lectures : il a donné sur l'histoire particulière de nombreux mots des renseignements précieux qui ont même parfois été oubliés, pour le dommage de nos connaissances. C'est pourquoi nous avons tenu à signaler à plusieurs reprises dans le cours de notre ouvrage la part qui lui revient.

Le rôle des deux collaborateurs a été le suivant : M. O. Bloch a rédigé tout le dictionnaire, M. von Wartburg l'a révisé, en se fondant sur l'immense matériel de fiches qu'il a établies pour la rédaction de son grand dictionnaire étymologique, en cours de publication. Cette collaboration s'est révélée aussi facile que fructueuse. La rédaction par un seul auteur a permis de donner à l'ouvrage l'unité. La révision a amélioré la conception de nombreux articles, rectifié des dates, fourni des faits, apporté des précisions à l'histoire des mots.

A cette collaboration se sont ajoutés des concours précieux. M. Meillet a lu tous les placards et souvent révisé la mise en pages : il a questionné, corrigé. De nombreux articles ont été refaits à la suite de ses observations. Seul le rédacteur du dictionnaire saura tout le profit que l'ouvrage a reçu d'une critique qui voit toujours le point faible et qui sait poser les problèmes. M. Vendryès a bien voulu, lui aussi, relire l'ouvrage ; il a revu avec sa compétence particulière les étymologies celtiques, signalé des oublis, amélioré la rédaction. M. Marçais a revu les étymologies sémitiques ; M. Mossé les étymologies germaniques, M. Jules Bloch les étymologies orientales et l'ensemble de la rédaction. M. Gougenheim a eu, en outre, l'obligeance de dépouiller divers répertoires pour préciser les dates. Et nous ne pouvons pas nommer tous ceux qui, d'un conseil, d'une indication, ont fait profiter notre ouvrage. A tous, maîtres et amis, nous exprimons ici notre vive reconnaissance.

O. B.

AVANT-PROPOS DE LA DEUXIÈME ÉDITION

Au moment où nous terminons la révision de ce « *Dictionnaire Étymologique* », il y a vingt ans que le premier plan en a été conçu lors d'un entretien auquel prirent part, avec Antoine Meillet et nous-mêmes, les directeurs des Presses Universitaires de France. A la suite de la parution du premier volume de notre *Französisches Etymologisches Wörterbuch*, les P. U. F. nous avaient invité à leur donner une édition raccourcie et anticipée de ce livre, à l'usage du public cultivé. Antoine Meillet, avec sa largeur de vues, et la générosité qu'il savait mettre dans ses encouragements, souligna l'importance, voire l'urgence d'un livre semblable. Nous prîmes donc une décision dans ce sens. Mais, à quelque temps de là, survint notre nomination dans une de ces grandes Universités qui absorbent tout le temps de leurs professeurs. Par ailleurs, la nécessité de ne pas laisser en souffrance le grand recueil étymologique du galloroman ralentit à ce point l'avancement du dictionnaire français que nous fûmes heureux quand Antoine Meillet nous proposa une collaboration avec Oscar Bloch. Nous partageâmes d'abord la tâche ; mais, quand nous vîmes notre compagnon avancer bien plus vite que nous, nous le priâmes de rédiger l'ouvrage en entier. Notre rôle se réduisit ainsi à une révision, comme Oscar Bloch l'a dit dans son introduction. Le livre s'en trouva bien et put paraître dans un délai très court, grâce à l'admirable énergie avec laquelle notre confrère se voua à cette belle entreprise. Oscar Bloch avait retenu l'exemple d'Antoine Meillet et de Jules Gilliéron, deux grands savants dont la vie fut une source d'inspiration pour tous ceux qui les approchaient. Au travers de toutes les difficultés, Oscar Bloch garda jusqu'à la fin quelque chose de son ardeur juvénile et tout son dévouement aux études. Aussi fut-ce un grand regret pour tous ses amis et confrères quand, peu d'années après la parution du livre, Oscar Bloch nous quitta.

Peu de temps après sa mort, la direction des P. U. F. nous avertit que l'ouvrage était presque épuisé ; il fallait préparer une

2e édition. C'était en 1939. Les événements ont fait remettre ce projet d'année en année. En automne 1946 seulement, on en put envisager l'exécution définitive. Nous avons hésité un moment à aborder ce travail considérable. Si nous avons fini par l'accepter, ce fut surtout parce que nous pouvions nous appuyer sur la partie du grand dictionnaire étymologique déjà rédigée, mais non encore imprimée. Ces articles-là devant rester longtemps encore inédits, la réimpression du présent livre est un moyen d'en rendre accessibles les résultats au public et en même temps de les soumettre à la discussion des spécialistes.

Une réédition faite par un autre auteur, même si celui-ci a déjà collaboré à la forme première du livre, pose de nombreux problèmes. La responsabilité de la 1re édition incombait surtout à l'auteur principal ; elle est partagée entre lui et le rééditeur dès que celui-ci se charge de reprendre le tout. Et il est inévitable que les avis diffèrent dans nombre de cas. La place dont nous disposons ne nous a pas permis de discuter à fond les questions souvent délicates où, par suite de nos recherches, nous nous séparons de Bloch. Voici comment nous avons résolu ce problème : dans les cas où de nouveaux faits imposent une autre solution, nous ne donnons que celle-ci ; là où il y a encore des chances que les vues de Bloch correspondent à la réalité, nous les avons laissé subsister dans le texte, en y opposant, toutefois, le résultat auquel nous sommes arrivés nous-mêmes.

Dans l'océan des faits, ce livre doit faire un choix très restreint. Avec un merveilleux instinct, Bloch avait su choisir ce qui peut intéresser un public cultivé, aussi avons-nous suivi son exemple, sauf dans les quelques cas où des raisons péremptoires nous invitaient à retrancher tel ou tel détail.

Gagner de la place a été le grand problème de cette édition ; les énormes frais de l'impression imposant une réduction sensible de l'ouvrage, et certains articles intéressants ayant demandé à être développés davantage. Nous avons procédé à des compressions assez importantes, tout en respectant le caractère du livre et le texte de Bloch, chaque fois que l'état actuel des recherches le permettait. A cette fin, les principaux moyens ont été l'usage d'abréviations, la suppression de remarques dont le contenu ressortait déjà du contexte, l'abandon de beaucoup de formes des autres langues romanes, quand celles-ci n'étaient pas nécessaires pour éclaircir les formes françaises. Ces suppressions nous ont gagné tant de place que nous avons pu compléter notre exposé à d'autres endroits, surtout en ce qui concerne l'évolution de certains mots à l'intérieur de la langue française.

Nous tenons à avertir le lecteur de deux légères modifications terminologiques. L'une concerne la limite entre « *dérivés* » et « *composés* ». Le propre de ceux-ci est de résulter de l'union de deux mots indépendants (ex. plate-forme). Par contre, nous appellerons dérivés non seulement les mots formés avec des suffixes, mais aussi des mots comme *méplat*, un *mé* isolé étant un élément privé de sens. L'autre précision que nous introduisons se rapporte au mot *emprunté*. Ce terme est à sa place quand le mot en question passe d'un peuple à un autre, d'un pays à un autre. Mais, quand ce mot s'incorpore à une autre langue par suite de la fusion de deux peuples, il ne s'agit plus du tout d'un emprunt. Ainsi les nombreux mots anglais qui émaillent aujourd'hui le français sont des emprunts ; en revanche, les mots gaulois qui sont restés si nombreux en français, aussi bien que les mots franciques que les Francs ont incorporés au gallo-roman pendant leur romanisation, ne sont pas des mots étrangers : ces Gaulois et ces Francs s'étaient eux-mêmes fondus avec l'élément romain en un seul et même peuple.

Pour la datation des mots, il est entendu que les textes figurent au premier plan comme témoins de la langue et que les dictionnaires publiés depuis l'époque lointaine des Estienne ne nous donnent que des lumières indirectes. Toutefois, les dépouillements faits jusqu'à ce jour sont encore si insuffisants qu'ils ne peuvent, en aucune façon, remplacer les lexicographes des siècles passés. On est du reste toujours exposé aux plus grandes méprises à moins d'un contrôle et d'une interprétation nouvelle des citations. Ainsi Bloch avait, tout comme nous dans notre grand dictionnaire, indiqué, sur la foi de Littré, le XIIIe siècle comme date de la première apparition de *petit-fils* ; *petite-fille* n'étant attesté qu'au XVIIIe siècle. Ces deux dates ne correspondent pas du tout ; j'ai contrôlé dans le texte même *(Le Roman de Renart)* la citation de Littré. Il en résulte que Renart a deux fils, dont l'un est petit et l'autre grand, *petit-fils* n'a donc nullement ici le sens de « fils du fils », qui n'apparaîtra que chez Fénelon ; *petite fille* n'est attesté que chez Voltaire. Mais les dictionnaires permettent de remonter de plus d'un siècle *(petit-fils)* (Hulsius, 1596 ; = *petite-fille*, Monet, 1636) et de les rapprocher encore davantage l'un de l'autre. Les ouvrages des derniers siècles du Moyen âge sont une autre source de méprises, car ils nous sont conservés dans des éditions imprimées aussi bien que dans des manuscrits. Un des textes qui a fourni le plus de dates à Oscar Bloch est la traduction de Vincent de Beauvais que Jean de Vignay avait faite vers 1327, sous le titre de *Miroir historial*. Delboulle s'était servi, pour ses dépouillements, de l'édition de 1531, qui est à peu près identique à celle de 1495/96. Or, des recherches effectuées pour nous par M. Alain Bonnerot sur les manuscrits et dans les éditions de cet ouvrage, ont montré que l'édition de 1495/96 a renouvelé considérablement le vocabulaire d'un texte dont la tradition manuscrite était restée à peu près constante jusque vers 1480. Voilà pourquoi il a fallu faire redescendre la datation d'un assez grand nombre de mots pour lesquels la 1re édition avait indiqué 1327. S'il a été possible, en revanche, de faire remonter la première date de bien des mots, nous le devons au généreux effort de beaucoup de collègues et d'amis de la langue française qui publient, dans différentes revues, éditions de textes, etc., le fruit de leurs lectures. Il est impossible de les citer tous ici. Nous en rappellerons un qui nous a quittés il y a peu de temps. Dans ses *Miscellanea Lexicographica* (27 fascicules, dans les *Proceedings of the Leeds Philosophical Society*), Paul Barbier a publié, de 1923 à 1947, une somme de renseignements tirés directement des sources les plus variées qui constituent dans leur ensemble un des apports les plus importants à la connaissance du lexique français. Il faut souhaiter qu'il se trouve quelqu'un pour faire valoir aussi le grand nombre de notes manuscrites qu'il a laissé. Nous tenons beaucoup à remercier ici deux jeunes romanistes, MM. Alain Bonnerot et Maurice Bossard, qui nous ont aidé dans le travail de cette révision avec le même enthousiasme et le même amour de leur langue qu'ils manifestent en travaillant avec nous à la préparation de notre grand dictionnaire. MM. Raymond Bloch et G. Gougenheim ont eu l'amabilité de lire les épreuves et ont amélioré le texte en plusieurs endroits.

W. v. W.

AVANT-PROPOS DE LA TROISIÈME ÉDITION

Pour la troisième édition de ce dictionnaire étymologique, il nous a fallu procéder à une refonte d'une partie considérable du texte. Ceci a été possible et nécessaire surtout grâce à l'avancement de la rédaction de notre grand dictionnaire : le *Französisches Etymologisches Wörterbuch* (FEW). Elle nous a souvent amené à des modifications considérables du texte ou à des vues très différentes de celles qui ont été présentées dans la 1re édition et qui avaient été reproduites encore telles quelles dans la 2e édition. Quelquefois des mots qui par eux-mêmes ne semblent pas présenter de problème, prennent un aspect tout à fait inattendu et nouveau à la lumière de l'ensemble des matériaux réunis pour le FEW. Qu'on lise à ce propos p. ex. ce que la présente édition dit de *plante* ou de *pleurnicher*. Ce remaniement du texte a pris de grandes proportions surtout dans les lettres M-Z ; il est moins sensible dans la première moitié du livre. Il faut dire la même chose des dates de la première attestation apposées à chaque mot. Sans vouloir exagérer l'importance des dates, il faut reconnaître qu'elles permettent assez souvent de fixer mieux la genèse des mots et la généalogie des sens. Pour ne donner qu'un exemple, elles permettent de constater que *ruser* au sens moderne vient de *ruse* et non pas l'inverse, comme le dit encore la 2e édition. Plusieurs de nos collègues et de nombreux amis de la langue française ont contribué par leurs études à améliorer dans ce sens la connaissance de l'histoire du vocabulaire français. Nous leur devons la plupart des nouvelles dates dans la 1re moitié du dictionnaire et nous leur en sommes très reconnaissant. En revanche les dates qu'on trouve à partir de la lettre M proviennent surtout des recherches que nous avons faites pour le FEW.

Nous avons maintenu au début du livre l'Introduction qu'a écrite autrefois Oscar Bloch. Les pensées qu'il y a exprimées gardent de leur valeur encore aujourd'hui. Mais si les indications bibliographiques qu'il a données aux pages XVIII à XXI étaient une base suffisante pour ceux qui voulaient se faire une idée des sources auxquelles avait puisé O. Bloch, elles ne représentent plus qu'une très petite partie des ouvrages français auxquels nous avons puisé pour la présente édition. Des lectures étendues faites en vue de la rédaction et dont nous sommes redevable en partie à certains de nos collaborateurs ont souvent permis de préciser l'acte de naissance d'un mot. Qu'on compare à ce sujet, pour ne donner qu'un exemple, l'article *pendule* dans la 1re et la 2e édition avec celui de l'édition présente. Les ouvrages que nous consultons pour la rédaction du FEW sont aussi à la base de la refonte du présent livre. Il est impossible d'en donner ici la liste, parce que celle-ci, même aussi réduite que possible, exigerait au moins une trentaine de pages. Nous renvoyons le lecteur, curieux de se renseigner sur ces sources, aux annexes bibliographiques du FEW (Beiheft, 2e éd., Tübingen 1950 ; Supplement zum Bibl. Beiheft, Basel 1957). Aux pages 124-125 de l'édition de 1950 il trouvera une liste chronologique de ces sources (les abréviations renvoient aux pages 67-122, où l'on trouvera les titres complets des livres en question). Les pages 124-125 donnent la liste des dictionnaires et autres ouvrages spéciaux (agriculture, commerce, chasse, marine, pêche, arts et métiers, cuisine, etc.) dont l'utilisation a contribué à préciser mieux l'histoire de beaucoup de mots traités dans notre texte. Les deux listes seraient aujourd'hui à compléter à l'aide du Supplément de 1957, p. 19-41.

Nous tenons beaucoup à remercier ici M. Albert Audubert, agrégé de grammaire, actuellement professeur à l'Université de Porto Alegre (Brésil), qui nous a été d'un précieux secours dans le travail de cette refonte du dictionnaire.

W. v. W.

AVANT-PROPOS
DE LA QUATRIÈME ÉDITION

Ce qui est dit dans l'avant-propos de la troisième édition vaut aussi pour la quatrième. L'histoire de nombreux mots présente aujourd'hui un autre aspect qu'en 1950. Comme celles de la troisième édition ces modifications sont en très grande partie dues aux progrès de la rédaction du FEW. En outre, nous avons dû tenir compte dans une assez large mesure du renouvellement du lexique de la langue française, puisque nous nous proposons d'admettre seulement des mots usuels aujourd'hui. D'un côté, nous avons donc procédé à la suppression d'un certain nombre de mots qui étaient en usage vers 1930, mais qui en sont sortis depuis. D'autre part, nous avons introduit dans le texte un nombre assez considérable de mots qui étaient encore inconnus il y a trente ans, mais qui sont employés aujourd'hui par tout le monde.

Nous remercions beaucoup M. W. Lacher, qui nous a aidé dans ce travail de modifications.

W. v. W.

AVANT-PROPOS
DE LA CINQUIÈME ÉDITION

L'origine et l'histoire des mots sont aujourd'hui plus au centre des efforts des philologues que jamais, et le public s'intéressant à l'évolution de la langue suit volontiers les résultats de leurs recherches.

On s'efforce de dater avec la plus grande précision possible la première apparition des mots et leur évolution sémantique, pour les placer ainsi dans le milieu d'où ils sont sortis. La rédaction du FEW, qui touche à sa fin, nous a assez souvent conduit à juger autrement d'un mot que dans la 4e édition. Les modifications qui en ont résulté concernent surtout les mots que le français doit aux langues orientales et germaniques et à celles d'outre-mer.

W. v. W.

ABRÉVIATIONS

abrév.	abréviation
a. cat.	ancien catalan
acc.	accusatif
a. champ.	ancien champenois
adj.	adjectif
adv.	adverbe
a. esp.	ancien espagnol
a. fr.	ancien français
a. it.	ancien italien
all.	allemand
anc.	ancien
a. nor.	ancien norois
a. port.	ancien portugais
a. pr.	ancien provençal
ar.	arabe
art.	article
bas-all.	bas-allemand
bas-lt.	bas latin
cat.	catalan
celt.	celtique
champ.	champenois
chanc.	chancellerie
class.	classique
comp.	composé
dér.	dérivé
dict.	dictionnaires
dim.	diminutif
eccl.	ecclésiastique
empr.	emprunté, -untés, -unt
ép.	épique
esp.	espagnol
ét.	étymologie
fam.	familier
fém.	féminin
fig.	figuré
fr.	français
fut.	futur
galic.	galicien
gall.	gallois
gaul.	gaulois
géom.	géométrie
germ.	germanique
gramm.	grammaire
h-all.	haut-allemand
impér.	impératif
impf.	imparfait
irl.	irlandais
it.	italien
langd.	languedoc
lt.	latin
lt. de basse ép.	latin de basse ép.
masc.	masculin
math.	mathématiques
m. fr.	moyen français
mil.	militaire
mod.	moderne
néerl.	néerlandais
nom.	nominatif
norm.	normand
orthogr.	orthographie
part.	participe
partic.	particulièrement -culier
péj.	péjoratif
philos.	philosophie, -phique
pic.	picard
pop.	populaire
port.	portugais
préc.	précédant
prés.	présent
probabl.	probablement
pr.	pronom
propr.	proprement
prov.	provençal
Rab.	Rabelais
rhét.	rhétoroman
rom.	roman
roum.	roumain
sav.	savant
scand.	scandinave
scol.	scolastique
suiv.	suivant
t.	terme
techn.	technique
typogr.	typographie
v.	voir
var.	variante

NOTE
sur la prononciation des formes étrangères

Les formes des langues étrangères sont citées avec l'orthographe propre à chacune de ces langues. Toutefois on a transcrit en caractères latins le grec et les formes des langues qui usent d'un alphabet spécial ; de même les formes dialectales ont été transcrites avec les signes du français.

La lecture de ces formes exige la connaissance des faits suivants :

Germanique. — *đ þ* sont des consonnes interdentales, la 1re sonore, la 2e sourde, qui se prononcent comme les consonnes de l'anglais dans *the*, *thing*.

Celtique. — *y* et *w* correspondent à *i* et *ou* du français.
ch se prononce comme *ch* dans l'allemand *machen*.

Arabe et Hébreu. — ', ', *ḥ* représentent des aspirées.
Les consonnes qui ont un point souscrit sont prononcées énergiquement.

Langues romanes. — *u* se prononce comme *ou* du français, sauf en provençal où *u* se prononce comme en français.
au se prononce *aou*.
ã, *ẽ*, *ĩ*, *õ*, *ũ* du portugais représentent des voyelles nasales.
î du roumain est une voyelle semblable à *e* féminin du français, mais articulée dans l'arrière-bouche.
ă du roumain correspond à *e* féminin du français.
c, *g* devant *e*, *i* de l'italien et du roumain se prononcent *tch*, *dj*.
c devant *e*, *i* de l'espagnol est une interdentale, comme *th* de l'anglais dans *thing*.
j (*g* devant *e*, *i*) de l'espagnol se prononce comme *ch* dans l'allemand *machen*.
(*c*)*ch*- de l'italien et du roumain se prononce *k*.
ţ du roumain se prononce *ts*.
ş du roumain se prononce *ch*.
ch de l'espagnol se prononce *tch*.
sci- de l'italien se prononce *ch*.
x du portugais se prononce *ch*.
gli- de l'italien, *ll* de l'espagnol et du catalan, *lh* du portugais et du provençal représentent *l* mouillée.
ñ de l'espagnol, *nh* du portugais et du provençal représentent *n* mouillée.
s de l'espagnol et du roumain se prononce comme *s* initiale du français.

Note pour la lecture des types étymologiques

L'astérisque devant une forme indique que cette forme est supposée.

A

A *prép.* Lat. *ad* « vers » qui s'opposait à *in* « dans ». L'emploi de *ad* comme substitut du datif, amorcé à l'époque class. et développé à l'époque impériale, a entraîné celui de *ad* pour marquer la possession, le possesseur étant une personne, cf. *hic requiescunt membra ad duus fratres* « ici reposent les membres de(s) deux frères », VIIe s. ; d'autre part, celui de *ad* pour introduire le complément instrumental est également très ancien, cf. *ad aquam calidam coquere* « cuire à l'eau chaude », Apicius (mais texte corrompu de basse ép.), et *ad unum gladii ictum caput desecare* « couper la tête d'un coup d'épée », Orose, Ve s. *A* cache des survivances de la préposition *a*(*b*) dans quelques tours, soit *à droite* d'après *a dextra, laisser faire, faire faire quelque chose à quelqu'un*, etc., et *apud*, sinon phonétiquement, du moins sémantiquement.

A *préf.* 1° : identique à la préposition précédente. 2° : *a-*, *an-*, négatif, dans des comp. sav. tels que **anhydre**, 1863, propr. « sans eau » (du grec *hydŏr* « eau »), formés avec des éléments grecs, dont le préf. *a* (*an-* devant une voyelle), appelé privatif, qui correspond au lat. *in*, négatif ; **amoral**, créé artificiellement au XIXe s., pour exprimer une notion différente d'*immoral*, est un cas rare.

ABACA, 1664. Empr., par l'intermédiaire de l'esp. *abacá*, de la langue indigène des Philippines (tagal *abaka*).

ABAJOUE, v. **joue**.

ABANDON, XIIe. Issu de l'ancienne locution (*mettre*, *laisser*, etc.) *a bandon* « au pouvoir de », formée avec l'ancien mot *bandon* « pouvoir, autorité, permission » (en Normandie *banon*), dér. de *ban*, du francique **ban*. — Dér. : **abandonner**, vers 1080 *(Roland)*, d'où **abandonnement**, XIIIe (J. de Meung).

ABANDONNER, vers 1080 *(Roland)*. Issu de la locution **a ban doner* « laisser entière liberté, ne pas retenir ». L'anc. fr. *bandon* « pouvoir, autorité », dont on a voulu le dériver, ne peut pas venir directement de *ban*, parce que le *-d-* resterait inexpliqué ; c'est un subst. verbal tiré de *abandonner*. — Dér. : **abandon**, 1155 ; **abandonnement**, 1270.

ABAQUE, XIIIe. Empr. du lat. *abacus* (du grec *abax* « sorte de table à calcul »), d'où les sens modernes, y compris celui de l'architecture.

ABASOURDIR, 1634, au sens de « tuer » ; sens moderne, 1721. Comp. d'un anc. mot *basourdir*, 1628, « tuer », altération argotique (peut-être d'après *abalourdir*) de *basir*, 1455 (argot des Coquillards), de même sens, attesté aujourd'hui dans de nombreux parlers, surtout méridionaux, cf. prov. *basi* « défaillir, mourir », en parlant des animaux, et aussi italien *basire* « s'évanouir, mourir » (dès le XIIIe s.). On a proposé pour *basir(e)* une étymologie celtique qui se heurte à des difficultés et notamment à la date récente des formes gallo-romanes.

ABATTRE. Lat. pop. **abbatt(u)ĕre*, comp. de *battuere*, avec le préf. *ad* exprimant ici l'action parvenue à son terme ; a remplacé le class. *afflīgĕre*, qui n'a survécu que dans l'a. fr. *aflire* « abattre » (au sens de « vaincre »). It. *abbattere*, esp. *abatir*. — Dér. et comp. : **abat**, XVe ; **abattage**, 1265 ; **abatée**, formation irrégulière, 1687 ; **abattis**, XIIe ; **abattement**, XIIIe ; **abatteur**, XIVe ; **abattoir**, 1806 ; **rabattre**, XIIe ; **rabat**, 1262 ; **rabattement**, 1284 ; **rabatteur**, 1585 (N. du Fail) ; **rabat-joie**, XIVe (E. Deschamps) ; plusieurs mots avec *abat* comme premier élément : **abat-jour**, 1676 ; **abat-son(s)**, 1833, etc.

ABBÉ. Lat. eccl. *abbātem*, acc. de *abbās* (d'où l'anc. cas sujet *abe*), issu de *abba* « père », en s'adressant à Dieu, dans le Nouveau Testament (cf. dans Saint Paul, *Épître aux Romains*, VIII, 15 ; *Épître aux Galates*, IV, 6, *abba pater*), qui vient du grec eccl. *abba*, empr. lui-même de l'araméen *abba* « père » ; de là le sens de « chef d'une communauté religieuse ». Par suite de l'usage de donner le bénéfice de certaines abbayes à un ecclésiastique séculier, *abbé* a servi, à partir du XVIIe s., à désigner tout homme qui porte un habit ecclésiastique et, au XIXe, un ecclésiastique qui n'est ni titulaire d'une cure, ni chanoine. Le latin eccl. a en outre créé les dér. *abbatissa* et *abbatia*, d'où **abbesse** et **abbaye**. It. *abbate*, (*ab*)*badessa*, *-dia*, esp. *abad*, *abadesa*, *-dia*.

ABCÈS, 1537. Empr. du lat. médical *abscessus*, qui ne signifie en lat. class. qu' « éloignement ». Le sens médical est dû à une traduction du grec *apostēma*, propr. « éloignement », qui a pris dans la langue médicale le sens de « désagrégation, corruption, abcès », d'après le verbe d'où ce mot dérive. On a dit aussi *abcéder*, 1539, empr. de même du lat. *abscedere*, dont le sens médical s'explique comme celui du subst.

ABDIQUER, 1402 ; **abdication**, 1403. Empr. du lat. *abdicare*, *abdicatio*.

ABDOMEN, 1537. Empr. du lat. *abdomen*. — Dér. : **abdominal**, 1611.

ABÉCÉ, vers 1120, plus rarement *abécédé*. Formé avec les premières lettres de l'alphabet.

ABÉCÉDAIRE, 1660. Empr. du lat. de basse ép. *abecedarium*. D'abord adj., 1529, d'après le lat. de basse ép. *-arius*. Équivalent vieilli d'*alphabet*, au sens de « livre où l'on apprend l'alphabet ».

ABECQUER, v. **bec.**

ABEILLE, XIVe *(abueilles*, forme du Centre de la France, *Établissements de Saint-Louis)*. Empr. alors du prov. *abelha*, encore usuel aujourd'hui dans les parlers méridionaux, lat. *apĭcŭla*, dér. de *apis*. Cet emprunt a été fait pour parer aux accidents qui ont atteint les représentants de *apis*, a. fr. *ef*, puis *é* (comme *clé*), au pluriel *es*, formes d'abord connues dans toute la France septentrionale, et dont il ne survit des traces qu'aux quatre extrémités : Flandre franç., Guernesey, Bordelais et Suisse romande. Après avoir essayé divers substituts pour donner plus de corps à ce mot trop mince, le français a adopté *mouche à miel*, aujourd'hui prépondérant dans les parlers septentrionaux, puis *abeille*, encore peu répandu dans ces parlers. La région angevine a formé le dér. *avette*, qui était à l'origine un terme de caresse et dont la Pléiade fit usage au XVIe s., et le lorrain, le franc-comtois et la Suisse romande, *mouchette*. Le franco-provençal a des formes régulières du type *aveille*. It. *ape* et *pecchia*, esp. *abeja*. Voir **apiculture.**

ABERRATION, 1733, Voltaire : « Nous mettons tous les ans plus d'industrie... dans nos tabatières... que les Anglais n'en ont mis à calculer l'aberration de la lumière (expliquée par Bradley en 1727). » Empr. de l'angl. *aberration*, attesté dès le XVIIe s. au sens d' « action de s'égarer » (dér. sav. du lat. *aberrare* « s'écarter », comme le fr. *aberration* en 1624 ; le lat. anc. *aberratio* ne signifie que « distraction » ; *aberratio* a été usuel dans le lat. scientifique du XVIIIe) ; il semble avoir été fait sur le modèle de l'angl. scientifique *aberration* ; sens figuré, en parlant du jugement, 1775 (Grimm) ; devenu usuel avec un sens plus étendu, 1835.

ABHORRER, 1488 ; une première fois au XIVe s. Empr. du lat. *abhorrere* « avoir de l'éloignement, de l'aversion pour » ; la seule forme vraiment usuelle au XVIe s. est *abhorrir* (1492 ; mais antérieure d'après le dér. *-issement*), autre adaptation du latin, avec un changement de conjugaison qu'on retrouve dans l'a. pr. *aborrir*, l'it. *aborrire*, et l'esp. *aburrir*, et dont l'extension fait supposer qu'il y a eu empr. d'une langue à l'autre, sans qu'on sache où est le point de départ des différentes formes. Une forme plus francisée, *avourrir*, *avorir*, XIIIe siècle, vit encore dans le Lyonnais.

ABÎME, XIIe. D'abord surtout dans des textes bibliques. Empr. du lat. eccl. *abyssus* (du grec eccl. *abyssos ;* en grec class., adj. signifiant « sans fond »), altéré en **abismus*, sur le modèle des mots sav. terminés par le suff. lat. *-ismus* (du grec *-ismos*). Aussi a. pr. *abisme*, esp. *abismo*, mais l'it. dit *abisso*. — Dér. : **abîmer,** XIVe ; au sens de « mettre en mauvais état », 1567 (Amyot).

ABJECT, 1470 ; **abjection,** 1372. Empr. de l'adj. lat. *abjectus* et du subst. *abjectio* (de *abjicere* « rejeter »), celui-ci non au sens class. d' « abattement », mais avec celui du lat. eccl. de « mépris, renoncement, rebut » ; de là l'emploi prépondérant d'*abjection* dans la langue religieuse, jusqu'au XVIIIe s. Valeur de l'adj. parallèle à celle du subst.

ABJURER, 1495 ; **abjuration,** 1380. Empr. du lat. *abjurare*, propr. « nier par serment », qui a pris en lat. eccl. son acception religieuse, et du dér. de basse ép. *abjuratio*, dont le sens s'est développé parallèlement au verbe.

ABLATIF, XIIIe, empr. du lat. *ablativus.*

ABLATION, XIVe, une première fois, au XIIIe s., au sens du lat. Empr. du lat. de basse ép. et très rare *ablatio* « action d'enlever » (de *ablatus*, part. passé de *auferre* « enlever ») en vue de son emploi médical.

ABLETTE, 1317. Dér. d'*able*, masculin, de même sens, encore dans les dictionnaires, latin *albŭlus* « blanchâtre », pris substantivement en latin populaire, au masc. et au fém., pour désigner l'ablette, à cause de la couleur de ses écailles. Répandu sous des formes variées dans les parlers gallo-romans.

ABLUTION, XIIIe. Empr. du lat. ecclés. *ablutio* « action de laver pour purifier », en lat. class. « action de laver » (de *abluere* « laver ») ; en dehors d'un emploi médical, ne se prend au sens général que depuis une date récente, et surtout par plaisanterie.

ABNÉGATION, 1377. Empr. du lat. eccl. *abnegatio* « renoncement », en lat. class. « action de nier *(abnegare)* ».

ABOLIR, 1417 ; **abolition,** 1316 ; d'abord terme juridique, au sens de « remise, grâce », cf. *lettre d'abolition ;* rapidement sens plus étendu. Empr. du verbe lat. *abolere* et du dér. *abolitio ;* le changement de conjugaison est dû à l'influence du subst. ; de même it. *abolire*, *-izione*, esp. *abolir*, *-ición*.

ABOLITIONNISME, 1836 ; **abolitionniste,** 1835. Empr. des mots anglo-américains *abolitionism*, *-ist*, dér. de *abolition*, pris au lat. ou au fr.

ABOMINER, XIIe s. ; **abomination,** *id. ;* **abominable,** *id.* Empr. du lat. eccl. *abominari*, *abominabilis*, *abominatio ;* l'expression *abomination de la désolation* vient de la Bible, cf. Matthieu, XXIV, 15. Seul le verbe était class. et signifiait « repousser comme un mauvais présage *(omen)* ».

ABONDER, XIIe s. ; **abondant,** *id. ;* **abondance,** *id.* Empr. du lat. *abundare* (de *unda* « flot »), propr. « affluer », *abundans*, *abundantia*. — Comp. sur le modèle du lat. de basse ép. *superabundare*, *-dantia :* **surabonder,** XIIe ; **surabondance,** XIIIe ; **surabondant,** vers 1200.

ABONNER, v. **borne.**

ABORNER, v. **borne.**

ABORIGÈNE, 1488. Empr. du lat. *aborigines* (de *origo, -inis,* « origine ») « premiers habitants d'un pays » avec une terminaison en *-gène,* d'après *indigène.*

ABORTIF, XIVe (« avorté », encore seul sens du XVIe s.). Ne paraît pas usité au XVIIe s. Empr. du lat. *abortivus* « avorté » et « qui fait avorter ».

ABOULER, v. **boule.**

ABOULIE, 1858. Empr. du grec *aboulia* « irréflexion, imprudence » (de *a* privatif et *boulê* « décision réfléchie ») pour son sens spécial (d'après *boulesthai* « vouloir »).

ABOYER. *Abayer* jusqu'au début du XVIIe s. Onomatopée, *bai-,* attestée aussi par l'it. *abbaiare.* Des formes avec les radicaux *bau,* comparables au lat. *baubari* et au grec *bauzein,* et *hau* existent dans les parlers du Nord-Est (lorrain *abaouer*) et de l'Est ; *abayer,* plus rarement *aboyer,* se dit seulement dans les parlers septentrionaux ; pour les parlers méridionaux, v. **japer** ; en outre, *lairar* dans l'extrême Sud-Ouest, lat. *latrāre,* cf. it. *latrare,* esp. *ladrar.* — Dér. : **abol,** XIIe *(abay),* « aboiement » ; aujourd'hui seulement dans les locutions *être aux abois,* etc., issues du langage de la vénerie ; **aboiement,** XIIIe *(abaement)* ; **aboyeur,** 1387 *(abayeur).*

ABRACADABRANT, 1834. Dér. d'*abracadabra,* XVIe (Paré, où on lit : *Ce beau mot abracadabra pour guérir la fièvre ;* en effet, le mot passait au moyen âge pour être une sorte de talisman contre diverses maladies ; il résulterait aussi de ce fait que l'adjectif a dû être créé par plaisanterie dans les milieux médicaux), mot cabalistique, empr. du grec αϐρακαδαϐρα, où le signe *c,* qui représente un *s,* a été lu *k ;* ce mot vient lui-même d'une façon obscure du grec *abraxas* (d'où **abraxas** dans les dictionnaires) ou *abrasax,* autre mot cabalistique qu'on trouve fréquemment sur des pierres ayant servi d'amulettes à des adeptes du gnostique Basilide, du IIe s., et qui est diversement interprété.

ABRÉGER. Lat. de basse ép. *abbrĕviāre,* dér. de *brĕvis* « bref ». En a. fr. et au XVIe s., souvent *abrevier,* simple francisation du mot latin. It. *abbreviare,* esp. *abreviar,* a. pr. *abreujar.* V. **abréviateur.**

ABREUVER. D'abord *abevrer,* d'où *abrever,* XIIIe, en outre *abuvrer,* d'où *abru-,* encore au XVIe s. Lat. pop. **abbĭbĕrāre,* dér. de *biber* « boisson », forme syncopée de *bibere* « boire », prise substantiv., fréquemment attestée dans le lat. fam. It. *abbeverare,* esp. *abrevar.* — Dér. : **abreuvage,** 1262 *(abeuvrage)* ; **abreuvement,** XIIIe ; **abreuvoir,** *id.,* cf. it. *abbeveratoio,* esp. *abrevadero.*

ABRÉVIATEUR, 1375 ; **abréviation,** 1375. Empr. du lat. de basse ép. *abbreviator, -atio,* v. **abréger.** — Dér. : **abréviatif,** 1829 (une 1re fois en 1442).

ABRI, XIIe. Tiré d'un ancien verbe *abrier,* attesté seulement depuis le XIIIe s., encore terme de marine et dans les patois ; ce verbe correspond à *abrigar* « abriter » de l'a. pr. et de l'esp., lat. de basse ép. *aprīcāre* « se chauffer au soleil » (dér. de *aprīcus* « exposé au soleil » ; le lat. class. *apricari* est aussi seulement intransitif), qui a dû prendre le sens de « se mettre au soleil pour éviter le froid, les effets du vent », d'où « abriter (en général) ». Ce développement sémantique est démontré par l'esp. *abrigar* « échauffer », archaïque en ce sens, et l'usage de nombreux parlers gallo-romans qui n'emploient *à l'abri* qu'à propos du vent et se servent de plusieurs autres termes en parlant de la pluie. Des formes régulières avec *-vr-* existant en lorrain, dans la région franc-comtoise et en Suisse romande, *abrier* est probabl. d'origine méridionale, comme beaucoup de termes de marine. — Dér. : **abriter,** 1489.

ABRICOT, 1547. Du cat. *abercoc, albercoc* (cette dernière forme a donné en fr. *aubercot,* attesté de 1512 à 1525). Le mot cat., comme aussi l'esp. *albaricoque,* le port. *albricoque,* est empr. de l'arabe d'Espagne *al-barqoûq,* les Arabes ayant réintroduit dans l'Occident (Andalousie, Sicile) la culture de ce fruit, tandis que le génois *briccocalu* vient de la Sicile. Le toscan *albicocca* atteste l'influence espagnole dans la culture de l'abricot jusqu'en Italie. Le mot arabe vient du lat. *praecoquum* (dans Pline), propr. « précoce (d'un fruit) », par l'intermédiaire du grec, qui avait apporté ce terme en Syrie. Le fruit est originaire de la Chine et avait fait une première apparition dans les pays méditerranéens, peu avant le commencement de notre ère. Pline l'appelle *armeniacum* « fruit d'Arménie », mot qui vit encore dans les parlers lombards *(mungnaga, ramognega).* Du mot fr. viennent l'angl. *apricot,* l'all. *Aprikose.* — Dér. **abricotier,** 1526 ; **abricotine,** 1843 ; une première fois en 1654, au sens de « abricot précoce ».

ABROGER, 1354 (sous la forme *-guer* jusqu'au XVIe s.) ; **abrogation,** 1362. Empr. du lat. *abrogare, abrogatio.* — Dér. : **abrogeable,** 1843.

ABRUPT, XIVe, d'après l'adv. *abruptement,* longtemps plus usuel que l'adj. Empr. du lat. *abruptus* « escarpé », « heurté (en parlant du style) ». En outre, depuis la fin du XVIIe s., la locution lat. **ex abrupto.**

ABSCISSE, 1693. Empr. du lat. des mathématiciens *abscissa (linea)* « (ligne) coupée » (de *abscindere*).

ABSCONS, 1890. Repris par plaisanterie à la langue du XVIe s., où il était très usuel. Empr. du lat. *absconsus* « secret, caché » (de *abscondere* « cacher »).

ABSENT, vers 1185 ; **absence,** 1308 ; *(s')* **absenter,** 1322 (souvent trans. jusqu'au début du XVIIe s., au sens de « tenir éloigné »). Empr. du lat. *absens, absentia, absentare,* trans. et intrans.

ABSENTÉISME, 1828 (*absentisme* en 1829). Empr. de l'angl. *absenteeism* (dér. du subst. *absentee,* lui-même du verbe *to absent,* empr. du fr. *absenter*) pour désigner la pratique des grands propriétaires d'Angleterre et surtout d'Irlande de vivre hors de leurs terres. — Dér. **absentéiste,** 1866.

ABSIDE, XVIᵉ. Empr. du lat. de basse ép. *absida*, lat. class. *absis*, *-idis* (du grec *hapsis*, propr. « voûte »). Les dictionnaires donnent aussi *apside*, terme d'astronomie, 1738 (Voltaire ; en outre *abside*, 1566), sens développé d'après l'emploi du mot en lat. et en grec : « voûte du ciel, orbite d'une planète », etc. — Dér. *absidiole*, 1866.

ABSINTHE, 1448. Antér. *absince*, encore au XVIIᵉ s. Empr. du lat. *absinthium* (du grec *apsinthion*). Le sens d' « amertume » est issu du lat. eccl. Rarement sous une forme pop. : a. pr. *aisens*, *au-* -, et quelques formes du franc-comtois et de la région gasconne. L'a. fr. avait un autre mot *aluisne*, encore usité dans quelques dialectes (norm. *aliène*), cf. aussi l'esp. *alosna*, lat. de basse ép. *aloxĭnum*, empr. du grec *aloē oxinēs*, apporté probabl. dans la Gaule septentrionale par le médecin grec Anthimus, qui vécut à la cour mérovingienne.

ABSOLU, vers 1080 *(Roland : asolue)*. Empr. du lat. *absolutus* « parfait, achevé ». — Dér. : **absolutisme,** 1796, d'après le lat. *absolutus* ; **absolutiste,** 1823.

ABSOLUTION, XIIᵉ. Empr. du lat. *absolutio* avec ses acceptions jurid. et eccl.

ABSORBER, XIIIᵉ (en a. fr. *assorbir*) ; **absorption,** 1586. Empr. du lat. *absorbere* « avaler, engloutir », *absorptio* (lat. eccl.). Sens fig. du verbe, XIVᵉ s., déjà lat.

ABSOUDRE, Xᵉ (*Saint-Léger : absols*, 3ᵉ pers. sing. du parfait). En a. fr., jusqu'au XVᵉ s., surtout formes avec *ass-*. Lat. *absolvĕre* ; le sens, à la fois jurid. et religieux, de ce verbe explique que la syllabe initiale ait été refaite sur le lat. It. *assolvere*. — Dér. : **absoute,** XIVᵉ (E. Deschamps), fém. pris substantiv. de l'anc. part. passé *absout*.

ABSTÈME, 1596. Empr. du lat. *abstemius* « qui s'abstient de boire du vin (*temetum* « vin pur ») ».

ABSTENIR (s'), vers 1050. En a. fr. souvent *s'ast-*. Empr. du lat. *abstinere*, avec adaptation d'après *tenir*.

ABSTENTION, XVIIIᵉ, au sens jurid. ; d'où le sens politique au XIXᵉ s. Empr. du lat. *abstentio* « action de retenir », en vue de ce sens jurid. ; a été une première fois empr. au XIIᵉ s. *(astensions)* au sens d' « abstinence », que le mot lat. avait dans la langue eccl. — Dér. : **abstentionniste,** 1861.

ABSTERGER, XIVᵉ ; **abstergent,** XVIᵉ (Paré). Empr. du lat. *abstergere* « essuyer, nettoyer », *abstergens*, part. prés.

ABSTERSIF, XIVᵉ ; **abstersion,** *id.* Dér. sav. de *abstersus*, part. passé de *abstergere*, pour servir d'adj. et de subst. à *absterger*.

ABSTINENT, XIIᵉ ; **abstinence,** *id.*, parfois *astenance*. Le subst., jusqu'au XVIIᵉ s., signifie aussi « abstention, trêve » ; l'adj., plus rarement, « qui s'abstient (en général) ». Empr. du lat. *abstinens* (part. prés. de *abstinere*, v. **abstenir**), *abstinentia* « action de s'abstenir, abstinence ».

ABSTRAIRE, XIVᵉ (Oresme) ; **abstracteur,** 1532 (Rab.) ; **abstraction,** XIVᵉ (Oresme) ; **abstrait,** 1372 (sous la forme *abstract*, encore usitée au XVIIᵉ s.). Empr. du lat. *abstrahere* (avec adaptation d'après *extraire*), *abstractor* (médiéval), *abstractio* (de basse ép.), *abstractus*. Le sens principal de ces mots en fr., déjà ancien dans *abstractio*, *-tus*, s'est développé surtout dans le lat. scolastique. Le sens d' « isoler, isolé par la pensée », qu'ont aussi *abstraire*, *-ait* est repris au lat. class. *abstrahere* « détourner, détacher », propr. « arracher ».

ABSTRUS, XIVᵉ. Empr. du lat. *abstrusus* « renfermé, difficile à comprendre », part. passé du verbe *abstrudere* « cacher profondément ».

ABSURDE, XIVᵉ (on a aussi *absorde* vers 1200) ; **absurdité,** XIVᵉ. Empr. du lat. *absurdus*, propr. « dissonant », *absurditas* (de basse ép.).

ABUS, XIVᵉ (Oresme) ; **abusif,** *id.* Empr. du lat. *abusus* (de *abuti* « faire usage », et spécial. « faire mauvais usage »), *abusivus* (de basse ép.). — Dér. d'*abus* : **abuser,** 1312, **abuseur,** 1392 ; **désabuser,** XVIᵉ.

ABUTER, v. **but.**

ABYSSAL, 1597. Dér. sav. du grec *abyssos*.

ACABIT, XVᵉ (« accident »), en outre *acabie*, fém., XVIIᵉ. — Paraît provenir de l'a. pr., où *acabit* n'est pas attesté, mais se restitue aisément d'après le verbe *cabir* (autre forme de *caber* « employer, etc. », lat. *capere*), prov. mod. *cabi* « serrer un objet ».

ACACIA, 1534 (d'abord *acacie*, XIVᵉ, *acace*, XVᵉ, etc., noms d'un arbre indigène). Empr. du lat. *acacia* (du grec *akakia*).

ACADÉMICIEN, 1555. Dér. sav. du lat. *academicus* « qui appartient à l'école académique » ; sens moderne en 1680.

ACADÉMIE, 1508. Vers 1540, Marot appelle le Collège de France *noble académie*. Empr. de l'it. *ac(c)ademia* (l'Italie possédait alors l'*Academia Fiorentina*, lat. *Academia* (du grec *Akadêmia*, propr. jardin d'Akadémos, à Athènes, où Platon enseignait, d'où école de philosophie platonicienne) ; par suite de l'éclat des académies fondées en France au XVIIᵉ s., est devenu européen et, en outre, a été appliqué à des établissements de toute sorte. — Dér. : **académiste,** 1613, « académicien » ; **académisme,** 1876.

ACADÉMIQUE, 1508. Empr. du lat. *academicus*. A suivi le développement sémantique d'*académie*.

ACAGNARDER, v. **cagne.**

ACAJOU, 1575, au sens d' « anacarde » (*acaiou*, 1558). Empr. du port. *acaju*, *caju*, propr. fruit du *cajueiro* « anacarde », arbre importé du Brésil (*caju* ou *acaju* en tupi) aux Indes par les Portugais. On a voulu expliquer le nom de l'arbre *acajou*, 1658 (*acaiou* en 1640), par un emploi qu'on aurait fait du fruit de l'anacarde pour faire un vernis noirâtre. Mais on n'a pas pu citer de document à l'appui de cette hypothèse, le tupi appelant cet arbre *agapú*. Mais le tupi possédait encore un mot *acajatinga* pour désigner l'acajou. De là, sous l'influence de *acajou* « anacarde », *acajoucantin* chez un voyageur français, en 1645. De là, par abréviation, *acajou* au sens actuel (dès 1640).

ACANTHE, XVe. Empr. du lat. *acanthus* (du grec *akanthos*, de *akantha* « épine »).

ACARIÂTRE, XVe. Signifie alors « possédé, privé de raison ». Dér. du lat. *Acharius* ou du fr. *(Saint) Acaire*, nom d'un évêque de Noyon au VIIe s., qui passait au moyen âge pour guérir de la folie, qu'on appelait aussi le *mal Saint-Acaire*. Cette dérivation est due à une étymologie populaire, qui a vu dans le nom de l'évêque le lat. *acer* « aigre »; les saints guérisseurs doivent souvent leur vertu à un jeu de mots analogue, cf. Saint Clou(d) qu'on invoquait pour les clous.

ACCABLER, 1329 (texte normand, « abattre », d'où « écraser », encore au XVIIe s.). Forme empr. du normand en face d'*achabler* (1423), comp. de *chabler*, v. **chablis.** Les nombreux textes normands qui offrent des mots de cette famille : *cablé* « (bois) abattu », *caable*, de même sens, appuient cette explication exigée par la forme. — Dér. : **accablement,** 1556 (d'abord au sens matériel d' « écrasement »).

ACCALMIE, v. **calme.**

ACCAPARER, 1562 « acheter en donnant des arrhes », encore en 1628. Empr. de l'it. arch. *accaparrare*, aujourd'hui *incaparrare* « donner des arrhes », lui-même formé de *caparra*, v. **arrhes,** dont le premier élément *cap-* semble être *capo*, c'est-à-dire « arrhe principale » (cf. *capolavoro* « chef-d'œuvre »), bien que *caparra* ne paraisse plus présenter de nuance à côté de *arra;* créé peut-être à cause des sens figurés de *arra*. Sens moderne, XVIIIe s. — Dér. : **accaparement,** 1751 ; **accapareur,** fin XVIIe.

ACCÉDER, XIIIe, « avoir accès »; 1731 (Voltaire), « acquiescer ». Empr. du lat. *accedere*, v. **accès.**

ACCÉLÉRER, XVe; **accélération,** 1349. Empr. du lat. *accelerare* (de *celer* « rapide »), *acceleratio*. — Dér. : **accélérateur,** 1611, sens techn. 1752.

ACCENT, XIIIe. Empr. du lat. *accentus* « intonation », traduction du grec *prosôidia*. Développements sémantiques propres au fr. depuis le XVIIe s.

ACCENTUER, vers 1340. Empr. du lat. médiéval *accentuare,* dér. de *accentus*. — Dér. : **accentuation,** 1521.

ACCEPTER, 1317. Empr. du lat. *acceptare* « recevoir, accepter ». — Dér. : **acceptable,** vers 1165 ; **inacceptable,** 1779 ; **acceptation,** 1262 ; **accepteur,** 1380.

ACCEPTION, dans *acception de personne*, XIIIe. Empr. du lat. eccl. *acceptio personae* (traduction du grec *prosôpolêpsia*, fait d'après une expression hébraïque signifiant « accueillir favorablement (la face de), quelqu'un, faire acception de personne », cf. *Lévitique*, XIX, 15.

ACCEPTION « sens d'un mot », 1694. Empr. du lat. *acceptio* (de *accipere* « recevoir ») qui a eu ce sens à basse ép.

ACCÈS, 1280 ; **accessible,** 1354 (Bersuire). Empr. du lat. *accessus*, à la fois « arrivée » et « accès de maladie », *accessibilis*.

ACCESSION, attesté une première fois au XIIe s. au sens d' « accès de maladie », est devenu usuel au XVIe en ce même sens et aussi avec ceux d' « adjonction, accroissement », qui n'ont survécu ensuite que dans des emplois techn. et jurid. ; en tous ces sens empr. du lat. *accessio* (de *accedere*) « action d'approcher », d'où « adjonction, accroissement » et aussi « accès de maladie ». *Accession au trône*, 1797, *accession à un traité*, XVIIIe, *accession* (d'un pays à un autre), début XIXe, sont des anglicismes.

ACCESSIT, 1690. Mot lat., issu de la formule *accessit proxime* « il s'est approché de très près », les distributions des prix se proclamant autrefois en latin.

ACCESSOIRE, 1296. Empr. du lat. jurid. médiéval *accessorius* (de *accedere*, au sens d' « ajouter ». *Accessoire*, pris substantivement, a été d'abord un terme juridique depuis le XVe s., mais il a été rapidement pris dans un sens plus étendu.

ACCIDENT, XIIe s. (Chrétien) ; **accidentel,** XIIIe, parfois *accidental* au XVIe s. Empr. du lat. *accidens* (de *accidere*, au sens de « survenir », impersonnel), *accidentalis* (de basse ép.) ; le sens théologique et philosophique d'*accident* est déjà du lat. anc., mais a été usité surtout en lat. scolastique. En outre développements spontanés en fr. — Dér. : **accidenté,** 1824, une première fois en 1622.

ACCISE, 1701. Empr. du hollandais *accijs* (*accise* déjà dans le *Coutumier de Bruxelles*, XVIe), lat. médiéval *accisia*, formé sur le verbe *accīdere* « couper, détacher » et équivalent au fr. *taille*. Sans rapport étymologique avec le moyen néerl. *assise*, qui est empr. du fr. *assise*. A servi à désigner l'impôt de consommation appelé en angl. *excise* (qui vient du holl. *excijs*, autre forme de *accijs*) et enregistré en fr. sous cette forme *excise* depuis 1756.

ACCLAMER, XVIe ; **acclamation,** 1504. Empr. du lat. *acclamare*, *acclamatio*. — Dér. : **acclamateur,** XVIe.

ACCOINTANCE, XIIe. Dér. de l'anc. verbe *accointer*, XIIe, encore dans les patois (normand, etc.), « faire connaissance de », et, au réfléchi, « avoir des relations familières avec quelqu'un » ; ce verbe dérive de l'anc. adj. *accointe* « familier, ami », lat. *accōgnĭtus*, part. passé du verbe *accognōscere*, cf. de même it. *acconto* « ami ».

ACCOLADE, v. **cou.**

ACCOMMODER, 1539 (déjà en 1336, *accommoder un différend*). **Accommodation,** XIVe. Empr. du lat. *accommodare* (de *commodus* « convenable »), *accommodatio*. — Dér. : **accommodement,** 1585 ; **raccommoder,** XVIe ; **raccommodement,** fin XVIe (D'Aubigné) ; **raccommodeur,** 1612.

ACCOMPAGNER, v. **compagnon.**

ACCOMPLIR, vers 980. Comp. de l'anc. verbe *complir*, lat. *complēre*, propr. « remplir », avec changement de conjugaison (v. **complies**) comme *tenir*, cf. it. *compiere* et *accompiere* « accomplir », a. pr. *complir* et *accomplir*, de même sens. — Dér. : **accomplissement,** XIIIe.

ACCORDÉON, 1833. Empr. de l'all. *Akkordion*, nom d'un instrument inventé à Vienne par Damian, 1829, et nommé ainsi d'après *Orchestrion*, XVIIIe ; devenu *accordéon* en fr. d'après *orphéon* « sorte de grosse vielle », 1767.

ACCORDER. Lat. pop. **accŏrdāre*, issu, par substitution de préf., du class. *concŏrdāre* « être d'accord », qui a pris à basse ép. le sens de « mettre d'accord ». Le sens musical n'est attesté que depuis le XIVe s. ; il est probabl. né sous l'influence du subst. *corde* (d'un instrument de musique). It. *accordare*, aux deux sens, espagnol, a. pr. *acordar*, seulement au sens moral. — Dér. : **accord,** XIIe ; **désaccord,** *id.* ; **accordailles,** 1539 (d'après le sens « fiancer » que le verbe a pris au XVe s. et qui vit encore dans les parlers de l'Ouest) ; **accordeur,** 1325, au sens d' « accordeur de pianos », 1768 ; **désaccorder,** XVe ; **raccorder,** XIIe ; **raccord,** 1835 (au sens moral, XIIe) ; **raccordement,** XIIe.

ACCORE. « Escarpement d'un écueil », 1671 (antér. *escore*, 1382 ; *écore*, 1683). Empr. du néerl. *schore*, de même sens. Adj. dans *côte accore*, 1773. *A-* s'est substitué à *é-* par analogie avec le terme nautique *écore* « étai placé sous un navire » (du moyen néerl. *score* « étai »), qui était devenu *accore* dès 1690 sous l'influence de verbes comme *appuyer*, *accoter*. Développement parallèle à celui du mot néerl., qui devient aussi adj. : *schor* « escarpé ».

ACCORT, 1444. Empr. de l'it. *accorto* « avisé », part. passé du verbe *accorgersi* « s'apercevoir », lat. pop. **accorrĭgĕre*, propr. « redresser », comp. du lat. class. *corrĭgĕre*, de même sens. A pris le sens moderne de « qui a une vivacité gracieuse » au XVIIe s.

ACCOSTER, XIIe (« être près de » ; surtout *s'accoster de* « s'approcher de, se lier avec »). Dér. de l'a. fr. *coste* « côte ». Au XVIe s., le verbe a repris *-st-* sous l'influence de l'a. pr. *acostar*, verbe réfl. « s'approcher, s'accointer », que des auteurs comme Montaigne, Brantôme, D'Aubigné, ont introduit dans la langue fr. ; de même au sens maritime, qui est attesté dès 1402. — Dér. : **accostage,** 1872.

ACCOTER, XIIe. D'un lat. de basse ép. *accubitare*, comp. de *cubitus* « coude ». A absorbé aussi en partie l'a. fr. *acoster*, qui, après la perte de l'*s*, n'a gardé partiellement son indépendance que grâce à l'influence phonétique et sémantique du prov., v. *accoster*. Le subst. *cote*, non attesté en a. fr., mais fréquent dans les parlers francoprovençaux et méridionaux, cf. le franc-comtois *coute*, le savoyard *cota* et le méridional *coto*, au sens d' « étai, cale », est dér. du verbe. — Dér. : **accotement,** 1611 ; **accotoir,** XVIe.

ACCOURCIR, v. **court.**

ACCOURIR, vers 1050 ; d'abord *acorre* jusqu'au XVIe s. Lat. *accŭrrĕre*. It. *accorrere*, esp. *acorrer*.

ACCOURSE, ACCOURSIE, v. **coursive.**

ACCOUTRER, XIIIe. Au moyen âge *accostrer*. Signifiait d'abord « arranger, disposer », ensuite spécial. « habiller, parer », du XVe au XVIIe s., au sens péjor. depuis 1680. Lat. pop. **accō(n)s(ū)tūrāre* (dér. de *cō(n)s(ū)tūra* « couture »), qui a dû signifier « coudre ensemble, rapprocher en cousant » ; la forme accentuée **accosture* est attestée par l'a. fr. *racosturer* et le wallon *acouturer*. — Dér. : **accoutrement,** XVe (Commynes).

ACCROIRE. Aujourd'hui seulement dans *faire accroire*, seul emploi de ce verbe au sens de « croire », qui s'est fondu avec *faire à croire*, de sens voisin (*faire à*, suivi d'un infinitif, est fréquent en a. fr.) ; *accroire* signifiait aussi en a. fr. « prêter » et « emprunter », sens conservés dans de nombreux parlers septentrionaux. Lat. *accrēdĕre* « croire » (de *crēdĕre*). Anc. esp. *acreer* « prêter ».

ACCROÎTRE. Lat. *accrēscĕre* (de *crēscĕre* « croître »). It. *accrescere*, esp. *acrecer*. — Dér. : **accroissement,** XIIe.

ACCROUPIR, v. **croupe.**

ACCUEILLIR. Lat. pop. **accŏllĭgĕre* « recueillir, accueillir » (de *cŏllĭgĕre*, v. **cueillir**), avec changement de conjugaison très ancien. Sens variés en a. fr., notamment « saisir, attaquer (encore au XVIIe s.), chasser » ; encore usité aujourd'hui dans les patois de l'Est, au sens de « pousser, chasser le bétail, jeter (des pierres), etc. ». It. *accogliere* « réunir, accueillir », esp. *acoger* « accueillir ». — Dér. : **accueil,** XIIe.

ACCULER, v. **cul.**

ACCUMULER, vers 1320. Empr. du lat. *accumulare* (de *cumulare*, v. **cumuler**). — Dér. : **accumulateur,** 1564 ; au sens techn. 1860, abrégé familièrement en *accu*, vers 1930 ; **accumulation,** 1336.

ACCUSATIF, t. de gramm., vers 1170. Empr. du lat. *accusativus*.

ACCUSER, vers 980 ; **accusateur,** 1351 (adj.) ; **accusation,** 1270 (J. de Meung). *Accuser* a toujours été influencé par le lat. *accusare*. *Accuser*, au sens de « signaler, rendre manifeste », date du XIIIe s., d'où *accuser (la) réception*, 1627. — Dér. : **accusable,** 1545.

-ACÉ, -ACÉE. Suff. empr. du lat. *-aceus*, utilisés surtout par les naturalistes pour des familles d'animaux ou de plantes.

ACERBE, 1195 (au XVIe s. a aussi les sens, aujourd'hui disparus de « triste, pénible ») ; **acerbité,** 1495. Empr. du lat. *acerbus* « aigre, hostile, pénible », *acerbitas*.

ACÉRER, v. **acier.**

ACÉT(O)-. Premier élément de mots sav., tels que **acétate,** 1787, **acétique,** *id.*, tiré du lat. *acetum* « vinaigre ».

ACÉTYLÈNE, 1877. Empr. de l'angl. *acetylene* (formé du lat. *acetum* « vinaigre » et du grec *hýlē* « bois »). Découvert par le chimiste anglais Davy en 1836 et étudié surtout par le chimiste français Berthelot. V. encore **éther**.

ACHALANDER, v. **chaland.**

ACHARNER, v. **chair.**

ACHE. Lat. *ăpium*. It. *appio*, esp. *apio*. Désigne dans les parlers méridionaux le céleri.

ACHÉE, v. **èche.**

ACHETER. D'abord *achater*. Le lat. class. *emere* « acheter » a été remplacé depuis le IIe s. par *comparare* (« procurer » en lat. class.), d'où it. *comprare*, esp. a. pr. *comprar* et aussi a. fr. *comperer*, au sens secondaire de « payer cher (p. ex. un bonheur) ». L'a. fr. *achater* répond à l'it. méridional *accattari*, gênois *accattâ*, piém. *catè*. Toutes ces formes remontent à un lat. de basse ép. **accaptare*, qui est aussi à la base de l'it. *accattare* « emprunter, mendier », et que les uns expliquent comme réfection de lat. class. *acceptare*, d'après *captare* « saisir », tandis que d'autres l'expliquent comme un comp. de *captare*, avec le sens de « saisir, procurer ». Peut-être l'Italie doit-elle ce nouveau terme à la Gaule septentrionale, mais il n'est pas exclu que l'emprunt ne se soit fait en sens inverse. — Dér. : **achat,** 1178 *(acat)*, en outre *achet*, XVIe ; **acheteur,** *id. (achateor)* ; **racheter,** XIIe, d'où **rachat,** XIIe ; **rachetable,** 1347.

ACHEVER, v. **chef.**

ACHILLÉE, 1562. Vulgairement *millefeuille ;* servait autrefois pour soigner les blessures. Empr. du lat. *achillea* (du grec *akhilleios*, c'est-à-dire « plante d'Achille », ainsi nommée parce que le centaure Chiron avait appris les propriétés des simples à Achille (une 1re fois *aquilée* au XIVe s.).

ACHOPPER, v. **chopper.**

ACIDE, 1545 ; **acidité,** *id.* Empr. du lat. *acidus, aciditas*.

ACIDULER, 1721. Dér. d'*acidule*, 1747, aujourd'hui désuet, empr. du lat. *acidulus* (de *acidus*, v. **acide**).

ACIER. Lat. de basse ép. *aciārium*, dér. de *acies* « pointe d'arme (garnie spécialement d'acier) ». It. *acciaio*, esp. *acero*. — Dér. : **acéré,** XIIe, « garni d'acier » ; sens fig. moderne, fin XVIIe (Saint-Simon), **acérer,** 1348 ; **aciérer,** 1470, rare avant le XIXe s. ; **aciérage,** 1753 ; **aciération,** 1793 ; **aciérie,** 1751.

ACNÉ, 1816. Empr., par l'intermédiaire de l'angl. médical, du grec *aknê*, faute de copiste, dans Aétius, VIe, pour *akmê* « pointe », d'où « efflorescence », appliqué à la maladie de la peau, dite aussi *couperose*.

ACOLYTE, XIIe, ordinairement *acolite* au moyen âge ; *acolyte* a été définitivement adopté au XVIIe s. Propr. « clerc remplissant les bas offices ». Empr. du lat. médiéval *acolytus*, lat. eccl. *acoluthus, -ythus, -itus* (du grec *akoloulhos* « compagnon, serviteur »).

ACONIT, vers 1160. Empr. du lat. *aconitum* (du grec *akoniton*).

ACOUSTIQUE, 1700 (aux deux emplois). Empr. du grec *akoustikos* « qui concerne l'ouïe » (de *akouein* « entendre ») par Sauveur, mathématicien et physicien (1653-1716).

ACQUÉRIR, XIVe. Réfection, par changement de conjugaison de l'a. fr. *acquerre*, lat. pop. **acquaerĕre*, lat. class. *acquīrĕre*, refait sur le simple *quaerĕre*, v. **quérir.** — Dér. : **acquéreur,** 1385 ; **acquis,** XVIe.

ACQUÊT, XIIe. Anciennement « acquisition, projet, etc. » ; aujourd'hui seulement dans des locutions jurid. Lat. pop. **acquaesītum*, neutre du part. passé de **acquaerere* (v. le préc.), pris substantiv., cf. a. pr. *aquest ;* cette forme est forcément ancienne, du moins en français où le seul part. passé attesté est *a(c)quis*.

ACQUIESCER, XIVe. Empr. du lat. *acquiescere*, propr. « se reposer ».

ACQUISITION, 1283 (Beaumanoir). Empr. du lat. jurid. *acquisitio*, nom d'action de *acquirere*.

ACQUITTER, v. **quitter.**

ACRE, 1059 (texte de Rouen). Au Moyen âge, Normandie et régions voisines; aujourd'hui se dit surtout en parlant de l'acre anglaise, et comme terme dialectal, en normand. Empr. à la suite de la conquête de l'Angleterre, de l'ags. *æcer*, qui correspond à l'all. *Acker* « champ ».

ÂCRE, XIVe. Empr. du lat. *acer*, pour désigner une sensation plus forte que l'aigreur. — Dér. : **âcreté,** XVIe s.

ACRIMONIE, 1539. Empr. du lat. *acrimonia*, dér. de *acer ;* jusqu'au XVIIIe s., sens physique, aujourd'hui réservé à *âcreté*. — Dér. : **acrimonieux,** 1605.

ACRO-. Premier élément de mots sav., empr. du grec, où *akro-* vient de *akros* « qui est à l'extrémité » ; v. les suiv.

ACROBATE, 1752, « espèce de danseur de corde chez les anciens » ; 1834 « danseur de corde », Landais. (*acrebade*, d'un texte du XIVe s., est obscur). Empr. du grec *akrobatos*, dér. du verbe *akrobatein* « marcher sur la pointe des pieds ». — Dér. : **acrobatie,** 1876 ; **acrobatique,** 1837 (dans un sens techn. en 1803).

ACROSTICHE, 1582. Empr. du grec *akrostikhos*, de même sens (comp. de *akros*, v. les préc., et de *stikhos* « vers », c'est-à-dire « vers dont l'extrémité (le début) a un rôle particulier »).

ACTE, terme jurid., 1338. Empr. du lat. jurid. *actum*, ordinairement au plur. *acta*. *Actes* (du parlement anglais), 1619, est empr. de l'angl. *act(s) of Parliament* et ne se dit encore qu'à propos de l'Angleterre.

ACTE, opposé à *parole*, 1504. Empr. du lat. *actum* « fait, action », ordinairement au plur., comme *actum* jurid., qui n'en est qu'une spécialisation.

ACTE, « acte de théâtre », XVIe. Empr. du lat. *actus*, propr. « action scénique », d'où « représentation théâtrale », puis « division, acte d'une pièce ». — Comp. : **Entr'acte,** 1622.

ACTEUR. Sens moderne, XVIIe. Antér. « auteur d'un livre », du XIIIe au XVIe ; « auteur » en général du XVe au XVIIe s. Empr. du lat. *actor* « exécuteur, acteur », mais non « auteur d'un livre », sens qui vient d'une confusion avec *auteur* (écrit souvent *auctor* dans les textes lat. du moyen âge).

ACTIF. 1° : XIIe, par opposition à *contemplatif* ou *passif*, sens dominant jusqu'au XVIe s. Empr. du lat. philosophique et scolastique *activus*, d'où développement spontané en fr., d'après **acte.** — 2° : Terme de finance : *dettes actives* (par opposition à *dettes passives*), XVIe, par extension du préc. ; d'où **Actif,** *subst.*, 1762. — Dér. : **activer,** XVe, rare avant le XIXe s. ; **inactif,** 1717 ; **réactif,** XVIIIe, d'après **réaction.**

ACTIN-. Premier élément de mots sav., tels qu'*actinie*, 1792, tiré du grec *actis*, *-inos* « rayon ».

ACTION, sens jurid., 1283 (Beaumanoir). Empr. du lat. jurid. *actio*, qui est une spécialisation de *actio* au sens général de « fait d'agir ». Le sens de « plaidoyer » qu'avait aussi *actio* a été usuel au XVIe et au XVIIe s. — Dér. : **actionner,** au sens jurid., 1312.

ACTION, « fait d'agir », 1250. Empr. du lat. *actio* ; a pris en fr. des sens plus concrets. *Action*, dans la langue du théâtre, est déjà lat. ; *action de grâces*, XIIe, est un calque du lat. class. *actio gratiarum*. — Dér. : **actionner,** sens techn., XVIe ; **inaction,** 1647 ; **réaction,** XVIe, comme terme techn. ; a suivi le sens d'*action* ; au sens politique, 1795, d'où **réactionnaire,** 1796 (a éliminé *réacteur* de la même ép.).

ACTION, terme de finance, 1669. Le holl. *actie*, qui passe souvent pour la source du fr. a un autre sens (« mouvement, manifestation ») et est plutôt d'origine française (par l'intermédiaire de l'all. *Aktie*). *Action* paraît avoir reçu ce sens nouveau d'après *actif*, terme de finance, soit propr. « part de l'actif ». — Dér. : **actionnaire,** 1675.

ACTIVITÉ, 1425. Empr. du lat. médiéval *activitas*. — Comp. : **inactivité,** 1737.

ACTUAIRE, 1749. Empr. de l'angl. *actuary*, fait sur le lat. *actuarius* « scribe, officier comptable ». — Dér. : **actuariat,** fin XIXe, d'après *notariat*.

ACTUEL, XIIIe. Jusqu'au XVIIIe s., terme philosophique et scolastique ; sens moderne, 1750. Empr. du lat. scolastique *actualis* (déjà à basse ép. au sens d' « agissant »). — Dér. : **actualité,** 1823, attesté au XIVe s. au sens scolastique de l'adj. ; **actualiser,** 1641 (au sens chim.), « rendre actuel », 1836.

ACUITÉ, XIVe. Dér. hybride du lat. *acutus*, d'après le fr. *agu*, *aigu*, pour éviter une forme désagréable ***acutité** ; l'a. fr. avait *agueté*, dér. d'*agu*, v. **aigu** ; on trouve aussi *aguité*, mais postérieurement.

ADAGE, 1529. Empr. du lat. *adagium*.

ADAGIO, 1726. Empr. de l'it. *adagio*, comp. de *ad agio* « à l'aise ».

ADAMANTIN, 1509. Très usuel au XVIe s. ; paraît avoir été abandonné au XVIIe et repris en 1782, peut-être sous l'influence de l'anglais. Empr. du lat. *adamantinus* (du grec *adamantinos*) « dur comme l'acier », mais toujours employé en fr., au sens de « de la nature du diamant », d'après un des sens de *adamas*, d'où l'adj. dérive, v. **aimant** et **diamant.**

ADAPTER, XIVe. Empr. du lat. *adaptare* (de *aptus* « apte »). — Dér. : **adaptable,** 1775 ; **adaptation,** 1539 ; **inadapté,** fin XIXe.

ADDENDA, 1736. Mot lat. signifiant « choses à ajouter ».

ADDITION, XIIIe (J. de Meung, au sens général). Empr. du lat. *additio* (de *addere* « ajouter ») ; terme d'arithmétique, XVe. — Dér. : **additionnel,** XVIIIe (Buffon), une première fois en 1500 ; **additionner,** avant 1549 ; comme terme d'arithmétique, 1680, a remplacé *ajouter*.

ADÉN-. Premier élément de mots sav., tels qu'**adénite,** 1836, tiré du grec *adên* « glande ».

ADENTER, v. **dent.**

ADEPTE. Sens moderne, 1771, dû à l'emploi de ce mot dans les sociétés secrètes de cette ép., notamment dans la franc-maçonnerie ; antér., 1630, terme d'alchimie, « celui qui passait pour être sur la voie de la découverte du grand œuvre ». Empr. du lat. des alchimistes *adeptus*, propr. « qui a atteint ».

ADÉQUAT, 1736 ; attesté une première fois au XIVe s. Empr. du lat. *adaequatus*, part. passé du verbe *adaequare* « rendre égal *(aequus)* ».

ADHÉRER, XIVe (au sens physique) ; sens fig., 1377 ; **adhérence,** XIVe ; a signifié aussi « adhésion », du XVe au XVIIe s. ; **adhérent,** 1331 ; **adhésion,** 1372 (Oresme). Empr. du lat. *adhaerere*, *adhaerentia* (de basse ép.), *adhaerens*, *adhaesio*. Le sens d'*adhérer* « être du parti, du sentiment de » est un développement du fr. L'a. fr. possédait un verbe *a(h)erdre*, vivace encore au XVIe s., « saisir », trans., « s'attacher à » ; intrans., sens qu'*adhérer* ne recouvre qu'en partie. On ne peut donc pas dire qu'il a remplacé *a(h)erdre* (d'un lat. ***aderigere** « se dresser contre q. ch. », comp. it. *adergersi* « s'élever ») qui a disparu à cause de la complexité de ses formes.

ADIANTE, 1549. Empr. du lat. *adiantum* (du grec *adianton*, littéral. « qui ne se mouille pas », de *diainein* « mouiller » ; ainsi nommé, parce que sa feuille ne garde pas l'humidité).

ADIEU, v. **dieu.**

ADIPEUX, 1503. Dér. sav. du lat. *adeps, -ipis,* « graisse ».

ADIRER, v. **dire.**

ADJACENT, 1314. Empr. du lat. *adjacens,* part. prés. du verbe *adjacere* « être situé auprès ».

ADJECTIF, 1365. Empr. du lat. de basse ép. *adjectivum (nomen),* traduction du grec *epitheton,* propr. « ajouté à ».

ADJOINDRE. Réfection d'*ajoindre,* encore usuel au XVIe s., lat. *adjŭngĕre,* d'après la forme du lat. écrit. Sens peu différent de *joindre,* jusqu'au XVIIe s. It. *aggiungere.* Dans les parlers gallo-romans, signifie souvent « atteindre », comme le roumain *ajunge.*

ADJONCTION, XIVe (souvent *ajonction,* jusqu'au XVIe s., d'après *ajoindre,* v. le préc.). Empr. du lat. *adjunctio,* pour servir de nom abstrait au préc. ; l'a. fr. avait formé le dér. *ajoignement.*

ADJUDANT, 1671, *ayudant,* en 1701 (« on ne s'en sert que dans les païs étrangers », Furetière). Désignait d'abord des officiers subordonnés de haut grade ; sens moderne de « sous-officier, adjudant » depuis 1776, qui n'a pas fait immédiatement disparaître le premier sens, encore usité au début du XIXe s. Empr. de l'esp. *ayudante* « officier subordonné », dér. de *ayudar* « aider » ; devenu *adjudant* d'après le verbe lat. *adjuvare* « aider ».

ADJUDICATION, 1330. Jusqu'au milieu du XVIIIe s., en outre *ajudication,* d'après *ajuger* (v. le suiv.), auquel il a dû aussi le sens de « jugement », XIVe. Empr. du lat. jurid. *adjudicatio.* — Dér. : **adjudicataire,** 1430 ; **adjudicateur,** 1823 ; **adjudicatif,** 1534.

ADJUGER. En a. fr. *ajugier, ajuger,* jusqu'au XVIIIe s. ; l'orthographe *adjuger* apparaît dès le XIIIe s. Jusqu'au XVIe s., signifiait surtout « juger, condamner » ; a repris le sens d' « attribuer par jugement », XVe, au lat. *adjudicare.* En raison du premier sens, qui n'est pas attesté en lat., pourrait être considéré comme un comp. de *juger ;* mais l'it. *aggiudicare* ayant aussi signifié « condamner », il est possible que le lat. *adjūdĭcāre* ait pris ce sens à basse ép.

ADJURATION, 1488. Empr. du lat. *adjuratio* « action de jurer », pour servir de nom abstrait au suiv.

ADJURER. En a. fr. *ajurer,* refait sur le lat. au XVIe. Empr. du lat. eccl. *adjurare* « sommer au nom de Dieu », d'où parfois, et jusqu'au XVIe s., « faire jurer ». Le lat. class. signifiait, outre « jurer », « invoquer », qui se trouve encore chez Chénier.

ADMETTRE, XVe, une première fois au XIIIe s. Empr. du lat. *admittere.* L'a. fr. a possédé un verbe *ametre,* d'origine pop., « mettre à charge, accuser », usuel jusqu'au XVe s., et encore aujourd'hui en wallon ; le développement de ce sens non attesté en lat. n'est pas clair.

ADMINISTRER, XIIIe ; **administrateur,** vers 1180 ; **administration,** XIVe. Formes plus adaptées *am(m)inistrer, -acion, -eor,* fréquentes en a. fr. Empr. du lat. *administrare,* propr. « servir » (de *ministrer,* voir **ministre**), d'où « aider, fournir », etc., et des dérivés *administrator, administratio.* — Dér. : **administratif,** 1789.

ADMIRER, XVIe ; **admirable,** XIIIe ; **admirateur,** 1542 ; **admiratif,** XIVe (Oresme) ; **admiration,** XIVe. Formes avec initiale *am(m)-* fréquentes en a. fr. Empr. du lat. *admirari,* propr. « s'étonner », sens dominant jusqu'au début du XVIIIe s. (de même *admiration, admirable,* signifient « étonnement, étonnant », jusqu'au début du XVIIe s.) et des dér. *admirabilis, -ator, -ativus* (de basse ép.), *-atio.* L'a. fr. disait surtout *se merveiller,* qu'*admirer* a supplanté.

ADMISSIBLE, 1453. Dér. sav. du lat. *admissus,* part. passé de *admittere ;* v. **admettre.** — Dér. et Comp. : **admissibilité,** 1789 ; **inadmissible,** 1475 ; **inadmissibilité,** 1789.

ADMISSION, 1539. Empr. du lat. *admissio.*

ADMONESTER. En outre *admonéter,* encore dans les patois (berrichon, etc.), avec chute régulière de l'*s,* rétablie d'après la forme écrite de ce mot peu pop. Au moyen âge ordinairement *am- - ; adm- -* est déjà du XIIe s., mais n'a triomphé qu'au XVIe s., d'après le lat. *admŏnēre* « avertir ». Signifiait au moyen âge surtout « avertir » (sans nuance de blâme) et même « exhorter, encourager », encore au XVIe s. Le sens de « faire une remontrance », jurid. au XVIIe s., apparaît au moyen âge dans des dér. et dans le simple *monester,* qui signifie parfois aussi « admonester » ; cf. esp. *amonestar* « avertir », a. pr. *amonestar,* « exhorter », sans nuance de blâme. Ces diverses formes supposeraient un lat. pop. **admonestāre.* A cause de la singularité de cette forme, on a pensé à un croisement de *admonitus* « averti » avec *molestus* « pénible », au sens de « donner à quelqu'un un avertissement pénible » ; mais la succession des sens du verbe n'est pas favorable à cette explication. Ce qui est probable, c'est que ce mot a été fabriqué dans les milieux d'étudiants, que c'est donc une sorte de mot argotique. — Dér. : **admonestation,** 1849, une première fois au XIIIe s.

ADOLESCENT, XIVe ; **adolescence,** XIIIe. Empr. du lat. *adolescens* (part. prés. du verbe *adolescere* « grandir »), *adolescentia.*

ADONIS, 1715 (Lesage, comme nom commun). Tiré du nom propre lat. *Adonis* (du grec *Adônis,* adolescent d'une beauté si extraordinaire qu'Aphrodite quitta l'Olympe pour le suivre) ; **adoniser,** XVIe s. (Ronsard), est dérivé du latin ou du grec.

ADOPTER, XIVe ; **adoptif,** XIIe ; **adoption,** XIIIe. Empr. du lat. jurid. *adoptare,* sens propre et usuel « choisir » (de *optare,* de même sens) et des dér. *adoptivus, adoptio.* Sens fig. du verbe, XVIIe ; du subst., fin XVIIIe.

ADORER, vers 1180 ; **adorable,** 1611 (une 1re fois au XIVe s.) ; **adorateur,** vers 1420 ; **adoration,** XIVe. Empr. du lat. *adorare*, propr. « prier » (de *orare*, de même sens) et des dér. *adorabilis*, *-ator* (lat. eccl.), *-atio*. *Adorer*, *-ateur* ont supplanté, sous l'influence du lat. de l'Église, des formes pop. *aorer* (qui a persisté dans la locution *le vendredy aoré*, « le Vendredi saint », XVIe et XVIIe s., *aoreor*.

ADORNER, XIVe. Usuel au XVIe s. ; repris au XIXe s. par archaïsme. Réfection, d'après le lat., de l'a. fr. *aorner* « orner », encore usuel au XVIe s., lat. *adornāre ;* a. pr. *azornar*.

ADOS, v. **dos.**

ADOUBER, vers 1080 *(Roland)*. Ne s'emploie aujourd'hui qu'en parlant des institutions médiévales et dans quelques emplois tech. Propr. « armer chevalier », d'où « équiper », puis « apprêter (en général) », très usuel encore au XVIe s., rare au XVIIe s. Comp. d'un simple non attesté, du francique **dubban*, propr. « frapper », cf. frison oriental *dubba*, de même sens, et dit spécialement en parlant de l'armement du chevalier qu'on frappait du plat de l'épée. Ce sens a repassé, avec la chevalerie, dans les langues germ. ; cf., d'après la locution fr. *adouber a chevalier*, anc. angl. *dubban to ridere* (angl. moderne *to dub*) et, de même, all. *zum Ritter schlagen*. — Comp. : **radouber,** XIIIe (É. Boileau), d'où **radoub,** 1532.

AD PATRES, XVIe. Locution lat., signifiant « vers nos pères », employée par plaisanterie.

ADRAGANT, XVIe (Paré). Altération d'*adragante*, également dans les dictionnaires, lui-même altération de *tragacanthe*, XVIe, empr. du lat. *tragacantha* (du grec *tragakantha*, comp. de *tragos* « bouc » et de *acantha*, v. **acanthe**).

ADRÉNALINE, 1901. Créé en 1901 par l'inventeur de la substance, le Dr Takamine, avec le lat. *ad* au sens de « auprès de » et *ren* « rein », ce remède étant extrait des glandes surrénales du bœuf et du cheval.

ADRESSE, -ER, v. **dresser.**

ADRESSE, 1798. Au sens de « écrit ayant pour objet une demande, des félicitations, etc. », ce mot est empr. de l'angl. *address*, attesté au sens de « pétition présentée au roi » depuis 1611. L'angl. *address* est empr. du fr. *adresse* « indication du lieu où l'on demeure ».

ADRET, « versant exposé au midi », début XXe. Empr. des patois du Sud-Est (Dauphiné, Provence), où le mot correspond au fr. *à droit* et s'oppose à *envers* (comp. le fr. *endroit* d'une étoffe) ; le sens premier est donc « du bon côté », v. **ubac.**

ADROIT, v. **droit.**

ADULER, XIVe (Christine de Pisan) ; **adulateur,** XIVe (Oresme) ; **adulation,** XIIe. Empr. du lat. *adulari*, *adulator*, *adulatio*.

ADULTE, 1394. Empr. du lat. *adultus*, part. passé de *adolescere*.

ADULTÉRER, XIVe, a signifié aussi aux XVe et XVIe s. « commettre un adultère » ; **adultérateur,** 1552 (Rab.) ; **adultération,** 1551 ; **adultère,** adj. et subst., XIIe (rare au moyen âge) ; **adultérin,** XIVe. Empr. du lat. *adulterare*, *adulterator* (de basse ép.), *-atio*, *adulter*, *-terium*, *-terinus*. *Adulterare*, dont tous les autres mots dérivent, signifie propr. « rendre autre, falsifier », d'où « corrompre une femme mariée » (de *alterare*, v. **altérer**). *Adultère* « qui viole la foi jurée », XVIIe, doit ce sens au lat. eccl., voir p. ex. Jérémie, III, et Matthieu, XII, 39, etc. L'a. fr. a possédé des formes pop., *avoutre*, adj. (encore *avoi(s)tre*, au XVIe s.), *avoutire*, *avoutrer* (cf. a. pr. *avoutre*, *-trar*), dont la première est encore usitée dans de nombreux patois.

ADVENIR, 1209. Réfection graphique, puis phonétique, d'après le lat. écrit, de l'a. fr. *avenir*, lat. *advenīre*, usuel jusqu'au XVIe s. au sens d' « arriver, convenir, atteindre » (encore au XVIIe avec sujet de chose) ; il subsiste aujourd'hui dans la locution jurid. *considérer une chose comme... non avenue* et dans les dér. **avenant,** vers 1080 (*Roland*, comme adj. ; l'emploi jurid. du subst. « ce qui revient à » date déjà du XIIIe s., cf. aussi la locution d'origine jurid. *à l'avenant*, qui remonte à 1377 , **avenant,** terme d'assurances, en 1783), **avènement,** XIIe s. (signifie jusqu'au XVIe « arrivée en général, événement ») ; **avenue,** 1549 (Rab., au sens moderne, usuel en a. fr. au sens d' « arrivée », etc., cf., pour l'extension de sens, **allée**) cf. de même a. pr. *avenir*, sens divers, esp. archaïque *avenir* « survenir » (avec sujet de chose). Le verbe dialectal et archaïque *aveindre* « atteindre » (déjà au XIIIe s. *avaindre*), très répandu dans les parlers septentrionaux, est une variante d'*avenir*, refaite sur le futur, ce qui est justifié par des reformations analogues de *venir* d'après son futur.

ADVENTICE, 1721. Empr. du lat. *adventicius* « supplémentaire », dér. de *advenire*. Au sens propre, « qui vient du dehors », le lat. est représenté par l'a. fr. *aventiz* (parfois *adv-*) « étranger », disparu de bonne heure sous cette forme, mais refait en *adventif*, de même sens, Nicot, 1606, sous le mot **aubain.** *Adventif* est conservé par la langue de la jurisprudence : *biens adventifs*, 1510, « qui arrivent par une circonstance accidentelle » (une fois *adventis*, fin XVIe).

ADVERBE, XVe (antér. *averbe*, XIIIe). Empr. du lat. *adverbium*. — Dér. : **adverbial,** 1550.

ADVERSAIRE, avant 1155 (en outre *av-*, dès 1170, encore au XVIe s.). Empr. du lat. *adversarius*. L'a. fr. a possédé une forme pop. *aversier*, surtout « diable », d'origine eccl., cf. *adversarius* déjà chez Tertullien.

ADVERSE. Usage moderne vers 1480. L'a. fr. a dit d'abord *avers*, empr. du lat. *adversus*, cf. aussi *averse partie* du XIe au XVIe s., mais on a refait de bonne heure le mot en *adv-* d'après la forme du mot lat. Aujourd'hui *adverse* s'emploie surtout au fém. : *fortune adverse*, d'après *fortuna adversa ; avocat adverse*, abréviation d'*avocat de la partie adverse.*

ADVERSITÉ, vers 1145 (du XIIe jusqu'au XVIe s., **aussi** *av-*). Empr. du lat. eccl. *adversitas*. Parfois et jusqu'au XVIIe s., « opposition, hostilité », d'après le préc. ou d'après le lat. class. qui a, mais très rarement, ce sens.

AÈDE, 1853 (Leconte de Lisle). Empr. du grec *aoidos* « chanteur », d'où « poète, récitant (dans les poèmes homériques) ».

AÉRER, 1398 (en outre en a. fr. *airier, airer*) ; **aérien,** XIIe (ordinairement *aerin*, en a. fr., encore au XVIe s.). Dér. sav. du lat. *aer* « air ». — Dér. : **aérage,** 1758 ; **aération,** 1836.

AÉRO-. Premier élément de mots sav., tiré du grec *aêr* « air » ; **aéroplane,** 1855, comp. avec le radical de *planer;* **aéronaute,** 1784, comp. avec *nautês* « matelot » ; **aérostat,** 1783, en outre *aérostate*, 1783, comp. avec *statos* « qui se tient », d'où **aérostier,** 1794, pour *aérostatier*, encore en 1798, afin d'éviter le groupe *-tat-* ; **aérostation,** 1784 ; **aérostatique,** 1783, *adj.*, 1634, *subst.;* **aéronef,** 1844 ; **aérodrome,** 1907 (en 1896 « machine volante ») ; **aéroport,** 1928 ; **aérolithe,** 1836, comp. avec le grec *lithos* « pierre ».

AFFABLE, vers 1350 ; **affabilité,** XIIIe. Empr. du lat. *affabilis*, propr. « d'un abord facile » (de *affari* « parler à »), *affabilitas.*

AFFABULATION. Fin XVIIIe (La Harpe). Empr. du lat. de basse ép. *affabulatio* « moralité d'une fable ».

AFFAIRE, v. **faire.**

AFFAISSER, v. **faix.**

AFFAITER, v. **afféterie.**

AFFALER, 1610. Propr. terme de marine, très récent au sens fig. Empr. du néerl. *afhalen* « tirer en bas (un cordage) ».

AFFAMER, v. **faim.**

AFFECTATION « fait d'affecter (un sentiment), etc. », 1541 (Calvin) (« recherche, poursuite »). Empr. du lat. *affectatio*, qui a les mêmes sens.

AFFECTATION « fait de destiner à un usage », v. **affecter** « attribuer ».

AFFECTER « feindre, faire ostentation de », XIVe. Empr. du lat. *affectare.*

AFFECTER « avoir disposition », en parlant de choses, XVIIIe. Issu, par extension de sens, d'*affecter* « chercher à atteindre, poursuivre », usuel du XVe au XVIIIe s., également empr. du lat. *affectare* dont c'est le sens propre.

AFFECTER « attribuer, imputer », 1551. Développement incertain. Le lat. médiéval *affectatus*, part. passé, dit à propos d'un bien attribué, convient au sens (on peut alors expliquer ce sens d'après l'a. fr. *afaitier* « disposer, etc. », v. **afféterie**), mais il n'est attesté qu'une fois au XIe s. ; il y a donc là une difficulté de chronologie. Toutefois **affectation** est déjà attesté en 1413 au sens « d'attribution (de bénéfice) » ; comme le lat. *affectatio* n'a que le sens « fait d'affecter (un sentiment) », le sens « fait de destiner à un usage » est forcément médiéval, ce qui vient à l'appui de l'explication précédente. — Dér. : **désaffecter,** 1876, d'où **désaffectation,** *id.*

AFFECTER « émouvoir, toucher », XVe. Sens nouveau donné à *affecter*, d'après *affection*, et le lat. *afficere* « affecter physiquement et moralement ».

AFFECTIF, XVe ; **affection,** XIIe ; **affectueux,** 1347. Empr. du lat. *affectivus* (de basse ép.), *affectio* « disposition physique et morale » (de *afficere*, v. le préc.), *affectuosus* (de basse ép. ; de *affectus*, à peu près synonyme de *affectio*). — Dér. : **affectionner,** XIVe ; **désaffection,** 1787 ; d'où **désaffectionner,** 1743 *(-é).*

AFFÉRENT, terme de jurisprudence. Modification orthographique du XVIIe s., d'après le lat. *afferens*, de l'a. fr. *aferant*, part. prés. du verbe *aferir* « convenir », partic. usuel à l'impersonnel *(il) afiert* jusqu'au XVIe s., lat. pop. **afferīre*, lat. class. *afferre*, propr. « apporter », d'où « contribuer ». *Afférent*, 1845, terme d'anatomie, est repris au lat. *afferens*, part. prés. de *afferre.*

AFFÉTERIE, vers 1500. Dér. d'*affété*, aujourd'hui archaïque, « qui a une grâce maniérée », sens qui s'est développé au XVIe s., mais déjà « apprêté, recherché », XVe, part. passé de l'anc. verbe *afaitier* « préparer, disposer », très usuel au moyen âge. Ce verbe représente le lat. pop. **affactāre* « mettre en état » (de la famille de *facere* « faire »), cf. a. pr. *afachar*, de même sens ; conservé dans les dictionnaires sous la forme *affaiter*, au sens de « tanner » (également prov.) et de « dresser un faucon ».

AFFICHER, v. **fiche.**

AFFIDAVIT, 1773. Terme jurid., empr. de l'angl. *affidavit* « il a fait foi, il a attesté », parfait d'un verbe *affidare*, v. le suiv., usuel en lat. du moyen âge.

AFFIDÉ, 1567. Tiré du lat. médiéval des juristes *affidare* « promettre, donner en gage », qui paraît avoir vécu surtout dans le Midi. Le verbe correspondant fr. *affier* a vécu du XIIe au XVIe s. et se trouve encore dans certains parlers (normand, etc.) ; cf. aussi l'a. pr. *afizar* « assurer » ; tous ces verbes sont comp. avec le lat. **fidare*, v. *fier*, verbe. A pris un sens défavorable en fr. au début du XIXe s.

AFFILÉE (d'), v. **file.**

AFFILER. Lat. pop. **affīlāre*, dér. de *fīlum*, au sens de « fil, tranchant d'un outil », attesté déjà chez Ennius.

AFFILIER, XIVe ; **affiliation,** XVIe. Anciennement termes jurid. ; sens plus étendu, 1732. Empr. du lat. médiéval *affiliare* (de *filius* « fils »), *affiliatio*. — Comp. : **désaffilier,** 1872.

AFFINITÉ, XIIIe, au sens moderne. Empr. du lat. *affinitas*, propr. « voisinage » (en ce sens, au XIIe s.), d'où « parenté par alliance » (en ce sens 1283, Beaumanoir ; encore en 1802, chez Chateaubriand), puis « rapport de conformité ».

AFFIQUET, XIIIe. Devenu usuel à partir du XVIe s. Forme dialectale, normande et picarde, dér. d'*afique*, correspondant au fr. *affiche*, usuel au moyen âge au sens d' « agrafe, boucle, etc. », v. **ficher.**

AFFIRMER, vers 1230 (en outre *afermer* jusqu'au XVIe s.) ; **affirmatif,** XIIIe ; **affirmation,** 1313 ; d'abord *affer-*, XIIe. Empr. du lat. *affirmare, affirmativus* (de basse ép.), *affirmatio*. Les mots fr. ont été rapprochés du latin.

AFFLEURER, v. **fleur.**

AFFLICTIF, 1667, au sens moderne ; déjà créé au moyen âge, 1374, mais très rare, au sens de « qui afflige »). Dér. sav. de *afflictus*, part. passé de *affligere*, pour servir d'adj. à *affliger, affliction.*

AFFLIGER, XIIe (en outre « frapper », XVIe) ; **affliction,** XIe (*Saint Alexis ;* en outre, parfois, sens physique au moyen âge). Empr. du lat. *affligere* « abattre (au physique et au moral) », *afflictio.*

AFFLOUER, v. **flot.**

AFFLUER, XIVe ; **affluent,** *subst.*, 1690 ; *adj.*, signifiant « abondant », av. 1524 (J. Lemaire) ; **affluence,** 1495 ; **afflux,** 1611. Les trois premiers sont empr. du lat. *affluere, affluentia, affluens* (en vue du sens spécial que lui donne le fr. ; au XVIIIe s., a signifié aussi « confluent ») ; *afflux* a été fait sur le supin *affluxum.*

AFFOLER, v. **fou.**

AFFOUAGE, 1256. Dér. du verbe *affouer* « chauffer », dér. lui-même de *feu*, peut-être déjà lat. pop. **affocāre*, cf. a. pr. *afogar* « embraser », it. *affocare* « *id.* ». Le verbe survit encore au sens d' « allumer » en vosgien, d' « affouager » dans la Suisse romande, d' « incendier » en provençal moderne.

AFFRE, 1460. Jusqu'au XVIIIe s. « effroi », probabl. empr. de l'a. pr. *afre* « horreur », qui représente, avec l'it. *afro* « aigre, âpre », un gotique **aifrs* « horrible », qu'on peut restituer d'après l'anc. haut all. *eivar* id. — Dér. : **affreux,** vers 1500.

AFFRÉTER, v. **fret.**

AFFRIOLER, 1530. Comp. de l'adj. *friolet* « gourmand », XIVe-XVIe, dér. de *frire*, v. **friand.**

AFFRONT, v. **front.**

AFFUBLER. Aujourd'hui péj. ; au moyen âge et jusqu'au XVIe s. « se revêtir ». Issu d'*afibler*, très rare (avec *u* dû aux deux consonnes labiales *f, b*), lat. pop. **affībŭlāre*, propr. « agrafer » (de *fībula* « agrafe ») ; cf. de même it. *affibbiare* « agrafer ». — Dér. **affublement,** XIIIe.

AFFÛT, AFFÛTER, v. **fût.**

AFIN, v. **fin.**

AGA, 1535. Empr. du turc *aghâ* « chef ».

AGACE, v. **pie.**

AGACER, 1530. Altération de l'a. fr. *aacier* « agacer les dents sous l'effet d'une substance acide », par croisement avec *agacer* « crier comme une pie », sens attesté du XIVe au XVIe s., d'où les sens fig. modernes à partir de ce croisement ; *aacier*, verbe propre au fr., encore usité dans les patois du Nord et de l'Est, est d'origine incertaine, probabl. lat. pop. **adaciāre*, dér. de *acies*, au sens de « tranchant des dents ». — Dér. : **agacement,** 1539 ; **agacerie,** XVIIe (Mme de Sévigné).

AGAMI, 1664. Empr. de la langue des Caraïbes de la Guyane.

AGAPE, 1574. Empr. du lat. eccl. *agape* (du grec *agapê*, propr. « amour », qui, en ce sens même, est également de la langue eccl., et qui a pris, surtout au plur., le sens de « repas fraternel »). Récent dans un sens plus étendu.

AGARIC, 1256. Empr. du lat. *agaricum* (du grec *agarikon*).

AGATE, XIIIe (*agathe*, encore au XVIe s. ; antér. *acate*). Empr. du lat. *achates* (du grec *akhatês*, propr. nom propre désignant un cours d'eau de Sicile, près duquel cette pierre fut d'abord trouvée, d'après Pline l'Ancien).

AGAVÉ, 1778. Aujourd'hui plutôt *agave*. Formé par les naturalistes avec le grec *agauê*, fém. de l'adj. *agauos* « admirable ». Une espèce appelée *pite*, 1599, est empr. de l'esp. *pita*, qui vient d'une langue non déterminée du Nord de l'Amérique du Sud.

AGE, v. **HAIE.**

ÂGE. D'abord *eage, aage*. Dér. de l'a. fr. *eé, aé*, lat. *aetātem*, acc. de *aetās*, d'où aussi it. *età*, esp. *edad*. *Eé, aé*, a été éliminé de bonne heure, à cause de sa forme réduite, par *âge*, qui n'a été créé que dans la France septentrionale. — Dér. : **âgé,** XIVe (Oresme), parfois « majeur », 1283 (Beaumanoir), d'après le sens de « majorité » qu'a souvent *âge* au moyen âge.

AGENCE, v. **agent.**

AGENCER, v. **gent.**

AGENDA, 1640. Plur. neutre du lat. *agendus*, propr. « ce qui doit être fait », extrait de la locution eccl. *agenda diei* « offices du jour » pour désigner un registre qui, aujourd'hui, n'a plus rien de religieux.

AGENT, « principe d'action », 1337. Empr. du lat. scolastique *agens*, part. prés. de *agere* « agir ».

AGENT, « celui qui est chargé d'une mission ». Empr. de l'it. *agente*, 1578 (H. Estienne : « il y a aussi un autre mot nouvellement venu d'Italie, *agent* »), empr. du lat. *agens*, v. le préc. — Dér. : **agence,** 1653.

AGGLOMÉRER, 1795. Empr. du lat. *agglomerare* (de *glomus, -eris* « pelote »). — Dér. : **agglomérat,** 1824, avec le suff. *-at* des noms d'action ; **agglomération,** 1762.

AGGLUTINER, XIVᵉ ; **agglutination,** 1537. Empr. du lat. *agglutinare* (*de gluten, -inis* « colle », v. **glu, gluten**) et du dér. de basse ép. *agglutinatio.* — Dér. du verbe : **agglutinatif,** XVIᵉ (Paré).

AGGRAVER. La forme *agraver,* déjà dans Saint Alexis, fait place à *agrever* (du lat. *aggravare* devenu **aggrevare* en lat. pop., d'après **grevis,* v. *grief*), mais reprend le dessus dès le XIVᵉ s. — Dér. : **aggravation,** XIVᵉ.

AGILE, 1495 ; **agilité,** *id.* Empr. du lat. *agilis* (du verbe *agere,* au sens de « mener »), et du dér. *agilitas.*

AGIO, 1679, parfois *agiot.* Empr. de l'it. *aggio,* même mot que *agio* « aise », anciennement aussi *asio,* probabl. empr. de l'a. pr. *aize* ou de l'a. fr. *aise.* — Dér. : **agioter,** 1716 ; **agiotage,** 1715 ; **agioteur,** 1710.

AGIR, 1459 (comme terme jurid.). Les sens modernes ne datent que du XVIIᵉ s. ; au XVIᵉ s., sens divers disparus. Empr. du lat. *agere.* L'expression impersonnelle *il s'agit de* est un calque du lat. *agitur de.* — Dér. et Comp. : **agissement,** 1845 ; **réagir,** XVIIIᵉ (Voltaire).

AGITER, XIIIᵉ ; **agitation,** XIVᵉ (Bersuire). Empr. du lat. *agitare* (de *agere,* au sens de « mener, pousser »), *agitatio.* — Dér. : **agitateur,** 1651, d'après l'angl. *agitator,* attesté dès 1647 (le lat. *agitator* ne signifie que « cocher, charretier »).

AGNEAU, AGNELLE. Lat. *agnellus,* déjà class. à côté d'*agnus* (qui survit dans l'it. *agno* et le port. *anho*) et lat. pop. **agnella.* Le lat. *agna,* fém. de *agnus,* n'a survécu que dans l'a. fr. *aigne.* Les dictionnaires conservent encore la forme *agnel* et le dér. *agnelet,* pour d'anciennes monnaies d'or (XIIᵉ-XVᵉ s.), dont l'effigie était un agneau, avec la formule liturgique : *agnus Dei, qui tollis peccata mundi, miserere nobis.* Le type *agneau* existe dans tous les parlers gallo-romans, le type *agnelle* seulement dans l'Ouest et les parlers méridionaux (a. pr. *anhel, anhela*). — Dér. : **agneler,** XIIᵉ ; **agnelet,** *id.* ; **agnelin,** XIIIᵉ.

AGNOSTIQUE, 1884. Empr. de l'angl. *agnostic,* dér. par le naturaliste anglais Huxley (1825-1895), du grec *agnôstos* « ignorant ». — Dér. : **agnosticisme,** 1884.

AGNUS-CASTUS, 1486. Empr. du lat. des naturalistes *agnus-castus,* formé du lat. *agnus* (grec *agnos*), nom de cet arbrisseau, compris comme étant le même mot que *agnus* « agneau », et de *castus* « chaste ». La deuxième partie du mot est probabl. la traduction du grec *hagnos* « chaste », confondu avec *agnos,* de sorte que le nom grec est contenu deux fois dans le mot lat. Les propriétés antiaphrodisiaques, attribuées longtemps à cette plante, sont l'effet de cette interprétation du nom.

AGNUS DEI, 1360 (d'où *agnus*). Tiré de la formule liturgique citée sous **agneau** ; a servi à désigner des médailles portant l'agneau mystique, puis des images de piété.

AGONIE, 1580 (Montaigne), au sens moderne, dans la locution *agonie de la mort ;* antér. « angoisse de l'âme », XIVᵉ (Oresme ; parfois sous la forme *a(n)goine*), d'où le sens moderne est issu. Empr. du lat. eccl. *agonia* « angoisse » (du grec *agônia,* propr. « lutte », d'où « agitation, angoisse »).

AGONIR, v. le suiv.

AGONISER, 1587 *(agonisant),* au sens moderne dû à *agonie ;* antér. « combattre, endurer le martyre », XIVᵉ (Oresme). Empr. du lat. eccl. *agonizari, -are* « combattre, souffrir » (du grec *agônizesthai,* simplement « combattre »). A pris dans le bas langage le sens (attesté en 1743) d' « accabler d'injures », de même qu'*agonir,* 1756 ; celui-ci est dû à une altération, d'après *agonie,* de l'anc. verbe *ahonir* « faire honte », encore 1636, chez Monet, et aujourd'hui normand, mais l'extension de ce sens à *agoniser* est bizarre ; peut-être est-elle due à une confusion dans la conjugaison des deux verbes.

AGOUTI, 1578. D'abord *agoutin,* 1556 ; *acouti,* 1654. Empr. de *acouti* du guarani (langue du Brésil).

AGRAFER, 1546. D'abord « accrocher ». Comp. de l'anc. verbe *grafer,* 1364, « fixer avec un crampon », dérivé de *grafe,* 1313, « crochet ». Empr. de l'anc. haut all. *krâpfo,* v. **grappe.** — Dér. et Comp. : **agrafe,** 1421, d'abord « crochet » ; **dégrafer,** 1546 ; **ragrafer,** 1680.

AGRAIRE, XIVᵉ (Bersuire : *loi agraire*). Empr. du lat. *agrarius* (dér. de *ager* « champ »), principalement à propos des lois agraires des Gracques, puis de lois analogues. — Dér. : **agrarien,** 1790, « qui concerne la loi agraire » ; XXᵉ s., « (parti) qui défend les intérêts des paysans ».

AGRÉABLE, AGRÉER, « trouver à son gré », v. **gré.**

AGRÉER, « équiper », v. **agrès.**

AGRÉGER, 1495 ; **agrégation,** XIVᵉ. Empr. du lat. *aggregare* « rassembler » (de *grex, gregis,* « troupe ») et du dér. de basse ép. *aggregatio.* *Agrégation, agrégé,* titre universitaire, 1766. — Dér. : **agrégat,** 1745, une première fois en 1556, avec le suff. *-at* des noms d'action ; **désagréger,** 1798, d'où **désagrégation,** 1798.

AGRÈS, 1491 (*aggrais,* en parlant de navires). Antérieurement *agrei* et *agroi,* XIIᵉ, « armement, équipement (en général) ». Tiré du verbe *agreier,* XIIᵉ s., encore jusqu'au début du XIXᵉ s., sous la forme *agréer,* de l'ancien scandinave *greiða* « équiper, arranger » ; le préf. *a-* s'explique par l'influence de verbes fr., comme *abiller,* v. **habiller.** Le verbe *gréer,* 1666, a été substitué à *agréer,* peut-être pour éviter l'homonymie avec *agréer,* « trouver à son gré » ; d'où **gré(e)ment,** 1670 ; **dégréer,** 1762 (à côté de *désagréer,* 1688) ; **dégrément,** 1783.

AGRESSEUR, 1404 ; **agression,** XVe. Empr. du lat. *aggressor* (de basse ép.), *aggressio* (du verbe *aggredi* « attaquer »). — Dér. : **agressif,** av. 1793 (d'après le latin *aggressus*) ; **agresser,** 1851 (déjà au moyen âge, jusqu'au XVIe s.).

AGRESTE, XIIIe. Empr. du lat. *agrestis*, v. **agraire.**

AGRICOLE, XIVe (Oresme), « agriculteur », jusqu'au XVIIIe s. ; adj. au sens de « qui s'adonne à l'agriculture », 1765 ; **agriculteur,** 1495 ; devenu usuel seulement au XVIe s. ; **agriculture,** 1343. Empr. du lat. *agricola*, *-cultor*, *-cultura.*

AGRIPPER, v. **gripper.**

AGRO-. Premier élément de mots sav., empr. du grec où *agro-* vient de *agros* « champ », tels qu'**agronome,** XIVe (Oresme, (v. **anarchie**), etc.

AGRUME, 1922, terme de géogr. Empr. de l'it. *agrume* « désignation collective des oranges, mandarines et citrons » (dér. de l'adj. *agro* « acide »). Au sens de « pruneaux d'Agen », le mot vient peut-être plutôt d'un parler méridional.

AGUETS, v. **guetter.**

AGUICHER, 1844 (au sens de « agacer », plus tard « attirer par un manège d'agaceries » ; avant 1860 *aguichant*, adj. : elle avait eu... l'air très aguichant. Dér. de *guiche* « petite bande d'étoffe », a. fr. *guige* « courroie », probablement du francique **withthja* « lien d'osier » ; le développement sémantique du verbe a ses analogies dans all. *mit jemandem anbinden* (employé dans un sens hostile) et *anbändeln* (avec sens érotique).

AH. Onomatopée (*a*, vers 1050) ; on l'écrit *ha* pour marquer des nuances.

AHAN, Xe *(Saint Léger : aanz)* ; **ahanner,** XIIe. En a. fr., outre les sens de « peine, tourment, peiner », etc., s'appliquent particulièrement au travail de la terre ; ce sens est encore usuel dans les patois de l'Est. Les formes fr. et l'a. pr. *afan*, *afanar* s'accordent pour faire supposer un verbe lat. de basse ép. **afannare*, qui est probabl. formé sur le subst. lat. de basse ép. *afannae* « bagatelles, situation embrouillée », qui est lui-même empr. du grec *aphánnai* « chose obscure ». Les formes it. *affanno*, *-are* ont été rangées parmi les mots comp. avec la prép. *a.*

AHURIR, v. **hure.**

AIDER. Lat. *adjūtāre.* It. *aiutare*, esp. *ayudar.* — Dér. : **aide,** 842 *(Serments de Strasbourg : aiudha)*, développement parallèle au verbe ; le masc. n'apparaît pas clairement avant le XVIe s. ; **sous-aide,** 1586. — Comp. : **entr'aider (s'),** XIIe ; **entr'aide,** fin XIXe.

AÏE, 1473. Onomatopée.

AÏEUL, -E. Lat. pop. **aviŏlus*, *-a*, lat. class. *avus*, *avia* ; développement phonétique irrégulier, comme il arrive souvent dans les termes de parenté. Depuis le XVIe s., mot littéraire, v. **grand-père.** — Dér. : **bisaïeul,** 1428 (antér. *besaiol*, XIIIe) ; **tris-,** 1552, formé avec le préf. lat. *tri-* « trois fois » et l'*s* de *bisaïeul* ; **quadrisaïeul,** 1751 (Voltaire), formé avec le lat. *quadri-*, premier élément de mots comp., « quatre » et l'*s* de *bisaïeul*, *trisaïeul.*

AIGLE, XIIe *(egle et aigle).* Empr. de l'a. pr. *aigla*, ou refait sur le lat. *aquila*, l'aigle étant un oiseau rare ; on trouve parfois en a. fr. la forme régulière *aille*, qui existe encore dans la région alpine du franco-provençal. It. *aquila*, esp. *águila.* — Dér. **aiglon,** 1546.

AIGRE. Lat. pop. *ăcrus*, attesté à basse ép., lat. class. *ăcer*, propr. « pointu, pénétrant », qui a pris de bonne heure le sens d' « aigre », et s'est ainsi substitué à *acidus*, dont il n'y a que de faibles traces dans les langues romanes. *Aigre*, à côté d'*aire*, quelquefois attesté en a. fr., paraît dû à un développement particulier, cf. de même **maigre**, v. aussi **aigu.** It., esp. *agro* (esp. moderne *agrio*). — Dér. : **aigrelet,** XVIe ; **aigret,** XIIIe (en outre, jusqu'au XVIe s., subst. au sens de « verjus ») ; **aigreur,** XIVe (à cause de sa date récente, ne représente pas le lat. *acror*, qui subsiste ailleurs) ; **aigrir,** XIIe. — Comp. : **aigre-doux,** XVIe (L. de Baïf ; cf. « Il (L. de Baïf) a donné à notre langue ce beau composé « *aigre-doux* » Du Bellay *Défense*) ; **besaigre,** 1743. V. **vinaigre.**

AIGREFIN, « officier de fortune, chevalier d'industrie », 1672. Probablement emploi figuré du mot suivant ; il est possible aussi que le mot semblant composé des deux adj. : *aigre* et *fin*, s'est prêté de lui-même à une plaisanterie de ce genre.

AIGREFIN, sorte de poisson, 1393. Altération d'*aiglefin* ou *égle-*, encore dans les dictionnaires, antér. *esclefin(s)* et *esclevis*, XIVe, empr. du néerl. *schelvisch*, cf. all. *Schellfisch.*

AIGREMOINE, 1314 ; antér. *aegremone.* Altération, d'après *aigre*, d'*agrimoine*, du XIVe au XVIe s., empr. du lat. *agrimonia.* Celui-ci est une altération, d'après *ager* « champ », de *argimonia*, *argemonia*, autre forme plus latine de *argemone* (du grec *argemônê*, sorte de pavot, dér. de *argemon* « ulcère de la cornée » (de *argos* « blanc ») ; le nom de l'*argemônê* vient de ce qu'on l'employait pour soigner cette affection de la cornée.

AIGRETTE, 1375 (*egreste* « héron » ; sens moderne, 1553, Belon). Empr. du prov. *aigreta*, dér., par substitution de suff., de *aigron* « héron ».

AIGU. Lat. *ăcūtus.* D'abord *agu*, encore au XVIe s. (alors peut-être par latinisme) ; probabl. refait sur le lat., le développement régulier de *acūtus* l'ayant réduit à une forme trop mince *eu*, cf., le nom de lieu *Le Montheu* (Meurthe, *mons acutus* en 875) ; *agu* a réagi ensuite sur la forme des mots *aiguille*, *aiguillon*, *aiguiser* ; *aigu*, qui apparaît au XIIIe s., mais ne triomphe qu'au XVIe, fait également difficulté ; il est probabl. dû à un croisement avec *aigre;* en effet, *agu* et *aigu* ont souvent le sens d' « aigre », du XIIIe au XVIe s., cf. « d'autant aussi en est le vin plus fort et aigu » (Paré). It. *acuto*, esp. *agudo*. — Comp. : **suraigu,** 1727 ; v. **besaiguë.**

AIGUADE, 1552 (Rab.). Empr. du prov. *aigada* (de *aiga* « eau ») ; le sens du fr. n'est attesté par accident que par le prov. moderne *eigado; aigada* a d'autres sens : « inondation, etc. ».

AIGUAIL, XVIe, en outre *égail* (Ronsard). Empr. d'un parler de la région poitevine où *aiguail* est encore usuel au sens de « rosée » ; ce mot dérive non de *aigue* « eau » (la forme poitevine est *ève*), mais du verbe *aigailler* « faire de la rosée », extension de « (se) répandre, (s')éparpiller », empr. sous la forme *s'égailler*, v. ce mot.

AIGUE-MARINE, 1578. Empr. du prov. non attesté **aiga marina*, littéral. « eau de mer », v. **eau** ; dit de cette variété d'émeraude, à cause de sa couleur. — Ne peut pas être un comp. fr. d'*aigue* « eau », que la langue écrite a beaucoup employé du XIIe au XVe s., mais qui était disparu au XVIe s.

AIGUIÈRE, 1322. Empr. du prov. *aiguiera*, lat. pop. **aquāria*, cf. *vas aquarium* « pot à l'eau », Varron.

AIGUILLE. Lat. de basse ép. *acŭcŭla* « aiguille de sapin », dér. du class. *acus* (d'où l'it. *ago*). D'abord *aguille*, encore au XVIe s. ; *aiguille*, XVe, triomphe au XVIe s. Développement phonétique parallèle à celui d'*aigu*. La prononciation moderne, qui a succédé vers le XVIe s. à *aigu-lle*, est mal expliquée. It. *agucchia*, esp. *aguja*. — Dér. : **aiguillée,** XIIIe (J. de Meung) ; **aiguiller,** XIXe (au XIIIe s., au sens de « coudre »), dér. d'*aiguille*, terme de chemin de fer, d'où **aiguilleur,** 1859 ; **aiguillette,** XIIIe, d'où **aiguilleter,** 1549 ; **aiguillier,** XIIIe (G. de Lorris).

AIGUILLON. Lat. pop. *acŭleōnem*, acc. de *acŭleō (aculionis, Gloses de Reichenau)*, dér. du class. *acŭlĕus*, qui a laissé peu de traces. D'abord *aguillon*, encore au XVIe s., *aiguillon*, XIIIe ; développement phonétique parallèle à celui d'*aiguille*. Esp. *agujón*. — Dér. : **aiguillonner,** XIIe.

AIGUISER. Lat. pop. **acūtiāre* (cf. *acutiator* dans des gloses), lat. de basse ép. *acūtāre* (de *acūtus* « aigu »). D'abord *aguiser*, encore au XVIe s. ; *aiguiser*, XIIIe ; développement phonétique parallèle aux précédents. It. *aguzzare*, a. pr. *aguzar*. — Dér. : **aiguiseur,** XIVe ; **aiguisoir,** XVe.

AIL. Lat. *allium*. It. *aglio*, esp. *ajo*. Sur le lat. *allium* a été fait le mot récent **alliacé,** 1802.

AILE. Lat. *āla*. D'abord *ele*, écrit *aile*, XVe, d'après le mot latin. It., esp. *ala*. — Dér. : **ailé,** XIIe (sous la forme *alez*) ; **aileron,** XIVe *(aleron)* ; **ailette,** XIIe (Chrétien : écrit alors *el-*) ; **haleter,** XIIe, propr. « battre des ailes », puis « palpiter », avec *h* d'origine expressive, cf. encore aujourd'hui angevin, poitevin *daleter*, « battre des ailes ».

AILLEURS. Étymologie douteuse. Le lat. *aliōrsum* « vers un autre lieu », ne convient ni à la forme française (à cause de sa voyelle *eu*), ni à plusieurs formes romanes, par exemple portugais *alhures*. *Ailleurs* paraît formé d'*ailleur* avec *s* adverbial ; *aillour* n'a été relevé qu'une fois en a. fr., au XIVe s., mais *alhor* est fréquent en a. pr. à côté de *alhors*. On a supposé **aliōre*, issu de locutions telles que **in aliōre loco* « dans un autre lieu » faites sur *(in) superiore, interiore, exteriore (loco)*. Aujourd'hui dominant dans les parlers gallo-romans ; en outre, *autre part* ou *autre lieu* sont disséminés.

AILLOLI, 1837 (écrit alors *aillolis*). Empr. du prov. moderne *aioli*, comp. de *ai* « ail » et de *oli* « huile ».

AIMABLE. Lat. *amābĭlis*. D'abord *amable*, encore au XVIe s. (alors probabl. par latinisme) ; *aimable*, XIVe, d'après *aimer*. Esp. cat. *amable*. V. **amabilité, amiable.**

AIMANT. D'abord *ayement et aïmant; aimant* vers le XVIe s. Signifiait au moyen âge à la fois « aimant » et « diamant », au XVIe s., en outre « acier, métal très dur » (d'après le lat., v. la suite). Lat. *ădămās, -antis*, à la fois « fer très dur, acier et diamant » (du grec *adamas*, qui a les mêmes sens). *Aïmant*, comme l'a. pr. *aziman* « aimant, diamant » (d'où l'esp. *imán* « aimant ») exige une forme **adīmas, -antis* (dont l'*i* est dû à un développement normal, cf. *machina*, du grec *mâkhanâ*, et *olifant*, issu de *elephas*) et l'a. fr. *ayemant*, une forme **adiamas, -antis*, qui semble due à un croisement de *adamas* avec *diamas*. Cette dernière forme remonte au IVe s., si *diamas*, relevé dans des tablettes d'exécration de cette époque, comme nom de cheval, est le même mot, et elle passe pour une altération de **adimas*, par croisement avec des mots grecs commençant par *dia*, tels que *diaphanês* « transparent », v. **diamant.** L'emploi de *adamas* au sens de « pierre d'aimant » est propre au galloroman ; il vient des lapidaires où les deux pierres, la pierre d'aimant et le diamant, étaient signalées pour leur dureté. L'it. a repris le mot lat. *magnes*, d'où *magnete*, comme l'all. *Magnet* ; v. **magnésie, magnétique.** — Dér. : **aimanter,** 1386 *(aguilles aymentrees)*, d'où **aimantation,** XVIIIe (Buffon).

AIMER. Lat. *ămāre*. D'abord *amer*, refait sur les formes accentuées *aime*, etc. ; *aimer* a triomphé au XVIe s. ; n'ont survécu que le part. prés. **amant** (pris substantiv., 1180 ; sens moderne, au XVIIe s.) et le part. passé **amé** dans des formules surannées : « *Nos amés et féaux sujets* », etc. On a, en outre, des locutions des types *avoir cher*, en picard ; *avoir en gré*, en prov., comparables à l'it. *aver caro, voler bene*, *aimer* appartenant à une langue plus relevée. It., esp. *amar*. — Comp. : **entr'aimer (s'),** XIIe ; **bien-aimé,** 1417 *(bien-amé)*.

AINE. Lat. pop. **inguinem*, acc., au lieu du lat. class. *inguen*, *inguinis*, neutre. It. *inguine*, masc., esp. *ingle*, fém. ; a. pr. *engue*, masc.

AINE. Marc de raisin, en a. fr. *aisne;* aujourd'hui usuel dans la région rémoise. Lat. *acinus* « grain de raisin (et de tout autre fruit) ». Mot assez peu répandu : it. *acino*.

AÎNÉ, v. **naître.**

AINSI. D'abord *einsi*, auquel *ainsi* a succédé au XIVe s. ; *einsi* a été expliqué comme issu du croisement de deux adv. de même sens *ensi*, comp. de *en* et de *si*, usité surtout dans les parlers de l'Est, et de *eissi*, propre aux parlers occidentaux et normands, qui est considéré comme empr. de l'a. pr. *aissi* (lat. pop. **accu(m)sīc*, dont **accum* est une variante de *eccum* (pour *ecce*), due probabl. à l'influence de *atque*, v. **celui**), lequel aurait pénétré dans les parlers français par le Sud-Ouest. L'influence d'*issi*, autre adv. de l'a. fr., est moins probable, en raison de sa moindre vitalité. L'it. dit *cosi*, l'esp. *asi*.

AÏOLI, v. **ailloli.**

AIR, fluide. Lat. *aer* (du grec *aêr*). A souvent le sens de « vent » dans les parlers gallo-romans. It. *aria* (d'après une forme *aera*, acc. d'origine grecque, devenu subst. fém.), esp. *aire*.

AIR. Le sens « apparence extérieure » n'apparaît qu'au XVIe s. (Montaigne). — Il est né du sens premier à travers des étapes comme *l'air d'une cour* (où *air* est pris au sens de « atmosphère, ambiance »), dire *d'un certain air* « d'une certaine manière ». L'it. *aria* a développé le même sens.

AIR, « air chanté ». 1608. Empr. sémantique fait à l'it. *aria*, où le sens de « chant » est sorti de celui de « manière » par un développement comparable à celui de l'all. *Weise* « manière, mélodie », cf. aussi l'arabe *tab'* « nature, manière, ton musical ». Empr. également par l'esp. *aire*. V. **ariette.**

AIRAIN. Aujourd'hui surtout littéraire, à côté de *bronze* et de *cuivre*. Lat. pop. **arāmen*, issu par assimilation vocalique du lat. de basse ép. *aerāmen*, lat. class. *aes*, *aeris*, « bronze ». D'abord *arain*, encore au XVIe s., remplacé alors par *airain*, d'après le lat. It. *rame* « cuivre », esp. *alambre*, a. pr. *aram*.

AIRE. Lat. *ārĕa*, qui a aussi le sens d' « aire d'un oiseau ». It. *aia* « aire de grange », esp. *era*. En raison de l'existence de l'a. pr. *aire*, *agre* « nid » et « famille, extraction », qui représente le lat. *ager* « champ », on peut supposer que le genre masc. de l'a. fr. *aire* vient de la rencontre phonétique de *area* et *ager* au nord de la France. — Dér. : **airée,** XVe ; **airer,** contraction de l'a. fr. *aairier*, XIIIe. — Comp. **débonnaire,** vers 1080 (Roland : *de bon aire*, qui s'opposait à *de put aire*, *de mal aire*, *aire* étant souvent masc. en anc. fr.) ; le lat. *area* était déjà attesté chez Plaute au sens d' « aire d'oiseau », spécialisé en fr. au sens d' « aire des oiseaux de proie », notamment de l'aigle ; de « nid » on passe facilement à « nichée, couvée », d'où « race », puis aux sens cités plus haut.

AIRELLE, 1596. Empr. d'un parler de la région orientale du Massif Central, où cette forme est très usitée ; dér. d'un simple attesté par le prov. moderne *aire*, masc., du lat. *āter* « sombre, noir », pris substantiv. pour désigner l'airelle.

AIS. Très rare aujourd'hui sur tout le domaine gallo-roman (a. pr. *ais*), v. **planche.** Lat. pop. *axis*, altération, d'origine obscure, du lat. class. *assis*, un croisement avec *axis* « essieu » étant peu vraisemblable ; cette forme *axis* a pu contribuer à la disparition partielle de *axis* « essieu » en gallo-roman. L'it. *asse* peut représenter *assis* ou *axis*.

AISANCE ; AISE, *subst. Aise* représente le lat. pop. *adjăcē(n)s*, part. prés., pris substantiv., du verbe *adjăcēre* « être situé auprès », qui a pris le sens d' « environs », cf. *adjacentia*, plur. neutre, en ce sens chez Tacite ; *adjacens* sous des formes variées est fréquent dans des textes en lat. médiéval de la région du Massif Central pour désigner une dépendance territoriale ; de là, en fr., « commodité », etc. Malgré sa rareté relative en a. fr., *aisance* doit être considéré comme représentant de lat. *adjacentia* et non comme un dér. d'*aise*. A. pr. *aize* « proximité », etc. ; usuel, avec des sens divers, dans les parlers modernes. L'it. *agio* « aise » vient du fr. ou du prov., comp. **agio.** — Dér. : **aise,** *adj.*, XIIe, probabl. par l'intermédiaire de l'anc. locution adverbiale *a aise* « à son aise » ; **aisé,** XIIIe, part. passé du verbe *aisier ;* a absorbé *aaisié*, part. passé du verbe *aaisier* « mettre à l'aise », etc. ; d'où **malaisé,** 1530. — Comp. : **malaise,** XIIe.

AISSELLE. Lat. pop. **axĕlla*, lat. class. *axilla*. It. *ascella*.

AÎTRE, vers 1080 (Roland). Emprunt ancien (époque carolingienne) du lat. *atrium*, par la langue eccl.

AJONC, XIIIe. Empr. d'un patois de l'Ouest. Se retrouve, avec d'autres suffixes, dans le berrichon *ajou* (déjà a. fr.) et le gascon *gabarro*. Ces formes remontent à un radical **gabo-*, d'origine sans doute prélatine, et dont la signification doit avoir été « épine ».

AJOUR, v. **jour.**

AJOUTER, v. **jouter.**

AJUSTER, v. **juste.**

ALACRITÉ, 1495. Empr. du lat. *alacritas*, v. **allègre.**

ALAISE, v. **alèze.**

ALAMBIC, vers 1270 (J. de Meung). Empr., avec l'art de la distillation, par l'intermédiaire de l'esp. *alambique*, de l'arabe *al-anbiq* (lui-même emprunté du grec *ambix* « vase à distiller ») ; cf. de même it. *lambisco*. — Dér. : **alambiquer,** 1546 ; le plus souvent au sens fig.

ALANGUIR, v. **languir.**

ALARME, v. **arme.**

ALBÂTRE, XIIe (sous la forme *albastre*). En outre *alabastre, -austre* (d'origine obscure, de même latin médiéval *alabaustrum*), *alebastre*, encore au XVIe s., etc. Empr. du lat. *alabaster* et *-trum* (du grec *alabastros* et *-on*).

ALBATROS, 1666, d'abord *alcatrace*, 1588. Empr. du port. et esp. *alcatraz*, de l'arabe *ġaṭṭas*, nom d'un aigle marin, précédé de l'article arabe. En esp. le mot est attesté dès le XIVe s., ce qui exclut une origine américaine. En angl. le mot est modifié en *algatross*, puis en *albatross* (1681). Cette dernière forme est donc attestée d'abord en franç. ; elle doit son *-b-* à l'influence du lat. *albus* « blanc ». Ces mots désignent d'abord le pélican d'Amérique, mais les voyageurs portugais ont, par la suite, appliqué ce nom à l'albatros de l'océan Indien.

ALBERGE, 1546, en outre *auberge*, XVIe s. Empr., probabl. par l'intermédiaire d'un parler méridional, de l'esp. *albérchiga* (empr. lui-même du mozarabe *albérchiga*, qui vient du lat. *persica*, v. **pêche**). — Dér. : **albergier,** *id.*

ALBINOS, 1665. Empr. du mot hispano-portugais *albinos*, plur. de *albino*, dans l'expression *negros albinos* (traduite *nègres-blancs* par Buffon en parlant d'albinos de l'Amérique centrale), dite d'abord par les Portugais à propos des nègres blancs de la côte de l'Afrique occidentale. — Dér. : **albinisme,** 1822.

ALBUM, vers 1700 (Saint-Evremond) : « Ils (les gens de lettres allemands) se munissent d'un livre blanc bien relié, qu'on nomme « album amicorum », et ne manquent pas d'aller visiter tous les savants des lieux où ils passent et de le leur présenter, afin qu'ils y mettent leur nom » ; encore en ce sens dans l'*Émile* de J.-J. Rousseau ; d'où le sens moderne au XIXe s. Empr. de l'all. *Album*, lui-même d'un mot lat. (neutre de l'adj. *albus* « blanc ») qui désignait un tableau *(album praetoris)* ou une liste *(album judicum)*.

ALBUMINE, 1792. Empr. du lat. de basse ép. *albumen, -inis*, « blanc d'œuf ». — Dér. : **albumineux,** 1666 ; **albuminoïde,** 1857 ; **albuminurie,** 1838, créé par le médecin Martin Solon, avec le radical du verbe grec *ourein* « uriner ».

ALCADE, 1576 (*arcade* en 1323). Empr. de l'esp. *alcalde*, empr. lui-même de l'arabe *al-qâḍi*, v. **cadi.**

ALCALI, 1509 (écrit alors *alkalli*). Empr. de l'arabe *al-qaly* « soude ». — Dér. : **alcalin,** 1691 ; **alcaloïde,** 1827.

ALCARAZAS, 1798. Empr. de l'esp. *alcarraza*, empr. lui-même de l'arabe *al-kourrâz*, de même sens.

ALCHIMIE, XIVe. Formes variées jusqu'au XVIe s. : *alquemie*, XIIIe, *arquemie*, etc. Empr. du lat. médiéval *alchemia* (de l'arabe *alkîmiyâ*, d'origine grecque). On a pensé au grec *khymeia* « mélange de sucs » ; on préfère aujourd'hui *chemeia* « action de fondre du minerai » ; voir **chimie.** — Dér. : **alchimique,** 1547 (écrit alors *-ki*) ; **alchimiste,** 1532 (Rab. ; *archemiste* au XVe s.).

ALCOOL, XVIe (*alcohol* ; en outre *alk-* jusqu'au XVIIIe s.). Empr. du lat. des alchimistes *alkol, alkohol*, cf. « *Alkol* est purior substancia rei, segregata impuritate sua. Sic *alkol* vini est aqua ardens rectificata et mundissima », *Lexicon Alchimiae*, 1612 ; ce mot est à son tour empr. de l'arabe *al-koḥl* « antimoine pulvérisé », v. **kohl,** d'où, dans l'ancienne pharmacie, « toute substance pulvérisée et raffinée », d'où « liquide distillé », par une innovation de sens qu'on attribue à Paracelse (début XVIe). — Dér. : **alcoolat,** 1826 ; **alcoolique,** 1789 ; **alcooliser,** 1620 ; **alcoolisme,** 1852.

ALCÔVE, 1646. Empr. de l'esp. *alcoba*, empr. lui-même de l'arabe *al-qoubba* « petite chambre ». A passé du fr. dans les langues voisines, cf. all. *Alkoven*, angl. *alcove*.

ALCYON, 1553 (une 1re fois vers 1265). Empr. du lat. *alcyon* (du grec *alkyôn*).

ALE, 1512 ; du XIIIe au XVIe s. aussi *godale, goudale*. Empr. du moyen néerl. *ale* « sorte de bière douçâtre », et de *goedale*, propr. « bonne bière ». V. pour ce dernier **godailler.**

ALÉA, 1867 ; **aléatoire,** 1596. Empr. du lat. *alea* « coup de dé, chance », *aleatorius* « relatif au jeu », d'où le sens fr.

ALÈNE. Du germ. **alisna*, de même radical que l'all. *Ahle* (cf. anc. haut all. *alunsa, alansa* avec métathèse de *sn*). Empr. par le lat. probabl. avant l'invasion franque. It. *lesina*, esp. *alesna* a. pr. *alezena*. V. **lésine.**

ALÉNOIS. Seulement dans *cresson alénois*, 1546 (Rabelais). Altération de *cresson orlenois*, XIIIe c'est-à-dire *d'Orléans*.

ALENTOUR, v. **tour.**

ALÉRION, XIIe, au sens d' « oiseau de proie », surtout « aigle », jusqu'au XVIe s. ; *aleri-on*, en quatre syllabes, au moyen âge. Du francique **ađalaro* « aigle », correspondant à l'all. *Adler* (moyen haut all. *adel-ar*, qui signifie « aigle noble »). Le suffixe *-ion* s'explique par le fait qu'à côté des mots avec la terminaison *-o* le francique possédait souvent aussi des formes en *-io*. Une forme **ađalario* a dû donner dans le franç. prélittéraire **alairon*. Dans la longue période de bilinguisme on entendait côte à côte cette forme et le francique **ađalario*. De celui-ci la terminaison *-io* a passé sous la forme *-ion* au mot français. *Alérion* est donc un croisement de **alairon* et du francique **ađalario*.

ALERTE, XVIe (Rab. qui écrit *a l'herte* ; très usuel au XVIe s. sous les formes *a l'erte*. encore chez La Fontaine, ou *a l'airte*). Empr. de l'it. *all'erta*, propr. « sur la hauteur » (fém. pris substantiv. de *erto* « escarpé », du verbe *ergere* « dresser », lat, *ērĭgĕre*), cri d'appel de soldats de garde, etc. En outre, au XVIe s., joue le rôle d'adv, signifiant « prêt, vigilant », parfois « dehors ».

Devenu adj., écrit en un seul mot, XVIe ; subst. fém., XVIIIe (Buffon). — Dér. : **alerter,** fin XIXe.

ALÉSER, 1671. Continue a. fr. *alaisier* « élargir », lat. pop. **allātiāre* (de *lātus* « large »), qui survit dans le sens d' « agrandir des trous ou des parois de tuyaux ». Au part. passé, à côté de *alésé*, ausssi *alisé*, comme t. de blason, variante due à l'influence du verbe *lisser*, v. **lisse.** — Dér. : **alésage,** 1813 ; **alésoir,** 1671.

ALEVIN. Lat. pop. **allevāmen*, dér. du verbe *allevāre* « lever, soulager », qui a pris en lat. pop. le sens d' « élever (des enfants, des animaux) », cf. a fr. *alever*, en ce sens. On a dit d'abord *alevain*, changé de bonne heure en *-in* d'après *nourrin*, v. **nourrain.** — Dér. : **aleviner,** 1308 ; **alevinage,** 1690.

ALEXANDRIN. Terme de versification, vers 1430. Ce vers a été ainsi nommé, parce qu'il fut employé dans un poème du XIIIe s. sur Alexandre le Grand, dont le succès retentissant est encore attesté par les écrivains du XVIe s. (au début du XVe s. *rime alexandrine*).

ALEZAN, 1534 (Rab). Empr. de l'esp. *alazán*, de l'arabe d'Espagne *az'ár* « rougeâtre ».

ALÈZE, v. **laize.**

ALFA, 1848. Empr. de l'arabe *ḥalfâ*. A pénétré une première fois, au XVIIe s., sous la forme *aufe*, encore dans les dict. par l'intermédiaire du prov. *aufo*.

ALGARADE, 1508. Signifie d'abord « attaque brusque » ; sens moderne au cours du XVIIe s. Empr. de l'esp. *algarada* « cris poussés par des combattants », cf. aussi le verbe *algarear* « pousser des cris », dérivé de *algara* « troupe d'assaillants » et « attaque », empr. lui-même de l'arabe *al-ghâra* « attaque à main armée ».

ALGÈBRE, 1554. Empr. du lat. médiéval *algebra*, arabe *al-djabr*, propr. « réduction, réparation » (se dit aussi de l'art de remettre les membres démis, sens conservé par l'esp. archaïque, *algebra*, d'où *algebrista* « rebouteur »), d'où « réduction de l'arithmétique à une forme plus parfaite ». — Dér. : **algébrique,** 1743 (*algébraïque* de 1585 à l'*Encyclopédie*) ; **algébriste,** vers 1580.

ALGIDE, 1812. Empr. du lat. *algidus* « froid, glacé ».

-ALGIE, -ALGIQUE. Suff. de mots sav., tirés du grec *algos* « douleur ».

ALGUAZIL, 1555. Empr. de l'esp. *alguacil*, empr. lui-même de l'arabe *al-wâzir*, propr. « conseiller », v. **argousin** et **vizir.**

ALGUE, 1551. Empr. du lat. *alga*.

ALIAS, XVe. Adv. lat. signifiant « autrement, ailleurs », empr. par la langue jurid.

ALIBI, 1394. Empr. du lat. *alibi* « ailleurs », auquel le latin jurid. du moyen âge a donné son sens particulier. Au XVIe s., signifie souvent « ruse ».

ALIBORON. Presque toujours avec *maître*. Sens moderne d'après La Fontaine, *Fables*, I, 13 ; au XVIe s., désigne un homme qui se prétend très habile, le plus souvent avec un sens péjoratif. Au XVe s., surnom des apothicaires et des médecins tiré de l'a. fr. *aliboron* « hellébore » (empr. du lat. *helleborum*, avec accentuation française), cette plante servant au moyen âge de remède aux maladies les plus variées.

ALIDADE, XVIe. Empr. du lat. médiéval *alidada*, empr. lui-même de l'arabe *al-'idhâda*, de même sens.

ALIÉNÉ, « privé de sa raison », XIVe ; rare à d'autres formes verbales ; **aliénation,** XIVe (Oresme : *aliénation d'esprit*). Empr. du lat. *alienatus*, part. passé de *alienare* « égarer l'esprit » (usuel en ce sens surtout au part. ; de *alienus* « étranger » v. les suiv.) et du dér. usité surtout dans *alienatio mentis*, de là *aliénation d'esprit*, encore usité au XIXe s., et *aliénation mentale*. — Dér. : **aliéniste,** 1846.

ALIÉNER, terme juridique, XIIIe ; **aliénation,** *id.* Empr. du lat. jurid. *alienare*, *alienatio*, v. le préc. — Dér. : **aliénable,** 1523 ; **inaliénable,** 1593.

ALIÉNER, « rendre hostile », XIVe. Empr. du lat. *alienare*, qui a également pris ce sens.

ALIMENT, XIIe ; **alimentaire,** XVIe. Empr. du lat. *alimentum* (de *alere* « nourrir ») et du dér. *alimentarius*. — Dér. : **alimenter,** XIVe ; **alimentation,** 1412 ; **sur-,** fin XIXe.

ALINÉA, XVIIe (Balzac). Empr. du lat. médiéval *a linea*, formule employée jusqu'au début du XIXe s., en dictant, pour indiquer qu'il fallait aller à la ligne.

ALISE, 1118. En outre *alis*, masc., XIIe, et *alie*, fréquent au moyen âge, forme très répandue dans les patois contemporains. On a longtemps pensé à un emprunt du germ. **aliza*, cf. all. *Elsbeere* « alise » ; mais l'alisier étant un arbuste très répandu dans les régions montagneuses du Midi, il est plus probable que le mot est une survivance d'un gaulois **alisia*, formé avec un suffixe fréquent dans cette langue. Répandu sur tout le territoire gallo-roman. — Dér. : **alisier,** XIIIe.

ALITER, v. **lit.**

ALIZÉS, 1643. Du même radical que **lisse** ; *-z-* au lieu de *-ss-* s'explique par l'influence du même mot et *allīsus* qui a donné la voyelle *-i-* à cet adj. Cf. de même l'esp. *vientos alisios*.

ALKERMÈS, v. **kermès.**

ALLAITER. Signifie aussi « téter » au moyen âge et encore aujourd'hui en Bourgogne (d'où aussi chez Mme Colette). Lat. de basse ép. *allactāre* (M. Empiricus, Ve) « allaiter » ; a dû signifier aussi « téter », comme le simple *lactāre*. It. *allattare* « allaiter, téter », a. pr. *alachar* « allaiter ». — Dér. : **allaitement,** XIVe.

ALLÉCHER. Lat. pop. **allecticāre*, dér. du lat. class. *allectāre*, fréquentatif de *allicere* « attirer », etc. ; **allicicāre*, d'où vient le sarde *allicare*, est moins vraisemblable pour *allécher*, dont le prototype **allecticāre* est assuré par l'esp. *alechigar* « adoucir, apprivoiser » et par *allectāre*, conservé par l'it. *allettare*. L'étymologie populaire rapproche aujourd'hui *lécher*. — Dér. : **allèchement,** 1295.

ALLÉE, v. **aller.**

ALLÉGEANCE, terme jurid., 1669 (*alligeance* en 1651). Empr. de l'angl. *allegiance*, altération de l'a. fr. *lijance*, *liejance* « état d'un homme ou d'une terre lige ». L'initiale du mot angl. est due à une confusion avec *allegeance*, empr. du fr. *allégeance* « soulagement », v. le suiv., et qui avait également une acception jurid.

ALLÉGEANCE, « soulagement », v. le suiv.

ALLÉGER. Lat. de basse ép. (écrivains ecclésiastiques) *allĕviāre* (de *lĕvis* « léger »). It. *alleviare*, esp. *aliviar*, a pr. *aleujar*. — Dér. : **allège,** 1162 (attesté à cette date par le lat. médiéval *alegium*) ; **allégeance,** XIIe, « soulagement » ; aujourd'hui littéraire ; **allègement,** XIIe.

ALLÉGORIE, 1118 ; **allégorique,** 1470 (souvent au XVIe s. *-ic*). Empr. du lat. *allegoria*, *-icus* (du grec *allêgoria*, dér. du verbe *allêgorein* « parler par allégorie », de *allos* « autre » et de *agoreuein* « parler », c'est-à-dire « employer des termes autres (que les termes propres) », *allêgorikos*).

ALLÈGRE. Au moyen âge surtout *haliègre ;* aux XVe et XVIe s. *allegre* et *allaigre*. Lat. *ălăcer* « vif, prompt », etc., dont le développement présente des difficultés ; on suppose qu'il est devenu en lat. pop. **allcĕr*, *alecris* (génitif), d'où *alĕcrus*. L'*h* de l'a fr. paraît être d'origine expressive ; on l'a attribué à un croisement avec une forme germ. correspondante à l'all. *heil* « sain » ; quant au changement d'*-iegre* en *-egre*, il peut s'être produit d'abord dans les dér. It. *allegro* (d'où les termes de musique **allégro,** 1726, et **-etto,** 1751), a. pr. *alegre* (d'où l'esp. *alegre*). — Dér. : **allégresse,** XIIIe (écrit alors *alegrece*).

ALLÉGRO, v. le préc.

ALLÉGUER, 1283 (Beaumanoir) ; **allégation,** XIIIe. D'abord termes de droit. Empr. du lat. *allegare* « citer en exemple », et aussi « alléguer pour sa défense » en latin jurid., et du dér. *allegatio*.

ALLÉLUIA, XIIe. Empr. du lat. eccl. *(h)alleluia*, transcription de l'hébreu *hallelou-yah* « louez l'Éternel », qui commence et termine plusieurs psaumes, 105, etc.

ALLER. Lat. *ambŭlāre*, propr. « se promener » ; est entré en concurrence, dans la langue familière (déjà dans les lettres de Cicéron), avec *īre*, qui survit dans le futur et le conditionnel *ir-ai*, *ir-ais*, et *vadĕre*, qui survit dans les formes d'indic. prés. *vais*, *vas*, *va*, *vont*, et l'impér. *va*. La réduction anormale de *ambulare* a dû se produire dans les commandements militaires, ainsi * *allate*, altération de *ambulate* (on a relevé en ce sens l'impér. sing. *ambula*, et, chez Végèce, IVe s., *ambulare* au sens de « marcher au pas »). L'emploi de *ambulare* au sens général d' « aller » a été signalé chez des écrivains de la Gaule, saint Avit et Grégoire de Tours, VIe s., *Gloses de Reichenau*, IXe (4 fois *alare*). On a en outre constaté dans une traduction des *Lettres du Pape Clément Ier aux Corinthiens*, un emploi des formes de *vadere* correspondant à celui du français, *ambulare* y étant, pour les autres formes, le verbe usuel. Dans le domaine gallo-roman *aller* est la forme des parlers septentrionaux et du franco-provençal, *anar* celle des parlers méridionaux (déjà a. pr.) au sud de la ligne allant de l'embouchure de la Gironde, en passant au nord du Massif Central, jusqu'au nord des Hautes-Alpes (traces au nord de cette ligne) ; les formes de *ire* et de *vadere* correspondent à peu près à celles du fr. It. *andare*, esp. *andar*, probabl. lat. pop. **ambitāre*, fréquentatif de *ambīre* « aller autour ». En outre, it. *gire*, esp. a. pr. *ir* et des formes de *vadere* à peu près comme en fr. V. **ambler.** — Dér. : **allée,** XIIe, de bonne heure au sens de « voie », **contre-,** 1700 ; **allure,** XIIe ; **préalable,** XIVe, avec le préf. lat. *prae* et l'anc. adj. *alable* « où on peut aller », sur le modèle du lat. de basse ép. *præambulus* « qui précède ». — Comp. **va-et-vient,** 1765 ; **va-tout,** XVIIe.

ALLEU. Terme de droit féodal. D'abord *alue*, XIIe, parfois *aluef*, comme *fief*. Du francique **al-ôd* « propriété complète », formé de **al* « tout », cf. all. *all*, et de **ôd* « bien », cf. vieux saxon *ôd*. Transcrit *alodis* dans la *Loi Salique* et *allodium* dans la *Loi des Longobards* et le lat. médiéval, d'où it. *allodio* et esp. *alodio*. Du lat. médiéval *allodialis* vient **allodial,** 1463.

ALLIACÉ, v. **ail.**

ALLIER. En outre, en a. fr. *aleier*, *aloier*, v. **lier.** Au sens de « combiner des métaux », déjà fin XIIe. Lat. *allīgāre* (de *līgāre* « lier (au physique et au moral) »). It. *allegare* « faire un alliage, etc. », esp. *allegar* « réunir ». — Dér. : 1° d'après le sens de « unir (par un traité) » : **alliance,** vers 1150 ; **mésallier,** 1510, d'où **mésalliance,** XVIIe ; **rallier,** vers 1080 *(Roland)*, d'où **ralliement,** XIIe ; 2° d'après le sens de « combiner des métaux » : **alliage,** 1515 ; **aloi,** vers 1260, tiré de la forme anc. *aloier* ; propr. « alliage », sens vieilli depuis le XVIIe s.

ALLIGATOR, 1663. Empr. de l'angl. *alligator*, altération, d'après le lat. *alligare*, par interprétation savante, de l'esp. *el lagarto* « le lézard » (cf., parmi de nombreuses formes altérées, *aligarto*, 1591), appliqué au crocodile d'Amérique ; de même le port. *lagarto* désigne le crocodile d'Afrique et d'Asie.

ALLO. Empr. de l'anglo-américain *halloo*. Le fr. *allons*, essayé vers 1880, a été probabl. suggéré par l'anglo-américain *halloo*, d'origine onomatopéique.

ALLO-. Premier élément de mots comp. sav., tels que **allotropie,** 1855, tirés du grec *allos* « autre ».

ALLOCATION, 1478. Formé d'après *location*, pour servir de nom d'action à *allouer*.

ALLOCUTION, 1835, au sens moderne (une première fois au XIIe s.). Aux XVIIe et XVIIIe s., seulement en parlant de la harangue d'un général romain à ses troupes. Empr. du lat. *allocutio*, dérivé de *alloqui* « haranguer ».

ALLODIAL, v. **alleu.**

ALLOPATHIE, créé vers 1800 par le médecin allemand Hahnemann, en même temps que son opposé *homéopathie*.

ALLOTIR, v. **lot.**

ALLOUER. Au moyen âge signifie aussi « placer, prendre en location, dépenser », etc., sens disparus avant le XVIIe s. Lat. de basse ép. *allŏcāre*, propr. « placer », qui a dû signifier aussi « louer », comme *lŏcāre*, v. **louer.** It. *allogare* « placer, donner en location ».

ALLUMER. Lat. pop. **allūmĭnāre*, comp. du lat. class. *lūmĭnāre* « éclairer » (de *lūmen*, « lumière »), sens attesté en a. fr. et encore usuel dans les patois de l'Est. A pris de très bonne heure le sens de « mettre le feu à », éliminant peu à peu *esprendre*, v. aussi **affouage.** Dominant dans les parlers gallo-romans ; survivances d'*affouer* et d'*esprendre*, Lorraine et région de la Suisse romande ; plusieurs concurrents dans les parlers méridionaux, notamment *aluca* dans le Sud-Ouest, *activa* et *aviva*, dans le Sud-Est. It. *alluminare*, esp. *alumbrar*, a. pr. *alumenar*, tous au sens d' « éclairer ». — Dér. et Comp. : **allumette,** 1213 ; **allumage,** 1845 ; **allumeur,** 1540 ; **allumoir,** 1876 ; une première fois au XIVe s., au sens d' « éclair » ; **rallumer,** XIe *(Saint Alexis)* ; **allume-feu,** fin XIXe.

ALLUSION. Sens moderne, 1690. Antér. « badinage, jeu de mots », 1574. Empr. du lat. de basse ép. *allusio*, qui a les deux sens, dér. de *alludere* « badiner, faire allusion ». — Dér. : **allusif,** 1770.

ALLUVION, 1690 (Fontenelle), au sens moderne ; antér. « débordement », 1527. Empr. du lat. *alluvio*, qui a les deux sens, dér. de *alluere* « baigner ». — Dér. : **alluvial,** 1830.

ALMANACH, 1303 (en 1328 *anemalhac*). Empr. du lat. médiéval *almanach*. Empr. de l'arabe d'Espagne *manâh*, d'origine incertaine ; la source du mot paraît être le syriaque *l-manhaï* « en l'année prochaine », qui a probabl. servi aussi à désigner des tables du temps publiées au commencement d'une année lunaire. En passant à l'arabe la prép. syriaque *l-* a dû être confondue avec l'article arabe *al*, d'où le mot arabe *al-mânakh*, attesté en Espagne, qui a été l'intermédiaire. *Almanach* est devenu européen : it. *almanacco*, all. *Almanach*, etc.

ALMÉE, 1785. Passe pour être empr. de l'arabe oriental *'âlmé*, part. fém. du verbe *'alima* (en arabe class.) « savoir », propr. « savante », les almées ayant été instruites dans l'art de la danse, du chant et de la poésie.

ALOÈS, vers 1175. En outre *aloe*, XIIIe, encore au XVIe s. Empr. du lat. *aloes* (propr. génitif du mot grec *aloê*), qui apparaît comme nominatif au VIe s. à côté de *aloe*.

ALOI, v. **allier.**

ALOPÉCIE, 1538, antér. *alopicie*, 1377, *alopice*, XIVe. Empr. du lat. *alopecia* (du grec *alôpekia*, dér. de *alôpêx* « renard », la chute des cheveux ayant été comparée à la chute annuelle des poils chez le renard).

ALORS, v. **lors.**

ALOSE. Lat. de la Gaule *alausa* (Ausone), du gaulois (qui a également pénétré dans le germ., d'où l'all. *Alse*). Esp. *alosa*, prov. moderne *alauso*.

ALOUETTE, XIIe. Dimin. d'*aloe*, encore au XVe s., lat. *alauda*, d'origine gauloise. It. *allodola*, esp. *alondra*. V. **aloyau.**

ALOYAU, 1393 (*allouyaux de beuf*, dans le *Ménagier*). Probabl. emploi fig. d'*aloel* « alouette », dér. d'*aloe*, v. **alouette** ; aurait désigné d'abord de petits morceaux de bœuf garnis de lard et cuits à la broche comme des alouettes, puis le morceau de viande de bœuf qu'on préférait pour ce mets.

ALPAGA, 1716 (*alpaque* ; 1739, *alpaca* ou *alpague*). Empr. de l'esp. d'Amérique *alpaca*, empr. lui-même de *allpaca* du quetchua, langue indigène du Pérou.

ALPESTRE, XVIe (dans des traductions de l'it.). Empr. de l'it. *alpestre*, dér. de *Alpe* « Alpes ». V. **alpin.**

ALPHA. XIIe. Empr. du lat. *alpha*, v. le suiv.

ALPHABET, vers 1395. Empr. du lat. de basse ép. *alphabetum*, comp. de *alpha* et de *bêta*, les deux premières lettres de l'alphabet grec. Le terme pop. est, depuis le **XVe s.** et encore dans beaucoup de régions *croix (de) par Dieu*, beaucoup d'abécédaires portant sur la reliure une croix (de là l'habitude, en Savoie, de lire l'alphabet *croix par Dieu*, *a*, *b*, *c*, etc.). — Dér. : **alphabétique,** XVe ; **analphabétisme,** XXe (par l'intermédiaire de l'it.), d'où **analphabète,** *id.* (déjà créés une première fois au XVIe s.).

ALPIN, XIIIe, rare avant 1796 (de Saussure). Empr. du lat. *alpinus*, dér. de *Alpes*, v. *alpestre*. — Dér. **alpinisme,** fin XIXe ; **alpiniste,** *id.*

ALPISTE, 1617. Empr. de l'esp. *alpista* « blé des Canaries », d'origine inconnue.

ALTERCATION, 1289, d'abord terme jurid. signifiant « désaccord, débat » ; emploi moderne au XVIe s. ; avant le XVIIe s. concurrencé par *altercas*, tiré d'*alterquer*, empr. du lat. *altercari*. Empr. du lat. *altercatio*, dér. de *altercari*.

ALTER EGO, 1845. Locution lat. signifiant « un second moi-même » (chez Cicéron).

ALTÉRER, « changer (ordinairement de bien en mal) », XIVe (Oresme) ; **altération** « changement (en général) », XIIIe, sens maintenu jusqu'au XVIe s. ; a suivi ensuite le sens du verbe. Empr. du lat. de basse ép. *alterare* « changer, empirer » (de *alter* « autre ») et du lat. médiéval *alteratio*. — Dér. : **altérable,** XIVe ; **inaltérable,** *id.* (Oresme).

ALTÉRER, « exciter la soif », XVIe. Issu d'*altérer* au sens d' « exciter, irriter », fréquent autrefois, issu lui-même, par développement propre au fr., du préc. — Dér. : **désaltérer,** 1549.

ALTERNE, XVe ; **alterner,** XIIIe. Empr. du lat. *alternus* « alternatif », *alternare*, trans. et intrans. (de *alter* « autre »). — Dér. : **alternance,** 1830 ; **alternatif,** XIVe, **alternative,** 1401, comme terme de droit eccl. ; sens moderne au XVIIe s.

ALTESSE, 1500. Signifie souvent alors « élévation ». Empr. de l'it. *altezza* ou de l'esp. *alteza*, dér. de *alto* « haut ».

ALTIER, XVIe. Peu usuel avant le XVIIe s. Empr. de l'it. *altiero* « fier » et aussi « orgueilleux », autre dér. de *alto*, v. le préc.

ALTITUDE, 1485. Empr. du lat. *altitudo* « hauteur », dér. de *altus* « haut ».

ALTO, 1771. Empr. de l'it. *alto* « haut » ; l'it. dit *viola alta ;* on a pris la forme *alto*, sans doute à cause du genre de *violon*.

ALTRUISME, v. **autrui.**

ALUMINE, 1782 (G. de Morveau). Dér. sav. du lat. *alumen*, *-inis*, « alun ».

ALUMINIUM, 1819 (*aluminon* en 1813). Formé par l'Anglais Davy vers 1812, d'après le lat. *alumen*, ce métal provenant de a terre alumineuse.

ALUN. Lat. *alūmen*. It. *allume*, esp. *alumbre*.

ALVÉOLE, 1519. Empr. du lat. *alveolus*, qui a des acceptions techn. diverses, propr. « auge », dimin. de *alveus* « cavité, ruche ». — Dér. : **alvéolaire,** 1751.

AMABILITÉ, 1671. Empr. du lat. *amabilitas*, pour servir de nom abstrait à *aimable*. En a. fr., *amableté* et *amiableté* ont été peu usuels.

AMADOU, 1723, mais déjà *amadoue*, sorte de drogue, 1628 *(Jargon de l'Argot Reformé)* et *amadouoil* « frottait avec l'amadou », 1546 (Rab). Empr. du prov. *amadou* « *id.* », propr. « amoureux », dit de l'agaric amadouvier à cause de sa facilité à s'enflammer. — Dér. : **amadouer,** 1538 ; les textes précédents appuient l'opinion d'après laquelle *amadouer* a d'abord été un terme de l'argot des gueux, qui se frottaient avec de l'*amadoue*, nom donné à diverses préparations pour se jaunir le teint et exciter ainsi la pitié. L'explication ordinairement admise qui voit dans ce verbe un dér. du prov. *amadou* au sens propre d' « amant, ami », et qui aurait signifié « rendre ami », se heurte au fait que ce verbe n'existe pas dans les parlers prov. (sauf sous une forme récemment empruntée). Quant à *amidouler* du picard où on a voulu voir le prototype d'*amadouer*, et qu'on a interprété comme un dérivé d'*ami doux*, c'est une altération d'un verbe dér. d'*amiable*, qui a été provoquée par *amadouer*.

AMALGAME, XVe. Empr. du lat. des alchimistes *amalgama*, très probabl. empr. de l'expression arabe *'ámal al-djam'a* « œuvre de l'union charnelle », dont le *-dj-* était souvent écrit *-g-*. Les alchimistes comparent souvent l'alliage du mercure avec un métal à une copulation. La forme simple *algame* est attestée en 1611. — Dér. : **amalgamer,** XIVe.

AMAN, 1838. Mot arabe de l'Afrique du Nord *amân* « sécurité, protection » ; ne se dit qu'en parlant des Arabes. Se trouve déjà chez Voltaire (*Charles XII*, liv. VI : « l'autre (un janissaire) lui demanda pardon en criant amman »).

AMANDE. En outre au moyen âge *alemand(l)e* et *amandre* (encore au XVIe s. ; forme restée provinciale). Lat. pop. attesté à basse ép. *amandŭla* (lat. class. *amygdăla*, grec *amygdalê*), qui paraît être venu, par le Dauphiné et le Lyonnais, de l'Italie où existe la forme correspondante *mandorla*. Viennent d'autres formes plus ou moins altérées, l'esp. *almendra* et l'a. pr. *amela*, prov. *amelo*. — Dér. : **amandier,** 1372, antér. *alemandier*, XIIe.

AMANT, v. **aimer.**

AMARANTE, 1544. Empr. du lat. *amarantus* (du grec *amarantos*).

AMARRER, XIIIe. Empr. du néerl. *aanmar(r)en*, de même sens. Usité, au sens général d' « attacher », dans les parlers normands et de l'Ouest, et surtout près des côtes. Du fr. viennent l'it. *amarrare* et l'esp. *amarar*. — Dér. : **amarrage,** 1573 ; **amarre,** XIIIe ; **démarrer,** 1491 ; **démarrage,** 1721.

AMAS, AMASSER, v. **masse.**

AMATEUR, 1488. Empr. du lat. *amator* « celui qui aime, partisan ». A remplacé l'a. fr. *ameor*, usuel jusqu'au XVe s., non seulement au sens d' « amoureux », mais avec celui de « qui aime (la paix, le bien) ». Le sens de « celui qui aime les arts sans les pratiquer » date du XVIIe s. (1680). Le mot a passé en anglais au XVIIIe s. au sens de « celui qui exerce un sport par dilettantisme ». Dans cet emploi il est ensuite revenu en France, où il est attesté depuis 1898. — Dér. : **amateurisme,** 1898, notamment d'après le sens d'*amateur*, opposé à *professionnel*, dans la langue des sports.

AMATIR, v. **mat.**

AMAUROSE, XVIIe ; au XVIe s. *amaphrose*, d'après la prononciation du grec moderne. Empr. du grec *amaurôsis* « *id.* », propr. « obscurcissement » (de *amauros* « obscur »).

AMAZONE, XIIIe (comme nom propre, rare avant le XVIe s.). Employé au sens fig., 1728 (Voltaire) ; « femme qui monte à cheval », vers 1610 (E. Pasquier). Empr. du lat. *Amazon* (du grec *Amazôn*), ordinairement plur., pour désigner des femmes guerrières qui, d'après la légende, vivaient sans hommes, dans le Pont, la Scythie ou la Lybie.

AMBAGES, XIVe (Bersuire). Empr. du lat. *ambages* « subterfuges ».

AMBASSADE, 1387 ; **ambassadeur,** vers 1366, *embassator*, XIIIe. Jusqu'au XVIe s., surtout, « député, envoyé ». Empr. de l'it.

ambasciata, *-atore*. *Ambassee* (d'où l'angl. *embassy*), *-eor*, de l'a. fr., XIIIe et XIVe s., en sont des adaptations plus francisées (on les relève surtout dans des textes d'origine italienne, Brunetto Latini et la traduction de Marco Polo). Les mots it. viennent (comme l'esp. *embajada*, *-ador*) des formes prov. *ambaissada*, *-ador* (et *emb-*), dér. d'un simple non attesté **ambaissa*, correspondant au lat. médiéval *ambactia* (*ambascia*, *Loi des Burgondes*, « service qu'on tire d'une bête » ; *in ambascia regis*, *Loi Salique*, « au service du roi »), d'origine germ., cf. le gotique *andbahti* « service, fonction » (anc. haut all. *ambahti*, *ambaht*, d'où all. *Amt* « fonction »), dér. de *andbahts* « serviteur, fonctionnaire », qui est lui-même empr. du celtique, cf. gaulois **ambactos* « client, serviteur », transcrit *ambactus* par Ennius et César. — Dér. : **ambassadrice,** 1631 (fin XVIe s., *embasciatrice*).

AMBESAS, v. **as.**

AMBIANT, 1538. Empr. du lat. *ambiens*, part. prés. du verbe *ambire* « entourer ». — Dér. : **ambiance,** 1885.

AMBIDEXTRE, 1547 (Budé). Empr. du lat. de basse ép. *ambidexter*, comp. du préf. *ambi* « double » et de *dexter* « droit ».

AMBIGU, 1495 ; **ambiguïté,** XIIIe, rare avant le XVIIe s. Empr. du lat. *ambiguus* (du verbe *ambigere* « être indécis, incertain »), *ambiguitas*.

AMBITION, XIIIe ; **ambitieux,** *id.* Jusqu'au XVIIe s., surtout « intrigue, intrigant ». Empr. du lat. *ambitio*, qui a, entre autres, le sens du fr. (du verbe *ambire* « entourer », d'où « rechercher, briguer »), *ambitiosus*. — Dér. : **ambitionner,** fin XVIe (d'Aubigné : « je lui appris... à dire... *ambitionner* »).

AMBLE, vers 1200. Dér. de l'anc. verbe *ambler* (encore dans les dictionnaires), sans doute empr. de l'a. pr. *amblar* (de même sens, cf. de même it. *ambiare*), lat. *ambŭlāre*, propr. « se promener » (on trouve déjà chez Végèce le dér. *ambulatura* « amble ») ; il est, en effet, difficile de rattacher *ambler* directement à *ambulare* qui a donné en fr. *aller*.

AMBRE, vers 1260. Empr., probabl. par l'intermédiaire du lat. médiéval *ambar*, de l'arabe *'anbar*, propr. « ambre gris ». It. *ambra*, all. *Ambra*, angl. *amber*, etc. — Dér. : **ambrer,** 1651 ; **ambrette,** 1671 (une 1re fois *amblete* au XIIIe s.).

AMBROISIE, XVe, en outre XVIe, *ambrosie* et *ambroise* ; cette dernière forme encore chez La Fontaine. Empr. du lat. *ambrosia* (du grec *ambrosia* « nourriture des dieux », cf. *ambrotos* « immortel »). Désignait aussi en grec et en lat. diverses plantes, d'où le fr. *ambroisie*, au moyen âge *ambroise*, XIVe, « sorte de plante aromatique ».

AMBULANT, 1558 (Rabelais) ; **ambulatoire,** 1497. Empr. du lat. *ambulans*, part. prés. de *ambulare* « se promener », v. **aller,** *ambulatorius* « mobile, etc. ». — Dér. : **ambulance,** sens moderne, 1795, d'après *hôpital ambulant*, 1762, antér. *hôpital ambulatoire*, 1637 ; attesté dès 1752 au sens de « fonction de receveur ambulant » ; d'où **ambulancier,** 1870.

ÂME. D'abord *anima*, Xe s. *(Saint Léger, Eulalie)*, *aneme*, XIe *(Saint Alexis)*, d'où *anme*, *âme*, et, en outre, en a. fr., *alme* et *arme*. Lat. *ănĭma*. De par son sens religieux ou philosophique, a toujours été influencé par le lat. écrit. It. *anima*, esp. *alma*.

AMÉ, v. **aimer.**

AMÉLIORER, 1437. Réfection, d'après le lat. *melior* « meilleur », de l'a. fr. *ameillorer*, XIIe, dér. de *meillor*, forme anc. de *meilleur* ; au XVIe s. *ameilleurer* et *-ir* (d'où *améliorir*, 1558-1686). — Dér. : **amélioration,** XVIIIe, une première fois en 1421, a de même éliminé des dér. en *-ement* : *amellorissement*, 1386 (*amélior-* encore dans les dictionnaires), *ameliorement* fin XVe.

AMEN, 1138. Empr., par l'intermédiaire du lat. eccl. *amen* (en grec *amên*), de l'hébreu *amen* « ainsi soit-il », qui termine souvent les prières, cf. notamment le psaume 41, etc.) ; v. **alléluia.**

AMENDEMENT, 1789 (au sens politique). Le subst. a passé du franç. en angl. au sens de « amélioration ». En anglais, le parlementarisme lui a fait prendre le sens de « altération d'une loi devant le parlement », sens dont s'est emparée tout de suite l'Assemblée Nationale au moment de la Révolution.

AMENDER. Lat. *ēmendāre* « corriger, châtier » dans le lat. jurid., et aussi « amender une terre » (dér. de *menda*, *mendum* « faute »), avec un changement de préf. très anc. ; cf. de même it. *ammendare*, a. pr. *amendar* et, avec un autre préf., esp. *enmendar*. — Dér. : **amende,** XIIe (*emmende* « réparation », cf. *amendes honorables*, 1390 ; « sanction pécuniaire », XIVe) ; **amendement,** XIIe, au sens général d' « amélioration » jusqu'au XVIIe s.

AMÈNE, XIIIe ; **aménité,** XVe. Empr. du lat. *amoenus*, *amoenitas*.

AMENUISER, v. **menuisier.**

AMER. Le masc. semble devoir au fém le maintien de sa consonne finale dans la prononciation. Lat. *amārus*. It. *amaro*. — Comp. : **douce-amère,** 1752.

AMERRIR, v. **mer.**

AMERS, 1683. Du normand *merc*, masc., « borne de séparation », empr. du néerl. *merk* « limite ».

AMERTUME. Lat. *amāritūdĭnem*, acc. de *amāritūdō*, avec une substitution de suff. qui se retrouve dans tous les mots terminés en *-tūdĭnem*, cf. *coutume* ; le radical est refait d'après *amer*. Seulement fr. L'a. fr. a en outre *amerté*, lat. de basse ép. *amāritās*, et une autre forme *amertor* ; les autres langues ont des formations variées.

AMÉTHYSTE, XIIe (écrit *ametiste*) ; du XIVe au XVIIe s., en outre *amat(h)iste*, comme l'it. et l'esp. *amatista*. Empr. du lat. *amethystus* (du grec *amethystos*, de *methuein* « s'enivrer » et du préf. négatif *a-*, parce que cette pierre passait pour préserver de l'ivresse).

AMEUTER, v. **meute.**

AMI, AMIE. Lat. *amīcus, -a.* De l'a. fr. *m'amie*, encore chez Molière, est issu *ma mie*, d'où *mie*, déjà médiéval, souvent usité aux XVIIe et XVIIIe s., comme terme enfantin pour désigner une gouvernante ; aujourd'hui vieilli. It. *amico, -a*, esp. *amigo, -a.*

AMIABLE. Aujourd'hui seulement jurid. (sens attesté dès 1402 ; jusqu'au XVIe s., très rarement après, « aimable »). Lat. de basse ép. *amīcābĭlis*, dér. de *amīcus* « ami ».

AMIANTE, 1551. Empr. du grec *amiantos*, de même sens, propr. adj. signifiant « pur, incorruptible » (du verbe *miainein* « corrompre »).

AMICAL, 1735 (Marivaux). Empr. du lat. de basse ép. *amicalis.* Adapté une première fois en *amial*, au XIIe s.

AMICT, XIIe (sous la forme *emit*, au moyen âge ordinairement *amit*). Empr. du lat. eccl. *amictus*, en lat. class. « manteau, voile, etc. ».

AMIDON, 1302. Empr. du lat. médiéval *amidum*, d'après la prononciation du lat. au moyen âge (v. **dicton**), altération du lat. class. *amylum* (du grec *amylon*, littéral. « qui n'est pas moulu », de *mylê* « meule ») ; même altération dans les autres langues : it. *amido*, esp. *almidón* (probabl. empr. du fr.). — Dér. : **amidonner,** 1581.

AMIRAL. Ne paraît pas, sous cette forme, être antérieur au XVIe s. Au moyen âge, formes variées : *amiré, -raut, -rant* (encore au XVIe s.), *-ail (id.)* ; cf. de même it. *ammiraglio*, esp. *almirante.* Empr. de l'arabe *amîr* « chef », avec une terminaison mal éclaircie. Signifie d'abord « chef des Sarrazins ». A pris le sens de « chef d'une flotte » à la cour des Normands de Sicile. La forme *admiral*, usuelle au XVIe s., est attestée dans un texte français écrit en Angleterre (1305) ; il s'y rattache aussi l'angl. *admiral* et l'all. *Admiral.* — Dér. : **amirauté,** XIVe.

AMITIÉ. Lat. pop. **amīcĭtātem*, acc. de **amīcĭtas*, au lieu du lat. class. *amīcitia.* L'it. *amistà* et l'esp. *amistade* viennent du prov.

AMMONIAQUE, 1787 (G. de Morveau, qui a dit d'abord *-ac*, 1782). Fém., pris substantiv., de l'anc. adj. *ammoniac*, XVIe (en outre *arm...*, 1256, et jusqu'au XVIIe s.), qui désignait un sel ou une gomme, mot empr. du lat. *ammoniacum* (du grec *ammôniakon* qui désignait déjà ces produits, qu'on recueillait près du temple de Jupiter Ammon, en Lybie). — Dér. : **ammoniacal,** 1748 (au sens moderne).

AMMONITE, 1752. Dér. sav. du lat. *Ammon* (du grec *Ammôn*), à cause de la ressemblance de la volute de l'ammonite avec les cornes de Jupiter Ammon, représenté sous la forme d'un bélier.

AMNÉSIE, 1803. Empr. du grec *amnêsia* (de *a* privatif et d'un élément se rattachant au verbe *memnêsthai* « se souvenir ») « oubli » en vue d'un sens spécial.

AMNISTIE, 1546, en outre au XVIe s., *amnestie.* Empr. du grec *amnêstia* « pardon, amnistie » (du verbe *mnâsthai* « se souvenir »), avec *i* dû à la prononciation du grec byzantin et médiéval. — Dér. : **amnistier,** 1795.

AMODIER, 1283 (Beaumanoir). Empr. du lat. médiéval *admodiare* « donner à ferme moyennant une redevance en nature » (de *modius* « boisseau »). Devenu assez fréquent dans les parlers pop. au sens de « louer ». — Dér. : **amodiation,** 1508 (une première fois en 1419, mais dans un autre sens et formé sur le subst. *modus*).

AMOME, 1213. Empr. du lat. *amomum* (du grec *amômon*) ; v. **cardamome.**

AMORCE, XIIIe *(amorse)* ; v. **morceau.** Fém., pris substantiv., du part. passé de l'anc. verbe *amordre* « mordre, faire mordre », d'où « attirer », encore usité au XVIe s., lat. pop. **admŏrdĕre*, lat. class. *admŏrdēre*, conservé seulement en fr. — Dér. : **amorcer,** XIVe ; **amorçage,** 1838 ; **désamorcer,** 1864.

AMORTIR. Au moyen âge à la fois « tuer » et « mourir » ; en outre « rendre comme mort » (encore au XVIe s., d'où « mortifier en faisant macérer », vers le XVIe s. et le sens techn. de la langue moderne, à partir du XVIIe s.), et, spécial. avant la Révolution, « concéder à titre de mainmorte ». Lat. pop. **admŏrtīre*, qui a dû signifier « rendre comme mort » (de *mortus* « mort »). It. *ammortire*, de sens analogues. — Dér. : **amortissable,** 1465 *(rente...)*, très rare avant le XIXe s. ; **amortissement,** 1263, sens parallèle au verbe.

AMOUR. Empr. de l'a. pr. *amor*, grâce à l'influence des troubadours et de leur conception des rapports entre homme et femme. Le représentant fr. du lat. *amor* vit encore dans le picard *ameur*, au sens déprécié de « rut ». Le genre de *amour* est probabl. dû à l'influence du lat., surtout grâce au nom de Dieu *Amor.* It. *amore*, esp. *amor.* — Dér. et Comp. : **amourette,** XIIe ; **enamourer (s')** XVe (mais déjà au XIIe s., comme trans.) ; **amour-propre,** 1613 ; **mamour,** 1608 (Régnier) ; d'abord *m'amour*, c'est-à-dire avec *ma* élidé, *amour* ayant été surtout fém. jusqu'au XVIIe s., v. *mamie*, sous **ami.**

AMOURACHER (s'), 1559 ; mais on a antér. les dér. *amouracherie*, 1414 (dans une traduction de Boccace), *-achement*, 1545, fréquent dans des traductions italiennes. Empr. de l'it. *amoracciare*, dér. de *amoraccio* « amour ridicule », dér. péj. de *amore.*

AMOURETTE, 1531, antér. *maroute*, *amerote*, déformations, sous l'influence de *amer* et de *amour*, du lat. *amalusta*, attesté au IIe s. comme nom de la camomille en Dacie. Étant pris ainsi pour un dér. de *amour*, *amourette* est devenu, par la suite, dans les dialectes, le nom de plusieurs autres plantes, dont les qualités justifient pour le peuple une dénomination basée sur le mot *amour* telle p. ex. la bardane (parce que ses capitules s'attachent aux habits des passants).

AMOUREUX. Lat. de basse ép. *amōrōsus.*

AMOVIBLE, 1681 (Patru). Dér. sav. du lat. *amovere* « éloigner ». — Dér. : **amovibilité,** 1748 (Montesquieu) ; **inamovible,** 1750 ; **inamovibilité,** 1774.

AMPÈRE, mesure d'électricité, 1890. Tiré d'*Ampère*, nom du physicien français (1775-1836).

AMPHI-. Premier élément de mots sav., tiré du préf. grec *amphi*, qui a deux valeurs : « des deux côtés ; autour de ».

AMPHIBIE, 1553. Empr. du grec *amphibios*, littéral. « qui vit (*bios* « vie ») des deux côtés ».

AMPHIBOLOGIE, 1546 (Rab.). Empr. du lat. de basse ép. *amphibologia*, altération, d'après des mots en *-logia*, du lat. class. *amphibolia* (du grec *amphibolia*, de *amphibolos* « équivoque », de *amphiballein* « envelopper »). — Dér. : **amphibologique,** XVIe (peut-être déjà formé au XIVe s. par Oresme, d'après le subst. lat.).

AMPHIGOURI, 1738. Étymologie inconnue. — Dér. : **amphigourique,** 1748.

AMPHITHÉÂTRE, 1537 (Rab., une première fois en 1213, dans un livre traitant de l'histoire romaine). Empr. du lat. *amphitheatrum*, empr. à son tour du grec *amphitheatron*, propr. « théâtre qui va tout autour » ; au sens moderne de « salle où les professeurs donnent leurs cours », 1751.

AMPHITRYON, 1752. Issu au sens moderne des vers de l'*Amphitryon* de Molière (1668) : « Le véritable Amphitryon est l'Amphitryon où l'on dîne », que prononce Sosie après l'invitation adressée par Jupiter aux officiers d'Amphitryon ; ceux-ci, en effet, sont déconcertés et ne savent que répondre en présence de Jupiter caché sous les traits d'Amphitryon et d'Amphitryon lui-même.

AMPHORE, 1518. Empr. du lat. *amphora* (d'origine grecque).

AMPLE. Lat. *amplus*. It. *ampio*, esp. *ancho* « large ». — Dér. : **ampleur,** 1718.

AMPLIATION, 1339, au sens d' « agrandissement », rare depuis le XVIIe s. ; le sens de « duplicata d'acte », qui ne paraît pas être antérieur au XVIIIe s., vient de l'emploi de ce mot en ancien droit au sens d' « action de compléter ». Empr. du lat. de basse ép. *ampliatio* « agrandissement » (dér. de *ampliare* « agrandir, etc. »).

AMPLIFIER, XVe, jusqu'au XVIIe s., surtout au sens d' « accroître » ; aujourd'hui seulement en parlant d'écrits ou de discours ; **amplificateur,** 1532 ; **amplification,** XIVe. Empr. du lat. *amplificare* (qui a les deux sens du mot fr.) et les dér. *amplificator*, *amplificatio*.

AMPLITUDE, 1495. Empr. du lat. *amplitudo*, v. **ample.**

AMPOULE. Lat. *ampŭlla* « petit flacon à ventre renflé », dimin. de *amp(h)ora* « amphore ». Le sens de « vésicule qui se forme sous la peau », attesté dès le XIIIe s., a dû se développer dès le lat. pop., cf. les autres langues. Bien que *pŭlla*, fém. de *pŭllus* « petit d'un animal », ait eu aussi ce sens, cf. *pullaria* « abcès à la gencive », le développement sémantique de *ampulla* n'est pas nécessairement dû à un croisement de *ampulla* et de *pulla*. Dans les parlers gallo-romans, *ampoule* est souvent altéré par croisement avec *boule* et aussi avec *poule*. — Dér. : **ampoulé,** XVIe, par l'intermédiaire d'un verbe *ampouler* « gonfler » ; a souvent alors le sens de « gonflé, atteint d'ampoules » ; appliqué au style, doit ce sens aux emplois du lat. *ampulla* « boursouflure du style », *ampullari* « s'exprimer avec emphase ».

AMPUTER, XVe ; **amputation,** 1503. Empr. du lat. *amputare* « couper », *amputatio*.

AMULETTE, 1558. Empr. du lat. *amuletum.*

AMUSER, v. **muser.**

AMYGDALE, 1503. Ampr. du lat. *amygdala* « amande ». — Décr. : **amydgalite,** 1775.

AN. Lat. *annus*. It. *anno*, esp. *año* ; moins usuel dans les parlers gallo-romans que *année*. — Dér. : **année,** vers 1175, peut-être déjà lat. pop. **annāta*, cf. it. *annata*, a. pr. *anada*. — Comp. : **nouvel an** ; ne paraît pas être anc. en fr. ; rare dans les parlers gallo-romans : on y dit, outre *nouvelle année* (assez rare), *bon an*, *bonne année* et surtout *jour de l'an* ou *premier de l'an* ; **suranné,** XIIIe, au sens de « qui a plus d'un an », employé spécial. dans le langage jurid., au XVIe s. ; d'où le sens moderne, 1661 (Molière).

ANA, XVIIe s. (Huet). Tiré de la terminaison de mots de lat. moderne, faits sur le nom de l'auteur auquel est consacré un ouvrage fait d'anecdotes, etc., cf. *Menagiana*. Ces mots, au plur. neutre, ont été formés sur le modèle d'adj. lat., tels que *Ciceronianus* « qui concerne Cicéron ». De nombreux recueils de ce genre ont été publiés aux XVIIe et XVIIIe s. ; le plus ancien est probabl. le *Scaligeriana*, de 1666.

ANABAPTISTE, 1525. Dér. d'*anabaptisme*, 1564, empr. du grec eccl. *anabaptismos* « second baptême », v. **baptême.**

ANACHORÈTE, 1598. Antér. *anacori(t)te*, avec une terminaison qui a persisté jusqu'au XVIe s., d'après les nombreux mots en *-ite*, lat. *-ita*, désignant des religieux, p. ex. *ermite*. Empr. du lat. eccl. *anchoreta* (du grec eccl. *anakhōrētēs*, du verbe *anakhōrein* « s'éloigner, se retirer »).

ANACHRONISME, 1625. Formé avec le préf. grec *ana* « en arrière » et *chronos* « temps » ; on opposait d'abord à l'*anachronisme*, erreur consistant à placer un fait avant sa date, le *parachronisme*, erreur inverse, 1762.

ANAGRAMME, 1571 (Belleau). Empr. du grec de basse ép. *anagramma*, littéral. « renversement de lettres » (on disait aussi au XVIe s. *anagrammatisme*, du grec *anagrammatismos*, de même sens).

ANALOGIE, XVe, en 1213, comme titre de l'ouvrage de César ; **analogique,** 1547 ; **analogue,** 1503. Empr. du lat. *analogia*, *-icus*, *-os* (rare) (du grec *analogia*, *-ikos*, *analogos* « proportionnel, qui est en rapport avec »).

ANALYSE, fin XVIe (D'Aubigné) ; **analytique,** XVIe. Empr. du grec philosophique *analysis* et du lat. de basse ép. *analyticus* (du grec *analytikos*, de *analyein* « résoudre »). — Dér. : **analyser,** 1698 ; **analyste,** XVIIe (Malebranche).

ANANAS, 1578 (*Ce fruit nommé par les sauvages ananas*, J. de Léry) ; en outre *amanas*, 1544 ; *nana*, 1554. Empr., par l'intermédiaire du port. *ananás, anana,* de *nana, anânâ* du guarani.

ANARCHIE, XIVe (Oresme). Empr. du grec *anarkhia*, propr. « absence de commandement *(archê)* », par l'intermédiaire des traductions lat. d'Aristote. — Dér. ; **anarchique,** 1594 *(Satire Ménippée)* ; **anarchiste,** 1791.

ANATHÈME, XIIe ; **anathématiser,** XIVe. Empr. du lat. eccl. *anathema*, *anathematizare* (du grec eccl. *anathema*, qui, en grec class., signifiait « offrande votive » et a pris le sens défavorable de « malédiction » et d' « objet maudit » dans le grec de la Septante, d'où *anathematizein* « prononcer un anathème »).

ANATOMIE, XIVe ; **anatomique,** 1503. Empr. du lat *anatomia*, *-icus* (du grec *anatomia*, *-ikos*, du verbe *anatemnein* « disséquer »). — Dér. : **anatomiste,** 1503.

ANCÊTRE. Lat. *antecessor* « prédécesseur », qui a pris aussi le sens d' « ancêtre » ; *ancêtre*, anciennement *ancestre*, était primitivement le cas sujet dont le cas oblique, *ancessor*, lat. *antecessōrem*, a été usité jusqu'au XVe s. A. pr. *ancestre*, *ancessor*.

ANCHE, 1402. Sens moderne XVIIe ; au XVIe s. « tuyau » ou « embouchure de hautbois ou de cornemuse ». Empr. d'un parler du Centre ou de l'Ouest où *anche* signifie encore « robinet, conduit par lequel le vin coule du pressoir dans le baquet ». Ce mot, répandu surtout dans les parlers septentrionaux, vient du germ. (francique) **ankja*, cf. anc. haut all. *ancha* « jambe, tuyau ».

ANCHOIS, 1546 ; aussi *anchoies*, 1564. Empr., probabl. par l'intermédiaire du prov., de l'esp. *anchoa*, qui vient du grec *aphyê*, de même sens, par une forme du lat. pop. **apiŭ(v)a*, appuyée par la glose *apyia*. Le mot, partout irrégulier, cf. aussi it. *acciuga*, port. *enchova*, a dû circuler sur les côtes de la Méditerranée. Sont également empr. l'angl. *anchovy* et l'all. *Anschove*, *Anschovis*.

ANCIEN. D'abord *anci-en*, trissyllabique. En raison de cette forme, ne peut pas être considéré comme le représentant régulier du lat. pop. **antiānus*, dér. de *ante* « avant », v. **prochain.** Pourtant cette forme du lat. pop. a existé, mais le mot a été entravé dans son développement par le sentiment que les clercs avaient de sa formation. L'it. *anziano*, refait sur *anzi* « avant », l'esp. *anciano*, également irréguliers, peuvent venir du fr. — Dér. : **ancienneté,** XIIe.

ANCILLAIRE, terme de médecine, 1810. Dér. sav. du lat. *ancilla* « servante », ces opérations étant faites par les servants. Plaisamment *amours ancillaires*, fin XIXe.

ANCOLIE, 1325. En outre, au moyen âge, *anquelie*, *angorie*. Empr. du lat. médiéval *aquilea* (lat. des botanistes *aquileia*, *aquilegia*), dér. du lat. *aquilegus* « qui recueille l'eau », à cause des petites cavités de la fleur ; après coup, le nom a été rapproché du lat. *aquila*. La voyelle nasale initiale est probabl. due à l'influence de *mélancolie*, justifiée par la position des fleurs ; l'ancolie est, depuis le XVe s., le symbole de la tristesse.

ANCRE. Lat. *ancŏra* (du grec *ankyra*). It. esp. *ancora*. — Dér. : **ancrer,** XIIe ; **désancrer,** *id.*

ANDAIN. On trouve dans le *Cartulaire de Chartres*, *andainus, andena,* formés en lat. médiéval d'après le fr. Probabl. lat. pop. **ambitānus*, adj. formé pour qualifier *passus* « pas », dér. de *ambitus* qui, du sens de « pourtour, bord », a pris spécial. celui d' « espace de deux pieds et demi de largeur autour d'un bâtiment » (Paulus Festus) ; par suite **ambitānus* [*passus*] a pu être appliqué à une enjambée d'une largeur comparable, d'où à celle d'un faucheur, d'où au foin coupé à chaque pas que fait le faucheur.

ANDANTE, 1750. Empr. de l'it. *andante*, part. prés. de *andare* « aller ».

ANDOUILLE. Lat. pop. **indŭctilis* ou **indŭctilĕ*, neutre pris substantiv. (de *indūcĕre* « introduire »), qui a dû désigner d'abord le mélange de chair, etc., qu'on « introduit » dans un intestin, pour faire les andouilles. On a relevé *inductilia* au sens d' « andouille » en lat. médiéval. Quant à l'adj. *inductilis*, du lat. jurid. qui a un autre emploi, c'est pour ainsi dire un autre mot. — Dér. : **andouillette,** 1451.

ANDOUILLER, 1375 ; cf. en outre *endoillée*, fém., XIVe ; *endoiller*, XVIe (Du Fouilloux). Altération d'*antoillier*, XIVe (encore dans Trévoux) due à l'influence d'*andouille*. Lat. pop. **anteocŭlāre*, adj. neutre, pris substantiv., formé pour spécifier *cornu* « cor », donc propr. « qui pousse devant les yeux », étymologie appuyée à la fois par le sens, le premier andouiller poussant en effet horizontalement au-dessus des yeux, et l'expression analogue de l'allemand *Augensprosse*, propr. « rejeton des yeux ».

ANDRINOPLE. 1825. Nom d'une ville de Turquie, employé pour désigner d'abord une couleur rouge, appelée aussi *rouge turc*, puis un tissu de coton teint de cette couleur.

ANDR(O)-. Premier élément de mots sav., tels qu'**androïde,** XVIIIe, tiré du grec *anêr*, génitif *andros*, « homme », ou de mots empr., tels qu'**androgyne,** XIVe.

ÂNE. Lat. *ăsĭnus*. It. *asino*, esp. *asno*. — Dér. : **ânerie,** XIVe, il n'est pas nécessaire de dériver le mot d'*ânier*, *adj.*, « stupide », attesté du reste seulement au XVIe s. ; **ânesse,** XIIe, créé à cause de l'identité formelle à laquelle aboutissaient en fr. *asinus* et *asina*. Les patois méridionaux modernes désignent l'ânesse par le type *sagma*, cf. **somme,** I, la femelle étant préférée au mâle pour le travail, v. **jument** ; **ânon,** XIIe ; **ânonner,** 1606 ; **ânonnement,** XVIIe (Mme de Sévigné). V. **asine.**

ANECDOTE, 1751 (Voltaire). Tiré du nom propre *Anecdotes*, titre de l'ouvrage de Procope, VIe (en grec *Anekdota*, plur. neutre pris substantiv., propr. « choses inédites »), ouvrage plein de détails sur l'histoire et les personnages de son temps, cf. à l'imitation de ce titre *Anecdotes de Florence*, de l'historien Varillas, 1685 ; on trouve parfois *anecdote* adjectif, d'après le grec *anekdotos*, ainsi chez Fontenelle. — Dér. : **anecdotier,** 1736 (Voltaire) ; **anecdotique,** 1781.

ANÉMIE, 1722. Empr. du lat. moderne *anaemia*, empr. lui-même du grec *anaimia* (dans Aristote) formé de *an-*, préf. négatif, et de *haima* « sang ». — Dér. : **anémier,** 1877 ; **anémique,** 1842.

ANÉMO-. Premier élément de mots sav. comp., tels qu'**anémomètre,** av. 1720, tiré du grec *anemos* « vent ».

ANÉMONE, 1544, une 1re fois XIVe *(anemoine)*. Empr. du lat. *anemone* (du grec *anemônê*) ; ainsi nommée parce qu'elle s'ouvre sous l'effet du vent, v. le préc.

ANESTHÉSIE, 1753. Empr. du grec *anaisthêsia* « insensibilité » (peut-être par l'intermédiaire de l'angl. *anaesthesia*, attesté dès 1721), formé du préf. négatif *an-* et de *aisthêsia* « sensation » ; mais répandu surtout au cours du XIXe s. — Dér. : **anesthésier,** 1851 ; **anesthésique,** 1847.

ANETH, sorte de fenouil, XIIIe (écrit *anet*, encore en 1762). Empr. du lat. *anethum* (du grec *anêthon*) ; au moyen âge on trouve les formes pop. *anoi* et *anoie*, cf. it. *aneto*, esp. (forme faite sur un dér.) *aneldo*.

ANÉVRISME, 1538 (Canappe). Empr. du grec *aneurysma* « dilatation de l'artère », avec la prononciation de *eu* du grec byzantin et médiéval.

ANFRACTUEUX, 1503. Empr. du lat. de basse ép. *anfractuosus* « tortueux » (attesté seulement au sens fig.), dér. de *anfractus* « sinuosité ». — Dér. : **anfractuosité,** 1503.

ANGE. D'abord *angele*, XIe *(Saint Alexis)* ; en outre, *angle* et *angre* jusqu'au XIIIe s. ; *ange* ne triomphe que plus tard. Lat. eccl. *angĕlus*, grec. eccl. *angĕlos* « messager de Dieu » (en grec class. « messager »), traduction de l'hébreu *mal'ak*, *Exode*, 23, 20, etc. Mot de la langue religieuse dont le développement a été entravé par l'influence du lat. écrit.

ANGÉLIQUE. 1° *adj.*, XIIIe ; 2° nom de plante, XVIe. Empr. du lat. eccl. *angelicus* (du grec eccl. *angelikos*). Le nom a été donné à la plante à cause de ses vertus contre les poisons.

ANGÉLUS, 1690. Prière catholique, qui date du XIVe s., commençant par le mot lat. *angelus*.

ANGINE, 1538. Empr. du lat. *angina*, dér. de *angere* « serrer à la gorge », pour distinguer l'angine de l'esquinancie.

ANGLAIS, XIIe s. (sous la forme *Angleis*). Dérivé d'*Angle*, nom d'un peuple germanique qui est venu s'installer en Angleterre, au VIe s. L'expression *filer à l'anglaise* et l'emploi d'*anglaise* pour désigner des boucles de cheveux allongées sont du XIXe s. (1829), *anglaise* désignant une sorte d'écriture est attesté dès 1788.

ANGLE. Lat. *angŭlus*. N'est sûrement pop. que dans le roumain *unghiu ;* l'it. *angolo* et le fr. sont peut-être repris au lat.

ANGLICAN, 1554. Empr. de l'angl. *anglican*, empr. lui-même du lat. médiéval *anglicanus*, fait sur *gallicanus*, v. **gallican.**

ANGLICISME, 1652. Dér. sav. du lat. médiéval *anglicus* « anglais ». — Dér. *angliciste*, fin XIXe.

ANGLOMANE, -MANIE, v. **manie.**

ANGOISSE. Lat. *angŭstia* (en lat. class. de préférence au plur.), dér. de *angustus* « étroit », propr. « resserrement », d'où « défilé, passage étroit », sens conservé en fr. jusqu'au XVIe s., « gêne de la respiration ». Les sens moraux du lat. class. « embarras, difficulté » sont plus faibles que ceux des langues romanes et du fr. ; d'autre part, le sens était plus étendu en a. fr. : « violence, colère, etc. », que depuis le XVIe s. It. *angoscia* « angoisse, affliction », esp. *congoja*, de même sens.

ANGOISSER. Usité seulement au part. passé depuis le XVIIe s. Signifiait « mettre, être dans l'angoisse, presser, etc. ». Lat. *angŭstiāre*, attesté à basse ép. au sens de « troubler ». Développement sémantique parallèle à celui du subst. It. *angosciare*, esp. *congojar*.

ANGORA, 1761 (aussi *angola*, depuis 1768). D'après le nom d'une ville de Turquie.

ANGUILLE. Lat. *anguīlla*, dér. de *anguis* « serpent ». La prononciation moderne, due à l'orthographe, n'a triomphé que depuis le XVIIe s. ; au moyen âge, les rimes assurent souvent une prononciation *-ile*.

ANGULAIRE, 1377 ; **anguleux,** 1539. Empr. du lat. *angularis*, *angulosus* (de *angulus*, v. **angle**).

ANICROCHE, 1584. En outre *hennicroche,* 1608 ; *hanicroche* (de Rab. à 1771) ; désigne une sorte d'arme chez Rabelais ; en outre, au XVIe s. *(h)anicrochement* « crochet » et « ce qui accroche » au sens fig. ; l'*h* doit être purement graphique ; cf. en outre le part. passé *ennicrochez* « courbés » chez Rab. Mot comp., dont la deuxième partie représente sans doute *croche*, tandis que la première partie, dont le *h-* est peut-être purement graphique, est probabl. l'a. fr. *ane* « canard » ; le bec recourbé de l'oiseau serait alors la base de cette dénomination, comp. aussi fr. *bédane.*

ÂNIER. Lat. *asinārius.*

ANILINE, 1855. Dér. d'*anil* « plante qui produit l'indigo », 1582 *(de l'azur que les Portugais nomment anil)* ; l'aniline a été ainsi nommée parce qu'elle a été trouvée en traitant l'indigo par la potasse (en 1826). *Anil* est empr. du port. *anil* « indigo », lui-même empr. (comme l'esp. *añil*) de l'arabe *an-nîl* (qui vient du persan *nîl* « indigo »).

Anille, v. **béquille.**

ANIMADVERSION, XIIe (« attention »). Rare avant le XVIe s. A signifié « remarque » aux XVIe et XVIIe s. et « censure judiciaire » au XVIe. Empr. du lat. *animadversio* « attention », d'où « réprimande, châtiment », dér. de *animadvertere* « tourner son esprit vers ». Le sens moderne d' « improbation », XVIIIe, semble dû à une interprétation récente d'*animadversion* où l'on aura vu le lat. *adversus* « contre ».

ANIMAL, *subst.*, XIIe. Rare avant le XVIe s. Empr. du lat. *animal.* Comme terme d'injure, ne semble pas antérieur au XVIIe s. Du plur. neutre *animālia* vient le fr. arch. *aumaille* « gros bétail, bêtes à cornes », encore usuel dans de nombreux parlers (d'où le gruyérien *armailli* « bouvier »). — Dér. : **animalcule,** 1564 ; **animalier,** XVIIIe (J.-J. Rousseau) ; **animaliser,** 1742 (d'après l'angl. *to animalize*) ; **animalisation,** 1763 ; **animalité,** 1755 (J.-J. Rousseau) ; une première fois au XIIe s. (alors peut-être d'après le lat. de basse ép. *animalitas,* mais non au XVIIIe s., le texte lat. qui contient ce mot étant alors inconnu).

ANIMAL, *adj.*, XIIIe. Empr. du lat. *animalis* « vital, vivant », dér. de *anima* « souffle vital », p. ex. dans *instinct animal.* Développement sémantique d'après **animal** subst., p. ex. dans *règne animal.*

ANIMER, XIVe (Oresme) ; **animation,** XIVe. Empr. du lat. *animare* (de *anima* « souffle vital ») « donner la vie », d'où « exciter, rendre vif, etc. », *animatio.* L'emploi de ces mots dans *animation de la rue, rue animée*, etc., est dû à un développement sémantique récent. — Dér. : **animateur,** 1801 ; **inanimé,** 1478 ; **ranimer,** 1549.

ANIMISME, 1781 ; **animiste,** 1820. Dér. sav. du lat. *anima* « âme ».

ANIMOSITÉ, 1495. Jusqu'au XVIe s. « courage, hardiesse » ; sens moderne à partir du XVIe s. Empr. du lat. *animositas* « courage », qui a pris à basse ép. les sens d' « irascibilité, violence, animosité » (de *animosus* « hardi, courageux », de *animus* « courage »).

ANIS, XIIIe. Empr. du lat. *anisum* (du grec *anison*). — Dér. : **aniser,** 1597 ; **anisette,** 1771.

ANKYLOSE, 1709 (*ancyle* en 1576, Paré). Empr. du grec médical *ankylôsis* (de *ankylos* « courbe »), l'ankylose causant une sorte de courbure, cf. *courbature* que, par étymologie populaire, on rattache à *courbe.* — Dér. : **ankylosé,** 1749.

ANNAL, XVe ; **annales,** 1447. Empr. de l'adj. lat. *annalis* « qui dure un an », ou « annuel » (sens du mot au XVIe s.), dér. de *annus* « an », et de *annales*, plur. de cet adj., propr. « récit d'événements par année », d'où « ouvrage par ordre chronologique » ; sens plus étendu en fr. à partir du XVIIe s. — Dér. : **annaliste,** 1560.

ANNEAU. Lat. *an(n)ellus ;* le lat. class. dit plutôt *anulus.* It. *anello*, esp. *anillo.* — Dér. : **anneler,** 1584 ; **annelet,** XIIe ; **annelure,** 1674.

ANNEXE, XIIIe (J. de Meung). Depuis le XVIe s., *annexe* et le dér. *-er*, 1274, sont spécialisés dans des emplois techn. Au moyen âge, sens plus étendus de « joindre, unir ». Empr. du lat. *annexus*, part. passé de *annectere* « attacher, joindre ». — Dér. : **annexer,** 1269 ; **annexion,** 1723 ; **annexioniste,** *id.*

ANNIHILER, XIVe ; **annihilation,** XIVe (Oresme). Transcrits *-chil-* jusqu'au XVIe s. (parfois encore au XVIIe s.). Empr. du lat. médiéval *annichilare* (de *nichil*, transcription médiévale du lat. class. *nihil* « rien »), *annichilatio*, puis orthographiés et prononcés d'après la forme anc. *nihil.*

ANNIVERSAIRE, XIIe. Adj. et subst. dès cette époque. Empr. de l'adj. lat. *anniversarius* « annuel », comp. de *annus* et de *versus*, part. passé de *vertere* « tourner », c'est-à-dire « où l'année tourne ».

ANNONCER. Lat. *annūntiāre* (de *nūntius* « message » et « messager »). On ne peut reconnaître à la forme si le mot est tout à fait pop., ou s'il a été influencé par le lat. écrit. — Dér. : **annonciateur,** 1800 ; usuel au XVIe s., alors plutôt empr. du lat. eccl. *annuntiator* ; **annonce,** XVIe ; **annoncier,** fin XIXe ; **annonceur,** vers 1190.

ANNONCIATION, XIIe. En outre « action d'annoncer », encore 1748 (Montesquieu). Le moyen âge préfère *anuncion*, dér. du verbe. Empr. du lat. eccl. *annuntiatio* qui a les deux sens, dér. de *annuntiare.*

ANNOTER, 1418 (« inventorier ») ; **annotation,** XIVe. Au XVIe s. signifient surtout « remarquer, remarque », ou, au sens jurid., « inventorier, inventaire de biens saisis ». Le sens moderne d'*annoter*, d'après *annotation* (qui a le sens moderne au moins dès le XVIe s.), ne paraît pas être antérieur au XIXe. Empr. du lat. *annotare* « noter, annoter », *annotatio.* Le sens jurid. est du lat. médiéval. — Dér. : **annotateur,** 1798 ; une première fois en 1552 ; le lat. *annotator* a d'autres sens.

ANNUAIRE, 1791. Dér. sav. du lat. *annuus* « annuel ».

ANNUEL, XIIIe. L'a. fr. a, en outre, jusqu'au XIIIe s., une forme plus pop., *anvel*, XIIe, assurée par le vers. Empr. du lat. de basse ép. *annualis*. — Dér. : **bisannuel,** 1694.

ANNUITÉ, 1395. Dér. sav. du lat. *annuus* « annuel » ; v. **consolider.**

ANNULAIRE, 1539. Empr. du lat. *an(n)ularius*, dér. de *an(n)ulus* « anneau ».

ANNULER, 1289 ; **annulation,** 1320, rare au moyen âge ; le mot usuel est, jusqu'à la fin du XVIIIe s., *annulement*. Empr. du lat. médiéval (rare à basse ép.) *annullare* (de *nullus* « nul »), *annulatio*.

ANODE, terme de physique, 1838. Empr. de l'angl. *anode*, comp. sav. du grec *ana* « en haut » et *hodos* « chemin ».

ANODIN, 1503. D'abord terme médical ; au sens fig. dès le XVIIe s., chez Descartes. Empr. du lat. médical *anodynon* « remède calmant » (du grec médical *anôdynon*, neutre pris substantiv. de l'adj. *anôdynos* « qui calme la douleur, etc. », de *odynê* « douleur »).

ANOMAL, 1530, une première fois au XIIe s. comme adv. ; **anomalie,** 1570. Empr. du lat. des grammairiens et médiéval *anomalus, -lia* (du grec *anômalos, -lia*).

ANONYME, 1557. Empr. du lat. de basse ép. *anonymus* (du grec *anônymos*, de *onoma* « nom »). — Dér. : **anonymat,** 1864 ; **anonymie,** 1863.

ANORAK, 1948. — Empr. de la langue eskimau, où ce mot est un dér. de *anoré* « vent ».

ANORMAL, env. 1220. Empr. du lat. scolastique *anormalis*, formé d'après *normalis*.

ANSE, XIIIe. Empr. du lat. *ansa*, comme l'it. *ansa* ; au contraire l'esp. *asa* (avec la chute normale de *n* devant *s*) est une forme pop. Dominant dans la partie septentrionale du domaine gallo-roman et le Sud-Ouest ; ailleurs termes divers : *manche*, en picard et en wallon ; *manette*, *manille*, lat. *manĭcŭla*, ou d'autres dér. de *main*, dans les parlers méridionaux. — Dér. : **ansé,** 1606.

ANSPECT, 1687. Empr. du néerl. *handspecke*, d'où aussi angl. *handspeck*, all. *Handspake*.

ANTAGONISME, 1593 ; **antagoniste,** fin XVIe (Malherbe, au sens moderne) ; antér., depuis le XVIe s., Paré, terme d'anatomie. Empr. du grec *antagônisma*, *antagônistês* « adversaire », propr. « qui lutte contre ».

ANTAN. Ne survit que dans les locutions formées avec *d'antan*, en souvenir du vers de Villon : « *Mais où sont les neiges d'antan ?* » *Testament*, 336 ; usue au XVIe s., et encore survivant dans quelques patois. Lat. pop. **anteannum* « l'année précédente » ; de même a. pr. *antan*, esp. *antaño*.

ANTARCTIQUE, 1338 ; **arctique,** *id.* Empr. du lat. *antarcticus*, *arcticus* (du grec *antarktikos*, *arktikos*, de *arktos* « grande et petite Ourse »), v. **ours.**

ANTÉCÉDENT, XIVe (Oresme). Empr. du lat. scolastique *antecedens*, déjà philosophique en latin class., part. prés. de *antecedere* « précéder ». La locution *les antécédents d'une personne* date du XIXe s.

ANTÉCHRIST, XIIe *(antecrist)*. Empr. du lat. médiéval *antechristus*, altération, d'après l'adv. *ante* « devant », du lat. eccl. *antichristus*, v. p. ex. *Première Épître de Jean*, II, 18 (du grec *antikhristos*) ; le XVIe s. a rétabli un moment *antichrist*.

ANTENNE. *Antaines*, graphie plusieurs fois relevée au XIIIe s. Lat. *antenna*, cf. de même it. *antenna*. Appliqué aux insectes, 1712 ; mais on a déjà relevé le lat. *antenna* en ce sens dans un ouvrage de l'helléniste Gaza, XVe.

ANTÉRIEUR, 1488. Empr. du lat. *anterior*. — Dér. : **antériorité,** 1533.

ANTH(O)-. Premier élément de mots sav. comp., tiré du grec *anthos* « fleur », ou de mots empr., tels qu'**anthologie,** 1574.

ANTHRAC(O)-. Premier élément de mots sav. comp., tels qu'**anthracite,** 1752, tiré du grec *anthrax* « charbon ».

ANTHRAX, 1503. Antér. *andrac*, *antrac*, XIVe. Empr. du lat. médical *anthrax* (v. le préc. ; ainsi nommé, parce que la surface de la tumeur est noirâtre).

ANTHROPO-. Premier élément de mots sav. comp., tels qu'**anthropologie,** 1516, tiré du grec *anthrôpos* « homme », **anthroposophie,** vers 1910, conception du monde et de l'existence humaine élaborée par Rodolphe Steiner, ou de mots empr., tels qu'**anthropophage,** XIVe.

ANTI-. Préf. empr. du préf. grec *anti*, issu de la prép. *anti* « contre ».

ANTICHAMBRE, 1529. Adaptation de l'it. *anticamera*, propr. « chambre de devant » (ou *anti* représente le lat. *ante* « devant »). On a essayé aussi d'une francisation plus complète, en faisant *avant-chambre*, début XVIIe, mais cette forme n'a pas duré.

ANTICIPER, XIVe (Bersuire) ; **anticipation,** 1437. Empr. du lat. *anticipare* « prendre d'avance, prévenir » (de *ante* « avant » et de *capere* « prendre »), *anticipatio*.

ANTIDOTE, XIIe. Empr. du lat. médical *antidotum* (du grec médical *antidoton*, neutre pris substantiv., d'après *pharmacon* « remède », de l'adj. *antidotos*, propr. « donné contre »).

ANTIENNE. D'abord *entievene*, XIIIe. Empr. du lat. eccl. *antefana*, VIe (saint Benoît et Grégoire de Tours), altération, d'après *ante* « avant », du lat. eccl. *anti-*

phona, fém. « chant alternatif de deux chœurs » (du grec eccl. *antiphôna*, plur. neutre de l'adj. *antiphônos* « qui répond à », notamment dans la langue de la musique). L'a. fr. a, entre autres, une forme *antoine*, qui correspond à *antiphôna*. Au sens fig., ne paraît pas antérieur au XVIIIe s.

ANTILOPE, 1751. Empr. de l'angl. *antelope*, attesté en ce sens en 1607, empr. lui-même du lat. médiéval *ant(h)alopus*, grec médiéval *antholops* ; cf. *antelu* et *antelop* chez Brunetto Latini, XIIIe s., au sens d' « animal fabuleux ».

ANTIMOINE, XIVe. Empr. du lat. médiéval *antimonium*, XIe s., d'origine incertaine, probabl. adaptation de l'arabe *'ithmid*, dont le rapport avec le grec *stimmi*, *stibi* (formes empr. par le lat. qui a en outre *stibium*) n'est pas clair ; on signale aussi l'égyptien *smdt*.

ANTIPATHIE, 1542. Empr. du lat. *antipathia* (du grec *antipatheia*, de *pathos* « passion »). — Dér. : **antipathique,** 1586.

ANTIPHONAIRE, 1302 *(-ar)*. Au moyen âge, en outre, *antefinier* XIIe s., etc. Empr. du lat. médiéval *antiphonarius* v. **antienne.**

ANTIPODE, 1372. Empr. du lat. *antipodes*, empr. lui-même du grec ἀντίποδες (de ἀντί « contre » et ποῦς « pied », gén. ποδός).

ANTIQUAILLE, 1507 ; antér. 1490, nom de villa à Lyon. Empr. de l'it. *anticaglia* « antiquités, vieux monuments » (dér. de *antico*), en ce sens encore en 1668 ; sens péjor. depuis le XVIIe s. (Corneille), que l'it. *anticaglia* a pris ensuite au fr.

ANTIQUAIRE, 1568 (« archéologue » ; le sens fréquent aujourd'hui de « marchand d'antiquités » est récent). Empr. du lat. *antiquarius* « qui aime l'antiquité ». En outre au XIIIe s., « scribe », sens également pris au lat. Le XVIe s. aussi a employé, par développement spontané, *antiquaire* comme adj. au sens d' « antique ».

ANTIQUE, XIIIe ; **antiquité,** vers 1080 *(Roland)*. Empr. du lat. *antiquus*, *antiquitas*. L'a. fr. a eu, jusqu'au XIVe s., une forme pop. *anti*, masc., *-ive*, fém., d'où, par analogie, *-if*, masc., *-ie*, fém., lat. *antīcus*, *antīca*, autre forme de *antīquus*, *-a* ; cf. it. *antico*, esp. *-guo*.

ANTRE, XVe. Empr. du lat. *antrum* (du grec *antron*).

ANUS, 1314. Empr. du lat. *anus*, propr. « anneau ».

ANXIEUX, 1793, indiqué comme terme médical ; Landais, qui dit également de l'adjectif : « S'emploie surtout en médecine » en 1853, donne en 1834 l'adverbe en le déclarant peu usité ; une première fois au XIVe s., mais rare jusqu'au XIXe s.) ; **anxiété,** 1564 (une première fois au XIIe s. ; sens médical en 1585). Empr. du lat. *anxius*, *anxietas*, termes seulement moraux ; le sens médical paraît avoir existé dans le lat. moderne, depuis le XVIe s.

AORTE, 1546. Empr. du grec *aortê*.

AOÛT. Lat. pop. *agustus*, lat. class. *augustus* [*mensis* « mois »], qui a été substitué, en l'honneur d'Auguste, à l'ancien nom *sextilis* [*mensis*]. It. esp. *agosto*. En raison de l'excessive réduction du mot, est souvent refait en *a-out* ou renforcé par *mois* dans les parlers septentrionaux. Le sens de « moisson », fréquent en a. fr. et dans les patois, encore chez La Fontaine, *Fables*, I, 1, n'a plus, en fr., qu'une valeur littéraire. — Dér. : **aoûtat,** sorte d'insecte, fin XIXe, dial. ; **aoûter,** XIIe, « moissonner, mûrir », peu usité ; **aoûteron,** XVIe s. (Baïf), *id.*

APACHE, 1902. En 1902, le reporter Victor Moris eut l'idée d'appeler *apaches* les membres de la basse pègre opérant sur les boulevards extérieurs. Le nom de la peuplade sauvage et féroce des *Apaches*, qui habitaient les régions du Texas et de l'Arizona, avait été connu en France grâce aux romans de Gabriel Ferry (*Coureur des bois*, 1853) et de Gustave Aimard (*Les Peaux-Rouges de Paris*, 1888).

APANAGE, 1297 (sous la forme *apenaige*). Né dans les provinces centrales (Bourbonnais, Berry, etc.) il a passé dans la terminologie juridique de la couronne au XVe s. Au sens fig., dans Rabelais, ensuite depuis la fin du XVIIe s. Dér. de l'a. fr. *apaner*, 1314, « pourvoir un fils cadet, une fille d'une dotation », littéral. « donner du pain (lat. *panis*) à » (cf. le sens de « donner à chacun la part de nourriture qui lui revient » dans le Bourbonnais), d'où le sens particulier de ces mots ; cf. l'a. pr. *apanar* « nourrir ».

APARTÉ, 1640. Empr. de la locution it. *a parte* « à part », employé au théâtre.

APATHIE, 1546 (Rab.), une 1re fois au XIVe s., jusqu'au XVIIIe s. surtout terme de philosophie. Empr. du grec *apatheia* « insensibilité », v. *patho-*. — Dér. : **apathique,** 1743.

APATRIDE, vers 1920. Formé avec le radical de *patrie* et le préf. privatif grec *a-* pour désigner les personnes arrachées à leur pays et qui ne peuvent pas être rapatriées.

APERCEVOIR, v. **percevoir.**

APÉRITIF, XIVe ; jusqu'au XVIIIe s., terme de médecine, « qui ouvre les pores, etc. ». Sens moderne développé dès 1750. Empr. du lat. médical *aperitivus* (de *aperire* « ouvrir »).

APHASIE, 1829. Empr. du grec *aphasia* « mutisme », du préf. privatif *a-* et de *phasis* « parole », spécialisé pour les troubles vocaux d'origine cérébrale. — Dér. : *aphasique*, 1873.

APHONIE, 1617. Empr. du grec *aphonia* (de *a-* privatif et *phônê* « voix »), appliqué aux troubles des organes moteurs.

APHORISME, 1314 (sous la forme *afforime*). Empr. du lat. de basse ép. *aphorismus*, usité seulement en parlant des aphorismes d'Hippocrate (du grec *aphorismos*, propr. « définition ») ; répandu d'abord au sens lat. ; sens étendu à la politique (d'abord en esp. et en it.) vers 1600 et élargi davantage par la suite.

APHTE, 1545. Empr. du lat. médical *aphtae*, plur. (du grec *aphthai*, *id.*, de *aptein* « brûler »). D'abord plur., comme dans les langues anc. — Dér. : **aphteux** (surtout fém.), 1768.

API, 1653. *(pomme d'api)*. Antér. *pomme apie*, 1571 ; *la Melle ou Pomme-Apie*, 1600 (O. de Serres), d'où *pomme Appie ou d'Appie*, 1611 ; *apie*, *(d')Ap(p)ie* sont des francisations du lat. *Appius*, d'après l'étymologie admise alors ; « ainsi ditte de Claudius Appius qui du Peloponnese l'apporta à Rome » (O. de Serres). *Api* a été ensuite empr., probabl. par l'intermédiaire d'un parler méridional, de l'it. *mela appia* ; celui-ci est une adaptation du lat. *appiana* [*mala*], plur. (chez Pline), dér. du nom d'un certain Appius qui aurait le premier cultivé ce genre de pommes, ou représente même un adjectif du lat. pop. **appia*.

APICOLE, 1845 ; **apiculteur,** 1845 ; **apiculture,** 1845. Formés avec le lat. *apis* « abeille », sur le modèle d'**agricole,** etc.

APITOYER, v. **pitié.**

APLANIR, v. **plain.**

APO-. Premier élément de mots sav., tiré du préf. grec *apo*, marquant l'éloignement, le changement, etc., tiré de la prép. *apo*.

APOCALYPSE, XIIe ; **apocalyptique,** 1552 (Rab.). Empr. du lat. eccl. *apocalypsis* (du grec eccl. *apokalypsis*, propr. « révélation divine ») et du grec eccl. *apokalyptikos* « qui révèle ». Développements sémantiques propres au fr., pour l'adj. déjà au XVIe s., pour le subst., début XIXe.

APOCRYPHE, XIIIe (écrit alors *-ife*). Empr. du lat. eccl. *apocryphus* (le plur. neutre en *-a* servait à désigner les ouvrages eux-mêmes ; du grec eccl. *apokryphos*, propr. « tenu secret », en parlant d'ouvrages non reconnus par l'Église) ; sens plus étendu dès le moyen âge.

APOGÉE, XVIe. Empr. du grec *apogeios* « éloigné de la terre » pour servir de terme d'astronomie. Sens fig. au XVIIe s. (Balzac).

APOLOGIE, 1488 ; **apologétique,** XVe. Empr. du lat. eccl. *apologia*, *apologeticum*, subst. (du grec *apologia* « défense », dér. de *apologos* (voir le suivant), *apologêtikos*, adj., « propre à la défense »). — Dér. : **apologiste,** 1623.

APOLOGUE, XVe Empr. du lat. *apologus* (du grec *apologos*, propr. « récit, narration »).

APOPHTEGME, 1529. Empr. du grec *apophthegma*, dér. du verbe *apophtheggesthai* « énoncer une sentence ».

APOPLEXIE, XIIIe ; **apoplectique,** 1256 (sous la forme *appopletique*). Empr. du lat. médical *apoplexia*, *apoplecticus* (du grec *apoplêksia* (du verbe *apoplêttein* « renverser »), *apoplêktikos*).

APOSTASIE, vers 1250 ; **apostat,** XIIIe (J. de Meung : *apostate* ; pl. *apostas*, 1265). Empr. du lat. eccl. *apostasia*, *-tata* (du grec eccl. *apostasia*, *-tatês*, propr. « abandon », « celui qui abandonne », de *aphistasthai* « s'éloigner »). — Dér. : **apostasier,** XVe.

APOSTÈME, v. **apostume.**

APOSTER, 1420 (*trahison appostée* « préméditée ») ; locutions analogues au XVIe s. Empr. de l'it. *appostare* « guetter, épier » ; *aposter*, qu'on trouve au XIIe s., dérive de l'a. fr. *poste* « position ».

A POSTERIORI, 1626. Empr. du lat. scolastique *a posteriori*, littéral. « (en partant) de ce qui est après », d'où « en partant des données de l'expérience », v. **a priori.**

APOSTILLER, XVe (« mettre une note marginale », encore en 1787 ; sens moderne, 1762, Voltaire). Prononciation de *-ll-* d'après l'écriture. Dér. de l'a. fr. *postille*, XIIIe, encore usuel au XVIe s., « annotation, glose sur les Écritures Saintes », empr. du lat. médiéval *postilla*, formé, en ce sens, de *post* « après » et de *illa* « ces choses » ; **apostille,** 1468 (masc. ; parfois *-til*), « annotation » jusqu'au XVIIIe s., au sens moderne, 1802, a été tiré du verbe. De l'a. fr. ou du lat. médiéval viennent l'it. *postilla* « note » et l'esp. *postila*.

APOSTOLAT, XVe ; **apostolique,** XIIIe. Empr. du lat. eccl. *apostolatus*, *-icus* (du grec eccl. *apostolikos*, v. **apôtre**). Sens fig. récents, de l'adj., XVIIIe ; du subst., XIXe.

APOSTROPHE, terme de rhétorique, 1516. Empr. du lat. *apostropha* (du grec *apostrophê*, propr. « action de (se) détourner » (du verbe *apostrophein* « détourner »), d'où, en figure de rhétorique, « procédé par lequel l'orateur se détourne de son développement pour interpeller une personne ») ; par plaisanterie « soufflet », 1704 (Regnard). — Dér. : **apostropher,** 1672 (Molière), « donner un soufflet », 1743.

APOSTROPHE, signe orthographique, 1514. Empr. du lat. des grammairiens *apostrophus*, masc. (du grec *apostrophos*, fém., « signe d'élision d'une voyelle finale »). — Dér. : **apostropher,** 1548.

APOSTUME, 1256. Rare aujourd'hui. Empr. du lat. médical *apostema* (du grec médical *apostêma*, v. **abcès**), avec altération de la terminaison d'après les termes médicaux *rheuma*, v. **rhume,** et **fleuma*, v. **flegme.** Depuis le XIIIe s., en outre *apostème*. Assez usuel dans les patois (qui ont en outre un verbe en *-er*, attesté depuis le XIVe s.), sous des formes correspondant aux deux types *apostume* et *apostème* ; celles du Midi se rattachent plutôt à l'a. pr. *postema*.

APOTHÉOSE, XVIe. Empr. du lat. *apotheosis* (du grec *id.* de *theos* « dieu ») ; sens fig. XVIIe (Sévigné).

APOTHICAIRE, XIIIe (écrit alors *-tic-* ; en outre *-tec*, *-thec-* jusqu'au XVIe s.). Empr. du lat. médiéval *apothecarius*, propr. « boutiquier », dér. de *apotheca*, v. **boutique** ; spécialisé au sens moderne, dès le XIIIe s. ; *i* d'après *boutique*.

APÔTRE, vers 1080 (*Roland : apostles*, *-tre* dès le XIIe s.). Empr. du lat. eccl. *apostolus* (du grec eccl. *apostolos* « envoyé de Dieu », Luc, VI, 13, etc., en grec class. « envoyé », dér. du verbe *apostellein*). Au sens fig., 1690 (La Bruyère) ; *bon apôtre*, 1668 (La Fontaine et Racine).

APPARAÎTRE. Lat. pop. **apparescĕre*, inchoatif du lat. class. *apparere*, qui survit dans l'a. fr. *aparoir*, de sens très proche, usuel encore au XVIe s., et aujourd'hui dans la formule jurid. *il appert*. — Dér. : **réapparaître,** 1867.

APPARAT, XIIIe. Empr. du lat. *apparatus* « préparatifs » (en ce sens au moyen âge), spécial. avec l'idée de « pompe », dér. de *apparare* « préparer ».

APPAREIL. Signifie en outre « préparatifs en général » jusqu'au XVIIe s. (l'anc. plur. *apparaux* est maintenu dans des emplois techniques) ; **appareiller,** aujourd'hui terme de marine, intrans., 1725, en a. fr. et jusqu'au XVIe s. « préparer, disposer (en général)», d'où « mettre des navires en état » (attesté dès le XIIIe s., encore en 1763 chez Voltaire). Lat. pop. **apparicŭlum*, élargissement du class. *apparātus*, **apparicŭlāre* (le class. *apparāre* a, en outre, subsisté à côté dans tout le domaine roman). It. *apparecchio* et *-are* « préparer », esp. *aparejo* et *-ar*, sens correspondants au fr., a. pr. *aparelh* et *-ar* « id. ». Les subst. pourraient aussi avoir été tirés du verbe après la période latine. — Dér. : **appareillage,** 1777, déjà formé au moyen âge, XIVe, au sens de « préparatifs ».

APPAREILLER « unir deux objets pareils », v. **pareil.**

APPARENCE, XIVe s. (au XIIe et au XIIIe s., on a *aparance*, dérivé d'*aparoir* ou adapté d'après ce verbe ; v. **apparaître**) ; **apparent,** 1377. Empr. du lat. *apparentia* (de basse époque ; également « apparition », sens repris au XVIe s.), *apparens*, participe présent du verbe *apparere*.

APPARITEUR, 1332. Empr. du lat. *apparitor* « serviteur public attaché à la personne d'un magistrat », dér. de *apparere* « être attaché au service de », propr. « se montrer aux côtés de ».

APPARITION, XIIe, en parlant de l'Épiphanie ; sens fig. de bonne heure, mais rare avant le XVIe s. Empr. du lat. eccl. *apparitio*, traduction du grec *epiphaneia*, au sens d'« Épiphanie », propr. « apparition ». Les autres sens se sont développés en fr. d'après *apparaître ;* le lat. class. *apparitio* ne signifiait que « fonction d'*apparitor* ». — Dér. : **réapparition,** 1771.

APPAROIR, v. **apparaître.**

APPARTEMENT, 1559 (Du Bellay) ; peu usuel avant le XVIIe s. Empr. de l'it. *appartamento*, dér. de *appartare* « séparer ».

APPARTENIR. Lat. de basse ép. *appertinēre*, comp. de *pertinēre* « tendre à, etc. », en outre « appartenir » ; développé d'après *tenir*. On peut admettre que le lat. pop. a dit *appartinēre*, refait sur *pars, partis*, « part », attesté aussi par l'it. *appartenere*, cf. d'autre part a. pr. *apertener*. — Dér. : **appartenance,** XIIe.

APPÂT, vers 1520 ; très rare au sens d' « aliment », en général. Dér. du verbe **appâter,** vers 1530, comp. de l'a. fr. *past*, très usuel au sens de « nourriture, repas », attesté au sens d' « appât », au XVe s., lat. *pāstus* « pâture, nourriture (en général) » ; cf. it. esp. *pasto ;* a. pr. *past*. La forme *appas*, dans le plur. *les appas*, dont on a voulu faire comme un autre mot, est la graphie ordinaire avant le XIXe s. du plur. d'*appât*.

APPEAU, v. **appeler.**

APPELER. Lat. *appellāre*. — Dér. : **appel,** XIIe ; *appeau*, au moyen âge *apeau*, est issu d'*apeaus*, à la fois cas sujet du sing. et cas régime du plur. ; attesté au sens général d' « appel » encore au XVIe s., de « sonnerie de cloches », au XVIe s. au plur., en 1654 au sg. (Racan) ; **appeleur,** 1863 ; usuel au moyen âge comme terme jurid. : « appelant, plaignant » ; **rappeler,** vers 1080 *(Roland)*, d'où **rappel,** 1260.

APPELLATION, 1174. Empr. du lat. *appellatio*.

APPENDICE, 1281. Empr. du lat. *appendix, -icis*, fém., propr. « ce qui est suspendu à », dér. du verbe *appendere* « suspendre ». — Dér. : **appendicite,** 1886, créé par R. H. Fitzen.

APPENDRE. Peu usuel aujourd'hui. En a. fr. usuel comme intrans. au sens de « dépendre, convenir à, appartenir à ». Lat. *appendĕre*, « suspendre ». It. *appendere*. — Dér. : **appentis,** XIIe, propr. « dépendance », avec le suff. *-is*, cf. *abatis*, etc., et le *t* qui se trouve dans *pente*, etc.

APPÉTENCE, 1555. Empr. du lat. *appetentia*. Le comp. **inappétence** a été formé antér. sur le lat. *appetentia* (déjà en 1549).

APPÉTIT, vers 1180. Jusqu'au XVIIe s., surtout « désir » (en général, même au moral). Empr. du lat. *appetitus* « désir, convoitise », dér. de *appetere* « chercher à atteindre ». — Dér. : **appétissant,** 1393 (le verbe *apeticier* qu'on a supposé comme origine de cet adj. n'existe pas en a. fr.).

APPLAUDIR, XIVe. Empr. du lat. *applaudere*. — Dér. : **applaudissement,** vers 1500 ; **applaudisseur,** 1539.

APPLIQUER, XIIIe (sous la forme *apliquier*) ; **application,** XIVe (Oresme). Empr. du lat. *applicare* « appliquer un objet contre », d'où « appliquer son esprit à », *applicatio*, attesté seulement en parlant de l'esprit. Développement sémantique propre au fr., le subst. ayant suivi le verbe. — Dér. : **applicable,** 1285 *(-quable)* ; **inapplicable,** 1762 ; **applique,** XVe ; **inapplication,** XVIIe (La Rochefoucauld) ; **inappliqué,** 1677.

APPOGIATURE, 1829 (sous la forme *-a*, en 1813). Empr. de l'it. *appoggiatura*, dér. de *appoggiare* « appuyer ».

APPOINTER, « tailler en pointe », v. **pointe.**

APPORTER. Lat. *apportāre.* — Dér. : **apport,** XIIᵉ, sens plus étendu dans l'ancienne langue ; **rapporter,** 1180 ; **rapport,** vers 1260 ; **rapporteur,** vers 1300.

APPOSITION, 1213. Empr. du lat. *appositio* « action de poser, placer », dér. de *apponere* « poser, etc. », pour servir de nom abstrait à *apposer.*

APPRÉCIER, 1391. Empr. du lat. de basse ép. *appretiare* (de *pretium* « prix »). — Dér. : **appréciable,** 1486 ; **in...,** XVᵉ ; **appréciateur,** 1509 ; **appréciatif,** 1615 ; **appréciation,** 1398 (*appretiatio* existe à basse ép., mais si rarement qu'il est vraisemblable que le fr. a été formé indépendamment de ce mot).

APPRÉHENDER, XIIIᵉ ; **appréhension,** XIIIᵉ *(appréhension de l'intellect).* Empr. du lat. *apprehendere* « saisir matériellement », d'où, à basse ép. (v. le suiv.) « concevoir », *apprehensio* « action de saisir » aux deux sens. Des sens de « comprendre, fait de comprendre », usuels au XVIᵉ s., sont issus alors ceux de « craindre, crainte ».

APPRENDRE. Lat. pop. *apprendĕre*, lat. class. *apprehendĕre* « saisir », comp. de *prehendere* (v. **prendre**), pris à basse ép. par des auteurs eccl. au sens de « saisir par l'esprit », d'où « apprendre pour soi », puis « apprendre aux autres », sens attestés tous deux de très bonne heure en fr., cf. **comprendre,** pour ce développement du sens. Le sens matériel de « saisir » apparaît encore en a. fr., d'où, en outre, « allumer ». It. *apprendere*, « prendre » et « prendre feu » ; d'autre part esp. *aprender* et a. pr. *aprendre*, aux deux sens intellectuels du fr. — Dér. et Comp. : **apprenti,** 1357 ; n'a triomphé qu'au XVIIIᵉ s. ; d'abord *aprentiz*, vers 1175 (encore *apprentis*, XVIᵉ), puis *-tif*, 1382 (encore en 1719). Le fém. a été en *-isse* jusqu'à la fin du XVIIᵉ s. ; *-ie* n'est que du XVIIIᵉ s. Formé avec le suff. *-is* qui se trouve dans quelques adj., cf. l'a. fr. *faitis* « bien fait », et un *t* qui se retrouve dans la dérivation d'autres verbes en *-endre*, v. **appentis,** cf. a. pr. *aprentitz ;* d'où **apprentissage,** 1395 ; **désapprendre,** 1290 ; **rapprendre,** 1549 ; une première fois au XIIIᵉ s ; **malappris,** vers 1230, en a. fr. *apris* « instruit » et *bien apris* étaient usuels.

APPRÊTER. Lat. pop. **apprestāre*, dér. de l'adj. du lat. pop. **prestus*, issu de l'adv. class. *praesto* « à la portée de », donc « mettre sous la main, préparer », v. **prêt.** — Dér. : **apprêt,** vers 1310 ; **apprêtage,** 1750 ; **apprêteur,** 1552.

APPRIVOISER. Lat. pop. **apprīvātiāre*, issu de **apprīvātāre*, supposé par l'a. pr. *aprivadar*, de *prīvātus* « privé, domestique », donc « rendre privé, accoutumer à la vie domestique » ; la terminaison *-ātiāre* a été remplacée de bonne heure dans la France du Nord par *-itiāre*, plus usuel ; refait aussi en a. fr. en *apriver*, *-voyer*, d'après *privé* « apprivoisé » (d'où aussi *priver*, XVᵉ-XVIIIᵉ s.). Seulement galloroman. — Dér. : **apprivoisement,** XVIᵉ (Amyot) ; **apprivoiseur,** 1565.

APPROBATEUR, 1534 ; **approbatif,** 1561 ; **approbation,** 1295. Empr. des mots lat. *approbator*, *-ativus*, *-atio* « approbation » et « preuve » (sens fréquent au XVIᵉ s.), dér. de *approbare*, v. **approuver.** — Dér. : **désapprobateur,** 1748 (Montesquieu) ; **désapprobation,** 1783.

APPROCHER. Lat. de basse ép. (auteurs eccl.) *apprŏpiāre*, dér. de *prŏpe* « près de ». Aussi a. pr. *s'apropriar*, roumain *apropia*, sarde logoudorien *approbiare.* — Dér. : **approchable,** XVᵉ ; **approche,** *id. ;* **rapprocher,** XVIᵉ ; **rapprochement,** XVᵉ.

APPROPRIER, 1226 ; **appropriation,** XIVᵉ. Empr. du lat. médiéval *appropriare*, *appropriatio* (tirés du lat. *proprius* « propre »). — Dér. : **désapproprier,** 1653, **désappropriation,** XVIIᵉ (Fénelon) ; **exproprier,** 1789 (une première fois **exproprié** en 1611), par changement de préfixe, d'où **expropriation,** 1789.

APPROUVER. Signifie aussi, jusqu'au XVIᵉ s., « prouver » et « éprouver » ; de plus, au XVIᵉ s., « faire approuver » par latinisme. Lat. *apprŏbāre* « approuver, faire approuver, prouver ». V. **approbateur, approbation.** — Dér. : **désapprouver,** 1535.

APPROXIMATION, 1314. Dér. sav. du lat. de basse ép. *approximare* « s'approcher de » (de *proximus* « très proche »). — Dér. : **approximatif,** 1789.

APPUYER. Lat. pop. **appŏdiāre*, dér. de *pŏdium*, terme d'architecture, « soubassement, support, etc. » (du grec *podion*, attesté seulement au sens de « petit pied »). It. *appoggiare*, esp. *apoyar.* — Dér. : **appui,** XIIᵉ. — Comp. : **appui-main,** 1680.

ÂPRE. Lat. *asper.* It. *aspro*, esp. *áspero.* La forme *ispre*, répandue dans les patois méridionaux, est d'origine obscure. — Dér. : **âpreté,** XIIᵉ, d'après le lat. *asperitas ;* v. aussi **aspérité.**

APRÈS. Lat. de basse ép. *ad pressum (Mulomedicina)* « auprès », adv. formé avec *pressum*, neutre, pris adverbialement, du part. passé *pressus* « serré, pressé », v. **près,** qui a supplanté en gallo-roman l'adv. class. *post* « après » (conservé ailleurs : it. *poi*, esp. *pues*, a. pr. *pos*, rare). Tout en conservant le sens local, a pris de bonne heure le sens temporel, devenu prépondérant. Existe dans tous les parlers gallo-romans (a. pr. *apres* « auprès, après »). It. *appresso* « auprès, après ».

A PRIORI, 1626. Empr. du lat. scolastique *a priori* « (en partant) de ce qui est avant », v. **a postériori.**

APTE, 1377. Empr. du lat. *aptus* « approprié, fait pour, etc. ». Considéré comme vieux au XVIIᵉ s., signalé comme terme de droit au XVIIIᵉ. Sens plus étendu au XIXᵉ s., sous l'influence du suivant. L'a. fr. *ate*, XIIIᵉ, « convenable », rare et disparu de bonne heure, est une première adaptation de *aptus*, plutôt qu'une forme pop. refaite sur le fém. — Dér. : **inapte,** fin XVIIIe, une première fois au XVe s. *(inapt).*

APTITUDE, XIVe (Oresme), au sens jurid. Empr. du lat. de basse ép. *aptitudo*. Sens élargi au XVIe s. — Dér. : **inaptitude,** XVe.

AQUAFORTISTE, 1853 (Goncourt). Dér. de l'it. *acqua forte* « eau forte ».

AQUARELLE, 1791. Empr. de l'it. *acquarella*, propr. « couleurs détrempées », dér. de *acqua* « eau ». — Dér. : **aquarelliste,** 1829.

AQUARIUM, 1860. Empr. du lat. *aquarium* « réservoir », dér. de *aqua* « eau ».

AQUA-TINTA, 1819. Empr. de l'it. *acqua tinta* « eau teinte ».

AQUATIQUE, XIIIe. Empr. du lat. *aquaticus ;* l'a. fr. a possédé un adj. pop. *evage*, de sens analogue.

AQUEDUC, 1553 ; en outre *aqueduct*, XVIe et XVIIe s. Empr. du lat. *aquae ductus ;* formes pop. dans la région lyonnaise, d'après *acquiductus*, attesté à basse ép., cf. aussi it. *acquidotto*.

AQUEUX, 1503. Empr. du lat. *aquosus ;* a supplanté une forme pop. *eveux*, encore usuelle au XVIe s. et dans de nombreux patois, cf. it. *acquoso*, esp. arch. *aguoso*, a. pr. *aigos*.

AQUILIN, XVe. Empr. du lat. *aquilinus*, dér. de *aquila* « aigle ».

AQUILON, XIIe. Mot littéraire. Empr. du lat. *aquilo*.

ARA, 1614 (en 1558 *arat*). Empr. de *arara* du tupi (langue du Brésil).

ARABE, 1564 ; **arabique,** XIIe. Empr. du lat. *arabus* (autre forme de *arabs*), *-icus* (du grec *araps*, *arabikos*). L'a fr. préfère *ar(r)abi(t)*, qui représente peut-être l'arabe *'arabî*, adj.

ARABESQUE, 1546 (Rab.), au sens moderne ; aux XVIe et XVIIe s. aussi « arabe ». Empr. de l'it. *arabesco*, aux deux sens, dér. de *arabo*.

ARABLE, vers 1150. Empr. du lat. *arabilis*, dér. de *arare* « labourer ».

ARACHIDE, 1794 (*arachidne* en 1741). Empr. du lat. *arachidna* (du grec *arakhidna*. autre forme de *arakhos, arakos* « gesse »),

ARACHNIDE, 1801. Dér. sav. du grec *arakhnê* « araignée ».

ARAK, 1525 (écrit alors *arach*). On dit aussi *rack*. Empr. de l'ar. *'araq*, propr. « liqueur extraite du palmier », dit ensuite d'autres liqueurs ; cf. de même angl. *arrack*, all. *Arrack*. Les Portugais ont emprunté au XVIe s., dans le sud de l'Inde, les formes *orraca*, *urraca*. V. **raki.**

ARAGNE, v. le suiv.

ARAIGNÉE, XIIe *(iraignee)*. Jusqu'au XVIIe s. « toile d'araignée » (cf. La Fontaine, *Fables*, IV, 21), dér., avec le suff. *-ée* (qui a ici une valeur exceptionnelle), de l'a. fr. *araigne*, *aragne*, qui désignait l'insecte lui-même jusqu'au XVIIe s. (cf. La Fontaine, *id.*, X, 6), et encore en 1745 (Voltaire), lat. *arānea*, propr. « toile d'araignée », l'insecte se disant *arāneus*; il s'est donc produit en lat. la même substitution que plus tard en fr., due au fait que les toiles d'araignée frappent plus l'attention que l'insecte. Cette substitution, du reste, n'a pas été générale car, si l'esp. dit *araña* « araignée », l'it. dit encore *ragna* « toile d'araignée », *ragno* « araignée ». A la suite du glissement de sens d'*araignée*, le fr. a créé l'expression *toile d'araignée*, aujourd'hui dominante dans les patois ; les dialectes de l'Ouest et de l'Est ont créé un comp. analogue, attesté au XVIe s. par *hyrantelle* de Brantôme et qui, pris au sens fig. par la langue de la vénerie, figure dans les dictionnaires sous la forme de l'Ouest *arantèle* (*arantelle*, XVIe s., chez Du Fouilloux, qui était potevin). Ce comp. formé d'*aragne* et de *toile*, réduit ensuite à *arantoile*, ne doit pas remonter au lat. *aranae tela*, en raison de la date où il est attesté pour la première fois ; l'it. a aussi *ragnatela*. Le type inverse *toile aragne* existe dans les patois méridionaux, de même esp. *telaraña*. *Araignée* est aujourd'hui la forme dominante dans la partie septentrionale du domaine gallo-roman ; *aragne* celle du Nord-Est, de l'Est et du Midi (a. pr. *aranha*) ; il y a, en outre, plusieurs substituts, notamment *arantoile*, lorrain et région du Périgord, et *filière*, lorrain, par imitation de l'all. *Spinne*, propr. « fileuse », tiré de *spinnen* « filer ». V. **érigne.**

ARAIRE, v. **charrue.**

ARANTÈLE, v. **araignée.**

ARASER, XIIe. Dér. de l'anc. adj. *res*, avec l'alternance régulière des voyelles : *e* accentué, *a* inaccentué, v. **ras.** — Dér. : **arasement,** 1367.

ARATOIRE, 1514. Empr. du lat. de basse ép. *aratorius*, dér. de *arare* « labourer ».

ARAUCARIA, 1806 (sous la forme *araucaire*). Empr. du lat. des botanistes *araucaria*, dér. de *Arauco*, nom de la région du Chili, d'où vient cet arbre.

ARBALÈTE. Lat. *arcuballista* (Végèce), comp. de *arcus* « arc » et de *ballista* « machine de jet », v. **baliste.** Cf. aussi a. pr. *arbalesta*, it. arch. *arcobalestro ;* les langues du sud emploient plutôt *bal(l)ist(r)a :* it. *balestra*, esp. *ballesta*, a. pr. *balest(r)a*, encore attesté dans quelques patois. — Dér. d'une autre forme *-estre*, encore usuelle au XVIe s. : **arbalétrier,** XIIe *(-estrier)*, en outre *arbalestier*, du XIIe au XVIe s.

ARBITRAIRE, 1397 (d'après l'adv. **-ment** ; sens jurid., seul attesté jusqu'au XVIe s.). Empr. du lat. *arbitrarius* « qui relève d'un arbitre » dans la langue jurid. Sens moderne à partir du XVIe s., à la fois d'après le lat. *arbitrarius* et le fr. **arbitre.**

ARBITRE, sorte de juge, 1213 ; **arbitre,** subst. abstrait, XIIIe ; au moyen âge ordinairement *franc arbitre ;* aujourd'hui seulement dans *libre arbitre,* 1541 (Calvin) ; **arbitrer,** 1274 ; **arbitral,** 1270. Empr. du lat. *arbitrer, arbitrium, arbitrari, arbitralis.* — Dér. du verbe : **arbitrage,** 1283 (Beaumanoir).

ARBOR-. Premier élément de mots sav. comp., tels qu'**arboriculture,** 1836, tiré du lat. *arbor* « arbre ».

ARBORER, fin XVe (G. de Villeneuve, compagnon de Charles VIII, mais déjà vers 1320 dans les Gestes des Chiprois, texte italianisant, au sens de « munir de mâts »). Empr. de l'it. anc. *arborare,* propr. terme de marine, « dresser un mât » (aujourd'hui refait en *alberare,* d'après *albero* « arbre »), d'où les sens dér., attestés aussi pour l'it. déjà au XVe s.

ARBORESCENT, 1553. Empr. du lat. *arborescens,* part. prés. de *arborescere* « devenir arbre ». — Dér. : **arborescence,** 1838.

ARBORISER, -ISTE, v. **herboriser, herboriste.**

ARBOUSE, 1557. Altération d'*arbouce,* 1566, empr. du prov. *arbousso,* tiré du masc. *arbous* « arbousier », lat. *arbŭtĕŭs,* adj. de *arbŭtus* « arbousier ». — Dér. : **arbousier,** 1539 *(-osier).*

ARBRE. Lat. *arbŏr, arbŏris.* It. *albero,* esp. *árbol,* a pr. *arbre.* Le lat. *arbor* signifie déjà aussi « mât » comme dans la plupart des langues romanes et désigne, en outre, une pièce du pressoir à huile, exactement deux piliers de bois inclinés.

ARBRISSEAU. D'abord *arbriscellus,* IXe s. *(Gloses de Reichenau) ;* en outre *arbroisel,* XIIe. Lat. pop. **arboriscellus,* altération, d'après *arbor,* de **arbŭscellus,* lat. class. *arbŭscula,* qui a changé de genre comme *arbor.* It. *arboscello.*

ARBUSTE, 1495. Empr. du lat. *arbustum.*

ARC. Prononciation du *c* due à l'influence de la langue écrite ; la prononciation *ar* était encore usuelle au XVIe s. (cf. *rue Saint-André-des-Ar(t)s,* à Paris). Lat. *arcus,* It., esp. *arco.* — Dér. : **arcature,** 1853 ; **arceau,** XIIe, probabl. déjà lat. pop. **arcellus ;* **archer,** *id. ;* **archet,** *id. ;* **arquer,** 1377 ; peut-être d'après le lat. *arcuare.* — Comp. : **arc-boutant,** 1387, c'est-à-dire « arc qui pousse contre le mur qu'il soutient », d'où **arc-bouter,** 1604 ; **arc-en-ciel,** XIIIe (J. de Meung), en outre *-del-,* XIIe, *-ou-,* XIIIe, cf. de même le lat. *caelestis arcus ;* it. *arcobaleno,* esp. *arco iris,* a. pr. *arc San Marti.*

ARCADE, XVIe (R. Belleau). Empr. de l'it. *arcata,* dér. de *arco.*

ARCANE, XIXe (Balzac), seulement dans quelques locutions : *les arcanes de la science,* etc. Semble avoir été repris à la langue du XVIe s. (XVe : *archanes*), qui l'a empr. du lat. *arcanum* « secret ». *Arcane* s'employait aussi comme terme d'alchimie, au sens de « préparation secrète », 1631. A été également employé comme adj. d'après le lat. *arcanus,* du XVe au XVIIe s. (encore en 1664, chez Molière).

ARCANNE, v. **henné.**

ARCHAÏSME, 1659 (Chapelain). Empr. du grec *arkhaismos,* dér. de *arkhaios* « ancien ». — Dér. : **archaïque,** 1776.

ARCHAL. Seulement dans *fil d'archal,* attesté au XIVe s., seul emploi depuis le XVIe s. Lat. *aurichalcum,* altération, d'après *aurum* « or », de *orichalcum* (du grec *oreikhalkos* « laiton »). Le développement de ce mot sav. n'est pas régulier, l'origine de l'initiale *ar-* est obscure. Très usuel dans les parlers gallo-romans, surtout avec *fil.* It. *oricalco,* esp. *auricalco.*

ARCHANGE, XIIIe, en outre *-gele,* XIIe, *gle, id.,* v. **ange.** Empr. du lat. eccl. *archangelus* (du grec eccl. *arkhangelos,* comp. de *arkh-,* v. **archi,** et de *angelos*).

ARCHE de Noë, etc. En dehors des locutions d'origine biblique : *arche de Noë, arche sainte, arche d'alliance,* seulement quelques emplois techn. Dans ces locutions représente le lat. eccl. *arca ;* en lat. class. ce mot signifie « coffre ». Rare dans le fr. littéraire, en dehors des locutions bibliques, mais encore usité dans de nombreux parlers gallo-romans au sens de coffre », p. ex. dans le Berry au sens de « pétrin » et de « coffre de cuisine ». It., esp., a. pr. *arca,* tous trois au sens de « coffre » et aussi de « cercueil » (déjà lat.), outre le sens biblique.

ARCHE d'un pont ; en outre « arc », au sens architectural, du XIIIe au XVIe s. Lat. pop. **arca,* plur. neutre, devenu fém., lat. class. *arcus* « arc »..

ARCHÉO-. Premier élément de mots sav. comp. empr. du grec, tels qu'**archéologie,** 1599, où *arkhaio-* vient de l'adj. *arkhaios* « ancien ».

ARCHEVÊQUE, v. **évêque.**

ARCH(I)-. Premier élément de mots sav. comp., tiré du préf. grec *arkhi,* marquant le premier rang (du verbe *arkhein* « commander »).

-ARCHIE, -ARQUE. Second élément de mots sav. comp., tiré des terminaisons grecques *-arkhia, -arkhos* (du verbe *arkhein* « commander »).

ARCHIMANDRITE, XVIe. Empr. du lat. eccl. *archimandrita* (du grec eccl. *arkhimandrites,* de *mandra,* propr. « enclos », d'où « cloître » en grec eccl.).

ARCHINE, 1699 (écrit alors *arschin*). Transcription du russe *archin ;* ne sert qu'en parlant de la mesure russe.

ARCHIPEL, 1512. Réduction d'*archipelago* ou *-gue* (encore signalé en 1802 ; alors en outre *-ge*), tous deux très usuels au XVe et au XVIe s. (cf. déjà *Archepelague* au XIVe s. dans la Chronique de Morée).

empr. de l'it. *arcipelago,* attesté dès 1268, probabl. transformation du grec *Aigaion pélagos* d'après les mots commençant par *arci-* (donc « mer principale »), à la fois nom propre, désignant la mer de ce nom et les îles qui s'y trouvent, et nom commun. Nom commun en fr. dès le XVIe s.

ARCHITECTE, 1510 ; en outre, *architecteur*, très usuel au XVIe s. ; **architectonique,** 1370 ; **architecture,** 1504. Empr. du lat. *architectus*, *-onicus*, *-ura* (du grec *arkhitektôn* (*architecton* existe aussi en lat., d'où cette forme en fr., au XIVe s., chez Oresme), comp. de *tektôn* « ouvrier travaillant le bois », *arkhitektonikos*). Les formes viennent du lat., mais l'empr. d'*architecte*, *-tecture* a été suggéré par l'it. *architetto* (dont l'influence explique *archietteur*, XIVe, Christine de Pisan), *architettura*.

ARCHITRAVE, 1528 (sous la forme *arquitrave*). Empr. de l'it. *architrave* (comp. de *archi*, v. **archi,** et de *trave* « poutre »), propr. « maîtresse poutre ».

ARCHIVES, 1416. Au XVIe s., *archifs* masc. plur., *archive*, masc. sing., une fois chez Amyot. Empr. du lat. de basse ép. *archivum* (du grec *arkheion* ou *arkheia*, plur. neutre, « lieu où l'on conserve les archives » et « les archives elles-mêmes », propr. « résidence des principaux magistrats *(arkhê)* »). — Dér. : **archiviste,** 1701.

ARCHIVOLTE, 1694. Empr. de l'it. *archivolto*, même mot que le lat. médiéval *archivoltum* et l'a. fr. *arvolt* « sorte d'arc », comp. de *arc* et de l'anc. adj. *volt* « courbé », v. **voûte,** cf. a pr. *arc volt ;* mais les rapports de ces différentes formes sont incertains ; le plus vraisemblable, c'est que le lat. médiéval a été formé sur le fr. et a été empr. par l'it., d'où le mot est revenu ensuite en France.

ARÇON. Lat. pop. **arciōnem*, acc. de *arciō*, dér. de *arcus*. En a. fr. signifie aussi « petit arc » et « archet » ; autres sens dér. dans les langues techn. et les patois. It. *arcione*, esp. *arzón*. — Dér. : **désarçonner,** XIIe.

ARCTIQUE, v. **antarctique.**

ARDENT, XIIe. Empr. du lat. *ardens*, part. prés. de *ardere* « brûler ». Continue l'a. fr. *ardant*, part. prés. du verbe *ardoir*, *ardre*, encore dans quelques patois. It. *ardere*, esp. *arder*, a. pr. *ardre ;* il en est de même dans la locution *mal des ardents*, XIIIe *(ardanz)*, qui se disait de malades atteints d'érysipèle gangréneux.

ARDEUR. Lat. *ardōrem*, acc. de *ardor*, masc. It. *ardore*, esp. a. pr. *ardor*.

ARDILLON, v. **hart.**

ARDOISE, XIIe. Étymologie peu sûre. On restitue un mot **ardēsia*, qui semble rappeler le celtique *ard-* « haut » ; mot propre à la France septentrionale. — Dér. : **ardoiser,** XVIe ; **ardoisier,** 1506 ; **ardoisière,** 1564.

ARDU, XIVe. Empr. du lat. *arduus* « élevé, difficile à gravir, malaisé ». Dès le premier texte, a le sens de « malaisé », sens principal depuis le XVIIe s. ; au XVIe, fréquent au sens d' « élevé ».

ARE, 1795 (décret de la Convention). Mot fabriqué à l'aide du lat. *area* « surface », pour désigner une mesure agraire du système métrique et fait masculin comme tous les autres noms de ce système. — Comp. : **centiare,** 1798 ; **hectare,** 1798.

AREC, 1521, d'abord *areque*, ensuite *areca* jusqu'à la fin du XVIIe s., *arec* depuis 1701. Empr. du port. *areca*, empr. lui-même d'une langue indigène du Sud de l'Inde, cf. *adakka* du Malabar. — Dér. : **aréquier,** 1687.

ARÈNE. Empr., au XVIe s., comme terme littéraire et, au XVIIe s., comme terme archéologique, du lat. *arēna*. Était populaire au moyen âge sous les formes *araine*, *areine*, au sens de « sable » (et de « grès »), qui ont disparu devant *sable ;* ne subsiste que dans quelques patois, notamment en prov., où il désigne du sable fin, conformément au sens de *arēna*, *sabulum* désignant du gros sable. It. *rena*, esp., a. pr. *arena*.

ARÉOLE, 1611. Empr. du lat. *areola* « petite surface », dim. de *area* « aire », pour des sens techn.

ARÉOPAGE, 1495, au sens fig. Empr. du lat. *areopagus* (du grec *Areios pagos*).

ARER, v. **labourer.**

ARÊTE. Lat. dialectal **arĕsta*, lat. class. *arista* (qui vit encore en franco-provençal) « barbe d'épi » et « arête de poisson » (Ausone, IVe s.). Le sens de « barbe d'épi » a survécu en gallo-roman, mais n'est guère répandu. It. *resta*, aux deux sens. — Dér. du sens technique de la construction : **arêtier,** XIVe, d'où **arêtière,** 1691, au sens moderne.

ARGENT. Lat. *argentum*, métal et, dans des textes populaires, « monnaie, richesse », sens qui ne paraît conservé qu'en France. It. *argento*. — Dér. et Comp. : **argenter,** XIIIe ; **argenteur,** XIIIe (É. Boileau) ; **argenture,** 1642 ; **désargenter,** 1611 ; **réargenter,** 1838 ; **argenterie,** 1286 ; **argentin,** XIIe ; **argentifère,** 1596 ; **vif-argent,** XIIIe, sur le modèle du lat. des alchimistes (déjà attesté en lat. class.) *argentum vivum*, cf. it. *argento vivo* et les traductions *Quecksilber* de l'all. et *quicksilver* de l'angl.

ARGENTIER. Aujourd'hui seulement par plaisanterie, en parlant du ministre des Finances : *le grand argentier*. Anciennement « banquier », 1272, « sorte d'intendant ou de trésorier », XVIe, rarement « ouvrier travaillant l'argent », XVe. En raison de la chronologie, c'est un mot empr. du lat. *argentarius* « banquier » et « ouvrier », plutôt qu'un mot pop., comme paraissent l'être l'it. *argentaio* et l'a. pr. *argentier*, qui signifient surtout « ouvrier travaillant l'argent, orfèvre ».

ARGILE. En a. fr. (outre *argille*) *ardille*, *arsille*, etc. Lat. *argilla* et *-ila* (du grec *argil(l)os*). V. *glaise*. It. *argilla*, esp. *ar-*

cilla. — Dér. : **argileux,** XIIe, continue peut-être le lat. *argillōsus ;* **argilière,** XIIIe *(arz-).*

ARGOT, 1628. D'abord « métier, corporation de voleurs », d'où *argotier,* 1628, « voleur », *-ter, id.* « mendier »; n'apparaît avec le sens moderne qu'en 1690. On a proposé d'y voir un emploi métaphorique soit d'*argot,* forme usuelle d'*ergot* jusqu'au XVIe s., au sens de « vol », en s'appuyant sur des mots signifiant « voler, voleur », tirés de *griffe* et du moyen fr. *harpe* « griffe », v. **harpon,** soit de l'a. pr. *argaut* « vieux vêtement » (cf. a. fr. *hargaut, herigaut* « sorte de vêtement »), qui aurait été employé pour désigner d'abord la corporation des gueux avant d'être appliqué aux voleurs. Plus probablement dér. du verbe *argoter* « se quereller » attesté vers 1600 et qui continue peut-être l'anc. fr. *argoter* « chicaner » attesté chez Gautier de Coinci et qui est dér. du lat. *ergo,* comp. **ergot.** — Dér. : **argotique,** 1837.

ARGOT, v. **ergot.**

ARGOUSIN, 1520. Empr. de l'it. *aguzzino* sous la forme *algozino* attesté en Sicile et à Naples au XVIe s. (vers 1300 déjà *aguzerino* en Sicile). L'it. a emprunté ces formes du cat. *agutzir,* en donnant à ce mot le suffixe *-ino* employé pour former des dénominations de métiers (p. ex. *vetturino* « charretier »). Le cat. *agutzir* correspond à l'esp. *alguacil,* v. **alguazil.**

ARGUER. Très usuel jusqu'au XVIe s., avec des sens variés : « presser » physiquement et moralement, « se presser » (au réfl.), « blâmer », etc. Aujourd'hui limité à quelques emplois : *arguer de faux,* etc. Lat. *argūtāre* (à côté de *argūtāri*) « bavarder, ressasser », et, par un développement de sens hardi, « piétiner » en parlant du foulon. C'est de ce dernier sens que vient celui de « presser »; quant à ceux d' « accuser, blâmer » et aux acceptions modernes, ils sont dus au lat. *arguere* « prouver, convaincre, accuser ». Cf. anc. esp. *argudarse* « se presser ».

ARGUMENT, XIIe ; **argumentateur,** 1539 ; **argumentation,** 1327 ; **argumenter,** XIIe. Empr. du lat. *argumentum, argumentator* (de basse ép.) *-atio, -ari* (de *arguere*).

ARGUTIE, vers 1520. Surtout au plur. Empr. du lat. *argutia* (ordinairement au plur.) « subtilité », dér. de *argutus* « subtil » (de *arguere*). Au XVIe s. aussi *arguce.*

ARIA, 1752. Altération de *haria,* 1530, cf. aussi *un grand haria caria* « tumulte », XVe, tiré de l'anc. verbe *harier* « harceler », usuel aux XVe et XVIe s., v. **harasser.**

ARIDE, XIVe (G. de Machaut) ; **aridité,** XIIe (rare avant le XVIIe s.). Empr. du lat. *aridus, ariditas* (de *arēre* « être desséché »). L'adj. s'est substitué à une forme pop. *are, arre,* encore usuelle au XVIe s., cf. a. pr. *arre,* et qui survit dans quelques patois (poit. *are*).

ARIETTE, vers 1710. Empr. de l'it. *arietta,* dim. de *aria,* v. **air.**

ARISTARQUE, 1549 (Du Bellay). Tiré du nom propre lat. *Aristarchus* (grec *Aristarkhos,* critique alexandrin du IIe s. avant Jésus-Christ) ; sens fig. déjà en lat.

ARISTOCRATIE, XIVe (Oresme) ; **aristocratique,** *id.* Empr. du grec *aristokrateia* « gouvernement des meilleurs », *-ikos,* par l'intermédiaire des traductions lat. d'Aristote. — Dér. : **aristocrate,** 1778 (créé une première fois en 1550) ; **aristocratiser,** 1791 (créé une première fois, au XIVe s., par Oresme).

ARISTOLOCHE, XVIe (Paré) ; en outre *-gie,* 1248. Empr. du lat. *aristolochia* (du grec *aristolokhia*) ; plante réputée pour faciliter les accouchements (en grec *lokhos*).

ARITHMÉTIQUE, *subst.,* 1529. Au moyen âge, formes variées, notamment *arismétique,* XIIIe, encore au XVIe s. et en normand. Empr. du lat. *arithmetica* (du grec *arithmētikē* « science des nombres *(arithmos)* »). L'*s* remonte à la prononciation spirante de basse ép. du θ (th) grec, qui a dû pénétrer dans les milieux sav. ; cf. a. pr., esp. arch. *arismetica.* L'adj., déjà usité au XIVe s., est fait sur l'adj. lat. correspondant *arithmeticus.* — Dér. : **arithméticien,** 1539 ; *arismetien,* XIVe (Christine de Pisan).

ARLEQUIN, 1585, de 1584 au XVIIIe s. aussi *harlequin.* En a. fr. *maisnie Hellequin* ou *maisnie Hierlekin* désignait un cortège de fantômes malfaisants qui volait en l'air, la nuit. Le nom de leur chef fut employé dans une œuvre dramatique pour la première fois par Adam de Le Hale dans son *Jeu de la Feuillée.* Plus tard, vers la fin du XVIe s., le bouffon d'une troupe italienne, qui jouait à Paris, s'empara de cette figure, qui avait continué à vivre dans la tradition populaire, pour donner un nouveau relief à son rôle de zani, en l'appelant *harlequin.* Le mot a ensuite aussi passé à l'it., dont la forme *arlecchino* a influencé le mot fr. en ce sens que celui-ci a perdu son *h-. Hellequin* a son origine dans le milieu anglo-normand, où ce nom correspond à un moyen anglais **Herle king* (= roi Harilo). Très probabl. il y a à sa base un des noms du dieu Wodan, qui fait figure ici de chef de cette horde de démons. Le nom de diable *Alichino,* qu'on trouve chez Dante, n'a rien à faire avec *Harlequin ;* c'est un comp. de *ala* « aile » et de *chinare* « incliner ». — Dér. : **arlequinade,** 1726.

ARMAILLI, v. **animal.**

ARMATEUR, 1584. Empr. du lat. de basse ép. *armator* « celui qui équipe (un bateau) ».

ARMATURE, 1694 (au sens moderne ; antér., fin XVe « armure », usuel au XVIe s.). Empr. du lat. *armatura,* dér. de *armare.*

ARME. Lat. de basse ép. *arma,* fém., lat. class. *arma,* neutre plur. collectif. It., esp. *arma.* — Comp. : **alarme,** XIVe, empr. de l'it. *all'arme* « aux armes », malgré la date très ancienne ; d'où **alarmer,** fin XVIe (D'Aubigné), d'abord « donner l'alarme », sens moderne, XVIIe ; **alarmiste,** 1792.

ARMELINE, v. **hermine.**

ARMER. Lat. *armāre* « équiper un vaisseau, armer, etc. ». It. *armare*, esp. *armar*. — Dér. : **armée,** XIVe ; a fortement concurrencé dès lors l'a. fr. *ost*, qui ne survit plus, dès le XVIe s., que comme terme littéraire, lat. *hostis* « ennemi », qui a pris au VIe s. le sens de « armée ennemie » et, par la suite, de « armée (en général) » et qui survit encore en Picardie et dans le Maine sous la forme de *o* au sens de « troupeau » ; **armement,** XIIIe ; **désarmer,** vers 1080 *(Roland)* ; **désarmement,** 1594 ; **réarmer,** 1771 ; **réarmement,** *id.*

ARMET, XIVe s. Empr., avec influence d'*arme*, de l'esp. *almete*, lui-même empr. de l'a. fr. *heaumet, helmet*, dér. de **heaume.**

ARMISTICE, 1680. Empr. du lat. diplomatique de cette ép. *armistitium*. propr. « cessation des armes », créé sur le modèle du lat. jurid. *justitium* « suspension des tribunaux » ; d'où aussi angl. *armistice*, it. *armistizio* ; l'all. *Waffenstillstand* en est une traduction qui a été imitée par les langues voisines.

ARMOIRE, XIIe (sous la forme *armaries*, ensuite *almarie, almaire*, etc. ; *armoire* vers le XVIe s.). Empr. du lat. *armarium* « armoire pour serrer les ustensiles de ménage, l'argent, les habits, casier de bibliothèque, etc. », dér. de *arma* au sens d' « ustensiles ». Cf. it., esp. *armario*, a. pr. *armari* tous empr.

ARMOIRIES, XIVe (écrit alors *armoierie* ; encore parfois sing., au XVIe s.). Dér. de l'anc. verbe *armoyer* « orner d'armes héraldiques », XIVe, dér. d'*arme*, attesté en ce sens, dès le XIIe s. — Dér. : **armorial,** 1611, fait sur le modèle de l'anc. adj. *historial* « relatif à l'histoire » ; **armorier,** 1680, fait sur le modèle d'*historier* ; a remplacé *armoyer*, encore très usuel au XVIe s. au part. passé.

ARMOISE. Lat. *artĕmĭsa* (mot grec, dér. de *Artemis*).

ARMURE. Lat. *armātūra*. — Dér. : **armurier,** 1292 ; **armurerie,** XIVe (Bersuire).

ARNICA, 1697. Empr. du lat. des botanistes *arnica*, qui paraît être une altération du nom d'une autre plante *ptarmica* « ptarmique », plante sternutatoire (du grec *ptarmikê*, de *ptarein* « éternuer »).

AROMATE, XIIIe (en outre *-at*, jusqu'au XVIIe s.) ; **aromatique,** XIIIe ; **aromatiser,** XIIe. Empr. du lat. médiéval *aromatum* (dér. de *aroma*) et du lat. de basse ép. *-ticus, -tizare* (du grec *arômatikos, -tizein*). — Dér. : **aromatisation,** 1581.

ARÔME, 1787 (G. de Morveau) ; une première fois au moyen âge. Empr. du lat. *aroma* (du grec *arôma*).

ARONDE, v. **hirondelle.**

ARPÈGE, 1751 (*harpègement*, en 1690). Empr. de l'it. *arpeggio*, propr. « jeu de la harpe », tiré de *arpeggiare*, v. **harpe.**

ARPENT. Du gaulois *arepennis* attesté par Columelle, cf. irlandais *airchenn* « mesure agraire de superficie », formé avec le mot *cenn* « tête, bout ». La finale *-nt* du mot fr. doit remonter à une forme secondaire *arependis* (cf. aussi esp. *arapende*), issue peut-être de *arepennis* (d'où a. pr. *arpen*) par une évolution dialectale tardive du gaulois et attestée au VIIIe s. dans une glose *(arpendia)*. — Dér. **arpenter,** 1384 ; **arpentage,** 1293 ; **arpenteur,** 1453.

ARPETTE, pop., vers 1880. Attesté à Genève avec sens péjor., dès 1858, à Reims en 1845, au sens de « mince et frêle (d'un homme ou d'un cheval) ». Dér. péjor. de *harpe* « fer coudé ; griffe », né d'une comparaison d'un individu amaigri avec un croc et étendu ensuite à toute sorte de défauts ; v. **harpon.** Comp. bourguignon *harpiau* « polisson », fr. *arpin* « voleur » (Huysmans).

ARPION, 1821. Mot d'argot, empr. du prov. *arpioun* « griffe », dér. de *arpo*, de même sens, a. pr. *arpa*, de la famille de *harpon*.

ARQUEBUSE, 1475. La première arme à feu portative était si pesante que son maniement demandait un chevalet, sur lequel elle fut fixée à l'aide d'un crochet, d'où l'all. *Hakenbüchse*, le néerl. *hakebusse*, propr. « mousquet à crochet ». Ce dernier mot pénètre en Flandres et dans les autres pays bourguignons dès 1475, sous la forme *hacquebusse*. Par la suite, celle-ci a été modifiée de différentes façons, en *-buse* (sous l'influence du nom d'oiseau *buse*, comp. *faucon*, etc., qui ont été employés aussi comme noms d'armes à feu), en *arque-* (sous l'influence de *arc*), en *-bute* (sous l'influence de *buter* « viser »), en *arquebouse* (sous l'influence de l'it. *archibugio*, lui-même empr. de l'all. avec adaptation de la deuxième partie du mot à l'it. *bugio* « trou »). La forme *arquebuse* l'emporte sur ses concurrents au XVIIe s. — Dér. : **arquebusade,** 1475 (sous la forme *-aide*) ; **arquebusier,** 1564 ; d'abord *haquebuziers*, 1543.

ARQUER, v. **arc.**

ARRACHER. Issu, par changement de préf., de l'a. fr. *esrachier*, du lat. pop. **exradicare*, lat. class. *eradicare*, comp. port. *arreigar*, même sens, à côté de esp. port. *arraigar* « s'enraciner », et, avec un autre préf., a. fr. *desrachier* « arracher », anc. lorrain *fors ragier*, id. Le préf. *à* exprime le mouvement de la personne qui tire l'objet en question à soi. — Dér. : **arrachage,** 1835 ; **arrachement,** XIIe ; **arracheur,** XIIIe ; **arrachis,** 1518 (en Champagne *-agis*, XIIIe). — Comp. : **arrache-pied (d'),** vers 1515, dont le sens premier n'est pas clair.

ARRANGER, v. **rang.**

ARRÉRAGES, v. **arrière.**

ARRÊTER. Jusqu'au XVIIe s. souvent intrans. Lat. pop. **arrestāre* « (s') arrêter », comp. du lat. class. *restāre* « rester ». It. *arrestare*, esp. *arrestar*. — Dér. : **arrestation,** 1370, réfection de l'anc. dér. *arestaison*, d'après le lat. *restare* et les nombreux mots en *-ation* ; **arrêt,** XIIe ; **arrêté,** 1414. — Comp. : **arrête-bœuf,** 1542, v. **bugrane.**

ARRHES. Réfection orthographique, faite d'après le latin au début du XVIe s., mais qui n'a triomphé qu'au XVIIIe s., d'*erres*, XIIe, empr. (avec un développement de la voyelle rare à cette ép.) du lat. jurid. *arr(h)a* « gage », réduction de *arr(h)abo*, grec *arrhabôn*, d'origine sémitique, cf. l'hébreu *'erabôn* « gage », *Genèse*, XXXVIII, 17, 18, 20. On a attribué l'origine du plur. d'*arrhes* à celui du lat. jurid. *arrae* « sorte de dot de fiançailles », mais ce sens n'est pas attesté en fr., où le plur. peut donc être spontané. A eu aussi autrefois, surtout au XVIe et au XVIIe s., des sens fig., ordinairement au sing., d'après le lat. eccl., sous les deux formes *arre(s)* et *erre(s)*. It. *arra*, au propre et au fig. (moins usuel que *caparra*, v. **accaparer**), esp. arch. *arras*.

ARRIÈRE. Lat. pop. **ad rĕtrō*, comp. du lat. class. *rĕtrō* « en arrière » (d'où l'a. fr. *riere*, v. **derrière**). It. *addietro* (modifié d'après *dietro*, v. **derrière**), esp. arch. *arredro*. — Dér. : **arrérages,** 1267 (*arrierages*, forme dominante jusqu'au XVIe s., encore usitée au XVIIe) ; **arriérer,** XIIIe ; **arriéré,** terme de finances, 1751 (comme adj.) ; terme médical, 1846. — Comp. : Nombreux mots avec **arrière** comme premier élément ; v. ces mots au 2e terme.

ARRIMER, 1398, au sens de « ranger la cargaison dans la cale d'un navire », mais aux XVe et XVIe s. aussi « arranger, disposer (en général) ». Empr. du moyen angl. *rimen* « arranger, débarrasser ». Ce verbe appartient à la famille du germ. *rūm* « espace » (anc. angl. *rum*, all. *Raum*, anc. scandinave *rūm*) ; ce dernier a aussi été empr. par le fr., où il a donné *run* « fond de cale », 1386, ensuite « place, rang d'une personne ». De ce subst. dérive un verbe *arumer* « ranger la cargaison dans la cale » (1386-1798), *arruner* « arranger, disposer » (fin XIVe au XVIIe s.), qui a été empr. par d'autres langues rom. : a. pr. *arumar*, cat. esp. port. *arrumar*. — Dér. : **arrimage,** 1398 ; **arrimeur,** 1398.

ARRISER, v. **ris.**

ARRIVER. Lat. **arrīpāre* « toucher à la rive », sens propre qui n'est plus senti depuis le XVIe s., que dans les acceptions de la marine. It. *arrivare* (empr. du fr.), esp. *arribar*, sens propre et fig. — Dér. : **arrivage,** XIIIe ; **arrivée,** 1527 ; **arriviste,** 1893 (attribué à M. Alcanter de Brahm par R. de Gourmont).

ARROCHE, XVe. Empr. d'un dialecte non déterminé, lat. pop. **atrapīca* ou **atripīca*, lat. class. *atrīplex* (altération du grec *atraphaxys*, déjà lui-même diversement altéré). Formes variées en a. fr. : *arace*, *arrache*, *arrepe*, etc., et dans les patois. It. *atrepice*.

ARROGANT, vers 1380 ; **arrogance,** XIIe. Empr. du lat. *arrogans*, *arrogantia* (du verbe *arrogare*, au sens de « revendiquer »).

ARROGER (s'), 1538 ; au XVIe s. aussi *s'arroguer*. Empr. du lat. *arrogare (sibi)* « réclamer pour soi » (de *rogare* « demander »). On trouve aussi du XIVe au XVIe s. *arroguer* et *arroger* aux sens de « interpeller, attribuer » qu'a le lat. *arrogare*.

ARROI, v. **désarroi.**

ARROSER. Lat. pop. **arrōsāre*, altération, d'après *rōs*, *rōris* « rosée », d'un verbe attesté, chez des auteurs originaires de la Gaule, à basse ép. *arrōrāre* « couvrir de rosée » ; a supplanté le lat. class. *(ir)rīgāre*, qui subsiste dans le valaisan *ergié*. Cf. a. pr. *arozar*. — Dér. : **arrosage,** 1611 ; **arrosement,** XIIe ; **arroseur,** 1838 (*ouvriers arroseurs*, déjà XVIe) ; **arrosoir,** XIVe.

ARROW-ROOT, 1808. Empr. de l'angl. *arrow-root*, littéral. « racine à flèches » ; ainsi nommé parce qu'il passe pour être un remède contre les blessures de flèches.

ARROYO, fin XIXe. Empr. de l'esp. *arroyo*, lat. pop. **arrŭgium*, lat. class. *arrugia* « galerie de mine », d'où, à basse ép., « canal, ruisseau » (ce dernier sens est douteux).

ARSENAL, 1395 (sous la forme *archenal ; arsenac*, 1459, jusqu'au XVIIe s. ; *arcenal* et *arsenal*, XVe s.). Désigne d'abord l'arsenal de Venise, encore Rab., sens plus étendu dès le XVIe s. Empr. de l'anc. vénitien *arzanà* (d'où aussi la prononciation fr. *arsena*, attestée au XVIe et au XVIIe s.) empr. lui-même, probabl. par l'intermédiaire du bas-grec *arsênalês*, IXe s., de l'arabe *dâr-ṣinâ'a* « arsenal maritime », littéral. « maison où l'on construit » ; on propose aussi le simple *aṣṣinâ'a*. *Tarsenal*, attesté au XIIIe s., vient de l'it. *tarcenale*, empr. de l'arabe par l'italien méridional ; v. aussi **darse** (qui est le mot génois).

ARSENIC, XIIIe. Empr. du lat. *arsenicum* (du grec *arsenikon*, dér. de *arsên* « mâle », ainsi nommé à cause de ses propriétés puissantes). — Dér. : **arseniate,** 1782 ; **arsenical,** 1578.

ARSOUILLE, 1792. Terme d'argot, cf. *arsouiller* « mener une vie crapuleuse », 1797, *s'ars-* 1821. On a proposé d'y voir une prononciation vulgaire de *resouiller* « (se) souiller complètement », peu satisfaisant pour le sens.

ART. Lat. *ars*, *artis*, fém. Genre hésitant jusqu'au XVIe s. It. *arte*, fém., esp. *arte*, fém. et masc.

ARTÈRE, 1213. Empr. du lat. *arteria* (du grec *artêria* « artère » et « trachée-artère »). Dér. : **artériel,** 1503 (en 1314 *-al*).

ARTÉSIEN, 1803. Nom propre, dérivé d'*Artois ;* c'est en Artois que le premier puits de ce genre a été creusé.

ARTHRITE, 1646 ; Mme de Sévigné, 1680, dit *arthritis*, déjà vers 1560 : Paré *(arthrites)* ; **arthritique,** XVIe (Paré ; antér. *artetique*, XIIe). Empr. du lat. médical *arthritis*, *-ticus* (du grec *arthritis*, *-tikos*, de *arthron* « articulation »).

ARTICHAUT, 1530. Empr. de l'it. dialectal du Nord *articioc(co)* (d'où aussi l'all. *Artischocke*, l'angl. *artichoke*), altération de l'it. *carciofo*, empr. lui-même de l'arabe *al-karchoûf*, probabl. par l'intermédiaire de l'esp. *alcarchofa* (forme à laquelle se rattachent les formes méridionales du domaine gallo-roman).

ARTICLE, terme jurid., XIIIe. Empr. du lat. jurid. *articulus*, propr. « articulation » (sens qui a été également empr., au XVIe s., Paré) ; d'où diverses acceptions nouvelles : *article de loi*, XVIe, et récemment *article de journal*, *article* en langage commercial. *Article*, dans *article de la mort*, XVIIe s., est empr. du lat. *articulus*, au sens de « division (du temps) » ; d'où « moment », etc.

ARTICLE, terme de grammaire, 1237. Empr. du lat. grammatical *articulus* (signifiant aussi « particule », etc.), extension du sens propre « articulation »).

ARTICULER, XIIIe ; **articulaire,** 1538 ; **articulation,** 1478. Empr. du lat. *articulare*, *articularis*, *articulatio* (de *articulus*, voir les précédents). — Dér. : **désarticuler,** 1778 (donné alors comme adaptation de l'it. *disarticolare*) ; **désarticulation,** 1813 (en 1618, *dearticulation*) ; **inarticulé,** 1579.

ARTIFICE, XIIIe ; **artificiel,** XIVe (Oresme) ; **artificieux,** XIIIe *(Roman de la Rose)*. Empr. du lat. *artificium* « art, métier, habileté, ruse », *artificialis* « conforme à l'art », *artificiosus* « fait avec art, habile ». Jusqu'au XVIIe s., employés surtout au sens d' « art, métier », « fait avec art », (*artificieux* est encore en ce sens chez Voltaire, 1754), sans l'idée péjor. qui apparaît du reste de bonne heure. *Feu d'artifice*, qui date du XVIe s. (à côté d'*artifice de feu*), semble être formé sur le modèle de l'it. *fuoco artifiziale*, cf. *feu artificiel* au XVIe s. — Dér. : **artificier** (seulement pour le feu d'artifice), 1690.

ARTILLERIE, fin XIIIe, « ensemble d'engins de guerre » encore au XVIe s. ; **artilleur,** 1334. L'a. fr. *atilier* « parer », attesté depuis 1170, très fréquent chez Crestien, représente un verbe **apticulare* (dér. de *aptare* « adapter », comp. *fendiller*, du lat. *aptus*, v. **apte**) ; il a été modifié par la suite en *artillier* (sorti de l'usage au XVIe s.), sous l'influence de *art*. De ce verbe sont dér. les subst. **artillerie, -eur.**

ARTIMON, 1246 ; au XVIe s. souvent *artemon*. La forme *artimon* est empr. du génois *artimone*, qui représente le lat. *artemon*, tandis que le fr. *artemon* est un latinisme.

ARTISAN, 1546 (Rab.). Empr. de l'it. *artigiano* (dér. de *arte*, v. **art**) « qui exerce un métier ». Signifie souvent, au XVIe et au XVIIe s., « artiste, écrivain », probabl. parce que le mot it. a été empr. en particulier en parlant d' « artisans » des arts plastiques. La distinction d'*artisan* et *artiste* n'a été établie nettement qu'au XVIIIe s. — Dér. : **artisanat,** fin XIXe.

ARTISON, XIIIe (d'après le dér. *artisonnée*) ; en outre *artuison*, XIVe *artuson*, XVIe. Rapports probables avec l'a. pr. *arda*, *arta* « teigne », aujourd'hui « mite » ; mais les rapprochements tentés avec le lat. *tarmes*, *-itis*, de même sens, ou *herpes*, *-etis* « dartre », qui désigne en outre un animal inconnu (et qui se serait croisé avec le gaulois *derbita* « dartre » ; pour le développement du sens, v. **charançon**), se heurtent à de graves difficultés de forme.

ARTISTE, XIVe (Ch. de Pisan). Empr. du lat. médiéval *artista*, dér. de *ars*, v. **art,** au sens de « lettré, maistre ès arts », employé aussi dans la langue des alchimistes. Sens moderne, 1656 ; cf. toutefois l'adv. **artistement,** dès le XVIe s. ; v. **artisan.** — Dér. : **artistique,** 1808.

ARUM, 1545 (dès 1390 *aron*). Empr. du lat. *arum* (du grec *arôn*).

AS. Lat. *as* « unité de monnaie, de mesure » ; a dû être employé de bonne heure pour le jeu de dés, d'où postérieurement pour le jeu de cartes. *As* « homme de valeur », partic. dans les sports, d'après la valeur de l'as dans les jeux de cartes, est du XXe s.

ASCARIDE, 1372. Empr. du lat. médical *ascarida* (du grec *askaris*).

ASCENDANT, *adj.*, « qui va en montant » dans les langues techn., 1503 (en 1372 pris substantiv.). Empr. du lat. *ascendens*, part. prés. de *ascendere* « monter ».

ASCENDANT, *subst.* et *adj.* ; terme d'astrologie, XIVe. Empr. du lat. médiéval *ascendens*, d'où le sens fig. d' « influence dominante », XVIIe.

ASCENDANT, *subst.* et *adj.* ; terme de parenté, XVIe. Empr. du lat. jurid. *ascendens*, v. les préc. — Dér. : **ascendance,** 1798 (d'abord « supériorité », Boiste, 1803, qui cite Jean-Jacques Rousseau ; en ce sens dér. d'**ascendant,** terme d'astrol.).

ASCENSEUR, 1867. Dér., d'après le supin *ascensum*, du verbe *ascendere* « monter ».

ASCENSION, 1620, « action de monter ». Empr. du lat. *ascensio*. — Dér. : **ascensionnel,** 1698 ; d'abord *-nal*, XVIe s. ; **ascensionniste,** 1872.

ASCENSION, terme théologique, XIIe. Empr. du lat. eccl. *ascensio*.

ASCÈTE, 1580 (écrit alors *aschete*) ; **ascétique,** 1665. Empr. du grec eccl. *askêtês*, en grec class. « qui exerce une profession » (de *askein* « exercer »), *-tikos* (*asceticus* existe aussi en lat. médiéval). — Dér. : **ascétisme,** 1831 ; aujourd'hui aussi **ascèse,** depuis 1890 (du grec *askêsis*).

ASILE, XIVe (Bersuire). Ordinairement écrit *asyle*, du XVIe au XVIIIe s. Empr. du lat. *asylum* (du grec *asylon* « lieu sacré, inviolable »).

ASINE, 1620 *(beste asine)* ; emploi moderne récent. Altération, par superposition syllabique, d'*asinine*, 1512 *(beste... asinine)*, fém. d'*asinin*, rare, empr. de l'adj. lat. *asininus*, représenté en a. fr. par un adj. de forme pop. *asnin*.

ASPECT, XVe. Empr. du lat. *aspectus*, nom d'action de *aspicere* « regarder ». Fréquent au XVIe s. au sens de « regard » qu'a aussi le mot lat.

ASPERGE, 1539. Antér. *sparge*, XIIIe, *esperge* et *esparge*, 1387 ; au XVIe s., en outre, *asparge*. Empr. du lat. *asparagus* (du grec *asparagos*).

ASPERGER, XIIe ; **aspersion,** *id.* Ordinairement termes de la langue eccl., en parlant de l'eau bénite ; sens plus étendus à partir du XVIe s. Empr. du lat. *aspergere*, *aspersio*.

ASPÉRITÉ, XIIe. Empr. du lat. *asperitas*, dér. de *asper*.

ASPERSOIR, 1345 (écrit alors *asperceur*). Empr. du lat. eccl. *aspersorium*, dér. de *aspergere*, v. **asperger.**

ASPHALTE, 1488 (une première fois au XIIe). Empr. du lat. de basse ép. *asphaltus* (du grec *asphaltos*).

ASPHODÈLE, 1534 (Rab.). Empr. du lat. *asphodelus* (du grec *asphodelos*). En outre, du XVe au XVIIIe s., *aphrodile*, *afrodil(le)*, formes altérées, d'où l'all. *Affodill* et l'angl. *daffodil*.

ASPHYXIE, 1741. Empr. du grec médical *asphyxia*, propr. « arrêt du pouls » ; rare au XVIIIe s., qui disait plutôt *suffocation*. — Dér. : **asphyxier,** 1791.

ASPIC, XVe (Villon). Altération de l'a. fr, *aspe*, fém., une première fois en 1213. lat. *aspis*, *-idis* (du grec *aspis*), probabl. par croisement avec *basilic*, cf. dans le Psaume 90 : « Vous marcherez sur l'aspic et sur le basilic. » Parfois aussi *aspide*, dès le XIIIe s. Au sens de « gelée », terme de cuisine, 1771, emploi fig., par comparaison des couleurs variées de cette gelée (d'où, à cette époque, *sauce*, *ragoût à l'aspic* « sauce, ragoût de couleurs variées ») avec celles du serpent de ce nom. Dans le Centre et l'Ouest, *aspic* est fréquent au sens de « vipère ». It. arch. *aspe*.

ASPIRER, XIIe, « inspirer », en parlant de Dieu ; **aspiration,** XIIe, « inspiration divine ». Empr. du lat. *aspirare* « souffler, inspirer », *aspiratio*, « souffle, inspiration » (ce dernier sens seulement dans le lat. eccl.), sens conservés en fr. jusqu'au XVIe s. Le sens grammatical est également lat. Les autres sens sont des développements spontanés du fr. : « respirer, respiration », XIIIe, encore au XVIe s., « aspirer l'eau, l'air, etc. », XIVe s., « aspirer à », *id.* (souvent trans., jusqu'au XVIe s.). — Dér. : **aspirant,** 1496 ; **aspirateur,** 1800.

ASPIRINE. Fin XIXe. Empr. de l'all. *Aspirin*, lancé en 1899. L'acide acétylsalicylique se trouve dans les fleurs de la spiraea ulmaria. Pour distinguer de cet acide naturel celui qui est préparé chimiquement, on a formé le mot *Aspirin* au moyen du préf. grec *a*, du radical de *spiraea* et du suffixe sav. *-in(e)* des mots analogues (tels que *Anilin*), c'est-à-dire « qui est fait sans le secours de la spiraea ulmaria ».

ASSA (FŒTIDA), XIVe (au XVIe s. *asse*). Empr. du lat. médiéval *asa*.

ASSAILLIR. Lat. pop. **assalīre*, réfection du lat. class. *assilīre*, d'après le simple *salīre* « sauter » ; développement de la conjugaison parallèle à *saillir*. It. *assalire*, esp. *asalir*, a. pr. *assalhir*. — Dér. : **assaillant,** XIIe.

ASSAISONNER, v. **saison.**

ASSASSIN, 1560 (Belleau) ; **assassinat,** 1547 ; **assassiner,** 1546. Empr. de l'it. *assassino*, *-ato*, *-are ; assassino* est empr. de l'adj. arabe *ḥachīchīya*, dér. de *ḥachich*, propr. « buveur de hachisch », nom de sectaires syriens, qui assassinaient souvent des chefs chrétiens ou musulmans et dont on attribuait la férocité à l'influence du hachisch qu'ils buvaient. Fréquent au moyen âge sous des formes diverses comme nom propre et aussi déjà au sens fig. (*hassissis*, XIIe) ; pris alors directement à l'arabe à l'époque des Croisades.

ASSAUT. Lat. pop. **assaltus*, réfection du lat. class. *assultus*, d'après *saltus* « saut ». It. *assalto*, esp. *asalto*.

ASSÉCHER. Lat. *assĭccāre*, de *sĭccāre*. It. *asseccare*. — Dér. : **asséchement,** 1549.

ASSEMBLER. Lat. pop. **assĭmŭlāre* « mettre ensemble », de *sĭmŭl* « ensemble ». A. pr. *assemblar*. It. *assembrare*, *-biare* empr. du fr. — Dér. : **assemblage,** 1493 ; **assemblée,** XIIe, aujourd'hui désigne une fête locale depuis la Normandie jusqu'à la Gascogne; **assembleur,** 1281 ; **désassembler,** XIIIe ; **rassembler,** 1213, d'où **rassemblement,** 1426.

ASSÉNER, vers 1135. Sens moderne aussi dès 1130 ; au moyen âge et jusqu'au XVIe s., en outre « viser, atteindre, frapper », d'autre part « assigner, attribuer ». Dér. de l'a. fr. *sen* qui signifie « sens, intelligence », mais aussi « direction dans laquelle on marche ». Le mot existe aussi en a. pr. *sen* « sens, raison », it. *senno* « sens, intelligence », frioul. *sèn* « envie, besoin », engad. *sen* « intelligence », cat. *seny* (l'esp. *seny* est empr. de l'anc. prov.). Cette extension du mot montre qu'il n'a pas été incorporé au gallo-roman par les Francs au sens de « intelligence », mais que déjà le latin du Bas-Empire l'a emprunté de l'anc. germ. **sinno-*. Aussi est-il déjà attesté dans une inscription au Piémont *(sinnum)*. D'autre part le sens « direction dans laquelle on marche » n'existe qu'en franc. et en franco-provençal. Dans ce sens-ci il a donc été introduit par les Francs, peut-être aussi par les Burgondes.

ASSENTIMENT, milieu XVIIIe ; déjà usuel au XIVe et au XVe s. Réfection, d'après *sentiment*, de l'anc. *assentement*, vers 1180, encore usité au XVIIIe s., dér. du verbe *assentir* « donner son assentiment » rare depuis la fin du XVIe s., lat. *assentīre*, de même sens, cf. de même it. *assentire*, esp. *asentir*.

ASSEOIR. Lat. pop. **assĕdēre*, réfection, d'après *sĕdēre*, du lat. class. *assīdēre* « être assis auprès », d'où « soigner » et d'autre part « assiéger », sens fréquent au moyen âge de (*sĕdēre* « être assis ») ; cf. a. pr. *assezer* transitif, « placer, assiéger ». Le réfl. *s'asseoir* a éliminé *se seoir*, encore usité au début du XVIIe s., cf. it. *sedersi*. *Asseoir* s'emploie sous des formes variées dans la partie septentrionale du domaine gallo-roman et la région languedocienne ; au sud de la ligne allant de l'estuaire de la Gironde au nord de la Lorraine, on a des représentants du lat. pop. **assĕdītāre*, dér. de **assĕdēre*, par un part. passé **assĕdītus* ; cf. de même a. fr. *asseter* « placer », a. pr. *assetar*, it. *assettare* « arranger », *-arsi* « s'asseoir ». — Dér. : **assise,** XIIe ; au sens de « séance de tribunal » dès le moyen âge, cf. *siéger* pour le développement du sens ; **rasseoir,** XIIe ; *pain rassis*, XVIe ; ainsi nommé parce que le gonflement produit par la cuisson a diminué.

ASSERTION, 1355. Empr. du lat. *assertio*, à basse ép. au sens du fr. (dér. de *asserere* « affirmer, prétendre » à basse ép., « revendiquer » en lat. class.).

ASSERVIR, v. **serf.**

ASSESSEUR, XIIIe. Empr. du lat. *assessor*, dér. de *assidere*, v. **asseoir.**

ASSETTE, 1690. Empr. d'un parler septentrional, variante d'*aissette*, 1389, dér. de l'a. fr. *aisse*, attesté une fois, au XIIIe s., lat. *ascia* « outil de charpentier et de maçon, formé d'un marteau et d'une sorte de pioche » ; cf. it. *ascia*. Un autre dér. **aisseau,** XVIe, est dans les dictionnaires.

ASSEZ. Lat. pop. **ad sătis* « en suffisance », en outre « beaucoup » d'après l'emploi de *satis* dès le lat. arch. et très fréquent à basse ép., sens usuel jusqu'au XVIe s. ; cf. de même it. *assai* « beaucoup », a. pr. *assatz* « assez » et « beaucoup ». *Sătis* n'a survécu que dans l'a. fr. *sez*, subst., « ce qui est suffisant, satisfaction, etc. ».

ASSIDU, XIIIe (plus souvent *-duel* au moyen âge) ; **assiduité,** *id.* Empr. du lat. *assiduus*, *assiduitas* (de *assidere*, v. **asseoir**).

ASSIETTE. Lat. pop. **assĕdīta*, fém. pris substantiv., d'un part. passé **assĕdītus*, qui a remplacé *assīsus*, du verbe **assĕdēre*, v. **asseoir,** propr. « manière d'être assis, posé ». Seulement fr. *assiette*, au sens de « pièce de vaisselle », est attesté depuis 1507 et dérive du sens anc. « action de placer les convives à table », XIVe, d'où « services d'un repas », 1378. — Dér. : **assiettée,** 1690.

ASSIGNER, XIIe (souvent *assiner*, notamment aux XVIe et XVIIe s.) ; **assignation,** 1265. Empr. du lat. *assignare*, *assignatio* (de *signum* « signe, marque »). — Dér. : **assignable,** XVIIe (Bossuet) ; **assignat,** 1465, au sens de « constitution de rente », d'où le sens donné à ce mot par la Constituante, 1789 ; **réassigner,** 1537 ; **réassignation,** 1669 (une première fois en 1481).

ASSIMILER, 1495 ; **assimilation,** *id.* (*assimulation* en 1374). Empr. du lat. *assimilare* « rendre semblable » (de *simul* « ensemble » ; refait sur *similis* « semblable »), *assimilatio*, en vue de sens techn. ; sens général, fin XVIIIe. — Dér. : **assimilable,** 1803 ; d'où **inassimilable,** 1845.

ASSISTER, 1372. Empr. du lat. *assistere* « se tenir auprès ». — Dér. : **assistance** 1412 ; **assistant,** 1372.

ASSOCIER, 1263. Empr. du lat. de basse ép. *associare* (de *socius* « compagnon »). — Dér. : **association,** 1408 ; **associé,** vers 1180, d'où **co-,** 1596.

ASSOLER, v. **sole.**

ASSOMMER. Ne se rattache pas à l'a. fr. *assommer* « additionner », dér. du lat. *summa* « somme », mais continue un autre verbe a. fr. *assommer* « endormir », dér. de *somme* « sommeil », comme le montre le neuchâtelois *assoná* « étourdir par un coup sur la tête ; tuer d'un coup » (avec *-n-* de *-mn-*), donc du lat. *somnum*. Comp. *endormir* « tuer » dans le langage pop. de Paris. — Dér. : **assommeur,** vers 1460 ; **assommoir,** 1700.

ASSOMPTION, XIIe. Empr. du lat. eccl. *assumptio*, dér. de *assumere* « s'adjoindre ».

ASSONANCE, 1690. Empr. de l'esp. *asonancia* « assonance dans les romances », dér. sav. du lat. *assonare* « faire écho ». — Dér. : **assonant,** 1721 ; **assoner,** fin XIXe.

ASSORTIR, v. **sorte.**

ASSOUPIR, XVe. Réfection d'*assouvir*, au sens de « calmer », d'après le lat. *sōpīre*, au même sens. Signifie d'abord « calmer, éteindre », XVe et XVIe s. ; a pris plus tard, au XVIIe s., le sens de « porter à un sommeil léger », d'après le sens propre « endormir » du lat. *sōpīre*. — Dér. : **assoupissement,** 1531.

ASSOUVIR. Lat. pop. **assōpīre*, propr. « endormir », d'où « calmer » (sens pris par *assoupir*), d'où « satisfaire complètement ». L'a. fr. a, jusqu'au XVIe s., un verbe *assouvir* « achever », issu du croisement d'*assouvir* « calmer, satisfaire » avec un verbe *assevir* « achever », lat. pop. **assĕquīre*, lat. class. *assequī* « poursuivre, atteindre ». — Dér. : **assouvissement,** XVIe (Paré), au XIVe s. « achèvement » ; **inassouvi,** 1794.

ASSUMER, XVe. Empr. du lat. *assumere*, propr. « prendre pour soi », d'où « prendre sur soi, s'attribuer » (de *sumere* « prendre »).

ASSURER. Lat. pop. **assĕcūrāre* « rendre sûr », de *sēcūrus* « sûr ». A passé une partie de ses sens à *rassurer* depuis le XVIIe s. It. *assicurare*, esp. *asegurar*. — Dér. : **assurance,** XIIe ; les *assurances* (ou contrats garantissant contre un risque) datent du XVIIe s. ; alors il s'agit surtout de risques sur mer ; **assureur,** 1550 ; **rassurer,** XIIe (Chrétien) ; **réassurer,** 1661, **-rance,** *id.*

ASTER, 1549. Empr. du lat. *aster* (du grec *astēr*, de même sens, propr. « étoile » ; ainsi nommé à cause de la forme de la fleur). — Dér. : **astérie,** 1742 « pierre précieuse » ; en 1729, « étoile de mer ».

ASTÉRISQUE, 1570. Empr. du lat. *asteriscus* (du grec *asteriskos*, de même sens, propr. « petite étoile », de *astēr*, v. le préc.).

ASTHÉNIE, 1790. Empr. du grec *asthenia* (de *sthenos* « force »). — Dér. et Comp. : **asthénique,** 1810 ; **neurasthénie,** fin XIXe, **-ique,** *id.*

ASTHME, 1611 ; réfection orthographique d'*asme*, XVe, conservé par la prononciation moderne, comme dans *asthmatique ; asme* a en outre le sens fig. d' « angoisse, souci », XIIIe et XIVe s. ; **asthmatique,** 1538 (antér. *asmatique*, XIVe). Empr. du lat. *asthma, asthmaticus* (du grec *asthma, asthmatikos*, de même sens) ; cf. aussi les formes demi-pop. de l'it. *asima, ansima.*

ASTIC, v. **astiquer.**

ASTICOT, 1828. Étymologie inconnue.

ASTICOTER, 1747. Altération de *dasticoter* « parler allemand », 1640, d'où « parler un langage inconnu, parler vite, contredire, chagriner », sens signalés en 1718 pour une autre forme *tastigoter. Tasticoter*, répandu avec des sens analogues dans les patois, dérive de *dasticot*, empr. de l'all. *dass dich Gott*, « que Dieu te », premiers mots de jurons all. introduits par les lansquenets, cf. « les lansquenets... en criant d'asticot schelme, Moncontour » (D'Aubigné, *Histoire Universelle*, 1616), qu'il faut comprendre : « que Dieu te punisse, infâme ! [souvenez-vous de] Moncontour ! ».

ASTIQUER, 1833 (Boiste, 1834, ajoute : « populaire parisien »). Dér. d'*astic*, 1721, terme techn. des cordonniers, « morceau d'os de cheval ou de mulet servant à polir le cuir » ; *astic* est dér. d'un autre verbe **astiquer*, qui est encore attesté sous les formes liégeoise *astiicht* et picarde *attiquer*. Ce verbe résulte de la transformation par substitution de préfixe de l'a. fr. *estichier* (a. pic. *estikier*) « enfoncer, frapper avec force », lequel vient d'un anc. francique **stikkan*, de la même famille de mots que l'all. *sticken*, le néerl. *stikken.*

ASTRACAN, 1775 (écrit alors *-kan*). Tiré d'*Astrakhan*, nom d'une ville de Russie, sur la Caspienne, d'où l'astracan provenait à l'origine.

ASTRAGALE, XVIe (Paré), au sens médical. Empr. en ce sens du grec *astragalos ;* comme terme d'architecture, 1600, empr. du lat. *astragalus*, qui vient également du grec.

ASTRE, 1372 ; **astral,** 1533. Empr. du lat. *astrum* (du grec *astron*), *astralis.* — Dér. **astronaute,** 1960, formé avec le lat. *nauta* « navigateur » (le subst. *astronautique* est en usage depuis 1949).

ASTREINDRE. D'abord *astraindre*, XIIe, d'après les verbes en *-aindre*. Empr. du lat. *astringere* « serrer », d'où « obliger ». La prononciation de l'*s* est due à l'influence du lat. écrit.

ASTRINGENT, 1537. Empr. du lat. *astringens*, part. prés. de *astringere*, qui signifie aussi « constiper ».

ASTRO-. Premier élément de mots sav. comp., tels qu'**astrologie,** vers 1370 (Oresme) ; **astronomie,** vers 1155, empr. du grec, où *astro-* vient de *astron* « astre ».

ASTROLABE, XIIe (sous la forme *astrelabe*). Empr. du lat. médiéval *astrolabus* (du grec *astrolabos* « instrument servant à prendre *(lambanein)* la position des astres »).

ASTUCE, XIIIe. Empr. du lat. *astutia* « ruse, habileté » (en ce dernier sens au XVIe s.). — Dér. : **astucieux,** 1495.

ASYMPTOTE, 1638. Empr. du grec *asymptôtos* « qui ne coïncide pas ».

ATARAXIE, 1580 (Montaigne). Empr. du grec *ataraxia* « absence de trouble » (de *tarattein* « troubler »).

ATAVISME, 1838 ; **atavique,** 1808. D'abord termes techn. de la botanique et de la physiologie. Dér. sav. du lat. *atavus* « aïeul », propr. « quadrisaïeul ».

ATAXIE, 1741. Empr. du grec *ataxia* « désordre ». — Dér. : **ataxique,** 1798.

ATELIER, 1332 *(asteliers)*. D'abord « tas de bois », puis « chantier où travaillent des charpentiers, des maçons », puis « chantier (en général) », fin XIVe. Dér. de l'a. fr. *astelle* « éclat de bois », lat. de basse ép. *astella*, V^e, lat. class. *astula*, altération de *assula*, de même sens (dim. de *assis* « planche », v. **ais**), peut-être par croisement avec *hastula* « petite tige » (dim. de *hasta* « tige, bâton ») ; v. **attelle.**

ATERMOYER, XIIe. Comp. de l'a. fr. *termoyer*, XIIIe, « tarder, vendre à terme » (de *terme*). — Dér. : **atermoiement,** 1605.

ATHÉE, 1532. Empr. du grec *atheos* (de *theos* « dieu »). — Dér. : **athéisme,** 1555.

ATHLÈTE, 1495 ; **athlétique,** 1534 (Rab.). Empr. du lat. *athleta, -ticus* (du grec *athlêtês -tikos*, de *athlon* « lutte »). — Dér. : **athlétisme,** fin XIXe.

ATLAS, 1663. Nom donné par le géographe Mercator, en 1595, à un recueil de cartes, dont le frontispice était orné de la figure du héros mythologique Atlas portant le ciel sur ses épaules, comme le représentaient les anciens.

ATMOSPHÈRE, 1665. Formé avec les mots grecs *atmos* « vapeur » et *sphaira* « sphère ». — Dér. : **atmosphérique,** 1781.

ATOLL, 1843. Empr. de l'angl. *atoll* (1832 ; répandu par Darwin en 1842), empr. lui-même de *atolu*, de la langue des îles Maldives, sud-ouest de Ceylan, où ce mot désigne précisément ces sortes d'îles. Déjà, 1611-1845, sous la forme *atollon*, empr. alors du port. *atollon*, de même origine.

ATOME, XIVe. Empr. du lat. *atomus* (du grec *atomos* « corpuscule indivisible », de *temnein* « couper »). — Dér. : **atomique,** 1585, D. ; **atomisme** et **atomiste,** XVIIIe (Diderot).

ATONE, 1813, au sens médical (Gattel : « mot nouveau que le bon usage ne paraît pas avoir adopté ») ; **atonie,** 1752 (une première fois, au XIVe s., chez Oresme). Empr. du grec *atonos, atonia* « relâché, relâchement » (de *teinein* « tendre »). Oresme l'a pris au lat. des traductions d'Aristote, v. **anarchie.** L'adj. **atonique** a été formé dès 1585 (D.) sur le grec.

ATOUR, XIIe. Fréquent au sing. jusqu'au XVIe s., signifiait dans l'anc. langue « manière, préparatifs, etc. ». Subst. verbal de l'anc. *atourner* « tourner, disposer, parer », encore usuel au XVIe s. (chez La Fontaine, par archaïsme), comp. de *tourner*.

ATRABILAIRE, 1546 ; parfois *atrabiliaire*, d'après *bilieux*. Dér. de l'anc. terme médical *atrabile*, XVIe (Paré ; on trouve aussi *atre...*), encore dans les dictionnaires, fait sur le lat. *bilis atra* « bile noire, humeur âcre », imaginée par les médecins anciens, à laquelle ils attribuaient la colère, l'hypocondrie, etc.

ÂTRE, vers 1200 (sous la forme *aistre*, fréquente au moyen âge). Lat. pop. *astracus, -icus*, attesté dans des textes du haut moyen âge, « pavé, carrelage », altération de *ostracum* (Isidore de Séville ; du grec *ostrakon* « coquillage ; carreau de brique »). La forme *aistre* est due à un croisement avec l'a. fr. *aitre* « porche, parvis d'église, etc. » (inversement transcrit parfois *atre* ou *astre*), encore usité au XVIe s., empr. du lat. *atrium* « cour intérieure des maisons romaines », qui a pris dans le lat. eccl. le sens particulier de « portique d'église ». It. *lastrico* « pavé ». Du même mot lat. *astricus* vient l'anc. haut all. *astrih*, d'où l'all. *Estrich* « pavé, carrelage ».

ATROCE, 1394 (écrit alors *-oxe*) ; **atrocité,** XIVe (Bersuire). Empr. du lat. *atrox, atrocitas*.

ATROPHIE, 1538. Empr. du lat. médical *atrophia* (du grec *atrophia* « manque de nourriture », de *trephein* « nourrir »). — Dér. : **atrophier,** XVIe (Paré).

ATROPINE, 1836. Dér. sav. du lat. des botanistes *atropa* « belladone », fait sur *Atropos* (mot grec), nom d'une des trois Parques ; plante ainsi nommée à cause de ses propriétés vénéneuses.

ATTACHER, vers 1080 *(Roland)*. Issu, par substitution de préf., de l'a. fr. *estachier* « attacher, ficher, etc. » ; dér. lui-même de l'a. fr. *estache* « poteau ». Le sens intermédiaire du verbe doit avoir été « fixer à l'aide d'un pieu, attacher à un pieu ». Le subst. *estache* vient d'un francique ***stakka** « pieu », peut-être introduit en roman comme terme de l'architecture primitive des Francs. **Stakka*, qui est de la famille de l'anc. haut all. *stecko* « bâton », a été probabl. aussi gotique, d'où prov. esp. *estaca*. La transformation de *estachier* en *attacher* provient de ce que le préf. *a-* convenait beaucoup mieux à l'activité en question. — Dér. : **attache,** vers 1160 ; **attachement,** XIIIe ; **rattacher,** XIIe ; **rattachement,** 1876 ; **-age,** 1858.

ATTAQUER (*attaquer l'escarmouche :* 1549, Rabelais). Empr. de l'it. *attaccare*, propr. « attacher, joindre », d'où *attaccare (scaramuccia)*, vers 1530, « attaquer », qui semble issu d'un it. prélittéraire **estaccare* par changement de préf., comme le fr. *attacher* (l'anc. it. possède encore un subst. *stacca* « anneau pour fixer le drapeau à la façade d'une maison »), dér. du gothique **stakka* « poteau » ; v. **attacher.** — Dér. : **attaquable,** XVIe s., d'où **inattaquable,** 1726 ; **attaque,** 1596.

ATTEINDRE. D'abord *ataindre (att...)*, encore dominant, au XVIe s. Lat. pop. **attangĕre*, réfection, d'après *tangĕre*, du lat. class. *attingĕre* « toucher à, atteindre ». A. pr. *atanher* « appartenir, convenir », lat. **attangĕre* ; it. *attingere*, a. pr. *atenher* « atteindre », lat. *attingĕre*. — Dér. : **atteinte,** XIIIe s. (J. de Meung).

ATTELER. Lat. pop. **attēlāre*, issu, par substitution de préf., de *prōtēlāre*, attesté au sens de « conduire, éloigner », mais qui a dû signifier à basse ép. « atteler », d'après *prōtēlum* « attelage de bœufs », propr. « corde d'attelage ». — Dér. : **attelage,** 1545 ; **dételer,** XIIe, fait sur le radical du verbe, au lieu de *désatteler*, qu'on trouve quelquefois au XVe et au XVIe s.

ATTELLE. D'abord *astelle* « éclat de bois » (v. **atelier**), d'où « planchette ». Très répandu dans les parlers gallo-romans avec des acceptions variées : « copeau, planchette, bûche, etc. » Esp. *astilla* « esquille, écharde ».

ATTENANT, XIVe. Part. prés. de l'anc. verbe *attenir* « tenir, etc. » et, intrans., « appartenir, dépendre », probabl. déjà lat. pop. **attĕnīre*, class. *attinēre*, « tenir, concerner (intransitif), etc. ».

ATTENDRE. Lat. *attendĕre* « tendre à, porter son attention vers », v. **tendre** ; le sens moderne d' « attendre », trans. et intrans., date des plus anciens textes. A conservé le sens de « porter son attention vers », surtout au réfl., jusqu'au XVIe s. ; en outre *s'attendre à quelqu'un* « compter sur », jusqu'au XVIIe s. It. *attendere* « porter son attention vers », esp. a. pr. *atender*, de même sens ; le sens de « demeurer jusqu'à l'arrivée de quelqu'un, de quelque chose » est propre au fr. V. **attention.** — Dér. : **attente,** XIe *(Alexis)*, représente le fém., pris substantiv., d'un part. passé ** attendĭtus*, disparu avant les premiers textes ; d'où **attentif,** XIVe (le lat. médiéval dit aussi *attentivus*), d'où **inattentif,** 1761 ; **attentisme,** 1948, **inattendu,** 1613.

ATTENTER, 1290 ; souvent écrit *attempter*. Empr. du lat. *attentare* (souvent écrit *attemptare*) « chercher à prendre, attaquer » (de *tentare*, v. **tenter**). — Dér. : **attentat,** 1326, sur le modèle des noms d'action en *-atus*, dér. des verbes en *-are* ; **attentatoire,** 1690.

ATTENTION, 1536. Empr. du lat. *attentio*. — Dér. : **attentionné,** 1819 ; **inattention,** 1671.

ATTÉNUER, XIIe. Empr. du lat. *attenuare* « affaiblir, amoindrir » (de *tenuis* « mince »). Sens moderne, notamment dans la langue jurid., fin XVIIIe. — Dér. : **atténuation,** 1345.

ATTERRER, ATTERRIR, v. **terre.**

ATTESTER, XIIIe ; **attestation,** *id.* Empr. du lat. *attestari* (de *testis* « témoin »), *attestatio.*

ATTIFER, vers 1250. Comp. de l'anc. verbe *tifer*, de même sens, vers 1170, encore usité au XVIe s. et aujourd'hui dans les patois du Nord-Est et en normand (d'où le fr. pop. récent *tiffes* « cheveux ») ; appartient à la famille de l'a. nor. **tippa* « attifer » (cf. norvégien *tip* « bout d'une pièce de vêtement », moyen bas-all. *tip* « bout pointu », néerl. all. *tippen* « toucher légèrement ») ; dans l'ancien alaman et dans la partie méridionale du francique *p* s'est changé en *pf* plus tôt que *t* n'est devenu *ts*. A la racine germ. *tipp-* correspondait dans ces dialectes, pendant quelque temps, **tipf-* (plus tard all. *zipfel*). On a donc eu un verbe **tipfon*, qui est devenu en fr. *tifer*. L'angl. *to tiff* « habiller » (moyen angl. *tyffen*) vient du français.

ATTIRAIL, XVe. Dér. d'un anc. verbe *atir(i)er* « disposer, etc. », lequel est dér. de l'a. fr. *tire* « rangée, file », qui représente l'anc. francique **têrî* « bon arrangement d'une chose ».

ATTIRER, v. **tirer.**

ATTISER. Lat. pop. * *attītiāre*, formé avec le radical de *tītiō* « tison ». It. *attizzare*, esp. *atizar.* — Dér. : **attiseur,** 1615.

ATTITRER, v. **titre.**

ATTITUDE, 1637. D'abord terme des arts plastiques ; d'où le sens moderne depuis 1796. Empr. de l'it. *attitudine* (qui a aujourd'hui les mêmes sens que le fr.), empr. lui-même du lat. de basse ép. *aptitudo, -inis* « aptitude ».

ATTRACTION, XIIIe « contraction » ; **attractif,** XIIIe. Empr. du lat. de basse ép. *attractio*, seulement « contraction » et terme grammatical (du verbe *attrahere* « tirer à soi »), pour des sens techn. divers, et du dér. *attractivus ; attraction* a pris un sens plus étendu au XVIIIe s. Au sens de « spectacle », *attraction* est empr. de l'angl. *attraction*, 1835 (Balzac).

ATTRAIT, XIIe (Chrétien). Part. passé, pris substantiv., de l'anc. verbe *attraire* « attirer », disparu depuis la fin du XVIe s., sauf par archaïsme (mais le part. prés. pris adjectiv. **attrayant,** XIIIe, est resté usuel), lat. pop. **attragere*, lat. class. *attrăhĕre*, d'où également it. *attrarre*, esp. *atraer* ; v. **traire.**

ATTRAPER, v. **trappe.**

ATTRIBUER, 1313 ; **attribut,** XIVe ; **attribution,** *id.* (Oresme). Empr. du lat. *attribuere, attributum* (qui a pris des sens nouveaux en latin scolastique), *attributio.* — Dér. : **attributif,** 1516 ; **attribuable,** 1512.

AUBADE, XVe. Empr. du prov. *aubada*, attesté seulement à date récente, dér. de *auba* « aube » ; *auba, alba*, à côté de son sens propre, désignait dans la poésie des troubadours une sorte de poème qui chantait l'aube ; v. **aube** « aurore », et **sérénade.**

AUBAINE, 1668 (La Fontaine, *Fables*, VI, 11), au sens moderne. Issu d'*aubaine*, dans *droit d'aubaine* « succession, qui revenait au roi, des biens d'un étranger mort dans ses États », 1237 (écrit alors *aubene*), fém. de l'adj. *aubain* « étranger », encore chez Voltaire, 1766, ordinairement considéré comme issu du lat. pop. **alibānus*, dér. de *alibi* « ailleurs », attesté en bas-lat. dès le Xe, sous la forme *albani.*

AUBE « aurore ». Lat. pop. *alba*, fém. pris substantiv. de l'adj. *albus* « blanc » (a. pr. *alba*). It. esp. *alba.*

AUBE « tunique blanche des prêtres ». Lat. eccl. *alba* ; esp. *alba.*

AUBE « palette de roue hydraulique », anc. « planchettes, bandes reliant les deux arçons d'une selle ». D'abord *auve*, altéré de bonne heure en *aube*, probablement lat. *ălăpa*, attesté seulement au sens de « soufflet », mais qui a dû signifier « main plate », d'où, d'une part, « soufflet » et, de l'autre, « palette », cf. à l'appui *alapa* en lat. médiéval « fermoir en métal pour livres », le fr. *aleve*, 1336, au sens de « planchette », l'esp. *álabe* « aileron, etc. ».

AUBÉPINE. Lat. pop. **albispīna*, développement régulier de *alb(a) spīna* (*spina alba* chez Pline), v. **épine** ; en outre, en a. fr. et jusqu'au XVIe s., *aubépin*, masc., lat. pop. **alb-ispīnus*, cf. a. pr. *albespin ;* la coexistence des deux formes est due au fait que *spīnus* désigne proprement l'arbrisseau et *spīna* l'épine. Aujourd'hui formes très variées ; *aubépin*, notamment dans l'Ouest (ce qui explique la préférence de la Pléïade pour cette forme) ; en outre divers concurrents, notamment *épine blanche* ou *blanche épine* (en lorrain).

AUBÈRE, 1579. Empr. de l'esp. *hobero* (cf. *aubere* ou *hobere*, 1606, dans Nicot), aujourd'hui *overo*, où l'on a proposé à tort de voir l'arabe *oubârâ* « outarde » ; il s'agit très probablement d'un dérivé du germ. **falwa*, voir ici **fauve.**

AUBERGE, v. **héberger.**

AUBERGINE, 1750. Empr. du cat. *alberginia*, altération de l'arabe *al-bâdindjân* (du persan *bâdindjân*), cf. aussi l'esp. *(al)-berenjena.* Du lat. scientifique *melongena*, (dès le XIIIe s., cf. aussi le lat. médiéval *melangolus*), qui passe pour être une autre forme altérée du même mot arabe, vient le fr. **mélongène,** 1667.

AUBIER, XIVe (sous la forme *auber*). Altération, par substitution de suff., de l'a. fr. *aubour*, encore dans les patois de l'Ouest et dans la langue de la marine ; lat. *alburnum*, d'où aussi a. pr. *alborn.*

AUBIN, v. **blanc.**

AUBOUR, v. **aubier.**

AUCUN. Lat. pop. **alicūnus* « quelqu'un », comp. du radical de *aliquis*, de même sens, et de *ūnus.* A signifié d'abord, conformément à l'étymologie, « quelque, quelqu'un », jusqu'au XVIIe s. A pris peu à peu le sens négatif dans les phrases négatives ; *d'aucuns* « quelques-uns » est archaïque ; *aucunement*, XIIe, a suivi le sens d'*aucun ;* il signifie encore « en quelque façon » au XVIIe s. It. *alcuno*, esp. *alguno*, qui signifient surtout « quelqu'un », tout en tendant vers le sens négatif dans les phrases négatives.

AUDACE, 1387. Empr. du lat. *audacia*, dér. de *audere* « oser ». — Dér. : **audacieux,** 1495 ; peut-être dér. directement du latin.

AUDIENCE, XIIe ; jusqu'au XVIIe s., signifie aussi « action d'entendre, d'écouter quelqu'un » ; a éliminé l'a. fr. *oiance*, dér. d'*oïr ;* **auditeur,** 1230, a éliminé l'a. fr. *oieor*, dérivé d'*oïr ;* **audition,** 1295 ; **auditoire,** XIIIe. Empr. du lat. *audientia* « action d'écouter » (« auditoire » à basse ép.), *-itor, -itio, -itorium* (de *audire*, v. **ouïr**). — Dér. d'*audition :* **auditif,** XIVe (Oresme), d'après *auditus*, part. passé de *audire*.

AUGE. Lat. *alveus*, entre autres sens « auge » (dér. de *alvus* « bas-ventre »), devenu probabl. en lat. pop. **alvea* (le masc. est exceptionnel en fr.) ; les formes des autres langues romanes qui possèdent ce mot, roumain *albie* (issu de **albea*), des formes dialectales it. (issues de **albeus*) postulent un *b*, qui a peut-être existé aussi dans la forme lat. d'où vient le fr. *auge*, sans qu'il soit possible de le reconnaître. Aujourd'hui seulement dans la partie septentrionale du gallo-roman. — Dér. : **auget,** XIIe.

AUGMENTER, XIVe (G. de Machaut). Empr. du lat. de basse ép. *augmentare*, dér. de *augere*, de même sens. — Dér. : **augmentation,** 1290.

AUGURER, XIVe (Bersuire, au sens propre du lat. ; de même, au XVIe s. ; depuis le XVIIe s., seulement au sens fig.) ; **augural,** 1548 ; **augure** (personne), XIVe (Bersuire) (une 1re fois en 1213 : *augurreres*) ; **augure** « présage », XIIe, au sens figuré dès le moyen âge. Empr. du lat. *augurare*, *augur*, *augurium*, *auguralis*, dont les trois premiers ont déjà le sens figuré.

AUGUSTE, XIIIe. Rare avant le XVIIe s. Empr. du lat. *augustus*.

AUJOURD'HUI, v. **jour.**

AULIQUE, 1546 (Rab). Empr. du lat. *aulicus*, dér. de *aula* « cour ».

AULOFFÉE, v. **lof.**

AUMAILLE, v. **animal.**

AUMÔNE. Lat. pop. **alemŏsĭna*, altération du lat. eccl. *eleemŏsyna* (du grec eccl. *eleêmosynê*, en grec class. « compassion », de l'adj. *eleêmôn* « compatissant »). — Dér. : **aumônier,** XIe, d'où **aumônerie,** XIIe ; **aumônière,** *id.*

AUMUSSE, XIIe (*-uce*, orthographe du moyen âge). Au moyen âge, signifie toujours « coiffure ». Empr. du lat. médiéval *almutia*, d'origine incertaine, cf. a pr. *almussa*. Les rapprochements proposés avec l'arabe ne satisfont pas. L'all. *Mütze* « casquette », moyen haut all. *almuz*, vient du lat. médiéval ou du fr.

AUNE, arbre. Le latin *alnus* est attesté dans de nombreux parlers romans par des formes du simple ou de dérivés, cf. par exemple roumain *anin*, italien *ontano*. Mais, la plus grande partie de la France, au sud de la ligne allant des Vosges méridionales à l'embouchure de la Loire, ne connaissant que *verne* ou *vergne*, qui remonte au gaulois *verna*, *aune* ne peut guère venir du lat. *alnus* (on remarque de plus qu'aucun nom de lieu du type *aune* n'existe dans l'aire du nom commun *verne*, tandis que le fait contraire s'observe, ce qui prouve qu'*aune* est plus récent que *verne*). *Aune* représente le francique **alisa* ou **alira*, cf. néerl. *els*, dans les dialectes *eller*, anc. haut all. *alira*, d'où *arila*, all. *Erle*. La forme francique doit avoir été transformée en **alinus* d'après *fraxinus* « frêne ». — Dér. : **aunaie,** XIVe *(-oie)*, en outre, en a. fr., *aunoi*.

AUNE, anc. mesure, vers 1080 *(Roland)*. Empr. du francique **alina*, anc. haut all. *elina*, d'où all. *Elle*, de même sens, propr. « avant-bras » (le lat. *ulna* « avant-bras » et « aune » est le même mot) ; aussi a. pr. *alna*. — Dér. : **auner,** XIIe (Chrétien).

AUNÉE, plante, 1545 (*elnée* au XIIIe). Dér. de l'a. fr. *eaune* (cf. *ialne*, *alne*, etc., XIVe), lat. pop. **ĕlĕna*, altération de *(h)elenium* (du grec *elenion* « aunée »), d'après le lat. *īnŭla*, de même sens (d'où vient l'it. *(l)ella*, de même sens).

AUPARAVANT, v. **avant.**

AURA, terme médical, 1793. Empr. du lat. *aura* « souffle ».

AURÉOLE, XIIIe (Rutebeuf : *auriole*). Empr. du lat. eccl. *aureola* « couronne d'or » (on trouve parfois *corona aureola*), fém. de l'adj. *aureolus*. Sens fig. (outre des acceptions religieuses), XIXe. — Dér. : **auréolé,** avant 1867 (Baudelaire).

AURICULAIRE, 1532 (Rab.) : *doigt auriculaire ;* 1541 (Calvin) : *confession auriculaire*. Empr. du lat. *auricularius*, dér. de *auricula* « oreille ».

AUR(I)-. Premier élément de mots sav. comp., tels qu'**aurifère,** 1532, tiré du lat. *aurum* « or ».

AUROCHS, XVIIIe (Buffon) ; *aurox* en 1611. Empr. de l'all. *Auerochs ;* une première fois, sous la forme *ouroflz* (plur.), 1414, du moyen haut all. *ūrochse*.

AURONE, 1486, antér. formes variées, notamment *averoine*, XIVe ; *abrogne*, 1213. Empr. d'un parler de la région limousine, lat. *abrŏtŏnum* (du grec *abrotonon*).

AURORE, XIIIe. Empr. du lat. *aurora*, v. **aube.** *Aurore boréale*, XVIIe.

AUSCULTER, 1819 ; **auscultation,** 1812. Empr. par Laënnec, pour leur sens médical, du lat. *auscultare* « écouter », *auscultatio*.

AUSPICE, XIVe (Bersuire). Empr. du lat. *auspicium*, qui se prenait également au sens fig.

AUSSI, v. **si.**

AUSSITÔT, v. **tôt.**

AUSTÈRE, XIIIe ; **austérité,** *id.* Empr. du lat. *austerus,* propr. « âpre au goût » (sens empr. au XVIe s.), d'où « sévère, grave, etc. », *austeritas.*

AUSTRAL, 1372. Empr. du lat. *australis,* dér. de *auster,* « vent du Midi », d'où aussi le fr. **auster,** vers 1380, auj. poét., en outre, au moyen âge, *austre* (rarement *ostre, oestre*), encore usité au XVIe s.

AUTAN, XVIe (Paré). Empr. du prov. *autan,* lat. *altānus* « vent du sud-ouest », propr. « vent de la haute mer *(mare altum)* ».

AUTARCHIE, 1896. Empr. du grec *autarchia,* au sens de « gouvernement assuré par les citoyens mêmes » (empr. dans ce sens sous la forme *autarcie* par Oresme, 1372). Son sens économique vient des écrits de l'économiste suédois Kjellén (1911) ; il correspond plutôt au grec *autàrkeia,* qui avait déjà été empr. sous la forme *autarcie* (1845).

AUTEL. D'abord *alter,* rapidement éliminé par *altel, autel,* altération mal éclaircie. Lat. eccl. *altāre,* lat. class. *altāria,* plur.; désigne en lat. un gradin qu'on plaçait sur la table de sacrifice pour y brûler les intestins des animaux. Le mot lat. pour « autel », *ara,* a été remplacé par *altare,* parce que le culte chrétien comportait moins de faste que le culte payen.

AUTEUR, XIIe (souvent écrit *auctor ;* au XVIe s. *autheur*). Empr. du lat. *auctor,* écrit aussi *autor, author* (propr. « celui qui accroît », dér. de *augere* « augmenter »), d'où « créateur, auteur d'un livre, d'une action, etc. » (avait en outre des emplois juridiques). V. **acteur.**

AUTHENTIQUE, XIIe (écrit alors *autentike*). Empr. du lat. *authenticus* (du grec *authentikos,* de *authentês* « qui agit de sa propre autorité »). — Dér. : **authenticité,** 1688 ; une première fois *autentiquité,* 1557 ; **authentiquer,** 1442.

AUTO-. Premier élément de mots sav. comp., tels qu'**autoclave,** 1820 (*-clave* est empr. du lat. *clavis* « clef »), tiré du grec *autos,* adj. pronominal signifiant à la fois « le même, lui-même, de lui-même », ou de mots empr., tels qu'**autographe,** XVIe ; **autonomie,** 1596.

AUTOBUS, v. **omnibus.**

AUTOCHTONE, 1560. Empr. du grec *autokhthôn,* comp. de *auto-* et de *khthôn* « terre ».

AUTODAFÉ, 1714 (Lesage). Empr. du port. *auto da fe* « acte de foi ».

AUTOMATE, 1532 (Rab.). Empr. du grec *automatos* « qui se meut de soi-même ». — Dér. : **automatique,** fin XVIIIe ; **automatisme,** avant 1757 (Réaumur).

AUTOMÉDON, 1776. Tiré du lat. *Automédon* (mot pris au grec), nom du conducteur du char d'Achille ; déjà employé par plaisanterie en latin.

AUTOMNE, XIIIe (au moyen âge on a aussi *automn, -ton,* etc.) ; **automnal,** XIIe. Empr. du lat. *autumnus, autumnalis ; autumnus* a été empr. de même dans presque tous les autres parlers romans ; seul le roumain *toamnă,* fém., est une forme pop. ; l'automne n'est pas une saison aussi déterminée que l'été ou l'hiver. Dans les parlers gallo-romans, divers concurrents : *après-août, arrière-saison, dernier temps, regain,* etc.

AUTOMOBILE, v. **mobile.**

AUTOPSIE, 1573, rare avant le XIXe s. Empr. du grec *autopsia* « action de voir par soi-même », en vue de son sens médical ; empr. aussi au sens d' « action d'examiner », au XVIe s., en outre par la langue de la mystique, 1751.

AUTORISER, XIIe ; **autorité,** 1121 (Ph. de Taün). Souvent écrits *auct...,* jusqu'au XVIe, et *auth...,* XVe et surtout XVIe. Empr. du lat. médiéval *auctorizare* et du lat. class. *auctoritas,* écrits aussi *aut..., auth...,* dér. de *auctor,* v. **auteur.** — Dér, : **autorisation** (dér. du verbe), 1419 ; **autoritaire** (dér. du subst.), 1865, d'où **autoritarisme,** 1872.

AUTOSTRADE, 1925 ; empr. de l'it. *autostrada* (de *auto* « automobile » et *strada* « route »). La première autostrade fut construite de 1922 à 1924, de Milan au Lac Majeur. Est remplacé de plus en plus, en franç., par la forme francisée **autoroute.**

AUTOUR, adv., v. **tour.**

AUTOUR, oiseau. Aujourd'hui surtout littéraire. En a. fr. *ostour, ostoir.* Lat. de basse ép. *auceptor (Loi Ripuaire),* altération de *acceptor,* fréquemment attesté (qui est, lui-même, une altération de *accipiter* « épervier ») par croisement avec *auceptor* « oiseleur » (*Gloses ;* en classique *auceps,* de même sens) ; *auceptor* « oiseleur » et *acceptor* « autour » sont refaits d'après des dér. de *capere* « prendre », surtout d'après *accipere,* supin *acceptum ;* et *acceptor* a été ensuite attiré par *auceptor,* propr. « preneur d'oiseaux », et toujours compris ainsi (*avis* était encore usuel ; cf. **autruche, outarde**), sens qui convenait bien pour un oiseau de proie. *Autour* n'est pas une forme régulière, on attendrait une terminaison *-eur ; autour* a été maintenu soit par l'influence de *vautour,* soit simplement d'après la langue écrite, le mot paraissant peu usuel depuis le XVe s. It. *astore* (d'après *acceptor*), a. pr. *austor.*

AUTRE. Lat. *alter,* en lat. class. « autre », en parlant de deux ; le lat. du Bas-Empire a renoncé à la distinction que faisait le lat. class. entre *alius* « un autre » et *alter* « l'autre, en parlant de deux », en éliminant le premier. Il n'en est resté que quelques traces, v. **aussi.** It. *altro,* esp. *otro.* — Dér. : **autrui,** vers 1080 *(Roland),* formé sur *lui,* etc., cf. aussi it. *altrui,* a. pr. *autrui ;* **altruisme,** créé par A. Comte ou par Andrieux, 1830, a été dér. d'après le lat. *alter.*

AUTREFOIS, v. **fois.**

AUTRUCHE, XVIe. Antér. *ostrusce* XIIe, encore *ostruce,* 1606, dont *autruche* est une altération, par substitution de suff. ; en outre d'autres formes. Lat. pop. *avis strūthiō,* comp. de *avis* « oiseau » et de *strūhitō*

« autruche », lat. de basse ép. (qui vient du grec *strouthos*) ; développement du reste irrégulier, le mot, en raison de son sens, n'étant ni populaire ni usuel. It. *struzzo*, esp. *avestruz*, partout masc.

AUVENT, XIIe, une fois, au XIIIe s., *anvant*. Identique à l'a. pr. *amban* « sorte de parapet ou de galerie de fortification », languedocien *embans* « auvent de boutique », dans lesquels on a reconnu un gaulois **andebanno-*, comp. du préf. augmentatif *ande* et de *banno-* « corne » (lequel est encore conservé dans le languedocien *bano* « corne »), les cornes de taureau ayant été employées par les Gaulois comme totem pour protéger la maison. La transformation du mot doit être due à la substitution de *au-* à ce qu'on prenait alors pour le préf. *en-*.

AUXILIAIRE, 1512. Empr. du lat. *auxiliaris*, dér. de *auxilium* « secours ».

AVACHIR, v. **vache**.

AVAL, terme de commerce, 1675. Empr. de l'it. *avallo*, de même sens, qui vient de l'arabe *ḥawâla* « délégation, mandat ». — Dér. : **avaliser**, 1875.

AVALANCHE, 1611 (*-ange*, 1835, *lavange*, Buffon). Empr. du mot de la Savoie *avalanse*, altération, par croisement avec *avaler* « descendre », d'une forme antérieure *lavanse*, usitée en Savoie, déjà relevée par Cotgrave, 1611, cf. en outre l'a. pr. *lavanca* et l'it. *valanga*, pris à un parler de l'Italie septentrionale ; *lavanche*, etc., représentent un type **lavanca*, prélatin (le suff. *-anca* d'origine ligure a servi à former de nombreux noms de lieu, notamment dans les parlers alpins). Le latin de basse ép. *labīna* « éboulement, avalanche » (dér. de *labi* « glisser ») qui vit également dans les parlers alpins, doit probabl. son deuxième sens au précédent et a donné, par l'intermédiaire de la Suisse, l'all. *Lawine*.

AVALER, v. **val**.

AVANCER. Lat. pop. **abantiāre*, dér. de *abante*, v. **avant**. It. *avanzare*, esp. *avanzar*. — Dér. : **avance**, vers 1400 ; **avancement**, XIIe. Ont signifié aussi « avantage » jusqu'au XVIe s.

AVANIE, 1605. En outre *vanie*, 1584. Empr. de l'it. *avania* « présents que les bachas turcs faisaient payer injustement aux marchands chrétiens », d'où les sens fig., dér. de l'adj. turc *ḥawān* « traître », qui est emprunté à son tour de l'arabe *ḥawwān*. L'a. fr. *avenie* du XIIIe s., « génuflexion », est probablement un autre mot ; on trouve en outre *aveinie*, 1287, forme également obscure.

AVANT. Lat. *abante* (IIe s.), à la fois adv. et prép., en concurrence avec le lat. class. *ante* « devant, avant ». Concurrencé dès les premiers textes par *davant*, Xe *(Saint Léger)*, *devant*, XIe *(Saint Alexis)* au sens local. A pr. *avan(t)*, *avantz*, adv., it. *avanti*. — Dér. **avantage**, XIIe, d'où **avantager**, XIIIe ; **avantageux**, 1418 ; **davantage**, XIVe (Froissart), issu de *d'avantage*, fréquent encore au XVIe s., est introduit dans la langue pour remplacer *plus* à une époque où le parler pop. commençant à supprimer *ne* rend *plus* identique à *ne... plus*, à l'exception des cas où un *que* introduisant le deuxième membre de la comparaison éclairait suffisamment le sens de *plus* ; **désavantage**, 1290 ; **désavantager**, 1507 ; **désavantageux**, XVe (Commynes). — Comp. : **auparavant**, XIVe ; **devant**, d'abord *davant*, locution adverbiale formée de *d(e)* et de *avant*, devenu *devant*, par substitution de préf. ; a eu également le sens temporel jusqu'au XVIIe s. (aujourd'hui par archaïsme), cf. aussi la locution *ci-devant*, usuelle pendant la Révolution ; de même a. pr. *davan(t)*, *-z*, prép. de lieu et de temps, et adv., it. *davante*, *-i*, adv. aux deux sens. Dérivent de *devant* : **devancer**, formé d'après *avancer*, XIIe, d'où **devancier**, XIIIe (Beaumanoir) ; **devanture**, 1642. **Dorénavant**, formé de *d'or en avant*, au XIIe s. ; cf. à côté *dès or en avant*, XIIe ; *dès lors en avant*, 1580 (Montaigne).

AVARE, 1527. Réfection, d'après le lat. *avārus* « avide, avare », de l'a. fr. *aver*, qui en était le représentant régulier, usuel jusqu'au XVe s. *Avare* signifie en outre « avide », au XVIe s., d'après le sens primitif du lat.

AVARICE, vers 1155. Empr. du lat. *avaritia*, propr. « avidité ». — Dér. **avaricieux**, 1283 (Beaumanoir).

AVARIE, vers 1250. Empr. de l'it. *avaria* (d'où probabl. aussi l'esp. *averia*), empr. lui-même de l'arabe *ʿawār* « dommage » (cf. le plur. *ʿawâriya*, « biens avariés ») ; cf. aussi l'all. *Havarie*, probabl. entré par le fr. — Dér. : **avarier**, 1752.

AVATAR, 1801 (au sens propre : « incarnations successives des divinités chez les Hindous » ; sens fig. 1851. Empr. du sanscrit *avatâra*, propr. « descente (du ciel sur la terre) ».

AVAU, v. **val**.

AVEC. D'abord *avuec*, *avoec*, en outre *avecque(s)*. Dès l'origine à la fois prép. et adv. Lat. pop. **abhŏc*, adv. signifiant propr. « de là », d'où « immédiatement après, en même temps, conjointement, avec ». A supplanté l'a. fr. *o(d)*, encore employé par les poètes de la Pléiade (aujourd'hui cette prép. survit encore dans l'Ouest), lat. *ăpŭd* « chez » qui a pris le sens d' « avec », surtout en Gaule, cf. a. pr. *ab*, *am*, *amb(e)*, etc., et cat. *ab*, tandis que les autres langues romanes ont conservé le classique *cum* : it. esp. *con*.

AVEINDRE, v. **advenir**.

AVELINE, XVe s. Altération, par substitution de suff., de l'a. fr. *avelaine*, encore au XVIIe s., lat. [*nux*] *abellāna*, propr. « noisette d'Abella (Campanie) », noisette cultivée, dont le nom s'est répandu sur toute la Romania, cf. it. *avellana*, esp. *avellana*, a. pr. *avelana*. Peu attesté dans la France septentrionale ; v. **noisette** et **coudrier**. *Avelaine*, attesté aussi sous la forme *-ane*, XIIIe, est empr. du prov. — Dér. : **avelinier**, 1751 (antér. *avellanier*, XIIIe s.).

AVENANT, AVENIR, v. **advenir.**

AVENIR, *subst.*, v. **venir.**

AVENT, XIIe (sous la forme *advent ;* en outre, depuis le XIIIe s., *avens*, plur., qui désigne les quatre semaines ou quatre dimanches de l'Avent, fréquent au moyen âge, encore usité aujourd'hui dans plusieurs patois ; on trouve l'initiale *adv-* jusqu'au XVIe s. Empr. du lat. *adventus* « arrivée », employé dans le lat. eccl. pour désigner la venue de Jésus-Christ.

AVENTURE. Lat. pop. **adventūra*, propr. « ce qui doit arriver », plur. neutre pris substantiv. de *adventūrus*, part. futur du verbe *advenīre*, v. **advenir.** L'all. *Abenteuer* vient du fr. — Dér. : **aventurer,** XIIe ; **aventureux,** *id. ;* **aventurier,** XVe ; **aventurine,** 1686 ; ainsi nommée, parce que la limaille, qui sert à faire cette pierre artificielle, est jetée *à l'aventure* sur du verre en fusion.

AVENUE, v. **advenir.**

AVÉRER, 1125. Ne s'emploie guère qu'au part. passé, depuis le XVIIIe s. Dér. de l'anc. adj. *voir* « vrai », disparu avant le XVIe s., lat. *vērus*, cf. it. esp. archaïque *vero ;* v. **voire** et **vrai.**

AVERS, 1867. Empr. du lat. *adversus* « qui est en face » pour ce sens spécial. N'a rien à faire avec l'a. fr. *avers* « ennemi », représentant régulier du lat. *adversus*, de même sens.

AVERSE, v. **verse.**

AVERSION, début XVIIe, au sens moderne. Empr. du lat. *aversio*, qui n'a pris le sens d'« aversion » qu'à basse ép. (dér. de *avertere* « détourner »). Empr. au XVIe s. et antér. pour d'autres sens.

AVERTIR. Lat. pop. **advertīre*, issu du lat. class. *advertĕre* par changement de conjugaison. It. *avvertire*, esp. *advertir* (refait sur le latin). — Dér. : **avertissement,** XIIIe ; **avertisseur,** 1281.

AVETTE, v. **abeille.**

AVEUGLE, XIe *(Alexis).* D'une locution **ab ŏcŭlis*, propr. « privé d'yeux », qui a dû être créée dans le latin médical et pénétrer dans la langue commune, avec un développement qui révèle l'influence de la langue savante ; cf. de même l'a. pr. *avogol.* On note que la prép. *ab* est fréquente dans les locutions exprimant l'absence d'un objet ; cf. *campus purus ab arboribus* « plaine sans arbres » (Ovide), et on rapproche le bas-grec *ap' ommatôn* « sans yeux ». Le mot n'existe pas en dehors du territoire galloroman, sauf par emprunt. A éliminé les deux adj. de l'a. fr. *cieu*, lat. *caecus*, et *orb.*, lat. *orbus* « privé de », qui a pris, vers le IIe s., le sens d' « aveugle » ; *cieu* et *orb* ont été usités jusqu'au XVIe s. ; cf. it. *cieco* et *orbo*, esp. *ciego.* — Dér. : **aveuglement,** XIIIe, déjà au sens fig. ; sens physique encore au XVIIIe s. (Buffon), v. **cécité ; aveugler,** vers 1050 ; **aveuglette (à l'),** 1762 ; antér. *aveuglectes*, adv. au XVe s., cf. *faire une chose aveuglettes*, 1690, souvent écrit *a veuglette(s)*, au XVIe s.

AVIATEUR, 1863, créé par Nadar et La Landelle, vulgarisé vers 1900, d'abord nom de la machine, encore en 1908. **Aviation,** 1863 ; **avion,** créé par Ader en 1875. Dér. sav. du lat. *avis* « oiseau ». — Comp. : **hydravion,** vers 1912.

AVIDE, 1470 ; **avidité,** 1491. Empr. du lat. *avidus, aviditas.*

AVIRON, XIIe. Tiré de l'a. fr. *avironner*, XIIe, encore usité au XVIe s., propr. « tourner », trans. et intrans., dér. de l'a. fr. *viron*, à la fois subst. « cercle », et adv. « autour », dér. lui-même du verbe *virer.*

AVIS, vers 1170. Issu de l'anc. locution *ce m'est a vis*, d'où *ce m'est avis*, d'où aujourd'hui *m'est avis*, issue elle-même d'une autre locution *ce m'est vis*, cf. *ço m'est vis* dans *Saint Alexis ; vis* n'existant en a. fr. que dans cette locution (*vis* « visage » est un autre mot), on la considère comme représentant le lat. pop. [*mihi*] *est visum*, correspondant au lat. class. [*mihi*] *videtur.* — Dér. : **aviser** « donner un avis », XIIIe (au sens d' « apercevoir », c'est un comp. de *viser*) ; d'où **malavisé,** XIVe; **se raviser,** vers 1350 ; **préavis,** 1789.

AVISO, 1776. Empr. de l'esp. *barca de aviso*, propr. « barque chargée de porter des avis », qui a été francisé en *barque d'advis* au XVIIe s.

AVIVES, 1530. D'abord *vives*, 1393 (d'où l'angl. *vives*), empr. du lat. médiéval *vivae* (en outre *vivolae*, it. *vivole*), empr. lui-même de l'arabe *adh-dhîba*, d'où aussi l'esp. *adibas*, de même sens (au plur., comme le lat. médiéval ; le point de départ de ce plur. n'est pas clair) ; *avives* est une réfection de *vives*, soit d'après *aviver*, soit d'après l'esp. ou l'arabe.

AVOCAT, XIIe. Souvent *adv...*, d'après le lat., jusqu'au XVIe s. Empr. du lat. *advocatus*, propr. « appelé auprès de », v. **avoué.** — Dér. : **avocasser,** XIVe (E. Deschamps), d'où **avocasserie,** 1405 ; péjoratif depuis le XVIIe s., sous l'influence du suff.

AVOCAT « fruit de l'avocatier », 1724 (*avocate* dès 1684, *accoiate* en 1599). Empr. de l'esp. *abocado, -gado*, etc., d'abord *aguacate*, empr. de l'aztèque *auacall*, transformé par la suite en *abogado* par étymologie pop. d'après *abogado* « avocat » (cf. de même angl. *avogato*, 1697 ; all. *Avocatobaum*, 1771). — Dér. : **avocatier,** 1771.

AVOCETTE, 1760. Empr. de l'it. *avocetta, avosetta*, d'origine inconnue.

AVOINE. En a. fr. *aveine (avaine)*, encore très usuel au XVIe s. Lat. *avēna.* La raison pour laquelle le français a adopté la forme *avoine* des patois orientaux n'est pas sûrement établie. Aujourd'hui *aveine* est la forme de l'Ouest, *avoine* celle de l'Est et du Nord-Est ; les parlers méridionaux, au sud de la ligne allant de l'embouchure de la Gironde aux Hautes-Alpes, emploient un dér. de *cībāre* « nourrir le bétail » (d'où l'esp. *cebar*, de même sens), lat. pop. **cībāta*, a. pr. et cat. *civada* (en esp. *cebada* « orge »). It. esp. *avena.*

AVOIR. Lat. *habēre*. Le futur *aurai*, qui a remplacé au cours du XVIe s. *arai*, forme du moyen âge (à côté d'*avrai*, *averai*), est mal éclairci (on trouve déjà *orai* au XIIIe s. dans un texte picard, *Li biaus descouneüs*, v. 1565) ; il est encore fortement concurrencé par *arai* dans les parlers septentrionaux. — Dér. : **avoir,** *subst.*, XIe *(Alexis)*.

AVORTER. Lat. *abortāre*, dér. de *aboriri*, de même sens, formé de *ab*, négatif, et de *oriri* « naître », c'est-à-dire « mourir en naissant ». V. **abortif.** — Dér. : **avortement,** XIIe ; **avorton,** 1372.

AVOUÉ. Sens moderne, depuis la Révolution, 1790. Sous l'ancien régime, sens juridiques particuliers. Lat. *advocātus* « avocat », qui a désigné dès le Ve s. un défenseur de communautés religieuses ou d'abbayes, d'où, plus tard, de villes, etc., personnage souvent de très haut rang (d'où aussi l'all. *Vogt* « tuteur ; bailli », etc.). It. *avvocato* « avocat », esp. *abogado*.

AVOUER, XIIe. Propr. « reconnaître quelqu'un comme son seigneur », d'où « reconnaître comme valable une action », etc. ; mais le sens moderne d' « avouer une faute » ne paraît pas être usuel avant le XVIIe s. Ordinairement considéré comme comp. de *vouer*, ce qui ne s'explique bien qu'au réfléchi *s'avouer* « se reconnaître comme appartenant à ». (Le sens « mettre à la discrétion du seigneur », parfois posé comme le premier sens d'*avouer*, n'est pas autorisé par les textes). Le lat. *advŏcāre*, propr. « appeler auprès, invoquer, implorer », convient mieux au sens d'*avouer* et est appuyé par celui d'*avoué* (tous deux propres au fr. septentrional) et par l'emploi de *advocare* en lat. médiéval. Le traitement de la voyelle tonique *ŏ*, qui aurait dû donner *ue* en a. fr. (par conséquent on devrait avoir *avuee* et non *avoe*, *avoue*), est dû à une réfection très ancienne des formes accentuées, d'après les formes inaccentuées *avoer*, *avouer*, etc., appuyées par le subst. *avoué*. — Dér. et Comp. : **aveu,** 1283 (Beaumanoir, d'après les formes *aveue*, etc., XIIIe, qui ont disparu rapidement devant les formes en *-ou- : avouer*, etc.) ; **avouable,** 1849 (une première fois en 1302), et **in...,** 1815 ; **désavouer,** 1265 ; **désaveu,** 1283 (Beaumanoir).

AVRIL. Lat. *aprīlis*. Des dér. anc. tels que l'adj. *avrillier*, XIIe, encore dans les dictionnaires, ont une *l* mouillée due à une forme du latin populaire **aprīlius*, faite sur *Martius*, *Junius*, *Julius* « mars, juin, juillet », et qui se retrouve en engadin. It. *aprile*, esp. *abril*. Des formes avec *l* mouillée, d'où *y*, existent dans les parlers de l'Ouest.

AXE, 1372. Empr. du lat. *axis*, propr. « essieu », d'où « axe du monde », etc. — Dér. : **désaxé,** fin XIXe.

AXIOME, 1547. Empr. du lat. *axioma* (du grec *axiôma*, propr. « ce qui paraît convenable », de *axios* « qui vaut, qui mérite »).

AXONGE, XIVe. Empr. du lat. *axungia*, propr. « graisse à essieu », d'où « graisse de porc », comp. de *axis* « essieu » et de *ungere* « oindre ». Formes pop. assez répandues, cf. a. fr. *soignée* « chandelle », it. *sogna* « saindoux ».

AZALÉE, 1781, *azalea*, 1801 (Chateaubriand). Empr. du lat. des botanistes *azalea*, fait avec le fém. de l'adj. grec *azaleos* « desséché ».

AZEROLE, 1651 (en outre *azarole*, XVIe). Empr. de l'esp. *acerola*, empr. lui-même de l'arabe *az-za ʿrūra*. — Dér. : **azerolier,** 1690 (*azarolier* en 1628).

AZIMUT, v. **zénith.**

AZOTE, 1787 (G. de Morveau : « Nous l'avons nommé *azote*, de l'*a* privatif du grec et de *zoê* « vie »). — Dér. : **azotate,** 1836 ; **azoteux,** 1838 ; **azotique,** 1787 (G. de M.).

AZUR, vers 1080 *(Roland)*. Empr. du lat. médiéval *azzarum*, altération de l'arabe *lâzaward*, lui-même empr. du persan *lâdjeward* « lapis lazuli » et « couleur de cette pierre » ; de même it. *azzurro*, esp. *azul* et, probabl. par l'intermédiaire du fr. all. *Azur* et angl. *azure*. D'une autre forme du lat. médiéval *lapis* (mot lat. signifiant « pierre ») *lazuli* vient le fr. **lapis lazuli,** XIIIe, d'où **lazulite,** 1795. — Dér. : **azuré,** 1280.

AZYME, XIIIe. Empr. du lat. eccl. *azymus* (du grec eccl. *azymos*, de *zymê* « levain »).

B

BABA, sorte de gâteau, 1767 (D.). Empr. du polonais *baba;* passe pour avoir été introduit par l'entourage polonais de Stanislas Leczynski.

BABA « ébahi » (fam.), 1808. Onomatopée du langage enfantin.

BABEURRE, v. **beurre.**

BABILLER, XIIIe. Appartient à une famille de mots expressifs qui se retrouve dans de nombreuses langues, cf. all. *babbeln, pappeln,* angl. *to babble,* etc., v. **bave.** Les autres langues romanes ne semblent pas avoir de mots contenant ce radical en ce sens, mais il est très répandu dans les parlers gallo-romans, avec des suff. différents. — Dér. : **babil,** XVe ; **babillage,** 1835, une première fois en 1583 ; **babillard,** 1496 ; **babillement,** 1829, une première fois en 1583.

BABINE, vers 1460. Appartient à la famille du préc. ; très répandu dans les patois sous cette forme ou la forme *babouine,* v. **babouin.**

BABIOLE, XVIe (en outre *babole*). Empr. de l'it. *babbola,* de même sens, aujourd'hui peu usité, de la famille des préc. En raison de la date et de la forme *babole,* l'empr. à l'it. est plus vraisemblable qu'une formation spontanée, mais l'origine de la forme *babiole* n'est pas claire.

BABIROUSSA, 1764. Empr. du malais *babirusa,* comp. de *babi* « porc » et de *rusa* « cerf », par l'intermédiaire du lat. des naturalistes, qui doivent ce mot à des voyageurs (déjà en 1658 dans une relation latine et en 1689 en anglais).

BÂBORD, 1484. Transcrit d'abord *basbord* (d'où l'accent circonflexe), par étymologie populaire, parce que, partic. sur les navires de guerre, l'équipage se tient à bâbord, le tribord étant réservé aux officiers. Empr. du néerl. *bakboord,* comp. de *bak* « dos » et de *boord* « bord », donc « bord du dos », ainsi nommé parce que, lors de la formation du mot en néerl., le pilote, gouvernant avec une godille fixée au côté droit du bateau, tournait le dos au côté gauche. A passé du fr. dans les langues méridionales : it. *babordo,* etc.

BABOUCHE, 1671 (Bernier) (en 1546 *papouch*). Empr. de l'arabe *bâboûch,* empr. lui-même du persan *pâpoûch* ; de même it. *babbuccia,* esp. *babucha.*

BABOUIN, XIVe, « singe » ; d'où « gamin », 1668 (La Fontaine, *Fables,* I, 19) ; signifie aussi « sot », XIIIe-XIVe, sens fréquent encore au XVIe s. Mot de la famille de *babine,* « lèvre », le babouin ayant des lèvres proéminentes. Le sens de « sot », fréquent dans des mots de cette famille, cf. it. *babbèo,* etc., et de nombreuses formes de patois, provient à la fois de ce que les lèvres proéminentes donnent au visage une expression niaise et de ce que les mots de cette même famille servent souvent à caractériser l'enfantillage, v. **babiole.** La forme *babouin,* v. aussi *babouine* sous **babine,** est due à un croisement avec l'a. fr. *baboue* « moue », XIVe, de cette même famille, refait probabl. d'après *moue.* — Dér. : **embabouiner,** XIIIe (J. de Meung).

BABY, v. **bébé.**

BAC, XIIe. Probabl. lat. pop. **baccus* qu'on peut restituer d'après le lat. de basse ép. *bac(c)ar* (Festus) ou *ba(c)carium* (Isidore de Séville, VIIe s.) « vase à vin ou à eau », mot propre à la Gaule, de la famille de **bassin** ; aujourd'hui abondamment attesté dans les parlers gallo-romans à la fois comme masc. et fém., au sens d' « auge », d'où celui de « bateau », v. **bachot.** Le mot doit être d'origine gauloise, mais le celtique n'offre rien de très convaincant. — Dér. : **baquet,** 1299, dérivé de *bac,* au sens de « cuve ».

BACCALAURÉAT, 1690 (antér. *-or-.* 1680). Empr. du lat. médiéval *baccalaurealus,* dér. de *baccalaureus,* altération plaisante, d'après *bacca lauri* « baie de laurier », du lat. médiéval *baccalarius* « bachelier ».

BACCARA, 1855. Ce jeu de cartes passe pour avoir été introduit d'Italie en France, à l'époque de Charles VIII, mais cette indication ne s'accorde pas avec la date récente où le mot a été relevé, et l'origine de ce mot est inconnue.

BACCHANALES, 1488. Empr. du lat. *Bacchanalia* « fêtes de Bacchus » (en grec *Bakkhos*) », d'où, au sing., 1762, « orgie bruyante ». On a employé aussi *bacchanal,* adj., 1507 (encore chez Vigny), d'après l'adj. lat. *bacchanalis,* et *bacchanal,* subst., XVIe, d'après le lat. *bacchanal* (déjà empr. au moyen âge, cf. *baquenas,* XIIe (Wace), « tempête », encore dans les dictionnaires au sens de « tapage ».

BACCHANTE, vers 1590 (sens fig., 1762) ; **bachique,** XVe. Empr. du lat. *bacchans* (ordinairement au plur.), part. prés. de *bacchari* « célébrer les fêtes de Bacchus » (« bacchante » se dit en grec *bakkhê*) et du lat. *bacchicus* (du grec *bakkhikos*).

BACHA, v. **pacha.**

BÂCHE, XVIe (R. Belleau) « filet » ; 1741 « couverture de grosse toile, etc., servant à protéger les chargements ». Autres sens techn. aux XVIIIe et XIXe s. Tiré, par suppression de la finale, de l'a. fr. *baschoe*, *-oue* « vaisseau de bois ou d'osier, sorte de hotte » (encore en 1611) et, par modification de la terminaison, *baschole*, 1384, lat. *bascauda*, indiqué comme celtique, « vase à laver » ; seulement gallo-roman et surtout parlers septentrionaux. La diversité du sens n'empêche pas d'y reconnaître le même mot. Le sens de « filet en forme de poche » sort aisément de celui de « hotte ». Celui de « couverture » est en rapport avec ceux de « sac » et de « paillasse », attestés dans divers patois ; on signale au XVIIIe s. qu'entre la bâche et la marchandise on place un lit de paille ou de foin pour protéger celle-ci. — Dér. : **bâcher,** 1752, **débâcher,** 1741.

BACHELETTE, XVe (Villon). Aujourd'hui seulement littéraire. Altération, par croisement avec *bachelier*, de l'a. fr. *baisselete*, XIIIe *(Rose)*, dér. de *baissele*, XIIIe, dér. lui-même de *baiasse*, XIIIe (*Rose ;* en outre *baesse*, etc.) ; tous ces mots signifient « jeune fille » ou « servante », et sont encore très répandus dans les patois, cf. de même prov. anc. et moderne *bagassa* « prostituée » (d'où le fr. *bagasse*, XVIe (Brantôme), et aussi l'it. *bagascia*, l'esp. *bagasa*).

BACHELIER, fin XIVe. Issu, par substitution de suff., de l'a. fr. *bacheler*, 1080 *(Roland)*, propr. « jeune gentilhomme aspirant à devenir chevalier », d'où « jeune homme », encore au XVIIe s. (La Fontaine, par archaïsme) ; appliqué dès le moyen âge au premier grade universitaire. Lat. médiéval **baccalāris*, forme usuelle *baccalārius*, d'origine inconnue (les rapprochements avec le celtique se heurtent à de graves difficultés) ; on trouve, dès le IXe s., dans des textes du Nord de l'Espagne et du Limousin *baccalarius*, possesseur d'une *baccalaria* « domaine de plusieurs *mansus*, propriétés rurales ». Seulement gallo-roman, cf. a. pr. *bacalar* « jeune homme », avec une nuance péjorative. Empr. par les langues voisines : esp. *bachiller*, de même sens, angl. *bachelor*, de même sens, en outre « célibataire ». L'argot des écoles en a tiré **bachot,** 1856 (D.), d'où **bachoter, bachotage,** fin XIXe.

BACHIQUE, v. **bacchante.**

BACHOT, 1539. Probabl. dér. de *bache*, fin XVIIIe au sens de « bac » ; *bache*, forme fém. de *bac*, est signalé alors, de même que *bachot*, dans la région lyonnaise. — Dér. : **bachoteur,** 1751.

BACHOT, v. **bachelier.**

BACILLE, 1872 (Cohn). Terme techn., empr. du lat. *bacillum* « bâtonnet » ; v. **bactérie.**

BÂCLER, XVIe s. (une première fois en 1292 ; *débacler* est de 1416). Probabl. empr. du prov. *baclar*, 1535, de même sens, propr. « bâcler une porte », lat. pop. **baccŭlāre*, dér. de **bacculum*, autre forme de *baculum* « bâton », c'est-à-dire « barrer avec un bâton » ; la rareté de ce mot en a. fr. est due à son sens particulier et n'est pas une objection sérieuse contre l'étymologie latine. Sens fig. dès le XVIIe s. — Dér. et Comp. : **bâclage,** 1751 ; **débâcler,** 1416 ; **débâcle,** 1690 ; **débâclage,** 1415 ; **débâclement,** 1694 ; **débâcleur,** 1416 ; **embâcle,** 1836, formé sur *débâcle* (une première fois au XVIIe s., *embacle* « embarras », qui dérive d'un verbe *embacler*).

BACTÉRIE, 1849 ; mais répandu lors des découvertes de Pasteur, entre 1853 et 1860. Empr. du lat. moderne *bacterium*, créé en 1838 par Ehrenberg (d'où aussi *bactérien*, 1841), sur le grec *baktēria* « bâton », v. **bacille.**

BACUL, v. **cul.**

BADAUD, 1532 (Rab.). Au XVIe s. signifie « sot » et s'emploie aussi comme adj. Empr. du prov. *badau*, de même sens, dér. de *badar* « regarder bouche bée », v. **bayer.** — Dér. : **badauder,** 1690 ; **badauderie,** 1548 (N. du Fail).

BADERNE, 1773. Propr. terme de marine, d'où le sens péjoratif, au XIXe s., dû au fait que la baderne est faite de vieux cordages. Également it., esp., port. *baderna.* Le breton *badern*, qu'on a considéré comme le prototype du fr., en est au contraire emprunté. *Baderne* vient d'un parler méridional où il est dérivé du verbe *badar*, v. le préc. ; la terminaison est celle de *caverna ;* la baderne garnit les mâts pour empêcher un frottement, donc écarte, crée une ouverture entre les mâts. **Badrouille,** enregistré par les dictionnaires, à la fin du XVIIIe s., « débris de vieux cordages goudronnés », paraît être une variante pop. de *baderne*, avec le suff. souvent péjoratif *-ouille.*

BADIGEON, 1676 (Félibien). Étymologie inconnue. — Dér. : **badigeonner,** 1701 ; **badigeonnage,** 1820 ; **badigeonneur,** 1820.

BADIN, XVe. Signifie « sot » jusqu'au XVIIe s., encore chez Molière *Dépit amoureux*, 1656 ; a changé de sens par suite de l'emploi de *badin* pour désigner un personnage de farce ou de comédie, XVIe, qui fait le sot, par conséquent qui provoque un rire facile. Empr. du prov. *badin* « sot, niais », dér. de *badar*, v. **badaud.** — Dér. : **badinage,** 1541 (Calvin), « sottise » ; ainsi tout le XVIe s. ; **badiner,** 1549 « agir sottement » ; **badinerie,** 1546 ; **badine,** 1781 (en 1743, plur. « pincettes »).

BADROUILLE, v. **baderne.**

BAFOUER, 1532 (Rabelais). Formé, avec une terminaison d'origine obscure, peut-être simplement expressive, de l'onomatopée *baf*, exprimant le bruit fait avec les lèvres, v. **bâfrer,** d'où l'idée de moquerie, cf. de même a. pr. *bafar* « se moquer » et, avec la variante *bef*, l'a. fr. *befe* « moquerie », l'it. *beffare* « se moquer », etc.

BAFOUILLER, 1867. Dér. de *fouiller* (qui a formé de nombreux verbes populaires) avec l'onomatopée *baf*, v. le préc., au sens de « parler la bouche pleine ».

BÂFRER, 1740. Formé avec l'onomatopée *baf* (v. **bafouer** et la variante *bauffrer*, 1532, Rab.), mot répandu sous les deux formes dans les patois, v. aussi **bouffer, brifer.** — Dér. : **bâfreur,** 1740.

BAGAGE, XIIIe. Dér. de *bague*, de même sens, usité surtout au plur., XIVe, encore très usuel au XVIe s., conservé dans quelques patois, d'origine inconnue ; attesté aussi par l'a. pr. *baga*, de même sens, et, avec des sens apparentés, dans des parlers de l'Italie et de l'Espagne. Le rapport de cette famille de mots avec l'angl. *bag*, de même sens, et l'anc. scandinave *baggi* « paquet » n'est pas éclairci.

BAGARRE, 1628 (Sorel). Empr. du prov. *bagarro*, adaptation du béarnais *batsarre* (ou *bacharro*) « rixe, vacarme », lui-même empr. du basque *batzarre*, propr. « rassemblement ».

BAGASSE, v. **bachelette.**

BAGATELLE, 1548 (d'où *-teller*, *-tellerie*, également au XVIe s.). Empr. de l'it. *bagatella*, de même sens, qu'on fait dériver du lat. *băca* « baie », cf. aussi *bagattino* « sorte de petite monnaie », v. **baie.**

BAGNE, 1667. Empr. de l'it. *bagno*, propr. « bain », dit, dès 1540, des caves de la forteresse de Livourne, qui se trouvaient au-dessous du niveau de la mer et dans lesquelles on tenait enfermés les esclaves turcs. Dér. : **bagnard,** fin XIXe.

BAGNOLE, 1840. Mot d'origine dialectale, très usité dans les patois septentrionaux au sens de « carriole », etc., dér. de *banne*, v. ce mot, sur le modèle de *carriole*.

BAGOU, fin XVIIIe (*bagos* au XVIe s.). Tiré du verbe *bagouler*, 1447, « parler inconsidérément », d'où aussi *débagouler*, 1547 ; *-eur*, 1636 ; *bagouler* est tiré de *goule* « gueule », forme des patois de l'Ouest, avec le préf. péjoratif *ba-*.

BAGUE, sorte d'anneau, XIVe, en outre *wage*, XIVe (Froissart) et *vaghe*, 1432 (texte de Douai). Empr. probabl. du moyen néerl. *bagge* « anneau », contenant, comme l'anc. islandais *baugr*, de même sens, une racine signifiant « courber, plier » (cf. all. *biegen*). L'it. *baga* vient du fr. — Dér. : **baguier,** 1690.

BAGUENAUDE, 1389, au sens de « futilité » ; l'autre sens est du XVe s. Étymologie douteuse. Le sens de « fruit » est probabl. le sens propre, d'où celui de « futilité » est sorti aisément, la baguenaude ne servant qu'à l'amusement des enfants ; on le considère comme empr. d'un parler méridional où il serait dér. de *baga* « baie », ce qui convient au sens, mais la fin du mot n'est pas expliquée. — Dér. : **baguenauder,** XVe ; **baguenauderie,** 1556 ; **baguenaudier,** 1539, nom d'arbre ; au XVIe s., « celui qui aime à baguenauder ».

BAGUETTE, XVIe. Empr. de l'it. *bacchetta*, de même sens, dimin. de *bacchio* « bâton », lat. *băcŭlum ;* apparaît à cette époque dans les locutions militaires : « commander, mener à la baguette » (les officiers étaient munis d'une baguette dans l'exercice de leurs fonctions).

BAGUIER, v. **bague.**

BAH. Onomatopée.

BAHUT, vers 1200 (en outre *baiul*, *bahur*). Étymologie inconnue. Aussi it. *baule*, esp. *baul*, qui n'éclaircissent pas le problème de son origine. — Dér. : **bahuter,** 1633, « faire du tapage », mot pop. ; aujourd'hui plutôt « secouer (comme un bahut) » ; **bahutier,** 1530 (antér. *-urier*, 1292 ; *bahuier*, 1313).

BAI. Lat. *bădius*, également en parlant du cheval. It. *baio* (probabl. empr.), esp. *bayo*.

BAIE, fruit. Lat. *băca*, autre forme de *bacca*. Esp. *baga* « enveloppe de la graine de lin », port. *baga* « baie ».

BAIE « petit golfe ». Dér., comme le mot suivant, du verbe *bayer*. N'est pas empr. de l'esp. *bahia*, lequel est attesté beaucoup plus tard que le mot fr. Du fr. vient l'angl. *bay*, d'où l'all. *Bai*.

BAIE « ouverture », v. **bayer.**

BAIGNER. Lat. pop. ***baneāre*, altération du lat. de basse ép. *balneāre (Gloses)*, v. **bain.** — Dér. : **baignoire,** 1336 ; **baignade,** 1859.

BAIGNEUR. Jusqu'au XVIIIe s. signifie aussi « celui qui tient un établissement de bains » (d'où, au XVIIe s., « celui qui tient un établissement de plaisir »). Lat. *balneātōrem*, acc. de *balneātor*, v. le préc., « maître de bains, esclave employé dans un établissement de bains »

BAIL, v. le suiv.

BAILE, v. **bailli.**

BAILLER. Aujourd'hui restreint à des locutions ; au moyen âge « porter, saisir, avoir à sa charge, donner » (sens qui apparaît dès les premiers textes, issu de celui d' « apporter ») ; plus usuel au sens de « donner » jusqu'au XVIIe s. que *donner*, dont le triomphe sur *bailler* est dû à la supériorité numérique et sémantique de ses dér. Lat. *bajulāre* « porter sur son dos ou dans ses bras ». Peu répandu en dehors du gallo-roman, qui présente seul le sens de « donner », cf. a. pr. *balhar* « livrer, donner ». Encore très usuel dans les patois, au sens de « donner ». — Dér. : **bail,** 1250 (« tutelle », sens très fréquent dans l'ancien droit ; signifie aussi au moyen âge « pouvoir » et simplement « action de donner », encore au XVIe s. ; sens moderne au XVIe). **Bailleur,** vers 1270.

BÂILLER. D'abord *baaillier*. Lat. pop. *bataculāre* (attesté dans une glose au sens du fr.), dér. de *batāre* « tenir la bouche ouverte », v. **bayer.** A. pr. *badalhar*, it. *badigliare* et *sb-*. — Dér. : **bâillement,** XVe ; **bâilleur,** 1690 ; **bâillon,** 1462, c'est-à-dire « qui empêche de fermer la bouche » ; **bâillonner,** 1530. — Comp. : **entre-bâiller,** XVe.

BAILLI. D'abord *-if*, XIIe, encore au XVIIe s. Dér. de l'anc. verbe *baillir* « gouverner, administrer », dér. de l'anc. nom *bail* « gouverneur », lat. *bajŭlus* « portefaix, porteur » (v. **bailler**) ; ce subst. a pris d'abord en lat. eccl. le sens de « celui qui est chargé du soin d'un enfant, etc. », cf. de même a. pr. *baile* « bailli, gouverneur » ; le vénitien *bailo* « ambassadeur de Venise à Constantinople », également dans les dictionnaires, depuis 1642, sous la forme **baile,** vient aussi du prov. — Dér. : **baillage,** 1312.

BÂILLON, v. **bâiller.**

BAIN. Lat. pop. **baneum*, altération du lat. class. *balneum, balineum* (du grec *balaneion*). V. **bagne, baigner.** — Comp. : **bain-marie,** XIVe, propr. terme d'alchimie (au XVIe s. on trouve *bain-de-marie* (O. de Serres) ; cf. aussi *in balneo maria* ou *marie* chez Paré) ; *Marie* paraît représenter *Marie* (ou *Miriam*), sœur de Moïse (*Exode*, XV, 20), à qui on attribuait des œuvres d'alchimie (un traité remontant à l'époque alexandrine est attribué à *Marie la Juive*) ; mais une confusion s'est faite avec la Vierge Marie, car les alchimistes appelaient l'œuvre de la pierre philosophale *Opus Virginis Mariae* (Ménage).

BAÏONNETTE, 1575 (cf. aussi *couteau bayonnois*, D'Aubigné). Dér. de *Bayonne*, nom de la ville des Basses-Pyrénées, où cette arme fut d'abord fabriquée.

BAISER. Lat. *bāsiāre*, qui d'abord se disait de baisers donnés à des personnes respectées, par exemple au père ; s'est de bonne heure substitué à *saviari*, terme d'amour, et à *osculari*. Sauf dans des locutions ou avec des noms compléments, remplacé au sens propre par *embrasser*, en raison du sens obscène que *baiser* a pris. Quoique encore assez répandu dans les patois, *baiser* est en fort recul devant *embrasser*, sauf dans le Centre et l'Ouest, où on dit *biser, biger*, d'où le fr. pop. *bise*, subst. fém. « baiser ». It. *baciare*, esp. *besar*. — Dér. : **baisement,** XIIe ; **baiser,** *subst.*, XIIe, divers concurrents dans les patois, *baiser* donnant l'impression d'être un mot prétentieux ; **baisoter,** 1556 ; **baisure,** XVIe. — Comp. : **baise-main,** vers 1300 ; **entre-baiser (s'),** XIIe *(Voyage de Charlemagne)*.

BAISSER. Lat. pop. **bassiāre*, dér. de *bassus* « bas ». A. pr. *baissar*, esp. *bojar*. — Dér. et Comp. : **baisse,** 1723 ; **baissier,** 1823 ; **abaisser,** XIIe ; **abaisse,** XVe ; **abaissement,** XIIe ; **rabaisser,** XIIe ; **rabais,** 1307 ; **rabaissement,** XVe, distinction sémantique de ces deux dér. au cours du XVIIe s. ; **rebaisser,** 1775 ; **surbaissé,** 1611.

BAJOUE, v. **joue.**

BAKCHICH, 1899 (d'abord *bakchis*, 1846). Empr. du turc, d'origine persane, *bakchîch* « pourboire » (tiré du verbe *bakchîden* « donner »).

BAKÉLITE, vers 1905. Dér. de Baekeland, nom d'un chimiste américain d'origine belge.

BAL, XIIe. A signifié « danse » jusqu'au XVIe s. Tiré de l'anc. verbe *baller* « danser », sorti d'usage depuis le XVIIe s., sauf dans le part. prés. **ballant,** lat. de basse ép. (saint Augustin, IVe) *ballāre* (d'où aussi it. *ballare*, a. pr. *balar*, v. **bayadère**), fait sur le grec *ballein*, propr. « jeter » ; cf. le dér. *ballizein* (dér. de *ballein* « jeter »), attesté en Sicile et en Grande-Grèce au sens de « danser » ; *ballāre* a éliminé le lat. class. *sallāre*, de même sens, dont il ne reste en ce sens que des traces ; cf. **sauter.** *Baller* a également disparu des parlers gallo-romans au profit de *danser*.

BALADIN, 1545 (Marot). Empr. du prov. *baladin*, propr. « danseur de ballets », encore en 1670 (Molière, *Bourgeois Gentilhomme*) ; n'a pris un sens défavorable qu'au cours du XVIIe s.

BALAFON (ou *-fo*). Fin XIXe (une première fois *balafo*, 1728, Labat, et 1831, dans *Notre-Dame de Paris*). Empr. du mandé (Soudan) ; mot composé de *bala* « sorte de piano » et de *fo* « jouer en frappant ».

BALAFRE, 1505. A dû signifier propr. « lèvre, grosse lèvre », d'où « lèvre d'une plaie », cf. le sens du mot dans les parlers de l'Ouest : « bouton aux lèvres ». Probabl. altération, par croisement avec *balèvre*, de l'a. fr. *leffre*, XIVe, « lèvre, grosse lèvre », empr. de l'anc. haut all. *leffur*, de même sens, cf. aussi *lafru* « lippu », fin XVIe. — Dér. **balafrer,** 1527.

BALAI, XIIe. Du gaulois **banatlo* (cf. le gallois *banadl* « genêt » et le breton *benal, bonal*), devenu par métathèse **balatno*, dont la terminaison anormale a été adaptée, cf. toutefois l'a. fr. *balain(s)*, XIIe, et des formes analogues *balan, balain*, de la région lyonnaise ; s'emploie encore au sens de « genêt » dans de nombreux parlers septentrionaux, et notamment autour de Lyon. Au sens de « balai », qui vient de l'emploi du genêt à cet usage, *balai* a supplanté de bonne heure le représentant du lat. *scōpa*, dont il existe de faibles traces en a. fr., v. **écouvillon** (mais it. *scopa*, esp. *escoba*). — Dér. : **balayer,** XIIIe (jusqu'au XVIe s. surtout *baloiier* ou *balier*, encore dans les parlers gallo-romans, formes dues à une confusion avec *baloiier, balier*, usuels en a. fr., « voltiger, flotter », dér. de *baller*, v. **bal**), d'où **balayage,** 1783 ; **balayette,** XIIIe (alors *baliete*) ; **balayeur,** XIIIe ; **balayure,** 1387 (alors *balieures*), formes de tous ces dér. parallèles au verbe.

BALAIS, seulement dans *rubis balais*, vers 1170. Empr. du lat. médiéval *balascus, -ascius*, altération de l'arabe *balakhich*, qui vient de *Balakhchân*, nom de la région de l'Asie Centrale, près de Samarcande, où l'on trouve ce rubis, en persan *Badakhchân*. Mot européen : it. *balascio*, angl. *balas*, all. *Ballas*, etc.

BALALAÏKA, 1768. Mot russe.

BALANCE. Lat. pop. **bilancia* issu du lat. de basse ép. *bilanx* (IVe) « balance à deux plateaux » (comp. de *bis* « deux fois » et de *lanx* « plat ») ; a éliminé le lat. class. *lībra*, v. **niveau.** A. pr. *balansa*, it. *bilancia*, esp. *balanza*. L'initiale *bal-* peut venir d'un croisement très ancien avec *ballare* « danser », v. **bal** ; v. aussi **bilan.** — Dér. : **balancer,** XIIe ; **balancement,** 1487 ; **balancier,** XVIe ; **balançoire,** 1530 ; **contre-balancer,** 1549 (Du Bellay) ; **balancier** « fabricant de balances », XIIIe.

BALANCELLE, 1829. Terme méditerranéen, dont l'histoire n'est pas éclaircie ; le napolitain *paranzella*, cité par Jal, correspond à l'it. *paranzella*, à côté duquel existe un simple *paranza*, de sens analogue, d'origine incertaine. Le mot fr. vient de la forme génoise *baransella*, avec influence de *balancer*.

BALBUTIER, XIVe. Empr. du lat. *balbutire* (de *balbus* « bègue ») et adapté d'après les formes : *balbutio*, 1re pers. sing. indic. prés. ; *balbutiens*, part. prés., etc. — Dér. : **balbutiement,** 1750.

BALBUZARD, 1770. Empr. du latin des naturalistes *balbuzardus*, fait sur l'angl. *bald buzzard* (comp. de *bald* « chauve » et de *buzzard*, empr. du fr. *busard*).

BALCON, 1567 (Ph. Delorme). Empr. de l'it. *balcone*, lui-même du longobard **balko* « poutre », cf. all. *Balken*, de même sens ; v. **bau.**

BALDAQUIN, 1552 (au XVIe et au XVIIe s., souvent orthographié *baldachin* d'après l'it.). Empr. de l'it. *baldacchino*, dér. de *Baldacco*, forme anc. de *Bagdad* (cf. de même a. fr. *Baudas*) ; *baldacchino* signifiait d'abord « étoffe de soie de Bagdad », cf. l'a. fr. *baldekin*, XIIe, *baudequin*, en ce sens.

BALEINE, vers 1080 *(Roland)*. Repris au lat. *ballaena* (autres formes *balaena*, *balena*, etc.). — Dér. : **baleiné,** 1811 ; **baleineau,** 1732 ; **baleinier,** 1406 ; **-ière,** 1836.

BALÈVRE, v. **lèvre.**

BALISE, 1475 (*baillize* en 1528). Probabl. de l'a. fr. *baif* « qui regarde attentivement », la *balise* étant posée pour diriger le regard du navigateur. Le suff. *-if* est souvent remplacé par *-iz*, et la consonne finale de celui-ci peut s'être sonorisée sous l'influence de dér., qui l'avaient sonorisée par fausse analogie. Pour la forme du radical, v. *baliveau*. — Dér. : **baliser,** 1475 ; **balisage,** 1467 *(baillisiage)* ; **baliseur,** 1516.

BALISTE, 1546 (Rab.). Empr. du lat. *ballista*, dont le modèle grec, dér. du verbe *ballein* « lancer », n'est pas attesté, v. **chablis.**

BALISTIQUE (subst.), 1647. Empr. du lat. scientifique *balistica*, fait sur le grec *ballein* « jeter » (d'après *mathematica*, etc.).

BALISTIQUE (adj.), 1845. Empr. de l'angl. *ballistic* dans *ballistic pendulum* « pendule ballistique », nom donné au pendule inventé vers 1742 par Benjamin Robins. L'adj. *balistique* est attesté une première fois en 1649, où il est empr. d'un lat. scientique **balisticus*.

BALIVEAU, 1549 (antér. *boiviaus*, 1274 ; *baiviaus*, XIVe ; en outre *bailliveau*, 1611, encore dans Furetière). Dér. de l'a. fr. *baif* « qui regarde attentivement » (de *baer*, v. *bayer*), le baliveau servant aux bûcherons de point de repère dans son travail ; cf. en prov. moderne une désignation analogue *agacho*, fém., de *agachà* « regarder, guetter ». La transformation de *-ai* en *-oi-* dans la première forme s'explique, comme celle de *framboise* pour *frambaise*, *Amboise* pour *Ambaise* par l'influence de la consonne labiale précédente. Par la suite *-ai-* a été allongé en *-ailli-*, et dans ce groupe l'*l* mouillé a été remplacé par *l*. — Dér. : **balivage,** 1669.

BALIVERNE, 1470 (Pathelin). Le rapprochement avec le prov. moderne *baiuverno* « étincelle », quoique appuyé au point de vue du sens par *bluette*, n'est pas sûr, parce que la forme prov. est récente et que l'étymologie en est obscure. — Dér. : **baliverner,** 1540 (Du Fail).

BALLADE, XIIIe. Empr. de l'a. pr. *balada*, propr. « danse », d'où « poème à danser », dér. de *balar*, v. **bal.** Le sens de « poème ayant pour sujet une légende populaire », XIXe, est dû à l'all. *Ballade* ou à l'angl. *ballad*. — Dér. : **ballader,** 1837, issu de l'argot des gueux « aller demander l'aumône (en chantant) », 1628 ; **ballade** « promenade », 1856 ; **balladeuse,** 1881.

BALLANT, v. **bal.**

BALLAST, 1399. D'abord, terme de marine, « sorte de lest », empr. du néerl. *ballast*, qui l'a eu, par l'intermédiaire de la Hanse, du suéd. *barlast*. Comme terme de chemins de fer, 1840, empr. de l'angl.

BALLE « gros paquet de marchandises », 1260 (É. Boileau). Du francique **balla*, cf. anc. haut all. *balla*, all. moderne *Ball* « balle », *Ballen* « ballot », de la même famille. De même a. pr. *bala* « ballot ». — Dér. : **ballot,** 1406 ; **baluchon,** 1821, terme d'argot devenu pop. ; **déballer,** 1489 ; **déballage,** 1670 ; **emballer,** XIVe (Froissart), antér. part. passé, « hâté », 1316, *s'emballer* « s'emporter », par équivalence plaisante, 1867 ; d'où **emballage,** 1530 ; **emballement,** 1877 (de *s'emballer ;* en 1629 au sens d' « emballage ») ; **emballeur,** 1520 ; **désemballer,** 1615 ; **remballer,** 1549.

BALLE « balle à jouer », 1534 (Rab.). Empr. de *balla*, forme des parlers de l'Italie septentrionale pour l'it. *palla*, du langobard **balla* (cf. le francique **balla*, d'où **balle** « paquet ») ; au moyen âge, la balle, surtout celle du jeu de paume, se disait *pelote* ou *e(s) teuf*, vieillis depuis le XVIe s. La locution *enfant de la balle*, 1690, s'est dite d'abord des fils des maîtres de jeux de paume et de tripots ; aujourd'hui se dit spécial. en parlant des comédiens.

BALLE, projectile, XVIe. Empr. de l'it. *palla*, qui a pris ce sens par extension, v. le préc. ; fréquent au XVIe s. au sens de « boulet de canon », cf. l'it. *palla da canone*, encore usuel. V. **ballotter.**

BALLE (de céréales), 1549 *(bale)*. Tiré de l'anc. verbe *baller*, v. **bal,** attesté au sens de « vanner » ; l'a. pr. dit de même *bala*.

BALLER, v. **bal.**

BALLERINE, 1858. Empr. de l'it. *ballerina*, fém. de *ballerino* « maître de danse », dér. de *ballare*, v. **bal.**

BALLET, 1578. Empr. de l'it. *balletto*, dim. de *ballo* « bal », v. les préc.

BALLON, 1557. Empr. de *ballone*, forme des parlers de l'Italie septentrionale pour l'it. *pallone*, v. **balle** à jouer. Au sens d' « aérostat », en 1783, comme terme de géographie, traduction de l'all. *Belchen*, faussement interprété *Bällchen* « petite balle ». — Dér. : **ballonner,** 1835 ; **ballonnement,** 1835 ; **ballonnet,** 1874.

BALLOT, v. **balle** « paquet ».

BALLOTTER, au sens moderne, 1611. Emploi fig. de *ballotter*, attesté seulement au XVIIe s., terme de jeu de paume, « peloter, se renvoyer la balle », dér. de *ballotte*, 1492, d'abord et jusqu'au XVIIIe s., « boule pour voter », au sens de « balle » dp. 1525 ; du premier sens *ballotter* « voter avec des ballottes » (de 1492 jusqu'au XVIIe s.) ; empr. de *ballota*, forme des parlers de l'Italie septentrionale pour l'it. *pallotta*, v. **balle** à jouer. — Dér. : **ballottage,** 1519, au sens de « vote » ; dér. du verbe au sens de « voter avec des ballottes », avec développement sémantique d'après le sens général du verbe, d'où le sens moderne en 1762 ; **ballottement,** 1586.

BALNÉAIRE, 1873. Empr. d'un des adj. lat. *balnearis*, *balnearius*, dér. de *balneum* « bain ».

BALOURD, vers 1550. En outre *balorde*, 1611, puis *balourde*, masc. et fém., encore à la fin du XVIIe s. Empr. de l'it. *balordo*, et refait sur *lourd*. Le fr. *beslourd*, fin XVe, est une formation indépendante, ou une première adaptation de l'it. — Dér. : **balourdise,** 1718 ; **abalourdir,** 1580.

BALSAMIER, 1783 (déjà aux XIIe et XIIIe s.) ; **balsamine,** 1545 ; **balsamique,** 1516 ; **balsamite,** XIVe. Dér. sav. du lat. *balsamum* « baume ».

BALUCHON, v. **balle.**

BALUSTRE, 1529 (en outre *barustre*, 1531) ; **balustrade,** 1563. Empr. de l'it. *balaustre* (et *-to*), *balaustrata ; balaustre* est tiré de *balaustro* (et *-ta*) « fleur de grenadier » (*balustre* est attesté en ce sens en fr. au XVIe s.), empr. du lat. *balaustium* (du grec *balaustion*) ; le balustre doit son nom à son renflement qui ressemble à celui de la fleur. — Dér. : **balustrer,** 1548 (au participe *-é*), probabl. d'après l'it.

BALZAN, 1584. Empr. de l'it. *balzano*, empr. lui-même de l'a. fr. *baucent*, d'abord *-enc*, « tacheté, noir et blanc », surtout en parlant du cheval, cf. de même a. pr. *balsan ;* ceux-ci représentent le lat. pop **balteānus*, propr. « garni d'une ceinture », d'où « rayé », dér. de *balteus* « ceinture », cf. de même roumain *balţat* « tacheté » et « balzan » ; l'a. fr. *baucenc* a pris très anciennement le suff. d'origine germ. *-enc*.

BAMBIN, 1575 ; rare avant le XVIIIe s. Empr. de l'it. *bambino*, mot onomatopéique dont le radical se retrouve dans les parlers gallo-romans et en esp., v. le suiv.

BAMBOCHE, 1810, au sens d' « amusement vulgaire ». Formé, ainsi que le verbe *bambocher*, 1807, sur *bambochade*, 1747, empr. de l'it. *bambocciata*, qui désignait des peintures représentant des scènes rustiques d'auberge, etc., mises à la mode à Rome par le peintre hollandais Pierre de Laer, XVIIe, surnommé *il Bamboccio*, à cause de sa petite taille ; *bamboche*, 1680, « marionnette », d'où « personne contrefaite », empr. de l'it. *bamboccio* « poupée, pantin », de la famille de *bambin*, a pu contribuer à la formation de *bamboche* au sens moderne. — Dér. : **bambocher,** 1807 ; **bambocheur,** 1821.

BAMBOU, 1604 (*bambouc*, 1690). Empr. par l'intermédiaire du port., de *bambu*, mot malais. Mot devenu européen.

BAMBOULA, 1728. Empr. d'une langue bantoue.

BAN, XIIe. Terme de féodalité ; « proclamation du suzerain dans sa juridiction, circonscription, défense, condamnation à l'exil », d'où se sont développés les sens modernes. Du francique **ban*, cf. anc. haut all. *ban* « ordre sous menace, juridiction », all. moderne *Bann* « proclamation », etc., angl. *ban*. — Dér. : **banal,** 1247, terme de féodalité, depuis 1688 au sens de « qui se met à la disposition de tout le monde comme ami, comme parrain », sens moderne, 1798 ; **banalité,** 1555, sens moderne, 1845. — Comp. : **arrière-ban,** XIIe ; altération, par étymologie populaire, de l'a. fr. *arban*, *herban* qui représente le francique **hariban*, cf. all. moderne *Heerbann*, propr. « appel pour le service de l'armée ». A la rigueur *arrière-ban* pourrait être un simple comp. du fr. ; **banlieue,** 1211 (en lat. médiéval *banleuca*, Xe), propr. « espace d'environ une lieue autour d'une ville, où s'exerçait la juridiction d'une autorité », d'où le sens moderne, depuis 1690 ; cf. de même all. *Bannmeile* (*Meile* = lieue) ; mais on ne peut dire si c'est l'all. qui a servi de modèle au fr., ou inversement ; d'où **banlieusard,** fin XIXe.

BANANE, 1600. Empr. du port. *banana*, emprunté lui-même d'un parler de la Guinée (se lit en 1585 dans un récit de voyages en latin) et apporté par eux, avec l'arbre, au Brésil. Le fruit, apporté d'Afrique par les Portugais, était déjà connu au XIIIe s., alors sous le nom de *pomme de paradis*. — Dér. : **bananier,** 1640.

BANC, vers 1050 *(Alexis)*. Empr. du germ. **banks-*, cf. anc. haut all. *banch*, masc. Le mot germanique a été empr., au masc. et au fém., par les langues méridionales : it. *banco*, *-a*, esp. *banco*. Le banc des Germains courait autour de la chambre, contre les parois. — Dér. : **bancal,** 1747 (c'est-à-dire « qui a les jambes de travers, comme les pieds d'un banc ») ; **bancroche,** 1731, formation argotique, issue du préc., par croisement avec l'anc. adj. *croche*.

BANCO, 1811 (dès 1679 au sens de « banque de Venise »). Empr. de l'it. *banco* « banque » et terme de jeu, v. **banque.**

BANCROCHE, v. **banc.**

BANDE « lien », XIIe (*bende*, forme ordinaire au moyen âge). Du germanique occidental **binda*, cf. le verbe all. *binden* et l'angl. *to bind* « lier ». De même a. pr. *benda*, esp. *venda*. — Dér. et Comp. : **bandeau,** 1100; **bandelette,** 1377, par un anc. dér. *bandelle ;* **bander,** XIIe ; **bandage,** 1508 ; **bandagiste,** 1701 ; **débander,** XIIe ; **platebande,** 1508 ; **rebander,** XIIe.

BANDE « troupe », XIVe (Froissart). Empr. de l'a. pr. *banda*, du got. *bandwa* « signe », d'où « étendard, qui servait à distinguer un corps de troupe » ou d'une forme correspondante du germanique occidental **banda* (cf. *bandum*, traduit par *vexillum*, Festus, v. **abandon** ; *banda* signifie encore « écharpe » en italien). Comme terme de marine, 1520, au sens de « côté de navire », cf. *donner de la bande*, est également empr. de l'a. pr. *banda ;* le sens de « troupe, parti » a donné celui de « côté », attesté en prov. et en it. — Comp. : **débander (se),** 1556 ; **débandade,** 1559 ; **débandement,** 1580 ; **surbande,** 1634.

BANDERILLE, 1782. Empr. de l'esp. *banderilla*, dimin. de *bandera* « bannière ».

BANDEROLE, vers 1500 (antér. *ban(n)erole*, XVe, d'après *bannière*). Empr. de l'it. *banderuola*, dimin. de *bandiera* « bannière ».

BANDIÈRE, v. **bannière.**

BANDIT, 1688 (en outre *bandy*, 1640 ; *-i*, encore en 1759). Empr. de l'it. *bandito* « banni », d'où « hors la loi », dér. de *bandire* « bannir » ; le rôle des bandits en Corse et le succès d'œuvres littéraires où il en est parlé a contribué au développement de l'usage du mot au XIXe s. — Dér. : **banditisme,** 1859.

BANDOULIÈRE, 1586. Empr. du catalan *bandolera*, de même sens, dér. de *banda* « écharpe », du gothique *bandwô* « étendard ».

BANJO, 1859. Empr. de l'anglo-américain *banjo*, d'abord *-ou*, altération, dans le parler des esclaves nègres, de *bandore*, empr. lui-même soit de l'esp. *bandurria*, soit du port. *bandurra*, v. **mandoline.**

BANK-NOTE, 1789. Empr. de l'angl., formé de deux mots d'origine fr. ; le mot angl. a été francisé en *note de banque* à la fin du XVIIIe s.

BANLIEUE, v. **ban.**

BANNE. Lat. *benna*, donné comme celtique par Festus, qui dit : *genus vehiculi.* Devait être une sorte de moyen de transport, une sorte de panier d'osier, d'où le sens de « corbeille » ou d'objets de forme ou de fabrication analogues, que présentent, à côté du sens de « véhicule », *banne* et ses dér. dans les parlers gallo-romans et les langues voisines, cf. it. *benna ;* a passé aussi dans les parlers germaniques, cf. suisse all. *Benne* « banne » (panier et voiture). Aussi *benne*, très répandu dans les patois, et usuel comme terme techn. dans les mines de charbon. — Dér. : **bannette,** XIIIe ; **banneton,** *id. ;* v. **bagnole.**

BANNERET, v. le suiv.

BANNIÈRE, 1160. Probabl. dér. de *ban* « convocation que le suzerain fait de la noblesse pour le servir à la guerre ». On suppose que *bannière* a d'abord désigné le lieu où la bannière était placée au centre de l'armée, puis la bannière elle-même. Le fr. a empr. au XIVe s. et surtout au XVIe s. **bandière** de l'it. *bandiera*, lui-même empr., comme l'esp. *bandera*, de l'a. pr. *bandiera ;* celui-ci est dér. de *banda*, probabl. sur le modèle de *bannière*. — Dér. : **banneret,** 1297 (d'abord *banereç*, 1283).

BANNIR, vers 1080, d'abord « appeler aux armes », en a. fr. et jusqu'au XVIe s. signifie en outre « proclamer ». Empr. du francique **bannjan* (attesté vers 700 sous la forme latinisée *bannire*), correspond au gotique *bandwjan* « donner un signal », d'où it. *bandire* « proclamer, bannir », a. pr. *bandir*, de même sens ; l'esp. *bandir* « bannir » est empr. Ces sens des verbes romans sont dus à une confusion, probabl. déjà germanique, avec la famille de *ban ;* cf. l'anc. haut all. *bannan*, dér. de *bann*, qui signifie « recommander sous menace ». Mais l'it. n'ayant pas de représentants anc. de *ban*, doit son sens au gallo-roman, ce qu'explique le prestige de la féodalité française. On a proposé inutilement de considérer *bannir*, au sens ancien de « proclamer », comme un dér. de *ban ;* mais c'est, dans tous ses sens, le même mot, qui a suivi les développements sémantiques de *ban*, et que le fr. n'a conservé qu'au sens d' « exiler ». — Dér. : **bannissable,** 1661 (Molière) ; **bannissement,** vers 1220. V. **forban.**

BANQUE, 1458 ; **banquier,** 1549. Empr. de l'it. *banca*, propr. « banc », v. **banc,** d'où « table de changeur », puis « banque » (sens répandu par les Italiens), *banchiere. Banque* comme terme de jeu, 1680, est un emploi figuré de *banque*, v. **banco.** — Dér. : **débanquer,** 1701, comme terme de jeu.

BANQUEROUTE, XVe. Empr. de l'it. *banca rotta*, propr. « banc rompu », dit ainsi parce qu'on rompait le banc des banqueroutiers. Le mot it. a été parfois adapté en *banque rompue*, XVIe. — Dér. : **banqueroutier,** 1536.

BANQUET, 1309. Dér. de **banc,** les bancs étant disposés autour des tables, dans les banquets. L'it. *banchetto*, dont on croyait empr. *banquet*, n'est attesté que vers la fin du XIVe s. — Dér. : **banqueter,** fin XIVe.

BANQUETTE, 1417. Empr. du languedocien *banqueta*, cf. le texte de 1417 : « une selle que l'on appelle au pays (de Languedoc) banquette ». Les autres sens en dérivent ; toutefois, *banquette*, terme de voirie, 1762, dérive du simple, attesté en normand, *banque* « levée de terre, etc. », fém. de *banc*.

BANQUISE, 1773. On a dit d'abord *banc de glace*, cf. l'angl. *field of ice*, de la même époque. Empr. du scandinave *pakis*, id., comp. de *pakke* « paquet » et *is* « glace » ; la forme du mot fr. s'explique par l'influence du mot *banc*, *banc de glace* étant attesté dès 1751.

BANQUISTE, 1789. — Dér. de *banque* « tréteau » (XVIe-XIXe s.), qui est un emploi figuré de *banque* « table sur laquelle on vend q. ch. » (aujourd'hui encore « comptoir » à Lyon) ; à séparer de **banque** ; est le fém. gallo-roman de **banc.**

BAOBAB, 1751 ; déjà en 1592 dans une histoire naturelle de l'Égypte écrite en latin, sous la forme *bahobab*, désignant le fruit. Empr. de l'arabe *bu hibab* « fruit aux nombreuses graines ».

BAPTÊME. Rarement *batesme* en a. fr. Lat. eccl. *baptisma* (mot grec, de *baptizein* « immerger », le baptême, dans la primitive église, ayant comporté une immersion). Le *p* est maintenu orthographiquement d'après le lat.

BAPTISER, XIe *(Alexis).* Empr. du lat. eccl. *baptizare* (du grec *baptizein*, v. le préc.). A éliminé vers le XIVe s. une forme régulière *ba(p)toier*, cf. aussi a. pr. *batejar*, d'où les formes des patois lorrains et du Sud-Est. *Baptiser le vin*, 1588 (Montaigne). — Dér. : **débaptiser,** 1564 (Rab.) ; **rebaptiser,** XIIIe (d'après le lat. eccl. *rebaptizare*).

BAPTISMAL, XIIe ; **baptistaire,** 1603 ; **baptistère,** vers 1080 *(Roland).* Le premier est dér. du lat. *baptisma*, le deuxième formé sur le lat. *baptizare* d'après *baptistère* et par suite écrit parfois *-stère* aux XVIe et XVIIe s., le troisième empr. du lat. eccl. *baptisterium* (du grec *baptisterion*).

BAQUET, v. **bac.**

BAR, poisson, XIIe. Empr. du moyen néerl. *baers*, cf. all. *Barsch*, masc., « perche », angl. *barse*, de même sens.

BAR, sorte de café, 1861. Empr. de l'angl. *bar*, propr. « barre » (empr. du fr.) ; ainsi nommé parce que, entre le comptoir et les consommateurs, il y a souvent une sorte de balustrade.

BARAGOUIN, 1532 (Rab.), au sens moderne ; signifie aussi au XVIe s. « celui qui parle une langue étrangère » ; attesté en 1391 comme terme d'injure adressé à un journalier, originaire de Guyenne, par des gens d'Ingré (Loiret). On a proposé le lat. *Berecyntia*, un des noms de Cybèle, à cause du caractère violent des fêtes célébrées en son honneur, mais on ne voit pas par quel intermédiaire ce mot aurait pu pénétrer en français. En outre l'it. *baraonda*, qu'on a voulu identifier avec le mot français, avec sa déformation dialectale *baracundia*, est un mot du XIXe s. et est empr. de l'esp. *barahunda* « désordre », qui est lui-même d'origine inconnue. Il faut probabl. revenir à l'ancienne étymologie, selon laquelle c'est un emprunt du bret. *bara gwin* « pain (et) vin », mots avec lesquels les pèlerins bretons demandaient l'hospitalité dans les auberges. La simple juxtaposition de ces deux mots pouvait suffire pour former un sobriquet, dont l'équivalent *Painvin* existe du reste comme nom de famille dans la Loire Atlantique. — Dér. : **baragouinage,** 1546 (Rab.) ; **baragouiner,** 1578 ; **baragouineur,** 1669 (Molière).

BARAQUE, XVe. Empr. de l'esp. *barraca*, qui est probabl. dér. de **barra*, v. *barre*, ou de **barrum* « argile », v. *bardane*, selon que les premières cabanes qui portaient ce nom étaient en bois ou en pisé. — Dér. : **baraquer,** XVIIe s., d'où **baraquement,** 1836.

BARATTE, 1549 ; **baratter,** 1546 (Rabelais : « agiter ») ; 1514 *(laict... baraté).* Le subst. est tiré du verbe qui dérive lui-même de l'a. fr. *barate* « confusion, agitation » depuis 1155, même mot que l'it. *baratta* « dispute » (déjà chez Dante, *Enfer*, 21, 63) et que l'anc. esp. *barata*, de même sens (*Poème du Cid*, 1228). Dér. de l'anc. prov. *baratar* « agir, se conduire », anc. fr. *bareter* « s'agiter », *barater* « tromper, frauder ». Du sens « agir » l'anc. prov. tire « faire des affaires », partic. « troquer », d'où aussi « tromper » ; le fr. a développé le sens « agiter la crème pour faire le beurre » (XVIe s.). Ce verbe vient du grec *práttein* « agir » (pour l'anticipation de la voyelle tonique en vue d'une séparation des deux consonnes comp. béarn. *garampe* « crampe », pour la consonne *b-* au lieu de *p-* voir ici **boîte**). — Dér. du verbe : **baraterie,** 1310 au sens de « tromperie », 1643 au sens du droit maritime.

BARBACANE, XIIe. De même lat. médiéval *barbacana*, it. *-e*, esp., a. pr. *-a.* Au moyen âge, désigne surtout un ouvrage extérieur percé de meurtrières. Étymologie douteuse. Le mot arabo-persan *barbakh-khâneh*, qu'on propose au sens inexact de « galerie servant de rempart devant une porte », et qui ne peut signifier que « maison *(khâneh)* à ouverture, à écoulement » *(barbakh* signifiant « évier, tuyau d'aqueduc ») a en outre le défaut d'être reconstruit, de même que *bâb-khâneh* « maison pour la défense de la porte ». On a aussi proposé le persan *bâlakhanah*, qui convient mieux pour le sens, et dont la première partie aurait été modifiée dans les langues romanes sous l'influence d'un autre mot, peut-être de *barbe*, la barbe masquant la partie antérieure du visage.

BARBACOLE, XVIIe. Tiré de *Barbacola*, nom d'un maître d'école dans le *Carnaval*, mascarade de Lulli (1675). A dû une certaine popularité à La Fontaine (*Fables*, XII, 8) ; aujourd'hui archaïque.

BARBAQUE. Vers 1880. Mot d'argot militaire, d'étymologie obscure.

BARBARESQUE, v. **barbe** « cheval ».

BARBARE, XIVe (Oresme) ; **barbarie,** XIVe ; **barbarisme,** vers 1260 (au XIIIe s. aussi *-ime*). Empr. du lat. *barbarus, -ia, -ismus* (du grec *barbaros, -ia, ismos*).

BARBE. Lat. *barba.* — Dér. : **barbé,** 1836 (ne continue pas l'adj. médiéval *barbé* « barbu », lat. *barbātus*) ; **barbeau** « bluet », 1642, d'où le nom de couleur *bleu barbeau* ; **barbelé,** vers 1120, par l'a. fr. *barbel* « pointe, dent » ; **barbet,** 1508 ; **barbichon,** 1587 ; **bichon,** 1642 ; **bichonner,** vers 1700 ; **barbette,** XIVe ; **barbiche,** 1694 ; **barbier,** 1241 ; **barbille,** 1751 ; **barbillon,** XIVe (à cause de la date, ne peut pas dériver du préc.) ; **barbifier,** XVIIe ; **ébarber,** vers 1200 ; **ébarbeuse,** 1876.

BARBE, « cheval de Barbarie », 1534 (Rab.). Empr. de l'it. *barbero,* lat. *barbarus ; barbero,* outre le sens de « barbare », a été dit spéc. du Nord de l'Afrique, comme *barbaresco,* d'où **barbaresque,** 1752 (au XVIe s., « barbare (en général) »).

BARBEAU, poisson. Lat. pop. **barbellus*, lat. de basse ép. *(Gloses) barbulus,* cf. de même a. pr. *barbel ;* le simple *barbus* survit dans l'it. et l'esp. *barbo* et l'a. pr. *barb.* — Dér. : **barbillon,** poisson, XIVe.

BARBON, XVIe. Empr. de l'it. *barbone,* propr. « grande barbe ».

BARBOTER, XIIIe (en a. fr. *barbeler ;* signifiait en outre « marmotter », encore au XVIIe s.). Variante de *bourbeler,* encore attesté au XVIe s. aux deux sens ; les deux types sont répandus aux deux sens (mais surtout avec le suff. *-oter*) dans les parlers gallo-romans ; cf. de même it. *barbottare* et *borbottare* « marmotter ». Pour l'étymologie, v. le suiv. — Dér. : **barbotage,** 1562 ; **barbote,** XIIIe, dont on trouve les variantes *bourbete,* XIIIe (Joinville), *bourbotte,* 1700 ; **barboteur,** XVIe ; **barboteuse,** 1856 ; **barbotine,** 1532 (Rab.).

BARBOUILLER, XIVe. Signifie en outre au XVIe s. « agiter ». La variante avec le radical *borb-* est attestée dans les patois, mais plus rarement que dans le préc. Appartient, comme celui-ci, à une famille de mots qui expriment le bouillonnement de l'eau, cf. it. *borbogliare* « gargouiller » et *barbugliare* « bredouiller », esp. *borbollar* « bouillonner », etc., et aussi le grec *borboros* « boue ». Le lat. *bullare* « bouillir, bouillonner » peut avoir contribué à la formation de certains de ces mots, mais il est peu probable qu'il soit le point de départ de tous. Un rapprochement avec *bourbe,* d'origine gauloise, amènerait à supposer que l'it. et l'esp. viennent du français. — Dér. et Comp. : **barbouillage,** 1588 (Montaigne) ; **barbouilleur,** vers 1480 ; **débarbouiller,** 1549 ; **embarbouiller,** 1530.

BARBOUQUET, v. **bouquet.**

BARBU. Lat. pop. **barbūtus*, réfection du lat. class. *barbātus,* au moyen du suff. *-ūtus,* particul. usuel dans les adj. concernant les parties du corps. It. *barbuto,* esp. *-udo.* — Dér. : **barbue,** XIIIe.

BARCAROLE, 1768. Empr. de l'it. *barcaruola,* tiré de *barcaruolo* « gondolier », v. **barque.** Au XVIe s. on a dit aussi *barquerolle.*

BARCELONNETTE, v. **berceau.**

BARD, XVIIe. Contraction de *beart,* 1232 ; d'une autre forme *baiart,* XIIIe, vient la forme moderne *bayart* (cf. aussi a. pr. *baiart* « civière », probabl. empr. du fr.), très répandue aujourd'hui dans les patois. On a proposé d'y voir un mot de la famille de *bailler* « porter », mais l'absence de forme avec *-ill-* dès les premiers textes rend cette explication impossible, bien que satisfaisante pour le sens. Une dérivation du verbe *baer,* v. **bayer,** « être ouvert », conviendrait mieux, si cette civière était primitivement, comme elle l'est souvent encore, à claire-voie ; on l'aurait ainsi nommée pour la distinguer de la civière en bois plein. — Dér. : **barder,** « charger avec un bard », 1751 ; **bardée,** 1642 ; **bardeur,** 1680 ; **débarder,** 1541 (on a proposé aussi de voir dans ce mot un dér. d'un a. fr. **bart* « planche », dont *bardeau* serait le dimin.) ; **débardeur,** 1528.

BARDA, 1863. Argot des troupes d'Afrique, empr. de l'arabe *barda'a,* propr. « bât d'âne, de mulet », mot d'abord employé par les indigènes engagés au service de la France (qui prennent le bât, comme des bêtes de somme), v. **barde,** fém.

BARDANE, XVe. Vient de la région lyonnaise, où il est issu d'un emploi fig. de *bardane* « punaise », parce que les capitules de la bardane s'attachent aux vêtements. *Bardane* « punaise » est dér. (par l'intermédiaire d'un dér. **barrītum*) du lat. pop. **barrum* « argile, boue », qu'on restitue d'après l'it. *barro* « argile », l'esp. *barro* « boue », l'a. pr. *bart,* de même sens, v. **embardée ;** cette dénomination vient du fait que la punaise ressemble à des taches de boue (d'assez nombreux dér. du même type signifient « tacheté »).

BARDE, masc., 1512. Empr. du lat. *bardus,* donné comme gaulois, cf. irlandais *bard,* gallois *bardd* « poète ».

BARDE, fém., XIIIe. Empr., probabl. par l'intermédiaire de l'it. *barda,* de l'arabe *barda'a* « bât rembourré », cf. de même esp. *albarda* et *barda,* a. pr. *aubarda* et *barda.* Comme terme culinaire, 1709, soit développement spontané, soit empr. d'un parler du Midi, où ce sens est également attesté. — Dér. : **bardeau,** 1538 ; **barder,** vers 1490 ; **bardée,** terme culinaire, 1836. V. **barda, bardot.**

BARDER, « être, devenir pénible », etc., fin XIXe. Argot militaire ; paraît être le même mot que *barder* « glisser (sur la glace ou dans la boue) », en parlant d'une voiture, d'où « aller vite », attesté surtout dans les patois de l'Est, verbe qu'on dérive de **barrum* « boue », v. **bardane.**

BARDIT, XVIIe. Empr. du lat. *barditus* (Tacite, *Germanie,* 3, 2), d'origine douteuse ; souvent considéré comme une altération du lat. *barritus* « cri de l'éléphant » et aussi « cri de guerre des soldats romains », d'après *bardus,* v. **barde,** mais à tort, le *bardit* étant attribué aux Germains et le *barde,* nettement connu comme gaulois.

BARDOT, XVIe (Brantôme), une première fois en 1367. Empr. d'un parler méridional, où il a été formé sur *barda* « sorte de bât », v. **barde,** c'est-à-dire « bête qui porte le bât ».

BARÈME, 1811. Tiré de *(François) Barrême,* nom d'un mathématicien, qui publia un ouvrage intitulé *Les Comptes-faits du grand commerce,* 1670.

BARGE, v. **barque.**

BARGUIGNER, XIIIe (en outre *-gaignier*, du XIIe au XVIe s.). D'abord « marchander », encore au XVIIe s., d'où « hésiter », XVe (mais le déverbal *bargaigne* « marché », d'où angl. *bargain* « marché », a le sens d' « hésitation », dès le XIIIe s.). Probabl. d'un francique **borganjan*, de **borgên* (comp. anc. haut all. *borgen*, all. *borgen*), qui a pris la terminaison *-anjan* sous l'influence de **waiđanjan* (voir **gagner**) ; aussi a. pr. *barganhar*, aux deux sens ; l'it. archaïque *bargagnare* « trafiquer » est empr. du français. — Dér. : **barguignage,** 1740 (au sens de « marchandage » déjà chez (Montaigne) ; **barguigneur,** XIVe.

BARIL, XIIe. Étymologie douteuse. Déjà *barriclos (Capitulaires de Charlemagne)*. Le rapprochement qu'on a proposé avec le francique **bera*, v. **bière,** ne convient ni au sens ni à la forme, celui avec *barre* conviendrait phonétiquement, mais reste douteux pour le sens ; cf. it. *barile*, esp., a. pr. *barril*, dont les rapports avec le fr. ne sont pas déterminés. — Dér. : **barillet,** XIIIe.

BARIOLER (employé surtout au part. passé), 1617 ; mais le dér. *-age* date du XIVe s. Issu du croisement de *barrer*, au sens de « rayer » (fréquent dans les dialectes), et de l'a. fr. *rioler* (employé surtout au part. passé, comme *barioler*) « rayer », dér. de *riole*, autre forme de *rieule* « règle ».

BARLONG, v. **long.**

BARNACHE, v. **bernicle.**

BARNUM, 1855. Tiré du nom d'un impresario américain (1810-1891).

BARO-. Premier élément de mots sav. comp., tels que **baromètre,** 1666, tiré du grec *baros* « pesanteur ».

BARON, X^e *(Saint-Léger)*. L'a. fr. possède un cas sujet *ber*, cf. de même l'a. pr. *bar*. Comme titre féodal, du francique **baro*, cf. *sacibarone*, *Loi Salique* « fonctionnaire royal au-dessous du comte, chargé de percevoir les amendes » ; le fr. a été emprunté par les langues voisines : it. *barone*, esp. *barón*, etc. Avant l'invasion des Francs, **baro* avait déjà été introduit dans le monde romain avec son sens propre d' « homme libre, guerrier » (qu'on rapproche de l'anc. scandinave *beriask* « combattre ») par les contingents germains des armées romaines, de là les sens de « mercenaire » (Is. de Séville, VIIe) et d' « homme, mari » en a. fr. et en a. pr., sens encore aujourd'hui usités dans les patois du Sud-Est et en picard, cf. aussi esp. *varón* « mâle, homme fort, etc. ». — Dér. : **baronne,** 1611 (une 1re fois vers 1300 au sens de « femme ») ; **baronnie,** 1130.

BARONNET, 1660 (une 1re fois comme dimin. du franç. *baron* en 1476). — Empr. de l'angl. *baronnet*, dér. de *baron*. Cette dignité a été créée en Angleterre en 1611.

BAROQUE, 1531, en parlant de la perle baroque (ou irrégulière). Empr. du port. *barroco*, nom masc., de même sens, d'origine inconnue, auquel correspond l'esp. *barrueco*, de même sens. Le lieu d'origine de *baroque* est démontré par la présence, dans un des premiers textes, d'*ajorffe*, autre sorte de perle, port. et esp. *aljofar*. Le mot s'est rencontré avec *baroco*, nom d'un des syllogismes en usage dans la logique médiévale, lequel, au temps de la Renaissance, est souvent employé par moquerie, ce qui a contribué à donner à *baroque* une nuance grotesque et ridicule. Le sens figuré « bizarre » apparaît pour la 1re fois en 1701 chez Saint-Simon. Il est très fréquent au XVIIIe s. et s'applique à toutes sortes de choses (esprit, expression), depuis le milieu du siècle à des meubles, à des pièces de musique (Rousseau), à des œuvres d'art. Du fr. l'adj. passe dans ces sens à l'all. et à l'it. C'est en allemand *(barock)* que Burckhardt (dès 1855) et Wölfflin s'en sont servis les premiers pour désigner la période de l'art qui suit la Renaissance. De l'all. ce sens s'étend ensuite aussi au fr. et à l'it. Cf. l'évolution sémantique de **gothique.**

BAROUFE, BAROUFLE, 1861. Empr., par les ports méditerranéens (signalé en 1830, sous la forme *baroufa*, comme terme sabir), de l'it. *baruffa* « altercation, bagarre», qui se rattache à l'anc. haut-all. *biroufan* « faire une bagarre », comp. aussi *roufan*, d'où l'it. *ruffa* « bagarre », *arruffare* « bouleverser, etc. »

BARQUE, vers 1320 (dans un texte italianisant). Empr. de l'it. *barca* (aussi esp.) ; *barca* vient du lat. *barca* (dans une inscription du Portugal, vers 200), d'origine incertaine ; ordinairement expliqué comme issu de **barica*, dér. de *baris* (mot grec : « barque égyptienne »). L'a. fr. dit surtout *barge*, vers 1080 *(Roland)*, encore de quelque usage (en outre *berge* depuis le XVe s.), transcrit *barga* en lat. du IXe s. L'all. *Barke* et l'angl. *barge* viennent du fr. — Dér. : **barquette,** 1283 ; **débarquer,** 1564 ; **débarquement,** 1583 ; **débarcadère,** 1783 (fait sur le modèle d'*embarcadère*) ; **embarquer,** 1511 ; **embarquement,** 1533 ; **désembarquer,** 1539 ; **désembarquement,** 1564 ; **rembarquer,** vers 1500 ; **rembarquement,** *id.* V. **embarcation.**

BARQUEROLLE, v. **barcarole.**

BARRE. Lat. pop. **barra*, d'origine préromane, d'où aussi it. esp. a pr. *barra*. On rapproche le gaulois **barro-* (attesté seulement dans des noms propres, cf. aussi le nom de lieu *Bar*) qui a dû signifier « extrémité », cf. irlandais *barr* « sommet », gallois *barr* « sommet, cime », d'où « branche », sens du breton *barri* ; mais ces sens ne conviennent pas bien à ceux des mots romans. — Dér. et Comp. : **barreau,** 1285 ; *barreau des avocats*, XVIe, pour le développement du sens, cf. *parquet*, et le lat. de basse ép. *caulae*, de même sens, propr. « parc à moutons » ; **barrer,** XIIe ; **barrage,** XIIe ; **barreur,** fin XIXe, au sens moderne ; **barrette,** dim., 1751 ; **barrière,** XIVe ; **débarrer,** XIIe ; **rembarrer,** XVe, par l'intermédiaire d'*embarrer*, XIIe, encore dans les patois. V. **embarrasser, embargo.**

BARRETTE, « bonnet plat », 1366 (signifie aussi jusqu'au XVIe s. « cape ou pèlerine à capuchon »). Empr. de l'it. *bar(r)etta*, autre forme, aujourd'hui inusitée, de *ber-*

retta, dér. très anc. du lat. de basse ép. *birrum* (saint Augustin) « capote à capuchon », v. **béret.**

BARRICADE, v. **barrique.**

BARRIÈRE, v. **barre.**

BARRIQUE, 1455 ; R. Estienne, en 1549, l'enregistre comme gascon. Empr. du méridional *barrica*, formé avec le radical de *barril*, v. **baril** ; aujourd'hui très usuel dans les parlers gallo-romans. — Dér. : **barricade,** 1570 ; dit ainsi parce que les barricades sont souvent faites avec des tonneaux ou barriques ; formé par l'intermédiaire d'un verbe *barriquer* « barricader » usuel au XVIe s. ; d'où **barricader,** 1588 (E. Pasquier). L'it. *barricata* est empr. du mot français.

BARRIR, 1546 (Rab.). Empr. du lat. *barrire.* — Dér. : **barrissement,** fin XIXe.

BARTAVELLE, « grosse perdrix rouge », 1740. Empr. du prov. *bartavelo*, de même sens, d'abord « bavard », par application de l'occitan *bartavelo* « claquet de moulin » aux personnes bavardes, en a. pr. *bartavela* « loquet, anneau de verrou », qui représente, avec altération de la syllabe initiale, le lat. pop. **vertabella*, transformation de *vertibulum* « articulation », v. **verveux.** L'oiseau a été nommé ainsi à cause de son cri, v. **crécelle.** Du même type lat. vient le fr. **vertevelle,** XIIIe, mot. techn. désignant « une charnière de gouvernail » ou « un anneau maintenant un verrou » (autres formes altérées : *-nelle*, *-relle*) ; la forme *vervelle*, qui représente un **vertibella*, vit du XIIe au XVIIIe et est encore attestée dans les parlers.

BARYTE, 1787 (G. de Morveau). Dér. sav. du grec *barys* « pesant ».

BARYTON, voix d'homme, 1768. Empr. du grec *barytonos* « dont la voix a un ton grave » ; terme de grammaire, 1655.

BARYUM, 1829. Formé comme *baryte* par le chimiste anglais Davy, en 1808.

BAS. Lat. de basse ép. *bassus (Gloses)*, d'origine obscure, attesté au sens du fr. au VIIIe s. *(Gloses de Saint-Gall)*, antér. « épais, gras » ; en lat. class. seulement surnom. It. *basso*, a. pr. *bas.* — Dér. : **bas,** *subst.*, « vêtement couvrant le pied et la jambe », vers 1500, issu de *bas-de-chausses*, v. **chausse ;** aujourd'hui assez répandu dans les parlers gallo-romans, cf. la forme *deba(s)*, Languedoc et régions voisines (comp. l'adv. languedocien *debas* « en bas ») ; toutefois *chausse* est encore usuel dans une grande partie des parlers gallo-romans. **Bas-bleu,** 1821, est traduit de l'anglais *blue-stocking*, 1757, nom donné au salon littéraire de Lady Montague, à cause d'un de ses familiers, Stillingfleet, brillant causeur, qui se singularisait par son costume, notamment par ses bas bleus, puis à des clubs de même genre, puis à des femmes dont on veut railler les prétentions littéraires ; (*bas-bleu* se trouve d'abord dans des textes anglais, 1787 ; il a été créé en Angleterre pour renforcer l'ironie que contient l'expression) ; **basse,** terme d'hydrographie, 1552 (Rab.) ; **bassesse,** XIIe, jusqu'au XVIe s. surtout *basseur ;* **basset,** *adj.*, XIIe, *subst.*, sorte de chien, au XVIe s. — Comp. : Nombreux mots avec **bass(e),** comme premier élément ; **contre-bas (en),** XIVe ; **soubassement,** 1362. V. **basse, basson.**

BASALTE, 1581. Empr. du lat. *basaniles* (du grec *básanos* « pierre de touche »), qui se trouve dans Pline, mais qui, dans les manuscrits latins connus au XVIe s., était écrit fautivement *basalten* (accus.). Cette forme erronée était déjà devenue courante dans les langues européennes, quand on reconnut l'erreur. — Dér. : **basaltique,** 1787.

BASANE, 1260 (vers 1150 *bazenne*). Empr. de l'a. pr. *bazana*, empr. lui-même, par l'intermédiaire de l'esp. *badana*, de l'arabe *biṭâna* « doublure de vêtement ». — Dér. : **basané,** 1510 ; **basaner,** id. (vers 1330 dans un sens figuré).

BASCULE, v. **cul.**

BASE, XIIe, mais rare avant le XVIe s. ; souvent masc. alors. Empr. du lat. *basis* (mot grec, propr. « action de marcher », puis « endroit sur lequel on marche, point d'appui »). — Dér. : **baser,** 1787, une première fois en 1613 ; **basique,** XVIe.

BASE-BALL, 1889. Empr. de l'angl. d'Amérique (propr. « balle à la base »).

BASILIC, reptile fabuleux, XIIe (en outre *-isc* et *baselique*). Empr. du lat. *basiliscus* (du grec *-iskos*, propr. « petit roi », v. le suiv. ; ainsi nommé à cause des vertus qu'on lui attribuait). Au XVIe s. désignait en outre une sorte de gros canon, v. **couleuvrine.**

BASILIC, plante, 1393. Empr. du lat. de basse ép. *basilicum* (IVe s.) (du grec *-ikon*, neutre pris substantiv. de l'adj. *basilikos* « royal »).

BASILIQUE, 1° Terme d'antiquité romaine, 1549 ; 2° Terme de christianisme, 1495. Empr. du lat. *basilica* aux deux sens (du grec *basilikê*, sous-entendu *stoa* « portique de l'archonte-roi »), qui a servi à Rome à désigner un vaste édifice, sur le forum, à la fois tribunal et centre d'affaires ; mais on ne sait pas bien pour quelle raison *basilica* a été employé pour désigner les églises chrétiennes ; serait-ce que la *basilica* de la maison des patriciens romains a, de bonne heure, servi au culte ou s'agit-il d'une comparaison des grandes basiliques païennes avec les églises chrétiennes ? En tout cas, la fondation de la *Basilica Constantini* à Jérusalem sur le tombeau du Christ a joué un grand rôle dans la diffusion du mot, cf. aussi **basoche.**

BASIN, 1585 (en 1396 *basine*). D'abord au XIVe s. et encore dans Oudin, *bombasin*, dont *basin* est une réduction, la première syllabe ayant été prise pour l'adj. *bon. Bombasin* est empr. de l'it. *bambagino*, dér. de *bambagia* « coton » (une forme it. *bombage* permet de rétablir des formes avec *bom-*, qui expliquent mieux la forme fr.) ; *bambagia* est issu, par modification de la terminaison, du lat. de basse ép. *bambax* (mot grec : « coton », de la famille de *bombyx* « ver à soie » et « soie », v. **bombyx,** d'où vient la syllabe initiale de *bombage*). L'it. *basino* est repris au fr.

BASKET-BALL, 1898. Empr. de l'angl. d'Amérique (propr. « balle au panier »).

BASOCHE, XVe. Probabl. identique à l'a. fr. *basoche* « basilique de Saint-Martin, à Tours » (ce mot est très répandu comme nom de lieu dans la France septentrionale, et surtout dans l'Ouest, ce qui montre qu'il a désigné les églises commémoratives en général, par imitation de celle de Tours), du lat. eccl. *basilica*, v. *basilique*. Peut-être *basoche* a-t-il aussi désigné l'ensemble des ecclésiastiques attachés à une église, désignation qui aurait pu être appliquée aussi par la suite à l'ensemble des clercs d'une cour de justice ; mais aucun document n'est venu jusqu'ici corroborer cette manière de voir. — Dér. : **basochien,** 1480.

BASQUE, 1532. En outre *baste*, 1396, encore en 1642 (Oudin). Désignait d'abord une partie d'étoffe, qui pendait au bas du corps du pourpoint. Altération, par croisement avec le suiv., de *baste*, d'origine incertaine, empr. du prov. *basta*, qui signifie à la fois « couture à longs points » et « troussis, plis faits à une robe pour la relever », d'où le sens du fr. peut être issu, plutôt que de l'it. ou de l'esp. *basta*, qui n'ont que le premier sens ; ces trois formes représentent très probablement un mot déjà lat. pop. tiré de **bastjan* « bâtir des pièces d'étoffe taillées », v. **bâtir** ; l'a. fr. possède aussi *baste* « faufilure, bâti », XIe (Raschi), mais *baste*, *basque* avec *s* prononcé ne peuvent pas le continuer directement.

BASQUINE, 1563, en outre *vasquine*, 1534 (Rab.), fréquent au XVIe s., encore attesté au XVIIe s. Empr. de l'esp. *basquina*, dér. de *basco* « du pays basque ».

BASSE, terme de musique, XVIIe ; mais déjà *basse-contre*, opposé à *haute-contre*, XVIe (Marot) ; **basson,** 1613. Empr. de l'it. *basso*, *bassone*, v. **bas** ; cf. aussi **contrebasse,** 1512, empr. de l'it. *contrabbasso*.

BASSE, terme d'hydrographie, v. **bas.**

BASSESSE, BASSET, v. **bas.**

BASSETTE, 1674. Empr. de l'it. *bassetta*, dér. de *basso*.

BASSIN. Lat. pop. **baccīnum*, qu'on restitue d'après *bacchinon*, VIe (Grégoire de Tours) « base de bois », mot de la famille de *bac*, cf. a. pr. *bassin*. — Dér. : **bassine,** 1500 ; **bassiner,** XIVe, **bassinoire,** 1454 ; **bassinet,** XIIe.

BASSON, v. **basse.**

BASTE, 1546 (Rab.). Empr. de l'it. *basta*, 3e pers. sing. indic. prés. du verbe *bastare* « suffire », d'où *baster*, usuel au XVIe s. (*bastant*, d'après *bastante*, a duré jusqu'au XVIIe s.), cf. aussi esp. *bastar*, de même sens ; probabl. lat. pop. **bastāre*, propr. « porter », d'où « supporter, durer » (sens attestés en anc. it.), « fournir en suffisance » ; **bastāre* se rattache au grec *bastazein* « porter un fardeau » (cf. le grec moderne *bastô*). L'a. pr. *bastar*, assez rare, est probabl. aussi empr. V. **bât.**

BASTIDE, XIVe (Bersuire). Empr. de l'a. pr. *bastida* dér. de *bastir*, v. **bâtir.** De ce même mot est issu, par substitution de suff. (en raison de la rareté de la terminaison *-ide* en fr.), *bastille*, 1370 (écrit *bassetille*) ; a signifié au moyen âge, comme *bastide*, un ouvrage de fortification temporaire, d'où « château fort », XIVe (la Bastille de Paris fut commencée sous le règne de Charles V).

BASTILLE, v. le préc.

BASTINGAGE, 1747. Dér. de *bastinguer*, 1634, dér. lui-même de *bastingue*, *id.* « toile matelassée qui servait pour le bastingage » ; celui-ci est empr. du prov. *bastengo*, de même sens, fém. de *bastenc* « cordage de sparterie », dér. de l'anc. prov. *bastir* au sens de « tresser », v. **bâtir.** L'it. *bastenga* est empr. du fr. ou du prov.

BASTION, vers 1500. Empr. de l'it. *bastione*, qui est attesté avant le mot fr. ; *bastione* est un dér. de l'it. *bastia*, attesté depuis le XIVe s. — Dér. : **bastionner,** 1611.

BASTONNADE, 1482. La forme ne permet pas de décider si le mot est empr. de l'it. *bastonata*, de l'esp. *bastonada* ou de l'a. pr. *bastonada ;* l'origine it. de nombreux termes militaires, empr. au XVe et au XVIe s., donne à penser qu'il en est de même de *bastonnade*.

BASTRINGUE, 1802. Peut-être emploi fig., par plaisanterie, de *bastringue* « machine à imprimer les toiles au cylindre », inventée en 1799 par Widmer (né en Suisse), neveu d'Oberkampf (né en Franconie), le fameux fabricant de toiles peintes de Jouy-en-Josas (près de Versailles). L'origine des deux fabricants et la forme du mot invitent à chercher une étymologie germanique, mais, jusqu'à présent, on n'a rien trouvé.

BÂT. Lat. pop. **bastum*, subst. verbal de **bastāre* « porter », v. **baste,** propr. « ce qui porte », dès lors concurrent de *sagma*, v. **somme,** longtemps plus usuel, et qui pouvait signifier plus précisément la charge ; le lat. class. *clitellae* a disparu de partout. Ces termes nouveaux, v. aussi **barde,** viennent du grec ou de l'arabe, c'est-à-dire de régions où on se sert davantage de bêtes de bât. It. esp. *basto*, a. pr. *bast*. — Dér. : **bâter,** XVIe (Marot) ; **bâtier,** vers 1300 ; **bâtine,** 1549 ; **débâter,** 1474 ; **embâter,** XVe.

BATACLAN, 1783. Mot de formation onomatopéique, exprimant le bruit d'objets qui tombent, qu'on déplace. D'abord *pataclan*, encore très répandu dans les parlers (p. ex. picard *pataclan* « bruit d'un corps qui tombe », devenu *bataclan* sous l'influence du verbe *battre*.

BATAILLE. Signifie aussi « ordre d'une armée rangée pour combattre », d'où « corps de troupe », d'où l'expression *bataille rangée*, vers 1350. Lat. de basse ép. *battālia*, issu de *battuālia*, plur. neutre, attesté seulement au sens de « sorte d'escrime », dér. de *battuere*, v. **battre.** It. *battaglia*, a. pr. *batalha* (d'où l'esp. *batalla*). L'angl. *battle* vient du fr. — Dér. : **batailler,** XIIe ; **batailleur,** 1213.

BATAILLON, 1542. Empr. de l'it. *battaglione* « grand escadron de soldats », augment. de *battaglia* « troupe », v. le préc. A passé du fr. dans les langues voisines : all. *Bataillon*, angl. *battalion*, etc.

BÂTARD, XIIe. En a. fr. aussi *fils, fille de bast* (souvent altéré en *bas*), terme de féodalité, désignant l'enfant reconnu d'un noble qui l'a eu d'une épouse illégitime. On a rattaché *bast* au germ. **bansti* « grange », cf. gotique *bansts*, de même sens. Mais la position sociale qu'occupent les fils que les grands nobles ont eus d'une seconde femme s'accorde mal avec une telle formation dépréciative. On propose aussi, avec plus de probabilité, de voir dans *bâtard* un dér. d'une forme **bast* qui aurait pu naître d'un anc. germ. **banstu*, représenté en anc. frison par *bōst* « mariage »; **banstu* aurait signifié « mariage avec une seconde femme, de rang plus bas », un mariage qui était très fréquent dans la haute noblesse sous les Capétiens et les Carolingiens. — Dér. : **bâtardise,** XVIe (Du Bellay), a remplacé l'a. fr. *bastardie ;* **abâtardir,** XIIe ; **abâtardissement,** 1549.

BÂTARDEAU, « sorte de digue, souvent provisoire », 1409. Dér. de l'a. fr. *bastard*, 1399, probabl. le même que le préc., dit par figure d'une construction bâtarde, par opposition à la rive naturelle, cf. les expressions *épée, porte bâtarde*, etc. On l'explique moins bien comme un dér. de *bâte*, 1309, « sorte de support » dans diverses techniques, post-verbal de *bâtir*.

BÂTE, v. le préc.

BATEAU, vers 1138. Dér. de l'anc. angl. *bât* (d'où angl. *boat*), avec un suffixe destiné à donner plus de corps au mot ; l'it. *battello*, l'esp. *batel* viennent du fr. — Dér. : **batelage,** 1443 ; **batelée,** XIIIe ; **batelet,** *id. ;* **batelier,** *id. ;* **batellerie,** 1863, déjà en 1390.

BATELEUR, XIIIe. Dér., comme le verbe *basteler*, attesté seulement au XVIe s. au sens de « faire des tours d'adresse », de l'a. fr. *baastel*, XIIIe, « instrument d'escamoteur », peut-être « marionnette », cf. a. pr. *babastel, bag..., bav...*, de même sens ; probabl. du même radical que l'anc. fr. *baiasse* « servante » ; mais les langues indoeuropéennes ne connaissent pas le radical *bak-* qu'il faut supposer pour ce groupe de mots.

BATH, « agréable, chic », 1846 (dès 1804 comme exclamation). Probabl. du nom de la ville de bain anglaise Bath, qui passait chez les émigrés pour un des lieux de bain les plus luxueux de l'Europe.

BATHYSCAPHE, 1954. Comp. du grec *bathýs* « profond » et *skáphē* « bateau », créé par l'inventeur de cet appareil de plongée, A. Piccard.

BÂTIER, v. **bât.**

BATIFOLER, 1576 (Baïf) ; mais le dér. *batifolage* est déjà de 1532 (Rab.), d'après le titre plaisant : *R. Lullius, De batisfolagiis principium* (ou *principum*). Souvent considéré comme dér. de l'it. *battifolle* « rempart, bastion » (comp. de l'impér. de *battere* « battre », et de *folle* « fou », c'est-à-dire « amuse-toi, fou ») (sur le rempart), sans qu'on voie clairement la raison de cette dénomination, mais il est étonnant que le verbe n'existe pas en it. ; même difficulté pour rattacher le verbe fr. à l'a. pr. *batifol* « moulin à battre les draps », etc. (dont les rapports avec le mot it. préc. ne sont pas éclaircis) et à côté duquel on attendrait un verbe signifiant « s'agiter comme un moulin ». — Dér. : **batifolage,** 1532 ; **batifoleur,** 1835.

BATIK, 1928 (une 1re fois en 1845 dans le récit d'un voyage en Chine), esp. de soie peinte. Empr. avec le procédé, du javanais *batik*, au moment de l'Exposition de 1900, où des danseuses javanaises eurent un grand succès.

BÂTINE, v. **bât.**

BÂTIR. Vers 1100 au sens d' « assembler les pièces d'un vêtement qui a été taillé ». Représente le francique **bastjan*, cf. anc. haut all. *besten* « lacer » ; de la famille de l'all. *Bast* « liber », cf. de même it. *imbastire* « faufiler ». Le verbe germ. a été introduit avec le sens de « tresser », attesté en anc. prov. dès l'an mil. Il a été employé au Midi dès le XIe s. au sens de « construire des fortifications tressées à l'aide de poteaux autour d'un château ». De là le sens de « élever une maison » (en anc. prov. depuis la fin du XIIe s., attesté en franç. une seule fois au XIIIe s., devenu le mot usité depuis le XVe s.). — Dér. et comp. : **bâti,** *subst.*, vers 1698 ; **bâtiment,** vers 1175, « action de bâtir », sens moderne au XVIe s. ; **bâtisse,** 1636 ; **bâtisseur,** 1539 ; **débâtir,** 1598, « démolir », comme terme de la technologie de la couture, XIIIe ; **rebâtir,** 1549, au sens moderne, « remettre en état », XIIe ; **malbâti,** 1546.

BATISTE, 1401 *(soye batiche ;* en 1503, *toile batisse ; batiche* encore en 1590, *toile de baptiste).* — Dér. du verbe *battre* au sens de « battre la laine, la soie », avec le suff. *-isse* (lat. *-aticia*). La forme en *-iste* est née au XVIe s., comme forme hypercorrecte, à une époque où le *-t* final après *s* a commencé à disparaître. Par étymologie populaire on a rattaché *batiste* au nom *Baptiste* et on a cru plus tard que c'était le nom du premier fabricant de ce tissu, lequel aurait vécu au XIIIe s. ; mais des nouvelles authentiques sur ce personnage manquent.

BÂTON, vers 1080 *(Roland).* Dér. du lat. de basse ép. *bastum*, IVe s., qui est peut-être, comme *bât*, le subst. verbal de **bastāre* « porter », v. **baste,** au sens de « ce qui porte, soutient ». La formation du dér. dès le latin est due probabl. au désir d'éviter l'homonymie de *bastum* « bâton » et de **bastum* « bât ». It. *bastone*, esp. *bastón*. — Dér. : **bâtonner,** XIIIe ; **bâtonnet,** *id. ;* **bâtonnier,** 1332, dér. de *bâton* au sens de « hampe », propr. « porte-bannière d'une confrérie » ; le bâtonnier des avocats portait le « bâton » ou bannière de Saint-Nicolas, au moyen âge patron de la confrérie des avocats, confirmée par Philippe VI, en avril 1342.

BATRACIEN, 1800. Dér. sav. du grec *batrakhos* « grenouille ».

BATTRE. Lat. fam. *battuere*, devenu *battere* « battre, écraser dans un mortier, s'escrimer (en parlant de gladiateurs) ». Les nombreux sens techn. du fr. : « battre le blé, le chanvre, fouler le drap, battre la faux », existent également plus ou moins dans les autres langues romanes, si bien qu'on peut en conclure qu'ils appartenaient déjà partiellement au lat. — Dér. et Comp. : **battage,** 1329, au sens de « réclame tapageuse », XIXe, issu de *battre la grosse caisse* (dans une parade, etc.) ; **battant,** XIIIe ; **batte,** 1393 ; **battement,** XIIe ; **batterie,** vers 1200 (comme terme d'artillerie, empr. par l'all. *batterie* et l'angl. *battery*) ; **contre-batterie,** 1580 (Montaigne) ; **batteur,** vers 1200 ; **battoir,** 1307 ; **battue,** vers 1500 ; **imbattable,** 1907 ; **contre-battre,** vers 1200 ; **courbatu,** XVe, comp. de *court*, pris adverbialement, propr. « battu à bras raccourcis », **courbature,** XVIe, **courbaturer,** 1835 ; **débattre,** XIe *(Alexis)*, d'abord « battre fortement », d'où « se débattre », vers 1175, « contester », XIIIe, d'où **débat,** XIIIe ; **ébattre (s'),** XIIe, d'abord « battre, agiter, divertir », d'où **ébat,** XIIIe, **ébattement,** *id.* ; **entrebattre (s'),** XIIe ; **rebattre,** XIVe. V. **combattre.**

BAU. D'abord *balc*, XIIIe, puis *bauch* « poutre ». Du francique **balk*, de la même famille que l'anc. haut all. *balko*, all. moderne *Balken*, v. **balcon.** — Dér. : **débaucher,** 1195 (« disperser des gens »), vers 1310 (*se débaucher* « se mettre en route » ; sens moderne, XVe) ; **débauche,** 1525 ; **débaucheur,** fin XVIe (Brantôme) ; **ébaucher,** XIIe (d'après le dér. *esbaucheis*), **ébauchage,** 1838 (une 1re fois en 1508), **ébauche,** 1643 (Rotrou), **ébauchoir,** 1676 ; **embaucher,** 1564, **embauchage,** 1752, **embauche,** 1894 (une 1re fois en 1660), **embaucheur,** 1680. Le sens propre de *débaucher, ébaucher*, était « dégrossir du bois pour en faire des poutres », d'où, d'une part, pour *débaucher* « fendre, séparer », d'où « détourner de son travail », puis « détourner de son devoir » ; d'autre part, pour *ébaucher* « dégrossir un ouvrage ». Le sens propre de celui-ci est attesté par le dér. *esbaucheis*, 1190 ; *embaucher* est formé sur *débaucher*. L'a. fr. *esboschier* « émonder, tailler », dér. de *bois*, s'est probabl. fondu avec *ébaucher*.

BAUCHE, v. **bauge.**

BAUDET, 1534 (Rab., comme nom propre). Dér. de l'a. fr. *bald, baud* « fier, plein d'ardeur », empr. du germ. occidental **bald* « hardi », cf. anc. haut all. *bald* « *id* ». et angl. *bold* « *id.* », d'où aussi a. pr. *baut*, it. *baldo* « hardi ». L'emploi au XIIIe s. du nom propre *Baudouin*, encore usité au XVIe s., pour désigner l'âne, a pu favoriser la formation de *baudet;* mais il semble bien que *baudet* soit un dér. plaisant de *bald, baud*, au sens de « lascif ».

BAUDRIER, 1387. Altération, par substitution de suff., de l'a. fr. *baldre(i)*, cf. de même a. pr. *baldrei, baldrat*, d'origine inconnue. Le moyen haut all. *balderich* (cf. aussi angl. *baldric*) vient probabl. du fr.

BAUDRUCHE, 1762 (antér. *bodruche*, 1690). Étymologie inconnue.

BAUGE, 1539. Variante de *bauche*, XIVe, et *bauke*, XIIIe (forme du Nord-Est), « sorte de mortier fait de terre et de paille hachée », propr. « mélange boueux » (on trouve aussi *bauge*, au même sens, 1690), dit par extension du gîte fangeux du sanglier, mot d'origine gauloise pour lequel on restitue un adj. gaulois **balcos* « fort », d'après l'irlandais *balc*, de même sens, d'où « croûte que forme la terre séchée », sens attesté en irlandais et que le fr. *bauche* permet d'attribuer déjà au gaulois. — Dér. : **bauger (se),** XVIe.

BAUME, « substance odorante ». En a. fr. et jusqu'au XVIe s., fréquemment *basme* d'après le lat. Lat. *balsamum* (du grec *balsamon*). It. *balsamo*, esp. *bálsamo*, a. pr. *balme, basme.* — Dér. : **baumier,** XIIIe (sous la forme *basmier*) ; **embaumer,** XIIe (*-asm-*) ; **embaumement,** XVIe ; **embaumeur,** 1556.

BAUME, « grotte ». En fr. n'est usité qu'en parlant de la Sainte-Baume (près de Toulon), rare en a. fr., mais fréquent au XVIe s. Empr. du gaulois *balma*, attesté au VIIIe s. au sens de « grotte habitée par des ermites » ; cf. a. pr. *balma*, de même sens ; répandu comme nom de lieu sur le territoire qui a été habité par les Celtes : Gaule, Catalogne, Nord de l'Italie et régions germaniques de l'Ouest.

BAUXITE, 1847. Dér. de *Les Baux*, nom d'un village des Bouches-du-Rhône, où se trouvent des carrières de ce minerai.

BAVARD, etc., v. **bave.**

BAVAROISE, 1743. Fém. de *bavarois;* l'infusion de thé aromatisé avec du lait et sucré avec du sirop de capillaire (c'était alors le sens de ce mot) a été mise à la mode au café Procope par des princes de Bavière.

BAVE. En outre en a. fr., mais rarement, *beve*, rapidement supplanté par *bave*, refait sur le verbe *baver*. Signifie souvent « babil, bavardage », en a. fr. et jusqu'au XVIe s. (encore signalé au XVIIe s. par Furetière). Lat. pop. **baba*, mot onomatopéique, v. **babiller,** exprimant le babil accompagné de bave des petits enfants. It. *bava*, esp. *baba.* — Dér. : **baver,** XIVe, fréquent au sens de « bavarder » jusqu'au XVIe s., **bavard,** XVe, **bavarder,** 1539, **bavardage,** 1647 ; **bavette,** XIIIe ; **baveux,** XIIe ; **bavocher,** 1684 ; **bavure,** XIVe.

BAVOLET, v. **volet.**

BAYADÈRE, 1782 (en outre *balliaderes*, 1770). Empr. du port. *bailadera* « danseuse », appliqué aux danseuses professionnelles de l'Inde ; dér. de *bailar* « danser », également esp., qui se rattache à *ballare*, v. **bal.**

BAYART, v. **bard.**

BAYER. En a. fr. *baer, beer*, encore au XVIe s., usuel au sens d' « être ouvert », surtout en parlant de la bouche, d'où « aspirer à » ; aujourd'hui ne s'emploie guère que dans la locution *bayer aux corneilles.* Souvent confondu, depuis le XVIIe s., graphiquement et dans la prononciation, avec *bâiller*. Lat. pop. *balāre*, attesté dans une glose du VIIIe s., au sens de « bâiller », verbe onomatopéique, exprimant le bruit qu'on fait en ouvrant la bouche. (On a l'onomatopée *bat* à basse époque.) Répandu dans les parlers gallo-romans, surtout dans des dér. It. *badare* « lanterner, faire attention », a. pr. *badar* « rester bouche bée, etc. ». — Dér. : **baie,** « ouverture », XIIe *(baee)*, part. fém. pris substantiv., a signifié aussi jusqu'au XVIIIe s. « action de rester bouche bée, d'attendre vainement », d'où également « tromperie » ; le part. fém. subsiste en outre dans la locution *bouche bée ;* **béant,** XIIIe. — Comp. **bégueule,** 1690 (cf. *bee gueule*, 1470), **bégueulerie,** 1783 ; v. **badaud, badin, balise, baliveau, bard, ébahir.**

BAZAR, XVIe (en outre *-ard*, 1611 ; *-are*, 1554 ; *baasas*, 1528). Empr., probabl. par l'intermédiaire du port. qui a trouvé le mot dans les Indes, du persan *bâzâr* « marché public, rue de boutiques ». La réputation du bazar de Constantinople a contribué à la diffusion du mot. A pris au XIXe s., le sens de « grand magasin vendant des articles de tout genre », qui est devenu européen. — Dér. : **bazarder,** fr. pop., 1856.

BÉANT, v. **bayer.**

BÉAT, 1532 (une première fois *beate* au XIIIe s.) ; **béatifier,** XIVe (Oresme) ; **béatifique,** 1529 ; **béatitude,** XIIIe. Empr. du lat. eccl. *beatus*, *beatificare*, *-ficus*, *-tudo*. *Beatus*, *beatitudo*, en lat. class., se disent du bonheur parfait.

BEAU. Lat. *bellus*, en lat. class. « joli, gracieux », en parlant des femmes et des enfants, ironique en parlant des hommes ; *pulcher*, qui était le plus proche de « beau » et *decorus*, qui qualifiait la beauté de ce qui est convenable, décent, ont disparu au profit de *bellus*, de sens moins élevé, d'où aussi it. *bello ; formōsus* « beau physiquement » a survécu dans le roumain *frumos* et l'esp. *hermoso*. Concurrencé, dans le Midi, par divers adj. : *brave*, *gent*, *gentil*, *poulit* (= fr. *poli*), pour les mêmes raisons qui ont fait triompher *bellus* et *formosus*. — Dér. : **beauté,** vers 1080 *(Roland*, *beltet)*, cf. aussi a. pr. *beltat*, peut-être déjà lat. pop. **bellitātem*, acc. de **bellitās ;* **belette,** XIIIe : « une mutoille que aucuns autrement nomment bellette » ; ainsi nommée par un euphémisme d'origine superstitieuse, pour détourner les méfaits de cet animal, cf. de même danois *den kjoenne* « la belle », anc. angl. *fairy* « jolie », esp. *comadreja* « petite commère », etc. (le rouergat *poulido* « jolie » est moins probant, parce qu'il peut être fait sur le fr.), Lucques *bellola*, de **bellula*, qui remonte à l'époque latine. L'a. fr. *mostoile*, lat. *mustēla* (cf. aussi a. pr. *mostela*) est encore vivace dans les patois de l'Est, du Nord-Est et de nombreux patois méridionaux ; **bellâtre,** 1546 (Rab.) ; **bellot,** 1552. — Comp. : Nombreux comp. avec *beau*, *belle*, comme premier élément ; **beaucoup,** v. **coup.** Dans les noms de parenté : **beau-fils,** vers 1470 ; **beau-frère,** 1386 ; **beau-père,** 1466 ; **beaux-parents,** 1877 ; **belle-fille,** vers 1470 ; **belle-mère,** 1429 ; **belle-sœur,** 1423, le développement de *beau* est dû à son emploi usuel au moyen âge comme terme d'affection et de respect, cf. par exemple *beaus dous amis*, etc. Le succès de ces comp. tient probabl. à ce qu'ils avaient l'avantage d'être formés de la même manière ; ils ont ainsi éliminé des mots d'origine latine de radicaux variés : *serorge* « beau-frère », encore au XVe s., lat. de basse ép. *sorōrius* « mari de la sœur » *(Inscriptions)*, *fillâtre* « beau-fils, belle-fille », encore au XVe s., lat. de basse ép. *filiaster*, *-tra* (*Inscriptions ;* encore très répandu ailleurs, cf. it. *figliastro*, *-a*, esp. *hijastro*, *-a*), *suire* « beau-père, belle-mère, père ou mère par alliance », lat. *sŏcer* (ou *sŏcrus*, à basse ép., *Inscriptions*), *sŏcera* ou *sŏcra*, tous deux de basse ép. *(id.*, cf. it. *suocero*, *-a*, esp. *suegro*, *-a)*, v. aussi **bru, gendre, marâtre, parâtre. Embellir,** XIIe ; **embellissement,** 1270 ; **embellie,** 1753.

BEAUCUIT, v. **sarrasin.**

BEAUPRÉ, 1382. Empr. du moyen bas all. *bôchsprêt*, plutôt que du néerl. *boegspriet*, lequel n'est attesté que deux siècles plus tard que le mot franç. Du moyen bas all. vient aussi l'angl. *bowsprit* (d'abord *bouspret*). Du mot franç. viennent l'it. *bompresso*, l'esp. *bauprés*, etc.

BÉBÉ, 1842, mais antér. *Bébé*, nom d'un nain célèbre (1739-64) de la cour de Stanislas Leczynski. Mot onomatopéique, v. **babiller,** comparable à l'angl. *baby*, empr. lui-même en 1841 ; mais *bébé* ne doit pas être considéré comme une adaptation de celui-ci, malgré la date récente à laquelle il a été enregistré ; tout au plus *baby* a-t-il contribué à la diffusion de *bébé*.

BEC. Lat. *beccus*, indiqué comme gaulois par Suétone ; a supplanté au sens de « bec » le lat. class. *rostrum*. It. *becco*. — Dér. et Comp. : **abecquer,** XIIe (en outre *abecher*, encore dans Furetière) ; **bécasse,** XIIe, dans presque tous les parlers gallo-romans, d'où **bécasseau,** 1537, **bécassine,** 1553 ; **bécot,** 1852, « baiser », dér. de *bec*, au même sens, d'où **bécoter,** *id. ;* **becquée,** 1543, **becquer,** vers 1330, qui ont remplacé *bechée*, *-er*, encore dans Furetière ; **béquet,** XIIIe ; **béqueter,** 1451 ; **béquille,** 1611, probabl. d'après l'a. fr. *anille*, encore dans quelques patois et dans divers emplois techn., lat. pop. **anatīcŭla*, lat. class. *-īc-*, propr. « petit canard », d'où **béquillard,** 1656, **béquiller,** *id. ;* **embecquer,** 1611 ; **rebéquer,** 1330 ; **bec-de-cane,** XVIe (Paré) ; **bec-de-corbin,** 1453, comp. de *corbin* « corbeau », autre dér. de *corp*, v. **corbeau ; bec-de-lièvre,** XVIe (Paré) ; **bédâne,** 1281, comp. d'*ane* « canard » ; altéré par les lexicographes en *bec d'asne*, 1611, d'où l'accent circonflexe, le deuxième élément du mot n'étant plus compris ; **béjaune,** XIIIe *(Rose : bec jaune)*.

BÉCANE, 1890, « bicyclette ». Antér. « machine à vapeur », surtout en mauvais état, 1870. On a proposé d'y voir le fém. pop. de l'argot *bécant* (cf. *géane* « géante ») « oiseau de basse-cour », propr. « qui becque », par comparaison plaisante de l'oiseau qui crie et de la machine qui grince.

BÉCARRE, 1432 ; **bémol,** 1466, d'abord *bemoulz*, vers 1320. En outre *b quarre*, *b mol*, 1546 (Rab.), encore dans Furetière. *Bécarre* est adapté, d'après *carré* (*b carré*, rare au XVIe s.), de l'it. *b quadro*, aujourd'hui plutôt *biquadro* « b carré », ainsi nommé parce que le signe *b*, qui désignait le bécarre (d'abord de la note *si*), et qui était une modification du *b* désignant cette note, avait une panse carrée. *Bémol*, en lat. médiéval *b rotundum* « b à panse ronde », est empr. de l'it. *b molle*, aujourd'hui *bimmolle*, ainsi nommé par opposition au bécarre, appelé aussi *b durum* ou *b dur ;* d'où **bémoliser,** 1752. Le lat. médiéval convient moins à l'explication des formes françaises, car, à côté de *b molle*, on ne trouve que *b quadratum*.

BÉCASSE, v. **bec.**

BECFIGUE, 1539, en outre *bequefigue*, fréquent au XVIe s., et *becafique*, de même sens, encore dans Furetière (qui écrit *becca-*). Empr. de l'it. *beccafico*, attesté au début du XVIe s., comp. de *becca*, impér. de *beccare* « becquer », et de *fico* « figue ».

BÉCHAMEL, 1742. Tiré de (Louis de) *Béchamel*, marquis de Nointel, nom d'un gourmet renommé de la fin du XVIIe s.

BÊCHER, XIIe (*bekent*, 3e pers. du plur. de l'indic. prés.) ; **bêche,** XIIe. Seulement gallo-roman, cf. a. pr. *bessa* et le fr. du XVe s. *besse*, auquel correspondent de nombreuses formes dialectales. Représente très probabl. un verbe lat. **bissicare*, formé à basse ép. sur un subst **bissa*, dont le sens aura été « (houe) à double pointe » ; comp. prov. moderne *bes* « fourchu ».

BÉCHEVET, v. **tête-bêche.**

BÉCOT, v. **bec.**

BEDAINE, 1400. Autre forme de l'a. fr. *boudine* « nombril, ventre » (le simple *boude* est très rare en a. fr., mais très usuel aujourd'hui en Champagne), qui appartient à une famille de mots expressifs se rapportant à la grosseur ; d'où aussi **bedon,** XIVe. Très répandu dans les patois gallo-romans sous des formes diverses pour désigner le ventre, le nombril de l'homme et aussi des animaux (tels que le veau, etc.), v. **bouder, boudin.** Également attesté dans les parlers italiens. Au XVIe s., on trouve aussi **bedondaine,** 1532 (Rab.), encore usité en Normandie, dû à un croisement de *bedon* et de *bedaine ;* le sens de « machine à lancer des projectiles » vient de *dondaine*, de même sens, vers 1500, v. **dondon.**

BÉDÂNE, v. **bec.**

BEDEAU. Sens moderne, 1636 (attesté une 1re fois en 1530) ; antér. « sergent de justice subalterne », XIIe, d'où « huissier d'université », du XIVe au XVIIIe s. Empr. du francique **bidil*, de la famille de l'all. *Büttel* « sergent, archer », anc. angl. *bydel* « messager » (d'où angl. *beadle*). Empr. au sens d' « huissier d'université » : it. *bidello*, esp. *bedel*, all. *Pedell*.

BEDON, BEDONDAINE, v. **bedaine.**

BÉDOUIN, 1190. Empr. de l'arabe *bedoui* « habitant du désert », au temps des Croisades.

BÉE, v. **bayer.**

BEFFROI, XIIIe (antér. *berfroi*, XIIe). Empr. du moyen haut all. *bërcvrit*, propr. « ce qui garde (cf. all. *bergen*) la paix, la sécurité (cf. all. *Friede*) ». La diphtongaison de la voyelle montre que l'emprunt est assez ancien ; au temps des Carolingiens, les Francs pratiquaient en effet déjà des fortifications importantes. Du fr. vient l'it. *battifredo*, altéré d'après *battere* « battre ».

BÉGAYER, v. **bègue.**

BÉGONIA, 1798. Nom créé par le botaniste Plumier (1646-1706) en l'honneur de Bégon, intendant général de Saint-Domingue (Haïti) au XVIIIe s.

BÈGUE, 1237. Tiré de l'a. fr. *beguer*, XIVe, encore répandu dans les patois septentrionaux, probablement d'un néerl. **beggen* « bavarder », qu'on restitue d'après le flamand *beggelen*, de même sens. Devenu usuel en gallo-roman ; a supplanté les représentants du lat. class. *balbus*, d'où a. fr. *baube*, a. pr. *baup*, it. *balbo*. V. **béguine, ébaubir.** — Dér. : **bégayer,** 1416, usuel dans les parlers gallo-romans, d'où **bégaiement,** 1539.

BÉGUEULE, v. **bayer.**

BÉGUINE, 1220. Le mouvement des béguines a commencé à Liège et a rayonné par la suite en France et en Allemagne. Leur nom dérive probabl. de celui d'un prêtre de Liège, Lambert le Bègue, mort en 1177, qui paraît avoir fondé la première maison de béguines. Le mot *bégard* « hérétique » a été formé sur *béguine* avec changement de suffixe. — Dér. : **béguin,** 1387, d'où **embéguiner,** 1549 ; du sens de « se coiffer de quelqu'un », pris par *s'embéguiner*, 1640, est issu *béguin* « amour passager », depuis Rousseau ; **béguinage,** 1261.

BEIGE, XIIIe (écrit alors *beges*). Malgré le sens propre de l'adj. « qui a la couleur de la laine naturelle » (cf. Littré : « usité dans la locution : laine beige ») et son emploi pour désigner des étoffes de laine (cf. *Académie*, 1762 : « sorte de serge faite avec de la laine »), il est difficile de considérer *beige* comme empr. de l'it. *(bam)bagia* « coton », où la disparition de la syllabe initiale devrait être expliquée.

BEIGNET, XVIIe. Antér. *bignet*, 1314, encore au XVIIe s., et *buignet* 1325. Dér. de *buigne*, XIVe, d'où *bigne*, XIVe (Chr. de Pisan), encore dans le Berry, en outre *beigne*, XVIe « bosse à la tête venant d'un coup », d'origine inconnue ; le mets a été ainsi nommé à cause de sa forme ronde et gonflée. Le simple et le dér. sont très répandus dans les parlers gallo-romans ; le simple existe aussi au sens de « bosse » dans les dialectes de l'Italie septentrionale ; cf. en outre esp. *buñuelo* « beignet ».

BÉJAUNE, v. **bec.**

BÉLEMNITE, 1566. Empr. du grec *belemnitês* « pierre en forme de flèche *(belemnon)* ».

BÊLER. Parfois *beeler*, en a. fr. et au XVIe s., par imitation onomatopéique ; la voyelle du fr. moderne s'explique de même. Lat. *bēlāre*, ou *bālāre*, tous deux onomatopéiques. It. *belare*, a. pr. *belar*, esp. *balar*. Dans les parlers gallo-romans souvent au sens de « pleurer ». — Dér. : **bêlement,** 1539.

BELETTE, v. **beau.**

BÉLIER, 1412. Autre forme, avec changement de suff., de *belin*, vers 1220, qui passe pour emprunté, avec adaptation de la terminaison, du néerl. *belhamel* « mouton conducteur de troupeau », littéral. « mouton à la sonnette » (comp. de *belle* « cloche » et *hamel* « mouton »), ce qui est difficile à admettre, parce que *belhamel* n'est pas attesté avant le XVIe s. On peut plutôt penser à une dérivation du néerl. *belle* créée en Picardie dans le milieu où est né le *Roman de Renart* et où la civilisation néerlandaise était dans un contact intense avec celle de la France. Cf. aussi angl. *bellwether*. *Bélier*, aujourd'hui dominant dans les parlers septentrionaux, a refoulé *belin* vers l'Est et l'Ouest ; des représentants du lat. *ariēs*, cf. aussi a. fr. *aroy*, a. pr. *aret*, rare ailleurs, subsistent dans les patois méridionaux : il y a en outre d'autres types qui paraissent prélatins, comme en Italie et dans la péninsule Ibérique, v. **mouton.**

BÉLIÈRE, XVe. D'abord *berliere*, 1402, « anneau portant le battant d'une cloche » ; très répandu dans les patois avec des sens divers. En raison de l'ancienneté et de la diffusion des formes avec *r*, il est douteux que ce mot soit dérivé du néerl. *belle* « cloche », v. **bélier.**

BELINOGRAMME, 1948. Comp. de Belin, le nom de l'inventeur de cet appareil, et l'élément *gramme*, contenu dans *télégramme*, etc.

BÉLÎTRE, 1460 (*belistre ;* en outre *blistre*, XVIe, *blitres*, 1506 ; *belleudres*, 1408). Très usuel au XVIe s. au sens de « mendiant, gueux » ; sens fig. dès le XVIe s. Probabl. empr. du moyen haut all. *betelaere*, all. *Bettler* « mendiant » ou d'une forme dialectale germ. ; l'altération peut s'expliquer par une perception inexacte au moment de l'emprunt.

BELLADONE, 1733 (aussi *belladona*, 1698, ou *belle dame*, 1762, les deux une 1re fois en 1572). Empr. du lat. des botanistes *belladonna* (Tournefort), empr. lui-même de l'it. *belladonna*, littéral. « belle dame » ; ainsi nommée parce qu' « en Italie on en compose une espèce de fard », 1762, *Académie*.

BELLÂTRE, v. **beau.**

BELLICISME, BELLICISTE, 1915 (une première fois vers 1871, appliqué à Bismarck, D.). Dér. sav. du lat. *bellicus* « belliqueux », par opposition à *pacifisme, pacifiste*, un peu antér., fin XIXe.

BELLIGÉRANT, 1744. Empr. du lat. *belligerans*, part. prés. de *belligerare* « faire la guerre ».

BELLIQUEUX, XVe. Empr. du lat. *bellicosus*.

BELLOT, v. **beau.**

BELOCE, v. **prune.**

BELOTE, début XXe, répandu depuis la Grande Guerre. Le jeu paraît être d'origine hollandaise, mais il aurait été perfectionné par F. Belot.

BELVÉDÈRE, 1512. Empr. de l'it. *belvedere*, équivalent du fr. *belle vue*, formé de l'adj. *bel(lo)* « beau » et de *vedere* « voir ».

BÉMOL, v. **bécarre.**

BÉNÉDICITÉ, vers 1200. Empr. du lat. *benedicite* « bénissez », premier mot de la prière qui porte ce nom.

BÉNÉDICTIN, XIIIe, rare avant le XVIe. Empr. du lat. eccl. *benedictinus*, dér. de *Benedictus*, saint Benoit, qui fonda cet ordre au Mont-Cassin (région de Naples) vers 529. Le sens fig. dans les locutions : *travail de bénédictin*, etc., est dû aux travaux d'érudition des bénédictins de la congrégation de Saint-Maur, au XVIIe et XVIIIe s. — Dér. : **bénédictine,** sorte de liqueur fabriquée à Fécamp dans un anc. couvent de Bénédictins, fin XIXe.

BÉNÉDICTION, XIIIe, mais rare avant le XVIe s. Empr. du lat. eccl. *benedictio* (rare en lat. class. où il signifie « louange » ; dér. du verbe *benedicere*, v. **bénir**) ; a remplacé une forme plus pop. de l'a. fr. *beneiçon*, d'où *benisson*, fréquent au XVIe s., encore en 1613, cf. de même port. *bençâo*.

BÉNÉFICE, 1192 (« bienfait »). Empr. du lat. *beneficium* « bienfait », sens fréquent jusqu'au XVIIe s. Le sens d' « avantage », dans différentes locutions juridiques, d'où celui de « gain », qui paraît dater de la fin du XVIIe s., vient de certaines acceptions de *beneficium* dans le droit romain. L'emploi de *bénéfice* dans le droit féodal et eccl. existe parallèlement dans le lat. médiéval *beneficium*, d'où il a passé en fr. — Dér. : **bénéficier,** *verbe*, XVIIIe, d'après le sens d' « avantage, gain » ; au moyen âge et jusqu'au XVIe s., trans., au sens de « gratifier d'un bienfait, pourvoir d'un bénéfice ecclésiastique ».

BÉNÉFICIAIRE, 1609 ; **bénéficial,** 1369 ; **bénéficier,** *subst.*, 1308. Empr. du lat. médiéval *beneficiarius* (le lat. class. a d'autres sens), *-ialis*, dér. de *beneficium*, d'après ses sens juridiques au moyen âge, v. le préc. Le premier a pris récemment un sens nouveau, d'après l'expression *représentation à bénéfice*.

BENÊT, XVIe (Marot : *benest*). Autre forme de *benoit (benoist* au XVIe s., au moyen âge *beneoit)* « bénit », arch. depuis le XVIIe s., lat. *benedīctus*, part. passé de *benedīcere*, v. **bénir** ; cf. de même it. *benedetto*, a. pr. *benezech*. Le sens de « sot, niais », est dû à une allusion plaisante au passage de l'Évangile : « Heureux les pauvres en esprit », Mathieu, V, 3, v. **pauvre** ; cf. de même esp. *bendito*, cat. *beneyt*.

BÉNÉVOLE, 1285. Empr. du lat. *benevolus*.

BENGALI, 1771. Empr. de *bengali, adj.*, « qui est du Bengale (Nord-Est de l'Inde) », d'une langue de l'Inde.

BÉNIN, XVe ; **bénignité,** XIIe. *Bénin* a été tiré de *benigne*, XIIe, masc. et fém., empr. du lat. *benignus* « bienveillant, bienfaisant », sens de l'adj. fr. jusqu'au XVIIe s. ; a pris alors un sens ironique. *Bénignité* est empr. du lat. *benignitas*.

BÉNIR, d'abord *beneïr*. Lat. eccl. *benedīcere*, en lat. class. « dire du bien de quelqu'un, louer », pris pour traduire le grec eccl. *eulogein*, traduction de l'hébreu *barak*. — Dér. : **bénit,** issu du part. passé du verbe *bénir ;* quelquefois attesté au moyen âge, mais moins usuel, jusqu'au XVIe s., que *beneoit* (*benoist*, XVIe s., à la fois part. passé et adj., v. **benêt**) ; la distinction de *béni*, part. passé, et de *bénit*, adj., ne date que du XIXe s. Avec *bénit* ont été formées les expressions *eau bénite, pain bénit* (au XVIe s. surtout *eau benoiste, pain benoist*) ; aujourd'hui on dit *eau bénite* dans les parlers septentrionaux comme en fr. ; les parlers méridionaux ont des formes adaptées d'après le part. passé de *bénir ;* on dit en outre *aiga signada* « eau signée », région languedocienne et auvergnate. Sur *eau bénite* a été formé en a. fr. un dér. en *-ier*, *eaubenoitier*, 1281 (encore *eaubénitier*, XVIIe s.), d'où, par suppression d'*eau*, *benoitier*, 1288 (*benoistier*, *benestier*, XVIe, d'où *bénétier*, encore au XVIIe s.), refait en *bénitier*, au XVIIe s., d'après *eau bénite*. — Dér. **bénisseur,** vers 1870 (Flaubert) ; **rebénir,** XIIIe.

BENJAMIN, vers 1700 (Saint-Simon). Tiré de *Benjamin*, nom du plus jeune fils de Jacob et son préféré.

BENJOIN, 1525 (*bengin* en 1515, *benjoy*, 1537). Empr. du port. *beijoim*, cat. *benjui* attestés au XVe, empr. de l'arabe *lubân djâwi* « encens de Java » ; mot européen, souvent altéré, cf. par exemple angl. *benjamin*. La chute de la syllabe *lu-* du mot arabe provient d'une confusion de cette syllabe avec l'article catalan *lo*. V. **benzine, benzoate.**

BENNE, v. **banne.**

BENOÎT, v. **benêt.**

BENOÎTE, nom de plante, 1545. Fém. de l'anc. part. *benoit*, v. **benêt, bénir.**

BENZINE, nom donné en 1833 par Mitscherlich au produit dénommé bicarbure d'hydrogène par Faraday en 1825 ; **benzoate,** 1787 (G. de Morveau). Dér. sav. du lat. médiéval *benzoe*, v. **benjoin.**

BÉOTIEN, 1715 (Lesage). Les Béotiens passaient aux yeux des autres Grecs pour avoir l'esprit lourd ; le grec *Boiôtios* « béotien » est attesté au même sens que le mot fr. — Dér. : **béotisme,** 1834.

BÉQUÉE, BÉQUET, BÉQUETER, BÉQUILLE, v. **bec.**

BERCAIL, XIVe. Forme normande ou picarde, qui représente, avec changement de suff., cf. de même *bergeail, bergail*, XVIe, le lat. pop. **berbicāle*, dér. de *berbex* « brebis » ; l'a. fr. dit aussi *bercil, -gil*, lat. pop. **berbecīle* ou *-ic-* ; v. **berger.**

BERCE, 1698. Étymologie douteuse. Correspond, pour le sens, à l'all. *Bartsch*, qui se retrouve dans des parlers orientaux, cf. polonais *barszcz* et, pour la forme, à l'all. dialectal *Berz*, sorte de myrica, qui, malgré la différence d'acception, peut être le même mot, les deux espèces poussant dans des terrains marécageux. On a proposé aussi d'y voir le mot *berce* « berceau », attesté dès 1366 et répandu dans les parlers ; les semences ont une vague ressemblance avec un berceau.

BERCELLE, 1609. Par altération *brucelle*, 1751 ; *précelle*, 1877. Peut-être du lat. de basse ép. *bersella* (pour le lat. *volsella*) ; il est toutefois surprenant de voir le mot fr. attesté si tard seulement.

BERCER, XIIe. Continue un verbe **bertiare* du lat. de Gaule et d'Espagne (comp. a. pr. *bresar*, cat. *bressar*, Salamanque *brezar*), qui dérive d'un radical gaulois **bertā-* « secouer » (comp. irlandais *bertaim* « je secoue, je brandis »). — Dér. : **berceau,** 1472 (« treillage en arc », 1538), auparavant *berçuel*, XIIe et déjà *berciolum* au VIIIe s. (aussi cat. *bressol*, anc. esp. *breçuelo ;* vit encore dans le Poitou : *bressiou*), dimin. d'un subst. simple représenté encore par l'a. fr. *bers* (qui vit encore en Normandie et ailleurs), a. pr. cat. *bres*, anc. esp. *brizo*, port. *berço ;* **barcelonnette,** XVIIIe (en outre *berc-*, 1863), dér. analogues dans les patois ; ce mot ayant désigné aussi une couverture d'enfant, on a proposé d'y voir un dér. de *Barcelone* (Barcelone était réputée au XVIIIe s. pour ses couvertures de laine), mais, en ce cas, le sens « petit berceau » ne s'explique pas ; **berceuse** (de *bercer*), 1835.

BÉRET, 1835 ; écrit aussi *berret*. Empr. du béarnais *berret*, anc. gascon *berret* « bonnet », dér., comme l'it. *berretta*, v. **barrette,** du lat. de basse ép. *bĭrrum* (saint Augustin, IVe s.) « capote à capuchon », peut-être d'origine celtique, en rapport avec l'anc. irlandais *berr* « court ».

BERGAMASQUE, 1605, rare jusqu'au XIXe s. Empr. de l'it. *bergamasco* « de Bergame », nom de la ville, d'où la danse est originaire.

BERGAMOTE, 1536, « variété de poire », d'où « citron doux », 1699. Empr. de l'it. *bergamotta*, altération du turc *beg-armûdī* « poire *(armûdī)* du seigneur (*beg*, aujourd'hui *bey*, v. **bey**) » ; aujourd'hui encore les Turcs ont une espèce de poire appelée *Mustafa bey armûdé*. On a proposé aussi d'y voir un dér. de *Bergama*, forme arabo-turque de *Pergame* (Asie-Mineure). Mot européen.

BERGE (d'une rivière), 1398 *(bergue)*. En outre esp. *barga*. Peut-être lat. pop. **barica*, d'origine celtique, qu'on restitue d'après le gallois *bargod* « bord ». On propose aussi un gaulois **berga*, apparenté à l'all. *Berg* et dont une variante vocalique **barga* pourrait rendre compte de la forme esp.

BERGE, v. **barque.**

BERGER. Lat. pop. *berbicārius* (*Gloses de Reichenau*, IXᵉ), dér. de *berbex*, v. **brebis.** A. pr. *bergier*, roumain *berbecar.* — Dér. : **bergère,** XIIᵉ, « sorte de fauteuil », 1746 ; **bergerie,** XIIIᵉ ; **bergeronnette,** 1549.

BÉRIBÉRI, 1665 (écrit alors *berisberi*). Mot empr. d'une langue indigène de l'Inde par le médecin hollandais Bontius, en 1642 » : De paralyseos quadam specie quam indigenae beriberi vocant » (déjà en 1617 *berber* chez le voyageur Mocquet).

BERLE. Lat. de basse ép. *berula* (M. Empiricus, Vᵉ, qui ajoute « graece cardaminem (sorte de cresson) », d'origine celtique, cf. gallois *berwr* « cresson de fontaine » ; cf. de même a. pr. *berla*, esp. *berro* « cresson »). Encore usité dans d'assez nombreux patois pour désigner diverses plantes mangées en salade ou croissant dans des terrains humides ; mais, au sens propre, a cédé à *cresson.*

BERLINE, 1721, *breline*, Saint-Simon. Dér. du nom de la ville de *Berlin* ; mise à la mode vers 1670 par un architecte de l'électeur de Brandebourg. — Dér. : **berlingot,** 1740, dér. de *berlingue*, XVIIIᵉ, formé sur des mots pop., tels que le manceau *berlingue* « sonnette ».

BERLINGOT « bonbon », 1863 (dès 1511 en Provence). Empr. de l'it. *berlingozzo* « sorte de gâteau », dér., comme *berlingaccio* « Jeudi-Gras », de *berlengo* « table » en argot (cf. aussi *berlingare* « bavarder le ventre bien rempli »), v. **brelan.**

BERLOQUE, v. **breloque.**

BERLUE, XIIIᵉ (sous la forme *bellues*, *barlue*, XVᵉ et XVIᵉ s. ; *berlue*, 1536). Représente un latin du Bas-Empire **bisluca*, pour l'origine duquel v. **bluette.** — Dér. : **éberluer,** 1530, aujourd'hui usité seulement au part. passé.

BERME, terme de fortification, 1611. Empr. du néerl. *berm*, propr. « talus, bord d'une digue ».

BERNARD-L'HERMITE, XVIᵉ (Paré, qui le signale comme languedocien, aujourd'hui *bernat l'hermito*). Nom donné par plaisanterie à ce crustacé, parce qu'il loge son abdomen dans des coquilles vides.

BERNE, v. **berner.**

BERNE, terme de marine, 1672. En outre *pavillon en berne* au début du XVIIᵉ s. Peut-être empr. du néerl. *berm* « repli, bord », le pavillon en berne étant roulé sur lui-même.

BERNER, 1485. Probabl. identique à *berner* « vanner le blé », 1611 (par une comparaison entre cette action et celle de faire sauter qqn sur une couverture), lequel est dér. de *bren* « son », cf. **breneux.** *Berne* « couverture sur laquelle on berne qqn. » est dér. du verbe, non inversement. — Dér. : **berneur,** 1664.

BERNICLE, 1742. Mot dialectal de l'Ouest, empr. du breton *bernic ;* autres formes dont les rapports sont obscurs : *-acle*, *-ache*, *barnache*, etc., cf. aussi le moyen angl. *bernak.* Au XVIᵉ s. *besnesque*, dans un texte normand de 1557, *barnacle* (1532), désigne l'oie sauvage, aujourd'hui *barnache*, 1600, ou *cravant ;* cette désignation est issue de la croyance populaire que cette oie naît du coquillage.

BERNIQUE, 1798 (en outre *-icles*, 1743). Dialectal, normand ou picard, dér., par euphémisme, de *bren*, autre forme de *bran*, cf. *emberniquer* « salir », normand de la vallée d'Yères, *débarniquer* « débarrasser », Saint-Pol (Pas-de-Calais). *Berniquet*, usité au XVIIᵉ s. dans les locutions *envoyer, être au berniquet* « ruiner, être ruiné, dans l'embarras » (cf. *s'en aller au bruniquet*, XVᵉ) est dér. de *bernique*, malgré la différence des dates, un tel mot ayant pu être longtemps oublié ou écarté par les lexicographes.

BERQUINADE, 1867. Dér. de *Berquin*, nom d'un auteur d'ouvrages moralisateurs pour la jeunesse (1749-1791).

BERTHE, 1840. Tiré de *Berthe* (aux grands pieds), nom de la mère de Charlemagne, célébrée pour sa sagesse et sa modestie, et dont le nom a été choisi par suite pour désigner une pèlerine qui sert à couvrir un corsage décolleté. V. **oie.**

BÉRYL, v. **bésicle.**

BESACE. Lat. de basse ép. *bisaccia (Gloses)*, plur. neutre désignant les deux poches de la besace, devenu fém., lat. class. *bisaccium*, de *saccus.* It. *bisaccia*, esp. *bezazas* (plur.), à. pr. *beassa.* Dans les parlers gallo-romans parfois au plur. Le lat. a été repris sous la forme **bissac,** adapté d'après *sac*, XVᵉ (Charles d'Orléans).

BESAIGRE, v. **aigre.**

BESAIGUË. Au moyen âge « sorte de hache d'armes », aujourd'hui terme techn. Lat. pop. **bisacūta*, fém. pris substantiv. de l'adj. de basse ép. *bisacūtus* (dit d'une hache), comp. de *acūtus*, v. **aigu** ; développement parallèle à celui de cet adj.

BESANT, v. **peser.**

BÉSICLES, 1379 (« ung bezicle en une queue d'or »). Issu de *bericle*, XIIᵉ, encore attesté au XVIᵉ s. (pour le changement de *r* en *s*, v. **chaise**), altération, d'après la terminaison d'*escarboucle*, de *beril*, XIIᵉ, aujourd'hui *béryl*, empr. du lat. *beryllus*, grec *beryllos.* La pierre précieuse appelée *béryl* a servi à faire des loupes (encore au XVIᵉ s.), et le mot, par suite, a été employé pour désigner le cristal ou le verre de lunettes, puis les lunettes elles-mêmes ; de là aussi l'anc. esp. *beril(es)* « lunette(s) » et l'all. *Brille(n)*, de même sens.

BÉSIGUE, 1863 (en outre *bésy*). Étymologie inconnue.

BESOGNE, XIIᵉ (sous la forme *-oigne*). A souvent, au moyen âge, le sens de « nécessité, pauvreté » (comme *besoin*), d'où « chose nécessaire », d'où, d'une part, terme général désignant des objets de toute sorte (XVIᵉ), et d'autre part, « ce qu'on a à faire ». Du francique **bisunnia*, qui a signifié « soin » (de **sunnia* « soin », v. **soigner** ; le préf. *bi-* a eu d'abord le sens de « près de, autour de », il a fini par ne plus être qu'un moyen pour renforcer le sens du mot). Cf. le gotique *bisunianê* « à l'entour », propr. « en veillant sur ». Le verbe *besogner*, XIIe *(-oigner)*, d'abord « être dans le besoin, avoir besoin », et fréquemment impersonnellement « être nécessaire », a probablement existé déjà en francique sous la forme **bisunnjôn* (parallèle à l'all. *besorgen*, à côté du subst. *bisorge* « soin »). — Dér. : **besogneux,** XIe *(St-Alexis)* et **besoin,** *id.* Cf. de même it. *bisogna* « besogne », *bisognare* « être nécessaire », *bisogno* « besoin » (cf. *bisonium*, XIIe, lat. médiéval de l'Italie), *bisognoso* « besogneux ». A. pr. *bezonh* « besoin », *bezonha* « besoin et besogne », *bezonhar*, *-os*, comme en fr., sont empr. du fr. — Dér. : **embesogné,** vers 1175.

BESOIN, v. le préc.

BESSON, v. **jumeau.**

BESTIAIRE « gladiateur romain », 1495 (sous la forme *bestiare*). Empr. du lat. *bestiarius*, v. le suiv.

BESTIAIRE, « recueil de récits et de légendes sur les animaux », au moyen âge, XIIe. Empr. du lat. médiéval *bestiarium*, dér. de *bestia*, v. **bête.**

BESTIAL, XIIe. Empr. du lat. *bestialis*, v. **bête.** — Dér. : **bestialité,** XIVe (Oresme; parfois *bestiauté* au moyen âge).

BESTIAUX, v. **bête.**

BESTIOLE, XIIe. Empr. du lat. *bestiola*, v. les préc.

BEST-SELLER, 1960. — Empr. du même mot anglais, comp. de *best* « le meilleur » et *seller* « vendeur ».

BÊTA, v. **bête.**

BÊTE. Empr. et adapté du lat. class. *bestia* plutôt que représentant pop. du lat. de basse ép. *besta*, attesté indirectement par *bestula*, VIe s. (Fortunat) ; en effet, *bestia* étant représenté par des formes pop., v. **biche,** la coexistence d'une forme *besta* aussi peu différente n'est pas vraisemblable. — Dér. : **bétail,** 1213, masc., mot issu du fém. collectif *bestaille*, XIIIe, en outre l'a. fr. a fait sur le lat. *bestia* un subst. *bestial* « bétail », encore usité au XVIIe s. et aujourd'hui dans les parlers du Centre et de l'Ouest, d'où le plur. *bestiaux*, 1418, à côté duquel on a conservé *bétail* pour éviter l'homonymie de *bestial* « bétail » avec l'adj. *bestial ;* **bêta,** 1584, formé avec le suff. de mots enfantins *-a* (issu d'*-ard*, cf. *poupa* « bébé »), plutôt qu'avec le suff. *-as*, qui ne sert qu'à former des mots tels que *plâtras*, etc. ; **bêtifier,** 1777 (Beaumarchais) ; **bêtise,** XVe ; **abêtir,** XIVe ; **abêtissement,** 1842 (une 1re fois en 1552) ; **rabêtir,** 1625 ; **embêter,** 1799 ; **embêtement,** 1859.

BÉTEL, 1690. En outre *betle*, antér. *betre*, 1519. Empr., probabl. par l'intermédiaire du port. *betel* (ordinairement *betele*, XVIe et XVIIe s., en outre *betle* et *betre*), de *veṭṭila* de la langue du Malabar. Mot européen.

BÉTOINE, XIIe (en outre *ve*...). Adaptation du lat. *betonica*, autre forme de *vettonica*, dér. de *Vettones* « peuple de Lusitanie », d'après Pline.

BÉTON, 1635. Issu de *betun*, XIIe (et *-um*, 1556), empr. du lat. *bitumen*, v. **bitume** ; sens moderne dès le moyen âge, cf. de même a. pr. *batum ;* signifie aussi au moyen âge « boue, gravois ». — Dér. : **bétonner,** 1838 ; **bétonnage,** 1835.

BETTE, XIIe. Empr. du lat. *beta*. Souvent *blette* dans les parlers d'aujourd'hui, attesté dès le XIVe s., d'après le lat. *blitum*, qui désigne des plantes analogues, cf. a. pr. *blet* « betterave », *bleda* « bette, poirée ». — Comp. : **betterave,** 1600 (O. de Serres).

BEUGLER, 1611. Altération de *bugler*, XIIe « corner », dér. de l'a. fr. *bugle* « buffle, bœuf », empr. du lat. *buculus* « jeune taureau », v. **bugle.** — Dér. : **beuglant,** 1860 ; **beuglement,** 1539 (sous la forme *bu-*).

BEURRE. Forme dialectale, probabl. de l'Est, de *burre*, encore relevé au XVIIe s., lat. *būtyrum* (grec *boutyron*) ; le beurre a été d'abord employé comme une sorte d'onguent liquide ; c'est des Scythes de la mer Noire que les Anciens ont appris à l'utiliser comme aliment. — Dér. : **beurrée,** 1585 (N. du Fail) ; **beurrer,** XIIIe *(bu-) ;* **ébeurrer,** XIIe *(ébu-) ;* **beurrier,** 1270 *(bu-).*

BÉVUE, v. **vue.**

BEY, 1532 (1422 *bay*). Empr. du turc *bey*, antér. *beg* « seigneur ».

BÉZEF, v. **macache.**

BÉZOARD, 1605, antér. *bezahar(d)*, 1562 (Paré). Empr. de l'arabe *bâzahr* (prononcé *bezuwâr* dans l'Afrique du Nord), empr. lui-même du persan *pâdzehr*, littéral. « chasse-poison », par un intermédiaire indéterminé (cf. *pedra besoar* en port., 1563).

BI-. Préf. empr. du préf. lat. *bi*, issu de *bis* « deux fois ».

BIAIS, XIIIe *(en, de biais).* Probabl. empr. de l'a. pr. *biais*, du grec *epikarsios* « oblique », qui aurait pénétré par les colonies grecques de la côte prov., par une forme **(e)bigassius*. — Dér. : **biaiser,** 1402 ; **biaisement,** 1574 (Amyot).

BIBELOT, 1427. Appartient à une famille de mots expressifs, servant notamment à désigner des objets menus, insignifiants ; d'où aussi, avec une variante vocalique, *bimbelot*, 1549, encore dans les dictionnaires, d'où **bimbelotier,** 1484 ; **bimbeloterie,** 1489 (on trouve également *bibelotier*, 1425 ; *bibloterie*, XVe (et, au moyen âge, *beubelet*, beubelot, avec altération de la voyelle *i*).

BIBERON, 1301 (« goulot », d'où le sens moderne). Dér. du verbe lat. *bibere* « boire »; par métaphore, « ivrogne », XVe.

BIBI, substitut plaisant de *moi*, 1832 ; tiré du langage des enfants.

BIBINE, pop. 1862, d'abord « cabaret ». Peut-être dér. burlesque du lat. *bibere*, formé dans le milieu des écoles, avec le suff. qu'on a dans *cantine*, *cuisine*.

BIBLE, XIIe. Empr. du lat. eccl. **biblia*, grec eccl. *biblia* « livres saints », plur. du grec class. *biblion* « livre ». — Dér. : **biblique,** 1623.

BIBLIO-. Premier élément de mots sav. comp., tels que **bibliophile,** 1740 ; **bibliographie,** 1633, d'où **bibliographe,** 1665, **bibliographique,** 1783 ; tirés du grec *biblion*, v. le préc.

BIBLIOTHÉCAIRE, 1518 ; **bibliothèque,** 1493. Empr. du lat. *bibliothecarius* (de basse ép.), *-theca* (du grec *bibliothêkê*) ; *bibliothèque* a éliminé *librairie* en ce sens.

BICEPS, 1562 (Paré). Empr. du lat. *biceps* « à deux têtes » par les anatomistes ; ainsi nommé parce que ce muscle à deux attaches à sa partie supérieure.

BICHE, XIIe (écrit *bische*). Forme dialectale, normande ou picarde, de *bisse*, fréquent en a. fr., probabl. lat. pop. **bĭstia*, issu du lat. class. *bestia* sous l'influence de l'*i* du groupe *-ia*, attesté aussi par l'it. *biscia* « couleuvre » (d'où le fr. **bisse,** 1611, terme de blason), et le port. *bicho* « ver, insecte » (d'où l'esp. *bicho* « bestiole ») ; tandis que ces derniers sens sont probabl. dus à des euphémismes, celui du fr. vient du langage de la chasse. — Dér. : **bichette,** XIVe (Froissart), d'abord *bisselle*, XIIe.

BICHET, v. **pichet.**

BICHON, v. **barbe.**

BICOQUE, 1522. Signifie d'abord « petite forteresse de faible importance » encore au XVIIIe s. Empr. de l'it. *bicocca* « châtelet », qui signifie aussi « petite maison » au XVIe s., mot qui est probabl. de la famille de *coque*.

BICORNE, 1302. Empr. du lat. *bicornis* « à deux cornes ».

BICYCLE, v. **cycle.**

BIDET, XVIe (sens moderne). Au XVIe s. signifie aussi « pistolet de poche ». Paraît de la même famille de mots que *bider* « trotter », XVe, et *rabider* « accourir en hâte », XIVe. L'it. *bidello*, seulement « petit cheval », vient du fr. : au sens de « meuble de toilette », par métaphore, 1751, s'est répandu dans les langues voisines.

BIDOCHE, 1837. Argot militaire, peut-être issu du préc.

BIDON, 1523. Ce mot désignant d'abord un ustensile à l'usage des marins et les premiers textes étant normands, un emprunt au scandinave *bida* « vase » est assez vraisemblable, malgré la date récente de ces textes.

BIEF, 1631. Au moyen âge *bies*, *biez*, *bied*. Répandu sur tout le territoire galloroman et le Nord de l'Italie ; le sens fondamental est « canal creusé pour arroser les prairies ou amener l'eau à un moulin » ; du gaulois **bedu-* « canal, fosse », cf. gallois *bedd* et breton *bez* « tombe » ; pour l'*f* finale, v. **fief** et **emblaver.**

BIELLE, 1684. Probabl. empr. de l'esp. *bielda* « fourche servant à venter le blé » (*biela* dans la province de Guadalajara), dér. de *beldar* « venter », du lat. *ventilare*. Le mot aura désigné d'abord la bielle du tarare.

BIEN, *adv.* Lat. *bene*. — Dér. : **bien,** *subst.*, XIe *(Alexis)*. — Comp. : Nombreux mots avec *bien* comme premier élément. **Combien,** XIIe, comp. de l'anc. adv. *com*, v. **comme** ; a supplanté vers le XVIe s. l'anc. adj. *quant*, encore dans quelques locutions telles que *toutes et quantes fois*, etc., lat. *quantus*, propr. « combien grand », qui a pris à basse ép. le sens de « combien », au lieu du lat. class. *quot* ou *quam multi*, cf. it. *quanto*, esp. *cuanto*, a. pr. *can ; quant* subsiste comme adj. ou comme adv. dans les parlers méridionaux, depuis les Landes jusqu'à la Savoie.

BIENFAISANCE, etc., v. **faire.**

BIENNAL, 1550. Empr. du lat. de basse ép. *biennalis* (de *annus* « an »).

BIENSÉANCE, v. **seoir.**

BIENTÔT, v. **tôt.**

BIENVEILLANCE, v. **vouloir.**

BIÈRE « cercueil », vers 1080 *(Roland)*. Francique **bera* « civière » (cf. all. *Bahre*), qui servait à porter les morts et qui était souvent laissée sous le corps ; quand l'usage du cercueil, d'abord réservé aux grands, se répandit, *bière* prit le sens de « cercueil » ; très rare aujourd'hui au sens de « civière ». L'it. *bara* « *id.* » vient du longobard *bara*, qui correspond, avec une autre voyelle, au francique.

BIÈRE « boisson », 1429. Empr. du néerl. *bier*, avec le produit lui-même ; a éliminé l'anc. mot *cervoise*.

BIÈVRE, v. **castor.**

BIFFER, 1576. Dér. de l'a. fr. *biffe* « sorte d'étoffe rayée », vers 1210, sens disparu vers le XVIe s., au profit du sens péjor. « objet sans valeur, diamant faux, fausse apparence », sens pour lequel on n'a aucune attestation sûre avant la fin du XVIe s. *Biffer* semble appartenir à la famille de *rebiffer*, XIIIe, « rabrouer, repousser », attesté au XIIe s. au sens de « froncer le nez » *(revige du nes)*, d'où le moderne *se rebiffer*, XIXe ; mot probabl. onomatopéique, exprimant la moquerie, v. **bafouer** ; le développement sémantique de l'anc. *biffe* n'est pas clair. A ces mots se rattache l'argot du XIXe s., **biffin** « chiffonnier », 1836, d'où « fantassin » (ainsi nommé à cause de son sac).

BIFIDE, 1772 (J.-J. Rousseau). Empr. du lat. *bifidus* (de *findere* « fendre »).

BIFTECK, 1806 (en 1786 *beef-stake*). Empr. de l'angl. *beefsteak* « tranche de bœuf ».

BIFURQUER, XVIe (Paré). Jusqu'au XIXe s. terme scientifique. Dér. sav. du lat. *bifurcus* « fourchu ». — Dér. **bifurcation,** *id.*

BIGAME, 1270 (Ad. de Le Hale). Empr. du lat. eccl. *bigamus*, fait sur le grec *digamos*, avec *bi* substitué à *di*, v. **-game.** — Dér. : **bigamie,** XVe.

BIGARRER, 1530, mais *-é*, XVe. Mot de la famille de l'a. fr. *garre* « bigarré », 1360, surtout en parlant d'animaux, mot appartenant surtout à la Haute-Bretagne et d'origine inconnue. — Dér. : **bigarreau,** 1530 ; **bigarrure,** 1530.

BIGLE, 1471. Altération de *bicle*, XVIe, encore chez Ménage, d'abord *biscle*, début XVIe, par croisement avec *aveugle ;* cf. de même de verbe *biscler* au XVIe s., d'où *bigler*, 1642. L'adj. sort du verbe, d'un lat. pop. ***bisŏcŭlāre* « loucher », appuyé par l'esp. *bisojo* « louche » et le verbe *bizquear* « loucher ». L'adj. et le verbe sont tous deux répandus dans les parlers septentrionaux et franco-provençaux.

BIGNE, v. **beignet.**

BIGORNE, 1389 *(-orgne).* Empr. d'une langue méridionale, cf. prov. moderne *bigorna*, it. *bicornia*, esp. *bigornia*, empr. du lat. *bicornis ;* v. **bicorne.** — Dér. : **bigorneau,** 1423 (mais en 1611 pour le coquillage de ce nom).

BIGOT, 1425. Apparaît au XIIe s. chez Wace *(Rou)* comme terme d'injure adressé par les Français aux Normands, lequel est probablement d'origine anglaise *(be Gods grace).* Au XVe s. le mot a été empr. à nouveau du moyen haut all. *bi Gott* « par Dieu », invocation employée pour renforcer une affirmation. — Dér. : **bigoterie,** XVe ; **bigotisme,** 1701.

BIGOUDI, 1864. Étymologie inconnue.

BIGRE, v. **bougre.**

BIJOU, 1460 (terme de Bretagne). Empr. du breton *bizou* « anneau pour le doigt *(biz)* ». A supplanté en partie *joyau.* — Dér. : **bijoutier,** 1706 (sens moderne ; antér. « qui aime les bijoux », 1650) ; **bijouterie,** XVIIe (Vaugelas).

BILAN, 1584. Empr., comme de nombreux termes de banque, de l'it. *bilancio*, subst. verbal de *bilanciare* « balancer, peser », v. **balance.**

BILBOQUET, 1534 (Rab. : *bille boucquet*). Peut-être comp. de *bille*, impér. du verbe *biller*, anciennement « jouer à la bille (au sens de bâtonnet, v. **bille**) », et *de bouquet* « petit bouc », s'adressant par plaisanterie à la boule.

BILE, 1539 ; **bilieux,** 1537. Empr. du lat. *bilis, biliosus ; bilis* a été supplanté dans le lat. pop. par *fel*, propr. « vésicule contenant le fiel ». — Dér. : **biler (se),** fr. pop. du XIXe s. ; **biliaire,** 1687.

BILINGUE, 1826. Une première fois au XIIIe s. au sens de « médisant », puis en 1618, au sens moderne. Empr. du lat. *bilinguis*, qui a les deux sens.

BILL, 1669 (écrit aussi *bil* jusqu'au milieu du XVIIIe s.). Empr. de l'angl. *bill*, empr. lui-même du lat. *billa*, au sens médiéval de « boule de plomb attachée à des actes », d'où « diplôme ».

BILLARD, v. le suiv.

BILLE « partie d'un arbre, d'un tronc ou de grosses branches, préparée pour être travaillée », 1372, au sens de « quille » (au XIIe s. *billa, -us*, en lat. médiéval). Gaul. ***bīlia* « tronc d'arbre », cf. irlandais *bile*, de même sens. Vit aussi au Piémont et en Emilie. — Dér. : **billard,** 1399, d'abord « bâton recourbé pour pousser des boules » d'où le sens moderne (depuis la seconde moitié du XVe s.) qui l'a rapproché de *bille* et « boule » ; **billette,** 1304 ; **billon,** 1277, d'abord « lingot », d'où spécial. « alliage d'un métal précieux avec d'autres métaux tels que le cuivre », d'où « monnaie de mauvais aloi », d'où le sens moderne ; en outre sens techn., notamment agricoles, 1758, d'où **billonner,** 1755, **billonnage,** 1716, « labourer, labour en billon, etc. » ; **billot,** XIVe ; **habiller,** vers 1300 (sous la forme *abillier*), « préparer, apprêter » (d'où les nombreux sens techn. modernes), et spécial. « équiper (surtout pour la guerre) », dès le XIIIe s., mais usuel seulement depuis le XVe ; dér. de *bille*, au sens de « préparer une bille de bois », attesté par des emplois modernes ou dialectaux du langage agricole ; l'orthographe avec *h* résulte du rapprochement qui a été fait de bonne heure avec *habile* et *habit* ou leurs correspondants latins ; a pris vers 1400 le sens dominant aujourd'hui de « vêtir » en partie d'après *habit ;* d'où, dans diverses techn., **habillage,** 1462 *(a-) ;* **habillement,** 1374 (1536 au sens moderne), usuel jusqu'alors au sens d' « armes, machine de guerre », **habilleur,** 1552 *(habilleur de cuirs) ;* **déshabiller,** vers 1400 (*désa-*, au sens moderne), aujourd'hui très répandu dans les parlers gallo-romans ; en outre *desbillier*, XVe, attesté aussi dans de nombreux parlers septentrionaux (cf. pour cette forme **démarrer,** etc.), **rhabiller,** 1464 *(ra-) ;* **rhabillage,** 1506 *(ra- d'une biche),* **rhabillement,** 1538 *(ra-),* **rhabilleur,** 1549 *(ra-).*

BILLE « petite boule », XIIe. Francique ***bikkil*, cf. moyen haut all. *bickel* « dé ». L'it. *biglia* et l'esp. *billa* viennent du fr. — Comp. : **billebaude (à la)** « en désordre », XVIIe (Mme de Sévigné) ; peut-être comp. de *bille* et de *baude*, fém. de l'anc. adj. *baud* « fier », encore usuel au XVIe s., v. **baudet,** qui aurait signifié « à la bille hardie », et aurait été une expression de jeu, employée ensuite par plaisanterie.

BILLET, 1457. Tiré de l'a. fr. *billette*, 1389, encore dans les dictionnaires, altération, par croisement avec **bille** « boule » de *bullette*, fréquent en a. fr., dér. de *bulle. Billet de banque*, 1716.

BILLEVESÉE, 1534. Probabl. empr. d'un parler de l'Ouest, où *vèze* est encore vivace au sens de « cornemuse » et dont *vesée* est dér. *-vesée* dérive d'un radical onomatopéique *ves-* exprimant un léger bourdonnement, répandu surtout dans les parlers de l'Ouest (nant. *vezon* « bourdon », etc.) ; on a interprété *bille* comme une altération de *beille* « boyau », lat. *botŭlus* ; mais il est étonnant que *beille*, encore très usité dans les parlers de l'Ouest, ait été changé si tôt en *bille*.

BILLION, v. **mille.**

BILLON (de tronc), v. **bille.**

BIMANE, XVIIIe (Buffon). Formé avec le préf. *bi* et le lat. *manus* « main » sur le modèle de *bipède*.

BIMBELOT, etc., v. **bibelot.**

BINAIRE, 1554. Empr. du lat. de basse ép. *binarius* (IVe s.), dér. de *bini* « deux par deux », d'où « deux ».

BINER, 1507 (mais *rebiner* au XVe s.). En raison de la date, empr. du prov. *binar*, lat. pop. **bīnāre*, dér. de *bīni*, v. le préc., « faire une chose une deuxième fois » (cf. de même esp. *binar* « biner la vigne »), plutôt que forme transmise du lat. au fr. — Dér. : **binette** « outil pour biner », 1651.

BINETTE, 1813 (« perruque à la Louis XIV » ; sens moderne, 1848). Dér. au sens propre de *Binet*, nom d'un coiffeur de Louis XIV, d'où le sens fig., quand ce genre de coiffure a passé de mode. On s'étonne toutefois de la date récente où le mot est attesté.

BINIOU, 1799. Empr. du breton *biniou*.

BINOCLE, 1671. Tiré par le P. Chérubin, physicien, du lat. scientifique *binoculus*, créé par le P. de Rheita en 1645, du lat. *bini*, v. **binaire**, et de *oculus* « œil », pour désigner une sorte de télescope double, sur le modèle de *monocle ;* sens moderne depuis 1835. — Dér. : **binoculaire,** 1677, d'après le lat. *oculus*.

BINÔME, 1554. Formé avec le préf. *bi* et le grec *nomos*, au sens de « part, portion » ; ont été formés sur ce modèle *monôme* (pour *mononome*), 1691, *polynôme*, 1691, *quadrinôme*, 1554, et *trinôme*, 1613, avec les adj. grecs *monos* « seul », *polys* « nombreux » et les préf. d'origine lat. *quadri*, *tri*.

BIO-. Premier élément de mots sav., tels que **biographie,** 1721 ; **biologie,** 1802, tiré du grec *bios* « vie ».

BIPÈDE, 1598. Empr. du lat. *bipes*, *-dis*.

BIQUE, 1509. Seulement parlers gallo-romans. Peut-être altération, par croisement avec *bouc*, de *biche* (*bique* et *biche* sont dans quelques patois pris l'un pour l'autre), ou simplement fém. de *bouc* avec *i*, voyelle expressive. — Dér. : **biquet,** XVIe ; **biquette,** XVIe (R. Belleau).

BIRBE, 1837 (Vidocq, « vieillard » ; a dû signifier propr. « vieux mendiant »). Mot d'argot, empr. du prov. *birbe*, *-o* « pain mendié, canaille », tiré de *birba* « mendier », cf. aussi it. *birba* « coquinerie », de la famille de **bribe.**

BIRIBI, 1861 (comme nom d'un jeu de hasard dès 1760), empr. de l'it. *biribisso*.

BIS, *adj.*, vers 1080 (*Roland)*. A. pr. *bis*, it. *bigio*. Étymologie incertaine. — Dér. : **biset,** 1555.

BIS, *adv.*, 1690. Empr. du lat. *bis* « deux fois ». — Dér. : **bisser,** 1820.

BISBILLE, 1677. Empr. de l'it. *bisbiglio* « murmure, chuchotement », tiré de *bisbigliare*, verbe onomatopéique ; *bisbille* a d'abord signifié « murmure » ; sens moderne, 1752.

BISCAÏEN, 1689 (au sens de « mousquet à longue portée » ; puis « balle de ce mousquet », 1829). Dér. de *Biscaye*, nom d'une province au nord de l'Espagne, où cette arme fut d'abord employée.

BISCOTTE, 1807. Empr. de l'it. *biscotto* « biscuit », comp. du préf. repris au lat. *bis* et de *cotto*, part. passé de *cuocere* « cuire ».

BISCUIT, v. **cuire.**

BISE, XIIe. Du francique **bīsa*, cf. anc. haut all. *bīsa ;* de même a. pr. *biza ;* répandu en outre dans les parlers de l'Italie septentrionale et rhéto-romans et sur tout le territoire gallo-roman. La forme de beaucoup de parlers suppose un type **bisia*, mal éclairci.

BISEAU, XIIIe. Semble être un dérivé de *bis*, adv. — Dér. : **biseauter,** 1743 ; **biseautage,** 1863.

BISET, v. **bis,** *adj.*

BISMUTH, 1597, alors *bissemut*. Empr. de l'all. *Wismuth* (1550), d'étymologie incertaine.

BISON, fin XVe. Empr. du lat. *bison* (Pline, etc.), d'où le grec *bisôn* (Oppien, Pausanias). Le lat. est peut-être lui-même empr. du germ., cf. anc. haut all. *wisunt*, *wisant*.

BISQUE, vers 1600. Étymologie inconnue.

BISQUER, 1706. Né dans le milieu des escrocs ; probabl. dér. du radical de *Biscaye*, cette province espagnole passant pour le pays des filous, au point que *Biscaye* était devenu le nom de la confrérie des gueux et même celui d'une prison.

BISSAC, v. **sac.**

BISSE, v. **biche.**

BISSECTRICE, v. **secteur.**

BISSEXTIL, 1555. Empr. du lat. de basse ép. *bi(s)sextilis* (Isidore de Séville, VIIe s.), dér. de *bi(s)sextus (id.)*, propr. « deux fois sixième », jour intercalé tous les quatre ans dans le calendrier julien ; ainsi nommé parce que, placé après le 24 février, le sixième jour avant les calendes de mars, il doublait ce jour ; *bissextus* est représenté par **bissexte,** XIIe, et **bissêtre,** 1611 (en a. fr. *besisire*) « événement malencontreux », parce que ce jour était regardé comme néfaste.

BISTOURI, 1462 (*bistorit* « poignard » ; aux xve et xvie s., *-orie*, fém.). Empr. d'une forme de l'Italie Supérieure, où *-i* représente le suff. it. *-ino* ; cela nous mène à l'adj. *pistorino* « de Pistoja ». A Pistoja on fabriquait en effet des couteaux très tranchants. Paré, qui emploie ce couteau comme instrument chirurgical, hésite entre les deux formes *pistolet* et *bistorie*, la première empr. de l'it. *pistolese*, la deuxième d'une forme de l'Italie Supér. **bistorino*. Les deux mots sont certainement identiques, mais la cause du remplacement de *p-* par *b-*, qui doit être cherchée dans l'influence d'un autre mot, reste obscure.

BISTRE, xvie. Étymologie inconnue. — Dér. : **bistrer,** 1834 (**bistré** en 1809).

BISTRO, pop., 1884. Peut-être en rapport avec le poitevin *bistraud* « petit gardeur de vaches ». Il faudrait alors supposer que le mot aurait désigné d'abord l'aide du marchand de vin avant de s'appliquer au patron même.

BITTE, 1382 (Texte de Rouen). De l'anc. scandinave *biti* « sorte de poutre transversale sur le navire » ; passé du fr. dans les langues méridionales, cf. it. *bitta*, etc. — Dér. : **bitter,** verbe, 1690 ; **bitture,** 1683 ; de la locution *prendre une bonne bitture* « prendre une longueur de câble suffisante » est issue la locution de l'argot des marins, devenue pop., *prendre une bit(t)ure* « s'en donner tout son soûl », au xixe s. V. **débiter.**

BITTER, *subst.*, 1838 (en outre *pitre*, au xviiie s.). Empr. du holl. ou de l'all. *bitter*, propr. « amer » ; ce produit nous vient en effet de la Hollande.

BITUME, 1549 (au xvie s. aussi *bitumen* et *bitum* ; au xiiie *belume*) ; **bitumineux,** 1543. Empr. du lat. *bitumen*, *bituminosus*. — Dér. : **bitumer,** 1803.

BIVOUAC, 1650 (en outre *bivac* et *biwacht*, Ménage). D'abord « garde de nuit », d'où le sens moderne depuis 1793. Empr. du néerl. *bijwacht* « garde qui campe en plein air, à côté de la garde principale » (un mot all. *beiwacht* et un mot suisse *biwacht* qu'on a aussi proposés, ne sont pas attestés). A passé du fr. dans les langues voisines : it. *bivacco*, angl. *bivouac*, all. *Biwak*. — Dér. : **bivouaquer,** 1793.

BIZARRE, xvie (en outre *bigearre*, jusqu'au début du xviiie s., et d'autres formes, en partie dues à un croisement avec *bigarré*). Empr. de l'it. *bizarro* « emporté, capricieux », d'origine incertaine ; on le considère à tort comme empr. du basque *bizar* « barbe », qui aurait été pris au sens de « homme énergique », d'où l'adjectif. — Dér. : **bizarrerie,** 1555.

BLACKBOULER, 1842 (1836, *blackboller*). Empr. par croisement avec *boule*, de l'angl. *to blackball* « rejeter en mettant dans l'urne une boule noire *(black)* ». — Dér. : **blackboulage,** 1866.

BLACK-OUT, 1942. Empr. de l'angl. *black-out*, comp. de *black* « noir » et *out* « éteint », formé pendant la deuxième grande guerre.

BLAFARD, 1342. Signifie parfois « bénin, complaisant », au xive s. Empr. du moyen haut all. *bleichvar* « de couleur pâle », avec substitution du suff. *-ard*, cf. aussi *blafastre*, fréquent au xvie s., cf. **sale,** empr. à peu près à la même ép., et **terne.**

BLAGUE, « petit sac pour le tabac (d'abord faite avec la poche du pélican) », 1721. Du néerl. *balg* « sac de cuir ». A pris le sens figuré de « menterie pour amuser les gens » au début du xixe s., attesté en 1809 dans le langage militaire, d'où **blaguer,** 1808 ; **blagueur,** *id.*

BLAIR, pop., 1880. Abréviation de *blaireau*, allusion au museau allongé de l'animal de ce nom.

BLAIREAU, xive (*blarel*, 1312). Dér. de l'anc. adj. *bler*, dit d'une couleur mal déterminée du cheval, cf. a. pr. *blar*, dit également d'une couleur (en tout cas, le simple et les dér. servent à désigner des animaux ayant une tache blanche sur la tête de même que le blaireau) ; *bler* vient du gaulois **blăros*, qu'on peut restituer d'après le gallois *blawr* « gris » et le gaélique *blar* « qui a une tache blanche sur le front » ; ce mot a pu se fondre en outre avec le francique **blārī*, cf. néerl. *blaar* « vache qui a une tache blanche sur le front ». *Blaireau* a supplanté dans les parlers septentrionaux l'a. fr. *taisson*, 1247 ; lat. de basse ép. *taxo* (ve s.) d'origine germ., cf. all. *Dachs*, et qui survit encore dans les parlers méridionaux, de l'Est et du Nord-Est, d'où aussi it. *tasso*, esp. *tejón*, a. pr. *tais* et *taisson ;* v. **tanière.**

BLÂMER. Lat. pop. *blastemāre* (*blastema* dans une inscription de la Gaule), altération du lat. eccl. *blasphēmāre* « blasphémer, outrager » (du grec *blasphêmein*), par dissimilation de la deuxième labiale ou par croisement avec *aestimare* « estimer » ; *blasphemare* a pris de bonne heure (au moins en gallo-roman) le sens affaibli de « faire des reproches » attesté abondamment en lat. médiéval. It. *biasimare* (empr. du fr.), esp. *lastimar* « blesser, outrager, etc. ». — Dér. **blâme,** vers 1080 *(Roland) ;* **blâmable,** xiiie.

BLANC, vers 1080 *(Roland)*. Du germ. occidental **blank*, cf. all. *blank* « clair, poli », d'où également it. *bianco*, a. pr. *blanc*. Le mot germ. a supplanté le lat. *albus*, qui survit notamment dans le roumain *alb* et le port. *alvo*, mais en gallo-roman seulement dans des comp., v. **aubépine.** — Dér. : **blanchaille,** 1701 ; **blanchard,** xiiie ; **blanchâtre,** 1372 ; **blanchet,** 1278 ; **blancheur,** xiie ; **blanchir,** xiie, **blanchiment,** 1600, **blanchissage,** 1539, **blanchisseur,** 1611 (*blanquisseur* en 1339), **blanchisserie,** 1701, **déblanchir,** 1789, **reblanchir,** 1321 (sous la forme *-quir*). — Comp. : Nombreux mots avec *blanc*, *blanche*, comme premier élément ; **blanc-d'œuf,**

xve, a supplanté dans les parlers septentrionaux *aubin*, encore dans les Ardennes, altération d'*aubun*, lat. *albūmen*, d'où it. *albume*, cf. de même it. *bianco d'uovo*, esp. *clara de huevo*, v. **glaire.**

BLANDICE, XIVe-XVIe s. ; repris par Chateaubriand. Empr. du lat. *blandilia*, dér. de *blandus* « caressant, etc. ».

BLANQUE, v. **numéro.**

BLANQUETTE, 1611. Dér. dialectal de *blanc*, mais de différentes époques suivant les sens, et de dialectes qu'il est difficile de déterminer ; au sens de « raisin » ou « de vin du Midi », 1600, représente le prov. *blanquelo.*

BLASER, 1608 (Régnier, au sens d' « user sous l'effet des liqueurs fortes », encore dans Saint-Simon), d'où le sens moderne, 1762. Empr. du moyen néerl. *blazen* « gonfler », le sens propre ayant pu être « gonflé, bouffi sous l'effet de la boisson », sens attesté dans les patois du Nord.

BLASON, XIIe (« bouclier », usuel au moyen âge, d'où les sens modernes). On a voulu y voir un dér. de la famille du mot germ. cité sous le mot préc., au sens de « marque gravée sur le bouclier, éclat, gloire », mais le sens propre « bouclier » ne s'accorde pas avec cette hypothèse ; d'autre part, le type **blaso* « bouclier », qu'on restitue, est sans explication, cf. de même a. pr. *blezo, blizo* « bouclier ». A pénétré du fr. dans les langues voisines : it. *blasone*, esp. *blasón*, au sens moderne. — Dér. : **blasonner,** 1389, d'où particulièrement « célébrer » (passé en esp.) ; en outre « couvrir de son bouclier » et ironiquement « critiquer », d'où des sens anc. de *blason* « éloge, critique », fréquents au XVIe s.

BLASPHÈME, XIIe ; **blasphémer,** 1360. Empr. du lat. eccl. *blasphemia, -mare* (du grec *blasphêmia, -mein*), v. **blâmer.** — Dér. : **blasphémateur,** XVe ; **blasphématoire,** *id.*

BLATÉRER, 1836. Empr. du lat. *blaterare*, qui se disait déjà aussi des chameaux.

BLATIER, v. **blé.**

BLATTE, 1534 (Rab.). Empr. du lat. *blatta.*

BLAUDE, v. **bliaud.**

BLAVET, v. **bleu.**

BLÉ, vers 1080 *(Roland).* Souvent *blef* en a. fr. ; cf. le *v* d'*emblaver* et *bief.* Signifie aussi « champ de blé », comme la forme fém. *blée.* Mot gallo-roman (cf. a. pr. *blat* et *blada*), aujourd'hui dominant ; en outre, it. *biada* et *biava* (dialectal). Du francique **blâd* « produit d'un champ », restitué d'après anc. angl. *blœd* « *id.* » et néerl. *blat* « *id.* » ; le lat. médiéval a *blada* « produit d'un vignoble, moisson ». — Dér. : **blatier,** 1260 (É. Boileau : *blaetier*, par un dér. en *-et*, non attesté) ; *déblayer,* XIIIe (*desblaer*, puis *débloyer*, 1388), propr. « récolter du blé, moissonner », d'où « enlever des matériaux », XIVe, d'où **déblai,** 1507, **déblaiement,** 1616 ; **emblaver,** 1242 ; **emblavure,** XIIIe ; **remblayer,** 1241, dér. d'*emblayer*, XIIe (déjà au sens fig. d' « embarrasser », par opposition à *déblayer*) ; **remblai,** 1694.

BLED. Fin XIXe. Argot militaire, empr. de l'arabe *bled* « terrain, pays, ville », forme maghrébine de l'arabe class. *bilâd.*

BLEIME, 1660. Empr. du wallon *blème,* lui-même altération de *blène* « contusion », empr. du néerl. *blein* « vessie, ampoule ».

BLÊME, v. le suiv.

BLÊMIR, vers 1080 (*Roland, blesmir ;* en outre *blesmer*, XIIe). En a. fr. à la fois intrans. « se flétrir » et trans. « flétrir », d'où « blesser, endommager », cf. aussi a. pr. *blesmar, blasmar* « faire évanouir ». Probabl. d'un francique **blesmjan* « faire pâlir », dérivé du radical qui se trouve dans l'all. *blass* « pâle ». L'anc. scandinave *blâmi* « couleur bleuâtre » (dér. du radical de l'all. *blau* « bleu »), qu'on a proposé, par l'intermédiaire d'un verbe non attesté **blâma*, et dont l'*s* serait dû à un croisement mal éclairci, est exclu, parce qu'à l'époque des invasions scandinaves *a* n'aurait plus pu devenir *e.* — Dér. : **blême,** vers 1370.

BLENDE, sorte de minerai, 1751. Empr. de l'all. *Blende.*

BLENNORRAGIE, 1798 ; **BLENNORRHÉE,** *id.* Formés avec le grec *blenna* « mucus », et *rhagê* « éruption » (dans le premier), *rhein* « couler » (dans le second).

BLÉPHARITE, 1833. Dér. sav. du grec *blepharon* « paupière ».

BLÉSER, XIIIe (J. de Meung). Spécialisation de sens récent. Dér. de l'adj. *blois* « bègue », rarement attesté, lat. *blaesus*, de même sens, cf. aussi a. pr. *bles* « *id.* ». Seulement gallo-roman. — Dér. : **blésité,** 1803.

BLESSER, XIe (Raschi : *blecier*, orthographe usuelle au moyen âge). Du francique **blettjan* « meurtrir », sens encore attesté dans les patois, d'où « blesser », dér. d'un adj. **blet*, cf. anc. angl. *blât* « blême », et anc. haut all. *bleizza* « tache bleue produite par une meurtrissure » ; de même a. pr. *blessar* « blesser ». Seulement gallo-roman. — Dér. : **blessure,** XIIe ; **blet,** masc., XIVe (E. Deschamps), rare avant le XVIIe s. ; issu du fém. *blette*, déjà attesté fin XIIIe, réfection d'un fém. *blesse* (cf. *blece*, de même date), issu du verbe et répandu dans les patois septentrionaux ; d'où **blettir,** 1332.

BLETTE, v. **bette.**

BLEU, XIIe (en a. fr. *blo, blau, blef, bloe, bleve*). Francique **blao*, cf. all. *blau*, angl. *blue ;* de même a. pr. *blau.* Seulement gallo-roman. V. **bas, cordon, conte.** — Dér. : **bleuâtre,** 1493 ; **bleuet,** 1404, et **bluet,** 1549, en outre **blavet,** XVIe, empr. d'un dial. non déterminé ; **bleuir,** 1690, **bleuissage,** 1863, **bleuissement,** 1838.

BLIAUD, vers 1080 *(Roland)*. De même a. pr. *blidal*, *blizaut*, etc. Étymologie inconnue. A pénétré dans les langues voisines : moyen haut all. *blîalt* « étoffe de soie de prix », etc. — Dér. : **blaude,** 1564, encore usuel dans les patois, mais en recul devant *blouse*, dont le rapport avec *blaude* n'est pas déterminé.

BLINDER, 1678. Dér. du terme de fortification *blinde*, 1628, empr. de l'all. *Blende* « *id.* », tiré de *blenden* « aveugler » (cf. *blind* « aveugle »), d'où « blinder ». — Dér. : **blindage,** 1731.

BLIZZARD, 1888. Empr. de l'angl. d'Amérique.

BLOC, XIIIe. Empr. du néerl. *bloc* « tronc abattu », ou du moyen haut all. *block* « tronc, bloc ». Seulement fr. septentrional ; ailleurs empr. du fr. — Dér. : **blocaille,** 1549 (d'où, par altération, *brocaille*, 1845) ; **bloquer,** XVe (le sens d' « investir par un blocus », fin XVIe, D'Aubigné, est dû à *blocus*, d'où **débloquer,** 1588), d'où **blocage,** 1547, **bloquette,** 1867, **débloquer,** terme d'imprimerie, 1754.

BLOCKHAUS, fin XVIIIe s. Empr. de l'all. *Blockhaus*, comp. de *block*, v. le préc., et de *haus* « maison », soit « maison charpentée ».

BLOCUS, 1547 ; d'abord *blaucus*, 1507, *blocquehuys*, XVe, « fort servant à assiéger », dès 1350 *blochus* dans un texte liégeois ; sens moderne depuis le XVIIe s. ; au XIVe s., dans des textes du Nord-Est, « maison charpentée ». Empr. du moyen néerl. *blochuus*, v. le préc.

BLOND. A. pr. *blon*, it. *biondo*. On considère que *blond*, qui désigne une couleur de cheveux propre aux gens du Nord, doit être d'origine germ., comme les adj. de couleur *blanc*, *bleu*, etc., mais ***blund**, qu'on restitue, est sans appui dans les langues germaniques. L'all. *blond* est lui-même empr. de l'a. fr. (par la poésie courtoise). — Dér. : **blondasse,** vers 1700 (Saint-Simon) ; **blonde,** 1743, « sorte de dentelle », ainsi nommée à cause de la couleur de la soie grège qu'on emploie ; **blondelet,** XVe ; **blondin,** 1650, **blondinet,** fin XIXe s. ; **blondeur,** vers 1270 ; **blondir,** XIIe s.

BLOQUER, v. **bloc.**

BLOTTIR (se), 1552. Probabl. empr. du bas all. *blotten* « écraser » ; comp., pour le développement sémantique, *s'écraser*. Le changement de conjugaison peut s'expliquer par l'influence de *s'accroupir*.

BLOUSE « vêtement », 1788. Étymologie obscure, v. **bliaud.**

BLOUSE (de billard), v. le suiv.

BLOUSER, 1680 (*belouser* et *blouser*, terme de jeu de billard, d'où le sens moderne). Dér. de *blouse*, XVIe (et *belouse*), d'abord terme du jeu de paume, « creux pour recevoir les balles », d'origine inconnue.

BLUE-JEAN, 1960. Empr. de l'anglais *blue* « bleu » et *jean* « esp. de coton ; vêtement fait de ce coton », lequel vient du nom de la ville de Gênes (*Jeyne* en moyen angl.).

BLUES, 1928. Empr. de l'angl. *blues*, plur. de l'adj. *blue* « bleu », qui est employé aussi au sens de « anxieux ». Ce terme provient du fait que cette variété de fox-trott se danse langoureusement.

BLUETTE, vers 1530 (Marot, en outre *belluette*). Propr. « étincelle », aujourd'hui encore usuel surtout dans les parlers de l'Ouest, d'où le sens moderne, vers le XVIIIe s. Dimin. de * *belue*, non attesté, mais assuré par l'a. pr. *beluga* « étincelle », encore usuel dans les parlers méridionaux, et par des formes des parlers de l'Italie septentrionale ; celui-ci s'explique par une déformation de *famfaluca* attesté dans des gloses du IXe s. au sens de « bagatelle » ; *famfaluca*, qui a vécu en fr. jusqu'au XVe s. sous la forme *fanfelue*, est issu du grec *pompholyx* « bulle d'eau ». La première partie de *famfaluca* a été échangée dès le latin du Bas-Empire contre le préfixe *bis*, sous ses deux formes, *bis-* et *bi-*. D'une forme ***biluca**, née de cette façon, est sorti l'anc. fr. ***belue**, de ***bisluca** le fr. **berlue.**

BLUFF, 1895. Empr. de l'argot anglo-américain *bluff*. — Dér. : **bluffer,** 1884 ; **bluffeur,** 1895.

BLUTEAU, v. le suiv.

BLUTER, XIIe (*buleter*, fréquent au moyen âge, d'où *beluter*, XIIIe ; *bluter*, XIVe). Empr. du moyen haut all. *biuteln* « bluter », adapté aux verbes en *-eter*, cf. aussi le moyen néerl. *buidelen* et l'all. *Beutel* « sac, bluteau ». L'a. pr. *balutar* et l'it. *burattare* viennent probabl. du fr. — Dér. : **blutage,** 1546 (Rab.) ; **bluteau,** XIIIe (*buletel* au XIIe) ; **bluterie,** 1611 (d'abord *buleterie*, 1325) ; **blutoir,** 1606 (*belutoir* en 1315).

BOA, 1372. Empr. du lat. *boa* « serpent d'eau ».

BOBARD, fin XIXe. Fr. pop., d'une famille de mots onomatopéiques, exprimant le mouvement des lèvres, d'où ce qui est gonflé, la moue, la sottise ; cette famille de mots est attestée par de nombreux mots du gallo-roman et des langues voisines, cf. entre autres a. fr. *bobert* « sot », etc., v. **bobine, bombance, embobiner.**

BOBÈCHE, partie de flambeau, 1335. Peut-être de même formation que *bobine*, mais avec un suff. obscur.

BOBÈCHE « pitre », XIXe. Tiré du surnom d'un pitre célèbre sous le Premier Empire et la Restauration.

BOBELIN, v. **embobiner.**

BOBINE, 1544. Mot onomatopéique, v. **bobard** ; ainsi nommé à cause de sa forme cylindrique. A supplanté sur tout le territoire gallo-roman des représentants du mot germ. ***spola**, cf. all. *Spule* « bobine », d'où les mots techn. **époule,** XIIIe ; **époulin,** 1723.

BOBO, XVe (Charles d'Orléans). Mot onomatopéique, du langage enfantin, v. les préc.

BOBSLEIGH, 1899. Empr. de l'angl. *bobsleigh*, comp. de *sleigh* « traîneau », l'initiale *bob* étant obscure.

BOCAGE, 1130 (*boscage ;* en outre, *boschage* au moyen âge). Dér. dialectal, norm., de **bosc*, forme qui a dû précéder *bos*, fréquent en a. fr., v. **bois.** — Dér. : **bocager,** XVIe (Ronsard).

BOCAL, 1532 (Rab.). Empr. de l'it. *boccale*, masc., lat. de basse ép. *baucalis*, fém. (du grec de l'époque impériale *baukalis* « vase réfrigérant »).

BOCHE, 1889 (au sens moderne ; devenu populaire en 1914). Apocope d'*alboche*, forme argotique d'*allemand*, cf. *italboche*, *rigolboche*, ou réduction de *tête de boche*, à peu près de même date, pour *tête de caboche* (équivalent de *tête carrée* « Allemand, Alsacien », dès 1866), au sens de « tête dure », ou contamination des deux ; on a, dès 1866, *boche* « mauvais sujet » dans la langue de la galanterie.

BOCK, 1855 (de Goncourt). Empr. de l'all. *Bockbier* « espèce de bière très forte », abrégé en *bock*.

BOESSE, sorte de brosse, 1728. Issu du comp. *gratte-boësse*, vers 1600 *(gratte-bosse pour gratte-boisser)*, empr. du prov. *grataboyssa*, 1498 (texte de Draguignan), formé de l'impér. des deux verbes *grata(r)* « gratter », et *bouissa(r)* « balayer, frotter » (v. **buis**). — Dér. : **boësser,** *id.*

BŒUF. Lat. *bŏvem*, acc. de *bōs*. — Dér. : **bouverie,** XIIe ; **bouvet,** 1305, au sens de « rabot », 1600, par comparaison du rabot qui creuse la rainure avec le bœuf qui creuse le sillon ; **bouvillon,** XIIIe ; **bouvreuil,** 1762 (d'abord *bouvreur*, 1700), propr. « petit bœuf », dit ainsi par plaisanterie ; autres formes, *bœuf* dans la Sologne, *bouvret*, *bouvron*, *bouvel*, *bouvard*, dans d'autres dialectes.

BOGHEI, sorte de cabriolet (orthographe bizarre, quoique usuelle depuis 1835 *(Acad.)* ; *boguey*, 1809, Lamartine ; *bockei*, 1797). Empr. de l'angl. *buggy* (orthographe parfois conservée en fr.), d'origine inconnue.

BOGHEAD, 1857. Du nom du village écossais où on trouve cette houille.

BOGGIE, 1843. Empr. de l'angl. *bogie*, d'origine inconnue.

BOGUE, « enveloppe de châtaigne », 1537. Mot de l'Ouest, qui paraît issu du breton *bolc'h* « capsule du lin », propr. « sac, enveloppe », de **bolgh* (lat. de la Gaule *bulga*, v. **bouge**) étymologie appuyée par l'indication de Cotgrave, 1611, « enveloppe contenant la graine de certaines plantes ».

BOHÈME, 1372. Empr. du lat. médiéval *bohemus* « habitant de la Bohême », dit ensuite des tsiganes qui avaient passé par ce pays ; sens moderne, 1830 ; les tsiganes apparaissent en France dès 1427. — Dér. : **bohémien,** XIVe.

BOIRE, lat. *bĭbĕre*. — Dér. et Comp. : **beuverie,** XIIe (écrit *bev-*), disparu après le XVIe s., repris au XIXe s. par archaïsme sous les formes *beuverie* et *buv- ;* **breuvage,** XIIe (*bovr- ;* souvent *bevrage* au moyen âge), dér. de *beivre*, *boivre*, anc. inf. pris substantiv., cf. aussi a. pr. *beuratge* ; **buvable,** XIIIe (sous la forme *bev-*) ; **buvard,** 1830 ; **buvette,** 1539 ; **buvetier,** 1586 (N. du Fail) ; **buvoter,** 1539 *(beuv-)* ; **déboire,** XVe, propr. « arrière-goût désagréable que laisse une boisson », encore au XVIIIe s., d'où le sens fig., XVIe ; **fourbu,** XVIe, en parlant du cheval, part. passé de l'anc. verbe *fourboire* « boire à l'excès, à contre-temps » (comp. avec l'adv. *fors*), sens fig., une fois chez Rab., 1546, mais usuel seulement au XIXe s. ; **imbuvable,** 1600 ; **pourboire,** 1740. V. **biberon, embu.**

BOIS. Au sens propre « réunion d'arbres », distinct de la forêt qui, au moyen âge, était réservée à la chasse seigneuriale, etc. Du germ. occidental **bosk* « buisson, bois », cf. all. *Busch* « buisson », angl. *bush*. De même a. pr. *bosc*, it. *bosco ;* existe aujourd'hui dans tous les parlers gallo-romans qui n'ont plus de trace de l'a. fr. *selve*, lat *sĭlva*, combattu en outre par *forêt*. La forme *bois* vient, non de **boscum*, mais du plur. **bosci*. A pris de bonne heure le sens de « matière ligneuse de l'arbre » et éliminé en ce sens des représentants du lat. *lĭgna*, plur. neutre de *lignum*, a. fr. *leigne*, a. pr. *lenha*, peu vivace aujourd'hui, même dans les parlers méridionaux, qui ont empr. le fr. *bois*, tout en gardant la forme locale *bosc* pour le sens propre. — Dér. et Comp. : **boiser,** 1671, d'après le 2e sens (mais au sens forestier, 1829, d'où **déboiser,** 1842 (*déboisé* dès 1803), **reboiser, reboisement,** 1863) ; **boiserie,** vers 1700 (Saint-Simon) ; **bûcheron,** 1550, altération, d'après *bûche*, de *boscheron*, XIIIe, formes variées dans les parlers gallo-romans, cf. notamment la forme picarde **boquillon,** 1668 (La Fontaine), antér. *bochillon* et *boskellon*, XIIe ; **buisson,** XIIe, altération de *boisson* sous l'influence de **buis,** cet arbrisseau étant très répandu en France et attirant l'attention parce qu'il ne perd pas ses feuilles en automne, d'où **buissonnet,** XIIe *(boiss-) ;* **buissonneux,** *id. ;* **buissonnier,** XVI ; pour **école buissonnière,** v. **école ; mort-bois,** vers 1390 ; **sous-bois,** 1869 (une 1re fois en 1333) ; v. **boqueteau, bosquet, boucher,** verbe, **bouquet, haut-bois,** sous **haut.**

BOISSEAU, 1198 ; en outre *boistel* au moyen âge. De même a. pr. *boissel*. *Boistel* est refait sur *boiste*, v. **boîte,** qui ne peut pas expliquer les formes avec *-ss-*. Probabl. dér. d'un simple *boisse* « sixième du boisseau », attesté du XIIIe au XVe s., et qui a d'assez nombreux correspondants dans les patois, avec des sens divers ; *boisse* représente le lat. (de la Gaule) **bostia* « ce qu'on peut tenir dans la main », dér. d'un gaulois **bosta* « *id.* », restitué d'après l'irlandais *boss*, *bass* « creux de la main ». — Dér. : **boisselée,** XIIIe ; **boisselier,** 1611 ; **boissellerie,** 1751.

BOISSON. Lat. de basse ép. (VIIe s.) *bĭbĭtiōnem*, acc. de *bibitiō*, dér. de *bibere* « boire ». Seulement fr.

BOÎTE. D'abord *boiste*. Issu par substitution de suff., du lat. pop. *bŭxĭda*, attesté dès le IVe s., acc. de *buxis*, en lat. class. *pyxis* « boîte, coffret », objet de luxe, d'origine grecque (dér. de *pyksos* « buis »). A. pr. *boisseza*, *boissa*, etc., it. *bossolo*. — Dér. : **boîter,** 1538 (mais *boistoier* au XIVe s.) ; **boiteux,** 1226, dér. de *boîte*, au sens de « cavité d'un os », propr. « tourner dans la cavité » en parlant de la jambe, **boiterie,** 1803 ; **boîtier,** 1260 ; **boitiller,** 1867 ; **boitillement,** 1867 ; **boitillon,** 1765 ; **déboîter,** 1545, **déboîtement,** 1530 ; **emboîter,** 1320, **emboîtage,** 1787, **emboîtement,** 1606, **emboîture,** XVIe (Paré), **remboîter,** vers 1300, **remboîtement,** 1636.

BOÎTER, v. le préc.

BOL, « pilule », vers 1300 (écrit *bole*) ; d'abord *bolus*, XIVe. Empr. du lat. médical *bolus* « grosse pilule » (du grec *bôlos* « motte, boule »).

BOL, récipient, 1792, antér. *bowl*, 1786. Empr. de l'angl. *bowl*. — Dér. : **bolée,** 1892.

BOLCHÉVISTE, vers 1917. Issu par substitution de suff., de *bolchévik*, mot russe, qui signifie « qui veut le maximum », opposé à *menchévik* « qui veut le minimum » ; de là les traductions *maximaliste*, *minimaliste*, en 1905-6. — Dér. : **-isme,** *id.*

BOLÉRO, 1804. Empr. de l'esp. *bolero*, propr. « celui qui danse le boléro », qui semble dér. de *bola* « boule, bille ». Pris pour désigner un vêtement d'origine esp., 1897.

BOLET, XIVe (écrit *boulet*). Empr. du lat. *boletus* « cèpe » (du grec *bôlêtês*, dér. de *bôlos*, v. **bol**). On a comme formes pop. l'a. pr. *bolet* et l'a. fr. de l'Est *bolei*, aujourd'hui disséminé dans les patois de l'Est et méridionaux, mais peu vivace.

BOLIDE, 1803, une première fois en 1570. Empr. du lat. *bolis*, *-idis*, fém. (mot grec, qui signifie « trait, jaillissement de l'éclair », de la famille de *ballein* « lancer »).

BOLIVAR, 1819. Tiré de *Bolivar*, nom du héros de l'indépendance de l'Amérique du Sud (1783-1830), dont le nom a été donné à un chapeau à larges bords et à haute forme, à la mode chez les libéraux, vers 1820, au moment de la grande popularité de Bolivar.

BOMBANCE, 1530. Altération, d'après **bombe,** de l'a. fr. *bobance*, très usuel à côté de *bobant*, masc. « présomption, faste », cf. de même a. pr. *boban*, *bobansa*, mots onomatopéiques, v. **bobard.** — Dér. : **bombe,** fin XIXe, en fr. pop.

BOMBARDE, XIVe (« trompette, machine à lancer des pierres »). Dér. du lat. *bombus* « bruit sourd » (du grec *bombos*, mot onomatopéique). — Dér. : **bombarder,** 1515, **bombardement,** 1701, **bombardier,** 1431.

BOMBASIN, v. **basin.**

BOMBE « ripaille », v. **bombance.**

BOMBE, projectile, 1640. Empr. de l'it. *bomba*, formé comme *bombarde*. — Dér. : **bomber,** 1701 (d'après la forme de la *bombe*, d'abord *-é*, 1690), **bombement,** 1694.

BOMBONNE, 1867. Empr. du prov. *boumbouno* « sorte de bouteille », de la même famille que le préc.

BOMBYX, 1564 (sous la forme *bombyce*) Empr. du lat. *bombyx* (mot grec).

BON, lat. *bŏnus*. L'a. fr. avait une forme *buen*, qu'a éliminée *bon*, développé en position inaccentuée, par suite de l'emploi ordinaire de l'adj. devant le subst. — Dér. : **bon,** subst., « terme de finances », vers 1700 (Saint-Simon) ; **bonne** « servante », 1708 ; **bonifier** « rendre bon », vers 1445 (peut-être d'après le lat. médiéval *bonificare*, ou empr. de l'it. *bonificare*), au sens financier, 1712, d'où **bonification,** 1584, sens parallèle au verbe ; **boniment,** 1837, par l'intermédiaire d'un verbe argotique *bonir* « parler », propr. « dire des bonnes », 1828 ; **abonnir,** XIIe, **rabonnir,** XIIIe. — Comp. : Nombreux mots avec *bon* comme premier élément ; **bonbon,** 1604 (*du bonbon*, Journal de J. Héroard, médecin du dauphin), d'où **bonbonnière,** 1780.

BONACE, vers 1220. Lat. pop. **bonacia*, altération du lat. class. *malacia* « calme de la mer (du grec *malakia* « *id.* »), interprété comme un dér. de *malus* « mauvais », et conséquemment refait en *bonacia* d'après *bonus*, en raison du sens du mot ; de même it. *bonaccia*, a. pr. *bonassa*. **Bonasse,** adj., usuel au XVIe s., déjà relevé en 1288 (sous la forme *bonace*), en parlant de la mer ou du temps, au sens de « calme », est le même mot pris adjectiv., cf. *calme*, doit son sens péjor., attesté dès la fin du XVIe s., au suff., v. **hommasse,** d'où **bonasserie,** 1840 (Balzac).

BONDE, 1373 (*la bonde du tonnel*) ; en 1411 « bonde d'étang ». Du gaulois **bunda*, supposé d'après irlandais *bonn* « base, plante du pied » ; cf. a. pr. *bonda*. Les formes germ., cf. all. *Spund*, sont empruntées du roman. — Dér. : **bonder,** 1483 ; **bondon,** vers 1300 (mais le dér. *bondenel* est attesté dès le XIIe s.), d'où **débondonner,** 1564 ; **débonder,** XVe.

BONDIR. Au moyen âge signifie surtout « retentir », encore usuel au XVIe s., d'où « s'ébranler, sauter », rare au moyen âge ; cf. a. pr. *bondir* « retentir ». Lat. pop. **bombitīre*, formé peut-être d'après le prototype de l'a. fr. *tentir*, v. **retentir,** cf. le lat. class. *bombīre* et le lat. de basse ép. *bombitāre*, verbe onomatopéique (IVe s.) ; v. **bombarde, bombe.** — Dér. : **bond,** XIVe (Christine de Pisan), *faux-bond* est un terme du jeu de balle, XVIe (alors déjà au sens fig.) ; **bondissement,** 1547 (antér. « retentissement », XIVe) ; **rebondir,** XIIe (« retentir » ; a suivi le développement sémantique du simple) ; **rebondissement,** vers 1400 (sens moderne).

BONHEUR, v. **heur.**

BONI, 1612 : (« l'emploi qu'ils font du boni et remanet » dans un texte juridique). Empr. du lat. *boni*, génitif de *bonum*, neutre, dans la locution *aliquid boni* « quelque chose de bon », qui a dû être employée dans le langage juridique du moyen âge, comme *remanet* « il reste », d'où « reste ».

BONIFICATION, v. **bon.**

BONNET, 1401 (mais dès le XIIe s. *boneta* dans le lat. médiéval ; le sens d' « étoffe servant à faire des coiffures », bien qu'attesté à la même époque, est secondaire). On a relevé dès le VIIe s. *(Loi Salique) abonnis* « bonnet », d'origine peut-être germ., auquel *bonnet* semble se rattacher. — Dér. : **bonneteur,** 1708, propr. « celui qui prodigue des coups de bonnet », d'où « filou », 1752, par l'intermédiaire d'un verbe **bonneter,** 1550, « donner des coups de bonnet », d'où **bonneteau,** 1874 ; **bonnetier,** 1449 ; **bonneterie,** XVe s. ; **bonnette,** 1382.

BONTÉ. Lat. *bonitātem*, acc. de *bonitās*. It. *bontà*, esp. *bondad*.

BONZE, 1570 (*bonzis* en 1581). Empr., par l'intermédiaire du port. *bonzo*, du japonais *bonsō*.

BOOM, 1885. Mot onomatopéique, empr. de l'anglo-américain.

BOOMERANG, 1863. Empr., par l'intermédiaire de l'angl., de la langue des indigènes australiens.

BOQUETEAU, XIXe. Dér. normand de *bois* ; v. **bouquet.**

BOQUILLON, v. **bois.**

BORA, v. **bourrasque.**

BORAX, début XVIe (dans un glossaire édité alors, mais rédigé à la fin du XIIIe s.). Empr., par l'intermédiaire du lat. médiéval *borax*, de l'arabe *boûraq*, empr. lui-même du persan *boûrah* (cf. *baurach* chez Rab., 1532). — Dér. : **borate,** 1787 (G. de Morveau) ; **bore,** 1808, **borique,** 1835.

BORBORYGME, XVIe (Paré). Empr. du grec *borborygmos*.

BORD. Du francique **bord* « bord d'un vaisseau », autre mot que le prototype de *borde*, v. **bordel** ; cf. de même a. pr. *bort*. L'it. *bordo* vient du gallo-roman. — Dér. et Comp. : **bordage,** 1476 (« bord » ; comme terme de marine, 1573) ; **bordée,** 1546 ; **border,** XIIe, d'où **bordage** « action de border », XVIIe ; **bordure,** vers 1150 ; **bordereau,** 1538 (d'abord *bourdrel*, 1493), probabl. parce que le relevé se place sur le bord, plutôt qu'au sens de « bord, bande de papier » ; **aborder,** vers 1310, **abord,** vers 1470, **abordable,** 1542 (d'où **inabordable,** 1611), **abordage,** 1553, **abordeur,** 1773, **déborder,** vers 1180, **débord,** 1556, **débordement,** XVe ; **plat-bord,** 1606 ; **rebord,** 1642 ; **reborder,** 1476 ; **transborder,** 1792, d'où **transbordement,** 1812, **transbordeur,** 1877.

BORDE, v. le suiv.

BORDEL, 1609. Empr. du prov. *bordel* ou de l'it. *bordello* (lui-même empr. de l'a. fr. *bordel* ou du prov.) ; l'a. fr. *bordel*, XIIe s., d'où *bordeau*, usuel au XVIe s., propr. « petite maison, cabane », dér. de *borde* « cabane », encore dans de nombreux parlers de l'Ouest et du Midi au sens de « métairie, ferme, grange, etc. » (cf. a. pr. *borda*, d'où *bordel*) ; du francique **borda* « cabane de planches », plur. neutre de sens collectif, devenu fém., de **bord* « planche », cf. gotique *baurd*, etc. (ce mot s'est parfois confondu en germanique avec le prototype de *bord*, cf. par exemple anc. angl. *bord*, d'où angl. *board*, à la fois « bord » et « planche »).

BORDJ, 1856. Mot arabe signifiant « fortin » ; ne se dit qu'à propos de l'Afrique du Nord.

BORE, v. **borax.**

BORÉE, XVe ; **boréal,** XIVe. Empr. du lat. *boreas* (mot grec), *borealis* (de basse ép.).

BORGNE, XIIe s. Signifie parfois « louche » en a. fr. et « aveugle » dans les patois. Se rattache probabl. à un type *borne*, très répandu dans les patois aux sens de « fontaine ; caverne ; ruche ; tuyau, etc. », peut-être d'origine germ. (cf. all. *brunnen*). On propose aussi une étymologie par un gaulois **bornā* qui aurait eu deux sens et deux origines différentes. L'un serait du radical de l'all. *bohren*, lat. *forare* ; il aurait fourni un adj. **bornio* « à qui on a crevé les yeux », d'où *borgne*. L'autre serait un dér. du radical indoeuropéen **bher-* « jaillir (de l'eau) » ; il aurait donné le type *borne* « fontaine ». — Dér. : **éborgner,** XIIe s., d'où **éborgnage,** 1825, **éborgnement,** XVIe s.

BORNE, 1178 (sous la forme *bourne*). Altération de l'a. fr. *bodne*, XIIe, d'où *bonne*, *bosne* (si ce n'est pas une simple graphie, cette forme peut avoir donné naissance à *borne*, par un changement d'*s* en *r* devant consonne, dont il y a d'autres exemples, mais en ce cas il faut expliquer l'origine de l'*s*). Empr. d'un gaulois **bodina*, lat. médiéval *bodina*, XIe s., « borne de frontière », plutôt que **bolina*, malgré *bolinas* de la Loi Ripuaire, l'a. prov. *bozola* supposant une forme antér. avec *d* ; mais le mot est sans appui dans les langues celt. — Dér. : 1° d'après *borne :* **borner,** 1310 (en outre *bonner*), d'où **bornage,** 1385 *(bournage)*, antér. *bonnage*, XIIIe s. ; **aborner,** XVIe s., d'où **abornement,** 1611 ; 2° d'après *bonne :* **abonner,** 1306, propr. « borner », ensuite « soumettre à une redevance limitée », etc., d'où les sens modernes (d'où all. *abonnieren*, etc.) ; on a aussi du XVe au XVIe s. en ce sens *aborner*, depuis réservé au sens concret, d'où **abonnement,** 1275, **désabonner,** 1840, **réabonner,** 1867.

BOSQUET, 1549. Empr. du prov. *bosquet*, dér. de *bosc*, v. **bois.** *Bosquet* dans des textes du XIIIe au XVe s. (aussi chez Froissart), est une forme picarde.

BOSS, 1869 ; empr. de l'anglo-américain *boss*, id., lequel vient lui-même du néerl. *baas*.

BOSSE, XIIe *(boce)*. Le prototype **bottia*, supposé aussi par l'a. pr. *bossa* et l'it. *bozza* et *boccia* « boule » est inexpliqué ; le roumain *boț* « boule » paraît exclure une étymologie germanique. — Dér. : **bossage,** 1627 ; **bosseler,** XIIIe, **bosselage,** 1718, **bosselure,** XVIe (Paré), **débosseler,** 1838 ; **bosser,** 1690 (de *bosse* au sens de « cordage ») ; **débosser,** 1683 ; **bossette,** 1314 ; **bossoir,** 1678 ; **bossu,** XIIe, **bossuer,** 1564 ; **embosser,** 1752 (de *bosse* « cordage »), **embossage,** 1792.

BOSTON, sorte de danse, 1882. Tiré de *Boston*, ville des États-Unis. — Dér. : **bostonner,** 1887.

BOT, 1566 *(pied bot)*. Se trouve vers la même époque comme adj. au sens d' « émoussé, contrefait ». Même mot que *bot* « crapaud », fréquent au moyen âge et dans les parlers de l'Est et que *bot* « sabot », XVIe, aujourd'hui surtout dans ceux de l'Ouest, voir aussi **botte** « chaussure » ; représenté également dans les autres langues romanes : it. *botta* « crapaud », esp. *boto* « émoussé » ; famille de mots qui appartient à un type germ. **butta* « émoussé », auquel se rattachent de nombreuses formes germ. avec des sens variés ; se trouve aussi dans les langues slaves et en magyar.

BOTANIQUE, 1611. Empr. du fém. de l'adj. grec *botanikos* « qui concerne les herbes, les plantes », dér. de *botanon* « herbe, plante ». — Dér. : **botaniste,** 1676.

BOTTE (de paille, etc.), 1316. Empr. du moyen néerl. *bote* « touffe de lin », d'une famille de mots germ. signifiant « frapper », c'est-à-dire « quantité de blé, etc., qu'on bat en une seule fois » ; rattaché aussi, mais d'une façon moins vraisemblable à la famille de **bot.** — Dér. : **botteler,** 1328, par l'intermédiaire d'un dim. *botel*, XIVe s., encore usité au XVIIe, d'où **bottelage,** 1351, **botteleur,** 1391 ; **botteleuse** (machine), 1899.

BOTTE (chaussure), XIIe. Probabl. formé avec le radical de **bot,** au sens de « chaussure grossière » ; désignait en effet surtout au moyen âge des chaussures grossières couvrant une partie de la jambe, dont se servaient les moines ; la botte proprement dite se disait *huese*, v. **houseau.** De même a. pr. *bota*. — Dér. : **botter,** 1539 (une 1re fois en 1226) ; **bottier,** XVe ; **bottine,** 1367, d'abord « sorte de jambière » ; **débotter,** vers 1200 ; **rebotter,** 1549.

BOTTE, terme d'escrime, XVIe (Brantôme). Empr. de l'it. *botta* « coup », tiré du verbe archaïque *bottare* « frapper », autre forme de *buttare* « lancer », v. **bouter** ; *bout* signifie de même souvent « coup » en a. fr.

BOTTELER, v. **botte** (de paille).

BOTULISME, 1922. — Dér. du lat. *botulus* « boyau ».

BOUBOU, « grande chemise flottante des nègres du Sénégal ». Fin XIXe. Empr. d'une langue indigène de l'Afrique occidentale.

BOUC. Du gaulois **bucco-*, cf. anc. irlandais *boc*. On note à l'appui de l'étymologie celtique l'extension du mot : a. pr. *boc* et régions voisines, cat. et Italie du Nord, l'origine celtique des noms des mâles d'animaux domestiques tels que *mouton* (le colon seul ayant à s'occuper de ces animaux beaucoup plus rares que leurs femelles) et la disparition complète en gallo-roman du lat. *caper*. — Dér. **boucaut,** tonneau, 1624 ; **boucher,** subst., XIIe, propr. « celui qui abat les boucs » (cf. de même it. *beccaio*, de *becco* « bouc » ; ces mots désignaient peut-être d'abord le serf chargé dans les grands domaines d'abattre les jeunes boucs destinés à la consommation sur place, un seul bouc adulte suffisant pour un grand troupeau de chèvres), formation qui a éliminé à peu près complètement les représentants du lat. *macellārius*, a. fr. *maiselier* (d'où aussi a. pr. *mazelier*, it. *macellaio*), usuel jusqu'au XVe s., outre *maceclier*, v. **massacre,** d'où **boucherie,** XIIe ; **bouquet,** XIIIe, « petit bouc », sens moderne, 1867 ; **bouquin,** 1549, d'où **bouquiner** « couvrir la femelle », 1611.

BOUCAN, « désordre, tumulte », 1624 (« mauvais lieu », d'où le sens moderne, depuis 1797). Probabl. dér. de *bouc*, soit directement, soit par l'intermédiaire du verbe *boucaner*, 1573, « fréquenter les mauvais lieux », propr. « faire le bouc ».

BOUCAN, « viande fumée » et « gril » (dans le récit de voyages de De Léry, 1578). Empr. du mot du tupi *mocaém* (dans un récit port. de 1587), *mukem* (*p*, *m*, *b* alternent souvent à l'initiale en tupi et en guarani). — Dér. : **boucaner,** 1578, d'où **boucanage,** 1845 ; **boucanier,** 1667-1671.

BOUCAUT, 1583, probabl. empr. d'un parler prov., où *boucaut* peut être un dér. de *bouco* « bouche ».

BOUCHE. Lat. *bŭcca*, propr. « joue gonflée » ordinairement au plur., d'où le roumain *bucă* « joue » a pris le sens de « bouche » dans le langage familier, déjà chez Cicéron ; a éliminé le class. *os, oris* ; remplacement d'un mot normal par un synonyme expressif. It. *bocca*, esp., a. pr. *boca*. Les parlers gallo-romans de l'Ouest disent aujourd'hui surtout *gueule*. — Dér. et Comp. : **bouchée,** XIIe, probabl. déjà lat. pop. **buccāta*, attesté dans toutes les langues romanes ; **aboucher,** XVIe (sens moderne), antér. « faire tomber en avant », XIVe ; **arrière-bouche,** 1820 ; **déboucher,** « sortir d'un lieu resserré », 1640, d'où **débouché,** 1723 ; **emboucher,** 1273, d'où **embouche,** XVe (tiré du verbe au sens d' « engraisser ») ; **embouchure,** 1328.

BOUCHER, *verbe*, 1270. Dér. d'un anc. *bouche* (d'où **bouchon,** v. ce mot), attesté rarement et seulement au XVe s. au sens de « botte, gerbe », et qui a dû signifier « touffe », lat. de la Gaule **boska*, dér. de **bosk*, v. **bois,** d'où est sorti le sens du verbe, propr. « boucher une ouverture au moyen d'une poignée de paille, etc. ». — Dér. et Comp. : **bouchoir,** 1552 ; **bouche-trou,** 1688 ; **déboucher,** 1308, **débouchoir,** 1754 ; **reboucher,** 1402.

BOUCHER, *subst.*, v. **bouc.**

BOUCHON, XIVe s. Dér. de l'a. fr. *bouche,* v. **boucher,** verbe ; pris au sens de « poignée de paille, etc., servant à boucher », d'où aussi les autres sens, notamment « faisceau de feuillage, indiquant un cabaret », XVIe, comme terme de tendresse, d'après le sens de « chiffon » (attesté en 1690), 1662 (Molière), d'où **bouchonner,** 1425.

BOUCLE. Lat. *bŭccŭla,* dim. de *bŭcca,* v. **bouche,** propr. « petite joue, petite bouche », d'où « bosse de bouclier », à basse ép., sens usuel en a. fr., conservé seulement en gallo-roman, cf. de même a. pr. *bocla, bloca,* et empr. par les langues voisines ; de ce sens dérive le sens fig. d' « anneau servant à boucler », dès le XIIe s., aujourd'hui usité partout dans les parlers gallo-romans (mais le sens de « boucle de cheveux », empr. par de nombreuses langues, a été relevé seulement en 1676). — Dér. : **boucler,** 1539 (auparavant *bougler,* 1440, d'après une autre forme *bougle*) ; **reboucler,** 1669 ; **bouclette,** XIIe ; **bouclier,** XIIIe, issu, par substitution de suff., de *boucler,* XIIe, d'abord adj. dans *escu boucler* « bouclier garni d'une boucle », vers 1080 *(Roland)* ; **déboucler,** XIIe.

BOUDER, XIVe. Mot pop. expressif, v. **bedaine** ; dit ainsi à cause de la moue qu'on fait en boudant. — Dér. : **bouderie,** 1690 ; **boudeur,** 1680 ; **boudoir,** avant 1730, propr. « chambre où on se retire pour bouder » ; dit ainsi par plaisanterie.

BOUDIN, 1260 (É. Boileau). Probabl. expressif, comme le préc. ; a reçu de nombreuses acceptions techn. On trouve en outre *boudine,* XIIIe, « nombril », pris également ensuite dans un sens techn. — Dér. : **boudiner,** 1838 (*boudiné* en 1758), **boudinage,** 1838.

BOUE, XIIe. Mot de la France septentrionale, probabl. d'un type ***bawa**, d'origine celtique, d'après le gallois *baw* « fange, crotte ». — Dér. : **boueur,** 1563 ; **boueux,** vers 1200 ; **embouer,** XIIe.

BOUÉE, 1483 (on a aussi en 1384 *boue,* encore attesté en 1671). Peut-être empr. du moyen néerl. *boeye,* qui est empr. à son tour de l'anc. fr. *buie* « lien, chaîne » (du lat. *boja* « fers pour les pieds », plutôt que du germ. occidental ****baukn***, cf. anc. haut all. *bouhhan* « signal », néerl. *baken* « bouée » (d'où l'all. *Bake*), etc. Du néerl. viennent aussi esp. *boya,* it. *boia.*

BOUETTE, v. **boëtte.**

BOUFFE, 1824. Tiré d'*opéra bouffe,* de l'it. *opera buffa,* genre d'opéra-comique (par opposition au grand opéra), qui fut partic. en vogue en Italie au XVIIIe s., puis en France (en 1791, *scène-buffe*) ; pour l'étymologie de *buffa,* fém. de *buffo* « plaisant », v. **bouffer** et **bouffon.**

BOUFFER, XIIe, « souffler en gonflant ses joues », d'où « gonfler » en général et « être fâché », XVe, encore au XVIIe ; le sens de « manger gloutonnement », est attesté indirectement dès le XVIe s. par *bouffeur* et plus tôt par *bouffard.* Mot onomatopéique d'une famille de mots, exprimant le bruit de la bouche qui est ouverte brusquement après avoir été gonflée, puis le gonflement des joues, etc., cf. it. *buffare* « souffler en gonflant les joues, etc. », esp. *bufar* « souffler, être de mauvaise humeur » ; cf. aussi **pouf, pouffer.** — Dér. : **bouffarde,** 1821 ; **bouffée,** XIIe ; **bouffette,** 1409.

BOUFFIR, XIIIe (J. de Meung). Variante du préc. — Dér. : **bouffi,** 1549 ; **bouffissure,** 1582.

BOUFFON, XVIe (Marot). Empr. de l'it. *buffone,* dér. de *buffa* « plaisanterie », cf. aussi *buffare* « plaisanter », v. **bouffer.** — Dér. : **bouffonner,** 1549 (Du Bellay) ; **bouffonnerie,** 1539.

BOUGAINVILLÉE, 1836. Dér. du nom du navigateur *Bougainville.*

BOUGE, fém., v. le suiv. et **budget.**

BOUGE, masc., vers 1200 (« local de décharge », d'où « logement misérable » au XVIIIe s., Voltaire). Paraît être un emploi fig. de *bouge* « partie concave ou bombée d'un objet », XIIe, d'où de nombreuses acceptions techn., notamment « ventre d'une futaille », 1704, « cuveau » ; ce mot paraît lui-même être un emploi fig. de *bouge,* fém., « sac de cuir, valise », XIIe, d'où « poche » (d'où l'it. *bolgia* « besace, fosse »), lat. *bŭlga,* signalé comme gaulois par Festus, cf. irlandais *bolg* « sac » (v. **bogue**) ; le masc. de *bouge* « cabinet de décharge » est surprenant, mais le mot a été fém. au XIVe s. et jusque dans Furetière, 1690, et le lat. médiéval dit à la fois *bugia* et *bugius.*

BOUGER. Lat. pop. ****bullicāre*** « bouillonner », d'où « s'agiter », dér. de *bullīre,* v. *bouillir.* It. *bulicare* « bouillonner », a. pr. *bolegar* « bouger ». — Dér. : **bougeotte,** 1859.

BOUGIE, 1300 *(chandeles de bougie).* Propr. « cire fine dont on faisait des chandelles », puis « chandelle ». Tiré de *Bougie,* nom d'une ville d'Algérie, où on achetait de la cire et des bougies. — Dér. : **bougeoir,** 1514 (sous la forme *boujoué*).

BOUGNA, fin XIXe. Apocope de *charbougna,* appellation pop. des charbonniers de Paris, formation plaisante à l'imitation des patois méridionaux, parce que la plupart de ces charbonniers sont d'origine auvergnate.

BOUGON, 1796 ; **bougonner,** 1796 (dès 1611 *bougonner* « faire quelque chose de mauvaise grâce », donné par Cotgrave comme orléanais.) Paraissent être onomatopéiques.

BOUGRAN, XIIe (*boquerant,* etc. ; *bougran,* au XVIe s.). Altérations diverses de *Boukhara,* nom d'une ville du Turkestan, d'où était importée en Europe une étoffe plus fine que le bougran de nos jours. It. *bucherame,* esp. *bucarán,* angl. *buckram,* etc. Les voies de pénétration et les relations de ces formes sont encore mal déterminées.

BOUGRE, 1172. Jusqu'à la fin du XVIe s. signifie surtout « hérétique » ou « sodomite »; d'où le sens moderne, déjà au XVIe s., d'après les dér., v. ci-dessous. Empr. du lat. médiéval *Bulgarus* (déjà attesté à basse ép., VIe), nom de peuple; les Bulgares, comme membres de l'Église grecque, étaient considérés comme hérétiques, et ils furent des adversaires redoutables des croisés, partic. lors de la quatrième Croisade. Au moyen âge leur nom est souvent associé à celui des Albigeois; **bigre,** 1743, forme atténuée de *bougre* employée comme juron. — Dér. : **rabougrir,** au XVIe s., par l'intermédiaire d'*abougrir,* 1564, dér. de *bougre,* au sens de « faible, chétif », d'où **rabougrissement,** 1856.

BOUI-BOUI, 1847 (au sens de « marionnette », d'où « théâtre de bas étage »). Paraît être une onomatopée de formation enfantine.

BOUILLABAISSE, vers 1840 (écrit *bouille-abaisse*). Empr. du prov. *bouiabaisso,* comp. des impér. des verbes prov. correspondants à *bouillir* et à *abaisser,* c'est-à-dire « bous et abaisse-toi », adressé soit à la marmite qu'on retire rapidement du feu, soit à la cuisson qui doit être vive et rapide.

BOUILLER, 1669. Transformation de *bouler,* même sens, très répandu dans les patois, qui représente de lat. *bullare* « bouillonner », sous l'influence de verbes comme *fouiller, souiller, brouiller.* — Dér. : *bouille,* 1669.

BOUILLIR. Lat. *bullīre,* dér. de *bulla,* v. **boule,** propr. « faire des bulles ». L'*l* mouillée, régulièrement développée, par exemple à l'imparf. ou au subj. prés., a gagné l'inf.; on trouve en a. fr. *boulir, bouli, boulu,* etc. It. *bollire,* esp. *bullir,* a. pr. *bolir.* — Dér. et Comp. : **bouillant,** vers 1200, **ébouillanter,** 1836 (les dictionnaires donnent aussi *ébouillir,* XIIe, qui a pu contribuer à la formation d'*ébouillanter*); **bouilleur,** 1783; **bouillerie,** 1836; **bouilli,** 1317; **bouillie,** XIIe, au moyen âge surtout *boulie,* XIIe, forme dominante dans les parlers de l'Est, et attestée aussi dans les parlers méridionaux; **bouilloire,** 1740; **bouillon,** vers 1200, **court-bouillon,** 1651; **bouillonner,** XIVe; **bouillonnement,** XVIe (Paré); **bouillotte,** 1788, comme terme de jeu, 1810, dér. directement du verbe, ainsi nommé à cause de la rapidité du jeu; **rebouillir,** XIVe (E. Deschamps).

BOUILLON-BLANC, 1539. Comp. de *bouillon,* parce que cette plante est souvent employée en médecine comme tisane, etc. On rattache le mot aussi à un celtique **bugillo.*

BOULANGER, 1198 (écrit *-engier* dans un texte d'Abbeville, cf. en lat. médiéval *bulengarius,* 1100). Élargissement, avec le suff. *-ier* des noms de métier, de *boulenc,* attesté dans un texte picard au sens de « boulanger », formé avec le suff. d'origine germ. *-enc* et un radical apparenté au moyen néerl. *bolle* « pain rond »; cf. de même it. *panattiere,* esp. *panadero,* dér. de *pane, pan* « pain ». *Boulanger* a éliminé l'a. fr. *pestour,* lat. *pistor,* et d'autres concurrents. — Dér. : **boulangerie,** 1314; **boulanger,** *verbe,* XVe.

BOULE. Lat. *bŭlla* « bulle », d'où « boule » en gallo-roman (a. pr. *bola* « boule »). — Dér. et Comp. : **bouler,** XIVe; **boulet,** 1347; **boulette,** XVIe (Paré); **boulier** (ou **boulier-compteur**), 1863; **bouliste,** 1948; **boulon,** XIIIe, « sorte de boule » (le sens moderne est plus récent), d'où **boulonner,** 1425 (au sens moderne, 1690), **déboulonner,** 1877; **boulot,** « petit et gros », 1845; **boulotter,** XIXe (Balzac) au sens de « se laisser vivre » (d'où le sens de « manger », 1840, peut-être influencé par *pain boulot*); le développement d'où est issu **boulot** « travail », terme pop. du XIXe s., n'est pas clair; **abouler,** 1790 (« apporter », **s'abouler** « venir », **rabouler (se),** XIXe), très répandu dans les patois avec des sens divers; **bouleverser,** 1557 (« renverser », sens usuel au XVIe s.); **bouleversement,** 1579; **boulevue (à la),** XVIe, signifie alors « à coup sûr », cf. en outre *à bonne vue;* le sens contraire « sans réflexion », indiqué par les dictionnaires depuis le XVIIe s., a dû s'appliquer proprement aux juges « qui, dans les contestations entre les joueurs, jugent à boule-veue, c'est-à-dire par la seule veue » (sans mesurer exactement) Ménage; **débouler,** 1793. V. **chambouler, sabouler.**

BOULE, masc. Tiré de *Boule,* nom d'un sculpteur-ébéniste (1642-1732).

BOULEAU, 1516. Dér. de l'a. fr. *boul* (d'où aussi **boulaie,** 1294), lat. pop. **betŭllus,* lat. class. *betŭlla,* donné par Pline comme gaulois. Les formes romanes viennent de ces deux types ou de types apparentés **bettius,* d'où a. fr. *biez,* a. pr. *bez* et **bettia,* d'où notamment le nom de lieu *Besse;* cf. it. *bidollo.* Aujourd'hui *bouleau* est dominant dans les parlers septentrionaux à côté de *boul* et *boule,* usités surtout dans l'Est, et de types apparentés dans le Midi.

BOULEDOGUE, 1741. Empr. de l'angl. *bulldog,* littéral. « chien-taureau ».

BOULET, v. **boule.**

BOULEVARD, 1435 *(boloart; bolewerc* chez Chastellain et Molinet; au XVIe s., formes diverses, entre autres *belouart, balouart, boulevert).* Propr. ouvrage de fortification « rempart fait de terre et de madriers », d'où, depuis 1690, « promenade plantée d'arbres », sur l'emplacement d'anc. fortifications, devenues inutiles par suite du changement des méthodes de défense, d'où le sens moderne. Empr. du moyen néerl. *bolwerc,* le mot paraissant être entré par le Nord-Est. A pénétré du fr. dans les langues voisines : it. *baluarde,* esp. *baluarte,* etc. — Dér. **boulevardier,** XIXe (Veuillot).

BOULEVARI, v. **hourvari.**

BOULEVERSER, BOULE-VUE, BOULIER, v. **boule.**

BOULIMIE, 1482. Empr. du grec *boulimia,* littéral. « faim *(limos)* de bœuf *(bous)* », d'où « faim dévorante ».

BOULINE, sorte de corde, terme de marine, vers 1155 (*boeline*, dans un texte normand). Empr. de l'angl. *bowline*, littéral. « corde *(line)* de proue *(bow)* ». — Dér. : **bouliner,** 1611.

BOULINGRIN, 1664 (en 1663, *Poulingrin*). Empr. de l'angl. *bowlinggreen*, littéral. « pelouse *(green)* pour le jeu de boules *(bowling)* ».

BOULON, BOULOT, BOULOTTER, v. **boule.**

BOUQUE, terme de marine ; vers 1400. Empr. du prov. *bouca* « bouche », déjà en 1338, dans un texte picard. — Dér. : **débouquer,** 1678, **débouquement,** 1694 ; **embouquer,** *id.*, **embouquement,** 1792.

BOUQUET « bouquet de fleurs », 1408. Signifie d'abord « bosquet », cf. aujourd'hui *bouquet d'arbres*, d'où le sens moderne, au XVIe s. Forme normande ou picarde, dér. de *bois*. — Dér. : **bouquetier,** 1600; **bouquetière,** 1566.

BOUQUET « dartre qui attaque le museau des moutons », 1497. Forme normande ou picarde, correspondant à l'a. fr. *bouchet*, de même sens, XIVe, dér. de *bouche*, cf. les désignations analogues *bouquin*, XVIe (Paré : « bouquin, maladie »), *noir* ou *faux museau*, etc. ; on trouve aussi **barbouquet** (sous la forme *-uquet*, en 1701), formé avec le préf. péjor. *bar* (v. **barlong**), attesté au XIVe et au XVe s., au sens de « coup sous le menton », sous des formes diverses.

BOUQUET, sorte de crevette, v. **bouc.**

BOUQUETIN, XIIIe (*bukesteins; bocestain et bouquestain*, XVIe). Paraît avoir pénétré par le franco-provençal *boc estaign*, XIIIe (texte de la Savoie), altération du moyen haut all. *steinbock*, littéral. « bouc des rochers » ; cf. dans un texte du XVIe s. « Les Suisses le nomment bouc d'estain, c'est-à-dire des rochers. »

BOUQUETTE, v. **sarrasin.**

BOUQUIN, 1532 (*cornet à bouquin*). Probabl. empr. de l'it. *bocchino* « petite bouche » ; pour le sens médical, v. **bouquet,** « dartre ».

BOUQUIN « vieux bouc », **-er,** v. **bouc.**

BOUQUIN « vieux livre », 1565. Empr. du moyen néerl. **boeckijn* « petit livre » ; l'imprimerie florissait en effet alors dans la région flamande, particul. à Anvers. — Dér. : **bouquiner,** 1611 ; **bouquineur,** 1671 ; **bouquinerie,** vers 1650 ; **bouquiniste,** 1752.

BOURBE, XIIe. Issu du gaulois **borvo-* (ou, plus exactement, d'un plur. collecti **borva*), d'où dérive le nom de la divinité des eaux thermales *Borvo*, *Bormo*, d'où le nom du lieu *Bourbon*, cf. aussi l'irlandais *berbaim* « je bous ». Seulement fr. du Nord et franco-provençal. V. **barbotter.** — Dér. : **bourbeux,** 1552 ; **bourbier,** XIIIe ; **bourbillon,** 1690 ; **débourber,** 1564 ; **embourber,** XIIIe, **désembourber,** 1740.

BOURDAINE, vers 1410 (en outre *borzaine*, 1200). Altération de *borzaine*, attesté encore dans les parlers de l'Ouest (cf. aussi *bourgène*, relevé dans les dictionnaires), *-rg-* évoluant souvent en *-rd-* dans les parlers de l'Ouest (comp. poit. *ardile* « argile »). *Borzaine* représente un **burgēna*, d'origine pré-indo-européenne, formé avec le mot contenu aussi dans le basque *burgi*.

BOURDE « baliverne, mensonge », vers 1200. Étymologie inconnue. A. pr. *borda*. — Dér. : **bourdon,** « faute typographique », 1688.

BOURDON, « bâton de pèlerin ». Lat. de basse ép. *bŭrdōnem*, acc. de *bŭrdō* (autre forme de *bŭrdus*) « mulet », qui a pris le sens de « bâton » suivant un développement sémantique fréquent, cf. *poutre*, etc. De même a. pr. *bordon*, esp. *bordón*, it. *bordone ;* le sens de « bâton de pèlerin » ne peut remonter qu'au moyen âge, sans qu'on puisse dire quelle langue l'a donné aux autres.

BOURDON « insecte » et « instrument de musique, tuyau de cornemuse », dès le moyen âge, avec développements sémantiques postérieurs, notamment « bourdonnement », XVIe. Aux deux sens, formation onomatopéique ; mais on ne peut actuellement reconnaître si l'un des deux sens est un emploi fig. de l'autre. Au sens d' « insecte », seulement gallo-roman ; comme terme de musique, it. *bordone*, esp. *bordôn*. — Dér. : **bourdonner,** XIIIe ; **bourdonnement,** 1545 ; **faux-bourdon,** vers 1450.

BOURDON, « faute » v. **bourde.**

BOURG. Lat. de basse ép. *burgus* « lieu fortifié (surtout le long des frontières) », d'après Isidore de Séville, et attesté d'une façon conforme dans des inscriptions rhénanes, mot empr. du germ. **burgs*, fém., cf. all. *Burg*, qui s'est fondu avec *burgus* « château fort », attesté chez Végèce, IVe s., empr. du grec *pyrgos* « tour » ; le *burgus* d'origine germ. lui doit son genre masc., substitué au fém. du germ. It. *borgo*, esp. *burgo*, a. pr. *borc*. — Dér. : **bourgeois,** vers 1080 *(Roland)*, opposé au moyen âge d'une part au noble et de l'autre au manant, au vilain, d'où, au cours des siècles, développements sémantiques divers ; d'où **bourgeoisie,** 1240 (sous la forme *bourgesie*) ; **embourgeoiser,** 1831. — Comp. : **faubourg,** XVe ; en lat. médiéval *falsus burgus*, dès 1380 ; altération de *forsbourc*, XIIe, formé avec l'anc. préf. *fors*, lat. *foris* « en dehors », propr. « ce qui est en dehors du bourg », par croisement avec *faux*, le faubourg ayant été conçu comme s'opposant au vrai bourg ; d'où **faubourien,** 1801.

BOURGADE, 1418. Empr. de l'anc. prov. *borgada* ou de l'it. *borgata*, v. le préc.

BOURGEOIS, v. **bourg.**

BOURGEON. Lat. pop. *bŭrriōnem*, acc. de **bŭrriō*, dér. de *bŭrra* « bourre » ; ainsi nommé parce que les « bourgeons des arbres ont quelque chose de velu et qui approche de la bourre » (Ménage), étymologie appuyée par l'emploi du fr. *bourre* « duvet qui recouvre certains bourgeons à leur naissance », et des sens analogues du simple et du dér. dans les patois. Seulement gallo-roman. — Dér. : **bourgeonner,** XIIe, **bourgeonnement,** 1600 ; **ébourgeonner,** XIVe, **ébourgeonnement,** 1549.

BOURGERON, 1842 (en outre *berg...*). Paraît empr. d'un patois septentrional, cf. le rouchi *bougéron* « sarrau ou surtout de toile fort court, à l'usage des bûcherons », 1834 (Hécart) ; ce mot dér. de l'a. fr. *borge* « sorte de tissu », XIVe, lat. pop. **bŭrrica*, dér. lui-même de *bŭrra*, v. **bourre,** d'où aussi **bourgeteur,** 1544, mot dialectal de la région lilloise.

BOURGMESTRE, 1309 *(bourguemaistre, bourmaistre)*. Empr. du moyen haut all. *burgmeister*, aujourd'hui *Bürgermeister*, propr. « maître d'un bourg (ou d'un *burg*) ».

BOURGUIGNOTE, XVIe ; mot sorti de l'usage, et repris depuis la guerre de 1914-1918. Autre forme du fém. de *bourguignon*.

BOURLINGUER, 1838. Argot des marins, qui a pénétré dans le vulgaire parisien, propr. « avancer lentement », en parlant d'un bateau. Considéré comme dér. de *boulingue*, 1512 (en outre *bouringue*), d'origine inconnue, « petite voile au sommet du mât » ; aurait signifié proprement en ce cas « être secoué comme une boulingue ».

BOURRACHE, plante, XIIIe *(borrace(s) ;* en outre *burage*, etc. ; au XVIe s. *-oche)*. Empr. du lat. médiéval *borrago* (d'où aussi a. pr. *borratge*, it. *borragine*, all. *Borretsch*, etc.), probabl. de l'ar. *'abu 'áraq* « père de la sueur, sudorifique » (ar. vulg. *bū 'araq*).

BOURRACHE, v. **bourriche.**

BOURRADE, BOURRAGE, v. **bourre.**

BOURRASQUE, 1555 (P. Belon) ; en outre au XVIe s. formes francisées en *-ache*, *-asse*. Empr. de l'it. *burrasca*, au XVIe s. *burasca*, dér. du lat. *boreas* « vent du Nord », v. **borée** ; *boreas* est représenté également dans de nombreux parlers romans, cf. notamment **bora** « vent du Nord » de la région triestine, déjà chez Stendhal, adopté par les géographes.

BOURRE. Lat. de basse ép. *bŭrra* (IVe s.) « étoffe grossière à longs poils ». It., esp., a. pr. *borra*. — Dér. : **bourrelet,** 1386, par l'intermédiaire d'un dér. *bour(r)el*, *bourreau*, XIIIe, de même sens ; du sens de « collier » dérive **bourrelier,** 1260 (É. Boileau), dominant dans les parlers gallo-romans, d'où **bourrellerie,** *id. ;* **bourrer,** XVIe (mais déjà en 1332, « maltraiter »), d'où **bourrade,** XVIe, **bourrage,** 1465, **bourrée,** 1326, propr. « faisceau de branches bourrées » ; au sens de « danse rustique », en 1642, pourrait être un dér. du verbe, d'après les mouvements rudes et bruyants de cette danse ; **bourru,** 1555, propr. « grossier comme la bourre » ; **débourrer,** 1611, une première fois en 1346 ; **rembourrer,** vers 1200, par l'intermédiaire d'**embourrer,** (XIIe-XVIIe s.) ; **ébouriffé,** XVIIe (Mme de Sévigné), c'est-à-dire « dont les cheveux sont retroussés comme de la bourre », peut-être empr. du prov. *esbourifat*, avec une terminaison non expliquée, d'où **ébouriffant,** 1838, **ébouriffer,** XIXe (Balzac).

BOURREAU, 1302. Dér. de *bourrer*, au sens de « maltraiter » ; formations analogues *aideau* (de *aider*), *chemineau* (de *cheminer*) ; d'autres mots, en *-eau*, tels que *traîneau*, sont des noms d'objets.

BOURRÉE, BOURRELET, BOURRELIER, BOURRER, v. **bourre.**

BOURRICHE, 1526. Paraît être une variante, empr. d'un parler non déterminé, peut-être picard, de **bourrache** « natte d'osier », 1765, attesté depuis le XIIIe s., avec des suff. variés et obscurs, de caractère pop. : *bouresce*, *bourrouche*, *-oche*, etc. ; mot d'origine incertaine, probabl. dér. de *bourre*, parce que ces objets sont faits grossièrement et ont un extérieur inégal et rude comme la bourre. — Dér. : **bourrichon,** « tête » dans le fr. pop., 1864.

BOURRIQUE, 1603. (D'abord « ânesse », puis « âne », sans distinction de sexe.) Empr. de l'esp. *borrico*, *-a*, lat. pop. **burrīcus*, altération, par croisement avec *burrus* « roux » ou *burra* « bourre », d'un mot attesté au IIIe s., *buricus* « petit cheval », d'où aussi it. *bricco ;* l'empr. à l'esp. est dû à l'importation de la race élevée en Espagne, d'où est issue la race poitevine. — Dér. : **bourricot,** 1872 (Daudet, qui écrit *-quot*) ; n'est peut-être pas un dim. propr. fr., mais un empr. au parler d'Algérie, où il serait un nouvel empr. à l'esp. *borrico* (plus le suff. *-ot*) ; **bourriquet,** 1534 (Rab.).

BOURRU, v. **bourre.**

BOURSE, petit sac de cuir, etc. Lat. de basse ép. *bŭrsa* « bourse » (du grec *byrsa* « cuir apprêté, outre, etc. »). — Dér. : **boursette,** 1305 ; **boursicaut,** 1296 (écrit *-seco*), formation mal expliquée, d'où **boursicoter,** XVIe « faire des économies », sens moderne, d'après **bourse,** au sens commercial, 1841 (Balzac), **boursicotier,** 1858 (Proudhon) ; **boursier,** 1430 (« qui a obtenu une bourse dans un établissement d'éducation » ; « qui fait des bourses », XIIIe) ; **débourser,** XIIIe, **débours,** 1599, **déboursement,** 1508 ; **rembourser,** 1444, par l'intermédiaire d'**embourser,** XIIe, d'où **remboursable,** 1432, **remboursement,** *id.*

BOURSE. « Lieu public où l'on s'assemble pour des opérations commerciales », 1677 ; n'a triomphé qu'au XVIIIe s., après avoir été en concurrence avec *change* (à Lyon), *place* (à Paris, etc.), mais déjà *à Envers la bourse*, 1575, G. Durand (dans une note d'une traduction de Perse), *bourse* dans un édit de Henri II, pris en 1549 en faveur des marchands de Toulouse et it. *borsa* dans la *Description des Pays-Bas* de Louis Guichardin, 1567, qni indique que la bourse d'Anvers a été fondée sur le modèle de celle de Bruges ; on prétend que celle-ci devait son nom à une place où se trouvait la demeure, ornée de trois bourses, d'une famille noble appelée *Van Der Burse* (en it. *della Borsa*) ; cette demeure servit de logis aux marchands vénitiens dès le XIVe s., et, par suite, la place fut un centre de réunions de commerçants, dès 1400 environ. Mais il y a d'autre part la locution *moneta in bursa currens* « monnaie qui a cours au moment du payement », où *bursa* a le sens de « sac contenant de l'argent ». Cette locution est attestée dans des textes brabançons dès 1290, et dès 1339, apparaît son équivalent franç. *monoie courant en bourse.* Il n'est pas impossible que cette expression ait eu sa part dans la genèse du mot *bourse* au sens qui nous occupe ici. — Dér. : **boursier,** 1430.

BOURSOUFLER, v. **souffler.**

BOUSCULER, v. **cul.**

BOUSE. De même a. pr. *boza.* Probabl. préroman. — Dér. : **bousier,** 1764 ; **bousiller,** 1554 (« construire en torchis », d'où « faire un travail avec négligence », 1728), **bousillage,** 1521, **bousilleur,** 1480 (sens fig. en 1732).

BOUSIN, 1794. Empr. de l'argot des marins, empr. lui-même de l'angl. pop. *bowsing* « action de s'enivrer » (de *to bouse* « boire ») ; on a relevé en 1567 *bousingken,* propr. « maison où l'on boit », dans l'argot des voleurs. — Dér. : **bousingot,** 1836, propr. « chapeau de matelot », 1858, d'où, après la Révolution de 1830, nom donné aux jeunes républicains, sans doute à cause de leur coiffure.

BOUSSOLE, 1527. Empr. de l'it. *bussola,* propr. « petite boîte », forme dialectale de *bossolo,* v. **boîte.**

BOUT, BOUTADE, v. **bouter.**

BOUTARGUE, œufs de poisson salés, séchés ou fumés, 1534 (Rab.). Empr. du prov. *boutargo,* empr. lui-même, peut-être par l'intermédiaire de l'esp. arch. *botagra,* de l'arabe *bitârikha,* de même sens, cf. aussi l'it. *bottarica* et *buttagra.*

BOUTEILLE. Lat. pop., attesté seulement à l'époque carolingienne, *bŭtticŭla,* dér. de *bŭttis* (VIe s.) « tonneau », v. **botte.** Seulement gallo-roman. Le sens de « récipient de verre » a dû gagner du Nord au Sud, qui préférait les cruches, les outres ou d'autres genres de récipients ; non seulement l'a. pr. *botelha* signifie à la fois « cruche » et « bouteille », mais l'esp. *botija* (formé avec un autre suff.) ne signifie encore que « jarre ». L'it. *bottiglia* et l'esp. *botella* « bouteille » viennent du fr. — Dér. et Comp. : **bouteiller,** XIIe : **embouteiller,** 1864 (tout récent au sens fig.), **embouteillage,** *id.* ; **vide-bouteille,** 1752 (en 1560, au sens d' « ivrogne »).

BOUTEILLON, « marmite de campagne, individuelle », 1910. Altération, par étymologie pop., du nom de l'inventeur, l'intendant militaire *Bouthéon.*

BOUTER. Aujourd'hui seulement dans quelques emplois arch. A eu des sens variés : d'abord « frapper, pousser », vers 1080 *(Roland),* d'où « germer », au XVIe s., ou simplement « mettre », au XIIe, encore usité au XVIIe. Aujourd'hui *bouter* survit au sens de « mettre » dans les parlers de l'Est, du Sud-Est et du Sud-Ouest. Du francique **bôtan,* cf. anc. scandinave *bauta* « frapper ». A passé assez tard dans le parler gallo-roman, de sorte que le *t* intervocalique est conservé. De même a. pr. *botar.* L'it. *buttare* « lancer » et l'esp. *botar* « *id.* » viennent du fr. — Dér. : **bout,** XIIe (en a. fr. souvent « coup »), d'où **abouter,** 1247, **about,** 1213, **aboutir,** 1319, **aboutissement,** 1488 ; **debout,** XIIe (en a. fr. « bout à bout » ; sens moderne, 1530) ; **embouter,** 1567, d'où **embout,** 1838, **emboutir,** 1611 (l'adj. **embouti** depuis le XIVe s.) ; **boutade,** 1588 (Montaigne), a éliminé *boutée,* plus usuel en ce sens au XVIe s., encore signalé en 1642 ; **bouterolle,** 1202 ; **boutoir,** 1361 ; **bouton,** XIIe, d'abord « bourgeon », de très bonne heure « bouton d'habit », d'où **boutonner,** XIIe, **boutonneux,** 1863 (d'après le sens « bouton sur la peau »), **boutonnière,** 1383, **déboutonner,** 1420, **reboutonner,** 1549 ; **bouture,** 1446, **bouturer,** 1836 ; **débouter,** XIIe ; **rebouteur,** XVe, par l'intermédiaire de **rebouter,** XIIe (au sens de « mettre »), encore très répandu dans les patois. — Comp. : Nombreux comp. avec *boute* comme premier élément : **boute-en-train,** 1694, dans un sens fig. ; **boutefeu,** 1324 ; **boute-selle,** 1549 (écrit *boutzelle*) ; **bouteroue,** 1631.

BOUTIQUE, 1350 (*botique ; bouticle,* 1242, encore au XVIe s.). Empr., probabl. par l'intermédiaire de l'a. pr. *botica, -ga,* du grec *apothêkê* « lieu de dépôt, magasin » (d'où le lat. *apotheca*), avec *i* dû à la prononciation du bas-grec ; cf. aussi esp. *botica* « boutique d'apothicaire », de même origine. L'it. *bottega* « boutique » et l'esp. *bodega* « cellier » ont pénétré par une autre voie. — Dér. : **boutiquier,** 1596 (antér. *bouticlier,* vers 1500, encore au XVIIIe s.). — Comp. : **arrière-boutique,** 1508.

BOUTOIR, -ON, -URE, v. **bouter.**

BOUVERIE, BOUVET, v. **bœuf.**

BOUVIER. En a. fr. d'abord *boier,* refait en *bouvier* sur les dér. de *bœuf.* Lat. *bo(v)ārius.*

BOUVILLON, BOUVREUIL, v. **bœuf.**

BOVIDÉS, 1836 ; **bovine,** 1352. Le 1er est dér. du lat. *bos, bovis,* « bœuf » ; le 2e est empr. du fém. de l'adj. *bovinus* « relatif au bœuf ».

BOX, 1777 (« stalle, loge de théâtre » ; 1839 « stalle d'écurie »). Empr. de l'angl. *box,* d'origine incertaine.

BOX-CALF, 1899, nom d'un cuir américain, dont la marque représentait un veau *(calf)* dans une boîte *(box).*

BOXE, 1792 (une 1re fois en 1698). Empr. de l'angl. *box,* propr. « coup ». — Dér. : **boxer,** d'après l'angl. *to box,* 1772, **boxeur,** d'après l'angl. *boxer,* 1788.

BOY, 1838 (une 1re fois en 1672, devenu usuel vers 1890 en parlant de jeunes domestiques en Extrême-Orient). Empr. de l'angl. *boy.* **Boy-scout,** 1910, propr. « jeune garçon éclaireur » ; le corps des boy-scouts a été formé en Angleterre par le général Baden-Powell ; simplifié en *scout,* 1933.

BOYARD, 1575 (*boyare* en 1415). Mot russe, *boiar* « seigneur ».

BOYAU. Lat. *botellus* « petite saucisse », a dû prendre de très bonne heure le sens de « boyau », cf. a. pr. *budel*, it. *budello*, avec un *u* d'origine obscure. — Dér. : **boyaudier,** 1691 (antér. *boiotier*, 1680), d'où **boyauderie,** 1835 ; **ébouler,** en a. fr. *esboeler* « éventrer », qui contient une forme anc. *bo(u)el*, d'où, dès le XIIIe s., « faire tomber par affaissement » *(esboouler)*, puis les emplois modernes ; aujourd'hui le verbe est senti comme un dér. de *boule ;* d'où **éboulement,** 1547 ; **éboulis,** 1680 ; **tournebouler,** terme pop., mot du XVIe s., cf. « c'est une espèce de manie qui luy tourneboule ainsi l'entendement », Montaigne, I, 49, récemment repris, dér. de l'a. fr. *tourneboele*, XIIe (Chrestien), « culbute », comp. de l'impér. du verbe *tourner* et de *boele*, fém., fréquent en a. fr. ; usuel aussi aujourd'hui dans des parlers centraux.

BOYCOTTER, 1880. Empr. de l'angl. *to boycott*, tiré de *Boycott*, nom d'un riche propriétaire irlandais, qui fut, vers 1880, l'objet de cette sorte de quarantaine. — Dér. : **boycottage,** 1881.

BRACELET, v. **bras.**

BRACHIAL, XVIe (Paré). Empr. du lat. *brachialis*, v. **bras.**

BRACHET, v. **braconner.**

BRACHY-. Premier élément de mots sav. comp., tels que **brachycéphale,** 1836, tiré du grec *brakhys* « court ».

BRACONNER, 1718 (une 1re fois en 1228 dans un sens spécial) ; **braconnier,** XIIe (« valet de vénerie ; officier chargé de dresser les braques »), sens moderne 1655. Dér. de *bracon*, rare en anc. fr., mais vivant aussi dans l'a. pr. *bracon* « sorte de chien de chasse », empr. du germ. occidental **brakko*, cf. all. *Bracke*, empr. de très bonne heure par les soldats romains stationnés en Germanie, d'où aussi it. *bracco ;* au même mot se rattache **brachet,** XIIe. — Dér. : **braconnage,** 1834 (une 1re fois en 1228), sens parallèle à celui du verbe.

BRACTÉE, 1766 ; **bractéate,** 1751 ; **bractéole,** 1762, une première fois, en 1566. Le 1er est empr., le 2e est dér. du lat. *bractea* « feuille de métal », le 3e est empr. de *bracteola*, dim. de *bractea*.

BRADERIE, vers 1925, « sorte de vente de soldes ». Mot parti de la Flandre et du Hainaut où il signifie « vente à vil prix, gaspillage » (à Lille, dès 1867, sorte de foire, au 1er septembre, où l'on se défait à bas prix des objets sales et troués qu'on a dans la maison) ; après s'être répandu dans l'Est et jusque dans la région de Lyon (en 1927 à Grenoble), est parvenu dans la région parisienne (à Puteaux en 1931). — Dér. d'un verbe *brader* « gaspiller », empr. du néerl. *braden* « rôtir », et aussi « gaspiller ».

BRAGUETTE, 1534 (Rab.). Dér. de *brague*, usuel au XVIe s. au sens de « culotte », empr. du prov. *braga*, v. **braie.** Au même sens on a dit *brayette*, XIVe, dér. de *braie*.

BRAHMANE, 1532 (Rab. : *brachmane*, encore en 1835 ; en outre *bramine*, du XVIe au XVIIIe s.). Empr. du sanscrit *brāhmana*, probabl. par l'intermédiaire du port. *brahmane*. — Dér. : **brahmanique,** 1835 ; **brahmaniste,** *id.*

BRAI, sorte de goudron, 1309. Dér. du verbe *brayer* « goudronner », 1295, lequel vient de l'anc. norois *braeda* « goudronner ». L'anc. fr. *brai* « boue », qui vit encore dans les parlers, est un autre mot ; il représente un gaulois **bracu-*, appuyé par des formes galloises, cf. aussi anc. prov. *brac* « boue, pus », it. *braco* et *-go* « bourbe ».

BRAI, « malt », v. **brasser.**

BRAIE. Terme archéologique (ordinairement au plur.) ; en outre quelques emplois techn. Lat. *braca*, plus ordinairement au plur., empr. du gaulois *braca* « sorte de pantalon ample », qui, d'abord ridiculisé, fut adopté partout ; de là l'extension du mot dans toutes les langues romanes : it. *braca*, esp. *braga*, a. pr. *braga*. Les braies ont été plus tard remplacées par les chausses, v. **chausse.** Ne survit que dans les parlers normands, bretons et méridionaux, au sens de « culotte, pantalon ». — Dér. : **embrayer,** 1858, d'où **désembrayer,** 1859, qui a disparu devant **débrayer,** 1877 ; ordinairement considérés comme formés de *braie*, au sens de « courroie », mais ce sens n'est pas attesté ; par contre on trouve, fin XVIIIe, dans l'*Encyclopédie Méthodique*, *rembrayer* « serrer la braie, traverse de bois qu'on met sur le palier d'un moulin à vent (*braie*, en ce sens, est chez Th. Corneille, 1694) » et *débrayer* « la desserrer », d'où peuvent être issus les sens techn. modernes.

BRAILLE, 1948. Cette écriture fut inventée par Louis Braille († 1852), luimême aveugle depuis l'âge de trois ans.

BRAILLER, XIIIe. Formé avec le radical qui est dans *braire ;* l'a. pr. *brailar*, *braulhar* est formé d'une façon analogue ; mais un lat. pop. **bragulāre* ne convient qu'au fr. — Dér. : **braillard,** 1528 ; **brailleur,** 1586 ; **braillement,** 1836.

BRAIN-TRUST, 1960. Empr. de l'anglais d'Amérique, où il était d'abord un terme ironique pour désigner les intellectuels dont s'entoura Fr. Roosevelt en vue de l'organisation du New Deal, 1933. Comp. de *brain* « cerveau » et *trust* « organisation ».

BRAIRE, vers 1080 *(Roland)*. Jusqu'au XVIe s., « crier, pleurer » ; sens moderne, 1640. Lat. pop. **bragĕre*, cf. de même a. pr. *braire* « crier, chanter, etc. » et quelques formes it. ; peut-être d'un radical celtique *brag-* représenté par les verbes gaélique *braigh-* « crépiter, craquer », anc. irlandais *braigim ;* toutefois la différence de sens est assez grande. Dans les parlers gallo-romans du Nord « pleurer ». — Dér. : **braiment,** XIIe.

BRAISE, XIIe (alors *breze*). Probabl. d'un gothique *bras-*, le german. occidental n'ayant pas possédé le mot. Cf. suédois *brasa* « rôtir », anc. nor. *brass* « cuisinier ». It. *bragia*, *brace*, esp. a. pr. *brasa*. — Dér. : **braiser,** 1783 ; **braisette,** 1836 ; **braser,** 1578, sens moderne ; au moyen âge et jusqu'au

XVIIe s. « embraser » ; **brasier,** XIIe ; **brasiller,** vers 1220, d'où **brasillement,** 1835 ; **brésil,** vers 1170, « bois de teinture colorant en rouge » par une comparaison de la couleur rouge de cette teinture avec celle de la braise ardente, d'où **brésiller,** 1346 ; *brasil* de l'esp. et du port. vient du fr., et l'it. *brasile* de l'esp. ; le Brésil a été ainsi nommé au XVIe s., parce qu'il produit en abondance cette espèce de bois ; **embraser,** XIIe ; **embrasement,** *id.* ; **embrasure,** 1606, dér. d'un verbe *embraser,* 1568, remplacé ensuite par **ébraser,** 1636, dont le préf. convenait mieux au sens d' « élargir », et qui déchargeait *embraser* d'un double sens gênant ; mais le développement sémantique est obscur ; *embrasure* ayant aussi dès le commencement le sens « ouverture dans un parapet pour pointer les canons », *embraser* a peut-être signifié propr. « produire un embrasement par l'ouverture où le canon est pointé », d'où le sens d'*embrasure.*

BRAMER, 1528, d'abord « mugir ». Empr. du prov. *bramar* « braire, chanter, etc. » ; le verbe n'est vivace en gallo-roman qu'au sud de la Loire, en Bourgogne et en franco-provençal ; le prov. est empr. du germ. **brammôn,* cf. de même it. *bramare* « désirer ardemment », esp. *bramar* « mugir ». L'anc. picard possède la locution *metre en brames,* « enflammer de désir », ainsi qu'un adj. *embrami* « enflammé de désir » ; ils sont dér. d'un verbe qui vient du moyen néerl. *brammen* « gronder » et montrent la même évolution sémantique que l'it. *bramare.* — Dér. : **bramement,** 1787 (Bernardin de Saint-Pierre).

BRAN, v. **breneux.**

BRANCARD, 1534 (Rab. ; d'abord « grosse branche, vergue »). Mot normand, dér. de *branque,* forme locale de *branche.* — Dér. : **brancardier,** XVIIe s.

BRANCHE. Lat. de basse ép. *branca* « patte », d'origine incertaine, peut-être celtique. Seul le gallo-roman a développé le sens de « branche » : a. pr. *branca* et tous les parlers gallo-romans. Ailleurs sens plus proches du sens propre ; it. *branca* « griffe, etc. ». — Dér. : **branchage,** 1453 ; **brancher,** 1510 « se percher sur une branche », sens technique moderne, d'où **branchement,** XVIe (« fait de pousser des branches », sens moderne en relation avec le verbe) ; **branchu,** XIIe ; **ébrancher,** vers 1200, **ébranchement,** 1552, **ébranchage,** 1700, **embranchement,** 1494, **embrancher,** 1772.

BRANCHIES, 1680. Empr. du lat. *branchiae* (du grec *brankhion*).

BRAND, v. **brandir.**

BRANDADE, 1788. Empr. du prov. *brandado,* propr. « secousse, chose remuée » ; ce mot, dit ainsi parce que ce mets est composé de substances battues ensemble, dérive de *brandá* « remuer, etc. », v. **brandir.**

BRANDE. Attesté indirectement en 1378 par le dér. *brandey* « champ de bruyères » ; dès 1205, en lat. médiéval *branda* « bruyère » ; cf. de même a. pr. *branda.* Tiré de l'a. fr. *brander* « s'embraser », dér. du germ. occidental **brand* « tison », v. les suiv. ; ce nom vient de ce qu'on brûle volontiers la bruyère pour défricher une terre ou alimenter un foyer.

BRANDEBOURG, entre 1625 et 1655, « sorte de casaque à longues manches et ornée de galons », probablement introduite en France par les soldats de l'électeur de Brandebourg au courant de la Guerre de Trente Ans ; d'où le sens moderne, 1708.

BRANDIR, vers 1080 *(Roland).* Dér. de l'a. fr. *brand* (même texte), propr. « tison », v. le préc., d'où « lame d'épée », à cause de son éclat ; attesté aux deux sens dans les langues germ. A. pr. *brandir,* it. *brandire.* — Dér. : **brandiller,** vers 1300, **brandillement,** 1564.

BRANDON, XIIe. Autre dér. du germ. occidental **brand* « tison », v. les préc. De même a. pr. *brandon.*

BRANLER, vers 1080 *(Roland).* Contraction de *brandeler,* fréquent au moyen âge, « agiter » et « s'agiter », dér. de *brandir.* — Dér. et Comp. : **branle,** XIIe s. ; **branlement,** 1354 (Bersuire) ; **branle-bas,** 1687 (comp. de *branle* « hamac des matelots sur le pont » et *bas* pour désigner l'enlèvement de ces hamacs avant un combat ; sens moderne depuis 1863) ; **branlequeue,** XVIe s. ; **ébranler,** 1480, d'où **ébranlement,** 1512, **inébranlable,** vers 1600, par l'intermédiaire d'**ébranlable,** XVIe s.

BRAQUE, 1500. Empr. de l'it. *bracco* ou du prov. *brac ;* sens figuré en 1798. V. **braconner.**

BRAQUEMART, 1495 (*bragamas* en 1392). Probabl. empr. du moyen néerl. *breecmes* « coutelas ».

BRAQUER, 1546 (Rab.), « tourner » ; en outre *brater,* 1611, « diriger une voiture », assez répandu dans les parlers septentrionaux ; sens modernes fin XVIe. Les formes dialectales de *brater* permettent de reconstituer un verbe **brachitare,* dér. de *brachium* sur le modèle de **movitare,* v. **meute.** L'incertitude dans laquelle on s'est trouvé quant à la prononciation des consonnes finales à l'époque de la chute de celles-ci, explique le changement de *-ter* en *-quer.*

BRAS. Lat. *brachium.* — Dér. et Comp. : **bracelet,** 1387 (au XIIe s. « petit bras ») ; **brassard,** 1562, probabl. modification de *brassal,* fréquent au XVIe s., empr. du prov. *brassal ;* **brassée,** XIIe (dér. à la fois de *bras* et de *brasse*) ; **brassière,** 1278, sens moderne depuis fin XVIe ; **embrasser,** vers 1080 *(Roland),* « prendre dans les bras », sens moderne de « donner un baiser », XVIIe, v. **baiser,** d'où **embrassade,** 1500 (a suivi le développement sémantique du verbe), **embrasse,** 1838 (au sens d' « embrassement », XIVe), **embrassement,** XIIe, développement sémantique semblable à celui d'*embrassade ;* **avant-bras,** 1291.

BRASER, v. **braise.**

BRASERO, 1784. Empr. de l'esp. *brasero* « brasier ».

BRASIER, BRASILLER, v. **braise.**

BRASSARD, v. **bras.**

BRASSE. Lat. pop. *brachia*, plur. neutre de *brachium*, pris comme fém. collectif, d'où, en a. fr. « les deux bras », puis « sorte de mesure » ; comme terme de nage, 1835. A. pr. *brassa*, sens du fr., esp. *brasa*, sorte de mesure.

BRASSER. Lat. pop. **braciāre*, dér. de *braces*, signalé par Pline comme gaulois, « sorte d'épeautre » (sens peut-être inexact, les formes celtiques correspondantes, gallois *brag*, etc., signifiant « malt »), d'où l'a. fr. *brais*, XIIe, « orge préparée pour la fabrication de la bière », encore en wallon. Le mot gaulois ne paraît pas avoir pénétré dans les parlers du Midi, où le vin a toujours été préféré à la bière. Dans ses nombreux développements sémantiques, *brasser* a fini par être senti comme un dér. de *bras*. — Dér. : **brassage,** 1331 ; **brasserie,** 1268 ; **brasseur,** 1250 (sens parallèles au verbe).

BRASSIÈRE, v. **bras.**

BRAVACHE, XVIe. Empr. de l'it. *bravaccio*, dim. péjor. de *bravo*, v. **brave.**

BRAVADE, 1547. Empr. de l'it. *bravata*, dér. de *bravare* « faire le brave, se vanter », au XVIe s. a souvent un sens favorable : « bravoure, parure, etc. », d'après l'adj. *brave*.

BRAVE, XIVe, cf. aussi *bravement*, 1465. Sens variés alors : « Orgueilleux, courageux, noble, bien vêtu, beau », ce dernier sens conservé dans de nombreux parlers. Empr. à la fois de l'it. et de l'esp. *bravo*, qui ont, ou ont eu, à peu près les mêmes sens. L'esp. *bravo*, d'où a été empr. aussi le mot it., vient du lat. *barbarus*, devenu par métathèse **brabus*. En esp. et en port. l'adj. est employé surtout en parlant d'animaux, de plantes sauvages ou bien de la terre inculte *(tierra brava)*, à quoi il faut comparer les lat. *vespa barbara, murra barbara, rure barbaro*. L'it. *bravo* a été repris comme exclamation, 1738 (c'est propr. un adj. adressé à la personne applaudie), et plus tard, 1832, au sens d' « assassin à gages » (de 1675 à 1772 une forme francisée *brave*). — Dér. : **braver,** vers 1515, d'après l'it. *bravare*. V. **taureau.**

BRAVO, v. le préc.

BRAVOURE, XVIIe (Scarron). Empr. de l'it. *bravura*, v. les préc.

BRAYETTE, v. **braguette.**

BREAK, 1845. Empr. de l'angl. *break*.

BREBIS. Lat. pop. **berbīcem*, acc. de **berbīx*, lat. de basse ép. *berbex*, lat. class. *vervex* « bélier » (sens conservé par le roumain *berbec*). Celui de « brebis », attesté à basse ép. dans des auteurs d'origine gauloise, s'est développé particulièrement dans la partie septentrionale de la France, où le celtique **multo* s'est maintenu avec le sens de « mouton » ; aujourd'hui *brebis* n'est vivace que dans les parlers septentrionaux, *ouaille* est dominant dans le Centre, l'Ouest et le Sud-Ouest et un type latin *fēta* « femelle qui a enfanté » dans les parlers méridionaux (a. pr. *feda*).

BRÈCHE, XIIe. De l'anc. francique **brecha*, qui correspond à l'anc. haut all. *brecha* « fracture », cf. all. *brechen* « briser » ; seulement gallo-roman. — Dér. et Comp. : **brèche-dent,** 1534 (une première fois au XIIIe s. ; *Brichedent*, nom propre ; *brèche* est ici probabl. un adj. verbal, tiré de l'anc. verbe *brecher* « ébrécher » ou de *ébrécher*) ; **ébrécher,** 1260 (É. Boileau).

BRÉCHET, XVIe (antér. *brichet* et *bruchet*, 1375). Probabl. du moyen angl. *brusket* « hampe d'un animal », plus tard *brisket*, qui est probabl. un dér. du germ. *brust* « poitrine » (anc. haut all. *brust*, goth. *brusts* à côté de l'anglo-sax. *briost*, angl. *breast*), qui est de la famille de l'anc. scandinave *brjosk* « cartilage ». Le mot paraît avoir été apporté en France pendant la guerre de Cent Ans.

BREDOUILLER, 1564. Variante de l'a. fr. *bredeler*, XIIIe, verbe d'un type abondamment représenté dans les parlers galloromans ; probablement variante des anc. verbes *bret(t)er* « marmotter », *bretonner* « bégayer », etc., propr. « parler comme un Breton », qui remontent à *brittus* « Breton ». Les mots avec *-d-* sont dus peut-être à un nouvel emprunt du représentant de *brittus*, à un moment où *-t-*, qui est devenu *-z-* en breton moderne, était arrivé à l'étape intermédiaire *-d-*. — Dér. : **bredouillage,** vers 1700 (Saint-Simon) ; **bredouille,** 1534 (Rab.), c'est-à-dire « qui est embarrassé » ; **bredouilleur,** 1642.

BREF. D'abord *brief ; bref* n'a triomphé qu'au XVIIe s. Lat. *brĕvis* « court » ; *bref* s'est restreint de bonne heure au sens de « de courte durée » ; le sens spatial, v. **court,** ne subsiste que dans les premiers textes. It. *breve*, a. pr. *breu*. Le neutre lat. *breve* a pris dès le VIe s. le sens de « sommaire », d'où *bref*, pris substantivement. — Dér. : 1° de *brief, adj.* : **brièvement,** 1539, d'abord *briefment*, XIIe ; **brièveté,** XVe, d'abord *briété*, 1213 ; 2° de *bref, subst.* : **brevet,** XIIIe (sous la forme *brievet*) ; **breveter,** 1751.

BREHAIGNE, XIIIe. D'abord *baraine*, *-aigne*, XIIe, en parlant d'une terre stérile. Mot préroman, attesté par des mots de sens et de forme analogues, répandus jusqu'en albanais. On reconstitue une base, purement hypothétique, *barañ*.

BRELAN, XIIe (*brelens*, plur. de *brelenc*, d'où *brelan(d)*, v. les dér.). Signifie d'abord « table de jeu », puis « sorte de jeu de cartes », et « maison de jeu ». Empr. de l'anc. haut all. *bretling*, propr. « petite planche », d'où « table », sens attesté également dans l'argot all. ; cf. aussi it. *berlengo*, v. **berlingot.** — Dér. : **brelander,** 1581 ; **brelandier,** 1386 (sous la forme *bell-*).

BRELOQUE, 1694. D'abord *oberlique*, XVe, *brelique*, XVIe, *-uque*, XVIIe. Refait sur le verbe *embrelicoquer*, v. **emberlificoter** ; la terminaison du subst. provient d'un croisement avec *loque*, qui désigne aussi un objet qui flotte au vent.

BRÊME, XIIe (sous la forme *braisme*). Empr. du francique **brahsima*, forme attestée en anc. haut all.

BRENEUX, XIVe. Dér. de *bren*, forme plus anc. de *bran*, encore dans les patois, propr. « son », qui représente un type **brenno-*, dont l'origine celtique, souvent admise, se heurte à de graves difficultés ; a pris au XVe s. le sens d'excréments, sens assez répandu dans les parlers septentrionaux. Avec ce même mot, *bren* au sens dér., ont été formés les verbes **ébrener,** XIIIe, et **embrener,** 1532 (Rab.).

BRÉSIL, v. **braise.**

BRETÈCHE, Terme d'archéologie. Lat. médiéval *brittisca* (glose de 876), peut-être dér. de *brittus* (v. **bretteur**), au sens de « fortification bretonne ; ce type de fortification aurait été importé de la Grande-Bretagne sur le continent ; toutefois on est mal informé sur la cause réelle de cette dénomination.

BRETELLE, XIIIe (« bande de cuir, d'étoffe, etc., passée sur les épaules pour porter une hotte, etc. »). Empr. de l'anc. haut all. *brittil* « rêne », v. **bride** ; ne s'est répandu qu'au XVIIIe s. au sens de « bretelles de culotte » ; aujourd'hui usité dans tous les parlers gallo-romans.

BRETTEUR, 1653 (au sens fig. de « fanfaron »). Dér. de *brette* « sorte de longue épée », XVIe, fém. de l'anc. adj. *bret* « breton » (de Bretagne ou de Grande-Bretagne), lat. pop. **brittus*, tiré du class. *Britō* ou *Brittō*. Ici il s'agit de la Bretagne française, mais la raison de cette dénomination n'est pas connue ; on trouve déjà chez Villon *six brettes targes*. L'indication de Ménage que ces épées ont été d'abord fabriquées en Bretagne est sans preuve ; v. **bretèche, bredouiller.**

BRETZEL, 1889 (*bréchetelle* en 1867). Empr. de l'all. d'Alsace *bretzel*, qui se rattache à son tour au lat. *brachium* « bras », le *bretzel* représentant deux bras entrelacés.

BREUIL. Terme archaïque, qui figure aujourd'hui surtout dans des noms propres. Lat. de basse ép. *brogilus (Capitulaires de Charlemagne)*, du gaulois **brogilos*, dér. de *broga* « champ », donné comme gaulois par le scholiaste de Juvénal, cf. aussi breton et gallois *bro* « pays, contrée ». De même a. pr. *brolh*, it. *brolo* « verger ».

BREUVAGE, v. **boire.**

BREVET, v. **bref.**

BRÉVIAIRE, 1230. Empr. du lat. médiéval *breviarium*, en lat. anc. « abrégé », dér. de *brevis ;* v. **bref** et **brimborion.**

BRIBE, XIVe (et *brimbe*). Appartient, comme le verbe *briber*, *brimber* « mendier », XIVe, à une famille de mots onomatopéiques, désignant des choses menues, de peu de valeur, cf. esp. *bribar* « mendier », *briba* « gueuserie », v. aussi **birbe ;** famille de mots répandus par l'argot.

BRIC. Dans *de bric et de broc*, 1792, et *bric-à-brac*, 1829. Mots expressifs ; cf. de même *en bloc et en blic*, XVe-XVIe s., *à bric et à brac* « à tort et à travers », 1618.

BRICK, 1782. Altération de l'angl. *brig*, 1720, abréviation de *brigantin.*

BRICOLE, 1372 (G. de Machaut ; en outre *brigole*, 1360) « sorte de machine de guerre, lançant des pierres à l'aide de cordes et d'une poutre à bascule ». Développements sémantiques variés : d'une part, du sens de « courroies de la machine » est issu celui de « courroie, corde, etc. », 1680 ; de l'autre, de l'usage de la machine vient le sens de « ricochet d'une balle au jeu de paume ou d'une bille au billard », XVIe et XVIIe, d'où « zig-zag, procédés obliques », 1447 ; le sens dominant aujourd'hui de « bagatelles » n'est attesté que depuis Balzac, dans ce sens c'est un dér. du verbe *bricoler* « faire toute sorte de petites besognes », au XVIe s. « aller çà et là ». Empr. de l'it. *briccola*, seulement « machine de guerre », d'un longobard **brihhil*, qu'on rétablit d'après le moyen haut all. *brechet*, propr. « qui brise », cf. all. *brechen ;* le suffixe germ. *-il* a été rendu par le suff. inaccentué *-ola*. — Dér. : **bricoler,** vers 1480 (développement sémantique parallèle à *bricole*) ; **bricoleur,** 1861 (dès 1763 au sens de « chien qui ne suit pas droit la piste ») ; **bricolier,** 1751, comme terme de vénerie.

BRIDE, vers 1200 (dans un autre sens dès 1100). Empr. du moyen haut all. *brîdel* « rêne », forme apparentée à *brittil*, v. **bretelle.** De même a. pr. *brida*, qui est venu du Nord ; aujourd'hui existe dans tous les parlers gallo-romans. *Brida* de l'it. et de l'esp. vient du fr. — Dér. : **brider,** XIIIe (dans un sens fig.) ; *oison bridé*, déjà chez Rab., 1534, signifie propr. « à qui on a passé une plume dans le bec pour l'empêcher de passer les haies », d'où « personne sans intelligence » et les noms propres *Bridoyes*, 1546 (Rab.) et *Brid'oison*, XVIIIe (Beaumarchais) ; **bridon,** 1611 ; **débrider,** 1466 ; **rebrider,** 1549.

BRIDGE, 1893. Empr. de l'anglo-américain *bridge* (d'origine levantine), de même que le jeu qui apparaît en Angleterre vers 1875, puis à Nice, puis aux États-Unis, d'où il nous est revenu vers 1890. — Dér. : **bridger,** 1906 ; **bridgeur,** 1893.

BRIDGE « appareil dentaire », 1907. Empr. de l'angl. *bridge* « pont ».

BRIE, 1767, nommé d'après la région où l'on fabrique ce fromage (au sens de « vin de Brie » dans La Bruyère).

BRIÈVEMENT, v. **bref.**

BRIFER, 1530, mais le dér. *brifaud* « glouton » est déjà attesté au XIIIe s. Mot onomatopéique, exprimant le bruit fait avec la bouche quand on mange gloutonnement ; rare en dehors du gallo-roman, cf. toutefois sarde *briffar*, de même sens. V. **esbroufe.**

BRIGADE, XIVe (G. de Machaut). Empr. de l'it. *brigata* « troupe », dér. de *briga* « lutte », probabl. par l'intermédiaire du verbe *brigare*, qui a dû signifier « aller en troupe », v. les suiv. D'abord « troupe de personnes » jusqu'au XVIe s. ; appliqué à des troupes armées, 1549, probabl. par un nouvel emprunt à l'it. ; sens moderne en 1789. — Dér. : **brigadier,** 1642 ; **embrigader,** 1794 ; **embrigadement,** 1793.

BRIGAND, xive. D'abord « soldat à pied », 1350, jusqu'à la fin du xve s., mais sens moderne dès le xive s., en raison des dommages causés par les soldats ou les bandes armées. Empr. de l'it. *brigante*, propr. « qui va en troupe », qui a aujourd'hui des sens analogues au français ; v. le préc. — Dér. : **brigandage,** xve (Charles d'Orléans) ; **brigander,** 1507 ; **briganderie,** 1534.

BRIGANTINE, 1835. Tiré de *brigantin*, attesté indirectement au xive s. (Froissart) par *brigandin* (altéré d'après *brigand*), qui désignait un petit navire analogue à la brigantine, et qui est empr. de l'it. *brigantino*, dér. de *brigante*, v. le préc.

BRIGUE, 1314. Empr. de l'it. *briga* « lutte, querelle, etc. » (sens quelquefois attesté au xvie s.), d'origine obscure ; développements sémantiques propres au fr. à partir du xvie s., v. les préc. — Dér. : **briguer,** 1518 (en outre « se quereller », 1478 et au xvie s.).

BRILLER, xvie ; signifie alors aussi « s'agiter, être agité d'impatience ». Empr. de l'it. *brillare*, non seulement « briller », mais « battre des ailes vivement » (d'où le sens du xvie s.), probabl. dér. de *beryllus* « béryl », donc « briller comme le béryl ». Les autres sens du verbe it., comme « débarrasser le riz, le millet de leur gousse avec une machine », s'expliquent par le fait que cette opération rend brillant le riz. — Dér. : **brillant,** *subst.*, xviie ; **brillantine,** 1823, « composition pour lustrer les cheveux, la barbe ».

BRIMBALER, 1532 (Rab.), en outre *bringueballer*, 1634. Mot expressif, dû peut-être à un croisement de *tribaler*, forme antér. de *trimbaler*, avec des mots de la famille de *bribe*.

BRIMBORION, xve (*breb...*, *brib...*, jusqu'au xvie s. ; signifie d'abord « prière marmottée », d'où « bibelot sans valeur », 1644). Empr. du lat. eccl. *breviarium*, v. **bréviaire** ; pour la prononciation de la fin, v. **dicton** ; l'initiale vient des mots de la famille de *brimber*, v. **bribe.**

BRIMER, 1853. Argot militaire, d'origine dialectale ; en manceau a le sens de « battre, tourmenter », qui paraît être un emploi fig. de *brimer* « geler, brouir », des parlers de l'Ouest, dér. de *brime* (attesté au début du xviiie s.), altération de *brume*, par croisement avec *frime* « frimas ». — Dér. : **brimade,** 1862.

BRIN, xive (écrit alors *brain*). On a proposé comme étymologie un gaulois **brinos*, mais cette hypothèse n'est pas suffisamment justifiée par les autres langues celtiques. — Dér. : **brindille** (au xvie et au xviie s., *-delle ;* le *d* est d'origine incertaine).

BRINDEZINGUES, dans la locution *être dans les brindezingues*, 1756 (Vadé). Déformation argotique de la locution *être dans les brindes ; brinde*, xvie, « action de boire à la santé », encore dans les dictionnaires, est une altération de l'all. *bring dir sie* « (je) te la porte », c'est-à-dire « je te porte une santé » (de là aussi la forme *bringue*, 1611), mot introduit par les mercenaires suisses ou all., cf. de même it. *brindisi*, esp. *brindis*, etc.

BRINDILLE, v. **brin.**

BRINGUE, 1751 (« cheval mal bâti » ; en parlant d'une femme, 1808). Le sens propre « menus morceaux », notamment dans la locution *en bringues*, 1750, « en pièces », est usuel dans les patois. Se rattache probabl. à la même famille que *brin*, mais la formation n'est pas bien claire ; peut-être originaire de la Normandie.

BRIO, 1812. Empr. de l'it. *brio*, propr. « vivacité », même mot que l'a. pr. *briu* « impétuosité, force » (mot peu représenté dans les parlers de la France septentrionale), issu d'un gaulois **brivo-*, ou **brigo-*, cf. ancien irlandais *brig* « force, puissance ».

BRIOCHE, 1404 (indiqué comme normand par Cotgrave, 1611, qui donne en outre le sens de « broie à chanvre »). Dér., avec un suff. pop. d'aspect argotique, de *brier*, forme normande de *broyer* « pétrir la pâte avec la brie (sorte de rouleau) » ; *brie* est attesté depuis 1700.

BRIQUE, vers 1200 (en outre *briche*). Signifie aussi jusqu'au xvie s. « morceau ». Empr. du moyen néerl. *bricke*, de même sens, mot de la famille de l'all. *brechen* « briser ». — Dér. : **briquet** à feu, 1743, s'est substitué à *fusil*, quand celui-ci a pris le sens d' « arme » ; « sabre court à l'usage de l'infanterie », 1804, employé par dérision par les cavaliers, d'après le sens de « sorte de couteau », 1734 ; **briquetage,** 1394 ; **briqueter,** 1680 (en 1418 au sens de « construire en briques ») ; **briqueterie,** 1407 ; **briquetier,** 1508 ; **briquette,** 1835 (en 1612 au sens de « petite brique »).

BRIS, BRISANT, v. **briser.**

BRISE, xvie (Rab.). Répandu à la fois dans les langues romanes : it. *brezza*, esp. *brisa*, et dans les langues germ. : angl. *breeze*, néerl. *brise ;* le point de départ est peut-être à chercher dans le frison *brîse*, qui pourrait avoir pénétré comme terme maritime en fr. et, de là, dans les autres langues romanes.

BRISER, vers 1080 *(Roland)*. Lat. pop. *brisāre* (attesté vers 700), d'origine gauloise, cf. irlandais *brissim* « je brise » ; l'*s* sonore paraît venir d'un croisement avec le type étymologique de l'a. fr. *bruisier* de sens analogue, également d'origine celtique, cf. irlandais *bruim* (qui a perdu un *s* sonore) « je brise ». — Dér. et Comp. : **bris,** 1413 ; **brisant,** 1529 ; **brisées,** xive, terme de vénerie, d'où *aller sur les brisées de quelqu'un*, propr. « profiter des brisées placées par un autre chasseur » ; **brisement,** xiie ; **briseur,** xiie (sous la forme *brisiere*) ; **brisoir,** 1680 ; **brisure,** 1207 ; **débris,** 1549, par l'intermédiaire d'un verbe *débriser*, encore attesté en 1669. — Comp. : nombreux mots avec *brise* comme premier élément : **brise-bise,** 1899 ; **brise-glace,** 1751 ; **brise-lames,** 1818 ; **brise-tout,** 1371.

BRISQUE, 1752. Étymologie inconnue. — Dér. : **briscard,** 1861.

BRISTOL, 1836. Empr., en l'abrégeant, de l'angl. *bristolboard* « carton fabriqué à Bristol », ville anglaise où il y a de nombreuses papeteries.

BRIZE, 1778. Empr. du grec *briza* « sorte de blé ou de seigle ».

BROC, sorte de vase, 1380. Empr. de l'a. pr. *broc*, de même sens, du grec *brokhis* « pot » ; it. *brocca*.

BROCAILLE, v. **bloc.**

BROCANTER, 1696 (Regnard). Paraît se rattacher à l'all. *brocko* « morceau » ou au néerl. *brok*, la brocante étant un commerce d'objets de rencontre, et dépareillés, cf. le suisse *brockenhaus* « magasin où de vieux vêtements sont réparés et vendus à bas prix ». — Dér. : **brocante,** 1782 ; **brocanteur,** 1694, dit d'abord de marchands de tableaux.

BROCARD, 1373. Issu d'un terme juridique désignant des maximes ; de là » trait piquant » dès le XVe s., cf. aussi le verbe dér. Empr. du lat. médiéval *brocardus* « aphorisme de droit », issu du nom propre *Brocardus*, altération de *Burchardus*, Burckard, évêque de Worms, qui fit au début du XIe s. un recueil célèbre de droit canonique. Le sens de « trait piquant » a pu se développer sous l'influence du verbe *broquer* « dire des paroles piquantes », forme dialectale de *brocher*, v. **broche.** — Dér. : **brocarder,** XVe ; **brocardeur,** 1507.

BROCARD, « cerf, chevreuil d'un an », XVe. Mot dialectal, normand ou picard, dér. de *broque* « broche », qui désigne le bois de l'animal, alors en simple pointe, v. **dague.**

BROCART, 1519 (en outre *-at*, 1549, jusqu'à la fin du XVIIe s.). Empr., avec changement de suff., de l'it. *broccato* « tissu broché ».

BROCATELLE, 1519 (en outre *-atel*, *-adel*, *-adelle*). Empr. de l'it. *broccatello* « tissu léger et broché », dér. de *broccato*.

BROCHE. Lat. pop. *brocca*, fém. pris substantiv. de l'adj. *brocchus* « proéminent, saillant », en parlant des dents, d'où *brocca* « chose pointue ». It. *brocco* « fétu piquant », a. pr. *broc* « épine », *broca* « broche ». — Dér. : **brocher** vers 1080 *(Roland)*, développements sémantiques variés ; de *brocher un livre*, 1732, dérivent **brocheur,** 1771, **brochure,** 1718, **débrocher,** 1856, **rebrocher,** 1835 (comme terme de tissage au XVIIIe s., au moyen âge autres sens) ; **brochet,** 1260 (É. Boileau), à cause de la forme pointue de son museau ; **brochette,** XIIe ; **débrocher** « retirer de la broche », vers 1400 ; **embrocher,** XIIe.

BROCOLI, 1560. Empr. de l'it. *broccoli*, plur. de *broccolo*, propr. « pousse de chou, de navet, etc. », dér. de *brocco*.

BRODEQUIN, vers 1485. Altération, d'après *broder* (ces chaussures ayant été souvent ornées de broderies), de *brosequin*, encore dans quelques patois normands, emprunté de l'esp. *borcegué*, d'origine inconnue. Le néerlandais *broseken* « petit soulier », est empr. du fr. *Broissequin*, XIVe s., sorte d'étoffe parfois teinte avec de l'écorce de noyer, donc, d'une couleur semblable au cuir, est peut-être le même mot ; on trouve aussi *brodequin* en ce sens au XVIe s.

BRODER, vers 1100. De même a. pr. *broidar*. Probabl. du francique **bruzdôn*, de même sens, comme l'esp. *bordar* représente probabl. un goth. **bruzdôn* et l'it. *brustare*, le longobard **brustan*, forme correspondant au francique. — Dér. : **broderie,** 1334 ; **brodeur,** 1260 (É. Boileau) ; **brodure,** 1260 ; **rebroder,** 1666.

BROME, plante, 1559. Empr. du lat. *bromos* « sorte d'avoine » (du grec *bromos* « folle avoine »).

BROME, 1826. Empr. du grec *brômos* « puanteur » par le chimiste Balard, qui découvrit ce corps. — Dér. : **bromure,** 1828.

BRONCHE, 1633 (d'abord *bronchies*, XVIe s., Paré). Empr. du lat. médical *bronchia*, plur. neutre (du grec *bronkhia*). — Dér. : **bronchique,** XVIe (Paré) ; **bronchite,** 1825 (peut-être d'après l'angl. *bronchitis*, 1812) ; **bronchial,** 1666.

BRONCHER, XIIe (Chrétien). Signifie en outre « pencher, s'incliner » jusqu'au XVIe s. Peut-être lat. pop. **bruncāre* « trébucher », dér. de **bruncus*, supposé par l'it. *bronco* « souche », l'esp. *bronco*, adj., « grossier, rude ». De même a. pr. *broncar*. La forme *bruncher*, fréquente jusqu'au XVIe s., s'explique mal.

BRONTOSAURE, 1890. Comp. des mots grecs empruntés *brontê* « tonnerre » et *saura* « lézard ».

BRONZE, 1511 (souvent fém. jusqu'au XVIIe s.). Empr. de l'it. *bronzo*, d'origine incertaine. Pline nomme *aes Brundusi* un bronze qui se fabriquait à Brindisi ; les difficultés de forme font penser à un **Brundium*, forme abrégée de *Brundisium*, comme *Brunda*, qui est réellement attesté. On a aussi proposé le persan *birindj*, id. ; ou plutôt à une forme arabe **burunz* qu'on a supposé d'après la forme attestée *fuluzz*, qui doit remonter à une forme persane **purung*. C'est par l'Italie septentrionale (Venise ou Gênes) que le mot a passé dans les langues de l'Occident ; cet alliage est en effet venu de l'Orient en Europe au XIVe. — Dér. : **bronzer** (au part. *-é*), vers 1560.

BROSSE, XIIe (écrit *broce ;* en a. fr. aussi *broisse*). Signifie d'abord « broussaille », encore au XVIe s. ; au sens de « brosse », 1306 *(broisse)*. Du lat. pop. **bruscia* « ensemble d'excroissances, de rejetons », dér. de *bruscum* « excroissance ligneuse de l'érable », étymologie appuyée par le cat. *brossa* et l'esp. *broza* « débris d'écorce, broutilles ». A. pr. *brossa* « broussaille ». — Dér. : **brosser,** XIVe, au sens moderne, aujourd'hui dominant dans les parlers galloromans, sauf *brosseler*, wallon, signifie en outre « aller à travers les broussailles », XVe ; d'où **brossage,** 1837, **brossée,** 1836, **brosserie,** 1835, **brosseur,** 1468 ; **brossier,** 1597 ; **broussaille,** 1559 (souvent écrit *bross-*, au XVIe et au XVIIe s.), d'où **em-**

broussaillé, 1900, **désembrousailler,** *id.*, **débrousailler,** *id.* ; **brousse,** 1890, terme colonial, est tiré de *brousaille*, ou empr. du prov. *brousso* « brousaille », par l'intermédiaire des soldats méridionaux, nombreux dans les armées coloniales.

BROU, v. **brouter.**

BROUAILLES, v. **écrabouiller.**

BROUET, XIIIe (J. de Meung). Dér. d'un simple peu usité *breu* « sorte de bouillon », cf. de même a. pr. *bro(u)* « *id.* », it. *brodo*, empr. de l'anc. haut all. **brod*, cf. angl. *broth* ; cet empr. est dû au fait que les Germains faisaient à la soupe une place importante dans leur nourriture, tandis que les Romains ne la connaissaient pas.

BROUETTE, XIIIe (sous la forme *bouroaile(s)* ; la forme moderne apparaît dès 1202). Dim. d'un simple non attesté en fr. **berou(e)*, lat. de basse ép. *birota (Code de Théodose)*, adj. pris substantiv., propr. « véhicule à deux roues », à côté duquel un type **birotium* a donné de nombreuses formes romanes, a. pr. *bros* « char à deux roues », it. *baroccio* « charrette, cabriolet ». Le dim. a été sans doute formé quand la brouette à deux roues a été inventée. A désigné aussi une chaise à porteurs, montée sur deux roues, au XVIIe s. (l'invention en est attribuée soit à Pascal, soit à Dupin, 1669). Depuis le XVIIe s. au moins, désigne une brouette à une seule roue. Aujourd'hui dans les parlers gallo-romans, sauf au Sud-Ouest. — Dér. : **brouettée,** 1304 (au XIIIe s. *(broiée)* ; **brouetter,** *id.*

BROUHAHA, 1552. Dans une farce de 1548, un curé habillé en diable crie : *Brou, brou, brou, ha, ha, Brou, ha, ha.* Déformation onomatopéique de la formule hébraïque *baruk habba* « béni soit celui qui vient » (au nom du Seigneur), *Psaume* 113, souvent répétée à la synagogue ; cette étymologie est appuyée par l'it. d'Arezzo *barruccabá* « confusion, désordre » ; des empr. de ce genre aux prières hébraïques ne manquent pas, cf. l'it. *badanai* et *badananai* « rumeur de gens qui bavardent », empr. de l'hébreu *be adonai* « Ah ! Seigneur », formule fréquente dans les prières, etc.

BROUILLAMINI, 1566 (Henri Estienne, au sens moderne). Emploi fig. de *brouillamini*, 1537, altération, d'après *brouiller*, de *boli armenii*, plur., « bol d'Arménie » (dès 1378 *bouliaminy*), sorte de petites mottes de terre argileuse, qui servaient en médecine ancienne. — Dér. : **embrouillamini,** vers 1747 (D.), d'après *embrouiller*.

BROUILLARD, XVe (Charles d'Orléans). Modification, par changement de suff., de *brouillas*, XIIIe (d'où **brouillasser,** 1624, **brouillasse,** 1863), qui dérive (comme *brouée*, 1314, « brouillard », encore dans les patois), de *bro(u)*, voir **brouet,** qui, du sens de « bouillon », a pris celui de « brouillard », cf. la forme *brouas*, XIVe, « gelée du matin ». L'*l* mouillée vient de *brouiller*.

BROUILLARD, brouillon, v. **brouiller.**

BROUILLER, XIIIe (sous la forme *broueillier*), « mélanger », d'où sens variés : « barbouiller, salir, griffonner », etc. Probabl. dér. de *bro(u)*, qui a pris le sens de « boue, écume », attesté dans de nombreux parlers septentrionaux, v. **brouet,** avec la terminaison de verbes tels que *fouiller*, *mouiller*, *souiller*, etc. — Dér. et Comp. : **brouillard** « brouillon », d'après le sens de « griffonner », 1550 ; **brouille,** 1617 ; **brouillerie,** 1418 ; **brouillon,** 1549, « travail destiné à être recopié », 1642, d'après le sens de « griffonner » ; **brouillage,** 1948 ; **débrouiller,** 1549 ; **débrouillard,** 1872 ; **débrouillement,** 1611 ; **débrouilleur,** 1648 (Scarron) ; **embrouiller,** XIIIe ; **embrouillement,** 1551.

BROUIR, 1431, terme d'agriculture. Altération, par croisement avec *brouillard*, etc., de l'a. fr. *bruir* « brûler », empr. du francique **brôjan*, cf. moyen haut all. *brüejen* « *id.* », all. *brühen* « échauder ».

BROUSSAILLE, BROUSSE, v. **brosse.**

BROUTER, vers 1170 (écrit alors *broster*). Dér. de l'a. fr. *brost*, XIIe, « pousses de jeunes taillis au printemps », encore dans les patois sous la forme *brout*, remonte à un verbe germ. **brustjan*, cf. anc. saxon *id.* « bourgeonner ». *Broster* « brouter », de même a. pr. *brostar*, est probabl. dér. du subst. *brost* « pousses de taillis », parce que le menu bétail va brouter ces pousses au printemps. — Dér. : **brout** « action de brouter, ce que broute le bétail », XVIe, *brou* (de noix), 1564 (en outre *brout*, 1694), est une extension de *brout* au sens de « pousse » ; **broutille,** 1329.

BROWNING, 1906. Empr. de l'angl. *browning*, du nom de l'inventeur.

BROYER, vers 1180. Du germ. occidental **brekan*, all. *brechen*, de même a. pr. *bregar* ; le sens de « broyer le chanvre, le lin », aujourd'hui prépondérant dans les parlers gallo-romans, est probabl. dû à un développement postérieur à l'empr. du verbe germ. — Dér. : **broie,** vers 1220 ; **broyeur,** 1422.

BRU, XIIe (jusqu'au XVIe s. surtout *brus*, *-z*, *-l*). Lat. *brutis* « bru » dans des inscriptions de la région de la Dalmatie et du Frioul, où les Gots étaient établis (en outre dans des gloses et des inscriptions de la Moselle), qui paraît représenter le gotique préhistorique **brudis*, gotique *brups* ; attesté au même sens dans les parlers rhéto-romans. Ailleurs le lat. *nurus* s'est maintenu, d'où l'a. pr. *nora*, lat. pop. **nora*, encore usité dans le Sud-Ouest. Aujourd'hui *bru* recule devant *belle-fille*, v. **beau.**

BRUANT, v. **bruire.**

BRUCELLE, v. **bercelle.**

BRUGNON, 1680 (antér. *brignon*). Empr. du prov. *brugnoun*, *brignoun*, altération de *prugnoun*, qui remonte au lat. pop. **prūnea* it. *prugna* « prune ». Le *b* de *brugnoun* est dû à un croisement avec *brun* « brun », à cause de la couleur de cette espèce de pêche.

BRUINE, vers 1150 (*broine* ; la forme moderne apparaît dès 1200). En anc. fr. et jusqu'au XVIIe le sens du mot est

« gelée blanche », à côté de « brume ». C'est ce qui montre que *bruine* représente le lat. *prŭīna* « gelée blanche » (*pruine* dans ce sens encore dans un psautier de 1120). Ce mot s'est transformé phonétiquement sous l'influence du lat. *brūma*, v. **brume.** — Dér. : **bruiner,** 1551.

BRUIRE. Lat. pop. **brūgĕre*, altération du class. *rūgīre*, par croisement avec **bragĕre*, v. **braire.** — Dér. : **bruant,** XIVe; *bréant*, XVIIe, est probabl. une altération dialectale ; **bruissement,** 1495 (au moyen âge surtout *brui(e)ment*) ; **bruit,** XIIe ; **bruitage,** 1951 ; **ébruiter,** 1583 ; **bruyant,** XIIe.

BRÛLER, 1120. Altération de l'anc. franç. *usler*, du lat. *ustulāre*, d'où aussi a. pr. *usclar*, it. *ustolare* « désirer ardemment », sous l'influence de l'anc. franç. *bruir*, v. **brouir** ; l'a. pr. *bruslar*, rarement attesté, vient du fr. Aujourd'hui usité dans presque tous les parlers gallo-romans, sauf des représentants du lat. *cremāre* dans les parlers méridionaux. L'it. *brustolare* « griller » doit son *br-* à *bruciare*, qui représente peut-être un préroman **brusiare*. — Dér. : **brûlerie,** 1417, au sens de « distillerie », en 1787 ; **brûleur,** XIIIe ; **brûlot,** 1627 ; **brûlure,** XIIIe. — Comp. : nombreux composés avec *brûle-* comme premier élément : **brûle-gueule,** 1735 ; **brûle-pourpoint,** 1648 (Scarron).

BRUME, XIVe. En raison de sa rareté en a. fr. et dans les parlers septentrionaux, doit être considéré comme empr. de l'a. pr. *bruma*, qui représente au contraire régulièrement le lat. *brūma*, propr. « le jour du solstice d'hiver », d'où « hiver », comme it. *bruma* « hiver », esp., port. *bruma* « brume ». — Dér. : **brumaire,** 1793 (Fabre d'Églantine), v. **frimaire ; brumasser,** 1863 ; **brumeux,** 1787 ; **embrumer,** vers 1500, v. **embrun.**

BRUN (*brunus* déjà dans une glose d'Isidore de Séville). Du germ. occidental **brūn*, all. *braun*, d'où également it. *bruno*, a. pr. *brun*. — Dér. : **brunâtre,** 1557 ; **brunet,** XIIe ; **brunir,** vers 1080 *(Roland)*, « rendre brillant un métal » ; de même anc. haut all. *brûnen*, dér. de *brûn*, au sens de « brillant » (sens qui a peut-être été introduit par les Germains avec la manière de polir les armes), d'où **brunissage,** 1680, **brunisseur,** 1313, **brunissoir,** 1401, **brunissure,** 1506 ; **rembrunir,** 1690, par l'intermédiaire d'**embrunir,** vers 1300.

BRUSQUE, 1546 (« âpre, rude, vif, étrange » (en 1313, *vin brusque* dans une traduction de l'italien) ; sens moderne au XVIIe s.). Empr. de l'it. *brusco* « aigre, âpre, pas mûr », propr. « fragon épineux », pris adjectiv., lat. *ruscum* « fragon épineux », croisé avec *brūcus*, v. **bruyère** (c'est un autre mot que *bruscum* « excroissance ligneuse de l'érable », v. **brosse**). — Dér. : **brusquer,** 1589 ; **brusquerie,** 1668 (Molière).

BRUT, XIIIe (assez souvent, jusqu'au XVIIIe s., *brute*, également masc.) ; **brutal,** XIVe. Empr. du lat. *brutus*, *brutalis* (de basse ép.). — Dér. : **brutaliser,** 1572, d'abord intrans. « agir en brutal » ; **brutalité,** 1539 ; **abrutir,** 1541 (Calvin), **abrutissement,** 1586.

BRUYÈRE. Dér. très anc. de *brūcus* « bruyère », attesté dans une glose d'origine gauloise, gaulois **brūko*, qui correspond à l'irlandais *froech* et au gallois *grug ;* d'où aussi l'a. pr. *bruc* et des formes des parlers méridionaux modernes (et en outre de l'Italie septentrionale). *Bruyère* a signifié au sens propre « champ de bruyères », sens encore usité dans quelques parlers ; v. **fougère.** Le simple survit encore dans les parlers méridionaux.

BRYONE, XVIe. Empr. du lat. *bryonia* (du grec *bryônia*).

BUANDERIE, v. **buée.**

BUBON, 1372 (en outre *bubone*, XIVe). Empr. du grec *boubôn* « *id.* ».

BUCAILLE, v. **sarrasin.**

BUCCAL, 1735. Dér. sav. de *bucca* « bouche ».

BÛCHE. Du germ. **bûsk* « baguette », cf. moyen haut all. *bûsch* « gourdin » ; le fém., au lieu du masc. germ., est primitivement un neutre plur. pris collectivement **buska*, fait sur le modèle du lat. pop. *fructus : fructa*, etc. De même a. pr. *busca*, v. aussi **busc.** — Dér. : **bûcher,** *subst.*, XIIe ; **bûcher,** *verbe*, XIIIe (en a. fr. « frapper ») ; **bûcheur,** 1866 ; **bûchette,** XIIe ; **débûcher,** XIIe ; terme de vénerie, d'après le sens « bois, forêt », que *bûche* a dû posséder ; refait en *débusquer*, au XVIe s. (déjà attesté au XIVe ; mais dans un texte du Nord-Est), d'après *embusquer*, v. la suite ; **embûche,** XIIIe (*embusque*, dialectal), par l'intermédiaire d'un verbe *embûcher*, XIIe, qui avait le sens de « se mettre en embuscade », et qui est encore dans les dictionnaires comme terme de vénerie (d'où **rembûcher,** 1549) ; a été refait en **embusquer** au XVe s. (attesté auparavant, mais dans les textes du Nord-Est), d'après l'it. *imboscare* « mettre en embuscade » (de *bosco* « bois »), qui a entraîné **embuscade,** 1549, francisation de l'it. *imboscata ;* v. **cavalcade.**

BÛCHERON, v. **bois.**

BUCOLIQUE, vers 1270. Empr. du lat. *bucolicus*, surtout à cause des *Bucoliques* de Virgile.

BUDGET, 1764 (en parlant des finances anglaises ; adopté officiellement par la France en 1806 ; mais déjà d'usage courant en 1779.) Empr. de l'angl. *budget*, lui-même de l'a. fr. *bougette* « petit sac », dér. de *bouge* « sac, valise », v. **bouge** ; primitivement l'angl. *budget* a désigné le sac du trésorier ; par suite, plus tard le rapport annuel de la situation financière a été appelé *opening of the budget* « ouverture du sac ». — Dér. : **budgétaire,** 1825 ; **budgétivore,** 1858.

BUÉE, 1219 (au sens, vieilli depuis le XVIIIe s., de « lessive », au sens moderne de « vapeur d'eau », vers 1360). Tiré de l'anc verbe *buer*, XIIe, « faire la lessive », encore dans les patois. Francique **bûkôn*, all. *bauchen*, cf. de même a. pr. *bugada*, it. *bucato*. Comme le verbe n'existe que dans les parlers gallo-romans, et surtout au Nord on considère aussi que le subst. a été fait sur un modèle germ. et qu'il a été emprunté du fr. par les autres langues romanes. *Buée* « lessive » est encore très vivace dans les parlers gallo-romans. Du verbe dérive **buanderie,** 1471, par l'intermédiaire d'un nom d'agent *buandier*, XVIe, encore dans les patois de l'Ouest (*bugandier*, forme poitevine, 1498). — Dér. : **embué** « couvert de buée », 1879.

BUFFET, XIIe (« sorte de table »). En a. fr. *buffet* signifie en outre « soufflet de foyer » (de même a. pr. *bufet*, encore aujourd'hui dans les parlers méridionaux et le poitevin), d'où, par figure « gifle », v. **souffler** ; en ce sens c'est un mot onomatopéique, v. **bouffer** ; peut-être le mot est-il devenu la désignation d'un meuble, 1260 (É. Boileau), parce que celui-ci était d'abord muni d'une planche qu'on pouvait abaisser.

BUFFLE, 1213. Empr. de l'it. *bufalo*, lat. dialectal *būfălus*, lat. class. *būbălus*. L'a. fr. disait *bugle*, v. **beugler** et le suiv. — Dér. : **buffleterie,** 1642 ; rare avant la fin du XVIIIe s.

BUGLE « clairon à clefs », 1836. Empr. de l'angl. *bugle*, empr. lui-même de l'a. fr. *bugle*, v. **beugler,** qui désignait d'abord un instrument en corne de buffle (relevé dans un texte du XIIIe s., rédigé en Angleterre).

BUGLE, plante, XIIIe. Empr. du lat. de basse ép. *bugula*.

BUGLOSSE, 1372. Empr. du lat. *buglossa* (du grec *bouglôssa*, littéral. « langue de bœuf »).

BUGRANE, 1544. Antér. *bouverande*, *bougrande*, issus, avec un traitement anormal (comme c'est fréquent dans les noms de plantes), du lat. pop. **boverĕtĭna* (comp. de *bos* « bœuf », et *retina*, tiré du verbe *retinere*), attesté dans des gloses sous la forme *bouereina*, etc., c'est-à-dire « arrête-bœuf » ; **arrête-bœuf** est également le nom pop. de cette plante, 1553, parce que ses racines arrêtent la charrue.

BUIE, v. **burette.**

BUILDING, 1770, mot anglo-américain, dér. de *to build* « construire », généralement connu depuis la fin du XIXe s. à cause des buildings américains.

BUIS. En a. fr. surtout *bo(u)is*, encore en 1718, éliminé par *buis*, refait probabl. sur *buisson*. Lat. *buxus*, du grec *pyksos*. Usuel dans les parlers gallo-romans (a. pr. *bois*) ; dans divers parlers, on a des noms se référant à l'emploi du buis le jour des Rameaux, notamment un dér. de *Pâques* en wallon, *hosanna* en poitevin. It. *bosso*, port. *buxo*.

BUISSON, v. **bois.**

BULBE, XVe. Il y a eu hésitation sur le genre. Empr. du lat. *bulbus* « oignon » ; sens anatomique au XIXe s. — Dér. : **bulbeux,** 1545, d'après le lat. *bulbosus*.

BULLDOZER, 1945. Empr. de l'anglais d'Amérique, où le mot désignait d'abord un homme qui cherchait à intimider (nom de la machine dep. 1930).

BULLE, « sceau, acte revêtu d'un sceau », XIIe. Empr. du lat. médiéval *bulla*, pour le sens class., v. **boule.**

BULLE « bulle d'air », XVIe. Empr. du lat. *bulla*, v. le préc.

BULLETIN, 1520. Dér. de l'a. fr. *bullette*, dér. de *bulle*, encore usité au XVIe s. ; a pris le sens de « certificat, bulletin », probabl. d'après l'it. *bolletino*, attesté à la même époque.

BUNGALOW, 1829. Mot angl., tiré de l'hindou *bangla* « bengalien » ; d'abord « habitation simple dans les Indes », appliqué à des maisons de campagne en Europe depuis environ 1950.

BURE, 1441 (mais le dér. *bureau* est du XIIe s.). Représente peut-être un lat. pop. **būra*, autre forme de *burra*, v. **bourre,** cf. de même les deux formes *cuppa*, *cupa*, v. **coupe, cuve** ; attesté aussi par l'esp. archaïque et le port. *bura*. La date récente de *bure* est étonnante ; on ne peut pourtant pas y voir un mot tiré de *bureau*, qui remonterait finalement au même type lat. — Dér. : **bureau,** XIIe, propr. « sorte de bure », d'où « couverture de meuble faite de cette étoffe », XIIIe, « table à écrire », 1495, « pièce où l'on a son bureau », 1592, et enfin les autres sens modernes ; d'où **buraliste,** fin XVIIe, **bureaucrate,** 1792, **bureaucratie,** créé par l'économiste Gournay (1712-1759), **bureaucratique,** 1796.

BURETTE, 1360 (*buireite* dès 1230). Dér. de *buire*, XIIe, encore dans les dictionnaires, autre forme de *buie*, avec un *r* d'origine obscure. Représente le francique **bûk* (de la famille de l'all. *Bauch* « ventre » et de diverses formes germ. désignant des récipients), devenu **bûka*, fém., d'après **krûka*, v. **cruche.**

BURGAU, XVIe (Palissy). Étymologie inconnue. On a voulu établir une étymologie américaine (tupi *perigoá*), mais elle n'est pas suffisamment appuyée. L'esp. *burgado* est attesté un siècle plus tard que le mot français.

BURGRAVE, vers 1480 (d'abord *bourgrave*, 1413). Empr. de l'all. *Burggraf* « comte d'un bourg (ou d'un burg) » ; v. **bourgmestre.** — Dér. : **burgraviat,** 1550.

BURIN, 1420. Probabl. empr. de l'it. *burino*, aujourd'hui *bulino*, empr. lui-même d'une forme germ. mal déterminée de la famille de l'all. *bohren* « percer ». — Dér. : **buriner,** 1549.

BURLESQUE, 1611 (d'abord *bourrelesque*, XVIe). Empr. de l'it. *burlesco*, dér. de *burla* « plaisanterie » (d'où *burle*, XVIe, et *bourle*, *id.*), probabl. de **burrula* et **būrula* (v. *bure*), dim. de *burra*.

BURNOUS, 1841 (*bournous* 1735-1867, *bernous* 1695-1829, *bernus* 1649, *barnusse* 1556). Empr., depuis l'occupation de l'Algérie, de l'arabe *bournous* « tout vêtement à capuchon » (lui-même du grec *birros*);

une première fois empr. sous la forme *albornos*, 1706, « manteau à capuce des chevaliers de Malte » ; en outre *alburnos* « manteau des Arabes », Chateaubriand, dans *Les Aventures du Dernier Abencérage*.

BUSARD, v. **buse.**

BUSC, XVIe (écrit *busque*, encore au XVIIe s.). Empr. de l'it. *busco*, propr. « brin, bûchette », de même origine que *bûche*. — Dér. : **busqué,** 1755 (une 1re fois en 1563) ; **busquer,** 1718.

BUSE, XVe. Tiré de l'a. fr. *buison*, d'où *buson* « sorte de buse », lat. *būteo* « sorte de faucon » ; de là aussi, avec un autre suff., *busard*, XIIe. A. pr. *buzart*, *-ac*, *-at*, it. *bozzag(r)o*, *abuzzago*.

BUSINESS, 1884. Empr. de l'angl. *business*, prononcé en fr. pop., d'après la prononciation angl., *bizness*. — **Businessman,** empr. de l'angl., 1904.

BUSQUE, v. **busc.**

BUSTE, 1546. En outre au XVIe s. *busque*, par confusion avec *busque* « busc ». Empr. de l'it. *busto*, peut-être lat. *būstum*, propr. « bûcher », d'où « monument funéraire », qui a pu prendre le sens de « buste », les monuments funéraires étant souvent ornés du buste du mort.

BUT, 1245. Probabl. de l'anc. scandinave *butr* « petit morceau de souche », qui a pu prendre le sens de « but » à différents jeux d'arc, d'arbalète, etc. *De but* (souvent écrit aussi *butte*) *en blanc*, terme d'artillerie, XVIIe, le but désignant le point d'où l'on tire et le blanc le centre de la cible, d'où « à toute portée » et « inconsidérément », dès le XVIIe s. — Dér. : **butte,** 1285 (au XVIe et au XVIIe s. au sens de « cible », d'où **butter** « disposer en butte », 1701 ; **buter,** XIVe, « heurter, viser », XVIe, puis les sens modernes, d'où **butoir,** 1863, au sens moderne ; **abuter,** XIIIe ; **débuter,** 1640 « jouer un premier coup » (dès 1549 et jusqu'à la première moitié du XVIIe s. « écarter du but la boule d'un autre joueur ») ; le mot ne s'explique que si *but* désignait aussi l'endroit d'où l'on joue, v. plus haut *de but en blanc*, d'où **début,** 1642, **débutant,** 1767 ; **rebuter,** 1490, propr. « repousser du but », **rebut,** vers 1220, **rebutant,** 1674 (Boileau).

BUTANE, 1890. Formé du radical du lat. *butyrum*, avec le suff. qu'on a p. ex. dans *méthane*.

BUTIN, XIVe. Empr. du moyen bas all. *bûte* « partage », d'où « butin », all. *Beute* « butin » (le moyen néerl. *buyt* n'est pas probable, parce que ni Chastellain, ni Commynes n'emploient *butin*) ; le sens propre apparaît encore dans les premiers textes. Peut-être d'abord terme de marine (indiqué en ce sens dans plusieurs textes, jusqu'en 1732), qui a pu être introduit grâce aux relations des ports français avec les villes hanséatiques. L'it. *bottino* et l'esp. *botin* viennent du fr. — Dér. : **butiner,** XIVe, au sens de « piller ».

BUTOR, XIIe. Rapport obscur avec le lat. *būteo*, *būtio*, de même sens ; on propose d'y voir un lat. pop. **buti-taurus*, comp. du radical de *butio* et de *taurus* « taureau » : Pline, 10, 42, signale qu'on appelait le butor *taurus* à Arles, à cause de son cri rappelant le mugissement des bœufs. Sens figuré, 1671 (Molière).

BUTTE, v. **but.**

BUTYREUX, XVIe (Paré) ; **butyrique,** 1823. Dér. sav. du lat. *butyrum*, v. **beurre.**

BUVABLE, BUVARD, BUVETTE, BUVOTER, v. **boire.**

BYSSUS, vers 1400 (écrit *bissus*). Empr. du lat. *byssus* (du grec *byssos*, d'origine sémitique, cf. hébreu *bouts*).

BYZANTIN, 1838. Empr. du lat. *byzantinus*. *Discussion byzantine*, par allusion aux discussions théologiques qui divisaient les Grecs au moment où les Turcs assiégeaient Byzance.

C

ÇÀ, *adv.* En a. fr. aussi *çai* (comp. avec l'adv. *i* « y »). Aujourd'hui usité seulement dans *çà et là*, et la locution *or çà*, XVᵉ, et dans les parlers méridionaux (a. pr. *sai*). Lat. *ecce hāc*, renforcement, au moyen de *ecce* « voici » (dont la voyelle est tombée à l'époque prélittéraire), de l'adv. class. *hāc* « par ici ». It. *qua*, esp. *acá*, comp. avec *eccu(m)*. V. **ce, ici.** — Comp. : **céans,** XIIᵉ *(çaenz : Voyage de Charlemagne)*, aujourd'hui rare, comp. de *çai* et d'*enz*, anc. adv., disparu au XVIᵉ s., qui signifiait « dedans », lat. *intus ;* s'opposait à *laienz*, d'où *léans*, comp. de *lai* et d'*enz*, v. **là,** encore chez La Fontaine par archaïsme. **Deçà,** XIIᵉ, aujourd'hui surtout dans *en deçà de.*

ÇA, *pronom.* V. **cela.**

CAB, 1850. Empr. de l'angl. *cab*, abréviation du fr. *cabriolet.*

CABALE, 1532 (Rab.). Au sens fig. dès le XVIᵉ s. Empr. de l'hébreu rabbinique *qabbalah*, propr. « tradition », par opposition à la loi écrite, et appliqué au moyen âge à la tradition ésotérique. — Dér. : **cabaler,** 1617 ; **cabaleur,** XVIIᵉ ; **cabaliste,** 1532 (Rab.) ; **cabalistique,** 1532 *(id.)*.

CABAN, 1448. Dès 1347, dans un texte latin ; en outre *gaban*, 1552 (Rab.). Empr. de l'it. (de Sicile) *gabbano*, de l'arabe *qabâ'* « sorte de tunique à longues manches ».

CABANE, 1387. Empr. du prov. *cabana*, lat. de basse ép. *capanna*, VIIᵉ (Isidore de Séville), d'origine incertaine, probabl. de l'illyrien, ou d'une langue antérieure, cf. aussi it. *capanna*, esp. *cabaña.* — Dér. : **cabanon,** 1752.

CABARET, 1275. Empr. du moyen néerl. *cabret*, forme dénasalisée de *cambret*, *cameret*, qui est à son tour empr. de l'anc. picard *camberete*, dimin. de *cambre* « chambre ». — Dér. : **cabaretier,** XIVᵉ.

CABARET, nom de plante, 1538. Altération de *baccaret*, dér. du lat. *bacc(h)ar* (du grec *bakkaris*).

CABAS, vers 1327, antér. lat. médiéval *cabatium*, 1243. Depuis le XVIᵉ s., jusqu'à une date récente, servait surtout à l'expédition de raisins ou de figues, cf. au XVIᵉ s. *raisin, figue de cabas.* Empr. de l'a. pr. *cabas* « corbeille de jonc », lat. pop. **capācius* (cf. notamment esp. *capazo* « panier de sparte », avec un *p* hétéroclite), d'origine incertaine. On pense à l'adj. *capax* « qui contient beaucoup », plutôt qu'au verbe *capere* « contenir » (le suff. *-acius* ne s'ajoutant pas aux verbes) ; mais c'est peu satisfaisant pour le sens.

CABESTAN, 1382 (sous la forme *cabestant*). Empr. du prov. *cabestan*, issu de *cabestran*, part. prés. pris substantiv., au sens d' « instrument servant à enrouler les câbles », d'un verbe **cabestrar*, aujourd'hui *cabestrá*, dér. de *cabestre* « corde de poulie », propr. « chevêtre ». L'esp. *cabest(r)ante* et l'angl. *capstan*, par altération *capstern*, sont également empr., le premier du prov., le deuxième du fr.

CABIAI, v. **cobaye.**

CABILLAUD, 1278 *(-aut*, autres formes *-au, cabéliau, cabliau)*. Empr. du néerl. *kabeljau.* Les Basques, qui ont appris des Néerlandais la pêche du cabillaud, ont transformé le mot néerl. en *bakallao*, mot qui, à son tour, a été empr. par le fr. sous la forme *bacala.*

CABINE, 1364. Désigne d'abord, dans une ordonnance de Lille, une maison de jeu, où les filous exploitent la passion de jeu du public. Il est hors de doute que le mot est né dans le milieu des malfaiteurs des riches villes de Flandres. Le suff. *-ine* est partic. fréquent à cette époque-là en néerl., mais l'origine du radical reste obscure. — Dér. : **cabinet,** 1525, au sens de « petite chambre intime », ensuite « meuble », 1528, « endroit couvert de verdure, dans un jardin », 1540, « lieu où les ministres tiennent conseil », 1631, de là « corps des ministres », 1708. L'angl. *cabin*, *cabinet*, l'it. *gabinetto* viennent du fr.

CÂBLE, XIVᵉ (Froissart). S'est substitué à l'a. fr. *cheable, chaable* (d'où *chable*, encore dans les dictionnaires), auquel il doit sa voyelle longue. Empr. du normand *cable*, lat. de basse ép., VIIᵉ s. (Isidore de Séville), *capŭlum* « espèce de corde », d'où aussi l'it. *cappio* « sorte de nœud ». L'a. fr. *chaable*, au lieu de *chable*, doit sa forme à un croisement avec *chaable* « engin de guerre » (v. **accabler**), croisement dû au fait que les câbles sont une partie importante de ces engins. — Dér. : **câbler,** 1680 ; le sens d' « envoyer une dépêche par câble », 1877, vient de l'anglo-américain, cf. aussi le comp. **câblegramme,** 1896 (ou *câblo-*, 1903, aujourd'hui plus usuel), empr. de l'anglo-américain *cablegram*, fait sur *telegram*, et par abréviation **câble,** 1897 ; **encâblure,** 1758.

CÂBLEGRAMME, v. le préc.

CABOCHE, xve. Au sens de « clou », 1680. Forme picarde de l'a. fr. *caboce*, xiie, d'origine douteuse. La date de l'a. fr. exclut un emprunt au prov. où le mot est plus récent qu'en fr. Dér. de *bosse*, avec le préfixe *ca-*; attesté au sens de « bosse » dans de nombreux parlers septentrionaux. — Dér. : **cabochon,** 1380 « sorte de pierre précieuse »; au sens de « clou », 1706.

CABOSSER, 1546 (cf. *cabocier*, xiie, « former des bosses », en parlant de souliers trop larges). Dér. de *cabosse*, qui a dû avoir le sens de « bosse », comme le montre le verbe du xiie s., attesté en outre dans divers patois, v. le préc.

CABOT, « chien », 1837 (Vidocq). Terme d'argot, peut-être empr. du dialectal *cabot* « têtard », attesté en normand et dans les patois méridionaux. De là, dans l'argot militaire, « caporal », abréviation de *caporal*, avec altération d'après *cabot* « chien ». V. aussi **cabotin.**

CABOTER, 1678. Dér. du fr. *cabo* « promontoire », attesté au commencement du xviie s. et qui est empr. de l'esp. *cabo*. Reste à trouver si le mot a été formé dans les ports de l'Océan ou dans ceux de la Méditerranée. Le prov. *caboutá* parle peut-être en faveur de la deuxième hypothèse. — Dér. : **cabotage,** 1678 ; **caboteur,** 1542 ; **cabotier,** 1671.

CABOTIN, 1807. Passe pour être le nom propre d'un célèbre comédien ambulant du xviie s., à la fois impresario et charlatan. — Dér. : **cabot,** 1865 ; **cabotinage,** 1805 ; **cabotiner,** 1798.

CABOULOT, 1852. Terme d'argot, empr. du franc-comtois *caboulot* « réduit », issu de *boulot*, avec initiale *ca-* due à un croisement avec *cabane ; boulot* dérive lui-même de *boye*, répandu dans les parlers francoprovençaux, surtout au sens d' « écurie, étable, etc. », mot d'origine celtique, représentant un type **buta* « hutte », cf. irlandais *both* « hutte, cabane, maisonnette ».

CABRER (se), xive (G. de Machaut, une 1re fois en 1180). Le prov. *cabrar* n'est attesté que depuis le xviiie s. C'est pourquoi un empr. du prov. est peu probable. Mais des dér. prov. de *capra* ont passé au fr. dès le moyen âge, comme *cabrit*, *cabret*, *cabrote* et il est possible que *cabrer* a été dér. en fr. même du radical de ces mots.

CABRI, xve ; *cabril* au xive s. et jusqu'au xviiie s., avec un *l* qui paraît venir de *chevril* qu'on trouve dans des textes de la Franche-Comté et de la Suisse Romande du xive et du xvie s., mais dont l'origine n'est pas claire. Empr. du prov. *cabrit* (encore usité dans les parlers méridionaux), lat. de basse ép. *(Loi Salique) capritus*, dér. de *capra* « chèvre »; a supplanté l'a. fr. *chevri*, xiiie, encore usité aujourd'hui en lorrain, en franc-comtois, dans la Suisse Romande et la région rhodanienne. L'emprunt de *cabri* est dû, v. de même **chèvre** et **chevreau,** à une recherche de mots nouveaux, partant plus expressifs que les mots anciens.

CABRIOLE, 1562 (écrit alors *cabriolle*) ; **cabrioler,** 1584. Au xvie d'abord et, jusqu'à la fin du xviie s., surtout *capriole*, *-er*. Empr. de l'it. *capriolare* (dér. de *capriolo* « chevreuil »), *capriola ;* le *b* du fr. *cabriole(r)* est dû à un croisement avec *cabri*. — Dér. : **cabriolet,** 1755, à cause des sauts de ces voitures légères ; **cabrioleur,** 1718 (*cabrioleuze* en 1625).

CABUS, xiiie (texte du médecin it. Alebrant de Sienne). De l'a. pr. *cabus*, xiiie, qui vient lui-même des dialectes de l'Italie Supér. (lombard *gabus*). Ce mot représente un dér. très anc. de *caput* avec le suff. *-uceus*. L'it. *cappuccio* a subi l'influence de *cappa*.

CACA, 1534 (Bon. des Périers). Mot enfantin, remontant à l'époque lat., cf. lat. *cacāre*, sous **chier.**

CACADE, 1611. Dér. du même radical que le préc. Au xvie s., on trouve *cagade*, d'après le prov. *cagada*.

CACAHUÉTE, -HUATE, 1801. Empr. de l'esp. *cacahuate*, masc., empr. lui-même de l'aztèque du Mexique *tlacacahuatl*.

CACAO, 1568. Empr. de l'esp. *cacao*, empr. lui-même de l'aztèque *cacao*. — Dér. : **cacaoyer,** 1686, ou **cacaotier,** 1701 ; **cacaoyère,** 1719 ; **cacaotière,** 1724.

CACATOIS, 1652 (var. *cacatua*). *Kakatoès* est empr., par l'intermédiaire du hollandais *kakatoe*, et avec *s* du pluriel, du malais *kakatûwa*, mot onomatopéique ; *cacatois* est refait sur le port. *cacatua*, 1630, de même origine, avec *s* de la forme préc. L'emploi du mot comme terme de marine, 1835, d'après *perroquet*, est propre au fr.

CACHALOT, 1694 (d'abord dans la région de Saint-Jean-de-Luz) ; probabl. empr. du port. *cacholotte*, propr. « poisson à grosse tête », dér. de *cachola*, fém., « caboche », d'origine douteuse ; on a pensé que le mot était entré par l'intermédiaire de l'esp. *cachalot*, mais celui-ci n'est attesté que depuis 1795 ; cf. en outre angl. *cachalot*.

CACHE, v. **cacher.**

CACHEMIRE, 1803. Nom propre de pays, province au Nord-Ouest de l'Hindoustan où l'on fabriquait le tissu ainsi nommé.

CACHER. Le lat. class. *coactare* « comprimer » vit encore en prov. Il a en outre formé en gallo-roman deux dér. : **coactitare* dans le Midi et **coacticare* dans le Nord. Du sens « comprimer, serrer » est sorti celui de « cacher », xiiie. Au sens de « cacher », a supplanté l'a. fr. *esconser*, vivace jusqu'à la fin du xve s., encore usité en lorrain en parlant du coucher du soleil, dér. d'*escons*, part. passé d'*escondre*, disparu de bonne heure, lat. *abscondere*, qui existe dans toutes les langues romanes avec ou sans substitution de préf. : it. *(n)ascondere*, esp. *esconder*, a. pr. *escondre*. Aujourd'hui *escondre* se dit dans la majorité des parlers méridionaux ; en outre autres concurrents, notamment *musser*, d'origine incertaine, surtout au Nord-Est et en normand. V. **celer.** — Dér. et Comp. : 1° au sens de « comprimer » : **cachet,** 1464, d'où **cacheter,** 1313, **décacheter,** 1544, **recacheter,** 1549 ; **écacher,** XIIe, « écraser », aujourd'hui aussi sens techn. ; 2° au sens de « cacher » : **cache,** 1561 ; **cachette,** 1313 ; **cachot,** 1550 ; **cachotter,** 1571, **cachotterie,** XVIIe (Bossuet), **cachottier,** 1670 ; **cache-cache,** 1778 ; **cache-corset,** fin XIXe ; **cache-nez,** 1549 ; **cache-pot,** 1830 ; **cache-poussière,** 1876 ; **cache-sexe,** fin XIXe ; **cache-col,** 1842 ; **cache-tampon,** 1863.

CACHET, etc. v. le préc.

CACHEXIE, 1537. **Cachectique,** XVIe (Paré). Empr. du lat. médical *cachexia, cachecticus* (du grec *kakhexia,* de *kakos* « mauvais » et *hexis* « constitution physique » (de *ekhein* « tenir »), *kakhektikos*).

CACHOT, etc., v. **cacher.**

CACHOU, 1651. Empr. du port. *cacho,* 1516 (aujourd'hui écrit *cachu*), empr. lui-même du malais *kašu.* D'une autre forme *catechu* viennent l'angl. *catechu* et l'it. *catecu.*

CACIQUE, 1533. Empr. de l'esp. *cacique,* empr. lui-même de la langue des Aruaks d'Haïti.

CACO-. Premier élément de mots savants comp. tels que **cacographie,** 1579, tiré du grec *kakos* « mauvais », ou de mots empr. tels que **cacophonie,** XVIe.

CACOCHYME, 1503 (écrit *-ime*). Empr. du grec médical *cacokhymos* (de *khymos* « suc, humeur »).

CACOLET, 1829. Empr. du parler des Pyrénées *cacoulet,* d'origine incertaine.

CACTUS, 1781. Empr. du lat. *cactus* (du grec *kaktos* « artichaut épineux »), pour désigner des plantes exotiques. A supplanté le dér. *cactier,* 1778.

CADASTRE, 1527. Empr. du prov. moderne *cadastre,* empr. lui-même de l'it. *catast(r)o,* attesté par le vénitien *catastico* dès 1185 ; ces formes italiennes viennent du bas grec *katastikhon* « liste, registre », propr. « ligne par ligne » (cf. le grec class. *stikhos* « rang, ligne ») ; de là aussi l'esp. *catastro* et l'all. *Kataster.* En fr. *cadastre* n'est employé jusque vers 1760 que par rapport au Midi ; son usage semble être devenu général grâce à Turgot. — Dér. : **cadastral,** 1790 ; **cadastrer,** 1781 (Turgot).

CADAVRE, fin XVIe (*cadaver,* 1559-1637) ; **cadavéreux,** 1546 (Rab.). Empr. du lat. *cadaver, cadaverosus.* — Dér. : **cadavérique,** 1787.

CADE, variété de genévrier, 1518. Empr. du prov. *cade,* encore très usité en ce sens, lat. de basse ép. *cătanum* (dans une glose d'Espagne, fin VIIe s.), peut-être d'origine préceltique.

CADEAU, 1416. D'abord « lettre capitale », encore au XVIe s., puis « traits de calligraphie », *id.* (cf. le dér. *cadeler* « enjoliver de traits », XVe), « paroles superflues (d'un auteur, d'un avocat), servant uniquement à l'ornement », XVIIe (Furetière), « divertissement, principalement offert à une dame », XVIIe, et enfin le sens moderne 1787. Empr. du prov. *capdel,* surtout « chef » qui a dû signifier « lettre capitale » (c'est-à-dire « qui est en tête »), lat. pop. **capitellus,* dér. de *caput* « tête », cf. de même en a. fr. *chadel* « chef ».

CADENAS, 1527 (en outre *-atz,* 1551 ; *-at,* encore fin XVIIe et *cathenat,* 1529, d'après le lat. *catena*). Empr. du prov. *cadenat* (dér. de *cadena* « chaîne »), propr. « (serrure) en manière de chaîne », avec substitution de suff., probabl. déjà prov. ; on a des formes prov. anciennes en *-atz* à côté des modernes en *-as ;* l'esp. *candado* est formé de même. — Dér. : **cadenasser,** 1569.

CADENCE, fin XVe, au sens moderne ; en outre usuel au XVIe s., au sens de « chute ». Empr. de l'it. *cadenza,* qui a les deux sens, dér. de *cadere* « tomber ». — Dér. : **cadencer,** 1701 (*-é,* en 1597).

CADÈNE, « chaîne de forçats », 1559. Empr. du prov. *cadena* « chaîne » ; on sait que les galères étaient stationnées dans les ports de la Méditerranée ; vers 1300 et au XVIe s., on trouve parfois aussi *cat(h)ene,* qui est l'it. *catena* (cf. **bagne, chiourme, forçat**).

CADENETTE, 1658 (Brébeuf). « Petite moustache de cheveux qu'on laissait pendre du côté droit, ainsi appelée (sous Louis XIII) d'Honoré d'Albert, Seigneur de Cadenet (Vaucluse), Maréchal de France, qui, le premier, porta de ces sortes de moustaches. Cet Honoré d'Albert était frère de M. d'Albert de Luines, connestable de France » (Ménage).

CADET, XVe. Empr. du gascon *capdet,* qui correspond au prov. *capdel* « chef », v. **cadeau** (*-et* en gascon est le traitement du suff. prov. *-el*) ; les chefs gascons qui vinrent servir dans les armées des rois de France au XVe s., étant généralement des fils puînés de familles nobles, a pris le sens actuel de « cadet », d'où « gentilhomme (ordinairement cadet), qui servait comme volontaire », au XVIe s. A supplanté *puîné* au XVIIIe s., cf. : « Dans la conversation, on se sert plus ordinairement du mot cadet », *Académie,* 1740. — Dér. : **cadichon,** 1650.

CADI, 1578. Empr. de l'arabe *qâḍî* « juge ». Une première fois empr. au XIVe (G. de Machaut). V. **alcade.**

CADMIE, 1538 (*camie* en 1400). Empr. du lat. *cadmia* (du grec *kadmeia* « calamine, minerai de zinc » ; ainsi nommé parce qu'on le trouvait près de Thèbes, la cité de Kadmos). D'une forme altérée du lat. médiéval *calamina* vient **calamine,** 1484, auparavant, XIIIe, *calemine, chalemin,* XIVe. — Dér. : **cadmium,** XIXe s., découvert en 1817, par Strohmeyer.

CADOGAN, 1772, aujourd'hui plutôt *catogan*, 1768. Coiffure qui paraît avoir été nommée d'après le nom du général anglais *W. de Cadogan* (1675-1726), qui l'avait mise à la mode.

CADRAN, XIIIe *(quadran).* Empr. du lat. *quadrans*, propr. « quart », certains cadrans solaires marquant les heures sur un quart de cercle.

CADRE, 1549 (Rab.), sens militaire depuis la Révolution (1796). Empr. de l'it. *quadro*, tiré de l'adj. *quadro* « carré », lat. *quadrus*. — Dér. : **encadrer,** 1752 ; **encadrement,** 1756 ; **encadreur,** 1870 ; **cadrer** à qch., 1529 (encore Bossuet), avec qch., 1666 (Molière), plutôt dér. de *cadre* que empr. du lat. *quadrare*, d'où vient le part. *quadré de mesure* (seulement 1529).

CADUC, XIVe (E. Deschamps). Empr. du lat. *caducus* (de *cadere* « tomber »). — Dér. : **caducité,** 1479 (déjà lat. *-itas*).

CADUCÉE, 1512, d'abord *caduce*, fém., au XVe s. Empr. du lat. *caduceus*, altération du grec *kêrykeion* « insigne de héraut *(kêryx)* ».

CAECUM, 1538. Empr. du lat. de basse ép. *(intestinum) caecum*, propr. « aveugle », traduction du grec *typhlon*, de même sens ; le cæcum a été ainsi nommé parce qu'il est comme sans issue, étant fermé à la base en cul-de-sac.

CAFARD, vers 1480 (*caphars*, graphie fréquente au XVIe s.). Empr. de l'arabe *kāfir* « qui n'a pas la foi », part. du verbe *kafara* « ne pas avoir la foi, renier », avec, dans le passage au fr., remplacement de la terminaison insolite par le suff. péjor. *-ard*. Désigne par métaphore un insecte mal défini à la fin du XVIe s., ensuite la blatte dans beaucoup de régions (Normandie, Berry, Franche-Comté), d'où le sens a pénétré aussi en fr., 1863. De là aussi, à cause de la couleur noire de l'insecte, la locution argotique *avoir un cafard (dans la tête)* « être toqué » (comp. *avoir une araignée dans le plafond*), d'où *avoir le cafard* « avoir des idées noires », 1912 (d'abord chez les troupes stationnées en Algérie). — Dér. : **cafarder,** 1470 (écrit *caph-*), **cafardage,** 1765 (J.-J. Rousseau), **cafarderie,** XVe *(caph-)* ; **cafardise,** 1551 (D.) ; **cafardeux,** 1948.

CAFÉ, XVIIe s. (d'abord *cahoa*, 1611, de l'ar. *qahwā ;* ensuite *caüé*, 1633). Empr. du turc *kahvé*, qui vient de l'arabe *qahwa*. L'usage du café s'est établi et développé à Paris vers 1669, quand l'ambassadeur turc Soliman Muta Ferraca l'introduisit à la cour ; c'est à lui qu'est due très probabl. l'introduction du mot sous sa forme turque. Les lieux publics où on le consommait ont été installés à Paris peu après. On relate que le premier café fut ouvert en 1654, à Marseille. Le fr. pop. *caoua*, 1888, vient de l'argot militaire, qui a pris la forme arabe dans les armées d'Afrique. — Dér. : **caféier,** 1743 (sous la forme *caffier*) ; **caféine,** 1818 ; **cafetier,** 1680, « on dit plus communément *limonadier* », *Académie*, 1762 ; **cafetière,** 1685.

CAFTAN, ou **CAFETAN,** 1537. Empr. du turc *qaftân*, même mot que le mot arabo-persan *khaftân* « sorte de vêtement militaire ».

CAFOUILLER, 1740. Mot picard et normand, où il résulte du croisement de *cacher* « serrer, presser » et *fouiller*, v. **bafouiller.**

CAGE. Lat. *cavea*, entre autres sens « cage », dér. de l'adj. *cavus* « creux » ; développement anormal de la consonne initiale à côté de *Chage*, abbaye fondée à Meaux en 1135, et de *Saint-Crépin-en-Chaye* (près de Soissons ; *cavea* signifie ici « théâtre »). Signifie quelquefois « prison » en a. fr., comme l'a. pr. *gabia*, cf. aussi **geôle.** Existe partout dans les parlers gallo-romans, sauf *geôle*, surtout Nord-Est et région poitevine. — Dér. : **cagée,** 1599 ; **encager,** vers 1310.

CAGNA, 1915. Empr. du prov. *cagná* « lieu abrité contre le vent », languedocien *cagnar*, dér. du prov. *cágna* « chienne », v. le suiv.

CAGNE, XVe *(caigne ;* antér. *canie*, lire *cagne)*, « chienne, mauvais chien », et « prostituée ». Empr. de l'a. pr. *canha* « chienne », lat. pop. **cania*, v. **chienne.** — Dér. : **cagnard,** 1520 (écrit *cai-*), propr. « fainéant comme un chien couché », d'où **cagnarder,** XVIe (Calvin), **cagnardise,** 1540 (Calvin), **acagnarder (s'),** XVIe (Calvin) ; **cagneux,** 1614, dit ainsi parce que les chiens ont les pattes de devant plus ou moins cagneuses.

CAGNOTTE, 1836. Empr. du méridional *cagnotto*, dim. de *cagna* « chienne », v. **cagne,** qui désigne par figure divers récipients ou objets, petit cuvier, cornette d'étoffe, etc.

CAGOT, 1537 (sens moderne ; au sens de « malheureux », Rab., 1552). Empr. du béarnais *cagot* « lépreux blanc », appliqué par dérision aux bigots ; cf. en outre *cagou*, 1436 (texte parisien), *caqueux*, 1456 (texte breton) ; *cacot*, XVIe (Paré, en parlant des lépreux blancs de Basse-Bretagne) ; *caquot*, 1598 (Bouchet, en parlant de ceux du Poitou), etc. Dér. de *cacāre* « chier » ; cf., dans un texte du moyen âge, *impostor : cachous*, formé sur un adj. du lat. médiéval **cacōsus*, qui aura été appliqué ensuite aux lépreux. — Dér. : **cagoterie,** 1593 ; **cagotisme,** 1667 (Molière).

CAGOULE, 1552 (Rab.). Empr. d'un parler de la région poitevine ou du Sud-Ouest (avec *a* dû à un croisement avec *cagouille* « escargot », mot de ces parlers), *cogole*, XIIIe ; lat. eccl. *cuculla* (à côté du class. *cucullus* « capuchon »), d'où aussi l'a. fr. **coule,** rare aujourd'hui, « froc ou capuchon de moine », et l'it. *cocolla*, l'esp. *cogulla*, de même sens ; cf. en outre la forme empr. **cuculle,** 1488, encore dans les dictionnaires.

CAHIER, anc. *quaer*, *caer*, *caier*. Lat. *quaterni* « groupe de quatre », pris au sens de « groupe de quatre feuilles », cf. le lat. de basse ép. *quaterniō*, en ce sens. It. *quaderno*, esp. *cuaderno ;* v. **caserne.** — Dér. : **carnet** (*quernet*, 1416, formé avant la chute de l'*n* final).

CAHIN-CAHA, 1552 (Rab.). Antér., au xve s., *cahu-*, *cahy-;* onomatopée, peut-être d'après le suiv.

CAHOTER, 1564 (mais attesté déjà pour le xiiie s. par le comp. *racahotee*). Du francique *hottôn* « faire balancer, branler », et renforcé en gallo-roman à l'aide du préf. péjoratif *ca-*. — Dér. : **cahot,** vers 1460 ; **cahotage,** 1694 ; **cahotement,** 1769.

CAHUTE, xiiie (*chaute* est une graphie inverse, le texte en question étant picard). Contamination de **hutte** avec des mots comme **cabane, caverne,** etc.

CAÏD, 1568. Empr. de l'arabe *qâid* « chef de tribu ».

CAÏEU, 1651. Terme de jardinage, d'origine picarde (cf. les hortillons ou terrains de culture maraîchère sur la Somme), correspondant à l'a. fr. *chael*, lat. *catellus* (v. **chiot**) « petit chien », appliqué à un rejeton, suivant une figure fréquente.

CAILLE, xiie. Continue une dénomination onomatopéique de cet oiseau, qui est attestée dans des gloses lat. du viiie et du ixe s. sous deux formes, *quaccula* et *quacquara*. Les deux vivent en fr., la première ayant donné *caille*, la deuxième *courcaillet* « appeau imitant le cri de la caille ». Le néerl. *kwakkel* et l'it. *caglia* sont empr. du gallo-roman. — Dér. : **cailleteau,** 1372.

CAILLER, lat. *coagulāre*. It. *quagliare*, esp. *cuajar*. — Dér. : **caillement,** 1490. — Comp. : **caillebotter,** xiiie, empr. d'un parler de l'Ouest, comp. de *cailler* et d'un verbe *botter* « mettre en bottes » (usuel dans l'Ouest), dér. de **botte,** donc « se mettre en masse caillée », d'où *caillebotte*, 1546 (Rab.), « sorte de fromage blanc » et, par figure, **caillebot,** 1845, ou **caillebotte,** 1771, « espèce de viorne » dite aussi *boule-de-neige*, à cause de la couleur et de la forme de ses fleurs, tous termes de la même région. De *caillebotte*, au sens propre, sont issus **caillebotis,** 1678, terme de marine, « sorte de treillis (comparé aux formes en damier où se font les caillebottes) » et **caillebote,** 1634, terme de marine, « morceau de bois servant (comme le *caillebotis*) à boucher un vide » ; **caille-lait,** 1701, d'où **gaillet,** 1786, par croisement avec le lat. scientifique *galium* (du grec *galion*).

CAILLETTE, « quatrième estomac des ruminants », xive, en moyen fr. aussi *caillet*, masc. Dimin. de *cail* « présure », encore dans les patois, qui représente le lat. *coagulum*, id. Ce dernier mot avait encore le sens « lait caillé », conservé dans l'a. pr. *cailh* et dans le normand *cail*, ainsi que dans le fém. plur. *cailles* (Haute-Bretagne, Maine), et dont dérive fr. *caillot*, xvie.

CAILLETTE, « personne frivole », xvie (Marot). Tiré de *Caillette*, nom d'un bouffon de Louis XII et François Ier. Longtemps masc., encore en 1611, devenu fém. sous l'influence de la terminaison et parce qu'il a été compris comme un dimin. de *caille ;* aujourd'hui se dit surtout des femmes. — Dér. : **cailleter,** fin xviiie ; **cailletage,** vers 1770 (J.-J. Rousseau).

CAILLOT, xvie s. (Paré). Dér. du m. fr. *cailhe* « lait caillé », apr. *calh*, qui représentent le lat. *coagulum*, même sens.

CAILLOU. Forme dialectale, probabl. normande, qui a remplacé de bonne heure, xive, la forme centrale *chaillo*, xiie. Au moyen âge aussi *chail* (conservé en poitevin) et *chaille*, fém. (Suisse, conservé en Suisse et dans la Franche-Comté). Ces deux formes représentent un gaulois **caljo-* « pierre », qu'on peut reconstituer d'après *epo-calium* (dans des gloses) « sabot du cheval » (« pierre », ensuite « corne, sabot ») et d'après le gallois *caill* « testicules »). Dans *caillou* on peut voir un dér. déjà gaulois **caljávo*, dont la terminaison n'est pas encore expliquée définitivement. La forme normande *caillou* a remplacé *chaillou*, qui survit presque dans tout l'Ouest, comme terme maritime. — Dér. : **cailloutage,** fin xvie (Sully) ; **caillouter,** 1768 ; **caillouteux,** xvie ; **cailloutis,** 1700.

CAÏMAN, 1588. Empr. de l'esp. *caimán*, empr. lui-même d'une langue caraïbe. On n'est pas sûr si dans les Antilles c'est un mot indigène ou s'il y a été apporté de l'Afrique.

CAÏQUE, 1575 (écrit *caïq*). Flottement de l'orthographe et du genre au xviie s. Empr. de l'it. *caicco*, empr. lui-même du turc *qayiq*.

CAISSE, xvie (écrit *quesse*, Amyot), une première fois en 1365 (écrit *quecce*). Empr., par suite des rapports commerciaux, du prov. *caissa*, lat. pop. **capsĕa*, de *capsa* « coffre, cassette », cf. également esp. *caja ;* le lat. class. *capsa* ne suffit pas à expliquer les formes *caissa*, *caja*, v. **casse, chasse.** — Dér. : **caissier,** xvie ; **décaisser,** 1701 ; **encaisser,** 1510, **encaisse,** 1849, **encaissement,** 1701, **encaisseur,** 1876, **rencaisser,** 1704.

CAISSON, 1636, antér. *casson*, xvie ; *caixon*, 1418. Dér. normand ou méridional de *casse*, *chasse*, adapté par la suite à la nouvelle forme du simple *caisse*.

CAJOLER, xvie. D'abord « babiller comme un geai en cage » ; transformation de *gaioler*, même sens, xvie (dér. du pic. *gaiole* « cage », du lat. *caveola*, v. **geôle**), sous l'influence de *cage*. Sens moderne dès 1596. — Dér. : **cajolerie,** fin xvie ; **cajoleur,** *id.*

CAKE, 1795. Empr. de l'angl. *cake*.

CAKE-WALK, 1895. Empr. de l'angl. d'Amérique (propr. « marche au gâteau »).

CAL, xive. Empr. du lat. *callum ;* cf. aussi la forme pop. *chauz* (pluriel), xive.

CALAMBOUR, variété d'aloès, 1540 (1644 *carembourg*). Empr. du malais *kalambaq*, probabl., par l'intermédiaire du port. *calambuco*, 1540, qui représente aussi des formes variées comme le fr.

CALAME, xvie. Empr. du lat. *calamus* « roseau (à écrire) ».

CALAMINE, v. **cadmie.**

CALAMISTRER, XIVe. Fait d'après le lat. *calamistratus* « frisé au fer » (de *calamistrum* « fer à friser »).

CALAMITÉ, XIVe ; **calamiteux,** XVe. Empr. du lat. *calamitas, calamitosus.*

CALANDRE, sorte de cylindre, 1483 (mais **calandrer,** 1400, et **calandreur,** 1313). Issu par assimilation vocalique d'un ancien **colandre*, d'un lat. de basse ép. **colendra*, adaptation du grec *kylindros*, devenu fém. sous l'influence de *columna* (dont certains représentants, comme le suisse *colonde* « pilier », portent à leur tour les traces de cette rencontre).

CALANDRE, sorte d'alouette, XIIe. En a. fr. très rarement *chalendre*. Empr. du prov. *calandra*, lat. pop. **calandra* (du grec *kalandra*). It. *calandra*, esp. *calandria.*

CALANDRE « charançon », v. **charançon.**

CALANQUE, 1678 (en 1690, *calangue*). Empr. du prov. *calanco*, dér. de *cala* « crique », mot d'origine prélatine (cf. it., esp. *cala*, de même sens) avec le suff. prélatin *-anca*, v. **avalanche** ; les parlers alpins ont le même mot au sens de « ravin, etc. ».

CALCAIRE, 1751. Empr. du lat. *calcarius* (de *calx* « chaux »).

CALCÉDOINE, XIIe. En outre, et jusqu'au XVIIe s., *caci-*, etc. Empr. du lat. *chalcedonius*, adj., « de Chalcédoine (ville de Bithynie, en face de Byzance, en grec *Khalkêdôn*) », qui se disait aussi de la pierre elle-même, qu'on trouvait près de cette ville.

CALCÉOLAIRE, 1783. Dér. sav. de *calceolus*, dim. de *calceus* « chaussure » ; cette plante a été ainsi nommée à cause de la forme de sa fleur.

CALCIFICATION, 1863. Dér. savant du lat. *calx*, v. **chaux.**

CALCINER, XIVe ; **calcium,** 1808. Dér. sav. du lat. *calx, calcis*, « chaux ». — Dér. du verbe : **calcinable,** 1729 ; **calcination,** XIIIe (J. de Meung).

CALCUL, terme médical, 1546. Empr. du lat. *calculus*, propr. « caillou », employé également dans le lat. médical.

CALCULER, 1372 ; **calculateur,** 1546. Empr. du lat. de basse ép. *calculare* (de *calculus*, déjà class. au sens de « compte »), *calculator*. — Dér. et Comp. : **calcul,** XVe ; **calculable,** 1705, **incalculable,** 1779 ; **recalculer,** XVe.

CALE « coin pour caler », 1611. Empr. de l'all. *keil*, id. (prononcé *kail*). — Dér. : **calot** « petite cale », 1732 ; **caler,** 1676 ; **décaler,** 1845 ; **décalage,** *id.* (au sens de « déplacement dans le temps ou dans l'espace », ces deux mots sont attestés depuis 1922).

CALE, fond d'un navire, v. **caler.**

CALE, coiffure, v. **calotte.**

CALE, « ce qui sert à caler », v. **caler.**

CALEBASSE, 1527 (1542 *calabasse*). Empr. de l'esp. *calabaza*, probabl. de l'arabe *qar'a*, id., mais la terminaison reste obscure.

CALÈCHE, 1656, d'abord *calège* en 1646 ; en outre *galèche*, 1661 (Molière). Empr. de l'all. *Kalesche*, empr. lui-même d'une langue slave, probabl. le tchèque *kolesa* « sorte de voiture ».

CALEÇON, 1563 (H. Estienne : *calessons*, plus fréquent que le sing. au XVIe s.). Empr. de l'it. *calzoni*, plur., dér. de *calza* « bas » ; v. **chausse.**

CALÉFACTION, XIVe. Empr. du lat. de basse ép. *calefactio* (de *calefacere* « chauffer »).

CALEMBOUR, 1768. Rapport probable, mais insuffisamment élucidé, avec le suiv.

CALEMBREDAINE, 1798. Formé avec le préfixe péjoratif *ca(l)-* et le radical contenu dans **bredouiller.** Comp. aussi *bredin* « étourdi », très répandu dans les parlers, lorrain *berdaine* « bavardage », etc.

CALENDES, XIIe. Empr. du lat. *calendae ;* pour la forme pop. de ce mot, v. **noël.**

CALENDRIER, 1339, auparavant *calendier*, XIIe. Du lat. *calendarium* « registre des dettes » (dér. de *calendae*, v. le préc., parce qu'on payait les intérêts le premier du mois), qui a pris le sens moderne déjà dans le lat. médiéval de l'Église (attesté dès le Xe s.).

CALEPIN, 1534 (Bon. des Périers). Tiré du nom de l'Italien *A. Calepino* (1435-1511), auteur d'un dictionnaire polyglotte du latin et de plusieurs langues de l'Europe, qui eut un très grand succès (première éd. en 1502). Signifiait jusqu'au XVIIe s. un recueil de notes.

CALER, terme de marine, XIIe. Empr. du prov. *calar* (cf. aussi it. *calare* et l'esp. *calar*). Du grec *chalân* « abaisser (la voile) » (le lat. *calare*, empr. du grec, n'a jamais ce sens techn. que possédait déjà le grec ; il s'agit donc d'un élément de la terminologie maritime grecque conservée dans la Méditerranée occidentale). Le lat. *calare* est conservé dans l'a. pr. *calar* « abaisser », d'où le dér. **cale** « partie du navire », 1671 (empr. du prov. *calo*, id.). Ce verbe a été empr. par les parlers du Nord dans différentes acceptions spéciales, ainsi « immerger » (d'où champenois *recaler* qqn. « répliquer vertement à qqn. », XVIIIe, d'où fr. *recaler* « refuser à l'examen », 1907), « descendre en glissant » (d'où fr. *cale* « partie inclinée d'un quai », 1694).

CALFAT, 1371 (écrit *calefas*) ; **calfater,** XVe. Le verbe est empr. de l'arabe *qalafa* « calfater », attesté depuis le IXe s., et dont est probabl. emprunté le grec byzantin *kalaphatein ;* aussi it. *calafatare*, a. pr., esp. *calafatar*, all. *kalfatern*. Les mots fr. viennent sans doute des ports de la Provence, où ils sont attestés dès le XIIIe s. Au moyen âge s'est développée une forme altérée *calfetrer* (*calefestrer*, 1382), d'où, d'après *feutre, calfeutrer*, 1555 (Ronsard), qui a gardé son sens propre jusqu'au XIXe s. — Dér. : **calfatage,** 1527 ; **calfateur,** 1373 *(calphadeur)*, cf. aussi *callefateries*, 1295.

CALIBRE, 1478 ; **calibrer,** 1552 (Rab.). Empr. de l'arabe *qâlib* « moule où l'on verse les métaux, forme de chaussure, etc. ». It. *calibro*, esp. *calibre*, all. *kaliber* viennent du fr. — Dér. : **calibrage,** 1839.

CALICE, sorte de vase, XIIe. Empr. du lat. *calix, -icis*, de même origine que *calyx*. Les locutions « boire, vider le calice » sont d'origine biblique, cf. Mathieu, XX, 22, etc.

CALICE, « partie de la fleur », 1549 Orthographié d'après le préc. Empr. du lat. *calyx, -ycis* (du grec *kalyx*).

CALICOT, 1613 (écrit *callicoos*). Usuel depuis 1792. Formé sur *Calicut*, nom d'une ville de l'Inde, sur la côte du Malabar. La forme en *-o* est attestée en angl. dès le XVIe s. Au sens de « commis », 1823, tiré du nom d'un personnage de vaudeville.

CALIFE, XIIe. Empr., au moment des Croisades, de l'arabe *khalîfa*, propr. « vicaire (de Mahomet) ». En outre en a. fr. *algalife* et *-ie*. — Dér. : **califat,** 1560.

CALIFOURCHON (à), 1611. En outre *cafourchons* et *cal-*, XVIe ; *a caleforchies*, XIIIe. Mot de l'Ouest né d'une composition du bret. *kall* « testicules » et du fr. *fourche*.

CÂLIN, XVIe ; **câliner.** Sont encore au XVIIIe s. des termes pop., au sens de « paresseux, lâche », « prendre ses aises (sous la forme *se câliner*) ». L'adj. dérive du verbe, lequel est empr. du normand *caliner* « se reposer à l'ombre pendant les grandes chaleurs » ; celui-ci dérive du normand *caline*, a. fr. *chaline* « chaleur étouffante », d'un lat. de basse ép. ***calina**, du radical de *calere* « faire chaud » (aussi esp. *calina* « air chaud qui monte »). — Dér. : **câlinerie,** 1835.

CALISSON, fin XIXe *(calisson d'Aix)*. Empr. du prov. *calissoun*, autre forme de *canissoun*, propr. « clayon (de pâtissier) », dér. de *canis*, de même sens, lat. pop. **cannīcium*, neutre d'un adj. pris substantiv., propr. « fait de roseau *(canna)* », v. **canne.** L'it. *calicione* « sorte de gâteau » *(calison* est dans un texte franco-italien du moyen fr.), dér. de *caniccio* « clayon », est formé comme *calissoun*, mais le rapport des deux mots n'est pas élucidé.

CALLEUX, 1503 ; **callosité,** *id.* (antér. *caill-*, XIVe). Empr. du lat. *callosus* (de *callum*, v. **cal**), *callositas*.

CALLI-. Premier élément de mots savants comp., tels que **callitypie,** fin XIXe, tiré du grec *kallos* « beauté », ou de mots empr., tels que **callipyge,** 1786.

CALMAR, 1532. A servi à désigner le calmar, parce que celui-ci répand un liquide noirâtre comme la seiche ; désignait jusqu'au XVIIe s. une sorte d'écritoire portative (cf. *calemart*, 1471) ; empr. en ce sens de l'adj. lat. *calamarius* « servant à contenir le roseau pour écrire ».

CALME, *subst.*, 1418 ; *adj.*, XVe ; **calmer,** *id.* Empr. de l'it. *calma, calmo, calmare* (les deux derniers dér. du premier) ; *calma* représente le grec *kauma* (qui a été empr. après l'époque où *au* était devenu *o*, d'où le développement particulier *al* de *au*) « chaleur brûlante », d'où plus tard « tranquillité des éléments, principalement de la mer, par un temps très chaud », cf. a. pr. *cauma* « chaleur », prov. moderne *caumo* « chaleur étouffante », v. **chômer.** — Dér. : **accalmie,** 1783, fait sur le modèle d'*embellie*.

CALOMEL, 1752 (parfois *calomelas*). Formé artificiellement des mots grecs *kalos* « beau » et *melas* « noir », le calomel étant une poudre blanche, mais noire au début de sa préparation.

CALOMNIE, 1330 ; **calomnier,** 1377 ; **calomniateur,** XIIIe ; **calomnieux,** 1312. Empr. du lat. *calumnia, calumniari, calumniator, calumniosus*. L'a. fr. avait des formes pop. *chalonge* (ou *-enge*), *-gier*, *-geor*, au sens fondamental de « réclamer en justice », conformément au sens lat. de « chicaner » : l'angl. *challenge* « défi », repris comme terme de sport, d'où **challenge,** 1865, vient de l'a. fr. *chalenge*.

CALORI-. Premier élément de mots savants comp., tels que **calorifère,** 1823, tiré du lat. *calor* « chaleur ».

CALORIE, 1835. Dér. sav. du lat. *calor* « chaleur ». — Dér. : **calorique,** 1783.

CALOTTE, 1394. Dér. de *cale*, 1474, encore dans les patois, cf. aussi *calette*, *calot*, *caline*, *calipette*, etc., de même sens. Les coiffures en question sont presque toujours collantes et se continuent vers le bas par des rubans, qui pendent. Cela rappelle le brou de la noix qui se détache de la coquille dure vers le bas à l'époque de la maturité, tout en restant encore collé étroitement vers le haut. En effet *cale* est le même mot que le fr. **écale.** — Dér. : **calot,** 1750 ; **calotin,** 1717 ; **calotter,** 1808; **décalotter,** 1791.

CALOYER, XIVe (E. Deschamps) ; en outre *calogere*, fin XIVe. Empr. du grec moderne *kalogeros* (où *g* se prononce *y*), étymologiquement « beau vieillard » (du grec ancien *kalos* et *gerôn*).

CALQUER, 1642 ; **calque,** 1690. Empr. de l'it. *calcare*, propr. « presser », *colco* (tiré de ce verbe) ; cf. l'a. fr. *chauchier* « fouler », qui représente le même mot lat. *calcāre*. — Comp. : **décalquer,** 1694, **décalque,** 1837, **décalcomanie,** 1840.

CALUMET, vers 1655 *(Muse Normande)* ; en outre *calumo*. Forme normande de *chalumeau* avec substitution de suff., employée par les colons français pour désigner la pipe des Indiens de l'Amérique du Nord, Signifie encore « pipe » en franco-canadien.

CALVAIRE, XIIe s. Empr. du lat. eccl. *Calvaria* (en lat. class. « crâne »), traduction de l'hébreu *Golgotha*, colline où Jésus fut crucifié, cf. « ce qui signifie lieu du crâne » (la version latine dit *calvariae locus*), Mathieu, XXVII, 33 ; « crâne » se dit en effet en hébreu biblique *goulgoleth*.

CALVILLE, espèce de pomme, 1650 (déjà *calvil* en 1544). Écrit aussi *caleville*, *calle-*, au XVIIe s. Tiré de *Calleville*, nom d'un village du Calvados.

CALVITIE, XIVe. Empr. du lat. *calvities* (de *calvus* « chauve »). On a essayé *chauvece* au XIIIe, *chauveté* au XVIe s.

CAMAÏEU, XIIIe (écrit *camaheus*). Au moyen âge signifie « camée ». De même origine que l'it. *cammeo* (d'où le fr. *camée*, 1752), l'esp. *camafeo*. Peut-être de l'arabe *qamā'il*, plur. de *qum'ūl* « bouton (de fleur) », mais en arabe ces formes ne sont attestées que dans les dictionnaires. Le changement de sens serait le même que pour le lat. *gemma*.

CAMAIL, XIIIe. Empr. de l'a. pr. *capmalh* « coiffure de fer pour la tête », sens de *camail* au moyen âge, d'où aussi l'it. *camaglio ; capmail* est le subst. verbal d'un verbe non attesté **capmalhar* « revêtir la tête d'une armure analogue à la cotte de mailles », cf. en a. fr. *maillier* « se revêtir d'une cotte de mailles » et en a. pr. *malhar*, de sens analogue ; v. **maille.**

CAMARADE, XVIe s. (fém. ; devenu masc. au XVIIe s., d'après le sens). Empr. de l'esp. *camarada*, terme militaire, propr. « chambrée » (sens également empr. au XVIe s.), dér. de *cámara* « chambre ». L'it. *camerata*, ayant pris le même sens de « compagnon d'armes », soit indépendamment, soit d'après l'esp., nous a donné la forme *camerade*, au XVIe s. — Dér. : **camaraderie,** XVIIe (Mme de Sévigné).

CAMARD, v. **camus.**

CAMARILLA, 1830. Empr. de l'esp. *camarilla* « cabinet particulier du roi » (de *cámara*).

CAMBISTE, 1675. Empr. de l'it. *cambista* (de *cambio* « change »).

CAMBOUIS, 1393 *(Ménagier : cambois)*. Étymologie inconnue.

CAMBRER, 1447. Dér. de *cambre*, forme picarde ou normande, attestée au moyen âge, et encore usitée au XVIe s., de l'anc. adj. *chambre*, lat. *camŭr* « courbé en dedans, arqué ». — Dér. : **cambrure,** 1537.

CAMBRIOLEUR, 1828. Mot de l'argot des voleurs, dér. de *cambriole*, 1790, « chambre », dér. lui-même du prov. *cambro* « chambre ». — Dér. : **cambrioler,** 1847.

CAMBROUSSE, 1837 (alors *cambrouse*, *-ousse* depuis 1928). Empr. du pr. *cambrousso* « mauvaise chambre », dér. de *cambro*, du lat. *camera*, v. **chambre.** La signification actuelle est probablement née dans une expression *courir la cambrouse* « courir les foires », d'où « aller d'un lieu à un autre, courir la campagne » ; le mot *campagne* a sûrement contribué à cette transformation sémantique.

CAMBUSE, 1783. Propr. terme de marine, devenu pop. Empr. du néerl. *kombuis*, plus ancienn. *kabuis*, de même sens ; cf. aussi l'angl. *caboose* et l'all. *Kabuse* (attesté dès 1422), dont les relations ne sont pas élucidées.

CAME, 1751. Empr. de l'all. *Kamm* « peigne, carde, etc. ».

CAMÉE, v. **camaïeu.**

CAMÉLÉON, XIIe. Empr. du lat. *camaeleon* (du grec *khamaileôn*, littéral. « lion à terre (nain) », de *khamai* « à terre »).

CAMÉLIA, 1829. Empr. du lat. des botanistes *camellia*, créé par Linné en l'honneur du Père Jésuite Camelli, missionnaire de la fin du XVIIe s., qui apporta cette fleur de l'Asie Orientale en Europe.

CAMELINE, 1549. Altération de *camamine*, 1542, nom de plante, altération du lat. de basse ép. *chamaemelina* (sous-entendu *herba*), littéral. « herbe ressemblant à la camomille ».

CAMELOT, étoffe, 1213. Empr. de l'arabe *ḫamlat* « peluche de laine », qui a été introduit dans l'Occident avec l'étoffe même, laquelle a été fabriquée d'abord en Orient. En passant en fr. le mot a été mis en rapport avec *chameau*, d'où l'a. fr. *chamelot*, vers 1300. Le suff. *-at*, plutôt rare en fr., a été échangé contre *-ot*. — Dér. : **cameloter,** 1530, « façonner grossièrement comme le camelot », d'où **camelote,** 1751 ; ont subi dans leur développement sémantique l'influence du suivant, cf. *cameloter*, donné comme terme d'argot, au sens de « gueuser », par Oudin au XVIIe s.

CAMELOT, « colporteur », 1821. Altération, d'après les préc., de l'anc. *coesmelot* « petit mercier », dér. de *coesme* « gros mercier », mot d'argot de la fin du XVIe s., d'origine douteuse. Le prov. *camalo* « portefaix » vient du turc *hamâl*.

CAMEMBERT, 1867, d'après *Camembert*, petite ville de Normandie, aux environs de laquelle on fabrique ce fromage.

CAMÉRA, 1900. Empr. du lat. *camera*. en vue d'un sens technique spécial.

CAMÉRIER, 1671 ; une première fois en 1350. Empr. de l'it. *cameriere*, dér. de *camera* « chambre ».

CAMÉRISTE, 1752. Empr. de l'esp. *camarista*, dér. de *cámara* « chambre ». On trouve aussi *camariste*. *Camériste* est refait d'après l'it. *camerista* de même sens, empr. de l'esp.

CAMERLINGUE, 1666 (Retz ; *camerlin*, 1418). Empr. de l'it. *camerlingo*, même mot que le fr. *chambellan*.

CAMION, 1352 (sous la forme *ch-*). Étymologie inconnue. — Dér. : **camionner,** 1829, **camionnage,** *id.*, **camionneur,** 1554 ; **camionnette,** fin XIXe (d'après *voiturette*).

CAMISADE, 1552 (Rab.). Empr. d'un prov. **camisada* (v. chez Monluc *en camisade* « en portant une chemise par-dessus l'armure »), de même sens, dér. de *camisia*, v. **chemise,** les assaillants, dans ces attaques nocturnes, passant leurs chemises par-dessus leurs armes pour se reconnaître.

CAMISOLE, 1547. Empr. de l'a. pr. *camisola* « casaque », 1524, dim. de *camisa*.

CAMOMILLE, 1322. Empr. du lat. de basse ép. (VIe s.) *camomilla*, altération du lat. *chamaemelon* (du grec *khamaimêlon*, littéral. « pomme à terre » (v. **caméléon**) ; cette plante a été ainsi nommée parce que l'odeur de ses fleurs rappelle celle des pommes.

CAMOUFLER, 1837. Mot de l'argot des voleurs, dans lequel on a vu un empr. de l'it. *camuffare* « déguiser, tromper ». Mais il est plus probable qu'il est dér. de *camouflet*, l'idée de « fumée » pouvant très bien servir de base à un mot au sens de « déguiser ». — Dér. : **camouflement,** 1837 ; **camouflage,** vers 1916 ; **camoufleur,** 1923.

CAMOUFLET, 1611. Altération de *Chault mouflet*, XVe (cf. aussi *chaumouflet*, Oudin, XVIIe) ; le sens propre, aujourd'hui disparu, était « fumée qu'on souffle au nez de quelqu'un au moyen d'un cornet de papier allumé ». Le radical du mot est *moufle*, attesté du XVIe au XVIIIe s. au sens de « gros visage rebondi », qui est empr. de l'all. *muffel* « museau ». L'élément *ca-* qui a été substitué à *chaud* est le préfixe péjoratif. — Dér. : **camoufle,** 1837, terme d'argot, « bougie ».

CAMP, 1490. Empr. du picard ou du prov., du lat. *campus*, v. **champ,** avec le sens militaire que le mot a pris au XVe s. — Dér. : **camper,** 1539 (antér. mot picard signifiant « aller par les champs »), d'où **campement,** 1584 ; **décamper,** 1562, a éliminé *escamper*, 1546 (Rab.), empr. de l'it. *scampare*, d'où (poudre d') **escampette,** 1688.

CAMPAGNE, 1535 (Marot ; au XIIe et au XIIIe s., attesté comme mot normanno-picard). Empr. du prov. ou du picard, lat. de basse ép. *campānia* « plaine, terrain découvert », plur. neutre pris substantiv. de l'adj. *campāneus*, dér. de *campus* ou extension de *Campania*, nom de la plaine fertile autour de Naples ; le sens militaire n'apparaît qu'au XVIIe s. ; dans celui d' « étendue plate », a fait disparaître l'a. fr. *champagne*, encore terme de blason ; *champagne* existe en outre dans les patois et de nombreux noms de lieu ou de région, d'où le nom d'une ancienne province. — Dér. : **campagnard,** 1611.

CAMPAGNOL, 1578. Empr. de l'it. *topo campagnolo* « souris des champs » (dér. de *campagna*, voir **campagne**) ; Buffon a pris *campagnolo* pour un subst.

CAMPANE, XIVe (au sens de « cloche », fréquent jusqu'au XVIe s.). Emplois techn. divers. Empr. du lat. de basse ép. *campāna* « cloche », v. le suiv. et **cloche.**

CAMPANILE, 1586 (écrit *-il* ; parfois *-ille*, par substitution de suff.). Empr. de l'it. *campanile*, dér. de *campana* « cloche ».

CAMPANULE, 1694. Empr. du lat. médiéval *campanula* « clochette ». Les patois septentrionaux disent *cloche* ou *clochette*, les patois méridionaux ont des dér. de *campana* « cloche » de l'a. pr.

CAMPÊCHE, 1603. Tiré de *Campêche*, nom d'une ville du Mexique.

CAMPER, v. **camp.**

CAMPHRE, 1256 (en 1372 *camphore*, au XIIIe s. *cafour*). Empr. du lat. médiéval *camphora*, altération de l'arabe *kâfoûr*, d'origine hindoue. Mot européen. — Dér. : **camphrer,** 1564 ; **camphrier,** 1751.

CAMPING, 1905. Empr. de l'angl., subst. verbal de *to camp* « camper ». — Dér. : **campeur,** 1948.

CAMPOS, 1488. Tiré de locutions d'écoliers, telles que *dare campos* « donner congé aux écoliers », 1530.

CAMUS, 1243. Paraît contenir le radical de *museau*, avec le préfixe *ca-*, sans qu'on voie clairement comment ce mot a été formé. — Dér. : **camuset,** 1260 ; **camard,** par substitution de suff., 1534 (Rab.).

CANAILLE, vers 1470. Empr. de l'it. *canaglia*, dér. de *cane* « chien ». A supplanté l'a. fr. *chiennaille*, de même formation et de même sens. — Dér. : **canaillerie,** 1846 ; **encanailler (s'),** 1661.

CANAL, XIIe. Empr. du lat. *canalis* (de *canna*, v. **canne**), surtout pour des emplois techn., v. **chenal.** — Dér. : **canaliser,** 1829, **canalisable,** 1836, **canalisation,** 1823.

CANAPÉ, 1650. Empr. du lat. médiéval *canapeum*, altération, avec innovation du sens, du lat. anc. *conopeum* « rideau, pavillon de lit », cf. *conopée*, 1546 (Rabelais), *conopé*, XIIe, au même sens ; le mot lat. vient du grec *kônôpeion* « moustiquaire » (de *kônôps* « moustique »). L'it. *canape* vient du fr.

CANARD, 1487 (*quanart* au XIIIe s., *Canart*, surnom, en 1199). Dér. de l'a. fr. *caner* « caqueter » (XIIIe) ; le suff. provient de l'a. fr. *maslart* « canard », dér. de *masle* « mâle », comp. aussi *criard*, *pleurard*, qui sont toutefois de formation plus récente. Le sens de « nouvelle fausse » est attesté dès 1750 ; il provient de la locution *vendre des canards à moitié*, attestée au XVIe s., d'où *donner des canards* à qn « tromper l'attente de qn » (de la fin du XVIIe jusqu'au milieu du XIXe s.). — Dér. : **cane,** 1487 (*quenne* en 1338), d'où **canette,** XVe ; **caneton,** 1530 ; **caner** « jacasser », 1549 ; « reculer », 1821 (cf. du XVIe au XVIIIe s. la locution *faire la cane* « se sauver précipitamment »); **caniche,** 1743 (d'abord fém., nommé ainsi parce qu'il va volontiers à l'eau) ; **canarder,** fin XVIe (d'Aubigné), propr. « tirer d'un abri, comme à la chasse au canard sauvage » ; **canardière,** 1665. — Comp. : **canepetière,** 1534 (Rab.).

CANARI, 1576, en outre *canarie*, 1642, forme du XVIIe s., et *canarin* (1576-XIXe). Empr. de l'esp. *canario*, adj., « (serin) des Canaries » et orthographié au XVIIe s., d'après *canarie*. Le commerce des canaris fut longtemps le monopole des Espagnols et les canaris des oiseaux à la mode.

CANCAN, 1554 *(un quanquan de colleige)*. Empr. de la conjonction lat. *quanquam* « quoique », avec la prononciation du lat.

à cette ép. ; désignait une harangue latine faite par un jeune écolier, ces sortes de harangues commençant souvent par cette conjonction. Au sens de danse vulgaire et bruyante, 1829, vient probabl. d'un nom enfantin du canard, sens attesté en 1808 ; *cancan* signifierait donc propr. « danse évoquant le dandinement du canard ». — Dér. : **cancaner,** 1823 ; **cancanier,** 1834.

CANCER, 1503, une première fois, 1372, au sens de signe du zodiaque. Empr. du lat. *cancer*, propr. « écrevisse » (traduction du grec *karkinos* « écrevisse » et « cancer ») ; v. le suiv. et **chancre.** Le sens astronomique est également anc. — Dér. **cancéreux,** 1743.

CANCRE, 1260 (au sens de « crabe »). Empr. du lat. *cancer*, v. le préc. Employé au fig., à cause de la lenteur du crabe, au sens d' « être qui végète » (La Fontaine, *Fables*, I, 5), d'où « mauvais écolier », 1808.

CANCRELAT, 1775 (on a dit aussi *cackerlac*, 1701). Empr., avec altération d'après le préc., du néerl. *kakerlak*, qui semble avoir été introduit de l'Amérique du Sud, avec l'animal.

CANDÉLABRE, XIIIe (antér. *ch*- -). Empr. du lat. *candelabrum*, dér. de *candela* « chandelle ».

CANDEUR, vers 1330. Empr. du lat. *candor*, propr. « blancheur éclatante », v. **candide, candidat.**

CANDI, XIIIe. Empr. de l'it. *(zucchero) candi(to)* « sucre candi », empr. lui-même de l'arabe *qandî*, adj. de *qand* « sucre de canne », d'origine hindoue. — Dér. : **candir,** 1600, d'après l'it. *candire*.

CANDIDAT, XIIIe. Empr. du lat. *candidatus* (de *candidus*, v. le suiv.), les candidats aux fonctions publiques, à Rome, s'habillant de blanc pour briguer les suffrages. Jusqu'au XVIIe s. le mot ne s'emploie qu'en parlant de l'histoire romaine. Il est devenu un terme de la vie universitaire en Allemagne vers 1580, et il est probable que c'est des universités allemandes qu'il a passé en France, où il est attesté depuis 1671. — Dér. : **candidature,** 1829.

CANDIDE, 1516. Empr. du lat. *candidus*, propr. « d'un blanc éclatant ».

CANÉPHORE, 1570. Empr. du grec *kanêphoros*, propr. « porteuse de corbeille » (de *kanoun* « corbeille » et *pherein* « porter »).

CANEVAS, 1281 (*canevach* dans un texte de Saint-Omer). Croisement de cette forme picarde *canevach* et de l'a. fr. *chenevas*, propr. « fait de chanvre », dér. de *chaneve*, forme anc. de *chanvre*. Du sens partic. de « réseau aux mailles larges pour la tapisserie à l'aiguille » sont sortis les sens fig., à partir du XVIe s.

CANEZOU, 1829. Étymologie inconnue.

CANGE, 1838. Empr. de l'arabe d'Égypte *quandja*, d'origine turque.

CANGUE, 1686. Empr. du port. *canga*, empr. lui-même du chinois *k'ang* « portant sur les épaules » + *hia* « nom chinois de cet instrument ».

CANICHE, v. **cane.**

CANICULE, 1500 ; **caniculaire,** 1555 (au XVe « pariétaire »). Empr. du lat. *canicula*, propr. « petite chienne » (traduction, avec changement de genre, du grec *kyôn* « chien (d'Orion), Sirius »), *canicularis*.

CANIF, 1441 (sous la forme *quenif*, mais *cnivet* au XIIe s. ; d'où *canivet*, encore en Normandie). Empr. de l'anc. francique **knif*, cf. angl. *knife*, moyen néerl. *cnijf*.

CANIN, XIVe. Empr. du lat. *caninus* (de *canis* « chien »). A supplanté la forme d'origine pop. *ch(i)enin*, encore usitée dans l'Allier.

CANITIE, XIIIe (écrit *canecie*). Empr. du lat. *canities* (de l'adj. *canus* « blanc »), v. **chenu.**

CANIVEAU, 1694. Étymologie inconnue.

CANNE, XIIIe. Empr. de l'a. pr. *cana*, du lat. *canna* « roseau, tuyau » (du grec *kanna*, mot d'origine orientale). — Dér. : **cannaie,** 1600 (déjà en 1196 *canoie*) ; **cannelle** « petit tube », etc., XVIe ; **canner** (un siège), 1856, **cannage,** 1856 ; cf. **canon.**

CANNELLE, substance aromatique, XIIe. Ce mot dérive du préc. et est dû à la forme en petits tuyaux que prend l'écorce desséchée du cannelier. Mais le lieu de formation du mot n'est pas déterminé, cf. it. a. pr. *canella*, esp., port., *canela ;* il a été probabl. répandu par le lat. médiéval *cannella*. — Dér. : **cannelier,** 1743 (*arbre canellier* en 1575).

CANNELLONI, 1922. Empr. de l'it. *cannelloni*, désignant une pâte alimentaire roulée en cylindre, dér. de *canna* « tuyau »

CANNELURE, 1564 (*canelature*, en 1545). Empr. de l'it. *cannellatura*, remplacé plus tard par *scannellatura*. — Dér. : **canneler,** 1545.

CANNETILLE, 1534 (Rab.). Empr. de l'esp. *cañutillo*, dim. de *cañuto* (de *caña* (ou *-o*) « roseau, tuyau », lat. *canna*, v. **canne**).

CANNETTE, 1407. Empr. du dialecte de Gênes, d'où l'on faisait venir le fil d'or et d'argent destiné à l'ornement des habits, aux XIVe-XVe s. L'homonyme **cannette** « vase à bière », 1723, est empr. du picard, où il est dér. de *cane* au sens spécial de « cruche », sens qu'a aussi développé l'all. *Kanne*, de *canna* (au sens de « récipient » dès le VIe s.).

CANNIBALE, 1515. Empr. de l'esp. *canibal*, altération de *caribal*, qui vient lui-même de *caribe*, mot de la langue des Caraïbes (ou Caribes) des Antilles, qui passe pour signifier propr. « hardi » et qui sert à les désigner. — Dér. : **cannibalisme,** 1796.

CANOË, v. **canot.**

CANON « tube à projectiles », 1339. Empr. de l'it. *cannone*, augment. de *canna* au sens de « tube », v. **canne.** A pris le sens de « mesure pour liquides », 1832. — Dér. : **canonnade,** 1552 (Rab.), d'après l'it. *cannonata ;* **canonner,** vers 1500 (J. Marot) ; **canonnier,** 1383 ; **canonnière,** sens variés, 1415.

CANON, terme de théologie, XIIIe ; **canonique,** *id. ;* **canoniser,** *id.* Empr. du lat. *canon, canonicus, canonizare* (ce dernier créé en lat. eccl.) avec les sens développés dans le lat. eccl. (du grec *kanôn* « règle », *kanonikos* « conforme à la règle », *kanonizein* « régler »). — Dér. : **canonisation,** *id. ;* **canoniste,** XIVe.

CAÑON, terme de géographie. Fin XIXe. Empr. de l'esp. du Mexique *cañón* (augment. de *caño* « tube », v. **cannetille**) ; dit d'abord du *cañon* du Colorado.

CANONICAT, 1611. Empr. du lat. médiéval *canonicatus* (de *canonicus* « chanoine »). A supplanté le fr. archaïque *chanoinie,* XIIe.

CANOT, 1614 (antér. *canoa* en 1568, *canoe* en 1519, fém., encore en 1690 chez Furetière). Empr. de l'esp. *canoa,* empr. lui-même du caraïbe des Antilles *canaoa.* Récemment repris, en 1887, de l'anglo-américain *canoë* (qui vient lui-même du fr.), pour désigner une espèce de canot de sport très léger. — Dér. : **canotier,** fin XVIe.

CANT, 1822. Empr. de l'angl. *cant.* propr. « jargon d'une classe qui affectait un grand formalisme », d'où « affectation, hypocrisie » ; ce mot, qui a signifié autrefois « complainte de mendiants », vient probabl. du lat. *cantus* « chant », auquel aura été donné ce sens spécial en parlant des moines mendiants.

CANTABILE, 1757 (Diderot). Empr. de l'it. *cantabile,* empr. lui-même du lat. de basse ép. *cantabilis,* propr. « digne d'être célébré », pris au sens de « destiné à être chanté, semblable à un chant ».

CANTALOUP, 1791 (sous la forme *-pe*). Peut-être tiré de *Cantalupo,* nom d'une villa des papes aux environs de Rome, où ce melon était cultivé ; toutefois le subst. est inconnu en it., et il y a dans l'Hérault un lieu *Cantaloup,* qui peut très bien avoir donné son nom au fruit.

CANTATE, 1703. Empr. de l'it. *cantata* (de *cantare* « chanter »).

CANTATRICE, 1761 (dès 1746 pour désigner les cantatrices italiennes). Empr. de l'it. *cantatrice,* empr. lui-même du lat. *cantatrix.*

CANTER, 1862. Empr. de l'angl. *canter,* probabl. abréviation de *Canterbury gallop ;* dit ainsi par comparaison plaisante avec l'allure lente des chevaux menant ou portant les pèlerins de Saint-Thomas de Canterbury.

CANTHARIDE, XIVe. Empr. du lat. *cantharis, -idis* (du grec *kantharis*).

CANTILÈNE, 1512. Empr. de l'it. *cantilena,* empr. lui-même du lat. *cantilena* « chanson » (de *cantilare* « chantonner »).

CANTINE, 1680. Empr. de l'it. *cantina* « cave, cellier », probabl. dér. de *canto* « coin », pris au sens de « réserve », v. **canton.** — Dér. : **cantinier,** 1762.

CANTIQUE, vers 1120. Empr. du lat. *canticum* (de *cantus* « chant »), avec le sens pris par ce mot dans le lat. eccl.

CANTON, 1243, au sens de « coin d'une rue ». Empr. de l'a. pr. *canton,* dér. de *cant* « bord », v. **chant.** Le sens de « sous-division d'un arrondissement », 1789, est également empr. du prov. ; comme nom des petits Etats de la Suisse, 1467, par contre, *canton* est empr. du lomb. *cantone* « région, surtout dans les montagnes » ; il a été apporté de l'Italie par les représentants de la ville de Fribourg. — Dér. : **cantonal,** 1829 ; **cantonner,** XIVe, **cantonnement,** fin XVIIe (Saint-Simon) ; **cantonnier,** XVIIIe ; **cantonnière,** XVIe.

CANTONADE, 1694. Empr. du prov. *cantonada* « angle d'une construction ». Le mot a probabl. été introduit en fr. par une des nombreuses troupes qui ont joué temporairement dans le Midi.

CANULE, vers 1400. Empr. du lat. *cannula* (de *canna,* v. **canne**). — Dér. : d'après le sens vulgaire de « personne ennuyeuse », par allusion à l'emploi de la canule dans les lavements, cf. l'expression *faire l'effet d'un lavement,* au sens d' « ennuyer », **canuler,** 1830 ; **canulard,** 1895.

CANUT, 1829. Empr. du parler lyonnais, mais de formation incertaine ; peut-être dér. de *canne ;* mais la formation et le développement du sens sont obscurs.

CAOUTCHOUC, 1736. Empr. de *ca-hutchu,* d'une langue du Pérou, par l'intermédiaire de l'esp. *caucho.* — Dér. : **caoutchouter,** 1859 (écrit *caout-chouter,* en 1844) ; on a dit aussi **caoutchouquer,** 1874).

CAP, « avant de navire et promontoire », 1387. Empr. du prov. *cap,* propr. « tête », d'où nombreux sens fig. : « extrémité, etc. », v. **chef.**

CAP, dans *de pied en cap,* XIVe (Froissart), locution empr. du prov. de *cap a pe* (d'où *de cap à pied,* 1580, Montaigne).

CAPABLE, XIVe. Empr. du lat. de basse ép. *capabilis* « susceptible de » (de *capere,* au sens de « comporter ») ; par suite a signifié « qui peut contenir, susceptible de », au XVIe et au XVIIe s. ; sens moderne, XVIe. — Dér. Comp. : **incapable,** 1464.

CAPACITÉ, 1372. Empr. du lat. *capacitas,* dér. de *capax* « qui peut contenir, capable » (de *capere,* v. le préc.). — Comp. : **incapacité,** vers 1525.

CAPARAÇON, 1498. Empr. de l'esp. *caparazón,* probabl. dér. de *capa* « manteau » ; comp. le prov. qui possède le simple *caparasso* « sorte de manteau » (d'où le fr. **caperasse,** 1863, « petit manteau de canotier »). — Dér. : **caparaçonner,** 1546.

CAPE, XVe, « manteau à capuchon ». Empr. de l'a. pr. *capa,* même sens ; au XVIe s., désigne la cape espagnole, d'après l'esp. *capa,* v. **chape.** La locution *sous cape* est une réfection de *sous chape,* encore chez Molière, *Tartufe,* I, 1 (attestée au moyen âge sous la forme *sous cape,* mais dans des textes picards). — Dér. : **capot,** 1576 (au sens de « sorte de cape », aujourd'hui disparu), cf. it. *cappotto.* Du sens de ce mot en langage de marine : « sorte de tambour d'escalier » est issu *capot* (des automobiles) ; **capote** « sorte de manteau », 1688, dér. de *capot* au premier sens ; **décapotable** (d'une auto), 1929 ; **capeline,** 1367 (« armure de tête », encore au XVe s.) ; **décaper,** terme scientifique, 1742, par comparaison des dépôts qu'on enlève d'une surface métallique avec une cape.

CAPE, 1529, terme de marine, propr. « grande voile du grand mât », d'où les locutions *mettre à la cape*, etc. Empr. du normand *cape*, propr. « manteau », v. le préc. De là le verbe *capéer*, 1573, ou *capeyer*, 1690, « tenir la cape ».

CAPÉER, v. le préc.

CAPENDU, 1423 (texte normand). Étymologie douteuse. Le nom de lieu *Capendu*, chef-lieu de canton de l'Aude, ne va pas avec l'origine du premier texte. Les formes *pommes de carpendu* ou de *courtpendu* du XVIe s., à côté de *pommes de capendu*, paraissent être des étymologies pop.

CAPHARNAÜM, XVIIe. Tiré du nom de lieu *Capharnaüm* (ou *Capernaüm*), en Galilée, auprès du lac de Génézareth, où Jésus résidait souvent et où son retour attira un jour tant de personnes devant sa maison que « l'espace devant la porte ne pouvait plus les contenir », Marc, II, 2. Le point de départ de cet emploi fig. est dans la famille du berrichon *caforniau* « cabinet de débarras » très répandue dans les patois et qui est le résultat d'une contamination de *fourneau* avec *caveau*, *caverne*. La ressemblance phonétique avec le nom de la ville a aidé à substituer celui-ci à la forme primitive.

CAPILLAIRE, *adj.*, 1314 ; non de plante, XVIe (Paré). Empr. du lat. *capillaris*, aux deux sens (de *capillus* « cheveu »). — Dér. : **capillarité,** 1820.

CAPILOTADE, 1555. Altération de *capirotade*, 1588 (Montaigne), propr. « sorte de ragoût », cf. « soupe mêlée de fromage et autres friandises », Caseneuve ; sens fig. dès le XVIIIe s. Empr. de l'esp. *capirotada* « ragoût fait avec des œufs, du lait et d'autres ingrédients », dér. de *capirote* « mante ». La forme *cabirotade*, 1534 (Rabelais), est une autre altération de *capirotade*.

CAPITAINE, XIIIe. Empr. du lat. de basse ép. *capitaneus*, adj. attesté seulement au sens de « capital » (de *caput* « tête ») et qui a pu facilement être pris au sens de « chef ». A supplanté diverses formes pop. *chatain*, *-aigne*, *chevetain*, *-aigne*. — Dér. : **capitainerie,** 1330.

CAPITAL, XIIe Empr., comme adj., du lat. *capitalis* (de *caput* « tête »). Le subst., terme de finance, date du XVIe s. ; *capitale* « première ville d'un pays », 1509, d'abord *ville capitale*, 1420. — Dér. du substantif : **capitaliser,** 1820, **capitalisation,** 1829 ; **capitaliste,** 1759 (Rousseau), plutôt empr. du néerl. *kapitalist*, dér. de *kapital* « capital » ; **capitalisme,** 1842.

CAPITAN, 1637. Sorte de matamore de la comédie it., empr. de l'it. *capitano*, propr. « capitaine », déjà empr. depuis la fin du XVe s. avec ce dernier sens.

CAPITATION, 1584. Empr. du lat. de basse ép. *capitatio* « impôt par tête » (de *caput* « tête »).

CAPITEUX, XIVe. D'abord « obstiné », d'où le sens moderne, attesté depuis 1740, sort par une évolution ininterrompue dans le fr. même. Empr. de l'it. *capitoso*.

CAPITONNER, 1863 (une première fois en 1546, chez Rab.). Dér. de *capiton*, 1386, empr. de l'it. *capitone* « sorte de soie grossière », propr. « grosse tête ».

CAPITOUL, 1389. Empr. du prov. *capitoul*, empr. du lat. *capitulum*, d'après le sens pris en lat. eccl. de « chapitre, assemblée de religieux ». — Dér. : **capitoulat,** 1567.

CAPITULAIRE, XIIIe. Empr. du lat. médiéval *capitularis* (de *capitulum* « chapitre d'un ouvrage »).

CAPITULE, terme de liturgie, 1721. Empr. du lat. médiéval *capitulum* « court passage de l'Écriture ».

CAPITULE, terme de botanique, 1732. Empr. du lat. *capitulum* « petite tête ».

CAPITULER, XIVe (Oresme). Jusqu'au début du XVIIe s., surtout « faire une convention » ; sens moderne au XVIe s., propr. « se rendre suivant convention ». Empr. du lat. médiéval *capitulare* « faire une convention » (de *capitulum* « chapitre », d'où « clause »). — Dér. : **capitulation,** XVIe, d'abord « convention », conformément au sens du verbe ; s'est maintenu au plur. dans le langage politique pour certaines conventions jusqu'à ces dernières années ; **capitulard,** 1871 (Goncourt).

CAPON, 1808. Mot d'argot, d'abord « lâche », 1628, ensuite « écolier fripon », 1690, empr. d'une forme occitanienne de *chapon*. — Dér. : **caponner,** 1701.

CAPONNIÈRE, 1671. Empr. de l'it. *capponiera*, qui vient lui-même de l'esp. *caponera*, propr. « cage où l'on engraisse les chapons », appliqué par plaisanterie à l'abri appelé *caponnière*.

CAPORAL, 1552 (Rab.). En outre *corporal*, forme altérée sous l'influence de *corps*, au XVIe s. Empr. de l'it. *caporale*, dér. de *capo* « tête », sur le modèle de *petto*, *pettorale*. — Dér. : **caporalisme,** 1867.

CAPOT, terme de marine, v. **cape.**

CAPOT, dans *faire capot*, v. **capoter.**

CAPOT, terme de jeu, 1690, antér. dans *être capot*, faire *qqn capot*, 1642. Celui qui n'a pas fait de levée au jeu est dans un extrême embarras, comme si on lui avait jeté un *capot* (« manteau avec capuchon ») sur la tête. L'all. *kaputt* a été empr. du fr. à l'époque de la guerre de Trente ans. — Dér. : **capote,** terme de jeu, 1740.

CAPOTE, sorte de manteau, v. **cape.**

CAPOTER, 1843. Probabl. dér. de *capot*, dans *faire capot*, 1752, terme de marine, altération, d'après *capot* (jeu) du prov. *faire cabot*, propr. « saluer » (*cabot* est un dér. de *cap* « tête »), qui aura été employé par plaisanterie par les marins. Devenu usuel dans le langage de l'automobile et de l'aviation (1903). — Dér. : **capotage,** 1922.

CÂPRE, 1474. Empr. de l'it. *cappero*, lat. *capparis* (du grec *kapparis*). — Dér. : **câprier,** 1517 ; **câpron,** 1642 (à cause de la saveur aigre de ce fruit).

CAPRICANT, 1832. Dér. du lat. *capra* par une comparaison avec les sauts de la chèvre. De 1589 jusqu'à la fin du XVIIIe on disait *caprisant*. La transformation de *-isant* en *-icant* est peut-être due à une faute de lecture.

CAPRICE, 1565 ; **capricieux,** 1584. Empr. de l'it. *capriccio*, *capriccioso*. *Capriccio* « frisson », au sens propre, encore usuel, est un dér. de *capo* d'après le plur. *capora*.

CAPRICORNE, XIIIe (sens astronomique). Empr. du lat. *capricornus*, de même sens ; « coléoptère », 1753.

CAPRIN, vers 1240. Empr. du lat. *caprinus*, dér. de *capra* « chèvre ». On a dit aussi *chevrin* jusqu'au XVIe s.

CAPSULE, 1532 (Rab.). Empr. du lat. *capsula* « petite boîte », dim. de *capsa*, v. **caisse.**

CAPTER, XVe ; **captateur,** fin XVIe ; **captation,** 1495. Empr. du lat. *captare* « essayer de prendre », ordinairement dans un sens défavorable, *captator*, *captatio* ; employés aussi dans le lat. juridique. *Capter une source*, 1863, est une innovation du fr., pour une acception techn.

CAPTIEUX, 1382. Empr. du lat. *captiosus*, dér. de *captio* « piège » (de *capere* « prendre »).

CAPTIF, 1488 ; **captiver,** vers 1410 ; **captivité,** XIIIe. Empr. du lat. *captivus* (de *capere* « prendre »), *captivare* (de basse ép., et au sens fig. dans le lat. eccl.), *captivitas*. *Captif* a supplanté le mot de forme pop. *chétif*, auquel les sens dér. de « misérable », etc., attestés de très bonne heure, ont fait perdre le sens de « captif », ce qui a entraîné le succès de *captiver*, *captivité* au détriment de *chetiver*, *-iveté*. *Captiver* a perdu le sens propre de « retenir captif ».

CAPTURE, 1406. Empr. du lat. *captura* (de *capere* « prendre », v. les préc.). — Dér. : **capturer,** XVIe.

CAPUCHON, 1542 (*capusson* en 1527). Dér. de *cape*, d'après l'it. *cappuccio* (de *cappa*, v. **cape**). — Dér. : **capuche,** 1863 ; **capuchonner,** fin XVIe (D'Aubigné), **encapuchonner,** 1582.

CAPUCIN, 1546 (Rab. : *capussin ;* parfois aussi *capuchin*, au XVIe s.). Empr. de l'it. *cappuccino* (de *cappuccio*, v. le préc.) ; dit ainsi à cause du capuchon que portent ces religieux. — Dér. : **capucinade,** 1724 (Le Sage) ; **capucine,** 1694, nom de plante, ainsi appelée à cause de la forme de la fleur. Sens techn., XIXe, par comparaison des objets désignés avec la fleur.

CAQUER, 1340. Empr. du moyen néerl. *caken ;* cette façon de conserver le hareng paraît avoir été inventée par les Hollandais. Le verbe néerl. est dér. du moyen néerl. *cake* « ouïes du poisson », aujourd'hui *kaak*, et signifiait « couper les ouïes d'un poisson ». — Dér. : **caque,** fin XIVe (qui a donné par la suite au verbe la signification de « mettre en caque ») ; **caquage,** 1730. — Comp. **encaquer,** vers 1600.

CAQUETER, 1462. Onomatopée. — Dér. : **caquet,** XVe ; **caquetage,** 1556 ; **caqueterie,** 1418 ; **caqueteur,** 1507.

CAQUEUX, v. **cagot.**

CAR, conjonction. En outre *quar*, *quer*, en a. fr. Lat. *quārē* « pourquoi » et « c'est pourquoi ». Le premier de ces sens est très vivant dans l'a. pr. *car*, le deuxième vit en fr. jusqu'au XVIe s. Le sens nettement causal, qui est le plus vivant en fr., apparaît aussi en lat., dans les textes très pop., dès le Ier s. Au XVIIe s. certains auteurs, parmi lesquels Malherbe, avaient pris le mot en grippe, mais l'intervention de Voiture le sauva. En a. fr. *car* est fréquemment employé pour introduire un impér. ou un subj. de souhait.

CAR « véhicule », 1873. Empr. de l'angl. *car*, empr. lui-même de l'anc. normand *car*, v. **char.** — Comp. : **auto-car,** 1907. Cf. aussi **side-car,** 1912, empr. de l'angl. (comp. de *side* « côté » et de *car*).

CARABE, coléoptère, 1668. Empr. du lat. *carabus* (du grec *karabos*, esp. de crabe).

CARABIN, 1803. « Étudiant en médecine » en langue fam., extension de *carabin de Saint-Côme*, XVIIIe, « garçon de l'École de Chirurgie (appelée Saint-Côme, du nom du patron des chirurgiens) » ; semble être une altération d'*escarrabin*, 1521 (texte de Montélimar), « ensevelisseur des pestiférés », autre forme de *escarabilh*, etc., « scarabée », dit par dérision à cause du vêtement noir de ces ensevelisseurs.

CARABINE, XVIe. Dér. de *carabin*, 1575, autrefois soldat de cavalerie légère, peut-être le même mot que le préc. — Dér. : **carabinier,** 1634.

CARABINÉ, 1854. Signifie « très violent » dans la langue fam., par extension du sens de *carabiner*, 1687, « souffler par bouffées », en parlant du vent, puis « souffler violemment », 1783, propr. « se battre en carabin », 1611, c'est-à-dire « faire feu, puis se retirer » ; emploi étendu en outre au XVIIe et au XVIIIe s. à des jeux de cartes.

CARACAL, XVIIIe (Buffon). Semble empr. de l'esp. *caracal*, d'origine orientale, cf. le turc *qara qûlâq* « oreille noire » (le caracal a en effet les oreilles noires) ; mais la voie de pénétration du mot n'est pas exactement déterminée.

CARACO, 1774. Étymologie inconnue.

CARACOLER, 1642. Dér. de *caracole,* 1642, d'abord *caragol,* 1600 ; *caracol,* 1611, empr. de l'esp. *caracol,* propr. « limaçon », v. **escargot** ; le mot esp. a été introduit notamment au sens spécial qu'il a reçu dans le langage de l'équitation, par comparaison des mouvements du cheval avec les spirales de la coquille de l'escargot. Un autre emploi techn., *escalier en caracol,* 1740, d'abord *caracol,* 1675, est également empr. de l'esp., où il a déjà ce sens ; le mot a pénétré en fr. par l'intermédiaire des Flandres.

CARACTÈRE, XIIIe ; **caractéristique,** 1550. Empr. du lat. *character* (du grec *kharaktêr* « signe gravé », de *kharattein* « graver ») et de l'adj. grec *kharaktêristikos.* Le sens de « trait distinctif » a été empr. directement du grec au XVIe s., d'où les sens modernes. *Caractéristique, subst.,* XVIIIe (Diderot), vient peut-être de l'angl. — Dér. de *caractère :* **caractériser,** 1512 (ou bien du grec *kharaktêrizein*).

CARAFE, 1558. Empr. de l'it. *caraffa,* empr. par l'intermédiaire de l'esp. *garrafa,* de l'arabe *gharrâfa* « pot à boire », courant aujourd'hui dans l'Afrique du Nord. — Dér. : **carafon,** 1677 ; on trouve en 1680 *carafon* « grande carafe », qui est empr. de l'it. *caraffone.*

CARAMBOLER, 1792. Dér. de *carambole,* 1792, peu usité aujourd'hui, « sorte de jeu de billard, bille rouge à ce jeu », emploi métaph. de *carambole* « fruit du carambolier », fruit qui a la forme d'une boule orangée ; *carambole* est empr. de l'esp. *carambola,* empr. lui-même du malais *karambil.* — Dér. : **carambolage,** 1829.

CARAMBOUILLE, 1926. Terme d'argot, désignant l'escroquerie qui consiste à se faire livrer des marchandises et à les vendre sans les payer. Semble une altération de *carambole* « vol à l'étalage », empr. de l'esp. *carambola* « tromperie », même mot que celui de l'article préc. — Dér. : **carambouilleur,** 1926.

CARAMEL, 1680. Empr. de l'esp. archaïque *caramel,* XVIIe, aujourd'hui *caramelo,* altération du lat. médiéval *cannamella* « canne à sucre » (représenté déjà par *cañamiel,* de même sens), par croisement avec *caramillo* « roseau », v. **chalumeau.** — Dér. : **caraméliser,** 1832.

CARAPACE, 1688. Empr. de l'esp. *carapacho* ; on propose un radical préroman *kar-* « écale », *karr-,* qui, combiné avec différents suffixes, vit dans les langues ibéro-romanes et en occitan.

CARAPATER (se), 1876. Mot argotique, dér. de *patte,* dont la 1re partie est l'arg. **se carrer** « se cacher » (celui-ci dér. du m. fr. **carre** « coin », dér. de **carrer**).

CARAQUE, XIIIe (Ph. de Novarre : « un petit vaisseau que les Sarazins apelent en lor lengage karaque »). Probabl. empr. de l'arabe *karrâka* « brûlot, bâtiment léger », d'où aussi l'it. *caracca* et l'esp. *carraca. Caraque* ne représente pas toujours le même bâtiment et a pu, à diverses époques, être repris à l'une de ces langues.

CARAT, 1355. Empr. du lat. des alchimistes *carratus* (v. aussi it. *carato*), empr. lui-même de l'arabe *qîrât* « petit poids », notamment « 24° d'un denier » ; ce mot arabe vient du grec *keration* « 1/3 d'une obole », propr. « gousse », et le grec paraît devoir son sens au lat. *siliqua* « gousse ; 24° d'un sou, 1/6 du scrupule ». L'esp. *quilate* vient aussi de l'arabe.

CARAVANE, XIIIe (*carvane* et *carevane ;* parfois appliqué à une escadre). Empr., à l'époque des croisades, en Asie Mineure, du persan *karwân.* Mot devenu européen, sous la forme fr.

CARAVANSÉRAIL, 1673. Altération, d'après *sérail,* de *caravanserai,* 1686, *caravansera,* 1512, encore chez Montesquieu, *karwansera,* 1432 ; empr. du persan *kārwânserai* « maison de caravane », v. le préc.

CARAVELLE, 1433. Empr. du port. *caravela ;* celui-ci dérive de *cáravo* (esp. *cárabo*), lat. de basse ép. (VIIe, Isidore de Séville) *carabus* « canot », v. **gabarre.** Philippe le Bon de Bourgogne fit construire la première caravelle française à Sluis par des constructeurs portugais.

CARBONARO, 1820. Empr. de l'it. *carbonaro,* propr. « charbonnier », nom pris par les carbonari, en souvenir, dit-on, de conspirateurs qui se réunissaient dans des cabanes de charbonniers. — Dér. : **carbonarisme,** 1827.

CARBONE, 1787 (G. du Morveau) ; **carboniser,** 1803 (*-é,* 1799) ; **carbonisation,** 1789 (Lavoisier). Formés sur le lat. *carbo, carbonis* « charbon ». De *carbone* on a tiré ensuite **carbure,** 1795.

CARBONNADE, 1534. Empr. de l'it. *carbonata,* dér. de *carbone* « charbon ». On a dit d'abord *charbonnée,* XIIe, encore dans les patois.

CARBURE, 1787. Dér. sav. du radical du lat. *carbo* « charbon ». — Dér. : **carburant,** 1907 ; **-ation,** 1867 ; **-ateur,** *id.*

CARCAJOU, 1751. Empr., par l'intermédiaire du fr. du Canada, d'une langue indigène non déterminée.

CARCAN « sorte de collier », XIIe. En outre *charchan(t)* au moyen âge. Même mot que le lat. médiéval *carcannum,* a. pr. *carcan,* d'étymologie obscure.

CARCAN « mauvais cheval », vers 1842. Très vivant dans les parlers provinciaux, probabl. emploi fig. du préc.

CARCASSE, 1550 (Ronsard). Il n'est pas sûr que l'anc. fr. *charcois* « carcasse », encore usité dans l'Ouest, soit le même mot. Étymologie douteuse. L'it. *carcassa* vient probabl. du fr. — Dér. : **se décarcasser,** 1821.

CARCINOME, sorte de cancer, 1545. Empr. du grec *karkinôma* « sorte de cancer » (de *karkinos,*) v. **cancer.**

CARDAMINE, 1545. Vulgairement « cresson des prés ». Empr. du lat. *cardamina* (du grec *kardaminê*, de *kardamon* « cresson »).

CARDAMOME, nom de plante, XIIe. Empr. du lat. *cardamomum* (du grec *kardamômon*), v. **amome.**

CARDE, XIIIe, « outil à carder ». Empr. des patois du Nord, où l'industrie textile florissait dès le haut moyen âge. La forme et le genre du mot doit s'expliquer comme plur. collectif **carda*, l'outil étant toujours comp. de plusieurs têtes de chardon, mais il n'est pas impossible qu'il soit dér. du verbe *carder*. Au sens de « cardon » *carde* (depuis Rab.) est empr. du prov. *cardo*. Cf. de même esp. *carda* « cardère, carde », it. *cardo* « cardère, carde, cardon » ; tous ces sens sont en effet connexes. V. *chardon*. — Dér. : **carder,** XIIIe, **cardeur,** *id.*, **recarder,** 1549 ; l'a. fr. dit plutôt *peigner*, *peigneur*, et aussi *charpir*.

CARDÈRE, 1778. Dér. sav. du lat. *carduus*, formé probabl. par Lamarck dans sa Flore Française ; v. le préc.

CARDIAQUE, 1372. Empr. du grec *kardiakos*, de *kardia* « cœur » (le lat. *cardiacus* a un autre sens).

CARDINAL, *adj.*, 1279. Empr. du lat. class. *cardinalis*, dér. de *cardo*, *-inis* « gond, pivot », d'où « point principal » ; *cardinal* vient du lat. eccl. dans *vertus cardinales*.

CARDINAL, *subst.*, vers 1460 (une première fois vers 1270, en outre au moyen âge *chardenal*, *-onal*, etc.). Empr. du lat. eccl. du moyen âge *cardinalis*, employé pour différentes dignités de l'Église, puis spécialisé. — Dér. : **cardinalat,** 1508, d'après le latin médiéval *cardinalatus*.

CARDINALICE, 1829. Empr. de l'it. *cardinalizio*, dér. de *cardinale*, v. le préc.

CARDIOGRAMME, 1922. Comp. savant du grec *kardia* « cœur » et de *gramma* « écriture ».

CARDITE, « maladie », 1771. Dér. sav. du grec *kardia* « cœur ».

CARDON, 1507. Empr. du prov. *cardon*, propr. « chardon », v. ce mot et **carde.** Le sens de « cardon » qu'a pris le prov. explique que *chardon*, dans de nombreux parlers méridionaux, ait été remplacé par *caussida*, propr. « chardon aux ânes ».

CARÊME. Lat. pop. **quarēsĭma*, forme altérée du lat. class. *quadrāgēsĭma* (sous-entendu *dies*) « le quarantième jour (avant Pâques) », sens développé dans le lat. eccl., d'après le grec. eccl. *tessarakostê (hêmera)*. — Comp. — **Carême-prenant,** XIIe ; **mi-carême,** 1251, fém., comme les noms de date composés avec *mi*.

CARENCE, 1452. Empr. du lat. médiéval *carentia*, dér. du verbe class. *carere* « manquer ».

CARÈNE, 1552 (une première fois en 1246, en outre, du XIVe au XVIe s., *carine* d'après le lat.). Empr. du parler de la région génoise, *carena*, latin *carīna*, « *id.* », propr. « coquille de noix ». — Dér. : **caréner,** 1643 ; **carénage,** 1678.

CARESSER, XVe ; **caresse,** 1538. Empr. de l'it. *carezzare*, propr. « chérir » (dér. de *caro* « cher »), *carezza*.

CARET, « sorte de dévidoir », 1382. Empr. du picard, propr. « petit char », dér. de *car* « char ».

CARET, « sorte de tortue », 1667. Empr. de l'esp. *carey*, qui désigne à la fois cette tortue et surtout son écaille, très probabl. empr. d'une langue caraïbe.

CAREX, 1794. Empr. du lat. *carex*.

CARGAISON, 1554 (sous la forme *-qu-*). Empr. du prov. *cargazon*, dér. de *cargar* « charger ».

CARGUER, 1611. Empr. du prov. *cargar*, avec le sens spécial qu'il a pris dans le langage de la marine. — Dér. : **cargue,** 1634 (ou empr. du prov. *carga*).

CARGO, 1907. Abréviation de *cargo-boat*, 1887, mot angl. comp. de *cargo* « charge » (empr. de l'esp.) et de *boat* « bateau ».

CARI, 1602. Empr. du tamoul (langue hindoue) *kari*. L'angl. l'a emprunté sous la forme *curry*, laquelle se rencontre aussi quelquefois en franç.

CARIATIDE, 1657. Empr. de l'it. *cariatidi*, du lat. *caryatides*, plur. (du grec *karyatides*, *id.*, propr. « femmes de Carye, Péloponèse) », cf. Vitruve, *De Architectura*, I, 1, 5, qui dit que ces femmes furent emmenées captives après la destruction de leur ville qui avait soutenu le roi des Perses, et que les architectes les représentèrent, à la place de colonnes. Une première fois *colonnes caryatides*, 1547, dans une traduction de Vitruve, empr. directement du lat.

CARIBOU, 1607. Empr. de l'algonquin (Canada), cf. *kalibu* de la tribu des Micmacs.

CARICATURE, 1740. Empr., comme terme de peinture, de l'it. *caricatura*, dér. de *carricare* « charger ». — Dér. **caricaturer,** 1801 ; **caricaturiste,** 1814.

CARIE, 1537. Empr. du lat. *caries*. — Dér. : **carier,** XVIe (Marot).

CARILLON, 1345 (sous la forme *quarellon*). Forme altérée de *carignon* (*quarregnon*, XIIIe), lat. pop. **quadriniō*, réfection, d'après les nombreux mots commencés par *quadri-*, cf. **carrefour,** du lat. de basse ép. *quaterniō*, attesté au sens de « cahier », propr. « groupe de quatre choses », d'où, ici, « groupe de quatre cloches » ; cf. l'a. pr. *trinho(n)* « carillon », lat. pop. **triniō* « groupe de trois choses ». *Caregnon* a également en a. fr. le sens de « feuille de papier pliée en quatre », d'où « lettre », et, d'autre part, désigne une mesure de capacité. — Dér. : **carillonner,** XVe ; **carillonneur,** 1601.

CARISEL, v. **casimir.**

CARLIN, « espèce de chien, au nez écrasé et au museau noir », 1803. Passe pour venir du surnom de l'acteur italien *Carlo Bestinazzi* (1713-1783), qui eut une très grande vogue à Paris, en remplissant le rôle d'Arlequin, sous le nom de *Carlin ;* l'acception nouvelle est due à une comparaison plaisante du museau du carlin avec le masque noir d'Arlequin.

CARLINGUE, 1573 (d'abord *calingue* en 1382, *callingue* en 1576). Terme de marine employé aujourd'hui dans l'aviation. De l'anc. scandinave *kerling.*

CARMAGNOLE, 1791. Le nom du chant vient de celui du vêtement que portaient les révolutionnaires. Le mot est emprunté du Dauphiné et de la Savoie, où *carmagnole* désignait une jaquette de cérémonie des paysans dès le XVIIe s. Ce nom vient sans doute de *Carmagnola,* nom d'une ville située dans une des régions les plus riches du Piémont.

CARME, XIIIe. Du nom du *Mont Carmel* (Liban), où se fonda l'ordre. — Dér. : **carmélite,** vers 1640.

CARMIN, XIIe. Croisement de l'arabe *qirmiz* (v. **kermès**) avec les représentants de *minium.*

CARMINATIF, XVe. Empr. du lat. médiéval *carminativum,* dér. de *carminare,* en lat. class. « carder », d'où en lat. médical « nettoyer ».

CARNAGE, 1546 (Rab.). Empr. du picard ou du normand, cf. a. fr. *charnage,* dér. de *char,* v. **chair.**

CARNASSIER, 1501. Empr. du prov. *carnassie(r),* dér. de *carnasso* « viande en abondance » (de *carn* « chair »).

CARNASSIÈRE, 1743. Empr. du prov. *carnassiero,* v. le préc.

CARNATION, XVe. Adaptation de l'it. *carnagione* « chair », d'où « couleur de la chair », notamment en peinture, dér. de *carne* « chair » (*carnatio* n'est attesté que dans le lat. médical, au sens d'« obésité »).

CARNAVAL, 1578 (au XVIe s. aussi *carneval,* une première fois *quarnivalle,* 1268). Empr. de l'it. *carnevale,* propr. « mardi-gras », issu, en Toscane, par métathèse, de *carnelevare* « ôter la viande » (comp. esp. *carnestolendas*), anc. vicent. *carlassare* = carne lasciare, etc.). L'empr. du mot par le fr. est sans doute dû aux somptueuses fêtes de l'époque de la Renaissance (la citation isolée du XIIIe s. provient probabl. de l'influence locale de commerçants toscans).

CARNAVALESQUE, 1845. Empr. de l'it. *carnevalesco,* v. le préc.

CARNE, 1837 (Vidocq). Mot d'argot, empr. du normand *carne* « charogne », refait sur *carnage.*

CARNÉ, 1669 (La Fontaine). Dér. sav. du lat. *caro, carnis* « chair ».

CARNET, v. **cahier.**

CARNIER, 1762. Empr. du prov. *carnier(r),* dér. de *car(n)* « chair », v. **carnassière.**

CARNIVORE, 1556. Empr. du lat. *carnivorus* (comp. de *caro, carnis,* « chair » et de *vorare* « dévorer »).

CAROGNE, XIVe (E. Deschamps). Forme normande ou picarde de *charogne.*

CARONADE, 1783. Empr. de l'angl. *caronade,* dér. de *Carron,* nom d'une localité d'Écosse, à l'Ouest et non loin d'Edimbourg, où les premières caronades furent fondues vers 1774.

CARONCULE, XVIe (Paré). Empr. du lat. *caruncula,* dér. de *caro* « chair ».

CAROTIDE, 1541. Empr. du grec *karôtides,* plur., dér. du verbe *karoun* « assoupir », parce qu'on croyait que la cause du sommeil résidait dans les carotides.

CAROTTE, 1393 *(Ménagier : garrotte).* Empr. du lat. *carota* (du grec *karôton*), v. **panais.** — Dér. : **carotter,** 1° terme de jeu en 1740, d'après *jouer la carotte* « jouer avec une prudence excessive », probabl. d'après *vivre de carottes ;* 2° « subtiliser de l'argent », en 1826, d'après *tirer une carotte ;* d'où **carottier,** 1740 ; **carotteur,** 1752, développements de sens parallèles à celui du verbe.

CAROUBE, 1512 ; **carouge,** XIIe *(carroige).* Empr. du lat. médiéval *carrubia, -ium,* empr. lui-même de l'arabe *kharroûba.* — Dér. : **caroubier,** 1555.

CARPE, poisson, 1260 (É. Boileau). Du latin de basse ép. *carpa* (VIe s.). Le poisson a probabl. immigré, avec le nom, d'un pays de l'Europe orientale, mais qu'on n'a pas encore pu identifier. Comp. all. *Karpfen,* russe *karpŭ.* — Dér. : **carpeau,** 1260 ; **carpillon,** 1579.

CARPE, terme d'anatomie, 1546. Empr. du grec *karpos,* propr. « fruit, produit » (développement sémantique obscur, si c'est un seul mot).

CARPETTE, 1582 (dans un tarif d'entrée à Calais). Empr. de l'angl. *carpet,* empr. lui-même de l'a. fr. *carpite* « sorte de tapis », qui est empr. à son tour de l'it. *carpita,* subst. tiré du part. passé de *carpire* « saisir, effilocher », du lat. *carpĕre,* id., v. *charpie.* A signifié alors, et jusqu'au XIXe s., un gros drap rayé, dit aussi *tapis à emballer ;* au sens de « tapis » depuis 1863.

CARQUOIS, XIVe. D'abord *larchais, tarqueis,* XIIe, *tarquais,* XIIIe ; *carquais,* 1213. Empr., probabl. par les croisés, du persan *tarkach* (en arabe ce mot est attesté plus tard qu'en franç.). Le grec byzantin *tarkasion* paraît empr. du franç. On trouve en outre *turqueis,* XIIe (d'après *turc*), encore usité au XVe s., d'où l'it. *turcasso* (*carcasso,* qui a le même sens, vient aussi du fr.).

CARRARE, 1771. Tiré de *Carrare,* nom d'une petite ville toscane, célèbre par son marbre.

CARRÉ, *adj. et subst.* Lat. *quadrātus*, part. passé de *quadrāre*, propr. « rendre carré ». — Dér. : **carrée,** XIIIe.

CARREAU. Lat. pop. **quadrellus*, dér. de *quadrus* « carré », v. **cadre.** Au moyen âge signifie aussi « sorte de flèche à quatre pans », d'où, au XVIIe s., en langage poétique, « les traits de la foudre ». A reçu en médecine le sens spécial de « tuberculose des ganglions mésentériques », 1694, le ventre devenant aussi dur qu'un carreau (servant à paver). V. **quadrille.** — Dér. : **carreler,** fin XIIe, **carrelage,** 1611, **carreleur,** 1463, **décarreler,** 1642 ; **carrelet,** 1360 (désigne alors une sorte de poisson), en outre nombreuses acceptions techn.

CARREFOUR. Lat. de basse ép. *quadrifurcum*, adj. qui a été pris substantiv. au sens d' « endroit où quatre chemins se croisent ». A. pr. *caireforc*. Le lat. class. *quadrŭvium* a laissé plus de traces : **a. fr.** *carrouge* (aujourd'hui dans les patois et dans les noms de lieu), a. pr. *cairoi*.

CARRER. Lat. *quadrāre*, au sens de « donner une forme carrée », v. **cadre.** Le développement sémantique particulier de *se carrer*, 1606, est dû au dér. *carrure*, propr. « forme carrée », attesté dès le XIIIe s. au sens moderne. It. *quadrare*, esp. *cuadrar*. — Dér. : **carrure,** vers 1180. — Comp. : **contrecarrer,** 1541. Pour le développement sémantique, il faut partir de *contre-carre* « résistance par voie de faits ou de paroles, antithèse », vers 1470, ce qui est carré étant beaucoup plus difficile à ranger avec d'autres objets que ce qui est rond; *se contrecarrer*, terme de jeu de bouillotte est, né d'un autre emploi fig. de *carrer*.

CARRICK, 1805 (Stendhal : *carick*). Probabl. empr. oralement de l'angl. *curricle* « espèce de voiture légère », vers cette époque et qui aura reçu le sens de « manteau de cocher ».

CARRIÈRE « espace à parcourir dans une course, etc. », 1534 (Rab.). Empr. de l'a. pr. *carriera*, proprement « rue » (comme l'a. fr. *chariere* « chemin pour voitures »), du lat. de basse ép. *via carraria*, dér. de *carrus*, v. *char*. L'it. *carriera* est aussi empr. de l'a. pr. C'est comme terme d'équitation que *carrière* a été emprunté, les autres sens se sont développés en fr. dès la fin du XVIe s.

CARRIÈRE, d'où l'on tire la pierre, XIIe. Dér. très ancien du lat. *quadrus* « carré », au sens de « pierre carrée, moellon », sens qui n'est plus attesté en fr., mais bien pour l'a. pr. *cayre*. — Dér. du même mot lat. **carrier,** 1285.

CARRIOLE, XVIe. Empr. de l'a. pr. *carriola*, dim. de l'a. pr. *carri*, qui représente un lat. de basse ép. **carrium*, dér. de *carrus*. L'it. *carriola* vient probabl. aussi de l'a. pr.

CARROSSE, 1574. Empr. de l'it. *car(r)ozza*, dér. de *carro ;* parfois fém. d'après l'it. On trouve aussi *carroche*, fém., 1574, d'après une autre forme it. *car(r)occia*. — Dér. : **carrossable,** 1832 ; **carrossier,** 1589 (écrit *carrozzier*) ; **carrosserie,** 1844.

CARROUSEL, 1620 (*-elle* au XVIe s.). Mot d'origine napolitaine. Dès le XVIe s. est attesté à Naples un jeu dans lequel des cavaliers lançaient des pointes de roseau ou des balles de craie, jeu introduit d'Espagne, où il était d'origine mauresque. Ces balles de craie avaient la forme de tirelires, lesquelles s'appelaient en napolitain *carusiello* (dér. de *caruso* « tête rasée », parce qu'on donnait aux tirelires cette forme). Le jeu était appelé à Naples *giucare a caruselli*. Le mot passa en franç., où le rapprochement avec *carrosse* fit redoubler le *-r-*.

CARRURE, v. **carrer.**

CARTABLE, 1814, au sens moderne, anciennement « registre », 1636. Probabl. empr. d'un lat. d'école **cartabulum* « récipient à papier », dér. de *charta*.

CARTE, 1393, au sens de « carte à jouer » ; du sens propre « feuille de papier épaisse » est issue l'expression *(donner) carte blanche* dès le XVIe s. Empr. du lat. *charta*, v. **charte.** — Dér. et Comp. : **écarter,** terme de jeu de cartes, 1611, probabl. sur le modèle de l'it. *scartare*, de même sens, d'où **écart,** *id.*, **écarté,** 1829 ; **encarter,** 1642 ; **carto-,** premier élément de mots sav. comp., tels que **cartographie,** 1832.

CARTEL, 1527 *(cartel de défi)*. Empr. de l'it. *cartello* « affiche, placard », d'où « lettre de défi », dér. de *carta* « papier, écrit, etc. ». Repris sous la forme it. en parlant d'artistes de *cartello, de* ou *di primo cartello*, 1868 (Th. Gautier ; c'est-à-dire « dignes de l'affiche », *de* est français pour l'italien *di*) ; t. politique, 1924.

CARTER, 1891. Empr. de l'angl. *carter*, tiré du nom propre de l'inventeur, le mécanicien J. H. Carter.

CARTILAGE, 1314 ; **cartilagineux,** 1314. Empr. du lat. *cartilago, -aginosus*.

CARTON, 1500. Empr. de l'it. *cartone*, augm. de *carta* « papier ». — Dér. : **cartonner,** 1751, **cartonnage,** 1785 ; **cartonnerie,** 1784 ; **cartonnier,** 1680.

CARTOUCHE, « rouleau de carton contenant une charge à mitraille », fém., 1581 (alors *-uche*). Empr. de l'it. *cartuccia*, dér. de *carta*, v. le préc. — Dér. : **cartoucherie,** 1870 ; **cartouchière,** 1797. V. **gargousse.**

CARTOUCHE, « encadrement orné d'enroulements », masculin, 1547 (alors *-oche*). Empr. de l'it. *cartoccio*, propr. « cornet de papier », v. les préc.

CARTULAIRE, 1340. Empr. du lat. médiéval *chartularium*, v. **chartrier.**

CARVI, XIVe. Empr. de l'arabe *karīwija* (qui vient du grec *karon*). Une première fois introduit en fr. sous la forme *chervi(s)*, 1539, antér. *eschervys*, 1409, déjà dans le Capitulare de Villis (fin VIIIe s.) sous la forme *carvita ;* l'esp. *chirivia* doit venir du fr.

CARYOPHYLLÉE, 1694. Empr. du lat. des botanistes *caryophyllata*, dér. du lat. *caryophyllon* (du grec *kar-*, qui signifie « giroflier ») ; dit de l'œillet et des fleurs dont le pétale est terminé par un onglet en forme de clou de girofle.

CAS, vers 1250. Empr. du lat. *casus*, au sens d' « événement, circonstance », propr. « chute ».

CAS, terme de grammaire, XIIIe (d'abord *case*). Empr. du lat. grammatical *casus* qui traduit le grec *ptôsis* « chute », d'où « terminaison ».

CASANIER, 1552. Empr. de l'esp. anc. *casañero*, attesté dès le XVIe s. L'a. fr. *casenier*, 1315, dit de marchands italiens résidant en France, est empr. de l'it. *casaniere* « prêteur d'argent », de *casana* (Lucques) « boutique d'un prêteur d'argent ».

CASAQUE, 1413 ; **casaquin,** 1546. Peut-être empr. du persan *kazagand* « esp. de jaquette ». L'élément *-and* aurait été pris pour un suff. et on en aurait tiré un simple *casaque*. L'it. *casacca*, esp. *casaca* viennent probabl. du fr. Mais le persan *kazagand* avait donné en anc. fr. *casingan*, duquel il serait difficile de tirer le fr. *casaque*.

CASBAH, 1836 (en outre *casauba*, 1830). Empr. de l'arabe *qaçaba* « forteresse », prononcé au Maghreb *qaçba ;* cf. l'esp. archaïque *alcazaba*, de même sens.

CASCADE, 1640 ; **cascatelle,** 1740 (De Brosses). Empr. de l'it. *cascata* (dér. de *cascare* « tomber », lat. pop. **casicāre*), *cascatella*. Empr. probabl. au sens de « chutes d'eau artificielles ». — Dér. : **cascader,** 1864 (une première fois en 1771), terme du langage pop., **cascadeur,** 1860.

CASE, XIIIe *(Rose)*. Empr. du lat. *casa* « chaumière », v. **maison.** Au sens de « compartiment d'un échiquier, etc. », 1650, empr. de l'esp. *casa* (d'où aussi l'it. *casa*), propr. « maison », qui aura servi à traduire l'arabe *beit*. — Dér. (de ce dernier sens ou de ses développements) : **caser,** 1669 ; **casier,** 1765.

CASÉEUX, 1786, en outre *caseux*, 1559 ; **caséine,** 1832. Dér. sav. du lat. *caseus* « fromage ».

CASEMATE, 1539 (Rab., 1546, écrit *chasmate*, d'après le grec *khasma* « gouffre »). Empr. de l'it. *casamatta*, d'abord terme de fortification, du grec *chasmata* « gouffre ». Le mot a passé aussi dans les autres langues européennes : all. *Kasematte*, etc. — Dér. : **casemater,** 1578.

CASERNE, vers 1540. D'abord « petite loge bâtie sur les remparts ou dans les fortifications à l'usage de soldats qui montent la garde » (« ordinairement six », Furetière), en outre « petite chambre pour loger les soldats qui sont en garnison », 1644 ; appliqué sous Louis XIV aux grands bâtiments, qu'on commençait alors à construire pour loger la garnison. Empr. du prov. *cazerna*, propr. « groupe de quatre personnes », lat. pop. **quaderna*, altération de *quaterna*. — Dér. : **caserner,** 1718, **casernement,** 1800.

CASIMIR, sorte de drap, 1791 ; altération, d'après le nom propre *Casimir*, de *Cassimere*, nom angl. de la province de *Kashmir*, d'où cette étoffe a été d'abord tirée.

CASINO, 1740 (De Brosses). Empr. de l'it. *casino*, dim. de *casa* « maison », au sens de « maison de plaisance, de jeux ». Au XVIIIe s., francisé aussi en *casin*.

CASOAR, 1733, antér. *casouard*, 1677, *gasuel*, 1677 ; *casuel*, 1677. Empr. du malais *kasuwari*, par l'intermédiaire du lat. des naturalistes hollandais *casoaris*, 1631 (d'où le hollandais *kazuaris*) ; *casuaris*, 1690, a été conservé par Linné.

CASQUE, 1591. Empr. de l'esp. *casco*, propr. « éclat, tesson », d'où « casque » (pour la cause de l'empr., v. **morion**), tiré du verbe *cascar* « briser », lat. pop. **quassicāre*, v. **casser.** — Dér. : **casqué,** 1734 ; **casquette,** 1820.

CASQUER, 1836. Terme pop. d'origine argotique ; empr. à l'it. *cascare* « tomber » (v. **cascade**), qui a pris en argot le sens de « tomber dans un piège », puis de « payer ».

CASSE, v. **casserole.**

CASSE, 1675, terme d'imprimerie. Empr. de l'it. *cassa*, propr. « caisse », v. **châsse.**

CASSE, « fruit du cassier », XIVe. Empr. du lat. *cassia* (du grec *kassia*). — Dér. : **cassier,** 1512.

CASSER. Lat. *quassāre* « secouer fortement », d'où « endommager, briser ». Plus employé au Nord qu'au Sud du territoire gallo-roman (a. pr. *cassar*). It. *squassare* « secouer », esp. *cansar* « fatiguer ». — Dér. et Comp. : **cassation,** 1413 ; **casse,** 1642, jusqu'au XIXe s. ne s'est employé que dans le langage militaire au sens d' « action de casser un officier » ; **cassement,** XIIIe ; **casseur,** 1552 ; **cassis,** « rigole », 1488 ; **casson,** 1359, **cassonade,** 1578 (Bl), au XVIIe, ordinairement *castonade ;* **cassure,** 1333 ; **incassable,** 1801 ; **recasser,** vers 1400 ; **casse-noisettes,** 1680 ; **casse-noix,** 1564 ; **casse-tête,** 1690 ; **casse-cou,** 1718 ; **casse-croûte,** 1907 ; **casse-pieds,** 1960.

CASSEROLE, 1583. Dér. de *casse*, 1393, répandu dans les parlers septentrionaux, empr. de l'a. pr. *cassa*, rare aujourd'hui, d'un type *cattia*, attesté dans une glose, au sens de « truelle, poêle », du grec *kyáthion*, dim. de *kýathos* « écuelle » ; à l'étape **ciattia*, la dissimilation a fait disparaître le premier *i*.

CASSETTE, 1348. Dim. de l'a. fr. *casse*, probabl. de provenance normande, du lat. *capsa* « petit coffre », v. *châsse*.

CASSIS, sorte de groseille, 1552. Probabl. empr. du lat. *cassia*, le cassis ayant été employé au moyen âge comme substitut de la casse.

CASSIS, « rigole », v. **casser.**

CASSOLETTE, 1420. Empr. de l'a. pr. *casoleta* « petite casserole », dim. de *casola ;* v. **casserole.**

CASSON, CASSONADE, v. **casser.**

CASSOULET, fin XIXe. Empr. du languedocien *cassoulet*, propr. « plat de grès » où on prépare ce ragoût, dim. de *cassolo* « terrine » qui est un premier dim. de *casso* (a. pr. *cassa*), v. **casserole.**

CASTAGNETTE, 1606 (1582, *cascagnette*). Empr. de l'esp. *castañeta*, dim. de *castaña* « châtaigne », les castagnettes ayant une forme de coque de châtaigne.

CASTE, 1676. Empr. du port. *casta*, fém. pris substantiv. de l'adj. *casto* « chaste, pur » ; les voyageurs créèrent ce mot au XVIe s. pour désigner les castes de la société hindoue.

CASTEL, fin XVIIe (Saint-Simon). Empr. par plaisanterie du prov. *castel* « château ».

CASTOR, 1135. Empr. du lat. *castor* (du grec *kastôr*). A supplanté l'a. fr. *bièvre*, encore dans les parlers, du gaulois **bebros*, cf. le nom de lieu *Bibracte*, etc., et dont les représentants romans : anc. it. *bevero*, anc. esp. *befre*, etc., soulèvent diverses difficultés, parce que le mot a circulé avec la peau de castor et la sécrétion appelée **castoreum** (XIIIe, empr. du lat. médiéval) qui était employée en médecine. — Comp. : **demi-castor,** XVIIe (Racine), chapeau dont le tissu contient environ moitié de peau de castor ; a pris le sens de « demi-mondaine » 1784.

CASTRAT, vers 1760. Empr. de l'it. *castrato*, v. les suiv., le mot ayant été empr. au XVIIIe s. en parlant de chanteurs italiens.

CASTRER, fin XIXe ; **castration,** XIVe. Empr. du lat. *castrare* « châtrer », *castratio*.

CASUEL, 1371. Empr. du lat. de basse ép. *casualis*, dér. de *casus*.

CASUISTE, 1611. Empr. de l'esp. *casuista*, dér. du lat. scolastique *casus* « cas de conscience ». — Dér. : **casuistique,** 1823.

CATACLYSME, 1553. Empr. du lat. *cataclysmos* (du grec *kataklysmos*, propr. « inondation »).

CATACOMBE, XIIIe. Empr. du lat. *catacumba* (dans les inscriptions chrétiennes) ou de l'it. *catacomba*, probabl. forme altérée sous l'influence de *cumbere* « être couché » de **catatumba*, propr. « tombe souterraine », mot qui a pu être formé dans les milieux chrétiens avec le préf. grec *kata* et *tumba* « tombe », cf. aussi **châlit, échafaud.**

CATAFALQUE, 1690. Empr. de l'it. *catafalco*, v. **échafaud.**

CATALEPSIE, 1507 (sous la forme *-epse*) ; **cataleptique,** avant 1742 (Réaumur). Empr. du lat. médical *catalepsis*, *-pticus* (du grec *katalêpsis*, propr. « action de saisir », d'où « attaque » dans la langue médicale, *-tikos*).

CATALOGUE, 1262. Empr. du lat. de basse ép. *catalogus* (du grec *katalogos* « liste, rôle »). — Dér. : **cataloguer,** 1801.

CATALPA, 1771. Empr. de l'angl. *catalpa*, XVIIIe, lui-même empr. de la langue des Indiens de la Caroline.

CATALYSE, 1838. Empr. de l'angl. *catalysis* (du grec *katalysis*, propr. « action de dissoudre ») ; le mot a été en effet créé en 1836 par le chimiste anglais Berzelius.

CATAPLASME, 1390. Empr. du lat. *cataplasma* (du grec *kataplasma* « emplâtre, etc. »).

CATAPULTE, XIVe. Empr. du lat. *catapulta* (du grec *catapaltês*).

CATARACTE « chute d'eau », 1539. Empr. du lat. *cataracta* (du grec *kataraktês*).

CATARACTE, terme médical, XVe. Emploi fig. du lat. *cataracta* d'après le sens de « barrage, herse ou treillis gardant une porte », v. le préc.

CATARRHE, XVe. Aux XVIe et XVIIe s. surtout *caterre*. Empr. du lat. médical *catarrhus* (du grec *katarrhos*, propr. « écoulement »). — Dér. **catarrhal,** 1503 ; **catarrheux,** 1507.

CATASTROPHE, 1546 (Rab.). Empr. du lat. *catastropha* (du grec *katastrophê*, propr. « renversement », d'où « bouleversement » ; partic. « dénouement d'une pièce de théâtre »). — Dér. **catastrophique,** 1845.

CATCH, 1948. Empr. de l'angl. *catch* « saisir ».

CATÉCHISER, XIVe ; **catéchisme,** *id.* ; **catéchiste,** XVIe. Empr. du lat. eccl. *catechizare*, *-ismus*, *-ista* (du grec eccl. *katêkhizein*, *-khismos*, *-khistês*, dér. de *katêkhein*, v. le suiv.).

CATÉCHUMÈNE, XIVe. Empr. du lat. eccl. *catechumenus* (du grec *katêkhoumenos*, part. passif de *katêchein*, propr. « faire retentir », d'où, en grec eccl., « instruire de vive voix »).

CATÉGORIE, 1564 (Rab.) ; **catégorique,** 1532 *(id.)*. Sens fig. développé en fr. Empr. du lat. philosophique *categoria*, *categoricus* (du grec *katêgoria* « qualité attribuée à un objet », de *katêgorein* au sens d' « énoncer », *katêgorikos*). — Dér. : **catégoriser,** 1838.

CATGUT, 1871. Empr. de l'angl. *catgut*, littéral. « boyau *(gut)* de chat *(cat)* ».

CATHÉDRALE, 1666. Adj. pris substantiv. ; antér. *église cathédrale*, vers 1180. *Cathédral* est empr. du lat. médiéval *cathedralis*, dér. de *cathedra*, propr. « siège », v. **chaire,** d'où « chaire et fonctions épiscopales » en lat. eccl. (Ve s.).

CATHODE, 1838. Comp. avec les mots grecs *kata* « en bas » et *hodos* « chemin » sur le modèle d'**électrode.** — Dér. : **cathodique,** 1900.

CATHOLIQUE, XIIIe. Empr. du lat. eccl. *catholicus* (du grec *katholikos* « universel »). — Dér. : **catholicisme,** XVIe ; **catholicité,** fin XVIe (D'Aubigné).

CATIMINI, XIVe *(elles font le catimini)* ; d'où *en catimini*, XVIe. Mot dialectal, probabl. picard, signifiant propr. « chat », de *cate* et *mini*, autre forme de *mine*. Ce mot s'est fondu avec *catamini* (XVIe) « menstrues », pour *caraménies*, empr. du grec *katamênia*, plur. neutre (de *mên* « mois »).

CATIN, XVIe (Marot). Hypocoristique de *Catherine*. Fréquent au sens de « poupée » dans le Centre et l'Ouest.

CATIR, au moyen âge parfois « presser », surtout « (se) cacher », sens conservé au pronominal dans quelques parlers septentrionaux ; ne subsiste en fr. que comme terme techn. Lat. pop. **coactīre*, dér. de *coactus*, part. passé de *cōgere* « presser », propr. « rassembler ». Seulement fr. — Dér. et Comp. : **cati,** 1694 (La Bruyère) ; **décatir,** 1754.

CAUCHEMAR, 1564. Antér. *cauchemare*, fém., encore au XVIIe s. ; en outre *quauquemaire*, au XVe s. Comp. de l'impér. du verbe *caucher* « fouler, presser » (forme hybride, née de la fusion de l'a. fr. *chaucher* et du picard *cauquer*, lat. *calcāre* « fouler », v. **côcher**) et de *mare*, attesté dans un glossaire latin-français où il traduit *lamia* « sorte de vampire », empr. du moyen néerl. *mare* « fantôme nocturne », cf. l'all. moderne *Mahr* « cauchemar », et l'angl. *nightmare*, de même sens.

CAUDAL, 1792. Dér. sav. du lat. *cauda* « queue ».

CAUDATAIRE, 1542. Dér. de *cauda*, fait d'après *légataire*, *mandataire*, etc.

CAUSAL, vers 1680 (Bossuet). Empr. du lat. *causalis*, id.

CAUSALITÉ, 1488. Dér. sav. de l'adj. lat. *causalis*, attesté seulement comme terme grammatical, dér. de *causa*, v. le suiv.

CAUSE, XIIe. Empr. du lat. *causa* « cause et procès ». — Dér. : **causer,** XIIIe.

CAUSER, « s'entretenir familièrement », XIIIe. Empr. du lat. *causari*, propr. « faire un procès, plaider », d'où le fr. a développé le sens de « bavarder ». *Causari*, au sens de « reprocher », est représenté par l'a. fr. *choser* « gronder, blâmer », encore usuel dans quelques parlers septentrionaux. — Dér. : **causerie,** 1555 ; **causette,** 1790 ; **causeur,** 1534 (Rab.) ; **causeuse,** 1832.

CAUSER, « être cause de », v. **cause.**

CAUSSE, 1791. Empr. du prov. du Sud-Ouest des Cévennes *causse*, propr. « terrain calcaire », lat. pop. **calcīnus*, dér. de *calx*, *calcis* « chaux ».

CAUSTIQUE, 1490. Empr. du lat. *causticus* (du grec *kaustikos* « brûlant », de *kaiein* « brûler », v. **cautère**). — Dér. : **causticité,** 1752.

CAUTELEUX, XIIIe. Dér. de *cautèle*, XIIIe, mot archaïque, empr. du lat. *cautela* « prudence excessive » (de *cautus* « prudent »).

CAUTÈRE, XIVe ; **cautériser,** *id.* Empr. du lat. de basse ép. *cauterium*, *-izare* (du grec *kautêrion*, *kautêrizein*, de *kaiein* « brûler », v. **caustique**). — Dér. : **cautérisation,** 1314.

CAUTION, 1283 (Beaumanoir). Empr. du lat. *cautio*, propr. « précaution », également terme juridique, dér. du verbe *cavere* « prendre garde ». — Dér. : **cautionner,** 1360 ; **cautionnement,** 1616.

CAVALCADE, 1349 (au XVe *cavalcate*). Empr. de l'it. *calvalcata*, dér. de *calvacare* ; v. **chevaucher.** La forme de suff. indique que beaucoup des mots qui le présentent sont entrés en fr. par l'it. du Nord ; il y a eu aussi influence du prov. — Dér. : **cavalcader,** 1843.

CAVALE, vers 1560. Mot poétique. Empr. de l'it. *cavalla ;* v. **jument.**

CAVALIER, vers 1470, au sens moderne ; 1546 (Rab., comme terme de fortification) ; **cavalerie,** 1546. Empr. de l'it. *cavaliere* dans presque tous ses emplois, y compris le sens de « gentilhomme », aujourd'hui désuet, *cavalleria ; chevalerie* et *chevalier* répondaient alors à d'autres notions, ce qui explique l'emprunt.

CAVATINE, 1768. Empr. de l'it. *cavatina*, dér. de *cavata* « action de tirer avec art un son d'un instrument » (de *cavare*, propr. « creuser », v. **caver**).

CAVE, *adj.*, XIIIe. Empr. de l'adj. lat. *cavus* « creux ».

CAVE, *subst.*, XIIe. Empr. du lat. de basse ép. *cava*, attesté au sens de « fossé », fém. pris substantiv. de *cavus*, v. le préc. — Dér. : **caveau,** XIIIe ; **caviste,** 1819.

CAVEÇON, vers 1580. Empr. de l'it. dialectal *cavezzone*, augment. de *cavezza*, de même sens, lat. pop. **capitia* « ce qu'on met autour de la tête », cf. lat. *capitium* « ouverture supérieure d'une tunique par où l'on passe la tête », v. **chevet.**

CAVER, « creuser », XIIIe. Empr. du lat. *cavare* « creuser », v. **cave.** L'a. fr. a dit *chaver*, *chever* qui a disparu au profit de *creuser*, mais qui vit encore dans le Berry.

CAVER, terme de jeu, v. **décaver.**

CAVERNE, XIIe ; **caverneux,** XIIIe. Empr. du lat. *caverna* (de *cavus*, v. les préc.), *cavernosus*.

CAVIAR, 1553 (1432, *cavyaire*). D'abord *caviat*, 1552 (Rab.), forme usitée jusqu'à la fin du XVIIIe s. ; on trouve en outre *cavial*. Empr. de l'it. *caviale*, empr. lui-même du turc *khâviâr*.

CAVITÉ, XIIIe (sous la forme *caveté*). Empr. du lat. de basse ép. *cavitas*, dér. de *cavus*, v. **cave.**

CE, pronom invariable. Lat. pop. **ecce hoc*, v. **ça** et **ici**, a. fr. *iço*, *ice* et *ço*, *ce*, qui a éliminé *ice* au XVe s. Devenu inaccentué, a été remplacé comme pronom accentué par *cela*, sauf dans quelques locutions archaïques. Les parlers méridionaux ont *ako*, pronom accentué (a. pr. *aizo*, *aisso* et *zo*, *so*, en outre *aquo*, lat. pop. **accu (m)hoc*, v. **celui**). It. *ciò*. — Comp. : **ceci,** XIVe, d'où *ci*, dans *comme ci comme ça*, fin XIXe ; **cela,** XIVe, d'où *ça*, XVIIe.

CE, CET, CETTE, CES. En outre, formes avec *i* initial, disparues vers le XIVe s., v. le préc. Latin populaire **ecce istum*, *-a(m)*, *-os*, *-as*. En a. fr. *cest*, *ceste* marquent généralement la proximité en opposition à *celui*, etc. Le lat. class. avait possédé trois pronoms démonstr. : *hic* (qui se rapportait à la 1re personne), *iste* (pour la 2e personne), *ille* (pour une personne ou un sujet sans rapport ni à la 1re, ni à la 2e personne). *Hic* ayant été détourné de cet usage pour être employé comme pronom déterminatif (*hic qui*, au lieu de *is qui*), on fit appel à *iste* pour combler la lacune, et, à la place de celui-ci, on mit *ipse*, le pronom d'identité, quitte à lui substituer des formes de renforcement comme *metipse* et *metipsimus*, v. **même.** C'est là l'état de la langue à l'époque de Grégoire de Tours, qui emploie comme pronoms démonstr. *iste*, *ipse*, *ille*, avec les nuances que nous avons indiquées ; c'est encore celui de l'esp. (*este*, *ese*, *aquel*) et de l'Italie méridionale (*esto*, *esso*, *quello*). Le fr., par contre, a renoncé par la suite à cette distinction si subtile au profit d'un système plus simple, qui ne comporte plus que rapprochement et éloignement (a. fr. *cest*, *cel* ; fr. mod. *celui-ci*, *celui-là*). La cause de cette transformation est probabl. à chercher dans le fait que le francique, lui aussi, ne possédait que deux pronoms démonstr. Dans les *Serments de Strasbourg* le pronom est encore *ist* ; le *c*- a été ajouté plus tard par analogie avec *cil*, où il était nécessaire, parce que le simple *il* servait de pronom personnel. *Ce*, XIIe s., représente à la fois la réduction de *cel* (v. **celui**) et de *cest* devant consonne. L'a. fr. a possédé en outre un nom. *(i)cist* et un cas oblique *(i)cestui*, formé comme *(i)celui*, disparu au XVIe s., sauf comme archaïsme et dans le parisien vulgaire *stila*, pronom. En a. fr. déjà, ces formes sont surtout adj., mais cependant assez souvent pronominales ; v. **celui.** La plupart des parlers méridionaux disent *akest(e)* (a. pr. *aicest* et *aquest*). It. *questo*, lat. pop. *ecce istum*.

CÉANS, v. **çà.**

CÉCITÉ, XIIIe. Empr. du lat. *caecitas*, dér. de *caecus* « aveugle ». A supplanté en ce sens *aveuglement*, encore usité au XVIIIe s.

CÉDER, 1377. Empr. du lat. *cedere*, propr. « (s'en) aller ». — Comp. : **recéder,** 1596.

CÉDILLE, 1529 ; en outre, de 1611 à 1642, *cerille*. Empr. de l'esp. *cedilla*, propr. « petit *c* », pour désigner le signe orthographique empr. dès la fin du XVe s.

CÉDRAT, 1666. En outre *cedrac*, 1701, *-iac*, 1600. Empr. de l'it. *cedrato*, arbre et fruit, dér. de *cedro*, lat. *citrus* « citronnier ». — Dér. : **cédratier,** 1823.

CÈDRE, XIIe. Empr. du lat. *cedrus* (du grec *kedros*).

CÉDULE, vers 1180. Au moyen âge désigne une sorte d'écrit et est un terme juridique ; aujourd'hui surtout terme administratif désignant les catégories servant à classer la matière imposable, fin du XIXe s. Empr. du lat. de basse ép. *schedula* « feuillet », dér. de *scheda* « bande de papyrus ». — Dér. : **cédulaire,** fin XIXe.

CEINDRE. Aujourd'hui surtout littéraire. Lat. *cingĕre*.

CEINTRER, v. **cintrer.**

CEINTURE. Lat. *cinctūra*. It. esp. *cintura*, *centura*. — Dér. : **ceinturon,** 1579 ; **ceinturer,** 1883 (déjà au XVIe s.).

CELA, v. **ce.**

CÉLADON, 1617 (D'Aubigné). Nom propre tiré de l'*Astrée* de d'Urfé (1610), qui l'a tiré lui-même des *Métamorphoses* d'Ovide.

CÉLÈBRE, 1532 (Rab.) ; **célébration,** XIIe ; **célébrer,** *id.* ; **célébrité,** 1295, au XIIIe, « fête solennelle »). Empr. du lat. *celeber*, *celebrare*, *celebratio*, *celebritas*. *Celeber* signifiait au sens propre « fréquenté », *celebrare* « visiter en foule » et *celebritas* « affluence ».

CELER. Aujourd'hui surtout de langue écrite, propr. « tenir secret ce qu'on tient à dissimuler », ce qui le distingue de *cacher*. Lat. *cēlāre*. Peu usuel dans les parlers gallo-romans ; *à celé*, *à l'encelé* se dit dans le Centre, au sens d' « à l'abri (de la pluie) ». It. *celare*, esp. *celar*, surtout « surveiller ». — Dér. : **déceler,** XIIIe ; **recéler,** XIIe, **recel,** *id.*, **recèlement,** *id.*, **receleur,** 1324.

CÉLERI, 1651 (au XIVe s. *scelereau*, au XVe *scellerin*). Empr. du lombard *seleri*, plur., forme correspondante à l'it. écrit *sedano*, lat. *selinon* (d'un mot grec qui désigne une sorte d'ache). Les parlers méridionaux disent *(l)api(t)*, lat. *apium*, v. **ache,** employé également par quelques parlers septentrionaux.

CÉLÉRITÉ, 1358. Empr. du lat. *celeritas*, dér. de *celer* « rapide ».

CÉLESTE, XIe *(Alexis)*. Empr. du lat. *caelestis*, dér. de *caelum* « ciel ».

CÉLIBAT, 1549. Empr. du lat. *caelibatus*, dér. de *caelebs*, *-ibis* « célibataire ». — Dér. : **célibataire,** 1711.

CELLIER. Lat. *cellārium*, dér. de *cella*, de même sens. It. *cellaio*, esp. arch. *cillero*.

CELLULAR, 1904. Empr. de l'angl. *cellular*, adj. pris substantiv., propr. « cellulaire ».

CELLULE, 1429. Empr. du lat. *cellula*, dim. de *cella*, au sens de « chambre » ; terme scientifique depuis le XVIe s. — Dér. : **cellulaire,** 1740 ; **celluleux,** 1719 ; **cellulose,** 1840.

CELLULOÏD, 1877. Empr. de l'anglo-américain *celluloïd* ; le celluloïd a été découvert en 1869, aux États-Unis, par les frères Hyatt, et breveté en Angleterre en 1871 ; tiré de *cellulose* au moyen du suff. *-(o)id*, v. **-ide.**

CELUI, CELLE, CEUX, CELLES. En outre, en a. fr., formes avec *i* initial disparues au XVIIe s., v. **ce.** Lat. pop. **ecce illui* (v. **lui**), *ecce illa(m)*, *-os*, *-as*. Sur le sens en a. fr., v. **ce.** *Celui* a supplanté l'anc. nom. *cil*, lat. pop. **ecce illī* et l'anc. oblique *cel*, lat. **ecce illum*, disparus au XVIe s. Jusqu'à cette époque, à la fois pronom et adj. Les parlers du Midi disent surtout *(a)kel* (a. pr. *aicel* et *aquel*, formé avec la particule *accu(m)*, de *eccum* + *atque*). It. *quello*, esp. *aquel*. — Comp. : **celui-ci,** 1372 ; **celui-là,** XVe ; créés pour suppléer à la disparition de l'opposition entre les formes *ce(l)*, etc., et *celui*, etc., v. **ce.**

CÉMENT, 1573. Empr. du lat. *caementum* « pierre non taillée, moellon », avec un sens développé probabl. d'après *ciment*. — Dér. : **cémenter,** 1675 ; **cémentation,** 1567.

CÉNACLE, vers 1240. Désigne d'abord surtout la salle où eut lieu la Cène ; nom d'un groupe littéraire, 1829. Empr. du lat. *cenaculum* « salle à manger », dér. de *cena*, v. **cène.**

CENDRE. Lat. *cinĕrem*, acc. de *cinis, cineris*. It. *cenere*. — Dér. : **cendré,** XIVe ; **cendreux,** vers 1200 ; **cendrier,** vers 1180, « drap contenant les cendres quand on coule la lessive », le sens moderne ne paraît pas ancien ; **Cendrillon,** d'abord nom propre, personnage d'un conte de fées de Perrault (1697).

CÈNE, XIIe. Empr. du lat. eccl. *cena*, en lat. class. « repas du soir ».

CENELLE, XIIe. Attesté sous les formes *cenelle* et *cinelle* dans les parlers septentrionaux. Étymologie incertaine, peut-être dér. du lat. *acinus* « baie d'une grappe ».

CÉNOBITE, XIVe. Empr. du lat. eccl. *caenobita*, dér. de *coenobium* « monastère » (du grec *koinobion* « vie en commun »). — Dér. : **cénobitique,** 1586.

CÉNOTAPHE, 1501. Empr. du lat. de basse ép. *cenotaphium* (du grec *kenotaphion*, comp. de *kenos* « vide » et de *taphos* « tombeau »).

CENS, 1283 (Beaumanoir). Empr. du lat. *census* « recensement, cens ». Des sens juridique et administratif ont été développés en fr. au moyen âge et au XIXe s. — Dér. : **censitaire,** 1740.

CENSÉ, XVIe. Part passé, fait sur le lat. *censere* « estimer, juger bon ». Signifie parfois « compté » au XVIIe s. — Dér. : **censément,** 1863 (très répandu dans les parlers populaires).

CENSEUR, XIVe (Bersuire, *-or*, en 1213). Empr. du lat. *censor*, qui a déjà le sens figuré de « celui qui blâme ». Sens administratif développé en fr. à partir du XVIIe s. — Dér. : **censorial,** 1762, d'après le latin *censor*.

CENSURE, 1387. Empr. du lat. *censura* ; pour le sens fig. et le sens administratif, v. le préc. — Dér. : **censurer,** 1518, **censurable,** 1656 (Pascal).

CENT. Lat. *centum*. It. *cento*, esp. *ciento*. — Dér. : **centaine,** XIIe *(centeine)*, ou plutôt lat. *centēna*, fém. pris substantiv. du distributif *centenus*, avec substitution de suff. en fr. ; **centime,** 1793, d'après *décime*.

CENTAURE, XIIIe (en outre *centor*, 1213 ; *centaurus*, XVe s.). Empr. du lat. *centaurus* (du grec *kentauros*, être mythologique). Sens fig. au XIXe s.

CENTAURÉE, XIIIe (en outre *centoire*, encore au XVIIe s.). Empr. du lat *centaurea*, à côté de *-eum* (du grec *kentauriê* (forme ionienne d'Hippocrate), *-rion*, propr. « plante de Centaure », par allusion au centaure Chiron qui passait pour avoir connu les propriétés des simples et notamment de la centaurée).

CENTENAIRE, 1390. Empr. du lat. *centenarius*.

CENTÉSIMAL, 1804. Dér. sav. du lat. *centesimus*, v. **centième.**

CENTIÈME. Lat. *centēsimus*. It. esp. *centesimo*.

CENTIGRADE, 1799. Formé avec les mots lat. *centum* « cent » et *gradus* « degré ».

CENTON, 1580. Empr. du lat. *cento*, propr. « habit fait de pièces rapportées ».

CENTRAL, 1377. Empr. du lat. *centralis*, v. le suiv. — Dér. : **centraliser,** 1794, **centralisation,** 1794, **décentraliser,** 1834, **décentralisation,** 1829.

CENTRE, vers 1360. Empr. du lat. *centrum* (du grec *kentron*, propr. « aiguille, pointe »). — Dér. et Comp. : **centrer,** 1699 ; **concentrer,** 1611, **concentration,** 1732 ; **concentrique,** XIVe (Oresme) ; **décentrer,** 1841 ; **égocentrisme, -iste,** 1922, d'abord termes de médecine mentale.

CENTRIFUGE, 1700 ; **centripète,** *id.* Formés avec les mots lat. *centrum* et *fugere* « fuir », *petere* « gagner ».

CENTUPLE, 1495. Empr. du lat. *centuplus*. — Dér. : **centupler,** 1542.

CENTURIE, XIIe ; **centurion,** XIIe. Empr. du lat. *centuria*, propr. « groupe de cent citoyens », *centurio*, propr. « chef de cent soldats ».

CEP. Lat. *cippus*, propr. « pieu », d'où « tronc d'arbre » ; a pris en fr. le sens dominant de « pied de vigne », mais les autres sens : « sorte d'entrave », au moyen âge et jusqu'au XVIe s., « pièce de bois portant le soc de la charrue », XVe s., montrent que ce sens n'avait pas fait disparaître celui de « tronc, souche, pièce de bois ». Se prononce encore *sè* dans le Centre ; la prononciation *sep* est due à la graphie. — Dér. : **cépage,** 1573 (Baïf) ; **cépée,** XIIe, d'après le sens de « tronc ».

CÈPE, 1798. Empr. du gascon *cep*, propr. « tronc », appliqué aux champignons en général, et au cèpe en partic., v. le préc.

CEPENDANT, v. **pendant.**

CÉPHAL(O)-. Premier élément de mot, sav. comp., tels que **céphalopode,** 1795. tiré du grec *kephalê* « tête », ou de mots empr., tels que **céphalalgie** vers 1487 (sous la forme *-argie*).

CÉRAMIQUE, 1806. Empr. du grec *keramikos*, dér. de *keramon* « argile », d'où « vase d'argile ». — Dér. : **céramiste,** 1836.

CERBÈRE, 1576. Nom propre, lat. *Cerberus* (du grec *Kerberos* « chien à trois têtes qui gardait l'entrée des Enfers »). Dès le début, sens fig.

CERCE, v. **cercle.**

CERCEAU. Lat. de basse ép. *circellus* « petit cercle », dér. de *circus*, v. le suiv. Esp. *cercillo* et *zar-* « boucle d'oreilles ».

CERCLE. Lat. *circŭlus*, dér. de *circus*, propr. « cercle ». A. pr. *cercle*, *celcle ;* dans le Centre et la région de la Suisse romande, traces de *cerce* (attesté depuis 1823), *cerche* (attesté depuis le XIIIe s., encore dans les dictionnaires comme terme techn.), de formation mal éclaircie. — Dér. et Comp. : **cercler,** XVIe (Marot), **recercler,** 1832 ; **encercler,** XIIe ; **demi-cercle,** 1377.

CERCUEIL. D'abord *sarcou*, *sarcueu*, puis *sarcueil*, XVe ; *cercueil*, 1564. Du grec *sarkophagos*, nom d'une pierre dont on fabriquait des cercueils parce qu'elle avait la propriété de consumer rapidement la chair. Le fr. a le mot en commun avec l'all. *(Sarg)* et le néerl. *(zerk)*, tandis qu'il manque aux autres langues romanes. Ce mot est arrivé très anciennement, avec d'autres mots eccl., comme *samedi*, all. *Samstag*, le long du Danube. D'autres mots lat., comme *locellus* « coffret », qui est conservé en Picardie, et *vascellum*, en Lorraine et en Wallonie, auront désigné des réceptacles moins somptueux que le *sarcophagos*. Autres concurrents de *cercueil* en gallo-roman sont *bière* dans le Centre, *châsse* dans l'Ouest, les types *caisse* et *caisse de mort* dans le Midi et des représentants de l'arabe *tâboût* dans le Sud-Ouest.

CÉRÉALE, 1790 (sens moderne, d'abord adj., au XVIe s.). Empr. de l'adj. lat. *cerealis*, dér. de *Ceres* « déesse des moissons » ; déjà fig. en lat. au sens de « relatif au blé, aux moissons, etc. ».

CÉRÉBRAL, XVIe (Paré). Dér. sav. de *cerebrum* « cerveau ».

CÉRÉMONIE, XIIIe ; **cérémonial,** XIVe. Empr. du lat. *caeremonia* « caractère sacré », d'où au plur. « cérémonies », *caeremonialis* (créé à basse ép.). Sens fig. du subst. au XVIe s., de l'adj. au XVIIe. — Dér. : **cérémonieux,** XVe.

CERF. Lat. *cervus*. — Comp. : **cerf-volant,** 1381. V. **chat, loup.**

CERFEUIL. Lat. *caerefolium* (du grec *khairephyllon*). It. *cerfoglio*.

CERISE. Lat. pop. **cerēsia*, plur. neutre pris substantiv., issu de **ceresium*, lat. impérial *cerasium*, lat. class. *cerasum* (du grec *kerasion* « cerisier » et « cerise »). — Dér. : **cerisaie,** 1397 ; **cerisier,** 1165.

CERNE. Sens restreint aujourd'hui ; au moyen âge et jusqu'au XVIIe s. « cercle ». Lat. *circĭnus* « compas, cercle ». It. *cercine*, avec changement de la terminaison, « bourrelet qu'on met sur la tête pour porter des charges ».

CERNER. Peu usité avant le XVIe s. Lat. *circināre* « former un cercle » (d'où l'esp. *cercenar* « rogner, retrancher »). — Dér., d'après le sens de « cerner une noix » : **cerneau,** XIIIe.

CERTAIN. Lat. pop. **certānus*, dér. de *certus* « sûr », d'où aussi it. et esp. arch. *certano*, a. pr. *certan*. L'a. fr. a connu le simple *cert*, qui n'a pas atteint le XVIe s., cf. it. *certo*, esp. *cierto*, a. pr. *cert*. — Comp. : **incertain,** 1329.

CERTES. Lat. pop. *certās*, fait comme *primās*, a. fr. *primes* « premièrement », etc., au lieu du lat. class. *certō*.

CERTIFICAT, 1380. Empr. du lat. médiéval *certificatum*, v. le suiv.

CERTIFIER, XIIIe. Empr. du lat. médiéval *certificare* (de *certus*, v. **certain**).

CERTITUDE, 1375. Empr. du lat. de basse ép. *certitudo*, dér. de *certus*. — Dér. : **incertitude,** 1495.

CÉRULÉEN, 1842. Dér. de *cérulé*, XVIe s., empr. du lat. *caeruleus* « bleu de ciel ».

CÉRUMEN, 1726. Empr. du lat. médiéval *cerumen*, dér. de *cera* « cire ».

CÉRUSE, XIIIe. Empr. du lat. *cerussa*.

CERVEAU. Lat. *cerebellum* « cervelle » (fréquent comme terme de cuisine, notamment au plur.), dér. de *cerebrum* « cerveau ». D'une forme fém. *cerebella*, issue de ce plur., vient le fr. **cervelle.** Les deux mots sont assez mal distingués en a. fr. La distinction n'existe actuellement que dans le langage scientifique et dans des locutions. *Cerveau* est plus sav., *cervelle* plus pop. ; de là, la préférence de nombreux patois pour *cervelle*. It. *cervello*, a. pr. *cervel* et *cervela*. — Dér. : **cervelet,** 1611 ; **décerveler,** 1839 ; **écervelé,** XIIe ; l'a. fr. dit fréquemment *escerveler* « faire jaillir la cervelle hors du crâne ».

CERVELAS, 1623, antér. *cervelat*, 1552 (Rab.). Empr. de l'it. *cervellato* (dér. de *cervello*), d'origine milanaise, cf. la définition de certains dictionnaires italiens : « sorte de saucisse à la milanaise, faite de viande et de cervelle de porc ».

CERVICAL, XVIe (Paré). Dér. sav. du lat. *cervix*, *-icis*, « nuque ».

CERVOISE. Du gaulois *cervesia*. Esp. *cerveza* « bière ».

CÉSAR, 1488. Tiré de *(Jules) César*, nom que prirent ensuite le descendant de J. César, le premier empereur, Auguste, et les successeurs de celui-ci. — Dér. : **césarien,** fin XIXe, au sens de « partisan du césarisme » ; **césarisme,** 1850 (créé par Romieu, administrateur sous Napoléon III, communication de M. W. Kaegi).

CÉSARIENNE, opération chirurgicale, XVIe (Paré : *enfantement césarien*). Dér. sav. du lat. *caesar* « enfant tiré par incision du sein de la mère » (de *caedere* « couper »).

CESSER. Lat. *cessāre*, fréquentatif de *cedere*, v. **céder**, « tarder, traîner en longueur », d'où « cesser de » (avec l'infinitif). Transitif de bonne heure en fr. It. *cessare*, esp. *cesar*. — Dér. et Comp. : **cessation**, 1377 (Oresme) ; **cesse**, XIIe ; **incessant**, 1552.

CESSION, XIIIe. Empr. du lat. juridique *cessio*, dér. du verbe *cedere*.

CESTE, XVe. Empr. du lat. *caestus*, dér. de *caedere* au sens de « frapper ».

CÉSURE, 1537 (Marot). Empr. du lat. *caesura*, dér. de *caedere* au sens de « couper ».

CÉTACÉ, 1553 (d'abord *cétacée* jusqu'au XVIIIe s.). Adaptation du lat. scientif. *caetaceus*, dér. du lat. *cetus* (du grec *kêtos*, qui désignait toute sorte de gros poissons de mer), avec le suff. sav. **-acé**, v. **crustacé**.

CÉTOINE, 1790. Empr. du lat. des naturalistes *cetonia*, d'origine inconnue.

CHABLIS, 1600 (*bois chablis*). Tiré, comme l'a. fr. *chable* ou *chaable*, de même sens, du verbe *chabler*, XIVe, « abattre » ; ce verbe est lui-même dér. de *chaable* « machine de guerre, servant à lancer des pierres », lat. pop. **catabŏla* (du grec *katabolê*, propr. « action de jeter », non attesté au sens de machine, cf. **baliste**).

CHABOT, 1564 (au sens moderne ; au XIIIe s. *cabot*, peut-être « têtard »). Empr. de l'a. pr. *cabotz*, francisé en *chabot*, lat. pop. **capocius* « qui a une grosse tête », cf. le classique *capitō* « sorte de poisson » ; v. **cabot**.

CHACAL, 1676 (*ciacale* en 1646, *jachal* en 1690, celui-ci par l'intermédiaire de l'angl. *jackal*). Empr. du turc *tchaqâl* (qui vient du persan *chagâl*, en sanscrit *çrgâla*).

CHACONNE, 1655. Empr. de l'esp. *chacona*, dér. probabl. de la syllabe *tchac* employée comme onomatopée.

CHACUN. Issu de l'a. fr. *chaün* « chacun » par croisement avec les représentants du lat. *quisque*, qui a disparu avant l'époque littéraire, mais qui est encore conservé dans l'a. pr. *quec* et l'anc. it. *cescheduno*. L'a. fr. *chaün* vient de l'expression du lat. de basse ép. *unum cata unum* « un à un » (comp. a. pr. *us cada us*, id. et berrichon *à cha un*, id.). La prép. *cata* est empr. du grec *katá*, prép. ayant la même fonction, comp. *kath'en* « un à un ». It. *ciascuno* et *ciascheduno*, esp. *cadauno* et *cada*. — Dér. : **chacunière**, 1534 (Rab.) ; **chaque**, XIIe, usuel seulement à partir du XVIe s.

CHAFAUD, v. **échafaud.**

CHAFOUIN, 1650. Emploi fig. de *chafouin*, 1611, « putois », mot dialectal du Centre et de l'Ouest, comp. de *chat* et de *fouin*, masc., tiré de *fouine*, très répandu dans la même région.

CHAGRINER, 1424 (au XVIe aussi *chagrigner*). Probabl. comp. de *chat* et de *grigner* (v. **grignon**), comp. l'all. *katzenjammer* « profond malaise » (propr. « lamentation des chats »). — Dér. : **chagrin**, *subst.*, 1530.

CHAGRIN, sorte de cuir, XVIe (en outre *sagrin*). Empr. du turc *çâgri* (qui se trouve chez Buffon), altéré par croisement avec *grain ;* souvent écrit *chagrain* au XVIIe s. L'it. *zigrino* vient du fr. — Dér. : **chagriner** « travailler le chagrin », 1700.

CHAHUTER, 1821. Mot de formation onomatopéique ; les formes *cahu* et *cafu* dans un texte liégeois de 1757 n'ont guère la même origine; **chahut**, 1821 ; **chahuteur**, 1837.

CHAI, 1611 (Cotgrave : *chaiz*, pluriel, indiqué comme terme de Bayonne). Mot poitevin-saintongeais (qui a gagné le Sud-Ouest), du gaulois *caio* (d'où aussi *quai*).

CHAIL, CHAILLE, v. **caillou.**

CHAÎNE. Lat. *catēna*. It. *catena*, esp. *cadena*. — Dér. : **chaînette**, XIIe ; **chaînon**, 1260 ; **déchaîner**, XIIe, **déchaînement**, 1671 ; **enchaîner**, vers 1080 *(Roland)*, **enchaînement**, XIVe (E. Deschamps).

CHAIR. D'abord *charn*, *char*, puis *cher ;* écrit *chair* par orthographe savante au XVe s. Lat. *caro* (acc. *carnem*). Supplanté par *viande*, au sens de « chair des animaux » considérée comme aliment (sauf dans des locutions), à partir du XVIIe s., en raison de la gêne causée par l'identité formelle avec *chère*, dont les sens se rencontraient avec ceux de *chair*, ce qui était particulièrement incommode quand on parlait de l'interdiction de la chair au moment du carême. Survit encore dans le Nord-Est, l'Est, le Nord-Ouest et le Sud-Ouest du domaine gallo-roman, au sens de *viande*. — Dér. et Comp. : **acharner** au sens figuré, XIVe s. ; proprement terme de chasse, « donner aux chiens ou aux oiseaux de chasse le goût de la chair », XIIe, d'où **acharnement**, 1611 ; **charcutier**, *chaircutiers*, 1464, encore *chercuitiers*, 1533 (Rab.) ; *chaircuitières*, fém., vers 1780 (R. de La Bretonne), de *char cuite*, d'où **charcuter**, XVIe, **charcuterie** (sous la forme *charcuict-*), 1549 ; **décharner**, XIIe.

CHAIRE. D'abord *chaiere*. Lat. *cathĕdra* « chaise à dossier », distinct de *sella* « sorte de tabouret » (du grec *kathedra* « siège »). *Chaise* s'étant développé vers le début du XVe s. (*chaeze* en 1420), dans la région centrale, le fr. a utilisé les deux formes pour des sens différents. *Chaire* est encore usité dans le Nord-Est, l'Est, l'Ouest et dans les parlers méridionaux (a. pr. *cadiera*), mais il est fortement attaqué par *chaise* dans les parlers septentrionaux ; en outre *selle*, lorrain, région de la Suisse romande et rhodanien, v. **selle.**

CHAISE, v. le préc., d'où **chaisier**, 1820 ; **chaisière**, 1838.

CHAKO, v. **schako.**

CHALAND, « bateau plat », vers 1080 *(Roland)*. Empr. du grec byzantin *khelandion.*

CHALAND, « client », XIIe (écrit *-ant*). Au moyen âge, « ami, connaissance, protecteur », etc., part. prés., avec substitution de suff., de l'anc. verbe *chaloir* « être d'intérêt pour », lat. class. *calēre* « être chaud, avoir chaud », d'où « s'échauffer pour quelque chose », qui a pris en lat. pop. le sens d' « importer, intéresser » ; de là aussi it. *calere* « importer », esp. *caler* « *id.* », a. pr. *caler*, ordinairement impersonnel (d'où aujourd'hui, dans les patois méridionaux le sens de « falloir »). — Dér. et Comp. : **achalander,** 1383, **achalandage,** 1820, **désachalander,** 1690 ; **nonchalant,** XIIIe (J. de Meung), **nonchalance,** 1150. L'a. fr. disait aussi **nonchaloir,** XIIe.

CHALCOGRAPHIE, 1617. Dér. de *chalcographe* « graveur sur cuivre », 1620, fait avec le grec *khalkos* « cuivre » et la terminaison *-graphe.*

CHÂLE, 1671. Empr., comme l'angl. *shaul* (d'où *chaule* en fr., 1770), de l'hindou *shal*, d'origine persane ; désignait d'abord des châles fabriqués au Cachemire avec de la laine du Thibet.

CHALET, 1723 ; mais établi dans la langue par J.-J. Rousseau, *Nouvelle Héloïse*, 1761. Empr. du parler de la Suisse romande *chalet*, dim. de **cala* « lieu abrité », d'où l'a. pr. *cala* « petit abri pour les navires ». Mot d'une des langues prélatines de la Méditerranée.

CHALEUR. Lat. *calōrem*, acc. de *calor*, masc. It. *calore*, esp. *calor*. — Dér. : **chaleureux,** 1360 (d'après l'adv. **-eusement**).

CHÂLIT. En a. fr. souvent « lit de parade (pour un mort) », puis « bois de lit » ; désigne aujourd'hui seulement la monture de certains lits. Lat. pop. **catalectus*, très probabl. né d'un croisement de *lectus* « lit » avec *catasta* « estrade sur laquelle on martyrisait les chrétiens et les malfaiteurs », cf. it. *cataletto* « litière, bière », esp. *cadalecho* « sorte de litière ».

CHALLENGE, v. **calomnie.**

CHALOIR, v. **chaland** « client ».

CHALOUPE, 1522 (*chaloppe*, texte de Bretagne). Emploi figuré du dialectal *chalope, chaloupe* « coquille de noix », 1578, réduction de l'a. fr. *eschalope*, même sens, lequel est dér. de *eschale*, v. **écale,** avec le suffixe de *enveloppe*. L'anc. gascon *galup(a)* (une fois aussi *calup*) n'a certainement rien à faire avec *chaloupe*. L'angl. *sloop* (d'où le fr. **sloop,** 1752) est empr. du néerl. *sloep*, à son tour empr. du fr. ; de même l'all. *Schaluppe*, l'it. *cialuppa* et l'esp. *chalupa* viennent du fr. — Dér. : **chalouper,** vulg., 1867.

CHALUMEAU, 1464. A. fr. *chalemel*, rarement *-elle*, lat. de basse ép. *calamellus*, dér. de *calamus* « roseau ». It. *caramella*, esp. *caramillo.*

CHALUT, 1753. Mot des côtes normandes et de l'Ouest, qui paraît de même famille que *chalon*, 1611 ; tous deux d'origine insuffisamment éclaircie. — Dér. : **chalutier,** fin XIXe.

CHAMADE, vers 1570. Empr. d'une forme de l'Italie septentrionale avec initiale *ich-*, correspondant à l'it. littéraire *chiamata*, de même sens, dér. de *chiamare* « appeler », lat. *clamāre.*

CHAMAILLER, vers 1300. Anciennement « frapper », d'où « batailler, se battre », encore au XVIIIe s. Probabl. dû à un croisement de *chap(e)ler* « frapper », v. **chapelure,** et de l'a. fr. *maillier*, de même sens, dér. de *mail*, v. **mail.** — Dér. : **chamaillis,** 1540 ; **chamaillerie** (1867, une première fois vers 1680).

CHAMARRER, 1530. Dér. de *chamarre*, 1490, altération de *samarre*, 1447, « sorte de robe », empr. de l'esp. *zamarra*, propr. « vêtement de peau de mouton que portent les bergers en hiver », mais autrefois « vêtement d'un homme cultivé », de l'arabe *sammūr* « belette sibérienne » (avec assimilation de la deuxième voyelle à la première). De l'esp. vient l'it. *zimarra*, anc. « sorte de longue robe », d'où vient le fr. **simarre,** 1628 (*chi-* en 1619 ; *ci-*, orthographe fréquente au XVIIe s.). — Dér. : **chamarrure,** 1595 (Charron).

CHAMBARDER, 1859. Terme d'argot. Le béarn. *chambardá*, peu attesté, en est emprunté et n'en est pas la source. Peut-être comp. de *chambe* « jambe » et *barder* « glisser », tous deux en usage en Franche-Comté et en Bourgogne ; ce dernier se rattache au lat. pop. (d'origine prélatine) **barrum* « argile », d'où aussi **bardane.** — Dér. : **chambardeur,** 1886 ; **chambardement,** 1881 ; **chambard,** 1889.

CHAMBELLAN, XIe (*Alexis chamberlenc ;* en outre *chambellans, chambellens*, d'où par substitution de suff., *-an*, XVIe). Empr. du francique **kamerling*, restitué d'après l'anc. haut all. *kamarling*, d'où l'all. moderne *Kämmerling*, dont le premier élément représente le lat. *camera* « chambre », cf. **camerlingue.**

CHAMBOULER, 1807. Mot de l'Est ; comp. de **chant** (du lat. *canthus*) et de **bouler.**

CHAMBRANLE, 1518 (écrit *-ansle*). Issu, par croisement avec le verbe *branler*, de *chambrande*, 1313. Celui-ci représente le gérondif substantifié du lat. *camerare* « voûter » (comp. *buvande*, de *bibenda*), dont est conservé aussi le part. passé, comp. a. pr. *camarat* « lambris, plafond », lorrain *chambrée* « cavité pratiquée dans les ardoisières ».

CHAMBRE. Lat. *camĕra* « plafond voûté » (du grec *kamara*, de même sens) qui a pris au IVe s. le sens de « chambre » (qui s'est également développé en grec). It. *camera*, esp. *cámara*. — Dér. : **chambrée,** 1539 ; **chambrer,** 1678 ; **chambrette,** XIIe ; **chambrière,** XIIe, fém. de l'anc. *chambrier* « valet de chambre » ; a pris des sens techn. variés.

CHAMEAU. D'abord *chameil, -oil*, d'où, rapidement, par substitution de suff., *chamel*. Lat. *camēlus* (du grec *kamēlos*, d'origine sémitique, cf. hébreu *gamal*). — Dér. : **chamelier,** XVe (A. Chartier) ; **chamelle,** XIIe (sous la forme *camoille*).

CHAMOIS. Lat. de basse ép., attesté en Gaule, *camox.* It. *camoscio*, esp. *gamuza*, a. pr. *camos.* — Dér. : **chamoiser,** 1780 (mais du XIIe au XVe s. *chamoissier* « meurtrir »), **chamoiserie,** 1723, **chamoiseur,** *id.*

CHAMP. Lat. *campus* « plaine », qui a pris à basse ép. le sens de « champ », supplantant à peu près partout *ager.* A conservé, en outre, le sens de « champ de bataille » d'où, au moyen âge, en fr., *champ clos*, sens qui a passé dans les langues voisines avec les mœurs féodales. Mais *champ de Mars* est un calque de *campus martius.* — Dér. et Comp. : **champis,** 1390, figure comme mot récent dans le roman berrichon de George Sand, *François le champi*, 1850 ; **champlever,** terme techn., 1753, composé de *champ*, au sens de « fond d'une gravure, etc. » ; **échampir,** 1701, **réchampir,** 1676, pour le sens, cf. *champlever.*

CHAMPAGNE, vin, vers 1705. Du nom de la province. — Dér. : **champagniser,** 1839 ; **-isation,** 1929.

CHAMPÊTRE. Lat. *campestris* « de plaine, plat » ; a changé de sens parallèlement à *campus* dont il dérive. It. esp. *campestre.*

CHAMPIGNON, 1393. Issu, par substitution de suff., de l'a. fr. *champegnuel* (*campegneus*, au XIIe s.), lat. pop. **campāniŏlus*, propr. « qui pousse dans les champs » (par opposition aux champignons cultivés). A complètement supplanté en gallo-roman le lat. class. *fungus*, d'où it. *fungo*, esp. *hongo.* Cf. prov. moderne *campanhou*, mais nombreux concurrents : *bolet* Est et Sud-Est, *potiron* Ouest, *mousseron* Est et Sud du Massif Central. — Dér. : **champignonnière,** 1694.

CHAMPION. Du germ. occidental **kampjo*, id., dér. de **kamp* « champ de bataille », qui avait été empr. du lat. *campus* par les mercenaires germaniques. Le mot a passé par la suite dans la terminologie juridique des peuples germ. pour désigner celui qui combattait pour un autre dans un champ clos. L'it. *campione* et l'esp. *campeón* viennent probabl. du fr. — Dér. : **championnat,** 1877.

CHAMPIS, CHAMPLEVER, v. **champ.**

CHAMPOREAU, fin XIXe, d'abord terme d'argot des troupes d'Afrique du Nord. Paraît être empr. de l'esp., qui a un verbe *cha(m)purrar* « mêler une liqueur avec une autre ».

CHANCE. Antér. *cheance.* Propr. terme du jeu de dés, « chute des dés, jeu de dés », sens très usuels au moyen âge et jusqu'au XVIIe s., d'où, dès le moyen âge « hasard », puis « heureux hasard ». Lat. pop. **cadentia*, dér. de *cadere* « tomber » (v. **choir**), qui s'employait en lat. class. en parlant du jeu de dés. — Dér. : **chanceux,** 1606 ; **chançard,** 1864. Comp. : **mal(e)chance,** XIIIe *(malecheance).*

CHANCELER. Lat. *cancellāre* « disposer un treillis, une grille », dér. de *cancelli* « treillis, grille » (d'où l'a. fr. *chancel* « clôture », notamment « espace entre le maître-autel et la grille, etc. ») ; a pris de bonne heure le sens de « marcher en zig-zag » par comparaison avec le treillis d'un grillage, d'où « chanceler », cf. pour ce développement sémantique *griller* « glisser », XVIe s. et encore normand ; signifie aussi en a. fr. « se croiser les bras », et en outre « biffer, annuler », déjà attesté dans le lat. juridique ; ce dernier sens est dû à *cancellarius* « scribe », v. le suiv. Cf. it. *cancellare* « biffer, se croiser les bras, chanceler ». — Dér. : **chancellement,** XIIIe.

CHANCELIER. Lat. de basse ép. *cancellārius* « huissier qui se tenait près des grilles *(cancelli)* qui séparaient le public de l'endroit où siégeaient l'Empereur ou les juges », d'où « scribe, greffier ». Des sens nouveaux se sont développés au moyen âge et postérieurement. — Dér. : **chancellière,** XVe s., pour le développement du sens, cf. **chambrière ; chancellerie,** XIIe ; **archi-,** 1507 ; **vice-,** 1583 (du XIIIe au XVIe s. *vi-chancelier*).

CHANCIR, 1508. Altération, sous l'influence de *rancir*, de l'a. fr. *chanir* « blanchir », encore usité au XVIe s., lat. pop. **cānīre*, lat. class. *cānēre*, de même sens, dér. de *cānus* « blanc » (surtout en parlant des cheveux).

CHANCRE. Lat. *cancer*, au sens d' « ulcère », v. **cancer.** It. *canchero*, a. pr. *cancer.* — Dér. : **chancreux,** XVIe ; **échancrer,** 1549 (propr. « entamer comme fait un chancre »), **échancrure,** 1555.

CHANDAIL, fin XIXe. Abréviation pop. de *marchand d'ail*, usuel alors aux Halles de Paris pour désigner des ouvriers s'occupant du marché des légumes ; dit aux Halles de cette sorte de tricot, parce qu'il avait eu un succès particulier parmi ces ouvriers ; fut, par suite, adopté par le fabricant de ce tricot, Gamard, d'Amiens, qui, suivant ses propres indications, l'avait d'abord appelé *gam(e)sou* avec l'initiale de son nom et celle de l'angl. *sweater*, qui désigne un vêtement analogue.

CHANDELEUR. Latin populaire **candēlōrum*, génitif pluriel dans l'expression *festa *candēlōrum*, au lieu de *-ārum* « fête des chandelles », altération due à l'influence de *festa cereorum* (v. **cierge**). Aussi it. *candelara* (de *-arum*, devenu fém. d'après *festa*), *candelora*, anc. cat. *candelor.* En Bourgogne et ailleurs substitution de suff., d'où est sortie la forme *chandelouse.*

CHANDELIER, XIIe, issu, par substitution de suff., du lat. *candelabrum ;* la forme **candelarium* doit être née très tôt, puisqu'elle est aussi à la base de l'it. *candelaio* et de l'esp. *candelero.*

CHANDELLE. Jusqu'au XIIIe s. *chandeile, -oile*, puis *-elle* par substitution de suff. Lat. *candēla.* It. esp. *candela.* — Dér. : **chandelier,** nom de métier, XIIIe.

CHANFREIN, XIIe. Dér. de l'a. fr. *chafrener* « dompter », comp. de *caput* et *frenare.* Dans *enchifrené*, qui est formé avec les mêmes mots, le premier élément a été développé comme en position accentuée. La nasalisation de la première voyelle de *chanfrein* est probabl. due à l'influence du suiv.

CHANFREIN, « demi-biseau », XVe. Dér. de *chanfraindre* « tailler en demi-biseau », 1321, de *chant* « côté » et *fraindre* « briser ».

CHANGER. Latin de basse ép. *cambiāre*, attesté à côté de *cambīre* « échanger, troquer », mot d'origine gauloise, cf. moyen irlandais *cimb* « tribut ». N'a éliminé *muer* que peu à peu. — Dér. et Comp. : **change,** XIIe, a signifié « changement » jusqu'au XVIIe s. ; comme terme de finance, XIIe, probabl. d'après l'it. *cambio ;* **changement,** XIIe ; **changeur,** XIIe, probabl. d'après l'it. *cambiatore*, v. **cambiste ; inchangé,** 1838 ; **interchangeable,** 1870 ; **rechanger,** XIIe ; **rechange,** XIVe.

CHANLATTE, v. **latte.**

CHANOINE, vers 1080 *(Roland : canunies).* Lat. eccl. *canōnĭcus* (du grec eccl. *kanonikos*, de *kanôn* « règle », v. **canon**) « versé dans la connaissance des règles de l'Église », d'où « clerc ». Changement sémantique au moyen âge. It. archaïque *calonaco*, a. pr. *canonge*. V. aussi **canonicat.** — Dér. : **chanoinesse,** 1264.

CHANSON. Lat. *cantiōnem*, acc. de *cantiō*. It. *canzone*, esp. *canción* (refait). — Dér. : **chansonner,** 1584 ; **chansonnette,** XIIe ; **chansonnier** « recueil », XIVe, « faiseur de chansons », vers 1680.

CHANT. Lat. *cantus*. It. esp. *canto*, a. pr. *cant ;* v. **plain-chant.**

CHANT, écrit souvent par erreur *champ*. Lat. *canthus*, attesté seulement au sens de « bande de fer bordant une roue » (chez Quintilien, qui considère le mot comme africain ou espagnol), mais qui a dû signifier aussi « bord » (cf. le grec *kanthos* « coin (de l'œil) »). It. *canto* « coin, côté, bord », a. pr. *can(t) ;* v. **cantine, canton.** — Dér. : **chanteau,** 1451, au sens de « morceau de pain », antér., XIIe « quartier d'un bouclier, pièce du fond d'un tonneau » ; v. aussi **latte, tourner.**

CHANTEPLEURE, v. le suiv.

CHANTER. Lat. *cantāre ;* a complètement supplanté le lat. class. *canĕre*. — Dér. et Comp. : **chantage,** 1837 (Vidocq), issu de l'expression *faire chanter quelqu'un*, 1808 ; **chanterelle** « la corde qui a le son le plus aigu », 1540 ; **chantonner,** 1538 ; **chantepleure,** XIIe, formé de l'impér. des deux verbes *chanter* et *pleurer*, à cause du bruit produit par le liquide quand il coule ; **déchanter,** 1226 (« chanter sur un autre ton », au sens fig.), depuis le XVIe s. senti comme négatif de *chanter*, a signifié au moyen âge et encore au début du XVIe s. « chanter le déchant (sorte d'ornements ajoutés au plain-chant) », dont le sens moderne n'est sans doute qu'une extension péjorative ; **rechanter,** 1214.

CHANTERELLE, « sorte de champignon », 1752. Adaptation du lat. des botanistes *cantharella*, dér. de *cantharus* « sorte de coupe » (du grec *kantharos*, de même sens) ; ce champignon est ainsi nommé à cause de sa forme.

CHANTIER. D'abord « pièce de bois sur laquelle on place des tonneaux dans une cave », d'où différentes sortes d'étais ; le sens moderne de « lieu où l'on dépose des matériaux » est attesté dès le XIVe s. Lat. *canthērius*, propr. « mauvais cheval », d'où « support, chevron » (probabl. empr. du grec *kanthêlios* « âne bâté »), cf. pour le développement sémantique **chevalet, poutre,** etc.

CHANTOURNER, v. **tourner.**

CHANTRE, CHANTEUR. Lat. *cantor*, nom., *cantōrem*, acc. La forme régulière *chantur*, XIIe, a été remplacée de bonne heure par *chanteor ;* de même l'anc. *chanterre* est une forme analogique plutôt qu'issue du lat. *cantator*, cf. aussi l'a. pr. *cantre, cantor. Chantre* s'est peu à peu spécialisé, outre son emploi dans la langue poétique, dans son sens actuel, attesté au XVe s. Le fém. *chanteuse* a supplanté *chanteresse*, encore usité au XVIe s.

CHANVRE. Représente une forme lat. difficile à déterminer exactement, soit *ca(n)nabis*, soit plutôt *ca(n)napus*, appuyé par le prov. *canebe* et *-a* (du grec *kannabis* et *-bos*, mot de civilisation, issu d'une langue non indo-européenne). Longtemps fém., encore au XVIIe s., mais masc. attesté au XIIIe s. It. *canapa*, esp. *cañamo*. — Dér. : **chènevotte,** XVe (Villon), mais *chènevot*, XIIIe, formé d'après *chénevière, chénevis ;* v. ces mots et aussi **canevas.**

CHAOS, 1377. Empr. du lat. *chaos* (du grec *khaos*). — Dér. : **chaotique,** 1838.

CHAPARDER, 1858. Terme d'argot militaire, propr. « marauder », d'étymologie douteuse.

CHAPE. Signifie « manteau » jusqu'au XVIIIe s. ; aujourd'hui seulement sens techn. Lat. de basse ép. (VIe s., Grégoire de Tours) *cappa* « sorte de capuchon », qui a pris le sens de « manteau ». It. *cappa*, esp. *capa ;* v. **cape.** — Dér. : **chaperon,** XIIe ; **chaperonner,** *id.*, anciennement « couvrir d'un chaperon » ; aujourd'hui, depuis le XVIIe s. « servir de chaperon à une dame », c'est-à-dire de protecteur, qu'on a comparé par plaisanterie à un chaperon ; **déchaperonner,** 1564 ; **enchaperonner,** XIIe ; **enchaper,** XIIe.

CHAPEAU. Signifie en outre, au moyen âge et jusqu'au début du XVIe s., « couronne (de fleurs) ». Lat. pop. **cappellus*, dér. de *cappa*, v. le préc., au sens de « coiffure ». It. *cappello*. — Dér. : **chapelet,** XIIe, « petit chapeau », surtout « couronne de fleurs », d'où le sens principal moderne, le chapelet ayant été nommé d'après la couronne de roses ou rosaire, dont on ornait la tête de la Vierge, voir aussi l'it. *corona*, de même sens ; **chapelier,** XIIIe ; **chapellerie,** XIIIe (É. Boileau).

CHAPE-CHUTE, v. **choir.**

CHAPELET, v. **chapeau.**

CHAPELLE. Lat. pop. **cappella*, dér. de *cappa*, v. **chape.** A servi d'abord à désigner l'endroit où on gardait la chape de Saint-Martin de Tours, vénérée par les premiers rois de France, ensuite celle d'Aix-la-Chapelle, etc. Empr. par les langues voisines : it. *cappella*, esp. *capilla*, all. *Kapelle*. — Dér. : **chapelain,** XIIe ; **archi-,** 1530.

CHAPELURE, 1393 *(Ménagier)*. Dér. de *chapeler*, encore dans les parlers au sens d' « enlever la croûte du pain », attesté à la même ép., propr. « tailler, frapper », lat. de basse ép. **cappulāre* « couper », de la famille de *ca(p)pō* « chapon ». A. pr. *chaplar*, *capolar*, verbe encore vivace, soit comme simple, soit avec le préf. *es-*, au sens de « couper », en franco-provençal et dans le Sud-Est. Un dér. en *-utiare* (d'après *minutiare*) a donné *chapuiser* « charpenter » (jusqu'au XVIIe s.), d'où *chapuis* « charpentier » dans le Berry et en franc-comtois.

CHAPERON, v. **chape.**

CHAPITEAU, XIIe. Francisation du lat. de basse ép. *capitellum*, de même sens, dér. de *caput* « tête, sommet ».

CHAPITRE. D'abord *chapille*, XIIe. Francisation du lat. *capitulum*, v. le préc., au sens de « section d'un ouvrage », d'abord « titre d'une section ». A pris en outre en lat. eccl. le sens d' « assemblée de religieux, de chanoines », sens dér. de « passage de l'Écriture ou autre lecture, telle qu'un chapitre de la Règle, qui se faisait dans l'office propre à ces personnes ». — Dér. : **chapitrer,** 1442, d'abord « faire une réprimande à quelqu'un en plein chapitre ».

CHAPON. Lat. pop. **cappōnem*, acc. de **cappō*, lat. class. *capō*. V. **capon.** — Dér. : **chaponneau,** 1363 ; **chaponner,** 1285 ; **chaponnière,** XVe s.

CHAPSKA, v. **schapska.**

CHAQUE, v. **chacun.**

CHAR. Peu employé aujourd'hui en dehors de la langue poétique, cf. **voiture.** Lat. *carrus* (César, *De Bello Gallico*, 1, 3, etc.), empr. du gaulois pour désigner une voiture de charge à quatre roues. Les Romains, peuple sédentaire de propriétaires, n'avaient pas les grands chars, qui servaient aux conquérants gaulois ; v. **charpenter.** — Dér. : **charrette,** vers 1080 *(Roland)*, **charretier,** XIIe (Chrétien) ; **charretée,** XIe ; **charrier,** vers 1080 *(Roland)*, existe dans tous les parlers gallo-romans, d'où **charriage,** 1240. **chariot,** XIIIe ; d'une forme parallèle *charroyer* est issu **charroi,** 1160 ; **charrière,** XIIe ; **charron,** XIIIe (É. Boileau), **charronnage,** 1690 ; **antichar,** vers 1942. — Comp. **char-à-bancs,** 1803, d'abord en usage en Suisse (attesté dès 1764) et en Franche-Comté.

CHARABIA, 1821. Appliqué plus partic. au fr. des Auvergnats, à cause de leur prononciation de *ch* pour *s*. Dér. du provençal *charrá* « bavarder » par un allongement destiné à exprimer le bégaiement.

CHARADE, 1798, au sens actuel ; signalé en 1770 comme provençal, au sens de « discours propre à tuer le temps ». Empr. du méridional *charrado*, propr. « causerie (notamment dans les veillées) », dérivé de *charra* « bavarder », verbe onomatopéique, cf. it. *ciarlare*, esp. *charlar*, de même sens.

CHARANÇON, 1370. Probabl. gaul. **karantionos*, dér. du mot gaulois qui désignait le cerf, comp. bret. *karo*, donc « petit cerf ». **Calandre,** 1504, en est une forme dialectale.

CHARBON. Lat. *carbōnem*, acc. de *carbō*. It. *carbone*, esp. *carbón*. — Dér. : **charbonnage,** 1794, une première fois au XIVe s. dans un texte liégeois ; **charbonner,** XIIe ; **charbonneux,** 1611.

CHARBONNIER. Lat. de basse ép. *carbōnārius*. It. *carbonaio*, esp. *carbonero*.

CHARCUTER, CHARCUTIER, v. **chair.**

CHARDON. Lat. de basse ép. *cardōnem*, acc. de *cardō*, lat. class. *carduus* (d'où it. et esp. *cardo*). Esp. *cardón*, esp. de chardon. — Dér. : **chardonneret,** vers 1500, ainsi nommé parce qu'il recherche la graine de chardon, cf. aussi le lat. class. *carduelis* ; dér. variés en a. fr. et dans les patois.

CHARGER. Lat. pop. **carricāre*, dér. de *carrus* « char ». — Dér. et Comp. : **charge,** XIIe ; **chargement,** 1250 ; **chargeur,** 1332 ; **décharger,** XIe, déjà lat. pop. *discarricāre*, cf. it. *scaricare*, esp. a. pr. *descargar*, d'où **décharge,** vers 1330, **déchargement,** 1272, **déchargeur,** 1241 ; **recharger,** 1125, d'où **rechargement,** XVe ; **surcharger,** vers 1200, d'où **surcharge,** vers 1500.

CHARITÉ, Xe *(Saint-Léger)*. Francisation du lat. eccl. *caritas* « amour du prochain », en lat. class. « affection (en général) », dér. de *carus* « cher ». — Dér. : **charitable,** XIIe.

CHARIVARI, vers 1320 *(chalivali)*. Du lat. de basse ép. *caribaria*, empr. du grec *karēbaria* « lourdeur de tête, mal de tête ». Le sens fr. s'explique par l'effet que fait sur la tête de l'homme un assourdissant charivari. Si le premier *i* n'est pas tombé, c'est probabl. parce que le sentiment de la valeur expressive de la réduplication de cette voyelle l'a préservé de la syncope.

CHARLATAN, 1543. Empr. de l'it. *ciarlatano*, probabl. altération de *cerretano*, de même sens, propr. « habitant de *Cerreto* (village près de Spolète, dont les habitants allaient souvent vendre des drogues, etc., sur les places publiques, v. aussi **orviétan**) ; la transformation en *ciarl-* est due à l'influence du verbe it. *ciarlare* « bavarder » ». — Dér. : **charlatanerie,** 1575 ; **charlatanisme,** 1736.

CHARLEMAGNE, 1826. Dans la locution *faire charlemagne*, terme d'argot des joueurs de cartes, d'après le nom d'un des quatre rois ; mais la signification première en est obscure.

CHARLESTON, vers 1923. Du nom de la ville *Charleston*, en Caroline du Sud, pays originaire de cette danse.

CHARLOTTE, 1804 (dans les *Souvenirs sur Paris* de l'Allemand Kotzebue). Tiré du nom propre *Charlotte*, pour une raison inconnue.

CHARME, arbre. Lat. *carpĭnus*. It. *carpino*, esp. *carpe*. — Dér. : **charmille,** 1690.

CHARME. Lat. *carmen*, au sens de « formule magique », usuel jusqu'au XVIIe s. Seulement fr.

CHARMER. Lat. de basse ép. *carmināre*, dér. de *carmen*, v. le préc., avec un développement sémantique parallèle. Seulement fr. — Dér. : **charmant,** 1550 (Rons.) ; **charmeur,** XIIIe.

CHARMILLE, v. **charme.**

CHARNEL, XIe *(Alexis)*. Francisation du lat. eccl. *carnalis*, v. **chair.**

CHARNIER. Aujourd'hui emploi surtout littéraire. Lat. *carnārium* (dér. de *carō* « chair ») « lieu où l'on conserve la viande, boucherie » ; a pris de bonne heure le sens de « cimetière, dépôt d'ossements » ; cf. l'it. *carnaio*, même sens.

CHARNIÈRE, XIIe. Dér. de l'a. fr. **charne* (attesté sous la forme *carne*), lat. *cardĭnem*, acc. de *cardō* « gond » (cf. it. *cardine*), ou déjà lat. pop. **cardināria*, cf. a. pr. *carniera*. Seulement gallo-roman.

CHARNU. Lat. pop. **carnūtus* dér. de *carō*, v. **chair.** It. *carnuto*, esp. *carnudo*, a. pr. *carnut*.

CHAROGNE. Lat. pop. **carōnia*, dér. de *carō*, v. **chair.** A. pr. *caronha*, it. *carogna*, esp. *carroña* (*r* double d'origine expressive).

CHARPENTE, XVIe (Brantôme). Tiré de l'a. fr. *charpent*, masc., attesté seulement au sens de « corps humain », qui est un sens fig., lat. *carpentum*, seulement « chariot à deux roues », d'origine gauloise, v. **char,** mais qui a dû posséder un autre sens d' « assemblage de pièces de bois ». Seulement fr. et parlers rhétiques. V. le suiv. — Dér. de *charpent :* **charpenter,** XIIe, sens fig. au XIVe.

CHARPENTIER. Lat. *carpentārius* « charron », attesté au sens moderne seulement vers le VIIIe s. ; cf. a. pr. *carpentier*, de même sens. En outre *chapuis*, Franche-Comté, v. **chapelure,** et Auvergne *fustier*.

CHARPIE, 1300. Part. passé fém., pris substantiv., du verbe *charpir*, encore dans le Maine, « étirer » et anciennement « carder de la laine », d'où aussi « tailler, mettre en pièces », lat. pop. **carpīre*, lat. class. *carpĕre*, propr. « cueillir » (d'où aussi it. *carpire* « saisir, etc. », esp. *carpir* « égratigner », d'où « faire tort » ; v. **écharper**). Dans les parlers gallo-romans le masc. *charpi* est plus répandu que le fém.

CHARRÉE, XIIIe (sous la forme *carrée*). Cf. le mot de même famille *charrier*, 1450, « drap destiné à contenir la charrée ». Dér. d'un mot simple attesté encore dans le franc-comtois *charre*, id. et le limousin *chadro*, qui représente le lat. de basse ép. *cathara* « eau employée pour nettoyer ». Celui-ci est le fém. substantifié de l'adj. grec *kátharos* « pur », dont l'introduction en gallo-latin est certainement due aux colonies grecques du littoral méditerranéen.

CHARRUE. Lat. d'origine gauloise *carrūca* « voiture de luxe à quatre roues (v. **char**) », Virgile appelle *currus*, propr. « charvoiture », la charrue avec avant-train muni de roues, la charrue romaine *arātrum* étant sans roue ; cf. encore a. pr. *carruga* « charrette », rouergat moderne *corrugo* « tombereau à bœufs », sarde *carruga* « esp. de voiture ». La charrue à roues est une invention germ. devenue nécessaire parce que dans les pays habités par les Germains le sol était beaucoup plus lourd qu'en Italie. Elle a été introduite dans les pays romans à plusieurs reprises, d'abord en Italie à l'époque de Virgile et, plus tard, du temps des Longobards (qui l'appelaient *plovum*), ensuite par les Francs dans la Gaule septentrionale. Cet outil d'origine germ. a reçu son nom roman d'après l'innovation techn. qu'il représentait. *Charrue* a supplanté le représentant du lat. *arātrum*, a. fr. *arere* (rare ; cf. aussi it. arch. *arato*, esp. *arado*), qui ne survit que dans le Nord-Est et les parlers méridionaux pour désigner l'ancienne charrue et même les formes nouvelles : de là, dans les dictionnaires, *araire*, 1539, empr. du Midi. Il existe en outre une forme avec un autre suff. *areau*, surtout dans le Centre (usuelle au XVIe s. et employée par George Sand dans *La Mare au Diable*) et l'Ouest, pour désigner l'ancienne charrue.

CHARTE, XIe (Alexis). Francisation plutôt que forme traditionnelle du lat. *charta*. Très rare au moyen âge et avant le XVIe s., en face de **chartre,** aujourd'hui archaïque (d'où **chartrier,** 1370), lat. *chartula* « petit écrit, acte » (en lat. juridique), dér. de *charta* « papier, écrit » (du grec *khartês*, masc., « feuille de papyrus ou de papier ») ; *charta* est représenté régulièrement par it. *carta* « papier, lettre », esp. *carta* « lettre ». Pour **charte-partie,** v. **partir.** — Dér. : **chartiste,** 1907.

CHARTRE, « prison ». Ne s'emploie plus aujourd'hui que dans la locution *en chartre privée ;* a été supplanté par *prison* depuis le XVe s. ; au XVIIe s. ne s'emploie qu'au sens fig. ; v. aussi **geôle.** Lat. *carcer*, masc.

CHARTREUSE, XIIIe. Nom propre, couvent de la Grande Chartreuse, près de Grenoble, nommé d'après le nom de lieu où il fut établi par saint Bruno, en 1084 ; d'où l'it. *certosa* et le lat. médiéval *cartusia ;* au sens de « liqueur fabriquée dans la Grande-Chartreuse », 1863. — Dér. : **chartreux,** XVe.

CHARTRIER, v. **charte.**

CHARYBDE, ne s'emploie que dans la locution *de Charybde en Scylla*. 1552 (Rabelais : *de Scylle en Carybde*). *Charybde*, en lat. *Charybdis* (du grec *Kharybdis*) et *Scylla*, en lat. *Scylla* (du grec *Skylla*) sont deux gouffres fameux dans le détroit de Messine.

CHAS, vers 1220. Lat. *capsus* « boîte » (fém. de *capsa*, v. **châsse**), qui a aussi, à basse ép., le sens de « bulle ».

CHÂSSE. Lat. *capsa* « boîte, caisse » (et « cercueil », sens déjà attesté en lat. eccl.). It. *cassa*, v. **caisse, casse.** — Dér. : **châssis,** XIIe ; **enchâsser,** 1226, **enchâssure,** XVe.

CHASSELAS, 1680 (écrit *chacelas*). Nom d'un village de Saône-et-Loire, près de Mâcon.

CHASSEPOT, 1866 *(fusil chassepot).* Nom de l'armurier (1833-1905) qui inventa ce fusil, en usage de 1866 à 1874.

CHASSER. Dès l'a. fr. aux sens de « poursuivre une bête pour la prendre » et de « chasser une personne ». Lat. pop. **captiāre*, lat. class. *captāre* « chercher à prendre » ; a peu à peu supplanté le lat. class. *vĕnārī*, v. **veneur.** Aussi a. pr. *cassar*, it. *cacciare*, esp. *cazar.* — Dér. et Comp. : **chasse,** XIIe, cf. it. *caccia*, esp. *caza*, et l'adj. *captiosus* « qui aime la chasse » (texte d'Auxerre, VIe s.) ; **chasseur,** XIIe ; **déchasser,** terme de danse, 1803 ; **pourchasser,** vers 1080 *(Roland)* ; **rechasser,** 1213. Nombreux comp. avec *chasse-* comme premier élément : **chasse-marée,** 1350 ; **chasse-mouches,** 1555 ; **chasse-neige,** 1869 (au sens de « vent violent ») ; **chasse-pierres,** 1845 ; **chassé-croisé,** 1839. V. **entrechat.**

CHASSIE, XIe (écrit *chacide*). D'un lat. pop. **caccita*, dér. du radical du lat. *cacare* (v. *chier*), avec réduplication expressive de la consonne *c*. Le suff. a été pris du lat. *pituita*, v. *pépie.* Cf. a. pr. *cassida*, piém. *scassia.* — Dér. : **chassieux,** vers 1125.

CHASTE, XIIe ; **chasteté,** XIIe, a remplacé *chasteé*, XIIe, dér. de *chaste.* Empr. du lat. *castus*, propr. « pur, intègre », *castitas.*

CHASUBLE, XIIe. Lat. de basse ép. (VIe, Grégoire de Tours) *casubla*, altération non éclaircie de *casula* « manteau à capuchon », probabl. emploi fig. de *casula* « petite cabane » dér. de *casa*, v. **case** ; l'esp. *casulla* est refait sur *cogulla*, v. **cagoule.**

CHAT, CHATTE. Lat. *cattus, -a*, attesté à basse ép., probabl. empr. d'une langue africaine, cf. nubien *kadīs*, berbère *kaddīska.* L'angl. *cat* et l'all. *Katze* viennent du roman. Le lat. *felis*, également « chat sauvage » (le chat domestique est récent à Rome) n'a pas laissé de traces dans les parlers populaires. It. *gatto*, esp. *gato.* — Dér. : **chatière,** XIIIe (J. de Meung) ; **chaton,** XIIIe *(id.)*, d'où, par comparaison, terme de botanique, cf. l'angl. *cattail*, littér. « queue de chat », et *catkin*, littér. « petit chat », de même sens ; **chatoyer,** 1753, d'après les reflets changeants de l'œil du chat, **chatoiement,** 1783 ; **chattée,** 1680 ; **chatterie,** 1540. — Comp. : **chat-cervier,** XVIIIe (Buffon), d'après *loup-cervier* ; **chatpard,** 1690, comp. de *chat* et de *pard*, empr. du lat. *pardus* « léopard, panthère » (du grec *pardos*, mêmes sens), cf. **guépard, léopard** ; **chattemite,** 1295 (Joinville en un sens fig.), comp. de *chatte* et de *mite*, nom pop. du *chat*, probabl. onomatopéique, cf. « si l'une est chate, l'autre est mite », XIIe s., v. **marmite** et **mistigri** ; **chat-tigre,** XVIIIe (Buffon). V. **chafouin** et **chat-huant.**

CHÂTAIGNE. Lat. *castanea* (du grec *kastanon*). Conservé partout (du moins là où l'arbre et le fruit existent) : it. *castagna*, esp. *castaña*, a. pr. *castanha.* — Dér. : **châtaignier,** XIIe, d'où **châtaigneraie,** 1533 ; **châtain,** XIIIe, tiré de *châtaigne*, employé en fonction d'adj., au moyen âge, cf. **violet.**

CHÂTEAU. A changé de sens avec les mœurs ; *faire des châteaux en Espagne*, XIIIe (G. de Lorris), locution créée au temps des Chansons de geste, dans lesquelles les chevaliers reçoivent souvent en fief des châteaux en Espagne qu'ils doivent commencer par prendre de force. Dans l'expression *donner un château en Espagne*, *donner* a été remplacé par *faire* ; la signification actuelle est établie définitivement depuis le XIVe s. Lat. *castellum* « place forte, forteresse, etc. », dér. de *castrum*, de même sens. — Dér. : **châtelet,** XIIe.

CHATEAUBRIAND, 1856. On présume que cette espèce de bifteck aurait été inventée par le cuisinier du comte de Chateaubriand, à l'époque où celui-ci était ambassadeur à Londres. Mais on n'a pas d'attestation plus précise de cette origine du mot.

CHÂTELAIN. Lat. *castellānus* « habitant d'un *castellum* » (pour le sens, v. le préc.). — Dér. : **châtellenie,** XIIe.

CHAT-HUANT, XIIIe (J. de Meung : *chahuan*). Altération, d'après *chat* et le verbe *huer*, de *chavan*, attesté au moyen âge sous la forme *javan*, XIe, et usuel aujourd'hui dans le Centre, lat. pop. *cavannus* (Ve s., Eucherius de Lyon), d'origine gauloise. Des formes issues de *cavannus* désignent le hibou dans la plupart des parlers septentrionaux, notamment *chouan*, refait probabl. d'après *chouette*, dans l'Ouest.

CHÂTIER. Lat. *castigāre*, dér. de *castus*, propr. « essayer de rendre pur », v. **chaste.** It. *castigare*, esp. *castigar.* — Dér. : **châtiment,** XIIe.

CHATON, v. **chat.**

CHATON, « tête de la bague où est enchâssée une pierre précieuse », XIIe *(chastun).* Du francique **kasto* « coffre, caisse », restitué d'après l'anc. haut all. *chasto*, d'où l'all. moderne *Kasten* « *id.* » ; de là le sens du fr. L'it. *castone* « chaton de bague » est probabl. empr. du fr.

CHATOUILLER, vers 1200. En outre, formes avec différents suffixes *-eillier*, *-illier* ; *chatouiller* a triomphé grâce aux nombreux verbes formés avec le suff. *-ouiller.* Plusieurs langues européennes expriment le chatouillement par la suite de consonnes *k-t-l*, comp. angl. *kittle*, anc. scandinave *kitla*, all. *kitzeln.* De même le gallo-roman, qui diffère des langues préc. uniquement par la voyelle *a* au lieu de l'*i*. La palatalisation du *c-* initial montre que le mot est très ancien ; en outre *catiller*,

Nord-Est, *gatiller*, Est, *gatilhá*, parlers méridionaux, croisé fréquemment avec *grata*. — Dér. : **chatouillement,** XIIIe (*ca---*); **chatouilleux,** XIVe ; **chatouille,** 1787.

CHATOYER, v. **chat.**

CHÂTRER. Lat. *castrāre*. It. *castrare*, esp. *castrar*. V. **castrat.** — Dér. : **châtreur,** 1416.

CHATTEMITE, v. **chat.**

CHAUD. Lat. *cal(i)dus*, dér. de *calere* « être chaud », v. **chaland.** It. *caldo* (l'esp. *caldo* signifie « bouillie, sauce »), a. pr. *caut*. — Dér. : **chaudeau,** XIIe. — Comp. : **chaud-froid,** 1863.

CHAUDIÈRE. Lat. de basse ép. *caldāria* « étuve, chaudron ». Les parlers méridionaux disent surtout *pairolo*, fém. de *pairol*, de même sens, lat. pop. **pariolum*, lui-même dim. de **parium*, d'origine gauloise, a. pr. *par* (cf. le gallois *pair* « chaudron »). It. *caldaia*, esp. *caldera*. — Dér. : **chaudron,** XIIIe (d'abord *chauderon*), d'où **chaudronnée,** 1474, **chaudronnier,** 1277, **chaudronnerie,** 1611.

CHAUFFER. Lat. pop. **calefāre*, lat. class. *calefacere*. A. pr. *calfar* ; se dit dans tous les parlers gallo-romans, sauf dans le franco-provençal partiellement, et l'extrême Sud-Est qui ont le type *échauder*. — Dér. : **chauffage,** 1265 ; **chauffe,** 1701 (au moyen âge « bois de chauffage ») ; **chaufferette,** 1379, issu, par substitution de suff., de *chaufete*, 1360 ; cf. aussi *chaufoire*, 1344, tous deux de même sens ; **chaufferie,** 1723 (au moyen âge, au sens de « chauffage ») ; **chauffeur,** 1680 ; **chauffard,** 1928. — Comp. : quelques comp. avec *chauffe-* comme premier élément : **chauffe-assiettes,** 1845 ; **chauffe-plats,** 1907 ; **chauffe-bain,** fin XIXe ; **chauffe-lit,** 1471 ; **chauffe-pieds,** 1381 ; **surchauffer,** 1676.

CHAUFOUR, v. **four.**

CHAULER, v. **chaux.**

CHAUME. Lat. *calămus* « tige du roseau et aussi des céréales » (du grec *kalamos*). — Dér. : **chaumage,** 1393 ; **chaumer,** 1338 ; **chaumière,** 1666, a remplacé **chaumine,** 1606, attesté antér. comme adj. fém., cf. *maison chaumine*, au XVe s. ; aujourd'hui tous deux sont des mots littéraires ; **déchaumer,** 1732.

CHAUSSE, v. **chaussette.**

CHAUSSÉE. Lat. de basse ép. **calciāta* (sous-entendu *via*), **calciata* n'est probabl. pas, comme on l'a cru, un dér. de *calx* « chaux », la chaux n'ayant pas été employée au moyen âge dans la construction de routes. Un document catalan du Xe s. définit expressément *via calciata* par « route formée de morceaux de pierres soigneusement pilonnés et consolidés ». *Calciata* doit être le part. passé d'un verbe **calciare* « fouler aux pieds », dér. de *calcia* attesté au Ve s. comme synonyme et dér. de *calx* « talon ». — Comp. : **rez-de-chaussée,** 1504, v. **rez.**

CHAUSSER. Lat. *calceāre*, dér. de *calceus* « soulier, brodequin ». It. *calzare*, esp. *calzar*. — Dér. et Comp. : **chaussure,** XIIe; **enchausser,** XVIe ; **rechausser,** XIIe.

CHAUSSE-TRAPE, XIIIe (au sens de « piège »). Altération, d'après *chausser* et *trappe*, de *chauchetrepe*, vers 1200, cf. *cauketrepes* « chardon », XIIIe ; mot fréquemment altéré (cf. notamment *caude trepe*, etc.), comp. de l'impér. de l'anc. verbe *chauchier* « fouler », lat. *calcāre*, et de l'anc. verbe *treper*, v. **cauchemar** et **trépigner,** donc littéral. « foule, marche dessus », dit d'abord du piège à animaux et de l'engin de guerre formé d'une pièce de fer à quatre pointes en forme de chardon, souvent dissimulée (la priorité est possible pour l'une ou l'autre des deux acceptions), puis, de très bonne heure, « chardon étoilé » (lat. des gloses *calcatrippa*), dont le développement sémantique est dû probabl. à l'influence du lat. *tribulus* qui désigne le même engin et la châtaigne d'eau (du grec *tribolos* « *id.* »).

CHAUSSETTE, XIIe ; **chausson,** XIIe. Dér. de *chausse*, lat. pop. **calcia*, lat. class. *calceus*, v. **chausser,** qui a pris de bonne heure le sens de « guêtre couvrant à la fois le pied et la jambe », cf. it. *calza* « bas », esp. *calza* « *id.* ». *Chausse* a servi au XVe s. à désigner, sous la forme du plur. *chausses*, un pantalon collant qui a remplacé alors l'anc. pantalon ample, dit *braie*, v. **culotte** ; d'où, pour distinguer du bas propr. dit la partie qui descendait jusqu'aux genoux, **haut-de-chausses** (ou **chausses**) et **bas-de-chausses,** XVIe, d'où **bas,** *id.* Le type *chausse* s'emploie encore au sens de « bas » dans une très grande partie des parlers gallo-romans, v. **bas,** et au sens de « culotte » (toujours au plur.) en vosgien (d'où, dans ce parler, *chaussette* au sens de « bas »), dans la Suisse romande et dans la région gasconne et languedocienne.

CHAUVE. Fém. qui a commencé à supplanter, dès la fin du XIIe s., le masc. *chauf*, disparu au XIVe s. Lat. *calvus*. Souvent remplacé aujourd'hui par des termes expressifs tels que *pelé*, *plumé*, *tête pelée*, etc. It. esp. *calvo*. V. **calvitie.**

CHAUVIN, vers 1830. Tiré du nom propre *Chauvin*, type du soldat des armées du premier Empire, célèbre pour son enthousiasme naïf, fréquemment représenté dans les lithographies de Charlet et mis en scène dans *La Cocarde Tricolore* (des frères Cogniard), 1831. — Dér. : **chauvinisme,** 1834 ; **chauviniste,** 1867. **Chauvir,** XIIIe s. — Dér. de l'anc. fr. *chouve* « chouette », la chouette ayant de grandes oreilles dressées.

CHAUX. Lat. *calx*, *-cis*, propr. « pierre », même mot que le grec *khalix*, auquel il doit le sens de « chaux ». It. *calce*, a. pr. *caus*. — Dér. : **chauler,** 1372, **chaulage,** 1764, **échauler,** 1700 ; on a hésité sur la forme, cf. aussi *chauder*, *chauler* au XVIIIe s., v. **clouer.**

CHAVIRER, 1687. Francisation du prov. *capvira* « tourner la tête en bas » ; v. **cap** et **virer.**

CHÉBEC, 1771. Empr. de l'it. *sciabecco*, empr. lui-même, probabl. par l'intermédiaire de l'esp. *jabeque*, de l'arabe *chabbāk*.

CHÉCHIA, 1855. Empr. de l'arabe maghrebin *châchîya*, adj. dér. du nom de la ville de *Châch* (Transoxiane) où se fabriquait une sorte de bonnet (fait attesté dès le IXe s.).

CHEDDITE, 1908. Dér. du nom du hameau *Cheddes* (Haute-Savoie), où l'on fit les premières expériences en vue de l'invention de cet explosif.

CHEF. Depuis le XVIe s., seulement littéraire au sens de « tête »; outre celui-ci le lat. *caput* avait déjà celui de « bout supérieur de qch.; bout (en gén.) » (comp. *funis caput* « bout d'une corde »), et celui de « le premier, le plus important, le maître » *(caput rei publicae)*. Lat. pop. **capum*, lat. class. *caput*. Ne survit dans les parlers gallo-romans au sens de « tête » que dans *cap* du gascon et de la région languedocienne (a. pr. *cap*). Dér. et Comp. : 1° au sens de « tête » **couvre-chef,** XIIe ; 2° au sens de « bout, fin » **derechef,** XIIe ; **achever,** vers 1080 (Roland), propr. « arriver, mener à la fin », cf. l'a. pr. et l'esp. *acabar*, de même sens, d'où **achèvement,** XIIIe, **inachevé,** XVIIIe s. (Delille), **parachever,** 1213, **parachèvement,** XIVe ; 3° au sens de « maître, le premier » **chef-d'œuvre,** XIIIe (É. Boileau, au sens ancien qu'il avait dans la langue des métiers ; « œuvre accomplie », XVIe) ; **chef-lieu,** 1257 (*chef* a eu ici à l'origine la fonction d'un adj., au sens de « principal », comp. *chieve rente* à côté de *chief rente ;* sous l'Ancien Régime, on désignait ainsi l'endroit où l'on prêtait serment de fidélité au seigneur, où l'on payait les impôts, tantôt le château, tantôt une ferme, ou même seulement un pré qu'on destinait à cette cérémonie ; avec la Révolution le sens du mot s'élargit) ; **sous-chef,** 1791.

CHEFTAINE, vers 1911. Empr. de l'angl. *chieftain*, lequel représente l'a. fr. *chevetain*, v. **capitaine.**

CHEIK, 1798 (*cheque* en 1598). Empr. de l'arabe *cheikh*, propr. « vieillard ». Empr. une première fois au moyen âge (sous la forme *seic*, chez Joinville).

CHELEM, 1773. Altération de l'angl. *slam*, propr. « écrasement ».

CHÉLIDOINE, XIIIe. Empr. du lat. *chelidonia (herba)* (du grec *khelidonia*, de *khelidôn* « hirondelle ») ; cette plante est ainsi nommée parce qu'on croyait que l'hirondelle s'en servait pour rendre la vue à ses petits. Au sens de « variété d'agate », 1575 ; cette pierre passait autrefois pour se trouver dans l'estomac des hirondelles.

CHÉLONIENS, 1800. Dér. sav. du grec *khelônê* « tortue ».

CHEMIN. Lat. pop. **cammīnus* (*camino*, texte esp. du VIIe s.), mot d'origine celtique, cf. gallois *cam* « chemin », breton *kamm* « pas ». It. *cammino*, esp. *camino*. — Dér. : **cheminer,** 1138, **cheminement,** XIIIe, **acheminer,** vers 1080 *(Roland)*, **acheminement,** 1555 ; **chemineau,** 1889 ; **cheminot,** 1910, pour servir de dérivé à *chemin (de fer)* ; **chemin de fer,** 1787 (dans la région de Saint-Étienne, Le Creusot, Lyon, il y avait déjà, au XVIIIe, un petit réseau de voies ferrées exploité avec des chevaux ; la machine à vapeur s'y substitua vers 1832).

CHEMINÉE. Lat. de basse ép. *camīnāta* (relevé en 584), dér. de *camīnus* « four, foyer », etc. (du grec *kâminos*) ; a supplanté le simple (cf. toutefois it. *ca(m)mino* « cheminée », a. pr. *camin* « fourneau »), après avoir signifié, jusqu'au XIe s., « (chambre) pourvue d'une cheminée », à cause de l'homonymie de *camminus* « chemin », qui paraît avoir contribué, par étymologie pop., à maintenir l'*i* de *cheminée*. L'esp. *chimenea* vient du fr. It. *ca(m)minata* « grande salle ».

CHEMISE. Lat. de basse ép. *camīsia* (IVe s.). It. *camicia*, esp. *camisa*, a. pr. *camiza*. — Dér. : **chemisette,** XIIIe ; **chemisier,** 1806 ; **chemiserie,** 1845.

CHENAL, XIIe. Réfection, d'après *canal*, de l'a. fr. *chanel*, *chenel*, parfois fém., lat. *canālis* « canal, etc. », des deux genres, dér. de *canna*, v. **canne.** It. *canale*, masc., esp. *canal*, fém. — Comp. : **échenal,** 1287 (sous la forme *eschannal*) ; on trouve aussi des formes dialectales en *-eau* et *-o*, 1762.

CHENAPAN, 1694 (mais déjà *snaphans* en 1568, *snapane* en 1657, formes qui viennent du néerl. *snaphaan*). Empr. par les soldats des armées d'Allemagne, au moment de la guerre de Trente ans, de l'all. *Schnapphahn* « maraudeur » (attesté dès 1494) ; désignait alors des paysans réfugiés dans les bois, qui attaquaient les passants et se mettaient parfois au service des armées ; le mot all. voulait dire ou « attrape le coq » ou « *attrape, coq* » (où *coq* aurait eu à peu près le sens de « gaillard »).

CHÊNE. En a. fr. souvent *chasne*, devenu *chaisne*, *chêne*, d'après *fraisne*, *frêne*. Gaulois **cassănus ;* le lat. *quercus* (qui ne subsiste qu'en sarde logoudorien *kerku*, it. *quercia*, de **quercea*), n'a pas pénétré en Gaule, parce que le chêne, comme arbre saint du druidisme, a gardé le nom indigène. Seulement gallo-roman ; a. pr. *casse(r)*. Aujourd'hui seul mot des parlers septentrionaux, mais divers concurrents dans ceux du Midi, notamment *garric*, sud du Massif Central et région languedocienne, v. **garrigue, rouvre, yeuse.** — Dér. : **chênaie,** 1211 ; **chêneau,** 1323.

CHÉNEAU, 1459 (écrit *chesneau*, encore au XVIIe s.). Empr. d'un parler central ou oriental où *chenau* correspond au fr. *chenal* (cf. le sens du comp. *échenal* « chéneau »), puis altéré en *chéneau*, par croisement avec *chêne*, le bois de chêne servant souvent à faire des chéneaux, avec graphie arbitraire *-eau* de la terminaison.

CHENET, v. **chien.**

CHÈNEVIÈRE. D'abord *chen-*, puis *chén-* ; *chanevière*, 1226, est dû à l'influence de *chanvre*. Lat. pop. **canapāria*. It. *canapaia*, a. pr. *canabiera*.

CHÉNEVIS. V. le préc. pour la voyelle ; *chanevuis*, XIIIe, réduit de bonne heure à *-vis* (l'*a* s'explique comme celui de *chanevière*). Lat. pop. **canapūtium*, comparable à **linūtium*, d'où l'a. fr. *linuis* « graine de lin ». Mot de la France septentrionale, à côté duquel existent d'autres dér., plus ou moins anciens.

CHÉNEVOTTE, v. **chanvre.**

CHENIL, v. **chien.**

CHENILLE. Lat. pop. *canīcŭla*, propr. « petite chienne », dit ainsi à cause de la forme de la tête de la chenille ; a supplanté le lat. class. *ērūca*, d'où esp. *oruga*, a. pr. *eruca*. Seulement gallo-roman ; l'a. pr. *canilha* n'est attesté, par accident, qu'au sens de « ver » ; aujourd'hui dominant dans les parlers gallo-romans, mais avec divers concurrents, notamment des survivants de *ērūca* en gascon et en languedocien. — Dér. : **chenillette,** 1783 ; **écheniller,** XIVe ; **échenillage,** 1783.

CHENU. Lat. de basse ép. *cānūtus*, dér. de *cānus* « blanc » (en parlant des cheveux). It. *canuto*, esp. *canudo*, a. pr. *canut*.

CHEPTEL. Réfection étymologique, qui date du XVIIe s. (on trouve d'abord *chaptel*, au XVIIe s.), de *chetel*, altération anc. de *chatel*, probabl. d'après *ch(i)ef*, qui est très usuel au moyen âge comme adj. signifiant « principal », dans des expressions juridiques telles que *chief cens*, etc. Au moyen âge, a le sens général de « biens, rentes » ; spécialisé suivant les régions. Lat. *capitāle*, adj. pris substantiv. à basse ép., comme terme juridique, au sens de « ce qui constitue le principal d'un bien ». A. pr. *capdal*, de sens analogues, esp. *caudal* « biens, richesses ».

CHÈQUE, 1788 (écrit *check*). Empr. de l'angl. *cheque* (écrit ainsi d'après *Exchequer bill* « billet du Trésor ») ; d'abord *check*, tiré de *to check* « contrôler » (propr. « faire échec » ; remonte au fr. *échec*). — Dér. : **chéquard,** 1893 ; **chéquier,** début XXe.

CHER. Lat. *cārus*, aux deux sens d' « aimé » et de « coûteux ». It. esp. *caro* « *id.* ». — Dér. : au 1er sens, **chérir,** XIe (Alexis) ; **chérissable,** vers 1560. Au 2e sens, **cherté,** XIIe, au sens moderne. A signifié aussi « affection », peut représenter le lat. *caritas*, mais a été refait sur *cher ;* **enchérir,** XIIe, **enchère,** 1259, **enchérissement,** 1213, **renchérir,** 1175, **renchérissement,** 1283, **surenchérir,** XVIe, **surenchère,** 1569.

CHERCHER. D'abord *cercher*, d'où, par assimilation, *chercher*, XVIe, qui ne l'a emporté qu'au XVIIe s. Signifie au moyen âge surtout « parcourir » ; son emploi dans la terminologie de la chasse a probablement contribué à l'évolution sémantique du verbe. Lat. de basse ép. *circāre* « parcourir », dér. de *circā, circum* « autour » ; a pris de bonne heure le sens de « chercher » que possède aussi le roumain *cerca*. A supplanté le verbe *quérir* (ou *querre*), désuet depuis le XVIIe s. S'est également répandu dans les parlers septentrionaux sous la forme française (faibles traces de *cercher* dans le Nivernais), au détriment de *quérir, querre*, qui n'a plus de vitalité qu'en wallon et lorrain et ne persiste qu'à l'infinitif dans une partie des parlers septentrionaux ; peu vivace également dans les parlers méridionaux où triomphe *cerca* (a. pr. *cercar* « chercher »). It. *cercare* « parcourir, chercher », esp. *cercar* « entourer ». L'angl. *to search* vient de l'a. fr. *cercher*. — Dér. : **chercheur,** 1538 ; **rechercher,** vers 1080 *(Roland)*, **recherche,** 1508.

CHÈRE. Le sens propre de « visage », usuel au moyen âge, a disparu au XVIIe s. ; *chère* ne subsiste que dans quelques locutions, v. **lie,** développées dès le moyen âge. Lat. de basse ép. *cara* « visage » (du grec *kara*, neutre, « tête, visage », terme surtout poétique). Dans le domaine galloroman, ne subsiste guère au sens de « visage » que dans quelques parlers prov. (a. pr. *cara*). Esp. cat. *cara* « visage ».

CHÉRIF, 1551 (1528 *sérif*). Empr. de l'arabe *charîf*, propr. « noble, éminent », peut-être par l'intermédiaire de l'it. *sceriffo*.

CHERRY-BRANDY, 1855. Empr. de l'angl. *cherry-brandy*, comp. de *cherry* « cerise » et *brandy* « eau-de-vie », réduit à *cherry*, 1907.

CHÉRUBIN, vers 1080 *(Roland)*. Empr. du lat. eccl. *cherubin*, empr. lui-même de l'hébreu biblique *keroûbim*, plur. de *keroûb* « sorte d'ange », *Genèse*, III, 24, etc. Sens fig. : *rouge comme chérubin*, 1611.

CHESTER, 1853. Empr. de l'angl. *chester*, du nom de la région de *Chester*, en Angleterre, où se fabrique ce fromage.

CHÉTIF. D'abord *chaitif*. Le sens premier de « captif » a disparu vers le XVe s., v. **captif.** Lat. *captīvus*, qui a pris aussi le sens de « malheureux » de très bonne heure (IVe s.), altéré en **cactivus* en galloroman, cf. a. pr. *caitiu*, probabl. par croisement avec le gaulois **cactos* « pris, captif », qu'on rétablit d'après l'anc. irlandais *cacht* et le breton *keaz* de même sens, cf. pour un croisement semblable **orteil.** Chez Sénèque et chez les auteurs eccl. du IVe s. (saint Jérôme), *captivus* est employé pour désigner une personne qui est dominée par ses passions (ainsi *libidinis captivus*), d'où le sens de l'it. *cattivo* « mauvais ». Saint Augustin s'en sert pour désigner celui à qui manque la grâce, ce qui explique le sens de « misérable, à plaindre », qu'a l'adj. fr. De là *chti* « méchant, malin » et aussi « faible », dans les parlers du Centre et de l'Ouest, entre la Loire et le Massif Central. L'esp. *cautivo* ne signifie que « captif ».

CHEVAL. Lat. *caballus*, propr. « rosse », terme vulgaire qui a supplanté le lat. class. *equus*. — Dér. : **chevaler,** XVe (A. Chartier), **chevalement,** 1694 ; **chevalet,** XIIe, au moyen âge surtout « petit cheval », pour le sens fig., 1429, v. **chevron ; chevalier,** vers 1080 *(Roland)*, déjà *caballarius* au Ve s. « garçon d'écurie », sous les derniers Carolingiens « soldat à cheval, mais sans armure », ce qui explique que le chevalier représente le degré le plus bas de la noblesse ; **chevalerie,** *id.*, v. **cava-**

lier, cavalerie ; chevalin, 1376. — Comp. : **chevau-léger,** 1534, d'après le pluriel *chevaux-légers*, 1568 ; *cheval léger*, 1579, refait sur le sing. *cheval ;* **cheval-vapeur,** 1838.

CHEVALERESQUE, 1642 ; une première fois au xve s. Francisation de l'it. *cavalleresco*, d'après *chevalier*.

CHEVAUCHER. Ne s'emploie plus au sens propre que dans la langue littéraire depuis le xviie s. Latin de basse ép. (vi^e^ s.) *caballicāre*, dér. de *caballus*. It. *cavalcare*, esp. *cabalgar*. V. **cavalcade.** — Dér. : **chevauchée,** xiie ; **chevauchement,** xive (Froissart).

CHEVÊCHE, xiiie *(chevoiche)*. La comparaison avec le prov. *cavec(o)* invite à y voir un mot de la famille de *cavannus*, **chat-huant** ; mais la formation du mot est obscure.

CHEVESNE. On trouve aussi *chevanne*, altération non expliquée, si ce n'est pas une coquille pour *chevaine*. Lat. pop. **capĭtĭnem*, au lieu de *capitōnem*, acc. de *capitō, -ōnis* « chabot » ou « chevesne », vi^e^ s. (Ausone), propr. « grosse tête » (en ce sens chez Cicéron) ; conservé de même dans le prov. moderne *cabede* « chabot » et dans divers parlers it.

CHEVET. Antér. *chevez*, d'où *chevet*, par substitution de suff. Lat. *capĭtium* (dér. de *caput*) « ouverture supérieure de la tunique » (ive s. en ce sens), non attesté au sens pris par le fr., mais cf. a. pr. *cabetz*, aux deux sens. Ailleurs représenté par le simple ou des dér. avec des sens différents : « sommet, licou, etc. », v. **caveçon.** Signifie « coussin » ou « oreiller » dans quelques parlers gallo-romans, notamment en picard et au Nord de la Franche-Comté.

CHEVÊTRE, v. **enchevêtrer.**

CHEVEU. Lat. *capĭllus*, propr. « chevelure » ; a supplanté *crīnis*, v. **crin.** Les parlers gallo-romans, au sud de la ligne allant de la Vendée à la Suisse romande, sauf au Sud-Est, disent *poil*, comme le roumain *păr*. It. *capello*, esp. *cabello*, a. pr. *cabel*. — Dér. : **chevelu,** xiie ; **chevelure,** vers 1080 *(Roland)*, déjà lat. *capillatura ;* **échevelé,** xie *(Alexis)*.

CHEVILLE. Lat. *clāvīcŭla* « petite clef », d'où « vrille de la vigne » qui a dû prendre à basse ép. le sens moderne ; dér. de *clāvis* « clef », dissimulé en *cāvīcula*, attesté à basse ép. L'acception « cheville de pied », attestée dès le xiie s., appartient également à l'a. pr. *cavilha* (d'où l'it. *caviglia*). — Dér. : **chevillard** « boucher qui vend en gros et en demi-gros » (d'après *vendre à la cheville*, expression du langage de la boucherie), 1863 ; **cheviller,** xiie ; **chevillette,** xiiie.

CHEVIOTTE, 1872. Dér. de *cheviot*, 1856 « mouton d'Écosse » et « laine de ce mouton », empr. de l'angl. *cheviot* « mouton, laine de *Cheviot hills* (chaîne de montagnes entre l'Angleterre et l'Écosse, où ce mouton est élevé) ».

CHÈVRE. Lat. *capra*. Aujourd'hui concurrencé par *bique* dans de nombreux parlers septentrionaux ; un mot d'origine germ. existe au Nord-Est ; en outre, pénétration des formes méridionales (a. pr. *cabra*) dans les parlers septentrionaux (mais *kab(r)* du Nord-Est est une forme refaite sur *cabri*). It. *capra*, esp. *cabra*. — Dér. : **chevreau,** 1170, peu usuel aujourd'hui, sauf en parlant de la peau utilisée pour faire des gants ; peu représenté dans les parlers gallo-romans qui ont, outre *cabri* et des dér. de *chèvre*, de nombreux dér. de *bique ;* **chevrette,** xiiie, v. **crevette ; chevron,** xiie s. ; pour le sens, v. **chevalet** ; les formes du Sud-Ouest représentent le latin populaire **capriōnem*, cf. *capriuns*, *Gloses de Cassel*, a. pr. *cabrion ;* cf. aussi esp. *cabrio*, lat. pop. **capreus*. Le sens de « galon », 1771, est dû à l'emploi de *chevron* au sens de « bandes plates disposées en angle aigu » dans le blason, cf. le dér. **chevronné,** dès le xiiie s. ; **chevroter,** 1706, en parlant de la voix, d'où **chevrotement,** 1767 (Rousseau) ; au sens ancien de « mettre bas », 1566, dérive de *chevrot* « chevreau », 1528, d'où **chevrotin,** 1278 ; **chevrotine,** 1701, « plomb à tirer le chevreuil ».

CHÈVREFEUILLE. A remplacé au xviie s. l'ancienne orthographe *-feuil*, encore chez Boileau et Mme de Sévigné. Lat. de basse ép. *caprifŏlium*.

CHEVREUIL. A remplacé au xviie s. l'anc. forme *chevreul* (déjà attestée chez Rab.). Lat. *capreŏlus*, dér. de *capra*. A. pr. *cabrol*, *cabirol*, it. *capriuolo*. — Dér. : **chevrillard,** 1740, avec altération du radical.

CHEVRIER. Lat. *caprārius*. It. *capraio*, esp. *cabrero*, a. pr. *cabrier*.

CHEVRON, CHEVROTER, CHEVROTIN, v. **chèvre.**

CHEWING-GUM, 1904. Empr. de l'anglais d'Amérique *chewing-gum*, comp. de *chewing* « mâchant » et *gum* « gomme ». En Amérique, le mot est attesté dès 1850.

CHEZ. Issu de locutions telles qu'*en chies*, fréquent en a. fr. (cf. encore le fr. mod. *de chez*), lat. pop. *in casa*, etc. « dans la maison », avec traitement anormal de la finale, en raison de l'emploi prépositionnel du mot, cf. de même anc. esp. *en cas de*, languedocien *a co de ;* développement analogue dans les parlers de l'Italie septentrionale. Le picard et le wallon emploient des locutions avec *maison : à notre maison*, etc., d'où ils ont tiré une prép. *mon*. — Comp. **chez-soi,** 1694.

CHIALER, pop., fin xixe. Probabl. dér. de *chiau* « petit chien » (xvie, et encore dans les patois), avec interférence de **chier** (cf. *chier des yeux* « pleurer », vulg., xviiie).

CHIANTI, 1907. Empr. de l'it. *chianti*, nom donné au vin récolté dans le Chianti (Toscane).

CHIBOUQUE, 1831. Empr. de l'arabe nord-africain *tchibouq*, empr. lui-même du turc *tchoubouq*, propr. « tuyau », d'où « pipe ».

CHIC, 1832. Terme d'argot des ateliers de peinture devenu rapidement terme de mode. Empr. de l'all. *schick* « adresse ;

talent », qui vit surtout dans les parlers allemands de l'Alsace, de la Suisse, de la Rhénanie, dér. du verbe *schicken* souvent employé au sens de « arranger, préparer ». Introduit à Paris probabl. par des Alsaciens. — Dér. : **chiqué,** *adj.*, 1834, terme d'atelier, « fait avec chic », d'où *chiqué, subst.*, « artifice », 1834.

CHICANER, vers 1460 (Villon). Se rattache à un radical de valeur expressive répandu dans presque toutes les langues romanes (esp. *chico* « petit », occitan *chic*, etc.). Le suffixe est probablement pris du verbe *ricaner*, dont le sens se rapproche de celui de *chicaner*. — Dér. : **chicane,** 1582 ; **chicanerie,** fin xve ; **chicaneur,** 1462 ; **chicanier,** vers 1573.

CHICHE, adj., « parcimonieux », vers 1170. Mot expressif qui évoque l'idée de quelque chose de petit, de mesquin, de peu de valeur. Existe aussi en Italie, avec de nombreux dérivés, en partie comme terme enfantin.

CHICHE, « pois chiche », 1244. Altéré, d'après le préc., de *cice*, XIIIe, empr. du lat. *cicer*. Celui-ci avait donné une forme régulière *cerre*, encore attestée au XVIIe s. ; cf. de même it. *cece*, a. pr. *ceze (r)*, encore usuel dans les parlers méridionaux.

CHICHI, 1898. Mot familier de formation expressive, qui se rattache à la famille de **chiche.**

CHICON, 1700, nom vulgaire de la laitue romaine. Probabl. formé, par fausse régression de **chicorée.**

CHICORÉE, XIIIe ; aussi *cichorée*, XVe ; empr. du lat. *cichoreum* (du grec *kikhorion*) influencé par l'it. *cicoria*.

CHICOT, XVIe (Baïf). Mot expressif servant à exprimer l'idée de la petitesse. — Dér. : **chicoter,** 1582. — V. encore **chique,** qui est d'origine différente.

CHICOTIN, 1564 ; antér. *alloeu cycoterne* (1359), *(aloès) cicotin*, XVe ; cf. aussi *cicotrin*, XVIe. Altération de *socotrin*, dér. de *Socotora*, nom d'une île au sud-est de la mer Rouge, d'où venait cet aloès.

CHIEN. Lat. *canis*. — Dér. : **chenet,** 1287, à cause des têtes de chien dont les chenets étaient souvent ornés, encore usuel dans de nombreux patois, v. **landier** ; **chenil,** 1387 ; **chienne,** XIIe ; **chiennée,** 1611 ; dans d'autres sens dès le XIIIe ; **chienner,** XVe ; **chiennerie,** 1863. — Comp. : **chiendent,** 1340, en outre le type *dent de chien* en picard et en normand ; autres termes, surtout dans les parlers méridionaux ; **chien-loup,** 1775, calque de l'angl. *wolf-dog*, propr. « chien pour loup ».

CHIER. Lat. *cacāre*. It. *cacare*, esp. a. pr. *cagar*. — Dér. : **chiasse,** 1578 ; **chieur,** 1520 ; **chiure,** 1640 ; **chiotte,** fin XIXe. — Comp. : **chie-en-lit,** 1534 (Rab.).

CHIFFE, 1611 (mais *chiffetier*, 1564). D'abord *chipe*, 1310, encore dans le Maine et dans le Vendômois, empr. du moyen angl. *chip* « petit morceau » (cf. *to chip* « couper »). La modification en *chiffe*, qui semble s'être produite en Normandie, est due à l'influence du moyen fr. *chiffre* « objet sans valeur, personne insignifiante », sens fig. de *chiffre* « zéro ». — Dér. : 1° de *chipe* : **chiper,** 1759 (pour le sens il faut partir du sens « chiffonner » vivant en Picardie, d'où « empocher en cachette ») ; **chipoter,** 1546 (au XVe s. *chipotrer* « tourmenter »), le sens « petit morceau » est toujours sensible dans le verbe (« faire des difficultés pour des riens ; marchander mesquinement ») ; 2° de *chiffe* : **chiffon,** 1608 ; **chiffonner,** 1657 ; **chiffonnier,** 1640.

CHIFFRE, 1485. Empr. de l'it. *cifra* « signe numérique » et aussi « convention secrète », par des développements de sens propres à l'it. ; le mot it. est empr. lui-même du lat. médiéval *cifra* « zéro », qui vient de l'arabe *sifr*, de même sens, propr. « vide ». A fait disparaître l'a. fr. *cifre*, XIIIe s., masc. et fém., encore usuel au XVIe s., au sens de « zéro », de même origine. — Dér. : **chiffrer,** 1515 ; **chiffreur,** 1529 ; **déchiffrer,** d'après le sens d' « écriture secrète », XVe, d'où **déchiffrable,** 1609, **indéchiffrable,** 1609, **déchiffrement,** 1553.

CHIGNOLE, « dévidoir », 1753, « mauvaise voiture (qui grince) », 1922. Forme normande de l'a. fr. *ceoignole* « manivelle », du lat. vulg. **ciconiola*, dim. de *ciconia* « cigogne », par comparaison de la manivelle avec le long bec de l'oiseau.

CHIGNON. Signifie « nuque » jusqu'au XVIIIe s. Lat. pop. **catēniōnem*, acc. de **catēniō*, dér. de *catēna*, propr. « chaînon » (très usuel en outre au moyen âge au sens de « sorte de lacet pour pendre à une potence ») ; d'abord *chaaignon*, puis *chaignon*, encore au XVIe s., devenu *chignon* (cf. *eschignon*, Amyot) par croisement avec *tignon*, v. **tignasse,** auquel il doit son sens moderne, attesté seulement en 1745 *(eschignon* est, de son côté, croisé avec *échine)*. Seulement fr. du Nord ; encore usité au sens de « nuque », sous les formes *châgnon, -eau*, dans les parlers de l'Ouest (angevin, poitevin, etc.).

CHIMÈRE, XIIIe (au sens d' « insensé ») ; emploi moderne, 1550 (Ronsard). Empr. du lat. *chimaera* (du grec *khimaira*, monstre mythologique). — Dér. : **chimérique,** 1580.

CHIMIE, 1356. Empr. du lat. médiéval *chimia*, tiré du grec *khemeia* « action de fondre du minerai ». Écrit souvent *chymie*, du XVIe au XVIIIe s. d'après le grec *thymeia* « mélange de sucs ». — Dér. : **chimique,** 1556 ; **chimiste,** 1548.

CHIMPANZÉ, 1738 (sous la forme *quimpezé*). Empr. d'une langue de l'Afrique occidentale.

CHINCHILLA, 1611 (sous la forme *chinchille*). Empr. de l'esp. *chinchilla*, dim. de *chinche* (propr. « punaise », lat. *cīmex*). *Chinche* a été dit aussi d'une moufette puante du Brésil, d'où **chinche,** XVIIIe (Buffon).

CHINER, terme de tissage, 1753. Dér. du nom propre *Chine*, l'art de chiner les étoffes venant de Chine, cf. l'it. *far i drappi alla cinese*.

CHINER, « se moquer », en fr. pop., 1847. Probabl. le même mot que *chiner* « travailler » de l'argot, attesté en ce sens dans les patois de l'Ouest, où il signifie aussi « quémander, voler » ; altération de *échiner* « accabler de coups », v. **échine.**

CHINOIS, 1798 (certainement antérieur). Nom propre pour désigner des objets ou des usages, soit venant de la Chine, soit imités. — Dér. : **chinoiserie,** 1838, au sens d' « objet venant de Chine, etc. », et au sens de « formalités compliquées », ce deuxième sens d'après les mœurs des fonctionnaires chinois.

CHIOT. Fin XIXe. Empr. d'un patois du Centre ou de l'Ouest, lat. *catellus* « petit chien », a. fr. *chael*, très usuel, cf. it. *catello*, esp. *cadiello*, a. pr. *cadel*.

CHIOURME, XVe (sous la forme *cheurme*). Terme de l'argot des galériens, cf. **cadène,** empr. de l'it. *ciurma*, forme dialectale génoise, lat. *celeusma* « chant par lequel le chef des rameurs dirigeait les mouvements » (du grec *keleusma*, de même sens, propr. « ordre »).

CHIPER, v. **chiffe.**

CHIPIE, 1821 (écrit *chipi*). Est attesté presque en même temps dans les parlers normands, d'où il semble avoir été apporté à Paris. Probablement comp. de *chipe* et de *pie*, cet oiseau passant pour avoir toutes sortes de défauts.

CHIPOLATA, 1774 (Voltaire, masc.). Empr. de l'it. *cipollata*, dér. de *cipolla* « oignon », v. **ciboule.**

CHIPOTER, v. **chiffe.**

CHIPS, plur., 1920. Empr. de l'angl. *chip* « morceau mince ».

CHIQUE, 1798 (« tabac mâché »). Radical onomatopéique qui imite le bruit que fait celui qui mâche. Au sens de « bille », 1642, mot dialectal des parlers de l'Est, qui vient du rhénan « jeu de billes », de la famille de l'all. *schicken* « envoyer ». — Dér. : **chiquer,** 1794, en picard et en normand signifie « manger ». Voir aussi **chicot.**

CHIQUÉ, v. **chic.**

CHIQUENAUDE, 1530 (écrit *-ode*). Probabl. dér. du radical onomatopéique *chic*, dont on s'est servi pour imiter des bruits subits (comp. argot *chic* « fouet » dès le XVIe s., *faire chic* « rater (d'un fusil) » répandu dans les parlers depuis la Lorraine jusque dans le Rouergue). La deuxième partie du mot vient probabl. de *baguenaude* (les gousses du baguenaudier font partir leurs graines dans toutes les directions, en éclatant).

CHIQUETER, v. **déchiqueter.**

CHIR(O)-. Premier élément de mots sav. comp., tels que **ch(e)iroptère,** 1797, tiré du grec *kheir* « main », ou de mots empr., tels que **chiromancie,** 1419 (à Mâcon) (écrit *sir-*, en 1495 *cyr-*).

CHIRURGICAL, vers 1370 (alors *ci-*). Empr. du lat. médiéval *chirurgicalis*, dér. de *chirurgia*, v. le suiv.

CHIRURGIE, XIIe (écrit *cirurgie*). Empr. du lat. *chirurgia* (du grec *kheirourgia*, propr. « travail manuel », d'où « opération chirurgicale », de *kheirourgos* « qui fait un travail manuel », d'où « chirurgien »). — Dér. : **chirurgien,** XIIe (écrit *cir-*).

CHLAMYDE, vers 1500 (écrit *clamide*). Empr. du lat. *chlamys, -ydis* (du grec *khlamys, -mydos*).

CHLOR(O)-. Premier élément de mots sav. comp. tels que **chlorophylle,** 1817, tiré du grec *khlôros* « vert ».

CHLORE, 1815. Tiré du grec *khlôros* « vert » par Ampère pour désigner ce corps découvert par Steele en 1774. — Dér. : **chloral,** 1831 (*-al* est la première syllabe d'*alcool*).

CHLOROFORME. Ainsi nommé en 1834 par Dumas, « à cause de sa propriété de former du chlorure de potassium et de l'acide formique sous l'influence d'une solution alcoolique de potasse caustique », Würtz, *Dict. de Chimie.*

CHOC, v. **choquer.**

CHOCOLAT, 1666, antér. *-ate*, 1643 ; *chocholate*, 1591. Empr. de l'esp. *chocolate*, empr. lui-même de l'aztèque *chocolatl*. — Dér. : **chocolatier,** 1706 ; **chocolatière,** 1680.

CHŒUR, vers 1120. Francisation du lat. *chorus* (du grec *khoros*), v. **chorus.**

CHOIR. Ne s'emploie plus que par archaïsme ; a cédé la place à *tomber*. Survit dans les parlers septentrionaux de la périphérie. — Dér. : **chute,** XIVe (Froissart), réfection, d'après le part. passé *chu*, de l'a. fr. *cheoite*, fém. pris substantiv. du part. passé, lat. pop. **cadectus*, formé d'après *collectus* ; d'où **chuter,** 1828. — Comp. : **chape-chute,** XIIe (*kapekeue*), comp. de *chape* et d'une anc. forme du part. passé, littéral. « *chape* (manteau) que qn. a laissé tomber », d'où « bonne aubaine » ; **méchant,** XIIe (sous la forme *mescheant*), part. prés., devenu adj., de l'anc. verbe **méchoir,** XIIe (du préf. *mes* et de *choir*), signifiant propr. « qui a mauvaise chance », d'où « misérable, sans valeur » (quand l'adj. est devant le subst.), enfin « porté à mal faire », XIVe ; a supplanté l'adj. *mal*, v. **mal,** et s'est répandu dans les parlers gallo-romans ; d'où **méchanceté,** 1380, dér., d'après les subst. en *-té*, de l'a. fr. *mescheance* « malchance », qui a survécu jusqu'au XVIe s., avec développement sémantique d'après l'adj. ; **parachute,** 1784 (inventé par Blanchard, célèbre aéronaute, 1753-1809) ; **parachutiste,** 1932 ; **rechute,** 1475, par l'intermédiaire d'un anc. verbe **rechoir,** XIIe, encore en Lorraine. V. **déchoir, échoir.**

CHOISIR, XIIe. Signifie surtout « apercevoir » jusqu'à la fin du XVIe s. Du gothique *kausjan* « éprouver, goûter », introduit très tôt, probabl. comme terme de la langue militaire, cf. all. *kiesen* « choisir », angl. *to* *choose*. A. pr. *causir*, aux deux sens, anc. génois *scoxir* « distinguer ». Aujourd'hui, le sens de « regarder » ne survit qu'en Suisse romande. — Dér. : **choix,** XIIᵉ.

CHOLÉRA, 1549. Empr. du lat. *cholera* (du grec *kholera*, de même sens). — Dér. : **cholérine,** 1831 ; **cholérique,** 1826, d'après le lat. *cholericus* (du grec *kholerikos*) ; pour *kolorike*, XIIIᵉ, v. **colère.**

CHÔMER. Lat. de basse ép. *caumāre*, dér. de *cauma*, v. **calme,** qui a pris le sens de « se reposer pendant la chaleur », d'où « ne pas travailler ». Seulement fr. en ce sens. — Dér. : **chômable,** XVᵉ ; **chômage,** XIIIᵉ ; **chômeur,** 1876.

CHOPE, 1845. Empr. de l'alsacien *schoppe(n)* « grand verre de bière » introduit par les brasseries alsaciennes installées à Paris.

CHOPINE, XIIIᵉ. Empr. du moyen bas-all. *schōpen* « puisoir du brasseur ». L'all. *schoppen*, qui n'est attesté que depuis le XVIIᵉ, est empr. d'une forme *chopaine* « chopine » très répandue dans les parlers de l'Est. — Dér. : **chopinette,** XVᵉ ; **chopiner,** 1482.

CHOPPER. D'abord *çoper*, XIIᵉ, devenu *chopper*, par croisement avec *choquer*, v. le suiv., ou forme dialectale ; onomatopée, imitant le bruit produit par un heurt, et qui vit aussi dans l'it. *zoppo* « boiteux », port. *sopo*. — Comp. : **achopper,** vers 1180, d'où **achoppement,** XIVᵉ.

CHOQUER, XIIIᵉ. Empr. de l'anc. haut all. *scoc* « choc », moyen haut all. *schocke*. — Dér. : **choc,** 1523. — Comp. : **entrechoquer (s'),** 1550.

CHORAL, 1703 ; **choriste,** 1359. Le premier est empr. de l'all. *choral*, créé au temps de la Réforme par empr. du lat. médiéval *choralis* « qui se rapporte au chœur », le deuxième est empr. du lat. médiéval *chorista*, v. **chœur.**

CHORÉGRAPHIE, 1701 (R. A. Feuillet), comp. du grec *choreia* « danse », dér. de *chóros*, et de *graphie ;* a supplanté en partie *orchésographie*, plus ancien. — Dér. : **chorégraphe,** 1829.

CHORUS, XVᵉ ; s'emploie seulement dans la locution *faire chorus*. Empr. du lat. *chorus*, v. **chœur.**

CHOSE. Lat. *causa*, qui a pris à basse époque le sens de « chose », en remplacement du lat. class. *rēs*, v. **rien.** A. pr. *cauza*, it. esp. *cosa*. — Dér. : **chosette,** XIIIᵉ ; **chosier,** vers 1500. — Comp. : **quelque chose,** XVIᵉ ; a remplacé l'a. fr. *auques*, lat. *aliquid*, avec modification postérieure de la terminaison, cf. a. pr. *alque(s)*, esp. *algo ;* ne survit plus aujourd'hui qu'en wallon, lorrain, franc-comtois et dans la Suisse romande ; divers composés dans les patois méridionaux. Le franco-provençal et le Midi disent surtout *quauque ren*.

CHOTT, 1873. Empr. de l'arabe *chott*, propr. « bord d'un fleuve ».

CHOU. Lat. *caulis*. Concurrencé dans les parlers gallo-romans par *cabus* en wallon, *jote*, XIIᵉ (dans l'Ouest « bette », probabl. d'origine gauloise) en wallon et lorrain et un dim. du type *cholet* en picard et surtout dans les parlers méridionaux (prov., languedocien et gascon). — Comp. : **chou-fleur,** 1611 (et *chou-fleuri*), d'après l'it. *cavolo fiore*, seule forme connue d'O. de Serres, ce qui indique que le chou-fleur est d'origine italienne ; **chou-rave,** XVIᵉ.

CHOUAN, 1795. Nom donné aux insurgés de l'Ouest contre la Révolution en 1791, d'après le nom d'un de leurs principaux chefs, Jean Cottereau, dit *Jean Chouan*, qui avait été faux-saunier comme ses trois frères, et auxquels on avait donné le surnom de *Chouan*, parce qu'ils imitaient le cri du *chouan* (v. **chat-huant**) pour s'appeler et s'avertir. — Dér. : **chouannerie,** 1794.

CHOUCAS, 1530. Semble être un mot onomatopéique, ce qui expliquerait la forme insolite de la terminaison, cf. aussi l'a. pr. *caucala* « corneille », le prov. moderne *chouca*, verbe désignant le cri du hibou, et l'angl. *chough* « choucas ».

CHOUCROUTE, 1768, d'abord *sorcrote*, 1739. Empr. du dialecte all. de l'Alsace *sûrkrût*, correspondant à l'all. *Sauerkraut*, littéral. « herbe » *(krût)* aigre *(sûr)* », v. **sûr,** avec adaptation pop. d'après *chou* et *croûte*.

CHOUETTE, oiseau, XIIᵉ. Altération de l'a. fr. *çuete*, mot d'origine onomatopéique d'après le cri de l'oiseau (cf. de même l'it. *civetta*), par croisement avec l'a. fr. *choe*, oiseau du même genre, de l'anc. francique **kawa* « corneille », cf. le néerl. *kauw*, id. ; la nature onomatopéique de ces mots apparaît dans l'angl. *to caw* « coasser ». *Chouette* est aujourd'hui le terme dominant des parlers gallo-romans ; *choue* survit dans quelques parlers septentrionaux ; les parlers méridionaux ont des formes variées dont quelques-unes semblent formées comme l'a. fr. *çuete*.

CHOUETTE, adj., 1830. Paraît être un emploi figuré du précédent, la chouette passant dans le peuple pour un oiseau coquet, cf. a. fr. *choeler* « faire le coquet », et chez Rab., III, 14 : « Ma femme sera jolye comme une belle petite chouette », cf. aussi l'it. *civetta* « chouette (oiseau) » et « femme coquette ».

CHOUQUET, v. **souche.**

CHOYER. Forme qui ne paraît pas antérieure au XVIIᵉ s. ; d'abord *chouer*, XVIᵉ et, au moyen âge, *chuer*, XIIIᵉ. Mot propre au fr. ; l'it. *soiare* « cajôler » est empr. du fr. Peut-être formation onomatopéique du langage enfantin.

CHRÊME, XII-XIIIᵉ s. (sous la forme *cresme*). Du lat. eccl. *chrisma* (du grec *khrisma* « onction, huile ») ; cf. de même it. *cresima*.

CHRESTOMATHIE, 1813 ; une première fois en 1623. Empr. du grec *khrēstomatheia*, de même sens, littéral. « recueil de textes utiles *(khrēstos)* ».

CHRÉTIEN, 842 *(Serments de Strasbourg).* Francisation du lat. eccl. *christianus* (du grec *khristianos*). — Dér. : **chrétienté** (vers 1050, Alexis), sur le modèle du lat. eccl. *christianitas.* — Comp. : **bon-chrétien,** XVe *(poyres de bon-chrestien)* ; l'origine de cette dénomination n'est pas établie.

CHRIST, X^e^ *(Eulalie)* ; **christianisme,** XIIIe. Empr. du lat. *christus, christianismus* (du grec *khristos* (v. **messie**), *khristianismos*).

CHRISTIANIA, 1906. De *Christiania,* ancien nom d'*Oslo,* capitale de la Norvège.

CHROMATIQUE, vers 1370. Empr. comme terme de musique du lat. *chromatiens,* grec *chrômatikós.*

CHROME, 1797. Fait par Vauquelin sur le grec *khrôma* « couleur ».

CHROM(O)-. Premier élément de mots sav. comp., tels que **chromolithographie,** 1838, tiré du grec *khrôma,* v. le préc.

CHRONIQUE, subst., 1138. Empr. du lat. *chronica,* du grec *chronikà biblia* « livre qui se rapporte au temps » (de *chronos* « temps »). — Dér. : **chroniqueur,** 1476.

CHRONIQUE, adj., XIVe. Empr. du lat. *chronicus* « qui se rapporte au temps » ; le sens médical est déjà attesté en lat. de basse ép.

CHRON(O)-. Premier élément de mots sav. comp., tels que **chronomètre,** 1701, tiré du grec *khronos* « temps ».

CHRYS(O)-. Premier élément de mots sav. comp., tels que **chrysocale,** 1825 (pour *-chalque,* 1823 ; *crisocane,* en 1372), tiré du grec *khrysos* « or », XIIe ou de mots empr., tels que **chrysolithe,** *id.* ; **chrysoprase** (de *prasos* « poireau »), *id.,* sous la forme *crisopras* (tous deux par l'intermédiaire du lat.).

CHRYSALIDE, 1593. Empr. du lat. *chrysallis, -idis* (du grec *khrysallis, -idos,* de *khrysos,* v. le préc.).

CHRYSANTHÈME, 1750. Empr. du lat. *chrysanthemon* (mot pris au grec, de *anthemon* « fleur ») ; sous la forme anc. en 1543.

CHUCHOTER, 1611. Antér. *chucheter* vers 1400 et jusqu'au XVIIIe s.), en 1606 aussi *chucher,* dans les parlers *chuchuter, chuchiller.* Onomatopée. Le groupe de consonnes *tch* répété et avec les voyelles *ü, i* au milieu exprimant très bien le bruit du chuchotement. — Dér. : **chuchotage,** 1782 ; **chuchotement,** vers 1580 (Montaigne) ; **chuchoterie,** 1718.

CHUINTER. Onomatopée (se rattache à **chuchoter**) : « Ce mot, inconnu jusqu'à nous, peint si parfaitement la prononciation de *ch,* que nous n'avons pu nous refuser à en enrichir notre langue », Court de Gibelin, 1776. — Dér. : **chuintement,** 1873.

CHUT, XVIe (écrit *cheut*). Onomatopée. — Dér. : **chuter,** 1834.

CHUTE, v. **choir.**

CHYLE, XVe. Empr. du lat. médical *chylus* (du grec *khylos* « suc »).

CHYME, 1753. Empr. du grec *chymós* « suc ».

CI, v. **ici.**

CIBLE, 1693 (longtemps dit *cibe,* forme encore relevée par Boiste, 1829). Empr. du dialecte alémanique de la Suisse *schîbe* (all. *Scheibe,* de même sens, en outre « disque, carreau de vitre ») par la Suisse française où le mot est attesté aux deux sens, dès la fin du XVe s. ; de là, par suite de l'éclat des fêtes de tir en Suisse, a passé dans la région lyonnaise, d'où il s'est répandu à l'époque napoléonienne.

CIBOIRE, XIIe (sous la forme *civoire*). Empr. du lat. eccl. *ciborium* ; a existé aussi en lat. class. avec le sens du grec *kibôreon,* propr. « gousse du nénuphar d'Égypte (qui servait de coupe dans ce pays) », d'où « vase ».

CIBOULE, XVe. Empr. de l'a. pr. *cebula,* lat. *caepulla,* dim. de *caepa* « oignon ».

CICATRICE, XIVe ; **cicatriser,** 1314 (*-icer,* au XVIe s.). Empr. du lat. class. *cicatrix* et du lat. médiéval *cicatrizare* (en lat. class. *-icare*). — Dér. du verbe : **cicatrisation,** 1314.

CICÉRO, 1657. Tiré de *Cicero,* forme lat. de *Cicéron* ; dit ainsi d'après les caractères que l'imprimeur U. Gallus employa pour la première édition d'œuvres de Cicéron, à Rome, en 1458.

CICERONE, 1753. Empr. de l'it. *cicerone,* emploi fig. de *Cicerone,* donné par plaisanterie, à cause de leur verbosité, aux guides qui font visiter les curiosités des villes.

CICÉRONIEN, vers 1327. Empr. du lat. *ciceronianus.*

CICINDÈLE, 1548. Empr. du lat. *cicindela* « ver luisant » (en ce sens, 1564, Rab.).

CIDRE. D'abord *cisdre.* Lat. eccl. *sicera,* altéré en **cisera* « boisson enivrante » (du grec de la Septante *sikera,* de même sens, empr. de l'hébreu *chekar, Lévitique,* X, 9, etc.) ; a pris de bonne heure le sens moderne, par une spécialisation qui a dû naître dans la région normande, mais s'applique encore au jus de la poire, comme à celui de la pomme, au XVIe s., dans la région de Paris ; au moyen âge on dit aussi *pommé,* encore dans les parlers, cf. a. pr. *pomada.* Existe dans tous les parlers gallo-romans (dans de nombreux parlers sous la forme *citre*), sauf *pomada* dans l'extrême Sud-Ouest. L'it. *sidro* et l'esp. *sidra* viennent du fr.

CIEL. Lat. *caelum* ; le plur. *caeli,* d'origine biblique et chrétienne (rare auparavant et seulement chez les poètes) est fait sur l'hébreu *chamayim,* plur. (il en est de même du plur. du grec *ouranos*). It. esp. *cielo.* V. **arc-en-ciel.**

CIERGE. Lat. *cēreus*, adj. pris substantiv., dér. de *cēra* « cire » ; autres formes du moyen âge *cirge* et *cerge*. Développement non spontané ; le mot est resté en contact avec le lat. écrit, le cierge étant employé surtout dans les églises. Il en est de même de l'esp. *cirio* et de l'a. pr. *ciri*.

CIGALE, xve. Empr. du prov. *cigala*, lat. *cicāda*, d'où aussi it. *cicala*, esp. *cigarra*.

CIGARE, 1770 ; d'abord *cigarro*, 1723. Empr. de l'esp. *cigarro*, très probabl. dér. du maya (langue mexicaine) *zicar* « fumer ». A été parfois fém., p. ex. chez Chateaubriand (1811) ; l'est encore dans le Sud-Est. — Dér. : **cigarette,** 1831, d'où **porte-cigarettes,** 1887 ; **cigarière,** 1863. — Comp. **porte-cigares,** 1845.

CIGOGNE, 1113. Empr. du prov. *cegonha*, influencé par le lat. *cicōnia* ; a remplacé l'a. fr. *soigne*, issu de **ceoigne*, cf. it. *cicogna*, esp. *cigüeña*.

CIGUË, xiie (en outre *cegüe*, au xiie). Adapté du lat. *cicūta ;* a remplacé l'a. fr. *ceuë*, cf. encore le normand *chue*.

CIL. Lat. *cĭlium*. Aujourd'hui concurrencé dans les parlers gallo-romans par les types *sourcil*, *paupière*, *poil*. It. *ciglio* « cil, sourcil », esp. *ceja* « sourcil », a. pr. *cilh* « sourcil ». — Dér. : **ciller,** xiie, d'où, d'après le sens de « coudre les paupières du faucon qu'on dresse », xiiie s., **déciller** (ou *dessiller*) « découdre les paupières du faucon », xiiie ; sens fig. au xvie s., seul usuel aujourd'hui.

CILICE, xiiie s. (écrit *celice*). Empr. du lat. eccl. *cilicium*, qui signifie en lat. class. « étoffe grossière, faite en poil de chèvre de Cilicie », et qui a servi à traduire l'hébreu *saq* « cilice, haire », v. **sac.**

CIMAISE, xiie. Du lat. *cymatium* (du grec *kymation*, propr. « petite vague », de *kyma* « vague » ; dit ainsi à cause de la forme ondulée de la moulure).

CIME. Lat. *cȳma* « tendron de chou ou d'autres plantes » (du grec *kyma*, même mot que celui qui signifie « vague », étymologiquement « ce qui est gonflé ») ; a servi de bonne heure en lat. pop. à désigner l'extrémité d'autres objets que celle des plantes. — Dér. : **cimier,** xiiie ; **écimer,** 1564.

CIMENT. Lat. *caementum* « pierre non taillée », v. **cément** ; a pris de bonne heure le sens de « ciment », parce que les maçons romains avaient l'habitude de mêler au mortier les éclats de marbre qui se détachaient en le travaillant ; développement anormal de l'initiale, peut-être déjà lat. It. *cimento*, en outre au sens fig. « épreuve », esp. *cimiento*, seulement « fondement ». — Dér. : **cimenter,** xive.

CIMETERRE, xve. Empr. de l'it. *scimitarra*, empr. lui-même du turco-persan *chamchir*.

CIMETIÈRE, xiie (*cimitere ;* souvent *cimentiere* au moyen âge). Empr. du lat. eccl. *coemeterium* (du grec eccl. *koimêtêrion*, propr. « lieu de repos, où l'on dort ») ; la voyelle *i* est peut-être due à la prononciation du bas grec. A. pr. *cimenteri*, la forme ancienne *cimentiere* survit en picard et dans l'Ouest ; *aître* (on a aussi des dér.), en wallon et en lorrain, est empr. du lat. *atrium*, qui, du sens de « cour », a pris au moyen âge celui de « parvis », puis de « terrain près de l'Église, servant de cimetière ».

CIMIER, v. **cime.**

CINABRE, xiiie (sous la forme *cenobre*). Empr. du lat. *cinnabari* (du grec *kinnabari*, d'origine orientale).

CINÉ(MAT)-. Premier élément de mots sav. comp., tels que **cinématographe,** 1892 (mot créé par les inventeurs, les frères Lumière), tiré du grec *kinêma* « mouvement » ; d'où les formes abrégées **cinéma,** 1922, **ciné,** 1922. — Dér. : **cinéaste,** 1924.

CINÉRAIRE, 1753. Empr. du lat. *cinerarius*, dér. de *cinis, cineris* « cendre ».

CINGLER, « faire voile ». D'abord *sigler*, vers 1080 *(Roland)*. De l'anc. scandinave *sigla*, cf. all. *segeln*, angl. *to sail*, de même sens, devenu *singler*, fin xive, par croisement avec le suiv., le navire *singlant* sous l'effet du vent qui cingle (cf. « *singler*, naviguer en plein vent », Nicot, 1606). L'orthographe *cingler*, xvie, est due de même à un rapprochement avec le suiv., les deux mots ayant été rattachés au lat. *cingulum* « ceinture, courroie » (*single* « voile », antér. *sigle*, n'était plus usité, mais on le lisait notamment chez Froissart). — Dér. : **cinglage,** 1543.

CINGLER, « frapper avec une baguette flexible », etc., xiiie s. (*singler*, encore au xviie s., mais *cingler* déjà au xive s., *chingler*, forme picarde, au xiiie s.). Altération de *sa-n-gler*, au sens de « frapper », en *si-n-gler*, par modification expressive de la voyelle, v. **sangler** et **tinter.**

CINNAME, 1636 ; **cinnamome,** xiiie (écrit *chi-*). Empr. du lat. *cinnamun*, *cinnamomun* (du grec *kinnamon*, *kinnamômon*).

CINQ. Lat. pop. *cinque (Inscriptions)*, lat. class. *quīnque* (pour ce traitement, v. **cuire**). It. *cinque*, esp. *cinco*. — Dér. : **cinquième,** xiie (Chrétien : *-isme*).

CINQUANTE. Lat. pop. *cinquanta (Inscriptions)*, lat. class. *quīnquaginta*. It. *cinquanta*, esp. *cincuenta*. — Dér. : **cinquantaine,** xiiie ; **cinquantième,** *id. ;* **cinquantenaire,** 1872, d'après *centenaire*.

CINTRER. Lat. pop. **cinctūrāre*, dér. de *cinctūra* « ceinture », au sens de « disposer en forme de ceinture ». Écrit *ceintrer* (d'où **ceintrage,** 1694), comme terme techn. de la marine. — Dér. : **cintre,** 1300.

CIPAYE, 1768 (Voltaire) ; antér. *cipay*, 1770 ; *sepay*, 1750. Empr. du port. *sipay*, *cipay*, empr. lui-même d'une langue de l'Inde, qui l'a pris au persan *sipahi*, propr. « cavalier » (de là aussi l'angl. *sepoy*), v. **spahi.**

CIPPE, 1718. Empr. du lat. *cippus*.

CIRCON- *(circom-)*. Préf. de mots sav. comp., tels que **circompolaire,** 1784, tiré du préf. lat. *circum* « autour ».

CIRCONCIRE, XIIe ; **circoncision,** *id.* Empr. du lat. eccl. *circumcidere*, en lat. class. « couper autour », *circumcisio.*

CIRCONFÉRENCE, XIIIe (J. de Meung). Empr. du lat. *circumferentia* (de *circumferre* « faire le tour », cf. *circumferens linea* « ligne circulaire »).

CIRCONFLEXE, 1550 (Meigret) ; en 1529, *circumflect.* Empr. du lat. *circumflexus (accentus)*, traduction du grec *perispômenê (prosôdia)*, propr. « accent tiré autour », en parlant de l'accent musical, qui monte (aigu), puis qui descend (grave).

CIRCONLOCUTION, XIIIe. Empr. du lat. *circumlocutio* (traduction du grec *periphrasis* « périphrase »).

CIRCONSCRIRE, XIVe (Oresme) ; **circonscription,** Oresme ; sens administratif, 1835. Empr. du lat. *circumscribere, -scriptio.*

CIRCONSPECT, XIVe (Christine de Pisan) ; **circonspection,** XIIIe. Empr. du lat. *circumspectus, circumspectio* (de *circumspicere* « regarder autour, examiner »).

CIRCONSTANCE, 1260. Empr. du lat. *circumstantia*, dér. du verbe *circumstare* « se tenir autour ». — Dér. : **circonstanciel,** 1747 ; **circonstancier,** XVe.

CIRCONVALLATION, 1640. Dér. sav. du lat. *circumvallare* « faire une circonvallation » (de *vallus* « pieu, palissade »).

CIRCONVENIR, XIVe (Bersuire). Empr. du lat. *circumvenire*, propr. « venir autour », d'où « assiéger, accabler », d'où « tromper » à basse ép., sens qui est le plus proche du sens fr.

CIRCONVOISIN, 1387. Empr. du lat. tardif *circumvicinus* « situé tout autour », attesté dès 873 ; la 2e partie du mot a été adaptée au français.

CIRCONVOLUTION, XIIIe. Dér. sav. du lat. *circumvolutus* « roulé autour ».

CIRCUIT, 1257. Empr. du lat. *circuitus*, dér. du verbe *circuire*, autre forme de *circumire* « faire le tour ». — Comp. : **court-circuit,** 1903.

CIRCULER, XIVe (Oresme) ; **circulaire,** 1260 ; **circulation,** vers 1360. Empr. du lat. *circulari, circularis* (créé à basse ép.), *circulatio.* — Dér. du verbe : **circulatoire,** XVIe (Paré), le lat. *circulatorius* a un autre sens.

CIRE. Lat. *cēra*. Dér. : **cirage,** 1554 ; **cirer,** XIIe ; **cireux,** 1542 ; **cirier,** vers 1220.

CIRON, XIIIe. En a. fr. aussi *sueron, suiron* ; du francique **seuro* (cf. anc. haut all. *siuro* ; de même a. pr. *soiron*, de même sens, du gothique **siurjo*).

CIRQUE, XIVe (Bersuire). Empr. du lat. *circus.*

CIRRE, 1545. Empr. du lat. *cirrus*, propr. « boucle de cheveux ».

CIRRUS, 1847. Empr. du lat. *cirrus*, qui a aussi le sens de « filaments ».

CIS-. Premier élément de mots sav., tiré du préf. lat. *cis* « en deçà de », ou de mots empr.

CISAILLES. Lat. pop. **cīsăculum*, réfection de **caesaculum* (comp. *ciseau*), formé avec le suff. *-aculum*, fréquent dans les noms d'outil (cf. *tenaculum*). A. pr. *cizalha*, catalan *cisalla*. — Dér. : **cisailler,** 1450, d'où **cisaille,** 1324, « rognure de métal ».

CISEAU. Lat. pop. **cīsellus*, formé comme *martellus*, qui a dû se substituer à **caesellus* « instrument servant à couper » (de *caedere* « couper »), d'après des dér. de ce verbe tels que *abscīsus* « coupé », *excīsorius* « qui sert à couper », cf. *cīsorium* « instrument tranchant », IVe (Végèce) ; *ciseaux* (de couturière) date du XIIe s. A. pr. *cizels* « ciseaux », catalan *cisell* « ciseau ». — Dér. : **ciseler,** XIIIe ; **ciseleur,** XVIe ; **ciselure,** 1307 ; **ciselet,** 1491.

CISTE, 1554 (écrit *cisthe*). Empr. du grec *kisthos* (et *kistos*).

CISTRE, 1527. Empr. du lat. *cithara*, mais peut-être avec influence de *sistrum* « crécelle ».

CITADELLE, XVe. Empr. de l'it. *cittadella*, dim. de l'anc. it. *cittade*, aujourd'hui *città*, v. **cité.**

CITADIN, XVe (plusieurs fois au XIIIe s. dans un texte italianisant). Empr. de l'it. *cittadino*, dér. de l'anc. it. *cittade*, v. le préc.

CITÉ. Lat. *cīvitātem*, acc. de *cīvitas*, propr. « ensemble des citoyens » ; n'a conservé en lat. pop. que le sens de « ville » (avec, en plus, la notion de « groupement organisé »). Le sens nettement politique a été repris au lat. au XVIe s. Certains emplois : *cités ouvrières, cités-jardins* sont récents. — Dér. : **citoyen,** XIIe (alors *citeien*, XIIe, d'abord au sens de « citadin » ; d'où **concitoyen,** 1290, d'après le lat. de basse ép. *concivis*).

CITER, 1257 ; **citation,** XIVe (Bersuire). Empr. du lat. *citare*, propr. « mettre en mouvement », d'où en latin juridique « convoquer, citer en justice », etc., *citatio.* — Comp. du verbe : **précité,** 1799.

CITÉRIEUR, XVe. Empr. du lat. *citerior.*

CITERNE. Lat. *cisterna* (dér. de *cista* « coffre »).

CITHARE, XIVe (la forme *kitaire*, du XIIIe s., est empr. de l'esp. *quitarra*, lui-même de l'arabe *qitâra*). Empr. du lat. *cithara* (du grec *kithara*).

CITOYEN, v. **cité.**

CITRATE, 1782 ; **citrique,** *id.* Dér. sav. du lat. *citrus* « citron ».

CITRON, 1393 *(chitron)*. Dér. sav. du lat. *citrus*. — Dér. : **citronnier,** 1486 ; **-elle,** 1611 ; **-ade,** 1907 (déjà 1845 au sens de « mélisse »).

CITROUILLE, 1536. Issu, par substitution de suff., de *citrole*, XIIIe, encore poitevin, empr. de l'it. *citruolo*, dér. du lat. *citrium* (de *citrus* « citron ») ; la citrouille a été ainsi nommée à cause de sa couleur jaune citron, v. **courge.**

CIVE, v. le suiv.

CIVET, 1636, antér. *civé*, XIIIe. Propr., « ragoût préparé avec des cives », dér. de l'a. fr. **cive,** encore en Normandie au sens de « ciboulette », lat. *cepa* « oignon », d'où aussi **civette** « ciboulette », 1549.

CIVETTE « sorte de martre », 1467. Empr. de l'it. *zibetto* (on trouve parfois *gatto zibetto*), empr. lui-même de l'arabe *zabâd* « sorte de musc (que produit l'animal appelé *qatt* (« chat ») *az-zabâd*) ».

CIVIÈRE. Probabl. lat. pop. *cibaria*, fém. pris substantiv. de l'adjectif *cibārius*, dér. de *cibus* « nourriture », c'est-à-dire « véhicule servant au transport des provisions (fourrage, etc.) » ; au moyen âge signifie surtout « civière à fumier », cf. l'a. pr. *civiera* « civière » (le mot est attesté en outre dans des dialectes italiens avec des sens divers) ; *ci-* au lieu de *ce-* (comp. berrichon *cevière*) n'est pas expliqué de façon satisfaisante.

CIVIL, 1290 ; **civilité,** XIVe (Oresme). Empr. du lat. *civilis*, en tous ses sens, et du dér. *civilitas* « affabilité » (de *civis* « citoyen »). — Dér. : **civiliser,** 1568 ; **civilisable,** fin XVIIIe (Cuvier) ; **civilisateur,** 1829 ; **civilisation,** 1756 (créé par Mirabeau dans *L'Ami de l'Homme*) ; jusqu'alors la notion était exprimée par *police* (et l'adj. *policé*) ; l'excès de sens de *police* et l'enrichissement des idées se rapportant au progrès de l'homme en société ont fait rechercher un mot nouveau. Après 1800, par suite des événements historiques et des voyages de découvertes, *civilisation* a pris le sens nouveau d' « ensemble des caractères que présente la vie collective d'une société donnée (sauvage, etc.) ». *Civiliser*, *civilisation* ont été en outre juridiques : « rendre, action de rendre civil un procès criminel ».

CIVIQUE, 1504, en parlant de la couronne civique des Romains ; sens moderne vers la Révolution (chez Turgot). Empr. du lat. *civicus*, à cause de la pléthore des sens du préc. — Dér. : **civisme,** 1770.

CLABAUD, vers 1485. Probabl. tiré d'un verbe non attesté **claber*, variante dialectale de *clapper*, cf. *clabet* « crécelle », 1420 (texte de Lille) ; le néerl. *klabbaerd* « crécelle », peut être formé d'après le fr. et ne prouve rien en faveur de l'origine néerl. de *clabaud*. — Dér. : **clabauder,** 1564, d'où **clabaudage,** 1567, **clabauderie,** 1611, **clabaudeur,** 1554.

CLAFOUTI, 1869. Mot dialectal du Poitou, du Berry, du Limousin, né sous l'influence de *foutre* de l'afr. *claufir* « attacher avec des clous », dialectal *clafir* « remplir ».

CLAIE, Gaulois **clēta*, cf. anc. irl. *cliath*, gallois *clwyd*, de même sens. A. pr. *cleda*, piém. *cea*, port. *chevas* « ridelles d'une charrette ». — Dér. : **clayère,** 1863, en outre *cloyère*, 1771, forme dialectale ; **clayette,** 1863 ; **clayon,** 1642 ; **clayonnage,** 1694.

CLAIR. Au moyen âge surtout *cler ; clair* à partir du XIVe s., d'après le mot lat. Lat. *clārus*. It. *chiaro*, esp. *claro* (repris au latin). — Dér. : **clairet,** *adj.*, XIIe s., en parlant du vin, d'abord *claré*, formé comme *civé*, v. **civet,** devenu *claret*, par substitution de suff., puis *clairet*, d'après *clair*, XIVe ; *claret*, empr. par l'angl. au XVe s., a été repris par le fr. vers 1830 ; **clairière,** 1660 (La Fontaine) ; **clairon,** XIIIe ; **claironnant,** fin XIXe ; **clarine,** XVIe, fém. pris substantiv. de l'anc. adj. *clarin*, d'où **clarinette,** 1753. — Comp. **claire-voie,** 1412, fait sur le modèle d'*orbe voie*, propr. « voie aveugle, sorte de fausse ouverture », cf. pour le sens *voie d'eau ;* on propose d'interpréter *voie* comme le subst. postverbal de *voir*, mais cette formation fém. est difficile à justifier ; **clair-obscur,** 1668 (d'après l'it. *chiaroscuro ;* on a, dès 1596, *clair et obscur*) ; **clairsemé,** XIIe (Chrétien) ; **clairvoyant,** XIIIe (J. de Meung), d'où **clairvoyance,** 1580 (Montaigne).

CLAMEUR. Lat. *clamōrem*, acc. de *clamor* « cri ». Signifie aussi en a. fr. « plainte », comme l'a. pr. *clamor*, d'après le verbe *clamer*, lat. *clamāre*, disparu au XVIIe s.

CLAMPSER, fin XIXe. Mot argotique, qui semble d'origine onomatopéique, cf. les variantes *clapser*, *crapser*, *crampser*, *cramser*.

CLAN, 1759. Empr. de l'irl. *clann*, propr. « descendant ».

CLANDESTIN, XIVe (Bersuire). Empr. du lat. *clandestinus* (de *clam* « en secret »). — Dér. : **clandestinité,** 1671.

CLAPET, 1517. Dér. de l'a. fr. *claper* « frapper », de formation onomatopéique.

CLAPIER, 1365 (sous la forme *glapier*). Empr. de l'a. pr. *clapier*, de même sens, et en outre « tas de pierres », dér. de *clap* « tas de pierres » ; le prov. moderne *clap* signifie surtout « éclat (de pierre) », et le fém. *clapo* « caillou » ; tous ces mots appartiennent à une famille de mots d'origine préromane **klappa* « pierre plate ».

CLAPIR, 1701 ; **clapoter,** 1832 (*clappetter*, 1611), d'où **clapotage,** 1728, **clapotis,** 1792, **clapper,** XVIe, **clappement,** 1838. Tous ces mots contiennent un radical onomatopéique *clap*, qui se retrouve dans l'all. *klappen* « claquer » et l'angl. *to clap* « *id.* » ; v. aussi les préc. **et esclaffer (s').**

CLAQUER, vers 1508. Onomatopée. — Dér. : **claque,** fém., 1306 ; le masc. est de 1823 ; de *claque*, terme de cordonnerie, dérive **claquer** « garnir de claque des chaussures », 1863 ; **claquement,** 1552 ; **claquet,** XVe ; **claquette,** 1549 ; **claqueur,** 1781. — Comp. : **claquedent,** XVe (nom propre) ; **claquemurer,** 1644 (Scarron), dér. de la locution contemporaine *à claquemur*, c'est-à-dire « dans un endroit si étroit que le mur claque ».

CLARIFIER, XIIe Empr. du lat. eccl. *clarificare* « glorifier » ; n'a que ce sens avant le XVIe s. Développement sémantique d'après *clair*. — Dér. : **clarification,** vers 1400, d'après le lat. *clarificare ; clarificatio*, qui existe en lat. eccl. au sens de « glorification », a été emprunté en ce sens vers 1495.

CLARINE, v. **clair.**

CLARTÉ, Lat. *clāritās*, dér. de *clārus*, v. **clair.** A. pr. *clariat, clardat.*

CLASSE, XIVe (Bersuire). Empr. du lat. *classis* « classe de citoyens ». Les autres sens se sont développés en fr. — Dér. : **classer,** 1756, **classement,** 1784, **déclasser,** 1813 (« retirer de l'inscription maritime »), **déclassement,** 1836 ; **classification,** 1752 ; **classifier,** 1787 (une Ire fois vers 1500, mais dans un autre sens).

CLASSIQUE, 1548. Empr. du lat. *classicus*, propr. « de première classe », pour servir d'adj. à *classe* « appartenant à la première des cinq classes en lesquelles étaient divisés d'après leur fortune les citoyens romains ». Au IIe s. Aulus Gellius recommanda de s'adresser aux *classici*, non aux *proletarii*, pour se renseigner sur le bon usage en fait de langue. Dans son *Art poétique* Sebillet emprunta le mot en l'appliquant aux auteurs qu'il recommandait comme modèles. Désigne, depuis Voltaire, spécialement la littérature française du XVIIe s. — Dér. : **classicisme,** 1845.

CLAUDICATION, XIIIe. Empr. du lat. *claudicatio*, dér. du verbe *claudicare* (de *claudus* « boiteux »).

CLAUSE, XIVe. Empr. du lat. médiéval *clausa*, tiré de *clausus*, part. passé de *claudere* « clore », cf. le lat. class. *clausula*, de même formation, dont il a pris le sens.

CLAUSTRAL, 1471. Empr. du lat. médiéval *claustralis*, dér. de *claustrum*, au sens médiéval de « cloître ».

CLAVEAU, terme d'architecture, v. **clef.**

CLAVEAU « maladie des bêtes à laine ». Lat. de basse ép. *clavellus* (Ve s., Marcellus Empiricus), dim. de *clavus* « clou » ; cette maladie a été ainsi nommée parce que, desséchées, les pustules qu'elle fait naître, ressemblent à des têtes de clou enfoncées. — Dér. : **clavelée,** XVe.

CLAVECIN, 1611 (*clavessin*, orthographe encore usitée au XVIIIe s.) ; antér. *clavycimbale*, 1447. Empr., avec apocope de la terminaison, du lat. médiéval *clavicymbalum*, propr. « cymbale à clavier », comp. de *clavis*, « clef » et de *cymbalum*.

CLAVELÉE, v. **claveau.**

CLAVICULE, 1541. Empr. du lat. *clavicula* « petite clef » auquel les médecins ont donné son sens particulier, à cause de la forme des clavicules.

CLAVIER, v. **clef.**

CLAYÈRE, CLAYETTE, CLAYON, v. **claie.**

CLEARING, 1948. Empr. de l'angl. *clearing* « action de régler une créance, une dette ».

CLEF. Lat. *clāvis*. It. *chiave*, esp. *llave*, a. pr. *clau*. La locution *clef des champs* a déjà été relevée vers 1317. — Dér. : **claveau** (de porte), 1380 ; **clavette,** XIIe, au sens propre de « petite clef » ; **clavier,** XIIe, signifiait aussi alors « porte-clefs ». — Comp. : **porte-clefs,** vers 1600.

CLÉMATITE, 1559 (avec le suff. *-ide*). Empr. du lat. *clematitis* (du grec *klêmatitis*, de *klêma* « sarment »).

CLÉMENT, 1213 ; **clémence,** 1260. Empr. du lat. *clemens, clementia.*

CLENCHE, XIIIe. Anc. francique **klinka*, correspondant à l'all. *Klinke*, moyen néerl. *klenke*. Seulement fr. du Nord. — Dér. : **déclencher,** 1732, **déclenchement.** 1863. — Comp. : **enclancher,** 1870.

CLEPHTE, 1824 (Fauriel, *Chants populaires de la Grèce moderne*). Empr. du grec moderne *klephthês*, grec anc. *kleptês* « voleur » ; avec ce dernier mot ont été formés **cleptomane,** fin XIXe, **cleptomanie,** 1872.

CLEPSYDRE, XIVe (écrit *clepsidre*). Empr. du lat. *clepsydra* (du grec *klepsydra*, le récipient inférieur dérobant *(kleptein)* l'eau *(hydôr)* du récipient supérieur).

CLERC. Lat. eccl. *clēricus* (du grec *klêrikos*), dér. de *clērus* « clergé » (du grec *klêros* propr. « lot reçu par le sort ou par héritage », qui traduit dans la Bible l'hébreu *na'ala*, mot par lequel Dieu se déclare l'héritage des Lévites, *Deutéronome*, XVIII, 2, etc., d'où, dans le grec eccl., « les chrétiens » et partic. « le clergé considéré comme ayant Dieu pour héritage »). Opposé au laïc, a signifié au moyen âge le lettré ; au sens de « secrétaire, qui travaille dans un office », XVe. — Dér. : **clergeon,** XIIIe ; **clergie,** XIIe, avec *-g-* d'après le suiv.

CLERGÉ. Lat. eccl. *clēricātus*, dér. de *clēricus*, v. le préc.

CLÉRICAL, XIVe ; **cléricature,** 1429. Empr. du lat. eccl. *clericalis, clericatura* (médiéval). — Dér. de *clérical* : **cléricalisme,** 1867 ; **anticlérical,** 1866.

CLICHER. Fin XVIIIe. Onomatopée, évoquant le bruit que produisait alors la matrice s'abattant sur le métal en fusion. — Dér. : **clichage,** 1809 ; **cliché,** *id.* ; **clicheur,** 1835.

CLIENT, 1437 ; **clientèle,** 1352. Empr. des mots lat. *cliens, clientela*, termes de la langue politique ; d'abord employés en parlant des clients des hommes de loi ; le sens commercial date de 1829.

CLIGNER, XIIe. Surtout *cluignier* au moyen âge, devenu *cligner* d'après *guigner*. Peut-être **clūdiniāre*, issu de **clūdināre* « fermer à demi les yeux », dérivé de *clūdere* (autre forme de *claudere* « fermer ») avec un suff. rare, mais qui n'est pas sans exemples, cf. *farcinare* « farcir » ; v. aussi **traîner.** — Dér. : **clignement,** XIIIe (sous la forme *cloi-*) ; **clignoter,** XVe (antér. *clignetter*), d'où **clignotement,** 1546 ; **clin** (d'œil), XVe. — Comp. : **cligne-musette,** 1534, altération de *cligne-mussette*, XVe (cf. aussi *climusette*, XVIIe et XVIIIe s.), dér. d'un mot non attesté **cligne musse*, formé des impér. de *cligner* et de *musser* « se cacher ».

CLIMAT, XIIe Empr. du lat. *clima, climatis* (du grec *klima*, propr. « inclinaison », d'où « obliquité d'un point de la terre par rapport au soleil », puis « région », sens empr. au XIIIe s.). A pris aussi le sens d' « atmosphère morale, milieu », depuis Lamartine. — Dér. : **climatérique,** 1812, par confusion avec l'anc. adj. *climatérique*, 1554, empr. du lat. *climactericus*, avec altération par croisement avec *climat* (du grec *klimaktêrikos*, propr. « qui va par échelons *(klimaktêr)* »), qui se disait d'années critiques, se succédant de 7 en 7, et particulièrement de l'année 63e (7 × 9) ; **climatique,** fin XIXe ; **acclimater,** 1776, passe pour avoir été créé par Raynal, d'où **acclimatation,** 1832, **acclimatement,** 1801.

CLIN, v. **cligner.**

CLINIQUE, 1626, subst. fém. (B.) ; 1696, adj. Empr. du lat. *clinicus* (du grec *klinikos*, dit « du médecin qui visite les malades », de *klinê* « lit »), par opposition à l'*empirique* qui avait alors un sens défavorable.

CLINQUANT, XVIe, antér. *clicquant*, XVe. Part. prés. de l'anc. verbe *clinquer*, rarement attesté, « faire du bruit », d'où « attirer l'attention », d'où « briller », variante de *cliquer*, peut-être d'après le néerl. *klinken* « résonner », v. le suiv. et **quincaille.**

CLIP, 1951. Empr. de l'angl. *clip* « agrafe ».

CLIPPER, 1845. Empr. de l'angl. *clipper*, id., propr. « qui coupe (les flots) ». Par analogie « avion de transport transocéanique », 1938.

CLIQUE, XIVe, **cliquet,** XIIIe ; **cliqueter,** XIIIe ; **cliquetis,** XIIIe, **cliquette,** 1230 (B.) ; dér. de l'anc. verbe *cliquer* « faire du bruit », onomatopée, v. le préc. — Dér. : **déclic,** 1510, subst. verbal d'un anc. verbe *décliquer*, vers 1310.

CLISSE « osier tressé servant à faire des clayons à fromages, des enveloppes à bouteilles, etc. », attesté sous la forme *clice* au XIIe-XIIIe s. au sens de « éclat de bois allongé » ; même mot que l'afr. *esclice* « éclisse », dont il est sorti par aphérèse de la syllabe *es-* prise pour un préfixe ; comp. *panier d'esclisses* « clayon à fromage » en 1380, devenu *esclisse* au XVIe s., aujourd'hui *éclisse* ; *clisse* et *éclisse* sont encore aujourd'hui souvent pris l'un pour l'autre. *Clisse* est usuel en poitevin au sens de « claie, clôture ». — Dér. : **clisser,** 1546 (Rab.).

CLITORIS, 1611. Empr. du grec *kleitoris.*

CLIVER, 1723. Empr. du néerl. *klieven*. qui correspond à l'all. *klieben* et à l'angl, *to cleave*, propr. « fendre » ; on connaît l'importance de l'industrie diamantaire à Amsterdam. — Dér. : **clivage,** 1755.

CLOAQUE, XIVe (Bersuire). Empr. du lat. *cloaca* « égout ». Depuis l'origine, seulement au sens fig., sauf quand on parle de la grande *Cloaque* ou des égouts de Rome, et en ce cas fém.

CLOCHE. Lat. de basse ép. *clocca*, VIIe s. *(Vie de saint Colomban)* ; d'origine celtique, cf. l'anc. irl. *cloc*, de même sens, qui a été apporté sur le continent par les moines irlandais ; se trouve en outre dans les dialectes it. du Nord et le port. *choca* « sonnaille » ; mais l'it., l'esp. et l'a. pr. disent *campana*, lat. *campāna*. *Cloche* est aujourd'hui le terme des parlers septentrionaux et du Sud-Ouest, *campana* celui du prov., du languedocien et du Sud du Massif Central. — Dér. : **clocher,** *subst.*, XIIe ; se dit partout dans les parlers gallo-romans, sauf des dér. de *campana* dans l'extrême Sud-Est, la région catalane et quelques parlers pyrénéens ; d'où, par dérivation anormale, **clocheton,** vers 1700 ; **clochette,** XIIe *(clokette).*

CLOCHER, *verbe*. Lat. pop. **cloppicāre*, dér. de l'adj. pop. *cloppus* « boiteux », v. **clopin-clopant,** cf. de même a. pr. *clopchar*. — Dér. : **clochard,** 1928. — Comp. : **cloche-pied (à),** XIVe (Christine de Pisan).

CLOISON. Lat. pop. **clausiōnem*, acc. de **clausiō*, dér. de *clausus* « clos ». A. pr. *clauzon*. Jusqu'au XVIe s. a le sens plus large d' « enclos, enceinte ». — Dér. : **cloisonnage,** 1676 ; **cloisonné,** 1742.

CLOÎTRE. Spécialisé dès l'origine ; rare au sens général d' « enceinte », et probabl. pas d'après son sens étymologique, mais par figure. Lat. *claustrum* « enclos, enceinte », devenu régulièrement *clostre*, rarement attesté et de bonne heure remplacé par *cloistre*, par croisement avec *cloison* dont le sens était moins restreint qu'aujourd'hui. — Dér. : **cloîtrer,** 1623.

CLOPIN-CLOPANT, 1668 (La Fontaine). Comp. de l'anc. adj. *clopin* et de *clopant*, part. prés. du verbe *cloper*, 1611, encore berrichon et normand, tous deux dér. de l'anc. adj. *clop* « boiteux » ; *clop* représente le lat. de basse ép. *cloppus*, qui, avec sa consonne double, paraît une onomatopée évoquant le bruit fait par la marche lourde des boiteux. — Dér. : **clopiner,** XVIe (Paré).

CLOPORTE, XIIIe. Comp. de l'anc. impér. de *clore*, *clo*, et de *porte* ; dit ainsi parce que ce crustacé se replie sur lui-même au moindre contact, par comparaison avec un homme qui, en présence d'un danger, ferme sa porte ; cf. la même expression dans le parler des Abruzzes *ndzerraporte* (qui équivaut à un it. *inserra porta*, de *inserrare* « fermer »).

CLOQUE, 1765. Mot picard qui correspond au fr. *cloche* ; non attesté au sens du fr. mais en des sens analogues, par exemple « espèces d'ampoules qui se forment sur l'eau, quand il pleut ».

CLORE. Ne s'emploie plus qu'à certaines formes et dans des locutions ; a cédé la place à *fermer*, en raison de l'anomalie de ses formes et de l'homonymie de plusieurs formes de *clore* et de *clouer*, cf. encore au XVIe s. *clouant les yeux* (Amyot), *clouant le nez et la bouche* (Paré). Lat. *claudĕre*. Ne survit aujourd'hui que dans les parlers méridionaux (a. pr. *claure*) et dans quelques parlers du Nord-Est, de l'Est et de la Suisse romande. It. *chiudere*, d'après *clūdĕre*. — Dér. et Comp. : **clos,** XIIe, d'où **closerie,** 1449 ; **déclore,** XIIe ; **forclore,** XIIe, d'où **forclusion,** 1446, d'après *exclusion*. V. **éclore, enclore.**

CLÔTURE. Sens fig. depuis le XVe s. Lat. *clausūra* (d'où l'a. fr. *closure* et l'it. *chiusura*), refait d'après les nombreux mots en *-ture*. — Dér. : **clôturer,** 1795.

CLOU. Lat *clāvus*, qui signifie également « furoncle » ; de même a. pr. *clau*. It. *chiodo*. — Dér. : **clouer,** XIIe, concurrencé en gallo-roman par *clouter*, Nord-Ouest, *clouler*, Est, *cloutrer*, région rhodanienne (le fr. connaît aussi *clouter*, XVIe (aujourd'hui surtout au part. *clouté*), fait d'après *cloutier*) ; d'où **déclouer,** XIIe, **déclouure,** *id.* ; **enclouer,** *id.*, **enclouure,** *id.*, **désenclouer,** 1580 ; **reclouer,** XIIe ; **cloutier,** XIIIe (en a. fr. autres formes : *clouetier*, etc., d'après *clouet*, XIIIe, etc.), d'où **clouterie,** 1486 (*claueterie*, 1202).

CLOVISSE, 1867 (d'abord *clovis*, 1858, indiqué comme venant de Marseille). Empr. du prov. *clauvisso*, fém., altération de *claussisso*, dér. de *claus* « clos », propr. « qui se ferme » (Cotgrave, en 1611, signale déjà *clouïsse* comme marseillais).

CLOWN, 1823. Empr. de l'angl. *clown*, propr. « rustre ». — Dér. : **clownerie,** 1869,

CLOYÈRE, v. **claie.**

CLUB, 1702, par rapport à l'Angleterre. en France l'usage de se réunir en clubs n'est attesté que depuis 1774, devenu usuel seulement un peu avant la Révolution. Empr. de l'angl. *club* (au même sens au XVIIe s.). — Dér. : **clubiste,** 1784. De même empr. de l'angl. *clubman* « membre d'un club » **clubman,** 1862.

CLUSE, 1832 (attesté une première fois au XVIe s. chez Du Pinet, qui est de la Franche-Comté). Empr. du parler du Jura, où il représente le lat. *clūsa*, autre forme de *clausa*, propr. « endroit fermé ».

CLYSTÈRE, XIIIe. Empr. du lat. *clyster* (du grec *klystêr*, de *klyzein* « laver »).

CO-. Préf. empr. du lat. *co*, autre forme de *cum*, « avec ».

COADJUTEUR, XIIIe (J. de Meung). Empr. du lat. de basse ép. *coadjutor*, comp. de *adjutor* « aide ».

COAGULER, XIIIe. Empr. du lat. *coagulare*, v. **cailler.** — Dér. : **coagulable,** 1608 ; **coagulation,** vers 1360.

COALITION, 1718. Empr. de l'angl. *coalition* (du lat. *coalescere* « s'unir »). Une première fois formé en fr., 1544. — Dér. : **coaliser,** 1784, d'après les verbes en *-iser*.

COALTAR, 1850. Empr. de l'angl. *coaltar*, comp. de *coal* « charbon » et de *tar* « goudron ».

COASSER, 1564 ; d'abord *coaxer*, XVIe. Mot onomatopéique, empr. du lat. *coaxare*, lui-même fait sur le grec *koax* (Aristophane). — Dér. : **coassement,** 1671 (*coaxement*, XVIe, par confusion avec *croassement* « cri du corbeau »).

COBALT, 1723 (en outre *cobold*, 1671). Empr. de l'all. *Kobalt*, variante d'origine non déterminée de *Kobold* « sorte de lutin », dit de ce métal pour une cause analogue à celle qu'on propose pour *nickel*.

COBAYE, 1820. Empr. du lat. des naturalistes *cobaya*, XVIIIe (Linné), empr., comme *cabiai*, XVIIIe (Buffon), du tupi *sabúja*, à l'*s-* duquel les imprimeurs portugais ont substitué d'abord un *ç-*, ensuite un *c-*.

COBRA, 1587 *(cobra capel)*. Empr. du port. *cobra capelo* ou *cobra de capelo*, dit ainsi à cause de la peau en forme de capuchon que ce serpent a sur la tête ; *cobra* représente le lat. *pop.* **colōbra*, v. **couleuvre.**

COCA, 1568 (écrit *cocca*). Empr. de l'esp. *coca*, ancienn. *cuca*, empr. lui-même de *cuca*, *coca* de l'aimara (Est de l'Argentine) ou du quechua. — Dér. : **cocaïne,** 1856, abrégé familièrement en *coco* (fin XIXe).

COCAGNE, vers 1200 (écrit *quoquaigne*). Fréquent au moyen âge comme nom propre : « pays de Cocagne ». On rapproche l'it. *cuccagna*, de même sens, et, d'autre part, le moyen néerl. *kokenje*, propr. « petit gâteau de sucre et de sirop, donné aux enfants à l'occasion des foires annuelles » ; mais l'histoire du mot reste obscure.

COCARDE, 1530. Dér. de l'a. fr. *coquart*, *coquard* « sot, vaniteux », propr. « coq », encore dans les patois. — Dér. : **cocardier,** 1858.

COCASSE, 1739 (en 1650, nom propre). Variante de *coquard*, v. le préc. — Dér. : **-erie,** 1837.

COCCINELLE, 1754. Empr. du lat. des naturalistes *coccinella*, formé sur l'adj. lat. *coccinus* « écarlate », dér. de *coccum* « cochenille », d'où « écarlate » (du grec *kokkos*) ; dit ainsi à cause de la couleur des élytres de la coccinelle.

COCCYX, 1541. Empr. du grec *kokkyx*, propr. « coucou » ; ce sens est dû à une comparaison avec le bec du coucou.

COCHE, « entaille », XIIe. D'après l'it. *cocca*, de même sens, et l'a. pr. *encocar* « encocher », on rétablit le lat. pop. **cocca*, dont l'origine est obscure. L'it. *cocca* « petit bouton qui garnit les deux extrémités du fuseau », d'où « sommet, lisière », est de la même origine. Tous ces mots sont tirés du lat. *coccum* « grain de kermès ; excroissance d'une plante ». Les bords d'une entaille ressemblent à une excroissance. — Dér. : **cocher,** 1304 ; **décocher,** XIIe ; **encocher,** XIIe, **encoche,** 1542.

COCHE, « grande voiture », 1545. Souvent fém. au XVIe s. Empr. de l'all. *Kutsche*, fém., ordinairement considéré comme emprunté du hongrois *kocsi*, du nom de lieu

Kocs, près de Raab, Nord-Est de la Hongrie, où se trouvait un poste de relais. Un auteur espagnol, d'Avila, indique en 1548 que l'esp. *coche* est d'origine hongroise. On a proposé aussi le tchèque *colchi* qui serait attesté dès 1440 à Kosice (Kassau). S'est répandu dans toutes les langues voisines : it. *cocchio*, forme altérée, angl. *coach*, etc. — Dér. : **cocher,** *subst.*, 1560 ; (porte) **cochère,** 1611.

COCHE, « bateau pour voyageurs », XIIIe (Beaumanoir). Fém. jusqu'au XVIe s. ; *coche d'eau*, à partir du XVIIe s., pour le distinguer du préc. Les formes *cogue, coque*, etc., usuelles au moyen âge dans des textes du Nord-Est et normands, sont influencées par le moyen néerl. *cogghe*, qui est lui-même probabl. empr. du gallo-roman. Tout le groupe remonte très probabl. au lat. de basse ép. *caudĭca* « sorte de canot ».

COCHE, v. **cochon.**

COCHENILLE, 1578. Empr. de l'esp. *cochinilla*, propr. « cloporte », sens encore usité aujourd'hui (de *cochino* « cochon », de même origine que le fr. *cochon*) dit au XVIe s. de la cochenille, qui vit sur le nopal au Mexique, et qui fut pour les Espagnols une grande source de richesse.

COCHER, *verbe*, v. **coche** « entaille ».

CÔCHER (ou *cocher* d'après *coq*) « couvrir (la femelle) », 1680. Altération de l'a. fr. *chaucher*, encore usité au XVIIe s., d'après le picard *cauquer*, propr. « presser, fouler », v. **cauchemar,** lat. *calcāre*, cf. de même it. *calcare*, a. pr. *calcar ;* attesté au sens moderne dès le XIIIe s., mais signifie encore « presser, fouler » au XVIe s., et aujourd'hui dans beaucoup de patois.

COCHEVIS, 1327. Souvent désigné par des mots onomatopéiques, par exemple wallon *koklivi*, solognot *cochelirieu ;* mais ceux-ci peuvent être des altérations du mot fr. dont la formation reste obscure.

COCHON, 1091. Signifie surtout « jeune porc » jusqu'au XVIIe s. Probabl. formé d'après les cris qui servent à appeler les porcs *(koš koš). Cutiones* « cloportes » de Marcellus Empiricus, Ve s., ne convient pas pour la forme ; peut du reste avoir une origine analogue, le cloporte étant souvent désigné par le nom du porc. On propose aussi d'y voir un dér. de *coche* « entaille », les truies et les verrats châtrés étant souvent marqués d'une entaille à l'oreille. Surtout dans les parlers septentrionaux. Esp. *cochino*. — Dér. : **coche,** XIIIe ; **cochonner,** 1808, au sens moderne ; au sens de « mettre bas », 1403 ; **cochonnerie,** 1688 ; **cochonnet,** XIIIe.

COCKER, 1863. Empr. de l'angl. *cocker*.

COCKTAIL, 1860. Empr. de l'anglo-américain *cocktail*, littéral. « queue de coq », terme d'argot, réduction de l'angl. *coktailed horse*, « cheval auquel on a coupé la queue de sorte qu'elle se redresse en haut » ; cette opération ne se faisant pas aux chevaux de race, mais seulement aux bâtards, le mot signifie ensuite « cheval de moindre valeur » et finalement « homme de mœurs abâtardies ». Le passage au sens de « boisson faite du mélange de l'alcool à autre chose » est attesté en angl. dès 1806.

COCO, « fruit du cocotier », 1529 ; au sens de « boisson faite avec du bois de réglisse, etc. », dit ainsi d'après le lait de coco, 1808. Empr. du port. *coco*, antér. « croquemitaine » (également esp.), appliqué par plaisanterie au fruit du cocotier, à cause de sa forme et de son aspect hirsute. *Coco* est un représentant du lat. *coccus*, v. **coche.** — Dér. : **cocotier,** 1701.

COCO, terme enfantin au sens d' « œuf », etc., 1821. Réduplication onomatopéique de **coque.** Le sens de « vilain personnage », attesté dès 1790, est une extension plaisante de *coco*, qui sert familièrement à désigner les enfants, etc.

COCON, 1600. Empr. du prov. *coucoun*, également « coque d'œuf », dér. de *coco* « coque », v. **coque.**

COCOTTE, terme enfantin, 1843. Terme de formation onomatopéique, d'après le cri de la poule, comp. **coq.** Au sens de « femme de mœurs légères », 1789, comp. le sens analogue de *poule*.

COCOTTE, « sorte de casserole ». 1807. Variante de *coquasse*, 1542, issu de *coquemar* par changement de suff. ; ce dernier est dér. du lat. de basse ép. *cucuma* « casserole » (aussi *cuccuma*), comp. it. *cúccuma*, etc.

COCU, XIVe. Variante onomatopéique de *coucou ;* désigne d'abord l'oiseau, encore au XVIe s. ; l'a. fr. **disait** *cous* (altéré en *coup*, fém. *coupe*, d'où *coupaud, coupereau, coupir*, d'après *coupe* « faute », v. **coulpe**), de même origine ; l'emploi fig. est dû au fait que la femelle du coucou aime à changer de compagnon. — Dér. : **cocuage,** 1513 ; **cocufier,** 1660 (Molière).

CODA, 1838. Empr. de l'it. *coda*, propr. « queue ».

CODE, XIIIe. Empr. du lat. juridique *codex*, propr. « planche », d'où « planchette, recueil, livre », etc. Repris sous la forme lat. *codex*, 1826, comme terme de pharmacie. — Dér. : **codifier,** 1835 ; **codification,** 1819 (Saint-Simon).

CODÉINE, 1832. Mot formé avec le grec *kôdeia* « tête de pavot » par le chimiste Robiquet qui découvrit ce corps.

CODICILLE, 1270. Empr. du lat. juridique *codicillus*, propr. « tablette », d'où « mémoire, etc. » (de *codex*, v. **code**). — Dér. : **codicillaire,** 1562 (n'est pas empr. du lat. *codicillaris*, qui a un autre sens).

COEFFICIENT, v. **efficient.**

COERCIBLE, 1766 ; **coercitif,** 1559 ; **coercition,** 1586. Le 1er est dér. du lat. *coercere* « contraindre », le 2e du part. passé *coercitus*, le 3e empr. du nom d'action *coercitio* (de *coercere*). — Dér. de *coercible ;* **incoercible,** 1762.

CŒUR. Lat. *cor*, décliné **coris*, etc., en lat. pop., au lieu du lat. class. *cordis*. La médecine grecque appelait l'entrée de l'estomac *kardia*, propr. « cœur », dénomination qui fut traduite en lat. par *cor*, ce qui explique des expressions telles que *avoir mal au cœur* et le dér. **écœurer,** 1642, d'où **écœurement,** 1870. L'anatomie grecque plaçait dans le cœur aussi le siège des puissances affectives et de la sensibilité et même celui du courage et de l'intelligence. C'est ce qui explique l'expression *par cœur*, vers 1200. It. *cuore*, esp. *corazón* (dér.). — Dér. et Comp. : **courage,** vers 1080 *(Roland)*, distinction de sens plus nettement établie à partir du XVIIe s., d'où **courageux,** XIIe, **décourager,** XIIIe, **découragement,** XIIe; **encourager,** *id.*, **encouragement,** XIIIe; **contre-cœur (à),** XIVe ; **sans-cœur,** 1808.

COFFIN, v. le suiv.

COFFRE. Lat. de basse ép. *cŏphĭnus* (du grec *kophinos* « sorte de corbeille »). It. *cofano* « panier », esp. *cuébano* « mannequin, panier de vendange ». A été repris de bonne heure sous la forme *coffin*, XIIIe, au sens lat. ; *coffin* est aujourd'hui employé dans la région au nord de Paris au sens d' « étui destiné à contenir la pierre à aiguiser du faucheur » ; les parlers méridionaux l'emploient au sens de « panier, corbeille », v. **couffe.** — Dér. et Comp. : **coffrage,** 1838 ; **coffrer,** 1544 ; **coffret,** XIIIe; **coffrage** (t. de construction), 1907 ; **décoffrer,** 1948 ; **encoffrer,** 1382 ; **coffre-fort,** 1589.

COGNÉE. Lat. pop. *cuneāta (cuniada, Capitulaires de Charlemagne)*, fém., pris substantiv., de l'adj. *cuneātus* « en forme de coin » (de *cuneus*) ; a d'abord dû s'employer comme adj. de *ascia*, *securis*, autres noms de la hache, également fém., v. aussi **hache.**

COHABITER, vers 1375 ; **cohabitation,** XIIIe. Empr. du lat. de basse ép. *cohabitare*, *cohabitatio*.

COHÉRENT, 1539 ; **cohérence,** 1524. Empr. du lat. *cohaerens* (part. prés. du verbe *cohaerere* « être attaché ensemble »), *cohaerentia*. — Dér. : **incohérence,** 1729 ; **incohérent,** 1751.

COHÉSION, 1675. Dér. sav. du lat. *cohaesus*, part. passé de *cohaerere*, v. le préc.

COHOBER, 1615. Empr. du lat. des alchimistes *cohobare*, dér. de l'arabe *qohba* « couleur brunâtre », propr. « donner une couleur plus forte à un liquide distillé ». — Dér. : **cohobation,** 1615.

COHORTE, 1213, au sens propre du lat. ; sens fig. de bonne heure. Empr. du lat. *cohors*, *cohortis ;* sens fig. déjà lat.

COHUE, 1235. Au moyen âge « halle » (dans l'Ouest) et « audience de juges seigneuriaux » en Normandie ; sens moderne, 1638. Du moyen breton *cochuy*. Le mot et ses dér. vivent surtout dans les régions limitrophes de la Bretagne.

COI, COITE (fém. relevé en 1798 ; antér. *coie*). Lat. pop. *quētus*, lat. class. *quiētus*. Les parlers gallo-romans n'en ont plus que des traces : *au coi* « à l'abri », Est et Nord-Est, un type *être coi* « se faire, se tenir tranquille », franco-prov. et parlers méridionaux. It. *cheto*, esp. *quedo*, a. pr. *quet*.

COIFFE. Lat. de basse ép. *cofia* (VIe s.), d'un germ. occidental *kufia*, cf. it. *(s)cuffia*, esp. *(es)cofia*. — Dér. : **coiffer,** XIIIe ; **décoiffer,** *id.* ; **recoiffer,** 1550 (Ronsard) ; **coiffeur,** 1669 ; **coiffeuse,** 1647, dans un titre ; **coiffure,** vers 1500.

COIN. Au sens d' « angle », XIIe ; terme de monnaie, *id.* Lat. *cŭneus* « coin à fendre », déjà emplois fig. d'après la forme triangulaire du coin. It. arch. *cogno*, esp. *cuña*, nom d'instrument, *cuño*, terme de monnaie, a. pr. *conh*, aux deux sens. Les parlers gallo-romans l'ont remplacé au sens propre par un type *coignet*, Nord-Est, Est et Sud-Est ; au sens de « coin (de la maison) » il est concurrencé notamment par *quarre*, masc. et fém., lat. *quadrus* « carré », Est, *canton*, parlers méridionaux. — Dér. et Comp. : **coincer,** 1773 ; **écoinçon,** 1334 ; **enco(i)gnure,** 1504 ; **recoin,** 1549 ; **cogner,** XIIe ; **cogne** « gendarme », argot et pop., 1800 ; **rencogner (se),** 1638 (Chapelain) par l'intermédiaire d'un anc. verbe *enco(i)gner* « mettre dans un coin », encore attesté au XVIe s.

COÏNCIDER, XIVe (Oresme). Empr. du lat. scolastique *coincīdere*, propr. « tomber ensemble » (de *incīdere* « tomber »). — Dér. : **coïncidence,** 1464 ; **coïncident,** 1503.

COING. Orthographe du XVIIIe s. (1718), mais déjà dans Rabelais, d'après *cognasse* et pour le distinguer orthographiquement de *coin*. Le lat. hésite entre les deux formes *cydoneum* (du grec *kydōnia māla*) et *cotoneum*. Les rapports entre les deux formes ne sont pas éclaircis définitivement. Ou bien *cydoneum* représente le nom de la ville *Cydōnēa* en Crète, et alors la substitution de *-t-* à *-d-* provient du fait que le nom aurait été transmis aux Romains par les Etrusques ; ou bien le nom vient de la ville *Kytōnion* en Asie Mineure et a été modifié en *cydoneum* sous l'influence du nom de la ville crétoise. A. pr. *codonh*, it. *cotogno*, arbre ; *cotogna*, fruit. — Dér. : **cognasse,** 1534 (écrit *coi-*), d'où **cognassier,** 1611, qui a supplanté *coignier*, 1255, encore usité en Normandie et dans les parlers centraux.

COÏON, v. **couille.**

COÏT, XIVe. Empr. du lat. *coitus* (de *coire*, proprement « aller ensemble »).

COKE, 1827 (*coak*, 1773, par orthographe hyperanglicisante). Empr. de l'angl. *coke*. — Dér. : **cokerie,** 1882.

COL, v. **cou.**

COLBACK, 1823. Plus rarement *kalpack*. Introduit, pour désigner une coiffure des chasseurs à cheval de la garde consulaire, après l'expédition d'Egypte (1798), à l'imitation de la coiffure des mamelucks, dite *kalpak*, mot qui vient lui-même du turc *qalpāq* « bonnet de fourrure, répandu chez les peuples de Turquie et des régions voisines (d'où antér. *kalepak*, 1657 ; *calpa*, 1672).

COLCHIQUE, 1628. Empr. du lat. médiéval *colchicum*, lat. class. *colchicum* (du grec *kolkhikon*, propr. « plante de Colchide »; cette plante a été ainsi nommée parce qu'elle est vénéneuse et que la Colchide est la patrie de l'empoisonneuse Médée).

COLD-CREAM, 1827. Empr. de l'angl. *cold-cream*, littéral. « crème froide ».

-COLE. Deuxième élément de mots savants composés, tels que **vinicole,** 1842; **viticole,** 1823, etc., formés d'après le mot fr. *agricole* ou le lat. *agricola*, etc.

COLÉOPTÈRE, 1754. Empr. du latin des naturalistes *coleopterum* fait sur le grec *koleopteros*, composé de *koleos* « étui », et de *pteron* « aile »; dit ainsi parce que les élytres supérieures de cet insecte servent comme d'étuis aux deux autres.

COLÈRE, 1416. Empr. du lat. *cholera*, propr. « choléra », qui a pris le sens de « maladie bilieuse », d'où « bile », par confusion avec le grec *kholê* « bile »; fréquent en ce sens au moyen âge et au XVIe ; celui de « colère » est déjà attesté chez saint Jérôme, IVe. A supplanté au XVIe, l'a. fr. *ire*, lat. *īra*, encore usité au XVIIe et plus tard par tradition littéraire ou régionale. — Dér. : **coléreux,** XVIe ; **colérique,** XIVe ; antérieurement « bilieux », XIIIe ; **décolérer,** 1835.

COLIBRI, 1640. Attesté en fr. longtemps avant les autres langues. Peut-être empr. d'un diminutif de l'occitan *colobro* « couleuvre » porté aux Antilles par les colons français. Les colibris sont connus pour la vivacité de leurs accès de colère et de leurs mouvements offensifs, ainsi que pour le chatoiement de leurs plumes rappelant le vernis des reptiles.

COLIFICHET, 1640. En raison de son sens propre « morceau de papier découpé, puis collé sur du bois », etc., on a voulu y voir un comp. de *coller* et *ficher*, mais *coeffichier*, subst., relevé au XVe, qui paraît se rapporter à la coiffure, est un dér. de *coiffe*, et *colifichet* peut en être une altération d'après *coller*, avec finale d'après *affiquet*.

COLIMAÇON, 1529. V. **limace.**

COLIN, poisson, 1380. S'appelle en néerl. *kole* (= charbon) ou *kolefisch* (poisson-charbon). Le fr. a emprunté les deux formes : *cole* (Eust. Deschamps) et *colfisch* (Belon); il a fini par remplacer la deuxième partie de *colfisch* par le suffixe indigène *-in*. Le lat. médiéval *carbonarius* est une transposition du nom néerl.

COLIN-MAILLARD, 1532 (Rab.). Comp. des deux noms propres *Colin* (fréquent à cette époque dans diverses acceptions familières, cf. des noms de jeux indéterminés *Colin bridé*, 1534, Rab., *osles moi de Colinet*, XVe) et *Maillard*, pour une raison non élucidée.

COLIN-TAMPON, 1573. Aujourd'hui uniquement dans les locutions : *s'en moquer, s'en soucier comme de colin-tampon*. Propr. « batterie de tambour des Suisses », d'où « les Suisses eux-mêmes », comp. de *Colin*, v. le préc., et de *tampon*, par plaisanterie d'après *tambour*.

COLIQUE, XIIIe. Empr. du lat. *colica*, fém. pris substantiv. de l'adj. *colicus*, « qui souffre de la colique » (du grec *kôlikos*, de *kôlon* « gros intestin »; de celui-ci est emprunté le lat. *colon*, d'où le fr. **côlon,** XIVe).

COLIS, 1723. En outre *coli*, encore chez Littré. D'abord usité surtout à Marseille et à Lyon. Empr. de l'it. *colli*, pluriel de *collo* « cou », d'où « charge sur le cou », par un développement sémantique hardi.

COLLABORER, 1842; **collaborateur,** 1775; **collaboration,** 1771. Le premier est empr. du lat. de basse ép. *collaborare* (de *laborare* « travailler »), les deux autres sont des dér. sav. de ce verbe.

COLLATÉRAL, XIIIe. Empr. du lat. médiéval *collateralis* (de *latus, -teris*, « côté »).

COLLATION, terme juridique, 1276. Empr. du lat. médiéval *collatio* qui a reçu ce sens d'après *conferre*, v. **conférer.** Le sens de « repas léger », XIIIe, vient de l'usage des moines de faire un repas léger après une conférence du soir, dite *collation*. — Dér. : **collationner** « faire un léger repas », 1549.

COLLATION, 1370 (Oresme), au sens de « comparaison »; d'où « comparaison d'une copie avec un original, etc. ». Empr. du lat. *collatio*, v. le précédent, « comparaison », propr. « réunion » (sens parfois repris en a. fr.) (de *collatus*, part. passé de *conferre*, v. **conférer**). — Dér. : **collationner,** 1345.

COLLE, XIIIe. Lat. pop. **colla* (du grec *kolla*). — Dér. : **collage,** 1544; **coller,** 1375, d'où **colle,** 1840, argot des écoles; sans rapport direct, semble-t-il, avec *colle* « tromperie », ancien argot, 1455, qui continue à vivre dans les patois avec le sens de « mensonge »; **collant,** 1868; **colleur,** 1544; **recoller,** 1380; **décoller,** 1382, d'où **décollement,** 1653; **encoller,** 1324, d'où **encollage,** 1771, **encolleuse,** 1877.

COLLECTE, XVe, au sens moderne, issu de l'ancien sens « levée des impôts », XIVe ; **collecteur,** 1330; **collectif,** 1495 (comme t. de grammaire déjà au XIIIe); **collection,** 1680, au sens moderne, issu de l'ancien sens « réunion, etc. », XIVe. Empr. du lat. *collecta*, *collector* (créé à basse époque), *collectivus*, *collectio* (de *colligere*, « recueillir, réunir »). — Dér. : 1° de *collectif* : **collectivisme,** 1849; **collectiviste,** 1876; **collectivité,** 1852; 2° de *collection* : **collectionner,** 1840; **collectionneur,** 1829 (Sainte-Beuve s'excuse encore en 1857 de l'employer).

COLLÈGE, 1308. Empr. du lat. *collegium*, qui désignait divers groupements, voir le suivant. Le sens d' « établissement scolaire » ne paraît qu'au XVIe. — Dér. : **collégial,** 1350; **collégien,** 1743.

COLLÈGUE, env. 1500. Empr. du lat. *collega*.

COLLERETTE, v. **collier.**

COLLET, COLLETER, v. **cou.**

COLLIER. Le lat. *collare* est flanqué dès le ve d'une forme *collarium*, née par substitution de suffixe. En a. fr. les deux formes du mot vivent côte à côte *(coler, colier)*. Depuis le xve, *collier* l'emporte aux sens de « collier de cheval » et « ornement de cou », mais beaucoup de patois gardent *coler* au sens de « collier de vache ou de chien ». — Dér. : **collerette,** 1309.

COLLIGER, 1535. Empr. du lat. *colligere* « réunir ».

COLLIMATEUR, 1873. Tiré de *collimation*, 1776, dér. du lat. des astronomes *collimare* (p. ex. de Kepler, en 1604) « viser », qui est une forme fautive prise dans quelques anciennes éditions de Cicéron et d'Aulu-Gelle pour *collineare* (de *linea* « ligne »).

COLLINE, 1555. Les géomètres du Bas-Empire avaient formé à l'aide de l'adj. *collinus* (de *collis* « colline ») l'expression *loca collina* « colline qui s'étend assez loin », dont ils ont tiré un subst. *collina* tout court. De là le mot fr., qui n'est probablement pas un emprunt, mais un mot régional de l'Ouest.

COLLISION, xve. Empr. du lat. *collisio* « choc, heurt ».

COLLODION, 1848. Dér. du grec *kollôdês* « collant », dér. de *kolla* « colle ».

COLLOÏDE, 1845 ; **colloïdal,** 1855. Empr. des mots angl. *colloid*, *colloidal*, formés par le chimiste Graham (1805-1869) avec le grec *kolla* « colle », et le suff. scientifique *-id*, correspondant au fr. *-ide*.

COLLOQUE, xvie (Marot). Empr. du lat. *colloquium* « entretien », d'après le titre *Colloquia*, écrit célèbre d'Érasme.

COLLOQUER, xiie. Empr. du lat. *collocare* « placer ».

COLLUSION, 1290. Empr. du lat. jurid. *collusio*, dér. de *colludere*, « s'entendre avec un autre au préjudice d'un tiers ».

COLLYRE, xiie. Empr. du lat. *collyrium* (du grec *kollyrion*, proprement « emplâtre, onguent »).

COLMATER, 1845 ; **colmatage,** *id.* Dér. de *colmate*, 1835, emprunté de l'it. *colmata* « comblement » et « terrain comblé », dér. de *colmare* « combler » ; le colmatage a pris naissance en 1781, en Toscane, où un arrêté du grand-duc, plus tard l'empereur Léopold II, le rendit obligatoire.

COLOMBAGE, COLOMBE, v. **colonne**

COLOMBE, xie. Du lat. *columba*, surtout pour des emplois littéraires. Pour l'a. fr. *coulon*, v. **pigeon.**

COLOMBIER. Lat. *columbārium.*

COLOMBIER, « sorte de papier », 1752. Nom propre du fabricant.

COLOMBIN, xiiie (adj.). Du lat. *columbinus* « couleur de pigeon » ; en ce sens, du xve au xviiie ; autres sens, en partie d'après le latin ; cf. *colombine* « fiente de pigeon, servant d'engrais », 1743, et le lat. *columbinum stercus*, de même sens.

COLON, 1556 ; antér. au sens ancien, xive (Bersuire), ou avec un sens jurid. particulier ; **colonie,** xive (Bersuire). Empr. du lat. *colonus*, *colonia.* — Dér. : **colonial,** 1776 ; **coloniser,** 1790, **colonisateur,** 1835, **colonisation,** 1769, **colonisable,** 1838 ; **décoloniser,** 1960.

CÔLON, v. **colique.**

COLONEL, 1534. De 1542 jusqu'à la fin du xvie, surtout *coronel* (l'esp. a encore cette forme). Empr. de l'it. *colonello*, dér. de *colonna* au sens de « troupe en colonne ».

COLONNE. Lat. *columna.* L'a. fr. présente une forme **colombe** (xie-xve), encore dans les dictionnaires, qui résulte d'un effort pour maintenir artificiellement la prononciation latine *-mn-* ; d'où **colombage,** 1340. — Dér. : **colonnade,** 1740 (d'abord *colonnate*, 1675, d'après l'it. *colonnato*, masc.) ; **colonnette,** 1546. — Comp. : **entre-colonnement,** 1567 ; on trouve aussi **entre-colonne,** au xvie, sur le modèle du lat. *intercolumnium.*

COLOPHANE, xvie (antér. *colofonie*, xiiie ; *colophone*, encore aux xviie et xviiie). Altération du lat. *colophonia* (du grec *kolophônia*, sous-entendu *pissa* ou *rêtinê* « résine »), propr. « résine de Colophon (en Asie-Mineure) » peut-être par croisement avec *diaphane*, cette substance ayant une certaine transparence.

COLOQUINTE, 1372 ; en outre *colocynthe*, 1546 (Rab.) ; *coloquintide*, xive-xve. Empr. du lat. *colocynthis* (du grec *kolokynthis*).

COLORER, xie. Du lat. *colorare*, d'après lequel il a été refait. — Dér. : **coloration,** xve.

COLORIS, 1615. Empr., avec modification de la terminaison (*-is*, au lieu d'*-i*), de l'it. *colorito*, dér. du verbe *colorire* « colorier ». L'a. fr. a eu aussi un verbe *colorir*, disparu au xiiie. — Dér. : **colorier,** 1660, d'où **coloriage,** 1830 ; **coloriste,** 1660.

COLOSSE, xve. Empr. du lat. *colossus* (du grec *kolossos*). — Dér. : **colossal,** xvie.

COLPORTER, 1539 ; **colporteur,** 1389. Altération de *comporter* « porter, transporter, supporter », lat. *comportāre* « transporter » et du dér. *comporteur*, xiie, en *colporter*, *colporteur*, sous l'influence de l'expression *porter a col ;* au xvie, *colporter* signifie aussi « porter (sur les épaules) un mort à la sépulture » ; en outre, *contre-porter*, *-eur*, du xvie au xviiie s. — Dér. : **colportage,** 1723.

COLT, 1895. Empr. de l'anglais d'Amérique *colt*, nommé d'après son inventeur S. Colt († 1862).

COLTINER, v. **cou.**

COLUMBARIUM, 1752, comme terme d'antiquité ; récent au sens moderne. Empr. du lat. *columbarium*, proprement « colombier ».

COLZA, 1671. En outre *colsa*, 1700 ; *colsat*, 1723. Empr. du néerl. *koolzaad*, littéral. « semence *(zaad)* de chou *(kool)* ». A pénétré en fr. grâce à l'importation de grandes quantités de graines de colza au XVIIe ; la culture du colza s'est étendue en France au XVIIIe.

COMA, 1658. Empr. du grec médical *kôma* (génitif *-tos*), propr. « sommeil profond ». — Dér. : **comateux,** 1616.

COMBATTRE. Lat. pop. **combattere*, lat. de basse époque *combattuere*, v. **battre.** — Dér. : **combattant,** 1472 ; **combat,** 1530 ; **combativité,** 1838 ; **combatif,** fin XIXe s.

COMBE. Gaul. **cumba*, cf. gallois *cwm* « vallée ». Vit dans les parlers de l'Italie septentrionale, et les parlers gallo-romans au sud d'une ligne qui va de l'embouchure de la Loire aux Vosges Mérid.

COMBIEN, v. **bien.**

COMBINER, XIIIe. Empr. du lat. de basse époque *combinare*, proprement « unir deux choses ensemble ». — Dér. : **combinaison,** vers 1660 (une fois dans Oresme, antér. *combination*, XIVe s., d'après le latin de basse époque *combinatio*), d'où **combine,** fr. pop., fin XIXe ; au sens de « vêtement de dessous », 1895, fait sur le modèle de l'anglo-américain *combination*.

COMBLE, *subst.* Lat. *cŭmŭlus* « monceau », d'où « comble » au sens figuré dès le lat.

COMBLE, *adj.*, v. le suivant.

COMBLER, Lat. *cumulāre* « amonceler ». Seulement gallo-roman : anc. prov. *comolar*, *comblar*. — Dér. : **comble,** *adj.*, vers 1210.

COMBUGER, 1694. Mot angoumois et bourbonnais, qui contient la forme régionale correspondante à *buer*, v. **buée.**

COMBURANT, 1789 (Lavoisier) ; dit d'abord de l'oxygène. Empr. du lat. *comburens*, part. prés. de *comburere* « brûler ».

COMBUSTION, 1150. Empr. du lat. de basse ép. *combustio*, v. le précédent. — Dér. : **combustible,** XIVe.

COMÉDIE, XIVe (Oresme). Empr. du lat. *comoedia* « comédie » et « pièce de théâtre » (du grec *kômôidia* « comédie »). Oresme et Evrart de Conty emploient le mot uniquement dans les passages où ils exposent les pensées d'Aristote sur le théâtre grec ; la comédie grecque est pour eux l'équivalent des Miracles. Le mot *comédie* n'appartient à l'usage français que depuis que Jodelle a appelé ainsi sa pièce *Eugène* (1552). Au XVIIe désigne souvent toute pièce de théâtre, comme parfois en latin, d'où « théâtre », cf. *Comédie-Française*. — Dér. : **comédien,** env. 1500 (en outre, au XVIe, *comedian(t)*, d'après l'it. *commediante*) ; sens d'après celui de *comédie* « pièce de théâtre ».

COMESTIBLE, XIVe. Dér. sav. de *comestus*, part. passé du verbe *comedere* « manger ».

COMÈTE, vers 1138. Empr. du lat. *cometa*, masc. et fém. (du grec *komêtês*, masc., propr. « (astre) chevelu », de *komê* « chevelure ») ; parfois masc. du XVIe au XVIIIe.

COMICE . Empr. du lat. *comitium*, qui désignait aussi bien l'assemblée du peuple romain que la place où elle se tenait. Dans ce dernier sens, il a été emprunté par le traducteur Bersuire (XIVe, *comice*), dans le premier il est attesté depuis 1694, au plur., par rapport à la vie politique de l'ancienne Rome. Il est devenu vraiment fr. seulement depuis que, vers 1760, le Marquis de Turbilly appela ainsi en Anjou des réunions agricoles qu'il organisait pour favoriser le développement de l'agriculture.

COMIQUE, XIVe. Empr. du lat. *comicus* (du grec *kômikos*).

COMITÉ, 1650 (écrit *committée*). Empr. de l'angl. *committee*, probabl. dér. du lat. médiéval *committere* « confier » (lat. *committere*).

COMMANDER. Lat. pop. **commandāre*, refait de *commendare* sur *mandāre*. Le sens class. de *commendare* était « confier, recommander », et ce sens vit en fr. jusqu'au XVe. Il passe alors définitivement au dér. *recommander*, attesté d'abord au sens de « livrer » dans Saint-Léger, au sens actuel depuis le XIIIe. Depuis César, le lat. *commendare* a aussi le sens de « donner un ordre », courant en fr. depuis les premiers textes. Le sens commercial de *commander* n'est attesté que depuis 1690. — Dér. et comp. : 1° au sens de « recommander » : **commande** (« protection, garde », de 1213 à la Révolution, « câble, corde qui sert à retenir qch. » dep. 1494) ; **recommandation,** 1150 ; **recommandable,** env. 1450 ; 2° au sens de « donner un ordre » : *commandeur*, XIIe ; **commanderie,** 1387 ; **commandement,** 1050, Alexis ; **commandant,** 1671 (le sens strictement militaire de *commander* étant attesté dep. 1573 ; Napoléon avait aussi appelé un grade de la Légion d'honneur *commandant*, titre que la Restauration remplaça aussitôt par *commandeur* pour rapprocher la Légion des anciens ordres de chevalerie, où ce titre avait été en vigueur depuis le XIIIe) ; *larmes*, *joie de commande*, 1658, La Fontaine ; 3° au sens commercial **commande,** 1540 ; **décommander,** 1807.

COMMANDITE, 1673. Empr. de l'it. *accomándita* « dépôt, garde », formé comme *láscito*, etc. — Dér. : **commanditaire,** 1727 ; **commanditer,** 1809.

COMMANDO, 1902. Empr. du port. *commando*, qui désignait d'abord un corps de troupes chez les Boers. Le mot fut repris ensuite pendant la deuxième guerre mondiale pour désigner un détachement de prisonniers de guerre, etc.

COMME, XIe *(Alexis)*. Du XIe jusqu'au commencement du XVIe aussi *com*, du lat. *quomodo*, qui, dès le Ve, était devenu *quomo*, conservé aussi en a. it. esp. a. port. *como*.

Comme est sorti de *com* par adjonction de la conj. *et (e)*; des expressions comme *quomodo et tu* sont attestées en lat. depuis le IIIe, et it. a. port. *come* ont la même origine. Les plus anciens textes fr. font, du reste, encore une différence sensible entre *com* et *come*, employant le premier pour introduire une phrase comparative *(paien s'en fuient com Damnesdeus le volt)*, le deuxième devant un subst. ou un adj., donc dans la comparaison raccourcie (Roland : *or i fiert come ber*). L'a. fr. *come* est ainsi une formation analogue à a. prov. acat. port. *coma*, néap. *comma*, qui viennent de *quomodo ac*. Dans la question le fr. recourt depuis le XIe s., à *comment*, de *com* et *-ment*, le suff. adverbial étant passé des adverbes employés dans la réponse à l'adv. interrogatif. Au XIVe, *comment* pénètre du reste du domaine de la comparaison dans celui de la question, et jusqu'à la fin du XVIIe *comme* et *comment* s'emploient assez souvent indifféremment. Pour *combien*, v. *bien*.

COMMÉMORATION, XIIIe. Empr. du lat. *commemoratio*. — Dér. : **commémoratif,** XVIe.

COMMÉMORER, 1508-1675, de nouveau dep. 1823. Empr. du lat. *commemorare*.

COMMENCER. Des trois verbes lat. pour « commencer », *coepisse* a disparu tout à fait, *incipere* est conservé dans le roum. *incep* et le rhétoroman *antscheiver*, *inchoare* dans l'occit. *encar*. Depuis le IVe, le lat. a fait passer le verbe *initiare* du sens « initier » à celui plus profane de « commencer », et il l'a bientôt renforcé en **cominitiare*, d'où fr. *commencer*, pr. *comensar*, it. *cominciare*, cat. *comensar*, esp. *comenzar*. — Dér. : **commencement,** XIIe ; **recommencer,** 1080 *(Roland)*, **recommencement,** 1546.

COMMENDE, 1461 ; **commendataire,** XVe. Termes eccl., empr. du lat. médiéval *commenda*, *commendatarius* (de *commendare* « confier », v. **commander**).

COMMENSAL, 1418. Empr. du lat. médiéval *commensalis* (de *mensa* « table »).

COMMENSURABLE, XIVe (Oresme). Empr. du lat. de basse ép. *commensurabilis* (de *mensura* « mesure »). — Dér. : **commensurabilité,** 1672.

COMMENTER, 1314 ; **commentaire,** XVe s. Empr. du lat. *commentari* (de *mens*, *mentis* « esprit »), propr. « réfléchir », d'où « étudier, imaginer » et « commenter », seul sens emprunté, *commentarius* (repris au sens de « mémoire » dans le titre *Commentaires de César*). — De même empr. du lat. *commentator* : **commentateur,** XIVe (Oresme).

COMMERCE (1370, G. de Machault, *commerque*, *commerce* dep. 1468). Empr. du lat. *commercium* (de *merx*, *mercis* « marchandise ») ; le sens de « relations pour l'échange des marchandises » est dominant depuis le début ; mais le sens de « relations sociales » est usuel dep. 1540. — Dér. d'après le premier sens : **commerçant,** 1695 ; **commercer,** 1405 ; **commercial,** 1749, d'où **commercialiser,** 1872.

COMMÈRE. Lat. eccl. *commāter* « marraine », attesté depuis Grégoire de Tours, comme un peu plus tard *compater*. Ces deux termes exprimaient le fait que les personnes en question partageaient avec le père et la mère la responsabilité pour l'enfant. On appelait donc *commère* et *compère* la *marraine* et le *parrain* d'un enfant dans leurs rapports avec les parents de l'enfant et dans les rapports qu'ils avaient entre eux, tandis que *marraine* et *parrain* exprimaient leurs rapports avec l'enfant. Cette double terminologie a été trop subtile pour se conserver, et *commère* et *compère* ont dévié dans des significations secondaires, cédant la place à *marraine* et *parrain* ; notre sens familier existe déjà au moyen âge. It. *comare*, esp. *comadre* ; a. pr. *comaire*. — Dér. : **commérage,** 1776 (au sens moderne ; 1546 (Rab.) au sens de « baptême ») ; au sens de « relations entre commères et compères », 1549-1660.

COMMETTRE. Lat. *committĕre* « mettre ensemble, joindre, commettre, confier ». — Dér. : **commettant,** 1563 ; **commis,** dér. du verbe au sens de « préposer », 1320, au sens commercial dep. 1675.

COMMINATOIRE, 1455. Empr. du lat. médiéval des juristes *comminatorius* (de *comminari* « menacer »).

COMMISÉRATION, XIIe. Empr. du lat. *commiseratio* (de *miserari* « plaindre, avoir pitié de »).

COMMISSAIRE, 1314. Empr. du lat. médiéval *commissarius* (de *committere* « préposer »). — Dér. : **commissariat,** 1752.

COMMISSION, XIIIe. Empr. du lat. *commissio* « concours, etc. », pour servir de substantif abstrait à *commettre* au sens de « préposer ». — Dér. : **commissionnaire,** 1506 ; **commissionner,** 1462. — Comp. : **sous-commission,** 1871.

COMMISSURE, 1314. Empr. du lat. *commissura* (de *committere* au sens de « joindre »).

COMMODE, 1475 ; **commodité,** env. 1400. Empr. du lat. *commodus*, *commoditas*. — Dér. de *commode* : **commode,** sorte d'armoire, 1705 ; **commodément,** 1531.

COMMODORE, 1760. Empr. de l'angl. *commodore*, probabl. altération du néerl. *kommandeur*, de même sens, qui est lui-même d'origine française.

COMMOTION, XIIe. Empr. du lat. *commotio* « mouvement » et « émotion » (de *commovere* « (é)mouvoir »).

COMMUER, 1361 (Oresme). Empr. du lat. *commutare* « (é)changer », francisé d'après *muer* (v. **commutation**) ; d'abord au sens gén. de « transformer »; sens jurid. dep. 1680.

COMMUN. Fém. en *-e* dès les premiers textes. Lat. *commūnis*. — Dér. : **communal,** XIIe ; sert aussi à *commune*, v. le suivant, dep. la Révolution, d'où **communauté** (1284, probabl. refait de l'a. fr. *communité*, empr. du lat. *communitas*, d'après l'adj. *communal*) ; **communément** (dep. Froissart) ; **communisme,** 1840 ; **communiste,** 1834 (Lamennais), déjà en 1769 au sens de « copropriétaire ».

COMMUNE, *comugne* du XIIe au XIVe, surtout dans les textes du Nord, devenu *comune*, d'après le fém. de l'adj. précédent. — Lat. pop. *commūnia*, plur. n. de *communis*, pris comme subst. f. au sens de « réunion de gens ayant une vie commune ». — Dér. de *Commune*, nom du mouvement révolutionnaire qui eut lieu à Paris en 1871 : **communard,** 1871.

COMMUNIER, X[e] *(Saint-Léger)*. Empr. du lat. eccl. *altari communicare* « approcher de l'autel pour recevoir la sainte hostie » (saint Augustin), v. **communiquer.** — Dér. : **communiant,** 1531.

COMMUNION, env. 1120. Empr. du lat. eccl. *communio* (qui a, dès le IVe s., les deux sens de « union de ceux qui professent la même croyance » et de « participation au sacrement de l'Eucharistie »), en lat. class. « communauté », dér. de *communis*, v. **commun.**

COMMUNIQUER, XIVe (Oresme) ; **communicatif,** *id.* ; **communication,** *id.* Empr. du lat. *communicare*, propr. « mettre en commun », en outre, en lat. de basse ép., « être en relations avec », *communicativus* (de basse ép. et rare), *communicatio*. — Dér. : **communicable,** 1380, d'où **incommunicable,** 1541 (Calvin) ; **communiqué,** *subst.*, 1856.

COMMUTATEUR, 1858. Dér. sav. du lat. *commutare* « (é)changer », v. **commuer.**

COMMUTATION, XIIe. Empr. du lat. *commutatio* « changement », v. **commuer.** Le sens de « transformation d'une peine » n'apparaît qu'en 1680.

COMPACT, 1377 (Oresme). D'abord *compac*, ensuite *compacte* pour les deux genres ; le masc. *compact* dep. 1705. Empr. du lat. *compactus* « resserré », part. passé du verbe *compingere* « assembler ».

COMPAGNIE, vers 1080 *(Roland)*. Nombreux sens techn., militaires et autres, à partir du XVe s. Dér. de l'a. fr. *compagne*. lat. pop. **compānia* « compagnie », usité jusqu'au XVe s. (en outre *compagnée*, d'après le verbe *compagner*, jusqu'au XVIIe s.).

COMPAGNON. Lat. pop. *compāniōnem*, acc. de *compāniō* (Loi Salique), formé de la préposition *cum* « avec » et de *pānis* « pain » sur le modèle d'un mot germanique, cf. le got. *gahlaiba* (composé de *ga* « avec » et de *hlaiba* « pain », c'est-à-dire « qui mange son pain avec »), mot apporté par les Germains des armées du Bas-Empire ; le nom *compāniō* est représenté par l'anc. nom. *compain*, encore usité au XVIe, et conservé dans le fr. pop. **copain.** — Dér. : 1° de *compain* : **compagne,** XIIe ; **accompagner,** XIIe, au moyen âge surtout *s'accompagner à* « être de compagnie avec », ou *accompagner* « associer », jusqu'au XVIe ; sens musical au XVe s. ; sens moderne dès le XIIe ; d'où **accompagnateur,** XVIIe s. (Sévigné, au sens musical ; peu usité autrement) ; **accompagnement,** XIIIe s., au sens musical, 1690 ; 2° de *compagnon* : **compagnonnage,** 1719.

COMPARAÎTRE, 1437. Réfection, d'après *paraître*, de l'a. fr. *comparoir*, XIIIe, encore dans les dict., empr. du lat. jurid. du moyen âge *comparere* (en lat. class. ne signifie qu' « apparaître »). — Dér. : **comparution,** 1453, d'après le part. passé *comparu*.

COMPARER, env. 1200 ; **comparable,** *id.* ; **comparaison,** XIIe ; **comparatif,** 1290. Empr. du lat. *comparare*, *comparabilis*, *comparatio*, *comparativus*.

COMPARSE, 1669. Empr. de l'it. *comparsa*, fém., « personnage muet dans une pièce de théâtre », proprement « apparition », part. passé du verbe *comparire* « apparaître, se faire voir » ; a désigné d'abord et jusqu'en 1835 l'action de figurer dans un carrousel ; sens moderne dep. 1798.

COMPARTIMENT, 1546 (Rab.). Empr. de l'it. *compartimento*, dér. du verbe *compartire* « partager ». — Dér. : **compartimenter,** fin XIXe.

COMPASSER. Ne s'emploie plus que dans des sens techn. et au part. passé pris adjectiv. Jusqu'au XVIIe signifie « mesurer, régler, etc. ». Lat. pop. **compassāre* (de *passus* « pas »), proprement « mesurer ». It. *compassare* « mesurer », esp. *compasar*. — Dér. : **compas,** XIIe *(Voyage de Charlemagne)*, d'abord « mesure, règle », etc., surtout dans des locutions *à compas*, *par compas* « d'une manière régulière, etc. », celle-ci encore usitée au XVIe ; sens moderne, XIIe.

COMPATIBLE, 1447. Dér. sav. du lat. *compati*, v. le préc. — Dér. et Comp. : **compatibilité,** 1564 ; **incompatible,** 1370, d'où **incompatibilité,** 1466.

COMPATIR, 1541 ; **compassion,** XIIe. Empr. du lat. de basse ép. *compati*, *compassio*.

COMPATRIOTE, XVe. Empr. du lat. de basse ép. *compatriota*, v. **patriote.**

COMPENSER, 1277 ; **compensation,** 1290. Empr. du lat. *compensare* (de *pensare* « peser »), propr. « peser ensemble pour comparer », d'où « compenser », *compensatio*. — Dér. : **compensateur,** 1798.

COMPÈRE. Lat. eccl. *compater* « parrain », formé comme *commāter*, et avec un sens correspondant, v. **commère.** Sens fam. dès le moyen âge ; au sens péj. 1768 (Voltaire). — Dér. : **compérage,** XIIIe. — Comp. : **compère-loriot,** v. **loriot.**

COMPÉTER, 1371 (Oresme) ; **compétent,** 1240 ; **compétence,** 1470. Empr. du lat. *competere* au sens de « revenir à » dans la langue jurid., d'où « compéter », *competens*, terme jurid., *competentia*, propr. « juste rapport » (pris pour servir de substantif à *compétent*) ; v. le suiv.

COMPÉTITEUR, 1402. Empr. du lat. *competitor* (de *competere*, parfois trans. au sens de « rechercher, briguer » (proprement intrans. « se rencontrer (en parlant de chemins), etc. », v. le préc.).

COMPÉTITION, 1759. Empr. de l'angl. *competition*, lui-même empr. du lat. de basse ép. *competitio*, v. le préc.

COMPILER, XIIIe ; **compilateur,** 1425 ; **compilation,** XIIIe. Empr. du lat. *compilare*, propr. « piller », *compilator*, *compilatio*.

COMPLAINTE. Ne s'emploie plus qu'au sens de « chanson populaire sur quelque événement tragique », 1800 ; antér. « plainte (en justice) », XIIe. Dér. de l'anc. verbe *complaindre (se)*, lat. pop. **complangere*, comp. de *plangere*, v. **plaindre** ; cf. it. *compiangere* « plaindre ».

COMPLAIRE, 1373 (une 1re fois vers 1120). Empr. du lat. *complacere* « plaire beaucoup », francisé d'après *plaire*. — Dér. : **complaisant,** 1556 ; **complaisance,** 1370 (Oresme).

COMPLÉMENT, 1690. Empr. du lat. *complementum* (de *complere* « remplir, combler »). Dans les quelques passages où l'on trouve *complement* au XIVe et au XVIe, il signifie « accomplissement » et est probabl. dér. du verbe a. fr. a. pr. *complir* « accomplir ». — Dér. : **complémentaire,** 1791.

COMPLET, 1300. Empr. du lat. *completus*, part. passé du verbe *complere* « emplir, achever ». — Dér. : **compléter,** 1733, d'où **complètement,** *subst.*, 1750 ; **décompléter,** 1779.

COMPLEXE, terme de logique, 1667. Empr. du lat. *complexus*, part. passé de *complecti* « enlacer, contenir ». — Dér. : **complexité,** 1755.

COMPLEXION, XIIe. Empr. du lat. *complexio* (v. le préc.), propr. « assemblage », d'où, à basse ép., « tempérament ».

COMPLICE, 1320. Empr. du lat. de basse ép. *complex, -icis*, propr. « uni étroitement », d'où « complice ». Le sens jurid. est postérieur, en fr., au sens moral ; le mot a donc été introduit par l'Église. — Dér. : **complicité,** 1420.

COMPLIES, XIIe. En a. fr. surtout sing. Du lat. médiéval eccl. *completa (hora)*, *completae horae*, sous l'influence de l'anc. verbe *complir* « accomplir, achever », lat. pop. **complīre*, lat. class. *complēre*.

COMPLIMENT, 1604. Empr. de l'esp. *cumplimiento*, dér. de *cumplir* « accomplir », dans la locution *cumplir con alguien* « être poli envers quelqu'un ». — Dér. : **complimenter,** 1634 ; **complimenteur,** 1622.

COMPLIQUER, env. 1400 ; **complication,** 1377. Empr. du lat. *complicare*, propr. « lier ensemble », d'où « embarrasser », *complicatio* (créé à basse ép.). Jusqu'au commencement du XIXe, il n'existe du verbe que le part. passé, employé comme adj.

COMPLOT, XIIe. D'abord « foule serrée » ; sens moderne dès la même ép. En outre en a. fr. *complote*, fém. Et. inconnue. — Dér. : **comploter,** XVe.

COMPONCTION, XIIe. Empr. du lat. eccl. *compunctio*, propr. « piqûre » (de *compungere* « piquer », d'où « affecter », et, au passif, « être repentant »).

COMPORTER. Lat. *comportāre* « transporter », qui a dû prendre à basse ép. le sens de « supporter » ; en a. fr., outre les sens modernes, « porter, transporter (v. **colporter**), supporter ». — Dér. : **comportement,** 1475.

COMPOSER, XIIe ; **composite,** 1361 ; **compositeur,** 1274 « auteur », 1406-1675 ; sens musical dep. 1549 ; sens typogr. dep. 1550 ; **composition,** 1155 (Wace). Empr. du lat. *componere* (avec francisation d'après *poser*, francisation suggérée par le radical *pos-* qui se trouve dans des formes de *componere*), *compositus*, *compositor*, *compositio*. — Dér. de *composer* : **décomposer,** 1541 (Calvin), **décomposable,** 1790, **indécomposable,** 1738 ; **décomposition,** 1694, d'après *composition ;* **recomposer,** 1549 ; **surcomposé,** 1749. V. **déposer,** etc.

COMPOST, v. **compote.**

COMPOSTEUR, 1675, au sens moderne. Empr. de l'it. *compostore*, de *composto*, part. passé de *comporre* « composer ». — Dér. : **compostage,** vers 1930.

COMPOTE. Lat. pop. **compŏsita*, fém. pris substantiv. de *compŏsitus*, part. passé de *compōnere* « composer » ; a pris le sens de « mélange », cf. l'a. fr. *compost*, à la fois adj. au sens de « composé », et subst. au sens de « mélange », et partic. « engrais » (d'où l'angl. *compost* repris par le fr. techn. **compost,** 1740). — Dér. : **compotier,** 1746.

COMPRÉHENSION, 1448 ; **compréhensible,** XVe (au XIVe *-able*) ; **compréhensif,** 1834 ; parfois au XVIe. Empr. du lat. *comprehensio*, *comprehensibilis*, *comprehensivus* (créé à basse ép.) (de *comprehendere*), v. le suiv.

COMPRENDRE. Lat. pop. *comprendĕre*, lat. class. *comprehendĕre*, proprement « saisir » ; le sens intellectuel du verbe « embrasser par la pensée, le sens, la nature, la raison de quelque chose, les paroles de quelqu'un » apparait pour la première fois dans les écrits de Cicéron et vit aussi dans toutes les langues rom. ; toutefois il est rare en franç. avant le XVe s., où *comprendre* commence à supplanter *entendre* dans cette acception. It. *comprendere*, esp. *comprender*. — Dér. : **incompris,** XVe ; **comprenette,** fam., 1886

COMPRESSE, 1539 (sens moderne). Antérieur. « action de presser, accabler », XIIIe *(Roman de la Rose)*, sens disparu au XVe. Dér. de l'anc. verbe *compresser* « presser, accabler », encore usité au XVIe, empr. du lat. *compressāre*.

COMPRESSIBLE, 1648. Dér. sav. de *compressus*, part. passé du verbe *comprimere* « comprimer ». — Dér. : **compressibilité,** 1680 ; **incompressible,** *id.*, d'où **incompressibilité,** *id.*

COMPRESSION, vers 1360. Empr. du lat. *compressio* (de *comprimere*). — Dér. : **compressif,** env. 1400 ; aussi en lat. médiéval *compressivus*.

COMPRIMER, XIVe (Bersuire). Empr. du lat. *comprimere* « serrer, presser » (de *premere*, de même sens) ; a remplacé la forme héritée *compriendre* (XIIe-XIVe) et *compresser*, v. **compresse.** — Dér. : **comprimé,** *subst.*, 1878.

COMPROMETTRE, 1283. Empr. (avec francisation d'après *prometire*) du lat. jurid. *compromittere* « prendre l'engagement de, s'en remettre à la décision d'un arbitre, faire un compromis », sens principal jusqu'au XVIIIe, encore dans le Code civil ; sens moderne, 1690 ; en m. fr. en outre « promettre », sens du lat. class.

COMPROMIS, 1243. Empr. du lat. jurid. *compromissum*, v. le préc. — Dér. : **compromission,** 1787 (formé une première fois au moyen âge, 1262, au sens de « compromis ») ; a suivi le sens du verbe précédent.

COMPTER, var. orthogr. de *conter*, par réaction étym., qui apparaît dès le XIIIe, mais ne fut choisie définitivement qu'à partir du XVe pour le sens propre de « compter », l'anc. orthogr. *conter* ayant été réservée pour le sens figuré de « raconter » ; pour ce développement sémantique, cf. l'all. *zählen* « compter », *erzählen* « conter » (c'est-à-dire « énumérer les détails d'un événement »). Lat. *compŭtāre* « compter » (de *putāre*, de même sens), qui a dû prendre le sens de « conter » dans le parler pop. Dér. et Comp. : 1° de *compter :* **comptable,** 1340 (au sens moderne ; en outre a signifié au XIIIe « qui peut, doit être compté »), d'où **comptabilité,** 1579 ; **comptant,** 1265 (au XVe et au XVIe, a été rapproché de *content*, cf. *veult paier ses debtes contentes*, Charles d'Orléans, *Ballade*, 103) ; **compte,** XIIIe (*conte* au XIIe) ; remonte au lat. de basse ép. *compŭtus* « compte » ; le comp. *compte courant*, 1675, est un calque de l'it. *conto corrente ;* **compteur** (1752 comme terme d'horlogerie ; 1834 « mécanisme servant à compter » ; du XIIIe au XVe *comteur*, au sens de « celui qui compte ») ; **comptoir,** 1354 ; **acompte** ou **à-compte,** 1740, ne continue pas l'a. fr. *aconte*, de même sens, disparu avant le XVIe, subst. verbal d'*aconter*, mais est un comp. du subst. *compte ;* **décompter,** XIIe, d'où **décompte,** 1276 ; **mécompte,** XIIe, dér. de *mécompter*, XIIe, encore dans les dict. ; **recompter,** 1409. — Dér. et Comp. : 2° de *conter :* **conte,** XIIe (v. **compte**) ; **contes-bleus,** 1664 (Molière), probabl. d'après les contes de fées ou récits d'aventures publiés dans la *Bibliothèque Bleue*, ainsi nommée à cause de sa couverture bleue ; **conteur,** XIIe ; **raconter,** XIIe (dér. itératif de l'a. fr. *aconter* « raconter », XIIe-XIVe ; le sens itératif est encore vivant dans les premiers passages que nous avons de *raconter*), **racontable,** XIIe-XIIIe s., **inracontable,** 1876 ; **racontar** (pour *-ard*), 1867.

COMPULSER, XVe (au sens de « contraindre »). Empr. du lat. *compulsare* « contraindre » qui, dans la langue jurid., a pris le sens partic., aujourd'hui disparu, d' « exiger, en vertu d'un acte officiel, communication d'une pièce », d'où le sens moderne, 1803. — Dér. : **compulsif,** 1762 (J.-J. Rousseau), une première fois en 1584 ; **compulsoire,** 1446.

COMPUT, 1584. Empr. du lat. de basse ép. *computus* « compte ». D'abord *compot*, XIIe, et *compost*, encore au XVIIIe, par confusion avec l'adj. *compost* « composé », v. **compote.**

COMTE. Lat. *comitem*, acc. de *cŏmes* « compagnon » nom., d'où l'a. fr. *cuens*, qui était d'abord le cas sujet, *comte*, cas oblique ; *comes* a pris dès le règne de Constantin le sens de « haut personnage faisant partie de la suite de l'Empereur, délégué que l'Empereur envoyait avec pleins pouvoirs dans les provinces ». Les Mérovingiens et les rois visigoths conservèrent ce titre pour désigner leurs envoyés, d'où esp. port. *conde* aussi, tandis que l'it. *conte* est empr. du fr. Sous les Carolingiens le développement de la féodalité finit par faire de *comte* un titre de noblesse. — Dér. : **comté,** XIIe ; flottement du genre en a. fr., d'après les mots abstraits en *-té*, cf. **duché, parenté,** d'où le fém. de *La Franche-Comté ;* it. *contado*, esp. *condado*, a. pr. *comtat (Comtat-Venaissin) ;* **comtesse,** 1080.

CON. Lat. *cŭnnus.*

CONCASSER. Lat. *conquassāre*, propr. « secouer fortement », d'où « briser », v. **casser.** Seulement gallo-roman. — Dér. : **concasseur,** 1856.

CONCAVE, 1314 ; **concavité,** 1314. Empr. du lat. *concavus* (de *cavus* « creux »), *concavitas* (créé à basse ép.).

CONCÉDER, XIIIe ; **concession,** 1264. Empr. du lat. *concedere*, propr. « quitter une place », d'où « céder, concéder » (de *cedere*, v. **céder**), *concessio.* — Dér. : **concessionnaire,** 1664.

CONCEPT, XVe-XVIe au sens de « dessein, projet », sens philos. dep. 1404. Empr. du lat. *conceptus* « le fait de contenir, réunion, procréation » (de *concipere* « concevoir »), qui a pris dans la langue eccl. de sens de « conception de l'esprit ».

CONCEPTION, au sens intellectuel, 1315. Empr. du lat. *conceptio* (de *concipere*), v. le préc. ; sens philos. développé dans la langue eccl.

CONCEPTION, au sens physiologique, XIIe. Empr. du lat. *conceptio*, v. les préc.

CONCEPTUEL, 1863. Empr. du lat. scolast. *conceptualis* (de *conceptus*, v. **concept,** fait sur le modèle de *spiritualis*, v. **spirituel**). — Dér. : **conceptualisme,** 1832.

CONCERNER, 1385. Empr. du lat. scolast. *concernere*, qui a développé ce sens sur celui de « réunir en passant au crible, mélanger », que le verbe avait en lat. de basse ép.

CONCERT, 1560. Empr. de l'it. *concerto* « accord », subst. verbal de *concertare* « se concerter », lat. *concertāre* « rivaliser », d'où « se mettre d'accord ». Comme terme musical, 1611 ; l'it. *concerto* a été repris sous cette forme, 1739 (De Brosses), et pour un autre sens que *concert*. — Dér. : **concerter,** XVIe, ou empr. de l'it. *concertare*, d'où **déconcerter,** XVIe.

CONCETTI, 1753. Empr. de l'it. *concetti*, pluriel de *concetto* (empr. aussi en 1739), propr. « conception, pensée », d'où « saillie » (correspond pour la forme au fr. *concept*) ; ne s'emploie au sing. que depuis peu.

CONCEVOIR. Lat. *concĭpĕre* « prendre, saisir », d'où, d'une part « recevoir la semence, devenir enceinte », et, d'autre part, « former une conception ». Au moyen âge, surtout « devenir enceinte » ; le sens intellectuel, qui n'est attesté que dep. le XIVe, est probabl. dû au lat. écrit. — Dér. : **concevable,** 1584 ; **inconcevable,** 1584 ; **préconçu,** vers 1640.

CONCHYLI(O)-. Premier élément de mots sav. comp., tels que **conchyliologie,** 1742, tiré du grec *konkhylion* « coquillage ».

CONCIERGE, 1195 (écrit *cumcerges*). Au moyen âge a le sens plus étendu de « gardien ». Probabl. lat. pop. **conservius*, issu du lat. class. *conservus* « compagnon d'esclavage », sous l'influence du lat. *serviens*, seulement en fr. — Dér. : **conciergerie,** 1318.

CONCILE, vers 1138. Empr. du lat. eccl. *concilium*, en lat. class. « assemblée », v. les suiv.

CONCILIER, XIIe, rare avant le XVIe ; **conciliabule,** 1549 ; **conciliation,** XIVe. Empr. du lat. *conciliare* « assembler », d'où « concilier », *conciliabulum* « assemblée », pris d'abord pour désigner un concile irrégulier, d'où le sens moderne, XVIIe. — Dér. de *concilier :* **conciliateur,** XIVe ; **conciliable,** 1787 ; **conciliatoire,** 1775 (une première fois 1583) ; **inconciliable,** 1752.

CONCIS, 1553. Empr. du lat. *concīsus*, propr. « tranché », part. passé de *concīdere*. — Dér. : **concision,** 1709 (déjà aux XVe et XVIe, mais avec un autre sens, empr. du lat. *concisio*).

CONCLAVE, XIVe. Empr. du lat. médiéval *conclave*, en lat. class. « chambre (fermée à clef) ». — Dér. : **conclaviste,** 1546 (Rabelais).

CONCLURE, XIIIe, au sens de « convaincre d'une faute » XIIe s. ; **conclusion,** XIIIe. Empr. du lat. *concludere* (de *claudere* « fermer », v. **clore**), *conclusio*.

CONCOMBRE, 1256. Altération de *co(u)combre* (XIIIe, encore en 1688), qui est empr. de l'a. pr. *cocombre*, lat. de basse ép. *cŭcŭmer* (lat. class. *cucumis*), génitif *-mĕris*.

CONCOMITANT, 1503 ; **concomitance,** XIVe. Le premier est empr. de *concomitans*, part. prés. de *concomitari* « accompagner », le deuxième du subst. *concomitantia*, formé dans la terminologie scolastique.

CONCORDAT, 1520. Empr. du lat. médiéval *concordatum*, v. le suiv. — Dér. : **concordataire,** 1838.

CONCORDER, 1777-1783 (Linguet) ; déjà usité au moyen âge, du XIIe s. jusqu'au XVIe s., puis disparu ; **concorde,** vers 1155. Empr. du lat. *concordare*, *concordia*. — Dér. du verbe : **concordance,** XIIe.

CONCOURIR. Empr. du lat. *concurrere*, d'abord, XIVe, sous la forme *concurre*, au XVIe *concurrer*, dep. 1557 *concourir*, d'après *courir ;* sens commercial depuis 1690. Dér. de *concurrer*, *concurrent*, sens moderne 1552 : *concurrence* « rencontre » (1377-1675), sens moderne 1559, *jusqu'à la concurrence de* 1559. L'évolution sémantique s'est faite en partie en lat. médiéval, sous l'influence du lat. jurid., où *concurrere* avait déjà eu le sens de « prétendre à la même chose ». **Concours,** empr. du lat. *concursus* (francisé d'après *cours*), d'abord « moyen de se tirer d'affaire », vers 1330, ensuite « réunion », dep. 1572, « compétition » dep. 1660.

CONCRET, 1508, phys., « opposé d'abstrait », 1704 ; **concrétion,** 1537. Empr. du lat. *concretus* (part. passé de *concrescere* (se solidifier »), *concretio*. — Dér. de l'adj. : **concréter,** 1789 ; **concrétiser,** fin XIXe, d'après le nouveau sens de *concret*.

CONCUBINE, 1213. Empr. du lat. *concubina* (de *concumbere* « coucher avec »). — Dér. : **concubinage,** 1372 (Oresme).

CONCUPISCENCE, XIIIe. Empr. du lat. eccl. *concupiscentia* (du lat. class. *concupiscere* « désirer ardemment »).

CONCURRENT, 1120 (en parlant de certains jours de l'année ajoutés pour faire concorder l'année civile et l'année solaire). Empr. du lat. *concurrens*, part. prés. de *concurrere* (v. **concourir**), sens développé dans la terminologie scientifique du lat. médiéval. — Dér. : **concurrence,** 1559 au sens actuel (depuis la fin du XIVe s. et jusqu'au milieu du XVIIe s. « fait de se rencontrer »).

CONCUSSION, 1450, au sens de « forte secousse », sens jurid., déjà lat., dep. 1559. Empr. du lat. *concussio* (de *concutere* « secouer »). — Dér. : **concussionnaire,** XVIe (Amyot).

CONDAMNER, XIIe ; **condamnation,** XIIIe. Empr. du lat. *condemnare*, *condemnatio*, avec modification d'après *damner* (on trouve des formes en *-emn-* jusqu'au XVIIe). La signification « rendre inutilisable » (p. ex. une porte) est déjà dans Saint-Léger, peut-être même déjà dans des amplifications de la Loi Salique. — Dér. : **condamnable,** XIVe (avec *-emn-*) ; **recondamner,** 1611.

CONDENSER, 1314 ; **condensation,** XIVe (Oresme). Empr. du lat. *condensare* « rendre épais » (de *densus* « épais »), *condensatio* (créé à basse ép.). — Dér. de *condenser :* **condensateur,** 1753.

CONDENSEUR, 1834. Empr. de l'angl. *condenser*, tiré du verbe *to condense* (v. le préc.) par Watt, en 1769, quand il inventa l'appareil en question.

CONDESCENDRE, XIIIe. Empr. du lat. de basse ép. *condescendere*, de même sens (de *descendere*). — Dér. : **condescendance,** 1609 ; **condescendant,** XIVe.

CONDIMENT, XIIIe. Empr. du lat. *condimentum*, qui a les deux sens, dér. de *condire* « confire, assaisonner ».

CONDISCIPLE, 1532. Empr. du lat. *condiscipulus*.

CONDITION, XIIe ; **conditionnel,** 1295. Empr. du lat. *condicio*, *condicionalis* (jurid.) ; le *t* vient de la graphie *conditio* de basse ép. — Dér. : **conditionner,** XIIIe (Rose), « soumettre à des conditions » ; restreint aujourd'hui à certaines acceptions, d'où **conditionné,** 1304 ; **inconditionné,** 1838 ; **conditionnement,** 1845 ; **inconditionnel,** 1777.

CONDOLÉANCE, vers 1460. Dér. de l'anc. verbe *condouloir*, 1279, encore dans les dict. (lat. *condolēre*, de *dolēre* « avoir de la douleur »), avec réfection d'après *doléance*.

CONDOMINIUM, 1869. Empr. de l'angl. *condominium*, mot du lat. des diplomates (formé avec le préf. *con-* et le lat. *dominium* « souveraineté »).

CONDOR, 1596. Empr. de l'esp. *condor*, empr. lui-même de *cuntur* du quechua (langue du Pérou).

CONDOTTIÈRE, 1770. Empr. de l'it. *condottiere*, dér. de *condotta* « engagement, groupe de soldats loués » (fém. pris subst. de *condotto*, part. passé de *condurre*, lat. *condūcere* au sens de « louer »).

CONDUCTIBILITÉ, 1801. Dér. sav. de *conductus*, part. passé de *conducere*.

CONDUIRE. Lat. *condūcĕre*, qui n'a gardé généralement du lat. class. que le sens de « conduire », v. cependant **condottière.** It. *condurre*, esp. *conducir*. — Dér. et Comp. : **conducteur,** vers 1225 (réfection, d'après le part. passé du verbe lat., de l'a. fr. *conduitour*, du lat. *conductor*, qui, outre les sens attestés « locataire, entrepreneur », aura aussi eu celui de « celui qui conduit », d'après le lat. *ductor*) ; **conduit,** XIIe ; en a. fr. aussi « conduite, escorte, protection », etc., jusqu'au XVe, d'où **sauf-conduit,** XIIe ; lat. *conductum*, neutre pris substantiv., cf. it. *condotto* « conduit » ; **conduite,** XIIIe, d'où **inconduite,** 1693 ; **reconduire,** XIVe, d'où **reconduite,** 1582.

CÔNE, 1552 (Rab.) ; **conique,** 1626. Empr. du lat. *conus* (du grec *kônos*) et du grec *kônikos*.

CONFECTION, XIIe ; au moyen âge et jusqu'au XVIe, aussi « préparation pharmaceutique », d'après le lat. médical. Empr. du lat. *confectio* « achèvement » (de *conficere* « achever »). — Dér. : **confectionner** des vêtements, 1795, au XVIe « fabriquer des drogues », d'où **confectionneur,** 1830.

CONFÉDÉRER, XIVe (Bersuire) ; **confédération,** 1326 (une fois au XIIIe, *confederaison*). Empr. du lat. *confoederare* (de *foedus, -deris* « traité »), *confoederatio*.

CONFÉRENCE, 1346. Empr. du lat. médiéval *conferentia* (du verbe *conferre*, au sens de « discuter »). — Dér. : **conférencier,** 1752 (sens théol., au sens actuel 1869).

CONFÉRER, XIVe (Oresme, au sens d' « attribuer ») ; en outre « raisonner avec quelqu'un », XVe-XVIe. Empr. du lat. *conferre*, propr. « rassembler », d'où les sens précédents (du sens de « réunir, rapprocher des idées, des projets » on passe à celui de « discuter »).

CONFERVE, 1775. Empr. du lat. *conferva*, de *confervere* « se consolider » (propr. « bouillir ») ; dit ainsi à cause de la propriété qui était attribuée à la conferve de souder les corps. L'a. fr. avait une forme pop. *confirie*, *confierge*, de **confervia*, forme refaite de *conferva*.

CONFESSER. Lat. médiév. eccl. **confessāre* (de *confessus*, part. passé de *confiteri* « avouer ») avec les sens pris par *confiteri* dans le lat. eccl. — Dér. : **confesse,** XIIe.

CONFESSEUR, XIIe ; **confession,** *id.* Empr. des mots du lat. eccl. *confessor*, *confessio* (déjà usuel en lat. class. au sens d' « aveu »), dér. de *confiteri*, v. le précédent.

CONFESSIONNAL, 1636 ; d'abord *chaire confessionale* (1613), *siège confessional*.

CONFETTI, 1852. Empr. de l'it. *confetti*, plur. de *confetto* « dragée », lat. *confĕctus*, qui a pris le sens de « préparé, assaisonné », puis de « confit », v. **confire** ; dit d'abord par rapport au Carnaval de Rome, où l'on lançait des boulettes de plâtre, puis de petites rondelles de papier servant à des usages analogues.

CONFIDENCE, XIVe (Oresme). Signifie « confiance » jusqu'au XVIIe ; sens moderne, XVIIe s. (Malherbe), d'après *confident*. Empr. du lat. *confidentia*, v. le préc. — Dér. : **confidentiel,** 1775.

CONFIDENT, XVIe. Empr. de l'it. *confidente*, empr. lui-même du lat. *confidens* « confiant », avec un développement sémantique propre ; signifie aussi « confiant, fidèle » au XVIe.

CONFIER, XIVe ; **confiance,** XVe (une fois *confience*, XIIIe). Empr. du lat. *confidere*, *confidentia*, avec francisation d'après *fier*, *fiance*. *Confier* est trop récent pour qu'on puisse y voir, comme le sont l'it. *confidare* et l'esp. *confiar*, un représentant du lat. pop. **confīdāre*. — Dér. : **confiant,** XIVe.

CONFIGURER, XIIe ; **configuration,** XIIe. Empr. du lat. *configurare*, *configuratio*.

CONFINS, fin XVe. Antérieurement *confines*, XIVe. Empr. du lat. *confines*, pl. de l'adj. *confinis* « limitrophe », qui a déjà en lat. de basse ép. le sens de « limite », sens qu'il a gardé en lat. médiéval (comp. de *finis* « limite »). — Dér. : **confiner,** 1225.

CONFIRE. Au moyen âge « préparer, assaisonner », avec des acceptions plus étendues qu'aujourd'hui. Lat. *conficĕre* propr. « achever » et partic. « préparer diverses matières » ; l'*i* est dû au part. passé *confit*, de *confĕctus*, v. **confetti.** — Dér. : **confiseur,** 1636, au XVIe *confisseur*, d'où **confiserie,** 1753 ; **confiture,** XIIIe, d'après le part. pris de bonne heure substant. *confit*, XIIIe, dans les dictionnaires pour un sens technique et un emploi régional du Sud-Ouest « viande conservée dans la graisse », d'où **confiturier,** 1584 ; **confiturerie,** 1823 ; **déconfire,** propr. « défaire », vers 1080 *(Roland) ;* avait en a. fr. le sens de « détruire, briser, défaire (un ennemi) » ; désuet depuis le XVIIe, sauf au part. passé, au sens de « qui a éprouvé une grande déconvenue » ; d'où **déconfiture,** XIIe, qui a suivi le sort du verbe.

CONFIRMER, 1213, en outre, du XIe au XVIe *confermer ;* **confirmatif,** 1473 ; **confirmation,** XIIIe (au XIIe *cunfermeisun*). Empr. du lat. *confirmare* (de *firmus* « ferme »), *confirmativus* (créé à basse ép., notamment comme terme de grammaire, au sens d' « affirmatif »), *confirmatio.*

CONFISQUER, 1331 ; **confiscation,** 1359. Empr. du lat. *confiscare* (de *fiscus* « fisc »), *confiscatio.*

CONFLAGRATION, 1488. Empr. du lat. *conflagratio* (de *flagrare* « être en feu »).

CONFLIT, XIIe. Empr. du lat. de basse ép. *conflictus* (de *confligere* « heurter »).

CONFLUER, au sens de « affluer (de personnes) », du XIVe au XVIe, empr. du lat. *confluere ;* empr. une deuxième fois en parlant de cours d'eau, 1834. Dans ce dernier sens, le verbe a été précédé du subst. **confluent,** vers 1510, J. Lemaire, empr. du lat. *confluens.*

CONFONDRE. Lat. *confŭndĕre*, propr. « mêler », d'où « ne pas faire de distinction entre des personnes ou des choses, troubler, rendre confus, détruire » ; paraît n'avoir gardé que ce dernier sens dans le lat. pop. de la Gaule, sens dominant au moyen âge. Le sens « couvrir de confusion », très fréquent dans le lat. eccl., a été repris par les traducteurs de la Bible ; le sens « mêler » seulement au XVIe.

CONFORMER, XIIe ; **conformation,** XIVe (Paré) ; **conforme,** 1372 ; **conformité,** XIVe (Oresme). Empr. du lat. *conformare, conformatio, conformis* (créé à basse ép.), *conformitas (id.).* — Dér. : **conformateur,** 1845 (une première fois 1611).

CONFORMISTE, 1666. Empr. de l'angl. *conformist*, dér. de *conform* « conforme ». — Dér. : **conformisme,** 1907. — Comp. : **non-conformiste,** 1672.

CONFORT, « ce qui donne de la force », **conforter,** v. **réconfort.**

CONFORT, « bien-être matériel », 1815 ; **confortable,** 1786. Empr. des mots angl. *comfort, comfortable*, eux-mêmes tirés du fr. *confort* « secours, aide », *confortable* « secourable » (v. les préc.), d'où s'est développé le sens particulier de l'angl. — Dér. : **inconfort,** 1896 ; **inconfortable,** 1850.

CONFRÈRE, XIIIe. Les associations de laïques, ayant un patronage religieux, le plus souvent avec un but de piété, de charité, sont attestées dès le IXe s., sous le nom *confratria*, d'où le fr. *confrarie*, XIIIe-XVIe (aussi *frarie*, tous deux encore dans les patois). Continuation probable de la *phratria* grecque. Devenu **confrérie,** sous l'influence de *frère*, dep. XIIIe s. ; **confrère** est dér. de *confrarie*, d'après *frère*, de même **confraternité,** 1283, d'après *fraternité ;* **confraternel,** 1786, d'après *fraternel.*

CONFRONTER, 1344 ; **confrontation,** 1346. Empr. du lat. médiéval jurid. *confrontare* (de *frons* « front »), *confrontatio.*

CONFUS, XIIe ; **confusion,** vers 1080 *(Roland).* Empr. du lat. *confusus* (part. passé de *confundere*, v. **confondre**), *confusio.* Développement sémantique en relation avec *confondre.*

CONGÉ. Lat. *commeātus*, propr. « action de se rendre à un endroit *(commeare)* » qui a pris spécialement dans le langage militaire le sens de « titre de permission ».

CONGÉDIER, env. 1400. Empr. de l'it. *congedare*, dérivé de *congedo*, empr. lui-même du fr. ; la terminaison *-ier* vient de l'ancien verbe *congier* que *congédier* a supplanté (*congier* est issu de *congeer*, dérivé de *congé*, d'où vient *congeable*, 1570, aujourd'hui **congéable**).

CONGELER, XIIIe ; **congélation,** 1320. Empr. du lat. *congelare, congelatio. Congeler* a été en outre influencé par *geler*. — Dér. : **congelable,** 1800, une première fois au XVIe.

CONGÉNÈRE, 1562 (Paré). Empr. du lat. *congener* (de *genus* « genre »).

CONGÉNITAL, 1784. Dér. sav. du lat. *congenitus* « né avec ».

CONGÈRE, « amas de neige entassée par le vent », 1869, empr. des parlers de la région de Lyon. Lat. *congeries* « tas de choses qu'on a ramassées » ; ne s'est maintenu que dans les régions où il neige beaucoup.

CONGESTION, vers 1400. Empr. du lat. *congestio* « accumulation, amas » (de *congerere* « amasser »), au sens spécial que *congestio* avait pris dans le langage médical. — Dér. : **congestionner,** 1853 ; **décongestionner,** 1874.

CONGLOMÉRER, 1721 ; **conglomérat,** 1818. Le premier est emprunté du lat. *conglomerare* (de *glomus, -meris*, « pelote ») ; le second est un dér. sav. de ce verbe sur le modèle des noms en *-at* (en lat. *-atus*).

CONGLUTINER, 1314 ; **conglutination,** 1314. Empr. du lat. *conglutinare, conglutinatio*, cf. **glu, gluten.**

CONGRATULER, XIVe (Bersuire) ; **congratulation,** 1512. Empr. du lat. *congratulari* (de *gratulari* « féliciter »), *congratulatio.*

CONGRE, XIIIe. Peut représenter le lat. de basse ép. *congrus*, antérieurement *conger* (du grec *gongros*), ou être emprunté du pr. *congre*, cf. aussi it. *grongo*, port. *congro*, esp. *congrio*.

CONGRÉGANISTE, 1680. Créé pour servir de dér. à *congrégation*, mais avec une formation obscure, peut-être d'après *organiste*.

CONGRÉGATION, XVIe au sens moderne. Empr. du lat. eccl. *congregatio* (de *grex, gregis* « troupeau »), qui, en lat. class., désignait toute espèce de réunions ; empr. au XIIe en ce sens, encore usité au XVIe.

CONGRÈS, XVIe, au sens de « union sexuelle, etc. », disparu vers 1700, au sens de « réunion de ministres », 1611, « réunion de savants, etc. », 1845. Empr. du lat. *congressus* (de *congredi* « aller trouver, etc. ». — Dér. **congressiste,** 1869.

CONGRÈS, au sens de « corps législatif des Etats-Unis », 1774. Empr. de l'anglo-américain *congress*, également empr. du lat. *congressus*.

CONGRU, vers 1300. Empr. du lat. *congruus* « convenable » (de *congruere* « se rencontrer », d'où « s'accorder »). *Portion congrue*, d'abord terme de droit eccl., 1680.

CONIFÈRE, 1523. Empr. du lat. *conifer* (comp. de *conus* « cône » et de *ferre* « porter »).

CONJECTURER, XIIIe ; **conjecture,** 1246. Empr. du lat. *conjecturare* (créé à basse ép.) de *conjicere*, de même sens), *conjectura*. — Dér. : **conjectural,** 1520.

CONJOINT, XIIe. Part. passé de l'ancien verbe *conjoindre* (jusqu'au XVIIe), lat. *conjŭngĕre*.

CONJONCTIF, XVIe s., terme d'anatomie ; une première fois en 1372. Empr. du lat. *conjunctivus* dans ce sens spécial. — Dér. : **conjonctive,** 1495, d'où **conjonctivite,** 1832.

CONJONCTION, XIIIe, t. de gramm. ; **conjonctif,** *id.*, XIVe. Empr. du lat. *conjunctio* (de *conjungere*), *conjunctivus* (créé à basse ép. comme terme de grammaire).

CONJONCTION, terme d'astron., XIIIe. Empr. du lat. *conjunctio* « union, etc. », dans ce sens spécial. En a. fr. a en outre des sens variés se rattachant à l'idée d' « union », notamment « union charnelle », comme en latin, jusqu'au XVIIe.

CONJONCTURE, XIVe. Réfection d'après le lat. *conjunctus*, de *conjointure*, XIIIe, dér. de *conjoint*, v. ce mot ; l'it. *congiuntura*, de formation analogue, a peut-être eu une influence sur le sens, vers le XVe.

CONJUGUER, 1572 ; **conjugaison,** 1551 (d'abord *conjugation*, 1529, et, une première fois, vers 1230). Empr. du lat. des grammairiens *conjugare*, propr. « unir, marier » (de *jugum* « joug »), *conjugatio* (avec modification de la terminaison).

CONJUGAL, vers 1300. Empr. du lat. *conjugalis*, v. le préc.

CONJUGUÉ, 1690. Empr. du lat. *conjugatus*, au sens d' « uni ».

CONJURATION, XIIe ; souvent « action d'exorciser, de prier instamment », d'après *conjurer ;* **conjuré,** 1213. Empr. du lat. *conjuratio, conjuratus*, v. le suiv.

CONJURER. Lat. *conjūrāre* « jurer ensemble », d'où « former une conjuration » ; a pris en lat. de basse ép. le sens de « prier instamment » (attesté chez Grégoire de Tours), puis d' « exorciser, détourner par des prières ou des pratiques magiques ». Le sens de « conspirer », une première fois en 1213, ensuite dep. XIVe (Bersuire), est repris au lat. class., de même que le subst. *conjuré* (Bersuire). Toutefois le dér. *conjuraison* « conspiration » est attesté du XIIe au XVe.

CONNAÎTRE. Lat. *cognōscĕre*, dont le groupe *gn* a été remplacé par *-n-*, sous l'influence du verbe simple *noscere*, dans une partie de la Romania. It. *conoscere*, esp. *conocer ;* avec *n* mouillée : portugais *conhocer*, patois franco-provençaux, rhéto-roman. — Dér. : **connaissable,** XIIIe, d'où **inconnaissable,** 1470 ; **connaissance,** vers 1080 *(Roland) ; en, avec, sans connaissance de cause*, 1409, sont propr. des termes de procédure ; **connaissement,** XIIe ; **connaisseur,** *id. ;* **inconnu,** XIVe (E. Deschamps), d'après le lat. *incognitus ;* **méconnaître,** XIIe, **méconnaissable,** XIIIe. V. **reconnaître.**

CONNECTER, vers 1780. Au sens technique depuis 1929.

CONNÉTABLE, 1155 *(cunestables)*. Du lat. de basse ép. *comes stabuli* « grand écuyer » (dans le *Code Théodosien*), propr. « comte de l'étable », par dissimilation de l'*m* avec le *b*, *conestable*. L'it. *connestabile*, d'où *contestabile*, et l'esp. *condestable* sont empr. du fr., avec modification d'après les formes it. et esp. de *comte*.

CONNEXE, 1290 ; **connexion,** XIVe (Oresme). Empr. du lat. *connexus, connexio* (de *connectere* « lier ensemble »). — Dér. de l'adj. **connexité,** XVe.

CONNIVENCE, 1561. Empr. du lat. de basse ép. *coniventia* (de *conivere* « cligner, fermer les yeux », d'où « être de connivence ») ; *conniver* a été usité du XVIe s. à Renan.

CONQUE, 1505. Empr. du lat. *concha* (du grec *konkhê*), qui vit sous la forme *conche* en a. fr. et dans beaucoup de patois comme désignation de plusieurs variétés de récipients.

CONQUÉRIR. D'abord *conquerre*, encore chez Hardy, refait comme *quérir, acq-, enq-, req-*. Lat. pop. **conquaerĕre* « acquérir, conquérir », nouveau composé de *quaerĕre*, lat. class. *conquīrĕre* « rechercher », qui a continué à vivre dans l'a. it. *conquidere*. — Dér. : **conquérant,** XIIe ; **conquête,** XIIe, fém. pris substantiv. de *conquest* (conservé comme subst. dans *conquêt*, XIIe-XVIIIe, terme d'anc. droit), lat. pop. **conquaesitus*, disparu comme part. avant les premiers textes ; **reconquérir,** XIIe.

CONSACRER, vers 1121. Empr. du lat. *consecrare*, avec francisation d'après *sacrer*, v. **consécration,** francisé de la même façon en *consacration*, XIVe-XVIe.

CONSANGUIN, XIIIe; **consanguinité,** 1277. Empr. du lat. *consanguineus, consanguinitas* (de *sanguis* « sang »).

CONSCIENCE, XIIe. Empr. du lat. *conscientia*, propr. « connaissance », d'où « connaissance intérieure ». — Dér. : **consciencieux,** 1500 ; **inconscience,** 1838 ; **subconscience,** 1907.

CONSCIENT, 1754. Empr. du lat. *consciens*, part. prés. de *conscire* « avoir conscience (d'une faute), la connaissance de quelque chose ». — Dér. : **inconscient,** 1847 ; **subconscient,** 1907.

CONSCRIT, 1789 ; **conscription,** 1789. Empr. du lat. *conscriptus* « enrôlé » (de *conscribere* « enrôler des soldats »), *conscriptio* « enrôlement » (de basse époque en ce sens). L'expression *pères conscrits*, XIVe, est une francisation de *patres conscripti* « ensemble des sénateurs, comprenant à la fois les *patres* et les *conscripti* ».

CONSÉCRATION, XIIe. Empr. du lat. *consecratio*, v. **consacrer.**

CONSÉCUTIF, 1474. Dér. sav. du lat. *consecutus* « qui suit », part. passé de *consequi* « suivre ».

CONSEIL. Lat. *consĭlium* « délibération, assemblée délibérante, sagesse, projet, conseil ». — Dér. : **conseiller,** *subst.*, X^{e} *(Sainte-Eulalie)*, du lat. *consiliārius*.

CONSEILLER, *verbe*. Lat. pop. *consĭliāre*, lat. class. *-ārī*. — Dér. : **conseilleur** « celui qui donne un conseil », XIIe-XVIe, créé une deuxième fois au sens péjoratif au XIXe (1821) ; **déconseiller,** XIIe.

CONSENTIR. Lat. *consentīre* « être d'accord », d'où « consentir ». — Dér. : **consentement,** XIIe.

CONSÉQUENT, XIVe (Oresme), ne se dit de personnes que dep. le XVIIe. L'expression **par conséquent** (dep. Oresme) est, sans doute, formée d'après le lat. *per consequentiam* (*par conséquence*, aussi au XVIe) ; **conséquence,** XIIIe. Empr. du lat. *consequens* (part. prés. de *consequi* « suivre »), *consequentia*.

CONSERVATEUR, XIVe (Oresme) ; **conservation,** vers 1290. Empr. du lat. *conservator, conservatio*.

CONSERVER. Lat. *conservāre*. — Dér. : **conservatoire,** comme adj., XIVe-XVIIIe (terme jurid.) ; comme subst. « école de musique », 1778, empr. de l'it. *conservatorio*, dér. de l'it. *conservare ;* **conserve,** 1393 ; comme terme de marine, XVIe, probabl. de l'a. pr. *conserva*.

CONSIDÉRER, 1150 ; **considération,** XIIe. Empr. du lat. *considerare, consideratio ;* le verbe a supplanté l'a. fr. *consirer* qui, au réfl., avait pris le sens de « s'abstenir ». — Dér. : **considérable,** 1564 ; **déconsidération,** 1797 ; **déconsidérer,** 1790. V. **inconsidéré.**

CONSIGNER, 1403 (une première fois 1345 « délimiter par une borne »). Empr. du lat. *consignare* « mettre un sceau *(signum)* », d'où « signer, rédiger, consigner par écrit » et, en outre, « déposer une somme d'argent » (langue juridique). « Donner un ordre à une sentinelle, etc. », XVIIIe. — Dér. : **consignataire,** 1690 ; **consignation,** 1396 ; **consigne,** 1740 (formé une première fois, fin du XVe s., au sens de « fait consigné par écrit ») ; a suivi le sens du verbe.

CONSISTER, 1495, au sens moderne (une première fois au XIVe « rendre consistant »). Empr. du lat. *consistere*, propr. « se tenir ensemble ». — Dér. : **consistance,** 1377, cf. le lat. médiéval *consistentia ;* **consistant,** XVIe (Paré), d'où **inconsistance,** 1755, **inconsistant,** 1775 (Beaumarchais ; une première fois en 1544).

CONSISTOIRE, XIIe. Empr. du lat. de basse ép. *consistorium* « lieu où l'on se tient, assemblée », d'où les sens du fr. au moyen âge et plus tard. — Dér. : **consistorial,** 1472.

CONSOLER, XIIIe; **consolable,** XVe ; **consolateur,** XIIIe (Rose) ; **consolation,** XIIe. Empr. du lat. *consolari, consolabilis, consolator, consolatio*. — Dér. : **inconsolé,** fin XVIIIe ; une première fois vers 1500.

CONSOLE, 1565. D'abord *consolateur* « figures d'hommes portant des corniches », 1567, dont *console* est une forme réduite. Ces saillies servaient d'abord d'accoudoirs dans les stalles de chœur, comp. le lat. médiéval *misericordia* avec le même sens.

CONSOLIDER, 1314. Empr. du lat. *consolidare*, propr. « rendre solide *(solidus)* », également usité en lat. jurid. *Consolider la dette publique*, 1789, a été tiré d'*annuités consolidées*, 1768, calque de l'angl. *consolidated annuities* (fonds d'Etat créés en 1751), d'où aussi **consolidés,** 1856. — Dér. : **consolidation,** XIVe.

CONSOMMER, XIIe. Empr. du lat. *consummare*, propr. « faire la somme *(summa)* », d'où « achever ». Dans l'anc. langue, et surtout au XVIe et au XVIIe, souvent employé au sens moderne de *consumer*, par suite d'une confusion due au double sens de *consumer*. — Dér. : **consommateur,** 1745, au sens moderne ; au sens théol., 1525, représente le lat. eccl. *consummator ;* **consommation,** XIIe, d'après le lat. eccl. *consummatio*, notamment dans la locution *la consommation des siècles*, calque de *consummatio saeculorum* (saint Jérôme) ; **consommé,** *adj.*, XIVe (Oresme), *subst.*, XVIe (Paré).

CONSOMPTION, 1314. Empr. du lat. *consumptio* (de *consumere*, au sens de « détruire »).

CONSONANT, XIIe ; **consonance,** XIIe (écrit *consonantie*). Empr. du lat. *consonans, consonantia* (de *consonare* « résonner, ensemble »).

CONSONNE, 1529. Empr. du lat. des grammairiens *consona* (de *consonare*, v. le préc.), propr. « dont le son se joint à celui de la voyelle ». Au XVe et au XVIe, plus souvent *consonant(e)*, d'après le latin des grammairiens *consonans, -antis* fém.

CONSORT, XIVᵉ. Empr. du lat. *consors*, propr. « qui partage le sort », d'où « compagnon, etc. » ; sens péjoratif récent, d'après le sens jurid. *(Prince) consort*, 1669 est empr. de l'angl. *consort*, de même origine.

CONSORTIUM, 1900. Empr. de l'angl. *consortium*, empr. lui-même du lat. *consortium* « association » ; v. le préc.

CONSOUDE. Lat. de basse ép. *consŏlĭda* (de *consolidare*, v. **consolider**) ; ainsi nommée à cause de ses propriétés astringentes. Se présente souvent sous une forme refaite sur le latin ou des formes altérées, par exemple *console*, fréquent dans le Centre. Esp. *consuelda*.

CONSPIRER, 1213 ; **conspiration,** XIIᵉ. Empr. du lat. *conspirare*, proprement « souffler ensemble », *conspiratio*. En outre trans. au XVIᵉ et au XVIIᵉ. — Dér. : **conspirateur,** 1302.

CONSPUER, 1743 (une première fois en 1530). Empr. du lat. *conspuere*, propr. « cracher (sur) ».

CONSTABLE, 1776. Empr. de l'angl. *constable*, de l'a. fr. *conestable*, v. **connétable.**

CONSTANT, XIVᵉ ; **constance,** 1202. Empr. du lat. *constans* (de *constare* « s'arrêter, se tenir ferme »), *constantia*.

CONSTATER, 1726. Dér. du lat. *constat* « il est certain », 3ᵉ pers. du sing. de *constare*. — Dér. : **constatation,** 1845 ; a été formé une première fois en 1586 ; *constat*, **fin XIXᵉ**, est la forme verbale latine *constat*, empruntée comme formule initiale d'un procès-verbal.

CONSTELLATION, XIIIᵉ (Rose). Terme d'astrologie : « situation respective des astres (agissant sur la destinée) » ; sens moderne en 1666. Empr. du lat. de basse ép. *constellatio* (de *stella* « étoile ») qui n'a qu'un sens astrologique. — Dér. : **constellé,** au sens astrologique : « fait sous l'influence d'une constellation », 1519 ; **consteller,** au sens moderne, 1838 (Lamartine).

CONSTERNER, XIVᵉ (Bersuire) ; **consternation,** 1512. Empr. du lat. *consternare* (de la famille de *consternere* « abattre », auquel *consterner* doit ce sens, XVIIᵉ et XVIIIᵉ), *consternatio*.

CONSTIPER, XIVᵉ ; **constipation,** XIVᵉ. Empr. du lat. *constipare* « serrer, resserrer », *constipatio*, au sens particulier qu'ils ont dans la langue médicale.

CONSTITUER, XIIIᵉ ; **constitution,** XIIᵉ. Empr. du lat. *constituere* « établir », *constitutio* « nature, institution » ; d'où les sens français. — Dér. : 1° de *constituer :* **constituant,** 1390 ; **constitutif,** 1488 ; **reconstituer,** 1790, une première fois en 1534, d'où **reconstituant,** 1869 ; 2° du *subst.*, au sens politique : **constitutionnel,** 1775, d'où **anticonstitutionnel,** 1769 ; **inconstitutionnel,** 1775 ; au sens général : **reconstitution,** 1734.

CONSTRICTEUR, 1698. Dér. sav. du lat. *constrictus*, part. passé de *constringere* « serrer ».

CONSTRICTION, 1306 ; **constringent,** 1743. Empr. du lat. *constrictio*, *constringens*, v. le préc.

CONSTRUIRE, 1466 (*construer* en 1290) ; **constructeur,** XIVᵉ ; **construction,** XIIᵉ. Empr. du lat. *construere* (francisé d'après *détruire*), *constructor* (créé à basse ép.), *constructio*. — Dér. : **reconstruction,** 1728 ; **reconstruire,** 1549 ; **constructif,** 1863 (une 1ʳᵉ fois en 1487).

CONSUBSTANTIEL, XIVᵉ ; **consubstantialité,** XIIᵉ. Empr. du lat. eccl. *consubstantialis* (de *substantia*), *consubstantialitas*, v. **substance.**

CONSUL, vers 1180 ; **consulaire,** vers 1295 ; **consulat,** 1246. Empr. du lat. *consul*, *consularis*, *consulatus*. Dans le Midi l'administration romaine des villes s'étant conservée jusqu'au moyen âge et au-delà, le lat. *consul* est resté comme titre des administrateurs des villes *(cosol)*. — Dér. : **vice-consul,** 1718.

CONSULTER, 1410 ; **consultation,** XIVᵉ (Bersuire). Signifient aussi « délibération, délibérer », du XVIᵉ au XVIIIᵉ. Empr. des mots lat. *consultare*, *consultatio*, qui ont les deux sens. — Dér. : **consultant,** 1584 ; **consultatif,** 1608 ; **consulteur,** XVᵉ. Sens d'abord jurid., ensuite médicaux.

CONSUMER, XIIᵉ. Empr. du lat. *consumere*, au sens de « détruire peu à peu » ; signifie aussi du XIVᵉ au XVIIᵉ « consommer », sens également latin, v. **consommer.**

CONTACT, 1611. Empr. du lat. *contactus* (de *contingere* « toucher »). — Dér. : **contacteur,** 1929 ; **contacter,** 1842.

CONTAGION, vers 1327 ; **contagieux,** vers 1300. Empr. du lat. *contagio*, propr. « contact », *contagiosus*, de la famille du préc. — Dér. : **contagionner,** 1835.

CONTAMINER, 1213 ; **contamination,** XIVᵉ. D'abord « souiller, souillure », sens disparus au profit du sens médical récent. Empr. du lat. *contaminare*, propr. « toucher », d'où « souiller », *contaminatio*, de la famille des préc.

CONTEMPLER, XIIIᵉ ; **contemplateur,** 1360 (Bersuire) ; **contemplatif,** XIIᵉ ; **contemplation,** *id.* Empr. du lat. *contemplari*, *-ator*, *-ativus*, *-atio*.

CONTEMPORAIN, XVᵉ. Empr. du lat. *contemporaneus* (de *tempus* « temps »). — Dér. : **contemporanéité,** 1798.

CONTEMPTEUR, 1449. Empr. du lat, *contemptor* (de *contemnere* « mépriser », lui-même empr. sous la forme *contemner*, XIVᵉ-La Fontaine).

CONTENIR. Lat. pop. *contĭnēre ;* a suivi le développement de *tenir*. — Dér. : **contenance,** vers 1080 *(Roland)*, d'où **décontenancer,** 1549 (au part. passé, comme verbe dep. G. de Balzac).

CONTENT. Lat. *contentus* « qui sait se contenter », d'où « satisfait », part. passé de *continere* « maintenir, retenir ». — Dér. : **contenter,** 1314, d'où **contentement,** xve ; **mécontenter,** xive, **mécontentement,** 1528, **mécontent,** 1501, antér. *malcontent*, xiiie, encore G. Sand.

CONTENTIEUX, 1257. Au moyen âge et jusqu'au xviiie, surtout « querelleur », comme subst. au sens actuel, 1797. Empr. du lat. *contentiosus* « querelleur » et « litigieux » dans la langue jurid. (de *contentio* « lutte »), v. le suivant.

CONTENTION, 1208. Antér. *contençon* « lutte », xiie, jusqu'au xviie. Signifie surtout « débat, dispute » ; le sens de « tension de l'âme » ne paraît pas être antérieur au xvie. Empr. du lat. *contentio* « tension, lutte », voir le préc. (de *contendere* « tendre »).

CONTER, v. **compter.**

CONTESTER, 1338 ; **contestation,** 1387. A. pr. *contestar* et *contestacion* sont attestés beaucoup plus tôt ; le verbe continue probabl. le verbe lat., le droit romain ayant continué à vivre dans le Midi. L'introduction du verbe en fr. est peut-être due à l'influence croissante des études de droit de Montpellier. Le sens que le verbe y avait pris n'est pas du lat. class., mais vient de celui du lat. jurid. « ouvrir un débat judiciaire en produisant des témoins », *contestatio*. — Dér. : **contestable,** 1611, d'où **incontestable,** *id.* ; **conteste,** xvie, aujourd'hui seulement dans la locution *sans conteste* (dep. Molière) ; **incontesté,** 1650.

CONTEXTE, 1539. Empr. du lat. *contextus* « ensemble, enchaînement » (de *contexere*, proprement « tisser ensemble ») en vue d'un sens partic.

CONTEXTURE, 1552. Dér. sav. du lat. *contextus*, part. passé de *contexere*, sur le modèle du lat. *textura* « tissu, contexture ».

CONTIGU, vers 1360. Empr. du lat. *contiguus* (de *contingere* « toucher »). — Dér. : **contiguïté,** xve.

CONTINENT, *adj.*, xiie ; **continence,** xiie. Empr. du lat. *continens*, part. prés. de *continere*, au sens de « maîtriser », *continentia*.

CONTINENT, *subst.*, 1532. Empr. du lat. *continens* (sous-entendu *terra*), aussi *terre continente*, 1532-1609, propr. « continu » (de *continere*, au sens de « tenir ensemble »), voir le précédent. — Dér. : **continental,** 1773 (ou empr. de l'angl.).

CONTINGENT, *adj.*, 1370 (Oresme) ; *subst.*, 1509, d'abord *part contingente*, 1668 ; **contingence,** 1300. Empr. du lat. *contingens*, part. prés. de *contingere*, au sens d' « échoir, arriver par hasard », *contingentia* (créé à basse ép.) « hasard ». — Dér. de *contingent* au deuxième sens : **contingenter,** 1922, **-tement,** *id.*

CONTINUER, xiie ; **continu,** xiiie (Joinville) ; **continuation,** 1283 (Beaumanoir). Empr. du lat. *continuare* (de la famille du verbe *continere*, au sens de « tenir ensemble »), *continuus*, *continuatio*. — Dér. : 1° de *continu* : **continuité,** vers 1360 ; 2° de *continuer* : **continuateur,** 1579 (*continueur* au xve).

CONTINUEL, xiie. Dér. sav. de l'adj. *continuus*, voir le préc.

CONTONDANT, 1503. Part. prés. de l'anc. verbe *contondre*, xve-xixe, empr. du lat. *contundere* « frapper fortement », v. **contusion.**

CONTORSION, xive. Empr. du lat. *contorsio*, forme de basse ép. pour *contortio* « action de tordre », attesté seulement dans des sens fig. (de *contorquere* « tordre »), dans un sens particulier. — Dér. : **se contorsionner,** 1845.

CONTOURNER, 1311, mais doit être plus ancien, v. le dér. ; représente un lat. pop. **contornare*. Le sens a été d'abord « être situé près de ; (se) tourner vers », lequel vit jusqu'au xviie s. Au xvie s. se développe le sens de « entourer, faire le tour de qch. ». Le sens de « tracer le contour de », comme terme des beaux-arts, est attesté depuis 1651 ; il a été donné au verbe probablement sous l'influence de l'it. *contornare*. — Dér. : **contour,** 1170 ; d'abord au sens de « environs ; lisière d'un champ » (encore dans les patois) ; le sens moderne est attesté depuis 1549.

CONTRACTER, « faire un contrat », xive (Oresme). Dér. du lat. *contractus* « convention » (du latin jurid. *contrahere* « faire un contrat », propr. « resserrer »). A partir du xvie, sens fig. d'après ceux du latin *contrahere* « contracter une amitié, etc. », v. **contrat.**

CONTRACTER, « resserrer, réduire le volume, etc. », 1703. Dér. sav. du lat. *contractus*, part. passé de *contrahere*, au sens de « resserrer », v. le préc. ; **contracture,** 1790 ; comme terme d'architecture, 1611, empr. du lat. *contractura* ; on a aussi *contreture*, *-ait-*, au moyen âge en parlant de contracture du corps, d'après a. fr. *contrait* « paralysé » (de *contractus*). — Dér. : **décontracter,** 1951.

CONTRACTILE, 1755. Dér. sav. du lat. *contractus*, voir le préc. — Dér. : **contractilité,** 1793.

CONTRACTION, xiiie. Empr. du lat. *contractio*, v. les préc. — Dér. : **décontraction,** 1922.

CONTRACTUEL, 1596. Dér. sav. du lat. *contractus* « contrat », v. **contrat.**

CONTRADICTEUR, vers 1200 ; **contradiction,** xiie ; **contradictoire,** xive (Oresme). Empr. du lat. *contradictor*, *contradictio*, *contradictorius* (créé à basse ép.), v. **contredire.**

CONTRAINDRE. Anciennement *constreindre*, devenu rapidement *constraindre*. Lat. *constringĕre*, propr. « serrer », d'où « contraindre ». — Dér. : **contrainte,** xiie.

CONTRAIRE, vers 1080 *(Roland)*; **contrarier,** *id.*; **contrariété,** XIIe. Empr. du lat. *contrarius*, *contrariare* (créé à basse ép.), *contrarietas*.

CONTRALTO, vers 1767. Empr. de l'it. *contralto*, formé comme le fr. *haute-contre*, c'est-à-dire « voix d'alto, qui est contre, qui est proche de l'alto ».

CONTRAPONTISTE, 1831. Empr. de l'it. *contrappuntista*, dér. de *contrappunto* « contrepoint »; on trouve parfois *contrepointiste* d'après le mot fr. *contrepoint*.

CONTRASTE, 1580 (Montaigne). D'abord « lutte, contestation », encore au XVIIIe. Empr. de l'it. *contrasto*, tiré de *contrastare* « s'opposer à », lat. pop **contrăstāre*, comp. de *contrā* « contre », et de *stāre* « se tenir »; celui-ci a donné également l'a. fr. *contrester* « disputer », usuel jusqu'au XVIe, refait alors en **contraster,** d'après *contraste*, dont il a suivi le sens. Comme terme de peinture, semble également d'origine italienne, 1669 (Molière).

CONTRAT, XIVe (Oresme). Empr. du lat. *contractus*, v. **contracter.**

CONTRAVENTION, XIe. Dér. sav. du lat. de basse ép. *contravenire* « s'opposer à »; développement sémantique parallèle à celui de *contrevenir*.

CONTRE. Lat. *contrā*. Le sens lat. class. « en face de » vit en fr. jusqu'au XVIIe et a donné le dér. **contrée** (d'un lat. pop. **regio contrata* « pays situé en face de celui qui regarde », aussi it. *contrada*; l'all. *Gegend* est dér. de la prép. *gegen* sur le modèle du mot fr.). De là le sens de « tout près de » (*serrer contre sa poitrine*, etc.), ensuite « en direction opposée à », « en opposition à » (remplace déjà en lat. du Bas-Empire *adversus* et *praeter*). Depuis la Vulgate *contra* est concurrencé par la prép. composée *incontra*, d'où fr. *encontre*, qui pourtant disparaît au commencement du XVIIe, au profit de *contre*. Elle est restée dans l'expression **à l'encontre de** (XIIIe s., vieillie au XVIIe, mais de nouveau en usage dep. le XIXe, p. ex. G. Sand) et a formé le dér. *encontrer* « trouver quelqu'un sur son chemin » (X^e^ — vers 1620), qui est resté en fr. sous la forme renforcée **rencontrer,** XIVe, d'où **rencontre,** XIIIe. — Comp. **malencontreux,** vers 1400, formé sur *malencontre* « malheur » (de l'adj. *mal* et du subst. verbal *encontre*, de *encontrer*, qui s'opposait à *bonne encontre* « bonne aventure », vers 1300).

CONTREBANDE, 1566 : « *marchandise de contrebande* », Henri Estienne, qui attribue cette expression aux Vénitiens; en 1512, *robe de contrebande*. Empr. de l'it. *contrabbando*, d'abord locution adverbiale signifiant « contre le ban », devenue subst. — Dér. : **contrebandier,** 1715.

CONTRECARRER, v. **carrer.**

CONTREDANSE, 1626. Empr. de l'angl. *country-dance*, propr. « danse de campagne » (de *country*, du fr. *contrée*, et de *dance*), devenu *contredanse*, par croisement avec *contre*.

CONTREDIRE. Lat. *contrādīcĕre*. V. **contradicteur,** etc. — Dér. : **contredit,** XIIe.

CONTRÉE, v. **contre.**

CONTREFAIRE. Lat. de basse ép. *contrăfacĕre*, qui a pris de bonne heure le sens de « reproduire par imitation », d'où le sens « dessiner, peindre » (XIIIe-XVIe). — Dér. : **contrefait,** XIIIe; **contrefaçon,** d'après *façon*, XIIIe; **contrefacteur,** 1754, d'après *facteur* ou le lat. *factor*, a remplacé l'ancien *contrefaiseur*, quand le développement industriel du pays a rendu nécessaire une poursuite plus systématique de la contrefaçon; de là **contrefaction,** 1752.

CONTREPÉTERIE, XVIe (au sens de « modification volontaire des mots »). Dér. de l'anc. verbe *contrepéter* (comp. de *péter*) « changer intentionnellement les sens des mots pour produire un effet plaisant », d'où « imiter par dérision ».

CONTREVALLATION, 1680. Comp. hybride du fr. *contre* et du lat. *vallatio* (créé à basse ép.) « retranchement » (de *vallum* « *id.* »).

CONTREVENIR, 1331. Empr. du lat. médiéval *contravenire* au sens jurid. (déjà latin de basse ép. au sens de « s'opposer à, engager une polémique contre »), v. **contravention.**

CONTRIBUER, 1309; **contribution,** 1317. Empr. du lat. *contribuere* « fournir pour sa part », *contributio* (jurid., créé à basse ép.). Le verbe a été souvent trans. au XVIe et au XVIIe d'après le latin. — Dér. : **contribuable,** 1401.

CONTRISTER, XIIe. Empr. du lat. *contristare*.

CONTRIT, XIIe; **contrition,** XIIe. Empr. du lat. eccl. *contritus*, *contritio* (du verbe *conterere*, propr. « broyer, écraser »).

CONTRÔLE, v. **rôle.**

CONTROUVER. Propr. « imaginer », d'où le sens moderne. Même mot que *contropare*, VIe *(Loi des Wisigoths)*, « comparer », d'origine incertaine, d'où *contropatio*, VIe, « comparaison », cf. aussi it. *controvare* « imaginer », v. **trouver.**

CONTROVERSE, 1311, en 1245 *controversie*. Empr. du lat. *controversia*. — Dér. : **controversable,** 1836; **controversé,** 1610; **controverser,** 1640; **-iste,** 1630.

CONTUMACE, *adj.*, 1392 (antérieurement *-al*, par substitution de suff., XIIIe); **contumace,** *subst.*, fém., XIIIe. Empr. du lat. jurid. *contumax*, *contumacia* (de *tumere* « se gonfler »), propr. « obstiné, obstination orgueilleuse », sens également empr. en a. fr. et que le subst. a encore au XVIIe.

CONTUS, 1503; **contusion,** 1314. Empr. du lat. *contusus*, *contusio*, également terme médical (de *contundere*), v. **contondant.** — Dér. : **contusionner,** 1819.

CONVAINCRE, XIIe. Empr. du lat. *convincere*, francisé d'après *vaincre*. Signifie souvent aussi « démontrer, prouver », jusqu'au XVIIe, d'après le verbe lat., v. **conviction.**

CONVALESCENT, vers 1400 ; **convalescence,** vers 1355. Empr. du lat. *convalescens*, part. prés. de *convalescere* « reprendre des forces », *convalescentia* (créé à basse ép.).

CONVENIR. Souvent *covenir* en a. fr. Lat. *convenire*, propr. « venir ensemble », d'où « aller trouver », d'où « être d'accord », avec sujet de chose. Paraît avoir subsisté dans le lat. pop. en ce dernier sens, d'où « être convenable », puis « falloir », prépondérant en a. fr. Usage analogue dans les autres langues romanes : it. *convenire*, esp. *convenir*. La construction personnelle, au sens de « tomber d'accord », XIIIe, très rare en lat., peut s'être développée spontanément ; mais d'autres sens du lat., notamment « venir ensemble », ont été parfois repris. — Dér. : **convenable,** XIIe ; **convenance,** *id.*, d'où **inconvenance,** 1573 ; **inconvenant,** 1790, d'après l'anc. adj. *convenant*, XIIIe (au XIIe s., *covenant*, pris substantiv., d'où l'angl. *covenant* « convention ») ; **déconvenue,** XIIe, propr. « ce qui arrive d'une manière qui ne convient pas », d'où « mésaventure, etc. » ; le verbe *desconvenir* ne paraît pas avoir été usité en a. fr.

CONVENT, 1874. Empr. de l'angl. *convent* (empr. lui-même du lat. *conventus*, v. **couvent**) par les loges maçonniques du rite écossais.

CONVENTICULE, 1384. Empr. du lat. *conventiculum* (dér. de *conventus*), v. le préc.

CONVENTION, 1268. Empr. du lat. *conventio*, qui a les deux sens du fr., d'abord *covence*, du nom. lat., 1212. — Dér. : **conventionnel,** 1453; **reconvention,** 1283 (Beaumanoir) ; **reconventionnel,** 1421.

CONVENTUEL, 1249 (*conventual*, *-el* dep. 1461). Empr. du lat. médiéval *conventualis*, v. **convent.**

CONVERGER, 1720 ; **convergent,** 1626. Empr. du lat. de basse ép. *convergere* (de *vergere* « incliner vers »), *convergens* pour des emplois scientifiques, v. **diverger.** — Dér. : **convergence,** 1675.

CONVERS, XIIe. Empr. du lat. eccl. *conversus* « converti », v. **convertir.**

CONVERSER, XIe *(Alexis)*. D'abord « fréquenter », sens moderne seulement à partir de 1537 ; **conversation,** XIIe ; même développement de sens. Empr. du lat. *conversari* « fréquenter », *conversatio* « fréquentation ».

CONVERTIR, X^e^ ; **conversion,** XIIe ; **convertible,** XIIIe (Rose). Empr. du lat. *convertere*, propr. « tourner », d'où les différents sens, notamment le sens chrétien, empr. à différentes époques, *conversio*, *convertibilis*. — Dér. : **convertissement,** XIIIe ; **convertisseur,** 1530 ; **inconvertible,** 1866, au sens financier, en 1546, au sens religieux. Dér. de *conversion*, **reconversion,** 1877.

CONVEXE, XIVe (Oresme) ; **convexité,** XVe. Empr. du lat. *convexus* « voûté, arrondi », *convexitas*.

CONVICT, 1796. Empr. de l'angl. *convict* « condamné soumis à une peine », empr. lui-même du lat. *convictus* « convaincu d'un crime ».

CONVICTION, 1579. Empr. du lat. de basse ép. *convictio* (de *convincere*), v. **convaincre.**

CONVIER. Lat. pop. **convītāre*, réfection de *invītāre* « inviter à un repas », d'après *convīvium* « banquet », cf. it. *convitare*, esp. *convidar*.

CONVIVE, XVe. Empr. du lat. *conviva*.

CONVOITER. D'abord *coveitier*, devenu rapidement *convoitier*, d'après les nombreux mots à initiale *con-*. Lat. de basse ép. **cupidietāre*, dér. de **cupidietās*, altération du lat. class. *cupiditās* « désir », d'après *anxietās*, *medietās*, *pietās*, etc., d'où a. fr. *coveitié*. Seulement gallo-roman ; cf. a. pr. *cobeitar*, *cobeitat*. — Dér. : **convoitable,** XIIe ; **convoiteux,** *id.* ; probabl. déjà lat. de basse ép. **cupidietōsus*, cf. a. pr. *cobeitos* ; **convoitise,** *id.*, a supplanté l'a. fr. *coveitié*. Tous ces dér. apparaissent d'abord avec le radical *coveit-*.

CONVOLER, 1481. Empr. du lat. jurid. *convolare*, propr. « voler, se hâter vers ».

CONVOLVULUS, 1545. Empr. du lat. *convolvulus* (de *convolvere* « enrouler »), francisé parfois en *convolvule*, 1553.

CONVOQUER, XIVe (Bersuire) ; **convocation,** 1302. Empr. du lat. *convocare*, *-atio*.

CONVOYER. Lat. de basse ép. **conviāre* (de *via* « chemin »), propr. « se mettre en route avec ». — Dér. : **convoi,** XIIe ; **convoyeur,** *id.*

CONVULSER, XVIe (au part. passé, le verbe dep. 1829) ; **convulsion,** 1538. Le verbe est dér. du lat. médical *convulsus*, le subst. est empr. du lat. médical *convulsio* (de *convellere* « arracher ») ; sens fig. de *convulsion* au XVIIe. — Dér. : **convulsif,** 1546 ; **convulsionnaire,** 1735.

COOLIE, 1857. Empr. de l'angl. *coolie* ; a remplacé orthographiquement *couli*, encore dans les dict., 1666 (écrit *colys*) ; tous deux sont empruntés de *koli*, nom d'une peuplade du Goudjerat, à l'Est de l'Hindoustan, au Nord de Bombay.

COOPÉRER, vers 1390 ; **coopérateur,** 1516 ; **coopération,** vers 1390. Empr. du lat. *cooperari* (créé à basse ép.), *cooperator* *(id.)*, *cooperatio*. — Dér. : **coopératif,** 1838 ; une première fois en 1550.

COOPTATION, XVIIe. Empr. du lat. *cooptatio* (de *cooptare* « choisir, associer », v. **opter** ; **coopter,** vers 1710, est peu usité).

COORDINATION, 1762 (Rousseau), une 1re fois en 1370, Oresme. Empr. du lat. de basse ép. *coordinatio* (de *ordinatio* « mise en ordre »), v. **ordonner.** — Comp. : **incoordination,** 1865.

COPAHU, 1696. Empr. de *coúpaheu* des Caraïbes. Le comp. *copa-iba* « arbre qui produit le copahu » (*iba* « arbre » en tupi) a été emprunté sous la forme de *copaïba*, 1603, et transformé en *copayer*, 1786, sous l'influence du suff. *-ier*.

COPAIN, v. **compagnon.**

COPAL, 1588. Empr. de l'esp. *copal*, empr. lui-même de l'aztèque *copalli.*

COPEAU, a. fr. *cospel, coispel.* Dér. en *-ellus* du lat. *cuspis* « fer d'une lance, d'un aiguillon de bouvier » et de **cuspia*, qui en était probabl. un dér. collectif (les deux formes vivent encore dans des parlers méridionaux). L'a. fr. *cospel* est représenté aujourd'hui par fr. *copeau, coispel* par norm. *coipiau*, etc.

COPIE, XIVe (au sens moderne), XIIe, au sens lat. « grande quantité ». Le sens moderne est peut-être dû à l'influence du verbe lat. médiéval *copiare* « reproduire en grande quantité », par rapport auquel *copie* pouvait être pris comme un subst. verbal. — Dér. : **copier,** 1339, d'où **recopier,** 1362 ; **copiste,** XVe.

COPIEUX, 1365. Empr. du lat. *copiosus* de *copia*, v. le préc.).

COPRAH, 1877 ; d'abord *copre*, 1845, en outre *copra* dans des traductions de voyages (1602-1758). Empr. par l'intermédiaire du port. *copra*, de *koppera*, du parler de Malabar.

COPULATION, XIIIe. Empr. du lat. *copulatio* « union », v. le suivant.

COPULE, 1752, sens moderne. Empr. de *copula*, de même sens, proprement « ce qui sert à attacher » (à basse ép. a signifié « lien conjugal », d'où le sens de « copulation », XVe-XVIIIe s.).

COPYRIGHT, 1878. Mot angl. signifiant « droit *(right)* de copie » et devenu international à la suite du Congrès de la propriété artistique.

COQ, XIIe. Tiré de *coco*, imitation du cri du coq dès Pétrone ; *coccus* déjà Loi Salique. A supplanté l'a. fr. *jal*, lat. *gallus*, d'où it. esp. *gallo*, a. pr. *gal ;* des représentants de *gallus* survivent encore en lorrain et dans la plupart des parlers gallo-romans au sud de la Loire. V. **pâte.** — Dér. : **coquet,** XVe, d'où **coqueter,** 1611 ; **coquetterie,** 1651 (Scarron), v. **cocarde.** — Comp. : **coq-à-l'âne,** 1532 (Marot) ; littéralement « discours où l'on passe du coq à l'âne » ; cf. *saillir du coq en l'asne*, XIVe, *sauter du coq à l'asne*, XVe-XVIe, et la locution anglaise *a cock-and-bull-story* « une histoire de coq et de taureau ».

COQ, « maître-coq », 1690. Empr. du néerl. *kok* « cuisinier ».

COQUE. Du lat. *coccum* « excroissance d'une plante », qui, dans les langues romanes, a pris plusieurs sens, comme « baie, noix, coquille », qui représentent tous des objets aux formes arrondies. De là **coque** « enveloppe d'œuf, de noix », etc. — Dér. : **coquetier,** ustensile, 1524 ; tandis que *coquetier*, « marchand d'œufs et de volailles », 1475, se rattache plutôt à *coq.*

COQUECIGRUE, 1534 (Rab.). On l'a expliqué par un *coquegrue* (vers 1550), dont le sens serait « coq de la grue », donc « grue mâle », et qui se serait ensuite croisé avec *cigogne*, d'où la syllabe *-si-*. Mais cette explication ne tient pas compte de la forme *coquesague* chez Eust. Deschamps. L'origine du mot reste donc incertaine.

COQUELICOT, 1544, d'abord *coquelicoq.* Onomatopée imitant le cri du coq ; a d'abord désigné le coq lui-même, XIVe s., puis a été appliqué à la fleur, par comparaison de sa couleur avec celle de la crête du coq.

COQUELOURDE, nom de plante, 1539. Dér. de *coq*, à cause de la fleur rouge ; désigne des plantes différentes selon les régions.

COQUELUCHE, XVe, « sorte de capuchon » et « toux épidémique » ; sens figuré de « béguin, passion », XVIIe. On a dit que le 2e sens dérive du 1er, d'après l'usage qu'auraient eu les malades de se couvrir la tête d'une coqueluche ; en tout cas une étymologie populaire est intervenue, cette sorte de toux s'appelant *chant de coq*, à cause de son caractère à une certaine période de la maladie ; l'étymologie même du mot est obscure.

COQUEMAR, v. **cocotte.**

COQUERET, 1545 ; antér. *coquelet*, 1512 ; *cokelet*, 1270 ; en outre *coquerelle*, XVIe. Dér. de *coq* ou variante de *coquelicot*, à cause de la couleur rouge des baies de cette plante.

COQUET, v. **coq.**

COQUETIER, v. **coque.**

COQUILLE. Lat. pop. **conchīlia*, neutre plur. pris comme fém., du lat. class. *conchȳlium* (du grec *konchylion*) ; l'initiale *coq-* est due à un croisement avec *coque.* — Dér. : **coquillage,** 1573 ; **recoquiller,** XIVe.

COQUIN, XIIe. Jusqu'au XVIe surtout « gueux, mendiant ». Probabl. dér. de *coq*, comme d'autres mots à sens défavorable (*coquart* « prétentieux », XVe ; « benêt », XVe ; *cocquelineux* « fantasque », XVIe). — Dér. : **coquinerie,** XIIIe ; **acoquiner,** 1530.

COR. Lat. *cŏrnu.* L'emploi du mot pour désigner une sorte d'instrument de musique, prépondérant aujourd'hui, remonte au latin. Du sens de « corne », attesté en ancien français, est issu *cors* (de cerf), XIVe (d'où *dix cors*, XVIIe s.). De *cornu* comme nom de la substance vient *cor (au pied)*, XVIe (tous deux certainement antérieurs), *cor (au pied)* est aujourd'hui prépondérant dans les patois ; concurrencé par *œil d'agace* (v. **pie**), Lorraine et région de la Suisse romande, *nid d'agace*, picard, *agace*, wallon, et un dérivé d'*agace*, Sud-Est ; cf. pour cette dénomination *œil de perdrix*, sorte de cor, et l'all. *Hühnerauge* « cor », littéralement « œil de poule ». V. **corne.**

CORAIL, 1416 ; antérieurement *courail.* 1328 ; *coral*, XIIe. Du lat. de basse ép. *corallum* (it. *corallo*), lat. class. *corallium.* La transformation de la terminaison *-al* en *-ail* en fr. est due à une réfection du sing. d'après le plur. *coraux*. — Dér. : **corailleur,** 1679.

CORALLIN, 1500. Empr. du lat. de basse ép. *corallinus*, v. le préc.

CORAN, 1657 : « Alcoran ou mieux coran » ; antér. *alcoran*, XIVe. Empr. de l'ar. *(al)-qorân*, propr. « la lecture » ; cf. de même *Bible*, *Écriture*. On a proposé d'expliquer *l'an quarante* dans la locution *se moquer d'une chose comme de l'an quarante* comme une altération de *l'alcoran*, explication qu'on peut appuyer sur la locution qui a été assez usuelle : *ne pas s'y entendre plus qu'à l'alcoran*.

CORBEAU, XIIe. Dér. de l'a. fr. *corp*, disparu de très bonne heure, lat. *corvus*, conservé dans toutes les autres langues romanes : it. *corvo*, esp. *cuervo*. Aujourd'hui concurrencé par *corneille*, *graille* ou *grole*, v. **graillement,** etc. ; le simple ne survit que dans quelques patois méridionaux. V. en outre **bec-de-corbin, cormoran.** — Dér. : **corbillat,** XVIe s., d'après *cornillat*, v. **corneille ; encorbellement,** 1394, d'après l'emploi de *corbeau*, comme terme d'architecture.

CORBEILLE. Lat. de basse ép. *corbicula*, dim. de *corbis*, de même sens, d'où it. *corba*, a. pr. *corba*, *corp*. Seulement fr. — Dér. : **corbillon,** XIIe.

CORBILLARD, 1798, au sens moderne. Antérieurement « grand carrosse », 1690, *corbillat* « coche d'eau, faisant le service de Paris à Corbeil », XVIe. Dér. de *Corbeil*.

CORBLEU, v. **dieu.**

CORDE. Lat. *chorda*, propr. « corde à boyau d'instrument de musique », d'où « corde (en général) » dans le lat. fam., déjà chez Plaute, à côté du class. *fūnis* (du grec *khordê*, propr. « boyau »). Le class. *fūnis* a largement survécu, cf. it. *fune* et a. fr. *fun*, disparu de très bonne heure. — Dér. : **cordage,** XIVe ; **cordeau,** XIIe ; **cordelle,** XIIe, d'où **cordelette,** 1213 ; **cordelier,** XIIIe, **cordelière,** 1395 ; **corder,** XIIe, d'où **décorder,** 1550 ; **cordier,** 1240, d'où **corderie,** 1239 ; **cordon,** 1169 ; *cordon bleu*, propr. « cordon porté par les chevaliers de l'ordre du Saint-Esprit », a été dit, au XVIIe, d'un homme qui se distingue, et au XIXe, par plaisanterie, d'une cuisinière habile ; d'où **cordonnier,** XIIe ; **cordonnet,** 1515.

CORDIAL, adj., au sens médical, 1314 (ensuite subst. fin XVIIe), en parlant de personnes, fin XVe. Empr. du lat. médiéval *cordialis* (de *cor*, *cordis* « cœur »). — Dér. : **cordialité,** XVe.

CORDONNIER, 1340. Altération, par croisement avec *cordon*, de *cordoanier*, XIIIe, dér. de *cordoan* « cuir de Cordoue » ; celui-ci est empr. de l'a. pr. *cordoan*, lui-même empr. de l'esp. *cordobán*, qui vient de l'arabe *cortobanî* (l'industrie du cuir de Cordoue a été en effet créée par les Arabes), d'où aussi l'it. *cordovano*. D'abord employé avec son sens étymologique, a supplanté l'a. fr. *sueur*, usité jusqu'au XVe, lat. *sūtor* « cordonnier », et une autre forme *corveisier*, dérivée de l'a. fr. *corvois* (cf. a. pr. *corives* « cuir de Cordoue ») ; cette forme indique que ce cuir a été désigné en gallo-roman sous la forme lat. *cordubē(n)sis*, cf. esp. *cordobes* « habitant de Cordoue » ; *corveisier* encore, sous des formes altérées, en wallon. — Dér. : **cordonnerie,** 1532, d'abord *-ouanerie*, 1236.

CORIACE, 1549 (d'abord *corias*, masc., XVe). Dér. de l'a. fr. *coroie* « courroie » (comp. a. fr. *corion*, etc.). Signifie d'abord « filandreux », et cette signification vit encore dans certains patois. A été rapproché, par la suite, du lat. *coriaceus*, de *corium* « cuir », ce qui en a aussi modifié légèrement l'acception.

CORIANDRE, XIIIe. Empr. du lat. *coriandrum* (du grec *koriandron*).

CORINDON, 1795 (au XVIIe s. *corind*), est donné comme terme du telengui, langue dravidienne. Soit dérivé de *corind*, cf. aussi allemand *Korund*, soit repris d'une autre forme *kurundan ;* l'anglais *corindon* paraît venir du français.

CORME, XIIIe. D'un gaul. **corma*, qui se rattache à *curmi*, Ve s. (M. Empiricus), « boisson fermentée » faite avec des cormes, cf. irlandais *cuirm* « bière », et aussi **cormé** « sorte de cidre », XVIe s., encore dans les parlers de l'Ouest. *Corme* s'emploie aujourd'hui surtout dans les parlers de l'Ouest, par confusion avec *corne* « cornouille », au sens de « cornouille ». — Dér. : **cormier,** XIIe s.

CORMORAN, 1393 ; antérieurement *cormare(n)g*, XIIe, altéré en *cormaran*, XIIIe, puis *cormoran*. Comp. de l'a. fr. *corp* « corbeau » et de l'adj. *marenc* (attesté dans ce comp. et dans *pie marange* « pie de mer », mot de l'Ouest), dérivé de *mer* avec le suffixe d'origine germ. *-enc ;* correspond au lat. de basse ép. *corvus marinus (Gloses de Reichenau)*, d'où pr. *corpmari(n)*, port. *corvo marinho*.

CORNAC, 1685. Empr. par l'intermédiaire du port. *cornaca* d'un parler de l'Inde, peut-être le singhalais **kûrawanayaka*, restitué d'après *cournakeas* d'un voyageur hollandais du XVIIe s., propr. « chef d'un troupeau, dompteur d'éléphants ».

CORNE. Lat. pop. **corna*, lat. class. *cornua*, plur. neutre de *cornu*, pris comme fém. sing. Seulement gallo-roman et rhéto-roman. Une partie du Midi a conservé le gaul. **banno* (cf. gallois *ban*, irlandais *benn*), a. pr. *ban* m., *bana* f., pr. langd. *bano*. — Dér. : **cornaline,** XIIe *(-eline)*. Dér. 1° du sens « corne d'un animal » : **cornichon** « petite corne » (Marot-XIXe s.), « petit concombre », 1651 ; **écorner,** XIIe ; **cornette** « chaperon de femme », 1352-1694, « étendard de cavalerie », J. Lemaire, XVIIIe, « officier de cavalerie qui porte l'enseigne », fin XVe-fin XIXe ; 2° du sens « cor, instrument de musique » : **corner,** vers 1080 (Roland) ; **corneur,** XIIe ; **cornard,** d'un animal dont les voies respiratoires sont malades, 1834 ; **cornet,** XIIIe ; **cornemuse,** XIII[e] (subst. verbal de *cornemuser* « jouer de la cornemuse », XIIIe-XVIe, comp. tautologique de *corner* et de *muser* « jouer de la musette », v. *musette*, comparez pour la formation du verbe *tournevirer*, de *tourner* et de *virer*) ; 3° du sens « corne (substance) » : **racornir,** XIVe ; **racornissement,** 1743 ; 4° du sens « coin, angle » (attesté pour *cor*, du XIIe au XIVe s.) : **cornier,** adj., 1676 (*cornière*, s. f. « angle, coin », XIIe-XVIe s.) ; **écorner** « émousser les angles », XVIe ; **écornifler** (comp. de *écorner* et d'a. fr. *nifler* « renifler »), d'abord « voler en furetant », XVe, « aller manger à la table d'autrui », XVIe ; **écornifleur,** 1537 ; 5° d'après la corne prise comme symbole : **faire les cornes,** 1656 ; **cornes,** symbole des maris trompés, dep. XVe (on avait autrefois l'habitude de couper les ergots aux coqs châtrés et de les leur implanter dans la crête, où, devenus grands, ils ressemblaient à deux cornes ; ces coqs ayant été privés de leurs fonctions sexuelles furent comparés aux maris trompés), de là **cornard** « cocu », 1608 (« niais », XIIIe-XIVe) ; **encorner** un mari, fin XVIe (Cholières), *envoyer en Cornouaille*, id. (XVIe-XVIIIe).

CORNE, v. **cornouille.**

CORNÉ, 1752 ; **cornée,** 1503. Empr. du lat. *corneus* (dér. de *cornu*) et du lat. médiéval *cornea*, fém. pris substantivement de l'adj. préc. (formé d'après *tunica*, cf. le lat. class. *oculorum tunica*).

CORNED-BEEF, 1922. Empr. de l'angl. *corned beef* « viande de bœuf salée ».

CORNEILLE. Lat. de basse ép. **cornīcŭla*, lat. class. *cornīcŭla*, dér. de *cornix*, qui vit encore sous la forme *cornille* dans les parlers de l'Ouest, du Centre et de la Bourgogne. A pris le sens de « corbeau » dans un très grand nombre de parlers septentrionaux du domaine gallo-roman (en wallon, pic. norm. avec le suffixe *-aille*, comme it. *cornacchia*). — Dér. : **cornillat,** 1340.

CORNICHE, 1528 ; antérieurement *cornice*, *cornisse*, XVIe. Empr. de l'it. *cornice*, probabl. du grec *korônis*, même sens, peut-être influencé dans la terminaison par *cornice* « corneille », développement sémantique analogue à celui qui a fait du fr. *corbeau* un terme d'architecture.

CORNICHON, CORNIER, v. **corne.**

CORNOUILLE, d'abord *cornolle*, 1250, dér. à l'aide du suff. lat. *-ŭlla* (à côté de *-ille*, *-eille*, *-aille*, *-elle*, *-ette*, tous en a. fr. et dans les patois). Dans le nom de l'arbre, le *-ll-* par le contact du suff. *-ier*, de là **cornouiller,** 1320, et de celui-ci la mouillure est passée aussi au nom du fruit, de là **cornouille,** 1539. On a de plus **corne,** XIIIe, encore dans certains patois, lat. pop. **corna*, plur. neutre pris comme fém. sing. attesté aussi en a. pr. par le dér. *cornier ;* pour *corme* dans l'Ouest, v. **corme.**

CORNU. Lat. *cornūtus*. Au sens de « cocu », 1608 (XIIIe-XVIIe « sot »). — Dér. : **cornue,** 1405. — Comp. : **biscornu,** XVIe ; *bicornu*, 1390.

COROLLAIRE (1370, Oresme, sous la forme *correlaire*). Empr. du lat. *corollarium*, dér. de *corolla*, v. le suiv., propr. « petite couronne offerte en présent », d'où « supplément », « conséquence qui doit suivre de la conclusion d'une démonstration », terme de philosophie attesté d'abord chez Boèce et qui a passé dans la terminologie mathém.

COROLLE, 1749. Empr. du lat. *corolla*, dim. de *corona* « couronne ».

CORON, 1885 (Zola). Empr. du parler des mineurs de la région picarde et wallonne ; développement sémantique récent de *coron* « bout, extrémité » (signifie aussi spécial. « extrémité de la rue »), fréquent en anc. picard, dér. de *cor*, usité au moyen âge au sens de « coin, angle », v. **cor.**

CORONAIRE, XVIe s. (Paré). Empr. du lat. *coronarius* « qui forme une couronne ».

CORONER, 1688. Empr. de l'angl. *coroner*, qui continue l'anglo-normand *coroneor* (de *couronne*).

CORONILLE, 1700. Empr. de l'esp. *coronilla*, dim. de *corona* « couronne ».

CORPORAL, 1264. Empr. du lat. eccl. *corporale*, dér. de *corpus*, l'hostie ou corps de Jésus-Christ étant posé sur le linge ainsi nommé, v. **corporel.**

CORPORATION, 1672. Empr. de l'angl. *corporation* « réunion, corps constitué » (le sens de « municipalité », propre à l'angl., date du XVIIIe), dér. du lat. médiéval *corporari* « se former en corps ». — Dér. : **corporatif,** 1842.

CORPOREL, XIIe. Empr. du lat. *corporalis.*

CORPS. Lat. *corpus*, également class. au sens de « réunion de personnes, soumises aux mêmes règles, etc. », d'où dérivent de nombreuses acceptions modernes. Le lat. *corpus* était aussi employé au sens de « personne, individu », d'où a. fr. *mes cors* « moi », fr. **drôle de corps** « plaisant personnage », 1694, **gardes du corps,** 1688 (XVIe, *garde-corps*). — Dér. : **corsage** « buste », XIIe-XVIIIe, sens actuel dep. J.-J. Rousseau ; **corsé,** 1819 (d'après *corps* « consistance que prend un liquide qu'on épaissit », dep. Paré) ; **corser,** 1860 ; **corset,** 1829, au sens actuel (« surcot », etc., XIIIe-XIXe) ; **corsetier,** 1845 ; **corselet,** 1752, au sens actuel (« petit corps », etc., XIIe). — Comp. : **arrière-corps,** 1690 ; **avant-corps,** 1658.

CORPULENT, 1350 ; **corpulence,** 1382. Empr. du lat. *corpulentus*, *corpulentia* (de *corpus*).

CORPUS, 1863 (*corpus iuris*, 1845). Tiré du lat. *corpus juris* ou *corpus* « recueil de droit » ; sert aujourd'hui à désigner des recueils divers.

CORPUSCULE, 1495. Empr. du lat. *corpusculum*, dim. de *corpus*. — Dér. : **corpusculaire,** 1721.

CORRECT, 1512 ; **correcteur** (1275, sens théol. ; 1678, sens typogr.) ; **correctif,** XIVe (Oresme) ; **correction,** XIIIe. Empr. du lat. *correctus*, *corrector*, *correctivus* (lat. médiéval), *correctio* (de *corrigere* « redresser » au propre et au fig., v. **corriger**). — Dér. : **correctionnel** (de *correction*), XVe, d'un tribunal, 1791, d'où **correctionnaliser,** 1823 ; **incorrect,** 1421 ; **incorrection,** 1512.

CORRÉGIDOR, 1617 (dès 1579 en Gascogne). Mot esp. *corregidor*, dér. de *corregir* « corriger ».

CORRÉLATION, vers 1420 ; **corrélatif,** 1355. Empr. du lat. scolastique *correlatio* (de *relatio* « relation »), *correlativus*.

CORRESPONDRE, XIVe (Bersuire) ; **correspondant,** XIVe (Oresme, *-ent*). Empr. du lat. scolastique *correspondere* « être en rapport de conformité », *correspondens* « qui correspond » ; *correspondant*, au sens de « qui correspond par lettre », XVIIe, est le part. prés. du verbe fr., qui paraît avoir pris ce sens à cette époque. — Dér. : **correspondance,** XIVe ; sens parallèles aux préc.

CORRIDA, 1907. Empr. de l'esp. *corrida* « course de taureaux », dér. de *correr* « courir ».

CORRIDOR, 1611 (pop. *colidor*, dep. 1808). Fin XVIe en outre *courridour*, compromis entre l'it. *corridore* et l'a. pr. *courradour* ; n'est alors qu'un terme de fortification, désignant « un chemin couvert » ; au sens actuel, 1636. Empr. de l'it. *corridore* (à côté de *corridoio*), de même sens, dér. de *correre* « courir ».

CORRIGER, XIIIe. Empr. du lat. *corrigere*, v. **correction.** — Dér. : **corrigible,** vers 1300 ; **recorriger,** 1538.

CORROBORER, 1326 ; **corroboration,** 1296. Empr. du lat. *corroborare* (de *robur, -oris* « force »), *corroboratio* (créé à basse ép.). — Dér. : **corroboratif,** XVIe (Paré).

CORRODER, 1314 ; **corrosif,** XIIIe ; **corrosion,** 1314. Empr. du lat. *corrodere* « ronger », *corrosivus*, *corrosio*.

CORROMPRE, XIIe ; **corrupteur,** XIVe ; **corruptible,** XIIIe *(Rose)* ; **corruptibilité,** XVe ; **corruption,** XIIe. Empr. du lat. *corrumpere* (avec francisation d'après *rompre*), *corruptor*, *corruptibilitas* (lat. eccl.), *corruptibilis (id.)*, *corruptio*.

CORROYER (d'abord *conreer*, d'où *correer*, puis *corroyer*, d'après les formes accentuées). A signifié au moyen âge « préparer, apprêter, équiper », etc. ; le sens moderne apparaît dès le XIIIe s. Lat. pop. **conredāre*, adaptation du goth. *garedan* « pourvoir à qch. » (de *ga* « avec » et de **rēps* « provisions », cf. ahall. *rāt*, id., all. *Rat* « conseil »), introduit par les mercenaires germaniques qui servaient dans l'armée romaine, cf. **compagnon, désarroi.** Aussi it. *corredare* « équiper », esp. *correar* « biner la terre », a. pr. *conre(z)ar* « équiper » et aussi « corroyer ». — Dér. : **corroi,** XIIe (sous la forme *conroi*) ; au moyen âge « ordre, soin », etc. ; a suivi partiellement le développement sémantique du verbe. **corroierie,** 1741 ; **corroyeur,** 1260 *(conreeur)*.

CORSAIRE, 1443 (*corsar*, 1200). Empr., par l'intermédiaire de l'a. pr. *corsari*, XIIIe, de l'it. *corsaro*, dér. du lat. *cursus* « course ».

CORSO, 1869, dans les deux sens « promenade publique en Italie » et « cortège de chars ». — Comp. : **corso fleuri,** 1963.

CORTÈGE, 1622. Empr. de l'it. *corteggio* « suite de personnes qui accompagnent pour faire honneur », subst. verbal de *corteggiare* « faire la cour », dér. de *corte* « cour » ; extension de sens propre au fr., dès le XVIIe.

CORTÈS, 1659. Mot esp. *cortes*, plur. de *corte* « cour » ; ne s'emploie qu'à propos de l'Espagne ou du Portugal.

CORTICAL, 1665. Dér. sav. du lat. *cortex*, *corticis* « écorce ».

CORVÉE. Lat. de basse ép. *corrogāta* (sous-entendu *opera*) « ouvrage auquel on est prié de participer », dér. de *corrogāre* « convoquer plusieurs personnes » ; a désigné d'abord une aide que de petits exploitants se prêtaient librement, puis, au cours du moyen âge, a servi à désigner un travail imposé par de grands propriétaires à des subordonnés (lat. médiéval *corvada*). Seulement gallo-roman : a. pr. *corroada*. Les corvées obligatoires furent supprimées la nuit du 4 août 1789 ; sens militaire, 1835.

CORVETTE, 1476 (texte de la Seine-Maritime). Paraît dér. de *corve*, attesté seulement en 1700, également en parlant de bateaux des mers septentrionales, cf. aussi le dér. *corvot*, 1476, mais représenté anciennement par *corbe*, 1520, donné comme une sorte de bateau de Hollande et de Flandre (d'où *corbette*, dit sur la côte normande de « petits écumeurs ostendois », Ménage), dont on rapproche le moyen bas all. *korf* « sorte de bateau » et le moyen néerl. *korver* « bateau chasseur ». Le lat. *corbita* « vaisseau de transport » convient moins. L'it. *corvetta* et l'esp. *corbeta* viennent du fr.

CORYMBE, 1545. Empr. du lat. *corymbus* (du grec *korymbos*).

CORYPHÉE, 1556. Empr. du lat. *coryphaeus* (du grec *koryphaios*, de *koryphê* « sommet »).

CORYZA, 1741 (antér. *coryze*, XIVe ; *corrize*, 1605-1762). Empr. du lat. *coryza* (du grec *koryza* « écoulement nasal »).

COSAQUE, 1606. Empr. du russe *kozak*.

COSMÉTIQUE, adj., 1555 ; s. m., 1676 ; s. f., 1754. Empr. du grec *kosmêtikos* « qui concerne la parure *(kosmos)* ».

COSMO-. Premier élément de mots sav., remontant au grec, tels que **cosmogonie,** 1735 ; **cosmographie,** 1512 ; **cosmopolite,** 1560, comp. du grec *kosmos* « monde ».

COSSARD, « paresseux », fin XIXe ; **cosse,** « paresse ». Mots argotiques, probabl. extension métaphorique de *cosse* de légume.

COSSE (de légume), XIe. Lat. pop. **coccia*, altération, par croisement avec le mot enfantin continué par **coque,** de *cochlea* « limaçon, coquille », cf. de même, entre autres, it. *coccia* « coquille, écorce, etc. ». — Dér. : **cossu,** XIVe, déjà au sens fig. ; le sens propre « bien fourni de cosses », en parlant d'une tige de pois, d'un champ, est encore dans les dict. ; **écosser,** XIIe, **écosse,** 1381, **écosseur,** 1560.

COSSER, 1560 (Ronsard). Empr. de l'it. *cozzare*, de même sens, dér. en *-iare* d'un verbe répandu en Italie, en galloroman et en ibéro-roman, cf. a. fr. a. pr. *cotir* « heurter », XIIIe-XVIIe, fr. « meurtrir un fruit par un coup », 1690 ; piém. *coti* « amolli », cat. *cotar* « heurter », esp. *cutir*. Tous ces verbes viennent du grec *koptein* « frapper », dont les nombreux sens secondaires sont presque tous encore vivants dans les parlers gallo-romans.

COSSON, « charançon du blé », XIe. Attesté à la fois dans les parlers septentrionaux et méridionaux ; dérivé fort ancien, peut-être déjà lat. de basse ép. **cossō*, du latin *cossus* « sorte de ver de bois » qui survit dans quelques parlers de la région franc-comtoise au sens de « mite, larve du hanneton » et dans l'italien *cosso* « verrue ».

COSTAUD, 1884. Mot d'argot, d'origine méridionale, dér. du pr. *costo* « côte », propr. « qui a des côtes, gaillard ». On a aussi voulu le mettre en rapport avec l'argot *costel* « souteneur » (1846), ce qui reste douteux, de même que l'étym. par romani *cochto* « bon, solide ».

COSTUME, 1747 (au sens moderne) ; antérieurement terme d'art : « vérité des usages, vêtements, etc., reproduite dans les œuvres d'art », 1641 (Poussin). Empr. de l'it. *costume* (prononcé d'abord *costumé*, à l'italienne, encore en 1740) au premier sens, d'où s'est développé le sens propre au français, probabl. dans la langue des théâtres, voir le sens des dérivés ; l'it. *costume* est le même mot que le fr. *coutume*. — Dér. : **costumé,** 1787, d'où **costumer,** 1792 ; **costumier,** 1822.

COSY, 1910. Empr. de l'angl. *cosy*. — Comp. avec l'angl. *corner* « coin » : **cosy-corner,** 1904.

COTE, 1390 (*quote*, graphie usuelle avant le XVIe s.). Empr. du lat. médiéval *quota* (sous-entendu *pars*), issu du lat. class. *quotus, -a* « en quel nombre » et de *pars*, et qui a été pris au XIVe au sens de « quote-part imposée à chaque contribuable », d'où **cotiser,** 1325 ; **cotisation,** 1515. Des sens secondaires de *cote* « marque servant à classer un document », XVIe, et « indication du prix d'une valeur de bourse », 1784, vient le verbe **coter** (XVe s., et 1834). Sur *quota pars* a été calqué aussi l'expression *quote et portion* « part que chacun doit payer ou recevoir dans la répartition d'une somme » (1390-1521), modifié en *quote partie* (fin XVe-1660) et en **quote-part,** 1490. D'après le modèle de *quantité*, de a. fr. *quant* « combien », on a formé **quotité,** 1436.

CÔTE. Lat. *costa*, « côte (du corps), flanc, côté ». Cf. it. a. pr. *costa*, esp. *cuesta* (aujourd'hui plutôt *costilla* au sens propre). Les sens de « pente d'une colline », dép. 1150, et de « rivage de la mer », existent également en roum., en it., en rhéto-roman, en cat. esp. port. ; ils appartiennent donc certainement déjà au latin, bien qu'ils n'y soient pas attestés. — Dér. : **coteau,** XVe (antér. *costel*, XIIe, dér. en *-ale*) ; **côtelé,** XIIe ; **côtelette,** 1393 ; **côtier,** adj., 1539, mais *côtiere*, s. f. « côte de la mer », XIIe-1834 ; **côtoyer,** XIIe. — Comp. : **entrecôte,** 1746.

CÔTÉ. Lat. pop. **costātum*, dér. de *costa*, v. le préc. ; a supplanté *lez* au XVe. It. *costato*, esp. *costado*. V. **accoter.**

COTERIE, 1660. Toutefois aussi « compagnie » dans le langage pop., sans nuance péjor. Antér. « bien roturier soumis à un cens » et « association de paysans tenant en commun les terres d'un seigneur », XIVe-XVIe s. Dér. d'un adj. *cotier*, 1390, qui est un terme de féodalité : « relatif à un bien chargé d'une redevance roturière » ; considéré comme dérivé d'un a. fr. **cote* « cabane » qu'on restitue d'après l'a. fr. *cotin*, de même sens, XIIe (*Rou*, texte normand), et qui est empr. de l'a. nor. *cot* « cabane » (cf. angl. *cot*, de même sens, v. **cottage**).

COTHURNE, 1527. Empr. du lat. *cothurnus* (du grec *kothornos*).

COTIGNAC, 1550. Altération, d'après le lat. *coloneum* « coing », de *coudignac* (1534, Rab.), antér. *coudoignac*, 1393, empr. de l'a. pr. *codonat*, dérivé de *codon, -nh* « coing ». La modification de la terminaison (*-ac* pour pr. *-at*) est probabl. due au désir de bien marquer l'origine méridionale du produit en introduisant dans le nom le *-ac* si caractéristique de l'onomastique du Midi.

COTILLON, v. **cotte.**

COTIR, v. **cosser.**

COTON, XIIe. La culture du cotonnier et l'ouvraison du coton ont été introduites dans l'Occident par les Arabes, qui importèrent de grandes quantités de coton de Syrie dès le XIIe s., et qui firent des plantations en Andalousie et en Sicile. De la Sicile et de l'Orient est venu l'arabe *quṭun*, d'où it. *cotone* et fr. *coton ;* l'Espagne a transmis ce mot pourvu de l'article arabe *al :* esp. *algodón*, d'où a. fr. *auqueton* « étoffe de coton ; tunique rembourrée », XIIe (par l'intermédiaire de l'a. pr. *alcoton*), devenu **hoqueton** au XIVe s., sous l'influence de *heuque* « esp. de cape ». — Dér. : **cotonnade,** 1615 ; **cotonnier,** subst., XVIe, adj. 1837 ; **cotonneux,** 1552 ; **cotonner,** 1244 ; **fulmicoton,** 1865.

COTRET, 1298 (sous la forme *costerez*). Probabl. dér. de *costa*, au sens de « qui se trouve sur les côtés » (avec le suff. *-aricius*) ; aurait qualifié d'abord les rondins qui garnissent les côtés d'une charrette.

COTTAGE, 1754. Empr. de l'angl. *cottage*, dér. de *cot*, v. **coterie,** proprement « maison de paysan », d'où « maison de campagne », fin XVIIIe s. (en France depuis environ 1870).

COTTE, XIIe s. Au moyen âge « sorte de tunique » et partic. « habillement de chevalier ou de guerrier ». Du francique **kotta*, cf. anc. haut all. *chozza* « manteau de laine grossière » ; l'esp. *cota*, l'a. pr. *cota* et l'it. *cotta* sont empr. du fr. Aujourd'hui usité au sens de « jupe, jupon, robe » dans les parlers de l'Est. — Dér. : **cotillon,** 1461 ; au sens de « sorte de danse analogue à la contre-danse », 1708, c'est-à-dire « danse avec le cotillon », puis par extension, 1824, « danse avec figures ». Au sens de « jupon », a été emprunté par les parlers méridionaux ; un autre dér. *cotteron*, XVIe, a le même sens dans les parlers du Nord-Est.

COTTRE, 1780 (écrit alors *cutter*), orthographe encore admise. Empr. de l'angl. *cutter*, propr. « celui qui coupe », dér. du verbe *to cut*.

COTYLÉDON, 1314. Empr. du grec *kotylêdôn*, propr. « cavité (d'une coupe) ». — Comp. : **dicotylédone,** 1763 ; **monocotylédone,** 1763.

COU, jusqu'au XVIIe aussi **col,** forme conservée pour désigner la partie du vêtement qui entoure le cou ; ce sens est de création romane, parce que le costume romain laissait le cou absolument libre. Du lat. *collum* (it. *collo*, esp. *cuello*). — Dér. et Comp. 1° de « cou » : **accoler,** vers 1050 ; d'où **accolade,** 1532, reformation, d'après les mots en *-ade*, de l'a. fr. *accolée*, **racoler** (1762-1869 « engager de gré ou par ruse des hommes pour le service militaire », XIIIe-XIVe « embrasser ») ; **racoleur** (1803-69), au fém. d'une prostituée, fin XIXe ; **encolure,** XVIe (où *en-* a le sens de « pourvu de », tandis que dans l'acception maritime le mot est dérivé d'*encoler* et *en-* veut dire « entouré de ») ; 2° de « col » : **collet,** 1280, d'où *colleter*, 1580 (propr. saisir par le collet) ; **décolleter,** 1700 ; **coltiner,** commenc. XIXe (de *colletin*, « grand chapeau de cuir pour portefaix », XIXe ; « pourpoint » au XVIe), *coltineur*, 1827 ; **faux-col,** 1827 ; 3° sens fig. : *col* entre deux montagnes, 1635 (surtout Alpes et Pyrénées) ; **cou-de-pied,** XIIe.

COUAC, XVIe (Marot). Onomatopée.

COUARD, COUARDISE, v. **queue.**

COUCHER. Lat. *collocare* « placer », de *locare*, de même sens, mais dont la composition n'a plus été sentie en lat. de basse ép. Dès le lat. class. *collocare* s'employait partic. au sens de « placer dans une position horizontale, étendre dans sa longueur », d'où aussi le sens de « rédiger », XIIIe-XVIIe, « insérer dans un procès-verbal, etc. », XVe, et l'emploi réfléchi du verbe par rapport aux astres, XIe. A ce sens se rattache le dér. **couche** « étendue horizontale de qch. », 1268. Depuis la Vulgate on trouve enfin *collocare super lectulum, se lecto collocare*, etc., dans un sens qui, vivant en fr., se retrouve dans le roum. *culca*, dans l'it. *coricare*, dans le sarde *si cusca*. — Dér. et Comp. : **couchage,** 1657 ; **couche,** XIIe ; plur. au sens d' « enfantement », 1552, d'où **fausse-couche,** 1652 ; au sens de « linge d'enfant », 1505 ; **coucherie,** 1760 ; **couchette,** XIVe ; **coucheur,** XVIe ; **accoucher,** XIIe (au sens moderne), propr. « (se) coucher », XIIe, sens qui a subsisté jusqu'au XVIe, notamment dans la locution *accoucher malade ; accoucher* s'est substitué à *agesir*, en même temps que *se coucher* se substituait à *gésir ;* dans *accoucher de* la prép. a un sens causal, comp. chez Villehardouin *soi acouchier de maladie*, d'où **accouchée,** 1321, qui a éliminé *gisante*, encore usité dans d'assez nombreux patois ; **accouchement,** XIIe ; **accoucheur,** 1677 ; **découcher,** XIIe ; **recoucher,** *id.*

COUCI-COUCI, 1648 (*coussi coussi ;* forme ordinaire du XVIIe). Aujourd'hui on dit plutôt *couci-couça* d'après *comme ci comme ça*. Empr. de l'it. *così così* « ainsi ainsi » ; *così* représente le lat. pop. *eccum sīc*, littéral. « voici ainsi ».

COUCOU. Le lat. *cŭcūlus* survit dans le prov. *cougúou* et dans le tosc. *cuculo*. Ailleurs le cri si caractéristique de l'oiseau, qui est toujours doublé et dont le deuxième son est jeté sur une note plus basse que le premier, a causé la réfection des formes romanes, altérées par l'évolution phonétique. En premier lieu on a rétabli le deuxième *c*, ensuite il y a eu assimilation des deux voyelles, de là fr. *cocu*, XIIe-XVIIe s., puis *coucou*, 1538 (*koko*, vers 1100). V. aussi **cocu.**

COUDE. Lat. *cubitus*. — Dér. **coudée,** XIIe (sous la forme *coltee*) ; **couder,** 1493 ; **coudoyer,** 1588 (Montaigne) ; **accouder,** XIIe, d'où **accoudoir,** XIVe.

COUDRE, *verbe*. Lat. pop. **cōsere*, refait du lat. class. *consuere* « coudre ensemble » (de *suere* « coudre ») d'après **coso* pour *consuo*. It. *cucire*, esp. *coser*. — Dér. et Comp. : **couseuse,** 1834 (au XIIIe s. et dans l'Ouest aussi le masc. *couseur*) ; **cousette,** fin XIXe (norm. dès 1850) ; **découdre,** XIIe, **décousure,** 1611 ; **recoudre,** XIIe s.

COUDRIER, 1503. Dér. de *coudre*, aujourd'hui archaïque et sans vie dans les patois, latin de la Gaule **cŏlŭrus*, transformation du lat. class. *corylus* (graphie hellénisante pour *colurus*), sous l'influence du gaul. **collo*, de **coslo*, forme correspondante à celle du lat. ; n'a subsisté que dans les parlers septentrionaux de la France, où il est, en outre, concurrencé par *noisetier* ou d'autres dérivés, et dans quelques parlers du Nord de l'Italie et rhéto-romans ; ailleurs dérivés de *abellāna* « noisette cultivée », dont le succès, dû au développement de cette culture, a affaibli la vitalité de *corulus*, v. **noisette, noisetier.** Autres dér. de *coudre :* **coudraie,** XIIe ; **coudrette,** *id.*, tous deux peu usités.

COUENNE. Lat. pop. **cŭtīnna*, altération de **cŭtīna*, dér. du lat. class. *cŭtis* « peau ». La transformation de la terminaison *-īna* en *-īnna* est probabl. due à l'influence du gaul., qui possédait un suff.

-*inna*. **cŭtīna* a donné néap. *cótena*, piém. *cuna*, cat. *coina ; *cŭtīnna* vit en gallo-roman et dans le tosc. *cotenna*. — Dér. : **couenneux,** 1655.

COUETTE (ou **COITE**). Rare aujourd'hui, en dehors de quelques emplois techniques et locutions. Lat. *cŭlcĭta* « oreiller », d'où, en fr., *coilte, coite*. It. *coltrice*, esp. *colcedra*. — Dér. et Comp. : Une ancienne forme *coute*, XIIe, peut-être altération de *coilte* d'après *couche(r)*, a donné le dér. **coutil,** XIIIe, et le comp. **courte-pointe,** XIIe, issu, par croisement avec l'adj. *courte*, de *coite-pointe, id.*, c'est-à-dire « couverture piquée » *(pointe*, part. passé de *poindre) ;* on a dit aussi *contre-pointe*, XVIe, d'où *contre-pointer*, XVIe. L'altération en *courte-* et *contre-* s'explique par le fait que les points de couture sont très courts et unissent deux points opposés de la couverture.

COUFFE, 1723 (écrit alors *coufle*). Empr. du pr. *coufo*, attesté dès le XVe et empr. de l'arabe *qūffa* (d'où aussi l'esp. *alcofa*), empr. lui-même du lat. *cophinus*.

COUGUAR, 1761 (Buffon). Modification faite (probablement d'après *jaguar*) par Buffon « par contraction du brésilien *cuguacuara* » (suivant ses propres termes) ; ce mot est dû à une faute de lecture ; le mot tupi *susuarana* a été écrit *çuçuarana* par les Portugais, d'où les cédilles ont été éliminées par négligence ; on donne aussi, comme forme en tupi *cuguacuarana*, 1741.

COUILLE. Lat. pop. **cōlea*, d'abord plur. neutre, devenu subst. fém., issu du lat. class, *cōleus ;* cf. aussi l'a. pr. *colh* et *colha ;* v. le suivant. — Dér. : **couillard,** XIVe.

COUILLON, déjà lat. pop. **cōleōnem*, acc. de *cōleō* : aussi it. *coglione*, esp. *cojón*. Dans le sens figuré de « lâche, sans énergie » aussi *couille*, XVIe. Au XVIe s. l'it. *coglione* est emprunté dans le même sens, d'où **colon.** Cette forme est concurrencée par *couillon*, aussi dans les dér. : *coyonnade*, 1592, **couillonnade,** 1791 ; *coïonnerie*, 1569, **couillonnerie,** 1864.

COUINER, pop. et régional, XIXe. Onomatopée.

COULE, v. **cagoule.**

COULER. Lat. *cōlāre* « filtrer », dér. de *cōlum* « filtre » ; a pris dès l'époque latine le sens de « couler », intrans., en parlant d'un liquide, et de « glisser ». — Dér. : **coule,** dans *être à la coule*, XIIe *(Renart) ;* **coulage,** fin XVIe; **coulée,** 1500 ; **coulis,** XIIe, d'où le fém. pris substantiv. ; **coulisse,** XIIIe, par suite de l'emploi fréquent d'expressions telles que *porte, fenêtre coulisse*, d'où, d'après l'acception du langage de la Bourse, **coulissier,** 1823 ; **couloir,** XIe ; **coulure,** 1315 ; **découler,** vers 1180 ; **écouler,** XIIe ; **écoulement,** 1538.

COULEUR. Lat. *cŏlōrem*, acc. de *color*. Le sens de « prétexte » paraît repris au lat., notamment dans la locution *sous couleur de*, lat. *sub colore*.

COULEUVRE. Lat. pop. **cŏlŏbra*, altération du lat. class. *cŏlŭbra*. Concurrencé dans les parlers gallo-romans par *serpent*, fém., région poitevine, Centre et Suisse romande, et *ser(p)*, fém., parlers méridionaux. — Dér. : **couleuvrine,** vers 1400 (Froissart).

COULON, v. **pigeon.**

COULPE. Ne s'emploie que par archaïsme dans quelques locutions. Réfection, d'après le lat., de l'a. fr. *coupe*, lat. *culpa ;* bien que l'orthographe *coulpe* soit très ancienne, on peut admettre que cette réfection n'a triomphé que quand *coupe* est sorti de l'usage au sens général de « faute », vers le début du XVIe s. (encore employé par Chapelain en 1665), cf. *coupable*, qui n'a pas changé, en raison de sa vitalité.

COUP. Lat. pop. *colpus* (Loi Salique), lat. pop. *colaphus* « soufflet, coup de poing » (du grec *kólaphos* « soufflet »), qui remplace le lat. class. *ictus*. Existe dans tous les parlers gallo-romans (ancien provençal *colp, colbe*). — Dér. et Comp. : **couper,** XIIe s. ; le développement sémantique, qu'on explique par « diviser d'un coup », doit partiellement son succès au besoin d'avoir un verbe signifiant « couper », le verbe lat. *secāre* s'étant spécialisé dès l'époque latine, v. **scier** ; les autres langues romanes ont eu recours à d'autres suppléants. De *couper* dérivent : **coupage,** 1302 ; **coupe,** XIIe ; **coupé,** 1660 (d'abord *carrosse coupé* « carrosse à un seul fond », de *couper son carrosse* « en faire retrancher un des deux fonds », attesté 1690-1771) ; **coupée,** 1783 ; **couperet,** 1328 ; **coupeur,** XIIe ; **coupon,** XIIe ; **coupure,** XIVe ; de là aussi **découper,** XIIe, **découpage,** 1497, **découpeur,** XIIe, **découpoir,** 1754, **découpure,** 1421 ; **entrecouper,** XIIe ; **recouper,** XIIe, **recoupe,** XIIIe, **recoupement,** XIIe ; **surcouper,** 1730 ; **coupe-bourse,** XIIe ; **coupe-choux,** XIVe (comme nom propre) ; **coupe-file,** 1890 ; **coupe-gorge,** XIIIe ; **coupe-jarret,** 1584 ; **coupe-papier,** 1869 ; **coupe-racines,** 1832 ; **coupe-tête,** 1690 (une première fois « bourreau », dans Froissart) ; **à-coup,** 1835 (une première fois 1260) ; **beaucoup,** XIVe, peut-être fin XIIIe, aussi a. pr. *belcop*, au XIIIe aussi *grand coup de*, comp. de *beau (grand)* avec *coup* au sens non attesté de « partie coupée d'un tout », cf. *grand coup de la terre le conte* (Joinville) ; a remplacé l'ancien adj. *moult*, du lat. *multum* ; **contre-coup,** XVIe (Paré) ; **tout-à-coup,** XVIe.

COUPABLE, XIIe. Du lat. *culpābilis*, dér. de *culpa*, v. **coulpe.**

COUPE, sorte de vase. Lat. *cŭppa*, autre forme de *cūpa* « barrique » (v. **cuve**) ; *cŭppa* a pris sous cette forme, à basse ép., le sens de « coupe », cf. it. *coppa*, esp. *copa*. — Dér. et Comp. **coupelle,** 1431 ; **soucoupe,** 1640, probabl. calque de l'it. *sottocoppa*, cf. *soutecouppe*, 1615.

COUPEROSE, terme médical, XVIe (Paré). Probabl. emploi fig. de *couperose*, nom ancien de plusieurs sulfates, XIIIe, cf. pour cet emploi l'anglais *coppernose* « nez couperosé » et l'allemand *Kupfernase*, « *id.* », littéralement « nez de cuivre », qui paraissent des altérations de *couperose* d'après le mot anglais ou allemand qui signifie « nez ». **Couperose,** au sens propre, XIIIe, probabl. adaptation du lat. médiéval *cuprirosa* « rose de cuivre »; l'it. *copparosa*, l'esp. *caparrosa*, l'angl. *copperas* (anciennement *coperose*) semblent empr. au français. — Dér. : **couperosé,** XVe.

COUPLE. Proprement « lien »; sens aujourd'hui peu usité. Lat. *cōpŭla* « lien pour conduire des animaux »; le sens de « paire » s'est développé dès l'époque latine. It. *coppia*, seulement « paire ». — Dér. : **couplet,** XIVe (une fois *copel* au XIIIe).

COUPLER. Lat. *cōpŭlāre*. — Dér. et Comp. : **accoupler,** XIIe, d'où **accouplement,** XIIIe, **désaccoupler,** *id.*; **découpler,** XIIe s.; *découplé* « qui a les membres bien dégagés », 1690, est une extension de « débarrassé de ses liens » en parlant d'un chien de chasse.

COUPOLE, 1666. Empr. de l'it. *cupola*, lat. *cūpŭla* « petite cuve », dér. de *cūpa*, v. **cuve**; a perdu son sens propre en it. au profit du sens figuré dû à la forme de la coupole, qui ressemble à un vase renversé.

COUR. Anciennement *court*, encore au XVIe s. (d'où l'anglais *court*, voir **court, II**); l'orthographe *cour* apparaît vers le XVe; elle est probabl. due à la traduction médiévale *curia*. Lat. de basse ép. *curtis*, attesté dans le lat. médiéval, lat. class. *cohors*, propr. « cour de ferme », d'où, à basse époque, le sens plus étendu de « ferme, domaine rural ». En lat. class. *cohors* avait déjà la signification de « suite d'un prince », de là « entourage royal », XIIe, ensuite « cour de justice », XIIe, le roi entouré des grands ayant formé longtemps le tribunal supérieur. Ce développement sémantique a été suivi par les langues voisines, cf. all. *Hof*. It. esp. *corte*, aujourd'hui seulement « cour royale ». — Dér. : **courtois,** vers 1080 *(Roland)*, d'où **courtoisie,** XIIe. — Comp. : **arrière-cour,** 1586; **avant-cour,** 1564; **basse-cour,** XIIIe, d'abord une cour extérieure d'un château, située plus bas; **haute-cour,** 1791.

COURAGE, v. **cœur.**

COURBACHE, v. **cravache.**

COURBATU, COURBATURE, v. **battre.**

COURBE. Primitivement fém. qui a supplanté, dès le XIIe, le masc. *corp* (encore dans des textes du XIIe), lat. pop. **curbus*, lat. class. *curvus*. Esp. *corvo*, a. pr. *corp*.

COURBER. Lat. pop. **curbāre*, lat. class. *curvāre*. Esp. *(en)corvar*, a. pr. *corbar*. — Dér. et Comp. : **courbure,** 1547; **courbette,** 1578 (Ronsard, au sens moderne; dans d'autres sens dér. de l'adj. *courbe*); ne vient pas de l'it. *corvetta*, qui est plutôt empr. lui-même du fr., le lat. *curvus* n'étant conservé en it. que sous la forme sav. *curvo*; le suff. *-ette* est employé ici pour exprimer l'action, cf. *tournette*, *sonnette*, etc. **recourber,** XIIe.

COURÇON, v. **court.**

COURGE, XIVe *(cohourges* et *courges)*. Forme dialectale, surtout de l'Ouest. Le lat. *cŭcŭrbĭta* a donné *coorde*, XIIIe, forme conservée dans beaucoup de patois; il a, en outre, échangé son suffixe contre d'autres suff. dimin., comme *-ŭla* (d'où a. pr. *cogorla*, fr. *courle*, Rab., lorr. *cohole*, Lyon *courla*) et *-ĭca* (d'où *courge*). Quant à *gourde*, XIIIe, qui a perdu son sens propre, encore attesté au XVIIe (La Fontaine, *Fables*, IX, 4; cf. aussi *gohourde* chez Ménage), c'est une altération de *courde*, également d'origine dialectale, peut-être de la région lyonnaise, sous l'influence de l'a. pr. *cogorda*, aujourd'hui usité dans le Sud-Est. Le terme dominant aujourd'hui dans les parlers septentrionaux est *citrouille*; outre *gourde* et *courge* (d'où **courgette,** en Bourgogne), disséminés, on trouve *courde* surtout au Sud-Est de Paris et en franco-provençal et beaucoup de formes altérées. Ailleurs *cucurbita* n'est attesté que par le roumain *cucurbetă* et le galic. *cogorda* « agaric ».

COURIR, XIIIe. A succédé à *courre*, qui subsiste dans quelques locutions, lat. *cŭrrĕre*. Conservé partout : italien *correre*, espagnol *correr*, ancien provençal *corre*, *correr*. — Dér. et Comp. : **courant,** *subst.*, XIIe, d'où **contre-courant,** 1783; **coureur,** XIIe, d'où **avant-coureur,** XIVe, sens figuré au XVIe s. (surtout au fém.); **courrier,** 1464, auparavant dans la Geste des Chyprois (vers 1300), qui a des traces d'une influence italienne. L'it. *corriere* étant attesté dès le XIIe s. (dans des documents en latin médiéval), il est hors de doute que le mot fr. est emprunté de l'Italie. On appelait *corriere* particulièrement un messager, qui assurait au XIIIe et au XIVe s. la poste entre Florence et Sienne d'un côté et les foires de la Champagne de l'autre; peut-être cette institution est-elle pour quelque chose dans l'emprunt du mot; **encourir,** XIIe, formé dans la langue jurid. et eccl. sur le modèle du lat. *incurrere*; v. **accourir, parcourir, recourir, secourir.**

COURLIS, XVIe s.; antér. *courlieu*, XIIIe, encore dans les dictionnaires. Onomatopée, comme le montrent les formes dialectales variées, notamment *corlu*, *corleru*, picard, *courreli*, prov., etc.

COURONNE, COURONNER. Lat. *corōna* (du grec *korônê*, propr. « corneille », d'où, par figure, « toute sorte d'objets recourbés », le sens de « couronne » n'étant attesté que dans le dér. *korônis*, v. **corniche**), *corōnāre*. It. esp. *corona*; it. *coronare*, esp. *coronar*. — Dér. du verbe : **couronnement,** XIIe; **découronner,** XIIe.

COURRE, COURRIER, v. **courir.**

COURROIE. Lat. *corrigia*. It. *coreggia*, esp. *correa*.

COURROUCER. Lat. pop. **corruptiāre*, dér. de *corrumpere* (par le part. *corruptus*); en a. fr. aussi « endommager, maltraiter (au physique) », d'où le sens fig. « aigrir ». Comp. a. fr. *corrot* « chagrin » (x^e, *Saint-Léger*), a. pr. *corrot* « courroux, chagrin », it. *corrotto* « douleur, regret funèbre », anc. esp. *corroto* « mortification » de *corruptum*, dans l'expression *animus corruptus*. Seulement gallo-roman, cf. a. pr. *corrossar* « courroucer et chagriner ». Quant à *courroux*, XIIe s., parfois « chagrin » en a. fr., c'est un postverbal. L'it. *corrucciare*, d'où *corruccio* « courroux, chagrin », vient du fr.

COURS. Lat. *cursus*. La plupart des sens du fr. sont déjà lat. ; *cours*, terme d'enseignement, est attesté dès 1330 (*estudier a ordinaire et a cours* « sans interruption ») ; *cours*, en parlant de la monnaie, est attesté depuis Oresme. It. esp. *corso*. — Dér. : **coursier,** XIIe ; **coursière,** au sens de *coursive*, 1615 (une 1re fois en 1382).

COURSE, une fois *corse* au XIIIe s. Cette dernière forme a été formée en fr. ; mais *course*, n'étant attesté que depuis la fin du XIVe s., est peut-être suggéré de l'it. *corsa*.

COURSIVE, 1687 (écrit alors *courcive*). Réfection, d'après l'it. *corsiva*, de l'arch. *coursie*, fin XVe (d'où aussi *accoursie*, XVIe (R. Belleau) et, par altération, *accourse*, 1751), empr. de l'it. dialectal *corsia*, fém. pris substantiv. de l'adj. *corsio*, it. littéraire *corsivo* « courant ».

COURT, *adj.* Lat. *curtus* « écourté, court ». It. esp. *corto*. — Dér. : **courçon** (ou **courson**), 1316 (sous la forme *courchon*), dér. de l'anc. verbe *corcier* « raccourcir », attesté surtout dans les comp. *acorcier*, XIIe ; *encorcier*, XIIe ; *secorcier* « retrousser » (de *sub* +), lat. pop. **curtiāre* ; **courtaud,** 1438 ; **écourter,** XIIe ; **raccourcir,** 1237, par l'intermédiaire d'*accourcir*, 1162 (Chrétien), encore dans les patois, d'où **raccourcissement,** 1529.

COURT, terme du jeu de tennis, masc. 1900. Empr. de l'angl. *court*, empr. lui-même de l'a. fr. *court*, v. **cour.**

COURTAGE, v. **courtier.**

COURTE-POINTE, v. **couette.**

COURTIER, 1538, antér. *coletier* et *coretier*, XIIIe, *cour(r)atier*, *id.*, encore au XVIIe s. (Corneille). Aussi a. pr. *courratier*. Les formes avec *-l-* sont moins anciennes que celles avec *-r-* et en sont issues par dissimilation. Le suff. *-atier* est assez fréquent, surtout au Midi. Le mot est dér. du verbe *courre* « courir », parce que le courtier est tout le temps en course entre l'acheteur et le vendeur. — Dér. : **courtage,** 1358 (antér. *courratage*, 1248, texte du Nord-Est).

COURTILIÈRE, 1547. Emploi fig. de l'a. fr. *courtilière*, propr. « jardinière » (cf. : « En Anjou on l'appelle la jardinière », Ménage), dér. de *courtil*, XIIe (cf. it. *cortile*, du lat. de basse ép. **cohortile*, dér. de cohors, v. **cour,** dans lequel *-ile* ne sert qu'à ranger le mot parmi les mots désignant des emplacements, comme *bovile*). Il est encore très usité au sens de « jardin » dans l'Ouest, en franc-comtois et dans la Suisse romande).

COURTINE. Au moyen âge « rideau de lit, tenture », ne s'emploie plus ainsi que par archaïsme ; terme de fortification au XVIe s. (sens attesté antér. pour l'a. pr. *cortina*). Lat. de basse ép. *cortīna* (IVe) « tenture », traduction du grec *aulaia*, de même sens (dér. de *aulê* « cour »).

COURTISAN, 1472. Empr. de l'it. *cortigiano* (dér. de *corte* « cour ») ; l'introduction du mot est probabl. due à la cour d'Avignon, où *cortezan* est attesté dès 1350. Déjà empr. au XIVe s. sous une forme plus adaptée *courtisien*. — Dér. : **courtisanerie,** XVIe : **courtisanesque,** 1578 (H. Estienne).

COURTISANE, 1537 (antér. *courtisienne*, 1500, v. le préc.). Empr. de l'it. *cortigiana*, fém. du préc., qui a pris un sens péjor., conservé en fr. littéraire, devenu archaïque en it.

COURTISER, 1554. Réfection de l'a. fr. *courtoyer* « fréquenter une cour », v. **cour,** d'après *courtisan*.

COURTOIS, v. **cour.**

COUSCOUS, 1728 (Labat). Empr. de l'arabe *kouskous* (probabl. d'origine berbère). En outre *couscoussou*, 1725, d'après une autre forme arabe *kouskousoû*. Une première fois empr. au XVIe s., 1534 (Rab.), sous la forme *coscosson*, d'après une autre forme arabe *kouskousoûn*. Ce mot, importé aux Antilles par les nègres, y désigne la graine mondée du maïs ou de la plante dite *houlque*, d'où le fr. *couscou*, 1826 (outre *cousse-couche*, *couche-couche*, au XVIIIe s., *cuzcuz*, J.-J. Rousseau, 1762).

COUSETTE, COUSEUR, v. **coudre.**

COUSIN. Lat. *co(n)sobrīnus* « cousin germain », en parlant d'enfants de deux sœurs ; développement particulier dû au langage enfantin, de même a. pr. *cozin* ; l'it. *cugino* vient du fr. ; l'esp. dit *primo*, propr. « premier ». — Dér. : **cousinage,** XIIe ; **cousiner,** 1605.

COUSIN, « moustique », 1551. Altération de *cusin*, XVIe s., dér. de **couç*, id., de *culex*, id. ; l'*u* de certaines formes est due aux représentants de *pūlex*.

COUSSIN, XIIe (écrit alors *cussin*). En outre *coissin*, XIIe, encore usité au XVIe s. Seulement gallo-roman. **Cŏxīnus*, dér. de *cŏxa* « cuisse », le coussin étant destiné d'abord aux chaises et aux bancs (le suff. *-inus* peut-être d'après *pulvinus*). L'it. *cuscino* et l'esp. *cojín* sont empr. du fr. — Dér. : **coussinet,** XIIIe.

COÛT, v. **coûter.**

COUTEAU. Lat. *cultellus*, dim. de *culter*, v. **coutre.** It. *coltello*, esp. *cuchillo*. — Dér. : **coutelas,** 1564, comp. l'it. *coltellaccio* ; **coutelier,** XIIe ; **coutellerie,** 1260 (É. Boileau).

COÛTER. Lat. *cō(n)stāre*, propr. « être certain, fixé » ; le sens de « coûter » s'est développé avec des compléments de prix. It. *costare*, esp. *costar*. — Dér. : **coût,** 1155 ; **coûteux,** vers 1190.

COUTIL, v. **couette.**

COUTRE. Lat. *culter* « couteau », déjà attesté au sens de « coutre de charrue » pour lequel le mot a été réservé, tandis que le dim. *cultellus* s'est généralisé au sens de « couteau ». It. *coltro.*

COUTUME. Lat. *cō(n)suetūdine(m)*, acc. de *cō(n)suetūdō*. It. *costume*, v. **costume**, esp. *costumbre.* V. **habitude.** — Dér. : **coutumier,** *adj.*, 1157 ; *subst.*, 1396 ; **accoutumer,** XIIe, **accoutumance,** *id.* ; **désaccoutumer,** XIIe, **désaccoutumance,** XIIIe ; **inaccoutumé,** XIVe ; **raccoutumer,** 1538.

COUTURE. Lat. pop. **cō(n)sūtūra* (de *cō(n)suere* « coudre »). It. esp. *costura.* — Dér. : **couturé,** 1787 ; le verbe *couturer*, au sens de « coudre », a existé au XVe s. ; **couturière,** XIIe, d'où **couturier,** 1856 ; celui-ci avait déjà existé au sens de « tailleur », dès 1213 et jusqu'au XVIIe s. (remplacé par *tailleur*, dès le XVIe s.) ; encore usité dans quelques parlers septentrionaux de l'Ouest, et de la région de la Suisse romande. V. **coudre.**

COUVAIN, v. **couver.**

COUVENT. Lat. eccl. (attesté en ce sens au moyen âge) *cō(n)ventus*, en lat. class. « assemblée, réunion ». A. pr. *coven*, it. esp. *convento.* L'orthographe fréquente *convent*, encore usitée au XVIIe s., n'est peut-être qu'une graphie étymologique ; v. **convent.**

COUVER. Lat. *cŭbāre* « être couché » ; s'est spécialisé au sens de « couver » dès l'époque lat. ; cf. les cas semblables d'*éclore*, *frayer*, *pondre*, *saillir*, *sevrer*. Sens fig. dès le moyen âge, notamment en parlant du feu, attesté également en it. ; mais ce développement sémantique est peut-être indépendant. A. pr. *coar*, it. *covare.* — Dér. : **couvain,** XIVe (sous la forme *couvin*) ; **couvaison,** 1542 ; **couvée,** XIIe ; **couveuse,** 1542 ; **couvi,** XVe (antér. *coveis*, XIIe) ; cf. l'a. pr. *covadis*, de même sens.

COUVERCLE. Lat. *cooperculum*, dér. de *cooperīre* « couvrir ». It. *coperchio*, a. pr. *cobercle.*

COUVRIR. Lat. *cooperīre* « couvrir complètement, de tous les côtés », comp. de *operīre* « couvrir ». Les langues romanes ont toutes laissé tomber le verbe simple au profit du comp., au sens plus énergique : it. *coprire*, esp. *cubrir*, a. pr. *cobrir.* — Dér. et Comp. : **couvert,** XIIe ; **couverte,** XIIe ; **couverture,** XIIe (aussi au sens de « toit », encore assez répandu ; comp. aussi it. *copertura*, esp. *cobertura*) ; **couvreur,** XIIe ; **recouvrir,** XIIe, **recouvrement,** 1464. Nombreux mots avec *couvre* comme premier élément : **couvre-chef,** XIIe ; **couvre-feu,** 1260 ; **couvre-lit,** 1863 (une première fois au XIIIe s.) ; **couvre-pied,** 1697.

COW-BOY, 1825. Empr. de l'angl. d'Amérique *cow-boy* « gardien des bœufs ».

COX(O)-. Premier élément de mots sav. comp., tels que **coxalgie,** 1826, tiré du lat. *coxa* « hanche ».

COYOTE, 1869. Empr. de l'esp. du Mexique, empr. lui-même de l'aztèque *coyotl.*

CRABE, 1113 ; fém. jusqu'au XVIIIe s. Empr. de l'anc. nor. *krabbi*, m., le mot franç. doit peut-être son genre au contact avec le moyen néerl. *crabbe*, fém.

CRAC, 1492. Onomatopée, certainement antér. à cette date.

CRACHER, XIIe. Onomatopée qui remonte à un lat. **craccāre*, cf. l'it. *sc(a)racchiare* et l'a. pr. *escracar.* Le même radical se retrouve dans les parlers germ., cf. anc. scandinave *krâki*, anc. angl. *krâca* « crachat », mais ce sont des formes indépendantes. *Cracher* domine aujourd'hui dans les parlers gallo-romans ; picard *raquer*, wallon *rachier* sont des variantes de *cracher*, comme le montrent des formes analogues de dialectes it., p. ex. le napolitain *rakare* ; on trouve, en outre *esco(u)pir*, parlers méridionaux, traces dans l'Est, cf. a. fr. *escopir*, esp. *escupir*, de formation onomatopéique. *Tout craché*, XVe ; il s'explique par le fait que chez beaucoup de peuples l'action de cracher symbolise l'acte de la génération. — Dér. : **crachat,** 1260, probabl. avec substitution du suff. *-at* à *-as* ; **crachement,** XIIIe ; **cracheur,** 1538 ; **crachoir,** 1548 ; **crachin,** 1929 ; **crachoter,** 1660 ; **recracher,** XVe.

CRACK, 1854. Empr. de l'angl. *crack*, d'abord adj. signifiant « fameux », tiré du verbe *to crack* « (se) vanter », propr. « craquer ».

CRAIE. Lat. *crēta* « craie, argile » ; n'a conservé en gallo-roman que le premier sens. A. pr. *greda*, it. *creta* « craie » et « argile » (archaïque au 2e sens), esp. *greda* « *id.* ». — Dér. : **crayeux,** XIIIe ; **crayon,** 1528 (souvent sous la forme *creon*), au sens moderne, antér. *croion*, 1308 « sorte de terre » ; d'où **crayonner,** 1584 ; **crayonneur,** 1743 ; **porte-crayon,** 1676.

CRAINDRE. D'abord *criembre*, refait en *craindre* de très bonne heure (déjà *crendrez*, futur, dans la *Chanson de Roland*) sur les verbes en *-aindre* ; tout le verbe a été ainsi refait au cours du moyen âge. Lat. *tremere* « trembler, craindre », altéré, dans le lat. de la Gaule, en **cremere*, par croisement avec un mot gaulois contenant le radical **crit-*, qu'on restitue d'après l'irlandais *crith* « tremblement » ; cf. aussi l'a. pr. *cremer.* Dans d'autres langues romanes, *tremere* a conservé le sens de « trembler » : it. *tremare.* L'idée de « craindre » est partout, sauf en fr., exprimée par des représentants du lat. *timēre* : it. *temere*, esp. a. pr. *temer.* Dans les parlers gallo-romans *craindre* est peu pop. ; on y dit plutôt *avoir peur* ; en outre *douter* en lorrain, *teme* dans les parlers méridionaux. — Dér. : **crainte,** XIIIe (d'abord *criente*, *crieme*, subst. verbal de *criembre*) ; **craintif,** XIVe.

CRAMAIL, v. **crémaillère.**

CRAMOISI, 1298. Empr. de l'arabe *qirmizī* « rouge de kermès », d'origine perso-indienne, par l'intermédiaire de l'esp. *carmesí* ou de l'it. *chermisi*, *cremisi* ; les voies qu'a suivies le mot arabe dans sa diffusion ne sont pas sûrement déterminées.

CRAMPE, XIe, en outre adj., XIIIe, notamment dans la locution *goutte crampe*, encore dans les dictionnaires ; **crampon,** XIIIe. Francique **kramp* « courbé » (cf. anc. haut all. *kramph*, id.). Les deux subst., qui se rattachent certainement au même radical, ont très probabl. déjà existé en francique. Le moyen néerl. *cramp* « crampe », all. *krampf*, angl. *cramp* permettent de restituer un francique **krampa*, id., et de même l'angl.-saxon *krampo* « crochet » et l'angl. *cramp* rendent probable l'existence d'un francique **krampo*, masc. — Dér. : **cramponner,** XVe.

CRAN, XIIe (Chrétien), aussi *cren*, XVe, tiré du verbe *crener* « entailler », XIIe (**créner** et **-ure** sont encore dans les dictionnaires) ; ce verbe *crener* représente le gaulois **crināre*, comp. anc. irlandais *ar-a-chrinnim* « disparaître, se décomposer ». — Dér. : **créneau,** XIIe (aussi a. pr. *crenel*) ; **créneler,** XIIe ; **crénelage,** 1723 ; **crénelure,** XIVe.

CRÂNE XIVe, Empr. du lat. *cranium* (du grec *kranion*). Par figure, subst. ou adj., désignant « un homme décidé », 1833, d'abord « téméraire », 1787 (« mauvais plaisant », 1757, Vadé). — Dér. : 1° au sens propre : **crânien,** 1812 ; 2° au sens fig. : **crâner,** 1845 ; **crânerie,** 1784.

CRANIO-. Premier élément de mots sav. comp., tels que **craniologie,** 1819 ; **craniotomie,** 1855, tiré du grec *kranion*.

CRAPAUD, XIIe (*crapout*, souvent *crapot* et *crapaut* jusqu'au XVIe s.). Seulement gallo-roman : a. pr. *grapaut*, *grapal*. On a proposé d'y voir un dér. de l'a. fr. *crape* « crasse, squamosité », en raison de l'aspect répugnant de la peau ; mais ce mot n'est attesté que trois siècles après *crapaud*. Celui-ci est plutôt un dér. de l'a. fr. *crape*, attesté au XIIe s. au sens de « grappe », qui doit avoir eu primitivement le sens de « crampon, crochet » et qui représente le germ. **krappa*, v. **grappe.** L'animal doit cette dénomination à ses pattes crochues. — Dér. : **crapaudière,** 1394 ; **crapaudine,** XIIIe (au sens de « pierre de crapaud », pierre qui, croyait-on, provenait de la tête du crapaud) ; **crapoussin,** 1752 ; **crapouillot,** 1915.

CRAPULE, XIVe ; **crapuleux,** 1495. Empr. du lat. *crapula* « ivresse » (du grec *kraipalê*, de même sens), *crapulosus*. Aujourd'hui servent surtout de termes d'injure. — Dér. : **crapulerie,** 1863 (Goncourt).

CRAQUE, CRAQUELER, v. **craquer.**

CRAQUELIN, sorte de pâtisserie, 1265 (texte de Douai). Emprunté du moyen néerlandais *crakelinc*, de même sens.

CRAQUER, 1546. Onomatopée, comme *crac*. Même onomatopée dans les langues germ. : all. *krachen*, angl. *to crack*. Au sens fig. de « dire des hâbleries », 1694 ; l'angl. signifie de même « se vanter », cf. **crack** ; v. aussi **krack.** — Dér. : 1° au sens propre : **craqueler,** 1863 (*craquelé*, 1761), d'où **craquelure,** 1863 ; **craquement,** 1553 ; **craqueter,** 1538, **craquètement,** 1568 ; 2° au sens fig.: **craque,** 1826 ; antér. **craquerie,** 1694 ; **craqueur,** 1640 (*craqueux* en normand du XVIIe s.).

CRASSE, vers 1327, subst. ; XIIIe s., adj. fém. Ne s'emploie guère aujourd'hui, comme adj., que dans la locution *ignorance crasse*, déjà attestée au XIVe s. et formée d'après le lat. *crassa rusticitas*. Empr. du fém. de l'adj. lat. *crassus* « épais, grossier », v. **gras.** — Dér. : **crasser,** 1836 ; **crasseux,** XIIIe ; **crassier,** 1753 ; **décrasser,** 1476 ; **encrasser** : en raison de sa date, XIVe s., peut avoir été formé directement sur le lat. *crassus*.

CRATÈRE, XVe, terme d'antiquité ; 1570, « cratère de volcan ». Empr. aux deux sens du lat. *crater* (du grec *kratêr*, propr. « grand vase où l'on mélangeait le vin et l'eau »).

CRAVACHE, 1790. Empr. de l'all. *Karbatsche*, empr. lui-même du slave (polonais ou russe) *karbatch*, qui vient à son tour du turc *qyrbâtch* « fouet de cuir ». Le turc a été tout récemment empr. directement sous la forme **courbache,** pour désigner une sorte de cravache servant à donner la bastonnade en Orient.

CRAVATE, 1651 (Loret, masc. ; fém., 1652). Propr. « bande de linge, que les cavaliers croates portaient autour du cou » ; d'après Ménage, usage introduit en 1636, lors des guerres d'Allemagne. A désigné d'abord les Croates eux-mêmes, puis les mercenaires, employés par Louis XIII et Louis XIV, qui en fit le régiment de *Royal-Cravate*. Autre forme (déjà chez Voiture) de *Croate*, empr. de l'all. *Kroate Cravate* étant soit une adaptation de la forme slave *hrvat*, soit empr. d'une forme all. dialectale *Krawat*. A passé dans les langues voisines : it. *cravatta*, esp. *corbata*, angl. *cravat*. — Dér. : **cravater,** 1823.

CRAWL, 1908. Empr. de l'angl. *to crawl*, même sens, à l'origine « ramper, se traîner ».

CRAYON, v. **craie.**

CRÉANCE, CRÉANCIER, v. **croire.**

CRÉCELLE, XIIe s. (*cresselle* « sorte d'instrument pour attirer les oiseaux »). En outre *cresserelle*, XIVe. Probabl. lat. pop. **crepicella*, lat. class. *crepitaculum* et *crepitacillum* « sorte de hochet », dér. de *crepitāre* « craquer ». Seulement fr. S'est dit figurément de l'oiseau, parce que son cri rappelle le bruit d'une crécelle.

CRÉCERELLE, XIIIe. En outre *cresselle*, XIVe, encore chez Furetière (*crec-*) et surtout *cercelle*, du XIIe au XVe s., *cercerelle* (Belon). Élargissement de *crécelle*, v. **bartavelle, traquet** et **vanneau.** La forme *cercelle* est probabl. due à une altération de *crecelle* d'après *cercelle* « sarcelle », et non une extension sémantique de ce dernier mot. En outre, les formes du XVIe s. qui désignent la crécelle montrent une action réciproque du nom de l'oiseau et de celui de l'instrument.

CRÈCHE, 1174. Francique **kripja*, cf. all. *Krippe*. Aussi it. *greppia*, a. pr. *crepcha*, etc. A supplanté le lat. *praesepe*, d'où l'esp. *pesebre*. Dominant aujourd'hui dans les parlers gallo-romans ; concurrencé dans les parlers septentrionaux par *auge* et *mangeoire*.

CRÉCY, 1845. Tiré de *Crécy*, nom d'un village de la Somme, près d'Abbeville, d'où vient la carotte de ce nom.

CRÉDENCE, 1536. Empr. de l'it. *credenza*, dér. de *credere*, v. **croire**, propr. « croyance, confiance » (en ce sens, vers 1400, chez Froissart) ; a pris le sens partic. de « buffet » d'après la locution *faire la credenza* « faire l'essai des mets et des boissons, avant de les servir, chez les grands » (d'où *faire la crédence*, XVIe), d'où « le buffet sur lequel se fait cet essai », puis « tout buffet où se posent les plats, etc. ».

CRÉDIBILITÉ, 1651. Empr. du lat. scolastique *credibilitas*.

CRÉDIT, « confiance », 1491. Empr. du lat. *creditum* (de *credere* « croire »). — Dér. : **accréditer**, 1553 ; **décréditer**, 1572.

CRÉDIT, terme de banque, XVe s. Empr. de l'it. *credito* « crédit », terme de banque, empr. du lat. *creditum* au sens de « dette » (v. le préc.). V. **banque**. — Dér. d'après le sens propre : **créditer**, 1671 ; **créditeur**, 1723 (antér. « créancier », du XIIIe au XVIIe s., d'après l'it. *creditore*) ; **discrédit**, en 1719, comme terme de banque, ou d'après l'it. *discredito*, sens plus étendu de bonne heure ; d'où **discréditer**, 1572 (Montesquieu, au sens fig. d'après **crédit**).

CREDO, XIIIe. Empr. du lat. *credo* « je crois », premier mot du Symbole des Apôtres. Sens fig. depuis 1771.

CRÉDULE, 1393 ; **crédulité**, XIIIe. Empr du lat. *credulus*, *credulitas*.

CRÉER, XIIe ; **créateur**, id. ; **création**, vers 1200 ; **créature**, XIe *(Alexis)*. Empr. du lat. *creare*, *creator*, *creatio*, *creatura*. *Créature* paraît devoir le sens de « personne qui doit sa situation à la faveur d'une autre », 1558, à l'it. *creatura*. — Dér. : **incréé**, 1474, sur le modèle du lat. de basse ép. *increatus* ; **recréer**, 1350.

CRÉMAILLÈRE, 1549, antér. *carmeilliere*, XIIIe s., au XVIIe s. plutôt *crémaillée*. Dér. de *cramail*, encore tout l'Est, lat. pop. *cramaculus (Capitulaires de Charlemagne)*, autre forme de *cremaculus (Gloses)*, altération de **cremasculus* (d'où le prov. *cremascle*), fait sur le grec *kremastêr*, propr. « qui suspend » (attesté seulement en parlant des muscles des testicules et de claie à fromage). L'it. méridional *camastre* vient directement du grec. Aujourd'hui, dans les parlers gallo-romans, *crémaillère*, souvent avec substitution de suff., existe dans la majorité des parlers septentrionaux, *cramail* se dit à l'Est, *cremascle* en franco-provençal et en prov.

CRÉMATION, 1823 (une première fois empr. au XIIIe s.) ; **crématoire**, 1879, seulement dans *four crématoire*. Le premier est empr. du lat. de basse ép. *crematio*, dér. de *cremare* « brûler » ; le deuxième est un dér. sav. de ce verbe.

CRÈME. Anciennn. *craime*, *cresme*. Lat. pop. *crama* (VIe s., Fortunat), d'origine gauloise, comp. gallois *crammen* « escarre sur une plaie », croisé de bonne heure avec *chrisma*, v. **chrême**. Vit aussi dans les parlers rhéto-romans et dans ceux de l'Italie septentrionale (cf. p. ex. *crama*, région de Côme), et même dans le catalan *gramada* « résidu du petit lait ». — Dér. : **crémer**, XVIe ; **crémeux**, 1578 ; **crémier**, 1762 (déjà adj. fém. en 1583), d'où **crémerie**, 1849 ; **écrémer**, XIVe (sous la forme *escramer*) ; **écrémage**, 1791.

CRÉMONE. Terme de serrurerie, 1790. Passe pour être tiré du nom de la ville d'Italie, mais sans justification.

CRÉNEAU, v. **cran**.

CRÉNER, CRÉNURE, v. **cran**.

CRÉOLE, 1680. Antér. *criole*, 1676. Empr. de l'esp. *criollo*, qui est empr. du port. *crioulo*, de sens variés, « métis, nègre né au Brésil, serviteur qui est dans une maison depuis son enfance (en parlant de l'Inde), etc. » ; attesté en anc. port. au sens de « né dans la maison (en parlant de poules, par opposition à des poules achetées) » ; dér. de *criar* « nourrir, élever », lat. *creāre*, avec un suff. peu clair.

CRÉOSOTE, 1832. A été découverte par l'Allemand Reichenbach en 1832 et nommée ainsi au moyen des mots grecs *kreas* « chair » et *sôzein* « conserver ».

CRÊPE. 1° fém., pâtisserie, XIIIe ; 2° masc., sorte d'étoffe, 1294. Dér. de l'anc. adj. *crespe* « crépu », usité jusqu'au XVIe s., d'abord fém., qui a éliminé de très bonne heure le masc. *cresp*, lat. *crispus* « crépu », d'où également it. esp. *crespo*, a. pr. *cresp*, de même sens. — Dér. du deuxième sens : **crépon**, 1635, étoffe. Au sens de « boucle de cheveux », XVIe, puis de « cheveux postiches », dér. plutôt de l'adj. même.

CRÊPER, 1523 (mais indirectement d'après *crespeüre*, XIVe). Déjà lat. *crispāre* « friser, etc. » ; *cresper*, au XVIe s., au sens de « brandir », est un latinisme. It. *crespare* « plisser », esp. arch. a. pr. *crespar* « friser ». — Dér. : **crêpure**, XIVe.

CRÉPINE, 1248, au sens de « passementerie » ; terme de boucherie au XIVe s. Dér. de l'anc. adj. *crespe*, v. **crêpe**. — Dér. : **crépinette**, terme de charcuterie, 1740.

CRÉPIR, 1150 (en parlant de cuir ; « crépir un mur », XIVe, d'après le dér. **crépissure**). Dér. de l'anc. adj. *crespe*, à cause de l'aspect grenu du cuir ou de celui d'un mur après le crépissage. — Dér. et Comp. : **crépi**, 1528 ; **crépissage**, 1810 ; **décrépir**, 1857 ; **recrépir**, 1549.

CRÉPITER, 1753 ; parfois au XVe s. et au XVIe ; **crépitation**, XVIe (Paré). Empr. du lat. *crepitare*, *crepitatio* (créé à basse ép.). — Dér. : **crépitement**, 1869.

CRÉPON, v. **crêpe**.

CRÉPU, XIIe (Chrétien). Dér. de l'anc. adj. *cre(s)pe*, v. **crêpe**.

CRÉPUSCULE, XIIIe. Empr. du lat. *crepusculum.* — Dér. : **crépusculaire,** 1705.

CRESCENDO, 1775. Empr. de l'it. *crescendo* « en croissant », gérondif de *crescere,* v. **croître.**

CRESSON. Du francique **kresso,* cf. anc. haut all. *chresso,* all. *Kresse.* L'a. pr. *creisson* (d'où l'it. *crescione*) et d'autres formes romanes attestent un croisement avec le verbe *croître,* à cause de la poussée rapide de cette plante. Le lat. *nasturtium* survit dans l'esp. *mastuerzo.* — Dér. : **cressonnière,** 1286.

CRÉSUS, XVIe (Marot). Empr. du lat. *Croesus* (du grec *Kroisos,* roi de Lydie, VIe s. avant Jésus-Christ, vaincu par Cyrus et célèbre par ses richesses). Pris comme nom commun déjà en lat. et en grec.

CRÉTACÉ, 1735. Empr. du lat. *cretaceus,* dér. de *creta* « craie ».

CRÊTE. Lat. *crista.* It. esp. a. pr. *cresta.* Dans de nombreux parlers du Centre, altéré en *krep* d'après *crêpe,* à cause des dentelures de la crête du coq. — Dér. : **crêté,** XIIe ; **crêter (se),** XIIe (Chrétien) ; **écrêter,** 1611. — Comp. : **crête-de-coq,** plante, 1611 (*creste à geline,* 1538).

CRÉTIN, 1750 : en Suisse, dès 1720. Empr. du valaisan *cretin,* employé également dans les parlers voisins, cf. de même l'anc. pyrénéen, partic. béarnais, *crestian* « cagot », formes correspondantes au fr. *chrétien ;* a été employé d'abord par commisération, puis est devenu péjor. — Dér. : **crétinisme,** 1784.

CRETON, terme de cuisine, vers 1200. Cf. le wallon *crèton* « petit morceau de lard frit », dér. du moyen néerl. *kerte* « entaille », dit ainsi à cause de l'aspect ridé, recroquevillé du creton.

CRETONNE, 1723. Dér. de *Creton,* nom d'un petit village de l'Eure, renommé pour ses toiles dès le début du XVIe s.

CREUSET, 1523. Altération, par substitution de suff. de l'a. fr. *croisuel,* propr. « sorte de lampe », probabl. d'un gallo-roman **croseolus,* dér. de *crŏsus,* probablement d'origine celtique (v. **creux**). Le lat. médiéval *crucibulum* n'est qu'une mauvaise latinisation des formes romanes, d'après *turibulum.* A pris de bonne heure le sens moderne de « creuset », 1202 (sous la forme *croiseus*). *Croisuel* est encore vivace dans les parlers du Sud-Est pour désigner une lampe rustique. Empr. par l'it. *crociuolo, crogiuolo* « creuset » et l'esp. *crisol* « creuset », *crisuelo* « sorte de lampe ».

CREUX, XIIe (sous la forme *crues*). L'extension du mot en gallo-roman, a. pr. *cros,* et dans les parlers rhétoromans et de l'Italie septentrionale, rend probable une origine celtique, soit un hypothétique **crŏsus.* — Dér. : **creuser,** XIIe (écrit *croser*) ; **creusage,** 1716 ; **creusement,** XIIIe.

CREVER. « Mourir », même en parlant de l'homme, XIIe s. Lat. *crepāre.* It. *crepare,* esp. *quebrar* « briser », a. pr. *crebar.* — Dér. : **crevaison,** 1856 (une première fois vers 1280) ; **crevasse,** XIIe, cf. a. pr. *crebassa,* d'où **crevasser,** vers 1372 ; **crevé,** XVIIe. — Comp. : **crève-cœur,** XIIe.

CREVETTE, 1530. Forme dialectale, normande ou picarde, de *chevrette,* usuel en ce sens dans l'Ouest ; ainsi nommée à cause des sauts qu'elle fait, cf. de même *bouquet.*

CRIBLE, CRIBLER. Formes du lat. pop. *crīblum, crīblāre* (Ve s., M. Empiricus), issues par dissimilation, à basse ép., du lat. class. *cribrum, cribrare.* Esp. *cribo, criba, cribar ;* d'après le dér. *cribellum,* it. *crivello, crivellare,* a. pr. *crivel, crivelar.* — Dér. : **criblage,** 1573 ; **cribleur,** 1556 ; **criblure,** XIVe.

CRIC, 1447. Empr. du moyen haut all. *kriec* (moyen bas all. *krich*), qui désigne un engin destiné à pointer et tourner les grosses machines de guerre. A pénétré en France comme terme de guerre et n'est attesté que comme tel pendant le XVe s. Le bruit que produit le crochet du cric en tombant dans les crans de la crémaillère a donné au mot une forte valeur onomatopéique.

CRIC-CRAC, 1520. Onomatopée.

CRICKET, 1855. Mot angl., peut-être d'origine fr. ; on trouve au XVe s. *criquet* au sens de « bâton servant de but au jeu de boule ».

CRICRI, XVIe s. Onomatopée.

CRIER. Lat. pop. **critāre,* réduction du lat. class. *quirītare,* qui est de formation onomatopéique (comp. les formes *quirītare* et *quirrītare,* qui se disent du cri du sanglier ; l'étymologie proposée par Varron, d'après laquelle ce verbe serait dér. de *Quirītes,* le titre des citoyens romains, et aurait d'abord signifié « convoquer les citoyens » est simplement due à la similitude des deux mots et ne correspond pas à la réalité). La même onomatopée est à la base du néerl. *krijten* et du moyen haut all. *krīsten.* A. pr. *cridar,* it. *gridare,* esp. *gritar* (avec *-t-* conservé pour sa valeur onomatopéique). — Dér. et Comp. : **cri,** vers 1080 *(Roland),* cf. *criz,* Xe s. *(Passion de Clermont),* it. *grido,* esp. *grito,* a. pr. *crit ;* **criailler,** 1564 ; **criaillerie,** vers 1580 ; **criailleur,** 1564 ; **criard,** 1532 ; **criée,** XIIe ; **crierie,** XIIe ; **décrier,** XIIIe ; **écrier (s'),** XIIIe ; vers 1080 (*Roland,* alors v. n.) ; **récrier (se),** XIIe.

CRIME, XIIe. Empr. du lat. *crimen,* propr. « accusation », déjà « crime » en lat. class.

CRIMINEL, vers 1080 *(Roland) ;* **criminaliser,** 1584 ; **criminaliste,** 1715 ; **criminalité,** 1546. Le premier est empr. du lat. juridique *criminalis* (de *crimen,* v. le préc.), les autres en sont des dér. sav.

CRIN. Lat. *crīnis* « cheveu », qui a pris en outre en lat. pop. le sens de « crin ». A. pr. *crin,* it. *crine, crino,* catalan *crin,* fém. Le sens de « cheveu » a survécu en fr. jusqu'au XVIe s., au moins dans la langue littéraire ; l'it. et l'a. pr. l'ont aussi, et il est conservé en Normandie. — Dér. : **crinière,** 1556 ; existe dans tous les parlers gallo-romans, sauf dans quelques parlers de la Suisse romande, qui conservent le classique *cōma* « chevelure, crinière », cf. it. *chioma*, aux deux sens, a. pr. et esp. arch. *coma ;* quant à *jŭba*, il ne survit que dans le sarde logoudorien *yua*.

CRINCRIN, 1661 (Molière). Onomatopée.

CRINOLINE, 1856 ; dès 1829, sorte de tissu. Empr. de l'it. *crinolino*, comp. de *crino* « crin », et de *lino* « lin », propr. « tissu dont la trame est de crin et la chaîne de lin », et adapté en mot fém. d'après les noms de tissus en *-ine*, *mousseline*, *popeline*, etc., d'où, en fr., « jupon fait avec ce tissu ». A la suite de la mode des crinolines, a repassé du fr. en it. sous la forme *crinolina*.

CRIQUE, 1336 (texte normand). Anc. scandinave *kriki*. L'angl. *creek* (prononcé autrefois avec *e*) est une autre variante vocalique de ce mot germ.

CRIQUET, insecte, XIIe (Marie de France, il remplace la cigale dans la fable de *La Cigale et la Fourmi*). Onomatopée, comme *cricri*. Désigne le grillon en normand.

CRIQUET, « sorte de petit cheval », 1650, « petit homme », 1785. Onomatopée, évoquant la faiblesse, ce qui craque, comme l'all. *Kricke* « haridelle », mais formation probabl. indépendante de *criquer*, 1539, « craquer », très rare. Au sens de « piquette » 1834, extension du sens de « faible », attesté dans le fr. régional de la Savoie et le franc-comtois *criquet* « gamin » (ou empr. du néerl. *krik* « eau-de-vie » ?).

CRISE, 1429. Empr. du lat. médical *crisis* (du grec *krisis* « phase décisive d'une maladie » dans la langue médicale, proprement « décision »). Sens fig. 1621.

CRISPER, 1664. Empr. du lat. *crispare* « rider », v. **créper,** d'où les sens récents. — Dér. : **crispation,** 1743.

CRISPIN, 1825 (mais dès 1780, d'après le dér. *crispinade* « bouffonnerie »). Emploi figuré de *Crispin*, nom d'un valet de comédie, 1654 (Scarron), empr. de l'it. *Crispino* « *id.* » ; d'où *gants à Crispin*, puis *crispin*, d'après les gants du personnage.

CRISS, 1529 (parfois *crid*, XVIIIe). Empr. du malais *kris*.

CRISSER, 1549, du XIVe au XVIe s. *grisser*. Représente très probablement un anc. francique **krîskjan* attesté par le moyen néerl. *crîscen* « pousser un cri strident », *criscelen* « grincer les dents » ; **krîskjan* est un élargissement du francique **krîsan*, moyen néerl. *criselen* « *id.* », qui a donné, avec un suffixe roman, l'anc. fr. *crisner* « grincer ». L'anc. fr. *croissir*, très répandu encore dans les patois, représente un francique **krussjan*, avec une autre voyelle thématique.

CRISTAL, vers 1080 *(Roland)* ; **cristallin,** XIIe. Empr. du lat. *crystallus* (du grec *krystallos*, propr. « glace »), *crystallinus*. — Dér. : **cristallerie,** 1745 ; **cristalliser,** 1666, **cristallisable,** 1764, **cristallisation,** 1676.

CRITÉRIUM, 1750 (Jean-Jacques Rousseau), au sens sportif, 1872. Empr. du lat. philosophique récent *criterium* (du grec *kritêrion*, de la famille de *krinein* « discerner »). Francisé en *critère*, 1781.

CRITIQUE, *adj.*, XIVe, au sens médical ; d'où « difficile, dangereux, décisif », 1690. Empr. du lat. de basse ép. *criticus* (du grec *kritikos*, de *krinein* « juger comme décisif » dans la langue médicale, v. **crise**).

CRITIQUE, « qui exerce la critique », *subst.*, 1580 (Scaliger), *adj.*, 1667 (Boileau). Empr. du lat. *criticus*, attesté, sans doute par hasard, seulement comme subst. en ce sens (du grec *kritikos* au sens de « qui juge des ouvrages de l'esprit », voir le précédent). *Critique*, fém., « art du critique », 1580 (Scaliger ; cf. toutefois les dér.) est empr. du grec *kritikê* « art de juger ». — Dér. : **critiquer,** 1552, **critiquable,** 1727, **critiqueur,** 1576 ; **hypercritique,** 1638 (Ménage).

CROASSER, 1564 (écrit alors *crou-* ; antér. *croescer*, XVe). Onomatopée réservée en général au cri du corbeau, dit le *croassement ;* parfois employée aussi en parlant de la grenouille, cf. La Fontaine, *Fables*, II, 4, et ailleurs ; v. **coasser.** — Dér. : **-ement,** 1549 (Du Bellay).

CROC, *interjection*, XVIIe. Onomatopée, comme *crac* et *cric*.

CROC, *subst.*, XIIe. D'un francique **krōk* « crochet », qui correspond à l'anc. scandinave *krókr*. **Krōk* a passé deux fois du francique en roman pendant la longue période de bilinguisme du temps mérovingien. Une première romanisation s'est produite assez tôt pour faire supprimer le *-k* comme celui de *focus ;* il en est resté le dér. *encroué*, qui se dit d'un arbre qui, en tombant, s'est embarrassé dans les branches d'un autre arbre (déjà *incrocare* « pendre un délinquant » dans la Loi Salique, sens attesté encore en a. fr., ce qui rend probable que cette romanisation s'est produite par l'effet des habitudes judiciaires). Au sens plutôt technologique de « croc », la romanisation s'est produite plus tard, de là la conservation du *-c*. — Dér. : **crocher,** XIIe, peu usité aujourd'hui ; **croche,** adj., 1540 (d'après un anc. subst. fém. *croche*, XIIIe-XVe s.), rare aujourd'hui, v. **bancroche ; croche,** terme de musique, 1680 ; **crochet,** XIIe ; **crocheter,** 1457, **crocheteur,** vers 1440, au sens de « celui qui porte des fardeaux sur les crochets », 1455 ; **crochu,** XIIe ; **accrocher,** XIIe ; **accroc,** 1530, **accroche-cœurs,** 1837 ; **raccrocher,** vers 1310, d'où **raccroc,** 1374, **raccrocheuse,** 1706 ; **décrocher,** vers 1220. — Comp. : **croc-en-jambe,** 1554 ; *croc imgambe*, Montluc, est une forme hybride mi française, mi méridionale.

CROCODILE, 1532. Antér. *cocodrille*, XIIe, encore au début du XVIIe s. Empr. du lat. *crocodilus* (du grec *krokodeilos*). *Verser des larmes de crocodile* vient de la fable (attestée depuis le IXe s.), d'après laquelle le crocodile verse des larmes après avoir dévoré un être humain.

CROCUS, 1372. Empr. du lat. *crocus* (du grec *krokos*).

CROIRE. Lat. *crēdere*. La construction *croire en* remonte au lat. eccl. *credere in deum*, etc. — Dér. : **créance,** XIe *(Alexis)*; *lettre de créance*, XIVe (Froissart); sens financier attesté dès le XIIe s. par le dér. **créancier**; **croyance,** XIVe (Oresme), mais *créance* est prépondérant jusqu'au XVIIe s. dans tous les sens; **croyable,** XVIe (antér. *creable*, XIIe), d'où **incroyable,** XVIe (antér. *increable*, XIVe); **mécréant,** XIIe, part. prés. de l'anc. verbe *mécroire*, *id.*, « refuser de croire »; **recru,** vers 1080 *(Roland)*, part. passé de l'anc. verbe *recroire (se)* « se rendre à merci ». V. **accroire.**

CROISADE, XVe. Réfection de l'a. fr. *croisee*, au même sens (dér. de *croix*), à l'aide du suff. *-ade*, très usuel depuis le XVe s., et d'après l'it. *crociata* et l'esp. *cruzada*, réfection à laquelle invitait l'excès de sens de *croisée*, v. **croix.** L'a. fr. disait en outre *croisement* et *croiserie*.

CROISÉE, CROISILLON, v. **croix.**

CROÎTRE. Lat. *crēscere*. It. *crescere*, esp. *crecer*, a. pr. *creisser*, sauf dans les parlers septentrionaux du domaine galloroman où il est concurrencé, surtout par *pousser*. — Dér. et Comp. : **croissance,** XIIe, peut-être déjà lat. *crescentia*, très rare; **croissant,** *id.*, d'abord « temps pendant lequel la lune croît », d'où « la forme de la lune appelée croissant », sens attesté au XIIIe s.; *croissant* « sorte de gâteau », XIXe, est une traduction de l'all. *Hörnchen*; les premiers croissants furent fabriqués à Vienne pour célébrer la victoire de 1689 sur les Turcs dont l'emblème national, comme on sait, est un croissant; **croît,** XIIIe; **crû,** 1414; **crue,** XIIIe; **décroître,** XIIe, souvent en a. fr. *decroistre*, au lieu de *des-*, d'après le lat. *decrescere*; refait en **discrescere* ou non, le verbe lat. a pu survivre dans le latin pop., cf. esp. *descrecer*, a. pr. *de(s)-creisser*; d'où **décroissance,** XIIIe, **décroissement,** XIIIe (Villehardouin), **décroît,** XIIe, **décrue,** 1542; **recroître,** XIIe, **recrue,** 1550, **recruter,** 1691 (Racine qui le blâme), **recrutement,** 1790; **surcroître,** XIIIe, rare aujourd'hui, d'où **surcroît,** XIIIe. V. **accroître, excroissance.**

CROIX. Lat. *crucem*, acc. de *crux*. It. *croce*, esp. *cruz* (refait sur le lat.), a. pr. *crotz*. — Dér. et Comp. : **croiser,** vers 1080 *(Roland)*, d'où **croisée,** 1379 (antér. « croisade »), **croisement,** 1539, **croiseur,** 1690, sens moderne, d'après le sens du verbe « parcourir la mer en différents sens », **croisière,** 1680, *id.*; **croisillon,** 1375, par l'intermédiaire de *croisille*, XIIe; **décroiser,** 1548; **entre-croiser,** 1320; **recroiser,** 1445.

CROMLECH, 1785 (dans une traduction de l'angl. où on parle de l'Écosse). Empr. du gallois *cromlech*, comp. de *crum* (fém. *crom*) « courbe » et de *lech* « pierre »; attesté comme terme d'archéologie en Angleterre, à propos du pays de Galles, en 1603. Est employé par les archéologues anglais et gallois au sens de « dolmen ».

CROQUER, XIIIe, a eu aussi le sens de « craquer ». Comme terme de peinture, 1650 (au XVIe s. étape intermédiaire « avoir une connaissance superficielle de qch. »), cf. de même *pocher*. Onomatopée, comme **croc.** Un verbe *croquer*, XVe et XVIe s., « voler », vient de **croc.** V. **marmot.** — Dér. : **croquant,** XVIe (Montluc), nom donné aux paysans révoltés du Sud-Ouest, 1594, pour une raison incertaine : d'après De Thou (1553-1617), parce qu'ils faisaient de nombreuses destructions; d'après Mézeray, 1667, parce qu'ils appelaient ainsi les seigneurs, qui leur auraient retourné ce nom par dérision; d'après d'Aubigné (1616-1620), parce que les premières bandes se formèrent à Crocq (Creuse); **croquette,** 1834; **croqueur,** 1668 (La Fontaine). D'après l'emploi du verbe comme terme de peinture, **croquis,** 1752, et **croquade,** 1827. — Comp. : Nombreux comp. avec **croque** comme premier élément, notamment **croque-mitaine,** 1822, dont le deuxième terme est d'origine obscure; **croque-mort,** 1788; **croque-note,** 1767 (J.-J. Rousseau).

CROQUET « sorte de jeu de boules », 1869. Empr. de l'angl. *croquet* (qui paraît se rattacher à **croc**), récent aussi en ce sens, d'où le verbe **croquer,** comme terme de ce jeu.

CROQUIGNOLE, XVe, « chiquenaude », d'où, par plaisanterie et d'après *croquer*, « pâtisserie croquante », 1545. Étymologie douteuse. Dér. du verbe *croquer* « frapper », mais la formation du mot est obscure; *torgnole* est trop récent pour qu'on puisse lui attribuer quelque action.

CROSNE, 1822. Tiré de *Crosnes*, nom d'un village près de Corbeil, où cette plante fut cultivée pour la première fois.

CROSSE, vers 1080 *(Roland)*. Du germ. occidental **krukja* « béquille », cf. all. *Krücke* « *id.* », angl. *crutch*, et croisé avec *croc*, cf. aussi it. *gruccia*; l'esp. *croza* et l'a. pr. *crossa* sont peut-être empr. au fr. Fréquent dans les parlers gallo-romans au sens de « béquille ». — Dér. : **crossé,** 1461, en parlant d'un prélat; **crosser,** XIIIe; **crossette,** 1564.

CROTALE, 1596, « sorte de castagnette chez les anciens ». Empr. du lat. *crotalum* (du grec *krotalon*). Appliqué au serpent à sonnettes, 1800.

CROTTE. Du francique **krotta*, qu'on peut supposer d'après le rhénan *krotz*. La signification première était « fiente de chèvre, de lapin »; le sens « boue des chemins » est secondaire. Le flamand *krotte*, qui a aussi ce dernier sens, le doit probabl. au fr. — Dér. : **crotter,** XIIIe; **crottin,** 1344; **décrotter,** XIIIe, **décrottage,** 1845, **décrotteur,** 1534 (Rabelais), **décrottoir,** XVe, **décrottoire,** 1483, **indécrottable,** 1611.

CROULER, vers 1080 *(Roland : crollee*, part. fém., en outre *crodler)*. D'abord « secouer, agiter », encore en 1654 (La Fontaine) et dans des patois; déjà intrans. au sens de « s'écrouler », XIIe. On a pensé à un lat. pop. **crotalāre* « secouer », dér. de *crotalum* « sorte de castagnette », v. **crotale,** cf. de même anc. prov. *crotlar*, aux deux sens, et it. *crocchiare* « battre » ; l'it. *crollare* « secouer » pourrait être empr. On a proposé aussi le lat. pop. **corrotulāre*, propr. « faire rouler », dér. de *rota* « roue », par l'intermédiaire de **corrotāre*, largement attesté au sens de « s'écrouler » dans les parlers rhéto-romans et de l'Italie septentrionale, mais qui convient moins au premier sens. — Comp. : **écrouler (s')**, XIIIe, **écroulement**, 1561.

CROUP, 1777. Empr. de l'angl. *croup*, mot dialectal du parler d'Edimbourg (1765). — Dér. : **croupal**, 1836.

CROUPE. Francique **kruppa*, qu'on peut supposer d'après all. *Kropf* « goître », néerl. *krop*, anc. scandinave *kroppr* « buste, bosse ». L'it. *groppa* est empr. du fr. L'it. *gruppo* « groupe » remonte au même mot germ., mais par l'intermédiaire du longobard, qui doit avoir eu une forme avec *ū ;* la voyelle labiale varie en effet dans les langues germ. devant consonne labiale entre *ó*, *ò*, *ú* et *ù*. — Dér. : **croupier**, 1797, au sens moderne, dont le développement n'est pas sûr ; d'abord « celui qui est en croupe derrière un autre cavalier », 1651 (Scarron), puis « personne associée à un autre joueur ou qui assiste un banquier au jeu de la bassette », 1690 ; en outre « associé secret de fermier général », 1694 ; **croupière**, XIIe ; **croupion**, XVe (Villon) ; **croupir**, XIIe, signifie « s'accroupir, rester accroupi ou à la même place », jusqu'au XVIe s. ; **accroupir (s')**, XIIIe, a été pris au sens figuré de « croupir » au XVIe s.

CROUSTADE, 1716. Empr. de l'it. *crostata* ou du prov. *crostado*, v. **croûte.**

CROUSTILLER, XVIe. Empr. du prov. *croustillá*, v. **croûte.** — Dér. : **croustillant**, 1751, au sens de « plaisant » ; **croustilleux**, 1680 (au même sens que le préc.) ; **croustille**, 1680.

CROÛTE. Lat. *crusta*. A. pr. *crosta*, it. *crosta*, esp. *costra*. — Dér. : **croûton**, XVIe ; **écroûter**, XIIe ; **encroûter**, 1538, **encroûtement**, 1546.

CRU, *adj.* Lat. *crūdus*. Conservé partout : it. esp. *crudo*, a. pr. *cru(t)*. — Dér. : **écru**, 1260 (É. Boileau), avec un préfixe qui sert simplement à renforcer.

CRÛ, *subst.*, v. **croître.**

CRUAUTÉ. Lat. *crūdēlitātem*, acc. de *crūdēlitās*, dér. de *crūdēlis ;* développement anormal d'après *féauté*, *loyauté*, ou refait de bonne heure en **crūdālitās*, v. **cruel.** It. *crudeltà*, esp. *crueldad*.

CRUCHE. Du francique **krûka*, attesté par le moyen haut all. *krûche* et une forme dialectale moderne *Krauche ;* l'all. *Krug* appartient à la même famille. D'une romanisation antérieure proviennent l'a. fr. *cruie* et l'a. pr. *cruga*, d'où *crugo* du Sud-Ouest. — Dér. : **cruchon**, XIIIe.

CRUC(I)-. Premier élément de mots sav. comp., tels que **crucifère**, 1701, tiré du lat. *crux*, *crucis* « croix ».

CRUCIAL, terme de chirurgie, XVIe (Paré). Dér. sav. du lat. *crux*, *crucis* « croix ».

CRUCIAL « décisif », 1911. Empr. de l'angl. *crucial ;* celui-ci a été créé au XIXe s. (1830) sur le modèle de *crucial* « disposé en croix », 1706, lui-même empr. du fr., v. le préc., d'abord dans les expressions *crucial instance*, *crucial experiment*, qui remontent au latin de Newton et de Bacon ; Newton avait en effet créé *experimentum crucis* en 1672 sur le modèle de l'expression *instantia crucis* de Bacon, 1620, qui l'explique ainsi : « Instantias crucis... translato vocabulo a crucibus quae erectae in biviis indicant et signant viarum separationes. Has enim instantias decisorias et judiciales appellare consuevimus. »

CRUCIFIER, XIIe ; **crucifix**, 1138 ; **crucifixion**, vers 1500. Empr. du lat. eccl. *crucifigere*, *crucifixus* (part. passé pris substantiv. en lat. médiéval), *crucifixio ; crucifigere* est connu par des auteurs païens, mais c'est son emploi dans le lat. eccl., et en parlant de Jésus-Christ, qui l'a répandu. Le verbe a été adapté d'après les nombreux verbes en *-fier*. — Dér. : **crucifiement**, XIIe.

CRUDITÉ, XIVe. Empr. du lat. *cruditas* « indigestion », pour servir de nom abstrait à *cru*.

CRUE, v. **croître.**

CRUEL. Lat. *crūdēlis* (dér. de *crūdus*) ; *cruel* est refait sur le lat. ou représente une forme pop. **crūdālis*, appuyée par l'a. pr. *crual* (à côté de *cru(z)el*). L'a. fr. a en outre *crueus*, *-se*, fait sur l'anc. nom. *crueus*, issu de *cruels*. It. *crudele* (avec un *e* ouvert, dû à l'empr. de la forme du lat. écrit), esp. *cruel*.

CRURAL, XVIe (Paré). Empr. du lat. *cruralis* (de *crus*, *cruris* « jambe »).

CRUSTACÉ, 1713. Empr. du lat. des naturalistes *crustaceus* (1476), dér. du lat. *crusta* « croûte ».

CRYPTE, XIVe (écrit alors *cripte*). Empr. du lat. *crypta*, v. **grotte.**

CRYPTO-. Premier élément de mots sav. comp., tels que **cryptographie**, 1625, tiré du grec *kryptos* « caché », ou **cryptogame**, 1783, empr. du lat. des botanistes *cryptogamus*, créé par Linné avec le même mot grec et *gámos* « mariage ».

CUBE, XIIIe ; **cubique**, XIVe (Oresme). Empr. du lat. *cubus*, *cubicus* (du grec *kybos* « dé à jouer », *kybikos*). — Dér. : **cuber**, 1554 ; **cubage**, 1783 ; **cubisme**, vers 1908, école des arts plastiques ; **cubiste**, *id.*

CUBÈBE, 1256. Empr. du lat. médiéval *cubeba*, empr. lui-même de l'arabe *kubāba*, forme altérée de l'arabe class. *kabāba*.

CUBITUS, XVIe (Paré). Empr. du lat. *cubitus* « coude », pour son sens spécial. — Dér. : **cubital**, 1611 (le lat. *cubitalis* ne signifie que « haut d'une coudée »).

CUCULLE, v. **cagoule.**

CUCURBITE, XIVe siècle. Empr. du lat. *cucurbita* « citrouille », dans la signification que lui avaient donnée les alchimistes du moyen âge. V. encore **courge.**

CUEILLETTE. D'abord *cueilloite*, XIIIe, devenu rapidement *cueillette*, par substitution de suff., v. de même **emplette.** A signifié aussi « collecte », XIVe. Lat. *collecta*, part. passé fém. pris substantiv. de *colligere*, v. le suiv., attesté seulement au sens de « cotisation, quête, réunion », mais qui a dû prendre de très bonne heure le sens de « cueillette ». It. *colletta*, esp. *cosecha* (avec un *s* anormal).

CUEILLIR, a signifié fréquemment « accueillir, recueillir », jusqu'au XVIIe s. Lat. *colligere*, vieux dér. de *legere* « cueillir », dont les éléments n'ont plus été compris, propr. « cueillir », d'où « réunir, rassembler », d'où de nombreux sens non conservés dans les langues romanes. L'inf. *cueillir* doit son radical aux formes accentuées telles que *cueille* et sa terminaison *-ir* à une réfection analogique très ancienne. A. pr. *coelher*, *colhir ; cueudre*, attesté en a. fr., refait sur un anc. futur *coldrai*, est conservé en wallon, en franc-comtois et dans la Suisse romande ; en outre concurrencé par le type *ramasser* surtout dans le Centre, l'Ouest et les parlers méridionaux. V. **accueillir, recueillir.**

CUIDER, v. **outrecuidance.**

CUILLER et CUILLÈRE. D'abord masc. ; devenu fém. de bonne heure. Lat. *cochleārium* (dér. de *cochlea* « escargot ») ; dit ainsi parce que l'ustensile servait à manger des escargots avec la pointe dont il était muni à l'une de ses extrémités. — Dér. : **cuillerée,** XIVe ; **cuilleron,** 1352.

CUIR. En dehors de son sens propre, est souvent pris au sens de « peau de l'homme », jusqu'au XVIIIe s. ; encore usité en ce sens dans quelques locutions. *Faire un cuir*, 1783, est d'origine douteuse ; a peut-être été suggéré par l'expression *écorcher un mot*. Lat. *corium*, parfois « peau de l'homme » dans la langue fam. A. pr. *cuer*, *cuor*, it. *cuoio*, esp. *cuero*. — Dér. : **curée,** XVe, d'abord *cuiriée*, cf. « Et puis doit-on laisser aller les chiens à la cuirée sur le cuir », XIVe, ce qu'on donne à manger aux chiens étant étendu sur le cuir de la bête tuée ; sens fig. au XVIe s. ; **cuirasse,** 1266 (a supplanté l'a. fr. *broigne*, du francique *brunnja ;* n'est pas empr. de l'it. *corazza*, qui est peut-être plutôt une adaptation du mot fr., ainsi que l'esp. *coraza*) ; **cuirasser,** 1636 (*cuirassé* en 1611) *(vaisseau) cuirassé*, 1862 ; **cuirassier,** 1577, *subst.*, et spécial., à partir de 1664, « sorte de soldat de cavalerie ».

CUIRE. Lat. pop. **cocere*, lat. class. *coquere* (pour ce traitement, v. **cinq**). It. *cuocere*, esp. *cocer*, a. pr. *coire*. — Dér. : **cuite,** XIIIe ; **recuire,** XIIe ; **biscuit,** 1538, réfection de l'a. fr. *bescuit*, XIIe.

CUISINE. Lat. *cocīna*, autre forme de *coquīna*. A. pr. *cozina*, it. *cucina*, esp. *cocina*. — Dér. : **cuisiner,** XIIIe ; **cuisinier,** vers 1200, v. **queux.** L'argot militaire a créé, fin XIXe, **cuistance** « cuisine » et **cuistot** « cuisinier ».

CUISSE. Lat. *coxa* « hanche » ; a remplacé le lat. class. *femur*, qui était devenu homonyme de *fimus, -oris* « fumier » ; a été remplacé dans son ancienne signification par *hanche*, d'origine germ. It. *coscia*, a. pr. *coissa*. — Dér. : **cuissard,** 1642 ; **cuissette,** 1347 ; **cuissière,** 1250 ; **cuissot,** 1280, par variante orthographique, **-eau,** 1651.

CUISSON. Lat. *coctiōnem*, acc. de *coctiō ;* la voyelle de la syllabe initiale est due à l'influence de *cuire*. A. pr. *coisson*.

CUISTRE, 1575, terme d'argot des écoliers. Paraît être l'anc. nom., attesté sous la forme *quistre*, de l'acc. *coistron* « marmiton », lat. de basse ép. **coquistro* « officier royal chargé de goûter les mets » (*cocistro* dans des gloses), par un développement anormal qui paraît être dû à un croisement avec *cuire, cuisine*, cf. « un quistrun de sa quisyne » d'un texte médiéval ; l'*s* a été maintenu dans *cuistre*, parce que le croisement continuait à être senti et que, de plus, le mot était ainsi plus expressif. L'absence du mot dans les textes du XVIe s. peut n'être qu'un accident.

CUIVRE. Lat. pop. **coprium*, lat. class. *cyprium (aes)*, propr. « bronze de Chypre » ; l'*o*, qui fait difficulté, vient sans doute d'une adaptation différente du mot grec qui est à la base du mot lat. Seulement fr. D'autres formes *cuprum* ou **coprum* sont à la base de l'a. fr. *cuevre* (encore wallon *keuve*), de l'a. pr. *coure* et *coire* (encore usité dans le Sud-Ouest) et de l'esp. *cobre*, v. **airain.** — Dér. : **cuivreux,** 1580 ; **cuivré,** 1587.

CUL. Lat. *cūlus*. — Dér. : **culasse,** 1573 (écrit *-ace*) ; **culée,** 1355 ; **culier, culière,** XIIIe ; **culeron,** 1611 ; **culot,** 1319, pop. « toupet », 1894 (ce sens vient de l'acception « partie la plus basse d'une lampe », parce que celle-ci donne de la stabilité à la lampe, tout comme celui qui a du culot, ne perd pas facilement son équilibre), d'où **culotter** (une pipe), 1823 ; **culotte,** 1515 (*Chronique bordelaise :* « En cette année on commence à porter les hault de chausses, qu'on appelloit à la culotte, et aultrement rondes avec les bas y attachés »), aujourd'hui dominant dans les parlers gallo-romans (au sens de « pantalon », comme de « culotte »), toutefois concurrencé, notamment par les types *chausses*, Lorraine, Suisse romande, région languedocienne, *braies*, normand, breton et prov. ; d'où **culotter** « mettre une culotte » ; 1786 (part. passé), **culottier,** 1790, **déculotter,** 1739 (de Brosses), **sans-culotte,** 1791, nom dû au fait que les hommes du peuple portaient le pantalon, tandis que la culotte courte caractérisait les gens de l'ancien régime ; **acculer,** XIIIe, **accul,** vers 1550 ; **éculer,** 1564 ; **reculer,** XIIe, **recul,** XIIIe, **reculade,** 1611, **reculement,** 1340, **reculons (à),** vers 1225. — Comp. : **bascule,** 1549 (cf. *basse cule*, en 1600), altération, d'après l'adj. fém. *basse* (parce que la bascule s'abaisse), de *bacule*, 1466, encore au XVIIIe s., subst. verbal de *baculer*, propr. « frapper le derrière de qqn. contre terre, pour le punir », v. plus loin, désignation plaisante de la bascule qui heurte en s'abaissant ; ce verbe est né d'une comp. de l'adv. *bas* et de *cul* (il n'a rien à faire avec le subst. *bacul* « croupière », 1466, encore en normand, comp. de l'impér. de *battre* et de *cul*) ; **basculer,** 1611, altération de *baculer*, 1377 (encore au XVIIe s.), d'après *bascule ;* **bousculer,** 1798, d'abord *bouteculer*, XIIIe, dér. de *boutecul*, *id.*, propr. « celui qui pousse du cul », comp. de l'impér. de *bouter* et de *cul* (l'altération de *bouteculer* en *bousculer* a dû se produire dans l'Est, où *bouteculer* vit encore aujourd'hui, et où existe, à côté de *bouter* une forme *bousser*, empr. du moyen haut all. *bôzen*, v. *bouter*), d'où **bousculade,** 1867 ; **culbuter,** 1538 (Marot), écrit d'abord *culebuter*, comp. du verbe moyen fr. *culer* « frapper au cul ; v. r. s'accroupir » et *buter*, comme *tournevirer* (de *tourner* et *virer*), d'où **culbute,** 1480 ; **culbuteur,** 1599 ; **torche-cul,** 1505, au sens de « valet d'écurie ». Nombreux noms comp. avec *cul* comme premier élément : **cul-de-jatte,** XVIIe (Scarron) ; **cul-de-lampe,** XVe ; **cul-de-sac,** 1229.

CULINAIRE, 1546 (Rab.). Empr. du lat. *culinarius*, dér. de *culina* « cuisine ».

CULMINANT, 1823, au sens de la langue commune ; *point culminant*, terme d'astronomie, en 1708. Part. prés. de *culminer*, 1751 (Voltaire), terme d'astronomie, « atteindre, en passant au méridien, sa plus grande hauteur au-dessus de l'horizon », empr. du lat. *culminare* « mettre au comble » (de *culmen* « comble »).

CULPABILITÉ, 1791. Dér. sav. du lat. *culpabilis*, pour servir de nom abstrait à *coupable*.

CULTE, 1532. Empr. du lat. *cultus*, dér. de *colere*, qui a entre autres sens celui d' « adorer ». — Dér. : **cultuel,** 1872.

CULTIVER, vers 1200. Empr. du lat. médiéval *cultivare* (de **cultivus*, formé dans le lat. de basse ép. d'après *vacivus* « inculte », sur *cultus*, part. passé du lat. class. *colere* qui a entre autres sens celui de « cultiver »). L'a. fr. a aussi le verbe *coutiver*, dont le lat. médiéval *cultivare* n'est qu'une transcription, comparez aussi le languedocien *coutiu* « culture, champ cultivé ». — Dér. : **cultivable,** 1308 ; **cultivateur,** XIVe (Oresme), en a. fr. souvent *coutiveor*, *cult-*, jusqu'au XIVe s.

CULTURE, vers 1300 ; 1509, sens propre. Empr. du lat. *cultūra*, qui a les deux sens ; une forme régulière *couture* de l'a. fr., au sens de « champ cultivé », est encore usitée dans quelques parlers septentrionaux ; cf. it. a. pr. *coltura* « culture, terre en culture ». Sert en outre de deuxième élément de mots sav. tels qu'**arboriculture,** 1845, etc., d'après *agriculture*. — Dér. : **culturel,** 1929, d'après l'all. *kulturell*.

CUMIN, 1393. Antér. *coumin*. Empr. du lat. *cuminum* (du grec *kyminon*, d'origine orientale, cf. hébreu *kammôn*).

CUMULER, 1354 (Bersuire). Aujourd'hui surtout juridique et administratif, mais jusqu'au XVIe s., « entasser (en général) », aujourd'hui *accumuler*. Empr. du lat. *cumulare* « entasser », v. **combler.** — Dér. : **cumul,** 1692 ; **cumulard,** 1821.

CUNÉIFORME, XVIe (Paré), comme terme médical. Comp. du lat. *cuneus* « coin », d'après des adj. tels qu'*informe*, *multiforme*. Reformé au XIXe s. (dès 1829) pour désigner l'écriture assyrienne.

CUPIDE, XVe ; **cupidité,** XIVe. Empr. du lat. *cupidus* (de *cupere* « désirer »), *cupiditas ;* signifient parfois « passionné, passion », XVIe et XVIIe s., d'après le sens dominant en lat. class.

CUPIDON, XIIIe (nom propre ; nom commun, 1836). Empr. du lat. *Cupido*, nom du fils de Vénus, personnification de *cupido* « désir », v. le préc., d'après le grec *erôs* « amour » et « Erôs ».

CUPULE, 1611. Empr. du lat. *cupula* « petite barrique », par les botanistes ; pris au sens de « petite coupe » en fr. d'après *coupe* (lat. *cuppa*).

CURABLE, XIIIe. Empr. du lat. de basse ép. *curabilis*.

CURAÇAO, 1801. Tiré du nom d'une île des Antilles qui produit les oranges dont l'écorce sert à faire la liqueur dite *curaçao*.

CURAGE, « poivre d'eau », XIVe (écrit *culrage*). Altération de *scurage* (lat. médiéval *scurago*, d'origine incertaine), par étymologie pop. : « Ainsi nommée parce que ses feuilles appliquées au cul pour le déterger y font rage », Liébault, 1597.

CURARE, 1758. Empr. de *curare* de la langue des Caraïbes des Antilles, attesté sous d'autres formes chez d'autres peuplades de l'Amérique du Sud (*curari*, *urari*, etc.).

CURATELLE, XIVe. Empr. du lat. médiéval juridique *curatela* (en lat. class. *curatio*), fait sur *tutela*, d'après le rapport des deux mots *curator*, *tutor*.

CURATEUR, 1287. Empr. du lat. juridique *curator*, dér. de *curare*.

CURATIF, 1314 ; **curation,** XIIIe. Le premier est un dér. sav. du lat. *curare* « soigner » au sens médical, le deuxième empr. du lat. médical *curatio*.

CURCUMA, 1559. Empr. de l'esp. *curcuma*, empr. lui-même de l'arabe *kourkoum* « safran » (d'origine perso-indienne) ; dit aussi *safran d'Inde*, parce que la racine de curcuma produit une matière colorante jaune.

CURE. Au sens général de « soin », ne s'emploie aujourd'hui que dans la locution *n'en avoir cure*. Lat. *cūra* « soin ». Au moyen âge, a reçu diverses acceptions dans la langue eccl., notamment « soin des affaires de l'Eglise », et spécial. « fonction du curé » ; ce dernier sens et celui de « presbytère », 1496, sont dus à *curé*. It. esp. a. pr. *cura*. — Dér. : **curial,** 1546, dér. de *cure*, fonction eccl., d'après le lat. *curialis*, dér. de *curia* « curie » ; **curé,** XIIIe, signifie propr. « chargé d'une cure, d'une paroisse » (le mot ne peut pas venir du lat. *curatus*, qui veut dire « bien soigné », et qui est dér. du verbe *curare ;* l'it. *curato* et le catalan *curat* sont plus récents que le mot fr.) ; **curiste,** 1899.

CURÉE, v. **cuir.**

CURER. Lat. *cūrāre* « soigner ». Le sens du verbe s'est restreint, en fr. moderne, à celui de « nettoyer ». It. *curare* « soigner », esp. *curar* « guérir », a. pr. *curar* « soigner, guérir ». — Dér. : **curage,** 1328 ; **curette,** 1451, d'où, d'après l'instrument de chirurgie de ce nom, **curetage,** fin XIXᵉ. — Comp. : Nombreux noms comp. avec **cure** comme premier élément : **cure-dent,** 1416 ; **cure-oreille,** *id.*

CURIAL, v. **cure.**

CURIE, 1538 (comme terme d'antiquité). Empr. du lat. *curia.* Comme terme d'administration papale, 1845, empr. de l'it. *curia*, lui-même empr. du lat. eccl.

CURIEUX, vers 1125 ; **curiosité,** XIIᵉ. Empr. du lat. *curiosus*, propr. « qui a soin de » et aussi « curieux », *curiositas* « soin ». Le sens propre du latin a dominé jusqu'au XVIᵉ s. et est encore fréquent au XVIIᵉ.

CURSEUR, 1562. Empr. du lat. *cursor* « coureur » en vue d'un sens spécial ; empr. au sens du lat. au XIVᵉ s.

CURSIF, 1792 ; une première fois en 1532 (Rab.). Empr. du lat. médiéval *cursivus* (de *cursum*, supin de *currere* « courir »).

CURVILIGNE, 1613. Comp. des mots lat. *curvus* « courbé » et *linea* « ligne ».

CUSCUTE. Empr. du lat. médiéval *cuscuta* (attesté dès 1200 et né probablement d'une faute de lecture, par laquelle une forme **cussuta* a été luc *cuscuta*), empr. lui-même de l'arabe *kouchouta*. Cette migration du mot s'explique par le fait que cette plante, qui contient de l'acide tannique, a souvent été employée en médecine.

CUSTODE, 1379. Empr. du lat. *custodia* « garde ». A signifié « rideau de lit », au XVᵉ et au XVIᵉ s.

CUTANÉ, 1546. Dér. sav. du lat. *cutis* « peau ». — Comp. : **sous-cutané,** 1753.

CUTI-RÉACTION, 1907. Comp. créée dans la langue des médecins, du lat. *cutis* « peau » et de *réaction*, voir ce mot.

CUTTER, v. **cottre.**

CUVE. Lat. *cūpa*, v. **coupe.** Esp. a. pr. *cuba.* — Dér. : **cuveau,** XIIᵉ ; **cuvée,** XIIIᵉ ; **cuveler,** 1758, **cuvelage,** 1756 ; **cuver,** 1373 ; **cuvette,** XIIᵉ ; **cuvier,** *id.* ; **décuver,** 1611 ; **encuver,** vers 1400.

CYAN(O)-. Premier élément de mots sav. comp., tels que **cyanogène,** 1815, tiré du grec *kyanos* « bleu sombre ».

CYCLAMEN, XIVᵉ. Empr. du lat. *cyclamen* (du grec *kyklaminos*).

CYCLE, 1534 (Rab.); **cyclique,** 1578; **cyclotron,** 1948. Empr. du lat. *cyclus*, *cyclicus* (du grec *kyklos*, propr. « cercle », *kyklikos*). Au sens de « vélocipède », *cycle*, 1889, vient de l'anglais qui a reçu ce sens vers 1870 ; viennent également de l'anglais **bicycle** (1877), **tricycle** (1834), **cycliste,** d'où le français **bicyclette,** 1890.

CYCL(O)-. Premier élément de mots sav. comp., tels que **cyclostome,** 1807 (Lamarck), cf. aussi **cycloïde,** vers 1640 (Mersenne), tiré du grec *kyklos* « cercle ».

CYCLONE, 1860 (d'abord fém.). Empr. de l'angl. *cyclone*, formé par un savant du nom de Piddington en 1848 sur le grec *kyklos.*

CYCLOPE, 1372 (auparavant aussi *cyclopien* chez Oresme et Jean Lemaire). Empr. du lat. *cyclops* « géant mythologique ». — Dér. **cyclopéen,** 1809.

CYGNE, XIIIᵉ. Altération de la forme antérieure *cisne* (d'où *cine*, encore au XVIᵉ s.). Lat. pop. *cicinus (Loi Salique* et *Gloses)*, lat. class. *cycnus* (du grec *kyknos*). It. arch. *cecino* et *cecero*, aujourd'hui *cigno*, a. pr. *cinhe ;* l'esp. *cisne* vient du fr.

CYLINDRE, XIVᵉ. Empr. du lat. *cylindrus* (du grec *kylindros*). — Dér. : **cylindrique,** 1596.

CYMAISE, v. **cimaise.**

CYMBALE, vers 1120. Empr. du lat. *cymbalum* (du grec *kymbalon*). — Dér. : **cymbalier,** 1671.

CYNÉGÉTIQUE, 1752. Empr. du grec *kynegetikos*, de *kynegetein* « chasser » (propr. « mener les chiens »).

CYNIQUE, XIVᵉ (au sens propre). Empr. du lat. *cynicus* (du grec *kynikos* « qui appartient à l'école cynique ») ; cette école a été appelée ainsi d'après le mot grec signifiant « chien », parce que ses adeptes défiaient les convenances ; on signale aussi qu'ils se réunissaient dans le gymnase appelé *to kynosarges* « le Cynosarge », ce qui a pu contribuer au choix du nom. Sens fig. en 1674 (Boileau), développé spontanément en fr.

CYNISME, vers 1740. Empr. du lat. de basse ép. *cynismus* (du grec *kynismos*) pour servir de nom abstrait au préc.

CYN(O)-. Premier élément de mots empr. remontant au grec, tels que **cynocéphale,** 1372 ; **cynoglosse,** XVᵉ, comp. du grec *kyôn*, génitif *kynos*, « chien ».

CYPRÈS, XIIᵉ. Empr. de la forme lat. hellénisée *cypressus*, remplaçant *cupressus* (du grec *kyparissos*).

CYPRIN, 1783. Empr. du lat. *cyprinus* (du grec *kyprinos* « carpe »).

CYST(O)-. Premier élément de mots sav. tels que **cystotomie,** 1793, cf. aussi **cystite,** 1810, tiré du grec *kystis* « vessie ».

CYTISE, 1563 (d'abord *cythison*, 1516). Empr. du lat. *cytisus* (du grec *kytisos*).

CZAR, v. **tsar.**

D

DA, dans **oui-da,** v. **oui,** sous **il.**

DA CAPO, vers 1710. Empr. de l'it. *da capo* « (en reprenant) depuis le commencement », v. **chef.**

DACTYL(O)-. Premier élément de mots sav. comp., tiré du grec *daktylos* « doigt ». **Dactylographe** a été formé une première fois vers 1836 au sens de « machine inventée pour servir de moyen de communication aux sourds-muets et aux aveugles » ; sens disparu au profit du sens moderne, d'où **dactylo, -graphie,** 1833, **-graphier,** fin XIXe.

DADA, XVIe. Onomatopée enfantine. Sens fig. 1778. A été pris par défi en 1916 comme symbole d'une école artistique qui prétendait être « une révolte permanente de l'individu contre l'art, la morale, la société », d'où **dadaïsme.**

DADAIS, 1642. Mot onomatopéique ; il y a de nombreux mots de sens analogue dans les patois, cf. aussi *dadée* « enfantillage, babiole », XVIe.

DAGUE, 1229. Empr. de l'a. pr. ou de l'it. *daga*, d'origine obscure ; attesté également dans la péninsule ibérique ; l'all. *Degen* « épée » et l'angl. *dagger* « dague » viennent du fr. Un lat. pop. **dāca*, fém. de *dācus* « Dace », au sens d' « épée dace », est incertain, en raison du silence des textes lat. — Dér. : **daguer,** 1572 ; **daguet,** 1655 (au XVIe s. *dagard*), le premier bois du jeune cerf s'appelant *dague*.

DAGUERRÉOTYPE, 1839. Mot comp. de *Daguerre*, nom de celui qui fit cette invention, en 1839 et du grec *typos* « empreinte ». — Dér. : **-ie,** 1854.

DAHLIA, 1804. Empr. du lat. des botanistes *dahlia*, nom donné à cette plante en l'honneur du botaniste suédois *Dahl* qui la rapporta du Mexique en 1789.

DAIGNER. D'abord *degnier*, *deignier*. Lat. pop. **dignāre*, lat. class. *dignārī* « juger digne ». En fr. ne paraît être employé depuis les premiers textes qu'avec un infinitif complément, construction qui appartient au lat. eccl. du IVe s. It. *degnare*, esp. *deñar*, a. pr. *denhar* « approuver », etc. — Dér. : **dédaigner,** XIIe, de même esp. *desdeñar*, a. pr. *desdenhar*, d'où **dédaigneux,** XIIe, **dédain,** *id.*

DAIM. Lat. de basse ép. **dāmus*, lat. class. *damma*, *dāma*, peut-être d'origine africaine. It. *damma*, a. pr. *dam*. — Dér. : **daine,** 1387.

DAINTIER, v. **dignité.**

DAIS. D'abord *deis*, *dois*. Signifiait au moyen âge « table, estrade », d'où « tenture dressée au-dessus, etc. » ; ces derniers sens sont assez récents, du XVIe s. environ. Lat. *discus* « disque » (comme celui du Discobole), d'où « plat » (du grec *diskos* « *id.* ») ; du sens de « plateau où l'on disposait les mets » le mot a abouti au sens de « table » dans les langues romanes ; cf. aussi l'all. *Tisch* « table », à côté de l'angl. *dish* « plat », tous deux pris au lat. It. *desco* « table, établi », a. pr. *desc* « plat (sens rare), table ».

DALLE, 1319, au sens moderne de « pierre plate pour paver », d'après le dér. *daller*. Les sens d' « auget » ou de « gouttière » des langues techn. dérivent de celui d' « évier, égout », attesté dès le XIVe s. dans des textes normands et qui survit aujourd'hui surtout dans les parlers de l'Ouest. Le sens premier a dû être « pierre légèrement creusée, servant d'égout ». Mot techn. qui a circulé surtout comme terme de marine, cf. angl. *dale*, esp. *(a)dala* « tuyau d'écoulement pour la pompe d'un bateau », etc., et le dér. fr. *dalot*, 1382. Le mot, apparaissant d'abord dans des textes normands, représente l'anc. scandinave *dæla* « gouttière », attesté comme terme de marine. — Dér. : **daller,** 1800 (une 1re fois en 1319), **dallage,** 1831, **dédaller,** 1829.

DALMATIQUE, XIIe. A éliminé une forme plus francisée *dalmai(r)e*. Empr. du lat. eccl. *dalmatica*, qui désignait sous l'Empire une longue blouse, à longues manches, faite de laine blanche de Dalmatie.

DALTONISME, 1840. Dér. de *Dalton*, nom d'un physicien angl. (1766-1844), qui était atteint de ce vice de la vue et qui l'a décrit le premier.

DAM, 842 *(Serments de Strasbourg : damno)*. Ne s'emploie plus que dans des locutions depuis le XVIe s. ; peu usité même au moyen âge ; a été remplacé par le dér. *dommage*, qui avait l'avantage d'avoir plus de corps. Lat. *damnum* « dommage, préjudice ». Le sens théologique vient du lat. eccl., v. **damner.** — Dér. : **dommage,** XIIe (d'après le dér. *endommager*), altération, d'après *dongier* « danger », de *damage*, vers 1080 *(Roland)*, d'où l'angl. *damage*, cf. aussi a. pr. *damnatge ;* d'où **dommageable,** 1314 ; **dédommager,** XIIIe ; **dédommagement,** 1367 ; **endommager,** XIIe ; **endommagement,** XIIIe.

DAMAS, XIVe (au sens d'étoffe). Tiré de *Damas*, nom de la grande ville de Syrie, une des plus commerçantes du moyen âge. Mot européen. — Dér. : **damasser,** 1386 ; **damassure,** 1611.

DAMASQUINER, 1553. Dér. de l'anc. adj. *damasquin*, 1546 (Rab.), « de Damas, à la manière de Damas », empr. de l'it. *damaschino* (de *Damasco* « Damas », v. le préc.). — Dér. : **damasquinage,** 1611 ; **damasquinerie,** 1688 ; **damasquineur,** 1558 ; **damasquinure,** 1611.

DAME. Au moyen âge était le titre donné à la femme d'un noble, par opposition à celle d'un bourgeois, appelée *demoiselle* encore au XVIIe s. ; emploi moderne depuis le XVIe s. environ. Lat. *domina* (*domna* dès le Ier s.), avec un développement particulier de la voyelle *o* quand le mot était en position inaccentuée devant un autre. Le sens du moyen âge est un développement d'origine féodale, parallèle à celui de *dominus*, qui, sur le territoire gallo-roman, a pris, à l'époque des Mérovingiens et des Carolingiens, le sens de « seigneur, maître d'un fief », d'où l'a. fr. *dan(s)*, *dam*, et l'a. pr. *don*, v. **dom, seigneur, sieur.** It. *donna*, esp. *dueña*, a. pr. *domna*, etc. — Dér. : Du sens de « pion au jeu de dames », 1562 ; **damer,** 1562, d'où *damer le pion*, au sens figuré, 1688 ; **damier,** 1548 ; **dédamer,** XVIIe ; **dameret,** 1564, « qui a les goûts d'une dame », et non dér. de *dame*, autre forme de *dom*, qui n'existe qu'en comp., v. **vidame** et le suiv. — Comp. : **madame,** XIIe, d'abord titre de noblesse ; sens plus général depuis le XVIIe s.

DAME, *interjection*, 1665 (Molière). Abréviation du juron *tredame*, attesté en 1690, issu de *par nostre dame* ou de *damedieu*, fréquent au moyen âge comme invocation signifiant « Seigneur, Dieu », devenu ensuite juron, lat. eccl. *domine deus* (cf. it. *domeneddio*), mais qui paraît ne pas avoir atteint le XVIe s.

DAME-JEANNE, 1694. Mot qui a circulé comme terme de marine, d'où l'it. *damigiana*, l'angl. *demijohn*, etc. ; l'arabe *damâdjana* est récent et également empr., et non la source des mots européens. Le mot est probabl. comp. de *dame* et *Jeanne*, donné par plaisanterie à un récipient, suivant un procédé répandu, cf. *christine* « grande bouteille en grès » en normand, *jacqueline* « cruche de grès à long ventre, en usage dans le Nord », etc.

DAMER, DAMERET, DAMIER, v. **dame.**

DAMNER, XIIe ; **damnation,** *id.* Empr. du lat. eccl. *damnare*, *damnatio*, en lat. class. « condamner, blâmer, etc. ». It. *dannare*, esp. *dañar*. — Dér. : **damnable,** vers 1200.

DAMOISEAU, -ELLE, v. **demoiselle.**

DANDINER, 1500, aujourd'hui surtout réfl. Dér. de *dandin* « clochette », 1390, mot expressif d'une famille de mots exprimant le balancement d'une cloche, et qui se retrouve dans d'autres langues, cf. angl. *to dandle* « dorloter » ; v. **dinguer.** — Dér. : **dandin,** 1526, « niais », aujourd'hui peu usité, par comparaison du balancement d'une cloche avec les hésitations d'un homme faible, etc. ; d'où les noms propres *Perrin Dandin*, créé par Rab. (*Pantagruel*, III, 39) et employé ensuite par Racine (*Les Plaideurs*) et La Fontaine (*Fables*, IX, 9), et *George Dandin* (Molière) ; **dandinement,** 1725.

DANDY, 1817. Empr. de l'angl. *dandy*, d'origine obscure, mot en vogue à Londres vers 1813-19, à propos d' « élégants » dont le type fut G.-B. Brummel (1778-1844). — Dér. : **dandisme,** 1830.

DANGER. Lat. pop. **domniārium* « pouvoir », dér. de *dominus* « seigneur ». La forme première *dongier* a disparu de bonne heure devant *dangier*, altéré d'après *dam* « dommage ». A signifié d'abord « pouvoir, domination », d'où, d'une part, « refus, difficulté » et, de l'autre, « péril » dans des locutions telles que *estre en dangier* « être au pouvoir (de quelqu'un) » dès le XIIIe s., sens qui a éliminé en fr., vers le XVIe s., les autres sens, dont il reste quelques traces dans les patois. Seulement fr. ; d'où l'angl. *danger*. — Dér. : **dangereux,** XIIIe, d'abord « difficile » ; a suivi le développement sémantique du subst. ; d'où l'angl. *dangerous*.

DANS. Lat. de basse ép. *deintus* « dedans », adv. comp. de *de* et de *intus*, de même sens, d'où vient l'a. fr. *enz*, disparu vers le XVIe s. *Dans* est peu usité en a. fr. ; le comp. **dedans,** XIe *(Alexis)*, à la fois adv. et prép., est préféré jusqu'au XVIe s., à partir duquel il se restreint à la valeur adverbiale, fixée au XVIIe s., tandis que *dans* se développe comme prép. au détriment de *en* dont l'emploi devant l'article avait abouti à des formes complexes qui se sont éliminées. Rare en dehors du gallo-roman, cf. a. pr. catalan *dins ;* aujourd'hui partout dans les patois, sauf dans les parlers de l'extrême Sud.

DANSER, XIIe. Ce verbe, originaire de la France du Nord, s'est répandu dans les langues voisines : it. *danzare*, esp. *danzar*, all. *tanzen*, angl. *to dance*, pour désigner une danse élégante, de la belle société, tandis que les représentants de *ballāre*, v. **bal,** désignaient des formes de danses plus populaires ; de là le caractère littéraire de *danser* dans les langues méridionales. En raison de ces particularités, une origine germ. est probable ; on propose le francique **dintjan* « se mouvoir de ci, de là », qu'on restitue, entre autres, d'après le néerlandais *deinzen* « *id.* », bien que la voyelle *a* du fr. soit une difficulté. Les termes concernant la danse sont souvent empr., parce que la danse est fortement soumise à la mode, cf. aussi le récent **dancing,** vers 1919 (pour *dancing-house*). — Dér. : **danse,** XIIe ; **danseur,** XVe (Charles d'Orléans).

DAPHNÉ, 1782. Empr. du grec *daphnê* « laurier ».

DARD, vers 1080 *(Roland)*. Du francique **daroð*. cf. anc. haut all. *tart* « *id.* », de même a. pr. *dart ;* a passé dans les langues méridionales : it. esp. *dardo*. *Dard* « carpe vandoise » est un autre mot ; c'est une altération, d'après *dard*, de *dars*, XIIe, lat. de basse ép. *darsus*, d'origine gauloise. La locution fam. *dare-dare*, 1642, peut être formée avec *dard*, cf. l'expression pop. *courir comme un dard*. — Dér. : **darder**, XVe.

DARNE, tranche de gros poisson, 1528. Empr. du breton *darn* « morceau ».

DARSE, XVe (à propos du port de Gênes, tandis qu'*arsenal* vient de Venise). Empr. du gênois *darsena*, empr. lui-même de l'arabe *dâr-ṣinâʿa*, v. **arsenal** ; on trouve aussi *darsine* au XVIIe s.

DARTRE, 1314 (*dertre*, d'où *dartre*, XVIe). Lat. de la Gaule *derbita*, attesté dans des gloses, mot d'origine celtique, cf. breton *dervoed*. — Dér. : **dartreux,** XVe *(dertreux)*.

DATE, XIIIe. Empr. du lat. médiéval *data* (sous-entendu *littera*), « lettre donnée », premier mot de la formule qui indiquait la date où un acte avait été rédigé. — Dér. : **dater,** 1367, **antidater,** 1462, **antidate,** 1435, où le préf. lat. *ante* « avant » a été traité d'après des mots tels que *anticiper*, etc., **postdater,** 1549, **postdate,** *id.* (d'abord *posti-*, d'après les préc., 1536) ; **datation,** fin XIXe.

DATIF, XIIIe. Empr. du lat. *(casus) dativus*.

DATTE, XIIIe (en outre *dade*, XIIe). Empr. de l'a. pr. *datil*, masc. (d'où *datil*, XVIe ; même forme en esp.) ou de l'it. *dattero*, lat. *dactylus* (du grec *daktylos*, propr. « doigt » ; sens fig. dû à la forme allongée de la datte). — Dér. : **dattier,** XIIIe.

DATURA, 1597. Empr., peut-être par l'intermédiaire du port. (attesté en 1563), de *dhatûra*, mot d'une langue de l'Inde, cf. le sanscrit *dhattûra*.

DAUBE, 1640. Empr. de l'it. *dobba* « marinade », fréquent dès le XVIe s., empr. à son tour de l'esp. *adobo* ou du cat. *adop*, même sens, dér. du verbe *adobar* « cuire à l'étouffée », lequel est empr. de l'anc. fr. *adober*. L'orthographe *daube* est due au suivant. — Dér. : **daubière,** 1829 ; **dauber,** *id.* ; **endauber,** 1836.

DAUBER, 1552 (Rab., au sens moderne). En a. fr., XIIIe, se rencontre au sens de « garnir » ; a dû signifier propr. « crépir », comme l'atteste le dér. *daubeor* dans un texte anglo-normand parmi des noms d'artisans : charpentiers, maçons, plâtriers, tuiliers ; cf. aussi l'angl. empr. *to daub*. Du sens de « crépir » on passe facilement à celui de « frapper », puis de « maltraiter en paroles ». On a proposé le lat. *dealbare* « blanchir, crépir » ; mais il est difficile de penser que le *de-* soit resté si longtemps senti comme élément distingué du verbe même qu'il n'a pas suivi l'évolution phonétique normale en *di-* et *j-*. Il est plus probable qu'il s'agit d'une forme régionale d'*adouber*, dans laquelle la voyelle de l'a. fr. *-o-* se serait conservée. — Dér. : **daubeur,** fin XVIIe s. (au sens moderne ; voir ce qui précède).

DAUMONT, 1867. Dans la locution *à la daumont*, d'abord *à la d'Aumont*, sorte d'attelage dont l'usage a été introduit par un duc d'Aumont, sous la Restauration.

DAUBER, DAUBIÈRE, v. **daube.**

DAUPHIN, mammifère. D'abord *daufin*, XIIe. Empr. de l'a. pr. *dalfin* (plutôt que forme pop. du fr.), lat. pop. *dalfīnus*, altération attestée en 710 du lat. class. *delphīnus* (du grec *delphis*).

DAUPHIN, titre du fils aîné des rois de France (pendant quelque temps, du deuxième fils), adopté en 1349 à la suite de la cession du Dauphiné à la maison de France. Était d'abord le titre des seigneurs du Dauphiné, issu du nom propre lat. *Delphinus*, *Delfi(n)*, etc. (francisé ensuite en *Daufin*, etc.), devenu ensuite patronymique, puis titre seigneurial, cf. *lo comte dalfi* « le comte dauphin (d'Auvergne) » dans un texte de 1200 environ ; pour la forme, v. le préc.

DAURADE, 1556, et **dorade,** 1539. Empr. de l'a. pr. *daurada*, reformation, d'après *daurar* « dorer », de *aurada*, attesté par la prov. moderne *aurado*, lat. *aurāta* « dorade » propr. « dorée », d'où aussi it. *orata*.

DAVANTAGE, v. **avant.**

DAVIER, 1546. Issu, par substitution de suff., de *daviet*, 1532 (Rab.), dim. de *David*, nom propre, attesté comme nom d'un outil de menuisier dès le XIVe s., suivant un procédé fréquent dans le langage pop., v. **robinet.**

DE. Lat. *dē*. It. *di*, esp. a. pr. *de*. S'est développé dans la basse latinité comme substitut du génitif, cf. *nebula de pulvere* « nuage de poussière », Ve s. (Sid. Apollinaire) ; on trouve déjà *dimidium de praeda* « la moitié du butin » chez Plaute, *Pseudolus*, 1164. Le préf. lat. *dē*, qui marquait l'éloignement, a été ordinairement remplacé en gallo-roman par *dis*, v. **dé,** préf.

DÉ, « dé à jouer ». On suppose un lat. **datum*, au sens de « pion de jeu », part. passé neutre pris substantiv. de *dare* « donner », attesté aussi au sens de « jouer », cf. *calculum dare* « jouer un pion », mais toute preuve de cette étymologie manque. It. *dado*, esp. *dado*, a. pr. *dat*.

DÉ, « dé à coudre ». D'abord *deel*, d'où *dé*, avec influence probable du préc. ; une forme *deau*, attestée au XIVe s. (écrite *deaul*), a des correspondants dans les parlers de l'Ouest et de l'Est, et, quoique plus rarement, dans le Centre. Lat. pop. *digitāle*, attesté dans les gloses, neutre pris substantiv. de l'adj. *digitālis*, dér. de *digitus* « doigt ». It. *ditale*, esp. a. pr. *dedal*.

DÉ-, préf. Lat. *dis*, qui marquait l'éloignement et la séparation, v. **de.** Toutefois dans des emprunts tels que *déclarer*, etc., ou des mots lat. conservés tels que *défendre*, *dé-* n'a aucun sens.

DÉAMBULER, 1492, rare avant le XIXe s. Empr. du lat. *deambulare*. Dér. *déambulatoire*, XVIe (archéol.) ; *déambulation*, 1480, tous deux rares avant 1840. Tout le groupe a quelque chose d'ironique, sauf **-atoire.**

DÉBÂCLE, -ER, v. **bâcler.**

DÉBAGOULER, v. **bagou.**

DÉBARDER, v. **bard.**

DÉBAT, DÉBATTRE, v. **battre.**

DÉBAUCHE, -ER, v. **bau.**

DÉBET, 1441. Empr. du lat. *debet* « il doit », 3e pers. sing. indic. prés. de *debere* « devoir », employé dans des formules juridiques et sur des registres commerciaux, cf. **boni.**

DÉBILE, XIIIe ; **débilité,** XIIIe ; **débiliter,** vers 1370, Oresme. Empr. du lat. *debilis, debilitas, debilitare.*

DÉBINER, 1790, « médire, calomnier » ; 1808, « tomber dans la misère ». Mot argotique, peut-être formé avec *biner* « sarcler ». **Débiner (se)** « s'enfuir, s'en aller vivement », XIXe s., est probablement un autre mot, également obscur. — Dér. : **débine,** 1808.

DÉBIT, par opposition à *crédit,* 1723. Empr. du lat. *debitum* « dette » (de *debere* « devoir »). — Dér. : **débiter,** 1723.

DÉBITER, vers 1340, « découper du bois ». Dér. de *bitte* « sorte de billot sur lequel on enroule les câbles », donc propr. « faire des bittes », d'où « débiter du bois de construction ou d'autres matières », d'où « vendre au détail », 1464, d'où « détailler en récitant », 1608. — Dér. : **débit,** « vente au détail », 1565 *(vendre à débit),* d'où « boutique où l'on débite », 1829 ; « action de détailler en récitant », 1669 ; **débitant,** 1731, d'abord « marchand de tabac » ; **débiteur,** « qui débite des discours », 1690 (en 1611 « celui qui vend au détail »).

DÉBITER, « créditer », v. **débit.**

DÉBITEUR, 1239. Empr. du lat. *debitor ;* a éliminé au XVIIe s. *detteur,* encore chez La Fontaine, *Fables,* XII, 7, représentant pop. du lat., d'où aussi esp. *deudor,* a. pr. *deudor, deutor.* — Comp. : **co-,** 1611.

DÉBITEUR, « qui débite des discours », v. **débiter** « découper ».

DÉBLAI, DÉBLAYER, v. **blé.**

DÉBLATÉRER, 1798. Empr. du lat. *deblaterare* « criailler, bavarder ».

DÉBOÎTER, v. **boîte.**

DÉBONNAIRE, v. **aire.**

DÉBOUCHÉ, -ER, « sortir d'un endroit resserré », v. **bouche.**

DÉBOUCHER, « ôter ce qui bouche », v. **boucher,** verbe.

DEBOUT, DÉBOUTER, v. **bouter.**

DÉBRAILLER. Usuel surtout au part. passé, 1549 (sous la forme *desbraillé*). Dér. de l'a. fr. *braiel* « ceinture », d'où *brail,* chez Froissart, dér. lui-même de *braie ; débraillé* signifie propr. « dont la ceinture qui retient les braies est dénouée ».

DÉBRAYER, v. **braie.**

DÉBRIS, v. **briser.**

DÉBUCHER, DÉBUSQUER, v. **bûche.**

DÉBUT, DÉBUTER, v. **but.**

DÉCA-. Premier élément de mots sav. comp., tiré du grec *deka* « dix », notamment dans les termes du système métrique.

DÉCACHETER, v. **cacher.**

DÉCADE, XIVe siècle. Empr. du lat. *decas, -adis,* lui-même empr. du grec *dekás, -ados.* Surtout connu depuis l'introduction du calendrier républicain de 1793, où il désignait une période de dix jours.

DÉCADENCE, 1413. Empr. du lat. médiéval *decadentia,* formé sur le lat. *cadere* « tomber ». — Dér. : **décadent,** 1864 (déjà formé au XVIe s.) ; *école décadente* a été pris comme titre d'une école littéraire, vers 1885, d'après le vers de Verlaine : « Je suis l'empire à la fin de la décadence. »

DÉCANAT, 1650 (G. Patin). Empr. du lat. médiéval *decanatus,* dér. de *decanus* « doyen ».

DÉCANILLER, 1821. Paraît empr. du lyonnais et formé avec *canilles* « jambes » ; on y dit aussi *s'escanir* « se sauver ».

DÉCAMPER, v. **camp.**

DÉCANTER, 1701 ; **décantation,** 1690. Empr. du latin des alchimistes *decanthare* (de *canthus,* qui signifiait dans ce latin « bec de cruche », v. **chant**), *decanthatio.*

DÉCAPER, v. **cape.**

DÉCAPITER, 1320. Empr. du lat. médiéval *decapitare* (de *caput, -itis* « tête »). — Dér. : **décapitation,** XIVe (E. Deschamps).

DECAUVILLE. Fin XIXe. « Chemin de fer à voie étroite, d'une construction qui n'exige pas de gros travaux de ballast, pour faciliter des transports au cours de travaux » ; inventé, vers 1890, par l'ingénieur *Decauville* (né en 1846).

DÉCAVER. Usuel surtout au part. passé, 1825. Dér. de *cave,* 1690, terme de jeu, « somme qu'un joueur met devant lui quand il commence à jouer », tiré de *caver,* 1642, terme de jeu, « mettre une certaine somme devant soi », empr. de l'it. *cavare* « tirer de sa poche », propr. « creuser », v. **caver.**

DÉCÉDER, XVe (Villon) ; **décès,** XIe *(Alexis).* Empr. du lat. *decedere* [*vitā*] « sortir (de la vie) », *decessus.* — Comp. : **prédécès,** 1576.

DÉCEMBRE, vers 1150. Empr. du lat. *decembris* [*mensis*] « le dixième mois » dans l'anc. calendrier des Romains. Formes également empr. dans tous les patois. It. *dicembre,* esp. *diciembre.*

DÉCENNAL, XVIe. Empr. du lat. *decennalis* (de *decem* « dix » et *annus* « an »).

DÉCENT, XVe ; **décence,** XIIIe. Empr. du lat. *decens, decentia* (du verbe impersonnel *decere* « convenir, être conforme à la bienséance »).

DÉCEPTION, XIIe ; signifie « tromperie » jusqu'au XVIe s. Empr. du lat. de basse ép. *deceptio* « tromperie », dér. de *decipere*, pour servir de nom abstrait à *décevoir* dont il a suivi le développement sémantique.

DÉCERNER, 1318, « décréter », encore chez Voltaire, 1756 ; sens moderne, XVIe s., encore contesté au XVIIe s. Empr. du lat. *decernere* « décider, décréter ».

DÉCÈS, v. **décéder.**

DÉCEVOIR. En a. fr. et jusqu'au XVIIe s., « tromper » ; la nuance moderne « tromper quelqu'un dans ses espérances » apparaît vers le XVe s., cf. : « Les Anglais... virent bien qu'ils estoient déçus en leurs cuiders », Froissart, peut-être par latinisme. Lat. pop. **dēcipēre*, lat. class. *dēcipere* « tromper, séduire, tromper qqn dans ses espérances » (ce dernier sens, poétique ou de basse époque), dont le préf. a été senti comme tel, à cause de *concevoir, recevoir ;* v. **déception.** Seulement galloroman, cf. a. pr. *decebre* (d'après le lat. class.) et anc. esp. *decebir*.

DÉCHANTER, v. **chanter.**

DÉCHARNER, v. **chair.**

DÉCHAUSSER. Lat. de basse ép. *discalceāre*, de *calceāre* « chausser ». It. *scalzare* (avec changement de préf.), esp. *descalzar*, a. pr. *descaussar*. Le fr. a connu aussi jusqu'au XVIIe s. l'adj. *déchaux* (cf. *carmes-déchaux*), encore usuel dans les patois, lat. pop. **discalceus*, reformation de *discalceātus*, de même it. *scalzo*, esp. *descalzo*, a. pr. *descaus*.

DÈCHE, 1835. Mot d'argot, d'origine provinciale, soit du prov. *deco, decho* « tare », a. pr. *deca*, subst. verbal de *decazer, decaire* « déchoir », soit de l'angevin *dèche* « tare congénitale », qui vient lui-même du provençal. Même si l'expression *battre la dèche* est venue de Paris, l'origine provinciale de *dèche* reste probable.

DÉCHIQUETER, XVe (Charles d'Orléans). Issu de l'anc. mot *eschiqueté*, attesté dès 1285 pour désigner une sorte d'étoffe à carreaux, conservé comme adj. dans la langue du blason : *écu échiqueté* « découpé en cases comme un échiquier ». Cet adj. est issu, avec modification de la terminaison, de l'anc. adj. *eschequeré*, de même sens, dér. d'*échiquier* ; le développement du sens s'explique aisément, et l'anc. forme *eschaqueley* (part. passé), relevée en 1348, dont l'*a* rappelle celui d'*eschaquier*, v. **échiquier,** appuie l'étymologie. De *déchiqueter* a été tiré l'anc. verbe *chiqueter*. — Dér. : **déchiqueture,** 1534.

DÉCHIRER, 1120. En a. fr. *escirer*, conservé dans beaucoup de patois sous la forme *essirer, échirer*, avec échange de l'*é-* contre le préfixe *dé-* fr. *déchirer* (dans beaucoup de parlers *dessirer*). D'un francique **skerian* « partager » qu'on peut supposer d'après l'anc. haut-all. *skerian* « priver, séparer ». — Dér. : **déchirement,** vers 1200 ; **déchirure,** vers 1250. — Comp. : **entre-déchirer (s'),** 1544.

DÉCHOIR. Lat. pop. *dēcadēre* (des *cadere*) ; a perdu de bonne heure le sens propre de « tomber ». — Dér. : **déchéance,** XIIe ; **déchet,** d'abord *déchié*, XIIIe, d'où *déchiet*, XVe, par confusion avec la 3e pers. : *il dechiet*.

DÉCI-. Premier élément de mots sav. comp., tiré arbitrairement du lat. *decimus* « dixième » pour l'opposer à *déca*, dans des noms de mesure, lors de l'établissement du système métrique.

DÉCIDER, 1403. Empr. du lat. *decīdere*, propr. « trancher » ; v. **décisif, décision.**

DÉCILLER, v. **cil.**

DÉCIMAL, 1583. Dér. sav. du lat. *decimus* « dixième », en vue de son sens spécial.

DÉCIME, terme du système métrique, 1795. Empr. du lat. *decimus*.

DÉCIMER, XVe. Empr. du lat. *decimare*, dér. de *decem* « dix », qui signifiait « punir de mort une personne sur dix, désignée par le sort », châtiment infligé surtout aux soldats, qui avaient manqué à leur devoir ; le sens fig. ne s'est développé en fr. qu'au XIXe s. (relevé en 1820, chez Lamartine).

DÉCISIF, 1413 ; **décision,** 1314. Empr., comme termes juridiques, du lat. médiéval *decisivus* et du lat. class. *decisio* « arrangement, décision juridique » ; ont suivi le développement sémantique de *décider*.

DÉCLAMER, 1542 ; **déclamateur,** 1519 ; **déclamation,** XVe (au XIVe s., traduction du titre de l'ouvrage de Sénèque) ; **déclamatoire,** 1549. Empr. du lat. *declamare, declamator, -atio, -atorius*. Le sens défavorable des trois derniers mots s'est développé en fr. au XVIIe s.

DÉCLARER, 1250 ; **déclaration,** 1200. Empr. du lat. *declarare, declaratio*. *Déclarer* a signifié jusqu'au XVIe s. « expliquer », d'après l'a. fr. *desclairier*, lat. pop. **disclariāre*, dér. de *clarus* « clair » et qui signifiait donc « rendre clair » ; *desclairier* disparaît vers le XVe s. devant *éclairer*, après avoir donné naissance à une forme hybride *déclairer*, fréquente au XVIe s. et encore vivante dans les patois, même au sens ancien.

DÉCLIC, v. **cliquet.**

DÉCLINER, vers 1080 *(Roland)*. Empr. du lat. *declinare* « s'écarter de sa voie », d'où « pencher vers son déclin » ; également terme de grammaire. Le sens juridique est attesté en fr. dès 1310. — Dér. **déclin,** vers 1080 ; **déclinable,** XIVe, d'où **in-,** XVe ; **déclinaison,** XIIIe ; **déclinatoire,** 1316.

DÉCLIVE, XVIe (Paré) ; **déclivité,** vers 1700 (Fontenelle). Empr. du lat. *declivis, declivitas*.

DÉCOCTION, XIIIe. Empr. du lat. de basse ép. *decoctio*, dér. de *decoquere* « faire cuire ».

DÉCOLLATION, 1227. Empr. du lat. juridique *decollatio*, dér. de *decollare* « décapiter », d'où a été aussi empr. le verbe *décoller*, Xe s. *(Saint-Léger)*, encore relevé dans les dictionnaires.

DÉCOLLETER, v. **cou.**

DÉCOLORATION, 1503. Empr. du lat. *decoloratio.*

DÉCOLORER, 1537. Réfection, sur le lat. *decolorare*, de l'anc. *descoulourer*, attesté dès 1080 *(Roland)* et encore en 1642, dans Oudin, dér. de *couleur* avec le préf. *des.*

DÉCOMBRER, XIIe (Chrétien). Avait en a. fr. le sens plus général de « débarrasser ». Dér. de l'anc. *combre* « barrage pratiqué dans une rivière », qui apparaît seulement au XVe s. dans des textes de la région de la Loire, mais dès le VIIe s. sous la forme *combrus* « abatis d'arbres », dans des textes écrits en lat., du gaulois **comboro(s)*, qu'on restitue d'après le moyen irlandais *commor* « rencontre de cours d'eau, de chemins » ; v. **encombrer.** Seulement fr. — Dér. : **décombres,** 1404 (au sing., au sens d' « action de décombrer ») ; au plur. dès le XVIe s.

DÉCONFIRE, -ITURE, v. **confire.**

DÉCONTENANCER, v. **contenir.**

DÉCONVENUE, v. **convenir.**

DÉCORER, XIVe (Oresme) ; **décoration,** 1393. Empr. du lat. *decorare* (de *decus, -oris* « ornement, beauté, honneur ») et du dér. de basse ép. *decoratio.* — Dér. du verbe : **décor,** 1788 ; *décore*, 1536 (Marot), au sens moral, est une francisation du subst. latin ; **décorateur,** XVIe ; **décoratif,** XVe.

DÉCORTIQUER, 1851 ; **décortication,** 1747. Empr. du lat. *decorticare* (de *cortex, -icis* « écorce »), *decorticatio.*

DÉCORUM, 1594 *(Satire Ménippée).* Empr. du lat. *decorum* « bienséance, convenance », v. **décorer.**

DÉCOUPLER, v. **couple.**

DÉCOURS, XIIe. Empr. du lat. *decursus* « course rapide sur une pente », d'où en a. fr. « écoulement, déclin » ; aujourd'hui d'un emploi restreint ; francisé d'après *cours.*

DÉCOUVRIR. Lat. de basse ép. *discooperīre (Vulgate)*, comp. de *cooperīre.* It. *scoprire* (avec changement de préf.), esp. *descubrir*, a. pr. *descobrir.* — Dér. : **découverte,** XIIIe ; **découvreur,** XIIIe.

DÉCRÉPIT, XIVe. Au XVIIe s. *decrépite* aux deux genres. Empr. du lat. *decrepitus*, de formation discutée. Aujourd'hui rapproché, par étymologie pop. du verbe *décrépir.* — Dér. : **décrépitude,** XIVe.

DECRESCENDO, 1838. Empr. de l'it. *decrescendo* « en décroissant », gérondif de *decrescere* « décroître ».

DÉCRET, XIIe. D'abord « décision de toute autorité » et au moyen âge, spécialement « droit canon » ; depuis la Révolution « décision du gouvernement ». Empr. du lat. *decretum*, part. passé neutre pris substantiv. de *decernere*, v. **décerner.** — Dér. : **décréter,** 1382 ; a suivi le développement sémantique de *décret.*

DÉCRIRE, XIIe. Empr. du lat. *describere* et francisé d'après *écrire.*

DE CUJUS, XIXe. Abréviation (qui se dit aussi par plaisanterie) de la formule juridique moderne *de cujus successione agitur* « de la succession duquel il est question ».

DÉCUPLE, 1350. Empr. du lat. *decuplus.* — Dér. : **décupler,** 1584.

DÉDALE, fin XVIe (en outre, au XVIe s., sous la forme latine). Tiré de *Dédale*, lat. *Daedalus* (du grec *Daidalos*), nom du constructeur légendaire du labyrinthe de Crète ; le sens fig. s'est développé en fr.

DÉDICACE, 1350, au sens religieux (déjà *dicaze* au XIIe s.) ; d'où le sens d' « hommage qu'on fait d'un livre à quelqu'un », 1613 (Pasquier), v. **dédier.** Au moyen âge apparaît surtout dans des textes dialectaux du Nord-Est au sens de « fête patronale d'une église », déjà sous les formes *dicasse, ducasse*, d'où viennent les formes usitées aujourd'hui en wallon et en picard. Empr. du lat. eccl. *dedicatio* « consécration », de sens analogue en lat. class.

DÉDICATOIRE, 1542. Dér. sav. du lat. *dedicare*, pour servir d'adj. à *dédicace* dont il a suivi le développement sémantique.

DÉDIER, XIIe. Empr. du lat. eccl. *dedicare*, de sens analogue en lat. class., avec chute du *c*, comme dans les verbes en *-fier*, v. *édifier*, et probabl. sur ce modèle ; a suivi le développement sémantique de *dédicace.*

DÉDUCTION, XIVe (Oresme), au sens logique. Empr. du lat. *deductio ;* le développement sémantique de *déduction* et de *déduire* a été parallèle.

DÉDUIRE, XIe *(Alexis).* Empr. du lat. *deducere* « faire descendre, amener, etc. », et francisé d'après *conduire*, etc. Au moyen âge signifiait « mener, conduire » (cf. *se déduire* « s'éloigner »), etc., et surtout « divertir » ; au XIVe s. a repris au lat. le sens de « retrancher une somme d'une autre », comme *déduction ;* au XVIe s. a pris le sens d' « énumérer » ; le sens logique s'est développé au XVIe s. d'après *déduction*, v. **induire.** — Dér. : **déduit,** XIIe, au sens de « divertissement », d'où « divertissement amoureux », vieilli depuis le XVIIe s.

DÉESSE, XIIe. Au moyen âge en outre *dieuesse* d'après *dieu.* Dér. du lat. *dea* avec le suff. fém. *-esse.*

DÉFALQUER, 1384. Empr. de l'it. *defalcare, diffalcare*, « retrancher », propr. « trancher avec la faux » ; empr. probabl. comme terme de finances ; aussi esp. *desfalcar.* Au XVIIe s. Vaugelas le jugeait barbare. — Dér. : **défalcation,** 1307.

DÉFAUSSER, v. **faux.**

DÉFAUT, v. **faillir.**

DÉFECTIF, 1629, au sens moderne ; **défection,** 1772 (Raynal), *id. ;* **défectueux,** 1336 ; **défectuosité,** XVe. Empr. du lat. *defectio, defectivus* (lat. des grammairiens) et du lat. médiéval *defectuosus, defectuo-*

sitas (du verbe *deficere* « faire défaut »). *Défection* apparaît au XIIIe s. au sens d' « éclipse », et au XVe au sens de « défaillance, défaite », sens également vivant en lat. (qui a donc été repris trois fois avec des sens différents) ; *defectif* a, en 1341, le sens de « défectueux », d'après le verbe lat.

DÉFENDRE. Lat. *dēfendere* « écarter, protéger » ; le sens d' « interdire » est propre au gallo-roman, auquel l'it. passe pour l'avoir emprunté. It. *difendere*, esp. *defender*. — Dér. : **défendable,** XIIIe, d'où **indéfendable,** 1663 (Molière) ; **défendeur,** 1283 (Beaumanoir), au sens moderne ; a signifié en outre « défenseur » du XIIe au XVIe s.

DÉFENSE, XIIe ; **défenseur,** 1213, rare avant le XVIe s. à cause de la présence de *défendeur ;* **défensif,** XIVe. Empr. du lat. *defensa* (créé à basse ép., au lieu de *defensio*), *defensor* et du lat. médiéval *defensivus*, v. **offensif.** *Défense* a suivi le développement sémantique de *défendre ; défense* (de sanglier) apparaît au XVIe s., le mot servait depuis le XVe s. de terme de fortification pour désigner des pieux, etc.

DÉFÉQUER, 1583 ; **défécation,** 1754. Empr. du lat. *defaecare* « débarrasser de ses impuretés » (de *faex*, *faecis* « résidu, lie ») et du dér. de basse ép. *defaecatio*, pour divers sens techn.

DÉFÉRER, XIVe (Bersuire), intrans., au sens de « se conformer à la volonté de quelqu'un », encore usuel au XVIIe s. ; **déférent,** XVIe (Paré), comme terme techn. ; le sens moderne de « qui a des égards » est récent et dû à *déférence*. Empr. du lat. *deferre* « porter (notamment devant une juridiction) », « faire honneur » (à basse ép.) et du part. prés. *deferens*. — Dér. : **déférence,** XIVe (E. Deschamps).

DÉFERLER, vers 1600 (D'Aubigné), sous la forme *défrelée*, fém. du part. passé. Au sens propre « déployer les voiles qui étaient ferlées » ; sens fig., 1787 (Bernardin de Saint-Pierre). Comp. de *ferler* « plier une voile le long des vergues », 1553, probabl. dér. d'un a. fr. **ferle* non attesté, « bâton, verge », du lat. *ferula*, v. **férule,** et a. pr. *ferla*. L'angl. *to furl* est empr. du fr.

DÉFI, DÉFIANCE, DÉFIER, v. **fier.**

DÉFICIENT, 1587. Empr. du lat. *deficiens*, part. prés. de *deficere*, v. le suiv. — Dér. : *déficience*, 1907.

DÉFICIT, 1589. Empr. du lat. *deficit* « il manque », 3e pers. sing. indic. prés. de *deficere*, terme qui se plaçait autrefois dans les inventaires pour indiquer que quelque pièce ou article manquait. Sens moderne, 1771 ; déjà au sens fig. dans les *Confessions* de J.-J. Rousseau.

DÉFILÉ, -ER, « aller à la file », v. **filer.**

DÉFILER, « désenfiler », v. **fil.**

DÉFINIR, 1541 (Calvin), antér. *diffinir*, XVe (Villon), encore usité au XVIIe s. ; **définitif,** XIIe (*diff-*) ; **définition,** XIIe. Empr. du lat. à la fois class. et scolastique *definire*, *definitivus*, *definitio ;* les formes avec *diff-* viennent d'une autre forme du lat. *diffinire*, etc. L'a. fr. avait un verbe comp. de *finir* : *definir*, *defenir*, qui signifiait « finir ». — Dér. : **définissable,** vers 1700. (Saint-Simon), **indéfinissable,** 1731 (Voltaire).

DÉFLAGRATION, 1719. Empr. du lat. *deflagratio* (de *deflagrare* « être brûlé »).

DÉFLATION, v. **inflation.**

DÉFLORER, 1437 ; **défloration,** XIVe. Empr. du lat. *deflorare* « ôter la fleur » et du dér. *defloratio*.

DÉFONCER, v. **fond.**

DÉFORMER, XIIIe *(Roman de la Rose) ;* **déformation,** 1835, une première fois au XIVe s. Empr. du lat. *deformare* (de *forma* « forme, beauté »), *deformatio*.

DÉFUNT, XIIIe. Empr. du lat. *defunctus*, issu de *defunctus* [*vitā*] « qui a achevé sa vie », part. passé de *defungi* « accomplir ».

DÉGÉNÉRER, XIVe (Oresme) ; **dégénération,** 1731, une première fois vers 1500. Empr. du lat. *degenerare* (de *genus*, *-eris* « race »), et du dér. de basse ép. *degeneratio*. — Dér. : **dégénérescence,** XVIIIe (Condorcet), d'après des mots sav. tels que *efflorescence*, d'où **dégénérescent,** 1839.

DÉGINGANDÉ, vers 1590. Altération de *déhinganđer*, 1552 (Rab.) ; dér., dans la région bilingue du nord, du moyen néerl. *henge* « gond de porte », sous l'influence du verbe *ginguer* « sauter », très répandu dans les patois du nord et qui est une forme secondaire de *giguer*, v. **guinguette.**

DÉGLUTITION, XVIe (Paré). Dér. sav. du lat. de basse ép. *deglutire* « avaler ».

DÉGOBILLER, v. **gober.**

DÉGOISER, v. **gosier.**

DÉGOR, DÉGORGER, v. **gorge.**

DÉGOTER, XVIIe (Ménage, d'après un auteur normand du XVIIe s.), comme terme de jeu d'enfants, au sens de « pousser une balle d'un lieu appelé *gal*, pierre plantée ou posée à une certaine distance d'un autre *gal* » ; Ménage ajoute : « Dans notre province d'Anjou, quand celui qui la pousse est sur le point de la pousser, il crie aux autres joueurs : *Dégot s'en va.* » Un jeu d'enfants, appelé le jeu *de la gô*, qui consiste à pousser une balle ou une pierre vers un trou, se pratique encore dans le Perche. Du langage des enfants a passé dans le fr. fam. (mais avec une nuance argotique) au sens de « déplacer », attesté en 1740, puis à celui de « chasser d'un poste » chez d'Argenson (mort en 1747). On a regardé *dégoter* comme un dér. de *gau*, autre forme de *gal* « caillou », v. **galet,** mais la formation du mot n'est pas claire et le mot n'est pas partic. normand.

DÉGOULINER, 1787. Mot dialectal dér. de *dégouler* « s'épancher » (de *goule*, forme régionale de *gueule*).

DÉGOURDIR, v. **gourd.**

DÉGRADER, « faire descendre du grade », XIIe ; **dégradation,** 1486. Empr. du lat. de basse ép. *degradare* (de *gradus* « degré »), *degradatio,* d'abord en parlant d'ecclésiastiques.

DÉGRADER, 1651, terme de peinture. Empr. de l'it. *digradare,* de même sens, dér. de *grado* « degré ». — Dér. : **dégradation,** terme de peinture, vers 1660 (Molière).

DÉGRAISSER, DÉGRAS, v. **graisse ; dégraisser,** XIIIe, d'où **dégras,** 1723, refait sur *gras ;* **dégraissage,** 1754 ; **dégraissement,** 1752 ; **dégraisseur,** 1552 (Rab.).

DEGRÉ. Se rattache à l'a. fr. *gré,* id. Il s'agit probabl. d'un comp. assez tardif de la prép. *de* et de *gradus ;* la prép. peut venir du verbe *degradare,* qui, bien qu'attesté seulement au sens de « destituer », peut très bien avoir existé au sens de « descendre ». Au sens propre, *degré* a cédé à *marche,* qui apparaît au XVIe s. V. **escalier.**

DÉGRÉER, v. **agrès.**

DÉGRINGOLER, 1660, d'abord *desgringueler,* 1596 ; *gringoler,* attesté en 1583, est refait sur *dégringoler.* Se rattache au moyen néerl. *crinc* « courbure » ; le suffixe est celui du moyen néerl. *crinkelen* « crépir », *cringhelen* « entourer ». Le sens du verbe fr. vient de ce que celui qui dégringole tourne plusieurs fois autour de lui-même. Le préfixe *dé-* marque le point de départ. — Dér. : **dégringolade,** 1829.

DÉGUERPIR, XIIe, au sens d' « abandonner », ordinaire au moyen âge ; a en outre le sens spécial. juridique de « quitter une propriété, abandonner un héritage », sens qui paraît remonter au droit germanique, d'où, au sens général d' « abandonner un lieu », dès le XIVe s. Comp. de l'anc. verbe *guerpir* « abandonner », également terme juridique (cf. de même l'a. pr. *guerpir*), empr. du francique **werpjan,* auquel correspondent l'all. *werfen* « jeter » et l'angl. *to warp* « détourner ».

DÉGUIGNONNER, v. **guigner.**

DÉGUSTER, 1802 ; **dégustation,** 1599. Empr. du lat. *degustare* (de *gustare* « goûter »), *degustatio.* — Dér. : **dégustateur,** 1793 (le lat. de basse ép. *degustator* est rare et n'a pas dû servir de modèle).

DEHAIT, -TÉ, v. **souhaiter.**

DÉHALER, v. **haler.**

DÉHISCENT, 1798 (d'après *indéhiscent*) ; **déhiscence,** *id.* Dér. sav. du lat. *dehiscere* « s'entr'ouvrir ».

DEHORS, v. **hors.**

DÉICIDE, « meurtrier de Dieu », XVIIe (Bourdaloue). Empr. du lat. eccl. *deicida,* fait sur le modèle du lat. class. *homicida* « homicide ».

DÉICIDE, « meurtre de Dieu », 1585 (D.). Fait sur le modèle d'*homicide* « meurtre ».

DÉIFIER, XIIIe (J. de Meung) ; **déification,** 1488. Empr. du lat. eccl. *deificare, deificatio.*

DÉISME, XVIIe (Pascal) ; **déiste,** 1563. Dér. sav. du lat. *deus* « Dieu ».

DÉITÉ, XIIe. Empr. du lat. eccl. *deitas.*

DÉJÀ. Comp. de *des ja,* XIIIe s. *(Rose),* dans laquelle *ja* n'a pas le sens de « déjà », mais celui de « tout de suite », sens qu'avait déjà eu le lat. *jam,* quand il était suivi d'un verbe au présent ou au futur. *Déjà* a éliminé *ja* au XVIe s., repris plus tard par archaïsme, mais encore usuel dans les parlers de l'Est ; *ja* représente le lat. *jam,* d'où it. *già,* esp. *ya,* a. pr. *ja.* V. **jadis, jamais.**

DÉJARRER, v. **jard.**

DÉJECTION, 1538. Empr. du lat. médical *dejectio,* dér. de *dejicere* « jeter hors » d'où « évacuer ». A été une première fois emprunté au moyen âge, et était encore usité au XVIe s., au sens d' « abaissement ».

DÉJEUNER. Lat. pop. **disjējūnāre,* devenu ensuite **disjūnāre,* propr. « rompre le jeûne », cf. l'angl. *to breakfast,* d'où « prendre le premier repas de la journée ». Au moyen âge le verbe présentait en outre aux formes non accentuées le radical *disn-* (avec un *i* mal éclairci), d'où est issu un deuxième verbe *disner,* XIIe s., qui avait le même sens que *déjeuner.* Quand, par suite de changements dans les habitudes, le premier des deux principaux repas quotidiens a été reculé, à une époque qu'il est difficile de déterminer exactement (on trouve *disnar* traduit par le lat. *prandium* « repas au milieu du jour » dans le Donat provençal ; d'autre part on sait que ce repas avait lieu ordinairement vers 10 heures au XVIe s. et vers 11 et 12 au XVIIe), la langue a réservé *déjeuner* pour un petit repas au lever et *dîner* pour le repas du milieu du jour. Depuis le milieu du XIXe s., *déjeuner* et *dîner* ont subi un nouveau changement de sens à Paris ; *déjeuner* a été attribué au repas du milieu du jour (le petit repas du début de la journée se disant *petit déjeuner*), *dîner* au repas du soir, par suite du recul progressif du déjeuner au cours du XIXe s. ; depuis le milieu de ce siècle, ce repas a tendu à être ramené vers midi, v. aussi **souper.** Le mot est seulement gallo-roman, cf. a. pr. *disnar* « faire le repas du matin » ; l'it. *desinare* « faire le repas de midi » vient du fr. Aujourd'hui, dans les patois gallo-romans, *déjeuner* désigne encore presque partout le premier repas du matin, *dîner* le repas de midi, sauf le lorrain qui dit encore *déjeuner* pour ce repas. Les deux infinitifs des verbes sont en outre employés substantiv. — Dér. : de *dîner :* **dînatoire,** 1811, aujourd'hui seulement dans *déjeuner dinatoire,* déjà attesté au XVIe s. *(le mystère dinatoire) ;* **dînette,** au XVIe s., d'où **midinette,** fin XIXe, mot de fantaisie, fait sur : *qui fait dinette à midi ;* **dîneur,** 1642. — Comp. : **après-dîner,** vers 1362 (Froissart) ; en outre **-ée,** 1483.

DÉLABRER, 1561 (au part. *deslabré*). Dér. de l'afr. *label* « ruban effrangé », qui remonte à un francique **labba* « chiffon » (cf. a. nor. *labba* « être suspendu », all. *lappen* « chiffon »).

DÉLAI, 1172. Subst. verbal de l'anc. verbe *deslaier* « différer », XIIe (dont une forme altérée *dilayer*, du XVe s., par croisement avec *dilation*, *dilatoire*, est encore en usage dans le Berry), comp. de l'anc. verbe *laier* « laisser », encore vivace dans les patois. Dans les premiers textes fr., *laier* n'est attesté que dans les formes du présent qui sont accentuées sur le radical et au futur ; il est issu de l'a. fr. *laissier* sur le modèle de la conjugaison de *faire*.

DÉLATEUR, 1539, au XVe s. au sens de « qui rapporte, raconte » ; **délation,** 1532. Empr. des mots lat. *delator*, *delatio*, dér. de *delatus*, part. passé du verbe *deferre*, « rapporter, dénoncer », v. **déférer.**

DÉLAYER, XIIIe. Paraît être le même mot que l'it. *dileguare* et l'a. pr. *deslegar* « *id.* », qu'on rattache au lat. *dēliquāre* « clarifier, transvaser » qui serait devenu en lat. pop. de la Gaule **dēlicāre*, forme nécessaire pour expliquer celles du fr. et de l'a. pr. ; le développement anormal *delayer* au lieu de *deleyer*, *deloyer* s'est peut-être produit parce que la langue a cherché à éviter la rencontre de ces formes avec les formes anc. de *délier : de(s)leier*, *de(s)loier*, mais a causé, par suite, un rapprochement avec *délayer* « retarder », v. **délai.** — Dér. : **délaiement,** 1549 ; **délayage,** 1836.

DÉLÉBILE, v. **indélébile.**

DÉLECTER, 1340 ; **délectable,** XIVe ; **délectation,** XIIe. Empr. du lat. *delectare*, *delectabilis*, *delectatio*. L'a. fr. a possédé un verbe *delitier* « charmer, réjouir » et un adj. *delitable*, qui ont disparu vers le XVe s. ; ce verbe était d'origine pop., comme l'a. pr. *delechar* et l'it. *dilettare*, v. **dilettante.**

DÉLÉGUER, 1330 ; **délégation,** XIIIe. Empr. du lat. *delegare*, *delegatio* « procuration ». *Délégation*, au sens d' « ensemble de personnes déléguées », date du XIXe s. — Comp. : **subdélégation,** 1560 ; **subdéléguer,** XIVe.

DÉLÉTÈRE, XVIe. Empr. du grec *dêlêtêrios* « nuisible ».

DÉLIBÉRER, XIIIe ; **délibératif,** 1372 ; **délibération,** XIIIe. Empr. du lat. *deliberare*, *deliberativus*, *deliberatio*. Le sens de « se déterminer à », ordinairement dans *se délibérer de*, usuel du XIIIe au XVIIe s., est également pris au lat.

DÉLICAT, XVe. Empr. du lat. *dēlicātus* « délicat, choisi, etc. » ; a pris de nombreuses acceptions nouvelles en fr. A éliminé une forme pop. *delgié*, *deugié*, *dougié* « délicat, fin, mince, svelte, etc. », qui a vécu jusqu'au XVIe s. et subsiste encore dans les patois de l'Ouest, cf. de même a. pr. *delgat* et esp. *delgado* « fin, mince, ingénieux ». Le lat. *delicatus* a été en outre francisé en *délié* au XIIIe s. au sens de « mince », qui s'est maintenu dans des sens plus matériels que *délicat* et au sens particulier d' « habile par sa finesse » ; le maintien de cette forme est dû au fait que la langue l'a comprise comme étant le part. passé du verbe *délier*, cf. l'orthographe *deslié* de Montaigne. — Dér. et Comp. : **délicatesse,** 1539, peut-être d'après l'it. *delicatezza*, développement du sens parallèle à *délicat ;* **indélicat,** 1786, d'où **-esse,** 1808.

DÉLICE, subst. sing. masc., XIIe (blâmé au XVIIe s.) ; **délices,** plur. fém., *id. ;* **délicieux,** XIIe. Empr. du lat. *delicium*, *-ciae*, *-ciosus* (créé à basse ép.). C'est l'existence des deux formes du lat. qui explique celle des deux formes du français, d'où variation du genre au plur., au XVIIIe.

DÉLICTUEUX, 1863. Dér. sav. du lat. *delictum*, d'après les adj. en *-ueux*, tels que *difficultueux*, pour servir d'adj. à *délit*.

DÉLIÉ, v. **délicat.**

DÉLIMITER, 1773 ; **délimitation,** *id.* Empr. du lat. de basse ép. *delimitare*, *delimitatio* par D. Berthod, suivant une lettre de D. Clément : « *Délimiter* et *délimitation* sont deux termes énergiques, mais ils sont de votre création, et vous n'avez pas encore acquis assez de crédit pour les faire passer. »

DÉLINÉAMENT, 1860 (Sainte-Beuve, une 1re fois chez Paré). Dér. savant du lat. *delineare* « esquisser ».

DÉLINQUANT, 1369. Part. prés. de *délinquer*, 1379, verbe usité autrefois comme terme de droit, empr. du lat. *delinquere* « commettre une faute, un délit ».

DÉLIQUESCENT, 1753 ; **déliquescence,** 1757, terme de chimie ; s'emploie, depuis la fin du XIXe s., au sens fig. de « désorganisation des forces, du style », cf. *Les Déliquescences* d'*A. Floupette* (1885), pastiche de l'école décadente. Le premier est empr. du lat. *deliquescens*, part. présent de *deliquescere* « se liquéfier », le deuxième en est un dér. sav.

DÉLIRER, 1525 ; **délire,** 1538 ; **delirium tremens,** 1819. Les deux premiers sont empr. du lat. *delirare*, *delirium ; delirium tremens*, propr. « délire tremblant », a été créé par le médecin angl. Sutton en 1813.

DÉLIT, vers 1320. Empr. du lat. *delictum*, dér. de *delinquere*, v. **delinquant.** A été souvent écrit *delict* d'après le subst. lat. V. **délictueux.**

DÉLITER, v. **lit.**

DÉLIVRER. Lat. de basse ép. *dēlīberāre* « mettre en liberté », simple élargissement du lat. class. *līberāre*. Le sens de « remettre quelque chose à quelqu'un », attesté dès le XIIIe s., s'est développé parallèlement à *livrer*. Au sens d' « accoucher », dès le XIIe s., d'après les dér. A. pr. *de(s)liurar*. — Dér. : **délivrance,** XIIe, au sens d' « accouchement » ; **délivre,** 1611.

DELTA, 1553, en parlant du delta du Nil ; déjà attesté au XIIIe s. Empr. du grec *delta* propr. la 4e lettre de l'alphabet, dit des bouches du Nil à cause de leur forme comparée à la forme Δ de cette lettre.

DELTOÏDE, XVIe (Paré). Empr. du grec *deltoeidēs* « en forme de delta ».

DÉLUGE, XIIe (Chrétien). Empr. du lat. *diluvium* « inondation, déluge ». Formes variées au moyen âge *diluvie*, *delouve*, etc. ; la forme qui a prévalu, *déluge*, est la plus francisée, parce que le mot était pop. à cause de l'emploi qu'en faisait l'Eglise à propos du déluge raconté par la Bible. *Passons au déluge*, expression devenue proverbiale, adressée par P. Dandin à l'Intimé dans *Les Plaideurs* (III, 2). *Après moi le déluge*, autre expression également devenue proverbiale, attribuée à Louis XV, ou, selon d'autres, prononcée par Mme de Pompadour après la défaite de Rosbach. V. **diluvien.**

DÉLURÉ, vers 1790. Forme dialectale de *déleurré*, part. passé de *déleurrer* « détromper », 1787, qui se dit dans beaucoup de régions *délurer ;* c'est un dér. du verbe *leurrer* (en picard, etc. *lurer*), v. **leurre,** et l'anc. dér. *alleurer*, d'où l'angl. *to allure* « attirer ».

DÉMAGOGIE, 1791. Empr. du grec *dêmagôgia.* — Dér. : **démagogique,** 1791.

DÉMAGOGUE, 1688 (Bossuet). Empr. du grec *dêmagôgos*, propr. « qui conduit le peuple », mot qui a servi à désigner à Athènes, pendant la guerre du Péloponnèse, les chefs du parti démocratique, notamment Cléon, et a pris, par suite des attaques de leurs adversaires, un sens défavorable. Une première fois empr. par Oresme dans sa traduction d'Aristote, faite non sur le grec qu'il ignorait, mais d'après des traductions lat. du moyen âge.

DEMAIN. Lat. de basse ép. *dē māne*, propr. « à partir de matin », d'où « le matin » (sens conservé par quelques parlers it.), et d'autre part « à partir du matin du jour suivant », d'où « demain » (l'usage de désigner « demain » par « le matin » est fréquent ; cf. all. *morgen*, etc.). Le lat. class. *crās* « demain » n'a laissé que quelques traces, cf. l'a. esp. *cras ; dē māne* est attesté dans tous les parlers gallo-romans, cf. a. pr. *deman*, et en outre par l'it. *domani.* — Comp. : **lendemain,** vers 1300, d'abord *l'endemain*, XIIe, issu d'*endemain*, qui a été usité du XIIe au XVe s., d'où **surlendemain,** XVIIIe (Lesage) ; **après-demain,** 1690.

DEMANDER. Lat. *dēmandāre* signifiant « confier », mais le sens de « demander » est attesté dans presque toutes les langues romanes : it. *domandare*, esp. a pr. *demandar.* A éliminé, au sens de « demander pour savoir », le lat. class. *interrogāre* (sauf le roumain *întreba* et quelques traces en gallo-roman, a. fr. *enterver*), et au sens de « demander pour avoir » le lat. class. *petere.* — Dér. et Comp. : **demande,** XIIe ; **demandeur,** 1283 (Beaumanoir) ; **redemander,** XIIe (Chrétien) ; **codemandeur,** 1771.

DÉMANTELER, v. **manteau.**

DÉMANTIBULER, v. **mandibule.**

DÉMARCATION, 1700, à propos de la ligne de démarcation que le pape Alexandre VI fit tracer d'un pôle à l'autre en 1493, pour séparer les Indes orientales, revendiquées par le Portugal, des Indes occidentales, que revendiquait l'Espagne. Empr. de l'esp. *demarcación*, dér. de *demarcar* « marquer les limites ».

DÉMARRER, v. **amarrer.**

DÉMENT, 1836, comme terme de médecine, déjà parfois empr. au XVe s. et au XVIe ; **démence,** 1381. Empr. du lat. *demens*, *dementia.*

DEMEURER. En a. fr. *demourer* jusqu'au XVIe s. Lat. pop. **dēmorāre*, lat. class. *dēmorārī* « tarder, rester » ; le sens de « tarder » a persisté jusqu'au XVIe s. Celui d' « habiter » a dû se développer à basse ép., les trois sens étant attestés par l'it. *dimorare* et l'a. pr. *demorar* (l'esp. *demorar* n'a que rarement le 3e sens). Les parlers gallo-romans ont le sens de « rester » surtout dans l'Est ; moins usité au sens d' « habiter ». — Dér. : **demeure,** vers 1200, au sens de « retard » et de « séjour » (cf. la locution encore usitée, mais souvent mal comprise : *il n'y a pas de péril en la demeure*) ; au sens d' « habitation », ne paraît pas antérieur au XVIe. *Mettre en demeure* est une locution juridique signifiant primitivement « rendre responsable du retard à remplir une obligation », d'après *être en demeure* « être en retard ».

DEMI. Lat. pop. *dīmedius*, attesté dans des gloses, fait sur *medius*, et remplaçant le lat. class. *dīmidius* « demi ». Seulement gallo-roman, cf. a. pr. *demeg ;* a éliminé *mi* comme adj. et comme subst. dans la plus grande partie des patois, v. **mi.** — Comp. : Nombreux mots avec *demi* comme premier élément.

DÉMISSION, 1338. Empr. du lat. *demissio* « action d'abaisser » pour servir de nom abstrait à *démettre.* — Dér. : **démissionnaire,** XVIIIe ; **démissionner,** id.

DÉMIURGE, 1823. Empr. du lat. philosophique *demiurgus* (du grec *dêmiourgos*, au sens de « créateur de l'univers » ; le premier sens était « qui travaille pour le public » ; une première fois *demiourgon*, 1546 (Rab.).

DÉMOBILISER, v. **mobile.**

DÉMOCRATIE, 1370 (Oresme) ; **démocratique,** *id.* Empr. du grec *dêmokratia*, *-atikos*, par l'intermédiaire des traductions lat. d'Aristote v. **démagogue.** — Dér. : **démocrate,** une première fois en 1550, mais devenu usuel seulement au moment de la Révolution ; formé au XVIe s. sur le modèle de mots grecs en *-kratês ;* reformé à l'époque de la Révolution sur le modèle d'*aristocrate.*

DEMOISELLE. Jusqu'à la fin du XVIIIe s. désigne une fille noble ou une femme mariée de la petite noblesse (cf. *une femme demoiselle*, Molière), *G. Dandin* et *la Grande Mademoiselle*) et aussi de la bourgeoisie ; désigne depuis la fin du XVIIIe s. une femme non mariée. Lat. pop. **dom(i)nicella*, dim. de *domina*, v. **dame.** Seulement gallo-roman, cf. a. pr. *donsela* d'où l'it. *donzella* et l'esp. *doncella.* Les dictionnaires conservent une forme arch. *damoiselle* et le masc. correspondant *damoiseau*, déjà vieilli et péj. au XVIIe s., au moyen âge, « jeune gentilhomme qui n'était pas encore reçu chevalier », lat. pop. **dom(i)nicellus*, dim. de *dominus ;* seulement gallo-roman, cf. a. pr. *donsel ;* également emprunté ailleurs. Les sens de ces diminutifs se sont développés à l'époque de la féodalité, parallèlement à ceux de *dominus, domina*, v. **dame.** *Donzelle*, attesté dès le moyen âge et qui, depuis le XVIe s., ne s'emploie qu'avec une nuance de mépris, est empr. de l'a. pr. *donsela.* — Comp. : **mademoiselle,** XVIe ; au moyen âge *ma demoiselle* ne paraît pas encore être senti comme un mot unique ; la forme réduite *mameselle* est attestée en 1680 ; aujourd'hui ordinairement écrite *mam'selle.*

DÉMOLIR, 1383 ; **démolition,** XIVe. Empr. du lat. *demolīri, demolitio.* — Dér. : **démolisseur,** 1764 (d'Alembert), au sens fig. ; une première fois en 1547.

DÉMON, XVIe, au XIIIe s., sous la forme *demoygne*, d'après le lat. *daemonium.* Empr. du lat. eccl. *daemon* (du grec eccl. *daimôn ;* en grec class. signifie « génie protecteur, dieu », sens repris au XVIe s.) ; sens fig., 1680.

DÉMONÉTISER, 1794. Mot sav., formé avec le lat. *moneta* « monnaie ». — Dér. : **-isation,** 1796.

DÉMONIAQUE, XIIIe. Ordinairement *démoniacle* au moyen âge ; encore chez d'Aubigné. Empr. du lat. eccl. *daemoniacus ;* v. **démon.**

DÉMONSTRATEUR, 1743, une première fois au XIVe s. ; **démonstratif,** 1550, une première fois vers 1350 ; **démonstration,** vers 1360, au moyen âge *demostraison* au même sens. Empr. des mots lat. *demonstrator, demonstrativus, demonstratio*, dér. de *demonstrare.* Le sens de « manifestation extérieure » est déjà lat.

DÉMONTRER. Au moyen âge souvent *demostrer* et *demonstrer* et au sens de « montrer ». Au sens moderne, XVe s., v. le préc. Lat. *dēmonstrāre* « montrer, démontrer » ; a suivi dans sa forme le développement de *montrer.* — Dér. : **démontrable,** XIIIe (J. de Meung).

DENDR(O)-. Premier élément de mots sav. comp., tels que **dendrophage,** 1823, tiré du grec *dendron*, arbre.

DÉNÉGATION, XIVe ; terme surtout juridique. Empr. du lat. de basse ép. *denegatio*, dér. de *denegare*, v. **dénier.**

DENGUE, 1855. Sorte de grippe rhumatismale des pays tropicaux. Empr. de l'angl. d'Amérique *dengue*, qui l'a eu des parlers espagnols des Indes occidentales. La maladie et son nom viennent de Sansibar, où la maladie était fréquente et d'où elle s'est répandue dans l'Amérique tropicale. Le mot de Sansibar, *denga*, a été mis en rapport avec le mot esp. *dengue* « manières affectées », à cause de la démarche de ceux qui sont atteints de cette maladie.

DÉNICHER « enlever du nid », v. **nicher.**

DÉNICHER « enlever une statue de sa niche », v. **niche.**

DENIER. Lat. *dēnārius*, d'abord « monnaie d'argent qui valait dix as (environ un franc) » ; à l'époque du Bas-Empire « monnaie de cuivre, unité monétaire, valant un demi-centime ». En France monnaies de valeurs diverses sous l'ancien régime, même en argent et en or, d'où l'emploi de *denier* au sens de « somme d'argent indéterminée ». *Denier à Dieu*, XVe s., d'abord « légère contribution qui se payait sur tous les marchés et servait à des œuvres pies » ; sens moderne depuis 1680. *Le denier de la veuve*, locution issue de Luc, XXI, 1 et 2. It. *danaio*, esp. *dinero.* — Dér. : **denrée,** XIIIe, contraction de *dénerée*, XIIe, propr. « la valeur d'un denier », de même a. pr. *denairada*, d'où souvent au moyen âge « petite quantité » ; le sens moderne apparaît de bonne heure.

DÉNIER. Lat. *dēnegāre ;* développement parallèle à celui de *nier*, la composition de ce verbe ayant toujours été sentie. Mot dont ni la forme ni le sens ne permettent de reconnaître s'il est resté pop. ou s'il a été repris au lat., v. **dénoncer.** — Dér. : **déni,** XIIIe ; **indéniable,** 1789.

DÉNIGRER, 1358. Empr. du lat. *denigrare*, propr. « noircir », d'où « dénigrer » à basse ép. — Dér. : **dénigrement,** 1527 ; **dénigreur,** 1781.

DÉNOMBRER, 1530. Empr. du lat. *denumerare ;* francisé d'après *nombre.* — Dér. : **dénombrement,** 1329, qui a donc été formé avant le verbe.

DÉNOMMER, XIIe ; **dénominateur,** 1484 ; **dénomination,** 1377 ; une première fois au XIIIe s. Empr. du lat. *denominare* (adapté d'après *nommer*), *denominator* « celui qui dénomme » (créé à basse ép. ; le sens mathématique est probabl. déjà lat. médiéval), *denominatio.*

DÉNONCIATEUR, 1328 ; **dénonciation,** 1283 (Beaumanoir). Empr. du lat. *denuntiator* (créé à basse ép., avec un sens particulier), *denuntiatio* « action d'annoncer » ; développements du sens parallèles au verbe suiv. L'a. fr. disait, jusqu'à la fin du XVe s., *denonceor, -ceur* plutôt que *-ciateur.*

DÉNONCER. Lat. *dēnuntiāre* « faire savoir ». Développement parallèle à l'anc. verbe *noncier* « annoncer », lat. *nuntiāre.* Mot qui, comme *dénier*, ne révèle ni par sa forme ni par son sens s'il est resté pop. ou s'il a été repris au latin ; toutefois ailleurs a l'aspect d'un mot repris au lat. : it. *dinunziare*, esp. *denunciar.* Le sens était plus étendu autrefois qu'aujourd'hui.

DÉNOTER, 1350 ; **dénotation,** XVe s. Empr. du lat. *denotare, denotatio.*

DENRÉE, v. **denier.**

DENSE, 1627 ; **densité,** 1627. Empr. du lat. *densus* « épais », *densitas* « épaisseur », en vue de sens techn. ; déjà empr. au XIIIe s., puis au XVIe (Paré) au sens propre.

DENT. Masc. jusqu'au XIVe s. Lat. *dens*, masc., peut-être fém. chez Grégoire de Tours. Partout masc. : it. *dente*, esp. *diente*, sauf en a. pr. où *den* est des deux genres, et dans les parlers gallo-romans où le fém. a triomphé, sauf dans l'Est (champenois oriental, lorrain, picard, wallon). Le changement de genre est mal expliqué. — Dér. et Comp. : **dental,** 1503 ; **denté,** xve ; **dentelé,** 1545, par l'intermédiaire d'un anc. dér. *dentele* « petite dent », xive, d'où **denteler,** 1690, **dentelure,** 1547 ; **dentelle,** 1549, extension de sens du *dentele* préc., d'où **dentellière,** 1647 ; **dentier,** 1728, au sens moderne, une première fois en 1624 ; auparavant « partie du heaume qui couvre les dents », 1611 ; **dentiste,** 1728 ; **denture,** xive ; **adenter,** xive ; **édenter,** xiiie, peut remonter à un lat. pop. ***exdentāre,* lat. class. *ēdentāre*, cf. it. *sdentare*, a. pr. *esdentat* ; **endenter,** xiie ; **redan,** 1677 (Colbert), d'abord *redent*, 1611 ; **surdent,** xiie.

DENTAIRE, 1706 ; **dentifrice,** xvie (Paré) ; **dentition,** xviiie. Empr. du lat. *dentarius, dentifricium* (comp. de *fricare* « frotter »), *dentitio*.

DÉNUDER, 1790 (une 1re fois vers 1120); **dénudation,** xvie (comme t. de chir., Paré), une 1re fois, dans un sens religieux, en 1374. Empr. du lat. *denudare, denudatio* (créé à basse ép.) pour des emplois techn.

DÉNUER. Jusqu'au xvie s. signifie surtout « mettre à nu » ; sens fig. dès le xiie s. Lat. *dēnūdāre*, de *nūdus* « nu ». — Dér. : **dénuement,** xive.

DÉPART, -TAGER, -TEMENT, v. **partir.**

DÉPÊCHER, v. **empêcher.**

DÉPEINDRE, xiiie, au sens de « peindre » ; sens moderne, à partir du xvie s. Empr. du lat. *depingere* « peindre » et « dépeindre » ; adapté d'après *peindre.*

DÉPENAILLÉ, v. **pan.**

DÉPENDRE « dépendre de », xiie. Empr. du lat. *dependere*, propr. « pendre de », d'où, au sens fig., « se rattacher à, être lié à ». Le sens d' « être sous la puissance de quelqu'un » ne paraît pas être antérieur au xvie s. — Dér. et Comp. : **dépendance,** 1361, développement du sens parallèle au verbe ; **indépendant,** 1584, d'où **-ance,** 1610.

DÉPENS. Ne s'emploie plus depuis le xviie s. que comme terme juridique et dans la locution *aux dépens de*, avec ses variantes. Lat. *dispensum*, part. passé neutre, pris substantiv., de *dispendere* (rare, mais dont le sens de « dépenser » est attesté par le dér. *dispendium* « dépense » ; le lat. class. dit de préférence *expendere*), d'où l'anc. verbe *dépendre* « dépenser », disparu depuis le début du xviie s. au profit de *dépenser*. De même a. pr. *despens*, et, pour le verbe, it. *spendere*, esp. *despender*, a. pr. *despendre*. Le maintien irrégulier de l'*n* devant *s* est dû au caractère juridique du mot (cf. le lat. médiéval *dispensum*) et à son rapport toujours senti avec l'anc. *dépendre* « dépenser ».

DÉPENSE. Lat. *dispensa*, part. passé fém. de *dispendere*, v. le préc. ; l'*n* a été maintenu comme dans *dépens* et pour des causes semblables. Le sens de « lieu où l'on conserve les provisions » est attesté dès le xiie s. — Dér. : **dépenser,** 1367-70, qui a éliminé *dépendre*, v. plus haut, gêné par ses deux homonymes ; **dépensier,** « qui aime à dépenser », déjà au xve s. ; « celui qui tient l'office appelé dépense », xiie. V. **dispendieux.**

DÉPERDITION, 1314. Dér. sav. du lat. *deperdere*, d'après *perdition*.

DÉPÉRIR, 1235. Empr. du lat. *deperire*. — Dér. : **dépérissement,** 1521.

DÉPIAUTER, 1864. Empr. d'un parler de la France septentrionale ; attesté en rouchi en 1834 ; contient la forme dialectale *piau* « peau ».

DÉPIÉTER, v. **pied.**

DÉPILER, xvie s. (Paré). Empr. du lat. *depilare*, de *pilus* « poil ». — Dér. : **dépilatif,** 1732 ; **dépilation,** xvie s. (Paré ; une première fois au xiiie s.) ; **dépilatoire,** 1390.

DÉPIT. Signifie « mépris » jusqu'au xvie s., sens qui survit dans la locution *en dépit de*, du xvie s. environ ; le sens moderne ne paraît pas être antérieur au xviie s. Lat. *despectus* « mépris », propr. « action de regarder de haut en bas ». It. *dispetto*, esp. *despecho*.

DÉPITER. Lat. *despectāre* « mépriser » ; développements de la forme et du sens parallèles au préc. Esp. *despechar*.

DÉPLAIRE. Dér. de *plaire*, analogue au lat. class. *displicēre*, dér. de *placēre ;* développement parallèle à **plaire.** — Dér. : **déplaisir,** xiiie, d'abord autre forme de l'inf., comme **plaisir.**

DÉPLORER, xiie. Empr. du lat. *deplorare* « pleurer » et « déplorer ». Jusqu'au xviie s., signifie surtout « pleurer sur quelqu'un » ; au xvie et au xviie s., le part. passé a souvent le sens de « sans remède, désespéré » d'après le lat. *deploratus*. — Dér. : **déplorable,** fin xve.

DÉPOPULATION, 1721 (Montesquieu), au sens moderne. Formé pour servir de nom abstrait à *dépeupler* d'après *population* (il s'est maintenu à côté de *dépeuplement*, parce qu'il s'oppose mieux à *population*) ; le lat. *depopulatio* ne signifie que « dévastation, destruction », d'où *dépopulation* en ce sens du xive au xvie s.

DÉPORT, terme de bourse, milieu xixe. Fait sur *report* par substitution du préf. *dé-* (d'après des mots tels que *débourser*, etc.).

DÉPORTER, dès 1495 dans certaines Coutumes, généralement usuel depuis la Révolution seulement, quand cette peine a été établie pour toute la France ; de même **déportation.** Empr. du lat. *deportare, deportatio*. L'a. fr. a possédé en outre un verbe aux sens variés *déporter* « amuser, distraire » (et aussi « ménager, supporter »), d'où *se déporter* « se divertir », encore chez Rabelais, « se conduire », chez Amyot, et d'autre part « se détourner, renoncer à », encore au

XVIe s., représentant traditionnel du lat. *dēportāre*, qui a dû prendre à basse ép. les sens de « supporter » et d' « amuser », celui-ci attesté par l'it. *diportarsi*, l'esp. *deportarse*, l'a. pr. *deportar*. Du verbe au sens de « s'amuser, se conduire » dérive **déportement,** XIIIe ; v. **sport.**

DÉPOSER « poser quelque part, destituer », XIIe. Empr., avec francisation d'après *poser*, du lat. *deponere*, v. **composer.**

DÉPOSER « ôter ce qui est posé », v. **poser.**

DÉPOSITAIRE, XIVe ; **déposition,** XIIe. Empr. du lat. juridique *depositarius*, *depositio*.

DÉPÔT, 1348. Empr. du lat. juridique *depositum*.

DÉPOUILLER. Lat. *dēspoliāre*. De même esp. *despojar*, a. pr. *despolhar* (l'it. *spogliare* représente le simple *spoliare*). Le sens, arch. aujourd'hui, de « déshabiller » doit remonter au lat. de basse ép., car non seulement il est attesté dans le simple *spoliāre*, mais dans presque toutes les langues romanes. — Dér. : **dépouille,** 1120 ; **dépouillement,** XIIe.

DÉPRAVER, 1212 ; **dépravateur,** 1551 ; **dépravation,** XVIe. Empr. du lat. *depravare* (de *pravus* « pervers »), *depravator* (créé à basse ép.), *depravatio*.

DÉPRÉCATION, XIIe ; **déprécatoire,** XVe. Empr. du lat. *deprecatio* « prière pour détourner un malheur », *deprecatorius* (créé à basse ép.).

DÉPRÉCIER, 1762. Empr. du lat. *depretiare* (de *pretium* « prix »). — Dér. : **dépréciateur,** 1789 ; **dépréciation,** 1779.

DÉPRÉDATEUR, vers 1285, rare avant le XVIIIe s. ; **déprédation,** 1372 (Oresme). Empr. du lat. de basse ép. *depraedator*, *depraedatio* (de *praeda* « butin »).

DÉPRESSION, 1314. Empr. du lat. *depressio*, dér. de *depressus*, part. passé de *deprimere*, v. le suiv. Le sens d' « affaiblissement » est récent.

DÉPRIMER, 1355 (Bersuire). Empr. du lat. *deprimere* « abaisser », aux sens propre et fig., celui-ci fréquent du XVIe au XVIIIe s. Pour le sens d' « affaiblir », v. le préc. — Dér. : **dépressif,** 1864 (une 1re fois au XVe s. au sens de « qui anéantit »), formé sur le part. passé latin *depressus*.

DE PROFUNDIS, XIVe. Premiers mots du psaume 130 : *De profundis clamavi* « du fond de l'abîme je t'invoque, ô Seigneur », employé dans l'office des morts.

DÉPURATIF, 1792 ; **dépuration,** XIIIe (J. de Meung) ; **dépuratoire,** 1731. Dér. sav. de l'anc. verbe *dépurer*, XIIIe, encore dans les dictionnaires, empr. du lat. médiéval *depurare* (de *purus* « pur »). On trouve dans le lat. de basse ép. *depurare* « faire sortir le pus (lat. *pus, puris*) », qui est un autre mot.

DÉPUTER, vers le XVIe s., au sens moderne ; signifie d'abord « estimer, assigner », 1328. Empr. du lat. *deputare*, propr. « tailler », d'où « estimer , assigner ». Le sens moderne est dû à **député,** 1328, lui-même empr. du lat. *deputatus*, attesté à basse ép. au sens de « représentant de l'autorité » (le verbe est attesté au sens correspondant dès 1303) ; *député* a été dit d'abord de tout envoyé ; le sens moderne date de la Révolution. — Dér. : **députation,** 1433, d'après le lat. de basse ép. *deputatio* « délégation » ; sens parallèle à *députer*, *-té*.

DÉRAPER, 1739, comme terme de marine, en parlant de l'ancre qui quitte prise sur le fond, d'où le sens moderne, de date récente (une première fois *desrapper* au XVIIe s. chez le provençal Peiresc dans un sens fig.). Empr. du prov. moderne *derapa*, comp. de l'a. pr. *rapar* « saisir », du germ. *rapôn* (cf. l'angl. *to rap* « saisir, tirer fortement », l'all. *raffen*), d'où aussi l'it. *arrappare* « arracher ».

DÉRATÉ, v. **rate.**

DERBY, 1829. Empr. de l'angl. *derby*, tiré de *Lord Derby*, nom de celui qui institua cette course de chevaux en 1780. D'abord employé en parlant de la course anglaise ; depuis 1860 environ, dit de la course du Jockey-Club, à Chantilly.

DERECHEF, v. **chef.**

DÉRISION, XIIIe ; **dérisoire,** XIVe. Empr. du lat. de basse ép. *derisio*, *derisorius* (de *deridere* « se moquer de »).

DÉRIVER « détourner une eau de son cours, etc. », XIIe ; **dérivatif,** XVe, comme terme grammatical (aujourd'hui vieilli au profit de *dérivé*) ; **dérivation,** 1377, comme terme médical. Empr. du lat. *derivare* (de *rivus* « ruisseau »), *derivativus* (déjà fig. à basse ép.), *derivatio*.

DÉRIVER « être entraîné par le courant », fin XVIe s. (d'Aubigné). Altération, d'après le préc., de *driver*, 1586, encore usité en 1671, empr. de l'angl. *to drive*, de même sens, propr. « pousser » et « être poussé » ou du néerl. *drijven* « *id.* ». — Dér. : **dérive,** 1678 (*drive* en 1628) ; **dérivation,** 1690.

DÉRIVER « écarter de la rive », v. **rive.**

DÉRIVER « défaire ce qui est rivé », v. **river.**

DERMAT(O)-. Premier élément de mots sav. comp., tels que **dermatologie,** 1836, tiré du grec *derma*, *-atos*, « peau ».

DERME, 1611. Empr. du grec. *derma*, v. le préc. ; de même **épiderme,** XVIe (Paré), est empr. du lat. *epidermis* (mot pris au grec).

DERNIER, XVe. Contraction de *derrenier*, XIIIe, dér., d'après *premier*, de *derrain*, qui subsiste jusqu'au début du XVIe s. *Derrain*, d'abord *dererain*, représente le lat. pop. **dēretrānus*, dér. de *dēretrō* « derrière », cf. de même a. pr. *darreiran*, *derairan*, et it. *deretano*. Aujourd'hui *dernier* domine dans les parlers gallo-romans ; *derrain* ne survit que dans le Nord-Est et l'extrême Ouest, mais un autre type *derrier* (pour **dererier*), attesté en a. fr. et en a. pr., est encore très répandu au sud d'une ligne allant de la Loire au sud de la Wallonie. — Comp. : **avant-dernier,** XVIIIe.

DÉROBER ; *desrober* en a. fr., XIIe. Jusqu'au XVIIIe s. signifie aussi « dépouiller, voler quelqu'un » ; le sens moderne apparaît au XIVe s. ; *se dérober*, en parlant d'un cheval, est déjà chez Rabelais. Comp. de l'anc. verbe *rober*, de même sens, empr. du germanique occidental **raubôn*, cf. l'all. *rauben* « *id.* », d'où aussi it. *rubare*, esp. *robar*, a. pr. *raubar* ; v. **robe.**

DÉROGER, XIVe (Oresme), d'abord et jusqu'au XVIe s., *déroguer* ; **dérogation,** 1408. Empr. du lat. *derogare*, terme juridique, d'où, au sens fig., « porter atteinte à », et du dér. *derogatio*.

DERRICK, 1890. Empr. de l'angl. *derrick*.

DERRIÈRE. D'abord *deriere*, devenu *derrière* d'après *derrain* « dernier ». Lat. de basse ép. *dē retrō*, comp. du lat. class. *retrō* « en arrière » (d'où l'a. fr. *rière*, usuel jusqu'au XVe s.) ; a supplanté le lat. class. *post*, qui n'a survécu que comme adv. de temps. De même it. *dietro*, a. pr. *dereire*. Aujourd'hui, outre le type *derrière*, de nombreux parlers gallo-romans ont des formes dont la syllabe finale est tombée, cf. déjà en a. fr. *derrier* (qui n'est pas le *derrier* cité sous **dernier**). *Derrière*, pris comme subst., date du XVe s.

DERVICHE, 1653 (en outre *dervitz* en 1546, *derviss* en 1559, d'où *dervis*, fréquent au XVIIe et au XVIIIe s.). Empr. du persan *darwīch*, propr. « pauvre ».

DÈS. Lat. de basse ép. *dē ex*, comp. des deux prép. *dē* et *ex* « hors de » ; de même a. pr. *des* et esp. *desde*. L'existence de *dē ex* écarte *dē ipso*, qui, de plus, explique moins bien les formes romanes.

DÉSAGRÉABLE, -GRÉMENT, v. **gré.**

DÉSARROI, XIIIe. Tiré de l'anc. *désarroyer*, autre forme de *désareer* « mettre en désordre », dér. d'*areer* « disposer, etc. » (d'où **arroi**), lat. pop. **arrēdāre*, formé avec le gothique **rēps* « moyen, provision » (cf. all. *Rat* « conseil, avis, moyen, etc. »), introduit de bonne heure par les mercenaires germains, v. **corroyer,** d'où aussi it. *arredare* « préparer », esp. *arrear*, a. pr. *arezar*. *Désarroi* a éliminé *desroi*, qui avait le même sens, tiré de *desreer*, autre comp. d'*areer*.

DÉSASTRE, 1546 (Rab. ; en outre dans des traductions de l'it.) ; **désastreux,** XVIe. Empr. de l'it. *disastro*, *disastroso*, avec adaptation du préf. *dis-* en *dés-*. *Disastro* est tiré de *disastrato*, terme d'astrologie, « né sous une mauvaise étoile » ; l'a. pr. dit de même *deżastrat*, *dezastre* ; mais l'origine it. des mots fr. est appuyée par la date de l'apparition de ces mots et la nature des premiers textes.

DESCENDRE. Lat. *dēscendere*. Concurrencé aujourd'hui par le type *dévaler*, surtout dans le Sud-Ouest. Le sens de « tirer son origine de », attesté au XIIIe s., est repris du lat. juridique. — Dér. : **descendance,** 1283 (Beaumanoir) ; *descendant* est également du XIIIe ; **descente,** 1304, au sens de « succession », formé sur le modèle de *pente*, *rente*, *vente*, en face de *pendre*, *rendre*, *vendre* ; l'a. fr. préfère d'autres dér. : *descendement*, *descendue*, *descense* ; **redescendre,** XIIe.

DESCRIPTIF, 1770 ; une première fois en 1469. Dér. du lat. *descriptus*, part. passé du verbe *describere* « décrire », pour servir d'adj. à *décrire* et au suiv.

DESCRIPTION, XIIe. Empr. du lat. *descriptio*.

DÉSERT, *adj.* Jusqu'au XVIe s. signifie aussi « abandonné » en parlant d'une personne, « ruiné ». Lat. *dēsertus* « abandonné, désert ». It. *diserto*, esp. *desierto*, a. pr. *dezert*. — Dér. : **déserter,** XIIe, jusqu'au XVIIe s. signifie surtout « abandonner une personne, rendre un lieu désert » ; peut représenter le lat. de basse ép. *dēsertāre*, comme l'it. *disertare*, l'esp. *desertar* et l'a. pr. *dezertar* ; **déserteur,** XIIIe, probabl. d'après le lat. *desertor* ; développement du sens parallèle au verbe.

DÉSERT, *subst.* Lat. de basse ép. *dēsertum*, en lat. class. *dēserta*, plur. neutre. It. esp. et a. pr. mêmes formes que celles de l'adj. préc. La forme ne permet pas de reconnaître si ce mot est traditionnel ou repris au lat. — Dér. : **désertique,** 1929.

DÉSERTION, vers 1361 (Oresme). Empr. du lat. juridique *desertio* pour servir de nom abstrait à **désert** et à ses dér.

DÉSHABILLER, v. **bille.**

DÉSHÉRENCE, v. **hoir.**

DESIDERATUM, 1783. Mot lat., neutre du part. passé *desideratus*, de *desiderare* « regretter l'absence de qqn., de qch. ».

DÉSIGNER, XIVe (sous la forme *desinner)*, ne paraît pas usuel avant le XVIe s. ; **désignatif,** 1611 ; **désignation,** XIVe, mais rare avant le XVIIIe. Empr. du lat. *designare*, *designativus* (médiéval), *designatio (id.)* (de *signum* « signe »), v. **dessiner.**

DÉSINENCE, XIVe. Empr. du lat. médiéval *desinentia*, dér. du verbe *desinere* « finir, se terminer ».

DÉSINVOLTE, fin XVIIe (Saint-Simon). Empr. de l'esp. *desenvuelto* « dégagé dans ses manières », dér. du verbe *desenvolver*, propr. « développer » ; cf. la réflexion de Mme de Sévigné : « les Espagnols appellent cela *desembuelto* ; ce mot me plaît » ; toutefois la forme indique aussi une action de l'it. *disinvolto*.

DÉSINVOLTURE, 1830 (Stendhal) : « La *désinvolture* de tous ses mouvements », *Le Rouge et le Noir*, 43 ; déjà dans la *Nouvelle Héloïse*, II, 21, sous la forme it. Empr. de l'it. *disinvoltura*.

DÉSIRER. Lat. *dēsīderāre*, propr. « regretter l'absence de quelqu'un, de quelque chose », d'où « désirer ». It. arch. *disiderare*, a. pr. *dezirar*. — Dér. : **désir,** XIIe ; **désirable,** XIIe ; **désireux,** XIe *(Alexis)*, peut représenter le lat. de basse ép. *desiderosus* ; cf. a. pr. *deziros*.

DÉSISTER (se), 1350. Aujourd'hui seulement juridique et politique ; jusqu'au XVIIe s. signifiait « renoncer à, cesser de ». Empr. du lat. *desistere* « *id.* ». — Dér. : **désistement,** 1564.

DÉSOLER, XIVe ; **désolateur,** 1516 ; **désolation,** XIIe. Empr. du lat. *desolare* « ravager », *desolator* (créé à basse ép.), *desolatio (id.) ;* le sens moral, qui apparaît au XIVe s. vient du lat. de basse ép. qui semble avoir vu dans *desolare* le contraire de *consolari* « consoler ».

DÉSOPILER, 1546 (Rab.). Terme de la langue médicale, qui s'est fixé dans l'expression *se désopiler la rate*, propr. « dégorger la rate » dont l'engorgement passait pour causer les vapeurs, les humeurs noires, d'où le sens fig. au XIXe s. Comp. de l'anc. verbe *opiler*, XIVe s., terme médical, empr. du lat. *oppilare* « boucher ». — Dér. : **désopilant,** 1814.

DESPOTE, XIVe (Oresme) ; **despotique,** *id.* Empr. du grec *despotês* « maître », d'où « despote », *despotikos*, par l'intermédiaire des traductions lat. d'Aristote, v. **démagogue.** — Dér. : **despotisme,** 1698.

DESSERT, DESSERTE « mets qui ont été desservis », v. **servir.**

DESSERVIR « servir avec exactitude ». Lat. *dēservīre* « servir avec zèle ». En a. fr. signifie surtout « mériter », encore en 1599 dans une lettre de Henri IV, sens qui a pu disparaître à cause de la concurrence de *desservir* « rendre un mauvais service », d'autant plus facilement que *mériter* pouvait le suppléer. Le sens de « faire un service religieux », dès le XIIIe s., a été développé d'après le sens propre du lat. ; d'où « faire un service de communication », 1864. Seulement gallo-roman, cf. a. pr. *deservir* « mériter ». — Dér. : **desserte,** XIIe, a signifié « mérite, utilité », jusqu'au XVIe s., ensuite « action de faire un service religieux, etc. », rare aujourd'hui ; **desservant,** 1752, déjà en 1322 *(le d. de la ditte capellenie).*

DESSERVIR « enlever ce qui a été servi » ; « rendre un mauvais service », v. **servir.**

DESSICCATIF, XIVe ; **dessiccation,** *id.* Empr. du lat. de basse ép. *desiccativus*, *desiccatio* (de *desiccare* « dessécher »).

DESSILLER, v. **cil.**

DESSINER, 1667. Autre forme de *dessigner*, par changement de prononciation de *gn* en *n*, cf. **signet** ; *dessigner*, usuel au XVIe s., encore attesté en 1771, est une altération, d'après le lat. *designare* (on trouve aussi *désigner* au même sens), de *desseigner*, empr. de l'it. *disegnare*, à la fois « dessiner » et « former un plan » (ce dernier sens est fréquent en fr. au XVIe s.), lat. *dēsignāre* « tracer, dessiner ». La francisation de l'it. en *desseigner* paraît avoir été faite sur le modèle d'*enseigner*, it. *insegnare*. — Dér. : **dessein** et **dessin,** spécialisés dans leur acception moderne seulement depuis la fin du XVIIIe s., faits sur le modèle de l'it. *disegno*, qui a les deux sens. *Dessein*, XVe s., tiré de *desseigner*, a été jusqu'à la fin du XVIIIe s. plus usuel aux deux sens que *dessin*, tiré de *dessigner* (cf. en 1549 *un desing ou pourject*), que Richelet blâme encore en 1680, même comme terme de peinture, et que l'Académie n'a admis qu'en 1798 ; **dessinateur,** 1667, d'après l'it. *disegnatore* (on a dit aussi *dessigneur* et *desseignateur*) ; **redessiner,** 1762 (J.-J. Rousseau).

DESTINER, XIIe, jusqu'au XVIIe s. signifie aussi « décider, projeter, etc. » ; **destination,** XIIe. Empr. du lat. *destinare* « fixer (au propre et au fig.) », *destinatio*. — Dér. : **destin,** XIIe, parfois « destination » en a. fr. ; **destinataire,** 1829 ; **destinée,** XIIe.

DESTITUER, 1322, au sens d' « écarter », jusqu'au XVIIe s. signifie surtout « priver (d'un soutien, d'une ressource) » ; sens moderne au XVe s. ; **destitution,** 1316, sens moderne, 1418. Empr. du lat. *destituere* « mettre de côté, priver », *destitutio* « abandon ». Le sens moderne est une innovation du fr.

DESTRIER, vers 1080 *(Roland).* Terme féodal qui, après avoir disparu avec l'usage exprimé par ce mot, a été repris au XVIe s. dans des textes historiques ; prononcé d'après la forme écrite. Dér. de l'a. fr. *destre* « main droite », lat. *dextera ;* ainsi nommé parce que l'écuyer, tout en tenant de la main gauche son cheval ou une bête de somme, menait le destrier de la main droite, quand le chevalier ne le montait pas pour le combat.

DESTROYER, 1893. Empr. de l'angl. *destroyer*, dér. de *to destroy* « détruire ».

DESTRUCTEUR, 1420 (a éliminé l'a. fr. *destruiseur*, encore attesté au XVIIe s., lui-même précédé par *destruieor*) ; **destructible,** 1764 ; **destructif,** 1372, mais rare avant la fin du XVIIe s. ; **destruction,** XIIe. Empr. du lat. *destructor*, *destructibilis* (lat. scientifique moderne), *destructivus* (créé à basse ép.), *destructio*, cf. **détruire.** — Dér. : **indestructible,** fin XVIIe (Leibniz).

DÉSUET, fin XIXe ; **désuétude,** 1762 (une première fois en 1596). Empr. du lat. *desuetus*, *desuetudo*.

DÉTACHER, XIIe. Dér. de *tache*, au sens anc. d' « agrafe », v. **attacher.** Cf. de même it. *staccare*, a. pr. *destacar*. Sens militaire à la fin du XVIe s. (d'Aubigné). — Dér. : **détachement,** 1613.

DÉTALER, v. **étal.**

DÉTECTEUR, 1870. Empr. de l'angl. *detector*, lequel a été formé sur le part. passé du lat. *detegere*, *detectum* (*detector* dans Tertullien n'a qu'un sens religieux).

DÉTECTIVE, 1871 (J. Verne). Empr. de l'angl. *detective*, dér. de *to detect* « découvrir », tiré du lat. *detectus*, part. passé de *detegere* « *id.* ».

DÉTEINDRE. Lat. pop. **distingere*. It. *stingere*, esp. *desteñir*.

DÉTENIR, vers 1150. Empr. du lat. *detinere* (comme le montre la prononciation du préf. : *dé* et non *de*) et francisé d'après *tenir*. — Dér. : **codétenu,** 1845.

DÉTENTEUR, 1320 ; **détention,** 1287, rare avant le XVIe s. Empr. des mots du lat. juridique *detentor, detentio*, dér. de *detinere*, v. **détenir.** — Dér. : **codétenteur,** 1721 (une 1re fois en 1556).

DÉTERGER, 1538 ; **détergent,** 1611. Empr. du lat. *detergere* « nettoyer », *detergens*, part. prés.

DÉTÉRIORER, 1411 ; **détérioration,** XVe, rare avant le XVIIIe s. Empr. du lat. de basse ép. *deteriorare* (dér. de *deterior* « moins bon, inférieur »), *deterioratio*.

DÉTERMINER, XIIe ; **détermination,** XIVe (Oresme). Empr. du lat. *determinare* « marquer les limites », *determinatio ;* le sens de « décision, décider » s'est développé en fr. vers le XVIe s. — Dér. : **déterminable,** 1801 (existe en a. fr. au sens de « fixé »), d'où **indéterminable,** 1749 (une première fois en 1537) ; **indétermination,** 1600 ; **indéterminé,** 1370 (Oresme) ; **prédéterminer,** en 1530, d'où **-ation,** 1636 ; **déterminisme,** 1836, par l'intermédiaire de l'all. *Determinismus* qui paraît avoir été tiré de *Praedeterminismus ;* **-iste,** 1836.

DÉTERSIF, 1539 ; **détersion,** XVIe (Paré). Le 1er est dér. du lat. *detersus*, part. passé de *detergere*, le 2e empr. du lat. médical *detersio*, v. **déterger.**

DÉTESTER, XVe (Villon) ; **détestable,** vers 1361 (Oresme) ; **détestation,** XIVe. Jusqu'au XVIIe s. expriment surtout l'idée de malédiction. Empr. du lat. *detestari* « maudire », propr. « prendre les dieux à témoin *(testis)* en maudissant », d'où « avoir en horreur », sens devenu dominant depuis le XVIIe s., et des dér. *detestabilis, detestatio*.

DÉTONER, 1680. Empr. du lat. *detonare* « tonner fortement ». — Dér. : **détonation,** 1676 ; **détonateur,** fin XIXe.

DÉTONNER, v. **ton.**

DÉTRACTEUR, XIVe. Empr. du lat. *detractor*, de *detrahere* « tirer en bas », d'où « diminuer ». On a dit aussi *detracter*, 1372, formé sur *détracteur*, et *detraction*, XIIe, empr. du lat. *detractio* « dénigrement » (sens de basse ép.).

DÉTRAQUER, 1464, au sens propre « (se) détourner de la voie », encore attesté au XVIIe s., d'où le sens de « déranger », dès le XVIe s., peut-être par l'intermédiaire de l'emploi de ce verbe dans le langage de l'équitation, *détraquer un cheval*, « lui faire perdre son *trac*, son allure ». Dér. de l'anc. *trac* « trace », 1441, encore dans les dictionnaires, v. **traquer.**

DÉTREMPER. Lat. *distemperāre* « délayer », v. **tremper.** — Dér. : **détrempe,** terme de peinture, 1553.

DÉTREMPER, « ... l'acier », v. **tremper.**

DÉTRESSE. Lat. pop. **districtia* « chose étroite, étroitesse » (dér. de *districtus*, part. passé du verbe *distringere*, au sens de « serrer », formé comme *angustia* « défilé »), dér. de *angustus* « étroit ». En a. fr. signifie aussi « passage étroit » et, au sens moral « sévérité, contrainte judiciaire, etc. ». Le développement des sens s'est fait parallèlement à celui de l'anc. adj. *détroit*. Seulement gallo-roman, a. pr. *destreissa*, sauf quelques traces dans l'Italie septentrionale.

DÉTRIMENT, 1236. Empr. du lat. *detrimentum* de *deterere*, v. **détritus**).

DÉTRITUS, 1753. Empr. du lat. *detritus* « action d'user en frottant », subst. verbal de *deterere* « user en frottant ».

DÉTROIT. Jusqu'au XVIIIe s. signifie au sens concret « défilé » ; le sens moderne apparaît dès 1556 ; en outre jusqu'au XVIe s. sens analogues à *détresse*. Tiré d'un anc. adj. *détroit*, lat. *districtus* « resserré », v. **détresse,** usuel en a. fr. aux sens de « resserré », d'où « chagriné, angoissé, sévère, etc. ». Seulement gallo-roman, cf. a. pr. *destrech*, adj. et subst.

DÉTRUIRE. Lat. pop. **destrūgere*, réfection du lat. class. *destruere* sur le parfait *destruxi* et le part. passé *destructum*, v. **traire.** — Comp. : **entre-détruire (s'),** 1633 (Corneille).

DETTE. Lat. pop. *dēbita*, fém. issu du plur. neutre du lat. class. *dēbitum* « dette » (d'où l'a. fr. *det*, masc., qui a donné naissance au genre masc. de *dette* attesté jusqu'à la fin du XVIe s.), comme aussi l'a. pr. *deude, deute*, masc., encore très vivace dans les parlers méridionaux. Esp. *deuda*, a. pr. *deuta*. — Dér. : **endetter,** vers 1200, d'où **endettement,** 1611.

DEUIL. Réfection, vers le XVe s., de l'a. fr. *duel*, au plur. *dueus*, sur le modèle d'*œil* : *yeux*. A signifié d'abord « douleur, chagrin », puis spécial. « affliction causée par la perte d'une personne aimée », vers le XVe s., d'où « marques extérieures de cette affliction » (l'usage des vêtements de deuil noirs est attesté dès le Ve s., mais il ne paraît pas s'être répandu avant le XIVe). Lat. du IIIe s. *dolus*, subst. verbal de *dolere* « avoir de la douleur ». Conservé dans toutes les langues romanes au sens de « douleur », le sens de « deuil » est connu de l'esp. : it. *duolo*, esp. *duelo*, a. pr. *dol*. Aujourd'hui, le type *deuil* domine dans la partie septentrionale du domaine galloroman, le type anc. ne survivant que dans les parlers excentriques et dans le Midi. — Dér. : **endeuiller,** fin XIXe. — Comp. : **demi-deuil,** 1829, au sens moderne, mais dès 1762, au sens métaph.

DEUTÉR(O)-. Premier élément de mots sav. comp., tiré du grec *deuteros* « deuxième », ou de mots empr., tels que **deutéronome,** XIIIe.

DEUX. Lat. *duos*, acc. de *duo ;* l'a. fr. possède en outre un cas sujet *dui, doi*, lat. pop. **duī*, et un fém. *does*, lat. *duās*, attesté dans les textes de l'Est. It. *due* (d'après le lat. *duae*), esp. *dos*. — Dér. : **deuxième,** XIVe *(deusimes)*, v. **centième** et **second.** — Comp. : **entre-deux,** XIIe, d'abord comme terme d'escrime.

DÉVALER, v. **val.**

DEVANCER, DEVANT, v. **avant.**

DÉVASTER, 1339 (manque au XVIIe s.) ; **dévastateur,** 1781 ; déjà en 1502 ; **dévastation,** 1751 (Montesquieu ; une première fois 1502). Empr. du lat. *devastare, devastator, devastatio* (les deux derniers de basse ép.).

DÉVELOPPER, v. **envelopper.**

DEVENIR. Lat. *dēvenīre* « venir de », qui a pris le sens de « devenir » à basse ép. Le sens de « venir de », qu'on relève parfois au XVe et au XVIe s., aujourd'hui assez répandu dans les patois, vient de *venir*. L'a. pr. *devenir* a les deux sens. — Dér. : **redevenir,** vers 1200.

DÉVERGONDÉ, v. **vergogne.**

DÉVERNIR, v. **vernis.**

DÉVIER, 1787 (une 1re fois en 1370, Oresme) ; **déviation,** vers 1300. Empr. du lat. de basse ép. *deviare* « sortir de la voie *(via)* » et du lat. médiéval *deviatio.*

DEVIN. Lat. pop. **dēvīnus*, lat. class. *dīvīnus*, propr. « divin » ; déjà classique au sens de « devin ». A. pr. *devin.*

DEVINER. Lat. pop. **dēvīnāre*, lat. class. *dīvīnāre*, déjà « conjecturer ». A. pr. *devinar.* L'a. fr. a en outre les comp. *adeviner* et *endeviner*, cf. aussi a. pr. *endevinar*, aujourd'hui encore usités dans d'assez nombreux patois ; de même it. *indovinare*, d'où *indovino* « devin », esp. *adivinar.* — Dér. : **devineur,** XIIe, au sens de « devin » ; développement du sens parallèle au verbe ; d'où **devineresse,** *id.* (*devineuse* est rare) ; **devinette,** 1870.

DEVISER. D'abord « partager, attribuer », d'où « mettre en ordre, exposer », « raconter », « discourir » ; ce dernier sens, le seul conservé, s'est développé vers le XVe s. Lat. pop. **dēvīsāre*, d'abord **dīvīsāre* (de *dīvīdere* « diviser »). V. **diviser.** — Dér. : **devis,** XIIe, sens parallèles au verbe ; le sens moderne se rattache à ceux de « description, disposition testamentaire », attesté dès le XIIIe s. ; **devise,** XIIe ; au moyen âge nombreux sens, comme *devis* ; le sens moderne, développé depuis le XVIIe s. paraît venir du langage du blason, où *devise* a désigné une bande de l'écu, puis une formule placée à côté des armoiries ; on trouve déjà le sens de « signe distinctif, livrée » au XVe s. ; le sens financier n'est attesté que depuis 1842 (vient peut-être de l'all., où il est attesté depuis 1833).

DEVOIR. Lat. *dēbēre.* Conservé partout, sauf en roumain : it. *dovere*, esp. *deber*, a. pr. *dever.* Du sens fondamental de l'obligation sont issus des emplois modaux qui relèvent de la grammaire. V. **dette, débet, débit,** etc. — Dér. et Comp. : **devoir,** *subst.*, vers 1200 ; **doit,** terme de comptabilité, XVIIIe ; **dû,** XIVe, d'où **dûment,** 1310 ; **indû,** 1341 ; **indûment,** 1309 ; **redevoir,** XIIe, **redevable,** vers 1200, **redevance,** 1239, **redevancier,** 1573.

DÉVOLU, 1354, *adj.*, 1549, *subst.* Termes de droit, notamment de droit canonique ; de la locution *jeter un dévolu sur un bénéfice* « élever une prétention juridique, fondée sur l'incapacité du possesseur » *(un dévolu* était une lettre de provision accordée par le pape pour un bénéfice vacant ; on disait aussi *obtenir un dévolu)* est issue la locution *jeter son dévolu sur* au XVIIe s. ; **dévolution,** 1385. Empr. du lat. médiéval *devolutus, devolutio* (de *devolvere* « dérouler, faire passer à »).

DÉVORER. Réfection, difficile à dater, de l'a. fr. *devourer*, d'après le lat. *devorare ;* cf. it. *divorare*, esp. *devorar*, dont ni la forme ni le sens ne permettent non plus de reconnaître si le mot est pop. ou repris à la langue écrite. — Comp. : **entre-dévorer (s'),** vers 1470.

DÉVOT « pieux », XIIe ; **dévotion,** *id.* Le sens péjoratif de ces mots (qui se prennent encore en bonne part) paraît dater du XVIIe s., vers l'époque du *Tartuffe* et de la *Cabale des Dévots.* Empr. du lat. eccl. *devotus, devotio*, en lat. class. « voué, action de vouer *(devovere)* », d'où « dévoué, dévouement ». *Dévotion*, au sens de « dévouement », notamment dans l'expression *être à la dévotion de quelqu'un*, dès le XVIIe s., vient probabl. non du lat., mais de l'it. *devozione*, cf. *aver devozione in alcuno*, de même sens ; H. Estienne signale ce sens nouveau dans ses *Deux Dialogues du nouveau langage Francois italianizé.*

DÉVOYER, v. **voie.**

DEXTÉRITÉ, 1504. Empr. du lat. *dexteritas* (de *dexter*), v. le suiv.

DEXTRE, XIVe (Oresme : *la main dextre*). Ne s'emploie plus que par archaïsme au sens de « main droite » ; déjà arch. au XVIIe s. Repris au lat. *dextera*, fém. de *dexter* « qui est à droite », qui avait donné l'a. fr. *destre*, encore usité au XVIe s., v. **destrier** et **droit.**

DEY, 1628, d'abord *day.* Empr. du turc *dâi*, propr. « oncle maternel », donné comme titre honorifique aux anciens souverains d'Alger.

DI-. Premier élément de mots sav., tels que **dimorphe,** 1864, tiré du préfixe grec *di* signifiant « deux fois ».

DIA, XVIe (N. du Fail : *a diai*). Mot probabl. onomatopéique, v. **hue.**

DIABÈTE, 1611. Empr. du lat. médical du moyen âge *diabetes* (du grec *diabêtês*, propr. « qui traverse », parce que, dans cette affection, l'urine est surabondante). — Dér. : **diabétique,** 1793 (une première fois au XIVe s.).

DIABLE, Xe *(Sainte Eulalie : diaule).* Empr. du lat. eccl. *diabolus* (du grec eccl. *diabolos*, en grec class. « calomniateur »). Empr. partout : it. *diavolo*, esp. *diablo.* L'a. fr. a employé des noms de création pop. : *aversier, maufé* en partie pour éviter le mot *diable.* — Dér. : **diantre,** 1524 *(renier le diantre)*, déformation voulue, par euphémisme ; depuis le XVIIe s., ne s'emploie que comme juron ; **diablement,** XVIe ; **diablerie,** XIIIe *(Rose)* ; **diablesse,** XIVe ; **diablotin,** XVIe (des Périers) ; **diabolo,** sorte de jeu d'enfant, 1907, fait avec **diable** (un jeu de ce genre appelé *diable* a été à la mode vers 1825) d'après *diabolique* et avec la terminaison *-o*, fréquente dans des noms sav., tels que *chromo, mec(c)ano, vélo,* etc. ; **endiablé,** XVe ; **-er,** 1611.

DIABOLIQUE, XIIIe. Empr. du lat. eccl. *diabolicus* (du grec eccl. *diabolikos*).

DIACHYLON, XIVe (sous la forme *diaculon*). En outre *diachylum,* 1835, d'après des noms à terminaison lat. tels que *arum,* etc. Empr. du lat. médical *diachylon* (du grec *diakhylon,* littéral. « au moyen de sucs »).

DIACODE, 1762, au XVIe s. *diacodion.* Empr. du lat. médical *diacodion* (du grec *diakôdeiôn,* littéral « au moyen de têtes de pavots »).

DIACRE, XIIe (sous la forme *diacne*) ; **diaconal,** XIVe ; **diaconat,** 1495 ; **diaconesse,** *id.* Empr. du lat. eccl. *diaconus* (du grec eccl. *diakonos,* en grec class. « serviteur »), *diaconalis, diaconatus, diaconissa.* Ailleurs également empr. : it. *diacono,* a. pr. *diague.* — Comp. : **sous-diacre,** XIIe *(subdiacne)* ; **archidiaconat,** 1558.

DIADÈME, vers 1180. Empr. du lat. *diadema* (du grec *diadêma*).

DIAGNOSTIQUE, *adj.,* 1584 ; écrit aussi *-ic.* Empr. du grec *diagnostikos* « apte à reconnaître ». — Dér. : **diagnostic,** 1759, d'après la forme *-ic* de l'adj. ; **-tiquer,** 1836.

DIAGONAL, XIIIe. Empr. du lat. de basse ép. *diagonalis,* de *diagonus* (du grec *diagônos* « ligne tracée d'un angle à l'autre) (*gônia* « angle ») ».

DIAGRAMME, 1767 (J.-J. Rousseau ; une 1re fois en 1584). Empr. pour désigner l'échelle des sons, du grec *diagramma* (propr. « dessin »), qui s'employait au même sens, d'où sens nouveaux en fr.

DIALECTE, 1550 (Ronsard). Empr. du lat. *dialectus* (du grec *dialektos,* fém., d'où l'emploi de *dialecte* comme fém., assez fréquent au XVIIe et au XVIIIe s.). — Dér. : **dialectal,** fin XIXe ; **dialectologie,** 1881.

DIALECTIQUE, XIIe, comme subst. ; l'adj. est récent. Empr. du lat. *dialectica* (du grec *dialektikê,* du verbe *dialegesthai* « discuter »). — Dér. : **dialecticien,** d'après le lat. *dialecticus,* 1488 (déjà au XIIe-XIIIe s. ; en outre *dialetien* au moyen âge).

DIALOGUE, XIIe, rare avant le XVIe s. Empr. du lat. *dialogus* « entretien philosophique à la manière des dialogues de Platon » (du grec *dialogos,* v. le préc.). A pris en français le sens d' « entretien entre deux personnes ». — Dér. : **dialoguer,** 1717 ; a remplacé *dialogiser,* formé au XVIe s., encore au XVIIIe s. comme terme d'école.

DIAMANT, v. **aimant.** — Dér. : **diamantaire,** 1680 ; **diamanté,** 1782 ; **diamantifère,** 1864.

DIAMÈTRE, XIIIe ; **diamétral,** vers 1300. Empr. du lat. *diametrus* (du grec *diametros,* de *metron* « mesure »), *diametralis* (créé à basse ép.). — Dér. : **diamétralement,** XIVe, sens figuré, 1588 (Montaigne).

DIANE, « batterie de tambour », puis « sonnerie (au lever du jour, pour éveiller les soldats) », 1555 (Ronsard). Empr. de l'esp. *diana,* de *dia* « jour ».

DIANTRE, v. **diable.**

DIAPASON, XIIe, peu usuel avant le XVIIe s. Empr. du lat. *diapason* (du grec *dia pasôn* (sous-entendu *khordôn*), littéral. « par toutes (les cordes) », qui désignait l'octave), d'où « instrument servant à donner une note déterminée », 1626 ; sens fig., 1691 (Regnard).

DIAPHANE, XIVe (Oresme). Empr. du grec *diaphanês* « transparent », par l'intermédiaire des traductions lat. d'Aristote, v. **démagogue.** — Dér. : **diaphanéité,** XIVe.

DIAPHRAGME, 1314. Empr. du lat. médical *diaphragma* (d'un mot grec, signifiant propr. « séparation, cloison »).

DIAPRER, XIIe. Dér. de l'a. fr. *diaspre* « sorte de drap à fleurs », empr. du lat. médiéval *diasprum,* altération de *jaspis* « jaspe » (l'*i* initial était souvent écrit *di* dans les textes latins du haut moyen âge), cf. it. *diaspro,* esp. *diáspero* « jaspe » ; pour le sens qu'a pris ce mot, v. **jasper.** — Dér. : **diaprure,** 1360.

DIARRHÉE, 1372 (sous la forme *diarrie ; diarrhée,* XVIe, Paré). Empr. du lat. médical *diarrhoea* (du grec *diarrhoia,* propr. « écoulement »).

DIASTOLE, 1541, au sens anatomique. Empr. du grec *diastolê* « dilatation ». Du XIVe au XVIe s., comme terme de gramm. ; empr. en ce sens du lat. *diastole* (qui représente le même mot grec *diastolê,* au sens grammatical d' « allongement d'une brève »).

DIATHÈSE, XVIe (Paré). Empr. du grec médical *diathesis.*

DIATRIBE, 1558 (D.), au sens de « discussion d'école ». Empr. du lat. *diatriba* (du grec *diatribê* « entretien philosophique, école ») ; sens moderne, 1734 (Voltaire).

DICTAME, 1666 ; au moyen âge *dictam,* encore usité au XVIe s., et *ditan* au XIIe. Empr. du lat. *dictamnum* (du grec *diktamnon*). Depuis le XVIIe s., sens fig., surtout dans la langue poétique.

DICTATEUR, 1213 ; **dictature,** XIVe. Empr. du lat. *dictator, dictatura.* — Dér. : **dictatorial,** 1777, d'après *sénateur : sénatorial,* etc.

DICTER, XVe ; d'abord *diter* dès le XIIe s. Empr. du lat. *dictare.* L'a. fr. a eu une forme pop. *ditier* « rédiger, composer (une œuvre poétique) » ; de même a. pr. *dechar,* refait parfois en *dictar* d'après le lat. — Dér. : **dictée,** 1680.

DICTION, XIIe, au sens d' « expression, mot », encore chez La Bruyère. Le sens moderne ne paraît pas être antér. au XVIIe s. Empr. du lat. *dictio* qui a les deux sens.

DICTIONNAIRE, 1539 (*dictionnaire francois latin* de R. Estienne). Empr. du lat. médiéval *dictionarium*, cf. le préc.

DICTON, 1477. Empr. du lat. *dictum* « mot, sentence » et orthographié d'après la prononciation du lat. à cette ép. On trouve en outre au XVIe et au XVIIe s. la forme *dictum*.

DIDACTIQUE, 1554. Empr. du grec *didaktikos* (de *didaskein* « enseigner »).

DIÈDRE, v. **-èdre.**

DIÈSE, 1556 (au fém.). Empr. du lat. *diesis* (d'un mot grec qui signifie propr. « intervalle », d'où « quart de ton, demi-ton »). Le masc. est dû à la fois à la forme *diesis*, qui a été parfois employée et aux termes musicaux de sens opposé *bécarre*, *bémol*. — Dér. : **diéser,** 1732 (**diésé** en 1704).

DIESEL, 1929. Réduction de *moteur Diesel*, du nom de son inventeur, l'ingénieur allemand Diesel, mort en 1913.

DIÈTE, terme médical, XIIIe. A signifié aussi « régime de nourriture », sens aujourd'hui disparu. Le sens moderne date au moins du XVIe s. Empr. du lat. *diaeta* (du grec *diaita* « genre de vie », d'où « régime prescrit par un médecin »). — Dér. : **diététique,** 1752 (une 1re fois *diétitique*, en 1611).

DIÈTE, terme politique, 1512. Empr. du lat. médiéval *dieta* « jour assigné » (de *dies* « jour »), employé pour traduire l'all. *Tag* « jour » dans le sens de « jour d'assemblée », cf. *Landtag*, *Reichstag ;* s'est dit d'abord surtout d'assemblées politiques d'Allemagne.

DIEU. Lat. *deus*. — Comp. : **adieu,** XIIe ; **bondieusard,** 1865 ; **bondieuserie,** 1881, dér. de *bon dieu ;* **demi-Dieu,** 1488 (et déjà au XIIIe s.), pour traduire le lat. *semideus* (en grec *hêmitheos*). Nombreux comp., ayant servi de serments, puis devenus jurons, et intentionnellement altérés pour éviter le blasphème : **corbleu,** 1612, issu de *corps Dieu ;* **morbleu,** 1612, de *mort Dieu ;* **parbleu,** vers 1650 (Cyrano), de *par Dieu ;* **palsambleu,** 1695 (Regnard), de *par le sang Dieu ;* **sacrebleu,** 1808, de *sacre Dieu* (attesté au XIVe s.) ; *sacre* désignait souvent au moyen âge la Fête-Dieu ; **têtebleu,** 1666 (Molière) ; **tudieu,** 1537 (des Périers), abréviation de *vertu Dieu ;* déjà *tudey*, 1611, donné comme lorrain, **ventrebleu,** 1552, etc.

DIFFAMER, XIIIe ; **diffamation,** *id.* Empr. du lat. *diffamare* (de *fama* « renommée »), *diffamatio* (créé à basse ép.). Le verbe a eu au XVIe et au XVIIe s. les sens concrets de « souiller, battre, etc. », encore conservés dans de nombreux patois. — Dér. : **diffamateur,** vers 1460 ; **diffamatoire,** XIVe.

DIFFÉRER, au XIVe s. aux deux sens d' « être différent » et d' « éloigner l'accomplissement de quelque chose » ; différence, XIIe ; **différencier,** vers 1400 (Christine de Pisan) ; **différent,** vers 1350. Empr. du lat. *differre* (qui a les deux sens), *differentia*, *differentiare* (lat. scolastique), *differens*. **Différend,** subst., est une variante orthographique de l'adj., qui apparaît déjà chez Froissart. — Dér. de *différencier :* **différentiel,** XVIe, pour diverses techniques.

DIFFICILE, 1330 ; **difficulté,** XIIIe. Empr. des mots lat. *difficilis*, *difficultas*, qui s'opposaient à *facilis*, *facilitas*. — Dér. de *difficulté :* **difficultueux,** 1584, d'après *majestueux : majesté*, etc.

DIFFORME, XIIIe ; **difformité,** XIVe. Empr. des mots du lat. médiéval *difformis*, *difformitas*, issus, par changement de préf. du lat. class. *deformis*, *deformitas* (de *forma* « forme, beauté »). Du XIVe au XVIIe s. on trouve assez souvent *déformité* d'après le lat. class.

DIFFUS, XVe ; **diffusion,** 1587. Empr. du lat. *diffusus*, *diffusio* (de *diffundere*, « répandre »). Le sens de *diffus*, opposé à *concis*, date du XVIIe s. — Dér. : **diffuser,** XVIe, rare jusqu'au XIXe s.

DIGÉRER, XVIe, au sens moderne ; **digestion,** XIIIe *(Rose)*. Empr. du lat. *digerere*, propr. « porter çà et là, distribuer », *digestio*. *Digérer* a été empr. dès le XIVe s. au sens de « calmer (la colère) », puis de « mettre en ordre », encore usuel au XVIIe s., d'où peuvent être issus certains emplois de *digérer*, tels que *digérer une pensée*, *avoir mal digéré*, qui paraissent aujourd'hui se rattacher au sens dominant de « faire la digestion ».

DIGESTIBLE, 1783, une première fois en 1314 ; **digestif,** XIIIe. Dér. sav. de *digestus*, part. passé de *digerere*, pour servir d'adj. à *digérer*, *digestion*.

DIGITAL, *adj.*, 1776 ; **digitale,** 1545, nom de plante. Empr. du lat. *digitalis* (de *digitus* « doigt ») ; la digitale a été ainsi nommée à cause de la forme de ses fleurs en doigt de gant ; d'où **digitaline,** 1831.

DIGITI-. Premier élément de mots sav. comp., tels que **digitigrade,** 1804, tiré du lat. *digitus* « doigt ».

DIGNE, vers 1050 *(Alexis) ;* **dignité,** vers 1090. Empr. du lat. *dignus*, *dignitas*. Ce dernier mot a donné en a. fr. une forme pop. *daintié* « bien », d'où « joie, mets délicat », et, spécial. dans la langue de la chasse, « testicules de cerf », conservé dans les dictionnaires sous la forme *daintiers* (déjà attestée vers 1100), due à une substitution de suff. — Dér. : **dignitaire,** 1752.

DIGRESSION, XIIe. Empr. du lat. *digressio* (de *digredi* « s'éloigner »).

DIGUE, 1373 (alors *dike ;* dès 1303 le masc. *diic*). Empr. du moyen néerl. *dijc ;* l'it. *diga* et l'esp. *dique*, masc., viennent du fr. — Comp. : **endiguer,** 1829, **endiguement,** 1829 ; **contre-digue,** 1839 (une première fois en 1585).

DILAPIDER, XIIIe ; **dilapidation,** 1465. Empr. du lat. *dilapidare*, *dilapidatio*, v. **lapider.** — Dér. : **dilapidateur,** fin XVIIIe, une première fois en 1433, puis en 1560.

DILATER, XIVe (Oresme) ; **dilatation,** 1314. Empr. du lat. *dilatare* « élargir, étendre » (de *latus,* « large »), *dilatatio.*

DILATOIRE, XIIIe (Beaumanoir). Empr. du lat. juridique *dilatorius* (de *dilatus,* part. passé du verbe *differre,* v. **différer**). On a aussi employé **dilation,** 1290, lat. *dilatio,* encore dans les dictionnaires.

DILAYER, v. **délai.**

DILECTION, XIIe. Empr. du lat. *dilectio* (de *diligere* « chérir »). — Dér. : **prédilection,** XVe.

DILEMME, 1570. Empr. du lat. de basse ép. *dilemma* (du grec *dilêmma,* v. **lemme**).

DILETTANTE, 1740 (de Brosses); d'abord spécial. « amateur passionné de musique italienne ». Empr. de l'it. *dilettante* « celui qui s'adonne à un art par plaisir », part. prés. de *dilettare,* v. **délecter.** — Dér. : **dilettantisme,** 1836.

DILIGENT, vers 1180 ; **diligence,** *id.* Empr. du lat. *diligens, diligentia ;* le sens de « soin empressé » qui est celui du lat., est fréquent au XVIIe s. Celui de « hâte », dominant aujourd'hui, apparaît de bonne heure. *Diligence* « voiture publique », 1680, est issu de *carrosse de diligence.*

DILUER, 1824, une première fois au XVe s. Empr. du lat. *diluere* « laver, détremper ».

DILUVIEN, 1764. Dér. sav. du lat. *diluvium,* v. **déluge.** — Comp. : **antédiluvien,** 1750.

DIMANCHE, d'abord *diemanche.* Lat. eccl. *dies dominicus* « jour du Seigneur », attesté à la fin du IIe s., devenu **didominicu,* ensuite, par dissimilation consonantique **diominicu ;* le plus souvent masc., comme l'esp. *domingo,* mais aussi dans quelques régions fém., comme l'it. *domenica,* le genre de *dies* ayant aussi varié. *Dies dominicus* s'est substitué à *dies solis,* que la Gaule, avant de le perdre, a communiqué aux langues voisines : breton *disul,* angl. *sunday,* all. *Sonntag.* — Dér. : **endimancher,** XVIe s.

DÎME. Lat. *decima,* fém. de *decimus* « dixième » ; désignait dès l'époque républicaine un impôt du dixième du produit, prélevé sur les propriétaires des provinces conquises. It. *decima,* a. pr. *desma ;* l'esp. *diezmo* est masc., comme l'a. pr. *desme ; disme* l'est aussi, mais rarement, en a. fr. — Dér. : **dîmer,** XIIe.

DIMENSION, 1425. Empr. du lat. de basse ép. *dimensio* (de *dimensus,* part. passé de *dimetiri* « mesurer »).

DIMINUENDO, 1838. Empr. de l'it. *diminuendo,* gérondif de *diminuire* « diminuer ».

DIMINUER, 1308 ; **diminutif,** XIVe ; **diminution,** XIIIe. Empr. du lat. *diminuere, diminutivus* (terme de gramm.), *diminutio.*

DINANDERIE, 1387. Dér. de *dinandier,* XIIIe, dér., avec le suff. des noms de métier tels que *taillandier,* etc., de *Dinant,* nom d'une ville de Belgique, célèbre au moyen âge pour la fabrication d'ustensiles de cuivre.

DINDE, 1600 (O. de Serres). A été aussi masc., au sens de « dindon » ; encore usité ainsi dans de nombreux patois septentrionaux. Issu de *coq d'Inde,* 1548 (Rab.) et de *poule d'Inde,* encore usités dans les patois, et qui, au moyen âge, servaient à désigner la pintade : *poules d'Inde,* 1380 ; *coq d'Inde,* 1465 (antér. en lat. médiéval *gallina de India* chez Frédéric II ; l'Inde désigne ici l'Abyssinie où la pintade vit à l'état sauvage, cf. le nom donné par Linné *numidia meleagris. Coq, poule d'Inde* ont été appliqués au dindon, quand celui-ci, trouvé au Mexique par les Espagnols lors de la conquête de ce pays (1519-21) et importé peu après en Europe, l'a été en France, vers 1532. Cf. it. *gallo* et *gallina d'India,* all. *indianischer Hahn, indianische Henne,* angl. *cock* et *hen of India.* — Dér. : **dindon,** 1600, *id.,* d'abord au sens de « dindonneau », le dindon étant appelé *dindart ;* d'où **dindonneau,** 1680, **dindonner,** 1842, **dindonnière,** vers 1650 (Scarron).

DÎNER, v. **déjeuner.**

DINGUER, 1863 (Goncourt). Terme du fr. pop., également usité dans les patois, dont le radical expressif est une variante de *dind-,* très répandu dans des mots patois pour exprimer le balancement d'une cloche, etc., et qui est lui-même une variante de *dand-,* v. **dandiner ; dingo (t),** fin XIXe, se rattache à *dinguer.*

DIOCÈSE, vers 1180, fém. jusqu'au XVIe s. Empr. du lat. eccl. *dioecesis* (déjà usité en lat. class. ; du grec *dioikêsis* « administration, gouvernement »). — Dér. : **diocésain,** 1265 (en outre *-siien* en 1332).

DIONYSIAQUE, 1762. Empr. du grec *dionysiakos,* dér. de *Dionysos,* autre nom de Bacchus.

DIOPTRIE, fin XIXe. Tiré de *dioptrique,* 1626, empr. du grec *dioptrikê* « art de mesurer les distances » (de *dioptra* « appareil pour viser »).

DIORAMA, v. **panorama.**

DIPHTÉRIE, 1855. Nom donné par Trousseau à la maladie que Bretonneau avait nommée *diphtérite,* dans une communication faite en 1821 et publiée en 1826 ; mots faits sur le grec *diphthera* « membrane ». — Dér. : **diphtérique,** fin XIXe.

DIPHTONGUE, XIIIe (écrit alors *dit-*). Empr. du lat. des grammairiens *diphthongus,* fém. (du grec *diphthongos*) propr. « son *(phthongos)* double ».

DIPLÔME, 1732, d'abord « charte », « diplôme émanant d'un corps enseignant », 1829 ; **diplomatique,** *subst.* « science qui a pour objet les diplômes, les chartes », 1708 ; *adj.,* « relatif à cette science », 1732 ; dès 1726, « relatif aux diplômes qui règlent les rapports internationaux ». Empr. du lat. *diploma* (du grec *diplôma,* propr. « feuille de papier, etc., pliée en double »), et du lat. scientifique moderne *diplomaticus* (cf. le *De Re Diplomatica* de Mabillon en 1681). — Dér. : 1° de *diplomatique :* **diplomate,** 1789, d'où **diplomatie** en 1791, sur le modèle d'*aristocrate, -tie ;* **diplomatique** « de diplomate », *adj.*, 1777 ; 2° de *diplôme :* **diplômé,** 1867.

DIPTYQUE, 1838, au sens moderne, en parlant de peintures, de bas-reliefs. D'abord, depuis la fin du XVIIe s., terme d'antiquité romaine et eccl. : « sorte de tablettes doubles où l'on inscrivait des noms de magistrats, d'évêques, de bienfaiteurs de l'Eglise, etc. ». Empr. du lat. *diptycha*, plur. neutre (du grec *diptykha* « tablettes pliées en deux », v. **polyptyque, triptyque**).

DIRE. Lat. *dīcĕre.* — Dér. et Comp. **dire,** *subst.*, XIIIe ; **diseur,** 1233 ; **adirer** « égarer », XIIe, usuel jusqu'au XVIIe s., encore aujourd'hui dans la langue du droit et dans les patois, issu, par l'intermédiaire du part. *adiré* (cf. *affaire : affairé*), longtemps plus usité que les autres formes verbales, de la locution *(être) à dire* « manquer », XIIe, cf. *avoir à dire* « manquer de », XVIe, *trouver à dire* « ne pas avoir son compte », XVIIe ; **dédire,** XIIe, **dédit,** XIIe ; **médire,** XIIe, **médisance,** XVIe (Amyot), par l'intermédiaire du part. prés. *médisant ;* **redire,** XIIe, **redite,** XVe (Ch. d'Orléans). V. **contredire, maudire, prédire. Bien-dire,** *subst.*, XVIIe (Bossuet) ; **qu'en dira-t-on,** fin XVIIe (Saint-Simon) ; **soi-disant,** vers 1435 ; **susdit,** 1495 ; *surdit* au XIIe s. ; **on-dit,** fin XVIIIe.

DIRECT, XIIIe, peu usuel avant le XVIe s. ; **directeur,** 1455 ; **direction,** 1372 (Oresme). Empr. du lat. *directus, director, directio* (de *dirigere*, v. **diriger**) ; v. **droit.** — Dér. : 1° de *direct :* **indirect,** 1416 ; 2° de *directeur :* **directorial** « qui concerne un directeur », fin XIXe ; une première fois au XVIIe s.

DIRECTIVE, fin XIXe, tiré de l'adj. *directif*, rare, attesté dès 1300 ; **directoire,** XVe, diverses acceptions périmées ou historiques. Dér. sav. du lat. *directus*, part. passé de *dirigere*, v. le préc. — Dér. de *directoire* au sens politique : **directorial,** 1796.

DIRIGER, 1496. Empr. du lat. *dirigere*, v. les préc. — Dér. : **dirigeable,** 1789 ; **dirigisme,** 1948.

DIRIMANT, 1701. Dér. sav. du lat. *dirimere* au sens juridique d' « annuler », d'où aussi *dirimer*, 1616.

DISCERNER, XIIIe, au sens de « séparer » ; sens moderne dès lors. Empr. du lat. *discernere*, propr. « séparer », d'où « distinguer par les sens », puis « par l'esprit ». Le premier sens a été usité jusqu'au XVIIe s. — Dér. et Comp. : **discernable,** 1729 ; **discernement,** 1532 ; a signifié aussi au XVIIe s. « action de séparer » d'après le verbe ; **indiscernable,** 1582. V. **discrétion.**

DISCIPLE, XIIe. Empr. du lat. eccl. *discipulus* « disciple de Jésus-Christ », en parlant des apôtres, en lat. class. « élève ». C'est du sens eccl. que le sens moderne s'est développé, vers le XVIe s.

DISCIPLINE, vers 1080 *(Roland)*. Empr. du lat. *disciplina*, « enseignement, science, discipline militaire, etc. ». Jusqu'au XIVe s. signifie surtout « châtiment », sens issu du lat. eccl. du moyen âge, puis « massacre », et d'autre part, « instrument de flagellation ». — Dér. : **disciplinaire,** 1835 (une première fois en 1611) ; **discipliner,** XIIe, au sens de « châtier », développement du sens parallèle au verbe, **disciplinable,** 1389 ; **indisciplinable,** 1568 ; **indiscipline,** 1501 ; **indiscipliné,** XIVe.

DISCONTINU, 1508, une première fois au XIVe s. ; **discontinuer,** vers 1360 ; **discontinuation,** XIVe (Oresme). Empr. du lat. scolastique *discontinuus, discontinuare, discontinuatio.* — Dér. de *discontinu :* **discontinuité,** 1775, d'après *continuité.*

DISCONVENIR, 1529, mais v. le dér. Empr. du lat. *disconvenire.* — Dér. : **disconvenance,** 1488.

DISCORD, *adj.*, 1304. Empr. du lat. *discors, -ordis.*

DISCORDANT, XIIe ; **discordance,** *id. ;* réfection, d'après le lat., de l'a. fr. *descordant, descordance*, plus usuels jusqu'au XVIe s., dér. de l'anc. verbe *descorder* (refait également en *discorder*), lat. *discordāre* « être en désaccord », d'où aussi it. *discordare*, esp. arch. et a. pr. *descordar.* Le sens musical s'est développé en opposition à *accorder.*

DISCORDE, XIIe, parfois *descorde* au moyen âge d'après les préc. Empr. du lat. *discordia.*

DISCOURIR, 1539, d'abord *discurre*, vers 1200 ; paraît rare au moyen âge ; **discours,** 1503. Empr. des mots du lat. de basse ép. *discurrere, discursus*, en lat. class. « courir çà et là, action de courir çà et là », et francisés d'après *courir, cours.* Le sens propre du verbe a été parfois repris au XVIe s. — Dér. : **discoureur,** XVIe.

DISCOURTOIS, 1584 (*descourtois* en 1416), **discourtoisie,** 1580 (Montaigne) (*descourtoisie* au début du XVe s., dans une traduction de Boccace). Dér. de **courtois,** dans lesquels le préf. *des-* a été remplacé par *dis-* sous l'influence de l'it. *discortese.*

DISCRET, XIIe ; **discrétion,** *id.* Empr. du lat. médiéval *discretus*, au sens de « capable de discerner », sens développé d'après le verbe *discernere*, v. **discerner** (en lat. class. ne signifie que « séparé », sens rarement repris), et du lat. anc. *discretio* « distinction, discernement », sens dominants jusqu'au XVIIe s., d'où sont issues les locutions *à discrétion, à la discrétion de*, dès le XVIe s. et le sens d' « enjeu indéterminé » au XVIe s., le sens de « réserve, etc. » s'est développé au XVIIe s. d'après l'adj. — Dér. : **discrétionnaire,** 1794 ; **indiscret,** 1488, **indiscrétion,** vers 1200, « manque de discernement » jusqu'au XVIe s., développement de sens parallèle au simple.

DISCRIMINATION, 1877 ; **discriminer,** 1948. Empr. du lat. *discriminatio* et *discriminare*, mêmes sens.

DISCULPER, 1615. Réfection de l'anc. *descolper*, *descoulper*, encore en 1642, comp. de *colpe*, « faute », v. **coulpe,** d'après le lat. médiéval *disculpare*. Bouhours attribue l'introduction de *disculper* à Mazarin, ce qui fait penser à une influence de l'it. *discolpare*.

DISCURSIF, XVIe. Empr. du lat. scolastique *discursivus* (de *discursus* « discours »).

DISCUTER, XIIIe ; **discussion,** XIIe. Empr. du lat. *discutere*, *discussio*, propr. « secouer, secousse », d'où « séparer, examiner », et, à basse ép., « discuter, discussion ». — Dér. : **discutable,** 1791 ; **indiscutable,** 1836 ; **discuteur,** XVe, rare jusqu'au XIXe.

DISERT, 1321. Empr. du lat. *disertus*.

DISETTE, XIIIe s. (sous la forme *disietes*). Peut-être dér. du verbe *dire* au sens qu'il a dans des locutions comme *trouver à dire* « regretter l'absence de », avec le suff. verbal *-ette*, ou bien empr. du moyen grec *disechtos* « année bissextile, année de malheur ». La deuxième hypothèse trouve un appui dans le fait que l'Italie connaît le mot dès le moyen âge (anc. génois *dexeta*).

DISGRÂCE, 1539 ; **disgrâcier,** 1552 ; dér. de *disgrâcié*, usuel au XVIe s. Empr. des mots italiens *disgrazia*, *disgraziato* « malheureux, mauvais, méchant » (ces deux derniers sens sont parfois employés au XVIe s.).

DISJOINDRE, XIVe (Oresme). Réfection, d'après le lat., de *dé(s)joindre*, encore dans les dictionnaires, lat. *disjungĕre ;* cf. de même a. pr. *desjonher*.

DISJONCTIF, 1534 ; **disjonction,** XIIIe s. Empr. du lat. *disjunctivus*, *disjunctio*.

DISLOQUER, 1545 ; **dislocation,** 1314, au sens médical, d'où se sont développés les autres sens. Empr. du lat. médical du moyen âge *dislocare*, *dislocatio* (on a en lat. médical anc. *delocatio*, de *locus* « endroit »). *Disloquer* a éliminé une forme pop. *deslouer*, usuel jusqu'au XVIe s., au même sens, lat. pop. **dislocāre ;* de là aussi l'a. pr. *deslogar*.

DISPARATE, *adj.*, XVIIe. Empr. du lat. *disparatus* « inégal » et, à basse ép., « disparate », part. passé du verbe *disparare* « séparer, diversifier ». *Disparat* a été usuel au XVIIIe s. ; le choix de la forme fém. est dû à la présence de *disparate*, subst. fém., « acte extravagant », XVIIe (Chapelain) (que le dér. suiv. a fait disparaître), empr. de l'esp. *disparate* (de *disparatar* « faire des actes extravagants »). — Dér. : **disparate,** *subst.*, début XIXe, « dissemblance choquante », ordinairement fém. d'après le mot empr. de l'esp.

DISPENDIEUX, 1737. Empr. du lat. de basse ép. *dispendiosus* (de *dispendium*) pour servir d'adj. à *dépense*.

DISPENSAIRE, 1775 (comme établissement d'Angleterre, en 1835 à propos de la France). Empr. de l'angl. *dispensary* (du verbe *to dispense* « distribuer »), v. les suiv. ; le premier établissement de ce genre fut établi en Angleterre en 1699. Au sens de « recueil de formules pharmaceutiques ou de laboratoire », en 1611, c'est un dér. de *dispenser* au sens de « doser ».

DISPENSER, 1283, au sens d' « accorder une dispense » ; **dispensateur,** XIIe ; **dispensation,** *id.* Empr. du lat. *dispensare*, qui ne signifie à l'époque class. que « distribuer », sens repris au XVIe s., *dispensator*, *dispensatio*. Celui d' « accorder une dispense » est empr. du lat. eccl. du moyen âge. — Dér. : **dispense,** 1437 ; **indispensable,** 1654, a signifié aussi « dont on ne peut être dispensé par l'Eglise » au XVIIe s.

DISPERSER, XVe ; **dispersion,** XIIIe. Le premier est un dér. du lat. *dispersus*, part. passé du verbe *dispergere*, ou une réfection de *disperger*, attesté en 1482, d'après l'adj. *dispers*, assez usuel au XVIe s., empr. du lat. *dispersus ;* le deuxième est empr. du lat. *dispersio*.

DISPONIBLE, XIVe. Empr. du lat. médiéval *disponibilis* (de *disponere*). — Dér. : **disponibilité,** 1790, une première fois en 1492 ; **indisponible,** 1752, **indisponibilité,** 1829.

DISPOS, 1465. Le fém. inusité aujourd'hui a été parfois employé au XVIe s. ; sa disparition est due à l'hésitation entre *disposte* et *dispose*, qui s'est manifestée au XVIe et au XVIIe s. Empr. de l'it. *disposto* (dont la forme explique le fém. *disposte*, v. ci-dessus, et le masc. *dispost*, fréquent au XVIe s.), francisé en *dispos* d'après *disposer*.

DISPOSER, 1181. Empr., avec francisation d'après *poser*, v. **composer,** du lat. *disponere* « distribuer, régler, établir, etc. ». — Dér. : **indisposer,** vers 1400, au part. passé, qui a été suggéré par le lat. eccl. *indispositus* « non préparé », cf. le texte de Gerson : « Ame indisposée par péché mortel » ; au sens de « légèrement malade », 1460 ; le verbe n'est devenu usuel qu'à la fin du XVIe s. ; **prédisposer,** 1798, une première fois au XVe s.

DISPOSITIF, 1314, comme terme de médecine, sens techn. divers d'après le verbe préc. ; **disposition,** XIIe. Le premier est un dér. de *dispositus*, part. passé du verbe *disponere*, le deuxième empr. du lat. *dispositio*. — Dér. : **indisposition,** 1459 ; **prédisposition,** 1798.

DISPUTER, XIIe. Empr. du lat. *disputare*, au sens de « discuter ». Les sens de « rivaliser, quereller », et la construction transitive se sont développés au XVIIe s. — Dér. : **disputailler,** XVIe ; **dispute,** 1474, au sens de « discussion », aujourd'hui vieilli, au profit de celui de « querelle » ; **disputeur,** 1681, une première fois au XIIIe s.

DISQUALIFIER, 1784 ; répandu surtout dans le langage des courses de chevaux, aujourd'hui entré dans la langue courante ; **disqualification,** 1784. Empr. des mots angl. *to disqualify* (de *to qualify*, empr. du fr. *qualifier*), *disqualification*, termes de sport.

DISQUE, 1556, paraît peu usuel avant le XVIIe s. Empr. du lat. *discus* « palet », déjà dit de différents objets de forme plate et circulaire, v. **dais.** — Dér. : **discothèque,** vers 1933, formé d'après *bibliothèque.*

DISSÉMINER, 1787, une première fois en 1503 ; **dissémination,** 1764. Empr. du lat. *disseminare* (de *semen* « semence »), *disseminatio.*

DISSENSION, XIIe. Empr. du lat. *dissensio* (de *dissentire* « être en désaccord »).

DISSENTIMENT, 1787, une première fois en 1611, *dissentement* chez Montaigne. Dér. du verbe *dissentir*, XVe, vieilli depuis le XVIIIe s., empr. du lat. *dissentire.*

DISSÉQUER, 1611 ; **dissection,** 1538. Empr. du lat. *dissecare, dissectio.* — Dér. : **dissecteur,** 1958.

DISSERTER, 1723 ; **dissertateur,** 1726 ; **dissertation,** 1645 (G. Patin). Empr. du lat. *dissertare, dissertator, dissertatio.*

DISSIDENT, 1767 (Diderot, une première fois au XVIe s.) ; **dissidence,** 1787, une première fois au XVe s. Empr. du lat. *dissidens* (part. prés. du verbe *dissidere* « s'écarter, être en désaccord », de *sedere* « s'asseoir »), *dissidentia.*

DISSIMULER, XIVe (Oresme) ; **dissimulateur,** XVe ; **dissimulation,** XIIe. Empr. du lat. *dissimulare, dissimulator, dissimulatio,* v. **simuler.**

DISSIPER, XIIIe ; **dissipateur,** vers 1400 (E. Deschamps) ; **dissipation,** 1419. Empr. du lat. *dissipare* « disperser, répandre, détruire », *dissipator, dissipatio.* Le sens de « se distraire, perdre son temps en amusements » s'est développé au XVIIe s.

DISSOCIER, 1579, une première fois 1495. Empr. du lat. *dissociare,* v. **associer.** — Dér. : **dissociation,** XVe.

DISSOLU, vers 1190. Empr. du lat. *dissolutus,* part. passé du verbe *dissolvere,* v. **dissoudre.**

DISSOLUTION, XIIe, au sens moral ; sens matériel en 1314. Empr. du lat. *dissolutio* qui a les deux sens.

DISSONER, XIVe (Bersuire, rare avant le XVIIIe s.) ; **dissonance,** 1628, une première fois au XIVe s. Empr. du lat. *dissonare, dissonantia.*

DISSOUDRE, vers 1190. Empr. du lat. *dissolvere* et francisé d'après les verbes formés avec le même radical, cf. *absoudre* et l'a. fr. *soudre* « payer », v. **soulte.**

DISSUADER, XIVe (Bersuire). Empr. du lat. *dissuadere* (de *suadere* « persuader »).

DISTANT, XIVe (Oresme) ; **distance,** XIIIe (J. de Meung). Empr. du lat. *distans* (part. prés. du verbe *distare*), *distantia.* Le sens moral de *distant :* « qui observe ou qui fait observer les distances », 1829 (Stendhal, en parlant des Anglais), vient de l'angl. *distant.* — Dér. : **distancer,** 1838, en langage de courses de chevaux, d'après l'angl. *to distance.*

DISTENDRE, 1721, une première fois, XVIe (Paré) ; **distension,** XIVe. Empr. du lat. *distendere, distensio.*

DISTILLER, XIIIe ; **distillation,** 1372. Empr. du lat. *distillare* « tomber goutte à goutte *(stilla)* », *distillatio ;* le verbe *distiller* a été aussi intransitif au XVIe et au XVIIe s., en cet emploi d'après le lat. Le sens techn. des deux mots vient du lat. des alchimistes. — Dér. : **distillateur,** XVIe (Palissy) ; **distillatoire,** XVIe (Paré) ; **distillerie,** 1784.

DISTINGUER, 1360 ; **distinct,** 1314 ; **distinction,** XIIe ; **distinguo,** 1578 (H. Estienne). Empr. du lat. *distinguere, distinctus, distinctio, distinguo* (terme du lat. des écoles). Le sens de « donner une marque honorifique qui distingue » a été pris par *distinguer* au XVIIIe s. et le sens correspondant de *distinction* est du XVIIe. — Dér. de l'adj. : **distinctif,** 1314.

DISTIQUE, 1546 ; d'abord *distichon,* 1550. Empr. du lat. *distichon* (du grec *distikhon,* comp. de *dis* « deux fois » et de *stikhos* « vers »).

DISTORSION, 1538. Empr. du lat. *distorsio,* id.

DISTRAIRE, 1377 (Oresme) ; **distraction,** 1335. Empr. du lat. *distrahere* (francisé d'après *traire,* etc.), propr. « tirer en divers sens », *distractio. Distraction* semble avoir pris le sens d' « amusement » au XVIIe s. ; mais le verbe n'a pas clairement celui de « (s')amuser » avant le XVIIIe.

DISTRIBUER, 1248 *(destribuer)* ; **distributeur,** vers 1370 ; **distributif,** XIVe (Oresme) ; **distribution,** XIVe. Empr. du lat. *distribuere, distributor, distributivus* (médiéval ; en lat. ancien, terme de grammaire), *distributio.* — Dér. : **redistribuer,** XVIIIe (Turgot).

DISTRICT, 1421. Utilisé en 1789 pour désigner une subdivision des départements. Empr. du lat. de basse ép. *districtus ;* a éliminé une forme pop. *destroit* « étendue d'une juridiction », d'où « district », usuel jusqu'au XVIIe s., encore chez La Fontaine, *Fables,* X, 14.

DITHYRAMBE, XVIe (Rabelais) ; **dithyrambique,** 1568. Empr. du lat. *dithyrambus, dithyrambicus* (du grec *dithyrambos, -bikos*).

DITO, 1723. Terme commercial, empr. de l'it. *ditto,* au sens de « ce qui vient d'être dit » (forme usuelle en Toscane, à côté de l'it. littéraire *detto,* part. passé du verbe *dire*).

DIURÉTIQUE, XIVe. Empr. du lat. médical *diureticus* (du grec *diourêtikos*).

DIURNE, 1425, mais peu usuel avant le XVIIIe s. Empr. du lat. *diurnus.*

DIVA, 1833. Empr. de l'it. *diva,* propr. « déesse », terme poétique appliqué à la femme aimée et aux grandes cantatrices (empr. du lat. *diva* « divine » ; v. **dive**). — Dér. : **divette,** 1890.

DIVAGUER, 1534. Empr. du lat. de basse ép. *divagari* « errer çà et là » ; le sens concret est aujourd'hui disparu, en dehors de la langue de la jurisprudence. Le sens fig. est propre au fr. — Dér. : **divagateur,** 1838 ; **divagation,** 1577, déjà au sens fig., développement du sens parallèle au verbe.

DIVAN, 1653, au sens d' « estrade à coussins », à propos des Turcs. Antér. défini « *court ou conseil* », 1558, à propos de la Turquie ; au XVIIIe s. « conseil des ministres, etc. », et aussi « chez les notables turcs salle de réception, dont le tour est garni de coussins ». Empr. du turc *diouan*, qui a ces derniers sens, lui-même empr. du persan *dīwān*. V. **douane.** Le sens de « meuble, sorte de sofa » est relevé depuis 1742.

DIVE, 1564 (Rabelais, dans l'expression *la dive bouteille*, qu'on dit encore par plaisanterie). Empr. du lat. *diva* « divine », fém. de *divus*.

DIVERGER, 1720 ; **divergent,** 1626 ; **divergence,** *id.* Empr. du lat. *divergere* « pencher, incliner », *divergens*, *divergentia* pour des emplois scientifiques, v. **converger** ; le sens fig. s'est développé en fr. à la fin du XVIIIe s.

DIVERS. Lat. *diversus* « qui est en sens opposé », d'où « opposé, différent de », d'où, à basse ép. « varié » et au plur. « quelques » ; a dû prendre en outre le sens de « méchant », attesté en a. fr., où il a été usuel jusqu'au XVIe s., par l'a. pr. *divers* et l'it. *diverso*. Les sens du lat. class. ont été en outre parfois repris.

DIVERSIFIER, XIIIe. Empr. du lat. médiéval *diversificare*.

DIVERSION, 1314. Empr. du lat. de basse ép. *diversio* (de *divertere* « détourner »).

DIVERSITÉ, XIIe. Empr. du lat. *diversitas* (de *diversus*), v. **divers.**

DIVERTIR, vers 1400. A signifié propr. « détourner » jusqu'à la fin du XVIe s., d'où « détourner de ses occupations », au XVIIe s., d'où « distraire ». Empr. du lat. *divertere* « (se) détourner » ; pour la conjugaison, cf. *convertir*. — Dér. : **divertissement,** XVe, développement du sens parallèle au verbe.

DIVETTE, v. **diva.**

DIVIDENDE, XVIe, comme terme d'arithmétique. Empr. du lat. *dividendus* « qui doit être divisé » (de *dividere*) ; sens financier au XVIIIe s.

DIVIN, XIVe ; en outre *devin* en ce sens au XIIe s. ; **divinité,** XIIe. Empr. du lat. *divinus*, *divinitas*. — Dér. ; **diviniser,** 1581.

DIVINATEUR, XVe ; **divination,** XIIIe (en outre *devination* au XIIIe s. d'après *deviner*). Empr. du lat. *divinator*, *divinatio*, v. **deviner.** — Dér. : **divinatoire,** XIVe.

DIVISER, XIIe. Réfection de *deviser* d'après le lat. *dividere*, voir les suivants ; jusqu'au XVIe s. *diviser* est rare et son sens n'a été fixé qu'alors.

DIVISEUR, 1213 ; **divisible,** XIVe (Oresme) ; **division,** XIIe. Empr. du lat. *divisor*, *divisibilis* (créé à basse ép.), *divisio*, également terme de mathématique (de *dividere*, v. le préc.). *Division*, au sens militaire, date de la fin du XVIIIe s. — Dér. de *divisible :* **divisibilité,** XVe. — Dér. de *division :* **indivision,** XVIe ; **divisionnaire,** 1793, au sens militaire.

DIVORCE, XIVe. A signifié aussi « séparation (en général) » jusqu'au XVIIe s. Empr. du lat. *divortium* qui a les deux sens. — Dér. : **divorcer,** XIVe.

DIVULGUER, XIVe ; **divulgation,** 1510. Empr. du lat. *divulgare*, *divulgatio* (créé à basse ép.).

DIX. Lat. *decem*. It. *dieci*, esp. *diez*. — Dér. : **dixième,** XIIe (sous la forme *diseme*), v. **centième ; dizain,** XVe, au moyen âge signifie aussi « dixième » ; le suffixe *-ain* a remplacé *-ein*, lat. *-ēnus* des multiplicatifs, cf. a. pr. *dezen ;* **dizaine,** 1515, v. **centaine,** d'où **dizenier,** XVe. — Comp. : **dix-sept,** XIIe *(dis e set) ;* **dix-huit,** *id. (dis e uit) ;* **dix-neuf,** *id. (dis e neuf).*

DJINN, 1828 (V. Hugo, déjà en 1674 *dgin* dans un récit de voyage). Empr. de l'arabe *djinn* « démon bon ou mauvais ».

DO, 1767 (J.-J. Rousseau). Empr. de l'it., v. **gamme.**

DOCILE, 1495 ; **docilité,** 1493. Empr. du lat. *docilis*, *docilitas* (de *docere* « enseigner »).

DOCK, 1671, en parlant de choses de l'Angleterre, depuis 1836 par rapport à la France ; **docker,** 1899. Empr. de l'angl. *dock* (qui vient du néerl. *docke*), *docker*.

DOCTE, 1496. Empr. du lat. *doctus ;* a éliminé l'a. fr. *duit*, encore usuel au XVIe s., « expérimenté, habile », part. passé de l'anc. verbe *duire* « instruire », lat. pop. **docēre*, lat. class. *docēre*.

DOCTEUR, XIIe ; **doctorat,** 1575. Empr. du lat. *doctor*, *doctoratus* (lat. médiéval). *Docteur*, grade universitaire, créé vers le XIIe s. (au XVIIe s., spécial. « docteur en théologie »), est devenu partic. usuel au XIXe s. au sens de « médecin » (mais déjà signalé au XVIIe s.) parce que les médecins, pourvus du titre de docteur, mettaient leur titre en valeur, quand le grade d'officier de santé existait encore. — Dér. : **doctoral,** XIVe ; **doctoresse,** XVe (jusqu'au XIXe s. s'employait par plaisanterie) ; a été de nouveau essayé de nos jours (attesté en 1871), mais sans s'établir solidement.

DOCTRINE, XIIe ; **doctrinal,** *id.* Empr. du lat. *doctrina* « enseignement, science, doctrine », *doctrinalis ;* le sens de « doctrine » a triomphé au XVIIe s. et a éliminé les deux autres, le premier dominant au moyen âge, le deuxième encore usuel au XVIIe s. — Dér. : **doctrinaire,** 1787, comme terme politique, antér., depuis le XIVe s., avait d'autres sens aujourd'hui disparus ; **endoctriner,** XIIe, développement du sens parallèle au verbe.

DOCUMENT, XIIe. Empr. du lat. *documentum* (de *docere*) « enseignement, ce qui sert à instruire », seul sens du mot fr. jusqu'au XVIIe s. ; le sens moderne, qui paraît être issu de l'emploi de *document* comme terme de palais dans *titres et documents* depuis la fin du XVIIe s., date du début du XIXe. — Dér. : **documentaire,** 1876 ; **documentation,** 1870 ; **documenter,** 1769.

DODÉCA-. Premier élément de mots sav. comp. tels que **dodécagone,** 1690, tiré du grec *dôdeka* « douze ».

DODELINER, 1532 (Rab.) ; **dodiner,** XIVe. Mots expressifs, se disant du balancement du corps. Le radical de ces mots se retrouve également dans le mot enfantin **dodo,** XVe (Charles d'Orléans), dont la création a été en même temps suggérée par le verbe *dormir*. **Dodu,** vers 1470, paraît appartenir à la même famille ; aurait signifié propr. « bien soigné, dorloté », cf. le sens de « bercer » que possède *dodiner ;* v. **dondon.** — Dér. : **dodinement,** 1552.

DOG-CART, 1858. Empr. de l'angl. *dog-cart*, propr. « charrette à chiens », cette voiture de chasse ayant une caisse disposée pour loger des chiens.

DOGE, 1555 ; **dogaresse,** 1815. Empr. des mots it. *doge*, *dogaressa*, tous deux empr. du vénitien, où *doge* représente le lat. *ducem*, acc. de *dux ;* l'it. litt. dit *duca* et *duce*.

DOGME, 1570 ; **dogmatique,** 1537 ; **dogmatiser,** XIIIe ; **dogmatiste,** 1558. Empr. du lat. *dogma*, *dogmaticus*, *dogmatizare* (lat. eccl.), *dogmatistes (id.)* (du grec *dogma* « opinion, doctrine », *-tikos*, *-tizein*, *-tistês*, ce dernier du grec eccl.), employés au moyen âge surtout dans le langage de la théologie, comme ils l'étaient dans le lat. et le grec de l'Église. A partir du XVIe s., sens plus étendus, et, en outre, les sens du lat. et du grec du paganisme. — Dér. de *dogmatiser :* **dogmatiseur,** 1586 ; **dogmatisme,** 1580 (Montaigne).

DOGUE, 1406. Empr. de l'angl. *dog* « chien » ; cette variété de chien d'origine anglaise a pénétré également dans les autres pays européens, d'où l'it. *dogo*, l'all. *Dogge*, etc. ; v. **bouledogue.**

DOIGT. Lat. *digitus*, devenu **ditus* en lat. pop. It. *dito*, esp. *dedo*. Un plur. neutre **dita*, de sens collectif, a donné l'a. fr. *doie* « largeur d'un doigt », conservé au sens simple de « doigt » en lorrain. *Digitus* avait aussi le sens de « doigt de pied » ; v. **orteil.** — Dér. : **doigté,** 1798, par l'intermédiaire d'un verbe *doigter*, terme de musique, 1726 ; **doigtier,** XIVe.

DOL, aujourd'hui seulement terme juridique, 1248. Empr. du lat. *dolus* « ruse ».

DOLÉANCE, 1421. Réfection de *do(u)liance* (où *l* est probabl. mouillée), XIIIe, dér. de l'anc. verbe *douloir*, lat. *dolēre* ; l'*l* mouillée est due aux formes du subj. *dueille*, *doille*, lat. *doleam*, etc. L'*é* de *doléance* est d'origine incertaine ; *do(u)liance* a peut-être été d'abord refait en **douloyance* d'après le verbe *douloyer*, attesté au XVIe s., puis en *doléance* sur le modèle des deux formes *croyance : créance*. Quant à l'*o*, à côté de *douleur*, *douloir*, il résulte d'une hésitation de la prononciation qui se retrouve aussi dans *soleil*, etc.

DOLENT, XIe *(Alexis)* sous la forme du fém. *dolente*. En raison de l'ancienneté de cette forme, cf. aussi *dolentas*, fém. plur., dans le *Mystère de l'Époux*, au milieu du XIe s., il faut admettre que le lat. *dolens* a été refait dans le lat. pop. de la Gaule septentrionale en **dolentus*, *-a*.

DOLER. Lat. *dolāre*. V. **doloire.**

DOLICHO-. Premier élément de mots savants comp., tels que **dolichocéphale,** 1855, tiré du grec *dolikhos* « long ».

DOLLAR, 1773. Empr. de l'anglo-américain *dollar* (qui vient lui-même du bas-allemand *daler*, all. *Taler*).

DOLMAN, 1750 ; le dolman passe pour avoir été introduit sous Louis XV. Empr., par l'intermédiaire de l'all. *Dolman*, du hongrois *dolmany*, qui vient lui-même du turc *dolama*. Le mot turc a été introduit directement sous la forme *doliman*, en 1568, pour désigner un vêtement turc : « sorte de robe de dessus, à manches étroites », *doloman*, 1537.

DOLMEN, 1805. Fabriqué avec deux mots bretons *taol (tol)* « table » et *men* « pierre » par des archéologues celtomanes ignorant les règles de la langue bretonne (qui dirait, si le mot existait, *taol-ven*).

DOLOIRE. Lat. pop. **dolātōria*, dér. de *dolāre*, v. **doler** ; préféré au neutre *dolātōrium*, attesté à basse ép., « sorte de hache pour tailler des pierres », d'après *dolābra* « outil (analogue à la doloire), servant à tailler, creuser, etc. » ; de même a. pr. *doladoira*.

DOLOMITE (plus usité que *dolomie*). Tiré en 1792 par de Saussure de *Dolomieu*, nom du célèbre naturaliste (1750-1801), qui a découvert et étudié cette substance.

DOLOSIF, 1864 ; une fois *dolosivement*, 1626. Dér. de l'adj. lat. *dolosus* pour servir d'adjectif à *dol*.

DOM, XVIe, comme titre de religieux ; depuis réservé aux Chartreux et aux Bénédictins. Empr. de l'it. *don*, avec une graphie qui rapproche le mot de la forme latine.

DOMAINE, XIIe, sous la forme *demaine*, dominante en a. fr. Soit empr. du lat. *dominium*, comme l'a. pr. *domini*, soit tiré de l'anc. adj. *demaine* « seigneurial, etc. », empr. du lat. *dominicus*. Le développement du mot s'est fait, en tout cas, en contact avec le lat. médiéval *domanium*, fait lui-même sur l'a. fr. *demaine*. — Dér. : **domanial,** XVIe, d'après le lat. médiéval *domanialis*.

DÔME, en parlant d'une église cathédrale d'Italie, XVe. Empr. de l'it. *duomo* qui vient du lat. eccl. *domus* ; *domus* est employé en Toscane dès le VIIIe s. dans l'expression *domus episcoporum* « tout ce qui constitue le siège épiscopal » et dès le milieu du IXe s. *domus* seul s'emploie au sens de « cathédrale, église ». Le lat. *domus* a également passé en Allemagne d'où l'all. anc. *Thum*, aujourd'hui *Dom* (refait sur le fr.), et l'emploi du fr. *dôme* en parlant de cathédrales d'Allemagne.

DÔME, sorte de coupole, XVIe (O. de Serres : *dosme* (d'où l'accent circonflexe), en parlant d'un pigeonnier). Empr. du prov. *doma*, attesté une seule fois, grec *dôma*, propr. « maison » et spécial. « toiture plate », introduit par les colonies grecques du Sud de la Gaule (et non par le lat. de basse ép. *doma*) ; a pris ensuite le sens de « toiture de forme ronde », d'où « coupole ».

DOMESTIQUE, *adj.*, XIVe ; **domesticité,** 1628. Empr. du lat. *domesticus* (de *domus* « maison »), *domesticitas* (créé à basse ép.). L'a. fr. a possédé une forme pop. *domesche* « domestique » (en parlant des bêtes), « franc » (opposé à « sauvage », en parlant des plantes), disparu vers le XVe s., mais encore usuel dans de nombreux patois au sens d' « apprivoisé, etc. », cf. aussi l'a. pr. *domesge*, etc., « de la maison, greffé, etc. ». — Dér. : **domestique,** *subst.*, 1432 ; **domestiquer,** XVe ; **domestication,** 1836.

DOMICILE, XIVe. Empr. du lat. *domicilium* (de *domus* « maison »). — Dér. : **domiciliaire,** 1539 ; **domicilier,** 1539.

DOMINER, X^e *(Saint-Léger)* ; **dominateur,** XIIIe ; **domination,** XIIe. Empr. du lat. *dominari* (de *dominus* « maître »), *dominator*, *dominatio*. — Comp. : **prédominer,** 1580 (Montaigne) ; **prédominance,** XVIe, rare jusqu'au XIXe.

DOMINICAL, 1417. Empr. du lat. de basse ép. *dominicalis* (de *dominicus*), v. **dimanche.**

DOMINO, 1505, au sens, aujourd'hui vieilli, de « camail noir avec capuchon porté par les prêtres en hiver », « d'où robe avec capuchon pour bal masqué », 1739, puis le jeu de ce nom, 1771, ainsi nommé à cause de l'envers noir des dés plutôt que parce que celui qui gagne *fait domino* (dont le sens, en ce cas, n'est pas expliqué). Au premier sens, *domino* paraît représenter le lat. *domino*, extrait de quelque formule de prière, telle que *benedicamus domino* « bénissons le Seigneur » ; mais cette explication n'est pas suffisamment justifiée.

DOMMAGE, v. **dam.**

DOMPTER. D'abord *donter*, encore *domter* dans le *Dict. de l'Académie*, 1718 ; *dompter*, qui remonte au moyen âge, doit son *p* à des graphies fort anciennes, telles que *dampnum*, *temptare* à côté de *damnum*, *tentare*. Lat. *domitāre* qui ne s'est établi qu'en gallo-roman, cf. a. pr. *domdar*, *domtar*, tandis que le simple *domāre* s'est conservé dans l'it. *domare* et l'esp. *domar*. — Dér. : **dompteur,** 1213 ; **indomptable,** 1420 ; **indompté,** XVe.

DON « action de donner ». Lat. *dōnum*. It. *dono*, esp. *don*.

DON, titre espagnol, 1606. Empr. de l'esp. *don*, lat. *dominus*, v. **dame** ; a été parfois transcrit *dom* au XVIe et au XVIIe s., d'après **dom.**

DONATAIRE, XIVe ; **donateur,** 1320 ; **donation,** 1235, a éliminé une forme pop. *donaison*, très usuel au moyen âge, encore signalée en 1642. Empr. du lat. *donatarius*, *donator*, *donatio* (de *donare*), **v. donner.**

DONC. En outre *dongues*, usuel jusqu'au XVIIe s. ; a signifié aussi en a. fr. « alors, puis ». Lat. *dunc*, attesté à l'époque impériale, de formation discutée, mais dont le sens consécutif est assuré par l'accord des langues romanes ; issu de *dumque*, élargissement de *dum*, particule qui est souvent employée, en lat. de basse ép., au sens de « donc » et qui se joignait à des imper., cf. *agedum* « allons », *dic dum* « parle donc » ou altération de *dum* d'après *tum*, *tunc*. La syllabe finale *-que(s)*, qui persiste dans la prononciation moderne, vient de *unquam*. L'ancien comp. *adonc*, est encore vivace dans les patois. It. *dunque*, esp. arch. *doncas*.

DONDON, 1579. Mot expressif à rapprocher de **dandiner** et **dodeliner** ; le sens de « balancement » se trouve dans l'anc. mot *dondaine* « ancienne machine de guerre pour lancer des traits ou des pierres » ; en outre abondamment représenté dans les patois par des mots exprimant les actions de « bercer, sommeiller, etc. ». Des mots expressifs de sens analogue existent aussi en it., cf. *dondolare* « dandiner ».

DONJON. Lat. pop. **dominiōnem*, acc. de **dominiō*, dér. de *dominus*, propr. « tour maîtresse du château » ou « tour du seigneur » (en tout cas non « habitation du seigneur »). Seulement gallo-roman.

DONNER. Lat. *dōnāre* « faire un don », qui est entré en concurrence à basse ép. avec le lat. class. *dare* « donner (en général) », dont il n'est resté que des traces en gallo-roman ; cf. au contraire it. *dare* et *donare*, esp. *dar* et *donar* (surtout juridique). Par contre, *donner* a été concurrencé en gallo-roman par *bailler*. — Dér. et Comp. : **donne,** 1732, terme de jeu ; **donneur,** XIIe ; **adonner,** XIIe, au sens de « donner, livrer », jusqu'au XVIe s. ; aujourd'hui seulement réfl., attesté dès le XIIe s. ; cf. de même esp. *adonarse* « se conformer » ; probabl. déjà lat. pop. **addōnāre* ; **entre-donner (s'),** vers 1080 *(Roland)* ; **maldonne,** 1842, par l'intermédiaire de *mal donner* ; **redonner,** XIIe.

DONT. Lat. pop. *dē unde*, comp. de *de* et de *unde* « d'où » (qui a survécu dans de nombreux parlers, notamment dans les patois méridionaux, cf. aussi a. fr. *ont*). It. *donde* « d'où », esp. « où ».

DONZELLE, v. **demoiselle.**

DOPER, 1907 ; **doping,** 1903. Empr. de l'angl. *to dope*, *doping*.

DORADE, v. **daurade.**

DORER. Lat. *dēaurāre* (Tertullien) (de *aurāre*, verbe de peu de vitalité et qui n'a pas laissé de traces) ; v. le préc. It. *dorare*, esp. *dorar*. — Dér. et Comp. : **doreur,** fin XIIIe ; **dorure,** XIIe ; **dédorer,** vers 1300 ; **mordoré,** 1669 *(more doré) ;* comp. de *more* nom des habitants de la Mauritanie qui ont un teint basané, et de *doré ;* **redorer,** 1322 ; **surdorer,** 1361, au part. passé, longtemps seul usité.

DORIS, sorte d'embarcation plate, fin XIXe, donné comme masc. par Larousse ; le fém. de *dori*, 1874 (Littré), ne paraît pas justifié. Paraît être d'origine américaine, d'après le texte cité par Littré : « Embarcations qu'on voit à bord de leurs goëlettes (des Américains) et qui sont connues sous le nom de doris. »

DORLOTER, XVe (*doreloiez*, au part. passé). Signifiait propr. « friser les cheveux, la barbe », encore au XVIe s., d'où le sens d' « entourer de soins tendres », attesté dès le XIIIe s. Dér. de l'a. fr. *dorelot*, *dorenlot* « grosse boucle de cheveux (que les hommes portaient relevée sur le front) », d'où aussi « ruban, frange », cf. le dér. *dorelotier* « fabricant de dorelots », 1292 ; a pris aussi le sens de « mignon, favori », encore usité au XVIe s. Ce mot paraît être un emploi plaisant de l'anc. refrain *dorelo*. Aujourd'hui le verbe est rapproché, par étymologie populaire, de *dormir*, d'où le dér. **dorlotine** « sorte de dormeuse », 1858.

DORMIR. Lat. *dormīre*. It. *dormire*, esp. *dormir*. — Dér. : **dormeur,** XIVe ; **dormitif,** 1545 ; **redormir,** 1811.

DORSAL, 1314. Empr. du lat. médiéval *dorsalis*, en lat. anc. *dorsualis*, v. **dos.**

DORTOIR. Lat. *dormitōrium* « chambre à coucher ». A désigné d'abord partic. les chambres communes de monastères, ce qui explique les nombreuses formes refaites sur le lat., p. ex. esp. *dormitorio*.

DORYPHORA, ou **-E,** 1836. Empr. du lat. des naturalistes, fait sur le grec *doryphoros* « soldat armé de la lance ».

DOS. Lat. pop. *dossum*, lat. class. *dorsum*, qui désignait surtout la croupe des animaux ; a complètement éliminé le mot normal *tergus*. *Dos* n'est dominant que dans la partie septentrionale des patois gallo-romans ; ceux du Midi (jusqu'au Berry) emploient le type *reins* et surtout, jusqu'au Poitou, le type *échine*, comme dans presque toute l'Italie. — Dér. : **dosse,** XIVe ; **dossier,** XIIIe, *dossier* « liasse de pièces », 1680, ainsi nommé parce que la liasse porte une étiquette sur le dos ; **dossière,** 1260 ; **adosser,** XIIe, au sens de « renverser sur le dos », sens divers au moyen âge ; le sens moderne est ancien ; **ados,** XIIe, au sens de « soutien », sens moderne au XVIIe s. ; **adossement,** 1432 ; **endosser,** vers 1150 ; **endos,** 1599 ; **endossement,** XIVe. — Comp. : **extrados,** 1680 ; **-dossé,** 1680 ; **intrados,** 1704 ; **surdos,** 1680.

DOSE, XVe. Empr. du lat. médical du moyen âge *dosis* (du grec *dosis*, également médical, propr. « action de donner »). — Dér. : **dosable,** 1853 ; **dosage,** 1812 ; **doser,** XVIe (des Périers).

DOT, XIIIe, rare jusqu'au XVIe. Empr. du lat. *dos, dotis ;* paraît s'être implanté dans certains parlers régionaux plus tôt que dans la langue littéraire ; comp. le passage de Bon. des Périers (*Nouvelle* 43, qui se passe à Lyon) : « Elle estoit jeune et n'avoit point encore ouï dire ce mot de dot, lequel ils disent en certains endroits du royaume et principalement en Lyonnois, pour douaire ; et pensoit qu'on eust dit que cet homme avoit mangé le dos ou l'eschine de sa femme... » La plaisanterie de ce texte montre aussi qu'on ne prononçait pas alors le *t* final, qui a dû être introduit depuis, d'après *doter* et d'après l'orthographe. *Dot* a été masc., comme en prov., au XVIe et au XVIIe s., probabl. d'après *douaire*, bien que le lat. *dos* soit fém.

DOTER, XIIIe ; paraît peu usité avant le XVIIe s., le verbe *douer* ayant eu ce sens jusqu'alors ; **dotal,** 1459 ; **dotation,** 1235. Empr. du lat. *dotare*, *dotalis*, *dotatio*.

DOUAIRE, XIIe. Empr. du lat. médiéval *dotarium* (de *dos*, *dotis*, v. **dot**), et francisé d'après *douer*. — Dér. : **douairière,** 1368, tiré de l'anc. adj. *douairier*, terme de droit ancien.

DOUANE, 1372. Empr., probabl. par l'intermédiaire de l'anc. it. *doana*, aujourd'hui *dogana*, de l'arabe *diouân* « bureau de douane ». Cf. en outre esp. *aduana*. Le mot arabe, qui signifie propr. « registre, salle de réunion, etc. », vient du même mot persan *dīwān* que le mot turc qui nous a donné *divan*. — Dér. : **douanier,** *subst.*, 1545, *adj.*, 1864 ; **douaner,** 1675 ; **dédouaner,** 1900.

DOUAR, 1829, une première fois en 1637, dans un texte traitant de la Barbarie. Empr. de l'arabe de l'Afrique du Nord *doûâr*.

DOUBLE. Lat. *duplus*. It. *doppio*, esp. *doble*.

DOUBLER. Lat. de basse ép. *duplāre*. It. *doppiare*, esp. *doblar*. — Dér. : **doublage,** 1411 ; **doublé,** 1755 ; **doublement,** 1298 ; **doublet,** XIIe (sorte d'étoffe) ; **doublure,** 1376 ; **dédoubler,** 1429, rare jusqu'au XVIIIe s., **dédoublement,** fin XVIIe (Saint-Simon) ; **redoubler,** 1510, **redoublement,** 1539 (une première fois au XIVe s.).

DOUBLON, monnaie espagnole, frappée à partir de 1497, 1534. Empr. de l'esp. *doblón* (dér. de *doble* « double »).

DOUÇATRE, v. **doux.**

DOUCHE, XVIe (Montaigne, sous la forme italienne), souvent altéré en *douge* aux XVIIe et XVIIIe s. Empr. de l'it. *doccia*, propr. « conduite d'eau », probabl. tiré de *doccione* « tuyau », lat. *ductiōnem*, acc. de *ductiō* « *id.* » ; le verbe it. *docciare* est lui-même dér. de *doccia*. — Dér. : **doucher,** 1642 ; **doucheur,** 1836 (une 1re fois en 1687).

DOUCINE, v. **doux.**

DOUELLE, v. **douve.**

DOUER. A signifié « donner une dot » jusqu'au XVIIe s., encore en 1662 (Molière), sens qu'il a perdu au profit de *doter*. Employé en outre au sens de « faire don de », dès le moyen âge ; le sens moderne ne paraît pas être antérieur au XVIIe s. Lat. *dōtāre*. Seulement fr. (l'it. *dotare* peut être repris au lat.).

DOUILLE, 1227. Francique **dulja*, restitué d'après le moyen haut all. *tülle*, de sens analogue.

DOUILLET, XIVe (Oresme). Dér. de l'anc. adj. *doille* « mou (au sens physique) », d'où « tendre », lat. *ductilis* « malléable », v. **ductile** et le préc. Le sens de *douillet* a été rapproché de *doux* par étymologie pop. — Dér. : **douillette,** « sorte de robe ouatée », 1803.

DOULEUR. Lat. *dolōrem*, acc. de *dolor*. It. *dolore*, esp. *dolor*. Peu usuel dans les patois, le mot pop. étant *mal*. — Dér. : **endolorir,** 1763 (J.-J. Rousseau), réfection, d'après le lat. *dolor*, d'*endoulourir*, 1503.

DOULOIR, v. **doléance.**

DOULOUREUX. Lat. de basse ép. *dolōrōsus*. Développement influencé par *douleur ;* de même dans les autres langues romanes : it. esp. *doloroso*.

DOUTER. Signifie souvent « craindre » en a. fr., encore en 1613 ; *se douter de*, à partir du XIIIe s. Lat. *dubitāre* « douter », en outre « craindre » à basse ép. De même esp. *dudar* « douter », a. pr. *doptar* « douter » et « craindre ». Dans les parlers galloromans le sens de « craindre » est encore vivace, notamment en lorrain. — Dér. : **doute,** XIe *(Alexis)*, sens parallèle au verbe, ordinairement fém. jusqu'au début du XVIIe s. ; **douteux,** XIIe, au moyen âge souvent « redoutable, craintif » ; **redouter,** XIe *(Alexis)*, **redoutable,** vers 1200.

DOUVE, « fossé, planche servant à former le corps d'un tonneau ». Lat. de basse ép. *doga* « vase », peut-être empr. du grec *dokhê* « récipient ». It. *doga* « douve de tonneau », *dogaia* « égout », a. pr. *doga*, aux deux sens du fr. — Dér. au deuxième sens : **douelle,** 1296 ; largement répandu dans les patois, au détriment du simple.

DOUVE, « ver qui se trouve dans le foie du mouton », XIe, d'où « sorte de renoncule marécageuse (qui passe pour engendrer ce ver) » ; attesté seulement en 1564. Lat. *dolva*, probabl. d'origine gauloise, relevé au Ve s. chez Eucherius, évêque de Lyon.

DOUX. Le fém. *douce*, qui apparaît de bonne heure, a été créé en fr. Lat. *dulcis*, qui se disait propr. de la saveur, d'où « doux (en général) ». Les autres adj., qui exprimaient la douceur, ont eu des sorts divers ; *lēnis* « doux (en parlant de toucher) » survit dans le roumain *lin* « tranquille, calme » ; pour *suāvis*, v. **suave.** — Dér. : **douçâtre,** 1539 ; **doucet,** vers 1200 ; **douceur,** XIIe, continue le lat. de basse ép. *dulcor*, avec réfection d'après *doux*, d'où **doucereux,** XIIe, en a. fr. souvent « doux », encore au XVIe s., d'où le sens péjoratif ; **doucine,** 1547, propr. « moulure en pente douce » (le masc. *doucin* existe aussi pour divers sens techn. depuis 1611 ; on a, en outre, au moyen âge, *douçaine*, *doucine* « sorte de flûte ») ; **adoucir,** XIIe, d'où **-cissement,** XVe, **radoucir,** XIIe, **-cissement,** 1657.

DOUZE. Lat. *duodecim*. — Dér. : **douzaine,** XIIe ; **douzième,** XIIe *(dudzime)* ; **in-douze,** 1666 (Furetière).

DOUZIL. D'abord *doisil*, altéré en *dousil*, 1611, probabl. d'après *douille*. Lat. de basse ép. *ducīculus* (VIe s.), dér. de *dux*, au sens de « conduit » (cf. pour ce sens le catalan *deu* « source »). *Douzil* est moins usuel en fr. propr. dit que *fausset ;* mais il est très répandu dans les patois et les parlers pop. ; rare en dehors du gallo-roman.

DOYEN. Lat. eccl. *decānus*, propr. « chef de dix hommes, dizenier » ; se trouve aussi en ce sens comme terme militaire. A. pr. *degan*. — Dér. : **doyenné,** 1260.

DRACHME, XIIIe (*dragme*, forme encore usitée au XVIIe s.). Empr. du lat. *drachma* (en lat. médiéval *dragma*, d'où la forme anc. du fr. ; du grec *drakhmê*).

DRACONIEN, 1838. Dér. de *Dracon*, nom d'un législateur athénien de la fin du VIIe s., à qui l'on attribuait une constitution dont les sanctions furent jugées trop rigoureuses.

DRAGÉE, XIVe. Altération mal expliquée du lat. *tragemata* (du grec *tragêmata* « dessert, friandises »), cf. aussi it. *treggea*, esp. *gragea* et a. pr. *tragea*, *dragea*, dont les relations avec le fr. *dragée* sont obscures ; v. **drogue.** *Dragée*, au sens de « fourrage » (*dragie* dès le XIIIe s.), mot dialectal, est un autre mot : il représente un lat. de la Gaule **dravocāla*, dér. de *dravoca* « ivraie », attesté dans des gloses, d'origine gauloise ; de là aussi *dravée* (1611), *dravière* (1369), formes du Nord-Est, et *droue* « ivraie » (XIIe), forme très répandue dans les patois septentrionaux (issue de **drauca*). — Dér. : **drageoir,** XIVe (écrit *drajouer*).

DRAGEON, 1553. Francique **draibjô*, cf. l'all. *Trieb* « pousse ». — Dér. **drageonner,** XVIIIe.

DRAGON, vers 1080 *(Roland)*. Empr. du lat. *draco*. Le sens de « serpent infernal (figure de démon) », XIIe, vient de l'Apocalypse. Le sens de « soldat de cavalerie », fin du XVIe s. (*dragon* a passé en ce sens dans les langues voisines), est dû au sens d' « étendard » que *dragon* a eu depuis le XIIe s., d'où « soldat combattant sous cet étendard » ; le lat. *draco*, qui a désigné sous l'Empire une enseigne de cohorte, a pu servir de modèle ; mais l'explication d'après laquelle les dragons ont été ainsi nommés au XVIe s. parce qu'ils avaient un dragon sur leur étendard est une simple hypothèse de Voltaire. — Dér. : **dragonnade,** 1708 (on trouve *conversion à la dragonne* en 1688) ; **dragonne,** 1673 (Molière), au sens de « batterie de tambour », sens moderne, 1800.

DRAGUE, 1556 (*drègue*, en 1388, est empr. du néerl. *dregge*) ; d'abord au sens de « filet » ; au sens de « machine à curer » (qui est aussi anglais), 1676. Empr. à différentes reprises de l'angl. *drag* « crochet, filet » (du verbe *to drag* « tirer »). — Dér. : **draguer,** 1634, **dragage,** 1765, **dragueur,** 1664.

DRAIN, 1849, au sens médical, 1873 Empr. de l'angl. *drain* (du verbe *to drain* « dessécher ») avec la technique agricole de ce nom. — Dér. : **drainer,** 1850, **drainage,** 1849.

DRAME, 1657, désigne d'abord les pièces jouées dans les collèges de jésuites, ensuite, vers le milieu du XVIIIe s., le drame bourgeois, qui mêle le comique et le tragique et le drame moralisateur de Diderot, etc. ; aujourd'hui beaucoup plus rare que *pièce* (sens fig. en 1787) ; **dramatique,** 1630 (parfois au XIVe s. ; sens fig., 1858) ; **dramaturge,** 1773. Empr. du lat. de basse ép. *drama, dramaticus* (du grec *drama, dramatikos*) et du grec *dramatourgos.* — Dér. de *drame* : **dramatiser,** 1801 : de *dramaturge* : **dramaturgie,** 1845 (une 1re fois en 1668, Chapelain, au sens de « catalogue d'ouvrages dramatiques »).

DRAP. Lat. du Ve s. *drappus,* probabl. d'origine gauloise (comp. les noms propres gaulois *Drappo, Drappus*). It. *drappo,* esp. *trapo* « chiffon ». Pour le sens de « drap de lit » attesté au XIIIe s., v. **linceul.** — Dér. : **drapeau,** XIIe, au sens de « vêtement », encore au XVIe s. ; en outre au moyen âge « chiffon », d'où « lange », 1501 ; le sens moderne, qui date du XVIe s., est peut-être dû à l'it. *drappello,* plus ancien en ce sens, d'où **porte-drapeau,** 1578 ; **draper,** 1225, au sens de « fabriquer le drap », sens moderne depuis 1636 ; **drapier,** 1260, **draperie,** XIIIe, « fabrication, commerce de drap » et aussi « étoffe de drap », XIIe, d'où « étoffe flottante, formant des plis » ; en ces deux derniers sens peut-être directement de *drap.*

DRASTIQUE, 1741. Empr. du grec *drastikos* « qui opère ».

DRAVÉE, DRAVIÈRE, v. **dragée.**

DRÈCHE, résidu du malt, etc., 1688. Ne peut pas être séparé de l'a. fr. *drasche,* même sens, et de *drache* « grappe de raisin dépouillée de ses grains », XVIe ; cf. en outre le lat. médiéval *drasca* « drèche », *drascus* « orge » (au XIIIe s.) et « drèche », et les formes dialectales *draque,* 1410, et *drague,* 1478. Toutes ces formes représentent un prototype **drasca,* peut-être d'origine celtique, cf. les mots de sens apparenté *brai* et *cervoise* qui sont de même origine.

DRELIN, 1673 (Molière). Mot onomatopéique, représenté par des variantes et des dér. dans les patois.

DRESSER. Le sens de « dresser un animal » apparaît au XVIe s. Parmi les nombreux sens du verbe on notera celui de « diriger » du XVe au XVIIe s., peut-être d'après *adresser,* et celui d' « habiller », conservé dans le mot angl. *to dress.* Lat. pop. **dīrectiāre,* dér. de *dīrectus,* v. **droit.** It. *d(i)rizzare,* esp. arch. *derezar* « acheminer ». — Dér. et Comp. : **dressage,** 1791 ; **dressoir,** 1285, ainsi nommé d'après l'usage de placer sur cette sorte de meuble les assiettes, etc., debout contre la paroi, la tablette étant réservée à l'exposition des belles pièces d'orfèvrerie, etc. ; **adresser,** XIIe, au sens de « dresser », usuel jusqu'au XVIe s. ; a signifié en outre « (se) diriger vers un lieu » jusqu'au XVIIe s., d'où **adresse,** XIIIe et jusqu'au XVIe s. « direction » et « chemin » ; le sens « d'habileté » qui date du XVIe s. l'a mis en relation étroite avec *adroit,* mais a pu se développer indépendamment ; au sens d' « action d'adresser la parole à quelqu'un », encore attesté au début du XVIIe s., a passé dans l'angl. *address,* qui est revenu en fr. comme terme de la langue politique en 1656, surtout à propos de l'Angleterre ; **redresser,** vers 1150, **redressement,** XIIe, **redresseur,** 1566.

DRIBBLER, terme de football, 1895. Empr. du verbe angl. *to dribble.*

DRILLE, 1628, comme terme d'argot, « soldat vagabond », équivalent de *narquois* ; dès le XVIIe s. dans le langage familier, cf. La Fontaine, *Fables,* XI, 3. Emploi fig. de l'anc. fr. *drille* « chiffon », 1370, encore dans les patois, auparavant **druille* (comp. le bret. *trulenn,* qui en est empr.), dér. d'un verbe **druillier,* de l'anc. haut all. *durchilon* « déchirer, mettre en lambeaux ».

DRISSE, 1639. Empr. de l'it. *drizza,* tiré du verbe *drizzare,* autre forme de *dirizzare* « dresser », v. **dresser.**

DRIVE, 1896. Empr. de l'angl. *drive,* t. de tennis.

DROGMAN, 1553 (écrit *droguement*), une 1re fois en 1213 ; cf. en 1564 (J. Thierry) : « Drogueman aux Italiens est ce que communément nous disons trucheman. » Empr. de l'it. *dragomanno,* empr. lui-même du grec byzantin *dragoumanos,* mot d'origine sémitique, cf. le syriaque *targmânâ* « interprète ». Le même mot a pénétré au moyen âge par l'arabe *tourdjoumân,* d'où *drugement,* XIIe, *trucheman,* XIVe, écrit souvent **truchement** (qui s'emploie encore au sens fig.), cf. aussi it. *turcimanno,* esp. *truchimán, trujamán.*

DROGUE, XIVe. Parmi les nombreuses hypothèses qu'on a formées pour expliquer l'origine de ce mot, deux méritent d'être retenues : le néerl. *droog* « sec » (qui aurait donc été dit d'abord d'ingrédients séchés), et l'arabe *durāwa* « balle de blé » (qui serait devenu **drāwa,* **drōwa,* d'où les formes romanes). Le fait que l'it. et l'esp. *droga* sont postérieurs au mot fr., est favorable à l'étymologie néerl. — Dér. : **droguer,** 1554 ; **droguerie,** 1462 ; **droguet,** 1554, dit ainsi parce que le droguet était une étoffe de laine de bas prix ; **drogueur,** 1462 ; **droguiste,** 1549.

DROIT, *adj.* Lat. *dīrēctus.* Au sens « qui est à droite », opposé à « gauche », s'est établi au XVIe s. (quelques traces antér.), et a éliminé l'a. fr. *destre* (v. **dextre**), qui ne survit que dans l'extrême Ouest. Ce sens, qui existe aussi dans l'esp. *derecho,* s'est développé en parlant de la main droite considérée comme agissant avec précision ; v. **direct.** — Dér. et Comp. : **droitier,** XVIe ;

droiture, XIIe, désigne surtout le droit jusqu'au XVIe s. ; sens moderne depuis le XVIIe s. ; **adroit,** XIIe, développement comparable à celui de *droit* « qui est à droite », d'où **maladroit,** 1538, **maladresse,** 1740, d'après *adresse ;* **endroit,** XIIe, d'abord prép. au sens de « vers, etc. », usitée jusqu'au XVIe s.

DROIT, *subst.* Lat. de basse ép. *dīrēctum*, attesté au VIIIe s., issu de l'adj., cf. *verbum directum* « le bon droit », chez Grégoire de Tours. De même dans les autres langues romanes.

DRÔLE, vers 1480, au sens de « plaisant coquin », d'où le sens d' « enfant », attesté dès 1771 pour le languedocien, sens très répandu dans les parlers du Centre, de l'Ouest et du Sud-Ouest. Empr. du moyen néerl. *drol* « petit bonhomme, lutin », d'où, par suite, en fr. le sens de « plaisant coquin », le premier attesté, qui a engendré celui de « petit garçon », rejoignant ainsi le néerl. — Dér. : **drolatique,** 1565 (Rabelais), remis en vogue par Balzac en 1832 par ses *Contes drolatiques ;* **drôlerie,** 1549 ; **drôlesse,** 1611 ; **drôlet,** 1870 ; **drôlichon,** 1860 (Goncourt), déjà dans *Les Plaideurs*, 1, 7, comme nom propre ; en 1775 dans un sens spécial.

DROMADAIRE, XIIe. Empr. du lat. de basse ép. *dromedarius*, dér. de *dromas*, mot pris au grec, propr. « coureur ».

DROME-. Premier ou second élément de mots sav. comp., tels que **dromomètre,** fin XIXe, tiré du grec *dromos* « course », ou de mots grecs empr., tels que **hippodrome,** XIIIe, sur lequel on a fait **vélodrome, aérodrome.**

DROSÉRA, 1804. Empr. du lat. des botanistes *drosera*, mot pris au grec, fém. de l'adj. *droseros* « humide de rosée ».

DROSSER, 1771. Dérivé du terme tech. *drosse* « cordage qui transmet le mouvement de la roue à la barre du gouvernail », par comparaison de ce mouvement avec celui que la mer imprime au navire *drossé. Drosse* est empr. de l'it. *trozza* « *id.* », avec altération de l'initiale d'après **drisse** (il y a aussi la forme *trisse*, qui a reçu sa voyelle du même mot). Le holl. *drosen* vient probabl. du fr. L'it. *trozza* représente le lat. *tradux* « sarment de vigne », par comparaison de la corde avec un sarment qui grimpe le long du pieu en l'embrassant.

DROUE, v. **dragée.**

DRU, vers 1080 *(Roland)*. Signifie en outre en a. fr. et jusqu'au XVIe s., « gras, gai, vif, ami, amant », sens encore plus ou moins vivaces dans les patois. Du gaulois **druto-* « fort, vigoureux », cf. gallois *drud* « hardi ». Le sens propre de *dru* n'est donc pas « qui a des pousses nombreuses et serrées », en parlant de l'herbe, mais « vigoureux », de là les sens donnés plus haut. De même a. pr. *drut* « amant, ami » ; attesté en outre dans les parlers de l'Italie septentrionale.

DRUIDE, 1213. Empr. du lat. *druida*, d'origine gauloise, cf. irlandais *drui* « druide, sorcier », et que Pline, en rapportant le rôle du chêne dans les pratiques religieuses des Druides, rapproche du grec *drys* « chêne ». — Dér. : **druidesse,** 1727 ; **druidique,** 1773 (Voltaire) ; **druidisme,** 1727.

DRYADE, XIIIe *(Rose)*. Empr. du lat. *dryas, dryadis* (d'un mot grec, dér. de *drys*).

DUALISME, 1755. Dér. sav. de l'adj. lat. *dualis* « qui se rapporte à deux ».

DUALITÉ, 1835 (auparavant en 1377 et en 1585). Dér. sav. du lat. *dualis ; dualitas* est déjà du lat. médiéval.

DUBITATIF, XIIIe. Empr. du lat. de basse ép. *dubitativus*, v. **douter.**

DUC, vers 1080 *(Roland)*. Lat. *dux* « chef », qui a servi sous le Bas-Empire à désigner un chef militaire de haut rang, *dux limitum* « chef des frontières », d'où est sorti son sens nouveau à l'époque de la féodalité. Le sens d' « oiseau de nuit », fin XIIIe, est peut-être dû au fait que cet oiseau rapace apparaît souvent entouré de volées d'autres oiseaux. « Sorte de voiture », 1877. — Dér. : **ducal,** vers 1180 ; **duché,** XIIe, ordinairement fém. et sous la forme *ducheé* au moyen âge, v. **comté ; duchesse,** XIIe ; **archiduc,** 1486, d'où **-cal,** vers 1500 ; **-ché,** 1512 ; **-chesse,** 1504.

DUCAT, 1395. Empr. de l'it. *ducato* « monnaie à l'effigie d'un duc (it. *duca*) », notamment « monnaie des ducs ou doges de Venise ».

DUCTILE, fin XVIe (D'Aubigné), une première fois vers 1300. Empr. du lat. *ductilis* « malléable », v. **douillet.** — Dér. : **ductilité,** 1676.

DUÈGNE, 1655 (Scarron) ; en outre *douègne*, encore au XVIIIe s. Empr. de l'esp. *dueña*, v. **dame.**

DUEL, 1539. Empr. du lat. *duellum*, forme arch. de *bellum*, « guerre », et qui a été faussement interprété comme un dér. de *duo* « deux ». *Duel*, terme de grammaire, 1570, est empr. du lat. *dualis*, v. **dualisme.** — Dér. : **duelliste,** fin XVIe (Brantôme), probabl. d'après l'it. *duellista*.

DULCIFIER, 1620. Empr. du lat. de basse ép. *dulcificare* (de *dulcis* « doux »). — Dér. : **dulcification,** 1755.

DULCINÉE, 1664. Tiré de *Dulcinée de Toboso*, nom de la dame des pensées de Don Quichotte, voir le roman de Cervantès, I, 1.

DUMPING, 1904. Mot de l'argot commercial anglo-américain, du verbe *to dump* « décharger, jeter en tas » ; s'est dit aussi à propos d'immigrants qu'on rejette vers d'autres pays.

DUNDEE, 1904. Paraît être une altération, d'après le nom du grand port écossais, de *dandy*, forme usitée en angl. (également attestée en fr. en 1877), d'origine douteuse.

DUNE, XIIIe. Empr. du moyen néerl. *dunen*, aujourd'hui *duin*, qu'on rapproche du lat. de la Gaule *dūnum*, d'origine gauloise, « hauteur », cf. les noms de ville

Augustodunum, *Lugdunum*, etc. — Dér. : **dunette,** 1607, déjà en 1550 au sens de « fortin pour la défense d'un port ».

DUO, 1548 (N. du Fail). Empr. de l'it. *duo*, propr. « deux », forme arch. de *due*, v. **deux.**

DUODÉCIMAL, 1801. Dér. sav. du lat. *duodecimus* « douzième », d'après *décimal*.

DUODÉNUM, 1514. Empr. du lat. médical *duodenum*, abréviation de l'expression *duodenum digitorum* « de douze doigts » ainsi nommé parce qu'il a une longueur de douze travers de doigt, cf. les formes traduites *dozenaire*, XIVe ; *douzedoiglier*, XVIe.

DUPE, 1426, texte relatif à Rouen, comme terme d'argot : « Il avoit trouvé son homme, ou sa duppe, qui est leur maniere de parler et qu'ilz nomment jargon, quand ilz trouvent aucun fol ou innocent qu'ilz veullent decevoir par jeu. » Emploi plaisant de *dupe* « huppe », usuel jusqu'au XVIIIe s. et encore en berrichon, parce que la huppe est un oiseau d'apparence stupide. V. **huppe.** — Dér. : **duper,** 1622 *(se duper de)*, on trouve le part. passé déjà chez Villon, d'où **duperie,** 1690 ; **dupeur,** 1669.

DUPLICATA, 1574. Empr. du lat. médiéval *duplicata* (s. ent. *littera*), propr. « (lettre) redoublée », mot qui s'inscrit au bas des actes faits en double.

DUPLICITÉ, XIIIe (J. de Meung). A signifié également jusqu'au XVIIe s. « caractère de ce qui est double ». Empr. du lat. de basse ép. *duplicitas*, qui a les deux sens (de *duplex* « double »).

DUR. Lat. *dūrus*. — Dér. : **durcir,** XIIe, **durcissement,** 1753, **endurcir,** XIIe, rare au sens concret, **endurcissement,** 1495, **rendurcir,** vers 1530 ; **duret,** XIIe ; **dureté,** XIIIe, au moyen âge ordinairement *durté* jusqu'au XVIe s. ; **durillon,** 1393 *(dureillon)*.

DURE-MÈRE, 1314. Traduction du lat. médiéval *dura mater*, v. **pie mère.**

DURER. Lat. *dūrāre*, qui est peut-être étymologiquement un autre mot que *dūrāre* (de *dūrus* « dur ») « durcir, endurcir » ; en tout cas les deux verbes n'étaient plus sentis comme différents en lat. ; dans les langues romanes le sens de « durcir, endurcir » est rare. V. **endurer.** — Dér. : **durable,** vers 1050 *(Alexis)* ; peut-être continuation du lat. *durabilis* ; **durant,** prép., XVIe, issue d'emplois tels que *le mariage durant*, XIIIe ; **durée,** XIIe.

DUVET, 1310. Altération inexpliquée de *dumet*, attesté seulement au XVe s. (mais *duma* a été relevé en lat. médiéval au XIIIe s.), encore usité au XVIe s. et aujourd'hui dans les patois de l'Ouest. *Dumet* dérive de l'a. fr. *dum*, altération, d'après *plume* (cf. le lat. médiéval *duma*, visiblement refait sur *pluma*), d'une forme *dun*, attestée vers 1220, de l'anc. scandinave *dūnn*, auquel se rattachent l'all. *Daune* et l'angl. *down* : cet emprunt, cf. aussi **édredon,** est dû au commerce du duvet. — Dér. : **duveté,** 1611 (Rabelais, 1534, a *dumeté*) ; **duveteux,** XVIe.

DYNAMIQUE, 1692 (adj., Leibnitz), comme subst. depuis 1752. Empr. du grec *dynamikós* « vigoureux ».

DYNAMITE, 1866. Mot créé par le Suédois Nobel d'après le grec *dynamis* « force » ; s'est répandu dans les langues européennes et ailleurs. — Dér. : **dynamiter,** 1890, **-eur,** fin XIXe.

DYNAM(O-). Premier élément de mots sav. comp., tels que **dynamomètre,** 1802, tiré du grec *dynamis* « force ». **Dynamo,** fém., fin XIXe, est abrégé de *(machine) dynamo-électrique*.

DYNASTE, vers 1500 ; **dynastie,** 1767 (Voltaire), une première fois 1568. Empr. du grec *dynastês* « souverain » (empr. aussi par le latin), *dynasteia* « puissance », celui-ci en vue du sens particulier donné au mot fr. (*dinascie*, vers 1495, est entré par une autre voie). — Dér. : **dynastique,** 1834.

DYS-. Préfixe de mots sav., tiré du préf. péjor. grec *dys-* ; v. les suiv.

DYSENTERIE, 1372 (*dissenterie ; dissintere*, XIIIe) ; **dysentérique,** XIVe. Longtemps écrits *dyss-*. Empr. du lat. médical *dysenteria*, *dysentericus* (du grec *dysenteria*, *-ikos*, de *entera* « entrailles »).

DYSPEPSIE, 1550 (sous la forme *dip-*). Empr. du lat. médical *dyspepsia* (d'un mot grec, issu de *peptein* « cuire, digérer »). — Dér. : **dyspepsique,** 1864.

DYSPNÉE, XVIe (Paré : *dyspnoee*). Empr. du lat. médical *dyspnoea* (du grec *dyspnoia*, de *pnein* « respirer »).

DYTIQUE, 1764. Empr. du grec *dytikos*, propr. « plongeur », dit aussi du dytique (de *dyein* « plonger »), par l'intermédiaire du lat. scientifique *dytiscus*.

E

E(S)-. Préf., marquant propr. l'éloignement, d'où l'action d'enlever, etc., lat. *ex*, *ē*, prép. et préf. Conservé partout.

EAU. Lat. *aqua*. D'abord *ewe*, vers 1150, d'où *eaue*, encore au XVIe s., par un développement particulier dû à la forme du mot lat. et à la phonétique du fr. On trouve en outre en a. fr. *aive*, *eve*, conservé aujourd'hui dans la région poitevine, et *aigue*, emprunté au Midi. — Comp. : **eau-de-vie,** XIVe, traduction du lat. des alchimistes *aqua vitae*, d'où l'it. *acquavite* (les alchimistes à la recherche de l'élixir de longue vie avaient trouvé l'alcool, en distillant le vin, et s'étaient crus en présence de l'objet final de leurs recherches) ; un autre terme, *eau ardente*, usuel au XVIe s., correspond au mot usité aujourd'hui dans la péninsule ibérique, cf. esp. *aguardiente*, et dans les parlers méridionaux, de la Provence au Languedoc ; un troisième terme, *brandevin*, 1640, empr. du néerl. *brandewijn*, correspondant à l'all. *Branntwein*, a pénétré en France, par le langage des soldats, lors des guerres, qui ont eu lieu dans les Flandres dans la deuxième partie du XVIIe s. et existe aussi dans les parlers du Nord et de l'Est ; v. **bénitier ; eau-forte,** XVIe (Paré) au sens d' « acide azotique » ; « gravure » (d'abord *gravure à l'eau forte*), 1802 ; **morte-eau,** 1484.

ÉBAHIR, XIIe. Dér. de *baer*, anc. forme de *bayer*, et entraîné dans la conjugaison en *-ir* par l'anc. adj. *baïf* « ébahi », de la même époque, v. **baliveau.** A été empr. par les langues voisines : a. pr. *esbair*, it. *sbaire* et *baire*, etc. — Dér. : **ébahissement,** XIIe.

ÉBAUBI, XIIIe. Issu, par changement de préf., d'*abaubi*, plus fréquent au moyen âge, part. passé du verbe *abaubir* « étonner », propr. « rendre bègue », formé avec l'anc. adj. *baube* « bègue », lat. *balbus*, d'où aussi l'it. *balbo*, l'a. pr. *balp*. Un infinitif *ébaubir* a été formé vers 1920.

ÉBAUCHER, v. **bau.**

ÉBAUDIR (s'), vers 1080 *(Roland)*. Mot archaïque, encore d'un certain usage dans la langue littéraire. Dér. de l'anc. adj. *bald*, *baud* « joyeux, etc. », usuel jusqu'au XVe s., v. **baudet.** — Dér. : **ébaudissement,** XIIIe.

ÉBÈNE, XIIe (écrit *ebaine*). Empr. du lat. *ebenus* (du grec *ebenos*, lui-même d'origine égyptienne). — Dér. : **ébénier,** 1680 ; **ébéniste,** *id.* ; **ébénisterie,** 1732.

ÉBLOUIR, XIIe (sous la forme *esbleuir*). En outre en a. fr. *esbloer*. Ces deux formes supposent deux types **exblaudīre*, **exblaudāre*, formés avec le francique **blaudi* « faible », auquel se rattache l'all. *blöde* « faible (notamment en parlant des yeux) ». Seulement gallo-roman, cf. a. pr. *emblauzit* (avec changement de préfixe) « ébahi, hors de soi-même » ; aujourd'hui assez répandu dans les patois, sous des formes variées. — Dér. : **éblouissement,** XIVe.

ÉBONITE, 1862. Empr. de l'angl. *ebonite* (de *ebony* « ébène »).

ÉBOULER, v. **boyau.**

ÉBOURIFFÉ, v. **bourre.**

ÉBRASER, v. **braise.**

ÉBRENER, v. **breneux.**

ÉBRIÉTÉ, 1330, mais rare avant le XIXe s. Empr. du lat. *ebrietas* (de *ebrius* « ivre »).

ÉBROUER (s'), 1401. Vit surtout dans les parlers septentrionaux, cf. rouchi « secouer le linge dans l'eau pour en enlever la plus grosse ordure ». Empr. du moyen néerl. *broeyen* « échauder, brûler ». Le préf. *é-* rend probabl. le *uit-* du néerl. *uitbroeien* « nettoyer à l'eau chaude ». — Dér. : **ébrouement,** 1611.

ÉBULLITION, XIIIe. Empr. du lat. de basse ép. *ebullitio* (de *ebullire* « bouillir »).

ÉBURNÉEN, 1870. Empr. du lat. *eburneus*.

ÉCACHER, v. **cacher.**

ÉCAILLE, XIIIe. S'est dit aussi de la coquille d'œuf. Forme dialectale, d'une région maritime du normand ou du picard (le mot désigne encore dans ces dialectes toute sorte de coquilles), d'un mot du germanique occidental **skalja*, correspondant au gothique *skalja* « tuile » et à l'all. *Schale*, entre autres sens, « écaille » ; cf. de même it. *scaglia* et a. pr. *escalh*, masc., qui prouvent l'ancienneté de l'emprunt. Une forme avec *-ch-*, soit *échaille*, qu'on attend dans les parlers septentrionaux, est très répandue dans tout l'Est, depuis la Wallonie jusqu'au Dauphiné et au Velay, surtout au sens de « brou de noix, glume, etc. ». — Dér. : **écailler,** vers 1200, **écaillement,** 1611 ; **écailleux,** 1542.

ÉCALE, XIIe. Forme dialectale du normand ou du picard (le mot est encore usité dans ces dialectes au sens de « coquille, etc. ») d'un mot francique *skala*, même mot que les mots germaniques cités sous le préc. ; s'est répandue jusque dans le Midi ; des formes avec *-ch-*, du type *échale*, existent en outre dans quelques patois. — Dér. : **écaler,** 1549.

ÉCARLATE, XIIe (Chrétien). Mot européen, voyageur, cf. it. *scarlatto*, all. *Scharlach*, angl. *scarlet*, etc., et aussi lat. médiéval *scarlatum*. Empr. du persan *säqirlât* (lui-même empr. de l'arabe *siqillāţ* « tissu... décoré de sceaux »), auquel se rattache aussi l'a. fr. *siglaton*, *ciclaton*, etc., « sorte d'étoffe de soie ou d'autre tissu précieux » ; l'étoffe persane était bleue, on ne sait pas exactement quand la couleur rouge est devenue prédominante ; l'arabe remonte au lat. *sigillatus* « décoré de sceaux », par l'intermédiaire du grec, v. **scarlatine.**

ÉCARQUILLER, v. **quart.**

ÉCARTELER, v. **quartier.**

ÉCARTER, « séparer, éloigner ». Lat. pop. **exquartāre*, de *quartus* « quart », propr. « partager en quatre, écarteler » (sens conservé par l'it. *squartare*), d'où « séparer », seul sens attesté en fr. — Dér. : **écart,** XIIe ; **écartement,** 1557, semble avoir été peu usuel avant le milieu du XVIIIe s.

ÉCARTER, terme de jeu de cartes, v. **carte.**

ECCE-HOMO, 1690. Mots lat. signifiant « voici l'homme », paroles prononcées par Ponce Pilate, en présentant au peuple juif Jésus-Christ couronné d'épines, v. Jean, XIX, 5. Dit par suite de tableaux où Jésus est représenté couronné d'épines.

ECCHYMOSE, XVIe (Paré). Empr. du grec *ekkhymosis* « tache produite par le sang extravasé » (du verbe *ekkhein* « s'écouler »).

ECCLÉSIASTIQUE, XIIIe, l'a. fr. dit plus ordinairement *ecclesiasti(r)e* et *ecclesial*. Empr. du lat. *ecclesiasticus* (du grec *ekklêsiastikos*), v. **église.**

ÉCHAFAUD XIIe. Propr. « assemblage de pièces de bois destinées à soutenir un plancher élevé », d'où diverses acceptions, dont la seule usuelle aujourd'hui est celle de « construction où l'on exécute les condamnés à mort », attestée dès le XVe s. Élargissement, d'après *échasse*, de l'a. fr. *chafaud* (qui a le premier sens d'*échafaud*), encore dans les parlers, lat. pop. **catafalicum*, comp. de *fala* « échafaudage, tour de bois servant dans les sièges ou qu'on élevait dans les cirques » et du préf. d'origine grecque *cata*, sur le modèle de *catasta* « estrade pour l'exposition et la vente des esclaves », mot d'origine grecque, mais incomplètement élucidée. It. *catafalco*, a. pr. *(es)cadafalc*, v. **catafalque** et **châlit.** — Dér. : **échafauder,** vers 1240 ; **échafaudage,** 1517.

ÉCHALAS, XIIe. Altération, probabl. d'après des mots de la famille d'*échelle*, d'un simple **charas*, attesté indirectement par le dér. *charasson* du berrichon. **Charas* représente le lat. pop. **caracium*, cf. *carratium* de la *Loi des Longobards*, formé sur le grec *kharax* « échalas », d'où aussi *charax*, vers 300 ; aussi dans les parlers de l'Italie septentrionale, mais dans les parlers gallo-romans le mot le plus répandu vient du lat. pop. **paxellus*, lat. class. *paxillus*, cf. le fr. dialectal *paisseau* et l'a. pr. *paissel*. — Dér. : **échalasser,** 1396 ; **échalassement,** 1552.

ÉCHALIER, v. **escalier.**

ÉCHALOTTE, 1514 ; *échalette*, XVe. Issu, par substitution de suff., de l'a. fr. *eschalogne*, lat. pop. **scalōnia*, altération de *ascalōnia (caepa)* « oignon d'Ascalon (ville de Palestine) » ; paraît avoir été interprété comme un dér. d'*échale*, v. **écale** ; la forme anc. subsiste dans la Drôme et dans l'Ardèche. De même it. *scalogno*, esp. *escaloña*, a. pr. *calonha*.

ÉCHAMPIR, v. **champ.**

ÉCHANCRER, v. **chancre.**

ÉCHANGER. Lat. pop. **excambiāre*, dont l'existence est assurée par le roumain *schimba* ; cf. aussi it. *scambiare*, a. pr. *escambiar*. — Dér. : **échange,** vers 1080 *(Roland)* ; **libre échange,** 1855, est une traduction de l'angl. *free trade* ; **échangeable,** 1798.

ÉCHANSON. Du francique **skankjo*, cf. *scantio(ne)* de la *Loi Salique* et des *Gloses de Reichenau*, qui désignait un serviteur chargé de verser à boire dans les festins, cf. all. *Schenk* « *id.* » (d'où le verbe *schenken* « verser à boire », puis « faire un don (en général) »).

ÉCHANTILLON, 1260. A signifié d'abord « étalon de poids et mesures » ; sens d'où proviennent de nombreux sens techn. d'aujourd'hui. Le sens de « morceau d'étoffe qu'on coupe pour donner une idée de cette étoffe », qui date du XVIe s. environ, est issu de celui d' « épreuve, essai », attesté au XVe s., qui vient du premier sens. Altération d'*eschandillon*, XIIIe (dont le simple est attesté dans l'a. pr. *escandil* « mesure de capacité », l'anc. lyonnais *eschandilx* (plur.), et le verbe dér. *eschandiller* « vérifier les mesures des marchands », attesté surtout dans des textes lyonnais), par croisement avec des mots tels que *chantelage*, droit que devaient payer à Paris ceux qui achetaient du vin pour le revendre et qui, en le payant, avaient le droit d' « oster le chantel de leur tonniau et la lie vuidier ». Le simple méridional, d'où est issu *eschandillon*, dérive du verbe *scandere* « monter », au sens d' « échelle pour mesurer », cf. à l'appui le lat. médiéval *scandilia* « échelons », *scandalium* « mesure de capacité, sorte de balance » ; cf. de même les formes apparentées de l'a. pr. *escandalh*, it. *scandaglio*, *scandiglio* « sonde, mesure ». On peut supposer des formes du lat. pop. **scandīlia*, **scandālia*, refaites ensuite en formes de sing. — Dér. : **échantillonner,** 1452, développement du sens parallèle au subst., d'où **échantillonnage,** *id.*

ÉCHAPPER. Lat. pop. **excappāre*, de *cappa*, propr. « jeter le froc aux orties » ou peut-être « sortir de la chappe en la laissant aux mains du poursuivant ». Apparaît au sens fig. dès les premiers textes. It. *scap-*

pare, esp. *escapar*. — Dér. et comp. : **échappatoire,** XVe ; **échappée,** XVe, rare avant le XVIIIe s. ; **échappement,** XIIe, rare avant le XVIIIe s. ; **réchapper,** XIIe (sous la forme *rescaper*). La forme picarde **rescapé** a été popularisée à la suite de la catastrophe qui s'est produite dans la mine de Courrières (Pas-de-Calais), en 1906.

ÉCHARBOT, v. **escarbot.**

ÉCHARDE, XIIIe, d'abord *escherde*, plus usité au moyen âge, et surtout au sens d' « écaille de poisson », encore usuel dans les parlers de l'Ouest. Du francique **skarda* « entaille », auquel se rattache l'all. *Scharte* « *id.* ».

ÉCHARPE, XIIe s. ; ordinairement *escherpe* au moyen âge, en outre *escrepe*. Signifie d'abord « sacoche pendue au cou », notamment « bourse de pèlerin » ; le sens de « bande d'étoffe passée autour du corps en forme de baudrier ou de ceinture » apparaît vers 1300. Il s'explique par le fait qu'on portait cette sacoche en bandoulière : c'est dans l'expression *porter en écharpe* « porter comme une bourse de pèlerin » que le sens d'*écharpe* a glissé peu à peu vers la façon de porter et qu'*écharpe* a pu finir par désigner la bande d'étoffe à laquelle on suspendait la bourse. Représente un francique **skirpja*, qui, étant lui-même empr. du lat. *scirpus* « jonc », doit avoir désigné d'abord une sacoche tressée avec du jonc. Un bas-lat. *scrippum* « bourse de pèlerin » est attesté dès 757. **Skirpja* a participé au commencement de la palatalisation ; il est devenu **skjirpja* et de là, par dissimilation, **skjirpa*.

ÉCHARPER, 1690. Autre forme d'*écharpir*, attesté au XVIe s. au sens de « tailler, mettre en pièces » (de *charpir*, v. **charpie**).

ÉCHARS, v. **escarcelle.**

ÉCHASSE, XIIe ; au moyen âge *eschace ;* signifie alors aussi « jambe de bois, bâton ». Du francique **skakkja*, dér. d'un verbe **skakan* « courir vite », auquel se rattache aussi l'angl. *to shake ;* de même a. pr. *escassa* « béquille » ; existe aussi dans les parlers it. — Dér. : **échassier,** 1799, au sens moderne (appelé *échasse* en 1766) ; au moyen âge fréquent au sens de « qui a une jambe de bois, estropié ».

ÉCHAUBOULURE, « petite cloque sur la peau », 1690. Altération d'*eschaubouillure*, 1549, qui paraît dér. d'un verbe du type *chaubouiller*, attesté en berrichon au sens d' « échauder », comp. de *chaud*, pris adverbialement, et de *bouillir*.

ÉCHAUDER. Lat. de basse ép. *excaldāre* « baigner dans l'eau chaude ». It. *scaldare*, esp. *escaldar*. — Dér. : **échaudé,** XIIIe ; **échaudoir,** 1380.

ÉCHAUFFER. Lat. pop. **escalēfāre*, lat. class. *excalēfacere*, v. **chauffer.** Esp. *escalfar*. — Dér. et Comp. : **échauffaison,** XIIIe ; **échauffement,** XIIe ; **réchauffer,** XIIe ; **réchaud,** 1549, altération de **réchauf*, postverbal, d'après *chaud*, d'où aussi l'orthographe du mot ; **réchauffement,** 1611.

ÉCHAUFFOURÉE, v. **four.**

ÉCHAUGUETTE, vers 1080 *(Roland : escalguaite)*. D'abord **eschargaite*, d'où *eschalgaite*, etc. A signifié d'abord « troupe d'hommes chargés de faire le guet », d'où « action de faire le guet » et « petite tour d'observation », tous ces sens attestés de bonne heure. Du francique **skarwahta* « guet *(wahta)* fait une avec troupe *(skâra*, cf. l'all. *Schar)* ».

ÉCHE, écrit aussi *aiche*. Restreint aujourd'hui au langage de la pêche ; au moyen âge désigne aussi « ce qui sert à allumer ou à alimenter le feu ». Lat. *esca* « appât, ce qui sert à alimenter le feu », propr. « nourriture », sens disparu dès le lat. pop. Encore usuel dans les parlers de l'Est et surtout méridionaux au sens d' « appât ». Conservé dans toutes les langues romanes dans les deux sens du fr. : it. *esca*, esp. *yesca*. — Dér. : **achée,** 1514, subst. verbal de l'a. fr. *aeschier* « amorcer ».

ÉCHÉANCE, v. **échoir.**

ÉCHEC, XIIe, d'abord interjection par laquelle, au jeu d'échecs, un des joueurs avertit son partenaire que le roi de celui-ci est menacé, d'où le nom du jeu, vers 1080 *(Roland) ; eschec et mat* au sens fig. est déjà du XIIIe s. Altération de la forme *eschac*, attestée par le plur. *eschas*, empr., probabl. par l'intermédiaire de l'Espagne, du mot arabo-persan *shâh* « roi », dans l'expression *shâh mât* « le roi est mort », v. **mat,** d'où aussi it. *scacco*, esp. *jaque*. L'altération en *eschac* et *eschec* est peut-être due à un croisement avec l'a. fr. *eschac, eschec* « butin », empr. du francique **skâk* ; le rapport sémantique serait donné par le fait que le roi est menacé d'être enlevé. — Dér. : **échiquier,** XIIIe, altération, d'*eschequier*, antér. *eschaquier*, XIIe. *Échiquier*, terme d'administration angl., XVIIIe, est un calque de l'angl. *exchequer* « trésor public, etc. » (cf. *chancelier de l'échiquier*, ministre des finances anglais), qui vient lui-même de l'a. fr. *eschequier*, attesté au XIIe s. au sens de « trésor royal » dans un texte anglo-normand ; l'*échiquier* de Normandie, en latin médiéval *scaccarium*, passe pour avoir existé avant la conquête de l'Angleterre. L'emploi de ce nom viendrait de ce que la cour féodale des ducs de Normandie se réunissait autour d'une table recouverte d'un tapis orné de carreaux servant à faire les comptes ; a survécu en outre longtemps comme terme d'administration en Normandie. V. aussi **déchiqueter.**

ÉCHELLE. Lat. *scāla*. It. *scala*, esp. a. pr. *escala*. L'a. fr. *eschiele*, vers 1080 *(Roland)* « groupe d'hommes armés » est une altération d'*eschiere*, du francique **skâra*, v. l'all. *Schar*. *Échelle*, comme terme de marine, signifie propr. « le lieu où l'on pose une échelle pour débarquer », d'où *Échelle du Levant*, 1681, v. **escale.** — Dér. : **échelette,** XIIIe ; **échelon,** XIIe ; **échelonner,** 1823, une première fois au XVe s. ; **échelonnement,** fin XIXe.

ÉCHENAL, v. **chenal.**

ÉCHEVEAU. Lat. *scabellum* « petit banc », qui a dû prendre par comparaison le sens de « dévidoir », d'où « écheveau » ; cf. à l'appui l'a. pr. *escavel*, qui a les deux sens « dévidoir, écheveau » qu'on retrouve également dans les parlers de l'Ouest du Massif Central, l'emploi d'*escabel* au sens de « dévidoir » dans ces mêmes parlers et, d'autre part, le picard *écagne* « escabeau » et « écheveau », l'a. pr. *escanha* « dévidoir, écheveau », *escanh* « escabeau » qui représentent des formes du lat. pop. **scamnium, -ia*, « escabeau ». Le passage sémantique de « dévidoir » à « écheveau » est dû probablement à l'emploi du mot désignant le dévidoir comme mesure de fil, comme l'all. *haspel* « dévidoir » sert dans quelques régions de nom d'une mesure égale à la portion de fil qui trouve place sur un dévidoir.

ÉCHEVELÉ, v. **cheveu.**

ÉCHEVIN, 1197. Du francique **skapin* (cf. anc. haut-all. *scaffin* et all. moderne *Schöffe*) qui a dû signifier « juge », attesté par le lat. *scabinos* (acc. plur.) de la *Loi des Longobards*. A pénétré du fr. dans les langues méridionales, d'où a. pr. *escavin*, *esclavin*, it. *schiavino*, etc. — Dér. : **échevinage,** 1211.

ÉCHIDNÉ, 1800. Dér. sav. du grec *ekhidna* « vipère », par comparaison des crochets de la vipère avec les piquants des échidnés.

ÉCHIF, v. **esquiver.**

ÉCHINE. Du francique **skina*, cf. anc. haut-all. *scina*, à la fois « os de la jambe » (d'où l'all. *Schienbein*) et « aiguille », cf. pour ce sens le fr. *épine dorsale* (*épine du dos* chez Montaigne) et le lat. *spīna* « *id.* ». De même a. pr. *esquina* « échine » et « dos », it. *schiena* « *id.* », esp. *esquina*. — Dér. : **échinée,** XIIe ; **échiner,** 1515, « rompre l'échine », d'où *s'échiner* « se donner beaucoup de peine », 1808. On employait aussi au XVIIe s. les formes altérées *échignée*, *échigner*, encore de quelque usage dans le langage pop.

ÉCHIN(O)-. Premier élément de mots sav. comp., tels qu'**échinoderme,** 1792 (créé par le naturaliste Bruguières), tiré du grec *ekhinos* « hérisson ».

ÉCHIQUETÉ, v. **déchiqueter.**

ÉCHIQUIER, v. **échec.**

ÉCHO, XIIIe. Empr. du lat. *echo* (du grec *ekhô*). — Dér. : **échotier,** 1866, « celui qui rédige des échos dans un journal ».

ÉCHOIR. Lat. pop. **excadēre*, réfection du lat. class. *excĭdĕre*, d'après le simple *cadere* ; a perdu partout son sens propre de « tomber » ; conservé dans toutes les langues romanes avec des sens proches du fr. : it. *scadere* « échoir » et « déchoir », a. pr. *escazer* « *id.* », esp. arch. *escaecer* « déchoir ». V. **choir.** — Dér. : **échéance,** XIIIe.

ÉCHOPPE, « burin employé par les graveurs, etc. ». Depuis 1762 sous cette forme, altération d'*eschople*, XVIIe, au moyen âge *eschalpre*, lat. *scalprum* « burin, ciseau, etc. » v. **scalpel, -er** ; de même a. pr. *escalpre* « ciseau », esp. *escoplo* « *id.* ». — Dér. : **échopper,** 1621, encore *eschopler* en 1636.

ÉCHOPPE, « petite boutique », 1230 (sous la forme *escopes*). Empr. de l'anc. néerl. *schoppe*, cf. angl. *shop* « magasin ».

ÉCHOUER, 1559. Étymologie inconnue. — Dér. : **échouage,** 1674 ; **échouement,** 1637.

ÉCLABOUSSER, 1669 (dès 1564 sous la forme picarde *esclabocher*), d'après le dér. **éclaboussure,** 1528. Altération de l'a. fr. *esclabouter* (encore vivant en Picardie et en Normandie). Probabl. comp. du radical onomatopéique *klabb-* (v. **clabauder**) et de *bouter*. — Dér. : **éclaboussement,** 1835.

ÉCLAIRCIR. D'abord *esclarcir*, devenu *esclaircir* au XIIIe s. d'après *clair*. Lat. pop. **exclāricīre*, réfection de **exclāricāre* (cf. *clāricāre* « scintiller » chez Apulée), fait sur le modèle de **exclāriāre*, v. le suiv. ; dans les dér. le préf. *ex* a une valeur forte et indique l'action de « (faire) sortir de l'obscurité pour entrer dans la lumière ». — Dér. : **éclaircie,** XVe, rare avant la fin du XVIIIe s. ; **éclaircissement,** XIIIe.

ÉCLAIRER. Lat. pop. **exclāriāre*, lat. class. *exclārāre*. A. pr. *esclairar*. — Dér. : **éclair,** XIIe, a éliminé l'ancien *épart*, en se propageant depuis la côte normande, aujourd'hui dominant dans les patois septentrionaux, et surtout fém. ; ailleurs types divers, v. **foudre ; éclairage,** 1798 ; **éclaire,** plante, XIIe ; **éclaireur,** 1793, au sens moderne, a déjà été formé au XVIe s. au sens de « celui qui est capable d'éclairer les autres ».

ÉCLAMPSIE, 1783. Empr. du lat. médical moderne *eclampsis* (d'un mot grec qui signifie propr. « lumière éclatante », d'où « accès subit »).

ÉCLANCHE, 1548 (Rab. *esclanges*). Francique **slink* (cf. moyen néerl. *slinke* « main gauche »), d'où anc. picard *esclenc* « gauche », XIIe. Cet adj. a été substantifié (*esclence* « bras ou épaule gauche », 1180), et quand *gauche* s'est substitué à *esclenc* comme adj., *éclanche* est devenu la dénomination de l'épaule (du mouton) sans restriction au côté gauche.

ÉCLATER, XIIe, rare avant le XVIe s. ; est employé aussi transitivement. Probabl. du francique **slaitan*, cf. anc. haut all. *sleizen* « déchirer », tandis que l'it. *schiattare* remontera à la forme correspondante du longobard. La conservation du *-t-* est due au fait que dans la longue période de bilinguisme de l'époque mérovingienne la forme germ. et la forme romanisée du mot ont vécu côte à côte. — Dér. : **éclat,** XIIe ; **éclatement,** 1553.

ÉCLECTIQUE, 1651 (d'abord seulement par rapport à la philosophie ancienne ; appliqué à la philos. moderne par Cousin, en 1817). Empr. du grec *eklektikos*, propr. « qui choisit » (de *eklegein* « choisir »). — Dér. : **éclectisme,** 1755.

ÉCLIPSE, XIIe ; **écliptique,** XIIIe. Empr. du lat. *eclipsis*, *eclipticus*, cf. aussi *linea ecliptica* (du grec *ekleipsis*, *ekleiptikos* « qui concerne les éclipses », et substantiv. « orbite du soleil ») (d'après l'ancienne astronomie c'est à l'intérieur de ce cercle que se produisent les éclipses). — Dér. : **éclipser,** XIIIe (J. de Meung), déjà au sens fig.

ÉCLISSER, vers 1080 *(Roland)*. Le francique **slîtan* « fendre » est représenté en a. fr. par *esclier*, encore vivant dans beaucoup de patois. La région méridionale du francique a changé le verbe en *slizzan* (ainsi en a. haut all.). Cf. l'all. *schleissen*, l'angl. *to slit*. — Dér. : **éclisse,** vers 1080; voir encore **clisse.**

ÉCLOPER, XIIe, surtout au part. passé. Dér. de l'anc. *cloper*, v. **clopin-clopant.**

ÉCLORE. Lat. pop. **exclaudere*, réfection, d'après le simple *claudere*, du lat. class. *exclūdere* « faire sortir, exclure », et déjà « faire éclore des œufs », d'où le sens dominant en fr., v. **couver.** S'est employé aussi transitivement jusqu'au XVIe s. A perdu rapidement en fr. le sens général de « faire sortir », relevé au XIIe s., seul sens de l'a. pr. *esclaure*, cf. aussi l'it. *schiudere* « ouvrir, exclure », *schiudersi* « s'ouvrir (en parlant des fleurs) ». Dans les parlers gallo-romans, peu usité en dehors de la partie septentrionale. — Dér. : **éclosion,** 1747.

ÉCLUSE. Lat. de basse ép. (VIe s., chez des auteurs de la Gaule) *exclūsa*, part. fém. de *exclūdere*, propr. « (eau) séparée du courant », d'où la construction elle-même ; mot lié à l'invention du moulin à eau ; v. aussi **bief.** Seulement gallo-roman : a. pr. *escluza*. Ailleurs empr. du gallo-roman : esp. *esclusa*, all. *Schleuse*, angl. *sluice*, etc. — Dér. : **éclusier,** XIVe.

ÉCOBUER, « défricher », 1721. Altération d'*égobuer*, 1539, sous l'influence d'*écot* « rejeton », fréquent dans les parlers de l'Ouest. *Égobuer* se rattache au poitevin *gobuis* « terre pelée », dér. sous l'influence de *menuis* (v. **menuiser**) de *gobe* « motte de terre », du radical de **gober,** v. ce mot. — Dér. : **écobuage,** 1797.

ÉCOINÇON, v. **coin.**

ÉCOLÂTRE, v. **scolastique.**

ÉCOLE, XIe *(Alexis)*. Lat. *schola* (du grec *skholê*), qui a refoulé le mot propr. lat. *ludus*, propr. « jeu », qui signifiait « école élémentaire » et qui a disparu de toutes les langues romanes. La forme *école* montre que le mot est resté en contact avec le lat. écrit. Existe partout dans des conditions analogues : it. *scuola*, esp. *escuela ;* empr. également par les langues voisines : all. *Schule*, angl. *school*. *École* « sottise », dans *faire une école*, assez récent, est issu du langage du jeu de trictrac, où ce sens vient des expressions *envoyer, mettre à l'école* « marquer pour soi les points que l'adversaire a oublié de marquer ou a marqués en trop ». *École buissonnière*, XVIe (Marot), paraît s'être d'abord dit d'écoles tenues dans la campagne par des maîtres qui voulaient se soustraire à la redevance exigée par les chapitres des églises, puis d'écoles clandestines tenues par les protestants (interdites par arrêté du Parlement en 1554).

ÉCOLIER. D'abord *escoler*, XIIe, puis *escolier* par changement de suffixe. Jusqu'au XVIIIe s. a eu un sens plus large qu'aujourd'hui. Lat. de basse ép. *scholāris ;* pour le développement de la forme, v. le préc. It. *scolare* et *-ro*, esp. *escolar*.

ÉCONDUIRE. Altération de l'a. fr. *escondire* (quelque chose à quelqu'un), *escondire* (quelqu'un) « refuser, repousser », *s'escondire* « s'excuser », usuel jusqu'au XVIe s., lat. médiéval (IXe s.) *excondīcere*, comp. du lat. class. *condīcere* « convenir de »; de même a. pr. *(s')escondire*. Au XVe s. *écondire* a été refait en *éconduire*, d'après *conduire*, la forme ayant provoqué un rapprochement du sens, et, dès lors, il a été senti comme un comp. de *conduire*.

ÉCONOME, 1337 ; **économie,** 1370 (Oresme) ; **économique,** 1265. Empr. du lat. *oeconomus* (lat. juridique), *-mia*, *-micus* (du grec *oikonomos*, *-mia*, *-mikos*). Le sens fig. apparaît au XVIIe s., d'abord pour *économie*, ensuite, par contagion, aussi pour *économe*, *-ique*. — Dér. : **économat,** 1553 ; **économiser,** 1718 ; **économiste,** 1767.

ÉCOPE, XIIIe. Du francique **skôpa*, lequel peut être supposé d'après le moyen néerl. *schope*. — Dér. : **écoper,** 1870, déjà en 1867 comme terme d'argot, au sens de « boire » et au sens de « recevoir un reproche, un coup ».

ÉCORCE. Lat. *scortea*, dér. de *scortum* « peau », attesté au sens de « vêtement de peau », qui a pu prendre le sens d'« écorce ». De même it. *scorza*, roumain *scoarța* et a. pr. *escorsa*. Du lat. class. *cortex* vient **écorcher.** — Dér. : **écorcer,** XIIe.

ÉCORCHER. Lat. de basse ép. *excorticāre* « écorcer », qui a pris le sens d'« enlever la peau ». It. *scorticare*, aux deux sens. — Dér. : **écorchement,** XIIIe ; **-eur,** *id. ;* **-ure,** *id. ;* **-oir,** vers 1935.

ÉCORNIFLER, v. **corne.**

ÉCOT. Du francique **skot* « contribution », cf. all. *Schoss* « *id.* », angl. *scot* « écot » (mots de la famille de l'all. *schiessen* « tirer ») ; existe aussi dans les langues méridionales : it. *scotto*, esp. *escote*.

ÉCOURGÉE, ESC-, v. **fouet.**

ÉCOURGEON, v. **escourgeon.**

ÉCOUTE, « sorte de câble », 1155. Du francique **skôta*, dont l'existence est assurée par le moyen néerl. *schote ;* v. **écoutille.**

ÉCOUTER. D'abord *escolter*, Xe s. (*Sainte Eulalie : eskoltet*, 3e pers. sing. indic. prés.), issu, par substitution de préf., d'*ascolter*, lat. pop. attesté à basse ép. *ascultāre*, lat. class. *auscultāre*. It. *ascoltare*, et, avec la même modification qu'en fr., esp. *escuchar*. Le type ancien *acouter* survit dans un certain nombre de parlers septentrionaux, notamment au Nord-Est. — Dér. : **écoute,** XIIe ; **écouteur,** XIIe, rare avant le XVIIe s.

ÉCOUTILLE, 1538. Empr. de l'esp. *escotilla*, dér. de *escote* « échancrure dans une étoffe », d'où est issu le sens de trappe, cf. *escotadura* « trappe de théâtre », dér. de *escotar* « tailler ». *Escote* est probabl. pris du gothique *skauts* « extrémité, bord d'un vêtement » (auquel se rattache l'all. *Schoss* « giron », de la famille des mots germaniques cités sous *écot*).

ÉCOUVILLON, XIIe. Dér. de l'a. fr. *escouve*, lat. *scōpa* « balai » ; *escouve* n'est plus attesté que par des dér., cf. **écouvette,** relevé au XIVe s. V. **balai.** — Dér. : **écouvillonner,** 1611.

ÉCRABOUILLER, 1478. On a dit aussi *écarbouiller*, encore dialectal. Altération, par croisement avec *écraser*, de l'a. fr. *esbo(u)illier* « éventrer », encore très répandu dans les patois, dér. de l'anc. *boille* « entrailles », lat. pop. ***botula*,** lat. class. *botulus*, v. **boyau.** De *boille* aussi **brouailles,** XIVe, « entrailles de poisson, etc. », issue d'une anc. forme *breuille*, XIIe, avec une *r* non expliquée.

ÉCRAN, 1290. Empr. du moyen néerl. *scherm*, id.

ÉCRASER, XVIe ; en outre *accraser*. Moyen angl. *crasen* « écraser » (angl. moderne *to craze*), probabl. empr. pendant la Guerre de Cent Ans. Le fr. a donné tout de suite à ce verbe le préf. *é-* si fréquent dans les verbes d'un sens semblable. — Dér. : **écrasement,** 1611 ; **écraseur,** *id.*

ÉCREVISSE, 1248. Altération de *crevice*, 1213. Francique ***krebitja*,** auparavant ***krabitja*,** cf. anc. haut all. *krebiz*, all. *Krebs*.

ÉCRIN. Lat. *scrīnium*. De même it. *scrigno*, esp. arch. *escriño* « sorte de panier de paille », a. pr. *escrinh*.

ÉCRIRE. D'abord *escrivre*, puis *escrire*, au XIIIe s., d'après *lire*, *dire*. Lat. *scrībere*. It. *scrivere*, esp. *escribir*. — Dér. et Comp. : **écrit,** XIIe, ou lat. *scrīptum* ; **écriteau,** vers 1350 ; **écrivailler,** 1611 ; **écrivailleur,** 1580 (Montaigne) ; **écrivassier,** 1774 ; **écrivasser,** fin XVIIIe ; **récrire,** XIIIe.

ÉCRITOIRE, XIIe, au sens de « cabinet d'étude » ; a signifié aussi un petit meuble portatif, contenant tout ce qu'il faut pour écrire ; le sens moderne date du XVIIe s. D'abord masc., encore au XVIe s. Empr. du lat. médiéval *scriptorium* qui a le premier sens ; en lat. ancien « stylet pour écrire ».

ÉCRITURE. Lat. *scriptūra*. Mot resté en contact avec le lat. écrit ; de même it. *scrittura*. *Écriture (sainte)* est fait sur le lat. eccl. *scriptura*, probabl. d'après le grec *biblos*, v. **bible,** bien qu'en lat. class. *scriptura* signifie aussi « ouvrage », seul sens de l'esp. *escritura*.

ÉCRIVAIN. Signifie d'abord « celui qui écrit pour d'autres » ; le sens de « personne qui compose des livres » apparaît une première fois vers 1300, puis au XVIe s. Lat. pop. ***scrībānem*,** acc. de *scrība* « scribe, greffier, etc. », dont la déclinaison class. *scrība, -ae*, a été changée en *scrība, -ānis*, sur le modèle des noms en *-ō, -ōnis*, tels que *Cicerō, -ōnis*, v. **sacristain,** innovation dont on trouve des traces jusqu'en roumain ; v. aussi **nonnain, putain.** It. *scrivano*, esp. *escribán*.

ÉCROU, « pièce de bois ou de métal, dans lequel on introduit une vis ». D'abord *escroue*, fém., aux XIIIe et XIVe, encore usité au XVIIIe s. Lat. *scrōfa* « truie », qui a pris le sens d' « écrou » par une comparaison vulgaire, cf. l'it. du sud *scrofula* « écrou » et l'esp. *puerca* « truie » et « écrou », v. **vérin.** Rare en dehors du fr.

ÉCROU (de prison), XIIe. D'abord *escroue*, fém., encore usité au XVIIe s. A signifié d'abord « morceau d'étoffe, de cuir, etc. », d'où « morceau de parchemin », puis le sens moderne au XVIIe s. Du francique ***skrôda*,** cf. moyen néerl. *schroode* « morceau coupé », auquel se rattache l'all. *Schrot* « tronc, etc. ». — Dér. : **écrouer,** 1643.

ÉCROUELLES. Lat. pop. ***scrōfellae*,** autre forme de *scrōfulae* (Végèce) (d'où l'it. *scrofole* et l'a. pr. *escroula*), dér. de *scrōfa*, propr. « truie », qui a été pris en lat. médical, au sing. et au plur., au sens d' « écrouelles », cf. de même en grec *khoiros* « porcelet », *khoiras* « écrouelles », qui a peut-être servi de modèle ; l'emploi du nom du porc en ce sens vient de ce que cette maladie est malpropre ou de ce que les porcs y sont partic. sujets, cf. aussi le berrichon *porcinat* « gros bouton qui vient sur la peau, furoncle ». Rare en dehors du français. V. **scrofule.**

ÉCROUER, v. **écrou** (de prison).

ÉCROUIR, 1685. Doit avoir passé des régions wallonnes (cf. Namur *crufier* « métal fondu ») dans la terminologie métallurgique fr. Dér. du liégeois *crou* « cru », du lat. *crūdus*. — Dér. **écrouissage,** 1802 ; **écrouissement,** 1680.

ÉCRU, v. **cru.**

ÉCU. D'abord « bouclier » ; a été dit, à l'époque de saint Louis, de monnaies d'or, ornées de l'écu de France, puis d'autres monnaies, d'où en général « monnaie d'argent ». Lat. *scūtum*. — Dér. : **écusson,** 1280 ; **écussonner,** 1600 ; **écussonnoir,** 1721.

ÉCUBIER, 1678. D'abord formes diverses : *esquembieu*, 1382 ; *equibien*, 1573 ; *escubier*, 1643 ; d'autre part *escouve*, 1557, dans un texte d'origine portugaise, cf. de même esp. *escoben(es)*. Étymologie inconnue.

ÉCUEIL, 1538. Empr. de l'occitan *escueill* ; celui-ci représente comme l'anc. génois *scoio* et le cat. *escull* un lat. de basse époque ***scoc'lus*,** né du lat. class. *scōpŭlus* (empr. du grec *skopelos*) par assimilation à distance de la consonne *-p-* au *-c-* précédent. L'it. *scoglio* est empr. du génois et a passé à son tour à l'esp. *(escollo)*.

ÉCUELLE. Lat. pop. *scūtella*, altération du lat. class. *scŭtella*, par croisement avec *scūtum*, v. **écu,** en raison de la forme des deux objets. Existe dans tous les parlers gallo-romans ; la forme du lat. class. est conservée dans l'it. *scodella*. — Dér. : **écuellée,** XIIIe.

ÉCULER, v. **cul.**

ÉCUME, XIIe. Empr. du germanique occidental ***skum*,** cf. all. *Schaum*, devenu en lat. pop. ***scūma*,** par croisement avec *spūma* ; paraît avoir été emprunté comme article de toilette au sens de « savon liquide », v. **savon.** De même it. *schiuma*, a. pr. *escuma*, à côté desquels *spûma* a subsisté : it. *spuma*, esp. *espuma*. — Dér. : **écumer,** XIIe ; **écumeur,** 1351, déjà au sens de « voleur », dans *écumeur de mer* ; **écumeux,** XIIIe ; **écumoire,** 1552, d'abord *escumoir*, 1333.

ÉCURER. Lat. pop. **excūrāre* « nettoyer », de *cūrāre*, v. **curer.** Esp. a. pr. *escurar*. — Dér. : **récurer,** XIIIe ; **récurage,** 1509.

ÉCUREUIL. Issu assez récemment, par substitution de suffixe, d'un mot de l'a. fr. aux formes variées, cf. notamment *escuriuel*, XIIe ; *escurieu*, XVIe, d'où *écurieu*, encore dans les dictionnaires. Lat. pop. **scūriolus*, dér. du lat. class. *sciūrus* (du grec *skiouros*). Usuel en gallo-roman avec divers suffixes (a. pr. *escuriol*, *esquirol*, *escurol*). It. *scoiattolo*.

ÉCURIE, v. **écuyer.**

ÉCUSSON, v. **écu.**

ÉCUYER. Lat. *scūtārius*, qui a pris à basse ép. le sens de « celui qui porte l'écu », v. **écu** ; terme d'institution politique, dont la valeur a évolué ; les sens de « maître d'équitation », puis de « celui qui monte bien à cheval » (en partie dus à l'influence du mot lat. *equus* « cheval » qu'on a cru reconnaître dans *écuyer*) datent du XVIIe s. — Dér. : **écurie,** d'abord *escuerie*, XIIIe ; *escuyrie*, au XVe et au XVIe s. ; a désigné d'abord le service des chevaux d'un prince, cf. *escuyer d'escuirie* encore chez Montaigne. Le sens moderne date du XVIe s., et s'explique par le caractère de la charge des écuyers qui, depuis le XIIIe s. environ, veillaient spécialement sur les écuries du roi ou de grands seigneurs, cf. de même l'it. *scuderia*, encore aujourd'hui « écurie de maison seigneuriale ».

ECZÉMA, 1828. Empr. du lat. médical *eczema*, relevé en 1747, empr. lui-même du grec médical *ekzema* « éruption cutanée » (du verbe *ek-zein* « bouillonner »). — Dér. : **eczémateux,** 1864.

EDELWEISS, 1885. Mot all. importé de la Suisse par l'effet du tourisme (all. *edel* « noble », *weiss* « blanc »).

ÉDEN, 1762 (*jardin d'Eden* dès 1553). Empr., par l'intermédiaire de la Bible, de l'hébreu *eden*, nom du lieu où se trouvait le paradis terrestre, propr. « volupté », cf. *Genèse*, II, 8, etc. — Dér. : **édénien,** 1838 et **-nique,** 1870.

ÉDICTER, 1864, une première fois au XVIe s. Dér. sav. du lat. *edictum*, pour servir de verbe à *édit*, dont le dér. *éditer*, attesté en 1399, se serait confondu avec *éditer* « publier ».

ÉDICULE, 1863. Empr. du lat. *aedicula* (de *aedes* « maison ») pour désigner de petites constructions, kiosques, etc., sur les boulevards, les places, etc.

ÉDIFICE, XIIe Empr. du lat. *aedificium*.

ÉDIFIER, XIIe ; **édification,** XIIe. Empr. du lat. *aedificare* « construire » et, dans le lat. eccl. « porter à la pitié », *aedificatio*, de sens parallèle au verbe ; les deux sens du verbe et du subst. apparaissent de bonne heure en fr. ; le sens d' « instruire pleinement », est de date récente. — Comp. : **réédifier,** XIIIe (d'après le lat. de basse ép. *reaedificare*) ; **réédification,** 1296.

ÉDILE, 1213 ; **édilité,** XIVe. D'abord termes d'antiquité ; appliqués à des institutions modernes, au XIXe s. Empr. du lat. *aedilis*, *aedilitas*. — Dér. : **édilitaire,** 1875.

ÉDIT, XIIIe. Empr. du lat. *edictum*, v. **édicter.**

ÉDITER, 1784 ; **éditeur,** 1732 ; **édition,** XIIIe. *Éditer* a été dér. du lat. *editus*, part. passé du verbe *edere* « publier », et *éditeur* a été emprunté du lat. *editor* (qui n'a que le sens d' « auteur, fondateur ») pour servir de verbe et de nom d'agent à *édition*, empr. dès le moyen âge du lat. *editio*, class. au sens de « publication d'un ouvrage ». — Dér. : **rééditer,** 1845 ; **réédition,** 1725.

ÉDITORIAL, 1856. Empr. de l'angl. *editorial*, de la famille des préc.

-ÈDRE. Deuxième élément de mots sav., tels que **dièdre,** 1783 ; **trièdre,** 1793, etc., tiré du grec *hedra* « siège », d'où « base ».

ÉDREDON, 1700 (en outre *ederdon*, XVIIIe). D'abord « duvet fourni par l'eider », d'où « couvre-pied fait avec ce duvet ». Empr. de l'islandais *aedar-dun* « duvet de l'oiseau *aedar* », par l'intermédiaire de l'all. *Eiderdaun* ou du danois *ederduun*, v. **duvet et eider.**

ÉDULCORER, 1625. Empr. du lat. médiéval *edulcorare* (du latin de basse ép. *dulcorare*, dér. de *dulcor*, *id.*).

ÉDUQUER, 1746 ; longtemps mal reçu ; aujourd'hui encore d'un emploi restreint ; une première fois au XIVe s. ; **éducateur,** 1527 ; **éducation,** 1495. Empr. du lat. *educare*, *educator*, *educatio*. Jusqu'au XVIIe s. on disait surtout *nourrir*, *nourriture*. — Dér. : **éducable,** 1845 ; **rééduquer,** fin XIXe ; **rééducation,** *id.*

EFENDI, 1762. Empr. du turc *efendi*, altération du grec moderne *afthendis* (*th* prononcé comme *th* anglais), issu du grec anc. *authentês* « qui agit de sa propre autorité, maître », cf. **authentique.**

EFFACER, v. **face.**

EFFARER, XIVe. D'abord *efferé*, 1202. Dér. du lat. *ferus* (v. **fier**) dans l'anc. sens de « indompté ». L'*e* du radical est devenu *a* sous l'influence de l'*r* suivant et aussi de l'adj. *farouche*. — Dér. : **effarement,** 1803.

EFFECTIF, XIVe. Empr. du lat. didactique *effectivus* « qui produit un effet ». Comme subst., de date récente.

EFFECTUER, XVe. Empr. du lat. médiéval *effectuare* (de *effectus*).

EFFÉMINER, XIIe. Empr. du lat. *effeminare*.

EFFERVESCENT, 1778 ; **effervescence,** 1641 ; cf. aussi chez Mme de Sévigné : « Des effervescences d'humeur, voilà un mot dont je n'avais jamais entendu parler ; mais il est de votre père Descartes. » Le premier est emprunté du lat. *effervescens*, part. prés. de *effervescere* « bouillonner », le deuxième est dér. de ce part. ; la date d'*effervescence* montre qu'il a été formé sur le lat. et non tiré d'*effervescent*, v. **efflorescent, -ce.** Sens fig. du subst., fin XVIIIe.

EFFET, XIIIe. Empr. du lat. *effectus* « résultat d'une action, influence », d'où est issu de bonne heure en fr. le sens de « réalisation », puis, vers le XVIIe s., celui d' « impression morale ». Comme terme de finance, déjà XIVe s. *(effet de change)* ; au sens de « vêtements, linge », XVIIe. *En effet*, d'abord au sens de « en réalité », date du XVIIe s. environ, d'où le sens affaibli d'adv. de confirmation, à la même date.

EFFICACE, vers 1225 ; **efficacité,** 1675 (Bouhours, qui le blâme), une première fois 1495. Empr. du lat. *efficax*, *efficacitas*. *Efficacité* a supplanté, à la fin du XVIIe s., **efficace,** fém., XIIe, empr. du lat. *efficacia*. — Dér. : **inefficace,** XIVe ; **inefficacité,** 1694.

EFFICIENT, 1290 *(la cause efficiens)*. Empr. du lat. philosophique *efficiens* (cf. chez Cicéron *causa efficiens*), part. prés. de *efficere* « accomplir ». — Comp. : **coefficient,** 1629.

EFFIGIE, XVe. Empr. du lat. *effigies* « figure, portrait ».

EFFLEURER, v. **fleur.**

EFFLORESCENT, 1777 ; **efflorescence,** XVIe (Paré). Le premier est empr. du lat. *efflorescens*, part. prés. de *efflorescere* « fleurir », le deuxième est dér. de ce part.

EFFLUVE, 1755. Empr. du lat. *effluvium* « écoulement » (de *effluere* « écouler »).

EFFONDRER, v. **fond.**

EFFORCER (s'), EFFORT, v. **forcer.**

EFFRACTION, XVIe (Amyot) ; une première fois au XIVe s. dans un sens moral. Empr. du lat. *effractura* « effraction » (de *effringere* « rompre ») avec changement de suffixe.

EFFRAIE, v. **orfraie.**

EFFRAYER. D'abord *esfreer*, d'où **esfreier*, *effrayer*. Lat. de la Gaule **exfridāre*, dér. du francique **fridu*, cf. anc. haut all. *fridu* (d'où l'all. *Friede* « paix ») donc « faire sortir de l'état de tranquillité » ; de même a. pr. *esfredar*. — Dér. : **effroi,** d'abord *esfrei*, XIIe, d'où *esfroy*, par un développement phonétique qui l'a séparé du verbe, v. **émoi** ; d'où **effroyable,** XIVe.

EFFRÉNÉ, vers 1200. Empr. du lat. *effrenatus* (de *frenum* « frein »).

EFFRITER, 1801, au sens moderne. Emploi abusif, probabl. d'après l'adj. *friable*, d'*effriter*, 1611 (peut-être déjà XIIIe s.), altération d'*effruiter*, 1213, qui signifiait au moyen âge « dépouiller de ses fruits », d'où le sens de « rendre le sol stérile par le retour des mêmes cultures ». — Dér. : **effritement,** 1859.

EFFROI, v. **effrayer.**

EFFROYABLE, v. **effrayer.**

EFFUSION, XIIe. D'abord sens physique ; sens moral au XVIIe s. dans le langage religieux. Empr. du lat. *effusio* qui a les deux sens (de *effundere* « répandre »).

ÉGAILLER (s'), 1877. Mot dialectal, usité dans les parlers de l'Ouest, où il signifie « se disperser » (est employé comme tel par Balzac dans *Les Chouans*), cf. l'a. fr. *esgailler* « répandre », qui apparaît chez Wace (1155) et à la fin du XVe s., et dans des textes de l'Ouest, probabl. lat. pop. **aequāliāre* (de l'adj. *aequālis* « égal »), « rendre égal » d'où « répandre de façon égale », v. **aiguail.**

ÉGAL, XIIe. Réfection, d'après le lat. *aequalis*, d'une autre forme *igal*, première réfection de formes pop. *evel*, *ivel*, et., qui ont résisté jusqu'au XVe s. ; l'it. *uguale*, l'esp. *igual*, etc., sont aussi des formes pop. — Dér. : **égaler,** XIIIe, rare avant le XVIe s. ; **égaliser,** 1539 (d'abord *equaliser* au XVe s.) ; **égalisation,** XVIe.

ÉGALITÉ, XIIIe, mais rare avant le début du XVIIe s. Réfection, d'après le préc. d'*équalité*, encore usuel au XVIe s., empr. du lat. *aequalitas* ; au moyen âge de nombreuses autres formes, d'après les formes de l'adj. — Dér. : **égalitaire,** 1859.

ÉGARD, v. **garder.**

ÉGARER. Du même mot germ. que *garer*, mais formé indépendamment de celui-ci. Représente un lat. de la Gaule **exwarare* (comp. *effrayer*), formé du préfixe *ex-* et du francique **waron* « prendre garde à, conserver ». — Dér. **égarement,** vers 1175.

ÉGÉRIE, 1853 (A. de Musset) ; 1829, genre de crustacé. Tiré du nom de la nymphe qui inspirait le deuxième roi légendaire de Rome, Numa Pompilius.

ÉGIDE, 1512. Empr. du lat. *aegis*, *aegidis* (du grec *aigis*, *aigidos*, de *aix*, *aigos* « chèvre », propr. « peau de chèvre »), qui désignait le bouclier (plus exactement un manteau ou une cuirasse) de Zeus, recouvert de la peau de la chèvre Amalthée, sur lequel était la tête de Méduse (Zeus a parfois confié ce bouclier à Apollon ou à Athéna) ; en fr. désigne spécial., comme en lat., le bouclier de Pallas ; le sens fig., qui apparaît en 1774 chez Voltaire, est une innovation du français.

ÉGLANTIER, vers 1080 *(Roland : eglentier)*. Dér., avec le suff. *-ier* des noms d'arbres et d'arbustes, cf. *coudrier*, de l'a. fr. *aiglent*, lat. pop. **aquilentum*, dér. anormal de *aculeus* « aiguillon » (l'initiale *aqui-* est à rapprocher de *aquifolium* « houx », comp. de *acus* « aiguille » et de *folium* « feuille ») ; **aquilentum* est le neutre d'un adj. non attesté, qui a dû signifier « riche en épines », cf. *piscilentus* « poissonneux », *spinulentus* « épineux ». Seulement gallo-roman ; cf. a. pr. *aguilen* et *-lensier*, etc.

ÉGLANTINE, 1600 (O. de Serres). Fém. pris substantiv. de l'anc. adj. *aiglantin*, 1572 (R. Belleau), dér. d'*aiglent*, v. le préc. ; cet adj. survit encore dans le Vendômois, région proche de Nogent-le-Rotrou, où Belleau est né.

ÉGLEFIN, v. **aigrefin,** poisson.

ÉGLISE. Lat. pop. *eclĕsia*, forme fréquemment attestée, lat. eccl. *ecclēsia* (du grec *ekklêsia*, en grec class. « assemblée », d'où, dans le grec des chrétiens, « assemblée des fidèles ») ; *ecclesia*, au sens de « maison du culte », apparaît au IIe s. Sauf en Roumanie et dans la région rhétique, christianisées les dernières et qui ont adopté *basilica* (cf. roumain *biserică*), qui eut alors une grande vogue pour désigner des églises consacrées à des saints ou à des martyrs, cf. **basilique,** *ecclesia* existe partout : it. *chiesa*, d'après la forme *ecclesia*, esp. *iglesia*, a. pr. *glieisa*, tous deux d'après la forme *eclesia*, mais partout avec un traitement qui révèle l'influence de la langue écrite et des écoles (où tout *e* latin se prononçait *e* ouvert). Existe partout dans les parlers gallo-romans sauf, par une innovation secondaire, *moutier* dans un certain nombre de parlers de l'Est, cf. **monastère.**

ÉGLOGUE, 1495 (*Au IV églogue de celluy Virgile ;* ensuite fém.). Resté plus didactique qu'*idylle*. Empr. du lat. *ecloga* (du grec *eklogê* « choix », d'où « pièce choisie ») ; s'emploie surtout en parlant des œuvres pastorales de Théocrite et de Virgile.

ÉGOCENTRIQUE, 1922. Terme de la psychologie moderne. (Comp. des mots lat. *ego* « moi » et *centrum* « centre », avec le suff. *-ique*.

ÉGOÏNE, 1676 (écrit *égohine*). Antér. *escohine*, 1344, au sens de « râpe », lat. **scofīna*, forme dialectale du lat. class. *scobīna* « lime », d'où aussi it. *scuffina* « râpe », esp. *escofina* « lime ».

ÉGOÏSME, 1755 ; **égoïste,** *id.* Dér. sav. du lat. *ego* « moi ».

ÉGOSILLER (s'), v. **gosier.**

ÉGOTISME, dès 1726, mais senti comme néologisme encore vers 1880. Empr. de l'angl. *egotism* (du lat. *ego*), fait pour exprimer une nuance de sens différente de *egoism* (du fr. *égoïsme*).

ÉGRATIGNER, v. **gratter.**

ÉGRENER, v. **graine.**

ÉGRILLARD, 1640, au sens moderne ; au XVIe s. *esgrillard* « malfaiteur qui guette les passants » (qui apparaît et disparaît de façon inattendue). Dér. du normand *égriller* « glisser » (cf. le simple *griller* « *id.* »), altération d'*écriller*, anc. scandinave **skriđla* « glisser », exactement « marcher avec des raquettes (à neige) » (qu'on restitue d'après le suédois dialectal *skrilla*).

ÉGROTANT, 1838 (auparavant isolément au XIIIe et au XVIe s.). Empr. du part. prés. du verbe lat. *aegrotare* « être malade ».

EIDER, 1755. Empr. du suédois *eider*, v. **édredon** ; une première fois au XIIIe s. *edres ;* empr. alors de l'anc. scandinave ; en outre traces du mot au XVIe s.

ÉJACULER, fin XVIe ; **éjaculation,** 1552 (Rabelais), en parlant de phénomènes atmosphériques ; s'est dit aussi d'une prière fervente ; aujourd'hui employé surtout en physiologie, comme le verbe. Le premier est empr. du lat. *ejaculari* « lancer », le deuxième est un dér. sav. de ce verbe lat.

ÉJARRER, v. **jard.**

ÉJECTER, 1907 (une 1re fois en 1492) ; **éjection,** XIIIe s. Empr. des mots lat. *ejectare* « jeter dehors » et *ejectio* « action de jeter dehors ».

ÉLABORER, 1534 (au part. passé ; du XVIe au XVIIIe s. le plus souvent *élabouré*) ; **élaboration,** 1503. Empr. du lat. *elaborare* « perfectionner », *elaboratio*.

ÉLAGUER, 1576 (Baïf). D'abord *alaguer* (norm. XIVe), *eslavé*, 1425. A. nor. *laga* « arranger, mettre en ordre » ; les formes avec *-v-* reflètent une forme dialectale norvégienne **laƀa*. — Dér. : **élagage,** 1760 ; **élagueur,** 1756.

ÉLAN, ÉLANCER, v. **lancer.**

ÉLAN, « sorte de cerf du Nord », fin XIIIe s. *(hele)*, 1414 *(hellent)*; *ellend*, XVIe s.; *élan*, 1611. Empr. du haut all. *elend*, *Elentier*, empr. lui-même du baltique *elnis*.

ÉLASTIQUE, 1675 ; **élasticité,** 1719. Empr. du lat. scientifique moderne *elasticus* (du grec *elastos*, autre forme de *elatos* « ductile », chez Aristote), *elasticitas*. Mots devenus européens.

ELBEUF, 1743. Tiré du nom d'une ville de la Seine-Maritime, réputée pour ses draps.

ELDORADO, 1640 (*Dorado* en 1579). Empr. de l'esp. *el dorado*, propr. « le doré », c'est-à-dire « le pays de l'or », pays d'une richesse fabuleuse, qu'on plaçait au XVIe s. dans la région du Venezuela, et dont Orellana, le lieutenant de Pizzare, contribua à créer la légende, popularisée en France par Voltaire dans *Candide*.

ÉLECTEUR, XIVe (Oresme) ; **électif,** *id.* ; **élection,** vers 1130. Empr. du lat. *elector* « qui choisit », *electivus* (créé à basse ép.), *electio* (de *eligere* « choisir, élire »). *Election* a été beaucoup employé dans le langage religieux au sens de « choix fait par Dieu lui-même », cf. notamment l'expression *vase d'élection*, d'après le lat. eccl. *vas electionis ;* au sens de « choix (en général) », usuel jusqu'au XVIIe s. — Dér. d'*électeur* d'après le lat. *elector :* **électoral,** 1666 ; **électorat,** 1611 ; d'*élection* : **réélection,** 1784.

ÉLECTRIQUE, 1660 ; **électricité,** 1720. Empr. des mots du lat. scientifique moderne *electricus*, *electricitas*, dér. du lat. anc. *electrum* (du grec « *êlektron* » « ambre jaune »), à cause de la propriété de cet ambre, connue des anciens, d'attirer les corps légers, quand on l'a frotté. — Dér. : **électricien,** 1764 ; **électrifier,** d'où **-fication,** 1877 ; **électriser,** 1733. — Comp. : **électro-,** premier élément de nombreux mots techn.

ÉLECTROCUTER, 1899 ; **électrocution,** 1890. Empr. des mots anglo-américains *to electrocute, -cution*, formés vers 1890, avec *electro-*, v. le préc., et la fin du verbe *execute* et du subst. *execution*.

ÉLECTRODE, 1838. Empr. de l'angl. *electrode*, créé en 1834 par Faraday, avec *electr-*, v. les préc., et le grec *hodos* « chemin ».

ÉLECTRON, 1902. Empr. de l'angl. *electron*, créé arbitrairement en 1891 par Stoney avec le grec *êlectron*.

ÉLECTUAIRE, 1387 ; antér. formes altérées, notamment *lettuaires*, XIIe. Mot d'ancienne pharmacie, encore usité dans les patois de l'Est. Empr. du lat. de basse ép. *electuarium* (VIIe s., Is. de Séville), altération, d'après *electus* « choisi, excellent », du grec médical *ekleikton* « électuaire » (du verbe *ekleikhein* « lécher »).

ÉLÉGANT, 1150, rare avant le XVe s. ; **élégance,** XVe. Empr. du lat. *elegans, elegantia*. *Élégant* a été un mot à la mode, désignant une personne d'une mise distinguée, à la fin du XVIIIe s. — Dér. : **inélégance,** 1525 ; **inélégant,** vers 1500.

ÉLÉGIE, 1500 ; **élégiaque,** 1480 (v. **épigramme**). Empr. du lat. *elegia, elegiacus* (créé à basse ép.) (du grec *elegeia*, propr. « chant de deuil », d'où « chant triste », seul sens conservé en fr., *elegiakos*). Sens fig. de l'adj. développé au XIXe s.

ÉLÉMENT, X^e *(Eulalie)* ; **élémentaire,** XIVe. Empr. des mots lat. *elementum, elementarius*, qui ont les principaux sens du fr.

ÉLÉPHANT, XIIe ; mais peu usuel avant le XVIe s. Empr. du lat. *elephantus* (du grec *elephas*). Au moyen âge se dit surtout *oliphant, olifant*, forme plus pop., qui a aussi les sens d' « ivoire » (comme en lat. et en grec) et de « cor d'ivoire », en ce dernier sens souvenir du cor de Roland.

ÉLÉPHANTIASIS, 1538 (vers 1200, *mal d'elefantie*). Empr. du lat. *elephantiasis* (mot pris au grec) ; ainsi nommé parce que, dans cette maladie, la peau devient rugueuse et que, dans les pays chauds les jambes deviennent d'une grosseur démesurée.

ÉLÉVATEUR, ÉLÉVATION, v. **lever.**

ELFE, 1838 (*elf* en 1822), une première fois en 1586, en parlant des fées d'Écosse : « *Elfes ou fairs* » (aussi *elve* en 1595 et dès 1561). Peut-être empr. de l'angl. *elf* (anglo-saxon *ælf*), comme l'all. *elfe* ; *elve* est empr. de l'ouvrage latin du Suédois Olaus Magnus sur les elfes publié à Rome en 1555, où ces fées sont appelées *elvae*, latinisation de l'anc. scandinave *ālfr*.

ÉLIDER, 1548 ; **élision,** *id.* Empr. du lat. grammatical *elidere*, propr. « écraser », d'où « supprimer », *elisio*.

ÉLIGIBLE, vers 1300 (on trouve aussi *eslisible* d'après le radical *eslis-* du verbe *élire*). Empr. du lat. *eligibilis*, v. **élire.** — Dér. : **éligibilité,** 1732 ; **inéligible,** 1752 ; **inéligibilité,** 1791 (une première fois en 1519) ; **rééligible,** 1791.

ÉLIMER, v. **limer.**

ÉLIMINER, 1495. Empr. du lat. *eliminare* « faire sortir », d'où « rejeter » (de *limen* « seuil »). — Dér. : **éliminateur,** 1859 ; **-ation,** 1765 ; **-atoire,** 1875.

ÉLINGUE, « cordage à nœud coulant », 1322, aussi *eslinge* « fronde », au XIIe s. Mot normand et picard, surtout au sens de « fronde ». Du francique **slinga* « fronde », qui correspond à l'anc. haut all. *slinga*, angl. *sling*. Le sens moderne s'explique par la ressemblance techn.

ÉLIRE. Lat. pop. **exlĕgĕre*, réfection du lat. class. *ēlĭgĕre* d'après *lĕgĕre*, cf. **commander, éclore,** etc. Jusqu'au XVIIe s. signifie aussi « choisir », cf. aussi le sens de « trier » dans les patois. Surtout galloroman, cf. ancien provençal *eslir(e)*. — Dér. : **élite,** XIIe, d'après un anc. part. *eslit*, signifie aussi « action de choisir » jusqu'au XVIe s. ; **réélire,** 1789, une première fois en 1237 (écrit *reslire*), puis en 1570.

ÉLIXIR, XIVe ; *eslissir*, XIIIe. Empr. de l'arabe *al-iksir*, nom de la pierre philosophale et aussi sorte de médicament, lui-même empr. du grec *ksêron* « médicament de poudres sèches ». A reçu dans le langage de la pharmacie un sens autre que celui des alchimistes, cf. **alcool.**

ELLE, ELLES. Lat. *ĭlla, ĭllas*. Ont suivi, comme pronoms sujets, le développement du masc. *il, ils*. Comme pron. complément, le sing *elle* s'est substitué à un anc. pron. *li*, lat. pop. **illaei*, disparu d'assez bonne heure en fr., mais encore usité dans les patois de l'Est, du Sud-Est et normands ; cf. de même a. pr. *liei(s)* et it. *lei*.

ELLÉBORE, vers 1250. Empr. du lat. *(h)elleborus* (du grec *helleboros*). Est resté connu comme remède contre la folie, grâce aux vers : « Ma commère, il faut vous purger Avec quatre grains d'ellébore », de la fable de La Fontaine *Le Lièvre et la Tortue*, VI, 10.

ELLIPSE, terme de grammaire, 1573 *(elipse)* ; **elliptique,** *id.*, 1692. Empr. du lat. *ellipsis* (du grec *elleipsis*, propr. « manque ») et du grec *elleiptikos*.

ELLIPSE, terme de géométrie, 1625 ; **elliptique,** 1634. Empr. des mots du lat. scientifique moderne (de Képler, etc.) *ellipsis, ellipticus*, faits sur les mots grecs cités sous les mots préc. au sens de « manque, qui manque », parce que l'ellipse est comme un cercle imparfait. — Dér. : **ellipticité,** 1758 ; **ellipsoïde,** 1705.

ELME (feu saint-), XVIe. Empr. de l'it. *Sant'Elmo* ; Saint-Elme, *sanctus Erasmus*, IVe s., est invoqué comme saint protecteur par les marins de la Méditerranée.

ÉLOCUTION, 1520. Empr. du lat. *elocutio* (du verbe *eloqui*).

ÉLOGE, xviie, d'abord *euloge*, fin xvie. Propr. « discours à la louange d'un personnage ». *Éloge* est empr. du lat. *elogium* « inscription tumulaire » (du grec *elegeion*, avec adaptation d'après le grec *eulogia* « louange »), et *euloge* est empr. de son côté d'une forme de basse ép. *eulogium* (qui montre plus clairement l'influence de *eulogia*) ; et c'est à *eulogia* que le fr. doit également le sens d' « éloge ». *Eulogia* a en outre pris en grec eccl. le sens de « bénédiction », d'où le lat. *eulogia* et le fr. **eulogie** « pain bénit », 1584 (sous la forme *euloge* dans Cotgrave). — Dér. : **élogieux,** 1836.

ÉLOIGNER, v. **loin.**

ÉLOQUENT, 1213 ; **éloquence,** xiie. Empr. du lat. *eloquens*, *eloquentia* (du verbe *eloqui* « parler »).

ÉLUCIDER, 1480. Empr. du lat. de basse ép. *elucidare*, propr. « rendre clair *(lucidus)* ». — Dér. : **élucidation,** 1530, développement du sens parallèle au verbe.

ÉLUCUBRATION, 1593. Empr. du lat. de basse ép. *elucubratio* (de *elucubrare* « travailler avec soin », propr. « ... pendant les veilles », de *lucubrum* « veille »).

ÉLUDER, xvie, a eu en outre le sens de « tromper », 1611, usuel au xviie s. Empr. du lat. *eludere* « se jouer de, déjouer » (de *ludere* « jouer »).

ÉLYSÉES (champs), terme d'antiquité, xive. On trouve aussi *champ Elysée*, ou *Elysée*, seul, au xvie s., *champs elisies*, 1312, etc. Empr. du lat. *elysei campi*, forme incorrecte de basse ép. pour le lat. class. *elysii campi*, traduction du grec *êlysia pedia ;* le sing. vient d'une forme correspondante du lat. *elyseum* pour *elysium*, grec *êlysion pedion*.

ÉLYTRE, 1762. Empr. du grec *elytron* « *id.* », propr. « étui, fourreau ».

ELZÉVIR, fin xviie. Tiré d'*Elzevier*, nom d'une famille célèbre d'imprimeurs hollandais au xvie et au xviie s. — Dér. : **-rien,** 1838.

ÉMACIÉ, 1564 (Rabelais), rare avant le xixe s. Empr. du lat. *emaciatus* (de *macies* « maigreur »).

ÉMAIL, xiiie. D'abord *esmal*, xiie, issu d'une forme disparue **esmalt*, qui a été remplacé par *esmail*, issu, par substitution de suff., du plur. *esmauz*, la terminaison *-auz* étant commune aux noms en *al* et en *-ail*. Empr. du francique **smalt*, cf. anc. haut all. *smelzi*, all. *Schmelz* « email » (de la famille de *schmelzen* « fondre ») ; de même a. pr. *esmaut*, it. *smalto*. — Dér. : **émailler,** xiiie ; **émailleur,** vers 1290 ; **émaillure,** 1328.

ÉMANER, 1456 ; **émanation,** 1579. Empr. du lat. *emanare* « couler de », d'où « provenir », *emanatio* (créé à basse ép.) en vue d'emplois surtout techn.

ÉMANCIPER, vers 1320, au sens juridique ; **émancipation,** 1317, *id.* Sens fig. du verbe dès le xvie s. Empr. du lat. juridique *emancipare* (de *mancipare* « vendre », propr. « prendre avec la main » ; l'émancipation résultait primitivement de trois ventes fictives ou mancipations), *emancipatio*.

ÉMARGER, v. **marge.**

ÉMASCULER, xviiie, une première fois au xive s. Empr. du lat. *emasculare* (de *masculus* « mâle »). — Dér. : **émasculation,** 1771.

EMBÂCLE, v. **bâcler.**

EMBALLER, v. **balle.**

EMBARCADÈRE, 1723. Empr. de l'esp. *embarcadero*, v. **barque.**

EMBARCATION, 1762. Empr. de l'esp. *embarcación*, v. le préc. ; Voiture l'emploie dans une lettre écrite d'Espagne, en le soulignant comme espagnol : « Difficilement je trouverois *embarquation* devant le mois de septembre. »

EMBARDÉE, 1694, comme terme de marine ; aujourd'hui usuel en parlant d'automobiles, de bicyclettes, etc. Dér. du verbe *embarder*, terme de marine, 1694, empr. du prov. *embardá* « *id.* », propr. « embourber », dit par extension d'un navire qui tourne sur lui-même sous l'effet d'un courant ou d'un vent violent ; c'est un dér. de *bard* « boue », a. pr. *bart*, v. **bardane.**

EMBARGO, 1626. Empr. de l'esp. *embargo*, tiré de *embargar* « mettre l'embargo », propr. « empêcher, embarrasser », lat. pop. **imbarricāre* (de *barra* « barre »), d'où aussi a. pr. *embargar* « empêcher, embarrasser ».

EMBARRASSER, 1574. Empr. de l'esp. *embarazar* par l'intermédiaire de la Flandre espagnole ; le part. fém. signifie dans un très grand nombre de patois « (femme) enceinte », (sens très rare dans la langue littéraire), comme l'esp. *embarazada*. L'it. *imbarrazzare* est également empr. de l'esp. (*de barra* « barre »). — Dér. : **embarras,** 1611 ; **débarrasser,** 1584, au lieu de *désembarrasser*, par simplification, v. **dépêcher,** d'où **débarras,** 1798.

EMBAUCHER, v. **bau.**

EMBERLIFICOTER, 1755. Transformation d'un verbe issu d'une composition fantaisiste du radical expressif *bir-* (variante de *pir-*, v. **pirouette**) qui représente l'idée d'un mouvement circulaire, d'un enveloppement, avec le subst. *coque* au sens de « chose sans valeur ». On y a introduit le suff. savant *-ifique* et le suff. verbal pop. *-oter*. Comparez *embirelicoquer*, *embrelicoquer* (dès le xive s.).

EMBLAVER, EMBLAYER, v. **blé.**

EMBLÉE (d'), vers 1490, d'abord *a emblee*, xiie ; *à l'emblée*, vers 1460. Locution adverbiale tirée du verbe *embler*, disparu depuis la fin du xviie s., encore chez Saint-Simon, « prendre, ravir », lat. *involāre* « voler sur », d'où « prendre » (sens développé dans le langage de la chasse, v. **voler**) ; de même it. *involare*, a. pr. *envolar*.

EMBLÈME, 1560 (« Ceste embleme, devise et tiltre luy avoyent este decernes ») ; **emblématique,** 1564 (Rabelais). Empr. du lat. *emblema* « ornement rapporté, mosaïque » (du grec *emblêma*) et du lat. de basse ép. *emblematicus* « surajouté ». Le lat. *emblema* avait aussi le sens fig. d' « ornement du style », mais le sens de « figure symbolique », 1704, est propre au fr.

EMBOBINER, 1836. Altération, d'après *bobine*, d'*embobeliner*, de même sens, 1611, attesté dans de nombreux patois au sens d' « envelopper de vêtements », de la famille des anc. mots, usités du XIVe au XVIe s., *bobelin* « chaussure grossière », *bobeliné* « rapiécé (en parlant de chaussures) », mots expressifs de la famille de *bobard*, *bobine*, etc., v. ces mots ; le développement du sens est obscur, en raison du caractère pop. de ces mots ; *embobeliner* a pu signifier d'abord « rapiécer », puis « arranger » ; mais ce sens n'existe plus.

EMBOIRE, v. **embu.**

EMBOLIE, 1857. Dér. sav. du grec *embolê*, propr. « action de jeter dans ou sur », d'où « attaque, choc » (du verbe *emballein* « jeter sur »).

EMBOLISMIQUE, XVe. Dér. d'*embolisme*, XIIe, empr. du lat. de basse ép. *embolismus* « intercalation du mois dit embolismique » (du grec *embolismos* « *id.* », plus rare que *embolimos*, du verbe *emballein*).

EMBONPOINT, v. **point.**

EMBOUCHE, -CHER, -CHURE, v. **bouche.**

EMBOUT, EMBOUTER, v. **bout.**

EMBRASER, v. **braise.**

EMBROCATION, XIVe. Empr. du lat. médiéval *embrocatio*, dér. du lat. médical *embrocha* (du grec *embrochê*, propr. « action d'arroser *(embrokhein)* »).

EMBRUN, 1836, une première fois en 1521 (écrit *anbrun*). Empr. du prov. *embrun*, tiré du verbe *embrumá* « bruiner », formé comme le fr. *embrumer*.

EMBRYON, XIVe (Oresme : *embrion*). Empr., par l'intermédiaire des traductions lat. d'Aristote, v. **anarchie,** du grec *embryon* (du verbe *bryein* « croître ». — Comp. : **embryo-,** premier élément de mots sav., tels qu'**embryogénie,** 1836 ; **embryologie,** 1753.

EMBU, ne s'emploie plus que dans le langage de la peinture, d'où aussi *embu*, pris substantiv. Part. passé d'un anc. *emboire* « absorber, s'imprégner de », lat. *imbibere*.

EMBUSCADE, v. **bûche.**

ÉMERAUDE, XIIe (sous les formes *esmeragde* et *esmeralde*). Empr. du lat. *smaragdus* (du grec *smaragdos*, d'origine orientale), de même it. *smeraldo*, esp. *esmeralda ;* mot européen, souvent sous la forme anc., cf. all. *Smaragd*, angl. *smaragd*, etc.

ÉMERGER, 1826 (Chateaubriand), une première fois 1496. Empr. du lat. *emergere* « sortir de l'eau », d'où nombreux sens fig. On trouve beaucoup plus tôt *émergent*, empr. du part. prés. du verbe lat., comme terme juridique, 1471. Comme terme d'optique, 1720, c'est un calque de l'angl. de Newton *emergent* [*light*]. On a d'autre part créé *émersion*, 1666, sur *emersus*, part. passé du verbe lat., en vue d'emplois scientifiques. V. **immerger, immersion.**

ÉMERI, XIIIe s. (écrit *esmeril* ; on trouve aussi l'orthographe *emeril* à partir du XVIIe s.). Empr. du moyen grec *smeri*, grec anc. *smyris* ; cf. aussi esp. *esmeril*, it. *smeriglio*.

ÉMERILLON, XIIe (Chrétien). Dér. de l'a. fr. *esmeril* qui a disparu de très bonne heure, probabl. d'un francique **smiril*, cf. anc. haut all. *smirl*, d'où all. *Schmerl*, cf. de même a. pr. *esmirle*, it. *smeriglio*, esp. *esmerejon*. — Dér. : **émerillonné,** XVe.

ÉMÉRITE, 1762, une première fois au XIVe s. (Bersuire). Empr. du lat. *emeritus* « qui a accompli son service militaire », d'où les innovations de sens en fr., dont le plus récent, le seul usuel aujourd'hui, « qui est particulièrement versé dans la pratique d'un art ou d'une science » est dû à *mérite*.

ÉMERSION, v. **émerger.**

ÉMÉTIQUE, XVIe (Paré). Empr. du lat. *emeticus* (du grec *emetikos*, du verbe *emein* « vomir »).

ÉMETTRE, 1476, comme terme juridique ; autres sens seulement à la fin du XVIIIe s. Empr., avec francisation d'après *mettre*, du lat. *emittere* « lancer hors de, émettre (en général) », v. **émission.**

ÉMEUTE, v. **émouvoir.**

ÉMIER, v. **mie.**

ÉMIGRER, vers 1780, moins fréquent qu'**émigré** et **émigrant,** très usuels au moment de la Révolution : cf. « Les émigrés qui rentrent dans leurs foyers », décret du 9 juillet 1791 ; *émigrant* est attesté dès 1776, cf. « Le grand-papa ayant prononcé le mot *émigrant*, vous en fûtes effrayée », abbé Barthélémy à Mme du Deffant ; **émigration,** 1752. La chronologie montre qu'*émigration*, emprunté le premier du lat. *emigratio* (de *emigrare* « changer de demeure », v. **migrateur**) a amené ensuite l'empr. d'*émigrer*.

ÉMINENT, XIIIe ; **éminence,** 1314. Empr. du lat. *eminens*, part. prés. du verbe *eminere* « s'élever hors de, au-dessus », *eminentia*. *Éminence*, titre des cardinaux, date du décret pris le 8 janvier 1630 par le pape Urbain VIII ; *eminentia* était déjà un titre d'honneur sous le Bas-Empire.

ÉMIR, 1672. Empr. de l'arabe *amîr*, v. **amiral.**

ÉMISSAIRE, 1519, rare avant la fin du XVIIe s. Empr. du lat. *emissarius* (de *emittere*, v. **émettre**). *Bouc émissaire*, 1690, est fait sur le lat. eccl. *caper emissarius*, qui désigne le bouc chargé des iniquités d'Israël et chassé dans le désert par le grand prêtre, le jour du Grand Pardon, cf. *Lévitique*, XVIe ; sens fig., à la fin du XVIIe s. (Saint-Simon).

ÉMISSION, 1811, comme terme de finance ; antér. depuis le XIVe s., sens techn. divers (dès 1720 comme terme de physique d'après l'angl. de Newton *emission*). Empr. du lat. *emissio* « action d'émettre » pour servir de nom d'action à *émettre*.

EMMÉNAGOGUE, 1738. Comp. des mots grecs *emmêna* « menstrues » et *agôgos* « qui conduit, amène ».

EMMITOUFLER (s'), v. **mitaine.**

ÉMOI, XIIe (*esmais ; esmoi* apparaît au XIIIe s., mais ne triomphe qu'au XVIe). Tiré de l'anc. verbe *esmayer* « troubler, effrayer » et « se troubler », d'où *esmoyer*, verbe encore usité dans les patois, lat. pop. **exmagāre* « faire perdre son pouvoir, sa force », dér. de bonne heure du verbe germanique occidental **magan* « pouvoir », cf. anc. haut all. et gotique *magan* « *id.* », auquel se rattachent l'all. *mögen* et l'angl. *to may*. Aussi it. *smagare* « se décourager », port. *esmagar* « écraser », a. pr. *esmagar, esmaiar* « troubler, se troubler ». Le sentiment linguistique rapproche aujourd'hui *émoi* du verbe *émouvoir*, d'où l'expression *doux émoi* (dp. 1835).

ÉMOLLIENT, XVIe (Paré). Empr. du lat. *emolliens*, part. prés. de *emollire* « amollir », également employé dans la langue médicale.

ÉMOLUMENT, XIIIe (J. de Meung). Empr. du lat. *emolumentum* « bénéfice, avantage ».

ÉMONCTOIRE, 1314. Dér. sav. du lat. *emunctus*, part. passé du verbe *emungere* « moucher », pour son sens techn. ; *emunctorium* existe en lat., mais au sens de « mouchettes ».

ÉMONDER. Lat. pop. **exmundāre*, lat. class. *ēmundāre* « nettoyer », d'où son sens spécial dans la langue de l'arboriculture. L'a. fr. a donné aussi, du XIIe au XVIe s., à *esmonder* le sens de « purifier » d'après *mundare*, qui avait pris ce sens en lat. eccl., cf. a. pr. *esmondar*, au même sens. — Dér. : **émondage,** XVIe, rare avant le XIXe s. ; **émondeur,** *id.*

ÉMOTION, v. **émouvoir.**

ÉMOUCHET, 1560. Altération, d'après *épervier, émerillon*, de l'a. fr. *mouchet*, XIIe (dér. de *mouche*), encore répandu dans les patois, masc. comme les noms d'oiseaux de même sorte, cf. a. pr. *mosquet*, it. *moscardo*. Cette désignation de « petite mouche » vient de ce que l'émouchet est plus petit que le faucon et que l'épervier ; le mot désigne parfois le mâle de l'épervier qui est plus petit que la femelle, par exemple chez Belon, de même en it.

ÉMOULU. En dehors de son emploi techn., ne s'emploie aujourd'hui que dans la locution *frais émoulu*, 1673 (Molière), extension du sens, usuel au moyen âge, d' « affilé », cf. l'expression *combattre à fer émoulu*, encore relevé dans les dictionnaires. Part. passé du verbe *émoudre* « affiler », lat. pop. **exmŏlĕre*, lat. class. *ēmŏlĕre* « moudre entièrement ». Seulement galloroman : a. pr. *esmoler* « affiler ».

ÉMOUSSER « rendre moins tranchant », v. **mousse,** adj.

ÉMOUSTILLER, 1743. Probabl. dér. de *mousse* « écume ». **Moustille,** 1868, qualité d'un vin pétillant », est tiré du verbe.

ÉMOUVOIR. Jusqu'au XVIIe s. signifie aussi « mettre en mouvement ». Lat. pop. **exmŏvēre*, lat. class. *ēmŏvēre*, qui signifie surtout « mettre en mouvement », d'où le sens d' « émouvoir » a dû se développer à basse ép., cf. it. *smuovere* « mouvoir, émouvoir », a. pr. *esmover* « *id.* ». — Dér. : **émeute,** XIIe, sur le modèle de *meute* qui avait un sens analogue ; signifie d'abord « mouvement, émotion » (encore chez La Fontaine, *Fables*, X, 3) ; le sens moderne ne paraît pas antérieur au XVIIIe s. ; **émotion,** 1538, d'abord « mouvement », d'où « agitation populaire » au XVIIe s., dér. sur le modèle de *motion*, alors de sens analogue, d'après le rapport de celui-ci avec *mouvoir*, d'où **émotionner,** 1829 ; **émotif,** fin XIXe, d'après *emotus*, part. passé de *emovere*.

EMPALEMENT « vanne d'écluse », v. **pale.**

EMPALER, -ement, v. **pal.**

EMPAN, ancienne mesure, 1532 (Rabelais). Altération d'*espan*, XIIe, autre forme d'*espan(n)e*, du francique **spanna*, cf. all. *Spanne* « *id.* », de la famille du verbe *spannen* « étendre, tirer », v. **épanouir.** L'it. *spanna* vient probabl. du fr.

EMPARER (s'), XVIe (Amyot). Antér. *emparer*, trans., « fortifier », 1371, encore usité au XVIe s., d'où l'emploi moderne au sens de « se rendre maître ». Empr. de l'a. pr. *antparar, amparar* « *id.* », lat. pop. **anteparāre*, propr. « faire des préparatifs pour se défendre », cf. **parer ;** *emparar*, très fréquent, résulte d'une substitution de préf. ; cf. aussi esp. *amparar* « protéger, défendre ». — Dér. : **désemparer,** 1364, signifiait d'abord « enlever les fortifications, démanteler », encore au XVIe s., et « cesser d'attaquer », XVe, sens conservé dans la locution *sans désemparer ;* comme terme de marine, 1694 ; **remparer,** XVe, d'où **rempart,** 1370.

EMPÊCHER. D'abord *empeechier*, XIIe. A signifié d'abord « entraver », puis « embarrasser » jusqu'au XVIIe s., outre le sens moderne. Empr. du lat. de basse ép. *impĕdĭcāre* « prendre au piège », francisé comme *prêcher*. — Dér. : **empêchement,** XIIe ; **empêcheur,** usuel au moyen âge, sorti de l'usage au XVIIe s., puis réintroduit dans l'expression *empêcheur de danser en rond*, née du pamphlet célèbre de P.-L. Courrier, écrivain archaïsant, *Pétition pour les villageois qu'on empêche de danser*, 1822 ; **dépêcher,** d'abord *despeechier*, 1225, au lieu de **désempêcher*, par simplification (cf. **débarrasser, dépêtrer,** etc.), a signifié aussi « débarrasser » jusqu'au XVIIe s. ; d'où **dépêche,** 1464, d'abord « action de dépêcher » ; sens moderne au XVIIe s. ; a passé également dans les langues voisines : it. *dispacciare*, esp. a. pr. *despachar*, d'où it. *dispaccio*, esp. *despacho*, d'après le fr. *dépêche*.

EMPEIGNE, XIIIe (*empeine, empiegne* dans Villon et encore en Picardie). Comp. de l'a. fr. *peigne* « métacarpe », celui-ci étant nommé ainsi à cause des phalanges dont l'ensemble ressemble à un peigne. Le sens du mot est donc « ce qui recouvre le métacarpe (du pied) ».

EMPEREUR, vers 1080 *(Roland : empereor*, cas régime, dont le cas sujet était *emperedre*, XIe, *Alexis)*. Empr. du lat. *imperator(em)*, à l'époque de Charlemagne; *imperator* n'est représenté sous une forme traditionnelle que par le roumain *împărat*, v. **impératrice.**

EMPESER, vers 1100. Dér. de l'a. fr. *empoise* « empois », lat. *impē(n)sa*, en lat. class. « dépense », mais qui signifie aussi « matériel » (« ce qu'on se procure moyennant dépense ») et partic., à basse ép., « mortier, ciment ». Seulement gallo-roman, cf. a. pr. *empezar*. — Dér. : **empois,** 1454 (écrit *empoit*), d'après les formes accentuées du verbe : *empoise*, etc., cf. *peser, poids;* **empesage,** 1650; **désempeser,** 1690.

EMPÊTRER. D'abord *empaistrier;* en outre, au moyen âge, *empasturer* d'après *pasture*. Propr. « mettre une entrave »; sens fig. de très bonne heure. Lat. pop. **impastōriāre*, dér. de *pastōria* (attesté dans la *Loi des Longobards*, où on lit aussi *pastorium*) « entrave pour retenir dans la pâture » (dér. de *pastus* « pâturage »), d'où it. *pastoia* « entrave »; de même it. *impastoiare* « entraver », a. pr. *empastrar* « barrer », v. **pâturon.** — Dér. : **dépêtrer,** vers 1300, au lieu de **désempêtrer*, par simplification, cf. **débarrasser,** etc.; au sens propre de « dégager d'une entrave »; sens fig. de très bonne heure.

EMPHASE, 1546; **emphatique,** 1579 (H. Estienne). Empr. du lat. *emphasis*, terme de rhétorique, « figure consistant à employer un terme dans un sens très fort » (mot pris au grec) et du grec *emphatikos;* d'où le sens propre au fr. dès le XIVe s.

EMPHYSÈME, 1707. Empr. du grec médical *emphysêma*, propr. « gonflement ». — Dér. : **emphysémateux,** 1766.

EMPHYTÉOSE, 1271; **emphytéote,** 1494; **emphytéotique,** XIVe. Empr. du lat. médiéval *emphyteosis, -teota, -ticus*, altération du lat. juridique *emphyteusis, -teuta, -ticus* (en grec de basse ép. *emphyteusis, -teutês, -tikos*, dér. du verbe *emphyteuein* « planter », d'où « donner à bail », cette sorte de bail à longue durée permettant de planter et de jouir de ses plantations).

EMPIFFRER (s'), XVIe. Dér. de *pifre* « gros individu », comp. anc. prov. *pifart* « ventru ». Ce groupe de mots est sans rapport avec *pifre* « fifre »; il est de création indigène, la syllabe *piff-* se prêtant bien à exprimer ironiquement la grosseur d'une personne ventrue. Le français vulgaire *pif* « nez », 1833, se rattache aussi à ces mots.

EMPIRE. D'abord *empirie*, vers 1080 *(Roland)*. Empr. du lat. *imperium*, qui avait déjà des sens étendus.

EMPIRIQUE, 1314, terme de médecine. Empr. du lat. *empiricus* « *id.* » (du grec *empeirikos*, « *id.* »). Comme terme de médecine, a pris un sens défavorable au XVIIe s. Comme terme philosophique, attesté indirectement par l'adv. *empiriquement* au XVIe s. *(Pénétrer empiriquement, par des expériences)*. — Dér. : **empirisme,** 1736, jusqu'au XIXe s. désigne surtout la médecine empirique.

EMPLÂTRE. Souvent fém. jusqu'au XVIIIe s. et encore dans les parlers pop. Lat. *emplastrum* (du grec *emplastron*, du verbe *emplattein* « modeler, façonner »). — Dér. : **plâtre,** XIIIe, par comparaison d'un emplâtre avec du plâtre gâché, aussi a. pr. *plastre; battre comme plâtre*, depuis le XVe s.; terme aujourd'hui dominant dans les parlers gallo-romans, v. **gypse,** d'où **plâtras,** 1371; **plâtrer,** 1538; **plâtrage,** 1718; **plâtreux,** XVIe; **plâtrier,** 1260; **plâtrière,** vers 1460; **déplâtrer,** 1601; **replâtrer,** 1549; **replâtrage,** 1762.

EMPLETTE. D'abord *emploite*, d'où *emplette*, XIIIe, par substitution de suff. Au sens propre « le fait d'employer son argent en achats », encore dans *faire emplette* (d'un objet), d'où le sens moderne restreint à l'achat de menus objets. Lat. pop. **implĭcĭta*, part. passé fém. pris substantiv. du verbe *implicāre*, v. **employer.** Seulement gallo-roman, cf. a. pr. *emplecha* « marchandise », et sarde logoudorien *impitta* « occupation ».

EMPLIR. Lat. pop. **implīre*, lat. class. *implēre*. Moins usuel que *remplir*. Conservé dans toutes les langues romanes, d'après les deux types : it. *empiere* et *empire*, esp. *henchir* (avec un *h* dû à un croisement), a. pr. *emplir* et *umplir*. Dans les parlers gallo-romans *emplir* a été presque partout éliminé par *remplir*; en outre on trouve souvent un dér. de *plein*, croisé avec *remplir*. — Dér. : **désemplir,** XIIe; **remplir,** XIIe (au part. *rampli*), au moyen âge ordinairement *raemplir*, comp. d'un antér. *aemplir*, et que *remplir* a fini par absorber; d'où **remplissage,** 1508.

EMPLOYER. Lat. *implĭcāre*, en lat. class. « mettre l'un dans l'autre », d'où « envelopper, engager », d'où le sens d' « employer » a dû sortir à basse ép. It. *impiegare* « *id.* », a. pr. *emplegar* « *id.* ». — Dér. : **emploi,** 1539; **employeur,** 1794; **remployer,** XIVe (Froissart), **remploi,** 1577.

EMPOIGNER, v. **poing.**

EMPOIS, v. **empeser.**

EMPOTÉ, v. **potelé.**

EMPREINDRE. Altération, d'après les verbes en *-eindre* (ou *-aindre*), v. **craindre,** d'un verbe **empriembre* (cf. *emprient* au XIIIe s.), lat. pop. **impremere*, lat. class. *imprimere*, refait sur le simple *premere*, v. **imprimer.** Peu usuel aujourd'hui, sauf à l'inf. et au part. passé. A été partiellement confondu avec *imprégner*. — Dér. : **empreinte,** XIIIe (J. de Meung : *empraínte*), a été emprunté par les langues voisines : it. *impronta*, d'où *impronta*, esp. et a. pr. *emprenta*.

EMPRISE, XIIe, au sens d' « entreprise », surtout de « prouesse de chevalier », disparu au XVIe s. ; n'a survécu que dans la langue jurid. au sens d' « action d'empiéter (faite par l'administration) sur une propriété », d'où l'expression récente *avoir de l'emprise sur quelqu'un*. Part. passé de l'anc. verbe *emprendre* « entreprendre », usuel jusqu'au XVIe s., lat. pop. **imprendĕre*, comp. de *prendere* « prendre », d'où aussi it. *imprendere* (v. **impresario**) « entreprendre », esp. *emprender*.

EMPRUNTER. Signifie aussi parfois au moyen âge « prêter ». Lat. pop. **imprūmūtāre*, altération, par assimilation des deux voyelles *o*, *u*, de **imprōmūtāre*, formé sur le lat. juridique *prōmūtuārī* « emprunter ». dér. de *prōmūtuum* « argent avancé », cf. aussi le lat. class. *mūtuārī* « emprunter », Dans les parlers gallo-romans *emprunter* est souvent refait en *emprêter* d'après *prêter*. — Dér. : **emprunt,** 1196 ; **emprunteur,** 1254 ; **remprunter,** 1549.

EMPUANTIR, v. **puer.**

EMPYRÉE, XIIIe (*Les cieux empirées;* en outre *le ciel empire* au XVIe ; aujourd'hui surtout subst.). Empr. de l'adj. du lat. eccl. *empyrius*, en parlant du ciel, séjour des bienheureux (du grec *empyrios* « en feu *(pyr)* ») ; a servi au XIXe s. à désigner la quatrième et la plus haute sphère selon le système de Ptolémée ; sens fig. à la fin du XVIe s. (D'Aubigné).

ÉMULE, XIIIe ; Richelet en 1680, dit que « (c') est un terme de collège » ; **émulation,** XIIIe ; sens scolaire, 1534 (Rabelais). Empr. du lat. *aemulus* « rival », *aemulatio*.

ÉMULSION, XVIe (Paré). Dér. sav. du lat. *emulsus* (part. passé du verbe *emulgere*, propr. « traire »), pris au sens d' « extrait ».

EN, prép. Lat. *in* « dans, sur ». A perdu beaucoup de ses emplois au profit de *dans*. It. *in*, esp. *en ;* pour les anc. articles *ou*, *ès*, v. **le.** En outre préf., comme en latin ; prend la forme *em-* devant *b*, *m*, *p*.

EN, adv. pronominal. D'abord *ent*. Lat. *inde*, adv. de lieu, « de là », qui a pris à basse ép. une valeur analogue au fr. *en*, adv. pronominal, cf. *te paenitet inde* « tu t'en repens », Commodien, IIIe s., *inde reddo rationem* « j'en rends compte », Anthimus, VIe s. It. *ne* (règles d'emploi particulières), a. pr. *en*, *ne*, anc. esp. *ende*. Sert aussi comme préf., avec des verbes de mouvement, p. ex. *s'enfuir*, *emmener*, *emporter*, cf. aussi *s'en aller ;* seulement gallo-roman ; rare en a. pr., cf. *s'ensegre* « s'ensuivre ».

ÉNASER, v **nez.**

ENCAN, vers 1400 ; écrit alors aussi *inquant*, *encant* (encore en 1642), enfin *encan*, XVIIe. Empr. du lat. médiéval *inquantum*, de *in quantum* « pour combien » ; a passé dans les langues voisines : it. *incanto*, esp. *encante*.

ENCASTRER, 1694 (en 1464, dans un texte de Lille, c'est probabl. une forme picarde correspondant à l'a. fr. *enchâtrer*) ; d'abord *incastré*, XVIe (Paré). Empr. de l'it. *incastrare*, lat. de basse ép. *incastrāre* « emboîter, enchâsser » (littéral. « tailler pour introduire », de *castrāre*, v. **châtrer**) ; de même a. pr. *encastrar*. L'a. fr. a possédé également un verbe *enchâtrer*, d'où **enchâtre,** 1397, « pièce de bois dans laquelle quelque chose est encastré ». — Dér. : **encastrement,** 1694.

ENCAUSTIQUE, vers 1752 ; une première fois, au XVIe s. Empr. du grec *enkaustikê* « art de peindre à l'encaustique (sorte de cire fondue) » (de *enkaiein* « brûler »). Emploi étendu au XIXe s. à d'autres techn. — Dér. : **encaustiquer,** 1864.

ENCEINDRE. Lat. *incingĕre*, **v. ceindre.** It. *incingere*, a. pr. *encenher*. — Dér. : **enceinte,** *subst.*, XIIIe.

ENCEINTE, *adj. fém.* Lat. de basse ép. *incincta* (VIIe s., Isidore de Séville). Probabl. part. passé de *incingere* « ceindre », la femme enceinte ayant la sensation d'être gênée comme par des liens. It. *incinta*, a. pr. *encencha*, esp. *encinta*.

ENCENS, XIIe. Empr. du lat. eccl. *incensum* (du verbe *incendere* « brûler »). — Dér. : **encenser,** vers 1080 *(Roland) ;* d'abord « brûler de l'encens », jusqu'au XVIe s. ; sens fig. depuis le XVIIe s. ; d'où **encensement,** vers 1180 ; **encenseur,** XVIIe, une première fois au XIVe s., d'après le sens propre du verbe ; **encensoir,** XIIIe.

ENCÉPHALE, 1755. Empr. du grec *enkephalos* « cervelle, cerveau ». — Dér. : **encéphalite,** 1766. — Comp. : Nombreux mots sav. avec *encéphal(o)-* comme premier élément, tels qu'**encéphalogie,** 1836.

ENCHANTER. Au sens fig. depuis le XVIe s. Lat. *incantāre* « prononcer des formules magiques ». It. *incantare*, esp. *encantar*. — Dér. : **enchantement,** XIIe, développement du sens parallèle au verbe ; **enchanteur,** vers 1080 *(Roland)*, *id. ;* **désenchanter,** vers 1260 ; **désenchantement,** 1554.

ENCHÂTRE, v. **encastrer.**

ENCHEVÊTRER. Propr. « mettre un licou à un cheval », d'où le sens fig. depuis le XVe s. Lat. *incapistrāre*, dér. de *capistrum*, d'où **chevêtre,** usuel jusqu'au XVIe s., encore dans les patois. Le subst. et le verbe ont été conservés dans toutes les langues romanes : it. *capestro*, *incapestrare*, esp. *cabestro*, *encabestrar*. — Dér. : **enchevêtrement,** XVIe, d'abord au sens propre : « *enchevestremens... de ses bestes* ».

ENCHIFRENÉ, 1611, une première fois au sens de « asservi d'amour », XIIIe (Rose). Comp. de *chief* et de l'a. fr. *frener* « brider » (v. **frein**). Le rhume est souvent précédé d'une courte période pendant laquelle on a la sensation d'avoir les régions buccale et nasale bridées.

ENCLAVER. Lat. pop. **inclavāre* (de *clavis* « clef ») « fermer avec une clef » ; le sens, dominant aujourd'hui, d' « enclore une terre dans une autre, etc. », apparaît dès le XIIIe (au part. passé). Roumain *în-*

cheia « enclore », a. pr. *enclavar* « enfermer, enclaver, fixer avec un boulon ». — Dér. : **enclave,** 1312 ; **enclavement,** XIVe.

ENCLIN, vers 1080 *(Roland)*, au sens de « baissé », sens encore attesté au XVIe s. ; sens moderne dès le XIIIe s. Tiré de l'anc. verbe *encliner* « baisser et incliner vers », lat. *inclīnāre ;* d'où aussi it. *inchinare*, a. pr. *enclinar ; encliner* a été supplanté au début du XVIIe s., d'après le lat. *inclinare*, par *incliner*, tandis qu'*enclin* a résisté parce qu'il n'avait plus que le sens intellectuel qui l'éloignait du verbe. Seulement gallo-roman ; cf. prov. *enclin.*

ENCLORE. Lat. pop. **inclaudĕre*, réfection, d'après le simple *claudere*, du lat. class. *inclūdere*, cf. **éclore.** — Dér. : **enclos,** 1283 (Beaumanoir).

ENCLUME. Lat. pop. *incūdĭnem*, acc. de *incūdo*, au lieu du lat. class. *incūs*, *-ūdis;* une substitution de suff. s'est produite dans la forme fr. comme dans *coutume*, et *l* vient du verbe *inclūdere* « enfermer », les objets à travailler sur l'enclume étant souvent pincés dans celle-ci. A. pr. *encluge.* — Dér. : **enclumeau,** XIVe.

ENCOGNURE, v. **coin.**

ENCOLLER, v. **colle.**

ENCOLURE, v. **cou.**

ENCOMBRER, XIe *(Alexis)*. Dér. de l'a. fr. *combre*, comme **décombrer.** — Dér. : **encombre,** XIIe ; **encombrement,** *id.* ; **désencombrer,** XIIe.

ENCONTRE, prép. qui subsiste dans *à l'encontre de.* Lat. de basse ép. *incontrā*, v. **contre.** — Dér. : **rencontrer,** XIVe, par l'intermédiaire d'un anc. *encontrer ;* **rencontre,** XIIIe.

ENCORBELLEMENT, v. **corbeau.**

ENCORE ; aussi *encor*, *encores.* Lat. *hinc hā horā* ou *hinc ad horam* « de là à cette heure » ; a. fr. *oncore* d'après *onque* « une fois, parfois », lat. *unquam.* It. *ancora* est empr. du fr.

ENCOURIR. D'abord *enco(u)rre*, puis *encourir*, comme *courir.* Lat. *incŭrrĕre* « courir sur », sens attesté en a. fr., d'où, déjà en lat. class., « s'exposer à », cf. *in odia hominum incurrere*, Cicéron ; devenu trans. en fr. It. *incorrere*, esp. *encorrer* (aujourd'hui plutôt *incurrir*).

ENCRE. D'abord *enque.* Lat. de basse ép. *encautum* « encre rouge dont se servaient les empereurs », autre forme de *encaustum* (du grec *enkauston* propr. « préparation pour la peinture à l'encaustique », d'où « encre rouge ») ; plus tard a servi à désigner l'encre noire inférieure. La forme du fr., d'où l'angl. *ink*, est due au fait que *encautum* a gardé dans le lat. de la Gaule septentrionale l'accent grec sur la voyelle initiale ; mais l'a. pr. *encaust*, l'it. *inchiostro* représentent *encaustum* avec accent sur la deuxième syllabe. Le lat. class. désignait l'encre noire par le mot *atrāmentum*, d'où a. fr. *airement*, *arrement*, *errement*, jusqu'au XVIe s., a. pr. *airemen.* Un troisième mot, *tincta*, part. passé fém. du verbe *tingere* « teindre », est représenté par l'esp. *tinta*, cf. aussi all. *Tinte* (qui vient du lat. médiéval). — Dér. : **encrer,** 1530 ; **encrier,** 1380.

ENCYCLIQUE, 1798. Dér. sav. de l'adj. grec *enkyklos* « circulaire » (de *kyklos* « cercle »).

ENCYCLOPÉDIE, 1532 (Rabelais). Empr. du lat. de la Renaissance *encyclopaedia* fait par Budé (1508) d'après un grec *enkyklopaideia*, fausse lecture d'un manuscrit pour *enkyklios paideia* « éducation comprenant l'étude de toutes les sciences » ; v. le préc. — Dér. : **encyclopédique,** 1762 ; **encyclopédiste,** 1757.

ENDÉMIQUE, 1608. Dér. sav. d'*endémie*, XVIe (Paré), fait sur le grec *endêmos nosêma* « maladie fixée dans un pays » (de *dêmos* « peuple »).

ENDÊVER, XIIe (sous la forme *anderve*). Comp. de l'a. fr. *derver*, *desver* « être fou, devenir fou », très usuel jusqu'au XVIe s. V. **rêver.**

ENDIVE, XIIIe. Empr. du lat. médiéval *endivia*, empr. lui-même du grec byzantin *endivi*, qui remonte au lat. *intybum.* De même it. *endivia*, esp. *endibia.*

ENDO-. Premier élément de mots sav. comp. tiré du grec *endo-*, premier terme de comp. (de *endon* « dedans ») ; cf. notamment **endosmose,** créé par le physicien Dutrochet, en 1826, avec le grec *ôsmos* « poussée », et le suff. *-ose*, de même qu'**exosmose** qui en est le contraire, v. **exo-.**

ENDOLORIR, v. **douleur.**

ENDORMIR. Lat. *indormīre* « s'endormir ». — Dér. : **endormeur,** 1299 ; **rendormir,** XIIIe.

ENDOSMOSE, v. **endo-.**

ENDUIRE. Lat. *indūcĕre* « appliquer » d'où « enduire », cf. *inducere pice* « enduire de poix » (Plaute), et d'autre part « inciter ». Au sens d' « enduire », seulement gallo-roman, cf. a. pr. *enduch* « enduit » ; au sens d' « induire, introduire », a. pr. *enduire*, it. *indurre.* A signifié au moyen âge « inciter quelqu'un », sens qui a été repris par *induire*, et, d'autre part, « absorber, digérer », encore usité au XVIe s. et relevé comme terme de fauconnerie. — Dér. : **enduit,** 1508, une 1re fois vers 1170.

ENDURER. Lat. eccl. *indūrāre* « s'endurcir le cœur contre quelque chose », d'où le sens fr. de « supporter » ; en lat. class. « rendre dur, devenir dur ». — Dér. : **endurance,** XIVe.

ÉNERGIE, vers 1500, rare avant le XVIIe s. Empr. du lat. de basse ép. *energia* (d'un mot grec qui signifie « force en action », par opposition à *dynamis* « force en puissance »). — Dér. : **énergique,** 1584 ; **énergétique,** fin XIXe, d'après le grec *energêtikos*, pour une théorie scientifique.

ÉNERGUMÈNE, 1579 (Bodin). Empr. du lat. eccl. *energumenos* « possédé du démon » (transcription du grec eccl. *energoumenos*, part. prés. passif du verbe *energein* « agir », d'où, en parlant du démon, « exercer une influence néfaste »). Pris rapidement en fr. au sens fig. Le sens propre est conservé dans la langue de la théologie.

ÉNERVER, vers 1226. Propr. « priver de nerf, d'énergie », le sens d' « irriter les nerfs », dominant aujourd'hui, est du XIXe. Empr. du lat. *enervare*, propr. « couper les nerfs », d'où « affaiblir ». — Dér. : **énervement,** XVIIIe (Vauvenargues), une première fois en 1413.

ENFANCE. Lat. *infantia*. Seulement gallo-roman : a. pr. *enfansa*.

ENFANT. Lat. *infantem*, acc. de *infans*, conservé aussi par l'a. fr. *enfes*, cas sujet. *Infans*, qui désignait en lat. class. l'enfant en bas âge, littéral. « qui ne parle pas », a pris en outre à basse ép. les sens de *puer*, *puella* « garçon, fille de six à quinze ans environ » et de *liberi* « enfants par rapport aux parents ». Existe dans la plupart des parlers gallo-romans, sauf dans l'Ouest et le Sud-Ouest, où il est éliminé ou du moins fortement concurrencé par *canaille*, *drôle*, *ménage*, etc. It. *infante* et *fante* (qui ne signifie aujourd'hui que « valet, servante ») ; ces deux formes ont pris aussi le sens de « fantassin » (v. **infanterie** et **fantassin**). *Enfant perdu*, qui se disait depuis le XVe s. d'un soldat hardi, tentant une entreprise périlleuse, en avant des troupes, est un terme militaire, fait sur le modèle de l'it. *fante perduto*. — Dér. : **enfanter,** XIIe ; **enfantement,** *id.* ; **enfantillage,** vers 1210, par l'intermédiaire d'un anc. adj. *enfantil*, usuel jusqu'au XVIe s., lat. *infantīlis* ; on a dit aussi au même sens *enfance* du XIIe au XVIIIe s. ; **enfantin,** XIIe, moins usuel au moyen âge qu'*enfantil* ; **fanfan,** 1525 (écrit *fantfant*), formation du langage enfantin.

ENFER. Lat. eccl. *infernus*, adj. pris substantiv., propr. « lieu d'en bas ». La langue du paganisme disait *inferna* « lieux d'en bas », plur. neutre, et *inferni*, plur. masc., ou surtout *inferi (dei)*, propr. « les dieux d'en bas », de là l'emploi du plur. *les enfers*, en parlant des croyances païennes. Sens fig. dès le XIIIe s. It. *inferno*, esp. *infierno*.

ENFEU, v. **enfouir.**

ENFLAMMER. Parfois *enflamber*, d'après *flambe*, v. **flambeau.** Lat. *inflammāre*. It. *infiammare*. — Dér. : **renflammer,** 1549.

ENFLER. Lat. *inflāre*, propr. « souffler dans ». It. *enfiare*, esp. *hinchar*. — Dér. : **enflure,** XIIe ; **désenfler,** *id.* ; **renfler,** *id.* ; **renflement,** 1547.

ENFONCER, v. **fond.**

ENFORCIR, XIIe. Variante de l'anc. verbe *enforcier*, très usuel jusqu'au XVIe s., dér. de **force.**

ENFOUIR. Lat. pop. **infodīre*, lat. class. *infodere*, v. **fouir.** Seulement fr. — Dér. : **enfeu,** terme d'archéologie, 1482, anc. subst. verbal ; **enfouissement,** 1539 ; **enfouisseur,** 1627.

ENFREINDRE. D'abord *enfraindre*, écrit *enfreindre* depuis le XVIe s., pour le rapprocher du lat. Lat. *infringere* « briser », d'où « violer une loi », refait en **infrangere*, d'après le simple *frangere*. It. *infrangere*, a. pr. *enfranher*.

ENGEANCE, 1538. D'abord « race d'animaux ou d'hommes » (encore chez La Fontaine, *Fables*, IV, I, etc.) ; aujourd'hui, et depuis le XVIIe s., seulement en mauvaise part. Dér. de l'anc. verbe *enger* « pourvoir d'animaux, de plantes », etc., encore usité fin XVIIe, antér. *aengier*, qui survit encore dans le normand *enger* « pourvoir, munir ». Probabl. du lat. *indicare* « indiquer », dans un sens modifié sous l'influence de *index*, qui a pris, en lat. de basse ép., le sens de « œuf qu'on laisse au nid pour encourager les poules à y pondre ».

ENGENDRER. Lat. *ingenerāre*, de *genus*, *generis* « race ». Seulement gallo-roman, cf. a. pr. *engenrar*, et cat. *engendrar*.

ENGIN. Aujourd'hui, et depuis le XVIIe s., seulement en parlant de machines de guerre, de chasse, de pêche ; auparavant « machines et instruments de toute sorte » et, au sens propre, « adresse, moyen, ruse » ; usité en ces trois derniers sens jusqu'au XVIe s. Lat. *ingenium* « intelligence, habileté », d'où déjà en lat. class. « invention ingénieuse » et, à basse ép., « ruse ». It. *ingegno*, sens variés comme en fr., a. pr. *engenh* « *id.* ». L'angl. *engine* « machine » vient du fr.

ENGLOUTIR. Sens fig. de très bonne heure. Lat. de basse ép. *ingluttīre* « avaler », en lat. class. *gluttīre*, v. **glouton.** It. *inghiottire*, a. pr. *englotir*. — Dér. : **engloutissement,** XVe, rare avant le XIXe s. ; **rengloutir,** XIIIe.

ENGONCER, v. **gond.**

ENGOUER (s'), XIVe (Froissart), trans., au sens propre d' « avaler gloutonnement », d'où « (s')obstruer le gosier » encore au XVIIIe s. ; sens fig. depuis 1680. Empr. d'un dialecte non identifié (probabl. de l'Ouest) et formé avec le radical que nous avons aussi dans **joue.** — Dér. : **engouement,** 1694, développement du sens parallèle au verbe.

ENGOULEVENT, v. **gueule.**

ENGOURDIR, v. **gourd.**

ENGRAISSER. Lat. pop. **incrassiāre*, devenu **ingrassiāre*, v. **gras,** issu du lat. de basse ép. *incrassāre*. Roumain *îngrăsa*, port. *engraxar* « graisser ». — Dér. : **engrais,** 1510 ; **rengraisser,** XIIe ; **dégraisser,** XIIIe, d'où **dégras,** 1723, refait sur *gras* ; **dégraissage,** 1754 ; **dégraissement,** 1752 ; **dégraisseur,** 1552 (Rab.).

ENGRENER, v. **graine.**

ENGUEULER, v. **gueule.**

ENHARNACHER, v. **harnais.**

ÉNIGME, vers 1500, *enigmat*, au XIVe s. ; masc. au XVIe s. et parfois au XVIIe, d'après le genre neutre du mot ancien ; **énigmatique,** XIIIe s., rare avant le XVIe s. Empr. du lat. *aenigma, aenigmaticus* (du grec *ainigma, ainigmatikos*).

ENJOINDRE, vers 1200. Empr. du lat. *injungere*, avec francisation d'après *joindre*, v. **injonction.**

ENJOLER, v. **geôle.**

ENJOUÉ, v. **jeu.**

ENLISER (s'), 1838, une première fois au XVe s. Empr. du patois normand *s'enlizer*, dér. de *lize* « sable mouvant », *lise*, XIIe. Ce mot, qui s'emploie en outre aujourd'hui dans un sens fig., a été introduit dans la langue générale par le fameux chapitre des *Misérables*, V, 3, où V. Hugo, l'a employé. Peut-être comp. de *liser* « glisser », assez répandu dans les patois, lequel est une forme altérée de **lisser.** — Dér. : **enlisement,** 1862 *(ibid.)*.

ENLUMINER, vers 1080 *(Roland)*. Usuel jusqu'au XVIe s. au sens d' « éclairer, rendre brillant » ; sens moderne dès le XIIIe. Empr. du lat. *illuminare*, avec modification du préf. ; le lat. ayant été également repris sous la forme *illuminer*, le fr. a utilisé les deux formes pour des sens différents. — Dér. : **enluminure,** XIIIe.

ENNÉA-. Premier élément de mots sav. comp., tels qu'**ennéagone,** 1561, tiré du grec *ennea* « neuf ».

ENNEMI, Xe *(Eulalie, inimi ;* au XIe s. *enemi)*. Lat. *inimīcus*, en lat. class. «ennemi particulier », par opposition à *amīcus* dont il est comp. ; partic. usité en lat. eccl. en parlant du démon ; traitement non pop., dû au fait que le mot appartient à la langue religieuse ; a aussi servi à désigner l'ennemi public, le lat. class. *hostis* ayant pris un autre sens, v. **armée.** De même, sous des formes plus ou moins pop., it. *nemico*, esp. *enemigo*, v. **inimitié.**

ENNUYER. En a. fr. surtout impersonnel ; a souvent le sens plus fort de « chagriner ». Lat. de basse ép. *inodiāre*, formé sur la locution *in odio esse* « être un objet de haine », usuelle en lat. class. It. *annoiare*, a. pr. *enojar* (d'où l'esp. *enojar*). — Dér. : **ennui,** XIIe, sens plus fort qu'aujourd'hui jusqu'au XVIIe s. ; **désennuyer,** vers 1400 (G. de Machaut).

ENNUYEUX. Lat. de basse ép. *inodiōsus*, dont la forme et le sens se sont développés en contact avec les préc. It. *noioso* (d'après *noia* « ennui »), a. pr. *enojos*.

ÉNONCER, 1611 (une première fois en 1377 ; **énonciatif,** 1542, une première fois en 1386 ; **énonciation,** XIVe (Oresme). Empr. du lat. *enuntiare, enuntiativus, enuntiatio*, avec francisation d'après *annoncer*. — Dér. : **énoncé,** XVIIe (Bossuet).

ÉNORME, XIVe (Bersuire) ; **énormité,** XIIIe. Empr. des mots lat. *enormis, enormitas* (de *norma* « règle » ; signifient donc propr. « qui est, le fait d'être hors de la règle »). — Dér. de l'adjectif : **énormément,** 1549, d'abord *enormement*, XIVe, refait d'après les adv. en *-ément*.

ENQUÉRIR. D'abord *enquerre*, jusqu'au XIIIe s., refait en *enquérir*, comme *quérir*. Ne s'emploie plus que comme réfl. ; jusqu'au XVIIe s. est également trans. au sens de « rechercher, interroger », cf. encore dans la langue juridique *un témoin enquis*, Lat. *inquirĕre* « rechercher, interroger ». spécial. comme terme juridique, « faire une enquête », refait en *inquaerĕre*, d'après le simple *quaerere*, dans les milieux savants plutôt que dans la langue pop., v. **enfreindre.** It. *inchiedere*, a. pr. *enquerre*. — Dér. : **enquête,** XIIe, fém. pris substantiv. d'un anc. part. passé, disparu avant les premiers textes, lat. **inquaesītus*, de même it. *inchiesta* (mais le part. *inchiesto* existe encore), a. pr. *enquesta* (le part. *quest* du simple existe également) ; d'où **enquêter,** récent comme trans., antér. *s'enquêter*, XIIe ; **enquêteur,** 1283 (Beaumanoir).

ENRAYER, en parlant d'une roue, v. **rai.**

ENROUER, XIIe. Parfois *enrouir*. Dér. de l'anc. adj. *rou*, attesté au fém. *roue*, lat. *raucus*, v. **rauque** ; de même a. pr. *enraucar*. — Dér. : **enrouement,** XVe ; **désenrouer,** 1580.

ENSEIGNE. A eu de nombreuses acceptions aujourd'hui disparues, par exemple « signe qui fait reconnaître, etc. ». En outre a été pris pour désigner les étendards romains, en lat. *signa*, d'après le sens qu'a eu *enseigne*, dès les premiers textes ; de là le sens de « porte-drapeau », vers le XVIe s., puis spécial. dans la marine le nom de grade *enseigne de vaisseau*, 1643. Lat. *insignia*, plur. neutre, pris comme nom fém., de *insigne* « insigne ». It. *insegna*, anc. esp. *enseña*, a. pr. *ensenha*, partout avec des sens analogues à ceux du fr.

ENSEIGNER. Propr. « indiquer », d'où « instruire ». Lat. pop. **insignāre*, au lieu du lat. class. *insignīre* « signaler, faire reconnaître ». It. *insegnare*, esp. *enseñar*. — Dér. **enseignement,** XIIe, signifie en outre en a. fr. « signe, avis » ; **renseigner,** 1762, au sens moderne, d'après le dér. **renseignement** ; auparavant relevé seulement au sens d' « indiquer de nouveau » ; au moyen âge attesté comme terme juridique au sens d' « assigner, mentionner ».

ENSEMBLE. Pris substantiv. depuis le XVIIIe s., d'abord à propos des arts plastiques. Lat. *insimul*, plus rare que *simul* dont il est comp. L'it. *insieme* et l'anc. esp. *ensiemo* supposent une forme **insĕmul*, composé de l'anc. lat. *semol*, qui est attesté à une époque très ancienne et qui a survécu dans le lat. parlé, le class. *simul* ayant été refait sur *similis*. Les formes du fr. et du prov. peuvent représenter l'un ou l'autre type. — Dér. : **ensemblier,** « artiste qui combine les ensembles décoratifs », vers 1920.

ENSEVELIR, XIIe. Soit lat. *insepelīre*, quelquefois attesté, soit comp. de l'a. fr. *sevelir* (qui a été éliminé par *ensevelir*), lat. *sepelīre*, d'où aussi a. pr. *sebelir*, esp. *za(m)-bullir* « plonger ». — Dér. : **ensevelissement,** XIIe.

ENSILER, v. **silo.**

ENSORCELER, v. **sorcier.**

ENSOUPLE, 1557. Forme altérée d'après *souple ;* on trouve au XIIIe s. *essouble ;* le XVIIe s. disait en outre *ensuble*. Lat. de basse ép. *insubulum* « cylindre du métier à tisser » (VIIe s., Isidore de Séville). Conservé dans toutes les langues rom., sous des formes plus ou moins altérées : it. *subbio*, esp. *enjullo*.

ENTAMER. Lat. de basse ép. *intāmināre* « souiller » (v. **contaminer**), qui, par son sens étymologique même (**tāmināre*, dont il est comp., est formé avec le radical de *ta(n)gere* « toucher »), a dû signifier « toucher », d'où « prendre une partie d'une chose », cf. *attaminare*, à la fois « toucher à », d'où « voler », et « déshonorer ». Le sens de « commencer un travail, etc. » apparaît au XIIIe s. A. pr. *entamenar* et dialectes it. (avec des sens très variés). — Dér. et Comp. : **entame,** XIVe (Froissart), rare avant le XIXe s. ; **rentamer,** vers 1320.

ENTENDRE. Propr. « tendre son attention vers », d'où « comprendre », sens dominant jusqu'au XVIIe s. ; rarement synonyme d'*ouïr* au moyen âge, bien que déjà attesté au XIe s. *(Alexis)*. A servi, à partir du XVIIe s., de substitut à *ouïr* et, par suite, est archaïque au sens de « comprendre », cf. encore *bien entendu*, *s'entendre avec*, etc. ; suppléé en ce sens par *comprendre*. Lat. *intendere*, propr. « tendre », d'où « s'appliquer à », en lat. de basse ép. « comprendre ». — Dér. : **entendeur,** XIIIe, aujourd'hui seulement dans *bon entendeur* qui est déjà dans le premier texte ; **entendement,** XIIe ; **entente,** XIIe, formé d'après un part. **intenditus*, disparu avant les premiers textes ; jusqu'au XVIe s. signifie « intention, soin, pensée ». — Comp. : **malentendu,** 1558 ; **sous-entendu,** XVIIe, au sens moderne.

ENTER. Lat. pop. **impŭtāre*, dér. de *impotus* « greffe » (Loi Salique), lequel représente le grec *émphytos* « planté dans ». Le mot, étant restreint au fr. et le *-ph-* du mot grec étant rendu par *-p-* au lieu de *-f-*, a dû passer de la langue des colonies grecques de la Provence avec la pratique de la greffe dans le parler (peut-être déjà dans le gaulois) de la Gaule. Dans le Midi il a été évincé plus tard par le lat. *inserere*, son dér. **insertare* (a. pr. *insertar*), etc. Mais avec le perfectionnement du greffage en France le mot *enter* est revenu au Midi et dans le Piémont *(antè)*. En fr. il est concurrencé depuis le XVIe s. par *greffer*. L'irradiation de **imputare* à une époque très ancienne explique aussi l'all. *impfen* et l'angl. *to imp*. — Dér. : **ente,** XIIe.

ENTÉRINER, v. **entier.**

ENTÉRITE, 1801. Dér. sav. du grec *enteron* « intestin ».

ENTÉR(O)-. Premier élément de mots sav. comp., tels que **entérozoaire,** 1855, tiré du grec *enteron* « intestin ».

ENTHOUSIASME, 1546. Empr. par les poètes de la Pléiade du grec *enthousiasmos* « transport divin » (de l'adj. *entheos* « inspiré par un dieu ») ; employé d'abord au sens de « extase du poète inspiré », le mot a été ravalé peu à peu par un usage abusif à un niveau accessible au commun. — Dér. : **enthousiasmer,** 1629 ; **enthousiaste,** 1544 (du grec *enthousiastês*, a participé de l'évolution sémantique d'*enthousiasme*).

ENTICHER, 1664 (Molière), au sens moderne ; dès le XIIe s. au sens de « souiller, entacher », conservé en parlant de fruits qui commencent à se gâter. Altération de l'anc. verbe *entechier*, dér. de *teche*, autre forme de *tache*, « marquer d'une bonne ou d'une mauvaise marque », usité surtout au part. passé, et attesté au sens fig. du moderne *enticher ;* la forme *enticher* est due à un croisement avec un autre verbe *enticier* « inciter », mot expressif qui vit encore dans l'Anjou (comp. aussi lorr. *kissi* « exciter un chien », norm. *akisser*). — Dér. : **entichement,** XIXe (Sainte-Beuve).

ENTIER. Lat. *integrum*, acc. de *integer*, propr. « intact », d'où, d'une part, « entier », et, de l'autre, « intègre, vertueux », sens vivace en fr. jusqu'au XVIe s. *Entier*, au lieu d'**entir* qu'on devrait avoir, est dû à la substitution du suff. *-ier*, d'après des adj. tels que *premier*, etc. It. *intero*, esp. *entero*. — Dér. : **entériner,** 1260, terme juridique, « rendre un acte valable en le ratifiant », par l'intermédiaire d'un anc. adj. *enterin* « entier, parfait » ; **entérinement,** 1316.

ENTITÉ, vers 1500. Empr. du lat. scolastique *entitas*, dér. de *ens*, *entis* « être », part. prés., attesté dans le lat. anc., notamment pour traduire le grec philosophique *to on* « ce qui est », v. aussi **néant.**

ENTOMO-. Premier élément de mots sav. comp., tels que **entomologie,** 1745 (Bonnet, qui lui préfère *insectologie*), tiré du grec *entomon* « insecte », v. **insecte.**

ENTORSE, 1540. Part. passé fém., pris substantiv., de l'anc. verbe *entordre*, partic. usité au part. passé, lat. pop. **intorquere*, lat. class. *intorquēre* (v. **tordre**) ; d'où aussi roumain *întoarce*.

ENTORTILLER, XIIIe, d'abord aussi *entorteillier*. Lat. pop. **intŏrtiliare*, dér. de l'adj. *tŏrtilis* « tordu ». De même esp. *entortijar* et, avec un autre préf., it. *attortigliare*, lequel ne peut pas remonter à un suffixe *-ĭcŭlare*. Il n'est pas impossible, quoique moins probable, que tous ces verbes aient été formés indépendamment dans chacune des langues romanes, sur l'anc. part. passé de *tordre* ou d'*entordre*. — Dér. : **entortillage,** 1744.

ENTRAILLES. Lat. de basse ép. *intrālia*, attesté dans les *gloses de Reichenau* (fin VIIIe s.), issu, par substitution de suff., du lat. class. *interānea*, propr. « ce qui est à l'intérieur », plur. neutre, d'où l'a. fr. *entraigne* qui a disparu de bonne heure ; de même, d'une part, a. pr. *intralhas ;* de l'autre, esp. *entrañas.*

ENTRAIT, terme de charpenterie, 1416 (sous la forme *antrais*, plur.). Part. passé, pris substantiv., de l'anc. verbe *entraire* « attirer », lat. *intrahere*, v. **traire,** cette poutre servant à maintenir l'écartement des deux poutres latérales appelées arbalétriers, cf. pour le sens de ce mot l'emploi de *tirant* dans le langage de la construction au sens de « poutre maintenant les deux jambes de force d'un comble », et, pour l'acception du part. au sens actif, *couvert.*

ENTRAVER, vers 1480, sens fig. dès le XVIe s. Empr. de l'anc. prov. *entravar*, même sens, attesté dp. 1220, dér. de l'anc. prov. *trau* « poutre », lat. *trabs, trabis*, v. **poutre,** donc « retenir les jambes d'un cheval au moyen d'une pièce de bois ». — Dér. : **entrave,** 1530 (attesté dès le XIIIe s. dans un texte venant probabl. du Midi).

ENTRE. Lat. *inter* « entre, parmi ». Conservé partout avec les sens fondamentaux du latin, sauf l'it. qui dit *tra* ou *fra*, lat. *intra, infra :* esp. a. pr. *entre.* Sert de préf. devant des noms ou des verbes ; a pris en fr. le sens partic. d' « à demi, un peu », cf. *entr'ouvrir, entrevoir.*

ENTRECHAT, 1680. D'abord *entrechas*, 1628 ; *entrechasse*, 1611. Ces formes sont des francisations de l'it. *intrecciata* (Ménage cite l'expression *capriola intrecciata* « saut entrelacé » d'après le verbe *chasser*, cf. le moderne *chassé-croisé :* le genre masc. d'*entrechat* est dû à la terminaison et le *t* a été introduit ensuite d'après l'it. ou pour telle autre raison ; l'it. *intrecciare*, dér. de *treccia* « tresse », s'applique encore aujourd'hui à une sorte de danse). On propose aussi d'y voir un mot tiré d'un verbe **entrechasser*, mais l'absence de ce verbe est défavorable à cette explication.

ENTREFAITE, v. **faire.**

ENTREFILET, v. **fil.**

ENTREGENT, v. **gent.**

ENTREPÔT, v. **poser.**

ENTRER. Lat. *intrāre.* Dans les patois fortement concurrencé par *rentrer.* — Dér. : **entrée,** XIIe ; **rentrer,** XIIe ; **rentrée, vers** 1510.

ENTRESOL, 1673, dès 1607 et jusqu'au commencement du XVIIIe s. aussi *entresole*, fém. Le mot est emprunté de l'esp. *entresuelo*, attesté dès 1490, comp. de *entre* « entre » et *suelo* « sol ; plancher, étage ». Le genre fém. qu'a eu d'abord le mot franç. s'explique probablement par l'influence de *sole.*

ENTRETEMPS, XVe. Altération, par étymologie pop., de l'a. fr. *entretant*, comp. de *tant*, d'où aussi la locution conjonctive *entretant que*, cf. de même *entretantdis* et *entretantdis que. Entretant* à la fin du XVIe s., chez le Périgourdin Brantôme, est un provincialisme ; *entretant* de l'a. pr. survit encore aujourd'hui dans les patois du Midi.

ENTRETOISE, terme de charpenterie, vers 1200. L'a. fr. *entoise*, par lequel on a voulu expliquer ce mot, n'a pas existé ; *entretoise* se rattache à l'a. fr. *teser* « tendre » (d'un lat. **tensare*, de *tensus*, part. passé de *tendere*), peut-être par l'intermédiaire d'un comp. *entretoiser*, attesté au XIVe s. ; v. **intense** et **toise.** Seulement fr.

ÉNUCLÉATION, 1836, comme terme de chirurgie ; au XVe s., au sens d' « éclaircissement ». Dér. sav. du lat. *enucleare* « ôter le noyau *(nucleus)* », d'où « résoudre une difficulté, expliquer ».

ÉNUMÉRER, 1748 (Montesquieu), une première fois en 1520 ; **énumération,** 1488. Empr. du lat. *enumerare, enumeratio* (de *numerus* « nombre »). — Dér. : **énumérateur,** 1688 (La Bruyère, qui met le mot en italique, pour indiquer sans doute que ce mot est de sa création).

ENVAHIR. Lat. pop. **invadīre*, lat. class. *invadere* « pénétrer dans ». A. pr. *envazir ;* ailleurs formes plus proches du lat. — Dér. : **envahissement,** vers 1080 *(Roland) ;* **envahisseur,** XVe (A. Chartier). Paraissent avoir été délaissés au XVIIe s. ; le premier reparaît chez Buffon, le deuxième à la fin du XVIIIe s.

ENVELOPPER, vers 1080 (*Roland*, déjà *envolopet*, 3e pers. sing. parf., au Xe s., dans la *Passion* de Clermont-Ferrand). Mot de la famille de *voloper* « envelopper », XIIe, rapidement disparu, et de **développer,** XIIe, d'où **développement,** XVe ; cf. de même a. pr. *volopar, envolopar, desvolopar*, et it. *viluppo* « touffe, fagot, embarras », *inviluppare, sviluppare.* Se rattache très probabl., comme *friper*, à *faluppa* « balle de blé, brin de paille », attesté dans une glose du Xe s. ; *vo-* au lieu de *fe-* est probabl. dû à l'influence de la famille de *volvere.* — Dér. : **enveloppe,** 1292 ; **enveloppement,** vers 1090, rare avant le XVIIIe s.

ENVERGURE, v. **vergue.**

ENVERS, *subst.* Issu de l'anc. adj. *envers* « renversé », usité jusqu'au XVIe s., lat. *inversus*, part. passé de *invertere* « renverser » ; de même a. pr. *envers*, adj. et subst.

ENVERS, *prép.* Comp. des prép. **en** et **vers.**

ENVI (à l'), vers 1550. On trouve aussi au XVIe s. *à l'envi de.* De l'anc. subst. *envi* « défi au jeu, gageure, surenchère », tiré lui-même de l'anc. verbe *envier*, propr. « inviter », d'où « provoquer au jeu » (cf. **invite**), d'où **renvier,** XIIe ; **renvi,** vers 1450 ; la locution *à l'envi (de)*, issue de *jouer à l'envi (de)* « sur le défi d'un adversaire », a pris facilement les sens de « en rivalité avec », puis de « à qui mieux mieux ». *Envier* représente le lat. *invītāre*, d'où aussi it. *invitare*, esp. *envidar*, également termes de jeu.

ENVIE, X^e *(Saint-Léger : enveia).* Francisation du lat. *invidia* « jalousie, haine » ; a pris de bonne heure en fr. le sens de « désir » ; appliqué aux besoins corporels au XVe s. (*envye de boire*, Commynes). L'a. pr. *enveja* « jalousie, désir » a un aspect plus pop. — Dér. : **envier,** 1165, d'après le sens de « désir », d'où **enviable,** vers 1400, rare jusqu'au XIXe s. ; **envieux,** XIIIe, d'après le lat. *invidiosus*, cf. *invidius* au XIIe s.

ENVIRON, v. **virer.**

ENVOÛTER, XIIIe. Dér. de l'anc. subst. *vout*, *volt*, lat. *vultus* « visage », qui, en a. fr., signifiait aussi « image (même sainte) », cf. de même a. pr. *volt*, et désignait spécialement des figures de cire représentant les personnes qui, par un effet magique, devaient être atteintes du mal qu'on infligeait à ces figures ; le sens propre du verbe est donc « soumettre à une action magique ». — Dér. : **envoûtement,** XIVe.

ENVOYER. Lat. de basse ép. *inviāre* « faire route » qui a dû prendre de bonne heure le sens d' « envoyer », v. **voie.** It. *inviare*, esp. *enviar*. — Dér. : **envoi,** XIIe ; **envoyeur,** XVe, rare jusqu'au XIXe s. ; **renvoyer,** XIIe ; **renvoi,** 1396.

ÉOCÈNE, 1843. Empr. de l'angl. *eocene ;* de même **miocène, pliocène,** viennent de l'angl. *miocene*, *pliocene ;* ces trois mots ont été créés par le géologue Lyell, en 1833, avec les mots grecs *êôs* « aurore », *meiôn* « plus petit », *pleion* « plus grand » et *kainos* « nouveau, récent ».

ÉOLIENNE, 1798 (une 1re fois en 1615), dans *harpe éolienne* dont l'invention est attribuée au père Kircher (XVIIe s.). Dér. sav. du lat. *Aeolus* (du grec *Aiolos*), dieu des vents.

ÉPACTE, XIIe. Empr. du lat. de basse ép. *epactale* « jours intercalaires » (du grec *epaktai hêmerai* « *id.* »).

ÉPAGNEUL, 1375, au sens moderne, sous la forme *espaignol*, avec la forme espagnole du suff., qui n'a été francisé que plus tard, 1465. Empr. de l'esp. *español*.

ÉPAIS. D'abord *espes*, encore usité au XVIIe s. Lat. *spissus*. L'orthographe *épais* est due à la coexistence au moyen âge d'une autre forme *espeis*, *espois*, d'où *épais* par un développement semblable à celui de *roide*, *raide ;* cette forme était elle-même issue d'un croisement *d'espes* avec l'anc. subst. *espeisse*, *espoisse* « épaisseur » et l'anc. verbe *espeissier*, *espoissier* « épaissir », lat. pop. **spissia*, **spissiāre*. It. *spesso*, esp. *espeso*. — Dér. : **épaisseur,** 1377, a remplacé *espoisse ;* **épaissir,** 1165 (*spessir* au XIVe s.), l'a emporté sur *espoissier ;* d'où **épaississement,** 1538. Les trois formes sont transcrites *espess-* dans les premiers textes.

ÉPANCHER. Ne s'emploie plus au sens propre que dans le style élevé. Lat. pop. **expandicāre*, élargissement de *expandere*, v. le suiv. Seulement gallo-roman, a. pr. *espanchar ;* traces dans les patois. — Dér. : **épanchement,** 1606.

ÉPANDRE. Lat. *expandere*, qui a éliminé le simple *pandere*. It. *spandere*, esp. *espandir*. Traces dans les patois. — Dér. : **épandage,** 1765 ; **répandre,** XIIe, qui a supplanté, depuis le XVIIe s., le simple *épandre*, aujourd'hui d'un emploi restreint.

ÉPANOUIR, 1539. Altération de l'a. fr. *espanir*, encore usité au XVIe s. et aujourd'hui dans les parlers septentrionaux et franco-provençaux, du francique **spannjan* « étendre », de la famille de l'all. *spannen*, v. **empan.** *Épanouir* paraît dû à l'influence phonétique d'*évanouir*. L'a. fr. a eu un autre verbe *espanir* « sevrer », qui représente le même verbe germanique au sens d' « écarter ». Pour le développement du sens d'*épanouir*, cf. *espelir* de l'a. fr. et de l'a. pr., à la fois « chasser » et « faire éclore » qui est encore usuel dans les parlers méridionaux au sens d' « épanouir », lat. *expellere* « chasser ». — Dér. : **épanouissement,** XVe, d'abord **-nissement,** *id.*

ÉPARCET, v. **esparcette.**

ÉPARGNER, vers 1080 *(Roland)*. Germ. **sparanjan*, issu de **sparon* (cf. all. *sparen*), probabl. sous l'influence de **waidanjan*, v. *gagner*. A. pr. *esparnhar*, it. *risparmiare* (*m* par l'influence du *p* précédent). — Dér. : **épargne,** XIIe.

ÉPARPILLER. D'abord *esparpeillier*, *desparpeillier*, comp. a. pr. *esparpalhar*, it. *sparpagliare*, esp. *desparpajar*. L'un de ces deux types est sorti de l'autre par changement de préfixe. La combinaison *dispare palare* « répartir inégalement » se trouvant dans Pétrone, il est fort probable que c'est de là que sont nés les verbes romans, la mouillure de *l* peut facilement avoir été causée par l'influence du lat. *palea*, v. **paille.** — Dér. : **éparpillement,** 1290.

ÉPARRE, v. **palonnier.**

ÉPARS, vers 1200. Part. passé de l'anc. verbe *espardre*, usité jusqu'au XVIe s., lat. *spargere* « répandre », conservé dans toutes les langues rom. : it. *spargere*, esp. *esparcir*.

ÉPART, v. **éparre.**

ÉPARVIN, XIIIe. Probabl. dér. du francique **sparwun*, acc. de **sparo* « passereau », soit par une comparaison de cette excroissance du cheval avec la forme arrondie du corps d'un moineau (cf. esp. *pajarilla* « rate », propr. « passereau »), soit parce que l'allure un peu lourde de cet oiseau a une certaine ressemblance avec celle du cheval atteint de cette maladie.

ÉPAULE. A dû être d'abord **espadle*, d'où *espalle*, *espaule ;* en outre en a. fr. *espalde*. Lat. *spat(h)ŭla* (dér. de *spatha* « épée », v. **épée**), propr. « sorte de cuiller, spatule », d'où « omoplate » chez le gastronome Apicius ; *spat(h)ula* a été pris en ce sens assez tard par la langue parlée, d'où le développement partic. du groupe *-tŭl-*, v. **vieux.** It. *spalla*, esp. *espalda*, v. **dos.** — Dér. : **épaulée,** XIVe ; **épauler,** XIIIe ; **épaulement,** 1564 ; **épaulette,** XVIe (Paré, comme terme d'anatomie) ; « pièce de l'armure du cheval », 1549 ; sens moderne, 1694 ; insigne militaire depuis le milieu du XVIIIe s.

ÉPAVE, XVIe, au sens moderne ; « chose égarée et non réclamée par le propriétaire », XIVe. Issu de l'anc. adj. *espave* « égaré, dont on ne connaît pas le propriétaire », XIIIe, encore usité en ce sens dans la langue du droit. Lat. *expavidus* « épouvanté » ; *bête épave* a dû signifier d'abord « bête qui s'enfuit sous le coup de la peur ».

ÉPEAUTRE. Forme sans *r* encore 1771. Lat. de basse ép. *spelta* (empr. du germ. occidental **spelta*), signalé dans la région de la Pannonie par saint Jérôme (IVe s.), cf. all. *Spelze* « balle de céréales ». It. *spelta*, esp. *espelta*.

ÉPÉE. Lat. *spatha* « large et longue épée, à deux tranchants » (du grec *spathê* « épée »). *Spatha* avait, comme le mot grec, de nombreuses acceptions techn., notamment « palette de tisserand, spatule de bois large et plate pour délayer les médicaments », qui n'ont pas survécu et qui se ramènent toutes à l'idée d'objet en forme de morceau de bois large et plat, d'où, par comparaison, « épée » ; il a d'autre part donné naissance au dér. *spathula*, v. **épaule.**

ÉPELER, XVe. D'abord *espelt*, 3e pers. sing. ind. prés. (qui suppose un inf. **espeldre*), XIe *(Alexis)*, et *espelir ;* signifie au moyen âge « expliquer, signifier » ; sens moderne au XVe s., ce qui a entraîné la forme *espeler* d'après *appeler*. Francique **spellôn*, cf. anc. haut all. *spellôn* « raconter » ; l'angl. *to spell* doit probabl. le sens « épeler » au français. — Dér. : **épellation,** 1732.

ÉPERLAN, 1564 ; d'abord *espellens*, plur., XIIIe). Empr. du moyen néerl. *spierlinc*, cf. all. *Spierling*.

ÉPERON, vers 1080 *(Roland)*. Du germ. **sporo*, introduit de bonne heure par les soldats mercenaires, cf. all. *Sporn* et angl. *spur*, d'où aussi it. *sprone*, a. pr. *esperon ;* l'esp. *espuela* vient de la forme gothique correspondante **spora*. — Dér. : **éperonner,** vers 1080.

ÉPERVIER, vers 1080 *(Roland : espreviers)*. Du francique **sparwâri*, cf. anc. haut all. *sparwâri*, all. moderne *Sperber*. L'it. *spar(a)viere* vient du gallo-roman.

ÉPHÈBE, vers 1500. Empr. du lat. *ephebus* (du grec *ephêbos*, comp. de *hêbê* « jeunesse », propr. « qui est dans la jeunesse »).

ÉPHÉMÈRE, XVIe (Paré). Empr. du grec médical *ephêmeros* « qui dure un jour *(hêmera)* », en parlant de la fièvre ; déjà *fièvre effimère* en 1314 avec un *i* qui vient de la prononciation de *ê* en grec de basse ép., mais la voie de pénétration de cette forme, à cette époque, n'est pas exactement déterminée, v. **épidémie.** Les autres sens de l'adj. fr. ont été pris au grec au XVIIe s.

ÉPHÉMÉRIDES, 1537. Empr. du lat. *ephemeris* « récit d'événements quotidiens » (du grec *ephêmeris* « *id.* », v. le préc.).

ÉPHOD, XVIIe, une première fois 1495. Empr. de l'hébreu *efod* (cf. *Exode*, XXVIII, 4, etc.) par les traductions lat. de la Bible.

ÉPI. Lat. *spīcum*, moins usuel que *spīca*. Les parlers gallo-romans ont des formes fém. dans l'Est et le Midi (a. pr. *espiga* et *espic*) ; a été supplanté par d'autres mots au Nord-Est et au Sud-Ouest. It. *spiga*, esp. *espiga*.

ÉPI-. Préf. de mots sav., tiré du préf. grec *epi* « sur ».

ÉPICE, vers 1150. Empr. du lat. *species*, propr. « espèce », qui a servi à désigner des denrées de toute sorte, et, à basse ép., spécialement des aromates, des drogues. A désigné aussi des dragées ou des confitures, d'où, dès le moyen âge, *épices des juges*, qui étaient d'abord des cadeaux et qui furent ensuite transformées en taxes. — Dér. : **épicer,** XIIIe, au sens de « faire commerce d'épices », le sens moderne date du XVIe s. ; **épicier,** *id.*, jusqu'au XIXe s., se disait seulement du commerce des épices et des denrées exotiques ; d'où **épicerie,** 1248, sens parallèle au préc.

ÉPICÉA, 1765, aussi *epicia*, 1796. Altération de *picea*, cf. *arbre de picea*, 1553, empr. du lat. *picea* « sapin », dér. de *pix*, *picis* « poix » ; c'est de *picea* que vient **pesse,** empr. d'un parler franco-provençal de la région alpine, mot employé par Peletier du Mans au XVIe s. sous la forme *pece* dans un poème sur la Savoie.

ÉPICURIEN, 1512, au sens fig., 1295, au sens propre ; **épicurisme,** XVIe, parfois *-réisme*. Dér. sav. du lat. *epicurius* « disciple d'Épicure », pris également déjà au sens fig.

ÉPIDÉMIE, XIIe *(espydymie ;* encore au XVIIe s. *epidimie)*. Empr. du lat. médiéval *epidemia* (du grec médical *epidêmia*, dér. de l'adj. *epidêmos* « qui séjourne dans un pays », d'où « qui se propage » ; v. **endémique,** et, pour l'*i* dans *espydymie*, *epidimie*, **éphémère.** — Dér. : **épidémique,** 1549.

ÉPIDERME, v. **derme.**

ÉPIER, « observer secrètement », vers 1080 *(Roland)*. Du francique **spehôn*, cf. all. *spähen* « épier ». It. *spiare*. Ce verbe est aujourd'hui usuel au sens de « regarder » en lorrain et dans le Sud-Ouest. V. **espion.**

ÉPIER, « monter en épi ». Lat. *spīcāre*. It. *spicare* et *spigare*, esp. *espigar*.

ÉPIEU, XVe. D'abord *espiet*, vers 1080 *(Roland)*, altéré en *espiel*, *espieu*, d'après *pieu*. Du francique **speot*, cf. anc. haut all. *spioz*, d'où all. moderne *Spiess* « épieu » ; de même a. pr. *espeut*. L'it. *spiede* ou *spiedo* vient du fr.

ÉPIGRAMME, XIVe, mais établi seulement au XVIe s., cf. « Lazare de Baïf a donné à nostre langue le nom d'Epigrammes et d'Elégies », Du Bellay ; genre hésitant au XVIIe s. ; **épigrammatique,** XVe, rare jusqu'au XVIIIe s. Empr. du lat. *epigramma*, *epigrammaticus* (du grec *epigramma*, propr. « inscription » (de *graphein* « écrire »), d'où « petite pièce de vers », *epigrammatikos*) ; *epigramma* a servi déjà à Rome à désigner un poème de caractère satirique, cf. les *Epigrammes* de Martial, et c'est ce sens qui a éliminé les autres en fr. à partir du XVIIe s.

ÉPIGRAPHE, 1694. Empr. du grec *epigraphē* « inscription ». — Dér. : **épigraphie,** 1838 ; **-ique,** 1845.

ÉPILEPSIE, 1503 ; **épileptique,** 1512. Empr. du lat. médical *epilepsia, epilepticus* (du grec médical, *epilêpsia*, propr. « attaque », *epilêptikos*) ; en outre en a. fr. *epilence* et *epilencie* d'après des formes altérées du lat. médiéval *epilempsia, epilencia.*

ÉPILER, 1762. Dér. sav. du lat. *pilus* « poil ». — Dér. : **épilatoire,** 1798.

ÉPILOGUE, XIIe. Empr. du lat. *epilogus* (du grec *epilogos*) « péroraison d'un discours ». — Dér. : **épiloguer,** XVe, d'abord trans., au sens de « récapituler », sens moderne au XVIIe s. ; d'où **épiloguer,** 1690.

ÉPINARD, 1331. En outre *espinach, -noche*, XIVe, d'où, par substitution de suff., *espinarde, -nard. Espinache* a été empr. du latin médiéval *spinachium, spinargium*, tiré probabl. par les médecins de l'arabe d'Andalousie *isbinâkh* (persan *aspânākh*) ; l'épinard a en effet été employé d'abord en médecine avant d'être employé pour l'alimentation. It. *spinaci*, a. pr. *espinarc*. La forme avec *-r-* semble être née dans le Midi ; elle a fini par être placée parmi les dér. en *-ard*. Mot devenu européen, cf. all. *Spinat*, angl. *spinage*. L'épinard, qui croît naturellement en Orient, a été introduit par les Arabes en Espagne, où un auteur arabe au XIe s. le signale dans la région de Séville.

ÉPINCER, v. **pince.**

ÉPINE. Lat. *spīna*, propr. « piquant », *spīnus* désignant l'arbrisseau. En fr. *épine* a pris les deux sens, cf. toutefois **aubépine.** Dans les parlers gallo-romans la forme masc. subsiste encore pour désigner l'arbrisseau dans le Sud-Ouest (a. pr. *espina* et *espin*). Ailleurs les deux mots ont subsisté : it. *spina* et *spino*, esp. *espina* et *espino*. V. **échine.** — Dér. : **épinette,** XIVe, au sens d' « arbrisseau » ; comme nom de l'ancien instrument de musique, 1514, est une francisation de l'it. *spinetta*, dér. de *spina*, ainsi nommé parce qu'on pinçait les cordes avec des pointes de plumes ; **épinière,** dans *moelle épinière*, 1660 ; **épinoche,** XIIIe.

ÉPINEUX. Lat. *spīnōsus*. It. *spinoso*, esp. *espinoso*.

ÉPINE-VINETTE, v. **vin.**

ÉPINGLE. Lat. *spīnula* « petite épine », d'où « épine servant à attacher », sens attesté pour le simple *spīna* chez Tacite à propos des Germains. Le groupe *-ngl-* fait postuler une forme lat. **spingula* due probablement à un croisement avec *spicula* « piquant », lequel est conservé dans le haut-breton *épille* « épingle ». A. pr. *espinla, espila*, it. *spilla* et *spillo*. — Dér. : **épingler,** 1596 ; **épinglette,** vers 1380.

ÉPIPHANIE, XIIe. Empr. du lat. eccl. *epiphania*, du grec eccl. *epiphaneia* « apparition ».

ÉPIPLOON, 1541. Empr. du grec médical *epiploon*, propr. « flottant », neutre pris substantiv. de l'adj. *epiploos* « qui navigue ».

ÉPIQUE, fin XVIe (D'Aubigné). Empr. du lat. *epicus* (du grec *epikos* « qui concerne l'épopée ») ; sens fig., 1835 (V. Hugo : « Les grenadiers épiques » ; v. **épopée**).

ÉPISCOPAL, vers 1200, rare avant le XVIIIe s. ; **épiscopat,** 1610. Empr. du lat. eccl. *episcopalis, episcopatus* (de *episcopus* « évêque ») ; cf. aussi **archiépiscopal,** 1389, et le lat. médiéval *archiepiscopalis.*

ÉPISODE, 1660 (Corneille), antér. *episodie*, XVe et XVIe s. Genre hésitant au XVIIe s. Empr. du grec *episodion* « accessoire », d'où, comme terme de rhétorique, « épisode » (neutre de l'adj. *episodios* « introduit en sus », comp. de *eisodos* « entrée », formé lui-même de *eis* « dans » et de *hodos* « chemin »). La voie de pénétration de la forme du XVe s. est incertaine. — Dér. : **épisodique,** *id.*

ÉPISSER, terme de marine, « assembler deux bouts de corde en entrelaçant les torons », 1631. Empr. du néerl. *splissen* (cf. all. *id.* au même sens), de la famille de l'all. *spleissen* « fendre ». La disparition de l'*l* est due à une cause obscure. — Dér. : **épissoir,** 1678 ; **épissure,** 1677.

ÉPISTOLAIRE, 1542 ; **épistolier,** 1539. Le premier est empr. du lat. *epistolaris* (de *epistola* « lettre », v. **épître**), le deuxième est un dér. sav. de *epistola.*

ÉPITAPHE, XIIe. Genre hésitant jusqu'au XVIIe s. Empr. du lat. de basse ép. *epitaphium* (du grec *epitaphios*, adj., « concernant le tombeau, funèbre » en parlant de jeux, de discours, comp. de *taphos* « tombeau ») ; pour le mot usuel en grec, v. **épigramme.**

ÉPITHALAME, 1536. Empr. du lat. *epithalamium* (du grec *ephitalamion* « chant nuptial », de *thalamos* « chambre à coucher de la maîtresse de maison »).

ÉPITHÈTE, 1517. Masc. jusqu'au XVIIe s. Empr. du lat. des grammairiens *epitheton* (d'un mot grec signifiant « qui est ajouté » d'où « adj. ») ; sens plus étendu dès le XVIe s.

ÉPITOGE, 1484. D'abord masc. ; devenu fém. d'après *toge*. Empr. du lat. *epitogium*, comp. hybride du préf. grec *epi* et du lat. *toga* « toge ».

ÉPITOMÉ, 1522. D'abord *epitome ;* depuis 1829 *-mé*. Empr. du lat. *epitome* (du grec *epitomê* « abrégé », du verbe *temnein* « couper »).

ÉPÎTRE, XIIe. Empr. du lat. *epistula, -tola* (du grec *epistolê*). Emploi littéraire depuis le XVIIe s., d'après le sens du mot chez les anciens ; emploi liturgique d'après le sens du mot dans le Nouveau Testament ; sens général de « lettre » dès les premiers textes, aujourd'hui ironique.

ÉPIZOOTIE, 1775. Fait avec le grec *zôotês* « nature animale » (plus commode pour faire un mot fr. à suff. que *zôon* « animal ») sur le modèle d'*épidémie*. — Dér. : **épizootique,** 1772.

ÉPLORÉ, v. **pleurer.**

ÉPLUCHER, XIIe (sous la forme *espelucha*, 3e pers. sing. passé simple). Comp. de l'anc. verbe *peluchier*, de même it. *piluccare*, cat. *pellucar* (avec influence de *pell* « peau »). Sur *pĭlare* (v. **peler**) le lat. a formé un verbe **pĭlūcare* (d'où a. pr. *pelugar* « éplucher ») ; sur **pĭlūcare* le lat. de basse époque a fait, à l'aide du suff. *-ĭcare*, un **pĭlūcĭcare*, réduit par la suite à **pĭlūccare*. L'all. *pflücken* « cueillir » et l'angl. *to pluck* « *id.* » sont d'origine romane. Le simple survit à côté du dér. dans les patois. — Dér. : **éplucheur,** 1555 ; **épluchure,** 1611.

ÉPONGE. Lat. pop. **sponga*, lat. class. *spongia* (mot pris au grec *spongiá*, dér. de *spóngos*). It. *spugna* d'après la forme class., mais la plus grande partie de l'Italie dit *sponga* ; la forme **sponga* est due à un nouveau contact avec le grec *spóngos* ; elle a comme point de départ Marseille, qui importait en Gaule les éponges venant surtout des îles grecques. V. **spongieux.** — Dér. : **éponger,** 1755, déjà vers 1220 et en 1582 (alors *spongier*).

ÉPOPÉE, 1623. Empr. du grec *epopoia* (de *epopoios* « qui fait des récits en vers ») ; sens fig., 1835 (V. Hugo : « Cette épopée Que vous aviez naguère écrite avec l'épée »).

ÉPOQUE, 1634 *(epoche ou aere)*. Empr. du grec *epokhê*, propr. « point d'arrêt », pris ensuite comme terme d'astronomie, puis au sens de « temps marqué » ; a d'abord le sens fort de « moment où se passe un fait remarquable », cf. « Le grand Corneille faisant pleurer le grand Condé d'admiration est une époque bien célèbre dans l'histoire du genre humain ». Voltaire *(Siècle de Louis XIV)* et encore aujourd'hui *faire époque*.

ÉPOUSAILLES. Lat. *spō(n)salia* « fiançailles », dér. de *spō(n)sus*, v. **époux.** A. pr. *espozalha(s)* ; rare ailleurs.

ÉPOUSER. Signifie aussi « marier » en a. fr. ; sens plus étendu, p. ex. dans *épouser une querelle*, depuis le XVIe s. Lat. de basse ép. *spō(n)sāre* « fiancer » ; a pris dans les langues romanes le sens de « prendre pour époux, épouse ». — Dér. : **épouseur,** 1665 (Molière), une première fois au XIVe s.

ÉPOUSSETER, v. **poussière.**

ÉPOUVANTER. D'abord *espoenter* (*-pav-* > *-pau-* > *-po-*), *espoventer*, *espouventer* au moyen âge, *épouvanter* au XVIe s. Lat. pop. **expaventāre*, formé avec le part. prés. *pavens, -entis*, au lieu du lat. class. *expavēre* (qui survit en quelques points). It. *spaventare*, esp. *espantar*. — Dér. avec une succession de formes semblables à celles du verbe : **épouvantable,** XIIe ; **épouvantail,** XIIIe ; **épouvante,** XVIe ; **épouvantement,** XIIe.

ÉPOUX, ÉPOUSE. Développement de la forme d'après *épouser*. Lat. *spō(n)sus*, *spō(n)sa* « fiancé, -ée », part. passif du verbe *spondēre* « prendre un engagement ». L'emploi d'*époux*, en langage mystique, vient de la parabole des dix vierges, Mathieu, XXV, 1-13. It. *sposo, -a*, esp. *esposo, -a*.

ÉPREINDRE, v. **exprimer.**

ÉPUISER, v. **puits.**

ÉPURGE, v. **expurger.**

ÉQUARRIR, XIIIe s. « rendre carré » dans différentes techn. ; « dépecer un animal », 1845. Autre forme d'*équarrer*, également usuel au moyen âge et jusqu'au XVIIe s., lat. pop. **exquadrāre*, comp. de *quadrāre*, de même sens ; de même it. *squadrare*, esp. *escuadrar* ; v. **équerre.** — Dér. : **équarrissage,** 1364 ; **équarrissement,** 1328 ; **équarisseur,** 1803, une première fois en 1552. Sens de tous ces dér. parallèle au verbe.

ÉQUATEUR, XIVe. Empr. du lat. médiéval *aequator* (du verbe *aequare* « rendre égal » ; le lat. ancien ne signifie que « contrôleur »), en parlant du cercle de la sphère céleste (appelé en lat. *circulus aequinoctialis*, fait sur le modèle du grec *isêmerinos kyklos*), d'où, plus tard, l'équateur de la sphère terrestre. — Dér. : **équatorial,** 1784.

ÉQUATION, 1613, une première fois au XIIIe s. au sens du lat. anc. Empr. du lat. scientifique *aequatio*, emploi partic. du lat. anc. *aequatio* « égalité » (de *aequare*, v. le préc.).

ÉQUERRE. Lat. pop. **exquādra*, tiré du verbe **exquadrare*, v. **équarrir,** l'équerre servant à tracer les angles des objets carrés, en lat. class. *norma*. It. *squadra*, esp. *escuadra*.

ÉQUESTRE, XIVe (Bersuire). Empr. du lat. *equestris* (de *equus* « cheval »).

ÉQUI-. Premier élément de mots sav. comp., tels que **équimultiple,** 1667, tiré du lat. *aequi-*, préf. tiré de l'adj. *aequus* « égal », sur le modèle de mots empr., tels que **équilatéral,** 1520.

ÉQUILIBRE, XVIe. Empr. du lat. *aequilibrium*, comp. de *aequus*, v. **équi-,** et de *libra* « balance, livre ». — Dér. : **équilibrer,** 1744, une première fois en 1525 ; le lat. *aequilibrare* est si rare qu'il n'a pas dû servir de modèle pour le verbe fr. ; d'où **équilibriste,** vers 1780 ; **déséquilibrer,** 1877 ; **déséquilibre,** 1907.

ÉQUINOXE, 1210 (écrit *-oce*) ; **équinoxial,** *id.* Empr. du lat. *aequinoctium*, comp. de *aequus*, et de *nox*, *noctis* « nuit », *aequinoctialis*.

ÉQUIPER, 1160. Signifie d'abord « s'embarquer » ; le sens moderne n'apparaît qu'au XVe s. En anc. franç. il y a eu un autre verbe *esquiper* « mettre à voile, naviguer », qui est emprunté de l'anglo-sax. *scipian*, de même sens. Mais le fr. *équiper* est emprunté de l'anc. nor. *skipa*, qui a le même sens que le verbe franç. La forme *eschiper*, qui se rencontre à côté d'*esquiper*, d'accord avec l'anc. franç. *eschipre* « marin », *esquipre*, qui vient de l'anc. nor. *skipari*, montre que le franç. a hésité pendant un certain temps entre *-eski-* et *eschi-* comme résultat du nor. *ski-*. L'a. gasc. *esquipar* « équiper » vient du fr. — Dér. : **équipage,** XVe ; **équipe,** 1456, rarement attesté ; **équipée,** vers 1500, d'abord « expédition », d'où le sens moderne dès 1611 ; **équipement,** 1671.

ÉQUITATION, 1503. Empr. du lat. *equitatio* (de *equitare* « aller à cheval »).

ÉQUITÉ, XIIIe (J. de Meung). Empr. du lat. *aequitas* « *id.* », propr. « égalité » (de *aequus* « égal », d'où « équitable »). — Dér. : **équitable,** 1517.

ÉQUIVALENT, 1370 (Oresme) ; **équivalence,** vers 1350. Empr. du bas-latin *equivalens, equivalentia* attestés au XIIe s. (comp. du lat. *aequus* et du verbe *valere*). Formé sur ces deux mots : **équivaloir,** 1660.

ÉQUIVOQUE, *adj.*, XIIIe. Empr. du lat. de basse ép. *aequivocus* « à double sens » (de *vox, vocis* « voix, parole »). Sens fig. au XVIIe s. Devenu subst. au XVIe s. ; d'abord masc. ; genre hésitant au XVIIe s. — Dér. : **-quer,** 1520.

ÉRABLE. Lat. de basse ép., attesté dans des gloses, *acerabulus*, au lieu du lat. class. *acer, aceris*, d'où l'it. *acero*, l'esp. *arce. Acerabulus* est un comp. du lat. *acer* et d'un mot gaulois **abolos*, qu'on restitue d'après la deuxième partie du gallois *criafol* « sorbier des oiseaux ».

ÉRAFLER, v. **rafler.**

ÉRAILLER. D'abord *esroeilier*, d'où *esraaillier*, puis *esraillier*. Au moyen âge ne s'est dit que des yeux qu'on roule ; d'où, au XVIe s., en parlant des yeux « dont la paupière inférieure... se renverse et ne laisse voir que le blanc » (Paré), d'où le sens moderne. Dér. de l'anc. verbe *roeillier*, d'où *rooillier*, puis *rouiller* encore dans un certain nombre de patois septentrionaux, au sens de « rouler les yeux », lat. pop. **rotĭcŭlāre*, élargissement de *rotāre* « rouler », qu'on disait aussi des yeux. — Dér. : **éraillement,** XVIe (Paré, en parlant des yeux) ; **éraillure,** 1690.

ÈRE, 1537 (*la here de Cesar*, v. **époque**). Empr. du lat. de basse ép. *aera*, d'abord « article d'un compte, nombre », d'où « époque, point de départ (en chronologie) », « ère », dérivé de *aes, aeris* « cuivre », d'où « monnaie ».

ÉRECTION, 1485. Empr. du lat. *erectio* « action de dresser » (du verbe *erigere*, v. **ériger**). Au sens physiologique, XVIe (Paré), d'où **érectile,** 1813 (d'après le part. *erectus*).

ÉREINTER, v. **rein.**

ÉRÉTHISME, 1743. Empr. du grec *erethismos* « irritation » (du verbe *erethizein* « irriter »).

ERGASTULE, 1823, une première fois 1495. Empr. du lat. *ergastulum* (mot hybride fait sur le grec *ergazesthai* « travailler », d'après *ergastêrion* « atelier »).

ERGO, XVIIe, d'abord *argo*, XIIIe s. Mot lat. signifiant « donc », répandu par la scolastique et les discussions dialectiques. **Ergo-gluc** (ou *-glu*), dont le deuxième élément est obscur, reste connu, parce que Rabelais l'a employé dans la harangue de Janotus de Bragmardo, I, 19. — Dér. : **ergoter,** XIIIe (sous la forme *argo-*) ; **ergotage,** fin XVIe (D'Aubigné) ; **ergoterie,** 1567 ; **ergoteur,** XVIe.

ERGOT, XIIe (*argos*, plur., forme usuelle jusqu'au XVIe s.). Étymologie inconnue. Dit par extension d'une excroissance parasitaire du blé ou du seigle, 1676. — Dér. : **ergoté,** 1594 (Satire Ménippée) au sens propre, dit du blé ou du seigle dès 1755 ; **ergotine,** 1836, « base extraite de l'ergot de seigle ».

ÉRIGER, 1466. Empr. du lat. *erigere* « dresser ».

ÉRIGNE, 1536 *(ireigne)* ; parfois *érine* ; instrument de chirurgie. Autre forme d'*araigne* « araignée », refaite d'après le dér. *arignée*, cf. *airignée* chez M. Régnier ; cette désignation est due à une comparaison de l'instrument avec les pattes de l'araignée. Paré emploie encore *araigne* au même sens.

ERMITE, XIIe, souvent écrit avec *h* initiale. Empr. du lat. eccl. *eremita* (du grec *erêmitês* (qui vit dans la solitude », de l'adj. *erêmos* « solitaire, désert »). — Dér. : **ermitage,** *id.*

ÉRODER, XVIe (Paré), rare jusqu'au XIXe s. ; **érosion,** 1541. Empr. du lat. *erodere* « ronger », *erosio*, cf. **roder, corroder.**

ÉROTIQUE, 1566. Empr. du grec *erôtikos* (de *erôs* « amour »).

ERRANT, XIIe. Aujourd'hui usité seulement dans les expressions : *chevalier errant, le juif errant*. Part. prés. de l'anc. verbe *errer* « marcher, aller » qui a disparu avant le XVIe s., sans doute en raison de la concurrence du verbe homonyme *errer*, de sens peu différent, v. **errer** ; l'anc. *errer* représente le lat. *iterāre* « voyager », dér. de *iter* « voyage ». Une forme régulière *oir(r)e*, 3e pers. sing. prés. ind., a été refaite de bonne heure sur les formes à radical inaccentué *err-*. De ce verbe dérive **errements,** XIIe s., qui ne se dit plus qu'au pluriel, mais s'employait aux deux nombres au moyen âge, au sens de « manière de se conduire », etc., v. **erre.**

ERRATA, 1590. L'Académie, depuis 1798, donne *erratum* pour le sing., mais Littré trouve cette forme pédantesque. Empr. du lat., *errata*, plur. neutre de *erratum* « erreur ».

ERRATIQUE, XIIIe *(estoiles erratiques*, d'après le lat. *erraticae stellae)*, rare jusqu'au XIXe s. Empr. du lat. *erraticus* « errant, vagabond » (de *errare* « errer »), en vue de sens techn.

ERRE. Ne s'emploie plus que dans des locutions et en parlant de la vitesse d'un navire. En a. fr. et jusqu'au XVIe s., usuel au sens de « voyage, chemin, route », etc. Soit tiré du verbe *errer*, v. **errant,** soit lat. *iter*. Une forme *oir(r)e*, qui peut dériver du radical accentué du verbe, a disparu en même temps que celui-ci.

ERREMENTS, v. **errant.**

ERRER. Lat. *errāre*. It. *errare*, esp. *errar*.

ERREUR. Lat. *errōrem*, acc. de *error*. Au XVIe s. masc. d'après le lat. Depuis le XIVe s. et seulement dans le style élevé, pris au sens d' « action d'aller çà et là » ; d'après le sens propre du lat.

ERRONÉ, XVe. Empr. du lat. *erroneus*, qui ne signifie que « errant, vagabond », pour servir d'adj. à *erreur*.

ERS, genre de lentille, 1538. Empr. d'un parler méridional, cf. a. pr. *ers*, aujourd'hui *erse*, *esse*, *erre*, lat. de basse ép. *ervus*, *ervoris*, au lieu du lat. class. *ervum*, cf. aussi l'esp. *yero* d'après une forme *erum*, également attestée.

ERSATZ, 1915. All. *ersatz* « objet qui en remplace un autre ».

ÉRUCTATION, XIIIe. Empr. du lat. *eructatio* « vomissement », dér. du verbe *eructare* « roter, vomir », auquel *éructation* doit son sens de « rot ».

ÉRUDIT, 1496 ; **érudition,** 1618 au sens moderne ; du XIVe au XVIe s., au sens d' « enseignement » d'après le sens propre du lat. Empr. du lat. *eruditus*, *eruditio* (de *erudire* « instruire »).

ÉRUPTION, XIVe (Bersuire) ; **éruptif,** 1759. *Éruption* est empr. du lat. *eruptio ; éruptif* a été dér. du lat. *eruptus*, part. passé du verbe *erumpere* « (faire) sortir impétueusement », pour servir d'adj. à *éruption*.

ÉRYSIPÈLE, 1314 (sous la forme *herisipille*). Empr. du lat. médical *erysipelas* (d'origine grecque). On dit aussi *érésipèle*.

ÉRYTHÈME, 1811. Empr. du grec médical *erythêma* (de la famille de l'adj. *erythros* « rouge »).

ÈS, v. **le.**

ESBIGNER (s'). Avant 1827 (Désaugiers). Empr. de l'it. *sbignare* « courir », transformation de *svignare* (les deux formes sont attestées dès 1619), aujourd'hui *svignarscla* « s'enfuir, se sauver », dér. de *vigna* « vigne », propr. « s'enfuir de la vigne, comme un maraudeur » ; la forme *sbignare* est surtout répandue dans l'Italie du Nord.

ESBROUFE, 1827. Empr. du méridional *esbroufe*, tiré du verbe *esbroufa*, propr. « s'ébrouer ». Onomatopée qui vit aussi dans l'it. *sbruffare* « asperger par la bouche ou par le nez ». — Dér. : **esbroufer,** 1859, ou empr. avec *esbroufe ;* **esbroufeur,** *id.*

ESCABEAU, 1419. Empr. du lat. *scabellum* ; vers la même ép. on a fait également le fém. *escabelle*, 1328 (d'abord et jusqu'au commencement du XVIe s. *scabelle*). Ces deux mots ont remplacé l'anc. *eschame*, lat. *scamnum*, et *eschamel*, lat. de basse ép. *scamnellum*, qui survivent tous deux dans les patois.

ESCADRE, XVe (*Le Jouvencel :* « Batailles ou eschielles ou escadres, comme on dit en Ytalie »). En outre *escoadre*, *escoidre*, fin XVe ; *scouadre*, XVIe. Empr., au sens du « bataillon, escouade, etc. » successivement de l'it. *squadra* « *id.* » et de l'esp. *escuadra* « *id.* », propr. « équerre », v. **équerre** ; le nouveau sens est dû à la formation en carré des troupes ainsi nommées ; mais on n'a pas établi si ce développement de sens s'est produit d'abord en it. ou en esp. **Escouade,** fin XVIe, d'abord *esquade*, 1553, est une autre francisation des mots it. et esp. ; l'orthographe *escouade* paraît spécialement due à celle de l'esp. Comme terme de marine, *escadre* date du XVIIe s., et doit ce sens à l'esp. qui disait alors *escuadra de galeras ; escouade* apparaît déjà avec ce sens au XVIe s. Le dér. **escadrille,** attesté au XVIe s. au sens de « troupe », vient de l'esp. *escuadrilla ;* développement du sens parallèle au simple. L'it. *squadriglia* vient du fr. ou de l'esp.

ESCADRON, fin XVe (Molinet : « Depuis que les Italiens se sont boutés en la maison de Bourgogne, ils sont nombrés par escuadres et escuadrons »). Au XVIe s. surtout *squadron* ou *scadron*. Empr. de l'it. *squadrone*, dér. augment. de *squadra*.

ESCALADE, 1427. On y a vu un empr. de l'ital. *scalata* « assaut d'une ville ou d'une muraille », dér. du verbe *scalare* « monter avec une échelle », v. **échelle.** Mais en occitan le verbe correspondant *escalar* est attesté depuis le XIIIe s., et le subst. correspondant *escalado*, attesté depuis le XVIIe s., comme du reste l'it. *escalata*, peut fort bien avoir été formé beaucoup plus tôt. C'est pourquoi un empr. à l'occitan, pendant la guerre de Cent Ans, est beaucoup plus probable. On disait au moyen âge *eschelement* et le verbe *escheler*, qui a survécu jusqu'au XVIIe s. — Dér. : **escalader,** 1603.

ESCALE, 1507, déjà au XIIIe s. dans le fr. d'Orient *(faizeent escale)*. Empr. de l'it. *scala* dans la locution *far scala ;* pour le développement du sens, v. **échelle.**

ESCALIER, 1545 (dans un traité d'architecture où il est question d'un amphithéâtre). Empr. du prov. *escalier* (depuis 1340), qui représente le lat. *scalarium* attesté seulement au plur., chez Vitruve, où il désigne les grands escaliers des amphithéâtres ; l'a. fr. *eschalier*, qui représente aussi le lat. *scalarium*, n'a pas signifié « escalier » ; il ne survit que dans quelques parlers de l'Ouest pour désigner une petite échelle ou une barrière entre des champs, etc. ; il a rarement le sens d' « escalier » et c'est alors probabl. un transfert du sens du fr. *escalier*. *Escalier*, terme de haute architecture, a éliminé *degré* qui a perdu le sens d' « escalier » au XVIIe s. et survit à peine dans la région franco-provençale où il a été soutenu par la présence du simple *gré ; montée*, essayé du XIVe au XVIIe s., ne s'est maintenu que dans les patois, notamment au Nord-Est d'où il provenait.

ESCALOPE, 1767, au sens moderne. Paraît venir du Nord-Est. L'anc. fr. *escalope* signifiait « coquille », il vit encore dans certains patois avec le sens « bonnet à grandes pattes ». Dér. de l'anc. fr. *escale* « écale » avec le suffixe de *enveloppe*, *-opper*, v. **écale.**

ESCAMOTER, 1560. Empr. de l'occitan *escamotar*, dér. de *escamar* « effilocher », dér. de l'a. pr. *escama* « écaille », qui représente le lt. *squama*, devenu d'abord **scama*, sous l'influence de *skalja*, v. **écaille.** L'esp. *escamotar* est empr. récemment du fr. — Dér. : **escamotage,** 1789 ; **escamoteur,** 1609.

ESCAMPER, ESCAMPETTE, v. **camp.**

ESCAPADE, vers 1570. S'est dit aussi d'un cheval, comme terme de manège. 1611. Empr. de l'it. *scappata* ou de l'esp. *escapada*, qui ont ce même sens ; pour l'étymologie, v. **échapper.**

ESCARBILLE, 1780. Empr. d'un parler de la région minière du Nord ; cf. le lillois *escarbille*, rouchi *escabille* (dès 1667). C'est le subst. verbal de *escrabiller* attesté encore en Belgique et qui est empr. du néerl. *schrabben* « gratter, racler » ou de son diminutif *schrabbelen.*

ESCARBOT, XVe (Villon). Réfection, par croisement avec *escargot*, de l'a. fr. *escharbot*, encore *écharbot* en berrichon au sens d' « escargot », lat. *scarabaeus*, avec changement de la terminaison ; de même, avec diverses altérations, it. *scarafaggio*, esp. *escarabajo*, a. pr. *escaravach*, etc. Le croisement d'*écharbot* et *escargot* est dû au fait que les parlers désignent souvent l'escarbot, par le nom de l'escargot et inversement, cf. l'étymologie d'*escargot* et en outre l'emploi d'*escarbot* au sens d' « escargot » dans l'Yonne et la Seine-Maritime et l'emploi inverse d'*escargot* au sens d' « escarbot » dans l'Anjou.

ESCARBOUCLE, 1125 (*escha-*). Altération, par croisement avec *boucle*, d'*escarbuncle*, vers 1080 *(Roland)*, issu de *carbuncle* « *id.* » ; celui-ci est empr. du lat. *carbunculus*, dim. de *carbo* « charbon », propr. « petit charbon », dit du rubis à cause de son éclat.

ESCARCELLE, XIIIe, rare avant le XVIe s. Empr. (de même que l'a. pr. *escarsela*) de l'it. *scarsella*, dér. de l'adj. *scarso* « avare », littéral. « petite avare » ; cette dénomination, de formation hardie, est propr. une plaisanterie, parce que l'escarcelle peut servir à contenir les épargnes. *Scarso* représente le lat. pop. **excarpsus*, réfection du lat. class. *excerpsus*, propr. « cueilli, extrait », d'où « resserré », d'où aussi l'a. fr. *eschars* « avare », fr. moderne **échars** « qui souffle faiblement (vent) ».

ESCARGOT, 1393 *(Ménagier : limassons que l'en dit escargols)*. Empr. avec substitution de suff., du prov. *escaragol*, forme usitée aujourd'hui dans le Sud-Ouest, qui est issu du prov. *caragòu* sous l'influence des représentants du lat. *scarabaeus*, v. **escarbot.** Le mot prov. et l'esp. *caracol* sont nés par métathèse du type du prov. *cacalaou*, lequel est probabl. le résultat d'un croisement, survenu sur les côtes de la Méditerranée occidentale, entre le grec *káchlax* et le lat. *conchylium*. L'empr. d'*escargot* de la part du fr. est dû au fait que l'emploi culinaire de ce mollusque vient du Midi. Pour la même raison l'esp. *caracol* a passé dans les Pays-Bas espagnols (wallon *caracol*, flamand *karakol*).

ESCARMOUCHE, XIVe (d'abord *escarmuche*). Croisement de l'a. fr. *escremie* « combat », dér. de *escremir* « combattre », qui représente le francique **skirmjan* « protéger » (comp. all. *schirmen*), avec le radical du verbe a. fr. *muchier* « cacher », les éclaireurs et les patrouilles se tenant cachés aussi longtemps que possible. La transformation de *-muche* en *-mouche* a lieu dans la deuxième moitié du XVe s. ; elle est due à l'influence de *mouche* au sens de « personne qui espionne ». It. *scaramuccia*, esp. *escaramuza*, a. pr. *escaramussa*, all. *Scharmützel*, angl. *skirmish* sont empr. du fr. — Dér. : **escarmoucher,** 1350 (d'abord *-mucher*) ; **escarmoucheur,** vers 1380 (d'abord *-mucheur*).

ESCAROLE, XIIIe (sous la forme *scariole*). Empr. de l'it. *scariola*, qui représente le lat. de basse ép. *escariola*, attesté dans des gloses comme traduction du grec *trôxima* « endive ». *Escariola* est dér. de *esca* « nourriture », sur le modèle du grec *trôxima*, plur. neutre de l'adj. *trôximos* « qui peut se manger (cru) » (du verbe *trôgein* « manger »).

ESCARPE, 1800. Mot d'argot des voleurs, qui paraît empr. d'un parler méridional, où il a été tiré du verbe *escarpi* « écharper ».

ESCARPÉ, 1582. Dér. de l'anc. verbe *escarper*, 1558, « couper en pente raide », d'où **escarpement,** 1701 ; ce verbe dérive lui-même de l'anc. terme de fortification *escarpe*, 1553, « muraille qui règne au-dessus du fossé du côté de la place », d'où **contrescarpe,** 1550 (Rab.), et *escarpe* est empr. de l'it. *scarpa* « talus d'un rempart ». Celui-ci représente probabl. un gothique **skarpô* « objet qui se termine en pointe », de la famille de l'all. *scharf* « bien affilé », *Scharfe* « poutre coupée en biseau ».

ESCARPIN, 1534, en outre *escalpin*, 1512. Empr. de l'it. *scarpino*, dim. de *scarpa* « chaussure » (d'où *escarpe* au XVIe s.). L'it. *scarpa* est le même mot que *scarpa* « talus de rempart » ; la base du rempart faisant saillie peut paraître comme le soulier du rempart. V. le préc.

ESCARPOLETTE, 1605 (écrit alors *escarpaulette*). En outre *escarpoulette* « escarpe de rempart », fin XVIe s. Ce mot, qui n'est attesté que dans le Midi, pourrait bien être un dim. d'*escarpe* formé en prov. *Escarpolette* en est probabl. un emploi métaphorique dû au fait qu'en se balançant l'escarpolette décrit une ligne inclinée.

ESCARRE, 1495, antér. *eschar(r)e*, 1314. Empr. du lat. médical *eschara* (du grec *eskhara*).

ESCIENT, vers 1080 *(Roland : mien escient)* ; ne s'emploie plus que dans quelques locutions. Empr. du lat. *sciente* dans des locutions telles que *me, te sciente* « à mon su, à ton su », etc., d'où en lat. médiéval *meo, tuo sciente* ; de là sont nées les locutions *mon, mien escient*, etc., d'abord sans prép., puis *à mon escient*, etc. L'a. fr. a dit aussi *escientre*, d'après l'adv. lat. *scienter.*

ESCLAFFER (s'), au XVIe s. et depuis 1893. Empr. du prov. *esclafá* « éclater », attesté depuis le XVe s. ; cf. fr. *éclater de rire*, v. **clapper.**

ESCLANDRE, v. **scandale.**

ESCLAVE, 1170. Empr. du lat. médiéval *sclavus*, autre forme de *slavus*, propr. « slave »; le sens d' « esclave », qui s'est développé dès le haut moyen âge, est dû au fait que les Germains et les Byzantins réduisirent en esclavage de nombreux Slaves, surtout sur les Balkans; on attribue aussi la diffusion de ce sens aux razzias que les Vénitiens firent en Esclavonie, lors des Croisades. Mot devenu européen : cf. it. *schiavo*, esp. *esclavo*, all. *Sklave*, angl. *slave*. — Dér. : **esclavage,** 1577 ; **esclavagiste,** 1864 ; **anti-,** 1864.

ESCOFIER, 1797. Mot de l'argot des voleurs, empr. du provençal *escoufia* « supprimer, tuer », issu, par changement de conjugaison, du provençal *escoufi* « *id.* », du lat. du Bas-Empire **exconficere*, composé de *conficere* (comp. pour le sens le franç. **déconfire**). Avant *escofier* l'argot a connu *coffier* « tuer » (1725), qui est probablement déformé de *coffir* « meurtrir », répandu dans les patois de l'Ouest et qui représente le lat. *conficere*.

ESCOGRIFFE, 1611 (Cotgrave, qui le donne comme orléanais). A signifié aussi « voleur »; mot de formation obscure. La deuxième partie du mot pourrait se rattacher au verbe **griffer.**

ESCOMPTER, 1675 ; **escompte,** 1597. Empr. de l'it. *scontare*, propr. « décompter » (de *contare*, v. **compter**), *sconto*. — Dér. : **escomptable,** 1867 ; **escompteur,** 1838, une première fois en 1548 (Rab.), d'après l'it.

ESCOPETTE, 1517 (écrit *eschopette*). Empr. de l'it. *schioppetto*, dér. de *schioppo* « arme à feu », lat. *stloppus* « bruit qu'on fait en frappant avec les joues gonflées ».

ESCORTE, vers 1500. Ordinairement terme militaire au XVIe s. Empr. de l'it. *scorta*, dér. du verbe *scorgere* « montrer, guider », lat. pop. **excorrigere* (de *corrigere* « redresser »). — Dér. : **escorter,** 1530.

ESCOUADE, v. **escadre.**

ESCOURGEON (on dit moins souvent *écourgeon*), 1269 (*secourjon* dans un texte picard). Mot du Nord-Est. Dér. du lt. *corrigia* (v. **courroie**), chacune des six suites de grains de cette plante ressemblant à une courroie ronde.

ESCRIME, 1409. Empr. de l'anc. it. *scrima*, empr. lui-même de l'a. pr. *escrima* ; a éliminé, quand l'art de l'escrime italienne s'est répandu en Europe, l'a. fr. *escremie*, encore usuel au début du XVIe s., dér. de l'anc. verbe *escremir* « lutter à l'épée », du francique **skirmjan*, cf. all. *schirmen* « protéger »; c'est du français que sont empr. l'it. *schermire* « faire de l'escrime », l'esp. *esgrimir* et l'a. pr. *escremir*, *escrimir* « combattre, se défendre, etc. », d'où *escrima*, tiré d'une variante *escrimar*. — Dér. : **escrimer,** 1537, déjà au sens fig., seul usité aujourd'hui ; réfl. depuis le XVIIe s. ; **escrimeur,** XVe.

ESCROQUER, 1597 ; **escroc,** 1642. Empr. de l'it. *scroccare* (soit de *crocco* « croc »; littéral. « décrocher », soit de la famille onomatopéique *krokk-*, dont relève le franç. *croquer*), *scrocco* « écornifler, écornifleur », sens que le fr. a également d'abord ; le sens moderne s'est développé rapidement en fr. — Dér. : **escroquerie,** 1694 ; **escroqueur,** XVIe (J. du Bellay).

ESCULAPE, 1771, au sens fig. Dieu de la médecine chez les Grecs, lat. *Aesculapius* (du grec *Asklêpios*).

ESGOURDE, « oreille », 1896 (pop., d'abord argot). De *gourde* « courge », en raison d'une comparaison des oreilles avec les larges feuilles de la courge ; le préf. vient de l'argot *escoute*, dér. du prov. *escoutá* « écouter ».

ÉSOTÉRIQUE, 1755. Empr. du grec *esôterikos* « réservé aux seuls adeptes », propr. « intérieur » (de *esô* « dedans »), cf. **exotérique.**

ESPACE, vers 1190. Souvent fém. jusqu'au XVIe s. ; genre conservé dans l'imprimerie. Empr. du lat. *spatium*. — Dér. : **espacer,** 1416 ; **espacement,** 1680.

ESPADON, 1694, comme nom de poisson ; dit aussi *épée de mer*. Emploi fig. d'*espadon*, 1546, « grande épée », empr. de l'it. *spadone*, augment. de *spada* « épée ».

ESPADRILLE, 1793. Altération d'*espardille*, 1723, empr. du mot. des parlers de la région pyrénéenne *espardillo*, dér. altéré de *espart* « sparte », cf. l'esp. *esparteña*, dér. de *esparto* « *id.* ».

ESPAGNOLETTE, 1731, au sens de « ferrure servant à fermer et à ouvrir une fenêtre ». Dim. d'*espagnol ;* le mot est en usage surtout dans le Midi, et l'objet vient probabl. d'Espagne.

ESPALIER, 1553 comme terme d'architecture, d'où le sens moderne dès 1600 chez O. de Serres. Empr. de l'it. *spalliera*, dér. de *spalla* « épaule » au sens d' « appui » ; francisé en *-ier*, probabl. d'après *échalier*.

ESPARCETTE, XVIe (sous la forme *esparcet*). Empr. du prov. *esparcelo*, forme usuelle dans les patois méridionaux en concurrence avec *esparcet*. Dér. de l'a. pr. *espars* « répandu » (part. passé de *espardre*, lat. *spargĕre*), parce qu'on répand de façon sommaire dans les champs la poussière de foin qui contient la graine de l'esparcette, tandis qu'on sème soigneusement le blé.

ESPÈCE, XIIIe (J. de Meung). Empr. du lat. *species*, propr. « vue, aspect, apparence », d'où nombreuses acceptions, en partie reprises par le fr., notamment « espèce, subdivision du genre » (sens d'origine grecque, d'après *eidos*, comme *genre*, d'après le grec *genos*) ; comme terme de finances, attesté à basse ép., au VIe s. (Grégoire de Tours) ; en outre développements partic. dans la langue de la scolastique et de la théologie chrétienne. Cf. en outre **épice.**

ESPÉRANTO, a été d'abord le pseudonyme (= celui que espère) de l'inventeur de cette langue artificielle, le docteur polonais Zamenhof, qui la proposait dès 1887.

ESPÉRER. Lat. *spērāre*. Le maintien de l'*s* et le traitement de la voyelle sont dus au maintien du contact avec le lat. écrit.

A pris le sens d' « attendre », attesté au XVIe s. et aujourd'hui usuel dans de nombreux parlers, notamment dans l'Ouest et le Midi. It. *sperare* (avec *e* ouvert dans *spero*, etc., d'après la prononciation scolaire du lat.), esp. et a. pr. *esperar ;* tous trois ont aussi le sens d' « attendre ». — Dér. et Comp. : **espérance,** vers 1080 ; **désespérance,** vers 1170, sorti de l'usage au XVIe s., repris au début du XIXe s. ; **espoir,** 1155 d'après les formes régulières de l'ind. prés. *espoir, espoires, espoire,* lat. *spēro, spēras, spērat* ; d'où **désespoir,** vers 1170 ; *espoir* « peut-être », fréquent au moyen âge jusqu'au XVe s., est étymologiquement la première personne de l'ind. prés. ; **désespérer,** 1155, on a dit souvent aussi au moyen âge *desperer,* d'après le lat. *desperare* ; **inespéré,** XVe.

ESPIÈGLE, fin XVIe (alors *ulespiègle*) Altération du nom propre *Ulespiegle,* francisation du néerl. *Till Uilenspiegel,* personnage célèbre « par ses petites tromperies ingénieuses » d'un roman all., répandu au XVIe s. surtout dans la région néerlandaise et qui fut traduit en fr. en 1559. — Dér. : **espièglerie,** 1690.

ESPINGOLE, 1671 (au sens de « machine à lancer des pierres » en 1373, au même sens a. prov. *espingola,* 1290). Altération de l'a. fr. **espringale,** 1258, qui désignait une sorte de baliste au moyen âge, puis une pièce d'artillerie au XVe s. ; ce mot dérivé lui-même du verbe *espringuer* « danser », du francique **springan,* cf. l'all. *springen* « sauter », probabl. par l'intermédiaire du verbe *espringaller* « danser » (bien qu'attesté postér.) qui paraît dû à un croisement d'*espringuer* et de *baller.*

ESPION, XIIIe. Dér. de l'a. fr. *espier* « épier ». La consonne *s,* disparue de la prononciation dès le XIIIe s., a été rétablie, probablement vers 1500, sous l'influence de l'it. *spione* (dér. de *spia*), même mot que l'a. fr. *espie,* XIIe, d'où **épie,** encore dans les dictionnaires, et que l'a. pr. *espia,* tous fém., du germ. **speha,* v. **épier.** — Dér. : **espionner,** 1482, **espionnage,** 1587.

ESPLANADE, XVe. Empr. de l'it. *spianata,* dér. du verbe *spianare* « aplanir », lat. *explānāre* (de *plānus* « plat, uni »).

ESPRIT, vers 1120 (sous la forme *espirit ;* d'où *esperit,* puis *esprit,* XIVe). Empr. du lat. *spiritus,* propr. « souffle », d'où « souffle vital, âme » ; l'acception chrétienne du mot vient de la Bible ; *esprits vitaux, animaux,* d'anciennes théories médiévales sur la vie ; *esprit,* comme terme de chimie, du lat. de l'alchimie, v. **essence** et **spiritueux.**

ESQUIF, 1497. Empr. de l'it. *schifo,* du longobard **skif,* v. **équiper.**

ESQUILLE, 1534. Empr., avec modification de la terminaison, du lat. *schidia* « copeau » (du grec de basse époque, *skhidion,* cf. le verbe *skhizein* « fendre »).

ESQUIMAU « bonbon glacé », 1922 ; « vêtement d'enfant », vers 1930. Tous deux noms de réclame, d'après le nom des *Esquimaux.*

ESQUINANCIE. Mot aux formes variées : *quinancie,* XIIe ; *esquinancy,* XIIIe ; *squinancie,* XVIe (Paré), etc. Empr. du lat. médical *cynanche* (du grec *kynankhê,* littéral. « collier de chien *(kyôn)* », ainsi dit à cause de la sensation d'étranglement que cause cette affection).

ESQUINTER, 1800. Mot de l'argot des voleurs, empr. du prov. *esquintá,* propr. « déchirer », d'où « échiner », a. pr. *esquintar* « déchirer », lat. pop. **exquintāre* « mettre en cinq » ; cf., d'après une autre forme **exquintiāre,* a. pr. *esquinsar* « déchirer, arracher », esp. *esquinzar* « découper du chiffon (pour faire du papier) ».

ESQUISSE, esquisser, 1567 (sous les formes *esquiche, esquicher*). Empr. de l'it. *schizzo, schizzare* ; *schizzare* signifie d'abord « jaillir », d'où *schizzo* « tache que produit un liquide en jaillissant », ensuite (chez Vasari) « dessin provisoire ». Mot expressif qui, avec des sens assez rapprochés, comme « déchirer, presser, écraser » vit aussi en a. pr. et dans les parlers occitans.

ESQUIVER, 1605. Empr. de l'it. *schivare,* dér. de l'adj. *schivo* « dédaigneux, dégoûté », du germ. occidental **skioh,* cf. all. *scheu* « farouche », angl. *shy* « *id.* », comme l'a. fr. *eschif* « de mauvaise volonté, rétif, etc. », d'où **échif,** encore dans les dictionnaires, l'a. pr. *esquiu* « farouche » et l'esp. *esquivo* « dédaigneux ». *Esquiver* a éliminé l'anc. verbe *eschiver,* encore usité au XVIe s. sous la forme *eschever,* cf. de même a. pr. *esquivar,* du francique **skiuhjan,* cf. all. *scheuen* « avoir peur ».

ESSAI. Lat. *exagium* « pesée » (dér. de *exigere,* au sens de « peser », v. **essaim, examen**), qui est attesté dès le IVe s. au sens de « essai ». It. *saggio,* avec chute du préf., *assaggiare,* avec un autre préf., esp. *ensayo,* id., toutes transformations qui se trouvent aussi en gallo-roman, cf. anc. lorrain *sai,* anc. picard *assai,* a. pr. *ensai.* — Dér. : **essayer,** XIIe ; **essayeur,** XIIIe ; **essayage,** 1828.

ESSAIM. Lat. *exāmen,* propr. « groupe de jeunes abeilles emmenées hors de la ruche », mot de la famille du verbe *exigere* « emmener hors de ». Dominant dans les parlers gallo-romans (a. pr. *eissam*), sauf dans l'Est où il est concurrencé par *jeton.* It. *sciame,* esp. *enjambre.* V. **examen.** — Dér. : **essaimer,** XIIIe *(essamer).*

ESSART. Lat. de basse ép. *exsarium,* attesté dans la loi des Burgondes, dér. du verbe **exsarīre,* comp. lui-même du lat. class. *sarīre* « sarcler ». Seulement galloroman : a. pr. *eissart* « terre défrichée ». — Dér. : **essarter,** XIIe ; **essartage,** 1783 ; **essartement,** 1611.

ESSAYISTE, 1845 (Th. Gautier). Empr. de l'angl. *essayist,* dér. de *essay ;* celui-ci a été empr. du fr. *essai,* au sens de « traité, ouvrage non approfondi », qui remonte aux *Essais* de Montaigne (mais le sens du mot est notablement différent chez Montaigne, cf. « Toute cette fricassée... n'est qu'un registre des essais de ma vie », III, 13). La nuance de l'angl. *essay* a passé aussi dans le fr.

ESSE, 1304 (écrit alors *aisse*). Nom de la lettre *s*, pour désigner des objets en forme d'*s*. Au sens de « cheville fixée à l'extrémité de l'essieu pour empêcher la roue de sortir », c'est une altération de l'a. fr. *heuce*, *euce*, attesté jusqu'au début du XVIIe s. et encore usité dans divers patois, sous des formes variées, mot d'origine incertaine.

ESSENCE, XIIe ; **essentiel,** *id.*, d'après l'adv. **-ellement.** Empr. du lat. philosophique et eccl. *essentia* (dér. du verbe *esse* « être »), *essentialis* (créé à basse ép.). Comme terme de chimie, *essence* vient du lat. de l'alchimie.

ESSEULER, v. **seul.**

ESSIEU. Forme d'origine dialectale, probabl. picarde (cf. la forme *fieux* de *fils*), enregistrée dès le XVIe s., de l'a. fr. *aissil*, lat. pop. **axīlis*, dér. du lat. class. *axis ;* de même a. pr. *eisiu* et dialectes de l'Italie septentrionale et rhéto-romans ; aujourd'hui dominant dans les parlers gallo-romans. Le lat. class. *axis*, gêné par l'homonyme **axis*, forme altérée de *assis* « ais », a été supplanté par des dér. ; un autre type **axālis* a donné l'it. *sala ;* pourtant *axis* survit à la fois dans l'a. pr. *ais* (encore aujourd'hui attesté dans de nombreux parlers du Sud-Ouest) et dans la péninsule ibérique, cf. esp. *eje ;* on a remarqué que les parlers qui ont conservé *axis* n'ont pas de représentants de *assis*.

ESSORER. Ne s'emploie que comme terme techn. au sens d' « exposer à l'air pour faire sécher ». Lat. pop. **exaurāre* « exposer à l'air » (de *aura* « air ») ; de même a. pr. *eissaurar* « *id.* »; en dehors du gallo-roman, existe dans des dialectes it., rhéto-romans et catalans. *Essorer* a pris dans la langue de la fauconnerie le sens de « s'élever dans l'air », aujourd'hui inusité (l'it. *sorare*, qui n'a que ce sens, est empr. du fr.). — Dér. : au premier sens : **essorage,** 1859, au XIIe s. au sens de « action de lâcher un oiseau » ; **essoreuse,** 1870. Au 2e sens (terme de fauconnerie) : **essor,** XIIe (Chrétien de Troyes), qui a signifié aussi « le fait d'être exposé à l'air » (d'après le 1er sens).

ESSORILLER, v. **oreille.**

ESSUYER. Sens fig. fin XVIe. Lat. *exsūcāre* « exprimer le suc » (Ve s.), d'où sont sortis les sens de « sécher (des plantes) » et d' « essuyer ». Dominant dans les parlers gallo romans (a. pr. *eissugar*) ; concurrencé surtout par *paner*, anc. dér. de *pan*, dans les parlers du Centre et de l'Est, depuis les Vosges jusqu'à la mer. — Dér. et Comp. : **essui,** XVIe ; **ressuyer,** XIIe, « faire sécher », d'où **ressui,** terme de vénerie, 1561. Divers mots avec **essuie** comme premier élément **essuie-main,** 1610.

EST, 1138. Empr. de l'anc. angl. *est*.

ESTACADE, 1566 (sous la forme *enstacatte*). Parfois *stecade*. Empr. de l'it. *steccata* (on a dit aussi *estocade* par altération d'après *estocade* « coup d'estoc » ; *steccata* dérive de *stecca* « pieu », du longobard **stikka*, cf. all. *Stecken* « bâton », angl. *stick ;* avait aussi les sens de « champ clos », « combat en champ clos », également empr. par le fr. au XVIe s.

ESTAFETTE, 1596. Empr. de l'it. *staffetta* (dim. de *staffa* « étrier »), qui a pris le sens de « courrier » dans la locution *andare a staffetta*, cf. le fr. *à franc étrier*. *Staffa* représente le longobard **staffa*, propr. « trace du pied, pas » d'où « étrier où on met le pied » de la famille de l'all. *Stapfe* « trace du pied », v. les suiv.

ESTAFIER, vers 1500. Peu usité aujourd'hui, sauf en mauvaise part. Parfois *staphier*, *staffier*. Empr. de l'it. *staffiere* « écuyer, valet de pied, laquais », dér. de *staffa*, v. le préc.

ESTAFILADE, XVIe. Empr. de l'it. *staffilata* « coup de fouet ou d'étrivière », encore en ce sens au XVIe s., d'où le sens propre au fr. *Staffilata* est dér. de *staffile* « étrivière », propr. « courroie qui tient l'étrier », dér. de *staffa*, v. les préc.

ESTAMINET, XVIIe. Empr., par l'intermédiaire du picard, du wallon *staminé*, dér. de *stamon* « poteau qui se dresse à côté de l'auge de l'étable », empr. d'une forme germ. correspondant à l'all. *Stamm* « tronc, tige » ; l'estaminet, d'abord « salle réservée aux habitués ou aux sociétés », aurait été d'abord « une salle à un ou plusieurs *stamons* ».

ESTAMPE, 1564, au sens d' « impression », qui ne parvient pas à s'imposer ; au sens actuel dp. 1647, introduit probablement par Poussin. Empr. de l'it. *stampa*, de *stampare*, v. le suiv. Comme terme de diverses techn., a été tiré du verbe *estamper*, v. le suiv.

ESTAMPER, XIIIe. Prononciation de l'*s* due à l'influence de l'it. *stampare*, d'où aussi la prononciation d'*estampe*, terme techn., v. le préc. ; les formes normales *étamper* et *étampe* se sont maintenues dans les parlers. Du francique **stampôn* « piler, broyer », cf. all. *stampfen* « id. » ; viennent de même du germ. l'it. *stampare* « imprimer » et l'esp. *estampar* « graver, etc. » ; a prix au XIXe s. dans la langue vulgaire le sens de « faire payer trop cher ». — Dér. : **estampage,** 1628.

ESTAMPILLE, 1re moitié XVIIIe (Saint-Simon qui emploie aussi la forme esp., à propos de la cour d'Espagne), ensuite 1762. Empr. de l'esp. *estampilla*, dér. de *estampa* « empreinte », v. le préc. — Dér. : **estampiller,** *id.* ; **estampillage,** 1783.

ESTER. Terme de droit, usité seulement à l'inf., XIIIe. Empr. du lat. juridique du moyen âge *stare*, issu, par spécialisation de sens, du lat. *stare* « se tenir debout, être, etc. ».

ESTHÉTIQUE, 1753. Empr. du lat. moderne *aesthetica*, créé en 1735 par le philosophe all. Baumgarten d'après le grec *aisthêtikós* « qui a la faculté de sentir » (dér. du verbe *aisthanesthai* « sentir »). Le mot a rencontré beaucoup de résistance en France, comme trop théorique, et n'a été accepté définitivement que vers le milieu du XIXe s. — Dér. : **esthète,** 1881 (probabl. empr. de l'angl. *aesthete*), péjor. ; **esthéticien,** XIXe (Th. Gautier).

ESTIMER, vers 1300 ; **estimateur,** 1389 ; **estimation,** 1279. Empr. du lat. *aestimare, aestimator, aestimatio. Estimer* a éliminé l'anc. verbe de formation pop. *esmer*, cf. de même it. *stimare*, a. pr. *esmar*, forme qui a disparu avant le XVIe s. et dont il ne reste que des traces dans les patois. La disparition d'*esmer* dans les parlers gallo-romans paraît due au fait que, par suite de la chute de l'*s*, il était homonyme du verbe *aimer* ; le déverbal *esme*, qui n'est pas gêné par un déverbal d'*aimer*, est encore assez répandu dans les patois. — Dér. et Comp. : **estimable,** XIVe ; **inestimable,** *id.*, n'a pas suivi le développement sémantique d'*estimable*, ne s'oppose en effet qu'au sens ancien d'*estimable* « dont on peut faire l'estimation » ; **estimatif,** 1314 ; **estime,** XVe ; **mésestimer,** 1556, **mésestime,** 1753 (d'Argenson) ; **surestimer,** vers 1600.

ESTIVAL, XIIe ; rare avant le XVIe s. Empr. du lat. de basse ép. *aestivalis*, dér. de l'adj. class. *aestivus* « de l'été ».

ESTIVANT, 1930. Empr. du part. prés. du verbe prov. *estivá* « passer l'été », lat. *aestivare*.

ESTOC. Ne s'emploie, en dehors d'acceptions techn., que dans l'expression d'*estoc et de taille* qui remonte au XVe s., cf. « ferir de pointe, que les Franczeis appellent ferir d'estoc », 1285 (J. de Meung). Dans ce sens c'est le subst. verbal de l'a. fr. *estochier, estoquer* « frapper de la pointe » (du XIIe au XVIIe s.), qui représente le moyen néerl. *stoken* « piquer ». Probabl. l'expression *ferir d'estoc* a passé en prov. où, il est vrai, elle n'est pas attestée. Mais elle se reflète dans l'expression *colp d'estoc* « coup d'épée » (vers 1300), d'où pouvait sortir facilement l'a. pr. *estoc* « épée droite » (vers 1300). Celui-ci a passé en fr., d'où *estoc* (XVe-XVIIe s.), « pointe de l'épée » (depuis 1550), ainsi qu'en it. *(stocco)* et en esp. *(estoque)*. — Un autre mot est *estoc*, vers 1170, qui signifiait au moyen âge « bâton, pieu, souche (sens encore usité dans la langue de la silviculture : *couper à blanc estoc* (ou *étoc*) « au ras du pied »), d'où « origine d'une famille », sens encore conservé au XVIIe s. Il représente le francique **stok*, cf. all. *Stock* « bâton, etc. ». **Étau,** 1611, se dit à cette époque, et jusqu'au XVIIIe s. et encore aujourd'hui dans beaucoup de parlers *estoc, étoc* ; comme l'all. *schraubstock* (sing.) on l'a nommé ainsi parce qu'il est ou était généralement monté sur un poteau de fer, v. les planches de l'*Encyclopédie*, vol. IX, Serrurerie, planche 53. La confusion avec *étau(x)* est postérieure et purement graphique.

ESTOCADE, 1546 (écrit alors *estoquade*). Empr. de l'it. *stoccata*, dér. de *stocco*.

ESTOMAC, vers 1100. Souvent écrit *estomach*. Empr. du lat. *stomachus* (du grec *stomakhos*). Signifie souvent « poitrine » au XVIIe s., et encore aujourd'hui dans beaucoup de parlers, par suite de la défaveur dont était frappé à cette ép. le mot *poitrine*. — Dér. : **estomaquer (s'),** 1480, peut-être d'après le lat. *stomachari* « s'irriter, etc. »

ESTOMPE, 1666. Empr. du néerl. *stomp* « chicot, bout (de chandelle »). Probabl. ce mot a été employé occasionnellement par des peintres néerlandais qui peignaient en France et est entré ainsi dans la langue fr. — Dér. : **estomper,** 1676 (d'abord et au XVIIIe s. aussi *stomper*).

ESTRADE « route » ; ne se dit plus que dans les locutions : *battre l'estrade, batteur d'estrade* ; XVe (« Des gens... qui alloient à l'estrade »). Empr. de l'it. *strada* « route », qui s'employait dans des locutions analogues, cf. *andare alla strada* « assassiner, voler des voyageurs sur la route » ; d'autres locutions se sont développées en fr. *Strada*, forme dialectale, représente le lat. de basse ép. *strāta (via)*, propr. « route pavée » (du verbe *sternere* « étendre »), d'où l'a. fr. *estrée*, l'a. pr. et l'esp. *estrada*, cf. aussi l'all. *Strasse* et l'angl. *street*.

ESTRADE « plancher élevé pour y placer un lit, etc. », 1640. Empr. de l'esp. *estrado*, lat. *strātum*, propr. « ce qui est étendu », d'où « plate-forme » chez Vitruve ; de même it. *strato* « plancher, lit, etc. ».

ESTRAGON, 1564. Altération de *targon* (1539), empr., par l'intermédiaire du lat. des botanistes *tarchon, tarcon*, de l'arabe *tarkhoun* (qui vient du grec *dracontion* « serpentaire ») ; de même it. *targone*, etc.

ESTRAMAÇON, 1548. Empr. de l'it. *stramazzone*, dér. du verbe *stramazzare* « renverser violemment » (formé du préf. augment. *stra*, lat. *extra*, et de *mazza*, v. **masse**).

ESTRAPADE, 1482, en outre *strapade*. Semble empr. de l'it. *strappata*, dér. du verbe *strappare* « tirer violemment » ; mais l'it. *strappata* n'est jamais attesté avec le sens du mot fr., et l'origine de l'it. *strappare* est inconnue.

ESTRIQUER, v. **étriquer.**

ESTROPIER, XVe. Empr. de l'it. *stroppiare* (en outre *storpiare*), du lat. pop. **extŭrpiāre*, dér. de *tŭrpis* « laid », propr. « enlaidir ».

ESTUAIRE, XVe. Empr. du lat. *aestuarium*, dér. de *aestus* « mouvement des flots », v. **étiage.**

ESTUDIANTIN, vers 1935. Dér. de formation sav. d'*étudiant*, pour donner à celui-ci un adj., peut-être sous l'influence de l'adj. esp. *estudiantino* « d'étudiant ».

ESTURGEON (écrit *-jon* ; en outre au XIIIe s. *sturgun*). L'*s* a été rétablie dans la prononciation d'après l'écriture ; on a dit au XVIIe s. *éturgeon* et aussi *estourgeon*. Du francique **sturjo*, cf. all. *Stör* ; viennent probabl. du fr. l'a. pr. *esturjon*, l'it. *storione* et l'esp. *esturión*.

ET. Lat. *et.* **Et cetera** « et les autres choses » est empr. du lat. médiéval qui l'employait comme formule usuelle dans certains actes juridiques.

ÉTABLE. Lat. pop. **stabula*, probabl. pluriel collectif du lat. class. *stabulum*, propr. « lieu où l'on habite », d'où « local où se tiennent les animaux, écurie, étable, etc. », seul sens conservé dans les langues rom. ; se disait également pour les chevaux dans l'anc. langue, v. **écurie.** Usité dans presque tous les parlers gallo-romans, dans le Midi surtout sous une forme masc. (a. pr. *estable* et *-a*). It. *stabbio* « parc à moutons, fumier », esp. *establo.*

ÉTABLIR. Lat. *stabilīre*, dér. de *stabilis*, v. **stable.** A. pr. *establir*, esp. *establecer.* — Dér. : **établi,** *subst.*, 1390, du XIIIe au XVIe s. aussi *establie;* **établissement,** 1155 ; **préétablir,** 1609 (d'où *l'harmonie préétablie* en 1710, chez Leibniz) ; **rétablir,** vers 1120 ; **rétablissement,** vers 1260.

ÉTAGE, vers 1155, au sens moderne ; signifie d'abord « demeure, séjour, état », v. **stage,** d'où le sens de « rang », qui se dit encore, cf. *personne de bas étage*, et, d'autre part, par spécialisation, le sens moderne. Lat. pop. **staticum*, au lieu du lat. class. *statiō.* Dér. du verbe *stare* « se tenir, être » formé à une époque difficile à fixer ; il n'est toutefois pas nécessaire de postuler déjà un lat. pop. **staticum*, le suff. *-aticum* ayant toujours été très fécond » ; de même a. pr. *estatge*, mêmes sens qu'en a. fr. Rare en dehors du gallo-roman. — Dér. : **étager,** XVIe, formé déjà au moyen âge au sens d' « établir » ; **étagère,** 1800, est un mot du Midi, où il est attesté dès 1502.

ÉTAI, 1197, rare avant le XVIIIe s., aussi *estaie*, 1304. Francique **staka*, comp. all. *stake.* Le moyen néerl. *staeye* est empr. de l'anc. fr. *estaie.* Comme terme de marine, au sens de « cordage servant à maintenir les mâts », XIIe, semble être empr. de l'anc. angl. *staeg* (angl. *stay* « id. »). — Dér. : **étayer,** 1213, **étayage,** 1864, **étaiement,** 1459.

ÉTAIM, v. étamine.

ÉTAIN. Lat. *stagnum*, propr. « plomb argentifère », puis « étain », forme plus correcte que *stannum ;* d'après Pline, l'étamage est une invention gauloise, ce qui fait supposer que *stagnum* est peut-être d'origine gauloise. Existe dans tous les parlers gallo-romans (a. pr. *estanh*). *Tain*, vers 1200, est une altération d'*étain*, d'après *teint.* It. *stagno*, esp. *estaño.* — Dér. : **étamer,** 1260, par confusion de la terminaison d'*estain* avec des mots en *-aim* et croisement avec *entamer*, fait attesté par des formes dialectales de l'Est et des formes anc., aujourd'hui mot de tout le domaine gallo-roman ; d'où **étameur,** 1723 (*entameur* au XIVe s.), **étamage,** 1743, **rétamer,** 1870 (attesté dans les parlers dès 1845), **rétamage,** 1870, **rétameur,** *id.*

ÉTAL. Aujourd'hui restreint au sens de « table sur laquelle les bouchers débitent la viande » ; antér., et dès 1190, s'appliquait à tout commerce ; avait en outre au moyen âge des acceptions nombreuses : « position », notamment dans des locutions militaires ; attesté vers 1080 *(Roland)* en ce sens. Du francique **stal* « position, demeure » (outre le sens d' « écurie », cf. all. *Stall* « écurie, étable ») ; de même it. *stallo* « stalle, séjour » qui a reçu ce mot du longobard. — Dér. : **étaler,** XIIe, au sens de « s'arrêter », sens moderne dès le XIIIe s. à en juger par le dér. *étalage ;* d'où (mer) **étale,** 1687, issu de l'emploi du verbe dans la langue de la marine, cf. *étaler le vent* « résister au vent », *étaler la marée* « mouiller malgré la marée », etc. ; **étalage,** 1225, **étalagiste,** 1801 ; **étalier,** 1260, développement du sens parallèle à *étal* ; **détaler,** 1285, sens fig. déjà vers 1570, **détalage,** 1752.

ÉTALON « cheval reproducteur », XIIIe. Au XVIIe s. on disait aussi *éllon*, v. le suiv. Empr. du francique **stallo*, dér. de *stall* « écurie » que le fr. n'a pas gardé, v. le préc. ; dit ainsi parce que l'étalon reproducteur est tenu à l'écurie, cf. dans la loi des Visigoths *qui... quadrupedem, qui ad stallum... servatur, castraverit.*

ÉTALON « type légal de mesures ou de poids », 1322. Le mot est attesté en Picardie dès le XIIIe s. par le bas-latin *stalo, stalonnus.* Le moyen néerl. *stael* « *id.* » permet de supposer un francique **stalo* « étalon de mesure », dont les rapports avec **stalo* « tige » (d'où a. fr. *estal* « pieu », *estalon*) ne sont pas éclaircis. On a postulé l'identité des deux mots, ce qui ferait supposer qu'on employait des bâtons garnis de marques pour jauger. Mais la forme *stallone* (ablatif d'un *stallo*) attestée dans un document de l'an 1000 environ pour désigner une sorte de seau à puiser la saumure n'est pas favorable à cette explication. — A côté de **stalo* « tige » le francique avait encore une forme **stelo* (comp. moyen néerl. *stèle*), d'où l'a. fr. *estel* « poteau », *estelon.* — Dér. : **étalonner,** 1390, d'où **étalonnage,** 1458 ; **étalonnement,** 1540 ; **étalonneur,** 1636.

ÉTAMAGE, ÉTAMER, v. **étain.**

ÉTAMBOT, 1643. Altération d'*estambord*, 1573 (écrit *estambor*), empr. de l'anc. scandinave **stafnborđ* « planche de l'étrave », v. **étrave.**

ÉTAMINE, sorte d'étoffe, XIIe. Altération, par substitution de suff., d'une forme non attestée, issue du lat. pop. **stāmīnea*, fém. pris substantiv. de l'adj. *stāmīneus* « fait de fil », forme appuyée par l'it. *stamigna*, l'esp. *estameña*, l'a. pr. *estamenha ;* cet adj. dérive de *stāmen* « fil de la chaîne tendue sur le métier », puis « fil » en général, d'où le fr. **étaim,** conservé dans les dictionnaires comme terme techn. « sorte de longue laine peignée ou cardée », cf. de même it. *stame*, esp. *estambre*, a. pr. *estam.*

ÉTAMINE, terme de botanique, 1685. Empr. du lat. *stamina*, plur. de *stamen*, en ce sens chez Pline, en parlant du lys, et francisé d'après le préc.

ÉTANCE, v. **étançon.**

ÉTANCHER. Sens très variés en a. fr. : « arrêter, épuiser, dessécher, fatiguer » ; *étancher la soif* date déjà du XIIIe s. It. *stancare* « lasser », esp. *estancar* « arrêter le cours de l'eau, etc. », a. pr. *estancar* « arrêter, fermer, etc. », et les adj. it. *stanco* « las », a. fr. *estanc* « desséché, las », a. pr. *estanc* « épuisé, faible » ; le roumain *stîng* « gauche », cf. it. *mano stanca* « main gauche », prouve que cette série de mots est d'origine lat. Représente sans doute un lat. **stanticare*, dér. de *stans*, part. prés. de *stare*. On a émis des doutes à cause de la syncope de l'*i* en it. et en occitan. Mais cette syncope, sans être aussi générale qu'en fr., est assez fréquente dans ces deux langues aussi, comp. it. *tosco* « poison » (< *toxicum*), a. pr. *fotjar* « bêcher » (< *fodicare*). — Dér. : **étanche,** 1156, comme fém., a éliminé le masc. *estanch*, attesté encore au XVIIIe s., d'où *estanche* au masc., déjà en 1394 ; **étanchement,** vers 1290 ; **étang,** 1140 (écrit *estanc*), littéral. « étendue d'eau, entourée de bords qui en arrêtent l'écoulement » ; on considère, à tort, que l'étymologie d'*étang* est le lat. *stagnum*, représenté par l'it. *stagno*, l'esp. *estaño*, l'a. pr. *estanh* ; pour une dérivation analogue à celle du fr., cf. l'a. pr. *estanc* et l'esp. *estanque*.

ÉTANÇON, vers 1196. Semble être dér. d'un simple *estance*, attesté seulement en 1340, mais qui a dû exister auparavant, dér. de l'anc. verbe *ester*, lat. *stare* « se tenir debout », v. **être ;** *estance*, XVe s., d'où **étance,** encore dans les dictionnaires, comme terme techn. de la marine, « sorte d'étai », semble être, en raison de sa date récente, non pas la continuation du simple d'où est issu *étançon*, mais un mot tiré de celui-ci ; pour le développement du sens, cf. l'all. *Ständer* « support », et **étai.** — Dér. : **étançonner,** vers 1180.

ÉTANG, v. **étancher.**

ÉTAPE, 1766 (Rousseau), au sens moderne, issu de celui de « magasin où l'on met les vivres destinées aux troupes qui passent », XVIe (une 1re fois en 1285) ; au moyen âge, « endroit où les marchands devaient s'installer pour vendre leurs marchandises » (1280), d'où « comptoir, entrepôt de commerce » vers 1490 (Commynes). Altération de *estaple*, 1280, encore chez Froissart, empr. du moyen néerl. *stapel* « entrepôt », doù aussi l'all. *Stapel-(platz)* et l'angl. *staple*.

ÉTAT, 1196. Empr. du lat. *status*, propr. « le fait d'être debout », d'où « position, situation », employé dp. 1490 (Commynes) comme terme politique (d'après l'it. *stato*, mais déjà *status romanus* à basse ép.) et avec des acceptions juridiques, cf. *status personarum* « état des personnes ». — Dér. et Comp. : **étatisme,** vers 1880 ; **état-major,** 1676 ; **étatiser,** vers 1942 ; **-ation,** id.

ÉTAU, v. **estoc.**

ÉTAYER, v. **étai.**

ET CETERA, v. **et.**

ÉTÉ. Lat. *aestātem*, acc. de *aestās*. Le genre masc. du fr., qui est attesté ailleurs, est dû à celui des autres noms de saisons. *Été* domine dans la partie septentrionale du domaine gallo-roman, surtout au fém. ; les patois méridionaux, au sud de la ligne allant de l'embouchure de la Gironde aux Hautes-Alpes, ont *estiou*, a. pr. *estiu*, lat. pop. **aestīvum (tempus)*, issu de l'adj. class. *aestīvus* « de l'été », cf. de même esp. port. *estio*. It. *state*, fém., a. pr. *estat*, *id.*, et parlers rhéto-romans.

ÉTEINDRE. Lat. pop. **extingere*, lat. class. *exstinguere*. Sauf l'a. pr. *estenher*, l'ombrien *stegnere*, et le roumain *stinge*, ce verbe a été presque partout supplanté par d'autres mots ; en gallo-roman même, *éteindre* ne survit que dans les parlers septentrionaux, et là même il est concurrencé par *déteindre* et *tuer*. Cette disparition, qui remonte à l'ép. lat., est due au fait que *extingere*, non soutenu par un simple, pouvait être compris comme un comp. de *tingere* « teindre » ; le dér. **distingere*, qui n'a survécu en gallo-roman (cf. l'a. fr. *desteindre* et l'a. pr. *destenher*) que dans des conditions partic., se heurtait de même à **distingere* « déteindre ». — Dér. : **éteignoir,** 1552.

ÉTENDARD, vers 1080 *(Roland)*. Comp. de *stand*, impér. du verbe germ. *standan* « être debout » (anc. sax. anglo-sax. goth., etc.) avec l'adv. **hardo* « ferme », ou, plus probablement, d'un adj. francique **standhard* « inébranlable », comp. du subst. *stand* « action de se tenir debout » et de l'adj. *hard* « dur, ferme », correspondant à l'all. *hart*. Au moyen âge l'étendard d'une armée était souvent planté en un endroit fixe où il pouvait être vu de toute l'armée pendant la bataille. Il était le signe de la fermeté des combattants ; souvent même il était placé sur un char, au haut d'un long mât. Quand il s'abattait, l'armée était en danger de se disperser.

ÉTENDRE. Lat. *extendere*. — Dér. : **étendage,** 1760 ; **étendoir,** 1688 ; **étendue,** XVe, a supplanté *estente*, XIIe, encore attesté au XVIe s., formé sur le fém. d'un part. disparu avant les premiers textes **extendita*.

ÉTERNEL, XIIe ; **éternité,** *id.* ; **éterniser,** 1544. Les deux premiers sont empr. du lat. *aeternalis*, *aeternitas*, le troisième est un dér. sav. de l'adj. lat. *aeternus*.

ÉTERNUER. Lat. de l'époque impériale *sternūtāre*, fréquentatif du lat. class. *sternuere*. — Dér. : **éternûment,** vers 1238.

ÉTÉSIENS, 1542 ; d'abord *etesies*, 1539. Empr. du lat. *etesiae*, masc. plur. (du grec *etêsiai* (sous-entendu *anemoi* « vents »), propr. « périodiques, qui reviennent chaque année *(etos)* »).

ÉTEULE, vers 1200. Forme dialectale (probabl. du picard où la forme est encore vivace aujourd'hui), de l'a. fr. *estuble*, vers 1120, lat. de basse ép. *stupula*, lat. class. *stipula* ; ce mot est encore aujourd'hui dominant dans les patois gallo-romans (a. pr. *estobla*) ; cf. aussi it. *stoppia*, all. *Stoppel*.

ÉTHER, XIIe (écrit *ethere*) ; **éthéré,** XVe. Empr. du lat. *aether*, *aethereus*, forme moins class. que *aetherius* (du grec *aithêr*, *aitherios*). *Ether*, comme terme de chimie, a été pris par le chimiste allemand Frobenius en 1730 ; comme terme de physique, date de 1703. — Comp. : la chimie moderne crée des mots nouveaux avec **éther-** ou **éth-** comme premier élément, cf. **éthyl,** d'où **éthylène,** où *(h)yl-* représente le grec *hylê* « matière » et *-ène* est extrait de *-gène*.

ÉTHIQUE, XIIIe, comme subst. ; 1553, comme adj. Empr. du lat. *ethicus*, *ethica* (du grec *êthikos*, *ethikê*, de *êthos* « mœurs »).

ETHNIQUE. Récent au sens moderne ; au XVIIIe s., « qui sert à désigner une population », en parlant de noms propres, tels que Français, dans la langue des grammairiens. En ces sens, empr. du grec *ethnikos* (de *ethnos* « peuple ») ; au XVIe s. (Marot) et au XVIIIe s., a signifié aussi « païen, gentil » : en ce sens, empr. du lat. eccl. *ethnicus* (du grec eccl. *ethnikos*, par extension du sens propre, v. **gentil**).

ETHN(O)-. Premier élément de mots sav. comp., tels que **ethnographie,** 1823, tiré du grec *ethnos* « peuple ».

ÉTHYL, ÉTHYLÈNE, v. **éther.**

ÉTIAGE, 1783. Mot formé sur *étier*, 1687, terme techn. et dialectal, originaire des parlers de la côte atlantique où le mot est usité de la Loire à la Gironde (en outre au Sud, vers les Pyrénées), au sens de « chenal allant de la mer à un marais », d'où « chenal de moulin » ; a été en outre relevé au moyen âge dans des textes de l'Ouest dès 1313 ; lat. *aestuārium*, au sens de « bassin au bord de la mer, mare ou flaque d'eau de mer », v. **estuaire** ; de même anc. gascon *ester*, esp. *estero* « lagune ».

ÉTIER, v. le préc.

ÉTINCELLE, 1226. Altération d'*estencelle* (dès 1100), lat. pop. **stincilla*, au lieu du lat. class. *scintilla*. *Etincelle* est la forme normale en Picardie et a peut-être passé de là dans le parler de Paris. De même esp. *centella*, sarde logoudorien *istinkidda*. Les parlers gallo-romans ont des mots variés, cf. notamment dans les parlers méridionaux et franco-provençaux des formes du type de l'a. pr. *beluga*, v. **bluette** et **flammèche.** — Dér. : **étinceler,** XIIIe, auparavant *estancelent*, 3e pers. plur. ind. prés., XIIe (Chrétien de Troyes) ; **étincellement,** XIIe (écrit *esten...*).

ÉTIOLER, 1690. Dér. d'une variante dialectale de *éteule* (cf. Yonne *étieuble*, champenois *équiole*) ; la forme grêle de ces plantes les fait ressembler à des éteules. — Dér. : **étiolement,** 1756.

ÉTIQUE, XIIIe (écrit *etike*), terme médical, qui se disait d'une fièvre continue amenant une consomption lente, d'où le sens moderne dès le XVe s. Empr. du lat. médical *hecticus* (du grec *hektikos*, propr. « habituel », dér. du verbe *ekhein* « avoir »), repris sous la forme **hectique,** vers 1500. **hectisie,** 1570, d'après *phtisie*, refait en **étisie,** 1784 (en outre *ethisie*, 1755), d'après *étique*.

ÉTIQUETTE, 1387, au sens de « marque fixée à un pieu » ; a pris ensuite le sens d' « écriteau mis sur un sac de procès », encore relevé en 1802, et d'autres sens juridiques analogues, p. ex. « mémoire contenant la liste des témoins » (on disait aussi *étiquet* en ce sens), d'où le sens moderne de « petit écriteau qu'on place sur les objets pour les reconnaître » ; au sens de « cérémonial de cour », le mot vient de la cour de Bourgogne : Philippe le Bon, pour remplacer le titre de roi, qu'il avait ambitionné en vain, donna à sa cour une solennité qu'on ne connaissait nulle part ailleurs ; on notait même sur un formulaire tout ce qui devait avoir lieu dans une journée ; la chose et le mot passèrent ensuite, grâce au mariage de Marie de Bourgogne avec Maximilien d'Autriche, des Flandres à Vienne, plus tard de Vienne à Madrid ; la première attestation du mot, de 1607, se rapporte à la cour de Vienne, la deuxième, de 1700 environ, à celle de Madrid ; il ne devient d'une application générale que vers le milieu du XVIIIe s. Dér. de l'anc. verbe *estiquier*, *estiquer* « attacher », du francique *stikkan* « *id.* » (cf. all. *sticken* « broder »). V. **ticket.** — Dér. : **étiqueter,** 1564.

ÉTOFFER, vers 1190. A d'abord le sens de « rembourrer » et aussi « munir de ». Représente le francique **stopfôn* « rembourrer », forme qui était issue vers le VIIIe s., chez les Francs de Neustrie, d'un ancien **stoppôn* (comp. le néerl. *stoppen*, l'all. mod. *stopfen*), ces verbes étant d'origine germ. et sans rapport avec le lat. *stuppa* « étoupe ». — Dér. **étoffe,** 1241 ; l'it. *stoffa*, l'a. pr. et l'esp. *estofa* sont beaucoup plus récents et sont empr. du mot fr., de même que l'angl. *stuff* (aussi verbe) et l'all. *stoff*.

ÉTOILE. Lat. pop. **stēla*, au lieu du lat. class. *stella*, suivant un traitement de *ll* après voyelle longue qui n'a eu lieu qu'en gallo-roman (a. pr. *estela*) et en rhéto-roman ; ailleurs, d'après *stella* : it. *stella*, esp. *estrella*. — Dér. : **étoilé,** 1369, d'abord *estelé*, XIIe ; **étoiler,** 1611.

ÉTOLE, XIIe. Empr. du lat. eccl. *stola*, en lat. class. « longue robe, surtout des dames du grand monde » (du grec *stolê*).

ÉTONNER. Au moyen âge signifie « ébranler physiquement, étourdir », encore attesté au XVIe s., et dans quelques emplois techn. modernes, d'où « causer un ébranlement moral », sens usuel jusqu'au XVIIe s. ; le sens moins fort de la langue moderne date du XVIIe s. Lat. pop. **extonāre*, au lieu du lat. class. *attonāre* « frapper de la foudre, de stupeur ». Rare en dehors du fr. — Dér. : **étonnement,** XIIIe, développement du sens parallèle au verbe.

ÉTOUFFÉE, terme de cuisine, 1864 (une première fois en 1393). Cette première attestation étant si ancienne, *étouffée* est simplement un dér. du verbe *étouffer*. *Estouffade* ou *estoufade*, 1669, est empr. de l'it. *stufata*, p. ex. dans *carne stufata* « viande cuite en vase clos », dér. de *stufa* « étuve ».

ÉTOUFFER, 1230. Dû à une altération de **stuppāre* « garnir d'étoupe » (d'où **étouper**) par croisement avec a. fr. *estofer* (v. **étoffer**), dont le sens « rembourrer » était très voisin de celui de *estoper* « bourrer de, remplir ». Le nouveau verbe a pris la voyelle de l'un et la consonne de l'autre ; son sens, qui était d'abord « remplir », a évolué vers celui du fr. mod. au XVe s. — Dér. : **étouffement,** XVe ; **étouffoir,** 1671 ; **touffeur,** vers 1620, forme fam. pour **étouffeur*, surtout répandu dans le fr. pop. de l'Est, où on dit aussi *il fait touffe*.

ÉTOUPE. Lat. *stuppa*. It. *stoppa*, esp. a. pr. *estopa*. — Dér. : **étoupille,** 1632 ; **étoupillon,** 1373.

ÉTOUPER. Lat. pop. **stuppāre*. It. *stoppare*, a. pr. *estopar*.

ÉTOURDIR, XIe, d'après le nom propre *Ricard Estordit*. Lat. pop. **exturdīre*, dér. de *turdus* « grive », propr. « avoir le cerveau étourdi, comme une grive ivre de raisin », cf. « Nostre ivrogne, plus saoul qu'une grive partant d'une vigne », XVe *(Cent Nouvelles nouvelles)*, d'où « étourdir », trans. ; cf. aussi it. *tordo* « grive » et « sot », esp. *tener cabeza de tordo* « avoir une tête de grive » et grec *kôphoteros kikhlês* « plus sot qu'une grive ». It. *stordire* « abasourdir, étourdir », esp. *atordir* (d'abord *estordir*). — Dér. (de l'adj. *étourdi*) : **étourderie,** 1674 ; **étourdissement,** 1213.

ÉTOURNEAU. Lat. pop. **sturnellus*, dér. du lat. class. *sturnus* (d'où l'it. *storno*). Le sens fig. du mot paraît avoir été favorisé par un rapprochement avec *étourdi*. A. pr. *estornel*, it. *stornello*.

ÉTRAIN, v. **paille.**

ÉTRANGE. Jusqu'au XVIIe s., signifie « étranger », sens conservé dans les parlers pop. (berrichon, lorrain, etc.) ; le sens moderne apparaît au XIIe s. Lat. *extrāneus*, par un développement phonétique comparable à celui de *lange*, *linge*. — Dér. : **étranger,** XIVe (G. de Machaut) (d'où it. *straniero*, esp. *extranjero*) ; **étrangeté,** XIVe s. (contesté au XVIIe s., repris à la fin du XVIIIe s. comme un mot de Montaigne).

ÉTRANGLER. Lat. *strangulāre*. It. *strangolare*. — Dér. : **étranglement,** 1240 ; **étrangleur,** XIIIe.

ÉTRANGUILLON, vers 1100 (au sens de « esquinancie des chevaux »). Empr. du bas lat. *stranguillo* « morbus equi » (l'it. *stranguglione* est attesté trois siècles plus tard que le mot fr.).

ÉTRAPER, v. **extirper.**

ÉTRAVE, 1573. Malgré la date récente représente l'anc. scandinave *stafn*, qui a dû être adapté en **estavne*, d'où **estavre*, puis *estrave*, *étrave* ; d'autres formes *étable*, *étauve* sont issues d' **estavne* par **estavle* ; v. **étambot.**

ÊTRE. Lat. pop. **essere*, lat. class. *esse*. L'étude des formes de ce verbe relève de la grammaire. On notera seulement ici que l'a. fr. *ester* (v. **ester**), lat. *stare*, qui survit partout (cf. it. *stare*, a. pr. et esp. *estar*), a fourni au verbe *être* le part. passé **été,** le part. présent **étant** et les formes de l'imp. de l'ind. **j'étais,** etc. (qui a éliminé de bonne heure en fr. propr. dit les représentants du lat. class. *eram*, etc., lesquels survivent au contraire, dans quelques parlers vosgiens et les parlers méridionaux, au Sud de la ligne allant de l'embouchure de la Gironde à la Suisse Romande) et que l'esp. et le port. utilisent *estar* comme verbe expressif, *ser* ne servant que de copule et d'auxiliaire. — Dér. : **être,** *subst.*, XIIe. — Comp. : **bien-être,** 1580 (Montaigne) ; **non-être,** XIVe.

ÉTRÉCIR, v. **rétrécir.**

ÉTREINDRE. Lat. *stringere*. — Dér. : **étreinte,** vers 1210.

ÉTRENNE. Orthographe nouvelle qui a éliminé, au XVIIe s., la forme *estreine* (souvent transcrit *estraine* au moyen âge). Lat. *strēna*. It. *strenna*, esp. *estrena*. — Dér. : **étrenner,** XIIe.

ÊTRES. Très usuel au moyen âge au sens d' « emplacement », d'où « lieu, chambre, jardin, etc. » ; souvent masc. sing., encore au XVIe s. Lat. *extera* « ce qui est à l'extérieur », plur. neutre de l'adj. *exterus* « extérieur », traité en lat. pop. comme un fém. sing., devenu rapidement avant les premiers textes, masc. Seulement fr.

ÉTRÉSILLON, XVe, au sens de « bâillon » (dès 1333 *estesillon*). Terme de charpenterie (XVIIe, d'après le verbe dér.) et de marine (1762), altération d'*estesillon*, 1333, autre forme, d'après le verbe *esteser* « tendre », de *tesillon*, XIVe, qui a le sens analogue de « bâton servant à maintenir la gueule ouverte », d'où **tésillon,** relevé dans les dictionnaires aux mêmes sens que *étrésillon*. *Tesillon* dérive de l'anc. verbe *teseillier* « ouvrir la bouche », dér. de l'anc. verbe *teser* (d'où aussi *esteser*), lat. pop. **te(n)sāre* « tendre », dér. de *tensus*, part. passé de *tendere*, v. **toise.** — Dér. : **étrésillonner,** 1676.

ÉTRIER. D'abord *estreu*, *estrieu*, encore au XVIIe s., et, en outre, *estrief*, d'où *estrier*. D'origine germ., les Romains ayant appris des Germains l'usage des étriers. D'après l'a. pr. *estreup*, on restitue une forme francique **streup*, au sens de « courroie », ce qui était la première forme de l'étrier chez les Germains, et à laquelle se rattache aussi, d'après une variante germ. **striup*, l'esp. *estribo*. — Dér. : **étrivière,** XIIe (Chrétien), d'après l'anc. forme *estrieu*.

ÉTRILLE, ÉTRILLER. Lat. pop. **strigila* (réfection du lat. class. *strigilis* d'après le verbe suiv.), **strigilāre*. La voyelle *i* dans *étrille*, etc., vient des formes inaccentuées du verbe.

ÉTRIQUER, 1760 (Voltaire). Propr. terme de marine : « amincir une pièce de bois pour qu'elle se superpose exactement sur une autre ». Mot normand et picard *s'étriquer* « se raidir, s'arc-bouter sur ses jarrets (du cheval, etc.) », empr. du moyen-néerl. *striken* (néerl. *strijken*, all. *streichen* « frotter »), qui avait entre autres le sens de « s'étendre ». Le sens actuel d'*étriquer* s'explique par le fait qu'un animal ou un objet devient plus mince dans la mesure où il s'étend. Le verbe néerl. a été empr. à plusieurs reprises par diverses techn., ainsi *estriquer*, 1755, « boucher dans les formes à sucre les fentes causées par la sécheresse ». Dans une acception plus générale le gallo-roman s'était déjà approprié le verbe correspondant anc. francique **strīkan*, d'où p. ex. le fr. *étricher* « dégraisser les cordes à boyau des métiers ». V. **trique.**

ÉTRIVIÈRE, v. **étrier.**

ÉTROIT. Lat. *strictus*. — Dér. : **étroitesse,** XIIIe.

ÉTRON, XIIIe. Francique **strunt*, cf. bas-all. *strunt*, néerl. *stront ;* de même a. pr. *estron*, l'it. *stronzo* pouvant, d'après le lat. des gloses *strundius*, représenter une forme longobarde.

ÉTUDE, XIIe. D'abord *estudie*, empr. du lat. *studium*, devenu, par métathèse, *estuide*, puis *estude* ; parfois masc. jusqu'au XVIe s.

ÉTUDIER, XIIe. Dér. de l'anc. fr. *estudie*, v. **étude.** — Dér. : **étudiant,** 1370 (Oresme).

ÉTUI, XIIe (au sens de « prison »). Tiré de l'a. fr. *estuier*, *estoier* « enfermer, garder, ménager, etc. », encore usité au XVIe s., d'origine obscure ; ce verbe, auquel correspond l'a. pr. *estojar*, *estujar*, de mêmes sens, représente peut-être le lat. pop. **studiāre* « donner son soin à quelque chose », attesté par de nombreuses formes de dialectes italiens, au sens de « garder, nettoyer, etc. », dér. de *studium*, v. **étude.**

ÉTUVE, XIe. Lat. pop. de la Gaule **extūpa* « salle de bain, surtout pour bain de vapeur », dér. d'un verbe **extupare* « remplir de vapeurs chaudes », qui est formé du préf. *ex-* et du verbe grec *typhein* « fumer ». Celui-ci a passé aux parlers de la Gaule méridionale depuis le grec de Marseille ; le prov. connaît encore un verbe *tubá* « fumer ». L'all. *Stube* est probablement empr. de cet **extupa*. L'it. *stufa* « poêle » représente, avec ses congénères, le même mot grec passé au lat. pop. d'Italie sous une forme plus récente, dans laquelle *-ph-* était déjà devenu *-f-*. — Dér. : **étuver,** XIIIe (qui ne vient pas directement de **extupare*) ; **étuvée,** XVe (une première fois vers 1180) ; **étuveur,** vers 1260.

ÉTYMOLOGIE, vers 1160 (en parlant de l'œuvre intitulée *Étymologies* d'Isidore de Séville) ; le sens actuel est attesté depuis 1550 environ ; **étymologique,** 1551. Empr. du lat. *etymologia*, *etymologicus* (mots d'origine grecque ; le premier terme du comp. *etymologia* est l'adj. *etymos* « vrai », propr. « science qui fait connaître le vrai sens des mots »). — Dér. : **étymologiste,** 1578.

EU-. Premier élément de mots sav. tels que **euphorie,** 1810, etc., tiré du grec *eu* « bien ».

EUCALYPTUS, 1796. Empr. du lat. des botanistes *eucalyptus*, 1788, comp. des mots grecs *eu* « bien » et *kalyptos* « couvert » ; dit ainsi parce que le limbe du calice reste clos jusqu'après la floraison.

EUCHARISTIE, vers 1165 ; **eucharistique,** 1577. Empr. du lat. eccl. *eucharistia*, *eucharisticus* (du grec eccl. *eukharistia*, *-tikos ; eukharistia*, qui signifie propr. « action de grâces », dér. de l'adj. *eukharistos* « reconnaissant »).

EUGÉNISME, 1930. Dér. du grec *eugenēs* « de bonne race ».

EUH, 1668 (Racine). Onomatopée évidemment plus anc.

EULOGIE, v. **éloge.**

EUNUQUE, XIIIe (sous la forme *eunique*), rare avant le XVIIIe s. Empr. du lat. *eunuchus* (du grec *eunoukhos*, littéral. « qui garde (de *ekhein* « avoir, tenir ») le lit *(eunê)* », c'est-à-dire « qui garde la chambre à coucher des femmes) ».

EUPHÉMISME, 1756. Empr. du grec *euphêmismos* « emploi d'un mot favorable au lieu d'un mot de mauvais augure ».

EUPHONIE, XVIe. Empr du grec *euphonía* (de *eu* « bien » et *phonē* « son »). — Dér. : **euphonique,** 1756.

EUPHORBE, XIIIe (écrit *euforbe*). Empr. du lat. *euphorbia (herba)*, dér. de *Euphorbus*, Euphorbe, médecin de Juba, roi de Numidie, au Ier s. avant J.-C. ; celui-ci s'occupait de sciences naturelles et, d'après Pline, donna à cette plante, qu'il appliqua à l'usage médical, le nom de son médecin.

EUPHUISME, 1820. Empr. de l'angl. *euphuism*, dér. de *Euphues* (fait sur le grec *euphyês* « qui a naturellement d'heureuses dispositions »), titre d'un ouvrage de J. Lyly (1579), écrit dans le style précieux, alors à la mode en Angleterre.

EUSTACHE, 1782. Tiré d'*Eustache Dubois*, nom d'un coutelier de Saint-Étienne.

EUX. D'abord seulement pron. complément prépositionnel ; depuis le XVIe s. sert de pronom sujet, v. **il.** Lat. *illos*. En gallo-roman, *eux* est aujourd'hui la forme dominante des parlers septentrionaux, *els* (a. pr. *els*, forme correspondante à *eux*), avec des modifications analogiques, celle des parlers méridionaux, sauf *leur* dans la région franco-provençale jusqu'aux Vosges. Esp. *ellos*.

ÉVACUER, XIIIe ; **évacuation,** 1314. Tous deux ont été d'abord des termes médicaux, et le sont restés, de préférence, jusqu'au XVIe s. Empr. du lat. *evacuare* (propr. « vider », d'abord au sens médical, encore usité, puis au sens général de « vider »), *evacuatio ;* le verbe avait pris en outre en lat. eccl. le sens d' « affaiblir », qui a été empr. au XVIe et au XVIIe s.

ÉVADER (s'), XIVe. D'abord *évader,* intrans., jusqu'au XVIIe s. ; rarement trans. Empr. du lat. *evadere,* propr. « sortir de », d'où « s'échapper de », intrans. et trans., v. **évasion.**

ÉVALUER, v. **valoir.**

ÉVANESCENT, 1810. D'abord terme de botanique ; puis employé dans la langue littéraire. Empr. du lat. *evanescens,* part. prés. de *evanescere* « s'évanouir ».

ÉVANGILE, XIIe ; **évangéliaire,** 1721 ; **évangélique,** XIVe ; **évangéliser,** XIIIe ; **évangéliste,** XIIe. *Évangile* a été longtemps fém., il l'est encore au XVIIe s. Empr. du lat. eccl. *evangelium, evangeliarium* (médiéval), *evangelicus, evangelista, evangelizare* (tous, sauf le 2e, pris au grec : *euangelion* qui, en grec class., signifie « bonne nouvelle » et a servi, dans le Nouveau Testament, à désigner la prédication de Jésus, voir Mathieu, IV, 23, etc., *euangelikos, euangelistês, euangelizein*).

ÉVANOUIR. XIIe. Altération de l'a. fr. *esvanir,* qui vit encore dans le normand *évanir,* refait en *esvanoir* d'après le passage de Luc, XXI, 31, *Et ipse evanuit ex oculis eorum* « Mais il disparut de devant eux », qui concerne Jésus quand il apparut après sa mort à deux de ses disciples, à Emmaüs ; de même a. pr. *esvanoir, en- :* exemple remarquable de l'influence du lat. de l'Église sur la langue parlée. On a expliqué d'une même façon un ancien parf. *engenui, -oi* « engendra », par *genuit,* répété une quarantaine de fois dans la généalogie de Jésus, au chap. Ier de Mathieu. *Esvanir* représente le lat. pop. **exvānīre,* lat. class. *ēvanescere ;* de même it. *svanire,* a. pr. *esvanezir* (avec une autre terminaison). *S'évani* survit aussi dans la région lyonnaise, *s'avani* en prov. (qui paraît venir du Nord, l'ancien provençal n'ayant pas de forme correspondante) ; ailleurs formes d'après le fr. — Dér. : **évanouissement,** XIIe (Chrétien).

ÉVAPORER, 1314. Sens fig. depuis le XVIIe s. ; **évaporation,** XIVe. Empr. du lat. *evaporare, evaporatio.*

ÉVASER, vers 1380, le subst. **évasement** est déjà attesté au XIIe s. Dér. ancien du lat. *vas* « vase » et qui a conservé le *-a-* du radical dans les formes accentuées sur la terminaison. Le lat. *vas* n'est attesté qu'une fois en anc. fr., sous la forme *ves.*

ÉVASION, XIIIe. Empr. du lat. de basse ép. *evasio* (du verbe *evadere,* v. **évader**). — Dér. : **évasif,** 1787 (d'après l'adv. **-ivement**).

ÉVEILLER. Lat. pop. **exvigilāre,* lat. class. *ēvigilāre,* propr. « veiller sur », d'où « s'éveiller », puis « éveiller », sens dont le succès est dû à la gêne causée par la rencontre de *expertus,* part. du verbe *experiri* « faire l'expérience de » et d'un part. créé en lat. pop. **expertus,* au lieu du lat. class. *experrectus,* du verbe *expergisci* « s'éveiller » ; cette confusion a donné naissance à un inf. **experīre,* d'où *esperir* en a. fr. et en a. pr., dont il reste des traces dans les parlers méridionaux. Aujourd'hui dominant (avec *réveiller*) dans les parlers gallo-romans (a. pr. *esvelhar*), sauf quelques traces des anciens types dans le Midi et, en wallon, un verbe *dispierter,* dér. d'un anc. adj. *despert,* usuel en a. fr. It. *svegliare ;* en outre en a. pr. *despertar,* formé comme l'esp. *despertar,* et *reissidar,* lat. pop. **excītāre* (d'après *excītus* « éveillé »). — Dér. et Comp. : **éveil,** XIIe (Chrétien) ; **réveiller,** XIIIe, tend à se substituer à *éveiller* dans le fr. pop., **réveil,** *id.,* **réveille-matin,** XVe, **réveillon,** 1526, **réveillonner,** 1875.

ÉVÉNEMENT, 1507. Tiré du radical du verbe lat. *evenire,* sur le modèle d'*avènement* (v. ce mot pour son sens au XVIe s.) qui correspondait au lat. *adventus* « arrivée ». On a essayé aussi *event* à la fin du moyen âge et au XVIe s.

ÉVENT « épreuve sportive », 1901. Empr. de l'angl. *event,* empr. lui-même du fr. *event,* v. le préc. On a d'abord employé le mot comme un terme angl., cf. *the great event,* 1866, en parlant du derby d'Epsom.

ÉVENTER. Lat. **exventāre,* dér. de *ventus* « vent ». It. *sventare,* a. pr. *esventar,* intrans. — Dér. : **évent** « ouverture », 1564 ; **éventail,** XVIe (Amyot), fait sur le modèle de l'anc. *ventail,* v. **vantail** ; d'où **-ailliste,** 1690 ; **éventaire,** 1690 ; auparavant *éventoire,* XIVe.

ÉVENTUEL, 1718. Dér. sav. du lat. *eventus* « événement ». — Dér. : **éventualité,** 1791.

ÉVÊQUE, Xe *(Saint Léger).* Lat. eccl. *episcopus* (du grec eccl. *episkopos,* en grec class. « surveillant, gardien »), avec un développement partic., dû à la fois à la forme et à la valeur du mot ; cf. aussi **archevêque,** XIIe, lat. eccl. *archiepiscopus.* It. *vescovo,* esp. *obispo,* a. pr. *bisbe,* qui continuent la forme pleine *episcopu,* tandis que le fr. représente une forme raccourcie **episcu.* — Dér. : **évêché,** XIIe *(evesqué),* d'après le lat. eccl. *episcopatus ;* cf. aussi **archevêché,** 1138, lat. eccl. *archi-.*

ÉVERTUER (s'), v. **vertu.**

ÉVICTION, 1283. Empr. du lat. juridique *evictio* (du verbe *evincere,* v. **évincer**).

ÉVIDENT, XIIIe (J. de Meung) ; **évidence,** XIIIe. Empr. du lat. *evidens, evidentia* (de *videre* « voir »).

ÉVIER. Lat. pop. **aquārium,* issu de l'adj. *aquārius* « pour l'eau », fréquemment employé en lat. class. avec des noms de vases et dans des gloses en parlant d' « égout ». Développement phonétique en contact avec *aqua.* Aujourd'hui dominant dans les parlers gallo-romans, souvent d'après la forme fém. dans le Midi (a. pr. *aiguier* et *aiguiera*). It. *acquaio.*

ÉVINCER, 1412. Sens fig., 1835. Empr. du lat. juridique *evincere,* en lat. class. « vaincre » et « convaincre », v. **éviction.**

ÉVITABLE, XIIe. Empr. du lat. *evitabilis*.

ÉVITER, 1350. Empr. du lat. *evitare*. On a dit d'abord et jusqu'au XVIe s. *éviter à* (probabl. d'après *échapper à*), encore usité dans la langue du droit et de la marine. — Dér. : **évitement,** 1538.

ÉVOCATION, 1348, comme terme juridique ; **évocatoire,** XIVe. Empr. du lat. juridique *evocatio*, *evocatorius*. *Évocation* a pris d'autres sens, en parlant d'opérations magiques, au XVIIIe s., et, en parlant d'une chose oubliée, au XIXe, d'après *évoquer*.

ÉVOLUTION, 1536. D'abord terme militaire, d'où les autres sens se sont développés, au XVIIIe s. Empr. du lat. *evolutio* « action de dérouler » (dér. du verbe *evolvere* « dérouler ») en vue de son sens spécial. — Dér. : **évoluer,** 1773 ; **évolutionniste,** 1876 ; **évolutionnisme,** fin XIXe.

ÉVOQUER, XIVe (Deschamps). Empr. du lat. *evocare*. — Dér. : **évocable,** 1708 ; **évocateur,** fin XIXe.

EX-. XVIIe s. (Mézeray : *ex-laquais*). Sorte de préf., tiré de la prép. lat. *ex* « hors de », qui a servi à basse ép. à faire des comp. semblables, cf. *exconsul*, *expatricius*.

EX-ABRUPTO, v. **abrupt.**

EXACERBATION, 1503, rare avant le XVIIIe s. Empr. du lat. de basse ép. *exacerbatio* (de *exacerbare* « irriter »). — Dér. : **exacerbé,** 1874 (Daudet), d'après le lat. *exacerbare*.

EXACT, 1541 (d'après l'adv. **exactement**) ; *exacte* est souvent employé au masc. au XVIIe s. Empr. du lat. *exactus*, part. passé pris adjectiv. du verbe *exigere*, au sens d' « achever ». — Dér. : **exactitude,** 1634 (Vaugelas : « C'est un mot que j'ai vu naître comme un monstre et auquel on s'est accoutumé ») ; d'abord *exacteté*, 1643 (G. de Balzac ; Arnauld) et *exactesse* (1632, Peiresc), d'où **inexactitude,** 1689 ; **inexact,** *id.*

EXACTEUR, 1304 ; **exaction,** XIIIe. Empr. du lat. *exactor* « celui qui exige une créance », *exactio* « action de faire rentrer une dette, des impôts » (de *exigere*, au sens de « faire payer ») ; souvent au sens du lat. jusqu'au XVIIe s., mais le sens moderne est usité dès le moyen âge.

EX-AEQUO, XIXe ; certainement antér. Empr. du lat. *ex aequo* « également », v. **accessit.**

EXAGÉRER, 1535 ; **exagérateur,** XVIIe (Balzac) ; **exagération,** 1549. Empr. du lat. *exaggerare* (de *agger* « matière entassée ») « entasser, augmenter, amplifier, faire valoir », d'où « excessif » au part. passé, *exaggerator* « qui exagère », *exaggeratio* « entassement, élévation de l'âme ». Le verbe signifie parfois au XVIe et au XVIIe s. simplement « faire valoir » ; le sens moderne a triomphé au XVIIe s.

EXALTER, X^e *(Saint Léger)* ; **exaltation,** XIIIe (en parlant de la Sainte Croix). Empr. du lat. *exaltare* « élever » au sens fig. du lat. eccl. (de *altus* « haut », v. **exaucer**), *exaltatio* (lat. eccl.).

EXAMEN, 1372. Empr. du lat. *examen*, au même sens, issu de celui d' « aiguille de balance » qu'avait également *examen*, cf. le verbe *exigere*, de même famille, au sens de « peser ».

EXAMINER, XIIIe ; **examinateur,** 1307. Empr. du lat. *examinare*, *examinator* (créé à basse ép.).

EXANTHÈME, 1565 (d'abord *exanthemate*, 1541). Empr. du lat. médical *exanthema* (du grec *exanthêma*, propr. « efflorescence », de *anthos* « fleur »). — Dér. : **exanthémateux,** 1756.

EXASPÉRER, 1495 ; **exaspération,** 1588 (Montaigne). Empr. du lat. *exasperare* (de *asper* « âpre, etc. »), *exasperatio*.

EXAUCER, v. **hausser.**

EX CATHEDRA, XVIIe (Mme de Sévigné). Empr. du lat. moderne eccl. *ex cathedra* « du haut de la chaire ».

EXCAVER, XIIIe, rare jusqu'au XVIIIe s. **Excavation,** XVIe. Empr. du lat. *excavare* « creuser » (de *cavus* « creux », v. **cave**), *excavatio* « cavité ». — Dér. : **excavateur,** 1843, fait d'après l'angl. *excavator*.

EXCÉDER, vers 1300 ; **excédent,** XIVe (Deschamps). Empr. du lat. *excedere*, propr. « s'en aller », d'où « dépasser », *excedens*, part. prés., v. **excès.**

EXCELLENTISSIME, 1550. Empr. de l'it. *eccellentissimo*, v. le préc. ; une première fois au XIIIe s. dans un ouvrage écrit par un Italien.

EXCELLER, 1544 ; **excellent,** XIIe ; **excellence,** *id.* Empr. du lat. *excellere*, *excellens*, *excellentia*.

EXCENTRIQUE, XIVe (Oresme) ; **excentricité,** 1634. Empr. du lat. scientifique et médiéval *excentricus* (de *centrum* « centre »), *excentricitas*. Le sens fig. a été relevé pour le subst. en 1736.

EXCEPTER, XIIe. Empr. du lat. *exceptare*, qui n'a que le sens de « recevoir » (sens empr. par le fr. au moyen âge) pour servir de verbe à *exception*. — Dér. : **excepté,** prép., vers 1360 ; d'abord accordé avec le subst. jusqu'au XVIe s.

EXCEPTION, XIIIe, comme terme juridique, sens dominant jusqu'au XVIe s. Empr. du lat. *exceptio*, à la fois « exception », en général et terme de la langue juridique (du verbe *excipere* « retirer, excepter », v. **exciper,** et « recevoir »). — Dér. : **exceptionnel,** 1739.

EXCÈS, 1287. Empr. du lat. *excessus*, au sens d' « excès » qui n'apparaît qu'à basse ép., pour servir de subst. à *excéder* ; *excès* n'a donc qu'un rapport de forme avec le lat. class. *excessus* (nom d'action d'*excedere*, v. **excéder**), qui signifie surtout « mort », propr. « sortie de la vie ». — Dér. : **excessif,** XIIIe.

EXCIPER, 1279 ; rare avant le XVIIIe. Empr. du lat juridique *excipere*, v. **exception.**

EXCISE, v. **accise.**

EXCISION, 1340. Empr. du lat. *excisio* « entaille » (de basse ép. en ce sens), dér. de *excisus*, part. passé du verbe *excidere* « couper ». — Dér. : **exciser,** XVIe.

EXCITER, XIIe ; **excitateur,** XIVe ; **excitation,** vers 1300. Empr. du lat. *excitare*, propr. « faire lever, éveiller », d'où « élever, soulever, exciter » (fréquentatif de *excire* « faire venir, exciter »), *excitator* (créé à basse ép.), *-tatio (id.)*. — Dér. et Comp. : **excitable,** 1812, une première fois au XIIIe s. (J. de Meung), d'après le lat. *excitabilis ;* **excitabilité,** 1808 ; **surexciter,** 1842 ; **surexcitation,** 1830.

EXCLAMER (s'), 1495 : *exclamer ;* au réfl., 1516 ; **exclamation,** 1311 ; **exclamatif,** 1747. Empr. du lat. *exclamare* (de *clamare* « crier »), *exclamatio*.

EXCLAVE, XXe s., t. de douane empr. de l'anglais, où il a été formé sur *enclave*.

EXCLURE, XIVe (Bersuire) ; **exclusif,** 1453 ; **exclusive,** subst. fém., 1838 ; **exclusion,** XIIIe, rare avant le XVIIe s. Empr. du lat. *excludere*, *exclusivus* (médiéval), *exclusio ;* v. **éclore.** — Dér. : **exclusivité,** 1818.

EXCOMMUNIER, XIIe ; **excommunication,** XIIe (en outre *escomination*). Empr. du lat. eccl. *excommunicare*, propr. « mettre hors de la communauté » (de *communis* « commun »), *excommunicatio*. L'a. fr. a possédé un verbe de formation pop. *escomengier*, d'où *escomengement*, où *-en-* représente un développement de *-un-* en syllabe inaccentuée.

EXCORIER, 1541. Empr. du lat. de basse ép. *excoriare* « écorcher » (de *corium* « cuir »). — Dér. : **excoriation,** XIVe.

EXCRÉMENT, 1537. Empr. du lat. médical *excrementum* « sécrétion », dér. de *excretus*, part. passé du verbe *excernere* « cribler », en lat. médical « évacuer ». — Dér. : **excrémenteux,** 1555 ; **excrémentiel,** XVIe.

EXCRÉTION, 1541. Empr. du lat. de basse ép. *excretio* « criblure ». — Dér. : **excréter,** 1836 ; **excréteur,** XVIe (Paré) ; **excrétoire,** 1538.

EXCROISSANCE, 1314 *(excressance)*. Empr. du lat. de basse ép. *excrescentia*, dér. de *excrescere* « croître » et francisé d'après *croissance ;* une forme *excrescence* calquée sur le lat. a été aussi usitée au XVIIe et au XVIIIe s.

EXCURSION, 1530, rare avant le XVIIIe s., où le mot devient usuel avec le sens dominant aujourd'hui. Empr. du lat. *excursio* « voyage, incursion, digression » (de *excurrere* « courir hors de »). — Dér. : **excursionniste,** 1852.

EXCUSER, XIIe (alors *escuser*). Empr. du lat. *excusare*, propr. « mettre hors de cause *(causa)* ». — Dér. : **excusable,** vers 1300, d'après le lat. *excusabilis*, d'où **inexcusable,** 1450, d'après le lat. *inexcusabilis ;* **excuse,** XIVe.

EXEAT, 1622 (à propos d'un collège). Empr. du lat. *exeat* « qu'il sorte », subj. du verbe *exire* « sortir », pris comme terme de droit eccl. au sens d' « autorisation qu'un évêque donnait à un prêtre de son diocèse d'aller exercer dans un autre », d'où son emploi en parlant d'un collège.

EXÉCRER, 1495 ; **exécrable,** XIVe (Bersuire) ; **exécration,** XIIIe. Empr. du lat. *execrari* (écrit aussi *exs.*) « charger d'imprécations, maudire », d'où le sens affaibli du fr., *execrabilis*, *execratio ;* l'adj. et le subst. ont parfois au XVIe et au XVIIe s. des sens rapprochés du lat.

EXÉCUTEUR, vers 1200 ; **exécution,** XIIIe (J. de Meung) ; **exécutoire,** 1337. Empr. des mots lat. *executor*, *executio*, *executorius* (créé à basse ép.), écrits aussi *exs.*, du verbe *exsequi* « poursuivre, accomplir ». — Dér. : **exécuter,** XIVe ; **exécutable,** 1481 ; **inexécutable,** 1695, une première fois en 1579 ; **inexécuté,** XIVe ; **exécutif,** 1764 (J.-J. Rousseau), une première fois au XIVe (Oresme) ; **inexécution,** fin XVIe (d'Aubigné).

EXÉGÈSE, XVIIe ; **exégète,** 1732 ; **exégétique,** 1694. Empr. du grec *exêgêsis* (le mathématicien Viète l'a employé aussi au XVIIe s. en lat.), *exêgêtês*, *exêgêtikê* (on trouve aussi, mais rarement le lat. *exegetice*), du verbe *exêgeisthai* « expliquer ».

EXEMPLE, vers 1080, *essample*, fém. *(Roland)*, est peut-être une forme pop. d'après le plur. neutre *exempla ;* le fém., plus rare que le masc. au moyen âge, a persisté jusqu'au XIXe s., dans *une exemple d'écriture ;* **exemplaire,** *adj.*, 1150 ; **exemplaire,** *subst.*, 1138, jusqu'au XVIIIe s. signifie aussi « modèle (à suivre) » ; sens moderne de « copie d'un ouvrage », 1580 (Montaigne), d'où sens plus général, XIXe. Empr. du lat. *exemplum*, *exemplaris*, *exemplarium*. La locution exclamative *par exemple*, issue par ironie de *par exemple* « à titre d'exemple », date du XVIIIe s.

EXEMPT, *adj.*, XIIIe ; **exemption,** 1407. Empr. du lat. *exemptus*, part. passé, *exemptio* (terme de la langue juridique, du verbe *eximere* « tirer hors de, affranchir »). — Dér. : de l'adj. **exempt,** *subst.*, fin XVIe (d'Aubigné) « sous-officier de cavalerie qui commandait en l'absence des officiers (et qui était exempt du service ordinaire) » d'où, au XVIIe s., « sous-officier de police » (disparu depuis la Révolution) ; **exempter,** 1320 *(essenter)*.

EXEQUATUR, 1752. Empr. du lat. *exequatur* « qu'il exerce », subj. du verbe *exequi*, v. **exécuter,** qui était employé dans les textes juridiques ; comme terme de diplomatie, date du XIXe s.

EXERCER, XIIe ; **exercice,** XIIIe (J. de Meung). Empr. du lat. *exercere,* propr. « tenir en mouvement », *exercitium.* — Comp. : **inexercé,** 1798.

EXERGUE, 1636. Terme techn. de monnaie, empr. du lat. moderne *exergum,* fabriqué avec les mots grecs *ex* « hors de », et *ergon* « œuvre », c'est-à-dire « espace hors d'œuvre ».

EXFOLIER, XVIe (Paré). Empr. du lat. de basse ép. *exfoliare* (de *folium* « feuille »). — Dér. : **exfoliation,** 1503.

EXHALER, XIVe ; **exhalation,** vers 1360. Empr. du lat. *exhalare, exhalatio.* — Dér. : **exhalaison,** XIVe.

EXHAUSTIF, fin XIXe. Empr. de l'angl. *exhaustive* (du verbe *to exhaust* « épuiser », fait sur le part. passé *exhaustus* du verbe lat. *exhaurire*).

EXHÉRÉDER, XIVe ; **exhérédation,** 1437. Empr. du lat. *exheredare* (de *heres, heredis* « héritier »), *exheredatio.*

EXHIBER, XIIIe ; **exhibition,** XIIe. Empr. du lat. *exhibere* (de *habere* « avoir, tenir »), *exhibitio.* — Dér. : **exhibitionnisme,** terme médical, 1866 ; **-iste,** 1877.

EXHORTER, 1150, rare avant le XVIe s. ; **exhortation,** vers 1180. Empr. du lat. *exhortari, exhortatio.* Ont éliminé les mots de l'a. fr. usuels jusqu'au XVIe s., *enorter* (lat. postclass. *inhortari,* cf. de même a. pr. *enortar*), *enortement.*

EXHUMER, 1643. Empr. du lat. médiéval *exhumare,* fait sur le modèle du lat. class. *inhumare,* v. **inhumer.** — Dér. : **exhumation,** 1690.

EXIGER, 1357 ; **exigence,** XIVe (Oresme). Empr. du lat. *exigere, exigentia* (créé à basse ép.), v. **exact, exaction.** — Dér. : **exigible,** 1603, d'où **exigibilité,** 1783 ; **inexigible,** 1789.

EXIGU, 1495 ; **exiguïté,** 1798, une première fois au XIVe s. Empr. du lat. *exiguus, exiguitas ; exiguus,* propr. « modique », dérive de *exigere,* au sens de « peser » (d'une manière stricte).

EXIL. La prononciation moderne ne paraît pas être antér. au XIIIe s. Réfection, d'après le lat., de l'a. fr. *eissil, essil* (avec *l* mouillée), quelquefois *exil* (avec *x* déjà d'après le lat.), lat. *exilium* (écrit aussi *exs.*) ; signifie souvent au moyen âge « destruction, ruine » ; de même a. pr. *eissilh.* — Dér. : **exiler,** a suivi le développement phonétique du préc. ; au moyen âge *eissillier, ess.* (rarement *ex.*), signifie non seulement « exiler », mais « ravager, ruiner », sens encore relevé en 1664, et fréquent aujourd'hui encore dans les patois, par exemple en lorrain.

EXISTER, 1425, rare avant le XVIIe s. ; **existence,** XIVe, jusqu'au XIXe s., terme philosophique. Empr. du lat. *existere* (écrit aussi *exs.*), *existentia* (créé à basse ép.). — Dér. : **inexistant,** 1784 ; **inexistence,** 1609 ; **coexister,** 1745 ; **coexistence,** 1560 ; **non-existant,** XVIIIe ; **-ence,** *id. ;* **existenciel,** terme de philos., vers 1940, **existentialisme,** *id.,* **existentialiste,** *id.*

EX-LIBRIS, 1870. Formé avec les mots lat. *ex libris,* propr. « (qui fait partie) des livres ».

EXO-. Premier élément de mots sav., tels que **exogène,** 1813, tiré du grec *exô* « dehors ».

EXODE, XIIIe, rare jusqu'au XVIIIe s. Propr. terme biblique empr. du lat. eccl. *exodus* (du grec eccl. *exodos,* en grec class. « sortie, départ », de *hodos* « chemin »). S'est dit au XIXe s., par extension, d'abord de la grande émigration des Irlandais après la famine due à une maladie des pommes de terre, puis de toute autre émigration, 1864.

EXONÉRER, 1680 ; **exonération,** 1865, une première fois en 1552 dans un sens physiologique. Empr. du lat. juridique *exonerare,* propr. « décharger » (de *onus, oneris* « charge »), *exoneratio.*

EXORBITANT, 1455. Empr. du lat. *exorbitans,* part. prés. du verbe de basse ép. *exorbitare* « dévier », propr. « sortir de la voie tracée » (de *orbita* « ornière »).

EXORCISER, XIVe, rare avant le XVIIe s. ; **exorcisme,** 1495. Empr. du lat. eccl. *exorcizare, exorcismus* (du grec *exorkizein* « faire prêter serment », *exorkismos,* de *horkos* « serment »).

EXORDE, 1488. Empr. du lat. *exordium,* dér. de *exordiri* « commencer ».

EXOSMOSE, v. **endosmose.**

EXOTÉRIQUE, 1568, usuel à partir du XVIIIe s. Empr. du lat. *exotericus* (du grec *exôterikos* « extérieur, public », de *exô,* v. **exo-** et **ésotérique**).

EXOTIQUE, 1548 (Rab.), usuel à partir du XVIIIe s. Empr. du lat. *exoticus* (du grec *exôtikos*). — Dér. : **exotisme,** 1845.

EXPANSION, 1695 ; parfois au XVIe s. D'abord terme de physique et de physiologie ; sens fig. au XIXe s. Empr., en vue de ses sens spéciaux, du lat. de basse ép. *expansio* « action d'étendre » (du verbe *expandere* « étendre, déployer »). — Dér. : **expansible,** 1756 ; **expansibilité,** *id. ;* **expansif,** 1732, au sens moral (J.-J. Rousseau, *Confessions*).

EXPECTANT, XVe ; **expectative,** 1552, d'abord comme terme scolastique (cf. *grâce expectative* en 1511) et juridique ; sens général, fin XVIIIe. Empr. du lat. *expectans,* part. prés. de *expectare* (écrit aussi *exsp.*) « attendre » et du lat. médiéval *expectativa,* fém. de l'adj. *expectativus.*

EXPECTORER, vers 1670. Empr. du lat. *expectorare,* attesté seulement au sens fig. de « chasser de son cœur », pour son sens médical ; ce verbe avait pris dans le lat. de la cour pontificale le sens de « rendre publique une nomination de cardinal faite *in petto* », d'où *expectorer*, en ce sens chez Saint-Simon (qui emploie aussi le subst. dér.). — Dér. : **expectoration,** vers 1700 ; en 1732 au sens médical.

EXPÉDIENT, *adj.*, XIVe (Oresme). Empr. du lat. *expediens*, part. prés. de *expedire* « dégager » ; ne s'est guère employé qu'avec le verbe *être*, comme traduction du lat. *expedit* « il importe ». — Dér. : **expédient,** *subst.*, XVIe ; **expédier,** 1360, au sens de « terminer rapidement une affaire » ; le sens de « faire partir pour une destination » date de 1676 (en parlant d'un messager ; le prov. a *expedir* en ce sens en 1445), et en 1723 (en parlant de marchandises), d'où **réexpédier,** XVIIIe (Mirabeau), **réexpédition,** *id.* ; **expéditeur,** 1730 (déjà créé au XVe et au XVIe s. ; formé d'après *expédition*) ; **expéditif,** 1546 *(id.)*.

EXPÉDITION, XIIIe. Empr. du lat. *expeditio*, surtout « expédition militaire », d'abord « préparatifs », dér. de *expedire*, au sens de « préparer » ; autres sens du mot fr. d'après *expédier*. — Dér. : **expéditionnaire,** 1553.

EXPÉRIENCE, XIIIe (J. de Meung). Empr. du lat. *experientia*, dér. du verbe *experiri* « faire l'essai de ». — Dér. : **inexpérience,** 1762, déjà en 1452 et en 1460.

EXPÉRIMENTER, 1372 (d'où **-é,** 1453). Dér. de l'a. fr. *esperiment*, *experiment* « expérience », du lat. *experimentum*, du verbe *experiri*, v. le préc. L'a. fr. a possédé un verbe de formation pop. *espermenter*, seulement fr. — Dér. : **expérimental,** 1503, d'après le lat. *experimentalis* ; **expérimentateur,** 1824, une première fois, XIVe ; **expérimentation,** 1824 ; **inexpérimenté,** 1679, une première fois 1495.

EXPERT, XIIIe. D'abord adj. ; l'emploi comme subst., déjà attesté au XVIe s. a pris le dessus. Réfection, d'après le lat., de l'adj. *espert* « habile », lat. *expertus*, part. passé du verbe *experiri*, v. les préc. ; de même a. pr. *espert*. — Dér. : **expertise,** 1580 (Montaigne : *-ice*) au sens général, auparavant *espertise* ; comme terme juridique, 1792, d'où **expertiser,** 1807.

EXPIER, XIVe (Bersuire) ; **expiation,** XIIe ; **expiatoire,** 1562 (Rab.) ; **expiatrice,** XVIIIe, le masc. *expiateur*, XVIe, est rare. Empr. du lat. *expiare*, propr. « purifier par des expiations », sens parfois également empr. (de *piare* « rendre propice, expier », propr. « faire une action pie », dér. de *pius* « pieux »), *expiatio*, *expiatorius* (créé à basse ép.), *expiator (id.)*, *expiatrix (id.)*.

EXPIRER, XIIe. D'abord *espirer*, XIIe, forme qui a rapidement disparu par suite de la confusion qui se produisait avec *espirer* « souffler, inspirer, respirer », lat. *spīrāre* « souffler, respirer » (même confusion en a. pr. où *espirar* signifiait à la fois « respirer » et « expirer ») ; **expiration,** XIVe, rare avant le XVIIIe s. Empr. du lat. *expirare* (écrit aussi *exsp.*) « exhaler, expirer », *expiratio* « exhalaison ». Le sens de « cesser » apparaît dès le XIVe, d'où le sens d'*expiration* « cessation », au XVIIIe s. — Dér. : **expirateur,** 1771.

EXPLIQUER, XIVe, au sens de « déployer » ; sens moderne au XVIe s. ; **explicable,** 1554 ; **inexplicable,** 1486 ; **explicateur,** 1642, rare avant le XIXe s. ; **explication,** 1322 ; **explicite,** terme de scolastique, 1488. Empr. du lat. *explicare*, propr. « déplier », sens encore usité au XVIIe s. (de *plicare* « plier »), *explicabilis*, *explicator*, *explicitus* (part. passé). — Dér. : **explicatif,** 1587 ; **inexpliqué,** 1792 ; **expliciter,** 1870.

EXPLOIT, XIVe ; **exploiter,** XIIIe (sous la forme *exploitier*). Réfection, d'après le lat. *explicare* au sens d' « accomplir », de l'a. fr. *espleit*, *esploit* « action menée à bien », *espleitier*, *esploitier* « accomplir, jouir de », etc., lat. pop. **explicitum*, neutre pris substantiv. de l'adj. *explicitus*, au sens de « d'une exécution facile », **explicitāre* ; de même a. pr. *esplech* « avantage, etc. », *esplechar* « accomplir, jouir de, etc. ». Seulement gallo-roman. Le subst. et surtout le verbe sont encore vivaces sous les formes anciennes dans les patois. *Exploit*, au sens judiciaire, date au moins du XVIe s. ; se rattache au sens de « saisir » qu'avait le verbe au moyen âge. *Exploiter*, au sens défavorable, date de 1840 (Proudhon). — Dér. : **exploitable,** XIIIe *(esp-)* ; **exploitation,** 1752 ; usuel au moyen âge au sens de « saisie judiciaire » ; d'où **inexploitation,** 1873 ; **exploiteur,** XVIe ; signifie « huissier » au moyen âge ; a suivi le sens du verbe ; **inexploité,** fin XIXe.

EXPLORER, 1804, mais déjà en 1532 et en 1546 ; **explorateur,** 1718, au sens moderne ; au XVe s. au sens d' « éclaireur », qui est un des sens du mot latin ; **exploration,** vers 1500, rare avant le XVIIIe s. Empr. du lat. *explorare* (qui n'a sans doute rien à faire avec *plorare* « pleurer »), *explorator*, *exploratio*. — Dér. : **inexploré,** 1832.

EXPLOSION, 1701. Empr. du lat. *explosio* « action de huer » (de *explodere* « rejeter en frappant des mains, en huant »), pris au sens de « action d'éclater bruyamment ». — Dér. : **exploseur,** 1867 ; **exploser,** 1801 ; **explosible,** 1849 (mais *inexplosible*, 1838) ; **explosif,** 1815.

EXPORTER, 1750 ; **exportation,** 1734. Empr. du lat. *exportare*, *exportatio*, peut-être d'après l'angl. *to export*, *exportation*, v. **importer, -ation.** — Dér. : **exportateur,** 1756 ; **réexportation,** 1755 ; **réexporter,** 1734.

EXPOSER, XIIe ; **exposition,** XIIe. Empr. du lat. *exponere* (avec francisation d'après *poser*, v. **composer**), *expositio*. Un verbe de formation pop. *espondre*, usuel au moyen âge, a été éliminé au profit d'*exposer*, soutenu par les autres verbes formés avec *poser*. — Dér. : **exposant,** terme de mathématiques, 1658 (Pascal) ; au sens juridique, 1389 ; nouveau sens au XIXe s. ; **exposé,** 1690.

EXPRÈS, *adj.*, XIIIe (J. de Meung). Empr. du lat. *expressus* « nettement exprimé », part. passé de *exprimere.* — Dér. : **exprès,** *adv.*, XIVe, d'abord *par expres ;* **expressément,** XVIIe, d'abord *expressement,* du XIIe au XVIe s., mais on trouve déjà *espressement,* en 1270.

EXPRESS, 1849. Empr. de l'angl. *express,* qui vient du fr. *exprès.*

EXPRIMER, XIIe ; **expression,** XIVe (Froissart). Empr. du lat. *exprimere* « faire sortir en pressant », d'où « exprimer, exposer », *expressio.* Un verbe de formation pop. *espreindre,* usuel au moyen âge, est encore dans les dictionnaires sous la forme **épreindre,** au sens concret (cf. aussi it. *spremere*). — Dér. d'*expression :* **expressif,** fin XVIIe s. (Saint-Simon), une première fois en 1488, d'où **in-,** 1781 ; **expressionisme,** 1930, **-iste,** 1948 ; d'*exprimer :* **exprimable,** 1599 ; **inexprimable,** XVe.

EX PROFESSO, 1612. Locution lat. signifiant « ouvertement », propr. « d'après ce qui est publié », formée de *professus,* part. passé du verbe *profiteri* « déclarer publiquement » ; le sens qu'on lui donne en fr. paraît dû à un rapprochement avec *professeur.*

EXPROPRIATION, v. **propre.**

EXPULSER, vers 1460 ; **expulsion,** 1309. Empr. du lat. *expulsare, expulsio* (du verbe *expellere* « chasser »).

EXPURGER, 1437. Empr. du lat. *expurgare* « purger, nettoyer ». L'a. fr. avait un verbe de formation pop. *espurgier* « nettoyer » et surtout « purifier », disparu de bonne heure, cf. it. *spurgare,* a. pr. *espurgar ;* de cet anc. verbe a été tiré **épurge** « euphorbe », XIIIe.

EXQUIS, 1393. D'abord « recherché », encore chez Montesquieu ; au sens moderne de « d'une délicatesse recherchée », XVIe. Réfection, d'après le lat. *exquisitus* « recherché, exquis », de *esquis,* part. passé de l'anc. verbe *esquerre* « rechercher », lat. pop. **exquaerere,* réfection, d'après le simple *quaerere,* du lat. class. *exquīrere.*

EXSANGUE, XVe. Empr. du lat. *exsanguis.*

EXSUDER, XVIe (Paré) ; **exsudation,** 1762. Empr. du lat. *exsudare* (de *sudare* « suer »), *exsudatio* (médical).

EXTASE, vers 1470, en outre *extasie,* XIVe (Oresme) ; sens fig., 1669 (La Fontaine) ; **extatique,** 1546 (Rab.). Empr. du lat. eccl. *exstasis* ou *ectasis* (du grec eccl. *extasis,* propr. « égarement de l'esprit », du verbe *existasthai,* propr. « se mettre hors de », d'où « être hors de soi ») et du grec *extatikos.* — Dér. : d'*extase* d'après la forme *extasie :* **extasier (s'),** 1674 (Boileau), d'après le sens fig. d'*extase ;* XVIe-XVIIe s., parfois trans., au sens de « ravir en extase ».

EXTENSION, XIVe (Oresme). Empr. du lat. de basse ép. *extensio* (de *extendere* « étendre »). — Dér. : **extenseur,** 1680 ; **extensible,** 1676, une première fois au XIVe s., d'où **extensibilité,** 1732 ; **inextensible,** XVIIIe (Buffon) ; **extensif,** 1680, une première fois au XIVe s.

EXTÉNUER, 1495, aujourd'hui moins usité, au sens intellectuel, qu'*atténuer ;* **exténuation,** XIVe. Empr. du lat. *extenuare* (de *tenuis* « ténu »), *extenuatio.*

EXTÉRIEUR, XVe. Empr. du lat. *exterior.* — Dér. : **extérioriser,** 1869, d'après le lat. *exterior.*

EXTERMINER, XIIe ; **exterminateur,** XIIIe ; **extermination,** XIIe, rare avant le XVIe s. Empr. du lat. *exterminare,* propr. « chasser » (sens souvent attesté en fr. jusqu'au XVIIe s. ; de *terminus* « frontière »), d'où, en lat. eccl., « détruire, faire périr », *exterminator* (lat. eccl.), *exterminatio (id.).*

EXTERNE, XVe. Empr. du lat. *externus.* — Dér. : **externat,** 1829.

EXTINCTION, 1488. Empr. du lat. *extinctio* (écrit aussi *exst.*) de *exstinguere* « éteindre »). — Dér. : **extincteur,** 1872, une première fois, vers 1700, au sens fig. de « celui qui anéantit », empr. du lat. *exstinctor* « *id.* ».

EXTIRPER, XIVe (Oresme) ; **extirpateur,** XIVe ; **extirpation,** XVe s. Empr. du lat. *extirpare* (écrit aussi plutôt *exst.*), *extirpator, extirpatio* (de *stirps, stirpis* « souche »). L'a. fr. a possédé un verbe de formation pop. *esterper,* plus souvent *estreper* « arracher », d'où, par altération, *estraper,* XIIIe, conservé dans les patois sous la forme **étraper,** comme terme d'agriculture, cf. de même it. *sterpare* « arracher ».

EXTORQUER, 1330 ; **extorsion,** 1290. Empr. du lat. *extorquere, extorsio.* L'a. fr. a possédé un verbe de formation pop. *estordre,* aux sens plus étendus, non seulement « extorquer », mais « tordre, etc. », dont toutes les autres langues ont le correspondant : it. *storcere* « détourner », esp. *estorcer* « tirer d'embarras ».

EXTRA-. Premier élément de mots sav., tiré du lat. *extra* « en dehors ».

EXTRACTION, XIVe, antér. *estration,* XIIe. Dér. sav. de *extractus,* part. passé du verbe *extrahere,* v. **extraire.** L'a. fr. a possédé au sens de « race » une forme *estrace,* qui paraît tirée de *estration.* — Dér. : **extractif,** 1555, rare avant le XVIIIe s., formé d'après le part. passé *extractus.*

EXTRADITION, 1763 (Voltaire). Mot formé avec les mots lat. *ex* « hors » et *traditio* « action de livrer ». — Dér. : **extrader,** 1777, d'après le lat. *tradere* « livrer ».

EXTRAIRE, XVe. Réfection, d'après le lat. (sous l'influence d'*extraction*), de l'a. fr. *estraire,* lat. pop. **extragere,* lat. class. *extrahere,* v. **traire ;** d'où aussi a. pr. *estraire ;* verbe seulement gallo-roman. — Dér. : **extrait,** 1447, d'abord *estrait,* 1312.

EXTRAORDINAIRE, XIIIe. Empr. du lat. *extraordinarius*. On a tiré par abrègement un adj. **extra,** 1836, qui se prend également comme subst. et comme particule augmentative, cf. *extra-fin ;* comme subst. masc., a déjà été créé au XVIIIe s. dans la langue de l'ancien droit pour désigner une audience extraordinaire.

EXTRAVAGANT, 1380. Empr. du latin eccl. médiéval *extravagans* « promulgué en dehors du droit canonique » (comp. avec le préf. lat. *extra* et *vagans*, part. prés. du verbe *vagari* « errer ») ; le sens moderne apparaît au XVIe s. — Dér. : **extravagance,** XVe, développement du sens parallèle aux préc. ; *extravaguer*, 1538.

EXTRAVASER (s'), 1673. Terme scientifique, fait avec le lat. *vas* « vase », sur le modèle de *transvaser*.

EXTRÊME, XIIIe *(estreme)* ; **extrémité,** XIIIe (J. de Meung). Empr. du lat. *extremus*, *extremitas*.

EXTRINSÈQUE, vers 1300. Empr. de l'adv. lat. *extrinsecus* « en dehors ».

EXUBÉRANT, XVe ; **exubérance,** XVIe (Paré). Empr. du lat. *exuberans*, part. prés. de *exuberare* « regorger » (de l'adj. *uber* « fertile »), *exuberantia*.

EXULCÉRER, 1534 (Rab.) ; **exulcération,** XVIe. Empr. du lat. médical *exulcerare* (de *ulcus*, *ulceris* « plaie »), *exulceratio*.

EXULTER, XVe. Empr. du lat. *exultare* (écrit aussi *exs.*), propr. « sauter » (de *saltare* « sauter »).

EXUTOIRE, 1784. D'abord terme de médecine ; sens plus étendu, 1845. Dér. sav. du lat. *exutus*, part. passé. de *exuere*, au sens de « enlever ».

EX-VOTO, 1643 (Saint-Amant). Tiré de la formule lat., usuelle dans les inscriptions, *ex voto suscepto*, ordinairement abrégée *e. v. s.* « suivant le vœu fait ».

F

FA, XIIIe, v. **gamme.**

FABLE. Lat. *fābula* « propos, récit », d'où « fable mythologique, récit allégorique » ; mot resté en contact avec le lat. écrit. De même it. *favola* (en outre *fola* « plaisanterie », *fiaba* « sornette », qui paraissent empr.), a. pr. *fabla* et *faula.* — Dér. : **fabliau,** introduit au XVIe s. par Fauchet qui a pris cette forme dans des manuscrits écrits en dialecte picard, *fabliau* est la forme picarde de l'a. fr. *fablel, fableau,* tombé en désuétude avant le XVIe s. ; **fablier,** début XIXe, au sens de « recueil de fables » ; a été dit par plaisanterie de La Fontaine, au XVIIe et au XVIIIe s. ; cf. « Comme l'arbre qui porte les pommes est appelé pommier, Me de Bouillon disait de M. de La Fontaine : C'est un fablier, pour dire que les fables naissaient d'elles-mêmes dans son cerveau » (d'Olivet).

FABRIQUER, XIIe, rare avant le XVIe s. ; **fabricateur,** 1279 ; **fabrication,** 1488 ; **fabrique,** XIVe, au sens de « fabrication », encore usité dans des locutions telles que *prix de fabrique,* d'où le sens de « construction », surtout en parlant d'une « église », puis « revenus destinés à l'entretien d'une église », 1374 *(fabrice) ;* le sens d' « établissement où l'on fabrique », date du XVIIe s. (1679). Empr. du lat. *fabricare* (dér. de *faber* « artisan »), *fabricator, fabricatio, fabrica* (v. la forme pop. *forge*). — Dér. de *fabriquer :* **fabricant,** 1740, au sens moderne, une première fois en 1604 ; au sens de « fabricateur », XVe s. ; fait d'après le lat. *fabricans,* part. prés. ; **préfabriqué,** 1949 ; **fabricien,** 1569, « membre d'un conseil de fabrique » ; en outre *fabricier,* 1605, dér. de *fabrice,* autre francisation de *fabrica* ; a été préféré à *fabriqueur,* usuel au moyen âge, jusqu'au XVIe s.

FABULEUX, XIVe. Empr. du lat. *fabulosus,* v. **fable,** « qui appartient à la fable, riche en fables », d'où le sens propre au fr. « qui dépasse toute croyance », dès le XVIIe s.

FABULISTE, 1588. Dér. sav. du lat. *fabula,* v. **fable.** Se trouve la première fois dans une traduction de l'esp., en 1588, d'après l'esp. *fabulista,* mais avec le sens défavorable de « conteur de fables », ensuite chez La Fontaine.

FAÇADE, XVIe (Ph. Delorme). Empr. de l'it. *facciata,* v. le suiv. ; encore sous la forme *facciate* dans Cotgrave (1611) ; pour le suff., v. **cavalcade.**

FACE. Lat. de basse ép. *facia,* lat. class. *facies.* Dans les parlers gallo-romans, a été presque partout éliminé au sens propre, comme en fr., par *figure.* It. *faccia,* esp. *haz* (de *facies*), a. pr. *fassa.* — Dér. : **facette,** XIIe ; **effacer,** *id. ;* **effacement,** XIIIe ; **ineffaçable,** 1523. — Comp. : **face-à-main,** 1872 ; **surface,** 1611, d'après le lat. *superficies ;* d'abord *superface,* 1521.

FACÉTIE, XVe. Empr. du lat. *facetia,* dér. de *facetus* « bien fait, plaisant ». — Dér. : **facétieux,** *id.*

FÂCHER, 1442. La date récente du mot donne à penser qu'il est provincial ; en effet, les premiers exemples viennent de la Savoie. Paraît représenter une forme du lat. pop. **fasticāre,* forme issue de *fastidiare* par une substitution de suff. *(-icare),* cf. aussi esp. arch. *hastiar ; fastidiāre* est une transformation du lat. class. *fastidīre* « éprouver du dégoût » ; le sens propre est rare en fr., mais *fâcher* a encore au XVIIe s. le sens de « causer de la douleur ». L'a. pr. *fastic* « dégoût », *fastigos* « dédaigneux » (en lat. *fastidiōsus*) et le dér. *enfastigat* « dégoûté » supposent la même forme altérée **fasticāre.* — Dér. : **fâcherie,** XVe ; **fâcheux,** XVe, au sens d' « importun », à propos d'une personne, 1538 ; **défâcher (se),** 1539.

FACIAL, 1753, une première fois en 1551 ; **facies,** 1795. Le premier est dér. du lat. *facies ;* le deuxième est le mot lat. lui-même.

FACILE, 1441 ; **facilité,** 1495. Empr. du lat. *facilis, facilitas* (de *facere* « faire »).

FACILITER, XVe. Empr. de l'it. *facilitare,* dér. de *facilità* « facilité ».

FAÇON. Lat. *factiōnem,* acc. de *factiō,* dér. de *facere* « faire ». It. arch. *fazzone,* a. pr. *faisson.* — Dér. : **façonner,** XIIe (Chrétien), **façonnement,** 1611, **façonnage,** 1838 ; **façonnier,** 1564. — Comp. : **malfaçon,** 1260 (É. Boileau : *male...*) ; **sans-façon,** masc., 1865 ; **contrefaçon,** XIIIe.

FACONDE, XIIe. Empr. du lat. *facundia* « éloquence », également pris au sens défavorable du fr. (de *facundus* « disert »).

FAC-SIMILE, 1821. Mots lat. signifiant « fais une chose semblable ».

FACTAGE, v. le suiv.

FACTEUR, XIVe (Oresme), au sens d' « agent ». Empr. du lat. *factor* « celui qui fait », en vue d'acceptions variées : « agent commercial », 1393, d'où « facteur de lettres », 1704 (devenu usuel, lors de l'établissement de la « petite poste », 1758), puis « facteur de messageries », 1851 ; « facteur d'orgues », 1421. En lat. eccl. *factor* a été dit spécialement de Dieu, créateur du monde, cf. notamment le début du Symbole de Nicée : *Credo in unum Deum... factorem cœli*, d'où la forme de l'a. fr. *faitre, faiteur*. — Dér. : de *facteur* au 3e sens : **factage,** 1845 ; de *facteur* au 1er sens : **factorerie,** 1568, d'abord *factorie*, 1428, encore en 1771, d'après le lat. *factor ;* **facture,** terme de commerce, 1583 ; **facturer,** 1836.

FACTICE, 1534. Empr. du lat. *facticius* « fait artificiellement, non naturel ». L'a. fr. a possédé une forme pop. *faitis*, encore usuelle dans le Bas-Maine, « bien fait, joli », v. aussi **fétiche.**

FACTION, 1330 ; **factieux,** 1488. Empr. du lat. *factio* « faction » propr. « groupe de gens qui agissent ensemble », *factiosus*, v. les préc. Le sens militaire, cf. *estre en faction*, XVIe, vient de celui d' « action militaire », également du XVIe s., peut-être d'après l'it. *fazione*, attesté en ce sens à cette époque. *Faction* a été en outre pris dans les langues de l'alchimie et du droit au sens d' « action de faire ». — Dér. : **factionnaire,** 1671, a signifié « factieux » au XVIe s.

FACTOTUM, 1642, d'abord *factoton*, XVIe s., encore en 1762, d'après la prononciation du lat. à cette époque, v. **dicton.** Locution lat. créée par la Renaissance.

FACTUM, 1532 (Rab.) ; la prononciation *facton*, attestée par une rime de Voltaire, n'a pas passé dans la graphie du mot. Signifie d'abord « mémoire exposant les faits d'un procès », encore chez Voltaire ; sens moderne, fin XVIIe (Saint-Simon). Empr. du lat. *factum* « fait » pris substantiv.

FACTURE « manière dont une chose est faite », seulement en parlant d'une œuvre d'art, 1548, au sens moderne ; antér. « fabrication », XIIIe, « œuvre, créature » (Marot, Calvin). Empr. du lat. *factura* « fabrication », d'où, en lat. eccl., « œuvre ». L'a. fr. a possédé une forme pop. *faiture* « action de faire », d'où « production, créature, forme, etc. » (d'où l'angl. *feature*).

FACTURE, terme de commerce, v. **facteur.**

FACULTÉ, vers 1200. Empr. du lat. *facultas* « capacité, aptitude, etc. » ; le sens de « corps des professeurs de l'enseignement d'université », 1261, vient du lat. médiéval. — Dér. : **facultatif,** 1694.

FADAISE, 1541 (Calvin). Empr. du prov. *fadeza* « sottise », dér. de *fat* « sot ».

FADAS, « niais », vers 1940. Empr. du prov. mod. *fadas* (déjà *fadasse* chez d'Aubigné et Voltaire), dér. du prov. *fat*, v. **fat.**

FADE. Lat. pop. **fatidus* né d'un croisement de *fatuus* « fade, insipide » et de *sapidus* « qui a de la saveur » ; *fade* signifiait aussi en a. fr. « languissant, écœuré », sens conservé dans *avoir le cœur fade* et le dér. *affadir*. Seulement fr. — Dér. : **fadasse,** 1761 (Voltaire) ; **fadeur,** XIIIe (au XVIe s. *fadesse*) ; **affadir,** XIIIe s.

FADING, 1930. Empr. de l'angl. *fading*, subst. verbal de *to fade* « faiblir », qui est lui-même empr. du franç. *fade*.

FAFIOT, XIXe. Terme d'argot pour désigner les billets de banque (Balzac), déjà attesté au XVIIe s. au sens de « jeton, marque », d'un radical onomatopéique *faf-*, qui désigne surtout un objet de peu de valeur (comp. morvandiau *fafions* « menus objets de toilette »).

FAGNE, v. **fange.**

FAGOT, vers 1200. Cf. it. *fagotto*, a. pr. *fagot*, tous deux pas avant le XIVe. Origine incertaine. On a proposé le grec *phákelos*, qui aurait été refait en **phakos*. Le mot viendrait donc du Midi, ce qui est difficile à admettre, parce qu'en a. pr. *fagot* n'est attesté que depuis 1380. Aujourd'hui dominant dans les parlers gallo-romans, en concurrence avec *bourrée* dans l'Ouest et le Centre, le type *faix* dans le Sud-Ouest et le type *fascine*, disséminé dans tout le territoire. — Dér. : **fagoter,** XIIIe, sens fig., 1636 ; **fagotage,** 1580 (Montaigne, au sens fig.) ; **fagoteur,** 1215.

FAIBLE. D'abord *foible*, puis *faible ;* on trouve *feble* dès le XIIIe s. ; en outre formes variées au moyen âge ; Ménage signale que « dans la Picardie on prononce encore *floible* et que le petit peuple de Paris prononce aussi ce mot de la sorte », mais peut-être cette forme était-elle une altération récente. Lat. *flēbĭlis* (dont le premier *l* est tombé par dissimilation en gallo-roman) « digne d'être pleuré » (dér. de *flēre* « pleurer », d'où « déplorable »), puis « faible », seul sens attesté dans les langues romanes. De même it. *fievole*, a. pr. *feble* (empr. par l'esp.). — Dér. : **faiblard,** fin XIXe ; **faiblesse,** XIIe ; **faiblir,** XIIe (mais rare avant 1680) ; **affaiblir,** XIIe ; **affaiblissement,** 1290.

FAÏENCE, fin XVIe s. (L'Estoile : *vaisselle de faenze*) ; 1589 *(fayence) ;* 1642 *(faiance ou vaisselle de faiance)*. Tiré de *Faenza*, nom d'une ville d'Italie, près de Ravenne (appelée *Fayance* par J. Marot, d'où *Faiance* au XVIIe s.), d'où l'usage de cette poterie s'est répandu en France ; mais l'it. ne connaît pas ce terme, et dit *maiolica*, v. **majolique.** — Dér. : **faïencier,** 1676 ; **faïencerie,** 1743.

FAILLE, sorte d'étoffe, 1829. Issu de *taffetas à failles ;* la faille était une sorte de voile dont les femmes se couvraient la tête, surtout dans la région flamande ; *faille* est attesté en ce sens au moyen âge dès le XIIIe s., surtout dans des textes du Nord-Est et encore, au début du XIXe s., dans les patois de cette région. Étymologie obscure ; le néerl. *falie, faelge* « grand vêtement de femme » passe pour venir du fr.

FAILLE, terme de géologie, 1771 ; cf. « Ces espèces de roches sauvages sont connues dans le pays de Liège sous le nom de failles », 1779. Mot du dialecte wallon, du langage des mineurs ; attesté dans des textes liégeois de la même région se rapportant aux mines. Même mot que l'a. fr. *faille* « manque », tiré de *faillir*. Une formation analogue se retrouve ailleurs, cf. port. *falha* « fissure », anc. it. *faglia*.

FAILLI, 1606 ; **faillite,** 1566. Empr. de l'it. *fallito*, *fallita*, de *fallire* « faillir, manquer (de l'argent nécessaire au paiement d'une dette) faire faillite » et prononcés d'après *faillir*, v. les suiv.

FAILLIR. Lat. pop. **fallīre*. lat. class. *fallere* « tromper », d'où « échapper à » avec un sujet de chose, de là se sont développés plus tard les sens de « faire défaut, manquer, commettre une faute » (au passif *fallere* signifie déjà en lat. class. « se tromper »), puis l'emploi du verbe comme impersonnel, cf. *petit s'en faillit*, XIIIe s. ; *petit s'en faut*, *id.* ; le sens d' « être sur le point de » s'est développé au XVIe s., d'abord avec les prép. *à* et *de*. Le radical *faill-*, régulier à l'ind. prés. *faillent*, issu de **falliunt*, à l'imparfait *faillais*, **falliebam*, etc., s'est étendu à l'inf. et au part. passé ; mais la réfection du verbe n'a pas été complète, et la 3e personne *faut*, lat. *fallit*, et le futur *faudrai* n'ont pas été modifiés. Sur ces formes et d'après le modèle de *valoir*, la langue a refait une série de formes pour le sens impersonnel (*faut* dès le XIIIe s. ; remplace au XIVe l'a. fr. *estuet* « il est besoin », du lat. *est opus*). L'emploi impersonnel, propre au gallo-roman, est dominant dans les parlers contemporains, sauf dans quelques parlers du Sud-Est et tout le Sud-Ouest jusqu'au Rhône qui emploient *caler*, v. **chaloir** ; des formes avec *-ill-*, par exemple à l'imparfait, subsistent dans la région franco-provençale et au nord du Massif central. It. *fallire* « faillir » et « tromper », a. pr. *falhir*, sens analogues au fr. *faillir*, esp., avec une autre formation, *fallecer* « défaillir, mourir, manquer de ». — Dér. et Comp. : **faillible,** 1762 ; une première fois XIIIe *(Rose)*, d'après le lat. médiéval *fallibilis*, d'où **faillibilité,** 1697, une première fois au XIIIe s., d'après le lat. médiéval *fallibilitas* ; **défaillir,** vers 1080 *(Roland)*, d'abord « faire défaut », sens dominant jusqu'au XVIIe s., sens moderne usuel à partir du XVIe s., d'où **défaillance,** XIIe, développement du sens parallèle au verbe ; **défaut,** XIVe, au sens de « manque » ; « imperfection » depuis 1636 ; *défaut* est moins usuel au moyen âge que *défaute* « manque, faute », fait probabl. d'après *faute* ; à *défaute* on a préféré *défaut* qui se distinguait mieux de *faute* ; **infaillible,** XIVe, d'après le lat. médiéval *infallibilis* ; **infaillibilité,** 1558.

FAILLITE, v. **failli.**

FAIM. Lat. *fames*. Concurrencé dans les parlers languedociens par le type *talent*, cf. a. pr. *talen* « désir ». — Dér. : **famine,** XIIe ; **affamer,** XIIe, peut-être déjà lat. pop. **affamāre*, cf. it. *affamare*, a. pr. *afamar*.

FAIM-VALLE, v. **fringale.**

FAÎNE. D'abord *faïne*. Lat. pop. **fāgīna* (sous-entendu *glans* « gland »), fém. pris substantiv. de l'adj. *fāgīnus*, pour *fagīnus*, dér. de *fāgus* « hêtre », v. **fouet, fouine.** Seulement fr.

FAINÉANT, v. **néant.**

FAIR-PLAY, 1856. Empr. de l'angl. *fair* « honnête, loyal, probe » et *play* « jeu ».

FAIRE. Lat. *facere*. — Dér. et Comp. : **faisable,** vers 1350 ; **infaisable,** 1613 ; **faiseur,** XIVe, on trouve d'abord une forme de cas sujet *facerres*, XIIe ; **affaire,** XIIe, d'abord masc. jusqu'au XVIe s., des deux genres du XVIe au XVIIe s., fém. depuis ; d'où **affairé,** 1584, souvent alors au sens de « qui a besoin d'argent » ; **affairisme,** 1928 ; **-iste,** 1928 ; **affairement,** 1865 (une première fois au XIIIe s.) ; **défaire,** vers 1080 *(Roland)*, **défaite,** 1475, au sens moderne ; le sens de « moyen de se tirer d'affaire » est issu de se *défaire*, **défaitisme,** 1915 (créé par l'écrivain russe Alexinsky pour traduire le mot synonyme russe *porajentchestvo* formé aussi par lui), **défaitiste,** 1915 ; **redéfaire,** XIIe ; **refaire,** *id.* ; **bienfaisant,** XIIe ; **bienfaisance,** XVIIIe (abbé de Saint-Pierre : « J'ai cherché un terme qui nous rappelât précisément l'idée de faire du bien aux autres, et je n'en ai pas trouvé de plus propre pour me faire entendre que le terme de *bienfaisance* ») ; une première fois au XIVe s. ; **bienfait,** vers 1125, d'après le lat. *benefactum*, d'où **bienfaiteur,** 1181, au XVIIe s. concurrencé par *bienfacteur* et *bienfaicteur* ; **forfaire,** vers 1080 *(Roland)*, comp. de l'anc. prép. *fors* « dehors », propr. « agir en dehors du devoir », **forfait** « crime détestable », Xe, **forfaiture,** XIIIe ; **forfait,** terme de droit, 1647, comp. de *for*, altération de *fur*, d'après le préc., v. **fur ; malfaire,** XIIe, d'où **-faisant,** *id.*, **-ance,** 1739 ; **méfait,** XIIe, par l'intermédiaire de l'anc. verbe *méfaire*, *id.* ; **parfaire,** XIIe ; v. aussi **parfait, imparfait,** d'après le lat. *perficere* (on trouve aussi *parfit(e)* dans *Saint-Alexis*, forme plus francisée) ; **surfaire,** XIIe ; **faitout,** XIXe (dès 1790 en picard) ; **entrefaite,** 1213 ; s'emploie surtout dans la locution *sur ces entrefaites*.

FAISAN, 1170. Empr. de l'a. pr. *faisan*, qui représente le lat. *phasianus* (du grec *phasianos* [*ornis*], propr. « oiseau du Phase, en Colchide »). Cf. it. *fagiano*. — Dér. : **faisandeau,** 1393, au XVe et au XVIIe s. on dit *faisanneau* ; **faisander,** 1393 ; **faisanderie,** 1669.

FAISCEAU. Lat. pop. **fascellus*, dér. de *fascis*, v. **faix.** Seulement fr. Comme terme d'antiquité romaine, sert de traduction au lat. *fascis*.

FAISSE, v. **fasce.**

FAIT. Lat. *factum* (de *facere* « faire »). It. *fatto*, esp. *hecho*, a. pr. *fach*.

FAÎTE. Au moyen âge *fest*, masc., et *feste*, fém., d'où, au XVIe s., *faîte*, avec le genre de *fest*. *Faite* est dû à une fausse étymologie qui y a vu le lat. *fastigium*, de même sens. L'a. fr. *fest* est conservé sous la graphie *faix*, comme terme de marine. Du francique **first*, cf. all. *First*, qui a donné la forme masc. *fest ;* la forme fém. *feste* est due au fait que le mot francique était fém. — Dér. : **faîtage,** XVIe, au moyen âge était un terme de droit féodal ; **faîtière,** 1287 ; **enfaîter,** 1400, **ren-,** 1549.

FAIX. Lat. *fascis* « faisceau, paquet » (sens attesté en a. fr. jusqu'au XIVe s.), d'où « charge ». Ailleurs conservé au sens de « faisceau » : it. *fascio*, esp. *haz*, a. pr. *fais ;* de même en wallon et en Suisse romande. — Comp. : **affaisser,** XIIIe, **affaissement,** 1538 ; **arrière-faix,** 1539 ; **portefaix,** 1334.

FAKIR, v. **faquir.**

FALAISE, XIIe, *faleise ;* en outre, en a. fr. *faloise, falise.* Mot dialectal, des côtes normandes et picardes, du francique **falisa* correspondant à l'anc. haut all. *felisa*, d'où l'all. *Fels* « roche ». Le gallo-roman n'ayant pas de proparoxytons en *-esa* le mot fut rangé parmi les subst. en *-ésa ;* l'accent changea donc de place. La forme *falise* appartient au picard et au wallon.

FALBALA, 1692. Signifie d'abord « une sorte d'étoffe plissée que les femmes portent au bas de leurs jupes ». Ménage rapporte une historiette sur l'authenticité de laquelle il est difficile de se prononcer : « M. de Langlée étant avec une couturière qui lui montrait une juppe, au bas de laquelle il y avait une de ces bandes plissées, il lui dit en raillant que ce *falbalà* était admirable ; et il lui fit accroire qu'on appelait ainsi à la Cour ces sortes de bandes... » Probabl. empr. du franco-prov. *farbélla* « frange, dentelle » (dès le XVIIe s. ; aussi auvergnat *ferbelà* « mettre les habits en loques »), qui remonte en dernier lieu, avec l'a. fr. *frepe* (v. **fripier**), à un groupe de mots contenant la suite de consonnes *f-l-p* et désignant quelque chose de futile ; il apparaît pour la première fois dans une glose du Xe s., sous la forme de *faluppa.*

FALLACIEUX, vers 1460. Empr. du lat. *fallaciosus*, dér. de *fallacia* « ruse, tromperie » (de *fallax* « trompeur », adj. de *fallere* « tromper »), d'où **fallace,** XIIIe, encore vivant en Normandie.

FALLOIR, v. **faillir.**

FALOT « sorte de grande lanterne », 1371. Empr. de l'it. *falò*, empr. d'une forme du bas grec **pharós*, en grec class. *phàros*, v. **phare** (le déplacement de l'accent est dû à un croisement avec *phanós* « lanterne », v. **fanal**) ; cf. a. pr. *farot*, forme plus proche du grec.

FALOT « plaisant, drôle, grotesque », 1466. Jusqu'au XVIIe s., ne s'emploie que comme subst., cf. *plaisant falot*, encore en 1694 ; adj. dès 1655 (Molière). Probabl. empr. de l'angl. *fellow* « compagnon » ; comp. le passage de Rabelais, III, 47, « Prends Millort Debitis à Calais, car il est goud fallot », où Rabelais s'est amusé à franciser l'angl. *good fellow* pour faire un jeu de mots.

FALSIFIER, 1330. Empr. du lat. médiéval *falsificare*, v. **faux.** — Dér. : **falsificateur,** 1510 ; **falsification,** 1369.

FALUN, terme de géologie, 1755. Ce mot se dit surtout de la Touraine où se trouve ce genre de dépôts fossiles. Origine inconnue.

FALZAR « pantalon », 1878, pop. Origine inconnue.

FAMÉ, seulement dans *bien famé*, XVe, et *mal famé*, XVIIIe. Dér. de l'a. fr. *fame*, XIIe, encore dans les dictionnaires sous la forme **fâme,** empr. du lat. *fama* « réputation ».

FAMÉLIQUE, XVe. Empr. du lat. *famelicus*, dér. de *fames* « faim ».

FAMEUX, XVe. Empr. du lat. *famosus*, dér. de *fama*, v. **famé.**

FAMILLE, XIVe ; **familier,** XIIe ; **familiarité,** XIIe. Empr. du lat. *familia, familiaris, familiaritas.* — Dér. de *famille :* **familial,** 1865, d'après le lat. *familia ;* de *familier*, d'après le lat. *familiaris :* **familiariser,** 1551 (on trouve jusqu'au XVIIIe s. *familiariser avec*).

FAMINE, v. **faim.**

FANAL, 1552 (Rab., qui écrit *phanal*, *fanar* en 1372). Empr. de l'it. *fanale*, qui se rattache certainement au grec *phanos* « lanterne », v. **falot,** mais sans que les intermédiaires soient sûrement établis, soit par le sicilien *fano*, soit par l'arabe *fanâr* (du reste lui-même d'origine grecque, cf. le grec byzantin *phanarion* et le lat. médiéval *phanarium*, d'où le fr. *phanars*, 1369).

FANATIQUE, 1532 (Rab.), adj. au sens de « propre à quelqu'un qui croit avoir une inspiration divine », sens encore attesté chez Voltaire ; d'où le sens moderne qui paraît dater du XVIe s. Empr. du lat. *fanaticus*, propr. « qui concerne le temple », dér. de *fanum* « temple » ; a pris en lat. le sens de « inspiré, en délire », en parlant des prêtres de Cybèle, de Bellone ou d'Isis, parce que ces prêtres, qui se livraient à des manifestations violentes, logeaient dans les temples de ces déesses. — Dér. : **fanatiser,** 1752 ; **fanatisme,** 1688 (Bossuet).

FANCHON, 1828. Dim. familier de *Françoise*, dit par plaisanterie d'une coiffure de femme, analogue à une coiffure d'enfant ou de paysanne.

FANDANGO, 1764. Empr. de l'esp. *fandango*, d'origine inconnue ; la danse vient du Pérou.

FANE, FANER, v. **foin.**

FANFAN, v. **enfant.**

FANFARE, 1546. Mot onomatopéique ; d'où **fanfarer,** 1532 (Rab.).

FANFARON. Fin XVIe (M. Régnier). Empr. de l'esp. *fanfarrón*, formation onomatopéique comme l'arabe *farfâr* « bavard, léger, inconstant », dont il est peut-être adapté, cf. aussi sicilien *farfaru* « fripon » et it. littéraire *fanfano* « hâbleur ». — Dér. : **fanfaronnade,** 1598 ; **fanfaronner,** 1642 ; **fanfaronnerie,** 1598.

FANFRELUCHE, 1534 (Rab.). Altération de l'a. fr. *fanfelue*, cf. *fanfeluce* déjà chez Christine de Pisan au sens de « bagatelle », lat. de basse ép. *famfalūca*, altération du grec *pompholyx* « bulle d'air », cf. la glose : « Famfaluca graece, bulla aquatica latine dicitur. » De même it. *fanfaluca* « bagatelle, flammèche ».

FANGE, XIIe. D'un type germanique **fanga*, dont le suff. *-ga* se retrouve dans Vaud *vouarga* « boue », de **warga*, dér. d'un germ. **wara* « boue », et dont le radical se retrouve dans l'anc. gascon *fanha* (de **fanja*, plur. gallo-roman d'un gothique *fani* « boue »), v. encore it. *fango*, catalan *fanc*. Un fém. analogue **fannja*, attesté en néerl. et en all. (comp. néerl. *veen*, all. *Fenn*), a donné *fagne* en wallon, forme qui a passé en fr. comme terme de géologie, 1840. Aujourd'hui usité surtout dans les parlers méridionaux sous les trois types *fanc, fanga* et *fanha*. — Dér. : **fangeux,** XIIe.

FANION, v. le suiv.

FANON, 1053, au sens de « manipule de prêtre » ; signifiait aussi « fanion » ; aujourd'hui, outre des acceptions techn., désigne surtout « les plis de la peau qui pendent au cou des bovins », 1538. Du francique **fano* « morceau d'étoffe », cf. all. *Fahne* « drapeau » et **gonfalon.** Seulement fr. — Avec changement de suff. : **fanion,** 1673 (une première fois *feinion* vers 1180).

FANTAISIE, XIIe, au sens de « vision », sous la forme *fantasie*, usuelle jusqu'au XVIe s. A signifié aussi, depuis le XIVe s. (Oresme), « imagination », jusqu'au XVIIe s., cf. « fantaisie signifiait autrefois imagination, et on ne se servait guère de ce mot que pour exprimer cette faculté de l'âme qui reçoit les objets sensibles », Voltaire, *Dict. philos.*, d'où le sens moderne, fin XVIe s. Empr. au premier sens du lat. *phantasia* (écrit aussi *f-*), qui, à basse ép., a pris le sens de « vision », en lat. class. « idée, concept » (du grec *phantasia* « apparition », d'où « image qui s'offre à l'esprit, imagination ») ; ce dernier sens a été pris par Oresme au lat. des traductions d'Aristote. — Dér. : **fantaisiste,** 1845.

FANTASIA, 1845. Empr. de l'arabe *fantasia*, empr. lui-même du grec *phantasia* (v. **fantaisie**), et qui a pris au Maroc le sens de « fête brillante, splendeur ». Le mot a été introduit en fr. surtout en parlant du célèbre tableau de Delacroix, *Une fantasia au Maroc*, fait après son voyage en Afrique du Nord en 1832 (lui-même, dans son journal, appelle cette sorte de manifestations *course de poudre*).

FANTASMAGORIE, 1797. A servi d'abord à désigner la production dans l'ombre, au moyen d'une lanterne magique mobile, de figures lumineuses, qui paraissent, en grandissant, marcher vers les spectateurs. Formé arbitrairement avec le grec *phantasma*, « fantôme », et *allégorie*, en raison de l'emploi de ce mot pour désigner des représentations plastiques. — Dér. : **fantasmagorique,** 1798.

FANTASQUE, v. **fantastique.**

FANTASSIN, 1578 (H. Estienne, *fantachin ; fantassin* en 1584). Empr. de l'it. *fantaccino*, dér. de *fante*, v. **enfant.**

FANTASTIQUE, vers 1380. A signifié aussi « fantasque, chimérique », jusqu'au XVIIe s. Empr. du lat. de basse ép. *phantasticus* (écrit aussi *fan.*, du grec *-ikós* « qui concerne l'imagination »), v. **fantaisie.** — Dér. : **fantasque,** 1575, d'abord (attesté chez Ronsard), probabl. *fantasie* par abréviation, puis *fantasque*, par altération d'après *fantastique.*

FANTOCHE, 1865. Empr. de l'it. *fantoccio* « poupée, marionnette », dér. de *fante* « enfant ».

FANTÔME. Ionien **fantagma* (représenté aussi dans le grec moderne), d'où **fantauma*, altération, probabl. d'origine massaliote, du grec *phantasma* ; cf. de même a. pr. *fantauma.*

FAON. A signifié d'abord le petit de tout animal ; cf. encore en parlant du lionceau La Fontaine, *Fables*, X, 12. Lat. pop. **fētōnem*, acc. de *fētō*, dér. de *fētus* « nouveau-né », v. **foetus** ; de même a. pr. *fedon* « agneau ». Seulement gallo-roman ; mais *fētus* a de nombreux représentants, cf. roumain *făt* « garçon ».

FAQUIN, 1534 (Rab.). Signifie d'abord « portefaix », encore au XVIIe s. Dér. de *facque*, attesté dans *compaignons de la facque*, terme d'argot, cité dans une énumération de termes analogues, au XVe s., par le chroniqueur belge Chastellain (cf. en outre *fasque* « poche, sac », chez Rab., II, 16 et 30), probabl. empr. du néerl. *vak* « compartiment, case » (comp. l'all. *Fach*). L'it. *facchino* vient du fr.

FAQUIR, 1653 (écrit *fakir*). Empr. de l'arabe *faqîr*, propr. « pauvre ».

FARAMINEUX, XVIIIe. Mot dialectal, de l'Ouest ou du Centre, dér. de *bête faramine*, nom d'un animal fantastique, objet de superstition ou de plaisanteries dans diverses régions de l'Ouest et du Centre, jusque dans le Maconnais. *Faramine*, attesté dans le *Coutumier de Bretagne*, vers le XVIe s., au sens de « bête nuisible », est une autre forme du méridional *faramio*, fém., « bête sauvage », dér. de l'a. pr. *feram* « *id.* », lat. pop. *ferāmen* (attesté dans le lat. carolingien), dér. du lat. class. *fera*, de même sens.

FARANDOLE, 1771. Empr. du prov. *farandoulo* qui est peut-être une modification d'origine expressive de *barandello* « farandole languedocienne », de la famille de *branda* « branler, danser » (v. **branler**), croisé avec des dér. occitans de **flandrin,** comme *flandrinà* « lambiner », *flandinà* « cajoler ». L'esp. *farándula* « troupe de comédiens ambulants », attesté depuis 1603, est peut-être aussi empr. de l'occitan.

FARAUD, 1743 (Vadé). Mot du langage pop. Empr. de l'esp. *faraute* (lequel est empr. à son tour du fr. *héraut*, avec transposition de l'*h-* du mot fr. en *f-*) ; *faraute* désignait l'acteur qui récitait le prologue, fonction qui lui donnait une importance fastidieuse auprès du public moyen désireux de voir commencer la pièce ; il a pris ainsi le sens de « personne qui veut se mêler de tout, factotum ».

FARCE. Lat. pop. **farsa*, fém. pris substantiv. de **farsus*, part. passé de *farcīre*, v. **farcir.** A pris aussi le sens de « petite pièce bouffonne » au XVe s., probabl. parce que cette petite pièce était d'abord introduite dans la représentation d'un mystère, comme la farce qu'on introduit dans une volaille, etc., d'où le sens moderne de « chose plaisante qu'on fait ou qu'on dit » (le verbe *farser* « railler » est déjà attesté au XIIIe s.). Seulement fr. — Dér. : **farceur,** vers 1450 ; signifiait aussi « auteur ou joueur de farces ».

FARCIN. Lat. *farcīmen*, propr. « farce, andouille », qui a pris le sens de « farcin », cette affection du cheval étant caractérisée par une éruption de boutons purulents dont il est comme « farci », suivant l'explication que Végèce donne de l'adj. *farciminosus* (dér. de *farciminum*, « farcin » chez Végèce, dér. lui-même de *farcimen*). Seulement gallo-roman. — Dér. : **farcineux,** XIIIe.

FARCIR. Lat. *farcīre* « remplir, bourrer, farcir ». Seulement gallo-roman : a. pr. *farsir*.

FARD, 1213 ; **farder,** XIIe (Chrétien). Le verbe représente probabl. un francique **farwiđon* « teindre » (comp. le verbe anc. haut all. *farawen*, part. passé *gifarwit*) ; le subst. est dér. du verbe en fr.

FARDEAU, XIIe. D'abord « paquet, ballot » ; sens moderne, XVe. Dér. roman de l'arabe *farda* « balle de marchandises », formé probabl. dans le Levant (comp. le bas-lat. *fardellus*). L'esp. *fardel* est un empr. du fr. L'a. fr. *farde* « paquet » est sans doute dér. de *fardeau*. — Dér. : **fardier,** 1771, formé avec le radical de *fardeau*.

FARFADET, 1546 (Rab.). Empr. du prov. *farfadet*, altération de *fadet* « feu follet », en a. pr. « fou », dér. de *fado* « fée ». L'it. *farfarello*, de même sens, dont Dante a fait un démon dans l'*Enfer*, XXI, 183, appartient à une famille de mots it. d'un autre type, mais d'où provient peut-être la première syllabe de *farfadet*.

FARFOUILLER, v. **fouiller.**

FARIBOLE, 1532 (Rab.). Mot probabl. dialectal, d'une famille de mots aux formes variées, cf. *faribourde*, XVIe s., et a. pr. *falabourdo*, etc., dont les relations entre eux et avec l'a. fr. *falourde* « tromperie, bourde » sont difficiles à déterminer, en raison du caractère instable de ces mots, et dont le point de départ, pour la même raison, reste obscur.

FARINE. Lat. *farīna*. It. a. pr. *farina*, esp. *harina*. — Dér. : **farinacé,** 1798, le lat. de basse ép. *farinaceus* est si rare qu'il a dû être ignoré des savants qui ont créé le mot fr. ; **farineux,** 1539, rare avant le XVIIIe s., d'après le lat. *farinosus* ; **enfariner,** XIVe.

FARNIENTE, 1676 (Mme de Sévigné : « Personne n'est plus touchée que moi du *farniente* des Italiens »). Empr. de l'it. *farniente* « ne rien faire », v. **néant.**

FAROUCHE, XIIIe (écrit *faroche*). Altération, par métathèse des deux voyelles, de *forasche*, XIIIe, encore conservé par le berrichon *fourâche* (dit d'un animal mal apprivoisé), lat. de basse ép. *forasticus* « étranger », d'où s'est développé plus tard le sens de « sauvage, farouche », adj. dér. de *foras* « dehors », par opposition à *domesticus*. De même anc. it. *forastico* « intraitable », a. pr. *ferotge* (forme altérée, comme plusieurs autres formes du fr. et des parlers it., sous l'influence de l'adj. *ferus* « sauvage », v. **fier**). — Dér. : **effaroucher,** 1495.

FARRAGO, vers 1791 *(Un farrago de préjugés)*. Empr. du lat. *farrago* « mélange de diverses espèces de grains pour le bétail ». Vit sous forme pop. dans l'a. pr. *ferratja*, d'où *farrage* en fr. au début du XVIIe s.

FASCE. Terme de blason, XIVe (Froissart). Empr. du lat. *fascia* « bandelette », représenté par une forme pop. **faisse,** fréquente en a. fr., encore dans les patois comme terme de vannerie. Aussi it. *fascia* « bande, maillot », esp. *haza* « champ », propr. « bande de terre », a. pr. *faissa* « bandelette ».

FASCICULE, 1690, comme terme de pharmacie : « Une certaine quantité de plantes (environ douze poignées) » ; 1793, comme terme de librairie ; une première fois, au XVe s., au sens de « petit paquet ». Empr. du lat. *fasciculus* « petit paquet (de lettres), bouquet », dér. de *fascis*, v. **faix.**

FASCICULÉ, 1778. Dér. sav. du lat. *fasciculus*, au sens étymologique de « petit faisceau », v. le préc.

FASCIÉ, 1737, comme terme d'histoire naturelle. Dér. de *fascie*, 1742, « bande marquée sur certains coquillages », empr. du lat. *fascia*, v. **fasce** ; *fascié*, en 1737, dans *un gros drap d'or fascié*, paraît fait directement sur le mot lat., car *fascié* est rarement attesté avant le XIXe s.

FASCINATION, XIVe. Empr. du lat. *fascinatio*, dér. de *fascinare*, v. **fasciner.**

FASCINE, XVIe. En a. fr. aussi *faissin*, masc. Réfection, probabl. d'après l'it. *fascina* (dans son acception militaire), d'un a. fr. *faissine* « fardeau », qui représente le lat. *fascina*, même sens. Cf. aussi it. *fascina* « fagot », esp. *hacina* « monceau de gerbes, de foin », également usité dans de nombreux parlers gallo-romans, v. **fagot.**

FASCINER, XIVe. Empr. du lat. *fascināre*, dér. de *fascinum* « enchantement, maléfice ». A éliminé une forme pop. *faisnier* qui subsiste au sens de « porter malchance » sous la forme *fainer* dans le Maine, cf. aussi it. *affascinare* « ensorceler ». — Dér. : **fascinateur,** 1845 ; déjà créé au XVIe (Ronsard, d'Aubigné).

FASCISME, vers 1924 ; **fasciste,** *id.* Empr. de l'it. *fascismo, fascista* (de *fascio* « faisceau », v. **faix**).

FASÉOLE, v. **flageolet.**

FASHIONABLE, 1804, en parlant des Anglais ; en parlant des Français, 1829 (Balzac) ; aujourd'hui désuet ; les mots de ce genre sont sujets à passer de mode. Empr. de l'angl. *fashionable,* dér. de *fashion* (du fr. *façon*), qui a été également empr. pour désigner la mode élégante, 1830 (Balzac), mais qui a été moins usité que *fashionable.*

FASTE « magnificence qui s'étale », 1540 (en outre au XVIe s., *fast,* encore chez Corneille). Empr. du lat. *fastus,* propr. « orgueil, dédain ».

FASTE, adj., v. **néfaste.**

FASTES, 1488 (en parlant de l'ouvrage d'Ovide). Empr. du lat. *fasti (dies)* « sorte de calendrier des jours fastes », puis « liste des consuls et des magistrats » ; le sens fig., déjà lat., apparaît en fr., à la fin du XVIIe s.

FASTIDIEUX, XIVe. Empr. du lat. *fastidiosus,* dér. de *fastidium* « dégoût », v. **fâcher.**

FASTIGIÉ, 1781. Empr. du lat. *fastigiatus,* part. passé du verbe de basse ép. *fastigiare* (de *fastigium* « faîte »).

FASTUEUX, 1537. Empr. du lat. *fastuosus,* en lat. class. *fastosus,* dér. de *fastus,* v. **faste.**

FAT, 1534 (Rab. : « Fat est un vocable de Languegoth »). Signifie d'abord « sot », encore au XVIIe s. ; sens moderne, 1622 ; **fatuité,** XIVe (Bersuire), d'abord « sottise », développement du sens parallèle à *fat. Fat* est empr. du prov. *fat* « sot » (aujourd'hui « fou »), lat. *fatuus,* au sens de « sot », v. **fade** ; *fatuité* est empr. du lat. *fatuitas* « sottise ».

FATAL, XIVe (Bersuire) ; **fatalité,** XVe. Empr. du lat. *fatalis* (de *fatum* « destin »), *fatalitas* (créé à basse ép.). — Dér. de l'adj. : **fatalisme,** 1724 ; **fataliste,** 1584, rare avant le XVIIIe s.

FATIDIQUE, XVe. Empr. du lat. *fatidicus* « qui prédit le destin », v. le préc.

FATIGUER, XIVe. Empr. du lat. *fatigare.* — Dér. : **fatigue,** *id.*

FATRAS, 1320 (écrit *fastras*) ; mais le dér. *fatrasie* « sorte de pièce de vers », date du XIIIe s. Représente un dér. du lat. *farsura* « remplissage », avec le suff. *-aceus.* Seulement fr. L'a. fr. *fastrouiller* (au XVIIe s. *fatrouiller*) « bafouiller ». — Dér. : **fatrassier,** 1611.

FAUBOURG, v. **bourg.**

FAUCARDER, 1840. Empr. du picard où il a été relevé en 1834 au même sens ; dér. de *faucard* « sorte de faux », dér. picard de *fauquer* « faucher ». Comp. le tourangeau *fauchard* « espèce de serpe ».

FAUCHER. Lat. pop. **falcāre,* dér. de *falx, falcis* « faux », au lieu du lat. class. *metere* et de *secāre,* « couper », en lat. aussi « faucher », d'où l'it. *segare* et l'a. pr. *segar.* Seulement fr. en ce sens. Aujourd'hui *faucher* est le terme des parlers septentrionaux, *scier* celui des parlers de l'Est qui rejoignent *segá* du Sud-Est ; le Sud-Ouest dit *dalhá,* dér. de *dalh(a)* « faux », lat. pop. **dacŭlus, -la,* v. **dague.** — Dér. : **fauchage,** 1374 ; **fauchaison,** XIIe ; **fauche,** 1507 ; **fauchet,** 1213 ; **faucheur,** XIIe, quand il désigne une sorte d'araignée, se dit *faucheux,* d'après la prononciation dialectale du suff. *-eur* ; **refaucher,** 1538.

FAUCILLE. Lat. de basse ép. *falcĭcula,* dér. de *falx, falcis* « faux ». Rare en dehors du fr. ; les parlers méridionaux, outre le type *faux* dans le Sud-Ouest, ont un type *volant,* d'origine gauloise, jusqu'à la Suisse romande, cf. a. pr. *volam,* qui en est le point de départ. — Dér. : **faucillon,** XIIIe.

FAUCON. A désigné aussi à la fin du moyen âge un petit canon, v. **coulevrine.** Lat. de basse ép. (du IVe s.) *falcōnem,* acc. de *falcō,* d'où l'a. fr. *falc.* Le lat. *falcō* est sans doute dér. de *falx* « faux » au sens de « oiseau qui a des griffes recourbées », les mots germaniques, cf. anc. haut all. *falcho,* d'où l'all. *Falke,* étant empruntés. Quelques-uns s'appuient sur l'a. fr. *gerfaut* (d'un francique *geirifalko*) pour y voir un emprunt au germanique, mais ce mot a très bien pu passer du francique au gallo-roman après que le germanique eût pris *falco* au lat. It. *falcone,* esp. *halcón,* a. pr. *falc* et *falcon.* — Dér. : **fauconneau,** 1498, au moyen âge *fauconcel,* en 1534 (Rab.) « petit canon » ; **fauconnerie,** XIVe ; **fauconnier,** XIIe.

FAUFILER, v. **fil.**

FAUNE, masc., 1372. Empr. du lat. *Faunus,* nom d'un dieu champêtre. — Dér. **faune,** fém., 1783 *(Faune Vaudoise,* titre ; paraît pour la première fois comme titre d'un ouvrage latin de Linné, *Fauna Sueciae regni ;* formé d'après *Flora,* fr. *flore) ;* **faunesse,** 1872.

FAUSSAIRE, XIIe. Empr. du lat. *falsarius.*

FAUSSER. Signifiait aussi au moyen âge « falsifier » et « accuser de fausseté ». Lat. de basse ép. *falsāre.* — Dér. : **fausset** « cheville enfoncée dans un trou fait dans un tonneau au moyen d'un foret », 1322, dér. de *fausser* au sens d' « endommager, enfoncer » ; le mot a été formé au sens actif de « qui enfonce » avec le suff. *-et,* cf. *foret,* littéral. « qui fore » ; l'anc. gascon *falset* est probabl. empr. du fr.

FAUSSET « voix », v. **faux, I.**

FAUSSET, v. **fausser ; faux,** adj.

FAUTE. Lat. pop. **fallita* « manque, action de faillir », fém. pris substantiv. de **fallitus*, au lieu du lat. class. *falsus*, part. de *fallere*, v. **faillir.** De même anc. it., a. pr. *falta.* — Dér. : **fauter,** 1877, en parlant d'une femme ; déjà attesté en 1568, au sens général de « commettre une faute » ; **fautif,** XVe.

FAUTEUIL. D'abord *faldestoel* (*-stoed* de la *Chanson de Roland* est peut-être une faute de copiste), puis *faldestueil*, XIIIe, *faudeteuil*, encore en 1611, contracté en *fauteuil*, 1589. Au moyen âge désigne un siège pliant qui servait pour les grands personnages, rois, évêques, seigneurs. Du francique **faldistôl*, cf. anc. haut all. *falistuol*, propr. « siège pliant » (cf. all. *falten* « plier » et *Stuhl* « siège »). Empr. au fr. par les langues voisines : it. *faldistorio* « siège épiscopal », esp. *facistol* « lutrin », a. pr. *faldestol* « fauteuil, trône, lutrin ». Aujourd'hui répandu sur tout le territoire gallo-roman sous la forme et avec le sens du fr.

FAUTEUR, 1323 (sous la forme *fauteres*). Ordinairement avec un sens défavorable. Empr. du lat. *fautor* « qui favorise, partisan » (du verbe *favere* « favoriser »).

FAUVE, vers 1080 *(Roland).* Comme terme de chasse, 1573. Du germ. occidental **falwa-*, cf. all. *falb ;* de même it. *falbo.* a. pr. *falp.* — Dér. : **fauvette,** XIIIe.

FAUX, *adj.* Lat. *falsus*, part. passé de *fallere*, au sens de « tromper », v. **faillir.** It. *falso.* — Dér. : **fausset,** en parlant de la voix, XIIIe ; **fausseté,** XIIe, d'après le lat. de basse ép. *falsitas ;* **défausser (se),** 1792, formé sur le fém. *fausse*, « se débarrasser d'une fausse carte ».

FAUX, *subst.* Lat. *falx.* It. *falce*, esp. *hoz* « faucille », a. pr. *fals. Faux* n'existe que dans les parlers septentrionaux ; au sud d'une ligne allant de la Loire au Jura, la faux est désignée par des représentants du lat. pop. **daculus*, **dacula*, v. **faucher ;** toutefois le type *faux* subsiste au sens de « faucille » dans le Sud-Ouest.

FAVEUR, vers 1150. Le sens de « ruban » vient de celui de « ruban, écharpe, etc., donnés par une dame à son chevalier », 1564. — Dér. : **favoriser,** 1330, d'après le lat. *favor ;* **défavoriser,** XVe ; **défaveur,** XVe.

FAVORABLE, vers 1150. Empr. du lat. *favorabilis.* — Dér. : **défavorable,** XVe.

FAVORI, 1535 ; *favorite*, 1564. Empr. de l'it. *favorito*, part. passé de *favorire* « favoriser ». — Dér. : **favoritisme,** 1819, fait sur le modèle de *népotisme.*

FAYOT, v. **flageolet.**

FÉAL, v. **foi.**

FÉBRICITANT, 1330. Empr. du lat. *febricitans*, part. prés. de *febricitare* « être atteint de fièvre ».

FÉBRIFUGE, XVIIe (La Fontaine, en parlant de la centaurée : « La centaurée... fébrifuge certain »). Fait sur le modèle du lat. *febrifugia*, nom de la centaurée (comp. de *febris* « fièvre » et de *fugare* « mettre en fuite »).

FÉBRILE, 1503. Empr. du lat. de basse ép. *febrilis.*

FÉCAL, 1503. Dér. sav. du lat. *faex, faecis*, « lie, résidu, excréments ».

FÈCES, XVIe (Paré). Empr. du lat. *faeces*, plur. de *faex.*

FÉCOND, XIIIe ; **féconder,** XIIIe ; **fécondité,** XIe *(Alexis).* Empr. du lat. *fecundus, fecundare, fecunditas.* — Dér. : **fécondateur,** XVIIIe s. ; **fécondation,** 1729, une première fois en 1488.

FÉCULE, 1690 ; **féculent,** XVIe (Paré), au sens de « qui laisse un dépôt » ; a suivi le sens de *fécule.* Empr. du lat. *faecula* « sorte de condiment, marc de raisin brûlé (pour servir de remède) » (de *faex* « lie »), en vue de son sens spécial, et du dér. *faeculentus.* — Dér. de *fécule :* **féculerie,** 1836.

FÉDÉRAL, 1783. — Dér. **fédéralisme,** 1789 (Robespierre). Dér. sav. du lat. *foedus, foederis* « alliance ». — Dér. : **fédéraliste,** 1792.

FÉDÉRATIF, 1748 (Montesquieu), devenu usuel sous la Révolution ; **fédéré,** 1790, une première fois en 1521 ; **fédération,** *id.*, déjà empr. au XIVe et au XVe s. Les deux premiers sont dér. du lat. *foederatus* « allié », le troisième est empr. du lat. *foederatio.*

FÉE. Lat. pop. *fāta*, issu de *fātum* « destin », cf. le lat. des Inscriptions *Fata* « déesse de la destinée » ; les fées passaient en effet pour avoir un pouvoir surnaturel sur la destinée humaine. It. *fata*, esp. *hada*, a. pr. *fada.* — Dér. : **féerie,** XIIe, d'abord *faerie*, encore au XVe s., terme de théâtre, 1823 ; **féerique,** 1834.

FEINDRE. Au moyen âge, *se feindre*, surtout dans des phrases négatives, signifie « hésiter ». Lat. *fingere*, propr. « façonner », d'où « inventer, imaginer », d'où « feindre ». It. *fingere*, a. pr. *fenher*, même développement du sens au réfléchi qu'en fr. — Dér. : **feinte,** XIIIe.

FELDSPATH, 1773. Empr. de l'all. *Feldspath* « spath des champs ».

FÊLE, v. **fistule.**

FÊLER, 1422. Forme contractée, issue de *faieler*, attesté indirectement par le dér. *faieleure*, XIIIe s., aujourd'hui **fêlure.** Représente le lat. *flagellare* « fouetter » ; les fêlures d'un vase ont été comparées aux traces que le fouet laisse sur la peau. Le premier *l*, qui est tombé en fr. par dissimilation, est conservé dans le normand *fléler.* Seulement fr.

FÉLIBRE. Vers 1870. Empr. du prov. *felibre*, pris dans un récit pop. où il est parlé des « sept félibres de la Loi » et choisi en 1854, lors de la fondation du Félibrige par Mistral et six poètes de ses amis. Probabl. empr. du lat. de basse ép. *fellibris*, forme secondaire de *fellebris* « nourrisson », dér. de *fellare* « sucer », les savants étant ainsi désignés comme ceux qui boivent directement au sein de la science (explication de Mistral). — Dér. : **félibrige,** 1876.

FÉLICITÉ, XIIIe ; **féliciter,** XVe. Empr. du lat. *felicitas, felicitare.* — Dér. : **félicitation,** 1623 (d'Aubigné qui l'indique comme un mot de Genève) ; en 1690, Th. Corneille dit encore : « Je hazarderois... « Je lui ay écrit un compliment de félicitation », s'il est permis de parler ainsi. »

FÉLIN, 1792. Empr. du lat. *felinus,* dér. de *feles* « chat ».

FELLAH, 1800 ; on trouve *félaque* en 1735, *fela* en 1664 (Thévenot). Empr. de l'arabe *fallâḥ* « cultivateur » (*felah* en Égypte).

FÉLON, vers 980 (Passion ; en a. fr. la forme du cas sujet est *fel).* A. pr. *fel, felon.* Lat. carolingien *fellō,* cf. *fellones,* plur., dans les Capitulaires de Charles le Chauve. Très probabl. d'un francique **fillo,* réduction de **filljo* « celui qui fouette, qui maltraite (les esclaves) », nom d'agent dér. du verbe francique correspondant à l'anc. haut all. *fillen* « fouetter ». L'it. *fello, fellone* vient du gallo-roman. On propose aussi d'y voir un dér. du lat. *fel* « fiel », parce que le fiel est pris comme l'expression de la méchanceté. — Dér. : **félonie,** vers 1050 *(Alexis).*

FELOUQUE, 1608 ; d'abord *pelouque,* 1595, *falouque,* 1606. Empr. de l'esp. *faluca,* probabl. de l'arabe *falûwa* « poulain ; petit bateau de transport », qui a passé d'abord en cat. sous la forme *falua* (XIVe s.), d'où l'esp. *falúa,* ensuite *faluca.*

FEMELLE. Lat. *fēmella,* dim. de *fēmina ;* restreint dans le parler pop. au sens de « femelle ». A. pr. *femela,* catalan *femella.*

FÉMININ, XIIe. Empr. du lat. *femininus.*

FÉMINISTE, 1872 (A. Dumas fils). Dér. sav. du lat. *femina ;* d'où **féminisme,** fin XIXe.

FEMME. Lat. *fēmina* « femelle », d'où « femme » en gallo-roman, qui a développé aussi celui d' « épouse », cf. a. pr. *femna* et tous les parlers contemporains. Au contraire l'it. *femmina,* l'esp. *hembra* et le port. *femea* ne signifient que « femelle ». Le lat. class. *uxor* « épouse » n'a laissé que quelques traces, cf. a. fr. *oissour* et a. pr. *oissor ;* mais *mulier* « femme » existe encore partout : it. *moglie,* esp. *mujer,* sauf dans le gallo-roman qui l'a du reste possédé au moyen âge, cf. a. pr. *molher* et a. fr. *moillier,* encore chez Villon. — Dér. : **femmelette,** XIVe (G. de Machaut : *famelette*).

FÉMUR, 1586 ; **fémoral,** 1790. Empr. du lat. class. *femur* et de son dér. *femoralis.*

FENAISON, v. **foin.**

FENDRE. Lat. *findere.* It. *fendere,* esp. *hender.* — Dér. et Comp. : **fendeur,** 1403 ; **fendiller,** XVIe (B. Palissy) ; **fendoir,** 1700 ; **fente,** qui remonte à un part. **finditus,* disparu de très bonne heure ; **pourfendre,** XIIe, **pourfendeur,** 1798 ; **refendre,** 1320, **refend,** 1423.

FENÊTRE. Lat. *fenestra.* — Dér. et Comp. : **fenêtrage,** 1230 ; **fenêtré,** XVe, on dit aussi *fenestré,* comme terme techn. d'après le lat. *fenestra ;* **contre-fenêtre,** 1319.

FENIL. Lat. *fēnīle,* dér. de *fēnum* « foin ». It. *fienile,* esp. *henil,* a. pr. *fenil.*

FENOUIL. Lat. pop. **fēnuc(u)lum,* lat. class. *fēniculum,* propr. « petit foin ». It. *finocchio,* esp. *hinojo,* a. pr. *fenolh.* — Dér. : **fenouillet,** 1628 ; **fenouillette,** XVIIe.

FENUGREC, XIIIe, d'abord *fenegrec.* Empr. du lat. *fenugraecum,* littéral. « foin grec ».

FÉODAL, 1328. Empr. du lat. médiéval *feodalis,* dér. de *feodum,* une des formes lat. de *fief,* formé d'après *alodis,* v. **alleu.** — Dér. : **féodalité,** 1515.

FER. Lat. *ferrum,* It. *ferro,* esp. *hierro.* — Dér. : **ferraille,** 1390 ; **ferrailler,** 1665 (Quinault), **ferrailleur,** 1630 ; **ferret,** XIVe ; **ferronnerie,** 1297, par l'intermédiaire de *ferronnier,* lui-même dér. de *ferron,* XIIe, « marchand de fer ». — Comp. : **fer-blanc,** 1384, **ferblantier,** 1723, **ferblanterie,** 1845.

-FÈRE. Suff. de mots sav., tiré du lat. *-fer* « qui porte », issu du verbe *ferre* « porter ».

FÉRIÉ, XIVe, rare avant le XVIIe s. Empr. du lat. *feriatus,* dér. de *feriae* « jours consacrés au repos ».

FÉRIR. Ne s'emploie plus que dans la locution *sans coup férir* et au part. adj. *féru.* A été usuel jusqu'au XVIe s. ; quelques traces au XVIIe s. La prononciation de l'*é* est peut-être due à un croisement avec *fer.* Lat. *ferīre.* It. *fiedere* (vieilli), esp. *herir.*

FERME, *adj. Ferme,* qui servait d'abord seulement pour le fém., a éliminé le masc. *fer(m)* avant le XIVe s. Lat. *firmus.* It. *fermo,* a. pr. *ferm.* — Dér. : **affermir,** 1372, **affermissement,** 1551, **raffermir,** 1394, **raffermissement,** 1669.

FERME, *subst.,* v. **fermer.**

FERMENT, XIVe ; **fermenter,** vers 1270 ; **fermentation,** 1539. Empr. du lat. *fermentum* (mot de la famille de *fervere* « bouillir »), *fermentare, fermentatio.*

FERMER. Signifiait propr. « rendre ferme », d'où « fortifier (usuel jusqu'au XVIe s.), fixer, décider, etc. » ; le sens de « fixer » survit encore dans quelques acceptions techn., celui de « clore » apparaît au XIIe s., v. le comp. *enfermer.* A peu à peu supplanté le verbe *clore,* qui, maintenant, est vieilli. Lat. *firmāre,* dér. de *firmus,* v. **ferme,** adj. L'it. *fermare* a développé des sens différents : « arrêter, conclure » ; l'a. pr. *fermar* a des sens plus proches de ceux du fr. : « fixer, assurer, confirmer ». — Dér. au sens juridique : **ferme,** subst., XIIIe, désigne une convention, souvent une convention relative à un domaine rural, d'où spécial. « domaine rural » (le lat. médiéval a aussi *firma* qui peut être fait sur *ferme*), en outre autres sens techn. ; d'où **affermer,** vers 1170 ; **fermage,** 1367 ; **fer-**

mier, 1207, dont le sens rural subsiste seul aujourd'hui (pour un immeuble urbain on dit *locataire*). — Dér. et Comp. au sens concret : **fermeture,** XIVe, au sens moderne, se trouve au XIIIe s. au sens de « forteresse », doit sa forme avec *t* à *fermeté;* **fermoir,** XIIIe ; **enfermer,** XIIe ; **refermer,** XIIe, développement du sens parallèle à *fermer.*

FERMETÉ, XIIIe, au sens moderne ; au moyen âge et dès le XIIe s., signifie aussi « fortification, forteresse ». Empr. du lat. *firmitas* « fermeté, force d'âme » dér. de *firmus*, v. **ferme.** *Firmitas* avait pris dans le lat. pop. de la Gaule le sens de « forteresse », d'où l'a. fr. *ferté*, conservé aujourd'hui dans des noms de ville *(La Ferté) ;* par suite, *firmitas* a reçu le sens de « forteresse » en lat. médiéval, d'où l'a. fr. *fermeté* et l'a. pr. *fermetat.*

FÉROCE, XVe, au sens « farouche, orgueilleux », encore chez La Bruyère ; **férocité,** XIIIe, mais rare au moyen âge ; a parfois le sens de « fierté ». Empr. de l'adj. lat. *ferox* « fier, orgueilleux », et de son dér. *ferocitas* « fierté, orgueil », qui ont pris le sens de « féroce, férocité » à basse ép.

FERRADE, 1836. Empr. du prov. *ferrado*, dér. du verbe *ferra* « ferrer », parce qu'on marque au fer l'animal terrassé.

FERRER. Lat. pop. **ferrāre.* It. *ferrare*, esp. *herrar*, a. pr. *ferrar.* — Dér. et Comp. : **ferrure,** 1260 (É. Boileau) ; **déferrer,** XIIe ; **enferrer,** *id. ;* **referrer,** XIIe ; **maréchal-ferrant,** v. **maréchal.**

FERRONNIÈRE, chaîne entourant la tête et portant au milieu un bijou qui orne le front, 1832. Ainsi nommé d'après le portrait de la *Belle Ferronnière* (par L. de Vinci) qui porte cet ornement.

FERROVIAIRE, vers 1900. Empr. de l'it. *ferroviario* (de *ferrovia* « chemin de fer ») pour servir d'adj. à *chemin de fer.*

FERRUGINEUX, 1610. Dér. sav. du lat. *ferrugo, -ginis* « rouille du fer », en vue d'un sens spécial de « qui contient du fer ».

FERRY-BOAT, 1890. Empr. de l'angl. *ferry-boat.* — Comp. de *ferry* « bac » et *boat* « bateau ».

FERTILE, XIVe ; **fertilité,** XIVe (Oresme). Empr. du lat. *fertilis, fertilitas.* — Dér. de l'adj. : **fertiliser,** 1564 (Ronsard), **fertilisation,** 1764 (Voltaire), **fertilisable,** 1865.

FÉRULE, 1372, comme nom de plante ; 1385, au sens de palette servant à frapper les écoliers dans la main. Empr. du lat. *ferula* qui a les deux sens.

FERVENT, XIIe ; **ferveur,** *id.* Empr. des mots lat. *fervens* et *fervor*, part. et nom d'action de *fervere* « bouillir ».

FESSE. Lat. pop. **fissa*, plur. neutre pris comme fém. de *fissum* « fente », dér. de *findere* « fendre ». Seulement fr. en ce sens. A éliminé l'a. fr. *nache* (ou *nage*), usuel jusqu'au XVIe s., encore dans les dictionnaires comme terme de boucherie et de corroierie, lat. pop. **natica*, lat. class. *natis*, d'où aussi it. *natica*, esp. *nalga*, a. pr. *naggas* (lire *natjas*) et quelques traces dans les parlers gallo-romans contemporains. — Dér. : **fessier,** *subst.*, XVIe (Marot), *adj.*, XVIe (Paré) ; **fessu,** XIIIe.

FESSER, 1489. Les formes comme normand *fessier* montrent que le radical de ce verbe s'est terminé sur une consonne palatale. C'est donc un dér. de l'a. fr. *fece* (pour **faisce*) « hart », du lat. *fascia* « lien ». Ce subst. ayant disparu de la langue, le verbe fut rattaché au subst. *fesse* « moitié du derrière de l'homme », et la nuance sémantique en fut légèrement modifiée en « battre en donnant des coups sur les fesses » (de *« battre avec des verges »). — Dér. **fessée,** 1526. — Comp. : **fesse-mathieu,** XVIe (N. du Fail : « A Rennes on l'eust appellé fesse-mathieu, comme qui dirait batteur de saint Mathieu, qu'on croit avoir esté changeur »), cette explication (où il faut comprendre « qui bat saint Mathieu pour lui tirer de l'argent ») est appuyée par les comp. *fesse-maille* « avare », *fesse-pinte* « ivrogne », *fesse-cahier* « copiste gagnant sa vie à faire des copies ».

FESTIN, 1526, une première fois en 1382. Empr. de l'it. *festino*, dér. de *festa* « fête ». — Dér. : **festiner,** 1350.

FESTIVAL, 1830. Empr. de l'angl. *festival*, propr. « fête », lui-même empr. de l'a. fr. *festival*, adj., dér. du lat. médiéval *festivus* « de fête ».

FESTON, 1533. Empr. de l'it. *festone*, dér. de *festa* « fête », propr. « ornement de fête ». — Dér. : **festonner,** XVe-XVIe s.

FÊTE. Lat. *festa* (sous-entendu *dies*), fém. pris substantiv. de l'adj. *festus* « de fête ». Au sens de « fête patronale », concurrencé dans les parlers gallo-romans contemporains par des termes variés, v. notamment **assemblée, dédicace, frairie, vogue** (sous **voguer**). — Dér. : **fêtard,** 1859, d'après l'expression *faire la fête;* **fêter,** XIIe ; **festoyer,** XIIe *(festeer) ;* la prononciation actuelle de l'*s* est due à ce que, après être sorti de l'usage courant, le mot a été réintroduit d'après l'ancienne graphie ; *festoyer* est un verbe du langage marotique ; la prononciation *fêtoyer* est encore recommandée par l'Académie et Voltaire écrit *fêtoyer.* — Comp. : **fête-Dieu,** 1521, fête instituée en 1264 par Urbain IV, sous le nom de *corpus domini*, qui se dit en it., ou de *corpus Christi*, qui se dit en esp., d'où aussi *corpus*, aujourd'hui en languedocien et en catalan, et le type *corps de Dieu* dans le Sud-Ouest ; dite aussi *fête du saint sacrement*, encore usité notamment en picard et en normand.

FÉTICHE, 1669 (et *fetiso* en 1609). Empr. du port. *feitiço*, propr. adj. signifiant « artificiel », puis subst. au sens de « sortilège, objet enchanté », cf. de même esp. *hechizo*, aux mêmes sens, lat. *factīcius*, v. **factice.** — Dér. : **fétichisme,** 1760 (de Brosses : « Le culte... de certains objets terrestres et matériels appelés fétiches... et que par cette raison j'appellerai fétichisme »).

FÉTIDE, XVe. Empr. du lat. *foetidus*, dér. de *foetere* « puer ». — Dér. : **fétidité,** 1754.

FÉTU. Lat. de basse ép. *festūcum*, lat. class. *festūca*. D'après les deux formes, it. *festuca* et *-tuco*, a. pr. *festuga* et *-tuc*.

FEU, *subst.* Lat. *focus*, propr. « foyer », qui a pris dès l'époque impériale le sens de « feu » et éliminé le lat. class. *ignis*. It. *fuoco*, esp. *fuego*, a. pr. *foc*. — Dér. : **fouée,** XIIe. — Comp. : **feu-follet,** v. **fou ; contre-feu,** 1531 ; **feu-Saint-Elme,** v. **elme.**

FEU, *adj.* D'abord *faü*, *feü ;* puis *feu*. Lat. pop. **fātūtus*, dér. de *fātum* « destin », propr. « qui a une bonne ou une mauvaise destinée », cf. *mal faüt (Alexis)*, d'où « qui a accompli sa destinée » ; ce sens a éliminé le premier dès le XIIIe s. Seulement fr. L'a. pr. a une forme analogue *mal fadat* « qui a une mauvaise destinée », mais dont le sens ne s'est pas développé comme en fr. L'it. *fu* vient du fr. ; v. **fée.**

FEUDATAIRE, XVe. Empr. du lat. médiéval *feudatarius*, dér. d'une des formes lat., *feudum*, de *fief*, v. **féodal, fief.**

FEUILLE. Lat. pop. *folia*, plur. neutre, pris comme fém., du lat. class. *folium*, représenté en a. fr. par une forme *fueil ;* l'emploi de *folia*, propr. collectif, s'explique par le sens de « feuillage d'un arbre ». Conservé partout, d'après les deux formes du lat. : it. *foglio* et *foglia*, esp. *hoja*, a. pr. *folh* et *folha ;* les parlers gallo-romans aujourd'hui n'ont plus guère que des formes fém. pour désigner une feuille d'arbre, tandis qu'au sens de « feuille de papier » le masc. est encore assez vivace en prov. L'it. *foglio* et l'a. pr. *folh* désignent notamment une feuille de papier. — Dér. : **feuillage,** 1324 ; **feuillaison,** 1763 ; **feuillée,** XIIe ; **feuiller,** *id.* « garnir de feuilles » ; **feuillet,** XIIe ; **feuilleter,** XIIIe ; **feuilletage,** XVIe ; **feuilletis,** 1755 ; **feuilleton,** 1738, comme terme de reliure, au sens moderne, 1811 ; **feuilletonniste,** 1839 (Balzac) ; **refeuilleter,** XVIe (Ronsard) ; **feuillu,** XIIe ; **feuillure,** 1334, « entaille faite pour recevoir une partie saillante » ; dér. de *feuiller* au sens de « faire une feuillure », 1357, qui dérive lui-même de *feuille*, par comparaison de l'entaille dite « feuillure » avec une feuille, cf. en all. *Verblattung* « feuillure », dér. de *Blatt* « feuille » ; **défeuiller,** XIIIe ; **effeuiller,** XIVe.

FEUILLETTE, fût de contenance variée, aujourd'hui d'environ 114 à 140 litres, suivant les pays, XVe. Souvent altéré en *fillette*, 1387. A peut-être signifié d'abord « tonneau de jauge » ; en ce sens, pourrait dériver de *feuiller* « faire une feuillure (pour jauger) » ; toutefois *feuillure* n'est pas attesté au sens d' « entaille dans un tonneau ».

FEULER, fin XIXe ; se dit surtout du tigre. Onomatopée. — Dér. : **feulement,** *id.*

FEURRE, v. **fourrage.**

FEUTRE, vers 1100. Francique. **filtir*, cf. all. *Filz*, angl. *felt ;* de même it. *feltro*, a. pr. *feltre ;* l'esp. *fieltro* doit remonter à une base **feltir*, peut-être d'origine suébique. — Dér. : **feutrer,** XIIe.

FÈVE. Lat. *faba*. It. a. pr. *fava*, esp. *haba*. — Dér. : **féverolle,** début XIVe *(faverolle)*.

FÉVRIER. Lat. de basse ép. *febrārius*, lat. class. *februārius*, cf. les formes de *janvier*. It. *febbraio*, esp. arch. *hebrero*, a. pr. *feurer*, etc.

FEZ, 1677 (écrit *fes*) ; *fez* en 1787 (Peyssonnel, consul à Smyrne). Tiré de *Fez*, nom de la capitale du Maroc, où cette coiffure était fabriquée et d'où elle était exportée dans les principaux pays islamiques.

FI. Onomatopée.

FIACRE, 1650 (Ménage). Nom propre ; cf. ce que dit Ménage : « On appelle ainsi à Paris, depuis quelques années, un carrosse de louage ; à cause de l'image de saint Fiacre, qui pendoit à un logis de la rue Saint-Antoine, où on trouvoit ces sortes de voitures. C'est dont je suis témoin oculaire ».

FIANCER, v. **fier.**

FIASCO, dans *faire fiasco*, 1820. Empr. de l'it. *far fiasco*, dit d'abord d'une œuvre dramatique ou musicale mal accueillie par le public ; *far fiasco* (attesté depuis 1808) est probabl. pour *appiccar il fiasco ad alcuno* « diffamer qn » (dès le XVe s.), de l'habitude qu'on avait de suspendre un *fiasco* sur le devant d'une maison où on avait ouvert un débit de vin.

FIASQUE, 1852. Empr. de l'it. *fiasco* « bouteille à large panse », lui-même empr. du germ. *flaska*.

FIBRE, 1372. Empr. du lat. *fibra*. — Dér. : **fibreux,** 1545 ; **fibrille,** 1701 ; **fibrine,** 1799 ; **fibrome,** 1856 ; **fibrane,** 1941, créé par les techniciens pour distinguer les tissus de fibres coupées. — Comp. : Nombreux mots sav. avec **fibro-** comme premier élément.

FIC, v. **figue** et **verrue.**

FICELLE, 1564, auparavant *fincelle*, 1350. Représente probabl. un lat. de basse ép. **funicella*, dim. de *funis* « corde », dont la voyelle a été modifiée sous l'influence de *fin* (au sens de « petit bout d'un objet »), et transformé par la suite en *fi-* sous l'influence de *fil*, prononcé souvent *fi*. Seulement fr. *Ficelle* au sens de « ruse », puis de « rusé, trompeur », 1808, vient d'expressions du théâtre des marionnettes. — Dér. : **ficeler,** 1694 ; **déficeler,** 1755.

FICHE, v. le suiv.

FICHER. Lat. pop. **fīgicāre*, devenu de bonne heure **fīccāre* dér. de *fīgere* « attacher, fixer ». It. *ficcare*, esp. *hincar*, a. pr. *ficar*. *Ficher* est usuel depuis le XVIIe s., comme euphémisme de *foutre* (parfois *fiche*, d'après l'inf. *foutre*, d'où aussi l'interjection **fichtre**) ; de là le part. passé *fichu*, 1611, d'après *foutu*, d'où **fichu,** 1701, subst., probabl. au sens de « mis à la hâte » ; **fichaise,** 1756 (Vadé). — Dér. : **fiche,** 1413 (déjà « pointe » au XIIe s.), d'abord pour désigner des pieux, des clous, des attaches, etc., puis, par comparaison, « marque de jeu », dès le XVIIe s., d'où diverses sortes de cartes (de bibliothèque), etc. ; *fiche de consolation* est propr. un terme de jeu, qui désignait des fiches d'un nombre déterminé qu'on ajoutait à celles qu'un joueur avait gagnées, pour lui assurer un certain bénéfice, d'où le sens fig. au XVIIIe s. ; d'où **fichet,** 1680 ; **afficher,** vers 1080 *(Roland)*, signifie au moyen âge « ficher, fixer » et au fig. « déclarer, affirmer » ; le sens moderne vient de celui de son dér. *affiche*, à partir du XVIe s. ; ce dér. date d'av. 1204 et signifie au moyen âge surtout « boucle, agrafe », v. **affiquet,** le sens moderne date du XVe s. ; d'où **affichage,** 1792.

FICHTRE, FICHU, v. **ficher.**

FICTION, XIIIe. Empr. du lat. *fictio*, dér. de *fictus*, part. passé de *fingere* « inventer », v. **feindre.** — Dér. : **fictif,** 1609 ; une première fois au XVe s. ; formé d'après le lat. *fictus*.

FIDÉICOMMIS, XIIIe, dans une traduction du Digeste ; rare au moyen âge ; **fidéicommissaire,** XIIIe, *id.* Empr. du lat. juridique *fideicommissum*, propr. « confié à la bonne foi de quelqu'un », et de son dér. *fideicommissarius*.

FIDÈLE, Xe s. ; **fidélité,** vers 1300. Empr. du lat. *fidelis* (de *fides* « foi »), *fidelitas*. L'a. fr. a possédé des formes pop. *feeil, feoil, feelté, feeuté* qui paraissent avoir été moins usitées que *feal, fealté, feauté*, avec lesquels elles ont fini par se confondre, v. **foi.**

FIDUCIAIRE, 1593. Empr. du lat. juridique *fiduciarius*, dér. de *fiducia* « confiance », de la famille des préc.

FIEF. D'abord *fieus*, cas sujet, *fieu*, cas complément, d'où *fief*, XIIIe, avec un *f* final qui s'explique probabl. par les dér. comme le verbe a. fr. *fiever*, cf. la forme du lat. médiéval *fevum*. Francique **fĕhu-* « bétail », cf. all. *Vieh* « bétail » et **alleu** ; transcrit en latin carolingien *feum*, 960, *fevum*, 990 (*feudum, feodum* ne se trouvent que depuis 1010 ; les attestions antérieures qu'on a cru pouvoir alléguer sont des falsifications), d'après *allodium*, v. **féodal, feudataire** ; du sens propre a pris, comme le lat. *pecunia* « richesse » qui dérive de *pecus* « bétail », les sens de « bien », puis a servi, lors de l'établissement de la féodalité, à désigner un bénéfice héréditaire, *feudum* ayant succédé à *beneficium*. L'it. *fio* vient du gallo-roman. — Dér. : **fieffer,** XIIe, sens fig., au part passé, 1655 (Molière : « Filous fieffés »).

FIEL. Lat. *fel*, propr. « vésicule qui contient la bile », d'où « bile » ; sens fig. dès le lat. class. It. *fiele*, esp. *hiel* (fém.), a. pr. *fel* (quelques parlers gallo-romans de l'Est disent *amer*). — Dér. : **fielleux,** XVIe (Ronsard) ; **enfieller,** XIIIe, rare avant le XVIe s.

FIENTE. Lat. pop. **femita*, dér. de **femus*, altération du lat. class. *fimus*, d'après *stercus*, v. **fumier.** Esp. arch. *hienda*, a. pr. *fenda, fenta*, etc. — Dér. : **fienter,** XIVe.

FIER, *verbe.* Depuis le XVIIe s. ne s'emploie plus que comme réfl. ; la construction active a toujours été moins usuelle, même au moyen âge. Lat. pop. **fīdāre* « confier » dér. de *fīdus* « fidèle ». It. *fidare*, esp. *fiar*, a. pr. *fizar*. — Dér. et Comp. : **fiancer,** XIIe, propr. « prendre un engagement », jusqu'au XVe s., d'où le sens moderne dès 1283 (Beaumanoir), par l'intermédiaire d'un anc. *fiance* « engagement » ; d'où **fiançailles,** XIIe, développement du sens parallèle au verbe ; **défier,** vers 1080 *(Roland)*, d'abord terme de féodalité « renoncer à la foi jurée », d'où, d'une part, « enlever la confiance » et d'autres part, « provoquer » ; *se défier de*, 1448, a été fait d'après le lat. *diffidere* (on trouve *difier* au XIIe s.), d'où **défiance,** XIIe, au sens de « défi », sens moderne au XVIe s., **défi,** fin XVe ; **méfier,** fin XVe, **méfiance,** XVe s.

FIER, *adj.* D'abord « farouche », « dur, terrible », usuel jusqu'au XVIIe s. ; le sens moderne apparaît au XIIe s. La prononciation de l'*r* final est due à la fois au fém. et à *fierté*. Lat. *ferus* « sauvage, farouche » ; apparaît déjà à basse ép. avec le sens d' « audacieux ». It. *fiero* « sauvage, fier », a. pr. *fer* « sauvage ». Dans les parlers de l'Est signifie « âcre », depuis le XVIe s., notamment en parlant d'un fruit qui n'est pas mûr. — Dér. : **fiérot,** 1808, une fois au XVIe s. ; **fierté,** vers 1080 *(Roland)*, d'après le lat. *feritas* ; cf. aussi a. pr. *fertat* ; développement de sens parallèle à *fier*.

FIER-A-BRAS, XIVe. Tiré du nom propre d'un géant sarrazin des chansons de geste, dont la forme n'est pas claire ; *fera bracchia* « bras redoutables », qui se trouve dans une traduction latine du moyen âge, peut être une interprétation de savant.

FIEUX, v. **fils.**

FIÈVRE. Lat. *febris*. It. *febbre*, esp. arch. *hiebre*, a. pr. *febre*. — Dér. : **fiévreux,** XIIe ; **fiévrotte,** 1673 (Molière) ; **enfiévrer,** 1588 (Montaigne, au sens propre ; d'abord, *enfibrer*, vers 1500), sens fig., 1775 (Beaumarchais).

FIFRE, 1507. Empr. du suisse all. *pfifer*, propr. « celui qui joue du fifre *(pfîfe)* » (cf. all. *Pfeifer* « *id.* »), introduit par les mercenaires suisses.

FIFRELIN (ou *fiferlin*), 1867. Mot pop., empr. de l'all. *Pfifferling* « sorte de champignon », propr. « peu de chose ».

FIGARO, 1840. Substantification du nom du héros de la pièce de Beaumarchais (1775).

FIGER. D'abord *fegié*, XIIe, d'où *feger*, encore usuel dans les parlers de l'Ouest, puis *figer*, XIIIe, peut-être d'après la forme *fie* « foie » du picard. Lat. pop. **fēticāre*, dér. de *fēticum « foie », propr. « prendre l'aspect du foie », cf. pour le sens Soignies *sang foité* « sang caillé », dér. de *foite* « foie ». Seulement fr.

FIGNOLER, v. **fin,** adj.

FIGUE, XIIe *(figes ; rarement fie).* Empr. de l'a. pr. *figa,* lat. pop. **fīca,* issu, sur le modèle des nombreux noms de fruits en *-a,* du lat. class. *fīcus,* fém., à la fois « figuier » et « figue », d'où it. *fico,* aux deux sens, esp. *higo* « figue ». *Ficus* avait aussi le sens de « verrue », d'où le fr. *fic,* jusqu'au XVIe s. *fi,* encore usité dans de nombreux patois. La locution *moitié figue, moitié raisin,* qui apparaît dès 1487, passe pour rappeler une fraude dont les commerçants vénitiens, qui achetaient du raisin de Corinthe, autrefois rare et cher, auraient été victimes ; cette locution viendrait donc de l'Italie, mais elle n'y a pas été signalée. *Faire la figue à quelqu'un,* attesté dès le XIIIe s., est empr. de l'it. *far la fica, le fiche,* relevé à la même date, qui désigne propr. un geste de dérision, d'intention obscène, *fica* ayant pris en it. le sens de « vulve de la femme ». — Dér. : **figuier,** XIIIe *(figiers ; rarement fier,* d'après *fie).*

FIGURE, X[e] *(Sainte Eulalie)* ; **figurer,** XIe ; **figuratif,** XIIIe ; **figuration,** XIIIe. Empr. du lat. *figura* « forme, figure » (mot de la famille de *fingere,* v. **feindre**) et des dér. *figurare, figuratio, figurativus* (créé à basse ép.). Au sens de « visage », qui apparaît au XVIIe s., s'est répandu dans tout le territoire gallo-roman. — Dér. : **défigurer,** XIIe ; **figurant,** 1740 (à propos de ballet).

FIGURINE, 1589, « petite figure, image », d'où le sens de « statuette », 1829. Empr. de l'it. *figurina.*

FIL. Lat. *fīlum,* également au sens de « tranchant d'une arme », v. **affiler.** La locution *de fil en aiguille,* déjà au sens fig. dans *Le Roman de la Rose,* paraît être propr. une expression se rapportant au travail de la couturière qui, après avoir mis un fil, coud avec l'aiguille, et, après avoir cousu avec l'aiguille, reprend du fil, et ainsi de suite. Dans les parlers gallo-romans du Nord-Est, de l'Est et du Poitou, il est concurrencé par *filet.* — Dér. et Comp. : **filet** « petit fil », XIIe, d'où **entrefilet,** 1839 (Balzac), propr. « paragraphe entre deux filets (petites lames métalliques) pour le mettre en valeur » ; **fileter,** XIIIe ; **filet,** terme de boucherie, XIVe, cf. angl. *fillet* « bandelette » et « morceau de viande roulé, lié, rouelle de veau » ; **filet** « engin de pêche », XVIe, altération de *filé,* XIIIe, encore dans Monet 1636 sous la forme *filé,* a. pr. *filat,* c'est-à-dire « fait de fils » ; **filière,** 1244 ; **filin,** 1611 ; **contrefil,** XVIe (Rab.) ; **effiler,** 1526 ; **effilocher,** 1761, par l'intermédiaire d'un anc. *filoche,* XIVe ; **enfiler,** XIIIe, **enfilade,** 1611, **désenfiler,** 1694 ; **défiler** « ôter du fil qui les réunit des objets enfilés », XIIIe ; *se défiler,* du langage fam., paraît être issu de l'emploi militaire de *défiler un ouvrage* « le disposer de manière à le soustraire aux feux ennemis » (dont le développement sémantique n'est pas clair), **défilement,** 1803 ; **morfil,** 1611, comp. de *mort,* part.

FILAMENT, 1538. Empr. du lat. médiéval *filamentum,* attesté en lat. de basse ép. au sens d' « étoffe de fil ». — Dér. : **filamenteux,** 1588.

FILANDRE, v. **filer.**

FILANZANE, 1901. Empr. d'un parler des indigènes de Madagascar.

FILASSE. Lat. pop. **fīlācea,* dér. de *fīlum* « fil ». It. *filaccia* (fém. plur.), esp. *hilaza,* a. pr. *filassa.*

FILER. Lat. de basse ép. *fīlāre.* It. *filare,* esp. *hilar,* a. pr. *filar. Filer,* au sens fam. de « s'en aller », peut se rattacher à la fois au sens de « se dérouler comme un fil », terme de marine, en parlant d'un câble, XVIe, et de la vitesse d'un navire, ou à celui de « s'en aller » en parlant d'une troupe, XVIe ; *filer doux,* fin XVe, paraît se rattacher à ces locutions. — Dér. et Comp. : **filage,** XIIIe ; **filandre,** XIVe, au lieu de **filande,* d'où **filandreux,** 1603 ; **filature,** 1724, d'où **filateur,** 1823 ; **file,** XVe, d'où **(d') affilée,** vers 1850 ; **défiler** « aller à la file », 1648, **défilé,** 1643 (Rotrou) ; **faufiler,** 1684, altération de *forfiler,* 1349 *(fourfiler),* comp. de l'anc. préf. *fors* « dehors » ; **filerie,** 1376 ; **fileur,** 1260 ; **filure,** fin XIVe.

FILIAL, 1330 ; **filiation,** XIIIe. Empr. du lat. de basse ép. *filialis, filiatio* (de *filius* « fils »).

FILIÈRE, v. **fil.**

FILIGRANE, 1673. Souvent altéré en *filigramme ;* déjà *filagramme* en 1664, usuel fin XVIIe ; à ce moment-là une étymologie pop. d'après *gramme* est impossible, *gramme* datant de la fin du XVIIIe s. Empr. de l'it. *filigrana,* fém., comp. de *fili* « fils » et de *grana* « grain », les filets des filigranes ayant été d'abord garnis de petits grains. — Dér. : **filigraner,** 1845.

FILIN, v. **fil.**

FILLE. Lat. *fīlia.* It. *figlia,* esp. *hija.* — Dér. : **fifille,** terme enfantin ; **fillette,** XIIe.

FILLEUL. Lat. *fīliolus,* dim. affectueux de *filius* « fils », qui a pris en lat. de la Gaule, rarement ailleurs, le sens de « filleul » *(filleul, filleule* répondant à *parrain, marraine),* cf. a. pr. *filhol.* L'it. *figliuolo* et l'esp. *hijuelo* sont encore des dim. de *figlio, hijo.*

FILM, 1889. Empr. de l'angl. *film,* d'abord « pellicule spécialement préparée pour la photographie instantanée », d'où, depuis 1896, son application au cinéma. — Dér. : **filmer,** 1908.

FILOCHE, v. **fil.**

FILON, 1566. Probabl. empr. de l'it. *filone,* augment. de *filo* « fil ».

FILOSELLE, « bourre de soie, rebut des cocons dévidés », 1369 *(filloisel ; puis filloselle,* 1542). Empr. de l'it. dialectal *filosello* (d'où aussi l'it. *filugello* « ver à soie »), propr. « cocon de ver à soie », d'où « filoselle », altération, par croisement avec *filo* « fil », de **folisello*, lat. pop. **follicellus*, lat. class. *follĭcŭlus* (dér. de *follis* « sac »), propr. « petit sac », d'où « enveloppe du grain de blé, de la larve d'un insecte, etc. ».

FILOU, 1564 *(Chronique bordelaise)*. Mot d'argot ; probabl. forme dialectale de *fileur*, dér. de *filer* dans un sens qui correspond à peu près à celui de *tramer*. — Dér. : **filouter,** 1656 (Pascal) ; **filouterie,** 1644.

FILS. Lat. *fīlius*, concurrencé dans les patois par des termes variés, *gosse*, *drôle*, etc. *Fils* est l'anc. cas sujet, qui a été conservé avec son *s* final en raison de son emploi fréquent comme vocatif ; *fi*, forme archaïque, représente l'anc. cas régime avec disparition d'*l* mouillée ; *fieux* est une forme picarde, voir La Fontaine, *Fables*, IV, 16 ; on emploie en outre **fifi,** terme du langage enfantin, et **fiston,** terme fam., dér. de *fils*.

FILTRE, XVIe (Paré). Empr. du lat. médiéval (des alchimistes) *filtrum*, qui est le même mot que *feutre*. — Dér. : **filtrer,** *id.* ; **filtrage,** 1845 ; **filtration,** 1611 ; **infiltrer (s'),** 1503, **infiltration,** *id.*

FIN, subst. Lat. *fīnis*. It. *fine*, a. pr. *fin* ; v. **finance** et **seul.** — Comp. : **afin (que, de),** 1320 ; **enfin,** vers 1150.

FIN, *adj.* Depuis Cicéron le lat. employait le subst. *finis* pour désigner la partie la plus parfaite de qch., p. ex. *finis honorum* « la plus haute des honneurs », *finis boni* « le plus haut bien ». De cet usage est issu l'emploi de *fin* comme adj. ; l'étape de transition est conservée jusqu'à nos jours dans des expressions comme *le fin fond*, *le fin mot de l'affaire*, et dans l'emploi adverbial du mot tel qu'il existe dans *fine seule*, etc., en a. fr. et dans les parlers pop. It. *fino* et *fine* « fin, délicat », a. pr. *fin* « pur, accompli » ; l'all. *fein* et l'angl. *fine* viennent du fr. — Dér. et Comp. : **finaud,** 1762 ; **finesse,** 1330, **finasser,** altération de *finesser* (cf. « Quelques-uns disent finasser pour finesser, mais ils parlent mal », 1680), **finasserie,** 1718, **finasseur,** 1740 (d'abord *finassier*, 1718) ; **finet,** XVe, **finette,** 1519, cf. « satin fignet cramoisi » dans le premier texte où se trouve *finet* ; **fignoler,** 1743 (et *finioler* en 1752), formation pop., peut-être d'origine méridionale ; **affiner,** XIIIe, **affinage,** 1390, **affinerie,** 1552, **affineur,** XIVe ; **raffiner,** 1519 ; **raffinement,** 1600, **raffinerie,** 1666, **raffineur,** 1611 ; **superfin,** 1688 ; d'où, par abréviation, **super,** fin XIXe ; **surfin,** 1828.

FINAL, XIIe. Empr. du lat. de basse ép. *finalis*, dér. de *finis* « fin » ; comme terme de philosophie, doit cet emploi au latin médiéval. — Dér., au sens philosophique : **finaliste,** 1829 ; plus rarement *cause-finaliste*, *id.*, ou *-nalier*, XVIIIe (Voltaire) ; **finalité,** 1865.

FINALE, terme de musique, 1779. Empr. de l'it. *finale*, dér. de *fine* « fin ».

FINANCE, 1283 (Beaumanoir). Signifie d'abord « payement, rançon », ensuite « ressources pécuniaires », encore familier en ce sens ; a été dès 1314 employé en parlant des ressources de l'État ; au sens de « maniement des affaires d'argent », date du XVIIe. s. Dér. de l'anc. verbe *finer*, forme altérée de *finir* sous l'influence du subst. *fin*, proprement « mener à fin, venir à bout », d'où spécial. « payer » jusqu'au XVIe s. ; même développement sémantique de l'a. pr. *finar* « payer » et *finansa* « accord, paiement ». — Dér. : **financer,** 1544 ; **financier,** XVe ; développement du sens parallèle à *finance*.

FINIR. D'abord *fenir*, refait de bonne heure en *finir* d'après *fin*, etc. Lat. *fīnīre*. — Dér. : **finissage,** 1786 ; **finisseur,** 1756.

FIOLE, 1180. Empr. de l'a. pr. *fiola* ou du lat. médiéval *phiola*, altération du lat. class. *phiala* (du grec *phialê*), par substitution du suff. ; l'it. dit *fiala*.

FION, 1783, dans *donner le fion*, *le coup de fion*. Locution pop. ; probabl. altération du verbe *fignoler* réduit par besoin d'expressivité à un monosyllabe.

FIORD, 1829. Empr. du norvégien *fjord*.

FIORITURE, 1830 (Stendhal). Empr., comme terme de musique, de l'it. *fioritura*, dér. de *fiorire* « fleurir ».

-FIQUE. Deuxième élément de mots sav., tiré de mots lat. en *-ficus* (de *facere* « faire »).

FIRMAMENT, XIIe. Empr. du lat. eccl. *firmamentum* qui, en lat. class., signifie « appui, soutien » (dér. de *firmare*, v. **fermer**), et que le lat. eccl. a employé pour désigner « l'étendue », qui, dans la Genèse, I, 6, « sépare les eaux des eaux » ; d'où « voûte céleste, ciel », dès le XIIIe s.

FIRMAN, 1663. Empr. du turc *fermân*, lui-même d'origine persane.

FIRME, 1877. Mot devenu européen, empr., d'abord par la Belgique, de l'angl. *firm* ou de l'all. *Firma*, empr. eux-mêmes de l'it. *firma* « convention » qui correspond au fr. **ferme.**

FISC, 1449 (*fisque*, une première fois au XIVe s.) ; **fiscal,** quelquefois depuis le XIIIe s., usuel à partir du XVIIe s. Empr. du lat. *fiscus*, propr. « panier », d'où spécial. « panier pour recevoir de l'argent, dont se servaient les collecteurs d'impôts », puis « caisse de l'Etat », et, sous l'Empire, « cassette de l'Empereur », et du dér. *fiscalis*. — Dér. : **fiscalité,** 1749.

FISSI-. Premier élément de mots sav., tels que **fissipède,** 1743, tiré du lat. *fissus* « fendu ».

FISSURE, vers 1300, rare avant le XVIIIe s. Empr. du lat. *fissura* (de *fissus*, part. passé de *findere* « fendre »). — Dér. : **fissurer,** 1861.

FISTULE, 1314 ; **fistuleux,** 1490. Empr. du lat. médical *fistula*, propr. « tuyau, tube », *fistulosus*. *Fistula* a donné une forme pop. **fêle,** encore usité dans la langue technique de la verrerie.

FIVE O'CLOCK, 1885. Empr. de l'anglais. Se rapporte à l'habitude anglaise de prendre un petit repas l'après-midi.

FIXE, XIIIe (écrit *fix*) ; rare avant le XVIe s. Empr. du lat. *fixus*, part. passé de *figere* « fixer ». — Dér. : **fixer,** 1330, **fixage,** 1854, **fixateur,** 1824, **fixatif,** 1829, **fixation,** XVe, rare, avant le XVIIe s. ; **fixité,** 1603.

FLA, 1840. Onomatopée. — Réduplication : **flafla,** 1847.

FLAC, v. **flic.**

FLACCIDITÉ, 1756. Dér. sav. du lat. *flaccidus* « flasque ».

FLACHE, v. **flaque.**

FLACON, 1314. Altération de **flascon*, lat. de basse ép. *flascōnem*, acc. de *flascō* (Grégoire de Tours, VIe s.), dér. de *flasca* (Isidore de Séville, VIIe s., qui indique que c'était d'abord un récipient servant à porter et à enfermer des « phialae », v. **fiole**) ; *flasca* représente le germanique occidental **flaska*, propr. « bouteille clissée » (sens conservé en it.), cf. all. *Flasche*, d'où a. fr. *flasche* « sorte de bouteille », it. *fiasca* et *fiasco*, cf. aussi a. pr. *flascon*.

FLAGELLATION, XIVe, rare avant le XVIIe s. ; **flageller,** XIVe. Empr. du lat. *flagellare* (de *flagellum* « fouet », v. **fléau**), *flagellatio* (lat. eccl.). L'a. fr. a possédé un verbe de formation pop. *flaieler* qui ne paraît pas avoir atteint le XVIe s.

FLAGEOLER, 1771. Paraît avoir été formé sur *flageolet*, au sens de « jambe grêle » ; l'a. fr. a possédé un verbe *flageoler* « jouer du flageolet », qui, en raison de son sens et de l'époque où il a été usité (il ne paraît pas avoir dépassé le XVIe s.), doit être considéré comme un autre mot.

FLAGEOLET, « sorte de flûte », XIIIe s. — Dér. de l'a. fr. *flajol*, lat. pop. **flābeolum*, dér. de *flāre* « souffler », cf. *tibia flatur* « on joue de la flûte » (Ovide) ; l'a. pr. dit de même *flaujolar* « jouer de la flûte » ; existe en outre ailleurs. Le lat. pop. de la France septentrionale a hésité entre **flābeolum* et **flābellum*, d'où a. fr. *flavel*. Le lat. class. disait aussi *flābellum* au sens d' « éventail », d'où a. fr. *flavel* en ce sens ; **flābellum* « flageolet » est un autre mot, mais dérive comme celui-là de *flare* « souffler ».

FLAGEOLET « sorte de haricot », 1835, *flageolle* en 1726 (à Tours). Empr. de l'it. *fagiuolo*, du lat. class. *phaseolus* (mot d'origine grecque), d'où aussi esp. *frisuelo*, a. pr. *faizol*. La forme *flageolle* résulte d'un croisement avec *flageole* « sorte de flûte », attesté en Poitou au XVIIIe s., probablement dû à la forme étroite et allongée de cette variété de haricots. La transformation de *flageolle* en *flageolet* est due à la perte de *flageole* « flûte » évincé par la forme française. Les dictionnaires donnent en outre **faséole,** 1509 (*fasole* en 1371), empr. du lat. *phaseolus* (*faisol* du XVe s. est empr. du prov.) ; **fayot,** 1721 (*fayols*), terme d'argot militaire et scolaire, est empr. du prov. *faiou*.

FLAGORNER, 1470 (*Pathelin*). Signifie d'abord « bavarder, dire à l'oreille ». Étymologie obscure. — Dér. : **flagornerie,** 1583 ; **flagorneur,** vers 1460.

FLAGRANT, 1413. Empr. du lat. *flagrans* « brûlant » en vue du sens juridique qu'il a en fr.

FLAIRER. Signifie d'abord « exhaler une odeur », usuel jusqu'au XVe s. Lat. *frāgrāre* « exhaler une bonne odeur », devenu **flāgrāre* par dissimilation et par confusion avec *flagrare* « flamber » ; le sens de « flairer » remonte à l'époque lat., car le sicilien *ciorari* et le port. *cheirar* ont ce sens ; l'a. pr. *flairar* signifie « exhaler une odeur ». — Dér. : **flair,** XIIe (Chr. de Troyes) ; **flaireur,** 1539.

FLAMANT, 1534 (Rab.). Empr. du prov. *flamenc* (d'où aussi l'esp. *flamenco*), dér. de *flama* « flamme » avec le suff. d'origine germ. *-enc* ; ainsi nommé à cause de la couleur de ses plumes ; pour cette raison on l'a aussi appelé *flambant* au XVIIe et au XVIIIe s. ; cf. en outre le nom grec *phoinikopteros*, propr. « aux ailes pourpres ».

FLAMBER, 1546 (une 1re fois vers 1170) ; a remplacé l'a. fr. *flammer*, usuel jusqu'au XVIe s., lat. *flammāre*, d'où it. *fiammare*, a. pr. *flamar*. Dér. de l'a. fr. **flambe,** encore dans les dictionnaires pour quelques emplois techn., issu de *flamble*, usuel au moyen âge, lat. *flammula* « petite flamme » ; rare en dehors du fr. ; encore usité dans les parlers de l'Ouest et de la région languedocienne (où il est empr. du fr.). De *flambe* dérivent **flambeau,** XIVe ; **flamboyer,** vers 1080 (*Roland*). — Dér. : **flambée,** 1320.

FLAMBERGE, « épée », 1581. Emploi plaisant de *Flamberge*, nom de l'épée de Renaud de Montauban, altération, d'après *flamme*, de *Floberge*, *Froberge*, mot d'origine germ., qu'on trouve aussi au moyen âge au sens d' » épée » en général et qui signifie « sauvegarde, défense (*berga*) du seigneur » (*fro-*).

FLAMME. Lat. *flamma*. V. **flamber.** — Dér. : **flammé,** 1731 ; ne continue pas l'a. fr. *flammer*, v. **flamber.** — Comp. : **oriflamme,** vers 1080 (*Roland ; orie flambe ;* puis *oriflamme*, XIVe), comp. de l'anc. adj. *orie* « doré » (empr. du lat. *aureus*) et de *flambe*, *flamme*, au sens de « bannière », d'après le lat. médiéval *aurea flamma*, qui désignait la bannière rouge des abbés de Saint-Denis, puis des rois de France.

FLAMME « lancette de vétérinaire ». D'abord *flieme*, altéré en *flamme* d'après le préc., lat. médical *phlebotomus* (du grec *phlebotomos* « instrument servant à couper les veines »), qui, par altération, a été réduit à **fletomus*, cf. l'anc. haut all. *flioluma*, d'où l'all. moderne *Fliete ;* l'a. pr. *flecme* est dû à une autre altération ; l'angl. *fleam* vient du fr.

FLAMMÈCHE, XIIIe. Francique* *falawiska*, restitué d'après l'anc. haut all. *falawiska* « cendre »; le mot fr. a été de très bonne heure altéré par croisement avec *flamme*, d'où formes très variées au moyen âge, cf. notamment *falemesche* (encore usité sous des formes voisines dans les parlers de l'Ouest); au XVIe s. formes dialectales plus proches du type étymologique *fallevuche*, *falivoche*; cf. de même it. *falavesca* (arch.), d'où *favolesca*.

FLAN, XIVe, d'abord *flaon*, XIIe. Propr. « sorte de gâteau »; dès le XIIIe s. employé aussi comme terme de monnayage : « Flaons de monnoye. » Du francique **flado*, cf. all. *Fladen*, de même sens; cf. aussi a. pr. *flauzon*.

FLANC. Francique **hlanka* « hanche », cf. anc. haut all. *flancha* « hanche, rein », all. *Gelenk* « articulation ». Cette forme en *-a* a été prise pour un plur. collectif du type de **brasse,** et on lui a donné un nouveau sing. masc. *flanc*. It. *fianco*, all. *Flanke* viennent du fr. — Dér. : **flanchet,** 1376; **flanquer** « garnir sur les flancs », 1555 (Ronsard), **flanquement,** 1795; **flanquer** « lancer rudement », 1596 (fam. et iron., avec, au début, le sens de « attaquer de côté », ensuite « appliquer des baisers sur les joues »); **efflanquer,** 1611 (au XIVe s. *rage efflanchée*). — Comp. : **bat-flanc,** fin XIXe *(bat* du verbe *battre)*.

FLANCHER, 1862 (argot « blaguer », 1846). Issu par changement de conjugaison de l'a. fr. *flenchir* « détourner », qui représente le francique **hlankjan* « ployer, tourner », passé si tard dans le gallo-roman qu'il a encore pu devenir, par métaphonie, **hlenkjan*. Cf. all. *lenken*.

FLANDRIN, vers 1470. D'abord nom propre, signifiant propr. « originaire des Flandres »; employé par dérision, parce que les Flamands, qui sont fréquemment de haute taille, seraient de nature molle.

FLANELLE, 1656. Empr. de l'angl. *flannel*, lui-même empr. du gallois *gwlanen*, nom d'une étoffe de laine (gallois *gwlân* « laine »; cf. aussi l'angl. dialectal *flannen*).

FLÂNER, 1808. Mot d'origine dialectale, attesté en Normandie sous la forme *flanner* en 1645, mais entré récemment dans l'usage général; cf. aussi le dér. *flanier*, aujourd'hui normand, employé au XVIIe s. par Voiture. Représente, en raison de son caractère spécialement normand, l'anc. scandinave *flana* « courir étourdiment çà et là ». — Dér. : **flânerie,** 1836 (en 1609 en Normandie); **flâneur,** vers 1580 (dans un texte normand); **flânocher,** 1864.

FLANQUER, v. **flanc.**

FLAPI, fin XIXe. Mot de la région lyonnaise (*flapir* « abattre » déjà au XVe s.), dér. d'un adj. attesté dans les parlers de la Suisse romande (se trouve aussi en Italie et dans la région rhétique), *flap*, *fiap* « mou ». Cet adj. se rattache très probabl. au lat. *faluppa*, v. **envelopper,** par une forme **falappa*, due à une assimilation vocalique (cf. piém. *flapa* « cocon incomplet »).

FLAQUE, 1718. Forme normande ou picarde, correspondant au fr. **flache,** encore dans les dictionnaires, fém. pris substantiv. de l'anc. adj. *flache* « mou », forme primitivement fém., qui a éliminé le masc. *flac*, lat. *flaccus*. Le sens de « petite mare d'eau » paraît être issu de celui de « creux » que présente l'adj. *flache*, cf. le sens de « creux dans une route », usité dans les parlers du Centre et l'emploi habituel de *flaque* sous la forme *flaque d'eau*.

FLASH, 1918. Empr. de l'angl. *flash* « illumination rapide ».

FLASQUE, *adj.*, 1421 (« L'eau est flasque et malsaine »). Altération de *flaque*, forme dialectale de l'anc. adj. *flache*, v. **flaque.** L'*s* d'abord graphique a été plus tard prononcée, parce qu'elle rendait le mot plus expressif; le picard dit encore *flaque*.

FLATIR, XIIe. Dér. du francique **flat* « plat », qu'on peut supposer d'après l'anc. scandinave *flatr*, l'angl. *flat* et l'anc. haut all. *flaz*, peut-être d'un verbe francique **flatjan*.

FLATTER, XIIe. Signifie propr. « caresser avec la main », sens attesté depuis 1375; répandu dans les patois. Dér. du francique **flat*, v. **flatir,** au sens de « passer le plat de la main », cf. aussi l'a. pr. *aflatar* « appliquer contre »; le sens moral s'est développé de bonne heure. — Dér. **flatterie,** 1260; **flatteur,** vers 1220.

FLATUEUX, 1538. Dér. sav. du lat. *flatus* « vent », d'où dérivent aussi **flatulent,** XVIe (Paré); **flatulence,** 1747. — Dér. : **flatuosité,** 1611.

FLÉAU. Lat. *flagellum*, propr. « fouet », qui a pris à basse ép. le sens d' « instrument à battre le blé »; s'emploie déjà en lat. class. au sens fig. de « calamité »; usité en outre dans le lat. eccl. au sens de châtiment envoyé par Dieu, notamment dans la locution *flagellum domini*, cf. Job, 19, 16; Isaïe, 28, 15 (en parlant de Nabuchodonosor). A. pr. *flagel* et dialectes it. et rhéto-romans.

FLÈCHE « arme », XIIe. Paraît signifier d'abord la tige, l'ensemble de l'arme se disant *saiete*, lat. *sagitta*. D'après le moyen néerl. *vliecke* et l'anc. bas all. *fliuca*, on restitue le francique **fliukka*, qui explique parfaitement la forme fr. Une forme anc. francique **fliugika*, qu'on avait proposée, est impossible, parce que le suff. *-ika* ne sert qu'à former des subst. désignant des personnes. L'it. *freccia*, l'esp. *flecha* et l'a. pr. *fleca*, *flecha* viennent du fr.

FLÈCHE « pièce de lard », 1549. Modification, d'après l'anc. picard *flec* (du moyen néerl. *vlecke*, id.), de l'a. fr. *fliche* (1195, et jusqu'au XVIIIe s.), qui représente l'anc. scandinave *flikki*, cf. encore normand *flique*, id.

FLÉCHIR, XIIe. Modification de l'a. fr. *flechier*, XIIe, qui représente un lat. de basse ép. **flecticare*, dér. de *flectere*. — Dér. : **fléchissement,** vers 1300; **fléchisseur,** 1586.

FLEGME, 1538 (antér. *fleume*, encore usité au xve s. et aujourd'hui dans les patois) ; **flegmatique,** 1534 (Rab. ; antér. *fleumatique*, fin xiie). D'abord termes médicaux, le phlegme étant l'ancien nom de la lymphe ou pituite ; sens fig. à partir du xviie s. Empr. du lat. *phlegma*, *phlegmaticus* (du grec *phlegma* « humeur, pituite », propr. « inflammation », *phlegmatikos*). Le fr. pop. **flemme,** 1821 (adj. dès 1795), est le même mot, empr. de l'it. *flemma*, fém. (même mot que *flegme*) qui a pris populairement le sens de « lenteur, mollesse » ; de *flemme* dérivent **flemmer,** 1888, **flemmard,** 1886, **flemmarder,** 1922.

FLÉTRIR « faire perdre à une plante sa couleur », xiie. Dér. de l'anc. adj. *flaistre*, *flestre* « flétri, flasque », lat. *flaccidus*, d'où aussi esp. *lacio*.

FLÉTRIR « marquer d'ignominie », 1560, antér. *fleutrir* (de 1549 à 1636) ; *flatrir*, xiiie. Altération progressive, due peut-être au mot préc., de **flatir,** v. ce mot. — Dér. : **flétrissure,** 1611.

FLEUR. Lat. *flōrem*, acc. de *flōs*. La cause du changement de genre n'est pas claire ; les noms abstraits en *-or*, *-ōris* sont devenus fém. en gallo-roman, v. **douleur,** etc. ; mais le cas de *flōs* n'est pas exactement le même. La locution *à fleur de* « à la surface de » a déjà été relevée au xive s. (: « A fleur de la terre ») ; on dit de même en it. *a fior d'acqua, di terra*. *Fleurs*, au sens de « mentrues », xiiie, aujourd'hui employé surtout dans *fleurs blanches*, représente le lat. de basse ép. (ive s.) *(menstrui) fluores*, emploi spécial de *fluor* « courant d'eau ; diarrhée » ; par l'évolution phonétique normale, ce subst. est devenu dès le lat. de basse ép. *flores*, et l'identité phonétique avec *flores* « fleurs d'une plante » a fait voir dans celui-là un emploi métaphorique de celui-ci, conception qui est restée vivante en fr. L'it. dit aussi *fiori*. — Dér. : **fleuraison,** vers 1600 (Malherbe), et **floraison,** 1731, refait d'après le lat. ; en outre *fleurison*, xve s., d'après *fleurir* ; mot très rare au moyen âge ; **fleuret,** « sorte d'épée terminée par un bouton », 1580, Montaigne *(le floret au poing)* ; adaptation de l'it. *fioretto*, propr. « petite fleur », qui a dû désigner le bouton du fleuret, puis le fleuret lui-même par l'intermédiaire d'une locution non attestée « épée à fleuret » ; **fleurette,** xiie ; au xviie s., a pris le sens de « propos galants », d'où *conter (des) fleurettes* ; **fleuriste,** 1680 ; **fleuron,** 1302 *(floron)*, peut-être adaptation de l'it. *fiorone*, d'où **fleuronné,** 1692, **-er,** xve ; **affleurer,** 1397, dér. de *fleur* dans *à fleur de*, d'où **affleurage,** 1762, **affleurement,** 1593 ; **effleurer,** xiiie *(eflorée)* ; signifie d'abord « ôter les fleurs » ; au sens de « ne toucher que la superficie », 1595 (Montaigne).

FLEURDELISER, v. **lis.**

FLEURER, xve. Signifie souvent « flairer », jusqu'au xviie s. Très probabl. dér. de l'a. fr. *flaor* « odeur bonne ou mauvaise », lat. pop. **flātōrem*, acc. de **flātor*, dér. de *flatare* « souffler », peut-être sous l'influence de *foetor* « mauvaise odeur » et de *flātus* « souffle », cf. it. *fiatore* « mauvaise odeur » ; l'a. fr. a une autre forme *flairor*, plus usuelle, qui s'explique aisément comme une réfection de *flaor* d'après *flairer*.

FLEURET, v. **fleur.**

FLEURIR. Lat. pop. **flōrīre*, lat. class. *flōrēre*. It. *fiorire*, esp. *florecer*, a. pr. *florir*. L'imparf. *florissais* et le part. *florissant*, refaits sur le latin, servent à des sens fig. — Dér. : **défleurir,** xive ; **refleurir,** xiie.

FLEUVE, xiie *(flueve)* ; d'abord *fluive*. Empr. du lat. écrit *flūvius* qui était déjà moins courant que *flūmen*, conservé sous des formes pop. : a. fr. *flum*, usité jusqu'au xve s., a. pr. *flum*, it. *fiume*.

FLEXIBLE, vers 1300 ; **flexion,** xve. Empr. des mots lat. *flexibilis*, *flexio*, dér. de *flexus*, part. du verbe *flectere* « courber ». — Dér. : **flexibilité,** 1381.

FLIBUSTIER, 1667 (*fribustiers ; flibustier* dès 1680 ; en 1690, Furetière donne encore *fribustier* et *flibustier*). Empr. du hollandais *vrijbuiter* « pirate », propr. « qui fait du butin librement ». Le changement de *fr-* en *fl-* est peut-être dû à l'influence du mot holl. *vlieboot* « sorte de petit navire ». L'insertion d'un *-s-* s'explique comme simple graphie d'abord (on écrivait encore p. ex. *feste* « fête »), qui, par la suite, a fini par être aussi prononcé, comme dans un certain nombre d'autres mots. L'angl. *fleebooter* est attesté une seule fois, vers la fin du xvie s. ; il ne réapparaît qu'à la fin du xviiie s., sous la forme *flibustier*, évidemment empr. du fr. — Dér. : **flibuster,** 1701 (: « On dit flibuster en prononçant l's », Furetière), d'où **flibuste,** 1647.

FLIC « agent de police », pop., vers 1880 (déjà en 1837 argot *fligue*). A été en usage d'abord parmi les fripons d'origine juive, dont l'argot contient beaucoup d'éléments allemands. Dans l'argot des malfaiteurs all. *flick* est attesté dès 1510 au sens de « jeune homme, garçon ». Selon toute probabilité *flic* a passé de cet idiome dans l'argot fr.

FLIC-FLAC, xviie (Scarron). Onomatopée du type *clic-clac*, *tric-trac*, etc.

FLINGOT, 1887. Terme d'argot militaire, dér. de *flingue* « fusil », qui a été relevé dans l'argot des marins, empr. de l'all. dialectal *Flinke*, *Flingge*, variante de *Flinte* « fusil ».

FLIRT, 1879 ; **flirter,** 1855. Empr. de l'angl. *to flirt*, propr. « lancer, se mouvoir rapidement », d'où « folâtrer » dont l'acception partic., la seule passée en fr., date du milieu du xviiie s. ; celui-ci vient de l'a. fr. *fleureter* « conter fleurettes ». — Dér. : **flirtage,** 1855 (on a dit aussi *flirtation*, 1817, forme prise à l'angl.) ; **flirteur,** 1877.

FLOC, v. **flocon.**

FLOCHE, 1829. Usité aujourd'hui seulement dans *soie floche*. Très probabl. empr. du gascon *floche*, attesté dès le xvie s. et qui représente le lat. *fluxus* « flasque, faible ». Le mot a pénétré au nord avec l'industrie de la soie.

FLOCON, XIIIe. Dér. de l'anc. subst. **floc,** encore dans les dict., au sens de « petite houppe de laine ou de soie » (souvent *flot*), lat. *floccus* « flocon de laine », également attesté dans les autres langues romanes : it. *fiocco* « flocon, houppe », esp. *flueco* « frange ». — Dér. : **floconneux,** 1792.

FLONFLON, XVIIe. Onomatopée.

FLOPÉE, 1877 (d'abord argot. « volée de coups », 1849). Dér. de *floper* « battre » (argot), 1846, qui se rattache à *faluppa* (v. **envelopper**) par l'intermédiaire d'une forme **feluppa*, avec la voyelle de la 1re syllabe affaiblie.

FLORAL, 1749, comme terme de botanique. Empr. du lat. *floralis*, dér. de *flos* « fleur ». *Jeux floraux*, 1550 (du Bellay : « Aux jeux floraux de Toulouse »), concours littéraire institué par l'Académie de Toulouse ou *Consistori del Gai Saber* (fondé en 1323) ; ces jeux ont été ainsi nommés parce qu'on récompensait les lauréats avec des fleurs d'or ou d'argent.

FLORE, 1771 (Lamarck : *Flore Française*, titre). Empr. du lat. *Flora*, nom de la déesse des fleurs.

FLORÉAL, 1793 (Fabre d'Eglantine). Dér. sav. du lat. *floreus* « fleuri ».

FLORÈS. Ne s'emploie que dans la locution *faire florès*, 1638 (Richelieu). Signifiait d'abord « faire une dépense d'éclat, une manifestation éclatante de joie ». Peut-être adaptation du prov. *faire flòri* « être dans un état de prospérité », empr. du lat. *floridus* « fleuri » ; cette adaptation a pu se produire dans l'argot des écoliers.

FLORILÈGE, 1704. Empr. du lat. moderne *florilegium*, fait sur le modèle du lat. ancien *spicilegium*, propr. « action de glaner des épis » ; ce dernier mot a été employé au XVIIe et au XVIIIe s. pour désigner des recueils d'actes, de documents, etc., cf. le *Spicilegium* de dom Luc d'Achery, d'où **spicilège,** 1752.

FLORIN, 1307. Empr. de l'it. *fiorino*, dér. de *fiore* « fleur » (avec francisation de l'initiale) ; le florin a été d'abord une monnaie d'or, frappée à Florence, dès le XIIIe s., et ornée de fleurs de lis ; celles-ci figuraient sur les armes de la ville.

FLOT, 1130. **Flotter.** Du radical francique qui vit dans le moyen néerl. *vlot* « flots », *vloten* « être emporté par le courant, couler, nager », all. *Flosse* « nageoire ». Probabl. le francique a passé au fr. le verbe avec le subst. Le germ. connaît plusieurs radicaux commençant par *fl-* et désignant quelque chose de fluide. Ainsi francique **fluod* (cf. got. *flodus*), d'où a. fr. *fluet* « fleuve ». — Dér. : **flottable,** 1572 ; **flottage,** 1446 ; **flottaison,** *id.* ; **flottement,** XVe ; **flotteur,** 1415. — Le normand et l'anglo-norm. possèdent un autre subst. *flot* « marée », qui représente l'a. nor. *flôd* « id. », d'où le norm. *flouée* « id. » ; le fr. en a tiré les termes maritimes **renflouer,** 1529, mot probabl. normand, **renflouage,** 1870, **renflouement,** *id.* ; **afflouer,** 1863.

FLOTTE, XIIe. N'est pas identique avec a. fr. *flotte* « multitude, foule », lequel est probabl. empr. très tôt de l'Italie : l'anc. it. *fiotto* « foule », *fiotta*, id., continuent le lat. *fluctus* « flux ». Le fr. *flotte* au sens maritime, par contre, vient de l'anc. scandinave *floti* « flotte, radeau », et il vit en gallo-roman dans ces deux sens. Si le sens de « flotte » n'est pas attesté au XIVe et au XVe s., cela tient probabl. au peu d'intérêt qu'avait la France à cette époque-là pour les choses de la mer.

FLOTTILLE, 1691. Empr. de l'esp. *flotilla*, dér. de *flota*, v. **flotte.**

FLOU, XIIe. Lat. *flavus* « jaune », qui doit avoir pris déjà en lat. le sens de « fané, flétri » (cf. le verbe *flavescere* « flétrir »), d'où « faible, languissant ». L'a. fr. connaît encore les trois sens. Terme techn. de la peinture depuis 1676. L'all. *flau* et le néerl. *flauw* viennent du fr. — Dér. : **fluet,** 1694, altération de *flouet*, XVe, encore usuel au XVIIe s.

FLOUER, 1827 (une première fois au XVIe s.). Terme d'argot, variante de *frouer*, déjà chez Villon, dans une de ses ballades en jargon, au sens de « tricher au jeu », emploi fig. de l'a. fr. *froer* « rompre », qui se dit surtout des armes qui se rompent au combat et trompent ainsi l'attente que le combattant a mise en elles. Lat. *fraudare* « tromper ».

FLUCTUATION, XIIe. Empr. du lat. *fluctuatio*, dér. du verbe *fluctuare* « flotter », d'où « être balloté, être indécis ».

FLUET, v. **flou.**

FLUEURS, v. **fleur.**

FLUIDE, XIVe. Empr. du lat. *fluidus*, dér. du verbe *fluere* « couler ». — Dér. : **fluidité,** 1565.

FLUOR, 1687, comme terme d'ancienne chimie, dit des acides qui restent toujours fluides ; dit ensuite de minéraux incombustibles et fusibles, *spath fluor*, etc., puis du corps simple de ce nom. Empr. du lat. *fluor* « écoulement ». — Dér. : **fluorescence,** 1865 ; **-escent,** *id.*

FLÛTE « instrument de musique », XIIe (*flehutes* ; en outre *flaüte*). De même a. pr. *flaüt*. Probabl. onomatopée. La suite vocalique *a-u* est souvent employée pour rendre le bruit du vent qui passe par un tuyau vide ; les consonnes initiales sont probabl. dues aux mots qui s'étaient groupés autour du lat. *flare* « souffler », cf. *flageolet*. L'it. *flauto* et l'esp. *flauta* viennent du prov. S'emploie dès 1864 par euphémisme comme interjection, marquant l'impatience, cf. *zut*. — Dér. : **flûteau,** vers 1200 (*flaütel*) ; **flûter,** XIIe ; **flûteur,** XIIIe (G. de Lorris) ; **flûtiste,** 1832.

FLÛTE, sorte de navire, XVIe (Amyot). Empr. du néerl. *fluit*.

FLUVIAL, 1823, une première fois au XIIIe s. sous la forme *fluviel* ; **fluviatile,** 1559. Empr. du lat. *fluvialis*, *fluviatilis* (de *fluvius* « fleuve »).

FLUX, fin XIIIe (Joinville : *flux de ventre*). Au moyen âge et jusqu'au XVIe s., signifie surtout « écoulement »; sens moderne, 1532. Empr. du lat. *fluxus* « écoulement », dér. du verbe *fluere* « couler ». — Comp. : **reflux,** 1532.

FLUXION, vers 1300. Empr. du lat. de basse ép. *fluxio* « écoulement », la fluxion étant considérée comme un afflux de sang ou d'autres liquides dans l'endroit malade.

FOARRE, v. **fourrage.**

FOC, 1702, en 1602 *focquemast*. Empr. du néerl. *fok*.

FOCAL, 1815. Dér. sav. du lat. *focus* « foyer ».

FOEHN, 1810. Empr. du suisse all.

FOÈNE, v. **fouine** « fourche ».

FOETUS, XVIe (Paré). Empr. sav. du lat. *foetus*, variante graphique de *fetus*, propr. « enfantement », d'où « nouveau-né », v. **faon.**

FOI. Lat. *fidēs* « confiance, croyance, loyauté, etc. », qui a pris en lat. eccl. son sens religieux. — Dér. : **féal,** vers 1200, v. **fidèle.**

FOIE. Les Grecs avaient l'habitude d'engraisser les oies avec des figues, ce qui faisait grossir surtout le foie. Ils appelaient un pareil foie *hēpar sykōtón*, de *sykon* « figue ». Les Romains traduisaient ce mot en lat., d'où *fīcātum*, de *fīcus* « figue ». De là p. ex. le vénitien *figà*. D'autre part le commerce avec la Grèce maintenait dans les pays de langue lat. la connaissance du mot grec, qui devint, par les transformations phonétiques du grec et par l'adaptation au lat. quelque chose comme **sécotum*. Cette forme a agi dans différentes mesures sur les formes romanes, d'abord en en déplaçant l'accent (type **ficatum*), d'où l'esp. *hígado*, le picard *fie*, ensuite en substituant l'*e* de son radical à l'*i* du mot lat. (type **fécatum*), d'où l'it. *fégato* et le fr. *foie*. En outre il s'est produit dans plusieurs régions une métathèse des deux consonnes *c* et *t* (type *féticum*), d'où le cat. *fétge* et le wallon *féte*. De ce type vient aussi le verbe a. fr. *fegier* « coaguler (du sang) », qui est devenu plus tard, sous l'influence du picard *fie*, **figer.** Tous ces mots ont désigné d'abord le foie des animaux, qui est destiné à la consommation ; ce n'est que par la suite qu'ils ont été appliqués aussi au foie du corps humain.

FOIN. En a. fr. *fein*, *fain* jusqu'au XVe s. ; la diphtongue *-oi-* de *foin* est due à l'influence de la consonne labiale préc. Lat. *fēnum*. It. *fieno* (dont le *-ie-* est probabl. dû à une influence dialectale italique), esp. *heno*, a. pr. *fe*, sauf le wallon qui a les types *feurre* ou *fourrage* et quelques parlers de la région gasconne et catalane les types *herbe* ou *fourrage*. — Dér. : **faner,** XIVe (Froissart), d'abord *fener*, XIIe, le sens fig. apparaît dès le XIIIe s., d'où **fane,** 1385 ; **faneur,** XIIe ; **fenaison,** 1240 (ou *fan-*, 1762). — Comp. : **sainfoin,** 1572, comp. avec l'adj. *sain ;* on a écrit aussi par fausse étymologie *saincl-foin*, 1549, d'où le calque all. *Heilig-heu*.

FOIN, *interjection*, XVIe. Né probablement de l'expression fig. *bailler foin en corne* « duper », d'après l'habitude déjà romaine d'avertir les gens de la méchanceté d'un taureau par une botte de foin liée à ses cornes (cf. les vers de Horace *longe fugi*, *habet fenum in cornu*). On a proposé aussi d'y voir une déformation atténuante de l'anc. fr. *fiens* « fumier » (encore dans les patois), qui aurait été employé comme exclamation péjorative, à peu près comme **bran** et **merde** ; mais le fait que *fiens* n'est pas attesté comme interjection est peu favorable à cette explication.

FOIRE « marché ». Lat. pop. *fēria* « marché, foire », en lat. class. *fēriae* « jours de fête », spécial. *fēriae nundinae* « jours de marché », d'après l'usage ancien de faire des foires en même temps que des fêtes religieuses. A. pr. *feira*, *fiera ;* it. *fiera*. — Dér. : **foirail,** 1874, mot berrichon.

FOIRE « diarrhée ». Lat. *fōria*. De même a. pr. *foira* et dialectes de l'Italie septentrionale et rhéto-romans. — Dér. : **foirer,** 1576 ; **foireux,** vers 1200.

FOIS. Lat. *vicēs* « succession d'événements, vicissitudes », cf. *in vicem* « tour à tour », *vice versa*, « *id.* » (v. **vice-versa**), d'où l'emploi du mot dans les langues rom. pour indiquer chacun des cas où un fait a lieu. L'*f* de *fois* n'est pas expliquée de façon satisfaisante. It. *vece*, esp. *vez*, a. pr. *vetz*. Le Midi et le wallon disent *coup ;* en franco-provençal existe un type **vicāta*, dér. de *vicēs*, largement attesté ailleurs : a. fr. *foiée* (avec *f* due à *fois*), a. pr. et esp. *vegada*, v. **voyage.** — Comp. : **autrefois,** vers 1170 ; **parfois,** 1370 ; **toutefois,** 1456 *(toutes-fois) ;* a succédé à l'a. fr. *toute(s)-voies*, cf. aussi it. *tuttavia*, esp. *todavia* ; v. **quelquefois.**

FOISON. Lat. *fūsiō* (v. **fusion**), propr. « écoulement, diffusion », d'où le sens du fr. ; la locution *à foison* date déjà du XIIIe s. Aussi a. pr. *foizon*, aux mêmes sens. — Dér. : **foisonner,** XIIe ; **foisonnement,** 1554.

FOLIACÉ, 1766 ; **foliaire,** 1778 ; **foliation,** 1766. Le premier est empr. du lat. *foliaceus*, les deux autres sont des dér. sav. de *folium* « feuille ».

FOLIÉ, 1746 ; **foliole,** 1749. Empr. du lat. *foliatus* « feuillu » (comme terme de botanique ; comme terme de chimie « en forme de feuille », c'est une extension de celui-ci ou un dér. du lat. *folium*), *foliolum* « petite feuille ».

FOLIO, 1675. Empr. de l'ablatif *folio* du mot lat. *folium*, v. **feuille,** appartient d'abord à la langue du commerce. — Dér. : **folioter,** 1832.

FOLK-LORE, 1880. Empr. de l'angl. *folk-lore*, littéral. « science du peuple » (pour désigner l'étude des usages et traditions populaires). — Dér. : **folk-loriste,** 1885.

FOLLICULAIRE. Mot. dér. par Voltaire (1760), de *folliculus* qu'il a pris pour un dim. de *folium* « feuille » et qui, en réalité, signifie « petite enveloppe, petit sac », dim. de *follis*, v. **fou** ; de là aussi le sens erroné de « petite feuille de papier » que Voltaire a donné en 1770 à *follicule* (attesté comme terme scientifique dès 1523).

FOMENTER, XIIIe, d'abord comme terme de médecine, sens fig. depuis le XVIe s. ; **fomentation,** XIIIe. Empr. du lat. médical *fomentare* (de *fomentum* « cataplasme, calmant », mot de la famille de *fovere* « chauffer »), *fomentatio*.

FONCÉ, FONCER, FONCIER, v. **fond.**

FONCTION, 1537. Empr. du lat. *functio*, propr. « accomplissement », d'où en lat. juridique « service public, fonction », nom d'action du verbe *fungi* « s'acquitter de ». — Dér. : **fonctionnaire,** 1770 ; **fonctionnarisme,** 1870 ; **fonctionnel,** 1830 ; **fonctionner,** 1787, une première fois, 1637 ; **fonctionnement,** 1838.

FOND. Variante graphique, vers le XVe s., de *fonds ;* la prononciation de la locution *de fond en comble* montre que cette variante est devenue un autre mot. Depuis le XVIIe s. on a réservé aux deux formes des valeurs particulières. *Fonds*, réfection graphique de l'a. fr. *fonz*, *fons*, était, dans le haut moyen âge, un mot invariable, comme *corps*, *temps*, parce qu'il représente une forme neutre du lat. pop. *fundus*, **fundoris*, qui s'est substitué au lat. class. *fundus*, *fundi* « fond, fonds », cf. de même a. pr. *fons* et rhéto-roman *fuonz ;* ailleurs la forme ne permet pas de distinguer : it. *fondo*, esp. *hondo*. — Dér. du type *fonds :* **foncer,** 1389 ; **foncé,** 1690, comme terme de couleur, une couleur sombre paraissant enfoncée par rapport à ce qui est clair, cf. *enfoncé*, au même sens, XVIIe ; *foncer sur*, formé au XVIIe s. sur *fondre sur ;* **foncier,** 1370. — Dér. ou Comp. des deux types : **arrière-fond,** 1904 ; **bas-fond,** 1704 ; **défoncer,** XIVe, **défoncement,** 1653 ; **enfoncer,** 1278, **enfoncement,** XVe, **enfonceur,** XVIe, **enfonçure,** XVIe ; **plafond,** 1559 (parfois *platfonds*), **plafonner,** 1690, **plafonnage,** 1835, **plafonneur,** 1800, **plafonnier,** fin XIXe, **plafonnement,** 1874 ; **tréfonds,** XIIIe, comme terme de droit coutumier au sens de « fonds qui est sous le sol » ; aujourd'hui peu usité. — Dér. du type **fundora* (plur.) : **fondrière,** 1488, mais déjà une première fois au XIIe s. ; **s'effondrer,** XIIe, aussi a. pr. *esfondrar*, **effondrement,** 1560.

FONDAMENTAL, XVe. Empr. du lat. *fundamentalis*, de *fundamentum*.

FONDATEUR, 1330 ; **fondation,** XIIIe. Empr. des mots lat. *fundator*, *fundatio*, dér. de *fundare*, v. **fonder.** *Fondateur* a éliminé une forme *fondeor* dont l'homonymie avec *fondeor* « fondeur » pouvait gêner.

FONDEMENT. Lat. *fundāmentum*, dér. de *fundāre*, v. **fonder** ; resté en contact avec le lat. écrit ; le sens d' « anus », déjà attesté au XIIe s., vient du lat. médical. It. *fondamento*, a. pr. *fondamen*.

FONDER. Lat. *fundāre ;* resté en contact avec le lat. écrit. It. *fondare*, a. pr. *fondar*.

FONDRE. Lat. *fundere*, propr. « répandre, faire couler » (sens quelquefois attesté au moyen âge), d'où « couler », sens principal des langues rom., puis, plus tard, en fr., « s'affaisser, s'effondrer », jusqu'au XIXe s., et transitivement « faire écrouler » au moyen âge ; le sens de « s'abattre sur », qui ne paraît pas antérieur au XVIe s., est né dans le langage de la fauconnerie, où il apparaît dès 1375. A. pr. *fondre* « fondre, détruire », it. *fondere* « fondre, gaspiller », esp. *hundir* « détruire, enfoncer ». Il semble que le sens de « détruire, faire écrouler » ne soit pas dû à un développement spontané, mais à un croisement avec *fond*. — Dér. et Comp. : **fonderie,** 1373 ; **fondeur,** 1260 ; **fondoir,** 1680, d'abord au XIIIe et au XIVe s. au sens de « creuset » ; **fondue,** 1768 ; au moyen âge « fonte » ; **fonte,** XVe, mais antér. d'après le dér. *fontaille* « fonte », 1227 ; représente probabl. une forme du lat. pop. **fundita*, fém. pris substantiv. d'un part. passé **funditus*, disparu avant les premiers textes ; **morfondre (se),** vers 1320, en parlant du cheval atteint de catarrhe, d'où « prendre froid » et le sens moderne depuis le XVIe s., vivant surtout dans le Midi, comp. avec le prov. *mourre* « museau » ; **refondre,** XIIe, d'où **refonte,** 1594.

FONGUS, XVIe (Paré, alors *fungus*) ; **fongueux,** *id.* Empr. du lat. médical *fungus*, propr. « champignon », et de son dér. *fungosus*. — Dér. : **fongosité,** *id.*

FONTAINE. Lat. pop. *fontāna*, fém. pris substantiv. de l'adj. class. *fontānus* « de source » (*fontana aqua* « eau de source »), dér. de *fons* « source ». Existe ou a existé dans toutes les langues rom. au sens de « fontaine » ou de « source » : it. a. pr. *fontana*, esp. arch. *hontana* (aujourd'hui supplanté par *fuente*). Usité seulement dans la partie septentrionale du territoire galloroman ; au sud (et en quelques points un peu au nord) de la ligne allant de l'embouchure de la Gironde aux Hautes-Alpes, on dit *fon*. — Dér. : **fontainier,** ou *fontenier*, 1292.

FONTANELLE, 1565, réfection de *fontenelle* (Paré), d'après le lat. médical *fontanella*, qui est lui-même une latinisation du mot fr. Dim. de *fontaine*, qui est attesté au même sens du XIIIe s. jusqu'en 1835. Ce sens est né d'une comparaison entre le petit enfoncement sur la tête des nouveau-nés et un bassin de fontaine. La même comparaison a fait employer *fontaine* et *fontenelle* aussi aux sens de « plaie suppurante ; cautère », etc.

FONTANGE, vers 1680 (Sévigné). Terme désignant une mode qui est sortie d'usage depuis le XVIIIe s. Tiré du nom de Mlle *de Fontanges*, qui fut maîtresse de Louis XIV. D'après Bussy-Rabutin, l'origine de ce nom est la suivante : « Le soir, comme on se retirait (il s'agit d'une partie de chasse), il s'éleva un petit vent qui obligea Mlle de Fontange de quitter sa capeline ; elle fit attacher sa coiffure par un ruban dont les nœuds tombaient sur le front, et cet ajustement de tête plut si fort au roi qu'il la pria de ne se coiffer point autrement de tout le soir ; le lendemain toutes les dames de la cour parurent coiffées de la même manière ; voilà l'origine de ces grandes coiffures qu'on porte encore, et qui, de la cour de France, ont passé dans presque toutes les cours d'Europe ».

FONTE, poche de selle, 1752. Empr., avec altération de la fin du mot, de l'it. *fonda*, d'abord « bourse », lat. *funda* « fronde », attesté à basse ép. au sens de « petite bourse », cf. a. pr. *fonda* « petite bourse de cuir où l'on mettait le projectile d'une sorte de baliste ».

FONTS, vers 1080 *(Roland)*. Toujours masc. plur. Empr. du lat. eccl. médiéval *fontes*, plur. du lat. class. *fons*, masc., « source, fontaine ». *Fons*, là où il a survécu comme terme pop., est devenu fém. : esp. *fuente*, a. pr. *fon*, sauf en it. où *fonte* est des deux genres, v. **fontaine, source.**

FOOT-BALL, 1872, déjà en 1698 et souvent au cours du XIXe s., dans des ouvrages traitant de l'Angleterre. Empr. de l'angl. *football*, littéral. « balle au pied ».

FOOTING, 1895. Empr. de l'angl. *footing*, id.

FOR, v. **fur.**

FORAIN, 1757, au sens moderne dans *marchand forain ;* d'où *théâtre forain, fête foraine*, 1802. Extension de sens, par étymologie, pop. d'après *foire*, de l'a. fr. *forain* « étranger », encore dans des sens juridiques et autres, lat. de basse ép. *forānus*, dér. de *foris* « dehors », cf. de même a. pr. *foran* « étranger » ; seulement gallo-roman. L'étymologie pop. s'est produite dans *marchand forain*, propr. « marchand étranger parcourant les villes, les campagnes, notamment dans les foires », d'où, par suite, *forain* a été pris pour un dér. de *foire ;* de là aussi la forme *foirain* de quelques patois et *marchans foirains*, au XVe s., dans un texte d'Abbeville.

FORBAN, 1247 (au sens de « bannissement »), au sens de « pirate » 1505, au sens de « plagiaire » dp. 1810. Tiré d'un anc. verbe *forbannir*, usité jusqu'au XVIIe s., v. **bannir** et **fors.**

FORÇAT, 1531. Empr. de l'it. *forzato*, dér. du verbe *forzare* « forcer », cf. le fr. *travaux forcés.*

FORCE. Lat. de basse ép. (dès le IVe s.) *fortia*, plur. neutre pris comme subst. fém. de l'adj. class. *fortis.*

FORCENÉ, XIe *(Alexis : forsenede)*. Écrit *forcené* vers le XVIe s., parce qu'on a cru y voir un dér. de *force*. Part. passé de l'anc. verbe *forsener*, XIIe s., « être hors de sens, furieux », écrit aussi plus tard *forcener*, encore usité au XVIIe s., comp. de la prép. *fors* et de l'anc. subst. *sen* « sens, raison », du germanique **sino-*, v. **asséner.** De même it. *forsennare* a., pr. *forsenar.*

FORCEPS, 1747. Empr. du lat. médical *forceps*, propr. « tenailles, pinces ».

FORCER. Lat. pop. **fortiāre*, dér. de *fortia*, v. **force.** — Dér. **forçage,** XIIe s. ; **forcerie,** 1865, déjà créé au moyen âge au sens de « violence » ; **efforcer (s'),** XIe *(Alexis)*, **effort,** vers 1080 *(Roland : esforz)*.

FORCES. Au moyen âge, parfois sing. Lat. *forficem*, acc. de *forfex* « ciseaux », qui a dû être employé de préférence au plur. à cause des deux branches de l'instrument.

FORCLORE, v. **clore.**

FORER. Lat. *forāre* « percer ». It. *forare*, esp. *horadar* (dér. de *horado* « trou », cf. aussi a. pr. *forat* « trou »). — Dér. : **foret,** 1394.

FORÊT. Lat. de basse ép. *forestis (silva)*, attesté dans la Loi des Longobards et les Capitulaires de Charlemagne, qui désignait la forêt royale. Probabl. d'abord **silva forestis* « forêt relevant de la cour de justice du roi » (de *forum* « tribunal »). On a proposé un francique **forhist* « futaie de sapins », dér. de *forha*, all. *Föhre ;* mais cette étymologie ne tient pas compte du côté juridique de la signification du mot, qui domine dès les premiers textes. It. *foresta* et all. *Forst* sont empr. du fr. A éliminé des parlers contemporains, en concurrence avec *bois*, les représentants du lat. class. *silva*, d'où a. fr. *selve*, it. esp. *selva*. — Dér. : **forestier,** XIIe (*forestarius* en bas lat. dès le IXe), prononciation de l'*s*, d'après la langue juridique, qui s'en est tenue à la forme écrite.

FORFAIRE, v. **faire.**

FORFAIT, terme de droit, v. **faire.**

FORFAIT, terme de courses, 1829. Empr. de l'angl. *forfeit*, empr. lui-même du fr. *forfait*, au sens médiéval de « transgression d'un engagement ».

FORFANTERIE, vers 1540. D'abord « coquinerie » ; de même l'anc. subst. *forfante*, usuel au XVIe s. (*forfant* au XVe), signifiait d'abord « coquin » ; le sens de « vanterie-vantard », déjà du XVIe s., est peut-être dû à l'influence de l'esp. *farfante, farfantón* « fanfaron », de la famille de *fanfarón*. Dér. de *forfant*, qui est probabl. empr. de l'a. pr. *forfan*, mais avec, au XVIe s., influence de l'it. *furfante*, qui est, lui aussi, empr. de l'a. pr. L'a. pr. *forfan* est le part. prés. de *forfaire* « faire du mal ».

FORGE. Lat. *fabrica* « atelier », surtout « atelier de forgeron », dér. de *faber* « artisan », surtout « forgeron ». Esp. *fragua*, a. pr. *farga*. V. **fabrique.**

FORGER. Lat. *fabricāre* « fabriquer » et spécial. « forger ». — Dér. : **forgeable,** 1627 ; **forgeage,** 1775 ; **forgerie,** 1865, au sens de « falsification de document », c'est un anglicisme d'après *forgery* (lui-même dér. de *forge*, d'origine fr.) ; **forgeron** (formé sans doute d'après *forgeur*), 1534 ; a éliminé l'a. fr. *fèvre* (qui subsiste largement dans les noms propres, cf. *Fèvre*, *Lefèvre*, etc.), qui signifie surtout « forgeron », lat. *faber*, d'où aussi it. *fabbro* « forgeron », a. pr. *fabre*, *faure* « *id.* ». Aujourd'hui, dans les parlers gallo-romans, le mot le plus usité est *maréchal*, mais les parlers du Sud-Ouest ont encore des représentants de *faber* ; **forgeur,** XIIIe, depuis le XVIe s. surtout sens fig. ; **reforger,** 1317.

FORMALISER (se), 1539, a d'abord surtout le sens de « prendre intérêt pour » ; **formalisme,** 1838 ; **formaliste,** 1585 ; **formalité,** 1425. Dér. sav. de langue jurid. du lat. *formalis* « qui est suivant la forme, la formule » ; toutefois le sens du verbe, même si on l'explique comme signifiant proprement « s'attacher aux formes », offre quelque difficulté.

FORMAT, 1723. Soit empr. de l'it. *formato* « forme, figure », dér. du verbe *formare*, soit dér. de *forme* avec le suff. sav. *-at*.

FORME, vers 1090, parfois *fourme* au moyen âge ; **formateur,** 1414, au moyen âge souvent *formere*, *formeor* ; **former,** XIe, parfois *fourmer* au moyen âge ; **formation,** XIIe ; **formel,** XIIIe. Empr. du lat. *forma* et des dér. *formare*, *formator*, *formatio*, *formalis*. Le sens philosophique de *forme*, *formel* vient du lat. scolastique ; le sens jurid. de *forme* (en lat. anc. *forma* ne signifie dans la langue jurid. que « teneur d'un édit ») ne paraît pas être antérieur au XVIIe s. V. **conformer, déformer, fromage.** — Comp. : **plate-forme,** XVe ; **reformer,** XIIe.

FORMIDABLE, 1475. Empr. du lat. *formidabilis*, dér. du verbe *formidare* « avoir peur ».

FORMIQUE, 1787. Dér. sav. du radical du lat. *formica* « fourmi ».

FORMULAIRE, XIVe. Dér. sav. du lat. *formula*.

FORMULE, 1496. Empr. du lat. *formula*, dér. de *forma*, surtout en tant que jurid. — Dér. : **formuler,** 1752, terme de pharmacie, une première fois créé au XIVe s.

FORNIQUER, 1564 ; **fornicateur,** XIIe ; **fornication,** *id.* Empr. du lat. eccl. *fornicare* (dér. de *fornix* « prostituée », propr. « voûte », d'où « chambre voûtée » ; les prostituées de bas étage habitaient souvent, comme les esclaves et le bas peuple, dans des réduits voûtés, établis dans la muraille des maisons), *fornicator*, *fornicatio*.

FORS, v. **hors.** Comme préf., d'abord sous la forme *fors*, d'où *for*, a servi à former de nombreux mots comp., surtout des verbes ; existe de même en prov. et en it. Ce préf. s'est parfois fondu avec le préf. germ. correspondant à l'all. *ver*, cf. notamment l'anc. verbe *forbannir*, XIIIe, du francique **firbannjan*, en all. *verbannen* « bannir » ; on rapproche aussi de *forfaire* le type gotique *frawaurkjan* « pécher » ; mais il est difficile de reconnaître la part du germ. dans le développement du préf. roman.

FORT. Lat. *fortis*. L'a. fr., conformément au lat., où *fortis* est masc. et fém., cf. aussi **grand,** a dit *fort* aux deux genres jusque vers le XIVe s., d'où la locution *se faire fort* aux deux genres. It. *forte*, esp. *fuerte*. *Fort*, subst., terme de fortification, paraît au XIIIe, de même que le sens « fortifié » de l'adj. — Dér. : **forteresse,** XIIe, formé avec le suff. *-eresse*, ou peut-être déjà lat. pop. **fortaricia*, cf. a. pr. *fortareza* à côté de *fortaleza*. — Comp. : **contrefort,** XIIIe, propr. « appui fort mis contre un mur pour le soutenir ».

FORTE, v. **piano.**

FORTIFIER, XIVe ; **fortification,** 1360. Empr. du lat. de basse ép. *fortificare*, *fortificatio*. — Dér. : **refortifier,** XIVe.

FORTIN, 1642. Empr. de l'it. *fortino*, dim. de *forte*, pris substantiv., v. **fort.**

FORTIORI (a), vers 1660. Locution empr. du lat. scolastique, propr. « en partant de ce qui est plus fort ».

FORTUIT, XIVe s. Empr. du lat. *fortuitus*, dérivé de *fors* « hasard », v. le suiv.

FORTUNE, XIIe. Au sens de « richesse », à partir du XVe s. Empr. du lat. *fortuna* « sort », au plur. « richesse ». *Fortune*, au XIVe s., apparaît au sens de « tempête », pris à l'a. pr. *fortuna* ; ce sens s'est développé dès le lat. pop., cf. de même roumain *furtună* qui se dit spécialement du malheur sur mer. — Dér. : **fortuné,** XIVe (Froissart), d'après le lat. *fortunatus* ; a parfois, du XIVe au XVIe s., le sens de « malheureux » d'après le double sens de *fortune*.

FOSSE. Lat. *fossa* (de *fodere* « fouir »). It. a. pr. *fossa*, esp. *fuesa* « tombe ». — Dér. et Comp. : **fossette,** XIIe ; **fossoyeur,** 1328, par l'intermédiaire d'un ancien verbe *fossoyer*, XIIIe, « creuser une fosse » ; **basse-fosse,** XVe.

FOSSÉ. Lat. de basse ép. *fossātum*. A. pr. *fossat*, anc. esp. *fossado*.

FOSSILE, 1556. Empr. du lat. *fossilis* « qu'on tire de la terre », v. les précédents.

FOSSOIR. Lat. de basse ép. *fossōrium*. A. pr. *fossor* et quelques parlers romans.

FOU « hêtre », v. **fouet.**

FOU, adj. Lat. *follis* « soufflet, sac, ballon » ; du sens de « ballon » a passé par plaisanterie au sens de « fou », par comparaison d'une personne sotte, folle avec un ballon gonflé d'air. Ce changement de sens est accompli dès le VIe s. L'ancien sens « soufflet » vit en fr. jusqu'au XVIe s. It. *folle*, a. pr. *fol*. Dominant dans les parlers gallo-romans, en concurrence avec *fat* dans la région languedocienne, *sot* (et surtout *sotte* au fém.) dans les parlers de l'Est et du Nord-Est. Comme terme de jeu d'échecs, fin XVIe (Régnier), a remplacé l'anc. subst. *alfin*, *aufin*, empr., par l'intermédiaire de l'esp., de l'arabe *al-fil* « l'éléphant », cette pièce ayant été d'abord représentée par un éléphant ; mais il est difficile de voir dans *fou* une altération d'*aufin*, v. **roquer.** — Dér. : **folâtre,** 1394, d'où **-er,** XVe ; **folichon,** 1637, d'où **-onner,** 1786 ; **folie,** vers 1080 *(Roland)* ; **follet,** XIIe, d'où **feu-follet,** 1611 ; **affoler,** XIIe, d'où **affolement,** XIIIe, **raffoler,** XVIe, au sens d' « être fou », XIVe.

FOUACE. Lat. pop. *focācia*, fém. de *focācius*, cf. *focācius pānis* « pain cuit sous la cendre du foyer » (de *focus*, v. **feu**), chez Isidore de Séville. It. *focaccia*, esp. *hogaza*. — Dér. : **fouacier,** 1307.

FOUCADE, v. **fougue.**

FOUDRE. Lat. *fulgur*. Le lat. class. disait en outre *fulmen*, qui désignait propr. la foudre, tandis que *fulgur* désignait l'éclair. *Fulmen* a disparu dès le lat. de basse ép. ; *fulgur* a pris sa place ; à son tour il a été remplacé par des créations nouvelles, v. **éclair.** Le genre fém. de *foudre* peut venir de *fulgura*, plur. neutre pris comme fém. sing. L'a. fr. *fuildre* représente le lat. de basse ép. *fulgerem* comme l'a. pr. *folzer ;* l'it. *folgore* représente une forme **fulgurem*. — Dér. : **foudroyer,** vers 1170, d'où **foudroiement,** vers 1300.

FOUDRE « sorte de tonneau », 1690 : « Foudre est un grand vaisseau dont on se sert en Allemagne », Furetière ; antér. « Six voudres de vin du Rhin », xve. Empr. de l'all. *Fuder*.

FOUÉE, v. **feu.**

FOUET, xiiie. Dér. de l'anc. subst. *fou* « hêtre », lat. *fāgus*, qui a été remplacé en fr. par *hêtre ; fouet* a dû signifier propr. « petit hêtre », puis « baguette de hêtre », sens non attestés, d'où « fouet ». Devenu le terme dominant des parlers gallo-romans ; a éliminé du fr. le mot *écourgée, esc-*, qui se rattache au lat. *corrigia* « courroie, fouet » et qui survit sous des formes diverses dans les parlers du Nord-Est et de l'Est ; il existe en outre divers termes, notamment un dér. de *chasser*, *chassoire*, en picard et en lorrain. — Dér. : **fouailler,** tiré du radical *fou-*, xive ; **fouetter,** 1514, d'où **fouetteur,** xvie s. (Rab.).

FOUGASSE, 1368. Altération, par substitution de suff., de *fougade*, fin xvie (Brantôme), encore attesté en 1690, empr. de l'anc. it. *fugata ;* celui-ci est probabl. un dér. de *fogare* « fuir d'une façon précipitée, voler avec une extrême vitesse » (dér. de *foga*, v. **fougue**).

FOUGER, v. **fouiller.**

FOUGÈRE. Lat. pop. **filicāria*, propr. « fougeraie », dér. de *fīlix, fīlicis* « fougère » ; de même a. pr. *falguiera* « fougeraie » et « fougère » ; le développement du sens est dû au fait que la fougère pousse ordinairement en groupes. Le simple est représenté par l'it. *felce* et l'a. pr. *feuze ;* il survit dans le Sud-Ouest, la région languedocienne et provençale et le francoprovençal. — Dér. : **fougeraie,** 1611.

FOUGUE, 1580 (Montaigne). Empr. de l'it. *foga*, lat. *fŭga* « fuite », d'où, en it., « impétuosité », par l'intermédiaire du sens de « fuite précipitée ». — Dér. : **foucade,** 1533 ; **fougueux,** 1589.

FOUILLER. Lat. pop. **fŏdīcŭlāre*, élargissement de *fŏdīcāre* « percer », qui devait avoir le sens non attesté de « creuser » (dér. lui-même de *fodere*, v. **fouir**), d'où l'anc. verbe **fouger,** encore dans les patois. Seulement gallo-roman : a. pr. *fozilhar*. — Dér. et Comp. : **fouille,** 1578 ; **fouilleur,** fin xve ; **fouillis,** fin xviiie, au sens moderne, vers 1500 (Deschamps), « action de fouiller » ; **affouiller,** 1835, **affouillement,** 1836 ; **farfouiller,** 1552 (Rab.), avec un préf. de renforcement provenant peut-être du verbe *farcir ;* **refouiller,** xvie ; **trifouiller,** 1808, terme fam., avec une initiale expressive, due probabl. au verbe *tripoter*. V. **bafouiller, cafouiller.**

FOUINE « sorte de fourche ». D'abord *foisne*, d'où les formes *foène, fouane* qui datent du moyen âge ; tandis que *fouine* date du xvie s. Lat. *fuscina* « trident, harpon, fourche ». V. **rouanne.**

FOUINE, animal. Lat. pop. **fāgina* (sous-entendu *mustela*), dér. de *fāgus* « hêtre », propr. « martre des hêtres », cf. l'all. *Buchmarder* et le fr. *martre des hêtres* (Littré). La forme *fouine*, cf. *foïne*, xiie, est une altération de *faïne*, également attestée au moyen âge et encore répandue dans les patois, d'après *fou* « hêtre », v. **faine, fouet.** It. *faina*, a. pr. *faïna ;* v. aussi **chafouin.** — Dér. : **fouiner,** 1755.

FOUIR. Lat. pop. *fodīre*, lat. class. *fodere*. A. pr. *foire*. — Dér. : **fouisseur,** vers 1300.

FOULARD, 1761. On a proposé de voir dans *foulard* une altération du prov. *foulat* « foulé » en rapprochant le fr. *foulé* « sorte de drap léger d'été » ; mais cette explication, bien que vraisemblable, manque de preuves.

FOULER. Lat. pop. **fullāre*, propr. « fouler une étoffe », de la famille de *fullo* « foulon ». It. *follare*, esp. *hollar*, a. pr. *folar*. — Dér. et Comp. : **foulage,** 1284 ; **foule,** xiie, cf. pour le sens **presse ;** de même it. *folla*, a. pr. *fola ;* **foulée,** xiiie ; **foulure,** xiie ; **refouler,** xiie, au sens de « fouler de nouveau », sens moderne xvie, d'où **refoulement,** 1538 ; **défoulement,** 1960.

FOULON. Lat. *fullōnem*, acc. de *fullō*. It. *follone*.

FOULQUE, oiseau des marais, xive *(Ménagier : fourques)*. Empr. de l'a. pr. *folca*, lat. *fulica*.

FOUR. D'abord *forn*. Lat. *furnus*. *Four*, en parlant de l'échec d'une pièce de théâtre, d'un livre, etc., est issu de l'ancienne locution *faire un four*, relevée au xviiie s., terme de théâtre qui signifiait « renvoyer les spectateurs, quand la salle n'est pas assez garnie », probabl. « rendre la salle noire comme un four, en supprimant la lumière ». — Dér. et Comp. : **fourneau,** xiie ; **fournée,** vers 1165 ; **fournier,** 1153 (déjà lat. *furnarius* « boulanger », au i^er^ s.) ; **fournil,** vers 1165 ; **défourner,** vers 1300 ; **enfourner,** xiiie ; **chaufour,** vers 1330, **chaufournier,** 1276 *(causfornier) ;* **échauffourrée,** xiiie, vient de l'occupation du chaufournier, qui pendant un temps très prolongé et dans une température très élevée, ne fait que pousser la bourrée dans l'âtre du chaufour, où il l'éparpille avec son fourgon ; de là aussi l'influence du verbe *fourrer*, qui a modifié la fin du mot.

FOURBE, v. le suiv.

FOURBIR, vers 1080 *(Roland)*. Du germanique occidental **furbjan*, cf. moyen haut all. *fürben* « nettoyer » ; de même it. *forbire*, a. pr. *forbir*. — Dér. : **fourbe,** nom fém. « fourberie », 1455, aujourd'hui vieilli ; **fourbe,** nom masc., 1455 (argot des Coquillards) au sens de « voleur », d'où l'anc. verbe **fourber,** 1643, **fourberie,** 1640. Le développement du sens « fourbir, nettoyer », d'où « voler » en argot se retrouve dans *polir*, v. **polisson,** cf. aussi en fr. pop. l'emploi de *nettoyer* au sens de « voler ». L'it. *furbo* vient probabl. du fr. ; cf. dès le XIIIe s. le verbe *forbeter* « tromper » ; **fourbissage,** 1402 ; **fourbisseur,** XIIe, l'a. fr. disait surtout *forbeor* ; **fourbissure,** 1447 ; **refourbir,** 1279.

FOURBU, v. **boire.**

FOURCHE. Lat. *furca*. It. *forca*, esp. *horca*. — Dér. et Comp. : **fourcher,** XIIe ; **fourchette,** 1313 ; **fourchon,** 1213, « dent de fourche » ; **fourchu,** XIIe ; **enfourcher,** 1553, au sens de « percer d'une fourche » ; **enfourchure,** XIIe ; **fourche-fière,** XIIe *(forches fires)* ; *fière* paraît être une altération, par croisement avec *fier*, de *fire* qui représente régulièrement le lat. *ferrea* « de fer » ; cf. à l'appui le limousin *fourcho-ferrio* ; a. fr. *ferges*, *firges* « entraves, chaînes (d'un prisonnier) », lat. pop. *ferreae*, n'a pas le même traitement, mais c'est un mot moins pop.

FOURGON « tige de fer servant à attiser le feu », vers 1100. Dér. d'un verbe lat. de basse ép. **furicare* (dér. de *fūrare* « dérober », *fūr* « voleur », cf. it. *frugare* « fouiller », Lucques *furicare*, esp. *hurgar*, et surtout a. fr. *furgier* « fouiller », *forgier*), peut-être déjà lat. de basse ép. **furico* (acc. *-onem*) « instrument servant à fouiller ». La voyelle *o* (au lieu de *u*) dans le radical peut provenir de la position protonique de cette syllabe dans les formes accentuées sur la terminaison (cf. *froment*), tandis que la voyelle *u* peut s'expliquer comme développement en syllabe accentuée. — Dér. : **fourgonner,** XIIIe.

FOURGON, vers 1640 « sorte de voiture » (Voiture). Très probabl. même mot que le préc. Le fourgon, étant d'abord une voiture à ridelles, a été dénommé d'après cet élément de construction. Le sens de ridelle est encore conservé dans le prov. mod. *fourgoun*. *Fourgon* aura donc désigné d'abord chacune des perches dont se compose une ridelle, ensuite la ridelle même, et finalement la voiture (par l'intermédiaire d'une **charrette à fourgon*). Cf. *guimbarde*.

FOURMI. Le gallo-roman est divisé en trois parties pour les successeurs du lat. *formica*. Le franco-provençal, la Provence et le Languedoc continuent directement cette forme (a. pr. *formiga*) ; les formes du wallon, du picard, du Dauphiné et du Rouergue ont comme point de départ un lat. de basse ép. **formice* (avec changement de suff., p. ex. Valenciennes *fourmiche*) ; le reste a pour base une forme avec changement de genre, **formicus*. En effet l'a. fr. *formi* était masc., et le fr. n'est revenu au fém. qu'au XVIIe s. Ailleurs représentants du lat. *formīca* : it. *formica*, esp. *hormiga*. Dans les parlers du Nord-Est et du Massif Central autres termes. — Dér. : **fourmilier,** 1754, d'après le suivant ; **fourmilière,** 1530 (écrit *for-*), mauvaise graphie pour *fourmilliere*, 1564, réfection de l'a. fr. *formière*, XIIe, d'après le verbe *fourmiller* ; **fourmiller,** 1552, réfection de l'a. fr. *fourmier*, lat. *formīcāre*, cf. it. *formicare*, d'où **fourmillement,** 1636, d'abord *fourmiement*, 1545. — Comp. : **fourmi-lion,** 1745 (Bonnet ; une première fois en 1372, sous la forme *fourmilleon*), fait sur le modèle du lat. des naturalistes *formica leo* (Isidore de Séville a déjà *formicoleon*).

FOURNAISE, XIIe. Réfection fém. de l'a. fr. *fornais*, masc., mais dont le genre a dû être hésitant comme ailleurs, lat. *fornācem*, acc. de *fornax*, masc., « sorte de four ». It. *fornace*, fém., esp. *hornaza*, a. pr. *fornatz*, des deux genres.

FOURNIR. Du germanique occidental **frumjan*, cf. anc. saxon *frummian* « exécuter », all. *frommen*. L'a. pr. *formir* et l'anc. toscan *frummiare* représentent directement le mot germ. ; le fr. *fournir* et l'it. *fornire* ont substitué un *n* à la consonne *m*, sous l'influence de *garnir*, it. *guarnire*. — Dér. : **fourniment,** 1260 ; **fournisseur,** 1415 ; **fourniture,** 1306, d'abord *forneture*, XIIIe.

FOURRAGE, XIIe. Dér. de l'a. fr. *feurre*, XIIe *(fuerre)*, vit encore dans les patois sous les formes *feurre*, *foerre*, *foarre*, *fouarre* (cf. la rue *du Fouarre*, à Paris), au sens de « paille ». *Feurre* représente le francique **fodar*, cf. all. *Futter* et angl. *fodder*. — Dér. : **fourrager,** *verbe*, vers 1300 ; **fourragère,** *adj.*, 1822, pris depuis 1836 comme subst. pour désigner une voiture militaire et un ornement de l'uniforme en forme de cordon, 1872, sens qu on explique comme issu du sens, pourtant non attesté, de « corde à fourrage ».

FOURREAU, XIe. Dér. de l'a. fr. *fuerre* « fourreau », du germ. **fôdr* qu'on suppose d'après le gotique *fôdr* (cf. aussi all. *Futter* et *Futteral* « fourreau, étui ») ; cf. it. *fodero*.

FOURRER, XIIe. Dér de l'anc. *fuerre* « fourreau », v. le préc. — Dér. : **fourré,** 1761 (J.-J. Rousseau) ; d'abord *bois fourré*, 1690 ; **fourreur,** 1260 ; **fourrure,** XIIe ; **défourrer,** XIIe.

FOURRIER, XIIe. A signifié au moyen âge « fourrageur, soldat qui va au fourrage », puis « officier chargé de marquer le logement des gens de guerre », d'où, depuis le XVe s., « sous-officier chargé de s'occuper des vivres et de pourvoir au logement des soldats ». Dér. de l'a. fr. *fuerre* « fourrage », v. **fourrage.**

FOURRIÈRE, XIIIe. A signifié d'abord « local où l'on met le fourrage » ; le sens moderne, 1740, est issu de la locution *mettre en fourrière*, où *fourrière* désigne un local où l'on retenait un cheval, une vache, une voiture, etc., saisis jusqu'au paiement de dommages, de dettes, d'amendes. Dér. de l'a. fr. *fuerre* « fourrage », v. les préc.

FOURVOYER, v. **voie.**

FOUTEAU, v. **hêtre.**

FOUTRE. Lat. *futuere*. V. **ficher.** — Dér. et Comp. : **foutaise,** 1790 ; **Jean-foutre,** XVIIIe ; **je-m'en-foutiste,** 1884, d'où **-isme,** vers la même ép.

FOX, 1920. Ellipse de *fox-terrier*, 1866, mot empr. de l'angl., comp. de *fox* « renard » et *terrier* « chien employé surtout pour la chasse aux animaux qui vivent dans des tanières ».

FOX-TROT, vers 1912. Comp. angl. id. signifiant « trot du renard ».

FOYER. Lat. pop. **focārium*, subst. issu de l'adj. de basse ép. *focārius* « qui concerne le foyer », dér. de *focus* « foyer », v. **feu.** A. pr. *foguier* et, d'après une autre forme **focāre*, esp. *hogar*.

FRAC, 1767. Empr. de l'angl. *frock* (lui-même empr. du fr. *froc*), qui apparaît au XVIIIe s. au sens de *frac* et dont l'*o* angl. très ouvert fut pris par les Français pour un *a*.

FRACAS, 1475 ; **fracasser,** *id.* Empr. de l'it. *fracasso, fracassare*, probablement croisement de lat. *frangere* et *quassare* (v. **casser**).

FRACTION, 1520 (au sens arithmétique) ; au moyen âge et jusqu'à nos jours « action de rompre le pain eucharistique », 1187, en outre « action de briser, de rompre ». Empr. du lat. de basse ép. *fractio* (du verbe *frangere* « briser »). — Dér. : **fractionnaire,** 1705 ; **fractionner,** 1789, d'où **fractionnement,** 1838.

FRACTURE, XIIIe. Empr. du lat. *fractura*. L'a. fr. dit plutôt *fraiture*. — Dér. : **fracturer,** 1793 ; d'abord *fracturé*, XVIe (Paré).

FRAGILE, XIVe (Oresme) ; **fragilité,** XIIe ; a éliminé *fraileté*, dér. de *frêle*. Empr. du lat. *fragilis, fragilitas*, de la famille du verbe *frangere*, v. les préc. et **frêle.**

FRAGMENT, vers 1500. Empr. du lat. *fragmentum*. — Dér. : **fragmentaire,** 1801 ; **fragmenter,** 1811.

FRAGON, nom d'arbuste, XIIe (sous la forme *fregon*). Gaulois *frisgo*.

FRAGRANCE, XIIIe s., mais rare avant Chateaubriand (1830), qui avait une prédilection pour les mots en *-ance*. Dér. du lat. *fragrare* « répandre une bonne odeur ».

FRAIRIE, v. **frère.**

FRAIS, FRAÎCHE. D'abord *frois, fresche*, XIIe, puis *fres, fresche*, écrits ensuite *frais, fraische, fraîche*. Du germ. **frisk*, propr. « frais » en parlant de la température, d'où « non flétri, récent », cf. all. *frisch*, angl. *fresh ;* de même it. esp. *fresco*, a. pr. *fresc*. L'existence des sens fig. dans toutes les formes citées prouve qu'ils proviennent du germ. ancien. — Dér. : **fraîcheur,** 1213, rare avant le XVIe s. ; **fraîchir,** XIIe ; **défraîchir,** 1863 ; **rafraîchir,** XIIe, souvent aussi *refreschir* au moyen âge ; d'où **rafraîchissement,** XIIIe.

FRAIS, *subst.*, 1283 (Beaumanoir : *fres*, pluriel). Le sing. *frai* n'est pas attesté, mais il ressort du dér. *frayer* « faire les frais », 1260. En a. fr. souvent sing. Représente le lat. *fractum*, part. passé du verbe *frangere* « rompre ». En effet le sens premier, attesté en 1266, est « dommage qu'on cause en rompant quelque chose ». — Dér. : **défrayer,** 1373, par l'intermédiaire du simple *frayer*.

FRAISE, fruit. Lat. pop. *frāga*, plur. du neutre *frāgum* pris comme fém. sing. La forme régulière *fraie*, rarement attestée en a. fr., a disparu devant *fraise*, forme née sous l'influence de *framboise*. Roumain *fragă* et dialectes italiens ; en it. littéraire *fragola*, lat. pop. **frāgula*. Des formes du type **frāga* existent encore en wallon, dans la région de la Suisse romande et en gascon ; en outre un type *mag-*, d'origine préromane, avec différents suffixes (languedocien *majoufo*, etc.) dans les parlers méridionaux, répandu aussi dans l'Italie septentrionale et en basque. — Dér. : **fraisier,** vers 1300.

FRAISE « mésentère du veau, de l'agneau », XIVe (sous les formes *fraise* et *frase*). Tiré, au sens d' « enveloppe », de l'anc. verbe *fraiser* « dépouiller de son enveloppe » spécialement en parlant de fèves, cf. *fèves... frasées*, XIIe. De même a. pr. *freza* « fève écossée », *frezar* « écosser des fèves » et *freza* « fressure », tiré de ce verbe. *Freza*, au premier sens, représente le lat. *(faba) frēsa* « fève moulue », part. passé du verbe *frendere* « broyer avec les dents » ; de *frēsa* a été dér. un verbe **frēsāre*, qui aura pris le sens de « dépouiller de son enveloppe ».

FRAISE « collerette empesée », à la mode au XVIe s. Emploi fig. du préc. Sans rapport avec a. fr. *fresé, frasé* « bordé, galonné » dér. de l'a. fr. *freis* « *id.* », qui représente le grec *phryx*, v. **orfroi.** L'a. pr. dit de même *frezar* « border, galonner » et *fres* « bordure, galon ».

FRAISE « outil », 1676. Emploi métaphorique du préc., dû aux découpures des deux objets. — Dér. : **fraiser,** 1676 ; **fraiseuse,** 1877.

FRAISIL, 1676. Altération de *faisil*, XIIIe, lat. pop. **facīlis*, dér. de *fax, facis* « torche, tison », au sens de « qui provient du tison », p. ex. dans *scoria *facīlis*. L'*r* de *frasil* provient probabl. du verbe *fraiser*.

FRAMBOISE, XIIe. Du francique **brambasi* « mûre de ronce ». L'initiale *fr-* vient de l'influence de *fraise* et la diphtongue *oi* de la labiale précédente. — Dér. : **framboiser,** 1680 ; **framboisier,** 1306.

FRAMÉE, 1559. Empr. du lat. *framea*, donné par Tacite (*Germanie*, VI), comme mot germ.

FRANC, *adj.*, vers 1080 *(Roland).* Tiré du nom propre *Franc*, du francique **frank*, latinisé de bonne heure en *Francus.* Le sens de « libre » domine au moyen âge ; le sens dér. « qui dit ouvertement ce qu'il pense » apparaît dès le XIIe s. A passé dans les langues voisines : it. esp. *franco*, a. pr. *franc*, avec des sens analogues. Comme nom de peuple, *franc* fait au fém. *franque ; langue franque*, pour désigner le sabir des ports du Levant, vient de l'it. *lingua franca.* — Dér. : **franchir,** XIIe, au sens d' « affranchir », usuel jusqu'au XVe s. ; le sens moderne, qui apparaît vers le XIVe s., vient de celui de « se libérer de, se dégager de », d'où « se dégager d'un obstacle, le franchir », cf. le lat. *liberare limen* « franchir le seuil » ; d'où **infranchissable,** 1792 ; **franchise,** XIIe, développement du sens parallèle à celui de l'adj. ; **franquette,** dans la locution *à la bonne franquette*, 1750 (d'abord *à la franquette*, vers 1650) ; **affranchir,** XIIIe ; **affranchissement,** 1322.

FRANC, monnaie, 1360. D'abord monnaie d'or frappée pour la première fois sous le roi Jean et qui portait la devise *Francorum rex*, d'où le subst. *franc.*

FRANÇAIS, vers 1080 *(Roland).* Dér. de *France* (latin de basse ép. *Francia* « pays des Francs », dér. de *Francus*). — Dér. : **franciser,** XVIe (Bon. des Périers) ; **francisation,** 1796.

FRANCHIR, v. **franc.**

FRANCISQUE, 1599. Empr. du lat. de basse ép. *francisca* (Isidore de Séville), dér. du nom du peuple des Francs.

FRANC-MAÇON, 1737 (en outre *frimaçon*, 1740. Calque de l'angl. *free mason* ; les *free masons* ou *accepted masons* étaient, dès le XIVe s., des maçons habiles, autorisés à se déplacer. Ils avaient un système de signes secrets qui leur permettaient de se reconnaître entre eux. Au XVIIe s. ces organisations commençaient à admettre comme membres d'honneur des personnages qui se connaissaient en architecture ; le nom de *free mason* devenait un titre de distinction. Vers 1700 des déistes anglais fondèrent une société secrète, qui se servait aussi de ces signes. En 1717 quatre de ces sociétés se fusionnèrent à Londres et se donnèrent tout un rituel. L'organisation se répandit vite en Angleterre et sur le continent. — Dér. : **franc-maçonnerie,** 1747, d'abord *franche...*, 1742 ; **maçonnique,** 1779.

FRANCO, 1754. Abréviation de *porto franco* « port franc », empr. de l'it. qui dit aujourd'hui *franco di porto* « franc de port », v. **franc.**

FRANCOLIN, vers 1300 (Marco-Polo). Empr. de l'it. *francolino*, d'origine inconnue.

FRANGE. Lat. *fimbria*, devenu de bonne heure **frimbia*, par métathèse de l'*r*. Roumain *frînghie* « corde », dialectes de l'Italie Supérieure *franbe* « franges ». Le fr. a été empr. par les langues voisines : it. *frangia*, all. *Franse*, etc. — Dér. : **franger,** 1213 ; **effranger,** 1870.

FRANGIN, 1837 (Vidocq). Mot d'argot empr. d'un argot it. ; on a relevé dans l'argot piémontais *franzin* au sens de « frère » qui paraît être une altération du piém *fradel* « frère » d'après *cüzin* « cousin » de ce dialecte. — Dér. : **frangine** « sœur », 1837.

FRANGIPANE, 1646. D'abord surtout *gants de frangipane ;* on trouve aussi *franchipane.* Empr. de l'it. *Frangipani*, nom d'un marquis de Rome qui inventa un parfum dont on se servit surtout pour parfumer les gants. Balzac dit encore vers 1640 *gants de Frangipani.* Dit plus tard d'une crème pour la pâtisserie, 1746.

FRANQUETTE, v. **franc.**

FRAPPER, XIIe. Signifie souvent au moyen âge « s'élancer » au réfl. Très probabl. d'origine onomatopéique, cf. engadinois *fraper* « bavarder ». — Dér. : **frappe,** 1584 ; **frappeur,** XVe ; **refrapper,** XIIe s.

FRASQUE, XVe. Empr. de l'it. *frasche* « balivernes », plur. de *frasca* « branche qu'on a coupée à un arbre », en partic. « gluaux ». *Frasca* est dér. d'un anc. verbe représentant le lat. de basse ép. **fraxicare* « rompre », qui a été formé avec **fraxus*, pour *fractus*, part. passé de *frangere* « rompre ».

FRATERNEL, XIIe. Dér. sav. du lat. *fraternus* « fraternel » (de *frater* « frère »). — Dér. : **fraterniser,** 1548 ; **-sation,** 1792.

FRATERNITÉ, XIIe. Empr. du lat. *fraternitas.*

FRATRICIDE, meurtrier, XVe, a été contesté au XVIIe s. ; **fratricide,** meurtre, XIIe, rare jusqu'au XVIIIe s. Empr. des mots lat. *fratricida, fratricidium*, comp. du verbe *caedere* « tuer ».

FRAUDE, 1255 ; **frauder,** XIVe (Bersuire). Empr. du lat. *fraus, fraudis* « ruse, mauvaise foi, tromperie », *fraudare.* — Dér. : **fraudeur,** XIVe.

FRAUDULEUX, XIVe (Oresme). Empr. du lat. de basse ép. *fraudulosus* pour faire suite à *fraude.*

FRAYER. Au moyen âge en outre *froier.* Signifie d'abord « frotter », sens conservé dans quelques acceptions techn. (d'où « user une monnaie ») ; d'où « rendre un chemin praticable », XIVe, et, d'autre part, « frayer » en parlant de la femelle du poisson qui, souvent, frotte son ventre sur le sable, etc., pour faciliter l'émission des œufs, 1307 (acception que le mot fr. a en commun avec le piémontais *friè*, l'engadinois *frier ;* cf. esp. *frezar* « se frotter au moment du frai », lat. pop. **frictiāre*, propr. « frotter ») et, par extension, en parlant du mâle qui féconde les œufs ; on dit en ce cas *frayer avec*, XVIe s., d'où l'expression *frayer avec quelqu'un*, fin XVIIe (Saint-Simon). Lat. *fricāre* « frotter ». It. *fregare* « frotter », esp. a. pr. *fregar* « *id.* ». — Dér. : **frai,** 1340 (sous la forme *fri*), on trouve aussi au XIVe s. une forme *frois*, qui n'est sans doute qu'une variante graphique de *frai ;* cf. l'a. pr. *fregazon* « saison du frai », dér. de *fregar ;* **fraie** « époque du frai », XVIIIe (du XIVe au XVIIIe s. au sens de « frai ») ; **frayon,** d'origine dialectale au sens d' « irritation de la peau produite par le frottement de la selle », date du XIIe s. (sous la forme *froion*) au sens de « coup ».

FRAYEUR. D'abord *freor*, d'où *frayeur*, XVe. Signifiait propr. « bruit, tapage » ; a pris le sens de « peur » dès le XIIe s., parce qu'il a été rapproché du verbe *esfreer* « effrayer », ce qui a amené aussi la création d'*esfreor* « effroi ». Lat. *fragōrem*, acc. de *fragor* « bruit, fracas ». It. *fragore* « bruit ».

FREDAINE, 1420 (*fridaine*, dès 1310). Forme fém. de l'adj. *fredain* « mauvais », XVe, empr. de l'a. pr. **fraidin*, qui a très probabl. existé à côté de *fradin* « scélérat » (cf., avec un autre suff., les deux formes *fradel* et *fraidel*, id., de l'a. pr.). Ce groupe de mots prov. représente très probabl. un gotique **fra-aipeis* « qui a renié le serment prêté », qui correspond à l'anc. haut all. *freidi* « téméraire » (qui équivaudrait à un all. **ver-eidig*, de *Eid* « serment »).

FREDON, 1546. D'abord « sorte de roulade ». Vit surtout dans les dialectes du Midi, d'où il doit avoir passé en fr. Représente probabl. le lat. *frilinnire* « gazouiller », avec changement de suff. On a aussi proposé un germ. **verdonen* qui serait comp. du préf. *ver-* et du verbe moyen haut all. *donen* « tendre », mais ce verbe n'étant attesté dans aucun texte, cette étymologie a moins de probabilité. — Dér. : **fredonner,** XVIe (J. du Bellay), développement du sens parallèle à celui du verbe ; **fredonnement,** XVIe.

FRÉGATE, 1536 (*fraguate* en 1525 dans un texte de Marseille). Empr. de l'it. *fregata*, napol. *fragate*, dans lequel on a proposé de voir un dér. du grec *áphrakton* « non couvert (d'un bateau) », ce qui offre de grandes difficultés phonétiques et morphologiques. La frégate étant à l'origine un petit bateau destiné à alléger une galère ou à en recueillir l'équipage en cas de naufrage on a aussi proposé le part. passé de *naufragare*, *naufragata*, qui aurait perdu la première syllabe identique au subst. *nau* « bateau ». Mais ce part. aurait le sens de « qui a fait naufrage » et ne serait point indiqué pour désigner un bateau qui devrait servir en cas de naufrage. En outre cette réduction du mot est une pure hypothèse qui ne s'appuie sur rien. Le mot s'est répandu de l'Italie méridionale dans tous les ports de la Méditerranée.

FREIN. Lat. *frēnum*. It. esp. *freno*. — Dér. : **freiner,** fin XIXe, d'où **freinage,** *id.*

FRELATER, 1515 (aux XVIe et XVIIe s. aussi *fralater*). Signifie d'abord « transvaser », d'où « altérer par mélange » ; au sens moral, XVIIIe. Empr. du moyen néerl. *verlaten* « transvaser (du vin) ». — Dér. : **frelatage,** 1655 ; **frelaterie,** 1609 ; **frelateur,** 1611.

FRÊLE. Aujourd'hui seulement littéraire. D'abord *fraile*, puis *fresle*, *frêle*, d'après *grêle*. Lat. *fragilis*, v. **fragile.**

FRELON. Francique **hurslo*, cf. *forsleone* dans les *Gloses de Reichenau*, et néerl. *horzel*, all. *Horniss*.

FRELUQUET, 1611, dér. de *freluque* « mèche de cheveux » (XVe s.), altéré de *freluche* « ornement vain », probablement d'après *perruque*. *Freluche* est sorti de **fanfreluche,** par apocope de la première syllabe.

FRÉMIR. D'abord *fremir*, refait en *frémir*. Lat. pop. **fremīre*, lat. class. *fremere* « bruire, rugir, etc. ». It. *fremere* et *fremire*, a. pr. *fremir*. — Dér. : **frémissement,** XIIe.

FRÊNE. D'abord *fraisne*, puis *fresne*, *frêne*. Lat. *fraxinus*. It. *frassino*, esp. *fresno*, a. pr. *fraisse*. — Dér. : **frênaie,** 1280 (sous la forme *fragnée*), ou déjà lat. pop. **fraxinēta*, lat. de basse ép. *fraxinētum*, cf. it. *frassineto*, esp. *fresneda*.

FRÉNÉSIE, vers 1220 ; **frénétique,** vers 1200. Jusqu'au XVIIIe s., termes de médecine ; sens fig. au XVIIe s. Empr. du lat. médical *phrenesis* (au moyen âge *phrenesia*, *-nisia*), *phreneticus*, *-niticus* (en grec *phrenêsis*, plus souvent *phrenitis*, *phrenitikos*, dér. de *phrên* « âme, pensée », propr. « diaphragme » ; cet organe, d'après certaines théories, était considéré comme le siège de la pensée).

FRÉQUENT, vers 1400 (Deschamps) ; **fréquence,** XIIe, d'abord au sens de « fréquentation, assemblée », développement du sens d'après celui de l'adj. ; **fréquenter,** XIIe, au sens de « raviver le souvenir », sens moderne au XIVe s. ; **fréquentation,** XIVe, au sens de « fréquence », développement du sens d'après celui du verbe. Empr. du lat. *frequens* « nombreux, assidu, fréquenté, fréquent » et de ses dér. *frequentia* « réunion, assistance », *frequentare* « rassembler, peupler, fréquenter, répéter », *frequentatio* « fréquence ». Le sens dominant de ces mots s'est établi peu à peu ; celui de *fréquence* s'est réglé sur celui de *fréquent*, celui de *fréquentation* sur celui de *fréquenter*, mais ils ont d'abord été pris au latin sans lien entre eux.

FRÈRE. Lat. *frāter*. De même a. pr. *fraire*. A été remplacé au sens de « frère » dans une partie des parlers romans ; l'it. *frate* signifie « moine », de même que l'esp. *fraile*, empr. du prov. « Frère » se dit en it. *fratello* ; pour l'esp., v. **germain.** — Dér. : **frairie,** XIIe (*frarie*, puis *frairie*, *frérie*), mot aujourd'hui désuet ; dér. formé sur le modèle de *confrérie* ; signifie en effet au moyen âge « confrérie » ; aujourd'hui usuel dans la région poitevine au sens de « fête patronale » ; la conservation de l'*a* dans *frarie* prouve qu'il s'agit d'un très anc. dér. en *-ia* ; on peut même se demander si la forme *fratria* attestée en bas lat. dès le IXe s. ne permet pas de faire remonter le mot au grec *phratria*, la désignation des douze groupes dans lesquels étaient organisés les citoyens d'Athènes et qui ne se réunissaient plus que pour le culte et pour des agapes ; **frérot,** XVIe (B. des Périers).

FRESAIE, XIIe. Altération, peut-être d'après *orfraie*, de *presaie*, signalé en poitevin par Ménage, cf. aussi le gascon *bresaga* signalé par Scaliger, lat. pop. *praesāga*, tiré de *praesāga avis* « oiseau de mauvais augure », cf. pour le sens l'all. *Totenvogel*. Seulement gallo-roman.

FRESQUE, 1609. Empr. de l'it. *fresco*, propr. « frais », tiré de la locution *dipingere a fresco* « peindre sur un enduit frais », d'où souvent aussi, *peindre, peinture à fresque*, encore au XVIIIe s. ; le fém. de *fresque* vient de celui de *peinture*. Au début du XVIIe s. le fr. avait essayé un calque, *peindre au frais*.

FRESSURE, XIIIe (sous la forme *froisure ; froissure* au XIVe s.). Lat. pop. *frīxūra*, propr. « friture », dér. du verbe de basse ép. *frīxāre* « frire » ; cette dénomination vient de ce qu'on fait des fricassées avec la fressure ; cf. l'emploi de *fricassée* en ce sens en Saintonge au XVIIe s., d'après Ménage et au sens de « foie » aujourd'hui dans les parlers alpins. La voyelle de la première syllabe de *fressure* vient probabl. de l'influence du lat. *fresa*, v. *fraise* « mésentère ».

FRET, XIIIe. Empr. du néerl. *vrecht, vracht* « prix du transport » (d'où aussi l'all. *Fracht* et l'angl. *fraught, freight*). L'a. pr. *freit* vient du fr. — Dér. : **fréter,** XIIIe, d'où **fréteur,** fin XVIe ; **affréter,** 1322 ; **affrètement,** 1366 ; **affréteur,** XVIIe.

FRÉTILLER, vers 1160. Dér. de l'a. fr. *freter* « frotter » (du lat. *frictare*) ; le sens s'explique par les mouvements rapides qu'on fait en frottant. — Dér. : **frétillement,** 1370 (Oresme) ; **frétillon** « petite fille qui frétille », XVe.

FRETIN, XIIIe. Fréquent au moyen âge au sens de « menus débris », d'où spécial. *menu fretin* « choix de morue de dernière qualité », 1606 (les autres s'appelaient alors, par ordre de qualité, *meilleur fretin, grand fretin, fretin de rebut*). Dér. de l'a. fr. *frait, fret*, part. passé de l'anc. verbe *fraindre*, v. **fracture,** donc propr. « fragment ».

FRETTE, vers 1180. Probabl. d'un francique **fetur*, qu'on peut supposer d'après anc. angl. *feter*, anc. haut all. *fezzara*. On a proposé aussi d'y voir un dér. du verbe anc. fr. *freter* « garnir d'une frette », qui représenterait un verbe lat. non attesté **firmitare* « consolider ».

FREUX, XIIIe (alors *fros, fru*). Francique **hrôk* qu'on restitue d'après l'anc. haut all. *hruoh*.

FRIABLE, 1539. Empr. du lat. *friabilis*, dér. du verbe *friare* « réduire en menus morceaux ». — Dér. : **friabilité,** 1641.

FRIAND, v. **frire.**

FRICANDEAU, 1552 (Rab.). Dér. du radical *fric-*, qu'on a obtenu en interprétant, contrairement à l'étymologie, le verbe *fricasser* comme un dér. en *-asser*.

FRICASSER, XVe. Comp. de *frire* et de *casser*. — Dér. : **fricassée,** 1490 ; en outre *fricassure* chez Villon ; **fricasseur,** vers 1500.

FRIC-FRAC, 1752 (au sens de « cambriolage » depuis 1867). Création onomatopéique pour exprimer un bruit ou une action rapide (comp. *ce qui vient de fric, s'en va de frac* « le bien mal acquis se dissipe vite » (1640)).

FRICHE, 1251. Du XIIIe au XVIIIe s. et encore dans beaucoup de parlers *fresche, frèche*. Empr. du moyen néerl. *versch* « frais », qui était souvent employé avec le mot *lant* « terre » pour désigner la terre qu'on avait gagné sur la mer en l'endiguant. La forme *friche* est sortie de *frèche* probabl. sous l'influence des parlers rhénans où *frisch* s'employait au sens de « nouvellement défriché ». Cf. aussi le lat. *novāle* « jachère », dér. de *novus* « nouveau ». — Dér. : **défricher,** 1356 ; **défrichement,** 1486 ; **défricheur,** 1541.

FRICHTI, 1864. Empr. de l'all. *Frühstück*, avec la prononciation alsacienne *fristick*, introduit probabl. par des soldats alsaciens.

FRICOT, 1758 ; **fricoter,** 1808. Termes pop. formés avec le radical de *fricasser*, cf. *fricandeau*. — Dér. : **fricoteur,** 1831.

FRICTION, 1538. Empr. du lat. médical *frictio* (du verbe *fricare* « frotter »). — Dér. : **frictionner,** 1782.

FRIGIDAIRE, 1922. Empr. du lat. *frigidarium* « chambre froide » (comme terme hist. déjà au XVIe s.).

FRIGIDITÉ, 1330. Empr. du lat. de basse ép. *frigiditas*, dér. de l'adj. *frigidus* « froid ».

FRIGORIFIQUE, 1676. Empr. du lat. *frigorificus*, propr. « qui fait le froid », comp. du subst. *frigus, frigoris* « froid » et de la terminaison fréquente *-ficus* (de *facere* « faire »). — Dér. : **frigorifier,** fin XIXe ; **frigo,** réduction du part. passé.

FRILEUX. D'abord *friuleux, frieuleux*. Dit parfois du temps. Lat. de basse ép. *frīgorōsus*, dér. de *frīgus*, v. le préc. Rare en dehors du fr. ; cf. roumain *friguros* « froid, frileux ».

FRIMAIRE, v. le suiv.

FRIMAS, XVe (Villon). Dér. de *frime*, attesté dans les parlers pop. (en a. fr. *frume*, 1289), qui représente le francique **hrīm*, cf. anc. angl. *hrīm*, moyen haut all. *rīm*. A été remplacé, à une époque moderne, par *givre*, venu du Sud. — Dér. : **frimaire,** 1793, créé par Fabre d'Eglantine ; v. **brumaire, vendémiaire.**

FRIME, XVe. On disait d'abord *faire frime de, faire la frime de* « faire semblant » ; aujourd'hui surtout *pour la frime, c'est une frime*. Altération de l'a. fr. *frume* « mauvaise mine », du lat. *frūmen* « gorge, gueule ». — Dér. : **frimousse,** 1834, altération de *frimouse*, 1611 (alors *phrymouse, -euse*), empr. d'une région où le suff. fr. *-euse* est représenté par *-ouse*.

FRIMOUSSE, v. **frime.**

FRINGALE, 1774. Altération, peut-être d'après le suiv., de **faim-valle,** XIIe, déjà alors au sens fig., propr. « boulimie des chevaux », encore usité sous cette forme en normand et sous des formes altérées dans les parlers voisins, cf. *faimcalle* en angevin, etc. La première partie du mot est le fr. *faim* ; la deuxième représente probabl. le breton *gwall* « méchant ». Cette hypothèse peut s'appuyer sur le fait que *faimvalle* vit surtout en Normandie et dans la Haute-Bretagne.

FRINGANT, XVe. Part. prés. de l'anc. verbe *fringuer*, XVe, « gambader ». Ce verbe est lui-même dér. de la locution *faire fringues*, id., XIIIe s., d'un radical onomatopéique *fring-* qui désignait le sautillement d'une personne qui est dans la joie. Il en est sorti aussi le subst. *fringues* « habits » (d'abord seulement pop.), 1888.

FRIOLER, v. **affrioler.**

FRIPER « chiffonner », 1546 (Rab.). Altération, d'après *fripon*, de l'a. fr. *freper*, dér. de l'anc. subst. *frepe*, *ferpe*, *felpe* « frange, vieux habits », issu par différentes modifications du lat. de basse ép. *faluppa* « fibre, chose sans valeur ». — Dér. : **friperie,** 1303, d'abord *freperie*, XIIIe ; **fripier,** XVe, d'abord *frepier*, XIIIe ; **défriper,** 1771.

FRIPE-SAUCE, v. **fripon.**

FRIPON, vers 1570, plus ancien d'après le dér. *friponner*. A signifié aussi « gourmand ». Dér. de l'anc. verbe *friper* « dérober ; avaler goulûment », XVIe (d'où **fripe-sauce,** 1532, Rab.), au moyen âge au sens de « s'agiter » (attesté surtout dans le comp. *défriper*), de la même origine que *friper* « chiffonner ». — Dér. : **friponner,** XIVe, au sens actuel, d'où **friponnerie,** 1530.

FRIPOUILLE, 1837 (Vidocq). Se rattache probabl. à la famille de *friper ;* pour le suff., cf. aussi *frapouille* « haillon », 1807.

FRIQUET, « esp. de moineau », 1555 (Belon). Au XVIIe s. signifie aussi « vif, éveillé », sens qui remonte au moyen âge ; dér. de l'anc. adj. *frique, frisque*, « vif, alerte », cf. a. pr. *fric* « jeune homme ». Celui-ci représente le gotique **friks* « avide, téméraire » (attesté dans le comp. *faihufriks* « avide d'argent »), auquel aurait correspondu en francique **frek* (cf. all. *frech*). Mais le francique doit avoir aussi connu une forme avec alternance vocalique **frik-*, représenté par le rhénan *frick* « avare », qui rend parfaitement compte du mot fr.

FRIRE. Lat. *frīgere*. V. **friser.** — Dér. : **friand,** XIIIe, d'abord *friant*, jusqu'au XVe s., **friandise,** XIVe, « gourmandise » ; **affriander,** XIVe. V. **affrioler.**

FRISE, terme de construction, 1528. Paraît être empr. du lat. médiéval *frisium*, autre forme de *frigium*, *phrygium* « broderie, frange », formé sur le modèle de *phrygiae vestes* ou simplement *phrygiae* « étoffes brochées d'or » (on a aussi en fr. *frise* pour désigner une sorte d'étoffe ou de broderie, 1394, cf. **orfroi**), et avoir été appliqué à la frise par comparaison de ses ornements avec une broderie. L'it. dit de même *fregio* et l'esp. *friso*, mais les rapports de ces formes avec le fr. et avec le lat. médiéval *frisium*, etc., sont également incertains.

FRISE, dans « cheval de frise », 1572. Traduction du néerl. *friese ruiter* « cavalier de Frise », ainsi nommé parce que ce système de défense passe pour avoir été inventé dans la province de *la Frise* pendant la guerre de libération contre les Espagnols, cf. la désignation all. *spanischer Reiter*, littéral. « cavalier espagnol. »

FRISER, 1448. Très probabl. issu du radical *fris-* qu'ont du XIVe au XVIe s. certaines formes de *frire*. Les mets qu'on frit dans l'huile se tordent et se recroquevillent jusqu'à ressembler à des mèches frisées. Ce développement a pu être favorisé par le conflit de *frire* et *frir* « férir » (forme plusieurs fois attestée) dont ces deux verbes sont sortis réduits à quelques formes. Le sens de « frôler » apparaît dès 1504 ; il a probabl. comme point de départ le sens musical « faire vibrer la corde en l'effleurant », très vivant au XVIIe s. — Dér. et Comp. : **frisette,** 1865 ; **frison,** 1474 ; **frisotter,** 1552 (Ronsard) ; **frisure,** 1515 ; **défriser,** 1680.

FRISQUET, 1827. Dér. du wallon *frisque* « froid », empr. du flamand *frisch* (prononcé avec une gutturale finale) « légèrement froid », cf. moyen néerl. *frisc* « frais », v. aussi *friche*.

FRISSON. D'abord fém., jusqu'au XVIe s. Lat. de basse ép. *frīctiōnem*, acc. de *frīctiō*, considéré comme dér. de *frīgere* « avoir froid ». — Dér. : **frissonner,** XVe (Villon), d'où **frissonnement,** 1540.

FRISURE, v. **frire.**

FRITURE. Lat. de basse ép. *frīctūra*, dér. de *frīgere* « frire ».

FRIVOLE, XIIe. Empr. du lat. *frivolus*. — Dér. : **frivolité,** 1721.

FROC, XIIe (Chrétien). Francique **hrok*, cf. anc. haut all. *hrok*, all. *Rock* « habit, robe ». Une autre forme, prov. *floc* et lat. médiéval *floccus*, est due à l'influence du lat. *floccus*. — Dér. : **frocaille,** vers 1750 (Piron) ; **frocard,** vers 1700 ; **défroquer,** XVe ; **défroque,** 1611 ; **enfroquer,** XVIe (Rab.).

FROID. Lat. pop. **frĭgidus*, lat. class. *frīgidus* (l'origine de cette substitution de voyelle est discutée : soit dissimilation de l'*ī* à l'étape *frijdu*, soit influence de *rĭgidus*). — Dér. : **froid,** *subst.*, vers 1080 *(Roland)*, existe dans tous les parlers gallo-romans où il est souvent fém. d'après *chaleur ;* **froidure,** XIIe ; **froideur,** XIIe, déjà lat. *frigidor*, sens moral depuis le XVIe s. ; **froidir,** XIIe ; **refroidir,** XIIe ; **refroidissement,** 1314.

FROISSER. A signifié d'abord « briser en menus morceaux », sens dominant au moyen âge, d'où « meurtrir par un choc, heurter brusquement », puis « chiffonner », XVe ; sens moral fin XVIIe. Lat. pop. **frustiāre*, dér. de *frustum* « morceau, fragment ». Outre le fr. it. *frusciare* « importuner » et sursilvain *furschar* « nettoyer ». — Dér. : **froissement,** XIIIe, développement du sens parallèle à celui du verbe ; **froissis,** XIIe ; **froissure,** *id.* ; **défroisser,** 1948.

FRÔLER, XVe (au sens de « rosser ») ; sens moderne 1694. La suite de consonnes *frl-*, avec voyelle différente intermédiaire, peint dans plusieurs langues le bourdonnement d'un objet qui passe (it. *frullare*). — Dér. : **frôlement,** 1700 ; **frôleur,** 1876 (*-euse*).

FROMAGE. D'abord *formage*. Lat. pop. *formāticus*, dér. de *forma* au sens de « forme à fromage » ; a signifié propr. « fromage *(caseus)* fait dans une forme », cf. *fourme* « fromage du Cantal » dans le fr. régional du Massif central. De même a. pr. *formatge*. A éliminé le lat. class. *caseus*, qui survit partout ailleurs : it. *cacio*, esp. *queso*. — Dér. : **fromager,** XIIIe ; **fromagerie,** XIVe.

FROMENT. Lat. *frūmentum*. — Dér. : **fromentacée,** 1732 ; **fromental** (autre nom du ray-grass), 1760, *adj.*, 1836 ; déjà créé au moyen âge sous la forme *fromentel* ; **fromenté,** *adj.*, 1865 ; **fromentée,** sorte de bouillie, XIIIe.

FRONCE, XIe (aux deux sens de « ride de la peau » et de « petit pli fait à une étoffe »). Francique **hrunkja* « ride », cf. anc. scandinave *hrukka*. — Dér. : **froncer,** XIe ; **froncis,** 1563 ; **défroncer,** XIIIe.

FRONCLE, v. **furoncle.**

FRONDAISON, 1823. Dér. sav. du lat. *frons, frondis* « feuillage ».

FRONDE, XIIIe (alors *flondre*). Probabl. d'un lat. **fundula*, dim. de *funda*, lequel vit sous la forme *fonde* en fr., du XIIe au XVIIe s. It. *fionda* (aussi de **fundula*), esp. *honda*, a. pr. *fonda* et *fronda*. Comme nom propre désignant la rébellion de 1649, a été tiré du verbe *fronder*, voir la suite. — Dér. : **fronder,** 1611 ; au sens figuré de « faire le mécontent », XVIIe s., dérivé de l'emploi qui fut fait de ce verbe par le conseiller du Parlement Bachaumont. Cf. l'explication de Retz : « Bachaumont s'avisa de dire un jour en badinant que le Parlement faisait comme les écoliers qui frondent dans les fossés de Paris, qui se séparent dès qu'ils voient le lieutenant civil » ; d'où **frondeur,** 1213 *(fondaour)*, développement de la forme et du sens d'après le verbe.

FRONT. Lat. *frons, frontis*, ordinairement fém., mais déjà aussi masc. Masc. seulement en gallo-roman. — Dér. : **frontal,** *adj.*, XVIe ; **fronteau,** 1393, issu par substitution du suff. de *frontel*, XIIe ; **frontalier,** 1730, d'abord uniquement par rapport à la frontière esp., empr. du prov. mod. *frountalié* ; **frontière,** 1213, au sens de « front d'une armée », signifiait aussi au moyen âge « place fortifiée » ; le sens moderne, XIVe, paraît être issu de l'anc. adj. *frontier* « qui fait face à, voisin » ; **affronter,** XIIe, au sens de « frapper (sur le front) », fréquent au moyen âge ; signifiait alors aussi « faire rougir de honte », d'où « tromper, insulter », sens usités au XVIIe s. (une 1re fois en 1525), d'où **affront,** vers 1560, considéré aussi, à tort, comme empr. du l'it. *affronto* ; **effronté,** XIIIe (J. de Meung), littéral. « sans front (pour rougir) », cf. it. *sfacciato* « effronté », littéral. « sans face », d'où **effronterie,** fin XVIe.

FRONTISCIPE, 1529. Empr. du lat. de basse ép. *frontispicium*.

FRONTON, 1653. Empr. de l'it. *frontone*, dér. augment. de *fronte*, v. **front.**

FROTTER, XIIe. Étymologie incertaine. Cf. a. pr. *fretar*, a. fr. *freter* de même sens. It. *frettare* « nettoyer avec un balai la partie submergée d'une barque », lat. pop. **frictāre* « frotter » ; mais le rapport entre les formes avec *e* et celles avec *o* n'est pas éclairci. — Dér. : **frottée,** 1752, au sens de « coups », dès 1611 au sens de « tartine frottée d'ail » ; **frottement,** XIVe ; **frotteur,** 1372, au sens général, XVIIIe s. au sens moderne ; **frottis,** 1611 ; **frottoir,** 1423 ; **refrotter,** 1329.

FROUER, v. **flouer.**

FROU-FROU, 1738. Onomatopée.

FROUSSE, 1864. Probabl. allongement consonantique du préc. ; a désigné peut-être d'abord une frayeur causée par un bruit subit. — Dér. : **froussard,** fin XIXe.

FRUCTIDOR, 1793. Mot créé par Fabre d'Eglantine avec le lat. *fructus* « fruit » et le grec *dôron* « présent », v. **thermidor, messidor.**

FRUCTIFIER, XIIe ; **fructification,** XIVe. Empr. du lat. de basse ép. *fructificare, fructificatio*. V. **fruit.** *Fructifier* a éliminé un verbe de formation pop. *frogier*.

FRUCTUEUX, XIIe. Empr. du lat. *fructuosus*, v. **fruit.**

FRUGAL, 1534 (Rab.) ; **frugalité,** XIVe (Bersuire). Empr. du lat. *frugalis* (dér. de *frugi* « de rapport », en parlant d'un esclave, d'où « économe, rangé, honnête »), *frugalitas*.

FRUGIVORE, 1762. Comp. avec les mots lat. *frux, frugis* « fruit » et *vorare* « dévorer ».

FRUIT. Lat. *frūctus* « rapport, production, profit », dit aussi des fruits des arbres. Le sens intellectuel est dû en partie au contact maintenu avec le lat. écrit, notamment avec le lat. eccl., cf. p. ex. l'expression *le fruit des entrailles* d'après *le fruit de ton sein*, Luc, I, 42. It. *frutto* et *frutta*, esp. arch. *frucho* (aujourd'hui *fruto*), a. pr. *fruch* et *frucha*, d'où, dans de nombreux parlers méridionaux, des formes fém. A pris le sens du lat. class. *pōmum* « fruit d'un arbre », v. **pomme,** sauf en roumain où *frupt* signifie propr. « laitage », c'est-à-dire « toute la nourriture que donnent les troupeaux » ; sens analogue de *fruit* en Suisse. — Dér. : **fruiterie,** 1611, au sens moderne, usité au moyen âge au sens collectif de « fruits » ; **fruitier,** XVe, usité au moyen âge au sens d' « officier de bouche qui prenait soin des fruits », etc.

FRUSQUES, v. le suiv.

FRUSQUIN, 1628 (*Jargon ou Langage de l'Argot Réformé :* « habillement »). Aujourd'hui surtout *saint-frusquin*, suivant un procédé pop., cf. notamment *saint-crépin* qui désigne « les outils du cordonnier », etc. Mot d'argot, d'origine obscure. — Dér. : **frusques,** 1790.

FRUSTE, XVIᵉ (Ronsard) ; une première fois au XVᵉ s. *(frustre)*. Empr., comme terme d'art, de l'it. *frusto* « usé », tiré du verbe *frustare* « user », propr. « mettre en morceaux », qui dérive lui-même de *frusto* « morceau », lat. *frustum*, v. **froisser.** S'emploie depuis 1845, par oubli du sens propre au sens de « rude, non poli ».

FRUSTRER, 1330. Empr. du lat. *frustrari.*

FUCHSIA, 1693. Empr. du lat. des naturalistes *fuchsia*, mot créé par le botaniste Plumier (1645-1706), en l'honneur de Fuchs, botaniste allemand du XVIᵉ s.

FUCHSINE. Produit inventé en 1859 par le chimiste Verquin au service d'un industriel de Lyon, du nom de Renard, et dénommé *fuchsine* d'après *Fuchs*, nom all. du renard, qui s'emploie aussi comme nom propre.

FUCUS, XVIᵉ. Empr. du lat. *fucus* (du grec *phykos*) « sorte d'algue ».

FUEL, 1960 (d'abord *fuel-oil*, 1948). Empr. de l'angl. *fuel* « combustibles » (+ *oil* « huile »).

FUGACE, 1726. Empr. du lat. *fugax, fugacis*, dér. de *fugere* « fuir ».

FUGITIF, vers 1300. Empr. du lat. *fugitivus ;* a éliminé une forme plus francisée d'après *fuite*, *fuitif*, qui a survécu jusqu'au XVIIᵉ s., cf. de même l'a. pr. *fugdiu* à côté de *fugiditz.*

FUGUE, 1598, terme de musique. Empr. de l'it. *fuga*, propr. « fuite », qui a servi à désigner des motifs se suivant les uns les autres (du lat. pop. *fuga*). A été pris de nouveau à l'it. au XVIIIᵉ s. (1775, Voltaire) au sens propre de « fuite ».

FUIE, v. le suiv.

FUIR. Lat. pop. **fūgīre*, lat. class. *fŭgere*. A pris le sens de « courir » dans les parlers de la région franc-comtoise et lyonnaise, v. **courir.** — Dér. : **fuite,** XIIᵉ, d'après un part. disparu de bonne heure représentant **fūgitus* (l'a. fr. a eu aussi un mot *fuie*, encore vivant au sens de « volière pour pigeons », attesté dès 1278, transformé en *fuite* sur le modèle de *suite*) ; **fuyard,** 1538. — Comp. : **enfuir (s'),** vers 1080 *(Roland) ;* **faux-fuyant,** vers 1550 (alors aussi *faux-fuyante*, fém., au sens de « chemin détourné par lequel s'échappe le gibier »), sens fig. 1664 (Molière), altération par étymologie populaire, d'un mot non attesté en ce sens *forsfuyant*, comp. avec l'anc. préf. *fors*, c'est-à-dire « qui fuit dehors » ; *forsfuyant* est attesté au XVᵉ s. comme adj. de *forsfuiance*, terme de droit féodal, droit payé par un serf pour obtenir de son seigneur la permission de passer dans un autre domaine.

FULGURANT, 1488 ; **fulguration,** 1532. Empr. du lat. *fulgurans*, part. prés. de *fulgurare* « faire des éclairs » (de *fulgur*, v. **foudre**), *fulguratio* « lueur de l'éclair ».

FULIGINEUX, 1549. Empr. du lat. de basse ép. *fuliginosus*, dér. de *fuligo, -ginis* « suie ».

FULMINER, XIVᵉ, au sens de « lancer la foudre », 1368, au sens religieux ; **fulmination,** 1406, au sens religieux. Empr. du lat. *fulminare* « lancer la foudre » et « foudroyer » au sens fig., *fulminatio* « action de lancer la foudre ». *Fulminare* a pris en lat. eccl. le sens de « lancer une condamnation » que le fr. a également emprunté et qui a donné naissance à certaines acceptions de *fulminer* et de *fulmination*. La chimie a, d'autre part, pris ces mots dès le XVIIᵉ s., en parlant de corps détonants, d'où la création de **fulminate,** 1823, et de **fulmicoton,** 1865.

FUMER « dégager de la fumée ». Lat. *fūmāre*. — Dér. et Comp. : **fumage,** 1752 ; **fumée,** XIIᵉ, a éliminé l'a. fr. *fum*, qui a disparu de bonne heure, lat. *fūmus*, d'où aussi it. *fumo*, esp. *humo*, a. pr. *fum* qui survit dans un certain nombre de parlers méridionaux ; *fumées*, terme de vénerie, « fiente du cerf, etc. », XIVᵉ ; **fumeron,** 1640 ; **fumet,** XVIᵉ ; **fumeur,** 1690 ; **fumiste,** 1762, **fumisterie,** 1845, ont pris récemment un sens fig. (relevé en 1852, Goncourt ; ce sens est dû à un vaudeville de 1840, *La Famille du Fumiste*, dans lequel un fumiste enrichi se sert souvent de l'expression *farce de fumiste* en parlant de tours joués par lui) ; **fumoir,** 1838 ; **enfumer,** XIIᵉ. V. **parfumer.**

FUMER « amender une terre avec du fumier ». D'abord *femer*, devenu *fumer*, XIVᵉ, sous l'influence des deux consonnes labiales. Lat. pop. **femāre*, dér. de **femus* « fumier ». Seulement gallo-roman (a. pr. *femar*) et catalan *femar*. — Dér. : **fumage,** 1845 (déjà du XIIIᵉ au XVIᵉ s.) ; **fumure,** 1357.

FUMEROLE, 1818. Francisation de l'it. *fumaruola*, désignation napolitaine des fumeroles du Vésuve, à propos desquelles le mot a d'abord été employé en fr.

FUMETERRE, 1372. Empr. du lat. médiéval *fumus terrae*, propr. « fumée de la terre » ; dit ainsi « parce que son jus fait pleurer les yeux comme la fumée », O. de Serres.

FUMEUX. Lat. *fūmōsus*. It. *fumoso*, esp. *humoso*.

FUMIER. D'abord *femier*, devenu *fumier* dès le XIIᵉ s., v. **fumer.** Lat. pop. **femārium*, propr. « tas de fumier », dér. de **femus*, altération du lat. class. *fimus, fimi*, masc., d'après *stercus*, v. **fiente.** Seulement fr. A éliminé l'a. fr. *fiens* « fumier », usité jusqu'au XVIᵉ s. et qui survit dans beaucoup de parlers septentrionaux, tout comme les parlers méridionaux ont pour la plupart des formes correspondant à *fens* de l'a. pr. Les autres langues rom. ont d'autres termes : it. *letame*, du lat. *laetāmen* « engrais » ; esp. *estiercol*, dér. du verbe *estercolar*, lat. *stercorāre* « amender une terre ».

FUMIGER, XIVᵉ, rare jusqu'au XVIIᵉ s. ; **fumigation,** 1314. Empr. du lat. *fumigare* « faire de la fumée » et de son dér. de basse ép. *fumigatio*. — Dér. : **fumigatoire,** 1503, d'après le verbe lat.

FUMISTE, v. **fumer.**

FUMIVORE, 1799. Comp. avec les mots lat. *fumus* « fumée » et *vorare* « dévorer ».

FUNAMBULE, vers 1500. Empr. du lat. *funambulus* (comp. de *funis* « corde » et *ambulare* « marcher »). — Dér. : **funambulesque,** 1857.

FUNÈBRE, XIVe. Empr. du lat. *funebris* (de *funus, -eris* « funérailles »).

FUNÉRAILLES, XIVe. Empr. du lat. *funeralia*, plur. neutre de l'adj. *funeralis* « qui a rapport aux funérailles ».

FUNÉRAIRE, 1565. Empr. du lat. de basse ép. *funerarius*.

FUNESTE, XIVe (Bersuire). Empr. du lat. *funestus*, dér. de *funus*, voir les préc., propr. « funèbre », d'où « plein de deuil, funeste ».

FUNICULAIRE, 1725. Dér. sav. du lat. *funiculus*, dim. de *funis* « corde ».

FUR. Ne s'emploie plus que dans la locution *au fur et à mesure*, au XVIIe s. *au fur et mesure*, locution pléonastique issue d'*au fur* « à proportion », XVIe, dont le sens n'était plus suffisamment compris. *Fur* est dû à un développement partic. d'une forme plus ancienne *feur*, dans la locution *au feur*, quand le mot *feur* est sorti de la langue comme mot indépendant. *Feur*, d'abord *fuer*, est un ancien terme de droit, très usuel au moyen âge au sens de « taux » (*au fur* « au taux de » est encore attesté au XVIIIe s.), lat. *forum* « marché, place publique » qui a servi en lat. pop. à désigner les opérations qui se font au marché, d'où « convention, loi, etc. », cf. a. pr. *for* « juridiction, loi, prix, etc. », esp. *fuero* « loi, statut ». *Forum*, d'après le sens class. de « tribunal », issu de celui de « place publique », a pris en lat. eccl. moderne celui de « juridiction temporelle de l'Église », puis celui de « jugement de la conscience », d'où le fr. *for intérieur*, 1635 (s'oppose alors à *for extérieur* « juridiction temporelle de l'Église »). Au sens de « coutumes locales », **for,** XVIe, concerne les régions méridionales et est empr. du prov. *for*.

FURET. Lat. pop. **fūrittus*, propr. « petit voleur », dér. de *fūr* « voleur ». It. *furetto*. L'a. fr. disait aussi *fuiron*, lat. pop. **fūriōnem*, acc. de *fūriō*, élargissement de *fūrō*, attesté à basse ép. au sens de « furet », d'où a. pr. *furon*, esp. *hurón*. Le nom lat. class. *viverra* du furet survit dans des parlers it. et franco-provençaux, mais au sens de « belette » ou d' « écureuil ». L'all. *Frettchen* et l'angl. *ferret* sont empr. du fr., sans doute par le langage de la chasse. — Dér. : **fureter,** XIVe, en a. fr. souvent *fuironner ;* d'où **furetage,** 1811 ; **fureteur,** 1514.

FUREUR, Xe s. Empr. du lat. *furor*.

FURIBOND, XIIIe. Empr. du lat. *furibundus* (dér. du verbe *furere* « être furieux »).

FURIE, XIVe (Bersuire, en parlant des divinités infernales) ; **furieux,** 1290. Empr. du lat. *furia, furiosus*.

FURONCLE, XVIe (Paré). Empr. du lat. *furunculus*, sens issu de celui de « bosse de la vigne à l'endroit du bouton », donc au sens d' « excroissance » (propr. « voleur », dér. de *fur* « *id.* »). Le fr. a eu une forme pop. *froncle*, 1539, encore usitée au XVIIe s. et très répandue dans les patois (rarement relevée au moyen âge ; *ferongle*, 1376, est une forme altérée) ; cf. aussi le port. *fruncho ;* ailleurs dans des dialectes.

FURTIF, 1370. Empr. du lat. *furtivus* (de *furtum* « vol », dér. de *fur* « voleur »).

FUSAIN. Lat. pop. **fūsāgīnem*, acc. de **fūsāgō*, dér. de *fūsus* « fuseau » ; ainsi nommé parce que son bois dur sert à faire des fuseaux ; appelé aussi dans de nombreux parlers *bonnet de prêtre, de curé* ou *bonnet carré* à cause de la forme de ses fruits. It. *fusaggine*.

FUSEAU, XIIe. Dér. d'un anc. **fus*, qui a disparu avant la période littéraire, du lat. *fūsus* « fuseau ». Ailleurs représentants de *fūsus :* a. pr. *fus* (encore très répandu dans les parlers méridionaux), it. *fuso*, esp. *huso*. — Dér. : **fuselé,** XIVe, d'où **fuselage,** XXe s.

FUSÉE. Dér. d'un anc. **fus*, v. **fuseau ;** désigne à l'origine la quantité de fil enroulée autour du fuseau. Vieilli au sens propre ; a pris de nombreuses acceptions techn. où il équivaut à *fuseau ;* comme terme de pyrotechnie, 1400, ainsi nommé par comparaison de la forme d'une fusée avec celle d'un fuseau.

FUSELÉ, v. **fuseau.**

FUSER, XVIe ; **fusible,** vers 1500. Dér. sav. du lat. *fusus*, part. passé du verbe *fundere* « fondre ». — Dér. de l'adj. : **fusibilité,** 1641.

FUSIL. D'abord *foisil*, puis *fuisil*, XIIe, par développement irrégulier, d'où *fusil*, XIIIe. Signifie propr. « pièce d'acier avec laquelle on bat la pierre à feu pour en faire jaillir des étincelles », d'où « la pièce d'acier qui recouvrait le bassinet des anciennes armes à feu et contre laquelle venait frapper la pierre de la batterie », puis « arme à feu portative », 1671 ; a pris aussi dès le XIVe s. le sens de « baguette d'acier pour aiguiser », d'où « fusil de boucher ». Lat. pop. **focīlis* (sous-entendu *petra* « pierre »), dér. de *focus* « feu », propr. « qui produit le feu ». It. *fucile*, a. pr. *fozil*. — Dér. : **fusilier,** 1589, souvent *fuselier* au XVIIe s. ; **fusiller,** 1732, d'où **fusillade,** 1790.

FUSION, 1547. Empr. du lat. *fusio* (du verbe *fundere* « fondre », v. **foison**). — Dér. d'après le sens récent de « réunion d'intérêts, de partis » : **fusionner,** 1865, **fusionnement,** *id.*

FUSTANELLE, v. **futaine.**

FUSTIGER, XIVe ; **fustigation,** 1411. Le verbe est empr. du lat. de basse ép. *fustigare* « frapper à coups de bâton » (de *fustis* « bâton »), le subst. est un dér. sav. du verbe lat.

FÛT. Propr. « fût d'un arbre », d'où de nombreuses acceptions fig. ; au sens de « tonneau », dès le XIIIe s. (d'après le dér. *futaille*), propr. « vaisseau de bois ». Lat. *fustis* « bâton, pieu ». It. *fusto* « tige, tronc », a. pr. *fust* « bâton, tonneau, bateau ». — Dér. : 1° du sens propre : **futaie,** XIVe ; 2° du sens de « tonneau » : **futaille,** XIIIe ; **affûter,** ne signifie plus aujourd'hui qu' « aiguiser des outils », sens issu de celui de « mettre en état », d'après les sens techn. de *fût ;* signifie « disposer » dès le XIIe s. ; en outre « (se) poster derrière un arbre, un buisson », terme de chasse, dès le XIVe s. ; d'où **affût,** « endroit où l'on se poste pour guetter », XVIIe, « sorte de support », 1468, **affûtage,** *id. ;* développements du sens de ces deux dér. d'après le verbe ; **affûtiau,** 1696, forme dialectale pour **affuteau*.

FUTAIE, FUTAILLE, v. **fût.**

FUTAINE, XIIIe (écrit *fustaigne*). Probabl. francisation du lat. médiéval *fustaneum* qui semble être une traduction du grec de la Septante *xylina lina* « tissu de coton », littéral. « venant d'un arbre » (*xylinos* est un adj. dér. de *xylon* « bois », d'où « arbre »), cf. le lat. médiéval *xylinum* et la définition *lana de ligno* « laine venant du bois », cf. aussi all. *Baumwolle.* Mot de civlisation : it. *frustagno, fustagno,* a. pr. *fustani ;* l'arabe *fouchtân* vient du roman ; **fustanelle,** 1872, se rattache à ce mot.

FUTÉ, 1690. Part. passé de l'anc. verbe *se futer*, qui se dit d'un poisson, d'un oiseau qui, ayant été manqué par un pêcheur, un chasseur, fuit et appréhende l'abord des filets, XVIe ; ce verbe vit surtout dans les parlers de l'Ouest, où *ui* est devenu *u ;* il est donc un dér. de **fuite.**

FUTILE, XIVe ; **futilité,** 1671 (Molière) ; au XVIe s. *futileté* d'après l'adj. Empr. du lat. *futilis, futilitas.*

FUTUR, XIIIe. Empr. du lat. *futurus.*

FUTURISME, 1909 ; **futuriste,** 1909. — Empr. de l'it. *futurismo, -ista,* mots créés par Marinetti en 1909.

G

GABARDINE, fin XIXe. Empr. de l'esp. *gabardina* « esp. de justaucorps » attesté dès 1423, probabl. né d'un croisement entre *gabán* « paletot » (de l'arabe *qabâ'*) et anc. esp. *tavardina*, d'où aussi moyen fr. *gaverdine*, sorte de manteau, 1482 ; *galvardine*, 1510 (d'où aussi angl. *gaberdine*).

GABARI(T), 1643. Empr., par la langue de la marine, du prov. *gabarrit*, altération de *garbi* « gabarit » par croisement avec *gabarra*. *Garbi*, masc., propr. « grâce, gentillesse », d'où, dans la langue de la marine, le sens partic. de « gabarit », par l'intermédiaire de « belle forme », puis de « modèle », est empr. d'un gothique **garwi* « préparation », dér. de **garwon* « arranger » (cf. anc. haut. all. *garawi*, de même sens ; l'all. *gerben* « préparer (notamment le cuir) », appartient à cette famille de mots). V. **galbe.**

GABARRE, 1338 (texte de la région de la Garonne) ; usité surtout dans le Midi et jusqu'à la Loire. Empr. de l'a. pr. *gabarra* (textes de la région de la Garonne), cf. aussi *gabarra* en cat., en esp. et en port. Ce mot vient d'un mot du grec byzantin correspondant au grec anc. *karabos*, propr. « écrevisse », d'où plus tard « bateau de charge », cf. aussi *carabus* « sorte de canot », VIe s. Le changement du radical *carab-* en *gabar-* est probabl. d'origine grecque. V. **caravelle.**

GABEGIE, 1790 *(Père Duchêne)*. Probabl. dér. du radical de **gaber,** mais la formation est plutôt obscure (influence de *tabagie* ?). Le sens de « gaspillage, désordre » est aujourd'hui prépondérant au détriment de celui de « fraude ».

GABELLE, 1267. De bonne heure spécial. « impôt sur le sel » ; a continué un certain temps à désigner aussi des impôts sur d'autres denrées telles que drap, vin. Empr. de l'it. *gabella*, qui se disait d'impôts sur toute sorte de denrées, empr. lui-même de l'arabe *al-qabâla* « impôt », propr. « recette », au XIIIe s., peut-être par l'intermédiaire de l'arabe d'Andalousie où *-âla* était devenu *-ala*. — Dér. : **gabelou** *(gabeloux de Croisil)* (Le Croisic, à l'embouchure de la Loire), 1585 (N. du Fail, écrivain breton) ; la forme parisienne ne vient pas de la région où ce texte a été écrit, mais probabl. de la Bourgogne qui était un pays de grande gabelle ; a triomphé, sans doute à cause de son suff., d'autres formes *gabellant*, *gabellier*, *gabeleux*.

GABER, vers 1080 *(Roland)*. Vieux mot auquel a été donné depuis 1860 un regain de vie littéraire. *Gaber* et l'anc. subst. *gab* « raillerie » représentent l'anc. scandinave *gabba* « railler » (à l'origine « ouvrir toute grande la bouche »), *gabb* « raillerie ». Ont pénétré dans les langues voisines, cf. notamment l'it. *gabbare*, *gabbo* et le port. *gabar* « vanter ».

GABIER, 1678. Dér. de l'anc. subst. *gabie* « hune », empr. vers 1480 du prov. *gabia*, propr. « cage », d'où « hune ».

GABION, 1525. Empr. de l'it. *gabbione* augment. de *gabbia* « cage ».

GÂCHE de serrure, 1294. Représente un francique **gaspia* « boucle » qu'on peut reconstituer d'après le moyen néerl. *gespe*. — Dér. : **gâchette,** 1478.

GÂCHER. Francique **waskan* « laver », cf. all. *waschen*. D'abord « passer à l'eau, laver sommairement », d'où *gâcher du mortier*, début XIVe ; « faire un travail sans soin », etc., début XIXe. — Dér. : **gâche** de maçon, 1636 (« aviron », 1376) ; **gâcheur,** 1292 ; **gâchis,** 1636 (1373 autre sens), sens fig., 1775.

GADE, 1788. Empr. du grec *gados*, id.

GADOUE, 1566. Étymologie obscure.

GAFFE, 1393 ; **GAFFER,** 1687. Empr. de l'a. pr. *gaf*, masc., *gafar* ; le prov. moderne *gafo*, fém., est probabl. refait sur le fr. L'esp. et le port. ont également *gafar*. En dernière analyse ces mots remontent très probablement à un gothique **gaffôn* « saisir », de la même famille que l'anc. scand. *gabba* (v. **gaber**). Du sens vulg. de *gaffer* « commettre une indélicatesse », 1872, qui a dû se développer dans le langage des mariniers, est issu celui de *gaffe* « maladresse », 1872 ; **gaffeur,** 1888.

GAG, 1948. Empr. de l'angl. *gag* « ce qu'un acteur ajoute à son rôle ».

GAGA, 1879. Onomatopée faite à l'imitation du bredouillement des personnes tombées en enfance ; on retrouve dans d'autres langues cette syllabe *gag-* avec la même valeur.

GAGE. Francique **wadi*, cf. gothique *wadi* « gage », all. *Wette* « gageure » : terme de droit germ. Du fr. viennent it. *gaggio*, esp. port. *gage*. Au sens propr. jurid., *gage* n'a plus que quelques emplois, p. ex. *prêter* *sur gage ;* cède le pas à *caution*, *garantie*. — Dér. et Comp. : **gager**, vers 1200 ; **gageure**, XIIIe ; **gagiste**, 1680 ; **dégager**, XIIe, **dégagement**, 1419 ; **engager**, XIIe, **engagement**, XIIe, **rengager**, vers 1450, **rengagement**, 1718 ; **désengager**, 1462 ; **mortgage**, 1283 (Beaumanoir : *morgage*) ; *gage-mor* est plus récent et plus rare.

GAGNER. Francique **waidanjan* « se procurer de la nourriture, faire du butin, etc. », de la famille de l'all. *Weide* « pâturage », *weiden* « paître » ; l'anc. haut all. *weida* signifie encore « recherche de nourriture, à la chasse ou à la pêche », aussi bien que « pâturage ». De là les sens du mot fr. : d'une part, « faire du profit, du butin », d'où les nombreuses acceptions modernes, et, d'autre part, « paître » dans le langage de la vénerie, « cultiver, labourer, semer » ; ces derniers sens, qui ont disparu du fr., survivent dans les parlers du Sud-Est et franco-provençaux. Le verbe germ. a été également introduit par d'autres envahisseurs dans les langues du Sud : it. *guadagnare* « gagner », esp. *guadañar* « faucher ». — Dér. et Comp. : **gagnage**, XIIe, vieux mot ; **gain**, XIIe, tiré du verbe quand il se prononçait *gaaingnier*, v. **regain ; regagner**, XIIe ; **gagne-pain**, XIIIe, au sens de « gantelet » qui servait dans les tournois, cf. l'explication d'un auteur du XIVe s. : « Car par li est gagnies li pains » ; sens moderne, 1566 ; **gagne-petit**, 1597, où *petit* a le sens adverbial de « un peu ».

GAI, vers 1170. Empr. de l'anc. prov. *gai*, qui est plus ancien et qui appartient au vocabulaire des troubadours. Celui-ci doit représenter un goth. **gâheis*, correspondant à l'anc. haut all. *gāhi* « impétueux », all. mod. *jäh*. Est empr. du fr. l'it. *gaio*. — Dér. : **gaieté,** vers 1170 ; **égayer,** XIIIe ; **également,** vers 1175.

GAÏAC, 1532 (Rab.). Empr. de l'esp. *guayaco*, empr. lui-même de l'arouak (de Saint-Domingue) *guayacan*. — Dér. : **galacol,** fin XIXe.

GAILLARD, vers 1080 *(Roland)*. L'it. *gagliardo*, l'esp. *gallardo* et le port. *galhardo* sont empr. du gallo-roman. Très probabl. dér. d'un gallo-roman **galia* « force », d'un radical celtique **gal* (cf. irl. *gal* « bravoure ») et du suff. *-ia*, qui pourrait être de provenance celtique également ou d'origine lat. Si *g-* n'est pas devenu *j-* c'est dû à une dissimilation des deux consonnes en train de se palataliser à l'étape **gyalya* (d'où **galya*), cf. **cage.** — Dér. : **gaillardise,** vers 1510 ; **regaillardir,** 1549 ; **ragaillardir,** XVe.

GAILLET, v. **caille-lait.**

GAILLETIN, 1853. Dér. de *gaillette*, de même sens, 1770, aujourd'hui peu usité, empr. du wallon ; c'est un dimin. de *gaille*, nom local de la noix, ainsi nommé parce que ce charbon est en petits morceaux de la grosseur d'une noix ; *gaille* représente un lat. pop. (*nux* « noisette », v. **noix**) *gallica* « gauloise », le noyer ayant été très tôt cultivé partic. en Gaule.

GAINE. Lat. *vāgīna*, modifié en **wāgīna* d'après la prononciation du *w* germ. (v. **gascon**), cf. également a. pr. it. *guaina*. — Dér. : **gainier,** XIIIe, nom de métier ; **gainier** « arbre de Judée (dont la gousse ressemble à une gaine) » et, au fém., **gainière** « variété d'abeille », dite aussi *faiseuse d'étuis*, sont récents ; **dégainer,** XIIIe, **dégaine,** 1611 (en 1633 : « Tu t'y prends d'une belle dégaine », d'où le sens moderne) ; **engainer,** vers 1340, **rengainer,** 1526.

GALA, 1666. Se trouve pour la première fois dans un rapport sur les fêtes de Madrid. Le mot est empr. de l'esp. *gala*, lequel, à son tour, est empr. du franç. *gale* « réhouissance, plaisir » (XIIIe-XVIe s.).

GALACT(O). Premier élément de mots sav. comp., tels que **galactomètre, 1796,** tiré du grec *gala*, *galactos* « lait ».

GALANDAGE, v. **guirlande.**

GALANT, vers 1360. Part. prés. d'un anc. verbe *galer*, XIIIe, « s'amuser, mener joyeuse vie » (d'où le subst. *gale*, XIIIe, v. **gala**). Le sens de « vivacité, de hardiesse entreprenante » a cédé au XVIIe s. à celle de « bonnes manières, spécial. dans les relations avec les dames ». C'est en ce sens que l'it. *galante* a été pris au fr. L'a. fr. *galer* représente un gallo-roman **walare* « se la couler douce », dér. du francique *wāla* « bien », cf. angl. *well*. — Dér. : **galanterie,** 1559 (Amyot) ; souvent alors au sens d' « acte de bravoure » ; **galantin,** 1555. — Les parlers gallo-romans ont formé de nombreux dér. et comp. de *galer*, comme *Galafre*, nom de capitaines sarrazins (+ *lafre* « vorace »), resté comme adj. dans les parlers, suisse *galavar*, *galapiat* (aussi fr., vers 1850), *galipette* (aussi fr. fam., 1889), *galimafrée* (XIVe, qui contient dans la deuxième partie le picard *mafrer* « manger beaucoup », empr. du moyen néerl. *maffelen*, id.), etc. V. encore *galvauder*, *galéjade*, *galibot*.

GALANTINE. Attesté dès le XIIIe s. sous cette forme, altération de *galatine*, XIIIe, probabl. empr. du parler de Raguse en Dalmatie, où *ge-* pouvait devenir *ga-*, d'où l'on exportait au moyen âge des poissont en sauce, et où *galatina* est effectivemens attesté dans des textes en lat. médiéval. Les formes d'autres langues, comme l'all. *Gallerte*, dont la deuxième partie ne se laisse pas ramener à *galatine*, viennent peut-être de la Provence, où le lat. *gelare* était devenu **galare*, par une transformation due au gaulois des derniers siècles.

GALAXIE, 1557. Empr. du grec *galaxias*, dér. de *gala* « lait », v. **galactite.**

GALBE, 1578, d'abord *garbe*, 1550 (Ronsard). Empr. de l'it. *garbo* « grâce, belle forme, galbe », dér. de *garbare* « plaire », du gothique **garwon* « arranger », v. **gabarit,** « préparation ».

GALE, 1205. Variante orthographique de *galle* « excroissance qui se produit sur les feuilles ou la tige des végétaux » qui, en raison de son sens propre, a été employé pour désigner la gale des végétaux, puis celle des animaux. Le vieux verbe **galer** « gratter, frotter », encore au XVIIIe s., 1360, en est dér. — Dér. : **galeux,** XVe.

GALÉACE, GALÉE, v. **galère.**

GALÉJADE, 1881. Empr. du prov. *galejada* « plaisanterie », dér. du verbe *galejá* « plaisanter », dér. lui-même du verbe *se galá* « se réjouir », qui correspond à l'a. fr. *galer*, v. **galant.**

GALÈNE, 1556. Empr. du lat. *galēna*, id.

GALÈRE, 1402. Empr. du catalan *galera*, issu par substitution de suff. de *galea*, empr. lui-même du grec byzantin *galéa*. A remplacé *galée* et une autre forme *galie*, toutes deux dans la *Chanson de Roland*, de même origine. Autres formes anc. : *galéace* (ou *galéasse*, *galiace*), XVe, empr. de l'it. *galeazza* « grande galère » ; *galion*, vers 1300 (Joinville), dér. de *galie*, qui a servi au XVIIe s. à désigner les vaisseaux espagnols appelés en esp. *galeón* (dér. de *galea*) ; *galiote*, 1358, « petite galère », dér. de *galie*. La diversité de ces mots est en rapport, comme on le voit par le sens de quelques-uns, avec des particularités de construction. Dans la technologie, *galion* s'emploie encore au sens de « traverse de bois maintenant la fermeture des écoutilles ». — Dér. : **galérien,** 1611.

GALERIE, 1316 ; *guerrerie* en 1328. Empr. de l'it. *galleria*, empr. lui-même du lat. médiéval *galeria*, attesté au IXe s. ; c'est probabl. une altération, par substitution de suff., de *galilea*, tiré du nom propre *Galilea* « Galilée » qui a servi à désigner le porche d'une église dans l'ordre de Cluny (on trouve aussi quelquefois *galilée* en ce sens en a. fr.). Sous ce porche se pressaient les laïques, tout comme la Galilée était dans la Bible un pays peuplé de gens peu adonnés à la religion du peuple élu.

GALERNE, vers 1150. Certainement d'origine prélatine, mais difficile à déterminer. Usuel dans les parlers de l'Ouest pour désigner les vents de l'ouest et du nord-ouest. Le breton *gwalarn* est empr. du français.

GALET, XIIe. Paraît provenir des régions côtières de la Picardie ou de la Normandie. Dér. de l'a. fr. *gal* « caillou », aussi dialectal, qui représente un gaulois **gallos*, supposé d'après l'irl. *gall* « pierre, rocher ». Le dér. *jalet*, 1478, qui a la forme attendue en fr. vit encore dans le Maine ; ce mot s'employait au XVIe s. à propos d'arbalètes ou d'arcs, appelés *arbalètes, arcs à jalets*, qui lançaient des cailloux. — Dér. : **galette,** XIIIe, ainsi nommée à cause de sa forme ronde et plate ; anc. normand aussi *gale*.

GALETAS, 1378 *(galatas)*. Vient du nom de la tour de *Galata*, à Constantinople. A d'abord désigné un logement placé au haut d'un édifice, même d'un palais (encore chez La Bruyère) ; le sens actuel date du XVIIe s.

GALFÂTRE, 1808. Empr. de *galfat* « calfat » des parlers de l'Ouest. Le sens péjor. du mot provient de ce que le calfat fait un travail minutieux, pour lequel il bouge peu, de sorte qu'il semble passer son temps sans rien faire.

GALHAUBAN, v. **hauban.**

GALIBOT, « jeune manœuvre dans les travaux des mines », 1871. Empr. du picard, de la région minière, où il est issu, avec changement de suff., de *galibier* « polisson », lequel est une déformation du picard *galobier* (déjà au XIVe s.). Celui-ci est très probabl. dér. d'un verbe **galober*, comp. de *galer* (v. *galant*) et de l'a. fr. *lober* « flatter » (empr. du moyen haut all. *loben* « louer »). Cf. aussi a. fr. *galoberie* « débauche », XIIIe.

GALIMAFRÉE, v. **galant.**

GALIMATIAS, 1580 (Montaigne : « Jargon de galimathias »). Étymologie douteuse. D'après une récente explication, ce serait un terme du jargon des étudiants, forgé avec le lat. *gallus* « coq » qui aurait désigné les étudiants prenant part aux discussions réglementaires, et la terminaison grecque *-mathia* « science », cf. *amathia* « ignorance », d'où **gallimathia*. Une autre explication part du lat. de basse ép. *ballematia*, qui signifiait « chansons malhonnêtes ».

GALION, GALIOTE, v. **galère.**

GALIPETTE, 1883. Mot populaire, d'origine incertaine.

GALLE, XIe s. Empr. du lat. *galla*, v. **gale.**

GALLICAN, 1355. Empr. du lat. médiéval *gallicanus*, employé spécial. à propos de l'Église de France, en lat. class. « gaulois » (vers 1360 (Oresme) au sens de « français »). — Dér. : **gallicanisme,** 1810.

GALLICISME, 1578 (H. Estienne). Dér. sav. du lat. *gallicus* « gaulois » auquel on a donné le sens de « français ».

GALLINACÉ, 1770 (Buffon). Empr. du lat. *gallinaceus* « qui a rapport à la poule *(gallina)* ».

GALLO-. Premier élément de mots sav. comp., tels que **gallophobie,** 1859, tiré du lat. *gallus*, *gallicus* « gaulois » pour exprimer des notions relatives aux Français.

GALLON, 1867. Empr. de l'angl. *gallon*, empr. lui-même de l'a. fr. *galon* « sorte de mesure » .forme anglo-normande (aujourd'hui encore *galon* désigne en norm. une cruche de grès). A cette forme correspond une forme de l'a. fr. *jalon* et les dict. donnent encore **jale** « esp. de jatte », XIIe, et le dér. **jalot,** 1582, aujourd'hui « baquet employé pour couler le suif fondu ». Probabl. du même radical que l'a. fr. *jaloie* « mesure de capacité », lat. de basse ép. *galleta*, d'origine inconnue, d'où aussi l'all. *Gelle* « seau ».

GALLUP, 1948. Empr. de *Gallup*, nom du journaliste américain qui a créé en 1935 un institut pour sonder l'opinion publique,

GALOCHE, 1351 (le dér. *galochier*, dès 1292). Désigne à l'origine un soulier avec une semelle partic. épaisse, ce qui invitait à une comparaison avec une pierre plate. Dér. probabl. du même radical que *galet*, gaulois **gallos ;* provient du normand ou du picard, d'où il a pénétré en fr. avec cette esp. de chaussure.

GALON, 1379. Tiré du verbe *galonner*, attesté dès le XIIe s., « orner la tête de rubans » ; se rattache à la même famille que *galant*.

GALOPER, vers 1135. Francique **wala hlaupan* « bien sauter », cf. l'all. *wohl* « bien » et *laufen* « courir », ainsi que le sens « sauter » qu'a le mnld. *lopen*. — Dér. : **galop,** vers 1080 *(Roland)* ; **galopade,** 1611 ; **galopin,** XIVe (Deschamps) comme nom commun, antér., dès le XIIe s., nom propre, désignant des messagers, etc., dans des textes littéraires et autres (v. aussi **trottin**).

GALOUBET, 1768. Empr. du prov. *galoubet*, dér. probabl. d'un verbe **galaubar* « jouer magnifiquement » refait sur l'a. pr. *galaubiar* « agir bien », lequel est dér. de l'a. pr. *galaubia* « étalage, pompe », empr. du gothique **galaubei*, qu'on restitue d'après l'adj. *galaufs* « qui a de la valeur ».

GALUCHAT, 1762. Nom de l'inventeur de ce procédé de préparation.

GALURIN, 1867. Dér. de l'argot *galure* (1888), m. fr. *galere* (1532), qui sont empr. du lat. *galerus* « sorte de bonnet tel que le portait Mercure ».

GALVANISME, 1797. Dér. de *Galvani*, nom du physicien italien qui a découvert l'électricité animale en 1780. — Dér. : **galvanique,** 1798 ; **galvaniser,** 1799 ; **galvanisation,** 1802, etc.

GALVAUDER, 1690. Probabl. comp. de *galer*, v. **galant,** et de *ravauder*, contamination ironisante. — Dér. : **galvaudeux,** 1865 ; formé avec un suffixe dialectal du Centre.

GAMBADE, 1480. Empr. du prov. *cambado, id.*, *gambado*, dér. du prov. *cambo* « jambe ». — Dér. : **gambader,** 1425.

GAMBILLER, 1611. Comme terme du langage fam., probabl. normand ou picard, dér. de *gambe* « jambe ». Comme terme de marine, peut avoir la même origine.

-GAME, -GAMIE. Deuxième élément de mots sav. comp., tiré du grec *gamos* « mariage », tels que **cryptogame,** 1783, ou de mots empr. tels que **polygamie,** 1578. *Gamo-* sert aussi de premier élément pour former des mots sav., surtout en botanique.

GAMELLE, 1584. Empr. de l'esp. *gamella*, du lat. *camella* « sorte de vase ».

GAMIN, 1765 (*Encyclopédie*), au sens de « jeune aide de verrier ». Vit surtout dans les parlers de l'Est, qui l'ont peut-être emprunté de l'all. *gammel* « joie bruyante ; jeune homme dégingandé, vaurien », qui vit dans les parlers limitrophes du français et qui aurait été francisé à l'aide du suff. *-in*. — Dér. : **gaminerie,** 1838.

GAMME, XIIe. On a dit longtemps aussi *gamm(a)ut*, encore dans Trévoux. Empr. du nom de la lettre grecque *gamma*, employée par Gui d'Arezzo (vers 995-1050) pour désigner la première note de la gamme, puis la gamme elle-même. Jusqu'alors on employait les lettres de l'alphabet, *a* correspondant au *la* au-dessous de la grosse corde du violon ou *la* grave du violon, celle qu'on appela *gamma ;* puis Gui d'Arezzo désigna les six notes de *ut* à *la* d'après six syllabes de la première strophe de l'hymne à saint Jean-Baptiste de Jean Diacre : « *Ut* queant laxis *re*sonare fibris *mi*ra gestorum *fa*muli tuorum, *sol*ve polluti *la*bii *re*atum, Sancte Johannes » ; *ut* était également désigné par *gamma*, d'où le terme *gamm(a)ut*. *Si* fut inventé plus tard, au début du XVIIe s., d'après les initiales de *Sancte Johannes ;* quand à *do*, c'est une syllabe substituée arbitrairement à *ut*, comme plus sonore.

GANACHE, 1642. Empr. de l'it. *ganascia* « mâchoire de n'importe quel animal ». Dit d'abord du cheval *chargé de ganache*, c'est-à-dire « qui a une mâchoire épaisse ». L'it. *ganascia* est empr. des parlers de l'Italie Méridionale, lesquels l'ont tiré du grec *gnathos*, en intercalant une voyelle entre les deux premières consonnes.

GANDIN, 1858 (*Les Gandins*, titre d'un roman de Ponson du Terrail). Passe pour être dér. du nom du *boulevard de Gand*, aujourd'hui boulevard des Italiens, considéré comme le rendez-vous des élégants, cf. l'expression *fashionable du boulevard de Gand*, 1830. Le personnage de la pièce de Barrière, *Les Parisiens* (1855), *R. Gandin*, a tout au plus contribué à mettre le mot à la mode. Mais le mot se trouve en dauphinois dès 1809, au fém. même dès le XVIIe s. ; il est donc fort probable qu'il est emprunté des patois du Sud-Est et que le rapport avec le nom du *boulevard de Gand* est dû à une étymologie populaire. Le dauph. *gandin* est un des nombreux dér. de l'anc. pr. *gandir* « fuir, faire des détours, se soustraire », lequel représente le goth. *wandjan* « tourner ». V. aussi **gourgandine.**

GANDOURA, fin XIVe. Empr. de l'arabe maghrébin *gandoura* (d'origine étrangère, peut-être lat.).

GANG, 1948 ; **gangster,** 1948. Empr. de l'anglais *gang*, *gangster*, mêmes sens.

GANGLION, XVIe (Paré). Empr. du lat. de basse ép. *ganglion* (d'un mot grec signifiant « glande »).

GANGRÈNE, 1495 (d'abord *cancrene*). Empr. du lat. *gangraena* (du grec *gangraina*). — Dér. : **gangréner,** 1503 ; **gangréneux,** 1539.

GANGUE, 1552. Empr. de l'all. *Gang* « chemin », qui a le sens de « filon » dans des comp. tels que *Erzgang* (comp. de *Erz* « airain, minerai »).

GANSE, 1594. Probabl. empr. du prov. *ganso* « ganse », qui présente en outre diverses acceptions « boucle, nœud, crampon, anse, bord, etc. ». Celui-ci représente l'adj. grec *gampsós* « courbé ». L'it. *gancio* et l'esp. *gancho* sont empr. du turc *kandja*, id., lequel est à son tour empr. du même adj. grec.

GANT. Francique *want*, qui a probabl. passé en gallo-roman comme terme jurid., les Francs ayant eu l'habitude d'offrir le gant en symbole de la remise d'une terre. L'it. *guanto* et l'esp. *guante* viennent du fr. — Dér. : **gantelet,** 1260 ; **ganter,** 1488 ; **gantier,** 1241 ; **ganterie,** 1337 ; **gantelée,** XIVᵉ ; **ganteline,** 1820 (ces deux derniers dér., qui désignent des esp. de campanules, viennent de quelque parler de la France centrale ; *gandlée* désigne la digitale en Normandie (Orne), et des dér. ou des comp. de *gant* diverses esp. de campanules dans les parlers septentrionaux) ; **déganter,** vers 1350.

GARANCE, XIᵉ. Francique **wratja* qu'on restitue d'après l'anc. haut all. *rezza*, avec modification de la terminaison, cf. *warantia* (gloses lat. du moyen âge) et *warentia (Capitulaires de Charlemagne)*.

GARANT, vers 1080 *(Roland)*. Part. prés. d'un ancien verbe **garir*, du francique **wārjan* « garantir la vérité de qch » (comp. l'all. *wahr* « vrai ») ; ce verbe **garir* a disparu dans les autres formes, probabl. parce qu'il se rencontrait avec *garir* « guérir ». De la même façon le verbe correspondant gothique *wērjan* a laissé en a. pr. *guiren*. V. **warrant.** Dér. : **garantir** *(Roland)* ; **garantie,** XIIᵉ.

GARBURE, 1782. Empr. du gascon *garburo*, probabl. de même famille que l'esp. *garbias*, masc. plur., « sorte de ragoût », mais d'étymologie obscure.

GARCETTE, v. le suiv.

GARÇON, vers 1080 *(Roland)*. Probabl. francique **wrakjo* ; on trouve le nom de personne *Wracchio* au IXᵉ s. et on rapproche l'anc. saxon *wrekkjo*, l'anc. haut all. *rekko* « banni, guerrier à la solde de l'étranger » (d'où aujourd'hui *Recke* « héros ») et l'anc. angl. *wrecca* « coquin », sens auxquels se rattachent les sens dominants du moyen âge d' « homme de basse condition, valet ». *Garçon* est l'anc. cas oblique dont le cas sujet *gars* est resté pop. et provincial sous la prononciation *gâ*. Du sens de « valet » dérive celui d' « employé subalterne », usuel à partir du XVIIᵉ s. Celui d' « enfant du sexe masculin » n'apparaît qu'au XVIᵉ s. Des dér. comme **garçonnet,** vers 1185, **garçonnière,** XIIᵉ, se rapportent d'abord à la signification « valet ». Le sens de « célibataire » date de 1636. — Dér. : outre les précédents ; **garçonne,** 1922, créé par V. Margueritte, auparavant chez Huysmans, en 1880 ; **garçonnière** « logement de célibataire », 1835. — Dér. de *gars* : **garce,** vers 1175, qui a pris un sens péjor. vers le XVIᵉ s., d'où **garcette,** XIIIᵉ, inusité au sens propre depuis le XVIᵉ s., sauf dans quelques patois, mais au sens de « petite corde faite de vieux cordages détressés » (attesté en 1634 au sens de « petite corde ») ; ce sens vient de l'expression *coiffée à la garcette*, « avec les cheveux rabattus sur le front » (d'Aubigné), d'où *garcette* « coiffure de femme dans laquelle les cheveux sont rabattus sur le front ».

GARDÉNIA, 1777. Formé dans le lat. des naturalistes en l'honneur du botaniste écossais du XVIIIᵉ s. *Garden*.

GARDER, vers 1050 *(Alexis)*. Germ. **wardôn*, cf. all. *warten* « attendre, soigner », angl. *to ward* « protéger » ; de même it. *guardare*, esp. *guardar*. — Dér. : **garde** « action de garder », vers 1050 *(Alexis)* ; **arrière-garde,** XIIᵉ ; **avant-garde,** *id.* ; **garde** « celui, celle qui garde », XIIᵉ ; **garderie,** 1579 ; **gardeur,** XIIᵉ ; **gardien,** 1255, d'abord *gardenc*, XIIᵉ, formé avec le suff. d'origine germ. *-enc*, d'où **-nage,** 1823 ; **égard,** XIIᵉ, par l'intermédiaire d'un verbe *esgarder* « veiller sur », *id.* ; **regarder,** VIIIᵉ, *rewardant* (dans une glose) ; le sens de « diriger sa vue sur » apparaît dès les premiers textes. — Comp. : **cent-gardes,** gardes de l'empereur Napoléon III, d'où *un cent-garde* ; **garde-barrière,** 1865 ; **-chasse,** 1669 ; **-chiourme,** 1829 ; **-côte,** 1599 ; **-feu,** 1619 ; **-fou,** 1400 ; **-magasin,** 1634 ; **-malade,** 1754 ; **-manger,** 1304 ; **-meuble,** 1680 ; **-pêche,** 1669 ; **-robe,** XIIIᵉ ; **-vue,** 1749 ; **sauvegarde,** v. **sauf.**

GARDEN-PARTY, v. **jardin.**

GARDON, vers 1210. Probabl. dér. de **garder.** Ce poisson a l'habitude de retourner aux endroits où il a été effarouché et d'y prendre ses ébats comme s'il avait à garder qch.

GARE, v. **garer.**

GARENNE, XIIIᵉ. Lat. médiéval *warenna* ; le sens du mot au moyen âge : « lieu réservé par le seigneur pour la chasse ou la pêche » fait penser au verbe *garir* (v. **guérir**) ; mais la forme en est obscure. Aussi **varenne,** surtout dans des noms de lieu.

GARER, 1180, sous la forme *varer* dans un texte de Bretagne, n'est attesté que depuis le XVᵉ s. à Paris, où il a été amené par le trafic maritime avec la Normandie. Empr. de l'anc. norois *varask* « avertir (d'un danger) », congénère de l'all. *(be)wahren*. Le verbe *égarer* par contre existe en fr. dp. le XIᵉ s. ; il représente probabl. une formation hybride née d'une comp. de la prép. *ex* et du verbe francique **waron* « conserver ». — Dér. : **gare,** interjection, 1460 *(sans crier gare)* ; **gare,** subst. fém., 1690, au sens de « gare d'eau » ; **garage,** 1802, sens actuel 1899, d'où **garagiste,** début XXᵉ.

GARGAMELLE 1468. Empr. du prov. *gargamela*, dû à un croisement de *calamela* « chalumeau » (dit par métaphore du tuyau de la gorge) avec le radical *garg-* « gosier, gorge », v. les mots suiv.

GARGARISER, XIVᵉ ; **gargarisme,** XIIIᵉ. Empr. du lat. *gargarizare*, *gargarisma* (pris à basse ép.) (du grec médical *gargarizein*, *gargarisma*).

GARGOTE, 1680. Terme argotique, dér. du verbe *gargoter*, au sens de « boire, manger malproprement », 1675, antér. « faire du bruit avec la gorge, bouillonner avec bruit », 1622. *Gargoter* (*gargueter*, XIVe) dérive de l'a. fr. *gargate* « gorge, gosier », encore usité dans diverses régions de la France. Dans ce mot et dans d'autres mots dialectaux ou appartenant à des langues voisines, cf. esp. et port. *garganta*, le radical *garg-* est une onomatopée rappelant le bruit de l'eau qui bout ou celui que fait la gorge quand on avale gloutonnement. — Dér. : **gargoter,** 1642, « fréquenter les gargotes » ; **gargotier,** *id.*

GARGOUILLE, 1500 (d'abord *gargoule*, 1295). Mot contenant le radical *garg-* des mots préc. La première forme *gargoule* paraît comp. avec *goule* « gueule ». *Gargoule* a été modifié par la suite sous l'influence du verbe *gargouiller*, v. le suiv. — Dér. : **gargoulette,** 1337.

GARGOUILLER, 1337. Dér. du radical *garg-* avec le suff. péjor. qu'on a dans *barbouiller*, etc. — Dér. : **gargouillement,** 1532 ; **gargouillis,** 1581.

GARGOUSSE, 1505. Probabl. empr. du prov. *cargousso*, même sens, dér. de *cargá* « charger » ; *gargouche*, 1643, est dû à un croisement avec *cartouche*.

GARLANDAGE, v. **guirlande.**

GARNIR. Germ. **warnjan* « pourvoir, munir ». It. *guarnire*, esp. *guarnecer*. — Dér. et Comp. : **garnement,** vers 1150, au moyen âge désigne ce qui protège ; appliqué à l'homme considéré comme protecteur, a pris vers 1380 un sens péjor. qui a éliminé les autres sens ; **garnison,** XIe s., jusqu'au XVIIe s. signifie aussi « moyen de défense, approvisionnement, soutien » ; vers 1213, spécialisé au sens d' « ensemble de troupes qui défendent une place, qui sont casernées dans une ville », d'où celui de « la ville même », d'où **garnisaire,** 1771 (qui a remplacé *garnisonnaire*, XVIIe) ; **garniture,** 1327, en outre au moyen âge *garneture* ; **dégarnir,** vers 1080 *(Roland)* ; **regarnir,** XIIIe.

GAROU, v. **loup.**

GARRIGUE, 1546 (Rab.). Ne s'applique qu'à des terres du Midi. Empr. du prov. *garriga* équivalent de l'a. fr. *jarrie*. Ce mot, de même famille que l'a. fr. *jarris*, sorte d'arbre, a. pr. et cat. *garric* « sorte de chêne », esp. *carrasca*, se rattache sans doute à la famille de gascon *carroc* « rocher », suisse all. *Karren* « rochers calcaires crevassés à fleur du sol » (cette esp. de chêne poussant surtout sur un sol pierreux). Ce groupe de mots peut être ramené à un type **carra* « pierre », qui est sans doute resté d'une langue prélatine, à juger d'après son extension géographique même préceltique, mais que le gaulois et le latin ont incorporé à leur vocabulaire et transmis au roman.

GARROT « partie du corps qui, chez les grands quadrupèdes, se trouve au-dessus de l'épaule, entre l'encolure et le dos », 1444. Empr. du prov. *garrot*, dér. de *garra* « jarret » (et aussi « jambe, fesse »).

GARROT « bâton », 1302 (alors « trait d'arbalète »). Même mot que a. fr. *guaroc* « trait d'arbalète ». La forme en *-ot* est née quand le plur. des mots en *-c* et en *-t* est devenu identique (*-os* pour *-ocs* et pour *-ot*z) ; c'est alors que le sing. en *-ot*, plus fréquent que celui en *-oc*, a supplanté celui-ci dans ce mot. A. fr. *guaroc* est un dér. du verbe *garokier* « garrotter », XIIe, lequel représente un francique **wrokkan* « tordre, tourner avec force », qu'on peut restituer d'après le moyen néerl. *wroken* « se quereller », flamand *wrooken* « tordre ». — Dér. : **garrotter,** 1535. L'esp. *garrote*, empr. du fr., a pris le sens d' « instrument de supplice », que le fr. a reçu à son tour au XIXe s. (une première fois chez Vaugelas, qui dit *garrote*).

GARS, v. **garçon.**

GASCON. Souvent « hâbleur » depuis le XVIIe s. Lat. *vasco* devenu *wasco*, par substitution de *w* à *v*, due à l'influence de la prononciation germ. qui n'avait pas de *v* ; v. **gaine.** — Dér. : **gasconisme,** 1584 ; **gasconnade,** fin XVIe.

GASPILLER, 1549, en outre *gap-* au XVIe s. Probablement issu de *gapailler*, mot dialectal de l'Ouest, croisé avec le prov. *gaspilha* « grapiller, gaspiller » ; de là aussi la première forme *gapiller*. *Gapailler*, propr. « rejeter les balles de blé », cf. *gaspaille* « balles de blé rejetées par le van », attesté anciennement dans la même région, est à rapprocher du méridional *gaspa* « petit lait » ; on le rattache à un gaulois **waspa*, qu'on suppose d'après des mots irlandais et gallois, et qui aurait signifié « nourriture », puis se serait restreint au sens de « nourriture du bétail, déchet », quand le gaulois est tombé au rang de langue rurale. — Dér. : **gaspillage,** 1740 ; **gaspilleur,** 1538.

GASTÉRO-, GASTR(O)-. Premier élément de mots sav. comp., tels que **gastéropode,** 1795 ; **gastro-entérite,** 1823, tiré du grec *gastêr* « ventre », ou de mots empr. tels que **gastronomie** (en 1623 dans le titre d'un ouvrage grec).

GÂTEAU, XIIe. Probabl. empr. du francique **wastil* qu'on suppose d'après l'anc. saxon *wist* « nourriture » (mais le moyen haut all. *wastel* est empr. du fr.).

GÂTER. Lat. *vastāre*, dont l'initiale a été modifiée en *w*, d'où *gu-*, *g-*, sous l'influence du radical germ. **wōst-* qui se trouve dans l'all. *wüst* « désert », *verwüsten* « ravager ». Jusqu'au XVIIe s. a conservé le sens de « ravager, dévaster ». Même altération dans l'it. *guastare* « dévaster », « gâter », esp. *gastar* « consommer, détruire », l'a. pr. *gastar*, qui ont les mêmes sens que le verbe fr. — Dér. et Comp. : **gâterie,** 1815, dér. de *gâter*, au sens fam. d' « encourager les défauts de quelqu'un par une complaisance excessive », déjà créé dans le sens « d'altération d'un texte » en 1609 ; **gâteux,** 1836 (Balzac), formé avec le suff.

dialectal *-eux* par dérision, en conformité avec le sens péjoratif ; cf. **gaga,** d'où **gâtisme,** 1871 ; **dégât,** 1321, par l'intermédiaire d'un anc. verbe *dégaster* « dévaster », usuel jusqu'au XVIe s., qui paraît formé d'après le lat. *dēvastāre ;* **gâte-papier,** XIIIe ; **gâte-sauce,** 1808.

GAUCHIR, vers 1210. Probabl. issu de l'anc. verbe *guenchir* « faire des détours », empr. du francique **wenkjan*, cf. all. *wanken* « vaciller », par croisement avec l'anc. verbe *gauch(i)er* « fouler », empr. du francique **walkan*, cf. all. *walken* « fouler du drap » (l'angl. *to walk* « se promener » est le même mot). Au sens de « fouler », le croisement ne se comprend guère ; mais le verbe *gauchier*, rare dans l'ancienne langue, a dû signifier « marcher d'une manière embarrassée », cf. le berrichon *gaucher* « patauger dans la boue ». — Dér. et Comp. : **gauchissement,** 1547 ; **gauche,** 1471, s'est substitué à l'anc. adj. *senestre*, encore de quelque usage au XVIe s., depuis usité seulement sous la forme écrite *senestre*, spécialement dans la langue du blason. Ce mot signifiait propr. « qui est de travers », d'où « maladroit », il a pris la place de *senestre*, quand *droit* a pris celle de *destre* ; d'où **gaucher,** vers 1540 ; **gaucherie,** vers 1750 ; **dégauchir,** 1582, **dégauchissement,** 1513.

GAUCHO, 1840. Empr. de l'esp. de l'Amérique du Sud, spécial. de la République Argentine, empr. lui-même peut-être de l'araucan *cachu* « camarade » ou du ketschua *wahĕa* « pauvre ».

GAUDE « esp. de réséda », XIIIe. Germ. **walda*, cf. l'angl. *weld*, d'où aussi l'esp. et l'it. *gualda*. — Dér. : **gauder,** 1244.

GAUDE « bouillie de farine de maïs », 1732. Empr. du bourguignon et du franc-comtois. Même mot que le préc. ; cette bouillie a été appelée ainsi à cause de sa couleur jaune.

GAUDIR, voir le suivant.

GAUDRIOLE, 1741. Paraît être un dér. fantaisiste, sur le modèle de mots tels que *cabriole*, de l'anc. verbe *se gaudir* « s'égayer », XIIIe, aujourd'hui arch., empr. du lat. *gaudere* « se réjouir ».

GAUFRE, XIIe, au sens de « sorte de pâtisserie ». Représenté probabl., en raison de l'ancienneté du mot, le francique **wafel*, plutôt que empr. du moyen néerl. *wafel*. Les deux sens « gâteau » et « rayon de miel » doivent déjà être germ., cf. l'all. *Wabe* « rayon de miel ». Le *-l* de la forme germ. doit avoir été anticipé dans la première syllabe, avec, par la suite, dissimilation des deux *l*, d'où la première forme *walfre*. — Dér. : **gaufrer,** XVIe (R. Belleau : « Ruchettes gaufrées », au sens techn., déjà en 1439), **gaufrure,** XVe, **gaufrage,** 1670, **gaufreur,** 1677 ; **gaufrette,** 1536 ; **gaufrier,** 1365.

GAULE, 1278. Francique **walu*, forme qu'on peut restituer d'après le moyen néerl. *wal* « bâton », l'anc. haut all. *valus*, le gothique *walus*. — Dér. : **gauler,** 1360 ; **gaulée,** 1611 ; **gaulis,** 1392.

GAULOIS, XVe, sens fig. XVIIe. Dér. de *Gaule*, qui représente le francique **walha* « les Romans », dér. de **walh-* « roman », cf. all. *welsch*. — Dér. : **gauloiserie,** 1865.

GAUPE, 1401. Empr. de l'all. dialectal *Walpe* « sotte femme », attesté en bavarois ; paraît être entré en fr. par les parlers de la région franco-provençale.

GAUSSER (se), vers 1560 (Ronsard). Également en normand au sens de « s'amuser ». Étymologie inconnue. — Dér. : **gausserie,** 1539 ; **gausseur,** *id.*

GAVE, 1671. Empr. du pyrénéen *gave*, d'origine prélatine ; on a *gabarus* en lat. de basse ép.

GAVER, 1642. Empr. du picard, de même famille que l'a. fr. dialectal *gave*, encore usité en picard et en normand au sens de « gosier, gésier », cf. aussi le prov. *gava* « jabot ». Représente un prélatin **gaba* « gorge, gosier, goître », peut-être d'origine gauloise, qui vit aussi dans les dialectes de l'Italie du Nord. V. **gavotte ; joue.**

GAVION, XIIIe. Mot dialectal, dér. de l'anc. forme *gave*, v. le préc.

GAVOTTE, 1588. Empr. du prov. *gavoto*, propr. « danse des gavots » ; *gavot* sert à désigner les habitants des Alpes. Le prov. dit aussi *gavach* « rustre, montagnard » (d'abord « étranger »), d'où *gavache*, 1546 (Rab.), et l'esp. *gavacho*, qui désigne par dérision les Pyrénéens et par extension les Français. *Gavot* et *gavach* dérivent de *gava*, v. **gaver.**

GAVROCHE. Nom propre, créé par Victor Hugo dans *Les Misérables*, III, I, 13, avec le suff. argotique *-oche ;* devenu rapidement nom commun.

GAZ, 1670 (*gas*, dans une traduction de van Helmont). Mot créé par le médecin flamand van Helmont (1577-1644) pour désigner une substance subtile qu'il considérait comme unie aux corps, d'après le lat. *chaos* (grec *khaôs*), suivant ses propres paroles : *Halitum illud gas vocavi, non longe a chao veterum*. En flamand *ch* a une prononciation spirante sourde proche de celle de *g*, spirante sonore. Sens moderne, fin XVIIIe, depuis les travaux de Priestley et de Lavoisier. — Dér. et Comp. : **gazéifier,** 1802 ; **gazeux,** 1775 ; **gazier,** 1802 ; **gazéiforme,** 1811. Comp. techn. avec *gazo-* comme premier élément, tels que **gazomètre,** 1789 (Lavoisier).

GAZE, 1554 (Ronsard). Peut-être d'après le nom de la ville de *Gaza* (Palestine). On a proposé aussi l'arabe *gazz* « bourre de soie ».

GAZELLE, fin XIIIe. Empr. de l'arabe *ghazâla*.

GAZETTE, 1600. Empr. de l'it. *gazzetta*, empr. lui-même du vénitien *gazeta*, propr. « petite monnaie de la valeur de trois liards environ » (probabl. dimin. de vén. *gaza* « geai », plutôt que dér. du byzantin *gaza* « trésor », lequel, comme mot simple, n'a pas passé à Venise) ; on vendait au XVIe s. à Venise des feuilles périodiques, donnant des nouvelles sur les entreprises vénitiennes dans le Levant et sur les événements de l'époque et appelées *gazeta dele novità*, parce qu'on les vendait au prix d'une *gazeta*. Aujourd'hui *gazette* ne s'emploie guère que comme titre de quelques publications ; a cédé la place à *journal*, sauf dans les parlers du Nord-Est et du Sud-Est, surtout en Wallonnie et en Suisse romande. — Dér. : **gazetier,** 1633.

GAZON. Francique **waso*, cf. all. *Wasen*. Le mot a passé en fr. grâce à l'usage jurid. de symboliser la cession d'une terre par la remise d'une motte de gazon. — Dér. : **gazonner,** 1295, **gazonnement,** 1701.

GAZOUILLER, 1316. Verbe à radical onomatopéique, v. **jaser.** — Dér. : **gazouillement,** XIVe (Oresme) ; **gazouillis,** 1564.

GEAI. Lat. de basse ép. *gaius*, tiré du nom propre *Gaius*, suivant un procédé fréquent pour la désignation des animaux familiers. Esp. *gayo*, a. pr. *gai*.

GÉANT. D'abord *jaiant* (d'où l'a. pr. *jaian*). Lat. pop. **gagantem*, acc. de **gagās*, altération de *gigās*, personnage mythologique (mot d'origine grecque), pris à basse ép. comme nom commun (rare en ce sens en grec). Rare en dehors du gallo-roman sous une forme pop., cf. *gaiant*, encore usuel en picard. V. **gigantesque.**

GÉHENNE, XIIIe. Empr. du lat. eccl. *gehenna*, venu, par l'intermédiaire du grec *geenna*, de l'hébreu post-biblique *ge-hinnom* « vallée de Hinnom », près de Jérusalem, où les Juifs sacrifièrent à Moloch, et qui, par suite, devint un lieu maudit, puis désigna l'enfer, cf. « Le feu de la géhenne », Mathieu, V, 22. V. **gêne.**

GEINDRE. Lat. *gemere*, devenu régulièrement *giembre* qui a été refait sur les verbes en *-eindre*. Ne s'est maintenu que dans un sens ordinairement péjoratif, attesté dès le XIVe s., tandis que pour le sens propre le fr. **gémir,** vers 1150, est repris au lat. *gemere*, avec changement de conjugaison ; d'où **gémissement,** XIIe. It. *gemere*, a. pr. *gemer*, *gemir*. — Dér. : **geignard,** 1872.

GEISHA, 1921 (*guécha* en 1887). Mot d'origine japonaise.

GEL. Lat. *gelu*. Peu usité aujourd'hui. It. *gelo*, esp. *hielo* (v. **glace**), a. pr. *gel*. — Dér. : **antigel,** 1948.

GÉLATINE, 1611. Empr. de l'it. *gelatina*, v. **galantine.** — Dér. : **gélatineux,** 1743.

GELER. Lat. *gelāre*. Existe aujourd'hui dans tous les parlers gallo-romans. It. *gelare*, esp. *helar*, a. pr. *gelar*. — Dér. et Comp. : **gelée,** vers 1080 *(Roland)*, *gelata* est dans les *Gloses de Reichenau ;* **gélif,** 1622, en outre le fém. *gélisse*, *id.*, encore chez Buffon, d'où **gélivure,** 1737 ; **gélissure,** 1771 ; **dégeler,** XIIIe (J. de Meung) ; **dégel,** *id.* ; **engelure,** XIIIe, dér. d'un anc. verbe *engeler*, XIIe, encore dans les patois ; **regeler,** 1447.

GELINOTTE, XVIe (Marot). Dér. de *geline*, anc. nom de la poule, lat. *gallīna*, v. **poule.**

GÉMEAUX, XVIe. Aujourd'hui ne s'emploie plus qu'au plur., en parlant d'un des signes du Zodiaque. Au XVIe et au XVIIe s., a la même valeur que *jumeau* dont il n'est qu'une réfection partielle sur le lat. *gemellus*.

GÉMINÉ, 1529. Empr. du lat. *geminatus* « doublé ».

GÉMIR, v. **geindre.**

GEMME. Empr. du lat. *gemma* « bourgeon, pierre précieuse » ; employé dès le XVIe s., comme adj., en parlant du sel fossile. A remplacé *jame*, écrit souvent *gemme*, d'après l'orthographe du lat., de sorte qu'on ne peut reconnaître quand *gemme*, prononcé comme aujourd'hui, a succédé à *jame*. *Gemme* s'emploie sous des formes locales au sens de « résine, poix » dans les parlers de l'Ouest et du Sud-Ouest, d'où il a pénétré sous la forme francisée *gemme* dans la langue de la sylviculture ; ce sens, attesté dès le moyen âge, est dû au fait que la résine sort en gouttes brillantes comme des perles.

GÉMONIES, 1611. Empr. du lat. *gemoniae* (sous-entendu *scalae* « escalier »), escalier où l'on exposait, à Rome, les corps des condamnés après leur strangulation et avant de les jeter dans le Tibre. Devenu usuel au XIXe s. dans l'expression *traîner aux gémonies*, 1820 (Lamartine), « accabler d'outrages ».

GENCIVE. Lat. *gingīva ;* le *c* de *gencive* est dû à une dissimilation du deuxième *g* de *gingīva*.

GENDARME, v. **gent.**

GENDRE. Lat. *generum*, acc. de *gener*. It. *genero*, esp. *yerno*, a. pr. *genre ;* concurrencé dans les parlers gallo-romans par *beau-fils*.

GÊNE, 1538. Issu de *gehine*, 1213, qui dérive de l'anc. verbe *jehir*, *gehir* « avouer ». Celui-ci représente un francique **jehhjan* (par métaphonie pour un plus ancien **jahhjan*, id.), cf. anc. haut all. *jehan* « avouer » (*-jan* a ici une valeur d'intensité). Le part. passé est déjà *iectus* dans la Loi Salique. Aussi a. pr. *gequir*, *giquir*. L'anc. it. *gecchire* « humilier » est empr. du gallo-roman. *Gêne* et *gêner* ont conservé jusqu'à la fin du XVIIe s. les sens très forts de « tourment, tourmenter (physiquement et moralement) », ce qui explique qu'on ait vu du XVe au XVIIe s. dans *gêne* le même mot que *gehenne* « enfer » ; de là l'orthographe *gehenne* au sens de « gêne » fréquente au XVIe s., cf. aussi *gehenner* « gêner » chez Commynes et, d'autre part, *gêne* au sens d' « enfer » chez Bossuet et Furetière. — Dér. : **gêner,** 1381 ; **gêneur,** 1868. — Comp. : **sans-gêne,** 1778 (nom d'une association d'ouvriers).

-GÈNE. Suff. scientifique, tiré du radical *gen-* de mots grecs qui contiennent l'idée d' « engendrer », tel que le verbe *gennân*, etc., v. **hydrogène ;** de ce suff. a été tiré un nouveau suff. chimique *-ène*, cf. **acétylène.**

GÉNÉALOGIE, XIIe. Empr. du lat. de basse ép. *genealogia* (d'origine grecque). — Dér. : **généalogique,** 1480 ; **généalogiste,** 1654.

GÉNÉRAL, XIIe. Empr. du lat. *generalis,* propr. « qui appartient à une espèce *(genus)* », d'où « général ». Devenu rapidement usuel ; la locution *en général* date du XIVe s. Pris comme subst., au sens de « chef d'un ensemble d'unités militaires », XVe (*capitaine général* est déjà du XIVe s.) ; au sens de « chef d'une communauté religieuse », XVIe. — Dér. : 1° de l'adj. : **généraliser,** fin XVIe (d'Aubigné) ; **généralisation,** 1778 ; **généralisateur,** 1792 ; **généralité,** XIIIe ; on a dit aussi *généraulé,* XIIIe, qui s'est maintenu au sens de « généralat » jusqu'au XVIIe s. A désigné en outre sous l'anc. régime une division administrative en vue de la perception des impôts, créée sous le règne de Charles VII ; 2° du subst. : **généralat,** 1554, d'abord *généraulé,* XVIe.

GÉNÉRALISSIME, fin XVIe (d'Aubigné). Empr. de l'it. *generalissimo,* dér. de *generale.*

GÉNÉRATEUR, 1519 ; **génération,** XIIe. Empr. du lat. *generator, generatio* « action d'engendrer » (de *generare* « engendrer ») ; le sens de « génération d'hommes » vient du lat. eccl.

GÉNÉREUX, XIVe ; **générosité,** fin XVe. Empr. du lat. *generosus, generositas* au sens de « de bonne race, qui a de nobles sentiments ; noblesse » (de *genus* au sens de « race ») ; ces sens n'ont cédé la place à « libéral, libéralité » que depuis le XVIIe s.

GÉNÉRIQUE, 1582. Dér. sav. du lat. *genus, generis,* au sens de « genre ».

GENÈSE, 1660, d'abord *génésie,* 1611. Restreint aujourd'hui à la locution récente *genèse d'un ouvrage* (dont le sens est sans rapport, malgré l'apparence, avec *Genèse,* premier livre de la Bible) ; était d'abord employé dans les langues techn., biologie, etc. Empr. au lat. eccl. *genesis* « naissance, génération ». — Dér. : **génésique,** 1836, comme terme biologique ; d'abord en concurrence avec *génétique, id.,* empr. du grec *gen(n)étikos* « propre à la génération ».

GENÊT, vers 1200. Réfection de l'a. fr. *geneste,* fém., probabl. parce que la forme fém. a été sentie comme un nom collectif ; cette forme masc. n'a pas éliminé l'anc. fém. qui est encore vivace, surtout à l'Est de Paris et dans le Midi. *Geneste* représente le lat. *genesta* (le lat. class. *genista* est probabl. d'origine dialectale, d'où également it. *ginestra,* esp. *hiniesta,* anc. prov. *genesta*).

GENET, XIVe. Empr. de l'esp. *jinete* « cavalier armé à la légère » d'où « bon cavalier » et « cheval bon pour être monté à la genette », emprunté de l'arabe *zenâta,* nom d'une tribu berbère connue pour la valeur de sa cavalerie.

GÉNÉTIQUE, 1865. Empr. du grec *gennētikós* « qui a trait à la génération ».

GENETTE, terme de manège, XVe. Employé d'abord dans la locution *à la genette,* calquée sur la locution esp. *a la jineta* « avec les étriers courts », dér. de *jinete,* v. **genet** ; désigne, par extension, une esp. de mors.

GENETTE, « sorte de petit carnassier », XIIIe. Empr. de l'arabe *djarnait* (le port. *gineta* est attesté depuis le XIIIe s.).

GÉNIE, 1532. Empr. du lat. *genius* « génie tutélaire », qui apparaît avec le sens de « talent, don naturel » à basse ép. ; a servi aussi en fr. pour traduire le lat. *ingenium,* au sens de « don inné, dépassant la mesure ». Comme terme de guerre, au sens « d'art de fortifier les places, etc. », fin XVIIe, a été suggéré par *ingénieur,* autrefois « constructeur d'engins ». — Dér. : **génial,** 1838 (une première fois en 1547), dér. de *génie* dans son sens d' « aptitude supérieure ».

GENIÈVRE, 1584 (Ronsard), auparavant, *geneivre, genoivre, genèvre.* La voyelle *iè* a probabl. remplacé *oi* par analogie avec des couples comme *levrier : lièvre,* en partant du dér. *genévrier.* Lat. *juniperus,* devenu à basse ép. **jeniperus* (*giniperus,* vers 800). — Dér. : **genévrier,** 1372.

GÉNISSE. Lat. pop. **jenīcia* (cf. sicilien *yiniltsa*), issu par affaiblissement de l'*u* inaccentué de **jūnīcia,* transformation du lat. class. *jūnīx, jūnīcis.*

GÉNITAL, XIVe. Empr. du lat. *genitalis* « qui engendre » (de *genitus,* part. passé de *gignere* « engendrer »).

GÉNITIF, vers 1373. Empr. du lat. *genitivus* (plus fréquemment *genetivus*).

GÉNITOIRES, vers 1300 (Joinville : *genetoires,* issu de *genitaires,* XIIe, par substitution de suff.). *Genitaires* est une francisation, par une première substitution de suff., du lat. *genitalia,* plur. neutre, pris substantiv., de l'adj. *genitalis.* Ne s'emploie plus guère aujourd'hui que par plaisanterie.

GENOU. D'abord *genouil,* éliminé par *genou* qui est issu du plur. *genouilz,* puis *genous* (transcrit *genoux*). Lat pop. *genuc(u)lum,* réfection du lat. class. *geniculum,* sous l'influence de *genu.* — Dér. : d'après l'ancienne forme *genouil,* **genouillère,** XIIe ; **agenouiller (s'),** XIe ; **-ement,** XIVe.

GENRE, vers 1200. Empr. du lat. *genus, generis* dans l'expression *genre humain,* lat. *genus humanum,* et dans ou pour des acceptions techn. de grammaire, scolastique, histoire naturelle ; a pris le sens général de « manière, sorte » dans la langue commune, vers 1400, tout en restant techn.

GENS, v. le suiv.

GENT, *subst.* Lat. *gentem,* acc. de *gens* « nation, peuple ». Ce sing. n'a plus qu'une existence littéraire, maintenue par l'usage que La Fontaine en a fait. Le plur. *gens* a pris de bonne heure le sens général d' « hommes » ; de là le genre masc., dès le XIIIe s., bien que le genre étymologique n'ait pas disparu. L'expression *droit des gens*, 1694, est une traduction du lat. *jus gentium*. — Comp. : **gendarme,** XVe s., issu du pluriel *gensdarmes*, 1330 ; encore parfois accompagné de l'adj. fém. au XVe s. ; désignait d'abord des hommes de guerre à cheval, ensuite un corps d'élite sous l'ancien régime ; sens moderne depuis 1790 ; a parfois le sens général de « soldats » dans la langue littéraire ; d'où **gendarmerie,** 1473 ; **gendarmer (se),** 1566 ; **gendelettre(s),** masc., 1843 (Balzac), ne s'emploie que par dérision, issu de *gens de lettres*, 1556 ; **entregent,** 1427.

GENT, *adj.* Depuis le XVIIe s., restreint au style marotique. Lat. *genitus* « né », qui a pris le sens de « bien né » dans les milieux féodaux, d'où « noble », puis « gracieux, joli ». Seulement gallo-roman en ces sens ; survit encore avec ce dernier sens en berrichon, limousin et en auvergnat. — Dér. : **agencer,** XIIIe, propr. « embellir, parer » (encore au XVIe s.), d'où « ajuster, ordonner », dès les premiers textes, de même a. pr. *agensar* « embellir », d'où **agencement,** XIIe.

GENTIANE, XIIIe. Empr. du lat. *gentiana*.

GENTIL, *adj.* Lat. *gentīlis* « de la famille, de la race » ; a pris le sens de « de bonne race, généreux » de la même manière que **gent,** d'où, vers le XVIIe s., ceux de « gracieux, joli, aimable » ; les sens anc. ne subsistent que dans les locutions arch. et le comp. *gentilhomme*. L'*l* mouillée est d'origine analogique. — Dér. : **gentillet,** 1845 ; **gentillesse,** XIIe (Chrétien) ; « noblesse de race, de sentiments » jusqu'au XVIIe s. ; **gentillâtre,** vers 1310. — Comp. : **gentilhomme,** vers 1080 *(Roland)* ; **gentilhommière,** XVIe. Empr. par les langues méridionales : it. *gentiluomo*, esp. *gentilhombre*. Cf. aussi **gentleman.**

GENTIL, *subst.*, 1488. Surtout au plur. Empr. du lat. eccl. *gentiles* « païens (par opposition aux chrétiens) », Mathieu, X, 5, traduction du grec *ta ethnê* qui traduit lui-même l'hébreu *gôim*, propr. « peuples », d'où « les non-juifs ».

GENTLEMAN, 1698 (antér. *gentillemans*, 1558) ; jusqu'à une date récente, employé en parlant d'Anglais ; n'a encore que le plur. angl. *gentlemen*. L'angl. *gentleman* est lui-même un calque de *gentilhomme*, fait avec *gentle*, empr. du fr. *gentil*, et *man* « homme ».

GÉNUFLEXION, XIVe. Empr. du lat. médiéval *genuflexio*, dér. du lat. eccl. *genuflectere* « fléchir le genou », d'après *flexio* « flexion ».

GÉO-. Premier élément de mots sav., tels que **géologie,** 1751 (Diderot ; on a déjà *geologia* en 1690, et *giologia* dans un texte italien de 1603), faits sur le modèle de mots tels que **géographie,** qui contiennent le grec *gê* « terre ».

GÉODÉSIE, 1647. Empr. du grec *geodaisia* (de *daiein* « partager »).

GÉOGRAPHE, 1542 ; **géographie,** vers 1500 ; **géographique,** 1546. Empr. du lat. *geographus*, *geographia*, *-icus* (du grec *geôgraphos*, *-ia*, *-ikos* ; v. **-graphe, graphie**).

GEÔLE. D'abord *jaiole*. A signifié « cage » jusqu'au XVIe s., et ce sens subsiste encore au Nord-Est, en Suisse romande et à l'extrême Sud-Ouest. Le sens de « prison », aujourd'hui arch., apparaît dès le XIIe s., en concurrence avec *chartre* et *prison*. Lat. de basse ép. *caveola*, dim. de *cavea* « cage ». — Dér. : **geôlier,** 1294, en concurrence avec *chartrier* au moyen âge ; **enjôler,** XIIIe (sous la forme *enjaole*), au sens d' « emprisonner », vers 1550, au sens fig., d'où **enjôleur,** XVIe.

GÉOMÈTRE, vers 1300, ordinairement *geometrien* en a. fr. ; **géométrie,** vers 1165 ; **géométrique,** 1371 (Oresme). Empr. du lat. *geometres*, *geometria*, *geometricus* (du grec *geômetrês*, *gôemetria*, *-ikos*).

GÉRANIUM, 1545. Empr. du lat. des botanistes *geranium*, réfection du lat. anc. *geranion* (d'un mot grec, dér. de *geranos* « grue » ; ainsi nommé parce que le fruit de cette plante ressemble au bec d'une grue).

GERBE. D'abord *jarbe*. Francique **garba*, cf. all. *Garbe* ; aussi a. pr. *garba*. — Dér. : **gerbée,** 1432 ; **gerber,** XIIIe, au sens de « mettre en tas des fûts », 1567 ; **engerber,** XVIe (R. Belleau), même développement de sens que *gerber*.

GERBOISE (Buffon), XVIIIe. Tiré d'une forme antér. *gerbo*, 1700, empr. du lat. des naturalistes *gerboa*, qui est empr. lui-même de l'arabe *yerboû'* (en arabe maghrébin *dj-*).

GERCER. D'abord *jarser*, signifie souvent « scarifier » au moyen âge. Probabl. lat. pop. *charaxāre*, fait sur le grec *kharassein*, propr. « faire une entaille », d'où « scarifier », sens attesté dans le composé *enkharassein* ; l'empr. se serait produit dans les milieux médicaux. Le sens de « scarifier » d'où celui de « ventouser » qu'a encore le wallon *garsi*, a disparu du fr. avant le XVIe s. au profit de *scarifier*, plus techn. La disparition du deuxième *-a-* s'explique probabl. par dissimilation des deux voyelles. Anc. napolitain *(s)carassare* « scarifier ». — Dér. : **gerce,** XVIe, au sens de « teigne », 1777, au sens de « fente dans le bois ». Celui de « teigne » s'appuie sur le sens d' « endommager » qu'a *gercer* au moyen âge et sur des dér. dialectaux de l'époque moderne qui ont à leur base le sens de « piquer » ; **gerçure,** 1379.

GÉRER, 1445. Empr. du lat. jurid. *gerere* « administrer une tutelle, etc. » (sens très variés en lat. class., propr. « porter »). — Dér. : **gérant,** 1787 ; **gérance,** 1843.

GERFAUT, vers 1180. D'abord *girfalc*, *gerfalc*. Comp. de l'a. fr. *gir* « vautour » (empr. de l'a. haut all. *gîr* « *id.* ») et de *fauc* « faucon ». Cette composition est due au fait que *gir* était identique avec le radical du verbe *girer* et demandait un deuxième élément pour rendre clair le sens du mot.

GERMAIN. Jusqu'au XIXe s. s'est employé comme subst. et comme adj. en parlant des frères et des sœurs ; ne s'emploie plus que dans les expressions : *cousin germain, cousin issu de germain.* Lat. *germānus* « qui est du même sang ». Esp. *hermano, -a* « frère, sœur », port. *irmão, -ã* « *id.* ».

GERMANDRÉE, XIIe *(gemandree)*. Altération obscure du lat. *chamaedrys* (du grec *khamaidrys*, propr. « chêne nain », de *drys* « chêne » et de *khamai* « à terre »). Le lat. médiéval *calamendria*, lui-même inexpliqué, n'explique pas la forme fr.

GERME. Lat. *germen.* It. *germe*, a. pr. *germ(e)*.

GERMER. Lat. *germināre.* A donné la forme *jerner* dans les parlers du Nord, de l'Ouest et *dzerna* dans la région franco-provençale. A. pr. *germenar*, it. *germogliare* (avec changement de suff.).

GERMINAL, 1793 (Fabre d'Églantine). Dér. sav. du lat. *germen, germinis ;* v. **germe** et **floréal, prairial.**

GERMINATION, vers 1510. Empr. du lat. *germinatio* pour servir de nom d'action à *germer.*

GERMON, esp. de thon, 1836. Pris aux parlers de la région maritime du Poitou ; étymologie inconnue.

GÉRONDIF, 1520. Empr. du lat. *gerundivum.*

GÉRONTE, 1829. Personnage du théâtre de la foire du XVIIe s., dont le nom a été fait sur le grec *gerôn, gerontos* « vieillard ». On ne peut dire si le nom du personnage de la comédie italienne *Gerontio* vient du fr. ou en est l'origine.

GÉRONTOCRATIE, 1828. Comp. avec le grec *gerôn*, v. le préc., sur le modèle de mots tels qu'*aristocratie*, etc.

GERZEAU, 1798, une première fois *jarzeu* dans un texte poitevin du XIIe s. Empr. d'un parler du Centre ou de l'Ouest, où, sous des formes variées, il désigne surtout la gesse tubéreuse. Paraît contenir le radical qui se trouve dans l'a. fr. *jargerie* « ivraie », variante de *jarderie.* Cette dernière forme est peut-être dér. de *jard* « long poil rude qu'on enlève des peaux et des toisons », qui a pu servir pour désigner des mauvaises herbes.

GÉSIER. D'abord *giser.* Lat. pop. *gigerium*, usité en lat. class. surtout au plur. et au sens d' « entrailles de volailles offertes en sacrifice ». Le développement irrégulier de la consonne intérieure paraît dû à une dissimilation.

GÉSINE, GÉSIR, v. **gisant.**

GESSE, vers 1100 (écrit *jaisse*). Empr. d'un parler du Midi où le mot est usuel pour désigner, outre la gesse, diverses plantes telles que vesce, pois des champs, ivraie, a. pr. *geissa.* Peut-être de *aegyptius* « égyptien ».

GESTATION, 1537, sens moderne depuis 1748 ; 1872 en parlant d'une création de l'esprit. Empr. du lat. *gestatio* « action de porter » (de *gestare* « porter »).

GESTE, masc., fin XVe (une première fois, *gest*, 1213). Empr. du lat. *gestus.*

GESTE, fém. Ne s'emploie plus que dans *chanson de geste* et dans la locution *faits et gestes. Chanson de geste*, qui remonte au moyen âge et qui a été repris au XIXe s. par l'histoire littéraire, signifie propr. « poème de récits historiques » : *geste* en ce sens a été empr. du lat. *gesta* (plur. neutre du part. passé de *gerere* « faire »), qui a servi à basse ép. de titre à des ouvrages historiques tels que les *Gesta Francorum :* par suite *geste*, francisé en nom fém., a désigné les poèmes eux-mêmes, puis a pris le sens d' « actions mémorables », encore usité au XVIIe s., d'où la locution *faits et gestes*, 1615 ; a désigné en outre au moyen âge un groupe de traditions épiques et même la famille qui fournissait la matière de ces récits.

GESTICULER, 1578 ; **gesticulateur,** 1578 ; **gesticulation,** XIVe. Empr. du lat. *gesticulari, -ator, -atio*, v. **geste,** m.

GESTION, 1482. Empr. du lat. *gestio* (de *gerere* « faire ») ; sert de nom d'action à *gérer.*

GEYSER, 1783. Empr., par l'intermédiaire de l'angl. *geyser*, de l'islandais moderne *geysir*, nom propre d'une célèbre source d'eau chaude au sud de l'Islande ; étendu par la suite à toute source d'eau chaude jaillissante.

GHETTO, 1842, une première fois en 1690. Empr. de l'it. *ghetto*, attesté en 1516 dans un texte vénitien, mot d'origine incertaine ; d'après une des explications proposées, désignerait propr. un quartier de Venise où se trouvaient des fonderies dites *ghetto* et où les Juifs se seraient établis. D'autres y voient un emploi figuré de l'hébreu *ghēt* « lettre de divorce ».

GIBBEUX, XVe ; **gibbosité,** 1314. Le premier est empr. du lat. *gibbosus* (de *gibbus* « bosse »), le deuxième est un dér. sav. de *gibbosus.*

GIBBON, XVIIIe (Buffon). Introduit par Dupleix qui l'a emprunté d'un parler des Indes orientales.

GIBECIÈRE, XIIIe. On trouve aussi au moyen âge le masc. *gibecier, gibacier.* Dér. de l'a. fr. *gibiez*, v. **gibier.**

GIBELET, sorte de foret, 1549. Aussi *gimbelet*, 1534 ; *guibelet*, fin XVe ; *guimbelet*, 1410. Adaptation de *wimbelquin*, l'anc. forme de **vilebrequin,** v. ce mot, par substitution de l'initiale *gu-* au *w-* et du suff. dim. *-et* au suff. dim. néerl. *-kin*, dont la valeur diminutive était bien sentie dans les villes bilingues de l'extrême Nord. Une deuxième substitution (*gu-* remplacé par *g-*) s'est peut-être produite quand le mot a passé des parlers du Nord à l'Ile-de-

France. La perte de la nasalité de la voyelle du radical est probabl. l'effet de la dualité des formes *regimber* et *regiber*.

GIBELOTTE, 1617. Issu par changement de suff. de l'a. fr. *gibelet* « plat d'oiseaux », lequel est un dim. de *gibier* (**giberet*) dont la valeur diminutive a été soulignée par la substitution d'un *-l-* à l'*r*, ce qui a transformé la fin du mot en une suite de deux suff. dim.

GIBERNE, 1752, une 1re fois en 1585. L'it. *giberna* est empr. du franç. On rapproche celui-ci du lat. de basse ép. *zaberna* « esp. de bissac », IVe s. *(Édit de Dioclétien)*, d'origine inconnue.

GIBET, 1155. Désigne aussi au moyen âge une esp. de bâton à poignée recourbée. Peut-être dim. d'un francique **gibb-* « bâton fourchu », qui semble pouvoir se justifier par l'angl. *gib* « bâton recourbé », bavarois *gippel* « branche fourchue ».

GIBIER, au moyen âge surtout dans la locution *aller en gibier* « aller à la chasse ». Issu par substitution de suff. de l'a. fr. *gibiez*. Francique **gabaiti* « chasse au faucon », cf. moyen haut all. *gebeize*, id. Le mot ne désigne que depuis le XVIe s. les animaux pris à la chasse.

GIBOULÉE, 1548. Étymologie inconnue.

GIBOYEUX, 1700. Dér. du verbe *giboyer* XIIIe, encore au XVIIIe s., d'où aussi **giboyeur,** 1583, formé avec le radical de *gibier*.

GIBUS, 1858. Nom de l'inventeur.

GICLER, 1810 ; une première fois en 1542. Représentant d'une famille de mots répandue dans presque tout le domaine gallo-roman, avec les sens de « crier, faire jaillir, fouetter », et avec une variante à initiale sourde (cf. déjà a. pr. *gisclar* à côté de *cisclar*). Origine inconnue.

GIFLE, XIIIe (sous la forme *giffe*). Usuel au sens de « joue » jusqu'au XVIIe s., sens moderne depuis 1807. Empr. d'un parler du Nord-Est où il signifie encore « joue » sous la forme *gif*, du francique *kifel* « mâchoire », cf. l'all. *Kiefer*. — Dér. : **gifler,** 1846.

GIGANTESQUE, 1598. Empr. de l'it. *gigantesco*, dér. de *gigante*, v. **géant,** ou dér. du mot lat. avec le suff. *-esque* devenu fr.

GIGOGNE, 1659 (d'Assoucy) en parlant de la Mère Gigogne, personnage de théâtre, créé en 1602 par les Enfants Sans-Souci, femme géante, des jupes de laquelle sortait une foule d'enfants. Récent comme nom commun dans les expressions *mère Gigogne* « femme ayant beaucoup d'enfants » et *table gigogne*. Paraît être une altération de *cigogne*, oiseau connu pour son amour maternel.

GIGOLO, vers 1865 ; d'abord « jeune homme qui fréquente les bals de barrière ». Le fém. *gigolette* est moins en usage. Dér. de *gigue* « jambe » (1655, très répandu dans les patois), lequel est refait sur *gigot* d'après le modèle de *cuisse : cuissot*.

GIGOT, XVe. Dér. de l'a. fr. *gigue* « esp. d'instrument à cordes », cet instrument ayant eu au moyen âge une forme assez semblable à celle d'un gigot. L'a. fr. *gigue* est empr. de l'anc. haut all. *gīga*, id. — Dér. : **gigue,** 1655, refait sur *gigot* sur le modèle de *cuisse : cuissot*.

GIGOTER, 1694. Dér. fréquentatif de *giguer* « gambader » (XIVe-XIXe s., encore dans les patois), v. **guinguette,** et comp. les formes patoises *gigougner*, *gigouiller*, *gigauder*, etc.

GIGUE, « air de danse, danse très vive », 1658. Empr. de l'angl. *jig*, probabl. du radical du verbe a. fr. *giguer* « gambader », XVe (en outre *ginguer*).

GIGUE, « jambe », v. **gigot.**

GILDE, v. **guilde.**

GILET, 1736. Empr. de l'esp. *jileco* (aujourd'hui plutôt *jaleco*), *gileco* dans *Don Quichotte*, I, 41, empr. de l'arabe d'Algérie *jalaco*, *jaleco* (XVIe) « casaque des captifs chrétiens chez les Mores », mot qui vient du turc *yelek*.

GILLE, « niais », XVIIIe. Vient de *Gille le Niais*, nom d'un bouffon du théâtre de la foire au XVIIe s. Dans l'expression aujourd'hui hors d'usage, *faire gille* « s'enfuir », du XVIe s., *gille* est d'origine douteuse ; peut-être est-ce une expression facétieuse tirée de l'anc. verbe *giler* « se hâter ».

GIMBLETTE, gâteau, 1680. Empr. du prov. *gimbleto*, d'origine obscure.

GIN, 1759. Empr. de l'angl. *gin* (lui-même empr. du néerl. *jenever* « genièvre »).

GINDRE, « ouvrier boulanger », 1260 *(joindre)*. Lat. pop. *jŭnior*, avec un *u* bref, au lieu du lat. class. *jūnior*, d'après *jŭvenis* « jeune » ; *joindre*, d'où *gindre*, est un anc. nom. qui, du sens de « plus jeune », puis simplement de « jeune », s'est restreint au sens moderne. Survit dans la région franco-provençale, au sens de « second berger ».

GINGEMBRE, vers 1100. Lat. *zingiberi* (du grec *zingiberis*, lui-même d'origine extrême-orientale), avec développement partic., dû à la fois à la forme et à la valeur de ce mot ; c'est en effet une épice, transmise par le commerce, et dont le nom a pénétré avec le produit bien en dehors du roman.

GINGIVAL, 1866 ; **gingivite,** 1830. Dér. sav. du lat. *gingiva* « gencive ».

GINGUET, 1549. « En l'an 1554 nous eusmes des vins infiniment verds que l'on appela ginguets », Pasquier. Probabl. dér. du verbe *ginguer* « sauter », ainsi dit parce que l'aigreur de ce vin fait sursauter ; de là les dér. rares *ginglet et ginglard*. Le verbe *ginguer*, 1490 (au part. prés.), qui est encore très usité en province, a été fait sur *giguer* sur le modèle de *regimber* à côté de *regiber*.

GIPSY, v. **tsigane.**

GIRAFE, 1298. Empr. de l'it. *giraffa*, qui vient lui-même de l'arabe *zarâfa*. On trouve antér. *giras*, XIIIe, *orafle* chez Joinville (cf. esp. *azorafa*), formes prises directement à l'arabe.

GIRANDE, 1694. Empr. de l'it. *giranda* « gerbe de feu » (dér. du verbe *girar*, lat. de basse ép. *gȳrāre* « faire tourner en cercle ») comme d'autres termes concernant les feux d'artifice. Le sens de « gerbe d'eau » est une innovation du fr.

GIRANDOLE, 1642. Empr. de l'it. *girandola* (dér. de *giranda*) au sens de « gerbe de feu ».

GIRASOL, XVIe. Empr. de l'it. *girasole*, comp. de *gira* « tourne » et de *sole* « soleil » ; cf. **tournesol.**

GIRATOIRE, XVIIIe (Condorcet). Dér. sav. du lat. *gyrare.*

GIRIE, 1790. Mot pop., d'origine dialectale, répandu dans les parlers de la France septentrionale, aux sens que ce mot a en français et aussi de « tromperie ». D'abord *gillerie* (chez Beaumarchais), forme qui s'emploie aussi pendant tout le XIXe s. Dér. de *Gille le Niais,* nom d'un bateleur du XVIIe s.

GIRL, « danseuse de music-hall », 1913 ; dès 1889 au sens de « jeune fille anglaise ». Empr. de l'angl. *girl* « jeune fille ».

GIROFLE. D'abord aussi *girofre*, XIIe. Lat. *caryophyllon* (qui vient lui-même du grec) avec développement partic., comme *gingembre*, et pour les mêmes raisons, cf. de même it. *garofano*. — Dér. : **giroflée,** XVe (« Pour ce qu'elle a oudeur semblable a clous de girofle, l'appelle l'en giroflee », *Grant Herbier*), fém. d'un adj., qui date du XIIIe s., aujourd'hui hors d'usage ; **giroflier,** 1372.

GIROLLE, 1513. Probabl. dér. de l'anc. verbe *girer* « tourner », lat. *gyrāre*, v. **girande** ; dit ainsi à cause de la forme du chapeau de ce champignon.

GIRON. Signifie d'abord « pan de vêtement taillé en pointe », d'où « pan de vêtement » et spécial. « pan du vêtement allant de la ceinture au genou », de là le sens moderne, dès le XIIe s. Francique **gêro* « pan coupé en pointe », anc. haut all. *gēro*, id. (dér. de *gēr* « lance »), moyen néerl. *ghère ;* cf. de même it. *gherone* « partie de vêtement taillée en pointe ». Un dér. *gironnée* signifiant « contenu d'un tablier » est usuel dans les parlers du Centre.

GIRONDE, 1828. Terme d'argot, devenu pop. ; se dit d'une belle femme. Malgré la date, il est probable que ce mot remonte à *Girondelle*, nom de femme, qui se trouve dans le refrain d'un motet du XIIIe s. : *Je l'arai L'amour de la belle Girondele. S'amour je l'arai.*

GIROUETTE, 1509 ; en outre *gyrouet.* Altération de l'anc. normand *wirewite* (de l'anc. scandinave *vedrviti*, de même sens) par croisement avec *girer*, v. **girolle,** et des mots tels que *rouette, pirouette* (le masc. s'explique de même par *rouet, pirouet*).

GISANT. Part. prés. de l'anc. verbe *gésir*, aujourd'hui restreint à quelques formes de langue écrite *gît*, *gisai(en)t*, lat. *jacēre* « être étendu », très rare dans les parlers gallo-romans ; it. *giacere*, esp. *yacer ;* v. **coucher.** De ce verbe *gésir* dérivent **gésine,** XIIe (probabl. déjà lat. **jacīna*), aujourd'hui peu usité, **gisement,** 1632, comme terme de marine, « situation d'une côte », 1771, au sens de « position des couches de minerai » (a été une première fois créé au moyen âge, XIIIe, au sens d' « action de se coucher ») ; **gîte,** XIIe (Chrétien) ; **gîter,** XIIIe.

GIVRE, 1611 ; *joivre*, XVe (surtout franco-provençal). Mot prélatin, d'origine inconnue, qui doit avoir existé avec deux variantes, **gīvro* et **gēvro*. Le fr. *frimas* est en recul devant *givre* depuis le moyen âge. — Dér. : **givré,** 1845 ; **givrure,** 1755 ; **dégivrer,** 1948.

GLABRE, 1545. Empr. du lat. *glaber.*

GLACE. Lat. pop. *glacia*, lat. class. *glaciēs*. Se dit aujourd'hui dans tous les parlers gallo-romans (a. pr. *glassa*), sauf dans le Centre et l'Ouest où s'emploie une forme *glas*, des deux genres, usitée en fr. du XIVe au XVIe (dès le XIIe s. d'après *verglas*), qui paraît être une réfection de *glace* plutôt qu'un représentant de *glacies.* Anc. it. *ghiaccia ;* la péninsule ibérique se sert des représentants du lat. *gelu*, v. **gel.** — Dér. : **glaçon,** XIIe ; **glacier** « marchand qui vend des rafraîchissements à la glace », 1802 ; « fabricant de glaces de verre », 1765 ; « amas de glace permanente », 1752, d'après les parlers alpins (une première fois en 1572 ; on a aussi dit *glacière* au XVIIIe s.) ; **glacière,** 1640 ; **glaciaire,** 1866.

GLACER. Lat. *glaciāre*. Fréquent au moyen âge au sens de « glisser ». It. *ghiacciare.* — Dér. : **glacis,** 1345, le sens de « terrain en pente » se rattache à celui de « glisser ».

GLACIAL, XIVe. Empr. du lat. *glacialis.*

GLAÇURE, 1771 (« Vernis dont on couvre la porcelaine, en allemand *glasur*, et que l'on nomme en français converti « glaçure », comte de Milly). L'all *Glasur* est dér. de *Glas* « verre » avec le suff. *-ur.*

GLADIATEUR, XIIIe. Empr. du lat. *gladiator.*

GLAÏEUL. Lat. *gladiolus*, dimin. de *gladius* « glaive » ; dit ainsi à cause de la forme des feuilles de cette plante. On trouve aussi en a. fr. et jusqu'au XVIIe s. une forme *glai*, lat. *gladlus*, non attesté comme nom de fleur, d'où aussi a. pr. *glai* (encore usité dans les parlers modernes du Midi ; les parlers septentrionaux ont surtout le type *glaïeul*).

GLAIRE. Propr. « blanc d'œuf », sens qui ne survit que dans la langue de la reliure ; sens moderne, XIIIe. Lat. pop. **clāria*, dér. de l'adj. *clārus* « clair », avec *g* anormal, cf. de même a. pr. *glaira* « blanc d'œuf » et aussi *glara, clara.* Existe encore au sens de « blanc d'œuf » en picard et dans les parlers méridionaux (sous des formes refaites sur le type *clair* ou diversement modifiées) ; cf. de même it. *chiara* « blanc d'œuf » ; v. **blanc.** — Dér. : **glaireux,** XIIIe (« visqueux ») ; **glairer,** 1680.

GLAISE. D'abord *gleise*, *gloise*, et en outre *glise*, encore normand ; aujourd'hui surtout *terre glaise*. Mot d'origine gauloise, dont le radical est attesté par *glisomarga* (Pline l'Ancien) « espèce de glaise ou de marne ». La première partie du mot, qui existe donc en deux variantes *(gliso* et *glīso)* est probabl. un dér. du celtique attesté dans l'irl. *gel* « blanc », ajouté comme distinctif à *marga*, v. **marne** ; mais, quand l'adj. comme tel disparut, la première partie du comp. *gliso-marga* parut suffisant comme nom de la terre glaise. — Dér. : **glaiser,** 1690 ; **glaiseux,** XIIIe ; **glaisière,** 1762.

GLAIVE, XIIe, d'abord *gladie*, X[e] *(Saint Léger)*. Lat. *gladius* ; la fin du mot (la forme normalement développée est *glai*, v. **glaïeul**) est peut-être due à la nécessité de distinguer le nom de l'épée de l'a. fr. *glai* « joie, etc. » (à l'étape **glaiđe -đ-* serait devenu *-v-*).

GLAND. Lat. *glandem*, acc. de *glans*, fém. It. *ghianda*, esp. *lande* (hors d'usage), a. pr. *glan*. Le fém. est encore attesté en a. fr. et en a. pr. ; aujourd'hui subsiste dans beaucoup de patois, mais des formes nombreuses qui ont un *a* initial prouvent que le fém. a reculé à une date récente. — Dér. : **glandée,** vers 1500.

GLANDE. D'abord *glandre*, encore normand. Lat. médical *glandula*, dér. de *glans*. It. *ghiandola*, esp. *landre* (refait sur *lande*, v. le préc.).

GLANDULE, 1495 ; **glanduleux,** 1314. Empr. du lat. *glandula*, *glandulosus*. — Dér. : de *glandule* : **glandulaire,** 1611.

GLANER. D'abord *glener*, disparu vers le XVIe s. Lat. de basse ép. *glenāre* (VIe s., Loi Salique), mot d'origine gauloise, cf. anc. irlandais *doglinn* « il ramasse », qui contient une racine **glenn-*. Seulement gallo-roman (a. pr. *glenar*) ; aujourd'hui usité surtout dans les parlers septentrionaux où *glener* est aussi fréquent que *glaner*. — Dér. : **glanage,** 1596 ; **glane,** XIIIe ; **glaneur,** *id.* ; **glanure,** XVIe (Calvin).

GLAPIR, vers 1200. Altération, d'après *japper*, de l'anc. verbe *glatir*, lat. *glattīre*, verbe onomatopéique, qui se disait spécial. du cri des jeunes chiens, d'où it. *ghiattire*, esp. *latir*, a. pr. *glatir*. On trouve aussi la variante *clatir*, 1690, hors d'usage aujourd'hui. — Dér. : **glapissement,** 1538.

GLAS. S'est spécialisé au sens moderne depuis le XVIe s. ; a désigné d'abord diverses sortes de sonneries. Lat. de basse ép. **classum*, lat. class. *classicum* « sonnerie de trompette » ; la forme *glas* (en a. fr. aussi *clas*) s'explique par l'assimilation du *c-* initial à la consonne sonore suivante, v. **glaire.** Cf. a. pr. *clas*, it. *chiasso* « tumulte ».

GLAUCOME, 1649. Empr. du lat. *glaucoma* (du grec *glaukôma*).

GLAUQUE, 1503. Empr. du lat. *glaucus* (du grec *glaukos*).

GLÈBE, XVe. Empr. du lat. *gleba*, propr. « motte de terre ». Au sens actuel empr. par des ecclésiastiques vers 1600.

GLISSER, vers 1190. Issu du croisement de l'a. fr. *glier*, empr. du francique **glīdan*, cf. all. *gleiten* « glisser », et de *glacer* qui a signifié « glisser ». — Dér. : **glissade,** 1564 ; **glissement,** vers 1400 ; **glisseur,** 1636 ; **glissière,** 1866 ; **glissoire,** 1308 (au sens de « conduit d'écoulement »).

GLOBE, XIVe, devenu usuel au XVIe s. Empr. du lat. *globus*, qui a déjà les acceptions principales du fr. — Dér. : **global,** 1864 ; **englober,** 1611.

GLOBULE, XVIIe (Pascal). Empr. du lat. *globulus* « petite boule », en vue d'acceptions scientifiques. — Dér. : **globulaire,** 1694 ; **globuleux,** 1611.

GLOIRE, XIe *(Alexis : glorie)*. Empr. du lat. *gloria*. Depuis le XVe s. a parfois le sens d' « ostentation », conservé dans beaucoup de patois, sens qu'a aussi le lat. *gloria*, v. **glorieux.** Présente en outre plusieurs acceptions d'origine chrétienne, notamment, en peinture, celle d' « auréole lumineuse entourant la tête de personnages divins », d'après le sens théologique de *gloria*, d'où « représentation du ciel ouvert avec ces personnages », de même it. esp. *gloria*. — Dér. : **gloriette,** 1538, au sens moderne ; attesté dès le moyen âge ; désigne d'abord le palais de Guillaume d'Orange, ainsi qu'une petite chambre sur un bateau, probabl. pour marquer un certain luxe qui régnait dans des pièces ; plus tard le suff. dim. prima le radical pour la signification du mot, c'est pourquoi il finit par désigner des bâtiments de petite extension. Esp. cat. *glorieta* « berceau de verdure » vient du français.

GLORIA, café mélangé d'eau-de-vie, 1817. Paraît être un emploi burlesque du lat. *gloria*, premier mot du verset qui termine tous les psaumes. Dans une farce du XVIe on trouve déjà *gloria filia* (pour *filio*, d'après *gloria patri*) par rapport à une excellente boisson.

GLORIEUX, vers 1080 *(Roland)*. Empr. du lat. *gloriosus*. A eu aussi au XVIIe et au XVIIIe s., d'après le lat., un sens péjor. conservé dans beaucoup de parlers.

GLORIFIER, XIIe ; **glorification,** XIVe. Empr. du lat. eccl. *glorificare*, *glorificatio* ; employés de bonne heure dans un sens général, mais encore aujourd'hui surtout dans la langue religieuse.

GLORIOLE, 1757 (abbé de Saint-Pierre : « Nous avons besoin de citoyens... qui méprisent les distinctions de vanité ou les glorioles » ; cf. « L'abbé de Saint-Pierre est l'auteur d'une expression qui commence à prendre faveur ; c'est le mot de gloriole ») (d'Alembert). Empr. du dim. lat. *gloriola*.

GLOSE, XIIe. Empr. du lat. de basse ép. *glosa* « mot rare, qui a besoin d'être expliqué, interprétation de ce mot », autre forme de *glossa* (du grec *glôssa*, propr. « langue, langage », d'où « idiotisme » et le sens du lat. *glosa*). — Dér. : **gloser,** XIIe ; **gloseur,** 1636, aussi du XIIe au XIVe s.

GLOSSAIRE, 1678, d'abord *glosaire*, XVIe. Empr. du lat. *glossarium ;* on trouve à côté *glosarium*, d'où la forme du XVIe s.

GLOSSATEUR, 1426, sous la forme *glosateur*. Dér. sav. du lat. *glossa*, v. **glose.**

GLOSS(O)-. Premier élément de mots sav., tels que **glossotomie,** 1753, tiré du grec *glôssa* « langue ».

GLOTTE, 1618. Empr. du grec attique *glôtta* « langue » pour un sens spécial, d'après **épiglotte,** 1314, empr. du lat. *epiglottis* (du grec *epiglôttis*, littéral. « qui est sur la langue »).

GLOUGLOU, 1619. Onomatopée, cf. le lat. de basse ép. *glutglut*.

GLOUSSER. Le lat. *glocire*, de formation onomatopéique (cf. all. *klucke* « poule couveuse ») est devenu, à basse ép., *clociare*, d'où le verbe fr., auquel l'évolution phonétique a fait perdre la valeur onomatopéique. Celle-ci a été rétablie dans la plupart des parlers pop., par la création de formes comme *cloquer*, *croquer*, etc. — Dér. : **gloussement,** XVe.

GLOUTERON, v. **grateron.**

GLOUTON. Lat. de basse ép. *gluttōnem*, acc. de *gluttō*, dér. de *gluttus* « gosier », également de basse ép., de la famille du verbe *gluttīre* « avaler », v. **engloutir.** L'a. fr. a eu en outre une forme de cas sujet *glouz*, conservée sous la forme *glout*, comme archaïsme marotique, jusqu'au XVIIe s. It. *ghiotto* et *ghiottone*, a. pr. *gloton*. — Dér. : **gloutonnerie,** XIIIe (*gloutonnie* est plus usité jusqu'au XVIIe s.).

GLU. Lat. *glūtem*, acc. de *glūs*, variante de basse ép. du lat. class. *gluten*. Port. *grude* « colle », esp. *engrudar* « coller ». — Dér. : **gluant,** XIIIe, part. prés. d'un anc. verbe *gluer*, XIIe ; **gluau,** 1375 ; **dégluer,** 1213 ; **engluer,** XIIe.

GLUCOSE, 1853, a éliminé une forme *glycose*, formé vers la même époque. Dér. sav. du grec *glykys* « doux ».

GLUME, 1802, une première fois en 1584. Empr. du lat. *gluma* « balle des graines ».

GLUTEN, XVIe (Paré). Empr. du lat. *gluten* « colle, glu » pour des acceptions techn.

GLYCÉRINE, 1836. Dér. sav. du grec *glykeros* « doux ».

GLYCINE, 1786. Dér. sav. du grec *glykys* « doux » ; dit ainsi à cause de l'élément visqueux que cette plante contient.

GLYPTIQUE, 1796. Empr. du grec *glyptikos* « relatif à la gravure ».

GNACARE, v. **nacre.**

GNAF (écrit aussi *gniaf*), 1808. Autre forme du lyonnais *gnafre* « cordonnier en vieux », d'origine obscure, peut-être expressive.

GNANGNAN (écrit aussi *gniangnian*), 1859, au sens moderne ; en 1825, dans une lettre de Talma, en parlant de mauvais rôles. Onomatopée, exprimant la moquerie à l'égard d'une personne qui se plaint, etc., cf. dans *Le Mariage de Figaro*, II, 4, la syllabe *gnian* répétée sept fois.

GNEISS, 1779 (De Saussure). Empr. de l'all. *Gneiss*.

GNOGNOTTE, 1846. Mot expressif du langage enfantin, exprimant le dédain.

GNÔLE, v. **hièble.**

GNOME, 1583. Empr. du lat. moderne *gnomus*, mot créé par Paracelse, alchimiste fameux du XVIe s., peut-être sur le grec *gnômê* « intelligence », les gnomes, en tant que génies présidant à la terre, ayant pu être considérés comme des puissances intelligentes, peut-être représente un grec **gēnomos* « qui habite la terre », qui aurait été créé par Paracelse d'après *thalassónomos* « qui habite la mer ».

GNOCCHI, 1907. Empr. de l'it. *gnocchi* « esp. de pâte en forme de petite boule », autrefois « pain granulé », d'étymologie incertaine.

GNOMON, 1547. Empr. du lat. *gnomon* (du grec *gnômôn*).

GNON, v. **oignon.**

GNOSE, XVIIe (Bossuet) ; **gnostique,** fin XVIe. Empr. du grec eccl. *gnôsis* (propr. « connaissance » en grec class.), *gnôstikos*. — Dér. du deuxième : **gnosticisme,** 1838.

GNOU, 1782, Buffon, qui donne l'étymologie : « Un quadrupède que les Hottentots appellent *gnou*. »

GO, v. **gober.**

GOAL, 1894. Empr. de l'angl. *goal*.

GOBELET, XIIIe. Dér. de l'a. pr. *gobel*, 1310. Très probabl. dér. du gallo-roman **gob* « bec, bouche », qui représente le gaulois **gobbo-*, id. (à supposer d'après l'irl. *gob*, id.), cf. **gober ;** cf. a. fr. *bec d'asne* « pot à eau ». — Dér. : **gobeloter,** 1680, dér. d'un subst. *gobelot* (pour *gobelet*), attesté dans les patois.

GOBELIN, v. **kobold.**

GOBER, 1549, déjà *soi gober* « se vanter », au XIIIe s. Dér. d'un gallo-roman **gob*, v. **gobelet,** tout comme le subst. vieilli *gobet* « bouchée », XIIIe, encore dans les parlers pop. — Dér. et Comp. : **go (tout de),** 1579 (alors *tout de gob*) ; **gobeur,** 1554 ; **dégobiller,** 1611, cf. de même *dégober* en angevin, **gobe-mouches,** 1548.

GOBERGER (se), 1526 (écrit *gauberger*). Dér. de *gobert* « facétieux », probabl. pour **gobard*, dér. de *se gober* « se vanter », v. ce mot. Le verbe a été formé comme a. fr. *hauberger* de *haubert*.

GODAILLER, 1655. Dér. de *goudaille* « mauvaise bière », qu'on a tiré de *godale*, id., en substituant à la terminaison *-ale* le suff. péjor. *-aille*. Le subst. *godale*, XIIIe s., encore dans certains patois, est empr. du moyen néerl. *goedale* « bonne bière ». Plus tard on aura peut-être vu dans *godailler* un dér. de **godet.** — Dér. : **godailleur,** 1831. Cf. **ale.**

GODAN(T), fin XVIIe (Saint-Simon). V. le suiv.

GODELUREAU, vers 1500. Appartient à une famille très répandue dans les parlers pop. pour désigner différents animaux domestiques, et à la base de laquelle il y a, sans doute, le cri d'appel (à l'adresse de ces animaux) *god*. Ce radical a été employé par la suite pour désigner péjorativement des personnes (p. ex. Mons *godeau* « personne niaise »). La deuxième partie de *godelureau* provient de *galureau*, comp. de *galer*, v. **galant,** et de *lureau*, v. **luron.**

GODER, 1762. Formé avec le radical de *godron*.

GODET, XIIIe. Empr. du moyen néerl. *codde* « morceau de bois de forme cylindrique », cf. pour le changement de signification l'all. *Humpen* « morceau de bois », ensuite « hanap ».

GODICHE, 1752. Modification pop. de *Godon*, forme hypocoristique de *Claude*, que Ménage signale comme étant en usage aussi bien pour les petites filles que pour les garçons.

GODILLE, 1792 (sous la forme *goudille*). Mot dialectal de la France septentrionale, d'origine inconnue. — Dér. : **godiller,** *id.*

GODILLOT, 1881. D'abord terme d'argot militaire tiré du nom d'un fournisseur de l'armée en 1870. D'où, avec une terminaison argotique, **godasse,** fin XIXe s.

GODIVEAU, 1546 (Rab.). D'abord *gaudebillaux* (Rab., encore aujourd'hui en poitevin *godebeillas*), tranformé ensuite sous l'influence de *veau*. Comp. du radical *god-* qu'on a dans *godelureau* et du poitevin *beille* « ventre », qui représente le lat. *botulus* « boyau », cf. **écrabouiller.**

GODRON, 1379 (écrit *goderon*). Au XIVe s. on orne les bords de la vaisselle d'argent de renflements, qu'on désigne, à cause de leur forme, avec un dim. en *-eron* de *godet ;* au XVIe s. ce nom est étendu aux plis ronds qu'on fait aux chemises, etc. — Dér. : **godronner,** 1379.

GOÉLAND, vers 1500 (sous la forme *gaellans*). Empr. du bas breton *gwelan*, cf. le gallois *gwylan*.

GOÉLETTE, 1752 (sous la forme *goualette*). Semble avoir été formé sur le préc., avec substitution de suffixe.

GOÉMON, XIVe (sous la forme *goumon*). Empr. du bas breton *goumon*, **gwemon*, cf. le gallois *gwymon* et l'irl. *femmuin* « varech ».

GOGO (à), XVe (Charles d'Orléans). Réduplication plaisante de **gogue.**

GOGO, « personnage crédule à l'excès », 1834. Réduplication, de formation analogue au préc. ; apparaît pour la première fois comme nom d'un capitaliste crédule et facile à exploiter dans la comédie *Robert Macaire* (par Saint-Amand, Antier et Fréd. Lemaître).

GOGUE, XIIIe. Issu d'un radical onomatopéique *gog-*, qui correspond, pour la partie consonantique, à *gag-*, v. **gaga ;** pour la partie vocalique, à *kok-*, v. **coq.** — Dér. : **goguelu,** 1480 ; **goguenard,** 1607, formé d'après le moyen fr. *mentenart* « menteur » ; **goguenarder,** XVIe ; **goguenarderie,** 1660, aujourd'hui plutôt *goguenardise*, 1883 ; **goguette,** XVe, alors « joyeuseté », depuis le XVIIIe s. seulement dans l'expression *être en goguette*.

GOGUENOT, 1881. Terme d'argot militaire au sens de « latrines », argot *gogueneau*, 1849. Formation irrégulière et burlesque qui se rattache probabl. au même radical que *goguenard*.

GOINFRE, fin XVIe (d'Aubigné), dans un passage gasconisant, en un sens inconnu : « Les grands seigneurs, par émulation, en faisaient plus que les pauvres goinfres. » Mot dialectal, peut-être gascon, d'origine obscure. — Dér. : **goinfrer,** vers 1628.

GOITRE, 1530. Empr. d'un parler de la région rhodanienne, cf. aujourd'hui la forme *gouitre*, tirée de *goitron*, attesté en a. pr. ; celui-ci est le même mot que l'a. fr. *goitron* « gorge, gosier », lat. pop. **gutturiōnem*, acc. de **gutturio*, dér. de *guttur* « gorge » ; au XVIe s. a pris en fr. le sens de « goitre » d'après le franco-provençal, cf. *le gouetron en Savoye*, Paré (Furetière a encore *gouetron*).

GOITREUX, 1411, dans un texte du Forez. Empr. de la même région que le préc. ; formé d'après le subst. *gouitre*.

GOLF, vers 1889 (une première fois *goff*, 1792, dans un récit de voyage en Écosse). Mot angl.

GOLFE, XIIIe (*Golf de Trace*, chez B. Latini). Empr. de l'it. *golfo*, issu du grec *kolpos*. Ne devient usuel qu'à partir du XVIe s., v. **gouffre.**

GOMÉNOL, fin XIXe. « Comme c'est dans un domaine de Nouvelle-Calédonie appelé Gomen que j'ai commencé à distiller cette essence... (et que) d'autre part dans les pays de langue anglaise on désigne sous le nom de *gum* tout ce qui est résine ou essence, l'idée m'est venue de chercher une appellation qui francise ce nom *gum* et qui rappelle aussi la localité où le *Goménol* a été tout d'abord produit », d'après une lettre du créateur de ce produit, M. Prevet.

GOMME, XIIe. Empr. du lat. de basse ép. *gumma*, autre forme de *gummi(s)* (du grec *kommi*, d'origine orientale), v. **gutta-percha.** — Dér. : **gommer,** XIVe ; **gommeux,** 1314, a été employé au milieu du XIXe s. au sens de « jeune homme à la mode », par un développement de sens incertain. On en a tiré un subst. **Gomme** « manière du gommeux », 1875 ; **dégommer,** 1653 ; a aussi le sens trivial de « ôter sa place à quelqu'un », 1833 ; **engommer,** 1581.

GOND. Lat. *gomphus* « cheville » (du grec *gomphos*). Seulement gallo-roman, cf. a. pr. *gofon* « gond ». — Dér. : **engoncer,** 1611 *(engoncé)*, d'après l'anc. plur. *gons*, par une comparaison plaisante d'une personne à qui son vêtement donne l'apparence de quelqu'un qui a le cou enfoncé dans les épaules avec une porte dont les pivots sont enfoncés dans les gonds.

GONDOLE, 1549 (Rab.), en 1382, *gondre*, dans un texte de Rouen (si c'est le même mot). Empr. de l'it. de Venise *gondola* « petit bateau (employé à Venise) », qui est probabl. empr. du grec byzantin *kontoúra* « petite embarcation », de *kóntouros* « à courte queue », le suff. *-ola* exprimant la petitesse du bateau en question. — Dér. : **gondoler** (ou *se g.*), 1845, du sens de « se bomber (en parlant du bois) », déjà 1687, *gondolé* « relevé tant de l'avant que de l'arrière (d'un bâtiment) », a pris au réfl., 1894, celui de « rire à se tordre ».

GONDOLIER, 1532. Empr. de l'it. de Venise *gondoliere*.

-GONE. Deuxième élément de mots sav. comp. tels que **dodécagone,** 1690 ; **hexagone,** 1534 (Rab.), etc., dont l'original grec est formé avec *gônia* « angle », v. **gonio-.**

GONFALON, vers 1080. Au moyen âge on dit ordinairement *gonfanon* ; d'où *gonfalon*, par dissimilation. Terme médiéval qui ne s'emploie que dans des textes historiques. Francique **gundfano* « étendard de combat », cf. all. *Fahne* « drapeau ». — Dér. : **gonfalonier,** *id.*, vers 1080 *(Roland)* ; même emploi que le simple.

GONFLER, 1559. Empr. des parlers du Sud-Ouest où le verbe est hérité du lat. *conflare* « souffler, gonfler », et où beaucoup de formes ont même conservé le *c-* du lat. Devenu un synonyme très usuel d'*enfler* dans les parlers populaires. — Dér. et Comp. : **gonflement,** 1542 ; **dégonfler,** 1558, rare avant le XIXe s. ; **dégonflement,** 1790 (aujourd'hui *se dégonfler*, fam. au sens de « reculer, etc. », paraît venir de la langue des sports : « se dégonfler comme un ballon, un pneu ») ; **regonfler,** 1530 (écrit *rec.*) ; **regonflement,** 1542.

GONG, 1691. Empr. du malais ; jusqu'au début du XIXe s., dit par rapport aux pays d'Extrême-Orient.

GONIO-. Premier élément de mots sav. comp., tels que **goniomètre,** 1783 (« Le goniomètre ou mesure -angle »), tiré du grec *gônia* « angle ».

GONOCOQUE, 1896 (d'abord *gonococcus*, 1885). Formé avec les mots grecs *gonos* au sens physiologique de « semence génitale » et *kokkos* « grain » pour désigner un microbe qui se trouve dans les organes de la génération de l'homme.

GONORRHÉE, XIVe. Empr. du lat. médical *gonorrhoea* (du grec *gonorrhoia* « écoulement séminal »).

GONZESSE, 1836. Mot d'argot, devenu pop., fém. de *gonze*, 1684, qu'on rattache à l'argot it. *gonzo* « lourdaud, balourd ».

GORET, 1297. Dér. de l'a. fr. *gore* « truie », mot d'origine onomatopéique, imitant le grognement du porc, et qui existe aussi dans d'autres langues. Cf. all. *gorren* « grogner ».

GORGE. Lat. pop. **gurga*, lat. class. *gurges* « gouffre ». Usuel au sens de « bouche » dans la région de la Franche-Comté et de la Suisse romande, avec la voyelle *o*, cf. aussi l'a. pr. *gorc* « gouffre ». — Dér. : **gorgée,** XIIe s. (Chrétien de Troyes) ; **gorger,** XIIIe s. ; **gorgerette,** XIIIe s. (É. Boileau ; désigne alors une sorte d'armure) ; **dégorger,** 1299, d'où **dégor,** 1789 ; **dégorgement,** 1548 ; **égorger,** 1539, d'où **égorgement,** 1538 ; **égorgeur,** 1793, une première fois au XVIe s. ; **engorger,** XIIe-XIIIe s., d'où **engorgement,** XVe s. ; **entr'égorger (s'),** fin XVIIe s. (Saint-Simon) ; **regorger,** vers 1360 ; **rengorger (se),** 1482.

GORILLE, 1847. Empr. du lat. des naturalistes *gorilla*, qui vient du grec *gorillai*, êtres humains velus dont parle le Périple d'Hannon, voyageur carthaginois, du Ve s. avant J.-C.

GOSIER, XIIIe (alors *josier*). Dér. avec le suff. de *gésier*, du gaulois *geusiae* « bords du gosier », attesté chez le médecin Marcellus Empiricus (Ve s.). Le *g-* (au lieu de *j-*) provient d'une romanisation du mot gaulois par **gousiae*, soit par l'influence de *gorge* ou du lat. *guttur*. — Dér. : **dégoiser,** XIIIe, formé avec le radical de *gosier ;* **égosiller (s'),** 1671 (Molière) ; au XVe et XVIe s., *égosiller ;* trans. au sens d' « égorger » ; on trouve antér. *gosiller*, de même formation, au sens de « jacasser » et de « vomir ».

GOSSE, 1798. Mot d'argot, d'origine obscure. — Dér. : **gosseline,** 1843.

GOTHIQUE, « qui appartient au moyen âge », 1482. Empr. du lat. de basse ép. *gothicus* « relatif aux Goths », employé d'abord par Lorenzo Valla, vers 1440, pour désigner l'écriture en usage au moyen âge ; s'emploie au sens de « suranné » dès 1556. Au XVIe s., Vasari attribua aux Goths toute l'architecture médiévale qu'il méprisait au point de ne pas la juger digne de la désignation « style ». Mais l'adj. par lequel il la désigne est *tedesco* ; **goticus** dans ce sens se trouve pour la première fois en 1610 dans l'œuvre latine d'un jésuite ; en franç. la première attestation de *gothique* au sens architectural est de 1619. Jusque vers 1820 le style gothique resta exclu par les historiens de l'art de ce qu'on regardait comme la véritable architecture, dans laquelle on distinguait cinq ordres. La réaction contre cette proscription vint d'Angleterre, dès la 1re moitié du XVIIIe s. Elle passa en France grâce aux études des savants normands inspirés par les auteurs anglais. Le premier en France à rompre avec le dédain qu'on avait pour l'église gothique, fut Chateaubriand (1802). La restriction chronologique à l'époque qui commence vers 1150 a été proposée pour la 1re fois en 1824.

GOTON, 1838. Hypocoristique de *Marguerite*, d'où on a tiré *Margot*, *Margoton*, puis *Goton*.

GOUACHE 1752. Terme techn., empr. de l'it. *guazzo*, propr. « endroit où il y a de l'eau », d'où partic. *dipingere a guazzo* « peindre à la détrempe », d'où, par suite, *guazzo* pour désigner la préparation elle-même ; considéré comme représentant dialectal du lat. *aquātiō* « action d'arroser », d'où a pu sortir le sens du mot it.

GOUAILLER, 1749 (Vadé). Mot d'argot, qui s'est répandu au XIXe s. Mot de la famille d'*engouer*. — Dér. : **gouaille,** 1808 ; **gouaillerie,** 1823 ; **gouailleur,** 1808.

GOUAPE, 1867 (le dér. *gouapeur* est attesté dès 1835). Mot d'argot, empr. de l'esp. *guapo* « brave » et pop. « galant, amoureux », lequel a été lui-même emprunté, à l'époque des guerres des Flandres, du pic. *wape* « insipide ; affaibli (d'une personne) » ; celui-ci représente le lat. *vappa* « vin gâté ; vaurien ».

GOUDRON, XVIe (v. les dér.), d'abord *catram*, XIIIe ; *gotran*, 1381. *Catram*, dont les autres formes sont des altérations, est empr. de l'arabe d'Égypte *qaṭrān* (arabe class. *qāṭirān*), probabl. par l'intermédiaire de l'it. *catrame ;* d'une autre forme arabe *alqiṭrān* (cf. l'arabe de Syrie *qiṭrān*) vient *alquitran* de l'esp. et de l'a. pr., d'où le prov. moderne *quitran ; goudron* est la forme des ports de l'Atlantique, mais l'origine de l'*ou* (au lieu de l'*a*) n'est pas claire. — Dér. : **goudronner,** 1457 (sous la forme *goutrenner*) ; **goudronnage,** 1792 ; **goudronneur,** 1532 (Rab. *guoildronneurs*).

GOUET, v. **gouge.**

GOUFFRE, vers 1170. Grec *kolpos* « golfe ; vallée encaissée » a passé en lat. *(colpus)* uniquement avec le premier de ces sens. Mais le gallo-roman possède aussi la deuxième acception, transmise probabl. directement des Grecs de la côte méditerranéenne. Par hypercorrection l'on a rendu le *-p-* du mot grec par *-ph-*, c'est-à-dire *-f-*. Jusqu'au XVIIe s. parfois « golfe » ; au XVIe s. l'empr. de l'it. *golfo* fournit au fr. le moyen de distinguer les deux notions. — Dér. : **engouffrer,** vers 1500, on a d'abord la forme verbale *engoufler* au XIIe s.

GOUGE. sorte d'outil. Lat. de basse ép. *gubia* « sorte de burin ». A. pr. *goja*, esp. *gubia*. Un mot dialectal, surtout du Centre, admis dans les dictionnaires sous la forme **gouet** « serpe », a. fr. *goi* « *id.* » représente un masc. **gubius*. — Dér. : **goujon,** XIIe-XIIIe s., « petite gouge ».

GOUGE, « femme de mauv. vie », v. **goujat.**

GOUGELHOF, 1907. Empr. de l'alémanique (d'Alsace et de Suisse) *gugelhupf*.

GOUJAT, XVe. Empr. du prov. *goujat*, propr. « garçon » (encore languedocien), dér. de *goujo* « servante, fille » (d'où le fr. arch. **gouge,** XVe, de l'hébreu *goja* « chrétienne ; servante chrétienne »). — Dér. : **goujaterie,** 1880 (Goncourt), déjà en 1611.

GOUJON, nom de poisson. Lat. *gōbiōnem*, acc. de *gōbiō*.

GOULASCH, 1930 (*goulache* dès 1907). Empr. du hongrois *gulyas*, le mets venant de la Hongrie.

GOULE, 1821 (Ch. Nodier). Empr. de l'arabe *ghoûl* « démon qui dévore les hommes », souvent fém.

GOULÉE, GOULOT, v. **gueule.**

GOUM, 1853. Empr. de l'arabe algérien *goum*, arabe class. *qaum* « troupe ». — Dér. : **goumier,** *id.*

GOUPILLE, 1439. Fém. de l'a. fr. *goupil* « renard », cf. les nombreuses acceptions techn. de *renard*. *Goupil* représente le lat. de basse ép. *vulpīculus*, issu par changement de suff. du lat. class. *vulpēcula*, dim. de *vulpes* « renard ».

GOUPILLON, 1611, *guipellon* au XIIe s., *wispeilon* au XIIIe. Élargissement, sous l'influence d'*écouvillon*, de l'a. fr. *guipon*, id. Le breton *guispon* « pinceau », qui est empr. du fr., montre que l'*s* que contiennent certaines formes, est étymologique et a été prononcée. Empr. du moyen néerl. *wisp* « bouchon de paille ».

GOURBI, 1841. Empr. de l'arabe algérien *gourbi*, probabl. d'origine berbère.

GOURD. Lat. de basse ép. *gurdus* « lourdaud, grossier » qui a pris en gallo-roman le sens d' « engourdi par le froid », de même a. pr. *gort ;* a pris d'autre part le sens de « gros, bien nourri », qui est attesté en a. pr. et qui est celui de l'esp. et du port. *gordo*. *Gourd* apparaît au XVe et au XVIe s. au sens d' « homme galant, de manières distinguées », par un développement dont les conditions sont obscures. — Dér. : **dégourdir,** XIIe, d'où **dégourdissement,** 1642 ; **engourdir,** XIIIe ; **engourdissement,** 1539.

GOURDE, v. **courge.**

GOURDIN, XVIe. Signifiait d'abord « corde servant notamment à châtier » ; sens moderne, 1622. Empr. de l'it. *cordino* « petite corde » (de *corda*), devenu *gourdin* d'après *gourd*.

GOURER, vers 1500, dans un texte argotique (le part. passé *gorré* déjà au XIIIe s.). Probabl. dér. du même radical que **goret.**

GOURGANDINE, 1640. Mot d'origine dialectale, encore vivace dans le Centre et le Midi ; probablement comp. du radical de **gourer** et de celui de l'anc. fr. et anc. pr. *gandir*, v. **gandin,** comp. dauph. *gandina* « guenipe » dès le XVIIe s.

GOURGOURAN, v. **grog.**

GOURMADE, v. **gourme.**

GOURMAND, 1354. En raison de la forme et du sens anciens de *gourmet*, il est difficile de considérer *gourmand* comme étant de la même famille. Même difficulté de sens pour un rapprochement avec *gourme(r)*. — Dér. : **gourmandise,** vers 1400, en outre *gourmandie*, *-erie*, du XIVe au XVIe s.

GOURMANDER, XIVe, au sens de « se livrer à la gourmandise », disparu depuis le XVIIe s. ; a pris par suite le sens de « consommer ses biens » au XVIe s. ; en ces sens paraît dér. de *gourmand*. Depuis la fin du XIVe s. apparaît le sens « dominer, mener qu'à sa guise », depuis le commencement du XVIIe s. celui de « réprimander ». C'est un emploi figuré du sens « manger goulûment », comme l'all. *einen fast auffressen* prend le sens de « réprimander avec dureté ».

GOURME. Francique **worm*, cf. anc. angl. *worms* « pus ». A. pr. *vorm*. — Dér. : **gourmer,** vers 1320, au sens de « mettre la gourmette à un cheval », par comparaison de la gêne causée par la gourmette avec celle que cause la gourme, d'où **gourmade,** 1599, d'après le sens de « frapper à coups de poing » qu'à aussi *gourmer ;* **gourmette,** 1442, d'abord *gourme*, vers 1320.

GOURMET, 1352 (*grommes*, d'où *gourmet*, XVe). Signifiait d'abord « valet (surtout de marchand de vin) », jusqu'au XVIe s., cf. a. gasc. *gormet* « aide-matelot ». Empr. de l'anc. angl. *grom* « garçon, valet » (attesté dès 1225). A subi dans le développement de son sens l'influence de *gourmand*.

GOUSSE, vers 1200. L'it. *guscio* ne peut guère être empr. au fr. Origine inconnue. — Dér. : **gousset,** 1278 ; propr. « pièce d'armure, en forme de croissant, placée sous l'aisselle », attesté depuis 1302, d'où « creux de l'aisselle », sens du premier texte, encore usuel au XVIIIe s., d'où, à partir du XVIIe s. au moins, « petite bourse qu'on plaçait sous l'aisselle, puis au dedans de la ceinture de la culotte », d'où le sens moderne de « poche de gilet ».

GOÛT. Lat. *gustus*. — Dér. et Comp. : **arrière-goût,** 1764 ; **avant-goût,** 1610 ; **dégoûter,** 1538 ; **dégoût,** XVIe (Paré, concurrencé jusqu'au XVIIe s. par *dégoûtement*) ; **dégoûtant,** 1642 ; **dégoûtation,** 1861 ; **ragoûter,** XIVe (Froissart) ; **ragoût,** 1642 ; **ragoûtant,** 1676 (Sévigné).

GOÛTER. Lat. *gustāre*. It. *gustare*, esp. *gustar*. Au sens de « collationner », déjà latin classique ; cependant peu répandu dans les patois.

GOUTTE. Lat. *gutta*. Le sens de « maladie des articulations » (en lat. class. *podagra* « goutte des pieds ») vient de ce qu'on attribuait cette affection à des gouttes d'une humeur viciée. — Dér. : **gouttelette,** XIIIe ; **gouttière,** XIIe ; **goutteux,** XIIe ; **goutter,** XIVe (ne représente pas le lat. *guttare*) ; **dégoutter,** XIIe ; **égoutter,** XIIIe ; **égout,** *id. ;* **égoutier,** 1842 ; **égouttement,** 1330 ; **égouttoir,** 1564.

GOUVERNAIL. Lat. *gubernāculum* qui ne désignait qu'un fort aviron à large pelle ; le type du gouvernail moderne n'a été inventé qu'au moyen âge. Aussi catalan *governall*.

GOUVERNER. Lat. *gubernāre*, également usité au sens fig. (du grec *kybernân*). It. *governare*, esp. *gobernar*. — Dér. : **gouvernant,** 1437 ; le fém., au sens de « personne à qui est confiée l'éducation d'un enfant », date de 1534 (Rab.) ; **gouverne,** 1292 ; **gouvernement,** XIIe ; **gouvernemental,** 1801 ; **gouverneur,** vers 1050, au sens de « gouverneur de province, de ville », 1290, a éliminé *gouvernant*, tout en gardant pour fém. *gouvernante ;* **ingouvernable,** 1760.

GOYAVE, 1601. Empr. de l'esp. *guyaba*, qui vient lui-même du parler des Arouaks.

GRABAT, XIIe, rare jusqu'au XVIe s. Empr. du lat. *grabatus* (du grec *krabattos*). — Dér. : **grabataire,** 1721.

GRABUGE, 1532, en outre *gaburge*, 1526, et *garbuge*, XVIe. Issu par changement de suff., peut-être d'après l'a. fr. *deluge* « massacre », de *grabouil*, *garbouil*, XVIe, dér. de *garbouiller* « faire du tumulte », XVIe, probabl. empr. du moyen néerl. *crabbelen* « égratigner, griffonner » ; l'it. *garbuglio*, attesté à la même ép., peut venir du fr.

GRÂCE, XIe. Jusqu'au XVIIe s. signifie « faveur, pardon, remerciement » ; le dernier de ces sens est aujourd'hui vieilli. Empr. du lat. *gratia ;* les sens fondamentaux du fr. sont déjà lat., y compris le sens théologique. Le sens d' « agrément résidant dans les personnes ou les choses », a été repris au lat. plus tard que les autres. — Dér. : **gracier,** 1336, au sens moderne, du XIe au XVIe s. « remercier », d'où **graciable,** 1311.

GRACIEUX, XIIe. Empr. du lat. *gratiosus* qui a eu le sens d' « aimable » à basse ép. ; en lat. class. signifie « qui est en crédit ». Développement du sens d'après *grâce*. — Dér. et Comp. : **gracieuseté,** 1462 ; **malgracieux,** 1382.

GRACILE, 1874 ; **gracilité,** 1488. Empr. du lat. *gracilis*, *gracilitas ;* v. **grêle.**

GRADATION, XVe. Empr. du lat. de la rhétorique *gradatio* (de *gradus*).

GRADE, 1721, au sens moderne. Antér. « degré de dignité », 1578. Empr. du lat. *gradus*. — Dér. : **gradé,** 1796, s'emploie surtout en parlant des grades inférieurs de l'armée, cf. toutefois *haut gradé* pour un officier supérieur.

GRADIN, 1648. Empr. de l'it. *gradino*, dim. de *grado*, au sens de « degré d'escalier ».

GRADUEL, *adj.*, XIVe. Empr. du lat. médiéval *gradualis*, v. le suiv. *Graduel*, terme de liturgie catholique, vient du même mot du lat. médiéval *gradualis*, dit d'abord de la portion de l'office entre l'épître et la prose, qui se disait sur les degrés du jubé ou de l'ambon, d'où le sens de « livre contenant ce qui se chante au lutrin » ; en ce sens a donné en a. fr. une forme plus francisée *grael*.

GRADUER, 1404. Empr. du lat. scolastique *graduare*, dér. de *gradus*. *Gradué* désigne spécial., et depuis 1404, « celui qui a obtenu un grade universitaire ». — Dér. : **graduation,** XIVe, rare avant le XVIIIe s.

GRAFITTE, 1878, d'abord *graffito*, 1866, aujourd'hui surtout *graffiti* (plur.). Empr. de l'it. *graffito*, dér. de *graffio* « stylet », lat. *graphium*, id., v. **greffe.**

GRAILLEMENT, 1671, du XIVe au XVIIe s. « croassement ». Dér. de l'anc. verbe *grailler*, propr. « crier comme une corneille », XIIIe, d'où « faire entendre un cri rauque », dér. lui-même de *graille* « corneille » ; ce mot dialectal, usité aujourd'hui surtout dans les parlers méridionaux (a. pr. *gralha*), continue le lat. *grācula* (cf. it. *gracchia*, esp. *graja*). *Grailler*, terme de vénerie « sonner du cor pour rappeler les chiens », déjà chez Nicot, 1606, est un autre mot ; il est dér. de l'a. fr. *graile* « esp. de trompette », qui représente le lat. *gracilis* « mince », par suite du genre de son qu'émet cette trompette, a été confondu avec le *grailler* préc.

GRAILLON, « odeur de graisse ou de chair brûlée », 1762, auparavant (1642) « restes d'un repas ». Les variantes phonétiques de ce mot (berr. *grillons*, etc.) montrent qu'il s'agit d'un dér. du verbe *griller* (norm. *grailler*), dér. de l'a. fr. *grille* « gril », v. **gril.** Le sens de « mucosité » qu'a *graillon*, 1823, est dû à la ressemblance des mucosités avec les restes d'un repas jetés pêle-mêle. — Dér. : **graillonner** « expectorer », 1823, « prendre une odeur de graillon », 1866.

GRAIN. Lat. *grānum*. Au sens de « bourrasque », 1552 (Rab.), il n'est pas sûr que ce soit un emploi fig. de *grain* qui aurait été dit ainsi à cause des grains de grêle, fréquents dans ces sortes d'orages, cf. cependant *grenasse*, 1803, « petit orage ».

GRAINE. Lat. *grāna*, plur. neutre pris comme fém. de *grānum*. It. esp. a. pr. *grana*, qui paraissent moins spécialisés que le fr. au sens de « semences ». Par contre, le sens de « cochenille », d'où « écarlate », fréquent en fr. jusqu'au XVIIIe s., est encore usuel en it. et en esp. — Dér. de *grain* ou de *graine* : **grener,** XIIe ; **grenaille,** 1354 ; **grènetier,** « marchand de grains », 1572, d'où **grèneterie,** 1660 ; formé sur le modèle de l'a. fr. *grenetier*, XIIIe, « officier, juge au grenier à sel », qui paraît formé directement sur *grenier* ; **grenu,** XIIIe ; **égrener,** XIIe s. ; **engrener,** 1195, depuis 1660 s'emploie en un sens techn., en parlant d'une roue dentée qui, en entrant dans une autre, la fait mouvoir ; d'où **engrènement,** 1730 ; **engrenage,** 1709.

GRAISSE. Lat. pop. **crassia*, subst. abstrait de *crassus*, v. **gras.** It. *grascia*, esp. *grasa* (refait sur l'adj.), a. pr. *graissa*. — Dér. : **graisser,** vers 1500 (dér. de *graisse* sur le modèle d'*engraisser*) ; **graissage,** 1460 ; **graisseux,** 1532 (Rab.). V. **engraisser.**

GRAMEN, 1372 ; **graminée,** 1732. Le premier est empr. du lat. *gramen*, le deuxième est un dér. sav. du lat. *gramineus*.

GRAMMAIRE, XIIe ; **grammatical,** XVe. Empr. du lat. *grammatica* (du grec *grammatikê*, propr. « art de lire et d'écrire les lettres », d'où « grammaire »), *grammaticalis* (créé à basse ép.). Le développement de *grammatica* en *gra(m)maire* est demi-savant. V. **grimoire.** — Dér. du premier : **grammairien,** XIIIe.

GRAMME. Loi du 3 avril 1793, au sens moderne ; en 1790, comme terme d'antiquité. Empr., comme *mètre*, du grec *gramma* d'après son sens de « scrupule, vingt-quatrième partie de l'once » (ce sens est dû à une traduction maladroite du lat. *scripulum*, autre forme de *scrupulum*, considérée fautivement comme dér. de *scribere* « écrire », et, par suite, comme correspondante au grec *gramma*, propr. « lettre »). — Comp. : **centigramme,** 1795, et les autres noms du système métrique.

GRAMO-, -GRAMME. Premier et deuxième éléments de mots sav. comp., tels que **gramophone,** XXe s. ; **télégramme,** 1859, tiré du grec *gramma*, au sens de « lettre ».

GRAND. Lat. *grandis*, qui a éliminé dans la plus grande partie du roman le lat. class. *magnus*, de sens plus moral, « puissant, important, grand (en parlant de l'âme), etc. ». — Dér. et Comp. : **grandelet,** 1393 ; **grandeur,** XIIe ; **grandir,** XIIIe ; **agrandir,** XIIIe (J. de Meung) ; **agrandissement,** 1502 ; **ragrandir,** 1549. A servi à faire des comp. désignant des degrés de parenté : **grand-père, grand'mère, grands-parents,** depuis le XIIe s. et qui ont remplacé peu à peu *aïeul, aïeule, aïeux*, ensuite **grand-oncle, grand(e)-tante,** XVIe ; dans ces comp. *grand* est employé dans l'acception de « âgé », qu'il avait déjà en lat. *(grandis natu)*. En outre nombreux comp. avec *grand* comme premier élément.

GRANDESSE, 1665. Empr. de l'esp. *grandeza*.

GRANDILOQUENT, 1891 (en 1540 *grandiloque*). Empr. du lat. *grandiloquus*, avec transformation d'après *éloquent*.

GRANDIOSE, 1798. Empr. de l'it. *grandioso*. On trouve *grandiosité* dès 1787 d'après l'it. *grandiosità*.

GRANDISSIME, vers 1300. Empr. de l'it. *grandissimo*.

GRANGE. Lat. pop. **grānica*, dér. de *grānum*. Seulement gallo-roman. — Dér. : **engranger,** 1307.

GRANI-. Premier élément de mots sav. comp., tels que **granivore,** 1751, tiré du lat. *granum* « grain ».

GRANIT, 1665. Empr. de l'it. *granito*, propr. adj. signifiant « grenu ». — Dér. : **granitique,** XVIIIe (Buffon).

GRANULE, 1845 ; **granuler,** 1611 ; **granuleux,** XVIe (Paré). Le premier est empr. du lat. *granulum* « petit grain », les deux autres en sont des dér. sav. — Dér. du verbe : **granulation,** 1676.

GRAPE-FRUIT, 1930. Empr. de l'anglais d'Amérique *grape-fruit*, comp. de *grape* « grappe » et *fruit* « fruit ». Remplace de plus en plus l'ancien *pamplemousse*.

-GRAPHE, -GRAPHIE. Deuxièmes éléments de mots sav. comp., formés sur le modèle de mots grecs terminés par *-graphos*, *-graphia* (de *graphein* « écrire »).

GRAPHIE, 1762 ; **graphite,** 1799 ; **graphique,** 1762. Les deux premiers sont dér. du verbe grec *graphein*, le troisième est empr. du grec *graphikos* « qui concerne l'art d'écrire ou de dessiner ».

GRAPHO-. Premier élément de mots sav. comp., tels que **graphologie** (créé en 1868 par l'abbé Michon), tiré du verbe grec *graphein*.

GRAPPE. Germ. **krâppa* « crochet », cf. all. *Krapfen*. Appliqué dès les premiers textes à la grappe de raisin à cause de la forme de celle-ci. Le sens propre de « crochet » a eu peu de vitalité en fr., cf. toutefois l'a. fr. *agraper* « accrocher », XIIIe, encore usité au XVIe s. et le mot suiv. ; cf. aussi esp. a. pr. *grapa*, it. *grappa* « crochet ». — Dér. : **grappiller,** 1549 ; **grappillage,** 1537, rare avant le XVIIIe s. ; **grappilleur,** 1611 ; **grappillon,** 1584 ; **égrapper,** 1732.

GRAPPIN, 1376. Dér. de *grappe*, dans l'anc. sens de « crochet ».

GRAS. Lat. *crassus*, propr. « épais » ; doit peut-être son *g* initial à *grossus* « gros ». It. *grasso*, esp. *graso ;* seuls le picard et le wallon ont conservé le *k* initial du mot lat. — Dér. : **grasset,** XIIe ; **grasseyer,** 1530 ; **grassouillet,** 1680. — Comp. : **gras-double,** 1611, où *double*, pris substantiv., signifie « panse » ; **gras-fondu,** 1664, terme de vétérinaire, d'où **gras-fondure,** *id.*, cf. aussi *se graisse-fondre*, 1611.

GRATERON, 1314. Aujourd'hui usité surtout dans les parlers de l'Ouest. Altération, d'après *gratter*, de *gleteron*, dér. de l'a. fr. *gleton*, encore usité dans la région rhodanienne, antér. *cleton ;* francique **kletto*, cf. all. *Klette* « bardane », cf. de même berrichon *graton ;* aussi *glouteron*, XVe, altération d'après *glouton* (on trouve même *glouton* dans la région parisienne).

GRATIFIER, 1366 ; **gratification,** 1362. Empr. du lat. *gratificari* « avoir de la complaisance pour », sens que paraît avoir le verbe fr. au XVIe s., et du dér. *gratificatio* « bienveillance, faveur » ; dès les premiers textes, le fr. a donné à *gratification* le sens qu'il a aujourd'hui, et c'est de ce sens que vient le sens moderne du verbe.

GRATIOLE, 1572. Empr. du lat. de basse ép. *gratiola*, dim. de *gratia* « grâce » ; cette plante a été ainsi nommée pour la même raison qui l'a fait nommer au moyen âge *gratia dei*, en a. fr. *grâce dieu*, en fr. mod. *herbe à pauvre homme*, parce qu'elle était utilisée par les pauvres gens pour ses propriétés légèrement purgatives.

GRATIS, 1496 ; a eu le sens de « gratification », fin XVe. Empr. de l'adv. lat. *gratis* (contraction de *gratiis*, ablatif plur. de *gratia*, propr. « par complaisance »).

GRATITUDE, 1445. Refait sur *ingratitude* (le lat. de basse ép. *gratitudo* n'est attesté que dans un texte inconnu au XVe s.).

GRATTER. Germanique **krattôn*, cf. all. *kratzen ;* de là aussi it. *grattare*, a. pr. *gratar*. — Dér. et Comp. : **gratte,** 1859, au sens pop., antér. créé, 1786, comme terme techn., « rossée », 1733 ; « gale », 1549 ; **grattelle,** XIIIe ; **grattoir,** 1611 ; **gratin,** 1564, **gratiner,** 1829 ; **égratigner,** XIIIe, d'abord *esgratiner*, XIIIe (Chrétien), par l'intermédiaire de l'a. fr. *gratiner*, XIIe, « gratter, égratigner » (*gratigner* au XVIe s.), d'où **égratignure,** XIIIe ; **regratter,** XIIIe ; **regrat,** 1219 ; **regrattier,** 1180 ; **gratte-ciel,** fin XIXe, traduction de l'anglo-américain *sky-scraper ;* **gratte-cul,** 1530, très usuel dans les parlers gallo-romans ; **gratte-papier,** 1578.

GRATUIT, 1496 ; **gratuité,** 1477. Empr. du lat. class. *gratuitus* (de *gratis*) et du dér. *gratuitas*.

GRAVATS, v. **grève.**

GRAVE, XVe. Empr. du lat. *gravis*, a éliminé l'adj. *grief*, qui s'est maintenu jusqu'au XVIIe s., v. **grièvement.** A été employé au sens de « pesant » dans la langue de la physique au XVIIIe s., v. **gravité.**

GRAVER, XIIe, au sens de « tracer une raie dans les cheveux » (d'où *grève* « raie dans les cheveux », qui a été remplacé par *raie* à la fin du XVIIe s.) ; le sens moderne n'est attesté pour la première fois que dans le dér. **graveur,** au XIVe s. Francique **graban*, all. *graben* « creuser, graver ». — Dér. : **gravure,** 1538, au sens moderne, au XIIe s. au sens de « rainure d'arbalète ».

GRAVIER, v. **grève.**

GRAVIR, 1213. Du francique **krawjan* « s'aider de ses griffes », dér. du subst. **krawa* « griffe », qui vit en anc. fr. sous la forme *groe*.

GRAVITER, 1734 (Voltaire) ; **gravitation,** 1722. Empr. des mots lat. *gravitare*, *gravitatio*, créés par Newton (1642-1727), d'après le lat. class. *gravitas* « pesanteur » (angl. *gravitation*, *to gravitate*).

GRAVITÉ, vers 1200, au sens moral. Empr. du lat. *gravitas ;* a éliminé *griété*, *grieveté*. Au sens physique de « pesanteur », 1626, v. **grave.**

GRAVOIS, v. **grève.**

GRÉ. Dès le moyen âge, s'est restreint à des locutions fixées. Lat. *grātum*, neutre pris substantiv. de l'adj. *grātus* au sens de « ce qui est agréable ». It. *grato*, esp. *grado*. — Dér. et Comp. : **agréer,** 1138 ; **agréable,** XIIe ; **désagréable,** XIIIe ; **agrément,** 1465 ; **agrémenter,** 1801 ; **désagrément,** 1642 ; **malgré,** XVe, réfection de *maugré*, XIIe, encore usité au XVIe s., d'où **maugréer,** 1279, réfection qui a servi à mieux marquer l'opposition avec *bon gré*.

GRÈBE, 1557, P. Belon qui dit : « En Savoye elle est nommée grebe ou griaibe » ; ce mot est d'origine inconnue.

GREDIN, 1642, au sens de « gueux ». Empr. du moyen néerl. *gredich* « avide », avec transformation de la fin de mot en un suff. fr. Le fr. *gredin* signifie d'abord « mendiant ». — Dér. : **gredinerie,** 1690.

GRÉER, v. **agrès.**

GREFFE « pousse d'arbre », masc. jusqu'au XVIe s. Emploi métaphorique de l'a. fr. *grefe* (souvent *grafe* d'après le lat. ou l'anc. verbe *grafigner*) « poinçon », surtout « poinçon à écrire », d'où aussi « petit poignard », lat. *graphium* « poinçon à écrire » (du grec *grapheion*, v. **graffite**). — Dér. : **greffer,** 1530 (sous la forme *graffez*), v. **enter,** d'où **greffe** « action de greffer », 1690 ; **greffoir,** 1700 ; **greffon,** 1866 (déjà *graphon* au XVIe s.).

GREFFIER, 1378. Empr. du lat. médiéval *graphiarius*, dér. de *graphium*, v. **greffe.** — Dér. : **greffe** « lieu où l'on dépose les minutes des actes d'un tribunal, etc. », 1320.

GRÉGAIRE, 1829. Empr. du lat. *gregarius* « ce qui concerne un troupeau ». Paraît avoir été appliqué à des êtres humains pour la 1re fois par R. Poincaré (1909).

GRÈGE, 1576. Empr. de l'it. *(seta) greggia*, propr. « brut », d'origine inconnue.

GRÉGEOIS. Dans l'expression *feu grégeois*. Altération, qui date du XIIe s., de *grezois* « grec », cf. de même a. pr. *grezesc*, qui représente un adj. **graeciscus*, dér. de *graecus*, avec le suff *-isk*. Employé dès le XIIe s. pour désigner le *feu grégeois*. C'était un mélange de soufre, de poix, etc., dont les Byzantins se servaient, surtout dans les combats navals, et que les Occidentaux rencontrèrent pour la première fois lors de la troisième croisade.

GRÈGUE, XVIe. Empr. du prov. mod. *grègou, -a* « grec », cette culotte ample étant appelée à tort ou à raison, d'après les Grecs. La mode des grègues disparut au XVIIe s. Cf. l'esp. *gregüescos* « sorte de culotte large », à la mode au XVIe et au XVIIe s., dér. de *griego* « grec » ; on a d'autres formes empr. de l'esp. au XVIe s. *(chausses à la) gregesque, gargesque, garguesque.*

GRÊLE, *adj.* Lat. *gracilis.*

GRÊLER, XIIe. Seulement fr. ; a éliminé les mots du lat. class. *grandō* « grêle », *grandināre* « grêler ». Anc. francique **grisilôn*, qui est attesté en moyen néerl. sous la forme *grîselen*. — Dér. **grêle,** 1119 ; **grêlon,** XVIe.

GRELOT. Le germanique occidental a un groupe de mots avec alternance vocalique faisant paraître les sons qu'on veut rendre dans leur variété : moyen haut all. *grillen* « crier de colère », *grellen*, id., *grell* « aigu (d'un son) », moyen néerl. *grollen* « grogner », moyen haut all. *grüllen*. Le mot a passé en gallo-roman avec toutes ces variantes : namurois *gruler* « grogner », moyen fr. *grouler* « gronder », XVIe s. Des deux premières variantes sont dér. les désignations du grelot dans les parlers gallo-romans : anc. bourguignon *grilot* (encore très répandu dans l'Est), fr. *grelot*, 1680, dont le radical apparaît dès le XIIIe s. dans le dér. *grelee* « cri (de la poule) ». Il y a aussi eu interférence avec les noms du grillon, cet insecte rendant un son assez semblable à celui du grelot. — Dér. : **grelotter,** fin XVIe (d'Aubigné), d'après la locution *trembler le grelot* « trembler de froid, de peur », 1585 (aussi *grilloter* « faire un bruit de grelots », XVIe). La locution *attacher le grelot* vient de la fable de La Fontaine, *Conseil tenu par les rats*, II, 2.

GRELUCHON, 1725. Dér. du fr. *grelu* « misérable, gueux » (XVIIIe-XIXe s.), avec l'allongement du suff. qu'on trouve dans *saint Grelichon* « saint imaginaire auquel les femmes s'adressaient pour se guérir de la stérilité », XVIe ; *grelu* est dér. de l'adj. *grêle.*

GRÉMIL, v. **mil.**

GRENADE, XIIe (*pume grenate*, d'où *pume grenade*, ... *grenette*, au moyen âge ; *grenade*, sans *pomme*, XVe). Par métaphore, au sens de « projectile », 1520. Empr. des dialectes de l'Italie supér. (milanais *pom granat*), du lat. *granatum* (de *granum* « grain »), « *id.* », propr. « fruit à grains ». — Dér. : **grenadier,** 1° arbre, 1425, d'abord *grenat* ou *pommier grenat ;* 2° « soldat lançant la grenade », 1667 ; « soldat d'élite », 1803 ; **grenadine,** 1° « soie torse, grenue », 1829, antér. *grenade*, 1723 ; 2° « jus de grenade, servant à faire du sirop », 1866.

GRENAT, XIIe (alors adj., *jagonce grenat ;* subst., XIVe). Au moyen âge dit surtout de pierres précieuses, d'où nom de couleur en général, vers le XVIe s., qui se prend aujourd'hui adjectiv. Tiré de l'a. fr. *grenate* qui était adj. dans *pume grenate*, v. **grenade.**

GRENIER. Lat. *grānārium*, dér. de *grānum* « grain ». It. *granaio*, esp. *granero.*

GRENOUILLE, 1215. Altération d'un plus anc. *re(i)no(u)ille*, lat. pop. **rānucula*, d'où aussi it. *ranocchia*, avec un *g* dû probabl. à l'influence de quelques mots imitant le cri de certains animaux, comme *gracula* « choucas » (d'où le fr. *graille*) ; cette forme doit son succès à sa valeur plus expressive, cf. de même a. pr. *granolha*, antérieur d'environ cinquante ans à *grenouille*, et des formes analogues dans les dialectes it. *Renouille* ne survit auj. que dans des parlers de l'Est. Le simple *rāna*, d'où it. esp. a pr. *rana*, a. fr. *raine*, sorti de la langue depuis le XVIe s., est aujourd'hui confiné dans quelques parlers du wallon, du picard, du Sud des Vosges, de la Suisse romande et de la région rhodanienne ; cf. **rainette.** — Dér. : **grenouillère,** 1534 (Rab.).

GRÈS. Francique **greot*, cf. all. *Gries* « gravier » ; a pris rapidement le sens de « grès », ainsi nommé à cause de sa constitution en grains. Dér. **grésillon,** « verre pilé », 1771, « charbon en menus morceaux », 1875 (une 1re fois *mettre en gresillons* « écraser », 1530).

GRÉSILLER « faire du grésil », vers 1120. Empr. du moyen néerl. *grîselen*, v. **grêler.** Le suff. *-elen* a été rendu en fr. par *-iller*, et l'*i* du radical a été ensuite dissimilé en *e*. V. **grès.** — Dér. : **grésil,** vers 1080 *(Roland)*, souvent *grésille*, fém., au moyen âge, d'après *grêle*, comme inversement, *grêle* est aujourd'hui masc. dans de nombreux patois d'après *grésil.*

GRÉSILLER « faire crépiter », XIVᵉ. Altération, d'après le préc., de *grediller*, XIVᵉ (encore chez Paré et usité aujourd'hui dans le Vendômois au sens de « faire du grésil ») « flamber, friser au fer », qui se rattache à l'anc. normand *grediller* « griller », dér. de l'anc. norm. *gredil* « gril », qui représente le lat. *craticula* (au masc.), mais dont le *-d-* est difficile à expliquer.

GRÈVE. Prélatin **grava* « sable, gravier », d'où « grève » (l'extension du mot jusque dans l'Italie méridionale interdit d'y voir un mot celtique) ; *grève* signifie encore « gravier » à l'est de Paris, en champenois et en lorrain, dans l'Ouest (sous la forme *groue*) et dans de nombreux parlers méridionaux. Par suite de l'usage qu'avaient les ouvriers parisiens sans travail de se réunir sur la place de Grève, au bord de la Seine (depuis 1806, place de l'Hôtel de Ville), il s'est créé la locution *faire grève*, d'où **grève** « cessation concertée du travail », 1805 ; **gréviste,** 1872. — Dér. : **gravats,** 1771 (*gravas*, 1680), issu par substitution du suff. *-as* (cf. *plâtras*), de *gravois*, 1549, *gravoi* au XIIᵉ s., formé avec le suff. *-oi*, lat. *-ētum ;* d'où **gravatier,** 1762 ; **gravelle,** XIIᵉ, au sens de « gravier », jusqu'au XVIᵉ s., rare dans les parlers modernes ; comme terme médical, XIIIᵉ, d'où **graveleux,** XIIIᵉ, au sens de « qui contient du gravier », comme terme médical, XVIᵉ s. ; au sens de « licencieux », c'est-à-dire pénible pour la conscience comme l'est la gravelle pour le corps, fin XVIIᵉ, d'après le dér. **gravelure,** Lesage ; **gravier,** XIIᵉ, d'où **-ière,** fin XIXᵉ ; **engraver (s'),** 1636.

GREVER. D'abord « causer du dommage, du chagrin », vieilli depuis le XVIIᵉ s. ; au sens de « frapper de contributions ou d'autres charges », 1636. Lat. *gravāre* « charger », développé d'après *grief*, v. **grièvement,** comme le montrent les anc. formes du verbe et aussi le subst. verbal *grief*, cf. de même a. pr. *grevar* « vexer, causer du dommage ». Ailleurs d'après le lat. class. : it. *gravare* « charger », esp. *gravar* « *id.* ». — Dér. et Comp. : **grief,** subst. verbal, XIIIᵉ s. ; **dégrever,** 1792 ; **dégrèvement,** 1790.

GRIBOUILLER, 1548, d'après **Gribouille,** nom propre, qui en a été tiré par plaisanterie. Attesté en 1611 au sens de « gargouiller » ; s'expliquerait mal comme une variante de *grabouiller*, fréquent dans les parlers septentrionaux avec des sens variés : « barbouiller, griffonner », picard, « remuer de l'eau », angevin, etc., et qui remonte au moyen néerl. *crabbelen* « gratter », v. **grabuge.** *Gribouiller* est plutôt empr. du néerl. *kriebelen* « fourmiller ; griffonner » ; le suff. diminutif du néerl. *-elen* ayant été remplacé par *-ouiller*. — Dér. : **gribouillage,** 1752 ; **gribouilleur,** 1866 ; **gribouillis,** 1611, au sens de « borborygme » ; sens moderne, 1826.

GRIÈVEMENT, 1435. Ne s'emploie plus qu'au sens physique dans des locutions telles que *grièvement blessé ;* antér. *griefment*. Adv. de l'anc. adj. *grief*, lat. pop. **grevis*, réfection du lat. class. *gravis*, d'après *levis* « léger », d'où aussi it. *greve*, a. pr. *greu*.

GRIFFER, 1386. Le subst. *grif*, masc. « griffe » est attesté vers 1220. Il est donc probable que le verbe est dér. de ce subst., qui représente un francique **grif* (à supposer d'après l'anc. haut all. *grif*), forme du VIIIᵉ et du IXᵉ s., après la mutation des consonnes. Le lombard *grif* vient de la forme correspondante du longobard. V. **gripper.** — Dér. : **griffe,** vers 1500 ; **griffade,** 1564 ; **griffonner,** 1555, **griffonnage,** 1621, **griffonneur,** 1584.

GRIFFON, « animal fabuleux », vers 1080 *(Roland) ;* appliqué à des oiseaux de proie, 1672 ; dit d'une espèce de chien anglais, 1685. Dér. de *grif*, lat. eccl. (IVᵉ s.) *gryphus*, d'où aussi it. esp. *grifo*. *Gryphus* a remplacé le lat. class. *grypus* (empr. du grec *gryps*, gén. *grypós*), qui survit encore dans l'a. fr. *grip*, XIIᵉ ; mais la cause de la substitution de *-ph-* à *-p-* en lat. de basse ép. est obscure.

GRIGNER, v. le suiv.

GRIGNON, 1564. Aussi *grignette*, XVᵉ, *grigne*, 1694 (tous deux encore bien vivants dans les patois). Très probabl. dér. de l'anc. verbe *grigner les dents*, etc., « grincer des dents », puisqu'une personne qui grignote son pain au lieu de le manger franchement ne fait que tordre la bouche. Pour la même raison il faut voir aussi dans le verbe **grignoter** un dér. de *grigner* du francique *grīnan* « faire la moue » (comp. all. *greinen* « pleurer »). Le verbe *grigner* est encore très vivant dans les parlers au sens de « pleurnicher ». L'*n* mouillée de *grigner* est due à *grogner*.

GRIGNOTER, 1537. V. **grignon.**

GRIGOU, 1658 (Molière). Empr. du languedocien *grigou* « gredin », gascon *gregoun* (1610), dér. de *grec*, qui a pris au Midi le sens de « filou ». Il est bien possible que Molière ait recueilli le mot pendant ses longues pérégrinations dans le Midi.

GRIL, XIIᵉ ; **grille,** XIᵉ. La spécialisation de ces deux formes, en relation avec le développement du sens moderne de *grille*, ne commence qu'au XVᵉ s. Jusqu'à la fin du XVIᵉ s., *grille* est plus usuel que *gril*, et il en est de même dans les patois, où *grille*, au sens du fr., est peu connu. *Grille* représente le lat. *craticula*, cf. aussi a. pr. *grazilha ; gril* paraît être une forme refaite plutôt que représenter le lat. *crāticulum*. — Dér. : 1° de *grille*, au sens de « gril » **griller** « faire cuire sur le gril », XIIᵉ, d'où **grillade,** 1628 ; 2° de *grille*, au sens de « clôture », **griller,** 1463, d'où **grillage,** 1739, une première fois en 1342.

GRILLON, 1372. Autre forme de *grillet*, XIIᵉ, plus usité en a. fr., v. **grelot,** qui dérive d'un simple non attesté issu du lat. *grillus ;* l'*l* mouillée provient probabl. de *grésillon*, v. **grès.** Rare en gallo-roman. Ailleurs formes également difficiles : it. *grillo*, esp. *grillo*. L'*i* peut être d'origine expressive, pour rappeler le cri de l'insecte.

GRIMACE, fin XIVe (Deschamps). Issu de *grimuche* (attesté vers 1202, chez J. Bodel comme désignation péjor. d'une idole païenne) par substitution, à la terminaison insolite *-uche*, du suff. péjor. *-asse*. Déjà au XIe s. *Grimutio* en lat. médiéval comme surnom. Dér. sans doute d'un francique **grīma* « masque », qu'on peut supposer d'après anc. saxon *grīma*, id., moyen néerl. *grime*. — Dér. : **grimacer,** 1428 ; **grimacier,** 1580.

GRIMAUD, 1480. Le francique a tiré du subst. **grīma*, « masque », v. le préc., un certain nombre de noms de personnes, p. ex. **Grimward*, d'où le nom prov. *Grimoart* (et le subst. a. fr. *grimouart* « moue dédaigneuse »), *Grimwold*, d'où le nom de *Grimaud*. Au sens que *grimaud* a en fr., il est peut-être issu de ce dernier nom sous l'influence de *grimoire*.

GRIME, 1778. De *grimace* le fr. a tiré, en détachant le suff., l'expression *faire la grime* « faire la moue », 1694. De là, il a tiré, dans la langue du théâtre, le verbe *grimer* « marquer un auteur de rides », d'où enfin *grime*, masc. « personnage de vieillard ».

GRIMOIRE, XIIIe. Altération de *grammaire* qui, d'après le sens de « grammaire en latin (inintelligible pour le vulgaire) », a pris rapidement, dès le XIIIe s., celui de livre secret de sorcellerie. L'*i* au lieu de l'*a* dans la première syllabe s'explique peut-être par l'influence de subst. comme *grimuche* et *grimouart* (v. **grimace, grimaud**).

GRIMPER, 1495. On a proposé un germ. **krimpan*, mais la date tardive de l'apparition de *grimper* exclut cette hypothèse. Probabl. forme nasalisée de *griper*, d'après *ramper*. — Dér. : **grimpereau,** 1555 ; **grimpeur,** 1596 ; **grimpette,** 1922 ; **regrimper,** 1549.

GRINCER, 1311. Issu très probabl. de *grisser*, même sens, XIVe s. et encore dans les patois, par nasalisation irrégulière de la première voyelle (cf. *grimper*) ; v. **crisser.** — Dér. : **grincement,** 1530, d'abord *gricement*, XVe.

GRINCHEUX, 1866. Mot dialectal, v. le préc. cf. *grincher* « grincer », en picard et en normand, et l'adj. *grinceur* « qui grince facilement des dents », 1611.

GRINGALET, 1611. Paraît être un emploi figuré de *gringalet*, XIIe (Chrétien, sous la forme *gringalet* d'où est issue rapidement la forme moderne), « sorte de cheval », mot qui remonte au gallois *Keinkaled*, nom propre du cheval de Gauvain dans un texte de la légende arthurienne ; aura été dit, par antiphrase, d'un cheval chétif, puis appliqué à l'homme. Mais il n'est pas impossible qu'au sens moderne *gringalet* vienne du suisse all. *gränggel* « homme chétif » (aussi le dim. *gränggeli*) et qu'il ait été introduit par les mercenaires suisses. Sa rencontre avec l'a. fr. *gringalet* serait alors purement fortuite.

GRIOT. Musicien ou chanteur de l'Afrique occidentale. D'abord *guiriot*, à partir de la fin du XVIIe s. On a proposé de voir dans ce mot le port. *criado* « domestique », ces musiciens étant aux gages des rois nègres ; le mot aurait été transformé en passant dans la langue des nègres de ces régions ; mais cette ét. reste incertaine.

GRIOTTE, 1539 (mais au XVe s. et encore chez O. de Serres *agriote*). Empr. du prov. *agriota*, dér. de *agre* « aigre » ; aujourd'hui très répandu dans les patois du Midi et de l'Est avec ou sans la voyelle initiale. — Dér. : **griottier,** XVIe (alors *gruotier*).

GRIPPER, 1405, mais le dér. *grippe* date du XIIIe s. et déjà au sens fig. de « rapine ». Proprement « saisir, accrocher », encore au XVIIe s. ; aujourd'hui d'un emploi restreint ; comme terme techn., en parlant d'une machine dont les pièces s'arrêtent par excès de frottement, 1757. La famille de *gripper* est rarement attestée dans les premiers siècles, mais elle s'épanouit rapidement à partir du XVe. Il est possible que, comme pour *griffer*, le point de départ soit à chercher dans le subst. et que le verbe en soit dér. en fr. Le francique a sûrement possédé le verbe **grīpan* aussi bien que le subst. **grip*, les deux existant aussi dans les autres langues germ. — Dér. et Comp. : **grippe,** 1689, au sens disparu de « fantaisie soudaine » ; a signifié aussi au moyen âge « querelle », vers 1300, « mésaventure », en somme ce qui saisit (outre le sens de « griffe ») ; ne s'emploie plus que dans la locution *prendre en grippe*, vers 1770, issue probabl. par antiphrase de *grippe* au sens de « caprice ». Au sens de « sorte de maladie », 1743, serait ainsi nommée parce qu'elle saisit brusquement ; d'où **grippé,** 1782. Empr. par l'all. *Grippe*, vers 1782, et l'angl. *grippe*, 1776. Cf. « Ces mauvais rhumes épidémiques, auxquels les Français, qui nomment tout, ont donné le nom de grippe, qui est en effet très significatif », Bonnet, de Genève, vers 1780 ; v. aussi **influenza. Grippage,** 1869 ; **agripper,** XVe (une première fois vers 1200) ; **grippe-sou,** 1680.

GRILL-ROOM, 1907. Empr. de l'angl. *grill-room* « local où l'on grille les viandes ».

GRIS, XIIe. Au sens de « légèrement ivre », fin XVIIe, Le Duchat. Francique **gris*, cf. anx. saxon *grīs*, néerl. *grijs*. — Dér. : **grisaille,** 1632 ; **grisâtre,** vers 1500 ; **griser,** 1538, au sens moderne, 1718, d'où **griserie,** 1874 ; **dégriser,** 1771 ; **grisette,** XIIe, comme adj. ; d'où « espèce d'étoffe commune », 1651 (Scarron), et « jeune fille de mœurs faciles, de modeste condition », vers 1660, propr. « vêtue de grisette » ; **grisonner,** vers 1470, par l'intermédiaire d'un anc. adj. **grison,** 1449, aujourd'hui subst., en parlant d'un âne, d'un vieillard.

GRIS-GRIS. Amulette des indigènes de l'Afrique, 1728 (P. Labat, *Relation de l'Afrique occidentale :* « Ces billets à qui les Européens ont donné le nom de gris-gris, sont des sentences de l'Alcoran avec quelques figures arbitraires... ») ; cf. aussi dans un texte de 1569 : « Un diable nommé grigri se voit en Canada et en la Guinée. » On ne sait rien de plus sur ce mot ; la forme n'est pas expliquée.

GRISOU, 1796, antér. *feu brisou*, 1751, altération due à *briser*. Forme wallonne, usitée dans le Borinage, qui correspond au fr. *grégeois*, en a. fr. *gresois* et *grisois*, cf. *ignem graecum vocant hullarii Leodienses*, 1676. Le houilleur liégeois a dit aussi *li feû griyeû* (a. fr. *griois*), cf. *feu grieux*, dans un texte manuscrit de la fin du XVIe s. ; aujourd'hui il dit encore « avoir *li feû griyeû* dans le corps » au sens d' « avoir grand soif », mais pour grisou il dit *gâz*. (Communication de M. Haust.) — Dér. **grisouteux,** 1876.

GRIVE, vers 1280. Fém. de l'a. fr. *griu* « grec », probabl. combiné d'abord avec le représentant du lat. *merula*. Allusion aux migrations de l'oiseau, la grive étant la seule espèce de merle qui quitte le pays pour l'hiver (pour la même raison, les Vénitiens appellent l'hirondelle *ciprioto*). — Dér. : **grivelé,** XIIIe ; **grivèlerie,** XVIe, dér. du verbe *griveler* « faire des profits illicites », 1620, hors d'usage. Restreint aujourd'hui au sens d' « action de consommer dans un café ou dans un restaurant, sans avoir de quoi payer » ; dit ainsi par comparaison avec les menus pillages que font les grives dans les vignes.

GRIVOIS, 1690, au sens de « soldat alerte », sens moderne 1704. Dér. de *grive*, qui, dans l'argot, avait pris le sens de « guerre », la grive étant très querelleuse. Vers la fin du XVIIe s. aussi *grivoise* « tabatière munie d'une longue râpe » nommée ainsi parce qu'elle avait été introduite par des soldats revenant d'Alsace. — Dér. : **grivoiserie,** 1872.

GRIZZLI, GRIZZLY, 1866. Empr. de l'anglo-américain *grizzly* (sous-entendu *bear* « ours »), « grisâtre », dér. de *grizzle*, « gris », empr. lui-même de l'a. fr. *grisel*, v. **gris.**

GROG, 1757. Empr. de l'angl. *grog* (1740), tiré du sobriquet *Old Grog*, donné à l'amiral Vernon par les matelots, à cause du vêtement de *grogram* qu'il portait habituellement ; cet amiral ayant prescrit, en août 1740, aux marins de son escadre d'étendre d'eau le rhum de leur ration, ceux-ci donnèrent à cette boisson le nom de *grog*. *Grograyn*, 1562, en outre *grogran* et *grogoran*, est empr. du fr. *gros grain*, autrefois « espèce d'étoffe à gros grain », aujourd'hui « sorte d'étoffe à côtes pour faire des ceintures » ; le mot angl. a été repris par le fr. sous la forme **gourgouran,** 1757.

GROGNER. Lat. *grunnīre* autre forme de *grundīre*, v. **gronder** ; d'abord *gronir*, devenu *grogner*, 1250, d'après *groin*. It. *grugnire*, esp. *gruñir*, a. pr. *gronir*, *gronhir*. — Dér. : **grognard,** XIIIe, appliqué sous Napoléon Ier aux vieux soldats et notamment à ceux de la vieille garde ; **grognement,** XVe ; **grognon,** 1752 ; **grognonner,** 1634.

GROIN. Lat. pop. *grunium*, tiré du verbe *grunnīre*.

GROLE. « Chaussure », en argot parisien, fin XIXe. Très répandu dans les patois de l'Ouest, de la région rhodanienne, et du Midi au sens de « savate, chaussure usée », cf. a. pr. *grola* « savate, vieux soulier », mot d'origine obscure.

GROMMELER, 1375. Auparavant et encore dans les dialectes *grommer*, XIIe. La correspondance exacte avec le moyen néerl. *grommen*, flamand *grommelen* et le fait que ces verbes s'encadrent en germ. dans tout un groupe de verbes de sens analogue, rend probable un empr. au néerl. plutôt qu'une onomatopée. Les formes *gremeler*, *grumeler*, *grimoler*, *grimoner*, etc., qu'on trouve depuis le XVe s. et dans les patois, représentent une autre variante germ., moyen néerl. *grimmen*, moyen néerl. *grimmelen*.

GRONDER, 1210. On trouve aussi *grondir* et *grondre*. Lat. *grundīre*, variante de *grunnire*, v. **grogner** ; a. pr. *grondir*. — Dér. : **grondement,** XIIIe ; **gronderie,** XVIe ; **grondeur,** 1586 ; **grondin,** 1769, ainsi nommé à cause du grondement qu'il fait entendre, quand il est pris.

GROOM, 1822 (une première fois en 1669 dans un ouvrage sur l'Angleterre dans le sens général de « valet »). Empr. de l'angl. *groom*, v. **gourmet.**

GROS. Lat. de basse ép. *grossus*, mot vulgaire. A remplacé *crassus*, lequel avait pris la place de *pinguis*. It. *grosso*, esp. *grueso*. — Dér. et Comp. : **grossesse,** 1283, au sens moderne, a signifié aussi en a. fr. « grosseur » ; **grosset,** XIIIe ; **grosseur,** XIIe ; **grossier,** XIIIe, dès le moyen âge aussi « marchand en gros » ; d'où **grossièreté,** 1642 ; **grossir,** XIIe, **grossissement,** 1560, **dégrossir,** 1611 ; **grossoyer,** 1335 ; dér. de *grosse*, subst. fém., « expédition d'un acte en grosse écriture » ; **grossiste,** fin XIXe (peut-être d'après l'all. *Grossist*) ; **engrosser,** 1283 ; en outre en a. fr. *engroissier*, d'après *groisse* « grosseur, grossesse », lat. pop. **grossia*, d'où aussi a. pr. *groissa* « grosseur », les deux verbes ont aussi le sens de « rendre gros » ; **gros-bec,** 1555.

GROSEILLE, XIIe. D'abord et encore dans les patois *grosele*. Empr. du moyen néerl. *croesel*, dér. de *kroes* « crépu » (aussi *cruus*), comp. all. dialectal *Kräuselbeere*. La terminaison *-ele* a été modifiée en *-eille* sous l'influence du nom du buisson (*groselier*, ensuite *groseillier*, XIIe).

GROSSO-MODO, XVIe (« Le vulgaire de Paris dit aussi grosso modo »). Locution du lat. scolastique, signifiant « d'une manière grosse », signalée déjà dans le lat. médiéval ; probabl. terme d'étudiants ou de basochiens.

GROTESQUE, 1532. Jusqu'au cours du XVIIe s., souvent *crotesque*, d'après *croute* v. **grotte.** Empr. de l'it. *(pittura) grottesca*, dér. de *grotta* « grotte » ; introduit comme subst. au sens de « dessins capricieux » à l'imitation de ceux qui furent trouvés dans des édifices anciens, alors remis récemment au jour, ou de grottes décorées, comme on en fit alors en Italie ; a pris ensuite celui de « figure ridicule », puis est devenu adj. au sens moderne au XVIIe s. (repris alors par l'it.) ; le sens défavorable du subst. est amorcé aussi en it., où on trouve à la fin du XVIe s. *grottesca* au sens de « peinture grossière et mal soignée ».

GROTTE, 1553 (Ronsard) ; une première fois au XIIIe s. dans un texte italianisant. Empr. de l'it. *grotta*, lat. *crypta* (prononcé *crupta*), qui vient du grec *kryptê* « souterrain », mot de la Grande-Grèce ; a éliminé l'a. fr. *croute*, usité jusqu'au XVIe s., représentant régulier de *crupta*, d'où aussi esp. *gruta*.

GROUILLER, vers 1460. Nombreuses formes du même type dans les patois issu de l'anc. fr. *grouler* « s'agiter » sous l'influence de verbes comme *fouiller*. *Grouler* est une forme secondaire de **crouler,** comme l'italien a *grollare* à côté de *crollare*. En fr. pop. *se grouiller*, 1797, et plus tard, *se dégrouiller* ont pris le sens de « se hâter ».

GROUPE, 1671. Empr. de l'it. *groppo* (d'abord « nœud », d'où « assemblage », cf. a. pr. et cat. *grop* « nœud »), qui vient probabl. par le gothique du germ. **kruppa*, qui devait avoir le sens large de « masse arrondie », de là les sens très variés des mots de cette famille même dans les langues germ., cf. aussi *cruppa* « gros câble », dans une glose de basse ép. et **croupe.** — Dér. : **grouper,** 1680 ; **groupement,** 1801 ; **regrouper,** fin XIXe s. ; **-ement,** *id.*

GRUAU, XIIe (alors *gruel*). Dér. de *gru*, encore dans les patois. Francique **grût*, qu'on peut supposer d'après anc. haut all. *gruzzi*, all. *Grütze* « gruau », néerl. *grut*. Le lorrain *gru* « son » est un autre mot ; il remonte à l'anc. champenois *gruis* (*ui* devient souvent *u* dans ces parlers), lequel est empr. du moyen néerl. *gruis*, id.

GRUE. Lat. pop. **grūa*, lat. class. *grūs*. Au sens de « machine à soulever des fardeaux », 1467 (probabl. calqué sur le moyen néerl. *crane*) ; « fille publique », dès 1415. It. *gru*, esp. *grua*.

GRUERIE, v. **gruyer.**

GRUGER, 1482. Empr., grâce à quelque acception techn., du néerl. *gruizen* « écraser », dér. de *gruis* « grain », v. **gruau.** — Dér. : **égruger,** 1556, **égrugeoir,** 1611.

GRUME, 1690. Lat. *grūma* « gousse, cosse ».

GRUMEAU. Lat. pop. **grūmellus*, lat. class. *grūmulus*, dim. de *grūmus* « tertre », d'où le sens spécial du fr., cf. a. pr. *grumel* « peloton de fil ». Répandu dans les parlers de la France septentrionale au sens de « grumeau » et de « noyau », en partie avec d'autres suffixes. — Dér. : **grumeler,** XIIIe ; **grumeleux,** XIIIe s. ; **engrumeler,** 1549.

GRUYER. Sous l'ancien régime désignait soit un seigneur qui avait droit d'usage dans les bois d'un vassal, soit un officier d'administration des eaux et forêts ; XIIIe. Représente très probabl. un gallo-roman **grodiarius* « maître forestier », dér. du francique **grôdi* « ce qui est vert », qui correspond à l'anc. haut all. *gruoti*, id. (de la famille de l'all. *grün* « vert »). Cf. aussi a. fr. *gruage* « droit sur la forêt ». P. Pithou, fin XVIe s., dit que « le gru, en France, mesme à l'entour de Paris, s'appelle tout le fruit de la forêt » ; mais ce mot est trop récent pour être le prototype de *gruage*. Au XIIIe s., on a au deuxième sens *verdier*, formé sur *vert*, comme *gruyer* l'a été sur un mot signifiant « vert ». — Dér. : **gruerie,** 1479.

GRUYÈRE, 1674, on disait aussi *Grière* au XVIIIe s. Tiré du nom du pays d'origine, *la Gruyère* (canton de Fribourg, Suisse).

GUANO, 1598 (au XVIIIe s. aussi *guana*, 1785). Empr. de l'esp. *guano*, empr. lui-même de *huano* du quetchua.

GUÉ. Lat. *vadum* qui a pris en galloroman et en it. le *w* initial du mot apparenté **wađ* du germ., cf. it. *guado*, a. pr. *ga*, mais esp. *vado*.

GUÈDE, XIe. Germ. **waizda* (le mot ne peut pas avoir été apporté par les Francs, parce que dans leur parler *-z-* avait disparu ou était devenu *-r-*), cf. all. *Waid*. L'it. *guado* vient du longobard **waid*. — Dér. : **guéder,** 1546 « saturer une étoffe avec la guède », peu usuel aujourd'hui ; part. passé au sens fig. de « rassasié », fin XVIe, encore usité dans les parlers du Centre et de l'Ouest, où il signifie aussi « mouiller ».

GUÉER. Lat. de basse ép. *vadāre ;* pour le *gu* initial, v. **gué.** — Dér. **guéable,** XIIe.

GUELTE, 1870. Empr. de l'all. ou du flamand *geld* « argent ».

GUENILLE, 1605. Mot emprunté des parlers de l'Ouest. Altération de *guenipe*, sous l'influence de *fondrilles*, *broutilles*, etc., désignant des résidus divers ; *guenipe* a le même sens, encore usuel en poitevin, attesté dès 1496, et qui a pris le sens de « femme de mauvaise vie » ; *guenipe*, dont le suffixe provient probablement de l'anc. *chipe* « chiffon », v. **chipoter,** se rattache à un groupe de mots représenté surtout dans l'Ouest et le Centre par des mots comme *gâne* « mare », *guène*, *guener* « mouiller, crotter » et qui remonte très probabl. à un gaulois **wădana-* « eau » (pour **wodana-*), qui correspond au goth. *wato* « eau ». La guenille tire donc son nom du fait que les pauvres, en marchant, la traînent dans la boue liquide. Cf. aussi **nippe.** — Dér. : **déguenillé,** fin XVIIe (Saint-Simon).

GUENON, 1505, parfois masc. au XVIe s. Désignant d'abord un singe à longue queue traînante, ce mot se rattache au même radical que *guenille ; -on* a ici une valeur individualisante. — Dér. : **guenuche,** fin XVIe (Régnier) ; cf. en outre *gueniche*, 1615 ; *guenichon*, XVIe (Baïf) ; *guenuche* a en champenois le sens de « femme de mauvaise vie », et *gueniche* signifie en lorrain à la fois « femme de mauvaise vie », « poupée » (comme *guenon* en Suisse romande) et « guenille » (dans la région de Metz).

GUÉPARD, 1706 (sous la forme *gapard ;* Buffon *guépard*). L'animal était connu au moyen âge, mais désigné par les noms d'autres animaux tels que léopard, once, lynx, etc. La peau de l'animal était connue des fourreurs de Paris, auxquels est due la prononciation *guépard*. Francisation de l'it. *gatto-pardo*, formé avec *gatto* « chat » et *pardo* « léopard », comme *chat-pard*.

GUÊPE. Lat. *vespa*. La consonne initiale est due à un croisement avec le mot germ. de même sens, cf. anc. haut all. *wefsa ;* l'all. *Wespe*, déjà moyen haut all., est lui-même refait sur *vespa ;* il y a donc eu influence réciproque du germ. et du lat. de la Gaule l'un sur l'autre. It. *vespa*, esp. *avispa ;* des formes avec *v* initial survivent dans le Midi. — Dér. : **guêpier** « nid de guêpes », 1762 ; d'abord *guespière*, XVIe.

GUÈRE. *Guères* avec *s* adverbiale est vieilli ; en a. fr. *guaires*. Francique **waigaro* « beaucoup ». It. *guari* est empr. du fr. — Comp. : **naguère,** formé de *n'a guère*, cf. *n'a encor guères*, XIIIe.

GUÉRET. Lat. *vervactum* « jachère ». Le début du mot a été modifié d'après un croisement mal défini, probabl. avec un mot germ. non identifié ; de même a. pr. *garach*. Aujourd'hui usité aussi dans les parlers du Centre, de l'Ouest, le prov. et le gascon. Esp. *barbecho*.

GUÉRIDON, 1650. Nom propre d'un personnage d'une facétie de 1614, qui fut introduit vers la même date dans un ballet ; le nom a pris ensuite rapidement le sens de « chanson, vaudeville », 1626 (« Vers pour les guéridons et les chansons nouvelles ») ; appliqué par fantaisie au petit meuble qui porte encore ce nom, peut-être parce que, dans les ballets, *Guéridon* tenait un flambeau, pendant que les autres danseurs s'embrassaient. Ces petits meubles avaient en effet souvent la forme d'une personne, en particulier d'un Maure. Le nom même est très probabl. né d'un refrain de chanson, comp. des refrains *(ô)gué* et *laridon*.

GUÉRILLA. 1810. Empr. de l'esp. *guerrilla* « petite guerre », au temps des guerres napoléoniennes.

GUÉRIR (*Alexis* : *guarir*, puis *garir*, qu'on rencontre jusqu'au milieu du XVIIe s.). A signifié d'abord « défendre, protéger », d'où le sens moderne dès le XIIe s. Germ. **warjan*, cf. all. *wehren* « réprimer » ; d'où aussi a. pr. *garir* « préserver, guérir », it. *guarire* « guérir ». — Dér. : **guérison,** vers 1080 *(Roland : guarisun)*, développement du sens parallèle à celui du verbe ; **guérissable,** XIIIe, **inguérissable,** vers 1460 ; **guérisseur,** XIVe *(gariseor) ;* comme terme péjor. au sens de « médecin qui n'a que la routine », XVIIIe *(Gil Blas)*.

GUÉRITE, XIIIe ; d'abord dans la locution *a la garite* « sauve qui peut », dér. irrégulier de *garir* sur le modèle de *fuite*, dér. de *fuir*, comp. l'a. pr. *garida*, même sens.

GUERRE. Germ. **werra ;* a éliminé le lat. *bellum* qui a disparu avec l'organisation militaire de l'empire romain. It. esp. *guerra*. — Dér. : **guerrier,** vers 1080 *(Roland) ;* **guerroyer,** *id. ;* **aguerrir,** 1535.

GUET-APENS, 1472, dans la locution de *guet apens* « par préméditation », d'où le subst., vers la fin du XVIe s. Cette locution a succédé à *de guet apensé*, antér. *en aguet apensé, d'aguet apensé, en guet..., a guet...*, locutions formées d'*aguet* (d'où *guet*) et d'*apensé*, part. passé de l'anc. verbe *apenser* « former un projet » ; puis *de guet apensé* a été altéré en *de guet apens*, d'après *apens* « pensée, intention » qui s'employait dans des locutions de sens analogue, cf. *en apens*, *de fait et apens* « intentionnellement », XVIe s. ; on trouve encore dans Monet, en 1636, *fait*, *crime de guet appensé*.

GUÊTRE, XVe (écrit *guietre*). Très probabl. francique **wrist* « cou de pied », cf. all. *Rist*, anc. angl. *wrist*, malgré la date récente du mot. Le mot aurait passé à désigner ce qui couvre la partie du corps en question. — Dér. : **guêtrer,** 1549.

GUETTER. Francique **wahtôn*, cf. all. *wachen* « veiller », de même famille ; de là aussi a. pr. *guaitar*. Très répandu au sens de « garder » dans le Sud-Ouest et, sous la forme simple ou avec le préf. *re-*, au sens de « regarder » dans le Nord, l'Est et le Midi. — Dér. : **guet,** 1160 ; **guetteur,** 1190 ; l'a. fr. dit surtout *gaite*, *guette* « veilleur », ordinairement fém., qui est tiré de *guetter* ou peut représenter une forme francique **wahta ;* v. **échauguette ; aguet,** XIIe (écrit *agait*) ; jusqu'au XVIIe s., subst. signifiant « garde, embuscade » ; aujourd'hui ne s'emploie plus que dans la locution *aux aguets ;* tiré de l'anc. verbe *agaitier*.

GUEULE. Lat. *gula* « gosier, gorge, cou », sens encore attesté en a. fr. ; de même it. esp. *gola*. A pris en fr. le sens de « bouche », dès le XIe s. (encore dans les patois), celui de « visage », au XVIIIe. *Gueules*, terme de blason, XIIIe, est le même mot employé dans un sens fig. et non, comme on l'a cru longtemps, un mot empr. du persan *gul* « rose ». Au moyen âge les *gueules* désignaient de petits morceaux de fourrure découpés dans la peau du gosier d'un animal, particulièrement de la martre, qui servaient à orner des manteaux, surtout en forme de collet ; le sens de « rouge » vient soit de la couleur naturelle de la fourrure, soit d'un rouge dû à la teinture — Dér. et Comp. : **gueulard,** 1395, *subst.* (terme de métallurgie) ; 1567, *adj. ;* **gueulée,** XIIe ; **gueuler,** 1648 ; **gueulardise** « gourmandise », 1881 (au XVIIe s. *goulardise) ;* **gueuleton,** 1755 (Vadé), **-onner,** 1864 ; **goulée,** XIIe ; **goulet,** 1358 ; **goulot,** 1611 ; **goulu,** XVe ; **bégueule,** 1690, issu de *bee gueule*, 1470, c'est-à-dire « gueule béante », v. **bée ; dégueuler,** XVe ; **-lasse,** vers 1881 ; **égueuler,** XIIIe ; **engoulevent,** 1791 (déjà 1656 « homme qui boit beaucoup »), mot dialectal de l'Ouest, formé avec le verbe *engouler* « prendre dans la gueule », attesté en a. fr., d'où aussi le nom propre *Engoulevent*, en 1292 ; **engueuler,** 1783, cf. *mal engueulé* « mal embouché », 1642. V. aussi **dégouliner.**

GUEUSE, 1543. On trouve aussi *guise* XVIe, encore dans Littré et dans Larousse.

Les gros morceaux informes de fer fondu s'appellent en all. *gans* (= oie), dont le plur. est en bas all. *gôse*. Ce mot a été apporté en France par les mineurs du Harz qu'on appela au XVIe s. pour l'organisation de l'industrie minière. L'*i* de certaines formes est probabl. dû à l'influence du verbe all. *giessen* « fondre ».

GUEUX, 1452. Très probabl. empr. du moyen néerl. *guit*, « coquin, fripon, fourbe », qui aurait pu donner une forme **gueu* (comp. la graphie *geulz* en 1566) dont le fém. *gueue* est attesté au XVIe s., d'où *gueux*, *gueuse*, d'après les nombreux adj. en *-eux*, *-euse*. — Dér. : **gueusaille,** 1630 ; **gueuser,** 1501 ; **gueuserie,** 1567.

GUI, plante. Lat. *viscum*. D'abord *vist*, puis *guix*, sous l'influence de l'anc. francique **wîhsila*, v. **guigne,** les fruits des deux plantes ayant une certaine ressemblance ; *viscum* et **wîhsila* appartiennent du reste déjà à la même racine indoeuropéenne. V. **guimauve.**

GUI, terme de marine, 1694. Empr. du néerl. *giek* (ou *gijk*).

GUIBOLE, 1842. Mot vulg., altération de *guibonne*, issu de *guibon* qui est attesté en norm. au XVIIe s., à côté d'une forme *gibon* qui fait penser au verbe *giber* « secouer », v. **regimber.** Mais l'origine de *giber* étant inconnue, on ne peut rien dire sur le rapport des deux formes *guibon*, *gibon*.

GUICHET, XIIe. Très probabl. dim. de l'anc. scandinave *vik* « cachette, recoin », sens que le mot avait au XIIe s. aussi en fr. L'*s* de la forme a. fr. *guischet* s'explique peut-être par l'influence de *huisset* « petite porte ». — Dér. : **guichetier,** 1611.

GUIDER, 1367. Réfection de l'a. fr. *guier* d'après *guide*, 1370, empr. de l'it. ou de l'a. pr. *guida* « celui qui guide » et « action de guider », mot qui a remplacé l'a. fr. *guis*, cas sujet, *guion*, cas complément (qui, du reste, ne signifiait que « celui qui guide »). *Guide* a été fém. également comme nom d'agent jusqu'au XVIIe s. *Guier* vient du francique **witan* « montrer une direction ». L'a. pr. *guidar*, l'it. *guidare* et l'esp. *guiar* viennent du gothique **widan*. — Dér. **guidon,** d'abord « étendard », 1373 ; l'it. *guidone*, qui n'est attesté que depuis le XVIe s., est empr. du franç. — Comp. : **guide-âne,** 1721.

GUIDE-ROPE, 1856. Empr. de l'angl. *guide-rope*, comp. de *guide* (empr. du fr.), et de *rope* « corde ».

GUIGNE « esp. de cerise », 1393 (d'abord *guine*). On a proposé comme type étymologique l'anc. haut all. *wîhsila*, d'où all. *Weichsel* « griotte » ; mais les formes romanes et dialectales soulèvent de grosses difficultés, cf. moyen fr. (textes de l'Ouest et de la région rhodanienne) et angevin *guindole*, prov. *guindol(o)*, esp. *guinda* « griotte », etc. — Dér. : **guignolet,** 1829, peut-être d'origine angevine, le guignolet d'Angers ayant eu une réputation particulière.

GUIGNE « malchance », v. *guigner*.

GUIGNER. Au sens propre « faire signe » ; a pris le sens de « loucher » dans de nombreux parlers de l'Est, du Sud-Est et méridionaux et celui de « remuer » p. ex. en Fr.-Comté et dans le Dauphiné. D'un francique **wingjan* « faire signe », qu'il est permis de supposer d'après l'anglo-saxon *wincian* « guigner », une alternance consonantique entre **wink-* et *wing-* étant rendue probable par des formes parallèles telles qu'all. *schwingen* à côté de *schwenken*. **Wingjan-* ayant été romanisé en **gwingyare* a perdu le deuxième *g* par dissimilation, d'où un type **gwinyare*. — Dér. : **guignon,** 1609 (Régnier) ; l'idée de malchance dérive de celle qu'on attache au mauvais œil, d'où **guigne,** 1866 ; **déguignonner,** 1731 ; **enguignonné,** 1821.

GUIGNOL, 1865. Empr. du lyonnais *Guignol*, nom d'un personnage de marionnettes, ce genre de théâtre étant en vogue à Lyon dès le XVIIIe s. *Guignol* est un dér. du verbe **guigner ;** ce personnage jette des regards furtifs et entendus de droite et de gauche.

GUILDE, terme d'institution du moyen âge : « association, confrérie », en usage surtout au Nord-Est. On écrit aussi **gilde** et **ghilde.** Attesté en fr. mod. depuis 1788. Empr. du lat. médiéval *gilda*, *ghilda*, latinisation du moyen néerl. *gilde*, d'où aussi l'anc. picard *gueude*, cf. aussi angl. *guild ;* l'a. fr. a un autre mot *gelde*, *jaude* « bande de soldats », qui représente le francique **gilda* (de même famille que le néerl. *gilde*), d'où aussi a. pr. *gelda* « troupes, gens de pied », it. arch. *geldra* « foule ».

GUILLAUME, 1600 (en prov. déjà 1506). Nom propre, dit par figure d'une sorte de rabot.

GUILLEDOU. Ne s'emploie que dans la locution *courir le guilledou*. Fin XVIe (d'Aubigné). Sans doute comp. de l'anc. verbe *guiller* « tromper, attraper » et de l'adj. *doux* dans son acception morale. L'a. fr. *guiller* est dér. de l'a. fr. *guille* « ruse » (les formes avec *l* non mouillé, *guile* et *guiler* sont probabl. nées sous l'influence de l'adj. *vil*), qui représente un francique **wigila* « ruse ».

GUILLEMET, 1677. D'après Ménage, tiré du nom de l'inventeur de ce signe, qui se serait appelé *Guillaume* (d'après Th. Corneille). — Dér. : **guillemeter,** 1800.

GUILLEMOT, 1555. Dim. de *Guillaume*, dit par figure du guillemot, v. **geai.**

GUILLERET, 1460. Probabl. de même famille que *guilleri* « chant du moineau », 1560. Sans doute dér. de l'a. fr. *guiller* « tromper ». Dans le premier passage qu'on connaît, l'adj., au fém., a le sens de « séduisante, pimpante ». V. **guilledou.**

GUILLERI, v. le préc.

GUILLOCHER, 1558 (d'après le dérivé *guillochis*). Probabl. empr. de l'it. *ghiocciare* « dégoutter », variante dialectale de *gocciare* née sous l'influence de *ghiotto* « glouton ». L'it. *goccia*, comme le fr. *goutte*, désigne aussi un ornement architectural, et c'est avec ce sens que la forme de l'Italie sept. *ghioccia* paraît avoir passé au fr., avec le verbe. *Guilloche*, fém., « outil à guillocher », 1866, est tiré du verbe.

GUILLOTINE, 1790. Dérivé de *Guillotin*, nom du médecin qui préconisa l'usage de cette machine. — Dér. : **guillotiner,** 1790.

GUIMAUVE, XIIe (sous la forme *widmalve*). Comp. d'un premier élément qui est issu du lat. *hibiscus* « mauve » (du grec *hibiskos*), altéré par croisement avec *gui*, et de *mauve* qui a été ajouté pour éviter une confusion de sens, cf. de même it. *malvavischio* à côté de *vischio* « gui, glu ».

GUIMBARDE, 1622, où il désigne une sorte de danse ; a désigné aussi un instrument de musique, d'où, semble-t-il, par suite, différents objets et notamment une sorte de voiture (sens qui apparaît dès 1723, dans la région lyonnaise) ; dès 1620, désigne l'héroïne d'un récit romanesque. Comme le prov. *guimbardo* apparaît au XVIIe s. au sens de « danse », il est fort probable qu'il dérive du verbe *guimba* « sauter, gambader », attesté dès le XVIIe s. à Toulouse ; celui-ci correspond à l'a. prov. *guimar* « bondir », lequel représente le gothique **wimman* « se mouvoir vivement », correspondant au moyen haut all. *wimmen* (d'où l'all. *wimmeln*). Le verbe occitan a modifié *-m-* en *-mb-*, soit sous l'influence de *cambo* « jambe », soit parce que, le gascon modifiant *-mb-* en *-m-*, on a cru, dans la région de Toulouse, que *guimá* était une forme gasconne, à laquelle aurait dû correspondre *guimbá* en languedocien. Cf. aussi **guibole.**

GUIMPE, XIIe (alors *guimple*). Francique **wimpil*, cf. all. *Wimpel* «banderolle».

GUINDER. XIIe (sous la forme *windé*). Propr. terme techn. de la marine signifiant « soulever un fardeau au moyen d'une machine », d'où le sens fig. moderne, dès le XVIIe s. Anc. scandinave *vinda* « hausser ». Appartient à la même famille **guindeau,** « esp. de cabestan », 1768, issu par substitution de suff. de l'a. fr. *guindas*, XIIe, qui représente l'anc. scandinave *vindāss*, comp. de *vinda* « tourner » et *āss* « barre ».

GUINÉE, 1669. Empr. de l'angl. *guinea*, propr. nom d'une monnaie d'or, frappée en 1663 avec de l'or venant de la Guinée par la Monnaie Royale d'Angleterre pour le compte de la Compagnie de Guinée. Le sens de « toile bleue de coton », 1701, vient du fait qu'on se servait de cette toile comme de moyens d'échange avec les nègres de Guinée.

GUINGAN, 1701. D'après Raynal, c'était une toile de coton blanche qui venait de l'Inde ; il n'y a donc pas de rapport avec *Guingamp*, ville de Bretagne, bien que celle-ci ait été renommée pour ses tissus au XVIIIe s. Le mot a été certainement apporté en Europe par les Portugais, la forme portugaise *guingão* étant attestée depuis 1552. Probabl. empr. du malais *ginggang*, bien que l'esp. *guingao* paraisse être attesté déjà en 1485.

GUINGOIS, 1442 (au XVe et XVIe s. aussi *gingois*). V. **guinguette.**

GUINGUETTE. 1697, aussi *maison guinguette*, 1750. D'abord fém. de l'adj. *guinguet* « étroit », issu de *ginguet* « trop court (d'un habit) », 1694, par assimilation consonantique. Ce dernier phénomène est très fréquent dans cette famille de mots, comp. m. fr. *a gingois* « de travers » à *de guingois* (tous deux au XVe s.), *ginguet* « vin aigrelet » (XVIe-XIXe s.), à *guinguet*, id. (XVIIIe s.), *ginguer* « sauter » à *guinguer* (poit.) et *ginger* (champen.) ; ce dernier montre du reste que l'assimilation peut agir aussi en sens inverse. Le verbe *ginguer*, attesté depuis le XVe s., est une déformation de *giguer*, XIVe, par analogie avec le couple *regiber-regimber*, v. celui-ci. Le verbe a. fr. *giguer* « sauter » est dér. de *gigue* « instrument de musique », soit par comparaison du mouvement des personnes avec celui de l'archet, soit parce qu'on danse aux sons de la gigue. L'idée du sautillement a certainement aussi été le point de départ de *guingois*.

GUIPURE, 1393. Dér. de l'anc. verbe *guiper*, 1350, « recouvrir de soie, de laine, etc. », encore dans les dict. Représente le francique *wīpan* « envelopper de soie, etc., en filant », cf. moyen haut all. *wîfen*, « enrouler, tortiller ».

GUIRLANDE, 1540. Empr. de l'it. *ghirlanda*, lequel est empr. de l'anc. pr. *guirlanda* « couronne faite de fils d'or ». Le mot apparaît en gallo-roman sous deux formes, anc. pr. *guirlanda* et anc. fr. *garlande*. Ces mots sont formés sur l'anc. francique **wiara* « ornement fait de fils d'or », devenu **weara* vers 800 ; cette forme a fourni la variante avec *gar-*. En francique *ea* est devenu *ia*, *ie* au IXe s. ; d'une forme **wiera*, qui doit être du IXe s., est née la forme *guirlanda*. De *ga(r)lande* dérivent **galandage,** 1708, mot techn. de la construction, attesté en normand et, avec le suff. *-ure*, en bourguignon et en franc-comtois depuis 1689, et **garlandage,** 1866, mot techn. de la marine. — Dér. : **enguirlander,** 1555.

GUISE, vers 1050 *(Alexis)*. Germ. **wīsa*, cf. all. *Weise* « manière » ; d'où aussi it. esp. *guisa*. — Dér. : **déguiser,** vers 1170, propr. « changer sa manière d'être », d'où « se rendre différent (en partic. au moyen d'un vêtement) » ; de là **déguisement,** vers 1200.

GUITARE, 1360. Empr. de l'esp. *guitarra*, qui est empr. de l'arabe *qītāra* (du grec *kithara*). Auparavant et jusqu'au XVIIe s. plus fréquent *guiterne*, XIIIe *(Rose)*, encore terme de marine, forme dont la terminaison est probabl. prise dans les nombreux noms bibliques et sarrazins (dans les Chansons de Geste), comme *Holoferne*, *Loquiferne*. On a voulu expliquer une autre forme, *quinterne*, par l'influence de *quinte*, une cinquième corde ayant été ajoutée à la guitare ; seulement cette transformation n'est survenue qu'au XVe s., tandis que *quinterne* remonte jusqu'au XIIIe. — Dér. : **guitariste,** 1829.

GUIVRE. Jusqu'au XVe s. désigne un serpent dont il n'est pas facile de déterminer l'espèce ; depuis, ne survit que comme terme de blason ; au moyen âge a des formes variées *wire*, *vivre*, etc. ; mais la forme *givre* est une erreur des dict. Lat. *vīpera*, altéré en **wīpera* avec une prononciation germ., cf. anc. haut all. *wīpera*, lui-même empr. du lat. V. **vipère.**

GUTTA-PERCHA, 1845. Empr. de l'angl. *gutta-percha*, adaptation des mots malais *getah* « gomme » et *percha*, nom de l'arbre qui donne cette gomme. *Gutta* a été francisé en *gutte* qui existe dans le comp. **gomme-gutte,** 1694, et le dér. **guttier,** 1798, arbre de Ceylan qui donne cette gomme.

GUTTURAL, 1578. Dér. sav. du lat. *guttur* « gosier ».

GUZLA, 1791. Mot croate.

GYMNASE, XIVe s. (sous la forme *gynaise*), comme terme d'antiquité ; sens moderne, 1792 ; **gymnastique,** XIVe (Oresme) ; **gymnique,** 1542. Empr. du lat. *gymnasium*, *gymnasticus*, *gymnicus* (du grec *gymnasion*, *gymnastikos*, *gymnikos*, dér. de *gymnos* « nu », les exercices athlétiques se faisant chez les Grecs le corps nu).

GYMNASTE, 1543 (Rab.), comme terme d'antiquité ; sens moderne, 1866, d'après *gymnastique*. Empr. du grec *gymnastês* « maître de gymnastique ».

GYMN(O)-. Premier élément de mots sav. comp., tels que **Gymnocéphale,** 1836, tiré du grec *gymnos* « nu ».

GYNÉCO-, GYN(O). Premiers éléments de mots sav. comp., tels que **gynécologie,** 1666 ; **gynophore,** *id.*, etc., tirés du grec *gynê*, *gynaikos*, « femme ».

GYNÉCÉE, 1701. Empr. du lat. *gynaeceum*, ou directement du grec *gynaikeion*, v. le préc.

GYPAÈTE, 1800. Fait avec les mots grecs *gyps*, *gypos* « vautour » et *aetos* « aigle ».

GYPSE, 1464 (écrit *gips*). Empr. du lat. *gypsum* (du grec *gypsos*) qui a donné les formes pop. du nom du plâtre *gesso* de l'it., *yeso* de l'esp., *geis* de l'a. pr. (qui survit dans la région du Languedoc), cf. aussi en a. fr. les formes *gip* et *gif*, d'où *gy*, encore en 1642, et des formes de ce type en franco-provençal et en provençal.

GYROSCOPE, v. **télescope.**

H

HABILE, XIVe (Oresme), au sens de « propre à », sens aujourd'hui vieilli ; d'où le sens moderne, XVe. Empr. du lat. *habilis* « maniable, apte » (de *habere*, au sens de « tenir »). L'acception jurid. est née dans le lat. jurid. du Bas-Empire. *Habile* a éliminé l'a. fr. *able* « apte, etc. », représentant pop. du lat. *habilis* (d'où angl. *able*). — Dér. : **habileté,** 1539 ; du XIIIe au XVIe s., on a dit beaucoup *habilité*, d'après le lat. *habilitas* « aptitude », et la langue jurid. l'a conservé, en rapport avec *habile*. — Comp. : **malhabile,** fin XVe. V. **inhabile.**

HABILITER, vers 1300 ; **habilitation,** 1373. Empr. du lat. jurid. du moyen âge *habilitare* (attesté à basse ép. au sens de « rendre apte »), *habilitatio*. — Comp. : **réhabiliter,** 1234 ; **réhabilitation,** 1401.

HABILLER, v. **bille.**

HABIT, XIIe. Empr. du lat. *habitus*, au sens d' « habillement », propr. « manière d'être » (du verbe *habere* au sens de « se tenir »), sens parfois repris au moyen âge ; désignait surtout alors l'habit des religieux. *Habit* signifie souvent aussi « demeure » ; mais, en ce sens, c'est probablement un mot tiré d'*habiter*.

HABITACLE, XIIe s. Empr. du lat. de basse ép., surtout ecclésiastique, *habitaculum*, v. le suiv.

HABITER, XIIe ; **habitation,** *id.* Empr. du lat. *habitare*, *-atio* (de *habere*, au sens de « se tenir »). — Dér. : **habitable,** XIIe, **in-,** 1360 ; **habitant,** XIIe ; **habitat,** 1808 ; **inhabité,** 1396.

HABITUDE, XIVe (Oresme), au sens de « complexion du corps », sens qui se rencontre jusqu'au XVIe s. ; sens moderne au XVIe s. Empr. du lat. *habitudo* « manière d'être, complexion » (de *habere* au sens de « se trouver dans tel ou tel état »), d'où s'est développé le sens propre au fr., en rapport avec les suiv., et probabl. par l'intermédiaire du lat. scolastique. *Avoir l'habitude de*, XVIIe, a remplacé l'anc. verbe *souloir*, dont La Bruyère, XIV, 73, constate la disparition : (« L'usage a préféré... *être accoutumé à souloir* »), lat. *solēre*, conservé par l'it. *solere*.

HABITUER, vers 1320 (d'abord « munir », sens moderne depuis Oresme) ; **habituel,** XIVe, d'après l'adv. **habituellement.** Empr. du lat. médiéval *habituare*, *habitualis* (de *habitus* au sens de « manière d'être », v. **habit**) ; **inhabituel,** 1829. — Dér. : **réhabituer,** 1549.

HÂBLER, 1542. Empr. de l'esp. *hablar* « parler » (lat. *fābulārī*), qui a pris en fr. le sens de « parler avec emphase » ; d'une façon analogue, l'esp. a empr. le fr. *parlar* et lui a donné le sens de « bavarder, manquer de discrétion ». — Dér. : **hâblerie,** 1628 (Sorel) ; **hâbleur,** 1555.

HACHE. Francique **hâppja*, cf. anc. haut all. *happa* « couteau en forme de faucille » ; les formes du wallon *(h)èpe* et de l'a. pr. *apcha* confirment cette étymologie. — Dér. : **hacher,** vers 1300 (du XIIe au XVIIe s. *dehachier*), **hachis,** 1538, **hachoir,** 1471, **hachure,** vers 1440 ; **hachette,** XIIIe ; **hachereau,** XVe.

HACHISCH, 1556. Empr. de l'arabe *hachîch*, propr. « herbe », dit du chanvre indien par raccourcissement d'une expression qui signifiait « herbe des fakirs », v. **assassin.**

HADDOC, aiglefin, ordinairement fumé, 1708 (alors *hadock*). Empr. de l'angl. *haddock ;* usuel depuis par suite de la consommation du *haddock* fumé ; apparaît dès le XIIIe s. sous la forme *hadot* que Littré a conservée, cf. aussi *hadou* et *adot*, au XVIe s. ; on a pensé pour l'étymologie du mot angl. à l'a. fr. *adoub* (du verbe *adouber*) au sens de « préparation », v. **adouber,** mais il y a des difficultés de forme ; et on ne voit pas qu'*adouber* se soit dit de la préparation des poissons.

HAGARD, 1393. Au sens propre désignait dans la langue de la fauconnerie l'oiseau de chasse resté sauvage et farouche ; sens fig. à partir du XVIe s. A été compris comme un dér. d'une forme normande ou picarde de *haie*, à en juger par le texte du *Ménagier : Esprevier hagart est celluy qui est de mue de hayes*, c'est-à-dire « qui demeure pendant la mue dans les haies ». C'est sans doute une étymologie pop. ; le mot paraît être empr. d'une langue germ., cf. moyen angl. *hagger* « sauvage, décharné, faucon hagard » et all. *Hagerfalk* « faucon hagard ».

HAGIO-. Premier élément de mots sav. comp., tels que **hagiologique,** 1732, tiré du grec *hagios* « saint », ou de mots empr. tels que **hagiographe,** vers 1500.

HAIE. Francique **hagja*, cf. anc. haut all. *hegga* (la forme **haga*, cf. all. *Hag*, qu'on a supposée autrefois, est exclue par le poitevin et le berrichon *age*). *Haie* comme nom d'une pièce de la charrue est attesté depuis le XIIIe s. ; depuis 1835, la forme berrichonne est souvent employée par les auteurs d'ouvrages agricoles.

HAILLON, 1404. Empr., avec allongement au moyen du suff. *-on*, du moyen haut all. *hadel*, mot de la famille de l'all. *Hader*. Le simple *hailles* est encore très répandu dans les parlers du Nord.

HAÏR. Francique **hatjan*, de même famille que l'all. *hassen*, l'angl. *to hate*. — Dér. : **haine,** XIIe *(haïne)*, d'où **haineux,** *id. (haïnos)* ; **haïssable,** 1569.

HAIRE. Francique **hârja*, cf. anc. haut all. *hârre* « vêtement grossier, fait de poil », dér. du radical qui se trouve dans l'all. *Haar* et l'angl. *hair* « cheveu ».

HALBRAN, XIVe *(halebran)*. Empr. d'un moyen haut all. **halberent*, littéral. « demi canard », ainsi nommé à cause de sa petitesse, mot qu'on restitue en s'appuyant sur l'all. moderne *Halb-ente* « plongeon » ; le prov. *alabran* est une adaptation du fr.

HALEINE. Vers le XVe s. ; d'abord *aleine (Roland)* ; *h* est due à une réfection orthographique d'après le lat. *halare* « souffler ». Tiré de l'anc. verbe *alener*, d'où *halener*, encore dans les dict., lat. *anhēlāre*, devenu **alēnāre* par métathèse (et non d'après *halare*, qui avait disparu de la langue parlée), d'où aussi it. *alenare*, a. pr. *alenar* ; on trouve à la fois *anela* dans un texte carolingien et *alena* dans une glose du Xe s.

HALER, terme de marine, vers 1150. Empr. de l'anc. bas all. **halon*, cf. l'anc. néerl. *halen* ; les langues scandinaves, cf. suédois *hala*, ont également empr. ce mot qui n'existe pas en anc. scandinave ; l'angl. *to hale* vient du fr. En norm. le verbe a le sens général de « tirer ». — Dér. : **halage,** 1488 ; **haleur,** 1680 ; **déhaler,** terme de marine, 1529.

HALER, terme de vénerie, v. **harasser.**

HÂLER, XIIe *(halé ;* en outre au moyen âge *harler* et *haller)* ; au moyen âge signifie aussi « dessécher au moyen du feu ». Le postverbal *hasle*, XIIe, d'où le fr. moderne *hâle* montre, comme les formes *harler*, *haller*, que le verbe contenait une *s* étymologique. Très probabl. du lat. **assulare*, dér. du lat. class. *assare* « rôtir ». L'*h-* provient probabl. d'un croisement avec le néerl. *hael* « desséché » ; le mot vit en effet surtout dans le Nord. — Dér. **hâle ; déhâler** « enlever le hâle », 1690.

HALETER, v. **aile.**

HALL, 1672, en parlant de choses anglaises ; valeur générale seulement dans la deuxième partie du XIXe s. Empr. de l'angl. *hall*, de même origine que le mot d'où vient *halle*.

HALLALI, 1683. Comp. de *hale*, forme secondaire de *hare* « cri pour exciter les chiens à la poursuite » (comp. *haler* « exciter les chiens » attesté depuis le XVe s.) ; la deuxième partie du mot représente le fr. *à lui*, sous sa forme réduite *à li*.

HALLE. Francique **halla*. — Dér. : **hallier,** vers 1260.

HALLEBARDE, 1448. Empr. du moyen haut all. *helmbarte*, littéral. « hache *(barte)* à poignée *(helme, halm)* ». — Dér. : **hallebardier,** 1483.

HALLIER, « réunion de buissons épais », XVe. Mot d'origine germ., cf. le néerl. *haazelara* et l'all. dialectal (de Westphalie) *Hessler* qui ont la même formation ; c'est un dér. du simple qui est à la base de *hasla* « rameau » de la Loi ripuaire, francique **hasal*, cf. all. *Hasel* « coudrier » ; cf. l'a. fr. *halot* « buisson, bûche » ; on trouve encore une trace de l'*s* dans *arlé* « jeune baliveau qu'on laisse après une coupe, pour refaire une futaie », Saint-Pol (Pas-de-Calais).

HALLUCINÉ, 1611 ; **hallucination,** XVIIe. Empr. du lat. *hallucinatus* (part. passé du verbe *hallucinari* « avoir des hallucinations »), *hallucinatio*.

HALO, vers 1360. Empr. du lat. *halos* (du grec *halôs* de même sens, propr. « aire »).

HALTE, 1585. Empr. de l'all. *Halt*, masc., « arrêt », subst. verbal de *halten* « s'arrêter » ; la forme *alte*, usuelle au XVIe et au XVIIe s., notamment dans la locution *faire alte*, 1578, est due à l'it. *alto*, qui s'emploie à la fois comme interjection ou dans *fare alto*, empr. de l'all. comme *halte*.

HALTÈRE, 1808, une première fois Rab. I, 23 : *alteres*. Empr. du plur. lat. *halteres* (du grec *haltêres* « balanciers pour la danse et le saut »).

HAMAC, 1682 ; antér. *amacca*, 1533. dans un récit de voyages ; *hamacque*, 1587, dans une histoire des Indes. Empr. de l'esp. *hamaca*, empr. lui-même du caraïbe de Haïti. L'all. *Hängematte* et le néerl. *hangmat* sont des altérations du mot esp. par étymologie pop.

HAMEAU, XIIIe. Dér. de l'a. fr. *ham*, attesté surtout dans des noms de lieu de la France septentrionale. Francique **haim*, cf. all. *Heim* « domicile, foyer », angl. *home*.

HAMEÇON, vers 1100 *(ameçon)*. Dér. de l'a. fr. *ain* (encore usité dans beaucoup de parlers), lat. *hāmus*, avec un suff. fait sur le modèle de mots tels que *poinçon*, *écusson* ; a pris de bonne heure, comme le simple *ain*, une *h* orthographique d'après le lat. It. *amo*.

HAMMAM, 1859. Empr. du mot arabo-turc *hammâm* « bain chaud ».

HAMPE « manche de lance, etc. », XVIe (Amyot). Altération de l'a. fr. *hante* « lance, bois de lance, manche, tige, etc. », encore usité au XVIIe s., peut-être par croisement avec *empe*, forme lorraine d'*ente* « greffe », d'après leur sens voisin. *Hante* (du XIe au XIVe s. aussi *hanste*) représente le lat. *hasta* « lance, tige » altéré par un croisement avec le francique *hant* « main » (l'it., l'esp. et l'a. pr. ont la forme non altérée *asta*) ; une forme altérée *hanse* désigne le corps de l'épingle avant que la tête y soit mise, et une autre forme *hâte* (*haste* au XIIe s.), une broche de bois pour faire rôtir la viande, d'où la viande elle-même. *(H)ante* et *(h)ampe* ont encore le sens de « manche » dans les parlers de la France septentrionale. Il est visible que ces formes ont exercé les unes sur les autres des actions réciproques, mais elles sont difficiles à élucider dans le détail.

HAMPE, terme de vénerie et de boucherie, 1270. Origine incertaine. Peut-être issu d'un croisement de l'anc. haut all. *wampa* (d'où all. *Wambe*, autre forme de *Wamme* « fanon, peau du ventre, etc. », cf. le vosgien *wambe* « fanon ») avec le francique **hamma*, cf. anc. haut all. *hamme* « jambon ». Ce croisement aurait dû se produire dans le francique parlé dans la France sept. avant 800.

HAMSTER, XVIIIe s. (Buffon). Empr. de l'all. *hamster*.

HAN. Onomatopée, relevée seulement en 1835, mais évidemment plus ancienne.

HANAP, Francique **hnap*, cf. all. *Napf* « écuelle » et *hanappus* dans une glose du IXe s. ; d'où aussi a. pr. *enap*.

HANCHE. Germ. **hanka*, qu'on restitue d'après le moyen néerl. *hanke* « hanche ». S'est substitué au lat. *coxa* (v. **cuisse**), qui avait remplacé le lat. *femur*, lequel était devenu homonyme de **femus* (pour *fimus*, v. *fumier*). Aussi it. esp. a. pr. *anca*. — Dér. : **déhancher,** 1564, **déhanchement,** 1771.

HAND-BALL, 1930. Empr. de l'angl. *hand-ball* « balle dont on joue avec les mains » (contraire de *foot-ball*).

HANDICAP, 1827. Empr. de l'angl. *handicap*, altération de *hand in cap* « main dans le chapeau », primitivement jeu de hasard, appliqué ensuite aux courses de chevaux en 1754. — Dér. : **handicaper,** 1854, au sens propre ; sens fig., 1889 ; tous deux d'après l'angl.

HANGAR, 1337 (à Corbie). Attesté en Picardie par le nom de lieu *Hangart* dès 1135. Y est sans doute d'origine francique et s'est répandu plus tard en franç. Représente un comp. **haim-gard* « clôture autour de la maison » (de *haim*, v. **hameau,** et *gard*, v. **jardin**).

HANNETON, XIe. Dim. du francique **hano* « coq », cf. néerl. *leliehaantje* « scarabée qui vit sur les lis », all. de la Rhénanie *Hahn* « punaise des baies ». Le hanneton ne vit que dans les régions septentrionales et n'a pas eu de nom lat.

HANSE, vers 1240 (à Saint-Omer). Empr. du moyen bas all. *hansa*. L'adj. **hanséatique** correspond à l'all. *hanseatisch*.

HANTER, XIIe. Anc. scandinave *heimla* « retrouver » et aussi « ramener les moutons du pâturage d'été à l'étable » (verbe qui contient le radical qui est dans *hameau*) ; l'angl. *to haunt* vient du fr. Le sens de « fréquenté par les esprits » qu'a le part. dans *maison hantée*, d'où sont issus des sens nouveaux du verbe, est peut-être un anglicisme, introduit par les romans fantastiques d'Anne Radcliffe (1764-1823) et autres ; toutefois le fr. a aussi créé des dér. qui donnent dans ce sens-là, cf. p. ex. le norm. *hant* « revenant ». — Dér. **hantise,** XIIIe ; le sens récent d' « obsession » vient du sens nouveau du verbe.

HAPPER, XIIe. Existe aussi dans les langues germ. voisines, cf. néerl. *happen* « saisir » ; mais le verbe fr. étant attesté plus tôt que les mots germ., il doit être issu en fr. d'une onomatopée *happ-*. Depuis que les mots d'origine germ. avaient donné au fr. la consonne *h*, une onomatopée commençant par *h-* était possible. — Comp. : **happe-chair,** XVIIe (La Fontaine) ; **happelourde,** 1532 (Rab.), aussi « pierre fausse » ; formé comme *attrape-nigaud*, de l'impér. *happe* et de *lourde*, appellation, au sens de « sotte », adressée aux femmes qui se laissent prendre à l'apparence.

HAQUENÉE, 1367. Empr. du moyen angl. *haquenei*, cf. le lat. d'Angleterre *haqueneia*, tiré de *Hackney*, nom d'un village d'autrefois aux environs de Londres dont les chevaux étaient renommés.

HAQUET, vers 1480. Peut-être emploi métaphorique de *haquet* « sorte de cheval », et *haque*, XVe s. et tous deux probabl. tirés du préc.

HARAKIRI, 1873. Mot japonais désignant une manière spéciale de se suicider.

HARANGUE, vers 1500. Empr. de l'it. *aringare* « haranguer », *aringa*, qui sont dér. d'*aringo* « place publique pour les courses de chevaux et pour les assemblées populaires » (déjà chez Dante). Les autres langues rom. ont empr. ces mots de l'it., qui les a tirés du gothique **hriggs* (prononcé **hrings*), forme correspondant au francique *hring*, v. **rang**. L'*a* est né, déjà en gothique, entre les deux consonnes, comme dans *hanap*. Le *h-* de *harangue* s'explique peut-être par le fait que l'anc. prov. connaissait aussi le mot sous la forme *arengua* (1300) et que l'analogie de beaucoup de mots, qui ont un *h-* en français, mais pas en prov., a fait naître cette initiale en franç. — Dér. : **haranguer,** 1414, **harangueur,** 1527.

HARAS, 1160 (écrit *haraz*). L'explication par l'arabe *faras* « cheval » n'est pas vraisemblable ; l'arabe a aussi *ḥaras*, collectif de *ḥaris* « gardien », parfois « valet d'écurie » ; mais le sens de « haras » manque. Probabl. formé avec le radical qui se trouve dans *haridelle*.

HARASSER, 1527. Dér. de l'anc. verbe *harer*, terme de vénerie, « exciter les chiens », lui-même dér. de *hare* « cri pour exciter les chiens », interjection qui était sûrement déjà francique *(hara)* ; la forme *haler* (pour *harer*, depuis le XVe s.) est peut-être due à une dissimilation des deux *r*, cf. aussi *hallali*.

HARCELER, 1493. Dér. de *herser* qui, en a. fr., a fréquemment le sens de « tourmenter ». Pour la voyelle cf. berrichon *harser* « herser ».

HARDE, XIIe (sous la forme *herde*). Francique **hërda*, cf. all. *Herde* « troupeau » sens encore usuel dans les parlers du Nord-Est.

HARDES, 1539. Empr. du gascon, où ce mot est connu au moyen âge sous la graphie *fardes*, mais prononcé en gascon propr. dit avec *h*-. Le gasc. l'a probabl. empr. de l'arag. *farda* « habit », empr. de l'arabe *farḍ* « drap, vêtement ».

HARDI. Part. passé d'un ancien verbe **hardir* « rendre dur », de là « rendre courageux », qui représente un francique **hardjan* « rendre dur », de l'adj. *hart*. — Dér. **hardiesse,** XIIe ; **enhardir (s'),** XIIe.

HAREM, 1663 (sous la forme *haram*). Empr. de l'arabe *ḥaram*, propr. « ce qui est défendu » et de là « femmes qu'un homme étranger à la famille n'a pas le droit de voir ».

HARENG. Francique **haring*, cf. néerl. *Haring ; aringus* est déjà attesté en lat. de basse ép. ; de là aussi it. *aringa*, a. pr. *arenc*. La côte de la Manche dit *héreng*, forme qui représente une autre forme germ., avec *e* au lieu de l'*a*, cf. all. *Hering*. — Dér. : **harengère,** 1226.

HARGNEUX, XIIe s. (alors *hergnos*), *hargneux* depuis 1393. Au XVe et au XVIe le fr. possède encore un verbe *hergner* et un subst. *hargne* « dispute » (encore dialectal dans ce sens et dans celui d' « averse »). La famille représente probabl. un francique **harmjan* qu'on peut supposer d'après l'anc. haut all. *harmjan* « insulter, tourmenter », qui a subi l'influence d'un autre mot, peut-être de l'a. fr. *hergne* « hernie, bosse » (du lat. *hernia*), ce qui expliquerait le *-gn-* et la voyelle *e* (au lieu de *a*) de beaucoup d'anciennes formes. Le verbe et le subst. semblent s'être perdus par la suite, et la famille s'est formée à nouveau plus tard autour de l'adj., seul resté vivant du XIIe au XVe s. — Dér. : **hargnerie,** vers 1770 (Rousseau).

HARICOT, sorte de ragoût, XIVe *(hericoq de mouton)*. On rapproche l'a. fr. *harigoter*, *haligoter* « couper en morceaux », *harigot(e)*, *hal-* « ornement tailladé ». Pour l'étymologie v. le suivant.

HARICOT, « sorte de fève » (introduite en Europe de l'Amérique), 1640 (dès 1628 *feves d'aricot*, 1642 *febves de haricot*). Cette première forme est due très probabl. au fait que les haricots entrent souvent dans la composition du ragoût de mouton appelé *haricot* (aussi *hericot*, dès 1393) ; *haricot* dans ce dernier sens est dérivé du verbe a. fr. *harigoter* « mettre en lambeaux », lequel est un dér. du francique **hariôn* « gâcher », prononcé **harijôn* (d'où l'all. *verheeren*) ; le haricot de mouton doit son nom au fait que la viande y est coupée en des morceaux irréguliers. La forme *fève de calicot*, 1654, est due à une de ces fréquentes confusions géographiques qui a fait croire que ce légume venait des Indes orientales, ce qui a fait introduire le nom de la ville *Calcutta*.

HARIDELLE, 1558. Contient le radical *har-* qui se trouve dans de nombreux mots dialectaux désignant le cheval, cf. aussi *haras*. L'a. fr. *harace*, traduit dans une glose *equus spadix* « cheval bai », appuie l'étymologie par l'anc. scandinave *hârr* « qui a les cheveux gris » ; mais la terminaison des différents mots n'est pas claire.

HARMONICA, 1765. Empr. de l'angl. *harmonika*, fait par B. Franklin sur le lat. *harmonica*, fém. de l'adj. *harmonicus* « harmonieux », pour désigner l'instrument à lames de verre inventé en Allemagne et perfectionné par lui.

HARMONIE, XIIe. Empr. du lat. *harmonia* (mot d'origine grecque). — Dér. : **harmonieux,** vers 1400 (Froissart) ; **harmoniser,** XVe, peu usuel au XVIIe s., concurrencé au XVIIIe et au début du XIXe par *harmonier* (archaïque depuis) ; **harmonium,** 1840, créé par Debain, facteur d'orgues (1809-1877).

HARMONIQUE, XIVe (Oresme). Empr. du lat. *harmonicus* (du grec *harmonikos*). — Comp. : **philharmonique,** 1739, à propos d'une académie de Vérone ; 1823, au sens moderne.

HARNAIS, au XIe et au XIIe s. écrit plus souvent *herneis*. Représente un anc. scandinave **hernest* « provisions pour l'armée » (cf. anc. scand. *vegnest* « provisions pour la route », *veg* « route »). La 2e syllabe a été modifiée d'après le suff. *-eis*. Au moyen âge surtout « équipement d'un homme d'armes », ensuite aussi de son cheval, et finalement, dès 1260, « équipage d'un cheval d'attelage». It. *arnese*, esp. *arnés*, all. *Harnisch*, angl. *harness* ont été empr. au temps de l'éclat de la chevalerie française. — Dér. : **harnacher,** vers 1200 *(harneschier)*, d'où l'anc. forme du subst., *harnas ;* pour la dérivation cf. *maraîcher*, d'où **harnachement,** 1561, **déharnacher,** XIIe, **déharnachement,** 1636, **enharnacher,** XIIIe.

HARO, XIIe (*harou ;* souvent *hareu* au moyen âge). Dér. de *hare*, v. **harasser.** — Devenu, dans l'anc. Normandie, un terme judiciaire, sorte de cri d'appel.

HARPE, XIIe. Germ. **harpa*, cf. all. *Harfe*, angl. *harp ;* le mot germ. a été introduit par les légionnaires d'origine germ., cf. *harpa* chez Fortunat, VIe siècle, d'où aussi it., esp. *arpa*. — Dér. : **harpiste,** 1677.

HARPIE, XIVe (sous la forme *arpe*). Empr. du lat. *harpya* (mot pris au grec). Comme nom commun, XVIIe ; déjà lat.

HARPILLER, HARPIGNER, v. le suiv.

HARPON, XIIe, alors en anglo-normand, rare jusqu'au XVe s., encore vivant, surtout dans les parlers de l'Ouest, comme aussi le verbe *harper* (du XIIe au XVIIIe s.) « empoigner ». De celui-ci sont dér., aux XVIIe et XVIIIe s. des verbes comme *se harpigner*, *se harpiller*, *se harpailler* « se quereller ». En raison de la géographie de cette famille, de son éclosion tardive et de la prononciation par *h*-, ces mots sont dér. très probabl.

d'un représentant de l'anc. scandinave *harpa* « crampe, action de tordre » (dans *munn-harpa* « action de tordre la bouche »). Le Midi possède encore un mot *arpa* « griffe » (répandu dans différents sens aussi en Espagne et en Italie), lequel représente le lat. *harpe* « faucille, faucon », empr. du grec *harpē*. Le mot lat. et le mot d'origine germ. se sont rencontrés et superposés l'un à l'autre de sorte qu'il n'est plus possible de les séparer nettement. — Dér. : **harponner,** 1613 ; **harponneur,** 1613.

HART, XIIe. Francique **hard* « filasse », cf. moyen néerl. *herde*, de même sens, formé avec le radical qui est dans l'all. *Haar* « filasse » (peut-être le même mot que *Haar* « cheveu », v. **haire**). — Dér. : **ardillon,** XVe, antér. *hardillon*, XIIIe, glosé *lingula* « languette », propr. « petit lien », cf. it. *ardiglione* (probabl. empr.), a. pr. *ardalhon* « ardillon ».

HASARD, XIIe (écrit *hasart*). Empr. de l'arabe *az-zahr* « le dé, le jeu de dés » par l'intermédiaire de l'esp. *azar*, relevé notamment dans le *libro del ajedrez* (jeu d'échecs) d'Alphonse le Sage (1283), la plus anc. traduction européenne d'un livre de jeux oriental ; mais l'*h* n'est pas expliquée. Le sens propre « jeu de dés », d'où « coup heureux à ce jeu », dominant en a. fr. a cédé la place au sens général de « risque, chance », déjà courant au moyen âge, et qui a passé dans les langues voisines : it. *azzardo*, all. *Hasard*, angl. *hazard*. La consonne *h-* est due au fait qu'en lat. médiéval on écrivait souvent un *h-* au commencement d'un mot commençant par une voyelle *(azardus, hazardus)*. Plus tard on n'était plus sûr, pour les mots étrangers, s'il s'agissait d'un *h* muet ou d'un *h* aspiré, et on finissait par prononcer le *h-* de *hasard*. — Dér. : **hasarder,** 1407 ; **hasardeux,** 1508, au moyen âge *hasardeur*.

HASE, 1556 (en 1547 en wallon). Empr. de l'all. *Hase* « lièvre ».

HASTE, 1704. — Empr. du lat. *hasta* « lance ». — Dér. **hasté,** 1778.

HÂTE. Francique **haist* « violence », cf. gotique *haifsts* « lutte ». L'all. *Hast* vient du fr. — Dér. : **hâter,** vers 1080 *(Roland)* ; **hâtif,** *id.*

HAUBAN, XIIe (écrit *hobent*). Anc. scandinave *höfuđbendur*, plur. de *höfuđbenda* « câble principal d'un navire », dont les deux éléments de composition correspondent à l'all. *Haupt* « tête » et *Band* « lien ». — Comp. : **galhauban,** 1634 (aussi *calehauban ;* le début du mot est l'impér. du verbe *caler*).

HAUBERT (*halberc* au XIIe s.). Francique **halsberg*, littéral. « ce qui protège (cf. all. *bergen* « mettre en sûreté ») le cou (all. *Hals*) », à supposer d'après moyen néerl. *halsberch*. Dès les plus anciens textes on trouve des formes sans *h* et aussi *osberc*, empr. de l'a. pr. *ausberc*, par suite du commerce d'armes que faisait le Nord avec le Midi.

HAUSSER. Lat. pop. **altiāre*, dér. de *altus* « haut » avec l'*h* de *haut*. It. *alzare*. — Dér. et Comp. : **hausse,** XIIIe ; **haussement,** 1465 ; **exhausser,** XIIe *(eshalciez*, dont le préf. a été refait vers le XVe s. d'après le lat. *exaltare) ;* outre le sens concret, a souvent le sens d' « élever en dignité » au moyen âge, d'après le lat. *exaltare ;* depuis le Xe s. au sens d' « écouter favorablement et accomplir une prière », sens qui paraît venir des traductions de la Bible où *exaucer* répond souvent à *exaudire*, écrit *exaucer* depuis le XVIIe s. ; **rehausser,** XIIIe ; **rehaussement,** 1552 ; **rehaut,** *id.*, terme de peinture, 1621 ; **surhausser,** XIIe ; **surhaussement,** 1578.

HAUSSE-COL, XVe (*houscot ;* d'où *hauscolz*, 1447 ; *hochecol*, 1415). En raison des formes anc. et du premier sens « pièce de fer qui garnit le cou », probabl. empr. d'un moyen néerl. **halskote*, propr. « habillement du cou » ; mais il est surprenant que ce mot ne soit pas attesté. En tout cas le mot a été rapidement compris comme un comp. de *hause* (d'où *hoche*) et de *col*.

HAUSSIÈRE, 1382 ; on trouve aussi *aussière* et, par altération, *hansière* chez Bernardin de Saint-Pierre, cf. aussi le milanais *antsana*. Probabl. lat. pop. **helciāria*, dér. de *helcium* « corde de halage » (qu'on rapproche du grec *helkein* « tirer »), altéré de bonne heure d'après *hausser*, cf. it. *alzaia* « espèce de câble ». Le prov. *aussiero* vient du fr.

HAUT. Lat. *altus*. L'*h* du fr. est dû à ce que *altus* a reçu à l'époque mérovingienne l'*h* de l'adj. germ. de même sens, francique, **hôh*, cf. all. *hoch*, angl. *high*. It. esp. *alto*. — Dér. : **hautain,** XIIe, signifie « haut » au sens physique jusqu'à la fin du XVIe s. ; **hautesse,** XIIe (au sens de « hauteur »), au sens moral et comme titre honorifique, dès le XIIIe s., aujourd'hui hors d'usage ; **hauteur,** XIIe. — Comp. : **haut-bois,** 1501 ; **hauboïste,** 1836 ; d'après l'all. *Hautboist*, 1775 ; **haut-de-chausses,** 1546 (Rab.) ; **haut-le-cœur,** 1877 ; **haut-le-corps,** 1601 ; **haut-de-forme,** ou **haute-forme,** abréviation de *chapeau haut-de forme* ou *à haute-forme*, XIXe ; **haut-le-pied,** XVIIIe, locution adverbiale, puis adj. ; au sens propre se disait de chevaux ni attelés, ni montés, a passé dans la langue de la navigation, puis dans celle des chemins de fer : *locomotive haut-le-pied* ; **contre-haut (en),** 1701 ; **haute-contre,** 1511 *(haul-)*.

HÂVE ; aussi *havre*, jusqu'au XVIIe s. Francique **haswi*, supposé d'après le moyen haut all. *heswe* « blême » et l'anc. angl. *hasva*.

HAVENEAU, 1713. Autre forme de *havenet*, « sorte de filet », mot d'origine scandinave, dont la première partie est *hafr* « engin de pêche », la deuxième le germ. *net* « filet ».

HÂVRE, XIIe (sous la forme *havene*), d'où *havre* de bonne heure. Empr. du moyen néerl. et du moyen angl. *havene*, cf. all. *Hafen*.

HAVRESAC, 1672, d'après Ménage aussi *habresac*, forme presque seule vivante dans les patois. Empr. de l'all. *Habersack*, propr.

« sac. à avoine », introduit par les soldats revenant d'Allemagne pendant et après la Guerre de Trente Ans. La forme *havresac* doit venir du bas all., qui dit *hawer* pour le haut all. *haber* « avoine ».

HÉ. Onomatopée. — Comp. : **hé bien,** écrit aussi *eh bien ;* non signalé avant le XVIIe s. ; **hélas,** XIIe, comp. de *las,* qui signifie souvent « malheureux », au moyen âge ; **ohé,** 1843 ; certainement antérieur.

HEAUME (déjà *helmus* dans les *Gloses de Reichenau,* VIIIe s.). Francique **helm,* cf. all. *Helm,* d'où aussi it. et esp. *elmo,* a. pr. *elm.* L'a. fr. a empr. de bonne heure *elme* de l'a. pr., v. **haubert.**

HEBDOMADAIRE, 1596. Empr. du lat. de basse ép. *hebdomadarius* (de *hebdomas,* mot d'origine grecque, « semaine »).

HÉBERGER (*Alexis : herbergier, hébergier* depuis le XIVe s.). Signifie propr. « loger, camper », en parlant d'une armée ; sens général dès les premiers textes ; l'a. fr. a en outre un subst. *herberge* « campement, logement », aussi anc., cf. à côté le masc. *herberc,* de même sens ; on a *heribergo* : *crastro* dans les *Gloses de Reichenau.* L'it. dit de même *albergare, albergo* et l'a. pr. *albergar, alberga.* Les formes avec *a-* ont été introduites dans le lat. de basse ép. par les mercenaires d'origine germ., tandis que celles avec *her-* sont dues aux Francs. Le point de départ est très probabl. pour les deux variantes le verbe, non pas le subst. (germ. **haribergōn,* francique *heri-*). Le fr. a repris **auberge,** 1477, dans un sens particulier à un parler méridional, mot qui s'est depuis répandu dans presque tous les parlers gallo-romans ; d'où **aubergiste,** 1667.

HÉBÉTER, XIVe (Bersuire). Empr. du lat. *hebetare,* dér. de *hebes* « émoussé » ; le sens et la forme ont rapproché ce mot de *bête.*

HÉCATOMBE, vers 1500, au sens anc. ; sens fig., XVIIe. Empr. du lat. *hecatombe* ou *-a* (du grec *hekatombê* « sacrifice de cent bœufs »).

HECTIQUE, v. **étique.**

HECT(O)-. Premier élément de mots du système métrique, **hectogramme,** 1795, etc., tiré artificiellement du grec *hekaton* « cent ».

HÉDONISME, 1890. Dér. du grec *hēdonē* « plaisir ».

HÉGÉMONIE, 1840. Empr. du grec *hêgemonia* (de *hêgemôn* « chef »).

HÉGIRE, 1556. Empr. de l'arabe *hedjra,* propr. « fuite (de Mahomet de La Mecque à Médine) », probabl. par l'intermédiaire de l'esp. *hegira ;* en 1584 on a une autre forme *algiere,* d'après l'arabe *al-hedjra* « la fuite ».

HEIDUQUE, 1605. Empr., au moment des guerres d'Allemagne, de l'all. *Heiduck,* qui est lui-même empr. du hongrois *hajdú* « fantassin » (pluriel *hajdúk*).

HEIN, 1765. Onomatopée, évidemment antér. à la date où elle a été enregistrée.

HÉLAS, v. **hé.**

HÉLER, 1527 (une 1re fois en 1391). D'abord terme de marine. Empr. de l'angl. *to hail,* de même sens.

HÉLIANTHE, 1615. Empr. du lat. des botanistes *helianthus,* fait avec les mots grecs *hêlios* « soleil » et *anthos* « fleur ».

HÉLIANTHÈME, 1732. Empr. du lat. des botanistes *helianthemum,* fait avec les mots grecs *hêlios* et *anthemon* « fleur ».

HÉLICE, XVIe (R. Belleau). Empr. du lat. *helix* (mot pris au grec signifiant « spirale »).

HÉLICOÏDE, 1704. Empr. du grec *helikoeidês.* — Dér. : **hélicoïdal,** 1854.

HÉLICOPTÈRE, 1907. Comp. des mots grecs *helix* « hélice » et *pterón* « aile ».

HÉLIO-. Premier élément de mots sav. comp. tels qu'**héliographie,** 1856, tiré du grec *hêlios* « soleil ».

HÉLIOTROPE, 1372 (sous la forme *eliotropie*). Empr. du lat. *heliotropium* (du grec *hêliotropion*), littéral. « qui se tourne (de *trepein* « tourner ») vers le soleil » ; v. **tournesol.**

HELMINTHE, 1807. Empr. du grec *helmins, -minthos* « ver », spécial. « lombric ».

HEM, XVIIe. Onomatopée, évidemment antér. ; déjà relevée en lat. V. **hom.**

HÉMATITE, XIIe (écrit *ematite*). Empr. du lat. *haematites* (du grec *haimatitês*).

HÉMAT(O)-. Premier élément de mots sav. comp., tels qu'**hématocèle,** 1732, tiré du grec *haima* « sang ».

HÉMÉROCALLE, vers 1600 (Malherbe). Empr. du lat. *hemerocalles* (du grec *hêmerokalles,* neutre), littéral. « (fleur) belle de jour », cf. *belle-de-jour,* appellation fréquente dans les parlers pop. de la France.

HÉMI-. Premier élément de mots sav. comp., tels qu'**hémièdre,** 1847, tiré du préf. grec *hêmi* « à demi ».

HÉMICYCLE, 1547. Empr. du lat. *hemicyclium* (du grec *hêmicyclion*).

HÉMIONE, 1838. Empr. du lat. des naturalistes *hemionus* (du grec *hêmionos* « mulet »).

HÉMISPHÈRE, XIIIe (sous la forme *emispere*). Empr. du lat. *hemisphaerium* (du grec *hêmisphairion,* v. **sphère**).

HÉMISTICHE, XVIe (Du Bellay). Empr. du lat. *hemistichium,* qui est empr. du grec *hemistikhion,* id.

HÉMO-. Premier élément de mots sav. comp., tels qu'**hémoglobine,** 1877, tiré du grec *haima* « sang », sur le modèle de mots empr.

HÉMOPTYSIE, 1694. Empr. du lat. *haemoptysis* (d'un mot grec non attesté, mais cf. *haimoptyikos* « qui crache le sang »).

HÉMORRAGIE, 1549. Empr. du lat. *haemorrhagia* (du grec *haimorrhagia,* d'un verbe *rhêgnynai* « briser »).

HÉMORROÏDE, XIIIe (écrit *emoroyde*). Empr. du lat. *haemorrhois, -idis* (du grec *haimorrhois,* du verbe *rhein* « couler »).

HÉMORROÏSSE, 1598. Terme des traductions de l'Évangile, empr. du lat. eccl. *haemorrhoissa* (tiré du grec *haimorrhois*).

HÉMOSTASE, 1748. Empr. du grec *haimostasis* (cf. *stasis* « arrêt »).

HENDÉCA-. Premier élément de mots sav. comp., tels qu'**hendécagone,** 1652, tiré du grec *hendeka* « onze », ou de mots empr., tels qu'**hendécasyllabe,** 1549 (Du Bellay).

HENNÉ, 1789, une 1re fois en 1553. Empr. de l'arabe *hinna*. Ce mot arabe a été une première fois empr. par le lat. médiéval *alchanna*, sorte de plante tinctoriale (*alchanne* au XIIIe s.), d'où **arcanne** dès le XVe s. en Suisse et en Savoie comme nom d'une couleur rouge faite avec de l'argile rougeâtre, dp. 1611 aussi en fr., et **orcanette,** 1538, déjà *arquenet*, 1393, sorte de plante tinctoriale.

HENNIN, 1428. Probabl. empr. du néerl. *henninck* « coq », grâce à une comparaison avec la crête du coq.

HENNIR. Lat. *hinnīre*. L'*h* aspirée est d'origine expressive, cf. *huer*, etc. Seulement fr. et a. pr. *enhir* et *endir*. — Dér. : **hennissement,** vers 1220.

HÉPATIQUE, XIVe (écrit *epatique*). Empr. du lat. *hepaticus* (du grec *hêpatikos*, de *hêpar*, *hêpatos* « foie »).

HÉPATITE, pierre précieuse, vers 1550. Empr. du lat. *hepatites* (du grec *hêpatitês* « (pierre) qui a la couleur du foie »).

HÉPATITE, maladie, 1743. Empr. du lat. médical *hepatitis*, tiré du grec *hêpar ;* le mot grec manque peut-être par hasard.

HÉPAT(O)-. Premier élément de mots sav. comp., tels que **hépatologie,** 1793, tiré du grec *hêpar*, *hêpatos* « foie ».

HEPT(A)-. Premier élément de mots sav. comp., tels que **heptaèdre,** 1772, tiré du grec *hepta* « sept ».

HÉRALDIQUE, 1680 (comme subst. depuis 1845). Dérivé savant du lat. médiéval *heraldus*, fait sur *héraut*.

HÉRAUT, XIIe (alors *hirauz*). Francique **heriwald*, plus anc. **hariwald*, propr. « chef d'armée », cf. *Chariovalda*, chef batave, Tacite, *Annales*, II, anc. saxon *Heriold*, nom propre. Le mot a passé en gallo-roman assez tard, sous la forme **heriwald*. L'it. *araldo*, l'esp. *heraldo*, l'all. *Herold*, l'angl. *herald* viennent du fr. ; v. **faraud.**

HERBACÉ, 1566. Empr. du lat. *herbaceus*.

HERBE. Lat. *herba*. It. *erba*, esp. *yerba*. — Dér. : **herbage,** XIIe ; **herbager,** *verbe*, 1409, *subst. et adj.*, 1732 ; **herbette,** XIVe (Deschamps) ; **herbier,** XIIe, au moyen âge signifie surtout « terrain couvert d'herbes », se dit encore en picard et en norm. au sens d' « herbes », et spécial. de « mauvaises herbes ». Au sens de « collection de plantes », 1704 et d' « ouvrage de botanique », 1596, peut-être d'après le lat. *herbarium*, attesté au second sens ; **herbu,** XIIe ; **désherber,** 1874, **herbicide,** vers 1930 (formé avec le suffixe *-cide* de *homicide*, etc.

HERBIVORE, 1748. Fait sur le modèle de *carnivore* avec le lat. *herba*.

HERBORISTE, 1545 ; d'abord *herboliste*, 1530, qui se disait encore à Paris au temps de Ménage (de même que le verbe *herboliser* ; *arboliste* en 1499). *Herboliste*, d'où *herboriste*, par assimilation de l'*l* à l'*r* précédente, est empr. d'un parler méridional non identifié ; il est dér. d'un représentant du lat. *herbula* « herbette », v. le prov. *erboularié* « traité de botanique » et l'it. *erbolaio* « herboriste ». D'autre part *herboliste* est devenu *arboliste*, 1499, puis *arboriste* (pour l'*r* voir plus haut), 1527, qui a été dès lors conçu à tort comme dér. du lat. *arbor* « arbre ». — Dér. : **herboriser,** 1611, cf. à côté *arboriser*, 1534 (Rab.), **herborisation,** 1719 ; **herboristerie,** 1838.

HERCHER, 1769 (*hiercher*, forme wallonne, « traîner »). Terme de mineur popularisé, de même que le dér. *hercheur*, *id.*, par *Germinal* de Zola, 1885. Tous deux sont empr. du wallon ; *hercher* représente un lat. de basse ép. **hirpicare*, cf. it. *erpicare*, dér. de *hirpex*, v. **herse.**

HÈRE, XVIe s. (Bon. des Périers) ; déjà au XIVe s. *(cest her contrefait le truant)* et en 1324 (*her(r)e* au sens de « maître » dans des poèmes de Metz). Ordinairement considéré comme empr. de l'all. *Herr* « seigneur » qui aurait été employé par dérision ; mais il n'est pas impossible qu'il se rattache plutôt à *haire* (métonymie pour le pèlerin qui porte la haire) ; **hère** « jeune cerf », XVIIIe (Buffon), est un autre mot ; c'est un empr. au néerl. *hert* « cerf ».

HÉRÉDITAIRE, 1459. Empr. du lat. *hereditarius*.

HÉRÉDITÉ, vers 1050 *(Alexis : ereditez)*. Empr. du lat. *hereditas*. L'a. fr. a possédé des formes *(h)erité* et *(h)ereté*, adaptées d'après le verbe *hériter*. A signifié « héritage » au moyen âge, sens encore admis au XVIIIe s. (1748, Montesquieu).

HÉRÉSIE, 1118 (écrit *eresie*) ; **hérésiarque,** 1528. Empr. du lat. eccl. *haeresis*, *haeresiarches* (du grec *hairesis*, propr. « choix », d'où « préférence, opinion particulière », *hairesiarkhês*).

HÉRÉTIQUE, XIVe. Empr. du lat. eccl. *haereticus* (du grec *hairetikos*). A supplanté l'a. fr. *(h)erege*, devenu *herite* par modification de la terminaison d'après les mots en *-ite*, partic. *sodomite*, avec lequel il est souvent associé.

HÉRISSER. D'abord *hericier*. Lat. pop. **ēriciāre*, dér. de *ēricius* « hérisson », « se dresser (en parlant du poil ou des plumes) à la manière des piquants du hérisson » ; l'*h* aspirée du fr. est d'origine expressive. It. *arricciare*, esp. *erizar*.

HÉRISSON. Dér. du lat. *ērīcius*, qui a disparu de très bonne heure au nord de la Gaule ; pour *h* v. **hérisser.** It. *riccio*, esp. *erizo* continuent le mot lat. simple.

HÉRITER. Lat. *hērēditāre* (de *hērēs, hērēdis*, v. **hoir**) ; *h* du lat. rétablie de bonne heure dans l'écriture. En a. fr. souvent « rendre héritier ». *(H)eriter*, au lieu de **hereter*, non attesté, mais cf. *heretaige*, a été refait sur *herité* « héritage » (v. **hérédité**) qui, de son côté, doit son *i* à *hérédité*. Esp. *heredar*. — Dér. : **héritage,** XIIe ; **déshériter,** vers 1138.

HÉRITIER. Lat. *hērēditārius*, avec les mêmes transformations que *hériter*, c'est-à-dire **heretier*, puis *heritier*. On ne voit pas clairement, s'il avait un sens différent d'*hoir ;* en tout cas a éliminé celui-ci grâce à l'appui d'*hériter*, *héritage* et parce qu'il a plus de corps. Esp. *heredero*. — Comp. : **cohéritier,** 1411.

HERMAPHRODITE, XIVe *(hermofrodite)*, au XIIIe s. *hermefrodis*. Empr. du lat. *Hermaphroditus* (du grec *Hermaphroditos*, fils d'Hermès et d'Aphrodite, représenté comme bissexué) ; déjà adj. en lat. et en grec.

HERMÉTIQUE, 1615, d'après l'adv. dans *vase clos hermétiquement*. Vient de la langue des alchimistes, qui qualifiaient par cet adj. un mode particulier de fermeture des vases ; cf. *hermetic vase*, 1554 ; dér. irrégulier de *Hermès (trismégiste)* (du grec *Hermês trismegistos* « Hermès trois fois très grand »), dieu d'Égypte, nommé ainsi par les Grecs de l'époque hellénistique et à qui les alchimistes attribuaient la fondation de leur art. De là aussi **hermétique** (alchimie, sciences, etc.), 1762 ; **-isme,** fin XIXe.

HERMINE. En outre *ermine* en a. fr. Fém. de l'anc. adj. *(h)ermin*, empr. du lat. *Armenius*, tiré de *Armenius mus* « rat d'Arménie » ; l'hermine a été ainsi nommée parce qu'elle était fort abondante en Asie-Mineure, cf. aussi *mus ponticus* « rat du Pont ». L'a. fr. emploie aussi *ermin* au sens de « fourrure ». La syllabe initiale avec *h* et *e* semble être due à *hermite*, graphie fréquente d'*ermite* (on trouve en effet par confusion *hermine* au sens d' « ermite », à côté du sens d' « Arménien » qu'a aussi *(h)ermin(e)* au moyen âge) ; en tout cas elle n'est pas due à l'all. *Hermelin*, mal expliqué et récent. It. *armellino* (dér. d'où vient le fr. **armeline,** 1680), esp. *armiño*. — Dér. : **(h)erminette,** XVIe, par comparaison du tranchant recourbé avec le museau de l'animal ; attesté au sens d' « hermine » dans quelques textes picards du moyen âge ; désigne encore l'hermine ou la belette, outre l'outil, dans les parlers de l'Est.

HERNIE, 1490. Empr. du lat. *hernia*. A éliminé *hergne*, d'où *hargne*, encore usités au XVIIe s. ; l'*h* vient de la forme lat., comme dans la forme récente *hernie ;* mais par rapprochement de la famille de *hargneux*, l'*h* de toutes ces formes est une *h* dite aspirée. — Dér. : **herniaire,** 1697, relevé aussi depuis 1611 pour désigner la plante dite en outre *herniole*, XVIe s. ; ces désignations viennent de ce que cette plante servait autrefois à faire des cataplasmes contre les hernies.

HÉROÏ-COMIQUE, XVIIe. Forme réduite de **héroïco-comique*, par superposition syllabique.

HÉRON (écrit d'abord *hairon*). Francique **haigro*, devenu plus tard **heigro*, restitué d'après l'anc. haut all. *heigir*. Une forme d'origine dialectale *aigron*, attestée en a. fr., est encore usuelle dans le Centre et l'Ouest, cf. aussi a. pr. *aigro* ; v. **aigrette.**

HÉROS, XIVe (Oresme). A pris le sens fig. au XVIIe s. Seul des mots de cette famille, *héros* ne se lie pas avec le mot préc., pour éviter une homonymie prêtant à rire avec *zéro ;* **héroïne,** XVIe ; **héroïque,** XIVe (Oresme). Empr. du lat. *heros, heroine, heroicus* (du grec *hêrôs, hêrôinê, hêrôikos*). — Dér. du premier : **héroïsme,** 1658.

HERPÈS, XVe. Empr. du lat. *herpes* (du grec *herpês, herpêtos* « dartre »). — Dér. : **herpétique,** 1793 ; **herpétisme,** 1853.

HERSE. Lat. *hirpex*, probabl. dér. de l'osque *hirpus* « loup », est venu des dialectes italiques ; comme formation latine, il aurait eu la voyelle *e*. Une partie des formes romanes remontent à l'acc. *hirpicem* (p. ex. it. *érpice*), d'autres à **herpicem* (p. ex. namurois *yèsse*), tandis que d'autres encore, comme le fr., peuvent représenter l'une ou l'autre des deux formes. L'*h* initial de *herse* est très probabl. sorti de l'impression du grand effort que font les chevaux et des mouvements saccadés de l'instrument ; il y a en Wallonie des patois où le verbe est muni d'un *h-* qui manque au subst. *(îpe*, mais *hîrper)*. — Dér. : **herser,** XIIe ; **hersage,** vers 1300 ; **hersé,** 1690 ; **herseur,** XIIe. V. **hercher, harceler.**

HÉSITER, 1406 ; **hésitation,** vers 1220. Empr. du lat. *haesitare, haesitatio*.

HÉTAÏRE, 1799 (*hétaire*, seule prononciation que Littré accepte). Empr. du grec *hetaira*, au sens propre de « courtisane grecque » ; au sens de « courtisane (en général) » depuis la fin du XIXe s., mais en langage livresque.

HÉTÉRO-. Premier élément de mots sav. comp., tels qu'**hétéromorphe,** 1822, tiré du grec *heteros* « l'autre ».

HÉTÉROCLITE, XVe ; dès les premiers textes, dans un sens général. Empr. du lat. *heteroclitus*, terme de grammaire (du grec *heteroklitos* « *id.* »).

HÉTÉRODOXE, 1667 (D.) ; **hétérodoxie,** XVIIe (Bossuet). Empr. du grec eccl. *heterodoxos, heterodoxia* (de *doxa* « opinion », v. **orthodoxe**). Sens fig. de l'adj., XIXe.

HÉTÉROGÈNE, 1616, d'abord *hétérogénée*, fin XVIe (d'Aubigné) ; **hétérogénéité,** 1641. Empr. du lat. scolastique *heterogeneus, heterogeneitas* (du grec *heterogenês*, de *genos* « genre »). Sens fig. de l'adj., XIXe.

HÊTRE. Francique **haistr*, dér. du radical de **haisi* « buisson, fourré » (qui, romanisé en **hasia*, a donné l'a. fr. *haise* « clôture de branches entrelacées », encore répandu dans les patois) à l'aide du suff. francique *-tr* servant à former des noms d'arbres. **Haistr* est devenu roman plus tard que **haisi*, de sorte que *ai* y était déjà devenu *e*. Il a vécu longtemps à côté de **fou** (lat. *fagus*), celui-ci désignant les grands arbres qu'on laisse pour la reproduction (dans quelques régions *fayard*, 1371, *foyard*), tandis que *hêtre* était le nom des jeunes troncs qu'on coupait à intervalles réguliers et qui repoussent sur les souches en assez grand nombre. Cette distinction s'est perdue plus tard en fr., peut-être à la suite d'un changement survenu dans la méthode d'exploitation de la forêt, et *hêtre*, remplaçant *fou*, a fini par désigner aussi l'arbre adulte.

HEUR. D'abord *aür* et *eür*, dissyllabiques. Lat. pop. **agūrium*, altération de *agurium*, forme attestée à l'époque impériale, au lieu du lat. class. *augurium* « présage ». Avec le recul des croyances païennes a pris le sens de « chance bonne ou mauvaise ». Le mot fr., hors d'usage depuis le XVIIe s., a été remplacé par **bonheur,** XIIe, et **malheur,** *id.*; le succès de *bonheur* est en partie attribuable à la rencontre homonymique de *heur* avec *heure* (auquel *heur* doit son *h* depuis le moyen fr.). Ne survit que dans quelques parlers du Nord-Est. Esp. *agüero* « présage », a. pr. *aür* « présage, augure, destin ». — Dér. : **heureux,** 1213. — Comp. : **bonheur, malheur ; bienheureux,** XIIe ; **malheureux,** vers 1050.

HEURE. D'abord *ore, eure; h* du lat. rétablie de bonne heure dans l'écriture. Lat. *hōra*. It. *ora*, esp. *hora*. A côté de la locution *à la bonne heure* qui est toujours usuelle, *à la male heure* a disparu, probabl. à cause de la disparition de l'adj. *mal*, ce qui donnait à cette locution, surtout en présence du masc. *malheur*, un aspect grammaticalement choquant. V. **lurette.**

HEURISTIQUE, 1859. Empr. du grec *heuristikê (tekhnê)* « art de faire des découvertes » (du verbe *heuriskein* « trouver »).

HEURTER, XIIe s. (sous la forme *hurter*) ; *heurter*, attesté depuis le XIIIe s., a triomphé au XVIe, époque où s'est produit un flottement de la prononciation entre *eu* et *u*. Probabl. dér. francique d'un **hurt*, supposé d'après l'anc. scandinave *hrûtr* « bélier » ; ce verbe aurait donc signifié « heurter à la manière d'un bélier ». It. *urtare* est empr. du fr. — Dér. et Comp. : **heurt,** XIIe s. ; **heurtement,** XIIIe ; **heurtoir,** 1302 ; tous trois d'abord avec la voyelle *u* ; **aheurter,** XIIe, *id.*

HÉVÉE, 1751 (La Condamine : *hhévé ;* puis *hévé*, 1769, Turgot ; *hévée*, 1808). Empr. du quetchua (Pérou) ; les botanistes ont latinisé le mot en *hevea*, d'où la forme *hévée* aujourd'hui, aussi *hévéa*.

HEX(A)-. Premier élément de mots sav. comp., tels qu'**hexapode,** 1764, tiré du grec *heks* « six » ou de mots empr., tels qu'**hexagone,** 1377 (Oresme).

HIATUS, 1521. Empr. du lat. *hiatus* « ouverture ».

HIBERNAL, 1815, une première fois en 1567 ; **hiberner,** 1792. Empr. du lat. *hibernalis, hibernare*. — Dér. du verbe : **hibernant,** 1824.

HIBOU, 1535, *huiboust*, 1530. Paraît être un mot de formation onomatopéique, comme *houhou* du normand, *hourhou* du gascon et d'autres termes analogues. Peu usité.

HIC, 1690. Tiré de la langue du Palais, où le mot lat. *hic* « ici » était employé pour marquer à la marge d'un acte l'endroit notable, afin d'épargner la peine de lire toute la pièce.

HIDALGO, fin XVIe, *indalgo*, 1534 (Rabelais). Mot esp. *hidalgo* « gentilhomme », forme réduite de *hijo de algo* « fils de quelque chose » ; parfois francisé en *hidalgue*, 1752 ; mais usité seulement en parlant d'Espagnols.

HIDEUR, XIIe (écrit *hisdor*) ; **hideux,** *id.* (écrit *hisdos*). Dér. de l'a. fr. *hisde, hide* « horreur, effroi », qui représente très probablement un anc. haut all. **egisida* « horreur », dér. du verbe *egisôn* « effrayer ». Le *h-* initial a été ajouté en gallo-roman pour renforcer la valeur expressive du mot.

HIE, 1220 (*haye*, 1457). Empr. du moyen néerl. *heie*, id., qui a été incorporé au fr. par les Néerlandais occupés à des travaux hydrauliques en France, de même que le verbe *hier*, XIIIe. L'a. fr. *hie* « coup », XIIe, est dér. du verbe.

HIÈBLE. Lat. *ebulum*. L'*h* a été ajoutée au moyen âge pour qu'on ne lise pas *jèble*. It. *ebbio*, a. pr. *evol*. On a proposé d'expliquer **gnôle** « eau-de-vie de mauvaise qualité », d'où « eau-de-vie » en argot parisien et militaire, fin XIXe, par *gnole*, forme bourguignonne de *hièble*, qui désigne dans la région de la Bourgogne une espèce de sureau noir produisant une eau-de-vie de mauvaise qualité.

HIÉMAL, vers 1500 (alors *hyemal*, d'après une autre graphie du mot. lat.). Empr. du lat. *hiemalis* (de *hiems* « hiver »).

HIER, *adv.* Lat. *heri ;* l'*h* a été rétabli au moyen âge pour qu'on ne lise pas *jer*, v. **hièble.** It. *ieri*, esp. *ayer*. Souvent comp. avec *main*, lat. *māne* « le matin », ou avec *soir*, dans les parlers de l'Est. — Comp. : **avant-hier,** XIIe, le premier terme du comp. est *devant* dans le Nord-Est, l'Est et le Sud-Est, *de là* ou *passé*, préposés ou postposés, ou *part*, préposé (au sens de « au delà de ») dans le Sud-Ouest.

HIÉRARCHIE, 1332 ; **hiérarchique,** XIVe (écrit *ierarcicque*), tous deux au sens chrétien. Empr. du lat. eccl. *hierarchia* (du grec eccl. *hierarkhia*, de *hieros* « sacré » et *arkhia* « commandement »), *hierarchicus*. Le sens fig. date du XIXe s. (relevé en 1808).

HIÉRATIQUE, 1566. Empr. du lat. *hieraticus* (du grec *hieratikos* « qui concerne les choses sacrées »). — Dér. : **-isme,** 1877.

HIÉROGLYPHIQUE, 1529. Empr. du lat. *hieroglyphicus* (du grec *hieroglyphikos*, de *glyphein* « graver »). On en a tiré **hiéroglyphe,** 1576 *(L'asne est l'hieroglyphe d'ignorance)*.

HILARANT, 1805, comme terme de chimie. Empr. du lat. *hilarans*, part. prés. de *hilarare* « rendre gai ». S'emploie aussi aujourd'hui au sens général.

HILARE, 1865 (V. Hugo), usité déjà au moyen âge sous la forme *hilaire ;* **hilarité,** XIIIe. Empr. du lat. *hilaris*, *hilaritas*.

HILE, 1600, terme de botanique ; au XIXe s., terme d'anatomie. Empr. du lat. *hilum* au sens de « point noir au haut de la fève » (donné par Varron).

HIPPIQUE, 1840. Empr. du grec *hippikos*.

HIPPO-. Premier élément de mots sav. comp., tels qu'**hippoglosse,** 1836, tiré du grec *hippos* « cheval ».

HIPPOCAMPE, 1562. Empr. du grec *hippókampos* (comp. de *hippos* et de *kampós* « esp. de poisson »).

HIPPODROME, vers 1190 (écrit *ypodromes*). D'abord en parlant des jeux anciens ; sens général depuis le XIXe s. Empr. du lat. *hippodromus* (du grec *hippodromos*, de *dromos* « course »).

HIPPOGRIFFE, vers 1560 (Ronsard). Empr. de l'it. *ippogrifo*, mot créé par l'Arioste avec le grec *hippos* (d'où l'orthographe du fr.) et l'it. *grifo* « griffon ».

HIPPOPOTAME, vers 1260 (écrit *ypopotame*). Empr. du lat. *hippopotamus* (du grec *hippopotamos*, de *potamos* « fleuve »).

HIRONDELLE, 1527. Antér. *arondelle* (encore chez Ronsard), dér. d'*aronde*, lat. pop. de la Gaule **harunda* (cf. aussi a. pr. *aronda*), adaptation du lat. de basse ép. *harundo* (d'où it. *rondine*, pour l'*arondine*), lat. class. *hirundo*. Le fr. *hirondelle* semble venir du Midi, où la forme avec *i-* initial, représentant la forme du lat. class., a toujours été très répandue. *Aronde* ne survit au sens d' « hirondelle » que dans les parlers du Nord-Est, de l'Est, en normand et dans le Sud-Ouest ; en fr. il est encore dans les langues techn., cf. aussi le comp. *queue d'aronde*, 1458.

HIRSUTE, 1802. Empr. du lat. *hirsutus*.

HISSER, 1552 (Rab. : *inse ! inse ! inse !*). Empr. du bas all. *hissen*. — Dér. : **rehisser,** 1670.

HISTOIRE, XIIe (*estoire*, forme ordinaire au moyen âge). Empr. du lat. *historia* (mot grec). — Dér. : **historiette,** 1657 (Tallemant, dans le titre de son ouvrage), d'après le lat. *historia ;* **historien,** 1213, de même formation ; **préhistoire,** 1872.

HISTOLOGIE, 1836. Fait avec le grec *histos* « tissu », d'après les mots en *-logie*.

HISTORIER, XIVe (Froissart), au sens de « raconter » ; a pris au XVe s. le sens moderne d'après le sens de « représentation figurée » qu'a *histoire* au moyen âge, entre autres valeurs. Empr. du lat. médiéval *historiare* « raconter ».

HISTORIOGRAPHE, 1213. Empr. du lat. *historiographus* (du grec *historiographos*).

HISTORIQUE, 1447. Empr. du lat. *historicus* (du grec *historikos*). — Dér. : **préhistorique,** 1869.

HISTRION, 1544. Empr. du lat. *histrio* « acteur de bouffonneries ».

HIVER. D'abord *ivern*, *h* rétabli dans l'écriture d'après le lat. Lat. de basse ép. *hībernum* (sous-entendu *tempus*), propr. « temps d'hiver » ; a remplacé partout le lat. class. *hiems*. It. *inverno*, esp. *invierno*. — Dér. : **hivernal,** XIIe ; **hivernage,** XIIe ; s'emploie au sens de « semailles d'automne » et de « fourrage d'hiver » dans la France septentrionale ; au moyen âge souvent adj.

HIVERNER. Lat. *hībernāre*. V. **hiberner.**

HOBEREAU, 1370, au sens de « petit faucon », une première fois en 1196 ; le sens moderne déjà 1566. Dér. de l'a. fr. *hobel*, *hobé*, *hobier*, sorte de petit oiseau de proie, qui se rattache sans doute au verbe a. fr. *hobeler* « escarmoucher, harceler l'ennemi, piller », 1195, empr. du moyen néerl. *hobbelen*, « se démener, vaciller » (l'a. fr. *hober*, id., 1310, est dér. de *hobeler* par réduction). Sur *hobeler* on a fait *hobel* (cf. *bourreau* fait d'après *bourreler*), pour désigner le faucon qui fait sa proie surtout de tous les petits animaux comme l'escarmoucheur fait la petite guerre ; les autres formes sont issues de *hobel* par substitution de suff.

HOCHE, entaille, XIIe, d'après le verbe *oscher*, aujourd'hui *hocher* « entailler » ; l'*h*, rare en a. fr., s'est établie tardivement. A. pr. *osca*, *oscar ;* en outre *osca* dans des dialectes esp. et dans ceux de l'Italie septentrionale. Sans doute d'origine gauloise, comp. gallois *osg* « entaille », bret. *ask*.

HOCHER « secouer », XIIe *(hocier)*. Du francique **hottisôn* « secouer », attesté par le néerl. *hutsen*, dér. de **hottôn* à l'aide du suff. *-isôn ;* voir **cahoter.** — Dér. : **hochement,** 1550 ; **hochet,** 1331. — Comp. : **hochepot,** 1292 ; **hochequeue,** 1549, souvent altéré en *hausse-queue*, 1555.

HOCKEY, 1889. Empr. de l'angl. *hockey*, nom de ce jeu.

HOIR. Vieux mot qui ne s'emploie plus que par archaïsme ; cf. **héritier.** Lat. pop. **hērem*, au lieu du lat. class. *hērēdem*, acc. de *hērēs*. A. pr. *er*. — Dér. : **hoirie,** 1318 ; **deshérence,** 1285.

HOLD-UP, 1955. Empr. de l'anglais d'Amérique *holdup* « action d'arrêter qn pour le voler » (attesté depuis 1878).

HOLO-. Premier élément de mots sav. comp., tels que **holomètre,** 1555, tiré du grec *holos* « entier ».

HOLOCAUSTE, XIIe. Empr. du lat. eccl. *holocaustum* (du grec eccl. *holocauston*, de *kaiein* « brûler », qui a été fait pour traduire un mot hébreu) ; sens fig. depuis le XVIe s.

HOM, XVIIIe. Transcription approximative d'une onomatopée évidemment antér. et dont l'*h* n'a aucune valeur phonique, v. **hem.**

HOMARD, 1532. Empr. de l'anc. scandinave *humarr*, d'où aussi bas all. *hummer*.

HOMBRE, 1657. Empr. de l'esp. *hombre* « homme », avec le jeu qui a été ainsi nommé, parce que celui qui mène la partie s'appelle *el hombre*, d'où aussi en fr. *l'hombre* au même sens.

HOMÉLIE, XIIe. Empr. du lat. eccl. *homelia* (du grec eccl. *homilia*, propr. « réunion », d'où « entretien familier », qui a dû recevoir son acception nouvelle dans les milieux chrétiens).

HOMÉO-. Premier élément de mots sav. comp., tels qu'**homéopathie,** 1827, tiré du grec *homoios* « semblable ».

HOMÉRIQUE, 1548, au sens propre. L'expression *rire homérique*, 1851, est une allusion à la scène du premier chant de l'Illiade, où les dieux réunis sur l'Olympe rient en voyant le boiteux Héphaistos faisant l'office d'échanson.

HOMICIDE « celui qui commet un homicide », XIIe ; **homicide,** l'acte lui-même, *id.* Empr. du lat. *homicida*, *homicidium*.

HOMMAGE, v. le suiv.

HOMME. Lat. *hominem*, acc. de *homo*. It. *uomo*, esp. *hombre*. L'anc. nom. *huem* a disparu devant *homme*. Le pron. indéfini *on* représente le nom. lat. *homo*, développé en position atone. Puisque tous les autres parlers romans, y compris l'it. et l'esp., connaissent aussi des représentants de *homo* comme pronom indéfini, il est peu probable que, comme on l'a soutenu, le fr. *on* soit dû à une imitation de l'all. *man*, qui aurait été importé en Gaule par les Francs. Tout au plus, c'est peut-être grâce à ceux-ci que l'usage de *on* est devenu plus général et fréquent en fr. que celui des formes correspondantes dans les autres langues. Les parlers méridionaux font p. ex. une très fine distinction inconnue du fr. : ils disent *on*, quand la personne qui parle est comprise dans le nombre des personnes auxquelles on pense (p. ex. dans la phrase *quand on a soif*), sinon ils se servent de la troisième pers. plur. (p. ex. *ils disent que* au lieu de *on dit que*). *Homme* a toujours eu aussi le sens de « mari » dans le langage fam. — Dér. : **hommage,** XIIe, terme de féodalité, le sens fig. paraît dater du XVIIe s. ; **hommasse,** XIVe. — Comp. : **bonhomme,** XIIe ; **bonhomie,** 1736 ; **surhomme,** 1898 (dès 1893 *superhomme*), calque de l'all. *Übermensch*, au sens que Nietzsche a donné à ce mot, qui se trouve, par ailleurs, déjà au XVIe s. et chez Gœthe.

HOMO-. Premier élément de mots sav. comp. tels qu'**homopétale,** 1838 ; **homosexuel,** 1907, tirés du grec *homos* « semblable ».

HOMOGÈNE, 1503 (sous la forme *homogénée*) ; **homogénéité,** *id.* Empr. du lat. scolastique *homogeneus*, *homogeneitas* (du grec *homogenês*, v. **hétérogène**). Sens fig. de l'adj., XIXe.

HOMOLOGUE, 1585. Empr. du grec *homologos* « semblable ».

HOMOLOGUER, 1461 ; *émologuer* est fréquent du XVe jusqu'au XVIIe s. Empr. du lat. scolastique *homologare* qui paraît remonter au grec *homologein*, « être d'accord, reconnaître ». — Dér. : **homologation,** 1537 (alors *emol-*).

HOMONYME, 1534 ; **homonymie,** 1606. Empr. du lat. *homonymus*, *homonymia* (du grec *homônymos*, *homônymia*, de *onoma* « nom »).

HONGRE, XVe, au sens moderne. Spécialisation de l'a. fr. *hongre*, *ongre*, d'où nous avons tiré *hongrois*, l'usage de châtrer les chevaux étant venu de Hongrie. Le mot remonte au lat. d'Allemagne *ungarus*, *hungarus*, qui est formé sur le turc *ogur* « flèches » (plur.), mot avec lequel les Turcs désignaient les Hongrois. — Dér. : **hongrer,** 1613.

HONNÊTE, XIIe. Empr. du lat. *honestus* « honorable, honoré ». Au XVIe s. *honnête homme* a reçu le sens particulier de « qui sait se conformer à toutes les règles de la bienséance ». Usuel dans les patois au sens de « poli ». — Dér. et Comp. : **honnêteté,** 1372 (Oresme) ; au moyen âge *honesté*, empr. du lat. *honestas* ; **déshonnête,** XIIIe ; **malhonnête,** 1406, signifie « impoli » dans les parlers pop., d'où **malhonnêteté,** 1676.

HONNEUR, vers 1080 *(Roland)*. Empr. du lat. *honos*, *honoris*. Au moyen âge fém. d'après le genre des noms en *-eur ;* a commencé à reprendre le genre du lat. au XIVe s. D'autre part a souvent dans l'anc. langue une valeur jurid., notamment celle de « fief, domaine, etc. », comme l'a. pr. *onor* qui a des formes plus ou moins adaptées *enor*, *anor*, etc. — Dér. : **déshonneur** *(Roland)*.

HONNIR, XIIe. Empr. du francique **haunjan*, cf. all. *höhnen*. V. **honte.**

HONORABLE, XIe. Empr. du lat. *honorabilis*. L'emploi d'*honorable* dans le langage parlementaire a été calqué au cours du XIXe s. sur l'angl. *honourable*, d'abord à propos des parlementaires anglais. — Dér. : **honorabilité,** 1845, d'après le lat. ; une première fois en 1464 (écrit *onno-*) ; l'a. fr. disait *honorableté*.

HONORAIRE, 1496. Empr. du lat. jurid. *honorarius* « qui est à titre honorifique », en lat. class. « honorable ». — Dér. : **honorariat,** 1836, formé comme *notarial*, etc.

HONORAIRES, 1771. Antér. au sing., 1597. Empr. du lat. jurid. *honorarium*, neutre de l'adj. cité ci-dessus, propr. « donné à titre d'honneur ».

HONORER, XIe *(Alexis)*. Souvent *enorer* au moyen âge, v. **honneur.** Empr. du lat. *honorare*. — Dér. : **déshonorer,** XIIe.

HONORIFIQUE, 1478. Empr. du lat. *honorificus*.

HONTE, XIe. Francique **haunipa*, cf. **honnir,** de même a. pr. *anta*. — Dér. : **honteux,** XIIe, a pris le sens de « timide » dans le fr. pop. et les patois ; **éhonté,** XIVe (Oresme).

HOP, 1828. Onomatopée, évidemment antér. ; cf. **hep,** interjection d'appel. On dit aussi *houp.*

HÔPITAL, XIIe. Désignait d'abord tout établissement destiné à recevoir des personnes dans le besoin, pèlerins, etc. ; n'a été distingué d'*hospice* qu'au cours du XIXe s. Empr. du lat. *hospitalis (domus)* « maison où l'on reçoit les hôtes, etc. », par l'intermédiaire des couvents.

HOQUET, XVe. Signifie aussi en a. fr. « heurt », cf. *hoqueter* « secouer », XIIe. Formation onomatopéique ; *hoquetus* est déjà attesté en 1322 dans une bulle papale comme expression désignant les interruptions des mélodies. A souvent dans la France septentrionale la forme *loquet* qui paraît venir du langage des enfants.

HOQUETON, ancienne casaque de coton, XIIe (écrit *auqueton ;* au XIIIe s., *hocqueton*, avec *h* de *huque, heuque* « espèce de cape »). Empr. de l'arabe *alqoṭon*, par l'intermédiaire de l'a. pr. *alcoton*, de même sens ; v. **coton.**

HORAIRE, 1532, comme adj. Empr. du lat. *horarius* (de *hora* « heure »). Pris substantiv., 1868.

HORDE, 1559 (*Une horde des dits Tartares*, dans une relation de voyage en Orient de G. Postel) ; a été pris dans un sens défavorable dès le XVIIIe s. Empr. du tartare *(h)orda*, mot de la famille du turc *ordu* « camp » ; le mot a circulé, l'all. *Horde* a été relevé dès 1534, cf. aussi l'angl. *horde.*

HORION, XIIIe. Peut-être a. fr. *oreillon* « coup sur l'oreille », avec *h* expressif ; toutefois la réduction de *l* mouillée à *y*, à une date si anc., fait difficulté.

HORIZON, vers 1360 (écrit *orizon ;* au XIIIe s. *orizonte*). Empr. du lat. *horizon* (du grec *horizôn*, part. prés. du verbe *horizein* « borner »). — Dér. : **horizontal,** 1545, fém. pris substantiv., au sens de « fille publique », 1886.

HORLOGE, XIIe. Empr. du lat. *horologium* (du grec *hôrologion*, littéral. « qui dit l'heure »), les instruments anciens étaient soit des cadrans solaires, soit des sabliers ; le mot est resté, mais a servi à désigner des instruments tout autres ; a été longtemps masc. ; l'est encore dans de nombreux parlers. — Dér. : **horloger,** XIVe (Froissart) ; le fr., jusqu'au XVIIe s., préfère *horlogeur ;* **horlogerie,** 1660.

HORMONE, 1922. Dér. savant du gr. *hormáō* « exciter ».

HOROSCOPE, 1529. Empr. du lat. *horoscopus* (du grec *hôroskopos*, littéral. « qui considère le moment de la naissance »).

HORREUR, XIIe. Empr. du lat. *horror.*

HORRIBLE, XIIe. Empr. du lat. *horribilis.*

HORRIFIQUE, 1500. Empr. du lat. *horrificus.*

HORRIPILER, 1843 (Th. Gautier, au part. *-ant*). Empr. du lat. *horripilare* « faire hérisser le poil », de *horrere* et *pilus* « poil ». Le subst. *horripilation* a été empr. du lat. *horripilatio* au sens médical dès le XIVe s.

HORS, XIe *(Alexis).* Tiré de *dehors* qui représente le lat. de basse ép. *dēforīs ;* entre voyelles le *f* disparaît normalement ; cette forme *deors* a pris un *h* dans l'exclamation emphatique, d'où il s'est par la suite généralisé. *Fors*, hors d'usage depuis le XVIIe s., représente le lat. *forīs*, d'où it. *fuori*, esp. *fuera* (de *-as*). L'Est et le francoprovençal disent *defors*, le Midi *defors, deforas ; fors* ne survit que dans l'Est. — Comp. : **hormis,** XIIIe ; **hors-d'œuvre,** XVIIe.

HORTENSIA, 1804. Mot du lat. des botanistes, créé par Commerson (1727-1773), en l'honneur d'Hortense Lepaute, femme de Lepaute, horloger célèbre du XVIIIe s.

HORTICOLE, 1836 ; **horticulteur,** 1829 ; **horticulture,** *id.* Faits avec le lat. *hortus* « jardin » sur le modèle d'*agricole*, etc.

HOSANNA, 1276. Empr. du lat. eccl. *hosanna*, cf. aussi le grec eccl. *ôsanna*, transcription de l'hébreu *hôschî 'a-nâ* « sauve (-nous) de grâce », *Psaume* 118, 25.

HOSPICE, XIIIe s., au sens d' « hospitalité », rare au moyen âge, mais encore usité au XVIIIe s. ; sens moderne, 1785. Empr. du lat. *hospitium* « hospitalité ».

HOSPITALIER, XIIe, comme nom de religieux. Empr. du lat. médiéval *hospitalarius.* Le sens de « qui exerce l'hospitalité » s'est développé d'après *hospitalité*, 1488 *(Jupiter ospitalier) ;* **inhospitalier,** 1649.

HOSPITALISER, 1801. Dér. sav. du lat. *hospitalis*, pour servir de verbe à *hôpital.* — Dér. : **hospitalisation,** 1866.

HOSPITALITÉ, XIIe. Empr. du lat. *hospitalitas.*

HOSTIE, XIVe (Bersuire), au sens anc. de « victime offerte à un dieu », sens conservé dans la langue class. ; ne s'emploie plus qu'au sens chrétien. Empr. du lat. *hostia.* L'a. fr. a, au sens chrétien, une forme *oiste.*

HOSTILE, vers 1500 ; **hostilité,** 1353, Empr. du lat. *hostilis, hostilitas* (de *hostis*, propr. « étranger », d'où « ennemi public »).

HÔTE. Lat. *hospitem*, acc. de *hospēs.* — Dér. : **hôtesse,** XIIIe, depuis 1957 aussi au sens de « femme qui s'occupe des passagers à bord d'un avion », d'après l'angl. *hostess.* V. **otage.**

HÔTEL. Au moyen âge a le sens général de « demeure, logis » ; le sens d' « hôtellerie » semble s'être formé dans les riches villes du Nord (déjà au XIIIe s.), il ne devient général que vers la fin du XVe s. Le sens de « demeure somptueuse » est issu de l'expression jurid. juger *en l'ostel le roi* « à la résidence (momentanée) du roi » ; ce n'est qu'au début du XVe s. que l'on commence à se servir de ce mot pour désigner n'importe quelle demeure somptueuse, de là aussi le *maître d'hôtel*, qui désigne d'abord l'officier qui s'occupe, chez le roi et chez les grands seigneurs, de tout ce qui regarde la table et dont le nom n'a rien à faire avec *hôtel* « hôtellerie ». Lat. de basse ép. *hospitāle* « chambre, local pour recevoir des hôtes », neutre de l'adj. *hospitalis*. Survit dans les parlers de l'Est au sens de « demeure » et parfois de « cuisine » ; « maison » dans les parlers méridionaux. — Dér. et Comp. : **hôtelier,** XIIe ; **hôtellerie,** *id.* ; **Hôtel-Dieu,** vers 1250.

HOTTE, XIIIe. Francique **hotta*, cf. l'all. dialectal *hutte*. — Dér. : **hottée,** 1496 ; **hottereau,** 1359.

HOUBLON, 1443. Dér. du moyen néerl. *hoppe*, id., dont la consonne finale se sonorisa quand on forma un dér., tout comme le fr. *corbeau* est dér. d'un a. fr. *corp*. Le suff. *-lon* vient de l'a. fr. *homlon* auquel se substitua le nouveau mot. L'a. fr. *homlon*, attesté en lat. médiéval dès le VIIIe s. sous la forme *humlone*, représentait un francique **humilo* (cf. flamand *hommel*) ; il a été introduit en gallo-roman, parce que les Gaulois n'avaient pas connu l'usage que l'on peut faire du houblon dans la brasserie. — Dér. : **houblonnière,** 1607 (*houbel-*).

HOUE. Francique **hauwa*, cf. all. *Haue*. — Dér. : **houer,** XIIe ; **hoyau,** 1335 (sous la forme *hewel*), v. **houlette.**

HOUILLE, 1615 ; *oille de charbon* en 1511 ; en outre *ouille* au XVIe s. Empr. du wallon *hoye*, qui doit ce mot spécialement au patois de Liège ; la houille a été découverte en Hesbaye en 1195, cf. dans des textes liégeois *hulhes*, 1278 ; *hulhes ou cherbons*, 1295. Le mot représente un francique **hukila* « bosse, éminence », dim. de **hukk-* (cf. moyen néerl. *hocke*, all. *Hocke* « tas ») ; le dim. aussi est attesté dans des dialectes néerl. sous la forme de *heukel* « veillote ». L'aspect phonétique du mot permet de penser que le mot francique a passé en wallon à une époque très ancienne. — Dér. : **houiller,** 1793 ; **houillère,** XVIe ; **houilleur,** 1780 (une 1re fois vers 1400).

HOULE, 1484 (écrit aussi *oule* jusqu'à la fin du XVIIe s.). Doit être le même mot que le norm. *houle* « cavité où se retirent les poissons au bord de la rivière » (d'où *houlette* « trou de lapin ») et anc. picard *haule* « port », qui, en raison de leur géographie, représentent sans doute l'anc. scandinave *hol* « caverne » (cf. aussi l'adj. *holr*). Le sens du mot fr. est né de l'aspect du creux des vagues. — Dér. : **houleux,** 1716.

HOULETTE, 1278. Dér. de l'a. fr. *houler* « jeter » (picard et champenois), parce que le bout recourbé de la houlette est destiné *à houler la terre légère sur les brebis* (Jehan de Brie, *Le bon berger*). Ce verbe représente probabl. le verbe francique qui est devenu en moyen néerl. *hollen* « courir impétueusement » et qui peut très bien avoir eu un sens plus général qu'en moyen néerl.

HOUPPE, XIVe. Les plus anciennes citations de ce mot viennent toutes de l'extrême Nord, où il a les deux sens de « houppe » et de « cime d'arbre ». Il est très probabl. empr. du moyen néerl. *hoop*, qui n'est attesté qu'au sens de « tas », à partir duquel on passe toutefois facilement aux deux sens fr. En passant plus au Sud *houppe* s'est, par la suite, rencontré avec le fr. *huppe*, qui lui a passé sa voyelle, d'où aussi fr. *huppe* « houppe », 1549. — Dér. : **houppé,** XVIe (Marot) ; **houppette,** 1399.

HOUPPELANDE, 1281. Peut-être empr. de l'anglo-saxon *hop-pâda* « pardessus », dont le deuxième élément aurait subi une francisation approximative.

HOURDER, XIIe. Au moyen âge « fortifier avec des retranchements, garnir », encore terme d'architecture. Dér. de **hourd,** au moyen âge « palissade faite de claies », empr. du francique **hurd*, cf. all. *Hürde* « claie ». Les deux mots sont encore usités dans les parlers de la France septentrionale, surtout du Nord-Est, au sens d' « échafauder, échafaudage, etc. ». — Dér. : **hourdis,** XIIe.

HOURET, 1661. Probabl. dér. de **hure** formé dans une région qui conserve la voyelle *ū* avec la prononciation *ou*, comme le wallon. — Dér. : **hourailler,** 1690 (d'après le dérivé **houraillis**).

HOURI, 1654. Empr. du persan *hoûri*, lui-même empr. de l'arabe *ḥoûr*, plur. de *ḥaoura*, propr. « qui a le blanc et le noir des yeux très tranchés (qualification des femmes du Paradis) ».

HOURRA, 1722 *(hurra)*. Empr. de l'angl. *hourrah* (ou de l'all. où il est attesté dès le moyen âge) ; mot onomatopéique. Au sens de « cris poussés par les troupes russes, notamment par les Cosaques » et d' « attaque imprévue faite par ces troupes », 1814 *(houra)*, a été empr. sous le Premier Empire du russe *ura*, qui est le même mot que les préc.

HOURVARI, XVIe. Propr. terme de vénerie. Probabl. comp. de l'interjection *hou*, employé dans la langue cynégétique, et de l'exclamation *revari*, laquelle est comp. de *(le cerf) reva* « retourne » et de *hari* « cri du chasseur servant à lancer le chien à la poursuite » (v. aussi **hallali**). On trouve aussi *boulevari* « tapage », 1808, qui est une altération de *hourvari* d'après *bouleverser*.

HOUSEAU, XIIe. Dér. de l'a. fr. *huese* « botte », qui représente le germ. **hosa* « vêtement pour les jambes, guêtre, botte », cf. all. *Hose* « culotte, pantalon ». Aussi it. *uosa* « guêtre », a. pr. *oza* « botte, chaussure ».

HOUSPILLER, v. **houx.**

HOUSSE, XIIe *(houce)*. Signifie aussi au moyen âge « sorte de mantelet à manches pendantes » ; le sens premier n'est pas sûr. Représente un francique **hulftia* qu'on peut reconstituer d'après le moyen néerl. *hulfte* « fourreau pour arc et flèches », anc. haut all. *hulst* « couverture », et qui est attesté en lat. médiéval dès le XIe s. sous la forme *hultia*. — Dér. : **housser,** « couvrir d'une housse », 1260.

HOUX, XIIe. Francique **hulis*, cf. all. dialectal *Hulst*. — Dér. : **houssaie,** XIIe ; **houssine,** XVe, propr. « verge de houx ». — Comp. **houspiller,** vers 1450, au XIIIe s. *houcepignier*, d'où *houspiller* est issu soit sous l'influence des verbes péjor. en *-iller*, soit par interférence du verbe *piller*. *Houspigner* est né du croisement des deux verbes *housser* « épousseter avec un balai de verges », XIIIe s. (qui est un dér. de *houx*, cf. encore *houssoir* « balai de verges ») et a. fr. *pigner* « peigner », formé comme *tournevirer*. Cf. le passage suivant du roman de Renart : *As denz la pigne et housse et hape*, où les deux verbes apparaissent unis pour renforcer l'expression.

HUBLOT, 1773, en 1382 *huvelot* (Rouen). Dér. de l'a. fr. *huve* « sorte de coiffure ; couverture d'un objet », qui représente le francique **hûba* « coiffe ». On a aussi rapproché le moyen haut all. *hûle* « cavité » (de la famille de *hohl* « creux »), mais on ne rend compte ni de l'absence du simple ni de l'altération en *hublot*.

HUCHE, XIIe (aussi *huge*, encore dans les patois). Attesté dès avant 800 sous la forme *hutica* dans le *Capitulaire* de Villis, ce mot est d'abord propre à la France septentrionale. Ce fait et l'*h* initial dénoncent l'origine germ., mais jusqu'ici on n'a rien trouvé de satisfaisant.

HUCHER. Aussi a. pr. *ucar*, cat. *ahucar*, Modène *ucaler*. Du francique **hūkōn* « s'accroupir » auquel correspondent moyen bas all. *hûken*, néerl. *huiken*, moyen haut all. *hûchen*, tous de même sens.

HUE, 1680. Aussi *hu*, interjection pour avertir d'un danger, etc., du XIIe au XVIe s. — Dér. : **huer,** XIIe ; **huée,** XIIe ; v. **chat-huant.**

HUGUENOT, 1552, au sens de « protestant ». Mot qui vient de Genève, où il a été employé sous la forme *eyguenot* dès 1520, pour désigner les partisans du parti politique qui luttait contre les tentatives d'annexion du duc de Savoie ; il est empr. de l'all. de la Suisse alémanique *Eidgenosse (n)* « confédéré (s) » ; cette désignation vient de ce que Genève s'était alliée pour lutter contre le duc de Savoie, en 1519, avec Fribourg, et, en 1526 avec Berne, villes de la Suisse alémanique ; par suite, les partisans du duc donnèrent ce nom, par moquerie, aux Genevois, partisans de la Confédération. Quant à la forme *huguenot*, elle est née en France, parce que, comme nous disent les historiens contemporains, les réformés de la ville de Tours se rassemblaient la nuit près de la porte du Roi-Hugon pour faire leur culte.

HUILE. D'abord *olie*, *oile ; h* introduit pour assurer la lecture *u* et non *v*. Lat. *oleum* « huile d'olive ». En fr. ne désigne que l'huile en général ; a été étendu à des produits analogues, v. p. VIII. A été partout influencé par la forme lat. — Dér. : **huiler,** 1488 ; **huileux,** 1474 ; **huilier** « fabricant », 1260 ; **huilerie,** 1547 ; **huilier** « récipient », 1693.

HUIS. Hors d'usage, sauf dans la locution *à huis clos ;* pour *h*, v. **huile.** Lat. *ūstium*, attesté au VIe s., modification métaphonique du lat. class. *ōstium* « porte de maison ». — Dér. : **huissier,** XIIe, au sens de « portier » ; « officier de justice », dès 1320.

HUIT, pour *h*, v. **huile.** Depuis le XVIIe s. on dit *le huit* sans élision d'après les autres noms de nombre. Lat. *octo*. — Dér. : **huitain,** vers 1500, au moyen âge « huitième » ; **huitaine,** 1437 (d'abord *huyctine*, 1385) ; **huitième,** 1213 *(huitiesme)*.

HUÎTRE. En outre *oistre*, d'où l'angl. *oyster ;* pour l'*h*, v. **huile.** Lat. *ostrea* (du grec *ostreon*).

HULAN, v. **uhlan.**

HULOTTE, 1530. Dér. du fr. *huler* « hurler » (du XIIIe au XVIe s.), de même que sur le verbe *huer* on a formé *huette*, *huot*, etc. Le verbe *huler* représente le lat. *ululare*, v. **hurler.**

HUMAIN, XIIe. Empr. du lat. *humanus*. — Dér. : **humaniser,** 1584. — Comp. : **surhumain,** 1578 (Ronsard).

HUMANISTE, 1539. Empr. du lat. du XVe s. *humanista*, attesté depuis 1490. Voir **humain, humanité.**

HUMANITÉ, XIIe. Empr. du lat. *humanitas*, par l'Église, il s'oppose d'abord à *déité* et exprime l'idée de la corruptibilité de la nature humaine ; en outre, mais rarement « bonté envers d'autres personnes ». Le sens d' « étude des lettres classiques » date du XVIe s. d'après le sens de *humanitas* en lat. class., cf. *studia humanitatis* « études littéraires » chez Cicéron. — Dér. : **humanisme,** 1765 (avec influence de l'all. *Humanismus*) ; a été essayé en 1765, au sens d' « amour général de l'humanité » ; **humanitaire,** 1836 (Musset), d'où **-tariste,** 1837 (Balzac) ; **-isme,** 1838.

HUMBLE, vers 1080 *(Roland)*, d'abord *humele*. Empr. du lat. *humilis*, propr. « bas (physiquement) » (de *humus* « sol »), d'où « abaissé » en lat. class., puis « humble » en lat. eccl., seul sens pris par le fr. V. **humilier.**

HUMECTER, 1503. Empr. du lat. *humectare* « rendre humide ».

HUMER, XIe. Seulement fr. Est sûrement une onomatopée qui dépeint l'aspiration du liquide qu'on absorbe de cette façon.

HUMÉRUS, XVIe (Paré). Empr. du lat. *humerus* « épaule ».

HUMEUR, XIIe. Empr. du lat. *humor* qui désigne toute espèce de liquide, repris parfois avec cette valeur ; désigne surtout depuis le moyen âge les liquides qui se trouvent dans les corps organisés, d'après la langue de l'ancienne médecine ; a pris des sens moraux, dès le début de la tradition, et par suite ceux de « tempérament, caractère », d'après la théorie de l'ancienne médecine sur les quatre humeurs cardinales.

HUMIDE, XVe ; **humidité,** XIVe. Empr. du lat. *humidus*, *humiditas*.

HUMILIER, XIIe ; **humiliation,** fin XIVe ; **humilité,** Xe s. *(Saint-Léger)*. Empr. du lat. eccl. *humiliare*, *humiliatio*, *humilitas* (de *humilis* « humble ») ; en lat. class. *humi-*

lilas signifie « état de ce qui est bas physiquement », d'où « modestie de la condition » ; le sens moral s'est développé dans la langue des chrétiens, v. **humble.**

HUMOUR, 1725 ; **humoriste,** 1770, « qui a de l'humour » ; **humoristique,** 1844. Empr. de l'angl. *humour*, lui-même empr. du fr. *humeur* à la fin du XVIIe s. au sens de « penchant à la plaisanterie », *humorist, humoristic. Humoriste* a été en outre empr. de l'it. *humorista* au sens de « capricieux », 1578, mot qui vient lui-même du lat. de Van Helmont (v. **gaz**) *humorista*, qui désignait le médecin partisan de la doctrine dite *humorisme*, doctrine qui attribuait les maladies à l'altération des humeurs.

HUMUS, 1755. Empr. du lat. *humus* « sol ».

HUNE, XIIe. Anc. scandinave *hûnn*. — Dér. : **hunier,** 1634.

HUPPE. Lat. *upupa*. La voyelle accentuée n'est pas devenue *o*, parce que l'*u* exprimait mieux la valeur onomatopéique du nom ; la tendance au renforcement de cette valeur a en outre fait naître un *h* devant la voyelle. L'odeur infecte que répand cet oiseau a fait rapprocher le nom dans les patois du verbe *puer* et de l'adj. *pute* « puante » (du lat. *putida*), de là des formes comme *pupu* et *pupule*, avec réduplication. V. aussi **houppe.**

HURE, XIIe. Propr. « tête hérissée ». Le fait que le mot vit uniquement dans la France du Nord et son caractère phonique font supposer une origine germ., mais on n'a encore rien trouvé dans cette direction. — Dér. : **huron,** 1360, au sens propre de « qui a la tête hérissée », d'où « rustre », encore normand ; depuis le XVIIe s. sert à désigner une peuplade sauvage du Canada, ce qui a donné une nouvelle vie au mot ; **ahurir,** 1270, d'où **ahurissement,** 1862.

HURLER. Lat. pop. *ūrulāre*, lat. class. *ululāre ;* l'*h* de *hurler* est d'origine expressive ou vient peut-être de *huer*. — Dér. : **hurlement,** XIIe ; **hurleur,** XVIIIe (Buffon).

HURLUBERLU, 1564 (Rab.) ; en outre *hurluburlu* et, par altération, *hustuberlu*. Mot grotesque et fantaisiste formé au XVIe s., conformément au goût de l'époque, de **hurelu* « ébouriffé » (qui peut avoir existé d'après l'anc. fr. *hurel* « homme aux cheveux hérissés » et qui est conservé dans le pic. *hurlu* « harle ») et *berlu* « qui a la berlue ». *Hurel* est un dér. de **hure** ; pour *berlu* v. **berlue.** L'angl. *hurlyburly*, bien qu'attesté un peu avant le mot franç., doit en être emprunté.

HURON, v. **hure.**

HUSSARD, 1605 (*houssari* en 1532, *hussaire* en 1547). Souvent aussi *houssard* et *housard*. Empr. de l'all. *Husar*, empr. lui-même du hongrois *huszar*, dér. du hongrois *husz* « vingt », parce que sur vingt recrues une devait passer à la cavalerie.

HUTTE, 1358 (au XIIe s., à Metz, dans un autre sens). Empr. du moyen haut all. *hütte* ou de l'anc. haut all. *hutta*.

HYACINTHE, v. **jacinthe.**

HYALIN, XVe. Empr. du lat. de basse ép. *hyalinus* (du grec *hyalinos*, de *hyalos* « toute pierre transparente », d'où « objet de verre »).

HYBRIDE, 1596. Empr. du lat. *hybrida*, d'abord *ibrida* « de sang mélangé », altéré en *hybrida*, parce qu'on l'a rapproché du grec *hybris* « excès, ce qui dépasse la mesure ».

HYDRATE, 1802. Dér. du grec *hýdōr* « eau ».

HYDRAULIQUE, fin XVe. Empr. du lat. *hydraulicus* (du grec *hydraulikos*), qui se disait notamment d'une orgue hydraulique, c'est-à-dire qui marche grâce à de l'eau *(hýdōr)* passant dans des tuyaux (*aulos* « flûte, tuyau »).

HYDRE, XIIIe (écrit alors *idre*) ; rare avant le XVIIe s. Empr. du lat. *hydra, hydrus* (du grec *hydra, hydros*, de *hydôr* « eau ») ; *hydre* est parfois masc. comme dans les langues anc.

HYDRO-. Premier élément de mots sav. comp., tels qu'**hydrographie,** 1551, tiré du grec *hydôr* « eau ».

HYDROCÉPHALE, « hydropisie de la tête », XVIe (Paré) ; adj., « atteint d'hydropisie », 1782. Empr. du grec *hydrokephalon*, subst., *hydrokephalos*, adj.

HYDROGÈNE, 1787. Mot créé par G. de Morveau au sens de « engendrant l'eau » avec le grec *hydôr* « eau » et le suff. *-gène*.

HYDROMEL, XVe. Empr. du lat. *hydromeli* (d'un mot grec, comp. de *meli* « miel »).

HYDROPHOBE, 1640 ; **hydrophobie,** 1314. Empr. du lat. *hydrophobus, hydrophobia* (du grec *hydrophobos*, de *phobos* « crainte »).

HYDROPISIE, XIIe ; **hydropique,** *id.* Empr. du lat. *hydropisis, hydropicus* (du grec *hydrôpisis, hydrôpikos*, de *hydrôps* « hydropisie »).

HYÈNE, XIIe. Empr. du lat. *hyaena* (du grec *hyaina*).

HYGIÈNE, 1550. Empr. du grec *hygieinon* (neutre de l'adj. *hygieinos* « qui concerne la santé ») qu'Aristote a employé au sens de « santé ». — Dér. : **hygiénique,** 1791 ; **anti-hygiénique,** 1867 ; **hygiéniste,** 1830.

HYGRO-. Premier élément de mots sav. comp., tels qu'**hygromètre,** 1666, tiré du grec *hygros* « humide ».

HYMEN, « dieu du mariage », d'où « mariage », XVIIe. Empr. du lat. *Hymen*, nom du dieu, d'où « chant de mariage » (du grec *Hymên*).

HYMEN, membrane, 1541. Empr. du lat. de basse ép. *hymen* (du grec *hymên*, qui est peut-être un autre mot que le nom du dieu du mariage *Hymên*).

HYMÉNÉE, 1550. Empr. du lat. *Hymenaeus* (du grec *Hymenaios*, de même sens que *Hymên*).

HYMNE, 1120. Empr. du lat. *hymnus* (du grec *hymnos*).

HYPER-. Préf. empr. du grec *hyper* « au-dessus ».

HYPERBOLE, XIIIe, comme terme de rhétorique ; rare avant le XVIIe s., où apparaît aussi le sens mathématique (1646) ; **hyperbolique,** 1546 (Rab.). Empr. du lat. *hyperbole*, *hyperbolicus* (du grec *hyperbolê*, de *ballein* « lancer », propr. « action de lancer par-dessus », d'où « excès, etc. »). Le sens mathématique est déjà grec.

HYPERBORÉEN, XVIIIe (Diderot). Dér. de *hyperborée*, 1372, encore dans les dict., empr. du lat. *hyperboreus* (du grec *hyperboreos*, de *boreas* « vent du nord »).

HYPNOTIQUE, 1549. Empr. du lat. *hypnoticus* (du grec *hypnotikos*, de *hypnos* « sommeil »). — Dér. : **hypnotiser,** 1855 ; **-iseur,** fin XIXe ; **hypnotisme,** 1845, d'après l'angl. *hypnotism*, créé en 1843 par Braid, de Manchester ; **hypnose,** 1877.

HYPO-. Préf. empr. du grec *hypo* « audessous ».

HYPOCONDRE, « atteint d'hypocondrie », fin XVIe (Régnier). Tiré d'*hypocondriaque*, XVIe (Paré), empr. du grec *hypokhondriakos ;* celui-ci est un dér. de *hypokhondrion* « chacune des parties latérales de l'abdomen sous les fausses côtes », d'où le lat. *hypochondria* et le terme de l'anc. anatomie *hypocondre*, XIVe, ou *-ie*, 1490 ; le sens des adj. vient de ce que l'hypocondrie était attribuée autrefois à un trouble des hypocondres. — Dér. : **hypocondrie,** 1788.

HYPOCRAS, vers 1360. Altération, par modification de l'initiale (d'après les mots en *hypo-*) d'*Hippocras*, au moyen âge nom d'*Hippocrate*, auquel on attribuait l'invention de l'hypocras, souvent appelé alors *vinum hippocraticum*.

HYPOCRITE, XIIe (Chrétien) ; **hypocrisie,** XIIe. Empr. du lat. *hypocrita*, *hypocrisia* (du grec *hypokritês* « acteur », *hypokrisis* « jeu ou débit de théâtre ») ; ont déjà le sens fig. en grec et en lat. de basse ép.

HYPOGÉE, 1552 (Rab.). Empr. du lat. *hypogeum* (du grec *hypogeion*, de *hypo* « sous » et de *gê* « terre »).

HYPOSTASE, 1541 (Calvin), au sens théologique. Empr. du lat. eccl. *hypostasis* (d'un mot grec qui signifie littéral. « ce qui est placé dessous », traduit en lat. par *substantia*, v. **substance**).

HYPOTÉNUSE, 1520. Empr. du lat. *hypotenusa* (du grec *hypoteinousa*, part. prés. fém. du verbe *hypoteinein* « se tendre », littéral. « (le côté) (*pleura*, fém.) se tendant (sous les angles) » (Platon).

HYPOTHÈQUE, XIVe ; **HYPOTHÉCAIRE,** 1305. Empr. du lat. *hypotheca*, *hypothecarius* (celui-ci de basse ép.) (du grec *hypothêkê ;* le verbe *hypotithemi* signifie déjà « mettre en gage »). — Dér. : **hypothéquer,** 1369.

HYPOTHÈSE, 1582 ; **hypothétique,** 1290. Empr. du lat. *hypothesis*, *hypotheticus* (du grec *hypothesis*, *hypothetikos*, de *thesis*).

HYPSO-. Premier élément de mots sav. comp., tels qu'**hypsomètre,** 1866, tiré du grec *hypsos* « hauteur ».

HYSOPE, 1120. Empr. du lat. *hysopus*, *hyssopus* (du grec *hyssôpos*, empr. lui-même d'un parler sémitique, cf. l'hébreu *ézôb*) ; le mot grec est antérieur à l'époque chrétienne, mais c'est par la Bible que le mot a été répandu : en effet le nom de la plante a été connu au moyen âge et figure dans des locutions où elle symbolise ce qui est petit, par opposition au cèdre, etc., parce que l'hysope est plusieurs fois citée dans l'Ancien Testament, notamment dans des locutions semblables à celles du fr.

HYSTÉRIQUE, 1568. Empr. du lat. *hystericus* (du grec *hysterikos*, de *hystera* « matrice »). — Dér. : **hystérie,** 1731.

I

ÏAMBE, 1532 (Rab. : *iambus*) ; **ïambique,** 1466. *Ïambe*, propr. terme de métrique anc., a été pris par A. Chénier pour désigner une sorte de poème satirique, sans doute en souvenir des poèmes ïambiques d'Archiloque. Empr. du lat. *iambus, iambicus* (du grec *iambos, iambikos*).

IBIDEM, 1693. Empr. du lat. *ibidem* « là même ».

IBIS, 1537. Empr. du lat. *ibis* (mot d'origine grecque).

ICEBERG, 1819. Empr. de l'angl. *iceberg*, calque du néerl. *ijsberg*, avec substitution au premier élément de la forme angl. correspondante *ice*.

ICE-CREAM, 1895. Empr. de l'angl. *ice-cream*, comp. de *ice* « glace » et *cream* « crème ».

ICHTYO-. Premier élément de mots sav. comp., tels qu'**ichtyologie,** 1649, tiré du grec *ikhthys* « poisson ».

ICI. Comp. de **ci,** lequel est comp. à son tour, en vue d'un renforcement de l'idée locale, des mots lat. *ecce* « voici » et *hīc* « ici ». La voyelle initiale d'*ici* provient probabl. de *iluec* (une autre explication par une nouvelle comp. avec *i*, de *hīc*, reste possible) ; *iluec* représente l'adv. lat. *illōc* « là », devenu **īlloc*, avec modification de la première voyelle sous l'influence du lat. *īlico* « sur-le-champ » et de la seconde par *loco*, l'ablatif de *locus*. Cet *i* a aussi passé aux pron. démonstr. (*icil*, etc.), qui l'ont perdu plus tard, tandis qu'*ici* l'a conservé, *ci* étant trop affaibli comme adv. atone. Ailleurs autres renforcements, champenois *touici*, wallon *droitci*.

ICÔNE, 1838. Mot russe *ikona*, lui-même empr. du grec byzantin *eikona*, prononcé *ikona*, « image, statue sainte », v. les suiv. ; ne s'emploie qu'en parlant de l'Église d'Orient.

ICONO-. Premier élément de mots sav. comp., tels qu'**iconographie,** 1701, tiré du grec *eikôn* « image ».

ICONOCLASTE, 1557. Empr. du grec *eikonoklastês* « briseur d'images ».

ICTÈRE, 1578. Empr. du lat. médical *icterus* (du grec médical *ikteros* « jaunisse »).

-IDE. Suff. sav., signifiant « en forme de », tiré du grec *eidos* « forme ».

IDÉAL, 1578 (Desportes). Empr. du lat. de basse ép. *idealis* pour servir d'adj. à certains sens d'*idée*. Comme subst., 1832 (Balzac), empr. de l'all. des philosophes. — Dér. : **idéaliser,** 1794 ; **idéalisme,** 1752 ; **idéaliste,** 1729.

IDÉE, 1119 ; peu usité avant le XVIIe s. Empr. du lat. *idea* (mot pris au grec), au sens philosophique de « représentation que l'esprit se fait des choses ». A pris des sens plus étendus, même pop.

IDEM, 1501. Empr. du lat. *idem* « le même, la même chose ».

IDENTIFIER, 1610. Empr. du lat. scolastique *identificare* (de *idem*). — Dér. : **identification,** 1610.

IDENTIQUE, 1610. Empr. du lat. scolastique *identicus*.

IDENTITÉ, 1611 (auparavant aux sens de « égalité sociale » en 1327 et « fait d'être uni avec qn » dans Oresme). Empr. du lat. de basse ép. *identitas*.

IDÉO-. Premier élément de mots sav. comp., tels qu'**idéologie,** 1796 (créé par Destutt de Tracy), etc., tiré du grec *idea*, avec *o* d'après les mots d'origine grecque, dont le premier élément est terminé par *o*, cf. *philosophe*, etc.

IDIOME, 1544 ; d'abord *ydiomat*, 1527. Empr. du lat. *idioma* (du grec *idiôma*), propr. « particularité propre à une langue, idiotisme », sens usité jusqu'au XVIIe s. (et conservé en angl.) ; le sens moderne s'est développé dès le XVIe s. — Dér. : **idiomatique,** 1845.

IDIOSYNCRASIE, 1626. Empr. du grec *idiosynkrasis* « tempérament particulier » (de *idios* « particulier » et *synkrasis* « mélange ») ; d'abord terme médical ; pris au XIXe s. dans un sens plus étendu.

IDIOT, XIVe (Oresme : *ydiot*), d'abord *idiote*, vers 1180. Empr. du lat. *idiotes* « ignorant, sot » (du grec *idiôtês*, propr. « particulier », d'où « étranger à tel ou tel métier, ignorant ») ; *idiot* a d'abord eu le sens ancien ; le sens moderne date du XVIIe s. — Dér. : **idiotie,** choisi en 1836 par Esquirol pour remplacer en ce sens *idiotisme*, usuel au XVIIe et au XVIIIe s., qui a été ensuite éliminé à cause de l'homonymie avec le suivant.

IDIOTISME, XVIe (Bon. des Périers). Empr. du lat. *idiotismus* (du grec *idiôtismos* « langage particulier ») ; *idiotisme* a d'abord eu le sens anc. ; a été ensuite spécialisé dans l'usage des grammairiens.

IDOLÂTRE, XIIIe (J. de Meung) ; **idolâtrie,** XIIe. Pour **idololatre*, **idololatrie*, par superposition syllabique. Empr. du lat. eccl. *idololatres*, *idololatria* (du grec *eidololatrês*, *-treia*). *Idolâtrie* a été pris au sens fig. au XVIIe s., d'après *idolâtrer*. — Dér. du 1er : **idolâtrer,** XIVe, au sens d' « adorer les idoles » encore usité au XVIIe s. ; sens fig. depuis le XVIe s.

IDOLE, XIIIe (J. de Meung : *ydole ;* d'abord *idele*, *idle*, cf. *ydele*, vers 1080, *Roland*). Empr. du lat. eccl. *idolum* (du grec *eidôlon* « image », d'où en grec eccl. « image d'un dieu »). A eu au XVIe et au XVIIe s. le sens d' « image, fantôme » d'après le grec ; le sens de « personne aimée » date du XVIIe s.

IDYLLE, 1605 (*idillies ;* au XVIIe s. *idile*, *idylle)*. Empr. de l'it. *idillio*, empr. lui-même du lat. *idyllium* (du grec *eidyllion* « petit poème lyrique », qui a servi à date très basse et pour des causes mal connues à désigner les poèmes de Théocrite) ; le mot usuel dans l'antiquité *églogue* est resté didactique, tandis qu'*idylle* a pris au XIXe s. un sens plus étendu. — Dér. : **idyllique,** 1845.

IF. Du gaulois *ivos*, attesté par une inscription, cf. aussi irl. *eo ;* les langues germ. possèdent le même mot, cf. all. *Eibe*, mais *if* n'en vient pas. — Dér. : **iveteau,** 1690 ; **ive,** XVe ; **ivette,** 1762, dite aussi *germandrée petit if*.

IGLOO, 1931. Empr. de *iglo* de la langue des Esquimaux.

IGNAME, sorte de plante tropicale, 1515. Empr. de l'esp. *iñame*, aujourd'hui *ñame*, qui passe pour être lui-même empr. d'une langue africaine.

IGNARE, XIVe (Oresme). Empr. du lat. *ignarus*.

IGNÉ, XVe. Empr. du lat. *igneus* (de *ignis* « feu »).

IGNI-. Premier élément de mots sav. comp., tels qu'**ignifuge,** fin XIXe, tiré du lat. *ignis* « feu ».

IGNOBLE, XIVe (E. Deschamps), au sens de « non noble », sens encore attesté au XVIIe s. ; sens moderne depuis lors. Empr. du lat. *ignobilis* « inconnu, de naissance obscure, vil ».

IGNOMINIE, XVe ; **ignominieux,** vers 1400. Empr. du lat. *ignominia* (de *in*, négatif, et *nomen*, *-inis* « nom, réputation »), *ignominiosus*.

IGNORER, vers 1330 ; **ignorance,** vers 1120 ; **ignorant,** 1253. Empr. du lat. *ignorare*, *ignorantia*, *ignorans*. — Dér. d'*ignorant :* **ignorantin,** 1752, adaptation de l'it. *Ignorantelli*, dont le suffixe à valeur de dérision a été rendu par un suff. franç. de même valeur, pour désigner les Frères de Saint-Jean de Dieu, ordre fondé en 1494 par le Portugais saint Jean de Dieu qui lui donna le nom d'ignorant, par modestie ; on trouve des *frati ignoranti* à Paris dès 1604 (*frères ignorants* est déjà dans la Satire Ménippée) ; a servi plus tard à désigner par dérision les Frères des écoles chrétiennes ; **ignorantissime,** 1593 (Satire Ménippée), sur le modèle de l'it. *ignorantissimo*.

IGUANE, 1658 (1533 *iuana*). Empr., par l'intermédiaire de l'esp. *iguano*, de la langue des Caraïbes.

IL, ILS. Le sing. *il* représente le lat. pop. **illī*, fait probabl. sur *quī*, au lieu du lat. class. *ille*, cf. it. *egli ;* le plur. *ils* date du XIVe s. *Il*, *ils* ont été de véritables pronoms jusqu'au XVIe s. ; ont été depuis remplacés par *lui*, *eux*, en devenant de simples préf. de conjugaison. *Il* s'est développé devant les verbes impersonnels au cours du moyen âge. Cf. it. *egli*, aux deux nombres, esp. *el* (de *ille*), *ellos*, a. pr. *el il*, etc., aux deux nombres ; les patois du Midi, au sud de la ligne qui va de l'embouchure de la Gironde aux Hautes-Alpes, ne les emploient pas comme accessoires du verbe ; il en est de même du pronom devant les verbes impersonnels. — Comp. : **oui,** XVIe, d'abord *oil*, vers 1080, comp. de l'a. fr. *o* « cela », lat. *hoc*, et d'*il*, condensation d'une phrase, qui aurait été en lat. *hoc ille fecit*, le verbe *faire* remplaçant ordinairement le verbe de la question dans la réponse, et pouvant être supprimé entièrement. L'a. fr. disait aussi *o-je*. La particule négative qui s'opposait à *oil* était *nen-il*, aujourd'hui *nenni* (devenu rural) ; l'a. fr. disait aussi *ne-je*. *O-je* et *ne-je* étant sortis d'usage et *il* ayant perdu toute autonomie, *oui* et *nenni* sont devenus inanalysables en fr. dès le XVIe s. au moins. *Oui* est aujourd'hui répandu dans tout le domaine gallo-roman ; *o* (a. pr. *oc*) est devenu rare dans le Midi ; d'où **ouiche,** 1696, déformation d'*oui ;* **oui-da,** XVIIe, d'abord *oui-dea*, XVIe, formé avec la particule *da* qui se combinait aussi avec *non*, *nenni*, et, en outre, était employée isolément ; *da*, XVIe, qui a succédé à *dea* (parfois *dia*), usuel au XVe et au XVIe s. (et encore signalé fin XVIIe) est une altération, due à son emploi interjectif, de *diva*, XIIe, formé des deux impér. *di* et *va*.

IL-, préf., v. **in.**

ÎLE. Lat. *i(n)sula*. It. *isola*, esp. *isla*, a. pr. *iscla*, etc. — Dér. : **îlot,** 1529, a éliminé *islet* et *islette*, qui se rencontrent encore au XVIIe et au XVIIIe s. — Comp. : **presqu'île,** 1544.

ILIAQUE, XVIe (Paré). Dér. sav. du lat. *ilia* « flancs ».

ILLÉGAL, XIVe (Oresme). Empr. du lat. médiéval *illegalis*. — Dér. : **illégalité,** *id.*

ILLÉGITIME, XIVe. Empr. du lat. de basse ép. *illegitimus*. — Dér. : **illégitimité,** 1752.

ILLICITE, XIVe. Empr. du lat. *illicitus*.

ILLICO, 1842. Mot lat. (dont l'orthographe correcte est *ilico*), employé au sens de « sur-le-champ » dans le jargon des pharmaciens, et passé ensuite dans le parler familier général. Employé déjà au XVIe s. dans le langage de la chancellerie, sous l'anc. régime.

ILLIMITÉ, 1611. Empr. du lat. de basse ép. *illimitatus.*

ILLUMINER, XIIe ; **illumination,** XIVe (Oresme). Empr. du lat. *illuminare, illuminatio ;* v. **enluminer.** — Dér. du verbe : **illuminisme,** 1819.

ILLUSION, XIIe ; **illusoire,** XIVe. Empr. du lat. *illusio* (de basse ép.), *illusorius* (de *illudere* « se jouer de »). — Dér. d'*illusion :* **illusionner,** 1801 ; **désillusion,** 1834 ; **désillusionner,** 1838.

ILLUSTRE, XVe ; **illustrer,** vers 1350 ; **illustration,** XIIIe. Empr. du lat. *illustris, illustrare, illustratio.* — Dér. d'*illustre :* **illustrissime,** 1481, d'après l'it. *illustrissimo.*

ILOTE, 1568. Empr. du lat. *ilota* (du grec *heilôs, -ôtos*). — Dér. : **ilotisme,** 1823.

IMAGE, vers 1050 *(Alexis : imagene ; d'où image).* Empr. du lat. *imaginem,* acc. de *imago.* — Dér. : **imager,** 1796, s'emploie surtout au part. passé ; une première fois formé au XIIIe s. ; **imagerie,** 1829, au sens de « commerce, fabrication d'images » ; au moyen âge désigne l'art des **imagiers** ou sculpteurs.

IMAGINER, 1290 ; **imaginable,** 1295 ; **imaginaire,** 1496 ; **imagination,** XIIe. Empr. du lat. *imaginari, imaginabilis* (créé à basse ép.), *imaginarius (id.), imaginatio.* — Dér. d'*imaginer :* **imaginatif** (XIVe, Froissart) ; d'*imaginable :* **inimaginable,** 1580 (Montaigne).

IMAN, 1559. Empr. du mot arabo-turc *imâm.*

IMBÉCILE, 1496 ; **imbécillité,** XIVe (Bersuire). Empr. du lat. *imbecillus, imbecillitas* « faible, faiblesse », sens du fr. jusqu'au XVIIe s., où a triomphé le sens moderne.

IMBERBE, XVe. Empr. du lat. *imberbis.*

IMBIBER, 1503. D'abord *s'imbiber ; imbiber,* trans., apparaît dès le XVIe s. Empr. du lat. *imbibere* « s'imbiber de ».

IMBRIQUÉ, 1584. Empr. du lat. *imbricatus* (de *imbrex* « tuile »).

IMBROGLIO, fin XVIIe (Bossuet). Empr. de l'it. *imbroglio,* subst. verbal de *imbrogliare,* qui correspond à *embrouiller.*

IMBU, vers 1460. Réfection, d'après le lat. *imbutus,* part. passé de *imbuere* « imbiber, imprégner », d'*embu,* encore usité dans le langage de la peinture, part. de l'anc. verbe *emboire,* v. **embu.** Sur *imbu* a été refait *imboire,* très rare, aujourd'hui inusité.

IMITER, XIVe ; **imitateur,** vers 1420 ; **imitatif,** 1466 (rarement avant 1764, Voltaire) ; **imitation,** vers 1235. Empr. du lat. *imitari, imitator, imitativus* (créé à basse ép.), *imitatio.*

IMMACULÉ, vers 1400. Empr. du lat. eccl. *immaculatus* (de *macula* « tache »).

IMMANENT, 1570. Empr. du lat. scolastique *immanens,* part. prés. de *immanere* « demeurer ». — Dér. : **immanence,** 1873.

IMMARCESCIBLE, vers 1520. Empr. du lat. eccl. *immarcescibilis* (de *marcescere* « se flétrir, languir »).

IMMATÉRIEL, vers 1335 ; **immatérialité,** 1647 (Pascal). Empr. du lat. scolastique *immaterialis- -itas.*

IMMATRICULER, 1485. Empr. du lat. médiéval *immatriculare.* — Dér. : **immatriculation,** 1636.

IMMÉDIAT, 1382. Empr. du lat. de basse ép. *immediatus.*

IMMÉMORIAL, 1507. Empr. du lat. médiéval *immemorialis.*

IMMENSE, 1360 ; **immensité,** XIVe. Empr. du lat. *immensus, immensitas.*

IMMERGER, 1632, une première fois en 1501 ; **immersion,** XIVe. Empr. du lat. *immergere, immersio.*

IMMEUBLE, vers 1190. Empr. du lat. *immobilis,* auquel le lat. juridique du moyen âge a donné son acception spéciale ; francisé en *immeuble* d'après *meuble.*

IMMIGRER, 1838, mais *immigré,* 1769 ; **immigration,** 1768. Le premier est empr. du lat. *immigrare,* le deuxième dér. de ce verbe lat., pour exprimer des notions opposées à *émigrer, émigration.*

IMMINENT, XIVe ; **imminence,** 1787 (Necker). Empr. du lat. *imminens* (de *imminere* « menacer »), *imminentia* (créé à basse ép.).

IMMISCER, 1482, s'emploie surtout au réfl. ; **immixtion,** 1701, une première fois au XVIe s. Empr. du lat. *immiscere, immixtio.*

IMMOBILE, XIIIe (J. de Meung) ; **immobilité,** 1314. Empr. du lat. *immobilis, immobilitas* (créé à basse ép.).

IMMODÉRÉ, XVe. Empr. du lat. *immoderatus.*

IMMODESTE, 1543 ; **immodestie,** 1546. Empr. du lat. *immodestus* « sans retenue », *immodestia* « excès » ; ont suivi le développement sémantique de *modeste, modestie.*

IMMOLER, vers 1460 ; **immolation,** XIIIe. Empr. du lat. *immolare, immolatio.* — Dér. : **immolateur,** 1534.

IMMONDE, XIIIe. Empr. du lat. *immundus* (de *mundus* « net, propre »).

IMMONDICES, 1223. Empr. du lat. *immunditiae ;* on trouve aussi le sing. au XIIIe s. et encore chez Chateaubriand, d'après le lat. *immunditia.*

IMMORTEL, XIIIe ; **immortalité,** XIIe. Empr. du lat. *immortalis, immortalitas.* — Dér. d'*immortel,* d'après le lat. *immortalis :* **immortaliser,** 1544.

IMMUTABILITÉ, XIVe. Empr. du lat. *immutabilitas* pour servir de nom abstrait à *immuable,* v. **muer.**

IMMUNITÉ, 1276. Empr. du lat. *immunitas* « exemption de charges » *(munus) ;* pris au sens médical, 1866, en parlant de la vaccine.

IMPACT, 1829. Empr. du lat. *impactus*, part. passé de *impingere* « se heurter ».

IMPAIR, 1500, d'abord *impar*, 1484 ; **imparité,** 1838 (auparavant, vers 1300 et vers 1600, au sens de « inégalité »). Empr. du lat. *impar*, francisé d'après *pair*, *imparitas* (créé à basse ép.).

IMPALPABLE, vers 1440. Empr. du at. de basse ép. *impalpabilis*.

IMPARFAIT, 1372. Du lat. *imperfectus ;* comme t. de gramm. d'abord *prétérit imparfait*, XVe s., *temps imparfait*, 1596, *imparfait*, subst., 1606.

IMPARTIR, 1410. Terme juridique, empr. du lat. *impartiri*, *impartire* (de basse ép.) « donner une part, accorder », réfection du lat. class. *impertiri*.

IMPASSE, v. **passer.**

IMPASSIBLE, vers 1300 ; **impassibilité,** XIIIe. Empr. du lat. de basse ép. *impassibilis*, *impassibilitas*.

IMPATIENT, XIIe ; **impatience,** XIIe. Empr. du lat. *impatiens*, *impatientia*. — Dér. : d'*impatient :* **impatienter,** 1584.

IMPAVIDE, 1801. Empr. du lat. *impavidus*.

IMPECCABLE, XVe. Empr. du lat. eccl. *impeccabilis* (de *peccare* « pécher »).

IMPÉNÉTRABLE, vers 1390. Empr. du lat. *impenetrabilis*. — Dér. : **impénétrabilité,** XVIIe (Pascal).

IMPÉNITENT, vers 1380 ; **impénitence,** 1488. Empr. du lat. eccl. *impoenitens*, *impoenitentia*.

IMPÉRATIF, XIIIe, comme terme de grammaire, XVIe, au sens de « qui impose un ordre ». Empr. du lat. de basse ép. *imperativus*, à la fois terme de grammaire et au sens d' « imposé » ; le deuxième sens du fr. est une innovation qui lui est propre.

IMPÉRATRICE, 1482. Empr. du lat, *imperatrix*, a remplacé l'a. fr. *empereriz*. forme plus francisée ; à côté on trouve aussi *emperiere*, etc. ; v. **empereur.** Après avoir ainsi hésité, le fr. a opté pour la forme la plus proche du latin.

IMPERCEPTIBLE, 1377. Empr. du lat. eccl. *imperceptibilis*.

IMPERFECTION, vers 1120. Empr. du lat. de basse ép. *imperfectio*.

IMPÉRIAL, XIIe, en outre *emperial*. Empr. du lat. de basse ép. *imperialis* (de *imperium* « empire »). — Dér. : **impériale,** « dessus d'une voiture adapté de façon à recevoir des voyageurs », 1648 ; puis (en 1842) « touffe de poils qu'on laisse pousser sous la lèvre inférieure » ; **impérialiste,** 1525, au sens de « partisan de l'empire d'Allemagne » ; au XIXe s., a désigné les partisans de la dynastie napoléonienne ; puis, d'après l'angl. *imperialist*, a pris le sens de « qui concerne la doctrine de l'impérialisme ou expansion de la puissance britannique », 1893, cf. aussi **impérialisme,** 1836, d'après l'angl. *imperialism*, puis sens plus étendus.

IMPÉRIEUX, vers 1420. Empr. du lat. *imperiosus*.

IMPÉRITIE, XIVe (en outre *imperice* au XVe s.). Empr. du lat. *imperitia* (de *peritus* « expérimenté »).

IMPERMÉABLE, v. **perméable.**

IMPERSONNEL, 1174 (*impersonal*, comme terme de grammaire). Empr. du lat. des grammairiens *impersonalis ;* le sens philosophique est un développement propre au fr. du XIXe s. — Dér. : **impersonnalité,** 1765, au sens grammatical.

IMPERTINENT, 1327. Empr. du lat. de basse ép. *impertinens* « qui ne se rapporte pas à, qui ne convient pas », d'abord t. de procédure, emploi qui a duré jusqu'au XVIIIe s. ; sens moderne dès lors. — Dér. : **impertinence,** XVe, développement sémantique parallèle à celui de l'adj.

IMPERTURBABLE, 1406, rare avant le XVIIIe s. Empr. du lat. de basse ép. *imperturbabilis* (de *perturbare* « troubler »). — Dér. : **imperturbabilité,** XVIIe (Bossuet).

IMPÉTIGO, 1784. Empr. du lat. médical *impetigo* (de *impetere* « attaquer » ; cf. pour le sens *éruption*).

IMPÉTRANT, 1347. Part. prés. de l'anc. verbe juridique *impétrer*, XIVe (d'abord *empetrer*, XIIIe, Beaumanoir), empr. du lat. *impetrare* « obtenir ».

IMPÉTUEUX, XIIIe ; **impétuosité,** *id.* Empr. du lat. de basse ép. *impetuosus*, *impetuositas* (de *impetus* « choc, élan, attaque »).

IMPIE, XVe ; **impiété,** vers 1120, rare avant le XVIIe s. Empr. du lat. *impius*, *impietas*.

IMPLACABLE, 1455. Empr. du lat. *implacabilis* (de *placare* « apaiser »).

IMPLANTER, 1539, rare avant le XVIIIe s. Empr. de l'it. *impiantare* « placer », qui s'emploie surtout au réfl. comme le fr., lat. de basse ép. *implantāre* « planter dans ». On considère aussi le verbe fr. comme empr. du lat., mais *implantare* est très rare et ne paraît pas avoir pu servir de modèle. — Dér. : **implantation,** 1541.

IMPLIQUER, XIVe (au réfl.) ; **implication,** XIVe ; **implicite,** 1496. Empr. des mots lat. *implicare* « envelopper, embarrasser », *implicatio* « enveloppement, embarras », *implicitus* « enveloppé », qui ont été affectés à des emplois juridiques ou logiques ; *impliquer* se rencontre quelquefois avec le sens propre du lat. et *implication* a d'abord été pris au sens de *implicatio* avant de se régler sur le verbe fr. A côté de la locution *impliquer contradiction*, 1377, on trouve souvent *impliquer* (encore chez Beaumarchais) ; cf. déjà au XIVe s. : « Ce que j'ai dit ne répugne ne implique » ; le sens s'est sans doute développé dans le latin médiéval.

IMPLORER, vers 1280. Empr. du lat. *implorare* (de *plorare* « pleurer »).

IMPORTER, terme de commerce, 1669 (le verbe apparaît déjà quelquefois au XIVe s., où il est empr. du lat.) ; **importation,** 1734. Empr. de l'angl. *to import* (du lat. *importare* « porter dans »), *importation*, par opposition à *exporter*, *exportation*. — Dér. : **importateur,** 1756 ; **réimporter,** 1792 ; **réimportation,** 1835.

IMPORTER, 1536 ; **importance,** vers 1470 ; **important,** 1476, très probablement empr. des mots it. *importare*, *-anza*, *-ante*, qui ont passé du sens de « causer », propre au lat. *importare*, à celui de « être d'importance ».

IMPORTUN, 1327 ; **importunité,** vers 1190. Empr. du lat. *importunus*, propr. « difficile à aborder » (en parlant d'un port, d'un lieu) d'où « désagréable », *importunitas*. Le sens de « désagréable en arrivant mal à propos » s'est développé en fr., et *importunité* a suivi le sens d'*importun*. — Dér. d'*importun* : **importuner,** 1508.

IMPOSER, 1302. Empr. avec francisation d'après *poser*, du lat. *imponere* « faire porter une charge », d'où « imposer un tribut » et aussi « en imposer, tromper » ; mais *(en) imposer* au sens d' « imposer le respect » est propre au fr., XVIIe, d'où **imposant,** 1732 (Voltaire). — Dér. et Comp. : **imposable,** 1454 ; **réimposer,** 1549 ; **-ition,** 1683 ; **surimposer,** 1674 ; **-ition,** 1611.

IMPOSITION, 1288. Empr. du lat. *impositio* « action de mettre sur » ; développement sémantique parallèle à *imposer ; imposition des mains* est un calque du lat. eccl. *impositio manuum ;* le sens d' « impôt » apparaît dès le XIVe s.

IMPOSSIBLE, 1227. Empr. du lat. *impossibilis*. — Dér. : **impossibilité,** 1325.

IMPOSTE, 1545. Empr. de l'it. *imposta*, fém. pris substantiv. de *imposto*, part. de *imporre*, lat. *impŏnere* « placer sur ».

IMPOSTEUR, 1534 (Rab.) ; **imposture,** 1546, au moyen âge *emposture*. Empr. du lat. de basse ép. *impostor*, *impostura* (de *imponere* au sens de « tromper », v. **imposer**).

IMPÔT, 1399. Empr. du lat. *impositum*, neutre de *impositus* « posé sur », part. passé de *imponere*, v. **imposer,** en vue de son sens spécial, et francisé comme *dépôt*.

IMPOTENT, 1308 ; **impotence,** XIIIe (J. de Meung). Empr. du lat. *impotens*, *impotentia* « impuissant, impuissance » ; spécialisés au sens physique ; rares au sens lat.

IMPRÉCATION, XIVe (Bersuire). Empr. du lat. *imprecatio* (de *imprecari* « souhaiter du mal à quelqu'un »).

IMPRÉGNER, 1620. Réfection de l'anc. verbe *empregnier* « féconder », usité encore au début du XVIIe s., lat. de basse ép. *impraegnāre* (de *praegnans* « fécondée », enceinte »). Le sens de « féconder » est aujourd'hui restreint à la langue de l'histoire naturelle. Le sens moderne vient d'*empreindre* dont beaucoup de formes se confondaient avec celles d'*empregnier ;* de là *empreinte* « fécondée », fréquent en a. fr. **Imprégnation,** XIVe, rare aujourd'hui, a été fait sur le verbe lat. avant *imprégner*.

IMPRESARIO, 1833 (Th. Gautier, au sens de « directeur »). Empr. de l'it. *impresario*, dér. de *impresa* « entreprise » (de *imprendere*, v. **emprise**).

IMPRESSION ; action de mettre une empreinte, 1259. Empr. du lat. *impressio* « action de presser, empreinte », de *imprimere* « presser sur ». A servi de subst. à *imprimer* (un livre) à partir de 1475. — Dér. : **réimpression,** 1690.

IMPRESSION, « influence exercée par des objets extérieurs », 1468. Empr. du lat. philosophique *impressio* « impression sur les sens ». V. **expression.** — Dér. : **impressionner,** 1741 ; **impressionnable,** 1780 ; **impressionniste,** 1874, d'où, plus trad, **impressionnisme ;** créé dans un sens défavorable par le critique du *Charivari*, Leroy, à propos d'un tableau de Claude Monet, intitulé *Impression*.

IMPRIMER, vers 1270. Empr. du lat. *imprimere ;* au sens d' « imprimer un livre », 1530. — Dér. : **imprimerie,** vers 1500 (« L'art d'imprimerie ») ; **imprimeur,** 1441 ; **réimprimer,** 1538 (Marot).

IMPROBATION, v. **improuver.**

IMPROBE, 1866, une première fois au XVe s. ; **improbité,** 1350, rare avant le XIXe s. Empr. du lat. *improbus*, *improbitas*.

IMPROMPTU, 1651. Empr. du lat. *in promptu* (du subst. lat. *promptus* « le fait d'être à la disposition de »), locution adverbiale signifiant « sous la main, en vue », d'où en fr. « sur-le-champ, sans préparation », puis « morceau improvisé, petite pièce de théâtre, etc. ».

IMPROPRE, 1372 ; **impropriété,** 1488. Empr. du lat. des grammairiens *improprius*, *improprietas*.

IMPROUVER, 1370 (Oresme) ; **improbateur,** XVIIe (Balzac) ; **improbation,** vers 1450. Empr. du lat. *improbare* « désapprouver » (de *probare* « approuver »), *improbator* (créé à basse ép.), *improbatio*. *Improuver* a été francisé d'après *approuver*.

IMPROVISER, 1660. Empr. de l'it. *improvvisare*, dér. de *improvviso* « imprévu », empr. du lat. *improvisus*. — Dér. : **improvisateur,** 1787 ; **improvisation,** 1807 (Mme de Staël).

IMPROVISTE, seulement dans la locution à *l'improviste*, 1528. Empr. de l'it. *improvvisto*, synonyme de *improvviso ;* on trouve rarement *improviste* pris comme adj. au XVIe s. A supplanté *à l'impourvu*, encore usité au XVIIe s.

IMPRUDENT, vers 1450 ; **imprudence,** 1370 (Oresme), rare avant le XVIIe s. Empr. du lat. *imprudens*, *imprudentia*.

IMPUBÈRE, 1488, rare avant le XVIIIe s. Empr. du lat. *impubes*, *-eris*.

IMPUDENT, vers 1520 ; **impudence,** 1511. Empr. du lat. *impudens, impudentia.*

IMPUDIQUE, XIVe. Empr. du lat. *impudicus.* — Dér. : **impudicité,** XIVe (E. Deschamps).

IMPULSION, 1315 ; **impulsif,** XIVe, rare avant le XVIIIe s. Empr. du lat. *impulsio* (de *impellere* « pousser vers »), *impulsivus* (lat. médiéval).

IMPUNI, 1320 ; **impunité,** XIVe (Bersuire). Empr. du lat. *impunitus, impunitas.* — Dér. d'*impuni :* **impunément,** 1554 ; d'abord *impuniment,* bien que relevé en 1564 seulement, refait sur les adv. en *-ément.*

IMPUR, XIIIe ; **impureté,** XIVe (E. Deschamps), en outre *impurité,* XVe. Empr. du lat. *impurus, impuritas.*

IMPUTER, 1362, on trouve aussi du XIIIe au XVe s. *emputer,* d'où *emputeur,* encore au XVIe s. ; **imputation,** XVe. Empr. du lat. *imputare* « porter au compte » (de *putare* « compter »), *imputatio.* — Dér. : **imputable,** XIVe (Oresme).

IN-. Préf. négatif, empr. du lat. *in-* ; prend les formes *im* devant *b, p, m, il* devant *l, ir* devant *r.* Les mots non relevés à l'ordre alphabétique doivent être recherchés sous le simple.

INACCESSIBLE, 1496. Empr. du lat. de basse ép. *inaccessibilis.*

INADVERTANCE, 1344. Empr. du lat. médiéval *inadvertentia* (de *advertere* « tourner son attention vers »).

INANITÉ, 1496. Empr. du lat. *inanitas* (de *inanis* « vide, vain »).

INANITION, vers 1240. Empr. du lat. de basse ép. *inanitio* « action de vider » (de *inanire*) en vue de son sens spécial ; le lat. *inanis* signifie aussi « à jeun, affamé ».

INAUGURER, XIVe (Bersuire) ; **inauguration,** *id. ;* tous deux alors au sens du lat. ; rares avant le XVIIIe s. Empr. des mots lat. *inaugurare* « prendre les augures, consacrer », *inauguratio,* tous deux termes de la langue religieuse, d'où le sens du fr., qui n'a gardé que l'idée de solennité ou de nouveauté. — Dér. du verbe : **inaugural,** XVIIe (Chapelain : *Vostre oraison inaugurale*).

INCANDESCENT, 1781. Empr. du lat. *incandescens,* part. prés. de *incandescere* « être en feu ». — Dér. : **incandescence,** 1764.

INCANTATION, XIIIe. Empr. du lat. de basse ép. *incantatio* (de *incantare* « faire des chants magiques ») ; v. **enchanter.**

INCARCÉRER, 1451 ; rare avant la fin du XVIIIe s. ; au moyen âge on trouve aussi *encarcerer.* Empr. du lat. médiéval *incarcerare* (de *carcere* « prison », v. **chartre**). — Dér. : **incarcération,** XVe, a signifié « étranglement d'une hernie » dans la langue de la chirurgie, dès 1314.

INCARNAT, 1532 (Rab.). Empr. de l'it. *incarnato* « de la couleur de la chair (*carne*) ». On a dit aussi depuis la fin du XVIe s. *incarnadin,* empr. de l'it. dialectal *incarnadino.*

INCARNER, 1448, terme de théologie, a éliminé une forme plus francisée *encharner,* qui se trouve encore chez d'Aubigné ; **incarnation,** 1113. Empr. du lat. eccl. *incarnare* (de *caro, carnis* « chair »), *incarnatio.*

INCARNER, terme de médecine, 1372 ; a éliminé une forme plus francisée *encharner,* 1314, qui a été refaite en *incarner* par interprétation étymologique. *Incarnare* n'est pas attesté au sens médical, mais a pu exister dans le lat. médiéval. — Dér. : **désincarné,** 1891 (Huysmans).

INCARTADE, 1612. Empr. de l'it. *inquartata* « coup d'épée qu'on fait tout en se retirant vivement de côté, quand l'adversaire porte un coup droit en avant », parce qu'on fait alors un quart de tour.

INCENDIE, 1602 ; **incendiaire,** XIIIe. Empr. du lat. *incendium, incendiarius.* Jusqu'au début du XVIIe s. on a dit *embrasement* ou *brûlement.* — Dér. : **incendier,** 1596.

INCESTE, XIIIe ; **incestueux,** 1352. Empr. du lat. *incestus, incestuosus* (créé à basse ép.). On a dit aussi *inceste,* adj., d'après le lat. *incestus,* propr. « impur » (de *castus* « chaste »).

INCIDENCE, 1626 ; **incident,** adj., 1720 ; t. de physique, empr. des mots anglais *incidence* (formé par Bacon sur le lat. *incidere*), *incident.*

INCIDENT, *subst.,* XIIIe (J. de Meung). Empr. du lat. scolastique *incidens* (de *incidere* « survenir »).

INCINÉRER, 1794, parfois au XVIe s. et déjà en 1488 ; **incinération,** 1762, rare auparavant, relevé au XIVe s. et chez Paré. Empr. du lat. *incinerare* (de *cinis, cineris* « cendre »), *incineratio* (lat. médiéval).

INCIRCONCIS, 1496 ; **-ion,** 1530. Empr. du lat. eccl. *incircumcisus, -io,* v. **circoncire.**

INCISER, 1418. Réfection, d'après *incision,* de l'a. fr. *enciser* « couper » ; le sens du verbe a été en même temps restreint à des emplois techn. en rapport avec *incision ; enciser* représente le lat. pop. ***incīsāre** (de *incīsus,* part. passé du lat. *incīdere* « couper »).

INCISION, 1314, au sens médical. Empr. du lat. *incisio.* Formé avec le radical d'*incision,* **incisif,** 1314, n'a pris le sens de « tranchant » qu'au XVIe s.

INCITER, XIVe (Froissart) ; antér. *enciter,* XIIe ; **incitation,** XIVe. Empr. du lat. *incitare, incitatio.*

INCIVIL, XIVe (Oresme) ; **incivilité,** 1426. Empr. du lat. *incivilis, incivilitas.*

INCLÉMENT, 1528, rare avant le XIXe s. ; **inclémence,** 1520. Empr. du lat. *inclemens, inclementia.*

INCLINER, 1213. Réfection, d'après le lat., d'*encliner* qui a résisté jusqu'au début du XVIIe s. (probabl. à cause de l'existence de l'adj. *enclin*) et qui représente le lat. *inclīnāre* ; **inclination,** vers 1295, depuis le XVIIe s., usité surtout au sens moral. Empr. du lat. *inclinatio* « action d'incliner » au physique et au moral. — Dér. d'*incliner* : **inclinaison,** 1639 ; créé pour distinguer le sens physique du sens moral, réservé de préférence à *inclination*.

INCLUS, 1394, on trouve aussi un fém. *inclue* au XVe s. Empr. du lat. *inclusus*, part. passé de *includere* « enfermer ». On a créé au début du XIXe s. le verbe *inclure* d'après *exclure*, mais pour quelques formes seulement : inf. et ind. prés.

INCLUSIVEMENT, XIVe. Fait, par opposition à *exclusivement*, d'après le lat. médiéval *inclusivus*.

INCOGNITO, 1581. Empr. de l'it. *incognito*, empr. lui-même du lat. *incognitus* « inconnu ».

INCOLORE, 1797. Empr. du lat. de basse ép. *incolor*.

INCOMBER, 1789, déjà au XVe s. et en 1567 ; on trouve aussi chez Buffon *incombant*, comme terme techn., au sens de « qui pèse sur ». Empr. du lat. *incumbere* « peser sur ».

INCOMBUSTIBLE, 1370 (Oresme) ; rare avant le XVIIe s. Empr. du lat. médiéval *incombustilis*.

INCOMMENSURABLE, 1370 (Oresme) ; rare avant le XVIIe. Empr. du lat. de basse ép. *incommensurabilis*.

INCOMMODE, 1534 ; **incommoder,** XVe ; **incommodité,** 1389. Empr. du lat. *incommodus*, *-are*, *-itas*.

INCOMPARABLE, XIIe, d'après l'adv. **-ement.** Empr. du lat. *incomparabilis*.

INCOMPÉTENT, 1505. Empr. du lat. de basse ép. *incompetens*. — Dér. : **incompétence,** 1537.

INCOMPLET, 1762, une première fois en 1372. Empr. du lat. de basse ép. *incompletus*.

INCOMPRÉHENSIBLE, vers 1300. Empr. du lat. *incomprehensibilis*. — Dér. : **incompréhensibilité,** 1553.

INCONGRU, 1496 ; **incongruité,** 1514. Empr. du lat. de basse ép. *incongruus* « inconséquent, déraisonnable », *incongruitas* (seulement terme de grammaire). *Incongruité* a suivi le sens de l'adj.

INCONSÉQUENT, 1734 (Voltaire), une première fois en 1552 ; **inconséquence,** 1538. Empr. du lat. *inconsequens*, *inconsequentia*.

INCONSIDÉRÉ, XVe ; **inconsidération,** 1488. Empr. du lat. *inconsideratus* « irréfléchi », *inconsideratio* « irréflexion » ; ont suivi le sens de *considéré*, *considération*.

INCONSOLABLE, 1504 ; l'adv. **-ement** est déjà attesté en 1488. Empr. du lat. *inconsolabilis*.

INCONSTANT, 1372 ; **inconstance,** XIIIe. Empr. du lat. *inconstans*, *inconstantia*.

INCONTINENT, *adv.*, XIIIe. Empr. du lat. *in continenti* (sous-entendu *tempore*), locution adverbiale signifiant « dans un temps continu, tout de suite ».

INCONTINENT, *adj.*, vers 1350 ; **incontinence,** XIIe (alors au sens moral). Empr. des mots lat. *incontinens*, *incontinentia*, qui ont également le sens médical.

INCONVÉNIENT, XIIIe. Empr. de l'adj. lat. *inconveniens* (de *convenire* « convenir »). A été aussi employé comme adj. jusqu'au XVIIe s.

INCORPOREL, XIIe. Empr. du lat. *incorporalis*.

INCORPORER, 1425, au moyen âge *encorporer* ; **incorporation,** 1408. Empr. du lat. de basse ép. *incorporare* (de *corpus*, *corporis* « corps »), *incorporatio*. Ont élargi leur sens d'après *corps*. — Dér. : **réincorporer,** 1559.

INCORRIGIBLE, 1334. Empr. du lat. de basse ép. *incorrigibilis*.

INCORRUPTIBLE, XIIIe ; **incorruptibilité,** 1496. Empr. du lat. de basse ép. *incorruptibilis*, *incorruptibilitas*.

INCRÉDIBILITÉ, 1520. Empr. du lat. *incredibilitas*.

INCRÉDULE, XIVe (Froissart) ; **incrédulité,** Xe *(Fragment de Valenciennes : encreduliteI)*. Empr. du lat. *incredulus*, *incredulitas*.

INCRIMINER, 1791, mais déjà au XVIe s. Empr. du lat. *incriminare* (de *crimen*, *criminis* « accusation, crime »).

INCRUSTER, vers 1560 ; **incrustation,** 1553. Empr. du lat. *incrustare* (de *crusta* « croûte »), *incrustatio*.

INCUBATION, 1694, propr. « action de couver des œufs », d'où le sens médical. Empr. du lat. *incubatio* (de *incubare* « couver »).

INCUBE, 1372. Empr. du lat. *incubus* « cauchemar » (de *incubare* « coucher sur ») qui a servi, par suite, à désigner dans le lat. eccl. cette sorte de démon appelé *incube*, v. **succube.**

INCULPER, 1526 ; **inculpation,** 1743, une première fois au XVIe s. Empr. du lat. de basse ép. *inculpare* (de *culpa* « faute »), *inculpatio*. Le fr. a eu jusqu'au XVIe s. une forme plus francisée *encou(l)per* ; v. **coulpe.**

INCULQUER, 1512. Empr. du lat. *inculcare*, propr. « fouler, presser » (de *calx*, *calcis* « talon »).

INCULTE, 1475. Empr. du lat. *incultus*.

INCUNABLE, 1823. Empr. du lat. *incunabula*, plur. neutre, « berceau », qui a été employé en lat. moderne pour désigner les premières productions de l'imprimerie, cf. *Incunabula Typographiae*, Beughem, Amsterdam, 1688.

INCURABLE, 1314. Empr. du lat. de basse ép. *incurabilis.*

INCURIE, 1560. Empr. du lat. *incuria* (de *cura* « soin »).

INCURIOSITÉ, 1496. Empr. du lat. de basse ép. *incuriositas* « négligence » pour servir de contraire à *curiosité.*

INCURSION, XIVe (Bersuire). Empr. du lat. *incursio* « attaque, invasion » (de *incurrere* « courir sur »), sens plus étendu au XIXe s.

INCURVER, 1840. Empr. du lat. *incurvare.*

INDÉCENT, XIVe ; **indécence,** 1568. Empr. du lat. *indecens* « qui n'est pas convenable », *indecentia ;* concernent surtout la pudeur depuis le XVIIe s.

INDÉCIS, 1458. Empr. du lat. de basse ép. *indecīsus* « non tranché » ou formé sur le lat. class. *decīsus* (de *decīdere* « trancher ») pour servir de contraire à *décidé.* — Dér. : **indécision,** 1611.

INDÉCLINABLE, XIVe, au sens de « qui ne dévie pas (moralement) » ; sens grammatical, 1579 (une 1re fois 1380). Empr. du lat. *indeclinabilis*, qui a les mêmes sens.

INDÉFECTIBLE, 1501. Comp. de l'adj. *défectible*, rare (mais attesté par l'adv. **-ement** au XVIe s.), dér. sav. du lat. *defectus*, part. passé de *deficere* « faire défaut ».

INDÉFINI, XIVe, rare avant le XVIe. Empr. du lat. *indefinitus.*

INDÉLÉBILE, 1528. Empr. du lat. *indelebilis* (de *delere* « détruire ») ; d'où a été tiré **délébile,** 1823.

INDEMNE, 1384, comme terme jurid. ; sens plus étendu au XIXe s. ; **indemnité,** 1367. Empr. du lat. jurid. *indemnis* (de *damnum* « dommage »), *indemnitas.* — Dér. : **indemniser,** 1465.

INDÉMONTRABLE, 1726, une première fois en 1582. Empr. du lat. de basse ép. *indemonstrabilis.*

INDESCRIPTIBLE, 1789. Formé sur *descriptus*, le part. passé du lat. *describere*,

INDÉSIRABLE, 1911 (*undesirable* en 1905). Empr. et adapté de l'angl. *undesirable* (de *desirable*, empr. du fr.). Rendu populaire en 1911, à la suite de la fugue retentissante d'un chef de famille avec la gouvernante de ses enfants, les autorités canadiennes ayant déclaré *undesirable*, suivant un terme usuel dans les services de l'immigration en Amérique, l'accès de ces deux personnes sur le territoire du Canada.

INDEX, 1503, en parlant du doigt qui est près du pouce, en outre *doigt indice*, 1534 (Rab.) ; au sens de « table des matières d'un livre », XVIIe ; « catalogue des vres suspects établi par une Congrégation spéciale de Rome », XVIIe ; de là l'expression *mettre à l'index*, début XIXe. Empr., aux deux premiers sens, du lat. *index*, propr. « indicateur » ; le troisième sens est une innovation du lat. moderne ; on trouve aussi quelquefois en ce troisième sens *indice* d'après l'it. *indice.* — Dér. : **indexer,** 1948.

INDICE, 1306. Empr. du lat. *indicium* (de *index*) ; a signifié aussi « dénonciation » au XVIe et au XVIIe s. d'après le lat. dont c'est le sens propre.

INDICIBLE, 1452 ; *indisible*, XIVe. Empr. du lat. de basse ép. *indicibilis* (de *dicere* « dire »).

INDICTION, terme de chronologie, XIIe. Empr. du lat. de basse ép. *indictio* (de *indicere* « publier »).

INDIENNE, 1632. Dér. d'*Inde*, nom du pays où l'indienne se fabriquait d'abord.

INDIFFÉRENT, 1314, d'après l'adv. **-emment ; indifférence,** 1487 (une 1re fois 1377). Empr. du lat. *indifferens ; indifferentia.*

INDIGÈNE, 1756 (Voltaire), une première fois, par plaisanterie, dans le jargon latinisant de l'écolier limousin, 1532 (Rab.) ; récent comme subst. Empr. du lat. *indigena.* — Dér. : **indigénat,** 1699.

INDIGENT, XIIIe (J. de Meung) ; **indigence,** *id.* Empr. du lat. *indigens, -entia.*

INDIGESTE, vers 1360, sens fig. dès le XVIe s. ; **indigestion,** XIIIe, sens fig. au XVIIe s. Empr. du lat. *indigestus*, propr. « confus » (de *digerere* « mettre en ordre »), d'où « mal digéré », à basse ép., *indigestio.*

INDIGNE, XIIe, rare avant le XVIe ; **indigner,** XIVe (Bersuire, mais dès 1330 au part. passé), au XIIe s. *s'endeignier ;* **indignation,** XIIe ; **indignité,** vers 1420. Empr. du lat. *indignus, indignari* « trouver indigne, s'indigner », *indignatio, indignitas.*

INDIGO, 1578. Empr. de l'esp. *indigo*, par l'intermédiaire du néerl. *indigo*, les Pays-Bas ayant à cette époque-là monopolisé l'importation de l'indigo en Europe. L'esp. *indigo* est empr. du lat. *indicum* qui désignait l'indigo venant de l'Inde, d'où aussi a. fr. *inde* (rare) ; *indigo* a servi en esp., après la découverte de l'Amérique, à désigner l'indigo qui y avait été transplanté, surtout dans la région du Mexique, et y prospérait ; le nom convenait bien à cause de son rapport avec *Indias* « Indes occidentales » qui désignait l'Amérique ; il n'a pourtant pas éliminé en esp. le mot anc. *añil*, d'origine arabe, v. **aniline.** — Dér. : **indigoterie,** 1658 ; **indigotier,** 1718.

INDIQUER, 1510 ; **indicatif,** XIVe (Oresme), au sens de « qui indique » ; terme de grammaire, vers 1500 ; **indication,** 1333. Empr. du lat. *indicare, indicativus, indicatio.* — Dér. d'*indiquer :* **indicateur,** 1498. Comp. d'*indication* : **contre-indication,** 1741.

INDISCRET, vers 1380 ; **indiscrétion,** XIIe. Empr. du lat. *indiscretus* « qu'on ne peut distinguer », *indiscretio ;* ont suivi le sens de *discret, discrétion.*

INDISSOLUBLE, 1496. Empr. du lat. *indissolubilis.* — Dér. : **-ubilité,** 1609.

INDISTINCT, 1496, d'après l'adv. **-ement** Empr. du lat. *indistinctus.*

INDIVIDU, 1242. Empr. du lat. scolastique *individuum* « ce qui est indivisible » (signifie « atome » chez Cicéron ; *individuus* est usuel en lat. anc. au sens d' « indivisible »), d'où « ce qui est particulier » par opposition aux espèces et aux genres, puis « tout être particulier », et, de là, en fr. fam., « personne indéterminée », dès le XVIIe s. — Dér. : **individuel,** 1490 ; **individualiser,** 1767 ; **individualité,** 1760 ; **individualisme,** 1833 ; **individualiste,** 1836.

INDIVIS, terme de droit, 1347. Empr. du lat. jurid. *indivisus.* — Dér. : **indivision,** 1765, d'après *division ;* rare antér. ; une fois au XVe s. dans un sens philosophique.

INDIVISIBLE, 1314. Empr. du lat. de basse ép. *indivisibilis.* — Dér. : **indivisibilité,** 1516.

INDOCILE, XVe ; **indocilité,** XVIe. Empr. du lat. *indocilis, indocilitas.*

INDOLENT, fin XVIe (Sully) ; **indolence,** XVIe, une première fois au XIVe s. Empr. du lat. *indolens, indolentia.*

INDOLORE, 1845. Empr. du lat. *indolorius* « sans douleur ».

INDUBITABLE, 1488, d'après l'adv. **-ement.** Empr. du lat. *indubitabilis* (de *dubitare* « douter »).

INDUIRE, XIIIe s., au sens d' « amener quelqu'un à faire » ; sens logique, XIVe (Oresme) ; **induction,** 1290 ; appliqué à la physique, au XIXe s. ; **inductif,** fin XIVe, souvent au sens de « qui amène à », d'après le verbe. *Induire* est une réfection, d'après le lat. *inducere,* de l'a. fr. *enduire* « amener l'esprit à », v. **enduire** : le sens logique est dû à *induction,* empr. du lat. philosophique *inductio ; inductif* est empr. du lat. scolastique *inductivus.* — Dér. d'*induction,* terme de physique : **inducteur,** 1866.

INDULGENT, 1573 ; **indulgence,** vers 1190. Empr. du lat. *indulgens, -entia* (de *indulgere* « avoir de l'indulgence »).

INDURER, 1855, une première fois *induré,* dans un sens fig., 1466 ; **induration,** 1495, au sens médical ; se trouve au XIVe s. aussi en un sens fig. Empr. du lat. *indurare, induratio ;* v. **endurer.**

INDUSTRIE, 1356, au sens d' « activité », d'où, aussi, « habileté » ; prend au XVe s. le sens de « profession mécanique, ingéniosité qu'on manifeste dans un métier, dans l'agriculture », de là le sens d' « ensemble des arts, des métiers, qui mettent en œuvre les matières premières », 1765, qui est devenu le sens dominant ; **industrieux,** 1455. Empr. du lat. *industria* « activité », *industriosus. Chevalier d'industrie,* 1690, d'abord *-de l'-,* en 1633, dans la traduction du *Buscón* (de 1622) de Quevedo, qui feint qu'une association de vauriens prend comme patronne l'*industrie* dont ils se nomment les chevaliers ; on trouve encore *chevalier de l'-* en 1721. — Dér. : d'*industrie :* **industriel,** 1770 (Galiani : *Nations industrielles*) ; un moment concurrencé par *industrieux ;* le sens moderne triomphe au début du XIXe s., d'où **industrialisme,** 1823 (Saint-Simon), **-iser,** 1836.

INÉDIT, 1796. Empr. du lat. *ineditus.*

INEFFABLE, vers 1470. Empr. du lat. *ineffabilis* (de *effari* « parler, dire »).

INÉGAL, 1503, d'après l'adv. **-ement ; inégalité,** XVIe. Réfection, d'après *égal, égalité,* d'*inéqual,* XIVe ; *inéqualité,* 1290, empr. du lat. *inaequalis, inaequalitas.*

INÉLÉGANT, vers 1500. Empr. du lat. *inelegans.* — Dér. : **inélégance,** 1525, d'après *élégance.*

INÉLUCTABLE, vers 1790, une première fois, 1509. Empr. du lat. *ineluctabilis* (de *eluctari* « surmonter en luttant »).

INÉNARRABLE, XVe. Empr. du lat. *inenarrabilis* (de *enarrare* « raconter en détail »).

INEPTE, 1380 ; **ineptie,** 1546. Empr. du lat. *ineptus* « qui n'est pas apte » (de *aptus* « apte »), d'où « sot, niais », *ineptia* « inaptitude, sottise » ; le deuxième sens a éliminé le premier, exprimé aujourd'hui par *inapte, inaptitude,* v. **apte, aptitude.**

INERTE, 1745, une première fois, en 1509 ; **inertie,** 1648, comme terme de mécanique ; une première fois, XIVe (Oresme) ; *force d'inertie,* 1732 ; rapidement sens plus étendus. Empr. du lat. *iners* « incapable », *inertia* « incapacité », d'où « inactif, inactivité » (de *ars* « art, habileté »).

INÉVITABLE, 1374. Empr. du lat. *inevitabilis.*

INEXORABLE, XVe. Empr. du lat. *inexorabilis* (de *exorare* « vaincre par ses prières », de *orare* « prier »).

INEXPIABLE, vers 1500. Empr. du lat. *inexpiabilis.*

INEXPUGNABLE, XIVe (Bersuire). Empr. du lat. *inexpugnabilis* (de *expugnare* « prendre d'assaut », de *pugna* « combat »).

IN EXTENSO, 1838. Locution faite avec le lat. *extensus* « étendu », c'est-à-dire « dans toute son étendue ».

INEXTINGUIBLE, 1406. Empr. du lat. de basse ép. *inexstinguibilis* (de *exstinguere* « éteindre »).

IN EXTREMIS, 1734. Locution de caractère jurid., faite avec le lat. *extremus* « extrême », c'est-à dire « à l'extrémité ».

INEXTRICABLE, vers 1361 (Oresme). Empr. du lat. *inextricabilis* (de *extricare* « débarrasser, dégager »).

INFAMANT, 1557. Part. prés. d'un anc. verbe *infamer,* XIIIe, empr. du lat. *infamare* « déshonorer ».

INFÂME, 1348 ; **infamie,** XIIIe. Empr. du lat. *infamis, infamia* (de *fama* « renommée ») ; l'a. fr. avait aussi adapté le masc. *infamium* du lat. de basse époque en *infame* qui a été éliminé par l'adj., et créé *infameté* auquel *infamie* a été préféré à cause de sa forme plus proche du lat.

INFANT, 1407 *(Je prins congié de l'infant de Castille).* Empr. de l'esp. *infante,* empr. lui-même du lat. *infans,* v. **enfant.** *Infante* a été parfois employé par extension au sens de « princesse » dans la langue poétique ou, au contraire, par dérision.

INFANTERIE, vers 1500. Empr. de l'it. *infanteria,* de *infante* propr. « enfant », d'où « fantassin », v. **fantassin.**

INFANTICIDE, 1611. Empr. du lat. de basse ép. *infanticidium.*

INFANTILE, 1870, comme terme de médecine. Empr. du lat. de basse ép. *infantilis* « d'enfant », dont l'a. fr. avait fait *enfantil,* usuel jusqu'au XVIe s. (parfois refait en *infantile,* d'après la forme du lat.). — Dér. **infantilisme,** 1907.

INFARCTUS, 1866. Empr. de *infarctus,* part. passé du lat. *infarcire* « fourrer dans ».

INFATIGABLE, 1496. Empr. du lat. *infatigabilis.*

INFATUER, vers 1380. Empr. du lat. *infatuare* (de *fatuus,* v. **fat**). — Dér. : **infatuation,** 1622.

INFÉCOND, XVe ; **infécondité,** XIVe. Empr. du lat. *infecundus, -itas.*

INFECT, XIVe (Oresme) ; **infection,** XIIIe. Empr. du lat. *infectus* (de *inficere,* propr. « mélanger », d'où « teindre », puis « souiller »), *infectio.* — Dér. : **infecter,** 1416 ; **désinfecter,** 1556 ; **infectieux,** 1838 ; **désinfection,** 1788.

INFÉODER, 1411. Empr. du lat. médiéval *infeodare,* v. **fief** ; sens plus étendu au XIXe s. — Dér. : **inféodation,** 1467 (en 1393 *infeudacion*).

INFÉRER, vers 1380. Empr. du lat. *inferre,* propr. « porter dans », d'où « alléguer », puis « inférer » (déjà dans Cicéron) et francisé en *-er,* comme *conférer,* etc.

INFÉRIEUR, XVe. Empr. du lat. *inferior.* — Dér. : **infériorité,** d'après le lat. *inferior,* 1574.

INFERNAL, XIIe. Empr. du lat. de basse ép. *infernalis.*

INFERTILE, 1434 ; **infertilité,** 1456. Empr. du lat. *infertilis, -ilitas.*

INFESTER, 1390. Empr. du lat. *infestare* « attaquer, harceler » (de *infestus* « attaqué »).

INFIDÈLE, XIIIe ; **infidélité,** XIIe. Empr. du lat. *infidelis, infidelitas.*

INFIME, 1406. Empr. du lat. *infimus* « qui est au degré le plus bas ».

INFINI, XIIIe (alors *infinit*) ; **infinité,** 1214. Empr. du lat. *infinitus, infinitas.*

INFINITÉSIMAL, 1706. Empr. de l'angl. *infinitesimal,* attesté dès 1655, et dér. du lat. *infinitus* au moyen du suff. lat. des ordinaux *-esimus* et du suff. *-alis.* Le fr. *infinitésime,* 1752, a été tiré d'*infinitésimal* en fr.

INFINITIF, XIIIe. Empr. du lat. des grammairiens *infinitivus (modus).*

INFIRME, 1247, rare avant le XVIe s. ; **infirmité,** vers 1380. Réfection, d'après le lat. *infirmus, infirmitas* « faible, faiblesse », de l'a. fr. *enfer, enferme* « faible, malade », *enferté, enfermeté* « faiblesse, maladie », cf. le texte de Pasquier : « Par succession de temps nous avons repris l'*i* latin ; car nous disons aujourd'hui infirme, infirmité » ; *infirme, infirmité* ne continuent pas exactement les deux mots de l'a. fr., ils ont reçu dans le langage médical un sens spécial que ne connaît pas non plus le lat. *Infirme* a de plus quelquefois au XVIIe s. le sens du lat., et *infirmité* l'a encore, cf. *l'infirmité de la nature humaine.*

INFIRMER, vers 1360 ; **infirmation,** 1499. Empr. du lat. jurid. *infirmare* (de *infirmus* « faible »), propr. « affaiblir », *infirmatio.* — Dér. d'*infirmer :* **infirmatif,** 1569.

INFIRMIER, 1398. Réfection, d'après *infirme,* de l'a. fr. *enfermier* « celui qui soigne les malades dans une infirmerie, un hôpital », 1288, dér. de *enferme,* v. **infirme ;** mais, tout en étant refait sur *infirme, infirmier* a gardé le sens anc., par la force des choses. — Dér. : **infirmerie,** 1606 ; au moyen âge *enfermerie.*

INFLAMMABLE, 1503. Dér. sav. du lat. *inflammare.*

INFLAMMATION, XIVe (Bersuire), au sens d' « excitation de l'esprit », sens rare. Empr. du lat. *inflammatio,* également employé comme terme médical (de *flamma* « flamme »). — Dér. : **inflammatoire,** 1549.

INFLATION, vers 1920. Empr. en vue d'un sens spécial du lat. *inflatio* « enflure » (de *inflare* « enfler ») qui s'employait surtout comme terme médical et a été empr. avec cette valeur depuis le XVIe (Paré) ; d'où, par opposition **déflation,** 1922.

INFLEXIBLE, 1314. Empr. du lat. *inflexibilis.* — Dér. : **inflexibilité,** 1611.

INFLEXION, XIVe, rare avant le XVIIe s. Empr. du lat. *inflexio.* — Dér. : **infléchir,** 1738, d'après le rapport de *flexion* et de *fléchir.*

INFLIGER, 1488. Empr. du lat. *infligere,* propr. « heurter, frapper ».

INFLORESCENCE, 1789 (Lamarck). Formé sur le lat. de basse ép. *inflorescere,* d'après *efflorescence.*

INFLUENZA, 1782. Empr. par l'intermédiaire de l'angl., de l'it. *influenza,* propr. « influence », d'où « écoulement d'une chose fluide », puis spécial. « épidémie » ; le mot s'est répandu à la suite de l'épidémie de 1743 qui prit naissance en Italie, v. **grippe ;** a été très à la mode vers 1889 ; désigne aujourd'hui une forme bénigne de cette maladie.

INFLUER, XIVe (Deschamps), en construction transitive, usitée jusqu'au XVIIe s., au sens de « faire pénétrer (une action, une force) » ; la construction intransitive au sens de « couler dans » date du XVIe s. ; le sens moral, qui date du XVIIIe s., vient du sens de ce verbe dans la langue de l'astrologie ; **influence,** vers 1240, au sens astrologique ; d'où le sens moral, dès le XVe s. Empr. du lat. *influere* « couler dans », spécial. médiéval au sens astrologique et du lat. médiéval *influentia* « action attribuée aux astres sur la destinée ». — Dér. : **influencer,** 1787 ; **influent,** 1791, une première fois en 1503.

INFLUX, 1547. Empr. du lat. *influxus* « influence ».

IN-FOLIO, 1567. Mots latins signifiant « en feuille », cf. *in plano*, 1835, « en plan », qui se dit d'une feuille non pliée.

INFORME, vers 1500. Empr. du lat. *informis* « affreux, sans beauté » ; a suivi le sens de *forme* (qui n'a pas gardé le sens de « beauté » qu'avait aussi *forma*).

INFORMER, 1286. Réfection, d'après le lat. *informare*, propr. « donner une forme », d'où « instruire », de l'a. fr. *enformer* « former, instruire » ; le fr. a développé la nuance spéciale de « mettre au courant » qu'a déjà *enformer*. Le fr. philosophique a repris au XVIIe s. au lat. le sens, aujourd'hui hors d'usage, de « façonner ». — Dér. : **informateur,** 1375 ; **information,** XIIIe.

INFORTUNE, vers 1350 ; **infortuné,** *id.* Empr. du lat. *infortunium*, *infortunatus*.

INFRACTION, 1250 ; **infracteur,** 1419. Empr. du lat. de basse ép. *infractio*, *infractor* « action de briser, celui qui brise » (de *infringere* « briser »), en vue d'emplois jurid.

INFRUCTUEUX, vers 1400. Empr. du lat. *infructuosus*.

INFUS, 1541 (Calvin) ; rare au sens concret de « répandu dans », déjà employé une fois au XIIIe s. Empr. du lat. *infusus* (de *infundere* « répandre dans », d'où « faire pénétrer » et au passif « se glisser »). Ne s'emploie guère aujourd'hui que dans la locution *science infuse*, qui, à l'origine était propr. théologique et désignait la science qu'Adam tenait de Dieu.

INFUSION, XIIIe, au sens pharmaceutique ; sens théologique de même. Empr. du lat. *infusio* « action de répandre ». On a tiré du radical de ce mot le verbe **infuser,** vers 1500.

INFUSOIRE, 1792. Empr. du lat. scientifique *infusorius* (Wrisberg, *De animalculis infusoriis*, Goettingen, 1765 ; *animalcula infusoria* en 1760 chez Ledermüller) ; le nom vient du fait qu'on trouve ces animalcules dans des infusions aqueuses.

INGAMBE, 1585. Empr. de l'it. *in gamba*, locution signifiant littéral. « en jambe », d'où « alerte » ; on trouve d'abord au XVIe s. *en gambe*.

INGÉNIER (s'), XIVe (Christine de Pisan). Formé sur le lat. *ingenium* « esprit, etc. ». L'a. fr. *engeignier* « faire avec habileté », d'où « tromper » (cf. le proverbe cité par La Fontaine, *Fables*, IV, II) est un dér. d'*engin* au sens de « ruse » ; *ingénier (s')* ne lui doit rien.

INGÉNIEUR, XVIe (Amyot : « La mechanique ou art des ingenieurs ») ; l'emploi moderne s'est développé à partir du XVIIIe s., avec le développement de l'industrie ; antér. désigne surtout celui qui fait des machines ou des travaux de guerre. Réfection, d'après *ingénier*, de l'a. fr. *engeigneur*, dér. d'*engin* au sens de « machine de guerre » ; cette réfection a été faite pour séparer le mot du verbe *engeignier*, en raison du sens péjor. de celui-ci.

INGÉNIEUX, XIVe. Réfection, d'après le lat. *ingeniosus*, de l'a. fr. *engeignus* ; cette réfection s'explique comme celle *d'ingénieur*. — Dér. : **ingéniosité,** 1307, d'après la forme de l'adj. lat. ; rare avant la fin du XVIIIe s.

INGÉNU, 1680, au sens jurid. de « né libre » une première fois au XIIIe s. ; **ingénuité,** 1372 (Oresme), 1541 (Calvin), dans un sens correspondant, encore chez Montesquieu. Empr. du lat. *ingenuus*, *ingenuitas* ; le sens moral des deux mots fr. s'est développé au XVIe s. (cf. l'adv. **ingénument,** dès 1554), d'après le sens moral des mots lat. « qui a l'honnêteté d'un homme libre, loyauté », mais en fr. il y a en plus une nuance propre de « naïveté ».

INGÉRER (s'), XIVe (Oresme). Empr. du lat. *se ingerere* « s'introduire dans », emploi partic. de *ingerere* « porter dans ». — Dér. : **ingérence,** 1866.

INGRAT, XIVe (Oresme) ; **ingratitude,** XIIIe (J. de Meung). Empr. du lat. *ingratus*, *ingratitudo*.

INGRÉDIENT, 1508, terme d'apothicaire. Empr. du lat. *ingrediens* « qui entre dans » (de *ingredi* « entrer »), qui a dû être employé avec ce sens spécial dans le lat. médiéval, v. **récipient.**

INGUINAL, XVIe (Paré). Dér. sav. du lat. *inguen*, *inguinis*, « aine » ; *inguinalis* existe en lat., mais comme nom de plante.

INGURGITER, 1836, très rare auparavant, relevé en 1488 ; **ingurgitation,** 1818, une première fois en 1488. Termes d'abord médicaux, aujourd'hui d'un emploi plus étendu, empr. du lat. *ingurgitare*, propr. « engouffrer » (de *gurges* « gouffre »), *ingurgitatio*, en vue de sens spéciaux.

INHABILE, 1370 (Oresme). Empr. du lat. *inhabilis* ; a suivi le sens d'*habile*. — Dér. : **inhabileté,** XIVe, rare avant le XIXe s. ; le droit a conservé *inhabilité*, XIVe (Oresme), formé d'après *habilité*, v. **habile.**

INHALER, 1845 ; **inhalation,** 1760. Empr. du lat. *inhalare* « souffler sur, dégager une odeur », *inhalatio*, en vue de sens spéciaux, opposés à *exhaler*, *exhalation*.

INHÉRENT, 1534. Empr. du lat. scolastique *inhaerens* (de *inhaerere* « être attaché à »). — Dér. : **inhérence,** 1633, auparavant en 1377 et vers 1400.

INHIBITION, vers 1300, comme terme jurid. ; sens médical, XIXe s. Empr. du lat. *inhibitio* (de *inhibere* « retenir, arrêter »), qui a dû prendre son sens jurid. dans le lat. médiéval, comme *inhibere* lui-même, d'où **inhiber,** 1391 (en outre *inhibir*, 1390), terme jurid. ; *inhibitio* n'a qu'un sens nautique en lat. class.

INHOSPITALITÉ, 1530 ; une première fois au XIVe s. Empr. du lat. *inhospitalitas.*

INHUMAIN, 1373 ; **inhumanité,** 1312. Empr. du lat. *inhumanus, inhumanitas.*

INHUMER, 1413. Empr. du lat. *inhumare* « mettre en terre » (de *humus* « terre »). — Dér. : **inhumation,** vers 1500.

INIMITABLE, vers 1500. Empr. du lat. *inimitabilis.*

INIMITIÉ, vers 1300. Réfection, d'après le lat. *inimicitia*, de l'a. fr. *ennemistié, anemistié*, XIIe, dér. d'*ennemi* sur le modèle d'*amistié.*

ININTELLIGIBLE, 1694. Empr. du lat. de basse ép. *inintelligibilis.*

INIQUE, XIVe (Bersuire) ; **iniquité,** XIIe. Empr. du lat. *iniquus* (de *aequus* « égal, juste »), *iniquitas.*

INITIAL, XIIIe, rare avant le XVIIIe s. Empr. du lat. de basse ép. *initialis* (de *initium* « commencement »).

INITIER, XIVe (Bersuire) ; **initiation,** 1496, rare avant le XVIIIe s. ; **initiateur,** 1839, une première fois en 1586. Empr. du lat. *initiare*, propr. « commencer », d'où « initier aux mystères religieux », *initiatio, initiator ;* le sens a été élargi en fr. — Dér. du verbe : **initiative,** 1567, rare avant la fin du XVIIIe s. ; comme terme politique, 1787, « pouvoir (du roi) de mettre la puissance législative en mouvement » ; cf. l'adj. *initiatif* « qui a de l'initiative » chez J.-J. Rousseau. Formé avec le suff. savant contenu dans *expectative*, etc.

INJECTION, XIIIe. Terme médical, empr. du lat. *injectio* « action de lancer dans » (de *injicere*), déjà usité au sens de « clystère ». On a fait par suite un verbe **injecter,** 1719, d'après le verbe lat. *injectare* pour servir de verbe à *injection ;* d'où **injecteur,** 1842.

INJONCTION, 1295. Empr. du lat. de basse ép. *injuctio* pour servir de nom d'action à *enjoindre.*

INJURE, 1174 ; **injurier,** 1266 ; **injurieux,** 1334. Empr. du lat. *injuria* « injustice, tort », *injuriare* « faire tort », *injuriosus* « injuste, nuisible ». Le sens dominant aujourd'hui est un développement du fr. Le sens pris au lat., encore vivace au XVIe s. dans *injure, injurieux*, est arch. ; il a disparu dans le verbe depuis le XVIe s.

INJUSTE, vers 1350 ; **injustice,** XIIe. Empr. du lat. *injustus, -itia.*

INNAVIGABLE, XVIe (Marot). Empr. du lat. *innavigabilis.* — Dér. : **innavigabilité,** 1787.

INNÉ, 1611. Empr. du lat. philosophique *innatus.* — Dér. : **innéité,** 1810.

INNERVATION, 1830 ; **innervé,** fin XIXe. Termes scientifiques, formés avec le lat. *nervus* « nerf ».

INNOCENT, vers 1080 *(Roland) ;* **innocence,** vers 1120. Empr. du lat. *innocens, innocentia.* — Dér. d'*innocent :* **innocenter,** 1611.

INNOCUITÉ, 1783. Dér. sav. du lat. *innocuus* « qui n'est pas nuisible », avec un sens techn. différent d'*innocence.*

INNOVER, 1315, rare avant le XVIe s. ; **innovation,** 1297. Empr. du lat. *innovare, innovatio* (de *novus* « nouveau »). — Dér. du verbe : **innovateur,** 1500.

IN-OCTAVO, 1567. Mots lat. signifiant « en huitième », v. **in-folio.**

INOCULER, 1722 ; **inoculation,** 1722. Empr. de l'angl. *to inoculate*, 1722, *inoculation*, 1714 ; c'était d'abord une sorte de vaccine introduite vers cette date de Constantinople en Angleterre ; les mots angl. sont eux-mêmes empr. du lat. *inoculare*, propr. « greffer en écusson », *inoculatio* (de *oculus* « œil », d'où « bourgeon » que porte un bout d'écorce, employé dans cette sorte de greffe ; cf. le fr. *œil* au sens de « bourgeon ») ; se prennent depuis le XIXe s. dans un sens plus étendu. — Dér. d'*inoculer :* **inoculateur,** 1752.

INODORE, 1676. Empr. du lat. *inodorus.*

INONDER, XIIIe, d'abord *enonder ;* **inondation,** XIIIe. Empr. du lat. *inundare, -atio* (de *unda*).

INOPINÉ, XIVe. Empr. du lat. *inopinatus* (de *opinatus* « imaginé », de *opinari*).

INOPPORTUN, vers 1380. Empr. du lat. *inopportunus.*

IN-PACE, 1762. Abrégé de la locution lat. *vade in pace* (qui s'emploie parfois en entier) « va en paix », qui se prononçait après la fermeture du cachot où on enfermait certains condamnés dans les couvents.

IN PARTIBUS, 1703 ; cf. en 1742 (chez Voltaire dans un sens fig. « : Je compte être évêque in partibus infidelium »). Abrégé de la locution lat. *in partibus infidelium* « dans les régions des infidèles », terme de droit canonique, créé dans le lat. moderne de l'Église, pour désigner un évêque qui a son diocèse dans un pays occupé par les infidèles. S'emploie aujourd'hui dans un sens plus étendu, par plaisanterie, au sens de « sans fonction ».

IN PETTO, 1666. Locution it. signifiant « dans sa poitrine », qui se dit propr. du pape, quand il nomme un cardinal sans le proclamer ni l'instituer (Voltaire : « Le pape devient mon protecteur *in petto* »).

IN-QUARTO, 1567. Mots lat. signifiant « en quart », v. **in-octavo.**

INQUIET, 1588 (Montaigne) ; **inquiéter,** XIIe ; **inquiétude,** 1406 ; en a. fr. *enquetume*, plus loin du lat. Empr. du lat. *inquietus, inquietare, inquietudo.* Jusqu'au XVIIe s. les mots fr. ont été pris surtout au sens lat. d' « agitation physique ou morale » ; depuis, ils se sont restreints au sens d' « agitation morale causée par la crainte ».

INQUISITEUR, vers 1260 ; **inquisition,** XIIe. Empr. du lat. jurid. *inquisitor, inquisitio* (de *inquirere* « rechercher ») ; ont pris un sens partic. dans le lat. de l'Église, au XIIIe s. — Dér., d'après le lat. médiéval *inquisitorius* : **inquisitorial,** 1516.

INSALUBRE, 1528. Empr. du lat. *insalubris.* — Dér. : **insalubrité,** 1532.

INSANE, 1784 ; **insanité,** *id.* Empr. de l'angl. *insane, insanity,* qui sont attestés dp. le XVIe s., et dont le premier est empr. du lat. *insanus* « qui a perdu la raison », le deuxième dér. de l'adj. anglais.

INSATIABLE, XIIIe ; **insatiabilité,** 1546 (Rab.). Empr. du lat. *insatiabilis, insatiabilitas* (créé à basse ép. ; de *satiare* « rassasier »).

INSCRIRE, 1272 (sous la forme *enscrire*), rare avant le XVIe s. ; **inscription,** 1444. Empr. du lat. *inscribere* (francisé d'après *écrire*), *inscriptio.* — Dér. : **inscripteur,** 1877.

INSECTE, 1553 (1536 *beste insecte*). Empr. du lat. *insecta,* plur. neutre du part. passé *insectus* « coupé », traduction du grec *entoma* (plur. neutre de l'adj. *entomos* « coupé ») ; dit ainsi à cause des étranglements du corps des insectes (Aristote), v. **entomo-.** — Comp. : **insecticide,** 1853 ; **insectivore,** 1764.

INSENSÉ, 1470. Empr. du lat. de basse ép., *insensatus.*

INSENSIBLE, XIIIe ; **insensibilité,** 1314. Empr. du lat. de basse ép. *insensibilis, insensibilitas.*

INSÉPARABLE, vers 1285. — Empr. du lat. *inseparabilis.*

INSÉRER, 1319 ; **insertion,** 1535. Empr. du lat. *inserere* « introduire », *insertio.*

INSIDIEUX, 1420, rare avant le XVIIe s. Empr. du lat. *insidiosus* (de *insidiae* « embûche »).

INSIGNE, *adj.,* XIVe ; **insigne,** *subst.,* 1823, une première fois en 1484. Empr. du lat. *insignis* (de *signum* « signe »), *insigne* (neutre pris substantiv. de *insignis*) ; le subst. a été empr. pour exprimer un signe différent de ceux que désigne *enseigne.*

INSINUER, XVIe, au sens moderne ; **insinuation,** XVIIe, *id.* Empr. du lat. *insinuare,* partic. usuel au réfl. *se insinuare* « se glisser » (de *sinus* « repli, sinuosité »), *insinuatio* (de sens assez différent du fr. : « exorde insinuant ») pour servir de nom d'action à *insinuer.* Ont été d'abord empr. au XIVe s. comme termes jurid. au sens de « notifier, notification, enregistrement » qu'avait le latin jurid. ; d'où, jusqu'au XVIIIe s., des acceptions analogues « faire enregistrer un contrat, etc., pour lui donner l'authenticité ; l'enregistrement de ce contrat ».

INSIPIDE, 1503. Empr. du lat. *insipidus,* v. **sapide.** — Dér. : **insipidité,** 1572, rare avant la fin du XVIIe s.

INSISTER, 1336. Empr. du lat. *insistere,* propr. « se tenir, s'appuyer sur », d'où « s'appliquer à, insister ». — Dér. : **insistance,** 1801, déjà de 1556 à 1626.

INSOCIABLE, 1548. Empr. du lat. *insociabilis.* — Dér. : **-bilité,** 1723 (Montesquieu).

INSOLATION, 1554. Dér. sav. du lat. *insolare* « exposer au soleil ».

INSOLENT, 1496 ; **insolence,** 1425. Empr. du lat. *insolens, insolentia,* propr. « qui n'a pas l'habitude, inexpérience » (de *solere* « avoir l'habitude ») ; ont parfois le sens propre du lat. au XVIe s.

INSOLITE, 1496. Empr. du lat. *insolitus.*

INSOLUBLE, XIIIe. Empr. du lat. *insolubilis ;* parfois « indissoluble » comme le lat. — Dér. : **insolubilité,** 1765.

INSOMNIE, 1555. Empr. du lat. *insomnia* (de *somnus* « sommeil »).

INSPECTEUR, 1619 ; une première fois 1488, autres emplois au XIXe s. ; **inspection,** 1432 au sens d' « examen (en général) » ; a suivi le sens du préc. Empr. du lat. *inspector* qui a reçu en lat. jurid. le sens de « contrôleur, inspecteur », *inspectio* « action d'examiner ». — Dér. d'*inspecteur* : **inspecter,** 1781, d'après le lat. *inspectare.*

INSPIRER, vers 1190 ; **inspirateur,** 1798, une première fois au XIVe s. ; **inspiration,** XIIe. Empr. du lat. *inspirare, inspirator, inspiratio.* Le sens physiologique de ces mots date du XVIe s. d'après le sens propre « insuffler dans, etc. » du lat.

INSTABLE, 1236, rare jusqu'au XVIIIe s. ; **instabilité,** 1236. Empr. du lat. *instabilis, -ilitas.*

INSTALLER, 1349. Empr. du lat., médiéval *installare* « établir dans une stalle du chœur une personne de l'Église pour la mettre en possession d'une dignité, d'un bénéfice (qui donnaient droit à cette stalle) » v. **étal ;** sens plus étendu dès le XVIe s. — Dér. : **installation,** 1349 ; **réinstaller,** 1581 ; **réinstallation,** 1775.

INSTANCE, 1288, au sens d' « application, soin », sens du mot jusqu'au XVIIe s., d'où celui de « sollicitation pressante », encore usuel ; au moyen âge, signifie en outre « effort, intention » ; le mot a été pris dans des sens jurid. à partir du XIIIe s. Empr. du lat. *instantia* « application, insistance » (de *instare* « se tenir dans », d'où « s'appliquer »).

INSTANT, *adj.,* XIVe (Froissart), comme subst. depuis 1377 (Oresme). Empr. du lat. *instans.* — Dér. : **instantané,** 1604 ; **instantanéité,** 1735.

INSTAR à (l'), 1572. Locution faite sur le modèle du lat. *ad instar* « à la ressemblance » (de *instar* « poids, mesure, ressemblance, etc. ») ; *instar,* pris comme subst., est très rare en fr.

INSTAURER, 1823, déjà en 1532 (Rab.), en 1541 (Calvin) ; **instaurateur,** 1838, auparavant au XIVe s. et en 1659; **instauration,** XIVe. Empr. du lat. *instaurare, -ator, -atio.*

INSTIGATEUR, 1363 ; **instigation,** 1332. Empr. du lat. *instigator, instigatio* (de *instigare* « pousser, exciter »), d'où **instiguer,** XIVe, Bersuire, qui ne se dit plus.

INSTILLER, 1546 (Rab.) ; **instillation,** 1496, au sens physique ; 1542, au sens moral. Mots techn. empr. du lat. *instillare* « verser goutte à goutte *(stilla)* », *instillatio.*

INSTINCT, 1496, au sens d' « impulsion », usité jusqu'au XVIIe s. ; le sens d' « impulsion naturelle des êtres vivants » date du XVIIe s. Empr. du lat. *instinctus* (de *instinguere* « exciter, pousser »). — Dér. : **instinctif,** 1803 (Maine de Biran).

INSTITUER, 1219, signifie parfois « instruire » au XVIe et au XVIIe s. ; **institution,** XIIe, au sens de « chose établie », d'où le sens politique dès le moyen âge ; au sens d' « instruction », 1532, d'où le sens de « maison d'instruction », XVIIIe. Empr. du lat. *instituere* « établir », d'où « instruire », *institutio* « fait d'établir, instruction ».

INSTITUT, 1622, au sens de « règle d'un ordre religieux » (rarement au sens de « ce qui est institué », depuis 1480), d'où, en 1749, l'emploi du mot comme nom propre pour désigner les institutions savantes, de là en 1795 *Institut National, Institut de France.* Empr. du lat. *institutum,* propr. « ce qui est établi ».

INSTITUTEUR, 1485, au sens de « celui qui établit », sens du mot jusqu'au XVIIIe s. ; dès 1441 « celui qui instruit », d'où l'adoption de ce mot en 1792 pour désigner les maîtres d'école. Empr. du lat. *institutor* « celui qui établit, celui qui instruit ».

INSTRUIRE, XIVe (Deschamps), d'abord *enstruire,* XIIe ; **instructeur,** XIVe ; **instruction,** 1319. Empr. du lat. *instruere,* propr. « disposer, bâtir », d'où « instruire » (pour la francisation différente d'*instituer,* cf. *construire, détruire*), *instructor* (seulement « celui qui bâtit ») pour servir de nom d'agent au verbe, *instructio.* Le sens jurid., qui date du XVIIe s., résulte d'un développement propre au fr. — Dér. d'*instruire,* d'après le lat. *instructus :* **instructif,** XIVe.

INSTRUMENT, vers 1200, en outre *estrument,* XIIIe (J. de Meung). Empr. du lat. *instrumentum* (de *instruere* au sens d' « équiper »), y compris le sens jurid. — Dér. : **instrumental,** XIVe (Oresme, dans un sens scolastique) ; **instrumentation,** 1824 ; **instrumenter,** 1431 au sens jurid. ; **instrumentiste,** 1823.

INSUFFLER, 1835, une première fois au XIVe s. ; **insufflation,** 1793, *id.* Empr. du lat. de basse ép. *insufflare, insufflatio* en vue de sens techn. Le verbe se rencontre parfois du XIVe au XVIe s. au sens moral qu'ont eu aussi ces mots en lat. eccl.

INSULAIRE, 1516. Empr. du lat. de basse ép. *insularis.*

INSULTER, XIVe (Bersuire). Empr. du lat. *insultare,* propr. « attaquer, sauter sur » (de *saltare*), sens usuel jusqu'au XVIIe s. ; au XVIIIe s. est également de préférence intrans. d'après le lat. — Dér. : **insulte,** XVIIe, a remplacé *insult,* 1416, usité jusqu'au début du XVIIe s. (empr. du lat. *insultus*), en en gardant quelque temps le genre masc. ; a signifié « attaque » d'après le verbe, jusqu'au début du XVIIIe s. ; **insulteur,** 1796.

INSURGER (s'), 1792 (déjà de 1474 à 1611) ;. *insurgé,* 1794. Ont été faits d'après *insurgent,* attesté depuis 1762, mais vulgarisé à propos des *insurgents* d'Amérique ; *insurgent* du fr. et *insurgent* de l'angl. sont empr. du lat. *insurgens,* part. prés. de *insurgere* « se lever contre » (d'où **insurger (s')** en 1556) ; v. le suiv. On a dit aussi *insurgence,* 1777, en parlant de l'insurrection américaine, d'après l'angl. *insurgency.*

INSURRECTION, XIVe (Oresme), rare avant la fin du XVIIIe s. Empr. du lat. de basse ép. *insurrectio* (de *insurgere*). — Dér. : **insurrectionnel,** 1793.

INTACT, fin XVIIe (Saint-Simon). Empr. du lat. *intactus* (de *tangere* « toucher »).

INTAILLE, 1808. Empr. de l'it. *intaglio* (de *intagliare* « sculpter, graver » ; cf. **entailler**).

INTÉGRAL, au sens général, 1370 (Oresme), rare avant le XVIIIe s. Dér. sav. du lat. *integer* « entier » ; *integralis,* de basse ép., est si rare qu'il n'a pas dû servir de modèle. — Dér. : **intégralité,** 1761, une première fois en 1611.

INTÉGRAL, terme de mathématiques, 1696. Empr. du lat. du mathématicien Bernoulli *integralis* (de *integer*), d'où **intégrer,** 1705 ; **intégration,** 1700 ; **désintégrer,** 1907 ; **désintégration,** 1870. *Intégrer* et *intégration* ont été une première fois empr. au XIIIe s. au sens du lat. *integrare* « rétablir dans son intégrité », *integratio* « fait de rétablir... ».

INTÉGRANT, 1503. Empr. du lat. *integrans.*

INTÈGRE, 1692 (La Bruyère), une première fois en 1567 dans un texte qui affecte de latiniser *(Ép. du Limousin à Pantagruel) ;* **intégrité,** vers 1420. Empr. du lat. *integer* « entier, pur », *integritas* « état de ce qui est entier, pureté » ; mais *intègre* n'a été pris qu'au sens moral, tandis qu'*intégrité* l'a été aux deux sens.

INTELLECT, XIIIe ; **intellectuel,** *id.* Empr. du lat. philosophique *intellectus, intellectualis. Intellectuel* a pris au XIXe s. le sens plus étendu de « qui s'adonne aux choses de l'intelligence ».

INTELLIGENT, 1488 ; **intelligence,** XIIe ; **intelligible,** XIIIe. Empr. du lat. *intelligens* (de *intelligere* « comprendre »), *intelligentia, intelligibilis.* — Dér. 1° d'*intelligent :* **inintelligent,** 1784 ; **inintelligence,** 1791 ; **mésintelligence,** fin XVIe (d'Aubigné) ; 2° d'*intelligible :* **intelligibilité,** XVIIe (Fénelon) ; **inintelligible,** 1640.

INTEMPÉRANT, 1541 ; **intempérance,** 1370 (Oresme). Empr. du lat. *intemperans, -antia.*

INTEMPÉRIE, 1534 (Rab.). Empr. du lat. *intemperies* (de *tempus* « temps »). S'est employé dans l'anc. médecine, au XVIIe s., en parlant d'une mauvaise constitution des humeurs du corps.

INTEMPESTIF, 1474. Empr. du lat. *intempestivus* (de *tempus*).

INTENDANT, v. **surintendant.**

INTENSE, XIIIe (J. de Meung). Empr. du lat. de basse ép. *intensus*, part. passé de *intendere* « tendre ». — Dér. : **intensif,** XIVe, rare avant la fin du XVIIe s. ; **intensité,** 1740.

INTENTER, XIVe. Empr. du lat. jurid. *intentare*, propr. « diriger ».

INTENTION, XIIe, en outre *entencion* à la même époque. Empr. du lat. *intentio*, propr. « action de diriger », qui avait aussi le sens de « tension, intensité », quelquefois repris au XVIe et au XVIIe s. — Dér. : **intentionné,** XVIe, d'où **malintentionné,** 1649 ; **intentionnel,** 1487.

INTER-. Préf., empr. du lat. *inter* « entre », v. **entre.**

INTERCALER, 1520 ; **intercalaire,** XIVe (Bersuire) ; **intercalation,** XVe. Empr. du lat. *intercalare, intercalaris* (ou *-rius*), *intercalatio.*

INTERCÉDER, 1345 ; **intercesseur,** XIIIe, d'abord *entrecessor*, XIIIe ; **intercession,** vers 1230. Empr. du lat. *intercedere, intercessor, intercessio.*

INTERCEPTION, XVe. Empr. du lat. *interceptio* (de *intercipere* « prendre au passage »). — Dér. : **intercepter,** 1528, sur le modèle du rapport *exception : excepter*, etc.

INTERCOSTAL, 1536. Formé au moyen des mots lat. *inter*, v. **inter-,** et *costa* « côte ».

INTERDIRE, vers 1250 ; antér. *entredire*, XIIe ; **interdiction,** 1410 ; **interdit,** subst., 1213. Empr. du lat. *interdicere, interdictio, interdictum.*

INTÉRÊT. Terme jurid. empr. du lat. *interest* « il importe » (de *interesse*), pris substantiv. au sens de « ce qui importe », d'où « dommage, préjudice », 1251, sens conservé jusqu'au XVIIe s. ; du sens de « dédommagement », qui apparaît assez tôt (comp. le lat. médiéval *damna et interesse*), est sorti celui de « profit qu'on retire de l'argent prêté », XVIe, d'où les autres sens modernes à partir de ce siècle.— Dér. : **intéresser,** 1423, d'après le lat. *interesse*, a signifié « faire tort, compromettre », aujourd'hui ce sens est rare en dehors de la langue de la chirurgie ; cf. *cette blessure intéresse le poumon*, d'où **désintéresser,** 1552 ; **désintéressement,** 1657 (Pascal) ; **coïntéressé,** 1670.

INTERFÉRER, 1833 ; **interférent,** 1838 ; **interférence,** 1793. Termes scientifiques empr. des mots anglais *to interfere, interfering, interference.*

INTERFOLIER, 1798. Formé au moyen des mots lat. *inter* et *folium* « feuille », v. **in-folio.**

INTÉRIEUR, 1406. Empr. du lat. *interior.*

INTÉRIM, 1412. Empr. du lat. *interim*, adv. signifiant « pendant ce temps, provisoirement ». — Dér. : **intérimaire,** 1796.

INTERJECTION, vers 1300. Empr. du lat. des grammairiens *interjectio*, propr. « parenthèse, intercalation » d'où, par extension, « interjection » (de *interjicere* « jeter entre »).

INTERLOCUTEUR, vers 1530 (Marot). Empr. de *interlocutor* « partenaire dans un dialogue », mot lat. formé par des traducteurs de Lucien au XVe s. ; celui-ci a peut-être été tiré par eux du verbe *interloqui*, lequel est employé une fois par Chalcidius (IVe s.), le traducteur de Platon pour rendre le grec *dialégein* « converser, dialoguer ».

INTERLOCUTOIRE, v. **interloquer.**

INTERLOPE, 1687 ; *interlopre*, 1723. Empr. de l'angl. *interlopper* (du verbe *to interlope*, d'origine douteuse). S'est dit de navires de commerce trafiquant en fraude, puis du commerce de contrebande (cf. *commerce interloppe*, 1755), et surtout en parlant de l'Amérique latine ; pris dans un sens plus étendu 1772 (Voltaire, comme subst.) ; d'abord adj., subst. depuis 1736.

INTERLOQUER, 1787, au passif *être interloqué* « être embarrassé », terme fam., issu du sens propre du droit « interrompre la procédure par une sentence interlocutoire », XVe. Empr., au sens propre, du lat. jurid. *interloqui*. La langue juridique a aussi le subst. **interlocution,** 1546, empr. du lat. jurid. *interlocutio* sur lequel a été fait aussi **interlocutoire,** 1283 (Beaumanoir).

INTERLUDE, 1829. Empr. de l'it. *interludio*, dér. savant du lat. tardif *interludere* « jouer entre deux autres représentations ».

INTERMÈDE, XVIe *(intermedie)*, *intermède* dp. 1597. Empr. de l'it. *intermedio*, empr. lui-même du lat. *intermedius* « qui est au milieu ». Au XVIe s. on trouve en outre *intermets et intermeze* d'après une autre forme it. *intermezzo.*

INTERMÉDIAIRE, 1678. Dér. sav. du lat. *intermedius.*

INTERMINABLE, XIVe (Oresme). Empr. du lat. de basse ép. *interminabilis.*

INTERMISSION, 1377 ; **intermittent,** 1567. Empr. du lat. *intermissio, intermittens* (de *intermittere* « discontinuer ».) — Dér. : **intermittence,** 1660.

INTERNE, XIVe. Empr. du lat. *internus.* — Dér. : **internat,** 1829 ; **interner,** 1838 ; au XVIIIe s. *s'interner avec* « se lier d'amitié avec quelqu'un ».

INTERPELLER, XIVe (Bersuire) ; **interpellateur,** 1611 ; **interpellation,** XIVe (Bersuire), au sens de « interruption », encore usité au XVIe s., d'après le lat. Empr. du lat. *interpellare* « interrompre », d'où « sommer », *interpellator*, *interpellatio ;* le sens jurid. vient également du lat. ; sens politique depuis la Révolution.

INTERPOLER, 1721, le part. passé dès 1352, en 1390 comme terme médical ; **interpolateur,** 1721 : en 1578 au sens de « ennemi de la vérité » ; **interpolation,** 1352. Empr. du lat. *interpolare*, propr. « remettre à neuf », d'où « falsifier », *interpolator* « falsificateur », *interpolatio*.

INTERPOSER, XIVe (Bersuire) ; **interposition,** XIIe, rare avant le XVIe s. Empr. du lat. *interponere* (francisé d'après *poser*), *interpositio*.

INTERPRÈTE, 1321 ; **interpréter,** 1155 (en outre *entre-*) ; **interprétation,** XIIe (en outre *entre-*). Empr. du lat. *interpres, -etis, interpretari, -atio*. — Dér. du verbe : **interprétatif,** 1539 (une première fois vers 1380).

INTERRÈGNE, XIVe (Bersuire ; parfois *entrerègne*). Empr. du lat. *interregnum*.

INTERROGER, 1399, antér. *interroguer*, depuis 1356 ; **interrogateur,** 1530 ; **interrogatif,** 1507 ; **interrogation,** XIIIe ; **interrogatoire,** 1327. Empr. du lat. *interrogare, -ator, -ativus, -atorius, -atio. Interrog(u)er*, appuyé par les autres mots de la même famille, a éliminé la forme pop. *enterver*.

INTERROMPRE, 1501, d'abord *entrerompre*, encore usité au début du XVIIe s. ; **interrupteur,** 1572 ; **interruption,** XIVe. Empr. du lat. *interrumpere, -ruptor, -ruptio*. — Dér. : *ininterrompu*, 1776.

INTERSECTION, 1640 (au sens géom. ; une première fois, vers 1390, dans un autre sens). Empr. du lat. *intersectio* (de *secare* « couper »).

INTERSTICE, 1495. Empr. du lat. de basse ép. *interstitium* (de *interstare* « se trouver entre »). — Dér. : **interstitiel,** 1851.

INTERVALLE, XIIIe, en outre *entreval*. Empr. du lat. *intervallum*, propr. terme de fortification, « ce qui est entre deux palissades *(vallum)* ».

INTERVENIR, 1363, en outre *entrevenir*, jusqu'à la fin du XVIe s. ; l'a. fr. disait aussi *entrevenir* au sens de « aller à la rencontre l'un de l'autre », qui est peut-être un comp. de *venir ;* **intervention,** 1322. Empr. du lat. *intervenire, interventio*, attesté seulement comme terme jurid. au sens de « médiation », pris pour servir de nom d'action au verbe. — Comp. : **non-intervention,** 1838.

INTERVERTIR, 1507 ; **interversion,** *id.* Empr. du lat. *intervertere, interversio* « empêchement, détournement », pris pour servir de nom d'action au verbe.

INTERVIEW, 1883. Empr. de l'angl. *interview*, empr. lui-même du fr. *entrevue ;* cf. *reporter*. Le mot est venu d'Amérique avec les nouvelles méthodes des journalistes. — Dér. : **interviewer,** 1883.

INTESTAT, XIIIe. Empr. du lat. juridique *intestatus ;* la locution **ab intestat,** 1427, est calquée sur le lat. jurid. *ab intestato*.

INTESTIN, *adj.*, 1356 (Bersuire) ; *subst.*, XIVe. Empr. du lat. *intestinus* « intérieur », *intestinum*, subst. neutre dér. de l'adj., traduction du grec *enteron*, v. **entérite.** — Dér. du subst. : **intestinal,** 1495.

INTIME, vers 1390. Empr. du lat. *intimus*. — Dér. : **intimiste,** « peintre d'intérieurs », 1883 ; **intimité,** 1735.

INTIMER, 1325, au sens juridique d' « assigner », d'où *intimé* « défendeur », XVIIe, au sens moderne, dès le XVe s. ; **intimation,** vers 1320. Empr. du lat. jurid. *intimare* « enjoindre », propr. « introduire » (de *intimus* « intérieur »), d'où « faire savoir », *intimatio*.

INTITULER, XIIIe, d'abord *entituler*, XIIIe (J. de Meung). Empr. du lat. de basse ép. *intitulare*, v. **titre.**

INTOLÉRABLE, 1295 (J. de Meung). Empr. du lat. *intolerabilis*.

INTONATION, 1372. Dér. sav. du lat. médiéval *intonare* « entonner » qui est une latinisation du fr. *entonner*, v. **ton.**

INTOXIQUER, 1484, inconnu aux XVIIe et XVIIIe s., réintroduit 1823. Empr. du lat. médiéval *intoxicare*, v. **toxique** ; une forme pop. *entoschier* ne paraît pas avoir dépassé le XIVe s. — Dér. : **intoxication,** 1845, une première fois en 1408 ; **désintoxiquer,** 1922.

INTRA-. Préf. sav., empr. du lat. *intra* « à l'intérieur de ».

INTRANSIGEANT, 1875. Fait sur l'esp. *intransigente* (fait lui-même sur le lat. *transigere*, v. **transiger**), qui désignait les républicains fédéralistes hostiles à la république unitaire. — Dér. : **intransigeance,** 1874.

INTRÉPIDE, 1496. Empr. du lat. *intrepidus* « qui ne tremble pas » (de *trepidus* « agité, tremblant »). — Dér. : **intrépidité,** 1665 (La Rochefoucauld).

INTRIGUER, fin XVIe (d'Aubigné) ; d'abord *s'intriguer* au sens de « s'embarrasser », qui persiste au XVIIe s., d'où « s'introduire adroitement dans une affaire », puis *intriguer* « embarrasser », XVIIe, d'où « exciter la curiosité », XVIIIe ; « faire une intrigue », fin XVIIe, d'après *intrigue, intrigant ;* **intrigue,** 1578, au sens d' « embarras, complication », d'où « combinaison, série de pratiques secrètes pour faire réussir quelque chose », XVIIe ; *intrigue*, terme de théâtre », *id. ;* **intrigant,** 1583, en 1669, Molière ne connaît encore qu'*homme, femme d'intrigue*, dans *M. de Pourceaugnac*. Empr. de l'it. *intrigare, intrigo, intrigante*, lat. *intrīcāre* « embarrasser, embrouiller » ; le sens de « machiner, machination » pourrait s'être développé en fr. et avoir ensuite passé en it. ; *intrigo* n'est donné en it. à la fin du XVIe s. qu'au sens de « complication, embarras » ; le fr. avait d'abord empr. au lat. *entriquer*, XIVe, puis *intriquer*, encore usité au début du XVIIe s., d'où la forme *intrique*, 1611, qui s'est maintenue au XVIIe s. et au masc., comme parfois aussi *intrigue*, évidemment d'après l'it.

INTRINSÈQUE, 1314. Empr. du lat. scolastique *intrinsecus*, adj. tiré de l'adv. du lat. class. *intrinsecus* « au dedans », v. **extrinsèque.**

INTRODUIRE, 1292 ; dès le XIIe *entroduire ;* a eu aussi le sens d' « instruire » jusqu'au XVIe s., sens conservé dans la langue de la fauconnerie ; **introducteur,** 1538, d'abord *introduitor*, XIIIe ; **introduction,** XIIIe. Empr. du lat. *introducere* « introduire » (« instruire » à basse ép. ; francisé d'après *conduire*, etc.), *introductor* (créé à basse ép.), *introductio.*

INTROÏT, vers 1376 (écrit *introite*). Empr. du lat. *introitus* « entrée » (de *introire* « entrer »), que le lat. liturgique a pris dans un sens spécial.

INTRONISER, XIIIe. Empr. du lat. eccl. *inthronizare* (du grec eccl. *enthronizein*, de *thronos* au sens de « trône épiscopal »). — Dér. : **intronisation,** XIVe.

INTROSPECTION, 1838. Empr. de l'angl. *introspection*, formé d'après *inspection* sur le radical du verbe lat. *introspicere.*

INTRUS, vers 1380 ; **intrusion,** 1304. D'abord termes de droit « celui qui est introduit, le fait d'être introduit dans une charge sans droit, sans titre », et surtout du droit eccl. ; sens plus étendu au XVIIe s. (une fois déjà chez E. Deschamps). *Intrus* est empr. du lat. médiéval *intrusus* (de *intrudere*, mal attesté en lat. anc. à côté de *introtrudere* « introduire de force ») ; *intrusion* est un dér. sav. de *intrusus.*

INTUITION, 1542, une première fois au XIVe s. Empr. du lat. scolastique *intuitio*, déjà attesté à basse ép. au sens de « regard » (de *intueri* « regarder, considérer » ; **intuitif,** 1480, paraît avoir été dér. directement du subst. lat. *intuitus.*

INTUMESCENCE, 1611. Dér. sav. du lat. *intumescere* « gonfler ».

INUSITÉ, 1455. Empr. du lat. *inusitatus.*

INUTILE, XIVe (Bersuire ; d'abord *inutele*, XIIe) ; **inutilité,** 1386. Empr. du lat. *inutilis, inutilitas.*

INVALIDE, 1515. Empr. du lat. *invalidus* « faible, sans force ». Le sens jurid. s'est développé en fr. au XVIe s. — Dér. : **invalider,** 1452 (au sens jurid.) ; **invalidation,** 1636 ; **invalidité,** 1521. *Invalider, invalidation* ont reçu au XIXe s. un sens politique, issu du sens jurid.

INVASION, XIIe. Empr. du lat. de basse ép. *invasio* (de *invadere* « envahir ») pour servir de nom d'action à *envahir.*

INVECTIVE, 1404. Empr. du lat. de basse ép. *invectivae* (sous-entendu *orationes*) « discours violents » (de *invehi* « s'emporter contre »). — Dér. : **invectiver,** 1542.

INVENTAIRE, 1313. Empr. du lat. jurid. *inventarium* (de *invenire* « trouver ») « opération qui consiste à dénombrer, à (re)trouver », v. **répertoire.** — Dér. : **inventorier,** 1367, d'après le lat. médiéval *inventorium*, refait sur *repertorium ;* on trouve aussi au XIVe et XVe s. *inventoire.*

INVENTEUR, 1454 ; **invention,** 1431. Empr. du lat. *inventor, inventio* (de *invenire* « trouver »), propr. « action de trouver », sens conservé dans l'expression de la liturgie *invention de la Sainte Croix*, 1270. — Dér. : **inventer,** vers 1485 ; **réinventer,** 1867 ; **inventif,** 1442.

INVERTIR, avant 1831 (Chateaubriand, au part. passé : *images inverties dans les eaux*), déjà usité au XVIe s. ; **inverse,** 1611 ; **inversion,** 1529. Empr. du lat. *invertere* « retourner, modifier », *inversus, inversio. Invertir* a pris récemment un sens péjor., tiré d'*inversion* (propr. « renversement de l'ordre normal des mots ») pour qualifier une perversion des sens, acception qui s'est ensuite communiquée à *inversion.*

INVESTIGATEUR, XVe ; **investigation,** XIVe (Chr. de Pisan). Rares avant le XVIIIe s. (J.-J. Rousseau se donne comme ayant lancé *investigation*). Empr. du lat. *investigator, investigatio* (de *investigare* « rechercher avec soin »).

INVESTIR « revêtir d'une dignité en donnant une pièce de vêtement », vers 1410, en outre le sens plus étendu de « mettre en possession d'un pouvoir », 1274 (sous la forme picarde *enviestir*) ; *investir des capitaux* est tout récent. Empr. du lat. médiéval *investire*, en lat. anc. « revêtir ». — Dér. : **investiture,** 1460, au moyen âge parfois *envesture*, bien que le verbe *envestir* n'ait pas été relevé au sens de « donner l'investiture » ; en raison des deux sens d'*investir*, v. le suiv., *investiture* a eu aussi le sens d' « investissement » au XVIe et au XVIIe s.

INVESTIR, terme militaire, vers 1410, au sens d' « attaquer », usité jusqu'au XVIe s. ; le sens moderne l'emporte au XVIe s. ; on trouve aussi *envestir* du XIVe au XVIe s. Semble être empr. de l'it. *investire* « investir, attaquer », lat. *investire*, attesté seulement au sens général d' « entourer, garnir », d'où aussi esp. *embestir* « attaquer » ; les termes militaires empr. de l'it. datent ordinairement du XVe ou du XVIe s. ; mais *investir* ne peut pas être un emprunt au lat. qui n'a pas le même sens. Il est curieux que le sens d' « attaquer » qui ne peut être que secondaire apparaisse en fr. avant celui d' « investir » et domine dans les langues voisines. Si ce n'est pas dû à une insuffisance de notre information, cela peut tenir à ce que l'art des sièges était peu développé avant le XVIe s., si bien que le sens propre du verbe était peu net. — Dér. : **investissement,** 1704.

INVÉTÉRER, 1468, usité surtout au part. passé et au réfl. Empr. du lat. *inveteratus, inveterari* « s'invétérer » (de *inveterare* « conserver », propr. « faire vieillir », de *vetus* « vieux »).

INVINCIBLE, XIVe (Oresme). Empr. du lat. de basse ép. *invincibilis* (de *vincere* « vaincre »).

INVIOLABLE, 1328, d'après l'adv. **-ement.** Empr. du lat. *inviolabilis.* — Dér. : **inviolabilité,** 1611.

INVISIBLE, XIIIe ; **invisibilité,** 1560. Empr. du lat. *invisibilis, invisibilitas.*

INVITER, 1356 ; **invitation,** XIVe, rare avant le XVIIIe s. Empr. du lat. *invitare, invitatio ;* l'a. fr. a eu une forme pop. *envier* « provoquer », v. **envi.** — Dér. d'*inviter :* **invite,** 1767 (Diderot).

INVOLONTAIRE, 1370 (Oresme), rare avant le XVIIe s. Empr. du lat. de basse ép. *involuntarius.*

INVOQUER, 1397 ; **invocation,** XIIe. Empr. du lat. *invocare, invocatio ;* au XIIe s. on trouve une forme plus francisée *envochier.*

INVULNÉRABLE, vers 1500. Empr. du lat. *invulnerabilis.* — Dér. (par dérivation régressive) **vulnérable,** 1671 (le lat. *vulnerabilis* n'a qu'un sens actif), **vulnérabilité,** 1876.

IODE, 1812 : « La substance découverte par M. Courtois et à laquelle j'ai proposé de donner ce nom d'iode à cause de la belle couleur violette de sa vapeur », Gay-Lussac. *Iode* est formé avec le grec *iôdês* « de la couleur de la violette *(ion)* ». — Dér. : **iodé,** 1836 ; **iodure,** 1812 ; **ioduré,** *id*

IODLER, 1883. Empr. du suisse allemand *jodeln.*

ION, 1840. Empr. de l'angl. *ion,* créé par Faraday, en 1834, d'après le grec *ion,* part. prés. neutre de *ienai* « aller ». — Dér. : **ioniser,** 1910 ; **ionisation,** 1902.

IOTA, 1552 (Rab.). Empr. du grec *iôta,* nom de la neuvième lettre de l'alphabet grec.

IPÉCACUANA, 1694, d'où **ipéca,** 1802. Empr., par l'intermédiaire du port., du tupi.

IRASCIBLE, XIIe. Empr. du lat. *irascibilis* (de *irasci* « se mettre en colère »). — Dér. : **irascibilité,** 1370 (Oresme).

IRE, v. **colère.**

IRIS, XIIIe, fleur ; XVIe (Paré), terme d'anatomie ; 1556, arc-en-ciel. Empr., aux sens 1 et 3, du lat. *iris* (du grec *iris,* propr. « arc-en-ciel »), au sens 2 du grec directement. — Dér. au sens 3, par extension : **iriser,** XVIIIe (Buffon) ; **irisation,** 1853.

IRONIE, 1370 (Oresme), rare avant le XVIe s. ; **ironique,** XVe, d'après l'adv. **-ement.** Empr. du lat. *ironia, ironicus* (du grec *eirôneia, eirônikos ; eirôneia* signifie propr. « interrogation » et a dû son sens particulier à la méthode, dite *eirôneia,* de Socrate qui feignait l'ignorance pour faire ressortir l'ignorance réelle de ses interlocuteurs). — Dér. : **ironiser,** 1647 ; **ironiste,** 1801.

IROQUOIS, vers 1700 (déjà sens fig.). Nom d'une peuplade de l'Amérique du Nord, que Chateaubriand a fait particulièrement connaître.

IRRADIER, XVe s., manque aux XVIIe et XVIIIe s. ; **irradiation,** 1390. Termes techn. empr. du lat. *irradiare* « rayonner » (de *radius* « rayon ») et du bas lat., *irradiatio.*

IRRATIONNEL, 1370 (Oresme). Empr. du lat. *irrationalis.*

IRRÉCONCILIABLE, 1534. Empr. du lat. *irreconciliabilis.*

IRRÉCUSABLE, 1778, une première fois en 1558. Empr. du lat. *irrecusabilis.*

IRRÉFRAGABLE, 1468. Empr. du lat. de basse ép. *irrefragabilis* (de *refragari* « voter contre, s'opposer à »).

IRRÉFUTABLE, vers 1747 (Vauvenargues). Empr. du lat. *irrefutabilis.*

IRRÉGULIER, 1283 ; **irrégularité,** XIVe (Oresme). Empr. du lat. *irregularis, irregularitas.*

IRRÉLIGION, 1527 ; **irréligieux,** 1406 ; **irréligiosité,** 1859, d'abord *irréligieuseté,* 1642. Empr. du lat. *irreligio, irreligiosus, irreligiositas.*

IRRÉMÉDIABLE, 1474. Empr. du lat. *irremediabilis.*

IRRÉMISSIBLE, 1234, rare avant le XVIe s. Empr. du lat. *irremissibilis* (de *remittere* « remettre »).

IRRÉPARABLE, 1234, rare avant le XVe s. Empr. du lat. *irreparabilis.*

IRRÉPRÉHENSIBLE, vers 1400. Empr. du lat. *irreprehensibilis* (de *reprehendere,* v. **reprendre**).

IRRÉSISTIBLE, 1687. Empr. du lat. médiéval *irresistibilis.*

IRRÉVÉRENT, XVe ; **irrévérence,** XIIIe. Empr. du lat. *irreverens, irreverentia.* — Dér. d'*irrévérence :* **irrévérencieux,** 1794.

IRRÉVOCABLE, 1315. Empr. du lat. *irrevocabilis.* — Dér. : **irrévocabilité,** 1688, une première fois en 1534.

IRRIGUER, 1835 ; **irrigation,** XVe, comme terme médical, 1764, comme terme d'agriculture. Termes techn. empr. du lat. *irrigare* (de *rigare* « arroser »), *irrigatio.* — Dér. d'*irriguer :* **irrigateur,** 1827.

IRRITER, XIVe (Bersuire) ; **irritable,** 1520 ; **irritation,** XIVe. Empr. du lat. *irritare, irritabilis, irritatio.* — Dér. d'*irritable :* **irritabilité,** 1754.

IRRUPTION, 1496. Empr. du lat. *irruptio* (de *irrumpere* « se précipiter vers »).

ISABELLE, 1595 *(couleur isabelle).* Issu du nom propre de femme, empr. de l'esp. *Isabel* (forme pop. de *Elisabeth*), transformé en *Isabelle* d'après le lat. médiéval *Isabella.* On rapporte une historiette suivant laquelle Isabelle la Catholique aurait fait vœu, lors du siège de Grenade, en 1491, de ne pas changer de chemise avant la prise de la ville.

ISARD, XIVe (G. Phébus : *Le bouc izart*). Cf. basque *izar* « étoile ; tache blanche sur le front des animaux ». Ces mots sont dér. du mot ibérique pour « étoile », qui est représenté en berbère par *ichri*. Ce mot ibérique s'est superposé à un antérieur *camox*, conservé dans les Alpes *(chamois)* et au Portugal *(camuza)*.

ISBA, 1815 (X. de Maistre). Mot russe.

ISOCHRONE, 1675, empr. du grec *isóchronos*. — Formés en franç. avec le même élément grec *isos* « égal » d'autres mots savants, tels que *isomorphe*, 1821.

ISOCÈLE, 1542. Empr. du lat. *isosceles* (du grec *isoskelês*, littéral. « qui a les jambes égales », de *isos* « égal » et *skelos* « jambe »).

ISOLÉ, 1575 ; d'abord terme d'architecture, pris rapidement au sens moderne. Empr. de l'it. *isolato* « séparé de toute chose comme une île l'est de la terre ferme ». Le verbe *isolare* paraît être postérieur, comme le verbe fr. — Dér. : **isoler,** 1653 (Saint-Amand) ; **isolateur,** 1836 ; **isolement,** 1701 ; **isoloir,** 1789, comme terme de physique, moins usité aujourd'hui que *isolateur ;* refait pour désigner une cabine destinée à permettre à l'électeur de préparer son bulletin de vote, 1914.

ISSU. Part. passé de l'anc. verbe *issir*, lat. *exīre*, éliminé au XVIe s. au profit de *sortir*. It. *uscire* (v. **réussir**), a. pr. *eissir*. — Dér. : **issue,** XIIe.

ISTHME, 1538, comme terme de géographie. Empr. du lat. *isthmus* (du grec *isthmos* « passage étroit, isthme »). Empr. aussi comme terme médical, 1552 (Rab.), directement du grec.

ITALIQUE, terme de typographie, vers 1500. Empr. du lat. *italicus*, les caractères italiques ayant été inventés par l'Italien Alde Manuce l'Ancien (vers 1449-1515).

ITEM, 1279. Adv. lat., signifiant « de même ».

ITÉRATIF, 1403. Empr. du lat. *iterativus*, attesté comme terme de grammaire (de *iterare* « recommencer »).

ITINÉRAIRE, 1616 (une 1re fois au XIVe s.). Empr. du lat. *itinerarium*.

IVE, IVETEAU, v. **if.**

IVOIRE, XIIe. Empr. du lat. *eboreus* « d'ivoire », adj. de *ebur*, *eboris* « ivoire ».

IVRAIE, 1236. Lat. pop. *ēbriăca*, fém. pris substantiv. de l'adj. *ēbriăcus* « ivre » ; l'ivraie a reçu ce nom parce qu'elle cause une sorte d'ivresse. La voyelle initiale, qui est due à *ivre*, montre que le contact avec ce mot a été maintenu. L'expression *l'ivraie et le bon grain*, pour désigner les mauvais et les bons, vient de la parabole de l'Évangile, Matthieu, XIV, 27 sq.

IVRE. Lat. *ēbrius ;* l'*i* est dû à l'influence de l'*i* de la terminaison. Aujourd'hui les parlers gallo-romans préfèrent, comme le fr. pop., des mots plus expressifs *plein, soûl*. — Dér. : **ivresse,** XIIe ; **enivrer,** *id.* ; **enivrement,** *id.*

IVROGNE, XIIe. Issu de l'anc. subst. *ivro(i)gne* « ivrognerie », lat. pop. **ēbriōnia ;* cf. pour cette extension d'emploi le lat. *crapula* « ivresse » et « ivrogne ». — Dér. : **ivrogner,** 1536 ; **ivrognerie,** 1498 ; **ivrognesse,** 1583.

J

JA, v. **déjà.**

JABLE, 1564, en 1397, dans des comptes de Nevers, « chanlatte », vers 1200, en Normandie, *gable* « pignon ». Ce que tous ces objets ont en commun, c'est la partie saillante. Cet élément aussi bien que les formes des mots font penser au gaulois *gabulum* « gibet » (il faut partir du gibet à un seul poteau, dont la poutre transversale fait saillie), qui est attesté dans des gloses du VIIIe s. et qui correspond à l'irl. *gabul* « branche fourchue ». — Dér. : **jabler,** 1573.

JABOT, 1546 (Rab., en parlant de l'estomac de l'homme). Se rattache à la même famille que *gaver ;* doit être empr. du patois auvergnat ou limousin, où il vit encore aujourd'hui. — Dér. : **jaboter,** 1691, « bavarder ».

JACASSER, 1808. Soit réfection, d'après des mots tels que *coasser*, de *jaqueter*, 1562, usité aujourd'hui dans le fr. pop., dér. de *jaquette* (dim. de *Jacques*, v. **geai**) « pie », mot de la région lyonnaise, soit dér. de *jacasse* « pie », 1867, dér. de *jaque* « geai », mot très répandu en France, d'après *agace*. — Dér. : **jacasserie,** 1838.

JACÉE, nom de plante, 1611. Empr. du lat. médiéval *jacea*, d'origine inconnue.

JACENT, 1509 ; sens jurid. — Comp. : **sous-jacent,** terme de géol., 1872.

JACHÈRE, XIIIe. Seulement France septentrionale. Transcrit *gascaria* dans le lat. médiéval. Représente un gaulois **ganskaria* « charrue », dér. de **gansko* « branche », cf. irl. *gésca*, id. ; **ganskaria* a un parallèle p. ex. dans le romagnol *pardghir* « charrue », dér. du lat. *pertica* « perche ».

JACINTHE, XIIe, « sorte de pierre précieuse », sous les formes *jacint*, *jacinte*, avec *j* initial d'après *jagonce*, forme plus usitée en a. fr. ; le sens de « fleur » ne paraît pas être antérieur au XVIe s. Empr. du lat. *hyacinthus*, aux deux sens (du grec *hyacinthos*, propr. personnage mythologique qu'Apollon tua par mégarde et qui fut changé en fleur) ; le sens de pierre précieuse est donc issu de celui de fleur. En outre, depuis le XVIe s., et aux deux sens, **hyacinthe,** repris aux langues anc.

JACQUERIE, vers 1370. Désigne propr. le soulèvement de 1357 ; sens plus étendu, 1821 (P.-L. Courier) ; cf. **empêcheur.** Dér. de *Jacques*, surnom donné par dérision aux paysans au moment de ce soulèvement. *Jacques Bonhomme* apparaît aussi au XIVe s.

JACQUET, 1867, « jeu analogue au trictrac ». Peut-être le même mot que *jaquet*, XVIe, « flatteur », diminutif de *Jacques ;* mais on ne connaît pas la raison de cette dénomination.

JACTANCE, XIIe. Empr. du lat. *jactantia* (de *jactare* « jeter ; vanter »).

JADE, 1612 *(jadde)*, issu d'*ejade*, 1633, l'initiale *e* ayant été prise pour la fin de l'article *les*, *des*. *Ejade* est empr. de l'esp. *ijada*, dans *piedra de la ijada*, littéralement « pierre du flanc » *(ijada* est dér. d'un simple non attesté, issu du lat. *īlia* « flancs », conservé ailleurs, cf. a. pr. *ilha) ;* ce nom vient de ce que le jade passait pour guérir les coliques néphrétiques, cf. l'all. *Nierenstein*, littéralement « pierre des reins ».

JADIS, XIIe. Contraction de l'expression *ja a dis* « il y a déjà des jours », *di*, lat. *diem* (acc. de *dies*), encore usitée au début de notre tradition littéraire.

JAGUAR, 1761 (Buffon). Empr., par l'intermédiaire du portug. et de l'angl. (où *jaguar* est attesté depuis 1604, *jaguareté* en portug. depuis 1587), du tupi (Brésil). *Jaguareté*, qu'on trouve quelquefois au XVIIIe s. est une variété noire du jaguar ; les formes *janware* (1556) et *ianouare*, qui apparaît au XVIe et au XVIIe s., doivent représenter une variante dialectale du mot tupi.

JAILLIR, XIIe. En a. fr., jusqu'au XVe s. trans. au sens de « lancer vivement ». La forme *galir*, conservée dans le normand de la Manche, au sens de « jeter », exclut tout rapprochement avec le lat. *jaculāri* « lancer ». On suppose un **galire* formé du radical du verbe gaulois **gali-* « bouillir ». — Dér. : **jaillissement,** 1611 ; **rejaillir,** 1539 ; **rejaillissement,** 1557.

JAIS. D'abord *jaiet*, XIIe, et jusqu'au XVIIIe s., contracté au XIIIe s. en *jai*, écrit arbitrairement *jais*. Lat. *gagātem*, acc. de *gagātes* (mot pris au grec, signifiant littéral. « pierre de Gages (ville et cours d'eau de Lycie) » : la forme correcte du fr. serait **jaié*, qui a été altérée en *jaiet*, par substitution de suffixe. Seulement fr.

JALE, v. **gallon.**

JALON, 1613. Terme de métier, du même radical que *jaillir*. On a aussi rapproché l'a. fr. *gielle* « sorte de bâton servant à tendre des rets » ; mais l'étymologie de *gielle* est inconnue. — Dér. : **jalonner,** 1690 ; **jalonnement,** 1838 ; **jalonneur,** 1835.

JALOUX, vers 1180. Empr. de l'a. pr. *gelos, gilos* (depuis 1140), qui représente un lat. pop. **zēlōsus*, dér. du lat. de basse ép. *zēlus* (du grec *zēlos*), propr. « zèle », d'où « émulation, jalousie », le *z* initial a été traité comme *di* de *diurnus* « jour ». Le grand usage que les troubadours ont fait du mot l'a fait passer dans la poésie d'amour de l'a. fr. — Dér. : **jalouser,** vers 1300, peu usuel avant la fin du XVIe s. ; **jalousie,** vers 1220 (a. pr. *gelosia* vers 1190). Dit depuis 1549 d'un treillis de bois ou de fer qui permet de voir sans être vu ; probabl. empr. en ce sens de l'it. *gelosia*, attesté dès 1493.

JAMAIS. Comp. de l'adv. *ja* (qui représente le lat. *jam* « déjà ») et de *mais* « plus » (lat. *magis*), et combiné avec *ne* pour servir de négation par rapport au temps. En a. fr. *ne ... ja* et *ne ... jamais* ne s'emploient que par rapport à l'avenir, tandis que pour le passé on se sert de *ne ... onques* (du lat. *unquam*). Ce n'est qu'à partir du XIVe s. que ce dernier cède son terrain à *ne ... jamais*. Du XIe au XIIIe s. le fr. distinguait entre *ne ... ja* et *ne ... jamais* en ce sens que le deuxième avait le sens de « ne ... plus jamais », conformément à l'étymologie (cf. Jean de Meung, *Dieux mourut une fois, mes ja mes ne morra*). Depuis, *ne ... ja* a disparu au profit de *ne... jamais*, auquel il a fallu ajouter alors *plus* pour rendre l'idée dont il avait été l'expression jusque-là. C'est ce qui explique la tautologie de *mais* et *plus* dans *ne ... plus jamais*.

JAMBE. Lat. de basse ép. *gamba* « paturon du cheval et plus généralement des quadrupèdes » (du grec *kampê*, propr. « courbure », d'où « articulation », empr. comme terme de vétérinaire), qui a éliminé dans la langue vulg. le mot de la langue courante *crūs*, v. pour des substitutions semblables **bouche, tête.** De la forme *camba* l'a. pr. *camba* et, aujourd'hui, les formes de tous les parlers méridionaux, au Sud d'une ligne allant de l'embouchure de la Gironde au Nord de la Suisse romande. It. *gamba ;* l'esp. dit *pierna*, lat. *perna*, qui, à l'époque classique, signifiait « cuisse d'animal, jambon ». — Dér. : **jambage,** 1369 ; **jambé** (dans *bien, mal jambé*), 1582 ; **jambette,** 1383, au sens de « croc-en-jambe », encore dans les patois, au sens de « petit couteau de poche », 1622 (Sorel) ; **jambier,** nom d'un muscle, XVIe (Paré) ; **jambière,** 1203 ; **jambon,** XIIIe, d'où **jambonneau,** 1607 ; **enjambé,** vers 1200, « pourvu de jambes » ; **enjambée,** XIIIe ; **enjamber,** XVe, d'où **enjambement,** 1566, « action d'enjamber », comme terme de prosodie, XVIIe.

JAMBOREE, 1920. Mot angl., empr. de l'hindou par Kipling.

JANISSAIRE, XVe. Empr. du turc *yenitcheri* « nouvelle milice », par l'intermédiaire de l'it. *gian(n)izzero*, qui vient probabl. lui-même du grec byzantin.

JANTE. Lat. pop. **cambita*, dér. d'un gaulois **cambo-*, signifiant « courbé », supposé d'après l'irlandais *camm* « courbe », gallois *cam* « *id.* » et breton *camhet* « jante ». Le traitement de la consonne initiale se retrouve dans d'autres représentants de ce mot. — Dér. : **déjanter,** 1948.

JANVIER. Lat. pop. *jenuarius*, attesté dans des inscriptions, pour lat. class. *januarius*, *ja-* protonique étant régulièrement devenu *je-* en lat. à basse ép. Cf. anc. picard *genvier* comme it. *gennaio*, esp. *enero*.

JAPPER, XIIIe. Onomatopée. Rare en dehors du gallo-roman ; aujourd'hui au sens moins spécial d' « aboyer » en norm. et dans les parlers méridionaux au Sud de la Loire. — Dér. : **jappement,** XVe ; **jappeur,** 1546.

JAQUEMART, 1534 (Rab.). Empr. de l'a. pr. où *jacomart* est attesté dans ce sens dès 1472. Le mot vit encore aujourd'hui surtout dans le Midi. Dér. plaisant de *Jaqueme*, forme de l'a. pr. pour *Jacques*.

JAQUETTE, 1375. Dér. de l'a. fr. *jaque*, 1364, masc., « sorte de vêtement court et serré », emploi fig. de *jacques* « sobriquet donné au paysan au XIVe s. », parce que cet habillement court et serré était surtout porté par les paysans. Ce sobriquet s'explique par la fréquence de ce nom de personne parmi les paysans. Les autres langues européennes ont empr. le nom de cette pièce d'habillement du fr.

JARD, 1260 *(gart) ;* souvent écrit *jar, jarre, jars.* A Lyon et en Franche-Comté « aiguillon de guêpe ». Francique **gard*, « piquant » qu'on peut supposer d'après anc. haut all. *gart*, id., all. dialectal « aiguillon pour faire marcher les bêtes ».— Dér. : **jarreux,** 1782, au moyen âge *jardeux*, 1260 ; **éjarrer,** 1753.

JARDE « tumeur au jarret du cheval », 1678. Empr. de l'it. *giarda*, empr. lui-même de l'arabe *djarad*. On a aussi, depuis 1678, *jardon*, empr. de l'it. *giardone*.

JARDIN, XIIe. Au moyen âge aussi *gart, jart*. Celui-ci représente le francique **gart* ou **gardo*, id. (cf. anc. haut all. *garto*, all. *Garten*). *Jardin*, qui en est dér. et qui est attesté en lat. médiéval dès le Xe s. *(gardinium)*, a probabl. été formé en gallo-roman, peut-être d'abord comme adj. joint à *hortus* (on a supposé un **hortus gardinus* « jardin entouré d'une clôture », d'après le sens du gotique *garda* « clôture »). L'it. *giardino* et l'esp. *jardin* sont empr. du fr., comme le norm. *gardin* vit dans l'angl. *garden ;* nous avons repris ce dernier dans **garden-party,** 1885. — Dér. : **jardinage,** 1281 ; **jardiner,** XIVe (Deschamps) ; **jardinet,** XIIIe ; **jardinier,** XIIe ; le fém. date du XIIIe.

JARGON, 1426, au sens moderne ; attesté dès le XIIe s. au sens de « gazouillement ». De la famille de *gargote*, mots qui signifient « faire du bruit avec la gorge ». L'it. *gergo* et l'esp. *jerigonza* sont empr. du fr. **Jargonner,** XIIe, dont le sens s'est développé parallèlement au subst. et qui a donc souvent les sens de « gazouiller, bavarder », cf. aussi *jargouiller* jusqu'au XVIe s. et encore dans les patois.

JARRE, 1449. Empr. du prov. *jarra*, empr. lui-même de l'arabe *djarra* « grand vase de terre », d'où viennent également l'it. *giarra* et l'esp. *jarra*.

JARRET, XIIe. Dér. d'un simple attesté en a. pr. *(garra)* et dans les patois du Centre (*jarre* « cuisse »). Gaulois **garra*, qu'on peut supposer d'après gallois *garr*, bret. *gâr* « jambe », et d'où viennent aussi esp. port. *garra* « griffe ». — Dér. : **jarretière,** 1360, en outre, en a. fr., *jarretier*, masc., 1360, encore usuel aujourd'hui dans les parlers septentrionaux ; **jarreter,** 1576, pour **jarreterer*.

JARS, XIIIe. Probabl. même mot que *jard* (v. le dér. berrichon *jardir* « couvrir l'oie », avec la consonne *-d-*), par une comparaison de la verge du jars avec l'aiguillon, cf. en dialecte alsacien *Stecher*, « coureur de jupes », propr. « celui qui pique ».

JASER, 1538 (*gaser* au XVe ; la forme *jaser* qu'on a cru trouver une fois au XIIe s. est due à une faute de lecture). Onomatopée ; *jaser* est probabl. une adaptation d'un **gaser* en usage autrefois en Picardie, v. **gazouiller.** — Dér. : **jaserie,** 1538 ; **jaseur,** 1538.

JASMIN, vers 1500 (écrit *jassemin*). Empr. du mot arabo-persan *yâsimîn*, probabl. par l'intermédiaire de l'it. *gelsomino*.

JASPE, 1118. Empr. du lat. *iaspis* (mot pris au grec). — Dér. : **jasper,** 1552 **(-é),** **jaspure,** 1617.

JASPINER, 1723 ; on trouve aussi *jaspiller* au XVIIIe s. Mot argotique, dû à un croisement voulu de *jaser* et de *japper ;* cf. *jasper à la lune* chez d'Assoucy.

JATTE. Lat. *gabata* « plat, assiette creuse », devenu **gabita*. A. pr. *gauda*, *gaveda*, et dialectes italiens ; cf. la forme *jade* de l'Ouest « jatte pour faire le beurre, corbeille pour la pâte ».

JAUGE, 1260. Francique **galga*, qu'on peut supposer d'après l'anc. haut all. *galgo* « treuil de puits, potence » et dont le genre fém. est assuré par le néerl. *galge*. La signification première du mot germ. était « perche ». — Dér. : **jauger,** 1260 ; **jaugeur,** 1258 ; **jaugeage,** 1248.

JAUNE. Lat. *galbinus* « vert pâle ». En dehors de la France septentrionale, conservé seulement par le roumain *galbàn*. Le mot fr. a été empr. par les langues voisines : it. *giallo*, esp. *jalde* (tous deux d'après la forme anc. du fr. *jalne*), prov. *jaune*. — Dér. : **jaunâtre,** 1530 ; **jaunet,** 1125 ; **jaunir,** 1213 ; **jaunisse,** XIIe.

JAVA, 1931. Du nom de l'île de *Java*.

JAVART, 1393. Se rattache à la famille de **gaver.** Cette tumeur peut avoir été comparée à un goitre, surtout parce qu'elle vient au paturon, donc à un endroit resserré de la jambe du cheval. Le mot est surtout méridional et le fr. doit l'avoir reçu d'un parler de la région septentrionale de l'occitan, en substituant en même temps au suff. méridional *-arri* (prov. *gavarri*, aussi esp. *gabarro*), le suff. *-ard*.

JAVEL (eau de) (aussi *Javelle*), 1824. *Javel* est le nom d'un ancien village de la banlieue de Paris, aujourd'hui quartier du 15e arr., où on fabriquait cette eau. — Dér. : **javelliser,** 1931.

JAVELLE, XIIe, au sens de « monceau » ; le sens rural apparaît dès le XIIIe s. ; en outre « botte de sarments, fagot », encore usité dans les patois. Mot d'origine gauloise, qui désignait ce qu'on rassemble par tas, par poignée ; cf. irl. *gabāl* « saisir » ; de là aussi l'a. pr. *gavela* « javelle de blé » et l'esp. *gavilla* « id. ». L'a. fr. a aussi le masc. *javel* « monceau » (cf. de même l'a. pr. *gavel* « botte de sarments ») ; d'où le fr. techn. **javeau** « île formée de sable et de limon à la suite d'un débordement », déjà relevé au XIVe s. — Dér. : **javeler,** XIIIe ; **javeleur,** 1611 ; **enjaveler,** 1352.

JAVELOT, XIIe. Mot d'origine gauloise ; cf. anc. irl. *gabul* « enfourchure », gallois *gafl* « *id.* » et, pour le sens d' « arme », gallois *gaflach* « lance empennée ». — Dér. : **javeline,** 1451.

JAZZ, 1918. Empr. de l'anglo-américain *jazz*, nom d'une danse de nègres. Le comp. *jazz-band* « orchestre composé d'objets hétéroclites » a été empr. dès 1908.

JE. Lat. pop. **eo*, lat. class. *ego*, par développement particulier, dû au rôle accessoire pris par ce pronom, entraînant une prononciation rapide et faible. Pour l'affaiblissement du pron., v. **il.**

JEEP, 1942. Mot anglo-américain tiré des initiales G. P., qui désignait un type d'auto fabriquée pour l'armée chez Ford et dont le sens était *general purpose* « (d'un) usage général ».

JÉJUNUM, 1541. Empr. du lat. médical *jejunum (intestinum)*, littéralement « (intestin) à jeun » ; cf. : « Le second intestin gresle est nommé *jejunum*, non parce qu'il ne contient rien, mais parce qu'il contient bien peu au regard des autres » (Paré).

JÉRÉMIADE, vers 1720. Dérivé de *Jérémie ;* par allusion aux lamentations de ce prophète.

JERSEY, 1881 ; déjà en 1667 au sens de « laine ». Empr. de l'angl. *jersey*, qui est tiré de *Jersey*, nom de l'île de la Manche où l'on préparait depuis la fin du XVIe s. la laine qui sert à faire le corsage en laine maillée et le tissu appelés *jersey*.

JETER. Lat. pop. **jectāre*, lat. class. *jactāre*, v. **janvier.** — Dér. et Comp. : **jet,** XIIe ; **jeté,** terme de danse, 1704 ; **jetée,** XIIIe, « action de jeter » ; terme de construction, 1362 ; **jeton,** 1317, d'après *jeter* au sens de « calculer » ; en outre usuel en a. fr. au sens de « rejeton » et d' « essaim », ce dernier sens conservé dans les parlers de l'Est, ainsi que *jeter* au sens d' « essaimer » ; **déjeter,** XIIe ; **interjeter,** terme jurid., XVe, sur le modèle du lat. *interjicere ;* **projeter,** réfection, qui date du XVIe s., de *pourjeter*, XIIe, fait lui-même sur le modèle du lat. *projicere ;* d'où **projet,** 1518 *(pourget) ;* **surjeter** « jeter par-dessus », XIIIe, d'où **surjet,** 1393, d'où, à nouveau, *surjeter*, t. de couture, 1660.

JEU. Lat. *jocus* « plaisanterie » ; a pris en lat. vulg. tous les emplois de *ludus* « amusement, divertissement ». — Comp. : **enjoué,** XIIIe, d'où **enjouement,** XVIIe (Scarron) ; **enjeu,** 1611.

JEUDI, d'abord *juesdi*. Lat. pop. *jovis dies* « jour de Jupiter », v. **dimanche.**

JEUN. Ne s'emploie plus que dans la locution *à jeun ;* a été adj. jusqu'au XVIe s. ; cette disparition de la valeur adjective est due au fait que la forme du fém. était peu différente de *jeune* « qui est dans la jeunesse » ; aussi est-elle très rarement attestée, et sa disparition a entraîné celle du masc. Lat. *jējūnus* « à jeun ».

JEUNE ; a. fr. *juene*. Lat. *juvenis*. Les formes du fr. et de l'it. supposent une forme avec *ŏ*. due probabl. à l'influence dissimilatrice du *v*. — Dér. : **jeunesse,** XIIe ; **jeunet,** *id. ;* **rajeunir,** *id*., d'après *rajeunissement*.

JEÛNER. Lat. eccl. *jējūnāre*. V. **déjeuner et dîner.** — Dér. : **jeûne,** XIIe ; **jeûneur,** 1595.

JIU-JITSU, 1907. Mot japonais importé en France avec cette méthode d'entraînement.

JOBARD, 1836 (une 1re fois *joubard* en 1571). Dér. de *jobe*, 1547 (N. du Fail) ; on trouve en outre au XVe et au XVIe s. *jobet, jobelet, jobelin* ; *enjobarder* « tromper » (vers 1280). Très probabl. du nom du personnage biblique Job, qui a occupé l'imagination du peuple surtout par les railleries qu'il a eu à subir de la part de ses amis et les reproches que lui adressait sa femme.

JOCKEY, 1776. Empr. de l'angl. *jockey* dim de *jock*, forme écossaise de *Jack ;* l'acception moderne remonte, en angl., à 1670. Parfois francisé en *ja(c)quet*, mais sans influence de l'anc. *ja(c)quet*, usuel au XVIe s. au sens de « valet » et surtout de « bouffon ».

JOCRISSE, 1587. Type de benêt, popularisé par les farces de Dorvigny, à la fin du XVIIIe s. Mot vulg., qui paraît être une déformation fantaisiste de *joquesus*, 1493, de même sens, littéral. « juche-toi dessus », dit d'un sot incapable de rien faire ; *joquer* est fréquent en a. fr. au sens de « jucher, être à ne rien faire ».

JOIE. Lat. *gaudia*, fréquent dans le lat. fam. (d'où son emploi dans le lat. pop.), plur. neutre, pris comme fém. sing., du lat. class. *gaudium*. L'it. *gioia* vient du fr., comme l'angl. *joy*. — Dér. : **joyeux,** vers 1500 ; **joyeuseté,** vers 1295.

JOINDRE. Lat. *jungere*. — Dér. : **joignant,** *prépr*., XIIIe ; **joint,** XIIIe, au sens de « joug », d'où **ajointer,** 1838 ; **jointé,** dans *court-jointé*, 1660, et *long-jointé*, 1660, tous deux termes concernant le cheval, par l'intermédiaire de *jointe*, XIIe, « articulation » et spécialement « paturon du cheval » ; **jointée,** XIIIe ; **jointoyer,** 1226 ; **rejointoyer,** 1392 ; **déjoindre,** XIIe ; **rejoindre,** XIIIe.

JOINTURE. Lat. *junctūra*.

JOLI, XIIe. D'abord *jolif, -ive*, « gai, aimable, agréable », jusqu'au XVIIe s. ; cf. a. pr. *joliu ;* l'angl. *jolly* vient du fr. Au XIIIe s. « élégant, paré », d'où, vers 1400, le sens moderne. Très probabl. dér. de l'anc. scandinave *jôl*, nom d'une grande fête païenne du milieu de l'hiver, sur le modèle d'un adj. comme *aisif* « agréable », de *aise*. — Dér. : **joliesse,** 1885 (Goncourt) ; **joliet,** vers 1200 ; **enjoliver,** vers 1315 ; **enjolivement,** 1559 ; **enjoliveur,** 1594 ; **enjolivure,** 1611.

JONC. Lat. *juncus*. — Dér. : **jonchée,** XIIIe ; **joncher,** vers 1080 *(Roland)*, déjà au sens fig., propr. « couvrir de jonc (le sol des rues ou des salles dans certaines solennités) » ; **jonchet,** 1474.

JONCTION, XIVe. Empr. du lat. *junctio* pour servir de nom d'action à *joindre*.

JONGLEUR. Au moyen âge *jogleor*. Lat. *joculātor* « rieur, qui dit ou fait des plaisanteries » ; au moyen âge désigne une sorte de ménestrel ; a le sens moderne de « bateleur, faiseur de tours d'adresse », dès le XIIe s. La forme *jongleur*, due à un croisement avec *jangler* « médire, bavarder », date du XVIe s. *Jangler* est sans doute d'origine germ., cf. moyen néerl. *janken* « gémir », moyen bas all. « piauler », moyen néerl. *jangelen* « murmurer, gronder ». L'a. fr. *jougler* représente le lat. *joculāris* « plaisant, badin ». — Dér. : **jongler,** vers 1400 ; **jonglerie,** 1119.

JONQUE, 1540 *(un juncque*, dans un récit de voyages ; en 1519, *joinct*, *id.)*. Empr. du malais de Java *(a)jong* (même mot que le chinois *tchouan*).

JONQUILLE, 1614. Empr. de l'esp. *junquilla*, dér. de *junco*, v. **jonc.**

JOSEPH, 1723, sorte de papier transparent. Du prénom de l'inventeur *Joseph Montgolfier*, directeur de papeteries à Annonay, père de l'inventeur de l'aérostat.

JOUBARBE. Lat. *jovis barba* « barbe de Jupiter » (Pline dit *barba jovis*).

JOUE. Très probabl. dér. du prélatin **gaba*, d'où **gaver.** L'it. *gota*, le prov. *gauto*, le franco-prov. *dzoula* font supposer, avec le fr. *joue*, un très anc. dér., aussi prélatin, **gábota* ou *gábula*. Un autre dér. prélatin du même radical, peut-être un **gabonia*, est représenté par l'a. pr. *gaunhas* « ouïes du poisson », aujourd'hui aussi « joue ». — Dér. : **jouée,** XIIe. — Comp. : **bajoue,** XIVe ; **abajoue,** 1766 (Buffon) ; dû à un croisement avec *balèvre*, v. **lèvre.**

JOUER. Lat. *jocāre* « badiner, plaisanter », a éliminé *ludere*, comme *jocus* a éliminé *ludus*. — Dér. : **jouable,** 1741 (Voltaire) ; **injouable,** 1767 *(id.) ;* **jouet,** 1523 ; **joujou,** 1715, réduplication née dans le langage enfantin, sorti de la locution *faire joujou*, 1715, déjà *faire jojo* au XVe s. ; **joueur,** XIIe ; **déjouer,** XIIIe s., au sens de « déconcerter », au sens moderne 1797, mis à la mode par la Révolution (depuis 1694 aussi « tourner au gré du vent, d'un pavillon », ce qui se rattache à *jouer* « se mouvoir avec légèreté ») ; **rejouer,** vers 1170, mais déjà au XIIIe s. au sens de « déconcerter » ; ce sens vient probabl. du jeu d'échecs ou de dames, où il se dit encore au sens de « retirer une pièce qu'on vient de jouer » ; depuis 1694 dans la langue de la marine en parlant du pavillon qui tourne au gré du vent ; **rejouer,** XIIe.

JOUFFLU, 1530. Altération de *giflu*, v. **gifle,** par croisement avec *joue ;* type répandu d'adj. pop. ; cf. *faf(e)lu* « dodu », du XVe au XVIIe s., encore dialectal, v. aussi **mafflu,** à côté de *mafflé.*

JOUG. Le *g*, qui apparaît dès le XIIIe s., mais qui ne se prononce que dans un langage livresque, est dû à l'orthographe étymologique. Lat. *jugum*, dont le *g* est tombé de bonne heure.

JOUIR. Lat. pop. **gaudīre*, lat. class. *gaudēre* « se réjouir ». A pr. *jauzir*, mais it. *godere.* A pris le sens de « venir à bout de » dans de nombreux parlers gallo-romans : Suisse romande, lorrain, normand, angevin, celui d' « user » dans ceux du Sud-Est. — Dér. et Comp. : **jouissance,** 1466, a remplacé l'anc. *joiance*, d'où **co-jouissance,** 1835, **non-jouissance,** 1660 ; **réjouir,** XIIe, par l'intermédiaire d'*esjouir*, XIIe, disparu au XVIIe s., d'où **réjouissance,** vers 1460 ; comme terme de boucherie, 1783, par ironie ; **jouisseur,** 1849, au sens moderne, déjà au XVe s. au sens de « qui jouit de ».

JOUR. D'abord *jorn.* Lat. pop. *diurnus*, en lat. class. adj. signifiant « de jour ». De même a. pr. *jorn*, it. *giorno.* Le lat. class. *diēs* a laissé peu de traces en fr. où *di* a disparu de bonne heure. Dans les parlers gallo-romans on n'a *dia* que dans l'extrême Sud-Ouest. V. **midi** et les noms des jours de la semaine. — Dér. : **journal,** d'abord adj., encore usité dans *papier journal ;* a éliminé une forme *journel* qui a donné l'adv. : **journellement,** vers 1450 ; d'où **journalier,** 1535. Comme subst., au sens de « relation d'événements quotidiens », *journal* date du XIVe s. ; le sens de « périodique » ou de « quotidien » est dû peut-être à l'it. *giornale ;* désigne d'abord des périodiques scientifiques : cf. *Journal des Savants*, 1665, puis, au milieu du XVIIIe s., des publications périodiques ou quotidiennes, analogues aux nôtres, cf. *Journal de Paris*, 1777 : a peu à peu éliminé *gazette*, d'où **journaliste,** 1684 ; **journalisme,** 1765 ; **journée,** XIIe, cf. it. *giornata*, a. pr. *jornada ;* **ajourner,** vers 1080 ; **ajournement,** vers 1190 ; **réajourner,** XIVe, d'où **-ment,** 1503 ; en outre formes avec *ra- ;* **ajouré,** 1644. — Comp : **aujourd'hui,** vers 1180 ; a peu à peu supplanté l'a. fr. *hui*, lat. *hodie. Aujourd'hui* n'a pénétré que dans les parlers septentrionaux et surtout au Nord-Est et à l'Est ; *hui* subsiste en Wallonie, dans le franco-provençal et dans le Midi, renforcé en *ahui* au Sud-Ouest, en *ancui* au Sud-Est, cf. *ancui* de l'a. fr. et de l'a. pr., comp., comme *encore*, avec l'adv. *hīnc ;* de nombreux parlers de l'Est, de l'Ouest et de la région centrale disent *anuit*, attesté en a. fr., propr. « jusqu'à la nuit » ; **bonjour,** XIIIe ; **contre-jour,** 1690 ; **toujours,** vers 1080 *(Roland : tuz jurz)*, a éliminé *sempre(s)* (lat. *semper*), qui a pris de bonne heure le sens de « tout de suite » ; *toujours* est devenu le terme de presque tout le domaine gallo-roman ; un comp. *tousdis*, attesté en a. fr., survit en picard et en wallon.

JOUTER. D'abord *joster.* Lat. pop. **juxtāre* « être attenant, toucher à », dér. de la prép. *juxtā* « près de » ; ce sens primitif d' « être attenant » survit encore dans les parlers septentrionaux, notamment dans le Centre en parlant des propriétés ; *jouter* a pris de bonne heure le sens de « (se) rassembler » et spécialement celui de « combattre de près à cheval avec des lances » ; les mœurs de la chevalerie ont porté le mot dans les langues voisines d'où it. *giostrare*, esp. *justar.* V. **jouxte.** — Dér. et Comp. : **joute,** XIIe ; **jouteur,** *id. ;* **ajouter,** XIe, au moyen âge surtout « réunir » et, au réfl., « se rassembler, en venir aux mains » ; d'où **rajouter,** XIIe ; **surajouter,** 1314.

JOUVENCE. Altération, qui date du XIIIe s., d'après *jouvenceau*, de l'a. fr. *jouvente*, lat. *juventa ;* ce mot, conservé seulement en fr., était en concurrence avec une forme masc. *jouvent*, qui représente le lat. *juventūs*, fém. (d'où aussi l'it. *gioventù*) pris en lat. pop. de la Gaule pour un nom masc ; *jouvente* et *jouvent* ont été éliminés par *jeunesse.* La légende de la *fontaine de jouvence* est d'origine orientale ; elle a été répandue dans l'Occident par les romans d'Alexandre.

JOUVENCEAU, -ELLE. Vieillis depuis le XVIIe s. ; ne s'emploient plus qu'ironiquement. Lat. pop. **juvencellus, -a ;* le lat. eccl. avait *juvenculus, juvencula.* Seulement fr.

JOUXTE, XIIIe. Prép., qui ne s'emploie que dans la langue jurid. ou dans un style archaïsant. Réfection, d'après le lat. *juxta*, de l'anc. prép. *jo(u)ste*, v. **jouter.**

JOVIAL, 1532 (Rab.). Empr., par l'intermédiaire de l'it. *gioviale*, du lat. *jovialis* « qui concerne Jupiter », auquel les astrologues ont donné le sens de « né sous l'influence de la planète Jupiter » ; d'après eux, cette planète annonçait pour ceux qui naissaient sous ce signe une destinée heureuse. Le sens spécial du fr. est déjà it. — Dér. : **jovialité,** 1624.

JOYAU. D'abord *joel. Joyau* vient du plur. L'*y* vient du suff., qui, après une voyelle, avait pris la forme *-iaus.* Dér. de *jeu*, plutôt que d'un dér. déjà lat., **jocalis.* It. *giojello*, all. *Juwel*, angl. *jewel* sont empr. du fr. — Dér. : **joaillier,** 1438 ; **joaillerie,** 1434.

JUBÉ, 1386. Premier mot de la prière : *Jube, Domine, benedicere* « Ordonne, Seigneur, de bénir », qu'on prononçait au jubé avant la lecture de l'évangile.

JUBILÉ, 1364. Empr. du lat. eccl. *jubilaeus*, empr. lui-même de l'hébreu *yôbel*, « jubilé ». Le lat. *jubilare*, qui n'a aucun rapport étymologique avec *jubilaeus*, a certainement agi sur la forme de celui-ci. *Jubilé* s'est répandu à la suite de l'établisement du jubilé chrétien par Boniface VIII en 1300 ; mais, dans les emplois modernes, la date de cinquante ans vient bien de la fête juive. — Dér. : **jubilaire,** 1690.

JUBILER, 1752, au sens moderne ; a été usité au moyen âge au sens du lat. ; **jubilation,** XIIe. Empr. du lat. *jubilare* « pousser des cris de joie », *jubilatio*.

JUCHER, XIIe *(joschier)*. Dér. de *juc* (on trouve aussi *joc*), attesté au XIVe s. Francique *jok* « joug », cf. all. *Joch*. Le sens « perchoir » est secondaire. La voyelle *u* vient sûrement du verbe *hucher* « jucher », très répandu dans les patois et qui, bien qu'attesté à une époque tardive seulement, doit être très ancien et représenter le francique **hūkon* (cf. moyen haut all. *hûchen* « s'accroupir », néerl. *huiken*). De même norm. *gerquer*, par croisement avec *perquer* « percher ». — Dér. : **juchoir,** 1538 ; **déjucher,** XIIIe (alors *desjoche*).

JUDAS, 1497, « traître », nom de l'apôtre qui trahit Jésus ; « ouverture dissimulée », 1798.

JUDICIAIRE, vers 1400 (Deschamps). Empr. du lat. *judiciarius*. — Comp. : **extrajudiciaire,** 1539.

JUDICIEUX, 1580 (Montaigne). Dér. sav. du lat. *judicium* au sens de « discernement ».

JUDO, JUDOKA, vers 1936. Mots japonais importés en France avec cette méthode d'entraînement.

JUGE. Lat. *jūdicem*, acc. de *jūdex ;* le développement phonétique de *juge* a suivi celui du verbe *juger ; juge de paix*, 1687, terme adopté officiellement en 1790, d'où *justice de paix*.

JUGER. Lat. *jūdicāre*. — Dér. : **jugement,** vers 1080 *(Roland)* ; **jugeotte,** 1871 (Flaubert, fam.) ; **déjuger (se),** 1845, fait sur le modèle de *se dédire ;* formé déjà au moyen âge au sens de « juger, condamner » ; **préjuger,** 1570, sur le modèle du lat. jurid. *praejudicare* ; **méjuger,** 1829 (déjà au XIIIe s.) ; **préjugé,** 1584.

JUGULAIRE, 1532 (Rab.), comme adj., terme de physiologie. Dér. sav. du lat. *jugulum* « gorge » ; « mentonnière d'une coiffure militaire », 1803.

JUGULER, 1213, rare avant le XIXe s. Empr. du lat. *jugulare* « égorger ».

JUIF. D'abord, en a. fr., *juiu*, au fém. *juive*, sur lequel *juif* a été refait. Lat. *judaeus* (du grec *ioudaios*, propr. « de Juda », le nom de la tribu de Juda ayant été étendu au royaume de Juda, puis à tout le peuple hébreu). — Dér. : **juiverie,** XIIe.

JUILLET, 1213. A éliminé vers le XVIe s. l'a. fr. *juignet*, dér. de *juin ;* ce dér. est peut-être dû au fait qu'on regardait le juillet comme une répétition de juin, un juin cadet, tout comme on les distinguait en anc. angl. en faisant précéder le même nom de l'épithète le premier et le second. *Juillet* est une réfection de *juignet* d'après le lat. *julius*, employé toujours dans les chartes et une forme pop. *juil* qui s'était maintenue dans les parlers de l'extrême Nord.

JUIN. Lat. *jūnius*.

JUJUBE, 1256. Altération du lat. *zīzyphum* (du grec *zizyphon* « jujubier »). Le jujubier ne poussant que dans la région méditerranéenne, le nom franç. du fruit doit être emprunté de l'occitan. Dans le lat. du Bas-Empire *zīzyphon* a été transformé en *zīzupus*, qui, par métathèse, est devenu *zūzīpus*, d'où l'occit. *jousibo*. Une autre forme métathétique, *zīzūpus*, a pu donner **gijube*, d'où, avec assimilation vocalique, *jujube*. — Dér. : **jujubier,** 1553.

JULEP, vers 1300. Empr., par l'intermédiaire de l'a. pr. *julep* ou de l'esp. *julepe*, de l'arabe *djulâb*, empr. lui-même du persan *gul-âb* « eau de rose » ; on employait cette eau pour diverses préparations médicinales.

JULES « vase de nuit », 1878 ; pop., d'abord argot de soldats. Du prénom *Jules*, par ironie.

JULIENNE, 1680, comme nom de plante (1665, *juliane*) ; 1722, esp. de potage. Passe pour être dérivé, aux deux sens, d'un des noms propres *Jules, Julien*, mais sans qu'on connaisse les raisons de cette dénomination.

JUMEAU, JUMELLE. Ont remplacé de bonne heure des formes avec syllabe initiale *ge-*, encore usitées dans les parlers de l'Est. Lat. *gemellus, -a*. Vivent dans les parlers septentrionaux ; le Midi et le Centre ont *besson*, fréquent en a. fr., jusqu'au XVIe s., aujourd'hui provincial et pris comme tel par G. Sand dans *La Petite Fadette*, 1848, dér. de l'adv. lat. *bis* « deux fois ». Le fém. *jumelle* sert pour des emplois techn. — Dér. : **jumeler,** 1765 ; **jumelage,** 1873 (au sens actuel vers 1950).

JUMENT. Lat. *jūmentum* « bête de somme ». A pris de bonne heure le sens de « femelle du cheval », à cause de l'usage dans les campagnes d'employer pour le travail les femelles servant à la reproduction ; a éliminé dès le XIVe s. l'a. fr. *ive* (lat. *equa*), qui avait moins de corps.

JUMPING, 1960. Empr. de l'angl. *jumping* « action de sauter ». Le subst. *jumper* « cheval qui saute », empr. de l'angl. *jumper*, est attesté dès 1907.

JUNGLE, 1796. Empr., par l'intermédiaire de l'angl. *jungle*, de l'hindoustani *jangal* « région non cultivée, couverte de hautes herbes » (du sanscrit *jangala*).

JUNIOR, 1873. Empr. de l'angl. *junior* « plus jeune » (t. de sport).

JUNTE, 1581. Empr. de l'esp. *junta*, fém. de *junto* « joint », qui est empr. du lat. *junctus*. Ne se dit qu'à propos de l'Espagne et de l'Amérique latine.

JUPE, XIIe. Empr., par l'intermédiaire de la Sicile, de l'arabe *djoubba* « vêtement long en laine » ; de même a. pr. *jupa*, it. *giubba*, esp. *aljuba*. Par *jupe* on désigne jusqu'au commencement du XVIIe s. une espèce de pourpoint. Vers 1623 on commence à laisser ouvert par-devant l'habit des femmes, tout en allongeant le corsage qu'on portait dessous. On appelait la partie supérieure de ce nouveau vêtement *corps de jupe*, la partie inférieure *bas de jupe* ; mais on simplifia bientôt ces deux expressions en appelant la partie supérieure *corps*, la partie inférieure *jupe*. — Dér. : **jupon,** 1319 (au sens actuel 1680) ; **enjuponner,** 1534 (Rab.).

JURER. Lat. *jūrāre*. — Dér. : **juré,** vers 1200 ; au sens de « membre du jury », d'abord à propos de l'Angleterre, 1704 ; adopté pour la France depuis 1790, v. **jury** ; **jurande,** XVIe ; **jurement,** XIIIe ; **jureur,** XIIe ; **juron,** 1599.

JURIDICTION, 1209. Empr. du lat. *jurisdictio* « action, droit de rendre la justice » ; le mot fr. a été refait, dès le moment où il a été empr., d'après *juridicus*. — Dér. : **-onnel,** 1537.

JURIDIQUE, 1410, d'après l'adv. **-ment.** Empr. du lat. *juridicus*.

JURISCONSULTE, 1393. Empr. du lat. *jurisconsultus* « versé dans le droit ».

JURISPRUDENCE, 1562. Empr. du lat. *jurisprudentia* « science du droit ».

JURISTE, XIVe (Oresme). Empr. du lat. médiéval *jurista*.

JURY, 1688, en parlant de l'Angleterre. Devenu usuel depuis l'établissement du jury par la Constituante ; a pris rapidement un sens plus étendu ; on trouve *jury d'experts* dès 1796. Il y a eu d'abord du flottement entre *juré* et *jury*, probabl. à cause de la prononciation ; cf. : « Ce premier juré s'appelle juré d'accusation », *Dict. de la Constitution*, 1791. Empr. de l'angl. *jury*, empr. lui-même de l'a. fr. *jurée* « serment, enquête juridique » auquel l'angl. a donné un sens nouveau.

JUS. Lat. *jūs*. — Dér. : **juteux,** XIVe ; **juter,** 1844. — Comp. : **verjus,** XIIIe.

JUSANT, 1484. Dér. probablement formé en Normandie, de l'anc. adv. *jus* (disparu du fr. depuis le XVIe s.) « en bas », lat. *deorsum* « *id.* » ; *jus* doit sa voyelle *u* à *sus* « en haut », mot auquel il s'opposait.

JUSQUE. En a. fr. souvent *josque*. Probabl. tiré de *enjusque*, lat. pop. **inde ŭsque*, dont le premier élément a été senti comme identique à la prép. *en*, ce qui l'a fait paraître inutile et a entraîné sa chute. La forme avec *o* permet peut-être de supposer un lat. *ŭsque*, à côté de *ūsque*. La prononciation de l'*s*, qui date du XVIe s. (*juque* est encore attesté en 1530), a été entraînée, comme celle de *presque*, par *lorsque*, *puisque*, voir ces mots ; il est possible que le lat. *usque* où les savants du XVIe s. ont vu l'étymologie du mot fr., ait agi dans le même sens.

JUSQUIAME, XIIIe. Empr. du lat. *jusquiamus* (du grec *hyoskyamos*, littéralement « fève de porc »).

JUSTE, XIIe. Empr. du lat. *justus*. Le sens de « qui a de la justesse » est également lat. ; cf. *justa altitudo* « hauteur voulue » chez César. — Dér. : **justesse,** 1611 ; **ajuster,** 1265, **ajustage,** 1350, **ajustement,** 1328, **ajusteur,** XVIe, **désajuster,** 1611, **rajuster,** 1170. — Comp. : **justaucorps,** 1617.

JUSTICE, XIe (*Alexis* : *justise*, forme usitée jusqu'au XIIIe s.). Empr. du lat. *justitia*. — Dér. : **justiciable,** XIIe, par l'intermédiaire d'un anc. verbe *justicier* ; **justicier,** *subst.*, XIIe.

JUSTIFIER, XIIe ; **justification,** XIIe. Empr. du lat. *justificare*, *-atio*. — Dér. : **justifiable,** vers 1300, **injustifiable,** 1791 ; **injustifié,** 1838 ; **justificateur,** 1723, terme de typographie ; autre mot que *justificateur*, 1512, empr. du lat. *justificator* « celui qui justifie (au sens propre) » ; **justificatif,** 1558.

JUTE, 1849. Empr. de l'angl. *jute*, empr. lui-même du bengali *jhuto*.

JUVÉNILE, XVe ; **juvénilité,** 1838. Empr. du lat. *juvenilis*, *juvenilitas*.

JUXTA-. Premier élément de mots comp. sav., tels que **juxtalinéaire,** 1867, empr. du lat. *juxta* « auprès de » ; v. **jouxte.**

K

KAKÉMONO, 1902. Mot japonais, signifiant propr. « chose suspendue ».

KAKI (parfois *khaki*), 1898. Empr. de l'angl. *khaki*, d'abord *khakee*, empr. du persan *khâkî* « couleur de poussière » (du persan *khâk* « terre, poussière ») ; les uniformes de cette couleur ont été adoptés dans les armées anglaises de l'Inde lors des campagnes de 1857-58.

KALÉIDOSCOPE (ou *ca.*), 1818. Mot fabriqué avec les mots grecs *kalos* « beau », *eidos* « aspect » et *skopein* « regarder ».

KANGOUROU (ou *kanguroo*), 1774. Empr., comme l'angl. *kangaroo*, d'une langue indigène de l'Australie.

KAOLIN, 1712. Empr. du chinois *kaoling*, littéralement « colline *(ling)* élevée *(kao)* », nom de lieux où s'extrait le kaolin, argile appréciée pour la fabrication de la porcelaine et abondante en Chine.

KAPOK (ou *capoc*), 1691 (écrit alors *capok*). Empr., comme l'angl. *kapok*, du malais *kapoq*.

KAYAK, vers 1900. Empr. de la langue des Esquimaux.

KEEPSAKE, 1829. Empr. de l'angl. *keepsake*, comp. du verbe *to keep* « garder » et de *sake* qui ne s'emploie que dans des locutions telles que *for my sake* « pour l'amour de moi », etc.

KÉPI, 1809. Empr. du suisse all. *Kaeppi*, dim. de *Kappe* « bonnet ».

KERMÈS, 1600 (O. de Serres). Autre forme d'*alkermès*, 1546 (Rab.), empr., par l'intermédiaire de l'esp. *alkermez*, de l'arabe *al-qirmiz* (d'origine persane). V. **carmin** et **cramoisi.**

KERMESSE, 1397, très rare et seulement régional jusqu'au XIXe s. Devenu usuel vers 1832. Empr. du flamand *kerkmisse*, littéral. « messe d'église », qui a servi à désigner la fête patronale et les réjouissances auxquelles elle donne lieu, cf. le picard *ducasse*, de même sens, issu de *dédicace*. Le mot a été introduit en fr. au XIXe s. par les peintres, la kermesse constituant un sujet favori de l'art flamand.

KHAN, sorte de caravansérail 1598 (écrit *cam*). Empr. du mot arabo-persan *khân*.

KHÉDIVE, 1877. Empr. du mot turco-persan *khediw*, propr. « roi, souverain ».

KHÔL, 1873. Écrit aussi *kohol*, *koheul*, une 1re fois en 1717 (écrit alors *kool*), devenu usuel depuis la conquête de l'Algérie. Empr. de l'arabe *kuḥúl* « collyre d'antimoine » qui sert à noircir les sourcils et les paupières ; étymologiquement même mot qu'**alcool.**

KIDNAPPER, 1948 (le subst. *kidnappage* en 1931). Empr. de l'angl. *to kidnap* « enlever un enfant » (*kid* « enfant », *to nap* « enlever »).

KIF-KIF, 1867. Mot fam. signifiant « pareil, la même chose », empr. de l'arabe algérien *kîf kîf* « *id.* », littéral. « comme comme » par les soldats des armées d'Afrique.

KILO-. Premier élément de noms de mesure créés lors de l'établissement du système métrique, tiré du grec *khilioi* « mille », v. **gramme, litre, mètre.** Le comp. *kilogramme* se dit couramment *kilo*.

KILT, 1792. Empr. de l'angl. *kilt*.

KIMONO, 1902. Empr. du japonais *kimono*, « vêtement, robe ». Après avoir désigné la robe japonaise, a été étendu à des robes de même forme, spécial. pour l'intérieur.

KINESTHÉSIE, vers 1900. Comp. savant des mots grecs *kinein* « mouvoir » et *aisthêsis* « sensation ».

KINKAJOU, 1617. Né probablement d'un croisement de l'algonquin *gwingwaage* « glouton, ursus gulo » avec *karlaju* « blaireau de l'Amérique du Nord ».

KIOSQUE, 1608. Empr. du turc *kieuchk* (du persan *kouchk*), proprement « pavillon de jardin, belvédère ». A reçu, au cours du XIXe s., un sens plus étendu.

KIRSCHWASSER, 1775, d'où *kirsch*, 1782. Empr. de l'all. d'Alsace *Kirschwasser* « eau-de-vie de cerises ».

KLAXON, 1914. Nom de la firme américaine qui fabriqua la première cet avertisseur d'auto.

KLEPTOMANIE, 1872 ; **kleptomane,** fin XIXe. Comp. sav. formés avec le mot grec *kleptes* « voleur ».

KNOCK-OUT, 1904. Terme de boxe d'origine angl. (*knock* « coup », *out* « dehors »). — Dér. **knock-outer,** 1908.

KNOUT, 1681. Mot russe.

KOBOLD, 1867. Empr. de l'all. *Kobold*, d'origine incertaine ; du même mot le nom du métal *cobalt*, 1723.

KODAK, 1889. Combinaison de lettres arbitraire, créée par l'inventeur américain G. Eastman, qui, comme il l'a raconté lui-même, chercha pour son appareil un mot qui fut bref, facile à prononcer et à l'abri de confusions avec d'autres termes de l'art photographique.

KOLA (écrit aussi *cola*, 1610). Empr. d'une langue indigène du Soudan.

KOLKHOSE, 1948. Empr. du russe.

KOULAK, vers 1917. Empr. du russe *kulak*.

KRACH. Popularisé vers 1882, lors du krach de l'Union générale. Empr. de l'all. *Krach*, propr. « craquement » (du verbe *krachen* « craquer »), qui fut employé pour la première fois à Vienne, en 1873, à l'occasion du grand krach du vendredi 9 mai.

KYRIELLE, XIIe (Wace : écrit *kériele*). Fait sur la litanie qui commence par les mots *kyrie eleison* (du grec *kyrie eleêson* « Seigneur, aie pitié (de nous) », suivie de noms de saints. On trouve également de bonne heure *miserele* au sens de « litanie », altération de *miséréré* d'après *kyrielle*.

KYSTE, XVIe (Paré). Empr. du grec *kystis* « vessie ». — Dér. : **enkysté,** dans un sens fig., XXe.

L

LA, nom de la sixième note, v. **gamme.**

LÀ. En a. fr. en outre *lai.* Lat. *illāc ;* v. **çà.** It. *là*, esp. *allá.* — Comp. : **delà,** XIIe.

LABARUM, 1556. Empr. du lat. impérial (du IVe s.), d'origine obscure.

LABEL, 1906. Empr. de l'angl. *label* « étiquette », empr. lui-même de l'a. fr. *label*, v. **lambeau.**

LABEUR, XIIe ; souvent fém. jusqu'au XVe s., d'après le genre normal des subst. en *-eur ;* **laborieux,** vers 1200. Empr. du lat. *labor* « effort, fatigue », *laboriosus* « pénible » et déjà « actif », avec francisation des suffixes *-or*, *-osus* sur le modèle des nombreux mots fr. en *-eur*, *-eux.*

LABIAL, 1605 ; **labiée,** fin XVIIe (Tournefort). Dér. sav. du lat. *labium* « lèvre ».

LABILE, XIVe. Empr. du lat. de basse ép. *labilis* (de *labi* « glisser »).

LABORANTINE, 1934. Empr. de l'all. *Laborantin*, formé d'après *Laboratorium* « laboratoire ».

LABORATOIRE, 1612. Dér. sav. du lat. *laborare* « travailler ».

LABOURER, X^e *(Fragment de Valenciennes)*, au sens de « se donner de la peine, travailler », sens maintenu jusqu'au début du XVIIe s., souvent sous la forme *labeurer*, d'après *labeur.* Empr. du lat. *laborare* « se donner de la peine, travailler ». A été pris de bonne heure pour le travail de la terre, au détriment du verbe *arer* (lat. *arāre*), usuel jusqu'au XVIe s. It. *arare*, esp. *arar ;* mais l'a. pr. a une forme pop. de *labōrāre*, *laurar*, encore vivante. *Arer* survit dans les parlers de la Franche-Comté, de la Suisse romande, de la Savoie et du Sud-Est. — Dér. : **labour,** vers 1180 ; **labourable,** 1368 ; **labourage,** vers 1200, a eu aussi le sens de travail (en général) jusqu'au XVIe s., cf. : « Par excellence ce mot de labourage a esté donné à la culture des bleds, encores qu'il soit communiqué à tout autre travail », O. de Serres ; **laboureur,** XIIe, souvent « travailleur, ouvrier » au moyen âge, l'on trouve jusqu'au XVe s. *laboureur de mains*, *de bras.*

LABRE, 1754. Empr. du lat. des naturalistes *labrus*, tiré arbitrairement du lat. *labrum* « lèvre », parce que le labre a des lèvres épaisses.

LABYRINTHE, 1418 (alors *lebarinthe*), au sens propre ; sens fig. dès le XVIe s. Empr. du lat. *labyrinthus* (du grec *labyrinthos*, mot égéen).

LAC, vers 1120. Empr. du lat. *lacus* la forme pop. *lai* a eu peu de vitalité.

LACER. Lat. *laqueāre* « serrer avec un lacet ». It. *lacciare*, a. pr. *lassar.* — Dér. et Comp. : **lacis,** XIIe ; **délacer,** vers 1080 *(Roland) ;* **enlacer,** XIIe, **enlacement,** *id. ;* **entrelacer,** *id.*, **entrelacs,** *id.*, **entrelacement,** *id.*

LACÉRER, XIVe (Bersuire) ; **lacération,** *id.* Empr. du lat. *lacerare*, *laceratio.*

LACERON, 1393. Nom dialectal de la région centrale, du laiteron, cf. aussi le normanno-picard *lacheron.* Elargissement de *lasson*, attesté en a. fr. XIVe (E. Deschamps) et aujourd'hui en lorrain ; pour les suff. comp. *liseron ; lasson*, représente un lat. pop. **lacteōnem*, acc. de **lacteō*, dér. de l'adj. *lacteus* « laiteux », le laiteron est en effet une plante lactescente.

LACET, v. **lacs.**

LÂCHE, v. **lâcher.**

LÂCHER, vers 1080 *(Roland).* Lat. de basse ép. *laxicare* « détendre », dér. de *laxare*, id., v. **laisser ;** *laxicare* est devenu **lascare* par dissimilation des deux *k* dans *laksikare.* — Dér. : **lâche,** XIIIe, comp. a. pr. *lasc*, **lâcheté,** XIIe ; **lâcheur,** 1858 ; **lâchage,** 1839 ; **relâcher,** XIIIe ; **relâche,** 1539 (une première fois vers 1170) ; **relâchement,** vers 1170.

LACINIÉ, 1676. Empr. du lat. *laciniatus* « fait de morceaux » (de *lacinia* « morceau d'étoffe »).

LACONIQUE, 1529. Empr. du grec *lakōnikōs* « bref, concis », propr. « de Laconie », les Lacédémoniens ou Laconiens ayant été célèbres pour leur manière de parler brève. — Dér. : **laconisme,** 1556 (le grec *lakonismos* avait un autre sens).

LACRYMAL, XVIe (Paré ; déjà vers 1300 comme subst. sous la forme *lacrimel*) ; **lacrymatoire,** 1690. Le premier est un dér. sav. du lat. *lacryma*, autre orthographe de *lacrima* « larme », le deuxième de *lacrymari*, pour *lacrimari* « verser des larmes », à l'imitation des nombreux mots en *-atoire.*

LACS. Aujourd'hui seulement littéraire. Anciennement *laz*, *las*, orthographié *lacs* vers le XVe s., d'après *lacer.* Lat. *laqueus.* It. *laccio*, esp. *lazo.* — Dér. : **lacet,** 1315.

LACTATION, 1747 ; **lacté,** XIVe ; **lactescent,** 1792 ; **lactique,** 1787. *Lactation* est empr. du lat. de basse ép. *lactatio* (de *lactare* « allaiter »), *lacté* du lat. *lacteus*, *lactescen*, du lat. *lactescens*, part. prés. de *lactescere* « se convertir en lait », *lactique* est un dér. sav. du lat. *lac, lactis* « lait », d'où on tire aussi des mots techn. tels que **lactose,** etc.

LACUNE, 1527. Empr. du lat. *lacuna* de même sens, propr. « mare », v. **lagune.** — Dér. : **lacunaire,** 1822 ; **-neux,** 1783.

LACUSTRE, terme techn. d'archéologie préhistorique, 1846 (attesté en 1803 en parlant de plantes) ; rare auparavant, de quelque usage au XVIe s., dans un sens moins spécial. Empr. du lat. *lacustris* (de *lacus* « lac »).

LAD, 1854. Empr. de l'angl. *lad.*

LADANUM, v. **laudanum.**

LADRE. D'abord *lasdre.* Lat. eccl. *Lazarus,* nom propre, d'origine hébraïque, du pauvre couvert d'ulcères à la porte du mauvais riche, dans la parabole de Jésus, cf. Luc, XVI, 19. A pris par suite soit le sens de « lépreux », cf. l'it. *lazzaro,* soit celui de « pauvre, mendiant », cf. l'esp. *lázaro ;* v. **lazaret, lazarone.** *Ladre* ne s'emploie plus à propos d'affections physiques que dans la médecine vétérinaire ; le sens de « qui a une avarice sordide » ne paraît pas être antérieur au XVIIe s. — Dér. : **ladrerie,** 1530 (écrit *laderye*) ; au moyen âge les léproseries se disaient *maladrerie,* XIIe, altération de *maladerie, id.,* dér. de *malade,* par croisement avec *ladre.*

LADY, 1669. Empr. de l'angl. *lady.*

LAGUNE, 1579 (*lacune,* en 1574, est un latinisme). Empr. de l'it. d'origine vénitienne *laguna,* lat. *lacūna* de *lacus* « lac », v. **lacune** ; s'est dit d'abord des lagunes de Venise.

LAI, LAIE, « laïque ». Survit notamment dans *frère lai.* L'homonymie de l'adj. *laid* a dû favoriser le succès de *laïque,* qui permettait d'éviter des plaisanteries, cf. chez Bon. Despériers, XLIV : « La bonne femme ne sachant que vouloit dire un conseiller lai, entendit que ce dut estre un conseiller laid. » Lat. eccl. *laïcus* (du grec eccl. *laïkos,* propr. « du peuple *(laos)* », opposé à *klērikos*).

LAI, poème du moyen âge, d'abord « compositions chantées par des jongleurs de la Grande-Bretagne », XIIe. Empr. d'un mot d'une langue celtique correspondant à l'irl. *laid* « chant, poème » (l'angl. *lay* est empr. du fr. et n'est pas, comme on serait tenté de le croire, l'intermédiaire du celtique et du fr.).

LAÎCHE, nom de plante, XIe. Représente un type *lisca* (attesté déjà dans les *Gloses de Reichenau,* fin VIIIe), tandis que le champenois *lauche* demande une base **losca,* l'auv. *liutsa* un **līsca ; lisca* vit aussi dans le piém. *lesca, *līsca* dans le lombard, piém. génois *lisca.* Les trois types se retrouvent aussi dans les dialectes all. : Suisse, *lische ;* moyen néerl. *liesch, luesch.* Cette répartition des formes et le caractère non germ. de l'alternance vocalique montre que ce groupe de mots vient de la langue d'un peuple prégermanique et prélatin, probabl. aussi préceltique. Le fr. *lèche* « tranche mince », très répandu dans les patois au sens de « tranche de pain », est peut-être le même mot ; il apparaît dès le XIIIe s., cf. aussi a. pr. *lesca* « tranche, morceau », cat. *llesca* « tranche de pain », it. *lisca* « arête, chénevotte ».

LAID, vers 1080 *(Roland).* Du francique **laiþ,* qui correspond à l'anc. haut all. *leid* « désagréable, odieux ». L'a. pr. *laid, lag* est empr. du fr., l'it. et l'anc. esp. *laido* de l'a. pr. Le sens esthétique de l'adj. est attesté en fr. dès le XIe s., mais il ne l'emporte sur le sens premier de « désagréable, odieux, funeste » qu'au XIVe s. Celui-ci vit encore dans des dér. dialectaux, comme norm. *laidure* « outrage », Maine *laidanger* « outrager ». — Dér. : **laideron,** XVIe (Marot) ; **laideur,** XIIIe (J. de Meung), au sens moral ; au sens physique depuis 1280) ; **enlaidir,** XIIe, **enlaidissement,** vers 1470.

LAIE « femelle du sanglier «, XIIe. Déjà *leha* dans les *Capitulaires* de Charlemagne. Du francique **lêha,* cf. moyen haut all. *liehe.*

LAIE « sentier de forêt », 1324. Du francique **laida,* cf. anc. angl. *lâd,* de même sens. — Dér. : **layon,** signalé seulement en 1865, mais certainement plus ancien ; cf. le *layon du roi* dans la forêt de Fontainebleau.

LAIE « tiroir », v. **layette.**

LAINE. Lat. *lāna.* It. esp. *lana.* — Dér. **lainage,** vers 1300, rare avant le XVIIIe s. ; **lainer,** 1334 ; **lainerie,** 1803, une première fois en 1295 ; **laineux,** vers 1500 ; **lainier,** *subst.,* vers 1300 ; *adj.,* 1723, surtout au fém.

LAÏQUE, XIIIe, rare avant le XVIe. Empr. du lat. eccl. *laïcus,* v. **lai.** — Dér. : **laïciser,** 1870, **laïcisation,** *id. ;* **laïcité,** 1871.

LAISSE, v. le suiv.

LAISSER. Lat. *laxāre* « détendre, lâcher », d'où est sorti le sens de « laisser aller ». It. *lasciare,* esp. *dejar,* a. pr. *laissar. Laisser* est concurrencé aujourd'hui dans les parlers de la Wallonie, de la Lorraine et de la Franche-Comté par l'anc. verbe *laier,* v. **délai, relayer** ; ceux du Sud-Ouest ont un *d* initial, comme l'espagnol. — Dér. et Comp. : **laisse,** au sens de « lien qui sert à mener un animal », XIIe ; la laisse a été ainsi nommée parce que c'est un lien lâche, qu'on laisse aller ; au sens de « tirade monorime des chansons de geste », ce terme du moyen âge, repris au XIXe s., est sans doute le même mot ; la locution *tout d'une laisse* « tout d'un trait », propr. « en se laissant aller », montre comment le sens s'est développé ; l'idée de suite ininterrompue (de vers) sort facilement du sens « d'un trait », et l'on a un terme de comparaison dans *tirade,* propr. « action de tirer », d'où par l'intermédiaire de la locution *tout d'une tirade,* le sens moderne ; **legs,** altération, introduite au XVe s., de l'a. fr. *lais,* 1250, par suite d'un faux rapprochement étymologique avec le lat. *legatum* « legs » ; cette altération l'a rapproché de *léguer* et séparé de *laisser ;* **délaisser,** XIIe, au moyen âge souvent « laisser », surtout dans des textes jurid. ; de là l'emploi de ce verbe dans la langue jurid. d'aujourd'hui, **délaissement,** 1274, sens parallèle au verbe ; **laissez-passer,** 1675 ; **laisser-aller,** 1786.

LAIT. Lat. pop. *lactem*, acc. de déclinaison masc. ou fém., au lieu du lat. class. *lāc*, neutre, mais dans les parlers gallo-romans du Nord-Est et de l'Est, *laicel*, lat. pop. **lacticellus*. *Frère de lait*, 1538, rappelle l'a. fr. *mère de lait* « nourrice » au XIIIe s. — Dér. : **laite,** matière fécondante du poisson mâle, vers 1350, cf. le lat. *lactis* ou, au plur., *lactes*, qui vient d'une même comparaison ; **laitance,** vers 1300 ; **laité,** 1393 ; **laitage,** 1376 ; **laiterie,** 1315 ; **laiteron,** 1545, très répandu dans les parlers gallo-romans sous cette forme, pour des formes parallèles, v. **laceron ; laiteux,** vers 1400 ; **laitier,** vers 1200 ; comme terme de métallurgie, 1676.

LAITON, XIIIe (aussi *laton* au moyen âge). Mot qui existe dans les langues rom. avec différentes variantes vocaliques : a. pr. *leton*, *laton*, anc. esp. *alatón*, anc. vénitien *laton*, norm. *laton*, sicilien *otturi*, it. *ottone*, lombard *loton*. Empr. de l'arabe *lāṭūn* « laiton », qui est lui-même empr. d'un dialecte turc, où *altun* signifiait « or », dans certains dialectes « cuivre ». Le bronze et le laiton étant seuls admis pour les objets de ménage par le Coran, ce nom pénétra facilement dans les langues occidentales. Que l'objet ait été importé par plusieurs routes explique les variantes phonétiques.

LAITUE. Lat. *lactūca*, dér. de *lāc* « lait », ainsi nommé parce que la laitue est une plante lactescente. Le mot lat. s'est répandu dans toute l'Europe, cf. all. *Lattich*, etc.

LAÏUS, mot d'argot scolaire ; viendrait de ce que le premier sujet de composition française donné en 1804, à Polytechnique, aurait été le discours de Laïus, père d'Œdipe.

LAIZE. D'abord *laise ; laize* date du XVIe s. Lat. pop. **lātia*, dér. de l'adj. *latus* « largeur », v. **lé. Alèze,** d'abord *aleize*, 1419 ; *alaise*, XVIe s., « drap souple de toile plié en plusieurs doubles dont on garnit le lit des malades », est le même mot avec *a* de l'article *la*, par suite d'une coupure erronée.

LAMA « prêtre de Bouddha, au Tibet », 1629. Mot tibétain.

LAMA « ruminant du Pérou », 1598. Empr., par l'intermédiaire de l'esp. *llama*, de *llama*, du quechua (Pérou).

LAMANEUR, pilote, 1584. Dér. de l'a. fr. *laman*, 1346, issu par assimilation vocalique de *lomant* (1345-1693), aussi *locman* (depuis 1400, le *-c-* est probabl. dû à une fausse aperception du groupe inusité *-tsm-*), qui vient du moyen néerl. *lootsman* « pilote ». Le suff. a été ajouté par analogie avec les nombreux noms de métier en *-eur*.

LAMANTIN, 1640 (*manati* dès 1533). Altération, probabl. d'après le verbe *lamenter*, à cause des cris de ce cétacé, de l'esp. *manati*, empr. lui-même du galibi *manati*, qui désigne exactement les mamelles apparentes du lamentin, cf. les noms dus à cette particularité anatomique : port. *peixe mulher*, angl. *american sea-cow*, etc.

LAMBEAU, 1285. Au moyen âge « espèce de frange », de là le terme de blason **lambel** « brisure formée par un filet horizontal à la partie supérieure de l'écu ». On trouve aussi les formes *label*, *labeau*, qui paraissent être les formes primitives (dès 1170), probabl. dér. du francique **labba*, cf. anc. haut all. *lappa* « morceau d'étoffe pendant » d'où all. *Lappen* « lambeau » ; pour la forme anc. du mot germ., cf. anc. scandinave *labba* « pendre ».

LAMBIN, 1584. Issu par changement de suffixe du mot précédent. Le sens moral se présente facilement à partir de « chiffon ». — Dér. : **lambiner,** 1642.

LAMBOURDE, 1294. Mot techn., probabl. comp. de l'a. fr. *laon* « planche », du francique *lađo*, de même sens, et de *bourde* « poutre », c'est-à-dire « poutre servant à soutenir des planches ». Cette dénomination est justifiée par le fait que la lambourde est une pièce de bois sur laquelle sont fixées les lames du parquet, ou qui supporte des solives.

LAMBREQUIN, XVe (sous la forme *lambequins*). Issu de **lambeau** par substitution de suffixe, le suff. diminutif néerl. *-quin* ayant été incorporé à la dérivation du picard.

LAMBRIS. D'abord *lambrus* et *lambruis* (en outre au moyen âge *lambre*, tiré de ce mot) ; devenu *lambris* vers le XIVe s., cf. *lambrisser* plus loin. On a proposé le lat. pop. **lambrūscus*, tiré de **lambrūsca*, lat. class. *labrūsca* « vigne sauvage » ; il est plus probable que le mot fr. a été tiré du verbe *lambruschier*, XIIe, devenu *lambrisser* au XVe s., qui continue le lat. pop. **lambrūscāre*, dér. de **lambrūscus*. Le sens de « lambris, lambrisser » est dû aux ornements dont on couvrait cette sorte de revêtement, cf. **vignette.** **Lambrūsca*, au sens propre de « vigne sauvage », est représenté en fr. par *lambruche*, 1555, d'abord *lambrusce*, XVe, forme dialectale des parlers de l'Ouest qui disent aussi *lambrunche*, employé par Ronsard.

LAME. Lat. *lāmina*. — Dér. : **lamé,** 1690.

LAMELLE, 1407 ; rare avant fin XVIIIe. Empr. du lat. *lamella*, v. le préc. L'a. fr. *alemelle*, d'où *alumelle*, 1548, « lame », encore dans les patois, est une forme pop. qui continue le lat., avec *a* de l'article *la*, par suite d'une coupure erronée. V. **omelette ; semelle.**

LAMENTER (se). Trans. ou intrans. sans pronom réfl. jusqu'au XVIIe s. Lat. de basse ép. *lamentāre*, lat. class. *lamentārī* « se lamenter ». — Dér. : **lamentable,** XIVe, d'après le lat. *lamentabilis ;* **lamentation,** 1190, d'après le lat. *lamentatio*.

LAMIER, 1791, ortie blanche. Dér. sav. du lat. *lamium*, de même sens.

LAMINER, 1743 (en 1596 *laminé* comme adj.). Dér. sav. du lat. *lamina*, v. **lame.** — Dér. : **laminage,** 1731 ; **lamineur,** 1823 ; **laminoir,** 1643.

LAMPADAIRE, support de lampe, 1752 (une 1re fois en 1535). Empr. du lat. médiéval *lampadarium*.

LAMPANT, -E, 1723. Empr. du prov. *lampan*, part. prés. du verbe *lampa* « briller », notamment en parlant de l'éclair, du grec *lampein* « briller ». L'empr. de *lampant*, qui s'est d'abord dit seulement en parlant de l'huile, est dû à l'importance du commerce de l'huile d'olive en Provence.

LAMPAS, 1723. Étoffe d'origine orientale ; étym. inconnue.

LAMPE. Lat. *lampada*, accus. de forme grecque, attesté comme nom fém. à basse ép., du lat. class. *lampas*, *-adis* (du grec *lampas*, *-ados*). — Dér. : **lampiste,** 1835.

LAMPER, 1655. Forme nasalisée de *laper*. — Dér. : **lampée,** 1678.

LAMPION, vers 1550. Empr. de l'it. *lampione*, augment. de *lampa* « lampe » (forme empr. du fr., la forme propr. it. étant *lampada*) ; l'emprunt de *lampion* est dû au fait que les fêtes de nuit étaient alors organisées par des artistes italiens, v. **girande, -dole.**

LAMPROIE. Lat. de basse ép. *lamprēda* (fin VIIIe dans des gloses), dont les rapports avec *lampetra* « murène » (la lamproie et la murène se ressemblent) et *naupreda*, *nauprida*, attestés vers le Ve s., ne sont pas éclaircis. — Dér. : **lamprillon,** XVIe ; au XIVe s. *lampreon*.

LANCE. Lat. *lancea*, qui désignait d'abord d'après Varron une arme de jet d'origine hispanique, peut-être gauloise. It. *lancia*, esp. *lanza*. — Dér. : **lancette,** XIIe, « petite lance », terme de chirurgie dès le XIIIe s. ; **lancier,** 1580 (Montaigne), le lat. avait formé aussi le dér. *lancearius*, mais *lancier* est une formation fr. sur *lance ;* **lanceron,** 1412 ; **lançon,** XVIe, ainsi dits à cause de la forme effilée de ces poissons.

LANCER. Lat. de basse ép. *lanceāre* « manier la lance ». It. *lanciare*, esp. *lanzar*. — Dér. et Comp. : **lançage,** 1693 ; **anceur,** 1865, comme terme de la langue de la Bourse, dans *lanceur d'affaires ;* **élancer (s'),** vers 1165, d'où **élan,** vers 1410, **élancement,** 1559 ; **relancer,** vers 1170, d'où **relance,** XIXe, comme terme du jeu de poker ; **lance-mines,** créé pendant la guerre de 1914-18 sur le modèle de l'all. *Minenwerfer*.

LANCINANT, 1546 (Rab.). Terme médical, empr. du lat. *lancinans*, part. prés. de *lancinare* « déchirer ».

LANDAU, 1820. Tir. de *Landau*, nom d'une ville du Palatinat, où ce genre de voiture a d'abord été fabriqué.

LANDE. Gaulois **landa*, cf. breton *lann* « lande ». Dans les parlers de l'Ouest désigne l'ajonc, la bruyère et en général les plantes qui poussent dans les landes ; v. **brande.**

LANDGRAVE, XIIIe (Rutebeuf : *landegrave*). Empr. du moyen haut all. *landgrave*, littéral. « comte du pays ». — Dér. : **landgraviat,** 1575.

LANDIER, XIIe. Issu, par agglutination de l'article, d'*andier*, usuel au moyen âge et encore dans de nombreux patois. D'un gaulois **andero-* « jeune taureau », cf. irl. *ainder* « jeune femme », gallois *anner* « génisse ». Les landiers ont souvent à une de leurs extrémités une tête d'animal ; et l'on a trouvé à Bibracte des landiers à quatre pieds, ornés de têtes de bélier.

LANGE. Lat. *lāneus*, adj., « de laine ». D'abord adj. au moyen âge, puis subst. pour désigner tout vêtement de laine. S'est spécialisé au sens moderne depuis le XVIe s.

LANGOUSTE (1393). Empr. de l'a. pr. *langosta*, lat. pop. **lacusta*, forme altérée, probabl. par dissimilation vocalique, plutôt que par croisement avec *lacertus* « lézard », du lat. *locusta* « sauterelle », et, par comparaison « langouste » ; la forme *langosta* résulte d'une nasalisation secondaire. *Langouste* a été emprunté dès le XIIe s., cf. aussi *langoute*, XIIIe s. (G. de Lorris), au sens de « sauterelle », et se trouve encore chez Corneille. En ce sens l'a. fr. a eu une forme régulière *laou(s)te ;* le mot est encore usuel aux deux sens dans les parlers méridionaux (le poit. *langoute* ne désigne que la « langouste »), cf. it. *aliusta* « langouste », esp. *lagosta*, *langosta* aux deux sens, roumain *lăcustă* « sauterelle ». Les naturalistes ont repris **locuste** au latin au XIXe s. (relevé en 1804) ; déjà repris du XIIe au XVIe s., surtout au sens de « sauterelle », dans des textes bibliques.

LANGUE. Lat. *lingua*. It. *lingua*, esp. *lengua*. — Dér. : **langage,** XIIe ; **languette,** 1314 ; **langueyer,** 1210, a signifié « remuer la langue, faire parler », au moyen âge, et encore chez Saint-Simon. — Dér. : **sublingual,** XVIe (Paré), dér. sav. d'après le lat. *lingua*.

LANGUEUR. Lat. *languōrem*, acc. de *languor*. It. *languore*, esp. *langor*. — Dér. : **langoureux,** XIe.

LANGUIDE, 1552. Empr. du lat. *languidus*.

LANGUIR. Lat. pop. **languīre*, lat. class. *languēre*. It. *languire*. — Comp. : **alanguir,** 1539, **alanguissement,** XVIe, rare avant la fin du XVIIIe s.

LANIÈRE, XIIe (sous la forme *lasnière*). Dér. de l'a. fr. *lasne*, d'où aussi *lasnete ; lasne* est probabl. une métathèse de l'a. fr. **nasle* « lacet » (qu'on restitue d'après le wallon *nale* « ruban », d'où *nalière*), sous l'influence de *laz* « lacet ». **Nasle* représente (comme le wallon *nale*) le francique **nastila*, cf. all. *Nestel* « lacet ».

LANIFÈRE, 1747. Formé avec le lat. *lana* « laine », sur le modèle de mots tels qu'*argentifère*, faits eux-mêmes sur des modèles lat. tels que *frugifer*, littéral. « qui porte fruit », *pomifer*, etc.

LANIGÈRE, 1823 ; déjà au xve et xvie s. Empr. du lat. *laniger*, littéralement « qui porte de la laine » (de *gerere* « porter »).

LANSQUENET, vers 1480. Empr. de l'all. *Landsknecht*, littéral. « serviteur du pays », de là « soldat à pied au service de l'empereur ». Ménage rapproche *Landsmann* « compatriote », nom que se donnaient les Suisses et le sens de *pays* dans le langage des « gens de basse condition ». Les lansquenets étaient des mercenaires d'origine allemande, surtout rhénane, cf. Commynes, VIII, 31, qui indique qu'ils « hayent naturellement les Suysses, et les Suysses eulx. »

LANTERNE. Lat. *lanterna*. It. esp. *lanterna*, esp. *linterna*. La locution *oublier d'éclairer sa lanterne* vient de la fable de Florian *Le Singe qui montre la lanterne magique*. — Dér. : **lanterner,** 1588, trans. et intrans., fait probabl. d'après les locutions *prendre des vessies pour des lanternes* (dès le xiiie on trouve dans un fabliau *por lanterne vendre vesie*), *conter des lanternes* (d'où *lanternes* « baliverne », chez Mme de Sévigné). *Lanterner* (quelqu'un) s'est employé au xive s. comme terme injurieux, équivalent de *dire à quelqu'un d'aller à la lanterne sa mère ;* en ce sens, c'est un autre mot, dérivé de *lanterne* dans la locution *envoyer à la lanterne sa mère*, 1397, où *lanterne* est un euphémisme pour *landie*, cf. *le fournier les avoit envoyez à la landie leur mère*, 1395, *landie* continue le lat. *landīca* « clitoris ».

LANTUR(E)LU, 1637. Mot de fantaisie, refrain d'une chanson en vogue sous le ministère du cardinal de Richelieu.

LANUGINEUX, 1553. Empr. du lat. *lanuginosus*, dér. de *lanugo* « sorte de duvet des feuilles, des fruits ».

LAPALISSADE, 1872 (Goncourt). Dér. de *Lapalisse* (ou *Lapalice*) (Jacques de Chabannes, seigneur de), nom d'un capitaine du début du xve s. sur lequel on fit à une époque mal déterminée une chanson d'une forme naïve qui finissait ainsi : « Un quart d'heure avant sa mort il était encore en vie », d'où l'expression *vérité de La Palisse* « vérité d'une évidence trop simple ».

LAPAROTOMIE, 1800. Comp. du grec *lapara* « flanc » et de *-tomie*, sur le modèle de mots tels que *laryngotomie*.

LAPER, xiie. Verbe onomatopéique, v. **lamper** ; on rapproche des mots germ., cf. anc. angl. *lapian*, angl. *to lap*, de même sens ; mais ce peuvent être des formations indépendantes.

LAPIDAIRE « ouvrier qui taille les pierres précieuses », xiiie. Empr. du lat. *lapidarius* (de *lapis, lapidis* « pierre »). Au moyen âge désigne aussi un traité sur les propriétés des pierres précieuses, xiie ; en ce sens il est empr. du lat. médiéval *lapidarius*.

LAPIDAIRE, *adj.*, dans la locution *style lapidaire*, 1704. Empr. du lat. *lapidarius ;* cette locution a été faite ainsi par allusion au style concis des inscriptions latines, ordinairement gravées sur la pierre ; *lapidaire* a été employé antér. en d'autres sens.

LAPIDER, vers 980 ; **lapidation,** xiie, rare avant le xviie s. Empr. du lat. *lapidare*, *lapidatio* (de *lapis*).

LAPIN, xve s. S'est substitué à l'a. fr. *connin*, d'abord *connil*, lat. *cuniculus*, d'où aussi esp. *conejo*, a. pr. *conilh* (d'où l'it. *coniglio*). *Connin*, *connil*, qui ne subsistent que dans certains patois, p. ex. à Malmedy, en Suisse romande et dans les Alpes-Maritimes, ont disparu au xviie s. à cause des jeux de mots obscènes qu'ils provoquaient dès le xiie s. *Lapin* remonte avec **lapereau** (vers 1330), à un radical ***lappa** « pierre plate », avec suffixes différents. Il s'agit sans doute d'un mot d'origine préromane, dont le sens est devenu « terrier », les lapins établissant leur repaire souvent dans la terre couverte de pierres. *Lapin* et *lapereau* viennent peut-être de l'ibéro-roman (comp. port. *lapim*, *láparo* « jeune lapin ») ; ils sont attestés d'abord à l'extrême Nord du gallo-roman, où ils doivent être venus par voie de mer, grâce au commerce qu'on faisait des peaux de lapins. — Dér. : **lapiner,** xviiie ; **lapinière,** xixe (Chateaubriand).

LAPIS-LAZULI, v. **azur.**

LAPS, dans la locution *laps de temps*, 1266 *(laps du dit temps)*. Empr. du lat. *lapsus* « chute, cours (des eaux, des astres) », et fixé dans la locution *laps de temps*.

LAPSUS, 1843. Empr. du lat. *lapsus* au sens de faute ; on dit aussi *lapsus linguae*, *lapsus calami* « faute en parlant, en écrivant » (celui-ci une 1re fois en 1630 ; *calami* est le génitif de *calamus* « roseau pour écrire »).

LAQUAIS, vers 1450. En outre *halagues*, *alacays*, 1477. D'abord « sorte de soldat, arbalétrier, valet d'armée », jusqu'au xvie s. Du turc *ulaq* « courier », peut-être par l'intermédiaire du moyen grec *oulákēs*. Le suffixe *-ai* est peut-être pris de l'anc. prov. *lecai* « glouton », dér. de *lecar* « lécher ».

LAQUE, xve. Empr. de l'a. pr. *laca* (xiiie s.), empr. lui-même de l'arabe *lakk*, qui vient du persan *lak*. L'importation de ce produit oriental par l'intermédiaire de Venise et de Gênes est attestée dès le xiie s. — Dér. : **laquer,** 1867.

LARBIN, 1837. Terme d'argot, d'origine obscure, qui signifiait d'abord « mendiant », sens signalé en 1828.

LARCIN, xiie. En a. fr. aussi *larrecin*. Empr. du lat. *latrocinium*.

LARD. Lat. *lardum*, d'abord *laridum*. It. esp. *lardo*. — Dér. et Comp. : **larder,** xiie (Chrétien), signifie ordin. au moyen âge « frire comme lard » ; **lardoire,** 1328 ; **lardon,** xiiie ; **délarder,** 1676 ; **entrelarder,** xiie (Chrétien) ; **papelard,** xiiie s. (« Tel fait devant le papelard qui par derrière pape lart », G. de Coincy), contient peut-être l'anc. verbe *paper* « manger goulûment », lat. *pappāre*, dit ainsi parce que le faux dévot mange le lard en cachette comme le montre le texte cité, ou bien est un dér. d'un anc. verbe **papeler* « bavarder », attesté encore dans les patois sous les formes élargies *papeloier*, *papelauder* et appuyé par l'anc. fr. *papeter* « babiller ». Ces verbes sont dér. du même verbe lat. *pappare*, les mouvements de la bouche, dus à la mastication et ceux faits en vue de parler étant souvent confondus sous les mêmes termes. L'explication avancée dans le passage de G. de Coincy serait alors un bel exemple d'un jeu de mots.

LARE, 1488. Empr. du lat. *lares*.

LARGE. Primitivement fém. ; a éliminé avant les premiers textes le masc. **larc*, lat. *largus* « abondant, libéral ». A supplanté l'anc. adj. *lé*, encore chez Marot, lat. *lātus* « large » (par opposition à *long*). *Lé* ne survit plus que comme subst. et dans des emplois restreints. — Dér. : **largesse,** XIIe, a signifié aussi « largeur » jusqu'au XVIe s. ; **largeur,** XIIIe ; **élargir,** XIIe, sens jurid. dès 1355 ; **élargissement,** 1314, sens parallèle au verbe ; **rélargir,** vers 1300 (Joinville).

LARGUER, 1609. Empr. du prov. *largá*, dér. de l'adj. *larc, larga* « large ». La langue de la marine emploie aussi l'adj. *largue*, 1560, qui vient également du prov. et *le largue* ou *la largue* au sens de « haute mer ».

LARIGOT, dans la locution *à tire larigot*, 1534 (Rab.). Désignait aussi au XVIe s. une sorte de flûte. *Larigot* a été tiré d'un anc. refrain *larigot va larigot, Mari, tu n'aimes mie*, 1403 (Christine de Pisan) et dit arbitrairement d'une sorte de flûte, d'où est sortie l'expression *à tire larigot*, c'est-à-dire en « aspirant le contenu d'un verre », cf. *flûter* dans le même sens.

LARME. D'abord *lerme*. Lat. *lacrima*. It. esp. *lagrima*. — Dér. : **larmier,** 1321 ; **larmière,** XVe, terme de vénerie ; **larmoyer,** XIIe, **larmoiement,** 1358, **larmoyant,** XVIe (Marot), **larmoyeur,** vers 1700.

LARRON. Lat. *latrōnem*, acc. de *latrō*. L'a. fr. possédait en outre une forme de cas sujet *lerre*, cf. de même a. pr. *laire, lairon*. It. *ladro, ladrone*, esp. *ladrón*. — Dér. : **larronneau,** XVe (A. Chartier) ; **larronner,** 1534 (Rab.), rare avant le XIXe s.

LARVE, 1495, au sens antique ; 1762 (Geoffroy), au sens que lui a donné l'histoire naturelle d'après le sens de « masque » du mot lat., la chenille étant comme le masque de l'insecte ailé. Empr. du lat. *larva* « fantôme, masque ». — Dér. : **larvaire,** 1859 ; **larvé,** terme médical, 1812, propr. « masqué ».

LARYNGOTOMIE, 1620. Empr. du lat. *laryngotomia* (d'un mot grec, dont le deuxième terme est de la famille de *temnein* « couper », *tomos* « coupure »).

LARYNX, 1532 (Rab. : *laringue*). Empr. du grec *larynx, laryngos*. — Dér. : **laryngé,** 1743 ; **laryngien,** 1753 ; **laryngite,** 1806.

LAS, LASSE. Lat. *lassus, lassa*. — Comp. : **hélas,** XIIe, de *hé* et de *las*, qui signifie souvent « malheureux » en a. fr. et qui s'est employé aussi sans *hé*, aux deux genres, comme interjection, jusqu'au XVIIe s. (cf. encore *las !* dans *Tartuffe*, V, 1).

LASCAR, 1834. au sens pop. d' « homme décidé ». Le milieu où s'est développé cet emploi n'est pas exactement déterminé et son origine peu claire. Le mot se trouve déjà en 1610, dans le récit de voyages de Pyrard de Laval au sens de « matelot indien » ; il est tiré du port. *lascar*, qui vient, à son tour, du persan *laskhar*, « soldat », de *lachkar* « armée ». Cf. arabe *ʿaskari* « soldat » (d'où le récent **askari**), *askar* « armée ».

LASCIF, 1488 ; **lasciveté,** XVe, cède le pas à **lascivité,** dp. 1755. Empr. des mots lat. *lascivus, lascivitas*.

LASSER. Lat. *lassāre*. — Dér. : **délasser,** XIVe, rare avant le XVIe, **délassement,** 1475.

LASSITUDE, XIVe. Empr. du lat. *lassitudo* pour remplacer l'ancien *lassesse* comme nom d'état de *las, lasser*.

LASSO, 1829. Empr. de l'esp. de l'Argentine *lazo*, v. **lacs,** où il a pris le sens partic. de « longue lanière garnie de plomb à son extrémité, servant à enlacer bêtes ou hommes ».

LASTING, sorte d'étoffe, 1837. Empr. de l'angl. *lasting*, propr. adj. signifiant « durable » (du verbe *to last* « durer »).

LATANIER, 1645, d'origine inconnue.

LATENT, 1370 (Oresme). Empr. du lat. *latens*, part. prés. de *latere* « être caché ».

LATÉRAL, 1315, rare avant le XVIIe s. Empr. du lat. *lateralis* (de *latus, lateris* « côté »). — Dér. : **bilatéral,** 1812 ; **trilatéral,** 1613, d'après le lat. *trilaterus ;* **unilatéral,** 1803.

LATEX, 1867. Terme de botanique, empr. du lat. *latex*, qui désigne toute espèce de liquide.

LATICLAVE, 1595. Empr. du lat. *laticlavia (tunica)* et fait masc. d'après *latus clavus*, de même sens, littéral. « large bande ».

LATITUDE, 1314, au sens de « largeur », d'où « extension, facilité d'agir », 1762. Empr. du lat. *latitudo* « largeur ». — Dér. : **latitudinaire,** 1704, propr. terme de théologie, désignant des personnes qui se donnent des libertés dans les croyances et les pratiques.

LATITUDE, terme de géographie, 1370 (Oresme), d'où, au XVIe s., son emploi dans la langue de la cosmographie. Empr. du lat. *latitudo* « largeur ».

LATOMIE, vers 1500. Empr. du lat. *latomia* (mot pris au grec).

LATRIE XIVe. Terme théologique, empr. du lat. eccl. *latria* (du grec *latreia*).

LATRINES, 1437. Empr. du lat. *latrina ;* le sing. est rare, cf. *lieux, cabinets ;* il y a souvent plusieurs trous, sièges, etc., dans les lieux d'aisance.

LATTE, XIIe. Correspond à l'all. *slat* « gaule », gallois *llâth*, id., anc. haut all. *lata*, anglo-saxon *læppa*, et vit dans toutes les langues romanes, excepté le roumain. Hérité du gaulois, le mot roman n'aurait guère pu perdre son *s*- initiale dans toute la Romania. On est donc amené à supposer un très ancien emprunt du germanique dû peut-être à l'importance que les lattes ont eue dans la construction des maisons de bois des colons germaniques (v. **faîte**). — Dér. et Comp. : **latter,** 1288 ; **lattis,** vers 1500 ; **chanlatte,** XIIIe (Rutebeuf), comp. de **chant** « côté, bord » ; **relatter,** 1329.

LAUDANUM, 1620. Altération inexpliquée (déjà chez Paracelse, au XVIe s.) de *ladanum*, vers 1300, terme de pharmacopée, empr. du lat. *ladanum* « résine du ciste » (du grec *ladanon*) ; le laudanum, qui est aujourd'hui un médicament liquide à base d'opium, désignait autrefois de l'opium ramolli dans l'eau et passé par expression.

LAUDATIF, 1788. Empr. du lat. *laudativus* (de *laudare* « louer »).

LAUDES, terme de liturgie, vers 1200. Empr. du lat. eccl. *laudes* (plur. de *laus, laudis* « louange »), dit de la partie de l'office qui suit matines, parce qu'on y chante des psaumes qui célèbrent Dieu.

LAURÉ, 1823, une première fois en 1574. Dér. sav. du lat. *laurus* « laurier ».

LAURÉAT, 1743. Empr. du lat. *laureatus* « couronné de laurier » ; le laurier, plante consacrée à Apollon, servait à faire des couronnes pour les vainqueurs des jeux et des concours poétiques, notamment à Delphes, de là l'emploi du mot en fr. pour désigner des vainqueurs dans des concours poétiques, etc.

LAURIER, XIIe. Dér. de l'a. fr. *lor*, disparu de très bonne heure, lat. *laurus*.

LAVABO, 1804, au sens de « meuble de toilette ». Ce sens a été tiré de *lavabo* « linge avec lequel le prêtre s'essuie les mains après l'offertoire », 1560, tiré lui-même de la formule lat. *lavabo inter innocentes manus meas* « je laverai mes mains au milieu des innocents », *Psaume* XXVI, 6, que prononce le prêtre quand il lave ses mains après l'offertoire ; *lavabo* désigne aussi la partie de la messe qui suit l'offertoire (depuis 1680). C'est après avoir désigné l'endroit (niche, etc.) où le prêtre déposait linge et vase que *lavabo* a pris le sens de « meuble de toilette » ; terme de sacristie qui a pénétré dans la langue courante.

LAVALLIÈRE, 1877. Désigne une sorte de nœud de cravate (d'abord de femme) ; tiré arbitrairement de (Mlle de) *La Vallière*, nom d'une des maîtresses de Louis XIV. Se dit aussi d'un maroquin couleur de feuille morte, 1874, peut-être en souvenir du duc de *La Vallière*, célèbre collectionneur du XVIIIe s.

LAVANDE, 1370. Empr. de l'it. *lavanda*, propr. « qui sert à laver » (de *lavare* « laver ») ; la lavande était employée pour parfumer l'eau de toilette ; pour cet emprunt, v. **parfum.**

LAVE, 1651. Empr. de l'it. *lava*, empr. lui-même du napol. *lave*, qui représente le lat. *labes* « éboulement ».

LAVER. Lat. *lavāre*. — Dér. et Comp. : **lavage,** 1432 ; **lavandière,** XIIe, « blanchisseuse », désigne aussi, depuis le XVIe s., la bergeronnette, ainsi nommée à cause des mouvements de sa queue, comparés à ceux des blanchisseuses battant le linge ; **lavasse,** XVe ; **lavement,** XIIe, au sens d' « action de laver », le sens de « clystère » paraît dater de Paré ; **laverie,** 1728, au sens moderne, au XVIe s. « lavage » ; **lavette,** 1636 ; **laveur,** XIIIe, d'après le fém. *laveresse*, peut remonter au lat. de basse ép. *lavātor* ; **lavis,** 1676 (Félibien) ; **lavoir,** XIIe ; en a. fr. signifie surtout « bassin », peut remonter au lat. de basse ép. *lavātōrium*, cf. it. *lavatoio*, esp. *lavadero* ; **lavure,** XIe *(Alexis)*, peut remonter au lat. pop. **lavātūra* ; **délaver,** XIVe (E. Deschamps), d'abord seulement au part. passé ; **relaver,** XIIe.

LAXATIF, XIIIe. Empr. du lat. médical *laxativus*, dér. de *laxare* « (re)lâcher ».

LAYETTE, 1378, au sens de « tiroir », au sens de « contenu d'un tiroir », spécial. en parlant du trousseau d'un enfant nouveau-né, n'est pas antérieur au XVIIe s. Dér. de *laie*, 1357, « tiroir, boîte, coffre », attesté d'abord dans des textes picards, empr. du moyen néerl. *laeye*, cf. all. *Lade*, de même sens. *Layette* encore « tiroir » dans beaucoup de régions. — Dér. : **layetier,** « qui fabrique ou vend des coffres, etc. », 1582, d'où le composé **layetier-emballeur,** 1867.

LAZARET, 1567. Empr. de l'it. *lazzaretto*, empr. lui-même du vénitien *lazareto*, altération, d'après *lazaro* « ladre », de *nazareto* ; ce mot avait été tiré du nom de l'église *Santa Maria di Nazaret*, près de laquelle fut établi au XVe s. un hôpital de lépreux ; l'altération s'explique d'autant mieux que dans le voisinage de cette église il y avait un hôpital *di San Lazaro*.

LAZARONE, 1786 (en outre *lazzaron* en 1781, cf. déjà *lazares* en 1665, *lazarelli* en 1739, de Brosses). Empr. du napolitain *lazarone* « mendiant », dér. de *lazaro* « ladre, lépreux », v. **ladre.**

LAZULI, v. **azur.**

LAZZI, fin XVIIe (dans le *Théâtre Italien* de Gherardi). Empr. de l'it. *lazzi*, né de l'abréviation *l'azzi* pour *l'azzioni* (d'abord *qui si fanno le azzioni*) employée dans les indications sur la mise en scène des jeux bouffons, d'où s'est développé rapidement en fr. le sens de « saillie bouffonne ».

LE, LA, LES, I, articles. Continuent les formes du lat. *illum, illam, illos, illas*, formes d'acc. de *ille*, etc., propr. adj. démonstr., avec chute de la voyelle initiale, à cause de l'emploi proclitique de l'article. — Comp. : **au, aux** ; *au*, issu d'*a le*, d'où *al, au*, a absorbé une ancienne forme *ou*, encore employée par Villon, issue d'*en le*, d'où *el, eu, ou*, p. ex. dans *jeter au feu* ; comme devant voyelle on employait simplement *en*, on a aujourd'hui *au Portugal*, *en Angleterre, au printemps, en été. Aux* a éliminé une ancienne forme *es* des deux genres, issue d'*en les*, qui ne survit que dans quelques formules, par exemple dans *docteur ès-lettres*, etc., mais est encore usuelle dans les parlers de l'Est et du Sud-Est ; **des**, contraction de *de les*.

LE, LA, LES, pron. pers. Représentent les mêmes formes du lat. que l'article.

LÉ, v. **large.**

LEADER, 1856, dans un ouvrage traitant de l'Angleterre. Empr. de l'angl. *leader*, propr. « celui qui conduit » (de *to lead* « conduire ») ; désigne encore surtout le *leader* des partis politiques d'Angleterre. Désigne aussi un article de fond dans un journal (déjà relevé en 1862, à propos d'un journal français).

LEBEL. Tiré de *Lebel*, nom de l'officier président de la commission d'expériences, qui fit adopter ce fusil, en 1886.

LÉCHER, XIIe. Probabl. du francique **lekkôn*, cf. all. *lecken*, cf. it. *leccare*, a. pr. *lecar ;* cf. aussi *lecator* « gourmand », dans les gloses d'Isidore de Séville. Le fr. fam. a en outre une forme **licher,** relevée dès le XIIe s., d'où **licheur,** cf. *lichere* « entremetteur », *id. ;* **lichette,** 1841. Cette variante est probabl. due à l'influence de *lisser.* — Comp. : **à lèche-doigt,** XVIe (sous la forme *lichedoigt*) ; **lèche-frite,** 1195, altération de *lechefroie*, XIIIe s., comp. des impér. *lèche* et *froie* (de *froier* « frotter », v. **frayer**), c'est-à-dire « lèche, frotte » (ce qui dégoutte de la broche) ; **pourlécher (se),** XVe (Diderot).

LEÇON. Lat. *lectiōnem*, acc. de *lectiō* « action de lire, lecture ».

LECTEUR, 1307 ; **lectrice,** XVIIe ; **lecture,** XIVe. Empr. des mots lat. *lector*, *lectrix* (créé à basse ép.), *lectura* (médiéval).

LÉGAL, 1374 (Oresme). Empr. du lat. *legalis* « relatif, conforme à la loi » (de la famille de *lex, legis* « loi ») ; *légal* a d'abord eu surtout le sens de « loyal », encore attesté en 1713 ; la langue a utilisé les deux formes *loyal* et *légal* pour des sens différents, surtout à partir du XVIIe s. — Dér. : **légalité,** 1370 (Oresme), au sens de « loyauté » (encore usité au XVIe) ; le sens jurid. est attesté dans le lat. médiéval *legalitas* ; **légaliser,** 1681 ; **légalisation,** 1690.

LÉGAT, XIIe ; **légation,** *id.* Empr. du lat. *legatus, legatio* (de *legare* « envoyer en ambassade ») ; ont souvent le sens général d' « envoyé », « mission » ; mais *légat* désigne surtout un cardinal délégué par le pape, cf. aussi *légat a latere*, depuis le XVIe s. (*a latere* sont des mots lat. signifiant « du côté ») ; *légation*, 1138, a reçu en plus un sens partic. dans la langue de la diplomatie (relevé depuis 1798).

LÉGATAIRE, 1368. Empr. du lat. jurid. *legatarius*, dér. de *legare* « léguer ».

LÉGENDE, XIIe. Empr. du lat. médiéval *legenda*, propr. « ce qui doit être lu ». A reçu au XVIe s. le sens d' « inscription explicative », ou c'est un mot nouveau, fait alors pour ce sens d'après le lat. *legendus* « qui doit être lu ». — Dér. : **légendaire,** 1582 (alors « compilateur de légendes »).

LÉGER. Lat. pop. **leviārius*, dér. du lat. class. *levis*. A. pr. *leugier.* — Dér. : **légèreté,** vers 1200.

LEGGINGS, 1860 (écrit aussi *leggins*). Empr. de l'angl. *leggings* « molletières, jambières » (dér. de *leg* « jambe »).

LÉGIFÉRER, 1796. Dér. sav. du lat. *legifer* « qui établit des lois », v. **législateur.**

LÉGION, XIIe. Empr. du lat. *legio*, terme militaire ; a été pris dans un sens plus étendu dans le lat. eccl. Emplois nouveaux en fr. — Dér. : **légionnaire,** 1495, une première fois vers 1270.

LÉGISLATEUR, 1370 (Oresme) ; **législation,** *id. ;* rare avant le XVIIIe s. Empr. du lat. *legislator, legislatio ; legislator* est le nom d'agent de la locution *legem ferre* « proposer une loi ». — Dér. : **législatif,** 1718 ; une première fois 1370 chez Oresme ; **législature,** 1741, d'après l'angl. *legislature.*

LÉGISTE, XIIIe (sous la forme *legistre*). Empr. du lat. médiéval *legista.*

LÉGITIME, XIIIe. Empr. du lat. *legitimus.* — Dér. : **légitimer,** vers 1280 ; **légitimation,** XIVe ; **légitimiste,** vers 1830, pour un sens politique partic. ; **légitimité,** 1553.

LEGS, v. **laisser.**

LÉGUER, 1477. Empr. du lat. *legare.*

LÉGUME, 1530 (déjà *lesgum* au XIVe s.). Empr. du lat. *legumen*. A éliminé une forme pop. *leüm*. Cf. *lion* en Suisse romande et en Savoie. — Dér. : **légumier,** 1765 ; **légumineux,** 1611, d'après le lat. *legumen, leguminis.*

LEITMOTIV, 1898. Empr. de l'all. *leitmotiv*, comp. de *leiten* « diriger » et *motiv* « motif », créé pour désigner les motifs qui reviennent souvent dans les partitions de Richard Wagner.

LEMME, 1613. Empr. du lat. *lemma* « majeure d'un syllogisme » (du grec *lêmma*) ; d'où le sens spécial de *lemme* dans la langue des mathématiques.

LÉMURIEN, 1804. Dér. sav. de *lémures* (attesté depuis 1488), terme d'antiquité romaine, empr. du lat. *lemures* « âmes des morts » ; les lémuriens ont été ainsi nommés parce que ce sont des animaux nocturnes.

LENDIT, foire qui se tenait autrefois, en juin, près de Paris, entre Saint-Denis et La Chapelle, XIIIe. Issu de l'*endit*, XIIe, par agglutination de l'article. *Endit* est empr. du lat. médiéval *indictum* « ce qui est fixé » (de *indicere* « déclarer, fixer »), cf. déjà *indictae feriae* « fêtes fixées » au VIIe s. chez Isidore de Séville.

LENDORE « personne nonchalante », 1534 (Rab.). Des mots de sens analogue ayant un radical *land-* apparaissent aussi en Italie et dès le XVIe s. Il y a des formes avec *-r-* à côté de formes sans *-r-* *(landin-*

landrin). L'origine est probabl. à chercher dans un groupe de mots allemands, comme *landel* « femme méprisable », qui auront été répandus dans les autres langues par l'argot international des voleurs. *Landore* doit probablement l'élément *-ore* à l'influence du verbe *endormir*.

LÉNIFIER, XIVe, rare avant le XVIIe s. ; **lénitif,** 1314. Empr. du lat. médical de basse ép. *lenificare* et du lat. médiéval *lenitivus* (de *lenis* « doux »).

LENT. Lat. *lentus* « souple, lent ». — Dér. : **lenteur,** XIVe (Bersuire) ; **ralentir,** 1564, par l'intermédiaire d'*alentir*, XIIe, encore usité au XVIIe s., **ralentissement,** 1584.

LENTE. Lat. pop. **lenditem*, au lieu du lat. class. *lendem*, acc. de *lens*, qui vit pourtant encore dans le wallon *lin* et le lorrain *la*. Autre forme de l'acc. dans l'it. *lendine*, l'esp. *liendre*.

LENTICULAIRE, 1314 ; **lenticulé,** XVIIIe (Buffon). Empr. du lat. *lenticularis*, *lenticulatus*.

LENTILLE. Lat. pop. **lentīcula*, lat. class. *lenticula*, dim. de *lens*, *lentis*. La forme *nentille*, parisienne au XVIIe s., est très répandue aujourd'hui dans les parlers pop. It. *lente*, *lenticchia*, esp. *lenteja*. *Lentille*, terme d'optique, depuis 1686.

LENTISQUE, XVe. Empr. de l'a. pr. *lentiscle*, qui représente un dim. lat. **lentisculus*, d'où aussi it. *lentischio*. A remplacé *lentisc*, XIIIe, empr. de l'a. pr. *lentisc*, du lat. *lentiscus*.

LÉONIN, « propre au lion », XIIe. Empr. du lat. *leoninus*. L'expression *société léonine*, d'où *contrat léonin*, etc. (dp. 1680), est calquée sur le lat. jurid. *societas leonina*, fait lui-même par allusion à la fable du lion en société avec la génisse, la chèvre et la brebis.

LÉONIN, terme de prosodie, XIIe (Chrétien, mais *lioine* dès 1160, dans l'*Alexandre poitevin*). Passe pour être dér. de *Léon* (en lat. médiéval *Leonius*), nom d'un chanoine de Saint-Victor de Paris, qui aurait mis à la mode au XIIe s. les vers lat. à rimes léonines.

LÉOPARD, XVIe, antér. *leupart*, vers 1080 *(Roland)* et *liepart*, encore chez Marot. Empr. du lat. *leopardus*, comp. de *leo* « lion » et de *pardus* (du grec *pardos* « léopard »).

LÉPAS, 1703. Empr. du lat. *lepas* « coquille » (mot pris au grec).

LÉPIDOPTÈRE, 1754. Comp. avec les mots grecs *lepis*, *lepidos* « écaille » et *pteron* « aile ».

LÉPORIDE, 1840. Dér. sav. du lat. *lepus*, *leporis* « lièvre ».

LÈPRE, 1120 ; **lépreux,** 1050 *(Alexis)*. Empr. des mots lat. *lepra* (mot pris au grec), *leprosus* (créé à basse ép.). — Dér. de *lépreux* d'après le lat. *leprosus* : **léproserie,** 1543.

LÉROT, v. **loir.**

LESBIEN, 1785. Dér. de *Lesbos* par allusion aux mœurs qu'on a attribuées à la poétesse Sapho, originaire de cette île, v. **saphique.**

LÈSE. Ne s'emploie que devant un subst. fém. avec lequel il forme locution, 1362 *(crime de lèse majesté ;* cf. déjà en 1344, *meffait de lèze majesté)*. Locution calquée sur le lat. jurid. *crimen laesae majestatis* « crime de majesté lésée » (où *laesae* est le génitif du part. fém. du verbe *laedere* « léser ») et a servi de modèle depuis le XVIIe s. pour faire des locutions analogues.

LÉSER, 1538. Dér. de *laesus*, part. passé, de *laedere* « léser » pour servir de subst. à *lésion*.

LÉSINE, 1618, dans le titre *La fameuse compagnie de la lésine*, traduction de l'it. *Della famosissima compagnia della lesina*. Dans cet ouvrage, publié vers la fin du XVIe s. et qui eut un grand succès, l'auteur représente des avares qui dialoguent ensemble et il imagine, pour se moquer des avares qui raccommodent leurs chaussures eux-mêmes, qu'ils ont formé une compagnie sous le nom de *compagnia della lesina* et qu'ils ont pris comme emblème une alêne, en it. *lesina ;* v. **alêne ;** le succès de cette satire a été tel que *lesina* a pris rapidement le sens d' « épargne sordide » et que le mot a pénétré en France très rapidement ; Régnier, dans la satire X, emploie déjà le mot en ce sens, mais sous la forme italienne. — Dér. : **lésiner,** 1618, dans le texte cité plus haut ; l'it. ne dit que *lesinante* « qui fait partie de la compagnie de la lésine », d'où le fr. *lésinant*, 1604, dans un ouvrage intitulé *La Contre-Lésine ;* **lésinerie,** 1604, dans ce même ouvrage, sur le modèle de l'it. *lesineria*.

LÉSION, XIIe, au sens de « dommage, tort », encore chez Voltaire ; le sens médical déjà en 1314 (H. de Mondeville). Empr. du lat. *laesio*, qui a les deux sens du mot français (de *laedere* « blesser, léser »).

LESSIVE. Lat. pop. *lixīva*, fém. pris substantiv. de *lixīvus*, dér. de *lix*, *licis ;* on attendrait *loissive ;* la forme *lessive* est dialectale, de l'Ouest ; au Sud d'une ligne allant du Sud de la Lorraine à l'embouchure de la Loire, les formes correspondent au neutre *lixīvum*, cf. a. pr. *leissiu* et *lessif*. It. *lisciva*, esp. *lejia*. — Dér. : **lessiver,** 1585 ; **lessivage,** 1805 ; **lessiveur,** 1828 ; **lessiveuse,** « machine à lessiver », fin XIXe.

LEST, 1282 (sous la forme *lees ;* en outre *lez* et *leis ;* la forme moderne apparaît de bonne heure). Au moyen âge « charge (d'un poids indéterminé) de harengs ou de cuir » ; le sens moderne est attesté par *lastage*, en 1366, dans un texte se rapportant à la Flandre (qui contient aussi le verbe *laster*), en 1398, dans un autre se rapportant à l'Angleterre ; on a aussi *lestage* au sens de « taxe de chargement » dès le XIVe s. Le mot est entré de différents côtés, ce que montrent la forme *lastage* citée plus haut et *last* au XVIIIe s. *Laste*,

1678 (écrit *last* en 1835), poids d'environ 2 000 kilos, en parlant de la marine hollandaise, est empr. du hollandais *last* (cf. all. *Last*), *lest* est empr. du frison *lest* (anc. frison *hlest*). — Dér. : **lester,** 1507 ; **lesteur,** 1681 ; **délester,** 1593.

LESTE, 1578 (H. Estienne), « bien équipé », d'où « propre en habits » (Ménage) ; le sens moderne apparaît vers la même époque. Empr. de l'it. *lesto*, propr. « bien équipé », d'où « agile, dégagé » (en outre « rusé »). L'it. *lesto* représente un longobard **list* « artifice », cf. anc. haut all. *list* « id. ».

LÉTHARGIE, XIIIe ; **léthargique,** vers 1325. Empr. du lat. médical *lethargia*, *lethargicus* (du grec *lêthargia, -gikos*).

LETTRE. Lat. *littera*. Au sens d' « écrit adressé à une personne absente », s'employait au plur. en lat. class., comme aussi en a. fr. Le sens de « belles-lettres » a été repris au lat. *litterae* dès le moyen âge, mais est devenu usuel surtout à partir de la Renaissance. Le sens de « sens littéral », attesté dès le moyen âge vient de Saint-Paul, cf. 2e *Épitre aux Corinthiens*, III, 6 : « Les ministres... non pas de la lettre, mais de l'esprit, car la lettre tue et l'esprit donne la vie. » *Homme de lettres*, XVIe s., *femme de lettres*, 1761. V. **gent.** — Dér. et Comp. : **lettré,** XIIe, d'après le lat. *litteratus ;* **illettré,** 1594, d'après le lat. *illiteratus ;* **contre-lettre,** XIIIe.

LETTRINE, 1625. Empr. de l'it. *letterina*, dimin. de *lettera* « caractère ». Le sens était d'abord « petite lettre qu'on met à côté d'un mot pour renvoyer le lecteur à une note ».

LEU, v. **loup.**

LEUCÉMIE, 1890. Empr. de l'all. *Leukämie*, mot formé par Virchow avec les mots grecs *leukos* « blanc » et *haima* « sang ».

LEUCO-. Premier élément de mots sav., tels que **leucocyte** (de *kytos* « cuirasse, enveloppe », pris au sens de « cellule »), 1867, tiré du grec *leukos* « blanc ».

LEUCORRHÉE, 1784. Empr. du grec *leukorrheia* « écoulement blanc » (de *rhein* « couler », v. le préc.).

LEUDE, 1621 ; *leudien* au XIVe s. Empr. du lat. mérovingien *leudes*, fait sur le francique **leudi*, plur., « gens », au sens de « gens d'un chef », cf. anc. haut all. *liuti*, plur. de *liut*, d'où all. *Leute*, sans sing.

LEUR, *pronom.* Lat. *illōrum*, génitif plur. masc. du démonstr. *ille ;* dans les parlers de l'Est, du Sud des Vosges jusqu'au Dauphiné et au Massif central, ce pronom a souvent la valeur des pronoms accentués *eux, elles*. It. *loro*, roumain *lor(u)*, a. pr. *lor*, d'un emploi varié. *Leur* est adj. poss. dès les premiers textes ; il a commencé vers le XIVe s. à prendre l'*s* du plur., qui n'a triomphé définitivement qu'au XVIIe s. L'emploi du fr. *leur* comme adj. poss. se retrouve dans l'it. *loro*, toujours invariable.

LEURRE, 1388, d'abord *loerre, loirre*, vers 1200. Propr. terme de fauconnerie, désignant un morceau de cuir rouge, souvent en forme d'oiseau, auquel on attachait un appât qui servait à faire revenir l'oiseau de proie ; sens fig. au XVIe s. Du francique **lopr* « appât », restitué d'après le moyen haut all. *luoder* ; de même a. pr. *loire.* — Dér. : **leurrer,** 1373, au XIIIe *loirier, loirer*, comparable à l'a. pr. *loirar.*

LEVAIN. Lat. pop. **levāmen*, dér. de *levāre* au sens de « lever » en parlant de la pâte ; le lat. class. *levāmen* ne signifie que « soulagement ». Le levain est désigné par des dér. divers : *levat*, part. passé du verbe *levar*, en a. pr. et aujourd'hui dans de nombreux parlers méridionaux, *lievito* en it., lat. pop. **levitum*, *levadura* en esp.

LEVER. Lat. *levāre* « lever, soulever », et aussi « lever » en parlant de la pâte (sens attesté seulement au VIe s.) ; par contre le sens class. de « soulager » a disparu. — Dér. et Comp. : **levant,** d'abord *adj.*, cf. *soleil levant*, vers 1080 *(Roland)*, *subst.*, XIVe ; d'où **levantin,** 1575, dér. de *Levant*, pris comme terme géographique ; **levé,** 1534 (Rab.) ; **levée,** vers 1200 ; **lever,** 1564 (Rab.) ; **levier,** XIIe ; **levis,** v. **pont** ; **levure,** vers 1300 ; **élever,** 1120, souvent *eslever* au moyen âge, peut-être lat. pop. **exlevāre*, lat. class. *ēlevāre ;* le sens de « nourrir, instruire » est rare avant le XVIe s., d'où **élève** « celui qui est instruit par un maître », 1653 (*un esleve d'artisan*, Oudin), d'après l'it. *allievo ;* ne s'est d'abord employé qu'en parlant de l'élève d'un peintre suivant Ménage, ou d'un artiste ; **élève** « action d'élever des animaux domestiques », 1770 ; **élevage,** 1836 ; **éleveur,** *id.*, au sens moderne, une première fois au XIIe s. dans un autre sens ; **élévation,** XIIIe *(L'élévation du corpus domini)*, d'après le lat. eccl. *elevatio*, a reçu au cours de l'histoire des sens divers d'après *élever ;* **élévateur,** 1801, comme terme techn. ; depuis 1871 « grand magasin où le grain est monté et traité mécaniquement », d'après l'anglo-américain *elevator*, une première fois au XVIe s. au sens général de « celui qui élève » ; **enlever,** XIIe, avec *en*, lat. *inde*, **enlèvement,** 1531, **enlevage,** 1838 ; **soulever,** XIe *(Alexis)*, **soulèvement,** vers 1200 ; **surélever,** vers 1400, **-ation,** 1847.

LÉVITATION, 1888. Empr. de l'angl. *levitation*, qui a été formé dès le XVIIe s. à l'instar de *gravitation*, d'après l'adj. lat. *levis* « léger ».

LÉVITE, XIIe. Empr. du lat. eccl. *levites, -ta*, qui vient lui-même, par l'intermédiaire du grec, de l'hébreu *lêvî* « membre de la tribu de Lévi (3e fils de Jacob), destiné au service du culte ». Pris au fém. comme subst., pour désigner une robe ayant quelque ressemblance avec celle des lévites, comme on les voyait habillés dans des tableaux ou sur le théâtre, par exemple dans *Athalie* (sens relevé depuis 1781).

LÈVRE. Lat. pop. *lābra*, plur. neutre pris comme fém. sing. du lat. class. *lābrum.* — Comp. : **balèvre,** 1220, du XIIe au XVIe s. aussi *baulevre*, comp. avec le francique **balu* « mauvais » (comp. anc. haut all. *balo*, anc. angl. *bealu*), avec double traitement de *-l-l-*, comme dans *épaule* et comme dans *halle*.

LEXIQUE, XVIe (Ronsard) ; **lexicographe,** 1578 (H. Estienne). Empr. du grec *lexikon* (de *lexis* « mot »), *lexikographos*. — Dér. du 2e : **lexicographie,** 1765.

LEZ. Anc. prép. signifiant « à côté de ». sortie de l'usage depuis le XVIIe s., sauf dans des noms de lieu, cf. *Plessis-lez-Tours*, Lat. pop. de basse ép. *(dē) latus*, issu du subst. *latus*, *lateris*, neutre, « flanc, côté », qui a, de son côté, donné *lez* « côté », disparu depuis le XVIe s., v. **côté.**

LÉZARD. Lat. *lacertus*, d'où est sorti *lézard* par substitution de suff. En a. fr. le fém. *laisarde*, du lat. *lacerta*, est plus fréquent. Conservé sous des formes très variées dues à des altérations d'origines diverses, surtout influence de *lux* : it. *lucerta*, esp. *lagarto*, a. pr. *lazert*, *lauzert* (+ gaulois *louxos* « lumière »). Le fém. **lézarde,** encore attesté non loin de Paris au sens propre, a été pris pour désigner une fente dans un mur (relevé depuis 1676), par comparaison de la forme d'une lézarde avec celle d'un lézard ; d'où **lézardé,** 1772 (dans *mur lézardé*) ; *se lézarder* depuis 1829 ; on dit aussi fam. *lézarder* « faire le lézard, se chauffer au soleil, flâner » ; en ce sens c'est un dérivé de *lézard*.

LIAIS, sorte de calcaire, vers 1125 *(liois)*. En a fr. aussi adj. Probabl. dér. de **lie,** cette pierre étant d'une couleur grisâtre. L'angl. *lias*, empr. du fr., a été repris au XIXe s. (attesté depuis 1822) par les géologues.

LIANE, 1694 *(lienne* en 1640). Empr. du fr. des Antilles qui doit ce mot probabl. aux parlers de l'Ouest. On trouve dans ceux-ci les formes, *liene*, *liane*, désignant diverses espèces de plantes grimpantes : clématite, liseron, polygonum convolvulus ; ces subst. sont refaits sur le verbe tourangeau *liener* « lier les gerbes », dér. de **lien** ; l'alternance entre *lienne* et *liane* s'explique par celle entre *lien* et *lian* dans les parlers de l'Ouest.

LIARD, XVe. D'après Ménage, *liard* a été tiré du nom propre *Liard ; Guigues Liard*, de Crémieu-en-Viennois, créa cette monnaie en 1430, où on lui donna le nom de ce personnage, cf. dans Guy Allard, Bibliothèque du Dauphiné : « D'ancienneté on avoit accoutumé de fabriquer... des liards en Dauphiné. » Ce nom propre de *Liard* est sans doute le même mot que l'anc. adj. *liard* « grisâtre », qui passe pour être empr. du moyen irlandais *liath* « gris », qui aurait été introduit avec la « matière bretonne » ; *liath* se prononçait *liah*, mais ce mot a pu recevoir la terminaison usuelle *-ard* en remplacement d'une terminaison sans exemple en fr. On a proposé cet adj. comme étymologie de *liard*, monnaie, mais une monnaie de cuivre n'est pas grisâtre, et les données historiques de Ménage n'ont pas été réfutées. Mais il n'est pas impossible que l'adj. *liard* se soit quelquefois rapporté à la couleur de la lie de raisin rouge, laquelle est rougeâtre. — Dér. : **liarder,** 1611 ; **liardeur,** 1800.

LIAS, v. **liais.**

LIBATION, 1488. Terme d'antiquité, pris dans un sens fam. au XIXe s. (relevé depuis 1823). Empr. du lat. *libatio* (de *libare* « verser un liquide en offrande »).

LIBELLE, 1402, dans *libelle diffamatoire ;* antér. désigne des écrits juridiques depuis 1283 (Beaumanoir). Empr. du lat. *libellus* (de *liber* « livre »), qui a déjà, entre autres, les deux sens de « mémoire » et de « pamphlet ». On trouve à la même époque que *libelle diffamatoire* le lat. *libellus diffamatorius*. — Dér. : **libellé,** 1834, d'après le sens jurid. de *libelle ;* **libeller,** 1451, *id. ;* **libelliste,** 1640 (Chapelain), d'après le sens d' « écrit diffamatoire ».

LIBELLULE, 1792. Empr. du lat. des naturalistes *libellula*, dér. du lat. class. *libella* « niveau » ; ce nom a été créé par allusion au vol plané de la libellule.

LIBER, 1758. Empr. du lat. *liber* « écorce d'arbre » ; v. **livre.**

LIBÉRAL, vers 1170, au sens de « généreux » ; **libéralité,** 1213. Empr. du lat. *liberalis*, propr. « qui convient à un homme libre », *liberalitas*. L'expression *arts libéraux*, qui apparaît dès le moyen âge en parlant des sept arts libéraux, 1210, remonte au lat. class. *artes liberales*. *Libéral*, comme terme de langue politique, apparaît pour la première fois dans la proclamation de Maret, du 17 brumaire, et ensuite dans la proclamation de Bonaparte du 19 brumaire : « Français, vous reconnaîtrez sans doute à cette conduite le zèle d'un soldat de la liberté, d'un citoyen dévoué à la République. Les idées conservatrices, tutélaires, libérales sont rentrées dans leurs droits. » *Libéral* avait été employé déjà par le marquis de Mirabeau (1765) pour exprimer la modération et la magnanimité du puissant. — Dér. : **libéralisme,** 1821.

LIBÉRER, 1495 ; **libérateur,** vers 1500 ; **libération,** XIVe. Empr. du lat. *liberare*, *liberator*, *liberatio* (de *liber* « libre »). *Libérateur* a remplacé *délivreur*, XIIe, qui se trouve encore chez Voiture.

LIBERTIN, 1525. Signifie propr. « indocile aux croyances religieuses », sens vieilli depuis le XVIIIe s. au profit du sens moderne, attesté à partir du XVIIe s. Ne correspond que pour la forme au lat. *libertinus* « affranchi » (sens fréquemment repris au XVIe s.). Doit son sens partic., à un passage des *Actes des Apôtres*, VI, 9, où il est question d'une secte juive dite *libertinorum*, mot dont la valeur exacte n'est pas connue, et qui a été interprété comme étant le même mot que le lat. *libertinus ;* de là la traduction « La synagogue dite des Affranchis ». — Dér. : **libertinage,** 1603, sens parallèle à *libertin*.

LIBIDINEUX, 1485, une première fois au XIIIe s. Empr. du lat. *libidinosus* (de *libido*, propr. « caprice », d'où « passion » spécial. en parlant des plaisirs sexuels).

LIBITUM (ad), 1771. Formule du lat. moderne, signifiant « à volonté », faite sur la forme verbale *libitum est*, de *libet* « il plaît ». Cette formule a été d'abord employée surtout en musique.

LIBRAIRE, 1220 (sous la forme *livraire ; libraire* depuis 1313) ; a d'abord désigné un copiste, un auteur ; sens moderne depuis 1380. Empr. du lat. *librarius* dans ses deux sens (de *liber* « livre »). — Dér. : **librairie,** 1380 ; d'abord « bibliothèque », d'où angl. *library ;* sens moderne depuis 1540.

LIBRE, 1339 ; **liberté,** 1266. Empr. du lat. *liber, libertas.* — Dér. : **libertaire,** fin XIXe. — Comp. : **libre-échange,** 1840, sur le modèle de l'angl. *free-trade ;* **libre-échangiste,** 1845 ; **libre-penseur,** 1659 (rare avant le XVIIIe s.), d'après l'angl. *free thinker*, d'où **libre-pensée,** qui ne paraît pas être antérieur au XIXe s. (relevé en 1873), le XVIIIe s. s'en tenait à *liberté de penser.* V. **arbitre.**

LIBRETTO, 1823. Empr. de l'it. *libretto* « petit livre ». Aujourd'hui on préfère *livret.* — Dér. : **librettiste,** 1845.

LICE « barrière », partic. pour les tournois, XIIe ; ne s'emploie plus que dans des sens techn. et dans la locution *entrer en lice.* Du francique **listia*, dér. de **lista*, v. **liste.** L'a pr. *lissa* « palissade », l'it. *lizza* et l'esp. *liza* viennent du français.

LICE, terme de tissage. Lat. pop. *līcia*, plur. neutre pris comme subst. fém. de *līcium* « fil de trame ». It. *liccio*, esp. *lizo. Haute lice*, 1392 ; *basse lice*, 1419.

LICE « femelle d'un chien de chasse », XIIe. Probabl. du lat. *lycisca* « chienne née d'un loup et d'une chienne ou d'un chien et d'une louve », refait en **licia* par retranchement du suff.

LICENCE, XIIe ; **licencier,** XIVe (Froissart) ; **licencieux,** 1550. Empr. des mots lat. *licentia*, propr. « liberté d'agir », d'où « abus dans l'usage de la liberté » (de *licet* « il est permis »), *licentiare* (médiéval), *licentiosus. Licence*, titre universitaire, vient du lat. médiéval *licentia docendi* « liberté d'enseigner ». — Dér. 1° de *licence* au sens universitaire : **licencié,** 1349, d'après le lat. médiéval *licentiatus ;* 2° du verbe : **licenciement,** 1569.

LICHEN, 1545. Empr. du lat. *lichen* (du grec *leikhên*, de *leikhein* « lécher » ; le lichen semble, en effet, lécher les endroits où il pousse) ; au sens médical, XVIe (Paré, qui dit *la lichene*), le mot est de même origine.

LICHER, v. **lécher.**

LICITE, XIIIe. Empr. du lat. *licitus*, part. passé de *licere* « être permis », v. **licence** et **illicite.**

LICITER, 1514, surtout dans *avoué licitant ;* **licitation,** 1509. Empr. du lat. jurid. *licitari* « mettre une enchère » (de *licere* « être mis à prix »), *licitatio.*

LICOL, v. **lier.**

LICORNE, 1385 ; en outre *lincorne* en 1388. Altération d'*unicorne* (du XIIe au XVe), empr. du lat. eccl. *unicornis* « animal fabuleux à une seule corne », littéral. adj. « qui n'a qu'une corne ». Vient peut-être de l'it. *alicorno* (aujourd'hui on dit plutôt *liocorno*), ce qui expliquerait mieux *licorne.*

LICTEUR, XIVe (Bersuire). Empr. du lat. *lictor.*

LIE, 1120 (attesté sous la forme *lias* dans les *Gloses de Reichenau*). Probabl. d'un celtique **līga*, d'une racine indo-eur. *legh-*, qui est attestée avec *ĕ* (p. ex. dans l'anc. irl. *lige* « couche ») et avec *ē* (p. ex. dans l'all. *lage*), un *ē* étant devenu *ī* en celtique. L'esp. *lia* est empr. du fr.

LIE, *adj.*, v. **liesse.**

LIED, 1845 (Brizeux : *Lieds*, titre). Empr. de l'all. *Lied* « chant » qui a servi à désigner des pièces lyriques mises en musique ; mot introduit sous l'influence de la musique allemande, cf. les *Lieder* de Schubert, etc.

LIÈGE. Lat. pop. **levius*, élargissement de *levis* « léger » ; a servi en français à désigner l'écorce du chêne-liège, à cause de sa légèreté. *Liège* ayant été dit de l'arbre lui-même, on a créé le comp. *chêne-liège*, 1600 (O. de Serres), pour distinguer le nom de l'arbre de celui de l'écorce ; dans le Midi où l'arbre pousse, il est désigné par des formes du lat. *sūber* « liège », p. ex. prov. *sieure.* — Dér. : **liéger,** 1527.

LIEMENT, v. **ligament.**

LIEN. D'abord *leien, loien*, forme régulière qui survit dans de nombreux patois ; refaite en fr. sur *lier.* Lat. *ligāmen.* It. *legame.* — Dér. : **limier,** d'abord *liemier*, XIIe, d'après l'anc. forme *liem*, propr. « chien tenu en laisse ».

LIER. D'abord *leier, loier*, forme régulière qui survit dans de nombreux patois ; la voyelle *i* est analogique ; d'après des alternances telles que *neier, nie* « nier, (il) nie », on a dit *loier, lie* au lieu de *loier, loie*, puis *i* s'est répandu dans toute la conjugaison. Lat. *ligāre.* — Dér. et Comp. : **liasse,** vers 1170 ; **liaison,** XIIIe, remonte peut-être au lat. *ligātiō*, cf. a. pr. *liazon ;* **licol,** 1333 *(liecol)*, aussi *licou ;* **lieur,** XIVe ; **délier,** XIIe ; **relier,** vers 1200, **relieur,** XIIIe, **reliure,** 1549.

LIERRE. D'abord *edre*, Xe s. *(Fragment de Valenciennes)*, puis *ierre*, encore attesté au XVIe s., devenu *lierre* (*lyarre*, en 1444) par agglutination de l'article ; masc. dès l'origine, quelquefois fém. par latinisme. Lat. *hedera.*

LIESSE. Ne s'emploie plus que par archaïsme ; d'abord *leesse* (encore attesté au XVIe s.), refait en *liesse* (dès le XIIIe s.), d'après l'adj. *lié* « joyeux ». Lat. *laetitia.* Conservé seulement en fr. *Lié*, lat. *laetus*, ne survit lui-même que dans la locution *chère lie*, maintenue à cause de l'emploi qu'en a fait La Fontaine, v. **chère** ; *lie* est une contraction de *liée*, d'origine picarde.

LIEU. Lat. *locus*. *Lieu (commun)*, terme de rhétorique, XVIe, est un calque du lat. *locus (communis)*. *Au lieu de*, XVIIe, a succédé à *en lieu de*, XIIe. — Comp. : **lieutenant,** 1287 (sous la forme *luetenant*), cf. aussi lat. médiéval *locum tenens ;* terme d'organisation administrative qui a eu des valeurs diverses ; comme nom d'un grade militaire, 1669 (Colbert) ; d'où **lieutenance,** XVe ; l'a. pr. *loctenen*, l'it. *luogotenente*, l'esp. *lugarteniente* sont faits sur le même modèle, le lat. médiéval *locum* (ou *loca*) *tenens ;* l'all. *Leutnant* et l'angl. *lieutenant* sont empr. du fr. ; **sous-lieutenant,** 1497 ; **non-lieu,** terme jurid., 1846.

LIEUE. Lat. *leuca* (ou *leuga*), indiqué comme gaulois par des auteurs anciens. A. pr. it. *lega*, esp. *legua*.

LIÈVRE. Lat. *leporem*, acc. de *lepus*. Fém. dans les parlers méridionaux, en Suisse romande et dans quelques autres parlers isolés. — Dér. : **levraut,** 1530, d'abord 1306 (*levroz*, plur.), formé avec le suff. d'origine germ. *-ald ;* **levrier,** XIIe ; **levrette,** XVe, pour **levrerette*, par superposition syllabique.

LIFT, 1904. Empr. de l'angl. *lift* (de *to lift* « élever »). Dér. *liftier*, 1919 (plus employé que *lift* même, supplanté par *ascenseur*).

LIGAMENT, 1503. Terme de médecine, empr. du lat. *ligamentum*, également terme de médecine (de *ligare* « lier »). L'a. fr. avait *liement* au sens de « lien », encore dans des emplois techn.

LIGATURE, XIVe (d'abord *ligadure*). Empr. du lat. de basse ép. *ligatura* (de *ligare* « lier ») ; a remplacé l'a. fr. *liure*, encore dans des emplois techn.

LIGE, vers 1080 *(Roland ;* en outre *liège)*. Terme de droit féodal. *Letus* « sorte de vassal » des *Gloses de Malberg* et *litus* de la Loi Salique font supposer en francique **lepu*, d'une famille de mots à laquelle appartient l'all. *ledig* « libre » : les formes fr. *lige*, *liège* (cf. aussi a. pr. *ligeza* « droit du seigneur lige ») font supposer un dér. **leticus* « qui a la position d'un *letus* ». Les *lètes*, c'est-à-dire les colons établis en Gaule avant l'invasion franque, furent aussitôt admis dans la communauté franque comme hommes libres, faisaient donc partie de la classe privilégiée du nouvel État.

LIGNE. Lat. *līnea*, propr. « fil de lin *(līnum)* ». Le sens de « ligne de pêcheur » est déjà lat. — Dér. et Comp. : **lignage,** XIe *(Alexis) ;* **lignée,** XIIe ; **aligner,** XIIe, **alignement,** 1428, **désaligner,** 1836 ; **interligne,** vers 1600, a remplacé *entreligne*, XVIe ; **souligner,** 1704.

LIGNEUL. Lat. pop. **līneolum*, dér. de *līnea* « fil, ficelle ». A. pr. *linhol* « fil, ficelle » ; dans les parlers de l'Est aussi « liseron ».

LIGNEUX, 1528 ; **LIGNITE,** 1765. Dér. sav. du lat. *lignum* « bois ».

LIGOTER, vers 1815. Mot d'argot, devenu aujourd'hui courant, dérivé de *ligote*, également mot d'argot (1837, Vidocq), d'origine méridionale, cf. *ligot* « lien » (de la famille de *lier*) en gascon ; *ligote*, au moyen âge « courroie intérieure du bouclier », semble aussi d'origine méridionale, mais il n'y a pas de forme correspondante en a. pr. *Ligoter*, 1600 (chez l'Ardéchois O. de Serres), en parlant de la vigne, est de la même famille de mots.

LIGUE, 1393 ; déjà au XIIIe s. dans un texte italianisant ; cf. aussi *liga* dans le lat. médiéval du XIVe s. Empr. de l'it. *liga*, forme anc., probabl. refaite sur le lat. *ligare* « lier », à côté de *lega* (d'où *lègue* au XVe s.), forme aujourd'hui usuelle, tirée de *legare*, v. **lier.** — Dér. : **liguer,** 1564 ; **ligueur,** 1594 *(Satire Ménippée)*.

LILAS, 1651 (d'abord *lilac*, 1600). Empr. du mot arabo-persan *lilâk*.

LILIACÉ(E), fin XVIIe (Tournefort) ; **lilial,** mot mis à la mode par l'école symboliste ; une première fois en 1492. Le premier est empr. du lat. de basse ép. *liliaceus*, le deuxième dér. sav. du lat. *lilium*, v. **lis.**

LILLIPUTIEN, 1727, dans la traduction de *Gulliver ;* sens fig. 1779. Empr. de l'angl. *lilliputian*, dér. de *Lilliput*, nom d'un pays imaginaire dont les habitants n'ont que six pouces de taille dans le roman de J. Swift, publié en 1726.

LIMACE. Sur la forme class. *limax*, le lat. pop. avait formé un masc. **limaceus* et un fém. **limacea*, d'où a. fr. *limaz*, *limace*, qui, avec le dim. *limaçon*, XIIe s., servaient à distinguer la limace rouge, sans coquille, le limaçon (petit, avec coquille) et l'escargot (grand, avec coquille). Depuis la fin du XIVe s., l'usage méridional de manger ce dernier comme une friandise a gagné aussi le Nord, ce qui a fait passer le mot prov. *escargot* en fr. De là perte de *limaz* dans la langue littéraire, tandis que beaucoup de patois l'ont conservé. Un moyen très simple de distinguer est de joindre une opposition au nom, ainsi Maine *lima à coque*. De même le picard et le normand ont créé, à l'aide de *écaille* et de *écale* (francique *skala*), *caillemasson* et *calimachon* (encore très répandu), qui, sous l'influence de *coque*, a modifié la voyelle de la première syllabe ; de là le fr. *colimaçon*, 1529.

LIMANDE, XIIIe. En raison de l'existence de *lime* en a. fr. et de *lima* en it. au sens de « limande », on est tenté de voir dans *limande* un dér. de *lime ;* la limande aurait été ainsi nommée à cause de la rugosité de sa peau, donc au sens de « bonne à limer » ; mais la formation est mal expliquée. D'autre part *limande* « planche mince et étroite » (depuis 1319) se rattache probabl. au même mot que **limon** « brancard » ; le suffixe serait un gaulois *-anto*, *-a*, dont le *-nt-* serait devenu *-nd-* en gaulois peu de temps avant la disparition de celui-ci.

LIMBES, XIVe. Terme théologique, empr. du lat. eccl. du moyen âge *limbi* « séjour céleste situé au bord du paradis », tiré du lat. class. *limbus* « bord ». *Limbe* a été repris au sens de « bord » depuis le XVIIIe s., pour des emplois techn., en partie déjà lat., p. ex. dans la langue de l'astronomie.

LIME. Lat. *līma*. *Lime sourde* déjà au sens fig. de « personne sournoise », au XVe s. (Ch. d'Orléans).

LIME, variété de limon, v. **limon.**

LIMER. Lat. *līmāre*. — Dér. : **limaille,** XIIIe ; **élimer,** *id. ;* **relimer,** XVIe (Ronsard).

LIMIER, v. **lien.**

LIMINAIRE, 1548. Empr. du lat. de basse ép. *liminaris* (de *limen* « seuil »). — Dér. : **préliminaires,** vers 1648, comme terme de diplomatie, à propos de la paix de Westphalie ; a pris rapidement des sens plus étendus.

LIMITE, 1355, rare avant le XVIe s. ; de préférence masc. jusqu'au XVIIe s., d'après le genre du mot latin ; **limiter,** 1311 ; **limitation,** 1322. Empr. des mots lat. *limes, limitis* « chemin bordant un domaine, limite », *limitare, limitatio*. — Dér. de *limiter :* **limitatif,** 1510.

LIMITROPHE, 1467. Empr. du lat. jurid. *limitrophus*, mot hybride formé avec le radical de *limes*, v. le préc., et la terminaison grecque *-trophos* (de la famille de *trephein* « nourrir »), pour qualifier des terres de régions frontières assignées aux soldats pour leur entretien ; ne signifie en fr. que « qui est sur les limites d'un territoire », sauf quand il est terme d'antiquité (il garde alors son sens propre).

LIMOGER, 1914. Après les premières batailles de 1914, quelques généraux qui n'avaient pas fait preuve d'une grande capacité furent relevés de leur commandement et envoyés à l'arrière, en partic. à Limoges, d'où ce verbe, dont le sens prit bientôt une extension plus grande.

LIMON « terre déposée par les eaux courantes ». Lat. pop. **līmōnem*, acc. de **līmō*, dér. du lat. class. *līmus* (comp. *sablon* à côté de *sable*). Le simple *līmus* survit en a. pr., cf. *lim*, dans it. esp. *limo*. — Dér. : **limoneux,** 1320.

LIMON « brancard », vers 1150. Probabl. de la même racine celt. que l'esp. *leme* « gouvernail ». Il semble que l'indo-eur. *ei* est représenté en celt. tantôt par *ē*, tantôt par *ī*. Cela fait supposer un celt. **leim-*, qui pourrait être étymologiquement identique au lat. *līmen* « perche mise de travers ». — Dér. : **limonier,** XIIe ; **limonière,** 1798.

LIMON « variété de citron », 1314. Le *citrus limonum* ne semble pas avoir été connu en Europe avant les Croisades. Les croisés rapportèrent d'Orient aussi le nom arabo-persan de ce fruit, *līmūn*. Cf. a. pr., esp. *limon*, it. *limone*. Une autre variété *lime*, 1663 (une 1re fois en 1555), vient du prov. *limo*, empr. lui-même de l'arabe *līma*, d'où aussi esp. *lima*. — Dér. : **limonade,** 1640, **limonadier,** 1676, cf. : « De là nous avons fait limonadier pour signifier vendeur de limonade, qui est un mot nouveau dans notre langue, les limonadiers n'ayant été établis à Paris que sous le ministère de Mazarin », Ménage ; **limonier,** nom d'arbre, 1351.

LIMOUSIN, 1718, sorte de maçon. Tiré du nom propre *Limousin* « habitant du Limousin », parce que cette région a fourni à Paris beaucoup de maçons. — Dér. : **limousiner,** 1801, terme techn. : **limosinage,** 1694, ou **limousinage,** 1718.

LIMOUSINE, 1836, sorte de manteau. Fém. du nom préc., sans doute parce que ce manteau est partic. porté dans le Limousin. Depuis la fin du XIXe s. sert à désigner une sorte d'automobile fermée, probabl. à cause d'une comparaison entre ce manteau flottant, qui met bien à l'abri de la pluie, et le manteau de roulier cf. le sens moderne de *capote*.

LIMPIDE, XVe, mal accueilli au XVIIe s. ; **limpidité,** 1680. Empr. du lat. *limpidus, limpiditas*.

LIN. Lat. *līnum*. — Dér. et Comp. : **linière,** vers 1200 ; **linot,** attesté au XIIIe s. (Rutebeuf) par le fém. **linotte ;** ainsi nommé parce qu'elle est friande de la graine de lin ; **linaigrette,** 1789, comp. de *lin* et d'*aigrette*, ainsi nommée à cause de ses épis aux soies plumeuses, en formes d'aigrettes ; **linon,** fin XVIe (d'Aubigné), altération de *linomple*, XVe, comp. de *lin* et d'*omple*, adj. d'origine inconnue, signifiant « uni », usité surtout dans des textes du Nord-Est.

LINCEUL. Tend aujourd'hui à se prononcer comme s'il était écrit *linceuil*, d'après *cercueil*, etc. Lat. *līnteolus* « petit morceau de toile de lin, etc. » avec *i* long comme dans *līnum* dont il dérive. A signifié « drap de lit » jusqu'au XVIIe s., sens qui est encore répandu dans les parlers gallo-romans.

LINÉAIRE, XIVe ; **linéal,** *id. ;* **linéament,** 1532 (Rab.). Empr. des mots lat. *linearis, linealis* (créé à basse ép.), *lineamentum* (de *linea* « ligne »).

LINGE. Lat. *līneus*, adj. « de lin », avec un développement comparable à celui de *lange*, v. ce mot. Usuel au moyen âge comme adj. ; a même pris le sens de « fin », propr. « fin comme du lin », sens conservé dans quelques patois. Subst. dès le XIIIe s., a rapidement élargi son sens propre de « toile de lin » encore usité à la fin du XIVe s. — Dér. : **lingère,** 1292 ; **lingerie,** 1485.

LINGOT, 1392 (d'abord *langot*, 1380), empr. de l'anc. prov. *lingot*, dér. de *lingo, lengo* « langue », ainsi appelé à cause de la forme allongée qu'on donnait à ces morceaux de métal. L'angl. *ingot* est empr. du franç., avec déglutination de l'article. — Dér. : **lingotière,** 1611.

LINGUAL, 1708. Empr. du lat. de basse ép. *lingualis* (de *lingua* « langue »).

LINGUISTE, 1632. Dér. sav. du lat. *lingua.* — Dér. : **linguistique,** 1826.

LINIMENT, 1546. Empr. du lat. médical *linimentum,* propr. « enduit » (de *linire* « oindre, frotter »).

LINKS, 1897. Empr. de l'angl. *links,* forme écossaise de *linch* « bord ».

LINOLÉUM, 1874. Empr. de l'angl. *linoleum,* mot forgé avec les mots lat. *linum* « lin » et *oleum* « huile » par l'Anglais Walton, inventeur de ce tissu imperméable, breveté en 1863, fait d'un mélange où entre de l'huile de lin.

LINON, LINOT, v. **lin.**

LINOTYPE, 1889. Empr. de l'anglo-américain *linotype,* tiré de *line o'* (abréviation de *of*) *type* « ligne de caractères typographiques », inventé pour désigner une machine qui compose et cliche automatiquement par lignes.

LINTEAU, d'abord *lintel,* issu par substitution de suff. de *lintier,* lui-même issu d'une forme non attestée **linter ;* le sens actuel est récent ; au moyen âge signifie « seuil ». **Linter* représente un lat. pop. **līmitāris,* réfection de *līmināris* « du seuil » (pris substantiv.), par suite d'une confusion de *līmen, līminis* « seuil » et de *līmes, līmitis* « bord ».

LION. Empr. du lat. *leo. Lionne,* 1539, a remplacé *lionnesse,* usuel au moyen âge, encore chez Pascal. Au sens de « personnage à la mode », 1835 (*lionne* est déjà chez Musset, en 1830), empr. de l'angl. *lion,* usuel en ce sens depuis le XVIIIe s. ; on l'explique comme né d'une comparaison plaisante avec les lions de la Tour de Londres qui étaient un objet de curiosité pour les étrangers. — Dér. : **lionceau,** XIIe, au moyen âge on trouve en outre *lionneau, lionnel ;* **lionné,** terme de blason, XVIe.

LIPPE, XIIIe. Empr. du moyen néerl. *lippe,* d'où vient aussi l'all. *Lippe.* A pénétré, par l'intermédiaire du fr., dans les parlers méridionaux et du Nord de l'Italie. — Dér. : **lippée,** 1316 ; **lippu,** 1539.

LIQUÉFIER, XIVe. Empr. du lat. *liquefacere* (avec francisation d'après les verbes en *-fier*). — Dér. : **liquéfiable,** XVIe ; **liquéfaction,** 1314 (écrit *-facion*).

LIQUETTE « chemise », pop. Probabl. altération arbitraire de l'argot *limace, id.,* 1725, dér. de l'anc. argot *lime,* XVe.

LIQUEUR, XIIe. Empr. du lat. *liquor* « liquide » ; a gardé ce sens jusqu'au XVIIe s. ; le sens moderne s'est développé au XVIIIe s. — Dér. : **liquoreux,** 1529, d'après le lat. *liquor ;* signifie d'abord « liquide », développement de sens parallèle à *liqueur ;* **liquoriste,** 1775, réfection de *liqueuriste,* 1753, d'après le lat. *liquor.*

LIQUIDE « qui coule », XIIIe ; **liquidité,** vers 1500. Empr. du lat. *liquidus, liquiditas.*

LIQUIDE « disponible (de biens) », 1509. Empr. de l'it. *liquido,* comme terme de finance. — Dér. : **liquider,** 1520 ; **liquidation,** 1416 (celui-ci peut-être directement de l'it. *liquidazione*) ; *liquidateur,* 1777.

LIRE. Lat. *legere.* — Dér. : **liseur,** vers 1200 ; **lisible,** 1464 ; **illisible,** 1686 ; **relire,** XIIe.

LIRE, monnaie, v. **livre.**

LIS. Forme de plur., qui a éliminé de bonne heure le sing., qui ne semble pas avoir été relevé. Lat. *līlium.* — Dér. : **liseron,** 1539 ; **liset,** 1538.

LISIÈRE, XIIIe. Probabl. dér. de *lis,* lat. *līcium,* rarement attesté, à côté de *lice,* mais qui survit encore en normand (prononcé *lìs*) et en angevin (prononcé *li* au sens de « lisière », d'où aussi en norm. *liset* « petit ruban, liseré »). — Dér. : **liséré,** 1743, par l'intermédiaire d'un verbe *liserer,* 1525, encore employé dans des techn.

LISSER, vers 1100 (sous les formes *lischier, licier*). Lat. *lixare* « extraire par la lixiviation », qui est attesté, vers 800, au sens de « repasser, polir ». La voyelle *i* du gallo-roman doit s'expliquer par l'influence d'un autre mot, probabl. *allīsus,* qui s'employait en part. en parlant d'étoffes usées, donc devenues lisses et luisantes. Le fait que le verbe n'est pas attesté en fr. aux XIVe et XVe s. ne peut guère infirmer cette explication. — Dér. : **lisse,** 1552 (*liz,* une première fois *lisce* au XIIIe s.) ; **lissoir,** 1614 ; **délisser,** 1767. Voir aussi **enliser.**

LISTE, 1587. Empr. au sens moderne et, sous cette forme, de l'it. *lista,* qui est lui-même empr., comme l'a. fr. *liste* « bord, bande », du germ. **līsta,* cf. all. *Leiste* « bordure, bande » ; c'est du sens de « bande » qu'est issu celui de *liste* « série de noms placés les uns à la suite des autres ». L'a. fr. *liste* survit sous la forme régulière **litre** (attestée dès le XIIe s.), au sens de « bande noire qu'on tend autour des églises, portant les armoiries ou les initiales du nom du défunt », cf. en un sens analogue a. pr. *listra,* et dans les dér. **liteau,** 1229 *(listiel),* « bordure », aujourd'hui « tringle, raie de couleur dans du linge » ; **liter,** vers 1250, « border », usités aujourd'hui comme termes techn.

LISTEL, 1657. Terme d'archit., empr. de l'it. *listello.* Le plur. *listeaux* conserve la trace de l'hésitation entre *listel* et une forme plus francisée *listeau.*

LIT. Lat. *lectus.* It. *letto,* esp. *lecho.* — Dér. et Comp. : **liteau,** 1655, terme de vénerie ; **litée,** XIIe ; **liter,** 1723, « disposer en lit », terme techn. de la pêche ; **literie,** 1834, une première fois en 1614 (Yves d'Évreux, au sens de « bois de lit ») ; **litière,** XIIe, les deux sens du mot apparaissent dès le moyen âge ; **aliter,** 1200, **alitement,** 1549 ; **déliter,** XVIe (Ph. Delorme), « séparer une pierre dans le sens des couches de stratification ».

LITANIE, XIIe, sous la forme *letanie*, qui n'a été remplacée par *litanie* qu'au XVIIe s. Empr. du lat. eccl. *litania* (du grec *litania* « prière »).

LITEAU « tringle », **LITER** « border », v. **liste.**

LITEAU, terme de vénerie ; **LITÉE,** *id.*, v. **lit.**

LITHARGE, 1314 (écrit *litarge*). Empr. du lat. *lithargyrus* (du grec *lithargyros*, propr. « pierre d'argent »).

LITHO-. Premier élément de mots sav., tels que **lithographie,** 1729 (au sens de « traité sur les pierres » ; sens moderne, relevé depuis 1819), tiré du grec *lithos* « pierre » ; **lithographique,** 1832 ; **-lithe,** deuxième élément de mots sav., tels que **monolithe,** 1532, est de même origine que *litho-*.

LITIGE, XIVe ; **litigieux,** 1331. Empr. du lat. *litigium*, *litigiosus* (de *lis*, *litis* « procès »).

LITORNE, grive cendrée, XVIe (Belon). Même mot que le picard *lutrone*, sorte de grive, qu'on rapproche du picard *lutron* « lambin », tiré du verbe *lutroner*, *lutourner* « s'amuser à des riens », empr. lui-même du moyen néerl. *loteren*, *leuteren* « hésiter, tarder » ; la litorne devrait son nom à sa lenteur. *Losturgne* du XVIe s., si c'est le même mot, est altéré.

LITOTE, 1521 (écrit *liptote*). Terme de rhétorique empr. du lat. de basse ép. *litotes* (du grec *litotês*, propr. « simplicité, manque d'apprêts »).

LITRE, 1793. Tiré, lors de l'établissement du système métrique, de *litron* (depuis la fin du XVIe s. ; écrit aussi *literon*), anc. mesure de capacité pour les grains ; *litron* était usuel au XVIIIe s. (Voltaire) et il se dit encore populairement au sens de « litre » ; c'est un dér. du lat. médiéval *litra*, mesure de liquides (qui remonte au grec *litra* « poids de douze onces »). En outre multiples et sous-multiples du litre comp. avec *litre*.

LITRE « bande noire », v. **liste.**

LITTÉRAIRE, 1527. Empr. du lat. *litterarius* « qui concerne les lettres, l'instruction » pour servir d'adj. à *(belles)-lettres*, *littérature*.

LITTÉRAL, XVe. Empr. du lat. de basse ép. *litteralis* « relatif aux lettres de l'alphabet » pour servir d'adj. à *lettre* « sens textuel ».

LITTÉRATEUR, 1716 (une première fois vers 1470). Empr. du lat. *litterator* « maître de grammaire » ; adapte au XVIIIe s. sa signification à celle de *littérature*.

LITTÉRATURE, 1432 ; déjà vers 1120, au sens d' « écriture ». Empr. du lat. *litteratura* « écriture ; enseignement des lettres ». De là le sens du mot fr. « connaissances scientifiques », ensuite « connaissances des choses littéraires ». Sens actuel depuis 1782.

LITTORAL, 1793, comme adj. ; devenu subst. au cours du XIXe s. (relevé en 1824). Empr. du lat. *littoralis*, mieux *litoralis* (de *litus*, *litoris* « rivage »).

LITURGIE, 1579 (Bodin) ; **liturgique,** 1718 (dans le titre d'un ouvrage de De Moléon). Le premier est empr. du lat. eccl. du moyen âge *liturgia* (du grec *leitourgia*, propr. « service public »), le deuxième du grec *leitourgikos* pour servir d'adj. à *liturgie*.

LIVÊCHE. Lat. pop. *levistica*, lat. class. *levisticum*, altération de *ligusticum*, neutre de l'adj. *ligusticus* « de Ligurie ».

LIVIDE, 1314. Empr. du lat. *lividus*. — Dér. : **lividité,** XIVe.

LIVING-ROOM, 1922. Empr. de l'anglais pour désigner la pièce de séjour d'un appartement.

LIVRE, masc., vers 1080 *(Roland)*. Empr. du lat. *liber*, propr. « pellicule qui se trouvait sous l'écorce », sur laquelle on écrivait avant la découverte du papyrus, puis « livre », d'abord écrit sur cette pellicule, ensuite sur le papyrus, cf. de même le grec *biblos* « partie de l'écorce du papyrus » et « livre ». — Dér. : **livret,** vers 1200 ; **livresque,** 1808, mot repris à Montaigne qui l'a formé d'après *pédantesque*.

LIVRE, fém. Lat. *lībra*, mesure de poids. It. *libbra*, a. pr. *lieura*, d'où it. *lira*, qu'on francise en **lire.**

LIVRER. Lat. *līberāre* « délivrer », qui a pris en lat. pop. le sens de « laisser partir », puis de « remettre », « fournir », ce dernier sens usité en a. fr. — Dér. : **livrable,** 1792 ; **livraison,** XIIe (Chrétien) ; **livrée,** vers 1290, propr. « vêtements que les seigneurs fournissaient aux gens de leur suite », d'où le sens moderne vers la fin du XVe s. ; **livreur,** 1877.

LOBE, 1503. Terme techn., empr. du grec *lobos* « lobe de l'oreille, du foie ». — Dér. : **lobé,** 1778 ; **lobule,** 1690 ; **trilobé,** 1783.

LOBELIA (ou **-IE**), 1778. Empr. du lat. des botanistes *lobelia*, créé par Linné en l'honneur du botaniste flamand *Lobel* (1528-1616).

LOCAL, *adj.*, 1314. Empr. du lat. de basse ép. *localis* « qui a rapport à un lieu ». L'expression *couleur locale* date de la fin du XVIIe s. comme terme de peinture, et fut appliquée à la littérature dès 1772 par La Harpe, puis surtout à l'époque du romantisme, cf. : « Vers 1827, nous entendions par couleur locale ce qu'au XVIIe s. on appelait les mœurs » (Mérimée). Pris substantiv. depuis le XVIIIe s. — Dér. : **localiser,** 1798 ; **localisation,** 1803 ; **localité,** 1810, au sens moderne, existe depuis le XVIe s. avec d'autres sens techn.

LOCATAIRE, 1435 ; **locatif,** terme jurid., vers 1300. Dér. sav. du lat. *locare* « louer ». — Comp. du premier : **sous-locataire,** 1690.

LOCATION, 1219. Empr. du lat. *locatio* (de *locare* « louer »). — Dér. et Comp. : **relocation,** 1765 (une 1re fois en 1585) ; **sous-location,** 1804.

LOCATIS, 1680. Écrit longtemps *locati ;* d'autre part *locatis* a été prononcé avec *s* finale vers la fin du XVIIIe s. Empr. du lat. de basse ép. *locaticius* « de louage ».

LOCH, 1683 (écrit *lok*). Empr. du néerl. *log* « bûche, poutre ».

LOCHE, poisson, XIIIe. Étym. inconnue. *Loche* « limace », dans les parlers de l'Ouest, est le même mot. Très probabl. **laukka*, latinisation d'un gaul. **leuka*, fém. de **leukos* « blanc », les deux animaux étant de couleur gris-clair.

LOCK-OUT, 1865. Empr. de l'angl. *lock-out*, tiré du verbe *to lock out* « mettre à la porte » ; cet empr. est dû au fait que cette grève patronale s'est d'abord produite en Angleterre ; la grève, plus populaire et plus ancienne, a au contraire des noms particuliers dans les différentes langues.

LOCMAN, v. **lamaneur.**

LOCOMOBILE, v. **mobile.**

LOCOMOTEUR, LOCOMOTIVE, LOCOMOTION, v. **moteur.**

LOCUSTE, v. **langouste.**

LOCUTION, XIVe (E. Deschamps). Empr. du lat. *locutio* (de *loqui* « parler »).

LODEN, 1923. Empr. de l'all. *loden*, probabl. des parlers alémaniques.

LODS, terme de droit féodal ; ne s'emploie plus que dans l'expression *lods et ventes*, qui est elle-même une expression du droit féodal « droit de mutation dû au seigneur par celui qui acquiert un bien dans sa censive ». *Lods*, qui signifie « approbation donnée par le seigneur », est une variante orthographique de l'anc. mot *los* « louange, gloire », invariable, hors d'usage depuis le XVIe s., lat. *laus*, très rare en dehors du fr. ; l'orthographe *lods* qui date du XVe s., est due au rapprochement du mot avec le lat.

LOF, terme de marine, XIIe. Empr. du néerl. *lōf*, id. En anc. scandinave le mot ne doit pas avoir existé, puisqu'il n'y est pas attesté. — Dér. : **lofer,** 1771 ; **louvoyer,** 1529 ; on disait aussi *louvier ;* **auloffée,** 1771, fait sur la locution *aller au lof*, XVIIe, cf. pour la formation le terme de marine *abatée* sous **abattre.**

LOGARITHME, 1626. Empr. du lat. scientifique *logarithmus*, 1614, comp. avec les mots grecs *logos* au sens de « rapport » et *arithmos* « nombre ».

LOGE, XIIe. Du francique **laubja*, cf. all. *Laube* « tonnelle, feuillée », qui est le sens de l'a. fr. L'it. *loggia*, empr. du fr., a reçu une acception partic. dans la langue de l'architecture, acception que le fr. a empr. au XIXe s., cf. *les loges du Vatican ;* on emploie parfois la forme italienne. *Loge* (maçonnique), 1740, doit ce sens à l'angl. *lodge ;* cf. **franc-maçon.** — Dér. : **loger,** XIIe ; **logeable,** vers 1470 ; **in-,** 1784 ; **logement,** XIIIe ; **déloger,** XIIe ; **logette,** XIIIe ; **logeur,** XVe ; **logis,** 1308.

LOGGIA, 1890. Empr. de l'it. *loggia*, v. **loge.**

LOGIQUE, *adj.*, 1536 ; *subst.*, XIIIe (J. de Meung). Empr. du lat. *logicus*, *logica* (du grec *logikos*, *logikê* « qui concerne la raison *(logos)* »). — Dér. : **logicien,** d'après le lat. *logicus*, XIIIe ; **illogique,** début XIXe.

LOGOGRIPHE, 1623. Comp. avec les mots grecs *logos* au sens de « parole » et *griphos* « filet », d'où « énigme ».

LOGOMACHIE, XVIe. Empr. du grec *logomakheia* (de *logos*, et de *makhê* « combat »).

-LOGUE, -LOGIE. Suff. de mots sav. comp., tirés de mots tels que **philologue, -logie,** « qui aime les lettres, goût des lettres » ; par suite ces deux suff. ont été pris au sens de « qui pratique une science », « doctrine, science », cf. **biologie** (créé par l'all. Treviranus et adopté par Lamarck).

LOI. Lat. *lēgem*, acc. de *lēx*. Depuis la Réforme, *loi* sert aussi à désigner l'ancienne loi ou loi de Moïse d'après la langue de la Bible.

LOIN. Lat. *longē*. It. *lungi*, esp. arch. *lueñe*. — Dér. : **éloigner,** XIe *(Alexis) ;* **éloignement,** XIIe.

LOINTAIN. Lat. pop. **longitānus*, dér. de *longē*, v. le préc., sur le modèle de **subitānus*, v. **soudain,** etc. It. *lontano*.

LOIR. Le mot du lat. class. *glīs*, *glīrem* survit dans l'it. *ghiro* et le dér. berrichon *liron*. Le mot fr. et le port. *leirão* attestent l'existence en lat. pop. d'une forme *glĭs*, *glĭrem*. La chute du *g-* s'est produite aussi dans d'autres mots commençant par *gl-*, p. ex. a. fr. *luissel* « pelote », de **globuscellus*, dér. de *globus* « boule ». Les parlers méridionaux présentent un type **glirulus*, également avec *ī* ou *ĭ ;* comp. prov. moderne *grioule*, *gréoule*. — Dér. : **lérot,** XVIe (écrit *leyrot* en 1530).

LOISIR. Infinitif pris substantiv. dès le moyen âge de l'anc. verbe impersonnel *loisir* « être permis », lat. *licēre*. — Dér. : **loisible,** XIVe, d'après l'adv. **-ement.**

LOLO, 1511 (Gringore : *papa ! tetet ! Du lolo !*). Mot du langage enfantin.

LOMBE, XVIe (Paré ; une première fois au XIIe s.). Empr. du lat. *lumbus* « rein, région des reins ». — Dér. : **lombaire,** 1488 (écrit *lumbaire*).

LONDRÈS, 1849. Empr. de l'esp. *londrés* « de Londres » ; paraît avoir désigné d'abord des cigares faits à Cuba pour l'Angleterre.

LONG. L'anc. fém. *longe* a été de bonne heure remplacé par *longue* d'après le masc. Lat. *longus*. — Dér. et Comp. : **longe** « lanière », anc. fém. de l'adj., pris substantiv., XIIe (Chrétien) ; **longer,** 1655, dér. de la locution *le long de*, d'après **allonger,** etc., d'où **longeron,** fin XIXe ; **longuet,** 1314 ; **longueur,** XIIe ; **élongation,** 1377 (dans différentes acceptions techniques et médicales) ; **allonger,** XIIe, **allonge,** XIIIe, **allongement,** 1224, **rallonger,** 1354, **rallonge,** 1418, **rallongement,** 1495 ; **barlong,** 1600, antér. *belonge*, fém., XIIe, *beslonc*, *berlonc*, *bellonc*, etc., au XIVe et au XVe s., « oblong », comp. avec le préf. *bes*, lat. *bis* « deux fois », qui a été souvent pris avec une nuance péjor. (ici sans doute celle de « trop long ») ; **longtemps,** vers 1080 *(Roland)* ; **longue-vue,** XVIIe ; **scieur de long,** 1358 *(scieur de bois au long)*, ainsi nommé parce qu'il scie le bois en long notamment pour faire des planches ; expression probabl. formée d'après *scier de long*, qui est attesté au XVIIIe s., auparavant *sier au lonc*, 1392, *scier en long*, XVIIe s.

LONGANIMITÉ, XIIe. Empr. du lat. de basse ép. *longanimitas*.

LONGE, terme de boucherie. Souvent *loigne* au moyen âge ; on trouve aussi *lombe* en ce sens. Lat. pop. **lumbea*, dér. de *lumbus ;* v. **lombe.**

LONGE « sorte de lanière », v. **long.**

LONGÉVITÉ, 1777. Empr. du lat. de basse ép. *longævitas* « temps de longue durée ».

LONGITUDE, 1543, au sens moderne, v. **latitude** ; antér. au sens de « longueur », 1377 (Oresme). Empr. du lat. *longitudo* « longueur ». — Dér. : **longitudinal,** 1543, au sens moderne, une première fois en 1314.

LONGRINE, terme techn. de la charpenterie de la marine et des chemins de fer, 1752 ; d'abord *longueraine*, 1716. Dér. de **long** ou empr. de l'it. *lungarina*, terme de charpenterie, dér. de *lungo* « long ».

LOOPING, 1911, en parlant de l'aviation. Tiré de la locution d'origine angl. *looping the loop* « bouclement de la boucle » (d'où aussi le fr. *boucler la boucle*), lancée vers le début du siècle à propos d'une exhibition au théâtre des Folies-Bergère, où un acrobate monté sur une bicyclette se lançait sur une piste formant une boucle verticale.

LOPIN, 1314. Dér. de l'a. fr. *lope*, v. **loupe.**

LOQUACE, 1764 (Voltaire) ; **loquacité,** 1466, rare avant fin XVIIIe. Empr. du lat. *loquax* « bavard », *loquacitas* « bavardage » (de *loqui* « parler »).

LOQUE, XVe. Empr. du moyen néerl. *locke* « mèche de cheveux », d'où aussi l'a. fr. *locu* « ébouriffé » et le liég. *lotchet* « mèche de cheveux ». Le changement de sens s'explique par le fait que la mèche comme la loque pendent de façon désordonnée. — Dér. : **loqueteux,** vers 1500, par l'intermédiaire du dim. **loquette,** 1461, encore bourguignon « petit morceau », champenois « petit champ. »

LOQUET, XIIe. Dér. de l'anglo-normand *loc* « loquet », empr. de l'anc. angl. *loc*, id.

LORD, 1558. Mot angl., d'origine germ., v. **milord.**

LORETTE, 1839. Ne s'emploie plus aujourd'hui. Tiré de *Notre-Dame-de-Lorette*, nom d'un quartier de Paris, où habitaient beaucoup de femmes de mœurs légères ; le nom du quartier vient de celui de l'église qui s'y trouve et ce nom vient lui-même de celui du fameux sanctuaire, la Santa Casa de la Vierge à *Loretto*, près d'Ancône.

LORGNER, 1450. Dér. de l'anc. adj. *lorgne* « louche », XIIIe, qui subsiste encore au même sens comme simple ou sous des formes dérivées, cf. par exemple *calorgne*, dans les parlers septentrionaux ; est apparenté à l'émilien *lôrgna* « paresse », etc., Lucques *lòrnia* « personne lente ». Ces mots représentent un adj. **lŭrni-*, qui a pu être dérivé en francique et en longobard du radical **lūr* « guetter, espionner ». — Dér. : **lorgnette,** 1694, fait sur le modèle de *lunette*, désignait d'abord une petite lunette d'approche, appelée aussi *monocle* ou de petites ouvertures faites dans un éventail pour permettre aux dames de voir sans être vues ; **lorgneur,** XVIe ; **lorgnon,** 1835.

LORIOT, XIVe (E. Deschamps). Altération, par substitution de suff., de *loriol*, issu d'*oriol*, *orieul*, par agglutination de l'article, lat. *aureolus* « d'or, de couleur d'or », qui a été pris pour désigner le loriot dans la langue pop., à cause de son plumage. — Comp. : **compère-loriot,** 1838 à la fois « loriot » et « orgelet » (mais dès 1564 *compère-loriot* est donné comme cri de cet oiseau) ; il n'est pas, comme on l'a cru, empr. du picard au sens de « loriot » ; il est plutôt empr. du lyonnais, où il vit sous des formes comme *piglorieu*, *pirglorieu*, *pilouriou*, etc., mais aussi *gloriou* tout court. Il est fort probable que les deux noms d'oiseaux ici accouplés viennent du grec de Marseille. *Pir-* représente le grec *pyrrós* « couleur de feu » ; *gloriou* est une transformation du grec *chlōriōn*, nom du même oiseau, qui lui a été donné à cause de la couleur d'une partie de son plumage, *chlōriōn* étant un dér. de *chlōrós* « vert jaunâtre ». Par la suite, *pir-* a été confondu avec *père*, d'où la variante lyonnaise *perloryo* ; cette forme a voyagé vers le nord et en route il a été allongé en *compère-loriot*. En se substituant à une forme *leurieul* « loriot », attestée au XVe s., il a gardé le sens d' « orgelet » que *leurieul* devait à une collision ancienne d'*orieul* « loriot » et d'*orjeul*, lat. *hordeolum* « orgelet » ; on trouve déjà au IXe s. une forme latine *auriola* « orgelet ».

LORS. En outre *lor* et *lores*. Lat. *illā hōrā*, ablatif, « à cette heure-là », dont le développement a été parallèle au type qui a donné naissance à *or*. — Comp. : **alors,** 1250, rare jusqu'au XVe s., remplace par la suite *lors*, qui, depuis le XVIIe s., n'est plus employé que dans les expressions *lors de*, *dès lors*, et **lorsque,** celui-ci depuis 1477 ; pour la prononciation de l'*s*, v. **jusque.**

LOSANGE, 1294 (écrit *losenge*). D'abord terme de blason. fém., devenu masc. au XVIIIe s. comme terme de géométrie (attesté en ce sens dès le XIVe s.), d'après les autres noms de figures géométriques. Dér. du gaulois **lausa* « pierre plate », d'où a. pr. *lausa* « dalle », esp. *losa* « carreau » ; *losenge*, *losange* a donc signifié propr. « en forme de dalle », et a été dit partic. d'une pièce de l'écu.

LOT, XIIe. Du francique *lôt*, id., cf. gotique *hlauts*, anc. angl. *hlot* « sort, héritage ». — Dér. : **lotir,** 1300 ; **lotissement,** *id.* ; **allotir,** 1611.

LOTERIE, 1538. Empr. du néerl. *loterije*, id., qui est dér. du néerl. *lot*, comp. **lot.**

LOTIER, nom de plante, 1558. Dér. du lat. *lotus* en raison du sens de « mélilot » qu'a aussi le mot lat.

LOTION, XIVe. Empr. du lat. de basse ép. *lotio* « action de laver » (de *lavare* « laver »). — Dér. : **lotionner,** 1853.

LOTO, 1732. Empr. de l'it. *lotto* « sort, lot », empr. antér. du fr. *lot*.

LOTTE, 1553. Attesté au Xe s. par le lat. *lota*, peut-être d'un gaulois **lotta*.

LOTUS, 1553, parfois aussi *lotos*, d'après le mot grec. Empr. du lat. *lotus* (du grec *lôtos*).

LOUCHE, *adj.* ; sens fig. au XVIIe s. D'abord fém., lat. *lusca*, qui a éliminé de bonne heure le masc. *lois* (cf. **lâche**), lat. *luscus* « borgne », qui a dû prendre le sens de « louche » dans le lat. pop., cf. les dér. *luscinus*, *luscitiosus* « myope ». — Dér. : **loucher,** 1611 ; **louchon,** 1867.

LOUCHE « grande cuiller », XIIIe (alors *louce*). Forme picarde correspondant à la forme *lousse* des parlers de l'Ouest. Du francique **lôtja* « grande cuiller », qui est à la base du moyen néerl. *loete* « sorte de cuiller à long manche pour puiser le purin ». — Dér. : **louchet,** sorte de pelle, 1342.

LOUER « donner à loyer ». Lat. *locāre* « placer ». Le sens de « prendre loyer » apparaît dès la *Chanson de Roland*. Concurrencé par divers types : *affermer* dans l'Ouest et le Sud-Ouest, *amodier* dans le Centre et le franco-provençal, *arrenter* dans le Sud-Est. — Dér. et Comp. : **louage,** 1283 (Beaumanoir) ; **loueur,** *id.* ; **relouer,** 1546, une première fois au XIVe s. ; **sous-louer,** 1609.

LOUER « faire l'éloge de ». Lat. *laudāre*. — Dér. : **louable,** XIIe ; **louange,** *id.*, **louanger,** *id.*, rare avant le XVe s., **louangeur,** 1570 ; **loueur,** XIIe.

LOUFOQUE, 1873. Mot d'argot, transformation de *fou* suivant le procédé qui a fait *louchebem* de *boucher*. On dit aussi **louf** et **louftingue.**

LOUGRE, 1778. Empr. de l'angl. *lugger*.

LOUIS, XVIIe. Abréviation de *louis d'or*, tiré du nom du roi de France, *Louis XIII*, sous le règne de qui on a commencé à frapper cette sorte de monnaie, en 1640.

LOUISE-BONNE, 1690 (Quintinie). D'après un contemporain de Ménage, Merlet, cette poire « vient de la Terre des Essars, en Poitou. La Dame de ce lieu se nommoit Louise, laquelle avoit une amitié particulière pour ce fruit, qui lui a mérité le nom de Louise-bonne ».

LOUKOUM, 1879 (alors *lokoum*), aussi *rahat-lokoum*. Empr. du turc *lokum*, *rahat-lokum*, empr. lui-même de l'arabe *rāḥat ḥalkūm* « rafraîchissement du palais ».

LOULOU, v. le suiv.

LOUP, LOUVE. Lat. *lupus*, *lupa*. *Loup* est probabl. une forme dialectale. La forme correcte *leu*, fréquente en a. fr., survit dans l'expression *à la queue leu leu* et dans des noms de lieu, cf. par exemple *Saint-Leu-Taverny* (près de Pontoise). La locution *entre chien et loup*, XIIIe, est d'origine orientale (dès le IIe s. on trouve dans des textes hébreux l'expression « quand on peut distinguer entre un chien et un loup » pour désigner le passage de la nuit au jour ou inversement). — Dér. : **louveteau,** 1331 ; **louvetier,** 1516 ; **louper,** fin XIXe, « manquer un coup », mot pop., qui paraît être issu d'un argot de métier, qui l'aura tiré de *loup* au sens de « défaut dans un ouvrage », 1867 ; la forme montre que le dér. a été fait sur le mot écrit ; **loulou,** fin XVIIIe *(loup-loup)* pour désigner une esp. de petit chien, aujourd'hui aussi terme d'affection, forme due à une réduplication enfantine ; **loupiot,** 1885, mot pop., synonyme de *gosse*, dér. de *loup* d'après la forme écrite. — Comp. : **loup-cervier,** fin XIVe (le fém. *louve cerviere* est beaucoup plus ancien, 1113 ; du XIIe au XIVe s. on désignait le mâle par le mot *linx*) ; **loup-garou,** XIIIe (cf. *leu garoul* dans *Guillaume de Palerne*, comp. de *loup* et de *garou*, XIIe, alors sous la forme *garolf*, du francique **werwulf*, littéral. « homme-loup », cf. all. *Werwolf* et aussi **lycanthrope** ; le mot fr. contient donc deux fois la notion de « loup » qu'on ne saisissait plus dans *garou* ; la forme continuant directement le francique **werwulf* est attestée dans le lat. médiéval *gerulphus*, en 1212, ainsi que par le manceau *guérou*, etc. ; *wer-* a été modifié en *war-* sous l'influence de l'anc. norois *vargulfr*, dont la première partie est *vargr* « le criminel, l'assassin »).

LOUPE, 1328 (au sens de « pierre précieuse d'une transparence imparfaite ») ; le sens médical n'apparaît qu'au XVIe s., mais *loupe* désigne vers 1450 une masse de fer informe, et le fr. connaît du XIIIe au XVe s. une locution *faire la lope* « faire la moue » (encore en picard), où *loupe* doit avoir désigné d'abord la lèvre grossie par la grimace qu'on fait. L'anc. haut all. possède un mot *luppa* « masse informe d'une matière caillée », mais les premiers sens du mot fr. s'accorderaient mal avec cette signification. Il est plus probable qu'il s'agit d'un type expressif *lopp-* créé en fr. même, avec le sens de « morceau informe pendant lâchement d'un objet ». Terme d'optique, 1676.

LOURD. Lat. pop. **lŭrdus*, lat. class. *lūridus* « blême, sombre ». It. *lordo* « sale », a. pr. *lort* « *id.* ». Malgré les difficultés que soulèvent le sens et la forme, cette étymologie est la plus vraisemblable. *Lourd* au sens physique est attesté depuis 1538 ; auparavant il signifie « étourdi, lourd (moralement) ». Or du sens de « blême » on peut, d'une part, passer à celui de « sale » de l'it., et, d'autre part, à celui de « qui a le vertige », cf. le prov. moderne *lort* et le berrichon *lourd* qui se disent du mouton qui a le tournis ; le sens de l'a. fr. a pu sortir de là. — Dér. et Comp. : **lourdaud,** xve (déjà *lourdeau* en 1306) ; **lourdeur,** 1785 ; **alourdir,** 1542, une première fois en 1219, au moyen âge surtout *eslourdir* et *alourder* ; **alourdissement,** vers 1400, antér. *eslourdissement* et *alourdement*. V. **balourd.**

LOUSTIC, 1762 (Voltaire qui écrit : *loustig*). Empr. de l'all. *lustig* « gai » ; a été probabl. introduit par les mercenaires des régiments suisses ; le loustic était un bouffon « dont les fonctions consistaient à distraire les soldats menacés du mal du pays » (comme le rappelle P.-L. Courier).

LOUTRE, 1125 (au masc.). Empr. du lat. *lutra*. L'a. fr. a des formes pop. *lorre, leurre*, dont la deuxième survit dans les parlers du Centre et de l'Ouest.

LOUVOYER, v. **lof.**

LOVELACE, 1766. Tiré de *Lovelace*, nom d'un personnage de *Clarisse Harlowe*, roman de Richardson, paru en 1749 ; nom forgé qui signifie « lacs d'amour ».

LOVER, 1678. Empr. du bas-all. *lofen* « tourner » qui est de la famille de *lof*, v. ce mot.

LOYAL. Lat. *lēgālis* « conforme à la loi, légal », sens qui s'est maintenu jusqu'au xviie s., cf. a. pr. *leial* « légal ». Le sens moderne apparaît de bonne heure. — Dér. : **loyauté,** xiie, d'où **déloyauté,** *id.* ; **déloyal,** xiie.

LOYALISTE, 1717, dans un ouvrage sur l'Angleterre, où il désigne les Américains qui sont restés dévoués au gouvernement britannique ; **loyalisme,** 1838. S'emploient encore aujourd'hui surtout en parlant des Anglais. Empr. des mots angl. *loyalist, loyalism* (qui remontent au fr. *loyal*).

LOYER. Lat. *locārium* « prix d'un gîte », dér. de *locāre*, v. **louer.**

LUBIE, 1636. Étym. incertaine. Probabl. dér. burlesque, né dans les écoles, du lat. *lubēre*, forme arch. du lat. class. *libēre* « trouver bon » ; une 1re fois *lubane* dans les *Dits arlésiens*, vers 1280.

LUBRIFIER, xvie (Paré). Dér. sav. de l'adj. lat. *lubricus* « glissant » d'après les nombreux verbes en *-fier*, tels que *liquéfier*.

LUBRIQUE, 1450 ; **lubricité,** xive (Oresme). Empr. des mots lat. *lubricus* « glissant », *lubricitas* (créé à basse ép.), avec un sens moral qui s'est développé dans le lat. médiéval. Le fr. du xve s. a une forme plus francisée *lubre* qui a aussi le sens du lat., comme parfois *lubrique*.

LUCANE, 1789. Empr. du lat. *lucanus* « cerf-volant ».

LUCARNE, xve. Altération de *lucanne*, (de 1261 à Commynes), d'après l'a. fr. *luiserne* « flambeau, lumière », lat. *lucerna* « lampe », v. **luzerne** ; le croisement est rendu évident par l'emploi qu'a fait E. Deschamps de *lucarne* (ou *lucanne*) au sens de « lumière ». *Lucanne* représente un francique **lukinna* « lucarne », dér. de **lûk* (cf. néerl. *luik*, all. *luke*) avec le suff. germ. *-inna* ; **lukinna* a été incorporé au vocabulaire fr. plus tard que ne s'est produit le changement de *-k* en *-is-*, de sorte que *-k-* est conservé.

LUCIDE, 1488. Empr. du lat. *lucidus*. — Dér. : **lucidité,** 1480 ; le lat. eccl. *luciditas*, attesté une fois au sens d' « éclat », n'a pas dû servir de modèle.

LUCIOLE, 1704 (alors *lucciole*). Empr. de l'it. *lucciola*, dér. de *luce* « lumière ».

LUCRE, xve, rare avant le xviie ; **lucratif,** xiiie (J. de Meung). Empr. du lat. *lucrum* « profit », *lucrativus*. Le sens péj. de *lucre* s'est développé à date récente.

LUDION, 1787. Empr. du lat. *ludio* « histrion ». Un objet analogue a été appelé *diable cartésien*.

LUETTE, vers 1300. Issu d'une forme non attestée **uette*, avec agglutination de l'article, lat. pop. **ūvitta*, dim. de *ūva*, propr. « grappe de raisin », attesté dès le 1er s. au sens de « luette ».

LUEUR. Lat. pop. **lūcōrem*, acc. de **lūcor*, dér. de *lūcēre* « luire ».

LUGE, fin xixe. Mot empr. du fr. régional de la Savoie et de la Suisse romande ; mot d'origine gauloise (*sludia* attesté dans des gloses du ixe s.), mais de formes très variées d'après les régions.

LUGUBRE, vers 1300. Empr. du lat. *lugubris* (de *lugere* « être en deuil »).

LUI. Lat. pop. **illuī*, datif, refait, au lieu du lat. class. *illī*, d'après *cuī*, datif du pronom relatif-interrogatif.

LUIRE, xiiie. Forme refaite qui a peu à peu éliminé *luisir* ; celui-ci continuait régulièrement le lat. pop. **lūcīre*. (lat. *lūcēre*).

LUITES, v. **lutte.**

LUMACHELLE, xviiie (Buffon). Empr. de l'it. *lumachella*, propr. « petit limaçon », dit de cette sorte de marbre, parce qu'il contient des coquilles fossiles.

LUMBAGO, 1756. Empr. du lat. de basse ép. *lumbago, -ginis*, fém., « mal de reins », dér. de *lumbus*, v. **lombe.**

LUMIÈRE. Lat. pop. *lūmināria* (dér. de *lūmen, lūminis*), qui vient du lat. eccl. *luminaria*, plur. neutre, « lampe, flambeau, astre » ; le lat. class. a eu aussi *lūmināre*, mais au sens de « volet, fenêtre ». L'a. fr. a eu *lum*.

LUMIGNON, xvie, antér. *limegnon*, xiiie, en outre *limignon, lemignon, luminnon, lumilon* (ces deux dernières formes peuvent se lire avec *l, n* mouillées), qui peuvent se ramener à *lumignon*, bien que cette forme soit tardive. L'it. a *lucignolo* « lumignon » qu'on explique par **lūcinium*, altération de basse ép., d'après *lūx*, de *licinium*, qui serait une autre altération, de basse ép., de *ellychnium*, empr. du grec *ellykhnion* ; en conséquence on suppose pour *lumignon* un lat. pop. **lūminiōnem*, acc. de **lūminiō*, dér. de **luminium*, réfection de **lūcinium* d'après *lūmen*, *lūx* ayant disparu dans la France du Nord.

LUMINAIRE, 1120. Empr. du lat. eccl. *luminare*, v. **lumière** ; le lat. eccl. employait surtout le plur. *luminaria*, de là la forme *luminaries* relevée au XIIe s. S'emploie surtout dans le style biblique ou élevé.

LUMINEUX, vers 1230. Empr. du lat. *luminosus* (de *lumen*).

LUNAIRE, XIIIe. Empr. du lat. *lunaris*.

LUNATIQUE, 1277. Empr. du lat. de basse ép. *lunaticus* « soumis à l'influence de la lune », v. **lune.**

LUNCH, 1820, dans un ouvrage sur Londres. Empr. de l'angl. *lunch* (abréviation de *luncheon*, d'origine obscure), propr. « morceau, grosse tranche », qui n'a le sens de repas que depuis une date récente ; **luncheon,** 1840 (Mérimée), n'est pas acclimaté. — Dér. : **luncher,** 1866.

LUNDI. En a. fr. *lunsdi(s) ; diluns*, *deluns* dans des textes du Nord-Est. Lat. pop. **lūnis dīes*, altération de *lūnae dīes* « jour de la lune », d'après les autres noms des jours de la semaine *martis dies*, etc., v. **dimanche.** It. *lunedì*, esp. *lunes*.

LUNE. Lat. *lūna*. It. esp. *luna*. — Dér. : **lunaison,** 1119, d'après le lat. de basse ép. *lunatio ;* **luné,** 1579 (au sens de « en forme de lune »), *bien*, *mal luné*, 1867 ; **lunette,** vers 1200, outre différents objets de forme ronde, a désigné le verre d'un miroir rond, vers 1280, puis a été employé pour désigner des lunettes faites de deux verres ronds, inventées vers la fin du XIIIe s. par le Florentin Salvino degli Armati, v. aussi **besicle,** enfin a été appliqué à la lunette astronomique, inventée ou réinventée au début du XVIIe s. et à la lunette d'approche, dite aussi *longue-vue*, de la même ép. ; d'où **lunetier,** 1508, **lunetterie,** 1873 ; **lunure,** terme forestier, 1842. — Comp. : **alunir,** 1960 ; **lune de miel,** 1748 (Voltaire, qui l'a calqué sur l'angl. *honeymoon*, attesté depuis 1546, écrivait *lune du miel* ; dans *honeymoon*, *moon* n'était pas à entendre au sens de « mois », mais dans celui de « phases de la lune » ; on comparait celles-ci aux sentiments changeants des nouveaux mariés) ; **demi-lune,** 1553.

LUNULE, 1694. Empr. du lat. *lunula* (dim. de *luna*).

LUPANAR, 1840 (1532 chez Rabelais et en 1623 dans un récit) ; en outre *lupanaire*, 1823. Empr. du lat. *lupanar*, dér. de *lupa* « prostituée », emploi métaphorique de *lupa* « louve ».

LUPIN, XIIIe. Empr. du lat. *lupinus*, propr. « pois de loup ».

LUPULINE, 1803 (dès 1789 *luzerne lupuline*) ; on dit aussi *luzerne houblon*. Dér. du lat. des botanistes *lupulus*, littéral. « petit loup », qui désigne le houblon.

LUPUS, 1826. Empr. du lat. médical *lupus*, attesté dès le Xe s. au sens d' « ulcère », v. **loupe.**

LURETTE. Ne s'emploie que dans la locution *il y a belle lurette*, 1877. Altération de la locution lorraine *il y a belle heurette*, 1875 (A. Theuriet) ; *heurette*, dim. d'*heure*, est assez fréquent en ancien français ; comp. berrichon *il y a belle heure*, id.

LURON, XVe s. Mot pop., qui connaît au XVIe s. aussi la variante *lureau*. Se rattache à une série de mots pop. et régionaux, comme *à lure lure* « au hasard », pic. *lures* « sornettes », *lurer* « amuser par des sornettes ». Il y a à la base un refrain de chanson pop., attesté dès le XVe s. (*Avant lure lurete*, *Avant lure luron*. Le même élément onomatopéique, avec apophonie consonantique, se trouve dès le XIIIe s. dans **turelure**).

LUSTRAL, 1360 (Bersuire) ; **lustration,** 1360 (Bersuire), rare avant le XVIIIe s. Empr. du lat. *lustralis*, *lustratio* (de *lustrare* « purifier »).

LUSTRE, « période de cinq ans », 1354 (Bersuire). S'emploie surtout comme terme d'antiquité, mais aussi parfois par plaisanterie comme terme de chronologie moderne. Empr. du lat. *lustrum*, propr. « sacrifice expiatoire qui avait lieu tous les cinq ans » (dans ce sens en a. fr., 1213).

LUSTRE, « éclat, qui fait paraître brillant », 1489. Empr. de l'it. *lustro*, subst. verbal de *lustrare* « éclairer », lat. *lustrāre*. Le sens de « luminaire suspendu, à plusieurs branches » s'est développé en fr. au XVIIe s. — Dér. : **lustrer,** XVe, au XVIe s. sens moins spécialisé qu'aujourd'hui, d'où **délustrer,** XVIIe.

LUSTRINE, 1730. Empr. de l'it. *lustrino*, dér. de *lustro ;* la lustrine passe pour avoir été fabriquée d'abord à Gênes.

LUT, XIVe s. ; **luter,** 1552. Empr. des mots lat. *lutum*, propr. « limon », d'où « terre pétrie pour construire ou enduire », *lutare* « enduire de terre pétrie ». — Dér. : **déluter,** 1671.

LUTH, XIIIe, d'abord *leüt*. Empr. de l'arabe *al-'oûd*, par l'intermédiaire de l'a. pr. *laüt*, cf. aussi esp. *laud* et port. *alaude*. — Dér. : **luthier,** 1649 ; **lutherie,** 1767.

LUTIN. Désigne ordinairement au moyen âge un génie malfaisant : le sens de génie malicieux plutôt que méchant apparaît cependant d'assez bonne heure. Lat. *Neptūnus*, Dieu de la mer, qui figure dans une liste de démons du VIIe s., v. **ogre.** D'abord régulièrement *netun*, puis *nuiton*, d'après *nuit*, parce que ces sortes de génies passaient pour se manifester surtout la nuit, puis *luiton*, encore chez La Fontaine, *luton*, et enfin *lutin*, déjà au XVe s., d'après *luiter*, forme anc. de *lutter*. — Dér. : **lutiner,** 1585 (Du Fail).

LUTRIN. D'abord *letrin*, usité jusqu'au XVIIe s., devenu *lutrin*, d'après *lu*, part. passé de *lire*. Lat. pop. **lectrīnum*, dér. de *lectrum* « pupitre », VIIe (Is. de Séville), qui est un dér. de *legere* « lire ».

LUTTER, LUTTE. D'abord *loitier*, puis *luitier*, *luiter*, de même *luite ;* ces deux dernières formes ont persisté jusqu'au XVIIe s. Lat. *lūctāre*, moins usuel que *lūc-*

lūri, lūcla (de basse ép.), dont la voyelle *u*, étymologiquement longue, a eu un timbre hésitant. It. *lottare, lotta*, esp. *luchar, lucha*. *Luites*, terme de vénerie, désignant les testicules du sanglier, 1656, est un postverbal de *luitier* au sens de « couvrir la femelle », cf. **rut**, d'où, par altération, *suites*. — Dér. : **lutteur,** 1155.

LUXE, 1606. Empr. du lat. *luxus*. — Dér. : **luxueux,** 1771.

LUXER, 1541 ; **luxation,** *id.* Empr. des mots lat. *luxare, luxatio*.

LUXURE, vers 1150 (*luxurie* en 1118) ; **luxurieux,** 1118. Empr. des mots lat. *luxuria*, propr. « surabondance », p. ex. en parlant de la végétation, d'où « amour du faste, débauche », *luxuriosus* (de sens parallèles).

LUXURIANT, 1540 (dès 1120 au sens de « luxurieux »). Empr. du lat. *luxurians*, part. prés. de *luxuriari*, propr. « surabonder ».

LUZERNE, 1562, en 1581 *luyserne* par croisement avec *luire*. Empr. du prov. moderne *luzerno*, emploi métaphorique de *luzerno* « ver luisant », dû au fait que les graines de la luzerne sont brillantes ; ce terme est souvent croisé avec le verbe *luire*, comme la forme de 1581. *Luzerno* « ver luisant » est issu par métaphore de l'a. pr. *luzerna* « lampe », lat. pop. ***lūcerna*, altération du lat. class. *lŭcerna* d'après *lūcēre* « luire ». — Dér. : **luzernière,** 1600.

LYCANTHROPE, 1560 ; **lycanthropie,** 1564. Empr. du grec *lykanthrôpos, -pia* (de *lykos* « loup » et *anthrôpos* « homme », cf. *loup-garou* sous **loup**).

LYCÉE, 1568, au sens anc. ; cf. aussi *Lyceon*, 1544 (Bon. Despériers, au même sens). Empr. du lat. *lyceum* (du grec *Lykeion*), gymnase situé près d'Athènes, où Aristote tenait son école. Sens moderne, 1807, remplacé par *collège royal* en 1815, rétabli en 1848. — Dér. : **lycéen,** 1819.

LYCHNIDE, 1781, d'abord *lychnis*, 1562. Empr. du lat. *lychnis* (mot pris au grec, de *lychnos* « lampe, flambeau »).

LYCOPODE, 1778. Empr. du lat. des naturalistes *lycopodium*, fait avec les mots grecs *lykos* « loup » et *pous, podos* « pied », parce que c'est une plante velue comme la patte du loup.

LYMPHE, 1690. Empr. du lat. *lympha* « eau » en vue d'un sens techn. ; a été employé au sens propre du lat. au XVe et au XVIe s. — Dér. : **lymphangite,** 1834, dont la terminaison est faite avec le grec *angeion* « vaisseau » ; **lymphatique,** 1665 ; le lat. *lymphaticus* signifie « frénétique » d'après un sens de *lympha* « divinité champêtre », sens dans lequel *lymphatique* est employé par Rabelais et par Malherbe ; **lymphatisme,** 1867.

LYNCH, 1863, dans l'expression *loi de lynch*. Traduction de l'anglo-américain *lynch-law* (pris tel quel en 1853) tiré de *C. Lynch* (1736-1796) nom d'un fermier de Virginie, qui institua avec quelques voisins une sorte de tribunal privé. — Dér. : **lyncher,** 1863, d'après l'anglo-américain *to lynch*, d'où **lynchage,** 1883, **lyncheur,** 1892.

LYNX, XIIe (sous la forme *lynz*). Empr. du lat. *lynx* (mot pris au grec, v. **once**).

LYRE, XIIe (écrit *lire*) ; **lyrique,** 1496. Empr. du lat. *lyra, lyricus* (du grec *lyra, lyrikos*). A partir de 1680, *lyrique* qualifie des pièces de théâtre accompagnées de musique et de chant ou un genre de poésie en forme de stances ; se dit depuis 1810 de la poésie élevée, inspirée. — Dér. de *lyrique*: **lyrisme,** 1834.

M

MABOUL, 1860, déjà donné en 1830 comme mot de la « langue franque » des États barbaresques. Mot pop., venu de l'argot des troupes coloniales, empr. de l'arabe algérien *mahboûl* « imbécile ».

MACABRE, 1842, comme adj. Tiré de l'expression *danse macabre*, altération récente, due à une faute de lecture, de *danse Macabré* (ainsi au XVe s.), cf. déjà *de Macabré la danse*, 1376, dont l'origine est incertaine. On trouve à la fois la forme *Judas Macabré* « Judas Macchabée » au XIIe s. et l'expression latine *chorea Macchabeorum* « danse des Macchabées » au sens de « danse macabre » en 1453 ; mais le rapport de la figuration dite *danse macabre* avec les deux légendes bibliques des Macchabées, d'une part celle des quatre chefs asmonéens et de l'autre celle des sept frères martyrisés sous Antiochus Épiphane, n'est pas éclairci définitivement. Le point de départ est peut-être à chercher dans le fait que le moyen âge voyait en Judas Macchabée un des plus grands héros de l'histoire et que l'Église priait pour les défunts en s'autorisant d'un passage des Macchabées où Judas dit qu'il faut prier pour les morts afin de les libérer de leurs péchés. On a voulu établir aussi un rapport avec le nom du Macarius Alexandrinus de la *Légende dorée*, lequel était familier du monde des morts ; mais ce mot n'explique pas la fin du mot *macabre* et moins encore de *macabré*. D'autres enfin ont vu le point de départ dans le syrien *meqabrēy* « fossoyeur » ; les chrétiens auraient imité une cérémonie pratiquée par les Syriens (et les Juifs) lors de leurs enterrements ; mais aucune preuve de cet emprunt, pour lequel il y a de grandes difficultés chronologiques, n'a été donnée. Il faudra tenir compte aussi du fait que dès le XIVe s. et jusqu'à nos jours *Macabré* est attesté comme nom de famille dans le Jura bernois, en Franche-Comté et jusque vers Bâle et vers Fribourg, donc dans la région où peu après on trouve les premières manifestations de la danse macabre. Par allusion plaisante aux personnages de la *danse macabre*, *macabé*, d'où *macab*, a été pris dans l'argot des étudiants en médecine, d'où il a passé dans le fr. pop., au sens de « cadavre ».

MACACHE, 1866. Mot pop., au sens de « pas du tout », venu, comme *maboul*, de l'argot des troupes coloniales ; empr. de l'arabe algérien *mâ-kânch* « il n'y a pas » ; on emploie aussi par plaisanterie l'expression du sabir algérien *macache bono* « pas bon du tout » (où *bono* vient de l'it.). Du même argot vient *bezef* « beaucoup », empr. également de l'arabe algérien *bezzâf* (anc. *bidjizâf* « en bloc, en tas ») ; l'it. a emprunté ce mot avant le XVIIe s. et dit couramment *a bizzeffe* « à foison ».

MACADAM, 1839, cf. en 1829 *pavé à la Mac-Adam*. Tiré de *J.-L. Mac Adam*, nom d'un Anglais, inventeur du procédé (1756-1836). — Dér. : **macadamiser,** 1828, d'où **macadamisage,** 1838.

MACAQUE, 1680 (*mecou* en 1665). Empr. du port. *macaco*, mot africain du bantou, peut-être de l'Angola, apporté par les Portugais au Brésil.

MACARON, 1552 (Rab.). Empr. de l'ital. dialectal *maccarone* « macaroni », probablement dér. du grec *makaria* « potage d'orge ». Le sens du mot it. était d'abord « sorte de quenelles », ensuite « pâte avec du fromage » ; le sens du fr. est dû à une innovation qui date de l'apparition du mot, car chez Rabelais il paraît être le même qu'aujourd'hui, et Cotgrave, en 1611, traduit « sorte de pâtisserie ». Le plur. *macaroni* a été repris au XVIIe s. au sens de l'it. « mets de pâte étendue en lames minces ».

MACARONIQUE, 1552 (Rab. : « Vers macaronicques »). Empr. de l'it. *macaronico*, dér. de *macaronea* « pièce de vers en style macaronique », aujourd'hui *maccheronea* (d'où **macaronée,** 1550), dér. plaisant de *macarone*, v. le préc.

MACCHABÉE « cadavre de noyé », 1856. Vient d'une allusion aux héros bibliques.

MACÉDOINE, 1771 (Bachaumont : « Macédoine littéraire »). Malgré le sens de ce premier texte, *macédoine* a été d'abord pris comme terme de cuisine : en ce sens c'est un emploi plaisant de *Macédoine*, pays où s'affrontent des peuples très différents, et de provenance diverse.

MACÉRER, « mortifier la chair par des austérités pieuses », 1298 ; **macération** « mortification de la chair », 1326. Empr. des mots du lat. eccl. *macerare*, *maceratio*, dont le sens vient de celui du lat. class. « consumer moralement ».

MACÉRER, « faire tremper à froid dans un liquide une substance pour en extraire la partie soluble », 1546 ; **macération,** 1611. Empr. des mots lat. *macerare* « faire tremper, amollir », *maceratio*.

MACFARLANE, 1859. Tiré de *Mac Farlane*, nom propre angl. qui fut probabl. celui du créateur de cette sorte de manteau ; mais l'angl. ne connaît pas le mot.

MÂCHE, 1611. Paraît une forme apocopée de *pomache*, relevé au XVIe s., encore usité dans de nombreux patois, probabl. dér. de *pomum* en *-asca.*

MÂCHEFER, vers 1210. Peut-être comp. du verbe *macher* « écraser », v. **mâchure,** et de *fer ;* aurait été ainsi nommé à cause de sa dureté ; mais le rapport avec l'a. pr. *merdafer* n'est pas éclairci ; y voir une transformation de *mâchemerde* (p. ex. chez Rabelais) n'est pas plus convaincant.

MÂCHELIER, -LIÈRE ; le fém. est plus usité que le masc. Altération, déjà attestée au XIIe s., de l'a. fr. *maisseler*, lat. *maxillāris*, adj. de *maxilla* (v. **mâchoire**), d'après le verbe *mâcher* et avec une substitution de suffixe très fréquente.

MÂCHER. Lat. de basse ép. *masticāre.* It. *masticare*, esp. *mascar.* — Dér. : **mâcheur,** XVIe (Paré) ; **mâchoire,** 1377, a supplanté, parce qu'il avait la supériorité d'être le dér. d'un verbe usuel, *maissele*, lat. *maxilla*, qui survit dans l'it. *mascella*, l'esp. *mejilla* « joue » ; **mâchonner,** vers 1520, **mâchonnement,** 1832 ; **remâcher,** 1538.

MACHIAVÉLIQUE, 1578, rare avant le XIXe s. ; **machiavélisme,** 1611, *id. ;* **machiavéliste,** 1581, *id.* Dér. de *Machiavel*, nom du célèbre auteur florentin du *Prince* (1469-1527). On a dit aussi au XVIe s. *machiavéliser.*

MÂCHICOULIS (on dit aussi *mâchecoulis*), 1402 *(machecolis ;* au XVe s. en outre *machecolies).* Peut-être altération de **machis coulis*, qui serait un comp. de **machis*, dér. du verbe *macher* « écraser », v. **mâchure,** et de *coulis* « action de couler », dér. de *couler.* Le verbe *machicouler* « garnir de mâchicoulis », 1358, serait un dér. Les formes de l'a. pr. *machacol* (XIVe), etc., remonteraient au fr.

MACHINE, 1370 (Oresme) ; **machiner,** 1225 ; **machinateur,** XVe ; **machination,** XIIIe. Empr. du lat. *machina* (du grec dialectal *makhana*), *machinari, machinator, machinatio.* Tandis que le sens concret de *machine* est devenu prépondérant depuis le XVIIIe s., les trois autres mots continuent à se dire à propos d'opérations de l'esprit ; *machiner* a cependant pris quelques valeurs techn. d'après le sens concret de *machine.* — Dér. : **machin,** terme fam., signalé en 1807 ; **machinal,** 1731 ; **machinerie,** 1805 ; **machinisme,** 1742 ; **machiniste,** 1643, dans un sens figuré *(Les machinistes de vos plaisirs)*, signifie « celui qui conduit ou invente une machine » jusqu'au XIXe s. ; concurrencé au premier sens par *mécanicien*, éliminé au deuxième par *inventeur, ingénieur ;* s'emploie aussi au sens de « celui qui fait marcher les machines d'un théâtre ».

MÂCHOIRE, v. **mâcher.**

MÂCHURE, 1472 (« Point de sang espandu, mais seulement macheure »), dans *mâchure d'une plaie, d'une étoffe.* Altération graphique, d'après *mâcher*, de *machure*, dér. de l'anc. verbe *macher* « écraser, meurtrir », qui représente un radical *makk-*, de formation expressive, cf. le picard *maquer* « broyer le chanvre, le lin », d'où *maque* « instrument pour *maquer* », en outre it. *ammaccare* « meurtrir », prov. moderne *macá* « *id.* », esp. *macarse* « se gâter » (de fruits meurtris). Pour le croisement qui a transformé *machure* en *mâchure*, v. **mâchicoulis, mâchefer.** — Dér. : **mâchurer,** terme techn., « marquer fortement en pressant », XVe ; **mâchuron,** XIXe, usité dans le français provincial (notamment à Lyon) pour désigner les poussières noires et grasses qui se collent au visage.

MÂCHURER, « barbouiller, noircir », 1507, mais on a *mascurer, mascherer* au XIIe s. *Mascherer*, dont *mâchurer* est une altération mal expliquée (*machure* est trop récent pour qu'on puisse y voir la cause de cette altération), est à rapprocher de l'a. pr. *mascarar*, de même sens (d'où aujourd'hui *mascara*), et du port. *mascarrar* « *id.* », eux-mêmes mal expliqués ; ces mots sont de la même famille que **masque.**

MACIS, 1256, t. de botanique ; l'huile de macis est d'un certain usage comme condiment ou aromate. Empr. du lat. *macis*, forme de basse ép. qui semble être une faute de scribe pour le lat. class. *macir* « écorce aromatique d'un arbre exotique » (le grec a aussi *maker* à une ép. basse).

MACKINTOSH, 1842 (au sens de « toile imperméable » ; au sens de « manteau » depuis 1867). Empr. de l'angl. *mackintosh*, tiré de *Mac Intosh*, nom de l'inventeur (1766-1843).

MACLE, terme de minér., 1690. Déjà au moyen âge pour désigner un meuble de l'écu, en français d'Angleterre *mascle*, probabl. d'un germ. **maskila*, dim. de **maska* (all. *masche*, moyen néerl. *masche* et dim. *maschel*). Le nom du meuble d'écu a été appliqué à la pierre à cause des prismes quadrangulaires de celle-ci. — Dér. : **macler (se), -é,** 1795.

MAÇON. Francique **makjo*, latinisé en *macio* au VIIe s. par Isidore de Séville, dér. du verbe **makôn* « faire », qui avait d'abord le sens de « préparer l'argile employée dans la construction de parois », d'où all. *machen*, angl. *to make.* Le mot a donc probabl. pénétré en français grâce au contact entre la construction en pierre des Romains et celle en argile des Germains. Le subst. francique a dû être à l'origine **mako ;* il aura été transformé en **makjo* sous l'influence des noms de métier latins en *-io.* — Dér. : **maçonner,** vers 1220, d'où **maçonnage,** 1240 ; **maçonnerie,** vers 1280.

MACREUSE, 1642. Francisation du normand *macroule*, attesté au XVIIe s., altération de *macrolle*, vers 1300, relevé sous la forme *macroule*, encore normande, par les dict. ; l'a. fr. a une autre forme altérée *mascrue. Macrolle* est empr. du frison *markol* (attesté au XVIIe s.) ou du néerl. septentrional *meerkol*, forme secondaire du néerl. *meerkot* (de la même famille que l'angl. *coot*, attesté au XIVe s.). Comme d'autres noms d'oiseaux de mer celui-ci est venu du germanique par voie maritime et le fait qu'en germ. ces noms sont attestés plus tard qu'en fr., ne suffit pas pour infirmer cette étymologie. Relevé depuis la fin du XIXe s. comme terme de boucherie pour désigner de la viande maigre placée sur l'os à moelle de l'épaule, par comparaison avec la macreuse, admise au XVIIe s. parmi les aliments autorisés les jours d'abstinence.

MACRO-. Premier élément de mots sav. comp., tels que **macrocosme,** 1314 (sur le modèle de *microcosme*) ; **macropode,** 1802, tiré du grec *makros* « long », ou de mots empr., tels que **macrocéphale,** 1556.

MACROULE, v. **macreuse.**

MACULER, XIIe. Empr. du lat. *maculare* (de *macula* « tache »). — Dér. : **maculature,** 1567, abrégé en **macule,** 1922.

MADAME, v. **dame.**

MADELEINE, 1845, comme nom de gâteau ; mais *pêche-madeleine* est déjà signalé par Le Duchat (XVIIe). Le nom de la pêche est tiré de *Marie de Magdala*, lat. *Magdalena*, « de laquelle il avait chassé sept démons », cf. Marc, XVI, 9, confondue avec la pécheresse repentante, cf. Luc, VII, 37 et suivants, parce que ce fruit « fond en eau comme la Madeleine est dépeinte fondante en larmes », Le Duchat. Quant au nom du gâteau, il viendrait de *Madeleine* (Paulnier), nom d'une cuisinière de Mme Perrotin de Barmond, qui en aurait trouvé la recette.

MADEMOISELLE, v. **demoiselle.**

MADONE, 1643. Empr. de l'it. *madonna* « madame », dit spéc. de la Vierge.

MADRAGUE, 1679. Terme de pêche, empr. du prov. *madraga* qui remonte, comme l'esp. *almadraba*, à l'arabe *maḍrába*, dér. de la racine arabe *ḍ-r-b* « battre », ce qui s'explique par le fait que dans l'intérieur des madragues on prend les thons en les assommant.

MADRAS, 1797. Tiré du nom de la ville de l'Inde, située sur la côte occidentale, où ces mouchoirs de tête furent d'abord fabriqués et portés.

MADRÉ, XIVe. Le sens propre, aujourd'hui hors d'usage, est « veiné, moucheté », en parlant du bois ; le sens moderne « rusé », qui date du XVIe, résulte d'une comparaison de l'aspect varié du bois madré avec les ressources variées d'un esprit rusé. Dér. de *ma(s)dre*, XIIIe « bois veiné servant à faire des vases à boire », du francique **maser* « excroissance rugueuse de l'érable », qui correspond à l'anc. haut all. *masar*, anc. scandinave *mösurr*.

MADRÉPORE, 1671. Surtout au plur. Empr. de l'it. *madrepora*, mot scientifique, comp. de *madre* « mère » et de *poro* « pore », modifié en *pora* dans ce comp. à cause du genre de *madre ;* désignait propr. les canaux qui font communiquer les cellules de cet agrégat de polypes. — Dér. : **madréporique,** 1812.

MADRIER, fin XVIe (d'Aubigné) ; antér. *madrets*, 1382. Empr., avec adjonction d'*r*, de l'a. pr. *madier*, attesté au XIVe s. au sens de « couvercle de pétrin », lat. pop. **materium*, tiré du lat. class. *materia* « bois de construction », probabl. sur le modèle de *folium*, *folia*, v. **feuille.**

MADRIGAL, 1542 (écrit *madrigale*). Empr. de l'it. *madrigale* (au XIVe s. *madriale*), qui signifiait, au sens propre, un morceau de musique vocale à plusieurs voix sans accompagnement. Pour l'origine du mot it. on hésite entre les deux adj. lat. *materialis* « matériel » et *matricalis* « sorti nouvellement de la matrice » ; dans les deux cas le sens primitif serait « (poésie) très simple, composée tout naturellement ».

MAESTRO, 1824 ; **maestria,** 1855. Empr. des mots it. *maestro*, *maestria* « maître, maîtrise » ; tous les deux empr. comme termes d'art, *maestro* spécial. pour désigner un grand compositeur, un grand exécutant de musique.

MAFFIA, 1875. Mot it., d'origine obscure, qui a aussi le sens de « misère » dans l'it. vulgaire ; s'emploie surtout à propos d'associations secrètes de l'Italie méridionale.

MAFFLÉ, 1666 ; **mafflu,** 1668 (La Fontaine). Mots pop. de la famille de *mafler* « manger beaucoup », 1642. Empr. du néerl. *maffelen* « mâchonner » (d'une famille de mots largement représentée dans les langues germ.) et v. **mufle.**

MAGASIN, vers 1400. Empr. de l'arabe *makhâzin*, plur. de *makhzin*, « lieu de dépôt, bureau, etc. », par l'intermédiaire du prov. ; dès 1229, *magazenum* apparaît dans un statut qui permet aux marchands de Marseille d'entretenir des entrepôts à Bougie ; à ce moment-là le mot désignait exclusivement des magasins dans les villes du Maghreb. Le sing. a été repris vers la fin du XIXe s. sous la forme *maghzen* pour désigner les fonctionnaires du sultan du Maroc. L'esp. *almacén* est entré par l'intermédiaire des Arabes d'Espagne. — Dér. : **magasinage,** 1675 ; **magasinier,** 1692 ; **emmagasiner,** 1762.

MAGAZINE, 1776, au fém. Empr. de l'angl. *magazine*, empr. lui-même du fr. *magasin* et pris dans un sens nouveau ; au XVIIIe s. (relevé en 1753), on a, par imitation de l'angl., donné ce sens à *magasin*, d'où le titre d'une publication connue *Le Magasin pittoresque*.

MAGE, XVIe (Amyot), une première fois au XIIIe s. sous la forme *mague*. Empr. du lat. *magus* « mage, magicien » (du grec *magos*, d'origine iranienne) ; signifie aussi « magicien » au XVIIe s. — Dér. **magisme,** 1697.

MAGIE, 1535 ; **magique,** 1265 (J. de Meung). Empr. du lat. *magia*, *magicus* (du grec *mageia*, *magikos*). *Magie* a été pris aussi au XVIe et au XVIIe s. au sens de « religion de mages » avant la création de *magisme*. Son sens fig. date du XVIIe s. ; *magique* et *magicien* ont suivi, le premier à la fin du XVIIIe s., le deuxième au XIXe. *Lanterne magique*, XVIIIe, nom donné à un instrument d'optique inventé au XVIIe s. par le jésuite allemand Kircher. — Dér. de *magique :* **magicien,** XIVe.

MAGISTER, XVe, ne s'emploie plus que par plaisanterie ; **magistral,** XIIIe (B. Latini). Empr. des mots lat. *magister*, *magistralis* (créé à basse ép.) ; v. **maître.**

MAGISTRAT, 1354 (Bersuire, au sens de « magistrature », usité jusqu'au XVIIe s. ; celui de « magistrat » apparaît au XVIe s.). Empr. du lat. *magistratus* aux deux sens. — Dér. : **magistrature,** 1472.

MAGMA, 1694. Empr. du lat. *magma* « résidu, marc d'onguent » (d'un mot grec qui signifie propr. « pâte pétrie », de la famille de *mattein* « pétrir »), comme terme de pharmacie et de chimie ; depuis 1879 sens géologique.

MAGNANERIE, 1840. Empr. du prov. *magnanarié*, dér. de *magnan* « ver à soie », mot de la famille de l'anc. it. *magnatto* ou peut-être même empr. ; on considère ces mots comme appartenant à la famille de l'it. *mignatta* « sangsue » avec modification de la voyelle radicale, et on les rapproche tous de noms servant à désigner le chat, tels que le fr. *minet ;* le nom du chat aurait été pris pour désigner le ver à soie ou la sangsue à cause de la forme de la tête de ces invertébrés, cf. pour une dénomination comparable **chenille.** Un autre dér. de *magnan*, *magnanarello*, qui sert de féminin à *magnanaire* « éleveur de vers à soie », a été francisé en **magnanarelle,** popularisé par le chœur de *Mireille* de Gounod.

MAGNANIME, XIIIe (Br. Latini : *Magnanime, ce est a dire de grant corage*), rare avant le XVIe s. ; **magnanimité,** XIIIe (Br. Latini). Empr. du lat. *magnanimus*, *magnanimitas.*

MAGNAT, 1895. Empr. de l'anglo-américain *magnate* « gros capitaliste, grand industriel », empr. lui-même du fr. *magnat*, qui s'est dit d'abord des magnats de Pologne, 1732, ou de Hongrie, 1838, mais qui a pris un sens plus étendu dès le XVIIIe s. ; *magnat*, en polonais et en hongrois, vient du lat. administratif de la Pologne et de la Hongrie, qui doit lui-même ce mot au lat. de la Vulgate *magnates* « personnages éminents » (on trouve aussi le mot au sing. dans le lat. médiéval d'Occident pour désigner un prince).

MAGNÉSIE, 1554, pour désigner la magnésie noire ou peroxyde de manganèse ; a servi au XVIIIe s. à désigner, sous le nom de *magnésie blanche*, l'oxyde de magnésium préconisé dès lors comme remède. Empr. au premier sens du lat. médiéval *magnesia*, de même sens, dér. du lat. *magnes (lapis)* « pierre d'aimant » (du grec *magnês (lithos)*, propr. « pierre de Magnésie (ville d'Asie Mineure), qui se trouve dans une région abondante en aimants naturels) » ; la magnésie noire a été ainsi nommée parce qu'elle ressemble, par sa forme et sa couleur, à la pierre d'aimant. — Dér. : **magnésium,** 1818 ; **magnésien,** 1782 (Condorcet).

MAGNÉTIQUE, 1617. Empr. du lat. de basse ép. *magneticus* « de la nature de la pierre d'aimant », dér. de *magnes*, v. le préc. Le sens fig. qu'a pris ce mot au XIXe s. vient de *magnétisme* dans *magnétisme animal* « pouvoir d'endormir quelqu'un d'un sommeil mystérieux », pratique qui remonte au médecin allemand Mesmer (voir **mesmérisme**), dès 1766, et qui fut beaucoup en usage à la fin du XVIIIe s. — Dér. : **magnétisme,** 1666, sens fig. comme l'adj., d'où, d'après le sens de « magnétisme animal », **magnétiser,** 1781, **magnétisation,** *id.*, **magnétiseur,** 1784 ; **magnéto-,** premier élément de mots techn., d'où **magnéto,** 1891, abréviation de (machine) *magnéto-électrique.*

MAGNIFICAT, vers 1330. Empr. du lat. *magnificat* « (Mon âme) magnifie (le Seigneur) », premier mot du cantique de la Vierge exaltant le Seigneur, qui est chanté aux vêpres et au salut.

MAGNIFIER, vers 1120. Empr. du lat. *magnificare.*

MAGNIFIQUE, vers 1265, au sens de « très beau » apparaît déjà chez O. de Serres, mais usuel seulement au XIXe s. ; **magnificence,** XIIIe. Empr. du lat. *magnificus*, littéral. « qui fait de grandes choses », *magnificentia.*

MAGNOLIA, 1752. Empr. du lat. des botanistes *magnolia*, créé par Plumier en l'honneur du botaniste français *Magnol* (1638-1715).

MAGOT « somme d'argent mise en réserve », 1549 (alors *-ault*). Altération obscure de *mugot*, relevé à la même date, qui est le même mot que l'a. fr. *musgot*, *musgode*, *musjoe*, etc., « lieu où l'on conserve les fruits, provision », lui-même d'origine obscure, v. **mijoter.**

MAGOT « espèce de singe de Barbarie », 1476. Tiré de *Magot* ou *Magog*, nom propre, associé à *Git* ou *Gog* dans les légendes et les représentations figurées du moyen âge pour désigner des peuples ou des chefs de peuples orientaux, redoutables ennemis des chrétiens ; appliqué par dérision au singe de Barbarie. *Gog* et *Magog*, noms d'origine hébraïque, viennent de l'*Apocalypse*, XX, 8, où ils désignent des nations séduites par Satan ; ces noms ont été pris à Ézéchiel, cf. 38 et 39, d'après lequel *Magôg*, peuple de l'Asie Mineure, devait venir sous la conduite de *Gôg* détruire Jérusalem.

MAHATMA, vers 1900. Empr. du sanscrit *mahātman.*

MAHONNE, 1540 (« De telles navires dictes Maonnes l'on en voit touts les matins grand nombre arriver à Constantinoble », Belon). Jusqu'au XIXe s. ne désigne qu'une sorte de bateau turc. Empr., comme l'it. *maona*, du turc *mâoûna*, empr. lui-même de l'arabe *ma'ūn* « pot ».

MAI. Lat. *majus* (sous-entendu *mensis*). Est attesté dès le XIIe s. pour désigner du feuillage et des fleurs cueillis en l'honneur du premier mai, d'où, plus tard, « arbre de mai », cf. *planter un mai*, XVIe.

MAIE, v. **pétrin.**

MAÏEUTIQUE, 1874, « méthode de discussion pratiquée par Socrate pour *accoucher* les esprits » ; se dit aussi dans un sens plus étendu. Empr. du grec *maieutikê* « art de faire accoucher ».

MAIGRE. Lat. pop. **macrus*, lat. class. *macer ;* pour le développement phonétique, cf. **aigre.** — Dér. : **maigrelet,** 1579 ; **maigreur,** 1372 ; **maigrichon,** 1874 ; **maigrir,** 1530 ; **amaigrir,** XIIe, **amaigrissement,** vers 1300, **ramaigrir,** 1540 ; **démaigrir,** 1680.

MAIL. Propr. « marteau » ; éliminé, sauf dans quelques techn., par le dér. *maillet ;* a pris en outre dans les villes de la vallée de la Loire, à Orléans notamment, le sens de « promenade publique, en forme d'allée, de boulevard », par allusion aux allées où l'on pratiquait le jeu de mail. Lat. *malleus* « marteau, maillet ». — Dér. : **mailler** « donner des coups de maillet », XIIe ; **maillet,** XIIIe ; **mailloche,** 1409 ; **maillotin,** ne s'emploie que comme nom propre pour désigner des Parisiens qui se révoltèrent en 1380 et s'armèrent de *maillotins.*

MAIL-COACH, 1802. Empr. de l'angl. *mail-coach* « diligence qui transporte le courrier » (n'a jamais le sens que le mot a en fr.), comp. de *mail* (du fr. *malle*) et de *coach* (du fr. *coche*).

MAILLE « boucle de fil, etc., servant à faire un tissu ». Lat. *macula*, dont le sens propre est « tache », sens que le fr. n'a conservé que dans quelques emplois techn., attestés au moyen âge : « taie sur l'œil, moucheture sur les ailes d'un oiseau », cf. aussi it. *macchia* et esp. *mancha*, spéc. « tache sur la peau » et « forêt, buisson touffu », cf. **maquis.** Le sens de « maille de tissu », aussi en a. pr. *malha ;* l'it. *maglia* et l'esp. *malla* sont empr. du gallo-roman au sens partic. de « maille de cotte » ou de « maille de filet ». — Dér. : **mailler,** 1611, d'après les deux sens « maille de tissu » et « moucheture » (le part. passé *maillé*, dès 1170), **maillure,** 1671, au sens de « moucheture », **démailler,** « défaire les mailles », vers 1080, **remmailler,** 1829 ; **maillon,** 1542 ; **maillot,** XIIIe (d'après les dér.), issu, par substitution de suff., de *maillol*, d'abord *mailloel*, vers 1200, ainsi nommé par comparaison des bandes lacées qui formaient autrefois le maillot avec des mailles plutôt qu'au sens de « tissu fait de mailles » ; au sens de « caleçon collant », d'abord à l'usage des danseuses, vers 1820, passe pour venir de *Maillot* qui serait le nom de l'inventeur ; d'où **démailloter,** vers 1260, **emmailloter,** vers 1200, **remmailloter,** 1549.

MAILLE « ancienne monnaie de cuivre valant la moitié d'un denier » ; ne s'emploie plus que dans les locutions *n'avoir ni sou ni maille, avoir maille à partir avec quelqu'un.* En a. fr. *meaille, maaille.* Lat. pop. **mediālia*, plur. neutre pris comme fém. sing. d'un adj. **mediālis*, devenu de bonne heure **medālia* par dissimilation, dér. de *medius* « demi », donc « demi-denier », d'où aussi it. *medaglia*, esp. *meaja*, port. a. pr. *mealha*, tous « maille ».

MAILLECHORT, 1829 (écrit *-ort*). Tiré des noms propres *Maillot* et *Chorier*, noms de deux ouvriers lyonnais qui inventèrent et exploitèrent cet alliage. On dit aussi par altération *melchior.*

MAIN. Lat. *manus.* It. esp. *mano.* — Dér. : **manette,** XIIIe (sous la forme *mainete*) ; **manier,** XIIe, d'abord *menoier, manoier*, XIIe, souvent au sens de « caresser » au moyen âge, d'où **maniable,** XIIe, **maniement,** 1237, **manieur,** XIIIe, **remanier,** 1470, **remaniement,** 1690 ; **manière,** XIIe, tiré de l'anc. adj. *manier* « fait avec la main, pour la main », d'où « souple, habile », **maniéré,** 1679, **maniérisme,** 1829 ; **menotte,** 1474, **emmenotter,** XVIe (R. Belleau) ; l'*e* de la syllabe initiale s'explique par l'influence de la monophtongue avec laquelle se prononce *main.* — Comp. : **arrière-main,** terme d'équitation, 1751 ; **avant-main,** *id.*, 1671 ; **main-d'œuvre,** 1706 ; **main-forte,** XVe ; **mainlevée,** 1384 ; **main-mise,** 1342, terme jurid. ; pris dans un sens plus étendu, fin XVIIe (Saint-Simon) ; **mainmorte,** 1213, on disait aussi *morte-main*, **mainmortable,** 1372, le lat. médiéval dit *manus mortua* qui a probabl. servi de modèle, car le sens de *main* « possession, autorité » existe déjà dans le latin jurid. (par conséquent il n'est pas nécessaire de considérer *manus mortua* comme calqué sur *main-morte*) ; **sous-main,** 1872.

MAINT, XIIe. A. pr. *mant, maint.* On propose un gaulois **mantī* qu'on restitue d'après le gallois *maint*, l'irl. *meit* « grandeur » ou bien un croisement du lat. *magnus* « grand » et de *tantus* « si grand ». Mais il est bien plus probable que *maint* représente un germ. *manigipô-* « grande quantité », devenu adj. par suite de son emploi fréquent devant un subst.

MAINTENIR. Lat. pop. **manūtenēre*, puis **manūtenīre* au moins dans la France du Nord, v. **tenir.** L'existence de ce comp. dans les langues romanes, sauf en roumain (it. *mantenere*, esp. a. pr. *mantener*), prouve qu'il date de l'ép. lat. — Dér. : **mainteneur,** 1842 ; **maintien,** XIIIe ; **maintenant,** XIIe, signifiait d'abord « aussitôt », a pris le sens moderne vers le XVIe s. et s'est substitué en ce sens à *or.*

MAIRE. Le sens administratif moderne date de la Révolution (fixé par un décret de l'Assemblée constituante) ; désignait sous l'ancien régime diverses sortes d'officiers de même espèce (dès 1170). Lat. *mājor* « plus grand », nom. du comparatif de *magnus* « grand » ; *maire* a souvent en a. fr. le sens de « plus grand », en concurrence avec *maieur*, qui représente l'acc. *mājōrem* ; la valeur casuelle de ces deux formes a disparu de bonne heure. *Maire du palais* est une traduction du lat. mérovingien *major palatii* « chef du palais ». V. **majordome.** — Dér. : **mairie,** XIIIe, *mairerie*, aujourd'hui vulg., est fréquent dès le XIVe s.

MAIS. Lat. *magis* « plus », sens qui, en fr., ne subsiste que dans la locution *n'en pouvoir mais ;* la valeur de conjonction adversative s'est développée en lat. parlé à la place du latin class. *sed.* It. *mai, ma,* esp. *mas*. Le roumain *maĭ* n'a que le sens du latin classique « plus » ; partout ailleurs on a les deux sens « plus » et « mais », parfois sous des formes légèrement différenciées pour chacun des deux sens. — Comp. : **désormais,** XIIe, forme renforcée de l'a. fr. *desor* (XIe-XVIe s.) ; **jamais,** XIe *(Alexis)*, vit à côté de *ja*, employé avec *ne* comme négation temporelle (en a. fr. *ne* ... *ja* se rapporte à l'avenir, tandis que *ne* ... *onques*, du lat. *unquam*, est employé pour le passé ; *ne* ... *jamais* s'oppose à *ne* ... *ja* en ce sens qu'il nie, pour l'avenir, la réalisation d'un fait qui s'est produit dans le passé, tandis que le second est employé quand il ne s'agit pas de marquer une pareille opposition avec le passé) ; avec le temps, ces fines distinctions se perdent ; *ne* ... *jamais* remplace les autres expressions.

MAÏS, 1545. Empr. de l'esp. *maís*, empr. lui-même de la langue des Arouaks d'Haïti. Le maïs, qui était répandu dans toute l'Amérique (Cartier en a vu en 1535 dans la région du Saint-Laurent), fut introduit d'abord en Espagne et se répandit rapidement en Europe. Les parlers gallo-romans ont des désignations variées : *blé de Turquie*, souvent abrégé en *turki*, *blé d'Espagne*, *d'Italie*, etc., et, en outre, dans le Midi, le type *mil* ou des dér. de ce mot, etc.

MAISON. Lat. *ma(n)siōnem*, acc. de *mansiō* (de *manēre* « demeurer », v. **manoir**) « demeure », d'où « auberge, relais » ; n'existe au sens de « maison » qu'en gallo-roman et surtout dans les parlers septentrionaux, bien que l'a. pr. ait *maizon*, etc., au sens du fr. Le lat. class. *domus* a disparu partout ; il a été remplacé par *casa*, propr. « cabane », qui, dans le lat. pop., a pris le sens de « maison », et a subsisté partout sauf en fr. : it. esp. *casa*, a. pr. *caza* ; toutefois de nombreux noms de lieux du type *la Chaise* montrent que *casa* a existé dans la France du Nord, jusqu'en Normandie et dans la région parisienne ; v. **chez.** — Dér. : **maisonnée,** 1611 ; **maisonnette,** vers 1170.

MAIT, v. **pétrin.**

MAÎTRE. Lat. *magister*, propr. « celui qui est au-dessus ». It. esp. *maestro*. A supplanté partout comme nom commun les représentants du lat. class. *dominus* « maître d'une maison, propriétaire », qui a subsisté comme titre honorifique ; v. **dom, dame,** etc. Avant *maître d'école* (qui semble être du XVIIe s.), on a dit depuis la fin du XIIIe, *maistre escole* au sens d'« écolâtre ». — Dér. : **maîtresse,** XIIIe ; **maîtrise,** 1191 ; **maîtriser,** vers 1200. — Comp. : **contremaître,** 1425 ; **petit-maître,** 1617, comme terme de mode, 1686.

MAÏZENA « farine de maïs », 1853. Empr. de l'angl. *maizena*, dér. de l'angl. *maize* « maïs » (l'angl. d'Amérique appelle cette céréale *corn*).

MAJESTÉ, vers 1120. Empr. du lat. *majestas*. D'abord en parlant de Dieu, depuis Froissart aussi du roi de France. — Dér. : **majestueux,** 1616 ; aussi *magesteux* (Baïf), fait probablement d'après l'it. *maestoso*, dér. de *maestà* » majesté » ; refait en *majestueux* sur le modèle des adj. en *-ueux*, tels que *somptueux*.

MAJEUR. Terme sav. du droit (XIIe), de la logique (XIVe), etc., empr. du lat. *major* ; il est difficile de dire à quel moment on a prononcé le mot avec un *j*, car la lettre *j* n'est devenue usuelle qu'au XVIe s. et le fr. du moyen âge a une forme *maieur* (encore signalée par Cotgrave en 1611), qui avait du reste des sens pris au lat. « aîné, ancêtre », à côté du sens de « plus grand », probabl. pop., v. **maire.**

MAJOLIQUE, 1556, en 1587 *majorique*. Empr. de l'it. *majolica*, d'abord *majorica*, littéral. « de l'île Majorque » (it. *Majorica*, lat. *Mājōrica*), où cette faïence fut d'abord fabriquée. On écrit et on a prononcé aussi *maïolique* d'après une autre orthographe de l'it. *maiolica* ; la prononciation du fr. *maj-* est due à l'orthographe.

MAJOR, XVIIe. Empr., avec prononciation influencée par le lat. *major* (et peut-être aussi le fr. *majeur*), de l'esp. *mayor*, qui servait à former en composition divers grades ou fonctions, cf. *état-major*, 1678, et esp. *estado mayor*, *major général*, XVIIe (Retz) et esp. *mayor general*, etc. ; a servi par suite en fr. à former d'autres comp. désignant des grades ou des fonctions. *Major* chez Rab. : « Au temple major », V, 44, est un latinisme et est sans rapport direct avec *major* désignant des grades.

MAJORAT, 1671. Empr. de l'esp. *mayorazgo* (dér. de *mayor*) avec francisation d'après *major* et les mots en *-at* ; empr. au XVIIe s. sous la forme *majorasque*, 1679.

MAJORDOME, XVIe (Rab.). Empr. de l'it. *maggiordomo* et influencé par l'esp. *mayordomo*, tous deux faits sur le lat. médiéval *major domus* « chef de la maison » (le maire du palais, v. **maire,** s'appelait aussi *major domus regiae*) ; employé d'abord en parlant de maisons princières d'Italie et d'Espagne.

MAJORER, 1870. Dér. sav. du lat. *major*. — Dér. : **majoration,** 1867.

MAJORITÉ, âge, 1510. Empr. en ce sens du lat. médiéval *majoritas* (dér. de *major*) ; devenu terme de jurisprudence générale vers la Révolution.

MAJORITÉ, terme de droit politique, 1735. Empr. de l'angl. *majority*, v. le préc. et **minorité.** — Dér. : **majoritaire,** fin XIXe.

MAJUSCULE, 1529 (G. Tory : « Lettre majuscule »). Empr. du lat. *majusculus* « un peu plus grand » en vue d'un sens spécial, v. **minuscule.**

MAKI « singe à longue queue », 1756. Empr. du malgache *máky*.

MAL, *subst.* et *adv.* Le lat. a *malum*, subst., et *malē*, adv., qui, en gallo-roman, aboutissent tous deux à *mal* ; mais les autres langues romanes ont seulement des formes de *male*, avec les deux valeurs d'adv. et de subst. : sarde logoudorien *male*, it. *male*, esp. port. *mal* ; il est donc probable que, de même en gallo-roman, *mal* représente l'adv. et non le subst. De l'adv. *mal* est issu un préf. qui ne s'est développé phonétiquement en *mau* que dans quelques mots tels que *maudire*, *maugréer*, la langue ayant rétabli ou maintenu l'identité formelle du préf. et de l'adv. La locution *de mal en pis* est déjà de la fin du XIIIe s. ; on trouve aussi au XVe de *mal en pire*.

MAL, *adj*. Depuis le XVIIe s. ne survit que dans quelques locutions : *bon an mal an*, *bon gré*, *mal gré*, etc., et dans des comp. : *malheur*, *malchance*, etc. : a été remplacé par des adj. plus expressifs *méchant*, *mauvais*. Lat. *malus*.

MALABAR, 1928. Probabl. du nom de *Malabar*, région des Indes ; le rapport de sens est peut-être dû aux nombreux produits exportés par cette région.

MALADE. Lat. *male habitus* (du verbe *habēre* au sens de « se trouver dans tel état ») « qui se trouve en mauvais état », d'où « malade » (chez Aulu-Gelle, IIe) ; a éliminé le lat. class. *æger* qui avait moins de corps. It. a. esp. *malato*. — Dér. : **maladie,** vers 1180 ; **maladif,** XIIIe ; **maladrerie,** v. **ladre.**

MALANDRE, terme de vétérinaire, 1393. Empr. du lat. des vétérinaires *malandria*, qui désigne des pustules au cou des chevaux. Le mot est usité dans la région normande et l'Ouest pour désigner différentes sortes de maux, notamment des pustules, et une forme *malan(t)* qui désigne toute sorte d'ulcères, de croûtes, attestée dès 1100, occupe un plus grand territoire.

MALANDRIN, XIVe (Froissart, dans un passage où il parle de Naples). Empr. de l'it. *malandrino* « voleur de grands chemins », d'origine incertaine.

MALARIA, 1855. Empr. de l'it. *malaria*, littéral. « mauvais air » (comp. de *mala* et *aria*, v. **air**) ; s'est dit d'abord des fièvres paludéennes d'Italie, et notamment de la campagne romaine.

MALAXER, terme de pharmacie, vers 1400. Empr. du lat. *malaxare* « amollir » (du grec *malassein*, d'après la forme de l'aoriste *malaxai*). — Dér. : **malaxage,** 1873 ; **malaxeur,** 1870.

MÂLE. Lat. *māsculus*, adj., « de mâle », qui a supplanté le subst. *mās*, *maris*. — Dér. : **malart,** XIIe, « canard sauvage mâle » ; désigne encore le canard mâle en normand, dans le Centre et, sous la forme altérée *mayar*, en picard.

MALÉDICTION, 1375. Empr. du lat. eccl. *maledictio*, en lat. class. « médisance » ; a supplanté les formes de l'a. fr. *maleiçon* et *maudiçon*, celle-ci usuelle jusqu'au XVIIIe s. comme terme fam.

MALÉFICE, 1213, jusqu'au XVIe s. ne signifie que « méfait » ; **maléfique,** vers 1480, ordinairement terme d'astrologie. Empr. des mots lat. *maleficium* « mauvaise action » et spécial. « mauvais charme, sortilège », *maleficus*, de sens parallèles.

MALENCONTREUX, vers 1400. Dér. de l'anc. subst. *malencontre*, XIIIe (Joinville), hors d'usage depuis le XVIIIe s., mot comp. de l'adj. *mal*, et d'un anc. subst. *encontre* « rencontre », XIIe, encore signalé au XVIIe s., tiré de l'anc. verbe *encontrer*, v. **contre.**

MALFAITEUR, XIIe, sous la forme *maufaitour* ; la forme du préf. *mau-* a été plus usuelle que *mal-* jusqu'au XVe s. Empr. du lat. *malefactor* et francisé d'après la famille de *faire*.

MALHEUR, v. **heur.**

MALICE, vers 1120 ; **malicieux,** XIIe. Empr. des mots lat. *malitia*, *malitiosus* « méchant, méchanceté », seuls sens de ces mots jusqu'au XVIIe s.

MALIN, 1549, antér. *maligne*, XIIe ; *maligne* est des deux genres au moyen âge ; refait en *malin*, XVe, *maline*, attesté dès le XVIe s., d'après les adj. en *-in*, *-ine*, v. **bénin** ; **malignité,** vers 1120. Empr. des mots lat. *malignus*, *malignitas* « méchant, méchanceté » ; *malin* a pris familièrement le sens de « malicieux » depuis le XVIIe s.

MALINES, 1752. Tiré de *Malines*, nom d'une ville de Belgique.

MALINGRE, 1598, mais attesté comme nom propre dès 1249 et par le dér. *malingros* « chétif » dès 1225. Peut-être issu du croisement de l'adj. *mal* avec l'ancien adj. *haingre* « faible, décharné », qui a l'aspect d'un mot d'origine germ., mais pour lequel on n'a rien proposé de décisif.

MALITORNE, v. **maritorne.**

MALLE, XIIe. Du francique **malha*, comp. anc. haut all. *mal(a)ha* « sacoche ». — Dér. : **mallette,** XIIIe. — Comp. : **malle-poste,** 1793.

MALLÉABLE, vers 1500. Dér. sav. du lat. *malleus* « marteau » ; il n'y a pas de verbe *malleare* « marteler », mais seulement un adj. *malleatus* « battu au marteau ». — Dér. : **malléabilité,** 1676.

MALOTRU, XIIe *(malostruz)*. Altération inexpliquée de **malastru (malastru* du XIVe-XVe s. est une forme secondaire et ne continue pas la forme antér. à *malostru* ; on a aussi *malestru)*, lat. pop. **malĕ astrūcus* « né sous un mauvais astre » (de *astrum* « astre »), cf. anc. esp. *astrugo*, a. pr. *astruc* et *benastruc* « heureux, né sous une bonne étoile », *malastruc*. *Malotru* a signifié « malheureux, chétif, etc. » ; le sens moderne apparaît à la fin du XVIe s. Les parlers méridionaux emploient encore *astruc* et *benastruc*. Le suffixe *-ūcus*, qui est tout à fait exceptionnel, de l'adj. **astrūcus*, et qui est forcément anc., puisque *astrum* n'a pas survécu dans les parlers pop., est considéré comme ayant été tiré de l'adj. *cadūcus* « fragile, périssable » auquel **astrūcus* pouvait s'opposer.

MALT, 1702, dans un texte traitant de l'Angleterre. Empr. de l'angl. *malt*, mot d'origine germ., cf. all. *Malz.* — Dér. : **maltage,** 1834 ; **malter,** 1808 ; **malterie,** 1872 ; **malteur,** 1840 ; **maltose,** 1872.

MALTHUSIEN, 1848. Dér. de *Malthus*, nom d'un célèbre économiste anglais (1766-1834), qui, dans son ouvrage *Essai sur le principe de la population*, exposa une doctrine sur la limitation volontaire des naissances pour remédier à l'insuffisance de la production des substances alimentaires. — Dér. : **malthusianisme,** 1870.

MALTÔTE, vers 1350 ; d'abord *mautoste*, 1262 ; *malletote*, 1326 ; *male toute*, 1310, d'où *maletoulte* encore au XVIe s. Comp. de l'anc. adj. *mal* et de l'anc. subst. *tolte*, *toute* « imposition, redevance », propr. « rapine », part. passé fém. pris substantiv., qui répond à un lat. pop. **tollita*, de l'anc. verbe *toldre* « enlever », lat. *tollere*, d'où aussi it. *togliere*, esp. arch. *toller*. La *maltôte* était d'abord un impôt extraordinaire, de là son nom, cf. ce que dit Pasquier : « Ces levées, qui estoient quelquefois extraordinaires, furent anciennement appelées maletoultes, comme si le peuple eust voulu dire qu'elles estoient mal prises. » *Maltôte* n'est pas la forme attendue ; on attendrait *maltoute* (*maletoutier* est encore dans Furetière) ; *maltôte* est probablement issue d'une forme *maltolte* (attestée indirectement par *maltaultier*, 1611), refaite sur le lat. médiéval *mala tolta*, et réduite ensuite à *maltôte* par dissimilation. — Dér. : **maltôtier,** 1606, en outre *maltaultier*, 1611.

MALVACÉE, 1747. Empr. du lat. *malvaceus* (de *malva* « mauve »).

MALVERSATION, 1505. Dér. sav. du verbe *malverser*, 1510, peu usité aujourd'hui, fait sur un fictif *male versari* « se comporter mal », empr. du lat. *versari*, forme médiale de *versare*, qui avait le sens de « être actif dans un certain domaine ».

MALVOISIE, 1393 (sous la forme *Malvesy*). Tiré de *Mal(e)vesie* (fréquent au XIVe s. dans la *Chronique de Morée*), nom d'un îlot grec au Sud de la côte orientale de la Morée, en grec moderne *monemvasia ;* l'italien dit de même *malvasia* (ou *-gia*), d'après la forme *Malvasia*.

MAMAN, 1256. Mot du langage enfantin ; sous cette forme ou sous des formes voisines existe dans de nombreuses langues : grec, lat. it. *mamma*, esp. *mamá*, etc. V. le suiv.

MAMELLE. Lat. *mamilla*, dér. de *mamma* « mamelle », même mot que *mamma* « maman, grand'mère, nourrice », v. le préc. It. *mammella*, esp. *mamella*. — Dér. : **mamelon,** XVe ; **mamelonné,** 1753.

MAMELOUK. Début XIXe ; au XVIIIe on dit plutôt *mameluk ;* attesté dès 1192, dans un récit des Croisades, sous la forme *mamelos ;* au XVe s. on a *mameluz* et chez Montesquieu *mamelus* (au plur.). Mot empr. à plusieurs reprises de l'arabe d'Égypte *mamloûk* (part. passé de *malak* « posséder ») « celui qui est possédé » ; le terme désigne des esclaves blancs ; les milices de mamelouks étaient formées d'esclaves, qui, au moyen âge, étaient d'origine circassienne ou turque.

MAMILLAIRE, 1503 ; **mammaire,** 1654 ; **mammifère,** 1791. Le premier est empr. du lat. de basse ép. *mamillaris* (de *mamilla*, v. **mamelle**), le deuxième est dér. de *mamma*, le troisième est comp. de ce mot latin et du suff. **-fère.**

MAMMOUTH, 1727. Empr., par l'intermédiaire du russe, de *mamout*, de l'ostiaque (langue finno-ougrienne de la Sibérie occidentale) ; on a dit aussi *mammont*, cf. *mamant* en 1727, d'après une autre forme russe *mamont*.

MANAGER, sorte d'impresario, 1884. Empr. de l'anglo-américain *manager*, dér. du verbe *to manage* « manier, diriger » (empr. lui-même de l'it. *maneggiare*).

MANANT, XIIe. Tiré du part. prés. de l'anc. verbe *manoir* « demeurer », lat. *manēre*, v. **manoir.** Signifie au moyen âge « celui qui a une demeure », d'où « habitant » et « riche » ; d'autre part, par suite de son emploi comme terme de droit féodal pour désigner ceux qui étaient soumis à une juridiction féodale dans le ressort de laquelle ils étaient « levants et couchants », a pris, à une époque qui ne paraît pas être antérieure au XVIe s., le sens de « paysan », d'où, au XVIIe s., celui de « rustre ».

MANCENILLIER, 1658. Dér. de **mancenille,** 1527, empr. de l'esp. *manzanilla*, dim. de *manzana* « pomme », lat. *Mattiānum mālum* « pomme de Mattius » (il s'agit probabl. de *Caius Matius*, agronome du Ier s. avant J.-Chr.), ami de César.

MANCHE, *fém.* Lat. *manica*, dér. de *manus* « main », propr. « sorte de gant », puis « manche » (d'abord chez les femmes et les chasseurs) ; l'usage général de la manche a été introduit chez les Romains vers le IIIe s., à l'imitation des peuples de l'Asie et du Nord et a d'abord été considéré comme la marque d'une grande mollesse. — Dér. : **manchette,** XIIIe ; **manchon,** *id. ;* **emmanchure,** 1494.

MANCHE, *masc.* Lat. pop. *manicus*, dér. de *manus* « main », propr. « ce qu'on saisit avec la main, poignée ». A. pr. *mangue, margue ;* it. *manico.* — Dér. : **mancheron** (de charrue), XIIIe (J. de Meung) ; **démancher,** vers 1200, **démanchement,** 1611 ; **emmancher,** vers 1160, **emmanchement,** 1636, **remmancher,** 1549.

MANCHOT, XVe. Dér. de l'anc. adj. *manc*, *manche* « manchot, estropié », lat. *mancus* « *id.* », d'où aussi it. esp. *manco.* L'adj. *manque*, usité au XVIe s., surtout au sens de « défectueux » est probabl. un italianisme, v. **manquer.**

MANDARIN, 1581. Empr. du port. *mandarin*, qui est lui-même empr., avec altération d'après le verbe *mandar* « mander, ordonner », du malais *mantarî* (qui vient du sanscrit *mantrin* « conseiller d'état ») ; les Portugais ont appliqué le mot aux hauts fonctionnaires de Malaisie, de Chine et d'Annam. La locution *tuer le mandarin* a été attribuée à J.-J. Rousseau qui aurait dit : « S'il suffisait, pour devenir le riche héritier d'un homme qu'on n'aurait jamais vu, dont on n'aurait jamais entendu parler, et qui habiterait le fin fond de la Chine, de pousser un bouton pour le faire mourir, qui de nous ne pousserait le bouton et ne tuerait le mandarin ? » ; mais ce passage ne s'est pas retrouvé dans toutes ses œuvres (la locution apparaît pour la 1re fois en 1834 dans *Le père Goriot* de Balzac). — Dér. : **mandarinat,** 1700 ; **mandarinisme,** 1840 ; **mandarine,** 1836 (une 1re fois en 1773, chez Bernardin de Saint-Pierre, *Voyage à l'Ile de France*, ce qui montre que la mandarine, originaire de l'Asie orientale, doit avoir été nommée ainsi avant d'arriver en Europe ; le nom est dû à une comparaison entre la couleur du fruit et celle des habits des mandarins, en général aussi jaune).

MANDAT, 1488 ; **mandataire,** vers 1537. Empr. des mots lat. *mandatum, mandatarius* (en latin jurid. de basse ép.).

MANDER. Lat. *mandāre*. It. *mandare*, esp. *mandar*. Le verbe, qui appartient surtout à la langue écrite, est peut-être repris au latin, mais il est usuel dans les parlers pop. de la vallée du Rhône et de la Provence au sens d' « envoyer » et de « lancer ». — Dér. : **mandant,** 1789 ; **mandement,** XIIe, signifie aussi « lieu de ralliement (de troupes) » au moyen âge. — Comp. : **contremander,** XIIe.

MANDIBULE, 1314. Empr. du lat. de basse ép. *mandibula* « mâchoire », dér. de *mandere* « mâcher ». — Dér. : **démantibuler,** 1611 *(démantibulé)*, altération de *démandibulé*, 1552 (Rab.), peut-être d'après *démanteler*, si ce n'est pas une dissimilation du *d* intérieur entre deux sonores.

MANDOLINE, 1759. Empr. de l'it. *mandolino*, dim. de *mandola*, même mot que le fr. *mandore* (au XIIIe s. *mandoire*), instrument de musique analogue à la mandoline, altération inexpliquée du lat. *pandura ;* celui-ci désigne un instrument de musique, probabl. à trois cordes (du grec *pandoûra*), cf. it. *pandòra*, esp. *bandurria*, etc. Les relations de ces formes ne sont pas expliquées.

MANDRAGORE, XIIIe, antér. *mandegloire*, XIIe. Empr. du lat. *mandragoras* (pris au grec), masc. ; les racines de cette plante passaient au moyen âge pour avoir des vertus magiques ; mot diversement altéré, cf. notamment *main de gloire*, dû à une étymologie pop., encore dans les patois.

MANDRILL, 1744. Empr. de l'angl. *mandrill*, qui est probabl. comp. de *man* « homme » et *drill* « babouin ».

MANDRIN, 1676. Mot aux nombreuses acceptions techn. Empr. de l'occitan *mandrin*, dér. du prov. moderne *mandre* « tourillon, manivelle », en a. pr. « fléau de balance », issu du lat. *mamphur* « partie du tour du tourneur » (d'où l'it. *mànfano* « manche du fléau ») sous l'influence du got. **manduls* qu'on peut supposer d'après l'anc. nor. *mọndull* « manivelle du moulin à main ».

MANDUCATION, 1793 (déjà de 1531 au XVIIe s., mais disparu ensuite). Empr. du lat. *manducatio* comme terme de médecine. V. **manger.**

MANÈGE, 1611. Empr., comme terme d'équitation, de l'it. *maneggio*, subst. verbal de *maneggiare* « manier », formé comme le verbe fr. *manier* (on a aussi empr. *manéger*, comme terme d'équitation, au XVIe s.). *Manège* a pris rapidement en fr. des sens plus étendus, peut-être d'après l'it., et, au XIXe s., de nouveaux emplois techn.

MÂNES, XVIe (Ronsard). Empr. du lat. *manes* « âmes des morts » (ordinairement considérées comme favorables, par opposition aux larves et aux lémures, v. **lémurien).**

MANETTE, v. **main.**

MANGANÈSE. Tiré, pour désigner le corps découvert par le chimiste suédois Scheele en 1774, de *manganèse*, anc. nom de la magnésie noire, empr. en ce sens au XVIe s. (relevé en 1578), de l'it. *manganese*, altération mal expliquée du lat. *magnesia ;* on trouve aussi *magnèse* d'après le mot lat. et des formes altérées *magalaise, méganaise.* La graphie médiévale *mangnesia* n'explique que la première syllabe.

MANGER. Lat. *mandūcāre* (de *mandere* « mâcher »), mot de la langue pop. qui signifiait « jouer des mâchoires » et qui a pris le sens de « manger » à basse ép. Quand le verbe class. *edere* a faibli, en partie parce qu'il était menacé d'homonymies, le peuple lui a substitué *manducare*, assez grossier et vulg. (p. ex. dans l'Itala), tandis que les gens cultivés ont préféré se servir de *comedere*, qui avait l'avantage de rappeler au moins le verbe class. (p. ex. dans la Vulgate). Celui-ci vit dans l'esp. et le port. *comer*, l'autre dans le fr. *manger* et dans l'anc. it. *manucare, manicare* (l'it. moderne *mangiare* a été empr. du fr. à l'époque de la plus grande influence de la civilisation fr., de même que le cat. *menjar*). — Dér. et Comp. : **mangeable,** vers 1200, rare avant le XVIe s., **immangeable,** 1611 ; **mangeaille,** 1264 ; **mangeoire,** vers 1165 ; **mangeotter,** 1787 ; **mangerie,** vers 1170 ; **mangeur,** vers 1200 ; **mangeure,** 1690, au sens moderne, comme terme de vénerie, 1375 ; **démanger,** vers 1300, **démangeaison,** 1549 ; **mange-tout,** 1834 (comme épithète de la mort chez Ronsard) ; **blanc-manger,** XIIIe ; **entre-manger (s'),** 1564.

MANGOUSTE, espèce de rat d'Égypte et de l'Inde, 1703 (*mangouze* en 1697). Le port. *manguço, mongus* et l'angl. *mongoose* sont empr. de *mungus* d'une langue de l'Inde, cf. marathe *mangûs ;* la terminaison est due à l'influence de *langouste*, qui est voisin de sens, et de *mangouste* « fruit de la garcinie » ; l'esp. *mangosta* et le port. *mangusto* sont dus à l'influence du fr. *mangouste.*

MANGUE, 1540 (sous la forme *manga ;* en 1604 *mengue*). Empr., par l'intermédiaire du port. *manga*, de *manga* de la langue de Malabar. — Dér. : **manguier,** 1600.

MANIE, XIVe, comme terme de médecine ; sens plus étendu à partir du XVIe s. ; **maniaque,** vers 1300, sens parallèles à *manie*. Empr. du lat. médical *mania* « folie » (mot pris au grec) et du dér. médiéval *maniacus*. *Manie* sert depuis le XVIIIe s. de deuxième élément de comp. tels qu'**anglomanie,** 1754, etc., d'où on a tiré des noms d'agent en *-mane*, tels qu'**anglomane,** 1765.

MANIER, MANIÈRE, v. **main.**

MANIFESTE, *adj.*, vers 1190 ; **manifester,** vers 1120 ; **manifestation,** vers 1190, rare avant le XVIe s. Empr. des mots lat. *manifestus*, *manifestare*, *manifestatio* (créé à basse ép.).

MANIFESTE, subst., 1574. Empr. de l'it. *manifesto*. — Dér. : **manifester, manifestant, manifestation** au sens politique, tous vers 1845.

MANIGANCE, 1541 (Calvin). Mot pop. d'origine obscure ; on a proposé d'y voir un mot venu du Midi, où il aurait été dér. de *manega* « manche », v. **manche,** pour désigner des tours de bateleurs faisant disparaître des objets dans leurs manches ; mais ce sens est supposé ; l'étymologie n'est donc que plausible. — Dér. : **manigancer,** 1691.

MANILLE, terme de divers jeux de cartes, 1696 (dès 1660 sous les formes *menille*, *malille*) ; le jeu pratiqué aujourd'hui sous ce nom est récent. Empr. de l'esp. *malilla* avec dissimilation de l'*l ; mallila* est dér. de *mala*, qui a le même sens, et qui est le fém. de *malo* « méchante » ; *malilla* signifie donc littéral. « petite méchante, malicieuse » ; probabl. nommée ainsi parce que, tandis qu'elle est une des moindres cartes de sa couleur, la *malilla* devient la deuxième quand sa couleur est atout ; à ce titre on pouvait bien l'appeler « la malicieuse ». — Dér. : **manillon,** fin XIXe, au nouveau jeu de manille.

MANIOC, 1556 ; d'abord aussi *manihot*, 1558 ; *maniot*, 1578. *Maniot* paraît avoir été pris directement au tupi (Brésil), qui dit *manioch*, et avoir été refait en *manioque*, fém., *manioc* d'après *mandioca* de l'esp. et du port., qui représente une autre forme du tupi *mandihoca*.

MANIPULE, terme de pharmacie, XVIe (Bon. Despériers). Empr. du lat. *manipulus* « poignée » (de *manus* « main »). — Dér. : **manipuler,** 1765 ; **manipulateur,** 1762 ; **manipulation,** 1716 ; sens développés parallèlement.

MANIPULE, terme d'antiquité romaine, XVIIe. Empr. du lat. *manipulus*, même mot que le préc.

MANIPULE, terme de liturgie, 1380. Empr. du lat. *manipulus* (v. les préc.), qui a reçu le sens liturgique au moyen âge.

MANITOU, 1627, au sens propre. Empr. de la langue des Algonquins (Canada occidental). S'emploie au sens fig. et par plaisanterie, depuis 1870 environ.

MANIVELLE. D'abord *manevelle*, vers 1130, devenu *menivelle*, 1325, puis *manivelle*, XVIe (Paré), probabl. d'après le verbe *manier*. Lat. pop. **manabella*, altération de *manibula*, autre forme de *manicula* (de *manus* « main »), entre autres sens « mancheron de charrue ».

MANNE, terme biblique, XIIe. Empr. du lat. eccl. *manna* qui remonte, par l'intermédiaire du grec, à l'hébreu *man* (cf. *Exode*, XVI, 15). Pris au sens fig. depuis le XVIIe s.

MANNE, espèce de panier d'osier, 1467. Empr. du moyen néerl. *manne*, variante de *mande* (d'où a. fr. *mande*, qui vit encore, surtout en wallon et en picard). — Dér. : **mannette,** 1453.

MANNEQUIN « panier en forme de hotte », 1467. Empr. d'un moyen néerl. **mannekijn*, dim. de *manne*, v. le préc., qui ne peut pas manquer d'avoir existé, cf. aussi moyen néerl. *mandekijn*, dim. de *mande*, qui a aussi été empr. en picard.

MANNEQUIN « figure de bois ou de cire, servant aux peintres, etc. », 1467, au sens de « figurine ». Empr. en ce sens du moyen néerl. *mannekijn*, littéral. « petit homme ». C'est au XVIIIe s. que le mot a pris le sens indiqué dans la définition, d'où le sens péj. d' « individu qu'on fait mouvoir comme on veut », 1776 ; autres sens au XIXe s.

MANŒUVRE, *fém.*, **manœuvrer.** Lat. pop. *manuopera*, *manuoperāre*, littéral. « travail, travailler avec la main » ; *manuopera* est dans les *Capitulaires* de Charlemagne au sens de « corvée ». — Dér. : **manœuvre,** subst. masc., nom d'agent, 1449 ; **manœuvrier,** 1678 ; **manouvrier,** XIIe.

MANOIR. Aujourd'hui littéraire ; au moyen âge « habitation seigneuriale », XIIe. Inf. pris substantiv. de l'anc. verbe *manoir*, usuel au moyen âge, lat. *manēre* « demeurer un certain temps », d'où, à basse ép., « habiter », cf. a. pr. *maner*, de même sens. V. **manant.**

MANOMÈTRE, 1705. Inventé par le mathématicien Varignon (1654-1722) ; a été fait au moyen du grec *manos* « rare » pris au sens de « peu dense », et de *metron* « mesure », donc au sens de « qui sert à mesurer ce qui est peu dense » ; v. **mètre.**

MANQUER, 1546. Empr. de l'it. *mancare* « être insuffisant, faire défaut, etc. », dér. de l'adj. *manco* au sens de « défectueux », qu'avait déjà le lat. *mancus*, v. **manchot,** et qu'ont conservé l'esp. *manco* et l'a. pr. *manc*. — Dér. : **manque,** 1594 (Henri IV) ; **manquement,** 1566 ; **immanquable,** 1652.

MANSARDE, 1676. Tiré de l'expression *comble à la mansarde* faite sur le nom de l'architecte *Fr. Mansard* (1598-1666). — Dér. : **mansardé,** 1844.

MANSUÉTUDE, XIIIe, antér. *mansuetume*, vers 1200, avec le suff. d'*amertume*, etc. ; *mansuetudine*, *id.* Empr. du lat. *mansuetudo* (de *mansuetus* « apprivoisé, doux »).

MANTE, insecte, 1754. Empr. du lat. des naturalistes *mantis*, qui l'ont pris au grec *mantis*, propr. « devineresse », d'où, par plaisanterie, « mante », pour une raison analogue à celle qui a fait appeler cet insecte *mante religieuse* ou *prie-Dieu* (dans les parlers méridionaux) ; il se tient en effet souvent debout, posé sur ses pattes de derrière, les deux pattes de devant jointes comme les mains de quelqu'un qui prie.

MANTE, sorte de manteau, 1404. Empr. de l'a. pr. *manta*, lat. pop. **manta*, fait sur le lat. de basse ép. *mantum*, v. **manteau,** ou tiré de *mantel* et fait fém. d'après *capa* « chape », v. **mantille.** A désigné en outre un grand voile de deuil (comme en a. pr.), encore chez Saint-Simon (dans *Gil Blas* et dans *Corinne* on n'est pas en France) et jusqu'au XVIe s. une espèce de couverture, sens encore usité dans l'Ouest.

MANTEAU. Lat. *mantellum*, dim. de *mantum*, attesté seulement au VIIe s. (Isidore de Séville, qui le donne comme hispanique), mais certainement plus ancien, *mantellum* étant déjà chez Plaute au sens de « voile ». — Dér. : **mantelet,** XIIe ; **démanteler,** 1563, par l'intermédiaire de *manteler* « couvrir d'un manteau », XIIe, d'où « fortifier », relevé seulement au XVIIe s., mais certainement antér., cf. aussi *emmanteler* « couvrir d'un manteau », XIVe, d'où « fortifier », 1566 ; le développement sémantique est d'origine fig. ; **démantèlement,** XVIe.

MANTILLE, fin XVIe. Empr. de l'esp. *mantilla*, lat. *mantellum*, fait fém. d'après *capa* « cape ».

MANUEL, *adj.*, vers 1200. Empr. du lat. *manualis* (de *manus* « main »).

MANUEL, *subst.*, 1539. Empr. du lat. de basse ép. *manuale*, v. le préc.

MANUFACTURE, 1503. Empr. du lat. médiéval *manufactura* « travail à la main », d'où « fabrication », sens du mot jusqu'au milieu du XVIIIe s., conservé seulement dans le titre *École Centrale des Arts et Manufactures* (créée en 1829) pour distinguer cette école du *Conservatoire des Arts et Métiers*. Au sens moderne, 1614 ; a signifié auss « produits manufacturés » dès 1572. — Dér. — **manufacturer,** 1538 ; **manufacturier,** 1664.

MANUSCRIT, 1594, *adj.* et *subst.* Empr. du lat. *manu scriptus* « écrit à la main », qui ne s'employait que comme adj. avec *liber* ou *codex*.

MANUTENTION, vers 1500, au sens d' « action de maintenir » ; de ce sens disparu depuis le XVIIIe s. est issu celui d' « administration, gestion » fin XVIIe (Saint-Simon), puis celui de « manipulation de certains produits », 1820 (à propos du tabac). Empr. du lat. médiéval *manutentio* (de *manu tenere* « tenir avec la main) ». — Dér. : **manutentionnaire,** 1788 ; **manutentionner,** 1820 (à propos du tabac).

MAOUS « gros, etc. », pop. de l'argot *maous*, 1895, comp. ang. *mahou* « lourdaud », probabl. du nom de femme a. fr. *Mahaut*, forme pop. de *Mathilde*.

MAPPEMONDE, XIIIe, cf. aussi *mapamonde*, XIIe (Chrétien). Empr. du lat. médiéval *mappa mundi*, littéral. « nappe du monde », cf. **nappe** ; on trouve aussi au moyen âge *mappe du monde* et simplement *mappe*.

MAQUE, MAQUER, v. **machure.**

MAQUEREAU « entremetteur », XIIIe (Rutebeuf). Empr. du moyen néerl. *makelâre* « courtier » (cf. *makelare* en ce sens, dans un texte de Saint-Omer de 1270), dér. de *makeln* « trafiquer » (de *maken* « faire »). — Dér. : **maquerellage,** XIIIe ; **maquerelle,** XIIIe (J. de Meung).

MAQUEREAU, poisson, 1138. Très probabl. le même mot que le préc. Selon une croyance populaire le maquereau, qui, comme on sait, accompagne les troupes de harengs dans leurs migrations, aurait la fonction de rapprocher les harengs mâles des femelles.

MAQUETTE, 1752. Empr. de l'it. *macchietta*, propr. « petite tache », d'où « ébauche (de dessin) », dér. de *macchia* « tache », du lat. *macula*.

MAQUIGNON, 1279 ; jusqu'au XVIe s. on disait *maquignon de chevaux*. Très probablement autre forme de *maquereau* au sens propre de « courtier », avec substitution de suff., sous l'influence de *barguigner*. — Dér. : **maquignonner,** 1511, **maquignonnage,** 1507.

MAQUILLER, 1840, comme terme de l'argot du théâtre, mais déjà *maquis* « fard », 1827. Vient de l'argot, où il est attesté au sens de « travailler » de Villon au XVIIe s., au sens de « voler » au XVIIe et au XVIIIe s. Il doit s'agir d'un dér. né dans l'argot des villes picardes, où un verbe simple *makier* au sens de « faire » (*makier le papelart* « feindre d'être dévot ») est attesté dès le XIIIe s. ; *makier* est empr. du moyen néerl. *maken* « faire ». — Dér. : **maquillage,** 1860 ; **maquilleuse,** 1872 ; **démaquiller,** 1907 (au sens de « défaire » en 1837).

MAQUIS, 1775 (var. *makis*). Empr. de l'it. *macchia*, propr. « tache », d'où « sorte de fourré », ces groupes de buissons épais formant comme des taches sur les pentes des montagnes. Les Français ont eu connaissance du mot et de la chose à l'époque des expéditions contre les Corses qui ne voulaient pas reconnaître d'emblée la domination française. La grande diffusion du mot en fr. est due en partie aux œuvres narratives de Mérimée. — Dér. : **maquisard** « membre de la résistance active, pendant l'occupation allemande (1940-44) ».

MARABOUT, « musulman qui se consacre à la pratique et à l'enseignement de la religion », 1651. Empr. du port. *marabuto*, empr. lui-même de l'arabe *marbūṭ* « attaché à la garde d'un poste-frontière », d'où « ermite », d'où aussi esp. *morabito* et quelques formes fr. du XVIe s., *morabuth*, 1575 ; *moabite*, 1560. Le même mot arabe se retrouve dans le nom de la dynastie des Almoravides *almorâbitin* d'où vient le nom de la monnaie esp. *maravedi*, arabe *morâbiti*, d'abord « monnaie d'or (frappée sous cette dynastie) », et, beaucoup plus tard, « monnaie de cuivre », empr. en ce sens sous la forme **maravédis,** attesté depuis 1555 (auparavant *malavedis* vers 1500, *marobedis* en 1517). *Marabout*, nom d'oiseau, 1820, est un emploi fig., par plaisanterie, en raison du port majestueux de cet oiseau ; on l'appelle aussi pour cette raison *philosophe*.

MARAÎCHER, v. le suiv.

MARAIS, XIIe (écrit *mareis*). Du francique **marisk*, dér. du germ. **mari-* « mer, lac », cf. angl. *marsh ;* attesté sous la forme *mariscus* dans des documents mérovingiens et carolingiens. — Dér. : **maraîcher,** 1690, en 1497 la forme picarde *marequier ;* **marécage,** XIVe (Froissart), antér. depuis 1213 adj., dér. norm. ou picard de l'anc. forme *maresc*, cf. *maresquiere* et *maresquois* « marécage », à côté des formes fr. *mareschiere*, *mareschoi(s) ;* d'où **marécageux,** 1532, cf. aussi le dér. *maraîchin*, « qui appartient au Marais poitevin », 1840, d'où *maraîchinage* qui désigne notamment une certaine manière de s'embrasser des jeunes gens du Marais poitevin.

MARASME, XVIe (Paré), d'abord *marasmos*, 1552. Empr. du grec *marasmos* « consomption ». Sens fig. fin XVIIIe.

MARASQUIN, 1739 (de Brosses : *marasquin de Zara*). Empr. de l'it. *maraschino*, dér. de *(a)marasca* « espèce de cerise aigre », avec laquelle on fait le marasquin (de *amaro* « amer ») ; *maraschino* provient probabl. de la côte dalmate (région de Zara) où se fabrique le marasquin le plus renommé.

MARATHON, vers 1900. Le nom de cette course vient du fait qu'un guerrier qui avait combattu à Marathon fit une course rapide pour porter à Athènes la nouvelle de la victoire remportée sur les Perses.

MARÂTRE. Lat. pop. **mātrastra* « femme du père », qui a supplanté le lat. class. *noverca*, qui ne subsiste que dans le macédo-roumain *nuearcă*. Sens défavorable dès le XIIIe s. ; aujourd'hui remplacé au sens propre par *belle-mère*. Esp. *madrastra*.

MARAUD, XVe. Peut-être emploi métaphorique de *maraud*, nom du matou dans les parlers du Centre et de l'Ouest, qui aura pu être pris au sens de « vagabond ». Quant à *maraud* « matou », c'est un mot qui imite le ronron des chats ou le miaulement des chats en rut, v. **marmonner.** V. **marlou.** — Dér. : **marauder,** 1549 ; **maraude,** 1679 ; **maraudage,** 1788 ; **maraudeur,** 1679.

MARAVÉDIS, v. **marabout.**

MARBRE. Lat. *marmor*. It. *marmo*, esp. *mármol*. — Dér. : **marbrer,** XIe (Alexis) ; **marbrier,** 1311 ; **marbrerie,** 1771 ; **marbrière,** 1566 ; **marbrure,** 1680.

MARC « ancien poids », vers 1138. Du francique **marka* qu'on suppose d'après le moyen haut all. *mark*, *marke* « demi-livre d'or ou d'argent », d'où all. *Mark*, cf. le lat. du IXe s. *marca ;* la terminaison du francique **marka* correspondant à la terminaison collective *-a* du roman, on prit ce mot pour un plur. collectif et on lui donna un nouveau sing. masc.

MARC, résidu de fruits, v. **marcher.**

MARCASSIN, 1496 (sous la forme *marquesin*). Probabl. dér. du radical de *marquer*, les marcassins portant des rayures le long du corps, qui disparaissent après le 5e mois de leur vie. Le suff. rappelle celui de *bécassin*, *agassin*, etc.

MARCASSITE, 1490 (écrit *marcasite*). Empr. de l'arabe *marqachîțâ* (d'origine persane) par l'intermédiaire du lat. médiéval *marchasita*, de l'it. *marcassita* ou de l'esp. *marcasita*, anc. *marcaxita*.

MARCHAND. D'abord *marcheant*, devenu *marchand* par contraction ; *marcheant* représente le lat. pop. **mercātantem*, acc. du part. prés. d'un verbe **mercātāre*, supposé par l'a. pr. *mercadar* « commercer » (dér. de *mercātus* « marché »), le lat. class. disait *mercārī* « commercer », *mercātor* « marchand ». It. *mercatante*, esp. *mercadante*. — Dér. : **marchander,** vers 1200, propr. « faire le marchand, trafiquer », encore usité au XVIe s., d'où le sens plus étendu « délibérer » vers le XIVe s., etc., d'où **marchandage,** 1867, **marchandeur,** 1836 ; **marchandise,** XIIe *(marcheandise)*, a signifié aussi « commerce, marché » jusqu'au XVIe s. comme son concurrent *-die*.

MARCHE « pays de frontière », vers 1080 *(Roland)*. Empr. du germ. **marka*, cf. all. *Mark*, fém. « frontière », d'où aussi it. esp. a. pr. *marca* « frontière, pays de frontière ». V. **marquis.**

MARCHE « action de marcher », v. **marcher.**

MARCHÉ. Lat. *mercātus*. It. *mercato*, esp. *mercado*.

MARCHER, vers 1160, au sens de « fouler aux pieds », sens du verbe au moyen âge, d'où celui de « broyer, battre au fléau, etc. », des parlers de l'Est ; le sens moderne paraît dater du XVe s. Du francique *markôn* « marquer, imprimer (le pas) ». A. pr. *marcar* « fouler aux pieds, marcher » ; l'it. *marciare* « marcher » et l'esp. *marchar* « *id.* » viennent du fr., de même l'angl. *to march*, l'all. *marschieren ; marcher* s'est répandu ainsi depuis le XVIe s. comme terme militaire. — Dér. et Comp. : **marc** de raisin, d'après le sens propre du verbe, XVe ; **marche,** 1375, « traces d'un animal », terme de vénerie, développement de sens parallèle au verbe, *marche* (d'escalier), 1538 ; d'où **contremarche,** 1626, terme militaire, en 1752, *contremarche d'escalier ;* **marcheur,** 1669 ; **démarche,** vers 1500, par l'intermédiaire d'un verbe *démarcher*, XIIe, propr. « fouler aux pieds », d'où « marcher », vers le XVe s., encore usité au XVIIIe s. à la forme pronominale *se d.*, d'où **démarcheur,** début XXe, « employé d'établissement financier, chargé de faire des démarches auprès des clients » ; **marchepied,** 1330, au sens moderne, au XIIIe et XIVe aussi « sorte d'engin de pêche » ou « tapis », d'après le sens propre du verbe.

MARCOTTE, 1538 (écrit *marquotte ;* en outre *marquos*, plur., 1397 ; *marquot*, 1555, et, à côté, *margotte*, 1559). La forme dialectale *margotte* (d'où l'it. *margotta*) étant plus récente que *marcotte*, celui-ci ne peut guère venir du lat. *mergus* « provin ». Il est plutôt dér. de *marcus*, donné par Columelle comme nom d'une espèce de cep usité en Gaule. — Dér. : **marcotter,** 1551, d'où **marcottage,** 1835.

MARDI. En a. fr. *marsdi* et, dans des textes dialectaux, *dimars*. Lat. *martis dies* « jour de Mars », v. **lundi.** It. *martedi*, esp. *martes*. — Comp. : **mardi gras,** XVIe.

MARE, vers 1170. Jusqu'au XVIe s. surtout normand et anglo-normand. De l'anc. norois *marr* « mer ; lac » ; il est vrai que celui-ci est masc., mais l'anglo-saxon *mere* « lac ; marais » peut lui avoir conféré son genre fém.

MARÉCAGE, v. **marais.**

MARÉCHAL, XIIe *(mareschauz)*. Du francique **marhskalk*, cf. anc. haut all. *marahskalk*, « domestique *(skalk)* chargé de soigner les chevaux *(marah)* » et le latin de la Loi Salique *mariscalcus*. S'est développé en deux sens : 1° a pris celui de « maréchal-ferrant », attesté dès 1086, et qui se retrouve dans l'it. *maniscalco*, d'abord *mariscalco* (qui paraît venir du gallo-roman) et l'a. pr. *marescalc*, *manescalc ; maréchal-ferrant*, 1611, est propre au fr., qui avait plus besoin que les parlers pop. de distinguer les sens ; autrefois le maréchal était aussi le vétérinaire des chevaux, et l'est encore dans les campagnes ; 2° dès le XIIe s. a servi à désigner diverses sortes d'officiers. Au sens d' « officier général d'armée » qui apparaît dès le XIIIe s. (Guillaume le Maréchal), a été empr. par les langues voisines : it. *maresciallo*, esp. *mariscal* (d'après la forme du lat. médiéval), all. *Marschall*, angl. *marshal*. — Dér. : **maréchaussée,** vers 1100 *(marechaucie)*, d'après la première forme *mareschalc ;* signifie « écurie » jusqu'au XVe s. ; le sens de « gendarmerie » s'est développé vers 1700 d'après l'emploi de *maréchal* pour désigner des soldats à cheval veillant à la sûreté publique. D'après le premier sens : **maréchalerie,** 1533. D'après celui d' « officier général du plus haut grade » : **maréchalat,** 1840.

MARELLE, XIVe *(merele) ;* au XVIIe et au XVIIIe s. plutôt *mérelle*, qui est aussi la forme la plus usitée au moyen âge. Signifie propr. « jeton », d'où son emploi pour désigner des jeux avec des jetons ou des palets. Fém. de *marel*, *merel*, XIIe, vieux mot, encore dans les dict. sous la forme *méreau*, mais hors d'usage depuis le XVIe s., « jeton, palet, sorte de médaille ou de monnaie », d'origine obscure. Se rattache probabl. à un préroman **marr-* « pierre », dont les dér. sont répandus en Italie et dans l'ibéroroman.

MARGARINE, 1813. Nom donné par Chevreul (1786-1889) à cette combinaison d'acide margarique et de glycérine ; dér., comme *margarique*, 1816, du grec *margaron* « perle », v. **marguerite,** à cause de la couleur de cet acide.

MARGE, 1225. Lat. *margo*, *marginis* « bord, marge ». Le mot lat. est des deux genres, de là aussi quelque hésitation en fr. sur le genre de *marge*. D'une forme **marne*, non attestée, mais qui serait régulièrement issue de *marginem*, semble être dér. le verbe **marner,** 1716, « dépasser le niveau des hautes eaux », en parlant de la mer. — Dér. : **marger,** XIVe (Froissart), **margeur,** 1730, **émarger,** 1611, **émargement,** 1721.

MARGELLE. Lat. pop. **margella*, dér. de *margo*, v. le préc. ; en a. fr. on trouve souvent les formes altérées *marzelle* et *mardelle*, cette dernière forme encore usitée en berrichon.

MARGINAL, XVe ; **marginer,** 1738 (Voltaire). Dér. sav. du lat. *margo*, *marginis* « marge », v. les préc.

MARGOTIN, 1840 (*marcottin* dès 1803). Dér. de **marcotte** « sarment », avec le suff. collectif *-īmen*.

MARGOUILLIS, 1630. Dér. du verbe *margouiller* « salir », XIVe, au XIIe s. *margouillier* et *mergouillier*. Peut-être dér. du lat. *mergullus* « plongeon (oiseau) », ou bien issu d'une comp. tautologique de *mare* et de l'a. fr. *goille* « mare, etc. » (encore très répandu dans les patois, probabl. du francique **gullja* « mare »). Cf aussi norm. manceau *marouiller*, dér. de *marr* (v. **mare**).

MARGOULETTE, 1756 (Vadé). Mot vulg. dér. de *gueule*. Le premier élément est probabl. emprunté d'un mot comme *margouiller*, qui a pris, entre autres en Normandie, le sens de « manger salement ».

MARGOULIN, 1840. « Petit marchand forain », mot pop., tiré du verbe *margouliner*, usité dans le Bas-Maine au sens d' « aller vendre de bourg en bourg », surtout en parlant de femmes qui vendent des mouchoirs ; ce verbe est dér. de *margouline* « bonnet de femme », donc « aller en margouline » (plutôt que « vendre des margoulines ») et *margouline* est lui-même une variante de *margoulette*, v. le préc., d'après *gouline* « sorte de bonnet de femme », dér. de *goule* « gueule ».

MARGRAVE, 1575. Empr. de l'all. *Markgraf* « comte de marche ». — Dér. : **margraviat,** 1752.

MARGUERITE, XIIIe (*margerite*, comme nom de fleur ; en outre *margarite*, vers 1200, au sens de « perle »). Empr. du lat. *margarita* « perle » (du grec *margaritês*, d'origine sémitique). Le sens de « marguerite », fleur, s'est développé en fr. Le sens de « perle », fréquent au moyen âge, a disparu sauf dans la locution, du reste arch., *jeter, semer des marguerites devant des pourceaux*, introduite au XVIe s., d'après la phrase de l'Évangile : « Ne jetez pas vos perles devant les pourceaux », Mathieu, VII, 6. — Comp. : **reine-marguerite,** XVIIIe.

MARGUILLIER, vers 1460, d'abord *marreglier*, XIIe, d'où *marglier*, XVe, puis *marguillier*, XVIe. Empr. du lat. de basse ép. *matricularius* « qui tient un registre », v. **matricule.** Signifie en outre au moyen âge « bedeau, sonneur », sens encore usités. — Dér. : **marguillerie,** XVIe, antér. formes variées, depuis le XIIIe (*marreglerie*, etc.).

MARI. Lat. *marītus*, qui a éliminé *vir*. Aujourd'hui éliminé lui-même dans le français pop. par *homme* ou, dans l'Ouest, *bonhomme*. It. *marito*, esp. *marido*.

MARIER. Lat. *marītāre*. It. *maritare*, esp. *maridar*. — Dér. : **mariable,** XIIe ; **mariage,** XIIe ; **marieur,** 1223 ; **remarier,** 1251.

MARIE-SALOPE, v. **sale.**

MARIGOT, 1688 (attesté dès 1654 comme nom de lieu). Terme de géographie, d'origine inconnue, utilisé d'abord aux Antilles.

MARIN, *adj.* Lat. *marīnus* (de *mare* « mer »). It. esp. *marino*. — Dér. : **marin,** *subst.*, désigne d'abord un officier de marine, 1718, ensuite un matelot, 1756 ; **marine,** XVIe, au sens moderne ; au moyen âge signifie « plage, littoral », sens encore relevé au XIXe s., comme l'it. esp. *marina* ; au sens de « tableau représentant une scène de mer », 1626 ; de *marine* « eau de mer » ou « poisson de mer », sens attestés au XVe et au XVIe s., est issu **mariner,** 1546 (Rab., peut-être empr. de l'it. *marinare*, même sens), d'abord au part. passé, depuis 1636 comme verbe, cf. aussi *mariné* « gâté par l'eau de mer », 1690, d'où **marinade,** 1651 ; **marinier,** 1137 « marin » ; le sens de « qui conduit un bateau sur une rivière », 1524. — Comp. : **sous-marin,** adj., 1555, rare avant le XVIIIe s. ; 1875, subst.

MARINGOUIN, 1614 (1579, *maringon*). Empr. du tupi ou du guarani (Brésil), où ce moustique est appelé *maruim* ou *mbarigui*.

MARIOL(LE), 1827. Terme d'argot devenu pop. ; « roublard, rusé, malin ». Paraît être le même mot que l'a. fr. *mariole* « figurine sainte, marionnette, poupée », v. **margotin,** pris dans un sens péj. ; cette étymologie est appuyée par celle de *marjolet* « freluquet », aujourd'hui hors d'usage, ancienn. *mariolet*, cf. *mariaulet* en 1704, considéré comme dér. de l'anc. *mariole* et devenu **marjolet** dès le XVe s., probabl. par croisement avec *marjolaine*, les marjolets (ou damoiseaux) étant de ceux qui pouvaient « aller la nuit resveiller les pots de marjolaine (c'est-à-dire donner des sérénades) ». *Mariol* « filou » est un autre mot emprunté au XVIe s. de l'it. *mariolo*.

MARIONNETTE, 1517. Dér. de *Marion*, dim. de *Marie*, cf. *mariotte*, au même sens, au XVe et au XVIe s. et au sens de « petite fille » chez Villon : Calvin l'emploie au sens de « figurine sainte » par allusion méprisante à la Vierge Marie.

MARITAL, 1496. Empr. du lat. *maritalis* de *maritus*, v. **mari**).

MARITIME, 1336. Empr. du lat. *maritimus* ; au XVe et au XVIe s., formes plus francisées *maritin*, *maritain*, au fém. *maritaine*.

MARITORNE, 1798, d'abord *malitorne*, 1642. Tiré de *Maritorne*, en esp. *Maritornes*, nom d'une fille d'auberge remarquablement laide dans *Don Quichotte*, chap. XVI.

MARIVAUDAGE, 1760 (Diderot) ; **marivauder,** *id.* Dér. de *Marivaux* (1688-1763), en raison du raffinement du sentiment et de l'expression, propre à cet auteur.

MARJOLAINE, XVIe. Altération de *mariolaine*, 1393, la lecture *marjolaine* est alors inexacte, première altération de *maiorane*, XIIIe (également imprimé à tort *majorane*), empr. du lat. médiéval *maiorana* (*j* est également injustifié), d'origine obscure, cf. it. *maiorana*, *maggiorana*, esp. *mayorana*, *mejorana*, a. pr. *majorana* (avec un *j* dont la valeur est également contestable), dont les rapports avec le lat. *amaracus* (du grec *amarakos*) ne sont pas éclaircis. En tout cas la forme du fr. a d'abord été *mariolaine*, encore usitée en wallon, due à un croisement de *maiorane* avec *Marion* (il a dû y avoir une forme **marionaine*) et elle n'a pu devenir *marjolaine* qu'au XVIe s., quand les imprimeurs ont introduit *j* dans le lat. *majorana*, d'où on a fait ensuite *marjolaine*, d'abord dans la langue écrite.

MARJOLET, v. **mariole.**

MARLOU, 1821. Terme vulgaire signifiant « souteneur », emploi fig. de *marlou* « matou », répandu dans les parlers septentrionaux. V. **maraud.**

MARMAILLE, v. **marmot.**

MARMELADE, 1642 (écrit *marmellade ;* antér. *mermelade*, 1573). Empr. du port. *marmelada* « cotignac », dér. de *marmelo* « coing », lat. *melimēlum* « sorte de pomme douce » (du grec *melimēlon*) ; l'esp. a également empr. *mermelada*, mais on ne peut affirmer qu'il ait été l'intermédiaire entre le port. et le fr.

MARMENTEAU, 1508 (écrit *marmentau*). On dit surtout *bois marmenteau*. Terme techn., propr. anc. adj. en *-al*, dér. de l'a. fr. *merrement*, 1308, pour *mairrement*, lat. pop. **materiāmentum* « bois de construction », conservé seulement en fr., dér. de **materiāmen*, v. **merrain.**

MARMITE, 1313. Substantivation de l'adj. *marmite* « hypocrite », vers 1200 (v. le suivant), qui s'explique par le fait que la marmite profonde et couverte d'un couvercle cache son contenu aux enfants curieux. Remplace l'a. fr. *oule*, *eule*, du lat. *olla*. L'adj. *marmite* est né d'une composition du radical *marmouser* « murmurer » (v. **marmonner**) avec *mite*, nom de caresse de la chatte, v. **mitaine.** Le franç. partage avec d'autres langues le radical onomatopéique *mi-* suivi d'une consonne pour désigner le chat par l'imitation de sa voix, comp. all. *mieze*, it. *micio*, esp. *mizo*. *Marmite* a servi à désigner pendant la guerre de 1914-18 (aussi déjà en 1745 et 1855) les obus, d'où **marmiter,** vers 1915. — Dér. : **marmiton,** 1523.

MARMITEUX, XIIe. En a. fr. « hypocrite ». Dér. de l'a. fr. *marmite,* employé surtout dans la locution *faire le marmite* « faire l'hypocrite » ; *marmite* est une contamination de l'a. fr. *mite* « chat », mot onomatopéique, et du verbe *marmonner* « murmurer ». Cf. **chattemite.**

MARMONNER, 1534 (Rab.). Beaucoup de langues indo-européennes possèdent une famille de mots onomatopéiques qui expriment, avec ou sans réduplication, au moyen de la voyelle *u* ou *a,* le murmure, ainsi lat. *murmurare,* all. *murren,* norv. *marma* « bruire », suéd. *marra* « murmurer ». Le franç. possède la forme avec ou sans *-m-*, et avec plusieurs suffixes. De là *marmotter, marmuser, marmouser* au XVe s., *marmonner* au XVIe.

MARMORÉEN, 1838. Dér. sav. du lat. *marmoreus* « de marbre *(marmor)* ».

MARMOT, 1493, au sens de « singe » encore usité au XVIIIe s. ; a pris le sens de « petit enfant » dès 1640. Semble tiré du verbe *marmotter,* à cause des mouvements continuels que les singes font avec leurs babines ; le fém. *marmote* « singe » est attesté du XIIIe au XVe s. ; a été fait masc. pour le distinguer de *marmotte.* La locution *croquer le marmot* (ou *le marmouset*), 1690, n'est pas claire ; peut-être est-ce simplement une périphrase pour *marmonner, marmouser.* — Avec changement de suff. : **marmaille,** 1560.

MARMOTTE, vers 1200. Peut-être tiré de *marmotter,* cf. le préc., bien que ce verbe ne soit attesté que depuis le XVe s., mais un tel mot pouvait vivre dans les parlers pop., sans être enregistré dans la langue écrite, cf. l'indication de Buffon : « Elles le boivent (le lait) en marmottant » ; l'it. *marmotta* et *-o* et l'esp. *marmota* viennent du fr. *Marmotte* n'a pas de rapport direct avec le lat. *mus montānus,* propr. « rat des montagnes », de Polemius Silvius, sur lequel sont refaites les formes du XVIe s. *marmontaine, marmotaine.* Le sens de « sorte de coiffure de femme », 1829, s'explique par le fait que cette coiffure nouée sur la tête a deux coins qui se détachent comme les oreilles des marmottes.

MARMOTTER, v. **marmonner.**

MARMOUSET, 1310 : *Rue des Marmousets,* ainsi nommée à cause des figures grotesques qui s'y trouvaient, cf. *duo marmoseti lapidei* dans un texte de 1280 se rapportant à cette rue ; sens encore usité au XVIIIe s., d'où celui de « petit garçon » dès le XVe s. Variante de *marmot* d'après le verbe *marmouser ;* il n'est pas nécessaire de supposer que *marmouset* ait eu le sens de « singe », étant donné l'existence de *marmot.*

MARNE, 1266, d'après la forme latinisée *marna.* Altération de *marle,* encore usité au XVIe s. et aujourd'hui dans des patois, du gaulois *margila,* dont le simple *marga* est chez Pline, d'où it. esp. *marga ;* cf. aussi all. *Mergel,* angl. *marl.* — Dér. : **marner,** vers 1207 (*marler* dans un texte normand), **marnage,** 1641 ; **marneux,** vers 1520 ; **marnière,** vers 1230 (sous la forme *marliere*).

MARNER « dépasser le niveau ordinaire des hautes eaux », v. **marge.**

MARONAGE, terme techn. des forêts, v. **merrain.**

MARONNER, 1743. Terme fam., d'origine dialectale, qui signifie « miauler » en normand et ailleurs ; dér. d'un nom du chat, v. **maraud** et **marmonner.**

MAROQUIN, 1490. Dér. de *Maroc,* nom du pays où cette peau s'apprêtait d'abord. — Dér. : **maroquiner,** 1701 ; **maroquinier,** vers 1700 ; **maroquinerie,** *id.*

MAROTIQUE, 1585. Dér. du nom du poète *Clément Marot* (1495-1544).

MAROTTE, 1468, au sens de « figure sainte » ou de « poupée » : « L'accouchée est dans son lit, plus parée qu'une espousée..., tant que vous diriez que c'est la teste d'une marote ou d'une idole » (J. Castel) ; sens moderne au XVe s. ; le sens de « poupée » est encore usuel dans les parlers du Nord. Dim. de *Marie,* cf. *mariole* et *mariotte.*

MAROUFLE « *maraud* », 1534 (Rab.). Autre forme de *maraud,* attestée au sens de « gros chat » en 1611 et encore usitée au sens de « matou » dans plusieurs parlers.

MAROUFLE « colle forte », 1688 (sous la forme *marouf*). Probabl. forme fém. du précédent employée par plaisanterie par les peintres en bâtiment pour désigner la colle (cette plaisanterie est peut-être due à l'homonymie de *chat* et *chas* « colle d'amidon »). — Dér. : **maroufler,** 1746 ; **marouflage,** 1876.

MARQUER, vers 1510. Forme dialectale ; l'a. fr. avait *merch(i)er* « marquer », encore usité au XVIe s., dér. de l'anc. scandinave *merki* « marque », cf. anc. haut all. *merken,* all. *merken* « marquer, remarquer » ; la voyelle *a* est due au verbe *marcher* qui signifiait alors « presser », cf. aussi *marcher* au sens de « marquer » au XVe s. ; *marquer* a pu subir aussi l'influence de l'it. *marcare* « marquer », de même famille ; celui-ci dérive de *marca* « marque », d'un mot germ. **marka,* correspondant à l'all. *Marke* « signe », dont le prototype est à la base du verbe germ. **markôn* (anc. nor. *marka,* angl. *mark*), cf. de même esp. a. pr. *marca.* L'*a* de ces différentes formes est dû probabl. à celui de *marca* « frontière », v. **marche.** — Dér. et Comp. : **marque,** 1483 ; en a. fr. *merc* et *merche,* parfois aussi *marc* au XVe s., d'où **contremarque,** 1463. *Marque,* au sens anc. de « représailles », 1339, parfois aussi *marche,* XIVe, d'où *lettre de marque,* est empr. de l'a. pr. *marca* (attesté dès le XIIe s.), qui a pris ce sens spécial de « saisie (qu'on signalait par une marque), représaille » ; en lat. médiéval *marcare* et *marca* apparaissent en ce même sens de « saisir, faire une saisie », propr. « faire une marque de saisie » dès le XIIe s. ; il représente le gothique **markôn* qu'on est en droit de postuler d'après l'anc. nor. *marka* « marquer la propriété de qn »; **marqueté,** 1379 (on trouve rarement **-er,** etc.), **marqueterie,** 1416 ; **marqueur,** 1575 ; **marquoir,** 1771 ; **démarquer,** XVIe (Ronsard) ; **remarquer,** XVIe, antér. *remercher, remerquier,* XIVe (forme picarde), on a encore *remarcher* au XVIe s. ; d'où **remarque,** XVIe, en outre *remerche,* 1505 ; *remerque,* XVIe ; **remarquable,** 1547.

MARQUIS, 1227. Réfection de l'a. fr. *marchis,* XIIe, dér. de *marche* « frontière », d'après l'it. *marchese,* de même formation ; d'abord seulement d'Italiens, depuis le XVIe s. aussi de Français. — Dér. : **marquise,** XVIe, au XIIe s. *marchise ;* depuis le XVIIIe s. « tente de toile tendue au-dessus de la tente d'un officier », ainsi nommée parce qu'elle se distingue des autres (*marquis* a pris un sens légèrement défavorable que n'ont pas les autres titres de noblesse), d'où, au XIXe s., « sorte d'auvent ». — **Marquisat,** 1474. Empr. de l'it. *marchesato,* adapté à *marquis.*

MARRAINE. Lat. pop. **mātrīna,* dér. de *māter,* « mère ». La substitution du suff. *-aine* est antérieure aux premiers textes. It. esp. *madrina.* V. **commère, parrain.**

MARRE, « houe de vigneron », 1265, dans un texte de l'Orléanais. Mot dialectal, usité aujourd'hui surtout dans la région de l'Orléanais, du Centre et de l'Ouest, lat. *marra,* d'où aussi it. esp. *marra.* — Dér. : **marrer,** XIIIe.

MARRE, 1896, dans *en avoir marre* « en avoir assez », subst. verbal de *se marrir* « s'ennuyer », a. fr. « s'affliger ». V. le suivant. — Dér. **se marrer,** d'abord terme d'argot au sens de « s'ennuyer », 1886, puis, par antiphrase, « se tordre de rire », 1920 ; **marrant** « amusant », 1920.

MARRI, 1160. Part. passé de l'anc. verbe *marrir* « affliger », du francique **marrjan,* cf. gotique *marrjan* « fâcher », d'où a. pr. *marrir,* it. *smarrire* « égarer ». L'adj. survit aussi en prov. au sens de « mauvais » et, par un développement notable, au sens de « fils, fille » dans les Hautes-Alpes.

MARRON « grosse châtaigne », 1537. Mot venu de la région lyonnaise, cf. *marron de Lyon,* 1544, qui se retrouve dans le milanais *marrone.* Dér. probabl. du même radical préroman que **marelle,** v. celui-ci. On le rattache aussi au franco-prov. *marron* « guide (surtout sur le Grand-Saint-Bernard) », toscan *marrone* « homme expert qui en secourt un autre peu expert », lesquels pourraient être un reflet de l'étrusque *maru* désignant une charge dans le sacerdoce de ce peuple (le nom d'homme romain *Maro* s'y rattache probablement). Le rapport conceptuel consisterait alors dans le fait que le marron, très gros, ne contient qu'un fruit dans la même bogue, tandis que celle de la châtaigne commune en renferme plusieurs. La locution *tirer les marrons du feu* a été répandue par la fable de La Fontaine, *Le Singe et le Chat,* IX, 17. — Dér. : **marronnier,** 1560.

MARRON « esclave nègre fugitif », 1667 (1579, *cimaroni*). Altération de l'esp. d'Amérique *cimarrón,* dér. de l'anc. esp. *cimarra* « fourré », qui se disait peut-être d'abord des animaux domestiques qui se sont enfuis dans les bois, puis des esclaves fugitifs. Le sens péj. de « personne qui exerce une profession sans titre » est propre au fr. et date du XIXe s. (relevé depuis 1832).

MARRUBE, 1387 (alors *marrubre*). Empr. du lat. *marrubium ;* l'a. fr. a une forme pop. *maruge* (lire *marouge*).

MARS. Lat. *martius (mensis).* It. esp. *marzo.* La locution (arriver) *comme mars en carême,* apparaît dès le XIVe s., on a dit aussi *comme marée en carême,* mais, semble-t-il, postérieurement.

MARSAUX, v. **saule.**

MARSOUIN, 1385 (écrit *massouyn* et *marsouyn,* à Dieppe). Empr. du mot dano-suédois *marsvin,* littéral. « porc de mer », cf. de même all. *Meerschwein.*

MARSUPIAL, 1736. Dér. sav. du lat. *marsupium* « bourse » (du grec *marsipion*).

MARTAGON, 1562. Empr. de l'esp. *martagón,* lequel vient probabl. du turc *martagān* « sorte de turban ». Comp. **tulipe.**

MARTEAU. Lat. pop. **martellus,* du lat. impérial *martulus ; martulus* est une altération de *marculus* (dont *marcus* « marteau » est une réfection tardive) par hyperurbanisme, sur le modèle du lat. class. *vetulus* en face du lat. pop. *vetus* « vieux ». Fam. au sens de « fou » (qui a reçu un coup de marteau sur la tête), depuis 1882. — Dér. : **marteler,** XIIIe (J. de Meung), d'où, d'après un sens fig. de « soumettre à un effort pénible », **martel** « inquiétude », XVIe, encore usuel au XVIIe, aujourd'hui seulement, dans *se mettre martel en tête ;* **martelage,** 1530 ; **marteleur,** XIIIe ; **martellerie,** vers 1500, d'abord « choc des armes » ; **martelet,** XIIIe (J. de Meung).

MARTIAL, 1511. Empr. du lat. *martialis* « qui concerne Mars, dieu de la guerre » ; *loi martiale* date d'une promulgation de l'Assemblée Constituante, le 21 octobre 1789 ; *cour martiale* a été fait ensuite.

MARTINET, espèce d'hirondelle, 1530. Dér. du nom propre *Martin,* qui représente peut-être *saint Martin,* sans qu'on sache la raison de cette dénomination, cf. *oiseau Saint-Martin* au sens de « martin-pêcheur » en a. fr. ; se retrouve dans l'esp. *pájaro de San Martin ;* si *Saint-Martin* a été substitué postér. à *Martin, martinet* est formé comme *sansonnet,* etc. A signifié aussi « martin-pêcheur » au XVIe s. (Ronsard), d'où, pour mieux distinguer les deux espèces, *martinet pêcheur* en 1553 et encore *Acad.,* 1762 ; aujourd'hui **martin-pêcheur,** depuis 1680. *Martelet* « martinet » de plusieurs dialectes est une autre désignation qu'il n'y a pas lieu de considérer comme ayant précédé *martinet,* qui en serait une altération par substitution de suff. ; le contraire serait plus probable.

MARTINET, mot techn. aux acceptions diverses : 1° « lourd marteau à bascule », 1315 ; en outre, au moyen âge, « machine de guerre pour lancer des pierres ». Probabl. dér. de *Martin*, suivant un procédé fréquent pour désigner des objets, v. **merlin** ; 2° « fouet à plusieurs lanières » et « cordage de marine » ; tous deux début XIXe. Soit emploi métaphorique de *martinet* aux sens préc., soit dér. de *Martin*, pris par plaisanterie au sens de « bâton », cf. *Martin-bâton* chez La Fontaine, *Fables*, IV, 5 (se trouve déjà dans une sotie de 1536) et *Martin*, *id.*, VI, 21 (que Jeanne d'Arc employait déjà). On a attribué aussi l'invention du fouet à un colonel du XVIIe s., nommé Martinet ; 3° « chandelier plat à queue », XVIIIe. Ainsi nommé par comparaison avec le martinet qui vole les pattes pliées sous le ventre.

MARTINGALE, vers 1520 (Gringore) : *Chausses à la martingale*, chausses dont le fond s'attachait par derrière, cf. chez Brantôme, *chausses à la martingale autrement à pont levis*) ; cf. aussi *à la martingale* « d'une manière absurde » chez Rabelais et chez Cholières ; les sens modernes se trouvent dès 1611. Empr. du prov. *martegalo*, fém. de *martegal*, nom des habitants de *Martigue*, petite ville sur l'étang de Berre, c'est-à-dire « à la manière des habitants de Martigue », parce que les Martigaux, qui vivent à l'écart des autres Provençaux, sont souvent tournés en ridicule par leurs voisins. Le rapport qu'on a voulu établir avec l'esp. *almártaga* « sorte de bride » ne s'appuie sur rien. Comme terme de jeu, le développement sémantique s'explique par le risque absurde qu'on court en jouant ainsi. C'est un terme de l'argot des joueurs.

MARTIN-PÊCHEUR, v. **martinet.**

MARTRE, vers 1080 *(Roland)* ; en outre *marte*, depuis le XVIe s. Du germ. **marþor*, cf. all. *Marder*. It. *martora*, esp. *marta*.

MARTYR, XIe *(Alexis)* ; **martyre,** vers 1080 *(Roland)* ; **martyriser,** 1138 ; **martyrologe,** 1325. Empr. des mots du lat. eccl. *martyr* (du grec *martyr*, plus ordinairement *martys*, propr. « témoin », qui a été pris au sens de « témoin de Dieu » dans le Nouveau Testament, d'où, plus tard, « martyr »), *martyrium* (du grec *martyrion*), et des mots du lat. médiéval *martyrizare*, *martyrologium* (fait sur le modèle de mots tels que *eulogium*, v. **éloge**). Au moyen âge on trouve parfois la forme *martre* « martyr », cf. aussi *Montmartre*, du lat. médiéval *mons martyrum* « mont des Martyrs », ainsi nommé en souvenir de saint Denis et de ses deux compagnons, et substitué au IXe s. à *monte Mercori* « mont de Mercure ». V. **tirer.**

MARYLAND, 1762. Empr. de l'anglo-américain *maryland*, du nom d'un des États-Unis, qui produit cette sorte de tabac.

MAS, 1552 (Rab.). Terme méridional, popularisé par les ouvrages de Mistral. Le prov. *mas* représente le lat. *ma(n)sum*, neutre pris substantiv. de *mansus*, part. de *manēre* « demeurer », v. **manoir.**

MASCARADE, 1554. Empr. de l'it. *mascarata*, autre forme de *mascherata*, v. **masque.**

MASCARET, XVIe (Palissy). Empr. du gascon *mascaret*, propr. « (bœuf) bai brun » (dér. de *mascara* « mâchurer »), dit par comparaison des flots que le mouvement du mascaret fait soulever avec le mouvement ondulant des bovins quand ils courent, cf. prov. *biou d'aigo*, littéral. « bœuf d'eau » au sens de « torrent impétueux ». V. **mâchurer.**

MASCARON, 1633 (Peiresc). Empr. de l'it. *mascherone*, v. **masque.**

MASCOTTE, 1867. Popularisé par l'opérette d'Audran, représentée en 1880 ; *mascotte* est empr. du prov. *mascoto* « sortilège, porte-bonheur », dér. de *masco* « sorcière », qui paraît continuer *masca* de même sens, de la loi des Longobards, v. **masque.**

MASCULIN, vers 1200. Empr. du lat. *masculinus*. — Dér. : **masculinité,** 1732, une première fois au XIIIe s.

MASOCHISME, fin XIXe. Tiré de *Sacher Masoch*, nom d'un romancier autrichien du XIXe s., dont les romans traduisent un érotisme d'un caractère pathologique.

MASQUE « faux visage dont on se couvre la figure », 1511 ; au XVe s. on disait *faux visage*. Empr. de l'it. *maschera*, d'où aussi esp. *máscara*. En lat. de basse époque *masca* « sorcière, incube » est attesté dans un édit longobard de 643, au sens de « masque » en Angleterre (680) et en Italie (1192). Le sens de « sorcière, incube » vit encore aujourd'hui dans une partie de l'Italie et en Sardaigne. Le sens premier est sans doute celui de « démon » ou de « masque qui représente un démon ». Le mot doit être prélatin. D'un dér. **máskaro* « noirci avec de la suie (pour ne pas être reconnu ou pour passer pour un spectre) » vient l'a. fr. *mascherer*, voir **mâchurer.** *Masque*, conformément à l'it., est parfois fém. au XVIe s. ; cf. aussi l'all. *Maske*, fém. — Dér. : **masquer,** 1539 ; **démasquer,** 1564.

MASQUE « fille, femme effrontée », 1642. Empr. du prov. *masco*, v. **mascotte.**

MASSACRER (vers 1165, *macecler* ; *machecler* en anc. picard). Représente très probabl. un ancien **matteucculare*, dér. de **matteuca*, voir **massue.** — Dér. : **massacre,** vers 1100, rare avant le XVIe s., **massacreur,** 1572 ; **massacrement,** 1574.

MASSE « réunion de choses ». Lat. *massa*, propr. « masse de pâte », d'où nombreux sens fig., y compris celui de « foule » (du grec *maza*). It. *massa*, esp. *masa* « pâte ». — Dér. : **masser,** XIIIe ; **massif,** adj., 1480 ; mais le moyen âge dit surtout *massis*, pris substantiv. dès le XIVe s. comme terme de construction, de là notre *massif* ; **amasser,** vers 1100, **amas,** XIVe (Froissart), **ramasser,** fin XVe (Commynes, une 1re fois en 1213), **ramas,** 1549, **ramasseur,** vers 1508, **ramassis,** XVIIe s. (Mme de Sévigné).

MASSE, espèce de gros marteau ; d'abord *mace*. Lat. pop. **mattia*, tiré de *mateola*, outil agricole mal défini. It. *mazza*, esp. *maza*. — Dér. : **masser,** terme du jeu de billard, 1867 ; **massette,** nom de plante, 1778 ; **massier,** vers 1350 (sous la forme picarde *machier*).

MASSEPAIN, 1449. Altération, d'après *masse*, de *marcepain*, encore en 1636, altération qui s'est peut-être produite d'abord en a. pr. où *massapan* est attesté dès 1337 ; empr. de l'it. *marzapane*. De l'arabe *mauṭabān* « roi assis », nom d'une monnaie en circulation dans l'Orient pendant les croisades, sur laquelle était figuré le Christ assis. Vers 1193, les Vénitiens imitèrent cette monnaie sous le nom de *matapan*. Ils désignèrent par la suite du même nom une redevance de 10 % qu'ils levèrent en Chypre et enfin une boîte qui contenait un dixième de muid. Par suite des rapports commerciaux entre l'Italie Méridionale et le Midi de la France, le mot passa avec cette acception en France ; et aux XIVe et XVe s. en prov. et en fr., il a le sens de « boîte de luxe pour confiserie ». Ce n'est qu'à partir de 1544 que le mot désigne le contenu même de la boîte.

MASSER « soumettre le corps au massage », 1779, dans un récit de voyages aux Indes. Empr. de l'arabe *mass* « toucher, palper » ; la pratique du massage est venue des pays d'Orient. — Dér. : **massage,** 1812 ; **masseur,** 1779.

MASSICOT « oxyde de plomb jaune » qui sert à faire le minium, 1480. Altération de l'it. *marzacotto* « sorte de vernis dont se servent les potiers », empr. de l'arabe *mashaqūnyā*, même sens. La deuxième partie du mot a été changée en *cotto* « cuit », parce qu'on prépare ce vernis dans un poêle. L'esp. *mazacot* est de beaucoup postérieur au mot it. et en est emprunté.

MASSICOT « machine à rogner le papier », 1877. Tiré du nom de l'inventeur, Massiquot.

MASSUE. D'abord *maçue*. Lat. pop. **mattiūca*, dér. de **mattia*, v. **masse** « marteau ».

MASTIC, XIIIe. Empr. du lat. de basse ép. *masticum*, autre forme de *mastiche* (du grec *mastikhê* « gomme du lentisque »). — Dér. : **mastiquer,** XVIe ; **masticage,** 1845 ; **démastiquer,** 1699.

MASTIFF, 1835 (une première fois *mastive*, 1614, dans un ouvrage sur l'Angleterre). Empr. de l'angl. *mastiff* qui remonte lui-même à l'a. fr. *mastin*, v. **mâtin.**

MASTIQUER « mâcher », 1840 ; une première fois au XVIe s. (Paré ; en outre en 1425 dans un sens fig.) ; **mastication,** XIIIe. Empr. du lat. médical *masticare*, *masticatio*.

MASTOC, 1834 (Balzac, écrit *mastok*). Terme pop., empr. de l'all. *Mastochs* « bœuf à l'engrais ».

MASTODONTE. Mot créé par Cuvier, en 1812, avec les mots grecs *mastos* « mamelle » et *odous*, *odontos* « dent », à cause des mâchelières mamelonnées de ce fossile.

MASTOÏDITE, 1855. Dér. de **mastoïde,** terme d'anatomie, XVIe (Paré), empr. du grec *mastoeidês*, littéral. « qui a l'apparence *(eidos)* d'une mamelle *(mastos)* ».

MASTROQUET, 1849. Mot pop. d'origine obscure ; un rapport avec *mastoc* est des plus douteux. On abrège aussi en *troquet*.

MASTURBER, 1800 ; **masturbation,** 1580 (Montaigne). Empr. du lat. *masturbare*, *-atio*.

MASURE. Lat. pop. **ma(n)sūra* « demeure », v. **maison, mas.** Usité en ce sens au moyen âge, cf. en normand le sens de « bâtiments avec un verger » ; péjor. vers e XVe s.

MAT, *adj.*, XIIe, au sens d' « abattu, affligé », usuel jusqu'au XVIe s. ; d'où « flétri » en parlant du feuillage (cf. *matir* d'après ce sens au XIIe s.), « sans éclat, sombre » en parlant du temps, 1424, sens proches de « terne », sens dominant aujourd'hui, relevé en 1621. Lat. *mattus* (dans Pétrone pour désigner quelqu'un qui a le vin triste), peut-être pour **maditus*, part. passé de *madēre* « être humide » ; comp. dans Isidore de Séville *mattus* « humectus, emollitus, subactus ». Vit aussi dans l'it. *matto* « fou » et dans l'esp. port. *matar* « tuer ». Il n'a rien à faire avec le terme du jeu d'échecs *mat*, qui vient, comme toute la terminologie de ce jeu de l'Orient, en l'espèce de l'arabe *māt* « mort ». Dans l'ibéro-roman, celui-ci s'est superposé au mot roman. — Dér. : **mater,** « abattre », XIIe ; **mater,** « rendre mat (sans éclat) », 1765 ; **matir,** v. plus haut ; souvent au sens d' « abattre » en a. fr., d'où **amatir,** XIIe, sens parallèles ; **matité,** 1836.

MAT, terme du jeu d'échecs, v. le préc.

MÂT. Du francique **mast*, cf. all. *Mast*. — Dér. et Comp. : **mâter,** 1382 ; **mâtereau,** 1529 (alors *masterel*) ; **mâture,** 1680 ; **démâter,** 1590 ; **trois-mâts,** 1835.

MATADOR, 1780, au sens moderne ; depuis 1660, terme du jeu de l'hombre et, au sens fig., « personnage considérable ». Empr. de l'esp. *matador*, dér. de *matar* « tuer », v. **mat.**

MATAMORE, 1630 (D'Aubigné). Empr. de l'esp. *Matamoros*, nom propre, « tueur de Maures », v. le préc., faux brave de la Comédie Espagnole, qui se vante à tout propos de ses exploits contre les Maures.

MATCH, 1827 ; devenu usuel seulement vers la fin du XIXe s., lors du développement des sports en France. Empr. de l'angl. *match*.

MATCHICHE, vers 1904. Nom d'une danse indigène, importée du Brésil ; écrit aussi *maxixe* d'après l'orthographe portugaise.

MATÉ, 1716 (*mati* en 1633). Empr., par l'intermédiaire de l'esp., du quechua (langue du Pérou) *mati*, *mate*, propr. « vase, fait d'une espèce de courge, qui sert pour la préparation du maté », puis « le maté lui-même ».

MATELAS, xve s. ; d'abord *materas* (xiiie à xviie s. et aujourd'hui dans les parlers de l'Ouest et de l'Est, d'où l'all. *Matratze*). *Materas* est empr. de l'it. *materasso*, empr. lui-même en Sicile de l'arabe *matrah* « chose jetée », d'où « matelas » (du verbe *tarah* « jeter »), ainsi nommé d'après l'usage des Orientaux de se coucher sur des coussins jetés, étendus sur le sol. — Dér. : **matelasser,** 1678 ; **matelassier,** 1615 (sous la forme *materassier*).

MATELOT, xive ; en outre *matenot*. Empr. du moyen néerl. *mattenoot*, littéral. « compagnon de couche » (il y avait autrefois un seul hamac pour deux matelots, l'un des deux étant toujours de service ; sens et forme conservés dans le patois de Guernesey *matnot* « compagnon ») ; a été plus tard repris par le néerl. *matroos*, d'où all. *Matrose*, etc. — Dér. : **matelote,** 1660.

MATÉRIALISER, 1754 ; **matérialité,** 1551 (une première fois en 1470, D.) ; **matérialisme,** 1702 ; **matérialiste,** 1729 ; une première fois en 1553 en parlant de drogueurs. Dér. sav. du lat. de basse ép. et scolastique *materialis*, pour servir de verbe et de subst. à diverses acceptions de *matière*.

MATÉRIEL, vers 1350, où il est opposé à *formel*. Empr. du lat. de basse ép. et scolastique *materialis ;* s'oppose encore à *formel* dans la langue jurid., comme autrefois dans la langue scolastique. Le moyen âge a aussi employé une forme plus proche du lat., *material* (dès 1300), d'où a été tiré le plur. **matériaux,** xve, pour un sens concret ; de même *matériel*, pris substantiv. depuis le xviiie s., rare auparavant, a reçu au xixe des acceptions concrètes.

MATERNEL, vers 1370 (Oresme). Dér. sav. du lat. *maternus*. — Dér. : **maternité,** vers 1470, sur le modèle de *paternité*, *fraternité*.

MATHÉMATIQUE, *adj.*, xiiie (B. Latini). Empr. du lat. *mathematicus* (du grec *mathêmatikos*, propr. « qui concerne la science *(mathêma)* », puis spécialisé). Pris substantiv. dp. 1265 ; s'est dit aussi au sing. jusqu'au xviiie s. — Dér. : **mathématicien,** 1370 (Oresme).

MATIÈRE, 1119 ; la forme *matière* indique que le mot est usité depuis une époque très reculée ; c'est un de ces mots que les milieux savants ont toujours employés. Empr. du lat. *materies* qui signifiait propr. « bois de construction », cf. **merrain,** et a pris divers sens abstraits, notamment un sens philosophique, sur le modèle du grec *hylê* « bois de construction », puis « matière » ; outre ces sens, *materies* a pris dans la langue scolastique diverses acceptions qui ont passé dans le fr. et ont été partiellement conservées jusqu'aujourd'hui, notamment les acceptions jurid. et théologique, v. **matériel.**

MATIN. Lat. *mātūtīnum*, adj. neutre pris substantiv., tiré de *mātūtīnum tempus* « temps du matin ». Le lat. class. *māne* a survécu dans l'a. fr. *main* et l'a. pr. *man*, qui ont été éliminés par *matin*. V. **demain.** — Dér. : **matinal,** xiie ; **matinée,** *id. ;* **matineux,** vers 1350 ; **matines,** vers 1080 *(Roland)*, tiré de *matin* sur le modèle du lat. eccl. *matutinæ* (*vigiliæ* « vigiles, veilles »).

MÂTIN. Lat. pop. **ma(n)suētinus* « apprivoisé », dér. du lat. class. *mansuētus* « *id.* » (a dû désigner une sorte particulière de chien, probabl. un chien de garde). Empr. par les langues voisines : it. *mastino*, esp. *mastin*. — Dér. : **mâtiner,** xiie, propr. « couvrir une chienne de race ».

MATOIS, 1578. Empr. de l'argot des malfaiteurs, équivalent d'*enfant de la mate ; mate* signifiait en argot « rendez-vous des voleurs », ainsi *mathe* chez Villon. Très probabl. empr. à l'all. dialectal *Matte* « prairie », dès le xive aussi « lieu de réunion ».

MATOU, 1571 ; une première fois *matoue* dans un proverbe du xiiie s. Peut-être d'origine onomatopéique.

MATRAQUE, 1863. Empr. du fr. d'Algérie, qui l'a empr. de l'arabe algérien *maṭraq* « gourdin », en arabe class. *miṭraq*.

MATRAS, « sorte de vase à long col étroit », employé en pharmacie et en chimie, vers 1500 *(matheras)*. On y voit ordinairement un emploi métaphorique, par comparaison de la forme, de l'a. fr. *matras*, xve *(mattras)*, antér. *materas*, xive et plus souvent, par altération, *matelas*, xiie, « sorte de long dard lancé par l'arbalète », qui paraît dér. de *matara* « sorte de javeline », d'origine gauloise ; le maintien du *t* dans *mat(e)ras* peut s'expliquer par une forme *mattara ;* l'a. pr. *matratz* serait empr. du fr. Toutefois l'arabe a un mot *maṭara* (forme vulg. *metra*) « outre, vase », qui conviendrait autant (la terminaison **-as** serait due à une altération d'après *matras*, nom d'arme). On sait que l'alchimie doit une grande partie de son vocabulaire à l'arabe.

MATRICAIRE, 1539. Dér. sav. du lat. *matrix*, *matricis* « matrice » ; cette plante a été ainsi nommée parce qu'elle a été employée comme emménagogue.

MATRICE, 1265 (B. Latini), au sens propre. Empr. du lat. *matrix*, *matricis*, qui a déjà pris à l'ép. impériale le sens de « registre » ; les autres emplois du fr. se sont développés depuis le xviie s. ; ainsi au sens de « moule pour fondre des monnaies », en 1611. A éliminé l'a. fr. *marriz*, encore au xve s.

MATRICIDE, 1521. Empr. du lat. *matricidium*.

MATRICULE, 1460, au sens moderne ; en 1566, au sens de « bourgeon ». Empr. du lat. de basse ép. *matricula*, cf. le préc. et **immatriculer.**

MATRIMONIAL, XIVe. Empr. du lat. de basse ép. *matrimonialis*, dér. de *matrimonium* « mariage » (de *mater* « mère »).

MATRONE, vers 1240 ; pris parfois au sens de « sage-femme », depuis le XVIe s. Empr. du lat. *matrona* « mère de famille, dame » (de *mater* « mère »).

MATURATION, vers 1400. Dér. sav. du lat. *maturare* « mûrir ».

MATURITÉ, 1496. Empr. du lat. *maturitas*, v. **mûr** ; a éliminé *meüríé*, usuel jusqu'au XVIe s.

MATUTINAL, arch., littéraire, 1798 ; quelquefois attesté depuis le XIIe s. Dér. sav. du lat. *matutinus*.

MAUDIRE, vers 1080 *(Roland)*. Empr. du lat. eccl. *maledicere* « maudire », en lat. class. « dire du mal de » ; a éliminé une forme autrement développée *maleïr*, v. **bénir.**

MAUGRÉER, v. **gré.**

MAUSOLÉE, 1544. Empr. du lat. *mausoleum* (du grec *mausoleion*, célèbre tombeau élevé pour Mausole, roi de Carie, par sa veuve Artémise, au IVe s., à Halicarnasse) ; déjà employé à Rome pour désigner des tombeaux monumentaux, par exemple les mausolées d'Auguste et d'Hadrien.

MAUSSADE, 1370 (Oresme). Comp. de l'adv. *mal* et de l'anc. adj. *sade*, hors d'usage depuis le XVIe s., « agréable », en parlant de choses ou de personnes, lat. *sapidus* « d'une saveur agréable » (de *sapere* « avoir de la saveur », v. **savoir**) ; cf. a. pr. *sabe* et *sade*. *Sade* survit dans la région lyonnaise et dans quelques parlers méridionaux. — Dér. : **maussaderie,** 1740 ; au XVIe s. *maussadeté*.

MAUVAIS. Lat. pop. *malifātius*, attesté à basse ép., propr. « qui a un mauvais sort *(fātum)* », cf. le nom propre *Bonifatius* et l'adj. de basse ép. *bonifatus* et, pour le développement du sens, **méchant.** A. pr. *malvatz* ; l'it. *malvagio* « méchant » vient du gallo-roman et l'esp. *malvado* de *malvat*, autre forme de l'a. pr. L'a. fr. *mais*, forme raccourcie de *mauvais*, est encore usité dans quelques parlers. L'anc. dér. *mauvaistié*, usité jusqu'au début du XVIIe s., se dit encore dans des parlers septentrionaux.

MAUVE. Lat. *malva*. It. esp. *malva* ; dans les parlers de l'Est, la mauve est désignée par des dér. de *fromage*, à cause de la forme du fruit.

MAUVE, v. **mouette.**

MAUVIS, vers 1170. Désigne d'abord, en anglo-norm., un oiseau aquatique. Probabl. dér. de *mauve*, v. **mouette.** Le mauvis ressemble à la mouette par la couleur claire du plumage de sa poitrine. Le moyen breton *milhuit* est probabl. empr. du fr. ; le mot paraît avoir circulé, cf. angl. *mavis*, esp. *malvis*. — Dér. : **mauviette,** 1694.

MAXILLAIRE, 1488. Empr. du lat. *maxillaris* (de *maxilla*, v. **mâchelier**). — Comp. : **sous-maxillaire,** 1745.

MAXIME, 1539, une première fois au XIVe s. Empr. du lat. médiéval *maxima* (sous-entendu *sententia*), littéral. « sentence la plus grande », d'où « générale ».

MAXIMUM, 1718. Empr. du lat. *maximum*, adj. neutre pris substantiv. « ce qui est le plus grand, le plus haut degré » (de *maximus*, superlatif de *magnus* « grand »).

MAYONNAISE, 1807. Passe pour être tiré de *Mahon* (ou *Port-Mahon*), capitale de Minorque ; aurait été ainsi nommée en souvenir de la prise de Mahon par le duc de Richelieu, en 1756 ; toutefois on s'étonne que le mot n'ait été enregistré qu'à une date très postérieure à cet événement.

MAZAGRAN, café froid auquel on ajoute de l'eau, 1866. Tiré de *Mazagran*, nom d'un village d'Algérie (Oran) ; ainsi nommé en souvenir du siège que soutint le capitaine Lelièvre avec 123 Français contre 13 000 Arabes en 1840.

MAZETTE, 1622, au sens de « mauvais cheval » ; d'où « personne inhabile à un jeu », 1640. Pour le développement du sens, cf. *criquet*, XVIIe « mauvais cheval », d'où « petit homme ». Très probabl. emploi métaphorique du normand et franc-comtois *mazette* « mésange ». Le mot *mésange* lui-même a été employé pour désigner des animaux domestiques ou des personnes (p. ex. picard « méchante femme »).

MAZOUT, 1907. Empr. du russe *mazout*, qui semble venir de l'arabe *makhzulat* « déchets ».

MAZURKA, 1829 (alors *-ourka*). Empr. du polonais *mazurka*, nom d'une des danses nationales de la Pologne ; v. **polka.**

ME, MOI, TE, TOI, SE, SOI. Lat. *mē, tē, sē ; me, te, se* se sont développés en position inaccentuée, *moi, toi soi* en position accentuée après des prép.

MÉ-, préf., v. **moins.**

MEA-CULPA, 1560. Mots lat. signifiant « par ma faute », premiers mots du *Confiteor*, prière de l'Église catholique, par laquelle le pénitent confesse ses fautes.

MÉANDRE, 1552. Empr. du lat. *Mæander* (du grec *Maiandros*, fleuve de l'Asie Mineure, aujourd'hui *Mendereh*, célèbre par ses sinuosités) ; déjà pris au sens de « sinuosité » en grec et en latin.

MÉAT, XVIe (Paré). Empr. du lat. *meatus* « passage, canal » (de *meare* « passer ») ; une première fois empr. sous la forme *meate*, vers 1500, au sens général de « passage ».

MEC « souteneur, gaillard », attesté en 1837 dans l'argot. Mot expressif, répandu dans les parlers avec le sens dépréciatif de « niais ; vaniteux ; qui fait l'important » ; c'est avec ce dernier sens que le mot est entré dans l'argot, où il signifie d'abord « maître » ; le sens de « souteneur » est attesté depuis 1876.

MÉCANIQUE, *adj.*, 1265 (B. Latini) ; *subst. fém.*, 1559 (Amyot). Empr. du lat. *mechanicus*, *mechanica* (du grec *mêkhanikós*, *mêkhanikê* (sous-entendu *tekhnê* « art »), de *mêkhanê* « machine ») ; *mécanique* (fém.), qui a souvent au XVIIIe s. le sens de « mécanisme », a pris aussi alors, sous l'influence du développement des techn. industrielles, un sens plus concret de « machine considérée dans son fonctionnement ». En outre, terme de mathématiques depuis le XVIIe s. *Mécanique* a été employé comme subst. masc. ou adj. au XVe et au XVIe s. au sens d' « artisan, d'artisan ». — Dér. : **mécanicien,** 1696, d'après *mathématicien*, etc., d'abord dans un sens scientifique ; le sens s'est ensuite développé d'après *mécanique ;* **mécaniser,** XVIe, a pris le sens d' « ennuyer » au XIXe s. (1823) ; **mécanisme,** 1701.

MÉCÈNE, 1680 (*mécénas* dès 1526). Tiré de *Mecenas*, nom du célèbre ministre d'Auguste, protecteur des lettres et des arts ; déjà pris comme nom commun en lat. — Dér. : **mécénat,** 1867.

MÉCHANT, v. **choir.**

MÈCHE. Lat. pop. **micca*, altération gallo-romane, par croisement avec *muccus* « morve, mucus nasal », du lat. class. *myxa* « mèche de lampe » (du grec *myxa* « *id.* », propr. « mucus nasal »). Le rapport des deux sens est si naturel que les parlers de l'Est ont de nouveau croisé *mèche* avec *moucher*, cf. aussi le fr. fam. *chandelle* au sens de « morve pendant sous le nez ». *Découvrir, éventer la mèche*, propr. termes du génie militaire, XVIe, ont été dès cette ép. pris au sens fig. ; *vendre la mèche*, expression récente, montre que le sens propre de ces locutions s'est perdu. A. pr. *meca*. L'it. *miccia* et l'esp. *mecha* viennent du fr. — Dér. : **mécher,** 1743, **méchage,** 1873 ; **éméché,** 1866, propr. « qui a les cheveux en mèches, sous l'effet de l'ivresse ».

MÉCRÉANT, XIIe. Part. prés. de l'anc. verbe *mescroire*, XIIe, de l'anc. préf. *mes* et de *croire*, encore chez La Fontaine et Voltaire, par archaïsme. On trouve aussi *mécroyant*, XVe, encore chez Saint-Simon et le dér. *mécréance*, XIIe.

MÉDAILLE, 1496 (Commynes). Empr. de l'it. *medaglia* qui désignait propr. la même monnaie que le fr. *maille*, et a pris le sens de « médaille ». — Dér. : **médaillé,** 1853 ; **médaillier,** 1718 ; **médailliste,** 1669.

MÉDAILLON, 1554. Empr. de l'it. *medaglione* « grande médaille ».

MÉDECINE, XIIe. Empr. du lat. *medicina* « art de guérir » et « remède » (de *medicus* « médecin ») ; a éliminé l'a. fr. *mecine*, qui signifiait du reste surtout « remède », d'où *meciner* « soigner », tous deux usuels jusqu'au XIVe s. — Dér. : **médecin** (vers 1330, sous la forme picarde *medechin*) ; a éliminé l'a. fr. *mire*, lat. *medicus ;* l'anc. *mège* avait pris au XVIIIe s. le sens de « médicastre » en Suisse et dans le Sud-Est et pénétré en ce sens dans le fr. de l'époque.

MÉDIAN, terme techn., 1425 *(Mediaine, c'est une vaine du bras)*. Empr. du lat. de basse ép. *medianus*, v. **moyen.**

MÉDIATEUR, XIIIe (J. de Meung) ; **médiation,** XIIIe. Empr. du lat. de basse ép., relevé surtout chez des auteurs eccl., *mediator*, *mediatio* (du verbe de la même langue *mediare* « s'interposer », de *medius* « qui est au milieu »).

MÉDICAL, 1534 (Rab.) ; **médicament,** 1314 ; **médicamentaire,** 1734, une première fois en 1559 ; **médicinal,** vers 1200, a éliminé l'a. fr. *mecinal*, *mecinel*, au XVIe et au XVIIe s. on a parfois *médecinal* d'après *médecin ;* **médication,** 1503. Le premier est un dér. sav. du lat. *medicus*, les autres sont empr. de *medicamentum*, *medicamentarius*, *medicinalis*, *medicatio*. — Dér. : **médicamenter,** 1518 ; **-teux,** 1549, d'après le lat. *medicamentosus*.

MÉDICASTRE, 1812, (en 1560 le dér. *médicastrie*). Empr. de l'it. *medicastro*, péj. de *medico* « médecin ».

MÉDIÉVAL, 1874 ; **médiéviste,** 1867. Faits sur le lat. *medium aevum* « époque qui se trouve au milieu » auquel on a donné le sens de « moyen âge ».

MÉDIOCRE, 1495 ; **médiocrité,** 1314. Empr. des mots lat. *mediocris*, *mediocritas* (de *medius* « qui est au milieu »), qui signifiaient « modéré, modération, juste milieu » ; n'ont pris un sens péjor. qu'en fr., vers le XVIe s. ; mais le sens du lat. est encore usuel au XVIIe s. — Comp. : **médiocratie,** 1845 (Balzac) sur le modèle d'*aristocratie*, etc., pour **médiocrecratie* par superposition syllabique.

MÉDITER, 1495 ; **méditatif,** XIVe, rare avant la fin du XVIIe s. ; **méditation,** XIIe. Empr. des mots lat. *meditari*, propr. « s'exercer », d'où « réfléchir », *meditativus* (seulement comme terme de grammaire), *meditatio* avec des sens nouveaux développés dans la langue religieuse. *Méditer* est plus pop. que *méditatif*, *méditation* qui sont restés plus philosophiques et plus religieux.

MÉDIUM, terme de musique, 1704. Antér. signifiait « moyen, accommodement », XVIe, sens hors d'usage. Empr. du lat. *medium* « milieu », neutre pris substantiv. de l'adj. *medius*.

MÉDIUM, terme de spiritisme, 1856. Empr. de l'anglo-américain *medium* (attesté depuis 1853), même mot que le préc. (mais le concept qu'exprime ce mot a été créé par le mystique suédois Swedenborg, 1688-1772), v. **transe.**

MÉDIUS, terme d'anatomie, XVIe (Paré). Empr. du lat. *medius* qui s'employait au même sens, mais seulement comme adj. : *medius digitus* « doigt du milieu ».

MÉDULLAIRE, 1503. Empr. du lat. *medullaris* (de *medulla* « moelle »).

MÉDUSE, 1754. Tiré du nom propre *Méduse*, v. le suiv., par comparaison des tentacules du zoophyte avec les serpents de la chevelure de la Méduse.

MÉDUSER, 1838, une première fois en 1606. Dér. du nom propre *Méduse*, empr. du lat. *Medusa* (du grec *Medousa*), personnage mythologique, une des trois Gorgones, dont la tête hérissée de serpents changeait en pierres ceux qui la regardaient ; Persée, l'ayant tuée, lui trancha la tête dont il se servait pour *méduser* ses adversaires ; aujourd'hui le mot est en dehors de tout souvenir du sens étymologique. L'expression *tête de méduse*, au sens d' « objet qui méduse », XVIIIe (Helvétius), d'abord au sens propre, en 1650 chez Corneille, ne s'est pas maintenue.

MEETING, 1786 (une première fois *mitine*, 1733, Voltaire). Empr. de l'angl. *meeting*, dér. du verbe *to meet* « se rencontrer, se réunir ».

MÉGA-, MÉGALO-. Premiers éléments de mots sav. comp., tels que **mégalithique,** 1867 ; **mégalomanie,** 1873, tirés du grec *megas*, *megalos* « grand ».

MÉGARDE, v. **garder.**

MÉGATHÉRIUM, an VI (1797-8) (Cuvier). Formé avec les mots grecs *megas* « grand » et *thêrion* « bête » ; on a dit aussi *megather* ou *-ère*, 1808, où *-ther* vient du grec *thêr* « bête ».

MÉGÈRE, 1480, au sens propre, sens fig., fin XVIIe (Saint-Simon). Empr. du lat. *megæra* (du grec *Megaira*, nom d'une des Furies) ; sens fig. déjà en lat.

MÉGISSIER, XIIIe (É. Boileau ; en 1217, *mesgeichiere*). Dér. de l'a. fr. *megeïs*, XIIIe, d'où *mégis*, encore usité comme terme techn., dér. de l'anc. verbe *megier*, propr. « soigner médicalement », lat. *medicāre*, qui a dû être spécialisé au sens de « traiter le cuir pour la préparation des peaux ». — Dér. : **mégir,** 1720 ; **mégisserie,** vers 1300.

MÉGOT, 1872. Subst. verbal du tourangeau *mégauder* « sucer le lait d'une femme enceinte (en parlant d'un nourrisson) », par comparaison du fumeur qui s'évertue à tirer quelques dernières bouffées du bout de cigare jeté, avec le nourrisson qui essaie d'arracher encore d'une mamelle en train de tarir quelques gouttes d'un lait sans force et sans saveur. Le verbe *mégauder* dérive du tourangeau *mégaud* « jus qui sort du moule à fromage », le lait d'une femme enceinte ne valant guère mieux que ce jus ; *mégaud* est un dér., assez répandu dans l'Ouest, de *mègue* « petit-lait », a. fr. *mesgue*, d'un gaulois **mesigu-*, cf. irlandais *medg*, id., anc. breton *meid*. Dans la plus grande partie de la France, *mègue* a été remplacé par *laitée* et *petit-lait*. — On a proposé aussi un diminutif de l'argotique *meg* « petit bonhomme ».

MÉHARI, 1853 (Flaubert : *mahari*, *méherry* en 1822). Empr. de l'arabe d'Algérie *méhri* (en arabe class. *mahri* « de la tribu de Mahra (dans le sud de l'Arabie) »).

MEILLEUR. Lat. *meliōrem*, acc. de *melior*, comparatif de *bonus* « bon ». S'emploie souvent précédé de l'adv. *plus* comme un positif. It. *migliore*, esp. *mejor*. L'a. fr. avait en outre *mieldre(s)*, anc. cas sujet, lat. *melior*, qui est resté assez longtemps usité.

MÉLANCOLIE, XIIIe (en outre au moyen âge *merencolie*) ; **mélancolique,** XIVe (Oresme). Empr. des mots lat. *melancholia*, *melancholicus* (du grec *melankholia*, comp. de *melas* « noir » et de *kholê* « bile », spécial. « bile noire », une des quatre humeurs cardinales (bile noire, bile jaune, pituite, sang), qui passait pour provenir de la rate et capable d'engendrer l'hypocondrie, *melankholikos*). Les sens anc. sont dominants en fr. jusqu'au XVIIe s. ; mais les deux mots ont servi en outre de bonne heure à désigner ou à qualifier diverses formes de la tristesse.

MÉLASSE, 1664, d'abord *meslache*, 1508. Empr. de l'esp. *melaza*, dér. de *miel* « miel ».

MELCHIOR, v. **maillechort.**

MÊLER. Lat. pop. *misculāre*, relevé au IXe s., élargissement du lat. class. *miscēre*. — Dér. et Comp. : **mélange,** 1538 (*meslinge* dès 1380 et jusqu'à la fin du XVIe s.), **mélanger,** 1539 ; **mêlée,** vers 1080 *(Roland)* ; **démêler,** 1155, **démêlé,** 1474 ; **démêloir,** 1771 ; **emmêler,** XIIe ; **entremêler,** *id.* ; **mêlé-cassis** « mélange d'eau-de-vie et de cassis », fin XIXe, et par abréviation *mêlé-cass*, 1876 ; **remêler,** 1549 ; **pêle-mêle,** XIIe (Chrétien), altération (pour éviter la répétition de *m*) de *mesle mesle*, qui se trouve dans les manuscrits du même texte, outre *melle pelle* et des formes plus altérées *brelle mesle*, *melle et brelle* ; **méli-mélo,** 1834, variante du préc. avec variation vocalique.

MÉLÈZE, 1552 ; cf. aussi *melze* chez Rab., qui le donne comme mot des « Alpinois » ; en effet *melze* se dit dans les Alpes provençales. Il vient d'un mot préroman **melix*, *-ice* (comp. le lat. *larix*), probabl. gaulois. Les Alpes dauphinoises et la Savoie connaissent un changement d'accent dans les mots de ce type, d'où le mot français a été emprunté.

MÉLILOT, 1322. Empr. du lat. *melilotum* (du grec *melilôtos*, comp. de *meli* « miel » et de *lôtos* « lotus ») ; on trouve au XVIIe s. une forme altérée *mirlirot*, encore dans quelques patois.

MÉLINITE, 1884. Créé par Turpin, l'inventeur de cette poudre, qui a tiré ce mot de l'adj. lat. *melinus* « de coing » (du grec *mêlinos*, dér. de *mêlon* « pomme ») en raison de la couleur de la mélinite.

MÉLISSE, XIIIe. Empr. du lat. médiéval *melissa*, tiré du lat. *melissophyllon* (mot pris au grec, littéral. « feuille *(phyllon)* à abeilles *(melissa)* », ainsi nommé parce que les abeilles affectionnent cette plante).

MELLIFÈRE, 1823 ; une première fois en 1523. Empr. du lat. *mellifer* (*de mel* « miel » et de *ferre* « porter »).

MELLIFLUE ; ne s'emploie qu'au fém., 1495. Empr. du lat. *mellifluus* (de *mel* « miel » et de *fluere* « couler »).

MÉLO-. Premier élément de mots sav. comp., tels que **mélomane,** fin XVIIIe ; **mélodrame,** 1771, tiré du grec *melos*, propr. « membre », d'où spécialement « membre de phrase musical », puis « chant cadencé ».

MÉLODIE, XIIe. Empr. du lat. de basse ép. *melodia* (du grec *melôidia*, de *melôidos* « qui chante mélodieusement », de *melos*, v. le préc., et de *aidein* « chanter »). — Dér. : **mélodieux,** XIIIe ; **mélodique,** 1607.

MELON. Lat. *mēlōnem*, acc. de *mēlō*, tiré du grec *mêlopepôn*, de même sens. Il est difficile de reconnaître si le mot a toujours été connu ou s'il a été repris au lat., cf. de même it. *mellone*, esp. *melón*. — Dér. : **melonnière,** 1537.

MÉLONGÈNE, v. **aubergine.**

MÉLOPÉE, 1578. Empr. du lat. de basse ép. *melopœia* (du grec *melopoia* « mélodie », de *melopoios* « compositeur, poète lyrique », de *melos*).

MEMBRANE, 1555. Empr. du lat. *membrana*, propr. « peau qui recouvre les différentes parties du corps », dér. de *membrum* « membre ». — Dér. : **membraneux,** 1538.

MEMBRE, lat. *membrum*. It. *membro*, esp. *miembro*. — Dér. : **membré,** XIVe ; **membru,** XIIe ; **membrure,** *id.* ; **démembrer,** vers 1080 *(Roland)* ; **démembrement,** XIIIe.

MÊME. En a. fr. surtout *meïsme*. Lat. pop. **metipsimus*, dér., avec le suff. du superlatif *-imus*, de **metipse*, tiré lui-même des locutions du latin class. *memet ipsum*, *egomet ipse*, etc., « moi-même », etc. ; d'où aussi a. pr. *medesme*, it. *medesimo*, esp. *mismo*. *Metipse* n'a été conservé que dans le pr. *medeis* et le cat. *mateix*. Ce renforcement de *ipse* comme pronom d'identité était devenu nécessaire vers la fin de l'Empire, parce que *ipse* était de plus en plus employé aussi en qualité de pronom démonstr. et d'article.

MÉMENTO. Début XIXe au sens moderne. Emploi fig. de *memento*, 1375, terme de liturgie catholique, mot lat. signifiant « souviens-toi » (impér. du verbe *meminisse*), qui désigne des prières pour les vivants et pour les morts. Se trouve déjà au XVe s. au sens de « mémoire, faculté de se souvenir », par plaisanterie.

MÉMÈRE, fin XIXe, redoublement enfantin de *mère*.

MÉMOIRE, XIe *(Alexis : memorie)* ; **mémorable,** XVe, attesté indirectement par l'adv. **-ement.** Empr. du lat. *memoria*, *memorabilis*. De *mémoire* a été tiré **mémoire,** au sens d' « écrit pour que mémoire en soit gardée », masc. dès 1320.

MÉMORANDUM, 1777. Formé avec le neutre de l'adj. lat. *memorandus* « qui doit être rappelé ».

MÉMORIAL, XIIIe. Empr. du lat. de basse ép. *memoriale*, neutre pris substantiv. de l'adj. *memorialis* qui se disait spécial. avec *liber* au sens de « livre de notes ». — Dér. : **mémorialiste,** 1726.

MÉMORISER, 1907. Dér. sav. du lat. *memoria* « mémoire ». — Dér. : **mémorisation, 1847.**

MENACE. Lat. pop. *minācia*, déjà attesté au plur. chez Plaute, dér. du lat. class. *minæ* « menaces », qu'il a supplanté. It. *minaccia*, esp. *(a)menaza*.

MENACER. Lat. pop. **mināciāre*, dér. de *mināci̇a* ; a éliminé le lat. class. *minārī* au sens de « menacer », propr. « faire saillie », mais qui a été conservé au sens de « mener », v. **mener.** It. *minacciare*, esp. *amenazar*.

MÉNAGE, 1150 (d'abord *manage*, les formes *maisnage*, *mesnage*, *menage* n'apparaissent qu'au XIIIe s. et sont dues à l'influence de l'a. fr. *maisniee* « famille », de **mansionata*, dér. lat. pop. de *mansio*, v. **maison**). Dér. de l'a. fr. *manoir* « demeurer », v. **manoir.** Au moyen âge désigne souvent des logis de toute nature et les meubles ou ustensiles qui les garnissent ; au XVIe et au XVIIe s., signifie aussi « bonne administration des biens ». — Dér. : **ménager,** *verbe*, 1309, au sens d' « habiter », a signifié « administrer ses biens » au XVIe et au XVIIe s. parallèlement à l'emploi de *ménage*, le sens d' « épargner » date du XVIe s., d'où **ménagement,** XVIe, **aménager,** 1312, **aménagement,** 1327 ; **ménager,** *adj.*, 1281 ; **ménagère** s. f., vers 1470 ; **ménagerie,** 1546 (Rab.), pour traduire le titre de l'ouvrage de Caton, *De Re Rustica*, signifie d'abord « administration des biens domestiques », puis « lieu où l'on soigne les animaux domestiques », dit aussi *ménage* le ; sens moderne s'est développé sous Louis XIV, vers 1662, lors de la création de la ménagerie royale de Versailles ; **déménager,** 1611 (une 1re fois *desmanagier* au XIIIe s.), **déménagement,** 1611, **déménageur,** 1863 ; **emménager,** 1425, **emménagement,** 1611.

MENDICITÉ, XIIIe (J. de Meung). Empr. du lat. *mendicitas*, a éliminé l'a. fr. *mendistiet*.

MENDIER. Lat. *mendīcāre*. It. *mendicare*, esp. *mendigar*. — Dér. : **mendiant,** XIIe ; le nom *les quatre mendiants*, d'où aujourd'hui, par abréviation, *mendiants*, propr. « les quatre ordres mendiants », a été donnée par plaisanterie, vers 1600, à quatre sortes de fruits secs : figues, noisettes, amandes et raisins secs, formant des assiettes de dessert. *Mendiant* a éliminé l'a. fr. *mendi*, usuel jusqu'au XVIe s., lat. *mendīcus*, d'où aussi it. *mendico*, esp. *mendigo* (d'où paraît venir le fr. pop. **mendigot,** 1876, J. Richepin), a. pr. *mendic*, qui survit dans les Hautes-Alpes, au sens de « fils » ; sur ce sens, v. **marri.**

MENEAU, v. **moyen.**

MENER. Lat. pop. *minstore* « pousser des animaux devant soi en criant », lat. class. *minārī* « menacer ». Le sens du lat. pop. a été conservé par le roumain *mîna*. — Dér. et Comp. : **menée,** vers 1080 *(Roland)*, au sens de « son de trompe », sens variés au moyen âge, sens moderne depuis le XVIe s. ; **meneur,** 1155, le sens dominant aujourd'hui de « celui qui mène les autres dans une cabale, etc. » est du XVIIIe s. ; **amener,** vers 1080 *(Roland)*, **ramener,** vers

1120 ; **démener (se),** XIIIe, au moyen âge en outre trans. au sens de « mener, agiter » depuis 1080 *(Roland)* jusqu'au XVIe s. ; **emmener,** vers 1080 *(Roland)*, formé avec l'adv. local *en* ; **remmener,** XIVe ; **malmener,** XIIe ; **promener,** XVIe (au XVe on trouve déjà la forme d'indic. prés. *proumaine*), réfection de *pourmener*, 1149 (encore attesté au XVIIe s.), d'après les nombreux verbes en *pro-*, d'où **promenade,** 1557, **promeneur,** vers 1560, **promenoir,** 1538 ; **remener,** vers 1170 ; **surmener,** vers 1175, **surmenage,** 1872.

MÉNÉTRIER, XIIIe (Joinville). Altération, par substitution de suff. de *menestrel*, lat. de basse ép. *ministeriālis* « chargé d'un service *(ministerium)* », d'où « serviteur, artisan », sens usuel jusqu'au XIVe s. ; tout en prenant le sens de « poète, musicien », *ménestrel*, sans doute en raison de son sens propre, a pris aussi au moyen âge le sens péjor. de « mauvais sujet ». Avec le changement des mœurs *ménestrel* est sorti de la langue avant le XVIe s. pour être repris au XIXe s. comme terme historique et *ménétrier*, qui désignait surtout un musicien, est tombé au sens de « musicien de village », au XVIIIe s.

MENHIR, 1834. Empr. du bas-breton *menhir*, littéral. « pierre *(men)* longue *(hir)* » ; on en a trouvé de nombreux en Bretagne où ils portent ce nom ; dans divers points de la France on dit *pierre levée*, *pierre fitte*, etc.

MENIN, -E, 1606 (F. de Sales). Empr. de l'esp. *menino, -a*, pour désigner des gentilshommes ou des demoiselles attachés à des princes ou des princesses espagnols ; *menino* paraît appartenir à la famille du fr. *mignon*.

MÉNINGE, 1532. Empr. du lat. médical de basse ép. *meninga* (du grec *mêninga*, acc. de *mêninx*). — Dér. : **méningite,** 1829 (d'abord *meningitis*, 1803 ; *-ité*, 1793). En outre **méningo-,** premier élément de mots sav. comp., d'après le mot grec.

MÉNISQUE, terme d'optique, 1671. Empr. du grec *mêniskos*, propr. « petite lune », d'où « croissant, cercle » (de *mênê* « lune »).

MÉNO-. Premier élément de mots sav. comp., tels que **ménopause,** 1823, tiré du grec *mên* « mois » qui signifiait aussi « menstrues » au plur.

MENOTTE, v. **main.**

MENSONGE, fém. jusqu'au début du XVIIe s., ensuite masc., peut-être sous l'influence de *songe*. Lat. pop. **mentiōnica*, dér. de *mentiō* (au lieu de **mentītiō*, de *mentītus*, part. passé de *mentīrī* « mentir »), attesté par des gloses ; cf. aussi a. pr. *mensonega*. Un autre type **mentiōnia* est supposé par l'it. *menzogna*, l'a. fr. *mensoigne* et l'a. pr. *mensonha*. On a émis l'idée que ces mots ont été formés dans la terminologie eccl. qui s'adressait au peuple. Mais l'absence d'attestations dans toute la littérature chrétienne est peu favorable à cette explication. Souvent dér. du verbe *mentir* : *menterie* et *mente* dans les parlers septentrionaux, *mentida* de l'a. pr. — Dér. : **mensonger,** XIIe.

MENSTRUES, XVIe (Paré) ; **menstruel,** 1314. Empr. des mots lat. *menstrua* (plur. neutre de l'adj. *menstruus* « mensuel », probabl. sur le modèle du grec *ta katamênia*, v. **catamini**), *menstrualis*. *Menstrue*, sing., d'après le lat. *menstruum*, mais des deux genres, a été employé depuis la fin du XVe s. par les alchimistes au sens de « dissolvant » par suite de la vertu dissolvante qu'on attribuait autrefois au sang menstruel. — Dér. : **menstruation,** 1761.

MENSUEL, 1795. Empr. du lat. de basse ép. *mensualis*, dér. de *mensis* « mois », d'après *menstrualis*. — Dér. : **mensualité,** 1874.

MENSURER, fin XIXe ; **mensuration,** 1802 (Chateaubriand), une 1re fois en 1520. Empr., pour des emplois techn., du lat. *mensurare*, *mensuratio*, v. **mesurer.**

MENTAL, 1371. Empr. du lat. de basse ép. *mentalis* (de *mens*, *mentis*, « esprit »).

MENTALITÉ, 1842. Empr. de l'angl. *mentality*, dér. au XVIIe s. de l'adj. *mental*, v. le précédent, pour désigner la façon particulière de penser et de sentir d'un peuple, d'un certain groupe de personnes, etc.

MENTHE. Rectification orthographique de *mente*, d'après le mot latin. Lat. *ment(h)a* (du grec *mintha*, *minthê*). Au Midi aussi *mentastre*, lat. *mentastrum*, propr. « menthe sauvage ».

MENTION, XIIe. Empr. du lat. *mentio* (de la famille de *mens*, *mentis*, « esprit »). — Dér. : **mentionner,** 1432 ; **susmentionné,** 1555.

MENTIR. Lat. pop. *mentīre*, lat. class. *mentīrī*. It. *mentire*, esp. *mentir*. — Dér. : **menteur,** XIIe, peut continuer un lat. pop. **mentītor* ; **menterie,** XIIIe ; **démentir,** vers 1080 *(Roland)* ; **démenti,** XVe.

MENTON. Lat. pop. **mentōnem*, acc. de **mentō*, dér. de *mentum*, d'où it. *mento*. — Dér. : **mentonnet,** 1604 ; **mentonnière,** 1373.

MENTOR, début XVIIIe (Saint-Simon). Tiré de *Mentor*, nom du guide de Télémaque dans le *Télémaque* de Fénelon (1699), ainsi nommé d'après le héros de l'Odyssée, en grec *Mentôr*, ami d'Ulysse, dont Athéné a pris la figure pour accompagner Télémaque à la recherche de son père.

MENU. Lat. *minūtus*, part. passé pris adjectiv. du verbe *minuere* « amoindrir ». It. *minuto*, esp. *menudo*. Devenu subst. de bonne heure, au sens de « menu de repas », XVIIIe. — Dér. : **menuet,** XIIe, comme adj., usité jusqu'au début du XVIIe s., quand il désigne une sorte de danse, mise à la mode sous Louis XIV, passe pour être originaire du Poitou. Dér. : **menuailles,** XIIIe, d'abord au sens de « populace », correspondant à l'anc. fr. *gent menue ;* le sens de « petites choses mises au rebut » ne date que du XVIIIe s.

MENUISER. Lat. pop. **minūtiāre*, dér. de *minūtus*, propr. « rendre menu », sens conservé en fr. jusqu'au XVIIIe s. It. *minuzzare*, esp. *menuzar*. — Dér. et Comp. : **amenuiser,** XIIe, **amenuisement,** 1208 ; **mince,** vers 1456, dès 1310 dans un autre sens, tiré de *mincier* « couper en menus morceaux », qui est une forme d'infinitif antér. à *menuiser ;* celui-ci a été refait sur les formes accentuées *menuise*, etc. ; *minc(i)er* est encore usité dans de nombreux parlers septentrionaux ; d'où **minceur,** 1782 ; **amincir,** 1690, **amincissement,** XVIIIe (Buffon) ; **émincer,** 1701 (une 1re fois vers 1550).

MENUISIER, 1227, d'abord et jusqu'au XVIe s. « ouvrier employé à des ouvrages menus, d'or, d'argent, etc. », au sens moderne depuis 1450 ; dér. de *menuise* « menu morceau, aussi « menu poisson bon à frire », encore très répandu dans les parlers, qui représente le lat. *minutiae* « minuties ». — Dér. **menuiserie,** 1411, au sens moderne depuis le XVIIe s.

MÉPHISTOPHÉLIQUE, 1832 ; on a dit aussi **-phélétique,** 1841. Dér. de *Mephistophélès*, nom du diable dans la légende de Faust, rendue célèbre par le drame de Gœthe.

MÉPHITIQUE, 1564 (Rab.). Empr. du lat. de basse ép. *mephiticus*, dér. de *mephitis* ou *mefitis*, à la fois « exhalaison pestilentielle » et nom propre désignant une déesse (ce qui est probabl. le sens propre du mot). — Dér. : **méphitisme,** 1782.

MÉPLAT, v. **plat.**

MER. Lat. *mare*. It. *mare*, esp. *mar*. Le genre fém. qui est aussi cat. et roumain, est attribué à l'influence de *terre*. — Dér. et Comp. : **marée,** 1260 (É. Boileau : « Quiconques ameine poissons de mer à Paris de deux marées »), le sens de « poisson de mer vendu frais » en est sorti rapidement, d'où **mareyeur,** 1610, **-age,** fin XIXe ; **amerrir,** vers 1910, avec double *r* d'après *atterrir ;* **outre-mer,** XIIe.

MERCANTI, 1863. Empr. du sabir de l'Afrique du Nord, empr. lui-même de l'it. *mercanti* (plur. de *mercante* « marchand ») pour désigner spécial. les boutiquiers des bazars, d'où le sens péjor. que le mot a pris en fr.

MERCANTILE, 1611. Empr. de l'it. *mercantile* « qui se livre au commerce, etc. », dér. de *mercante ;* sens péjor. développé en fr. au XVIIIe s. — Dér. : **mercantilisme,** 1841.

MERCENAIRE, XIIIe. Empr. du lat. *mercenarius*, dér. de *merces* au sens de « salaire ».

MERCERISER, fin XIXe. Empr. de l'angl. *to mercerize*, lequel est dér. du nom de l'inventeur, le chimiste anglais *Mercer*. — Dér. **mercerisage,** 1903.

MERCI. Lat. *mercēdem*, acc. de *mercēs*, propr. « salaire », qui a pris en lat. pop. le sens de « prix », d'où est sorti celui de « faveur », attesté dans le lat. mérovingien, puis celui de « grâce qu'on accorde en épargnant », sens qui ne subsistent plus que dans des locutions, telles que *se rendre à merci, être à la merci, Dieu merci* (de syntaxe très ancienne, locution signifiant « par la merci de Dieu » ; on trouve aussi au moyen âge *la merci Dieu*). Est devenu en outre un terme de politesse depuis le XIVe s., d'après des locutions telles que *votre merci* « grâce à vous », d'où *grand merci*, masc. déjà chez Marot, par erreur sur la valeur grammaticale de *grand*. It. *mercè*, esp. *merced*, avec des sens analogues à ceux du français. — Dér. : **remercier,** XIVe (Froissart), par l'intermédiaire d'un verbe *mercier*, usuel jusqu'au XVIIe s. ; **remerciement,** XVe.

MERCIER. Dér. de l'a. fr. *merz* « marchandise », du lat. *merx, mercis ;* cf. it. *merce*. Spécialisé de bonne heure ; toutefois le dér. **mercerie,** vers 1187, a conservé jusqu'au XVIe s. le sens général de « marchandise ».

MERCREDI. En a. fr. *mercresdi* et, en wallon, *dimercre*, etc. Lat. pop. **mercoris dīes* « jour de Mercure », altération de *Mercuri dies*, d'après les noms des autres jours de la semaine. It. *mercoledì*, esp. *miércoles*.

MERCURE, nom de métal, XVe. Empr. du lat. *Mercurius* « Mercure, messager de Jupiter » par les alchimistes qui ont donné ce nom au métal peut-être à cause de la mobilité du mercure, appelé vulgairement *vif-argent*. — Dér. : **mercuriel,** 1626, d'après le lat. *mercurialis*, aussi *mercurial*, 1625.

MERCURIALE, plante, XIIIe. Empr. du lat. *mercurialis (herba)* « herbe de Mercure ».

MERCURIALE, remontrance, XVIIe s. Empr. du lat. *mercurialis* « de Mercure » pour servir d'adj. à *mercredi*, v. ce mot ; ainsi nommé parce qu'il désignait d'abord une assemblée de Parlements, qui se tenait le premier mercredi après les vacances et où le premier président parlait notamment contre les abus commis, etc., 1535 ; par suite, a désigné ce discours même, puis des discours de rentrée dans les tribunaux et d'autre part a pris le sens de « remontrance ».

MERCURIALE « état détaillé des prix de vente, établi après les marchés », 1800. Empr. du lat. *mercurialis*, parce que Mercure était le dieu du commerce.

MERDE. Lat. *merda*. It. *merda*, esp. *mierda*. — Dér. : **merdeux,** XIVe (E. Deschamps) ; **démerder (se),** fin XIXe ; **emmerder,** XVe.

MÈRE, *subst.* Lat. *māter*. It. esp. *madre*. — Comp. : **belle-mère,** v. **beau.**

MÈRE, *adj.*, 1369. Ne s'emploie guère que dans quelques locutions, notamment *mère goutte*. Empr. du lat. *merus* « pur » ; la place de l'adj. est à l'imitation du lat. qui place régulièrement *merus* devant le subst., cf. *merum vinum* « vin pur ». En a. fr. on a une forme plus francisée *mier* dans *or mier*.

MÉREAU, MÉRELLE, v. **marelle.**

MÉRIDIEN, comme terme d'astronomie, 1377 (Oresme) (subst. masc.) ; les autres emplois à partir du XVIIe s. Empr. du lat. *meridianus*, adj. de *meridies* « midi ». On trouve au moyen âge l'adj. *méridien* au sens de « qui est du Midi ».

MÉRIDIENNE « sieste vers midi », 1680. Empr. du lat. *meridiana (hora)* « heure de midi » ; a éliminé une forme pop. *meriene*, propr. « heure de midi », usuelle au moyen âge et conservée dans le Centre et l'Ouest ; on trouve déjà *dormir a meridienne* « faire la sieste », *eure meridiane* « midi » au XIIIe s., de même le subst. *meridiane* « midi », au XVIIe et XVIIIe s. aussi « sieste ».

MÉRIDIONAL, 1546 (une 1re fois en 1314). Empr. du lat. *meridionalis*, dér. de *meridies.*

MERINGUE, 1737. Étymologie inconnue. L'all. *Meringel* est empr. du fr. — Dér. : **meringué,** *id.*

MÉRINOS, XVIIIe (Turgot, mais certainement antér.). Empr. de l'esp. *merinos*, plur. de l'adj. *merino*, qui désigne une espèce de mouton à laine fine, introduite en France par Colbert et Daubenton et qu'on croit originaire de l'Afrique du Nord. La grande dynastie du Maroc au bas moyen âge, les *Benî-Merîn* (dont l'ethnique est *merînî*) était issue d'une importante tribu de Berbères zenètes, nomades et éleveurs de moutons.

MERISE, XIIIe (J. de Meung). Dér. de l'adj. *amer*, sous l'influence de *cerise*, cf. it. *amarella*, id., lorrain *amerelle*. L'*a* s'est perdu parce qu'on le prenait pour une partie de l'article. — Dér. : **merisier,** XIIIe.

MÉRITE, 1120, est féminin et signifie « récompense » au moyen âge ; **méritoire,** 1295 (J. de Meung). Empr. des mots lat. *meritum* (de *merere* « mériter »), *meritorius* qui n'a que le sens de « qui procure un gain », mais qui a été pris pour servir d'adj. à *mérite*. — Dér. : **mériter,** 1317 ; **immérité,** 1823, d'après le lat. *immeritus ;* **démérite,** 1377 ; **démériter,** 1550.

MERLAN, v. **merle.**

MERLE. Parfois fém. en a. fr. Lat. de basse ép. *merulus*, lat. class. *merula*. Encore fém. dans les parlers de l'Est et du Nord-Est ; la femelle est désignée dans l'Ouest par le dér. *merlesse*, et dans le Midi par *merla*. — Dér. : **merlan,** d'abord *merlanc*, XIIe, dér. de *merle* avec le suff. d'origine germ. *-enc ;* pour cet emploi de *merle*, cf. en lat. *merula* pris pour désigner un poisson de mer qui est peut-être le merlan, v. **merlus.** *Merlan*, « coiffeur, perruquier », attesté dès 1756, est dit par comparaison du perruquier couvert de poudre blanche avec un merlan enfariné avant d'être mis dans la poêle ; **merlette,** XIVe (au XIIIe s. *mierle*).

MERLIN, sorte de hache, 1624. Empr. des parlers de l'Est *(merlin, marlin)*, où il a été dér. à une époque ancienne de *marculus*, v. **marteau.**

MERLON, 1642. Empr. comme t. militaire de l'it. *merlone*, probabl. dér. de *merlo* « merle », parce qu'on voit quelquefois ces oiseaux assis en files sur les murs.

MERLUCHE, nom de poisson, en outre « poisson séché », notamment « morue séchée », 1603 ; en outre *morlusse*, 1589. Mot de la famille du suiv.

MERLUS, « poisson séché pour faire la merluche », 1393. Issu peut-être d'un croisement du fr. *merlan* avec l'a. fr. *lus* « brochet » (aussi a. pr. *luiz*, cat. *llus*).

MERRAIN « sorte de bois servant pour différents usages », écrit aussi *mairain ;* jusqu'au XVIe s., on a surtout *merrien*. Lat. pop. *materiāmen*, dér. de *materia* au sens propre de « bois de construction ». — Dér. : **maronage,** terme de la technologie des forêts, d'abord *marenage*, 1276.

MERVEILLE. Lat. *mīrābilia*, plur. neutre pris comme subst. fém., fréquent dans la langue de l'Église, qui a été altéré dans le lat. du Nord de la Gaule en **mīribilia* par assimilation de l'*a* aux deux *i* qui l'entourent, et dont le premier a été lui-même assimilé aux deux suivants. It. *meraviglia*. — Dér. : **merveilleux,** XIIe, pris comme subst. pour désigner une personne, 1741, a désigné sous le Directoire des gens à la mode ; **émerveiller,** XIIe ; **émerveillement,** vers 1200.

MÉSANGE, XIIe. Du francique **meisinga* (cf. *misinga* dans un texte lat. du Xe s.), cf. anc. scandinave *meisingr*, dér. d'un simple attesté par l'all. *Meise.*

MÉSAVENTURE, XIIe. Dér. de l'anc. verbe *mesavenir*, comp. du préfixe *més* et d'*avenir*, v. **advenir,** sur le modèle d'*aventure.*

MÉSENTÈRE, 1538. Empr. du grec *mesenterion*, comp. de l'adj. *mesos* « qui est au milieu » et de *enteron* « intestin », v. **entérite.** — Dér. : **mésentérique,** *id.*

MESMÉRISME, 1783. Dér. de *Mesmer*. nom d'un médecin allemand (1733-1815).

MESQUIN, 1611. Empr., avec une nuance de sens nouvelle, de l'it. *meschino* « pauvre, chétif », qui vient de l'arabe *miskîn* « pauvre » ; celui-ci a déjà pénétré une première fois en gallo-roman au moyen âge, cf. a. pr. *mesqui*, *mesquina* « pauvre », et, par l'intermédiaire des sens « chétif, petit », ceux de « jeune homme, jeune fille », d'où en a. fr. *meschin*, *meschine*, dès le XIIe s., qui n'ont que ces derniers sens ; aujourd'hui le fém. est encore usité au sens de « servante » en picard et en wallon. — Dér. : **mesquinerie,** 1636.

MESS, 1838. Empr. de l'angl. *mess*, empr. lui-même du fr. *mes*, orthographe anc. de *mets.*

MESSAGE, XIe *(Alexis)*. Dér. de l'a. fr. *mes* « envoyé », lat. *missus*, part. passé, pris substantiv. à basse ép., du verbe *mittere* « envoyer ». *Message* signifiait aussi « envoyé » en a. fr., jusqu'au XVe s., d'où la création anc. de **messager,** XIIe. *Messager*, au sens de « conducteur de voiture faisant les transports de bagages », est attesté depuis 1690, mais n'est plus guère en usage depuis 1900. L'it. *messaggio* et l'esp. *mensage* viennent du gallo-roman. **Message,** terme politique, 1704, est empr. de l'angl. *message.* — Dér. : **messagerie,** XIIIe, au sens de « mission », sens du mot jusqu'au milieu du XVIIe s. ; autres sens d'après ceux de *messager.*

MESSE. Lat. eccl. *missa* « messe », part. passé fém. pris substantiv. du verbe *mittere ;* tiré de la formule qui termine la cérémonie de la messe : *ite, missa est* « allez, c'est le renvoi ».

MESSER, v, **seigneur.**

MESSIDOR, 1793. Créé par Fabre d'Églantine avec le lat. *messis* « moisson » et le grec *dôron* « présent » ; v. **fructidor, thermidor.**

MESSIE, fin XVe. Empr. du lat. eccl. *messias*, empr., par l'intermédiaire du grec, de l'araméen *meschîkhâ*, en hébreu *mâschîakh* « oint, sacré par le Seigneur », qui a été aussi traduit en grec *khristos* (du verbe *khriein* « oindre »), d'où le lat. *Christus*, fr. *Christ.* — Dér. : **messianisme,** 1836 ; **messianique,** 1859.

MESSIRE, v. **seigneur.**

MESURE. Lat. *mē(n)sūra*, dér. de *mēnsus*, part. passé de *mētirī.* It. *misura*, esp. *mesura* (au sens fig. ; au sens propre on a *medida*).

MESURER. Lat. de basse ép. *mē(n)sūrāre*, dér. de *mē(n)sūra ;* a éliminé le lat. class. *mētirī*, sauf en Sardaigne et dans la péninsule ibérique, esp. *medir.* — Dér. : **mesurable,** XIIe ; **mesurage,** 1247 ; **mesureur,** XIIe ; **démesuré,** vers 1080 *(Roland)*, attesté alors par l'adv. *-reement ;* **remesurer,** XIVe.

MET, v. **pétrin.**

MÉTA-. Premier élément de mots sav., faits sur le modèle de mots grecs où *meta*, comme préf. tiré de la prép. *metá* « avec, après », exprime la participation, la succession, d'où le changement.

MÉTACARPE, 1546. Empr. du grec *metakarpion*, comp. de *metá* « avec » et de *karpos* « carpe ».

MÉTAL, 1249 ; **métallique,** XIVe s. Empr. des mots lat. *metallum* « mine », d'où « produit de la mine, métal » (du grec *metallon* « mine »), *metallicus.* Du XIIIe au XVIIe s., on a souvent *metail*, encore chez Bossuet. — Dér. : **métalliser,** XVIe (B. Palissy) ; **métallisation,** 1753.

MÉTALLO-. Premier élément de mots sav. comp., tels que **métallographie,** 1548, tiré du grec *metallon*, pris au sens de « métal ».

MÉTALLURGIE, 1611. Empr. du lat. scientifique moderne *metallurgia*, tiré du grec *metallourgein* « exploiter une mine ». — Dér. : **métallurgique,** 1752 ; **métallurgiste,** 1719.

MÉTAMORPHISME, 1846. Comp. sav. du grec *meta* et *morphē* « forme ». — Dér. : **métamorphique,** 1847.

MÉTAMORPHOSE, 1493. Empr. du lat. *metamorphosis* (du grec *metamorphôsis*) « changement de forme *(morphê)* ». — Dér. : **métamorphoser,** 1571.

MÉTAPHORE, XIIIe (J. de Meung). Empr. du lat. *metaphora* (d'un mot grec signifiant « transport », d'où « transposition »). — Dér. : **métaphorique,** XIVe (Oresme).

MÉTAPHYSIQUE, *subst.*, XIVe (Oresme), *adj.*, 1546 ; **métaphysicien,** XIVe (Oresme). Les deux premiers sont empr. du lat. scolastique *metaphysica*, fait sur le grec *meta ta physica*, littéral. « après les choses physiques (ou de la nature) », placé par Aristote en tête de son traité de métaphysique, qui fait suite au traité de physique *ta physica*, et du dér. *metaphysicus*, le 3e est dér. de ceux-ci.

MÉTASTASE, 1740. — Empr. du grec *metástasis*, employé déjà dans la terminologie médicale.

MÉTATARSE, 1586. Comp. des mots grecs *meta* « avec » et *tarsos*, v. **tarse,** sur le modèle de *métacarpe.*

MÉTATHÈSE, 1587. Empr. du lat. *metathesis* « déplacement » (du grec).

MÉTAYER, v. **moitié.**

MÉTEIL. Lat. pop. **mixtilium*, propr. « mélange », dér. d'un adj. **mixtilis*, dér. de *mixtus*, part. passé de *miscēre* « mêler ». *Méteil* n'est attesté que depuis 1600, mais on trouve le dérivé *mesteillon* déjà au XIIIe s., ce qui prouve que *méteil* est vieux. Le mot se présente en a. fr., comme dans les parlers modernes, avec des suff. variés (cf. *mestueil*, etc.). L'a. fr. a aussi *mesture*, lat. *mixtūra*, propr. « mélange », encore dans l'Ouest et le Sud-Ouest.

MÉTEMPSYCHOSE, 1561. Empr. du lat. de basse ép. *metempsychosis* (du grec *metempsykhôsis*, comp. de *meta*, v. **méta,** et du verbe *empsykhoun* « faire vivre », de *psykhê* « âme »).

MÉTÉORE, vers 1270. Empr. du lat. scolastique *meteora* (du grec *ta meteôra* « les phénomènes », de l'adj. *meteôros* « élevé dans les airs »). — Dér. **météorique,** 1580.

MÉTÉORISER, 1757. Empr. du grec *meteôrizein* « gonfler » en parlant d'une tumeur, propr. « élever ».

MÉTÉOROLOGIE, 1547. Empr. du grec *meteôrologia.* — Dér. : **météorologique,** 1550 ; **-ogue,** 1775.

MÉTÈQUE, 1743, comme terme d'antiquité grecque ; employé vers 1894 par Ch. Maurras (après avoir lu l'ouvrage de M. Clerc, *Les Métèques athéniens*) en parlant d'étrangers domiciliés, avec un sens défavorable. Empr. du grec *metoikos*, propr. « qui change de résidence » (de *meta*, v. **méta,** et de *oikos* « maison »).

MÉTHODE, 1537 ; **méthodique,** 1488. Empr. du lat. de basse ép. *methodus*, *methodicus* (du grec *methodos* « poursuite, recherche », *methodikos.* **Méthodisme,** 1760, nom d'une secte protestante, créée par *Wesley*, au XVIIIe s., et **méthodiste,** viennent de l'angl. *methodism* *-ist.*

MÉTHYLE, 1840 (Regnault). Tiré de *méthylène*, déjà formé en 1834 avec les mots grecs *methy* « boisson fermentée, vin » et *hylê* « bois, substance », d'après *éthyle*, v. **éther,** d'où plus tard **méthane,** 1882, etc.

MÉTICULEUX, 1547. Empr. du lat. *meticulosus* « timide, craintif » (de *metus* « crainte » ; fait sur le modèle de *periculosus*), qui a été pris en fr. avec une nuance inconnue du lat.

MÉTIER. Développement particulier du lat. *ministerium* « service, office » (dér. de *minister* « serviteur »), d'où en gallo-roman « métier ». La forme fr. *mestier* suppose un lat. pop. **misterium*, résultat d'une forte contraction, ou croisement avec *mysterium*, dans des locutions où il s'agissait du « service de Dieu », cf. le *mestier Dieu*, fréquent au moyen âge. L'a. fr. *mistere* apparaît souvent au sens de « cérémonie, office, ministère » jusqu'au XVIe s., ce qui indique que les deux mots lat. *ministerium* et *mysterium* continuaient à être rapprochés, et l'a. pr. emploie à la fois *mester*, *menester* et *ministeri* au sens du lat. eccl. *mysterium*, à propos du Christ ou du règne de Dieu, dans des traductions de l'Évangile (cf. aussi l'emploi de *menester* au sens de « service de Dieu », par latinisme, dans *Sainte Eulalie*). L'expression *faire un tour de son métier* (aujourd'hui plutôt *jouer*) est déjà attestée au XVe s. *Mestier* en a. fr. a aussi les sens de « besoin, nécessité », et, d'autre part, désigne divers ustensiles (*ministerium* signifie déjà « vaisselle » en lat. de basse ép.) ou meubles, d'où le sens spécialisé dès le moyen âge de « machine » (notamment à tisser), cf. *Et uns mestiers por gimples faire*, vers 1200 *(L'Escoufle)*. L'it. *mestiere*, l'esp. *menester* viennent du gallo-roman.

MÉTIS. Lat. de basse ép. *mixtīcius*, dér. de *mixtus*, v. **méteil.** La prononciation de l'*s* final vient du fém. ; le sens spécialisé de « homme, femme nés de l'union d'un blanc avec un homme, une femme d'une autre couleur » vient de l'esp., v. **mulâtre.** Du XVIe au XVIIIe s. on a dit aussi *métif*, *métive*, par substitution de suff. Esp. *mestizo* (d'où l'it. *mestizzo*), a. pr. *mestitz*. — Dér. : **métissage,** 1834 ; **métissé,** 1869.

MÉTONYMIE, 1521. Empr. du lat. de basse ép. *metonymia* (du grec *metônymia*, comp. de *meta*, exprimant le changement, v. **méta-,** et de *onoma* « nom »).

MÉTOPE, 1545. Empr. du lat. de basse ép. *metopa* (du grec *metopê*, de *meta* au sens d' « après » et de *opê* « ouverture »).

MÈTRE, « unité de mesure », 1791. Empr., lors des recherches pour la création du système métrique, du grec *metron* « mesure ». Sert aussi de deuxième élément pour des mots sav. tels que **manomètre,** v. ce mot ; **hygromètre,** 1666, etc. — Dér. : **métrer,** 1834 ; **métreur,** 1846 ; **métrique,** dans *système métrique*, 1795. — Comp. : les multiples et les sous-multiples du mètre.

MÈTRE, terme de versification, vers 1200 ; **métrique,** *adj.*, 1496 ; *subst.*, 1768. Empr. du lat. *metrum*, *metricus*, *metrica* (du grec *metron*, *metrikos*, *-ê*). — Comp. : **métromanie,** 1723.

MÉTRITE, 1807 (d'abord *-tie* en 1803). Empr. du lat. médical *metritis* (du grec *mêtra* « matrice »).

MÉTRO-. Premier élément de mots sav. comp., tels que **métronome,** 1815, tiré du grec *metron* « mesure ».

MÉTROPOLE, XIVe ; **métropolitain,** 1294. Empr., comme terme d'administration eccl., du lat. de basse ép. *metropolis* (du grec *mêtropolis*, littéral. « ville mère »), *metropolitanus ;* sens plus étendu depuis le XVIIIe s. Au sens de « chemin de fer métropolitain », 1900 ; abrégé ensuite **métro.**

METS. Jusqu'au XVe *mes ;* orthographié depuis *mets* d'après *mettre*. Lat. pop. *missum* « ce qui est posé sur la table », part. passé neutre, pris substantiv., du verbe *mittere*. It. *messo* « service de la table », cf. **mess.** — Comp. : **entremets,** XIIe, jusqu'à la fin du XVIe s., désigne souvent un divertissement, une scène figurée représentés au cours d'un festin.

METTRE. Lat. *mittere*, propr. « laisser aller » (sens qui explique seul celui de nombreux dér. et comp. latins), d'où « envoyer » ; a pris en lat. pop. celui de « placer à un endroit déterminé ». It. *mettere ;* concurrencé par le type *bouter*, d'origine francique, dans les parlers de l'Est, de la région rhodanienne et du Sud-Ouest. — Dér. et Comp. : **mettable,** XIIe, **immettable,** fin XIXe ; **metteur,** 1680, une première fois vers 1270 ; **mise,** 1233 ; **miser,** 1845 (en usage à Lyon et en Suisse dp. XVIIe s.) ; **mise-bas,** 1840 (en Lorraine dès 1807), au sens de « vêtement dont on ne veut plus », d'après *mettre bas ;* **démettre,** XIIIe ; au sens de « déplacer », au sens de « démettre un membre », 1538, a pris le sens de « se retirer d'une charge », XIIIe, d'après le lat. *demittere* « faire descendre, jeter en bas », v. **démission** ; d'autres sens de *démettre* au moyen âge viennent de ce même verbe lat. ; **entremettre,** vers 1100 ; **entremetteur,** vers 1320, aujourd'hui surtout dans un sens défavorable ; **entremise,** 1162.

MEUBLE, *adj.* Lat. pop. **mŏbilis*, réfection du lat. class. *mōbilis*, d'après le verbe *mŏvēre* « mouvoir ». Avait des emplois plus étendus en a. fr. qu'aujourd'hui, remplacé dans ces emplois par **mobile.** It. *mobile*, esp. *mueble*. La locution *biens meubles* a été répandue par le latin jurid. — Dér. : **meuble,** *subst.*, au moyen âge apparaît d'abord vers le XIIIe s. comme sing. collectif au sens de « biens meubles », le sens moderne, issu lui-même de la langue jurid., est du XVIe s. environ ; il a passé dans les langues voisines, cf. all. *Möbel*, etc. ; **meubler,** XVIe, au sens moderne, au moyen âge on a déjà *meublé* au sens de « garni, riche » ; **ameublement,** 1585, par l'intermédiaire d'*ameubler*, XVIe, aujourd'hui hors d'usage ; **ameublir,** XVIe (Liebault), de *meuble*, *adj.*, en parlant de la terre, déjà créé au XIVe s. comme terme jurid. au sens de « rendre meubles des biens », d'où **ameublissement,** 1839, comme terme d'agriculture, depuis 1603, comme terme jurid., « ameublement », av. 1573 ; **démeubler,** XVIIe, au sens moderne, au moyen âge signifiait « priver de ses biens », d'où **démeublement,** 1680 ; **remeubler,** XIIIe.

MEUGLER, 1539, attesté indirectement par le dér. **meuglement.** Altération de *beugler* par croisement avec *mugir.*

MEULE « meule à moudre ». Lat. *mola.* It. *mola,* esp. *muela.* — Dér. : **molette,** 1301 ; **meulière,** 1566 *(pierre rude et meulière),* le masc. est rare.

MEULE « monceau de fourrage, de paille ou de céréales ». Probabl. emploi métaphorique du préc., cf. à l'appui le lat. *mēta,* propr. « objet en forme de cône », d'où « meule », esp. *muela.* Fr. *mule* (du XIIIe au XVIIIe s., encore répandu dans les parlers) et *mulon* (dp. le XIIIe s., au XIIe *muillon*) est sans rapport étymologique avec *meule* ; il représente le lat. *mūtŭlus* « modillon » ; la différence entre les formes avec *-l-* et celles avec *-ill-* est due au fait que la syncope ne s'est pas produite partout à la même époque (comp. **épaule**). De *Mutulus* aussi it. *mucchio* « monceau », esp. *mojón* « borne, monceau » et, d'autre part, les formes du prov. *moudel, moudeloun,* « meule de foin », lat. pop. **mutellus,* etc. ; v. aussi **modillon,** pour un autre sens.

MEUNIER. Altération, qui date du XIIIe s., de *mounier* d'après *meule ;* en outre au moyen âge, *munier,* issu de *meunier.* Lat. pop. **molīnārius,* dér. de *molīnum* « moulin », v. ce mot. — Dér. : **meunerie,** 1767.

MEURTRE, vers 1090 (d'abord *mortre, murtre*) ; **meurtrir,** vers 1130 (d'abord *murtrir, mortrir*), formes refaites en *eu* au XIVe s. Du francique **murthrjan* « assassiner », comp. gotique *maúrþrjan,* anc. haut all. *mord* « assassinat ». Dès le XIIe s. il y a des formes avec *-d-* et avec *-t- (mordrir, mortrir).* Le mot a passé du francique en roman à des époques différentes de sorte que le *-th-,* qui est devenu *-d-* après *-r-* en francique, a passé avec deux articulations en fr., l'une au VIe s., l'autre vers 800. Jusqu'au XVIIe s. *meurtrir* signifiait encore « tuer », sens conservé dans les dér. ; le sens moderne date du XVIe s. pour *meurtrir,* du XVe pour *meurdrir.* — Dér. : 1° de *meurtre* : **meurtrier,** XVe (au XIIe *murtrier*), d'où **meurtrière,** 1573, au sens moderne, au moyen âge on disait *archière,* encore usité au XVIIe s. ; 3° de *meurtrir :* **meurtrissure,** 1535.

MEUTE. Lat. de basse ép. *movita,* fém. pris substantiv. de *movitus,* lat. class. *motus,* part. passé, refait sur le radical de *movēre.* A signifié jusqu'à la fin du XVe s. « soulèvement, expédition », cf. **émeute** ; le sens moderne apparaît dès le XIIe s. A. pr. *moula* « signal, sonnerie de cloches », sens également attesté dans le Nord, cf. à Metz, *la Mute* qui désigne le bourdon municipal. *Muette* « logis pour les chiens de chasse, etc. », n'est qu'une anc. orthographe de *meute,* qui a été conservée aussi dans le château de la *Muette* au bois de Boulogne (d'où la prononciation erronée d'aujourd'hui) ; souvent écrit *meute* au XVIIIe s. — Dér. : **mutin,** XIVe s., attesté indirectement par le verbe **mutiner (se),** d'où **mutinerie,** vers 1500; **ameuter,** 1375 (Modus), propr. terme de vénerie « réunir une meute de chiens », au sens de « attrouper plusieurs personnes » dp. fin XVIe s., d'où **ameutement,** 1636.

MEZZANINE, terme d'architecture, 1676. Empr. de l'it. *mezzanino* « entresol » dér. de *mezzo* « qui est au milieu ».

MI. A été concurrencé dès les premiers textes par *demi,* qui ne lui a laissé que des emplois restreints devant un subst. ou un adj., dans des locutions adverbiales ou prépositives ; a encore été quelquefois pris substantiv. en a. fr. au sens de « milieu ». Lat. *medius* « qui est au milieu », d'où « demi ». — Comp. : **midi,** vers 1080 *(Roland) ;* **après-midi,** 1514 ; les parlers méridionaux, au sud de la ligne allant de l'embouchure de la Gironde à la Suisse romande, sauf l'extrême Sud-Ouest, disent *mijour,* rare au Nord et dont il y a des traces en a. fr., jusqu'au XVIe s. ; **milieu,** XIIe, sauf dans le Sud-Ouest qui dit *mi,* la plupart des parlers gallo-romans emploient *mitan,* écrit *mitant* en moyen fr. On a proposé pour l'étymologie de ce mot *mi-temps* qui ne convient pas, le fr. et les parlers ayant toujours la voyelle *a*; la plus anc. forme étant *moitan* (dans des textes bourguignons et franc-comtois, XIIe-XIIIe s.) il s'agit très probabl. d'un comp. de *mi* et de *tant,* né dans l'Est et qui s'est répandu par la suite dans les autres parlers ; **minuit,** XIIe *(mie nuit,* forme usuelle au moyen âge), le féminin s'est maintenu jusqu'au XVIIe s. ; **parmi,** XIe *(Alexis),* autrefois aussi **emmi** *(Roland).* Les noms comp. avec *mi* et un nom de mois sont du genre fém., cf. *la mi-aoust,* 1381, etc., v. **carême** ; ce genre vient sans doute de *fête,* comme dans *noël* (dans *à la noël*), *toussaint.*

MI, v. **gamme.**

MIASME, 1765. Empr. du grec *miasma* « souillure » (de *miainein* « souiller »).

MIAULER, XIIIe. Verbe onomatopéique, comme les verbes de même sens : it. *miagolare,* esp. *miullar,* all. *miauen,* etc. — Dér. : **miaulement,** 1564.

MICA, 1735. Empr. du lat. *mica* « parcelle », v. **mie.** — Dér. et Comp. : **micacé,** 1755 ; **micaschiste,** 1817, v. **schiste.**

MICHE, vers 1170. A en a. fr., de même que l'apr. *mica* et le cat. *mica,* le sens de « mie, miette ». Représente, avec ceux-ci, un lat. **mīcca,* forme renforcée de *mīca,* v. **mie** et **tricher.** Le néerl. *micke* est empr. du roman.

MICHÉ « ami riche qui entretient », 1739, pop. Anc. pron. pop. de *Michel.*

MICHELINE « automotrice sur pneus, des chemins de fer », vers 1932. Du nom de l'inventeur *Michelin*.

MICMAC, 1649. Aussi *miquemaque*, XVIIᵉ, fém., altération de *mutemaque*, *-che*, etc., « rébellion », XVᵉ s., d'où « confusion, désordre », au XVIᵉ s., qui remonte au moyen néerl. *muitmaken* « faire une rébellion » (où *muit* vient du fr. *meute*) ; de par sa forme, a pris le caractère d'un mot expressif. L'all. *Mischmasch*, de sens analogue, est un autre mot qui n'a pénétré que dans nos parlers de l'Est.

MICOCOULIER, 1547 (« Lotos est un arbre nommé en Provence *micacoulier* »). Mot d'origine prov., qui remonte au grec moderne *mikrokoukouli*.

MICRO-. Premier élément de mots sav. comp. tels que **microphone,** 1732, tiré du grec *mikros* « petit », ou de mots empruntés.

MICROBE, 1878. Empr. du grec *mikrobios* « dont la vie est courte » par le chirurgien fr. Sédillot (1804-1882).

MICROCOSME, 1314 *(Fauvel)*, rare avant 1500. Empr. du lat. de basse ép. *microcosmus* (du grec *mikrokosmos ;* v. **cosmo-**). On a fait par opposition **macrocosme,** attesté dès 1314 *(Fauvel)*, cf. **macro-.**

MICRON, fin XIXᵉ. Empr. du grec *mikron*, neutre de *mikros* « petit ».

MICROSCOPE, v. **télescope.**

MICTION, 1618. Empr. du lat. *mictio*, autre forme de *minctio* (de *mingere* « uriner »).

MIDI, v. **mi.**

MIDINETTE, v. **déjeuner.**

MIDSHIP, 1858, usuel au sens d' « aspirant de marine ». Abréviation de *midshipman*, 1751, empr. de l'angl. *midshipman* (comp. de *midship* « le milieu du bateau » et de *man* « homme »).

MIE. Lat. *mīca* « miette », propr. « parcelle ». A gardé son sens étymologique de « miette » jusqu'au XVIIᵉ s. ; remplacé dès lors par *miette*. A servi jusqu'au XVIIᵉ s. de particule de renforcement de la négation, encore usuelle dans l'Est ; même développement en it. et en a. pr. It. *mica*, esp. *miga*. — Dér. : **miette,** XIIᵉ, au sens de « mie », jusqu'au XVIᵉ s., encore usuel dans de nombreux parlers septentrionaux, d'où **émietter,** 1572, **émiettement,** 1611 ; **mioche,** 1795, formé avec le suff. argotique *-oche*, attesté au sens de « miette » en 1567 ; on trouve aussi *mion*, 1649, au sens de « gamin » et de « miette » ; **émier,** XIIᵉ.

MIE, v. **ami.**

MIEL. Lat. *mel*, neutre. It. *miele*, esp. *miel*. — Dér. : **mielleux,** XIIIᵉ (J. de Meung) ; **emmieller,** XIIIᵉ.

MIEUX. Lat. *melius*, neutre pris adverbial. de *melior*, v. **meilleur.** La locution *(à) qui mieux mieux* apparaît vers le XIIIᵉ s. It. *meglio*, a. pr. *melhs*.

MIÈVRE, vers 1240 *(Eles ont les cuers si mievres qu'elles ne se pueent tenir a 1 seul) ;* 1288, en parlant d'une chèvre ; en outre *esmievre* au moyen âge. Jusqu'au XVIIᵉ s. a qualifié la vivacité malicieuse ; le sens moderne date de la fin du XVIIᵉ s., par oubli du sens propre. La forme de l'a. fr. *esmièvre* et *nièvre*, relevé au XVIIᵉ s. en normand, appuient l'étymologie par l'anc. scandinave *snæfr* « vif, habile » ; l'*m* viendrait d'une accommodation de l'*n* à *v*. — Dér. : **mièvrerie,** 1718 ; on a dit d'abord *mièvreté*, XVᵉ, sorti de la langue au début du XVIIIᵉ s.

MIGNARD, v. le suiv.

MIGNON, vers le milieu du XVᵉ s. Antér., depuis le XIIᵉ s., *mignot*, d'où les anc. dér. *mignoter, mignotise, amignoter*, tous encore très répandus dans les parlers. Mots de caresse dont le sens principal est « gentil, gracieux », nettement distincts de **minet** « chat ». — Dér. : **mignonnette,** 1718 ; d'un adj. *mignonnet* (dès 1493), aujourd'hui hors d'usage ; a reçu diverses acceptions techn. ; **mignard,** 1532 (en a. prov. dès le XIIIᵉ s.), le verbe *mignarder*, dès 1418 ; **mignardise,** 1539.

MIGRAINE, XIIIᵉ *(migraigne)*. Empr. du lat. médical *hemicrania* (du grec *hêmikrania*, littéral. « douleur dans la moitié de la tête », comp. de *hêmi* « à demi » et de *kranion* « crâne »).

MIGRATION, 1495. Empr. du lat. *migratio* (de *migrare* « changer de résidence »). — Dér. : **migrateur,** 1867, formé sur le radical de *migration ;* **migratoire,** 1840.

MIJAURÉE, 1640 ; en outre, à la même date, *migeorée*. Paraît être un mot dialectal de l'Ouest, modification d'un subst. **mijolée*, dér. d'un verbe manceau *mijoler* « cajoler », d'après le verbe normand *jorer* « parer avec recherche » ; *mijoler* est un dér. de *mijot* (v. le suivant) et signifie d'abord « cuire à petit feu ».

MIJOTER, 1767. Mot de l'Ouest, où il est encore très usuel au sens de « faire mûrir des fruits » ; dér. de *mijot* « lieu où l'on conserve les fruits », même mot que celui qui est à la base de *magot ;* attesté comme normand dès 1583 au sens de « faire mûrir, cacher » (aussi *migoter*). Le sens de « cuire à petit feu » est également d'origine dialectale, cf. *migeoler* aux mêmes sens dans le Bas-Maine. Le verbe est sans doute dér. de l'a. fr. *migoe* « provision de fruits, de vivres », *mujoe, musgode* (celui-ci dans l'*Alexis*) ; on ramène ces mots à un germ. **musgauda*, dont la première partie correspond au flamand *muize* « souris », première partie de *muizegote* « cachette pour pommes, etc. » ; seulement la deuxième partie de ce comp. s'accorde mal avec le mot gallo-roman, lequel présentant *-j-* en fr. et *-g-* en normand demande la voyelle *-au-*.

MIL, 1282. Aujourd'hui moins usité que le dér. **millet,** XIVᵉ, sauf dans l'Ouest et dans les parlers méridionaux. Lat. *milium*.

— Comp. : **grémil,** XIIIe *(gromil)*, comp. de *grès* et de *mil*, cf. les noms pop. *herbe aux perles*, et *graine perlée* et le nom scientifique *lithospermium officinale* (dont l'all. *Steinsamen* est un calque) ; dit ainsi à cause de la dureté de ses graines ; altéré aussi en *grenil*, XVIe, d'après *grain*.

MILADY, 1727. Empr. de l'angl. comme titre d'une dame anglaise de qualité.

MILAN, 1500. Empr. du prov. *milan*, lat. pop. ***mīlānus*, dér. du lat. class. *mīluus*, cf. esp. *milano*. L'a. fr. disait *escoufle* (*écoufle* encore dans les patois), empr. d'une forme de bas-breton ***skouvl*, supposée par le breton moderne *skoul*.

MILDIOU, écrit d'abord *mildew*, 1874. Empr. de l'angl. *mildew*, propr. « rouille (des plantes), tache d'humidité » ; *mildiou* est transcrit d'après la prononciation de l'angl.

MILICE, fin XVIe (dès 1372 *milicie* chez Oresme). Empr. du lat. *militia* « service militaire », d'où « corps de troupe, expédition », dans le langage soutenu ou religieux, cf. *les milices célestes* jusqu'au XVIIe s. ; depuis la fin du XVIIIe s. a servi à désigner des levées de paysans et de bourgeois pour recruter l'armée, d'où le sens que *milice* a reçu au XIXe s. — Dér. : **milicien,** 1725.

MILIEU, v. **mi.**

MILITAIRE, 1356 (Bersuire). Empr. du lat. *militaris* (de *miles* « soldat »). — Dér. : **militarisme,** 1845 ; **militariste,** 1892 ; **anti-,** fin XIXe ; **militariser,** 1845, **militarisation,** 1876, **démilitariser,** 1871, **-isation,** fin XIXe ; **paramilitaire,** vers 1935, formé avec la prép. grecque *para* « à côté ».

MILITER, 1669, au sens moderne. Empr. du lat. *militare* « faire le service militaire, combattre » en vue d'un sens spécial. Déjà empr. au moyen âge (du XIIIe au XVe s. ; se trouve aussi au XVIIIe s.) au sens de « combattre », mais surtout dans la langue théologique, d'où l'adj. *militant* dans *Église militante*, 1420, et, par suite, les acceptions de *militant* au XIXe s. dans la langue politique.

MILK-BAR, 1960. Empr. de l'angl., où il désigne un café dans lequel on ne consomme pas d'alcool.

MILLE. Continue orthographiquement l'a. fr. *mille*, d'abord *milie*, XIIe, empr. du lat. *milia*, plur. de *mille* « mille » ; mais, pour la prononciation, continue *mil*, qui est le lat. *mīlle ;* de bonne heure les deux formes se sont employées indifféremment ; aujourd'hui la graphie *mil* n'a plus qu'un emploi restreint. — Dér. : **millième,** 1377, d'abord *milisme*, XIIIe, v. **centième** ; **millier,** vers 1080 *(Roland)*, le lat. a déjà *milliārius*, qui a pu servir de modèle ; **million,** vers 1270 (empr. de l'it. *milione* « un grand mille »), d'où **millionième,** 1550, **millionnaire,** 1740 (Lesage), et, par substitution de suff., **milliard,** 1544, **milliasse,** 1479, en outre, par modification arbitraire de l'initiale d'après les particules lat. *bi-*, *tri-*, *quadri-* « deux, trois, quatre fois », **billion, trillion, quadrillion,** 1484 (aujourd'hui plutôt *quatrillion* d'après *trillion*) ; ces trois mots désignaient au XVIe s. des nombres d'une valeur 1 000 fois plus grande qu'aujourd'hui. — Comp. : **mille-feuilles,** 1539 ; au moyen âge *milfoil* d'après le lat. *millefolium ;* **mille-fleurs,** XVIIe ; **mille-pertuis,** 1539 ; **mille-pieds,** XVIe, d'après le lat. *milipeda ;* aussi *mille-pattes*.

MILLÉNAIRE, 1495. Empr. du lat. de basse ép. *millenarius*.

MILLÉSIME, 1515. Empr. du lat. *millesimus* « millième ».

MILLET, v. **mil.**

MILLI-. Premier élément des sous-multiples du mètre, etc., tiré du lat. *mille* « mille », lors de la création du système métrique, en 1795.

MILLIAIRE, terme d'antiquité romaine, 1636. Empr. du lat. *miliarius*, *-a* (de *milia*, v. **mille**) ; on emploie aussi plus rarement *milliaire* comme subst. pour marquer une distance de mille pas, depuis la fin du XVe s., d'après le lat. *miliarium*, neutre pris substantiv. de *miliarius*.

MILLIARD, MILLIÈME, etc., v. **mille,**

MILORD, XIVe (*millour*, forme plus francisée, encore usitée au XVIIe s.). Empr. de l'angl. *mylord* (comp. de *my* « mon » et *lord*, v. **lord**).

MILOUIN, « canard sauvage », 1775. Peut-être un dér. sav. du lat. *miluus*, v. **milan.**

MIME, 1534 ; **mimique,** 1570, comme adj. Empr. des mots lat. *mimus*, *mimicus* (du grec *mimos*, *mimikos*) comme termes d'antiquité. *Mime* a servi depuis 1783 à désigner celui qui imite le parler ou la physionomie des gens, d'où l'emploi de **mimique,** comme subst. et la création du verbe **mimer,** 1840.

MIMÉTISME, 1874. Dér. sav. du grec *mimeisthai* « imiter ».

MIMI, XIXe. Mot enfantin tiré de *minet*, pour désigner le chat ; sert aussi dans le langage enfantin pour désigner certaines personnes : « grand-mère, etc. ». Désignait au XVIIe s. une coiffure de dame.

MIMOSA, 1619. Empr. du lat. des botanistes *mimosa*, dér. du lat. *mimus*, v. *mime*, au sens de « qui se contracte comme un mime » ; ainsi nommé parce que certaines espèces se contractent au toucher. On a dit aussi *mimeuse*, fin XVIIIe.

MINARET, 1606. Empr. du turc *menâret* (empr. lui-même de l'arabe *manâra* « phare », d'où « tour de mosquée » à cause de la forme ; on s'est demandé aussi s'il n'y pas a eu en même temps un signal à feu).

MINAUDER, v. **mine.**

MINCE, v. **menuiser.**

MINE, anc. mesure de capacité. Altération d'*émine*, lat. *hemina*, mesure d'environ 28 centilitres (du grec *hêmina* « *id.* »), francisé en *hémine* depuis 1718 en parlant de la mesure ancienne. — Dér. : **minot,** XIIIe (É. Boileau), anc. mesure valant une demi-mine ; **minotier,** 1791 ; **minoterie,** 1836 ; le minotier préparait d'abord des farines de choix (*minot*, au XVIIe s., désigne de la farine fine) destinées au commerce extérieur, qu'on appelait *farines de minot*, enfermées dans des barils pour passer les mers.

MINE « terrain au sein de la terre d'où l'on extrait des métaux, du charbon, etc. », vers 1200. Du celtique **meina* (comp. gaél. *mein*) ; en gaulois *ei* devient tantôt *i*, tantôt *e*, d'où le fr. *mine* à côté de l'a. pr. *mena*. A passé dans les langues voisines : it. esp. *mina*, all. *Mine*, angl. *mine*. — Dér. : **miner,** vers 1170, d'où **minable,** 1823, « misérable », au XVe s. au sens propre de « qui peut être miné » ; **mineur,** vers 1210 ; **minière,** vers 1210 ; **minerai,** 1721 (une 1re fois en 1314 : *minerois*, qui indique que le suff. est le même que celui des mots tels que *bourgeois*) ; **minier,** 1859 (comme subst. au sens de « mineur », vers 1200 et au XVIIe s.) ; **déminer,** 1948. — Comp. : **contre-mine,** vers 1380, **contre-miner,** 1404 ; **lance-mines,** v. **lancer.**

MINE « apparence du visage », XVe (une 1re fois au XIIIe s., dans la locution *faire mine*). Empr. du breton *min* « bec, museau » ; l'all. *Miene*, qui a le même sens que le fr., vient du fr. Le terme de marine *minot* « sorte de pièce de bois en saillie », 1690, dér. du breton *min*. — Dér. : **minauder,** 1645, dans un texte normand, **minauderie,** XVIe, **minaudier,** 1694 ; **minois,** 1498.

MINERAI, v. **mine** « **terrain...** ».

MINÉRAL, vers 1500 (une 1re fois vers 1280). Empr. du lat. médiéval *mineralis*, dér. de *minera* « minière » (du même latin). — Dér. : **minéraliser,** 1751, **minéralisation,** *id.*, **déminéraliser,** fin XIXe ; **minéralogie,** 1729, pour **minéralologie*, d'où **-ique,** 1751.

MINET, 1718 (la forme fém. *minette* dès 1560). Mot de caresse, qui évoque en même temps le miaulement du chat (un verbe *minower* « miauler » est attesté vers 1280), répandu, avec d'autres suffixes, dans l'Italie du Nord ; aussi **minon,** vers 1380 (E. Deschamps). Ces mots ont été formés avec des suffixes diminutifs ; le mot simple *mine* a été refait sur eux au XIXe s. et s'emploie dans quelques parlers gallo-romans. Tous ces mots sont aussi employés pour désigner un chaton de noyer, etc., comme **minette** désigne la luzerne en Normandie et ailleurs.

MINEUR, *adj.*, vers 1340 *(mineurs d'ans)*. Empr. du lat. *minor*, comparatif de *parvus* « petit ».

MINIATURE, 1653. Empr. de l'it. *miniatura*, dér. du verbe *miniare* « peindre en miniature », dér. de *minio* « minium », v. **minium.** — Dér. : **miniaturiste,** 1748.

MINIME, XIVe (Oresme) ; **minimum,** 1705. Empr. du lat. *minimus* « le plus petit », superlatif de *parvus*, v. **mineur,** et du neutre de ce superlatif pris substantiv. ; *minimum* est une forme purement lat., comme *maximum*, et on leur donne des plur. lat. *minima*, *maxima*. — Dér. : **minimiser** (ou *minimer*), 1842.

MINISTRE, 1120 ; **ministère,** 1190 ; **ministériel,** vers 1580. Empr. des mots lat. *minister* « serviteur », *ministerium* « service, office », *ministerialis* (de basse ép., « chargé d'un service »). Jusqu'au XVIe s. *ministre* est surtout employé au sens de « serviteur de Dieu, du culte » ; de là son emploi à partir du XVIe s. en parlant de ceux qui exercent les fonctions sacerdotales chez les protestants ; depuis le commencement du XVIIe s. *ministre* et *ministère* ont pris une valeur nouvelle dans la langue politique, et *ministériel* a suivi. — Comp. de l'adj. : **anti-ministériel,** 1740, D.

MINIUM, XVIe (Paré, sous la forme *minion*, d'après la prononciation du lat. à cette ép., v. **dicton**). Empr. du lat. *minium*, francisé au moyen âge en *mine*.

MINOIS, v. **mine** « **visage** ».

MINON, v. **minet.**

MINORITÉ, terme jurid., 1376. Empr. du lat. médiéval *minoritas*, v. **mineur** et **majorité.**

MINORITÉ, terme de droit politique, 1727. Empr. de l'angl. *minority*, v. **majorité.** — Dér. : **minoritaire,** fin XIXe.

MINUIT, v. **mi.**

MINUSCULE, 1634 (en parlant de lettres). Empr. du lat. *minusculus* « assez petit », pour avoir un mot opposé à *majuscule ;* depuis le XIXe s. pris dans un sens plus étendu.

MINUTE, division du temps, XIIIe. Empr. du lat. médiéval *minuta*, tiré de l'adj. du lat. anc. *minutus* « menu ». — Dér. : **minuterie,** 1786.

MINUTE « original sur lequel on fait une copie », 1382, attesté alors par le verbe dér. **minuter.** Empr. du lat. médiéval *minuta*, même mot que *minuta* « division du temps », pris au sens d' « écriture menue » (on a dit aussi en fr. *écrire en minute*) ; plus francisé en *minue* au XVe s., v. **grosse,** sous **gros ;** *minuter* a eu aussi au XVIe et au XVIIe s. le sens fig. de « projeter ».

MINUTIE, 1627. Empr. du lat. *minutia*, propr. « petite parcelle », dér. de *minutus*. — Dér. : **minutieux,** 1752.

MIOCÈNE, v. **éocène.**

MIOCHE, MION, v. **mie.**

MIRABELLE, 1628. Probabl. dér. de *Mirabel* ou de *Mirabeau*, nom de villages dans la Drôme et dans le Vaucluse, ce fruit ayant été cultivé d'abord dans le Midi. L'it. *mirabella* est empr. du fr. — Dér. : **mirabellier,** fin XIXe.

MIRACLE, XIe *(Alexis) ;* parfois fém. au moyen âge. Empr. du lat. *miraculum* « prodige » avec la nuance prise par ce mot dans le lat. eccl. — Dér. : **miraculeux,** 1314 ; le lat. n'a que l'adv. *miraculose*, très rarement attesté.

MIRADOR(E), vers 1830, à propos de choses d'Espagne. Empr. de l'esp. *mirador* « sorte de belvédère », dér. de *mirar*, v. le suiv., puis utilisé pour des emplois techn.

MIRER. Lat. pop. *mīrāre* « regarder avec attention », lat. class. *mīrārī* « s'étonner ». Ne s'emploie au sens de « regarder » que dans des locutions techn. telles que *mirer des œufs ;* depuis le moyen âge s'emploie surtout au réfl. *se mirer*, dont le développement sémantique a subi l'influence du dér. *miroir.* Comme terme concernant les armes à feu, date du XVIe s. (1562) ; doit alors cet emploi à l'it. *mirare.* It. *mirare*, esp. *mirar*, partout au sens de « regarder ». — Dér. : **mirage,** 1753 ; **mire,** XVe *(Lesquels* (livres)... *me tiennent lieu de mire) ;* comme terme concernant les armes à feu, date de la fin du XVe s. et vient, comme le verbe, de l'it., d'où *point de mire*, 1668 (alors encore techn.) ; **miroir,** XIIe (l'a fr. a un autre dér. *mirail*, de même a. pr. *miralh*, encore usité dans le Midi), **miroiter,** 1836 (*miroité* depuis 1595), **miroitement,** 1622, **miroitier,** 1564, **miroiterie,** 1701 ; **mireur** (d'œufs), 1874.

MIRIFIQUE, 1496. Empr. du lat. *mirificus* « admirable » (de la famille de *mirari*).

MIRLIFLORE, XVIIIe (Collé qui écrit *-or ;* on trouve aussi *-fleur* dans *Faublas*). Paraît une altération voulue de *mille fleurs*, usuel au XVIIe s. dans *eau de mille fleurs*, parfum très apprécié des élégants, ou plutôt du lat. *mille flores* (cf. *aqua stercoris vaccini vulgo aqua mille florum dicta* dans le *Traité de pharmacie* de N. Lémery, fin XVIIe s.) ; *mille flores* ne figure pas dans les traités médicaux d'alors, mais il pouvait se dire à une époque où toutes les préparations faites par les apothicaires avaient un nom latin ; l'altération est due à un croisement avec *mirlifique*, déformation burlesque de *mirifique*, attestée dès le XVe s.

MIRLITON, 1752. Paraît être un anc. refrain, v. **guéridon.** *Mirely* se rencontre au XVe s. au sens de « mélodie ».

MIROBOLANT, 1838. Tiré par plaisanterie de *myrobolan*, XIIIe s., qui désignait plusieurs espèces de fruits desséchés servant dans des préparations pharmaceutiques ; Hauteroche, dans sa comédie *Crispin Médecin*, 1680, a donné à un médecin le nom de *mirobolan* qui paraît avoir joué un rôle dans la formation de l'adj. *mirobolant*, cf. *Ce docteur mirobolard*, en 1767, chez Collé.

MIROTON, 1691. Terme de cuisine d'origine inconnue.

MISAINE, XVIe. Altération, d'après l'it. *mezzana*, de l'a. fr. *migenne*, 1382 (texte de Rouen), cf. aussi *mizenne*, fin XVe. *Migenne* est lui-même empr. du cat. *mitjana*, même sens, fém. de l'adj. *mitjan*, propr. « (voile) moyenne », qui sert à désigner l'artimon, de même que l'it. *mezzana.* Le nom s'explique par le fait que le mât de misaine se place en avant ou en arrière du bateau entre le mât principal et la proue ou la poupe.

MISANTHROPE, 1552 (Rab.) ; **misanthropie,** 1578. Empr. des mots grecs *misanthrôpos*, *-ia* (comp. de *misein* « haïr » et de *anthrôpos* « homme »).

MISCELLANÉES, 1570, en parlant de l'ouvrage de Politien. Empr. du lat. *miscellanea*, littéral. « choses mêlées », plur. neutre de l'adj. *miscellaneus* (de *miscere* « mêler »).

MISE, MISER, v. **mettre.**

MISÈRE, XIIe ; **misérable,** 1336 (dès 1155 au sens de « qui apporte le mal) ». Empr. des mots lat. *miseria* (de *miser* « malheureux »), *miserabilis* « digne de pitié » (de *miserari* « avoir pitié ») ; le sens défavorable de l'adj. s'est développé au XVIe s. — Dér. : **miséreux,** XIVe (Christ. de Pisan).

MISÉRÉRÉ, 1546, au sens de « colique ». Tiré de *miserere*, impér. de *misereri*, qui commence le Psaume 51, *miserere mei, Deus* « aie pitié de moi, mon Dieu », pour désigner une sorte de colique très douloureuse ; Paré emploie même la formule *miserere mei.* Au sens de « litanie, etc. » on a aussi la forme *miserele* au moyen âge.

MISÉRICORDE, XIIe. Empr. du lat. *misericordia* (de *misericors* « qui a le cœur *(cor)* sensible à la pitié »). — Dér. : **miséricordieux,** *id.*

MISOGYNE, 1840 ; déjà usité au XVIe s. (Amyot : *Hercules nommé misogyne, comme qui diroit ennemy des femmes*). Empr. du grec *misogynês* (de *misein* « haïr », et de *gynê* « femme », v. **misanthrope**).

MISS, 1713 (écrit *misse*) ; devenu usuel au XIXe s. pour désigner une demoiselle anglaise servant de professeur d'anglais. Empr. de l'angl. *miss*, abréviation de *mistress* « une dame » (qui vient de l'a. fr. *maïstresse*).

MISSEL, vers 1470 ; aussi *messel* (dp. 1120 et jusqu'au XVIIIe s.). Dér. de **messe,** modifié d'après le lat. médiéval *missalis (liber)* « livre de messe ».

MISSILE, 1949 (au sens actuel, comme adj. dès 1840). Empr. de l'angl. *missile*, empr. à son tour du lat. *missilis* « qu'on peut expédier ».

MISSION, XVIe, au sens religieux ; d'où sens plus étendus à partir du XVIIe s. Empr. du lat. *missio* « action d'envoyer » (de *mittere* « envoyer »). Au moyen âge signifie « frais, dépenses », comme l'a. pr. *mession*, sens qu'a également le lat. médiéval *missio ;* pour ce sens, cf. verbe *mettre*, fréquent au sens de « dépenser » et de même a. pr. *metre*, de là aussi *mise* « dépense » en a. fr. — Dér. : **missionnaire,** 1662 (Racine).

MISSIVE, 1454, d'abord dans *lettre missive* « lettre d'affaire politique », d'où *missive*, 1465. Dér. du lat. *missus*, part. passé de *mittere* « envoyer ».

MISTENFLUTE, 1642, au sens de « jeune garçon trop délicat ». Mot fam., empr. avec une altération burlesque, voulue, du prov.

mistouflet « poupin », déjà signalé par Ménage (aujourd'hui aussi *mistanflet*, d'après le fr.), dér. fantaisiste de *misto* « mioche », même mot que l'a. fr. *misle* « joli, gentil, etc. », qui est peut-être une variante de *mite*, un des noms pop. du chat.

MISTIGRI, 1836. Propr. nom fam. du chat, issu, probabl. avec l'adj. *gris*, de *miste*, variante de *mite*, nom pop. du chat, probabl. d'origine onomatopéique, v. aussi **minet.** A été employé par plaisanterie pour désigner le valet de trèfle dans certain jeu de cartes (qui est remarquable par les noms de fantaisie, cf. *lustucru*, autre nom du valet de trèfle, faire *lenturlu* « avoir cinq cartes de la même couleur »).

MISTOUFLE, 1867. Terme d'argot, devenu mot fam. au sens d' « avanie ». Dér. de *emmistoufler* « envelopper de fourrures » attesté en 1808, lequel est sorti de *emmitoufler* sous l'influence de l'adj. *miste* « élégant » attesté au XVIe et XVIIe s. et encore dans certains patois.

MISTRAL, 1803 (« *Maestral*, prononcez *mistral* »). Empr. du prov. *mistral*, anciennement *maistral*, *maestral*, dér. de *maistre*, *maestre* « maître », littéral. « vent qui souffle en maître ».

MITAINE, vers 1180. Dér. de l'a. fr. *mite*, de même sens, sans doute emploi métaphorique de l'anc. fr. *mite* « chatte » (lequel est né d'une imitation de la voix du chat, comp. all. *mieze*, it. *micio* et le verbe franç. **miauler**), dû à la fourrure douce de cet animal ; de là aussi **miton,** XVe s., de même sens ; de *miton* a été tiré *emmitonné*, 1580 (Montaigne). *Miton mitaine* dans la locution *onguent miton mitaine*, 1640, « qui ne fait ni bien ni mal », est issu d'un refrain de chanson (ou fait sur un modèle de ce genre, cf. *tonton tontaine*, etc.) comme *ribon ribaine* « bon gré mal gré », 1438. Au XVIe s. *mitaine* est modifié, sous l'influence de **moufle,** en *mitoufle* ; celui-ci disparaît en laissant le dér. **s'emmitoufler,** 1611.

MITE, XIIIe. Empr. du moyen néerl. *mite*, cf. angl. *mite*, de sens analogue. L'a. fr. *mite* « monnaie de cuivre » est empr. du moyen néerl. *mite* « *id.* », en néerl. les deux mots sont dér., indépendamment l'un de l'autre, de la racine germ. *mit-* « couper en morceaux » ; *mite*, nom de l'insecte, est pris au sens actif « qui ronge », comme nom de la monnaie au sens passif « qui est coupé en petits morceaux ». — Dér. : **antimite,** 1960. De *mite*, monnaie, a aussi été dér. **mitaille,** 1295, d'où **mitraille,** 1375, « petite monnaie », puis « menu métal », et, par suite de l'usage de charger des canons de vieille ferraille dite *mitraille*, **mitrailler,** 1796, **mitrailleuse,** 1867, **mitrailleur,** 1795, **mitraillade,** 1794, **mitraillette,** vers 1940.

MITHRIDATISATION, fin XIXe ; **mithridatisé,** id. Dér. du fr. *mithridat* (dp. XVe s.), *mithridate* « contrepoison »; empr. du lat. médiéval *mithridatum*, lat. du Bas-Empire *mithridatium*, empr. du grec *mithridáteios* « contrepoison ». Ce mot est dér. de *Mithridates*, nom d'un roi du Pont (du Ier s. avant J.-C.), qui passe pour s'être immunisé contre les poisons en s'habituant à en prendre des doses progressivement croissantes.

MITIGER, XIVe (Bersuire). Empr. du lat. *mitigare* « adoucir » (de *mitis* « doux »).

MITON, v. **mitaine.**

MITONNER, 1640. Empr. d'un parler de l'Ouest, où il a été tiré de *mitonnée* « panade », dér. lui-même de *miton* « mie de pain » ; *miton*, attesté notamment en normand, dér. de *mie*.

MITOUFLE, v. **mitaine.**

MITOYEN, v. **moitié.**

MITRAILLE, v. **mite.**

MITRE, 1177. Empr. du lat. *mitra* (mot pris au grec, signifiant « bandeau », et qui a servi à désigner diverses coiffures). — Dér. : **mitré,** vers 1200 ; **mitral,** 1673 ; **mitron,** 1690, comme nom propre ; dit ainsi à cause de la coiffure en papier que portent les garçons boulangers.

MITTE, vapeur dégagée par les fosses d'aisance, 1782. Étymologie inconnue.

MIXTE, XIVe ; **mixtion,** XIIIe (J. de Meung) ; **mixture,** XVIe (Paré), rare avant le XIXe s., une première fois au XIIe s. sous la forme *misture*. Empr. des mots lat. *mixtus* « mêlé », part. passé de *miscere*, *mixtio*, *mixtura*.

MNÉMONIQUE, 1800. Empr. du grec *mnêmonikos*, dér. de l'adj. *mnêmôn* « qui se souvient » (de *mnêmê* « mémoire »).

MNÉMOTECHNIE, 1823. Comp. des mots grecs *mnêmê* et *tekhnê* « art » d'après le préc. — Dér. : **mnémotechnique,** 1836.

MOB, 1739. — Empr. de l'angl. *mob*, forme raccourcie de *mobile* « populace », qui a été employé dans ce sens *(mobile vulgus)* au XVIIe s. par Dryden Swift.

MOBILE, 1377 ; attesté en 1301 au sens de « bien meuble » ; **mobilité,** vers 1200, rare au moyen âge. Empr. du lat. *mobilis*, *mobilitas* (de la famille de *movere* « mouvoir »). — Dér. et Comp. : **mobiliaire,** 1411 ; **mobilier,** 1509 (le fém. est souvent écrit *mobiliaire*) ; **immobilier,** *id* (antér., depuis le XVe s., on trouve aussi *immobiliaire*), tous ces mots ont été créés pour servir de dér. à *meuble* dans *biens meubles* ou à *meuble*, opposé à *immeuble ;* **mobiliser,** 1765, comme terme de droit, comme terme militaire, 1834, d'où **démobiliser,** 1842, **démobilisation,** *id. ;* **immobiliser,** 1801, d'où **-ation,** 1823 (comme terme de banque); **locomobile,** 1805, adj., « qui peut être changé de place », pris plus tard substantiv. pour désigner une machine à vapeur, fait sur le modèle de **locomotif,** v. **moteur ; automobile,** 1866, adj., pris substantiv. 1896 (quelquefois masc.), d'où, par abréviation, **auto,** 1897 ; **automobilisme,** 1896 ; v. **auto-.** On a fait aussi sur le modèle d'*automobile* un adj. **hippomobile,** 1907.

MOCASSIN, 1801 (chez Chateaubriand, sous la forme *mocassine* ; dès 1615 chez un auteur français, sous la forme *mekezen*, en 1707 *mocassin*, mais les deux fois comme mot des Indiens). Empr. de l'algonquin *mockasin, makisin,* par l'intermédiaire de l'angl. *mocassin.*

MOCHE, 1880. Mot d'argot formé sur le verbe **amocher** « défigurer », 1867, dér. de *moche* « écheveau de fil vendu en gros paquets (et qui venait surtout de Rennes au XVIIIe s.) », avec le sens intermédiaire de « arranger grossièrement ». Le subst. *moche* est très répandu en Normandie et dans la Haute-Bretagne, avec le sens de « pelote de beurre », « grappe d'oignons ». Il représente un anc. francique **mokka* « masse informe », qu'on peut supposer d'après l'all. *mocke.*

MODE, XVe. Empr. du lat. *modus* « manière, » propr. « mesure », qui s'employait aussi comme terme de musique et de grammaire. Dans tous les sens fém. jusqu'au XVIe s. ; le masc. a été rétabli au XVIIe s. pour des sens techn. L'a. fr. a une forme francisée *meuf* qui a persisté jusqu'au XVIIIe s. (chez Rollin, sous la forme *moeuf*), au sens de « mode du verbe ». Damourette et Pichon l'ont repris. — Dér. : 1° de *mode,* fém. : **modiste,** 1777 (de 1636 à 1770 « personne qui aime à suivre la mode ») ; **démodé,** 1827 ; 2° de *mode,* masc. : **modal,** XVIe ; **modalité,** 1546 (Rab.).

MODÈLE, 1549, souvent fém. au XVIe s. Empr. de l'it. *modello,* lat. pop. **modellus,* lat. class. *modulus* « mesure » ; v. **moule.** — Dér. : **modeler,** 1583 ; **modeleur,** vers 1590 ; **modelage,** 1830 ; **modelliste,** 1832, d'après l'it.

MODÉRER, 1370 (Oresme); **modérateur,** 1416 ; **modération,** XIVe (Bersuire). Empr. du lat. *moderari, moderator, moderatio* (de *modus* « mesure »). — Dér. : **modéré,** XIVe (Oresme qui a l'adv. **-reement**), pris comme terme de la langue politique, fin XVIIIe, déjà usité au XVIIe s. en parlant d'opinions religieuses.

MODERNE, vers 1361 (Oresme). Empr. du lat. de basse ép. *modernus,* dér. de l'adv. *modo* « récemment ». — Dér. : **moderniser,** 1754 ; **modernisme,** 1883 ; **moderniste,** 1769 (J.-J. Rousseau), n'est devenu usuel qu'à la fin du XIXe s. ; **modernité,** 1855.

MODESTE, 1354 (Bersuire qui a l'adv. **-ement**) ; **modestie,** *id.* Empr. des mots lat. *modestus* « modéré », *modestia* « modération » (de *modus,* v. **modérer**), d'abord au sens lat., vieilli depuis le XVIIe s.

MODIFIER, 1354 (Bersuire) ; **modification,** 1376. Empr. du lat. *modificare,* francisé d'après les nombreux verbes en *-fier,* et du dér. *modificatio* (de *modus*). — Dér. : **modifiable,** 1611, d'où **im-,** vers 1830 (A. Comte).

MODILLON, 1545 *(Mutiles ou modiglions).* Empr. de l'it. *modiglione,* lat. pop. **mutiliōnem,* acc. de **mutiliō,* dér. de *mutulus,* terme d'architecture de même sens, d'où le fr. **mutule,** en 1600 *(Mutules ou modions).*

MODIQUE, 1461, rare avant le XVIIe s. ; **modicité,** 1584. Empr. des mots lat. *modicus* (de *modus*), *modicitas* (créé à basse ép.).

MODULE, 1547. Empr. du lat. *modulus* terme d'architecture, dim. de *modus* « mesure ».

MODULER, 1486 ; **modulation,** XIVe s. Termes musicaux, empr. des mots it. *modulare, modulazione,* empr. eux-mêmes du lat. *modulari, modulatio* (de *modulus* « mesure » au sens musical, dim. de *modus*). Peut-être ces mots, empr. du lat., ont-ils été renouvelés ensuite grâce à l'it.

MOELLE. D'abord *meole,* d'où, par métathèse, *moele,* XIIIe. Lat. *medulla.* It. *midolla* et *-o,* esp. *meollo,* surtout « cerveau ». — Dér. : **moelleux,** 1490.

MOELLON, 1508, altération orthographique, par étym. pop. d'après le préc., de *moilon,* XIVe ; en outre, à la même ép. *moiron,* d'où *moison,* en Touraine ; on a aussi relevé la forme *moulon* à la fin du XIIe s. Probabl. de **mutulio,* dér. du lat. *mŭtŭlus* « moellon ».

MŒURS. Lat. *mōres,* masc., genre parfois repris au XVIe s. ; la prononciation moderne de l'*s* finale est due à l'influence de l'orthographe. Du reste, *mœurs* est un de ces mots restés toujours en contact avec le latin écrit, qui lui-même doit une partie de ses sens au grec *êthos.*

MOFETTE ou **MOUFETTE,** 1741. Propr. « exhalaison fétide », aujourd'hui hors d'usage ; l'animal appelé *moufette* (depuis Buffon) doit son nom à son odeur. Le mot est attesté d'abord dans un traité sur le Vésuve traduit de l'it. ; il est emprunté de l'it. *moffetta* « exhalaison fétide », néap. *mufeta.* Ce mot est dér. de l'it. *muffa* « moisissure ; odeur de moisissure », lequel remonte sans doute à un langobard **muff* « *id.* », dont l'existence peut s'inférer de l'all. *muff* « *id.* », bavarois *muffezen* « exhaler une odeur de pourriture ». Ces mots germ. sont probabl. des mots expressifs exprimant l'action de flairer. L'esp. *moho,* de même sens, peut très bien être une création indigène indépendante des mots italiens et allemands.

MOHAIR, v. **moire.**

MOIGNON, XIIe (Ménage donne aussi le sens de « muscle »). Mot de la famille de l'a. fr. *esmoignier* « mutiler », de l'a. pr. *monhon* « moignon », de l'esp. *muñón* « muscle du bras », *muñeca* « poignet », sic. *mugnu* « estropié, rabougri », cf. aussi prov. moderne *mougno,* fém., « souche », *mougne,* adj., « camard ». Se rattache probabl. à une racine préromane **munnio-* « émoussé », dér. de **munno-,* lequel est représenté en franç. par l'adj. *monaut* « qui n'a qu'une oreille (chat, chien) ».

MOINDRE. Lat. *minor,* comparatif de *parvus,* anc. cas sujet dont le cas complément était *meneur,* lat. *minōrem ;* mais la valeur des deux formes a été rapidement oubliée, et *meneur* a été éliminé. It. *minore,* esp. *menor.* — Dér. : **amoindrir,** XIVe (d'abord *amanrir,* XIIe) ; **amoindrissement,** XVe (d'abord *amanrissement,* XIIe).

MOINE. D'abord *munies,* vers 1080 *(Roland).* Lat. eccl. *monachus* (du grec *monakhos,* propr. « solitaire », de *monos* « seul »)

It. *monaco*, a. pr. *monge*. — Dér. : **moinaille,** XVIe ; **moinerie,** 1326 ; **moinillon,** fin XVIe ; **moineau,** XIIe, dénomination plaisante due à une comparaison du plumage de l'oiseau avec le vêtement des moines. Usité seulement dans une partie des parlers septentrionaux ; le Nord-Est et le normand ont encore l'a. fr. *moisson*, lat. pop. *musciōnem*, acc. de *musciō*, propr. « mouche, moucheron », dér. de *musca* « mouche » ; le Centre, l'Ouest et le Midi ont des formes variées se rattachant au lat. *passer*, v. **passereau.** Comme terme de fortification, depuis le XVe s., c'est le nom de l'oiseau employé métaphoriquement comme *corbeau*, cf. à l'appui l'a. fr. *moinet* « moineau » aux deux sens, ce qui écarte l'explication par *moienel*, dér. de *moyen*, au sens de « bastion qui est au milieu ».

MOINEAU, v. **moine.**

MOINS. Lat. *minus*, neutre pris adverbialement de *minor*, v. **moindre.** Le préf. *més*, *mé*, prov. *mes*, souvent considéré comme issu de *minus*, vient du germ. et représente la particule négative ou péjor. de l'all. *miss-*, en anc. haut all. *missa-*, en gotique *miss-*.

MOIRE, 1646. Ménage écrit *mouaire*, Le dér. *moiré* a été signalé au XVIe se. vers 1540, dans un texte où on lit : *barb. noire, barbe moirée ;* mais la date du texte n'est pas sûre. L'angl. *mohair* « étoffe faite de poils de chèvre angora » (repris sous cette forme et avec ce sens, 1868), est empr. de l'arabe *mukhayyar* « espèce de camelot grossier » ; le sens moderne de *moire*, qui date de la fin du XVIIe s., vient aussi de l'angl., comme l'apprêt, cf. « la méthode anglaise pour mohérer », 1765 (Savary). Le mot arabe est entré en fr. une première fois, par l'intermédiaire de l'it. *mocajarro*, *-ardo*, d'où *mouquayat*, 1580 (dans un texte originaire de la Provence), *moncayar*, 1608 (Malherbe) « espèce d'étoffe de laine ». — Dér. : **moiré,** 1740, v. plus haut ; **moirer,** 1765, *id. ;* **moirage,** 1763.

MOIS. Lat. *mē(n)sis*. It. *mese*, esp. *mes*.

MOISE, v. **table.**

MOÏSE, 1907. Substantivation du nom de Moïse, qui a été trouvé dans une corbeille.

MOISIR. Lat. pop. **mūcīre*, lat. class. *mūcēre* (l'*ŭ* vient peut-être de **mŭscidus*, v. **moite**). A. pr. *mozir*. — Dér. : **moisissure,** 1380.

MOISSON. Lat. pop. **messiōnem*, acc. de **messiō*, dér. de *messis*. A. pr. *meisson ;* ailleurs *messis* a été conservé : it. *messe*, esp. *mies*. Aujourd'hui, dans les parlers gallo-romans, *moisson*, tout en étant le terme dominant, a été supplanté par *mois d'août* ou *août* en normand, par *métive* (de *messis aestiva*), dans l'Ouest et par des dér. de *segá* « moissonner », v. **scier,** dans le Sud-Ouest. — Dér. : **moissonner,** XIIIe (Rutebeuf), le Sud-Ouest du Massif central a encore des représentants du lat. *metere*, cf. a. pr. *medre*, *meire*, it. *mietere ;* **moissonneur,** vers 1200.

MOITE. L'anc. fr. *moide* (Franche-Comté XIIIe s.) et le prov. mod. *mouide* « pâle » représentent un lat. **mūcidus* (pour *mūcidus*, comp. *moisir*, du lat. **mūcēre* pour *mūcēre*). L'anc. fr. *moiste* en est né par croisement avec *most* « moût », ce qui explique aussi le changement de la signification. Cf. a. pr. *moste* « humide » qui représente un lat. pop. **mustidus*. En anc. fr. et jusqu'au XVIe s. *moite* est le mot normal pour « humide ». Ce n'est qu'au XVIIe s. que *humide*, empr. au XVe s., finit par le supplanter et que *moite* est relégué à la signification affaiblie qu'il a aujourd'hui. It. *mucido* « humide » représente *mucidus* et l'esp. *mustio* « fané » **mustidus*. — Dér. : **moiteur,** XIIIe.

MOITIÉ. Lat. *medietātem*, acc. de *medietās* (de *medius*, v. **mi**) « milieu », d'où « moitié » à basse ép. ; le mot était du langage fam. et Cicéron s'excuse de l'employer. — Dér. : **métayer,** XIIe (sous la forme *meiteiers*) ; **métairie,** vers 1200 (sous la forme *moitoierie*) ; **métayage,** 1838 ; **mitoyen,** XIVe (sous la forme *mitoyenne* « qui est au centre »), altération d'après *mi*, d'un dér. en *-ain*, cf. en 1257, *ble moiteen* (c'est-à-dire *moiteain*), sorte de méteil, d'où **mitoyenneté,** 1804.

MOKA, 1773. Tiré de *Moka* (en arabe *al-mokhâ*), nom d'un port de l'Yémen, sur la mer Rouge, où l'on embarquait le café d'Arabie.

MOLAIRE, 1503. Empr. du lat. *(dens) molaris* (de *mola* « meule »).

MÔLE, *masc.*, 1546 (Rab.). Empr. de l'it. *molo*, empr. lui-même du bas grec *môlos* (où l'on voit le lat. *moles* « masse », « digue »).

MÔLE, *fém.*, terme médical, 1372. Empr. du lat. médical *mola*, propr. « meule ».

MOLÉCULE, 1678. Dér. sav. du lat. *moles* « masse », sur le modèle de *corpuscule*, etc. — Dér. : **moléculaire,** 1797.

MOLÈNE « bouillon blanc », XIIIe, d'abord *moleine*. Dér. de *mol* « mou », ainsi nommé à cause de ses feuilles souples au duvet moelleux. Le suff. est dû à *verveine*, cette plante-ci portant ses fleurs le long d'une haute tige, comme la *molène*. L'angl. *mullen* continue l'a. fr. *moleine* attesté dans le fr. d'Angleterre.

MOLESKINE, 1857. Empr. de l'angl. *mole-skin*, déjà pris sous cette forme en 1838, littéral. « peau *(skin)* de taupe *(mole)* ». Mais le fr. a développé un sens que l'angl. ne connaît pas.

MOLESTER, vers 1200. Empr. du lat. de basse ép. *molestare* (de *molestus* « fâcheux, pénible »).

MOLETTE, v. **meule.**

MOLLASSE, MOLLESSE, MOLLET, MOLLETON, MOLLIR, v. **mou.**

MOLLUSQUE, 1763. Empr. du lat. des naturalistes *molluscus*, créé d'après le lat. *mollusca (nux)* « noix à écorce molle ».

MOLOSSE, 1555 (Ronsard). Empr. du lat. *molossus* (du grec *molossos*, propr. « du pays des Molosses (peuple de l'Épire) »).

MOLYBDÈNE, XVIe. Empr. du lat. *molybdæna* « veine d'argent mêlée de plomb » (c'est le sens du XVIe s.) du grec *molyb-*

daina, de *molybdos* « plomb ») dont les chimistes se servirent pour désigner le molybdène découvert en 1782 par le Suédois Hjelm.

MÔME, 1821. Mot. vulg., né de l'imitation des sons primitifs que fait entendre l'enfant *(mom-)*, comp. dans les parlers *môme* « sot », en prov. *momo* « sucrerie que demandent les enfants ».

MOMENT, division du temps, XIIe, mais devenu usuel seulement à partir du XVIIe s.; **momentané,** 1542; au moyen âge forme plus francisée *momentain*. Empr. du lat. *momentum*, propr. « mouvement », d'où « pression d'un poids », puis « poids léger, point, parcelle, petite division », et spécial. « petite division du temps » *(momentum temporis)*, et du dér. de basse ép. *momentaneus*. Le mot lat. a eu aussi le sens d' « influence, importance », repris au moyen âge et au XVIe s.

MOMENT, terme de mécanique, 1799. Empr. du lat. *momentum* au sens de « pression d'un poids ». L'expression *moment psychologique* est un calque de l'all. *psychologisches Moment* où *Moment* a le sens de *moment*, terme scientifique; l'expression all., qui signifie donc « pesée sur les âmes », a été dite par Bismarck pour justifier le bombardement de Paris contre lequel protestaient nombre d'Allemands, notamment l'impératrice; mais, en passant en fr., il a été compris comme si *moment* avait le sens plus connu de « division du temps ».

MOMERIE, XVe (Charles d'Orléans), au sens de « mascarade », d'où le sens moderne au XVIIe s. Dér. de l'anc. verbe *momer* « se déguiser », usité jusqu'au XVIIe s., d'où aussi **momon,** « mascarade », usité du XVIe au début du XIXe s. Mots d'origine expressive, imitation de la voix sourde et dissimulée qui sortait de derrière le masque. Jusqu'au XVIe s. le radical de ces mots se terminait par un *m* allongé, donc *mommerie*, d'où l'it. *mommeria*, néerl. *mommerie*, all. *mummerei*; cet allongement augmentait la valeur expressive de ces mots.

MOMIE, XIIIe. Empr. du lat. médiéval *mumia*, empr. lui-même de l'arabe *moûmîa* (de *moûm* « cire »). Le sens de *moûmîa* était « bitume dont on enduisait les cadavres embaumés en Égypte » et aussi « une masse bitumineuse qui coulait de ces cadavres ». Celle-ci était employée comme remède, et c'est dans ce sens que le mot est attesté en fr. au XIIIe s.; la signification de « momie » ne sera connue en fr. qu'au XVIe s. — Dér. : **momifier,** 1789; **momification,** *id*.

MON, MA, MES. Lat. *meus*, *meum*, *mea*. En position accentuée *meum* a donné *mien* (d'où *mienne* qui a remplacé *moie*, lat. *mea*, vers le XIVe s.), longtemps employé en position accentuée, disparu comme adj. depuis le XVIe s., sauf dans le tour fam. *un mien ami*. **Tien, sien,** se sont substitués vers la fin du XIIe s. à *tuen*, *suen*, *toue*, *soue*, etc., lat. *tuum*, *suum*, *tua*, *sua*, etc.

MONACAILLE, 1784. Dér. sav. du lat. *monachus*, v. **moine.**

MONACAL, 1534 (Rab.). Empr. du lat. eccl. *monachalis* (de *monachus*). Antér. *monial*. dér. de *monie*, forme anc. de *moine*.

MONACHISME, 1554, Dér. sav. du lat. *monachus*.

MONADE, 1547. Empr. du lat. de basse ép. *monas*, *monadis* « unité » (du grec *monas*, de *monos* « seul »), au sens mathématique et philosophique; a reçu au XVIIe s. un sens nouveau dans la philosophie de Leibniz, qui a créé aussi le comp. **monadologie.**

MONARQUE, 1370 (Oresme); **monarchie,** XIIIe (B. Latini). Empr. du lat. de basse ép. *monarcha*, *monarchia* (des mots grecs *monarkhês*, *-khia*, comp. de *monos* « seul » et de *arkhein* « commander »). — Dér. : **monarchique,** 1482; **monarchisme,** 1738; **monarchiste,** 1738; d'où **antimonarchique,** 1714; **-isme,** 1751.

MONASTÈRE, vers 1330; **monastique,** vers 1370. Empr. du lat. eccl. *monasterium*, *monasticus* (du grec eccl. *monastêrion*, *monastikos*, de *monastês* « moine »). Une forme altérée **monisterium* (cf. **moine**) a donné l'a. fr. *moustier* « couvent », d'où « église », conservé en ce sens dans les parlers wallon, lorrain, franc-comtois et de la Suisse romande.

MONCAYAR, v. **moire.**

MONCEAU. Lat. de basse ép. *monticellus* « monticule », dér. de *mons montis*; a perdu rapidement son sens propre. — Dér. : **amonceler,** XIIe; **amoncellement,** *id*.

MONDAIN, vers 1200, au sens religieux. Empr. du lat. eccl. *mundanus* « du monde » (opposé à la vie religieuse); signifiait « de l'univers » en lat. class. (de *mundus*); a suivi les sens de *monde*. — Dér. : **mondanité,** XIVe (E. Deschamps), même développement de sens que celui de l'adj. — Comp. : **demi-mondaine,** 1867, cf. aussi **demi-monde,** v. **monde.**

MONDE, XIIe. Empr. du lat. *mundus*, a éliminé l'anc. forme *mont*, assez usitée au moyen âge. Le sens de « siècle », opposé à la vie religieuse, lui vient du lat. eccl. A pris le sens de « société » vers le XVIIe s. Le sens de « gens » est attesté dès le lat. classique; au franç. *tout le monde* « toutes les gens » correspond *totus mundus* dès la Vulgate; dans les parlers gallo-romans *monde* désigne aussi l'homme, par opposition aux animaux. — Dér. **mondial,** vers 1900 (dès 1545, dans un autre sens). — Comp. : **demi-monde,** 1804 (au sens de « ensemble des prostituées »; 1855 au sens de « femmes qui ont des liaisons, mais qui désirent garder la façade », chez A. Dumas fils, qui a lancé le mot en le prenant comme titre d'une pièce qui eut du succès; le sens actuel est attesté dp. 1867).

MONDÉ, XVIe (Paré) dans *orge mondé*. Part. passé du verbe *monder* « nettoyer, purifier », encore dans des emplois techn.; lat. *mundāre*; it. *mondare*, esp. *mondar*.

MONÉTAIRE, XVIe. Empr. du lat. de basse ép. *monetarius* (de *moneta* « monnaie »).

MONÉTISER, 1823 ; **monétisation,** *d.* Dér. sav. du lat. *moneta* « monnaie ».

MONIAL, v. **monacal.**

MONITEUR, XVe. Empr. du lat. *monitor* (de *monere* « avertir »).

MONITOR, sorte de croiseur, 1864. Empr. de l'anglo-américain *monitor*, empr. lui-même du lat. *monitor*, par l'Américain *Ericsson*, l'inventeur de ce genre de navire de guerre.

MONNAIE. Lat. *monēta*, propr. surnom de *Junon*, *Jūnō Monēta ;* le développement sémantique est dû au fait que la monnaie se fabriquait dans le temple de cette déesse. It. *moneta*, esp. *moneda*. — Dér. : **monnayer,** XIIe, **monnayage,** 1282, **monnayeur,** 1530, d'où **faux-monnayeur,** 1332.

MONO-. Premier élément de mots sav. comp., tels que **monomanie,** 1835, tiré du grec *monos* « seul », ou de mots empr., tels que **monochrome,** 1771.

MONOCLE, 1827, au sens moderne, tiré de *monocle* « lunette pour un œil », 1671 (le P. Chérubin, physicien). Empr. du lat. de basse ép. *monoculus* « qui n'a qu'un œil « (comp. hybride du grec *monos* « seul » et du lat. *oculus* « œil ») en vue d'un sens spécial ; le mot lat. a déjà été empr. sous des formes diverses depuis le moyen âge jusqu'au début du XVIIe s. au sens propre.

MONOCORDE, vers 1360 (une 1re fois *monacorde* en 1155), subst. ; empr. du lat. *monochordon* « instrument à une seule corde ». — **Monocorde,** adj., 1907 ; empr. du lat. *monochordos* « à une seule corde ».

MONOGAME, 1721, au sens moderne ; une première fois 1495 ; **monogamie,** 1526. Empr. du lat. de basse ép. *monogamus*, *monogamia* (du grec *monogamos*, *-mia*, de *monos* « seul » et de *gamos* « mariage »).

MONOGRAMME, 1557. Empr. du lat. de basse ép. *monogramma* fait sur un modèle grec non attesté, comp. de *monos* « seul » et de *gramma* « lettre ».

MONOGRAPHIE, 1793. Comp. sav. du grec *monos* « seul » et l'élément *-graphie*, que l'on a dans *typographie*, etc.

MONOLITHE, XVIIIe, une première fois en 1532. Empr. du lat. de basse ép. *monolithus* (du grec *monolithos*, de *monos* « seul » et de *lithos* « pierre »).

MONOLOGUE, XVe. Fait sur le modèle de *dialogue* avec le grec *monos*, v. les préc. — Dér. : **monologuer,** 1851.

MONOMANIE, 1823. Comp. sav. du grec *monos* « seul » et de **manie.** — Dér. : **monomane,** 1829.

MONÔME, v. **binôme.**

MONOPHASE, début XXe. Comp. sav. du grec *monos* « seul » et du fr. *phase*, dans son acception techn.

MONOPOLE, 1318. Empr. du lat. *monopolium* (du grec *monopōlion* « droit de vendre *(pôlein)* seul certaines denrées »). A eu aussi le sens de « conspiration, intrigue » jusqu'au XVIIe s. — Dér. : **monopoliser,** 1783 (au XVIe s. « conspirer »).

MONOTONE, 1732 ; **monotonie,** 1671. Le premier est empr. du lat. de basse ép. *monotonus* (du grec *monotonos*, de *monos* « seul » et de *tonos* « ton »), le deuxième est empr. du grec *monotonia*.

MONOTYPE, 1907. Empr. de l'anglo-américain *monotype*, nom sous lequel l'Américain Lanston fit breveter cette machine en 1887, et qui fut fait d'après *linotype*.

MONSIEUR, v. **seigneur.**

MONSTRE, XIIe ; **monstrueux,** 1328. Empr. du lat. *monstrum*, *monstruosus*. Dér. de l'adj. et d'après la forme du mot lat. : **monstruosité,** 1488.

MONT. Lat. *montem*, acc. de *mons*. It. esp. *monte*. — Comp. : **amont,** vers 1080 *(Roland)*.

MONTAGNE. Lat. pop. *montānea*, fém. pris substantiv. d'un adj. attesté à basse ép. *montāneus*, lat. class. *montānus*. It. *montagna*, esp. *montaña*. — Dér. : **montagnard,** 1512 ; **montagneux,** XIIIe (J. de Meung).

MONT-DE-PIÉTÉ, 1584 (G. Bouchet). Empr. de l'it. *monte di pietà*, littéral. « crédit de piété », *monte* ayant eu au XVIe s. le sens de « somme d'argent due », d'où spécial. « endroit où l'on prête sur nantissement » ; de là aussi en it. des locutions comme *luoghi di monte* « titres de crédit », traduits en fr. *lieux de mont* au XVIIIe s. pour des faits propres à l'Italie. **Mont-de-piété** ne s'est dit d'abord qu'à propos de l'institution it. ; dep. 1575 *mons* désigne des établissements analogues de Flandre ; les monts-de-piété n'ont été établis en France qu'en 1774. Dès le XVIIe s. et au cours du XVIIIe s. on avait fait divers projets pour les instituer. Aujourd'hui on dit par euphémisme *crédit municipal*, depuis 1918.

MONTER. Lat. pop. **montāre*, dér. de *mons ;* a triomphé du lat. class. *ascendere*, grâce à sa valeur plus expressive et l'appui que lui donnait l'abondante dérivation de cette famille de mots. Toutefois *ascendere* a largement survécu : it. *ascendere*, esp. *ascender*, a. pr. *ascendre*, a. fr. *ascendre* dans quelques textes religieux ou techn. It. *montare*. — Dér. et Comp. : **montant,** *subst.*, 1198 ; **monte,** XVIe, au sens moderne, au moyen âge « montant, valeur, intérêt » ; **montée,** XIIe ; **monteur,** 1160 (au sens moderne dp. 1803) ; **montoir,** XIIe ; **monture,** 1348 ; **montage,** 1604 (une 1re fois en 1225) ; **démonter,** XIIe, **démontable,** 1870, **démontage,** 1838 ; **remonter,** XIIe, **remontage,** 1543, **remonte,** 1680, **remontoir,** 1729 ; **surmonter,** 1121, **surmontable,** 1174 ; **insurmontable,** 1561 ; **monte-charge,** 1868 ; **monte-plats,** fin XIXe.

MONTGOLFIœRE, 1784 (en 1783 *machine Montgolfier*). Dér. de *Montgolfier*, nom des deux frères qui ont inventé cet aérostat, en 1783.

MONTICULE, 1488. Empr. du lat. de basse ép. *monticulus*.

MONTRER, vers 1580, d'abord *monstrer* (du XIIe au XVIIIe s.). Réfection, qui apparaît et a triomphé de bonne heure, de l'a fr. *mostrer*, lat. parlé *mostrāre*, d'après la forme écrite *monstrare*. It. *mostrare*, esp. *mostrar ;* les parlers du Nord-Est et du Sud-Ouest ont encore des formes du type *mostrare*. — Dér. et Comp. : **montre,** XIVe, d'abord *mostre* en 1243 ; a perdu beaucoup d'acceptions, notamment celle de « revue d'hommes de guerre », usuelle du XIVe au XVIIe s. ; aujourd'hui, en dehors de quelques locutions, désigne surtout l'objet de poche qui sert à marquer les heures, depuis le XVIe s. ; antér. désigne le cadran de toute horloge ; **montreur,** 1328 ; **remontrer,** XIVe, **remontrance,** 1453 (*remonstrance* en 1194). V. **démontrer.**

MONTUEUX, XIVe, rare avant 1488. Empr. du lat. *montuosus* (de *mons* « montagne »).

MONUMENT, XIIe. Empr. du lat. *monumentum*. — Dér. : **monumental,** 1806.

MOQUER, vers 1180. Peut-être mot expressif exprimant le mépris, cf. a. pr. *mocar* au même sens, esp. *mueca* « grimace de moquerie ». L'angl. *to mock* vient du fr. — Dér. : **moquerie,** 1225 ; **moqueur,** vers 1180.

MOQUETTE, étoffe pour tapis et meubles, 1615. Antér. *moucade,* 1611. Étym. inconnue.

MORAILLE, sorte de tenaille, 1606. Empr. du prov. *mor(r)alha*, à la fois « moraille » et « moraillon (pièce de fer servant à fermer) », dér. d'un simple *mor(re)* « museau », encore très usuel en ce sens au Sud de la ligne allant des Vosges à l'embouchure de la Gironde, et qui représente un type **murrum*, attesté ailleurs, v. **morion,** et anc. gên. *morro*, piém. gênois, sarde *murru* « museau ». Le mot peut être d'origine expressive, mais sa grande extension dans les pays autour de la Méditerranée montre qu'il doit avoir été créé déjà très anciennement. *Moraille* avait déjà été empr. au moyen âge, pour désigner une visière ou certaine pièce de la visière, d'où **moraillon,** 1457, antér. *morillon*.

MORAINE, 1779 (de Saussure : « Les paysans de Chamouni nomment ces monceaux de débris la moraine du glacier »). Empr. du savoyard *morêna*, propr. « bourrelet de terre à la limite inférieure d'un champ en pente », dér. du type *mor(re)* « museau », v. le préc. Le mot simple vit aussi dans le toscan *mora* « tas de pierres », Murcia *morra* « hauteur », etc.

MORAL, vers 1225 (où on lit l'adv. **moralement**) ; **moralité,** XIIe. Empr. des mots lat. *moralis* « qui concerne les mœurs », *moralitas* (créé à basse ép.), de *mores* « mœurs ». — Dér. : **morale,** début XVIIe ; **moraliser,** XIVe, **moraliseur,** 1611, une première fois au XIVe s., **démoraliser,** 1798, **démoralisation,** 1796, **démoralisateur,** 1803 ; **moraliste,** 1690 ; **immoraliste,** 1874 (Barbey d'Aurevilly) ; **amoral,** 1885, **amoralité,** 1885 ; **immoral,** 1770, **immoralité,** 1777.

MORASSE, terme de typographie, 1845. Étymologie inconnue.

MORATOIRE, 1765. Empr. du lat. jurid. *moratorius* (de *morari* « s'arrêter, retarder »). On a fait aussi au début du XXe s. un subst. **moratorium,** sur le neutre de l'adj. lat.

MORBIDE « relatif à la maladie », 1810 (une 1re fois au sens de « malade », 1495). Empr. du lat. *morbidus* (de *morbus* « maladie »).

MORBIDE, terme d'art, 1690 ; **morbidesse,** 1798 (dès 1660, chez Retz et vers 1590 chez Montaigne sous la forme italienne *morbidezza*). Empr. des mots it. *morbido* qui a pris le sens de « délicat, souple » dans le langage des arts plastiques, *morbidezza.*

MORBLEU, v. **dieu.**

MORCEAU, XIIe *(morsel)*. Dér. de *mors*, attesté en a. fr. jusqu'au XVe s. au sens de « morceau », v. **mors ;** même dérivation dans l'it. *morsello* et l'a. pr. *morsel.* Il y a quelques traces de *mors* « morceau » dans les parlers de l'Est. — Dér. : **morceler,** 1611 ; **morcellement,** 1792.

MORDICUS, 1690 (Regnard). Empr. du lat. *mordicus*, adv., « en mordant », d'où « sans démordre ».

MORDORÉ, v. **dorer.**

MORDRE. Lat. pop. **mordere*, lat. class. *mordēre*. It. *mordere*, esp. *morder*. — Dér. et Comp. : **mordant,** XIIIe, jusqu'au XVIe s. désigne une pièce de la ceinture, autre sens depuis ; **mordiller,** XVIe ; **démordre,** XIVe.

MOREAU, v. le suiv.

MORELLE, plante. Lat. pop. *maurella*, fém. de **maurellus*, dér. de *Maurus* « Maure », qui a pris dans le lat. pop. le sens de « brun foncé » ; de là l'emploi du fém. pour désigner la morelle dont la variété typique se dit aussi *morelle noire ;* cf. aussi it. *morella*, a. pr. *maurella.* L'a. fr. avait aussi un adj. *morel*, d'où **moreau,** encore dans les patois, « brun foncé », spécial. en parlant du cheval, d'où aussi le dér. **morillon,** 1283, d'abord « variété de raisin noir », et d'autre part, « espèce de canard au plumage noir », 1280.

MORESQUE, XIVe (Froissart, pour désigner une monnaie d'Espagne) ; qualifie aussi une danse ; souvent *morisque*, dès 1379, devenu *moresque* d'après les nombreux mots formés avec le suff. *-esque*. Empr. de l'esp. *morisco*, empr. lui-même du lat. médiéval *mauriscus*, v. le préc.

MORFIL, v. **fil.**

MORFONDRE, v. **fondre.**

MORGANATIQUE, 1609. Empr. du lat. médiéval *morganaticus*, fait d'après un mot des Lois Barbares *morgangeba* qui se trouve aussi chez Grégoire de Tours, littéral. « don du matin », d'où l'all. *Morgengabe* « douaire que le nouveau marié donnait à sa femme » ; mais les circonstances du changement de sens de *morganaticus* sont encore à trouver.

MORGELINE, v. **mors.**

MORGUE, vers 1460, au sens d' « air hautain » ; a reçu plus tard le sens d' « endroit d'une prison où les prisonniers étaient examinés à leur entrée », 1526 ; puis « endroit où l'on expose des cadavres de personnes inconnues », 1694 ; aujourd'hui remplacé par l'*Institut médico-légal.* Dér. du verbe *morguer* « braver (qn) », en usage du XVe au XVIIIe s. Celui-ci est empr. des parlers occitans, où il est encore en usage. Il représente un type ***mŭrrĭcare,* qui doit avoir eu le sens de « faire la moue », dér. de ***mŭrrum,* v. **moraille.**

MORIBOND, 1492. Empr. du lat. *moribundus* (de *mori* « mourir »).

MORICAUD, 1583 *(Egyptien... moricault)* ; déjà en 1494 comme nom de chien *(Briffault, Moricault et Clairauld).* Dér. de *More*, empr. de l'esp. *Moro*, lat. *Maurus* (la forme devenue plus usuelle *Maure* est refaite sur le mot lat.).

MORIGÉNER, fin XVIe (d'Aubigné) ; antér., depuis 1314, employé au part. passé et surtout sous la forme *moriginé* ; signifie d'abord « former les mœurs, dont les mœurs ont été formées », encore chez Molière (*Scapin*, II, I) ; le sens moderne de « reprendre, blâmer, pour améliorer » est de la fin du XVIIe s. Empr. du lat. médiéval *morigenatus -are,* altération du lat. class. *morigeratus, -ari* « (être) complaisant pour » ; le mot médiéval a reçu le sens nouveau de « rendu docile, éduqué », d'après l'adj. *morigerus* « docile, complaisant ».

MORILLE, 1500. D'un lat. ***maurĭcŭla,** dér. de *maurus* « brun foncé » (v. **morelle**), postulé aussi par l'occitan *moourilho* ; la dénomination est due à la couleur sombre de ce champignon. Le néerl. *morielje* est empr. du franç. — Dér. : **morillon,** variété de morille, fin XIXe.

MORILLON, variété de raisin, etc., v. **morelle.**

MORION, 1542. Empr. de l'esp. *morrión*, dér. de *morra* « crâne », cf. pour l'emprunt **casque** ; l'esp. a en outre un masc. *morro* dont *morra* a été tiré ; ce masc., qui désigne des objets de forme ronde et signifie aussi « lippe », représente le type ***murrum,* v. **moraille.** Rapprocher l'onomatopée *morro* employée pour appeler les chats.

MORNE, *adj.*, vers 1138. Tiré d'un verbe disparu avant les premiers textes (*morné* est encore attesté du XIIIe au XIXe s., empr. du franc. ***mornôn,** cf. angl. *to mourn* « être triste ».

MORNE, *subst.*, 1717. Mot du créole des Antilles, altération de l'esp. *morro* « monticule », survenue peut-être déjà en Galicie, v. **morion.**

MORNIFLE, 1530 ; désigne au XVIe s. un groupe de quatre cartes semblables. Probabl. dér. d'un verbe ***mornifler* « gifler le museau », comp. du type ***murr-,* v. **moraille,** et de l'anc. fr. *nifler*, v. **renifler.** Dans les parlers de la région lyonnaise *mornifler* signifie aussi « renifler ».

MOROSE, 1615 ; **morosité,** 1486. Empr. des mots lat. *morosus*, propr. « scrupuleux, sévère » (de *mores* « mœurs »), *morositas.*

MORPHINE, 1818. Dér. sav. de *Morphée*, dieu du sommeil, en lat. *Morpheus* (lui-même pris au grec) ; dit ainsi à cause des propriétés anesthésiantes de la morphine.

MORPHO- ; -MORPHE. Premier et deuxième élément de mots sav. comp., tels que **morphologie** (créé par Gœthe), 1822, tiré du grec *morphê* « forme », ou de mots empr., tels qu'**amorphe,** 1784.

MORPION, v. **pion.**

MORS. Lat. *morsus* « morsure », subst. verbal de *mordere* « mordre » ; le sens de « morsure » a été usuel jusqu'au XVIe s. ; de là divers emplois dans les langues techn. pour désigner des objets qui mordent, maintiennent : étau, mors de cheval, et aussi ce qu'on mord, un morceau, v. **morceau** ; cf. de même it. *morso* « morsure, mors », a. pr. *mors* « morsure ». — Dér. : **morsure,** 1213, aujourd'hui les parlers emploient aussi divers dér. de *mordre* ; mais *mors* a disparu en ce sens. — Comp. avec l'anc. fr. *geline* « poule » ; **morgeline** vers 1500, d'abord *mors de geline*, XVe, ainsi nommé parce que les poules sont friandes de cette plante ; dans le lat. des naturalistes *morsus gallinae* dès le XVe s.

MORSE, 1540 (écrit *mors*). Empr. du russe *morju*, empr. à son tour du lapon *moršša*, qui paraît être une imitation du cri de l'animal.

MORSE, appareil télégraphique, 1856. Empr. de l'anglo-américain *morse*, tiré lui-même du nom de l'inventeur *Morse*, de New-York (1791-1872).

MORT, subst. fém. Lat. *mortem*, acc. de *mors.* It. *morte*, esp. *muerte.* — Dér. et Comp. : **mortaillable,** 1346, par l'intermédiaire de *mortaille*, XIIIe, terme de droit féodal, « droit par lequel l'héritage du serf mort revenait au seigneur » ; signifiait aussi « mort, funérailles », cf. a. pr. *mortalha* « épidémie » ; la dérivation en *mortaillable* a probabl. été faite sur le modèle de *taillable*, v. **tailler ; male-mort,** XIIIe ; **mort-aux-rats,** 1594.

MORT, MORTE. Lat. pop. ***mortus, -a,** lat. class. *mortuus, -a*, part. passé de *mori* « mourir ». It. *morto*, esp. *muerto.* — Comp. : **mort-bois,** 1533 ; **morte-eau,** 1690 ; **mortgage,** 1283 (Beaumanoir) ; **mort-né,** 1551 ; **morte-paie,** 1532 (Rab.) ; désignait autrefois un soldat invalide ou vétéran qui recevait une solde sans faire un service actif ; **morte-saison,** XVe. V. **amortir.**

MORTADELLE, XVe. Empr. de l'it. *mortadella* (on dit aussi *mortadello*), dér. du lat. *murtātum* « sorte de farce où il entre des baies de *myrte* (*murtus*, forme plus latinisée de *myrtus*, v. **myrte**) ».

MORTAILLABLE, v. **mort.**

MORTAISE, XIIIe. A. pr. *mortaiza, mortaira*. L'esp. *mortaja* vient du gallo-roman. Probabl. empr. de l'arabe *murtazz*, part. passé de *razza* « introduire une chose dans une autre ». Mais l'a. pr. *mortaiza* est empr. du fr., et la première forme de celui-ci était *mortoise*, ce qui s'accorde mal avec le mot arabe. — Dér. : **emmortaiser,** 1289.

MORTEL, vers 1080 *(Roland)*, auparavant *mortal* (vers 980) ; **mortalité,** vers 1190, au moyen âge se dit aussi de l'ensemble des morts dans un combat. Empr. du lat. *mortalis, mortalitas. Mortel* est un mot de la langue savante, religieuse, qui a été francisé.

MORTIER. Lat. *mortārium*, à la fois « sorte de récipient » et « ciment (le contenu du récipient) ». It. *mortaio* « récipient », esp. *mortero*, aux dens sens, a. pr. *mortier* « *id.* ». *Mortier* a servi depuis le XVe s. à désigner une machine de guerre et, depuis le XVIIe, une toque de magistrat (par comparaison de la forme).

MORTIFIER, XIIe, au sens religieux ; **mortification,** XIIe, *id.* Empr. du lat. eccl. *mortificare*, propr. « faire mourir », *mortificatio*, d'où le sens particulier de ces mots. Ont été pris au sens concret d'après leur étymologie dans la langue médicale depuis 1539, d'où l'emploi de *mortifier* dans la langue de la cuisine déjà chez Montaigne ; *mortifier* est en outre déjà employé au XIVe s. en un sens concret dans la langue de l'alchimie, opposé à *vivifier* et encore usité au XVIIe.

MORTUAIRE, XVe. Empr. du lat. *mortuarius* (de *mors* « mort »). Le subst. *mortuaire*, au sens de « mortalité, funérailles, etc. », attesté de 1213 au XVIIe s., est empr. du lat. médiéval, où le neutre *mortuarium* avait pris ces sens.

MORUE, 1260. En outre *molue*, fréquent en fr. jusqu'au XVIIe s., *moluel* dès 1036. Peut-être comp. du celt. *mor* « mer » et de l'a. fr. *luz* « brochet » (du lat. *lūcius*, id.). — Dér. : **morutier,** 1874 ; **moruyer,** 1606.

MORVE, 1495 ; mais l'adj. **morveux** est déjà attesté au XIIIe s. Paraît être une altération dialectale, de la région méridionale, du mot qui a donné le fr. *gourme*, cf. les mots de l'a. pr. *vormaiz* et *morvel*, tous deux au sens de « morve » ; l'altération de *vorm-* en *morv-* est due à une métathèse des deux consonnes. Comp. encore l'esp. *muermo*, port. *mormo*, probabl. du lat. *morbus* ; catalan *vorm*, du même type que le fr. *gourme*.

MOSAÏQUE, 1526. Empr. de l'it. *mosaico*, empr. lui-même du lat. médiéval *musaicum* ; celui-ci est dû à une altération par changement de suff., du lat. anc. *musivum*, tiré de *musivum opus* « ouvrage en mosaïque » (de *musivus*, autre forme de *museus*), qui ne se disait que d'ouvrages en mosaïque (du grec *mouseios* « qui concerne les Muses » ; mais *mouseion* au sens de « mosaïque » est récent et est fait sur le lat. ; ce sont, en effet, les Romains qui paraissent avoir inventé les ornements en mosaïque). L'a. fr. a à la fois *musaique* au sens de « mosaïque », déjà fém., vers le XVe s. et plus anciennement un adj. *music, musique*, surtout dans *or music, musique*, qui paraît désigner une sorte de dorure, cf. en lat. médiéval *musivum aureum ; or musif*, 1840 (altéré en *or mussif*, 1792, chez Fourcroy) « mélange de soufre et d'étain, brillant comme de l'or », tout en étant fait sur le lat. *musivus* (cf. aussi *argent musif*, 1836) paraît être une survivance de l'a. fr. *or music*, bien qu'on ne le suive pas dans les textes. — Dér. : **mosaïste,** 1812.

MOSQUÉE, 1554 ; d'abord *mosquez*, 1506 ; en outre *musquee*, 1528. Empr. de l'it. *moschea*, altération de *moscheta* (francisé en *musquet(t)e* au XVe et au XVIe s. ; on a aussi *muscat*, masc., au XVe s.), d'abord *moschita* ; l'it. est empr. lui-même de l'esp. *mezquita* (francisé en *mesquite*, fin XIVe et en 1516), et l'esp. vient à son tour de l'arabe *masdjid* (peut-être empr. lui-même du nabatéen), propr. « endroit où l'on adore ».

MOT. Lat. de basse ép. *muttum*, dans une scholie : *dicimus muttum nullum, emiseris id est verbum*, aussi a. pr. *mot* ; l'it. *motto* et l'esp. *mote*, d'emploi restreint, viennent du gallo-roman. A l'origine *mot* a le sens de « son émis » ; il est surtout employé dans des phrases négatives avec les verbes *dire, sonner, tinter*, etc. C'est au contact de ces verbes qu'il prend la signification de « parole », attestée depuis *Roland*. L'expression *mot à mot*, 1160, se dit aussi *de mot à mot* de la fin du XIIe au XVIIe s. *Motus*, 1560, est une latinisation plaisante de *mot*, pris au sens de « pas un mot » (*mot* figurait souvent dans des expressions négatives dans l'anc. langue), cf. *Point de réponse, mot*, La Fontaine, *Fables*, VIII, 17, *Mais mot*, dans une farce de la fin du XVe s. — Dér. : **motet,** XIIIe (Rutebeuf).

MOTEUR, 1377. Empr. du lat. *motor* « qui met en mouvement » (de *movere* « mouvoir ») comme terme de philosophie ou de science, à la fois comme subst. et comme adj. ; sert depuis 1744 à désigner une machine. — Dér. : **motoriser,** 1923 ; **motoculture,** 1920 ; **motard,** 1941. — Comp. : **locomoteur,** 1690, fait sur le modèle de **locomotive,** d'abord adj. dans *faculté locomotive*, 1583, imité du lat. des humanistes *loco motivum* « puissance de changer de place », comp. avec *loco*, ablatif du lat. *locus* « lieu », au sens de « qui permet de s'éloigner d'un lieu », d'où a été tiré le subst. pour désigner une machine, 1834 (dès 1826 *machine locomotive* ; dans cet emploi le mot est empr. de l'anglais, où *locomotive engine* est attesté dès 1815, le subst. *locomotive* depuis 1829) ; d'où **locomotion,** 1771 ; **vasomoteur,** 1869, comp. avec le lat. *vas* « vaisseau », sur le modèle de *locomoteur*.

MOTIF, XIVe (Oresme). Tiré d'un ancien adj. *motif* « qui met en mouvement », empr. du lat. de basse ép. *motivus* « mobile » (de *movere* « mouvoir »), dont le neutre *motivum* était employé dans le lat. du moyen âge avec le sens de « motif ». — Dér. : **motiver,** 1721 ; **immotivé,** 1877.

MOTION, terme de langue politique, 1775. Empr. de l'angl. *motion* (empr. du lat. *motio* « mise en mouvement »). *Motion* a été empr. du lat. *motio*, depuis le XIIIe s., au sens de « mouvement », pour des emplois scientifiques ou spéciaux, aujourd'hui hors d'usage.

MOTOCYCLETTE, 1907, d'abord aussi *motocycle*. Fait sur *bicyclette* dont *bi-* a été remplacé par *moto-*, tiré de *moteur* avec *o-* sur le modèle d'*auto*, d'où, par abréviation, **moto.** — Dér. : **motocycliste,** 1923.

MOTTE, XIIe. Signifiait aussi au moyen âge « levée de terre » et « château bâti sur une hauteur » (d'où nombre de noms de lieu) ; a. pr. *mota* « *id.* » ; attesté en outre dans les parlers de la Haute-Italie avec des sens analogues. Représente un prélatin **mŭtt (a)*. — Dér. : **motter,** XVIe (Ronsard) ; **mottereau,** nom d'oiseau, 1778, mot des parlers du Centre ; **motteux,** nom d'oiseau, XVIIIe (Buffon), usité au XVIe s. comme adj. au sens de « où il y a des mottes » ; **émotter,** 1555.

MOTU PROPRIO, XVIe (Du Bellay). Mots lat. signifiant « de son propre mouvement », empr. du lat. de la chancellerie papale.

MOTUS, v. **mot.**

MOU. Lat. *mollis*. — Dér. : **mollasse,** 1552 ; **mollesse,** XIIe, **mollet,** adj., 1180, d'où **molleton,** 1664 (d'abord *mollette* au même sens, du XIIe au XVe s.) ; *œuf mollet* XVe ; pris substantiv. pour désigner le gras de la jambe, XVIe (Paré) ; dit ainsi par opposition au devant osseux de la jambe ; l'a. fr. disait aussi *mol*, encore dominant dans les parlers gallo-romans, d'où **molletière,** fin XIXe ; **mollir,** XVe ; **molard,** « crachat », terme vulg., 1864, **molarder,** fin XIXe ; **amollir,** XIIe, **amollissement,** 1538, **ramollir,** vers 1400, **ramollissement,** 1393.

MOUCHE. Lat. *musca*. La locution *faire la mouche du coche* vient de la fable de La Fontaine, VII, 9. *Mouche* au sens d' « espion » est attesté depuis le XVIe s. — Dér. et Comp. : **mouchard,** 1567, de *mouche* « espion », **moucharder,** (1812, une 1re fois vers 1600), **-age,** fin XVIIIe ; **moucherolle,** sorte d'oiseau du type gobe-mouches, 1555 ; **moucheron,** sorte de petite mouche, vers 1300 ; **moucheter,** 1483, **moucheture,** 1539 ; **démoucheter,** 1838, en parlant d'un fleuret ; **émoucher,** vers 1200 ; **émouchette,** 1549 ; **mouche à miel,** 1350, v. **abeille.**

MOUCHER. Propr. « enlever les mucosités nasales », dit d'une chandelle dès le XIIIe s. Lat. pop. **muccāre*, dér. de *muccus* « morve ». — Dér. : 1° au sens propre ; **mouchoir,** XVe (*moschoir* dès 1290, mais au sens de « mouchette), l'usage de se moucher avec des morceaux d'étoffe paraît venir d'Italie, où *fazzoletto* est attesté depuis le XVe s. ; au XVIIe s. on distingue le mouchoir de poche et le mouchoir de cou, distinction encore usuelle chez les ruraux ; 2° au sens de « moucher une chandelle » ; **moucheron,** vers 1200, parfois *mécheron*, par croisement avec *mèche* ; **mouchette,** 1523 (d'après Bloch dès 1399 sous la forme *miochote* dans un texte bourguignon).

MOUDRE. Lat. *molere*. Esp. *moler*, a. pr. *molre*. — Comp. : **remoudre,** 1549 ; **vermoulu,** vers 1244 (alors *vermelu*), *-oulu* dès 1283 , comp. de *ver*, au sens de « mangé par les vers », d'où **vermoulure,** 1283.

MOUE, vers 1170 (Chrétien). Au moyen âge surtout « lèvre ». Du francique **mauwa*, qu'on restitue d'après le néerl. *mouwe maken* « faire la moue », le moyen haut all. *mûwen*, etc., mot qui semble être d'origine onomatopéique ; cf. *Moue !* interjection dans une sottie du XVIe s.

MOUETTE, XIVe. Cet oiseau vivant presque exclusivement sur la mer (ce n'est que depuis un demi-siècle environ qu'il a changé son genre de vie), son nom n'est d'abord attesté que dans les parlers des régions maritimes de la France ; ainsi anc. normand *mave*, *mauve*, qui sont empr. de l'anc. angl. *mæw*. *Mouette* en est un dimin.

MOUFETTE, v. **mofette.**

MOUFLARD, v. **mufle.**

MOUFLE, sorte de gros gant, d'où diverses acceptions techn. depuis le XVIIe s. Attesté dès 817 par la forme latinisée *muffula*, d'origine incertaine. Seulement franç., ce qui parle pour une origine francique. Probabl. comp. du radical du germ. *muffel* « museau rebondi » (v. **camouflet**), lequel aura signifié « enveloppe » et de *vël* « peau d'animal ». Les mots germ. de même sens, all. *Muff* et angl. *muff* viennent du fr. — Dér. : **mouflé,** terme techn., 1743 ; **mouflette,** fin XVe.

MOUFLON, 1764 (Buffon), antér. *muffle*, 1552, *muifle*, 1611 ; *muifleron*, 1660 (Oudin : *especie de carnero en Sardeña*). Empr. du corse *mufrone* (cf. aussi sarde *murone*, *murvoni*) (l'it. *muffione* est empr. du franç.) qui vient d'un mot *mufron*, attesté au Ve s., d'origine prélatine.

MOUILLER. Lat. pop. **molliāre*, propr. « amollir le pain en le mouillant », dér. de *mollis* « mou » ; verbe créé quand l'usage de la soupe a été introduit par les Germains, v. **soupe.** Esp. *mojar*, a. pr. *molhar* ; concurrencé aujourd'hui par les types *baigner* dans le Sud-Est, *fraîchir* en picard, etc. Pris comme terme de marine dans *mouiller l'ancre* depuis 1611. — Dér. : **mouillage,** 1654, aujourd'hui surtout terme de marine ; **mouillette,** 1690 ; **mouillure,** XIIIe ; **remouiller,** 1549.

MOUISE, terme d'argot, 1829. D'abord « soupe de pauvre », puis « misère, gêne » ; paraît empr. de l'all. dialectal du Sud *mues* « bouillie ».

MOUJIK, 1727 (alors *mousique ;* en 1787, un voyageur emploie le pluriel *mougikis*, avec *s* du fr.). Mot russe signifiant « paysan ».

MOULE, *masc.* D'abord *modle*, vers 1100. Empr. du lat. *modulus*, propr. « mesure » (de *modus* au même sens), qui s'employait dans la langue de l'architecture, v. **module** et **modèle** ; de même it. *modano*,

a. pr. *mole ;* l'esp. *molde* vient du gallo-roman. — Dér. : **mouler,** vers 1080 *(Roland) ;* **moulage,** 1415 ; **mouleur,** 1260 ; **moulure,** 1423 (écrit *mollure*) ; **démouler** 1765 (une 1re fois 1534, Rabelais) ; **surmouler,** 1760.

MOULE, *fém.* Lat. *musculus ; muscle* du prov. et du catalan remonte à une forme avec *ŭ*.

MOULIN. Lat. de basse ép. *molīnum*, dér. de *mola* « meule » ; mot créé lors de la diffusion du moulin à eau. — Dér. : **moulinet,** 1389, au sens de « petit moulin » ; l'expression *faire le moulinet*, issue de *moulinet* « sorte de bâton », 1418, date du XVIe s. ; **mouliné,** dans *bois mouliné*, 1685, cf. aussi *le bois se mouline*, XVIIe (Liger) et *molinure*, 1283 (Beaumanoir), « vermoulure », v. **moudre.**

MOULT. Anc. adv. qui ne s'emploie depuis le XVIe s. que dans le style marotique. Était en outre adj. dans l'anc. langue ; a été remplacé par *beaucoup*. Lat. *multus*, adj., *multum*, adv. ; ne survit plus en gallo-roman que comme adv. et dans quelques points du Nord-Est et de l'Est.

MOUQUÈRE, 1863 ; donné comme mot de la « langue franque » des États barbaresques en 1836. Mot d'argot, introduit en fr. par les troupes de l'Algérie, empr. de l'esp. *mujer* « femme », lat. *mulier*.

MOURIR. Lat. pop. **morīre*, lat. class. mori. It. *morire*, esp. *morir*. — Comp. : **meurt-de-faim,** 1604.

MOURON, XIIe. Répandu en gallo-roman sous des formes variées ; paraît être d'origine germ. ; le holl. a *muur* (moyen néerl. *muer*) et des variantes existent dans d'autres langues germ. ; mais le détail de l'histoire de ce mot est mal connu.

MOURRE, dans la locution *jouer à la mourre*, 1475. Empr. de l'it. dialectal *morra*, issu très probabl. de l'it. dialectal *morra* « troupeau », les doigts levés de la main dont il s'agit de deviner le nombre formant comme un petit troupeau qu'on dénombre rapidement. L'it. *morra* est de la même famille que *moraine*, le sens de « troupeau » étant sorti de celui de « tas ».

MOUSQUET, 1588 (*mousquette*, chez Ronsard). Empr. de l'it. *moschetto* (ou *moschetta*), auparavant « flèche lancée par une arbalète », dér. de *mosca* « mouche ». Le sens d' « arbalète » que le développement sémantique semble demander est attesté dans le lat. de cette ép. *muscheta*. Celui d' « émouchet » attribué à l'it. par certains dictionnaires a été suggéré par le fr. *fauconneau*, mais paraît y être inconnu. — Dér. : **mousquetade,** 1568 ; **mousquetaire,** fin XVIe (Montaigne) ; **mousqueterie,** fin XVIe (d'Aubigné) ; **mousqueton,** *id.*, d'après l'it. *moschettone*.

MOUSSE, nom de plante. Du francique **mosa*, cf. all. *Moos ;* Grégoire de Tours a déjà un dér. *mussula*. A. pr. *mossa* (pour la forme *molsa*, v. le suiv.). Toutefois le judéo-français *molse* (vers 1100), ainsi que l'a. pr. *molsa* (XIIIe s.) et le vellavien *moursa* montrent que le mot germ. s'est rencontré avec un mot lat., qui doit être *mulsa* « hydromel » (dér. de *mel* « miel », cf. *mulsum (vinum)* « vin mêlé de miel » ; *mulsa* aura été dit de l'écume, parce que l'hydromel est mousseux ; son emploi métaphorique pour désigner la plante devait se produire facilement ; pour le développement inverse v. le mot suiv. L'it. et l'esp. *musco* continuent le lat. *mŭscus*. — Dér. : **mousseux** « couvert de mousse, etc. », 1545 ; **moussu,** vers 1160 ; **émousser** « ôter la mousse », 1549.

MOUSSE « écume », 1680. En raison de cette apparition tardive il ne peut pas venir directement du lat. *mulsa* ; c'est plutôt un emploi métaphorique du mot précédent. — Dér. : **mousseux** « écumeux », 1718 ; **mousser,** 1680.

MOUSSE, *adj.*, XVe, attesté dès 1370 (Oresme) par le dér. **émousser.** Vit surtout dans les parlers au sud de la Loire, d'où il a pénétré en franç. Continue un lat. pop. **muttius* « tronqué », dér. du radical préroman *mŭtt-* (v. **motte**).

MOUSSE, *nom masc.*, 1522. Ne peut pas être empr. de l'it. *mozzo*, qui n'est attesté dans ce sens que depuis 1602. Identique avec l'adj. précédent, pris comme subst. ; à cause de l'ancienne habitude de tondre de près les jeunes garçons. Dans le Sud-Ouest le mot est attesté dès le XVe s. et c'est des ports de cette région que le mot a passé en franç. ; n'est donc pas emprunté de l'esp. *mozo* « garçon », qui a la même origine.

MOUSSELINE, 1656. Empr. de l'it. *mussolina*, lequel est tiré de l'adj. arabe *mausilī* « de Mossoul ». Cette étoffe se fabriquait d'abord à Mossoul, ville de la Mésopotamie. Le suff. *-ī* a été rendu en italien par *-ino ;* le fém. s'explique par la combinaison avec *tela* « toile ».

MOUSSERON, vers 1200 (sous la forme *meisseron*). Lat. de basse ép. (VIe s., chez Anthimus) *mussiriōnem*, acc. de *mussiriō*, mot local propre au gallo-roman, d'origine prélatine, v. **champignon.**

MOUSSON, 1649 ; en outre *monson*, de 1610 au XVIIIe s. Empr. du port. *monção* (d'où aussi esp. *monzón*), empr. lui-même de l'arabe *mausim*, propr. « époque fixée, saison », d'où le sens de « vent de saison », développé dans les milieux marins de l'Océan Indien.

MOUSTACHE, vers 1500 (« Grec portant la barbette moustache »). Empr. probabl., lors de la campagne de Charles VIII dans l'Italie méridionale, du napol. *mustaccio* (it. *mostaccio*), empr. lui-même du bas grec *mustaki*, en grec anc. *mystax*, lèvre supérieure ; « moustache », mot dorien. On a relevé *mostacia* dans des gloses du VIIe s. ; mais il ne semble pas que l'it. remonte si haut, et cette forme n'explique pas *mostacchio*. Fém. d'après *barbe*. — Dér.: **moustachu,** 1853 (attesté dans le Midi dp. 1785).

MOUSTIQUE, 1654, dans un récit de voyages au Brésil (1611 *mousquite*). Ne s'est dit longtemps qu'en parlant de moustiques des pays tropicaux. Empr. altéré de l'esp. *mosquito*, dér. de *mosca* « mouche ». Le gascon dit aussi *mousquit* « moucheron », formé comme le mot esp. ; mais il ressort de l'histoire du mot fr. que c'est un mot exotique et non pris à ces parlers. — Dér. : **moustiquaire,** 1768, parfois aussi *moustiquière ;* fait d'après l'esp. *mosquitera*.

MOÛT. Lat. *mustum*. — Dér. : **moutarde,** vers 1220, propr. « condiment fait de grains de sénevé broyés avec du vinaigre ou du moût de vin », d'où, de très bonne heure, le sénevé lui-même ; cf. de même it. *mostarda*, esp. *mostaza ;* il est difficile de dire d'où est parti l'usage et, par suite, quelle langue a servi de modèle ; **moutardier,** 1323, « pot à moutarde », 1311, « fabricant de moutarde ».

MOUTARD, 1827, dans un glossaire argotique, employé par Flaubert dès 1844. On a rapproché *molé* « petit garçon » de la région lyonnaise, qui est probabl. de la famille du prov. *mout* « écorné, tronqué », v. **mousse** ; mais l'histoire du mot n'est pas suffisamment connue.

MOUTARDE, v. **moût.**

MOUTIER, v. **monastère.**

MOUTON. D'un gaulois **multo*, supposé d'après le gallois *mollt*, l'irlandais *molt*, le breton *maout* « mâle châtré destiné à la boucherie » ; d'où aussi a. pr. *molto ;* pour cette origine, v. **bélier.** Signifie aussi « bélier » en a. fr., comme l'it. *montone* (altéré d'après *montare*), et aujourd'hui dans les parlers de l'Ouest et du Midi ; mais désigne surtout l'espèce dans la plupart des parlers gallo-romans, en concurrence avec *brebis* dans le Nord et *ouaille* dans le Centre et l'Ouest ; signifie rarement « brebis ». — Dér. : **moutonner,** 1502, **moutonnement,** 1868 ; **moutonneux,** 1783, **moutonnier,** *adj.*, 1546 (Rab., dans le fameux épisode des moutons de Panurge), au moyen âge s'employait déjà comme subst. au sens de « gardeur de moutons ».

MOUTURE. Lat. pop. **molitūra*, dér. de *molere* « moudre ». Esp. *moledura*, a. pr. *moldura*.

MOUVOIR. Lat. *movēre*. Rare aujourd'hui, sauf à l'inf. ; les parlers du Nord qui l'ont gardé l'ont refait en *mouver*, attesté du XIIe au XVIe s. It. *muovere*. esp. *mover*. — Dér. : **mouvance,** terme d'ancien droit, 1495 ; **mouvement,** XIIe, **mouvementé,** 1845 ; **mouvette,** 1762, mot techn., dér. de *mouver* plutôt que de *mouvoir*.

MOXA, sorte de bourre faite avec l'armoise, servant de révulsif, 1678. Mot importé d'Extrême-Orient (où le moxa est usuel en thérapeutique), vers 1680, par Batavia qui semble avoir pris le mot au japonais qui a *mogusa* (communication de M. Pelliot).

MOYEN, Lat. *mediānus* « qui se trouve au milieu », dér. de *medius*, v. **mi.** It. *mezzano*, esp. *mediano*. Apparaît de bonne heure comme subst. avec des sens variés. — Dér. et Comp. : **moyenner,** XIIe ; **meneau,** terme d'architecture, d'abord *mayneau*, au pluriel *mayneaulx*, 1398, qui pourraient être issus d'un **meienel*, ce qui conviendrait bien au sens, le meneau étant un montant qui divise la baie d'une croisée ; **moyen âge,** 1626 (dans le lat. de la Renaissance, on rencontre dès 1518 *media aetas*, en 1604 *medium aevum*, d'où l'it. *medio evo*) ; le mot franç., ainsi que l'angl. *middle age* et l'all. *Mittelalter* sont des adaptations de ces termes latins), **moyenâgeux,** 1865 (Goncourt) (*moyenâgiste* en 1845).

MOYEU. Lat. *modiolus*, propr. « petit vase » (dér. de *modius*, v. **muid**), d'où « moyeu » par comparaison de la forme. Le sens propre survit encore dans l'a. pr. *mojol*. Le sens de « moyeu » est rare en dehors du fr. ; l'it. l'a développé dans le simple *mozzo*. Dans les parlers du Midi et de l'Est on a des représentants divers d'un type **bull-* d'origine celtique, cf. le gallois *both*. **Moyeu** au sens de « jaune d'œuf » « représente très probablement le lat. *mediolum* « jaune d'œuf » (dans les anciens parlers souvent *mieul*) ; il a tiré son *o* de *moyeu* d'une roue, celui-ci se trouvant aussi au centre de l'objet dont il fait partie. V. **moellon.**

MUCILAGE, 1314 ; **mucilagineux,** XIVe. Empr. du lat. de basse ép. *mucilago*, *mucilaginosus* (de *mucus*).

MUCRE, v. **remugle.**

MUCUS, 1771 ; **muqueux,** XVIe (Paré) ; **muqueuse,** s., 1874 ; **mucosité,** XIVe. Les deux premiers sont empr. du lat. *mucus*, *mucosus*, le dernier est empr. du bas-lat. *mucositas*, dér. de *mucosus*.

MUER. Lat. *mūtāre* « changer ». Avait encore le sens général de « changer » au moyen âge ; s'est restreint au sens moderne depuis le XVIIe s. Conservé au sens lat. dans les autres langues romanes : it. *mutare*, esp. a. pr. *mudar ;* le sens de « muer » existe également presque partout. Est encore de quelque usage dans les parlers gallo-romans au sens de « changer ». — Dér. : **mue,** 1170 (Chrétien) ; **muance,** vers 1135 (Wace), vieux mot ; **remuer,** vers 1080 *(Roland)*, a signifié « (re)changer » jusqu'au XVIe s., comme l'a. pr. *remudar*, encore usité aujourd'hui en ce sens ; a été confondu avec l'anc. *remouvoir* qui, par suite, a disparu ; d'où **remuement,** XIIe, **remue-ménage,** XVIe, qui a aussi signifié « déménagement » ; **immuable,** 1327, d'après le lat. *immutabilis* et l'anc. *muable*, vers 1080 *(Roland)*.

MUET, XIIe (Chrétien). Dér., d'origine expressive, de l'a. fr. *mu*, lat. *mūlus*, disparu depuis le début du XVIe s., sauf dans la locution *rage mue*. L'extrême Nord-Est dit *muel*, usuel au moyen âge. Ailleurs *mūtus* est conservé : it. *muto*, esp. *mudo*. — Comp. : **sourd-muet,** 1791 (une 1re fois en 1564), *sourd-et-muet*, depuis 1694, encore usuel dans les parlers septentrionaux.

MUETTE, v. **meute.**

MUEZZIN, 1823 (1654 *muezim*, 1568 *maizin*). Empr. du turc *muezzin*, empr. lui-même de l'arabe *mo'adhdhin* « celui qui appelle à la prière ».

MUFLE, 1542. Altération, par croisement avec *museau*, de *moufle*, relevé depuis 1536 et attesté indirectement par *mouflart* « joufflu », vers 1320. A de nombreuses correspondances dans les parlers allemands et néerl. voisins, comme *mofflen* « manger avec la bouche pleine », moyen néerl. *moffelaer* « glouton », all. *muffel* « museau », dont il est sans doute emprunté. V. **mafflé, camouflet.** *Mufle* a pris récemment le sens de « personnage d'une indélicatesse grossière », 1840 (cf. *mufle* « lourdaud », en 1824) ; en ce sens masc. — Dér. : **muflerie,** 1867, de *mufle* « personnage d'une indélicatesse grossière » ; **muflier,** 1778, dans les parlers populaires se dit surtout *gueule de lion* ou *gueule de loup*.

MUFTI, 1546 (écrit *mofty*). Empr. du mot turco-arabe *mouftî* « celui qui rend des décisions juridiques (appelées *fatwâ*) ».

MUGE, 1546. Empr. du prov. *muge*, lat. *mugil*, d'où aussi la forme des parlers de l'Ouest *meuille*, cf. en outre it. *muggine*.

MUGIR, XVe. Réfection, d'après le lat. *mugire*, de l'a. fr. *muir* (d'où, par changement de conjugaison, *muire*), qui continue la forme lat., comme l'a. pr. *mugir*, l'it. *muggire* ; **mugissement,** XIVe, est une réfection, antér. à celle du verbe, de l'a. fr. *muissement*.

MUGOT, v. **magot, mijoter.**

MUGUET, vers 1190. Dér. de l'anc. fr. *mugue* « muse » (attesté dès 1100) ; cette dénomination est due au parfum du muguet. Pris souvent au sens de « lilas » dans les parlers de l'Est. Au XVIe et au XVIIe s. a servi à désigner de jeunes élégants (parfumés d'essence de muguet), d'où **mugueter,** XVIe (au XVe, **-é**), aujourd'hui hors d'usage. Depuis 1769, désigne aussi une inflammation de la muqueuse buccale (surtout chez les petits enfants) par comparaison des plaques blanchâtres avec les fleurs du muguet.

MUID (orthographe étymologique ; au moyen âge *mui*). Anc. mesure ; ne s'emploie plus que dans des locutions telles que *gros comme un muid ;* encore usité dans les parlers de l'Est au sens de « tonneau » et dans le Midi. Lat. *modius*, qui désignait une grande mesure, notamment pour le blé. It. *moggio* « mesure pour les grains », a. pr. *moi*, etc., « muid ».

MUIRE, v. **saumure.**

MULÂTRE, 1544 ; *mulat*, *mulate*, 1672. Empr., avec modification de la terminaison, d'après les adj. en *-âtre*, du port. *mulato*, dér. de *mulo* « mulet », le mulâtre étant un métis comme le mulet. — Dér. : **mulâtresse,** 1681, sur le modèle de *négresse*.

MULE « femelle de mulet ». Lat. *mūla*. It. esp. *mula*. — Dér. : **mulassier,** 1855 (comp. *mulace* « mule » au XIIIe s. et *mulassier* « muletier » au Poitou en 1471).

MULE « esp. de pantoufle », 1556, déjà au XIVe s. pour désigner des engelures au talon. Lat. *mulleus (calceus)* « brodequin rouge », attesté vers 700 sous la forme *mule*, passé au néerl. *(muil)*, d'où il est revenu au XVIe au sens actuel.

MULET « produit mâle issu de l'accouplement d'un cheval et d'une ânesse ou inversement ». Dér. de l'a. fr. *mul*, lat. *mūlus*, d'où aussi it. esp. *mulo*, a. pr. *mul*. — Dér. : **muletier,** *subst.* 1325.

MULET, poisson, XIIe. Dér. du lat. *mullus* « sorte de rouget » influencé phonétiquement par *mūlus*, v. le préc. La forme *mulle*, 1836, est empr. du lat. *mullus*. Employé abusivement pour désigner le muge. — Comp. : **surmulet,** 1170 (d'abord *sormulet* ; la 1re partie du mot est l'adj. *sor* « roux », v. ici **saur,** qui a été ensuite confondu avec la prép. *sor* et est devenu *sur* avec celle-ci).

MULOT, XIIe. Dér. d'un mot germ. attesté dans les *Gloses de Reichenau : Talpas : muli qui fodiunt terram*, dont on rapproche le néerl. *mol* « taupe », d'un francique **mull* ; l'all. *Maulwurf* a une autre origine ; l'*u* de *mulot* est probabl. dû à *mul*, *mulet*, v. **mulet.** — Comp. : **surmulot,** XVIIIe (Buffon).

MULTI-. Premier élément de mots sav. comp., tels que **multicorne,** 1859, tiré du lat. *multi-*, préf. issu de *multus* « nombreux », sur le modèle de mots lat., ou de mots empr. tels que **multiflore,** 1778, **multiforme,** XVe, etc. V. le suiv.

MULTICOLORE, 1823 (écrit *-or*) ; une première fois au XVIe s. Empr. du lat. *multicolor*.

MULTIPLE, 1572, une première fois vers 1390 ; **multiplier,** XIIe (en outre, au moyen âge, formes plus francisées *moltepleier*, *monte-*) ; **multiplicande,** 1552 ; **multiplicateur,** 1515 ; **multiplicatif** (1770, une 1re fois en 1550 ; **multiplication,** XIIIe ; **multiplicité,** XIIe. Empr. des mots lat. *multiplex*, *multiplicare*, *multiplicandus* « qui doit être multiplié » (adj. verbal), *multiplicator* (créé à basse ép.), *multiplicatio* « id.», *multiplicitas* « id. », *multiplicativus* « qui multiplie ». — Dér. : **multipliable,** XIIe ; **démultiplier,** 1929. — Comp. du premier : **sous-multiple,** 1552.

MULTITUDE, 1213, d'abord *multitudine* 1120. Empr. du lat. *multitudo*.

MUNICIPE, 1548, terme d'antiquité romaine ; **municipal,** 1474, d'abord avec une même valeur, au cours du XVIe s. appliqué à des institutions modernes. Empr. du lat. *municipium* (de *municeps* « citoyen d'un municipe », littéral. « qui prend part *(capere)* aux charges *(munia)* »), *municipalis* « qui appartient à un municipe ». — Dér. du deuxième : **municipalité,** 1756 (Mirabeau) ; **municipaliser,** 1798.

MUNIFICENCE, 1354. Empr. du lat. *munificentia* (de *munificus* « libéral »), littéral. « qui fait *(facere)* des présents *(munus)* ».

MUNIR, 1350 ; **munition,** XIVe. Empr. des mots lat. *munire* « fortifier, protéger, défendre », d'où les sens du fr., *munitio* « fortification ». *Munition* désignait l'ensemble des moyens de défense d'une place, d'une armée, d'où l'expression *pain de munition*, au XVIe s., parfois *munition de pain ;* au sens de « projectiles » depuis le XVIe s., aujourd'hui seul sens restreint. — Dér. et Comp. : **munitionnaire,** 1572 ; **démunir,** 1564 ; **remunir,** 1587.

MUQUEUX, v. **mucus.**

MUR. Lat. *mūrus.* It. esp. *muro.* — Dér. et Comp. : **muraille,** vers 1200 ; **murer,** XIIe (Chrétien de Troyes) ; **démurer,** vers 1200 ; **emmurer,** *id. ;* **avant-mur,** 1461.

MÛR. Lat. *mātūrus.* It. *maturo,* esp. *maduro.* — Dér. : **mûrir,** vers 1350, a remplacé l'anc. *meürer,* lat. *mātūrāre,* d'où aussi it. *maturare,* esp. a. pr. *madurar* et de nombreuses formes correspondantes dans les parlers gallo-romans.

MURAL, XVIIIe (Buffon), une première fois au XIVe s. (Bersuire) dans l'expression *coronne murail,* calquée sur le lat. *muralis corona.* Empr. du lat. *muralis* (de *murus,* v. **mur**).

MÛRE. Propr. « fruit du mûrier », d'où « mûre de ronce ». Altération, d'après le dér. *mûrier* (*eu* devient facilement *u* en syllabe non accentuée), de *moure, meure,* qui subsiste jusqu'au XVIIe s., lat. pop. *mōra,* plur. pris comme fém. sing. du lat. class. *mōrum* « fruit du mûrier ». It. esp. a. pr. *mora.* Le mot est souvent altéré dans les parlers septentrionaux en *môle, moule* ou remplacé par le dér. **mûron,** XIVe (alors sous la forme *moron,* en 1549 *meuron*), dans le Centre et l'Ouest ; mais même dans le Midi où le mûrier est bien plus connu que dans le Nord, il n'y a qu'un mot pour les deux variétés. — Dér. : **mûrier,** XIIe (mais on trouve encore *mourier* au XVIe s.), cf. de même a. pr. *morier ;* **mûron.**

MURÈNE, 1538. Empr. du lat. *muræna* (du grec *myraina*). Remplace l'a. franç. *moreine,* qui est attesté du XIIe au XVIe s.

MUREX, 1505. Empr. du lat. *murex.*

MURMURE, XIIe (Chrétien) ; **murmurer,** XIIe. Empr. du lat. *murmur* « grondement, bruit sourd », *murmurare,* de sens parallèle ; la nuance du sens des mots fr., qui n'est pas exactement celui du lat., est peut-être due à la prononciation différente de l'*u ;* l'it. *mormorare,* qui est une forme pop., se dit cependant comme le français, du bruit léger produit par les eaux courantes et le vent et de paroles dites à voix basse.

MÛRON, v. **mûre.**

MUSARAIGNE. Lat. *mūsarāneus* (chez Pline), comp. de *mūs* « souris » (qui est masc.) et de *aranea ;* on tenait l'araignée pour venimeuse et on attribuait la même qualité à la musaraigne. Le genre fém. de *aranea* a fait changer le mot en **musaranea.* Esp. *musaraña.* Parmi les formes variées des parlers gallo-romans, on notera *musette,* attesté dès le XVIe s., tiré de *muset,* XIIe (fait sur *musaraigne* plutôt que dér. du lat. *mūs*).

MUSARD, etc., v. **muser.**

MUSC, XIIIe. Empr. du lat. de basse ép. *muscus,* cf. aussi grec *moskhos,* également de basse ép., empr. du persan *muchk* (arabe *misk*). — Dér. : **musqué,** 1425 ; le verbe *musquer* est très rare.

MUSCADE, XIIIe (*noiz muscade).* Empr. de l'a. pr. *(noiz) muscada,* dér. de *musc.* — Dér. : **muscadier,** 1665 (*muscatier* dès 1610).

MUSCADIN, terme de mode, 1793 ; cf. *grenadiers musqués* en 1792. Tiré de *muscadin* « pastille parfumée au musc », fin XVIe (d'Aubigné), cf. **muguet,** pour un développement analogue ; *muscadin* a été empr. au sens propre de l'it. *moscardino,* dér. de *moscado* « musc » ; le fr. a hésité au XVIIe s. entre *moscardin, muscardin* et *muscadin,* les deux dernières formes altérées d'après *muscade. Muscardin* a été conservé pour désigner une espèce de loir.

MUSCAT, 1371. Empr. du prov., par hasard non attesté à date anc., *muscat,* dér. de *musc.* On a dit aussi au XIVe-XVe s. *muscade.*

MUSCLE, 1314. Empr. du lat. *musculus,* propr. « petit rat », par un développement sémantique que présente aussi le grec *mys,* à la fois « rat » et « muscle », cf. aussi en lat. *lacertus,* propr. « lézard », d'où « partie supérieure du bras », et « muscle » ; v. **souris.** — Dér. : **musclé,** début XVIIIe, auparavant attesté au XVe s. et ensuite en 1553.

MUSCULAIRE, 1698 ; **musculature,** 1832) comme terme de peinture) ; **musculeux,** 1390 (en 1314 *muscleux*). Les deux premiers sont des dér. sav. du lat. *musculus,* le troisième est empr. de l'adj. *musculosus.*

MUSE, XIIIe. Empr. du lat. *musa* (du grec *mousa*).

MUSEAU, vers 1180. Dér. d'un simple *mus,* non attesté en fr., mais cf. it. *muso,* a. pr. *mus,* et lat. du VIIIe s. *musum,* mot d'origine inconnue. *Mus* subsiste à l'extrême Sud-Ouest. — Dér. : **museler,** XIVe (G. Phébus) ; **démuseler,** 1831 ; **muselière,** XIIIe, **musoir,** terme techn., 1757.

MUSÉE, 1762, au sens moderne ; une première fois au XIIIe s. dans une traduction. Empr. du lat. *museum,* du grec *mouseion,* propr. « temple des Muses », qui a été pris à Alexandrie, sous Ptolémée I, pour désigner un établissement destiné à la culture des arts et des sciences, d'où le sens moderne. La forme lat. *museum,* reprise en 1746 au sens de « musée de peinture » et aussi en parlant du musée d'Alexandrie (on trouve en ce sens aussi *muséon*) a servi depuis 1793 à désigner spécialement le Muséum d'Histoire Naturelle, antérieurement *le Jardin des Plantes,* fondé en 1635 par Guy de La Brosse.

MUSER, 1160. Dér. de *mus,* v. **museau,** propr. « rester le museau en l'air » ; cf. de même a. pr. *muzar,* esp. arch. *musar* « attendre », it. arch. *musare* « baguenauder ». Il est probable qu'il y a eu emprunt, mais sans qu'on puisse déterminer le point de départ. — Dér. et Comp. : **musard,** 1086,

musarder, vers 1220, **musardise,** 1845, antér. *musardie*, XIIIe ; *musarderie*, 1546 (Rab.) ; **amuser,** XIIe (Chrétien), d'abord « repaître de vaines espérances », l'emploi actuellement dominant de la forme réfléchie ne se rencontre que depuis 1635 ; **amusement,** 1470, **amusette,** 1653, **amuseur,** 1545.

MUSETTE, XIIIe. Dér. de l'a. fr. *muse*, de même sens, tiré du verbe *muser*, qui a eu par extension le sens de « jouer de la musette ». Jusqu'à la fin du XVIIIe s. *musette* ne s'est employé qu'au sens propre. **Cornemuse,** XIIIe, a été tiré d'un anc. verbe *cornemuser*, comp. lui-même de *corner* et de *muser*.

MUSÉUM, v. **musée.**

MUSIC-HALL, 1862. Empr. de l'angl. *music-hall*.

MUSIF, v. **mosaïque.**

MUSIQUE, XIIe. Empr. du lat. *musica* (du grec *mousikê (tekhnê)*, propr. « art des Muses »). — Dér. : **musical,** 1380 ; **musicien,** XIVe ; **musiquette,** 1875 (A. Daudet).

MUSQUER, v. **musc.**

MUSSIF, v. **mosaïque.**

MUTABILITÉ, XIIe ; **mutation,** vers 1230 ; **muter,** au sens milit., 1923. Empr. du lat. *mutabilitas, mutatio, mutare* « changer ».

MUTILER, 1334 ; **mutilation,** 1245. Empr. des mots lat. *mutilare, mutilatio* (créé à basse ép.).

MUTIN, etc., v. **meute.**

MUTISME, 1741 ; **mutité,** 1803. Le premier est un dér. sav. du lat. *mutus* « muet », le deuxième a été formé sur *mutus* d'après le fr. *surdité*.

MUTUEL, 1329. Dér. sav. du lat. *mutuus* « réciproque ». — Dér. : **mutualité,** 1784, une première fois en 1599 ; **mutualiste,** 1829.

MUTULE, v. **modillon.**

MYÉLITE, 1836. Dér. sav. du grec *myelos* « moelle ».

MYOPE, 1578. Empr. du lat. de basse ép. *myops* (du grec *myôps*, propr. « qui cligne des yeux »). — Dér. : **myopie,** 1721.

MYOSOTIS, 1562. Empr. du lat. *myosotis* (du grec *myosôtis*, littéral. « oreille de souris » ; ainsi nommé à cause de la forme des feuilles).

MYRIA-. Premier élément de mots sav. comp., tels que **myriamètre,** 1795, tiré du grec *myrias* « dix mille ».

MYRIADE, 1525. Empr. du grec *myrias*.

MYROBOLAN, v. **mirabelle.**

MYRRHE, vers 980 *(Passion)*. Empr. du lat. *myrrha* (mot pris au grec).

MYRTE, XIIIe. Empr. du lat. *myrtus* (du grec *myrtos*).

MYRTILLE, 1747, une première fois au XIIIe s. Empr. du lat. médiéval *myrtillus*, dér. de *myrtus*, v. **airelle.**

MYSTAGOGUE, 1564 (Rab.), terme d'antiquité, qui s'emploie parfois par plaisanterie. Empr. du lat. *mystagogus* (du grec *mystagôgos*).

MYSTÈRE, XIIe. Empr. du lat. *mysterium* (du grec *mystêrion*, dér. de *mystês* « initié ») ; le sens général de « secret » qui apparaît de bonne heure est déjà attesté en lat. Au XVe s. a pris le sens de « représentation dramatique d'inspiration religieuse », sens qui fut étendu aussi à « scène figurée au cours d'un banquet »), d'après le sens de « service, office, cérémonie » qu'avait pris en lat. médiéval *mysterium*, par confusion avec *ministerium*, v. **métier.** — Dér. : **mystérieux,** XVe.

MYSTIFIER, 1760. — Dér. du grec *mystes* « initié ». Vers le milieu du XVIIIe s. on pratiquait souvent des initiations burlesques au détriment de personnages crédules. Le cas le plus connu est celui de Poinsinet, à qui on fit même croire que le roi de Prusse voulait lui confier l'éducation du prince royal. — Dér. : **mystificateur,** 1770 ; **mystification,** 1768.

MYSTIQUE, vers 1376. Empr. du lat. *mysticus* « relatif aux mystères », conservé dans la langue de l'Église (du grec *mystikos*). — Dér. : **mysticisme,** 1804 ; **mysticité,** 1718.

MYTHE, 1803. Empr. du lat. de basse ép. *mythus* (du grec *mythos* « récit, légende »).

MYTHIQUE, 1831 (Michelet), déjà au XIVe s. et en 1570. Empr. du lat. de basse ép. *mythicus*, dér. de *mythus*.

MYTHOLOGIE, XIVe (écrit *mi-*) ; **mythologique,** 1480 *(id.)*. Empr. du lat. de basse ép. *mythologia* (d'abord pour désigner le livre de Fulgence intitulé *Mythologiae*, dès le XVe s. dans un sens plus général), *-logicus* (du grec *mythologia, -logikos*).

N

NABAB, 1653, dans un récit de voyage aux Indes, en parlant d'un prince. Empr. de l'hindoustani *nabab*, empr. lui-même de l'arabe *nawwâb*, plur. de *nâïb* « lieutenant, vice-roi ». Le sens de « personnage fastueux », 1835, vient de celui de « personne qui s'est enrichie aux Indes », 1777, sens propagé par l'angl. *nabob*, mais popularisé en fr. par le roman d'A. Daudet, *Le Nabab*, 1877.

NABOT, 1549. Paraît être une altération de *nambot*, *nain-bot*, comp. de *nain* et de *bot*, survenue sous l'influence de *navet* employé quelquefois pour désigner un courtaud ; on trouve la graphie *nimbot* de 1549 à 1636.

NACAIRE, v. **nacre.**

NACARAT, 1640, d'abord *nacarade*, fin XVIe (d'Aubigné). Empr. de l'esp. *nacarado*, propr. « nacré », sens encore usuel, dér. de *nácar* « nacre ».

NACELLE. Lat. de basse ép. *nāvicella*, dér. de *nāvis*. It. *navicella*.

NACHE, v. **fesse.**

NACRE, XVIe (Paré) ; d'abord *nacle*, 1389 ; déjà attesté en 1347, sous la forme *nacrum* dans un texte lat. du Dauphiné. Empr. de l'it. *naccaro*, aujourd'hui *nacchera*, à la fois « nacre » et « coquille qui produit la nacre » (sens ordinaire de *nacre* en fr. jusqu'au XVIIe s.), empr. lui-même de l'arabe *naqqâra* « petit tambour ». Probabl. le mot arabe a été employé par la suite pour désigner un autre instrument, le cor de chasse. La forme de celui-ci ressemble à celle de la coquille qui produit la nacre, d'où ce nouveau changement de sens. Il faut reconnaître le même mot dans l'it. *nacchera* « timbale » et l'a. fr. *nacaire* « sorte de timbale », usuel du XIIIe au XVIe s. (*gnacare*, de même sens, 1666, chez Molière, vient d'une autre forme it. *gnaccara*). — Dér. : **nacré,** 1669.

NADIR, 1558 (*nador* dans Oresme, 1370). Empr. de l'arabe *naḍîr*, propr. « opposé », c'est-à-dire « opposé au zénith », v. **zénith.**

NAGER. Lat. *nāvigāre* « naviguer ». A conservé son sens propre jusqu'à la fin du XVe s. et s'emploie encore au sens de « ramer » dans la langue de la marine ; cf. au sens propre it. *navigare*, esp. *navegar*, a. pr. *navejar* (où il y a eu substitution de suffixe). A éliminé l'a. fr. *nouer*, encore chez Ronsard et aujourd'hui dans quelques parlers lorrains, lat. pop. **notāre*, issu par dissimilation vocalique du lat. class. *natāre*, de là d'une part it. *nuotare*, de l'autre esp. a. pr. *nadar*, encore usité aujourd'hui dans la plupart des parlers méridionaux ; la disparition de *nouer* « nager » est due à l'homonymie de *nouer* « faire un nœud » ; elle a eu pour conséquence l'emprunt de *naviguer*. — Dér. : **nage,** XIIe, développement de sens parallèle à celui du verbe ; **nageoire,** 1555 ; **nageur,** XIIe, pour le sens, v. **nage** ; on trouve *noueur* encore au XVIe s. — Comp. : **surnager,** XIVe, d'abord *sournouer*, *sur-*, encore au XVIe s.

NAGUÈRE, v. **guère.**

NAÏADE, 1491. Empr. du lat. *naïas-naïadis* (mot pris au grec).

NAÏF. Jusqu'au XVIe s. a le sens (archaïque au XVIIe s.) de « natif, naturel ». Lat. *nātīvus* « donné par la naissance, naturel », dér. de *nātus* « né ». It. archaïque *natio*, a. pr. *nadiu*, tous deux seulement au sens propre. V. **natif.** — Dér. : **naïveté,** XIIIe, sens parallèle à celui de l'adj. ; v. **nativité.**

NAIN. Lat. *nānus* (du grec *nanos*). It. *nano*, esp. *enano*. V. **nabot.**

NAÎTRE. Lat. pop. *nascere*, lat. class. *nascī*. — Dér. et Comp. : **naissance,** XIIe, d'après le lat. *nascentia* ; **naissain,** nom techn. des jeunes huîtres, 1868 ; **naisseur,** terme techn. de l'élevage des chevaux, fin XIXe ; **renaître,** XIIe (Chrétien), d'où **renaissance,** XIVe ; **aîné,** d'abord *ainsné*, XIIe, comp. de l'anc. adv. *ainz* « avant » (d'où « mais »), disparu au début du XVIIe s., lat. pop. **antius*, lat. class. *anteā*, refait sur le modèle de **postius*, v. **puis** ; d'où **aînesse,** XIIIe ; **mort-né,** 1408 (N. de Baye) ; **puîné,** d'abord *puisné*, vers 1200, comp. de *puis*, a été remplacé par *cadet* ; le moyen âge disait aussi en ce sens *moinsné*.

NAJA, nom de serpent, 1734. Empr. du lat. des naturalistes *naïa*, *naja*, attesté dès 1693 ; ce mot a été introduit dans le latin des zoologues par des savants hollandais, qui l'ont pris à un parler de Ceylan.

NANAN, 1660. Mot du langage enfantin.

NANDOU, sorte d'autruche d'Amérique, 1829 (écrit *nandu*). Empr. de l'esp. d'Amérique, cf. argentin *nandu*, empr. du guarani.

NANKIN, 1759. Tiré de *Nankin*, nom de la ville de Chine, où était d'abord fabriquée la toile de ce nom.

NANTIR, 1283 (Beaumanoir). Dér. de l'a. fr. *nant* « gage », fait sur le plur. *nans*, qui était plus usuel, sur le modèle des mots à plur. en *-ans* et à sing. en *-ant*, cf. lat. médiéval *namum*, *namium*. Le subst. a toujours vécu surtout en Normandie, d'où viennent les premières attestations (Lois de Guillaume le Conquérant) et où il est encore en usage. Il représente l'anc. scandinave *nām* « prise de possession », qui a passé en roman comme terme juridique, et non pas, comme on l'a aussi dit, la forme francique correspondante **nâma*, de la famille de l'all. *nehmen*. — Dér. : **nantissement,** 1393 (écrit *nampt-*) ; **dénantir,** xve.

NAPHTE, 1555 (*napte* en 1213) ; a été fém. au xviiie s., d'après le genre anc. Empr. du lat. *naphtha* (d'un mot grec, d'origine orientale). — Dér. : **naphtaline,** 1832 ; **naphtol,** 1874.

NAPOLÉON, 1812. Tiré de *Napoléon Ier*, dont l'effigie était représentée sur les monnaies de ce nom.

NAPPE. Lat. *mappa*, indiqué comme étant d'origine punique ; l'*n* est dû à une dissimilation de l'*m* sous l'action du *p* suivant ; cf. **nèfle**. Rare en dehors du fr. propr. dit. — Dér. : **napperon,** 1391.

NARCISSE, nom de plante, 1363 (écrit alors *narcis*). Empr. du lat. *narcissus* (du grec *narkissos*).

NARCISSE, nom de personne, xviie, déjà au sens fig. Tiré de *Narcisse*, lat. *Narcissus*, grec *Narkissos*, nom d'un personnage de la Fable qui s'était épris de sa figure, qu'il vit dans une fontaine où il se précipita ; il fut ensuite métamorphosé en narcisse. — Dér. : **narcissisme,** 1932.

NARCOSE, 1836 ; empr. du grec *nárkosis* « torpeur ». Au sens actuel depuis 1907.

NARCOTIQUE, 1314. Empr. du lat. médiéval *narcoticus* (du grec *narkôtikós*, de *narkê* « engourdissement »).

NARD, xve (*narde* en 1213). Empr. du lat. *nardus* (du grec *nardos*, mot d'origine orientale, cf. l'hébreu *nerd*). Déjà empr. au moyen âge sous la forme *narde*, au fém. d'après le genre anc.

NARGUER, vers 1450. Dans les parlers dauphinois et provençaux les mots de la famille de *narguer* signifient aussi « parler du nez » et « morveux ». Les sens du mot fr. en sont dérivés. Le mot provençal a été très probablement introduit en fr. par des mercenaires venant du Midi au temps de la guerre de Cent Ans. Il représente un lt. **naricare* « nasiller », dér. de *naris* (v. **narine**), comme **nasicare* (v. **renâcler**) de *nasus*. — Dér. **nargue,** 1552 (Rab.).

NARGUILÉ, 1823 (écrit *narguillet*). Empr. du persan *narguileh*, dér. de *nargil* « noix de coco » ; ainsi nommé parce que, au lieu du flacon de verre ou de cristal destiné à contenir l'eau que traverse la fumée, on emploie souvent une noix de coco ou une boule de métal qui en a la forme.

NARINE. Lat. pop. **nārīna*, dér. de *nāris*, fém., cf. *narinosus* de basse ép. « aux narines larges ». Seulement fr. Le simple *nāris* survit dans l'it. *nare*, l'esp. *nares*, aujourd'hui vulgaire, l'a. pr. *nar(r)as* ; mais il a été concurrencé par des dér. de types variés, par recherche de mots nouveaux, expressifs, comme il est fréquent pour la désignation du nez et des narines, cf. a. fr. *naris*, a. pr. *naritz*, it. *narice*, esp. *nariz* (qui signifie « nez »), lat. pop. **nārīcem*, a. fr. *narille*, a. pr. *narilhas*, lat. pop. **nārīcula*, etc.

NARQUOIS, 1582 (Tabourot, au sens de « rusé », sens encore usité au xviie s. ; paraît avoir le sens moderne par rapprochement avec *narguer*). Mot d'argot qui désignait d'abord des soldats maraudeurs, cf. dans le *Jargon de l'Argot reformé*, vers 1628 : « Drilles ou narquois sont des soldats qui truchent la flambe sous le bras » ; a désigné aussi l'argot lui-même, 1640 (Oudin). On a proposé d'y voir une variante de *narquin*, xvie, qui serait lui-même issu d'*arquin*, *id.*, encore usité aujourd'hui en prov. au sens de « pillard », lequel serait un dér. d'*arc*, propr. « archer » en rapprochant à l'appui de cette explication l'it. *arcadore* « archer » et « fripon ».

NARRER, 1388 ; **narré,** subst., 1452 ; **narrateur,** vers 1500 ; **narratif,** 1376 (Charles d'Orléans) ; **narration,** xiie. Empr. du lat. *narrare*, *narrator*, *narrativus*, *narratio*. V. **inénarrable.**

NARTHEX, 1721. Empr. du grec eccl. *narthêx*, qui désignait dans la primitive église un portique en avant de la nef, destiné à recevoir ceux qui assistaient du dehors à l'office divin ; a servi à désigner au cours du xive s. les porches des églises occidentales ; *narthêx*, propr. « férule », a pris le sens de « cassette (faite avec des tiges de férule) » et, par suite, le sens architectural.

NARVAL, 1627. Empr. du danois *narhval*.

NASAL, 1611. Dér. sav. du lat. *nasus* « nez ». Au moyen âge *nasal* « partie du casque qui protège le nez » est un dér. de *nes*, d'après l'alternance régulière *e* accentué (issu de *a* latin), *a* inaccentué, cf. **navet, travée,** etc. — Dér. : **nasaliser,** 1868, **nasalisation,** *id.* ; **nasalité,** 1760.

NASARDE, NASEAU, NASILLER, v. **nez.**

NASSE. Lat. *nassa*. It. *nassa*, esp. *nasa*.

NATAL, vers 1500. Empr. du lat. *natalis* (de *natus* « naissance »). — Dér. : **natalité,** 1868 ; **dénatalité,** 1939.

NATATION, 1748, une première fois en 1550 ; **natatoire,** 1770 (au moyen âge subst. au sens de « piscine »). Empr. des mots lat. *natatio*, *natatorius* (de *natare* « nager »).

NATIF, xive (Froissart). Empr. du lat. *nativus*, v. **naïf.**

NATION, xiie. Empr. du lat. *natio*, propr. « naissance, extraction », sens fréquents en a. fr. jusqu'au xvie s., d'où « nation » (de *natus* « né »). — Dér. : **national,** 1534, **anti-national,** 1743, **nationaliser,** 1792, **-isation,** 1877, **dénationaliser,** 1808, **international,** 1802 ; **nationalisme,** 1798 ; **-iste,** 1837 (probabl. d'après l'angl. *nationalism*, *-ist*, du xviiie s.) ; d'où **internationalisme,** 1876 ; **-iste,** fin xixe ; **nationalité,** 1808.

NATIVITÉ, XIIe ; ne s'emploie plus que comme terme de liturgie ; jusqu'au XVIIIe s. a aussi le sens général de « naissance ». Empr. du lat. de basse ép. *nativitas*, dér. de *nativus*, v. **natif** ; au moyen âge on a fréquemment une forme plus francisée *naïté*.

NATTE. Lat. de basse ép. *natta* (Grégoire de Tours), altération de *matta*, également de basse ép., qui passe pour être d'origine phénicienne, par accommodation de l'*m* initiale à la dentale *t*. It. archaïque *matta*, prov. moderne *matau* « natte » (dér.). — Dér. : **natter,** 1344 ; **dénatter,** 1680.

NATURALISER, 1471 ; **naturalisme,** 1719, terme savant de philosophie ; en 1735, terme médical au sens de « caractère naturel, nature » ; a servi à désigner une école de littérature depuis Zola ; **naturaliste** 1527, à propos d'Aristote ; sens parallèle à *naturalisme*. Dér. sav. du lat. *naturalis*. — Dér. du verbe : **naturalisation,** 1566.

NATURE, XIIe ; **naturel,** *id.* Empr. du lat. *natura* (de *natus* « né »), *naturalis*. — Dér. de *nature* : **naturante,** dans *nature naturante*, vers 1520, par opposition à *nature naturée*, 1507, qui sont empr. des termes correspondants du lat. scolastique *natura naturans* et *natura naturata* créés au XIIe s. par les traducteurs d'Averroës ; **dénaturer,** XIIe. — Comp. de *naturel* : **surnaturel,** 1552, au XVe s. *supernaturel*.

NAUFRAGE, 1414. Empr. du lat. *naufragium*, littéral. « brisement (cf. le verbe *frangere* « briser ») de navire *(navis)* ». — Dér. : **naufragé,** 1681 ; une première fois dér. directement du mot lat. au XIVe s. ; *naufrager* est du début du XVIe ; **naufrageur,** 1874.

NAULAGE, v. **noliser.**

NAUMACHIE, 1520, dans une traduction de Suétone. Empr. du lat. *naumachia* (du grec *naumakhia*, littéral. « combat (cf. le subst. *makhê* « combat ») de navires *(naus)* »).

NAUSÉE, 1539 ; **nauséabond,** 1762 ; **nauséeux,** 1793, terme médical. Empr. du lat. *nausea*, propr. « mal de mer » (du grec *nausia*, altération de la forme plus usitée *nautia*) et des dér. *nauseabundus*, *nauseosus*. V. **noise.**

NAUTILE, sorte de mollusque, 1562. Empr. du lat. *nautilus* (du grec *nautilos*, propr. « matelot »).

NAUTIQUE, vers 1500. Empr. du lat. *nauticus* (du grec *nautikos*, de *nautês* « matelot »).

NAUTONIER, vers 1120 *(notuner ;* la graphie avec *au* a été établie au XVIe s. d'après le lat. *nauta)*. Ne s'emploie plus que dans la langue poétique. Empr. de l'a. pr. *nautonier* « matelot », dér. d'un simple attesté seulement par l'a. fr. *noton*, lat. pop. ***nautōnem**, acc. de ***nautō**, transformation de *nauta* lequel avait été décliné probablement *nauta, -anis* (d'où l'a. prov. *nautanier*) ; à côté de *noton*, qui est visiblement empr. du prov., l'a. fr. connaît aussi la forme normale *noon*.

NAVAL, vers 1300. Empr. du lat. *navalis* (de *navis* « navire », v. **nef**).

NAVARIN, terme de cuisine, 1867, dès 1859 « navet ». Bon mot qui transforme en un dér. de *navet* le nom de la ville de Navarin devenu célèbre par la bataille de 1827.

NAVET, XIIIe s. (J. de Meung). Dér. de *nef*, lat. *nāpus*, conservé dans les autres langues romanes : it. *napo*, esp. *nabo*, a. pr. *nap ; navet* a remplacé *nef*, trop court ; un autre dér. *naveau*, usuel au moyen âge et jusqu'au XVIe s., est encore plus usité aujourd'hui dans les parlers gallo-romans que *navet*. — Dér. : **navette,** variété de navet, 1323.

NAVETTE, instrument de tisserand, v. **nef.**

NAVIGUER, 1456 (une première fois fin XIVe, E. Deschamps) ; la langue a hésité au XVIIe et au XVIIIe s. entre *naviguer* et *naviger* ; cf. **nager ; navigable,** 1448 ; **navigateur,** 1529 ; **navigation,** XIIIe (J. de Meung), rare avant le XVIe s. Empr. du lat. *navigare*, *navigabilis*, *navigator*, *navigatio*. — Dér. de *navigable* : **navigabilité,** 1823.

NAVIRE, XIVe. D'abord *navirie*, vers 1080 *(Roland)*, issu de *navilie*, *id.*, qui est empr. du lat. *navigium* « navire », avec altération de la terminaison, d'où un type ***navilium**, d'après des mots tels que *concilium*, etc., cf. de même a. pr. *navili ;* signifie souvent « flotte » au moyen âge. L'a. fr. a eu aussi les formes *navoi*, *navie* aux deux sens de « flotte » et de « navire ». *Navire* a été d'un genre hésitant du XVe au XVIIe s.

NAVRER, vers 1140, d'abord *nafrer*, vers 1080 *(Roland)*. A signifié « blesser » jusqu'au XVIIe s., encore au XVIIIe chez J.-J. Rousseau. La forme *nafrer* vit encore dans les patois de l'Ouest. A. nor. ***nafra** « percer », qu'on peut supposer d'après le subst. a. nor. *nafarr* « tarière ». Comme le verbe a passé en gallo-roman sans ce subst. il a élargi sa signification de manière à désigner toute action de blesser avec effusion de sang. En passant de la Normandie au parler de Paris *nafrer* a échangé le groupe consonantique *-fr-* contre celui, beaucoup plus fréquent, de *-vr-*.

NE. Lat. *nōn* avec un développement partic. devant consonne dû à la position proclitique de ce mot accessoire ; v. **non.** L'a. fr. a eu en outre une forme *nen* devant voyelle, cf. **nennil.** It. *non*, *no*, esp. *no*, a. pr. *non* devant voyelle, *no* devant consonne. *Ne* ne s'emploie en combinaison avec des particules telles que *pas*, *point*, etc., qu'en gallo-roman ; *ne* tend aujourd'hui à disparaître dans les parlers pop. au profit de ces particules plus expressives et qui portent l'accent, surtout au profit de *pas*. Pour *ne* au sens de « ni », v. **ni.**

NÉANT. En a. fr. *neient*, *noient* et *nient ; néant* apparaît de bonne heure et triomphe au XVIe s. On a proposé un lat. *nec entem*, formé avec *ens*, part. prés. de *esse* « être ». Mais il est peu probable qu'un terme créé dans la langue philosophique soit devenu populaire, surtout à la fin de l'Empire. Il faut y voir plutôt un *ne gentem*. L'emploi d'un subst. désignant des êtres vivants pour la formation d'une négation se rapportant à des choses a son parallèle dans l'all. *nichts* (de *ni* + *wiht* « être, démon »). It. *niente*, a. pr. *nien ;* aujourd'hui survit çà et là dans les parlers normand, lorrain, de la Suisse romande et du Sud-Ouest au sens de « non » ou de « rien ». — Dér. et Comp. : **anéantir,** XIIe, **anéantissement,** 1309 ; **fainéant,** 1321, **fainéanter,** 1690, **fainéantise,** 1539. Altération, par étymologie pop., de l'a. fr. *faignant*, id., vers 1200, part. prés. de *feindre* au sens, fréquent en a. fr. et jusqu'au début du XVIIe s., de « rester inactif, paresser ». La plus grande partie de la France, y compris Paris, dit encore *feignant*. **Néanmoins,** XIIe.

NÉBULEUX, vers 1360 ; **nébulosité,** 1488. Empr. des mots lat. *nebulosus* (de *nebula* « brouillard, nuage »), *nebulositas* (créé à basse ép.) ; *nébuleuse* se prend substantiv. comme terme d'astronomie, 1672, on a dit d'abord *étoile nébuleuse*, 1667.

NÉCESSAIRE, 1119, pris substantiv. pour désigner divers objets : boîte, étui, etc., XVIIIe ; **nécessité,** vers 1120 ; **nécessiter,** XIVe, au sens de « mettre dans la nécessité de faire q. ch. », seul sens du mot jusqu'à la fin du XVIIIe s. Empr. des mots lat. *necessarius*, *necessitas* (qui a pris le sens de « pauvreté » dans le lat. eccl.), *necessitare* (médiéval). — Dér. de *nécessité :* **nécessiteux,** 1422.

NEC-PLUS-ULTRA, 1767. Antér., depuis le XVIIe s., *non plus ultra*. Mots lat. signifiant « (et) pas plus outre » ; cette locution vient probabl. du lat. des écoles.

NÉCRO-. Premier élément de mots sav. comp., tels que **nécrophage,** 1829, tiré du grec *nekros* « cadavre », ou de mots empr. tels que **nécrophore,** 1804 (de *nekrophoros* « qui transporte les morts (pour la sépulture) »), v. les suiv.

NÉCROLOGE, 1646. Empr. du lat. moderne *necrologium*, comp. avec le grec *nekros*, v. le préc., d'après *eulogium* « épitaphe ». — Dér. : **nécrologie,** 1701 ; **-logique,** 1784.

NÉCROMANCIE, XIIe, aussi *nigromance* ou *-ie*, au moyen âge ; en outre *necromance*, du XVIe au XVIIIe s. Empr. du lat. de basse ép. *necromantia* (du grec *nekromanteia*, de *manteia* « prédiction »). — Dér. : **nécromancien,** XIVe (sous la forme *nigro-*) ; on a dit aussi au XVIIe et au XVIIIe s. *necromant* ou *negromant*, empr. de l'it. *necromante*, *negro-* (ou *nigro-*), empr. du lat. de basse ép. *necromantii*, plur. Les formes avec *negro-*, *nigro-* sont dues à un croisement avec le lat. *niger* « noir », en it. *negro*, cf. *magie noire*, magie qui est censée opérer avec l'aide des démons.

NÉCROPOLE, 1833. Empr. du grec *nekropolis*, littéral. « ville des morts », qui servait spécial. à désigner la nécropole souterraine d'Alexandrie en Égypte.

NÉCROSE, terme de pathologie, 1721. Empr. du grec *nekrôsis* « mortification » dans la langue des chrétiens, en vue d'un sens spécial.

NECTAR, vers 1500. Empr. du lat. *nectar* (mot pris au grec).

NEF. Lat. *nāvis*. Propr. « navire », sens disparu depuis le XVIe s., sauf par archaïsme ; a cédé la place à *navire*, *vaisseau*, qui ont plus de corps ; on trouve souvent au XVIe s. la forme *nauf*, d'après le prov. *nau*. Le sens architectural est attesté dès le XIIe s. Subsiste dans quelques régions périphériques. — Dér. : **navette** (de tisserand), XIIIe ; aujourd'hui usité dans tous les parlers gallo-romans ; c'est probabl. non pas un dér. direct de *nef*, mais un emploi fig. de *navette* qui désigne un petit vase d'église, destiné à contenir l'encens, qui a la forme d'un petit navire, ou d'autres vases de ménage.

NÉFASTE, 1535, d'abord comme terme d'antiquité romaine ; une première fois *nefauste*, XIVe (Bersuire) ; sens plus étendu, 1840. Empr. du lat. *nefastus*, propr. « interdit par la religion », qui se disait notamment de jours où il était interdit de rendre la justice. Le contraire de *nefastus* était *fastus* « (jour) où il était permis de rendre la justice », d'où le fr. *(jour)* **faste,** 1845, seulement terme d'antiquité romaine ; une première fois au XIVe s. (Bersuire, sous la forme *fauste*, par confusion avec *faustus* « favorable »).

NÈFLE, XIIIe (G. de Lorris). En outre en a. fr. *nesple*, *mesle*. Lat. pop. *mespila*, plur. neutre pris comme fém. sing., de *mespilum* (du grec *mespilon*) ; l'*n* initiale est due à une dissimilation d'*m* sous l'action du *p* intérieur. La forme avec *-f-* apparaît dans des gloses latines dès le IXe s. *(mesfilā*, en grec *mesphyllon)*. Ce *-ph-* est peut-être dû à l'influence du grec *phyllon* « feuille », par lequel on aurait remplacé la deuxième partie du mot ; ce changement a dû se produire dans le Midi. Sauf dans les parlers de l'Est qui disent *cul-de-chien*, le type lat. a été conservé dans tout le gallo-roman, mais sous des formes diverses ; *nèfle* est usité dans le Centre, le provençal et le languedocien, *mèle* dans le Nord-Est et l'Ouest, *nèple* dans le Centre, le picard et le limousin, *mespoulo*, *mesplo*, *nesplo* dans le Sud-Ouest, etc. — Dér. : **néflier,** XIIIe ; la forme du nom de l'arbre est parallèle à celle du nom du fruit.

NÉGATIF, 1283 (Beaumanoir) ; **négation,** 1370. Empr. du lat. *negativus* (créé à basse ép.), *negatio* (de *negare* « nier »).

NÉGLIGER, 1256 ; **négligent,** vers 1190 ; **négligence,** vers 1120. Empr. du lat. *negligere*, *negligens*, *negligentia*. — Dér. du verbe : **négligé,** 1640 ; **négligeable,** 1845.

NÉGOCE, vers 1190, au sens d' « affaire, entremise » usité jusqu'au XVIIIe s. ; le sens de « commerce » date du XVIIe s ; v. les suiv. ; parfois fém. jusqu'au XVIe s. Empr. du lat. *negotium* « occupation, affaire » et aussi « affaire commerciale ».

NÉGOCIER, XIVe (Oresme) ; **négociateur,** 1370 ; **négociation,** 1323 ; **négociant,** 1599. Empr. du lat. *negotiari* « faire du commerce », *negotiator* « commerçant », *negotiatio* « commerce », *negotians* « commerçant ». Les trois premiers mots ont d'abord été pris au sens du lat., sens que *négocier* a même conservé jusqu'au XVIIIe s. le sens de « s'entremettre pour conclure une affaire » apparaît au XVIe s. et *négociateur* qui a le sens de « celui qui s'entremet » au moins dès le début du XVe s. aurait été le point de départ de ce sens nouveau ; par suite la langue a été amenée à former *négociant* pour avoir un nom d'agent correspondant à *négoce*, peut-être d'après l'it. *negoziante ; négocier* a pris en outre au XVIIe s. le sens spécial de « transmettre un billet, un effet de commerce après l'avoir endossé », d'où le dér. **négociable,** 1678.

NÈGRE, 1516. Empr. de l'esp. ou du port. *negro*, v. **noir** ; *negro* a été repris au XIXe s. sous la forme originale comme terme familier. — Dér. : **négresse,** 1637 ; **négrier,** 1685 ; **négrillon,** 1714.

NEGROSPIRITUAL, 1959. Empr. de l'anglais d'Amérique *negro spiritual* « chant religieux des nègres ».

NÉGUS, 1516 ; rare avant le XVIIe s. Empr. de l'éthiopien *negûs* « roi ».

NEIGER. Lat. pop. **nivicāre*, lat. class. *ninguere*. En dehors du fr., seul l'it. *nevicare* continue le type **nivicāre ;* ailleurs autres formations : esp. a. pr. *nevar ;* mais partout on a des formations nouvelles pour remplacer la forme du lat. class. — Dér. : **neige,** vers 1325, a éliminé l'a. fr. *noif* (dont on ne saisissait plus le rapport avec *neiger*, cf. la locution fréquente au moyen âge *noif negiée*), lat. *nivem*, acc. de *nix*, conservé encore dans les parlers du Nord-Est et de l'Est. Cf. it. *neve*, esp. *nieve*, a. pr. *neu*, qui survit dans les parlers méridionaux ; **neigeux,** 1552 ; **neigeoter,** 1861 (Goncourt). V. **névé.**

NENNI, v. **il.**

NÉNUFAR, XIIIe (dans un recueil de plantes médicinales). Empr. du lat. médiéval *nenufar*, empr. lui-même, pour désigner cette plante employée en médecine, de l'arabe *nînûfar, nîlûfar ;* à une autre forme *noûfar* se rattache *neufar*, XIIIe, encore chez Ronsard (qui écrit *neufart*).

NÉO-. Premier élément de mots sav. comp. tels que **néologie,** 1762, **néologisme,** 1735 (d'où **-ique,** 1726), tiré du grec *neos* « nouveau », ou de mots empr. tels que **néoménie,** XVIIIe, une première fois en 1495 (alors par l'intermédiaire du lat. eccl. *neomenia*, en grec *neomênia*, de *mên* « mois »).

NÉON, 1898. Tiré du grec *neon*, neutre de l'adj. *neos* « nouveau ».

NÉOPHYTE, XVIIe (Bourdaloue), une première fois 1495. Empr. du lat. eccl. *neophylus* (du grec eccl. *neophylos*, propr. « nouvellement engendré », de *neos*, v. le préc., et de *phyein* « faire naître »).

NÉPENTHÈS, 1552 (Ronsard : *nepenthe*). Empr. du grec d'Homère *nêpenthes*, sorte de drogue qui dissout les maux, cf. *Odyssée*, IV, 221 ; aussi empr. par le latin ; mais c'est à Homère que Ronsard et A. Chénier, entre autres, doivent le mot.

NÉPHRITE, 1721 ; **néphrétique,** XIVe. Empr. du lat. médical *nephritis, nephriticus*, au moyen âge *nephre-* (du grec *nephritis, -tikos*, de *nephros* « rein »).

NÉPOTISME, 1653 (Balzac), pour désigner la faveur dont les neveux ou autres parents des papes jouissaient à la cour pontificale ; sens plus étendu 1800. Empr. de l'it. *nipotismo*, dér. de *nipote* « neveu », v. **neveu.**

NERF. Lat. *nervus* « ligament, fibre » (comme le grec *neuron*), d'où « muscle » ; le sens anatomique de « nerf » s'est développé d'abord en grec et a passé de là en lat. ; il a été repris en fr. par la langue médicale, probabl. dès le moyen âge. Les sens fig. de « force, vigueur » ne paraissent pas être antér. au XVIe s. et sont également repris au lat. d'où vient aussi la locution : « l'argent est le nerf de la guerre », cf. chez Cicéron, *Nervi belli pecunia ;* la prononciation *ner-f* dans *avoir du ner-f* est expressive. It. *nerbo, nervo ;* l'esp. *nervio* et l'a. pr. *nervi*, conservé dans les parlers méridionaux, représentent le dér. lat. *nervium*. — Dér. : **nerver,** « garnir de nerfs », XIVe ; **nervure,** vers 1388 (Froissart). V. **énerver, innervé,** etc.

NERPRUN. Lat. pop. *niger prūnus*, littéral. « prunier noir ». Seulement galloroman.

NERVEUX, XIIIe. Empr. du lat. *nervosus* « vigoureux » ; développement de sens parallèle à *nerf*. — Dér. : **nervosisme,** 1868, d'après le lat. *nervosus ;* **nervosité,** 1840, même formation ; *nervosité*, 1562, est un empr. au lat. *nervositas* « force » et « système nerveux » ; déjà en 1553, en parlant des arbres.

NERVI. Fin XIXe ; déjà attesté en 1804 à Marseille. Empr. de l'argot de Marseille *nervi*, propr. « force », v. **nerf,** qui a été pris au sens d' « homme vigoureux », d'où « mauvais drôle ».

NESTOR, 1803, une première fois chez Brantôme, au sens fig. Tiré de *Nestor*, nom d'un héros de l'Iliade, d'une sagesse renommée.

NET. Lat. *nitidus* « brillant, poli, pur », d'où le sens roman de « propre » (de *nitere* « briller »). *Net* a cédé une partie de ses emplois à *propre*. — Dér. : **netteté,** XIIIe ; **nettoyer,** vers 1170, réfection, d'après *net*, d'un **nedheier* prélittéraire, qui représente un lat. **nitidiare* formé sur *nitidus* comme **altiare* sur *altus* (v. **hausser**) et qui vit dans l'afr. *neier* « nettoyer », vosgien *noyé* « racler les légumes » ; **nettoiement,** vers 1190, **nettoyage,** 1344 (sous la forme *nestiage*), rare avant le XIXe s.

NEUF, nom de nombre. Lat. *novem.* — Dér. : **neuvième,** 1213 (sous la forme *noviesme*) ; a éliminé l'a. fr. *nuefme*, lat. pop. **novimus*, réfection de *nōnus*, d'après *decimus* « dixième » ; *neume* était encore usuel comme subst. en Bretagne au XVIIIe s. pour désigner une perception du neuvième faite par le curé sur les biens de ses paroissiens décédés ; **neuvaine,** vers 1364 (alors *nouvenne*).

NEUF, adj. Lat. *novus* « neuf, nouveau ».

NEUME, anc. terme de musique, XIVe. Empr. du lat. médiéval *neuma*, altération de *pneuma* (d'un mot grec signifiant « souffle, émission de voix »).

NEURO-. Premier élément de mots sav. comp. tels que **neurologie,** 1840, tiré du grec *neuron* « nerf », **neurasthénie,** 1880 (*névrosthénie* en 1840, *névrasthénie* en 1859) ; v. **névro-.** On a formé récemment **neurone** sur le mot grec en vue d'un sens spécial.

NEUTRE, 1370 (Oresme) ; **neutralité,** fin XIVe ; **neutraliser,** 1564. Le premier est empr. du lat. *neuter*, propr. « ni l'un ni l'autre », par suite pris comme adj. qualificatif au sens grammatical et au sens de « ni bon ni mauvais » ; de là le sens du fr. « qui ne prend point parti », dès Froissart ; les deux autres sont des dér. sav. du lat. de basse ép. *neutralis*, qui est uniquement terme grammatical, pour servir de nom abstrait et de verbe à *neutre.* — Dér. du subst. : **neutron,** 1933 (comp. *électron*), du verbe : **neutralisation,** 1778.

NÉVÉ, 1867. Empr. d'un parler valaisan, où *névé* a été dér. de la forme locale du lat. *nivem.* L'anglais ayant emprunté *névé* longtemps avant le fr., il n'est pas impossible que celui-ci l'ait acquis par l'intermédiaire de l'anglais. En Savoie la forme correspondante est *névi*, masc.

NEVEU. Lat. *nepōtem*, acc. de *nepōs*, propr. « petit-fils » ; n'a pris le sens de « neveu » qu'à basse ép. Ce sens est prépondérant en fr. dès le haut moyen âge ; mais celui de « petit-fils », conservé en a. fr., est encore dans un texte juridique au XVIe s. et n'a disparu qu'au XVIIe. L'a. fr. a eu en outre une forme de cas sujet *nies*, lat. *nepōs.* It. *nipote* aux deux sens du mot lat., a. pr. *nep(s)*, *nebot* « *id.* ». « Neveu » se dit en esp. *sobrino*, lat. *sōbrīnus* « cousin germain ». — Comp. : **arrière-neveu,** XIVe s.

NÉVR(O)-. Premier élément de mots sav. comp. tels que **névralgie,** 1801, ou de mots dér. tels que **névrite,** 1836, **névrose,** 1785, tiré du grec *neuron* « nerf » avec la prononciation du grec moderne ; v. **neuro-.**

NEW LOOK, 1960. Empr. de l'angl., composé de *new* « nouveau » et *look* « aspect ».

NEZ. Lat. *nāsus.* It. esp. *naso* (en esp. terme fam., v. **narine**), a. pr. *nas.* — Dér. : **nasarde,** 1532 (Rab.), **nasarder,** 1537 (Marot) ; **naseau,** vers 1540 ; **nasiller,** 1575 (Baïf ; *nasiller*, au moyen âge, « renifler, se moucher », est une autre forme de *nariller*, dér. de *narille*, v. **narine**), **nasillard,** 1650, attesté alors par l'adv. **-ement, nasillement,** fin XVIIIe (Marmontel), etc. ; **énaser,** XIIe.

NI. D'abord *n(e)*, que *ni* a commencé à concurrencer au XVe s. pour l'emporter définitivement au XVIIe. *Ne* représente le lat. *nec ; ni* s'est développé dans des groupes syntactiques, probabl. quand *ne* se trouvait devant les anc. démonstr. *ice*, *icelui*, etc. ; il a triomphé, parce qu'il avait une valeur expressive supérieure à *n(e)* ; cf. aussi **si,** conjonction. It. *nè*, esp. *ni*, a. pr. *n(e)* et *ni* ; mais, sauf dans le Sud des Vosges où on a encore *ne*, les parlers gallo-romans ont *ni* qui s'explique comme celui du fr.

NIAIS. Lat. pop. **nīdācem*, acc. de **nīdāx*, dér. de *nīdus* « nid », propr. « pris au nid », en parlant du faucon ; sens fig. depuis Chrestien. It. *nidiace*, refait sur *nidio* « nid », qui a les mêmes sens que le mot fr., a. pr. *nizaic* « *id.* », avec changement de suff. — Dér. : **niaiser,** début XVIe, peu usité, d'où **déniaiser,** 1539 ; **niaiserie,** début du XVIe.

NICHE « renfoncement dans un mur pour y placer une statue, etc. », 1395. N'est pas empr. de l'it. *nicchia*, qui n'est attesté qu'au XVIIe s. ; est plutôt un dér. du verbe *nicher. Niche de chien* est attesté depuis 1697. — Dér. : **dénicher** « enlever une statue de sa niche », mot forgé par plaisanterie au XVIIe s. d'après *dénicher* « enlever du nid », v. **nicher.**

NICHE « petite attrape », fin XVIe (d'Aubigné). Semble être une francisation de *nique* dans l'expression *faire la nique* d'après le sentiment que *ch* du fr. correspond à la consonne *k* du normand et du picard ; *niche* s'emploie surtout avec le verbe *faire*, comme *nique.*

NICHER. Lat. pop. **nīdicāre*, dér. de *nīdus* « nid ». Une autre forme *nigier* de l'a. fr., qui représente le même type lat., est continuée par *niger* du Centre et de l'Ouest. Seulement fr. — Dér. et Comp. : **nichée,** XIVe ; **nichet,** 1752, probabl. altération d'une forme pop. *nichoué*, même mot que le fr. techn. **nichoir** « sorte de cage ou de panier à claire-voie », 1680 ; les parlers ont un autre mot, *niau* dans le Centre, l'Ouest, et l'Est, *nisau* en prov., lat. pop. **nīdāle*, d'où aussi esp. *nidal* ; **nichon,** 1858, dér. fait par plaisanterie pour désigner les seins qui sont *nichés* sous la chemise ; **dénicher,** XIIe, d'où **dénicheur,** 1690.

NICKEL, XVIIIe (Buffon). Nom donné par le minéralogiste suédois Cronstedt qui isola ce métal en 1751, d'après l'all. *Kupfernickel* « sulfure de nickel », minerai ainsi appelé par les mineurs allemands qui, croyant avoir découvert un minerai de cuivre, furent déçus ; *nickel* représente lui-même l'all. dialectal *nickel* « génie astucieux » ; cf. **cobalt.**

NICODÈME, 1662. Tiré de *Nicodème*, nom d'un pharisien qui vint de nuit questionner Jésus (cf. *Évang. de Jean*, 3) et qui fut représenté dans un ancien mystère et devint, par suite, un type de personnage borné, à cause du caractère de ses questions.

NICOTINE, 1818. Reformation, par changement de suffixe, de *nicotiane*, 1570, empr. du lat. des naturalistes *herba nicotiana* « herbe à Nicot », c'est-à-dire « tabac », tiré de *Nicot*, nom de l'ambassadeur de France à Lisbonne, qui envoya du tabac en 1560 à Catherine de Médicis (en l'honneur de qui le tabac fut aussi appelé pendant quelque temps *herbe à la reine*). — Dér. : **dénicotinisé,** fin XIXe.

NID. D'abord *ni*, écrit *nid* au XVIe s. par graphie étymologique. Lat. *nīdus*.

NIDIFIER, 1872. Empr. du lat. *nidificare* ; s'était déjà dit du XIIe au XVIe s.

NIÈCE. Lat. pop. *neptia*, attesté dans des inscriptions, lat. class. *neptis*, sens parallèle à *nepōs ; iè* de *nièce* est dû sans doute à l'anc. forme *nies* de *neveu*. A. pr. *nepsa*, *nessa ;* le sens de « petite-fille » n'a été relevé que dans *nessa* des Alpes-Maritimes. On a aussi le type *neveuse* en wallon et en lorrain, et *neboudo*, tiré de *nebout*, au Sud-Ouest. Une autre forme de basse ép. *nepta* est représentée par *neta* de l'a. pr. et *nieta* de l'esp. (qui n'a que le sens de « petite-fille », d'où *nieto* « petit-fils ») ; l'it. *nipote* sert aux deux genres.

NIELLE, nom de plante. D'abord *neelle*, refait en *nielle* d'après le mot lat. Lat. de basse ép. *nigella*, fém. pris substantiv. de *nigellus* « noirâtre ». A. pr. *niella*. Le mot lat. a été en outre repris pour désigner la même plante sous la forme **nigelle,** 1538.

NIELLE, maladie du blé, 1538. Extension sémantique du préc., parce que les grains de blé attaqués par cette maladie deviennent noirs comme ceux de agrostemma githago et que le paysan doit séparer au crible ces deux espèces de grains du bon grain. Empr. sav. **nigelle,** 1552. — Dér. : **niellé** « atteint de la nielle », 1538, **niellure** « action de la nielle sur les blés », 1558.

NIELLER « graver en nielle », 1611 (*neeler* au XIe s.). Dér. de l'a. fr. *neel* « émail noir » (XIe-XIIIe s.), représentant substantivé du lat. *nigellus* « noirâtre ». — Dér. : **nielle,** 1823 (plutôt qu'empr. de l'it. *niello*) ; **nielleur,** 1826, **niellure,** « art de nieller », XIIe (alors *neelure*).

NIER. Lat. *negāre* « nier ; refuser », le 2e sens conservé jusqu'au XVIIe s. Le triomphe du radical accentué *ni-*, au détriment de *ney-*, forme régulière dans les formes inaccentuées, a évité toute confusion avec *noyer ; nier* rappelle d'ailleurs mieux la négation *ne, ni* que *noyer ;* d'une façon analogue les parlers ont, notamment dans l'Est, adopté *renier* pour éviter cette confusion. — Dér. : **niable,** 1662. V. **dénier.**

NIGAUD, vers 1500. Probabl. dim. fam. de *Nicodème*. — Dér. : **nigauderie,** 1548.

NIGELLE, v. **nielle.**

NIGUEDOUILLE, v. **niquedouille.**

NIHILISME, 1787 comme terme de philosophie ; répandu depuis environ 1875 comme nom d'une secte politique russe ; **nihiliste,** 1761, *id.* Dér. sav. du lat. *nihil* « rien ».

NILGAUT, 1666, dans un récit de voyages. Empr. de l'hindoustani *nilgâû*, empr. lui-même du persan *nilgâw*, littéral. « bœuf *(gao)* bleu *(nil)* ».

NIMBE, 1704. Empr. du lat. *nimbus* « nuage », en vue d'un sens spécial. *Nimbus* a été repris tel quel récemment, 1868, par la langue de la météorologie pour désigner une sorte de nuage. — Dér. : **nimber,** 1876.

NINAS, pl. « petits cigares vendus en paquet », fin XIXe. De l'esp. *niñas*, fém. plur. de *niño* « petit enfant ».

NIPPE, 1605. Semble avoir été tiré de *guenipe*, pour éviter le groupe initial insolite *gn-*, v. **guenille.** — Dér. : **nipper,** 1718.

NIQUE, XIVe ; ne s'emploie que dans l'expression *faire la nique*. N'a rien à faire avec l'a. fr. *niquer* « faire un signe de tête », empr. du néerl. *nicken* « *id.* », et qui est toujours un signe de consentement ou de sommeil approchant ; *nique*, par contre, exprime la moquerie ; c'est un mot expressif marquant aussi l'indifférence. Le moyen fr. avait tiré aussi de *niquer*, *niquet* « signe de tête », cf. *faire le niquet* « faire la nique », d'où le verbe **niqueter,** 1564, encore dans la langue du manège.

NIQUEDOUILLE, 1654. Déformation du nom biblique *Nicodème*, par l'influence du suffixe péjoratif *-ouille*.

NIRVANA, 1844. Empr. du sanscrit *nirvāṇa*, t. de la religion bouddhique.

NITOUCHE, dans *sainte nitouche*, v. **toucher.**

NITRE, XIIIe ; **nitreux,** *id.* Empr. du lat. *nitrum* (du grec *nitron*), *nitrosus*. — Dér. : **nitrate,** 1787 (G. de Morveau) ; **nitrique,** *id. ;* **nitrifier,** 1797, **nitrification,** 1787. En outre nombreux mots comp. formés avec **nitro-** comme premier élément.

NIVEAU, 1311 (sous la forme *nivel*). *Nivel* est une altération (par assimilation de l'*n* initiale à *l* finale) de *livel* (d'où l'angl. *level*), lat. pop. ***lībellus*, lat. class. *lībella* « instrument servant à niveler », dér. de *lībra* « balance » ; le type *liveau* est encore signalé au XVIe s. et se dit encore aujourd'hui en Wallonie et à Guernesey. It. *livello ;* l'esp. *nivel* vient du gallo-roman. — Dér. : **niveler,** 1339, *liveler* est encore signalé au XVIe s. ; d'où **niveleur,** 1455, **nivellement,** 1521, **déniveler,** 1847, **dénivellation,** *id.*, **dénivellement,** 1853.

NIVÔSE, 1793. Tiré du lat. *nivosus* par Fabre d'Églantine.

NIXE, nymphe des eaux dans la mythologie allemande, 1850 (*nix* en 1850). Empr. de l'all. *Nixe* (à côté duquel existe aussi un masc. *Nix*).

NOBILIAIRE, 1690. Dér. sav. du lat. *nobilis*, v. le suiv.

NOBLE, XIe *(Alexis)*. Empr. du lat. *nobilis* « connu, célèbre », d'où « bien né », qui est le seul sens empr. — Dér. : **noblesse,** XIIe ; **nobliau,** 1840 ; **anoblir,** 1326, **anoblissement,** 1345 ; **ennoblir,** XIIIe, longtemps synonyme d'*anoblir*, aujourd'hui réservé au sens fig., qu'*anoblir* peut du reste avoir aussi ; **ennoblissement,** fin XIXe.

NOCE. Rarement sing. avant le XVIIe s. Lat. pop. **noptiæ*, altération du lat. class. *nuptiæ*, par croisement avec **novius* « nouveau marié » (d'où l'esp. *novio* « *id.* »), dér. de *novus* « nouveau ». It. *nozze*, plur., a. pr. *nossas ;* aujourd'hui rarement au plur. dans les parlers gallo-romans. — Dér. : **nocer,** 1838, d'après l'expression vulgaire *faire la noce ;* **noceur,** 1838.

NOCHER, 1518 ; une première fois en 1246. Mot de la langue littéraire, empr. du génois *notcher* (équivalent de l'it. *nocchiero* et *-e*), lat. *nauclerus* « patron de bateau, pilote » (du grec *nauklêros* « *id.* »).

NOCIF, 1869, une première fois au XIVe s. Empr. du lat. *nocivus* (de *nocere* « nuire »). — Dér. : **nocivité,** 1876.

NOCTAMBULE, 1701, au sens de « somnambule » ; sens plus étendu au XVIIIe s. Empr. du lat. médiéval *noctambulus*, fait sur le modèle de *funambulus*, avec *nox, noctis* « nuit ». — Dér. : **noctambulisme,** 1765.

NOCTUELLE, variété de papillon de nuit, 1792. Dér. sav. du lat. *noctua* « chouette » (de *nox, noctis* « nuit »).

NOCTURNE, XIVe (Bersuire). Empr. du lat. *nocturnus* (de *nox, noctis* « nuit »).

NOCUITÉ, 1838 (au sens de « culpabilité », 1829). Dér. sav. de l'adj. lat. *nocuus* « nuisible » (de *nocere* « nuire »).

NODOSITÉ, 1539, une première fois au XIVe s. Empr. du lat. de basse ép. *nodositas* (de *nodosus*, v. **noueux**).

NOËL. Lat. *nātālis* (sous-entendu *dies*), littéral. « jour de naissance », utilisé par le lat. eccl. pour désigner l'anniversaire de la naissance de Jésus. L'*o* de *noël*, propre au fr. est dû à une dissimilation des deux *a*, comp. a. fr. *noer*, du lat. *natare ; nael* a existé, cf. *Saint-Brandan*, 899. It. *natale*, a. pr. *nadal*, conservé dans le Sud-Ouest ; la Suisse romande, la région rhodanienne et le Sud-Est ont des formes remontant au lat. *calendæ* « premier jour du mois » (qui a été empr. par les langues slaves, notamment pour désigner la fête de Noël, et par les langues celtiques pour désigner entre autres le premier jour de l'an), comme l'a. pr. *calendas*.

NOEUD. Anciennement *neu*, puis *nœud* au XVIe s. par graphie étymologique. Lat. *nōdus*. It. *nodo*, esp. *nudo*, a. pr. *no(t)*, dér. en *-el* dans le Sud-Ouest, v. **noyau.** — Dér. : **nouet,** 1298.

NOIR. Lat. *niger*. It. *nero*, esp. *negro* a. pr. *negre*. — Dér. : **noirâtre,** 1395 ; **noiraud,** 1538 ; **noirceur,** XIIe, d'après *noircir*, v. le suiv. ; moins usité au moyen âge que *noireté ;* employé alors surtout au sens propre, rare aujourd'hui.

NOIRCIR. Lat. pop. **nigricīre*, réfection du lat. class. *nigrescere*, cf. **éclaircir.** A. pr. *negrezir*. Dans les parlers gallo-romans le verbe est souvent refait, et il y a des concurrents, notamment *mâchurer*. — Dér. : **noircissure,** 1538.

NOISE. Au moyen âge surtout « bruit, tapage » ; ne s'emploie plus depuis le XVIIe s. que dans la locution *chercher noise*. Lat. *nausea* (v. **nausée**) « mal de mer », qui a dû prendre dans la langue pop. des sens très variés, dus sans doute à des plaisanteries, dont, par suite, le développement ne se suit pas bien, notamment celui de « situation désagréable, pénible », puis de « tapage » et de « querelle », attesté aussi de bonne heure par le verbe *noisier* « quereller » ; l'a. pr. *nauza, noiza*, a également les sens de « bruit, querelle » ; ailleurs on a d'autres sens, cf. catalan *noxa* « dommage ».

NOISETTE, v. le suiv.

NOIX. Lat. *nux*, qui désignait à la fois l'arbre et le fruit et en outre la noisette. It. *noce* (pour l'arbre et le fruit), esp. *nuez*, a. pr. *noiz, noze*. V. **noyer.** — Dér. : **noisette,** XIIIe, mot de la France septentrionale ; un autre dér. *noisille* est également très répandu, *noix* s'emploie en outre au Nord-Est et à l'Est ; les parlers méridionaux, au Sud de la ligne allant de l'embouchure de la Gironde à la Suisse romande ont le type *abellāna*, v. **aveline ;** d'où **noisetier,** 1530 (écrit *noisettier*), en concurrence avec des dér. des noms de la noisette et surtout avec *coudre*, v. **coudrier.** — Comp. : **terre-noix,** 1694 (Tournefort), peut-être sur le modèle de l'all. *Erdnuss*.

NOLI ME TANGERE, 1503, au sens d' « ulcère » ; depuis 1704 pour désigner diverses sortes de fleurs piquantes dont les capsules s'ouvrent au moindre choc. Tiré des mots lat. *noli me tangere* qui signifient « ne me touche pas » ; au moyen âge on trouve *ne me touche* pour désigner une maladie ; mais on ne peut dire si cette expression est un calque de *noli me tangere* ou a servi de modèle. Cf. **ne m'oubliez pas.**

NOLISER, 1520, en outre *noliger*, 1690. Empr. de l'it. *noleggiare*, dér. de *nolo* « affrètement », lat. *naulum* « frais de transport » (du grec *naulon*). — Dér. : **nolis,** 1634 ; **nolisement,** 1681, plus récemment *nolissement*, on a déjà au moyen âge *nolesmens*, 1337, empr. de l'it. *noleggiamento*. Depuis le XVIe s., on a dit aussi **naulage,** 1549, empr. du béarn. *naulage*, dér. de *naul*, qu'il a remplacé.

NOLITION, v. **volition.**

NOM. Lat. *nōmen*. It. *nome*, esp. *nombre*. — Comp. : **surnom,** XIIe, **surnommer,** *id.*

NOMADE, 1540, dans une traduction de Dion. Empr. du lat. *nomas, nomadis* (d'un mot grec qui signifie propr. « qui fait paître », de *nemein* « faire paître »).

NO MAN'S LAND, 1917. Empr. de l'angl. au sens de « territoire qui n'appartient à aucun des deux belligérants ».

NOMBRE. Lat. *numerus.* It. *novero.* — Dér. et Comp. : **nombreux,** vers 1350 ; **surnombre,** 1872.

NOMBRER. Lat. *numerare.* It. *noverare.* — Dér. : **nombrable,** vers 1380 ; **innombrable,** 1341, à l'imitation du lat. *innumerabilis,* dès 1120 *nient nombrable.* V. **dénombrer.**

NOMBRIL, XIIe. Remonte au lat. pop. **umbiliculus,* dér. du lat. class. *umbilicus,* v. **ombilic,** par une série d'altérations obscures ; le mot est souvent sujet à des accidents qui viennent sans doute en partie du langage enfantin, cf. it. *bellico,* esp. *ombligo,* a. pr. *umbrilh,* etc. ; les parlers de l'Est et du Nord-Est ont en outre un autre mot *boude,* surtout dans des dér., v. **bedaine, boudin.**

NOMENCLATURE, 1676, une première fois en 1541. Empr. du lat. *nomenclatura,* propr. « action d'appeler quelqu'un par son nom », d'où déjà « nomenclature » (de *nomenclator* « esclave chargé de dire à son maître les noms des visiteurs » (de *calare* « appeler », d'où **nomenclateur,** XVIe, chez Pasquier).

NOMINAL, 1503. Empr. du lat. *nominalis* « relatif au nom » ; de là son emploi dans diverses langues techn. ; *nominalis* avait pris en outre un sens spécial dans la langue de la scolastique, sens qui a passé dans le mot fr., cf. *les nominaux,* opposés aux *réaux* ou réalistes, 1500, d'où les dér. **nominalisme,** 1752 ; **-iste,** XVIe.

NOMINATIF, terme de grammaire, XIIIe. Empr. du lat. grammatical *nominativus.*

NOMINATIF, *adj.,* 1789. Dér. sav. du lat. *nominare* « nommer », pour servir d'adj. à *nom* dans diverses langues techn.

NOMINATION, 1305. Empr. du lat. *nominatio.*

NOMMER. Lat. *nōmināre.* It. *nominare,* esp. *nombrar.* — Dér. et Comp. : **innommable,** 1838 (une 1re fois en 1584) ; **innommé,** XIVe (Oresme) ; **renommer,** vers 1080 *(Roland),* **renom,** XIIe, **renommée,** vers 1125 ; **nommément,** XIIe ; **prénommer** « nommer auparavant », XVIe ; **susnommé,** 1449. V. **dénommer, nom,** etc.

NON. Lat. *nōn* en position accentuée ; développement propre au fr., cf. **ne.** Concurrencé dans les parlers par *néant* et *nennil.* Sert à former des mots comp., tels que **non-lieu,** 1868, etc.

NONAGÉNAIRE, 1660. Empr. du lat. *nonagenarius,* qui a pris à basse ép. le sens du fr. ; à l'époque impériale signifiait « de quatre-vingt-dix » (de *nonageni*), empr. une fois en ce sens au XIVe s.

NONANTE, v. **vingt.**

NONCE, 1521 ; **nonciature,** 1626. Empr. de l'it. *nunzio* « envoyé, ambassadeur » et spécial. « légat du pape » (empr. du lat. *nuntius*), *nunziatura.*

NONCHALANCE, v. **chaland.**

NONE, terme de liturgie catholique, XIIe ; **nones,** terme de chronologie romaine, XIIe. Le premier est empr. du lat. eccl. *nona* « neuvième (heure) », le deuxième du lat. anc. *nonæ* « neuvièmes (jours) », dit ainsi parce que les nones tombaient neuf jours avant les ides.

NONNE. Lat. eccl. *nonna,* mot de la langue familière, attesté à basse ép. au sens de « nourrice » ; on trouve de même *nonnus* à la fois au sens de « père nourricier » et de « moine », conservé en ce sens dans le lat. médiéval. Gallo-roman au sens de « religieuse » : a. pr. *nona ;* en it. *nonno, -a* signifient « grand-père, grand'mère ». — Dér. : **nonnain,** vers 1080 *(Roland),* aujourd'hui hors d'usage, anc. cas régime d'un type qui a eu de l'extension en a. fr., cf. **putain,** et dont l'origine est germanique ; **nonnette,** XIIIe s., au sens de « petit pain d'épice anisé », signalé en 1802 comme fabriqué à Reims ; ainsi nommé parce qu'il était fabriqué d'abord par des religieuses.

NONOBSTANT, XIIIe, ordinairement prép. ou élément de locution conjonctive *(nonobstant que) ;* l'emploi en fonction d'adj. est plus rare (cf. *lesdictes deffenses nonobstans,* en 1418). Terme de procédure, comp. de *non* et de l'a. fr. *obstant* « faisant obstacle » ; celui-ci, qui s'employait également dans la langue de la procédure et surtout comme prép. et qui est signalé encore à la fin du XVIIe s. par Régnier-Desmarais comme usité dans les provinces, est empr. du lat. *obstans,* part. prés. de *obstare* « faire obstacle ».

NON-SENS, 1787. Empr. de l'angl. *nonsense ;* l'a. fr. employait déjà *non-sens,* mais dans la signification de « manque de bon sens ».

NOPAL, nom d'arbre, 1587. Empr. de l'esp. *nopal,* empr. lui-même de l'aztèque *nopalli.*

NORD, 1137 *(north).* Empr. de l'anc. angl. *norþ,* conservé par l'angl. moderne ; *norte* de l'it. et de l'esp. vient du fr.

NORIA, 1805. Empr. de l'esp. *noria,* empr. lui-même de l'arabe *nâ'oûra* « machine élévatoire servant à l'irrigation » (qui vient lui-même peut-être de l'araméen).

NORMAND, 1640, au sens de « rusé comme un Normand ». Tiré du nom propre *Normand,* empr. du francique **northman,* en lat. du IXe s. *northmannus* « homme du Nord ».

NORME, vers 1170, rare avant la fin du XVe s. ; **normal,** 1759. Empr. du lat. *norma,* propr. « équerre », d'où « règle », *normalis* « fait à l'équerre », d'où « conforme à la règle ». *Normal* a été pris pour qualifier des écoles où l'on forme des professeurs, d'abord dans le nom de l'*École Normale Supérieure,* fondée par décret du 9 Brumaire an III, d'où, dans la deuxième partie du XIXe s., celui de diverses écoles de même destination, d'où **normalien,** vers 1850. V. **anormal.** — Dér. 1° de *norme :* **normatif,** 1868. 2° de *normal :* **normalisation,** fin XIXe ; **normalité,** 1834.

NOROIS, v. **suroit.**

NOSO-. Premier élément de mots sav. comp. tels que **nosologie,** 1747, tiré du grec *nosos* « maladie ».

NOSTALGIE, 1759. Empr. du lat. médical *nostalgia*, créé en 1678 par le médecin suisse Hofer avec les mots grecs *nostos* « retour » et *algos* « souffrance » sur le modèle des mots médicaux en *-algie*, comme traduction du mot suisse all. *heimweh* « mal du pays », ce mal étant particulièrement fréquent chez les Suisses à l'étranger, surtout chez les mercenaires. A été précédé de l'expression *maladie du pays*, 1718, plus tard concurrencée par *mal du pays*, 1827 (Scribe).

NOTA BENE, 1764 (Voltaire). Mots lat. signifiant « note bien »; on trouve dès le XVe s., notamment dans un inventaire, *nota*, devenu de quelque usage au XVIe et spécial. dans la langue du commerce au XVIIe.

NOTABLE, XIIIe (J. de Meung); pris comme subst. pour désigner une personne d'un rang considérable, 1355, il est tiré des expressions *bourgeois, personne notable*, usuelles depuis le XIVe s. Empr. du lat. *notabilis* (de *notare* « marquer, désigner »). — Dér. : **notabilité,** 1800 *(Constitution de l'an VIII : Liste des notabilités)*, d'après la forme du lat. *notabilis ;* une première fois au XVIe s. et déjà vers 1360 au sens de « caractère de ce qui est notable ».

NOTAIRE, XIIe (sous la forme *notarie*, au sens de « scribe ») ; sens divers au cours de l'histoire ; l'acception moderne date de la fin du moyen âge ; **notariat,** 1482 (sous la forme *notoriat*, d'après *notorius*, v. **notoire**). Empr. des mots lat. *notarius* « scribe » (de *nota*, v. **note**), *notariatus* (médiéval). — Dér. de *notaire* d'après la forme du lat. *notarius* : **notarié,** XVe.

NOTE, XIIe, terme de musique ; **noter,** *id. ;* **notation,** XIVe (Oresme). Empr. du lat. *nota* « marque », également terme de musique, *notare, notatio. Note, noter* au sens défavorable de « marque, marquer d'infamie, etc. », usuels depuis le moyen âge, doivent ce sens au lat., où il était très usité. — Dér. de *noter :* **notamment,** XVe, par l'intermédiaire du part. *notant ;* on a dit aussi *notantement* au XVIe s.

NOTICE, 1369, au sens de « connaissance », seul usité jusqu'au XVIIe s., notamment dans la langue juridique ; le sens moderne d' « écrit de peu d'étendue sur une question d'histoire, etc. », relevé en 1802, vient de ceux de « résumé succinct » et de « résumé du contenu d'un manuscrit qui se place en tête du manuscrit avec le nom de l'auteur de l'ouvrage, etc. », relevé au XVIIIe s. ; ces sens paraissent dus à la fois à *note* et au sens de « liste » qu'a aussi *notice*. Empr. du lat. *notitia* « connaissance », qui a pris à basse ép. le sens de « liste », cf. la fameuse *Notitia Dignitatum* (qu'on francise parfois en *Notice*).

NOTIFIER, 1314. Empr. du lat. *notificare.* — Dér. : **notification,** *id.*

NOTION, 1570. Empr. du lat. *notio* « connaissance » pour désigner une nuance spéciale de la connaissance.

NOTOIRE, 1226. Empr. du lat. juridique *notorius* « qui fait connaître », usité surtout dans *notoria (epistula)* « lettre d'avis » (même usage dans le lat. médiéval). — Dér. : **notoriété,** d'après la forme du lat. *notorius*, 1404.

NOTRE. Lat. *noster*. L'emploi de *le nôtre*, dont le fr. a tiré un pronom accentué, apparaît dès le XIIIe s., de même que *le vôtre*. Les formes de plur. *nos, vos* se sont développées en position protonique, peut-être d'abord au masc. ; mais il y a eu tendance à employer ces formes dans toute la flexion de l'adj. et même en fonction accentuée, surtout en picard et cet usage persiste aujourd'hui dans ce parler.

NOTULE, 1752, une première fois en 1495, rare ensuite. Empr. du lat. médiéval *notula*, dim. de *nota*.

NOUBA, fin XIXe. Propr. « musique des tirailleurs algériens », d'où, dans l'argot militaire d'Afrique, *faire la nouba* « faire la fête ». Empr. de l'arabe algérien *nowba*, littéral. « tour de rôle », qui servait à désigner (dès le moyen âge) la musique qui se faisait périodiquement devant les maisons des officiers de la milice et des dignitaires ; de là « orchestre militaire » et aussi « airs militaires ».

NOUE « terre grasse et humide, servant de pâturage ». De *nauda*, attesté à l'époque carolingienne, d'origine gauloise. A. pr. *nauza* « terrain marécageux » ; usuel dans presque tous les parlers gallo-romans.

NOUE « jonction de deux combles à angle rentrant » et « tuile creuse qu'on y place », etc. Lat. **nauca*, issu de **nāvica*, dér. de *nāvis* « bateau », employé métaphoriquement. Une forme masc. **naucus* a donné l'a. fr. *no* « auge, cercueil » et l'a. pr. *nau* « *id.* » ; usuel aujourd'hui au sens d' « auge » dans l'Ouest, en picard, en savoyard et dans les parlers du Midi, qui en ont en outre tiré un fém. *nauco*.

NOUER. Lat. *nōdāre*. A. pr. *nozar*, it. *annodare*, esp. *anudar*. — Dér. et Comp. : **nouure,** 1611 ; **dénouer,** XIIe, **dénouement,** 1580 (Montaigne, au sens d' « action de dénouer la langue ») ; le sens dominant aujourd'hui date du XVIIe s. ; **renouer,** XIIe, **renouée,** nom de plante, 1545.

NOUET, v. **nœud.**

NOUEUX. Lat. *nōdōsus*. It. *nodoso*, esp. *nudoso*.

NOUGAT, 1694. Empr. du prov. *nougat*, a. pr. *nogat*, attesté seulement au sens de « tourteau de noix », sens conservé et également empr. par le fr., lat. pop. **nucātum*, dér. de *nux* « noix ».

NOUILLE, 1655 (écrit *nulle*). Empr. de l'all. *Nudel*.

NOUMÈNE, 1823. Terme de philosophie, créé par Kant d'après le grec *noumenon* « ce qui est pensé » (du verbe *noein* « penser »), par opposition à *phénomène*.

NOURRAIN, terme de pisciculture. Anciенн. *nourrin* au même sens, 1310, et en outre au sens d' « élève de bétail » et de « bétail ». Lat. pop. **nutrīmen* « action de nourrir », à côté du lat. class. *nutrīmen* « aliments », a. pr. *noirim* « nourriture, jeune bétail, etc. ». Aujourd'hui usité dans de nombreux parlers au sens de « jeune porc », en Anjou au sens de « pâturage », etc.

NOURRICE. Lat. de basse ép. *nutrīcia*, fém. pris substantiv. de *nutrīcius* « nourricier », lat. class. *nutrix*. — Dér. : **nounou,** terme du langage enfantin, 1867.

NOURRICIER. Lat. pop. **nutrīciārius*, dér. de *nutrīcius*, v. le préc. A. pr. *noirissier*. L'anc. picard *nourequier*, aujourd'hui *nourkier*, « éleveur », et l'a. pr. *noiriguier* correspondent à un lat. pop. **nutrīcārius*, fait d'après le verbe *nutrīcāre*, d'où a. pr. *noirigar*.

NOURRIR ; jusqu'au XVIIe s. aussi « élever », v. les suiv. Lat. *nutrīre*. A. pr. *noirir*, — Dér. : **nourrissage,** 1482 ; **nourrisseur,** XIIe, rare avant le XIXe s.

NOURRISSON. D'abord *nourreçon*, fém., refait en *nourrisson* d'après *nourrir*, *nourrice ;* signifiait au moyen âge « nourriture, éducation, famille » et aussi « animaux qu'on élève, etc. » ; le sens moderne qui paraît dater du XVIe s. environ a entraîné le changement de genre. Lat. *nutrītiōnem*, acc. de *nutrītio* « nourriture », développé en contact avec *nourrice*, *nourricier*, de là le traitement du groupe *ti* et le maintien de la voyelle intérieure inaccentuée. A. pr. *noirisson* « nourriture ». Le Sud-Ouest dit *noirigat*, part. passé de *noirigar*, v. **nourricier.**

NOURRITURE, 1180. Jusqu'au XVe s. aussi *norreture*. Empr. du lat. *nutritura* et refait d'après *nourrir ;* a signifié aussi « éducation » jusqu'au XVIIIe s.

NOUS. Lat. *nōs*. *Nous*, seule forme attestée dès les premiers textes, est la forme développée en position non accentuée. It. *noi*, esp. a. pr. *nos*. Dans la plupart des parlers septentrionaux *nous* a été remplacé par *je*. Pour le pronom accentué la plupart des parlers méridionaux préfèrent *nous autres* qu'on rencontre aussi en poitevin. *Nous* du langage administratif, dit aussi de majesté, a été repris à un usage des empereurs romains (depuis Gordien III, vers 240). V. **vous.** Dans la langue pop. et les parlers, *on* a souvent la valeur de *nous*.

NOUVEAU. Lat. *novellus* « nouveau, jeune, récent », dér. de *novus*, v. **neuf.** A. pr. *novel*, it. *novello*. — Dér. : **nouveauté,** XIIIe, l'a. fr. a aussi *noveleté* et *novelité*, d'après le lat. de basse ép. *novellitas ; magasin de nouveautés*, signalé depuis 1823.

NOUVELLE. Lat. pop. *novella*, plur. neutre de l'adj. *novellus*, pris comme subst. fém. It. a. pr. *novella*. *Nouvelle* « sorte de roman très court », est fait sur l'it. *novella* (d'où aussi l'esp. *novela*) ; c'est au XVe s. qu'on a commencé à traduire et à imiter les *novellieri* italiens, cf. les *Cent Nouvelles Nouvelles*. — Dér. **nouvelliste,** 1620. L'a. fr. et l'a. pr. disaient dans un sens analogue *novelier*.

NOVATEUR, 1578 ; **novation,** XIVe, terme juridique. Empr. du lat. *novator*, *novatio* (juridique) (de *novare* « renouveler »).

NOVEMBRE. Lat. *novembris*.

NOVICE, XIIe (Chrétien) ; **noviciat,** 1587. Empr. du lat. médiéval *novitius* « novice de couvent » (qui continue le lat. *novicius* « nouveau venu dans un état, p. ex. dans l'esclavage ») et de *novitiatus* « état de novice ».

NOYAU. D'abord *noiel*. Lat. de basse ép. *nucālis*, dér. de *nux* « noix », « semblable à une noix », qui a été par suite pris substantiv. au sens de « noyau » en lat. pop. A. pr. *nogalh*, avec changement de suff. ; aujourd'hui les parlers gallo-romans ont une grande diversité de mots, et *noyau* est rare. L'a. fr. possédait un autre mot *noel* « bouton, etc. », lat. pop. **nōdellus*, dér. de *nōdus* « nœud », d'où aussi it. *nodello* « nœud », esp. *nudillo* « jointure, maille », a. pr. *nozel* « nœud », qui s'est rapidement confondu en fr. avec *noiel* « noyau » ; mais le prov. a encore *nouzeu*, à la fois « jointure » et « noyau ». — Dér. **noyauter,** 1932 ; **dénoyauter,** 1922.

NOYER, nom d'arbre. Lat. pop. **nucārius*, dér. de *nux* « noix ». A. pr. *noguier*, port. *nogueira ;* l'it. dit *noce* qu'il fait masc., v. **noix,** l'esp. a un autre dér. *nogal*.

NOYER, *verbe*. Lat. *necāre* « mettre à mort (surtout sans se servir d'une arme) », qui a pris dans le lat. pop. le sens de « noyer », attesté en lat. mérovingien ; la disparition du subst. *nex*, *necis* « mort violente » a favorisé la perte du sens propre, qui a été exprimé par d'autres mots, v. **occire, tuer.** La forme du radical aux formes inaccentuées a été étendue à tout le verbe, ce qui a permis de le distinguer de *nier*, v. ce mot. A. pr. *negar*, it. *annegare*, esp. *anegar*. — Dér. : **noyade,** 1794.

NU. Lat. *nūdus*. It. esp. *nudo*.

NUAGE, NUANCE, v. nue.

NUBILE, 1509 ; se dit partic. des filles. Empr. du lat. *nubilis* « en âge de se marier (en parlant des filles) », dér. de *nubere* « se marier (en parlant de la femme) ». — Dér. : **nubilité,** 1750.

NUCLÉAIRE, 1838. Dér. sav. du lat. *nucleus*.

NUDISME, NUDISTE, 1932. Tirés du lat. *nudus*, v. **nu.**

NUDITÉ, 1350. Empr. du lat. de basse ép. *nuditas* (de *nudus* « nu ») ; a remplacé les mots de l'a. fr. *nuece*, *nueté*, dér. de *nu*.

NUE. Aujourd'hui littéraire. Lat. pop. **nūba*, lat. class. *nūbes* qui survit dans l'a. pr. *niu* et le port. *nuvem*, d'après la forme de l'acc. *nūbem*. Le dér. *nūbilum* d'où aussi **nibulum*, a laissé plus de traces : it. *nuvolo* et *nuvola*, esp. *nublo*, a. pr. *nivol* et *nivola*. — Dér. : **nuage,** 1564, a remplacé dans l'usage commun *nue* et *nuée ;* également terme dominant dans les parlers septentrionaux, en concurrence avec *nuée ;* mais il y a, à côté, des formes complexes par suite de croisements, notamment avec le type *nebula* « brouillard », v. **nielle,** en wallon, dans l'Est et le franco-provençal, d'où **nuageux,** 1549, **nué,** 1200 ; **nuée,** XIIe ; **nuance,** 1380, par l'intermédiaire d'un anc. verbe *nuer*, fin XVIe (d'Aubigné), « nuancer », par comparaison des couleurs nuancées avec les reflets des nuages ; d'où **nuancé,** fin XVIe (d'Aubigné), puis **-er ; nuaison,** 1529, terme de marine, « durée d'un même vent », a dû probabl. signifier d'abord « durée d'un état nuageux de l'atmosphère ».

NUIRE. Lat. pop. **nocere*, lat. class. *nocēre*. — Dér. et Comp. : **nuisible,** XIVe (Oresme), réfection de l'a. fr. *nuisable*, d'après le latin de basse ép. *nocibilis ;* **entre-nuire (s'),** XIIIe.

NUIT. Lat. *noctem*, acc. de *nox*. V. **aujourd'hui.** — Dér. : **nuitée,** XIIIe ; **anuiter (s') ;** d'abord intrans. au sens de « faire nuit », XIe *(Alexis) ;* l'emploi moderne est postérieur au XVIe s.

NUITAMMENT, 1328. Altération de l'anc. adv. *nuitantre*, lat. de basse ép. *noctanter*, devenu successivement *nuitante*, puis *nuitamment*, d'après les nombreux adv. en *-amment ;* écrit aussi *nuite (m) ment* d'après les adv. en *-emment ;* il y a d'autres formes altérées, cf. *nuitremment* au XIIIe s.

NUL. Lat. *nūllus*, adj. de négation, qui est aussi employé comme qualificatif au sens de « sans valeur ». Ce dernier sens semble avoir été repris au lat. vers le XVIe s. It. *nullo*, aux deux sens du mot lat. (d'où *nulla* « rien ») ; l'a. pr. *nul* est seulement adj. de négation. — Dér. : **nullement,** vers 1180.

NULLITÉ, vers 1400. Empr. du lat. médiéval *nullitas*, v. le précédent.

NUMÉRAIRE, 1561, rare avant le XVIIIe s., pris substantiv. 1775 ; **numéral,** 1474 ; **numérateur,** 1515 ; **numération,** XIVe, rare avant le XVIe. Empr., en vue de sens spéciaux, des mots lat. *numerarius* « relatif aux nombres, calculateur », *numeralis*, *numerator* « qui compte », *numeratio* (tous de basse ép., sauf le dernier ; de la famille de *numerus* « nombre »).

NUMÉRIQUE, 1616. Dér. sav. du lat. *numerus* « nombre », v. les préc.

NUMÉRO, 1589 (attesté d'abord au sens de « numéro dans un registre », un peu plus tard aussi pour désigner les numéros avec lesquels on jouait le jeu de la *blanque* emprunté à son tour de l'it. *bianca*). Empr. de l'it. *numero* (repris au lat. *numerus*, v. **nombre,** avec le jeu lui-même). — Dér. : **numéroter,** 1680, **numérotage,** 1791.

NUMISMATIQUE, 1762, au sens moderne, déjà en 1579 au sens de « numismate ». Dér. du lat. *numisma*, variante de *nomisma* (d'un mot grec signifiant « monnaie »). — Dér. : **numismate,** 1823, fait sur le modèle de *diplomate*.

NUPTIAL, XIIIe, rare avant le XVIe s. Empr. du lat. *nuptialis* (de *nuptiae*, v. **noce**). Dér. **prénuptial,** 1932.

NUQUE, 1314, jusqu'au XVIe s. ne signifie que « moelle épinière ». Empr. du lat. médiéval *nucha* « moelle épinière », empr. lui-même de l'arabe *noukhâ* « *id.* » par le médecin Constantin l'Africain (né à Carthage au XIe s.), qui enseigna à la fameuse école de Salerne ; de même a. pr. *nuca* aux deux sens du mot fr. Le nouveau sens « nuque » est attesté depuis 1546 ; il est dû à l'influence d'un autre mot arabe, *nukra*, qui a précisément cette signification, ainsi qu'au fait que dans la terminologie anatomique on avait remplacé *nucha* par *medulla*.

NURSE, 1872 (Taine, dans un ouvrage sur l'Angleterre) « nourrice » ; 1896, « infirmière » et « bonne d'enfant ». Empr. de l'angl. *nurse* (lui-même du fr. *nourrice*). Le dér. *nursery* « chambre d'enfant », 1833, est moins usuel en fr.

NUTRITIF, 1314 ; **NUTRITION,** XIVe (Oresme). Empr. du lat. médiéval *nutritivus* (de *nutrire*, v. **nourrir**) et du lat. anc. *nutritio*, en vue de sens techn., v. **nourrisson.** — Dér. **dénutrition,** 1870.

NYCTALOPE, 1562 ; **nyctalopie,** 1732. Empr. du lat. médical *nyctalops*, *-pia* (du grec *nyktalôps*, littéral. « qui voit la nuit », *-pia*).

NYLON, empr. de l'anglais, mot suggéré au fabricant du Pont de Nemours par son personnel pour désigner cette fibre découverte en 1938 ; la terminaison rappelle celle de *cotton* « coton », le radical peut être *vinyle*, le nom d'un radical qui est à la base de nombreux textiles synthétiques.

NYMPHE, XIIIe (J. de Meung : *nimphes*). Empr. du lat. *nympha* (du grec *nymphê*, propr. « jeune mariée »).

NYMPHÉA, 1546 (Rab.). Empr. du lat. *nymphœa* (du grec *nymphaia* dér. de *nymphê*).

O

OARISTYS, terme littéraire, fin XVIIIe (A. Chénier), auparavant *oariste*, dès 1721. Empr. du grec *oaristys*.

OASIS, 1799, connu grâce à l'expédition égyptienne (une première fois en 1766 chez un géographe). Empr. du lat. de basse ép. *oasis*, employé à propos de l'Égypte comme le grec *oasis*, mot d'origine égyptienne.

OBÉDIENCE, terme eccl., 1155. Empr. du lat. *oboedientia* « obéissance » en vue d'un sens spécial.

OBÉIR, vers 1120. Empr., comme terme eccl. et jurid., du lat. *obœdire* (comp. de *audire* « écouter »). — Dér. : **obéissance,** 1270 ; **désobéir,** vers 1280, **désobéissance,** 1283.

OBÉLISQUE, 1537. Empr. du lat. *obeliscus* (du grec *obeliskos*, propr. « broche à rôtir », dit des obélisques d'Égypte par comparaison de la forme).

OBÉRER, fin XVIIe (Saint-Simon). Tiré d'**obéré,** 1596, empr. du lat. *obæratus* « endetté » (de *æs* « cuivre », d'où « monnaie, dette »).

OBÈSE, 1825 ; **OBÉSITÉ,** 1550. Empr. des mots lat. *obesus*, propr. « gras, bien nourri » (de *edere* « manger »), *obesitas*.

OBIT, vers 1150 ; **obituaire,** 1671. Empr. du lat. eccl. *obitus*, tiré du lat. class. *obitus* « mort », et du lat. médiéval *obituarius*.

OBJECTER, 1498, d'abord *objeter*, 1288, encore chez Régnier ; **objection,** vers 1190. Empr. des mots lat. *objectare*, propr. « placer devant », *objectio* (créé à basse ép.).

OBJECTIF, *adj.*, vers 1470 (attesté alors par l'adv. **-ivement**), terme de scolastique et de philosophie, opposé à *subjectif* ; sens plus étendus, à partir de 1666, notamment dans la langue de l'optique. Empr. du lat. médiéval *objectivus*. *Objectif*, 1857, pris substantiv. au sens de « but à atteindre » vient de la langue de la stratégie qui disait *point objectif*. — Dér. : **objectivité,** 1803, vient de la langue de Kant.

OBJET, XIVe (Oresme : *object*). Empr. du lat. scolastique *objectum* « chose qui affecte les sens », propr. « ce qui est placé devant » (du verbe anc. *objicere*), v. **sujet** ; sens plus étendus à partir du XVIe s. ; en philosophie (comme en grammaire) *objet* et *sujet* sont nettement opposés, mais, dans la langue générale, la distinction n'est pas toujours observée.

OBJURGATION, XIIIe. Empr. du lat. *objurgatio* (de *objurgare* « blâmer »).

OBLAT, terme eccl., 1549. Empr. du lat. eccl. *oblatus*, propr. « offert », part. passé du verbe *offerre*, l'oblat ayant été tout d'abord l'enfant donné par ses parents à un monastère ou celui qui s'y donnait avec ses biens.

OBLATION, terme eccl., vers 1120. Empr. du lat. eccl. *oblatio* « offrande », en lat. class. « action d'offrir ».

OBLIGER, 1246, au sens de « lier par un engagement » ; le sens de « rendre service » apparaît au XVIe s. ; **obligation,** 1235, comme terme jurid., sens plus étendu depuis le XVIe s., comme terme de finance, 1868 ; **obligatoire,** 1319, terme jurid., sens plus étendu depuis le XVIIIe s. Empr. des mots lat. *obligare* « lier par un engagement » (de *ligare* « lier »), *obligatio*, *obligatorius* (juridique). — Dér. du verbe : **obligeance,** 1456 (*obligance* dès 1300) ; **désobliger,** 1307, au sens de « défaire d'une obligation », jusque vers 1630, **désobligeance,** 1798. Dér. d'*obligation*, terme de finance : **obligataire,** 1867, sur le modèle de *donataire* et parallèlement à *actionnaire*.

OBLIQUE, XIIIe ; **obliquité,** 1370 (Oresme). Empr. du lat. *obliquus*, *obliquitas*. — Dér. d'*oblique :* **obliquer,** terme militaire, 1825, une première fois vers 1285, alors empr. du lat. *obliquare* « placer obliquement ».

OBLITÉRER, vers 1500, rare avant le XVIIIe s. Empr. du lat. *oblit(t)erare* « effacer, faire oublier ». — Dér. **oblitération,** 1777.

OBLONG, 1503. Empr. du lat. *oblongus* (de *longus*).

OBNUBILER, vers 1350 (paraît manquer aux XVIIe et XVIIIe s.) ; **obnubilation,** 1486, manque aux XVIIe et XVIIIe s. Empr. des mots lat. *obnubilare* « couvrir de nuages *(nubilum)* », d'où « altérer la sérénité ». *obnubilatio* en vue de sens spéciaux.

OBOLE, 1245. Empr. du lat. *obolus* (du grec *obolos*) ; désignait jusqu'au XVIIIe s. une monnaie de cuivre de la valeur d'un demi-denier, d'où des expressions figurées ; depuis le XVIe s. repris aussi pour désigner une monnaie ou un poids grecs.

OBSCÈNE, 1532 ; **obscénité,** 1511 ; rare avant le XVIIe s. Empr. des mots lat. *obscœnus*, propr. « de mauvais augure », *obscœnitas*.

OBSCUR, XIIe ; d'abord surtout *oscur* jusqu'au XVIe s. (encore chez Ronsard) ; **obscurité,** vers 1120, en outre *oscurté* jusqu'au XVe s. Empr. du lat. *obscurus*, *obscuritas*. — Dér. d'*obscur* : **obscurcir,** vers 1170 (alors *oscurcir*) sur le modèle de *noircir*, *éclaircir*, mais dès 1120 *oscurir* ; d'où **obscurcissement,** XIIIe ; **obscurantisme,** 1823, par l'intermédiaire d'*obscurant*, 1781 ; **obscurément,** 1213.

OBSÉCRATION, XIIIe ; rare avant le XVIe s. Empr. du lat. *obsecratio* « prière instante » (de *obsecrare* « supplier au nom des dieux »).

OBSÉDER, fin XVIe (Régnier), au sens d' « assiéger quelqu'un » ; le sens moderne date du XVIIe s. (Corneille) ; **obsession,** vers 1460, d'abord au sens de « siège » ; a suivi le sens du verbe. Empr. des mots lat. *obsidere*, propr. « s'établir devant », d'où « assiéger (une place) », puis « être continuellement auprès de quelqu'un », seul sens empr., *obsessio* « siège », pris pour servir de subst. à *obséder*. On attendrait *obsider* ; *obséder* paraît avoir été entraîné par *posséder*.

OBSÈQUES, vers 1400, d'abord *obsèque*, XIIe jusqu'au XVIe s. Empr. du lat. de basse ép. *obsequiae*, altération du lat. class. *exsequiae* (d'où *exeques*, usuel du XIIe au XVIe s. et qui paraît même l'avoir été plus qu'*obsèque*) par croisement avec *obsequia*, « clients, cortège », plur. neutre de *obsequium* « complaisance, service » (de *obsequi* « céder à, obéir », lui-même comp. de *sequi* « suivre »).

OBSÉQUIEUX, vers 1500 ; rare avant le XVIIIe s., 1765 (J.-J. Rousseau). Empr. du lat. *obsequiosus* (de *obsequium*). — Dér. d'après la forme du lat. *obsequiosus* : **obséquiosité,** 1823 ; quelquefois déjà au XVIe s.

OBSERVER, X^e *(Saint Léger)* ; **observance,** XIIIe ; **observateur,** 1491, rare avant la fin du XVIe s. ; **observation,** vers 1200. Empr. des mots lat. *observare*, *observantia*, partic. « observation des devoirs religieux » dans le lat. eccl., *observator*, *observatio*. — Dér. : **observable,** vers 1500 ; **observatoire,** 1667 ; **inobservation,** 1550 ; la langue religieuse emploie aussi **inobservance,** 1521, fait sur le lat. *inobservantia*.

OBSESSION, v. **obséder.**

OBSIDIENNE, 1765 (*-iane* en 1600 et depuis 1752). Empr. du lat. *obsidiana (lapis)*, mauvaise leçon pour *obsiana*, fém. d'un adj. dér. de *Obsius*, nom d'un personnage qui découvrit ce minéral en Éthiopie, suivant Pline, 26, 196.

OBSIDIONAL, XIVe ; ne s'emploie que comme terme d'antiquité, sauf dans *fièvre obsidionale* et *monnaie obsidionale*, terme de numismatique. Empr. du lat. *obsidionalis* (de *obsidio* « siège »).

OBSOLÈTE, 1799 (une première fois *obsolet* en 1596). Empr. du lat. *obsoletus* « usé ».

OBSTACLE, 1223. Empr. du lat. *obstaculum* (de *obstare* « se tenir devant »).

OBSTÉTRIQUE, 1803. Tiré du lat. *obstetrix* « sage-femme » (de *obstare*). — Dér. : **obstétrical,** 1845.

OBSTINER (s'), 1448 ; *obstiné*, depuis 1236 ; on a dit aussi *obstiner* « attacher avec ténacité » aux XVIe et XVIIe s. ; **obstination,** vers 1190. Empr. du lat. *obstinare*, *-atus*, *-atio*.

OBSTRUER, 1540 ; (*obstruire* en 1531) ; **obstruction,** 1540. Tous deux d'abord termes de médecine ; sens plus étendus depuis le XVIIIe s. Empr. des mots lat. *obstruere*, littéral. « construire devant », *obstructio* en vue de sens spéciaux.

OBTEMPÉRER, vers 1390 ; a toujours été surtout un terme de palais. Empr. du mat. *obtemperare*, littéral. « se modérer devant ».

OBTENIR, 1283 ; **obtention,** 1516 (*obstencion* en 1360 et en 1525). Le premier est empr. du lat. *obtinere* « tenir fermement, maintenir, occuper (sens pris au XIVe et au XVe s.) », d'où « obtenir », francisé d'après *tenir*, le deuxième est un dér. sav. de *obtentus*, part. passé de *obtinere*, pour servir de subst. à *obtenir*.

OBTURER, 1826 ; une première fois en 1538 ; **obturation,** 1507 ; rare avant le XIXe s. Empr. des mots lat. *obturare* « boucher », *obturatio* (créé à basse ép.). — Dér. du verbe fr. ou du verbe lat. : **obturateur,** XVIe (Paré), comme terme anatomique et chirurgical ; autres sens depuis le XIXe s.

OBTUS, 1503, au sens d' « émoussé » ; 1542, comme terme de géométrie ; XVIe s. (Paré), en parlant des sens. Empr. du lat. *obtusus*, même signification, propr. « émoussé » (p. ex. d'un poignard), part. passé du verbe *obtundere* « frapper à coups redoublés ».

OBUS, 1697 : *A la bataille de Nervinde... il se trouva huit mortiers appelés obus ;* une première fois en 1515 (sous la forme *hocbus*). A d'abord signifié « obusier » ; le sens moderne n'apparaît qu'à la fin du XVIIIe s. Empr. de l'all. *Haubitze* « obusier » (« obus » se dit *Granate*), antér. *Haubnitze*, empr. lui-même, au moment des guerres contre les Hussites, du tchèque *haufnice*, propr. « machine à lancer des pierres ». L'it. *obice* « obusier » et « obus » vient également de l'all. ; mais l'esp. *obus*, surtout « obusier », vient du fr. — Dér. : **obusier,** 1762.

OBVIER, vers 1180 ; avait autrefois des emplois plus étendus, par exemple *obvier à la mort*, 1309. Empr. du lat. de basse ép. *obviare*, propr. « aller à la rencontre » (de *via* « chemin »).

OCARINA, fin XIXe. Mot it., probabl. dér. de *oca* « oie » ; le mot signifie donc propr. « petite gardienne d'oies » ; l'instrument a été créé vers 1880 par le fabricant it. G. Donati.

OCCASION, vers 1170 ; rare avant le XVe s. Empr. du lat. *occasio*, subst. verbal de *occidere* « tomber ». A éliminé l'a. fr. *ochaison*, *achaison*, encore usité au début du XVIe s., cf. aussi a. pr. *ocaizo* et it. *(ac)cagione* ; ces formes issues régulièrement du mot lat. ont souvent le sens d' « accusation, poursuite », de là l'*a* initial qui vient de *accusare*, *accusatio*, ou des mots romans correspondants. *Prendre l'occasion par les cheveux* peut remonter à la fable V, 8 de Phèdre. Forme réduite **occase,** pop. 1849. — Dér. : **occasionnel,** 1679 (Malebranche) ; l'adv. *occasionaument*, (relevé en 1306, d'où ensuite *occasionnellement*, 1611, est fait sur le lat. de basse ép. *occasionaliter* ; **occasionner,** 1305, d'après *occasionari* de basse ép. ; a éliminé l'anc. verbe *ochaisoner*, *ach-*, qui signifiait surtout « accuser, poursuivre », cf. de même a. pr. *ocaizonar*, *ac-* « accuser » et it. *(ac)cagionare* « causer, imputer, inculper ».

OCCIDENT, vers 1120 ; **occidental,** 1314 (sous la forme *occidentel*). Empr. des mots lat. *occidens*, sous-entendu *sol* « soleil », part. prés. de *occidere* « tomber », *occidentalis*.

OCCIPUT, 1372 ; **occipital,** 1534. Empr. des mots lat. *occiput* (de *caput* « tête »), *occipitalis* (médiéval).

OCCIRE. A. fr. *ocire*, usuel jusqu'à la fin du XVIe s. ; refait en *occire* d'après le lat. *occidere* au XVIe s. ; aujourd'hui n'est plus qu'un archaïsme de la langue fam. *Ocire* représente un lat. pop. **auccīdere*, altération du lat. class. *occīdere*, probabl. par croisement avec *auferre* « emporter ». Il faut signaler aussi que les langues celtiques ont une préposition *au*, qui a pu servir de préverbe en gaulois ; de là aussi a. pr. *aucir*, qui survit dans l'extrême Sud-Ouest. L'it. *uccidere* continue régulièrement *occīdere*, comme le roumain *ucide*.

OCCLUSION, 1808. Terme médical, empr. du lat. de basse ép. *occlusio* « action de fermer » (de *occludere* « fermer ») en vue d'un sens spécial ; la linguistique emploie aussi ce mot et a fait en outre **occlusive.**

OCCULTATION, 1488. Empr. du lat. *occultatio* « action de cacher », en le spécialisant comme t. d'astronomie.

OCCULTE, vers 1120. Empr. du lat. *occultus* « caché, secret ».

OCCUPER, vers 1180 ; sens variés au moyen âge, notamment « se saisir d'une personne, accuser » dans la langue juridique ; **occupation,** vers 1170. Empr. du lat. *occupare* « s'emparer de », *occupatio*. Le fr. a développé divers sens nouveaux. — Dér. : **désoccuper,** 1579 ; **inoccupé,** 1717 (une première fois en 1544) ; **inoccupation,** 1771 ; **réoccuper,** 1808, **récoupation,** 1836.

OCCURRENT, 1475. Empr. du lat. *occurrens*, part. prés. de *occurrere* « courir à la rencontre de ». — Dér. : **occurence,** vers 1470.

OCÉAN, vers 1125 ; **océanique,** 1548. Empr. du lat. *oceanus* (du grec *ôkeanos*, propr. personnage mythologique), *oceanicus*. On a dit aussi *mer océane*, du XIIIe au XVIIIe s. d'après le lat. *mare oceanum*. — Comp. : **océanographie,** 1876 (une 1re fois en 1584).

OCELLÉ, terme d'hist. nat., s'emploie aussi dans la langue littéraire, 1804, empr. du lat. *ocellatus*, même sens ; **ocelle,** 1825, également terme d'hist. nat., empr. du lat. *ocellus* « petit œil ».

OCELOT, XVIIIe (Buffon). Empr. de l'aztèque *oceloll* « tigre, jaguar », peut-être par l'intermédiaire de l'esp. *ocelote*.

OCRE, 1307 ; rare avant le XVIe s. Empr. du lat. de basse ép. *ochra* (du grec *ôkhra* « sorte de terre jaune », de *ôkhros* « jaune »). — Dér. : **ocreux,** 1762.

OCTA-. Premier élément de mots sav. comp., d'origine grecque, tels que **octaèdre,** 1572, où *octa-* remonte à *oktô* « huit ».

OCTANTE, v. **vingt.**

OCTAVE, XIIe, comme terme de liturgie ; comme terme de musique, 1534. Empr. du lat. *octava*, fém. de *octavus* « huitième ». L'a. fr. a eu des formes plus pop. *oitieve*, etc., pour le sens liturgique.

OCTO-. Premier élément de mots sav. comp., tels que **octopétale,** 1797, tiré du grec *oktô* ou du lat. *octo* « huit ».

OCTOBRE, 1213. Empr. du lat. *october*. A supplanté l'a. fr. *oitouvre*, qui a eu peu de vitalité ; on a en outre des formes altérées telles que *uitembre*, cf. déjà à basse ép. *octembris* (qui a passé en irlandais et en vieux slave), d'après *septembris*, etc., Aujourd'hui *octobre* est la forme de tous les parlers gallo-romans, sauf quelques variantes au Sud-Est. It. *ottobre*, esp. *octubre*, a. pr. *ochoure*, *ochoire*, *octembre*, etc.

OCTOGÉNAIRE, 1578. Empr. du lat. *octogenarius*.

OCTOGONE, 1520. Empr. du lat. de basse ép. *octogonos*, altération, d'après *octo* « huit », de *octagonos* (du grec *oktagônos* « à huit angles *(gônia)* »). — Dér. : **octogonal,** *id.*

OCTROYER, 1280. Terme de langue écrite et surtout du style de la chancellerie, qui est une réfection d'après le lat. *auctor*, *auctorare*, etc., de l'a. fr. *otroier*, lat. pop. **auctōrizāre*, dér. du lat. de basse ép. *auctōrāre* « garantir » (de *auctor* au sens de « garant »). It. arch. *otriare* « accorder », a. pr. *autreiar* « *id.* » ; *otorgar* de l'esp. et *autorgar* de l'a. pr. représentent un lat. pop. **auctōricāre*. V. **autoriser.** — Dér. : **octroi,** 1208, d'abord *otrei*, *otroi*, XIIe ; désignait sous l'ancien régime une taxe qu'une ville avait été autorisée à prélever (désignée par le terme *deniers d'octroi*, ainsi chez Cotgrave, 1611 et plus tard) d'où, au XIXe s., toute taxe prélevée à l'entrée d'une ville sur les denrées.

OCULAIRE, 1480 ; **OCULISTE,** 1534. Le premier est empr. du lat. *ocularius*, le deuxième est un dér. sav. du lat. *oculus* « œil ».

ODALISQUE, 1624. Empr. du turc *odaliq* (de *oda* « chambre », cf. *camériste*, *chambrière*), avec altération de la terminaison ; on trouve *odalik* au XVIIe s.

ODE, 1488, rare avant Ronsard, cf. *Préface des Odes*, 1550. Empr. du lat. de basse ép. *ode*, *oda* (du grec *ôidê*, propr. « chant »). — Dér. : **odelette,** 1554 (Ronsard).

ODEUR, vers 1125 ; **odorant,** XIVe (sous la forme *odourant*) ; **odorat,** XVIe (Paré) ; **odoriférant,** XVe. *Odeur* est empr. du lat. *odor ; odorant* est le part. prés. d'un anc. verbe *odorer*, XIIe, « avoir de l'odorat, sentir », encore usité à la fin du XVIIIe s., empr. du lat. *odorari*, *-re*, « percevoir par l'odorat » ; *odorat* est empr. du lat. *odoratus ; odoriférant* est empr. du lat. médiéval *odoriferens*, réfection du lat. anc. *odorifer* « qui apporte une odeur ». — Dér. : **désodoriser,** 1922 (*déodoriser* dans Huysmans, 1886).

ODIEUX, 1376. Empr. du lat. *odiosus* (de *odium* « haine »).

ODONT(O-). Premier élément de mots sav., tels que **odontologie,** 1754, tiré du grec *odous*, *odontos* « dent », ou de mots empr., tels que **odontalgie,** 1694.

ODORANT, etc., v. **odeur.**

ODYSSÉE, 1814 (Lamartine, dans une lettre). Emploi fig. d'*Odyssée*, empr. du lat. *Odyssea* (du grec *Odysseia*, célèbre poème d'Homère, consacré aux aventures d'Ulysse, en grec *Odysseus*).

ŒCUMÉNIQUE, 1590. Empr. du lat. eccl. *œcumenicus* (du grec eccl. *oikoumenikos*, dér. de *oikoumenê* (sous-entendu *gê* « terre ») « la terre habitée, l'univers », de *oikein* « habiter »).

ŒDÈME, 1540. Empr. du grec *oidêma* « gonflement, tumeur ». — Dér. : **œdémateux,** 1549, d'après la forme du grec *oidêma*, *-atos*.

ŒDIPE, 1721. Emploi fig. d'*Œdipe*, empr. du lat. *Œdipus* (du grec *Oidipous* « Œdipe », fils de Laius, roi de Thèbes, célèbre par ses infortunes) ; le sens fig., déjà lat., vient de ce qu'Œdipe résolut l'énigme posée par le sphinx.

ŒIL. Lat. *oculus*. Le plur. *yeux* représente régulièrement *oculos*, par les stades *uels*, *ueus*, *yeus*. It. *occhio*, esp. *ojo*, a. pr. *uelh*. Le fr. pop. a tiré de *les yeux*, etc., le verbe *zieuter*, 1907. — Dér. : **œillade,** vers 1480 ; **œillère,** XIIe ; **œillet,** 1295, au sens d' « ouverture », propr. « petit œil » ; de même **œillet,** nom de fleur, 1493, devenu le terme dominant des parlers gallo-romans ; mais le Sud-Est dit *giroflée* ; **œilleton,** 1554, dérive de *œil* au sens de « bouton de fleur ou de feuille », par l'intermédiaire du m. fr. *œillet* « *id.* » ; **ouiller,** « remplir un tonneau à mesure que le liquide s'évapore », 1322 (sous la forme *aeuilliés*), contraction de *auoiller*, littéral. « remplir jusqu'à l'œil ». Sert à faire de nombreux comp. : **œil-de-bœuf,** terme d'architecture, 1530, **œil-de-chat,** sorte de pierre précieuse, 1416, etc.

ŒILLETTE, variété de pavot, 1732. Altération d'*oliette*, XIIIe, dér. d'*olie* « huile » et « olive », v. **huile** ; on a dit aussi **olivète,** encore bourguignon.

ŒNO-. Premier élément de mots sav., tels qu'**œnologie,** 1636, tiré du grec *oinos* « vin ».

ŒSOPHAGE, 1314 (*ysofague*, avec la prononciation *y* de *oe* en bas grec). Empr. du grec *oisophagos*, littéral. « qui porte (de *oisein*) ce qu'on mange (de *phagein*) ».

ŒSTRE, sorte de diptère, 1519. Empr. du lat. *œstrus* (du grec *oistros*) ; le sens de « fureur prophétique », que le mot a pris en grec, et par suite, en lat., a été également empr. au XVIIIe s. (J.-J. Rousseau, *Confessions*, 7).

ŒUF. Lat. pop. **ovum*, lat. class. *ōvum ; ōvum* est devenu *oum*, où *o* s'est ouvert par dissimilation ; puis **ovum* (avec *o* ouvert) a été refait sur le plur. *ova*. It. *uovo*, esp. *huevo*. — Dér. : **œuvé,** 1393.

ŒUVRE. Genre hésitant depuis le XVIe s. Lat. *opera*. It. *opera*, esp. *huebra*, au sens partic. de « journal de terre » (*obra* « œuvre » est tiré du verbe *obrar* « travailler »), a. pr. *obra*. V. **ouvrer.** Le sing. lat. *opus* « ouvrage » a été moins vivace ; l'a. fr. *ues*, usité surtout dans la locution *a ues* « au profit de », a disparu avant le XVIe s. — Dér. et Comp. : **ouvrage,** 1226, a remplacé l'a. fr. *ouvraigne*, de terminaison plus rare ; d'où **ouvragé,** XIVe (Froissart), les autres formes du verbe sont rares ; **désœuvré,** 1692, **désœuvrement,** 1748 ; **hors-d'œuvre,** 1690, comme terme de cuisine (d'abord locution adjective employée par rapport à une pièce d'architecture détachée à l'extérieur du corps d'un bâtiment, p. ex. un pilier, une balustrade, 1596, ceci d'après le sens de « bâtiment, bâtisse » qu'a *œuvre* depuis le XIVe s.) ; **sous-œuvre,** 1694. Pour **chef-d'œuvre,** v. **chef.**

OFFENSE, 1380, une première fois vers 1226 ; *offense*, relevé en 1295, « attaque » doit ce sens à l'anc. verbe *offendre*. Empr. du lat. *offensa*, de même sens. — Dér. : **offenser,** XVe, au sens moderne ; a signifié aussi « attaquer », depuis le XVe s., « faire une blessure » au XVIe et encore au XVIIe s. (plutôt dér. de *offense* qu'emprunt du verbe lat. *offensare*, dont le sens est différent) ; *offenser* a éliminé l'anc. verbe *offendre*, usité jusqu'au XVIe s., « heurter, attaquer, offenser » (lat. *offendere* « *id.* »), sans en garder tous les sens ; **offenseur,** vers 1400, rare avant le XVIIe s.

OFFENSIF, 1538. Dér., sur le modèle de *défensif* et par opposition, de l'anc. verbe *offendre* au sens d' « attaquer », v. le préc., qui formait souvent locution avec *défendre*, dans *offendre et défendre*, encore attesté au XVIe s., cf. aussi *espees et bastons offensables et deffensables* au XIVe s. ; *offensive*, terme militaire, a été tiré de l'adj., 1636, sur le modèle de *défensive*, déjà employé au XVIe. *Offensif* se trouve dès 1417 en parlant d'une opinion (qui offense) ; en ce sens c'est un dér. d'*offense*. — Dér. : **inoffensif,** 1777, probabl. d'après l'angl. *-sive*.

OFFERTOIRE, vers 1350. Terme de liturgie, empr. du lat. médiéval *offertorium* (de *offerre* « offrir ») ; le mot lat. existe déjà à basse ép., mais seulement au sens de « lieu où l'on sacrifie ». Au XVIe s. on trouve aussi *offerte*, encore dans les dictionnaires, propr. « offre, offrande », en ce sens dès 1317 et encore usité au XVIe s., fém. pris substantiv. du part. *offert*.

OFFICE « service, devoir, fonction publique », vers 1175. Genre hésitant depuis le XVe s. Empr. du lat. *officium* qui avait tous ces sens. De là le nom de certains services ou charges ; cf. aussi *le Saint-Office*, XVIIe s., d'après l'it. *santo ufizio ;* de là aussi la locution propr. juridique *d'office*, relevée depuis le XVIIe s. Celui de « lieu ou les domestiques préparent le service de la table », fém. en ce sens, s'est développé au XVIe s. Celui de « bureau, centre administratif », 1863, est peut-être un anglicisme.

OFFICE « service religieux », 1160. Empr. du lat. eccl. *officium ;* le mot s'employait dans le lat. du paganisme pour désigner les funérailles.

OFFICIEL, 1778. Empr. de l'angl. *official*, qui est empr. lui-même du lat. de basse ép. *officialis* « qui a rapport à une fonction » pour exprimer un sens différent d'*officieux*. Du même mot lat. *officialis*, pris dans un sens partic. dans le lat. médiéval de l'Église est empr. **official,** vers 1180, d'où **officialité,** 1285.

OFFICIER, *verbe*, 1290. Empr. du lat. médiéval *officiare*, dér. de *officium*, au sens eccl. — Dér. : **officiant,** *subst.*, 1676.

OFFICIER, *subst.*, 1324. Empr. du lat. médiéval *officiarius*, dér. de *officium* au sens de « fonction publique ». — Comp. : **sous-officier,** 1771.

OFFICIEUX, 1534 ; *inofficieux*, en 1495. Empr. du lat. *officiosus* « complaisant », dér. de *officium* au sens de « service rendu ».

OFFICINE, 1643, au sens de « lieu où l'on fait des machinations » ; usité du XIIe s. au début du XVIe au sens de « boutique, atelier » ; le sens de « local » où se font les préparations pharmaceutiques » est le plus récent (signalé depuis 1838) et paraît avoir été suggéré par l'adj. suiv. ; **officinal,** 1738, au sens moderne ; une première fois vers 1530 en un autre sens. Le premier est empr. du lat. *officina* « atelier » qui s'employait aussi dans un sens péjor. ; le deuxième est un dér. sav. de ce mot lat.

OFFRANDE, vers 1080. Empr. du lat. médiéval *offerenda*, fém. pris substantiv. de *offerendus* « qui doit être offert », adj. verbal de *offerre*, v. le suiv.

OFFRIR. Francisation, antér. aux premiers textes, du lat. *offere*. It. *offrire*, esp. *ofrecer*. La locution jurid. *au plus offrant* apparaît dès 1365. — Dér. : **offre,** 1155 ; **offreur,** terme de commerce, 1764, au XIVe et XVe avec autre sens ; **roffrir,** XIIIe.

OFFSET, vers 1930. Empr. de l'angl. (comp. de *to set* « placer » et *off* « hors »).

OFFUSQUER, XIVe, propr. « couvrir d'obscurité » ; le sens de « choquer », dominant aujourd'hui, est du XVIIIe ; **offuscation,** 1868, terme d'astronomie ; déjà attesté au XIVe et au XVIe s., également en parlant de l'obscurcissement de la lumière. Empr. des mots du lat. de basse ép. *offuscare* « obscurcir » (de *fuscus* « sombre, noirâtre »), *offuscatio*.

OGIVE, 1245 ; souvent *augive* jusqu'au XVIIIe s. On a proposé un empr. de l'esp. *aljibe* » citerne », venant d'une forme dialectale arabe **al-djibb*, modification de la forme classique *al-djubb*, même sens. Les citernes étaient souvent couvertes d'une voûte d'arêtes appelée *bóveda de aljibe* depuis le XVIIe s. Les voûtes des constructions musulmanes étaient souvent pourvues d'arcs en forme de nervures, et ce genre d'arc fut imité dans l'Espagne chrétienne, en Aquitaine et jusqu'en Normandie dès la fin du XIe s. Mais l'anglais possède à côté de *ogive* une forme *ogee* (au XVe s. *ogger*) lequel semble représenter un lat. *obviata* « disposée en croisée » ; *ogive* pourrait très bien en être un dér. en *-iva*. — Dér. : **ogival,** 1823.

OGRE, vers 1300, au sens moderne. Très probabl. altération d'une forme antér. **orc*, lat. *Orcus* « dieu de la mort » et « enfer », qui aurait survécu dans les croyances populaires pour aboutir à la légende de l'ogre ; cette étymologie est appuyée par l'it. *orco* « croque-mitaine », l'esp. arch. *huerco* « enfer, diable » et par un passage de la vie de saint Éloi, mort en 659, qui fait allusion à un sermon où celui-ci, blâmant ceux qui gardaient de vieilles superstitions païennes, citait à la fois *Orcus*, *Neptunus* (cf. **lutin**) et *Diana* (d'où, entre autres, a. fr. *gene* « sorte de fée malfaisante »). La métathèse de l'*r* peut être due à l'influence de *bougre*.

OH. Exclamation onomatopéique. **Ho, ô** sont des variantes orthographiques utilisées pour des nuances de sens. — Comp. : **holà,** XVe (Charles d'Orléans) ; on a dit au XVIe s. *faire le holà* au sens de notre *mettre le holà*, qui date du XVIIe s. (cf. aussi la locution *punir hola*, au début dans un texte juridique du début du XVe s.).

OHÉ, v. **hé.**

OHM, mesure d'électricité, 1881. Tiré de *Ohm*, nom d'un physicien allemand (1787-1854).

OÏDIUM, 1825. Empr. du lat. scient. *oïdium*, mot formé avec le grec *ôon* « œuf » et une terminaison *-idium*, qui contient le suff. sav. *-id(e)*, v. **-ide,** probabl. d'après *ovoïde*.

OIE, XIIIe. Antér. *oue*, encore attesté au XVIIe s., cf. la *rue aux Ours*, à Paris, altération qui date du XVIIe s., de la *rue aux Oues ; oie* passe pour être empr. d'un parler de l'Est de Paris (il est p. ex. dans le *Ménestrel de Reims*) ; de toute façon, c'est une réfection d'*oue* d'après *oiseau* et *oison*. Lat. **avica*, dér. de *avis* « oiseau », qui s'est substitué au lat. class. *anser*, disparu partout ; **avica* s'explique parce que l'oie a été considéré comme l'oiseau domestique par excellence ; le croisement d'*oue* et *oiseau* montre que cette conception a longtemps persisté. It. *oca*, a. pr. *auca ;* ailleurs autres mots. L'origine de la locution *contes de ma mère l'oie* est discutée ; pour les uns *ma mère l'oie* représente la mère de Charlemagne, *Berte aus grans piés*, héroïne de nombreuses légendes, et identifiée avec la reine Pédauque (en prov. *pe d'auco* « pied d'oie ») ; pour d'autres c'est le souvenir d'un fabliau où la mère oie instruit ses oisons. — Comp. : **patte d'oie,** XVIe.

OIGNON. Lat. *ūniōnem*, acc. de *ūniō*, donné par Columelle comme nom d'une sorte d'oignon qui n'a pas de caïeux *(caepa simplex) ;* c'est donc la plante à une seule tige. La voyelle protonique *ū* est traitée comme dans l'a. fr. *jostise* (de *justitia*). L'a. fr. avait aussi **cive,** encore dans les patois, v. **civet,** lat. class. *cæpa*, d'où aussi a. pr. *ceba*, continué par des formes des parlers méridionaux ; à côté de ce type, des langues romanes ont des formes issues d'un dér. de basse ép. *cæpulla :* it. *cipolla*, esp. *cebolla*, v. **ciboule** et **civette.** Le fr. pop. a tiré au XIXe s. *gnon* « coup » d'*oignon* par apocope de l'initiale.

OILLE, v. **olla podrida.**

OINDRE. Lat. *ungere.*

OISEAU. Lat. pop. **aucellus*, d'abord **avicellus*, dim. du lat. class. *avis* (d'où esp. port. *ave*). It. *uccello*, a. pr. *auzel.* Par suite d'accidents arrivés à *oiseau*, les parlers septentrionaux ont eu recours à divers substituts, notamment à *moineau* dans le Centre et en picard et à *moisson* (propr. « moineau », lat. pop. **musciōnem*, acc. de **musciō*, dér. de *musca* « mouche ») en wallon. — Dér. : **oiselet,** XIIe ; **oiseleur,** XIIe ; **oiselier,** 1558 ; **oisellerie,** XIVe ; **oiselle,** 1873 (de Banville), une première fois chez Rab., 1562 ; **oisillon,** vers 1200.

OISEUX. Lat. *otiosus ;* ailleurs formes empr. du lat. Puisqu'il existait à côté de l'a. fr. *voisous* « prudent » (du lat. *vitiosus*) un subst. *voisdie* « subtilité, adresse » (aussi *voisdive*), dér. d'un représentant du lat. *vitiatus*, on a formé au XIIe s. sur *oiseus* un subst. *oisdive* « oisiveté », d'où par la suite un adj. *oisdif* « oisif ». Au XIIIe s. le radical de *oisdif* a été simplifié sous l'influence de *oiseux*, d'où **oisif,** 1271. De là **oisiveté,** vers 1330.

OISON, XIIIe. Réfection, d'après *oiseau*, d'une forme rarement attestée *osson*, encore usitée dans les parlers de l'Est, lat. pop. *auciōnem*, acc. de *auciō*, dér. de **auca* « oie », cf. *auciun* dans les *Gloses de Cassel ;* souvent refait aussi dans les parlers modernes sur *oie* (comme *oie* a été refait en fr. sur *oison*).

OKAPI, vers 1900. Empr. d'une langue du Congo.

OLÉAGINEUX, XIVe. Dér. sav. de l'adj. lat. *oleaginus* (ou *-neus*) « de la nature de l'olive ou de l'olivier *(olea)* » pour servir d'adj. à *huile.*

OLÉO-. Premier élément de mots sav., tels qu'**oléomètre,** 1868, tiré du lat. *oleum* « huile » ; en outre dér. d'*oleum*, tels qu'**oléine,** 1827.

OLFACTIF, 1718, une première fois en 1527. Dér. sav. du lat. *olfactus* « action de flairer » (de *olfacere* « flairer »). Aussi *olfactoire* au XVIIIe s.

OLIBRIUS, 1537 (Bon. Despériers). Tiré d'*Olibrius*, nom du gouverneur d'Antioche, persécuteur de sainte Marguerite ; la légende de cette sainte a tiré elle-même ce nom d'*Olibrius*, nom d'un empereur d'Occident (472), incapable et plein de jactance.

OLIFANT, v. **éléphant.**

OLIGARCHIE, 1370 (Oresme) ; **oligarchique,** *id.* Empr. des mots grecs *oligarkhia* (de *oligos* « peu nombreux » et de *arkhein* « commander »), *-khikos*, par l'intermédiaire des traductions latines d'Aristote, v. **anarchie.**

OLIVÂTRE, vers 1525. Empr. de l'it. *olivastro*, dér. de *oliva* « olive ».

OLIVE, vers 1080 *(Roland)*, au sens d' « olivier », fréquent jusqu'au XVIe s. Lat. *oliva* « olive » et « olivier », forme restée en contact avec celle de l'occitan, v. **huile.** — Dér. : **olivaison,** 1636 (d'après l'a. pr. *olivar* « cueillir les olives ») ; **olivette,** 1611 (une 1re fois vers 1200, au sens de « petit olivier ») ; **olivier,** vers 980. V. **œillette.**

OLLA-PODRIDA, 1590. Empr. de l'esp. *olla podrida* « pot pourri ». On a dit au même sens au XVIIe s. **oille,** également empr. de l'esp. *olla*, lat. *olla* « pot, marmite », d'où aussi a. fr. *oule*, a. pr. *olla*, encore usité dans les parlers méridionaux.

OLOGRAPHE, 1603. Empr. du lat. de basse ép. *olographus*, autre forme de *holographus* (du grec *holographos*, comp. de *holos* « entier » et de *graphein* « écrire »).

OLYMPIADE, terme d'antiquité grecque, XIIIe, rare avant la fin du XVe s. ; **olympique,** vers 1520, sens plus étendu au XIXe s. Empr. du lat. *Olympias*, *Olympicus* (des mots grecs *Olympias*, *-pikos*, dér. de *Olympia* « Olympie », ville d'Elide, ainsi nommée à cause du culte de Zeus Olympien) ; toutefois les jeux Olympiques se disaient en lat. *Olympia*, plur. neutre, d'après le grec *ta Olympia.*

OLYMPIEN, 1552, au sens propre ; le sens de « majestueux » est de date récente (1840) ; Ronsard a pris aussi le mot au sens d' « olympique ». Dér. sav. du lat. *Olympius* « qui réside sur le mont Olympe » (du grec *Olympios*, de *Olympos* « mont Olympe », en Thessalie, séjour des dieux).

OMBELLE, terme de botanique, XVIe (J. du Bellay). Empr. du lat. *umbella* « parasol », dim. de *umbra*, v. **ombrelle.** Du même mot lat. a été tiré **ombellifère,** 1698 (Tournefort), sur le modèle de mots lat. tels que *frugifer*, *pomifer*, v. aussi **-fère.**

OMBILIC, 1503. Empr. du lat. *umbilicus*, v. **nombril.** — Dér. : **ombilical,** 1490.

OMBRE. Souvent masc. jusqu'au XVIe s. Lat. *umbra*. It. *ombra ;* pour l'esp., v. **ombreux.** Le sens d' « apparence du corps après la mort », qui représente une croyance païenne, a été repris au lat. au XVIe s. *Ombre chinoise*, 1776, spectacle qu'on disait inventé en Chine. *Lâcher la proie pour l'ombre* se dit par allusion à une fable de La Fontaine, VI, 17. *Ombre*, nom de poisson, remonte également au lat. *umbra*, sauf dans *ombre-chevalier*, 1777, empr. d'un parler de la Suisse romande, forme altérée d'*omble* (écrit aussi *umble* du XIIIe au XIXe s., *humble*, 1553, chez P. Belon) ; ce mot, encore usité sur les bords du lac Léman, est lui-même une altération d'*amble* (forme employée sur les bords du lac de Neuchâtel), lat. de basse ép. *amulus* (Polémius Silvius). — Dér. et Comp. : **ombrage,** vers 1180, d'où **ombrager,** vers 1120, **ombrageux,** vers 1270 (J. de Meung), au sens de « qui donne de l'ombrage », usité jusqu'au XVIe s. ; sens moderne dès 1300, en parlant d'un cheval.

OMBRELLE, 1588 (Montaigne). Empr. de l'it. *ombrello*, lat. de basse ép. *umbrella* (attesté dans des gloses), altération de *umbella*, v. **ombelle,** d'après *umbra* « ombre ». *Ombrelle* a d'abord été masc., encore au XVIIe s., d'après le genre de l'it.

OMBRER. A d'abord signifié « mettre à l'ombre » ; en ce sens continue le lat. *umbrāre*, cf. aussi a. pr. *ombrar*. Le sens moderne, qui est un terme d'art, relevé en 1555, est dû en partie à l'influence de l'it. *ombrare* et a fait disparaître le premier sens, encore usuel au XVIe s.

OMBREUX. Lat. *umbrōsus*. It. *ombroso*, a. pr. *ombros ;* l'esp. *sombroso* est refait sur *sombra* « ombre », lui-même refait sur *sombrar* « faire de l'ombre », lat. pop. **subumbrāre*.

OMÉGA, 1535 (dès 1616 dans la locution *l'alpha* et *l'oméga*). Empr. du grec *ômega* « o grand », nom de l'*o* long, opposé à *omikron*, « o petit », nom de l'*o* bref.

OMELETTE, 1552 (Rab. : *homelaicte*). Altération probabl. d'origine méridionale, sous l'influence des représentants du lat. *ovum* « œuf », d'*amelette*, XVe s., encore usité à Paris au XVIIe, qui est à son tour une forme altérée d'**alemette*, autre forme d'*alumette*, XIVe ; cette forme est elle-même issue par substitution de suff. d'*alumelle*, XIVe, qui vient de l'a. fr. *lemelle*, v. **lamelle** ; l'emploi de ce mot pour désigner l'omelette est dû à une comparaison de l'omelette à une lame, à cause de sa forme aplatie. Le mot s'est répandu dans les parlers gallo-romans, où il revêt des formes diverses, notamment *amolette*, qui paraît dû à un croisement avec *mou*, *mol*, par opposition aux *œufs durs*.

OMETTRE, 1337 ; **omission,** 1350, rare avant le XVIe s. Empr. des mots lat. *omittere*, francisé d'après *mettre*, *omissio* (créé à basse ép.).

OMNIBUS, 1825. Tiré de *voiture omnibus*, où *omnibus* « pour tous » est le datif plur. de l'adj. lat. *omnis* « tout » ; on sait que Pascal avait imaginé d'établir dans Paris des transports en commun, et qu'un premier essai en fut fait en 1662 ; mais ces véhicules furent alors appelés simplement *carrosses*. D'où, par abréviation arbitraire du mot, faite comme l'angl. *bus*, les comp. récents **autobus** (vers 1907), **aérobus** (1908, créé par M. Provins), **électrobus.**

OMNIPOTENT, vers 1080 *(Roland)*, devenu rare depuis le XVIIe s. ; **omnipotence,** 1387. Empr. des mots lat. *omnipotens*, *omnipotentia*.

OMNISCIENCE, 1752. Empr. du lat. médiéval *omniscientia*, fait sur le modèle de *omnipotentia*, v. le préc. — Dér. : **omniscient,** 1737 (Voltaire), sur le modèle des précédents.

OMNIUM, 1776, à propos des finances anglaises, récent comme terme de bourse. Empr. de l'angl. *omnium*, tiré du lat. *omnium* « de tous », génitif plur. de *omnis ;* créé pour désigner un emprunt de formule nouvelle en 1760. S'emploie aussi comme terme de courses, 1872.

OMNIVORE, 1749 ; **OMNICOLORE,** 1828. Empr. des mots lat. *omnivorus*, *omnicolor*, comp. du lat. *omnis* « tout ». V. les précédents.

OMOPLATE, 1534 (Rab.). Empr. du grec *ômoplatê* (de *ômos* « épaule » et *platê* « surface plate »).

ON, v. **homme.**

ONANISME, 1760. Dér. de *Onan*, nom d'un Hébreu, qui ayant reçu de son père Juda l'ordre d'épouser la femme de son frère décédé sans enfant, fit incomplètement l'acte de la génération pour ne pas créer une postérité qui n'aurait pas été la sienne et fut puni de mort par Dieu, cf. *Genèse*, 38, 9.

ONAGRE, 1778, une première fois au XIIe s. *(onager)*, *onagra* au XVIIe et au XVIIIe s. Empr. du lat. *onagrus*, *onager* (du grec *onagros*, littéral. « âne sauvage »).

ONCE, mesure. Lat. *uncia* « douzième partie de diverses mesures ». It. *oncia*, esp. *onza*, a. pr. *onsa*.

ONCE, nom d'un animal, XIIIe. Masc. chez Buffon. Désigne au moyen âge diverses bêtes féroces. Forme apocopée de *lonce*, où *l* a été pris pour l'article, cf. *l'once*, chez Rutebeuf, qu'on peut aussi bien lire *lonce*. *Lonce* remonte à une forme fém. **lyncea*, dér. du lat. class. *lynx* (d'un mot grec signifiant « loup cervier »).

ONCIAL, 1587. Empr. du lat. *uncialis* (de *uncia*, v. **once**), qui s'est dit à basse ép. de lettres capitales d'après le sens de « haut d'un pouce » attesté chez Pline.

ONCLE. Lat. *avunculus*, propr. « oncle maternel »; *patruus* « oncle paternel » a disparu partout. Cf. roumain *unchiŭ ;* l'it. *zio* et l'esp. *tio* viennent du lat. de basse ép. *thius* (du grec *theios*). En dehors d'appellations enfantines, *oncle* est le mot de tous les parlers gallo-romans. V. **tante.**

ONCTION, XIIe ; **onctueux,** 1314 ; **onctuosité,** *id.* Empr. du lat. anc. *unctio* (de *ungere* « oindre ») et du lat. médiéval *unctuosus, unctuositas.* — Comp. d'*onction :* **extrême-onction,** 1496.

ONDE. Lat. *unda.* It. esp. *onda.* — Dér. : **ondée,** XIIe ; **ondine,** XVIe (Ronsard ; peut-être du lat. de Paracelse) ; on a dit aussi *ondin*, XVIIIe ; **ondoyer,** XIIe, **ondoiement,** *id.*

ONDULATION, 1680 (« *Les ondulations de l'eau* »). Dér. sav. du lat. de basse ép. *undula*, dim. de *unda*, v. le préc. A été pris par les physiciens pour désigner la théorie des ondulations, formulée par Huyghens en 1690 ; pop. aujourd'hui comme terme de coiffure. — Dér. : **ondulatoire,** 1765 ; **onduler,** 1746, **onduleux,** 1735.

ONÉREUX, XIVe (Oresme). Empr. du lat. *onerosus* (de *onus, -eris* « charge »).

ONE-STEP, vers 1910. Empr. de l'angl. d'Amérique, propr. « un pas ».

ONGLE. Le plus souvent fém. jusqu'au XVIe s. Lat. *ungula*, propr. « serre, sabot », dér. de *unguis* « ongle », qui a disparu ; cet emploi de *ungula* est visiblement d'origine pop. ou même argotique ; on sait que plusieurs parties du corps ont reçu dans le lat. pop. des désignations de ce genre, cf. **jambe,** etc. — Dér. : **onglée,** 1549 ; **onglet,** 1538 (une 1re fois en 1304).

ONGUENT, XIIIe ; au sens de « parfum », 1512, sens conservé jusqu'au milieu du XVIIe s. Empr. du lat. *unguentum* « parfum » ; le sens que nous donnons au mot s'est développé dans la langue des apothicaires.

ONGULÉ, 1756. Adaptation du lat. des naturalistes *ungulatus*, dér. du lat. *ungula*, v. **ongle.**

ONIR(O)-. Premier élément de mots sav. comp. ou de mots empr., tels qu'**oniromancie,** 1834 (antér. *-ce* et *oneiromancie*), cf. aussi **onirique, -isme,** mots entrés récemment en usage chez les aliénistes, où *oniro* vient du grec *oneiros* « rêve ».

ONOMATOPÉE, 1585. Empr. du lat. de basse ép. *onomatopœia* (du grec *onomatopoiia*, littéral. « création (*poiein* « faire ») de mot *(onoma)* »).

ONTOLOGIE, 1704. Empr. du lat. moderne *ontologia*, créé par le philosophe allemand Wolf (1679-1754), littéral. « science de l'être », au moyen du grec *to on, tou ontos*, « l'être » (tiré du part. prés. du verbe *einai* « être »), sur le modèle des nombreux mots en *-logie.* — Dér. : **ontologique,** 1740.

ONYX, XIIe *(onix)*, formes variées jusqu'au XVIIe s. Empr. du lat. *onyx* (d'un mot grec, qui signifiait propr. « ongle », dit de la pierre de ce nom à cause de sa transparence analogue à celle d'un ongle).

ONZE. Lat. *undecim.* On dit aujourd'hui *le onze* et *le onzième* (déjà chez Mme de Sévigné ; au XVIe s. on dit encore *l'onzième*), comme le *un*, le *huit*, sur le modèle de *le deux, le trois*, etc. — Dér. : **onzième,** 1534 ; d'abord *onzime*, depuis le XIIe s.

OOLITHE, 1753. Empr. du lat. scientifique *oolithus*, créé en 1721 en Allemagne, comp. avec les mots grecs *ôon* « œuf » et *lithos* « pierre », pour traduire l'all. *Rogenstein.* — Dér. : **oolithique,** 1818.

OPALE, XVIe (R. Belleau). Empr. du lat. *opalus*, mot d'origine étrangère, comme le grec *opallios.* — Dér. : **opalin,** 1798 ; **opalisé,** 1840.

OPAQUE, vers 1500 ; **opacité,** *id.* Empr des mots lat. *opacus* « ombre, touffu ». *opacitas* « ombre, obscurité », en vue de sens spéciaux.

OPÉRA, vers 1646, date de l'introduction de l'opéra italien à Paris par Mazarin. Empr. de l'it. *opera.* propr. « œuvre » ; les sens de « chose difficile, chef-d'œuvre », usités au XVIIe et au XVIIIe s., sont d'autres emprunts à l'it. *Opéra comique*, 1745, par opposition à *opéra*, plus tard *grand opéra*, au XIXe s. ; v. aussi *opéra bouffe* sous **bouffe.**

OPÉRER, 1495 ; **opérateur,** XIVe (Oresme) ; **opération,** XIIIe s. Empr. des mots lat. *operari, operare* « travailler, faire, opérer, etc. » (de *opus* « ouvrage »), *operatio, operator*, en vue de sens variés. — Dér. du verbe : **opératoire,** 1784 ; **opérable,** 1845 (une 1re fois vers 1450) ; **inopérable,** 1812 ; **inopérant,** 1859.

OPERCULE, terme techn., 1736. Empr. du lat. *operculum* « couvercle » en vue de sens spéciaux.

OPÉRETTE, 1840. Empr. de l'all. *Operette*, attesté depuis le début du XVIIIe s., d'après l'it. *operetta*, dim. de *opera*, v. **opéra.**

OPHICLÉIDE, instrument employé pour la première fois à l'Opéra en 1822. Comp. avec les mots grecs *ophis* « serpent » et *kleis, kleidos* « clef », quand cet instrument, muni de clefs, a été inventé pour remplacer un instrument à six trous, utilisé surtout dans les églises, et qui s'appelait *serpent.*

OPHIDIEN, 1800. Dér. sav. du grec *ophis* « serpent », d'après le dim. *ophidion.*

OPHIO-. Premier élément de mots sav. comp., tels que **ophiomancie,** 1808, tiré du grec *ophis* « serpent ».

OPHTALMIE, 1370 (Oresme : *obtalmie*) ; **ophtalmique,** 1495 (écrit *obthalmique*). Empr. du lat. de basse ép. *ophtalmia. -micus* (du grec *ophthalmia, -mikes*, de *ophthalmos* « œil »). **Exophtalmie,** 1752, est fait sur l'adj. grec *exophthalmos* « qui a les yeux en dehors », d'où **-ique,** 1836.

OPHTALM(O)-. Premier élément de mots sav. comp., tels qu'**ophtalmologie,** 1753, tiré du grec *ophtalmos* « œil ».

OPIACÉ, v. **opium.**

OPIAT, 1336 ; rare aujourd'hui. Empr. du lat. médiéval *opiatum ;* on a en outre au moyen âge et jusqu'au XVIIIe s. *opiate,* fém., d'après *medicina opiata,* v. **opium.**

OPILER, v. **désopiler.**

OPIMES, 1571 (D.), surtout dans *dépouilles opimes ;* sing. rare. Terme d'antiquité romaine, calqué sur le lat. *opima spolia,* où *opima* est le plur. neutre d'un adj. *opimus* « fertile, riche ».

OPINER, XIVe ; s'emploie aujourd'hui surtout dans la locution *opiner du bonnet,* XVIIIe ; **opinion,** vers 1190. Empr. du lat. *opinari, opinio.* — Dér. : **préopiner,** 1718 ; **préopinant,** 1690, fait d'après **opinant,** 1549.

OPINIÂTRE, 1431. Dér. sav. du lat. *opinio* (peut-être d'après *acariâtre*), v. le préc. — Dér. : **opiniâtrément,** 1680, d'abord *opiniâtrement,* 1539 ; **opiniâtrer (s'),** 1538, souvent trans. au XVIIe s. ; **opiniâtreté,** 1528.

OPINION, v. **opiner.**

OPIUM, XIIIe. Empr. du lat. *opium* (du grec *opion* « suc de pavot », de *opos* « suc »). — Dér. : **opiacé,** 1812 ; **opiomane,** 1907.

OPONCE, genre de cactacée, fin XIXe. Empr. du lat. des botanistes *opuntia,* nom du nopal, tiré du lat. *opuntius* « d'Oponce » (en Locride).

OPOPONAX, 1664, dans un tarif, déjà *opopanac* au XIIIe s. Altération du lat. *opopanax* (d'un mot grec formé de *opos* « suc » et de *panax,* nom de plante).

OPOSSUM, 1640. Mot anglo-américain, empr. lui-même de l'algonquin, *oposon.*

OPPORTUN, 1355 ; **opportunité,** vers 1220. Empr. des mots lat. *opportunus,* propr. « qui conduit au port » (de *portus* « port »), *opportunitas.* — Dér. : **opportunément,** 1422 ; **opportunisme,** 1876, **opportuniste,** 1889.

OPPOSER, XIIe (Chrétien) ; **opposite,** XIIIe, comme adj., usité jusqu'au XVIIe s. ; aujourd'hui ne s'emploie guère que dans la locution *à l'opposite,* relevée depuis la fin du XIVe s. ; **opposition,** XIIe (Chrétien) ; au sens politique, anglicisme, 1745. Empr. des mots lat. *opponere* (francisé d'après *poser*), *oppositus, oppositio.* — Dér. du verbe : **opposant,** 1431.

OPPRESSEUR, 1350 ; **oppression,** XIIe. Empr. des mots lat. *oppressor, oppressio,* dér. du verbe *opprimere,* v. **opprimer.** — Dér. : **oppresser,** XIIIe, avant Froissart seulement *opressé,* a signifié aussi « opprimer » et « accabler sous le poids d'une privation, d'une gêne », jusqu'au XVIIe s. ; **oppressif,** 1697, une première fois au XIVe s., puis en 1480.

OPPRIMER, 1355 (Bersuire). Empr. du lat. *opprimere* « serrer, écraser ». Aujourd'hui ne s'emploie qu'au sens moral, *oppresser* s'employant surtout en parlant de la gêne de la respiration, tandis qu'*oppression* sert de subst. aux deux verbes.

OPPROBRE, vers 1120. Empr. du lat. *opprobrium* (de *probrum* « action honteuse »).

OPTER, 1411 ; **option,** 1411, une première fois vers 1190. Empr. du lat. *optare* « choisir », *optio* « choix » ; mais *option* est plus spécialisé qu'*opter.*

OPTICIEN, v. **optique.**

OPTIMISME, 1737 ; **optimiste,** 1752. Dér. sav. du lat. *optimus* « le meilleur », v. **pessimisme.**

OPTIMUM, 1771. Empr. du lat. *optimum,* forme neutre de *optimus* « le meilleur ».

OPTIQUE, *subst.,* 1605. Empr. du grec *optikê* (sous-entendu *tekhnê* « art ») « art de la vision » (de la famille du verbe *opsesthai* « voir »). Le lat. a aussi *optice.* L'adj. **optique** a suivi le subst. dans la langue de la physique ; comme terme d'anatomie, attesté dès 1314 dans *nerf optique,* il est fait sur le lat. *optice.* — Dér. : **opticien,** 1765, au sens moderne ; d'abord « savant en matière d'optique », vers 1640 *(opticien ou maistre d'optique).*

OPULENT, 1355 (Bersuire) ; **opulence,** 1464. Empr. du lat. *opulentus, opulentia* (de *opes* « richesses »).

OPUSCULE, 1488. Parfois fém. Empr. du lat. *opusculum,* dim. de *opus* « ouvrage ».

OR, *subst.* Lat. *aurum.* It. esp. *oro,* a. pr. *aur ;* aujourd'hui souvent fém. à cause de l'initiale vocalique.

OR, *adv.* En a. fr. en outre *ore, ores,* jusqu'au XVIe s. ; signifiait « maintenant » jusqu'au XVIIe s., l'*e* est tombé parce que *or* est un mot accessoire, l'*s* finale est l'*s* dite adverbiale, v. **jadis, lors,** etc. Lat. *hā horā,* altération du lat. class. *hāc horā* « à cette heure », d'après *illā horā* « à cette-heure-là » ; la forme class. *hāc horā* survit dans l'anc. esp. *agora.* Le sens de « maintenant » est encore conservé en franco-provençal et en provençal, où ce type est concurrencé par *era,* du lat. *eā horā.* V. **désormais, dorénavant,** sous **mais, avant.**

ORACLE, vers 1170. Empr. du lat. *oraculum.*

ORAGE, XIIe. Jusqu'au XVIe s. signifie surtout « souffle du vent (favorable ou défavorable) » ; le sens moderne apparaît de bonne heure, pour triompher au XVIe s. Masc. à cause du suff. *-age,* cf. **âge,** mais parfois fém. à cause de l'initiale vocalique. Dér. de l'a. fr. *ore* « vent », disparu de bonne heure, lat. *aura* « souffle léger, brise » (mot pris au grec), d'où aussi it. arch. *ora,* a. pr. *aura,* qui survit dans la région franco-provençale au sens de « vent » et d' « orage » ; cf. aussi le dér. *auratge* « vent, orage » en a. pr. — Dér. : **orageux,** XVIIe, une première fois vers 1200 dans un sens fig.

ORAISON, XIIe. Empr. du lat. eccl. *oratio* (en lat. class. *oratio* signifie « discours », mais le verbe dont le sens propre est « parler » signifie le plus souvent « prier », v. **oracle.**) Le sens de « discours » a été repris par Bersuire (1355), d'où, au XVIIe s., l'acception grammaticale exprimée aujourd'hui par *discours*.

ORAL, 1610 *(La manducation orale, pour user de ce mot)*. Dér. sav. du lat. *os, oris*, « bouche ».

ORANGE, XIIIe (d'abord *pume orenge*, vers 1300 *pomme d'orenge*) ; d'où *orange*, 1393. *Pomme (d')orange* paraît être un calque de l'anc. it. *melarancia* (aujourd'hui plutôt *arancia*) qui remonte lui-même à l'arabe *nārandja* (d'origine persane comme le fruit) ; mais il s'agit d'abord de l'orange amère ; l'orange douce a été apportée de Chine par les Portugais (de là it. *portogallo*, all. *Apfelsine*, littéral. « pomme de Chine »). Mais, en général, le nom anc. a passé au nouveau fruit, d'où esp. *naranja*, all. *Pomeranze* (par l'intermédiaire du lat. moderne *pomarancia*), etc. L'*o* du fr. *orange* s'explique très probabl. par l'influence du nom de la ville d'*Orange*, par où les fruits devaient passer pour parvenir au Nord. L'influence du subst. *or*, à cause de la couleur du fruit, est exclue du fait que le fruit s'appelle d'abord et pendant des siècles *pomme d'orange*, ce qui fait supposer qu'on voyait dans *orange* un nom de lieu. — Dér. : **orangé,** 1555 ; **orangeade,** 1642, peut-être d'après l'it. *aranciata*, cf. **limonade,** sous **limon** ; **oranger,** 1389, **orangerie,** 1603 (Henri IV).

ORANG-OUTANG, 1707, déjà sous cette forme chez le naturaliste hollandais Bontius, en 1635. Empr. du malais *orang outan* « homme des bois », mot par lequel les Malais désignent des tribus montagnardes. Appliqué au singe par les Européens, par erreur ou par plaisanterie.

ORATEUR, 1180; **oratoire,** *adj.*, vers 1500 *(art oratoire)*. Empr. des mots lat. *orator* (de *orare* « parler », v. **oraison**), *oratorius*.

ORATOIRE, *subst.*, XIIe. Empr. du lat. eccl. *oratorium* (de *orare* au sens de « prier »); de nombreux noms de lieu fr., tels qu'*Orouer*, *Oradour*, etc., viennent de ce mot lat.

ORATORIO, 1739, dans une lettre d'Italie du président de Brosses. Empr. de l'it. *oratorio*, qui passe pour avoir été tiré d'*Oratorio*, nom de l'église de l'Oratoire, à Rome, qui aurait été donné à ce genre musical, parce que le fondateur de la congrégation de l'Oratoire (fondée en 1575), saint Philippe de Neri, fit composer et exécuter dans cette église des intermèdes sacrés.

ORBE, 1634, une première fois au XIIIe s. ; **orbiculaire,** XIVe, rare avant le XVIe s. Empr. des mots lat. *orbis* « cercle », *orbicularis*.

ORBITE, 1314, comme terme d'anatomie ; au sens astronomique, 1676. Empr. du lat. *orbita* (de *orbis*, v. le préc.), propr. « ligne circulaire, ornière, etc. », également terme d'astronomie ; mais le sens anatomique est propre au fr. — Dér. : **orbitaire,** d'*orbite*, terme d'anatomie, XVIe (Paré).

ORCANETTE, v. **henné.**

ORCHESTIQUE, 1721 ; **orchestre,** 1520 (dans une traduction de Suétone), comme terme d'antiquité ; appliqué à nos théâtres au XVIIe s. Empr. du grec *orkhêstikê* « art de la danse », *orkhêstra* (du verbe *orkheisthai* « danser »), celui-ci par l'intermédiaire du lat. ; jusqu'au XVIIIe s., *orchestre* a été fém. d'après le genre anc. — Dér. : **orchestrer,** 1838, **orchestration,** 1838.

ORCHESTRION, 1802. Empr. de l'all. *Orchestrion*, dér. de *Orchester*, v. le préc. et **accordéon.**

ORCHIDÉE, 1766. Dér. anormal du lat. *orchis* (du grec *orkhis*, propr. « testicule ») d'après le grec *orkhidion*, « petit testicule » et « orchidée » ; cette plante a été ainsi nommée à cause de la forme de ses bulbes.

ORCHITE, 1562. Dér. sav. du grec *orkhis*, v. le préc.

ORD, v. **ordure.**

ORDALIE, 1721. Terme de droit médiéval, qu'on emploie aussi pour l'antiquité. Empr. du lat. médiéval *ordalium*, empr. lui-même de l'anc. angl. *ordâl* « jugement », cf. l'all. *Urteil* « *id.* », qui est étymologiquement le même mot.

ORDINAIRE, adj., 1348 ; dès 1140 *juge ordinaire*, pour désigner le juge naturel, dès 1260 *ordinaire* comme subst. en ce sens ; a pris des sens plus étendus depuis le XVe s. Empr. du lat. *ordinarius* « placé en rang (*ordo*, v. les suiv.) », d'où « régulier ».

ORDINAL, 1550 *(nombres ordinaux)*. Empr. du lat. des grammairiens *ordinalis* (de *ordo* « rang », v. les suiv.).

ORDINATION, XIIIe. Empr. du lat. eccl. *ordinatio*, propr. « action de mettre en rang » (de *ordinare*), v. le suiv.

ORDONNER, D'abord *ordener*, 1137, devenu *ordonner* au XIVe s., sans doute d'après *donner*. Empr. du lat. *ordinare* « mettre en rang, en ordre » (de là la forme *ordiner*, également usitée au moyen âge), sens encore usuel surtout au part. passé, p. ex. dans *personne, maison ordonnée* ; le sens de « donner l'ordination » vient du lat. eccl. ; celui de « prescrire, donner un ordre », qui apparaît dans la langue juridique à la fin du XIVe s., est devenu prépondérant depuis le XVIe s., sans doute d'après *ordinare* qui avait déjà ce sens dans le lat. juridique. — Dér. : **ordonnance,** XVe, d'abord *ordenance*, vers 1200 (d'où **ordonnancer,** terme d'administration, 1784, **ordonnancement,** 1832) ; le verbe *ordonnancer* a été relevé une première fois en 1424 et le subst. en 1380 ; **ordonnateur,** 1504 ; **ordonnée** (1658, Pascal, d'où **coordonnée,** 1754) ; **désordonné,** XIIIe (J. de Meung : *-denée*) ; **coordonner,** 1771 ; **réordonner,** 1568. V. **subordonner.**

ORDRE, vers 1080, aussi *ordene*, XIIe. Souvent fém. jusqu'au XVIIe s., à cause de l'initiale vocalique. Empr. du lat. *ordo*, d'après les formes des cas obliques, *ordi-*

nem, etc., « rang, classe de citoyens, etc. », d'où les sens nouveaux du fr. ; celui de « prescription » s'est développé parallèlement à celui de « prescrire » qu'a pris *ordonner*. V. **ornière.** *Ordre du jour*, terme politique 1778, est un anglicisme (d'après *order of the day*) de même que *rappeler à l'ordre*, 1789, en angl. *to call to order*. — Comp. : **contre-ordre,** 1680 ; **désordre,** 1377 ; **sous-ordre,** 1690.

ORDURE. XIIe. Dér. de l'anc. adj. *ord* « d'une saleté repoussante », hors d'usage depuis le XVIe s., lat. *horridus* « qui fait horreur », d'où aussi it. *ordo* « sale », a. pr. *orre* « id. », encore usité dans les parlers méridionaux. — Dér. : **ordurier,** 1718.

ORÉE, 1308, au sens de « bord » ; aujourd'hui ne s'emploie plus que dans la langue littéraire au sens de « lisière d'un bois », mais encore usité en des sens variés dans les parlers septentrionaux. Dér. de l'a. fr. *eur* « bord, bordure », lat. pop. **ōrum*, tiré du lat. class. *ōra*, « bord, lisière », d'où aussi a. pr. *or*.

OREILLE. Lat. *auricula*, élargissement de *auris*, qui a disparu. It. *orecchio* (plus usuel aujourd'hui que le type normal *orecchia*), esp. *oreja*, a. pr. *aurelha*. Très répandu au sens de « versoir » à la fois en galloroman et dans les langues voisines. — Dér. et Comp. : **oreillard,** 1642 ; **oreiller,** XIIe, souvent *oriller* au moyen âge ; **oreillette,** 1654, comme terme d'anatomie (en 1314 on a *oreille* en ce sens), usuel au moyen âge aux sens de « petite oreille » ou de « pendant d'oreille » ; **oreillon,** 1640, au sens médical, existe depuis le XIIIe s. au sens de « coup sur l'oreille » *(orillon)* ; **essoriller,** 1303, « couper les oreilles » ; **perce-oreille,** 1564, ainsi nommé par comparaison de la queue, en forme de pince, de l'insecte avec la pince qui sert aux orfèvres pour percer les oreilles. Puis le sens de cette désignation a été modifié ; on a cru qu'elle était due au fait que l'insecte perçait les oreilles, de là de nouveaux termes dans les parlers gallo-romans et ailleurs ; antér. on disait *oreilliée*, XIIe, *oreillère*, XVIe, par comparaison des ailes postérieures de l'insecte avec l'oreille humaine.

ORÉMUS, 1560. Mot lat. signifiant « prions », première pers. du plur. du subj. prés. du verbe *orare* « prier », v. **oraison,** qui précède souvent les prières dans la liturgie catholique.

ORFÈVRE, XIIe. Le lat. *aurifex* est conservé dans l'it. *orefice*, *orefo* ; comme il devait aboutir en fr. à une forme inanalysable, le mot a été refait en *orfevre* dont les deux éléments se comprenaient facilement, v. *fèvre* sous **forgeron.** — Dér. : **orfèvrerie,** XIIe.

ORFRAIE, 1491. Issu d'*osfraie*, attesté indirectement par l'angl. *osprey*, lat. *ossifrăga*, littéral. « qui brise (de la famille de *frangere* « briser ») les os ». Seulement fr. — Sous l'influence d'*orfraie* est né **fresaie** (pour *presaie*, encore en poit., du lat. *praesaga* « qui prédit »), d'où **effraie,** 1553 (*effraigne* dans un texte de 1370), d'après le verbe *effrayer ;* dans le Maine *orfraie* désigne encore inexactement la fresaie.

ORFROI. D'abord, jusqu'au XIIIe s. au moins, *orfreis*, *orfrois*. Mot techn. qui représente probabl. un lat. **aurum phryx* (on a *frigium* au Xe s., graphie imitant le lat. *phrygium*), littéral. « or de Phrygie », qui aura été fait sur le modèle du lat. class. *vestes phrygiae* « étoffes brochées d'or », cf. en outre *phrygio* « brodeur d'or » ; les Phrygiens étaient renommés pour leur habileté dans l'art de broder les étoffes avec de l'or.

ORGANDI, 1723. Très probabl. de *Urgandi*, v. **organsin.**

ORGANE, XVe, au sens de « partie du corps considérée dans sa fonction », parfois *orgue*, ainsi en 1314 ; **organique,** 1561, une première fois en 1314. Empr. des mots lat. *organum*, au même sens, *organicus* (du grec *organon*, propr. « instrument (en général) », d'où « instrument de musique » et « organe du corps », *organikos*, de même sens que l'adj. lat.). V. **orgue.** — Dér. : **organiser,** XIVe, **organisateur,** 1793, **organisation,** vers 1390 ; **désorganiser,** 1764 (le part. passé déjà vers 1570 et en 1611), **-sateur,** 1792 (Robespierre), **-sation,** 1764, **inorganisé,** 1769 (Diderot), **réorganiser,** 1791, d'où **-sation,** 1791 ; **organisme,** 1729 ; **inorganique,** 1579.

ORGANISTE, 1223. Empr. du lat. médiéval *organista*, dér. de *organum* au sens d' « orgue ».

ORGANSIN, fil de soie torse, 1627, on a déjà *orgasin* au XIIe s. (le mot désignait alors une étoffe). Probablement empr. de l'it. *organzino* (attesté pourtant seulement depuis 1750), où l'on propose de voir un mot dér. de *Urgandi*, nom d'une ville du Turkestan russe.

ORGASME, 1611. Empr. du grec *orgasma* (du verbe *orgân* « bouillonner d'ardeur »).

ORGE. Genre hésitant depuis le moyen âge, à cause de l'initiale vocalique. Lat. *hordeum*. Cf. **escourgeon, paumelle.**

ORGEAT, XVe. Empr. du prov. *orjat*, dér. de *orge*.

ORGELET, 1671. Altération d'*orgeolet*, XVIe, dér. d'*orgeol*, 1538 (en outre *orgeul*, 1660 et une forme altérée *orgueil* au XVIIe s.) ; l'absence d'*orgeol* dans les textes du moyen âge doit être l'effet du hasard et le mot la continuation régulière du lat. *hordeolus*, propr. « grain d'orge ». V. **compère-loriot** sous **loriot.**

ORGIE, vers 1500, au plur., comme terme d'antiquité, en parlant des fêtes de Bacchus ; sens plus étendu au XVIIIe s. ; **orgiaque,** 1832, sens parallèle à *orgie*. Empr. du lat. *orgia*, plus. neutre (mot pris au grec), et du grec *orgiakos*.

ORGUE, XIVe, au sens moderne. Genre hésitant depuis le moyen âge, v. **orge.** Empr. du lat. eccl. *organum* qui désignait non seulement l'orgue hydraulique (en lat.

class. *hydraulus*, du grec *hydraulos*, v. **hydraulique**), mais l'orgue pneumatique ; il y a eu des orgues de ce genre de bonne heure dans les églises et l'on sait que l'empereur de Constantinople envoya un orgue portatif à Pépin en 757. *Orgue*, d'abord *orgene*, XIIe, et aussi *orgre*, *ogre* au moyen âge, *organe* une fois au XIIe s. et quelquefois au XVIe, a aussi le sens d' « instrument de musique » dans les textes bibliques d'après le lat. eccl., v. **organe.**

ORGUEIL. Du germanique occidental **urgôli* « fierté », cf. anc. haut all. *urguol* « remarquable », d'où aussi it. *orgoglio*, a. pr. *orgolh*. Le sens de « cale qui fait dresser la tête d'un levier » date déjà du XIVe s. — Dér. : **orgueilleux,** XIIe ; **enorgueillir,** id.

ORIENT, vers 1080 *(Roland)* ; **oriental,** XIIe. Empr. des mots lat. *oriens* (sous-entendu *sol*), littéral. « soleil levant » (du verbe *oriri* « se lever »), *orientalis*. — Dér. d'*orient* : **orienter,** vers 1485 (au part. passé) ; **orientation,** 1834 ; **désorienter,** 1617 (au sens fig.) ; d'*oriental* : **orientaliste,** 1799, **-isme,** 1838.

ORIFICE, XIVe s. Empr. du lat. *orificium* de *os, oris*, « bouche »).

ORIFLAMME, v. **flamme.**

ORIGAN, nom de plante, XIIIe. Empr. du lat. *origanum* (du grec *origanon*) ; les parlers pop. disent de préférence *marjolaine.*

ORIGINE, vers 1460 ; **originaire,** 1365, rare avant le XVIe s. ; **original,** 1240 ; **originel,** vers 1380, avec le sens actuel ; le sens d' « étrange, bizarre » qu'a reçu aussi *original*, est du XVIIe s. Empr. des mots lat. *origo* (d'après les formes de cas obliques *originem*, etc.), *originarius* (créé à basse ép.), *originalis* « *id.* ». L'a. fr. avait une forme plus francisée d'après l'acc. *originem*, *orine*, disparue vers le XVe s. de la langue littéraire, mais encore usitée dans les parlers de l'Ouest. — Dér. d'*original* : **originalité,** 1699.

ORIGNAC « élan du Canada », vers 1600. On trouve aussi les formes altérées *orignal*, *original*, avec un plur. en *-aux*. *Orignac* est étymologiquement le basque *oregnac* (plur. de *ore* « cerf »), qui a été porté par des Basques émigrés au Canada, d'où il nous est revenu.

ORIPEAU, v. **peau.**

ORLE, v. **ourler.**

ORLÉANS, 1868. Nom d'étoffe, tiré d'*Orléans*, nom de ville ; la prononciation de l'*s* finale paraît due à l'angl. *orleans*, dont les commerçants fr. ne comprenaient pas l'origine. V. **alénois.**

ORMAIE, on trouve aussi *ormoie*. Lat. de basse ép. *ulmētum*, v. le suiv. It. *olmeto*, esp. a. pr. *olmeda*.

ORME. Altération d'*olme*, *oulme*, *oume*, encore relevé au XVIe s., d'après le dér. *ormeau*, issu d'*ormel*, d'abord **olmel*. Lat. *ulmus*. It. esp. *olmo*, a. pr. *olm(e)*. La locution *attendre*, *attendez-moi sous l'orme* a été créée d'après l'usage des juges de village de rendre la justice sous l'orme qui se trouvait devant le manoir seigneurial, cf. l'expression *juge de dessous l'orme* (on trouve aussi *avocat dessouz l'orme* dans *Pathelin*) ; cette locution doit probabl. son succès à la comédie de Regnard, *Attendez-moi sous l'orme*, 1694. — Dér. : **ormeau,** XIIe ; **ormille,** 1762, sur le modèle de *charmille.*

ORNE, nom d'arbre, 1529. Empr. du lat. *ornus*. Peu usité.

ORNE, sorte de sillon, v. **ornière.**

ORNEMENT, XIe *(Alexis)*. Continue le lat. *ornamentum*, v. le suiv., ou est un empr. anc. ; l'a. fr. préfère *aornement*, v. le suiv. — Dér. : **ornemaniste,** 1800 ; **ornementer,** 1868, **ornementation,** 1838.

ORNER, 1487. Empr. du lat. *ornare*. L'a. fr. a dit jusqu'au XVIe s. *aorner*, *aourner*, qui a été absorbé par *orner*, lat. *adornāre*, d'où aussi it. *adornare*, a. pr. *azornar*. V. **adorner.**

ORNIÈRE, 1278. Altération de l'a. fr. *ordière*, lat. pop. **orbitāria*, dér. de *orbita*, qui a déjà le sens d' « ornière », v. **orbite,** cf. encore le picard *ourdière* et le wallon *ourbîre* ; cette altération est due à un croisement avec l'a. fr. *orne* (et *ourne*) « rang, ordre, rangée de ceps », lat. *ordinem*, v. **ordre,** disparu depuis le XVIIe s. du fr., mais conservé au sens de « sillon, etc. » dans quelques parlers du Centre et de l'Est. Dér. propre à la France du Nord.

ORNITHO-. Premier élément de mots sav. comp., tels qu'**ornithologie,** 1649, tiré du grec *ornis*, *ornithos*, « oiseau ».

ORNITHORYNQUE, 1803, aujourd'hui on dit aussi **-ynx.** Formé avec les mots grecs *ornis*, v. le préc., et *rynkhos* « bec ».

ORO-. Premier élément de mots sav. comp., tels qu'**orographie,** 1823, tiré du grec *oros* « montagne ».

OROBANCHE, sorte de plante parasite, 1546. Empr. du lat. *orobanche* (du grec *orobankhê*, littéral. « qui étouffe (de *ankhein*) l'orobe »).

OROBE, sorte de légumineuse, 1545. Empr. du lat. *orobus* (du grec *orobos*).

ORONGE, sorte de champignon, 1775. Empr. du rouergat *ouronjo*, propr. « orange », dit de ce champignon à cause de sa couleur rouge doré.

ORPAILLEUR, terme technique, « ouvrier qui recueille les paillettes d'or qui se trouvent dans le sable des fleuves », 1762. Altération, par croisement avec *or*, de *harpailleur*, donné au sens de « foueur de mines », en 1636 (Monet), déjà chez Rab., 1532, dér. de l'anc. verbe *harpailler* (bien que relevé postérieurement), qui devait signifier « saisir, empoigner », v. **harpon.**

ORPHELIN, 1131. Mot né dans les milieux eccl., issu d'une forme antérieure *orfanin* (vers 1090), *orfenin* par dissimilation du premier *n* ; *orfenin* est un dér.

d'*orfene* (on a aussi une forme réduite *orfe*), lat. eccl. *orphanus* (du grec *orphanos*), qui a éliminé le lat. class. *orbus* ; de là aussi it. *orfano*, esp. *huérfano*. — Dér. : **orphelinat,** 1866.

ORPHÉON, 1767. Tiré d'*Orphée*, personnage de la mythologie grecque, célèbre comme musicien, sur le modèle d'*Odéon* (du grec *ôideion* « édifice destiné aux concours de musique »), d'abord pour désigner un instrument de musique, puis, en 1833 par le musicien Wilhem pour désigner une école de chant composée des meilleurs chanteurs des écoles primaires. — Dér. : **orphéonique,** 1868 ; **-iste,** 1853.

ORPIMENT, sulfure jaune d'arsenic, XIIe. Empr. du lat. *auripigmentum*, comp. de *aurum* « or » et de *pigmentum* « piment ». De ce mot a été tiré *orpin*, de même sens, XIIIe, et qui, depuis le XVIe s., sert aussi à désigner une sorte de plante.

ORSEILLE, sorte de lichen, 1461 ; aussi *orsolle*, XVe. Empr. du cat. *orxella*, *orcella* id., qui vient du mozarabique *orchella*, peut-être d'origine arabe. Le terme savant *roccella* est dû au fait que l'orseille vit de préférence sur les pierres ; comp. l'a. pr. *peirela* id.

ORTEIL, XIIe. Altération d'*arteil*, encore signalé à Paris au XVIIe s., lat. *articulus* (dér. de *artus* « articulation ») « jointure », d'où membre, « doigt », de là esp. *artejo* « jointure des phalanges » ; s'est spécialisé au sens de « doigt de pied » en gallo-roman, cf. aussi a. pr. *artelh*, probabl. d'après un mot gaulois attesté par *ordigas : zaehun* des *Gloses de Cassel* (cf. aussi irl. *orddu* « pouce »), auquel on attribue aussi l'origine de l'*o* d'*orteil*. *Arteil* (en prov. *artelh*) et un type *artoil* sont encore très répandus dans les parlers gallo-romans. V. **article.**

ORTHO-. Premier élément de mots sav. comp., tels qu'**orthoptère,** 1795, tiré du grec *orthos* « droit », v. les suiv.

ORTHODOXE, 1431. Empr. du lat. de basse ép. *orthodoxus* (du grec *orthodoxos*, de *doxa* « opinion »), v. **hétérodoxe.** Sens plus étendu depuis le XVIIIe s. — Dér. : **orthodoxie,** 1580.

ORTHOGRAPHE, 1545. D'abord *orthographie*, XIIIe, empr. du lat. *orthographia* (mot pris du grec, v. **graphie**). — Dér. : **orthographier,** 1426 ; **orthographique,** 1752.

ORTHOPÉDIE, 1741. Formé avec les mots grecs *orthos* « droit » et *pais, paidos*, « enfant », l'orthopédie concernant surtout les enfants. — Dér. : **orthopédique,** 1771 ; **-iste,** *id.*

ORTIE. Lat. *urtīca*. It. *ortica*, esp. a. pr. *ortiga ;* termes nouveaux dans les parlers de l'Est.

ORTOLAN, 1552. Empr. du prov. *ortolan*, propr. « jardinier », lat. de basse ép. *hortulanus* « *id.* », dér. de *hortulus* « jardinet », v. **jardin,** cf. de même it. *ortolano*, même sens.

ORVALE, nom de plante, XIVe. Étymologie obscure.

ORVET, 1390 (écrit *orveis*, plur.). Dér. de l'a. fr. *orb* « aveugle », lat. *orbus*, ce qui convient bien au sens, l'orvet passant pour être aveugle et étant appelé fréquemment *borgne*, cf. le nom lorrain *obrevya*, littéral. « orbe ver ». Pour le *v*, cf. **verve.**

ORVIÉTAN, 1642. Empr. de l'it. *orvietano*, propr. « habitant, originaire d'Orvieto » ; ainsi nommé parce qu'un charlatan d'Orvieto vendait, vers cette époque, cet électuaire sur les places publiques.

OS. Lat. *ossum*, forme moins class. que *os*. Le wallon emploie aujourd'hui un dér. du type *osseau*. — Dér. et Comp. : **osselet,** XIIe ; **osseux,** vers 1370 ; **désosser,** XIVe ; **suros,** 1393 (d'abord *soros*, vers 1175). V. **ossature,** etc.

OSCILLER, 1752 ; **oscillation,** 1605 ; **oscillatoire,** 1741. Empr. du lat. de basse ép. *oscillare*, « balancer » (de *oscillum* « balançoire »), *oscillatio* et du lat. moderne *oscillatorius*.

OSEILLE. Lat. pop. *acidula*, attesté dans les gloses, fém. pris substantiv. de l'adj. *acidulus* « aigrelet », avec un développement anormal de la terminaison (*osille* de l'a. fr. est une variante également irrégulière) et un *o* dû à un croisement avec *oxalis* « oseille » (d'un mot grec, dér. de *oxys* « aigre »), qui a des représentants en franco-provençal et dans la région pyrénéenne. Les influences savantes de ce genre sont fréquentes dans les noms de plantes. Le type *acidula* n'est conservé que dans les parlers de l'Italie du Nord et rhétiques et dans les parlers gallo-romans du Centre et de l'Est (surtout dans les dér.) ; ailleurs autres mots.

OSER. Le type *audēre* « oser », *ausus sum*, était anormal ; il a été fait par suite un lat. pop. **ausāre*, dér. de *ausus*, d'un type régulier et facile. It. *osare*, esp. *osar ;* dans le Sud-Ouest forme avec un *g* initial d'origine obscure. — Dér. : **osé,** XIIe.

OSIER. En outre en a. fr. *osière*, conservé dans le Centre, l'Est et le Nord-Est, et *oisil* (dans des textes de l'Ouest), conservé dans l'Ouest. Attesté au VIIIe s. par une forme latine *auseria*. Probabl. dér. du francique **alisa* « aune » ; *auseria* désigne un terrain couvert de buissons au bord d'une rivière. Cet emploi du mot pouvait amener le déplacement de la signification de l'arbre même de l'aune à l'osier, parce que le nom de l'aune avait été transformé en **alinu*, v. **aune.** Mot particulier à la France du Nord. — Dér. : **oseraie,** vers 1200.

OSMIUM, 1804. Mot créé par le chimiste anglais Tennant, qui découvrit ce corps en 1804, d'après le grec *osmê* « odeur », à cause de l'odeur dégagée par un des oxydes de l'osmium.

OSMONDE, nom d'un genre de fougère, XIIe. Mot particulier à la France du Nord, d'étymologie inconnue.

OSMOSE, 1872. Tiré de *endosmose* et *exosmose* par réduction.

OSSATURE, 1801. Dér. sav. du lat. *os* « os ».

OSSEMENTS, XIIe (au sing.) ; au moyen âge en outre *ossemente*. Lat. **ossamentum*, mot créé dans les milieux eccl. ; v. **os.**

OSSIFIER, 1697. Formé avec le lat. *os* « os » sur le modèle des nombreux verbes en *-fier*, v. **édifier.** — Dér. : **ossification,** *id.*

OSSUAIRE, 1775. Empr. du lat. de basse ép. *ossuarium* « urne funéraire », v. les préc., en vue d'un sens spécial.

OST, v. **armer.**

OSTENSIBLE, 1740. Dér. sav. du lat. *ostensus*, part. passé de *ostendere* « montrer » ; a éliminé **ostensif,** XIVe, encore usité au XVIIIe s., empr. du lat. médiéval *ostensivus*, de même formation.

OSTENSION, XIIIe. Terme religieux (qui se dit spécial. dans *ostension des reliques*) ; empr. du lat. eccl. *ostensio* (de *ostendere* « montrer »).

OSTENSOIR, 1797. En outre, dès 1501 et jusqu'au XVIIIe s., *ostensoire*, des deux genres. Dér. sav. du lat. *ostensus*.

OSTENTATEUR, 1535 ; **ostentation,** 1366 (au sens d' « action de montrer »). Empr. du lat. *ostentator*, *ostentatio* au même sens (de *ostentare* « faire parade de », propr. « montrer », fréquentatif de *ostendere*).

OSTÉO-. Premier élément de mots sav. comp., tels qu'**ostéotomie,** 1753, tiré du grec *osteon* « os », ou de mots empr., tels qu'**ostéologie,** 1594.

OSTRACISME, 1535, comme terme d'antiquité grecque ; sens plus étendu depuis le XVIIIe s. Empr. du lat. *ostracismus* (du grec *ostrakismos*, dér. de *ostrakon* « coquille », d'où « morceau de terre cuite » ; on sait que les Athéniens inscrivaient sur un *ostrakon* le nom de celui qu'ils voulaient bannir).

OSTRÉI-. Premier élément de mots sav. comp., tels qu'**ostréiculture,** 1868, tiré du lat. *ostrea* « huître ».

OSTROGOT, XVIIe (Th. Corneille), au sens fig. Tiré de *Ostrogot*, empr. du lat. de basse ép. *Ostrogothus*, nom d'une des tribus des Gots.

OTAGE, vers 1080 *(Roland)*. Dér. de **hôte.** Outre le sens actuel l'a. fr. *ostage* a encore celui de « logement, demeure », surtout dans des expressions comme *prendre, laissier en ostage*. Les otages habitant généralement dans la maison du souverain auprès duquel ils avaient été envoyés, le terme pouvait facilement finir par être pris comme désignation de la personne. Les formes it. *ostaggio* et *statico* sont empr. du gallo-roman, le deuxième en subissant en même temps une adaptation.

OTARIE, 1810. Empr. par le naturaliste Péron du grec *ôtarion* « petite oreille » (dim. de *ous*, *ôtos*, v. **otite**), à cause de la petitesse des oreilles de cet animal.

ÔTER. Lat. *obstāre* « faire obstacle », qui s'est pris à basse ép. transitivement, cf. *aliquem obstare* « empêcher quelqu'un », *rem obstare* « retenir une chose », d'où a pu sortir le sens d' « enlever ». Aujourd'hui souvent renforcé en *dosta(r)* dans la région limousine ou en *rôter* dans l'Est.

OTITE, 1810. Dér. sav. du grec *ous*, *ôtos*, « oreille ».

OTTOMANE, 1729. Fém. d'*Ottoman*, autre nom des Turcs, qui a été tiré d'*Othman Ier* (en turc *ʿUthmân*), nom du fondateur de la dynastie qui régna de 1259 à 1326 ; ce nom a été appliqué à cette sorte de siège, parce qu'on peut s'y reposer à la manière des Orientaux, d'abord probabl. *chaise ottomane*. *ʿUthmân* est un mot arabe ; d'une autre forme turque *Osman* (ou *Osman*) dérive un adj. *Osmanli*, empr. aussi par le fr.

OU. Lat. *aut*. L'autre adv. disjonctif du lat. *vel* n'a pas subsisté : it. *o(d)*, esp. *o* ; aujourd'hui souvent renforcé dans les parlers gallo-romans en *ou bien* ou en *ou donc*, cf. de même it. *ovvero*.

OÙ. Lat. *ubi*. It. *ove*, esp. arch. *o*, *do* (aujourd'hui *donde*). L'adv. est aujourd'hui renforcé, à cause de sa brièveté, dans les parlers gallo-romans de manières variées (cf. *là où*, etc.).

OUAILLE. Propr. « brebis » ; ne s'emploie plus depuis le XVIIe s. qu'au sens fig., dans la langue religieuse, sens déjà usité au moyen âge et qui vient des paraboles de Jésus, notamment de celle du mauvais berger, cf. Jean, X. Altération, par substitution de suff., de l'a. fr. *oeille*, lat. de basse ép. *ovicula*, élargissement de *ovis* (qui ne survit que dans le roumain *oaie*), d'où aussi esp. *oveja*, a. pr. *ovelha* ; encore usité dans les parlers du Centre, de l'Ouest et du Sud-Ouest, v. **brebis** et **mouton.**

OUAIS, 1656 (dès 1611 *hoüay*). Probabl. déformation expressive de *oui*, *ouais* étant assez fréquent pour *oui* dans les parlers rustiques.

OUATE, 1661, une première fois en 1493, attesté sous la forme *wadda* en lat. médiéval dès 1380 ; on a prononcé aussi *ouette* au XVIIIe s. Indiqué au XVIIIe s. comme désignant une esp. de coton qui croît autour de quelque fruit d'Orient et qui vient d'Alexandrie par la voie de Marseille. It. *ovatta*. Probablement empr. de l'arabe *bāṭa'in* (pl.) « fourrure de vêtements », mais on ne voit pas bien par quelle voie le mot est arrivé en France. — Dér. : **ouater,** 1680.

OUBLIE, XIIe. Altération d'*oublée*, encore usité au XIVe s., propr. « hostie », sens rapidement disparu, d'où, dès le XIIe s., sorte de pâtisserie, dont la pâte légère se préparait comme le pain d'autel. Lat. eccl. *oblāta*, fém. pris substantiv. (d'après *hostia* « hostie ») de *oblātus* « offert », part. passé de *offerre* « offrir ».

OUBLIER. Lat. pop. **oblitāre*, dér. de *oblītus*, partic. passé de *oblīviscī*. Se dit dans presque tous les parlers gallo-romans (a. pr. *oblidar*), mais souvent avec un préf. de renforcement ; *r-* dans l'Est et le Nord-Est, *d-* dans le Sud-Ouest, *es-* dans le Sud-Est ; le Sud-Ouest a en outre un type *desmembrar*, comp. de *membrar*, lat. *memorāre*. — Dér. et Comp. : **oubli,** vers 1080 *(Roland)* ; **oubliettes,** 1374 ; **oublieux,** XIIe ; **inoubliable,** 1838 ; **ne m'oubliez pas,** nom pop. du myosotis, d'abord *ne m'oubliez mie*, en 1421, *ne m'oublie mie* en 1408. Traduit en all. *Vergissmeinnicht* (parfois empr., ainsi en 1787, dans Faublas) et en angl. *forget-me-not*.

OUEST, XIIe *(west)*. Empr. de l'anc. angl. *west*.

OUF, 1642. Onomatopée.

OUI, v. **il.**

OUILLER, v. **œil.**

OUÏR. Lat. *audīre*. Éliminé, au cours du XVIIe s., au profit d'*entendre*. Ne survit que dans quelques formules de langue écrite ; plus vivace dans les patois, qui l'ont encore dans la région bretonne et surtout dans les parlers de l'Est depuis la Wallonie jusqu'en Provence, et dans le Massif central, mais partout fortement concurrencé par *entendre*. — Dér. et Comp. : **ouïe,** vers 1080 *(Roland)*, en a. fr. « action d'entendre », depuis le XVIIe s., emploi restreint en raison du recul du verbe ; *ouïes* (du poisson), XVIe (Paré) ; **ouï-dire,** XVe, au XVIe et au XVIIe s. on disait plutôt *par ouïr dire* (attesté dès le XIIIe s., et devenu *par ouï-dire* par suite de l'amuïssement de l'*r* final) ; **inouï,** vers 1500.

OUISTITI, XVIIIe (Buffon). Passe pour être une onomatopée imitant le cri de l'animal.

OURAGAN, 1654 ; d'abord *huracan*, 1555, *haurachan*, 1579, *uracan*, 1609 ; écrit *houragan* encore au XVIIIe s. Empr. de l'esp. *huracán*, propr. « tornade des tropiques », empr. lui-même du taino *huracán* (région des Antilles) ; de là aussi it. *uracano*, all. *Orkan*, angl. *hurricane*. Le fr. doit son *-g-* à la forme indienne *huragan*, en usage dans certaines parties des Antilles.

OURDIR, terme de tissage ; sens plus étendu dès le XIIe s. Lat. pop. *ordīre*, lat. class. *ordīrī*. — Dér. : **ourdissage,** 1765 ; **ourdisseur,** 1410 ; **ourdissoir,** 1410.

OURLER, vers 1165 ; aussi it. *orlare*, esp. *orlar*. Lat. pop. **ōrulāre*, dér. de *ōra*, v. **orée.** Dér. **ourlet,** vers 1240 ; **orle,** terme de blason, est une forme écrite de l'a. fr. *o(u)rle* « bord » surtout d'un vêtement ; dans d'autres sens techn., relevés depuis le XVIIe s., c'est un empr. à l'it. (notamment au sens de « filet sous l'ove d'un chapiteau »).

OURS, OURSE. La prononciation *our* (que le fr. emploie parfois encore au plur.) survit dans des patois. Lat. *ursus*, *-a*. **Ourse,** nom de constellation, XVIe, vient du lat. *ursa*, qui doit lui-même ce sens au grec *arktos*, fém., propr. « ourse », v. **arctique.** — Dér. : **oursin,** 1552, sorte d'échinoderme, dit aussi *hérisson de mer ;* on a prétendu qu'*oursin* est une altération d'*hérisson ;* mais c'est une hypothèse inutile, et même le suff. *-in* semble prouver qu'on a voulu faire un dér. d'*ours*, nettement distinct d'**ourson,** 1549 (cf. dès le XIIe s. le nom de lieu *Val-Urson*), au moyen âge *oursel*, etc.

OUTARDE. Lat. *avis tarda*, littéral. « oiseau lent », signalé par Pline comme terme d'Espagne, contracté de bonne heure en **austarda* dans le lat. de la Gaule, où *avis* n'était plus compris, v. **oiseau,** d'où a. fr. *ostarde*, a. pr. *austarda*. En esp., où *ave* survit, on a *avetarda*. — Dér. : **outardeau,** 1552 (Rab., *otardeau*).

OUTIL. Au XVIe s. souvent *util*, forme encore usitée dans des parlers de l'Est et du Sud-Ouest, par croisement avec l'adj. *utile*. Lat. pop. **usitīlium*, sing. d'un plur. neutre **usitīlia*, altération mal expliquée du lat. class. *ūtensīlia* « ustensiles » (**ūsāre* « faire usage de », v. **user,** ne rend pas compte de la voyelle initiale). Ne se trouve qu'en fr. et dans des dialectes de l'Italie du Nord. — Dér. : **outiller** (d'abord au part. passé, 1377 ; comme verbe vers 1550, et puis dp. 1798), **outillage,** 1868.

OUTLAW, 1783. Empr. de l'angl. *outlaw* « hors la loi ».

OUTRAGE, v. le suiv.

OUTRE, *prép.* Lat. *ultrā*. A servi autrefois à faire de nombreux comp. mais n'a plus aujourd'hui de pouvoir créateur ; v. **ultra.** — Dér. : **outrage,** vers 1080, jusqu'au XVIe s. signifiait aussi « excès » ; d'où **outrager,** 1478, **outrageux,** vers 1170 ; **outrer,** vers 1160, signifiait au moyen âge « dépasser » et « surpasser, vaincre » ; aujourd'hui ne s'emploie plus guère qu'au part. passé ; d'où **outrance,** vers 1310, **outrancier,** 1874.

OUTRE, *subst.*, fin XVIe. Empr. du lat. *uter ;* en outre, vers la fin du XVIe s., chez l'Ardéchois O. de Serres, *ouillre*, *ouistre*, formes hybrides, qui paraissent dues à un croisement avec le prov. *oire* (*oire* se rencontre chez des auteurs du XVIe s.).

OUTRECUIDANCE, XIIIe ; **outrecuidant,** XIIIe. Dér. de l'anc. verbe *outrecuider*, XIIe, hors d'usage depuis le XVIIe s., comp. de la prép. *outre*, et de l'anc. verbe *cuid(i)er*, « penser », sorti de la langue depuis le XVIe s. (employé par archaïsme par La Fontaine, *Fables*, IV, II), lat. *cōgitāre*, d'où aussi esp. *cuidar*.

OUTSIDER, 1859. Empr. de l'angl. *outsider* « celui qui n'appartient pas à un certain groupe ».

OUVERTURE. Lat. pop. **opertūra*, altération du lat. class. *apertura*, v. *ouvrir*. — Comp. : **réouverture,** 1823.

OUVRAGE, v. **œuvre.**

OUVRER. Ne s'emploie plus que dans des acceptions techn. ; a été remplacé, depuis le XVIIe s., par *travailler*, dont le succès a été favorisé par la gêne que causait l'homonymie d'*ouvrer* et d'*ouvrir* à diverses formes ; mais *œuvrer* est encore de quelque usage, grâce à *œuvre*. Lat. de basse ép. *operāre*, lat. class. *operārī* (de *opera*, v. **œuvre**). Survit encore dans quelques parlers de l'Est et du Nord-Est au sens de « travailler ». It. *operare*, esp. *obrar*. — Dér. : **ouvrable,** XIIe ; **ouvroir,** *id.*

OUVRIER. Lat. *operārius*, v. le préc.

OUVRIR. Lat. pop. **ŏperīre*, altération qui se trouve à la fois en gallo-roman, en catalan et dans de nombreux dialectes italiens, du lat. class. *aperīre*, sous l'influence de *cooperīre* « couvrir ». Le lat. class. *operire* « couvrir » ayant été remplacé par *cooperire*, *aperire* pouvait subir l'attraction de celui-ci, grâce à la polarité des deux notions. It. *aprire*, esp. *abrir*, mais cat. a. pr. *obrir ;* aujourd'hui *douvrir* dans des parlers du Nord-Est, de l'Est et du Midi. — Dér. et Comp. : **ouvreur,** 1611 ; **rouvrir,** XIVe (Christine de Pisan) ; **entr'ouvrir,** XIIe, d'où **entr'ouverture,** XIIe (Chrétien), d'après *ouverture*.

OVAIRE, 1672. Empr. du lat. scientifique moderne *ovarium* (de *ovum* « œuf »), — Dér. : **ovariotomie,** 1868 ; **ovarite,** 1836, d'après le mot lat.

OVALE, 1529 (une 1re fois 1370). Dér. sav. du lat. *ovum* « œuf ».

OVATION, 1520, comme terme d'antiquité romaine (dans une traduction de Suétone) ; sens plus étendu au XVIIIe s. Empr. du lat. *ovatio*, dér. de *ovare* « célébrer le petit triomphe ».

OVE, 1639. Empr. du lat. *ovum* « œuf » en vue d'un sens spécial.

OVIDUCTE, 1771 (*oviductus* en 1676). Comp. des mots lat. *ovum* « œuf » et *ductus* « conduit ».

OVINE, 1834. Dér. sav. du lat. *ovis* « brebis ». Au XVIe s. déjà *ovin*.

OVIPARE, 1700, une première fois *ovipere* en 1558. Empr. du lat. *oviparus* (de *parere* « engendrer »).

OVO (ab), 1792 (une 1re fois vers 1600, chez E. Pasquier). Locution empr. d'Horace, *Art poétique*, 148 : *Nec gemino bellum trojanum orditur ab ovo* « (Homère) ne commence pas le récit de la guerre de Troie par l'histoire des deux œufs (il s'agit des deux œufs pondus par Léda : de l'un naquirent Castor et Pollux et, de l'autre, Clytemnestre et Hélène) ».

OVOÏDE, XVIIIe (Buffon). Formé avec le lat. *ovum* « œuf » et le suff. sav. *-ide*.

OVULE, 1798. Dér. sav. du lat. *ovum* « œuf ».

OXALATE, 1787 (G. de Morveau) ; **oxalique,** 1783. Dér. sav. du lat. *oxalis* « oseille » (mot pris au grec).

OXY-. Premier élément de mots sav. comp., tels qu'**oxyphonie,** 1810, tiré du grec *oxys* « aigu » ; dans les comp. chimiques, tels qu'**oxybase,** 1838, **oxyhémoglobine,** 1873, etc., *oxy-* est tiré d'*oxyde*.

OXYDE, 1787 : « Nous avons formé le mot oxide qui d'une part rappelle la substance avec lequel le métal est uni, qui d'autre part annonce suffisamment que cette combinaison de l'oxigène ne doit pas être confondue avec la combinaison acide », G. de Morveau. Dér. sav. de l'adj. grec *oxys* « acide ». — Dér. : **oxyder,** *id.*, **oxydable,** 1789, **inoxydable,** 1845 ; **oxydation,** 1789, **désoxyder,** 1797, **-ation,** 1794.

OXYGÈNE, 1786 : « M. Lavoisier désigne l'air vital sous le nom de principe « oxygène » ou « propre à engendrer les acides » (Fourcroy) ; Lavoisier et les chimistes de l'époque ont hésité entre *oxygène* et *oxygine* (d'après le lat. *gignere*), v. les préc. et **hydrogène, -gène.** — Dér. : **oxygéner,** 1787, *id.*, d'où **désoxygéner,** 1789, **-ation,** 1797, *(eau)* **oxygénée,** 1804.

OYAT, sorte de graminée qui sert à fixer les dunes, 1859 *(les oyats croissants en la dite dune) ;* on a déjà *oiak* dans un compte de 1415-16 de Boulogne-sur-Mer. Étymologie inconnue.

OZÈNE, 1503. Terme médical, empr. du lat. de même sens *ozæna* (du grec *ozaina* « *id.* », du verbe *ozein* « exhaler une odeur »).

OZONE. Dér. sav. du grec *ozein*, mot créé en 1840 par le chimiste Schönbein.

P

PACAGE. Lat. pop. **pascuālicum*, dér. du lat. class. *pascuum* « pâturage » (de *pascere* « paître ») ; v. aussi **pâquis** et **pâtis** ; peu usité aujourd'hui, sauf dans les parlers méridionaux. — Dér. : **pacager,** XVIe ; usité aujourd'hui dans les parlers de l'Ouest et méridionaux.

PACANT « rustre », 1567 (sous la forme *pagan*). Usité surtout dans les parlers septentrionaux. Empr. de l'all. *Packan*, mot d'argot signifiant « gendarme, huissier », et aussi « mâtin », impér. du verbe *anpakken* « empoigner ».

PACHA, 1771. Empr. du turc *pacha*. Antér. *paschia* (1559) ; *bacha* (dès 1457, *baschatz*, 1532, Rab.), *bassa* (1532 et La Fontaine, *Fables*, VIII, 18, d'après la forme arabe *bâchâ* du mot turc).

PACHYDERME, 1795 (Cuvier), comme terme scient. Empr. du grec *pakhydermos* « qui a la peau épaisse » (de *pakhys* « épais » et de *derma* « peau ») ; une première fois empr. au XVIe s. (d'Aubigné : *pachuderme*) au sens propre du grec.

PACIFIER, 1250, intrans., au sens de « faire la paix », usuel jusqu'au XVIe ; emploi moderne depuis le XVe s. ; **pacificateur,** fin XVe ; **pacification,** 1432 ; **pacifique,** XVe. Empr. du lat. *pacificare, pacificator, pacificatio, pacificus* (de *pax* « paix » et de *facere* « faire »). — Dér. : de *pacifique* : **pacifisme, -iste,** fin XIXe.

PACK, 1817. Empr. de l'angl. *pack*, abrév. de *pack-ice* « paquet de glace », v. **paquet.**

PACOTILLE, 1711. Parfois *pacquotille*, d'après *paquet*, au XVIIIe. Empr. de l'esp. *pacotilla* de la famille de *paquet*.

PACTE, 1355 (Bersuire : *pact*). Empr. du lat. *pactum* (du verbe *pacisci* « faire un pacte »). — Dér. : **pactiser,** 1481.

PACTOLE, m. Empr. du lat. *Pactolus*, nom d'une rivière en Asie Mineure, dont le sable contenait de l'or, d'où expression proverbiale pour la richesse (dans Horace, etc.).

PADDOCK, 1828. Empr. de l'angl. *paddock*, altération de *parrock* (v. angl. *pearroc*, de la famille du fr. *parc*).

PAF. Onomatopée. Au sens pop. d' « ivre », 1839 (Balzac), d'après des locutions telles que *faire paf* (en tombant), mais déjà en 1756 au sens de « eau-de-vie », très répandu au sens de « stupéfait » en Belgique et dans les Flandres.

PAGAIE, 1686 (*pagais* dans un récit de voyage au Siam ; parfois *pagale*). Empr. du malais des Moluques *pengajūh*. L'expression *en pagaie*, propr. terme de marine signifiant « de travers, précipitamment » en parlant du mouillage, puis d'objets qu'on jette dans la cale (dp. 1848, mais en *pagale* dès 1792), a passé du langage de la marine dans la langue pop. et dans les parlers (tantôt *en pagaille*, tantôt *en pagale*).

PAGANISME, 1546. Empr. du lat. eccl. *paganismus* (de *paganus*, v. **païen**). L'a. fr. *païenisme* signifie surtout « terre des infidèles », comme *païenie*.

PAGE, 1225, *masc.* Signifiait au moyen âge, jusqu'au XVe s., « jeune garçon, valet », sens qui s'est conservé plus longtemps dans quelques langues techniques. On a proposé d'y voir un empr. à l'it. *paggio*, mais celui-ci vient plutôt du fr. *Etre hors de page*, 1459. Représente très probabl. le grec *paidion* « garçon », romanisé en **páidion*.

PAGE, *fém* ; empr. du lat. *pagina*. En anc. picard aussi *pagene*.

PAGINER, 1829 (p. passé dès 1811). **Pagination,** 1801. Dér. sav. du lat. *pagina*.

PAGNE, 1643 (1637, *paigne*, au fém., forme que quelques auteurs, Voltaire et Chateaubriand ont aussi employée). Empr. de l'esp. *paño*, v. **pan, I.**

PAGNOTER (se), 1859. Terme d'argot mil., devenu pop. ; paraît remonter, par l'intermédiaire d'un dialecte, cf. notamment le provençal *pagnoto* « poltron », à l'ancien mot *pagnote*, encore dans les dict., qui a été usuel au XVIIe et au XVIIIe au sens de « mauvais soldat, lâche », mot qui a une origine historique, cf. ce texte de 1587 : « Ce qui fut appellé pagnotte en Piedmont et ailleurs, quand les soldats necessiteux se desbandent et vont à la guerre pour avoir du pain, et ce sobriquet fut inventé en l'an 1544, aux guerres du Piedmont, par les Espagnols, par moquerie, qui appelloient nos soldats, soldats de la pagnotte » ; et cette expression a été elle-même créée d'après l'usage de *pagnotta*, proprement « petit pain », en it., cf. : « *gentiluomini di pagnotta*, gentilshommes que les Seigneurs louent pour leur escorte aux jours de cérémonie, à cause qu'on leur donne des pains ces jours-là », Ménage.

PAGODE, 1553. Empr. du port. *pagode*, adapté lui-même d'une langue hindoue pour désigner les temples hindous. Le terme hindou remonte probabl. en dernier lieu au sanscr. *bhagavat* « saint, divin ». Le sens d' « idole » est disparu du port. comme du fr.

PAGURE, 1552. Empr. du lat. *pagurus* (du grec *pagouros*, sorte de crustacé, littéral. « qui a la queue en corne »).

PAÏEN. Lat. eccl. *pāgānus*, en lat. class. « paysan », propr. habitant d'un *pāgus* « village » ; le sens particulier du lat. eccl. est peut-être dû au fait que le paganisme a résisté plus longtemps dans les campagnes. Une autre explication se tire du fait que, dès le Ier s., les soldats romains avaient l'habitude d'appeler les civils *pagani*. Les Chrétiens étant regardés comme les *milites Christi*, *pagani* aurait servi à désigner ceux qui ne se sont pas engagés dans l'armée du Christ, les païens.

PAILLE. Lat. *palea* « balle de blé ». A pris le sens de « paille » déjà en lat. de basse ép., d'où aussi it. *paglia*, esp. *paja*. L'ancien sens est pourtant conservé dans les parlers wallons et lorrains, qui désignent la paille par le mot *étrain* (du lat. *stramen* « litière »). — Dér. : **paillard,** vers 1200, d'abord « gueux » (c'est-à-dire « qui couche sur la paille »), sens encore usuel au XVe, d'où **paillarder,** XVe (Villon), **paillardise,** vers 1500 ; **paillasse,** fém., vers 1250 ; masc. au sens de « bateleur d'un théâtre forain », ainsi nommé parce qu'il est souvent vêtu d'une toile à paillasse, 1782, **paillasson,** 1680, **paillet,** XIIIe ; **paillette,** 1386, d'où **pailleter,** XIVe ; **paillon,** 1560 ; **paillotte,** 1617 ; **dépailler,** 1758 ; **empailler,** 1543, **empaillage,** 1835, **empailleur,** 1680, **rempailler,** env. 1700, **rempaillage,** 1775, **rempailleur,** 1723.

PAILLER, « meule de paille, etc. », 1240. Lat. *paleārium* « grenier à paille », dér. de *palea*, v. le préc. Aujourd'hui usité aussi dans les parlers de l'Ouest et du Midi (a. pr. *palhier*, *palhiera*).

PAIN. Lat. *pānis*. — Dér. : **paner,** XVIe ; **panetier,** XIIe (Chrétien), **paneterie,** XIIe ; **panetière,** XIIe (Chrétien) ; v. **apanage, panier.**

PAIR, écrit *per* jusqu'au XVe. Lat. *pār*, adj., qui a le sens du fr., cf. *ludere par impar*. De l'emploi de *per*, sous le régime féodal, pour désigner de hauts personnages de rang égal dérive l'emploi qui a été fait de *pair* dans le langage politique de diverses époques et dans diverses locutions de la langue générale ; *être jugé par ses pairs*, etc. Comme terme de commerce, et de finance, dans la locution *au pair*, 1662 (Colbert). Comme terme politique de l'Angleterre, d'après l'angl. *peer*, 1704, v. **pairesse.** — Dér. : **parage** « extraction », XIe *(Alexis)*, d'après le sens féodal de *per*, c'est-à dire « de haute naissance égale » ; **pairie,** 1331.

PAIRE. Lat. pop. *pāria*, fém. issu du plur. neutre de *pār*, v. le préc. Concurrencé aujourd'hui dans les parlers galloromans par le dér. *pairée* ou *couple*. V. **parier.**

PAIRESSE, 1698. Empr. de l'angl. *peeress*, fém. de *peer*, lui-même empr. de l'a. fr. *per*, v. **pair** ; orthographié d'après *pair*.

PAISSEAU, v. **échalas.**

PAÎTRE. Emploi aujourd'hui restreint à quelques formes. Lat. *pascere*. Peu usité aujourd'hui dans les parlers gallo-romans en dehors du Sud-Ouest (a. pr. *paisser*) ; ailleurs *pâturer*, *pacager*, etc. Un dér. de *pascere*, *pastio* « pâturage », a donné le fr. **paisson,** qui ne survit que comme terme de vénerie. — Dér. : **repaître,** vers 1180, « rassassier », partic. usité aujourd'hui dans le part. *repu*, dont on ne sent plus le lien avec *paître*.

PAIX. Au moyen âge *pais*, refait sur le comp. *apaiser ;* a éliminé la forme régulière *paiz*. Lat. *pāx*, *pācis*. — Dér. : **paisible,** vers 1120, sur le modèle du lat. *placabilis* « qu'on peut apaiser, etc. », cf. de même a. pr. *pazible ;* signifie aussi au moyen âge « en paix, tranquille » ; **apaiser,** XIIe, d'où **apaisement,** XIIe, **rapaiser,** vers 1180.

PAL, fin XIVe. Empr. du lat. *palus* « pieu ». — Comp. : **empaler,** 1534 (Rab.) ; **empalement,** 1600.

PALABRE, 1604 ; tend à devenir masc. d'après *discours*, *entretien*. Rare avant le XIXe ; a alors aussi le sens de « présents faits aux roitelets de la côte d'Afrique ». Empr. de l'esp. *palabra* « parole ».

PALACE, 1905. Empr. de l'angl. *palace*, qui vient lui-même du fr. *palais*, v. **palais.**

PALADIN, 1578 (« Les douze pairs de France que nos poètes italiens appellent paladins »). Empr. de l'it. *paladino*, empr. lui-même du lat. médiéval *palatinus* « qui appartient au palais », en parlant des officiers des cours royales, notamment des comtes (dér. de *palatium* qui, en lat. class., se dit en parlant du mont Palatin ou du palais de l'empereur), v. **palatin.**

PALAFITTE, 1865. Empr. par l'architecte français Delsor de l'it. *palafitta*, « pilotis » pour dénommer ces constructions préhistoriques qu'on venait de découvrir dans les lacs suisses.

PALAIS. Lat. *palātium*, propr. le mont Palatin, une des sept collines de Rome, sur laquelle Auguste fit bâtir sa maison, qui resta la demeure des empereurs ; employé par suite, dans les langues romanes, pour désigner les maisons royales. A servi à désigner la maison où siège le tribunal, d'après le Palais de Paris, ancienne résidence des rois. L'emploi de *palais* pour désigner une demeure autre qu'une demeure royale, cf. *le Palais Mazarin*, n'apparaît pas avant le XVIIe ; peut-être influence de l'it. *palazzo* ou de l'esp. *palacio*.

PALAIS « partie supérieure de la bouche ». Lat. de la Gaule **palātium*, altération du lat. class. *palātum*, par confusion auditive avec *palatium* étudié sous le mot préc. It. *pálato*, esp. et a. pr. *paladar* (dér.), d'après le lat. *palātum*.

PALAN, 1553. Empr. de l'it. *palanco*, forme masc. de *palanca* « palis, etc. » (d'où **palanque,** 1688, comme terme mil.), même mot que le fr. régional *palanche* « pièce de bois dont on se sert pour porter deux seaux », lat. pop. **palanca*, lat. class. *palanga* « gros bâton, servant notamment à déplacer de lourds fardeaux », empr. lui-même du grec *phalanga*, acc. de *phalanx*, propr. « gros bâton », v. **phalange** et **planche.** Cet emprunt au grec a eu lieu à une époque où *ph* n'était pas encore une aspirée ; le mot venant de l'Italie méridionale habitée en grande partie par des Osques, dont le parler répondait par *-ng-* au groupe *-nc-* du latin, la langue pop. de Rome a substitué *-anca* à la terminaison *-anga* qu'on entendait de la bouche des Méridionaux. La forme *palange* représentait le lat. class. *palanga*, s'entend encore dans certains parlers régionaux, p. ex. à Pontarlier.

PALANQUIN, 1589. Empr. du port. *palanquim*, empr. de *pâlaki* d'un parler de l'Inde, forme moderne correspondante au sanscrit *paryaṅka* « litière ».

PALATIN, 1272 ; en outre *-sin*, *-zin* au moyen âge d'après *palais*. Empr. du lat. médiéval *palatinus*, v. **paladin.** — Dér. : **palatinat,** 1606.

PALATINE, 1680. Tiré du nom de la Princesse Palatine, seconde femme du duc d'Orléans, frère de Louis XIV, qui inventa cette mode de fourrure.

PÂLE, 1080 *(Roland)*. Empr. du lat. *pallidus*, dér. de *pallere* « pâlir ». — Dér. : **pâleur,** XIIe, d'après le lat. *pallor* ; **pâlir,** XIIe ; **pâlot,** 1775 ; au XVIe une fois *pallaux*, au plur.

PALE-ALE, 1856. Empr. de l'angl. *pale ale*, de *pale* (empr. du fr. *pâle*) et de *ale*, v. ce mot.

PALEFRENIER, 1350. Empr. de l'a. pr. *palafrenier*, dér. de *palafren* « palefroi », dont la dernière syllabe *-fren* paraît être due à un croisement avec *fren* « frein », v. le suiv.

PALEFROI. Lat. de basse ép. *paraveredus* « cheval de poste », comp. hybride du préf. grec *para* « auprès de » et de *veredus* « cheval de poste », déjà chez Martial, mot d'origine celt., cf. gallois *gorwydd* « coursier ». Anc. esp. *palafré*. Le comp. *paraveredus* s'explique probabl. comme ayant signifié propr. « cheval de renfort » ; il est probabl. créé d'après le grec *párippos*, même sens, comp. de *para* et *hippos* « cheval », et se trouve d'abord dans des édits de la fin du IVe s. réglementant le service des postes. L'all. *Pferd* est empr. du lat.

PALÉ(O)-. Premier élément de mots sav. comp., tels que **paléographie,** 1708 (Montfaucon, qui a d'abord formé un mot lat. *palæographia*) (d'où **-aphe,** 1760), **paléolithique,** 1866, **paléontologie,** 1830, tiré du grec *palaios* « ancien ».

PALERON, v. **pelle.**

PALESTRE, 1674 ; une première fois au XIIe. Empr. du lat. *palæstra* (du grec *palaistra*).

PALET, v. **pelle.**

PALETOT, 1370 (*palloke ;* encore *paletoc* chez Ronsard ; *palletot*, XVe). Empr. du moyen angl. *paltok* « sorte de jaquette », d'origine obscure ; paraît avoir signifié d'abord « casaque de paysan », sens en tout cas attesté au XVIe. Le sens moderne ne paraît pas antérieur au XIXe. — Dér. : **paltoquet,** 1704 (Cotgrave en 1611 donne aussi *paltoquier* « qui porte un palletoc »), d'après l'ancienne forme *paletoc* et le sens de « casaque de paysan », ce qui explique le sens péjoratif.

PALETTE, v. **pelle.**

PALÉTUVIER, 1722, d'abord *parétuvier*, 1643-71, *apparituriet*, 1614. Empr. avec une altération mal expliquée de *aparéiba* (de *apará* « courbé » et *iba* « arbre ») du tupi, langue indigène du Brésil, spécialement du parler de l'île Maranhão.

PALIER, 1287. D'abord *paelier*, en outre *pouaillier*, dans des textes de l'Orléanais (où *poualier* survit aujourd'hui au sens de « chassis en bois servant à allonger une voiture »), *poislier*, 1660. Jusqu'au XVIIe terme techn. signifiant « pièce de métal qui facilite le mouvement horizontal d'une pièce sur une autre » à propos de moulins, barrières, cloches, pressoirs, d'où les sens techn. modernes ; au sens de « plate-forme où se termine un étage », 1547, par extension. Dér. de l'a. fr. *paele* « poêle (f.) », au sens de « en forme de poêle », à cause de la forme plate de l'objet.

PALIKARE, 1828 (V. Hugo ; écrit *palicare*). Empr. du grec mod. *pallikari* « gaillard, brave », qui se rattache au grec anc. *pallêks*, *pallêkos*, « jeune homme ».

PALIMPSESTE, 1823 ; une première fois en 1542. Empr. du lat. *palimpsestos* (mot pris au grec, signifiant « gratté de nouveau »).

PALINGÉNESIE, 1556. Empr. du lat. de basse ép. *palingenesia* (d'un mot grec, comp. de *palin* « de nouveau » et d'un deuxième terme de la famille de *genesis* « naissance »).

PALINODIE, 1512, comme terme litt.; « rétractation » (1591, D.). Empr. du lat. de basse ép. *palinodia* (du grec *palinôidia*, propr. « chant repris sur un autre ton et où l'on se rétracte », d'où le sens de « rétractation » ; ce sens remonte à une légende concernant Stésichore rapportée par Isocrate ; cf. aussi l'expression *chanter la palinodie*, fin XVIe (d'Aubigné : *chanter des palinodies*) encore usité au XIXe (Balzac), au sens de « se rétracter », calque du lat. de basse ép. *palinodiam canere*. On a fait aussi au XVIe le masc. *palinod*, d'après la forme *palinode* (signalée en 1521), pour désigner une prière en l'honneur de la Vierge, qu'on présentait dans des concours qui avaient lieu dans des villes normandes (Rouen, Caen, etc.).

PALIS, PALISSADE, v. **pieu.**

PALISSANDRE, 1723. D'abord *palixandre*, encore Dict. de l'Ac. de 1878. Probabl. empr. d'un parler indigène de la Guyane, peut-être par l'intermédiaire du holl. *palissander*, le palissandre venant surtout de la Guyane hollandaise.

PALLADIUM, terme d'antiquité, 1647 (Vaugelas), au sens figuré ; une première fois au XIIe au sens ancien. Empr. du lat. *palladium* (du grec *palladion*, statue de Pallas, à Troie, dont la possession était regardée par les Troyens comme le garant du salut de leur ville). Le sens fig. s'est développé en fr.

PALLADIUM, nom de métal, 1803. Empr. de l'angl. *palladium*, mot créé par le chimiste Wollaston, en 1803, d'après le nom de la planète *Pallas*, qui venait d'être découverte.

PALLIER, vers 1300, **palliation,** 1314. **Palliatif,** 1314. Empr. par la terminologie médicale du lat. de basse ép. *palliare* « pallier », propr. « couvrir d'un manteau », dér. de *pallium*, sorte de manteau, du lat. *palliatio* « action de pallier », et du dér. médiéval *palliativus*.

PALLIUM, sorte de bande de laine blanche, portée par les hauts dignitaires de l'Église, XIIe ; rare avant le XVIIe ; s'emploie parfois dans un sens plus étendu. Empr. du lat. *pallium*, v. le préc.

PALMARÈS, 1868. Mot lat. signifiant « ceux qui méritent la palme » pour désigner les élèves récompensés, plur. de l'adj. *palmaris*, v. le suiv., d'où « liste des élèves récompensés » et aujourd'hui « brochure qui la contient » ; cf. **accessit.**

PALME, XIVe (Oresme). Empr. du lat. *palma*, propr. « paume de la main », v. **paume,** d'où, par comparaison, « branche de palmier ». *Palme* a commencé par devenir *paume*, même quand il s'agit de son sens chrétien, cf. *paumier* « pèlerin ». Le sens de « symbole de la victoire », qui ne semble pas antér. au XVIe, est repris au lat. class. La locution *palme des martyrs* est due au fait qu'on représentait les martyrs avec une palme à la main droite. — Dér. : **palmette,** XVIIe ; **palmier,** XIIe, d'où **palmeraie,** fin XIXe (une première fois en 1607 ; en raison de la date, *palmier* est peut-être dér. directement du lat. *palma*).

PALMÉ, 1754. Empr. du lat. *palmatu*.

PALMIPÈDE, 1760, une première fois en 1555. Empr. du lat. *palmipes, -pedis*, v. les préc.

PALMISTE, 1601. Empr. du créole des Antilles, altération de *palmite*, 1584, empr. de l'esp. *palmito* « petit palmier, palmiste » (d'où *palmito* au XVIe s., au sens de « moelle de palmier »).

PALOMBE, XVIe (Marot). Empr. de l'a. pr. *palomba*, lat. pop. **palumba*, à côté du lat. class. *palumbus* et *palumbes* (des deux genres).

PALONNEAU, 1383 *(un palonel de charrue)* ; d'où *palonnier*, 1694. Probabl. dér. d'un a. fr. **palon*, dim. de *palus*, v. *pieu*, plutôt que déformation d'a. fr. *paronne*, qu'on rattache au germ. *sparra* « poutre ».

PALPER, 1488. **Palpable,** vers 1400 (Christ. Pisan). Empr. du lat. *palpare* et de son dér. de basse ép. *palpabilis*.

PALPITER, 1488 ; **palpitation,** 1541. Empr. du lat. *palpitare*, dér. de *palpare*, v. le préc., et de son dér. *palpitatio*.

PALSAMBLEU, v. **dieu.**

PALTOQUET, v. **paletot.**

PALUDÉEN, 1853. **Paludisme,** 1884. Dér. sav. du lat. *palus, paludis*, « marais ».

PALUSTRE, 1505 ; rare avant le XIXe. Empr. du lat. *paluster* « marécageux », v. le préc.

PÂMER, XIIe, alors aussi *espasmer, paumer*, a. pr. *espalmar, esplasmar*. Lat. *spasmāre* « avoir un spasme », dér. du lat. médical *spasmus* (du grec *spasmos* « convulsion, crampe, spasme »). Toutes ces formes s'expliquent par un croisement de *spasmus* et du grec *palmós* « pouls précipité, inégal », qui a tantôt fait disparaître l'*s* initiale, tantôt fait remplacer l'*s* intérieure de *spasmus* par un *l*, tantôt les deux. La première étape de ce croisement, *pasmus*, est attestée chez le médecin bordelais Marcellus Empiricus au Ve s. La répartition des différentes formes en gallo-roman est très irrégulière. It. *spasimare* « avoir des convulsions », esp. *espasmar* et *pasmar* « faire pâmer, se pâmer ». — Dér. : **pâmoison,** 1080 *(Roland)*.

PAMPA, 1831 (une 1re fois en 1716). Empr. de l'esp. d'Amérique *pampa*, d'origine indigène (attesté à la fois en aymara de Bolivie et en quechua du Pérou).

PAMPHLET, 1698. Devenu usuel au XVIIIe. Empr. de l'angl. *pamphlet*, altération de *Pamphilet, Panflet*, nom pop. d'une comédie en vers lat. du XIIe s. intitulée *Pamphilus seu de Amore ;* le nom de cette comédie, très connue à cause d'un personnage remarquable de vieille entremetteuse, servit à désigner, en Angleterre, depuis la fin du XVIe, un court écrit satirique. — Dér. : **pamphlétaire,** 1790 ; Voltaire dit encore *pamphleter* d'après l'angl. *pamphleteer ;* on a essayé en outre au XVIIIe s. *pamphlétier* et *pamphlétiste*.

PAMPILLE, fin XIXe. Terme de mode, ornement de robe. D'un radical onomatopéique *pamp-* représenté dans beaucoup de parlers, qui dépeint quelque chose d'oscillant ; v. les formations parallèles *dandiner* (pour les voyelles) et *pimpant* (pour les consonnes).

PAMPLEMOUSSE (1666 *pompelmous*, 1687 *pamplemouse*, 1697-1771 *pampelimouse*, 1705 *pumplenose*). Du holl. *pompelmous*, qui est comp. de l'adj. *pompel* « gros » et du subst. malaisien *limoes* « citron ».

PAMPRE. Lat. *pampinus*. — Dér. : **épamprer,** XVIe.

PAN. Propr. « morceau d'un vêtement », d'où de très bonne heure, acceptions figurées : en parlant d'un mur, vers 1150 ; « sorte de filet », 1370. Lat. *pannus* « morceau d'étoffe ». — Dér. : **dépenaillé,** 1611, par l'intermédiaire d'un ancien mot *penaille*, XIIIe, « hardes, tas de loques » (au lieu de **panaille*, cf. de même a. fr. *despaner* « déchirer », à côté duquel on trouve de bonne heure *despenner*, par croisement avec *despener* « déplumer », comp. de *penne*).

PAN-. Premier élément de mots sav. comp., tels que **pangermanisme, panslavisme,** 1845, **pansophie** (1834), tiré du grec *pan* « tout », ou de mots empr., v. **pancréas,** etc.

PANACÉE, 1550 (Ronsard). Empr. du lat. *panacea*, plante imaginaire à laquelle on attribuait la vertu de guérir toutes les maladies (du grec *panakeia*). Une première fois au sens antique en 1213.

PANACHE, 1522 (écrit *pennache*, encore usité au XVIIe) ; on trouve déjà une fois *pannaché* en 1389 *(un chapperon d'escarlate pannaché)*. Empr. de l'it. *pennacchio* dérivé de *penna* « plume » ; v. **penne.** — Dér. : **panacher,** v. plus haut ; de l'emploi de *panaché*, en parlant d'oiseaux ou de fleurs aux couleurs variées, 1660 (d'où **panachure,** 1758), est issu son emploi récent dans la langue de la cuisine pour désigner des mets aux couleurs variées ou simplement faits d'un mélange ; **panachage,** fin XIXe. **Empanacher,** vers 1500.

PANADE, 1548. Empr. du prov. *panado*, dér. de *pan* « pain ».

PANAIS. D'abord *pasnaie*, fém., d'où *pasnais*, XVIe, probabl. d'après le plur., changement de forme qui a entraîné le changement de genre ; le fém. est encore usité dans de nombreux patois. Lat. *pastināca* « panais, carotte ». A. pr. *pastenaga* (d'où, avec altération de la terminaison, le fr. **pastenade,** 1372).

PANAMA, sorte de chapeau, 1864. Tiré de *Panama*, nom du pays d'où vient le jonc qui sert à faire cette sorte de chapeau.

PANARD, 1750. Du prov. mod. *panard* « boiteux », attesté dp. 1734, dér. de l'occitan *a pan* « de côté », v. **pan,** les chevaux panards ayant les sabots tournés de côté. Pris récemment dans le parisien vulgaire au sens de « pied ».

PANARIS, 1503 ; au XVe *panarice*. Empr. du lat. *panaricium*, altération de *paronychium* (du grec *parônychia*, propr. « abcès qui se forme près de l'ongle, *onyx* »).

PANCARTE, XVe (Charles d'Orléans). Signifie d'abord une charte dans laquelle étaient énumérés tous les biens d'une église, d'où « placard servant à faire connaître le tarif de certains droits », XVIe, d'où « tout placard servant à donner un avis au public » (1623). Empr. du lat. médiéval *pancharta*, comp. de *pan* « tout », extrait de mots d'origine grecque, et de *charta* « charte ».

PANCRACE, terme d'antiquité, 1738 (une 1re fois en 1583). Empr. du lat. *pancratium* (du grec *pankration*, comp. de *pan* « tout » et de *kratos* « force »). Cette sorte de lutte a été remise en honneur vers 1920.

PANCRÉAS, 1541. Empr. du grec *pankreas* (composé de *pan* « tout » et de *kreas*, *kreatos*, « chair »). — Dér. : **pancréatique,** 1671.

PANDÉMONIUM, 1714. Empr. de l'angl. *pandemonium*, mot créé par Milton pour désigner l'enfer avec les mots grecs *pan* « tout » et *daimôn* « démon ».

PANDORE, 1857. Emp. du lat. *Pandora*, employé dans une chanson de Nadaud pour désigner un gendarme qui obéit passivement à son chef.

PANDOUR ; parfois écrit *pandoure*, 1746 (Voltaire). Désigne propr. des soldats de troupes irrégulières de Hongrie, levées surtout en Esclavonie ; a servi en France à désigner l'infanterie croate, et a pris rapidement des sens figurés. Empr. du hongrois *Pandur*, nom d'un village de Hongrie, au sud de Kalocza, où le premier contingent de ces troupes fut levé au XVIIe s.

PANÉGYRIQUE, 1512 (J. Le Maire). **Panégyriste,** XVIe s. (Pasquier). Empr. du lat. *panegyricus* (du grec *panêgyrikos*, dér. de *panêgyris* « fête solennelle ») « éloge », sens issu du sens propre du mot grec « éloge public prononcé dans une fête nationale » et du lat. de basse ép. *panegyrista* (du grec *panêgyristês*, attesté seulement au sens de « qui se rend à une fête solennelle »).

PANETON, v. **panier.**

PANICAUT, 1532 (Rab.). Empr. du prov. *panicau ;* en lat. médiéval *panis cardus*, nom dû au fait que les jeunes feuilles sont mangées en salade, tandis que plus tard elles se couvrent de piquants ; altéré par la suite en *panis calidus* à cause des piqûres brûlantes, que causent ceux-ci.

PANICULE, 1762. Empr. du lat. *panicula*, dér. de *panus* « épi à panicules », propr. « fil de trame enroulé sur le dévidoir ». — Dér. : **paniculé,** 1778.

PANIER. Lat. *pānārium* « corbeille à pain », dér. de *pānis* « pain ». — Dér. : **panerée,** XIVe ; **paneton,** 1812.

PANIFIER, 1600 ; rare avant le XIXe. Formé avec le lat. *panis* « pain », sur le modèle des nombreux verbes en *-fier*, v. **pacifier.** — Dér. : **panifiable,** 1823 ; **panification,** 1781.

PANIQUE, 1534 (Rab. : *terreur panice*). D'abord surtout adj. et avec *terreur ;* depuis le XIXe, de préférence subst. (relevé en 1834). Empr. du grec *panikos* « de Pan », qui s'employait surtout avec un subst. signifiant « terreur », le dieu Pan passant pour produire les bruits qu'on entend dans la campagne et pour troubler les esprits.

PANNE ; s'employait au moyen âge avec des sens étendus ; ne désigne plus aujourd'hui qu'une sorte d'étoffe et la graisse qui garnit le ventre de certains animaux, outre un emploi du mot dans la langue familière. D'abord *penne*, puis *panne ;* pour le développement de la prononciation, cf. *femme*. Lat. *penna* « plume », en lat. class. surtout « plume des ailes » ; a été dit de la panne, étoffe pelucheuse, douce comme de la plume ; au moyen âge désignait aussi des fourrures ; de même a. pr. *pena* « fourrure ». *Panne* « graisse de porc ou d'autres animaux, surtout au ventre », XIIIe *(penne d'oint)* est un emploi fig. de *panne* « étoffe, fourrure » ; *penne d'oint*, où *oint* signifie « graisse », donc « fourrure, garniture de graisse », montre comment le sens s'est développé ; de même a. pr. *pena*. *Panne* a pris en outre au moyen âge le sens de « peau qui couvre le bouclier », attesté dès 1080 *(Roland)*.

PANNE, terme de marine ; XVIIe (*mettre en panne* ; d'où *rester en panne*, XVIIIe, puis les sens figurés modernes). Dès 1611 *mettre en penne* « disposer les voiles de manière à ne pas prendre le vent, de sorte que le bateau s'arrête », locution formée avec *penne* « extrémité de la vergue à antenne », même mot que **penne** (cette extrémité ressemble un peu à la pointe d'une plume). Le sens de « misère », 1842, que *panne* a pris dans le parler pop., est une extension du sens « arrêt de l'activité », d'où **panné,** 1828 ; *panne*, de l'argot des théâtres, est une spécialisation de « misère ». — Dér. : **dépanner,** 1922, d'où **-age,** id. ; **empanner,** mar., 1703.

PANNE « terme de charpenterie », 1220 (*panes*, texte de Douai ; en outre *pasne* et *parne* dans des textes picards) ; transcrit aussi *penne* au moyen âge. Vit surtout dans le Nord et l'Est de la France et dans les Pyrénées (gasc. *padeáu*, *-ale*), en galic. *padea*, et dans l'all. *pfette*. Toutes ces formes remontent à un lat. *patena*, empr. du grec *pathnē* « crèche », autre forme de *phatnē*.

PANNEAU. Propr. « pan d'étoffe », sens encore usité au XVIIIe, d'où « filet de chasse », XIVe, qui a donné naissance aux locutions : *être, donner dans le panneau*, XVIIe. Autres sens techn. « pan de mur, etc. », développés comme dans *pan*. Lat. pop. **pannellus*, dér. de *pannus*. It. *pannello* « morceau de drap », a. pr. *panel* « pan d'étoffe, etc. ».

PANONCEAU, v. **penne.**

PANOPLIE, 1784 ; d'abord au sens ancien. Empr. du grec *panoplia* « armure complète d'un hoplite » ; d'où le sens moderne, 1868.

PANORAMA, 1799. Empr. de l'angl. *panorama*, créé en 1789 par le peintre écossais Barker avec les mots grecs *pan* « tout » et *orama* « vue », au sens de « vue de l'ensemble » ; le premier panorama qu'on ait vu à Paris et qui représentait cette ville fut exécuté cette même année sous la direction de Fulton. Dér. *panoramique*, 1816. Sur le modèle de ce mot a été forgé **diorama,** 1822, avec le préf. grec *dia* « à travers ».

PANSE. Jusqu'au XVe surtout *pance*. Lat. *panticem*, acc. de *pantex*, plus usité au plur. en lat. class. « intestins, panse ». — Dér. : **pansu,** XVe (Coquillart).

PANSER, v. **penser.**

PANT(O)-. Premier élément de mots sav. comp., tels que **pantographe,** 1743, tiré du grec *pas, pantos*, « tout ».

PANTALON, 1650, au sens moderne. Issu du nom propre *Pantalon* (cf. en 1550 : « l'un vestu en Pantalon, l'autre en Zani »), empr. de l'it. *Pantaleone*, *Pantalone*, personnage de la comédie italienne habillé d'un vêtement tout d'une pièce et représentant le Vénitien. « Ce nom nous est venu d'Italie, où les Vénitiens, qui portent de ces sortes de hauts de chausses, sont appellés par injure *Pantaloni*. Et ils sont ainsi appellés de *S. Pantaleon*, qu'ils nomment *Pantalone*. Ce saint étoit autrefois en grande vénération parmi eux : et plusieurs, à cause de cela, s'appelloient *Pantaleoni* dans leurs noms de baptême, d'où ils furent tous ensuite appellés de la sorte par les autres Italiens », Ménage. — Dér. du premier sens : **pantalonnade,** 1597 *(les pantalonnades d'un Harlequin)*.

PANTELER, v. **pantois.**

PANTHÉISTE, 1810 (Mme de Staël, une 1re fois en 1712). Empr. de l'angl. *pantheist*, mot créé par le philosophe angl. J. Toland en 1705 avec les mots grecs *pan* « tout » et *theos* « dieu ». — Dér. : **panthéisme,** 1800 (une 1re fois en 1712).

PANTHÉON, 1491, comme nom d'un temple de Rome ; sens plus étendus depuis la fin du XVIIIe. Empr. du lat. *Pantheum* (du grec *Pantheion*, comp. de *pan* « tout » et *theos* « dieu »).

PANTHÈRE, 1125. Empr. du lat. *panthera* (du grec *panthêr*).

PANTIN, 1747 : « Dans le courant de l'année dernière, on a imaginé, à Paris, des joujoux qu'on appelle des pantins », Barbier, *Journal*. Formé sur *pantine* « écheveau de soie », attesté comme terme technique des teinturiers depuis 1570, lequel est dér. de **pan** ; pour le rapport sémantique voir les significations de **poupée.**

PANTOIS. Vieux mot qui ne s'emploie que par archaïsme et en plaisantant, 1534 (Rab.). Tiré de l'anc. verbe *pantaisier*, *pantoisier*, encore attesté au XVIe s., « haleter », lat. pop. **pantasiāre* « avoir des visions, rêver », d'où, par l'intermédiaire d'une signification « cauchemar » attestée p. ex. pour l'a. pr. *pantais*, « être suffoqué (d'émotion) » ; **pantasiare* est un emprunt du grec *phantasiein* « *id.* », fait à une époque où le *ph* grec était encore un *p* aspiré. V. aussi **fantaisie** ; d'où aussi a. pr. *panteizar* « rêver », cat. *panteixar* « haleter », vénit. *pantezar*. On trouve aussi, du XIVe au XVIIe, *pantais* comme subst. au sens d' « oppression ». Le verbe **panteler,** 1561 aujourd'hui usité surtout au part. adj. *pantelant*, est de la même famille ; c'est une réfection de *pantoiser* par substitution du suff. *-eler*, très usité en fr., à la terminaison *-oiser*, qui est rare.

PANTOMIME, *masc.*, 1501. Empr. du lat. *pantomimus* « celui qui mime tout » (du grec *pantomimos*, v. **mime**). — Dér. : **pantomime,** *fém.*, 1752 ; comme adj., début XVIIIe.

PANTOUFLE, 1465. L'it. a aussi *pantofola ;* l'all. *Pantoffel* et l'angl. *pantofle* viennent du fr. La première attestation venant du limousin et le suff. *-oufle* étant fréquent en occitan, il est très probable que le mot a été formé dans les parlers du Midi d'où il a passé en franç. ; il se rattache peut-être à la famille de *patte*, avec insertion d'une nasale. — Dér. : **pantouflard,** 1889.

PAON. Lat. *pāvōnem*, acc. de *pāvō*. V. **ponceau.** — Dér. : **paonneau,** XVᵉ.

PAPA, 1256. Terme du langage enfantin répandu dans de nombreuses langues, cf. lat. *papa*, grec *pappas*, etc. Il y a d'autres types également répandus, avec labiales sonores : *bab-*, *ab-*, avec dentales : *tata*, *at(t)a*, etc. V. **maman.**

PAPAVÉRACÉE, 1798. Dér. sav. du lat. *papaver* « pavot ».

PAPAYE, 1579. Empr. du caraïbe des Antilles *papaya*. — Dér. : **papayer,** 1654.

PAPE, XIᵉ s. *(Alexis)*. **Papal,** 1315. **Papesse,** vers 1450. Empr. du lat. eccl. *papa* (en grec eccl. *pap(p)as*), titre d'honneur donné d'abord aux évêques jusqu'au VIᵉ s., où il a commencé à être dit de préférence des évêques de Rome, auxquels il a été réservé à partir du IXᵉ s., et du lat. médiéval *papalis*, *papissa*. — Dér. de *pape :* **papauté,** XIVᵉ, sur le modèle de *royauté*, *principauté ;* **papisme,** 1553 ; **papiste,** 1526 ; **a pable,** XVIᵉ ; dit ordinairement par plaisanterie, imité de l'it. *papabile ;* **antipape,** 1393 (dans un document de Charles VI) sur le modèle du lat. médiéval *antipapa*, bien antérieur.

PAPEGAI, v. **perroquet.**

PAPELARD, v. **lard.**

PAPIER, XIIIᵉ. Le lat. *papyrus* « papyrus » et « papier fait avec le papyrus » a servi, après avoir désigné le papyrus, encore de quelque usage jusqu'à la fin du VIIIᵉ, à désigner le papier de chiffon, introduit d'Orient en Espagne par les Arabes vers la fin du Xᵉ et répandu de là dans les pays de la Méditerranée. Le mot, attesté dans l'Italie du Nord-Ouest depuis le XIIᵉ s., y a été incorporé au vocabulaire pop. avec un changement de suff. (*-ier*), et c'est sous cette forme que le commerce italien a fait passer le mot en fr. *Papyrus*, repris par le fr. sous cette forme au XVIᵉ, est lui-même d'origine égyptienne, comme la plante de ce nom, et a pénétré en latin par le grec. Le lat. désignait aussi la feuille de papyrus par *charta*, d'où it. *carta* « papier », v. **carte, charte.** — Dér. : **paperasse,** 1588 (Montaigne) ; d'abord en 1553 (écrit alors *paperas*) ; d'où **paperassier,** 1798 ; **papetier,** 1414 (attesté alors par le lat. médiéval *papeterius*, on trouve *papelier* au XIVᵉ s.), **papeterie,** 1423. — Comp. **papier-monnaie,** créé à propos des spéculations de Law, 1727, calqué sur l'angl. *paper money* (aujourd'hui obsolète).

PAPILIONACÉ, vers 1700 (Tournefort), dér. savant du lat. *papilio*, v. **papillon ;** écrit quelquefois *papillonacé*, d'après *papillon*.

PAPILLE, XVIᵉ (Paré) ; une première fois en 1372. Empr. du lat. *papilla*. — Dér. : **papillaire,** 1665.

PAPILLON, vers 1270 *(Rose)*. Auparavant *paveillon*, *pavillon* (XIIᵉ-XIIIᵉ s.), forme qui se présente encore avec ce sens dans les parlers du Nord-Est et de l'Est. Dans beaucoup de langues le papillon porte des noms qui essaient de dépeindre l'image de l'insecte voltigeant, ainsi le mexicain *papalotl*, l'it. *farfalla* et le lat. *papilio* même. La transformation de *pavillon* en *papillon* a rétabli cette image détruite par l'évolution phonétique. *Papillon* est la forme dominante aujourd'hui dans les parlers septentrionaux ; les parlers méridionaux, au Sud d'une ligne allant de l'embouchure de la Loire à la Savoie, ont en majorité des formes avec une syllabe initiale *par-*, de date ancienne, cf. a. pr. *parpalhon*, *parpalhol*. V. **parpaillot** et **pavillon.** — Dér. : **papillonner,** 1608 ; **papillote,** 1420, au sens de « paillette (d'or) », cf. le texte : *plumes de paon, papillotées de papillotes d'or ; papillote* a reçu ensuite d'autres sens : « tache de boue », XVIᵉ, « ornements de diverses sortes », *id.*, et, à partir du XVIIᵉ, « morceau de papier dont on enveloppe les cheveux pour les friser », par comparaison de sa forme avec celle d'un papillon (il est inutile de faire intervenir *papier* pour ce dernier sens), d'où **papilloter,** 1400 (jusqu'à la fin du XVIᵉ s. seulement au part. passé), du sens d' « orner de paillettes » est issu celui de « produire l'effet de paillettes », qui n'est devenu usuel qu'à partir du XVIIIᵉ ; **papillotage,** 1611.

PAPOTER, 1767. Se rattache à la grande famille de mots qui remonte au lat. fam. *pappare* « manger », très répandue en gallo-roman ; attesté en 1611 au sens de « manger du bout des lèvres » ; l'a. fr. a un verbe analogue *papeter* « bavarder ». — Dér. : **papotage,** 1866.

PAPOUILLE « chatouillement », fam., 1923 ; mot de formation expressive.

PAPRIKA, 1922 (au sens de « soupe au poivre » en 1836). Empr. du hongrois *paprika*.

PAPYRUS, v. **papier.**

PÂQUE(S). Au moyen âge et jusqu'au XVIᵉ s. les deux formes *Pasques* et *(la) Pasque* s'employaient pour désigner la fête chrétienne ; aujourd'hui la forme du sing. sans *s* finale s'emploie à peu près exclusivement en parlant de la fête juive. Lat. pop. **pascua* (cf. aussi l'adj. de basse ép. *pascualis*, à côté de *pascalis*), altération du lat. eccl. *Pascha* (le plur. *Paschae* est plus rare) par croisement avec *pascua* « nourriture (proprement pâturage) », parce que Pâques met fin au jeûne du Carême. *Pascha* vient lui-même, par l'intermédiaire du grec *Paskha*, forme de la Septante, qui remonte à une forme hébraïque plus ancienne que l'hébreu massorétique *Pesach ;* ce mot hébreu qui signifie propr. « passage », désigne la fête célébrée en souvenir de la sortie d'Égypte ; pour le sens du mot hébreu, cf. : « C'est le sacrifice de Pâques en l'honneur de l'Éternel, qui a passé par-dessus les maisons des enfants d'Israël en Égypte, lorsqu'il frappa l'Égypte », *Exode*, XII, 27. A servi ensuite à désigner la fête chrétienne célébrée en l'honneur de la résurrection de Jésus-Christ, en raison de la coïncidence des dates. *Pâques fleuries*, dp. le XIIIe. — Dér. : **pâquerette,** 1553 ; en 1571 *pasquerette ou pasquette ;* ainsi nommée parce qu'elle fleurit vers Pâques.

PAQUEBOT, 1634 (écrit *paquebouc ;* ensuite *paquet-bot*, 1687 et encore 1802 ; *paquebot*, 1665). Empr. de l'angl. *packet-boat*, littéral. « bateau (*boat*, v. **bateau**) qui transporte les paquets de lettres *(packet*, empr. du fr. *paquet)* ».

PAQUET, 1368. Dér. de *pacque*, attesté en 1410 et en 1510, fém., de même sens, empr. du néerl. *pak*. Cette origine est appuyée par l'existence du verbe *paquier*, *paquer* « empaqueter, mettre en baril », à la même époque dans des textes de la région picarde et flamande. Le néerl. *pak* appartient à une famille de mots très répandus : all. *Pack*, angl. *pack*, anc. scand. *pakki*, irl. *paca* et gall. *pac*, tous avec le sens de « paquet » ; mais le point de départ est encore inconnu. L'it. dit également *pacco*. — Dér. : **paqueter,** 1494, d'où **paquetage,** 1838 ; **paqueteur,** 1562 ; **dépaqueter,** 1487 ; **empaqueter,** vers 1500, d'où **empaquetage,** 1813.

PÂQUIS, v. **pâtis.**

PAR. Lat. *per* « à travers, pendant, par le moyen de ». La locution archaïque *de par* (*le roi*, etc.), est une altération, qui remonte au XIIIe, de *de part*, propr. « de la part de ». *Par*, en a. fr., servait à donner une valeur superlative à un adj., comme le préf. lat. *per*, p. ex. dans *permagnus* « très grand », avec cette différence que *par* était séparable, ce qui se trouve en latin seulement dans des textes d'un caractère familier ; il nous en reste la locution *par trop* (*fort*, etc.). *Par* sert aussi de préf. verbal pour marquer l'accomplissement, comme le lat. *per*. — Comp. : **parce que,** 1272 ; a éliminé au XVIIe *pource que*, qui était la conjonction de cause usuelle au moyen âge.

PARA-. Premier élément de mots sav., tiré du préf. grec *para* « à côté de », ou de mots empr., v. les suiv.

PARABELLUM, pistolet automatique ; mot formé en all. avec le grec *para* « contre » et le lat. *bellum* « guerre », ou plutôt tiré du dicton *si vis pacem para bellum* (Gougenheim).

PARABOLE, terme eccl., XIIIe (Rose). **Parabolique, I,** vers 1500. Empr. du lat. eccl. *parabole*, *parabolicus* (du grec eccl. *parabolê*, cf. Mathieu, XIII, 33-35, propr. « comparaison », *parabolikos*).

PARABOLE, terme de géom., 1554. Est le même mot que le préc. ; repris au grec qui a déjà ce sens d'après celui qu'a le verbe dont il dérive dans la langue des mathém., d'où **parabolique,** terme de géom., vers 1505.

PARADE, 1539 (dans la locution *faire parade*). C'est propr. un terme de manège signifiant « action d'arrêter un cheval »), empr. en ce sens de l'esp. *parada*, dér. du verbe *parar* « arrêter un cheval court » (d'où aussi le verbe **parer,** terme de manège, fin XVIe (Malherbe), encore relevé dans les dict.), propr. « disposer », v. **parer,** par un développement partic. Les autres sens sont propres au fr., en partie d'après le verbe *parer* « arranger d'une manière élégante » : *faire parade, lit de parade*, XVIe, *parade*, au sens de « revue », XVIIe, *parade de foire*, 1731. — Dér. : **parader,** 1625.

PARADE, terme d'escrime, v. **parer.**

PARADIGME, terme de gramm., 1561. Empr. du lat. du grammairisme *paradigma* (du grec *paradeigma* qui signifie propr. « exemple »).

PARADIS, XIe *(Alexis) ;* en outre *pareïs*, au XIIe, qui a été de bonne heure affecté au sens de « parvis ». Empr. du lat. eccl. *paradisus* (du grec *paradeisos*, empr. de l'iranien *paridaiza*, propr. « enclos de seigneur, parc ») au sens de « séjour des bienheureux », cf. *Épître aux Corinthiens*, II, 12 ; a servi, au XVIe, à traduire l'hébreu *eden*, v. **éden.** Par une comparaison plaisante *paradis* désigne les galeries supérieures d'une salle de spectacle (relevé depuis 1606). **Paradisiaque,** 1838, une 1re fois en 1553, est de même empr. du lat. eccl. *paradisiacus* (fait sur un modèle grec non attesté). V. **parvis.**

PARADOXE, vers 1485, aussi comme adj. de Montaigne à la Révolution. Empr. du grec *paradoxos*, adj., « contraire à l'opinion commune *(doxa)* ». — Dér. : **paradoxal,** 1588.

PARAFFINE, 1832. Substance découverte en 1830 par le chimiste Reichenbach et nommée *paraffine* d'après le lat. *parum affinis* « qui a peu d'affinité » en raison de son peu d'affinité avec les autres corps. *Paraffine* avait déjà été formé au XVIe s. pour désigner une résine minérale.

PARAGE « extraction », v. **pair.**

PARAGE, terme de marine, 1544. Empr. de l'esp. *paraje*, propr. « lieu de station », d'où « lieu où se trouve un vaisseau », dér. du verbe *parar* au sens de « s'arrêter ».

PARAGRAPHE, vers 1220. Empr. du lat. médiéval *paragraphus*, dont le sens est issu du seul que connaisse le latin de basse ép. « signe servant à séparer les différentes parties d'un chapitre, etc. » (du grec *paragraphos*, littéral. « écrit à côté »), sens repris récemment par la langue de l'imprimerie et de la paléographie. Une forme altérée du lat. médiéval *pa(r)raffus* est représentée par le fr. **paragraphe,** 1390, d'abord au sens qu'avait *paragraphe*, puis réservé au sens de « signature abrégée qu'on met en marge des actes pour approuver les ratures, etc. » à partir du XVIe, déjà attesté en 1394, d'où **parapher,** 1467. En outre *patarafe*, 1690, par altération plaisante, peut-être d'après *patte*.

PARAÎTRE. Lat. de basse ép. *parescere*, dér. inchoatif du lat. class. *parēre*, qui a continué à être employé, d'où a. fr. *paroir*, cf. de même a. pr. *pareisser* et *parer*. La différence des sens n'étant pas sensible, *paroir*, qui cependant était plus usité au moyen âge que *paraître*, a disparu vers la fin du XVIe s. — Dér. : **parution,** 1923 (une 1re fois en 1770), d'après le participe passé *paru* et sur le modèle de *comparution*. **Disparaître,** 1606, remplace un ancien *disparoir* fait sur le modèle du lat. de basse ép. *disparere*, d'où **disparition,** 1559 (Amyot), sur le modèle d'*apparition* ; on a dit aussi *disparution ;* **reparaître,** 1611.

PARALLAXE, 1557. Empr. du grec *parallaxis*, propr. « changement », employé au même sens par les astronomes grecs : « On entend spécialement par ce mot le changement qui s'opère dans la position apparente d'un astre quand on l'observe d'un point qui n'est pas le centre de son mouvement », Delambre.

PARALLÈLE, 1532 (une 1re fois au XIIIe s.) ; **parallélépipède,** 1570 ; **parallélogramme,** 1540 ; **parallélisme,** 1647 (Pascal). Les trois premiers sont empr. des mots lat. *parallelus*, *parallelipipedus* (attesté à basse ép.), *parallelogrammum (id.)* (du grec *parallêlos*, *parallêlepipedos* (de *epipedon* « surface plane »), *parallêlogrammon*) ; le quatrième est empr. du grec de basse ép. *parallêlismos*. Le sens fig. de *parallèle*, XVIIe, est dû principalement à l'ouvrage de Plutarque : *Les Vies parallèles*.

PARALYSIE, XIIe. **Paralytique,** XIIIe. Empr. du lat. médical *paralysis*, *paralyticus* (du grec *paralysis*, propr. « relâchement », *paralytikos*). — Dér. du premier : **paralyser,** XVIe (Paré).

PARANGON, 1513 ; une première fois au XVe ; en outre *paragon*, 1501, assez fréquent au XVIe. A signifié aussi « comparaison » ; le sens de « pierre de touche », est rare en fr. ; Ménage déclare que les Français ne se servent pas de *parangon* en ce sens. Empr. à la fois de l'esp. *parangón* « comparaison » et de l'it. *paragone* « comparaison, modèle » ; l'esp. vient du reste de l'it. qui signifie proprement « pierre de touche » ; ce subst. et le verbe *paragonare* « éprouver à la pierre de touche, comparer », remontent au grec *parakonê* « pierre à aiguiser », *parakonân* « aiguiser ». On a dit aussi au XVIe s. *parangonner* « comparer » et *paragonner*, d'après l'esp. *parangonar* et l'it. *paragonare ; parangonner* s'emploie encore dans la langue de la typographie.

PARANOÏA, 1923 (déjà *paranoïe* en 1874). Terme de la langue des aliénistes, empr. du grec *paranoia* « folie » (de *para* qui figure souvent dans des comp. pour exprimer ce qui est contraire, cf. **paradoxe,** et de *nous* « esprit »). — Dér. : **paranoïaque,** *id.*

PARAPET, 1546 (Rab.). Mot de fortification, empr. de l'it. *parapetto*, littéral. « qui protège la poitrine *(petto)* », v. **parer.**

PARAPHRASE, 1525. Empr. du lat. *paraphrasis* (mot d'origine grecque, proprem. « phrase à côté », c'est-à-dire « qui amplifie »). — Dér. : **paraphraser,** 1534, **paraphraseur,** XVIe.

PARAPLUIE, v. **pluie.**

PARASITE, vers 1500. Empr. du lat. *parasitus* (du grec *parasitos*, proprement « commensal » de *para* « auprès de » et de *sitos* « nourriture », qui a pris un sens défavorable à cause des personnages de comédie, faisant métier de parasites) ; a passé ainsi de la comédie grecque dans la comédie latine, où nous l'avons pris. — Dér. : **parasitaire,** 1855 ; **parasitisme,** 1832.

PARASOL, 1548 : « En cette année furent mis en usage les parasols » *(Chronique bordelaise) ;* rare avant le XVIIIe. Empr. de l'it. *parasole*, littéralement « qui écarte le soleil », v. **parer.** Sur le modèle de ce mot ont été formés des mots comme **parachute,** 1777.

PARÂTRE. Aujourd'hui péj., comme *marâtre*, mais moins usuel ; usité au sens propre jusqu'au XVIe, où il a été remplacé par *beau-père*. Lat. de basse ép. *patraster* « beau-père » au sens de « mari de la mère ».

PARAVENT, 1599. Empr. de l'it. *paravento*, littéral. « qui écarte le vent », v. **parasol.** Remplace le fr. *ostevent* (de *ôter*).

PARBLEU, v. **dieu.**

PARC. Désigne proprement un enclos. Attesté dès le VIIIe s. dans la Loi Ripuarienne sous la forme *parricus*. Dér. d'un prélatin *parra « perche » conservé dans l'esp. *parra* « espalier ». Avec consonne initiale sonore dans le fr. *barre*. *Parricus* vit aussi dans le gasc. *parrik* et dans les patois lombards *(parek)*. L'anc. haut all. *pfarrih* (all. mod. *Pferch*), l'anc. angl. *pearroc* sont empruntés du gallo-latin. Autre dér. de **parra* dans le langd. *parran* « enclos », qui suppose une forme **parragine*. Le gall. *parc* et l'irl. *pairc* sont d'origine angl. comme le breton *park* « champ » vient du fr. Le fr. *parc* a signifié aussi « camp retranché » aux XIVe et XVe s., sens qu'il a cédé vers 1500 à *camp*, non sans conserver en partie sa signification militaire (partie du camp où l'on met le train). — Dér. : **parquer,** 1380, d'où **parcage,** XIVe ; **parquet,** 1339 (à côté duquel on a *parchet*), propr. « petit parc, petit enclos », encore chez Buffon et dans les parlers du Centre ; *parquet* a pris dès le XIVe le sens de « partie d'une salle de justice où se tiennent les juges », à cause de la barre qui sépare cette partie du reste de la salle, d'où les autres acceptions judiciaires, et aussi celle qui est usitée à la Bourse (pour désigner les agents de change par opposition aux banquiers de la coulisse), cf. pour le sens **barreau** ; de l'emploi de *parquet*, comme terme de menuiserie, propr. « petit enclos planchéié » (cf. *parquet* « plancher démontable et entouré d'une clôture, servant de salle de bal » dans les parlers du Centre et de l'Ouest) dérive le verbe **parqueter,** 1680 (dans une autre acception dès 1382), d'où **parquetage,** 1676, **parqueteur,** 1691, **parqueterie,** 1835.

PARCELLE. Lat. pop. **particella*, réfection du lat. class. *particula*, dim. de *pars*, *partis* « part, partie ». — Dér. **parcellaire,** 1791.

PARCHEMIN. Les formes des autres langues romanes (it. *pergamena*, esp. *pergamino*, a. pr. *pergamen*) remontent au lat. de basse ép. *pergamena* (quelquefois *-ina*), du grec *pergamēnē* « peau de Pergame » (la préparation de la peau de mouton en parchemin fut inventée à Pergame, en Asie mineure). En fr. ce mot a subi très tôt l'influence de *parthica (pellis)* « (peau) du pays des Parthes » (on a en effet des textes parthes écrits sur parchemin), qui est devenu *parche*, *parge*, en a. fr. et dans les patois. — Dér. : **parcheminé,** 1838 ; **parcheminier,** XIIIe, **parcheminerie,** 1394.

PARCIMONIE, 1496 ; rare avant le XVIIIe, cf. « parcimonie, s'il m'est permis d'user de ce mot » Ménage. Empr. du lat. *parcimonia*, *parsimonia* (dér. de *parsus*, part. passé de *parcere* « épargner »). — Dér. : **parcimonieux,** 1773 (Beaumarchais).

PARCOURIR, XVe ; **parcours,** 1286. Empr. des mots lat. *percurrere*, *percursus* (surtout médiéval ; rare en lat. de basse ép.) et francisés d'après *courir*, *cours*.

PARDESSUS, v. **sus.**

PARDONNER, d'abord « concéder, accorder (la vie, une grâce) », sens qu'avait le lat. *perdonare* attesté une seule fois, vers 400. — Dér. : **pardon,** vers 1135 ; **pardonnable,** vers 1120 ; **impardonnable,** XIVe (Froissart), rare avant le XVIIe s.

PAREIL. Lat. pop. **pariculus*, élargissement du lat. class. *pār* « égal », v. **pair.** De même it. *parecchio*, esp. *parejo*. — Dér. et Comp. : **appareiller** « unir à quelque chose de pareil », XIIe (Chrétien), d'où **appareillement,** 1829, **rappareiller,** 1690 ; **dépareiller,** vers 1220 ; en outre *désappareiller*, 1606 ; **nonpareil,** vers 1350.

PARELLE, nom de la patience dans les parlers de l'Ouest. Lat. médiéval *parada*. Aussi cat. *paradella*. C'est très probabl. un dér. du part. passé de *parare*, au sens de « préparer », la patience étant souvent préparée pour engraisser les porcs, ce qui lui a aussi valu le nom de *chou gras* en Franche-Comté et ailleurs.

PARENCHYME, 1546. Empr. du grec *parenkhyma*.

PARENT, PARENTS. Lat. *parentem*, acc. de *parens* « père ou mère », *parentēs* « le père et la mère » et en lat. fam., surtout de basse ép., « personnes de la même famille ». Dans les parlers gallo-romans on emploie beaucoup *nos gens* au sens de « père et mère » et aussi de « proches, personnes de la famille ». — Dér. : **apparenter,** XIIe.

PARENTÉ. Masc. jusqu'au XVIe, v. **comté.** Lat. pop. **parentātus*, dér. de *parens* ; v. le préc.

PARENTHÈSE, XVe. Empr. du lat. *parenthesis* (mot d'origine grecque qui signifie littéralement « action de mettre auprès de »). Le mot, qui désignait d'abord une phrase accessoire, désigne surtout aujourd'hui les signes typographiques qui servent à limiter cette phrase.

PARER « préparer, arranger ». Lat. *parāre* « apprêter, disposer », qui a pris en outre en roman des sens nouveaux « orner », etc. : it. *parare* « orner, présenter, opposer, etc. », esp. *parar* « arrêter », v. **parade** et **parage.** — Dér. : **parement,** X^e *(Eulalie)* ; **pareur,** 1262 ; **parure,** XIIIe ; **déparer,** XIe *(Alexis)* au sens d' « enlever ce qui pare », sens du moyen âge ; celui d' « enlaidir par le désaccord de l'ensemble » ne paraît pas être antérieur à la fin du XVIIe s.

PARER, terme d'escrime, 1559 : « parer un coup ». Empr. de l'it. *parare* « se garder d'un coup, arrêter le mouvement d'une chose, empêcher en s'opposant », lat. *parare*. — Dér. : **parade,** 1628.

PARER, terme de manège, v. **parade.**

PARESSE, XIIe-XIVe *perece*, du lat. *pigritia*, dér. de *piger* « paresseux », comp. a. pr. esp. *pereza*. Le changement de *per-* en *par-* est probabl. dû à l'action du *r*. — Dér. : **paresseux** (d'abord *pereceus*).

PARFAIRE, PARFAIT, v. **faire.**

PARFAIT, terme de gramm., 1596. Francisation du lat. des grammairiens *(tempus) perfectum*, d'après l'adj. *parfait*. — Comp. : **plus-que-parfait,** 1550 (Meigret), sur le modèle du lat. *plus quam perfectum*.

PARFOIS, v. **fois.**

PARFUMER, 1527. Ce verbe est très vivant dans les pays méditerranéens : Milan *perfümà*, Venise *perfumar*, cat. esp. port. *perfumar*, aussi a. pr. *perfumar* (le subst. *perfum* déjà en 1397). Le verbe fr. a été emprunté d'un de ces idiomes méridionaux, mais il est difficile de dire duquel. — Dér. : **parfum,** 1528, **parfumeur,** 1527, **parfumerie,** 1803.

PARIA, 1692. Empr., par l'intermédiaire du port. *paria*, du tamoul *parayan*. Au fig. dp. 1821.

PARIER, 1549, au sens moderne. Alors aussi « mettre de pair, comparer » (Bon. Périers, Amyot), cf. aussi le sens d' « aller de pair », encore chez Saint-Simon, d'où le sens moderne, propr. « mettre en jeu des sommes égales ». Apparaît en outre dès le XVe s. au sens d' « accoupler ». Réfection, d'après le lat. de basse ép. *pariāre* « égaler, être égal à », d'un ancien verbe *pairier*, *pairer* « unir, comparer, égaler », dér. de l'adj. afr. *per* « égal » (v. **pair**), mais influencé dans la voyelle du radical par *pairier* « accoupler », dér. de *paire*. Le comp. **apparier,** attesté dès le XIIIe au sens d' « associer » est une réfection d'un comp. antérieur *apairier*, de même sens, faite sur le lat. médiéval *appariare*, qui était à son tour une latinisation d'*apairier*. Les formes signifiant « comparer » paraissent être plus partic. formées avec *pair*, celles qui signifient « accoupler » avec *paire ;* mais il y a eu fusion des deux séries, comme le montre leur réfection. — Dér. et Comp. : **pari,** 1642 ; **pariade** « accouplement », t. de chasse, 1690 ; **parieur,** 1640 ; **apparier,** v. ce qui précède, d'où **appariement,** XVIe, **rapparier,** 1690 ; **déparier,** 1393.

PARIÉTAIRE, XIIIe. Empr. du lat. *(herba) parietaria* « (herbe) des parois ».

PARIÉTAL, 1541 (Paré). Dér. sav. du lat. *paries, parietis* « paroi » ; le lat. *parietalis* désigne la pariétaire.

PARITÉ, XIVe. Empr. du lat. de basse ép. *paritas*, dér. de *par* « égal ». — Dér. : **paritaire,** vers 1920 ; **disparité,** vers 1300.

PARJURER (se), vers 1080 *(Roland)*, parfois intrans. ou trans. ; **parjure,** « celui qui fait un parjure », vers 1155 ; **parjure,** « faux serment », 1495 (déjà de 1130 à 1240). Empr. du lat. *perjurare* et de ses dér. *perjurus, perjurium*.

PARKING, 1925. Empr. de l'angl. *parking* « endroit où l'on parque les autos ».

PARLER. Lat. eccl. *parabolāre* (VIIe s.), dér. de *parabola*, v. **parole.** Aussi it. *parlare*. Le lat. class. *loqui* a disparu ; un autre verbe fam. *fabulārī* « bavarder » a triomphé dans la péninsule ibérique, d'où esp. *hablar*, port. *fallar*. — Dér. et Comp. : **parlage,** 1770. **Parlement,** vers 1080 *(Roland)* au sens d' « entretien », encore chez Racine ; d'où **parlementer,** XIVe, **parlementaire,** « relatif à l'action de parlementer », 1776. *Parlement* a commencé, vers le XIIIe, à être employé pour désigner des assemblées de caractère judiciaire ; en anglo-normand il désigne dès 1275 l'assemblée législative constituée en vertu de la Grande Charte ; il est devenu *parlement*, ensuite *parliament* en anglais. *Parlement* est employé dans ce sens dans de nombreux textes français de tous les siècles ; il n'est appliqué aux assemblées législatives élues en France que depuis 1825, quand les Parlements judiciaires avaient disparu en France ; d'où **parlementaire,** 1644, d'abord « relatif aux cours de justice de l'ancien régime, membre de ces cours », puis « relatif aux assemblées législatives, membre de ces assemblées », d'abord en parlant de celles de l'Angleterre, 1708, puis de celles de la France, 1830, **parlementarisme,** 1852 ; **parleur,** 1170, d'où **haut-parleur,** vers 1925 (calqué sur l'angl. *loud speaker*) ; **parloir,** XIIe ; **parlote,** 1829, formé par dérision ; **déparler,** XVIIe (Scarron), « cesser de parler », rare aujourd'hui, au moyen âge « dédire » ; **pourparler,** 1465, inf. pris substantiv. d'un anc. verbe *pourparler*, 1080 *(Roland)* ; **reparler,** XIIe.

PARMI, v. **mi.**

PARODIE, 1614. Empr. du grec *parôidia*, littéral. « chant à côté », c'est-à-dire « qui imite » (le lat. *parodia* est très rare). A signifié aussi « couplets composés sur un air connu » au XVIIIe. — Dér. : **parodier,** 1580 ; **parodiste,** 1723.

PAROI. Lat. pop. **parētem*, lat. class. *pariĕtem*, acc. de *pariēs*.

PAROISSE. Lat. eccl. *parochia*, altération de *parœcia* du même latin (du grec eccl. *paroikia*, de *paroikos* « étranger », les Chrétiens se désignant comme étrangers sur cette terre). La *parochia* était d'abord le diocèse d'un évêque. L'origine de l'altération de *paroikia* en *parochia* semble venir de ce que les écrivains chrétiens de langue latine ont confondu *paroikos* et *parokhos* « fournisseur d'objets de première nécessité aux magistrats en voyage » (en lat. *parochus*, parfois « hôte ») ; une confusion analogue est intervenue dans l'évolution de *presbyter*, v. **prêtre.** — Dér. : **paroissial,** XIIe, d'après le lat. eccl. *parochialis ;* **paroissien,** *id.*, d'après le lat. médiéval *parochianus*.

PAROLE. Lat. eccl. *parabola*, devenu **paraula*, proprement « parabole du Christ », d'où « parole du Christ », puis, sur les traces du mot *verbum*, qui avait pris le sens de « parole de Dieu » dans l'expression *verbum Dei*, mais à rebours « parole en général ». Aussi it. *parola*, esp. *palabra*. — Dér. : **parolier** « celui qui fait les paroles d'un morceau de musique », 1843 (Th. Gautier) ; au sens de « bavard » en 1757.

PAROLI, 1640. Empr. de l'it. *pároli* (comp. de *paro* « je fais une mise au jeu » et le pron. *li* « les » ou l'adv. *lì* « là »).

PAROTIDE, 1545. Empr. du lat. *parotis, -idis* (du grec *parôtis*, de *para* « auprès de » et *ous, ôtos* « oreille »).

PAROXYSME, 1552 (Rab.) ; une première fois en 1314 (sous la forme *peroxime*). Empr. du grec médical *paroxysmos ;* au moyen âge a été pris au latin médical de cette époque.

PARPAILLOT, 1622. Issu par changement de suffixe de *parpaillon* « papillon », mot très répandu dans les parlers occitans (aussi chez Rab.) et jusqu'en Italie, et qui est une forme de **papillon** altérée par l'insertion d'un *r*. Les explications qu'on propose pour le sens « huguenot » sont probabl. des inventions ; probabl. on a assimilé l'infidélité que l'Église reprochait aux huguenots aux papillons voletant de fleur en fleur.

PARPAING, terme de maçonnerie, 1284. On a dit aussi *parpaigne*, subst. et adj. Ces formes, avec l'esp. *perpiaño* et l'apulien *perpitagnu* « parapet en pierre d'un balcon », postulent un lat. de basse ép. **perpetaneus*, ainsi que le haut engad. *pertaun* demande un **perpetanus*, tous deux dér. du lat. *perpes, -ētis* « ininterrompu ».

PARQUE, XVIe, comme nom propre ; pris au sens de « mort personnifiée » au XVIIe s. Empr. du lat. *Parca*.

PARRAIN. D'abord *par(r)in ; parrain*, refait d'après *marraine* au XIVe, l'emporte au XVIe. Lat. pop. *patrīnus* (fréquent en lat. médiéval), dérivé de *pater*. V. **compère,** — Dér. : **parrainage,** 1836.

PARRICIDE, « meurtrier », vers 1190, rare avant le XVIe s. **Parricide** « meurtre », 1372 (Oresme). Empr. du lat. *par(r)icida, par(r)icidium* (de *caedere* « tuer » ; le premier élément représente un indo-eur. **pāsós* « parent » ; les Latins l'ont rapproché de *pater, parens*).

PART. Lat. *partem*, accus. de *pars*. Signifie parfois « parti, faction » au moyen âge et jusqu'au XVIe. La locution *à part moi*, etc., est attestée depuis la fin du XIVe, *part* a été substitué à la préposition *par ;*

en effet on trouve fréquemment au moyen âge *par lui*, etc., au sens de « à lui seul », etc., cf. « Et la dame... s'en rit par elle », xve, *à par* est attesté depuis le xiiie. Pour *de par*, cf. **par.** — Comp. : **plupart (la),** 1436 (au sens de « la plus grande partie ») ; emploi moderne à partir de la fin du xve.

PARTANT, v. **tant.**

PARTENAIRE, 1767 (aussi *partner*, 1767, qu'on emploie encore au xixe). Empr. de l'angl. *partner*, altération, par croisement avec *part* « parti », de *parcener ;* celui-ci est empr. de l'a. fr. *parçonier, parcenier* « associé » (dér. de *parçon* « partage, part, butin », lat. *partītiōnem*, accus. de *partītiō*).

PARTIAL, xive (Oresme), au sens de « qui s'attache à un parti », encore usité au xviie ; sens moderne depuis le xvie ; **partialité,** vers 1400 (Froissart), au pluriel, au sens de « faction », encore usité au xviiie ; sens moderne depuis 1611. Empr. du lat. médiéval *partialis, partialitas* (de *pars* « part ») ; v. **partiel ;** l'adj. n'est pas attesté au sens du fr. ; mais *partialitas* l'ayant, *partialis* l'a certainement eu également. — Dér. : **impartial,** 1576 ; **impartialité,** 1576.

PARTICIPE, xiiie. Empr. du lat. des grammairiens *participium*, v. le suiv.

PARTICIPER, 1337 ; **participation,** vers 1170. Empr. du lat. *participare* (de *particeps* « qui prend part à ») et du dér. de basse ép. *participatio.*

PARTICULE, 1484. Empr. du lat. *particula*, dim. de *pars* « part ».

PARTICULIER, vers 1265 ; **particularité,** vers 1270 *(Rose)*. Empr. du lat. de basse ép. (rare auparavant) *particularis*, propr. « relatif à une partie » (de *particula*, v. le préc.) et du dér. *particularitas.* — Dér. de *particulier* d'après la forme du lat. *particularis :* **particulariser,** vers 1460 ; **particularisme,** 1689, d'abord terme de théologie, au sens politique depuis la guerre de 1866, **particulariste,** 1701, sens parallèle à *particularisme.*

PARTIE, v. **partir.**

PARTIEL, 1745. Empr. du lat. de basse ép. *partialis* et francisé en *partiel* pour le distinguer de *partial*, qui a eu du reste le sens de « partiel » du xive (Oresme) jusqu'au xvie.

PARTIR. A signifié d'abord « partager », sens usuel jusqu'au xvie et conservé dans la locution *avoir maille à partir*. Le sens moderne s'est développé au réfléchi *soi partir de qqn.* « se séparer de », d'où *partir de qqn.*, qui apparaît dès le xiiie, puis *partir* (d'un endroit), *id.* De l'ancien tour *se partir* il est resté des traces dans les patois, par exemple en poitevin. Lat. pop. **partīre*, lat. class. *partīrī* « partager ». — Dér. et Comp. : 1° d'après le sens moderne : **partance,** xviie s., une première fois vers 1400 (Christine de Pisan) ; **repartir,** seulement 1580 (Montaigne), au sens de « répondre », mais le dér. **repartie** date de 1611 ; 2° d'après le sens de « partager » : **partage,** 1244, d'où **partager,** 1398, qui a remplacé *partir* au sens propre, **partageable,** 1505, **partageux,** 1849 ; *partageur*, 1567, signifie « préposé au partage des successions » ; **départager,** 1690 ; **parti,** vers 1360, propr. « ce qui est partagé », d'où acceptions diverses : « groupe, résolution, etc. » ; comme terme de la langue politique, xvie, a servi à traduire le lat. *pars ;* **partie,** xiie, propr. « portion d'un tout », d'où acceptions variées (au xve signifie notamment « parti (politique) » ; comme terme de la langue jurid., xiiie, a servi à traduire le lat. *pars ;* au xve *de la partie de* équivaut à *de la part de ;* d'où **contre-partie,** 1262 ; **départir,** vers 1080 *(Roland)*, d'abord « partager », encore usité au xviie, d'où *(soi) départir de* « s'en aller » dès les premiers textes, « s'écarter de » dès le xive, d'où **départ,** 1213, sens parallèle à celui du verbe, **département,** xiie, propr. « action de partager », encore usité au xvie ; au sens de « division administrative », xve, d'où l'emploi fait de ce mot en 1790 pour désigner des parties du territoire français ; **mi-parti,** xiie, part. passé d'un ancien verbe *mipartir ;* **répartir,** xiie, avec le préfixe *ré-* dont on ne peut préciser la date, pour le distinguer de *repartir*, d'où **répartiteur,** 1749, **répartition,** 1662 ; **charte-partie,** 1606, ainsi nommée parce qu'on partageait l'acte, la *charte*, en deux parties, dont les deux contractants gardaient chacun une.

PARTISAN, 1483. Empr. de l'it. *partigiano*, dér. de *parte* « parti ». Au xviie s'est dit des fermiers d'impôts, d'après un des sens qu'avait alors *parti* « part attribuée à des fermiers d'impôts ou de fournitures de l'État ».

PARTITIF, terme de gramm., 1380. Empr. du bas lat. *partitivus*, dér. du lat. *partitus*, part. passé de *partiri* « partager ».

PARTITION, 1690, au sens moderne. Antérieurement et depuis le xiie, « part, partage, division », ce dernier sens dans diverses techniques, notamment dans la langue de la rhétorique et de la logique comme en latin. Probabl. de l'it. *partizione*, qui, il est vrai, est assez récent au sens musical.

PARTURITION, 1823 (en 1803, peut-être par erreur, *parturation*). Empr. du lat. *parturitio* « accouchement ».

PARVENIR. Lat. *pervenīre.* — Dér. : **parvenu,** s. m., 1721.

PARVIS. D'abord *parevis ;* cf. aussi *pareïs (Roland)* au sens de « paradis ». Lat. eccl. *paradīsus*, v. **paradis,** qui a pris le sens de « parvis », parce que, dans le haut moyen âge, la place qui se trouvait devant l'entrée principale des églises, à Rome et dans l'Italie méridionale, s'appelait *Paradisus.* Cette acception vient sans doute du sens premier du mot « parc, enclos ». Le *-v-* est probabl. dû à la prononciation grecque, où le *-d-* était devenu une spirante dentale, consonne qui, n'existant pas dans le roman d'Italie y a été remplacée par *v.*

PAS. Lat. *passus.* — Dér. : **pas,** adv. de négation, xiie *(Voyage de Charlemagne) ;*

a éliminé depuis le XVIe son principal concurrent *mie*, v. aussi **goutte, point** ; seulement gallo-roman.

PASCAL, 1121. Empr. du lat. eccl. *paschalis*.

PASQUINADE, 1566. Empr. de l'it. *pasquinata*, dér. de *pasquino* (d'où *pasquin*, 1558, « écrit satirique », encore usité au XVIIe), nom donné par plaisanterie à une statue antique de Rome, qui se trouve près du palais des Ursins, et sur laquelle on affichait des placards satiriques. Castelvetro, cité par Ménage, explique que cette statue avait reçu le nom d'un tailleur nommé *Maestro Pasquino*, réputé pour ses médisances et près de la boutique duquel la statue aurait été découverte. On emploie aussi quelquefois **pasquille,** forme altérée de *pasquin*, par substitution de suff., usitée dans le Nord-Est, où elle a été relevée au début du XVIIe (en outre au XVIe chez le Genevois Bonivard), cf. aussi *pasquil*, masc., au XVIIe.

PASSADE. Fin XVIIe (Saint-Simon) au sens moderne, issu de celui de « action de passer dans un lieu sans y séjourner », XVe *(pour la passade)* ; s'est en outre employé du XVIe au XVIIIe s. comme terme de manège et d'escrime. Empr. de l'it. *passata* (de *passare* « passer »), qui a ces divers sens, sauf le sens moderne du français.

PASSER. Lat. pop. **passāre*, dér. de *passus* « pas ». — Dér. et Comp. : **passable,** XIIIe *(Rose)*, au moyen âge surtout « par où l'on peut passer » ; **passage,** vers 1080 *(Roland)*, **passager,** vers 1330, au sens de « qui prend passage à bord d'un navire », XVIe ; **passant,** *subst.*, XVIe au sens moderne ; au moyen âge désigne notamment un anneau attaché à une boucle de ceinture, cf. *coulant*, dans des sens analogues, depuis le XVIe ; **passation,** 1428, d'après le sens de « fixer, décider », qu'a eu *passer* dans la langue jurid. dp. le XIVe, d'où *passer un acte, un ordre ;* **passe,** 1383, comme terme de jeu ; *être en passe*, XVIIe, est issu des anciens jeux de mail et de billard ou *passe* désignait un arc sous lequel la boule devait passer, **impasse,** mot créé par Voltaire (pour remplacer *cul-de-sac*) : « Un honnête homme aurait pu appeler ces sortes de rues des impasses », *Dict. philos.*, 1761 ; **passé,** *subst.*, 1539 ; **passementier,** 1552, **passementerie,** 1582, par l'intermédiaire d'un verbe *passementer*, 1542, lui-même dér. de *passement* « sorte de tissu », 1538, au moyen âge « passage » ; **passerelle,** 1835 ; **passette,** 1812 ; **passeur,** XIIe ; **passoire,** XIIIe ; **passavant,** 1718, déjà usité au moyen âge avec d'autres sens ; **passe-droit,** 1546 ; **passe-fleur,** variété d'anémone, XVe ; **passe-lacet,** 1842 ; **passe-partout,** 1564 ; **passe-passe,** vers 1420, impér. répété deux fois avec *muscade* ou un mot analogue sous-entendu ; **passepoil,** 1603 ; **passeport,** 1420 ; **passe-rose,** XIIIe ; **passe-temps,** XVe ; **passe-volant,** 1522 ; **dépasser,** XIIe ; **outrepasser,** XIIe ; **repasser,** XIIe, d'où **repassage,** 1800, une première fois en 1596 au sens d' « action de passer de nouveau », **repasseur,** 1765, **repasseuse,** 1800 ; **surpasser,** 1340 ; **trépasser,** XIIe, au sens de « passer », puis de « mourir », XIIe, d'où **trépas,** XIIe, au sens de « passage », développement du sens parallèle à celui du verbe ; la locution *aller de vie à trépas* apparaît dès le début du XVe (antérieurement, au XIVe... *trépassement*) sans la nuance familière qu'elle a aujourd'hui.

PASSEREAU, 1527 (une 1re fois au XIIIe s.). Sorti, par changement de suffixe, de formes plus anciennes telles que *passeron*, *passerat*, qui ont été dér. des représentants du lat. *passer*, *-em* à une époque où *-r-* n'avait pas encore disparu, comme c'est le cas dans l'a. fr. *passe*.

PASSIBLE, XIIe, au sens de « qui peut souffrir » (théol.), jusqu'au XVIIIe. Empr. du lat. eccl. *passibilis*, dér. de *passus*, part. passé de *pati* « souffrir ». Le sens jurid. date du XVIIIe. V. **impassible.** — Dér. : **passibilité,** 1390.

PASSIF, vers 1220. Empr. du lat. *passivus* « susceptible de souffrir » et terme de gramm. ; le sens financier développé par opposition à *actif : dettes passives*, 1495, d'où *passif*, terme de commerce, 1789. — Dér. : **passivité,** 1760 ; d'abord *passiveté*, XVIIe (Bossuet).

PASSIFLORE, 1807, empr. du lat. des naturalistes *passiflora*, de *passio* « passion » et *flos* « fleur » (ses organes paraissent rappeler les instruments de la passion du Christ).

PASSION, Xe *(Saint-Léger)*, au sens de « souffrance », encore chez Montaigne, spéc. en parlant du supplice de Jésus-Christ ; au sens de « mouvement de l'âme », 1538, une 1re fois au XIIIe. Empr. du lat. de basse ép. et eccl. *passio*. — Dér. : **passionnel,** 1808 ; une première fois fin XIIIe, d'après le lat. de basse ép. *passionalis*. **Passionné,** XIIIe, signifie jusqu'au XVIe « qui a subi une souffrance physique » ; le verbe, avec des sens parallèles, apparaît au XVe.

PASTEL « crayon fait de couleurs pulvérisées », 1676. Empr. de l'it. *pastello*, propr. « petit morceau de matières réduites en pâte et durcies », d'où le sens de « pastel », lat. de basse ép. **pastellus*, issu par changement de suff. du lat. class. *pastillus*, qui se rattache au radical de *panis* et n'a rien à voir avec *pasta*. — Dér. : **pastelliste,** 1836.

PASTEL « guède », 1510. Empr. du prov. *pastel*, dér. du prov. *pasta* (déjà en bas lat. *pastellus*), v. le préc. qui a dû désigner d'abord la matière colorante qu'on extrait de la plante en en réduisant la tige en pâte, puis la plante elle-même.

PASTENADE, v. **panais.**

PASTÈQUE, 1512. Altération d'abord orthogr., puis qui a passé dans la prononciation, de *pateque*, 1512. Empr., par l'intermédiaire du port. *pateca*, d'une langue de l'Inde (ce mot lui-même est l'ar. *al-bâṭṭikha ;* l'esp. *albudeca* vient également de l'arabe).

PASTEUR, v. **pâtre.**

PASTEURISER, 1872. Dér. du nom de *Pasteur*. — Dér. : **-ation,** *id.*

PASTICHE, 1677. Empr. de l'it. *pasticcio*, propr. « pâté », dit par plaisanterie, lat. pop. **pasticium*, v. **pâtissier.** — Dér. : **pasticher,** 1845.

PASTILLE, 1539. Empr. de l'esp. *pastilla*, dér. de *pasta*, v. les préc. « composition de pâte sèche et odorante ».

PASTIS, 1928. Empr. du dialecte de Marseille, où *pastis* a pris le sens de « désordre, gâchis » ; *pastis* représente le lat. **pasticius* (v. **pastiche**), dér. de *pasta* (v. **pâte**).

PASTORAL, XIIIe ; rare avant le XVIe. Empr. du lat. *pastoralis*, dér. de *pastor*, v. **pâtre.**

PASTOURELLE, v. **pâtre.**

PAT, 1689. Peut-être empr. de l'it. *patta* dans l'expression *essere pari e patta*, qui s'emploie quand il y a partie nulle (*patta* est le fém. de *patto* « accord », lat. *pactum* ; l'esp. a tiré du mot it. un adj. *pato* « égal », qui s'emploie surtout en jouant aux cartes).

PATACHE, 1566. D'abord « bâtiment léger pour le service des grands navires, l'usage de la douane » ; d'où le sens moderne, 1793, ces bâtiments étant souvent de vieux navires. Empr. de l'esp. *patache*, qui n'a que le sens de « bateau », probabl. pris de l'arabe *baṭāš* « bateau à 2 mâts », qui paraît être une substantivation de l'adj. *baṭṭāš* « rapide ». — Dér. : **patachon,** dans *mener une vie de patachon*, 1842 ; propr. « conducteur de patache », parce que le conducteur de patache est toujours en route.

PATAQUÈS, 1784. On trouve aussi *pataqui-pataquiès*, 1823, et *pat-à-qu'est-ce*. Mot plaisamment forgé sur des fautes de liaison. L'historiette rapportée par Domergue a peut-être été imaginée après coup : « Un plaisant était à côté de deux dames ; tout à coup il trouve sous sa main un éventail. Madame, dit-il, à la première, cet éventail est-il à vous ? Il n'est *point-z-à moi*, Monsieur. Est-il à vous, Madame ? dit-il en le présentant à l'autre. Il n'est *pas-t-à moi*, Monsieur. Puisqu'il n'est *point-z-à vous* et qu'il n'est *pas-t-à vous*, ma foi, je ne sais *pas-t-à qu'est-ce*. »

PATARAFE, v. **paraphe.**

PATARD, 1330. Nom d'une anc. monnaie de peu de valeur ; aujourd'hui terme fam. Empr. du prov. *patar*, d'abord *patac*, empr. lui-même de l'esp. *pataca* « pièce d'argent, du poids d'une once ». L'ét. arabe qu'on a donnée de ce mot est peu probable.

PATATE, 1599 ; antérieurement *batate*, 1519, forme encore signalée au début du XIXe. Empr. de l'esp. *batata*, *patata*, lui-même empr. de l'arouak d'Haïti. Nom de la pomme de terre dans les parlers de l'Ouest et du Sud-Ouest et dans le fr. pop.

PATATI-PATATA, XIXe (Béranger), cf. *patatin patatac*, 1650. Onomatopée.

PATATRAS, 1651. Onomatopée.

PATAUGER, PATAUD, v. **patte.**

PATCHOULI, 1826. Empr. de l'angl. *patch-leaf*, attesté dès 1698 et empr. à son tour du tamil (langue dravidienne), peut-être de *pach* « vert » et *ilai* « feuille ». La transcription par *patchouli*, certainement d'origine franç., est née probabl. sur la côte de Coromandel et a passé du franç. à l'anglais, où *patchouli* n'est attesté que depuis 1845.

PÂTE. Lat. de basse ép. *pasta*, chez le médecin M. Empiricus (du Ve s.) (du grec *pastê* « sauce mêlée de farine »). La locution *être comme un coq en pâte*, 1690, paraît avoir signifié propr. « comme un coq qu'on empâte, qu'on engraisse », cf. chez Bon. Desperiers « Il estoit traitté comme un petit coq au panier ». Comp. norm. *Comme un coq dans un panier*. — Dér. : **pâté,** XIIe, **pâtée,** 1332 ; **pâteux,** XIIIe ; **pâton,** 1483 ; **empâter,** XIIIe, **empâtement,** 1603.

PATELIN, 1860, terme vulg. au sens de « pays natal », déjà attesté en ce sens en argot dp. 1628 sous la forme *pacquelin*, est un dér. de l'a. fr. *pastiz* « pacage », dér. de *past*, part. passé de l'a. fr. *paistre*, v. **paître.**

PATELINER, 1470. Déformation doucereuse de **patiner.** Le nom du héros de la célèbre farce de *Maistre Pierre Pathelin*, 1474, qui, par ses flatteries, se fait vendre du drap à crédit et dupe les gens avec de belles paroles, est tiré du verbe. — Dér. : **patelinage,** XVe, **patelineur,** 1546, Rab.

PATELLE, 1555. Empr. du lat. *patella*, proprement « petit plat » ; ainsi nommé à cause de sa forme.

PATÈNE, 1380. Empr. du lat. *patena*, autre forme de *patina* « plat ».

PATENÔTRE, XIIe ; on trouve aussi *paternostre* et *patrenostre*. Empr. du lat. *pater noster* « notre père », début de l'Oraison dominicale. A pris de bonne heure le sens de « prières » et différentes acceptions figurées, notamment « grains de chapelet, chapelet », dès le XIIIe. On dit aussi *pater*, relevé depuis fin XVIe (d'Aubigné), pour désigner la prière ou les grains du chapelet.

PATENT, vers 1370 (Oresme), au sens moderne ; a signifié aussi « ouvert », en parlant de lettres, d'où *lettre patente*, terme de chancell., 1307. Empr. du lat. *patens* « ouvert, manifeste ». — Dér. : **patente,** 1595, abrév. de *lettre patente*, 1292 ; dit d'abord d'un diplôme, d'un certificat, d'où, dans la Constitution de 1791, « brevet que toute personne qui veut faire du commerce ou exercer une industrie quelconque est tenue d'acheter du gouvernement », 1787 (en parlant de l'Angleterre), d'où l'acception de « contributions spéciales aux commerçants, etc. », d'où **patentable,** 1791, **patenté,** 1791, avec sens parallèles à *patente*.

PATER, v. **patenôtre.**

PATÈRE, 1762 ; une première fois vers 1500. Empr. du lat. *patera* « coupe », d'où diverses acceptions techn. au XIXe.

PATERNE, vers 1770, Voltaire. Empr. du lat. *paternus* « paternel », en vue d'une nuance de sens différente de **paternel,** lui-même formé au moyen âge, XIIe, sur le lat. *paternus. Paterne* a déjà été emprunté au moyen âge au sens de « paternel » ; mais, au moyen âge, s'employait surtout comme subst. fém., au sens de « Dieu, en tant que père des hommes », empr. du latin médiéval *paterna* (scil. *imago*) « image de Dieu le Père ».

PATERNITÉ, XIIe. Empr. du lat. *paternitas*, v. le préc.

PATHÉTIQUE, XVIe, adj. ; subst. à partir du XVIIe. Empr. du lat. de basse ép. *patheticus* (du grec *pathêtikos*, dér. de *pathos* au sens de « passion », tous deux employés dans la langue de la rhétorique ; de là aussi le fr. **pathos,** 1671, Molière).

PATHO-. Premier élément de mots sav. comp., tels que **pathogène,** fin XIXe (précédé par *pathogénie*, 1836, d'abord *-génésie*, 1823), tiré du grec *pathos* « souffrance », ou de mots empr. du grec, tels que **pathologie,** 1550.

PATIBULAIRE, 1395. Dér. sav. du lat. *patibulum* « gibet en forme de fourche ».

PATIENT, vers 1120. **Patience,** vers 1120. Empr. du lat. *patiens*, *patientia* (de *pati* « souffrir, supporter »). — Dér. de *patient* : **patienter,** 1560.

PATIENCE, plante, dite aussi *parelle*, 1564. Altéré du lat. *lapathium* (du grec *lapathon*), attesté au XVIe sous la forme *lapacion*, d'après le préc. et avec suppression de la syllabe initiale *la*, prise pour l'art.

PATINE, XVIIIe (Buffon). Empr. de l'it. *patina*, qui désigne aussi un mélange pour préparer les peaux de veau, ce qui est probabl. le premier sens ; le mot it. est sans doute emprunté du lat. *patina* « poêle », aussi « contenu d'une poêle », d'où l'emploi du mot pour désigner ce mélange préparé dans une poêle ou conservé dans une écuelle. — Dér. : **patiner** « donner la patine », 1867.

PATINER, PATINEUR, v. **patte.**

PATIO, 1840. Empr. de l'esp. *patio*, d'origine inconnue (on a voulu le mettre en rapport avec l'anc. prov. *pati* « pacte », *patu*, empr. du lat. *pactum*, mais cette étymologie se heurte à des difficultés phonétiques insurmontables).

PÂTIR, 1546 (Rab.), au sens de « supporter » ; sens moderne dès le XVIe ; a signifié aussi « endurer » au XVIIe. Empr. du lat. *pati* « souffrir, supporter ». — Dér. : **pâtira(s),** 1790, « souffre-douleurs », emploi plaisant du futur, d'après des expressions telles que *il en pâtira*.

PÂTIS. Lat. pop. **pastīcium*, dér. de *pastus* (part. passé de *pascere* « paître »). **Pâquis,** 1284, mot dial. usité surtout dans l'Est, une variante de *pâtis* par croisement avec l'anc. *pasquier*, attesté notamment dans des textes de l'Est, lat. pop. *pascuārium* ; v. **pacage.**

PÂTISSIER, XIIIe. D'un a. fr. **pastitz*, qui doit avoir disparu avant le XIIIe s., mais qui est aussi attesté par l'anc. verbe *pastissier* et qui représente le lat. pop. **pastīcium* « pâté » (de *pasta* « pâte »), d'où viennent l'a. pr. *pastitz* et l'it. *pasticcio*, v. **pastiche.** — Dér. : **pâtisserie,** 1328.

PATOIS, vers 1285. Dér. de **patte,** avec le suff. qu'on a dans *françois*, etc. Le radical exprime la grossièreté des gens qui parlent ce langage. L'expression *en son patois* (G. de Lorris), en parlant du chant des oiseaux, est due à l'emploi plaisant du mot, à peu près comme dans l'expression fréquente *en son latin*. — Dér. : **patoiser,** 1842.

PATRAQUE, 1743. Empr. du prov. *patraco*, qui désignait d'abord une monnaie usée de peu de valeur, empr. lui-même de l'Italie supérieure, où la forme *patraca* est née par déformation de l'esp. *pataca*, v. **patard.**

PÂTRE. Aujourd'hui littéraire. Lat. *pastor* ; était en a. fr. le cas sujet de *pasteur*, lat. *pastōrem*, qui a été de quelque usage au sens de « pâtre » jusqu'au XVIIe, encore usité sous les formes *patou(r)* dans l'Ouest ; mais *pasteur* a pris de bonne heure, dès le XIIe, en français proprement dit, une acception religieuse (v. **ouaille**), à laquelle il a pu être réservé en raison de l'existence de *pâtre*, « gardien de troupeaux, surtout de moutons », ce qui a en outre amené le rétablissement de l'*s* d'après le mot latin ; *pasteur* est usité aussi dans le style élevé depuis le XVIIe. **Pastourelle,** XIIIe, a été refait de même d'après sa forme écrite, comme **pastoureau,** XIIe, dont il a été tiré, dér. lui-même de *pasteur ;* au XVIIe et aujourd'hui dans quelques patois de l'Ouest on trouve encore la forme sans *s* *patoureau*. Cf. it. *pastore*, esp. a. pr. *pastor*, aussi au sens religieux ; mais le nom. *pastor* ne survit que dans l'a. pr. *pastre* et en rhéto-roman.

PATRIARCHE, XIIe ; **patriarcal,** 1680 (une 1re fois vers 1400 comme subst. et dans un sens spécial) ; **patriarcat,** 1491 (une 1re fois vers 1280). Empr. du lat. eccl. *patriarcha*, *patriarchalis*, *patriarchatus* (du grec eccl. *patriarkhês* « chef de famille », fait pour traduire l'hébreu *rôchê aboth* « chef de famille », mais qui ne désigne les premiers patriarches que dans le Nouveau Testament ; l'emploi que nous faisons de *patriarche* dérive de ce dernier sens). Depuis le moyen âge, *patriarche* désigne aussi certains dignitaires ecclésiastiques et *patriarcat* a pris une valeur correspondante.

PATRICE, 1506 ; une première fois fin XIIe ; **patriciat,** 1565 ; **patricien,** vers 1354, Bersuire. Les deux premiers sont empr. du lat. *patricius* (dér. de *pater* au sens de « chef de famille patricienne, sénateur »), *patriciatus ;* le troisième est un dér. sav. de *patricius* avec le suff. *-ien* de mots comme *chrétien ;* cf. *plébéien*.

PATRIE, 1511 (Gringore) ; Fontaine reproche encore à du Bellay de l'avoir employé : « Qui a païs n'a que faire de patrie. » Empr. du lat. *patria*, appuyé par l'it. *patria*, déjà en usage. — Comp. : **expatrier,** 1731, le subst. *expatrié* dp. 1479, d'après le lat. *patria*, d'où **expatriation,** dès le XVIe ; **rapatrier,** 1462, souvent au sens de « réconcilier », aux XVIIe et XVIIIe s. et encore aujourd'hui en wallon ; d'où **rapatriement,** vers 1675, développement de sens parallèle au verbe ; *rapatrier* a sans doute été fait d'après *repatrier*, qui a eu les mêmes sens que *rapatrier* au XVIe s., et qui est empr. du lat. médiéval *repatriare* « rentrer dans sa patrie ». Le développement du sens « réconcilier » se suit mal dans les textes ; **sans-patrie,** fin XIXe.

PATRIMOINE, XIIe ; **patrimonial,** XIVe. Empr. du lat. *patrimonium* (de *pater*) et du dér. de basse ép. *patrimonialis*.

PATRIOTE, XVe. Empr. du lat. de basse ép. et médiéval *patriota* (du grec *patriôtês*) au sens de « compatriote », qu'on trouve encore chez J.-J. Rousseau ; le sens moderne apparaît depuis 1562 ; il est devenu usuel au XVIIIe, probabl. d'après l'angl. *patriot*. — Dér. : **patriotique,** 1750 (d'Argenson, une première fois 1532, Rab., au sens de « paternel ») ; **patriotisme,** *id*.

PATRON, XIIe, « protecteur », sens dominant au moyen âge, surtout en parlant de saints, d'où, plus ou moins directement, les différents sens du mot : « modèle », 1312 (aujourd'hui surtout terme de couturière ; cf. l'expression *être taillé sur le même patron*) ; « patron », dans la langue de marine, 1357 (dans un contrat entre le roi de France et un marin génois), probabl. d'après l'it. *padrone ;* « maître d'une maison » (fam.) dp. 1611 ; « chef d'un établissement industriel ou commercial », 1834. Empr. du lat. *patronus* « protecteur, avocat ». — Dér. : **patronage,** vers 1180 ; au sens d' « association de bienfaisance », 1874 ; **patronal,** XVIe ; **patronat,** 1832 ; déjà relevé en 1587 et au début du XVIe comme terme de droit (surtout eccl.) ; fait alors sur le modèle du lat. *patronatus* « qualité, droit du patron vis-à-vis de l'affranchi » (sens qu'on reprend aussi aujourd'hui) ; **patronner,** 1838 « protéger » ; une première fois en 1501 *(Digne patrone, qui justice patrone) ;* depuis 1392 comme terme techn., au sens de « reproduire d'après un patron » ; **patronnesse,** 1833 (d'après l'angl. *patroness*), aurait été employé pour la première fois à propos d'un bal par souscription à l'Opéra ; **patronnet,** 1800 ; dit ainsi pour une raison obscure ; **impatroniser (s'),** 1552.

PATRON-MINET, 1821. Altération, par étymologie pop., de *potron-minet*, 1835 ; on a aussi au XVIIe *poitron-jaquet*, qui paraît venir de la région normande où *jaquet* est usuel au sens d' « écureuil » ; *poitron* représente le lat. *posterio* « cul » ; la locution s'explique par le fait que l'écureuil dresse souvent sa queue, faisant ainsi voir son derrière, son sens est « dès que le derrière de l'écureuil se fait voir (le matin) ».

PATRONYMIQUE, 1679 ; une première fois XIIIe *(patrenomique)*. Empr. du lat. de basse ép. *patronymicus* (du grec *patrônymikos*, comp. de *patêr* « père » et de *onoma* « nom »). — Dér. régressif : **patronyme,** s. m. (vers 1825).

PATROUILLE, etc., v. le suiv.

PATTE, XIIIe. Aussi esp. *pata*. L'a. fr. disait de préférence *poe ;* cf. aussi a. pr. *pauta*, encore vivant dans les parlers méridionaux, cat. *pota*. Même mot que l'all. *Pfote* (all. rhénan *pote*). Attesté par le nom propre *Pauto* très fréquent à l'époque gallo-romaine dans la région de Trèves. Inconnu en gaul., le mot appartient très probabl. à une couche préceltique (illyrienne) ; il a passé au parler des Francs et a été apporté par eux en Gaule. Le mot *patte* et la famille qui se groupe autour sont sans doute dus à une onomatopée, fréquente aussi dans les autres langues romanes pour rendre le bruit que font deux objets qui se heurtent dans toute leur largeur, comp. corse *patone* « gifle ». L'onomatopée est toujours sensible dans beaucoup de mots de cette famille, comme *patouiller*, de sorte qu'il n'est pas nécessaire de supposer pour chacun d'entre eux une dérivation du mot en-tête. Grâce à cette forte valeur onomatopéique *patte* a pu remplacer *poe*. — Dér. et Comp. : **pataud,** 1501 (écrit *pataulx*) ; au XVe comme nom de chien : *Clabault*, *Patault*, etc. ; **patauger,** XVIIe (Cyrano : *Des crapauds qui pataugeoient dans la vase*) avec une terminaison insolite, variante dialectale de *patouiller ;* **patin,** XIIIe (patin à glace dp. 1660, venu des Flandres), **patiner,** 1732, au sens de « marcher sur des patins » ; « caresser une fille, etc. » (1408, dér. direct de *patte*, comp. *piétiner*, de *pied*), **patinage,** 1829, **patineur,** 1732, au premier sens du verbe, au second, 1651, **patinette,** fin XIXe ; **patrouille,** 1538, tiré de *patrouiller* « piétiner dans la boue », XVe, encore dans beaucoup de parlers, variante de *patouiller*, attesté dès 1213, usuel aujourd'hui dans les parlers du Centre et de l'Ouest ; c'est un dér. de *patte*, formé avec le suff. *-ouiller* de *barbouiller*, etc., et une *r* due à des mots de sens analogue, notamment *gadrer*, *gadrouiller*, répandus dans les patois, cf. aussi *vadrouiller ; patouiller* « manier sans ménagement », relevé vers 1540, peu usuel aujourd'hui, est un autre dér. de *patte ;* **pattu,** 1492 ; **empatter** « fixer avec des pattes », 1327 ; **épater,** vers 1370, a pris au XIXe le sens familier de « faire tomber sur les quatre pattes », cf. *s'épater* « tomber sur le ventre », 1808, d'où le sens fam. actuel, 1835 ; **épatement,** 1837 (déjà créé fin XVIe comme terme techn.) et par abrév., **épate,** 1846 ; **épateur,** 1835 ; **patte-fiche,** 1868 ; **patte-pelue,** 1548 (Rab.). — V. aussi **pateliner ; patois.**

PÂTURE. Lat. de basse ép. *pastūra* (dér. de *pastus*, de même sens, de *pascere* « paître »). — Dér. : **pâturer,** XIIe, v. **paître,** d'où **pâturage,** XIIe.

PATURON, vers 1510. Dér. de l'a. fr. *pasture* « paturon », 1340, qui est probabl. dér. du verbe *empasturer* « entraver » ; l'entrave se mettant au paturon, le verbe a facilement pu être rapporté à celui-ci, tandis que du XIIIe au XVe s. *pasture*, d'où dérive *empasturer*, désigne l'entrave (sens conservé en Normandie). L'a. fr. *pasture* est issu du lat. *pastoria* (conservé tel quel dans l'it. *pastoia*) par un changement de suff. avec *-ura*.

PAULOWNIA, 1868. Mot à terminaison latine, sur le modèle de nombreux noms bot., tiré de *Anna Paulowna*, nom d'une fille du tsar Paul Ier (1754-1801), à laquelle cette fleur fut dédiée.

PAUME. Lat. *palma*. Dominant dans les parlers gallo-romans (a. pr. *palma*). It. esp. *palma*. Comme terme de jeu, XIVe (Froissart) ; ainsi nommé, parce que le jeu de paume se jouait primitivement avec la paume de la main, cf. dans un texte latin de 1356 *lusus pilae cum palma ;* v. **palme.** — Dér. : **paumelle** (serrurerie), 1314 ; **empaumer,** XVe, au sens fam. 1662 (Molière).

PAUMELLE, sorte d'orge, 1611. Empr. avec substitution de suff., du pr. *paumola*, au moyen âge *palmola*, lat. *palmula*, propr. « petite palme » ; cette plante a été ainsi nommée à cause de la forme de l'épi.

PAUMELLE, terme de serrurerie, v. **paume.**

PAUPÉRISME, 1823 ; dit d'abord à propos du paupérisme en Angleterre. Empr. de l'angl. *pauperism*, lui-même dér. sav. du lat. *pauper* « pauvre ».

PAUPIÈRE. Lat. *palpetra*, attesté chez Varron, à côté du lat. class. *palpebra*.

PAUPIETTES, terme de cuisine, 1767, aussi *poupiettes*, dès 1691, dér. de l'anc. fr. *polpe* « partie charnue », qui représente le lat. *pulpa*, v. **pulpe.** La substitution de *-au-* à *-ou-* provient peut-être de *paupier*, forme des patois de l'Est pour *papier*, les paupiettes étant enveloppées de papier.

PAUSE, 1530. Empr. du lat. *pausa* (du grec *pausis*). Comme terme de musique (1671), peut venir de l'it. *pausa*, également repris au lat. et qui a reçu ce sens spécial, d'où **pauser,** 1690. *Se pauser* « cesser de crier » dans un texte du XVe dérive de l'a. fr. *pose* « repos » et est écrit avec *au* d'après le lat. *pausa*.

PAUVRE. D'abord *povre* au moyen âge ; *pauvre* à partir du XVIe d'après l'orthographe du mot latin. Lat. *pauper*. L'expression *pauvre d'esprit*, qui dans Matthieu, V, 3, signifie « qui a l'esprit de pauvreté » (on traduit aussi « Heureux les pauvres en esprit ») a pris le sens de « qui a peu d'intelligence ». — Dér. et Comp. : **pauvret,** XIIIe (écrit *povret*) ; **appauvrir,** 1125, d'où **appauvrissement,** 1333.

PAUVRETÉ. D'abord *poveté*. Lat. *paupertātem*, acc. de *paupertās*.

PAVANE, 1530. Empr. de l'it. *pavana*, pour *danza pavana* « danse padouane », la ville de Padoue s'appelant *Pava* dans le dialecte régional. — Dér. : **pavaner (se),** 1611 (*se paonner*, 1544).

PAVER, XIIe. Du lat. pop. **pavāre*, lat. *pavīre* « niveler le sol », cf. a. pr. *pavar*. — Dér. : **pavage,** 1331 ; **pavé,** 1312 ; **paveur,** 1260 ; **dépaver,** XIIIe ; **repaver,** 1335.

PAVIE, XVIe (R. Belleau) ; parfois *pavi*. Tiré de *Pavie*, nom d'une ville de Gascogne, d'où cette esp. de pêche s'est répandue.

PAVILLON. Propr. « sorte de tente », puis « tenture », XIIIe, d'où « sorte d'étendard », spéc. dans la marine, XVIe ; d'autre part « corps de bâtiment », XVIe. Lat. *pāpiliōnem*, acc. de *pāpiliō*, propr. « papillon » (v. ce mot), d'où, par comparaison, « tente », sens attesté dès le IVe s.

PAVOIS, 1336, « sorte de bouclier », d'abord aussi *escu pavaiz* (1337) ; ce mot ayant été employé dès le XVIe s. pour désigner le bouclier sur lequel les Francs élevaient le chef qu'ils avaient élu comme roi, Michelet en a formé la locution *élever sur le pavois ;* d'autre part *pavois*, qui désignait depuis le commencement du XVIe des boucliers dont on garnissait certaines parties d'un navire, a été pris ensuite dans le sens de « tentures (servant spécialement à orner un navire) », XVIIe ; au XVIIe s., comme on se contentait quelquefois de soustraire l'équipage à la vue de l'ennemi, on remplaça en partie les boucliers en bois par des toiles tendues, qui devinrent par la suite un ornement de parade. Empr. de l'it. *pavese* (d'où aussi esp. *pavés*), qui semble être propr. un adj. signifiant « de Pavie » ; on suppose que ces boucliers auraient été primitivement fabriqués à Pavie, d'où venaient déjà, aux XIIe et XIIIe s., des casques (comp. dans les chansons de gestes les *hiaumes de Pavie*). — Dér. : **pavoiser,** XIVe (Froissart) ; d'abord *paveschier*, *id.*, au sens de « protéger avec des pavois » ; on comprend par la suite sous ce terme l'action de garnir un navire de tentures avec celle de hisser les pavillons, et, avec la disparition des toiles tendues autour du navire, dans la 1re moitié du XIXe s., *pavoiser* finit par rester attaché à cette dernière action seule ; de là **pavoisement,** 1845, comme terme de marine ; **pavois** « ensemble des pavillons », 1874.

PAVOT, XIIIe. Issu, par substitution de suff., de *pavo* (XIIe, Chrestien), lat. pop. **papavus*, altération du lat. class. *papaver*.

PAYER. Lat. *pācāre* « pacifier » (de *pāx, pācis* « paix »), qui a pris au IVe s. le sens d' « apaiser », d'où, dans les langues romanes, « satisfaire, payer ». Les sens d' « apaiser, satisfaire » sont encore fréquents en a. fr., qui dit d'abord *soudre* pour « payer » (lat. *solvere*). Le sens de « payer » paraît s'être développé d'abord dans les pays méridionaux et n'apparaît en fr. que vers 1170. — Dér. et Comp. : **payable,** 1255, d'où **impayable,** 1672 (Molière), une première fois au XIVe ; **paie,** vers 1170 ; **paiement,** vers 1170, d'où **nonpaiement,** 1752 ; **payeur,** XIIIe ; **impayé,** 1838.

PAYS. Lat. de basse ép. *pāgē(n)sis*, employé par Grégoire de Tours au sens d' « habitant d'un *pāgus* (qui a chez César le sens de « canton ») », et qui a dû prendre aussi celui de « territoire d'un *pāgus* ». A pris au XVIIe le sens fam. de « personne du même pays » (relevé en 1640, une 1re fois le fém. *payse* en 1512), cf. : « Pays est aussi un salut de gueux, un nom dont ils s'appellent l'un l'autre quand ils sont du même pays », 1690 (Furetière), d'où le fém. **payse,** 1765-70 (J.-J. Rousseau). — Dér. : **paysage,** 1549, d'abord t. de peintre, d'où **paysagiste,** 1651 ; **paysan** ; d'abord *paisenc*, XIIe, avec le suff. *-enc* d'origine germ., rapidement changé en *paisant*, encore au XVe, puis *paysan ;* le fém. a d'abord été *paisante* et *paisande*, qu'on trouve encore au XVIe ; la prononciation dialectale *pézan*, encore usitée dans le Centre et l'Ouest, était admise au XVIIe s. ; *paysan* signifie souvent au moyen âge « homme d'un pays » ; d'où **paysannerie,** 1668 (*paysanterie* au XVIe) ; **dépayser,** 1220, d'où **dépaysement,** 1838 ; **arrière-pays,** 1959, qui a remplacé *hinterland*, en usage en franç. dp. 1907.

PÉAGE. Très ancien dér. de *pied*, formé probabl. dans la langue de l'administration dès l'époque carolingienne, propr. « droit de mettre le pied », dér. de *pēs*, *pedis* « pied ». — Dér. : **péager,** vers 1210.

PEAU. Lat. *pellis*, propr. « peau d'animal », qui, dans le parler pop., a éliminé *cutis* « peau d'homme ». — Dér. : **peaussier,** fin XIIIe, d'où **peausserie,** 1723 ; **pelletier,** XIIe, d'après la forme ancienne *pel*, d'où **pelleterie,** 1202. — Comp. : **oripeau,** XIIe (sous la forme *oripel*), comp. avec l'anc. adj. *orie* « d'or, doré » (empr. du lat. *aureus*), comme *oriflamme ;* devenu rapidement masc. par oubli de la composition et sous l'influence de la terminaison, cf. lat. médiéval *auripellum ;* désignait spécialement en a. fr. des ornements sur les boucliers ; sens péj. à partir du XVIIe.

PÉCARI, 1699 (1640 *pacquire*, donné comme mot indien). Empr. de *begare*, mot de la langue des Caraïbes du Venezuela ou des Guyanes.

PECCADILLE, XVIe ; d'abord *peccatile*, au masc., genre encore attesté au XVIIe. Empr. de l'esp. *pecadillo*, dim. de *pecado* « péché ». Le changement de genre est dû à la forme de la terminaison.

PECCANT, dans l'expression *humeurs peccantes*, 1314. Empr. du lat. *peccans*, part. prés. de *peccare* « pêcher, être défectueux », par l'intermédiaire du lat. médical du moyen âge.

PÊCHE, fruit. Lat. pop. *persica*, plur. neutre pris comme subst. fém. du lat. class. *persicum (malum* ou *pomum)* « (pomme, fruit) du pêcher » ; l'arbre se disait en lat. *persica arbor*, propr. « arbre de Perse », ainsi nommé à cause de sa provenance. V. **alberge.** L'angl. *peach* vient du fr. — Dér. : **pêcher,** arbre, XIIe.

PÉCHÉ. Lat. *peccātum* « faute », qui a pris dans le lat. eccl. le sens partic. de « faute contre la loi religieuse ».

PÉCHER. Lat. *peccāre* « commettre une faute » ; même développement de sens que dans *peccatum*.

PÊCHER, verbe. Lat. pop. **piscāre*, lat. class. *piscārī*. — Dér. et Comp. : **pêche,** 1261 ; **pêcherie,** vers 1155 ; **repêcher,** XIIIe.

PÉCHEUR. Lat. eccl. *peccātōrem*, acc. de *peccātor*, dér. de *peccāre*, au sens chrétien, v. **pécher.** L'a. fr. a possédé aussi un cas sujet *pechiere*, et le fr. **pécheresse,** XIIIe, a remplacé *pecheriz*, lat. eccl. *peccātrīcem*, acc. de *peccātrix*. Les parlers méridionaux emploient les formes avec le suff. d'ancien nom. *-aire* (v. **pêcheur**), *pecaire*, *pechaire* comme exclamations au sens d' « hélas ! Mon Dieu ! etc. », qui se disent aussi dans le français local.

PÊCHEUR. Lat. *piscātōrem*, acc. de *piscātor*. A. pr. *pescador ;* aujourd'hui, les patois provençaux emploient l'ancien nominatif *pescaire* (de *-ātor*), quand il s'agit d'un individu qui pêche sans que ce soit son métier, tandis que *pescadour*, l'ancien accusatif, désigne le pêcheur de profession.

PÉCORE, 1512 (aux XVIe-XVIIIe aussi « pièce de bétail »). Empr. de l'it. *pecora* « brebis », d'où « sot, niais », lat. pop. *pecora* plur. pris comme subst. fém. de *pecus*, *pecoris* « bétail » ; v. le suiv.

PECQUE, 1630. Empr. du prov. *peco*, fém. de l'adj. *pec* « sot, niais », qui est le lat. *pecus*, pris comme terme d'injure, v. le préc.

PECTINÉ, 1735. Terme techn., empr. du lat. *pectinatus* « en forme de peigne *(pecten)* ».

PECTORAL, XVIe (Paré, au sens moderne ; une première fois, au XVe, dans un sens fig.). Empr. du lat. *pectoralis*, dér. de *pectus*, *pectoris* « poitrine ». Au sens d'ornement ecclésiastique, 1355, empr. du lat. médiéval *pectorale*.

PÉCULAT, 1530. Empr. du lat. *peculatus*, dér. de *peculari* « être concussionnaire », de *peculium*, v. le suiv.

PÉCULE, vers 1300. Empr. du lat. *peculium*, dér. de *pecunia*, v. le suiv.

PÉCUNE. S'employait encore comme archaïsme plaisant jusque vers 1930 ; vers 1120 (d'abord sous la forme *pecunie*) ; **pécuniaire,** XIIIe ; **pécunieux,** 1370 (Oresme). Empr. du lat. *pecunia* (dér. de *pecus* « bétail », qui constituait dans la Rome primitive la richesse, v. **fief**), et des dér. *pecuniarius* « relatif à l'argent », *pecuniosus* « qui a beaucoup d'argent ».

PÉDAGOGUE, XIVe (Oresme : écrit *pedagoge*) ; **pédagogie,** 1495. Empr. du lat. *pædagogus* (du grec *paidagōgos*, littér. « qui conduit les enfants *(pais, paidos)* », ce mot ayant d'abord désigné des esclaves chargés de conduire les enfants à l'école) et du grec *paidagôgia*. — **Pédagogique,** 1702, du grec *paidagôgikos*.

PÉDALE, 1560, au sens de « pédale d'orgue ». Empr. de l'it. *pedale*, lat. pop. *pedāle*, neutre pris comme subst. de l'adj. *pedalis* « relatif au pied ». — Dér. : **pédaler,** vers 1890. **Pédalier,** 1877.

PÉDANT, 1566 (H. Estienne) : « J'entens pedant en sa propre signification et non comme ils en usent par dérision » ; le théâtre a beaucoup contribué au succès de ce sens, cf. le *Pedant joué* de C. de Bergerac, etc. ; le sens propre de « maître d'école, pédagogue » est cependant encore usuel au XVIIe ; **pédantesque,** 1558 ; a suivi le développement sémantique de *pédant.* Empr. de l'it. *pedante,* et du dér. *pedantesco. Pedante* paraît bien avoir été fait sur le grec *paideuein* « éduquer » (on prononçait alors *pè-* ; la prononciation érasmienne n'a triomphé qu'au XVIIe). — Dér. : **pédanterie,** 1560, peut-être empr. de l'it. *pedanteria ;* **pédantisme,** 1580 (Montaigne).

PÉDÉRASTE, XVIe ; **pédérastie,** 1581 (Bodin). Empr. du grec *paiderastês* (de *pais, paidos* « enfant » et de *erân* « aimer »), *paiderastia.*

PÉDESTRE, XVe s. Empr. du lat. *pedester,* dér. de *pes, pedis* « pied ».

PÉDICURE, 1781. Comp. avec les mots lat. *pes, pedis* « pied » et *curare* « soigner ».

PEDIGREE, 1828. Empr. de l'angl. *pedigree,* qui passe pour être une altération du fr. *pié de grue ;* ainsi nommé parce qu'il désignait à l'origine une marque faite de trois petits traits rectilignes, dont on se servait dans les registres officiels d'Angleterre pour indiquer les degrés ou les ramifications d'une généalogie.

PÉDONCULE, 1748. Empr. du lat. *pedunculus,* plus rare que *pediculus,* dim. de *pes, pedis* « pied ».

PEDZOUILLE, 1878, d'abord *pezouille* « paysan, rustre » (en 1800). Semble être un emploi plaisant du méridional *pezouy* « pou » ; l'initiale rappelle *pétrousquin,* de formation obscure.

PÉGASE, 1564. Nom propre, en lat. *Pegasus* (du grec *Pêgasos*), cheval ailé qui fit jaillir d'un coup de pied la source Hippocrène, où l'on puisait l'inspiration poétique ; déjà au sens figuré dans les langues anc.

PÈGRE, 1797. Paraît empr. de l'argot marseillais *pego* « voleur des quais », propr. « poix », cf. pour le sens **poissard.**

PEIGNE, XIIe. Réfection de *pigne,* qui a subsisté jusqu'au XVIe, d'après *peigner.* Lat. *pectinem,* acc. de *pecten.* It. *pettine,* esp. *peine.* — Dér. **pignon** (t. de mécan.), 1332 (alors *peignon*), à comparer l'all. *Kamm,* même sens.

PEIGNER. Souvent *pigner* au moyen âge d'après *pigne* « peigne » et les formes accentuées du verbe. Lat. *pectināre,* dér. de *pecten,* v. le préc. — Dér. : **peigné,** *subst.,* terme de tissage, 1842 ; **peignée,** terme familier au sens de « rossée », 1808 ; **peigneur,** 1410, mais le fém. *pinerece* déjà en 1243 ; d'où **peigneuse,** 1800 ; **peignoir,** 1534 (Rab.) ; a désigné antérieurement une sorte de peigne, XVe (écrit *peignouer*), sens encore relevé dans les dict. ; **peignure,** XVIIe ; **dépeigner,** fin XIXe.

PEIGNIER, marchand, fabricant de peignes. Lat. *pectinārius.*

PEINDRE. Lat. *pingere.* It. *pingere.* V. **dépeindre,** etc. — Dér. : **repeindre,** 1290.

PEINE. Lat. *pœna* (du grec *poinê* « châtiment »), d'où « chagrin » à l'époque impériale. It. esp. *pena.* Le sens juridique est repris au latin. Les sens affaiblis de « travail, fatigue, difficulté » apparaissent de bonne heure et se sont répandus dans tous les parlers gallo-romans. La locution *à peine* a des correspondantes dans les langues voisines : it. *appena,* esp. *a penas.* — Dér. : **peinard** 1881, **Père-Peinard,** fin du XIXe (vers 1890, il y a eu un journal anarchiste *Le Père Peinard* qui a contribué à la diffusion du mot), terme pop. signifiant « tranquille, qui ne se fait pas de bile, etc. », par antiphrase de *penard,* fin XVIe (d'Aubigné), « vieillard usé et grincheux », encore dans l'argot de la 2e moitié du XIXe s. ; **peiner,** X^e *(Fragment de Valenciennes) ;* **penaud,** 1544 (B. Despériers), propr. « qui est en peine » ; a remplacé *peneux* au même sens (qui signifie en outre en a. fr. « pénible ») ; **pénible,** 1580 (Montaigne), au sens moderne ; auparavant et depuis le XIIe signifie « dur à la peine ».

PEINTRE. Lat. pop. **pinctor,* réfection du lat. class. *pĭctor,* d'après *pingere* « peindre ». L'a. fr. a employé aussi jusqu'au XVe *peintor,* etc., qui représente l'acc. **pinctōrem,* et en outre *peignor,* etc., refait d'après le radical *peign-* de formes de *peindre.*

PEINTURE. Lat. pop. *pinctūra,* lat. class. *pictūra,* v. le préc. — Dér. : **peinturer,** XIIe, d'où **peinturage,** 1791, **peintureur,** 1792, **peinturlurer,** 1743 (p. passé dès 1628), déformation fantaisiste faite probabl. d'après *turelure,* facilitée par l'identité de la première syllabe de ce mot avec la dernière syllabe de *peinture,* la peinturlure étant par rapport à la *peinture* à peu près ce que la *turelure* est par rapport à l'art du chant.

PÉJORATIF, 1794. Dér. sav. du lat. de basse ép. *pejorare* « rendre pire ».

PÉKIN « sorte d'étoffe de soie », 1759 (Raynal) : « Valence fabrique des pékins supérieurs à ceux de la Chine même »). Tiré de *Pékin,* nom de la ville de Chine, où cette étoffe se fabriquait à l'origine.

PÉKIN (« civil » argot militaire), fin XVIIIe. Écrit aussi *péquin.* Probabl. empr. du pr. *pequin* « malingre » qui correspond à l'esp. *pequeño* « petit », représentant un radical *pekk-,* qui existe à côté de *pikk-,* d'où it. *piccolo ;* introduit dans l'argot des armées révolutionnaires par des soldats du Midi.

PÉKINOIS, 1923. Cette race de chiens introduite d'abord en Angleterre, a été appelée d'après le nom de la ville de *Peking.*

PELAGE, v. **poil.**

PELER. Lat. *pilāre* « enlever le poil », dér. de *pilus* « poil ». Le sens d' « enlever la peau » s'est développé en partie sous l'influence de *pel,* forme ancienne de *peau ;* il est inutile de distinguer deux verbes. Dominant aujourd'hui dans les parlers gallo-romans, mais fortement concurrencé par le type *plumer.* V. **poil.** — Dér. : **pelade,** 1545 ; **pelard,** dans *bois pelard,* 1611 ; **pelure,** XIIe.

PÈLERIN. Lat. de basse ép. *pelegrīnus,* lat. class. *peregrīnus,* « étranger, voyageur » qui a dû prendre le sens nouveau de « pèlerin » dans le lat. eccl. du haut moyen âge ; signifie aussi « étranger » par latinisme au XVIe. L'all. *Pilger*, *Pilgrim* et l'angl. *pilgrim* viennent de la même forme lat. *pelegrinus*. — Dér. : **pèlerinage,** XIIe ; **pèlerine,** sorte de vêtement, 1813.

PÉLICAN, 1210. Empr. du lat. *pelicanus* (en outre *pelecanus*, du grec *pelekan*).

PELISSE, vers 1170. Lat. de basse ép. *pellīcia*, dér. de l'adj. *pellīcius* « de peau, de fourrure » (de *pellis* « peau »).

PELLAGRE, 1810 ; comp. sav. du lat. *pellis* « peau » et du grec *agra* « action de saisir ».

PELLE. Lat. *pāla*. It. esp. *pala*. Depuis la fin du XIIIe on trouve une forme *pale*, au sens de « partie plate de l'aviron », puis avec d'autres sens techniques ; cette forme est vraisemblablement d'origine dialectale (soit du prov. *pala*, soit d'un parler de l'Ouest) ; de cette forme a été tiré **empalement** « vanne d'écluse », 1775 (en 1750 *empellement* d'après *pelle*). — Dér. : **paleron,** vers 1250 ; **palet,** 1375 ; ainsi nommé à cause de sa forme ; **palette,** XIIIe ; comme terme de peinture, 1615 ; au sens vieilli de « petite écuelle d'étain », c'est une altération, d'après *palette*, de l'a. fr. *paelette* (dim. de *paele*, v. **poêle**) ; les deux dim. se sont confondus de bonne heure ; **pelletée,** 1690 ; les dict. donnent aussi *pellée*, XIe, et *pellerée*, 1534 (alors sous la forme *palerée*).

PELLICULE, 1503. Empr. du lat. *pellicula* « petite peau » en vue d'un sens techn.

PELOTARI, fin XIXe. Empr. du basque, qui a formé ce mot avec deux éléments empr. *pelot-*, v. le suiv., et le suff. *-ari*, lat. *-arius*.

PELOTE, vers 1150. Lat. pop. **pilotta*, dim. de *pila* « balle ». — Dér. : **peloter,** vers 1280, propr. « manier la balle », cf. l'expression aujourd'hui figurée *peloter en attendant partie*, d'où les sens familiers de date récente, d'où **pelotage,** 1866 (Goncourt, déjà chez Saint-Simon dans un sens figuré), **peloteur,** 1874, au sens moderne ; **peloton,** 1435 « petite pelote » ; au sens de « groupe de personnes » et spéc. « de soldats », fin XVIe (d'Aubigné) ; d'où **pelotonner** 1617.

PELOUSE, XVIIe (Saint-Amant). Forme dialectale ; probabl. empr. du pr. *pelouso*, fém. pris subst. de l'adj. *pelous* « poilu », lat. *pilōsus* (de *pilus* « poil »), par comparaison d'un terrain couvert de gazon avec un corps velu, couvert de poils.

PELUCHE, 1591. Dér. du verbe a. fr. *pelucher* « éplucher » (encore dans les patois), qui représente un lat. de basse ép. **pilūccare* issu par syncope de **pilūcicare*, lequel est un fréquentatif de **pilūcare ;* celui-ci, conservé à Toulouse sous la forme *peluga* « éplucher », est dér. de *pilare* (v. **peler**) sur le modèle de *manducare* (v. **manger**). — Dér. : **pelucher,** 1798 ; **pelucheux,** 1822.

PELVIEN, 1812. Dér. sav. du lat. *pelvis* « bassin de métal », pris par comparaison, comme *bassin*, terme d'anatomie, et, sans doute, à l'imitation de cet emploi.

PEMMICAN, 1836. Empr. de l'angl. *pemmican*, empr. lui-même de la langue des Algonquins (Canada).

PENAILLE, v. **pan.**

PÉNAL, vers 1550. Empr. du lat. *pœnalis* au sens jurid. (de *pœna*, v. **peine**). — Dér. : **pénalité,** 1803 (du XIVe au XVIe s. au sens de « souffrance »).

PÉNALISER, fin XIXe, **pénalisation,** *id.* Empr. de l'angl. *to penalize*, *penalization*, termes de sport. Aujourd'hui aussi *penalty*, empr. de l'angl. *penalty*.

PÉNARD, v. **peine.**

PÉNATES, 1488. Empr. du lat. *penates* « dieux protecteurs du foyer », d'où le sens figuré de « foyer domestique, habitation », déjà latin.

PENAUD, v. **peine.**

PENCHER. Lat. pop. **pendicāre*, dér. du lat. class. *pendere* « pendre ». — Dér. : **penchant,** *subst.*, 1642 ; **penchement,** 1538.

PENDELOQUE, 1640. Altération, par croisement avec *breloque*, de *pendeloche*, XIIIe, dér. de l'anc. verbe *pendeler* « pendiller », dér. lui-même de *pendre*, v. **effilocher.**

PENDENTIF, 1567. D'abord terme d'architecture ; récent pour désigner une sorte de bijou. L'orthographe montre que ce mot a été formé sur le lat. *pendens*, *pendentis*, part. prés. de *pendere* « pendre » et non sur le fr. *pendant*.

PENDRE. Lat. pop. **pendĕre*, lat. class. *pendēre*. La locution *pendre à l'œil*, déjà attestée au XIIIe, est probablement faite sur le modèle de *pendre au nez ;* on a dit aussi *pendre devant les yeux*, XIVe, encore chez Voiture. V. **pencher.** — Dér. et Comp. : **pendable,** 1283 (Beaumanoir) ; **pendaison,** 1656 ; **pendant,** 1° adj. et subst., XIIe ; 2° prép., issue de l'adj. au XIVe (cf. alors *le terme pendant*, *le temps pendant*, *le siège pendant*, etc.), sur le modèle de l'emploi de *pendens* dans le latin de la procédure ; de l'adj. est issu aussi **cependant,** 1309, cf. chez Joinville *tout ce pendant*, v. **durant ; pendard,** 1380 (au sens de « bourreau » ; sens moderne, XVIe) ; **penderie,** 1539 ; **pendeur,** vers 1260 ; **pendiller,** XIIIe (Rose) cf. **fendiller ; pente,** 1335, qui remonte au fém. d'un part. **penditus*, disparu avant les premiers textes, d'où **penture,** terme technique, 1294, **contrepente,** 1694 ; **dépendre,** XIIe ; **rependre,** 1315. V. **pendentif, soupente.**

PENDULE, m. 1656 ; f. 1664, d'abord *funependule*, 1646, chez le P. Mersenne : (« Au sieur Huggens, Hollandais, grand mathématicien, inventeur de l'horloge de la pendulle », *Comptes des bâtiments du roi*). Empr. du lat. des savants *funependulus* « suspendu à un fil », de l'adj. lat. *pendulus* « qui est suspendu » (de *pendere* « pendre ») dû à l'inventeur du pendule, Galilée (1629). Le fém. est issu de l'expression *une horloge à pendule*, d'où *une pendule*. — Dér. : **pendulette,** fin XIXe ; **pendulier,** 1836.

PÊNE. Altération de *pêle* (d'abord *pesle*), forme usitée jusqu'au XVIIe : « On dit pêne ou pêle, mais le plus usité de ces deux, c'est pêle » (Richelet). *Pêle* représente le lat. *pessulus* « verrou » (du grec *passalos* « cheville, etc. »). Des représentants du mot lat. n'ont été relevés dans d'autres pays romans que dans les dialectes.

PÉNÉTRER, 1314 ; **pénétrable,** 1370 (Oresme) ; **pénétration,** *id.* Empr. des mots lat. *penetrare*, *penetrabilis*, *penetratio* (créé à basse époque).

PÉNIBLE, v. **peine.**

PÉNICHE, 1803. Empr. de l'angl. *pinnace*, empr. lui-même du fr. *pinace*, *pinasse ;* celui-ci, relevé en 1461 sous la forme *pinace* (souvent altérée au XVe et au XVIe en *espinace*, *-asse*), plus usité dans l'ancienne marine qu'aujourd'hui, est probabl. empr. de l'esp. *pinaza* (dér. de *pino* « pin ») ; était particulièrement usité sur les côtes de l'Atlantique, où il survit encore.

PÉNICILLINE, 1949. Dér. savant du lat. *penicillus* « pinceau », à cause de la forme de la moisissure dont provient cet antibiotique.

PÉNIL. Lat. pop. **pectinīculum*, dim. de *pecten* « peigne » (déjà employé au sens de « pénil » par Juvénal, VI, 370), ainsi dit par comparaison des poils du pénil avec les dents d'un peigne. A. pr. *penchenilh.* L'it. a formé un dér. analogue *pettignone.*

PÉNINSULE, 1518. Empr. du lat. *paeninsula* « presqu'île ». — Dér. : **péninsulaire,** 1836 ; une première fois en 1556.

PÉNIS, 1618. Empr. du lat. *penis* « queue (des quadrupèdes) ».

PÉNITENT, XIVe ; **pénitence,** XIe (Alexis) ; **pénitentiel,** XVIe, en outre **-al,** XIVe, emploi plus restreint. Empr. de *pænitens* (de *pænitere* « se repentir »), *pænitentia*, au sens que ces mots ont pris dans le lat. eccl. et de *pænitentialis*, créé dans ce latin. L'a. fr. a employé parallèlement des formes francisées *peneant*, *peneance* (et un verbe très rare *peneïr*). — Dér. de *pénitence :* **pénitencier,** 1838, au sens moderne ; a été formé au moyen âge d'après le lat. médiéval *pænitentiarius*, comme terme eccl., encore relevé dans les dict. ; **pénitentiaire,** 1835 ; d'abord subst. au sens du préc., 1806.

PENNE. Au moyen âge aussi « plume pour écrire ». Réfection, d'après le lat., d'une forme pop. *panne*, rarement attestée, lat. *penna ;* mais il est impossible de dater cette réfection, car *penne*, au moyen âge, peut n'être qu'une variante graphique de *panne*. Ce mot est du reste peu populaire ; il a été éliminé en gallo-roman par *plume* et ne survit qu'en quelques points de la Wallonie. — Dér. : **pennage,** 1552 (Rab.) ; **panonceau,** d'abord *penoncel*, XIIe ; au moyen âge signifie « écusson d'armoiries » ; apparaît au XVIe avec un sens fig. proche du moderne ; dér. de *panne*, *penne* par l'intermédiaire de *penon*, *pennon*, XIIe, « sorte de drapeau » (parfois écrit *panon*, *pannon*) ; *penon* n'existe plus dans la langue générale, de là l'hésitation de la graphie, mais *panonceau* garde la prononciation ancienne ; **panneton,** 1581, dér. diminutif de *penon*, à cause de la ressemblance de la forme des deux objets.

PÉNOMBRE, 1666. Empr. du lat. scientifique *paenumbra*, créé par Kepler (1604) avec le lat. *paene* « presque » et *umbra* « ombre » pour désigner la zone de la lune où la lumière du soleil est interceptée seulement en partie.

PENSER. Lat. *pensāre*, propr. « peser, juger », fréquentatif de *pendere* « peser » ; a dû prendre à basse ép. le sens de « penser », cf. de même it. *pensare*, esp. *pensar ;* *n* devant *s* tombant normalement et *pe(n)sāre* étant représenté par *peser*, la forme *penser* n'est explicable que comme venant de la langue écrite ; en effet, *pensare* se trouve au sens de « penser » dès le VIe s. *Panser* n'est qu'une spécialisation de *penser ;* on a dit d'abord *penser de*, c'est-à-dire « s'occuper de, soigner, » dès le XIVe, cf. *en après pense de la plaie*, H. de Mondeville, et *penser* sans prép. au sens de « soigner », du XIVe au XVIe ; on a utilisé, à partir du XVIIe, la double orthographe pour distinguer les sens par la forme ; la graphie *panser* au sens de « penser », apparaît au XIIIe, mais *penser* « panser » est encore usité au XVIIe ; on trouve en outre dès le XIIIe s. *(pencer) pancer*, même au sens de « penser » ; en dehors du sens médical (le mot signifie encore « médicamenter » au XVIIe), *panser* s'emploie au sens restreint d' « étriller un cheval » ; d'où **pansement,** 1611 (écrit *pensement*). **Pansage,** 1798. — Dér. : **pensée,** « ce qu'on pense », vers 1165 (auparavant *pensé*), d'où **arrière-pensée,** 1798 (une 1re fois en 1587). **Pensée,** espèce de fleur, 1512 (était considérée comme le symbole du souvenir, cf. *herbe de la pensée*, XVIe, et l'angl. *heart-ease*, littéral. « aise du cœur ») ; **pensement** « action de penser », XIIe ; **penser,** *subst.*, XIIe ; **penseur,** XIIIe, mais n'est devenu usuel qu'au XVIIIe ; **pensif,** XIe *(Alexis)* ; **repenser,** vers 1185 ; **impensable,** fin XIXe. V. **guet-apens.**

PENSION, vers 1225, au sens de « paiement », d'où celui de « gages, etc. », encore au XVIIe ; le sens de « somme annuelle versée régulièrement par l'État, comme récompense de services rendus » apparaît vers le XVe ; celui de « somme versée pour l'entretien d'un enfant », au XVIIe, d'où « maison d'éducation », vers le XVIIIe. Empr. du lat. *pensio* au sens de « paiement », dér. de *pensus*, part. passé de *pendere* « payer ». — Dér. : **pensionnaire,** 1323, développement de sens parallèle au simple ; **pensionnat,** 1788 ; **pensionner,** vers 1340 ; rare avant le XVIIIe.

PENSUM, 1743. Empr. du lat. *pensum* « tâche, devoir » en vue d'un sens spécial ; pour l'emploi de mots latins dans la langue des collèges. V. **accessit.**

PENT(A)-. Premier élément de mots sav. comp., tels que **pentaèdre,** 1823, tiré du grec *pente* « cinq », ou de mots empr., tels que **pentagone,** 1520 (déjà 1377, Oresme).

PENTE, v. **pendre.**

PENTECÔTE. Lat. eccl. *pentecoste*, du grec *pentekostê* (sous-entendu *hêmera* « jour ») « cinquantième jour après Pâques », fait sur le modèle de l'hébreu *scheba'oth* « fête des semaines ou Pentecôte », dér. de *scheba'* « sept »; après avoir désigné dans les Septante la Pentecôte juive, a servi à désigner la fête chrétienne, à cause de la coïncidence des dates, v. **pâques,** cf. aussi *Actes des Apôtres*, II, 1 : « Le jour de la Pentecôte, ils étaient tous ensemble, dans le même lieu. » Le lat. eccl. a traduit aussi le grec par *quinquāgēsima*, qui a donné un certain nombre de formes romanes, dont il ne reste aujourd'hui que le wallon *cincwème* et le rhéto-roman *tschunqueisma.*

PÉNULTIÈME, 1260. Empr. du lat. *pænultimus* (de *pæne* « presque » et *ultimus* « dernier »), avec terminaison francisée d'après celle des adjectifs ordinaux.

PÉNURIE, 1468 ; rare avant le XVIIIe. Empr. du lat. *penuria.*

PÉOTTE, gondole de l'Adriatique, 1687. Empr. de l'it. *peotta*, *peota*, mot d'origine vénitienne, correspondant à l'it. commun *pedotta*, v. **pilote.**

PÉPERIN, sorte de roche volcanique, 1694. Empr. de l'it. *peperino*, lat. de basse ép. *piperīnus* (sous-entendu *lapis ;* dér. de *piper* « poivre »), de même sens, littér. « parsemé de grains semblables à ceux du poivre ».

PÉPIE. Lat. *pītuīta*, propr. « pituite », devenu en lat. pop. **pīttīta* (cf. **battre**), puis **pīppīta* par assimilation, d'où *pipie* dans certains parlers gallo-romans, *pipita* en it. ; la forme *pépie* est née d'une dissimilation des deux *i*, comp. lat. *dīvīnare*, fr. *deviner*. *Pippita* est aussi à la base de l'all. *Pips*, et de l'angl. *pip.*

PÉPIER, vers 1550. Une forme *pipier* est attestée du XIVe au XVIe s. Verbe onomatopéique. — Dér. : **pépiement,** vers 1840 (une 1re fois en 1611).

PÉPIN, XIIe. Dans les patois aussi *pipin*, *pimpin*, *papin*, *pupion*, etc. Mot de création romane (aussi esp. *pepita*, it. *pippolo*), où la répétition du *p* doit exprimer l'exiguïté de l'objet, v. aussi *petit* et cf. le lat. *pipinna* « verge de petit garçon ». — Dér. : **pépinière,** 1538, **pépiniériste,** 1690.

PÉPIN « parapluie » dans la langue fam., XIXe. Serait ainsi nommé d'après *Pépin*, nom d'un personnage qui entrait en scène armé d'un grand parapluie dans un vaudeville joué en 1807 aux Variétés, *Romainville ou la Promenade du Dimanche*, v. **riflard.**

PÉPITE, 1729 (une 1re fois en 1527 dans une traduction de l'esp., aussi *pepitas*, 1649, dans un récit de voyages). Empr. de l'esp. *pepita*, propr. « pépin », v. **pépin.**

PÉPLUM, 1581 ; rare avant le XIXe. Empr. du lat. *peplum* (du grec *peplon*, forme également admise dans nos dict.).

PEPSINE, 1855. Dér. sav. du grec *pepsis* « digestion », proprement « cuisson » (de *pessein* « cuire, faire digérer »).

PERCALE, 1701 (*percallen* en 1664). Empr., par l'intermédiaire de l'Inde, du mot turco-persan *pärgâlä* (en persan *pergâle* signifie « lambeau »). — Dér. : **percaline,** 1829.

PERCEPTEUR, 1789 (une 1re fois en 1432) ; **perception,** terme de finances, 1370. Le premier est un dér. sav. de *perceptus*, part. passé de *percipere*, au sens de « recueillir », pour servir de nom d'agent à *percevoir* « recueillir l'impôt » et à *perception* (le lat. très rare *perceptor* ne signifie que « qui apprend ») ; le second est empr. du lat. *perceptio* « action de recueillir » pour servir de nom d'action au même *percevoir*, v. le suiv.

PERCEPTIBLE, 1372 ; **perception,** 1611 (au sens philos.). Empr. des mots lat. *perceptibilis*, *perceptio*, qui ont déjà un sens philos. (de *percipere* au sens de « saisir par l'esprit »). *Perception* a déjà été empr. au moyen âge et au XVIe avec d'autres sens. V. **imperceptible.** — Dér. de l'adj. : **perceptibilité,** 1760.

PERCER. Lat. pop. **pertūsiāre*, dér. de *pertūsus*, part. passé de *pertundere* « trouer ». Les formes accentuées *pertuise* (indic. prés.), lat. **pertūsiat*, etc., ont donné naissance à *pertuisier*, etc., usuel jusqu'au XVIe, et encore répandu dans les patois, d'où le substantif *pertuis*, XIIe, également répandu dans les patois au sens de « trou, passage » (a. pr. *pertuzar*, *pertuis*). — Dér. et Comp. : **perce,** 1493 ; **percée,** 1750 ; **percement,** 1500 ; **perceur,** 1606 ; **perçoir,** vers 1200 ; **repercer,** 1549 ; **perce-neige,** 1660 ; **perce-oreille,** 1530 (écrit *persoreille*) ; **transpercer,** XIIe, aussi *trespercier* jusqu'au XVIe.

PERCEVOIR, XIIe. Réfection de l'anc. *perçoivre*, lat. *percipere* « saisir par les sens, comprendre » ; le sens de « recueillir les impôts » qui paraît dès 1377 (au XIIIe et au XIVe s. on dit *apercevoir*) est repris au lat. *percipere*, qui a reçu ce sens à l'époque impériale. — Comp. : **apercevoir,** vers 1080 *(Roland)*, d'où **aperception,** XVIIe, créé par Leibniz ; **aperçu,** *subst.*, 1760 ; **inaperçu,** *adj.*, 1782.

PERCHE, poisson. Lat. *perca* (du grec *perkê*). Port. *perca ;* rare ailleurs.

PERCHE « longue pièce de bois ». Lat. *pertica*. It. *pertica*, esp. *pértiga*. — Dér. : **percher,** 1314, d'où **percheur,** terme d'ornithologie, 1836 ; **perchis,** terme de sylviculture, 1701 ; **perchoir,** 1584, au sens de « sorte d'étagère », 1402 (écrit *percheur*).

PERCHERON, 1842. Propr. « originaire du *Perche* ».

PERCLUS, 1420. Empr. du lat. *perclusus* part. passé de *percludere* « obstruer ».

PERCOLATEUR, 1856. Terme techn., dér. sav. de *percolare* « filtrer ».

PERCUTER, 1825 ; une première fois en 1610 *(Quand... l'air est percuté)* ; **percussion,** vers 1330, rare avant le XVIIe. Empr. du lat. *percutere* « frapper fortement », *percussio*. — Dér. : **percuteur,** 1868.

PERDITION, vers 1080 (*Roland*, au sens moral). Empr. en ce sens du lat. eccl. *perditio* (de *perdere* « perdre ») ; le sens gén. de « fait de perdre, de se perdre », XIIIe, vient du verbe *perdre* et non du lat. *perditio*, très rare en ce sens.

PERDRE. Lat. *perdere*. It. *perdere*, esp. *perder*. — Dér. : **perdable,** XIIIe, d'où **imperdable,** 1721 ; **perdant,** *subst.*, 1288 ; **perdeur,** 1838 (déjà du XIVe au XVIe s.) ; **perte,** XIe *(Alexis)*, fém. pris substantivement du part. *perditus* disparu avant les premiers textes ; **éperdu,** XIIe, part. passé de l'anc. verbe *soi esperdre* « se troubler », encore usité au XVIe ; **reperdre,** XIIe.

PERDREAU, XVIe. Adaptation de *perdriau*, antérieurement *perdrial*, XIIIe ; probabl. formation parallèle à l'a. pr. *perdigal*, comp. du lat. *perdix* et de *gallus* « coq », le coq et le jeune oiseau étant davantage l'objet de la chasse que la femelle.

PERDRIX. Issu d'une anc. forme *perdis*. Lat. *perdīcem*, acc. de *perdīx*. — Comp. : **œil-de-perdrix,** sorte de cor, XIXe.

PÈRE. Lat. *pater*. Concurrencé par des termes fam. V. **grand, paternel, paternité.** — Par réduplication *pépère*, 1920 (comme adj.).

PÉRÉGRINATION, XIIe. Empr. du lat. *peregrinatio*, dér. de *peregrinari* « voyager à l'étranger », v. **pèlerin.**

PÉREMPTOIRE, 1647, au sens moderne ; antér. terme jurid., 1283 (Beaumanoir), « relatif à la péremption, annulation par prescription d'une procédure civile ». Empr. du lat. jurid. *peremptorius* (de *perimere*, v. **périmer**).

PÉRENNITÉ, XIIe. Empr. du lat. *perennitas*, dér. de *perennis* « continuel », propr. « qui dure une année *(annus)* entière ».

PÉRÉQUATION, 1829 (une 1re fois en 1521). Empr. du lat. jurid. *peraequatio*, dér. de *peræquare* « égaliser ». A déjà été formé au début du XIXe, comme terme de mathém. au sens d' « équation parfaite », d'après *équation* et le verbe latin.

PERFECTIBLE, 1767 (Diderot). Dér. sav. du lat. *perfectus* « parfait », v. le suivant. — Dér. : **perfectibilité,** 1755 (J.-J. Rousseau) ; **imperfectible,** 1823, **imperfectibilité,** 1823.

PERFECTION, XIIe ; signifie souvent « achèvement » au XIVe et au XVe. Empr. du lat. *perfectio*, proprement « achèvement », dér. de *perfectus*, part. passé de *perficere* « achever ». — Dér. : **perfectionner,** XVe, **perfectionnement,** 1725.

PERFIDE, 1606 ; une première fois au Xe *(Saint Léger)*. **Perfidie,** vers 1510. Empr. du lat. *perfidus*, propr. « qui transgresse la foi *(fides)* », *perfidia*.

PERFORER, XIIe. **Perforation,** XIVe. Empr. des mots lat. *perforare*, *perforatio* (propre à la langue médicale). — Dér. : **perforateur, -atrice,** 1832.

PERFORMANCE, 1839. Empr. de l'angl. *performance*, empr. lui-même de l'a. fr. *parformance* « accomplissement », XVIe, dér. d'un verbe *parformer* « accomplir, exécuter ».

PERGOLA, début XXe ; empr. de l'it. *pergola* (du lat. *pergula*).

PÉRI-. Premier élément de mots sav. comp., tiré du préf. grec *peri* « autour », ou de mots empruntés tels que **péricarpe,** 1556, **périmètre,** 1541.

PÉRI, génie oriental de sexe féminin, début du XVIIIe (traduction des *Mille et une nuits* de Galland). Empr. du persan *perî*, proprement « ailé ».

PÉRICLITER, 1390. Empr. du lat. *periclitari*, dér. de *periculum*, v. le suiv.

PÉRIL, X^e^. La prononciation moderne avec *é* et *l* est due à l'orthographe ; *péril* avait anciennement une *l* mouillée que Littré recommande encore. Empr. du lat. *perīc(u)lum*, propr. « essai, épreuve », d'où « péril », seul sens conservé. V. **danger.**

PÉRILLEUX. Lat. *peric(u)lōsus*. Développement en contact avec celui du mot préc. It. *periglioso*, esp. *peligroso*, a. pr. *perilhos*.

PÉRIMER, XVe, terme jurid. Empr. du lat. jurid. *perimere*, propr. « détruire ».

PÉRIODE, en parlant du temps, XIVe ; **périodique,** *id.* Empr. du lat. de basse ép. *periodus*, *periodicus* (du grec *periodos*, propr. « circuit », appliqué par suite au mouvement des astres et au retour des saisons, *periodikos*) ; d'où, en fr., « le plus haut point où une chose puisse arriver », XVIe, en ce sens au masc. à partir du XVIIe, d'après le genre du mot latin. — Dér. de l'adj. : **périodicité,** 1665.

PÉRIODE, terme de rhétor., XVIIe (Balzac). Empr. du lat. *periodus* (du grec *periodos*, par un développement de sens issu du précédent). — Dér. : **périodique,** 1634 ; le lat. *periodicus* n'a pas ce sens.

PÉRIPATÉTIQUE, 1495. Empr. du lat. *peripateticus* (du grec *peripatêtikos*, de *peripatein* « se promener en conversant » ; mot répandu par suite de l'emploi qui en fut fait autour d'Aristote). — Dér. : **péripatéticien,** XIVe (Oresme) ; depuis la fin du XIXe, *péripatéticienne* se dit par plaisanterie d'une prostituée qui exerce son métier en « faisant le trottoir » ; **péripatétisme,** 1660 (G. Patin).

PÉRIPÉTIE, 1643 (Corneille). D'abord terme littéraire, concernant le théâtre ; au sens gén. 1762 (Voltaire : « En ma qualité de faiseur de tragédies, j'aime beaucoup les péripéties »). Empr. par Corneille du grec *peripeteia*, propr. « événement imprévu », au sens qu'Aristote lui a donné dans sa *Poétique*, en parlant du théâtre.

PÉRIPHÉRIE, 1544 ; rare avant le XVIIIe, *perifere*, vers 1360. Empr. du lat. de basse ép. *peripheria* (du grec *peripheria* « circonférence »). — Dér. : **-ique,** 1838.

PÉRIPHRASE, 1548. Empr. du lat. *periphrasis* (mot d'origine grecque).

PÉRIPLE, 1629. Empr. du lat. *periplus* (du grec *periplous*, propr. « navigation autour », d'où « récit de navigation »). Longtemps employé seulement en parlant des anciens ; aujourd'hui de tout voyage de circumnavigation.

PÉRIR. La prononciation de l'*é* est refaite sur celle du mot lat. Lat. *perīre* (qui servait de passif à *perdere* « perdre »). — Dér. : **périssable,** vers 1380, d'où **impérissable,** 1528 ; **périssoire,** 1868.

PÉRISCOPE, v. **télescope.**

PÉRISTALTIQUE, 1618 ; **péristole,** 1752. Empr. du grec *peristaltikos*, *peristolê* (de *peristellein* « envelopper »).

PÉRISTYLE, 1547. Empr. du lat. *peristylum* (du grec *peristylon*, de *stylos* « colonne »).

PÉRITOINE, 1541 ; **péritonite,** 1802 (Laënnec). Empr. du lat. médical *peritonæum* (du grec médical *peritonaion*, littér. « ce qui est tendu autour », de *periteinein*) et du lat. moderne *peritonitis*.

PERLE, XIIIe. Probabl. empr. de l'it. *pèrla*, lat. *perna*, attesté chez Pline au sens de « pinne marine » (on trouve parfois des perles dans cette espèce de coquillage) ; comp. napol. sicilien *perna* « perle ». Le remplacement de *-n-* par *-l-* est peut-être dû à l'influence du lat. *sphaerula* « petite boule ». — Dér. : **perler,** XIVe (Froissart) ; **perlette,** 1322 ; **perlière,** 1686 ; **perlure,** terme de vénerie, 1578.

PERLIMPINPIN (poudre de), 1680. Mot de fantaisie.

PERMANENT, 1370 (Oresme). **Permanence,** *id.* Empr. du lat. *permanens*, part. prés. de *permanere* « durer » et du dér. lat. médiéval *permanentia* ; remplacent les anciens *parmanant*, *parmanance*, XIIe s., dér. de l'anc. franç. *parmaindre* « rester », lat. *permanere*.

PERMÉABLE, 1557. Empr. du lat. de basse ép. *permeabilis*, dér. de *permeare* « passer à travers ». — Dér. : **perméabilité,** 1625 ; **imperméable,** 1770 (une première fois chez Rabelais, 1546) ; n'est pas empr. du lat. *impermeabilis*, attesté une seule fois, au VIe s.

PERMETTRE, 1410, une 1re fois vers l'an mille. Empr. du lat. *permittere*, avec francisation d'après *mettre*. — Dér. : **permis,** *subst.*, 1721.

PERMISSION, 1180 (dans la formule eccl. venant de saint Augustin et fréquente au moyen âge *par la Dieu permission*, c'est-à-dire « la liberté qu'a Dieu de faire ce qui lui plaît ») ; sens moderne à partir de 1404. Empr. du lat. *permissio*, dér. de *permissus*, part. passé de *permittere*, v. le préc. — Dér. : **permissionnaire,** 1680, dans un sens spécial : « qui a permission du chantre de N. D. de tenir de petits pensionnaires » ; sens moderne, 1836.

PERMUTER, 1342. **Permutation,** vers 1180. Empr. du lat. *permutare* « changer », *permutatio*. — Dér. : **-able, -abilité,** 1836.

PERNICIEUX, 1314. Empr. du lat. *perniciosus*, dér. de *pernicies* « ruine, destruction, etc. ».

PÉRONÉ, 1541. Empr. du grec *peronê* « *id.* », propr. « agrafe, cheville ».

PÉRONNELLE, 1672 (Molière). Tiré de *Perronnelle*, nom d'une héroïne d'une chanson célèbre du XVe qui débutait ainsi : « Av'ous point veu la Perronnelle que les gendarmes ont emmenée ? » ; au XVIIe s. on signale des expressions qui en dérivent, notamment la locution *chanter la perronnelle* « dire des sottises », qui existe encore dans le Bas-Maine au sens d' « être gai » ; cf. aussi le provençal *cantar la peronelo* « parler pour rien, chanter ». *Perronnelle* est un nom de femme, qui remonte à *Pierre* par les dérivés *Perron*, *Perronnel ;* ce nom peut venir aussi de *Perronelle* (qui se dit « en quelques lieux », d'après Ménage), nom d'une sainte du calendrier (31 mai), forme fr. du lat. de basse ép. *Petronilla*.

PÉRORAISON, 1671 (au XVIe on trouve *peroration*). Empr., avec francisation d'après des mots tels que *oraison*, du lat. *peroratio*, qui a le même sens dans la langue de la rhétorique, dér. de *perorare* au sens de « conclure un discours ».

PÉRORER, 1507. Empr. du lat. *perorare* « plaider, exposer jusqu'au bout » ; a pris un sens défavorable en français. — Dér. : **péroreur,** 1775 (J.-J. Rousseau).

PÉROU. Fin XVIIe (Saint-Simon, au sens fig.). Nom d'une contrée de l'Amérique du Sud, très riche en or et en argent.

PERPENDICULAIRE, 1520, l'adv. **-ement** dès 1512 ; au XIVe *perpendiculière*. Empr. du lat. de basse ép. *perpendicularis*, dér. de *perpendiculum* « fil à plomb » (de *perpendere* « peser, apprécier exactement »).

PERPÉTRER, 1232 ; **perpétration,** 1532 ; rare avant le XIXe. Termes jurid. empr. du lat. *perpetrare* « accomplir », *perpetratio* (lat. eccl.).

PERPÉTUER, XIVe ; **perpétuel,** XIIe ; **perpétuité,** 1238. Empr. des mots lat. *perpetuare*, *perpetualis*, *perpetuitas*, dér. de l'adj. *perpetuus* « perpétuel ».

PERPLEXE, 1354 (Bersuire) ; souvent *perplex* jusqu'au XVIIe ; **perplexité,** 1362. Empr. des mots lat. *perplexus* « embrouillé, équivoque » (de *plectere* « tisser »), *perplexitas*.

PERQUISITION, XVe. Empr. du lat. de basse ép. *perquisitio* « recherche » (de *perquirere* « rechercher ») ; a d'abord eu le sens général de « recherche » ; a été spécialisé, depuis le XVIIe, dans son acception jurid. — Dér. : **perquisitionner,** 1838.

PERRON, v. **pierre.**

PERROQUET, fin XIVe (sous la forme *paroquet*). Probabl. dér. de *Pierre*, employé comme terme de caresse ; dans le premier texte où il est attesté il est employé comme nom propre, à côté du terme générique *papegaut*. A éliminé l'anc. *papegai*, XIIe (parfois altéré en *papegaut*), encore vivant dans certains parlers, empr. de l'arabe *babbaghâ* (lui-même étranger) par l'intermédiaire d'un parler méridional, cf. l'a. pr. *papagai*, l'esp. *papagayo*, d'où aussi l'it. *papagallo ;* le mot a pénétré dans les langues germ. par le fr., cf. all. *Papagei*, etc. Comme terme de marine, attesté en 1525 dans *voile de perroquet*, en 1643 dans *mât de perroquet*, v. **cacatois ;** par comparaison avec le bâton de perroquet.

PERRUCHE, 1698. Parfois *perriche*, au XVIIe s. *perrique* ; empr. de l'esp. *perico*, aujourd'hui *periquito*, du nom propre *Pero* pour *Pedro* ; comp. **perroquet.**

PERRUQUE, XVe. Empr. de l'it. *parrucca, perrucca*, qui signifiait d'abord « chevelure », ce qui est également le sens de *perruque* jusqu'au XVIe ; le sens de « chevelure postiche » s'est développé en fr. et a passé en it. L'esp. *peluca* est également empr. de l'it. ; mais l'origine du mot it. est obscure. — Dér. : **perruquier,** 1564.

PERS. Lat. de basse ép. *persus*, attesté dans des gloses, notamment celles de Reichenau, où il glose *hyacinthinus* « violet tirant sur le bleu » ; le mot est peut-être dû à l'importation de matières colorantes de la Perse, v. **azur.** It. *perso* « rouge sombre », a. pr. *pers* « bleu foncé ».

PERSE, 1730. Cette étoffe a été ainsi nommée parce qu'on la croyait fabriquée en Perse ; en réalité cette sorte de toile peinte venait de l'Inde.

PERSÉCUTEUR, XIIe ; **persécution,** *id.* Empr. des mots du lat. eccl. *persecutor, persecutio* « persécuteur, persécution des Chrétiens », propr. « celui qui poursuit, action de poursuivre (de *persequi* « poursuivre »). — Dér. du premier : **persécuter,** une 1re fois fin Xe *(Saint-Léger)*, ensuite XIVe (Oresme) ; a signifié aussi « poursuivre » d'après *persécution.*

PERSÉVÉRER, XIIe ; **persévérance,** *id.* Empr. du lat. *perseverare, perseverantia.*

PERSICAIRE, XIIIe. Empr. du lat. *persicaria*, dér. de *persicus* « pêcher » ; ainsi nommée à cause de la ressemblance des feuilles des deux plantes.

PERSIENNE, 1752. Fém. pris substantivement de l'adj. *persien*, attesté dès le XIVe, dér. de *perse* « de Perse » ; ainsi nommée parce que cette sorte de contrevent passe pour venir de la Perse.

PERSIFLER, v. **siffler.**

PERSIL. D'abord *perresil*, avec *l* mouillée. Altération du lat. *petroselinum* (du grec *petroselinon*) ; la forme correspondante de l'a. pr. *peiresilh* vient à l'appui d'un lat. pop. **petrosīlium*. — Dér. : **persillade,** 1690 ; **persillé,** 1694.

PERSISTER, 1321. Empr. du lat. *persistere*. — Dér. : **persistance,** vers 1460.

PERSONNALITÉ, 1697, une 1re fois en 1495. Empr. du lat. *personalitas*, dér. de *personalis*, v. **personnel.** Du sens didactique se sont développés les sens modernes d'après *personnel ;* celui de « personnage » date de 1867.

PERSONNE. Lat. *persōna* (mot d'origine étrusque, « masque de théâtre ») « personnage », et simplement, dès l'époque class., « personne ». A pris aussi dans le lat. eccl. et jurid. diverses acceptions qui ont passé dans les langues romanes. Les patois, surtout septentrionaux, disent volontiers, comme le français populaire, *gens* ou *monde* au sens général de « personnes » au plur. Existe dans toutes les langues romanes, sauf en roumain : it. esp. *persona.* Est devenu pronom négatif en fr. depuis le XIVe ; les parlers méridionaux ont des formes correspondantes à l'a. pr. *degun*, lat. *necūnus*, et le franco-provençal a un type *nion.* — Dér. : **personnage,** XIIIe, au sens de « charge ecclésiastique », cf. de même angl. *parsonage* « cure » (et *parson* « curé », sens fréquent en a. fr., conservé dans le breton *person*) ; sens moderne 1403 ; **personnifier,** 1674 (Boileau), d'où **personnification,** XVIIIe (Piron, D).

PERSONNEL, 1174, comme terme grammatical, rare avant le XVe s. Empr. du lat. de basse ép. *personalis*, à la fois terme grammatical, jurid. et eccl., dér. de *persona*, v. les préc. ; au sens de « qui ne songe qu'à sa personne » depuis Saint-Simon (XVIIIe s.) ; *personnel*, subst. « ensemble de personnes attachées à un service » depuis 1835, peut-être imité de l'all. *Personal* (dp. 1811). — Dér. **personnalisme,** 1737 ; **personnaliste,** 1907.

PERSPECTIF, vers 1360, d'abord au sens de « réfraction ». **Perspective,** *id.* ; terme de peinture, 1551 ; pris au sens fig. dès le XVIIe. Empr. du lat. de basse ép. *perspectivus* et du lat. médiéval *perspectiva* (sous-entendu *ars*), de *perspectus*, part. passé de *perspicere* « pénétrer de ses regards, apercevoir, etc. ». L'emploi de *perspective* comme terme de peinture a été suggéré par l'it. *prospettiva.*

PERSPICACE, 1788 (aussi en 1496, puis en 1546). **Perspicacité,** 1488. Empr. des mots lat. *perspicax, perspicacitas* (créé à basse ép.), de *perspicere*, v. le préc.

PERSUADER, XIVe (Oresme) ; **persuasif,** 1376 ; **persuasion,** 1315. Empr. du lat. *persuadere* et des dér. *persuasivus* (créé à basse ép.), *persuasio.*

PERTINENT, 1377. Empr. comme terme jurid., du lat. *pertinens*, part. prés. de *pertinere* au sens de « concerner » ; sens général, fin XVIIe (Saint-Simon). — Dér. : **-ence,** vers 1320 ; **-emment,** 1366.

PERTUIS, v. **percer.**

PERTUISANE, 1468 *(pourtisaine, partisane*, puis *pertuisagne*). Empr. de l'it. *partigiana*, fém. de *partigiano* (v. **partisan**), appelé ainsi sans doute d'après des partisans qui s'en servaient, altéré ensuite sous l'influence de *pertuis*, v. **percer.**

PERTURBATEUR, 1418 ; **perturbation,** 1295. Empr. du lat. *perturbator* (créé à basse ép.), *perturbatio*, de *perturbare* « troubler fortement » qui a aussi été empr. vers 1350, mais qui a disparu au XVIIe s.

PERVENCHE. Lat. *pervinca ;* dite aussi *vinca pervinca.*

PERVERTIR, vers 1120 ; **pervers,** *id. ;* **perversion,** 1444 ; **perversité,** vers 1190. Empr. du lat. *pervertere*, propr. « renverser » et des dér. *perversus, perversio, perversitas.* — Dér. du verbe : **pervertissement,** 1453 ; **pervertisseur,** 1534.

PESER. Lat. *pē(n)sāre* (de *pendere* « peser »). It. *pesare*, esp. *pesar.* Le sens d' « être à charge », non attesté en latin, a dû exister dans la langue pop., car il se trouve dans tout le roman. — Dér. : **pesage,** 1236, le terme existe toujours dans la langue des courses ; **pesant,** vers 1080 *(Roland)*, d'où **pesanteur,** vers 1170, **appesantir,** vers 1120, **appesantissement,** 1570 ; dans la locution *valoir son pesant d'or*, 1538, au XVe s. déjà *valoir son pesant d'argent, pesant* a été à tort regardé comme une altération de l'a. fr. *besant*, lat. *byzantium* « monnaie de Byzance, d'or ou d'argent », *acheter son pesant d'or* « acheter au prix d'autant d'or que pèse l'objet même » se trouve déjà dans Wace, vers 1170 ; **pesée,** 1331 ; **peseur,** 1252 ; **peson,** 1244. V. **poids.** — Comp. : Nombreux mots avec *pèse* comme premier élément. **Soupeser,** XIIe.

PESSAIRE, XIIIe. Empr. du lat. médical *pessarium*, dér. de *pessum, pessus* (du grec *pessos*, propr. « jeton en forme de gland », d'où « tampon de charpie »).

PESSIMISME, 1759 ; **pessimiste,** 1789. Dér. sav. du lat. *pessimus* « très mauvais », par opposition à *optimisme, -ste.*

PESTE, 1514. Empr. du lat. *pestis.* — Dér. de *peste*, terme d'imprécation : **pester,** 1617 (trans., construction rare : *pester un homme*) ; *pester contre*, 1639. — Comp. : **malepeste,** XVIIe.

PESTIFÉRÉ, 1503. Dér. de *pestifère* « pestilentiel », XIVe (Bersuire), encore dans les dict., empr. du lat. *pestifer*, v. le préc.

PESTILENCE, XIIe dans la locution : *chaere de pestilence*, cf. encore aujourd'hui *chaire de pestilence*, qui vient du lat. eccl. Ne s'emploie aujourd'hui même que dans cette locution ; a signifié aussi au moyen âge « fléau, destruction, malheur » et « peste », comme le lat. *pestilentia ;* d'où **pestilentiel,** 1503.

PET. Lat. *pēditum.* — Dér. : **pétard,** 1495 ; **péter,** 1380, anciennement *peter*, encore usité dans des parlers (a éliminé l'a. fr. *poire*, encore chez Villon, lat. *pēdere*, d'où aussi a. pr. *peire*) ; d'où **péteur** vers 1380 ; **péteux,** XIIIe (d'où le comp. **canepétière,** 1534 (Rab. *cannes petières*) ; *pétière* est une altération de *péteuse*, par substitution de suff. due sans doute à un euphémisme ; l'oiseau a été ainsi nommé parce que, quand il fuit, il se déleste et produit ainsi de petits bruits), **pétiller,** 1453, **pétillement,** 1549. — Comp. : **pet-en-l'air,** 1729 ; désignait d'abord une robe de chambre ; **pet-de-nonne,** 1795, auparavant *pet de putain* ; antér. on trouve *pet* dans un sens analogue, cf. aussi *pet d'Espaigne* au XIVe ; **pet(e)-en-gueule,** jeu de gamin, 1649.

PÉTALE, 1718 (Jussieu). Empr. du lat, des botanistes *petalum* (relevé en 1649). empr. lui-même du grec *petalon* « feuille ».

PÉTANQUE, vers 1930. Comp. de l'occitan *pé* « pied » et *tanco* « étançon, pieu planté pour fixer qch. », du même radical qu'*élancher*, donc « pied fixé à l'instar d'un pieu ».

PÉTARADE, XVe. Empr. du pr. *petarrada*, dér. du verbe *petarra*, augment. de *peta* « péter ».

PÉTARD, v. **pet.**

PÉTASE, chapeau des anciens, XVIIe. Empr. du lat. *petasus* (du grec *petasos*).

PÉTAUDIÈRE, 1694. Dér. du nom propre de fantaisie *(le roi) Pétaud*, qui ne s'emploie plus que dans la locution *la cour du roi Pétaud*, 1546 (Rab.), dér. de *péter.*

PÉTIOLE, 1749. Empr. du lat. *petiolus* « queue d'un fruit », propr. « petit pied ». — Dér. : **pétiolé,** 1766.

PETIOT, v. le suiv.

PETIT. Attesté dès 775 dans un texte bas-latin : *in pitito villare.* Paraît formé avec un radical *pitt-* du langage enfantin, exprimant la petitesse, qui se trouve dans le latin de basse ép. *pitinnus* « petit », « petit garçon ». Seulement gallo-roman, cf. a. pr. *petit*, et cat. *id.* Les autres langues romanes ont pour exprimer l'idée de « petit » des adjectifs de formation assez analogue : it. *piccolo*, esp. *pequeño*, etc. V. **peu.** — Dér. : **petiot,** 1379 ; **petitesse,** vers 1130 ; **rapetisser,** 1349 (sous la forme *-ichier*), par l'intermédiaire d'un verbe *apetisser*, XIIe, encore dans les patois, d'où **rapetissement,** 1547. — Comp. : **petit-fils,** vers 1560 (a. pr. *petit-filh* dans un texte de date indéterminée), **petite-fille,** 1636, **petits-enfants,** vers 1555. Ces trois expressions ont été formées en imitation de *grand-père*, etc. ; elles se sont implantées en fr. par suite de la confusion que causait quelquefois le mot *neveu*, qui avait en a. fr., comme le lat. *nepos*, les deux significations de « neveu » et de « petit-fils ». Il y a eu d'abord un certain tâtonnement, puisqu'on a essayé aussi de *arrière-fils* (Amyot), et de *sous-fils*, 1509.

PÉTITION, terme de logique dans la locution *pétition de principe*, 1661 *(Logique de Port-Royal).* Issu de *pétition* « action de demander », XIIe, empr. du lat. *petitio* (dér. de *petitus*, part. passé de *petere* « chercher à atteindre »), et qui ne s'emploie plus que dans cette locution ou dans des acceptions jurid.

PÉTITION, terme de langue polit., 1787. Empr. de l'angl. *petition*, même mot que le préc. — Dér. : **pétitionnaire,** 1784 ; **pétitionner,** *id.* (Necker : « On introduit chaque jour des nouveaux verbes : petitionner, vetoter »), se trouve déjà vers 1700 chez Saint-Évremond, empr. alors de l'angl. *to petition*, d'où **pétitionnement,** 1836.

PETON, v. **pied.**

PÉTONCLE, 1552. Empr. du lat. *pectunculus*, dim. de *pecten* « peigne ».

PÉTRÉ, 1545. Empr. du lat. *petræus* (du grec *petraios*, de *petra* « rocher »),

PÉTREL, 1705. Empr. de l'angl. *petrel* (*pitteral* en 1676), d'origine obscure ; au XVIIIe s., les traducteurs d'ouvrages anglais, dans la fausse supposition que *petrel* voulait dire « petit Pierre, oiseau de Saint-Pierre » par allusion au miracle de saint Pierre marchant sur les eaux, parce que cet oiseau « a la faculté de se soutenir sur les ondes soulevées et d'y marcher en frappant de ses pieds la surface de l'eau », ont essayé de rendre cette dénomination par *pierrot*. L'all. *Petersvogel* est dû à la même interprétation par ét. populaire.

PÉTRIFIER, XVIe. Comp. avec le lat. *petra* « pierre » sur le modèle des nombreux verbes en *-fier*. — Dér. : **pétrification,** 1503.

PÉTRIN. Lat. *pistrīnum* « meule, boulangerie » ; a pris le sens de « pétrin » seulement en gallo-roman, cf. a. pr. *pestrinh*. Ce sens s'est évidemment développé dans la langue de la boulangerie urbaine ; c'est ce qui explique qu'il soit peu répandu dans les patois ; le mot prépondérant vient du lat. *magidem*, acc. de *magis*, d'abord « sorte de plat » (comme le grec *magis* d'où il vient et qui désignait propr. une sorte de pain), attesté chez M. Empiricus au sens de « pétrin », d'où le fr. *mait* (écrit aussi *mai*, *maie*, etc.), l'a. pr. *mag* (lire *madj*) et, avec modification de la terminaison, l'it. *madia ;* on dit surtout *arche* et aussi *huche* dans un certain nombre de parlers de la France septentrionale. Le grec *maktra* « pétrin », non attesté en lat., a donné en outre l'a. pr. *mastra* (encore usité aujourd'hui en Provence) et de nombreuses formes it. On notera l'origine grecque de *magis* et *maktra*, qui indique un empr. techn.

PÉTRIR. Lat. de basse époque *pistrire* formé d'après *pistrix* « celle qui pétrit » sur le modèle de *nutrix : nutrire* ; v. aussi **pétrin.** Seulement gallo-roman, cf. a. pr. *pestrir*. — Dér. : **pétrissable,** 1749 ; **pétrissage,** 1764 ; **pétrisseur,** 1260 ; **repétrir,** 1549.

PÉTROLE, XIIIe (« Por ce la claime l'en petrole que c'est une huile que l'en fait de pierre »). Empr. du lat. médiéval *petroleum*, littéral. « huile *(oleum)* de pierre *(petra)* ». Mot devenu européen. — Dér. : **pétrolerie,** 1867 ; **pétroleur, -euse,** mots créés à propos des incendies allumés à Paris par les insurgés de la Commune (mars-mai 1871) ; **pétrolier** (bateau), fin XIXe.

PÉTULANT, vers 1330, rare avant le XVIIe ; **pétulance,** 1527 (une 1re fois en 1372 chez Oresme). Empr. des mots lat. *petulans*, propr. « querelleur, emporté, insolent », *petulantia* ; le sens est moins défavorable en fr. qu'en lat.

PETUN, v. **tabac.**

PÉTUNIA, 1868 (*-unie*, en 1823). Dér. de *petun*, autre nom du tabac (v. ce mot) avec le suff. lat. *-ia*, fréquent dans les noms de plantes.

PEU. Lat. pop. *paucum*, neutre adverbial tiré du lat. class. *pauci* « peu nombreux », rare au sing. ; a éliminé les adv. class. *parum* « peu » et *paulum* « un peu ». Existe dans toutes les langues romanes, sauf en roumain : it. esp. *poco*, a. pr. *pauc ;* mais concurrencé aujourd'hui dans les parlers gallo-romans par diverses expressions nouvelles, notamment dans l'Ouest par le type *un petit*, attesté en fr. depuis les premiers textes jusqu'au XVIIe s. et en a. pr. La locution pop. *un petit peu* paraît être un mélange de *un peu* et de *un petit*.

PEUPLE. Lat. *pŏpŭlus*. D'abord *poblo (Serments)*, puis *pueble*, XIIe ; devenu *peuple* par assimilation du *b* intérieur au *p* initial, comme le montre le développement de *peuplier*, comparé à *double*, lat. *duplus*. Par son sens *peuple* est un de ces mots qui sont restés en contact avec le lat. ; il est donc vraisemblable que *populus* a pu contribuer à refaire *pueble* en *peuple*. Ailleurs certaines formes ont un aspect pop. : esp. *pueblo ;* d'autres sont sav. : it. *popolo*. — Dér. : **peuplade,** 1564 au sens de « gens envoyés en terre étrangère pour former une colonie », sens probabl. empr. de l'esp. *poblado* et encore usité au XVIIIe, cf. aussi en 1581 *une peuplade et pépinière de mauvais garnements*) ; le sens moderne apparaît en 1752. **Peupler,** XIIe, d'où **peuplement,** 1260, **dépeupler,** 1343, **dépeuplement,** 1469, **repeupler,** vers 1210, **repeuplement,** 1559, **surpeupler,** 1876. V. **dépopulation.**

PEUPLIER, vers 1170. Dér. de l'a. fr. *peuple*, encore chez les paysans de l'Isle-de-France, lat. *pōpŭlus*. It. *pioppo*, esp. *chopo*.

PEUR. Lat. *pavōrem*, acc. de *pavor*. — Dér. : **peureux,** XIIe ; **apeuré,** 1885 ; **épeuré,** 1873 (auparavant déjà au XVIe s. ; le verbe *épeurer*, très usité encore dans les parlers, remonte au XIIIe s.).

PEUT-ÊTRE, v. **pouvoir.**

PHAÉTON, 1723. Dit ainsi par plaisanterie d'après *Phaéton*, nom du fils du Soleil (lat. *Phaethon*, grec *Phaethôn*), qui périt en voulant conduire le char de son père.

-PHAGE, -PHAGIE. Deuxième éléments de mots sav. comp. tels qu'**aérophage, -ie,** fin XIXe, faits sur le modèle de mots fr. tels qu'**anthropophage** et de mots grecs terminés par *-phagos*, *-phagia* (de *phagein* « manger »).

PHALANGE, 1213, au sens militaire. Empr. du lat. *phalanx* (mot d'origine grecque, qui signifie propr. « gros bâton », v. **palan,** et qui, par l'intermédiaire du sens anatomique « os des doigts, de la main et du pied », a servi à désigner un certain ordre de bataille, par comparaison de cet ordre avec celui de ces os). Le sens anatomique a été repris directement au grec au XVIIe.

PHALANSTÈRE. Mot comp. arbitrairement par Fourier (1772-1837) avec *phalange*, qui désigne un groupement de son système et la terminaison de *monastère*. — Dér. : **phalanstérien,** 1836.

PHALÈNE, 1568. Empr. du grec *phalaina*.

PHALLUS, 1615, rare avant le XIXe s. **Phallique,** 1823. Empr. du lat. *phallus*, *phallicus* (du grec *phallos*, *phallikos*).

PHANÉRO-. Premier élément de mots sav. comp., tels que **phanérogame,** 1791, tiré du grec *phaneros* « visible » par imitation de **cryptogame.**

PHARAON, 1691. Tiré du nom propre *Pharaon*, titre des souverains de l'anc. Égypte, qui désignait d'abord très probabl. un roi de cartes.

PHARE, 1546 (Rab.). Empr. du lat. *pharus* (du grec *pharos*), nom d'une île située dans la baie d'Alexandrie, célèbre par le phare que Ptolémée Philadelphe y avait fait bâtir au IIIe s. av. J.-C.

PHARISAÏQUE, 1541 (Calvin) ; **pharisien,** 1553, une première fois vers 1260. Le premier est empr. du lat. eccl. *pharisaicus*, le deuxième est dér. du lat. eccl. *pharisæus* (du grec eccl. *pharisaios*, empr. lui-même de l'araméen *parschî*, qui désignait une secte juive du temps de Jésus-Christ, à laquelle l'Évangile reproche un attachement affecté aux pratiques de la religion, cf. Mathieu, III, 7, etc.). Le sens fig. est propre au fr. — Dér. du premier : **pharisaïsme,** 1541 (Calvin).

PHARMACIE, 1314 ; **pharmaceutique,** 1547 ; **pharmacopée,** 1571. Empr. du lat. médical *pharmacia*, *pharmaceuticus* (du grec *pharmakeia*, *pharmakeutikos*, de *pharmakon* « remède ») et du grec *pharmakopoiia* « confection (de *poiein* « faire ») de remèdes », ce dernier pris pour désigner le livre qui en enseigne l'art. — Dér. du premier : **pharmacien,** 1620 ; en outre adj. au XVIIe; **pharmacopole,** 1537, empr. du lat. *pharmacopola* (du grec *pharmakopôlês*, du verbe *pôlein* « vendre ») a été employé par plaisanterie.

PHARYNX, 1541. Empr. du grec *pharynx*, *pharyngos* « gorge ». — Dér. : **pharyngite,** 1836.

PHASE, 1661. Empr. du grec *phasis* « apparition d'une étoile qui se lève » (de *phainein* « paraître ») comme terme d'astron., appliqué à la lune. Sens fig., 1810 (Staël, une première fois en 1544, Scève).

PHÉNIX, XIIe. Empr. du lat. *phœnix*, oiseau fabuleux qui passait pour être unique de son espèce et renaître de ses cendres, après avoir vécu plusieurs siècles. Sens fig., 1552.

PHÉNOL, 1843. Comp. avec le grec *phainein* au sens de « briller » et le suff. chimique *-ol* (tiré d'*alcool*). — Dér. **phénique,** 1841.

PHÉNOMÈNE, 1554. Empr. du grec *(ta) phainomena* « phénomènes célestes » (proprement « ce qui apparaît », du verbe *phainein* « (ap)paraître »), comme terme d'astron. ; étendu rapidement à d'autres sciences ; comme terme général, au sens de « ce qui est surprenant », 1737, issu de l'emploi de *phénomène* en parlant de manifestations extraordinaires de l'atmosphère : comètes, météores, etc. — Dér. : **phénoménal,** 1803, développement de sens parallèle au simple.

PHIL(O)-, -PHILE. Premier ou deuxième élément de mots sav., tiré du grec *philos* « ami », ou de mots empr. ; v. les suiv.

PHILANTHROPE, XVIIe (Fénelon) ; une première fois XIVe (Oresme) ; **philanthropie,** XVIIe (Fénelon), une première fois en 1567 ; **philanthropique,** 1780. Empr. du grec *philanthrôpos*, *-pia*, *-pikos* (de *philos* « ami » et *anthrôpos* « homme ») ; Oresme a pris *philanthrope* aux traductions lat. d'Aristote, v. **anarchie.**

PHILATÉLIE. Mot créé par Herpin, collectionneur de timbres-poste, et proposé par lui dans *Le Collectionneur de T.-P.* du 15 novembre 1864 ; adopté aussitôt ainsi que le dér. **-iste** ; fait sur un grec hypothétique **phil-ateleia*, fait lui-même sur le grec *ex ateleias* « gratuitement », considéré arbitrairement comme équivalent de « franco (de port) ».

PHILIPPINE, 1868. Altération, par étym. pop., de l'all. *Vielliebchen* « bien aimé », qui s'emploie de même dans la formule de salutation de ce jeu ; le mot all. est lui-même une altération de l'angl. *Valentine* « saint Valentin (patron des amoureux) », v. **valentin.**

PHILIPPIQUE, 1624, au sens moderne. Tiré de *Philippiques*, nom des discours violents prononcés par Démosthène contre Philippe de Macédoine et par Cicéron contre Antoine (en lat. *Philippicæ*, en grec *Philippikai*).

PHILISTIN, 1832 (en 1847 Th. Gautier : « Vous n'êtes, ne fûtes et ne serez jamais que ce que les étudiants allemands appellent un philistin et les artistes français un bourgeois »). Tiré de *Philistin* (lat. eccl. *Philistinus*, empr. de l'hébreu *phelichtî*), nom d'un peuple de Palestine ennemi des Juifs ; doit son sens fig. à l'all. *Philister* qui, dans l'argot des étudiants (d'abord des étudiants de théologie), servait à désigner par plaisanterie le bourgeois, considéré comme ennemi de ceux qui se consacrent aux choses de l'esprit, comme le Philistin était l'ennemi du peuple élu.

PHILOLOGUE, 1534 (Rab.) ; **philologie,** XIVe. Empr. du lat. *philologus*, *-gia* (du grec *philologos*, *-gia*, de *logos* au sens d' « étude, science »). — Dér. : **philologique,** 1666.

PHILOSOPHE, XIIe ; **philosopher,** 1488 ; **philosophie,** XIIe ; **philosophique,** vers 1500. Empr. des mots lat. *philosophus*, *-phari*, *-phia*, *-phicus* (du grec *philosophos*, *-phia*, *-phikos*, de *sophos* « sage »). — Dér. : **philosophal,** XVe, d'après le sens d' « alchimiste » qu'a eu *philosophe ; philosophe*, *philosophie* signifient souvent « savant, science », jusqu'au XVIIIe s.

PHILTRE, 1381. Écrit aussi *filtre*, par confusion avec *filtre*. Empr. du lat. *philtrum* (du grec *philtron*, de *philein* « aimer »).

PHIMOSIS, XVIe (Paré). Empr. du grec médical *phimôsis* « rétrécissement » (de *phimoûn* « serrer fortement »).

PHLÉBITE, créé par le médecin Breschet en 1818. Dér. sav. du grec *phleps, phlebos* « veine ».

PHLEGMON, 1314. Empr. du lat. médiéval *phlegmon*, en lat. anc. *phlegmone* (du grec médical *phlegmonê*, propr. « chaleur brûlante », de *phlegein* « brûler »).

PHLOGISTIQUE, 1747. Empr. du lat. scientif. moderne *phlogisticum*, fait sur le grec *phlogistos* « combustible » (de *phlox*, flamme) par le chimiste allemand Becher (1628-1685).

PHLOX, 1794. Empr. du grec *phlox* « flamme »; ainsi nommée parce qu'une variété a des fleurs d'un rouge intense.

-PHOBE, -PHOBIE. Deuxième élément de mots sav., tels que **francophobe,** fin XIXe, **agoraphobie,** 1873, tiré du grec *phobos* « effroi ». *Phobie* est devenu un mot indépendant, commenc. XXe s.

PHONÈME, 1873. **Phonétique,** 1838, adj. et subst. Empr. du grec *phônêma, -êtikos* (de *phônê* « voix »). — Dér. : **-isme,** 1859. Les linguistes ont tiré de *phonème* un suff. *-ème*, dont ils ont formé *morphème*, etc.

PHON(O)-, -PHONE, -PHONIE. Premier ou deuxième élément de mots sav. comp. ou empr., qui vient du grec *phônê* « voix ». Parmi les premiers, **phonographe** (d'où **phono ;** ce mot a été créé en 1877 par l'abbé Lenoir, ami de Ch. Cros, qui avait trouvé le principe du phonographe avant Edison, qui le rendit pratique en 1878, et lui avait donné le nom de *paléophone ;* le mot *phonographe* avait déjà été créé par Nodier, *Voc. de la langue fr.*, 1836, au sens de « celui qui orthographie en mettant d'accord la lettre et le son ») ; parmi les mots empr., **polyphone,** 1829, **polyphonie,** 1859, etc.

PHOQUE, 1532. Empr. du lat. *phoca* (du grec *phôkê*).

PHOSPHORE, 1677. Empr. du grec *phôsphoros* « lumineux », littér. « qui apporte *(pherein)* la lumière *(phôs)*. — Dér. : **phosphorescence,** 1784 ; **phosphorescent,** 1789 ; **phosphoreux,** 1787 (G. de Morveau) ; **phosphorique,** 1753 ; avec radical abrégé : **phosphate,** 1782 (G. de Morveau) ; **phosphure,** 1787.

PHOTO-. Premier élément de mots sav. comp., tels que **photomètre,** 1792, **-génique,** 1840, devenu récemment usuel, tiré du grec *phôs, phôtos* « lumière ». **Photographie,** 1839 (d'où **photo, photographe, -ier**), est fait sur l'angl. *photograph*, créé par J. Herschel ; de là, plus tard, **photogravure, phototypie,** 1883, etc.

PHRASE, 1546. Empr. du lat. *phrasis* (du grec *phrasis*, de *phrazein* « expliquer ») ; signifie parfois « expression, façon de parler » au XVIIe s. — Dér. : **phraser,** 1755 ; **phraseur,** 1788 ; on a dit d'abord *phrasier*. — **Phraséologie,** 1778.

PHRÉN(O)-. Premier élément de mots sav. comp., tels que **phrénologie,** 1829, tiré du grec *phrên* « diaphragme », d'où « âme, pensée », v. **frénésie.**

PHTISIE, 1545 (au XIVe s. *tesie*) ; **phtisique,** 1606 (au XIIIe s. *tisike*). Empr. du lat. *phthisis, phthisicus* (du grec médical *phthisis*, propr. « dépérissement », *phthisikos* de *phthinein* « se consumer »).

PHYLACTÈRE, XIIIe (J. de Meung qui dit *filatiere* ou *philatere*) ; au moyen âge formes diverses ; la forme moderne est postérieure au XVIe. Empr. du lat. eccl. *phylacterium* (du grec eccl. *phylaktêrion*, proprement « amulette », de *phylattein* « préserver »), qui a servi à traduire l'hébreu *thephîlîn*) ; a été pris dans d'autres sens au moyen âge, notamment au sens de « reliquaire », XIIe (sous la forme *filatire*) ; aujourd'hui dans l'iconographie « banderole portant une inscription ».

PHYLLOXÉRA. Empr. du lat. des naturalistes *phylloxera vastatrix*, créé après 1865 par Planchon, professeur à Montpellier, avec les mots grecs *phyllon* « feuille » et *xêros* « sec » au sens de « qui dessèche les feuilles » ; appelé d'abord par Planchon en 1865 *rhizaphis vastatrix*.

PHYSIO-. Premier élément de mots sav. comp., tels que **physiocratie,** 1768, mot créé par Dupont de Nemours (d'où **physiocrate,** *id.*), tiré du grec *physis* « nature », ou de mots empr., tels que **physiologie,** 1547.

PHYSIONOMIE, 1260 (sous la forme *phisanomie ;* mot souvent altéré ; écrit *phizionomie* au XVIe au sens moderne) ; signifie d'abord « art de déterminer le caractère d'une personne d'après les traits de son visage ». Empr. du lat. *physiognomia*, altération, par superposition syllabique, de *physiognomonia* (du grec *physiognômonia*, de *physis* « nature » et *gnômôn* « qui connaît »), d'où on a fait aussi **physiognomonie,** 1576. — Dér. : **physionomiste,** 1555.

PHYSIQUE, subst. fém. Au sens de « science de toute la nature matérielle », fin du XVe, sens du mot chez Descartes ; au sens moderne, distinct de *chimie*, 1708 (Fontenelle). Au moyen âge signifie « médecine », depuis le XIIe s. (alors sous la forme *fisique*). Empr. du lat. *physica* qui signifie également « médecine » au moyen âge (du grec *physikê* « science de la nature »). — Dér. : **physique,** *adj.*, paraît avoir été rare avant le XVIIe, développement de sens parallèle au subst. ; d'où **physique,** subst. masc. « constitution physique », 1776 ; **physicien,** XVIIIe (Condorcet), au sens moderne ; formé d'après le lat. *physicus ;* au moyen âge signifie « médecin », depuis le XIIe (écrit alors *fisicien*), comme le lat. *physicus ;* de là l'angl. *physician* « médecin ».

PHYTO-. Premier élément de mots sav. comp., tels que **phytographie,** 1780, tiré du grec *phyton* « plante ».

PIAFFER, 1584 (« Plein de paroles piaffees ») ; signifie d'abord « faire de l'embarras », cf. le mot aujourd'hui inusité *piaffe*, 1574 : « Nous appelons parade et bravade, eux (les courtisans) diroyent piaffe, ce que nous nommions magnificence », 1579, H. Estienne. Mot onomatopéique. — Dér. : **piaffeur**, 1584.

PIAILLER, 1606. Onomatopéique, v. **piauler**. — Dér. : **piaillard**, 1746 ; **piaillerie**, 1642 ; **piailleur**, 1611.

PIANO, terme de musique, 1752. Empr. de l'it. *piano* « doucement » (opposé à *forte*, XVIIIe, J.-J. Rousseau), adverbe issu de l'adj. *piano* « plat, uni, doux », lat. *plānus*, v. **plain**. On emploie aussi le superlatif *pianissimo* (au sens figuré, 1775, Beaumarchais).

PIANO, instrument de musique, 1786. Abréviation de *piano-forte*, 1774 (Voltaire), empr. de l'it. *pianoforte*, terme encore usité aujourd'hui, comp. de *piano* et *forte*, v. le préc. ; ainsi nommé parce que, à la différence du clavecin dont les cordes étaient toujours pincées de la même manière, les marteaux permettent d'adoucir ou de renforcer les sons (*piano* « doucement », *forte* « fortement ») ; on a dit aussi, mais plus rarement, *fortepiano*, d'après l'it. *fortepiano* qui, du moins aujourd'hui, n'est plus qu'un terme de musique indiquant l'art de renforcer et d'adoucir les sons. — Dér. : **pianiste**, 1829 ; **pianoter**, 1847 (Balzac).

PIANOLA, XXe. Empr. de l'anglo-américain *pianola*.

PIASTRE, 1595. Empr. de l'it. *piastra*, propr. « lame de métal » (tiré de *impiastro* « emplâtre »), pour désigner des monnaies it. ; a servi ensuite à désigner des monnaies d'autres pays, soit d'après l'it., soit d'après l'esp. *piastra* (qui vient lui-même de l'it.), soit directement (p. ex. la piastre d'Indo-Chine).

PIAULE, 1867, terme d'argot, pour désigner une chambre, au sens de « taverne », 1628-1837, dér. de l'argot *pier* « boire » (du XIIIe au XVIIe s.), qui est dér. de *pie* (oiseau), v. **piot**.

PIAULER, 1540 (écrit *pioler*, orthographe ordinaire du XVIe). Onomatopée. — Dér. : **piaulement**, 1570 (écrit *pio-*).

PIC, oiseau. Lat. pop. **pīccus*, class. *pīcus*, avec redoublement expressif du *c*, d'où la conservation du *c* final en fr., v. **sec**, que le verbe *piquer*, contribuait aussi à maintenir. Esp. *pico*. — Comp. : **pivert**, 1488.

PIC, outil d'ouvrier, XIIe. Paraît être un emploi fig. du préc., v. **pioche** ; de même esp. *pico*, a. pr. *pic*. — Dér. : **picot**, XIIe, terme de diverses techn.

PIC, terme de jeu de piquet, dans l'expression *faire pic* « faire soixante », XVIIe, v. **piquer**.

PICADOR, 1788. Mot esp., dér. de *picar* « piquer » (équivalent de *piqueur*).

PICAILLON, 1750 (Vadé). Mot fam. qui désignait d'abord une petite monnaie de cuivre de Savoie et de Piémont ; empr. du pr. *picaioun*, dér. de *picaio*, fém., peut-être mot collectif dérivé du verbe *pica* au sens de « sonner », c'est-à-dire « de la monnaie qui sonne », avec le suff. *-aio* qui correspond au fr. *-aille*.

PICARESQUE, 1859. Empr. de l'esp. *picaresco*, dér. de *picaro* « coquin » ; on ne le dit guère qu'à propos de romans ou de pièces de théâtre espagnols.

PICCOLO « petit vin de certains pays », 1876 ; « sorte de flûte », 1828. Empr. de l'it. *piccolo* « petit ». Dér. *piccoler* « boire », 1901, fam. (se rattache aux deux sens de *piccolo* en même temps).

PICHENETTE, 1820. Peut-être empr. du prov. *pichounelo* « petite », qui a pu passer en franç. dans une question menaçante où le subst. équivalent à *gifle* aurait été omis.

PICHET. Mot dialectal du Centre et de l'Ouest ; c'est une autre forme, attestée dès le moyen âge, de *pich(i)er*, altération, d'après *pot*, de *bichier*, relevé en anc. wallon (cf. aussi *bichet* « ancienne mesure de grains », 1226, encore dans les dictionnaires), cf. aussi lat. médiéval *picarium* et angl. *pitcher*, etc. ; *bichier* est le même mot que le lat. de basse ép. *becarius* « orceoli genus », relevé dans une glose du IXe s., dér. du grec *bikos* « sorte de vase » ; ce mot a pénétré aussi de bonne heure dans les langues germ., d'où anc. haut all. *bëhhâri*, all. *Becher*. L'it. *bicchiere* est de la même famille.

PICKLES, terme de cuisine, 1857. Empr. de l'angl. *pickles* (qui passe pour venir du holl. *pekel* « saumure »).

PICK-POCKET, 1792, courant depuis 1850. Mot angl. comp. de *to pick* « enlever, éplucher » et *pocket* « poche ».

PICK-UP « appareil pour phonographe », 1932 ; mot angl. proprem. « recueille ».

PICOLER, 1901. Dér. de *piccolo* « petit vin léger », 1876, empr. de l'it. *piccolo* « petit ». Quand le vin est léger, on croit pouvoir en boire d'autant plus. Le radical de *piccolo*, *pīkk-*, est un mot expressif.

PICORER, 1581. D'abord « marauder », terme de l'argot des soldats. Probabl. formé plaisamment sur **piquer** ; le suff. vient probabl. de *pécore* « pièce de bétail » (cf. *pécorée* « fait d'aller à la maraude », 1571). L'esp. *pecorear* « aller à la maraude » a été probabl. formé par des soldats espagnols en Italie ; datant seulement du XVIIIe s., il ne peut pas être la source du verbe fr. — Dér. : **picorée**, 1587 : (Le soldat)... *va (comme on dit) à la piquorée*, cf. aussi « Aller à la picorée, c'est aller à la petite guerre » (Ménage) ; **picoreur**, 1585.

PICOTIN, XIVe. Comparez l'a. fr. *picot*, *picote*, XIVe, « mesure de vin », tous deux de la région franco-provençale ; probabl. dér. de *picoter*, bien que celui-ci ne soit attesté que dp. le XVIe ; v. **piquer**.

PICRATE, 1836 ; **picrique,** *id.* Dér. sav. du grec *pikros* « amer ».

PIE, oiseau. Lat. *pīca*, forme fém. de *pīcus*, v. **pic.** Moins usité aujourd'hui dans les parlers gallo-romans (où il n'est vivace que dans l'Ouest et le Sud-Ouest) que le type *agace* (a. pr. *agassa*); *agace*, XIIIe (sous la forme *agache*) est une forme dialectale, venue du Nord-Est ou du Sud, d'origine germ., cf. anc. haut all. *agaza.* Depuis le XVIIe s. environ *pie*, pris adjectiv., désigne un cheval blanc et noir, au moyen âge on disait *baucent*, v. **balzan.** — Dér. : **piat,** 1611 ; **piette,** 1553. — Comp. : **pie-grièche,** 1553 ; *grièche* est le fém. de l'anc. adj. *griois* « grec » (v. **grec** et **grégeois**). Les Grecs passent pour avares et très querelleurs, et cela depuis le moyen âge, cf. le cat. *gresca* (pour **greesca*) « querelle, tapage », souvenir des Croisades. La pie-grièche est un des oiseaux les plus querelleurs qui soient. L'adj. *grièche* figure aussi dans *ortie grièche*, nom d'une ortie qui brûle plus fortement que d'autres espèces *(urtica urens)*. Comp. encore franc-comt. fruit *grièche* « acide », noix *grièche* « ligneuse, difficile à casser », a. fr. *griesche* « esp. de jeu de dés » (parce qu'il en naît facilement des querelles).

PIE, *adj. ;* ne s'emploie plus que dans la locution *œuvre pie*, 1544. Du lat. *pia*, fém. de *pius*, v. **pieux.**

PIÈCE. Même mot que *petia* du lat. médiéval, cf. *et alia petia* « et une autre pièce (de terre) », vers 730. It. *pezza*, esp. *pieza.* D'un gaul. **pettia* pour **pettis*, qui peut être supposé d'après le gall. *peth* et le breton *pez. Pièces rapportées*, terme de sculpture, est déjà chez Sully, vers 1630, au sens fig. — Dér. et Comp. : **piécette,** XIIIe ; **dépecer,** vers 1080 *(Roland)*, **dépècement,** XIIe, **dépeceur,** XIIIe ; **dépiécer,** vers 1400 ; **empiècement,** 1870 ; **piéça,** XIIe, vieux mot, qui ne s'emploie plus que par archaïsme, comp. de *pièce* et de *a* « il y a une pièce de temps », cf. it. *è gran pezza* « il y a longtemps » et a. pr. *pess'a* « *id.* » ; **rapiécer,** XIVe (Froissart).

PIED. Lat. *pedem*, acc. de *pēs.* Comme terme de versification, repris au lat. (qui le doit au grec *pous*). V. **haut, plain, plat.** *Faire un pied de nez*, XVIIe, vient de la locution *avoir un pied de nez* « avoir un nez très long (long d'un pied) », relevé également au XVIIe. Le *coup de pied de l'âne* est une allusion à la fable de La Fontaine, *Le lion devenu vieux* (III, 14). *Faire le pied de grue* « attendre longtemps » (1608, M. Régnier ; d'abord *faire de la grue*, vers 1540, *faire la jambe de grue*, vers 1580). *Avoir bon pied, bon œil*, attesté depuis le XVe (dans *Le Jouvencel* où l'on a : *avoir bon pié et bon œil*). — Dér. : **peton,** 1532 (Rab.) ; **piéter,** 1466 (une 1re fois au XIIIe s.) ; **piétin,** 1770 ; **piétiner,** 1642, d'où **piétinement,** 1780 ; **piéton,** vers 1300 ; **dépiéter,** 1821 ; **empiéter,** vers 1310, terme de fauconnerie « prendre dans ses serres », trans. au sens de « s'emparer de », qu'on trouve encore chez Bossuet, l'emploi moderne date du XVIIe s., d'où **empiètement,** 1611 (une première fois en 1376, dans un autre sens). — Comp. : **contre-pied,** 1561, terme de chasse ; **pied-à-terre,** XVIIe (on prononçait alors *pié-à-terre*) ; **pied-de-biche,** nom de divers instruments, 1685 ; **pied-droit,** 1694 ; **mille-pieds,** XVIe ; **sous-pied,** 1477 ; **va-nu-pieds,** 1615, etc.

PIÉDESTAL, 1542. Empr. de l'it. *piedestallo* « support de colonne, etc. », comp. de *piede* « pied » et *stallo* au sens de « support » (propr. « demeure », v. **étal,** d'où le sens de « maintien, support » seulement dans ce comp.).

PIÉDOUCHE, 1676. Empr. de l'it. *pieduccio*, autre forme de *peduccio*, proprement « petit pied », dim. de *piede* « pied ».

PIÈGE. Lat. *pedica*, dér. de *pēs*, *pedis* « pied ». — Dér. : **piéger,** t. de chasse, 1875 (une 1re fois au XIIIe s. ; le sens actuel n'est attesté que depuis 1959).

PIE-MÈRE, XIIIe, sous la forme *pieue mere*, cf. « Et est dite pie mère car elle envolepe debonairement le cervel si comme la debonnaire mere son filz », 1314 (Mondeville). Empr. du lat. médiéval *pia mater*, v. **dure-mère.**

PIERRE. Lat. *petra* « roche » (mot pris au grec), qui a éliminé *lapis* au sens général de « pierre (nom de matière) ». It. *pietra*, esp. *piedra*, Si le mot l'a emporté sur ses concurrents, il le doit peut-être à son emploi figuré dans la Vulgate et chez les Pères *(Christus sicut petra in medio rerum posita). Pierre à aiguiser* a éliminé depuis le XVIIe s. l'anc. *queux*, lat. pop. *cōtis* (en lat. class. *cōs*, *cōtis*). — Dér. : **perron,** vers 1080 *(Roland)* ; **pierraille,** vers 1400 ; **pierreries,** XIVe ; d'abord *perrerie*, 1323 ; **pierrette,** vers 1130, alors *peret ;* **pierreuse,** 1808, au sens de « prostituée », c'est-à-dire « qui traîne sur les pierres » ; **empierrer,** 1552 (une 1re fois en 1323) ; **empierrement,** 1750 ; **épierrer,** 1546, une 1re fois vers 1100.

PIERRETTE « déguisement de femme », v. **pierrot.**

PIERREUX, XIIe. Réfection, d'après *pierre*, de *perreux*, lat. *petrōsus.* Cf. it. *petroso*, esp. *pedroso.*

PIERROT « moineau franc », 1694 (La Fontaine, *Fables*, XII, 2, où il figure comme nom propre : « Du pétulant Pierrot et du sage Raton »). Nom propre, dim. de *Pierre*, donné par plaisanterie à cet oiseau.

PIERROT, personnage de pantomime, 1821. Nom propre, v. le préc. donné à un personnage qui vient de la Comédie-Italienne, peut-être d'après l'it. *Pedrolino ;* a été popularisé par le mime célèbre G. Deburau (on écrit aussi aujourd'hui *-reau*). — Dér. : **pierrette,** 1834, avec changement de suff.

PIÉTÉ, 1050. Empr. du lat. *pietas*, mais au moyen âge n'est pas réellement distinct de *pitié*, v. ce mot. A côté du sens ordinaire de « piété », *piété filiale* est un latinisme, rare avant le XVIIe.

PIÉTISTE, 1699 (Bayle dans un passage traitant de la Suisse). Empr. de l'all. *Pietist*, fait sur le lat. *pietas ;* cette secte luthérienne fondée à Leipzig en 1698 par l'Alsacien Spener ne s'est développée que dans les pays de langue allemande. — Dér. : **piétisme,** 1743.

PIÈTRE. D'abord *peestre*, XIIIe, chez G. de Coincy, qui l'emploie plusieurs fois, de même que l'adverbe, en parlant du diable : « ... li diable tuit peestre Peestrement t'emporteront », dans un sens qui n'est pas clair. Lat. *pedestris* « qui va à pied », qui a perdu son sens propre et pris un sens péj., par opposition à « celui qui va à cheval », dans les milieux féodaux ; a aussi le sens de « boiteux » dans l'Ouest ou de « qui a le pied contrefait » en normand, cf. « C'est un pietre qui se moque d'un boyteux », Tahureau (du Mans), XVIe s. — Dér. : **piètrerie,** 1611.

PIEU, XIIIe. Forme issue de *pieus*, nom. de *pel*. *Pieu* a éliminé *pel*, lat. *pālus*, cf. it. esp. *palo*. — Dér. de la forme ancienne (avec *a* alternant régulièrement dans une syllabe inaccentuée avec *e* accentué) : **palis,** XIIe, d'où **palissade,** XVe, **palissader,** 1585.

PIEU, mot d'argot (1829), devenu fam. au sens de « lit », XIXe. Étymologie obscure. V. **pioncer.** — Dér. : **pieuter (se),** *id.*

PIEUVRE. Mot du parler des îles anglo-normandes, popularisé par V. Hugo, qui l'a employé dans *Les travailleurs de la mer*, IV, 2, 1866 : « Ce monstre est celui que les marins appellent la poulpe... dans les îles de la Manche, on le nomme la pieuvre. » Lat. *polypus*, par les stades *puelve*, *pueuve pieuve* (v. *yeux*), puis *pieuvre*.

PIEUX, XIVe. Réfection, d'après les adj. en *-eux*, *-euse*, de l'a. fr. *pieu(s)*, *piu(s)*, *pi(s)*, masc., *pieue*, *pive*, etc., fém., lat. *pius*, *pia*, d'où aussi it. esp. *pio*.

PIF, PIFFRE, PIFFRER, v. **empiffrer (s').**

PIGE, XIXe, dans *faire la pige à quelqu'un* « surpasser qn ». Dér. de *piger* « attraper », qui est dér. lui-même d'un adj. lat. **pedicus* (de *pes*), répandu dans les parlers gallo-romans.

PIGEON. Lat. de basse ép. *pīpiōnem*. acc. de *pīpiō*, « pigeonneau », mot pop, d'origine expressive (*pi-*, onomatopée du cri), dont le groupe intérieur *-pi-* est devenu d'abord *-bi-* par dissimilation contre le *p-* initial, cf. *Clichy*, *Clipiacum ;* le même accident se retrouve dans les parlers de l'Italie septentrionale ; mais l'it. a une forme régulière *pippione* « pigeonneau ». *Pigeon*, qui signifiait proprement « pigeonneau », encore attesté en ce sens fin du XIIIe s., a refoulé l'ancien mot *coulon*, parce qu'on préfère au marché les pigeonneaux aux pigeons ; *coulon*, usuel jusqu'au XVIe s., n'est usité aujourd'hui que dans les parlers excentriques du Nord-Est, de l'Est, du Sud-Est et en catalan ; il continue le lat. *columbus ;* d'où aussi it. *colombo*. V. **palombe.** — Dér. : **pigeonneau,** XVIe ; **pigeonner,** « plumer comme un pigeon », 1553 ; **pigeonnier,** 1479.

PIGER. Terme fam. attesté pour la première fois en 1808 comme terme de jeu des écoliers au sens de « prétendre qu'on a gagné ». Empr. des parlers de la Bourgogne, où il a le sens de « fouler, piétiner ». Lat. de basse époque **pīnsiare* « piler, broyer », dér. du lat. *pīnsere* « *id.* ».

PIGMENT, 1813 ; déjà relevé, mais rarement au moyen âge. Empr. du lat. *pigmentum* au sens de « matière colorante », v. **piment.**

PIGNOCHER, 1630 (en outre *pinocher* dans Trévoux), au sens de « manger du bout des dents » ; a pris vers la fin du XIXe s. le sens de « peindre à petits coups de pinceau », d'après *peindre*. Altération d'un anc. verbe *épinocher* de même sens, XVIIe s., attesté fin XVIe au sens de « vétiller », d'après *peigner*, *pigner ; épinocher* est dér. d'*épinoche*, parce que, quand les pêcheurs prennent le petit poisson de ce nom en pêchant les ables, etc., ils le rejettent à cause de ses aiguillons, et que même les poissons voraces se méfient de lui. — Dér. : **pignochage,** fin XIXe ; **pignocheur,** vers 1870.

PIGNON, terme d'archit., 1211. Lat. pop. **pinniōnem*, acc. de **pinniō*, dér. de *pinna* « créneau » ; seulement franç. Voir aussi **peigne.**

PIGNON « amande de la pomme de pin », XVe. Empr. d'un parler méridional, cf. a. pr. *pinhon*, lui-même dér. de *pinha* « pomme de pin », lat. *pīnea (nux)* « *id.* », cf. de même esp. *piña* et *piñón*.

PIGNOUF, 1860. Mot pop. dér. du verbe *pigner* « crier, grincer » très répandu dans les parlers de l'Ouest, et qui est d'origine onomatopéique (comp. *piauler*), à l'aide du suff. dépréciatif *-ouf* (comp. berr. *pagnioufe* « homme bête ».

PILAF, 1834. Transcrit aussi *pilaw*, 1853. Empr. du turc *pilaf* (du persan *pilaou*).

PILASTRE, 1545. Empr. de l'it. *pilastro*, dér. de *pila*, v. le suiv.

PILE « pile de pont », d'où « pile d'objets posés l'un sur l'autre » ; d'où « pile électrique (composée primitivement de plaques de métal disposées en pile) ». Lat. *pīla* « colonne » (qui est un autre mot que *pīla* « mortier »). — Dér. et Comp. : **pilotis,** 1365 (*pilotich*, forme picarde), par l'intermédiaire d'un simple *pilot* « sorte de gros pieu », vers 1400, d'où aussi **piloter,** 1321, **pilotage,** 1491 ; **empiler,** XIIIe, **empilement,** 1548, **rempiler,** fin XIXe, terme d'argot militaire, « prolonger le service en contractant un engagement ».

PILE « côté d'une pièce de monnaie opposé à la face (dite autrefois *croix*) », 1260. Désignait aussi, dès 1258, le coin servant à frapper le revers ; on trouve en ce sens *pila* en lat. médiéval ; désigne encore au XIXe s. un morceau de fer acéré pour imprimer l'effigie ou la devise ; il semble donc que *pile* soit issu du mot précédent.

PILE « rossée », en langage fam., v. le suiv.

PILER. Lat. de basse ép. *pīlāre* « enfoncer, empiler ». — Dér. : **pile,** 1821, de *piler, id.*, au sens fam. de « rosser » ; **pileur,** 1313 ; **pilon,** XIIe ; **pilonner,** 1700.

PILEUX, XVIe (Paré). Empr. du lat. *pilosus*, dér. de *pilus* « poil ».

PILIER. D'abord *piler*, devenu *pilier*, par substitution de suff. Lat. pop. **pīlāre*, dér. de *pīla*, v. **pile.** Esp. *pilar*.

PILLER. D'abord « houspiller, malmener, déchirer », XIIIe-XIVe, sens actuel vers 1300, très en vogue depuis le commencement de la guerre de cent ans, grâce à la montée de mots expressifs dans le domaine de la guerre. Dér. du lat. *pīlleum* « chiffon », a. fr. *peille* (dans les patois aussi *pille*). — Dér. : **pillage,** vers 1300 ; **pillard,** 1360 ; **pillerie,** 1345 ; **pilleur,** *id.*

PILON, v. **piler.**

PILORI, vers 1165. Francisation du lat. médiéval *pilorium*, id., très probabl. dér. de *pīla* « pilier », où le suff. *-orium* sert à exprimer que l'on y séjourne pendant un certain temps. Les formes de l'a. pr. *espilori*, etc., d'un siècle plus récentes que le fr. *pilori*, n'en sont pas la source, comme on l'a prétendu, mais en sont tirées par adaptation.

PILOSELLE, 1503. Empr. du lat. médiéval *pilosella* (de *pilosus* « poilu »).

PILOT, PILOTER « mettre des pilots », v. **pile** (de pont).

PILOTE, 1482 ; *pilot* dès 1369, et jusqu'en 1641. Empr. de l'it. *piloto, pilota*, à côté desquels on a aussi *pedoto, pedotto, pedotta*. De *pēdón* « gouvernail » le grec byzantin avait probabl. tiré un **pēdōtēs*, qui a passé en Sicile, où il a donné les deux formes *pidotu* et *pilotu*. De là les deux types romans. — Dér. : **piloter,** 1484, **pilotage,** 1483 ; **pilotin,** 1771, chez Bernardin de Saint-Pierre désigne un petit poisson (dans le deuxième sens peut-être imité de l'angl. *pilot-fish*, comp. *colin*).

PILOU, tissu de coton pelucheux, 1875. Rappelle par sa forme et son sens le lat. *pilosus*, v. **pileux** ; mais les circonstances de la création de ce mot ne sont pas connues.

PILULE, 1314. Empr. du lat. médical *pilula*, propr. « petite balle, boulette ».

PIMBÊCHE, XVIe. Peut-être comp. altéré de *pince, bêche*, impér. de *pincer* et de *bêcher* « donner des coups de bec », verbe usuel au moyen âge, cf. la formation analogue *espinbesche* qui désigne une sorte de préparation culinaire au XIVe s. (un verbe *espincier* est alors usuel).

PIMENT, XVIIe (une 1re fois vers 1270). Empr. d'une langue méridionale, cf. a. pr. cat. *pimen*, esp. *pimiento*, lat. *pigmentum* (v. **pigment**), qui a pris à basse ép. le sens d' « aromates, épices », d'où aussi en a. fr. *piument, piment* « boisson composée de miel et d'épices », encore enregistré dans les dict. — Dér. : **pimenter,** 1845.

PIMPANT, vers 1500. Adj. sous forme d'un part. prés., formé sur le radical *pimp-* contenu dans *pimper* « attifer » (XVIIe s.), a. pr. *pimpar* « *id.* », formation expressive parallèle à *pompe*, et comparez l'anc. comp. *pimpesouée* « femme prétentieuse », XVe, formé avec ce radical et l'anc. adj. *souef* « doux » pris adverbialement.

PIMPRENELLE, XIIIe (d'abord *pipinella*, vers 700, en lat. médiéval, au XIIe en fr. *piprenelle*). Mot répandu sous des formes variées : lat. médiéval *pimpernella*, it. *pimpinella*, a. pr. *pempinela*, etc. Désignait d'abord le boucage, dont la racine, d'un goût âpre, est employée en médecine. *Pipinella* est peut-être un dér. de *piper* « poivre », conservé dans le moyen fr. *bevrenelle* (d'où le néerl. *bevernel*), tandis que l'anc. fr. *piprenelle* est resté plus près du lat. grâce aux botanistes. L'insertion d'une nasale devant un *p* est un phénomène irrégulier, mais assez fréquent. L'all. *Pimpernelle* et l'angl. *pimpernel* viennent du fr.

PIN. Lat. *pīnus*. It. esp. *pino*. — Dér. : **pine,** XIIIe (J. de Meung), propr. « pomme de pin », sens encore répandu dans l'Ouest et le Sud-Ouest. **Pineau,** XVe (*pinot* Eust. Deschamps), variété de raisin, puis vin fait avec ce raisin ; ainsi nommé parce que la grappe ressemble à une pomme de pin ; usité surtout dans les parlers provinciaux : Bourgogne, Champagne, vallée de la Loire, Lorraine ; si le mot est originaire de la vallée de la Loire, il a pu être dérivé de *pine* « pomme de pin », usuel dans cette région. C'est de *pineau* que vient **pinard** par substitution de suff. péjor., terme d'argot militaire, entré dans le langage pop. pendant la guerre de 1914-18.

PINACE, PINASSE, v. **péniche.**

PINACLE, 1261 *(Du pinacle del Temple fu Sainz Jaques trabuichiez)* ; aujourd'hui ne s'emploie guère que dans des locutions fig. telles que *mettre sur le pinacle*, XVIIe, etc. Empr. du lat. eccl. *pinnaculum* (dér. de *pinna*, v. **pignon**), qui désigne le faîte du temple de Jérusalem, où le Démon transporta Jésus pour le tenter, cf. Mathieu, IV, 5-7. Rare au sens général de « faîte ».

PINAILLER, 1959. Peut-être en rapport avec bourg. *pinocher* « se plaindre pour rien », dont il pourrait être sorti sous l'influence des nombreux verbes comme *criailler*. Du radical expressif *pi-*.

PINARD, v. **pin.**

PINCEAU. Lat. pop. **pēnīcellus*, dér. du lat. class. *pēnīculus*, dim. de *pēnis* « queue (des quadrupèdes) ». L'*ī* anormal de *pinceau, pinsel* est dû probabl. à une assimilation anc. de l'*ē* qu'avait étymologiquement la première syllabe à l'*ī* de la syllabe suiv.

PINCER. Aussi it. *pinzare*, esp. *pinchar*. Mot expressif, comme *piquer*. A côté du radical *pīnts-* les parlers gallo-romans ont utilisé aussi une variante *pīts-* et une autre *pits-* (d'où l'occitan *pessugar*). — Dér. : **pince,** 1375 ; **pincée,** 1642 ; **pince-**

ment, 1560; **pincette,** 1321; **pinçon,** « marque qui reste sur la peau quand on a été pincé », 1640 (autre sens dès 1423); **pinçoter,** 1569. — Comp. : **pince-maille,** 1482; v. **maille**; **pince-nez,** 1856; **pince-monseigneur,** 1828, terme de l'argot des voleurs; **pince-sans-rire,** 1803; **épincer,** XIIIe; **repincer,** XIIIe.

PINDARISER, vers 1500. Dér. sav. de *Pindare*, nom du célèbre poète lyrique grec; a été rapidement pris dans un sens ironique.

PINÉAL, dans *glande pinéale* (Descartes, cf. : « Il (Descartes) assure que c'est à la glande pinéale que l'âme est immédiatement unie », Malebranche, 1674); déjà en 1534, comme terme médical *(de figure pinéale)*. Dér. sav. du lat. *pinea* « pomme de pin », en raison de la forme de cette glande.

PINÈDE, 1838. Empr. du méridional *pinedo*, a. pr. *pineda*, lat. *pīnētum*, v. **pin.**

PINGOUIN, 1600. Empr. de l'angl. *penguin*, lui-même d'origine inconnue.

PING-PONG, 1901. Empr. de l'angl. *ping-pong*, d'origine onomatopéique.

PINGRE. 1800. Mot pop., d'origine inconnue, déjà anc., d'après le nom propre *P. Le Pingre*, qui se trouve dans un texte de 1406 (*Journal* de N. de Baye). En outre, *les pingres* est un nom du jeu des osselets aux XVe et XVIe s. et encore en Anjou.

PINNE, ordinairement *pinne marine*, sorte de mollusque, 1558. Empr. du lat. *pinna* (mot pris au grec).

PINSON. Lat. de basse ép. **pinciōnem*, dont le radical correspond au cri de l'oiseau (des formes qui semblent apparentées existent en germ., cf. all. *Fink*, angl. *chaffinch*), le lat. class. *fringuilla* ne subsiste que dans des parlers it. Usité aujourd'hui dans la plupart des parlers gallo-romans souvent avec un autre suff. et l'initiale *k*. It. *pincione*, esp. *pinzón*.

PINTADE, 1643 (*pintarde* en 1637). Empr. du port. *pintada* (attesté en 1609 dans un ouvrage traitant de l'Éthiopie, v. **dinde**), dér. de *pintar* « peindre »; la pintade a été ainsi nommée à cause des taches (en port. *pinta*) de son plumage.

PINTE, 1200. Aussi a. pr. esp. *pinta*, angl. *pint*, all. *pinte*. Tous ces mots sont empr. du fr. Très probabl. lat. *pincta* (part. passé de *pingere*, v. **peindre**), au sens de « pourvu d'une marque » (comp. esp. *pinta* « marque »), employé d'abord comme adj. avec un subst. fém. désignant une mesure de capacité, quand celle-ci était étalonnée. — Dér. : **pinter,** XIIIe.

PIN-UP f., 1951. Empr. de l'angl. *pin up* « épingler fermement ».

PIOCHE, 1363 (écrit *pioiche*). Dér. (avec le suff. pop. *-oche*) de *pic* prononcé *pi*; cette prononciation est attestée par les dér. de l'a. fr. *pial*, *piarde*, *piasse*, *piache*, cf. aussi à l'appui les formes de l'a. pr. *picassa* et *pigassa*, encore usuelles aujourd'hui. — Dér. : **piocher,** XIVe (Froissart), **piocheur,** 1534 (Rab.).

PIOLET, 1868. Empr. du valdôtain *piolet* « petite hâche », dér. du piémontais *piola* « hache » (aussi a. pr.), qui est lui-même un dim. de *apia*, avec déglutination de l'*a* initial; *apia* est empr. en piém. de l'a. pr. *apia*, qui correspond au fr. *hache*.

PION. Lat. *pedōnem*, acc. de *pedō*, attesté à basse ép. au sens de « qui a de grands pieds », mais déjà usité à l'époque class. comme surnom; a dû prendre plus tard le sens de « qui va à pied », d'où « fantassin », qu'on lit encore chez Scarron; comme terme péj., au sens de « pauvre diable », XVe; au sens de « surveillant dans un établissement scolaire », 1834, comme terme du jeu d'échecs, XIIe, puis, plus tard, terme du jeu de dames. It. *pedone* « fantassin », esp. *peón* « id. ». — Dér. : **pionnier,** XIIe, « fantassin », plus tard, spéc. « travailleur d'armée »; a pris au cours du XIXe le sens de « défricheur dans les pays coloniaux », d'où « celui qui ouvre les voies au progrès, etc. ». — Comp. : **morpion,** 1532 (Rab.); comp. de l'impér. de *mordre* et de *pion* « fantassin ».

PIONCER, 1827. Terme d'argot, qui paraît être une altération, d'après *ronfler*, d'un plus anc. *piausser*, dér. de *piau*, forme dialectale de *peau*, pris au sens de « lit », plus exactement « couverture ». **Pieu** « lit » paraît avoir des rapports avec ce verbe; mais ils sont obscurs. On explique ordinairement *pieu* comme étant la forme picarde de *peau*, sans rendre compte du changement de genre.

PIOT, 1532 (Rab.). Vieux mot, qui se dit encore par plaisanterie. Tiré de l'anc. verbe *pioter*, de même ép., dér. lui-même de *pier* « boire », attesté en 1292 par le surnom *Jehan qui pie*; on a aussi le subst. *pie* « boisson », XVe; *pier* est un mot argotique d'origine obscure. On a proposé d'y voir un verbe burlesque, créé dans les milieux d'étudiants sur la forme grecque *piein* « boire », mais la date du surnom exclut cette hypothèse. Plus probable est l'hypothèse que *pier* est dér. du nom de l'oiseau *pie* à cause de l'avidité bien connue de cet oiseau.

PIOUPIOU, 1838. Terme enfantin, onomatopéique pour désigner les poussins, dit par plaisanterie des jeunes soldats.

PIPELET, 1855. Tiré de *Pipelet*, nom d'un concierge dans *Les mystères de Paris*, d'E. Sue, publiés en 1844.

PIPER. Aujourd'hui peu employé en dehors de l'expression pop. *il n'a pas pipé* « il n'a pas dit un mot » et de *dés pipés*; propr. « siffler, jouer du pipeau », puis spécial., comme terme de chasse « prendre les oiseaux à la pipée », d'où « tromper, enjôler »; tous ces sens sont attestés dès le moyen âge. Lat. pop. **pīppāre*, lat. class. *pīpāre* « glousser » et, à basse ép., « pépier crier (en parlant de l'épervier) », avec redoublement expressif du *p*. V. **pimpant.** —

Dér. : **pipe,** XIIe « chalumeau », **pipeau,** XVIe (Ronsard), **pipette,** XIIIe s. ; a pris successivement les sens de « tuyau », puis de « mesure pour les liquides », XIVe (v. **cannette**), et enfin de « pipe pour fumer le tabac », début du XVIIe. **Pipée,** XIVe ; **piperie,** XIIe, au sens de « action de jouer du pipeau », sens moderne, XVe ; **pipeur,** 1460, « trompeur ».

PIPE-LINE, 1887. Empr. de l'angl. *pipeline* (composé de *pipe* et de *line*, qui viennent des mots fr. *pipe* et *ligne*).

PIPI, v. **pisser.**

PIQUE, sorte d'arme, 1376 (à distinguer du moyen franç. *pique* « pioche », fém. de *pic*), apparaît d'abord dans des textes du Nord-Est et sous la forme *pique de Flandres* ; empr. du néerl. *pike*, attesté depuis le XIIIe s., comme nom d'une figure de jeu de cartes, XVIe, ainsi nommée à cause de sa forme en fer de pique ; masc. en ce sens, d'après celui des trois autres figures.

PIQUE « brouille légère », v. **piquer.**

PIQUENIQUE, 1694. Comp. du verbe *piquer* au sens de « picorer » (cf. *piquer les tables* « vivre en parasite », au XVIIe et XVIIIe s.) et de *nique* « chose sans valeur, moquerie », formation favorisée par la rime. L'angl. *picnic* (depuis 1748) et l'all. *picknick* (dp. 1753) viennent du franç.

PIQUER. Représente un type ***pīkkare** qui existe dans toutes les langues romanes, à l'exception du roumain. Il est né de l'impression que fait un mouvement rapide suivi d'un petit bruit sec. Le *p-* peint le déclic du mouvement, le *-k-* son aboutissement, la voyelle *-i-* l'acuité du bruit. Le *-kk-* n'a pas été palatalisé, parce que cette évolution aurait détruit l'expressivité du mot (le franco-prov. connaît aussi des formes avec *-kk-* palatalisé). Le même radical existe aussi dans les langues germaniques, sans qu'on puisse penser à un emprunt ni d'un côté ni de l'autre. En lat. class. cette onomatopée avait déjà fourni le subst. *pīcus* « pic (oiseau) », v. **pic.** — Dér. et Comp. : **pic,** dans *faire pic*, terme de jeu de piquet, XVIIe, d'où *repic*, dans *faire pic, repic et capot*, 1659 (Molière) et **piquet** « jeu de cartes », XVIe ; **piquant,** subst., vers 1430 ; **picoter,** XIVe (sans doute, d'après *picot*, v. **pic**), d'où **picotement,** 1552, **picoterie,** XVe ; **piquage,** 1803 ; **pique,** XVe ; **piqué,** *subst.*, 1819 ; **piquet,** « sorte de pieu », 1380, comme terme militaire « petit détachement », 1718, a d'abord désigné un groupe de cavaliers « de piquet », dont les chevaux, attachés à des piquets, étaient équipés et prêts à partir ; **piqueter,** XVIe s. (*piqueter* au XIVe s. a un autre sens et est empr. du néerl.) ; **piquette,** boisson (qui pique), XVIe ; **piqueur,** 1300, comme terme de vénerie, 1572 ; **piqûre,** vers 1380, une première fois vers 1100 ; **dépiquer,** 1690 (au sens de « piquer » déjà au XIIIe s.) ; **pique-assiette,** 1807 ; **pique-bois,** 1838 ; **repiquer,** 1508, **repiquage,** 1801.

PIRATE, 1213. Empr. du lat. *pirata* (du grec *peiratês*). — Dér. : **pirater,** fin XVIe ; **piraterie,** 1505.

PIRE, Lat. *pejor* ; était d'abord une forme de cas sujet dont le cas régime *peior, pieur*, lat. *pejōrem*, a disparu au XVe s. V. **pis. Empirer,** XIIe, réfection, d'après *pire*, d'*empeirier*, XIe *(Alexis)*, encore attesté au XIIIe, lat. pop. **impejōrāre* (le simple *pejōrare* existe à basse ép.), conservé seulement en fr.

PIRIFORME, 1698. Formé du lat. *pirus* « poire » et de *-forme* sur le modèle de *multiforme*, etc.

PIROGUE, 1640, auparavant *pirague*, 1555. Ce dernier est empr. de l'esp. *piragua*, lui-même empr. de la langue des Caraïbes de la côte, cf. « Les Caraïbes les appellent *piraguas* », J. Poleur, 1555. La forme *pirogue* (aussi *piraugue* au XVIIe s.) est un emprunt direct de *piraugue*, forme caraïbe secondaire.

PIROUETTE, 1510 (au XVe *pirouet*, masc., au XIVe *pirouelle*, refait ensuite sur *girouette*). Désigne d'abord une sorte de toton ; sens fig. dès le XVIe. Se rattache à un groupe de mots comme fr. *piron* « gond », auquel appartiennent aussi it. *pirolo* « cheville ; toupie », *piro*, etc., qui sont probabl. d'origine grecque (*peirō* « je perce », prononcé *piro* vers la fin de l'Empire ; comp. grec mod. *peiros* « cheville pointue », prononcé *piros*). — Dér. : **pirouetter,** 1530.

PIS, *subst.* Signifie « poitrine » jusqu'au XVIe s. ; sens devenu rare et archaïque à partir du XVIIe. Lat. *pectus*, neutre, « poitrine ». L'acception rurale de « mamelle de vache, de chèvre » s'est étendue à la majorité des parlers gallo-romans. V. **poitrine.**

PIS, *adv.* S'emploie aujourd'hui dans des locutions, où la langue pop. tend parfois à substituer *pire*, notamment dans *tant pis*. Lat. *pejus*. It. *peggio*.

PISCI-. Premier élément de mots sav. comp., tels que **pisciculture,** 1854, tiré du lat. *piscis* « poisson », sur le modèle d'*agriculture*, etc.

PISCINE, vers 1190 (en anc. franç. aussi *pecine*). Empr. du lat. *piscina*, propr. « vivier », v. le préc. Vers 1877, le mot a reçu l'acception nouvelle d' « établissement où l'on peut faire de la natation en toute saison » ; se rencontre quelquefois auparavant au sens de « vivier, réservoir d'eau » ; s'employait surtout comme terme de liturgie catholique (d'où des sens fig.), d'après la *piscine probatique*, cf. Jean, V, 2, où Jésus guérit un malade.

PISÉ, 1562 (Du Pinet, de la région lyonnaise, traducteur de Pline) ; mot rare avant le XIXe s. ; Voltaire écrit encore en 1775 : « Je me bornerai cette année à bâtir des granges de ce que vous appelez pizai, si je ne me trompe », dans une lettre adressée de Ferney à l'astronome Lalande, né à Bourg. Mot techn. de la région lyonnaise, part. passé du verbe *piser* « battre la terre à bâtir », relevé depuis 1800 (Boiste), une fois au XVIe s. au sens de « broyer » chez B. Aneau (qui a passé presque toute sa vie à Lyon) ; ce verbe est, comme *pisé*, un mot de la région lyonnaise où il est encore usité en ce sens et au sens général de « piler », lat. pop. **pi(n)siāre* (ainsi à cause des formes locales), variante du lat. class. *pī(n)sāre* « broyer », cf. aussi esp. *pisar* « fouler », etc.

PISSER. Verbe de formation expressive, qui existe presque partout : it. *pisciare*, esp. *pixar* (au XVIIe s. ; aujourd'hui plutôt *mear*, comme le port. *mijar*, lat. *mējāre*), a. pr. *pissar*. L'all. *pissen* et l'angl. *to piss* viennent du fr. — Dér. : **pipi,** mot formé par réduplication enfantine, relevé depuis 1692, certainement plus ancien ; **pissat,** XIIIe, probabl. fausse graphie pour *pissas* ; **pisse,** 1611, **chaude-pisse,** XVIe s. (Paré ; Rab. en 1532, dit *pisse chaulde*) ; **pissement,** 1565 ; **pisseur,** 1482 ; **pisseux,** XVIe ; **pissoir,** 1489 ; **pissoter,** XVIe, d'où **pissotière,** 1534 (Rab.) ; — Comp. : **pisse-froid,** 1706 ; **pissenlit,** XVe (désigne, dans beaucoup de régions, et chez certains auteurs, p. ex. chez Claudel, la renoncule) ; **pisse-vinaigre,** « esprit chagrin », 1628.

PISTACHE, 1552. Empr. de l'Italie du Nord *(pistaccio)*. A remplacé l'ancien *pistace*, en usage du XIIIe au XVIe s., empr. du lat. *pistacium* (du grec *pistakion*, d'origine orientale). — Dér. : **pistachier,** 1557 (écrit *pistacier*).

PISTE, 1571. D'abord terme d'équitation, rapidement sens plus étendu (déjà en 1562, du Pinet). Empr. de l'it. *pista*, variante de *pesta* (aujourd'hui seule forme usuelle), tiré du verbe *pestare* « broyer », lat. *pistāre* « *id.* » (d'où aussi esp. *pistar*, a. pr. *pestar*) ; l'*i* en esp. est dû à *pisar*, v. **pisé** ; en it. il est romain ou napolitain. — Dér. : **pister,** 1859, d'où **pisteur,** 1874 ; **dépister,** 1737, au sens de « retrouver la piste » ; a pris à date récente celui de « détourner de la piste », 1875.

PISTIL, 1694 (*pistille* en 1685). Tiré du lat. *pistillus* « pilon » en raison de la forme du pistil.

PISTOLE, 1544, au sens de « petite arquebuse » ; sens moderne au cours du XVIe s. Empr. de l'all. *Pistole* qui vient du tchèque *pichtal* « arme à feu » (cf. pour l'origine de ce mot **obus**) ; du fr. viennent l'it. l'esp. *pistola*. Le sens moderne propre au français et qui a éliminé le sens ancien vers la fin du XVIe s. est né d'une comparaison plaisante, due au fait que la pistole était une petite arquebuse, cf. : « Comme ayant les escus d'Espagne esté réduits à une plus petite forme que ceux de France, ont pris le nom de Pistolets et les plus petits Pistolets, Bidets » (Cl. Fauchet). La plaisanterie a été faite d'abord avec *pistolet* et a gagné ensuite *pistole*. A pris vers 1840 le sens de « chambre à part accordée à un prisonnier » et qu'il obtenait moyennant, dit-on, le paiement d'une pistole par mois.

PISTOLET. Vers 1570, dans un texte où il paraît avoir le sens de *pistole* « pièce de monnaie » ; au XVIe s. signifie surtout « petite arquebuse » et aussi « poignard » (en ce sens dér. de *Pistoja*, ville où on fabriquait cette arme). Dér. de *pistole* dont il est à peu près l'équivalent au XVIe s. Au sens d' « homme bizarre », 1833.

PISTON, 1534, au sens de « pilon » ; comme terme de mécanique, « piston de pompe », 1648 (Pascal). Empr. de l'it. *pistone*, dér. de *pistare*, autre forme de *pestare*, v. **piste.** — Le piston d'une machine à vapeur servant à la mettre en fonction, on a dérivé de *piston* le verbe **pistonner,** « recommander », d'où est dérivé *piston* « recommandation », 1880.

PITANCE, v. **pitié.**

PITCHPIN, 1875. Empr. de l'angl. *pitch-pine* (avec finale francisée d'après *pin*), littéralement « pin *(pine)* à résine *(pitch)* ».

PITE, sorte d'agave, v. **agave.**

PITEUX. Signifie propr. « qui éprouve de la pitié », sens encore usité au XVIe ; puis « digne de pitié », jusqu'au XVIIe s. ; sens moderne depuis lors. Lat. de basse ép. *pietōsus*, dér. de *pietās*, v. **pitié.**

PITHÉCANTHROPE, v. **anthropo-.**

PITIÉ. Lat. *pietātem*, acc. de *pietās*, propr. « piété », qui a pris dans la langue des chrétiens le sens de « compassion pour le malheur d'autrui » (*pietas* exprime déjà chez Suétone des sentiments analogues de bonté miséricordieuse) ; présente aussi au moyen âge le sens propre de « piété ». — Dér. : **pitance,** issu de *pitié* par substitution de suff., XIIe ; a d'abord les sens de « piété, pitié » ; a pris rapidement celui de « portion qu'on donne à chacun dans les repas des communautés religieuses », XIIIe, ces distributions de vivres ayant alors souvent été assurées par des fondations pieuses ; dans ce terme on ne comprenait pas le pain, de là le sens moderne de « chair ou poisson qu'on mange outre le pain » ; **pitoyable,** XIIIe (G. de Lorris *piteable*), d'où **impitoyable,** XVe ; **apitoyer,** XIVe.

PITON, 1382. Au sens de « sommet de montagne en pointe », 1640. Dér. d'un radical *pītt-* répandu dans les langues romanes, analogue à **pikk(are)* et désignant quelque chose de pointu.

PITRE, 1661 (Saint-Amand) qui dit *bon pitre* au sens de « brave homme » ; sens moderne, 1828 (Vidocq). Empr. du franc-comtois *pitre*, qui correspond au fr. *piètre*.

PITTORESQUE, 1708. Empr. de l'it. *pittoresco*, dér. de *pittore* « peintre ».

PITUITE, 1541 ; **pituiteux,** 1538. Empr. du lat. *pituita*, v. **pépie,** *pituitosus*.

PIVERT, v. **pic.**

PIVOINE, XVIe ; d'abord *pyone*, XIVe (Froissart), *peone*, XIIe, formes auxquelles se rattachent de nombreuses formes dialectales des parlers septentrionaux. Empr. du lat. *pæonia* (du grec *paiônia*). Désigne aussi par comparaison le bouvreuil, notamment dans des parlers du Nord-Est et de l'Est ; employé en ce sens en 1562 par du Pinet, écrivain franc-comtois.

PIVOT, XIIe. Dér. d'un simple non attesté en fr., mais qui paraît être représenté, malgré la différence de la voyelle, par l'ang. *pue* « dent de peigne de tisserand, de herse, etc. », l'a. pr. *pua* « dent de peigne » (aujourd'hui *pivo*), l'esp. *pua, puga* « pointe », d'origine inconnue. Il semble qu'il n'y ait pas lieu de rapprocher *pive* « cône de sapin » usité dans la région franco-provençale, où l'on voit un lat. pop. **pīpa* (de la famille de *pīpāre*, v. **piper**). — Dér. : **pivoter,** 1508.

PLACAGE, PLACARD, v. **plaque.**

PLACE. Lat. *platea* « rue large » (peut-être du grec *plateia*, fém. de l'adj. *platys* « large »), qui a pris à basse ép. le sens de « place publique » ; devenu **plattea* d'après **plattus*, v. **plat.** It. *piazza.* — Dér. et Comp. : **placer,** 1564, d'où **placement,** fin XVIe, **placeur,** 1765 ; **placier,** 1690 « fermier des places d'un marché » jusqu'au début du XIXe s., 1840, au sens moderne ; **déplacer,** 1404, **déplacement,** XVIe ; **emplacement,** 1611 (par l'intermédiaire d'un verbe *emplacer*, XIVe-XVe) ; **remplacer,** 1549, **remplacement,** 1549 ; **replacer,** 1669.

PLACENTA, 1654 (sens botanique 1694, Tournefort). Empr. du lat. des naturalistes *placenta*, tiré du lat. class. *placenta* « gâteau, galette » ; ainsi nommé à cause de sa forme.

PLACER, *subst.*, 1851. Empr., à propos des gisements de Californie, de l'esp. *placel, placer* « banc de sable, sable aurifère », empr. du cat. *placer*, dér. de *plassa* « place ».

PLACET, 1365. Tiré du lat. *placet* « il plaît », employé comme formule d'acceptation en réponse à une requête, encore relevé au XVIe s. ; d'où, par abus, la requête elle-même.

PLACIDE, vers 1500 ; rare avant le XIXe s. ; **placidité,** XIXe (Mme de Staël). Empr. du lat. *placidus, placiditas.*

PLAFOND, v. **fond.**

PLAGAL, terme de musique, vers 1620 (d'Aubigné). Dér. du lat. médiéval *plaga* qui désigne ce mode musical.

PLAGE, 1456 (une 1re fois chez M. Polo). Empr. de l'it. *piaggia*, qui signifie aussi « coteau, pays » ; ce mot appartient, au moyen âge, presque exclusivement à l'Italie méridionale, où il apparaît comme masc. (*plagius* dans les documents lat. médiévaux) et comme fém. *(plagia).* Il vient du grec *plágios* « oblique », substantivé au sens de « côté, flanc », ensuite « coteau », au masc. aussi bien qu'au plur. neutre, d'où le fém.

PLAGIAIRE, 1584 (écrit *plagere*). Empr. du lat. *plagiarius*, propr. « celui qui débauche et recèle les esclaves d'autrui » (dér. de *plagium*, qui désigne ce détournement, tiré du grec *plagios* « oblique, fourbe »). — Dér. : **plagiat,** 1735 ; **plagier,** 1801.

PLAID, 1667 (d'abord « étoffe de laine écossaise ») « manteau écossais », depuis 1797, en parlant d'un manteau porté en France depuis 1827. Empr. de l'angl. *plaid*, empr. lui-même de l'écossais *plaide.*

PLAIDER, vers 1080 *(Roland).* Dér. de *plait*, anc. mot (hors d'usage depuis le XVIIe s., sauf comme terme d'histoire), qui signifiait propr. « assemblée solennelle où se rendait la justice », d'où « procès, accord », lat. *placitum*, propr. « ce qui est conforme à la volonté » (dér. de *placēre* « plaire », cf. la formule initiale des lois romaines : *Senatui Populoque Romano placuit*), d'où, dans le lat. mérovingien et carolingien, le premier sens de l'a. fr., cf. aussi le verbe *placitare* de ce latin « aller devant un plaid ». — Dér. : **plaideur,** 1213.

PLAIDOYER, 1519 ; en outre *plaidoyé* jusqu'au XVIIe s. ; **plaidoierie,** 1318. Le premier est l'inf. (ou le part. passé), pris substantiv., d'un anc. verbe *plaidoyer*, dér. de *plaid*, v. le préc. ; le deuxième est dér. de ce verbe.

PLAIE. Signifie parfois « blessure » jusqu'au début du XVIIe s. Le sens moral de *plaie*, usité depuis le moyen âge, vient de la langue religieuse et se rattache par figure à la fois aux plaies de Jésus-Christ et aux dix plaies d'Égypte. Lat. *plaga* « coup, blessure, plaie ».

PLAIN. Ne s'emploie plus que dans la locution *de plain-pied* et dans le comp. *plain-chant*, outre quelques acceptions techn. ; a disparu en partie à cause de son homonymie avec *plein ;* a été remplacé par *plan*, v. **plan.** Anc. adj. usuel jusqu'au XVIe s. (devenu rare au XVIIe et au XVIIIe s.) au sens de « plan, uni », lat. *plānus*, d'où aussi it. *piano*, esp. *llano.* **Plaine,** qui semble rare avant le XVIe s., est le fém., pris substantiv., de cet adj. ; l'a. fr. emploie surtout au sens de « plaine » le masc. *plain* et plus rarement *plaigne*, lat. pop. **plānea.* — Dér. : **pénéplaine,** 1907, formé avec le lat. *paene* « presque ». — Comp. : **aplanir,** XIe, *aplanir* a été en outre usité du XIVe au XVIe s. au sens de « caresser, flatter »), réfection, par changement de conjugaison, de l'anc. verbe *aplanoyer, aplanier* ; d'où **aplanissement,** 1370 (Oresme), au sens de « flatterie », sens qui a disparu en même temps que le verbe a perdu celui de « flatter » ; sens moderne, 1539.

PLAINDRE. A eu aussi au moyen âge le sens de « regretter, donner à regret », qui ne survit que dans la locution *plaindre sa peine.* Lat. *plangere.* — Dér. : **plaignant,** terme de droit vers 1225 ; **plainte,** XIIe, d'où **plaintif,** XIIe ; **replaindre (se),** XIIe.

PLAINE, v. **plain.**

PLAIRE, XIIe. A remplacé *plaisir*, usité comme inf. jusqu'au XIIIe s., mais déjà subst. au XIIe s., qui représente régulièrement le lat. *placēre ; plaire* est d'origine analogique : comme on disait *faire, traire* à côté de *(il) fait, (il) trait*, etc., on a dit *plaire* à côté de *(il) plaît ;* v. aussi **taire.** It. *piacere.* — Dér. : **plaisance,** XIIIe, au sens de « plaisir » ; ne s'emploie plus depuis la fin du XVIe s. que dans les locutions *lieu, maison*, etc., *de plaisance ;* **plaisanter,** 1539 : **plaisanterie,** 1538 (une 1re fois en 1279) ; **plaisantin,** 1530, par l'intermédiaire de l'adj. *plaisant ;* fréquent au XVIe s. ; paraît avoir été peu usité du XVIIe au XIXe ; **plaisir,** v. plus haut, d'où **déplaisir,** XIIIe ; **déplaire,** XIIe, **déplaisant,** XIIe, au moyen âge (et encore chez Saint-Simon) signifie souvent « mécontent », d'après le pronominal *se déplaire ;* **malplaisant,** XIIIe. V. **complaire.**

PLAN : 1° *adj.*; 2° *subst.* (au sens de « surface plane »), d'où son emploi dans la langue des arts plastiques, p. ex. dans *plan d'un paysage, d'un bas-relief*, 1553 (*Un plan ou autre lieu uny* dans un traité d'architecture) ; en ce sens s'est confondu aujourd'hui avec le suivant. Empr. du lat. *planus*, v. **plain,** pour des emplois techn. — Dér. : **biplan,** début xxe s. ; **monoplan,** *id.* V. **planer.**

PLAN « dessin représentant une contrée, etc. », v. **plant.**

PLANCHE. Lat. de basse ép. *planca*, modification de **palanca* (voir **palan**) par une dissimilation des deux *a* favorisée par l'influence de l'adj. *planus.* — Dér. : **planchéier,** 1335 (écrit *planchoier*, plus tard aussi *plancheer*, peut-être sous l'influence de *planché*, qu'on trouve à la même époque au sens de « plancher ») ; **plancher,** xiie ; a aussi le sens de « plafond », notamment au xvie et au xviie s. ; **planchette,** xiiie.

PLANÇON. Lat. pop. **plantiōnem*, acc. de **plantiō*, dér. du lat. class. *plantare*, v. **planter** ; d'où aussi pr. *planson*, cat. *planso.*

PLANCTON, fin xixe. Empr. du grec *plankton* « ce qui erre », neutre de l'adj. *planktos* « errant » ; relevé en angl. depuis 1892.

PLANE « platane », v. **platane.**

PLANE « rabot, etc. ». Réfection, d'après le verbe *planer*, de l'a. fr. *plaine*, encore usité dans les parlers du Nord-Est et de l'Est, lat. de basse ép. *plāna* (tiré de *plānāre*). **Planer,** terme de diverses techn., représente de même le lat. de basse ép. *plānāre* (dér. de *plānus*, v. **plain et plan**) « aplanir », d'où aussi it. *pianare* « aplanir » ; d'où **planure,** 1680.

PLANER « rendre uni », v. le préc.

PLANER « se soutenir en l'air » ; vers 1380, en parlant de la position du cavalier qui baisse le haut du corps sur le cheval déjà vers 1270 ; d'où *vol plané.* Terme de fauconnerie, dér. de l'adj. *plain ;* sens fig., xviiie. — Dér. : **planeur,** « sorte d'aéroplane », début xxe. **Aéroplane,** 1855, v. **aéro-.**

PLANÈTE, 1119. Empr. du lat. de basse ép. *planeta* (du grec *planētēs* « (astre) errant »). — Dér. : **planétaire,** 1553.

PLANQUER, 1790. Forme argotique de *planter.* On trouve *planter* chez Villon dans le même sens.

PLANT, v. **planter.**

PLANTAIN. Lat. *plantāginem*, acc. de *plantāgō.* It. *piantaggine*, esp. *llantén.*

PLANTATION, xive. Empr. du lat. *plantatio*, v. **planter.** Au sens dans lequel il est employé dans les colonnes, 1664, empr. de l'angl. *plantation.*

PLANTE « plante du pied ». Lat. *planta.* It. *pianta*, esp. *llanta* « bande de fer autour d'une roue ».

PLANTE, végétal, 1542. Lat. *planta*, propr. « rejeton, bouture », v. **plançon.** Les Romains (Pline) n'ayant pas reconnu l'unité idéale du règne végétal n'avaient pas de mot pour la notion « plante ». Les notions les plus générales auxquelles leur conception s'était élevée étaient celles de « herbe » et d' « arbre ». Ce n'est qu'au temps de la scolastique qu'Albert le Grand reconnut l'identité du principe vital du règne végétal. Ayant besoin d'un mot pour désigner cette notion plus générale, il choisit le mot *planta*, en le détournant de l'acception qu'il avait eue en latin. Le franç. ne le suivit qu'assez tard. L'anc. franç. *plante* désigne une vigne récemment plantée et est un dér. du verbe *planter.*

PLANTER. Lat. *plantāre.* — Dér. : **plant,** 1495, « action de planter », d'où « ce qui est planté » (cf. déjà en 1508 *la porte des plans* au château de Gaillon) ; **plan** « dessin d'une contrée, etc. », pris au sens fig. dès la fin du xvie s., est ce même mot *plant*, confondu graphiquement avec **plan** « surface » (la prononciation étant semblable et les sens proches), le premier sens paraît avoir été « surface occupée par un bâtiment, une statue », cf. *Le plan de Rome est la carte du Monde*, 1569 (J. du Bellay), à côté de *Le plant du fort d'Edimton*, 1556, *César voulut que la statue demeurât en son plant* (Amyot) ; il est probable que le développement du sens n'est pas spontané, mais qu'il est dû à l'it. *pianta* (v. **plante**), qui signifie aussi à la fois « espace qu'occupe un bâtiment » et « dessin d'une contrée, etc. » ; l'altération graphique a de même atteint l'expression pop. *laisser en plan*, 1821, faite d'après *planter là quelqu'un*, xve ; d'où **planifier,** 1949 ; **arrière-plan,** 1811 ; **plantage,** 1427 ; **planteur** « celui qui plante », vers 1280 ; **plantoir,** 1640 ; **planton,** 1790, dans la locution *de planton*, depuis Béranger au sens fig., une première fois au xvie s. au sens de « jeune plant » ; **déplanter,** 1306, d'où **déplantoir,** 1640 ; **replanter,** 1190.

PLANTEUR « celui qui exploite une plantation coloniale », 1667. Empr. de l'angl. *planter* (lui-même dér. du verbe *to plant* « planter », qui vient du fr.) et francisé d'après **planteur** (v. **planter**).

PLANTIGRADE, 1795. Comp. avec les mots lat. *planta* « plante du pied » et *gradi* « marcher ».

PLANTUREUX, xiiie (Villehardouin). Altération de l'anc. adj. *plenteïveus*, par croisement avec l'adj. *(h)eureux*, v. **heur,** croisement que le sens explique, cf. la rime *eüreux : planteüreux*, en 1314 (*Fauvel*, 2803-4). *Plenteïveus* vient lui-même de l'anc. adj. *plentif, plenteïf*, qui dérive à son tour de l'anc. subst. *plenté* (écrit aussi *planté*, par étymologie pop. d'après *plante, planter*) « abondance », encore usité dans de nombreux parlers septentrionaux, lat. de basse ép. *plēnitātem*, acc. de *plēnitās*, conservé seulement par le gallo-roman et par le roumain *plinătate*, « *id.* ».

PLAQUER, xiiie ; rapidement pris dans un sens plus étendu. Empr. du moyen néerl. *placken* « rapiécer, enduire, coller ». — Dér. et Comp. : **placage,** 1318. **Placard,** xvie, comme terme de menuiserie « revêtement d'une porte, d'une paroi », d'où « sorte d'armoire pratiquée dans un mur », 1828 (mais dès 1785 à Marseille et dans l'Auvergne ; ce sens semble être né dans le Sud-Ouest ; au sens de « écrit ou imprimé qu'on affiche sur les murs », XVIe s. (antérieurement « nom d'une petite monnaie », 1406, qui est emprunté du moyen néerl. *plackaet*) ; aussi « pièce officielle non pliée », 1444 ; d'où aussi le sens du mot dans la langue de l'imprimerie), d'où **placarder,** 1586 ; **plaque,** 1611 (antér. on disait *plate*) ; au XVe s. désigne une sorte de monnaie, qui venait de Flandre, empr. en ce sens du moyen néerl. *placke ;* d'où **plaquette,** 1727 ; désigne dans le fr. pop. de l'Est une pièce de deux sous, en ce sens dér. de *plaque,* sorte de monnaie ; **plaqué,** sorte de métal, 1802 ; **plaqueur** « ouvrier qui fait du placage », 1239 ; sens fam. récent, d'après celui qu'a pris le verbe ; **contre-plaqué** (bois), fin XIXe, d'où **-cage,** *id.*

PLASMA, 1855. Mot créé en 1836 par le médecin all. Schulz qui l'a tiré du grec *plasma* « ouvrage façonné », v. le suiv., en vue d'un sens spécial ; *plasma, plasme* existait en fr. antér. dans la langue médicale pour désigner de l'émeraude brute, qu'on pilait pour la faire entrer dans des médicaments. — Dér. : **protoplasma,** 1869, créé en 1846 par le physiologiste all. Hugo von Mohl.

PLASTIQUE, 1553, *adj. ;* 1788, *subst.* Empr. du lat. *plasticus* (attesté à basse ép.), *plastica* (du grec *plastikos* « qui concerne le modelage », *plastikê* (*tekhnê* « art »), du verbe *plassein* « façonner »).

PLASTRON, 1492, au sens d' « armure protégeant la poitrine », d'où les sens modernes à partir du XVIIe s. Empr. de l'it. *piastrone* « sorte de haubert », dér. de *piastra* « armure protégeant le dos » ; pour le sens propre du mot it., v. **piastre.** — Dér. : **plastronner,** 1611, sens parallèle au subst.

PLAT, *adj.* Lat. pop. **plattus*, empr. du grec *platýs* « plat, étendu ». It. *piatto*, esp. *chato. Pied plat,* terme d'injure, XVIIe, désigne proprement les gens du peuple, qui portaient des chaussures sans talon, à la différence des gentilshommes. V. **platine.** — Dér. : **plat,** *subst.*, XIVe, d'où **platée,** 1798 ; **plateau,** XIIe ; **platine,** pièce plate dans différentes techniques, XIIe ; **platitude,** 1694 ; **méplat,** 1676 (préfixe de sens négatif *me(s)*, propr. « ce qui n'est pas tout à fait plat ») ; **replat** (géogr.), fin XIXe. — Comp. : **aplatir,** XIVe, d'où **aplatissement,** 1600 ; **plat-bord,** 1573 ; **plate-bande,** 1508 ; **plate-forme,** XVe.

PLATANE, 1535. Empr. du lat. *platanus* (du grec *platanos*). Une forme pop. *plane* survit dans des parlers du Nord-Est et de l'Est.

PLATE-FORME, terme de la langue politique, 1855, dans un texte traitant de l'Amérique. Empr. de l'anglo-américain *platform,* qui vient lui-même du fr. *plate-forme.*

PLATINE, métal, 1752. Empr. de l'esp. *platina,* fém. employé pour la première fois par Ulloa, savant qui fut également un marin célèbre (aujourd'hui l'esp. dit *platino*, masc., d'après le fr.), dér. de *plata* « argent » ; ce mot qui vient lui-même de l'a. pr. *plata,* propr. « lame de métal », d'où spécial. « lame d'argent, argent », ou de l'a. fr. *plate,* qui a les mêmes sens, notamment dans *or, argent en plate,* v. **plat ;** cf. pour un développement de sens analogue le fr. *vaisselle plate,* propr. « vaisselle en métal non montée, d'une seule pièce », XVIIe. On a donné vers 1780 le genre masc. à *platine,* d'abord fém. d'après l'esp. *platina,* quand on a voulu uniformiser le genre des noms de métaux.

PLATONIQUE, au sens de « purement idéal » en parlant de l'amour, 1750. Emploi fig. de *platonique,* terme de philos., 1488 (une première fois au XIVe), empr. de *platonicus* (du grec *platonikos*, de *Platōn,* célèbre philosophe de la fin du Ve s. av. J.-C.). — Dér. : **platonisme,** 1672 (Molière) ; développement de sens parallèle à celui de l'adj.

PLÂTRE, v. **emplâtre.**

PLAUSIBLE, 1552. Empr. du lat. *plausibilis* « qui est digne d'être applaudi, approuvé » (de *plaudere* « applaudir »). — Dér. : **plausibilité,** 1725.

PLÈBE, 1802 (une 1re fois vers 1354, Bersuire, en parlant de la plèbe de Rome). Empr. du lat. *plebs.* — Dér. : **plébéien,** XIVe (Bersuire, en parlant de la plèbe de Rome) ; pour le suff. cf. *patricien ;* sens fig. dès le XIVe s., d'après le lat. *plebeius* qui a aussi les sens fig. de « commun, vulgaire ».

PLÉBISCITE, 1743 (en parlant de Rome ; une 1re fois au XIVe s., Bersuire) ; a été adopté par notre langue politique lors du plébiscite de 1852, d'où **plébiscitaire,** 1870, **plébisciter,** fin XIXe. Empr. du lat. *plebiscitum.*

PLÉIADE, 1556 (mais répandu surtout vers 1563), nom que prit le groupe des sept poètes Ronsard, Baïf, Du Bellay, P. de Thyard, Jodelle, Belleau, Daurat (après s'être appelé *Brigade* dès 1549), à l'imitation de la Pléiade d'Alexandrie, qui existait sous Ptolémée Philadelphe, au IIIe s. av. J.-C. ; le mot grec *pleias* désignait propr. la constellation des *Pléiades* où l'on compte sept étoiles *(Pléiades,* constellation, se dit depuis le XIIIe, d'après le lat. *pleiades) ;* depuis une date récente, se prend aussi au sens de « groupe (de nombre indéterminé) d'artistes ».

PLEIN. Lat. *plēnus.* It. *pieno*, esp. *lleno. Pleine,* en parlant d'une femelle, XIIIe s., a absorbé l'a. fr. *prainz* (dont le fém. *preigne* est précisément du XVIe s.), lat. pop. **praegnis*, issu du lat. class. *praegnans ;* en Normandie, pays d'élevage, on a conservé le vieux mot *prinse.* — Comp. : **trop-plein,** 1671.

PLÉNIER. Lat. de basse ép. *plēnārius.*

PLÉNIPOTENTIAIRE, XVIIe (Balzac). Formé avec les mots lat. *plenus* et *potentia* « puissance ».

PLÉNITUDE, vers 1300. Empr. du lat. *plenitudo*, dér. de *plenus* « plein ».

PLÉONASME, 1610. **Pléonastique,** 1838. Empr. du grec *pleonasmos*, *pleonastikos*.

PLÉSIO-. Premier élément de mots sav. comp., tels que **plésiosaure,** 1836 (d'abord *-us*, 1825, chez Cuvier), mot créé par le naturaliste anglais Conybeare, tiré du grec *plêsios* « voisin ».

PLÉTHORE, 1537. Empr. du grec médical *plêthôrê* « surabondance (des humeurs) »; sens fig. depuis la fin du XVIIIe s. — Dér. : **pléthorique,** 1660.

PLEURER. Lat. *plōrāre* « crier, se lamenter, pleurer ». Concurrencé dans les parlers septentrionaux, notamment par *crier*, *brailler*, *braire*. Esp. *llorar*. — Dér. : **pleur,** XIIe ; **pleurard,** 1552 (Rab.) ; **pleureur,** XIIIe ; **éploré,** XIIe, avec *o* des formes accentuées sur la terminaison.

PLEURÉSIE, XIIIe (sous la forme *pleurisie*) ; **pleurétique,** *id.* Empr. du lat. médiéval *pleuresis*, *-eticus*, altération du lat. médical *pleurisis* (d'où la forme *pleurisie*), *-iticus* (du grec *pleuritis*, *pleuritikos*, de *pleura*, v. **plèvre**).

PLEURNICHER, 1739. Empr., avec dissimilation des deux consonnes labiales, du norm. *pleurmicher*, comp., en vue d'un renforcement expressif, de *pleurer* et du norm. *micher* « pleurer », celui-ci très répandu sous une forme plus complète (comp. norm. *chemicher*, gasc. *chemicá*, cat. *somicar*, bmanc. *choumicher*), mais d'origine inconnue. — Dér. **pleurnicheur,** 1774 ; **pleurnicherie,** 1845.

PLEUTRE, 1750. Peut-être du flamand *pleute*, à la fois « chiffon » et « mauvais drôle » ; l'emploi de *pleutre* dans les parlers du Nord-Est au sens de « lâche, rustre, etc. » est favorable à cette hypothèse.

PLEUVOIR. Lat. pop. *plovēre* (cf. *plovebat*, Pétrone), lat. class. *pluere*, d'où le fr. *pleuvoir* par changement de conjugaison. — Dér. : **repleuvoir,** 1549.

PLÈVRE, 1552 (Rab.). Empr. du grec *pleura* « côté » en vue d'un sens spécial, avec la prononciation du grec byzantin.

PLEXUS, XVIe (Paré). Empr. du lat. de basse ép. *plexus*, propr. « entrelacement » (de *plectere* « tresser ») en vue d'un sens spécial.

PLIE. D'abord *plaïs*, XIIIe, qui remonte au lat. de basse ép. *platessa* (Ausone), d'origine obscure, par une forme **platīcem*, refaite sur un modèle indéterminé, mais assurée par d'autres formes dialectales, cf. le wallon *playis'*, et par l'angl. *plaice*.

PLIER, v. **ployer.**

PLINTHE, 1544. Empr. du lat. de basse ép. *plinthus* (du grec *plinthos*, proprement « brique »).

PLIOCÈNE, v. **éocène.**

PLISSER, v. **ployer.**

PLOMB. Lat. *plŭmbum*. — Dér. et Comp. : **plomber,** 1539, d'où **plombé,** *adj.*, 1618, **plombage,** XVIe, **plombeur,** 1723 ; **plomberie,** 1304 ; **plombier,** 1316 ; **aplomb,** 1547, cf. encore au XVIIe *une ligne élevée à plomb* ; **déplomber,** 1838 ; **surplomber,** 1694, d'où **surplomb,** *id.* ; dér. de *plomb* dans *fil à plomb*.

PLOMBAGINE, 1559 (d'abord *plombage*, 1556). Empr. du lat. *plumbago*, *plumbaginis*, de *plumbum*, v. le préc.

PLONGEON, oiseau aquatique. Lat. de basse ép. *plumbiōnem*, acc. de *plumbiō* (Polemius Silvius, né en Gaule, Ve s.), dér. de *plumbum* ; ainsi nommé parce qu'il reste longtemps sous l'eau, où il disparaît comme le plomb, v. le suiv. Par comparaison *faire le plongeon*, d'où *faire des plongeons*, en partie d'après le verbe suiv.

PLONGER. Lat. pop. **plumbicāre*, dér. de *plumbum* « plomb » ; dit ainsi propr. des filets et des sondes qu'on garnit de plomb pour les faire descendre au fond de l'eau. Propre au fr., mais dont le type étymologique est assuré par le pic. *plonquer*. — Dér. et Comp. : **plongée,** XVe ; **plongeur,** XIIIe (Joinville), plongeur (de restaurant), 1867, propr. « qui plonge ses mains dans l'eau pour laver la vaisselle » ; **replonger,** XIIe.

PLOT. Terme techn., 1868 ; récent pour désigner une sorte de pavé métallique servant à transmettre la force électrique au moteur d'un tramway ; vivait au moyen âge surtout en Bourgogne, dans la Franche-Comté et dans les régions franco-provençales, avec le sens de « billot », 1290. Peut-être croisement du lat. *plautus* « plat » et du germ. *blok* (cf. *bloc*).

PLOUTOCRATIE, 1845 (d'abord *plutocratie*, en 1831), **-CRATE,** vers 1860 ; empr. de l'angl. *plutocracy*, *plutocrat*, qui sont formés d'après le grec *ploûtos* « richesse », sur le modèle d'*aristocratie*. La première forme *plu-* reproduit l'orthographe anglaise, la forme définitive suit la prononciation anglaise.

PLOYER. Lat. *plicāre*. It. *piegare*, roum. *pleca* « partir » (cf. en fr. *plier bagages*), esp. *llegar* « arriver ». *Plier* n'est qu'une variante analogique de *ployer* ; sur le modèle de verbes tels que *nier*, *prier* qui avaient au moyen âge un radical accentué *nie*, *prie* et un radical inaccentué *nei-*, *prei-*, *noi-*, *proi-*, p. ex. à l'inf., on a dit, à côté de *pleier*, *ploier*, dès le XIIe s., *plie*, etc., d'où a été tiré tout un verbe *plier*, vers le XVIe s. ; le XVIIe s. a fixé l'emploi des deux verbes, *plier* plus concret (en rapport avec *plî*), *ployer* plus littéraire, mais le XVIIIe s. n'a guère employé *ployer*, qui n'a été remis en honneur qu'au XIXe. — Dér. de *ployer* : **déployer,** XIIe, d'où **déploiement,** 1538 ; **éployé,** vers 1500 ; **reployer,** vers 1200, d'où **reploiement,** 1190. — Dér. de *plier* : **pli,** XIIIe ; d'abord *ploi*, XIIe, d'où **plisser,** 1538, **plissement,** 1636, **plissure,** XVIe, **déplisser,** 1611 ; **pliable,** 1559 ; **pliage,** 1611 ; **pliant,** *subst.*, 1665 (Molière), issu de *siège pliant*, 1632 ; **pliure,** 1314 ; **déplier,** 1538 ; **replier,** 1538 (une première fois en 1213), d'où **repli,** 1539 (écrit *replis*), **repliement,** 1611.

PLUIE. Lat. pop. **ploia*, issu, d'après *plovere*, v. **pleuvoir**, de **pluia*, lat. class. *pluvia*. It. *pioggia*, esp. *lluvia*. — Dér. : **parapluie**, 1622, fait sur le modèle de *parasol ;* mal établi avant la fin du XVIIe s. : « Quelques dames commencent à dire ce mot, mais il n'est pas établi, et tout au plus on ne le peut dire qu'en riant, et c'est ce qu'on appelle un parasol », 1680 (Richelet).

PLUM-CAKE, 1824. Empr. de l'angl. *plum-cake* (de *plum*, v. *pudding*) et de *cake* « gâteau », mot d'origine germ.

PLUME. Lat. *plūma*, propr. « duvet » ; a éliminé dans presque tous les parlers gallo-romans les représentants de *penna* « plume », v. **penne**. It. *piuma* « plume, duvet ». L'emploi de *plume* au sens de « petite lame de métal dont on se sert pour écrire » vient de ce qu'on écrivait depuis l'antiquité avec de grandes plumes d'oiseau taillées, surtout d'oie (l'invention de la plume en métal remonte au début du XVIIIe s., mais l'usage n'en est courant que depuis le premier quart du XIXe s. ; on a employé alors aussi des tuyaux de métal). — Dér. : **plumage,** 1375 ; **plumassier,** 1480, par l'intermédiaire de *plumas* « plumet », XVe, d'où **plumasserie,** 1505 ; **plumeau,** 1802 ; **plumée** (d'encre), 1623 ; **plumer,** XIIe, v. **peler ; plumet,** 1618 (une première fois en 1478 comme mot d'injure) ; **plumetis,** 1498, par l'intermédiaire d'un adj. *plumelé*, 1364, « qui imite la plume » ; **plumier,** 1872, de *plume* (à écrire) ; **déplumer,** XIIIe ; **remplumer,** 1245, par l'intermédiaire d'un anc. *emplumer*, XIIe.

PLUMITIF, 1583 (1611 *plumetis*, dp. 1765, au sens moderne). Signifiait au sens propre « registre où sont résumées les délibérations d'un tribunal » ; le sens moderne est dû à une plaisanterie par rapprochement du mot avec *plume ; plumitif* est une altération de *plumetis*, probabl. d'après *primitif*, au sens « d'original », donc née dans les milieux de clercs (Ménage signale que dans le chapitre de l'Église de Paris on disait encore *primitif* en ce sens) ; quant à *plumetis*, c'est un dér. d'un anc. verbe *plumeter* « prendre des notes » (attesté vers le XVIe s., dér. lui-même de *plume*).

PLUM-PUDDING, 1756. Empr. de l'angl. *plum* « raisin sec » et de *pudding*.

PLUPART (la), v. **part.**

PLURALITÉ, XIIIe. Empr. du lat. de basse ép. *pluralitas*, dér. de *pluralis*, v. le suiv.

PLURIEL, vers 1470, forme qui a triomphé grâce à l'appui que lui a donné Vaugelas. Réfection, d'après le lat. *pluralis*, de *plurier*, usuel du XVIe au début du XIXe s., refait lui-même sur *singulier ;* antér. *plurel* (et *plurer* d'après *singuler*), XIIe, empr. du lat. des grammairiens *pluralis* (dér. de *plus, pluris*, v. le suiv. ; au moyen âge on trouve aussi les formes *pluriers, plurieus*, etc., au sens de « plusieurs »).

PLUS. Lat. *plūs*. Comme adv. de quantité, p. ex. dans *j'en ai plus*, propre aux parlers septentrionaux ; au Sud de la ligne allant de la Vendée à la Suisse romande, on dit *mais* en ce sens ; mais, dans les phrases négatives, *mais* (ordinairement précédé de *pas*) ne s'emploie que dans le Sud-Ouest, et pour exprimer le comparatif, il est limité au gascon. It. *più*. — Comp. : **surplus,** vers 1090.

PLUSIEURS. Lat. pop. **plūsiōres*, altération, d'après *plūs*, de *plūriōrēs*, réfection, attestée à basse ép., du lat. class. *plūrēs* d'après la formation générale des comparatifs.

PLUVIAL, 1488 ; une première fois au XIIe s. ; **pluvieux,** 1213 ; **pluviôse,** 1793 (créé par Fabre d'Églantine, cf. **nivôse, ventôse**). Empr. du lat. *pluvialis, pluviosus* (de *pluvia* « pluie »).

PLUVIER, XVIe. Empr. du pr. *pluvier* ou forme refaite, d'après cette forme provençale ou le lat. *pluvia*, de l'a. fr. *plovier, plouvier*, lat. pop. **plovārius* (de *plovere* « pleuvoir ») ; dit ainsi parce que cet oiseau arrive en troupe vers la saison des pluies.

PNEUMATIQUE, 1520, comme terme de physique. Empr. du lat. *pneumaticus* (du grec *pneumatikos*, également employé en parlant de la machine pneumatique, de *pneuma* « souffle »). — Dér. : **pneu,** fin XIXe, par abréviation, au sens de « tube de caoutchouc gonflé d'air, garnissant la jante d'une roue » ; cette sorte de tube a été inventée à cette époque par le mécanicien anglais Dunlop. Plusieurs comp. dans la langue médicale, comme **pneumothorax,** 1836 (avec le grec *thorax* « poitrine »).

PNEUMONIE, 1787, une première fois en 1707 (D.). Empr. du grec *pneumonia* (de *pneumôn* « poumon »).

POCHADE, POCHARD, v. le suiv.

POCHE « poche de vêtement ». Du francique **pokka*, cf. angl. *poke*. Propre au fr. ; mais concurrencé dans les parlers du Nord-Est par des formes issues du germ. **taska*, cf. all. *Tasche* « poche ». La région de Lyon, la Savoie et la Suisse française possèdent un mot *fata*, du burgonde **fatta* (qui correspond à l'all. *fetzen*). — Dér. : **pochard,** propr. « rempli comme une poche », 1837, cf. *sac à vin* (en 1466 on a déjà le nom propre *Simonne la Pocharde*) ; **pocher,** XIIIe, dans la locution *pocher les yeux*, probabl. « les faire gonfler comme une poche » ; *pocher des œufs*, XIVe, les faire cuire de manière que le blanc enveloppe le jaune comme une poche ; *pocher*, terme de peinture, 1767 (Diderot) ; doit s'expliquer comme *croquer*, d'où **pochade,** 1828, **pochoir,** 1875, **pochon,** 1862 ; **pochetée,** fin XIXe ; expression pop. pour désigner une grande bêtise, une forte ivresse, comparée au contenu d'une poche pleine ; **pochette,** XIIe ; **empocher,** 1588, **rempocher,** 1743.

POCHE « louche ». Lat. de basse ép. *popia*. Seulement fr. ; usité surtout dans les parlers de l'Est et de la région franco-provençale.

PODAGRE, 1215. Empr. du lat. *podager* (du grec *podagros*, de *podagra* « goutte aux pieds », propr. « piège »). De ce même mot lat. vient **pouacre,** XIIe, au sens de « goutteux » ; a pris au XVIe le sens aujourd'hui vieilli de « sale, laid », dû à celui de « rogne, gale » que *pouacre* a aussi au moyen âge, peut-être sous l'influence de l'interjection *pouah*.

-PODE. Deuxième élément de mots sav., tels que **myriapode,** 1802, tiré du grec *pous, podos* « pied ».

PODESTAT, 1571 (aux XIVe et XVe s. *potestat*). Ne s'emploie qu'en parlant de magistrats des villes du Nord et du Centre de l'Italie. Empr. de l'It. *podestà*, lat. *potestātem*, acc. de *potestās* « puissance ».

PODIUM, 1910 (dès 1765 comme t. d'antiquité). Empr. du lat. *podium*.

POÊLE, *fém.*, **ustensile de cuisine.** D'abord *paele*, puis *pail(l)e* au XVe, d'où *poi(s)le*, *id.*, au moment où *oi* a hésité dans la région parisienne entre les deux prononciations *oè* (écrit *oi*) et *è* (écrit *ai*). Lat. *patella*. It. *padella*, esp. *padilla* « petite poêle ». — Dér. : **poêlée,** XIIIe ; **poêlette,** 1610 ; **poêlier** (ou *poilier*), 1480 ; d'où **poêlerie,** XVe ; servent aussi de dér. à **poêle** « fourneau » ; il n'y a pas de distinction nette, le même homme faisant souvent les deux métiers ; **poêlon,** 1329 (écrit *paalon*).

POÊLE, *masc.* « étoffe noire dont on couvre le cercueil pendant les cérémonies funèbres », sens qui date du XIIIe s. ; antér. désigne aussi un dais et diverses sortes de voiles. D'abord *palie*, XIe (*Alexis*), d'où *paile*, puis *poêle* vers le XVIe, forme qui s'explique comme la préc. Empr. du lat. *pallium* « sorte de manteau, couverture », v. **pallier.**

POÊLE, *masc.* « sorte de grand fourneau » ; écrit aussi *poile*. A désigné d'abord une chambre chauffée ; signifie encore « chambre à coucher, chambre où se trouve le fourneau (qui se dit aussi *poêle*) » en lorrain et dans les parlers voisins. Lat. *pē(n)silis*, propr. adj. signifiant « suspendu », qui a dû prendre le sens de « chambre chauffée », par opposition à **extūfa* « étuve », v. **étuver,** cf. pour l'explication de ce sens l'expression ancienne *balnea pensilia* « bains construits sur des voûtes et chauffés par-dessous » (Ier s.).

POÈME, 1213. **Poésie,** 1405. **Poète,** XIIe. **Poétique,** XIVe. Empr. du lat. *poema, poesis, poeta, poeticus* (du grec *poiēma, poiēsis, poiētēs, poiētikos*, de *poiein* « faire »). — Dér. de *poète* : **poétereau,** 1639. **Poétesse,** 1642. **Poétiser,** XIVe (Oresme, d'abord « faire des vers »).

POGNON, v. **poing.**

POGROM, 1907. Empr. du russe *pogróm*.

POIDS. D'abord *pois*, écrit *poids* depuis 1495 par suite d'un faux rapprochement avec le lat. *pondus* « poids ». Lat. *pē(n)sum* « ce qu'une chose pèse ». It. esp. *peso*. V. **peser.** — Comp. : **contrepoids,** XIIe (écrit *-pois*) ; **surpoids,** 1588 (Montaigne).

POIGNARD, 1512. Réfection, par changement de suff., de l'a. fr. *poignel, poignal* (également usité comme adj. au sens de « qu'on tient dans le poing »), lat. pop. **pugnālis*, dér. de *pugnus* « poing », adj. pris substantiv. au sens de « poignard », cf. it. *pugnale*, esp. *puñal*. — Dér. : **poignarder,** 1556.

POIL. Lat. *pilus*. It. esp. *pelo*. — Dér. : **poilu,** XVe, antér. *pelu*, XIIe (encore usité au XVIIe s.) ; a pris dans le fr. pop. le sens de « fort, brave » ; déjà relevé dans *Le médecin de campagne* de Balzac, d'où, dans l'argot militaire, dès avant la guerre de 1914-1918, le sens d' « homme robuste » ou simplement d' « homme », et, pendant cette guerre, celui de « combattant » surtout en usage parmi les civils de l'arrière ; **pelage,** 1469 (très vieux dér. collectif de *poil*, plutôt que dér. de *peler*) ; **se poiler** « rire aux éclats », 1901, dér. régressif de *s'époiler*, fin XIXe, pop., même sens, propr. « s'arracher les poils ».

POILE, v. **poêle** « fourneau ».

POINÇON. Dér. d'un verbe lt. **punctiare* « piquer », formé sur le part. passé de *pungere* et dont l'existence est assurée par l'it. *ponzare* « se raidir », l'esp. *punzar* « piquer », le prov. *ponsilhar* « étayer ». L'it. *punzone*, l'esp. *punzón* sont formés de la même façon. — Dér. : **poinçonner,** 1324, d'où **poinçonnage,** 1402.

POINDRE. Signifiait d'abord « piquer » ; sens disparu depuis le XVIIe s., sauf dans le proverbe : *Oignez vilain, il vous poindra ;* a pris le sens de « commencer à pousser (comme une pointe) » dès le XIIIe s., puis s'est dit du jour qui point, XVIe. Lat. *pungere* « piquer ». It. *pungere* « piquer ». — Dér. : **poignant,** XIIe ; d'abord « piquant », encore chez Buffon ; sens moderne, relevé depuis 1704. — Comp. **pourpoint,** vers 1200, adj. signifiant « brodé, piqué » (dès 1160), pris substantiv. ; l'apr. *perpoint* et l'anc. pic. *parpoint* montrent qu'il faut partir de **perpunctus*, part. passé d'un verbe du latin du Bas-Empire **perpungere* « percer en piquant » ; l'afr. a remplacé le préf. *par-* par *pour-*.

POING. Lat. *pugnus*. It. *pugno*, esp. *puño*. — Dér. : **poigne,** 1807 (alors en Lorraine, passe dans l'argot et le franç. pop. dès 1835 ; issu du précédent par changement de genre dû à l'influence des autres mots fém. en *-gne* et de *main, manche* ; attesté sporadiquement dès le XIVe s. dans les régions où *poing* se prononçait avec *-gne*, comme la Flandre ; à ne pas confondre avec a. fr. *poigne* « combat », du lat. *pugna*) ; **poignée,** XIIe ; **poignet,** 1243 ; **pognon,** 1840 (aussi *poignon*), très répandu dans les parlers ; dér. du verbe *poigner* « saisir avec la main », aussi très fréquent dans les parlers ; il n'est pas possible de dire de quelle région *pognon* est venu ; **empoigner,** XIIe, **empoignade,** 1867, **empoigne,** attesté en 1773 dans la locution argotique *foire d'Empoigne*.

POINT. Lat. *punctum* « piqûre, point ». Comme adv. de négation, propre au gallo-roman ; apparaît en fr. dès 1050. — Dér. : **pointer** « marquer d'un point », XIIIe ; « pointer une bouche à feu », etc., XVIe, d'où **pointage,** 1628, **pointeur,** 1499 (« qui marque d'un point ») ; développement de sens parallèle à celui du verbe ; **pointillé,** XVIIIe (Buffon), une 1re fois en 1414, part. pris substantiv. de *pointiller*, 1611, « parsemer de petits points » d'où aussi **pointilliste, -isme,** terme de peinture, fin XIXe s. — Comp. : **appointer,** XIIIe, créé comme terme jurid. signifiant « régler une affaire », sens disparu depuis le XVIIe s. ; sens moderne dp. XVIIe ; d'où **appoint,** XVIe s., **appointement,** 1304, développement de sens parallèle à celui du verbe, **désappointé,** 1761, au sens moderne, qui est un anglicisme d'après *disappointed*, mais avait déjà vécu en fr. dans ce sens dans la première moitié du XVIIe s. ; antér. *-er*, « rayer un officier des contrôles » ; d'abord « destituer (en général) », 1395, d'où **désappointement,** sens moderne en 1783 d'après l'angl. *disappointment ;* antér. dp. le XVe s., avec des sens correspondants à ceux du verbe. **Contre-point,** XIVe (E. Deschamps) ; *point* ici « note » ; les notes étaient représentées au moyen âge par des points ; **embonpoint,** 1528, cf. vers 1377, *tu es en bon point ;* **rond-point,** 1740 ; **mal-en-point,** 1538.

POINTE. Lat. pop. *puncta*, subst. fém., issu du part. passé de *pungere* « poindre » ; attesté au IVe s. au sens de « coup de pointe d'une arme ». — Dér. : **pointer,** « frapper de la pointe, pousser en pointe », XVIe ; **pointu,** 1377 ; **appointer** « tailler en pointe », vers 1280 ; **épointer,** vers 1100.

POINTER « chien d'arrêt, de race anglaise » ; écrit aussi *pointeur ;* 1852 (Th. Gautier ; d'abord *spanish pointer*, 1834). Empr. de l'angl. *pointer*, propr. « indicateur » (du verbe *to point* « montrer », de *point* « point », empr. du fr.).

POINTILLEUX, 1587. Dér., sur le modèle de l'it. *puntiglioso*, de *pointille*, 1571, « minutie dans un débat », lui-même déjà empr. de l'it. *puntiglio*, « *id.* » (de *punto* « point ») ; de là aussi *pointiller* « chicaner », 1571, *pointillerie*, 1694.

POINTURE. Aujourd'hui terme techn. ; jusqu'au XVIe a le sens général de « piqûre ». Lat. *punctūra* « piqûre ». It. esp. *puntura.* Le sens de « mesure de chaussures ou de gants », 1866, est un développement récent d'après l'emploi de *pointure* au sens de « forme, pièce allant du talon jusqu'à la pointe », 1765 ; cf. aussi dans la langue de la typogr. « petite lame de fer avec une pointe à l'une de ses extrémités », 1762.

POIRE. Lat. pop. *pira*, pl. neutre pris comme subst. fém. du lat. class. *pirum ;* cf. **cerise, pomme, prune.** It. esp. *pera.* — Dér. : **poiré,** 1529 ; antér. *peré*, XIIIe ; **poirier,** XVIe ; antér. *perier*, XIIIe. — Comp. : **poire d'angoisse,** qui désignait proprement une sorte de poire ; attesté en ce sens dès 1094 ; au sens fig., XVe, par jeu de mots ; cette poire ne paraît avoir été définie depuis le XVIIe s. comme un fruit désagréable que parce qu'on ne savait plus bien ce qu'elle était ; *angoisse* est le nom d'un village de la Dordogne.

POIREAU, XIIIe ; plus usité que *porreau*, aujourd'hui surtout provincial, dont *poireau* est une altération, due sans doute à *poire* et propre à la région parisienne. *Porreau* est un dér. anc. d'un simple non attesté en fr., lat. *porrum*, mais conservé ailleurs : it. *porro*, esp. *puerro.* D'autres dér., notamment un type *porrée*, XIIIe (d'où **poirée,** relevé dans les dict., où il désigne une variété de bette) concurrencent *poireau* dans les parlers gallo-romans. — Dér. : **poireauter,** de *faire le poireau*, fin XIXe.

POIS. Lat. *pisum.* Usuel aujourd'hui dans les parlers gallo-romans (mais a. pr. *ceze(r)*, lat. *cicer*, aujourd'hui encore usité dans le Sud-Ouest), outre des dérivés en *-el* dans l'Est et l'Ouest. V. **chiche.** La variété dite *petits pois*, XVIIIe, ne paraît pas porter un autre nom dans la majorité des patois.

POISON. Fém. comme lat. *pōtiō*, jusqu'au début du XVIIe s., encore usuel dans un grand nombre de patois et le fr. pop. Lat. *pōtiōnem*, acc. de *pōtiō*, propr. « breuvage », d'où « boisson magique » et de là « breuvage médicinal » dès l'époque class., sens conservés en a. fr., et d'autre part, à basse ép., « breuvage empoisonné » (cf. un développement de sens semblable dans le grec *pharmakon*). V. **potion.** — Comp. : **contre-poison,** vers 1500 ; **empoisonner,** XIe, d'où **empoisonnement,** XIIe, **empoisonneur,** XIIIe.

POISSON. Dér. très ancien (cf. *pescion* dans le *Fragment de Valenciennes*) d'un simple attesté en a. fr. par les comp. *craspois* « baleine », *porpois* « esturgeon », dont les premiers éléments sont *cras* « gras », *por* « porc » et le deuxième *pois*, lat. *piscis ;* aussi a. pr. *peis.* Le dér. est rare en dehors du gallo-roman où il a été développé pour échapper à la gêne que causait, du moins en fr., l'homonymie de *pois* et *poids ;* ailleurs on a le simple : it. *pesce*, esp. *pez.* — Dér. : **poissonneux,** 1555 (Ronsard) ; **poissonnier,** vers 1210 ; **poissonnerie,** 1285 ; **poissonnière,** XVIe ; **empoissonner,** vers 1240, **empoissonnement,** 1531, **rempoissonner,** 1405, **rempoissonnement,** 1664 (Colbert).

POITRAIL. Propr. « partie du harnais du cheval, qui passe sur le poitrail » ; sens moderne postérieur au XVIe. Issu au XVIe, par substitution de suff., de *poitrel*, *poitral*, lat. *pectorāle* (de *pectus*, *pectoris* « poitrine »), attesté au sens de « cuirasse ». It. *pettorale*, esp. *pretal.* — Dér. : **dépoitraillé,** 1876.

POITRINE. Signifie d'abord « cuirasse, harnais du poitrail du cheval » ; sens moderne dès le XIe, mais qui n'a triomphé qu'au XVIe pour remplacer *pis* qui, en raison de son sens nouveau, ne convenait plus. Lat. pop. **pectorīna*, fém. pris substantiv. d'un adj. **pectorīnus* (de *pectus*, v. le préc.), d'où aussi it. *pettorina*, « sorte de ceinture », esp. *pretina* « *id.* ». Aujourd'hui usuel dans les parlers gallo-romans, sauf quelques traces de *pis* et une forme *pitre*, lat. pop. **pectorem*, dans la région rhodanienne. — Dér. : **poitrinaire,** 1752 ; **poitriner,** 1890.

POIVRE. Lat. *piper*. — Dér. : **poivrade,** 1505 ; **poivrer,** XIIIe (sous la forme *pevrer*) ; **poivrier,** 1562, déjà au XIIIe s., au sens de « marchand de poivre » ; **poivrière,** 1718 ; **poivrot,** 1867, dit ainsi parce que le poivre entre comme ingrédient dans des boissons alcooliques ; **poivron,** 1578.

POIX. Lat. *picem*, acc. de *pix*. It. *pece*, esp. *pez*. — Dér. : **poissard,** 1743 (dans *Bouquets poissards*, titre, de Vadé), au XVIe signifiait « voleur », propr. « qui a comme de la poix aux mains pour voler », cf. *poisser* « voler », 1800 ; d'où le sens de « bas, vulgaire » ; le sens du fém. « vendeuse de poissons », 1640, vient d'un jeu de mots sur *poisson* et *poissard ;* **poisser,** 1380, **poisse,** fin XIXe, terme vulg., « voleur » argot, 1800, cf. pour le sens *purée*, également vulg. ; **poisseux,** XVIe s.

POKER, 1858. Mot angl., d'origine obscure.

POLARISER, 1810. **Polarisation,** *id.* Dér. de *polaire*, compris comme contenant le radical du verbe grec *polein* « tourner » ; en effet les premières expériences de polarisation ont été faites au moyen d'un cristal biréfringeant qu'on faisait tourner.

POLDER, « terre entourée de digues (en Hollande) », 1805. Empr. du néerl. *polder*.

PÔLE, 1295 ; rare avant le XVIIe s. **Polaire,** 1555. Empr. du lat. *polus* (du grec *polos*), *polaris* (médiéval).

POLÉMIQUE (1578). Empr. du grec *polemikos* « de la guerre *(polemos)* » en vue d'un sens spécial. — Dér. : **polémiste,** 1845 ; **polémiquer,** fin XIXe.

POLENTA, 1812. Empr. de l'it. *polenta*, qui représente le lat. *polenta* « gruau d'orge ». Dans ce dernier sens le mot lat. a été empr. par le fr. au XVIe s. *(polente)*, mais il n'a vécu que peu de temps.

POLICE, 1361 (une 1re fois vers 1250) ; du XIVe au XVIe s. aussi *policie*, cf. *politie* encore chez J.-J. Rousseau. Signifie « organisation politique, administration » jusqu'au XVIIe s., rare ensuite ; spécialisé dès lors au sens moderne. Empr. du lat. de basse ép. *politia* au sens anc. du fr. (du grec *politeia*, de *polis* « cité »). V. **civilisation.** — Dér. : **policer,** 1461 ; **policier,** d'après le nouveau sens de *police*, 1836 (une 1re fois en 1611, d'après l'ancien sens).

POLICE, 1371, au sens de « certificat » ; celui de « contrat » est du XVIe s. (*police d'assurance* en 1673) ; celui de « connaissement » du XVIIe s. (en 1606 *p. de chargement*). Empr. dans tous ces sens (par des empr. successifs) de l'it. *polizza* « certificat, contrat (signalé par H. Estienne), connaissement », empr. lui-même du lat. médiéval *apodixa* « reçu » ; celui-ci vient du grec byzantin *apodeixis* (qui remonte au grec ancien où il signifie « preuve ») ; l'a. pr. *podissa* « reçu, quittance » est également empr. du lat. médiéval (*polissia*, en 1428, à Nîmes, est pris à l'it.). V. **prime.**

POLICHINELLE, 1649 (écrit *Polichinel*, dans des titres de mazarinades ; *polichinelle*, 1680). Tiré de *Pulecenella*, forme napolitaine (d'où l'it. litt. *Pulcinella*), nom d'un personnage de farces napolitaines représentant un paysan balourd, rendu pop. par les jeux de marionnettes.

POLICLINIQUE, fin XIXe ; comp. sav. du grec *polis* « ville » et du fr. *clinique*, cet établissement étant ouvert aux malades de la ville ; quelquefois *poly-*, par confusion avec les mots en *poly-*.

POLIOMYÉLITE, 1907. Dér. d'une composition du grec *poliós* « gris » et *myelós* « moelle », la maladie consistant en une lésion de l'axe gris de la moelle épinière. La langue médicale évite plutôt le terme synonyme, *paralysie infantile*, employé dans le langage courant.

POLIR. Lat. *polire*. N'est traditionnel qu'au sens concret. Le sens de « mettre la dernière main à un ouvrage », XVIIe, est repris au lat. class., celui d' « adoucir les mœurs, orner l'esprit », XVIe, vient de l'adj. *poli*, lui-même empr. en ce sens du lat. *politus ;* enfin le sens moderne de *poli* lui vient de *politesse ;* d'où **impoli,** 1551. encore peu usuel au XVIIe s. — Dér. de *polir* au sens concret : **polissage,** 1749 ; **polisseur,** 1389 ; **polissoir,** XVIe (on a le fém. *-oire* au XVe) ; **polisson,** 1616, d'abord terme d'argot des gueux, dér. de *polisse* « action de voler » (fait lui-même sur *polir* qui a eu le sens de « voler » dans cet argot) ; d'où, depuis le XVIIIe, les sens modernes ; d'où **polissonner,** 1718, **polissonnerie,** 1696 ; **polissure,** 1520 ; **dépolir,** 1690 ; **repolir,** 1389.

POLISSON, v. le préc.

POLITESSE, 1578. Empr. de l'it. *politezza* (ou *pul-*) « qualité de celui qui est *polito* (charmant, civilisé, etc.) » ; signifie aussi au XVIIe s. « culture morale et intellectuelle » d'après le verbe *polir*. — Dér. : **impolitesse,** 1646 (Vaugelas qui le note comme un mot qu'on forme accidentellement dans la conversation).

POLITICIEN, 1865, en parlant de politiciens de l'Amérique ; puis sens plus étendu ; une première fois chez Beaumarchais (1779) empr. de l'anglais, avec une nuance péjorative ; ensuite empr. de l'anglo-américain *politician* (de *politic*, v. le suiv.).

POLITIQUE, subst. fém., 1265 (Latini). Empr. du lat. *politice*, lui-même empr. au IIe s. du grec *politikē* (sc. *technē*).

POLITIQUE, 1370 (Oresme), adj., d'où a été tiré le subst. masc. 1546. Empr. du lat. *politicus* (du grec *politikos*, de *polis* « cité », v. **police**). — Dér. : **politiquer,** XVIIe (Mme de Sévigné) ; **impolitique,** 1750, comp. de l'adj. ; **apolitique,** 1949 ; **politiser,** 1949 ; **politisation,** 1949 ; **dépolitiser,** 1958.

POLKA. 1842. La danse est venue de Pologne. Le mot est empr. du tchèque *polka* « femme polonaise » que les Tchèques, par sympathie pour les Polonais, ont employé pour désigner la danse. Depuis employé arbitrairement pour désigner une sorte de pain. V. **mazurka.** — Dér. : **polker,** 1844.

POLLEN, 1766. Empr. du lat. des botanistes *pollen*, tiré du lat. class. *pollen* « farine, poudre très fine ».

POLLUER, vers 1460 ; **pollution,** XIIe. Empr. du lat. class. *polluere* et du dér. du lat. eccl. *pollutio*.

POLO, 1882. Empr. de l'angl. *polo*, empr. lui-même d'un dialecte thibétain du Nord de l'Inde ; le jeu de polo s'est répandu en partant de Calcutta, pour arriver en Angleterre vers 1871. Au sens de « petite coiffure ronde » (comme en portent les joueurs de polo), 1897, cf. en 1895 : « Un bonnet de polo » (A. Hermant).

POLONAISE « danse », 1820 ; de l'adj. *polonais*.

POLTRON, 1509 (J. Marot). Empr. de l'it. *poltrone*, propr. « poulain » d'où « lâche, etc. », propr. « qui s'effraie comme un poulain », dér. de *poltro* « poulain », lat. pop. **pulliter*, dér. lui-même de *pullus* « petit d'un animal », v. **poutre.** — Dér. : **poltronnerie,** 1556.

POLY-. Premier élément de mots sav. comp., tels que **polyandrie,** 1787, comme terme de botanique, 1842, comme terme de sociologie, tiré du grec *polys* « nombreux », **polyurie,** 1836 (mais l'adj. *-ique* est déjà signalé en 1810), ou de mots empr., tels que **polygamie,** 1558.

POLYNÔME, v. **binôme.**

POLYPE, XIIIe ; comme terme de médecine, XVe. Empr. aux deux sens du lat. *polypus* (du grec *polypous*) ; v. **pieuvre** et **poulpe.** — Dér. : **polypeux,** 1552 ; **polypier,** 1752.

POLYPTYQUE, v. **pouillé.**

POMMADE, 1598. Empr. de l'it. *pomata*, dér. de *pomo* « fruit » ; ainsi dit parce que ce cosmétique était parfumé avec de la pulpe de pomme d'api *(mela appiuola* ou *appia)*, suivant l'indication du dict. de la Crusca. — Dér. : **pommader,** XVIe.

POMME. Lat. pop. *pōma*, plur. neutre pris comme subst. fém. du lat. class. *pōmum* « fruit », qui a pris dans une partie du domaine roman le sens de « pomme » (attesté au Ve s. après J.-C. chez M. Empiricus) à la place du lat. class. *mālum*. Cf. a. pr. *pom* conservé dans la vallée du Rhône. *Pōmum* au sens de « fruit » survit surtout dans le roum. *poamă*, peut-être dans l'it. *pomo*. — Dér. : **pommer,** 1545 ; *pommé*, au sens fam. de « complet », vers 1700 (Saint-Simon), vient d'une comparaison plaisante avec les légumes : chou, laitue, qui *pomment*, quand ils sont arrivés à maturité complète ; **pommette,** 1138 « petite pomme » ; sens fig. XVIe ; **pommier,** vers 1080 *(Roland)*, d'où **pommeraie,** XIIIe ; **pommelé,** vers 1185 ; dit proprement du pelage d'un animal qui a des taches rondes, grises et blanches ; d'où *(se) pommeler* depuis le XVIe. — Comp. : **pomme de terre,** 1655, désigne d'abord le topinambour, au sens actuel depuis 1754, qui s'est imposé, grâce surtout à l'action de Parmentier, entre 1770 et 1789 ; c'est probablement un calque du néerl. *aardappel* ou d'une forme dialectale de l'all., cf. l'alsacien *Ertèpfl* ; la pomme de terre, qui s'est répandue dès 1588 en Allemagne, a dû pénétrer dans le Nord de la France par l'Est ; depuis son introduction d'Amérique en Europe, au XVIe s., la pomme de terre a porté en France plusieurs noms, v. **patate, topinambour, truffe,** si bien qu'aujourd'hui le nom de la pomme de terre est encore très divers dans les patois.

POMMEAU, vers 1100. Dér. de l'a. fr. *pom* « poignée d'épée », qui a disparu devant *pommeau ; pom* représente lui-même une forme masc. de *pomme*, lat. *pōmum*, v. **pomme,** qui a perdu son sens propre avant les premiers textes.

POMOLOGIE, 1828. Dér. savant du lat. *pomum*, v. **pomme.**

POMPE « cortège, appareil magnifique », XIIIe. Empr. du lat. *pompa* (du grec *pompê*). — Dér. : **pompeux** (vers 1370, Oresme), d'après le lat. de basse ép. *pomposus*.

POMPE « machine à élever ou refouler un liquide », 1517 (v. *pompier*), *pompe à incendie*, 1722. Empr. du néerl. *pompe* attesté dès avant 1450. L'angl. *pump*, l'all. *Pumpe* sont également empr. du néerl., tandis que l'it. *pompa* est empr. du franç. En néerl. le mot est de création onomatopéique, tout comme l'esp. *bomba*, attesté dp. 1504, à moins que celui-ci ne soit aussi un emprunt adapté du mot néerl. — Dér. : **pomper,** 1558 ; **pompier,** 1517, « fabricant de pompes » ; au sens moderne, 1750 ; **pompiste,** 1926 (attesté d'abord à Mâcon).

POMPETTE, 1808. Ne s'emploie que dans la locution familière *être pompette*. Même mot que *pompette*, XVe, « pompon », qui a été dit au XVIe s. par plaisanterie du nez d'un ivrogne, cf. *nez... à pompette*, Rabelais, II, I, et l'expression pop. d'aujourd'hui *avoir son pompon*. *Pompette* est étymologiquement une autre forme de *pompon*.

POMPON, 1556. Mot de formation expressive parallèle à **pimpant,** mais avec une autre voyelle. — Dér. : **pomponner (se), -é,** fin XVIIIe.

PONANT, vers 1300 (écrit *ponent*). Empr. de l'a. pr. *ponen* ; cf. de même it. *ponente*, esp. *poniente*, qui remontent à une expression du lat. pop. *sōl pōnens* « soleil couchant », formé avec le part. prés. de *pōnere* au sens de « se poser, se coucher » (en parlant du soleil ou des astres), non relevé en lat., mais supposé par l'esp. *ponerse*.

PONCE, dans *pierre ponce*. Lat. de basse ép. *pōmicem*, acc. de *pōmex*, forme dialectale (osque, semble-t-il ; c'est en effet dans la région où habitaient les Osques qu'on recueillait cette pierre volcanique) du lat. class. *pumex*. — Dér. : **poncer,** XIIIe, d'où

poncif, 1551, propr. « dessin piqué et sur lequel on passe un sachet de poudre de charbon ou de craie, appelé ponce », aussi *poncis* aux XVIIe et XVIIIe s. ; le sens péjor. qu'a pris le mot dans la langue des Beaux-Arts est attesté depuis 1828.

PONCEAU, couleur d'un rouge vif. Emploi figuré, datant du XVIIe s., de *ponceau*, autre nom du coquelicot, XIIe (sous la forme *poncel*), aujourd'hui usité surtout dans les parlers de la vallée de la Loire, dér. de *paon ;* par comparaison de l'éclat de la fleur avec la beauté du plumage du paon ; de là aussi l'emploi de *paon* pour désigner le coquelicot au Nord-Est de Paris.

PONCER, PONCIF, v. **ponce.**

PONCTION, XIIIe. Empr. du lat. *punctio* « piqûre », v. **poindre.**

PONCTUEL, XIVe ; rare avant le XVIIe s. Empr. du lat. médiéval *punctualis* (de *punctum* « point »). — Dér. : **ponctualité,** 1629.

PONCTUER, début XVIe. Empr. du lat. médiéval *punctuare* (de *punctum* « point »). — Dér. : **ponctuation,** 1520.

PONDÉRÉ, vers 1770 (Rousseau), on trouve *pondérer*, du XIVe au XVIe, et, bien que rarement, depuis la fin du XVIIIe ; **pondérable,** 1798, une première fois fin XVe ; **pondération,** vers 1470. Empr. du lat. *ponderatus* (de *-are*, « peser », de *pondus* « poids »), *ponderabilis* (créé à basse ép.), *ponderatio (id.).* — Dér. : **pondérateur,** 1845 ; **impondérable,** 1795.

PONDRE. Lat. *pōnere* « poser », d'où « déposer ses œufs », cf. chez Ovide *ōva ponĕre*, seul sens conservé en gallo-roman et en cat. *pondre ;* pour cette restriction du sens, v. **couver.** Ailleurs *pōnere* a été conservé au sens général de « poser, mettre » : it. *porre*, esp. *poner* (mais on dit *poner huevos* « pondre »). — Dér. : **ponte,** 1570.

PONEY, 1801 (alors *pooni*, en 1828 Lamartine écrit : *des poneys, comme on dit à Londres*). Empr. de l'angl. *pony*, d'origine obscure.

PONGÉE, fin XIXe. Empr. de l'angl. *pongee*, d'origine incertaine.

PONT. Lat. *pontem*, acc. de *pons*. It. *ponte*, esp. *puente*. *Pont* s'emploie depuis le XIIe s. comme terme de marine, mais ne désigne longtemps qu'un pont pour s'embarquer. — Dér. et Comp. : **ponceau,** XIIe ; **ponté,** 1558 ; **appontement,** 1789 ; **entrepont,** 1758 ; **pont-levis,** vers 1190.

PONTER, « jouer contre celui qui tient la banque », 1718. Dér. de *pont*, anc. part. passé de *pondre* « mettre ». — Dér. **ponte,** terme de jeu de cartes, « celui qui joue contre celui qui tient la banque », 1703.

PONTIFE, vers 1500 ; **pontificat,** XVe **pontifical,** 1269. Empr. des mots lat. *pontifex*, *pontificatus*, *pontificalis*, qui, après avoir été des termes de la religion païenne, ont été conservés par le christianisme. — Dér. : **pontifier,** 1801, dér. de *pontife* au sens fig. ; a déjà été créé au XVe au sens d' « élever à la papauté ».

PONTON. Lat. *pontōnem*, acc. de *pontō* « bateau servant à faire un pont de bateaux, bac ». — Dér. : **pontonnier,** XIIe.

POOL, 1889. Empr. de l'angl. *pool*, qui est empr. du fr. *poule*, t. de jeu, voir celui-ci. Le sens de « entreprise pour laquelle s'allient plusieurs hommes d'affaires » paraît être né en Amérique (1874).

POPE, 1655. Pris du russe *pop* (du grec eccl. *pappos*, v. **pape**) ; ne se dit que des prêtres de l'église orthodoxe slave.

POPELINE, 1735. *Popeline* est empr. de l'angl. *poplin*, attesté dès 1710 ; *poplin* vient lui-même du fr. *papeline*, 1667. Les draps de Poperinghe en Flandre étaient très connus au moyen âge et se vendaient sous le nom de *dras de Poperinghes* ou *vergati di Popolungo* (Florence). La forme avec *pa-* est attestée en Espagne dès 1268, sans qu'on voie nettement ce qui a causé la transformation de la voyelle. Le rétablissement de l'*o* dans la forme anglaise est dû à l'influence de l'angl. *pope* « pape », parce qu'on prenait *papeline* pour un dér. de *pape*.

POPOTE, 1866, comme terme d'argot militaire. Tiré d'un mot du langage enfantin qui désigne la soupe.

POPULACE, 1555 (Pasquier : « Mot que nous avons esté contraincts d'innover par faute d'autre pour dénoter un peuple sot »). Empr. de l'it. *popolaccio*, dér. péjor. de *popolo* « peuple » ; le genre masc. de l'it. se rencontre fréquemment jusqu'au XVIIe ; le fém. a été entraîné par la forme de la terminaison. — Dér. : **populacier,** 1571.

POPULAGE, 1778. Empr. du lat. des naturalistes, *populago* (XVIe), dér. de *populus* « peuplier », sur le modèle des noms de plantes tels que *plantago* « plantain », *tussilago* « tussilage », etc., parce que le populage pousse souvent sur le même terrain que les peupliers. Le franç. a conservé cette dénomination savante que les botanistes, par la suite, ont remplacée par *caltha*.

POPULAIRE, « qui appartient au peuple », XIIe (sous la forme *populeir*) ; subst. au sens de « vulgaire, foule » à partir du XVe ; Empr. du lat. *popularis*. — Dér. de l'adj. : **populariser,** fin XVIIe (Saint-Evremond) ; **populo,** terme vulg., 1867, fait sur le modèle de mots en *-o : aristo, camaro, proprio*.

POPULAIRE « qui a la faveur du peuple », 1780. Empr. de l'angl. *popular*. — Dér. : **popularité** (1766; au XVe s. au sens de « populace » il est empr. du lat. *popularitas*); **impopulaire,** 1780 ; **impopularité,** 1780.

POPULATION, 1750 ; quelques exemples au XIVe et au XVe s. ; mais n'est devenu usuel qu'au XVIIIe s. Empr. alors de l'angl. *population* (du lat. de basse ép. *populatio*, de *populus* « peuple ») d'où vient aussi la forme fr. du moyen âge ; le lat. class. *populatio* signifie « dévastation ».

POPULEUX, vers 1500. Empr. du lat. de basse ép. *populosus*, de *populus* « peuple ».

POPULO, v. **populaire.**

POQUET, 1868. Terme de jardinage, d'origine picarde, dér. de la forme dialectale de *poche*, cf. pour cette origine **caïeu.**

PORC. Lat. *porcus*. Usité surtout pour désigner la viande, v. **cochon, goret, pourceau.** — Dér. : **porcin,** 1792 (ne se dit guère qu'au fém.) ; a déjà été formé au moyen âge et est resté usuel jusqu'au XVIe s.

PORCELAINE, 1298, au sens moderne ; propr. « sorte de coquillage univalve poli », 1298, dont on utilisait la nacre pour faire divers objets (se dit encore ainsi sur bien des points de la côte) ; XVIe s. « poterie blanche, importée d'Orient ». Empr. au sens propre de l'it. *porcellana*, dér. de *porcella* « truie » ; dit ainsi par comparaison de la fente de ce coquillage avec la vulve d'une truie. — Dér. : **porcelainier,** 1836.

PORC-ÉPIC. Altération (XVIe), d'après *piquer*, de *porc-épi*, XIIIe, lui-même altération de *porc-espin*, XIIIe, empr. de l'a. pr. *porc-espin ;* cette forme est elle-même empr. de l'it. *porcospino*, c'est-à-dire « porc-épine ».

PORCHE. Lat. *porticus*. It. *portico*.

PORCHER. Lat. de basse ép. *porcārius*. It. *porcaio*, esp. *porquero*. — Dér. : **porcherie,** XIIe.

PORE, 1314. Empr. du lat. *porus* (du grec *poros*, propr. « passage »). — Dér. : **poreux,** *id.*, d'où **porosité,** *id.*

PORION, surveillant de mines, 1838 ; popularisé par *Germinal* de Zola, 1885. Mot hennuyer et picard, attesté à Mons dès 1812 ; y désigne d'abord le poireau ; a été employé pour désigner le surveillant, parce que celui-ci reste planté au même endroit pendant longtemps ; évolution parallèle à celle du franç. populaire *poireau* « agent de police ».

PORNOGRAPHE, 1769 (dans le titre d'un ouvrage de Restif de La Bretonne). A signifié d'abord « auteur qui traite de la prostitution », conformément au sens du mot grec *pornographos* (de *pornê* « prostituée ») ; sens moderne au cours du XIXe. — Dér. : **pornographie,** 1803 (une première fois en 1558, sous la forme *pornegraphie*).

PORPHYRE, XIIe (écrit *porfire*) ; en outre *porfie*, XIIIe ; écrit *porphyre* au XVIe d'après le grec *porphyra* « pourpre ». Empr. de l'it. *porfido*, *porfiro* (cette deuxième forme est moins usuelle), qui remonte au lat. *porphyrites* (du grec *porphyritês (lithos)*, littéral. « pierre ressemblant à la pourpre »). — Dér. : **porphyriser,** 1752, d'où **porphyrisation,** 1764.

PORT. Lat. *portus*. It. *porto*, esp. *puerto*. *Port*, terme de géographie « col (dans les Pyrénées) », remonte à l'a. pr. *port*, attesté en ce sens. — Comp. : **avant-port,** 1792. **Aéroport,** vers 1920.

PORTE. Lat. *porta* « porte de ville, grande porte ». It. *porta*, esp. *puerta ;* le wallon et le lorrain, à côté de *huis*, conservent *porte*, le lorrain spéc. au sens de « grande porte, porte de grange ». — Dér. : **portail,** XVe, qui s'est substitué à *portal*, XIIIe, encore usité au XVIIe, par suite d'une confusion de suff. partie du plur. *portaux*, dont la terminaison *-aux* correspond à la fois à *-al* et *-ail* du sing. **Portillon,** 1867. **Portière,** subst., 1539. — Comp. : **contre-porte,** 1582 ; **porte-fenêtre,** 1676.

PORTER. Lat. *portāre* (qui appartenait à la langue pop., le terme littéraire ayant été plutôt *ferre*). It. *portare*, esp. *portar*. — Dér. et Comp. : **port,** 1265 ; signifie souvent « aide, faveur » au moyen âge, jusqu'au XVIe s. ; **portable,** vers 1275 *(Rose) ;* **portage,** 1260 ; **portant,** *subst.*, XIIIe ; **portatif,** 1375 ; **portée,** XIIe ; **portière,** *adj.*, 1326 (dans *brebis portière*) ; **emporter,** vers 1180, **emportement,** XVIIe, au moyen âge « action d'emporter », **emporte-pièce (à l'),** 1700 (dans l'expression *greffe à emporte-pièce*) ; désigne aussi divers outils et désignait autrefois un cautère, 1611, **remporter,** 1461 ; **reporter,** XIe *(Alexis)*, **report,** terme de la bourse, 1835, d'après un sens récent du verbe ; **porte-allumettes,** 1845 ; **porte-bonheur,** 1706 ; **porte-cigares,** 1841 ; **porte-cigarettes,** fin XIXe ; **porte-clefs,** 1559 ; **porte-crayon,** 1609 ; **porte-croix,** 1561 ; **porte-drapeau,** 1578 ; **porte-faix,** 1270 ; **portefeuille,** 1544 ; **porte-manteau,** « valise », 1547, sens moderne, 1660 ; **porte-mine,** fin XIXe ; **porte-monnaie,** 1859 ; **porte-montre,** 1752 ; **porte-parole,** 1874 (au sens de « messager » dès 1552 et au XVIIe s.) ; ; **porte-plume,** 1725 ; **porte-voix,** 1680.

PORTER, sorte de bière, 1726 (dans une traduction de l'angl.). Empr. de l'angl. *porter*, abréviation de *porter's ale* (probablement parce que cette bière forte était bue par les porteurs ou portefaix), mot empr. lui-même de l'a. fr. *porterre*, *porteor*, v. le suiv.

PORTEUR. Lat. de basse ép. *portātōrem*, acc. de *portātor*, dér. de *portare*, v. le préc. — Dér. : **triporteur,** début XXe, dont le premier élément *tri* est une abréviation de *tricycle*.

PORTIER. Lat. de basse ép. *portārius*. Esp. *portero ;* l'it. *portiere* vient du galloroman. Le fém. *portière* est plus anc. pour désigner une religieuse qui garde la porte d'un couvent qu'au sens de « concierge », signalé depuis le XVIIIe s. V. **huissier.**

PORTION, XIIIe. Empr. du lat. *portio* « partie, portion ».

PORTIQUE, 1544. Empr. du lat. *porticus*, v. **porche.**

PORTRAIT, XIIe (Chrétien). Part. passé, pris substantiv., de l'anc. verbe *po(u)rtraire* « dessiner, représenter », disparu au XVIIIe, comp. de *pour* et de *traire* au sens de « tirer », usuel au moyen âge, cf. pour ce sens *tirer un portrait*. — Dér. : **portraitiste,** 1693 ; **portraiturer,** 1872 (une fois en 1540), dér. d'un anc. *portraiture* « portrait » vers 1200, usuel jusqu'au début du XVIIIe ; on donne aussi un aspect archaïque à ce verbe en l'écrivant *portraiclurer*.

PORTULAN, 1578. Empr. de l'it. *portolano*, *portulano*, propr. « pilote », dér. de *porto* « port », comme *ortolano* « jardinier » de *orto*.

POSER. Lat. pop. *pausāre* (dér. de *pausa*, v. **pause**) « cesser, s'arrêter » (en ce sens déjà chez Plaute), d'où, dans le lat. des inscriptions chrétiennes, « se reposer (en parlant d'un mort) » ; a pris le sens de « poser » dans le lat. parlé de basse ép., en absorbant les principaux sens du verbe *pōnere* (v. **pondre**), sens qui a éliminé en fr. le sens propre, réservé à *reposer*, mais qui subsiste plus ou moins ailleurs. It. *posare* « poser », esp. *posar* « se reposer, loger » au sens de « poser ». — Dér. et Comp. : **posage,** 1524 ; **pose,** 1694 ; **poseur,** 1676 ; **apposer,** vers 1120 ; **réapposer,** 1690 ; **déposer,** 1688 ; **entrepôt,** 1600 (O. de Serres), d'abord « temps pendant lequel on dépose une marchandise » (dér. de l'afr. *entreposer* « intercaler un laps de temps », francisation du lat. *interponere*), *entreposer*, au sens moderne, 1636, est dér. d'*entrepôt ;* d'où **entrepositaire,** 1814, sur le modèle de *dépositaire*. V. **reposer.**

POSITIF, XIIIe (J. de Meung). Empr. du lat. scol. *positivus* (déjà attesté à basse ép.) ; a pris un sens général vers le XVIIe s., tout en restant un mot techn. — Dér. d'après le terme de *philosophie positive* d'A. Comte, 1830 : **positivisme,** 1820 (A. Comte), **positiviste,** 1838, **diapositive** (1907-1923), **-if,** 1948.

POSITION, vers 1200. Empr. du lat. *positio* (de *ponere* « placer »).

POSSÉDER, XIVe. Réfection, de la même ép., d'après *possesseur*, *possession*, de *possider*, empr. du lat. *possidere*. Des formes plus francisées : *posseoir*, etc., ont été éliminées peu à peu. — Dér. : **déposséder,** XVe s.

POSSESSEUR, XIVe (Bersuire) ; **possession,** XIIe ; **possessif,** terme de grammaire, XVe. Empr. du lat. *possessor*, *possessio* (de *possidere*, v. le préc.), *possessivus*. — Dér. de *possession :* **possessionné,** 1776 (Voltaire).

POSSIBLE, 1265 ; **possibilité,** XIIIe *(Rose)*. Empr. du lat. de basse ép. *possibilis*, *possibilitas* (de *posse* « pouvoir »).

POSTE, *fém.* Au sens de « relai de chevaux », 1480, l'établissement des postes en France est de 1475 environ, sous le règne de Louis XI ; en ce sens empr. de l'it. *posta* (de *porre* « poser ») ; de là *courir la poste*, XVIe. Le transport public de la correspondance commence au XVIIe s., mais la distribution des lettres à Paris, sous le nom de *petite poste*, est de 1758. Dès le XIIe s., on trouve *poste* au sens de « position » ; c'est le subst. verbal de *pondre* avant la spécialisation de sens de celui-ci et il a peut-être survécu jusqu'au XVIIIe s. dans les locutions *à sa poste* « à son gré », *à poste* « à souhait, à dessein » ; car elles riment parfois avec des mots où *s* ne se prononce pas ; du reste *s* y a été rapidement rétabli d'après la locution it. *a posta* « à dessein ». — Dér. : **postal,** 1836 ; **poster,** terme de commerce, « mettre à la poste », fin XIXe ; **postier,** 1841.

POSTE, *masc.*, 1636. Empr. de l'it. *posto*, masc. correspondant au fém. *posta*, v. le préc. — Dér. : **poster** « mettre dans un poste », vers 1600. — Comp. : **avant-poste,** 1799.

POSTÉRIEUR, XVe. Empr. du lat. *posterior*. Comme subst. désignant le derrière, 1566 ; on a dit au moyen âge *poistron*, lat. pop. **posteriōnem*, acc. de **posteriō*. — Dér. : **postériorité,** 1442, d'après le lat. *posterior*.

POSTÉRITÉ, 1332. Empr. du lat. *posteritas*.

POSTFACE, 1736 (Voltaire). Formé avec le lat. *post* « après » et le fr. *face* à l'imitation de *préface*.

POSTHUME, 1491 ; une première fois au XIVe s. (écrit alors *postume*). Empr. du lat. *posthumus*, modification graphique de *postumus* « dernier », par fausse étymologie, *postumus* ayant été considéré comme comp. de *humus* « terre », au sens de « né après la mort de son père ».

POSTICHE, 1585. Empr. de l'it. *posticcio*, dér. de *posto*, part. passé de *porre* « mettre » (du lat. *ponere*).

POSTILLON, 1540 (Marot). Empr. de l'it. *postiglione* (de *posta*, v. **poste**).

POST-SCRIPTUM, 1673. Mots lat. signifiant « écrit après » ; francisés en *postscri(p)t* du XVIe au XVIIIe.

POSTULAT, 1752. Empr. du lat. *postulatum* « demande » (de *postulare*, v. le suiv.), en vue d'un sens spécial ; on dit aussi *postulatum*.

POSTULER, XIIIe. Empr. du lat. *postulare* « demander ».

POSTURE, 1588 (Montaigne). Empr. de l'it. *postura* (de *posto*, part. passé de *porre*, v. **pondre**).

POT. Le fr. a ce mot en commun avec le bas-all. et le néerl. *(pot)*. Il n'a de correspondant ni en lat., ni en celt., ni dans les langues germ., mais les inscriptions de la région de Trèves offrent fréquemment le nom d'homme *Pottus*, particulièrement comme nom de potiers, sur les objets de poterie trouvés dans la région ; le mot désignant l'objet avait été employé comme dénomination hypocoristique du fabricant. Il appartient sûrement à la population préceltique, qui doit donc avoir possédé un *pott-* « pot ». *Pott-* a passé à la langue des Francs quand ils s'établirent dans la région de Trèves, et il a été apporté par eux en Gaule. — Dér. : **potage,** 1260, d'abord au sens de « tout ce qui se met dans le pot » ; au XVIIe s. le potage contient à la fois de la viande et des légumes cuits dans le pot ; restreint au sens moderne depuis le XVIIIe ; la locution *pour tout potage* se trouve déjà au XVe ; d'où **potager,** XIVe (E. Deschamps); **potée,** XIIe ; **potiche,** 1740 ; **potier,** XIIe, d'où **poterie,** XIIIe ; **dépoter,** 1613, d'où **dépotoir,** 1842, au sens moderne ; désigne au sens propre un vase destiné à dépoter, mesurer des liquides, l'emploi nouveau de *dépotoir* résulte d'une plaisanterie, peut-être par jeu de mots d'après *dépôt ;* **empoter,** 1690, **rempoter,** 1835. — Comp. : **pot à feu,** XVIe ; **pot-au-feu,** 1673 ; **pot-aux-roses,** XIIIe ; **pot-pourri,** 1564 ; propr. « mélange de viandes et de légumes cuits ensemble », traduction de l'esp. *olla podrida* ; se trouve en ce sens dans *Gil Blas*, mais a déjà un sens fig. chez Régnier ; **pot-de-vin,** 1501, cf. *pourboire ;* **pot de chambre,** 1560. V. **potin.**

POTABLE, 1532 (une première fois vers 1260, en outre de la fin du XVe jusqu'au XIXe s. dans le terme d'alchimiste *or potable* « sorte d'élixir »). Empr. du lat. de basse ép. *potabilis* (de *potare* « boire »).

POTACHE, 1864. Terme d'argot scolaire ; réduction de *pot-à-chien*, 1874, appellation injurieuse d'un élève sot.

POTAGE, v. **pot.**

POTASSE, 1676. Empr. du néerl. *potasch*, propr. « cendre de pot » ; *(du) potas*, en 1577, dans un texte liégeois. — Dér. : **potasser,** argot scolaire, 1867, par comparaison plaisante du travail ardent avec le bouillonnement de la potasse dans certaines réactions.

POTASSIUM, 1808 : « Je me suis hasardé à nommer ces deux substances nouvelles par les noms de potassium et de sodium » (dans un article du chimiste anglais H. Davy, publié dans les *Annales de chimie*) ; Davy découvrit ces deux corps en 1807 et nomma le potassium d'après l'angl. *potass*, empr. du fr. *potasse.*

POTEAU, XIIe (d'abord *postel*). Dér. de l'a. fr. *post*, usuel jusqu'au XVIe s., lat. *postis ;* rare en dehors du gallo-roman, a. pr. *post. Poteau*, pop. au sens de « camarade », se rencontre déjà en ce sens fin XIVe, cf. « Le dit Denisart... lui dist... que ses posteaux, c'est-à-dire les meilleurs de ses amis, estoient mors » (lettre de rémission de 1400).

POTELÉ, XIIIe. Dér. de l'a. fr. main *pote* « gauche », XIIe-XIVe, fr. mod. « engourdie », XVIIe-XVIIIe (encore Voltaire), « grosse et enflée, dont on ne saurait s'aider que malaisément », XVIIe-XIXe. Cet adj., qui ne se trouve qu'accouplé avec *main*, est sorti de l'a. fr. *pote* « patte » par emploi adjectival (« une main qui n'est qu'une *pote* »). Ce subst. est de la même origine que l'a. fr. *poue*, v. *patte.* La conservation du *-t-* dénote une base **pautta*, qui peut être due soit à un redoublement expressif de cette consonne, soit à un croisement avec *patte ;* on pourrait aussi penser à une différence chronologique due au bilinguisme de la Gaule septentrionale du Ve au IXe s. : en passant dans la langue romane au VIe s. **pauta* serait devenu *poue*, accueilli une deuxième fois vers le VIIIe il pouvait fort bien donner *pote.* De *pote* au sens ci-dessus dérive aussi l'adj. *empoté*, 1870, qui n'a certainement rien à faire avec *pot.*

POTENCE, XIIe. Signifie d'abord « béquille » jusqu'au XVIe s. ; d'où les nombreuses acceptions techn. de ce mot et spécialement de « gibet », XVe. Empr. du lat. médiéval *potentia* « béquille », emploi fig. du lat. class. *potentia* « puissance, force », pris au sens d' « appui ».

POTENTAT, XIVe (Oresme) au sens de « souveraineté » ; d'où le sens moderne à partir du XVIe s. Empr. du lat. médiéval *potentatus*, dér. de *potens* « puissant » sur le modèle de *magistratus*, etc.

POTENTIEL, XIVe (terme médical). Empr. du lat. *potentialis* (de *potentia*, v. **potence**) ; étendu ensuite à d'autres techn.

POTERNE, vers 1100. Altération de *posterle*, encore attesté au XIIIe s., lat. de basse ép. *posterula* « petite porte dérobée », dim. de *postera* « porte de derrière » (fém. de l'adj. *posterus* « qui est derrière »).

POTIN, 1842. Pris au norm., où il est attesté dès le XVIIe s., et où il a été tiré du verbe *potiner*, dér. de *potine* « chaufferette », dimin. de **pot.** Les femmes du village se réunissaient autrefois pendant les longues veillées d'hiver pour filer et pour causer, chacune apportant sa *potine ; potiner* voulait donc dire d'abord « se réunir autour des *potines* pour bavarder ». — Dér. : **potiner,** 1867 ; **potinier,** 1871 ; **potinière,** 1890.

POTIRON, 1520, au sens de « gros champignon », usuel aujourd'hui dans les parlers de l'Ouest (ce qui explique que Chateaubriand l'ait employé) jusque dans la région de la Garonne, sous des formes diverses ; sens moderne, 1654. Probabl. empr. de l'ar. *fuṭ(u)r* « esp. de gros champignon », qui aurait été introduit par des médecins juifs ou arabes.

POTRON-MINET, v. **patron-minet.**

POU. Issu du plur. de l'anc. forme *pouil*, encore employée par Montaigne. Lat. pop. **pēduc(u)lus*, lat. class. *pēdiculus* (de *pēdis*). — Dér. : **pouilleux,** XIIIe ; **épouiller,** XIVe.

POUACRE, v. **podagre.**

POUAH. Onomatopée qui n'a été relevée qu'au XVIe s.

POUBELLE, 1884 ; du nom de *Poubelle*, préfet de la Seine, qui imposa cette boîte à ordure.

POUCE. Lat. *pollicem*, acc. de *pollex.* It. *pollice.* — Dér. : **poucette,** 1823 ; **poucier,** 1549.

POU-DE-SOIE, 1667 ; on écrit aussi *poult-de-soie.* Étymologie inconnue. L'angl. *paduasoy*, du XVIIIe s., est une altération du français, par étym. pop., comme si le mot signifiait « soie de Padoue ».

POUDINGUE, 1753. Empr. de l'angl. *pudding*, abréviation de *pudding-stone* « pierre ayant l'aspect du pudding », v. **pudding.**

POUDRE. A eu d'abord le sens de « poussière » (qui survit dans quelques locutions : *jeter la poudre aux yeux*, etc.)

et celui de « poudre médicinale ». Lat. *pulverem*, acc. de *pulvis*. Quand on inventa la poudre à tirer, on étendit la dénomination de *poudre* à ce nouvel objet. La surcharge sémantique qui en résultait était telle que la langue s'est vue forcée de chercher un autre mot pour « poussière » ; elle l'a trouvé dans le lorrain *poussière*, qui remplace *poudre* dans sa première acception depuis le XVe s. Celui-ci ne survit que dans quelques patois au sens de « poussière ». Le lat. *pulvis ,-eris* a été transformé à basse ép. en **pulvus*, et on lui a bientôt donné un plur. collectif analogue au plur. neutre **pulvera*, de là l'a. pr. *pols* (forme qui arrive jusqu'à la Loire), l'anc. esp. *polvos*, esp. mod. *polvo*, et d'autre part fr. *poudre*, rhéto-roman *puolvra*. Cf. it. *polvere* « poussière, poudre », esp. *polvera* « poudre ». — Dér. et Comp. : **poudrer,** vers 1180, d'où **dépoudrer,** 1740 (une première fois, 1393), **saupoudrer,** propr. « poudrer avec du sel », fin XIVe ; **poudrerie,** 1807 ; **poudrette,** XIIe ; **poudreux,** vers 1080 *(Roland)* ; **poudrier,** 1599 ; **poudrière,** XVIIe ; **poudroyer,** XVIe (du Bellay), au sens moderne ; parfois transitif depuis le XIVe s. ; **poudre-de-riz,** fin XIXe (mais l'emploi de la poudre pour des fins de toilette est attesté depuis le début du XVIe s.), **poudrerizé,** *id.*

POUF, 1458, exclamation. **Pouffer,** 1530 (en parlant du vent qui souffle). Mots onomatopéiques ; cf. aussi **patapouf,** 1821. *Pouf* a été employé par plaisanterie pour désigner divers objets : au XVIIIe s. (relevé en 1774) un bonnet de femme ; aujourd'hui un gros tabouret cylindrique et rembourré, 1876 (Th. Gautier). — Dér. : **pouffiasse,** 1864.

POUILLÉ, 1624 (Ménage écrit *poulier* ; mais on a déjà *pueille* en 1442). Altération mal expliquée du lat. médiéval *polyptycum*, qui se trouve lui-même sous des formes altérées *poleticum*, *pulegium*, etc. ; *polyptycum* remonte au lat. de basse ép. *polyptyca* « rôles, matricules » (du grec *polyptykha*, propr. « (livres, etc.) formés de quelques feuilles », de *polys* « nombreux » et de *ptyx* « pli »). Sur la forme lat. on a fait **polyptyque,** 1732, à la fois au sens du mot chez les anciens et de « pouillé ».

POUILLES, dans *chanter pouilles*, 1623 ; antér. *dire des pouilles*, 1574. Dér. du verbe *pouiller* « dire des injures à qn », sens fig. du même verbe, qui avait autrefois le sens d' « épouiller ».

POUILLEUX, v. **pou.**

POULAIN. Dér. très anc. du lat. *pullus* « petit d'un animal » et notamment « poulain », représente peut-être le lat. *pullāmen*, attesté dans la *Mulomedicina*, qui aurait été d'abord un collectif. Seulement fr. De la variante *poulin* viennent **pouliner,** 1555, **poulinière,** 1671 (Molière).

POULAINE, dans *souliers à la poulaine*, sorte de souliers qui ont été à la mode dp. 1365. Fém. de l'anc. adj. *poulain* « Polonais » ; dit ainsi parce que cette mode passait pour venir de Pologne. Pris par comparaison, dp. 1573, comme terme de marine.

POULARDE, v. le suiv.

POULE. Lat. *pulla*, fém. de *pullus*, v. **poulain** ; *pullus* est attesté de bonne heure au sens de « jeune coq », et c'est au sens de « jeune poule » que *poule* a éliminé l'a. fr. *geline*, lat. *gallīna* ; celui-ci est par contre conservé dans les patois, surtout au Nord-Est, à l'Est et dans le Midi (a. pr. *galina*) et dans it. *gallina*, esp. *gallina*. *Poule*, terme de jeu, d'abord au jeu de cartes « mise de chacun des joueurs qui appartient à celui qui gagne le coup », XVIIe, puis par extension au jeu de billard, de courses, etc., est un terme d'argot des joueurs, dont le développement sémantique est obscur. — Dér. : **poulailler,** 1385, par l'intermédiaire d'un ancien *poulaille*, XIIIe, encore chez La Fontaine et dans les patois, qui signifiait « volaille » ; **poularde,** 1562 ; **poulet,** XIIIe ; au sens de « billet doux », XVIe ; l'origine de cette acception est douteuse, peut-être a-t-on nommé ainsi ces billets, parce que, en les pliant, on y faisait deux pointes qui ressemblaient à des ailes de poulet. **Poulette,** XIIIe.

POULICHE, XVIe (Baïf). Mot dialectal, picard ou normand, terme d'éleveur, qui a remplacé *pouline* (relevé seulement chez Buffon, mais certainement antérieur, fém. de *poulin*, v. **poulain**), par altération d'après la forme dialectale *geniche* « génisse ».

POULIE, XIIe. Se rattache au grec *polos* « pivot » par un dér. du bas grec **polidion*, cf. it. *pulleggia* (rare), esp. *polea*.

POULIOT, XVe. Issu par changement de suff., de *pouliol*, XIVe, *poliol*, XIe, dér. d'un représentant du lat. *pop.* **puleium* (en lat. class. *pū-*), d'où aussi it. *poleggio*, esp. *poleo* ; v. **serpolet.**

POULPE, 1546 (Rab.). Empr. du prov. *poupre*, qui représente le lat. *polypus*, avec reprise d'abord seulement orthographique de l'*l* de la forme latine. V. encore **pieuvre** et **polype.**

POULS. Réfection graphique qui date du XVIe s., de *pous*, lat. *pulsus (venarum)* « battement (des artères) ». It. *polso*.

POUMON. Lat. *pulmōnem*, acc. de *pulmō*. It. *polmone*. — Dér. : **époumonner,** 1743.

POUPARD, vers 1200 (écrit *poupart*). Dér. du lat. pop. *pŭppa*, autre forme de *pūpa* « petite fille, poupée », avec redoublement expressif du langage enfantin ; d'où, avec d'autres suffixes, **poupine,** vers 1470, **poupin,** XVIe (Marot), **poupon,** vers 1540. De ce même mot **pŭppa*, au sens de « poupée », dérive **poupée,** vers 1100. *Puppa*, mot du langage enfantin, est répandu au sens de « sein, mamelle » : it. *poppa*, etc.

POUPE, 1246 (écrit *pope*). Empr. de l'a. pr. *poppa* (du lat. *puppis*), comp. aussi it. esp. *poppa*.

POUR. Lat. *prō*, propr. « devant », d'où « à la place de, à titre de, selon », de là, en roman, l'emploi de la préposition pour marquer la destination. Est devenu en lat. pop. *por*, par métathèse de l'*r* ; on a déjà en lat. class. des comp. avec un préverbe *por* de la famille de *prō*, cf. *porricere* « jeter », *porrigere* « tendre », *portendere* « présager, annoncer », etc. ; et le succès de cette forme a été favorisé par l'analogie de *per*. N'existe que dans la partie septentrionale de la France, dans la péninsule ibérique (esp. port. *por*) et dans le sarde logoudorien *pro ;* l'it. et l'a. pr. disent *per*.

POURCEAU. Usité aujourd'hui surtout dans la langue écrite. Lat. *porcellus* « petit porc, cochon de lait ». A le sens général de « porc » dans le Nord-Est, en lorrain, dans l'Ouest et en languedocien.

POURCENTAGE, 1877, dér. de la formule *pour cent* (*percentage* en 1839).

POURPIER, XIIIe (écrit *porpié*). Issu d'une forme non attestée **polpié*, lat. pop. *pulli pedem*, acc. de *pulli pes*, attesté au moyen âge, littéral. « pied de poulet » (le fr. pop. appelle de même cette plante *pied de poulet*) ; on trouve aussi par interversion des deux termes composants *pieth pu(e)l* au XIIe s., d'où *piedpoul* au XVIe s. et *piépou*, signalé en Anjou, dès le XVIIe.

POURPOINT, v. **poindre.**

POURPRE. Lat. *purpura* (du grec *porphyra*). It. *porpora*. — Dér. : **empourprer,** 1552 (Ronsard).

POURPRIS, v. **prendre.**

POURQUOI, v. **quoi.**

POURRIR. Lat. pop. **putrīre*, lat. class. *putrescere* (et *putrēre*, rare). — Dér. : **pourriture,** XIIe.

POURTANT, v. **tant.**

POURTOUR, 1528. Dér. de l'anc. verbe *soi pourtourner* « se tourner », comp. de *pour* et de *tourner*.

POURVOIR. Lat. *providere*. En concurrence en anc. fr. avec *pourvoir* « examiner attentivement », lequel est comp. de *pour* et *voir*. — Dér. **pourvoyeur,** 1248 ; **pourvu que,** 1396 ; **dépourvu,** 1190.

POUSSA, 1782 (*pussa*, 1670). Empr. du chin. *pou-sa*, idole bouddhique assise, les jambes croisées ; a désigné d'abord un jouet, originaire de Chine, consistant en une figurine trapue, puis, par plaisanterie, un gros homme court, 1907.

POUSSER ; le sens de « croître » ne paraît pas être antérieur au XVIe s. Lat. *pulsare*. Plus usuel depuis le XVIe s. qu'au moyen âge qui employait beaucoup *bouter*. — Dér. et Comp. : **pousse,** XVe, au sens « d'action de pousser » ; le sens « petite branche qui pousse » n'est pas ancien ; cf. *pousse de blé*, 1611 ; **poussée,** 1530 ; **poussette,** fin XIXe, « petite voiture d'enfant » ; **poussif,** XIIIe, de *pousser* au sens de « pousser la respiration », sens relevé au XVIe s. ; **repousser,** XIVe, **repoussoir,** 1429, comme terme techn., récent au sens figuré ; **époustoufler,** 1960 (mot né en Belgique comme renforcement expressif) ; **pousse-café,** 1859 ; **pousse-cailloux,** 1827 ; **pousse-pousse,** 1889 ; **entre-pousser (s'),** 1549.

POUSSIER, XIVe. Signifie « poussière » jusqu'au XVIe s. ; restreint aujourd'hui à quelques emplois techn. Autre forme de *poussière*, usuelle aujourd'hui encore dans les parlers situés au Sud-Est de Paris.

POUSSIÈRE, XIIe. V. **poudre.** Dér. de *pous* (attesté dans l'Orléanais), né dans l'Est de la France, où l'on trouve encore d'autres dér. de *pous*, comme *pousset*, *poussier*, et le fém. *pousse* (celui-ci en franco-provençal). — Dér. : **épousseter,** 1480 (mais **époussette,** 1314), formé sur le dér. *pousset*. **Poussiéreux,** 1786 ; **dépoussiérer,** 1908.

POUSSIN. Lat. pop. **pullicīnus*, modification, par changement de suff., de *pullicēnus*, attesté à basse ép. (dér. de *pullus*, v. **poule**). It. *pulcino*. — Dér. : **poussinière,** 1741, au sens de « cage à poussins, couveuse artificielle » ; a été aussi employé en parlant de la constellation des Pléiades (*estoile poucinière*, relevé en 1372, se disait encore au XVIIe s. et *poussinière* est usité aujourd'hui dans des patois au sing. et au plur., cette constellation a été ainsi nommée parce qu'elle forme comme un groupe de poussins) ; *geline pociniere* « poule couveuse », 1196.

POUTRE, 1332, au sens moderne. Emploi fig. de *poutre* « pouliche », sens usuel jusqu'au XVIe s., et qui survit encore dans quelques patois, par une métaphore fréquente dans le parler pop., cf. *bélier*, *chevalet*, *chèvre*, *chevron*, etc. *Poutre* représente le lat. pop. **pullitra*, avec accent maintenu sur la première syllabe, d'après **pulliter* (dont la restitution est appuyée par *pulletrus* des *Capitulaires de Charlemagne*, cf. aussi le dér. de l'a. pr. *poldrel* « poulain » et l'it. *poltro*, sous **poltron**) et dont on compare la formation au lat. class. *porcetra* « truie qui n'a mis bas qu'une fois » (de *porca*). A éliminé l'a. fr. *tref* qui a été usuel jusqu'au XVIe s. et qui subsiste encore dans les parlers de l'Est (lorrain et franco-prov.), lat. *trabem*, acc. de *trabs*, d'où aussi it. *trave*, esp. *trabe* (aujourd'hui arch.), a. pr. *trau*, v. **entraver, travée.** *Poutre* est aujourd'hui usuel dans les parlers septentrionaux au sens du fr. (sous la forme *poudre* dans la région du Maine et du Poitou). La phrase proverbiale : « voir une paille dans l'œil du voisin et ne pas voir une poutre dans le sien » vient d'un passage du *Sermon sur la montagne*, cf. Mathieu, VII, 4. — Dér. : **poutrelle,** 1676.

POUVOIR. Lat. pop. **potēre*, réfection du lat. class. *posse*, d'après les formes à radical *pot- : potui*, *poteram*, *potero*, etc. ; cf. *vouloir* avec lequel *pouvoir* fait couple. — Dér. : **pouvoir,** *subst.*, XIIe. **Puissant,** vers 1080 *(Roland)*, d'après les formes en *pois-*, *puis-* du verbe, d'où **puissance,** XIIe (sous la forme *poissance*), **impuissant,** 1474, **impuissance,** 1361, **tout-puissant,** XIIe, **toute-puissance,** 1377 (Oresme), ces deux derniers sur le modèle du lat. *omnipotens*, *omnipotentia* (créé à basse ép.). — Comp. : **peut-être,** vers 1175 ; au moyen âge surtout *peut cel estre*, cf. *puet cel estre*, XIIe, qui signifie littéral. « cela peut être ».

POUZZOLANE, 1670. Empr. de l'it. *pozzolana*, dér. de *Pozzuoli*, ville située près de Naples ; Pline dit déjà *puteolanus pulvis*.

PRAGMATISME, terme de philosophie, début du xxe. Empr. de l'angl. *pragmatism*, répandu par W. James (1898), qui l'a fait lui-même sur l'all. philosophique *Pragmatismus* « sorte de positivisme historique », usuel depuis la fin du xviiie s. Le mot all. remonte lui-même au grec *pragmatikos* au sens que Polybe lui a donné dans l'expression *pragmatikê histôria* « histoire des faits » (de *pragma* « fait »). Du reste *pragmatique* a été pris aussi directement au grec, par exemple par Renan dans *L'avenir de la Science*, au sens de « réel ».

PRAIRIAL, PRAIRIE, v. **pré.**

PRALINE, 1680 (cf. *amandes à la praline*, 1690). Dér. de *du Plessis-Praslin*, nom du personnage dont le cuisinier inventa cette sorte de bonbon. — Dér. : **praliner,** 1748.

PRATIQUE, *subst.*, 1256. Empr. du lat. de basse ép. *practice* (du grec *praktikê* « science pratique » par opposition à la science spéculative chez Platon), devenu usuel sous la forme *practica* dans le lat. scolast. et le lat. jurid. du moyen âge. Est devenu, dès le moyen âge, un terme de la langue générale. Au sens de « clientèle commerciale », 1588 (Montaigne) ; pris pour désigner les personnes qui forment la clientèle, 1670. — Dér. : **pratique,** *adj.*, 1370, d'après lat. médiéval *practicus* (rare en lat. de basse ép.) ; développement de sens parallèle à celui du subst. ; **praticien,** 1314 ; **pratiquer,** 1370 (Oresme), d'où **praticable,** 1545, pris substantiv. comme terme de théâtre, 1835 ; **impraticable,** xvie.

PRÉ. Lat. *prātum*. — Dér. : **prairie,** xiie (sous la forme *praerie*), d'où **prairial,** 1793, créé par Fabre d'Églantine ; cf. **floréal, germinal** ; **préau,** xiie (Chrétien, au sens de « petit pré », encore usité au xvie) ; au sens de « terrain découvert et entouré de bâtiments », déjà xiiie s., d'où sont issus les sens modernes.

PRÉALABLE, v. **aller.**

PRÉAMBULE, 1314. Tiré de l'adj. de basse ép. *præambulus* « qui marche devant » (usité au moyen âge dans des sens variés).

PRÉBENDE, xive (Deschamps). Empr. du lat. médiéval *præbenda*, fém. pris substantiv. de l'adj. verbal *præbendus* « qui doit être fourni » (de *præbere*) ; v. **provende.** — Dér. : **prébendé,** 1350 ; **prébendier,** 1365.

PRÉCAIRE, 1336, comme terme de droit ; au sens général, fin xvie (d'Aubigné). Empr. du lat. jurid. *precarius* « obtenu par prière *(preces)* ». — Dér. : **précarité,** 1823.

PRÉCAUTION, 1471. Empr. du lat. *præcautio* (de *præcavere* « prendre garde »). — Dér. : **précautionner,** 1671 ; **précautionneux,** 1787.

PRÉCÉDER, xive (Oresme). **Précédent,** xiiie. Empr. des mots lat. *præcedere, præcedens*, part. prés.

PRÉCEPTE, xiie. Empr. du lat. *præceptum* (de *præcipere* au sens d' « enseigner »).

PRÉCEPTEUR, xve. Empr. du lat. *præceptor* « maître qui enseigne », v. le préc. ; au sens restreint d'aujourd'hui, fin xviie. — Dér. : **préceptorat,** fin xviie.

PRÉCESSION, 1690. Empr. du lat. de basse ép. *præcessio* « action de précéder » (de *præcedere*) en vue d'un sens techn.

PRÊCHER, x^e^ *(Saint Léger*, où se lit *prediat*, passé simple ; plus tard *preechier)*. Francisation du lat. eccl. *prædicare* (en lat. class. signifie « publier, annoncer »). Partout sous des formes plus ou moins proches du lat. — Dér. : **prêche,** 1560 ; **prêcheur,** xiiie (J. de Meung), d'abord au sens de « prédicateur », au sens moderne, 1668 (La Fontaine) ; **prêchi-prêcha,** xixe (Béranger).

PRÉCIEUX, vers 1050 *(Alexis)*. Empr. du lat. *pretiosus*. Par suite de l'emploi du fém. *précieuse* vers 1656, pour désigner des dames qui fréquentaient l'hôtel de Rambouillet ou celles qui imitaient leurs manières, *précieux* a pris un sens partic. dans la langue des lettres et des arts. — Dér. : **préciosité,** 1664 (une première fois créé vers 1300).

PRÉCIPICE, xvie (Amyot). Empr. du lat. *præcipitium*.

PRÉCIPITER, 1386 ; **précipitation,** 1429. Empr. du lat. *præcipitare* (de *præceps* « qui tombe la tête en avant »), *præcipitatio*, propr. « chute en avant », d'où « hâte excessive » à basse ép. ; le sens du subst. s'est développé parallèlement à celui du verbe. — Dér. : **précipité,** terme de chimie, 1573.

PRÉCIPUT, 1510 ; écrit en outre *précipu* au xvie s. Empr. du lat. *præcipuum*, neutre pris substantiv. de l'adj. *præcipuus*, propr. « qu'on prend en premier », d'où « extraordinaire, supérieur, etc. » ; écrit *préciput* d'après *caput* au sens de « capital ».

PRÉCIS, *adj.*, 1377 (Oresme). **Précision,** 1520. Empr. du lat. *præcisus* « abrégé, succinct » (de *præcīdere* « trancher, abréger ») et du dér. *præcisio* (rare et avec des sens partic. : « réticence, etc. ») pour servir de subst. à l'adj., qui a reçu un sens nouveau en fr. — Dér. : **précis,** *subst.*, xviie (Bossuet) ; **préciser,** 1797 ; une première fois en 1350 ; **imprécis,** 1886 ; **imprécision,** 1860.

PRÉCOCE, 1672. Empr. du lat. *præcox* (de *præcoquere* « hâter la maturité »). — Dér. : **précocité,** 1697.

PRÉCONISER, 1660, au sens moderne. Le *Dict. de l'Académie* de 1694 dit que le mot ne s'emploie qu'en plaisantant ; le sens usuel alors : « déclarer en consistoire que celui qui est nommé à un évêché, etc., a les qualités requises » se dit encore ; le mot paraissait nouveau à Pasquier, fin xvie s. Empr. du lat. de basse ép. *præconizare* « publier » (de *præco, -onis* « crieur public ») ; *préconiser* avait déjà été emprunté au moyen âge (xive s.) au sens de « publier, annoncer publiquement » ; c'est très probabl. de ce sens juridique qu'est sorti le sens moderne.

PRÉCURSEUR, vers 1415, en parlant de saint Jean-Baptiste, précurseur de Jésus-Christ (sens du mot jusqu'au XVIe s.) ; est resté un terme eccl. jusqu'au XVIIe s. Empr. du lat. eccl. *præcursor*, fréquent notamment en parlant de saint Jean-Baptiste (en lat. class. signifie « éclaireur » ; de *præcurrere* « courir en avant »).

PRÉDÉCESSEUR, 1283. Empr. du lat. de basse ép. *prædecessor* (comp. de *decessor*, qui a le même sens).

PRÉDELLE, terme de beaux-arts, 1873. Empr. de l'it. *predella*, propr. « banc », mot d'origine germ., cf. longobard *pretil*, de la famille de l'all. *Brett* « planche ».

PRÉDESTINER, vers 1190. **Prédestination,** *id.* Empr. du lat. eccl. *prædestinare* (en lat. class. signifie « (se) réserver d'avance »), *prædestinatio*.

PRÉDÉTERMINER, 1530. Empr. du lat. eccl. *prædeterminare*. — Dér. : **prédétermination,** 1636.

PRÉDICANT, 1523 (dans une sottie de Genève) ; pris ensuite en parlant des ministres protestants (cf. « Ministres qui furent par nous appelez predicanz », Pasquier) et en mauvaise part. Tiré du part. prés. de *prédiquer*, usité au moyen âge et jusqu'au XVIe s., empr. du lat. *prædicare*, v. **prêcher.**

PRÉDICATEUR, 1239, devient usuel surtout dp. le XVIIe s., v. **prêcheur ; prédication,** XIIe. Empr. du lat. eccl. *prædicator*, *prædicatio* (de *prædicare*, v. **prêcher**) ; en lat. class. ont des sens en rapport avec celui du verbe : « panégyriste », « action de proclamer, louer, etc. ».

PRÉDIRE, 1258 ; **prédiction,** 1549. Empr. du lat. *prædicere*, *prædictio*.

PRÉÉMINENT, vers 1520 ; **prééminence,** 1376. Empr. du lat. de basse ép. *præeminens*, *præeminentia* (de *eminere* « s'élever de »).

PRÉEMPTION, 1796. Comp. avec les mots lat. *præ* « avant » et *emptio* « achat ».

PRÉEXISTER, 1377 ; rare avant le XVIIIe s. Empr. du lat. médiéval *præexistere*. — Dér. : **préexistence,** 1551, sur le modèle d'*existence*.

PRÉFACE, vers 1300. Empr. du lat. *præfatio* « préambule » (de *præfari* « dire d'avance »). — Dér. : **préfacer,** fin XIXe ; **préfacier,** vers 1780.

PRÉFÉRER, XIVe (Bersuire). Empr. du lat. *præferre*. — Dér. : **préférable,** 1587 ; **préférence,** XIVe (Oresme).

PRÉFET, vers 1200 ; jusqu'au XVIe s., en parlant de magistrats romains ; a servi à désigner les titulaires de diverses fonctions ou charges dans l'administration française, depuis 1800 ; au sens de « maître chargé de surveiller les études », XVIIe s. **Préfecture,** vers 1300, rare avant le XVIIe s. ; développement de sens parallèle à celui de *préfet*. Empr. du lat. *præfectus*, propr. « préposé » *præfectura*. — Dér. : **préfectoral,** 1836, sur le modèle d'*électoral*, etc. — Comp. : **sous-préfet,** 1800 ; **sous-préfecture,** 1800.

PRÉFIGURER, 1448 ; **-ation,** 1756 (Voltaire). Termes de la langue religieuse, empr. du lat. eccl. *praefigurare*, *-atio*.

PRÉFIXE, 1751 (Dumarsais). Empr. du lat. *præfixus* « fixé devant » (de *præfigere*) en vue d'un sens spécial. — Dér. : **préfixer,** 1869, d'où **-ation,** 1877.

PRÉHENSION, 1793 (alors au sens de « réquisition », au sens actuel dp. 1834 ; dans d'autres sens du XIVe au XVIe s. Au premier sens empr. du lat. jurid. *prehensio*, au deuxième formé par les naturalistes sur le p. p. lat. *prehensus*.

PRÉHENSION, « action de saisir avec la main ou un autre organe », terme techn., 1798. Empr. du lat. *prehensio* (de *prehendere* « saisir ») en vue d'un sens spécial.

PRÉJUDICE, XIIIe (J. de Meung). Empr. du lat. *præjudicium*, propr. « opinion préconçue » (de *præjudicare* « préjuger »). — Dér. : **préjudiciable,** 1266, par l'intermédaire d'un verbe *préjudicier*, du XIVe au XVIIe s., « porter préjudice », rare aujourd'hui, sauf dans la langue de la procédure.

PRÉJUDICIEL, 1752, terme de droit. Empr. du lat. jurid. *præjudicialis* (de *præjudicium* au sens de « premier arrêt »). *Préjudiciel* (ainsi dès 1276), et surtout *préjudicial* se trouvent aussi au sens de « préjudiciable ».

PRÉJUGER, 1470, au sens de « juger (en général) » ; le sens moderne apparaît au XVIIe s. Francisation, d'après *juger*, du lat. *præjudicare* « juger préalablement ». — Dér. : **préjugé,** 1584 ; d'abord au sens d' « opinion qu'on se fait par avance », encore usité au XVIIIe s. ; sens moderne vers 1600.

PRÉLART, terme techn., sorte de grosse toile destinée à préserver de l'eau des marchandises, etc., 1670. Dans l'artillerie on préfère la forme *prélat*. D'origine inconnue.

PRÉLAT, 1155. Empr. du lat. médiéval *prælatus* (tiré du part. passé de *præferre* « porter en avant ». — Dér. : **prélasser (se),** 1532 (Rabelais), par un rapprochement plaisant avec *lasser ;* **prélature,** XIVe.

PRÊLE, 1538. Altération d'*asprele*, XIIIe (dans un texte wallon), qui s'est produite dans *l'aprele*, coupé faussement en *la prele*. Le mot est surtout usité en franco-provençal, d'où il a pu être introduit en fr. Lat. pop. **asperella*, assuré par l'it. *asperella ;* le mot lat. dérive de l'adj. *asper* « rude » ; la plante a été ainsi nommée à cause de sa tige ligneuse qui sert à nettoyer des ustensiles ; de là aussi le verbe *prêler*, 1680, usité dans diverses techn. ; prêle se disait en lat. class. *equisetum*, littéral. « crin de cheval » ; on dit de même *queue de cheval*, *queue de rat*, *de chien* dans beaucoup de patois.

PRÉLEVER, 1629. Empr. du lat. de basse ép. *prælevare*. — Dér. : **prélèvement,** 1767.

PRÉLIMINAIRE, v. **liminaire.**

PRÉLUDER, 1660 ; **prélude,** 1530. Le premier est empr. du lat. *præludere* « se préparer à jouer », employé au sens fig., le deuxième a été tiré du verbe lat.

PRÉMATURÉ, 1685 ; l'adv. *-ément* a été relevé dès 1577. Fait sur le lat. *præmaturus*. On a emprunté d'abord l'adv. lat. *praemature*, sous la forme *prematurè* (1509), qu'on pourvoit plus tard du suffixe adverbial.

PRÉMÉDITER, 1474. **Préméditation,** XIVe (Oresme). Empr. du lat. *præmeditari*, *præmeditatio*, v. **méditer.**

PRÉMICES, XIIe, dans une traduction des *Psaumes ;* pris de bonne heure dans un sens général. Empr. du lat. eccl. *primitiae* avec un changement d'*i* en *é* dû sans doute à *praemissa*, v. **prémisse** ; en lat. class. a déjà des sens semblables (de *primus* « premier »).

PREMIER. Lat. *prīmārius*, dér. de *prīmus ;* celui-ci a été conservé par l'a. fr. *prin* (qui a eu peu de vitalité, mais qui se dit encore dans la région de Lyon au sens de « fin, mince »), v. **prime, printemps** et l'it. *primo*. Esp. *primero*.

PRÉMISSE, vers 1295. Empr. du lat. scolast. *præmissa (sententia)* « (proposition) mise en avant » (de *præmittere* « mettre en avant »).

PRÉMONITOIRE, 1869 (comme t. de médecine). Empr. du lat. *praemonitorius* « qui rappelle qch. à l'avance ».

PRÉMUNIR, XIVe. Empr. du lat. *præmunire* (de *munire* « protéger, etc. »).

PRENDRE. Lat. *prehendere* « saisir », devenu de bonne heure *prendere*. It. *prendere* (l'it. dit aussi *pigliare*, v. **piller**), esp. *prender* « emprisonner » ; v. **rendre,** avec lequel *prendre* fait couple. *Prendere*, qui est beaucoup plus énergique que *capere*, a absorbé la plupart des sens de celui-ci, qui ne survit que dans des emplois restreints, cf. esp. a. pr. *caber* « tenir une place, etc. ». — Dér. et Comp. : **prenable,** XIIe, **imprenable,** XIVe ; **preneur,** XIIe (sous la forme *prendeor*) ; **prise,** XIIe, **priser** « aspirer du tabac, etc., par le nez », 1807, **priseur,** 1807 ; **déprendre (se),** XIVe (Christine de Pisan) ; antér., depuis le XIIe s., on trouve le part. passé *despris* au sens de « dénué, misérable » ; *déprendre*, qui signifiait « séparer », s'est toujours employé surtout au réfl., qui est encore de quelque usage dans la langue écrite ; **entreprendre,** XIIe ; au moyen âge signifie souvent « saisir, surprendre » (d'où *entrepris* « gêné, embarrassé », usuel jusqu'au XVIe s.), d'où **entrepreneur,** XIIIe, au sens général de « celui qui entreprend », restreint au sens moderne depuis le XVIIIe s., **entreprise,** XIIe ; **éprendre,** vers 1080 *(Roland)*, en parlant du feu « qui saisit, enflamme » ; ce sens a duré jusqu'au XVIIe s. et survit encore dans un certain nombre de patois ; aujourd'hui ne s'emploie qu'au réfl. et au part. passé au sens fig. de « s'enflammer d'amour », attesté dès le XIIe s. ; **méprendre (se),** XIIe, d'où **méprise,** *id. ;* **pourpris,** XIIIe « enclos, jardin » ; ne s'emploie plus que dans la langue poétique ; part. passé, pris substantiv., d'un ancien verbe *pourprendre* « enclore, etc. », usuel jusqu'au XVe s. ; **surprendre,** XIIe (à la forme *a sorprise*) (pour le préf., v. **sur**), d'où **surprise,** XVIe, au sens moderne ; dès 1294, au sens d' « impôt extraordinaire », fréquent au moyen âge.

PRÉNOM, 1701 (peut-être une première fois en 1556). Empr. du lat. *prænomen*. — Dér. : **prénommer,** « donner un prénom », 1845, sur le modèle de *nommer*, *surnommer*.

PRÉNOMMER, « nommer avant », v. **nommer.**

PRÉOCCUPER, 1354 (Bersuire), au sens d' « avoir l'esprit occupé d'une idée », sens repris vers le XVIIe s. Empr. du lat. *præoccupare* « prendre d'avance », d'où « s'emparer de (l'esprit) » ; a été également pris au sens propre du lat. au XVIe et au XVIIe s. — Dér. : **préoccupation,** 1552, au sens de « prévention » d'après le sens du verbe à cette époque et sur le modèle du lat. *præoccupatio* (qui ne signifie que « action de prendre d'avance ») : au sens de « souci » en 1486 et depuis 1875.

PRÉPARER, 1314 ; **préparation,** 1314 ; **préparatoire,** 1322. Empr. du lat. *præparare*, *præparatio*, *præparatorius* (créé à basse ép.). — Dér. : **préparateur,** 1791 ; déjà créé au XVIe s. ; **préparatif,** 1377 (Oresme).

PRÉPONDÉRANT, 1723. Empr. du lat. *præponderans*, part. prés. de *præponderare* « avoir le dessus » (de *pondus* « poids »). — Dér. : **prépondérance,** 1752 (Turgot).

PRÉPOSER, vers 1460. Empr., avec francisation d'après *poser*, du lat. *præponere*.

PRÉPOSITION, XIIIe. **Prépositif,** 1765. Empr. du lat. des grammairiens *præpositio*, *præpositivus*.

PRÉPUCE, fin XIIe s. Empr. du lat. *præputium*.

PRÉROGATIVE, vers 1235. Empr. du lat. jurid. *prærogativa* qui désignait propr. la centurie qui était appelée à voter la première ; de là est issu le sens de « privilège ».

PRÈS. Continue le lat. *pressē*, attesté à basse ép. au sens de « de près », adv. de *pressus* « serré » (de *premere* « presser, serrer »), conservé dans le sarde logoudorien *de presse*, *a presse* « en hâte », le franç. *près* peut représenter soit *pressē*, soit une forme modifiée **presso*, qui est aussi à la base de l'it. *presso*, v. **après.** — Comp. : **auprès,** 1424 ; **presque,** d'abord seulement *pres*, XIIe s. ; la combinaison *presque*, attestée depuis Chrestien, signifie d'abord « à peu près ce que » dans des expressions où le verbe *est* est sous-entendu ; devient adverbe au XIVe s. ; pour la prononciation de ce mot, v. **jusque ; à peu près,** 1688 (comme subst., Bossuet ; dès 1487 comme adv., comp. *à beaucoup près*, dp. Commynes).

PRÉSAGE, vers 1390. Empr. du lat. *præsagium* (de *præsagire* « prévoir »). — Dér. : **présager,** 1539.

PRESBYTE, 1690. Empr. du grec *presbytês*, au même sens, propr. « vieillard » ; les vieillards sont en effet souvent atteints de presbytie. — Dér. : **presbytie,** 1829.

PRESBYTÈRE, XIIe, peu usité au moyen âge ; le sens moderne date du XVIIIe s. ; **presbytéral,** 1352, au sens de « de prêtre » ; a suivi le sens de *presbytère*. Empr. du lat. médiéval *presbyterium, -alis ; presbyterium*, en lat. eccl. anc., signifiait « fonction de prêtre, collège de prêtres » (du grec eccl. *presbyterion* « conseil des anciens »), v. **prêtre** ; de même *presbyteralis* signifiait « de prêtre ».

PRESCIENCE, vers 1180, rare avant le XVIIe s. Empr. du lat. eccl. *præscientia*.

PRESCRIRE, terme de droit, 1355 ; **prescription,** *id.*, XIIIe. Empr. du lat. jurid. *præscribere* (propr. « écrire en tête »), *præscriptio*. — Dér. : **prescriptible,** 1374, **imprescriptible,** 1481.

PRESCRIRE, « ordonner », 1544, au sens médical, 1788. **Prescription,** « précepte », 1580, au sens d' « ordonnance de médecin », 1829. Empr. du lat. *præscribere* « ordonner », *præscriptio*.

PRÉSÉANCE, v. **séance.**

PRÉSENT, *adj.*, XIIe ; **présence,** *id.* Empr. du lat. *præsens, præsentia. Présent* a signifié aussi au XVIIe s. « actif, qui agit immédiatement », en parlant d'un remède d'après le lat. *præsens*, class. en ce sens. *Présence* a pris le sens d' « aspect » au XVIe et au XVIIe s.

PRÉSENT, *subst.*, v. **le suiv.**

PRÉSENTER, 1080 *(Roland)*. Empr. du lat. de basse ép. *præsentare* (de *præsens*, v. les préc.). V. **représenter.** — Dér. : **présent,** XIIe ; **présentable,** 1746 ; **présentateur,** XVIe ; **présentation,** 1263.

PRÉSERVER, XIVe. Empr. du lat. de basse ép. *præservare*. — Dér. : **préservateur,** 1514 ; **préservatif,** 1314 ; **préservation,** 1314.

PRÉSIDER, 1388 ; **président,** 1296. Empr. du lat. *præsidere* « être à la tête », *præsidens*. — Dér. du subst. : **présidence,** 1380 ; rare avant le XVIIIe s. ; d'où **présidentiel,** 1791 ; **vice-président,** 1483, d'où **-ce,** 1771.

PRÉSOMPTIF, 1375. Empr. du lat. de basse ép. *præsumptivus* « qui repose sur une conjecture, présomptueux » (de *præsumere* « prendre d'avance »), en vue d'un sens spécial.

PRÉSOMPTION, vers 1180 ; a dès le moyen âge les deux sens du fr. moderne. Empr. du lat. *præsumptio* « conjecture », qui a pris à basse ép. le sens d' « excès de confiance » (de *præsumere* « présumer », d'où à basse ép., « être présomptueux »). V. **présumer.**

PRÉSOMPTUEUX, XIIe. Empr. du lat. de basse ép. *præsumptuosus* (de même sens, de *præsumere*, v. le préc.).

PRESQUE, v. **près.**

PRESSENTIR, 1414. Empr. du lat. *præsentire*. — Dér. : **pressentiment,** XVIe (Amyot).

PRESSER. Lat. *pressāre*, fréquentatif de *premere* (par le supin *pressum*). — Dér. et Comp. : **presse,** 1080 *(Roland)* au sens d' « action de presser » ; depuis le XIIIe s. désigne diverses sortes de machines à presser, d'où, spécialement, la machine à imprimer, depuis le XVIe s., puis les produits de l'imprimerie, depuis le XVIIIe s., cf. *liberté de la presse*, *id.*, et, spécial., les journaux, au XIXe s. ; v. **imprimer** ; **empresser (s'),** 1609, au sens moderne, antér. trans. au sens de « presser », XIIIe ; d'où **empressement,** 1608 ; **presse-papier,** 1875 ; **represser,** 1549. V. **compresse, oppresser.**

PRESSING, 1949. Empr. de l'angl. *pressing* « action de presser ».

PRESSION, XVIIe (Pascal), comme terme de physique ; une première fois au sens de « épreinte » en 1256 ; sens moral dp. 1840 (Balzac). Empr. du lat. techn. *pressio* « pression, pesanteur, point d'appui d'un levier » (de *premere*, v. **presser**) ; empr. aussi au XVIe s. au sens de « machine à imprimer ».

PRESSOIR. Lat. de basse ép. *pressōrium* (de *premere*). — Dér. : **pressurer,** 1336 ; altération de *pressoirer* (cf. *pressoir pressoirant*, XIIIe, Beaumanoir), encore signalé dans les environs de Paris au XVIIe s. et dans le Berry au XIXe, altération qui est due à une substitution de suff., et non à l'a. fr. *pressure*, usuel au sens d' « oppression, tourment, violence » (empr. du lat. eccl. *pressura*) jusqu'au début du XVIIe s., puisque, en 1382, *pressurer* apparaît au sens de « faire passer au pressoir », et que *pressoirer* apparaît au XIVe s. au sens fig. de « faire violence à quelqu'un » ; **pressurage,** 1296.

PRESTANCE, 1583, au sens moderne ; au XVe et au XVIe s. signifie « excellence, supériorité ». Empr. du lat. *præstantia, -cia* « supériorité » (de *præstare* « l'emporter sur »). On a attribué le sens moderne à l'it. *prestanza*, mais celui-ci ne signifie qu' « excellence », comme le fr. du XVe et du XVIe s. ; le développement du sens est donc propre au fr.

PRESTATION, « redevance » ; XIIIe. Empr. du lat. jurid. *præstatio* (de *praestare* au sens de « fournir »).

PRESTATION, dans *prestation de serment*, vers 1480, mais déjà vers 1300 *prestacion de foy*. Formé sur le lat. jurid. *jusjurandum præstare* « prêter serment » pour servir de subst. à la formule *prêter serment*.

PRESTE, 1460 ; **prestesse,** fin XVIe (Brantôme qui écrit *pretezze*). Empr. de l'it. *presto* (v. **prêt**), *prestezza*. — Dér. : **prestement,** fin XVIe ; s'est substitué à l'a. fr. *prestement* (dont l'*s* ne se prononçait pas, adverbe de l'adj. **prêt**), usuel depuis le XIIe s. et qui avait des sens analogues au moderne *prestement*.

PRESTIDIGITATEUR, 1823. **Prestidigitation,** 1829. Formés avec l'adj. *preste* et le lat. *digitus* « doigt ».

PRESTIGE, 1518, d'abord au sens d' « illusion attribuée à des sortilèges », d'où « fantasmagorie » ; sens moderne depuis le XVIIIe s. ; **prestigieux,** 1556 ; rare avant la fin du XVIIIe s. Empr. du lat. *præstigium* (moins usité que *præstigiæ*) « illusion, artifice », *præstigiosus* « éblouissant, trompeur ».

PRESTO, terme musical, 1706. Empr. de l'it. *presto*, v. **prêt.**

PRESTOLET, 1657. Empr. du pr. *prestoulet*, dim. de sens péjor. de *prest(r)e* « prêtre ».

PRÉSUMER, XIIe. Empr. du lat. *præsumere*, propr. « prendre d'avance », d'où « conjecturer », et à basse ép., « être présomptueux » ; ce dernier sens a été repris à partir du XVIe s. V. **présomption, présomptueux.** — Dér. : **présumable,** 1781.

PRÉSURE. Lat. pop. **pre(n)sūra*, propr. « ce qui est pris » ou « ce qui fait prendre », dér. de *pre(n)sus* (de *prendere*, v. **prendre**). It. *presura*.

PRÊT, *adj.* Lat. pop. *præstus*, attesté à basse ép., issu de l'adv. class. *præsto* « à portée de la main, tout près » ; cet adj. a dû se développer dans l'expression usuelle *præsto esse* « être présent, assister, etc. ». It. esp. *presto* « prompt, diligent ». V. **presto.**

PRÉTANTAINE, 1640 (dans la *Muse normande*, 1645, on lit *venir en pretentaine*) ; *courir la prétantaine*, signifie au XVIIe s. « courir les aventures (en général) ». En rapport avec norm. *pertintaille* « collier de cheval garni de grelots » (aussi Sologne, etc.), fr. *pretintaille* « découpure dont on ornait les robes des femmes », XVIIIe, qui existe aussi avec la voyelle tonique de *prétantaine*, comp. Bas-Maine *pertantaille* « collier à grelots », et avec le sens de celui-là, comp. Nantes *courir la peurtantaille*. Tandis que le suff. *-aille* de *pertintaille* a une valeur collective (collier de grelots), *-aine* y a été substitué par évocation des nombreux refrains de chanson *(tonton tontaine, triquedondaine laridondaine)*. La différence de la voyelle provient de l'opposition entre *tinter* et *retentir*, v. ces deux mots.

PRÉTENDRE, XIVe. Empr. du lat. *prætendere*, propr. « tendre en avant, présenter ». — Dér. : **prétendant,** XVe, **prétendu,** « celui qui doit se marier, qui recherche une fille en mariage », 1650, terme fam. ; d'abord *gendre prétendu* (Molière, *Malade imag.*).

PRÉTENTION, 1489. Dér. de *prætentus*, part. passé de *prætendere*, v. le préc., pour servir de subst. à *prétendre*. — Dér. : **prétentieux,** 1789.

PRÊTER. Lat. *præstāre* « fournir, présenter », qui a pris à basse ép. le sens de « prêter un objet, de l'argent », d'où aussi it. *prestare*, esp. *prestar*. Le sens de « prêter un objet, etc. » paraît avoir été le seul populaire. Les locutions variées où l'on ramène le sens de *prêter* à celui de « mettre à la disposition », qui apparaissent de bonne heure et dont on retrouve les correspondantes ou d'analogues en it. et en esp. semblent être reprises au lat. class. ou faites sur le modèle de locutions de ce lat. ; cf. notamment *prêter serment* et *jusjurandum præstare ;* d'où, ensuite, des développements nouveaux : *se prêter à*, XVIe s., etc. — Dér. : **prêt,** *subst.*, XIIe ; **prêteur,** XIIIe. — Comp. : **prête-nom,** 1718.

PRÉTÉRIT, XIIIe. Empr. du lat. des grammairiens *præteritum (tempus)* « (temps) passé » (de *præterire* « passer, s'écouler »).

PRÉTÉRITION, 1510. Empr. du lat. de la rhétorique *præteritio*, v. le préc. ; comme terme de droit, 1622.

PRÉTEUR, 1213 ; **prétoire,** XIIe ; **préture,** vers 1500. Empr. des mots lat. *prætor*, *prætorium*, *prætura*, comme termes d'antiquité romaine. *Prétoire* a pris récemment les sens de « tribunal de juge de paix » et de « tribunal (en général) », ce dernier sens est déjà usité au XVIe s.

PRÉTEXTE, 1549. Empr. du lat. *prætextus* (de *prætexere* « prétexter ») ; cf. déjà dans le lat. jurid. du moyen âge *sub hujus prætextu* dans une charte de 1463. — Dér. : **prétexter,** 1456, au XVIIe s. aussi « couvrir d'un prétexte ».

PRÉTINTAILLE, v. **prétantaine.**

PRÉTORIEN, 1213. Empr. du lat. *prætorianus*, id. ; a été appliqué, au XIXe s. (Balzac), à des militaires qui interviennent par la force dans la vie politique de leur pays, par allusion aux mœurs de la garde prétorienne de l'époque impériale.

PRÊTRE. Lat. eccl. *presbyter* (du grec eccl. *presbyteros*, qui a d'abord désigné dans le Nouveau Testament un des « anciens du peuple » ; v. **presbytère**). Conservé partout d'après *presbyter* ou une forme de basse ép. *præbyter* (due à l'influence du lat. *præbitor* « celui qui pourvoit du nécessaire les fonctionnaires voyageant dans les provinces », d'où « celui qui pourvoit au salut des fidèles », développement de sens analogue à celui du grec *parochos*, v. **paroisse**) : it. *prete*, esp. *preste*, a. pr. *p(r)estre* et *preire*. L'a. fr. a possédé une forme *prevoire*, qui représente l'acc. *presbyterum* et qui survit dans la rue des *Prouvaires* à Paris, cf. aussi a. pr. *preveire*. — Dér. : **prêtraille,** 1498 ; **prêtresse,** XIIe ; au moyen âge signifie « concubine de prêtre » ; depuis le XVe s., terme d'antiquité ; **prêtrise,** XIVe ; **archiprêtre,** XIIIe (sous les formes *arce-*, *arche-*), sur le modèle du lat. eccl. *archipresbyter*.

PREUVE, v. **prouver.**

PREUX. D'abord *proz ; preu* au cas régime est rare. Représente un adj. du lat. de basse ép. *prōdis*, tiré de *prōde*, attesté dp. le IVe s. dans *prōde est*, etc. (au lieu du lat. class. *prōdest*, etc. du verbe *prōdesse* « être utile »), qui a dû être pris comme subst. neutre au sens de « profit, avantage », v. **prou,** cf. de même a. pr. *pros, pro* « bon, excellent » ; it. *prode ; proz, pros, pro* ont été rapidement sentis en a. fr. et en a. pr. comme des adj. — Dér. : **prouesse,** vers 1080 *(Roland).* — Comp. : **prud'homme,** XIIe *(id.,* sous la forme *produme,* d'où, au XIIIe s. le plur. *prodeshomes, preu-),* ancien comp. de *preu(x), de* et *homme,* avec développement partic. de la voyelle de la syllabe initiale ; au moyen âge signifiait « homme sage et loyal » (cf. *Il a grant difference entre preu home et preudome* Joinville) et aussi « homme versé dans la connaissance de certaines choses » ; depuis le XIXe s., emploi restreint à la juridiction des prud'hommes, 1806 ; d'où **prud'homie,** 1372 (Oresme), aujourd'hui rare. **Prude,** XVIIe, issu de *preudome* et de *preudefemme,* XIIIe, qui correspondait au moyen âge et jusqu'au XVIe s. à *prud'homme ;* employé pendant quelque temps comme adj. et comme subst. pour les deux genres ; signifiait d'abord au fém. « forte, sérieuse, modeste » ; le sens de « qui fait la modeste », date du milieu du XVIIe s. (signalé depuis 1652) ; la voyelle *u* est probabl. due à l'adj. *prudent ;* d'ou **pruderie,** 1666 (Molière).

PRÉVALOIR, 1420. Empr. du lat. *prævalere* « l'emporter sur ».

PRÉVARIQUER, fin XIVe, d'abord transitif jusqu'au XVIe s. d'après le lat. de basse ép. ; **prévaricateur,** XIVe (Oresme) ; **prévarication,** XIIe. Empr. du lat. jurid. *prævaricari* « entrer en collusion avec la partie adverse (se dit d'un avocat) » (proprement terme de la langue rustique signifiant « faire des crochets, enjamber ») et des dér. *prævaricator, prævaricatio ;* ont été pris dans le lat. eccl. au sens de « violer la loi, pécher, etc. », d'où les emplois analogues de *prévarier, prévarication* en a. fr.

PRÉVENIR, 1467. Empr. du lat. *prævenire* « devancer », sens usuel jusqu'au XVIIIe s., d'où, en fr., par développement propre, « aller au-devant de ce que quelqu'un peut désirer, disposer par avance quelqu'un dans un sens favorable ou défavorable », dès le XVIe s. et, par un autre développement, « avertir », depuis 1709, de sorte que, aujourd'hui, il y a deux verbes, sans rapport de sens. — Dér. : **prévenant,** 1718, au sens moderne, antér. « qui devance », 1514, **prévenance,** 1732 ; **prévenu,** terme de droit, 1604.

PRÉVENTIF, 1820. Dér. sav. du lat. *præventus* (part. passé de *prævenire,* v. le préc.) pour servir d'adj. à *prévenu, prévention* dans la langue jurid. ; la langue médicale s'en empare vers 1870. Elle a fait aussi un dér. **préventorium,** 1923, sur le modèle de *sanatorium* pour désigner un établissement sanitaire où l'on « prévient » certaines maladies.

PRÉVENTION, XVIIe, au sens moderne ; au sens jurid. moderne, 1792 ; a eu d'autres acceptions du XIVe au XVIe s. : « action de devancer, privilège, etc. ». Empr. du lat. de basse ép. *præventio,* attesté seulement au sens d' « action de devancer » ; à partir du XVIe *prévention* a eu un développement de sens parallèle à celui de *prévenir.*

PRÉVENTORIUM, v. **préventif.**

PRÉVOIR, XIIIe ; rare avant le XVIe s. ; **prévision,** vers 1270 *(Roman de la Rose).* Empr. du lat. *prævidere,* francisé d'après *voir,* et du dér. de basse ép. *prævisio.* L'a. fr. disait de préférence *pourvoir.* — Dér. : **prévoyance,** vers 1410 ; **prévoyant,** vers 1570 ; en a. fr. *po(u)rveance, -veant, po(u)rvoyance, -voyant,* d'où **imprévoyance,** 1611, **imprévoyant,** 1784 ; **imprévu,** 1544 ; **imprévisible,** 1840.

PRÉVÔT. Emplois restreints aujourd'hui ; au moyen âge et sous l'ancien régime désignait des magistrats, des officiers chargés d'une juridiction, ou des dignitaires ecclésiastiques. Lat. *præpositus* « préposé », également employé dans la langue administrative. Seulement gallo-roman : l'it. *prevosto,* l'esp. *preboste* viennent du gallo-roman. Une variante de basse ép. *prōpositus* a donné l'a. fr. *provost* et l'a. pr. *probost ;* de là aussi l'all. *Propst,* angl. *provost ;* une autre forme de l'all. *Profoss,* vient du fr. — Dér. : **prévôtal,** 1514 ; **prévôté,** XIIe.

PRIAPÉE, vers 1500. Empr. du lat. de basse ép. *priapeia,* plur. neutre, « poèmes sur Priape (dieu des jardins et de l'amour physique) » ; d'où le sens moderne.

PRIAPISME, 1495. Empr. du lat. médical *priapismus* (du grec médical *priapismos,* v. le préc.).

PRIER. Lat. de basse ép. *precāre,* lat. class. *precārī.* L'inf., et les formes accentuées sur la terminaison étaient régulièrement *preier, proier,* etc. ; *prier,* etc., est refait d'après les formes accentuées sur le radical *prie,* etc. En a. fr. *prier* s'emploie de préférence avec un rég. direct *(prier Dieu),* tandis que l'activité en elle-même était exprimée le plus souvent par le verbe *orer,* du lat. *orare.* Après le XVe s. *orer* a cédé la place à *prier,* mais il apparaît au XVIe s. comme empr. du lat. au sens de « haranguer ». — Comp. : **prie-dieu,** 1603 (Ménage le blâme et recommande *prié-Dieu,* seule forme que donne l'Académie jusqu'en 1762).

PRIÈRE. Lat. du temps des Mérovingiens *precāria,* « supplique » pour *charta precaria,* de l'adj. *precārius* « qui s'obtient par des prières » ; a remplacé le lat. class. *precēs* qui a complètement disparu. Seulement gallo-roman et cat. *pregaria.* Pour le traitement du radical, v. le préc.

PRIEUR, vers 1110. Empr. du lat. *prior* « premier de deux », qui a reçu le sens spécial de « prieur » dans le lat. eccl. du moyen âge. — Dér. : **prieuré,** *id.*

PRIMA DONNA, 1830. Empr. de l'it. *prima donna* « première chanteuse à l'Opéra ».

PRIMAIRE, 1791 (Talleyrand, en parlant de l'école primaire, par opposition à l'école secondaire ; a reçu d'autres sens techn. au cours du XIXe s. ; comme terme de géologie, fin XVIIIe). Empr. du lat. *primarius*, v. **premier.**

PRIMAT, 1155. Empr. du lat. eccl. *primas, primatis*, en lat. class. « qui est au premier rang » (de *primus* « premier »). — Dér. : **primatie,** XIVe.

PRIMATE, 1838, comme terme de zoologie. Empr. du lat. *primas, -atis*, v. le préc., en vue d'un sens spécial.

PRIMAUTÉ, XIIIe, rare avant le XVIe. Dér. sav. du lat. *primus* « premier » sur le modèle de *royauté*, etc.

PRIME, *adj. ;* ne se dit que dans les locutions *de prime abord*, 1623, et *de prinsaut* « tout d'abord », 1390. La locution *de prime abord* a été formée sur le modèle de *de prime face* « à première vue », 1370, encore chez La Fontaine, où *prime* est le fém. de l'anc. adj. *prin* (du lat. *prīmus*) qui, dès les premiers textes, est restreint à des locutions (outre quelques comp., v. **primevère, primerose**), mais survit encore dans les patois de la région franco-provençale, au sens de « mince, délicat ». Au XVIe s., rarement auparavant, et encore quelquefois au XVIIe, on trouve *prime*, masc. et fém., au sens de « premier », d'après le lat. *primus ;* v. **saut** ; v. aussi **printemps.** Comme terme d'algèbre, dans *a prime*, etc., repris également du lat. à date récente. *Prime* est d'autre part employé comme subst. dans diverses acceptions spéciales : 1° au sens de « première heure canoniale », 1165 ; 2° comme terme d'escrime, XVIIe (on peut aussi, pour ce dernier sens, penser à l'it., mais les autres termes désignant des parades d'escrime : *seconde, tierce, quarte*, sont fr., et rien ne prouve qu'ils aient été faits sur le modèle de l'it.) ; etc. — Dér. : **primer** « tenir le premier rang », 1564 ; **primeur,** XIIIe s. ; depuis le XVIIe se dit des fruits ou légumes dont on a poussé la maturation.

PRIME, subst., « prime d'assurance », 1620. Empr. de l'angl. *premio, premium*, francisé d'après sa prononciation ; le mot angl. est empr. lui-même de l'esp. *premio* « prix, récompense », du lat. *praemium*, id., d'abord en ce sens d'où a été tiré ensuite le sens particulier de « prime ». — Dér. : **primer,** « gratifier d'une prime (encouragement pécuniaire, etc.) », 1853 ; **surprime,** 1877.

PRIMEROLE, « primevère », XIIIe *(Rose) ;* aujourd'hui ne s'emploie plus qu'en normand. Probabl. dér. de l'afr. *primier* « premier », à l'aide du suffixe *-ole* (comp. *féverole, fougerole*, etc.). V. encore *primevère.*

PRIMEROSE, 1845, nom pop. de la rose trémière. Aux XIIe et XIIIe *primerose* désignait la primevère, comme aujourd'hui encore en anglais. En revanche le fr. appelait la primerose *passerose* dès le XIIIe, parce qu'elle atteint jusqu'à 3 mètres de haut. Au XIXe *passe-* a été échangé contre *prime-* qu'on joignait volontiers au début du nom d'une plante qui fait l'admiration des amateurs de fleurs. V. **prime,** adj.

PRIME-SAUTIER, v. **saut.**

PRIMEVÈRE, XVIe s. ; au moyen âge *primevoire*, XIIe. Emploi fig. de l'anc. *primevère*, d'abord *primevoire* « printemps », peut-être d'après une expression telle que « fleur de primevère » ; *primevère* « printemps », disparu depuis le XVIe s., représente le lat. pop. *prīma vēra* (*vēra* est attesté dans des inscriptions), fém. issu de *prīmum vēr*, tiré lui-même de l'ablatif class. *prīmō vēre* « au début du printemps », d'où « au printemps », cf. d'une part it. esp. *primavera*, d'autre part a. pr. *primver*, tous trois au sens de « printemps ». La primevère se dit surtout *coucou* dans les patois.

PRIMIPARE, 1823. Empr. du lat. *primipara* (de *parere* « enfanter »).

PRIMITIF, 1310. Empr. du lat. *primitivus* (à l'origine « qui naît le premier ») dans la combinaison avec *ecclesia*, d'où d'abord en fr. *primitive église ; primitivus* est déjà employé par les grammairiens lat. en parlant d'un verbe simple ou d'un adj. au positif.

PRIMO, 1322 ; ellipse de la locution latine *primo loco* « en premier lieu ».

PRIMOGÉNITURE, 1491 ; dér. du mfr. *primogenit* « premier né », empr. du lat. *primogenitus, id.*

PRIMORDIAL, 1480, rare avant le XVIIe s. Empr. du lat. de basse ép. *primordialis* (de *primordium* « commencement »).

PRINCE, 1120. Empr. du lat. *princeps*, propr. « premier », qui a servi notamment à désigner l'empereur. — Dér. : **princesse,** 1320 ; **princier,** XVIe ; **principauté,** XIVe (Oresme), le suffixe est pris de l'anc. fr. *principauté* « fête principale, etc. », qui est empr. du lat. *principalitas* « excellence » ; **principicule,** 1831 (Barthélemy), d'après le lat. *princeps, principis.*

PRINCEPS, dans *édition princeps*, 1811. Mot lat., v. le préc.

PRINCIPAL, vers 1080 *(Roland) ;* en outre *principel* au moyen âge. Empr. du lat. *principalis* (de *princeps*, v. les préc.). — Dér. : **principal,** *subst.*, « directeur d'un collège », 1549 ; « capital d'une dette », 1283 (Beaumanoir).

PRINCIPE, vers 1265. Empr. du lat. *principium*, propr. « origine » (de *princeps*, v. les préc.).

PRIORITÉ, XIVe (Oresme). Empr. du lat. médiéval *prioritas*, v. **prieur.** — Dér. : **prioritaire,** 1949.

PRISER, « évaluer à un certain prix ». Aujourd'hui d'un usage restreint. Lat. de basse ép. *pretiāre* (de *pretium* « prix »). — Dér. : **prisée,** XIIIe ; **priseur,** 1252, aujourd'hui ne s'emploie que dans *commissaire-priseur ;* **mépriser,** XIIe, d'où **mépris,** vers 1225, **méprisable,** XIVe (supposé d'après l'adv. **-ment,** Bersuire).

PRISER, PRISEUR, v. **prendre.**

PRISME, 1613. Empr. du grec *prisma, prismatos* (de *prizein* « scier »). — Dér. : **prismatique,** 1647 (Pascal), d'après le radical *prismat-* du mot grec.

PRISON. Propr. « prise », d'où « emprisonnement », puis « endroit où l'on est détenu », dès le XIe s. ; a aussi le sens de « prisonnier », v. ci-dessous ; a éliminé au sens de « prison » *chartre* et *geôle*. Lat. *pre(n)siōnem*, acc. de **pre(n)siō* (pour *prehensiō*, v. **prendre**) « action d'arrêter » ; devenu *preison*, puis *prison*, d'après *pris*. — Dér. : **prisonnier,** 1181, rare en a. fr., qui emploie surtout *prison*, masc. en ce sens ; **emprisonner,** XIIe, **emprisonnement,** XIIIe.

PRIVÉ, 1138. Lat. *prīvātus* « particulier, domestique, etc. ». It. *privato*, esp. *privado*. — Dér. : **privauté,** XIIIe, d'après *royauté*, etc.

PRIVER, 1307. Empr. du lat. *prīvāre*. Le fr. a possédé aussi depuis le XVe s. un verbe *priver* « apprivoiser », aujourd'hui hors d'usage, qui a été formé sur *privé*, pris au sens d' « apprivoisé », XIIIe, encore chez La Fontaine. — Dér. : **privation,** 1290 (le lat. *privatio* avait un autre sens).

PRIVILÈGE, XIIe. Empr. du lat. *privilegium*, propr. terme jurid. qui désignait une loi concernant un particulier, d'où « privilège ». — Dér. : **privilégier,** 1223.

PRIX. Lat. *pretium*. It. *prezzo*.

PROBABLE, vers 1285. **Probabilité,** 1370 (Oresme). Empr. du lat. *probabilis, probabilitas* (de *probare* « prouver »). — Dér. de l'adjectif : **probabilisme** (d'après le lat. *probabilis*) ; 1° doctrine théologique des Jésuites, XVIIe ; 2° doctrine philosophique, fin XIXe, d'où **probabiliste,** aux deux sens (aux dates correspondantes) ; **improbable,** 1606 (aux XVe-XVIe s. « qui est à réprouver », empr. du lat. *improbabilis*, « *id.* »), d'où **improbabilité,** 1610.

PROBANT, vers 1570 (dans la locution *en forme probante*), usuel depuis 1790 ; masc. dès 1793. Terme jurid. entré récemment dans la langue générale. Empr. du lat. *probans*, part. prés. de *probare* « prouver ».

PROBE, 1464 ; **probité,** XVe (A. Chartier). Empr. du lat. *probus, probitas*.

PROBLÈME, XIVe ; rare avant le XVIIe s. ; **problématique,** XVe. Empr. des mots lat. *problema, problematicus* (créé à basse ép. ; du grec *problêma, problêmatikos*).

PROBOSCIDIEN, 1822. Dér. de *proboscide*, 1532 « trompe d'éléphant, etc. », empr. du lat. *proboscis, -cidis* (du grec *proboskis*).

PROCÉDER, dans *procéder de*, propr. terme de théol., vers 1300 *(Le Saint Esperit qui procede ou ist du pere)*, d'où, vers le XVIe s., le sens général d' « être l'effet de ». Empr. du lat. eccl. *procedere de* ou *a* « sortir de », v. le suiv.

PROCÉDER, dans *procéder à* « se mettre à une besogne, agir de telle ou telle manière », XIVe. Empr. du lat. jurid. *procedere* « procéder à une action judiciaire », d'où le sens général du fr. s'est développé rapidement ; *procedere* en lat. class. signifie « s'avancer, progresser, réussir », sens parfois repris du XIVe au XVIe s. — Dér. : **procédé,** 1627 ; **procédure,** au sens jurid., 1344, aussi au sens de « procédé », encore au début du XVIIe s. (chez Sully, en 1609) ; **procédurier,** 1823.

PROCÈS, comme terme jurid., 1324. Empr. du lat. jurid. du moyen âge *processus*, en lat. class. « action de s'avancer, progrès » (de *procedere*, v. le préc.) ; fréquent aussi au moyen âge dans un sens plus général de « développement, progrès, marche », cf. *par pruches de tans*, 1209, sens repris récemment par la langue scientifique, v. **processus.** — Dér. : **processif,** 1511. — Comp. : **procès-verbal,** 1367.

PROCESSION, XIIe. Empr. du lat. eccl. *processio ;* désignait aussi à basse ép. d'autres cortèges solennels ; propr. « action de s'avancer », sens class. (de *procedere*, v. les préc.). — Dér. : **processionnaire,** terme de zoologie, 1734 (Réaumur), au XIVe-XVIIe s. en un autre sens ; **processionnel,** XVe (d'après l'adv. *-ellement*) ; en outre **-al,** 1563.

PROCESSUS, terme scient., XVIe (Paré). Mot. lat. signifiant « progrès », v. **procès.**

PROCHAIN. Lat. pop. **propiānus*, dér. de *prope*, « près de », comme **antiānus* de *ante*, v. **ancien,** comp. *lointain*. La restitution de cette forme est justifiée par le sarde *probianu ;* l'a. pr. *probdan* est refait sur *lonhdan* « lointain ». L'a. fr. a eu aussi jusqu'au XVIe s. *proisme*, lat. *proximus*. **Prochain,** *subst.*, « notre semblable », usuel depuis 1377, vient de la langue eccl. et remonte au *Sermon sur la Montagne*, cf. *Tu aimeras ton prochain*, Mathieu, V, 43. — Dér. : **proche,** 1259, peu usité avant le XVIe s., où il apparaît avec les valeurs modernes ; a éliminé un anc. adv. *pruef, prof* « près », lat. *prope*.

PROCLAMER, 1380 ; **proclamation,** 1320. Empr. du lat. *proclamare, proclamatio* (médiéval).

PROCONSUL, 1496 ; **proconsulaire,** 1512 ; **proconsulat,** 1552. Empr. du lat. *proconsul, proconsularis, proconsulatus*.

PROCRÉER, vers 1300 ; **procréateur,** 1540 ; **procréation,** 1213. Empr. du lat. *procreare, procreator, procreatio*.

PROCURATEUR, vers 1180, au sens de « procureur, qui a pouvoir d'agir pour autrui » ; depuis le XVIIe s. désigne diverses sortes de magistrats anciens ou modernes. Empr. du lat. *procurator* « mandataire » (et spécial. « magistrat impérial »), usuel dans le lat. médiéval au premier sens, v. le suiv.

PROCURATION, 1219. Empr. du lat. *procuratio* « commission », avec le sens jurid. qu'avait *procurare* dans le lat. médiéval « faire office de procureur ».

PROCURER, vers 1180, au sens de « prendre soin », usité jusqu'au XVIIe s., d'où « amener, obtenir par ses efforts », depuis le XIIIe s., également usité jusqu'au XVIIe ; puis le sens moderne, XVe ; le sens de « préparer l'édition d'un écrivain » est récent. Empr. du lat. *procurare* « s'occuper, prendre soin de ». — Dér. : **procureur,** 1213, au sens de « celui qui agit par procuration » (en ce sens a un fém. *procuratrice*) ; a éliminé en ce sens *procurateur ;* a été pris en outre rapidement pour désigner diverses sortes d'officiers de justice, notamment celui qu'on appelle aujourd'hui *avoué* et des magistrats.

PRODIGE, XIVe (Bersuire) ; **prodigieux,** 1474. Empr. du lat. *prodigium, prodigiosus.*

PRODIGUE, 1265 ; **prodigalité,** *id.* Empr. des mots lat. *prodigus, prodigalitas* (créé à basse ép.). — Dér. de *prodigue :* **prodiguer,** 1552.

PRODROME, 1765, comme terme médical. Empr. du lat. *prodromus* « précurseur (en parlant du vent, etc.) » (du grec *prodromos,* de même sens) en vue d'un sens spécial. A été antér. employé dans d'autres sens : « préface, signes avant-coureurs de l'orage, précurseur », du XVe au début du XIXe s.

PRODUIRE, 1377. Empr. du lat. *producere,* francisé d'après *conduire,* etc. — Dér. et Comp. : **producteur,** 1442, rare avant le XVIIIe, d'après *productus,* part. passé de *producere ;* **productif,** 1470, peu usité avant la fin du XVIIIe s. ; d'où **productivité,** 1766, **improductif,** 1785 ; **production,** 1283 (Beaumanoir) ; *productor, productivus, productio* ont en lat. d'autres sens sans rapports avec ceux du fr. ; au moyen âge *production* est surtout un terme jurid. ; le sens s'est développé à partir du XVIe s., d'abord pour désigner « ce qui produit, cause, fait voir » ; d'où **surproduction,** 1867 ; **produit,** 1554 ; **reproduire,** 1600, **reproducteur,** 1762, **reproductible,** 1798, **reproductibilité,** *id.,* **reproductif,** 1760, **reproduction,** 1690, d'après *producteur,* etc.

PROÉMINENT, 1556. Empr. du lat. *proeminens,* part. prés. du verbe de basse ép. *proeminere,* en lat. class. *prominere,* d'où parfois *prominent, prominer.* — Dér. : **proéminence,** XVIIIe (Buffon).

PROFANE, 1229. Empr. du lat. *profanus,* propr. « non consacré » (de *pro* « devant » et de *fanum* « temple ») ; déjà fig. en lat. au sens de « non initié aux arts », repris depuis le XVIIe s.

PROFANER, XIVe ; **profanateur,** 1566 ; **profanation,** XVe. Empr. du lat. *profanare* (de *profanus,* v. le préc.), *profanator* (lat. eccl.), *profanatio (id.).*

PROFÉRER, XIIIe. Empr. du lat. *proferre,* propr. « porter en avant », d'où « publier, déclarer ».

PROFÈS, XIIe. Empr. du lat. eccl. *professus,* en lat. class. « qui déclare » (de *profiteri* « déclarer »).

PROFESSEUR, 1337. Empr. du lat. *professor* (de *profiteri* au sens d' « enseigner publiquement »). — Dér. : **professer** « enseigner publiquement », 1648 ; **professoral,** 1686 ; **professorat,** 1685.

PROFESSION, « action de déclarer hautement sa foi », 1155, jusqu'au XVIe s. seulement en parlant de la religion ; sens plus étendus à partir de cette ép. ; cf. la *Profession de foi du vicaire savoyard.* Empr. du lat. eccl. *professio* (en lat. class. « déclaration », v. les préc.). — Dér. : **professer** « déclarer sa foi, son opinion », 1584.

PROFESSION, « état, emploi, condition », 1410. Empr. du lat. *professio* « état qu'on déclare exercer », issu du sens de « déclaration », v. le préc. — Dér. : **professionnel,** 1842.

PROFIL, 1621. Empr. de l'it. *profilo* (de *profilare* « dessiner en profil ») ; a éliminé *porfil* (d'où *porfiler* « border »), XIIe-XVe s. au sens de « bordure », qui a laissé une trace dans l'anc. forme *pourfil* « profil », XVIe-XVIIe. — Dér. : **profiler,** 1615 ; en 1653 on trouve encore *pourfiler, faire en pourfil.*

PROFIT. En a. fr. surtout *pourfit,* refait en *proufit, profit* d'après le mot lat. Lat. *prōfectus* (de *prōficere* « progresser, donner du profit »). — Dér. : **profiter,** vers 1120 ; au moyen âge surtout *pour-* (parfois trans. au XVIe et au XVIIIe s.) ; signifie parfois « réussir » au XVe s., d'où **profitable,** vers 1155, **profiteur,** fin XIXe (une 1re fois en 1636).

PROFOND, 1377, quelques attestations isolées au XIIIe s. Réfection, sous l'influence du lat. *profundus,* de *parfond,* usuel en a. fr. et aujourd'hui encore dans les parlers du Nord-Est, issu de *prōfundus,* avec substitution de préf. ; l'a. pr. *preon, pregon* (d'où viennent de nombreuses formes des parlers méridionaux) continue le lat. *prōfundus* avec dissimilation de la voyelle *o* en *e.* La substitution de *profond* à *parfond* vient sans doute de ce que *parfond* causait une gêne, parce qu'il semblait comp. de *par* « très » et *fond ;* c'est ce qu'indique le traitement de nombreux parlers septentrionaux qui disent *fond, fonde.* — Dér. : **profondeur,** 1377 (au moyen âge *parfondor*) ; **approfondir,** XIIIe-XIVe s., d'où **approfondissement,** fin XVIe.

PROFUSION, 1495. Empr. du lat. *profusio* (de *profundere* « répandre »).

PROGÉNITURE, 1481. Dér. du radical du moyen franç. *progeniteur* « ancêtre », empr. du lat. *progenitor,* le couple *géniteur* « père », *géniture* « descendance » (empr. du lat. *genitor, genitura*) ayant servi de modèle.

PROGNATHE, 1838. Comp. avec les mots grecs *pro* « en avant » et *gnathos* « mâchoire ». — Dér. : **prognathisme,** 1869.

PROGRAMME, 1680. Empr. du grec *programma* « affiche, placard ».

PROGRÈS, 1532 ; **progression,** XIVe ; **progressif,** 1372. Les deux premiers sont empr. du lat. *progressus* « action d'avancer, progrès », *progressio* de même sens, en outre terme de mathém. (à basse ép.), le troisième est dér. de *progressus* « qui avance » (de *progredi* « avancer, faire des progrès »). — Dér. de *progrès* : **pro-**

gresser, 1831 ; **progressiste,** 1846. Formés comme termes antithétiques : **dégressif,** 1907 ; **dégression,** 1907.

PROHIBER, 1377 ; **prohibition,** 1237. Empr. du lat. *prohibere*, propr. « tenir éloigné » (de *pro* « en avant » et de *habere* au sens de « tenir »), *prohibitio*. — Dér. : **prohibitif,** 1503, d'après *prohibitus*, part. passé du verbe lat.

PROIE. Signifie souvent « butin de guerre » jusqu'au XIVe, et « troupeau (de bétail, de moutons) » jusqu'au XVIIe, encore dans les patois. Remplacé aujourd'hui dans une partie de ses emplois par *butin* et *prise*. Lat. *præda*. It. *preda*, anc. esp. *prea*.

PROJECTION, 1314 ; **projectile,** 1750 ; **projecteur,** 1890. Le premier est empr. du lat. *projectio* « action de jeter en avant » (de *projicere*), les deux autres sont dér. de *projectus*, part. passé du verbe lat.

PROJETER, 1452. Au XIIe s. *porjeter* « jeter dehors, au loin, en avant », comp. de l'adv. *puer* « en avant » (en position atone *por*, du lat. *porro*, id.) et du verbe *jeter*. Vers 1400, *pourgeter* une ville, etc., prend la signification militaire de « se faire, par une reconnaissance poussée en avant, une idée précise d'un objet ». De là *pourjeter une embusque* « dresser une embuscade » chez Froissart. Au XVe s. le verbe prend la signification plus générale qu'il a en fr. mod. ; en même temps le préf. *pour* est latinisé en *pro*. — Dér. : **projet,** vers 1470 *(pourget)*, d'où **avant-projet,** 1853.

PROLÉGOMÈNES, fin XVIe (d'Aubigné). Empr. du grec *prolegomena* « choses dites avant » (part. passif du verbe *prolegein*).

PROLÉTAIRE, 1748 (Montesquieu) comme terme d'antiquité romaine ; se rencontre dès le XIVe s., mais rarement ; appliqué à la société moderne, 1761 (J.-J. Rousseau). Empr. du lat. *proletarius* (de *proles* « descendance » ; l'adj. dér. a pris le sens partic. de « citoyen de la dernière classe » dans la langue politique, v. les suiv.). — Dér. : **prolétariat,** 1836 ; **prolétariser,** fin XIXe.

PROLIFÈRE, 1766. Dér. du lat. *proles* « descendance » sur le modèle d'adj. tels que *frugifer* « qui porte des fruits », etc., v. **-fère.** — Dér. : **proliférer,** 1859, d'où **prolifération,** 1838.

PROLIFIQUE, 1503. Dér. avec le lat. *proles*, v. le préc., sur le modèle d'adj. tels que *calorificus* « qui fait de la chaleur », v. **-fique.**

PROLIXE, vers 1200 (d'après l'adv. **-ment**) ; **prolixité,** XIIIe (J. de Meung). Empr. des mots lat. *prolixus* (de *liquere* « être liquide »), propr. « qui se répand abondamment », d'où « prolixe » (à basse ép.), *prolixitas* (créé à basse ép.).

PROLOGUE, XIIe (écrit *prologe*). Empr. du lat. *prologus* (du grec *prologos*, propr. « discours *(logos)* qui est en avant *(pro)* »).

PROLONGER, 1213 ; du XIIIe au XVIIIe s. souvent *prolonguer*, puis *prolonger*, qui s'appuie sur *allonger*, l'emporte ; signifie aussi « remettre à plus tard, retarder » du XIIIe au XVIIIe s. ; **prolongation,** 1265. Empr. du lat. de basse ép. *prolongare*, *prolongatio*. — Dér. du verbe : **prolonge,** 1752 ; une première fois au XIVe s. (G. de Machault sous la forme *prolongue*) ; **prolongement,** vers 1180.

PROMENER, v. **mener.**

PROMETTRE, XIIIe (mais *pramis*, vers 1080, *Roland*) ; **promesse,** vers 1155. Empr. du lat. *promittere* (francisé d'après *mettre*), *promissa*, plur. neutre, pris substantiv., de *promissum*. — Dér. du verbe : **prometteur,** XIIIe ; **promis,** « fiancé », terme fam., 1538, cf. *prétendu*.

PROMISCUITÉ, 1752 (J.-J. Rousseau). Dér. sav. de l'adj. *promiscuus* « commun, confus ».

PROMISSION, XIIe. Ne s'emploie aujourd'hui que dans la locution biblique *terre de promission* pour parler de la terre promise aux Hébreux, locution attestée depuis le XIIIe s. ; *promission* a toujours été rare au sens général de « promesse ». Empr. du lat. *promissio* « promesse » qui a été préféré dans le lat. eccl. à *promissum*.

PROMONTOIRE, 1213, rare avant 1500. Empr. du lat. *promontorium*.

PROMOTEUR, vers 1330. Empr. du lat. de basse ép. *promotor*, v. le suiv. Attesté jusqu'au XVIIIe s. pour désigner une sorte de procureur ; empr. en ce sens du lat. médiéval *promotor*.

PROMOUVOIR, fin XIIe s. ; **promotion,** vers 1350, au sens moderne, rare avant le XVIIe s. Empr. du lat. *promovere* propr. « faire avancer », d'où « élever aux honneurs » et du dér. de basse ép. *promotio* « élévation » (en lat. médiéval spécial. « dignité ecclésiastique »), d'où la valeur des mots fr. ; *promouvoir* a été en outre repris du XVIe au XVIIe s. avec le sens général du verbe lat. et a de plus reçu au moyen âge (depuis 1200 env.) d'autres sens nouveaux : « inciter, proposer, exciter », passés par suite à *promotion*, qui signifie notamment « instigation » du XIVe au XVIe s.

PROMPT, 1205 ; **promptitude,** XVe. Empr. des mots lat. *promptus*, *promptitudo* (créé à basse ép.) ; ont eu aussi parfois les sens de « prêt », « aptitude » qu'ont les mots lat.

PROMULGUER, 1354 (Bersuire) ; rare avant le XVIIIe s. ; **promulgation,** XIIIe. Empr. du lat. *promulgare*, *promulgatio*.

PRÔNE, XIIe (Chrétien : *devant les prones*). Désigne au moyen âge la grille qui sépare le chœur de la nef ; comme le curé se plaçait devant cette grille pour s'adresser aux fidèles, *prône* a pris vers le XVIIe s. le sens moderne de « sermon familier », mais l'ancienne acception vit encore dans les patois, cf. Yonne *proune* « porte à claire-voie ». On a voulu le rattacher à l'a. fr. *esparron* « grosse pièce de bois », du francique *sparro*, mais le *s* de l'a. fr. *prosne* était certainement prononcé, comme le prouve entre autres la forme picarde *prorne* (J. Bodel). Il n'y a pas d'objection sérieuse à l'idée de ceux qui rattachent *prône* au lat. *prothyra*, plur. neutre (empr. du grec *prothyra*) « couloir allant de la porte d'entrée à la porte intérieure », dont est né un nouveau sing. *protirum*, attesté dans des gloses, et qui est devenu par dissimilation **prolinum ;* le développement phonétique de celui-ci est parallèle à celui de *retina* en *resne*. — Dér. : **prôner,** fin XVIᵉ (d'Aubigné), **prôneur,** XVIIᵉ (Balzac).

PRONOM, XIIIᵉ ; **pronominal,** 1714. Empr. des mots lat. *pronomen*, *pronominalis* (créé à basse ép.).

PRONONCER, vers 1120. Empr. du lat. *pronuntiare* « proclamer, prononcer un jugement, prononcer des paroles ». — Dér. au troisième sens : **prononciation,** XVIᵉ ; le lat. *pronuntiatio* signifiait « déclaration », sens jurid. qu'a eu *prononciation* depuis le XIIIᵉ jusqu'au XVIIᵉ s., rare depuis ; **prononçable,** 1611 ; **imprononçable,** XVIᵉ.

PRONOSTIC, XIIIᵉ (écrit alors *pronostique*, parfois fém. au XVᵉ s. ; *pronostic* depuis le XVIᵉ). Empr. de l'adj. lat. de basse ép. *prognosticus* « de pronostic », issu de *prognostica*, plur. neutre, employé surtout comme titre d'ouvrage (du grec *prognôstika*, de même emploi, du verbe *prognôstikein* « connaître d'avance ») ; de là aussi l'anc. orthographe *prognostic*, conservée dans l'adj. médical *prognostique*. — Dér. : **pronostiquer,** 1314, **pronostiqueur,** XIVᵉ.

PRONUNCIAMENTO (ou *pronon-*), 1838. Mot esp., v. **prononcer,** qui s'emploie surtout en parlant d'événements politiques de l'Espagne ou de pays de langue esp.

PROPAGANDE, 1753, au sens général ; propr. terme eccl. qui s'emploie dans le nom propre *Congrégation de la Propagande*, 1689, traduction du lat. *Congregatio de propaganda fide* « congrégation pour propager la foi », fondée en 1622. — Dér. : **propagandisme,** 1794 ; **propagandiste,** 1792.

PROPAGER, 1752 (une 1ʳᵉ fois au p. passé, en 1480) ; **propagateur,** 1495 ; **propagation,** XIIIᵉ. Empr. du lat. *propagare*, *propagator*, *propagatio*.

PROPÉDEUTIQUE, 1877. Empr. de l'all. *Propädeutik*, t. de Kant, de la prép. *pro* et du verbe grec *paideúein* « élever ».

PROPENSION, 1528. Empr. du lat. *propensio* (de *propendere* « pencher »).

PROPHÈTE, vers 980 *(Passion)* ; **prophétesse,** XIVᵉ ; **prophétie,** XIIᵉ ; **prophétique,** XIVᵉ ; **prophétiser,** 1150. Empr. du lat. eccl. *propheta*, *prophetissa*, *prophetia*, *propheticus*, *prophetizare* (du grec *prophêtês*, littéral. « qui dit d'avance », etc.).

PROPHYLACTIQUE, 1546 (Rab.) ; rare avant le XVIIIᵉ s. Empr. du grec médical *prophylaktikos* (de *prophylattein* « veiller sur »). — Dér. : **prophylaxie,** 1793.

PROPICE, vers 1190. D'abord dans des textes religieux ; se dit encore aujourd'hui surtout de la faveur divine ; mais sens plus étendus de bonne heure. Empr. du lat. *propitius*, surtout en parlant des dieux, d'où son emploi dans le lat. eccl.

PROPITIATION, XIVᵉ ; **propitiatoire,** 1541 (Calvin). Empr. du lat. eccl. *propitiatio*, *propitiatorius*, v. le préc. Au moyen âge depuis le XIIᵉ s., *propitiatorie*, *-oire* s'employait dans des textes religieux pour désigner la table d'or placée au-dessus de l'arche.

PROPORTION, 1230 ; **proportionnel,** XIVᵉ (Oresme) ; **proportionnalité,** *id. ;* **proportionner,** 1335. Empr. du lat. *proportio* et des dér. de basse ép. *proportionalis*, *proportionalitas*, *proportionare*. — Dér. : **disproportion,** 1549 ; d'où **disproportionner,** 1534, au part. passé, qui est encore la forme la plus employée.

PROPOSER, XIIᵉ. Empr., avec francisation d'après *poser*, du lat. *proponere ;* signifie parfois « proposer, placer devant » au moyen âge, par interprétation étymologique du verbe latin ; signifie souvent aussi « exposer (une affaire) » jusqu'au XVIIᵉ s. et « projeter » jusqu'au XVIIᵉ. — Dér. et Comp. : **propos,** vers 1180, sur le modèle du lat. *propositum ;* mais le sens de « discours qu'on tient dans la conversation » s'est développé en français vers le XVᵉ s. ; d'où **à-propos,** 1700, **avant-propos,** 1584 ; **proposable,** 1747 ; **reproposer,** 1762.

PROPOSITION, XIIᵉ. Empr. du lat. *propositio*, v. le préc.

PROPRE, vers 1090. Empr. du lat. *proprius* « qui appartient en propre », d'où se sont développés les sens du fr. : « qui a les qualités nécessaires pour quelque chose », XVᵉ, puis « convenablement arrangé », XVIᵉ (sens aujourd'hui disparu), et « net » (par opposition à *sale*), qui date du milieu du XVIIᵉ s. — Dér. et Comp. : **propret,** vers 1500 (aussi *propet*, 1478 et au XVIIᵉ) ; **propreté,** 1539, d'abord « caractère de ce qui est convenable », puis « netteté (par opposition à *saleté*) », XVIIᵉ ; **malpropre,** XVᵉ, développement de sens parallèle à celui de *propre ;* d'où **malpropreté,** 1663.

PROPRÉTEUR, 1546. Empr. du lat. *propraetor*, v. **préteur.**

PROPRIÉTÉ, « fait de posséder, droit de possession », XIIᵉ. **Propriétaire,** 1263 (parfois au sens de « propre à ») ; l'emploi moderne date du XVIIᵉ. Empr. du lat. jurid. *proprietas*, *proprietarius*, v. le préc.

PROPRIÉTÉ, « qualité propre d'une chose », XIIIᵉ. Empr. du lat. philosophique *proprietas*.

PROPULSEUR, 1845 ; **propulsion,** 1834 ; une première fois en 1640. Dér. sav. du lat. *propulsus*, part. passé de *propellere* « pousser devant soi ».

PRORATA, 1257. Emploi limité à la locution *au prorata* depuis le XVIᵉ s. Empr. de la locution lat. *pro rata (parte)* « en proportion », propr. « selon la part déterminée ».

PROROGER, 1509 ; d'abord *proroguer*, depuis le XIVe s. ; **prorogation,** 1313 ; **prorogatif,** 1800. Empr. du lat. *prorogare* « accorder une prolongation », *prorogatio*, *prorogativus*. Comme terme de la langue politique, *proroger*, *-gation*, 1779, doivent leurs sens aux mots angl. correspondants *to prorogue*, *-gation*.

PROSAÏQUE, 1482. Empr. du lat. de basse ép. *prosaïcus*, v. **prose.** — Dér. : **prosaïsme,** 1785.

PROSATEUR, 1666. Empr. par Ménage de l'it. *prosatore* ; d'abord mal accueilli. V. **prose.**

PROSCRIRE, XIIe ; rare avant le XVIe s. ; **proscripteur,** 1721 ; une première fois en 1542 ; **proscription,** 1539 ; une première fois au XIVe, à propos des proscriptions romaines. Empr. des mots lat. *proscribere* (avec francisation d'après *écrire*), propr. « afficher », d'où spécialement « décréter de mort un citoyen en inscrivant son nom sur une affiche », d'où le sens du fr., *proscriptor*, *proscriptio*.

PROSE, XIIIe. Empr. du lat. *prosa*, issu de *prosa oratio*, antér. *prorsa oratio* « discours qui va en droite ligne (sans inversion) ».

PROSECTEUR, 1743. Dér. sav. du lat. *prosectus*, part. passé de *prosecare ; prosector*, attesté une seule fois en lat. eccl., n'a pas servi de modèle.

PROSÉLYTE, XIIIe, au sens du mot lat., encore en 1681 ; d'où, à partir du XVIIIe s., sens moderne. Empr. du lat. eccl. *proselytus* « païen converti au judaïsme », cf. Mathieu, 23, 15 (du grec eccl. *prosêlytos*, d'abord « étranger domicilié » dans la Septante, dér. d'un verbe signifiant « venir »). — Dér. : **prosélytisme,** 1721.

PROSODIE, 1562. Empr. du grec *prosôidia* « ensemble des faits de prononciation : accent, quantité, qui caractérisent le vers », d'abord « acent tonique » (seul sens pris par le lat. *prosodia*).

PROSOPOPÉE, vers 1500 (Molinet). Empr. du lat. *prosopopoeia* (du grec *prosôpopoiia*, de *prosôpon* « personne » et de *poiein* « faire », propr. « figure qui consiste à faire parler des personnes absentes ou mortes ou des êtres irréels »).

PROSPECTER, 1864 ; **prospecteur,** 1866 ; **prospection,** 1861. Empr. de l'anglo-américain *to prospect* (du lat. *prospectus*, v. le suiv.), *prospector*, *prospection*.

PROSPECTUS, 1723. Empr. du lat. *prospectus* « vue, aspect » (de *prospicere* « regarder devant soi »).

PROSPÈRE, XIVe (Bersuire ; plus francisé en *prospre*, XIIe) ; **prospérer,** XIVe (Bersuire) ; **prospérité,** XIIe. Empr. du lat. *prosperus*, *prosperare*, *prosperitas*.

PROSTATE, 1555. Empr. du grec *prostatês* « qui se tient en avant » pour désigner le viscère en question.

PROSTERNER, 1478, au sens moderne de *se prosterner ;* au XIVe s. et jusqu'à Chateaubriand signifie aussi « abattre ». Empr. du lat. *prosternere*, propr. « étendre à terre », d'où, d'une part, au réfl., « se prosterner » et, d'autre part, « abattre ». — Dér. : **prosternation,** 1568 ; **prosternement,** 1586.

PROSTITUER, XIVe (Oresme). **Prostitution,** XIIIe, dans un texte religieux. Empr. du lat. *prostituere*, propr. « exposer publiquement », d'où « étaler, déshonorer » et spécial. « livrer à la débauche », notamment dans le lat. eccl., et du dér. du lat. eccl. *prostitutio*. — Dér. : **prostituée,** 1596.

PROSTRATION, 1743, dans *prostration des forces*, terme médical ; se trouve au XIVe s. et jusqu'au début du XIXe au sens de « prosternation » ; **prostré,** 1869. Empr. du lat. eccl. *prostratio* « abattement » et aussi « prosternation » (de *prostratus*, part. passé de *prosternere*, v. **prosterner**) et du part. passé *prostratus* « abattu ».

PROT(O)-. Premier élément de mots sav. comp., tels que **protozoaire,** 1838, tiré du grec *prôtos* « premier », ou de mots empr., tels que **prototype,** XVIe (Rab.).

PROTAGONISTE, vers 1790 (Goldoni). Empr. du grec. *prôtagônistês* « acteur chargé du rôle principal » (de *prôtos*, v. le préc., et de *agônizesthai* « combattre, concourir »).

PROTE, 1710. Empr. du grec *prôtos* « premier » ; d'après Littré, l'emprunt de ce mot aurait eu lieu dans des imprimeries où l'on a commencé à imprimer le grec, mais cette explication manque de preuves.

PROTÉE, 1657. Tiré de *Protée*, lat. *Proteus* (du grec *Prôteus*), nom d'une divinité de la mer, qui pouvait prendre toute sorte de formes ; déjà pris au sens fig. en lat. — Dér. : **protéisme,** 1877. **Protéiforme,** 1761.

PROTÉGER, 1395 ; **protecteur,** 1234 ; **protection,** XIIe. Empr. du lat. *protegere* et des dér. de basse ép. *protector*, *protectio*. — Dér. du premier : **protégé,** *subst.*, 1747 ; du troisième : **protectionnisme,** 1845, d'où **-iste,** *id.*, de *protection*, terme d'économie politique depuis 1664 ; du deuxième : **protectorat,** 1869, au sens moderne ; antér. « dignité de protecteur », 1751 (Voltaire), en parlant de Cromwell.

PROTESTER, 1343, au sens de « déclarer publiquement », d'où « protester contre », sens qui date du XVIe s. et dont le succès paraît lié à celui du dér. *protestant ;* sens commercial relevé depuis 1611 ; **protestation,** XIIIe (Rose) ; développement de sens parallèle à celui du verbe. Empr. des mots lat. *protestari* « déclarer publiquement », *protestatio* (créé à basse ép.). — Dér. : **protestant,** d'après l'all. *Protestant*, nom qu'on donnait aux partisans de Luther, parce qu'en 1529, à l'issue de la diète de Spire, ils protestèrent publiquement d'appeler du décret de l'Empereur, à un Concile général ; en fr., le mot a été dit par rapport aux protestants de France, dès 1546, mais il reste rare jusqu'au XVIIe s. ; de là **protestantisme,** 1623 ; **protestataire,** 1869, usuel surtout en parlant des députés qui protestèrent contre l'annexion de l'Alsace-Lorraine en 1871 ; **protêt,** 1479, au sens de « déclaration », d'où le sens commercial, depuis 1630.

PROTHÈSE, terme médical, 1695, attesté de 1765 jusque vers 1870 aussi sous la forme *prosthèse* (conservée uniquement au sens de « addition d'un son, d'une lettre au commencement d'un mot ») ; du grec *prosthesis* « action d'ajouter, de mettre devant ». Celui-ci a été souvent confondu avec *prothesis* « proposition », dès le lat. du Bas-Empire dans lequel les deux subst. avaient passé. En fr. la forme sans *s* a fini par l'emporter, sous l'influence des nombreux mots commençant par *pro-*, dans lesquels ce préfixe a le sens de « pour ». — Dér. : **prothétique,** 1869.

PROTOCOLE, 1335 *(Ceste cedulle ou protocolle) ;* au moyen âge et jusqu'au début du XVIIe s. signifie « minute de contrat » et « registre de minutes notariés », désigne en outre des formulaires divers (sens encore conservé) ; ceux de « procès-verbal d'une conférence diplomatique » et de « formulaire de l'étiquette des cérémonies officielles », d'où « l'étiquette elle-même » sont du XIXe s. Empr. du lat. jurid. médiéval *protocollum*, issu de *protocollum* qui désigne dans le Code Justinien une feuille collée aux chartes, etc., portant diverses indications qui les authentiquent (du grec de la version grecque de ce code *prôtókollon*, propr. « ce qui est collé en premier »). — Dér. : **protocolaire,** fin XIXe.

PROTON, vers 1940. Empr. du grec *prôton* « la première chose ». Introduit en anglais par Rutherford (vers 1920), en franç. par les physiciens Langevin et de Broglie.

PROTONOTAIRE, vers 1390. Empr. du lat. eccl. *protonotarius.*

PROTUBÉRANT, XVIe (Paré). Empr. du lat. *protuberans*, part. prés. du verbe de basse ép. *protuberare* « être protubérant » (de *tuber* « excroissance, tumeur »). — Dér. : **protubérance,** 1687 (aux XVIe et XVIIe s. *extubérance*).

PROU. Ne s'emploie plus que dans les locutions *peu ou prou, ni peu ni prou*, depuis le XVIIe s. Jusqu'à cette époque usuel au sens de « beaucoup, assez ». Emploi adverbial de l'anc. subst. *prou, preu* « profit, avantage » usuel jusqu'au XVe s., cf. la locution *bon prou vous fasse*, encore chez La Fontaine par archaïsme, lat. pop. *prōde*, v. **preux.** La forme *prou* de l'adv. est due à sa fonction souvent inaccentuée ; comme subst., *prou* est une forme de langue écrite, à moins que l'adv. *prou* ne se soit substitué à la forme régulière du subst. *preu. Prou*, adv., a complètement disparu des parlers septentrionaux, mais survit dans le Midi au sens d' « assez » et dans la Suisse romande au sens de « beaucoup ». Comme subst., au sens de « profit », conservé dans l'it. *pro(de)* et l'esp. *pro.*

PROUE, 1246 (écrit *proe*). Empr. de l'a. pr. *proa* ou du génois *prua*, issus tous deux, par dissimilation, du lat. *prora* (du grec *prôra*). Le fait que le premier texte, où *proue* est attesté, est un traité passé entre le roi de France et des armateurs génois, parle peut-être en faveur d'un emprunt au génois.

PROUESSE, v. **preux.**

PROUVER. Jusqu'au XVIe s. signifie aussi « mettre à l'épreuve », surtout au part. passé. Lat. *probāre*, propr. « mettre à l'épreuve », d'où « approuver, faire approuver, prouver ». It. *provare*, esp. *probar.* — Dér. : **preuve,** XIIIe, de même it. *prova*, esp. *prueba ;* **prouvable,** XIIIe *(Rose) ;* **éprouver,** 1080 *(Roland)*, d'où **épreuve,** XIIe, **contre-épreuve,** 1676, **éprouvette,** 1534 ; **reprouver,** 1690.

PROVENDE, XIIe. Francisation, avec modification de la syllabe initiale d'après les mots commençant par *pro-*, du lat. eccl. *praebenda*, v. **prébende ;** a parfois le sens de « prébende » au moyen âge, mais, dès les premiers textes, apparaît avec le sens moderne, ce qui indique que le mot est devenu pop.

PROVENIR, XIIIe ; d'abord « se produire », d'où « venir de », 1460. Empr. du lat. *provenire* au sens de « naître, se produire ». — Dér. : **provenance,** 1801, comme terme de commerce.

PROVERBE, XIIe. **Proverbial,** 1566. Empr. du lat. *proverbium, proverbialis.*

PROVIDENCE, XIIe ; rare au sens moderne avant le XVIIe s. Empr. du lat. eccl. *providentia*, qui avait déjà un sens analogue dans la langue du paganisme ; au moyen âge et jusqu'au XVIIe s. a aussi le sens de « prévoyance », que *providentia* a en lat. class. ; d'autre part le moyen âge dit aussi *po(u)rveance*, dér. de *po(u)rveoir*, au sens de « prévoyance » et de « providence ». — Dér. : **providentiel,** vers 1792, d'après l'angl. *providential.*

PROVIN. Jusqu'au XVIe s. *provain.* Lat. *propāginem*, acc. de *propāgō* (cf. le verbe *propāgāre*, propr. « provigner », v. **propager**). — Dér. : **provigner,** XIIIe (sous la forme *prooignier*), d'où **provignement,** 1538.

PROVINCE, vers 1170 ; peu usuel avant le XVe s. **Provincial,** XIIIe, *id.* Empr. du lat. *provincia, provincialis ; provincia* s'emploie au moyen âge surtout au sens de « circonscription ecclésiastique » ; *provincia* (et, par suite, *province*) n'a servi à désigner une division administrative que depuis la seconde moitié du XIVe s. et surtout à partir du XVIe, d'où les sens modernes ; *provincial* a suivi le développement du sens de *province. Provincia*, terme d'administration romaine, survit dans le nom de *la Provence.* — Dér. de l'adj. : **provincialisme,** 1779.

PROVISEUR, 1807, au sens moderne, v. **lycée.** Antér. en parlant d'administrateurs de collèges et surtout de la Sorbonne ; au moyen âge, depuis le XIVe s., signifie aussi « administrateur (en général), fournisseur ». Empr. du lat. *provisor* « celui qui pourvoit à » (v. le suiv.). — Dér. : **provisorat,** 1835, d'après le lat. *provisor.*

PROVISION, XIVe (Oresme) au sens de « quantité de choses nécessaires et amassées par prévoyance », ce qui est un des sens modernes. Empr. du lat. *provisio* (de *providere* « prévoir, pourvoir »), propr. « prévoyance, action de pourvoir » (sens fréquents au moyen âge, et jusqu'au XVIe s., notamment dans des textes jurid. et administratifs, cf. la formule fréquente *la provision et défense du royaume*) d'où, à basse ép., « approvisionnement ». Le sens jurid. moderne, attesté dès la fin du XVe s. par le dér. *provisionnel* (d'où, depuis le XVIIe, « somme versée d'avance à un avoué », etc.), paraît s'être développé en fr. d'après le sens de « prévoyance ». — Dér. : **approvisionner,** vers 1500, d'où **approvisionnement,** 1636.

PROVISOIRE, 1499. Dér. sav. du lat. *provisus*, part. passé de *providere*, v. le préc., sur le modèle des nombreux adj. jurid. en *-oire.*

PROVOQUER, XIIe ; **provocateur,** 1501 ; **provocation,** XIVe, au sens d' « action d'exciter à » ; au XVIe s. au sens d' « action de défier » ; se trouve aussi vers le XIIIe s. au sens d' « appel ». Empr. du lat. *provocare*, propr. « appeler », d'où « défier, exciter (avec un complément de chose)», *provocator*, *provocatio* « appel (en justice), défi ».

PROXÉNÈTE, 1521. Empr. du lat. *proxeneta*, propr. « courtier » dans un sens non défavorable (qu'on trouve empr. au XVIe s.), d'où « entremetteur » (du grec de basse ép. *proxenêtês* « médiateur »). — Dér. : **proxénétisme,** 1842.

PROXIMITÉ, XIVe. Empr. du lat. *proximitas* (de *proximus* « proche »). L'a. fr. *proismeté*, dér. de *proisme*, lat. *proximus*, ne s'employait que comme terme jurid. au sens de « parenté », sens qu'a eu aussi *proximité* du XVe au XVIe s., comme le mot latin.

PRUDE, PRUDERIE, v. **preux.**

PRUDENT, vers 1090. **Prudence,** XIIIe. Empr. du lat. *prudens* « sage, prévoyant », *prudentia*, d'où le sens plus partic. du fr. *Avoir la prudence du serpent*, 1670 (Molière), se dit par allusion à la subtilité attribuée par la Bible au serpent qui séduit Ève, cf. *Genèse*, III, 1.

PRUD'HOMME, v. **preux.**

PRUDHOMMESQUE, 1848 (Balzac). Dér. de *Joseph Prudhomme*, nom d'un personnage créé par H. Monnier (1830), qui représente un bourgeois satisfait, débitant sur un ton solennel des banalités et des sottises.

PRUNE. Lat. pop. *prūna*, neutre pl. pris comme subst. fém. sing., du lat. class. *prūnum* ; cf. **poire.** It. *pruna* ; les parlers gallo-romans du Nord et de l'Est ont des formes se rattachant au lat. de basse ép. *bulluca* « prunelle », d'origine préceltique, cf. aussi **beloce** « petite prune sauvage », XIIIe (J. de Meung ; au XIIe, *buloce*). — Dér. : **pruneau,** 1507 ; **prunelle,** XIIe, déjà au fig., d'où **prunellier,** XVe ; **prunier,** XIIIe, **prunelaie,** 1690.

PRURIGO, 1825. Empr. du lat. *prurigo* « démangeaison », v. le suiv.

PRURIT, 1271. Empr. du lat. *pruritus* (de *prurire* « démanger »).

PRUSSIQUE (acide), 1787 ; **prussiate,** *id.* Dér. de *Prusse* dans *bleu de Prusse*, 1723 (Savary) et de *Prussia*, forme latinisée de *Prusse* ; ainsi nommé parce qu'il fut trouvé au début du XVIIIe s. par le chimiste all. Diesbach (la découverte est ordinairement attribuée au chimiste all. Dippel). On l'a appelé aussi *bleu de Berlin* (Savary l'indique comme importé de Berlin).

PRYTANÉE, 1579, comme terme d'antiquité grecque ; pris au sens fig. au XVIIe s., puis, sous la Ire République, au sens moderne d' « école d'éducation instituée pour des fils de militaires ». Empr. du grec *prytaneion* « édifice où se réunissaient les magistrats dits prytanes et où ils étaient nourris aux frais de l'État pendant la durée de leur charge ».

PSALMODIE, XIIe. Empr. du lat. eccl. *psalmodia* (grec *psalmôidia*), v. le suiv. ; sens fig., 1803. — Dér. : **psalmodier,** 1406, sens fig. 1674 (Boileau).

PSALTÉRION, terme d'antiquité, XIIIe (Rose). Empr. du lat. *psalterium* (du grec *psaltêrion*).

PSAUME, 1377 ; au moyen âge surtout *saume ;* au XVIe s. on dit aussi *salme ;* **psautier,** XIIe ; au moyen âge surtout *sautier ;* **psalmiste,** XIIe. Empr. du lat. eccl. *psalmus* (du grec *psalmos*, propr. « air joué sur le psaltérion », de *psallein*, « faire vibrer les cordes d'un instrument de musique »), *psalmista*, *psalterium* (tiré de *psalterium* « psaltérion », v. le préc.), *psalmista.*

PSEUDO-. Premier élément de mots sav. comp. tels que **pseudo-science,** 1869, tiré du grec *pseudos* « mensonge », ou de mots empr., tels que **pseudonyme,** 1690.

PSITTACISME, 1869 (une 1re fois en 1704 chez Leibniz). Dér. du lat. *psittacus* (grec *psittakos*) « perroquet ».

PSORE, 1765 ; d'abord *psora* depuis le XVIe s. (Paré). Empr. du lat. *psora* (du grec *psôra* « gale »). **Psoriasis,** 1868 (*psoriase*, dès 1830), nom d'une affection cutanée, est empr. du grec médical *psôriasis*, de la famille de *psôra.*

PSYCH(O)-. Premier élément de mots sav., tiré du grec *psykhê* « âme », ou de mots empr., ainsi **psychose,** 1869 ; **psychanalyse,** 1923 (adapté de l'all. *Psychoanalyse*, de Freud). V. aussi les suiv.

PSYCHÉ, 1812, au sens de « grande glace mobile ». Tiré de *Psyché*, nom d'une jeune fille de la mythologie, qui épousa Érôs ; dit ainsi parce que la femme qui se voit dans cette glace s'y voit belle comme Psyché.

PSYCHIATRE, 1802. Comp. avec les mots grecs *psykhê* « âme » et *iatros* « médecin ». — Dér. : **psychiatrie,** 1842.

PSYCHIQUE, 1808; au XVIe et au XVIIe s. (depuis 1557) les *psychiques* au sens de « matérialistes », d'après Tertullien. Empr. du grec *psykhikos* (de *psykhê* « âme »).

PSYCHOLOGIE, 1698 ; au XVIe et au XVIIe s. sens différent ; cf. en 1600, *psichologie ou traité de l'apparition des esprits*. Empr. du lat. *psychologia*, créé au XVIe s. par Mélanchton (1497-1560) avec le grec *psykhê* « âme » sur le modèle des noms de sciences en *-logia*. — Dér. : **psychologique,** 1795 ; v. **moment ; psychologue,** 1760 (Bonnet).

PTÉR(O)-. Premier élément de mots sav. comp., tels que **ptérodactyle,** 1825, tiré du grec *pteron* « aile ».

PTOMAÏNE, fin XIXe. Empr. de l'it. *ptomaina*, fait en 1878 par Selmi sur le grec *ptôma* « cadavre ».

PUBÈRE, 1488 ; **puberté,** XIVe s. Empr. du lat. *puber*, *pubertas*, v. le suiv.

PUBIS, 1534. Empr. du lat. *pubis*, autre forme de *pubes*, propr. « poil follet », d'où « os pubis » (près de la région qui se couvre de poils au moment de la puberté »). — Dér. : **pubien,** 1796.

PUBLIC, 1311 ; jusqu'au XVIe s. *publique* est des deux genres ; subst. pour désigner le peuple en général depuis le XVIe, puis ceux qui assistent à un spectacle depuis le XVIIIe s. **Publier,** XIIe (Chrétien) ; au moyen âge on a souvent la forme *puplier* (d'après *peuple*). Empr. du lat. *publicus*, *publicare*. *La chose publique*, depuis le début du XVe s., est un calque du lat. *res publica*. — Dér. du premier : **publiciste,** 1748 « qui écrit sur le droit public » ; aujourd'hui « journaliste » depuis 1789 ; **publicité,** 1694 (« Se dit d'un crime commis à la vue de tous ») ; sens plus étendus depuis le XVIIIe s. Dér. du deuxième : **publication,** XIVe, d'après le verbe lat. *publicare ;* rare avant le XVIIe s. ; le lat. *publicatio* ne signifie que « confiscation » ; **impubliable,** 1907 (une 1re fois chez Montaigne).

PUBLICAIN, XIIe ; au moyen âge uniquement dans des textes religieux. Empr. du lat. *publicanus* « fermier d'impôts », fréquent dans les Évangiles, cf. Luc, 18 et 19, etc.

PUCE. Lat. *pūlicem*, acc. de *pūlex*. Conservé partout : it. *pulce*, esp. *pulga*, sauf dans la région orientale du Midi qui dit aujourd'hui *negro*, *nero*, etc., « noire ». La locution *mettre la puce à l'oreille* est déjà dans *Fauvel* (en 1316). — Dér. : **puceron,** XIIIe ; **épucer,** 1564.

PUCELLE *(Eulalie : pulcella)*. Lat. pop. **pūllicella* (cf. *pulicella* dans les Lois Barbares, au VIe s.), dimin. de *pulla* « jeune d'un animal », v. **poule,** avec altération de *ŭ* en *ū* sous l'influence du lat. *pūtus* « garçon ». It. *pulcella*, a. pr. *piussela*. — Dér. : **puceau,** XIIIe ; **pucelage,** XIIe ; **dépuceler,** XIIe, d'où **-eur,** 1580.

PUDDING, 1678 ; écrit aussi *pouding*, jusqu'au XIXe s., dans des ouvrages traitant de l'Angleterre. Empr. de l'angl. *pudding*. On dit aussi **plum-pudding** (de *plum* « raisin sec »), 1756 (Voltaire) ; v. **poudingue.**

PUDDLER, 1834. Empr. de l'angl. *to puddle*, propr. « humecter, rouler, etc. ». — Dér. : **puddlage,** 1827 ; **puddleur,** 1859.

PUDENDA, 1845 (*-um* en 1765). Empr. du lat. *pudenda*, littéral. « ce dont on doit avoir honte » (de *pudere*, v. les suiv.).

PUDEUR, 1542 ; **pudibond,** 1488 ; une première fois au XIVe s., **pudique,** XIVe (d'après l'adv. **-ment**). Empr. du lat. *pudor*, *pudibundus*, *pudicus*. — Dér. du deuxième : **pudibonderie,** 1875. Dér. du troisième : **pudicité,** 1417 ; v. **impudique.** Comp. du premier : **impudeur,** 1789 (en 1794, J. de Maistre, en l'employant, ajoute : *pour me servir d'un mot à la mode ;* une 1re fois en 1659).

PUER. A remplacé au XVIIe s. (se rencontre déjà auparavant, mais rarement) la forme usuelle au moyen âge *puir*, lat. pop. **pūtīre*, lat. class. *pūtēre ; puir* est rare aujourd'hui dans les parlers septentrionaux, mais le type est encore usuel dans le Sud-Ouest (a. pr. *pudir*). It. *putire*. — Dér. : **puanteur,** XIVe, dér. du part. prés. *puant ;* d'où aussi **empuantir,** 1495, **empuantissement,** 1636.

PUÉRICULTURE, 1869. Comp. avec le lat. *puer* « enfant », sur le modèle des nombreux mots en *-culture*.

PUÉRIL, vers 1460 ; a signifié souvent « d'enfant », sens peu usité aujourd'hui ; **puérilité,** 1394 ; a eu le sens d' « enfance », encore usité au XVIe s. Empr. des mots lat. *puerilis*, *puerilitas*, qui ont les deux sens du fr., v. le préc.

PUERPÉRALE *(fièvre)*, 1783. Dér. sav. du lat. *puerpera* « femme en couches » (de *parere* « enfanter »). Le mot a été formé d'abord en anglais (1768).

PUGILAT, 1570. Empr. du lat. *pugilatus* (de *pugilari* « combattre à coups de poing »). — Dér. : **pugiliste,** 1789, d'après le lat. *pugil* « athlète pour le pugilat ».

PUÎNÉ, v. **naître.**

PUIS. Lat. pop. **postius*, réfection de *post*, *postea* d'après *melius*, cf. aussi l'a. fr. *ainz* « avant », lat. pop. **antius*, v. **aîné.** A. pr. *pois*. *Postea* survit dans l'it. *poscia* « après » et l'a. pr. *poissas*. — Comp. : **depuis,** XIIe ; **puisque,** *id. ;* pour la prononciation, v. **jusque.**

PUISQUE, v. **puis.**

PUISSANCE, PUISSANT, v. **pouvoir.**

PUITS. Lat. *puteus*. La voyelle du fr. est due à un développement anormal, propre au fr. ; cette particularité s'explique probabl. par l'influence du francique **putti*, restitué d'après l'anc. haut all. *putti* (d'où all. *Pfülze* « mare, bourbier »), le mot germanique étant lui-même empr. du lat. ; *puits* serait ainsi un exemple de ces formes hybrides dues au bilinguisme de la France du Nord après l'invasion des Francs. — Dér. : **puisard,** 1690 ; **puisatier,** 1845 ; **puiser,** vers 1120, **puisage,** 1466, **puiseur,** vers 1220, **épuiser,** vers 1120, **épuisable,** 1355 (Bersuire), **inépuisable,** vers 1470, **épuisement,** 1347, **épuisette,** 1709.

PULLMAN, 1892, d'abord *pullman-car*, 1873 ; empr. de l'angl. *pullman*, abréviation de *pullman-car*, du nom de l'ingénieur américain *Pullman*, qui inventa ce type de wagon vers 1870.

PULL-OVER, 1925. Nom d'un vêtement d'homme, sorte de gilet à manches se passant par la tête, empr. d'un mot angl. formé avec le verbe *to pull over* « tirer par-dessus (la tête) ».

PULLULER, 1320 ; **pullulation,** 1555. Empr. du lat. *pullulare* (de *pullulus* « jeune animal ») et du dér. de basse ép. *pullulatio*.

PULMONAIRE, 1572. Empr. du lat. *pulmonarius* (de *pulmo* « poumon ») ; en 1555, employé comme nom de plante.

PULMONIQUE, XVIe (Paré), usité partic. au sens de « poitrinaire » du XVIIe au début du XIXe s. Dér. sav. du lat. *pulmo, -onis* « poumon ».

PULPE, 1503 ; en outre *poulpe*, 1359. Empr. du lat. *pulpa*. — Dér. : **pulpeux,** 1539 (sous la forme *poulpeux*).

PULSATION, XIVe. Empr. du lat. *pulsatio*, propr. « action de pousser *(pulsare)* ».

PULTACÉE, dans *angine pultacée*, littéral. « qui a l'aspect de la bouillie », 1836 (autre sens dès 1790). Dér. sav. du lat. *puls, pultis* « bouillie ».

PULVÉRISER, XIVe. Empr. du lat. de basse ép. *pulverizare* (de *pulvis, pulveris* « poussière »). — Dér. : **pulvérisateur,** 1869 ; **pulvérisation,** 1390.

PULVÉRULENT, 1773. Empr. du lat. *pulverulentus*, v. le préc.

PUMA, 1633. Ce mot quechua est entré en fr. par l'intermédiaire de l'esp.

PUNAISE, XIIIe. Fém. de l'anc. adj. *punais* « qui sent mauvais du nez », encore dans les patois, lat. pop. **pūtināsius* (comp. de **pūtīre*, v. **puer,** et de *nāsus* « nez »), probabl. sur le modèle du lat. de basse ép. *nāripūtens* ; a. pr. *putnais*. Le lat. class. *cīmex* n'a survécu dans le domaine galloroman que dans l'a. pr. *cimia*, et des formes modernes du Midi ; cf. it. *cimice*, esp. *chinche* (v. **chinchilla**).

PUNCH, 1673 ; aussi *de la ponche*, 1688 et *belle ponche* (qui paraît être une altération de *bolleponge*), 1653 : « Mot anglais qui signifie la boisson dont les Anglais usent aux Indes » ; en outre *bonne ponche*, 1701, *bonne ponse*, 1705. Empr. de l'angl. *punch*, qui passe lui-même pour être empr. de l'hindoustani *pânch* « cinq », et être ainsi nommé à cause des ingrédients qui composaient alors cette liqueur (d'après l'indication, peu sûre du reste, de Fryer, voyageur anglais, en 1673) : arak, jus de citron, épices et eau.

PUNIR. Lat. *pūnīre*. It. *punire*, esp. *punir*. — Dér. : **punissable,** 1364 ; **punisseur,** 1356 (Bersuire).

PUNITION, 1250. Empr. du lat. *punitio*.

PUPAZZI, 1852. Empr. de l'it. *pupazzi*, plur. de *pupazzo* « poupée », de la famille de *poupon, poupée*.

PUPILLE, terme de droit, 1334 ; **pupillaire,** *id.*, 1409 (d'où **-arité,** 1398). Empr. du lat. *pupillus* « enfant qui n'a plus ses parents, mineur » (de *pupus*, v. **poupard**), *pupillaris*.

PUPILLE, prunelle de l'œil, 1314. Empr. du lat. *pupilla*, fém. de *pupillus* « petit enfant », v. le préc. ; cette dénomination, dont on retrouve l'analogue dans d'autres langues, cf. entre autres le grec *korê* « jeune fille », d'où « pupille », est expliquée comme désignant la petite figure qui se reflète dans la prunelle. — Dér. : **pupillaire,** 1727.

PUPITRE, 1357 (*pepistre* ; en outre *pulpitre* au XVIe s., *poulpite* au XVe). Empr. du lat. *pulpitum* « estrade, tréteau, pupitre ».

PUR. Lat. *pūrus*. It. esp. *puro*. — Dér. : **pureté,** 1324, réfection de l'a. fr. *purté*, lat. de basse ép. *pūritās*, d'où aussi a. pr. *purdat*, etc. ; **puriste,** 1625 (déjà dans un sens moral et religieux, en 1586), **purisme,** 1704 ; **apurer,** XIIe (d'abord au sens de « purifier »), d'où **apurement,** 1388, au sens moderne ; **épurer,** XIIIe, d'où **épuration,** 1611, **épure,** 1676.

PURÉE, 1210. Dér. de l'anc. verbe *purer*, propr. « purifier, nettoyer », lat. de basse ép. *pūrāre* (de *pūrus*, v. le préc.), d'où le sens partic. de « presser des fruits, des légumes pour en exprimer la pulpe », usité encore aujourd'hui dans les parlers du Centre, et celui de « couler, s'égoutter », en normand. *Purer* paraît aussi avoir été influencé dans son sens, vers le XVIe s., par rapprochement avec *suppurer*. De *purée*, pris au sens de « manque d'argent », le fr. pop. a dérivé, fin XIXe s., *purotin*, avec la même finale que *calotin* et de nombreux noms propres comme *Ragotin*, etc.

PURGATIF, 1325, au sens moderne. **Purgation,** XVIIe. Empr. du lat. médical *purgativus, purgatio* (de *purgare*, v. le suiv.). Ont été employés dans des sens moraux d'après le verbe *purger* et le lat. *purgatio* dès le XIIe s. *Purgation* a servi en outre à traduire le grec *katharsis* « purification » qu'Aristote a employé dans sa théorie de la « purgation des passions », depuis le XVIIe s. (chez Corneille ; une première fois chez Oresme, au XIVe, d'après les traductions latines d'Aristote, v. **anarchie**).

PURGATOIRE, XIIe. Empr. du lat. eccl. *purgatorium*, v. le suiv.

PURGER. Lat. *pūrgāre*, propr. « nettoyer », d'où spécial., comme terme de médecine, « purger ». It. *purgare*, esp. *purgar*. — Dér. : **purge,** XVIIe, au sens moderne ; XIVe, terme jurid. ; **purgeur,** 1869, terme techn.

PURIFIER, XIIe ; **purification,** *id.*, en parlant de la fête de la Purification ; au sens d' « action de purifier », XIVe. Empr. des mots lat. *purificare*, *purificatio*, qui ont un sens moral surtout dans le lat. eccl. — Dér. du verbe : **purificateur,** 1869, déjà créé au XVIe s.

PURIN, 1842. Mot dialectal, dér. du verbe *purer* au sens de « s'écouler, dégoutter » (sens qui se rattache à celui de « presser des fruits, etc. », v. **purée**), avec d'autres suffixes déjà anciennement, cf. *puriel* à Lille (1360), *pureau* à Tournai (1457), encore en picard, en outre ang. *purot*. Le latin ne paraît pas avoir transmis de terme spécial pour cette notion rurale, de là la grande variété des mots en galloroman ; toutefois le mot lat. *lōtium* « urine » survit dans des dérivés en lorrain, en franc-comtois et dans la Suisse romande.

PURITAIN, 1562 (Ronsard) ; au sens figuré 1812. Empr. de l'angl. *puritan* (de *purity* « pureté »), nom qu'ont pris au XVIe s. des protestants calvinistes d'Angleterre et d'Écosse, qui prétendaient être plus fidèles à la doctrine de l'Écriture que les autres presbytériens. Sens plus étendu vers la fin du XVIIIe. — Dér. : **puritanisme,** 1691.

PURPURIN, 1503. Réfection, d'après le lat. *purpura* (v. **pourpre**), de l'anc. adj. *po(u)rprin*, encore chez Ronsard.

PUS, 1606. **Purulent,** 1542 ; **purulence,** 1555. Empr. du lat. *pus*, *puris*, et des dér. *purulentus*, *purulentia* (créé à basse ép.).

PUSILLANIME, XIIIe ; **pusillanimité,** XIVe. Empr. du lat. de basse ép. *pusillanimis* (tiré de *pusillus animus* « esprit étroit », attesté chez Cicéron), *pusillanimitas*.

PUSTULE, 1314 ; **pustuleux,** 1549. Empr. du lat. *pustula*, *pustulosus*.

PUTAIN, XIIe. Ancien cas régime en *-ain* (v. **nonnain**) de l'a. fr. *pute*, encore dans les dialectes, fém. de l'adj. *put*, propr. « puant », d'où « sale, mauvais, etc. » (aujourd'hui usité dans les parlers de l'Est au sens de « laid »), lat. *pūtidus* (de *pūtēre*, v. **puer**) ; cf. de même a. pr. *put* « mauvais » et *puta*, *putan(a)* « putain » (d'où l'it. *puttana* et l'esp. *puta*). Aujourd'hui on dit aussi **pute** d'après le prov. moderne *puto*.

PUTASSER, XVe. Dér. de l'a. fr. *pute*, v. **putain,** — Dér. : **putasserie.** XVIe ; **putassier,** 1549.

PUTATIF, XIVe (E. Deschamps). Empr. du lat. jurid. du moyen âge *putativus* (de *putare* « compter, estimer ») ; ce mot existe déjà en lat. de basse ép., mais au sens d' « imaginaire ».

PUTOIS, vers 1170. Dér. de l'anc. adj. *put* au sens de « puant », v. **putain.**

PUTRÉFIER, 1482 ; **putréfaction,** XIVe. Empr. du lat. *putrefacere* (de *putris* « pourri »), avec francisation d'après les nombreux verbes en *-fier*, et du dér. de basse ép. *putrefactio*.

PUTRESCIBLE, 1764 (Bonnet) ; une première fois au XVIe s. **Putride,** 1314. Empr. des mots lat. *putrescibilis* (créé à basse ép.), *putridus* (de *putris* « pourri », v. le préc.). — Dér. du premier : **imputrescible,** 1802 ; formé une première fois d'après l'adj. lat. au XIVe s. ; d'où **-bilité,** 1859.

PUTSCH, vers 1925. Mot all., de formation expressive, qui désigne une tentative de coup d'État ; ne s'emploie qu'à propos de l'Allemagne ou d'un pays de langue allemande, l'Autriche.

PUZZLE, 1909. Empr. de l'angl. *puzzle* (tiré d'un verbe signifiant « embarrasser »). « sorte de jeu de patience » ; au sens fig. de « rébus, devinette », 1913 (Maeterlinck).

PUY. Terme de géographie, choisi pour désigner des montagnes de formation analogue aux puys d'Auvergne, XIXe. Usuel en a. fr. au sens de « hauteur, montagne, etc. », lat. *podium* « tertre, monticule », propr. « support, piédestal » (du grec *podion*) ; d'où aussi it. *poggio* « coteau, tertre », a. pr. *poi*, *pog* (lire *-dj*) « colline », v. **appuyer.**

PYGMÉE, 1488 ; au moyen âge *pimain* et *pymeau*. Empr. du lat. *Pygmaeus* (du grec *Pygmaios*), nom d'un peuple fabuleux de nains que les Grecs plaçaient en Éthiopie ou en d'autres contrées ; sens fig. 1588 (Montaigne).

PYJAMA, 1837. Empr. de l'angl. *pyjam(m)as*, empr. lui-même au XIXe s. de l'hindoustani *pâê-jâma* « vêtement *(jâma)* de jambes *(pâê)* ».

PYLÔNE, 1823, en parlant des pylônes des temples égyptiens. Empr. du grec *pylôn* « portail, vestibule de temple » (de *pylê* « porte »).

PYLORE, XVIe (Paré). Empr. du lat. médical *pylorus* (du grec médical *pylôros*, propr. « portier, qui garde la porte », de *pylê* « porte » et *ôra* « soin, garde »).

PYORRHÉE, 1810. Comp. du grec *pyon* « pus » et *rhein* « couler ».

PYR(O)-. Premier élément de mots sav. comp. tels que **pyrotechnie,** 1556, tiré du grec *pyr* « feu », ou de mots empr., tels que **pyrophore,** 1753.

PYRAMIDE, XIIe ; **pyramidal,** 1507. Empr. du lat. *pyramis*, *-idis*, « monument égyptien » et « figure géométrique » (mot pris au grec) et du dér. de basse ép. *pyramidalis*.

PYRÈTHRE, vers 1100. Empr. du lat. *pyrethrum* (du grec *pyrethron*).

PYRITE, XIIe. Empr. du lat. *pyrites*, masc. (du grec *pyritès* (sous-entendu *lithos*) « (pierre) de feu »).

PYRRHONISME, 1596. Dér. de *Pyrrhon*, nom d'un philosophe grec sceptique du IVe s. avant J.-C.

PYTHON, 1803, nom d'une sorte de serpent. Tiré de *Python*, empr. du lat. *Python* (du grec *Pythôn*), nom d'un serpent monstrueux tué par Apollon près de Delphes.

PYTHONISSE, XVIe ; une première fois *phitonise* au XIVe s., dans les *Grandes Chroniques*. Empr. du lat. de la Vulgate *pythonissa*, cf. Samuel, I, 28, 7, dér. du grec *Pythôn*, cf. pour le sens de cette dérivation l'emploi de *Pythôn* au sens d' « inspiré par Apollon Pythien » (v. le préc.) dans le Nouveau Testament, cf. *Apôtres*, 16, 16. Sens fig. dès le XVIIe s. (La Fontaine, *Fables*, VII, 15).

Q

QUADRAGÉNAIRE, 1569. Empr. du lat. *quadragenarius.*

QUADRAGÉSIME, 1680, au sens actuel ; du XIVe au XVIIe s. « carême ». **Quadragésimal,** vers 1500. Empr. du lat. eccl. *quadragesima* « carême » ; et du dér. *quadragesimalis*, v. **carême.**

QUADRATURE, 1407. Empr. du lat. *quadratura* (de *quadrare* « rendre carré »).

QUADR(I)-. Premier élément de mots empr. au lat., tels que **quadrilatère,** 1554 (d'où **-ral,** 1556), où il est issu de *quadr-*, forme que *quattuor* prend dans les comp., ou de mots faits sur leur modèle, tels que **quadrijumeaux,** 1753.

QUADRIENNAL, 1663. Empr. du lat. de basse ép. *quadriennalis.*

QUADRIGE, 1667. Empr. du lat. *quadrigæ*, mot plur.

QUADRILLE, « petite troupe de soldats à cheval (env. 25, le quart d'une centaine) », Brantôme. Empr. de l'esp. *cuadrilla*, de même sens ; de là « troupe de cavaliers évoluant dans un carrousel » (dp. 1679), ensuite « un des quatre groupes d'une contredanse » (1740, à partir de cette date masc.), enfin « esp. de contredanse », 1781. L'it. *quadriglia* est aussi empr. de l'esp.

QUADRILLON, v. **mille.**

QUADRUMANE, XVIIIe (Buffon). Comp. avec le lat. *manus* « main » sur le modèle du suiv.

QUADRUPÈDE, 1495. Empr. du lat. *quadrupes, -pedis.*

QUADRUPLE, XIIIe ; **quadrupler,** 1493. Empr. du lat. *quadruplus* (ou *quadruplex*), *quadruplare.*

QUAI, 1167, d'après le lat. médiéval *caiagium* qui est un calque de **quayage.** Forme normande, qui représente un gaulois *caio-*, attesté par une glose et appuyé par l'anc. irlandais *cai* « maison », gallois *cae* « haie », vieux breton *cai* « *id.* ». V. **chai.**

QUAKER, 1657. Mot angl. signifiant propr. « trembleur » (de *to quake* « trembler »), dit ainsi parce que les quakers sont pris d'une sorte de tremblement, quand ils se sentent « possédés de l'esprit » ; on trouve aussi au XVIIe s. *trembleur*, par exemple chez Bossuet.

QUALIFIER, XVe ; **qualification,** 1431. Empr. du lat. scolastique *qualificare* (dér. de *qualis* « quel », d'après *qualitas*, v. **qualité**), *qualificatio.* Comme termes de sport *qualifier* et *qualification*, 1869, sont empr. de l'angl. *qualify, -ification*, eux-mêmes empr. du fr., au sens général. — Dér. : **qualificatif,** terme de grammaire, 1740 ; **inqualifiable,** 1836.

QUALITÉ, XIIe. Empr. du lat. philosophique (déjà pris dans un sens plus étendu en lat. class.) *qualitas*, mot tiré par Cicéron de *qualis* « quel » sur le modèle du grec *poiotês* (de *poios* « lequel »), « le fait d'être tel ou tel, d'avoir telle ou telle propriété », cf. les paroles de Cicéron dans les *Académiques :* « Qualitates igitur appellavi, quas ποιοτῆτας Graeci vocant, quod ipsum apud Græcos non est vulgi verbum, sed philosophorum ».

QUALITATIF, XVe (d'après l'adv. **-ivement**). Empr. du lat. scolastique *qualitativus.*

QUAND. Lat. *quando*, à la fois adv. interrogatif et conjonction ; cf. it. *quando*, esp. *cuando.*

QUANQUAM, v. **cancan.**

QUANT, adj. de quantité, v. **combien,** sous **bien.** — Dér. : **quantième,** 1487, une première fois au XIVe s.

QUANT, adv. Ne s'emploie plus que dans la locution *quant à*, qui a toujours été d'un emploi prépondérant ; d'où *quant-à-moi*, etc., pris substantivement, 1585. Lat. *quantum* « combien, autant que » (cf. *quantum ad Pirithoum* « quant à Pirithoüs » chez Ovide), neutre pris adverbialement de *quantus*, v. le préc. It. *quanto a*, esp. *(en) cuanto a.*

QUANTA, terme de physique, vers 1930, d'après la théorie des physiciens all. Planck et Heisenberg. **Quantum,** terme didactique, 1764 (Voltaire). Empr. des mots lat. *quanta, quantum*, neutre plur. et sing. de l'adj. *quantus* « combien grand ».

QUANTITÉ, XIIe ; signifie parfois « taille, stature » au moyen âge. Empr. du lat. *quantitas*, dér. de *quantus* « combien grand » (v. **quant**), d'après le grec *posotês* (dér. de *posos*), postér. à *qualitas*, v. **qualité,** et sur ce modèle. — Dér. : **quantitatif,** vers 1780 (Euler) ; une première fois en 1586.

QUARANTE. Lat. pop. *quārantā* (attesté notamment dans des inscriptions de la Gaule), lat. class. *quadrāgintā.* It. *quaranta*, esp. *cuarenta.* — Dér. : **quarantaine,** XIIe ; **quarantième,** XVe (*quarantisme*, XIIe-XVe), v. **centième.**

QUART. Au moyen âge est l'ordinal de *quatre ;* disparu, sauf dans des archaïsmes, depuis la fin du XVIe s., au profit de *quatrième*. Lat. *quartus*. It. *quarto*, esp. *cuarto*. — Dér. et Comp. : **quart,** *subst.*, XIVe ; **quartanier,** sanglier de quatre ans, vers 1600, dér. de *quart an ;* dans la langue de la vénerie, on disait *le quart an* d'un sanglier ; **quartaut,** 1280 ; issu de *quartal*, forme dialectale, probabl. de l'Est de Paris, attestée au moyen âge notamment dans la région franc-comtoise, au sens de « mesure de blé », etc., cf. aussi a. champ. *cartel*, a. pr. *cartal* « quart de muid, de setier » ; **quarte,** terme d'escrime, vers 1650, au moyen âge « mesure pour liquides » ; **quartier,** vers 1080 *(Roland) ;* les locutions figurées *donner*, *faire*, *demander quartier* viennent de l'emploi de *quartier* au sens de « lieu de retraite, de sûreté », peut-être issu lui-même de la langue de la vénerie où *quartier* désigne le lieu où le sanglier se tient ; d'où **quarteron,** « poids : quart d'un cent, etc. », 1244, **écarteler,** XIIe, issu d'**équarterer*, par dissimilation de l'*r* intervocalique, **écartèlement,** 1611 ; **écarquiller,** 1530, altération d'*écartiller*, par assimilation consonantique et sous l'influence de l'*i* suivant (ne vient pas d'*écarter*, qui avait à l'époque de la formation de ce verbe une signification tout autre), d'où **écarquillement,** 1572.

QUARTE, terme de musique, 1611. Empr. de l'it. *quarta*.

QUARTERON, « homme ou femme, nés de l'union d'un blanc et d'une mulâtresse, ou inversement », 1722. Empr. de l'esp. *cuarterón* (de *cuarto* « quart ») : « S'est dit ainsi parce qu'il *(le quarteron)* a un quart d'indien et trois d'espagnol. » En fr. d'abord *quarteroné*, 1721-1771, dû à la tentative de ranger le nouveau mot dans une catégorie morphologique française. V. **métis.**

QUARTETTE, v. **quintette.**

QUARTIER-MAÎTRE, 1637. Traduction de l'all. *Quartier-meister* formé lui-même de deux mots d'origine romane ; a désigné d'abord les maréchaux des logis des régiments de cavalerie étrangère ; en ce sens écrit aussi *quartier-mestre ;* appliqué d'abord à la marine, 1670.

QUARTZ, 1749 (Buffon). Empr. de l'all. *Quarz*. — Dér. : **quartzeux,** 1749, **quartzite,** 1830.

QUASI, *adv.*, XVe ; mais déjà fin Xe. Empr. du lat. *quasi*, propr. « comme si », d'où « presque ». Sert à faire des comp. — Dér. : **quasiment,** 1607.

QUASI, terme de boucherie, 1767. Étymologie inconnue.

QUATERNAIRE, 1488, comme terme d'arithmétique ; comme terme de géologie, fin XVIIIe. Empr. du lat. *quaternarius* (de *quaterni* « quatre à la fois »).

QUATORZE. Lat. *quattuordecim*, devenu **quattordecim* en lat. pop., v. **quatre.** — Dér. : **quatorzaine,** XIIIe ; **quatorzième,** XIVe (*quatorzime*, XIIe-XIVe).

QUATRE. Lat. *quattor*, attesté dans des inscriptions, lat. class. *quattor*. — Dér. : **quatrain,** XVIe (Marot) ; **quatrième,** XIVe, v. **quart.**

QUATUOR, 1722. Empr. du lat. *quatuor*, autre forme de *quattuor* « quatre ».

QUE, *pron.*, v. **qui.**

QUE, *conj.* It. *che*, esp. a. pr. *que*. Le lat. du Bas-Empire avait la tendance de simplifier le système des conjonctions, p. ex. il a laissé tomber peu à peu *ut*. La conj. favorite était *quod*, mais depuis le IVe s. *quia* s'étend de plus en plus au détriment de *quod*. Par la suite *quia* est simplifié de deux façons : *qui* devant voyelle, *qua* devant consonne. *Qua* vit sous la forme *ca* au moyen âge en Italie, en Sardaigne, en Espagne, et s'y est conservé dans beaucoup de dialectes. *Qui* vit surtout en gallo-roman, dans l'Italie centrale, mais aussi en ibéro-roman. Son fréquent usage l'affaiblit en *que* (bien attesté dans les textes dp. VIIIe s.), de sorte qu'il en vient phonétiquement à s'identifier avec le pron. relatif *quem* et même souvent à s'écrire *quem*. De là le fr. *que*, le toscan (d'où it.) *che*, cat. esp. port. *que*.

QUEL. Lat. *quālis*. It. *quale*, esp. *cual*. — Comp. : **lequel,** vers 1080 *(Roland) ;* **quellement,** vers 1260, *tellement quellement*, XIVe (Oresme) ; **quelque,** XIIe s., d'abord *quel* suivi d'un subst., plus *que*, relatif, cf. encore *en quel lieu que ce soit*, Molière, *Les Fâcheux*, III, I, et même chez Chateaubriand et Valéry et encore aujourd'hui, dans l'emploi attributif, avec le verbe *être*, *quelle que soit votre douleur*. En a. fr. on emploie quelquefois *quel que* sans verbe, ainsi... *les ont chaciez a quel que painne* « ils les ont chassés avec quelque peine que ce soit ». D'une contamination entre *quel peine que j'aie* et *a quel que peine* naît enfin l'expression concessive *quelque... que*, XIVe, et de là, fin XVe, *quelque*, employé indépendamment, comme pron. indéfini ; **quelquefois,** 1490 ; **quelqu'un,** XIVe.

QUELCONQUE, XIIe. Jusqu'au XVIe s., ordinairement relatif. Francisation du relatif lat. *qualiscumque*. On trouve parfois *quel ki onques*, *quel ke onkes*, qui paraissent être des formes refaites d'après le latin sur le modèle de celles qui sont à la base de *quiconque*.

QUÉMANDER, 1570 (écrit alors *queymander ;* cf. aussi *caimander*, *Académie*, 1694-1740). Dér. de l'a. fr. *caïmand*, 1393 (écrit aussi *caymant*, etc.), mot trisyllabique signifiant « mendiant », usuel jusqu'au XVIe s., encore dans les patois *(quémand) ;* origine inconnue. Aujourd'hui, dans le sentiment populaire, le verbe est rapproché de *demander*. — Dér. : **quémandeur,** 1740.

QUENELLE, 1750. Empr. de l'all. alsacien *Knödel* « boule de pâte ».

QUENOTTE, 1642. Mot dialectal, de Normandie ou d'une région voisine, dér. de l'a. fr. *cane* « dent », attesté aussi sous la forme *kenne* au sens de « joue », mot rare et disparu de bonne heure. Du francique **kinni* « mâchoire, joue », cf. all. *Kinn* « menton », angl. *chin*, « *id.* ».

QUENOUILLE ; parfois altéré en *queloigne* au moyen âge et dans les patois. Lat. de basse ép. *conuc(u)la (Loi Ripuaire)*, issu, par dissimilation du premier *l*, de *coluc(u)la*, élargissement pop. VIe s., du lat. class. *colus*. It. *conocchia*. L'all. *Kunkel* vient de la même forme latine. — Dér. : **quenouillée,** 1552.

QUERELLE, vers 1165. Au moyen âge, signifie surtout « contestation » ; d'où « débat » ; le sens de « plainte », sens propre du mot lat., est attesté jusqu'au XVIIe s., d'où celui de « cause d'une des parties (dans un procès) », puis le sens moderne, 1538 ; **quereller,** XIIe, au moyen âge « faire un procès », d'où « disputer quelque chose à quelqu'un », XVIe et début du XVIIe s. ; sens moderne, 1611. Empr. du lat. jurid. *querella* (forme moins usuelle que *querela*) « plainte en justice », en lat. class. propr. « plainte » (de *queri* « se plaindre ») et du lat. de basse ép. *querellare*. — Dér. et Comp. du verbe : **querelleur,** 1611 ; d'abord « celui qui fait un procès », XIIIe ; **entrequereller (s'),** 1568.

QUÉRIR. Ne s'emploie plus qu'à l'infinitif ; a été éliminé par *chercher*. Réfection, relevée au XVe s., de l'a. fr. *querre* (encore chez La Fontaine, par archaïsme), lat. *quærere*. It. *chiedere* « demander », esp. *querer* « vouloir, aimer ». V. **chercher.**

QUESTEUR, 1488, au sens lat. ; une première fois au XIVe s. ; **questure,** 1680, *id.* Empr. du lat. *quæstor*, *quæstura* ; pris pour désigner des membres d'assemblées législatives, chargés de surveiller l'emploi des fonds, etc., depuis le Corps Législatif (sous Napoléon Ier).

QUESTION, XIIe. Empr. du lat. *quæstio* « recherche » (de *quærere*, v. **quérir**), d'où, en lat. jurid., « enquête, litige (sens fréquent du XIIIe au XVIe s.) » et spécialement « torture ». Le sens de « demande à l'effet de s'informer de quelque chose », qui apparaît dès les premiers textes, est un développement du fr. — Dér. : **questionnaire,** 1845 ; déjà en 1533 et en 1555 ; **questionner,** XIIIe, rare avant le XVIIe s., d'où **questionneur,** 1554.

QUETCHE, 1807. De l'all. *quetsche*, autre forme de *Zwetschge* « grosse prune », Le mot vit surtout dans les parlers de l'Est ; c'est de là qu'il a pénétré en français, grâce au commerce de ces fruits.

QUÊTE, XIIe. Propr. « action de chercher », cf. encore *se mettre en quête* ; sens moderne, vers le XIVe s. Fém., pris substantiv., d'un part. passé, disparu avant les premiers textes, de l'anc. verbe *querre*, lat. *quæsitus*, v. aussi **enquête** ; cf. de même it. *chiesta*. — Dér. : **quêter,** XIIe, d'abord « aller chercher », jusqu'au XVIe s., rare après ; d'où **quêteur,** XIIIe, au sens de « celui qui cherche ».

QUEUE. Lat. *cōda*, autre forme de *cauda*. It. *coda*, esp. *cola (l* de *culo)*. — Dér. : **couard,** vers 1080 *(Roland)*, propr. « qui porte la queue basse » ; d'où **couardise,** *id.* ; **queuter,** 1765.

QUEUX, « pierre à aiguiser », v. **pierre.**

QUEUX, « cuisinier ». Ne s'emploie plus que par plaisanterie dans l'expression *maître queux* ; a désigné aussi une charge de la cour jusqu'à la Révolution. Lat. *coquus*. It. *cuoco*.

QUI, QUE, QUOI, relatifs et interrogatifs. *Qui* représente le lat. *quī* qui, dès le IVe s., a éliminé les formes du fém. et du neutre (sauf la forme accentuée *quid*) ; jusqu'au XVIIe s. *qui* s'emploie également comme interrogatif neutre, cf. « Qui fait l'oiseau ? », La Fontaine, *Fables*, II, 5. L'ancienne langue avait en outre conservé le datif *cuī* qui a été employé comme cas régime des deux pronoms jusqu'au XIIIe s. ; cette forme s'est conservée sous la graphie *qui*, due à une confusion de la prononciation *(cui* était d'abord prononcé différemment de *qui)*, pour le relatif après les prép., pour l'interrogatif dans tous ses emplois anc. : cf. « Qui as-tu vu ? A qui est cette maison ? ». *Que* représente l'acc. *quem*, qui a éliminé toutes les autres formes régimes du sing. et du plur., sauf *cui*. *Quoi* représente le lat. *quid*. It. *chi*, esp. *que*, *quien* (de *quem*). — Comp. du relatif : **quiconque,** XIIe ; issu de l'anc. comp. *qui qu'onque(s)* « qui jamais », à côté duquel on trouve *ki ki onques* et *qui unques* ; plus tard rapproché du lat. *quicumque*, de même sens, et par suite écrit en un seul mot et sans *s* adverbial. — Comp. de *quoi* ; **pourquoi,** XIe *(Alexis, por queit)*. **Quoique,** XIIe ; on trouve aussi *que que*, XIe-XIIIe s.

QUIA. S'emploie seulement dans les locutions *être, mettre, réduire à quia*, XVe. On distinguait, dans la philosophie aristotélicienne du bas moyen âge, la connaissance d'une chose d'après son essence et d'après sa cause *(scire quia* et *scire propter quid)* ; de là les expressions didactiques *demonstratio quia* et *demonstratio propter quid*, dont la première dénote une étape moins avancée de la connaissance. De l'école *quia* a passé au fr. parlé comme expression de la résignation, ainsi dans les Mistères. Les plus anciens passages de *quia* se trouvent tous dans des textes provenant d'un milieu ecclésiastique.

QUIBUS, XVe. Mot lat., ablatif plur. du relatif *qui* au sens de « au moyen desquelles choses », employé par plaisanterie dans les milieux parlant latin, au même sens que le fr. *avoir de quoi*.

QUICHE, 1845. Probabl. d'origine allemande.

QUICONQUE, v. **qui.**

QUIDAM, XIVe. Pron. lat. qui signifie « un certain » ; semble venir de la langue de la procédure, où on désignait ainsi dans des actes des personnes dont on ne connaissait pas ou dont on ne disait pas le nom.

QUIÉTISME, vers 1671 (Nicole) ; **quiétiste,** *id.* Dér. sav. du lat. *quietus* « tranquille » ou de l'adj. *quiet*, empr. de ce même mot. lat., XIIIe-début XVIIe, aussi Montaigne.

QUIÉTUDE, vers 1482 ; peu usuel avant le XVIIe s. Empr. du lat. de basse ép. *quietudo*.

QUIGNON, « gros morceau de pain », XIVe. Altération de *coignon*, dér. de *coin*, littéral. « morceau de pain en forme de coin ». Le gallo-roman présente divers autres dér. désignant un morceau, ainsi wallon *cougnet* « quignon », et même le mot simple fr. *coin de beurre*, XVIe-XIXe. D'autres dér. désignant des gâteaux : *coignel*, *cugneul*, *coignet*, *cuignot*, encore usités dans les parlers de l'Est, du Nord-Est et francoprovençaux pour désigner des gâteaux de Noël qui viennent du lat. *cuneolus* « petit coin ».

QUILLE, terme de jeu, XIIIe. Empr. de l'anc. haut all. *kegel* (conservé par l'all. moderne). — Dér. : **quiller,** 1330 ; **quillon,** 1570.

QUILLE, terme de marine, 1382. Aussi néerl. *kiel*, all. *Kiel*, mais ces deux mots ne sont attestés que depuis le XVIe s. et sont différents de moyen néerl. *kiel*, anc. haut all. *kiol*, anor. *kjóll*, qui désignent une esp. de grand bateau. Le néerl. *kiel* et l'all. *Kiel* sont empr. plutôt de l'angl. *keel*, attesté depuis 1352, et celui-ci vient, comme le fr. *quille*, du v. nor. *kilir*, plur. de *kjóllr* « quille de bateau » (le plur. s'explique par le fait qu'il faut joindre plusieurs poutres pour faire la quille).

QUINAUD, 1532 (Rab.). Étym. obscure.

QUINCAILLIER, 1428 (XVe-XIXe aussi *clincailler*). **Quincaillerie,** 1268. Dér. de *quincaille* « objets, ustensiles de fer, etc. », 1360 (XVIe-XIXe aussi *clincaille*) ; *quincaille*, peu usité aujourd'hui, dérive, avec chute de l'*l* de *cl* par assimilation des deux initiales syllabiques, du même radical onomatopéique que **clinquant.**

QUINCONCE, 1534 (Rab. : *arbres fruictiers en ordre quincunce*) ; la forme a été hésitante au XVIIe et au XVIIIe s., cf. notamment *quinconche* au XVIIe, qui paraît due à l'influence de l'it. *quinconce*. Empr. du lat. *quincunx*, propr. « pièce de monnaie valant cinq onces (sur laquelle cinq boules étaient marquées pour en rappeler la valeur) », d'où, par comparaison, « plantation d'arbres disposés comme les cinq points de cette pièce de monnaie ».

QUININE, v. **quinquina.**

QUINQUAGÉNAIRE, XVIe (Paré). Empr. du lat. *quinquagenarius* (de *quinquageni* « cinquante à la fois »).

QUINQUAGÉSIME, 1281. Empr. du lat. *quinquagesima* (fém. de *-esimus* « cinquantième ») pour désigner le dimanche qui suit la quadragésime, sur le modèle de *quadragesima* (le lat. eccl. anc. *quinquagesima* désignait la Pentecôte, v. ce mot).

QUINQUENNAL, 1740 ; parfois au XVIe s. mais dans un autre sens. Empr. du lat. *quinquennalis*.

QUINQUE, v. **quintette.**

QUINQUET, 1789. Lampe inventée par le physicien Argand vers 1782 et fabriquée par le pharmacien *Quinquet* (qui la perfectionna en y ajoutant les cheminées de verre).

QUINQUINA, 1661 (G. Patin : *Je n'ay jamais donné de quinquina ;* en 1653 Patin écrit encore *Kinakina*). Empr., par l'intermédiaire de l'esp., de *quinaquina*, du quechua (langue indigène du Pérou) ; on a dit aussi *quina* au XVIIe s., comme en esp. Le quinquina fut introduit en Europe, en 1639, par la comtesse de Chinchón, femme du vice-roi du Pérou. — Dér. de *quina :* **quinine,** découverte en 1820 par Caventou et Pelletier.

QUINTAINE, XIIe. Terme du moyen âge ; ne s'emploie plus que dans des textes de caractère historique. Lat. *quintāna*, fém. de l'adj. *quintānus* « du cinquième rang » désignait, dans un camp romain, la ruelle qui séparait le 5e du 6e manipule de la cohorte et où était établi le marché du camp. Dans l'expression fr. *courir la quintaine*, le subst. aura désigné d'abord le chemin à parcourir, et ensuite seulement le poteau servant de but, changement de signification particulièrement aisé parce que le verbe *courir* a les deux sens de « parcourir » et de « courir sus à, poursuivre » (cf. *courre le cerf*).

QUINTAL, XIIIe. Empr., par l'intermédiaire du lat. médiéval *quintale*, de l'arabe *qinṭâr* « poids de cent » (qui vient lui-même du lat. de basse ép. *centenarium* « poids de cent livres » par l'intermédiaire du grec byzantin *kentênarion*, puis de l'araméen) ; d'où aussi it. *quintale*, esp. *quintal*.

QUINTE, terme de musique, XIVe (E. Deschamps, mais *quintoier* « faire l'accord de quinte », XIIIe-XVe). La quinte a joué un rôle dans la musique longtemps avant la *quarte*, ce qui explique la différence des dates de leur apparition. Fém. de l'anc. adj. *quint*. *Quint* a été concurrencé de bonne heure par *cinquième* (mais il était encore usuel au XIVe s.) et n'a subsisté que dans des expressions jurid. et des noms d'origine étrangère : *Charles Quint*, *Sixte-Quint ; quint* continue le lat. *quīntus ;* cf. it. esp. *quinto*.

QUINTE, dans *quinte de toux ;* déjà attesté au XVIe s. au sens d' « accès de mauvaise humeur, caprice ». Autre emploi du fém. de l'adj. *quint*, v. le préc. ; pour le développement du sens, cf. ce passage de Gui Patin en 1644 : « Certaine toux à laquelle sont sujets les petits enfants, que les Parisiens appellent une quinte, quod quinta hora fere recurrere videatur (« parce qu'elle semble revenir à peu près toutes les cinq heures ») » ; les mots latins sont une citation du médecin de Baillou (1538-1616). — Dér. : **quinteux,** 1542.

QUINTE, terme d'escrime, 1690. Autre emploi du fém. de l'anc. adj. *quint*.

QUINTESSENCE, vers 1265 (Mahieu le Vilain, qui écrit *quinte essence* ; à la même époque Brunetto Latini, *quint element*), ensuite 1377 (Oresme). D'abord terme de philosophie scolastique au sens de « substance éthérée » et d' « alchimie » ; d'où le sens figuré moderne dès 1534. Empr. du lat. médiéval *quinta essentia*, qui est traduit du grec *pémpton sōma* ou *pémptē ousia ;* c'est ainsi qu'Aristote appelait l'éther qui, d'après lui, plane dans l'univers au-dessus des quatre autres éléments. L'éther étant l'élément le plus subtil et qui porte la vie aux autres, *quinta essentia*, et par la suite, le fr. *quintessence* furent employés pour désigner l'ingrédient le plus efficace, le meilleur de quelque chose. — Dér. : **quintessencier,** 1584 ; usité aujourd'hui surtout au part. passé.

QUINTETTE, 1838 ; d'abord *quintetto*, 1778. Empr. de l'it. *quintetto* (dér. de *quinto*, v. **quinte**) ; a remplacé **quinque,** 1722-1858, empr. du lat. *quinque* « cinq », cf. de même **quatuor.** Au contraire **quartette,** empr. de l'it. *quartetto*, 1869 (d'abord sous la forme it. 1838) n'est pas entré dans l'usage ; mais l'all. dit *Quartett*, où nous disons *quatuor*.

QUINTUPLE, 1484. Empr. du lat. de basse ép. *quintuplex*. — Dér. : **quintupler,** 1789 (auparavant en 1493 et 1520).

QUINZE. Lat. *quindecim*. — Dér. : **quinzaine,** XIIe ; **quinzième,** XIVe (XIIe-XVe *quinzime*).

QUIPROQUO, 1482 ; écrit alors *qui pro quo*, orthographe longtemps conservée. Empr. de la locution du lat. scolastique *quid pro quod*, où on voulait dire que quelqu'un avait pris un *quid* pour un *quod*, cf. encore chez Bon. Despériers : « Ils vous feront lire un quid pro quod. » L'emploi fréquent de *qui pro quo* au sens d' « erreur commise sur un remède, etc. » dans la langue des apothicaires au XVIIe et au XVIIIe s. a dû jouer un rôle dans la diffusion du mot.

QUITTANCE, v. le suiv.

QUITTE, vers 1080 *(Roland)*. **Quitter,** XIIe. D'abord termes jurid., dont le sens est encore usité ; sens figuré de bonne heure, notamment *quitter* « se séparer de quelqu'un ». Empr. du lat. jurid. du moyen âge *quietus* (en lat. class. « tranquille »), pour lequel une accentuation hypercorrecte *quiétus* (par réaction des milieux cultivés contre la prononciation vulgaire *pariétem* au lieu de *parietem*) était devenue traditionnelle, d'où déjà en lat. médiéval *quitus*, *quitare*. Dans les langues voisines les deux mots sont empr. du fr. ; pour la locution *quitte ou double*, cf. *Ilz en eussent joué à quitte et à double*, XVe s. *(Le Jouvencel)*. — Dér. du verbe : **quittance,** XIIe (d'après *quitter* quelqu'un « le dispenser de payer », XIIe-XVIIe), d'où **quittancer,** 1396. — Dér. de l'adj. : **acquitter,** vers 1080 *(Roland)*, d'où **acquit,** XIIe, **acquittement,** 1539 ; une première fois au XIIIe s. au sens de « délivrance ». — Comp. du verbe : **entre-quitter (s'),** 1655 (Corneille) ; déjà une fois au XIIIe s.

QUITUS, 1546 (Rab., dès 1421, à Lyon). Empr. de *quitus*, mot du lat. de la langue financière de cette ép. ; v. **quitte.**

QUOI, lat. *quid*. — Comp. **pourquoi,** vers 1050.

QUOLIBET, vers 1300 (Joinville). La dispute jouait un grand rôle dans l'enseignement scolastique. On distinguait les *disputationes ordinariae*, qui se faisaient tous les quinze jours et qui étaient en étroit rapport avec la leçon, des *disputationes de quolibet*, qui avaient lieu deux fois par an, avant Noël et pendant le Carême. On pouvait y mettre en avant n'importe quel problème, et ces questions étaient appelées *quaestiones de quolibet* ou *quodlibeticae*. Ce mot passa ainsi en fr., sous la forme de l'ablatif.

QUORUM, 1688, dans des ouvrages traitant de l'Angleterre ou des États-Unis ; depuis 1868, relevé à propos d'assemblées françaises. Empr. de l'angl. *quorum*, attesté en ce sens depuis le XVIIe s. ; ce mot est le lat. *quorum* « desquels », qui figurait dans la formule indiquant les noms des membres d'une assemblée dont la présence était nécessaire pour que la délibération fût valable.

QUOTA, 1949. Empr. de l'angl. où il est employé depuis le XVIIe s., empr. du lat. *quota (pars)* « (part) de quelle grandeur ». V. le suivant.

QUOTE-PART, v. **cote.**

QUOTIDIEN, XIIe. Empr. du lat. *quotidianus* (de *quotidie* « chaque jour »).

QUOTIENT, 1484. Empr. du lat. *quotiens*, autre forme de *quoties* « combien de fois ».

QUOTITÉ, v. **cote.**

R

RABÂCHER, 1611 (Cotgrave, qui le donne comme synonyme de l'anc. *rabaster* « faire du tapage », vers 1175, d'où *rabater*, encore dans les patois, aussi en a. pr. *rabasta* « querelle »), *rabat*, usité au XVIe s. au sens de « lutin, esprit follet ». Le verbe *rabâcher* appartient à une grande famille de mots formée avec un radical **rabb-* (d'origine préromane ou germanique) et divers suff. (outre *-âcher* et *-aster* encore *-aler*, etc.), aussi piém. *rabastè*, *rabascè* « entasser », *rablè* « traîner ». — Dér. : **rabâchage,** 1735 (Voltaire) ; **rabâcherie,** vers 1761 ; **rabâcheur,** 1758.

RABAN, 1573. Empr. du néerl. *raband*, littéral. « lien *(band)* de vergue *(raa)* ».

RABBIN, 1540 (*rabain* en 1351). Remonte à l'araméen *rabbi* « mon maître » (de *rabb* « maître ») ; *rabbi* lui-même, usité au XVe et au XVIe s., ne s'emploie plus guère que dans les noms propres ; la forme *rabbîn* paraît être faite sur le pluriel araméen *rabbîn*. — Dér. : **rabbinique,** XVIe ; on disait aussi *rabbinesque* à la même époque.

RABIBOCHER, 1842. Mot dialectal, répandu dans les patois septentrionaux ; se rattache à un groupe de mots dont le radical est *bib-* et qui désignent quelque chose de peu d'importance, de peu de consistance, une action qui ne promet rien de durable (fr. *bibelot*, saint. *biber* « importuner », béarn. *bibalhe* « menus brins de bois pour allumer »).

RABIOT. Écrit aussi *rabiau*, 1875. Terme d'argot militaire, qui est devenu populaire et familier au sens de « supplément » ; apparaît dès 1831 comme terme d'argot des marins au sens de « reste que le distributeur s'adjuge indûment ». A pris dans l'argot militaire et marin le sens de « distribution de ce qui reste », puis celui de « temps de service qu'un homme doit faire, après sa libération, par suite d'une peine disciplinaire ». Probabl. du gascon *rabiot* « fretin, rebut de la pêche », dér. de *rabe* « œufs de poisson ». Celui-ci est né d'un emploi métaphorique de *rabe* « rave », les œufs de poisson formant un renflement du corps du poisson comparable à une rave.

RABIQUE, 1829. Dér. sav. du lat. *rabies* « rage ».

RÂBLE, outil. S'est dit *roable* jusqu'au XVe s. ; au XVIIe *rouable* est signalé comme provincial ; *rable* apparaît sous la forme *raable* en 1401 dans un compte de Paris. Lat. *rutābulum* « fourgon de boulanger, etc. ». A. pr. *redable*.

RÂBLE, « partie du dos de certains animaux : lièvre, etc., qui s'étend des côtes à la queue », 1532 (Rab.). Même mot que le préc., dont il est une extension métaphorique, certains râbles étant munis de fourchons fixés dans la barre comme l'échine de ses côtes. Comp. en dauph. *riable* « échine » et le dialectal *râteau*, au même sens. — Dér. : **râblé,** XVIe.

RABOBINER, 1845. Altération, d'après *bobine*, de *rabobeliner*, attesté du XVIe au XVIIIe s. ; v. **embobeliner.**

RABOT, 1368. Probabl. masc. formé sur un fém. *rabotte* « lapin » (encore vivant dans le Berry) issu par dissimilation des voyelles de **robotte*, dér. du moyen néerl. *robbe* « lapin ». Le sens s'explique par une comparaison de la forme de l'objet avec celle de l'animal, cf. pour ce procédé **chevalet, poutre,** etc. — Dér. : **raboter,** 1409, **rabotage,** 1845, **raboteur,** 1802 ; **raboteux,** 1539. L'a. fr. *rabot* « pierre de pavage », XIVe s., est dû à une comparaison de l'arête du pavé avec le tranchant du rabot.

RABOUGRIR, v. **bougre.**

RABOUILLÈRE, 1534 (Rab.). Semble être le même mot que le berrichon *rabouillère* « trou où se tiennent les écrevisses », dérivé du verbe *rabouiller* « remuer l'eau pour effrayer les poissons ou les écrevisses », de *bouiller*, v. *bouillir*, dit ensuite du lieu où se tiennent les lapins de garenne.

RABROUER, XIVe (E. Deschamps). Paraît être formé avec le fr. de la même époque *brouer* « gronder, être furieux », propr. « écumer », cf. aussi *rebrouer*, au sens de *rabrouer*, en picard, etc. ; *rabrouer* signifierait donc propr. « être furieux contre quelqu'un, le repousser » ; *brouer* est un dérivé de *breu* « sorte de bouillon », usuel au sens d' « écume » dans la région normande ; v. **brouet** et **s'ébrouer.**

RACA, XVIIe, dans la locution *crier raca à quelqu'un*. Cette locution est issue du passage de Matthieu, V, 22 : « Celui qui dira à son frère raca mérite d'être puni par les juges » ; *raca* est un mot araméen, connu par ce seul passage, et qui est peut-être de la famille de l'hébreu *roq* « crachat ».

RACAHOUT, 1833. L'arabe *râqaout* auquel on renvoie n'est pas un mot assuré.

RACAILLE, 1138 (écrit alors *rascaille*). Les premières attestations se trouvent toutes dans des textes anglo-normands. C'est de là ou du normand que le mot a pénétré en franç. Dér. d'un verbe **rasquer* (fr. **rascher*), qui a disparu de la langue à l'époque prélittéraire, mais dont l'existence est assurée par l'anc. pr. *rascar* « racler », liég. *rahi*, ang. *râcher* « dréger du lin », etc. Lat. vulg. **rasĭcare*, dér. de *rasus*, qui vit aussi dans l'esp. *rascar* « gratter », sarde *rasigare*, etc. Le verbe, appliqué aux hommes, aura aussi eu l'acception « se réunir en masse, tumultueusement », et le suff. *-aille* a souligné fortement la valeur péjorative du mot. L'angl. *rascal* « vaurien » vient de l'anc. forme *rascaille*.

RACE, vers 1490. A. pr. *rassa* « bande d'individus qui se sont concertés dans un certain but; complot, conjuration », attesté dès 1180, est sans doute le même mot, de même *rassa* dans les parlers de l'Italie Supérieure qui a le sens de « convention entre les membres d'une famille ou entre ceux qui ont le même métier ». Au XIVe s. l'it. *razza* est employé au sens de « espèce (de gens) ». Ces mots remontent à un emploi que les savants faisaient de *ratio* au sens de « espèce (d'animaux, de fruits) » attesté dès le VIe. Il est donc fort probable que des personnes qui avaient l'habitude de se servir du latin ont fait passer ce mot du bas-latin au roman, et en particulier à celui qu'on parlait dans la France méridionale et dans l'Italie septentrionale. De ces parlers le mot a passé ensuite dans les autres langues romanes. — Dér. : **racé,** fin XIXe ; **racisme,** 1932 ; **raciste,** *id.*

RACHIS, XVIe (Paré). — Empr. du grec *rhakhis* « épine dorsale ». — Dér. : **rachidien,** 1806, formé irrégulièrement, comme si le mot grec avait un radical en *-id-* ; **rachitique,** 1707, d'après l'adj. grec *rhakhitês* ; **rachitisme,** 1732, en parlant du blé ; en parlant de l'organisme humain on disait au XVIIIe s. surtout *rachitis*, encore dans les dict.

RACINE. Lat. de basse ép. *rādīcīna*, dér. de *rādīx, rādīcis*. Roumain *rădăcină*, sarde *raigina*. A supplanté sur le territoire gallo-roman l'ancien représentant du lat. *rādīx*, a. fr. *raiz* (v. **raifort**), sauf dans quelques patois méridionaux. — Dér. : **déraciner,** XIIIe, d'où **-é,** dans un sens fig., fin XIXe s., sous l'influence du roman de M. Barrès, *Les déracinés* ; **déracinement,** XVe ; **enraciner,** XIIe, **enracinement,** XVIe.

RACKET, 1949. Empr. de l'anglais d'Amérique *racket*.

RACLER, XIVe. En raison de sa date tardive et de l'absence de formes avec *s*, paraît être d'origine dialectale, d'une région voisine du provençal. Des formes correspondantes sont très répandues : a. pr. *rasclar* « râcler », it. *raschiare* « *id.* », etc., lat. pop. **rasclare* (pour **rasĭcŭlare*, dér. de *rasus*), v. **râler.** — Dér. : **raclée,** 1829 ; **raclette,** 1864 ; **racle,** 1561 (une 1re fois vers 1200) ; **racleur,** 1576 ; **racloir,** 1538 ; **racloire,** 1329 ; **raclure,** 1372 ; **raclage,** 1845.

RACOLER, v. **cou.**

RADAR, 1944. Empr. de l'anglais, où il a été fait avec les initiales de *radio detection and ranging* « détection et repérage par radio ».

RADE, 1474. Empr. de l'anc. angl. *rad* (d'où angl. *road* « rade » et en outre « route, chemin ») ; l'it. et l'esp. *rada* viennent probabl. du fr.

RADEAU, 1485 (on a déjà *radelle*, au XIVe s., Bersuire). Empr. de l'a. pr. *radel*, dim. de *rat* « *id.* », lat. *ratis* « *id.* ».

RADER, v. **radoire.**

RADIAIRE, 1795 ; **radial,** « qui rayonne », dans plusieurs techn., 1490 ; **radiant,** vers 1230 (usité surtout depuis 1765) ; **radiation** « émission des rayons du soleil », 1448, a reçu de nouveaux sens techn. au XIXe s. Les deux premiers sont des dér. du lat. *radius* « rayon », le troisième est empr. du lat. *radians*, part. prés. de *radiari* « rayonner », le quatrième est empr. du lat. *radiatio*. — Dér. de *radiation* : **radiateur,** comme adj., dans la langue de la physique, 1877 ; subst. pour désigner un système de chauffage, fin XIXe s. — Comp. : **radiesthésie,** 1949.

RADIAL, terme d'anat., v. **radius.**

RADIATION, « action de rayer », 1378. Dér. du lat. médiéval (XIVe) *radiare*, qui paraît être une traduction, par fausse étymologie, du fr. *rayer*. Sur ce mot a été fait le verbe **radier,** 1823, créé pour un des sens de *radiation* « action de rayer d'une liste » ; à *radiation* d'une hypothèque correspond le verbe *rayer*.

RADICAL, 1314, d'après l'adv. **-ement.** Employé à la fois dans plusieurs techn. et au sens général de « qui a rapport au principe d'une chose » ; terme politique, 1820. Empr. du lat. de basse ép. *radicalis* (de *radix* « racine »). — Dér. : **radicalisme,** 1820, dans un texte parlant de l'Angleterre.

RADICULE, 1676 ; **radicelle,** 1815. Le premier est empr. du lat. *radicula* (dim. de *radix* « racine »), le deuxième est tiré de *radix, radicis*, pour former un dim. différent de *radicule*.

RADIÉ, 1690. Empr. du lat. *radiatus* « rayonnant, formé de rayons » (de *radius* « rayon », v. **radial,** et les suiv.).

RADIER, *subst.*, XIVe. Étym. obscure.

RADIER, verbe, v. **radiation.**

RADIEUX, vers 1460. Empr. du lat. *radiosus* (de *radius* « rayon »).

RADIO-. Premier élément de mots sav. comp., tels que **radiologie, radiographie,** XXe, tiré du lat. *radius* « rayon ». Aujourd'hui *radio* est souvent employé comme abréviation de *radiographie*, donc fém.

RADIS, 1507 (écrit *radice*) ; devenu rapidement *radis*. Empr. de l'it. *radice*, propr. « racine », v. **raifort.**

RADIUM. Corps découvert par Curie, Mme Curie et Bémont en 1898 et nommé d'après le lat. *radius* « rayon ».

RADIUS, 1541. Empr. du lat. *radius* « rayon », déjà employé au même sens que le fr., par comparaison de cet os avec le rayon d'une roue. — Dér. : **radial,** 1490, dérivé directement du mot lat.

RADOIRE, 1321 (écrit *radouire*). Mot techn., correspondant à l'a. pr. *rasdoira*, lat. **rasitoria* et au lat. médiéval (1145), dér. de *rāsitāre* « raser », qui a pris le sens de « racler ». On trouve à côté de ces formes en a. fr. *raloir*, *ratoire*, en a. pr. *ratoira*, qui sont des variantes, issues d'une forme **rāditōria*, réfection de *rāsitōria* d'après *rādere* « raser, râcler », v. **raser.** — Dér. : **rader,** 1723, terme techn., a été fait pour servir de verbe à *radoire*.

RADOTER, XIIIe ; le part. passé au XIIe, et *redoté* (part. passé) dès 1080 *(Roland)*, « tombé en enfance, qui radote ». Dér., avec le préf. *re-*, renforcé ensuite en *ra-*, d'un simple non attesté, qui remonte à une langue germ., probabl. au moyen néerl. *doten* « rêver, sommeiller, tomber en enfance », cf. angl. *to dote* « avoir l'esprit faible par suite de l'âge ». — Dér. : **radotage,** 1740 ; **radoterie,** 1640 (*redoterie* au XIIe) ; **radoteur,** vers 1540.

RAFALE, 1640. Empr. de l'it. *ráffica*, mais adapté au verbe *affaler* au sens de « porter (un navire) sur la côte (du vent) ». L'it. *ráffica* est fait avec le radical expressif *raff-*, qui rappelle le mouvement subit du vent.

RAFIOT, 1842. Mot d'argot, issu de la langue de la marine, où *rafiau* désigne une petite embarcation, en usage dans la Méditerranée.

RAFISTOLER, 1649 (dans une mazarinade). Dér. de l'anc. *afistoler*, usuel au XVe s. au sens de « piper, tromper par de beaux semblants » (cf. aussi *apistolé* à cette époque), d'où aussi « arranger, orner ». *Afistoler* est probabl. formé sur l'it. *fistola* « chalumeau, flûte » ; l'évolution sémantique est à comparer avec l'a. fr. *flageoler* « jouer de la flûte », ensuite « tromper, piper ».

RAFLE, XIIIe, alors « instrument pour racler le feu ». Empr. de l'all. *raffel*, *id.*, de la famille de l'all. *raffen* « rafler » ; on a relevé le verbe *raffer* au XIIIe et au XVIe s. ; a pris, par la suite, des sens figurés, notamment « coup où chacun des dés amène le même point, ce qui fait gagner (rafler) la partie », « action de rafler » ; *rafle* « grappe de raisin, dépouillée de ses grains », 1549, est le même mot. — Dér. : **rafler,** XVIe, Baïf ; **érafler,** 1447 (on trouve déjà *arrafler* en ce sens dans une charte de 1394), **éraflure,** 1671.

RAFUT, 1889. Dér. du verbe *raffuter*, dans les patois dp. le XVIIIe au sens de « gronder, faire du bruit, rosser », extension sémantique du fr. *rafuster* « réparer », XVe s., dér. de l'a. fr. *afuster* « ajuster », v. **affûter.**

RAGE. Lat. pop. **rabia*, lat. class. *rabies*, les subst. de la cinquième déclinaison ayant passé dans le lat. pop. à la première. It. *rabbia*, esp. *rabia*. — Dér. et Comp. : **rager,** vers 1150, rare au sens moderne ; au moyen âge signifie surtout « s'agiter, folâtrer », **rageur,** 1832 ; **enrager,** 1160.

RAGLAN ; vers 1855, pour désigner un pardessus à pèlerine ; repris depuis la fin du XIXe s. pour désigner un pardessus d'une coupe spéciale. Tiré de *(Lord) Raglan*, nom du général qui commandait l'armée anglaise dans la guerre de Crimée, et en souvenir de qui ce pardessus fut nommé.

RAGOT, 1800, au sens de « commérage ». Tiré du verbe peu usité *ragoter*, 1640, « quereller », proprement « grogner comme un ragot (sanglier) » ; **ragot** « sanglier », 1392, qui a été pris aussi au sens de « personne grosse et courte » au XVIIe s., appartient à une famille de mots abondamment représentés dans les patois, cf. le berrichon *rague* « vieille brebis ». Formés sur un radical expressif *rag-*, déjà représenté par le lat. *ragĕre* et qui dépeint de préférence une voix criarde.

RAGOUT, v. **goût.**

RAI ; écrit ordinairement *rais*. Ne s'emploie plus guère qu'au sens de « rayon de roue » ; le sens de « rayon de lumière » est archaïque ; a été remplacé par *rayon*, dont le suffixe exprime l'idée de la division de la lumière en de multiples sous-unités, comme dans *échelon*. Lat. *radius*, aux deux sens du mot fr. It. *raggio*, esp. *rayo*, aux deux sens. — Dér. : **rayon** (de lumière), 1534, d'où **rayonner,** 1549, **rayonnement,** 1558 ; **enrayer,** de *rai* « rayon de roue », 1552, d'où **-yage,** 1826 ; **enraiement,** 1812.

RAID, 1883. Empr. de l'angl. *raid* (forme écossaise de l'anc. angl. *rād*, aujourd'hui *road* « route »), v. **rade.**

RAIDE. *Roide* est une ancienne forme, maintenue artificiellement par l'orthographe. *Raide* est propr. le fém. qui a éliminé vers le XIVe s. le masc. *roit* (v. **large**), lat. *rigidus*. — Dér. : **raideur,** vers 1170 ; **raidillon,** 1762 ; **raidir,** XIIIe, d'où **raidissement,** 1547, **raidisseur,** 1875 ; **déraidir,** 1559.

RAIE « ligne tracée sur une surface ». Représente un gaul. **rica* (attesté au VIIe s. sous la forme *riga*, chez un écrivain né en Angleterre), qu'on restitue d'après le gallois *rhych* et l'anc. breton *rec*. Usuel aujourd'hui dans les parlers gallo-romans au sens de « sillon » (a. pr. *rega*). — Dér. : **rayer,** XIIe, au part. passé *roié*, forme fréquente au moyen âge ; rare à l'inf. et aux autres formes verbales au moyen âge ; d'où **rayure,** 1611 ; *rayer* « rayonner » d'où « ruisseler, couler », dér. de *rai*, a été usuel au moyen âge jusqu'au XVIe s. et s'est fondu avec *rayer*, dér. de *raie ;* on a de même au moyen âge *raie* au sens de « rayon » qui résulte d'une confusion de *rai* « rayon » avec *raie* « ligne ». La famille de ces deux mots se distinguait mal pour la forme, et le sens les rapprochait.

RAIE, poisson. Lat. *raia*. Esp. *raya*. — Dér. : **raiton,** 1553 (écrit *raylon*) ; écrit aussi *raieton* depuis 1803.

RAIFORT, XVe (sous la forme *raiz fors*). Comp. de l'a. fr. *raiz*, fém., v. **racine,** et de l'adj. *fort*, qui a été longtemps des deux genres ; puis, le fém. n'ayant plus été senti, *raifort* est devenu masc. d'après la terminaison. *Fort* a été ajouté soit au sens d' « âcre », soit pour donner plus de corps à *raiz*, trop court, qui risquait en outre d'être confondu avec *raie*. *Raiz*, propr. « racine », a signifié aussi « raifort » depuis l'époque latine et survit encore au sens de « radis » dans quelques patois de l'Est.

RAIL, 1817. Empr. de l'angl. *rail*, propr. « barre d'appui » (lui-même continuant l'a. fr. *reille*, *raille* « poutrelle, barreau, etc. », du lat. *rēgula* « règle, barre »). — Dér. : **dérailler,** 1838, d'où **déraillement,** 1839.

RAILLER, vers 1450. Empr. de l'a. pr. *ralhar* « babiller, plaisanter », qui paraît représenter un lat. pop. ***ragulāre*,** cf. it. *ragghiare* « braire » (c'est un dérivé du lat. de basse ép. *ragere*, d'où a. fr. *raire* « bramer », encore dans les dictionnaires, et aussi roumain *rage* « beugler »), dès 1270 au sens de « aboyer ». Tous ces verbes désignant des cris, le prov. a dû avoir d'abord un sens analogue, d'où est sorti celui de « bavarder » qui aura fait disparaître le sens propre. — Dér. : **raillerie,** *id.* ; **railleur,** *id.*

RAINE, v. **grenouille.**

RAINETTE, 1425, « grenouille de buisson ». Dér. de l'a. fr. *raine*, v. **grenouille.**

RAINURE, v. **rouanne.**

RAIPONCE, vers 1460 (écrit *responce* et prononcé ainsi encore aujourd'hui dans beaucoup de patois). Empr. de l'it. *raponzo*, *raponzolo* (dér. de *rapa*, v. **rave**), dont la première syllabe a été modifiée d'après l'afr. *raïz* « racine, rave » (v. **raifort**).

RAIRE « bramer », v. **railler.**

RAISIN. Lat. pop. ***racīmus*,** lat. class. *racēmus*, propr. « grappe de raisin » (ce qui est encore le sens de l'it. *(g)racimolo* et de l'esp. *racimo*), d'où « raisin », cf. de même a. pr. *razim*. A éliminé du galloroman le lat. class. *ūva* « raisin », sauf *uva* en a. pr. Cf. it. esp. *uva*. Les quelques exemples de l'a. fr. *uve* sont des latinismes ; *uve* y figure surtout dans la locution *uve passe*, francisation du lat. *uva passa* « raisin sec ». Sert à désigner un grand format de papier (relevé depuis 1715), marqué primitivement d'une grappe de raisin. — Dér. : **raisiné,** 1508.

RAISON. Lat. *ratiōnem*, acc. de *ratiō*, propr. « calcul, compte », d'où *livre de raison*, « livre de compte », usuel jusqu'au XVIe s. En lat. *ratio* avait aussi le sens de « justification d'une action regardée comme criminelle », « argument qui justifie une action » (dès Cicéron), d'où, quand il s'agit d'exposés contradictoires, le sens de « dispute, discussion » (ainsi vers 600), d'où enfin « parole, discours » (attesté en a. fr. vers 980) ; d'autre part du sens « argument qu'on allègue » sort celui de « ce qui est de droit, d'équité » (dans *avoir raison*, etc., attesté dès l'an 1000). Cicéron emploie *ratio* aussi pour indiquer le pourquoi d'une chose, tel qu'un homme se l'explique en le distinguant de *causa* « cause réelle », comme l'all. a toujours distingué *Grund* et *Ursache*. Cette distinction se perd au moyen âge, parce que la philosophie médiévale confond les deux concepts ; ce n'est que depuis la Renaissance que grâce à l'emprunt de *cause*, *raison* est de nouveau restreint au sens que lui donnait Cicéron. Le sens de « faculté de connaître le vrai » appartient aussi au latin, où il est dû au double sens du grec *lógos* « compte ; faculté de connaître ». It. *ragione*, esp. *razón*. — Dér. : **raisonnable,** XIIIe (Rose), l'a. fr. dit aussi *raisnable*, d'où **déraisonnable,** vers 1330 ; **raisonner,** XIIe ; au moyen âge signifie aussi « parler », comme l'anc. forme *raisnier*, d'où **déraisonner,** XIIIe, **raisonnement,** 1380, **raisonneur,** 1666 (Molière), une première fois au XIVe s. ; **arraisonner,** comme terme de marine, 1826 (*raisonner* est déjà attesté au XVIIe s. chez Colbert, dans une acception semblable), antér. « s'adresser à quelqu'un », vers 1080 *(Roland)*, « chercher à persuader », sens peu usité depuis le XVIe s. ; au moyen âge ce verbe se rencontre surtout sous la forme *araisnier*, disparue du fr. avant le XVIe s., mais qui survit dans quelques patois ; d'où **arraisonnement,** XIIe s. (et *araisnement* au moyen âge), développement de sens parallèle à celui du verbe ; **irraisonné,** 1842 ; **irraisonnable,** 1360.

RAJA(H) (ou *radjah*), 1666 (Tavernier) ; dès 1540 en port. Empr. de l'hindoustani *raja* (du sanscrit *râjâ*, de la famille du lat. *rēx* « roi »). On a empr. aussi **maharajah** « grand roi » (*maha* est de la famille du lat. *mag-nus* « grand ») depuis 1758 (alors sous la forme *marraja*), rare avant la fin du XIXe s.

RAKI, 1829. Empr. du turc *râqi*, d'origine arabe, v. **arack.**

RÂLE « action de râler » et nom d'oiseau, v. **râler.**

RÂLER, 1456. Doublet français de **racler,** qui est d'origine méridionale. La signification première est encore conservée dans les verbes *érąler*, *déraler* « écorcher » répandus dans les parlers. — Dér. : **râle** « action de râler », 1611 ; **râle,** nom d'oiseau, 1164, est de même formation ; l'a. pr. appelle cet oiseau *rascla* d'après *rasclar* « racler » ; **râleur,** 1845 (comme adj. dès 1571).

RALINGUE, vers 1155 (Wace). D'un anc. nor. ***rár-lik*,** comp. de *rá* « vergue » et *lik* « lisière d'une voile » ; les comp. de *rá* en anc. nor. se forment avec *rár*, le génitif de ce mot. — Dér. : **ralinguer,** 1687.

RALLYE, 1959. Terme de sport. Empr. de l'angl. *rally* « rassembler ».

RAMADAN, 1553 (sous la forme altérée *radaman*). Empr. de l'arabe *ramaḍân*, nom du neuvième mois de l'année musulmane.

RAMAGE. Au sens de « représentation de feuillages, de fleurs, etc., sur une étoffe », 1611 ; au sens de « branchage » dès 1270 et jusqu'au XVIIIe s. De l'adj. *ramage* « qui vit dans la forêt » (XIIe-XVIIIe s.) vient le subst. au sens de « chant des oiseaux se tenant dans la ramée », 1549. *Ramage*, qui a encore d'autres acceptions au moyen âge, dér. de l'anc. subst. *raim* « rameau », v. **rameau** et **ramée.**

RAMBARDE, 1773. Au sens moderne de « garde-corps placé autour des gaillards et des passerelles ». Altération de *rambade*, 1546 (Rab.), qui désignait une « construction élevée à la proue d'une galère », empr. de l'it. *rambata*, dér. de *arrembar* « aborder (un bateau) », vénit. *rambar* « enlever de force », qui représentent probabl. un longob. **rammôn* « enfoncer » (comp. all. *rammen* ; *-mm-* peut devenir *-mb-* dans certains dialectes italiens).

RAMBOUR, 1536 « (Mala) quae ab Ambianensi municipio rambura vulgus nominat », Ruellius, nom latin de J. de La Ruelle. *Rambures*, qui a donné son nom à cette variété de pomme, se trouve dans le département de la Somme.

RAME « piquet servant de tuteur à des plantes grimpantes », XVIe, dans beaucoup de patois *réme*. Forme fém. de l'afr. *raim* « branche », v. **rameau,** qui doit sa voyelle (*a*, au lieu de *é*, *ai*) à l'influence des dér. comme *rameau*, *ramer*. Est à distinguer de *rame* « châssis de bois sur lequel on étend le drap », 1405 (dès 1340 *raime*), mot empr. du moyen néerl. *rame*, *raem*, de même sens, même mot que l'all. *Rahmen* « châssis ». — Dér. : **ramer,** 1549 *(ramer des pois)*.

RAME « réunion de vingt mains de papier », 1360. Empr. de l'esp. *resma*, empr. lui-même de l'arabe *rizma* « ballot » et spécial. « rame de papier », de là aussi l'it. *risma ;* pour le rôle des Arabes d'Espagne dans l'industrie du papier au moyen âge, v. **papier.** A reçu au XIXe s. le sens de « convoi de bateaux » (1875), d'où « attelage de plusieurs wagons » (1922).

RAMEAU, XIIe. Lat. pop. **rāmellus*, dim. du lat. class. *rāmus*. L'a. fr. a possédé jusqu'au XVIe s. le mot *raim*, *rain*, encore dans les patois, lat. *rāmus*.

RAMÉE, XIVe. Dér. de l'anc. *raim*, *rain*, v. le préc.

RAMENTEVOIR, XIIe. Vieilli depuis le XVIIe s. ; ne s'emploie plus que par plaisanterie. Comp. de l'anc. verbe *amentevoir*, comp. lui-même de *mentevoir* (ces deux verbes ont disparu avant le XVIe s.), lat. *mente habēre* « avoir dans l'esprit, se rappeler », d'où « rappeler ».

RAMEQUIN, 1654, sorte de pâtisserie au fromage. Mot pris au moyen néerl. *rammeken*, de sens analogue (dim. du mot qui correspond à l'all. *Rahm* « crème »).

RAMER, « se servir de rames », 1538, une 1re fois en 1213. Dér. de l'anc. fr. *raim* « rame de bateau », qui représente le lat. *rēmus* « rame », d'où aussi it. esp. *remo* ; *raim* s'étant confondu de bonne heure avec *raim*, *rain* « rameau », a été éliminé et l'a. fr. s'en est tenu jusqu'au XVe s. au mot *aviron*. Dér. : **rame,** qui paraît avoir d'abord désigné surtout les rames des grands bateaux, des galères (aux XIVe et XVe s. aussi *raime*, *reme*).

RAMETTE, terme de typogr., 1690. Dér. de *rame* ,« *id.* », attesté en 1655, empr. de l'all. *rahmen* « cadre » ou du néerl. Voir encore **rame.**

RAMEUX. Lat. *rāmōsus*, der. de *rāmus*, v. **rameau.**

RAMIER, 1393. Dès XIIe s. adj., signifiant « rameux », dér. de l'anc. *raim ;* ensuite au sens de « vivant sur les branches », *coulon ramier*, puis subst.

RAMIFIER, 1314 ; **ramification,** 1541. Empr. du lat. médiéval *ramificare* (francisé d'après les nombreux verbes en *-fier*), *ramificatio* (de *ramus* « rameau »).

RAMILLES, XIIIe. Dér. de l'anc. *raim*, v. les préc.

RAMONER, vers 1220 au sens de « nettoyer » ; s'est spécialisé au sens de « nettoyer une cheminée » vers le XVe s. Dér. de l'anc. subst. *ramon*, XIIIe-XIVe s., encore dans les patois au sens de « balai », dim. de l'anc. *raim*, v. **ramer.** — Dér. : **ramonage,** 1317 ; **ramoneur,** vers 1520.

RAMPE, v. le suiv.

RAMPER, 1150, au sens de « grimper », cf. *plante rampante* « plante grimpante », au XVIIIe s., *rampe* « clématite ; lierre » dans les patois, et *lion rampant* comme t. de blason ; sens moderne dp. 1487. Les langues germ. connaissent un radical **hramp-* qui désigne quelque chose de crochu, d'où, avec apophonie, entre autres anc. haut-all. *rimpfan* « courber, rider », moyen néerl. *ramp* « crampe », etc. Cette famille de mots vit dans l'it. *rampa* « griffe », *rampo* « crochet », cat. esp. *rampa* « crampe », etc. Le verbe fr. vient du francique, où un verbe **hrampon*, ou, plus tard, **rampon* pouvait se former facilement. Le fait que le fr. n'a pas *fr-*, mais *r-*, montre que le mot a passé du francique dans la langue de la population romane à une époque assez tardive. — Dér. : **rampe,** d'après le sens propre du verbe, 1669 (La Fontaine) ; **rampement,** 1538.

RAMPONNEAU, 1836. Jean Ramponneaux était un cabaretier très populaire, à Argenteuil près de Paris, qui avait un certain embonpoint. Son nom a été donné à une figurine lestée de plomb et qui se tient toujours debout.

RAMURE, 1376. Dér. de l'anc. *raim*, v. **rameau.**

RANCART, dans la locution *(mettre) au rancart*, 1755 (Vadé). Altération du norm. *mettre au récart*, *id.*, dér. de *récarter* « répandre du fumier, éparpiller » (norm. et berr.), de **écarter.** Un t. du jeu de cartes *rencarter*, qu'on a mis en avant pour rattacher *rancart* à *carte*, n'est attesté nulle part.

RANCE, 1373. Empr. du lat. *rancidus*. — Dér. : **rancidité,** 1752, d'après le lat. *rancidus* ; **rancir,** 1538, **rancissure,** 1538.

RANCH, 1872. Empr. de l'anglo-américain *ranch*, empr. lui-même de l'esp. *rancho*, v. le suiv.

RANCHO, fin XIXe. Empr. de l'esp. de l'Amérique *rancho*, tiré, par extension de sens, de l'esp. d'Europe *rancho* « cabane, réunion, repas en commun de soldats, etc. », dér. de *rancharse* « se loger », empr. du fr. *se ranger*.

RANCŒUR. Lat. de basse ép. *rancōrem*, acc. de *rancor*, propr. « rancidité », qui a pris dans le lat. eccl. les sens de « rancœur, rancune ». It. *rancore*, esp. *rancor* et *rencor*. V. **rancune.**

RANÇON. D'abord *raençon*. Lat. *redemptiō* (aux deux sens, de *redimere* « racheter »), au sens actuel et au sens religieux ; dans le deuxième il est remplacé au XIIIe s. par l'emprunt *rédemption*). — Dér. **rançonner,** XIIIe, d'où **rançonnement,** XIVe, **rançonneur,** 1406.

RANCUNE, vers 1080 *(Roland)*. Altération de *rancure* qui a subsisté jusqu'au XIVe s. (d'où *rancurer*, encore usité au XVIe s.), par substitution de suffixe d'après a. fr. *amertune* (à côté de *amertume*, comp. *rancume* en norm.) ; *rancure* représente lui-même le lat. pop. **rancūra*, forme altérée de *rancor*, v. **rancœur,** par croisement avec *cūra* « souci », d'où aussi it. et esp. archaïques *rancura*. — Dér. : **rancuneux,** vers 1170 ; **rancunier,** 1718.

RANDONNÉE, XIIe ; après avoir été usuel jusqu'au XVIe s. au sens de « course impétueuse », s'est restreint en un sens propre à la langue de la vénerie : « circuit que fait à l'entour du même lieu une bête qu'on a lancée », 1690 ; puis repris à cette langue, 1798. Dér. de l'anc. verbe *randonner*, XIIe, « courir rapidement », dér. des locutions adverbiales très usuelles *de randon*, *à randon* « avec rapidité, etc. », qui sont à leur tour dér. de l'a. fr. *randir* « courir avec impétuosité », comp. *à reculons*, etc. Ce verbe *randir* est dér. d'un ancien subst. non attesté **rant* (comp. fr. *brandir*, de *brant*), qui vient d'un francique **rant* « course », subst. verbal correspondant au verbe all. *rennen* (comp. all. *brand*, *brennen*), qu'on trouve dans les dialectes allemands méridionaux (Bavière, Suisse, Lorraine all.).

RANG. D'abord *renc*, XIIe. Francique **hring* « cercle, anneau » (cf. all. *Ring* « anneau »), qui a dû être introduit au sens d' « assemblée, soit judiciaire, soit militaire », sens en rapport avec les mœurs des anciens Germains (qui avaient l'habitude de tenir des assemblées de ce genre), cf. aussi **harangue,** d'où « ordre, rang des personnes assistant à une assemblée » ; seulement gallo-roman. — Dér. : **ranger,** XIIe, d'où **rangée,** XIIe, **rangement,** 1630. — Comp. : **arranger,** XIIe, d'où **arrangement,** 1318, **arrangeur,** XVIIe ; **déranger,** vers 1080 *(Roland)*, d'où **dérangement,** 1636.

RANG(I)ER, v. **renne.**

RANZ *(des vaches)*, 1767 (J.-J. Rousseau qui dit : « *Le célèbre ranz des vaches... cet air si chéri des Suisses.* ») De semblables chansons pastorales se rencontrent aussi en Suisse allemande, où l'on les appelle *Kuhreihen*. *Ranz* (= rang) des vaches est simplement une traduction de ce mot alémanique.

RAOUT, 1824 (Stendhal) ; écrit d'abord *rout*, 1804, dans un ouvrage traitant de l'Angleterre. Empr. de l'angl. *rout* qui est le fr. *route* au sens anc. de « troupe, compagnie », v. **routier.**

RAPACE, vers 1460 (mais dès le XIIIe *rapal*, avec changement de suffixe dû au fait qu'on identifiait la graphie *-ax* du mot latin avec la terminaison franç. *-aus* écrite souvent *-ax*) ; **rapacité,** vers 1380. Empr. du lat. *rapax*, *rapacitas* (de *rapere* « saisir vivement »).

RÂPE, 1202, attesté alors indirectement par le lat. *raspa* « grappe de raisin » ; 1269, au sens d' « ustensile servant à râper ». Tiré d'un verbe *rasper* attesté rarement au moyen âge, venant d'un germ. occidental **raspôn* « rafler » (cf. anc. haut all. *raspôn* « gratter »), d'où aussi it. *raspare*, esp. a. pr. *raspar* « gratter, râcler » ; l'it. et l'a. pr. *raspa* signifient aussi « grappe dépouillée de ses grains ». — Dér. : **râpé,** vers 1200 (*vin raspé*, Chrestien), « vin obtenu en faisant passer de l'eau sur la râpe du raisin » ; **râper,** 1568, **râpure,** 1646 ; **râpeux,** XVIe (R. Belleau).

RAPETASSER, 1532 (Rab.). Empr. des parlers de la région de Lyon, où le verbe est très répandu, ainsi que le simple *petasser* « rapiécer » ; comp. aussi le languedocien *petassar* « *id.* ». Ces verbes sont dér. de *petas* « morceau de cuir ou d'étoffe (pour rapiécer) », lat. *pittacium* qui, outre ce sens, a celui « d'emplâtre » (du grec *pittakion* « emplâtre, billet ») ; de là aussi l'esp. *pedazo* « pièce, morceau », avec un *d* non expliqué, qui se trouve dans une autre forme de l'a. pr. *pedas*. — Dér. : **rapetasseur,** 1564 (Rab.).

RAPHIA, 1804. Empr. de la langue de Madagascar dont le raphia est particulièrement utilisé.

RAPIAT, 1836. Mot dialectal, qui comme *rapiamus*, même sens, est usité un peu partout, depuis la Picardie jusqu'à Lyon, issu de la locution de l'argot scolaire *faire rapiamus* « chiper ».

RAPIDE, 1509 ; **rapidité,** 1573. Empr. du lat. *rapidus*, *rapiditas* (de *rapere* « saisir, entraîner ») ; l'a. fr. a eu une forme pop. *rade*, encore usitée dans les patois du Nord-Est.

RAPIÈRE, 1474 (d'abord *espée rapière*). Dér. de **râper** (la poignée trouée a été comparée à une râpe).

RAPIN, 1832. Mot de l'argot des ateliers de peinture, d'origine inconnue.

RAPINE, vers 1180. Empr. du lat. *rapina* (de *rapere* « saisir, piller »). — Dér. : **rapiner,** vers 1250.

RAPSODE, 1552 ; **rapsodie,** 1582. Empr. des mots grecs *rhapsôidos* (littéral. « qui coud ensemble des chants » ; se disait de chanteurs qui allaient de ville en ville, récitant des poèmes et notamment des fragments des poèmes homériques), *rhapsôidia ; rapsodie* a pris, au XVIIe s., un sens défavorable, attesté dès le XVIe dans le verbe dér. *rapsodier*, aujourd'hui hors d'usage.

RAPT, XVIe. Réfection de l'a. fr. *rat* (1237), d'après le lat. *raptus*. On pourrait aussi considérer *rat* comme un emprunt francisé. *Raptus* survit sous une forme transmise par la langue parlée dans la péninsule ibérique, où *rato* a pris le sens d' « instant » par un développement sémantique comparable à celui de *momentum*, v. **moment.**

RÂPURE, v. **râpe.**

RAQUER « payer », pop., fin XIXe, de *raquer* « cracher », qui vit dans les patois du Nord.

RAQUETTE, au XVe s. au sens moderne ; antér. au sens de « paume de la main » sous les formes *rachette*, 1314, *rassette*, 1549, cf. aussi *rasquette (du pié)*, XIVe s. *Raquette* a été emprunté dans un sens anatomique du lat. médiéval *rasceta (manus)*, employé pour la première fois par Constantin l'Africain (v. **nuque**), et qui dérive de l'arabe *râḥat* « paume de la main », ou plutôt de la forme vulg. *râḥet* (cf. aussi le lat. médiéval *racha* « plante du pied »). Quant au sens moderne qu'a aussi l'it. *racchetta*, il semble qu'en raison de la vogue du jeu de paume en France, depuis le moyen âge, ce soit le fr. qui ait été le point de départ de ce sens (l'angl. *racket* vient du fr. et probabl. aussi l'esp. *raqueta*).

RARE, 1377. Empr. du lat. *rarus ;* on trouve *rere* une fois au XIVe s. (Bersuire), mais l'adv. *rerement* au XIIe et au XIIIe s. — Dér. : **rarissime,** 1544.

RARÉFIER, 1370 (Oresme). **Raréfaction,** *id.* Empr. du lat. *rarefacere*, *rarefieri* et du dér. médiéval *rarefactio* (de *rarus*, v. le préc.).

RARETÉ, XVe. Francisation du lat. *raritas* (de *rarus*, v. les préc.) ; on trouve parfois *rarité* au XVIe s.

RAS, XVIe, mais attesté isolément dès fin XIIe, surtout au sens de « rempli jusqu'au bord ». Réfection d'une forme *res* « rasé, raturé, radié », du lat. *rasus*, part. passé du verbe *radere* « raser » (v. **raser**) déjà rare au XVIe s., mais qui a survécu dans des locutions, cf. *rez pied*, *rez terre* chez Bossuet et *à rez de terre* chez Buffon ; on avait formé sur ces locutions *à rez de chaussée*, 1506, d'où est issu le français moderne **rez-de-chaussée,** 1548. V. **araser.** — Dér. : **rasade,** propr. « ce qui remplit le verre à ras de bord », 1670.

RASCASSE, 1769. Empr. du prov. *rascasso*, dér. de *rasco* « teigne », v. **racaille.**

RASER. Lat. pop. **rāsāre* (du lat. class. *rādere* « racler » et partic. « tondre, raser la barbe »). It. *rasare* « rendre lisse, passer près de », esp. *rasar* « racler, etc. ». L'a. fr. avait encore *raire*, *rere*, lat. class. *rādere*, qui, au sens de « raser la barbe », a été largement conservé : it. *radere*, esp. *raer*. — Dér. : **raseur,** 1853, au sens fam. de « personne ennuyeuse » ; antér. au sens de « destructeur », 1604. — Comp. : **en rase-mottes,** 1932.

RASIBUS, XIVe (E. Deschamps). Mot plaisamment forgé dans l'argot scolaire sur le lat. *rasus*, v. **ras,** avec la terminaison de l'ablatif des mots latins de la troisième déclinaison.

RASOIR. Lat. pop. *rasōrium* (de *rādere*, v. **raser**), attesté à basse ép. au sens de « burin ». It. *rasoio*.

RASSASIER, vers 1180. Comp. de l'a. fr. *assasier*, francisation du lat. médiéval *assatiare* (du lat. class. *satiare* « rassasier », de *satis* « assez ») ; le verbe n'a pas vécu dans la langue pop., *assaisier*, qui n'est attesté que très rarement, n'étant qu'une francisation plus complète qu'*assasier ;* cf. de même a. pr. *asaziar*. — Dér. : **rassasiement,** XIVe (Christine de Pisan).

RASTACOUÈRE (écrit aussi *-quère*), 1881, d'où, par abréviation, **rasta,** 1886. Empr. de l'esp. d'Amérique *rastracuero*, littéral. « traîne-cuir », surnom donné aux parvenus.

RAT, XIIe (d'après le fém. *rate*). Mot d'origine obscure. On admet généralement que le rat, venant d'Asie, n'a pénétré en Europe que dans les premiers siècles du moyen âge. Le mot est commun aux langues germaniques et aux langues romanes, comp. it. *ratto*, esp. *rato* (aujourd'hui « souris »), *rata* « rat », a. pr. *rat*, all. *ratte*, angl. *rat*, etc. Il est impossible de dire où le mot a pris origine. De toute façon il ne peut pas, comme on l'a proposé, représenter le lat. *rapidus* « rapide ». L'explication la plus vraisemblable est celle d'après laquelle l'élément *ratt-* est né de l'imitation du bruit que fait en grignotant l'animal tant redouté pour les dégâts qu'il cause.

Rat a le sens de « souris » dans beaucoup de patois soit au masculin, notamment dans la région franco-provençale et le Midi, soit au féminin, dans l'Est et le Midi (a. pr. *rata*). *Rat* a reçu au commencement du XVIIIe s. le sens de « caprice » (cf. aussi all. *Ratten* « caprices ») dans des expressions telles que *avoir des rats dans la tête*, cf. l'emploi comparable d'*araignée* et de *cafard*, d'où, par suite, celui de *rater* (d'une arme à feu, d'une serrure). — Dér. : 1° au sens propre : **ratier,** vers 1200. **Ra-**

tière, vers 1380 ; **raton,** XIIIe ; **dératisation,** 1906. 2° au sens de « rat d'église » : **ratichon,** 1725 (d'abord *rastichon*, argot, 1628). 3° au sens de « rater (d'une arme à feu) » ; **rater,** 1718, d'où **raté,** *subst*, 1876.

RATAFIA, 1675. Autre forme, également créole, de *tafia*. Les deux formes ont été en usage au XVIIe s. comme toast. Veyssière de Lacroze, qui vécut de 1675 à 1677 à la Guadeloupe, raconte que « quand un Indien du pays boit du brandevin à la santé d'un François, il lui dit *tafiat*, à quoi le François répond en faisant raison, *ratafiat* ». Il n'est donc pas impossible que l'anc. étymologie, d'après laquelle *ratafia* reproduirait une formule latine *rata fiat* (scil. *conventio*), soit assez près de la réalité. *Tafia* serait alors une réduction de *ratafia* due aux difficultés que devaient éprouver les indigènes à prononcer la forme complète.

RATATINER, 1611, au part. passé, seule forme usitée jusqu'au XVIIIe s. Mot expressif formé autour d'un radical *tat-*, qui, avec des suffixes diminutifs, exprime l'amoindrissement d'un état, d'une action ; comp. Manceau *tatiller* « bavarder, chuchoter », champ. *tatiner* « manier », *retatinis* « ragoût de viandes qui ont passé par plusieurs sauces », fr. *tatin* « petite quantité » (1611), *retatiner* « effacer les plis » (1508).

RATATOUILLE, 1821. Autour du verbe *touiller* (v. ce mot) s'est formé dans les patois tout un fouillis de verbes expressifs, dér. avec des préf. ou simplement avec des syllabes de renforcement, comme *fertouiller*, *tantouiller*, *entouiller*, *tartouiller*, *tatouiller*, *ratouiller*, dont la signification tourne autour des notions « se vautrer, agiter (un liquide), tremper, salir ». De nombreux dér. de ces verbes désignent des mets consistant surtout en une sauce et souvent faits sans soin, comme poit. *tantouillade* « compote de fruits », fr.-comt. *tatouille* « ragoût ». D'un croisement de *tatouiller* et *ratouiller* la langue a tiré le subst. *ratatouille*, qui doit être du XVIIIe s., puisque le français canadien le connaît aussi, et qu'il est dès l'origine très répandu (Champagne, Normandie, Poitou, etc.). D'où, par abréviation, **rata,** mot d'argot militaire, 1837, avec changement de genre.

RATE, vers 1165. La rate présente une certaine ressemblance avec un rayon de miel, son enveloppe se prolongeant dans l'intérieur de l'organe sous forme de cloisons limitant les aréoles. C'est pourquoi on a proposé de voir dans *rate* un empr. du moyen néerl. *râte* « rayon de miel » (cf. magyare *lép* « rayon de miel ; rate »). Mais le mot néerl. ne se trouve nulle part attesté au sens de « rate », pas plus que le mot fr. au sens de « rayon de miel », ce qui n'est guère favorable à l'hypothèse. — Dér. : **ratelle,** XIIIe, au sens de rate, XVe « maladie du porc » ; **dératé,** 1743, part. passé de *dérater* « enlever la rate à un chien pour le rendre plus propre à la course », depuis 1535.

RÂTEAU. Lat. *rastellum*, dér. de *rastrum*. — Dér. : **râtelée,** XVe ; **râteler,** XIIIe ; **râteleur,** 1694 ; **râtelier,** 1250.

RATIBOISER, 1875, mot de l'argot des joueurs. Mot de fantaisie, fait par croisement de *râtisser* et d'*emboiser* « tromper », encore dans les patois (comp. de l'a. fr. *boisier* « *id.* », d'un francique **bausjan*, qu'on restitue d'après l'anc. haut all. *bôsi*, d'où all. *böse* « méchant »).

RATIFIER, 1294 ; **ratification,** 1328. Empr. des mots du lat. médiéval *ratificare* (francisé en *-fier* sur un modèle répandu), *ratificatio* (de *ratum* « ce qui est confirmé », neutre de l'adj. *ratus*).

RATINE, 1593 ; en 1260, *rastin* « esp. de laine ». Dér. du verbe **raster* (v. *rater* sous **rature** ; on aplaigne cette étoffe après le tissage).

RATIOCINER, 1546 (Rab.) ; **ratiocination,** 1495. Empr. du lat. *ratiocinari*, *ratiocinatio* (de *ratio*, au sens de « compte, calcul »).

RATION, 1290. Au moyen âge, terme jurid. du droit eccl. ; depuis le XVIIe s. s'est dit surtout de la ration des soldats ou des marins. Empr. du lat. médiéval *ratio*, dont le sens est issu de celui du lat. class. « compte, somme ». — Dér. : **rationner,** 1795, d'où **rationnement,** 1875, **rationnaire,** 1777.

RATIONNEL, vers 1120. Empr. du lat. philosophique *rationalis* (de *ratio* au sens de « raison »). — Dér. : **rationalisme,** 1803, particul. en parlant de la philosophie de Kant ; d'où **rationaliste,** 1718 ; en 1539, dit des médecins « qui se contentent de l'art tant seulement » (Cl. Gruget), par opposition aux empiriques ; **rationalisation,** 1907 (dès 1842, dans un autre sens), **-iser,** 1842.

RATISSER, 1390. Dér. d'un anc. verbe *rater*, usuel au XIVe et au XVe s. au sens de « raturer, racler », tiré lui-même de *rature*. A pris le sens de « râteler » d'après *râteau*. — Dér. : **ratissoire,** 1537, développement sémantique parallèle à celui du verbe ; **ratissure,** 1552, *id.*

RATURE, XIIIe au sens de « raclure » ; le sens usuel aujourd'hui peut dater du XIVe s., étant donné l'existence d'un verbe *rater* à cette époque, v. **ratisser.** On restitue un mot du lat. pop. **rāditūra*, dér. de *rādere* « racler, raser », v. **raser** ; mais *rature* peut aussi être une réfection de *rasure* (dér. de *raser*), usité du XIIIe au XVIe s., d'après *ratoire*, autre forme de *radoire*. — Dér. : **raturer,** 1550 ; on a dit d'abord *rasurer* depuis le XIVe s. et *raser* au XVe s.

RAUQUE, 1406 ; **raucité,** XVe. Empr. du lat. *raucus*, *raucitas*. *Rauque* a remplacé l'a. fr. *rou(c)*, qui ne paraît pas avoir dépassé le XVe s., v. **enrouer.**

RAVAGE, v. **ravir.**

RAVALER, v. **val.**

RAVAUDER, 1530. Dér. de *ravault* « diminution de valeur », XVIe s., variante de *raval*, id., 1445, subst. verbal de *ravaler*,

v. **val.** D'autres acceptions de *ravauder* en franç. et dans les parlers partent toutes de l'idée de valeur diminuée, ainsi « réprimander en humiliant » (XVIe-XIXe s.), « marchander en dépréciant la marchandise » (Suisse). — Dér. : **ravaudage,** 1553 ; **ravaudeur,** 1530.

RAVE, 1530. Empr. du franco-prov. *rava* (on a *rave* en 1322 dans un texte franco-prov.), lat. *rāpa*, autre forme de *rāpum*, d'où aussi it. *rapa*, a. pr. *raba ; rave* s'est répandu dans les parlers septentrionaux et a éliminé une forme régulière *rêve*, rare en a. fr., mais qui survit dans le Nivernais, en Champagne et en Franche-Comté ; la forme méridionale *raba* (d'où *rabe* vers 1400, chez Christine de Pisan), s'étend jusqu'à la Loire. — Dér. : **ravier,** 1838. V. **bette, chou.**

RAVELIN, 1450. Anc. terme de fortification, empr. de l'it. *ravellino*, variante anc. de *rivellino*.

RAVIGOTER, 1611. Altération, par substitution de suff., de *ravigorer*, usuel du XVe s. jusqu'au début du XVIIe s., verbe comp. de *vigueur* (avec *o* du lat. *vigor*). — Dér. : **ravigote,** 1720.

RAVINE, 1388 *(Chemins... empeschiez par ravines d'eaues, Ordonn. de Charles VI)* au sens de « torrent d'eau », usité jusqu'au XVIIe s. d'où l'emploi moderne dès lors ; signifie aussi parfois au moyen âge « chute de terre », cf. *raveine de terre*, XIIe ; mais le sens ordinaire du moyen âge est « vol fait violemment », d'où « impétuosité, violence », puis « chute violente, etc. », cf. en outre l'adj. *ravinous* « impétueux », qui s'est dit notamment de l'eau torrentielle, dès le XIIIe s., emploi qui a pu contribuer au développement sémantique de *ravine. Ravine* « vol, etc. » représente le lat. *rapīna* « rapine », au sens actuel il est refait sur *raviner*. — Dér. : **raviner,** XIIe, au sens de « se précipiter avec impétuosité » (d'animaux, d'une rivière) ; sens moderne au XVIe s., d'où **ravin,** 1690.

RAVIOLI, 1842, attesté en Savoie, sous la forme *raviole*, depuis le XVIe s., un peu plus tard en Dauphiné et à Lyon. Empr. de l'it. *ravioli*, qui est dér. du lombard *rava* « rave », les raves entrant autrefois dans la composition de ces mets d'origine italienne.

RAVIR. Sens fig. dès le XIIIe. Lat. pop. **rapīre*, lat. class. *rapere*. It. *rapire*, roum. *răpi*. — Dér. : **ravage,** XIVe ; se disait aussi au XVIe s. de chutes violentes de pluie ou de neige, d'où **ravager,** XVIe, **ravageur,** XVIe ; **ravissement,** XIIIe ; **ravisseur,** 1216.

RAVITAILLER, XVe. Comp. de l'anc. verbe *avitailler*, XIIe, hors d'usage depuis le XVIe s., comp. lui-même de l'anc. subst. *vitaille*, v. **victuaille.** — Dér. : **ravitaillement,** 1561.

RAY-GRASS, 1758. Empr. de l'angl. *ray-grass* (aujourd'hui on dit plutôt *rye-grass*).

RAYON, « jet de lumière », v. **rai.**

RAYON, « rayon de miel », 1538 ; d'où le sens de « casier, tablette de bibliothèque, de meuble, etc. », vers 1770. Dér. de l'a. fr. *ree* « rayon de miel », XIIe ; *ree* vient du francique **hrâta*, id. (comp. moyen néerl. *râta* « miel vierge », et la glose 100 des *Gloses de Reichenau : favum : frata mellis*).

RAYONNE « soie artificielle », 1930. Empr. de l'angl. *rayon* (empr. à son tour du fr. *rayon*), prononcé à l'anglaise, avec la consonne finale, ce qui a fait passer le subst. au féminin.

RAYONNER, v. **rai.**

RAYURE, v. **raie.**

RAZ, au sens de « courant violent dans un passage étroit », vers 1400 (Froissart), d'où **raz-de-marée,** 1678 ; comme le breton *raz*, empr. au normand, qui vient lui-même de l'anc. scandinave *râs* « courant d'eau », cf. aussi l'anc. angl. *ræs* « mouvement rapide » (d'où l'angl. *race*).

RAZZIA, 1841. Empr., à la suite de la conquête de l'Algérie, de l'arabe algérien *ghâzya* (en arabe class. *ghâzwa* « attaque, incursion militaire »). — Dér. : **razzier,** 1845.

RE-, préf. ; **ré-,** *id. Re* représente le lat. *re*, qui se dit propr. d'un mouvement en arrière (cf. *regredi* « revenir sur ses pas »), puis d'une action renouvelée (cf. « *reficere*, refaire ») ; de là s'est dit de la réciprocité et a servi parfois simplement à exprimer une idée de renforcement. A gardé tous ces sens dans toutes les langues romanes. Exprime en outre, notamment en fr., une idée « perfective », cf. *garder — regarder, lier — relier*, etc. *Ré-*, en dehors des mots où il est issu de *re* devant un verbe commençant par *é-*, cf. *récrier* et *écrier*, figure dans des mots repris au latin.

RÉ, v. **gamme.**

RÉALGAR, nom ancien du sulfure rouge d'arsenic, depuis le XVIe s. ; en outre *riagal*, 1377 ; *réagal*, XVe (Villon) ; *réalgal*, XVIIe. Altérations diverses de l'arabe *rahadj el-fâr* « poudre des rats ; mort aux rats », empr. par des intermédiaires indéterminés, cf. lat. du XVIe s. *re(i)algar*, esp. *rejalgar*, a. pr. *rialgar*, it. *risigallo*.

RÉALISER, RÉALITÉ, v. **réel.**

RÉBARBATIF, XIVe. Mot pris à l'argot scolaire, dér. de l'anc. verbe *(se) rebarber* « faire face à l'ennemi », d'où « tenir tête à », usuel jusqu'au XVIe s., dér. de *barbe*, littéral. « faire face barbe contre barbe », cf. de même **rebéquer.**

REBEC, XVe. Autre forme de l'a. fr. *rebebe, rubebe*, XIIIe (J. de Meung), au XIVe aussi *rebelle ; rebebe* est empr. de l'arabe *rabâb*, sorte de vielle, probabl. par l'intermédiaire de l'a. pr. *rebeb*, esp. *rabel* (anc. it. *ribeba* est peut-être empr. du galloroman) ; la forme *rebec* paraît être due à un croisement avec *bec* (à cause de la forme de l'instrument) ; aussi a. pr. *rebec*, d'où également l'it. *ribeca*.

REBELLER (se), vers 1180, souvent au moyen âge *rebeller* (sans *se*) ; rare depuis le XVIIIe s. ; **rebelle,** XIIe ; **rébellion,** 1306. Empr. du lat. *rebellare* (de *bellum* « guerre »), *rebellis*, *rebellio*. *Rebeller* a supplanté *reveler*, forme plus francisée de *rebellāre*, usuelle jusqu'à la fin du xvᵉ s., d'où *revel* « rébellion », qui a disparu en même temps que *reveler*.

REBÉQUER, v. **bec.**

REBLOCHON, 1877. Nom savoisien d'un fromage fabriqué dans cette région et qui a passé en franç. ; dér. d'un verbe *blossi* « pincer » répandu en Savoie et en Suisse, qu'on ramène à un type **blottiare*, d'origine inconnue.

REBOURS. Ne s'emploie plus que dans les locutions *à rebours* (déjà attestée au xiiᵉ s.), *au rebours* ; en a. fr. *rebours* était un adj. signifiant « qui est à contre-poil », d'où « revêche, rétif », usité jusqu'au xviiiᵉ s. Lat. de basse ép. *reburrus* « qui a les cheveux retroussés », d'où *rebours*, sous l'influence, antérieure aux premiers textes, de *revers* « renversé, ébouriffé », lat. *reversus* (d'où aussi it. *rovescio* « envers », *a rovescio* « à l'envers », a. pr. *revers* « qui va à rebours »). — Dér. : **rebrousser,** xviᵉ ; antér. *rebourser*, vers 1170, devenu *rebrousser* au xviᵉ s., peut-être d'après *trousser ;* signifie en outre jusqu'alors « retrousser, relever, refouler, remonter le cours d'un fleuve, etc. », cf. l'expression *rebrousser chemin*, qui date du xvᵉ s. (sous la forme *rebourser le chemin* dans *Le Jouvencel*) d'où **rebrousse-poil (à),** 1694.

REBOUTEUR, v. **bouter.**

REBROUSSER, v. **rebours.**

REBUFFADE, fin xviᵉ (d'Aubigné). Dér. de l'anc. mot *rebuffe*, de même sens, 1558, empr. de l'it. qui hésitait entre les trois formes *ribuffo*, *rebuffo*, *rabuffo*, aujourd'hui surtout *rabuffo*, de la famille du verbe *rabbuffare* « déranger, houspiller, etc. », de *buffare*, v. **bouffer.**

RÉBUS, 1480. Le point de départ n'est pas, comme on l'a cru, d'après Ménage, l'expression *rébus de Picardie*, puisque celle-ci n'est attestée que beaucoup plus tard. Il est à chercher plutôt dans le jeu d'esprit qui consiste à représenter les objets et les personnes par des dessins (*rebus*, au lieu de *litteris*), en remplaçant ceux-là par des objets ou des personnes dont les noms se prononcent de la même façon. On a ainsi dès le xviᵉ s. des dessins à devinettes, comme l'indique Des Accords au xviᵉ s. : « On avoit trouvé une façon de devis par seules peintures qu'on souloit appeler des rebus. »

REBUT, REBUTER, v. **but.**

RÉCALCITRANT, 1696 (Regnard) ; une première fois en 1551. Part. prés. de l'anc. verbe *récalcitrer*, xiiᵉ, encore dans les dict., empr. du lat. *recalcitrare*, propr. « ruer » (de *calx*, *calcis* « talon »).

RÉCAPITULER, vers 1360 ; **récapitulation,** 1248. Empr. du lat. de basse ép. *recapitulare* (de *capitulum* au sens de « chapitre »), *recapitulatio*. — Dér. du verbe : **récapitulatif,** 1831.

RECENSER, 1532 ; assez fréquent au moyen âge et au xviᵉ s. au sens d' « énumérer ». Empr. du lat. *recensere* « faire un recensement », d'où « énumérer ». — Dér. : **recensement,** 1611 ; **recenseur,** 1789.

RECENSION, 1753. Empr. du lat. *recensio* « recensement », v. le préc.

RÉCENT, 1488. Empr. du lat. *recens*, *recentis*, propr. « humide », « frais » ; l'a. fr. a eu un adj. *roisant* « frais » qui continuait le lat. *recentem*, acc. de *recens*.

RÉCÉPISSÉ, 1380. Tiré du mot lat. *recepisse* (inf. parf. de *recipere* « recevoir »), extrait de la formule *cognosco me recepisse* « je reconnais avoir reçu », qui s'écrivait sur des reçus.

RÉCEPTACLE, 1314. Empr. du lat. *receptaculum* (de *receptare* « reprendre, recevoir »).

RÉCEPTEUR, 1845, au sens moderne ; déjà formé au moyen âge au sens de « receveur » ; **réceptif,** 1836. Dér. sav. du lat. *receptus* (part. passé de *recipere* « recevoir ») pour servir de nom d'instrument (ou d'agent) et d'adj. à *réception*, v. le suiv. — Dér. de *réceptif :* **réceptivité,** 1812.

RÉCEPTION, vers 1200. Empr. du lat. *receptio* (de *recipere* « recevoir ») pour servir de nom abstrait à *recevoir*. — Dér. : **réceptionnaire,** 1874, terme techn. d'administration et d'industrie ; **réceptionner,** fin xixᵉ, *id.*

RÉCESSION, 1864. Empr. du lat. *recessio* « action de se retirer ».

RECETTE, v. le suiv.

RECEVOIR. Réfection, qui apparaît au xiiiᵉ s. de *receivre*, *reçoivre*, lat. *recipere*. — Dér. : **recette,** xiiᵉ, d'après le lat. *recepta*, fém. du part. passé *receptus ;* **recevable,** xiiiᵉ, d'où **recevabilité,** 1829, **irrecevable,** 1588 (Montaigne) ; **receveur,** xiiᵉ ; **reçu,** 1611.

RÉCHAMPIR, v. **champ.**

RÈCHE, xiiiᵉ, sous la forme picarde comp. *resque*, cf. normand *rêque* (vin). Du gaul. **reskos* « frais ».

RECHIGNER, xiiᵉ s. (*denz rechignier* « montrer les dents »), d'où le sens moderne. En a. fr. aussi *rechiner*, *eschignier* et *reschignier (des dents, les dents)*, qui signifiaient en outre « faire la grimace pour refuser », *eschignier*, « se moquer » et, en fr. pop., *chigner* « pleurnicher » (déjà dans le *Père Duchesne*). D'un francique **kînan* qu'on restitue d'après l'anc. haut-all. *kînan* « tordre la bouche », moyen néerl. *kinen* « ouvrir la terre ».

RÉCIDIVE, vers 1550 (Paré), au sens médical ; 1593, aux sens général et jurid. **Récidiver,** 1488 ; développement sémantique parallèle à *récidive*. Empr. du lat. médiéval *recidiva* (tiré de l'adj. anc. *recidivus*, propr. « retombe », d'où « qui revient » (en parlant de la fièvre), et du verbe dér. *recidivare*). — Dér. : **récidiviste,** 1845 ; seulement au sens jurid.

RÉCIF, 1688. D'abord en usage dans les colonies d'Amérique ; introduit en fr. par les colons d'Amérique qui ont reçu ce mot des Espagnols ; le mot esp. *arrecife*, propr. « chaussée », est empr. lui-même de l'arabe *ar-rasîf* « chaussée, digue, levée ».

RÉCIPIENDAIRE, 1674. Dér. sav. du lat. *recipiendus* « qui doit être reçu » (de *recipere* « recevoir »).

RÉCIPIENT, 1555 *(En un mesme vaisseau recipient).* Empr. du lat. *recipiens*, part. prés. de *recipere* « recevoir », qui paraît avoir été employé avec le sens moderne de « récipient » dans le lat. des alchimistes.

RÉCIPROQUE, 1380. **Réciprocité,** 1729. Empr. du lat. *reciprocus, reciprocitas* (créé à basse ép.).

RÉCITAL, 1884. Empr. de l'angl. *recital* (du verbe *to recite*, empr. lui-même du fr. *réciter*).

RÉCITATIF, 1690. Empr. de l'it. *recitativo* (du verbe *recitare*, v. le suiv.).

RÉCITER, vers 1170, au sens de « lire à haute voix », puis de « raconter » qui s'est maintenu jusqu'au XVIIIe s. ; au sens de « dire de mémoire », depuis 1530 ; **récitation,** 1680, au sens moderne ; antér., depuis le XIVe s., « récit ». Empr. des mots lat. *recitare*, propr. « lire à haute voix un acte, un ouvrage », d'où « débiter, dire de mémoire », *recitatio* « lecture à haute voix d'un acte juridique, lecture publique ». — Dér. du verbe : **récit,** XVe ; **récitant,** 1771.

RÉCLAMATION, 1238. Empr. du lat. *reclamatio* pour servir de nom abstrait à *réclamer*.

RÉCLAMER, 1219, au sens moderne ; au moyen âge on a des formes accentuées *reclaime*, etc. Empr. du lat. *reclamare* « se récrier, protester », usité notamment dans la langue jurid. Depuis le XIe et jusqu'au XVIIe s. signifie aussi « invoquer, implorer Dieu, les saints, etc. », d'où aujourd'hui « demander le secours d'autrui ». *Se réclamer de* vient de la langue jurid., où cette expression signifie dès le XIIIe s. « interjeter appel, en appeler d'une cour inférieure à une cour suzeraine ». Jusqu'au XVIe s. on semble avoir dit *reclamer*, dont *réclamer* serait une réfection d'après la prononciation du lat. *reclamare*. — Dér. : **réclame,** 1560, comme terme de fauconnerie, masc., parce qu'il a remplacé *reclaim*, du XIIe au début du XVIIe s. ; comme terme de typogr., 1625, fém. *Réclame* « publicité » est un sens spécial de ce terme typographique ; il s'est dit d'abord d'un « petit article que l'on insère dans le corps d'un journal, avec les nouvelles et les faits divers, et qui contient ordinairement l'éloge payé d'un livre, d'un objet d'art, dont le titre se trouve aux annonces » (1838) ; déjà signalé en 1834 dans un sens moins précis ; cette annonce payée était naturellement laudative. L'influence de l'angl. d'Amérique *reclaim* (du verbe *to reclaim* « attirer l'attention », empr. du fr. du moyen âge), est peu probable à cette date. Les deux mots ne se sont rejoints que plus tard. Le mot a pris récemment dans la langue commerciale le sens d' « appel à la clientèle par un rabais sur le prix ».

RECLUS, vers 1170. Part. passé de l'anc. verbe *reclure* (qui a toujours été plus rare, sauf au part. passé et aux formes comp. avec ce part., que *reclore*), lat. de basse ép. *reclūdere* (en lat. class. « ouvrir » ; depuis Tertullien, *re-* prenant le sens du renforcement, « enfermer »), aussi it. *richiudere. Reclus* signifie aussi en a. fr., dès 980, « lieu où l'on est reclus ». — Dér. : **réclusion,** réfection récente de *reclusion*, XIIIe.

RÉCOLER, 1356, « se souvenir » (*recolé* subst. « minute d'un acte » dès 1337) ; le sens actuel de « réviser, vérifier », XVIIe, dérive de l'emploi du verbe dans la langue jurid. : *récoler les dépositions des témoins*, XVIe. Empr. du lat. *recolere* « se rappeler » et « rappeler », sens habituel du XIVe au XVIe s. — Dér. : **récolement,** 1389.

RÉCOLLECTION, « résumé », 1372, « esprit de recueillement », 1553 ; **récollet,** 1468, ordre de franciscains réformés de la fin du XVe s. Dér. sav. de *recollectus*, part. passé de *recolligere*, v. **recueillir,** ou plutôt empr. des mots du lat. médiéval *recollectio, recollectus*, non attestés par accident ; les Récollets ont pris ce nom pour indiquer qu'ils voulaient se livrer à la récollection et, à cette intention, ils demandèrent au pape l'autorisation de se retirer dans des couvents.

RÉCOLTE, 1558 ; cf. « nous disons la récolte, au lieu qu'on souloit dire la cueillette », H. Estienne, 1578. Empr. de l'it. *ricolta* (de *ricogliere*, v. **recueillir**). — Dér. : **récolter,** 1762, encore blâmé par Voltaire qui préfère *recueillir*.

RÉCOMPENSER, XIVe (Oresme), au sens de « compenser », encore usité au XVIIe s., d'où *se récompenser de* « se dédommager », encore usité au XVIIIe s. ; au sens moderne, XIVe (Froissart). Empr. du lat. de basse ép. *recompensare* « compenser, récompenser », v. **compenser.** — Dér. : **récompense,** vers 1400, développement sémantique parallèle à celui du verbe.

RÉCONCILIER, XIIe ; **réconciliateur,** 1512 ; **réconciliation,** XIIIe. Empr. du lat. *reconciliare, reconciliator, reconciliatio. Réconcilier* signifie aussi au moyen âge « purifier un lieu saint (qui a été souillé) », d'après le sens du lat. anc. « réparer un dommage ». — Dér. : **réconciliable,** fin XVIe (Malherbe). V. **irréconciliable.**

RECONDUCTION, terme jurid., 1602. Empr. du lat. jurid. *reconductio* (de *reconducere* « reprendre à bail ») ; le verbe correspondant *reconduire* est moins usuel.

RÉCONFORTER, XIe (*Alexis ; ré-* a été probabl. substitué à *re-* vers 1600). Comp. de l'anc. verbe *conforter*, sorti de l'usage depuis le XVIIe s., lat. eccl. *confortāre* (de *fortis* « fort, courageux ») ; aussi it. *confortare*, esp. *confortar*. Au moyen âge, on a tiré de *conforter* un subst. *confort* « ce qui donne de la force, etc. », v. **confort.** — Dér. : **réconfort,** XIIe.

RECONNAÎTRE. Lat. *recognoscere*, dont le développement a été parallèle à celui du simple. It. *riconoscere*, esp. *reconocer*. — Dér. : **reconnaissance,** vers 1080 *(Roland)*, au sens d' « action de se reconnaître »; développement de sens parallèle à celui du verbe.

RECOQUILLER, v. **recroqueviller.**

RECORD, 1883. Empr. de l'angl. *record*, propr. « enregistrement », récent avec son acception sportive, subst. verbal de *to record* « rappeler, inscrire, enregistrer », lui-même de l'a. fr. *recorder* « rappeler », v. **recors.**

RECORS, vers 1240 *(recort)* ; n'a plus qu'une existence littéraire. D'abord « témoin », puis spécial. « Témoin pris par un huissier pour assister à un exploit », 1552, et « officier subalterne de justice qui prêtait main-forte à un huissier en cas de besoin » ; doit le premier sens de « témoin » à l'anc. verbe *recorder* qui était d'un emploi fréquent dans la langue jurid. au sens de « rapporter comme témoin » (d'où aussi *recordeur* « témoin », dès le XIIIe s.). Était usité antér. comme adj. au sens de « qui se souvient » ; comme l'anc. subst. *record* « mémoire, souvenir », usuel jusqu'au XVIe s. et qui se trouve encore chez Montesquieu comme terme de jurisprudence, c'est un mot tiré du verbe *recorder* « se rappeler, rappeler », usuel jusqu'au XVIIIe s., lat. de basse ép. *recordāre*, lat. class. *recordāri* « se souvenir ». La forme *recors* qui a triomphé depuis le XVIIe s., se trouve déjà au moyen âge pour l'adj. ; c'est probabl. une forme du plur. (on trouve aussi une forme altérée *recorps*).

RECOURIR. A supplanté au XVIe s. l'anc. forme *recourre*, v. **courir.** Au sens de « retourner en courant », représente le lat. *recurrere ;* le sens de « courir une deuxième fois, » attesté dès le XIIIe s., a pu exister en tout temps. Le sens d' « avoir recours à », 1283, est repris au lat.

RECOURS, XIIIe (Rutebeuf). Empr. du lat. jurid. *recursus*, v. le préc.

RECOUSSE, v. **rescousse.**

RECOUVRER. Du XVe au XVIIe s. fréquemment confondu avec *recouvrir*, cf. notamment *recouvert* au sens de « recouvré ». Lat. *recuperāre*. It. *ricoverare*, esp. *recobrar*. — Dér. : **recouvrable,** vers 1450, d'où **irrécouvrable,** 1418, d'après le lat. de basse ép. *irrecuperabilis* (d'où vient aussi l'*é*) ; **recouvrement,** « action de recouvrer », vers 1080 *(Roland)*.

RÉCRÉER, XIVe (Oresme ; on trouve au XIIe s. une forme d'ind. prés. plus francisée *recrie*). **Récréation,** 1215, au sens de « repos, délassement » ; le sens dominant aujourd'hui de « récréation des écoliers » s'est développé au XVIIe s. Empr. du lat. *recreare*, *recreatio*. — Dér. : **récréatif,** 1487.

RÉCRIMINER, 1543 ; **récrimination,** 1550, comme terme jurid. Empr. du lat. médiéval *recriminari* (de *crimen* au sens d' « accusation »), *recriminatio*.

RECROQUEVILLER, 1332. Mot aux formes multiples, cf. *racroquevillie*, *recroquillie*, *recoquillie*, dans ce même texte de 1332. Mot de fantaisie, issu de *recoquiller* (1399), composé de *coquille ;* la syllabe *croque-* peut être due à *croc*, le *v* à *ville* (forme ancienne de *vrille*) ; on trouve aussi *recroquebiller*, 1611, *recrobiller*, chez Saint-Simon, qui rappellent *recorbelées*, XIIIe (G. de Lorris), dér. de *courbe*.

RECRU, v. **croire.**

RECRUDESCENCE, 1810 ; d'abord terme médical, d'où des sens plus étendus. Dér. sav. du lat. *recrudescere* « devenir plus violent » (propr. « devenir saignant » en parlant d'une blessure, de *crudus*, proprement « saignant »).

RECRUE, v. **croître.**

RECTA, 1718. Tiré du mot lat. *recta*, adv., propr. « en droite ligne ».

RECTANGLE, 1556. Empr. du lat. médiéval *rectangulus*, comp. de *rectus* « droit » et de *angulus* « angle » sur le modèle du lat. anc. *triangulus*. — Dér. : **rectangulaire,** 1571, d'après le lat. *rectangulus*.

RECTEUR, 1806, au sens moderne de « chef d'une académie (circonscription universitaire) » ; sous l'ancien régime, « chef d'une université », 1261. Empr. du lat. médiéval *rector*, en lat. class. « celui qui dirige, chef, etc. » (de *regere* « diriger »), sens assez fréquemment repris du XIVe au XVIIIe s. *Recteur* a été pris aussi au sens de « curé » dès le XVIe s. et s'emploie encore ainsi en Bretagne et dans le Midi. — Dér. d'après la forme du lat. *rector :* **rectoral,** 1588 ; **rectorat,** XVIe (Pasquier), développement sémantique parallèle à *recteur ;* **vice-recteur,** 1872.

RECTIFIER, 1314 ; **rectification,** *id.* Empr. du lat. de basse ép. *rectificare* (avec une francisation en *-fier* d'un type répandu), *rectificatio* (de *rectus* « droit »). — Dér. du verbe : **rectificatif,** 1829 ; **rectifiable,** XVIIIe (Fontenelle).

RECTILIGNE, XIVe (Oresme) ; usuel seulement depuis le XVIIe s. Empr. du lat. de basse ép. *rectilineus*, v. le préc.

RECTITUDE, XIVe (Oresme). Empr. du lat. de basse ép. *rectitudo* « caractère de ce qui est droit (au physique et au moral) ».

RECTO, 1663. Abréviation de la formule latine *folio recto* « sur le feuillet qui est à l'endroit », opposé à *folio verso* « sur le feuillet qui est à l'envers » d'où **verso,** *id. ;* comme anciennement chaque feuillet n'avait qu'un chiffre, il fallait un nom pour chacune des deux pages.

RECTUM, vers 1514. Empr. du lat. médical *rectum* (sous-entendu *intestinum*) ; le rectum a été ainsi nommé à cause de sa forme droite.

RECUEILLIR. Signifie aussi jusqu'au XVIe s. « accueillir ». Lat. *recolligere* (de *colligere*), avec développement parallèle à celui de *cueillir*, *accueillir*. Le sens qu'a *se* *recueillir* n'est pas attesté avant le XVIIe (Bossuet) ; il est peut-être dû en partie à l'influence du lat. eccl., v. **recollection.** — Dér. : **recueil,** XIVe (Froissart) au sens d' « accueil » ; sens moderne, XVIe ; **recueillement,** XVIIe, au sens moderne ; 1429, au sens d' « action de recueillir ».

RECUIRE. Lat. pop. **recocere*, lat. class. *recoquere*.

RÉCUPÉRER, 1495 ; **récupération,** 1356. Empr. du lat. *recuperare*, *recuperatio*, v. **recouvrer.**

RÉCURRENT, 1541, en parlant des nerfs ; comme terme de mathém., 1713. Empr. du lat. *recurrens*, part. prés. de *recurrere* « courir en arrière ».

RÉCUSER, XIIIe. **Récusation,** 1332. Empr. des mots lat. *recusare*, propr. « refuser », *recusatio*, avec leur sens jurid. — Dér. : **récusable,** 1529. V. **irrécusable.**

RÉDACTEUR, 1752 ; **rédaction,** 1560. Dér. sav. de *redactus*, part. passé de *redigere*, pour servir de noms d'agent et d'action au verbe *rédiger*. — Dér. : **rédactionnel,** 1907.

REDAN, v. **dent.**

REDDITION, 1356. Empr. du lat. de basse ép. *redditio* (de *reddere* « rendre »).

RÉDEMPTEUR, XIIe ; **rédemption,** *id.* Empr. du lat. eccl. *redemptor*, *redemptio*, propr. « celui qui rachète, rachat » (de *redimere*), v. **rançon** ; *rédemption* est aussi jurid. au sens de « rachat, rançon » depuis le moyen âge, comme le lat. *redemptio*. L'a. fr. a fait sur le verbe *raembre* « racheter », v. **rédimer,** un subst. *raembeor* (au cas sujet *raemberres*), qui a été de quelque usage au sens de « rédempteur ».

RÉDHIBITOIRE, XIVe. Empr. du lat. jurid. *redhibitorius* (de *redhibere* « rendre un objet vendu », proprement « rendre, restituer »), cf. aussi **rédhibition,** 1549, du lat. jurid. *-tio ;* dans un sens plus étendu, depuis 1869.

RÉDIGER, 1455. Empr. du lat. *redigere*, propr. « ramener » ; le sens du fr. est dû à un développement qui lui est propre et qui est parti de celui de « disposer, arranger » que *redigere* a parfois ; v. **rédacteur, rédaction.** A parfois aussi été pris du XIVe au XVIe s. au sens « réduire (en servitude, en cendres) ».

RÉDIMER, XIVe (Deschamps), comme terme de langue religieuse. Empr. du lat. *redimere* « racheter », qui avait donné l'a. fr. *raembre*, disparu devant *rédimer*.

REDINGOTE, 1725 : « Redingote, habillement qui vient des Anglais et qui est ici très commun à présent... surtout pour monter à cheval », Barbier, *Chronique de la Régence*. Empr. de l'angl. *riding-coat*, littéral. « habit *(coat)* pour monter à cheval *(riding)* » ; francisé d'après la forme écrite.

REDONDER, vers 1200. **Redondant,** XIIIe (J. de Meung). **Redondance,** XIVe. Ne se disent plus depuis que d'une manière de parler ou d'écrire ; avaient jusqu'au XVIe s. un sens plus étendu. Empr. des mots lat. *redundare* « regorger, déborder » (de *unda* « onde »), *redundans*, *redundantia*, qui étaient également employés en parlant du style.

REDOUTE, 1616, comme terme de fortification (d'Aubigné qui dit *ridotte*). Empr. de l'it. *ridotta*, aujourd'hui *ridotto* « lieu où l'on se retire » (du verbe *ridurre* « ramener, réduire », au réfl. « se retirer »), cf. le fr. *réduit ;* devenu *redoute* au XVIIe s. d'après le verbe *redouter*. Au sens de « lieu où l'on s'assemble pour jouer et danser », repris au XVIIIe s. à l'it., parfois sous les formes *ridotto*, *ridotte*, rapidement assimilées à *redoute*, terme de fortification. Au XVIIe s. on a dit aussi *réduit* au sens de « lieu de réunion » d'après l'it. auquel *réduit* doit aussi son emploi comme terme de fortification.

REDOUTER, v. **douter.**

RÉDOWA, 1855. Empr. de l'all. *Redowa*, empr. lui-même du tchèque *rejdovak*, sorte de danse rustique de Bohême.

RÉDUIRE, 1370, aux sens de « ramener, rétablir », sens principaux du mot jusqu'au XVIe s. ; cf. aujourd'hui *réduire une fracture ;* **réduction,** XIIIe ; sens parallèle au verbe. Empr. du lat. *reducere* « ramener », d'où les sens nouveaux du fr. (francisé d'après *conduire*), et du dér. *reductio*, dont le sens a suivi celui du verbe. — Dér. du verbe d'après *reductus*, part. passé de *reducere :* **réductible,** XVIe, **irréductible,** 1676 ; **réductif,** 1314.

RÉDUIT, XIIe. *Reduit* a été refait à une date qu'on ne peut déterminer en *réduit* d'après *réduire* et représente le lat. pop. *reductum*, neutre pris substantiv. de *reductus* « qui est à l'écart », cf. pour ce sens **redoute** ; *reduit* ne peut pas être un dér. de *réduire* qui est non seulement tardif, mais dont les sens ne concordent pas avec celui de *réduit* « lieu retiré ».

RÉDUPLICATION, 1520, comme terme de rhétorique. Empr. du lat. de basse ép. *reduplicatio*, de même sens (de *reduplicare* « redoubler », de *duplus*, « double »). En 1503, comme terme médical, dér. sav. du lat. *reduplicare* « redoubler ». — Dér. : **réduplicatif,** 1679, avec la terminaison *-atif*, fréquente dans les adjectifs de formation savante.

RÉEL, 1283 (Beaumanoir), comme terme jurid. ; au sens philosophique, XVIe ; a pris un sens plus étendu depuis la fin du XVIIIe s. ; l'adv. *réellement* est devenu particulièrement pop. au sens de « véritablement » ; parfois francisé au XIVe s. en *roial*, qui n'a pas pu se maintenir à côté de *royal* « de roi ». Empr. du lat. médiéval *realis* (de *res* « chose »). — Dér. d'après l'a. fr. *real*, autre forme de *réel :* **réaliser,** 1495, au sens jurid. ; « rendre réel » en général, XVIIe ; *réaliser sa fortune*, a été créé vers 1719, cf. : « Ceux qui avaient réalisé : c'était un terme nouveau introduit dans la langue par ce système (de Law) »,

Voltaire, *Parlement de Paris*. Sous l'influence de l'anglo-américain *to realize*, *réaliser* a pris à la fin du XIXe s. (en 1895, chez P. Bourget) et surtout depuis une vingtaine d'années le sens de « comprendre, se représenter »; d'où **réalisable,** 1780 (Mirabeau), **irréalisable,** 1842, **réalisation,** 1544, au sens jurid. ; **réalisme,** 1850, **surréalisme,** 1924, **réaliste,** 1796, comme termes d'art et de littérature ; comme termes de philosophie, le premier en 1803, le deuxième en 1798 ; comme terme de scolastique, XVIe ; **réalité,** XIVe.

RÉFECTION, vers 1120. Empr. du lat. *refectio* (de *reficere* « refaire ») pour servir de nom abstrait à *refaire*. A signifié aussi au XVIe et au XVIIe s. « nourriture », sens également attesté en lat.

RÉFECTOIRE, XIIe (écrit alors *refectoir* ; en outre formes variées au moyen âge : *refeitor*, etc.). Jusqu'au XVIIe s. s'emploie surtout en parlant des communautés religieuses. Empr. du lat. médiéval *refectorium*, neutre pris substantiv. de l'adj. de basse ép. *refectorius* « qui restaure » (de *reficere*, v. le préc.).

RÉFÉRENDAIRE, 1310 (*Fauvel*, sous la forme *-ares*). Ne s'emploie aujourd'hui que pour désigner un magistrat de la Cour des Comptes. A désigné sous l'ancien régime divers officiers, notamment de la chancellerie, depuis le XIVe s. Empr. du lat. de basse ép. *referendarius* « chargé de ce qui doit être rapporté » (de *referre*, v. le suiv.), qui a servi au moyen âge et depuis l'époque mérovingienne à désigner certains officiers.

RÉFÉRENDUM, 1781. Terme de droit constitutionnel, mot lat., neutre *referendus*, de l'adj. verbal de *referre*, propr. « ce qui doit être rapporté », v. le suiv. Ecrit *referendum* jusque vers 1950 et encore aujourd'hui par certains ministères, excepté en Suisse, où le référendum est une institution constitutionnelle depuis près d'un siècle.

RÉFÉRER, XIVe (Oresme), au sens de « rapporter », plus usuel autrefois qu'aujourd'hui, cf. cependant *se, s'en référer à* ; en outre acceptions jurid. Empr. du lat. *referre* « rapporter ». — Dér. : **référé,** 1806 *(Code)*, au sens moderne ; antér. « rapport que fait un juge sur un incident d'un procès » ; **référence,** 1845.

RÉFLÉCHIR, « renvoyer », en parlant de la lumière, du bruit, etc., XVIIe. Empr. du lat. *reflectere* « fléchir », d'où « faire tourner », en vue de ce sens spécial, et francisé d'après *fléchir*. A été empr. antér. depuis le XIIIe jusqu'au XVIe s. dans la langue de l'anatomie, au sens de « se recourber, se relier ». Le sens grammatical est également lat. — Dér. : **réfléchissement,** XIVe.

RÉFLÉCHIR, « penser mûrement à quelque chose », XVIIe (Bouhours préfère encore *faire réflexion*). Empr. du lat. *reflectere (mentem, animum)* « détourner son esprit vers ». — Comp. : **irréfléchi,** 1786. V. **réflexion.**

RÉFLECTEUR, 1808. Dér. sav. du lat. *reflectus*, part. passé de *reflectere*, v. **réfléchir.**

REFLET, 1677. Empr., comme terme de peinture, de l'it. *riflesso* (empr. lui-même du lat. de basse ép. *reflexus* « retour en arrière » pour servir de nom abstrait au verbe *riflettere* « refléter »), d'où sens plus étendu dès le XVIIIe s. Orthographié *reflet* d'après le lat. *reflectus* et aussi, dès 1662 et au XVIIIe s., *reflex* d'après *reflexus*. — Dér. : **refléter,** 1762.

RÉFLEXE, 1556 ; une première fois, en 1372 ; jusqu'au XIXe s., terme de physique ; 1870, comme terme de physiologie. Empr. du lat. *reflexus*, part. passé de *reflectere*, en vue de ces sens techniques, v. **réfléchir.**

RÉFLEXION, XIVe (Oresme), comme terme de physique ; à la même époque pris comme terme d'anatomie. Empr. du lat. de basse ép. *reflexio* « action de tourner en arrière » (de *reflectere*, v. les préc.) pour servir de nom abstrait à *réfléchir* ; a reçu, en outre, au XVIIe s. son sens intellectuel d'après *réfléchir*. — Dér. au dernier sens : **irréflexion,** 1785, d'après *irréfléchi*.

REFLUER, 1488. Empr. du lat. *refluere* « couler en arrière », qui se disait notamment de la marée.

RÉFORMER, XIIe ; **réformateur,** 1332 ; **réformation,** 1213. Empr. du lat. *reformare*, *reformator*, *reformatio* ; il est difficile de dater la prononciation *ré-*, le moyen âge ne se servant pas d'accents. *Réformation* n'a servi comme *réforme* à désigner la révolution religieuse du XVIe s. qu'au XVIIe s. — Dér. du verbe : **réformable,** 1521, **irréformable,** 1725 ; **réforme,** 1640 ; **réformiste,** terme politique, 1836.

RÉFRACTAIRE, 1539. Empr. du lat. *refractarius* « indocile » (de *refragari* « briser »). Comme terme de physique, 1762, doit ce sens à *réfraction*.

RÉFRACTION, vers 1360. Empr. du lat. de basse ép. *refractio* « réfraction (de la lumière) » (de *refringere* « rompre », qui se disait aussi de la réfraction des rayons du soleil). — Dér. : **réfracter,** 1739.

REFRAIN, vers 1260. Antér. *refrait*, part. passé pris substantiv. de l'anc. verbe *refraindre*, propr. « briser », d'où « réprimer, modérer, contenir » et, en parlant de la voix, « moduler », lat. pop. **refrangere*, réfection, d'après le simple *frangere*, du lat. class. *refringere*, d'où aussi it. *rifrangere* « rompre », a. pr. *refranher* « réprimer » et aussi « moduler », ce qui explique le sens de *refrain* « partie d'une chanson qui revient à intervalles réguliers en brisant la suite du chant ». La modification de *refrait* en *refrain* est due à l'action de *refraindre* ; l'a. pr. *refranh* « chant des oiseaux, refrain » (lui-même tiré de *refranher*, cf. aussi *refrach* « chant des oiseaux ») n'est attesté qu'une fois. Les sens de « moduler » et de « refrain » sont postérieurs au lat. ; ils se sont développés en fr., peut-être d'abord dans les chansons de danse.

RÉFRANGIBLE, 1706 ; **réfrangibilité,** *id.* Empr. des mots angl. *refrangible, refrangibility,* créés par Newton d'après le lat. *refringere* avec le radical de *frangere* qui lui a paru plus clair, v. **réfraction.**

RÉFRÉNER, vers 1120. Empr. du lat. *refrenare,* propr. « retenir par le frein *(frenum)* ».

RÉFRIGÉRANT, XIVe (rare avant le XVIe s.) ; **réfrigératif,** XIVe (Oresme) ; **réfrigération,** 1520. Le premier est empr. du lat. *refrigerans,* part. prés. du verbe *refrigerare* « refroidir », de *frigus* « froid » (*refrigérer,* 1380, est rare ; mais aujourd'hui le part. passé est assez usuel), les deux autres sont empr. du lat. *refrigerativus* (créé à basse ép.), *refrigeratio.*

RÉFRINGENT, 1720. Empr. du lat. *refringens,* part. prés. de *refringere* « briser », v. **réfraction.** — Dér. : **-ence,** 1808.

REFUGE, XIIe. Empr. du lat. *refugium* (de *refugere* « se réfugier ») ; l'a. fr. dit surtout *refui,* forme plus francisée, v. **fuir.** — Dér. : **réfugier,** 1473, d'après la forme du lat. *refugium.*

REFUSER. En a. fr. signifie aussi « repousser, écarter, répudier » et « reculer ». Lat. pop. **refūsāre,* qui paraît être une altération de *recūsāre* au sens de « refuser » par croisement avec *refūtāre,* propr. « réfuter », qui a pris aussi à basse ép. le sens de « refuser ». L'esp. *rehusar* représente le même type étymologique que le fr. *refuser.* — Dér. : **refus,** XIIe.

RÉFUTER, 1520 ; **réfutation,** *id.* Empr. du lat. *refutare, refutatio.* — Dér. du verbe : **réfutable,** 1552, rare avant le XIXe. V. **irréfutable.**

REGAIN, XIIe (sous la forme *regaïn*). Comp. de l'a. fr. *gaïn,* de même sens, encore usité dans les patois de l'Est et du Nord-Est, qui représente une forme de latin gallo-roman **waidimen,* faite avec un francique **waida,* qu'on restitue d'après l'anc. haut all. *weida* « prairie, fourrage », cf. **gagner** ; l'*m* étymologique existe encore dans l'adj. *(prez) guimaulx,* employé par Rab. Le préf. *re-* s'explique par le fait que le regain est une deuxième coupe, une recoupe ; la plupart des termes qui désignent le regain dans les patois commencent aussi par *re-* : *revivre* dans le Sud-Est, *recor* (issu du lat. *chordum (fenum)* dans la région franco-provençale), *refoin* dans le Sud-Ouest, etc.

RÉGAL, XVe *(faire regalle et banquet)* ; l'orthographe *régale* est encore chez Molière ; on trouve dès 1314 dans *Fauvel, rigale.* A signifié d'abord « partie de plaisir offerte à quelqu'un », d'où le sens moderne, XVIIe. Les mots it. *regalo, regalare* sont postérieurs à notre *régal,* d'où ils viennent comme l'indique le préf. *re-* (au lieu de *ri-*). L'a. fr. *rigale* est tiré de l'a. fr. *gale* « réjouissance », v. *galant,* et il a emprunté son préf. à l'a. fr. *rigoler* « se divertir », ce qui a été facilité par l'identité de son et de sens. Dans *régal* le préf. *ri-* a été remplacé par *ré-,* qui est beaucoup plus fréquent. — Dér. : **régalade,** 1719 ; **régaler,** 1507.

RÉGALE, anc. terme de droit, 1246. Empr. du lat. médiéval *regalia* (sous-entendu *jura*) « droits du roi ».

RÉGALIEN, vers 1610. Dér. sav. du lat. *regalis* « royal ».

REGARDER, v. **garder.**

RÉGATE, 1679. S'est dit d'abord de courses de bateaux à Venise, Empr. du vénitien *regata,* propr. « défi », tiré du verbe *regatar* « rivaliser », qui est très probabl. un dér. de l'it. *gatto* « chat », les chats passant pour très querelleurs. Dit d'une sorte de cravate analogue à celle que portent les marins, fin XIXe.

RÉGÉNÉRER, au sens moral, XIe *(Alexis),* emploi dominant au moyen âge ; **régénération,** vers 1170. Empr. du lat. eccl. *regenerare,* propr. « faire renaître », *regeneratio.*

RÉGÉNÉRER, « produire par une nouvelle génération », 1314, dans la langue de la médecine. Empr. du lat. *regenerare,* v. le préc. — Dér. : **régénération,** 1314 ; **régénérateur,** 1495.

RÉGENT, 1261 (désigne alors un régent d'université) ; comme titre politique, XVIe. Empr. du lat. *regens,* part. prés. de *regere* « diriger ». — Dér. : **régence,** 1488, sens parallèle à celui du verbe ; **régenter,** vers 1420, *id.*

RÉGICIDE, celui qui commet l'acte, XVIe ; « l'acte lui-même », *id.* Empr. des mots du lat. médiéval *regicida, regicidium,* faits sur le modèle du lat. class. *homicida, homicidium ;* v. **parricide.**

RÉGIE, v. **régir.**

REGIMBER, XIIe ; propr. « résister, ruer (en parlant d'un cheval, etc., touché par l'éperon, etc.) » ; sens fig. dès le moyen âge. Forme nasalisée de *regiber* (encore usité au XVIe), dér. d'un anc. verbe *giber* « secouer », d'origine inconnue.

RÉGIME, XIIIe (sous la forme *regimen,* encore usitée au XIVe s.) ; d'abord au sens d' « action de régir, gouvernement », jusqu'au XVIIe s., encore chez Bossuet ; d'où les sens modernes à partir du XVIe s., v. le suiv. ; au sens d' « assemblage de fruits (bananes, etc,) », 1640 (sens né aux Antilles, peut-être empr. de l'esp. *racimo,* même sens, accroché au fr. *régime*). Empr. du lat. *regimen* « direction, gouvernement » (de *regere* « diriger »).

RÉGIMENT, 1314, au sens de « régime (médical) », cf. encore chez Brantôme « pour dire un régiment, ils disent un régime » ; au sens général de « direction », XVe, d'où le sens moderne de « corps de troupe sous les ordres d'un colonel », 1553 (sens empr. de l'all. *Regiment,* qui est antérieur). Empr. du lat. de basse ép. *regimentum* « conduite, direction » (de *regere,* v. le préc.). — Dér. : **régimentaire,** 1791 ; **enrégimenter,** 1722.

RÉGION, XIIe. Empr. du lat. *regio,* propr. « direction » (de *regere* « diriger »). L'a. fr. a possédé une forme pop. *reion, roion,* qui n'a pas dépassé le XIVe s., cf. aussi it. *rione* « quartier (dans une ville) ». — Dér. : **régional,** 1848, une première fois en 1538 (le lat. de basse ép. *regionalis* est trop rare pour avoir servi de modèle), **régionalisme,** 1875, **régionaliste,** fin XIXe.

RÉGIR, 1409. Empr. du lat. *regere* « diriger, gouverner ». — Dér. : **régie,** XVIe, pour des sens administratifs particuliers ; **régisseur,** 1740, *id.*

REGISTRE, XIIIe. La prononciation *regître* était encore usuelle au XVIIe s. Empr. du lat. de basse ép. *regesta* « registre, catalogue », plur. neutre, pris substantiv., de *regestus*, part. passé de *regerere* « rapporter, inscrire » ; la forme *regeste* est très rare (elle a été reprise avec un sens techn. par les historiens, 1870) ; *registre* paraît avoir été refait sur *épistre*. Pour l'emploi techn. de *registre* au sens de « règles de bois d'un orgue que l'organiste tire pour se servir des différents jeux », d'où *registre* en parlant de la voix, XVIe, cf. le lat. médiéval *registrum campanæ* « corde de cloche » ; l'emploi de *registre* au sens de « régulateur » dans diverses techniques se rattache à ce sens. — Dér. : **enregistrer,** XIIIe, d'où **enregistrement,** 1310, **enregistreur,** 1829, une première fois en 1310 au sens de « celui qui enregistre ».

RÈGLE, XIIe. Empr. du lat. *regula ;* a éliminé une forme plus francisée *rieule*, qui n'a pas atteint le XVIe s. (d'où l'angl. *rule*). L'a. fr. a eu en outre une forme pop. *reille* « ais, bardeau, etc. ». — Dér. : **régler,** 1288, d'où **réglage,** 1836, **réglement,** 1538, **réglementaire,** 1768, **réglementation,** 1845, **réglementer,** 1768, **régleur,** 1606 ; **réglette,** 1680, en 1478, *rieulette ;* **dérégler,** vers 1280, d'où **déréglement,** XVe.

RÉGLISSE. Le grec *glykyrrhiza*, propr. « racine douce », a été empr. par le lat., où il est devenu, à basse ép., *liquiritia*, sous l'influence de *liquor*. De là l'a. fr. *licorece*, XIIe, *licorice*, d'où par métathèse *ricolice*, XIIe-XIIIe, *réglisse*, 1393, probabl. sous l'influence de *règle*, la réglisse étant vendue en forme de longs bâtons. Parmi les nombreuses autres déformations *reygalisse*, XVIe, est une interprétation du mot par *rai* (de *radix*) *de Galice*, la Galice ayant été longtemps le principal fournisseur de réglisse (*rai de Galice* encore en Suisse)

RÈGNE, X^e^ *(Saint Léger) ;* jusqu'au XVIe s. signifie surtout « royaume » ; **régner,** X^e^. Empr. des mots lat. *regnum* « royauté, royaume, règne », *regnare*.

RÉGNICOLE, 1509. Empr. du lat. médiéval *regnicola*, fait sur le modèle du lat. *agricola*, etc.

REGRATTIER, v. **gratter.**

RÉGRESSIF, 1842 ; **régression,** 1877. Faits sur le modèle de *progressif*, *progression* auxquels ils s'opposent, d'après le lat. *regressio* « marche en arrière » (de *regredi* « retourner en arrière »). Le lat. *regressio* a été empr. une première fois au XIVe s. au sens propre et au XVIIIe s. dans une acception de la langue de la rhétorique.

REGRETTER, XIe *(Alexis).* Signifie spécial. au moyen âge « se lamenter sur un mort » ; le sens moderne a pris le dessus au XVIe s. L'a. fr. dit aussi *regrater*, forme qui survit jusqu'au XVIIIe s. dans l'angl. *regrate* (pour *regret*, qui est plus récent). Dér. peut-être de l'anc. scandinave *grâta* « pleurer, gémir » (de la famille du gotique *grêtan* « pleurer, se plaindre », cf. aussi l'angl. *to greet* « pleurer ») ; l'alternance des voyelles *a*, *e* s'explique probabl. par un verbe comme *acheter : achate*. Le préf. *re-* a été joint au verbe par analogie avec les nombreux verbes de la vie affective et intellectuelle qui commencent par *re-* (*repentir*, *remembrer*, *recorder*, etc.). — Dér. : **regret,** XIIe ; **regrettable,** 1478.

RÉGULARISER, 1794 ; **régularité,** XIVe (Oresme). Dér. sav. du lat. *regularis* « régulier » (de basse ép. en ce sens ; « qui a la forme d'une règle, d'une barre » à l'époque impériale, de *regula*, v. **règle**). — Dér. du verbe : **régularisation,** 1823.

RÉGULATEUR, 1765. Dér. sav. du lat. de basse ép. *regulare* « régler ».

RÉGULIER, XIIe, sous la forme *reguler*, d'où *regulier*, 1308, par substitution de suff., v. **bouclier, sanglier, singulier.** Empr. du lat. *regularis*, v. **régulariser.** L'a. fr. a employé des formes *reuler*, *rieuler*, francisées d'après *reule*, *rieule*, v. **règle.**

REIN. Lat. *rēn*. It. *rene*. Le pluriel seul a toujours appartenu à la langue, avec le sens qu'il a encore aujourd'hui. Le sing. désignant l'organe intérieur de l'homme est attesté pour la 1re fois dans un texte médical du XIVe s., ensuite seulement depuis 1538. Il a sans doute été emprunté du latin par la médecine. V. **rognon.** — Dér. : **éreinter,** 1690, propr. « rompre les reins » ; a éliminé en ce sens un ancien verbe *esrener*, vers 1130, encore usité dans les patois ; **éreintement,** 1842, usité seulement au sens fig.

REINE. D'abord *reïne*, puis *reine ;* parfois *roïne* d'après *roi* au moyen âge. Lat. *rēgīna*. It. *regina*, esp. *reina*. — Comp. : **vice-reine,** 1718.

REINE-CLAUDE, 1690. Tiré du nom de la reine Claude, épouse de François Ier. On a dit aussi *prune de la reine-claude* (1628) ; écrit souvent *reine-glaude*, suivant une prononciation encore répandue dans les patois.

REINETTE, 1611, *pomme de renette*, dès 1535, *pomme de rainette* encore en 1694. Il est évident que dans cette combinaison *renette* ne peut pas se rattacher au lat. *rana*, comme on l'a cru, mais que c'est un diminutif de *reine*. Ce mot et ses dér. sont souvent employés pour désigner des fruits, des plantes qu'on estime particulièrement (*reine* « esp. de tulipe », *roynette* « spirée ulmaire », etc.). V. **rainette.**

RÉINTÉGRER, 1352. terme jurid. qui a signifié « rétablir, reprendre possession de » (cf. l'expression moderne *réintégrer le domicile conjugal ;* au XVIe s. on a une locution analogue), « rétablir dans la possession de quelque chose », d'où diverses acceptions (mais en mathém. c'est un comp. d'*intégrer*). Empr. du lat. médiéval *reintegrare*, en lat. anc. *redintegrare* « rétablir, remettre dans son premier état » (de *integer* « intact »). — Dér. : **réintégration** 1326, développement de sens parallèle à celui du verbe.

RÉITÉRER, 1314 ; **réitération,** 1419. Empr. du lat. *reiterare* (de *iterare*) « recommencer », *reiteratio*. — Dér. : **réitératif,** 1495.

REÎTRE, XVIe (Ronsard). Empr. de l'all. *Reiter* « cavalier » ; mot introduit par les mercenaires au service de la France.

REJETER. Lat. de basse ép. *rejectāre*. — Dér. : **rejet,** 1241 ; **rejeton,** 1539, a remplacé un anc. *jeton*, même sens, XIIIe-XVIIe (encore dans les patois), dér. de *jeter* « produire des scions (d'une plante) ».

RELAPS, 1431 (sous la forme *relapse*, *Procès de Jeanne d'Arc*). Empr. du lat. médiéval des théologiens *relapsus*, tiré du part. passé du verbe du lat. class. *relabi* « retomber ».

RELATER, 1362. Terme de procédure, dér. sav. du lat. *relatus*, part. passé de *referre* au sens de « rapporter, raconter ».

RELATIF, terme didactique, 1256. Empr. du lat. de basse ép. *relativus*, adj. de *relatio* au sens philosophique, v. **relation.** — Dér. : **relativité,** 1805 ; **relativisme, -iste,** fin XIXe.

RELATIF, terme de grammaire, XIVe (Oresme). Empr. du lat. des grammairiens *relativus*, adj. de *relatio* au sens grammatical, v. les suiv.

RELATION, « récit, narration », XIIIe. Empr. du lat. *relatio*, v. **relater.**

RELATION, terme didactique, XIVe (Oresme) ; d'où « rapports d'amitié », XVIe. Empr. du lat. philosophique *relatio*, v. les préc.

RELAXER, fin XIIe, comme terme religieux ; vers 1320, comme terme jurid., d'abord au part. passé ; s'est employé au sens général de « remettre à plus tard », XIVe (Froissart) et comme terme de médecine, XVIe (Paré) ; **relaxation,** XVIIe comme terme jurid. ; au sens médical, 1314. Empr. des mots lat. *relaxare* « relâcher », *relaxatio* (qui a déjà à basse ép. le sens d' « élargissement d'un prisonnier »). — Dér. : **relaxe,** 1870 (une 1re fois en 1671).

RELAYER, XIIIe, terme de chasse, concernant les chiens, d'où « prendre un cheval de relais », XVIe ; sens plus étendu au XVIIe. Comp. de l'anc. verbe *laier* « laisser » ; propr. « laisser les chiens fatigués pour en prendre de frais » ; v. **délai.** — Dér. : **relais,** XVIe ; d'abord *relai*, XIIIe, altéré en *relais* d'après le verbe *relaisser* qui s'employait au réfléchi comme terme de chasse au sens de « s'arrêter de fatigue », ou simplement d'après le post-verbal *relais* « ce qui est laissé », attesté depuis le XIIe s. dans différentes techniques.

RELÉGUER, 1370 (Oresme). **Relégation,** *id.* Employés d'abord comme termes d'antiquité romaine ; sens plus étendu du verbe depuis le XVIe s. ; ont reçu en 1885 une nuance jurid. nouvelle. Empr. des mots lat. *relegare* « bannir », « reléguer » (c'est-à-dire « bannir temporairement »), *relegatio* (de sens parallèle à celui du verbe).

RELENT, 1608. Issu d'un ancien adj. *relent*, vers 1200, encore usité au début du XVIIIe s. ; au moyen âge se disait souvent à propos de cadavres. Du lat. *lentus*, qui avait aussi le sens de « visqueux », encore vivant à Mons, d'où « humide, moite », sens très vivant (Berry, Bourgogne, Midi), aussi dans l'esp. *liento*, le rhéto-roman *lien*, le sarde *lentu*, le cat. *rellent*, de même pic. *relent* « moiteur ». Le préf. *re-* aura probabl. exprimé d'abord le fait que l'objet en question a été enfermé dans un endroit humide pendant un laps de temps excessivement long.

RELEVER. Lat. *relevare*. — Dér. : **relevaille,** 1322 ; **relève,** 1872 ; **relevée,** XIIe, c'est-à-dire « le temps après la méridienne » ; **relevé** (de compte), 1740 ; **relèvement,** XIIe ; **relief,** vers 1050 (Alexis), comme t. de sculpture, 1571, d'après l'it. *rilievo*, d'où **bas-relief,** 1633, d'après l'it. *basso rilievo*, puis **haut-relief,** 1669.

RELIGION, vers 1085 ; **religieux,** 1174 ; **religiosité,** XIIIe. Empr. des mots lat. *religio*, *religiosus*, *religiositas* (terme eccl.). *Religiosus* désigne déjà en latin eccl. « celui qui appartient à un ordre monastique ». *Religion* signifie aussi au moyen âge « communauté religieuse », et *entrer en religion* se dit depuis le XIIIe s. — Dér. du premier : **religionnaire,** 1562, d'après l'emploi de *religion*, au XVIe et au XVIIe s. pour désigner spécialement la religion protestante.

RELIQUAT, 1409 ; antér. *reliqua*, XIVe, usité jusqu'à la fin du XVIe s. (s'employait notamment dans la formule *rendre (bon) compte et reliqua*), empr. du lat. *reliqua* « reste », plur. neutre de l'adj. *reliquus* « qui reste ». La forme *reliquat* est refaite sur le lat. de basse ép. *reliquatum* « reliquat » (de *reliquare* « avoir un reliquat ») ; d'où aussi *reliquataire*, 1566, « celui qui doit un reliquat ».

RELIQUE, vers 1080. Empr. du lat. *reliquiae* « restes », qui a pris un sens partic. en lat. eccl. — Dér. : **reliquaire,** 1328.

RELUIRE. Lat. *relūcēre* ; développement parallèle à celui de *luire*.

RELUQUER, vers 1750 (dans un texte poissard). Mot pop. et fam. Empr. du moyen néerl. *loeken*, de la famille de l'angl. *to look*. La voyelle *u* (au lieu de *ou*, cf. le liégeois *rilouki*, comp. de *louki*), s'explique probabl. par l'influence de *luquet* « œil-de-bœuf » (Flandres XVe, du moyen néerl. *lûke* « fermeture ») et de *lucarne*.

REMAKE, 1962. Empr. de l'angl. *remake* « faire de nouveau » dans une acception spéciale.

REMBALLER, v. **balle.**

REMBARRER, v. **barre.**

REMBLAI, REMBLAYER, v. **blé.**

REMBÛCHER, v. **bûche.**

REMÈDE, vers 1190 ; s'est employé par euphémisme au XVIIe s. au sens de « lavement » ; *mettre remède*, XIVe ; **remédier,** 1355 (Bersuire) ; **remédiable,** XIVe (E. Deschamps) ; rare avant le XIXe s. Empr. du lat. *remedium*, *remediare* ; on a dit au moyen âge *remire*, forme plus francisée de *remedium.*

REMÉMORER, 1374. Empr. du lat. de basse ép. *rememorari* (employé par des auteurs eccl.), fait sur le modèle de *commemorari*, variante de basse ép. du lat. class. *commemorare.* A éliminé une forme pop. *remembrer*, hors d'usage depuis le XVIe s., sauf par affectation archaïsante au XVIIe s., comme le dér. *remembrance.*

RÉMÉRÉ, vers 1470. Empr. du lat. médiéval *reemere* « racheter » (le lat. class. disait *redimere*).

REMETTRE. Lat. *remittere ;* le sens de *remettre*, cf. notamment « mettre de nouveau », a suivi celui de *mettre* sur lequel *remettre* a été sans cesse refait. Les sens de « livrer, pardonner » qui ne semblent pas avoir été usités avant le XVe s. sont probabl. repris au lat. (*remittere* signifie en lat. class. « faire remise d'une peine », d'où, en lat. eccl., « pardonner ») ; au moyen âge *remettre* a aussi les sens de « repousser, vomir, fondre », également latins ; le dernier sens a été particulièrement usité, d'où le part. *remis* au sens de « mou, paresseux ». Dans tous ces cas il est difficile de distinguer ce qui est repris et ce qui est traditionnel. — Dér. : **remise,** vers 1500, au sens d' « action de remettre, replacer » (déjà en 1311, dans un texte jurid., en un sens qui n'est pas clair) ; comme terme de chasse, 1564 ; au sens de « lieu où l'on met les voitures à couvert », XVIIe (d'où **remiser,** 1761 (J.-J. Rousseau), **remisage,** 1867) ; comme terme de commerce, XVIIe, d'où divers emplois nouveaux dans la langue du commerce et de la finance, d'où **remisier,** 1860.

RÉMIGE, adj. et subst. fém., 1789. Empr. du lat. *remex*, *remigis* « rameur » ; pris en fr. en parlant des ailes d'après le sens de *remigium (alarum)* qui se trouve chez Virgile.

RÉMINISCENCE, XIVe. Empr. du lat. philos. de basse ép. *reminiscentia* (de *reminisci* « se souvenir »).

REMISE, etc., v. **remettre.**

RÉMISSION, XIIe ; **rémissible,** XIVe. Empr. du lat. eccl. *remissio* (de *remittere*, v. **remettre**), *remissibilis.*

RÉMITTENT, 1803. Empr. de *remittens*, part. prés. de *remittere* « se calmer » ; comp. chez le médecin romain Celsus *febres remittuntur.*

RÉMORA, XVIe (Paré) ; en outre *remore*, 1562 (Rab.). Empr. de *remora*, nom lat. de ce poisson, subst. verbal de *remorari* « retarder, arrêter » ; ce poisson a été ainsi nommé parce que les anciens lui attribuaient le pouvoir d'arrêter les vaisseaux.

REMORDRE. Lat. *remordēre ; remordre* a suivi le développement de *mordre.* Le sens moral, attesté dès le XIIe s., hors d'usage depuis le XVIIIe, appartient déjà au lat. class. et a été maintenu par la langue de l'Église. — Dér. : **remords,** XIIIe (écrit *remors*), tiré de l'anc. part. passé du verbe ; *remords*, qui apparaît vers la fin du XIVe s., est une modification purement graphique d'après *remordre ;* cf. it. *rimorso*, esp. *remordimiento.*

REMORQUER, 1530. Empr. de l'it. *rimorchiare*, qui se rattache au lat. de basse ép. (attesté dans des gloses) *remulcāre*, dérivé de *remulcum* « corde de halage », mot d'origine grecque. *Remolquer* de Rabelais, IV, 21, est empr. de l'esp. *remolcar.* — Dér. : **remorque,** 1694 ; **remorqueur,** 1823.

RÉMOULADE, sorte de sauce, 1693 (sous la forme *ramolade*). Paraît être une altération du rouchi *rémola* « gros radis noir » ou du picard *ramolas* (eux-mêmes formes altérées du lat. *armoracia*, *-cium* « raifort sauvage ») avec le suff. *-ade*, fréquent dans les termes de cuisine, cf. surtout *salade. Rémoulade*, ancien terme de vétérinaire, 1640, « sorte d'onguent pour les chevaux », empr. de l'it. *remolata* (de *remolo* « son », lat. des gloses *remolum*), paraît avoir aussi agi sur la forme du précédent.

RÉMOULEUR, 1334. Dér. du verbe *rémoudre*, 1596, issu lui-même de l'anc. verbe *émoudre*, v. **émoulu.**

REMOUS, 1687 (écrit *remoux*). Subst. verbal de *remoudre*, créé grâce à une comparaison entre la rotation de la meule et le tourbillonnement de l'eau.

REMPART, v. **emparer.**

REMUER, v. **muer.**

REMUGLE, 1507 (le simple *mugle* est attesté vers 1330 comme nom d'une maladie des yeux). De l'anc. nor. *mygla* « moisissure ». Le norm. *mucre* « moisi », attesté depuis le XIIIe s. (aussi chez Maupassant), remonte probabl. à l'anc. nor. *mjúkr* « mou, souple » ; il a modifié son sens sous l'influence de *remugle.* Pour la formation avec le préf. *re-*, v. **relent.**

RÉMUNÉRER, 1358 ; **rémunérateur,** XIIIe, rare avant le XVIe ; **rémunération,** 1302. Empr. des mots lat. *remunerare*, *remunerator* (créé à basse ép.), *remuneratio* (de *munus*, *muneris* « présent »). — Dér. du verbe : **rémunératoire,** 1514.

RENÂCLER, XVIIe ; propr. « renifler en signe de mécontentement », d'où sens plus étendu, XVIIe. Altération, par croisement avec *renifler*, de *renaquer*, XIVe (Bersuire ; forme attestée jusqu'au XVIIIe s.), qui est lui-même un comp. de *naquer* « flairer », attesté dès le XIIIe s. sous la forme *naskier* et répandu dans les patois. Représente très probabl. un lat. **nasicāre*, dér. de *nasus ; naquer* peut être la forme picarde, à laquelle correspond une forme *nâcher* du lorrain, etc., il peut s'être répandu dans d'autres régions comme terme pittoresque ; sur le préf. v. **renfrogner.**

RÉNAL, XVIe. Empr. du lat. médical *renalis* (de *ren* « rein »). — Comp. : **surrénal,** 1765.

RENARD, 1240 (écrit d'abord *renart*). Tiré de *Renart*, nom propre d'homme, d'origine germ., francique **Reginhart*. Depuis le IXe s. on commence à prendre des animaux pour héros de petits poèmes épiques en lat. médiéval, partic. dans les régions de l'Est et du Nord, où se mêlent le fr. et l'all. C'est en Flandres qu'on paraît appliquer pour la première fois des noms humains aux animaux (en 1151 l'épopée latine *Ysengrinus* du maître Nivardus, dans lequel paraît aussi *Reinardus*). *Renart* apparaît comme nom propre d'un certain renard partic. astucieux dès 1211 dans le *Bestiaire* de Guillaume le Clerc, auteur normand. Grâce au grand succès du *Roman de Renart*, au XIIIe s., *renard* devient la désignation préférée du renard et élimine l'anc. *goupil*, XIe-XVIIe (au XIIe s. aussi *vorpil*, *werpil*), du lat. de basse ép. *vulpīculus*, attesté seulement en Gaule, sorti par changement de suff. du lat. class. *vulpecula*. La consonne initiale de *goupil* est due à un croisement avec le francique *hwelp* « petit d'un carnassier », les jeunes renards étant autrefois souvent tenus comme animaux domestiques. Le fém. *goupille* vit encore dans des acceptions techn. Aujourd'hui, sauf dans quelques patois des régions alpines et pyrénéennes, *renard* est le mot de tout le domaine gallo-roman. — Dér. : **renarde,** XIIIe (Rutebeuf) ; **renardeau,** 1288 ; **renardière,** 1512 (relevé en 1463 comme nom de lieu en Anjou).

RENDRE. Lat. pop. **rendere*, altération du lat. class. *reddere* sous l'influence de *prendere* « prendre », auquel « rendre » s'oppose. It. *rendere*, esp. *rendir*. La forme du lat. class. a laissé quelques traces : a. pr. *redre*, cat. *retre*. — Dér. et Comp. : **rendement,** 1842, déjà créé une première fois au XIIe s. *(rendement de grâces)*, et puis vivant au XVIe s. ; **rente,** 1155, d'après un part. **renditus*, disparu avant les premiers textes, cf. aussi it. *rendita*, a. pr. *renda*, d'où **renter,** vers 1300, **rentier,** XIIe, **arrenter,** 1213, **arrentement,** 1236 ; **rendez-vous,** 1584.

RENDURCIR, v. **dur.**

RÊNE. Lat. pop. **retina* tiré du verbe *retinere* « retenir », cf. antér. *retinaculum* « lien, attache ». L'*s* de *resne*, vers 1080 *(Roland)*, est une trace de la dentale *t*. It. *redini*, esp. *rienda*, a. pr. *renha*.

RENÉGAT, 1575. Empr. de l'it. *rinnegato* « qui a renié sa religion », de *rinnegare*. L'a. fr. a dit de même *reneié*, *renoié*, de *se reneier*, *se renoier ;* on disait encore *moine renié* au XVIIe s.

RÉNETTE, v. **rouanne.**

RENFLOUER, v. **flot.**

RENFONCER, v. **fond.**

RENFORCER, XIIe. Comp. de l'anc. verbe *enforcier*, v. **enforcir.** — Dér. : **renfort,** 1340 ; **renforcement,** 1388.

RENFROGNER, XVIe ; antér. *refrogner*, XVe, encore dans les patois. Comp. de l'anc. verbe *froignier*, de sens analogue, XIVe ; on trouve à la même époque un subst. *froigne* « mine renfrognée » que l'on considère comme d'origine gauloise, et l'on restitue **frogna* d'après le gallois *ffroen* « nez » ; des formes dialectales de l'Est, notamment le vosgien *frognon* « groin », sont encore plus près du sens étymologique. Pour le préf., v. **renâcler, renifler.** — Dér. : **renfrognement,** 1553, d'abord *ref-*, 1539.

RENGAINE, 1842. Probabl. subst. verbal de *rengaîner* au sens de « rentrer ce qu'on allait dire », comp. *je rengaine ma nouvelle*, dans Molière, la suppression d'une nouvelle qu'on voulait annoncer amenant souvent l'individu en question à la répétition de ses racontars.

RENIER. Au moyen âge signifie surtout « apostasier », rarement « refuser » ; du sens principal du moyen âge sont issus des sens plus étendus à partir du XVIIe s. Lat. pop. **renegāre*, qui a dû prendre dans les milieux chrétiens ce sens d' « apostasier », également attesté par l'it. *rinnegare*, v. **renégat,** l'esp. *renegar*. Le développement phonétique de *renier* a été parallèle à celui de *nier*. — Dér. : **reniement,** XIIIe.

RENIFLER, 1530. Dér. de l'a. fr. *nifler*, encore très usité dans les patois. Le mot a une origine onomatopéique ; il imite le bruit qu'on fait en flairant ou en aspirant la morve, de même all. *niffeln* « flairer » ; *n-* rend la résonance nasale, *-f* le bruit de l'aspiration. Pour le préf., v. **renâcler.** — Dér. : **reniflement,** 1596 ; **renifleur,** 1642.

RENNE, 1552, cf. « une beste qu'ilz appellent reen », dans une traduction de la *Cosmographie* de l'Allemand S. Munster. Empr. de l'all. *Reen* (du XVIe s.), empr. lui-même du scandinave, cf. suédois *ren*, islandais *hreinn ;* une autre forme islandaise *hreindȳri* a donné all. *Renntier*, angl. *reindeer* et a. fr. **rangier,** XIIIe (J. de Meung), encore dans les dict. comme terme de blason.

RENOM, v. **nommer.**

RENONCER, 1247 ; **renonciation,** *id.* Empr. des mots lat. *renuntiare*, *renuntiatio*, propr. « annoncer », « fait d'annoncer », qui ont pris dans les langues jurid. et eccl. les sens du français. *Renoncer* a eu aussi en a. fr. le sens d' « annoncer, exposer », d'où *renonceur* « celui qui annonce », encore usité au XVIe s. — Dér. : **renonce,** 1690 ; **renoncement,** XVe.

RENONCULE, 1549 (sous la forme *ranuncule*). Empr. du lat. *ranunculus*, propr. « petite grenouille » ; ce nom a d'abord été donné à la renoncule aquatique, appelée aussi en fr. *grenouillette*, parce qu'elle pousse dans les fossés, les étangs, sur le bord de l'eau. — Dér. : **renonculacée,** 1798.

RENOUÉE, v. **nouer.**

RENOUVELER. Dér. anc. de **nouveau,** fait d'après l'a. fr. *renover*. — Dér. : **renouveau,** vers 1200 ; **renouvelable,** XIVe ; **renouvellement,** XIIe.

RÉNOVER, XIXe (Balzac) ; **rénovateur,** 1787 (mais *rénovatrice* en 1555) ; **rénovation,** XIIIe. Empr. des mots lat. *renovare, renovator* (créé à basse ép.), *renovatio*. Le verbe a déjà été usité au moyen âge ; il était peut-être alors de tradition pop. comme l'it. *rinnovare*, l'esp. *renovar*.

RENSEIGNER, v. **enseigner.**

RENTE, v. **rendre.**

RENTOILER, v. **toile.**

RENTRAIRE, 1404. Terme techn. du travail des étoffes. Dér. de l'anc. verbe *entraire*, propr. « tirer », qui s'est lui-même spécialisé dans la même techn. dès le XIIe s., lat. *intrahere* « traîner, tirer » ; le préf. *re-* s'explique par le mouvement de va-et-vient qu'on exécute avec l'aiguille ; dès 1611 les couturières disent par confusion *rentrer*. Seulement fr. Le part. *entrait* a servi en a. fr. à désigner une sorte de cataplasme, proprement « ensemble de bandes tirées pour couvrir une plaie ». V. **entrait.** — Dér. : **rentraiture,** 1530 ; **rentrayage,** 1802 ; **rentrayeur,** 1564.

RENVERSER, 1280. Dér. de l'anc. verbe *enverser*, lat. pop. **inversāre* (v. **envers**), conservé aussi dans l'a. pr. *enversar* et dans quelques dialectes it. — Dér. : **renverse,** XVe, la locution *à la renverse* est le seul emploi du mot aujourd'hui ; **renversement,** 1538 ; **renverseur,** 1486.

RENVI, v. **envi.**

REPAIRE, vers 1125 au sens de « lieu où se retirent les bêtes sauvages », d'où « lieu où se tiennent des gens malfaisants », 1653. Au moyen âge *repaire* signifie aussi « retour chez soi », vers 1080 *(Roland)*, d'où « demeure » ; c'est un mot tiré de l'anc. verbe *repairier* « revenir chez soi », usité jusqu'au début du XVIe s., lat. de basse ép. *repatriāre*, d'où aussi a. pr. *repairar ;* rare ailleurs. *Repère*, 1578, d'où *point de repère*, 1835, est le même mot, orthographié *repère*, d'après le verbe lat. *reperire* « retrouver », dont il a été faussement rapproché ; **repérer,** 1823 (*repéré* dès 1676), d'où **repérage,** 1845, alors comme terme de diverses techniques d'impression ; comme terme militaire, répandu depuis la guerre de 1914-18.

RÉPARER, XIIe ; **réparateur,** 1350 ; **réparation,** 1310. Empr. des mots lat. *reparare, reparator* (employé à basse ép., au sens du fr.), *reparatio* (créé à basse ép.). — Dér. : **réparable,** vers 1470.

REPAS, vers 1160, sous la forme *repast*, usitée jusqu'au XVe s. ; signifiait d'abord surtout « nourriture (en général) », sens encore attesté chez Marot, puis éliminé au profit du sens moderne à partir du XVIe. Dér. de l'a. fr. *past* « nourriture, repas », v. **appât,** avec le préf. *re-* d'après **repaître.**

REPENTIR (se). Lat. de basse ép. *repœnitere*, IXe s., attesté aussi dans l'anc. lomb. *repentirse*, anc. esp. *rependirse*, dér. du lat. pop. *pœnitere*, lat. class. *paenitere ;* la forme *pœnitire* est attestée dès le VIIe s. et vit aussi dans l'it. *pentirsi*, cat. *penedirse ;* le verbe est usité sous la forme réfléchie dès le IIIe s. ; on trouve à côté en a. fr. *peneïr* et en a. pr. *penedir*, plus proches du lat. *pænitēre*, ce qu'explique le sens moral et religieux de ces verbes, v. **pénitence.** — Dér. : **repentance,** XIIe ; **repentir,** *subst.*, *id.*

RÉPERCUTER, vers 1370 ; **répercussion,** 1314. Empr. du lat. *repercutere, repercussio*.

REPÈRE, v. **repaire.**

RÉPERTOIRE, XIVe (E. Deschamps). Empr. du lat. jurid. *repertorium* (de *reperire* « trouver »).

RÉPÉTER, vers 1200 ; **répétiteur,** 1671 ; **répétition,** 1377 (Oresme) ; depuis 1392, comme terme jurid., vers 1295 au sens de « copie ». Empr. des mots lat. *repetere, repetitor* (employé à basse ép., en un sens analogue à celui du fr.), *repetitio*.

REPIC, v. **piquer.**

RÉPIT. Lat. *respectus*, propr. « regard en arrière » (de *respicere* « regarder en arrière »), d'où « égard, recours », puis, en lat. parlé « délai, répit ». L'a. fr. a eu aussi le sens de « sentence, dicton ». V. **respect.**

REPLÂTRER, v. **emplâtre.**

REPLET, vers 1180 ; **réplétion,** XIIIe. Empr. du lat. class. *repletus* « rempli » et du lat. de basse ép. *repletio* « action de remplir », qui a dû être employé dans le latin médical du moyen âge.

RÉPLIQUER, XIIIe. Empr. du lat. *replicare*, propr. « déplier », d'où « dérouler raconter », et en lat. jurid. « répliquer ». — Dér. : **réplique,** vers 1310.

RÉPONDRE. Lat. pop. **respondĕre*, lat. class. *respondēre*. Les sens de « se porter garant », XIIIe, et « d'être en rapport de conformité, correspondre », vers le XIVe, sont repris au lat. It. *rispondere*, esp. *responder*.

RÉPONSE, vers 1300 (Joinville). Tiré de *répons*, vers 1080 *(Roland)*, aujourd'hui restreint à la langue de la liturgie (usité au moyen âge au sens général de *réponse*), lat. *responsum*, avec *n* conservé devant *s* d'après *répondre*, cf. a. pr. *respos* et *resposa ;* ailleurs mots dér. du part. passé du verbe (v. le préc.) : it. *risposta*, v. **riposte,** esp. *respuesta*.

REPORTER, *subst.*, 1829 (Stendhal, en parlant de reporters anglais). Empr. de l'angl. *reporter*, qui date, avec son sens actuel, du début du XIXe s. (du verbe *to report* « rapporter », d'origine fr.). — Dér. : **reportage,** 1865.

REPOSER. Lat. de basse ép. *repausāre*, v. **poser.** It. *riposare.* — Dér. : **repos,** vers 1080 *(Roland)* ; **reposée,** vers 1170 ; **reposoir,** 1373, au sens d' « endroit où l'on se repose », usité jusqu'au XVIIe s.

RÉPRÉHENSION, XIIe ; de peu d'usage aujourd'hui ; **répréhensible,** 1314. Empr. du lat. anc. *reprehensio* et du lat. eccl. *reprehensibilis* (de *reprehendere* « reprendre » dans tous les sens du verbe fr.).

REPRENDRE. Lat. *reprendere*, v. **prendre,** à la fois « saisir pour retenir » et « gourmander » ; le sens de « prendre de nouveau » a pu se développer à toute époque, v. **re-.** — Dér. : **reprise,** vers 1200, sens variés ; comme terme de couture, n'a pas été enregistré avant le XVIIIe s., d'où **repriser,** « faire des reprises », 1836.

REPRÉSAILLES, 1401 (sous la forme *reprisailles*). Empr. du lat. médiéval *represalia*, qui paraît calqué sur l'it. *rappresaglia* ou *ripresaglia* (de *riprendere*, v. **reprendre**), propr. « action de reprendre ce qui a été pris ».

REPRÉSENTER, XIIe. Comme terme de théâtre, 1538 ; comme terme de la langue politique, 1283, d'où son emploi dans la langue du commerce, XIXe ; **représentation,** 1250 (comme terme jurid.) ; autres sens parallèles à ceux du verbe. Empr. des mots lat. *repræsentare* « rendre présent, reproduire », *repræsentatio* « action de mettre sous les yeux, tableau (au fig.) » (de *praesens* « présent »). — Dér. du verbe : **représentable,** 1270 ; **représentant,** 1508, comme terme jurid. ; au sens politique, 1748 (Montesquieu) ; comme terme de commerce, 1875 ; **représentatif,** vers 1380, sens parallèle aux préc.

RÉPRESSION, 1372 (Oresme) ; **répressif,** 1798, une première fois au XIVe s., comme terme médical. Dér. de *repressus*, part. passé du lat. *reprimere*, le premier sur le modèle de *suppression*, *oppression*, le deuxième d'après *oppressif*, pour servir de subst. et d'adj. à *réprimer*.

RÉPRIMANDE, 1549 (écrit alors *reprimende*, qui a été modifié en *réprimande* à la fin du XVIe s., sans doute d'après *mander*). Empr. du lat. *reprimenda* (en sous-entendant *culpa*) « (faute) qui doit être réprimée » (de *reprimere*). — Dér. : **réprimander,** 1615.

RÉPRIMER, 1314. Empr. du lat. *reprimere ;* la langue médicale l'emploie aussi depuis le XIVe s. au sens d' « arrêter un effet physique ».

REPRISER, v. **reprendre.**

RÉPROBATION, 1456. Empr. du lat. eccl., *reprobatio* (de *reprobare*, v. **réprouver**). — Dér. **réprobateur,** 1787.

REPROCHER. A signifié aussi dans l'ancienne langue du droit « récuser ». Lat. pop. **repropiāre*, propr. « rapprocher, mettre sous les yeux », d'où « objecter, reprocher ». Seulement gallo-roman, cf. a. pr. *repropchar*. L'esp. *reprochar* est empr. du fr. — Dér. : **reproche,** vers 1080 *(Roland) ;* au moyen âge, signifie aussi « honte, opprobre » ; **irréprochable,** vers 1460, par l'intermédiaire de *reprochable*, XIIIe, aujourd'hui rare ; *-ré-*, d'après *réprouver*.

REPRODUCTEUR, etc., v. **produire.**

RÉPROUVER, Lat. eccl. *reprobāre ;* l'initiale *ré-* est une réfection d'après le verbe lat., due au fait que *réprouver* exprime des notions morales et religieuses, v. **réprobation ;** au moyen âge signifie aussi « reprocher, faire des reproches ». — Dér. : **réprouvable,** XIVe (Oresme).

REPS, 1812. L'angl. *rep* (depuis 1860,) *reps* (depuis 1867), est le même mot, mais on ne sait pas si le français vient de l'angl. ou inversement, et l'origine du mot est incertaine.

REPTATION, 1836. Empr. du lat. *reptatio.*

REPTILE, 1530. Empr. du lat. eccl. *reptile*, neutre de l'adj. *reptilis* du même lat. (de *repere* « ramper »), par les traducteurs de la Bible, de là l'emploi de *reptile* comme adj. au XVIIe s., cf. *animaux reptiles* chez Fénelon (qu'on peut rapprocher du lat. *reptile animal* de saint Jérôme) ; on trouve aussi en 1314 *toutes reptilles* au fém., calqué sur le plur. neutre *reptilia* de la Vulgate.

REPU, v. **paître.**

RÉPUBLIQUE, vers 1410. Empr. du lat. *respublica* « chose publique, etc. » ; vers la fin du Ier siècle avant J.-C. il est déjà devenu rare. Tite-Live et Horace parlent plutôt de *res romana*, etc. En franç. le sens de « gouvernement républicain » apparaît dès 1410, où il se rapporte aux villes italiennes de constitution républicaine. Ce n'est qu'au XVIe s. que réapparaît, grâce au nouveau contact avec l'Antiquité, le sens de « Etat (sans égard à l'organisation du gouvernement) ». Comp. Bodin (1576) : « il n'y a que trois estats ou trois sortes de Républiques, à sçavoir la monarchie, l'aristocratie et la démocratie ». De même Rousseau : « J'appelle république tout Etat régi par les lois, sous quelque forme d'administration que ce puisse être ». Le sens qu'on donne à ce mot aujourd'hui a été sanctionné par la constitution du 21 sept. 1792, qui proclamait la République Française. — Dér. : **républicain,** fin XVIe (d'Aubigné), d'où **républicaniser,** 1792, **républicanisme,** 1750 (d'Argenson).

RÉPUDIER, XIVe ; **répudiation,** vers 1440. Empr. du lat. *repudiare*, *-atio.*

RÉPUGNER, XIVe, au sens de « résister à » ; **répugnance,** XIIIe, au sens de « désaccord ». Empr. des mots lat. *repugnare* « lutter contre, s'opposer à », d'où « être en contradiction avec », *repugnantia* « désaccord » (sens du mot fr. jusqu'au XVIIe s.) ; de même l'adj. *répugnant*, 1213, signifie jusqu'au XVIIe s. « contradictoire » ; le sens moderne de ces mots s'est développé vers le XVIIe.

RÉPULSION, 1450, comme terme techn. ; antér. « action de repousser », vers 1550, sens plus étendu au XIXe s. ; **répulsif,** 1705, aussi 1496. Le premier est empr. du lat. de basse ép. *repulsio*, le deuxième est un dér. de *repulsus*, part. passé de *repellere* « repousser », pour servir de subst. et d'adj. techn. à *repousser*.

RÉPUTER, 1261 ; **réputation,** 1372 (Oresme). Empr. du lat. *reputare* « compter, évaluer », *reputatio* « compte, évaluation ». Le sens de *réputation* a suivi celui du verbe, puis s'en est séparé vers le XVIe s. en devenant surtout « bonne opinion répandue sur quelqu'un ou quelque chose », sens qui a entraîné celui de l'adj. *réputé* « qui a de la réputation ».

REQUÉRIR, vers 1300. Réfection, d'après *quérir*, de *requerre*, encore chez La Fontaine par archaïsme, lat. pop. **requærere*, lat. class. *requīrere*. Signifie aussi au moyen âge « attaquer ». — Dér. : **requérant,** 1342 ; **requête,** XIIe, pour cette forme, v. **quête.**

REQUIEM, 1277. Premier mot de la prière *requiem aeternam dona eis, domine.*

REQUIN, 1539, écrit *requien* en 1578 et *requiem* au XVIIe s. ; cette dernière orthographe est due à l'étymologie qui a été donnée alors de ce mot : « Quand il a saisi un homme... il ne reste plus qu'à faire chanter le *Requiem* pour le repos de l'âme de cet homme-là » (Huet). Étymologie obscure. On pense à un dér. du norm. *quin* « chien » (comp. *chien de mer* « esp. de requin ») ; le préfixe servirait alors à renforcer le sens du mot.

REQUINQUER, 1578 (*Camus requinqué ;* en 1611 *se requinquer*, chez Cotgrave, qui le donne comme picard). Paraît être issu d'un anc. **reclinquer*, dér. de *clinquer*, v. **clinquant,** avec chute de l'*l* comme dans *quincaille*, et qui aurait signifié « se donner du clinquant ».

RÉQUISITION, 1180 ; rare avant le XVIe. Empr. du lat. *requisitio* (de *requirere*, v. **requérir**) pour un sens jurid. différent de *requête*. — Dér. : **réquisitionner,** 1796, au sens moderne.

RÉQUISITOIRE, 1539 ; antér. adj., 1379 *(lettres réquisitoires)*. Dér. sav. de *requisitus*, part. passé de *requirere* (v. le préc.), sur le modèle des nombreux adj. juridiques en *-oire*.

RESCAPÉ, v. **échapper.**

RESCINDER, 1422. Empr. du lat. *rescindere*.

RESCOUSSE. Ne se dit plus que dans la locution *à la rescousse* reprise à la langue anc. par V. Hugo. Réfection de l'anc. mot *recousse*, d'abord seulement graphique (d'après l'anc. verbe *rescourre*, v. plus loin, pour donner un aspect arch. au mot), puis qui a fini par triompher dans la prononciation. *Recousse* est le fém., pris substantiv., du part. de l'anc. verbe *recourre*, autre forme de *rescourre* « reprendre, délivrer », hors d'usage depuis le XVIIe s., dér. d'un anc. verbe *escourre* « secouer », lat. *excutere* (au part. *excussus*), d'où aussi it. *scuotere*, a. pr. *escodre* « délivrer de » (et aussi « battre le blé »).

RESCRIT, XIIIe. Empr. du lat. *rescriptum* qui désignait une réponse de l'empereur et s'est appliqué au moyen âge à des bulles du pape ; *rescrit* se dit depuis le XVIIIe s. d'ordonnances de souverains de certains pays.

RÉSEAU, v. **rets.**

RÉSECTION, v. **réséquer.**

RÉSÉDA, 1659 ; une première fois en 1562, dans la traduction de Pline par Du Pinet. Empr. du lat. *reseda*, propr. impér. de *resedare* « calmer » ; d'après Pline cette plante s'employait pour résoudre des tumeurs et, en l'appliquant, on prononçait la formule magique : *reseda morbos* « calme les maladies ».

RÉSÉQUER, 1834, comme terme de chirurgie ; usité depuis le XIVe s., au sens de « retrancher », ou de « biffer » ; **résection,** 1799, également comme terme de chirurgie ; une première fois en 1552, expliqué alors par *rongnement*. Empr. du lat. *resecare* « couper » et du dér. *resectio* (attesté seulement au sens de « taille de la vigne »), celui-ci pour servir de nom abstrait au verbe.

RÉSERVATION, (d'une place dans un avion, etc.), vers 1930. Empr. de l'angl. *reservation*.

RÉSERVER, XIIe. Empr. du lat. *reservare*. — Dér. : **réserve,** 1342, comme terme jurid., XVIIIe, au sens moral, au sens de « troupe de réserve », XVIIe, d'où, d'après l'emploi de *réserve* dans l'organisation militaire, **réserviste,** 1872 ; **réservoir,** 1547.

RÉSIDER, 1380. **Résident,** 1260. Empr. du lat. *residere* « rester, demeurer », *residens* ; *résident* a remplacé une forme populaire *reseant* attestée du XIIe au XVIIe s. — **Résidence,** 1271, empr. du lat. médiéval *residentia*, formé dans le langage administratif sur les précédents.

RÉSIDU, 1331 ; d'abord terme jurid., a pris rapidement des sens plus étendus. Empr. du lat. *residuum*, neutre pris substantiv. de l'adj. *residuus* « qui reste », v. le préc. — Dér. : **résiduel,** 1870.

RÉSIGNER, vers 1225, au sens jurid. ; **résignation,** 1278 (au sens d' « abdication »). Empr. des mots du lat. médiéval *resignare* (en lat. anc. « décacheter » (de *signum* « sceau »), qui a pris aussi le sens de « rendre »), *resignatio* (attesté au sens de « action de résigner un bénéfice »). Le sens moral et religieux de *se résigner* apparaît au XVIe s. dans *résigner son cœur, se résigner à Dieu* (en 1541, chez Calvin), par un développement propre au fr., d'où celui de *résignation*, XVIIe.

RÉSILIER, 1679. Altération, par changement de conjugaison, de *resilir*, 1501, encore usité au XVIIe s., empr. du lat. jurid. *resilire*, propr. « sauter en arrière, se retirer ». — Dér. : **résiliation,** 1740, une 1re fois en 1429, aussi *résiliment*, XVIe s.

RÉSILLE, 1833. D'abord *rescille* dans le *Barbier de Séville*, 1775, empr. de l'esp. *redecilla*. Quand la résille devint à la mode, au temps du romantisme, le mot *rescille*, connu grâce aux représentations de la pièce de Beaumarchais, fut adopté, avec une transformation phonétique due à l'influence de *réseau*. V. **rets.**

RÉSINE, XIIIe. Lat. *resina*. Depuis le XIIIe s. souvent comp. avec *poix ; poix-résine* désigne partic. la résine de térébinthe, très vivant dans les patois. — Dér. : **résineux,** 1538.

RÉSIPISCENCE, 1542 ; une première fois en 1405 au sens de « retour à la raison » à propos de Charles VI. Empr. du lat. eccl. *resipiscentia* (de *resipiscere* « revenir à la raison, se repentir »).

RÉSISTER, vers 1240. Empr. du lat. *resistere* « s'arrêter, résister » (de *sistere* « s'arrêter »). — Dér. : **résistance,** 1314.

RÉSOLUTION, vers 1270 (1314, t. médical). Empr. du lat. *resolutio* « action de dénouer, relâcher », en vue de ce sens spécial ; les autres sens se sont développés d'après *résoudre*, vers le XVIe s. — Dér. **irrésolution,** 1553.

RÉSONNER, vers 1150. Empr. du lat. *resonare*. — Dér. : **résonance,** 1372 (Oresme) ; **résonateur,** 1870.

RÉSORBER, 1764 ; **résorption,** 1746. Le premier est empr. du lat. *resorbere* « absorber », le deuxième est fait sur le part. passé *resorptus* pour servir de nom abstrait à *résorber*.

RÉSORCINE, fin XIXe. Empr. de l'angl. *resorcin* (depuis 1868), mot fait artificiellement avec le début de *resin* (empr. du fr. *résine*) et *orcin* (d'où le fr. récent **orcine** « produit de certains lichens »), empr. du lat. scientifique *orcina* (fait lui-même avec le radical de l'it. *orcella* « orseille »).

RÉSOUDRE, 1330. Antér. on n'a que le part. *resout*, employé surtout comme terme techn. au sens de « désagrégé, etc. », empr. du part. lat. *resolutus*. *Résoudre* est empr. (avec francisation d'après l'ancien verbe *soudre* « payer » et aussi « résoudre », disparu au XVIe s., lat. *solvere*) du lat. *resolvere*, propr. « délier », d'où « dissoudre, désagréger, annuler un engagement, résoudre une difficulté » ; tous ces sens ont été repris vers le XVIe s. ; celui de « décider » s'est développé au XVIe s., d'où celui du part. pris adjectivement *résolu*, attesté aussi dès le XVe s. au sens, disparu rapidement, d' « éclairé, instruit ». — Dér. de l'adj. : **irrésolu,** 1536 (cf. *irrésolution*, sous **résolution**) ; a signifié aussi « qui n'a pas été résolu » (en parlant d'un problème, etc.), p. ex. chez Montaigne.

RESPECT, 1287, au sens d' « action de prendre en considération, motif », disparu au XVIIe s. ; XIVe aussi au sens de « redevance ». Les sens modernes sont issus du premier sens au XVIe s., par développement propre au fr. Empr. du lat. *respectus* « égard, considération », v. **répit.** — Dér. et Comp. : **respecter,** 1560, dont le sens s'est développé parallèlement à *respect ;* **respectable,** XVe ; **respectueux,** XVIe (Amyot), d'où **irrespectueux,** 1611 ; **irrespect,** 1834 (Balzac).

RESPECTABILITÉ, 1862 (V. Hugo, *Misérables*), une 1re fois en 1784. Empr. de l'angl. *respectability* (de *respectable*, qui vient du fr.) ; Balzac, en 1842, emploie la forme angl. ; le mot est toujours senti comme un anglicisme, même lorsqu'il ne s'applique pas directement à des choses angl.

RESPECTIF, 1415. Empr. du lat. scolastique *respectivus* (de *respectus*, v. les préc.) ; a signifié aussi « attentif » ou « respectueux » au XVIe s., d'après *respect*.

RESPIRER, XIIe ; **respiration,** XVe ; **respirable,** XVIe (Ronsard), une première fois au sens de « qui est propre à la respiration » au XIVe s. Empr. des mots lat. *respirare* (de *spirare* « souffler »), *respiratio*, *respirabilis* (créé à basse ép.). — Dér. du verbe : **respiratoire,** 1566 ; de l'adj. : **irrespirable,** 1779.

RESPLENDIR, XIIe. Empr. du lat. *resplendere*.

RESPONSABLE, 1304 (dès 1284 comme subst., dans un autre sens). Dér. sav. de *responsus*, part. pass. de *respondere* au sens de « se porter garant », pour servir d'adj. à *répondre* en ce sens. — Dér. : **responsabilité,** 1783 ; **irresponsable,** 1786, d'où **irresponsabilité,** 1791.

RESQUILLEUR, Terme d'argot, récent, vers 1930, devenu pop. formé sur le prov. *resquihaire* « qui disparaît sans payer », dér. du verbe *resquiha* « glisser », d'où aussi **resquiller,** usité depuis 1930 environ. Le verbe prov. *resquihá*, aussi *esquihá*, est un dér. du prov. *quiho* « quille (jeu) ».

RESSAC, 1687 (*ressaque*, f. dès 1613). Empr. peut-être par l'intermédiaire du prov. *ressaco*, de l'esp. *resaca*, id., de la locution *saca y resaca*, parce que le mouvement de la mer enlève les objets qui se trouvent sur la côte, les y rejette et les en enlève de nouveau, tiré du verbe *resacar* (de *sacar* « tirer »), d'où aussi l'it. *risacca*.

RESSAUT, 1651. Empr. de l'it. *risalto*, comme terme d'architecture.

RESSOURCE, XIIe (écrit *ressourse*). Part. fém., pris substantiv., de l'anc. verbe *resourdre*, propr. « rejaillir », d'où « se relever, se rétablir », parfois transitivement « rétablir », lat. *resurgere*, v. **sourdre,** d'où aussi it. *risorgere ; ressource* signifie parfois « relèvement, » d'après le verbe, du XIIe au XVIe s.

RESSUSCITER, vers 1110. Empr. du lat. eccl. *resuscitare* (en lat. class. « réveiller », de *suscitare* « faire lever, éveiller »).

RESTAURER, vers 980 ; **restaurateur,** XIVe, au sens de « celui qui restaure » ; au sens de « celui qui tient un restaurant », 1771, d'après le sens du verbe « redonner des forces en mangeant », 1498 ; **restauration,** fin XIIIe. Empr. des mots lat. *restaurare* (de l'époque impériale), *restaurator*, *restauratio*. L'a. fr. disait d'abord *restorer*, forme plus francisée. — Dér. : **restaurant,** XVIe, au sens d' « aliment qui restaure » ; au sens moderne, 1765, date où fut ouvert le premier restaurant ; on ne servait d'abord dans les restaurants que des bouillons, de la volaille, des œufs, etc., mais non des ragoûts, comme le faisaient les traiteurs ; le restaurateur Boulanger avait pris pour enseigne *Venite ad me, omnes qui stomacho laboratis, et ego vos restaurabo*, à l'imitation de certains passages de l'Évangile, mais la plaisanterie portait aussi sur le sens de *restaurer* en français.

RESTER, XIIe. Empr. du lat. *restare* « s'arrêter », d'où « rester ». — Dér. : **restant,** 1323 ; **reste,** 1230, d'abord au fém., genre qui a survécu dans la locution *à toute reste* jusqu'au XVIIe s. ; mais le masc. est prépondérant dès le XVIe s.

RESTITUER, 1261. **Restitution,** 1251. Empr. du lat. *restituere, restitutio* (de *statuere* « établir »). — Dér. : **restituable,** 1460.

RESTREINDRE, vers 1150 ; **restrictif,** 1393 ; **restriction,** 1380 ; d'abord *restrinction*, 1314, terme médical, d'après le lat. médiéval *restrinctio*. Le premier est empr. du lat. *restringere* « serrer fortement, restreindre » avec francisation d'après les verbes en *-eindre*, v. **étreindre,** etc., le deuxième est un dér. du part. passé *restrictus*, le troisième est empr. du lat. de basse ép. *restrictio*.

RÉSULTER, 1491 ; **résultat,** 1589. Empr. du lat. scolastique *resultare* (en lat. class. « rebondir », de *saltare* « sauter »), *resultatum*. — Dér. : **résultante,** 1652, comme terme de physique.

RÉSUMER, 1370 (Oresme). Empr. du lat. *resumere* « reprendre, recommencer ». — Dér. : **résumé,** 1762.

RÉSURGENCE, vers 1900. Dér. savant du lat. *resurgere* « se relever », créé par le spéléologue Martel.

RÉSURRECTION, vers 1120. Empr. du lat. eccl. *resurrectio* (de *resurgere*, qui a pris en lat. eccl. le sens de « ressusciter », sens qu'a parfois aussi l'anc. verbe *resourdre*, représentant pop. du verbe lat., v. **ressource**).

RETABLE, 1535, de l'anc. prov. *retaule*, qui a été adapté en *-table*, comme l'esp. *retablo* l'a été du cat. *retaule*. L'anc. prov. *retaule* est issu de *reiretaule* (déjà XIIIe s.) par simplification du préfixe ; en lat. médiéval *retrotabulum*.

RETARDER. Lat. *retardāre*. L'a. fr. disait aussi jusqu'au XVIe s. *retarg(i)er*, v. **tarder.** — Dér. : **retard,** 1677 ; **retardataire,** 1808 ; **retardement,** 1384.

RETENIR. Lat. *retinēre ; retenir* s'est développé parallèlement à *tenir*. — Dér. : **retenue,** vers 1170.

RÉTENTION, 1291, comme terme médical et jurid. Empr. du lat. *retentio*, qui a les mêmes sens (de *retinere*, v. le préc.). A signifié aussi « action de retenir dans la mémoire » (du XIIIe au XVIIe s.) et « habitude, retenue, etc. », d'après le verbe *retenir* ou le lat. *retentio* (qui, outre les sens indiqués plus haut, signifie aussi « action de retenir l'attention, etc. »).

RETENTIR. Lat. pop. ***retinnitīre*, au lieu du lat. class. *retinnīre*, d'après le supin *retinnitum ;* l'a. fr. a dit aussi jusqu'au XVe s. *tentir*, lat. pop. ***tinnitīre*, lat. class. *tinnire ;* cf. a. pr. *tendir, tentir* et *retendir*. En lat. le mot est expressif grâce à la répétition de l'*i* ; en gallo-roman l'*i* a disparu, mais on a en compensation la répétition des dentales. Le lat. class. *(re)tinnīre* survit surtout dans l'esp. *retiñir*, le port. *(re)tinir*. — Dér. : **retentissement,** XIIe.

RÉTIAIRE, fin XVIe (d'Aubigné). Empr. du lat. *retiarius* (de *rete*, v. **rets**).

RÉTICENCE, 1552. Empr. du lat. *reticentia* « silence obstiné » (de *reticere* « se taire »). Le sens spécial du mot fr. dérive peut-être de l'acception de *réticence* comme terme de rhétorique « suspension d'une phrase, par laquelle on fait entendre ce qu'on ne dit pas », sens qu'a aussi le lat. *reticentia* (traduction du grec *aposiôpêsis*). — Dér. : **réticent,** fin XIXe.

RÉTICULE, 1701. Empr. du lat. *reticulum* « petit filet » en vue d'un sens spécial dans la langue de l'astronomie ; v. **ridicule.**

RÉTIF, Lat. pop. ***restīvus*, dér. de *restāre* « s'arrêter » ; le rapport de sens avec *rester* n'ayant plus été senti, l'*s* s'est amuï conformément au développement d'*s* en fr. devant consonne. It. *restio*. La formation de ***restivus* a quelque chose de surprenant ; il est probable que *restivus* est issu de ***restitivus* par haplologie.

RÉTINE, 1314. Empr. du lat. médical du moyen âge *retina* (de *rete* « filet, réseau », v. **rets**).

RETORDRE. Lat. *retorquēre ; retordre* s'est développé parallèlement à *tordre*. It. *ritorcere*, esp. *retorcer*. — Dér. : **retors,** vers 1200, anc. part., devenu adj. ; dit par extension d'un homme fin, artificieux, 1740 (Voltaire).

RÉTORQUER, 1549, au sens moderne ; 1355 (Bersuire) « retourner ». Empr. du lat. *retorquere*, propr. « retordre, retourner », d'où « rétorquer un argument ».

RETORS, v. **retordre.**

RÉTORSION, 1607. Dér. de *rétorquer* sur le modèle du fr. *torsion*. Se trouve déjà une fois au moyen âge (vers 1300) en parlant de lèvres retournées, où il est dér. de *torsion*.

RÉTRACTER, « retirer ce qu'on a dit », 1370 (Oresme) ; **rétractation,** 1247. Empr. du lat. *retractare*, propr. « retirer », *retractatio*.

RÉTRACTILE, 1770 ; **rétraction,** terme techn. Le premier est un dér. sav. du lat. *retractus*, part. passé de *retrahere* « retirer », le deuxième est empr. du lat. *retractio* « action de retirer ». — Dér. : **rétracter,** 1803, terme médical (autre sens vers 1605) ; **rétractilité,** 1835.

RETRAIT, terme de droit et d'administr., dont l'acception ne paraît pas être antérieure au XIXe s. ; antérieur. « retraite » au moyen âge ; « lieu où l'on se retire », depuis le moyen âge jusqu'au XVIe s. ; « lieu d'aisances » du XIVe au XVIIIe ; en outre divers sens jurid. ou techn. Part. passé, pris substantiv., de l'anc. verbe *retraire* « retirer », lat. *retrahere*.

RETRAITE, vers 1180. Fém., pris substantiv., du part. passé *retrait*, v. le préc. Du sens d' « action de se retirer du monde, etc. » XVIIe, est issu le sens administratif de « action de quitter les fonctions actives » (qui s'est dit d'abord des officiers militaires), 1752, et de « pension », *id.*, d'où **retraité,** 1823.

RÉTRÉCIR, XIVe. Dér. de l'anc. verbe *étrécir*, 1366, aujourd'hui peu usité (qui s'est substitué à *estrecier*, usuel jusqu'au XVIe s.), d'après les verbes en *-cir*, tels que *éclaircir*, *noircir*, etc. ; on trouve aussi quelquefois *restrecier*. *Estrecier* représente le lat. pop. **strictiāre* (de *strictus* « étroit »), d'où aussi a. pr. *estreissar ;* l'a. fr. *estresse*, fém., « étroitesse, défilé », et l'a. pr. *estreissa* peuvent avoir été tirés de ces verbes ou bien représenter un lat. **strictia* et être antérieurs aux verbes, qui en seraient alors des dér. — Dér. : **rétrécissement,** 1547.

RÉTRIBUER, 1370 (Oresme). **Rétribution,** 1120. Empr. des mots lat. *retribuere*, *retributio* (créé à basse ép.). Le verbe qui avait d'abord le sens plus large de « rendre, restituer », comme en lat., s'est restreint d'après *rétribution*.

RÉTRO, v. **rétrograder.**

RÉTROACTIF, 1534 ; **rétroaction,** 1762, Dér. sav. du lat. *retractus*, part. passé de *retroagere* « ramener en arrière ». — Dér. du premier : **rétroactivité,** 1812.

RÉTROCÉDER, 1534 ; **rétrocession,** 1550. Rares avant le XVIIIe s. Empr. des mots du lat. médiéval *retrocedere*, *retrocessio ;* en lat. anc. ces mots signifiaient « reculer, recul ».

RÉTROGRADER, 1488 ; **rétrogradation,** 1488 ; **rétrograde,** XIVe (Mach). Empr. des mots lat. *retrogradere* (créé à basse ép.), *-atio (id.)*, *retrogradus*. On a tiré de l'expression *effet rétrograde*, terme du jeu de billard, le subst. **rétro,** 1889.

RÉTROSPECTIF, 1779. Formé artificiellement avec le préf. lat. *retro* « en arrière », v. les préc., et le radical *spect-* de mots lat. tels que *spectare* « regarder », etc., cf. aussi *respectif*, *perspective* qui ont pu contribuer à la création du mot.

RETS. Aujourd'hui peu usuel, sauf dans des locutions. Fém. jusqu'au XVIIe s. Lat. *rētis*, masc. et fém., moins correct que le neutre *rēte*. L'a. fr. *roiz* et *raiz*, d'où est issue la forme moderne avec *t* étymologique, peut venir du plur. lat. *rētēs*, plus fréquent que le sing. — Dér. : **réseau,** vers 1180.

RÉUSSIR, 1578 (*Qu'est-il reusci de tout cela*, Lanoue) ; encore blâmé par H. Estienne ; **réussite,** 1622 (Balzac, qui l'emploie par dérision) ; cf. encore en 1639 : « Votre traduction aura fait la réussite que nous pouvons désirer (voyez qu'il m'a échappé une phrase italienne) » (Chapelain). Empr. de l'it. *riuscire*, propr. « ressortir » (de *uscire*, v. **issue**), *riuscita*. *Réussir*, conformément à son origine, signifiait d'abord « avoir une issue (heureuse ou malheureuse) » ; le sens moderne triomphe au XVIIe s. et a entraîné celui de *réussite*. — Comp. : **non-réussite,** 1775.

REVANCHE, v. **venger.**

REVÊCHE, XIIIe. Probabl. d'un anc. francique **hreubisk* « raboteux, rude » qu'on peut supposer d'après l'anc. nor. *hriúfr*.

RÉVÉLER, vers 1120 ; **révélateur,** 1444 ; **révélation,** vers 1180 ; au moyen âge, surtout au sens chrétien. Empr. des mots lat. *revelare*, propr. « mettre à nu, découvrir » (de *velum* « voile »), *revelator*, *revelatio* (les deux derniers du lat. eccl.). Les deux subst. ont suivi en fr. le sens du verbe.

REVENDICATION, 1506, mais *reivendication* dès 1435 et encore au XVIe s. Empr. du lat. jurid. *rei vindicatio* « action de réclamer une chose » (déjà dans les Digestes). Le premier élément *rei-* a été confondu par la suite avec le préf. *re-*. — Dér. **revendiquer** (1437), mais aussi *reivendiquer* au XVe s.

REVENIR. Lat. *revenīre*. — Dér. : **revenant,** 1690, au sens d' « esprit qu'on suppose revenir de l'autre monde » ; a aussi le sens de « profit éventuel » dans **revenant-bon,** 1549 ; **revenez-y,** 1638 *(Muse Normande) ;* **revenu,** 1320, au XIVe et au XVe s., on a préféré *revenue ;* **revient** (prix de), 1833.

RÊVER, vers 1130. A signifié d'abord « vagabonder », jusqu'au XVe s., ainsi que « délirer », encore au XVIIe s. ; le sens moderne apparaît clairement vers 1670. Probabl. dér. d'un anc. **esver* « vagabonder » (d'où aussi a. fr. *desver* « perdre le sens », v. *endêver*), dér. d'un anc. galloroman **esvo* « errant, vagabond », réduction phonétique normale de **exvagus*, comp. de l'adj. lat. *vagus*, id. (comp., pour la formation, *multivagus*, etc.). — Dér. : **rêvasser,** XVe, d'où **rêvasserie** (Montaigne), **rêvasseur,** 1736 (Voltaire) ; **rêve,** 1680, v. **songe ; rêverie,** vers 1200, au sens de « délire », encore au XVIIe s., sens actuel depuis Montaigne ; **rêveur,** XIIIe, au sens de « vagabond ».

RÉVERBÉRER, vers 1380 (au sens de « frapper ») ; sens moderne 1496. **Réverbération,** 1314. Le premier est empr. du lat. *reverberare* « (repousser un coup, etc. », d'où « rejaillir (en parlant des rayons du soleil) » (de *verberare* « donner des coups de fouet, etc. »), le deuxième est un dér. sav. du verbe lat. (*reverberatio*, créé à basse ép., ne signifie qu' « admonestation »). — Dér. : **réverbère,** 1676, en 1781, Lavoisier préconisait l'emploi du mot, une première fois vers 1500 au sens d' « écho ».

RÉVÉRER, 1404 ; **révérence,** vers 1155, *faire la révérence*, vers 1400 (Froissart) ; **révérend,** XIIIe ; **révérendissime,** 1529, (vers 1350 *reverentissime*, empr. du lat. *reverentissimus*, même sens) ; empr. des mots lat. *revereri*, *reverentia*, *reverendus*, *reverendissimus*, les deux derniers attestés en lat. eccl. comme titres honorifiques. V. **irrévérent.** — Dér. de *révérence* : **révérencieux,** 1642.

REVERS. Anc. adj., signifiant « à rebours », usité jusqu'au XVIe s. ; pris substantiv., depuis le XIIIe s. environ. Lat. *reversus*, part. du verbe *revertere*, *reverti* « retourner, revenir ». On considère aussi *revers* comme repris au lat., à cause de la rareté de l'adj. et de l'absence du subst. dans les plus anc. textes.

REVERSI (et **-is**), 1611. Anc. jeu de cartes. D'abord *reversin*, XVIe, empr. de l'it. *rovescino* (on a dit aussi *rovescina*), dér. de *rovescio* « à rebours » ; ce jeu a été ainsi nommé parce que c'est celui qui fait le moins de levées qui gagne. Le mot it. a été francisé d'après *revers* ou peut-être d'après un adj. *reversi* « retourné », usité au XVIe s., empr. de l'it. de cette ép. *riversio*.

RÉVERSIBLE, 1682. Dér. sav. du lat. *reversus*, part. passé de *revertere*, v. **revers.** — Dér. : **réversibilité,** 1745 ; **irréversible,** fin XIXe.

REVERSION, 1304. Terme jurid., empr. du lat. *reversio*, propr. « retour » (de *revertere* « retourner ») ; s'emploie aussi depuis le XIXe s. dans d'autres techniques.

RÉVISER, XIIIe ; on a dit aussi *reviser*. Empr. du lat. *revisere*. — Dér. : **réviseur,** 1567. Le lat. médiéval a formé un dér. *revisio* « examen, inspection », d'où a été empr. le fr. **révision,** 1298, rare avant le XVIe s. ; dér. : **-niste,** 1872.

RÉVOLTER, vers 1500 (*Les cheveulx se revolteront en sus*, chez J. d'Authon ; jusqu'au début du XVIIe s. signifie surtout « se retourner, faire volte-face, changer de parti »). Empr. de l'it. *rivoltare* « échanger, retourner », d'où est issu le sens nouveau du fr. ; *rivoltare* dérive du verbe *rivolgere* « retourner » (du lat. *revolvere*) par l'intermédiaire du part. *rivolto ;* le sens nouveau du fr. a passé ensuite en it. — Dér. : **révolte,** vers 1500 (déjà au sens moderne), tiré du verbe (ce sens est plus récent pour l'it. *rivolta*) ; **révoltant,** 1749.

RÉVOLU, 1377. Empr. du lat. *revolutus*, qui s'employait aussi en parlant du temps, part. passé de *revolvere* « rouler, etc. ».

RÉVOLUTION, vers 1190. Empr. du lat. de basse ép. *revolutio* « retour, révolution du temps », v. le préc. Du sens propre du lat. sont issues les acceptions du fr., au moyen âge surtout sens astronomique, puis « changement violent dans le gouvernement d'un État », 1680 (dès 1636 *révolution d'Etat*). — Dér. et Comp. : **révolutionnaire,** 1789 ; **révolutionner,** 1793 ; **contre-révolution,** 1790 (Danton), d'où **-naire,** 1790.

REVOLVER, 1853. Empr. de l'angl. *revolver* (du verbe *to revolve* « tourner »), créé en 1835, par l'inventeur, le colonel S. Colt, des États-Unis.

RÉVOQUER, XIVe, au sens de « rappeler », encore usité au XVIIe ; « annuler », XIVe (Froissart), d'où « retirer un emploi, une fonction », vers 1400 ; **révocable,** 1307 ; **révocation,** XIIIe (avec une valeur jurid. particulière), sens parallèle à celui du verbe. Empr. du lat. *revocare* « rappeler », « revenir sur une sentence (en lat. jurid.) », *revocabilis*, *revocatio*. *Révoquer en doute*, XVe, est calqué sur le lat. *in dubium revocare*.

RÉVULSION, 1552. **Révulsif,** 1555. Le premier est empr. du lat. *revulsio* « arrachement » (de *revellere*), en vue d'un sens médical, le deuxième a été formé sur *revulsus*, part. passé de *revellere*, pour servir d'adj. à *révulsion*.

REZ-DE-CHAUSSÉE, v. **ras.**

RHABDO- Premier élément de mots sav., tels que **rhabdoïde,** 1690, tiré du grec *rhabdos* « baguette », ou de mots empr., tels que **rhabdomancie,** 1579 (Bodin).

RHABILLER, v. **bille.**

RHAPONTIC, v. **rhubarbe.**

RHÉTEUR, 1534 ; jusqu'au début du XIXe s. seulement au sens de « maître de rhétorique » ; sens défavorable depuis lors. **Rhétorique,** vers 1155. Empr. du lat. *rhetor*, *rhetorica* (du grec *rhêtor* « orateur, maître d'éloquence », *rhêtorikê* « art oratoire »).

RHINGRAVE, sorte d'anc. vêtement, XVIIe (Scarron). Empr. de l'all. *rheingraf*, titre de seigneur, littéral. « comte du Rhin » ; ce vêtement a été ainsi nommé vers le milieu du XVIIe s., quand il a été introduit, cf. ce que dit Ménage : « On m'assure que ces hauts de chausse ont été ainsi appelés d'un Seigneur Allemand, qu'on appeloit *M. le Rheingrave*, qui étoit gouverneur de Mastrict (il s'agit du rhingrave *Salm*, qui, marié avec une Française, venait souvent en France) ; lequel introduisit la mode. » *Rhingrave* existait déjà depuis le XVIe s. comme titre de seigneurs allemands des bords du Rhin, en all. *Rheingraf*.

RHIN(O)-. Premier élément de mots sav. comp., tels que **rhinoplastie,** 1822, tiré du grec *rhis*, *rhinos* « nez ».

RHINOCÉROS, 1380, une première fois *rhinocerons* en 1288 ; au XVIIe s., on disait aussi *rhinocerot*. Empr. du lat. *rhinoceros* (du grec *rhinokerôs*, de *rhis* « nez » et *keras* « corne »).

RHIZ(O)-. Premier élément de mots sav. comp., tels que **rhizophage,** 1721, **rhizophile,** 1842, tiré du grec *rhiza* « racine », cf. aussi le dér. **rhizome,** 1817.

RHODODENDRON, 1500. Empr. du lat. *rhododendron* (d'un mot grec, formé de *rhodon* « rose » et de *dendron* « arbre »).

RHOMBE, 1536, terme de géom. Empr. du lat. *rhombus* (du grec *rhombos*, propr. « toupie »). Comme terme de zoologie, désignant des poissons de mer, notamment le turbot, remonte de même au grec par l'intermédiaire du lat. — Dér. : **rhomboïde,** 1542 (déjà grec *rhomboeides*) ; **rhomboïdal,** 1671 ; **rhomboèdre,** 1817.

RHUBARBE, 1570 ; aussi *r(h)eubarbe*, XIIIe-XVIIIe, et d'autres formes. Empr. du lat. *r(h)eubarbarum*, VIIe, chez Isidore de Séville, qui dit que *rheu* est un mot barbare signifiant « racine ». Rabelais, qui emploie aussi *reubarbe*, II, 33, a une autre forme *rhabarbe*, qu'il explique ainsi : « du fleuve barbare nommé *Rha* (il s'agit de la Volga, comme atteste Ammianus) », III, 50 ; on a également en lat. médiéval *rhabarbarum ;* le lat. médiéval dit aussi *rhaponticum*, littéral. « rhubarbe du Pont », d'où le fr. *rhapontic*, XVIe (Paré), encore dans les dict. (on trouve aussi *rheupontic*, au XVe s.) ; Dioscoride, au Ier s. après J.-C., donne *rha* au sens de « rhubarbe », mais on ne voit pas clairement le rapport des deux formes *rha* et *rheu*. Les langues européennes ont des formes se rattachant aux deux types : it. *rabarbaro*, *reobarbaro*, all. *Rhabarber*, etc.

RHUM, 1688 (écrit *rum*, dans un ouvrage sur l'Amérique anglaise). Empr. de l'angl. *rum*, 1654, abréviation de *rumbullion ;* un mot dialectal angl. signifiant « grand tumulte », puis, par extension, a désigné à la Barbade une liqueur forte fabriquée par les planteurs, et qui provoquait souvent des bagarres, après boire.

RHUMATISME, 1549 (écrit *rheu-*). **Rhumatisant,** 1780, une première fois en 1534. Empr. des mots lat. *rheumatismus* (du grec *rheumatismos*, propr. « écoulement d'humeurs », ce qui était, pour la médecine ancienne, la cause des rhumatismes), *rheumatizans*, part. prés. de *rheumatizare* (créé à basse ép.). — Dér. du premier : **rhumatismal,** 1758.

RHUMB, v. **rumb.**

RHUME, XIIe (écrit *reume*, puis *rheume ; rhume* s'est établi à partir du XVIIe s.). Parfois fém. au XVIe s., genre encore répandu dans les patois. Empr. du lat. *rheuma* (d'un mot grec qui signifie propr. « écoulement »). — Dér. : **enrhumer,** XIIe, d'où **désenrhumer,** 1690.

RIBAMBELLE, 1798. Mot fam., peut-être contamination du dialectal *riban* « ruban » et de mots du radical onomatopéique *bamb-* (comp. fr.-comt. *bamballer* « balancer », lorr. *bambiller* « osciller »), contamination favorisée par l'identité de la syllabe *ban*.

RIBAUD, v. le suiv.

RIBOTE, 1804 (dans *faire ribote*). Tiré du verbe *riboter*, 1745 (Vadé), mot pop. issu, par substitution de suff., de l'anc. *ribauder* « paillarder », encore vivant dans les patois. *Ribauder* est lui-même dér. de l'anc. **ribaud,** XIIe, « débauché » qui dérive lui-même de l'anc. verbe *riber* « faire le ribaud » ; quant à *riber*, c'est un verbe empr. de l'anc. haut-all. *rîban* « être en chaleur ; coïre », propr. « frotter ». *Ribaud* a passé dans les langues voisines : it. *ribaldo*, etc.

RIBOUIS, « soulier, vieux soulier » en fr. pop., fin XIXe. Remonte à *bouis*, anc. forme de *buis*, encore très répandue dans les parlers, v. **buis,** qui désigne dans la langue des cordonniers un brunissoir de buis qui sert à polir la semelle ; le préf. vient probabl. de *rebouiser*, attesté dès le XVIIIe s., mais au sens fig. de « donner le bon air à quelque chose ». Le sens propre de ce verbe paraît être perdu, ce qui n'est pas surprenant dans un terme d'argot.

RIBOULDINGUE, fin XIXe, **-dinguer,** début XXe. Origine obscure. Mot comp., dont la première partie contient probabl. le forézien *riboulla* « festin à la fin de la moisson » (aussi vellavien *reboula*), dér. du verbe *riboulâ* « manger jusqu'à la satiété », né probabl. d'un croisement de *riber* (v. *ribote*) et du fr. *bouler* « enfler sa gorge (du pigeon) ». *-dingue* provient sans doute de la famille de *dinguer* (comp. champenois, bourguignon *dinguer* « rebondir avec un bruit sonore, faire sauter en l'air », *dingot* « fou, détraqué »), d'origine onomatopéique (à l'origine imitation du son et du balancement des cloches).

RICANER, vers 1400 (au sens de « braire », sens moderne depuis 1538). Réfection, sous l'influence de *rire*, de *recaner*, « braire » (forme norm. à laquelle correspond l'a. fr. *rechaner*). Ce verbe est dér. de l'a. pic. *kenne* « joue », *chane*, qui représente le francique **kinni* « mâchoire » (comp. all. *Kinn* « menton »). — Dér. : **ricanement,** 1702 ; **ricanerie,** vers 1700 ; **ricaneur,** 1555.

RIC-À-RIC, 1470 (Pathelin). Mot pop. qui présente des variantes *ric-à-rac*, etc., de formation onomatopéique.

RICHE, XIe *(Alexis)*. Du francique **rîki*, propr. « puissant », sens conservé dans les premiers textes (d'une famille de mots germ. répandus, cf. all. *reich*, angl. *rich*) ; empr. aussi par les langues méridionales : it. *ricco*, esp. *rico*. *Nouveau riche* se trouve déjà au XVIIIe s., chez Montesquieu dans la 132e *lettre persane*, aussi chez Stendhal. — Dér. : **richard,** 1466 ; **richesse,** XIIe, signifie d'abord « puissance » ; **richissime,** 1801, une première fois au XIIIe s. dans un texte italianisant ; **enrichir,** XIIe, d'où **enrichissement,** 1530 (une 1re fois au XIIIe).

RICIN, 1698 (dès 1586 *ricinus* employé comme mot fr.). Empr. du lat. *ricinus*.

RICOCHET, XVIIe (Scarron, au sens moderne). Tiré par comparaison avec les bonds répétés qu'on appelle *ricochets*, d'une ancienne locution : ***c'est la chanson du ricochet***, qui désigne un raisonnement sans fin, cf. Rabelais, III, 10 ; antér. on trouve *fable du ricochet* (XIIIe), qui désigne une ritournelle de questions et de réponses sans fin. L'origine même du mot *ricochet* est obscure ; la langue a vu dans *ricochet* un mot de la famille de *coq*, *cochet*, cf. *fable du rouge cokelet* (forme dialectale) et l'it. *favola dell' uccellino* (« oiselet »). — Dér. : **ricocher.** 1807.

RICTUS, 1821 (J. de Maistre). Empr. du lat. *rictus* (de *ringi* « grogner en montrant les dents »).

RIDELLE, vers 1280 (sous la forme *reidele*). Empr. du moyen haut-all. *reidel* « forte perche », all. moderne *Reitel*, cf. la définition donnée par Richelet, 1680 : « morceau de bois rond et plané qui règne sur le haut et tout le long du chariot ».

RIDER, XIIe (Chrétien : *Chemise ridée*, c'est-à-dire « plissée », sens fréquent au moyen âge ; sens moderne dès le XIIIe s.). Probabl. de l'anc. haut-all. *rîdan* « tourner, tordre » ; l'adj. de l'anc. haut-all. *reid* « crépu, frisé » permet de se rendre compte comment le sens a pu se développer. — Dér. et Comp. : **ride,** 1488 ; **rideau,** « pièce d'étoffe servant à couvrir, cacher » (sens qui apparaît dès le premier texte, en 1347), a eu aussi le sens de « repli de terrain », fréquent au XVe s. **Dérider,** 1538.

RIDICULE, *adj.*, XVe. Empr. du lat. *ridiculus* (de *ridere* « rire »). — Dér. : **ridiculiser,** 1666 (Sévigné).

RIDICULE, « petit sac de dame », 1799. Altération, par étymologie pop., de *réticule*, empr. à la même ép. du lat. *reticulus* au sens de « sachet ». Depuis le commencement du XXe s. *réticule* est redevenu la forme normalement employée, tandis que *ridicule* ne se dit plus que par plaisanterie. V. **réticule.**

RIEN. Lat. *rem*, acc. de *rēs* « chose » ; ici l'acc. a été conservé, parce que *chose* est plus souvent l'objet de l'action, cf. au contraire *on* qui vient du nominatif. Conformément à son origine, *rien* a été d'abord un subst. fém. et a gardé cette valeur jusqu'à la fin du XVIe s. ; mais, par suite de son emploi dans des phrases de sens négatif, *rien* est devenu lui-même mot négatif et a pris ensuite le genre masc., qui apparaît au XVe s. A éliminé le pronom négatif *néant*, v. ce mot. A. pr. *res*, cat. *res* représentent le nom. *res*, avec un développement sémantique semblable à celui du fr.

RIFLARD désigne divers outils : rabot, grosse lime, ciseau, 1622. Dér. de l'anc. verbe *rifler*, XIIe « érafler, piller, raboter », empr. de l'anc. haut all. *riffilôn* « déchirer en frottant ».

RIFLARD « parapluie » en fr. vulgaire, 1828. Passe pour être tiré de *Riflard*, nom d'un personnage de la comédie de Picard, *La petite ville*, 1801, qui se présentait sur la scène avec un parapluie énorme.

RIFLE, 1833 (alors *fém.*). Empr. de l'angl. *rifle* (du verbe *to rifle* « faire des rainures dans le canon, etc. », lui-même du fr. *rifler*, v. **riflard**).

RIGIDE, 1457 ; **rigidité,** 1641. Empr. du lat. *rigidus*, *rigiditas* ; v. **raide.**

RIGODON, 1694 (on écrit aussi **rigaudon**). Étymologie douteuse. L'indication de J.-J. Rousseau dans son *Dictionnaire de Musique* est vague : « On trouve *rigodon* dans le *Dictionnaire* de l'Académie ; mais cette orthographe n'est pas usitée, j'ai ouï dire à un maître à danser que le nom de cette danse venait de celui de l'inventeur, lequel s'appelait *Rigaud*. »

RIGOLE, 1339, auparavant *regol*, vers 1210. Vit au moyen âge surtout dans l'extrême Nord. Empr. du moyen néerl. *regel* « rangée, ligne droite », *richel* « fossé d'écoulement dans l'étable », qui tous sont empr. du lat. *regula*. La variété de la première syllabe du néerl. explique l'hésitation du fr. entre *re-* et *ri-*. Le dér. *rigoler*, 1297, signifie d'abord « égaliser les bords d'une rivière ».

RIGOLER, XIIIe ; souvent trans. au sens de « se moquer de », plus rarement de « divertir » jusqu'au XVIe s. ; on a aussi *se rigoler* « se divertir », jusqu'au XVIIIe s. ; de là l'usage moderne depuis 1875. Les parlers gallo-romans ont une forte tendance à former sur *rire* des verbes qui en modifient un peu le sens, ainsi *rioler* « rire un peu », *riocher*, *riauder* » rire d'un air niais ». Le fr. possédait du XIIIe au XVIIIe s. un subst. *riole* « partie de plaisir ». Quand on sentit le besoin de former un verbe sur ce subst., son synonyme *gale*, flanqué d'un verbe *galer* (v. **galant**) se présenta à l'esprit et passa son *g-* au nouveau verbe. — Dér. : **rigolade,** 1815 ; **rigolo,** 1852 ; a reçu aussi par plaisanterie le sens de « revolver » ; **rigolard,** fin XIXe ; **rigolboche,** 1860, surnom d'une danseuse de bas étage, v. **boche.**

RIGOLLOT, 1875, papier sinapisé. Tiré de *Rigollot*, nom de l'inventeur.

RIGUEUR, XIIIe ; **rigoureux,** XIIIe, attesté indirectement par l'adv. **-sement.** Le premier est empr. du lat. *rigor*, le deuxième un dér. sav. de ce mot. — Dér. de *rigueur*, d'après la forme lat. *rigor* : **rigorisme,** 1696 (Saint-Simon) ; **rigoriste,** 1683.

RILLETTE, 1845. Mot de la famille de *rillons* « résidus de porc ou d'oie dont on a fait fondre la graisse », 1611, *rillé*, de sens analogue, 1546 (Rab.) ; *rillée*, « id. », fin XVIe s. (Bouchet), tous ces mots, usités dans la région de l'Ouest, notamment en Touraine, sont des dér. de *rille* « morceau de porc », 1480, qui est une forme dialectale de *reille* « planchette, latte, etc. » (r. **règle**) ; ce mot a pu se dire de morceaux de viande minces et longs, cf. le norm. *rilles* « longs et minces morceaux de lard qu'on a fait griller » ; *rillette* désigne un hachis, mais il n'y a pas loin de ce sens à ceux des autres mots cités.

RIME, vers 1160. L'ét. par le lat. *rhythmus* « rythme » est peu probable, parce que celui-ci désigne en bas-lat. le vers non métrique qui a été pourvu d'une rime plus tard ; une forme intermédiaire **ritme* ou **ridme* ne se trouve pas dans les textes, de sorte que l'évolution phonétique à laquelle il faudrait s'attendre, n'est pas attestée. Par contre un francique **rîm* « série, nombre », dont l'existence est assurée par l'anc. haut all. *rîm*, peut très bien avoir pris le sens de « suite, série de fins de vers semblables » et de là celui de « rime ». Le genre masc. du mot germ. est conservé dans l'a. prov. *rim* et dans l'all. *reim* emprunté du gallo-roman. Le fém. *rime* est peut-être dér. du verbe *rimer*, lequel peut avoir été dér. du subst. en gallo-roman, mais pourrait aussi représenter un verbe **rîman* formé déjà en francique. A passé aussi dans les langues voisines : it. esp. a. pr. *rima*. On a expliqué la locution *sans rime ni raison*, 1875 (dès fin

XIVe s. *il n'y a rime ne raison*, dès XVIe s. *il n'y a ni rime ni raison*, comp. l'angl. *without rhyme or reason*) comme issue du lat. médiéval ; on opposait alors dans la versification lat. le *metrum* fondé sur la quantité et le *rythmus* fondé sur l'accent, cf. ce passage d'un grammairien : « Metrum est ratio cum modulatione, rhythmus modulatio sine ratione. » Par suite, une œuvre qui n'était pas conforme à un de ces deux modes était mauvaise ; le sens se serait ensuite étendu. — Dér. : **rimer,** vers 1120, **rimeur,** vers 1180, **rimailler,** 1564 (Rab., qui écrit *rithm-*), **rimailleur,** 1518 (Marot, qui écrit également *rithm-*).

RINCEAU. Au moyen âge *rainsel ;* l'orthographe *rinceau* a été arbitrairement rapprochée de *rincer*. Signifie « rameau » jusqu'à la fin du XVIe s. ; réservé ensuite à la langue du blason et de l'architecture. Lat. pop. **ramuscellus*, dér. du lat. de basse ép. *ramusculus*.

RINCER. D'abord *reincier*, *raincier*. Paraît bien être issu, par dissimilation, de l'a. fr. *recincier*, même sens, du lat. pop. **recentiāre* (dér. de *recens* au sens de « frais »), continué par des formes dialectales d'Italie (à côté d'autres qui continuent **recentare*) au sens de « rafraîchir, laver ». — Dér. et Comp. : **rinceur,** 1500 ; **rinçure,** 1393 ; **rincette,** 1856 ; **rince-bouche,** 1842.

RING, terme de sport, 1829. Empr. de l'angl. *ring*, propr. « anneau, cercle ».

RINGARD, 1731 ; mot techn. Empr., avec substitution de suff., du wallon *ringuèle* « pince, levier », empr. lui-même de l'all. dialectal *Rengel* « bûche, rondin » ; l'all. dialectal a aussi un verbe *rangeln* qui signifie « écarter les scories dans un fourneau de forge avec un crochet de fer », qui est précisément une des actions qu'on peut faire avec le ringard.

RIPAILLE, 1579 dans l'expression *faire ripaille*. S'est dit d'abord des soldats qui allaient s'approvisionner chez les bourgeois et les paysans. — Dér. de l'a. fr. *riper* « gratter », empr. du m. néerl. *rippen* « tirailler ; palper ».

RIPOLIN, fin XIXe. Empr. du néerl. *ripolin*, mot créé en 1888 par l'inventeur de cette peinture *Riep* au moyen de son nom, d'un élément *-ol-* (du néerl. *olie* « huile ») et du suff. sav. *-in*. Le ripolin, d'abord fabriqué en Hollande à partir de 1886, l'est en France depuis 1893. — Dér. : **ripoliner,** *id.*

RIPOPÉE, vers 1770 ; auparavant *ripopé*, masc. depuis le XVe s. ; en outre adj. dans *un petit vin ripopé*, XVe (A. de La Sale). Mot pop., issu du langage des enfants, à l'origine alternance vocalique de la famille du lat. *pappare* (v. **papoter**). La voyelle arrondie *-o-* dépeint l'ouverture des lèvres de celui qui sirote le liquide. Le préfixe est pris de *ripaille*, qui bien qu'attesté seulement au XVIe s., a probabl. existé dès le XVe.

RIPOSTE, 1578. Issu, par dissimilation du premier *s*, de *risposte*, 1527, encore au XVIIe s., empr., à la fois au sens de « repartie » et de « botte (terme d'escrime) », de l'it. *risposta*, de *rispondere*, v. **répondre.** — Dér. : **riposter,** XVIIe (Scarron).

RIQUIQUI, 1789, au sens d' « eau-de-vie ». Terme du langage enfantin, aux sens variés, comme les mots de ce genre ; se dit aussi par exemple pour désigner le petit doigt.

RIRE. Lat. pop. **rīdĕre*, lat. class. *rīdēre*. It. *ridere*, esp. *reir*. — Dér. : **rire,** *subst.*, XIIIe ; **rieur,** 1460.

RIS, « façon de rire » ; aujourd'hui employé seulement dans la langue littéraire. Lat. *rīsus*. It. esp. *riso*. — Dér. : **risée,** XIIe ; **risette,** 1844, d'après *risée*.

RIS, terme de boucherie dans *ris de veau*, 1640 ; un dér. *risée* qu'on croyait trouver dans un texte de la fin du XVIe s. est une mauvaise lecture pour *rilée*. Étymologie inconnue.

RIS, terme de marine, 1155 *(a deus ris)*. De l'anc. scandinave *rif*, cf. angl. *reef ; ris* est la forme du plur., d'abord **rifs ;* le mot s'emploie en effet surtout au plur. — Dér. : **arriser,** 1643.

RISIBLE, XIVe (Oresme). Empr. du lat. *risibilis* (de *ridere*, v. **rire**). *Risible* a parfois, par développement propre au fr., le sens de « qui a la faculté de rire », du XVIe au XVIIIe s. — Dér. : **risibilité,** XVIe.

RISOTTO, 1907 ; empr. de l'it. *risotto*, dér. de *riso* « riz ».

RISQUE, 1578 (H. Estienne, au fém., genre conservé dans l'expression *à toute risque* jusqu'à la fin du XVIIe s.). Empr. de l'it. *risco*, aujourd'hui plutôt *rischio* (d'où l'all. *Risiko*), cf. aussi le verbe *risicare ;* l'esp. a *riesgo* et l'a. pr. *rezegue*. L'it. *risco* représente un lat. *rĕsĕcum*, subst. verbal de *rĕsĕcare*, donc « ce qui coupe », d'où « écueil », ensuite « risque que court une marchandise en mer » ; comp. a. nor. *sker* « écueil », d'un germ. **skarja* « ce qui a été découpé », all. *schären*. En Toscane *rĕsĕcare* a dû devenir *risicare* et *riscare*. — Dér. et Comp. : **risquer,** XVIe ; **risque-tout,** 1870.

RISSOLE, 1240. Altération de *roissole*, XIIIe (on a en outre une forme *rousole* au XIIe s. d'après l'adj. *roux*), lat. pop. **russeola*, fém. de *russeolus* « rougeâtre » ; ce genre de préparation culinaire a été ainsi nommé à cause de sa couleur, cf. l'expression de cuisine moderne *faire un roux*. — Dér. : **rissoler,** 1549.

RISTOURNE, 1829. D'abord *restorne*, 1723, et *extorne*, 1723. Celui-ci a été emprunté de l'it. *storno*, même sens. En empruntant ce mot le franç. a latinisé le préfixe *s-* en *ex-* ; en outre le sens du mot contenant une répétition on a senti le besoin de souligner ce fait par le préfixe, auquel on a donné ensuite la forme italienne *ri-*. Un emprunt de l'it. *ristorno* n'entre pas en ligne de compte, ce mot signifiant seulement « rebondissement ».

RITE, 1676 ; *rit* se trouve une première fois au XIVe s. L'orthographe *rit* se maintient, quand on parle de l'ensemble de la liturgie d'une confession (le *rit catholique, grec*, etc.). **Rituel,** 1564 (Rabelais, sous la forme *ritual*). Empr. des mots lat. *ritus, ritualis* (qui se disaient déjà de livres traitant de rites païens).

RITOURNELLE, 1670 (Molière), comme terme de musique ; fig., 1671, Mme de Sévigné. Empr. de l'it. *ritornello* (de *ritorno* « retour »), v. **tourner.**

RIVAL, XVe. **Rivalité,** 1656 (Molière). Empr. des mots lat. *rivalis*, propr. « riverain qui est autorisé à faire usage d'un cours d'eau *(rivus)* » (au XVIe s. on disait surtout *corrival*, du lat. de basse ép. *corrivalis*, peu attesté, propr. « riverain autorisé à faire usage d'un cours d'eau avec un autre riverain »), *rivalitas*. — Dér. : **rivaliser,** 1770.

RIVE. Lat. *rīpa*. It. *riva* (dialectal), esp. *riba*. Au moyen âge désigne aussi le bord de la mer ; depuis ne s'emploie ainsi que dans la langue poétique. — Dér. : **rivage,** vers 1200 ; **dériver,** « écarter de la rive », XIVe *(quand la nef desriva)* ; au moyen âge *desriver* est en outre attesté au sens de « déborder, faire déborder ».

RIVER, vers 1170, au sens d' « attacher » ; l'expression *river le clou* est déjà du XIIIe s., de même l'a. pr. *ribar*. Dér. de *rive* au sens de « bord », le clou étant rabattu et aplati sur le bord de la planche qu'il a traversée. — Dér. : **rivet,** vers 1260 ; **rivure,** 1480 ; **dériver,** « enlever la rivure », XIIIe s.

RIVIÈRE. Lat. pop. *rīpāria*, fém. pris substantiv. de l'adj. *rīpārius* « qui se trouve sur la rive », v. **rive,** donc propr. « région proche d'un cours d'eau ou de la mer », sens attesté au moyen âge, mais qui n'existe plus que dans des expressions techniques : *veau de rivière* (nourri en Normandie, près de la Seine), *vin de rivière* (fait avec du raisin récolté en Champagne, sur les bords de la Marne). Le sens moderne apparaît dès le XIIe s. L'esp. *ribera* signifie « rive, rivage », l'a. pr. *ribiera* « rive » et « rivière », de même it. *riviera* (dans les dial. septentrionaux), qui sert notamment à désigner la côte de Gênes, entre La Spezia et Nice, de là *rivière* en ce sens chez Voltaire ; aujourd'hui on emploie de préférence la forme italienne. — Dér. **riverain,** 1690 (chez Rab. sous la forme lyonnaise *riveran*, mais au sens de « batelier »).

RIXE, 1568 ; rare avant la fin du XVIIIe s. Empr. du lat. *rixa* « querelle, etc. » pour exprimer une nuance différente de *bataille*.

RIZ, vers 1270 (écrit *ris* ; le *z* a été rétabli d'après le lat. *oryza*). Empr. de l'it. *riso*, du lat. *oryza* (d'un mot grec, d'origine orientale). Mot devenu européen : all. *Reis*, angl. *rice*, etc. — Dér. : **rizière,** 1718.

ROB, ROBRE, 1767 ; en outre *rubber*, 1856. Terme des jeux de whist et de bridge, empr. de l'angl. *rubber*, du XVe s.

ROBE, XIIIe, au sens de « vêtement » ; de bonne heure employé en parlant des vêtements de femme. On trouve *(gens) de robe longue*, au XVIe s., en parlant du clergé. *Robe de chambre* est du XVIe s. ; de là, par plaisanterie, *pommes de terre en robe de chambre*, XIXe. Empr. du germ. occidental **rauba* « butin » (v. **dérober**), d'où spécial. « vêtements (qu'on a pris comme butin) » ; l'a. fr. a encore fréquemment le sens de « butin », encore relevé au début du XVIe s. Aussi it. *roba* « vêtement, biens mobiliers et immobiliers », esp. *ropa* (avec un *p* hétéroclite) « vêtement », a. pr. *rauba* « butin, robe ». — Dér. et Comp. : **enrober,** 1858, comme terme techn. ; créé au XIIe s. au sens de « fournir de robes, revêtir » ; **robin,** dér. de *robe* dans *homme de robe*, 1627, fait par plaisanterie d'après **robin** « personnage sans considération », vers 1340, aujourd'hui hors d'usage, forme familière de *Robert*, qui était dans l'anc. littérature un terme de dénigrement et désignait notamment un paysan prétentieux.

ROBINET, 1401. Dér. de *robin*, id., qui est attesté dans l'Ardenne depuis le XVIe s., et qui est un emploi fig. de *robin* « mouton » (on a souvent donné autrefois aux robinets la forme d'une tête de mouton) ; *robin* est un de ces noms d'homme (v. le préc.) qui ont souvent été employés pour désigner des animaux domestiques. — Dér. : **robinetier,** 1870 ; **robinetterie,** 1845.

ROBINIER, 1778. Nom créé par Linné en l'honneur de *J. Robin*, ancien directeur du Jardin des Plantes sous Louis XIII, qui introduisit cet arbre en 1601.

ROBOT, 1939 ; empr. du tchèque *robot* (dér. de *robota* « travail, corvée » par l'écrivain tchèque Tchapek dans sa pièce *R. U. R.* = les *Robots Universels de Rossum*, 1921).

ROBUSTE, XIIIe. Empr. du lat. *robustus* (de *robur* « force », v. *rouvre*). — Dér. : **robustesse,** 1863 (Th. Gautier).

ROC, v. **roche.**

ROC, « tour au jeu d'échecs », v. **roquer.**

ROCAMBOLESQUE, fin XIXe. Dér. de *Rocambole*, nom d'un héros aux aventures extraordinaires, créé par Ponson du Terrail (1829-71). Celui-ci l'a tiré arbitrairement, à cause de la sonorité de ce mot, de **rocambole,** fém., « ail d'Espagne », 1680, qui se prenait en outre au sens de « ce qu'il y a de piquant dans une chose », mot empr. de l'all. *Rockenbolle*, qui désigne la même sorte d'ail.

ROCHE, XIIe. Représente un type *rocca*, d'origine inconnue, sans doute prélatin, d'où aussi it. *rocca*, esp. *roca*. A côté on a la forme **roc,** 1512, cf. *sac* et *sachet*, *coq* et *cochet* ; d'où **rocaille,** 1658 (Scarron ; une 1re fois dans Froissart ; 1611 déjà *rochaille*), **rocailleux,** 1692, et le mot de formation fam. **rococo,** terme de l'argot des ateliers, dit ainsi à cause de l'emploi des rocailles, dans les œuvres de ce style, cf. en 1829 : « Le Bernin fut le père de ce mauvais goût désigné dans les ateliers sous le nom un peu vulgaire de rococo » (Stendhal). — Dér. : **rocher,** XIIe ; **rocheux,** 1823.

ROCHET, sorte de surplis, XIIe ; au moyen âge désigne aussi des vêtements d'homme et de femme. Dér. du francique ***rok*, cf. *roccus* dans les *Capitulaires* de Charlemagne et l'all. *Rock* « robe ». V. **froc.**

ROCHET, dans *roue à rochet* « sorte de roue dentelée » ; attesté dès le XVIe s., chez Paré sous la forme *rocquet ;* c'est une extension du sens médiéval « extrémité des lances de joute » par comparaison de la forme des dents de cette roue avec celle de l'extrémité de ces lances ; le sens de « bobine », 1669, est secondaire, d'après la chronologie, malgré le sens du type étymologique, v. la suite. Dér. (par l'intermédiaire d'un simple non attesté) du francique ***rokko* « quenouille » (cf. all. *Rocken* « *id.* »), qui a été employé par comparaison pour désigner l'extrémité de la lance. L'it. *rocca* « quenouille » et l'esp. *ruecca* « *id.* » se rattachent à la forme gothique du même mot germ.

ROCKING-CHAIR, 1851 (dans un ouvrage sur l'Amérique). Empr. de l'angl. *rocking-chair* (de *rocking* (de *to rock* « balancer ») et de *chair*, v. **chaire**).

ROCOCO, v. **roche.**

ROCOU, matière colorante, 1614 (dans le récit de voyage dans les Antilles de Claude d'Abbeville) ; parfois *roucou.* Empr. de *urucú*, d'une langue des indigènes du Brésil (tupi ou guarani). — Dér. : **rocouyer,** 1645.

RODER, terme techn., 1723. Empr. du lat. *rodere* « ronger », cf. **corroder, éroder.** — Dér. : **rodage,** 1836 (terme d'automobilisme en 1933).

RÔDER, 1418 (dans *roder le pays*, construction qui a duré jusqu'au début du XVIIIe s.) ; signifie aussi « tourner çà et là », cf. *après avoir rodé les yeux partout*, 1588 (Montaigne) ; fin XVIe, *rauder*, sans complément (*rauder* « plaisanter, se gausser », de la même époque, est probablement un autre mot). *Rôder* est empr. de l'a pr. *rodar* « rôder », propr. « tourner » (encore très usité dans les parlers occitans), lat. *rotāre* « tourner, faire tourner (comme roue) » ; *raudir*, attesté aux XVe et XVIe s., est une transformation de *rauder* d'après *courir.* — Dér. : **rôdeur,** 1539.

RODOMONT, 1527 (*-one*), 1594 *(-ont, Satire Ménippée).* Tiré de *Rodomont*, empr. de l'it. *Rodomonte*, nom d'un roi d'Alger, guerrier brave, mais altier et insolent de l'*Orlando Innamorato* de Boïardo et de l'*Orlando Furioso* de l'Arioste (qui est la suite du poème de Boïardo). — Dér. : **rodomontade,** 1587 (dans le titre d'un ouvrage).

ROGATIONS, 1530. Empr. du lat. eccl. *rogationes*, plur. du lat. class. *rogatio* « demande » ; les Rogations sont en effet des prières publiques faites pendant une procession. Au moyen âge et jusqu'au XVIe s., il y avait une forme pop. *rovaisons*, en rapport avec le verbe *rover* « demander, prier », lat. *rogāre.*

ROGATOIRE, terme jurid., 1642. Dér. de *rogatus*, part. passé de *rogare*, v. le préc., avec le suff. *-atoire*, répandu dans la langue sav.

ROGATONS, 1662 ; au moyen âge et jusqu'au XVIIe s. avait le sens d' « humble requête », qui est devenu péjor., notamment dans l'expression *porteur de rogatons*, cf. « *Appelez porteurs de rogatons pour ce qu'ils ne vivent que des aumônes des gens de bien* », 1578 (H. Estienne). Empr. du lat. médiéval *rogatum* « demande » (de *rogare*, v. les préc.) ; pour la prononciation, v. **dicton.**

ROGER-BONTEMPS, XVe *(Roger Bontemps... tiens à saige*, René d'Anjou, mort en 1480 ; une première fois au XIVe s. dans *par un homme Rogier Bontens).* On a longtemps cru à tort que ç'avait été d'abord le surnom du poète R. de Collerye, joyeux viveur, qui « gallait le bon temps », mais il est né seulement en 1470 ; l'on voit du reste par le texte du XIVe que le surnom, dont le sens est transparent, est bien antérieur au XVe s.

ROGNE, « sorte de gale », XIIIe. Cf. it. *rogna*, esp. *roña.* Le lat. *aranea* « araignée » est attesté à basse ép. au sens de « rogne » ; il vit encore dans le roum. *rîie.* Dans les autres pays romans il a été modifié en ***ronea*, probabl. sous l'influence de *rodere*, cf. it. *rogna*, esp. *roña.* — Dér. : **rogneux,** vers 1130.

ROGNE, « action de grogner entre ses dents, 1501. A longtemps vécu surtout dans la région de Lyon et de Genève (dans l'expression *chercher rogne* « chercher noise »), d'où il semble avoir été apporté à Paris par le fr. populaire vers la fin du XIXe s. Dér. de *rogner* « grommeler », qui vit surtout dans les patois, mais dont le dér. *rognonner* est attesté pour Paris depuis 1680, pour la Normandie depuis 1556. Il s'agit d'une famille de mots d'origine onomatopéique très répandue en gallo-roman avec des variantes vocaliques (comp. norm. *roincer*, lim. *rundir*).

ROGNER. Propr. « couper autour », d'où souvent « tondre, tonsurer, trancher la tête » au moyen âge ; « rogner de la monnaie, les ongles », dès le XIIIe s. D'abord *rooignier*, *reoignier*, etc. Lat. pop. ***rotundiāre* « couper en rond » (de *rotundus* « rond »), puis ***retundiare*, v. **rond.** A. pr. *redonhar.* — Dér. : **rogneur,** 1495, jusqu'au XIXe s. toujours en parlant de *rogneurs de monnaie ;* **rognure,** vers 1100.

ROGNON. Rare en parlant de l'homme. Lat. pop. ***rēniōnem*, acc. de ***rēniō*, dér. de *rēn* « rein » ; a servi longtemps pour désigner le rein de l'homme. L'emprunt du lat. *ren* par les médecins a permis de restreindre l'emploi du mot aux reins des animaux et en a fait un terme de boucherie. V. **rein.** It. *rognone*, a. pr. *renhon*, *ri-*, *ro-*, *ru-*. La voyelle *o* s'explique par assimilation vocalique.

ROGOMME, 1700 (Mme de Maintenon qui écrit *rogum*) ; aujourd'hui usité seulement dans *voix de rogomme ;* désignait d'abord de l'eau-de-vie, une liqueur forte. Étymologie inconnue.

ROGUE, *adj.*, XIIIe *(Rose).* Peut-être de l'anc. scandinave *hrôkr* « arrogant ».

ROGUE, « œufs de morue salée, servant à la pêche de la sardine », 1723. Empr. de l'a. nor. *hrogn*, cf. danois-norvégien *rogn* (mot de la famille de l'all. *Roggen* « œufs de poisson » et de l'angl. *roe* « *id.* »).

ROI. Lat. *rēgem*, acc. de *rēx.* — Dér. : **roitelet,** 1459 (une 1re fois en 1180), par l'intermédiaire d'un premier dér. *roietel, roitel.* **Royal,** XIIe, d'après le lat. *regalis*, d'où **royalisme,** 1770, **royaliste,** 1589, devenu usuel seulement au moment de la Révolution, **royauté,** 1155, cf. *féauté, loyauté* ; **vice-roi,** 1463, d'où **vice-royauté,** 1680.

ROIDE, v. **raide.**

RÔLE, XIIe (sous la forme *role ;* au XVe et au XVIe s. *roole,* d'où la forme moderne *rôle*). Empr. du lat. médiéval *rotulus*, attesté déjà à basse ép., mais très rarement (de *rota* « roue »), « rouleau », sens conservé jusqu'à la fin du XVIIIe s. dans quelques techn., d'où « feuille roulée portant un écrit » et spécialement « registre d'actes, liste » dans la langue jurid. et administrative (d'où l'expression *à tour de rôle*, dès le XVe s.) et, d'autre part, « ce que doit réciter un acteur dans une pièce de théâtre », d'où sont issus des emplois fig. dès le XIIe s., cf. *servoit au role d'escuier* dans le premier texte où le mot ait été relevé. L'a. pr. *role, rotle*, etc. « rouleau, écrit » et l'esp. *rolde* « cercle de personnes » sont également empr. de *rotulus ;* l'it. *ruolo* « liste » et l'esp. *rol* viennent du fr. Il est assez difficile de faire le départ entre la famille de *rôle* et celle de *rouelle*, le radical des deux aboutissant souvent au même résultat. Ainsi *rouleau* comme t. d'agriculture se rattache à *rouelle*, tandis qu'au sens de « volute » qu'il avait au XVIIIe s., il représente une forme plus ancienne *roleau*, dér. de *rôle.* — Dér. : **rôlet,** XIIIe (Rose, au sens de « petit rouleau » ; celui de « petit rôle de théâtre » est de 1574 ; **dérouler,** 1538, **déroulement,** 1704. — Comp. **enrouler,** 1334, **enroulement,** 1694 ; **enrôler,** 1174 « inscrire sur un rôle », puis spécial. en parlant de soldats, 1536, d'où **enrôlement,** 1285 (sens parallèle à celui du verbe), **enrôleur,** 1660, au sens moderne ; **contrôle,** 1611 ; issu de *contrerole*, 1367, par superposition syllabique, proprement « registre qu'on tenait en double », d'où **contrôler,** 1310 (écrit *contreroller*), proprement « porter sur le registre dit contrôle », **contrôleur,** 1292 (écrit *countreroullour*) ; **incontrôlable,** 1840.

ROLL-MOPS, 1923. Empr. de l'all. *rollmops* « hareng enroulé ».

ROMAIN, vers 1200. Empr. du lat. *Romanus.* Le sens moral « qui rappelle les qualités des anciens Romains » s'est développé au XVIIe s., sous l'influence de Corneille (et aussi de Montaigne). *Romain*, terme d'imprimerie, n'a été relevé qu'au XVIIe s., mais les caractères dits romains ont été inventés vers 1466 par un imprimeur d'origine française, Jenson, établi en Italie. **Romaine,** ou *laitue romaine*, n'a été relevé qu'au XVIIe s. ; cette salade aurait été introduite par Bureau de La Rivière, chambellan de Charles V et de Charles VI, qui l'aurait apportée d'Avignon où siégeait alors la cour pontificale.

ROMAINE, sorte de balance, XVe, à côté de *roumane*, encore usité au XVIe ; en outre *romman*, masc., au XIVe s. La forme *romaine*, 1520, a visiblement subi l'influence de l'adj. préc. Empr. de l'arabe *rommâna* « balance » et « peson » par l'intermédiaire de l'a. pr. (qui a les deux sens) ou de l'esp. *romana*, cf. aussi it. *romana* « peson ». La base de ces mots est l'arabe *rummâna* « grenade », les fruits du grenadier ayant servi de pesons dans l'Orient.

ROMAN. D'abord *romanz*, puis *ro(m)mant*, du XIIIe au XVIIe, enfin *roman* au XVIe s.(Pasquier : « *On appelle roman nostre nouveau langage* »), *romans* ayant été considéré comme un plur. ; en outre *romand* et le fém. *romande* en parlant de la Suisse romande, XVIe (Bonivard). Désigne d'abord la langue vulg., par opposition à la langue savante qu'était le latin ; puis, dès le XIIe s., a désigné tout récit en langue vulg. et, spécialement, au XIVe s., les romans d'aventure (en vers), puis au XVe s., les récits de chevalerie en prose ; a pris le sens moderne au XVIIe s. Se trouve aussi dès le XIVe s. pour désigner le fr. par opposition à l'all. *Romanz* représente le lat. pop. *rōmānicē, adv. qui signifiait propr. « à la façon des Romains » (notamment « en langue latine ») au sens que *Romanus* a pris après l'invasion des Barbares, c'est-à-dire par opposition aux Francs, comme on le voit p. ex. dans la Loi Salique ; *rômaios* a servi de même à Byzance à désigner la langue lat., d'où aujourd'hui *romaïque* « grec moderne ». De même a. pr. *romans* « langue vulgaire, récit en langue vulgaire », rhétoroman *rumontsch* « parler roman de la vallée du Rhin », d'où le fr. **romanche** ; v. aussi **romance.** L'angl. *romance* vient de l'a. fr. *romanz.* L'adj. *roman, romane*, qui sert depuis le XIXe s. à désigner les langues issues du lat. (d'où **romanisme, -iste,** qui ont été déjà créés au XVIIIe ou au XVIIe s. avec d'autres sens) a été tiré de *roman*, tel qu'il vient d'être étudié, voir le texte de Pasquier, cité plus haut. Pour désigner le style d'architecture antérieur au gothique *roman* a été choisi par analogie avec l'expression *langue romane*, créée par les philologues pour marquer qu'on regardait celle-ci (qui était alors seulement le provençal) comme du latin dégénéré, tout comme on voyait dans l'architecture romane une forme abâtardie de l'architecture romaine. V. **romantique.** — Dér. : **romancer,** XIXe (Sainte-Beuve) ; une première fois au XVIIe s. chez Patru qui ajoute : « Si j'ose user de ce mot » ; **romancier,** XVe, d'après l'anc. forme *romanz ;* a suivi le développement sémantique de *roman ;* l'a. fr. a dit d'abord *romanceor, -ceur*, qu'on trouve encore au XVIe s. ; **romanes-**

que, 1627 (Sorel), déjà au sens fig. ; propr. « qui tient du roman » ; a pris une nuance péjor. au XVIIIᵉ s.

ROMANCE, 1599, Brantôme, au masc. ; fém. dès Corneille, 1648 ; tous deux en parlant des romances du Cid ; cf. déjà en 1599 : « *J'ay veu... chanter en Espagne une vieille chanson, que proprement on appelle la romance* » (Brantôme). Empr. de l'esp. *romance*, masc., spécialement « petit poème en stances », emprunté lui-même du prov. *romans* (comme l'it. *romanzo* « roman »), v. **roman** ; une collection de romances s'appelle **romancero,** empr. vers 1831 ; *romance* est devenu fém. à cause de la terminaison ; ce mot a pris au XVIIIᵉ s. le sens de « petit poème sentimental accompagné de musique » (d'où l'all. *Romanze ;* l'angl. *romance* a pris également ce sens au fr.), puis, au XIXᵉ s., a servi à désigner l'air lui-même, d'où les *Romances sans paroles* de Mendelssohn, traduction de l'all. *Lieder ohne Worte*.

ROMANICHEL, 1837. Terme d'argot parisien, dér. de *romani*, mot tsigane désignant les tsiganes ; la deuxième partie du mot représente le mot tsigane *tschel* « peuple, tribu ».

ROMANTIQUE, 1776 (Le Tourneur, en tête de sa traduction de Shakespeare ; auparavant, en 1675 et 1694, au sens de « romanesque »). Empr. de l'angl. *romantic* attesté depuis 1650, et qui s'est formé d'après l'a. fr. *romant*, variante de **roman**. Le mot fr. *romantique* devient usuel au cours du XVIIIᵉ s., surtout pour qualifier des paysages, d'après l'angl. *romantic* ; cf. *Plusieurs Anglais essayent de donner à leurs jardins un air qu'ils appellent « romantic », c'est-à-dire à peu près pittoresque*, 1745 (J. Leblanc). Le latin médiéval *romanticus* qu'on a dit avoir trouvé dans un texte du XVᵉ s. repose sur une faute de lecture. L'anglais *romantic* a été empr. aussi par l'all. (1695), où *romantisch* finit par s'appliquer aussi à la littérature (dp. 1740), sous l'influence des critiques suisses. C'est de l'all. que Mme de Staël a emprunté ce sens et l'a introduit en fr. (*De l'Allemagne*, 1810) en l'opposant, à l'instar de Schlegel, au mot *classique*. L'application de cette distinction à la littérature française se fait entre 1820 et 1830 ; de là **romantisme,** 1823, qui a supplanté *romanticisme*, 1819, sens parallèle.

ROMARIN, XIIIᵉ, Empr. du lat. *rosmarinus*, littéral. « rosée de mer ».

ROMBIÈRE, 1896. On trouve aussi le masc. *rombier ;* on écrit parfois le mot avec *rh.* Termes d'argot, d'étymol. inconnue.

ROMPRE. Lat. *rumpere*. It. *rompere*, esp. *romper*. V. **route.**

RONCE. Lat. *rumicem*, acc. de *rumex*, des deux genres, attesté au Vᵉ s. au sens de « ronce » ; au sens propre *rumex* désignait une sorte de dard, d'où une sorte d'oseille ou de patience, ainsi nommée à cause de la forme de la feuille en fer de lance ; *rumex* a pris par suite le sens de « ronce » d'après l'un ou l'autre de ces sens. — Dér. : **roncerale,** 1823, certainement plus anc. ; **roncier,** XVIᵉ.

RONCHONNER, 1867. Venu probable de la région de Lyon où le verbe *roncher* « ronfler », qui représente le lat. *roncare*, est entouré de nombreux dér., comme *ronchonner*, *ronchuná*, *ronchiná*, *ronchillá*, tous avec le sens de « gronder, etc. ». La forte valeur onomatopéique du mot a certainement été pour beaucoup dans son admission en fr. pop. — Dér. : **ronchonneur,** 1878 ; **ronchonnot,** *id.*, fait sur *Ramollot*, type créé par C. Leroy dans sa publication *Le Colonel Ramolot* (depuis 1883).

ROND. Lat. pop. **retundus*, issu, par dissimilation de la première voyelle, du lat. class. *rotundus*. — Dér. : **rond,** *subst.*, XIIIᵉ ; au sens de « sou », déjà 1461 ; **ronde,** vers 1170 (dans *à la ronde*) ; comme terme militaire, 1559 (Amyot), il est probabl. dér. du verbe *ronder* « faire la ronde », en usage aux XVᵉ et XVIᵉ s. ; « chant à danser en rond, danse en rond », 1798 (une 1ʳᵉ fois au XIIIᵉ s.) ; **rondeau,** XIVᵉ (G. de Machaut); **rondelet,** XIVᵉ ; **rondelle,** vers 1200 ; **rondeur,** vers 1460 ; **rondin,** 1526, en 1387 « sorte de tonneau », a désigné une sorte de coussin au XVIIIᵉ s. ; **rondouillard,** 1888 ; **arrondir,** vers 1270, d'où **arrondissement,** 1529, dès 1737 au sens de « division territoriale », d'où son emploi en 1800, pour désigner des circonscriptions administratives nommées d'abord *districts*, v. **département.**

RONDACHE, XVIᵉ (Ronsard). Souvent masc. au XVIᵉ s. Aussi *rondace* au XVIᵉ s. ; *rondache* est la forme picardo-normande ; elle est sortie par changement de suffixe de *rondelle*, qui a le même sens au XVIᵉ, mais dont l'emploi devait créer souvent des embarras à cause de la polysémie de ce mot.

RONFLER, XIIᵉ. Aussi répandu en Italie (ombrien *ronfiare*) et en Espagne. Création onomatopéique du type de **ronchonner, ronron,** mais dans laquelle le radical expressif *ron-* a été allongé du groupe de consonnes *-fl-* tout fait pour peindre le bruit du souffle qui sort de la bouche. On peut aussi y voir une modification expressive, d'après *souffler*, *siffler*, de l'a. fr. *ronchier*, lat. de basse ép. *roncāre*, d'où aussi a. pr. *roncar*, *ronchar*, esp. *roncar*. Le type ancien survit encore dans les parlers du Nord-Est et de l'Est et surtout dans le Midi. — Dér. : **ronflement,** 1553 ; **ronfleur,** 1552 (Rab.).

RONGER. Lt. *rūmigare* « ruminer ». D'abord *rungier*, qui a été appliqué aussi bien à l'action de ronger qu'à celle de ruminer. *Ronger*, qui est plus récent que *runger* « ronger », est dû à l'influence du lat. *rōdere* « ronger » qui a été largement conservé : it. *rodere*, esp. *roer*, a. pr. *roire*, a. fr. *rore*, ainsi que de ses dér. **rōdicare* (ang. *rouger*, occitan *rouzegá*, etc.) et **rōsicare* (norm. *roucher*). Seulement gallo-roman. La forme *runger* est encore très répandue dans les patois, au sens de « ruminer » aussi bien qu'au sens de « ronger ». D'autre part *ronger* vit aussi au sens de « ruminer » (Allier, etc.) et est conservé en franc. comme terme de vénerie, en parlant du cerf. Le croisement de *rūmigare* avec les verbes signifiant « ronger », est dû à l'analogie des deux actions, cf. aussi le gascon *aroumega* qui a les deux sens. — Dér. : **rongeur,** xve.

RONRON, 1761 (J.-J. Rousseau). Onomatopée. — Dér. : **ronronner,** vers 1860 (Baudelaire).

ROQUEFORT, 1721. Tiré de *Roquefort*, nom d'un village de l'Aveyron, où se fabrique ce fromage.

ROQUENTIN, 1631 ; écrit aussi *rocantin*, 1669, au sens de « vieillard qui fait le jeune homme » ; a désigné aussi, au XVIIe s., pour une raison obscure, un chanteur de chansons satiriques et les chansons elles-mêmes. Le sens de « vieux soldat » que donnent les dictionnaires pour *roquentin* n'est confirmé par aucun texte, de même que *vieux roquart* (XVe s.) n'a jamais ce sens. De ce fait il devient impossible de rattacher ces mots à *roque* « roche, forteresse », comme on a proposé. Villon appelle *vieux roquart* un vieillard morose et qui toussote. Il s'agit de dér. d'un radical onomatopéique *rok-* employé pour exprimer le bruit d'objets qui se heurtent. Un verbe *roquer* « heurter ; roter ; craquer, etc. » est très répandu dans les parlers ; *roquentin* a probabl. été formé sur le part. prés. de ce verbe, d'après *ignorantin*, *plaisantin*, etc.

ROQUER, terme du jeu d'échecs, 1694. Dér. de *roc*, ancien nom de la tour, XIIe, usuel jusqu'au XVIe s., empr. probabl. par l'intermédiaire de l'esp. *roque*, du mot arabo-persan *rokh*, v. **échec, fou.** — Dér. : **rocade,** fin XIXe, propr. terme de jeu d'échecs, d'où *ligne de rocade*, passé récemment dans la langue militaire pour désigner un chemin de fer ou une route parallèle à la ligne de feu.

ROQUET, 1544. Appartient comme *rokè* « grenouille verte » dans le Pas-de-Calais, et *rokè* « crécelle » dans le Nord, à la famille du dialectal *roquer* « craquer, croquer, heurter ». Ce verbe, répandu dans presque tous les parlers gallo-romans du Nord, est dû à une onomatopée qui rend un son soudainement interrompu.

ROQUETTE, nom de plante, 1538. Empr. de l'it. *rochetta*, variante, attestée au XVIe s., de *rucchetta*, dér. de *ruca*, lat. *ērūca*, propr. « chenille ».

ROS, v. **roseau.**

ROSAIRE, 1495. Empr. du lat. médiéval *rosarium*, qui désignait propr. la guirlande de roses dont on couronnait la Vierge ; d'où aussi it. esp. *rosario* ; pour le développement du sens, v. **chapelet.**

ROSAT, XIIIe, dans *huile rosat*, francisation du lat. de basse ép. *rosatum oleum* ; sur le modèle d'*huile rosat* on a fait ensuite *vinaigre rosat*, etc., où *rosat* reste invariable. On trouve une fois *eve rosade*, au XIIe s. Le lat. disait aussi *rosaceus*, cf. *rosaceum oleum* chez Pline, d'où parfois en a. fr. *rosach* dans *sucre rosach* de quelques textes picards.

ROSBIF, 1727. Empr. de l'angl. *roastbeef* (de *roast* « rôti » et de *beef* « viande de bœuf ») ; Voltaire, en 1756, écrit *rostbeef ;* et on trouve antér. une forme plus francisée *rot-de-bif*, 1698 (*deux Ros de Bif*, d'où, au sing., *rôt-de-bif*, 1740).

ROSE, XIIe. Empr. du lat. *rosa*. Ailleurs également sous une forme prise au lat. écrit des poètes et des livres d'histoire naturelle : it. esp. *rosa*. Pris adjectiv. depuis le XVe s. environ. *Eau de rose* s'est dit d'abord *eau rose*, 1418, encore chez Voltaire ; on a aussi *eve rose*, *aig(u)e rose*, dès le XIIIe s. — Dér. : **rosace,** 1547, d'après le lat. *rosaceus ;* **rosacée,** 1694 (Tournefort), terme de botanique, également d'après le lat. *rosaceus* « de rose » ; **rosâtre,** 1823 ; **rosé,** vers 1200 ; **roséole,** 1828, fait sur le modèle de *rougeole* avec le suff. *-éole*, tiré de mots scientifiques tels qu'*aréole ;* on a fait ensuite, sur le modèle de *roséole*, **rubéole** (1855) avec le radical du lat. *rubere* « rougir » ; **rosette,** vers 1200 ; **rosier,** vers 1270, d'où **roseraie,** 1690, **rosiériste,** 1868, **rosière,** 1766, ainsi nommée parce que la jeune fille, choisie comme la plus vertueuse, reçoit une couronne de roses ; **rosir,** 1823.

ROSEAU, XIIe. Dér. de l'a. fr. *ros* « *id.* », encore dans les patois. D'un germ. **raus* (à une époque antérieure à l'époque francique, en raison de la présence de la diphtongue *au*), cf. gothique *raus*, all. *Rohr*, d'où aussi a. pr. *raus*.

ROSÉE. Lat. pop. **rōsāta*, dér. du lat. class. *rōs*, *rōris* (conservé par l'a. pr. *ros*). A. pr. *rozada* (d'où l'it. *rugiada*). Les parlers méridionaux ont en outre des dér. de *aiga* « eau », v. **aiguail.**

ROSSE, 1460 (au XIIe *ros* m.). Empr., avec un sens péj., de l'all. *Ross* « coursier », aujourd'hui mot poétique, qui a dû être introduit en fr. par l'intermédiaire des mercenaires allemands ; d'où aussi probabl., par l'intermédiaire du fr., l'a. pr. *rossa*. — Dér. : **rossard,** 1867.

ROSSER, 1650 (Scarron). L'a. fr. a un verbe *roissier* de même sens, qui continue le lat. pop. **rustiāre*, dér. de **rustia* « gaule » (de *rustum* « ronce »), cf. à l'appui le prov. *rouisso* « branche morte » ; *rosser* en est peut-être une déformation sous l'influence de *rosse*, si ce n'est directement dér. de celui-ci, au sens de « traiter comme on traite une rosse ». — Dér. : **rossée,** 1834.

ROSSIGNOL, XIIe (Chrétien). Empr. de l'a. pr. *rossinhol*, qui passe pour avoir été empr. aussi par les langues voisines : it. *(l)usignuolo*, esp. *ruiseñor ;* le mot prov. doit sans doute sa diffusion au rôle du rossignol dans la poésie des troubadours. *Rosinhol* continue le lat. pop. **lusciniolus*, masc. tiré de *lusciniola*, déjà chez Plaute, dim. de *luscinia*. L'*r* initiale, attestée déjà dans *roscinia* d'une glose du VIIe s., est peut-être due à une dissimilation d'*l* initiale ; on l'attribue aussi à un croisement avec *russus* « roux », le rossignol ayant en effet le plumage roussâtre. On trouve parfois au moyen âge des formes telles que *losseignol* (cf. aussi *lourseignos* au XIIIe s.), *roussigneul* qui ont l'aspect de formes traitées suivant la phonétique du fr. Au XVIe s. *rossignol* désigne un instrument de torture, parce que celui-ci arrache au torturé des émissions intermittentes de voix ; par la suite ce terme a été appliqué au crochet employé pour ouvrir les serrures. — Dér. : **rossignoler,** 1601, déjà *loussegnoler* au XIIe s. ; **rossignolet,** XIIIe (G. de Lorris).

ROSSINANTE, XVIIIe ; d'abord écrit *rocinante*, puis *rossinante*, d'après *rosse*. Tiré de *Rocinante*, nom du cheval de Don Quichotte (cf. *Don Quichotte*, I, I), dérivé plaisamment de *rocin*, v. **roussin.**

ROSSOLIS, plante de la famille des rosacées, 1669, appelée aussi *rosée du soleil* (dès 1611). Empr. du lat. médiéval *ros solis*, littéral. « rosée du soleil » ; ce nom vient de ce que les feuilles de cette plante portent de petits poils terminés par des vésicules transparentes semblables à des gouttes de rosée, v. **droséra.**

ROSSOLIS, sorte de liqueur, 1645 ; écrit aussi *rossoli*, dès 1667. Probabl. identique avec le précédent ; le nom de la plante a pu être employé pour faire de la réclame pour une certaine liqueur ou parce qu'on s'est servi d'une décoction de cette plante comme ingrédient ; de toute façon l'it. *rosoli*, transformé plus tard en *rosòlio*, est empr. du mot fr., et n'en est pas la source.

ROSTRE(S), 1823, comme terme d'antiquité romaine ; ordinairement au plur. ; une première fois au XIVe s. (Bersuire). **Rostral,** 1663, surtout au fém. dans *colonne rostrale* (une première fois au XVIe s. au sens de « en forme de bec »). Empr. du lat. *rostra* « tribune aux harangues » (plur. de *rostrum* « bec », d'où « éperon », ainsi nommé parce que cette tribune était ornée des éperons des navires pris aux Volsques d'Antium pendant la guerre latine) et du dér. *rostralis* (créé à basse ép.). **Rostre** est aussi pris parfois au sens de « bec » dans la langue de l'histoire naturelle, d'où des comp., tels que **rostriforme,** 1812.

ROT, ROTER. D'abord *rout*, *router*, dont la voyelle *ou* a été remplacée par *o* qui rend ces mots plus expressifs. Lat. *ructus*, *ructāre*, altérés en gallo-roman en *ruptus*, *ruptāre*, attestés à basse ép., peut-être d'après *ruptus*, part. passé de *rumpere*. A. pr. *rot*, *rotar*, it. *rutto*, *ruttare*.

ROTATEUR, 1611 ; **rotation,** XIVe, rare avant la fin du XVIIe s. ; **rotatoire,** XVIIIe ; **rotatif,** 1838, d'où **rotative,** *subst.*, fin XIXe. Termes techn. dont les deux premiers sont empr. des mots lat. *rotator*, *rotatio* (créé à basse ép. ; de *rotare* « tourner comme une roue »), les deux derniers ont été faits sur *rotation*, avec les suff. *-atoire*, *-atif*, fréquents dans les adj. de formation sav.

ROTANG, v. **rotin.**

ROTE « instrument de musique des jongleurs bretons », XIIe. Du germ. *hrôta*, attesté sous la forme *chrotta* chez Fortunat, VIe, et par l'anc. haut-all. *hruozza*. Le gallois *crwth* « violon » et l'irlandais *cruit* « harpe », qui sont certainement le même mot, signifient aussi l'un « ventre », l'autre « bosse ». Ils sont donc peut-être nés par emploi métaphorique de ces dernières significations. Si cette manière de voir correspond à la réalité, le mot a été empr. d'abord par les Francs des parlers celtiques et porté ensuite par eux en Gaule.

ROTE « tribunal ecclésiastique de Rome », 1545. Empr. du lat. *rota*, propr. « roue », qui a reçu ce sens nouveau dans le lat. de la cour pontificale, parce que chacune des trois sections de quatre membres dont ce tribunal était composé instruisait à tour de rôle les affaires qui étaient soumises à un tribunal.

ROTIFÈRE, 1762. Terme scientifique, du lat. *rota* « roue » et du suff. *-fère*, sur le modèle de mots tels que *frugifer* « qui porte des fruits », etc.

ROTIN, nom de plante, 1688 ; antér. *rottang*, 1663, chez le voyageur Herbert ; de là la forme *rotang*, dep. 1725. Empr. du malais *rōtan*, par l'intermédiaire du néerl. *rotting* ; l'angl. dit *rat(t)an*, de là la forme *ratan* qu'on trouve au XVIIIe s.

ROTIN « sou », terme d'argot et de la langue pop., 1837. Étymologie obscure.

RÔTIR. Du germanique **raustjan*, cf. all. *rösten*, angl. *to roast* ; aussi a. pr. *raustir*, it. *arrostire* ; empr. par le latin du Bas-Empire dans les garnisons le long du Rhin. L'argotique **roustir** (d'où **-isseur, -issure**), usité surtout dans *être rousti*, vient du prov. — Dér. : **rôt,** 1155 ; **rôti,** XIIIe s. ; **rôtie,** XIIIe ; **rôtisseur,** 1396, d'où **rôtisserie,** XVe ; **rôtissoire,** 1462. V. **roustir.**

ROTONDE, 1488, dans un texte où on lit : « Un temple nommé panthéon... maintenant c'est une église nommée saincte marie la rotonde » ; il s'agit de Notre-Dame-de-La-Rotonde, établie dans l'ancien Panthéon ; s'est d'abord employé seulement en ce sens ; peu usité avant la fin du XVIIIe s. ; depuis sens plus étendu. Empr. de l'it. *Rotonda*, nom propre, tiré du lat. *rotunda*, fém. de l'adj. *rotundus*.

ROTONDITÉ, 1314. Empr. du lat. *rotunditas*.

ROTULE, 1487. Empr. du lat. *rotula*, dim. de *rota* « roue », en vue d'un sens spécial.

ROTURE. Lat. *ruptūra* « rupture » (de *rumpere* « rompre »), qui a pris dans le lat. pop. le sens de « terre récemment défrichée, rompue » (*rompre une terre* s'est dit au moyen âge et se dit encore dans le Berry), d'où, par suite de l'organisation sociale de la France, « redevance due à un seigneur pour une terre à rompre », puis « terre soumise à cette redevance » (cf. **coterie**), et enfin « état d'un héritage qui n'est pas noble ». L'esp. dit de même *rotura* « terre défrichée », *roturar* « défricher ». — Dér. : **roturier** ; attesté au XIIIe s. dans le Poitou et en Bretagne, le mot a été adopté dès 1306 par Paris et de là il s'étend aux XVe et XVIe s. dans les autres régions.

ROUAN, 1340 ; se dit d'un cheval dont la robe est mêlée de poils blancs, noirs et roux. Empr. de l'esp. *roano*, dér. d'un simple disparu qui continuait le lat. *rāvus* « gris foncé ».

ROUANNE, sorte de tarière servant aux tonneliers, aux sabotiers, etc. Écrit *roisne* au moyen âge, puis *rouanne* vers 1680. Grec *rhykanê* « rabot » propagé par les Grecs de Marseille (le lat. class. *runcina* « *id.* » empr. du grec, a été altéré d'après *runcāre* « sarcler »). Seulement fr. — Dér. : **rainure,** 1410 (écrit *royneure*), par l'intermédiaire d'un verbe *roisner*, vers 1210 ; *roisne* désigne plutôt une tarière, mais le sens anc. des termes techn. est souvent imprécis et *roisne* a pu désigner au moyen âge un instrument propre à faire des rainures, cf. le sens de « rabot » qu'a le lat. *runcina* et celui du dér. **rénette,** 1660 (d'abord *royenette* au XIIIe s.), « outil de charpentier ou de bourrelier pour faire des raies ».

ROUBLARD, 1835, au sens actuel ; a signifié d'abord « chevalier d'industrie extorquant des directeurs de jeux une somme qui lui permette de regagner son pays, après avoir fait une perte dont il exagère l'importance », 1858. Peut-être extension plaisante, argotique, de *roublard* « richard, homme à roubles » que Littré considère comme le sens propre. — Dér. : **roublarderies,** 1846 ; **roublardise,** 1881.

ROUCOULER, 1549 ; antér. *rencouller*, XVe, *rouconner*, 1495. Onomatopée. — Dér. : **roucoulement,** 1611.

ROUE. Réfection d'après *rouelle, rouer, rouet*, d'une forme *ruee*, qui aurait donné en fr. *reue*, forme attestée dans de nombreux parlers de l'Est, du Nord et de l'Ouest, lat. *rota*. It. *ruota*, esp. *rueda*. — Dér. : **rouet,** XIIIe s. ; **rouage,** XIIIe s. ; **rouer,** vers 1450 (différent de l'afr. *rouer* « rouler », qui vient du lat. *rotare*), le supplice de la roue, d'origine germanique, n'était guère appliqué, avant le XVIe s., que dans les régions limitrophes de l'Empire, où l'on disait alors *enrouer* « rouer » ; **roué,** d'abord « qui a été roué », d'où « très fatigué », 1690, employé par la suite pour désigner les compagnons de débauche du régent, le duc d'Orléans, probabl. parce que les lendemains de débauches ils étaient épuisés ; **rouerie,** 1777.

ROUELLE. Spécialisé aujourd'hui comme terme de boucherie ; au moyen âge signifie « petite roue, bouclier rond, rotule, etc. » jusqu'au XVIe s. Lat. de basse ép. *rotella* (de *rota*, v. le préc.). Fréquent dans les patois pour désigner les roues de la charrue ; se trouve en ce sens chez Joinville. It. *rotella* « petite roue », esp. *rodilla* « genou », propr. « rotule ». — Dér. et Comp. : **rouler,** vers 1170 (sous la forme *roueller*), d'où **roulade,** 1622, **roulage,** 1567, **roulant,** vers 1500 (1883, au sens fam. d' « amusant »), **roulée,** terme fam. « vigoureuse correction », 1836, **roulement,** 1538, **rouleur,** 1715 (dans un tarif), on trouve une première fois le fém. *roleresse* en 1284, **rouleuse,** « prostituée », 1796, **roulier,** 1549, au sens moderne, **roulis,** 1671, au sens moderne ; au moyen âge usité au sens de « mêlée, fortification faite d'arbres roulés », **roulotte,** 1800, **roulure,** terme vulg., de même sens que *rouleuse*, 1775 ; **roulette,** XIIe ; **rouleau,** 1328 ; **dérouler,** 1538.

ROUENNERIE, 1799. Dér. de *Rouen*, où ce genre de cotonnade est fabriquée.

ROUF, 1752 ; on trouve aussi *roufle*, vers la même ép. Empr. du néerl. *roef* « *id.* ».

ROUFLAQUETTE, 1881. Mot pop., de formation obscure.

ROUGE. Lat. *rubeus* « rougeâtre ». Conservé presque partout, mais désigne des nuances diverses du rouge. Esp. *rubio* « blond doré (surtout en parlant des cheveux) ». — Dér. : **rougeâtre,** vers 1360 ; **rougeaud,** 1640 ; **rougeoyer,** 1845 (V. Hugo), auparavant déjà du XIIe au XIVe s. ; **rouget,** XIIIe, comme nom de poisson ; au XIIe s., adj. dim. de *rouge* ; **rougeur,** XIIe ; **rougir,** 1155, d'où **dérougir,** vers 1220. — Comp. : **rouge-gorge,** 1530 ; on disait aussi *gorge-rouge* au XVIIe s. ; v. **roupie ; rouge-queue,** vers 1640.

ROUGEOLE. Lat. pop. **rubeola*, fém. pris substantiv. de **rubeolus*, dér. de *rubeus*, v. **rouge.** La terminaison *-ole* est refaite sur *vérole*, cf. *rougeule* au XIVe et au XVe s. (en 1425 dans un texte qui donne aussi *vereule*). Mot propre en ce sens à la France du Nord ; le masc. a donné le normand *rouvieu*, d'où le fr. **rouvieux,** 1743 (parfois écrit par étymologie pop. *roux vieux*), qui désigne la gale du cheval ou du chien.

ROUILLE. Lat. pop. **rōbīcula*, altération, par substitution de suff., du lat. class. *rōbīgō, rōbīginis*. L'a. fr. a aussi le masc. *ro(u)il* ; de même l'a. pr. a des formes des deux genres *rovilh, roïlh, rovilha, roïlha*, et le masc., bien que moins fréquent que le fém., est usité dans de nombreux patois. L'esp. *robín* continue *rōbīginem*. — Dér. : **rouiller,** vers 1185 ; **rouillure,** 1464 ; **dérouiller,** 1196, **-ement,** vers 1600.

ROUILLER, « rouler les yeux », v. **érailler.**

ROUIR, 1340. Du francique **rotjan*, cf. all. *rösten* (forme altérée), angl. *to ret*. Propre à la France du Nord. — Dér. : **rouissage,** 1706.

ROULADE, v. **rouelle.**

ROULEAU, v. **rôle.**

ROULER, v. **rouelle.**

ROUND, 1869. Empr. de l'angl. *round*, t. de sport.

ROUPIE, « goutte d'humeur qui pend au nez », XIIIe (J. de Meung), attesté indirectement par le dér. *roupieux*. Étymologie inconnue. *Roupie* est attesté dès le XVIe s. dans la région angevine au sens de « rouge-gorge » ; mais en raison de l'obscurité de l'étymologie du mot, on ne peut dire quel en est le sens propre.

ROUPIE, monnaie de l'Inde, 1616 (sous les formes *roupia* et *-ie*). Empr., par l'intermédiaire du port. *rupia*, de l'hindoustani *rûpîya* (du sanscrit *rûpya*, propr. « argent »).

ROUPILLER, 1597. Assez répandu dans les parlers avec le sens de « ronfler ; grommeler, etc. ». Mot d'origine onomatopéique, parallèle à la formation de **ronfler,** mais qui a probabl. marqué d'abord un ronflement saccadé. — Dér. : **roupilleur,** 1740 ; **roupillon,** « petit somme », fin XIXe.

ROUQUIN, 1896 (en Champagne dès 1845). Le mot étant attesté d'abord dans le voisinage de la Picardie il est probable qu'il est comp. de l'adj. *roux* et du pic. *quin* « chien ».

ROUSCAILLER, dès 1628 dans l'argot, a pénétré dans le franç. vers le milieu du XIXe s. ; comp. de *rousser* « gronder », attesté vers 1611, et de *caillette* « femme bavarde », peut-être même d'un verbe non attesté *cailler* « bavarder ».

ROUSPÉTER, 1881, terme d'argot, devenu fam. Altération expressive du précédent par substitution de *péter* au deuxième élément. — Dér. : **rouspétance,** 1878 ; **-teur,** fin XIXe s.

ROUSSIN, 1507. Altération, par croisement avec *roux*, de l'anc. *roncin*, vers 1080 *(Roland)* « cheval de charge » (d'où l'it. *runzino)*, aussi a. pr. *rocin* (d'où l'esp. *rocin*, v. **rossinante**), d'origine incertaine. On a proposé un lat. d'époque très basse *ruccinus* (sous-entendu *caballus*), qui serait dérivé de l'anc. haut all. *rukki* « dos » (cf. all. *Rücken*), au sens de « cheval équipé sur le dos », mais cette supposition se heurte au fait qu'à l'époque où le mot aurait été formé, la forme germ. était encore **ruggi*.

ROUSTIR, 1789 ; d'origine argotique ; empr. du prov. *rousti* « rôtir, griller », ensuite « tromper ». — Dér. : **roustisseur,** 1859 ; **roustissure,** fin XIXe.

ROUT, v. **raout.**

ROUTE. Lat. pop. *(via) rupta*, littéral. « (voie) rompue, frayée » (de *rumpere* « rompre »). D'abord « chemin percé dans une forêt » (encore « sentier » dans les parlers). — Dér. : **routier,** adj. 1834 ; a déjà été créé au moyen âge au sens de « qui court les routes » ; a désigné aussi un livre de routes marines ou terrestres, 1573 ; **routine,** XVIe (Amyot), d'où **routinier,** 1761 (J.-J. Rousseau) ; **dérouter,** terme de vénerie « mettre les chiens hors de la route » ou terme de marine « écarter un navire de sa route », d'où « mettre hors de la bonne direction », XVIe s. (quelquefois au XIIIe) ; a fait disparaître, en l'absorbant en partie, un verbe homonyme *dérouter*, XIIe (Chrétien) « débander, disperser », usuel jusqu'au XVIe s., dér. de *route* « bande » (v. **routier,** subst.) et d'où a été tiré **déroute,** 1541 (antér. aussi *rotte*, probabl. de l'it. *rotta*). De *dérouter*, terme de marine, **déroutement,** 1876.

ROUTIER, *subst.*, 1247, « soldat d'aventure faisant partie d'une bande », sens qui n'est plus qu'un souvenir historique, d'où « qui a de l'expérience, finaud », fin XVIe (M. Régnier). Dér. de *route* « bande, troupe », usuel jusqu'au XVIe s., fém. pris substantiv. de *rout* « rompu » (anc. part. passé du verbe *rompre*) qui continue le lat. *ruptus*.

ROUVIEUX, v. **rougeole.**

ROUVRE, 1401. A peu près inconnu des parlers septentrionaux. Mais de nombreux noms de lieux dans presque toutes les régions de la langue d'oïl l'attestent pour le haut moyen âge. Peut-être a-t-on alors distingué entre *quercus pedunculata* et le *quercus sessiliflora*, cet arbre-ci étant appelé aujourd'hui par les botanistes *chêne rouvre*, distinction qui n'a été maintenue que dans peu de parlers (le mot, sous des formes diverses, est usité surtout dans le Midi), lat. pop. **rōborem*, acc. de forme masc., au lieu du lat. class. *robur* qui était neutre, d'où aussi it. *rovere*, esp. *roble*. — Dér. : **rouvraie,** 1870.

ROUVRIR, v. **ouvrir.**

ROUX. Lat. *russus*. It. *rosso ;* esp. *rojo* (de *russeus*). — Dér. : **roussâtre,** 1401 ; **rousseau,** vers 1190 ; **rousselet,** 1538 ; **roussette,** *id.* (*rousette* en 1530) ; en 1560 désigne une variété de chien de mer dans un texte norm. ; **rousseur,** XIIe ; **roussir,** XIIIe (Rose).

ROYALTIES, 1962. Empr. de l'angl. *royalties*, qui, désignant d'abord les prérogatives du roi, a été employé particulièrement pour désigner les droits sur les minéraux et enfin le paiement fait au propriétaire d'une terre par celui qui a obtenu la permission d'y exécuter certains travaux.

ROYAUME, vers 1080 *(Roland, reialme)*. Altération, par croisement avec *royal*, v. **roi,** de *reia(m)me*, compris comme un dér. de *rex*, *regis* « roi », et qui est, en réalité, empr. du lat. *regimen* « direction, gouvernement », cf. à l'appui l'a. pr. *regeme*, *regeime* et *realme* « royaume » ; l'it. *reame*, l'esp. arch. *reame*, *realme* et l'angl. *realm* viennent du gallo-roman.

RU. Mot dial., encore usité dans de nombreux parlers septentrionaux, mais qui ne se trouve plus dans la langue littéraire depuis le XVIe s. Lat. *rīvus*. It. esp. *rio*, a. pr. *riu ;* v. **ruisseau.**

RUBAN, vers 1260 ; en a. fr. et dans les parlers pop. plus fréquemment *riban*, du moyen néerl. *ringhband* « collier ». — Dér. : **rubanier,** 1387, d'où **rubanerie,** 1490 (texte de Rouen) ; **enrubanner,** 1773 ; une première fois *enrubanné*, 1532.

RUBÉFIER, 1413 (sous la forme *rubifier*) ; rare avant le XIXe s. Empr. du lat. *rubefacere* « rendre rouge », avec francisation d'après les nombreux verbes en *-fier*. — Dér. : **rubéfaction,** 1812, sur le modèle de mots tels que *raréfaction*.

RUBÉOLE, v. **rose.**

RUBESCENT, 1817. Empr. du lat. *rubescens*, part. prés. de *rubescere* « rougir ».

RUBIACÉE, 1719. Dér. sav. du lat. *rubia* « garance ».

RUBICON, dans les locutions *passer, franchir le Rubicon*, vers 1700 (Saint-Simon). Allusion à un épisode fameux de la vie de J. César. Le Rubicon, entre Ravenne et Rimini, constituait la frontière entre l'Italie et la Gaule cisalpine ; César, au mépris de la loi qui interdisait à un général de franchir cette frontière avec son armée, la franchit, en janvier 49, en disant : « *Alea jacta est* (Le sort en est jeté) ».

RUBICOND, vers 1400. Empr. du lat. *rubicundus* (de la famille de *rubeus* « rouge », v. aussi les suiv.).

RUBIS, 1170 (écrit *rubi ; rubis* est propr. la forme du plur. qui a fait disparaître *rubi* vers le XVIe s. ; en outre *rubin* de 1170 au XIIIe s.). Même mot que l'a. pr. *robi(n)*, *robina*, l'it. *rubino* (d'où l'esp. *rubin* et l'all. *Rubin*) qui sont empr. du lat. médiéval *rubinus*, dér. du lat. anc. *rubeus* « rouge ». La forme fr. s'explique par l'influence de la forme provençale *robi*, où le *-n* était normalement tombé.

RUBRIQUE, XIIIe (écrit alors *rubriche*) au sens de « titre en lettres rouges des livres de droit ou des missels » ; par suite « les titres eux-mêmes » (encore chez Corneille) ou « les règles de la liturgie » ; au XVIIe et au XVIIIe s. a pris le sens de « pratique, ruse » ; dans la première partie du XIXe s. a désigné dans les journaux le titre qui indique le lieu d'où une nouvelle est venue ; aujourd'hui c'est plutôt le titre indiquant la matière dont il va être traité. Empr. du lat. jurid. *rubrica* « titre en rouge des lois d'État », puis « des livres de droit », propr. « terre ocre, rouge » (de *ruber* « rouge ») ; aussi « craie rouge » dans la langue de la charpenterie ou dans d'autres langues techn. — Dér. : **rubricateur,** 1836.

RUCHE. Du gaul. *rūsca* « écorce » (dans des gloses du IXe s.), cf. en ce même sens l'anc. irlandais *rúsc ;* attesté en outre par l'a. pr. *rusca* « écorce », le catalan *rusc* « écorce de chêne-liège » et « ruche ». Le sens de « ruche » du gallo-roman et du catalan vient de ce que l'on s'est servi d'écorce pour faire des ruches. La ruche en paille tressée a été apportée dans la Gaule septentrionale par les Francs, mais l'ancienne désignation est restée, parce que, *rusca* ayant été remplacé par le lat. *scortea* au sens d'écorce, le rapport du mot *rusca* avec la matière dont les Gaulois avaient fabriqué la ruche n'était plus senti. La ruche en écorce est restée dans une grande partie du Midi. Pris au sens d' « étoffe, etc., plissée en forme de ruche », 1818. — Dér. : **rucher,** *subst.*, 1600 (O. de Serres) ; **rucher,** *verbe*, 1842, « plisser une étoffe, etc., en forme de ruche ».

RUDE, 1213. Empr. du lat. *rudis* « brut, inculte, grossier » ; ce dernier sens est le principal du fr. jusqu'au XVIe s. et n'a pas totalement disparu ; le sens de « dur (au physique et au moral) » qui apparaît chez Froissart est un développement du fr. ; cf. aussi : *Il faisoit fort rude temps*, XVe. — Dér. : **rudesse,** XIIIe (Rutebeuf) ; **rudoyer,** 1372.

RUDIMENT, 1495. Empr. du lat. *rudimentum* « début des études (d'un enfant), commencement, etc. » (de *rudis*). — Dér. : **rudimentaire,** 1812.

RUE, « voie bordée de maisons ». Lat. *rūga* « ride » (conservé en ce sens par l'it. *ruga*, l'esp. *arruga*, l'a. pr. *ruga ;* v. **rugueux**), qui a pris en lat. pop., par métaphore, le sens de « chemin (spécialement bordé de maisons) ». Rare au sens de « rue » en dehors du fr., cf. anc. it. *ruga*. — Dér. : **ruelle,** 1138 ; depuis le XVe s. a désigné l'espace laissé entre un lit et la muraille, d'où, au XVIIe s., les chambres à coucher où certaines dames de qualité recevaient leurs visiteurs.

RUE, nom de plante. Lat. *rūta*. It. *ruta*, esp. *ruda*.

RUER. D'abord trans. au sens de « lancer violemment, précipiter », encore usité au XVIIe s. et, aujourd'hui, dans la région picarde ; *se ruer* est déjà du XIIIe s., *ruer* en parlant du cheval, du XIVe (E. Deschamps). Lat. de basse ép. **rūtāre*, intensif du lat. class. *ruere* (supin *rutum*). Aussi piém. *rudè* « heurter ». — Dér. : **ruade,** XVe ; **rueur,** 1551 ; antér. au sens de « celui qui lance ».

RUFIAN. *Rufian* est une orthographe récente ; d'abord *rufien*, XIVe (E. Deschamps). Empr. de l'it. *ruffiano* (d'où aussi a. pr. *rufian*, *rofian*, qui a pu servir d'intermédiaire), dér. de *roffia* « moisissure, saleté » (souvent avec *u* dans les parlers de l'Italie supérieure), du germ. *hrŭf* « escarre ».

RUGBY, 1859 ; devenu usuel vers la fin du XIXe s., au moment du développement des sports. Empr. de l'angl. *rugby*, tiré de *Rugby*, nom d'une célèbre école anglaise, dans le comté de Warwick.

RUGIR, vers 1120 ; mais rare avant le XVIe s. Empr. du lat. *rugire* ; *rugir* a éliminé une forme plus francisée, usuelle au moyen âge, *ruir(e)* ; le sens du verbe qui ne se dit que du lion indique de toute évidence que le mot est empr. — Dér. : **rugissement,** 1539.

RUGUEUX, 1520 ; déjà en 1461 en un sens fig. en parlant d'un pays dévasté. Empr. du lat. *rugosus*, propr. « ridé » (de *ruga*, v. **rue**). **Rugosité,** 1503, est un dér. sav. de l'adj. lat. ; le lat. *rugositas* n'est attesté qu'au sens de « froncement de sourcil ».

RUINE, 1180. **Ruineux,** 1296, au sens de « qui menace ruine », usuel jusqu'au XVIIe s. (sens aujourd'hui littéraire) ; au sens de « qui cause la ruine », attesté une première fois au XIIe s. Empr. des mots lat. *ruina* « chute, écroulement », au plur. « ruines, décombres », *ruinosus* « qui menace ruine » et « qui cause la ruine » (de *ruere* « s'abattre, renverser »). — Dér. : **ruiner,** 1260 ; a eu aussi le sens d' « abattre, jeter à terre », qui est aujourd'hui hors d'usage, sauf au part. passé.

RUISSEAU. Lat. pop. **rīvuscellus*, dim. de *rivus*, v. **ru** ; pour la formation, cf. **rinceau.** Seulement fr. septentrional. — Dér. : **ruisseler,** 1188, rare avant le XVe s., **ruissellement,** 1875, une première fois en 1613 ; **ruisselet,** vers 1180.

RUMB, terme de marine, d'abord *ryn* (1483), qui est empr. de l'angl. *rim* « cercle extérieur d'une roue ; coin extérieur d'un objet, en forme circulaire », *rym* (encore 1606), transformé en *rum*, XVIIe, ensuite *rumb* (dès 1611), sous l'influence de l'angl. *rhumb* et de l'esp. *rumbo*, qui sont empr. du lat. *rhombus*. Cf. **arrimer.**

RUMBA, 1932, mot de l'esp. d'Amérique (des Antilles).

RUMEUR. Au moyen âge signifie « grand bruit » et aussi, jusqu'au XVIe s. « querelle, mouvement de révolte » ; de là, en partie, le sens moderne. Lat. *rumōrem*, acc. de *rumor* « bruit, rumeur publique ». It. *rumore*, esp. *rumor*.

RUMSTEEK, 1843 (Th. Gautier) ; ou *romsteek*. Empr. de l'angl. *rumpsteak* (de *rump* « croupe » et *steak* « tranche »).

RUMINER, 1350, déjà au fig. ; **rumination,** XIVe (Deschamps). Empr. des lat. *ruminare, ruminatio ;* le verbe a éliminé au sens propre un verbe pop. *ronger*, v. **ronger.** — Dér. : **ruminant,** 1680 (cf. déjà *Des besles ruminantes*, en 1555).

RUNE, 1670. Empr. d'une langue scandinave, cf. norvégien *rune* et suédois *runa*, cf. l'anc. scandinave *rûnar* (plur.) « écriture secrète, runes » et le gotique *rūna* « secret, mystère ». — Dér. : **runique,** 1750.

RUOLZ. Métal préparé suivant un procédé qui fut inventé vers 1841 par le chimiste fr. *Ruolz* (1808-87).

RUPIN, 1628. Terme pop., ne vit que dans l'argot jusqu'au XIXe s. On a proposé à tort un empr. de l'angl. argotique *ripping* « épatant » (de *to rip* « ouvrir en coupant, etc. »), lequel n'est attesté que depuis 1826. *Rupin* est un dér. de *rupe* « dame », *ripe* « *id.* » (attesté dans l'argot en 1596) ; celui-ci est très probabl. un emploi figuré du m. fr. *ripe* « gale » (par une étape sémantique intermédiaire non attestée « méchante femme »), dér. du verbe *riper* « gratter », qui est empr. du moyen néerl. *rippen* « tirailler violemment ; toucher ».

RUPTURE, XIVe ; rare avant le XVIe s. Empr. du lat. *ruptura* (de *rumpere* « rompre ») pour servir de nom d'action au verbe *rompre*, v. **roture.**

RURAL, vers 1350. Empr. du lat. de basse ép. *ruralis* (de *rus, ruris*, « campagne »).

RUSER. D'abord *reüser*. Signifiait d'abord « faire reculer, écarter, reculer, se retirer », jusqu'au XVIe s. Au sens de « faire des détours pour mettre les chiens en défaut (du cerf) », 1561, et dans celui, plus général, de « tromper », XIIIe s. (G. de Lorris), d'où le sens moderne au XIVe s., c'est un dér. du subst. *ruse*, t. de chasse. Lat. *recūsāre* « refuser », qui a dû prendre en lat. pop. le sens de « repousser », cf. déjà dans Ovide *frena recusare* « regimber contre le frein ». L'a. pr. *rebuzar* « reculer, empirer » s'explique comme dû à un croisement de *reüzar, raüzar* (la chute du *c* intervocalique atteste que ces formes viennent de la région septentrionale du domaine provençal) avec *rebotar* « repousser ». L'it. *ricusare* a gardé le sens du lat. class. — Dér. : **ruse,** 1270, t. de vénerie, au XIIIe s. aussi « mensonge », ; **rusé,** 1393 *(Ménagier : Aucunes vieilles qui sont rusées et font les sages).*

RUSH, terme de sport, 1878. Empr. de l'angl. *rush*.

RUSTAUD, v. le suiv.

RUSTIQUE, 1352 ; **rusticité,** 1380. Empr. du lat. *rusticus*, *rusticitas*, v. **rural.** L'a. fr. avait possédé une forme *ruiste, ruste, ruistre*, dont le sens avait été « brutal, violent » (d'un coup, d'un combat), d'où « vigoureux, vaillant » (d'un chevalier) et qui était un représentant mi-savant de *rusticus*. Au XIVe s. cet adj., au contact du mot lat., avait repris la signification de celui-ci, d'où **rustre,** attesté au sens actuel depuis 1375. A côté de *rustre*, la forme sans *-r-* est attestée jusqu'au XVIIe s., d'où le dér. **rustaud,** 1530.

RUSTRE, v. le préc.

RUT. D'abord *ruit*, encore usité au XVIe s. Lat. *rūgītus*, propr. « rugissement » (de *rūgīre* « rugir »), qui s'est dit spécialement du bramement du cerf, quand il est en rut ; a signifié « tumulte » en a. fr. Pour *rut* de *ruit*, v. **futé.** On ne retrouve le sens du fr. que dans le frioulan *arut ; ruido* de l'esp. et du port. signifie « bruit ».

RUTABAGA, 1803 *(Le rutabaga des Suédois)*. Empr. du suédois *rotabaggar* « chou-navet ».

RUTILANT, 1793 (Lavoisier) ; de quelque usage vers le XVIe s. Empr. du lat. *rutilans*, part. prés. du verbe *rutilare* « rendre rouge ».

RYTHME, écrit encore récemment *rhythme*, 1512 (écrit *ri-*). **Rythmique,** *id.* (fin XVe). Empr. du lat. *r(h)ythmus, r(h)ythmicus* (du grec *rhythmos, -mikos*). V. **rime.** — Dér. de *rythme* : **rythmé,** 1835, d'où **-er,** 1877.

S

SABBAT, XIIe, en parlant du repos religieux des Juifs, qui tombe le samedi ; a pris au moyen âge le sens de « réunion nocturne de sorciers », par assimilation injurieuse de la cérémonie juive et des réunions de sorciers, puis de « bruit désordonné », XIVe (Froissart). Empr. du lat. eccl. *sabbatum*, empr. lui-même, par l'intermédiaire du grec *sabbaton*, de l'hébreu *schabbat*, proprement « repos ». — Dér. : **sabbatique,** 1569. V. **samedi.**

SABIR, 1852. Désigne le jargon mêlé d'italien, d'espagnol, de français et d'arabe que parlent les indigènes du Nord de l'Afrique, quand ils veulent converser avec les Européens. *Sabir* est une altération de l'esp. (ou du prov.) *saber* « savoir », qui a été tiré de phrases souvent répétées telles que *mi non sabir* « moi pas savoir », cf. déjà dans *Le Bourgeois gentilhomme*, IV, X, *Si ti sabir*, *Ti respondir*, paroles du muphti en *langue franque* ou *lingua franca*, jargon de même type, parlé alors dans les états barbaresques.

SABLE, XVe. Dér. régressif de l'a. fr. *sablon* « sable », qui n'a conservé en fr. moderne que le sens spécial de « sable fin pour écurer la vaisselle » ; *sablon* continue le lat. *sabulonem*, acc. de *sabulo* « gravier », dér. du lat. *sabulum* « sable », qui vit encore au sens de « gravier » dans quelques patois, mais cf. it. *sabbione* « sable » (à côté de *sabbia*, du fém. de *sabulum*), a. pr. *sablon*. — Dér. : **sabler,** 1507 (au part. *sablé*) ; *sabler du champagne*, 1718 (d'abord, vers 1695, v. n.) ; dit par comparaison avec l'action de fondre un métal en le jetant dans un moule de sable fin, opération qui se dit *sabler* ; **sableux,** 1559 ; **sablier,** vers 1640 ; **sablière,** 1580 ; **ensabler,** 1537, d'où **ensablement,** 1673, **désensabler,** 1694.

SABLE, XIIe (Chrétien), autre nom de la martre zibeline, qui a servi par la suite à désigner la fourrure de cet animal ; en outre terme de blason. Mot d'origine slave, cf. polonais *sobol*, russe *sobol*, d'où aussi all. *Zobel* ; a pénétré en fr. par l'intermédiaire du lat. médiéval *sabellum*. V. **zibeline.**

SABLIÈRE, terme de charpenterie, 1368. Étymologie inconnue.

SABLONNEUX, XIIe ; **sablonnier** « celui qui vend du sablon », 1557 (en 1422 comme nom propre) ; **sablonnière,** XIIe. Dér. de *sablon*, v. **sable.**

SABORD, 1402. Paraît contenir *bord* ; mais le premier élément n'est pas expliqué. — Dér. : **saborder,** 1831.

SABOT, XIIe (sous une forme *çabot*, cf. le picard *chabot*), au sens de « toupie » ; le sens de « chaussure », qui est pourtant le sens propre, n'a été relevé par hasard qu'au XVe s. Altération de *bot* (usuel aujourd'hui dans la région du Poitou, où il a été signalé dès 1564), autre forme de *botte* « sorte de chaussure » (v. **botte** et **bot**), par croisement avec *savate*. *Sabot* est le terme des parlers septentrionaux ; ceux du Midi ont des formes qui continuent l'a. pr. *esclop*, lat. *stloppus* « bruit produit en frappant sur la joue gonflée ». — Dér. : **saboter,** vers 1300, au sens de « heurter » ; a signifié aussi « secouer, tourmenter » au XVIe et au XVIIe s. ; au sens de « faire un travail sans soin », 1808, d'où **sabotage,** fin XIXe, **saboteur,** 1842 ; **sabotier,** 1518.

SABOULER, vers 1500. Paraît être dû au croisement de *saboter* au sens de « secouer » ou de « travailler sans soin » et de *bouler*.

SABRE, 1598 (en 1625 *sable*). Empr. de l'all. *Sabel*, autre forme de *Säbel*, qui est empr. du magyar *szablya*, soit directement, soit par l'intermédiaire du polonais *szabla*. A été introduit par les mercenaires allemands. — Dér. : **sabrer,** 1680, d'où **sabreur,** 1790.

SABRETACHE, 1752. Empr. de l'all. *Säbeltasche*, fait de *Säbel* « sabre » et de *Tasche* « poche » ; désigne en effet une sorte de sac pendant à côté du sabre.

SAC. Lat. *saccus* (du grec *sakkos*, qui vient lui-même de la langue préhellénique de la Cilicie. It. *sacco*, esp. *saco*. A pénétré aussi dans les langues germaniques : gotique *sakkus*, all. *Sack*, angl. *sack*. — Dér. et Comp. : **sachée,** 1288 ; **sachet,** vers 1190 ; **sacquer,** 1867, mot fam. « renvoyer quelqu'un, le congédier », dès 1611 *donner à qn son sac* ; **ensacher,** vers 1220 ; **bissac,** v. **besace.**

SAC « action de piller une ville », vers 1400 *(Mettre la ville à sac qui est à dire la courir et piller)*. Une première fois dans les mémoires du maréchal de Bouciquaut, qui avait été gouverneur de Gènes, ensuite dep. 1466, probabl. empr. de l'it. *sacco*, attesté depuis le milieu du XIVe s. En même temps et chez les mêmes auteurs italiens on trouve *saccomanno*, dans les sens de « pillard » et de « pillage », et depuis la deuxième moitié du XIVe s. un mot fr. *saqueman* est attesté pareillement dans les deux sens, souvent chez les mêmes auteurs. Ces deux mots sont empr. de l'all. *sakman* « goujat, pillard, brigand », comp. de *sak* « sac » et de *man* « homme », parce que l'on avait l'habitude d'emporter les objets pillés dans de grands sacs. L'it. *sacco* « pillage » est une réduction de *saccomanno ;* la chronologie des passages où l'on trouve le mot fr. *sac* ne laisse guère de doute sur le fait qu'il est empr. de l'it.

SACCADE, 1534 (Rab.). D'abord terme de manège. Dér. de l'anc. verbe *saquer* « secouer, tirer », usuel au XVIe s. (avec le suffixe *-ade*, cf. *ruade*), forme dialectale de l'a. fr. *sachier* « tirer » (*saquer* est encore usuel au même sens en normand et en picard) ; *sachier* ainsi que l'esp. *sacar* « tirer » sont dér. de *sac ;* ils signifient propr. « retirer d'un récipient ». — Dér. : **saccadé,** 1774 au sens moderne ; antérieurement *saccader*, 1532 (Rab.).

SACCAGER, vers 1450 ; l'on trouve *saccagentes (-ium)* dans un document marseillais de 1376, ce qui fait présumer que le mot a passé au moins dans les parlers du Midi dès le XIVe. Empr. de l'it. *saccheggiare*, dér. de *sacco*, v. **sac** « pillage ». — Dér. : **saccage,** 1596 ; **saccageur,** 1553.

SACCHAR(O-). Premier élément de mots sav., tels que **saccharine,** 1573 (alors adj.), tiré du lat. *saccharum* (du grec *sakkharon*) ; v. **sucre.**

SACERDOCE, XVe. **Sacerdotal,** 1325, id. Empr. du lat. *sacerdotium*, *sacerdotalis* (de *sacerdos* « prêtre »).

SACOCHE, 1611 ; d'abord *sacosse*, 1606. Empr. de l'it. de Toscane *saccoccia*, dér. de *sacco*, v. **sac.**

SACQUER, v. **sac.**

SACRAMENTAIRE, v. **sacrement.**

SACRE, « sorte d'oiseau de proie, » XIVe (*sacri* en 1298), d'où « coquin », 1579 (H. Estienne). Empr., au moment des Croisades, de l'arabe *çaqr*, d'où aussi esp. *sacre*, it. *sagro.*

SACRÉ (os), v. **sacrum.**

SACREMENT, 842 ; **sacramentaire,** 1537 ; **sacramentel,** 1382 ; on a dit aussi *sacramental*, 1541 (Calvin). Empr. du lat. eccl. *sacramentum* (en lat. class. « obligation, serment », v. **serment**), *sacramentarius*, *-talis.*

SACRER, vers 1138. Empr. du lat. *sacrare* (de *sacer* « sacré »). *Sacrer* a pris le sens de « dire des jurons », 1727 à cause de l'habitude d'employer *sacré* dans les jurons. — Dér. : **sacre,** 1165. De *sacré*, employé dans les jurons, on a tiré des mots aux formes créées arbitrairement par euphémisme *sapré*, *sacristi*, *sapristi*, *saperlotte*, etc., relevées seulement au XIXe s., mais sans doute antér.

SACRIFICE, vers 1120 ; **sacrifier,** *id.* ; **sacrificateur,** vers 1500. Empr. des mots lat. *sacrificium*, *sacrificare*, *-ator* (lat. eccl.).

SACRILÈGE, « celui qui viole une chose sacrée », 1283 ; **sacrilège,** l'action elle-même, vers 1190. Empr. du lat. *sacrilegus*, *sacrilegium*, v. les préc.

SACRIPANT, vers 1600. Empr. de l'it. *Sacripante*, nom d'un faux brave du poème de Bojardo (v. **rodomont**) ; cf. ce que Berbi, un continuateur, a dit de ce personnage : « Era fuor de'perigli un Sacripante, Ma ne'perigli avea cara la vita. » *Sacripant* a eu aussi le sens de « faux brave », conformément au sens original. En it. *Sacripante* est un nom de fantaisie formé sur l'adj. *sacro*.

SACRISTIE, 1339 ; **sacristain,** 1375 ; au moyen âge *segretain*, d'après *segret*, encore signalé par Ménage comme usité en Anjou et ailleurs, rare aujourd'hui. Empr. du lat. médiéval *sacristia* (dér. de *sacrista* « sacristain » du même lat., qui l'a tiré du lat. class. *sacer* « sacré »), *sacristanus.* — Dér. du 2e : **sacristine,** 1671.

SACRO-SAINT, 1546. Empr. du lat. *sacrosanctus.*

SACRUM, XVIe (Paré, dans *os sacrum*). *Os sacrum* « os sacré » est un terme du lat. médical, ainsi nommé parce que cet os était offert aux dieux dans les sacrifices ; le fr. en a tiré **sacrum** par abréviation ; traduit aussi *os sacré.*

SADE, v. **maussade.**

SADISME, 1836 ; **sadique,** 1888. Tirés de *Sade*, nom d'un auteur, le marquis *de Sade* (1740-1814), dont les romans contiennent un érotisme particulier.

SAFRAN, XIIe. Empr. du lat. médiéval *safranum*, qui vient lui-même du mot arabo-persan *za'farân ;* d'où aussi it. *zafferano*, esp. *azafarán*, etc. ; l'all. *Safran* et l'angl. *saffron* viennent du fr. — Dér. : **safrané,** 1549 (d'autres formes verbales sont rares).

SAGACE, 1495, rare avant la fin du XVIIIe s. ; **sagacité,** 1444 ; rare avant le XVIIIe s. Empr. des mots lat. *sagax*, propr. « qui a l'odorat subtil » (en parlant du chien ; de *sagire*), *sagacitas.*

SAGAIE. Altération récente de *zagaie*, seule forme donnée par Littré. *Zagaye*, 1538-1658 (antér. *azagaie*, 1546 (Rab.), *archegaie*, vers 1300), est empr., par l'intermédiaire de l'esp. *azagaia*, de l'arabe *az-zaghâya* (mot d'origine berbère) « sorte de javelot » (qui sert aujourd'hui à désigner la baïonnette). S'emploie aujourd'hui surtout pour désigner des javelots de peuplades sauvages.

SAGE. En outre *savie*, XIe *(Alexis)*, d'où *saive (Roland) ;* signifie aussi « savant » au moyen âge. Représente le lat. *sapidus* » qui a du goût » (d'où le fr. *sade*, v. **maussade**) et « sage », chez Ausone au IVe s.), ces deux sens correspondant à ceux du lat. *sapere. Sapidus* est devenu **sabidus* dans le lat. du Bas-Empire, et celui-ci, en connexion étroite avec **sabere*, « savoir », est devenu, par changement de suffixe, **sabius. Sapidus* est représenté d'une façon normale par a. pr. *sabii* a. pr. cat. *savi*, esp. pg. *sabio.* L'it. *savo*, est empr. de l'a. pr., *saggio* de l'a. fr. *sage.* — Dér. et Comp. : **sagesse,** XIIIe (Rose) ; **assagir,** XIIIe ; **sage-femme,** 1212 ; le lat. *obstetrix* n'a pas laissé de traces ; outre *sage-femme* on trouve dans les parlers gallo-romans *sage mère*, *matrone*, *accoucheuse*, *bonne femme*, *mère aleresse*, (de *alitrix*), etc.

SAGETTE. Vieux mot, qui ne s'emploie plus que dans la langue littéraire. Réfection (qui date du XVe s., d'après le lat.) de l'a. fr. *saete*, *saiete*, lat. *sagitta ;* it. *saetta*, esp. *saeta*.

SAGITTAIRE, 1780, fém. Empr. du lat. des botanistes *sagittaria*, créé par Linné, à cause de la forme des feuilles (v. le préc.) ; cette plante s'appelle populairement *flèche d'eau* ou *flèchière*. *Sagittaire*, vers 1120, masc., nom d'un signe du zodiaque, est empr. du lat. *sagittarius*, propr. « archer » (sens repris, depuis le XVIe s.).

SAGOU, « sorte de fécule (qu'on retire de la moelle de diverses esp. de palmiers, notamment de sagoutier, qui croît aux Moluques et dans les régions voisines) », 1620, comme mot fr., déjà mentionné par les voyageurs comme mot malais, dep. 1521. Empr., par l'intermédiaire du port. *sagu*, du malais *sagû*. — Dér. : **sagoutier,** 1779.

SAGOUIN, 1537 (Marot). Empr. du tupi (langue indigène du Brésil), probabl. par l'intermédiaire du port. *sagui*.

SAIE. Ne s'emploie plus que dans la langue écrite, notamment en parlant du manteau des acteurs jouant le rôle d'anciens Romains, pour traduire le lat. *sagum*. Au moyen âge « sorte d'étoffe », surtout dans le Nord-Est, où il est encore usité. *Saie* continue un lat. pop. **sagia*, plur. neutre, dér. de *sagum* « petit manteau d'étoffe grossière, casaque militaire », indiqué comme celtique par Polybe. *Saie* (masc. au XVIe et au XVIIIe s.) au sens de « manteau » est empr. de l'esp. *sayo* (attesté au XVe s. à côté de *saya*, de même origine que le fr. *saie*). V. **sayon.**

SAIGNER. Lat. *sanguināre*. It. *sanguinare*, esp. *sangrar*. — Dér. : **saignée,** XIIe ; **saignement,** 1680 ; **saigneur,** XIIIe ; **saigneux,** 1539 ; **ressaigner,** 1549.

SAILLIR. Jusqu'au XVIe s. « sauter, s'élancer » ; aujourd'hui le verbe est défectif et s'emploie au sens de « faire saillie » et en parlant du mâle qui couvre une femelle. Lat. *salīre* « sauter, couvrir une femelle » ; l'*l* mouillée, régulière à la troisième personne du plur. *saillent*, lat. *saliunt*, à l'imparf. *saillais*, etc., a gagné le reste du verbe. V. **sauter.** — Dér. et Comp. : **saillant,** XIIe, comme adj. ; s'emploie aussi comme subst., depuis 1560 ; **saillie,** vers 1170, au sens d' « attaque », encore usité au XVIIe s. ; employé en parlant de mouvements de l'âme au XVIe s. d'où « trait d'esprit », XVIIe ; **tressaillir,** vers 1080, d'où **tressaillement,** XVIe (Amyot).

SAIN. Lat. *sānus*. — Comp. : **assainir,** 1774 (Buffon), **assainissement,** XVIIIe ; **malsain,** XIVe.

SAINDOUX, XIIIe (écrit *saïm dois*, corriger *dous*). Comp. de l'a. fr. *saïm* (plus tard *sain*) « graisse », usuel jusqu'au début du XVIIe s. et de l'adj. *doux*. Ce comp. paraît avoir été formé pour éviter une équivoque avec les nombreux homonymes de *sain*, notamment *sein*. *Saïm* représente un lat. pop. **sagīmen*, réfection du lat. class. *sagīna* « engraissement, pâture, embonpoint » ; pour le suff., v. **regain.** *Sain* survit encore dans les parlers de l'Est et dans des dérivés techn. ou dial. L'a. pr. *saïn*, *sagin* (d'où l'esp. *sain*) « graisse » représente un lat. pop. **sagīnum*.

SAINFOIN, v. **foin.**

SAINT. Lat. *sanctus*, qui a pris en lat. eccl. une valeur spéciale, qui est la suite du sens class. « consacré, vénéré ». It. esp. *santo*. — Dér. et Comp. : **sainteté,** 1487 (une première fois vers 1250), réfection, d'après le lat. *sanctitas*, de l'a. fr. *saintéé ;* **toussaint,** XIIIe, issu d'expressions comme *la feste saint Jean*, *la saint Michel et la tous sainz*, où *la* est pron. déterminatif en a. fr., mais a fini par être pris comme article, quand la valeur de *le*, *la* comme pronom déterm. a disparu ; d'où le fém. de *toussaint*.

SAINT-CRÉPIN, v. **frusque.**

SAINT-FRUSQUIN, v. **frusque.**

SAINTE-NITOUCHE, v. **toucher.**

SAINT-HONORÉ, sorte de pâtisserie. Gâteau inventé vers 1879, par un pâtissier, nommé Chiboust, qui a donné à ce gâteau le nom de la *rue Saint-Honoré* où il était établi.

SAISIR. Propr. terme de droit féodal signifiant à la fois « mettre en possession », de là *se saisir de* (cf. aussi la locution jurid. *le mort saisit le vif*, XIIIe, Beaumanoir, encore usuelle aujourd'hui), et « prendre possession », d'où « saisir vivement (en général) », dès la *Chanson de Roland*. Mot d'origine germ. attesté dans les Lois Barbares dès 700 par le verbe *sacire*, cf. *ad proprium*, *ad proprietatem sacire* ; celui-ci ne représente pas, comme on l'a prétendu, un francique **sakjan* « revendiquer des droits », qu'on restitue d'après l'ancien saxon *saca* « procès », l'anc. haut all. *sahha* « *id.* ». Dans ce cas le sens de « mettre en possession » ne s'explique pas bien ; on pourrait penser à un francique **satjan* (cf. gotique *satjan*, anc. haut all. *sezzen*, d'où all. *setzen* « poser, mettre »), mais **satjan* serait devenu **saïr*, comme **hatjan* a donné *haïr*. *Saisir*, ne peut s'expliquer que par l'anc. haut all. *sazjan*, lequel correspond à un francique **satjan*. Comme on sait, le francique occidental parlé dans la Gaule septentrionale encore vers 800 a participé à l'évolution haut-allemande de *t* en *z*, de sorte qu'une forme **sazjan* peut très bien être la base du fr. *saisir*. Le mot a donc pénétré en gallo-roman relativement tard. Pour le sens, comp. le moyen haut-all. *einem etwas setzen* « assigner à qn un objet en propriété ». L'a. pr. *sazir* signifiait aussi à la fois « mettre en possession » et « prendre possession ». Quant à l'it. *sagire* c'est un mot empr. du galloroman, comme ordinairement les termes féodaux. — Dér. : **saisie,** XVIe (parfois au moyen âge, dès le XIIe s., au sens de « possession »), d'où **saisie-brandon,** relevé seulement au XIXe s., certainement antérieur ; **saisine,** 1138, terme jurid. ; **saisissable,** 1764 ; **saisissant,** 1690 ; **saisissement,** XIIIe, au sens d' « action de saisir » ; le sens dominant aujourd'hui « fait d'être saisi par une impression soudaine » date du XVIIe s. ; **dessaisir,** 1155, d'où **dessaisissement,** 1609 ; **insaisissable,** 1770 ; **ressaisir,** 1207.

SAISON. L'a. pr. a de même *sazon ;* aujourd'hui dans tous les parlers gallo-romans. Lat. *satiōnem*, acc. de *satiō* « ensemencement, semailles » (de *serere* « semer », supin *satum*), puis, du sens de « saison des semailles », la saison par excellence, vivant en fr. depuis le XIIe s., s'est étendu à toutes les autres saisons. L'it. *stagione* vient du lat. *statiō* propr. « arrêt », qui s'employait comme terme d'astronomie en parlant de l'immobilité apparente des planètes et qui a dû se dire des « stations » du soleil dans les différents signes du zodiaque, d'où « moment de l'année, saison ». L'esp. *sazón*, de même origine que le fr. *saison*, ne signifie que « temps favorable ». — Dér. et Comp. : **assaisonner,** dès le XIIIe s. au sens moderne ; au sens propre de « cultiver dans une saison favorable », 1371, sens encore usité en berrichon et en norm., d'où « faire mûrir », XVIe ; d'où **assaisonnement,** 1539 ; **arrière-saison,** XVe ; **morte-saison,** XVe ; **saisonnier,** 1775.

SALACE, 1555 ; **salacité,** 1542. Empr. du lat. *salax* « lubrique » (de *salire* au sens de « couvrir une femelle », v. **saillir**), *salacitas.*

SALADE, vers 1350. Empr. de l'it. *insalata* (dial. *salata, salada*), comme aussi esp. *ensalada*, occitan *ensalado*, propr. « (mets) salé », v. **sel.** — Dér. : **saladier,** 1580.

SALADE, sorte de casque, 1419. Empr., de l'it. *celata.* Il s'agit de casques très profonds ; *celata* veut donc dire « pourvu d'une grande voûte », comp. a. fr. *ciel* « voûte ». Dès 1417 un document savoisien parle de quelques *cellatas* que le duc Amédée VIII a fait venir de Milan. L'esp. *celada* est lui-même empr. de l'it. La transformation de *cel-* en *sal-* peut provenir du passage du mot à travers le franc-provençal ou le prov.

SALAIRE, vers 1260. Empr. du lat. *salarium* (de *sal* « sel »), propr. « solde pour acheter du sel », d'où « solde, indemnité, honoraires ». — Dér. : **salarié,** 1369, d'après la forme du lat. *salarium* ; rare avant le XVIIIe s., où *salarié* devient usuel, 1758 ; **salariat,** 1845.

SALAMALEC, 1559, dans un livre sur la Turquie. Empr. de l'arabe *salâm 'alaïk* « paix sur toi » (qui est la salutation arabe).

SALAMANDRE, vers 1120. Empr. du lat. *salamandra* (mot pris au grec). Au sens d' « esprit, animal vivant dans le feu », d'après Paracelse (XVIe) ; d'où l'emploi du mot, fin XIXe, pour désigner une sorte de fourneau (d'abord nom d'une marque).

SALAMI, 1899 (*salame* en 1875). Empr. de l'it. *salami*, qui avait d'abord un sens collectif pour désigner de la viande salée.

SALE, vers 1170. Du francique *salo* « trouble, terne ». — Dér. : **salaud,** 1584 ; **saleté,** 1511 ; **salir,** vers 1180, **salissant,** 1694 ; **salissure,** 1564 ; **salope,** 1611, Cotgrave le donne comme orléanais ; probabl. comp. de *sale* et *hoppe*, forme dialectale de *huppe*, cet oiseau étant connu comme très sale, témoin le proverbe lorrain *sale comme une hoppe* ; d'où le masc. **salop,** 1837, **salopard,** vers 1925, **saloperie,** 1694, **salopette,** 1834, **salopiau,** 1879, **marie-salope,** 1831, terme de marine.

SALICAIRE, 1694. Empr. du lat. des botanistes *salicaria*, dér. de *salix* « saule » ; la salicaire commune a été ainsi nommée parce qu'elle croît au bord de l'eau comme le saule.

SALICOQUE, « crevette de mer », 1554 (sous les formes *salecoque et salcoque ;* donné comme terme de Rouen, *saige coque*, 1530). Mot normand, de formation obscure ; une autre forme *salicot* est aujourd'hui usitée dans le Midi. Une forme *saillecoque*, relevée en 1642, contient le verbe *saillir*, cf. aussi le norm. *sauticot ;* mais ce peut être par suite de croisements secondaires.

SALICOR, nom de plante, 1564 ; aujourd'hui plutôt *salicorne*, d'après *corne.* D'après l'indication d'O. de Serres : *Salicor par les Arabes dit salcoran*, une origine arabe est probable.

SALIGAUD, 1656 ; en 1611 *saligot* « négligent dans sa mise », dès 1380 comme épithète injurieuse à Liège, où il est attesté comme surnom depuis 1269. *Saligot* est aussi le nom de deux rois sarrasins dans deux chansons de geste d'origine picarde (dès 1170). Le mot a donc appartenu d'abord aux parlers wallon et picard. Il a été formé très probabl. dans un milieu plus ou moins bilingue à l'aide de l'adj. francique *salik* « sale » (dér. de *salo*, v. **sale**), avec le suff. péjoratif *-ot.*

SALIN, *adj.*, v. **sel.**

SALINE. Lat. *salīna*, dér. de *sāl* « sel ». It. esp. *salina.* Peut-être simplement repris au lat. — Dér. : **salinier,** vers 1460.

SALIVE. Lat. *salīva.* — Dér. : **saliver,** 1611 ; **salivaire,** 1690 ; **salivation,** XVIe (Paré) ; d'après les mots latins *salivare, salivarius, salivatio* (créé à basse époque).

SALLE, en a. fr. *sale.* Du francique **sal* (cf. all. *Saal*), mot masc., qui est devenu rapidement fém., cf. *sala* des Lois Barbares, et qui a conservé la voyelle accentuée *a* sous l'influence de *halle.*

SALMIGONDIS, 1552 (sous la forme *salmigondin*) ; d'où, par abréviation, **sal-**

mis, 1718. Élargissement irrégulier et expressif de *salemine* (1393), dér. de *sel* à l'aide des deux suffixes collectifs *-ain* (du lat. *-amen*) et *-ine ; -gondin, -is* est probabl. tiré du verbe m. fr. *condir* « assaisonner ».

SALON, 1664 (Loret). Empr. de l'it. *salone,* augment. de *sala* « salle ». Au sens de « galerie où l'on expose des œuvres de peinture, etc. », vers 1777 ; cette acception vient de ce que, à partir de 1737, des expositions bisannuelles eurent lieu dans le *Salon Carré* du Louvre. — Dér. : **salonnier,** 1870 ; **salonnard,** fin XIXe.

SALOPE, v. **sale.**

SALPÊTRE, 1338. Empr. du lat. médiéval *salpetræ,* littéral. « sel de pierre ». — Dér. : **salpêtrer,** 1585, **salpêtrage,** 1838 ; **salpêtrière,** 1660.

SALSEPAREILLE, 1570, sous la forme *salseparille ;* Ménage dit *sarzepareille.* Empr. avec francisation d'après l'adj. *pareille,* du pg. *salsaparrilla,* l'esp. *zarzaparrilla,* dont le premier élément *zarza* « ronce » est empr. de l'arabe *scharaç,* « plante épineuse », et le deuxième semble être un dim. de *parra* « treille », d'origine prélatine. Les Espagnols ont donné à la *smilax salsaparilla L.,* plante qu'ils ont importée d'Amérique et dont la racine est dépurative, le nom d'une plante indigène, la *smilax aspera* ; l'explication erronée suivant laquelle *parrilla* aurait été tiré de *Parillo,* nom d'un médecin espagnol qui aurait le premier reconnu et utilisé les propriétés dépuratives de la salsepareille d'Amérique, a été répandue par Scaliger.

SALSIFIS, 1600 (O. de Serres sous la forme *sercifi ;* en outre formes diverses, *salsefie, sassefique, sassefrique, sassefy, sassify, serquify,* vers la même époque). Empr. d'un mot it. d'origine inconnue aux formes également variées : aujourd'hui *sassefrica,* antér. *sassifrica* (au XVIe s.), *salsefica,* d'abord *erba salsifica* au XIVe s.

SALTIMBANQUE, XVIe (Pasquier). Empr. de l'it. *saltimbanco,* littéral., « saute-en-banc » ; l'it. dit aussi *cantimbanco* « chante-en-banc ».

SALUBRE, 1444 ; **salubrité,** 1444. Empr. du lat. *salubris, salubritas.*

SALUER. Lat. *salūtāre,* propr. « souhaiter à quelqu'un le salut *(salus)* », par exemple quand il éternue. It. *salutare,* esp. *saludar.*

SALURE, v. **sel.**

SALUT. Lat. *salūtem,* acc. de *salūs,* fém., « conservation de la vie, sauvegarde, salutation », terme moral, resté en contact avec le lat. écrit ; le sens de « salut éternel » vient du lat. eccl. Jusqu'au XIIIe s. on trouve *salu,* fém., au sens de « conservation de la vie, salut éternel » ; mais, dès la *Chanson de Roland,* le mot est masc. au sens de « salutation », parce qu'il a été senti comme subst. verbal de *saluer* (cf. l'it. *saluto* « salutation », de même formation) et il a éliminé le fém. aux autres sens ; la graphie *salut,* d'après le lat., apparaît dès le XIIIe s. It. *salute,* fém., esp. *salud* « *id.* ».

SALUTAIRE, vers 1400. Empr. du lat. *salutaris,* v. les préc.

SALUTATION, vers 1275. Empr. du lat. *salutatio* pour servir de nom d'action à *saluer.*

SALVATRICE, 1898. Empr. du lat. eccl. *salvatrix* (de *salvare,* v. **sauver**).

SALVE, 1559. De nombreux termes militaires ayant été pris à cette époque à l'it., on a pensé à l'it. *salva,* mais celui-ci n'a été relevé qu'en 1614 et au sens de « salutation » ; *salve* paraît donc avoir été créé en fr. et être empr. du lat. *salve* « salut », formule de salutation, les salves étant tirées en l'honneur de quelqu'un ; le genre masc. de *salve,* qui se trouve dans d'Aubigné, appuie cette explication.

SAMBA, vers 1923. Empr. du portugais du Brésil *samba,* lequel est empr. d'une langue indigène.

SAMEDI. Forme réduite de *sambedi,* encore en Franche-Comté, en outre *semedi* dans le Nord-Est, sous l'influence de *seme* « septième », de *septimus. Sambedi* représente le lat. pop. *sambati dies,* issu de *sambatum,* lequel est une variante, d'origine grecque, de *sabbatum,* v. **sabbat** ; elle se retrouve dans le roumain *sîmbătă,* dans l'engadin *sonda* et dans l'all. *Samstag* (anc. haut all. *sambaz-tac*) et elle est à la base des formes slaves, ce qui fait supposer que cette forme est venue de la région balkanique par le Danube et le Rhin avec une première vague de christianisation. Les autres langues rom. ont des formes remontant à *sabbatum :* it. *sabato,* esp. *sábado,* a. pr. *disapte, disabde, sapte.*

SAMOVAR, 1855. Mot russe.

SAMPAN(G), 1876 ; une première fois en 1540 dans un récit de voyages (sous la forme *ciampane*). Mot signalé en Extrême-Orient, à la fois malais et chinois, mais qui y a peut-être été importé de l'Amérique par les Portugais.

SANATORIUM, 1890. Tiré du lat. de basse ép. *sanatorius* « propre à guérir » (de *sanare* « guérir »), d'où aussi l'adj. techn. **sanatoire,** 1845. V. **préventorium** sous **prévenir.**

SANBÉNITO (ou *sam-*), 1688 ; d'Aubigné avait francisé le mot en *santbéni ;* on a aussi au XVIIe s. *sac béni.* Empr. de l'esp. *sambenito,* tiré du nom propre *San Benito* « saint Benoît », par allusion ironique à l'habit des religieux de l'ordre de Saint-Benoît.

SANCTIFIER, 1486, antér. *saintifier,* XIIe, v. **sanctuaire** ; on disait encore *santifier* au XVIIe s. ; **sanctificateur,** *id. ;* au moyen âge *saintifierre, -fieur ;* **sanctification,** XIIe, à côté de *saint-.* Empr. du lat. eccl. *sanctificare, -ficator, -ficatio* (de *sanctus* « saint »).

SANCTION, XIVe. Empr. du lat. *sanctio* (de *sancire* « établir une loi, etc. »). *Pragmatique sanction*, qui date du XVe s., est empr. du lat. jurid. *pragmatica sanctio* « rescrit solennel de l'empereur ». — Dér. : **sanctionner,** 1777.

SANCTUAIRE, XIVe ; antér. *saintuaire*, XIIe ; cf. aussi *santuaire*, XVIe (Amyot), encore usité au XVIIe s., v. **sanctifier ;** a souvent le sens de « reliquaire » au moyen âge. Empr. du lat. eccl. *sanctuarium* (de *sanctus* « saint »).

SANDAL, v. **santal.**

SANDALE, XIIe, cf. au XIIIe s. dans les *Récits d'un ménestrel de Reims :* « Uns solers que li clerc apelent sandales ». Se disait d'abord seulement de chaussures de religieux. Empr. du lat. *sandalium* (du grec *sandalion*).

SANDARAQUE, sorte de résine, 1547. Empr. du lat. *sandaraca* « réalgar » (du grec *sandarakhê*, d'origine orientale).

SANDWICH, 1802. Empr. de l'angl. *sandwich*, tiré du nom de John Montagu, comte de *Sandwich* (1718-1792), pour qui son cuisinier inventa ce mets, qui lui permettait de ne pas quitter la table de jeu.

SANG. Lat. *sanguen*, neutre, fréquent à côté de *sanguis*, masc. — Comp. : **sang-froid,** 1569 (antér. *froit sang*, dès 1395), on trouve aussi *sens froid* au XVIe et au XVIIIe s. ; d'après Littré c'est probabl. « *sens*, qu'on a entendu primitivement dans la locution » ; mais cette hypothèse ne s'accorde pas avec les faits ; **demi-sang,** 1870 ; **pur-sang,** 1842.

SANGLANT. D'abord *sanglent*. Lat. de basse ép. *sanguilentus*, altération du lat. class. *sanguinolentus*. Esp. *sangriento*. — Comp. : **ensanglanter,** vers 1080 *(Roland)*.

SANGLE, vers 1080 (d'abord *cengle*, Roland, puis *sengle*). Lat. *cingula* (de *cingere* « ceindre »). It. *cinghia ;* l'esp. *cincha* vient du lat. *cincta* (part. passé de *cingere*). — Dér. : **sangler,** XIIe (sous la forme *cengler*) ; *cingler* « frapper avec une baguette flexible, etc. » est un autre dér. de *sangle*, au stade *sengle*, v. **cingler ; dessangler,** 1530 (*descengler* au XIIIe s.).

SANGLER, v. le préc.

SANGLIER. D'abord *sengler*, d'où, par substitution de suff., *sanglier*, 1295. Lat. pop. *singulāris (porcus)*, littéral. « (porc) solitaire » ; a d'abord désigné le mâle qui vit seul. Dans les patois aussi *porc sanglier*, également chez Paré, de même a. pr. *porc senglar*.

SANGLOT, SANGLOTER. D'abord *senglout*, *senglouter*, *sanglout*, *senglouter*, encore usités au XVIe s. ; le verbe est devenu *sangloter*, d'après les nombreux verbes en *-otter* et a entraîné *sanglot*. Lat. pop. **singluttus*, **singluttāre*, formes altérées du lat. class. *singultus*, *singultāre*, par croisement avec **gluttus* « gosier », *gluttīre* « avaler ». It. *singhiozzo*, *-are* (lat. *singultiare*, attesté dans des gloses), esp. *sollozar* (lat. pop. **subgluttiare ; subgluttus*, *-ttius* attestés dans des gloses).

SANGSUE. Lat. *sanguisūga* (de *sanguis* « sang » et de *sūgere* « sucer »). *Sanguisūga*, littéral. « suce-sang » (Pline indique que c'est un mot pop. récent), plus expressif que le lat. anc. *hirūdo*, a éliminé celui-ci qui n'a laissé quelques traces que dans les parlers méridionaux, a. pr. *eruge*.

SANGUIN, 1138 ; **sanguinaire,** 1503 ; **sanguinolent,** XIVe. Empr. du lat. *sanguineus*, *-arius*, *-olentus* (de *sanguis* « sang »). — Dér. de *sanguin :* **sanguine,** XVIe ; d'abord *pierre sanguine*, XIIIe ; *dessin à la sanguine*, 1767 (Diderot).

SANHÉDRIN, 1663 ; en 1669 on a la forme *seinedrime ;* déjà en 1573, mais dans un sens différent *(livre nommé senedrin)*. Empr., par l'intermédiaire de la Bible (cf. Mathieu, V, 22), de l'araméen *sanhedrin*, empr. lui-même du grec *synedrion* « assemblée, conseil ».

SANIE, 1503 ; **sanieux,** 1314. Empr. du lat. *sanies*, *saniosus*.

SANITAIRE, 1801. Dér. sav. du lat. *sanitas* pour servir d'adj. à un sens spécial de *santé*.

SANS. D'abord *sens*, en outre *seinz (Roland)*, *senz*. *Sans*, comme l'a. pr. *sen*, *sens*, *senes*, l'esp. *sin*, continuent évidemment le lat. *sine*, cf. aussi l'a. fr. *senoec* « sans cela », lat. *sine hoc* (l'*s* finale serait l'*s* adverbiale) ; mais il y a eu croisement avec l'ablatif lat. *absentia*, pris adverbialement (sans doute dans des expressions jurid.) au sens de « en l'absence de », d'où « sans », de là l'a. pr. *sensa* (aujourd'hui encore usité dans le Sud-Est) et l'it. *senza*. La forme *senz* doit son *z* à *enz* « dedans », lat. *intus*. Nombreux comp. avec *sans* comme premier élément, voir ces mots sous le deuxième terme.

SANSONNET, 1493. Tiré de *Sansonnet*, nom propre, dim. de *Sanson*, autre forme de *Samson ;* pour des dénominations de ce genre, cf. **pierrot, jaquette** (sous **jacasser**), **geai.**

SANTAL, 1568, antér. *sandal*, dès 1298 ; en outre *sandle*, *sandre* au moyen âge. Empr. du lat. médiéval *sandalum*, empr. lui-même du grec médiéval *sántalon*, *sándalon* ou de l'arabe *ṣandal* (mot d'origine indienne ; sur le grec *santalon* est refaite la forme récente *santal*).

SANTÉ. Lat. *sānitātem*, acc. de *sānitās*.

SANTON, figurine de la crèche en Provence, fin XIXe. Empr. du prov. *santoun*, propr. « petit saint » (dér. de *san(t)*, v. **saint**).

SANTONINE, 1732. Altération de *santonique*, 1546 (Rab.), empr. du lat. *santonica (herba)*, littéral. « herbe de Saintonge (de *Santones*, peuple gaulois qui habitait la région de la Saintonge) », sorte d'absinthe, par croisement avec *barbotine*, qui désigne également un vermifuge. *Santoline*, XVIe, qui désigne une autre plante vermifuge, dite aussi *petit cyprès*, est une autre forme du même mot.

SANVE, « sénevé sauvage ». Lat. *sināpi* « moutarde » (mot pris au grec) ; le lat.

pop. a gardé l'accent sur la première syllabe, conformément à la prononciation du mot grec, malgré la quantité de l'*a*, cf. **beurre, encre** ; il en est de même de l'it. *senape* « moutarde » et de l'a. pr. *senebe*, *serbe* « sénevé » ; ont l'accent sur l'*a*, l'esp. *jenabe* « moutarde » et de nombreuses formes dial. de l'Italie. — Dér. : **sénevé,** XIIIe, dér. d'une anc. forme *seneve*, encore usitée dans les patois.

SAPAJOU, 1614 (Claude d'Abbeville qui écrit : « les autres mones s'appellent *sapaious* »). Empr. du tupi, langue indigène du Brésil, spécial. de l'île Maranhão où Yves d'Évreux a été en mission, v. **palétuvier.**

SAPE, v. le suiv.

SAPER, 1547. Empr., comme terme du génie militaire, de l'it. *zappare*, dér. de *zappa* « hoyau » (aussi esp. *zapa*, etc.). *Sape* « tranchée souterraine », vers 1560, est dér. de *saper*. Les parlers franco-provençaux et avoisinants possèdent un subst. *sape* « hoyau » qui est indigène et qui apparaît quelquefois dans les dict. français. Le subst. lat. *sappa* est attesté au VIIIe s. ; le *z-* des formes italiennes est né au contact de mots comme la prép. *con*. Un rapport avec *tsapo* « bouc », qui vit dans l'Italie centrale, est tout à fait improbable. — Dér. **sapeur,** 1547.

SAPHIQUE, 1842, au sens de *lesbien* ; **saphisme,** 1842. Dér. sav. de *Sapho*, v. **lesbien.** *Saphique* est aussi un terme de prosodie ancienne, empr. depuis le XIVe s. du lat. *sapphicus* (du grec *sapphikos*).

SAPHIR, vers 1120. Empr. du lat. de basse ép. *sapphirus* (antér. *sappirus*) (du grec *sappheiros*, mot d'origine sémitique).

SAPIDE, 1754 (une 1re fois au XVIe s.). Empr. du lat. *sapidus* « qui a de la saveur » (de *sapere*, v. **savoir**), par opposition à *insipide*, v. ce mot. — Dér. : **sapidité,** 1762.

SAPIENCE, archaïque, vers 1090 ; *sapiential*, 1374. Empr. du lat. *sapientia* (de *sapiens* « sage »), *-ialis*.

SAPIN. Lat. *sappīnus* (rare). En a. fr. et en a. pr. aussi *sap*, encore très répandu dans les patois tant du Midi que du Nord, qui est probabl. la forme première et dont *sapin*, ou plutôt *sappinus*, attesté chez Pline, paraît tiré par composition avec *pinus*. On peut supposer un mot prélatin, peut-être gaulois ***sappus*. — Dér. : **sapine,** « solive en bois de sapin », 1694 ; au moyen âge on trouve l'adj. *sapin* « de sapin » et *sapine* au sens de « sapinière » ; **sapinière,** 1690.

SAPINE, 1870. « Assemblage de poutres et de solives ou construction métallique pour soulever des matériaux ». Dér. du dialectal *sape* « hoyau », v. **saper.**

SAPONAIRE, 1562. Empr. du lat. des botanistes *saponaria*, latinisation de l'anc. fr. *erbe savonniere*, attesté comme subst. *(savonnière)* jusqu'au XIXe s. ; cette plante a été ainsi nommée parce qu'en en frottant les feuilles dans l'eau, elles moussent comme du savon.

SAPONIFIER, 1797 ; **saponification,** 1792. Faits avec le lat. *sapo*, *saponis* « savon » sur le modèle des nombreux mots en *-fier*, *-fication*.

SAPOTE, 1666 (en 1598 *çapote*) ; empr. de l'esp. *zapote ;* empr. lui-même de l'aztèque *tzapotl*.

SAPRISTI, v. **sacrer.**

SARABANDE, 1605 (sous la forme *sarabante*). Désignait autrefois une danse lente, à trois temps. Empr. de l'esp. *zarabanda* « danse lascive, accompagnée de castagnettes », d'où « vacarme », empr. lui-même du mot persan *sarband* « filet qui sert à orner la tête d'une femme ». Probablement les femmes portaient ce filet pour certaines danses, comp. *turban* « coiffure de femme pour bal ». Puis le nom de ce filet aura été donné au bal même. Le sens de « ribambelle » que *sarabande* a dans le fr. fam. depuis 1888 est dû à l'oubli du sens propre et sous l'influence de la forme même du mot qui a une allure expressive.

SARBACANE, 1540 ; d'abord *sarbatenne*, 1519. Altération, d'après *canne*, de *sarbatane* encore dans l'*Académie* de 1798. Aussi esp. *zarbatana*, port. *sarabatana*, arabe *zarbaṭāna*. La sarbacane, un long tuyau servant à lancer, en soufflant, des flèches, p. ex. pour atteindre les oiseaux, a été en usage à Bornéo, où elle est désignée sous le nom de *sumpitan*, *sĕmpitan*. On suppose généralement que ce mot malais aurait passé au persan, de là à l'arabe, et de cette langue enfin aux langues européennes. En esp. il apparaît pour la première fois en 1476, sous la forme *zebratana*.

SARCASME, 1552 (Rab.). Empr. du lat. *sarcasmus* (du grec *sarkasmos*, de *sarkazein* « mordre la chair »). — Dér. : **sarcastique,** fin XVIIIe (Mme de Staël) ; dér. arbitrairement de *sarcasme* avec *t* sur le modèle d'*enthousiaste* par rapport à *enthousiasme* et le suffixe *-ique* d'*ironique*, etc.

SARCELLE. D'abord *cercelle ; sarcelle* date du XVIe s. Lat. pop. ***cercēdula*, plus proche du grec *kerkithalis* que le lat. class. *querquēdula ;* le mot lat. est refait sur le modèle d'autres noms d'oiseaux : *ficedula* « bec-figue », *monedula* « choucas ». Les formes romanes sont diversement altérées : it. *farchetola*, esp. *cerceta*, etc.

SARCLER. Lat. *sarculāre*. It. *sarchiare*, esp. *sachar*. — Dér. : **sarclage,** 1318 ; **sarclette,** 1869 (*sarclet*, depuis 1380, est plus rare aujourd'hui) ; **sarcleur,** XIIIe s. ; **sarcloir,** XIVe, l'a. fr. dit plutôt *sarcel*, lat. pop. *sarcellum*, réfection du lat. class. *sarculum*, d'où it. *sarchio*, esp. *sacho* ; **sarclure,** 1562.

SARCO-. Premier élément de mots sav. tels que **sarcoderme,** 1836, tiré du grec *sarx*, *sarkos* « chair », v. aussi les suiv.

SARCOME, terme médical, 1660 ; d'abord *sarcoma*, XVIe (Paré). Empr. du lat. de basse ép. *sarcoma* (du grec *sarkôma*, v. le préc.).

SARCOPHAGE, 1496, mais rare avant le XVIIIe s. Empr. du lat. *sarcophagus* (du grec *sarkophagos*), v. **cercueil.**

SARDINE. Lat. *sardīna*, dér. de *sarda*, autre nom de poisson, littéral. « de Sardaigne ». It. esp. *sardina*. L'it. dit aussi *sardella*, d'où all. *Sardelle*, angl. *sardelle*. — Dér. : **sardinier,** 1871 ; au sens de « filet », 1765.

SARDOINE, sorte de pierre précieuse, XIIe. Empr. du lat. *sardonyx* (pris au grec).

SARDONIQUE, XVIe (Paré qui dit à la fois *ris sardonic* et *ris sardonien*). Cette expression, d'abord médicale, est faite sur le lat. *sardonicus risus* qui est lui-même un calque du grec *sardonios gelôs ;* Paré en explique bien l'origine : « L'apium risus, autrement appellé *sardonia*, espèce de ranunculus, rend les hommes insensés... en sorte qu'il semble que le malade rie, dont est venu en proverbe sardonien, pour un ris malheureux et mortel. » *Sardonia (herba)* signifie littéralement « herbe de Sardaigne ». *Sardonien*, 1558, qui est encore dans les dict., est fait sur *sardonius ; sardonique* est refait d'après les adj. en *-ique* ou empr. du grec *sardonikos.*

SARGASSE, terme de géographie, 1663 (*sargasso* dès 1598 et dans tout le XVIIe s.). Empr. du port. *sargaço*, nom d'une esp. de ciste, qui, par suite d'une certaine ressemblance avec l'algue marine, a passé aussi à celle-ci ; *sargaço* est dér. du lat. *salicem* (v. **saule**), les feuilles de ce ciste rappelant par leur forme celles du saule.

SARIGUE, 1578 (dans le récit de voyage au Brésil de J. de Léry sous la forme *sarigoy*). Empr. du tupi, langue indigène du Brésil ; la forme *sarigue* ressemble plus au port. *sarigué* qui remonte, sous des formes légèrement différentes, au XVIe s.

SARMENT. Parfois *serment* du XVe au XVIIe s. Lat. *sarmentum*. It. *sarmento*, esp. *sarmiento*. — Dér. : **sarmenteux,** 1559, d'après le lat. *sarmentosus.*

SARRASIN, 1554 ; on dit aussi *blé sarrasin* « blé noir » ; cf. en outre *millet sarrazin* dès 1547 ; on lit déjà *frumentum sarracenorum* en lat. médiéval, en 1460. Emploi fig. de *sarrazin*, qui se disait au moyen âge des peuples non chrétiens de l'Espagne, de l'Afrique et de l'Orient ; empr. du lat. de basse ép. *sarracenus*, nom d'une peuplade de l'Arabie, qui a été étendu par les Byzantins à tous les peuples soumis au Calife. L'opinion d'après laquelle ce nom serait dér. de l'arabe *charqî* « oriental » est insoutenable. L'emploi de *sarrasin* comme nom d'une sorte de céréale est dû à la couleur noire du grain de la plante ; de là aussi le nom de *blé noir* qui, avec *sarrasin*, couvre presque tout le territoire gallo-roman. Dans le Nord depuis la fin du XVIe s. aussi **bucail(le),** adaptation dialectale (de la région picarde) du néerl. *boekweit* (comp. all. *Buchweizen*, propr., « froment à hêtre », ainsi appelé à cause de la forme de la semence, qui ressemble un peu à la faîne), d'où aussi **bouquette,** 1690, aujourd'hui usité dans les parlers du Nord-Est de et l'Est, et **beaucuit,** 1838. Le sarrasin a été introduit en Europe au XVe s., de l'Asie Centrale.

SARRAU, vers 1100 (écrit *sarroc*). Empr. du moyen haut all. *sarrok*, sorte de vêtement militaire.

SARRIETTE, nom de plante, 1339. Dér. de *sarriee*, XIIIe, lat. *saturēja*, d'où aussi a. pr. *sadreia ;* les formes romanes sont souvent altérées, comme il arrive fréquemment dans les noms de plantes, cf. it. *santoreggia ;* l'esp. *ajedrea* vient de l'arabe *ach-cheṭrîya*, lui-même empr. du lat.

SAS, sorte de tamis fait de crin, de soie, etc. D'abord *seas*, *saas*. Lat. de basse ép. *sētācium* (dans des gloses), dér. de *sēta*, *sæta* « soie de porc, crin de cheval, poil rude », v. **soie.** It. *staccio*, esp. *sedazo*. — Dér. : **sasser,** 1197, **ressasser,** 1549, **-eur,** 1764 (Voltaire).

SATANÉ, 1823 ; **satanique,** 1475 ; rare avant le XVIIIe s. Dér. de *Satan*, nom de l'Esprit du Mal dans la Bible (cf. Job, I, 7, Mathieu, IV, etc.), qui se disait en hébreu *Satan*, d'où en grec et en lat. *Satan*, *Satanas.*

SATELLITE, 1265 (sens incertain). Empr. du lat. *satelles*, *satellitis* « garde du corps », déjà employé dans la langue de l'astronomie (depuis Kepler, 1611) ; pris en ce sens en fr. depuis 1665 ; en dehors de cet emploi, *satellite*, est ordinairement pris en mauvaise part au sens d' « homme qui est aux gages d'un despote » depuis le XVIe s.

SATIÉTÉ, vers 1120. Empr. du lat. *satietas* (de la famille de *satis* « assez »).

SATIN, XIVe. On a aussi *zatouin*, XIVe, dont *satin* paraît être une réduction. Empr. de l'arabe *zaytoûnî*, propr. « de la ville de *Zaitoûn* », nom arabe de la ville chinoise Tseu-Toung, aujourd'hui Tsia-Toung, où se fabriquaient des étoffes de satin. — Dér. : **satiné,** 1603 (d'autres formes verbales sont rares) ; **satinette,** 1785.

SATIRE, vers 1372 ; **satirique,** 1380. Empr. du lat. *satira*, *satiricus*. *Satira* a été parfois écrit *satyra* à basse ép. par rapprochement avec *Satyrus*, *satyricus* « Satyre, relatif aux Satyres », d'où parfois l'orthographe *satyre* en fr. *Satira* désignait proprement un mélange de vers et de prose, cf. notamment la *Satire Ménippée* de Varron, d'où a été tiré le titre de notre *Satire Ménippée* en 1594. — Dér. : **satiriser,** 1544 ; **satiriste,** 1683.

SATISFAIRE, 1219 ; **satisfaction,** vers 1155. Empr. du lat. *satisfacere*, *satisfactio* ; les mots fr. ont des sens plus larges que les mots lat. qui sont surtout jurid. et n'ont pas les sens de « causer un sentiment agréable », « sentiment ou état agréable » que le fr. a tiré de celui de « réparation d'un dommage, etc. ». L'a. fr. disait aussi *satisfier*, *satefier*. — Comp. : **insatisfait,** 1840 ; (une 1re fois vers 1510).

SATISFECIT, 1845. Mot lat. (parfait du verbe *satisfacere*, v. le préc.) signifiant « il a satisfait », v. **accessit.**

SATRAPE, XIIIe (Br. Latini) ; **satrapie,** fin XVe. Empr. du lat. *satrapes*, *satrapia* (du grec *satrapês*, d'origine perse). *Satrape* se prend aussi en un sens fig. depuis 1485 (Tallemant des Réaux appelait Richelieu *satrape*).

SATURER, vers 1300 ; **saturation,** 1748 (au sens de « rassasiement » déjà au XVIe s.). Empr., en vue d'emplois techn., des mots lat. *saturare* « rassasier, etc. », *saturatio* (créé à basse ép.). *Saturer* est pris dans un sens plus étendu dès le XVIIIe s.

SATURNALES, 1354 (Bersuire). Empr. du lat. *saturnalia* « fêtes en l'honneur de Saturne ». A pris un sens plus étendu depuis le début du XIXe s.

SATURNIEN, 1558, au sens de « triste », vers 1380 au sens propre du lat. *saturnius*) ; sorti de l'usage puis repris par P. Verlaine, cf. *Poèmes saturniens*, 1866. Dér. sav. du lat. *saturnius* « de Saturne » ; d'après les astrologues, la planète Saturne était pour ceux qui naissaient sous son signe une source de tristesse, cf. au sens opposé **jovial.**

SATURNIN, terme médical, qualifiant des maladies causées par le maniement des alliages de plomb, 1812. Dér. sav. de *Saturne*, nom de la planète (v. le préc.), que les alchimistes ont donné au plomb, « parce qu'on le regardait comme très froid (comme la planète) » (Fourcroy).

SATYRE, 1372. Empr. du lat. *satyrus*, personnage divin, compagnon de Bacchus (du grec *satyros*) ; au sens d' « homme lubrique », XVIIe (Scarron).

SATYRIASIS, XVIe (Paré). Empr. du lat. médical *satyriasis* (mot pris au grec ; v. le préc.).

SAUCE. Longtemps écrit aussi *sausse* conformément à l'étymologie. Lat. pop. *salsa*, fém. pris substantiv. de *salsus* « salé », propr. « assaisonnement salé ». It. esp. *salsa*. — Dér. : **saucer,** XIIIe ; **saucière,** 1328 (au XIIIe s. *saucer*, masc.).

SAUCISSE. Lat. pop. *salsīcia*, fém. pris substantiv. tiré du plur. neutre de *salsīcius* « assaisonné de sel », v. le préc. ; cf. au IIe s. *salsīcia farta* au sens de « saucisses ». It. *salsiccia*.

SAUCISSON, 1546 (Rab.). Empr. de l'it. *salsiccione*, augm. de *salsiccia*, v. le préc. et, pour le suff., **ballon.**

SAUF, SAUVE. Lat. *salvus*, *-a* « entier, intact », qui a pris des sens moraux dans le lat. de l'Église. It. esp. *salvo*. La prép. *sauf* s'est développée dans des constructions où *sauf* était placé devant le subst., cf. *sauve vostre grace*, XIIIe, encore *saulve l'honneur de toute la compaignie* chez Rab. ; déjà *sauf tant que* chez Froissart. — Comp. : **sauf-conduit,** XIIe, v. **conduit ; sauvegarde,** 1232, d'où **sauvegarder,** 1788.

SAUGE. Lat. *salvia* (de *salvus*, v. le préc. ; ainsi nommé à cause des vertus qu'on attribuait à cette plante). It. esp. *salvia*.

SAUGRENU, v. **sel.**

SAULE, vers 1215. D'un francique **salha* (cf. anc. haut-all. *salaha*) ; *au* provient de *-all-* issu de *-alh-* par assimilation (comp. *Gaule*, de *Walha*) ; surtout dans l'Est et dans l'Ouest, souvent fém. conformément au genre du mot germ. et sous l'influence de *saus*, *sausse ;* le masc. est dû à celui des autres noms d'arbre *osier*, etc. ; l'a. fr. avait deux formes *saus*, *sausse*, des deux genres, encore usitées, la première dans le Nord-Est, la deuxième dans l'Est, le Centre, et l'Ouest ; ces deux formes représentent le lat. *salicem*, acc. de *salix*, cf. it. *salce*, *salcio*, esp. *sauz*, *sauce ;* a. pr. *sauiz*, *sauze*. Un comp. **marsaux** « salix caprea », dans beaucoup de parlers *marsaule* (avec substitution de *saule* au *saus*), qui représente le lat. *mārem salicem* « saule mâle » (désignation due peut-être au fait que cette variété a les feuilles plus larges que les autres arbres de cette famille et peut donc paraître plus robuste) survit en Bourgogne et ailleurs. — Dér. : **saulaie,** 1328 ; moins usuel que *saussaie*, lat. pop. **salicēta*, lat. de basse ép. *salicētum ;* d'où aussi a. pr. *sauzeda*.

SAUMATRE, vers 1300. Lat. pop. **salmaster*, altération, par substitution de suff., du lat. class. *salmacidus*. It. *salmastro*.

SAUMON. Lat. *salmōnem*, acc. de *salmō*. It. *salmone*, esp. *salmón*. Au sens de « masse de métal, surtout de fonte », attesté par le fém. *saumone* chez Rabelais, I, 23. — Dér. : **saumoné,** 1564 ; **saumonneau,** 1552 (Rab.).

SAUMURE. D'abord *saumuire*. Lat. pop. *salimuria*, comp. de *sāl* « sel » et de *muria* « saumure » attestée au XVIe s. It. *salamoia*, esp. *salmuera*. Pour le traitement de la voyelle *u* en fr., v. *puits*. Il semble qu'en lat. pop. du Nord de la Gaule l'*ŭ* de *puteus*, *muria* soit devenu *ū* sous l'influence de la semi-voyelle *y* suivante. **Muire,** encore de quelque usage, est une forme dialectale, originaire de la Franche-Comté ; les textes qui le donnent sont de Salins (Doubs) ou d'endroits voisins, et le mot survit encore dans cette même région. Cf. en outre toscan *moia*.

SAUNA, 1951. Empr. du finnois *sauna*.

SAUNER, « fabriquer du sel » ; **saunier,** « ouvrier qui fabrique le sel, marchand de sel » ; **faux-saunier,** sous l'ancien régime (relevé depuis 1622). Mots techn. Lat. pop. **salīnāre*, *salīnārius* (attesté à basse ép. comme adj. au sens de « de sel » ; l'ouvrier se disait plutôt *salīnātor*), dér. de *salīna*, v. **saline.** Le verbe est rare en dehors du fr. ; mais pour le subst., cf. it. *salinaro*, esp. *salinero*. — Dér. de *sauner :* **saunage,** 1497, d'où **faux-,** 1606 ; de *saunier :* **saunerie,** 1234.

SAUPIQUÉ, v. **sel.**

SAUPOUDRER, v. **sel.**

SAUR, dans *hareng saur ;* en outre *saure* et *sor*, XIIIe (dans *harenc sor*). Empr. du moyen néerl. *soor*, v. la suite. L'a. fr. *sor (Roland)* « jaune brun », encore dans les dict. sous les formes *saur*, *sor*, représente un francique **saur* « jaune brun » (en parlant des feuilles) (cf. le néerl. cité ci-dessus et le frison oriental *'n soren bom* « un arbre desséché »). Cet adj. a passé en roman avec d'autres adj. désignant la couleur du pelage des chevaux. Il s'est répandu comme terme militaire dans les autres langues romanes, d'où a. pr. *saur*, it. *sauro* « alezan », it. esp. *soro* « (d'un faucon) qui n'a pas encore mué ». — Dér. : **saurer,** 1606 ; en outre *saurir*, 1318 ; **sauret** (ou *soret*), 1360 (d'abord subst., adj. depuis 1573).

SAURIEN, 1800. Dér. sav. du grec *saura* « lézard ».

SAUSSAIE, v. **saule.**

SAUT. Lat. *saltus*. It. esp. *salto*. — Comp. : **primesautier,** 1751 (Voltaire) ; réfection de *prinsautier*, XIIe (seule forme usitée jusqu'au XVIIIe s.), d'après *de prime saut ; prinsautier* est dér. de *prin saut*, antér. à *(de) prime saut*, qui n'est que du XVIIe s., v. **prime ; sursaut,** vers 1170.

SAUTER. Lat. *saltāre* « danser », étymologiquement « sauter », qui a repris le sens de « sauter » dans le lat. pop. au détriment du mot propre *salire* dont il dérive, v. **saillir** ; le sens de « danser » survit encore en it. ; en fr. il est exprimé surtout par des mots d'origine germ., cf. **danser.** It. *saltare*, esp. *saltar*. — Dér. et Comp. : **saute** (de vent), 1771 ; aujourd'hui on dit aussi *saute d'humeur ;* **sauterelle,** XIIe ; dominant aujourd'hui dans les parlers galloromans au milieu d'une grande variété de termes ; une forme masc. *sautereau*, 1393, survit dans les parlers du Centre et de l'Est ; existe en outre dans des emplois techn. ; **sauterie,** 1824, dér. dans lequel le sens de « danse » reparaît ; **sauteur,** XIIIe, attesté alors par le fém. *sauteresse ;* **sautiller,** 1564 (Rab.), a remplacé *sauteler*, XIIe, encore usité en wallon ; *sautillement*, 1718 ; **sautoir,** ne se dit guère que dans la locution *en sautoir ;* désignait proprement une pièce du harnais pendant à la selle et servant d'étrier, 1352 ; de là l'emploi de *sautoir* pour désigner des objets disposés en forme de croix de Saint-André, etc. ; *en sautoir*, dit du cordon d'un ordre, vient de la langue du blason, où le terme est attesté dès 1230 ; **ressauter,** 1387 ; **saute-mouton,** 1867 ; **saute-ruisseau,** 1796 ; **tressauter,** vers 1370 ; **sursauter,** 1542.

SAUVAGE. Lat. de basse ép., *salvāticus* (*Mulomedicina*, etc.), altération du lat. class. *silvaticus* (de *silva* « forêt »), par assimilation vocalique. It. *salvatico ; salvaggio* et *sel-*, esp. *salvage* sont empruntés. — Dér. : **sauvagesse,** 1632 (mot créé en Amérique) ; **sauvageon,** 1396 ; **sauvagerie,** vers 1739 ; **sauvagine,** vers 1125.

SAUVEGARDE, v. **sauf.**

SAUVER. Lat. de basse ép., surtout eccl., *salvāre*. It. *salvare*. — Dér. et Comp. : **sauvetage,** 1773, formé d'après *sauveté*, XIe *(Alexis)*, qui est vieilli depuis le XVIIe s. ; un dér. *sauvage* (1671) ne pouvait pas vivre ; d'où **sauveteur,** 1836 ; *sauveur* était également impossible, parce qu'il existait déjà avec une acception autre, v. ce mot ; **sauve-qui-peut,** 1466.

SAUVEUR, XIIe (sous la forme *salvedur*) ; on a aussi le cas sujet *salverres*. Francisation du lat. eccl. *salvator* « le Sauveur, le Rédempteur » (de *salvare*, v. **sauver**).

SAVANE, 1529. Empr. de l'esp. *sabana*, empr. lui-même de la langue des Arouaks d'Haïti *(zavana)*.

SAVARIN, gâteau, 1875, d'abord *brillat-savarin*, 1856. Tiré de *Brillat-Savarin*, nom d'un célèbre gourmet (1755-1826).

SAVATE, XIIe (sous la forme picarde *chavate* qui permet de restituer une forme primitive *çavate*, v. **sabot**). A. pr. *sabata*, it. *ciabatta*, esp. *zapato* « soulier » (attesté dès 978 par *zapatones* dans un texte lat.), port. *çapato*. On a proposé de voir dans toutes ces formes des empr. à l'arabe *ṣabbâṭ* « savate », mais, sous cette forme et d'autres légèrement différentes, le mot arabe passe lui-même pour être empr. Toutefois le mot vit dans tous les pays de langue arabe, de sorte que, bien que *ṣabbâṭ* ne soit attesté que dans des textes arabes postclassiques, il n'est pas impossible qu'il soit d'origine orientale. La différence entre le *-p-* de l'esp. et du port. d'un côté et la consonne intervocalique des autres langues romanes doit provenir des migrations du mot et des tentatives plus ou moins réussies de l'adapter. — Dér. : **saveter,** 1633 (Peiresc) ; **savetier,** 1213.

SAVEUR ; a quelquefois au moyen âge le sens de « sauce » et d' « assaisonnement » (encore attesté au XVIIe s.). Lat. *sapōrem*, acc. de *sapor*. V. aussi le suiv. et **savoureux.** — Dér. : **savourer,** XIIe ; le lat. de basse ép. *sapōrāre* signifie « donner de la saveur », mais il a pu prendre aussi le sens de « savourer ».

SAVOIR. Lat. pop. **sapēre*, lat. class. *sapĕre* « avoir de la saveur », d'où « avoir de la pénétration », puis, trans. « comprendre » dès l'époque républicaine et « savoir » à basse ép. ; ce verbe, soutenu par *sapiens* et dont le développement sémantique a quelque chose d'argotique, a éliminé le lat. class. *scīre* qui ne survit que dans le roumain *şti* et le sarde logoudorien *iskire*. — Dér. et Comp. : **savoir,** *subst.*, vers 1080 *(Roland) ;* **assavoir,** 1237 ; **savant,** XIIe ; d'abord part. prés. (encore usité en ce sens au XVe s.), qui a été remplacé par *sachant* (fait sur le subj. *sache*) ; celui-ci est de même fréquent au sens de « savant » au moyen âge ; comme subst. *savant* est en usage depuis 1634 ; Descartes (1637) l'emploie pour désigner l'homme de la recherche scientifique et l'oppose à *docte*, lequel est employé par lui pour désigner les partisans de la vieille science scolastique (comp. le *Journal des Savants*, depuis 1665) ; **savantasse,** 1646, d'abord *sabantas*, fin XVIe s. (d'Aubigné, qui a beaucoup de gasconismes), d'après le méridional *sabentas*, cf. Furetière : « Injure gasconne » ; **savantissime,** 1579 ; **su,** dans *au su*, XIIe, figurait aussi dans d'autres locutions, notamment *sans le su*, XVIIe ; d'où **insu (à l'),** 1538 ; **savoir-faire,** 1671 (le P. Bouhours qui le blâme) ; **savoir-vivre,** 1466.

SAVON. Lat. *sāpōnem*, acc. de *sāpō*. Pline indique que ce mot désigne un produit fait de suif et de cendre, inventé par les Gaulois pour rougir les cheveux ; le mot est empr. du germ. **saipôn* ; parmi les tribus germ. on l'a connu sous deux formes, solide et liquide (v. **écume**) ; c'est d'eux que le mot et la chose ont été introduits chez les Romains. Cf. all. *Seife*, angl. *soap*. It. *sapone*, esp. *jabón*. — Dér. : **savonner,** vers 1500 ; **savonnette,** 1579 ; **savonneux,** vers 1700 (Saint-Simon) ; **savonnier,** 1292, d'où **savonnerie,** 1313.

SAVOUREUX. Lat. pop. **sapōrōsus*.

SAXIFRAGE, XIIIe (écrit alors *sassifrage*). Empr. du lat. de basse ép. *saxifraga (herba)* littéral. « (herbe) qui brise les pierres » (de *saxum* « pierre » et de *frangere* « briser ») ; de là aussi les noms populaires de *perce-pierre*, 1545, *frainpierre*, XVe, etc.

SAXOPHONE, 1843. Comp. du nom de l'inventeur belge, *A. Sax* (1814-94), et du grec *phônê* « voix ».

SAYNÈTE, 1764. Empr. de l'esp. *sainete*, propr. « morceau de graisse, de moelle ou de cervelle qu'on donne aux faucons quand ils reviennent » (dér. de *sain* « graisse », v. **saindoux**), d'où « assaisonnement », et, par extension « petite pièce bouffonne ». Le mot esp. est masc. (genre conservé par Th. Gautier) ; le fém. du fr. est dû au suff. *-ette*. On comprend le mot, aujourd'hui, par étymologie populaire, comme un dér. de *scène*.

SAYON, 1487. — Empr. de l'esp. *sayón* ; v. **saie.**

SBIRE, 1546 (Rab.). Empr. de l'it. *sbirro*, forme altérée de *birro*, lat. de basse ép. *birrus* (en outre *byrrus*, *byrrhus*, *burrus*), empr. lui-même du grec *pyrrhos* « rouge » ; cette dénomination peut venir de ce que le sbire était vêtu d'une casaque rouge ou être due à un emploi fig., comparable à celui qui a donné naissance à l'argot fr. *rousse* « police », la couleur rouge étant prise souvent comme le symbole de la ruse à cause de la couleur rouge du diable.

SCABIEUSE, 1314. Empr. du lat. médiéval *scabiosa* (fém. pris substantiv. du lat. class. *scabiosus* « raboteux, galeux » de *scabies* « gale ») ; la scabieuse a été ainsi nommée parce qu'elle passait autrefois pour être un remède contre la gale.

SCABREUX, 1501, au sens de « difficile, périlleux » ; souvent au sens concret en parlant d'un chemin ; le sens dominant aujourd'hui de « difficile à traiter ou à dire d'une façon décente » apparaît au XVIIIe s. Empr. du lat. de basse ép. *scabrosus* « inégal, rude » (dér. du lat. class. *scaber*).

SCAFERLATI, 1707 (D.). Étymologie obscure. L'explication suivant laquelle *scaferlati* serait le nom d'un ouvrier italien qui travaillait à la ferme du tabac dans la première moitié du XVIIIe s. et aurait inventé un nouveau procédé pour hacher le tabac manque de preuves.

SCALPE, 1821 ; écrit aussi *scalp* ; **scalper,** 1769. Dits surtout en parlant des Indiens d'Amérique. Empr. de l'angl. *scalp* « cuir chevelu », mot d'origine germ., *to scalp* « arracher le cuir chevelu ».

SCALPEL, 1539. Empr. du lat. *scalpellum*, également terme de chirurgie (de *scalpere* « gratter, tailler »).

SCAMMONÉE, XIIe (Chrétien, sous la forme *escamonée*). Empr. du lat. *scammonia*, *-nea* (du grec *skammônia*).

SCANDALE, XIe ; **scandaliser,** XIIe. Empr. des mots du lat. eccl. *scandalum*, propr. « piège, obstacle, contre lequel on trébuche », cf. *Lévitique*, XIX, 14, d'où « scandale, occasion d'errer pour soi-même, ou pour les autres par le mauvais exemple qu'on leur donne », cf. Marc, IX, 42, Mathieu, XVIII, 8 (du grec eccl. *skándalon*, mot qui traduit l'hébreu *mikchôl* « ce qui fait trébucher, obstacle »), et *scandalizare*. *Scandale* est d'abord un terme religieux au sens de l'Évangile, d'où se sont développés rapidement des sens plus étendus. On a dit aussi depuis le XVIIe s. *pierre de scandale et d'achoppement* d'après Isaïe, VIII, 14 (où cette répétition est une redondance de rhétorique poétique) et la *Première Épître de Pierre*, II, 8 (qui doit évidemment l'expression à Isaïe). **Esclandre,** XIIIe (J. de Meung), est une forme plus francisée de *scandalum*, cf. *escandele*, XIIe, *escandle*, XIIIe ; elle a d'abord eu le même sens que *scandale* et a été spécialisée vers le XVIIe s., parfois fém. *Scandaliser* a suivi le développement sémantique de *scandale*. — Dér. : **scandaleux,** 1361 (Oresme).

SCANDER, 1516 ; **scansion,** 1741. Empr. des mots du lat. des grammairiens *scandere*, propr. « monter », d'où « lever, puis baisser le pied pour battre la mesure », *scansio*.

SCAPHANDRE, 1796, au sens moderne ; antér. « ceinture de sauvetage en liège », 1765. Comp. avec les mots grecs *skaphê* « barque » et *anêr*, *andros* « homme » au sens de « homme-bateau ». — Dér. : **scaphandrier,** 1805 ; aussi *-dreur*, 1868.

SCAPIN, vers 1700 (Saint-Simon), comme nom commun. Tiré de *Scapin*, nom d'un valet de la Comédie-Italienne, introduit par Molière dans les *Fourberies de Scapin*, 1671.

SCAPULAIRE, 1195 (sous la forme *capulaire*, encore chez Christine de Pisan ; cf. aussi *cha-* au XIVe s.). Empr. du lat. médiéval *scapulare* (de *scapula* « épaule ») ; ainsi nommé parce qu'il se passe sur les épaules.

SCARABÉE, 1539. Empr. du lat. *scarabæus* (altération du grec *karabos*).

SCARAMOUCHE, 1666 (Molière). Tiré de *Scaramouche* (en it. *Scaramuccio*, tiré par plaisanterie du mot qui signifie « escarmouche », v. ce mot), surnom de l'acteur napolitain Fiorelli qui vint jouer à Paris sous Louis XIII ; le surnom est resté au personnage de la Comédie-Italienne que cet acteur jouait.

SCARE, nom de poisson, XVIe (Paré). Empr. du lat. *scarus* (du grec *skaros*, de même sens).

SCARIFIER, vers 1300 ; **scarification,** 1314. Empr. du lat. médical de basse ép. *scarificare* (du grec *skariphasthai* « inciser légèrement », de *skariphos* « stylet »), *scarificatio ; scarificare* est une réfection de *scarifare*, d'après les verbes en *-ficare*. — Dér. : **scarificateur,** XVIe (Paré).

SCARLATINE, 1741. Dér. sav. du lat. médiéval *scarlatum*, *-ta* « écarlate » ; on a dit aussi *fièvre écarlatine*, 1771, d'après *écarlate*, v. ce mot.

SCAROLE, XVIIIe s. (*scariole* dès le XIVe s.). Empr. du lat. *escariola* « sorte d'endive », signifie, à proprement parler, « mangeable ».

SCEAU. D'abord *seel ;* l'orthographe *scel*, *sceau*, se trouve dès 1247 avec un *c* arbitraire pour distinguer ce mot de *seau*. Lat. pop. **sigellum*, lat. class. *sigillum*, dim. de *signum*, propr. « figurine », d'où « figurine gravée sur un cachet », puis « cachet ». It. *suggello*, esp. *sello ;* v. **sceller.** — Comp. : **sceau de la Vierge,** 1573 ; **sceau de Notre-Dame,** nom de plante, 1538 ; ainsi nommé parce que la racine a la forme d'un sceau ; **sceau de Salomon,** 1549 ; ainsi nommé pour la même raison que le préc.

SCÉLÉRAT, 1536 ; au XVe et au XVIe s., on a une forme plus francisée *scéléré*. Empr. du lat. *sceleratus* (de *scelus*, *sceleris* « crime »). — Dér. : **scélératesse,** XVIe (Pasquier).

SCELLER. Lat. pop. **sigellāre*. lat. class. *sigillāre*, v. **sceau.** It. *suggellare*, esp. *sellar*. — Dér. : **scellé,** XVe ; **scellement,** 1469 ; **scelleur,** 1283 (Beaumanoir) ; **desceller,** XIIe ; **resceller,** 1334.

SCÉNARIO, 1764. Empr. de l'it. *scenario*, dér. de *scena* « scène », propr. « décor ».

SCÈNE, vers 1375 ; rare avant le XVIIe s. ; **scénique,** *id.* ; rare avant le XVIIIe s. Empr. du lat. *scæna* « scène de théâtre », déjà employé dans des sens plus étendus, *scænicus* (du grec *skênê*, *skênikos*). Au sens de « paysage », *scène* est un calque de l'angl. *scene* (dès 1722 dans une traduction). — Comp. : **avant-scène,** 1795, au sens moderne ; antér., depuis le XVIe, avec des sens fig.

SCEPTIQUE, 1546, comme terme de philosophie. Empr. du grec *skeptikos* (de *skepsesthai* « observer » ; les sceptiques faisaient profession d'observer sans rien affirmer) ; sens plus étendus depuis la fin du XVIIe s. — Dér. : **scepticisme,** 1669.

SCEPTRE, vers 1080 *(Roland)*. Empr. du lat. *sceptrum* (du grec *skêptron*, propr. « bâton »).

SCHABRAQUE, 1800, « couverture, ordinairement en peau de mouton, recouvrant la selle du cavalier ». Empr. de l'all. *Schabracke* qui remonte au turc *tchaprak* par l'intermédiaire du hongrois.

SCHAH, 1653 (1626 *schach*, 1546 *siach*). Mot persan, titre des rois de Perse ; v. **échec.**

SCHAKO, 1761 ; écrit aussi *shako*, *chako*, etc. Empr. du hongrois *csákó ;* le schako, qui était la coiffure des hussards hongrois, a été introduit en France au cours du XVIIIe s., mais il n'a été usuel que depuis le début du XIXe ; v. **hussard et soutache.**

SCHALL, v. **châle.**

SCHAPSKA. 1838 (*shapka* en 1836). Empr. du pol. *czapka*, *czapska*, qui désignait une coiffure militaire ; introduite une première fois en 1808 comme coiffure de chevau-légers levés en Pologne, elle n'est devenue usuelle en France que comme coiffure des lanciers du Second Empire.

SCHEIK, v. **cheik.**

SCHÉMA et **SCHÈME,** 1803, comme terme de philosophie de Kant ; une première fois en 1586 (Ronsard, sous la forme *schème*), comme terme de rhétorique ; au cours du XIXe s. sens plus étendus. Empr. du lat. *schema* « manière d'être, figure géométrique, figure de rhétorique » (du grec *skhêma*). — Dér. : **schématiser, 1800,** comme terme de philosophie de Kant ; a suivi le sens de *schéma ;* **schématisme,** *id. ;* les formes latines *schematismus*, *schematizare* (créé à basse ép.) ou les formes grecques *skhêmatismos*, *-tizein* ont pu servir de modèles formels ; **schématique,** 1842, sens développé d'après les précédents, a pris en outre un sens particulier, en parlant d'une œuvre artistique ou scientifique dont le détail n'est pas poussé, et est devenu ainsi plus usuel que le subst.

SCHERZO (t. de musique), 1842. Empr. de l'it. *scherzo* « plaisanterie », dér. de *scherzare* « plaisanter », qui représente le longobard *skerzôn* « *id.* ».

SCHIBBOLETH, 1838. Se dit d'une difficulté insurmontable ou d'une épreuve qui doit montrer la capacité d'une personne, par allusion à un passage des *Juges*, XII, 6, où il est raconté que les gens de Galaad, en guerre avec ceux d'Ephraïm, reconnaissaient les fuyards en leur demandant de prononcer le mot *schibboleth* (« épi ») que ceux d'Ephraïm ne réussissaient pas à répéter et prononçaient *sibb...*

SCHIEDAM, 1842. Empr. du néerl. *schiedam*, propr. nom d'une province de la Hollande méridionale où se fabrique l'eau-de-vie de ce nom.

SCHISME, vers 1170 (sous la forme *cisme*) ; **schismatique,** vers 1196 (sous la forme *cismatique*). Empr. du lat. eccl. *schisma*, *-maticus* (du grec eccl. *skhisma*, propr. « séparation », *skhismatikos*, de *skhizein* « fendre »).

SCHISTE, 1742 ; parfois *schite ;* une première fois en 1555 (sous les formes *scisth*, *sciste*). Empr. du lat. *schistus (lapis)* (du grec *skhistos* « qu'on peut fendre, séparer », de *skhizein* « fendre »). — Dér. et Comp. : **schisteux,** 1762 (d'abord *schiteux*, 1758) ; **micaschiste,** 1824.

SCHIZO-. Premier élément de mots sav. comp., tels que **schizophrénie,** 1917 (mot créé en 1908 par le psychiatre zurichois Bleuler), **schizophrène,** vers 1920, tiré du grec *skhizein* « fendre », sur le modèle de mots tels que **schizopode,** 1819, pris au grec.

SCHLAGUE, 1820. Empr. de l'all. *Schlag* « coup » au sens partic. de « châtiment corporel infligé aux soldats allemands »; le dér. *schlaguer*, 1842, a eu aussi d'abord ce sens restreint. Devenus usuels surtout dans les parlers de l'Est.

SCHLINGUER, « puer », 1845. Mot vulgaire ; probabl. empr. de l'all. *schlingen* « avaler » ; le mot fr. signifie d'abord « puer de la bouche », sens qui a pu sortir par antinomie ironique de « avaler ».

SCHLITTE, sorte de traîneau, servant à charrier le bois dans les Vosges, 1864. Empr. du vosgien *schlitte*, empr. lui-même de l'all. *Schlitten* « traîneau », qui a été apporté par des bûcherons alsaciens. — Dér. : **schlitter,** 1875, d'où **-age,** 1870, **-eur,** 1853.

SCHNAPS, XVIIIe (Boufflers). Empr. de l'all. *Schnaps* (du verbe *schnappen* « happer, aspirer »). Paraît avoir été introduit par les mercenaires au service de la France.

SCHNICK, fin XVIIIe. Empr. de l'alsacien *schnick*.

SCHOONER, 1801. Empr. de l'angl. *schooner* (d'abord *scooner*, dér. du dialectal *to scoon* « glisser sur l'eau »).

SCIATIQUE, XIIIe (écrit *ciatique*). Empr. du lat. de basse ép. *sciaticus*, altération de *ischiadicus* (du grec *iskhiadikos*, de *iskhias, -ados*, « sciatique », de *iskhion* « hanche »).

SCIEMMENT, XIVe. Formé, sur le modèle de l'adv. lat. *scienter*, du lat. *sciens, scientis* « sachant » et du suff. *-ment*, v. **escient.**

SCIENCE, vers 1080 *(Roland)* ; **scientifique,** 1370 (Oresme). Empr. des mots lat. *scientia* (de *scire* « savoir »), *scientificus* (créé à basse ép.).

SCIER. Lat. *secāre* « couper », qui a donné régulièrement *seier, soier*, formes encore usitées dans les patois ; *sier* s'est développé au cours du moyen âge d'après les formes accentuées et surtout d'après le subst. *scie ;* le *c* a été introduit dans l'orthographe d'abord dans le subst. *scieur*, dès le XIIIe s., pour le distinguer de *sieur*, il n'a été étendu au verbe qu'au milieu du XVIe s., en partie aussi pour rappeler le verbe lat. « Scier » se disait en lat. *serrā secare*, dp. le IVe s. aussi *serrāre*. Ce dernier survit encore dans les parlers gallo-romans du Sud-Est et du Sud-Ouest et en outre dans le sarde logoudorien *serrare* et l'esp. *serrar*, cf. aussi *sierra* « scie », d'où « chaîne de montagnes abruptes ». D'autre part le lat. *secare* a aussi été employé au sens de « faucher (l'herbe) » et le fr. *scier* a pris le sens de « couper le blé, moissonner », aussi « faucher » ; dans ces acceptions il est encore usité dans de nombreux parlers, cf. de même esp., a. pr. *segar* « moissonner, faucher », et it. *segare*. — Dér. : **sciage,** 1340 (écrit *seage*) ; **scie,** XIIIe (écrit *sie*) ; **scierie,** 1801 (dialectal dès le XVe s. ; au XVIIIe *moulin à scier*, analogue à l'angl. *sawmill*, l'all. *sägemühle*) ; **scieur,** 1247 ; pour *scieur de long*, v. **long ; sciure,** 1480 (sous la forme *sayeure*).

SCIER, terme de marine, v. **sillage.**

SCINDER, 1791 (Mirabeau). Empr. du lat. *scindere* « fendre » pour avoir un verbe correspondant à *scission*, v. ce mot.

SCINTILLER, 1377 ; rare avant le XVIIIe s. ; **scintillation,** 1490 ; *id.* Empr. du lat. *scintillare, scintillatio*, v. **étincelle.** — Dér. : **scintillement,** 1764 (Bonnet).

SCION, XIIe (écrit *cion ;* picard *chion*). Mot propre à la France du Nord, du francique **kith* « rejeton », cf. anc. haut all. *kîdi ; -on* est suff. dim., comme dans *rejeton.*

SCISSION, 1762 ; déjà au XIVe s., au sens du mot lat. Empr. du lat. de basse ép. *scissio* « division, déchirement » (de *scindere*, v. **scinder**). — Dér. : **scissionnaire,** 1792.

SCLÉRO-. Premier élément de mots sav. comp., tels que **scléropode,** 1838, tiré du grec *sklêros* « dur ».

SCLÉROTIQUE, 1314. Empr. du lat. médiéval *sclerotica*, qui remonte au grec *sklêrotês* « dureté », v. le préc.

SCOLAIRE, 1807. Empr. du lat. de basse ép. *scholaris* (de *schola* « école »). — Dér. : **scolarité,** 1867 ; au sens de « privilège qu'avaient les étudiants des anciennes universités », 1383, le mot est empr. du lat. médiéval *scholaritas*, propr. « état d'écolier ».

SCOLASTIQUE, XIIIe (comme adj. au sens médiéval de « d'école ») ; le sens moderne n'a été relevé qu'au XVIIe s. ; le mot est du reste rare auparavant. Empr. du lat. *scholasticus* (du grec *skholastikos* « relatif à l'école, etc. ») pour qualifier la philosophie du moyen âge. *Scholasticus* désignait aussi au moyen âge un clerc qui dirigeait l'école attachée à une église, d'où le fr. **écolâtre,** XIIIe.

SCOLIE, 1546 (écrit *scholie*) ; **scoliaste,** 1552 (Rab., qui écrit *scholiaste*). Empr. du grec *skholion* « explication » (de *skholê* « école »), *skholiastês*. **Scolie** « chanson à boire » chez les Grecs, relevé depuis 1765, est un autre mot ; il est empr. du grec *skolion* (neutre de l'adj. *skolios* « tortueux, oblique », c'est-à-dire « chanson qui va en zigzag, d'un convive à l'autre »).

SCOLOPENDRE, sorte d'insecte, 1552 (Rab.) ; « grande fougère », 1314 (sous la forme *-drie*). Empr. des mots lat. *scolopendra, -drion* (pris au grec).

SCORBUT, XVIe. Empr. du lat. médiéval *scorbutus* créé probablement sur la base d'un moyen néerl. **scōrbut* (néerl. mod. *scheurbuik*) qu'on peut supposer d'après le moyen bas-all. *schorbuk* (dp. 1404) ; celui-ci a été empr. de l'anc. suéd. *skörbjug*, anc. nor. *skyr-bjúgr*, comp. de *skyr* « lait caillé » et *bjúgr* « œdème ». Dans leurs longues courses sur mer les anciens Normands emportaient souvent des provisions de lait caillé ; la consommation de grandes quantités de celui-ci passait pour créer facilement des œdèmes. Le sens premier du mot était donc « œdème dû à la consommation de grandes quantités de lait caillé ». De même viennent du norois all. *Scharbock*, néerl. *scheurbuik*, angl. *scurvy*, russe *skrobota*. — Dér. : **scorbutique,** 1672 ; **anti-,** 1671.

SCORIE, 1553. Empr. du lat. *scoria* du grec *skôria*).

SCORPION, 1119. Empr. du lat. *scorpio* (du grec *skorpios*).

SCORSONÈRE, « salsifis noir », 1651. Empr. de l'it. *scorzonera*, dér. de *scorzone* « sorte de serpent venimeux », contre la morsure duquel on préconisait l'emploi de la scorsonère ; *scorzone* représente, avec l'*s* de *scorto* « court », le lat. de basse ép. *curtiō*, attesté dans des gloses (dér. lui-même de *curtus* « court »), c'est-à-dire « (animal) aux membres écourtés ».

SCOTTISH, 1850. Empr. de l'angl. *scottish*, propr. « d'Écosse » par l'intermédiaire de l'all. *Schottisch*, cette danse, d'origine écossaise, ayant passé par l'Allemagne avant d'être adoptée en France. L'orthographe angl. a été rétablie vers 1872.

SCOUT, v. **boy.**

SCRIBE, XIIIe. Empr. du lat. *scriba* « greffier, secrétaire » (de *scribere* « écrire ») ; sert spécial. à désigner les docteurs de la loi chez les anciens Juifs d'après l'emploi de *scriba* dans le lat. eccl. — Dér. : **scribouilleur,** fin XIXe, mots fam. signifiant « mauvais écrivain », d'après des verbes en *-ouiller*, tels que *bafouiller, tripatouiller ; scribouillard*, mot péjor. pour « fonctionnaire », 1923.

SCRIPTEUR, 1907. Empr. du lat. *scriptor* « celui qui écrit ». — Dér. : **téléscripteur,** 1949, formé d'après *télégraphe*.

SCROFULES, 1534 (écrit avec *-ph-*). Empr. du lat. de basse ép. *scrofulæ*, v. **écrouelles.** — Dér. : **scrofuleux** (*id.* écrit avec *-ph-*).

SCROTUM, 1541. Empr. du lat. médical *scrotum*.

SCRUPULE, XIVe ; **scrupuleux,** XIVe. Empr. du lat. *scrupulus*, propr. « petit caillou », d'où « inquiétude de la conscience sur un point minutieux », par comparaison plaisante avec un petit caillou qui gêne le pied », *scrupulosus*. *Scrupule* « poids très petit, etc. » chez les Romains est empr. du lat. *scrupulum*, de la famille de *scrupulus*.

SCRUTER, 1501 ; rare avant le XVIIIe s. ; **scrutateur,** 1495. Empr. du lat. *scrutari* « fouiller, chercher à pénétrer », *scrutator ; scrutateur* a pris en 1789 le sens de « celui qui dépouille ou surveille un scrutin », v. le suiv.

SCRUTIN, 1326 ; répandu au XVIIIe s., comme terme de langue politique, par l'abbé de Saint-Pierre ; déjà attesté au moyen âge sous la forme *scrutine*. Empr. du lat. médiéval *scrutinium*, attesté en lat. de basse ép. au sens d' « action de fouiller, examiner » (de *scrutari*, v. **scruter**), *(E)scrutine* et *scrutin*, 1638 (Chapelain), ont été aussi employés au sens du lat. anc. — Dér. : **scrutiner,** 1794.

SCULPTEUR, 1380 ; **sculpture,** vers 1500. Empr. du lat. *sculptor*, *sculptura* (de *sculpere*). *Sculpter*, 1718, est une réfection de *sculper*, 1694, empr. du verbe lat., d'après *sculpteur*, *-ure*. Christine de Pisan avait dit de même *sculpure* (déjà une fois créé au XIVe s.). — Dér. de *sculpture :* **sculptural,** 1788.

SCYLLA, v. **charybde.**

SEAU. Lat. pop. **sitellus*, lat. class. *sitella*. Propre à la France du Nord. Cf. dialectal **seille,** lat. *situla*, qui est en concurrence avec *seau* dans les parlers du Centre (en ce cas, souvent avec une valeur différente) et qui est la seule forme usitée dans de nombreux parlers de l'Est et de l'extrême Ouest ; cf. aussi it. *secchia*.

SÉBACÉ, 1734. Mot techn., empr. du lat. de basse ép. *sebaceus* (de *sebum* « suif », v. **suif**).

SÉBILE, 1417. Étymologie inconnue. Ce qui caractérise la sébile dans tous ses emplois, c'est d'être un vase de bois. Le rapprochement avec le mot perse *zebbîl* « panier d'osier destiné à renfermer des dattes, corbeille, sac, besace » est très peu probable, parce que ni l'Italie, ni l'occitan, ni les langues ibéro-romanes ne possèdent le mot.

SEC, SÈCHE. Lat. *siccus, sicca*. It. *secco*, esp. *seco*. V. **sécher.** — Dér. : **sécheresse,** vers 1120 ; cf. a. pr. *secaressa*.

SÉCANTE, 1634. Fém. d'un adj. *secant*, 1542, empr. du lat. *secans*, part. prés. du verbe *secare* « couper » ; *sécant*, dans *plan sécant*, est récent.

SÉCATEUR, 1827. Dér. sav. du lat. *secare* « couper », d'après les nombreux mots de formation sav. en *-ateur*.

SÉCESSION. Ne s'emploie guère que comme terme d'histoire. Premièrement comme terme d'histoire romaine, désignant la retraite de la plèbe sur le Mont Sacré en 493 (avant J.-C.), 1838 (en 1354 en un sens plus général de « sédition »), empr. du lat. *secessio* (de *secedere* « se retirer ») ; deuxièmement, comme terme d'histoire des États-Unis, dans *guerre de Sécession*, désignant la guerre civile de 1861-65, calque de l'anglo-américain *war of secession* (où *secession* vient du mot lat. cité plus haut).

SÉCHER. Lat. *siccāre* (de *siccus*). — Dér. : **séchage,** 1797, une 1re fois en 1336 ; **sécherie,** XIIIe s. ; **séchoir,** 1660 (une 1re fois au XVe s.) ; **dessécher,** XIIe, **dessèchement,** 1534. V. **assécher.**

SECOND, vers 1138 (sous la forme *segonz ;* mais l'orthographe *second* est déjà prépondérante au moyen âge) ; **secondaire,** 1372 ; rare avant le XVIe s. ; **secon-**

der, 1417. Empr. du lat. *secundus*, propr. « suivant » (de *sequi* « suivre »), *secundarius* « qui est de second rang », *secundare* « favoriser, aider » ; au XVIe et au XVIIe s. *seconder* signifiait aussi « venir après, suivre » d'après *second*. Pour l'emploi de *secondaire* dans l'organisation de l'enseignement public et comme terme de géologie, v. **primaire.**

SECOUER. Réfection, qui date du XVIe s., de l'anc. *secourre* d'après les formes *secouons*, *secouez*, *secouent*, etc. *Secourre*, qui survit encore dans les parlers de l'Est et du Nord-Est, continue le lat. *succutere*, cf. esp. *sacudir*. On attendrait une forme *sequeurre ;* celle-ci, qui est très rare, a été refaite en *secourre*, en partie d'après *secourir ;* cf. **recousse.** — Dér. : **secouement,** 1528 ; **secousse,** vers 1460, fém. de l'anc. part. passé de *secourre*, *secous* (cf. le lat. *succussus*), encore chez d'Aubigné.

SECOURIR. D'abord *secorre*, refait en *secourir*, comme *corre* en *courir*. On trouve du XIIIe au XVe s. des formes avec *-eu-*, dues à l'influence analogique de *sequeurre*, v. le préc. Lat. *succurrere*. — Dér. : **secourable,** XIIe ; **secours,** vers 1050, sorti du supin *succursum*.

SECRET, *adj.*, vers 1180. Empr. du lat. *secretus*, propr. « séparé » (de *secernere* « trier, séparer ») ; l'a. fr. a aussi employé une forme plus francisée *segrai*, *segroi ;* on trouve en outre *segret* jusqu'au XVIe s.

SECRET, *subst.*, XIIe. Empr. du lat. *secretum* « lieu secret, chose secrète », v. le préc.

SECRÉTAIRE, vers 1180. Jusqu'au début du XVIIe s., encore chez Corneille, signifiait « confident, dépositaire de secrets ». Pris comme terme administratif depuis la même époque. Désigne celui qui transcrit, rédige pour un autre, depuis Froissart ; désigne aussi une sorte de meuble depuis 1765. Empr. du lat. médiéval *secretarius*, v. les préc. *Secrétaire d'état* qui, au XVIIe s., était le titre des ministres, a été fait au XVIe s. sur le modèle de l'esp. *secretario de estado* et s'est substitué à *secrétaire des commandements*. — Dér. et Comp. : **secrétairerie,** 1568 ; **secrétariat,** 1587 ; **sous-secrétaire,** 1680 ; d'où **-riat,** 1834.

SÉCRÉTION, 1495. Empr. du lat. *secretio* « séparation, dissolution » (de *secernere*, v. **secret**), en vue d'un sens spécial. — Dér. : **sécréter,** 1798 ; **sécréteur,** 1753 ; une première fois au XVIe s. (Paré, au fém. *secretrice*), fait alors directement sur le lat. *secretio ;* **sécrétoire,** 1711.

SECTE, vers 1300 ; **sectateur,** 1495. Empr. du lat. *secta* (de *sequi* « suivre »), *sectator* (de *sectari* « suivre, accompagner », de *secta*). — Dér. de *secte :* **sectaire,** 1561 ; d'où **sectarisme,** fin XIXe.

SECTEUR, terme didactique, 1542 ; **section,** *id.*, 1366. Empr. du lat. *sector*, attesté à basse ép. comme terme de géométrie (en lat. class. signifie « celui qui coupe (du bois), assassin, etc. »), *sectio* (de *secare* « couper »). — Dér. de *section :* **sectionner,** 1872, **sectionnement,** *id.*

SÉCULAIRE, 1550 (Rab.). Empr. du lat. *sæcularis* (de *sæculum* « siècle », v. ce mot).

SÉCULIER ; d'abord *seculer*, vers 1170, puis *seculier*, vers 1260, par substitution de suff. Empr. du lat. eccl. *sæcularis* (de *sæculum* au sens de « vie mondaine, monde » ; v. **siècle**). — Dér. : **séculariser,** 1586, d'après la forme du lat. *sæcularis*, d'où **sécularisation,** 1567.

SÉCURITÉ, vers 1190, devenu usuel au cours du XVIIe s. Empr. du lat. *securitas* (de *securus* « sûr »), pour exprimer une nuance de sens distincte de *sûreté*.

SÉDATIF, 1314. Empr. du lat. médiéval *sedativus* (de *sedare* « calmer »).

SÉDENTAIRE, 1492. Empr. du lat. *sedentarius* (de *sedere* « être assis »).

SÉDIMENT, XVIe (Paré), comme terme médical ; devenu usuel au XVIIe s. dans d'autres acceptions techn. Empr. du lat. *sedimentum* « affaissement » pour rendre le lat. médical *sedimen* « dépôt d'urine » (de *sedere* au sens de « se poser, s'affaisser ») qui se francisait moins bien. — Dér. : **sédimentaire,** 1842 ; d'abord **-teux,** 1718.

SÉDITION, 1209 ; **séditieux,** XIVe (Bersuire). Empr. du lat. *seditio*, *seditiosus* de la famille de *ire* « aller » avec l'ancienne préposition *sed* exprimant la séparation).

SÉDUIRE, XVe ; **séducteur,** XIVe (Oresme) ; **séduction,** XIIe ; rare avant le XVIIe s. *Séduire* est une réfection, d'après le lat. eccl. *seducere*, de l'a. fr. *sou(s)duire*, lat. *subdūcere* « retirer », qui a dû prendre le sens de « séduire » à *sēdūcere* dans le lat. pop., cf. de même it. *soddurre*, aujourd'hui en recul devant *sedurre*. *Séducteur*, *séduction* sont empr. du lat. eccl. *seductor*, *seductio* (en lat. class. a le sens concret d' « action de tirer de côté ») ; au moyen âge on disait aussi *souduitor*, *souduison*, *souduior*, *souduiement*. — Dér. de *séduire :* **séduisant,** 1542 ; au moyen âge *souduiant*.

SEGMENT, 1613. Empr. du lat. *segmentum* « morceau coupé » (de *secare* « couper ») en vue d'un sens spécial. — Dér. : **segmentaire,** 1838 ; **segmenter,** 1877, d'où **-ation,** fin XIXe, **-able,** *id.*

SÉGRÉGATION, 1374 (t. scientifique dp. 1933). Empr. du lat. *segregatio*, subst. de *segregare* « séparer ».

SÉGUEDILLE, 1687 (D.) ; une première fois *séguidille* en 1630 dans le *Guzman d'Alfarache* de Chapelain. Empr. de l'esp. *seguidilla*, dér. de *seguida* « suite » (de *seguir* « suivre »).

SEICHE ; on écrit aussi *sèche*. Lat. *sēpia* (du grec *sêpia*). It. *seppia*, esp. *jibia*. V. **sépia.**

SÉIDE, 1842. Tiré de *Séide*, nom d'un affranchi de Mahomet, aveuglément soumis à ses ordres, en arabe *Zayd (ibn Nâritha)*, mis en scène par Voltaire dans sa tragédie de Mahomet en 1741.

SEIGLE, lat. *sēcale ;* la voyelle *a* de *sēcale*, n'étant pas une voyelle d'origine secondaire comme le *u* de *periculum*, s'est conservée plus longtemps que dans les mots de ce genre ; la syncope ne s'est produite que quand le groupe *-c'l-* de *periculum*, etc., était déjà devenu en *l* mouillé. C'est ce qui explique la conservation de *-gl-*. La forme *seille*, répandue surtout dans les parlers de l'Ouest, est due à la palatalisation postérieure des groupes consonne *-l* dans certains parlers ; l'a. pr. a des formes variées *segle*, *segal*, *seguel*, etc., d'où celles de l'époque contemporaine.

SEIGNEUR. Lat. *seniōrem*, acc. de *senior* « plus âgé », comparatif de *senex* « vieillard » ; est devenu spécialement dans le lat. eccl. un terme de respect (mais se trouve déjà chez Stace au Ier s.) ; de là aussi it. *signore*, esp. *señor*. A pris un développement particulier pour suppléer à *dominus*, devenu d'un emploi restreint ; de là les sens de *seigneur* pour désigner les grands propriétaires féodaux, puis des personnages de très haut rang, et, d'autre part Dieu, en lat. eccl. *Dominus*. L'a. fr. avait un cas sujet *sendra* avec un *a* final qui est une notation de *e (Serments)* ; il a disparu rapidement devant *sire*. *Sire*, qui n'a aujourd'hui qu'une valeur historique, en dehors de l'emploi péjoratif de *triste*, *pauvre sire* (a eu parfois le simple sens de notre *monsieur* du XIVe au XVIe s.) est issu d'une prononciation du mot lat. *senior*, devenu **seior*, quand il servait pour s'adresser à quelqu'un ; d'où le composé **messire,** XIIe, dont *mes* est l'ancien cas sujet de *mon* ; il y a des formes analogues dans les langues voisines, en partie prises au fr., cf. it. *messere*, repris au XVIe s. sous la forme *messer*, employée plusieurs fois par La Fontaine. L'acc. de *sire* était **sieur,** encore honorifique au XVIIe s., aujourd'hui usité seulement dans la langue de la procédure ou comme terme péjoratif ; d'où le composé **monsieur,** 1314, d'abord titre donné à des personnes de rang élevé ; devenu simple terme de politesse depuis le XVIe s. — Dér. et Comp. : **seigneurie,** XIIe ; **seigneurial,** 1434 ; influencé par *seigneurie* ; **monseigneur,** XIIe ; **pince-monseigneur,** v. **pincer.**

SEILLE, v. **seau.**

SEIME, terme de vétérinaire, 1607 (alors *seme*) ; v. **bleime.** Peut-être d'une expression non attestée **corne seime* « corne mutilée » ; *seime* serait le fém. d'un adj. qui continuerait le lat. de basse ép. *semus* glosé par un mot grec signifiant « à moitié vide » (autre forme de *sēmis* « demi-as, moitié »), conservé par it. *scemo* « incomplet, sot », a. pr. *sem* « incomplet, etc. » ; mais cet adj. n'a pas laissé d'autres traces en fr. ; on a aussi expliqué *seime* comme un subst. tiré du verbe *semer* « dépérir, maigrir », lat. pop. **sēmāre* (de *sēmus*), d'où aussi it. *scemare* « amoindrir », a. pr. *semar* « priver, diminuer » ; mais le sens ne satisfait pas.

SEIN. Lat. *sinus* « pli », d'où « pli de la toge, giron », puis « fond d'une chose, etc. ». Cf. it. esp. *seno*. Le sens de « mamelle » existe en fr. et en it. Le sens de « courbure » qu'on trouve dans des langues techn., cf. *le sein persique* « Golfe Persique » chez Montesquieu, est repris au latin.

SEINE ; on écrit aussi *senne* ; en outre *saime* au moyen âge par altération. Sorte de filet. Lat. de basse ép. *sagēna* (du grec *sagênê*), devenu **saiieine*, puis *saine*.

SEING. Ne survit aujourd'hui que dans quelques expressions : *sous seing privé*, *blanc-seing* (qui s'est substitué au XVIIe s. à *blanc signé*) ; cf. aussi le comp. **contreseing,** 1355. Lat. *signum* « signe, etc. ». Le sens de « signe tenant lieu de signature » est une spécialisation d'origine jurid. ; *sein(g)* signifiait en a. fr. « marque » et aussi « cloche », sens qui remonte au lat. de basse ép., v. **tocsin** et **signe.** It. *segno* « signe », esp. *seña* (d'après le pluriel neutre) « *id.* ».

SÉISME, fin XIXe. Empr. du grec *seismos* « tremblement de terre » (de *seiein* « secouer ») dont les deux voyelles ont été transcrites littéralement, ce qui a amené la prononciation *sé-isme* d'après les mots terminés en *-isme*. Du mot grec *seismos* on a tiré aussi **sismique,** 1871, **sismographe,** *id.*

SEIZE. Lat. *sēdecim*. — Dér. : **seizième,** XIIe (sous la forme *sezismes*) ; pour le suff. v. **centième.**

SÉJOURNER. D'abord *sojourner*, rapidement remplacé par *séjourner*, v. **semonce** ; aussi *surjourner*. Lat. pop. **subdiurnāre*, propr. « durer un certain temps », d'où « séjourner », comp. de *diurnāre* « durer, vivre longtemps », rare, mais ancien. It. *soggiornare*. — Dér. : **séjour,** vers 1080 *(Roland)*.

SEL. Lat. *sāl*, masc. ; devenu fém. dans toute la péninsule ibérique et au Sud de la ligne allant de l'embouchure de la Loire au Sud des Vosges. — Dér. et Comp. : **saler,** XIIe, d'où **salage,** 1281, **salaison,** XVe, **salant,** dans *marais salant*, 1520, **saleur,** XVIe (Paré) ; **saloir,** 1363 ; **salure,** XIIIe ; **salière,** *id.* ; **salin,** vers 1450 ; **dessaler,** XIIIe ; **saugrenu,** 1578 (écrit *sogrenu*, H. Estienne) ; réfection, d'après l'adj. *grenu*, de *saugreneux*, XVIe, qui paraît avoir été suggéré par *saugrenée*, XVIe (Rabelais), « sorte de fricassée de pois », comp. de *sau*, autre forme de *sel*, de *grain* et du suff. *-ée*. **Saupiquet,** vers 1380, dér. d'un verbe non attesté *saupiquer* « piquer avec du sel », cf. a. pr. *salpicar*. **Saupoudrer,** XIVe (E. Deschamps). **Pré-salé,** d'abord « pré voisin de la mer », 1732, ensuite « viande d'un mouton qui paît dans ce genre de pré », 1836.

SELECT, 1869 (Mérimée). Empr. de l'angl. *select* (du lat. *selectus*, v. le suiv.).

SÉLECTION, proposé en 1801 dans un sens général, depuis 1862 comme terme d'élevage ; 1866 (dans *sélection naturelle*, traduction de l'angl. de Darwin). Empr. de l'angl. *selection* (du lat. *selectio* « choix, tri »), qui a pris une acception nouvelle dans la langue de l'élevage d'après le sens philosophique que Darwin lui a donné dans l'*Origine des Espèces.* — Dér. : **sélectionner,** 1899 ; **sélectionneur,** 1923 ; **sélectif,** 1871, sur le modèle d'*élection, électif,* etc.

SÉLÉNIUM. Corps découvert en 1817 par Berzélius qui a tiré *sélénium* du grec *selênê* « lune » à cause des analogies de ce corps avec le *tellure*, mot formé avec le lat. *tellus* « terre » ; sorte de jeu de mots sur le fait que la lune est le satellite de la terre.

SELF-GOVERNMENT, 1835. Empr. de l'anglais.

SELLE. Lat. *sella* « siège », qui a pris le sens de « selle de cheval » à basse ép. Le sens de « siège de bois sans dossier » s'emploie encore dans diverses techn. et des locutions proverbiales ; telles que *le cul entre deux selles*, XVIe (Montaigne) ; le mot a pris le sens de « chaise » dans un certain nombre de parlers de l'Est. *Selle*, au sens de « chaise percée » (l'usage de la chaise percée a été extrêmement répandu), date du XIVe s., d'où *aller à la selle*, cf. le lat. médical *adsellari* au même sens, de là *selle* « évacuation, quand on va à la garde-robe », dès fin XIVe s. (E. Deschamps). L'it. *sella*, l'esp. *silla* ont les deux sens de « siège » et de « selle de cheval ». — Dér. : **sellette,** XIIIe ; la sellette était un petit siège de bois sur lequel on faisait asseoir les accusés, d'où les expressions *mettre, tenir quelqu'un sur la sellette*, XVIIe ; **seller,** XIIe, d'où **desseller,** XIIe, **resseller,** 1797 ; **sellier,** XIIIe, d'où **sellerie,** 1319.

SELON. D'abord *sulunc, selonc*, puis *selon*. Signifie propr. « le long de », encore chez Flaubert ; le sens figuré apparaît dès les premiers textes. La forme *sulunc* est à l'appui d'un lat. pop. **sublongum*, propr. « le long de ». On admet aussi que *selonc* est une réformation, d'après *long*, de l'a. fr. *son* « selon », XIIe, qui a disparu de bonne heure, lat. *secundum*, reformation qui se serait produite à l'étape non attestée **seon*, cf. l'a. pr. *segon(z)*, encore usité aujourd'hui ; mais en cette hypothèse, la forme *sulunc* est mal expliquée. L'it. *secondo* peut être repris au lat., de même que l'a. fr. *segond*, encore signalé au XVIIe s. par Ménage comme employé par les paysans du Vendômois.

SELTZ (eau de), 1771 (Bougainville : « Des eaux de Selse qu'ils font venir de Hollande à grands frais »). L'eau de Seltz naturelle vient de *Seltz*, village de Prusse, sur l'Ems ; mais le mot ne s'est répandu que depuis qu'on fabrique une eau de composition analogue.

SEMAINE. Lat. eccl. *septimāna* « espace de sept jours » (tiré de *septimānus* « relatif à sept »), calqué du grec eccl. *hebdomas*. Le lat. eccl. *hebdomas, hebdomada*, pris au grec, v. ci-dessus, ne survit que dans quelques parlers rhéto-romans et it. ; cf. a. it. *edima*, d'où Toscane *mezzedima* « mercredi ». La *semaine des trois jeudis* est déjà chez Oudin, en 1640 ; *prêter à la petite semaine* est attesté depuis 1740. — Dér. : **semainier,** vers 1200.

SÉMANTIQUE, 1883. Mot créé par Bréal d'après le grec *sêmantikê*, fém. d'un adj. *-kos* « qui indique » (de *sêmainein* « signifier ») par opposition à *phonétique* « science des sons » (une première fois en 1561 : « *dictions* et *paraphrasmes symentiques* »). Mais *sêmantikê tekhnê* « art des significations » que Bréal donne en note, p. 8 de son *Essai de Sémantique*, est du grec reconstruit.

SÉMAPHORE, 1812. Comp. avec les mots grecs *sêma* « signe » et *phoros* « qui porte ».

SEMBLER. Lat. de basse ép. *similāre* « être semblable, ressembler » (de *similis* « semblable »), d'où s'est développé le sens de « paraître » dès les plus anciens textes ; mais le sens propre a vécu à côté jusqu'au XVIe s. et survit encore dans de nombreux parlers méridionaux. En dehors du galloroman, n'existe sous une forme régulière que dans le roumain *sămăna* « ressembler » et le cat. *semblar* « *id.* ». L'it. *sembiare, sembrare* « ressembler, sembler » et l'esp. *semblar* « ressembler » sont empr. — Dér. : **semblable,** vers 1200, d'où **dissemblable,** vers 1330 ; d'abord *des-* XIIe, d'après le lat. *dissimilis ;* **dissemblance,** 1520, d'après *ressemblance*, pour traduire le lat. *dissimilitudo ;* ne continue pas l'a. fr. *dessemblance*, attesté du XIIe au XIVe s., fait sur *dessembler* « être dissemblable » ; **semblant,** vers 1080 *(Roland)*, au sens de « manière d'être » usuel au moyen âge ; en outre « apparence, mine, physionomie, avis, etc. » ; la locution *faire semblant* apparaît dès le XIIe s. ; **ressembler,** vers 1080 *(Roland)*, d'après le sens propre de *sembler ;* a été construit transitivement jusqu'au XVIIe s., l'est encore dans des patois ; la construction avec *à* s'est développée au XVIe s., d'où **ressemblance,** 1268, **ressemblant,** 1503.

SEMELLE, XIIIe. Mot propre au fr., qui s'est répandu dans tout le territoire galloroman, sauf dans quelques parlers excentriques du Sud-Est qui ont conservé le terme du lat. pop. **sola*, altération du lat. class. *solea*, d'où aussi it. *suola*, esp. *suela*. Vient probabl. de la Picardie où l'art fém. était *le* et où existait au XIIIe s. un *lemelle* « lame » ; prenant la première syllabe pour l'art., on l'aura remplacée par **se*, du lat. *ipsa ; ipse* a en effet concurrencé *ille* dans les siècles pendant lesquels la langue élaborait un art. déf., et *ipse* est souvent employé comme art. chez des auteurs du Nord de la Gaule, p. ex. chez Frédégaire. Cf. des mots comme gascon *lighe* « saule », pour *salighe*, avec aphérèse de *sa* pris pour l'article. — Dér. : **ressemeler,** 1622, d'où **ressemelage,** 1782.

SEMENCE. Lat. de basse ép. *sēmentia*, plur. neutre, qui a été plus tard pris comme subst. fém., de *sēmentium*, réfection, également de basse ép., du lat. class. *sēmentis*, propr. « semailles ». It. *semenza*. — Dér. : **semenceau,** 1842 ; **ensemencer,** 1355, **ensemencement,** 1552.

SEMER. Lat. *sēmināre* (de *sēmen, sēminis* « semence ») ; a éliminé le lat. class. *serere*, dont les formes étaient difficiles ; *sēmināre* avait à la fois l'avantage d'avoir plus de corps et d'être plus près d'autres dér. *sēmen*, *sēmentis*, etc. It. *seminare*, esp. *sembrar*. — Dér. et Comp. : **semaille,** vers 1260, continue peut-être le lat. pop. *sēminālia*, plur. neutre de l'adj. *sēminālis*, cf. a. pr. *semenalha* « semence »; **semeur,** vers 1180, continue peut-être le lat. *sēminātor*; **semis,** 1759; **semoir,** 1328; **clairsemé,** XIIe (Chrétien, sous la forme *clar-*); **parsemer,** vers 1480; **ressemer,** 1334.

SEMESTRE, XVIIe; antér. adj. signifiant « qui dure six mois », XVIe (Ronsard), encore usité au XVIIIe s. L'adj., d'où le subst. a été tiré, est empr. du lat. *semestris*. — Dér. : **semestriel,** 1829, d'après *trimestriel*; on a dit aussi *semestral*, 1823.

SEMI-. Préf. sav., empr. du préf. lat. *semi* « demi, à demi », cf. **semi-direct,** etc.

SÉMILLANT, 1546. Issu par changement de suffixe de *semilleus* « rusé, remuant, capricieux » (le verbe *sémiller* a été formé d'après *sémillant*); *semilleus* est dér. de l'anc. franç. *semille* « action (soit valeureuse, soit méchante) », sens secondaire de *semille* « progéniture, descendance », l'action étant regardée comme la production d'un certain personnage; *semille* est un diminutif de l'anc. fr. *seme* « origine », lequel représente le lat. *sēmen*, *-inis*.

SÉMINAIRE, 1584. Empr. du lat. moderne *seminarium*; les séminaires ont été institués par le Concile de Trente, en 1545; *seminarium*, en son sens nouveau, a été tiré du lat. anc. *seminarium*, qui avait le sens propre de « pépinière » (empr. au XVIIe s., 1635, etc.) et, par figure, celui de « principe, source » (empr. au XVIe (en 1570) et au XVIIe s.). — Dér. : **séminariste,** 1609.

SÉMINAL, 1372. Empr. du lat. *seminalis* (de *semen*, *seminis*, v. les préc.).

SÉMITE, 1845. Dér. de *Sem*, nom d'un des fils de Noë, cf. *Genèse*, X, dont les Sémites passent pour être les descendants. — Dér. : **antisémite,** 1891, où *sémite* désigne spécialement les Juifs; d'où **-tisme,** 1894.

SEMONCE. D'abord *semonse*, XIIe. Fém. pris substantivement de *semons*, part. passé de l'anc. verbe *semondre*, encore de quelque usage à l'inf. au XVIIe s., d'abord *somondre*, lat. pop. **submonere*, lat. class. *submonēre* « avertir secrètement », avec le changement de conjugaison qu'a subi *répondre*. Pour le traitement du préf., v. **séjourner.** A. pr. *somonre*, etc. *Semonce* (comme le verbe *semondre*) est d'abord un terme jurid. désignant une sorte de convocation; sens plus étendu depuis le XVIIe s. A désigné aussi une convocation de vassaux et d'hommes d'armes depuis le XIVe s. — Dér. : **semoncer,** 1540.

SEMOULE, XVIIe; d'abord *semole*, XVIe. Empr. de l'it. *semola*, lat. *simila* « fleur de farine ». Mot de civilisation qui a beaucoup voyagé; l'angl. *semola* vient également de l'it.; l'all. *Semmel* remonte à l'anc. haut-all. *simila*, *semala*, empr. du lat. L'a. fr. a des formes *simle*, *simbre*, etc. « sorte de gâteau », dont plusieurs qui sont dans des textes du Nord-Est peuvent venir des parlers germ. voisins, cf. notamment *symel* à Valenciennes au XVe s.

SEMPITERNEL, XIIIe; rare avant le XVIIe s. Ne s'emploie aujourd'hui que par plaisanterie. Dér. sav. du lat. *sempiternus* (comp. de *semper* « toujours » et de *æternus*) d'après *éternel*. On trouve quelquefois en a. fr. *sempiterne* et *-neux*.

SÉNAT, 1213. **Sénateur,** XIIe. Jusqu'au XVIe s., seulement comme termes d'antiquité romaine; sont devenus depuis des termes de l'organisation politique des états modernes. — Dér. : **sénatorial,** 1518, d'après le lat. *senatorius*.

SÉNATUS-CONSULTE, 1477; Bersuire a francisé le mot au XIVe s. en *senatconsult*; d'abord terme d'antiquité romaine; a été pris comme terme politique sous le Consulat et le Premier Empire; cf. pour des empr. de ce genre à cette ép. **consul,** etc Empr. du lat. *senatus consultum* « décision du Sénat ».

SÉNÉ, XIIIe. Empr. du lat. médiéval *sene*, empr. lui-même de l'arabe *senâ*; d'où aussi it. esp. *sena*.

SÉNÉCHAL, XIIe. Du francique **siniskalk* « serviteur le plus âgé » (cf. **maréchal**; le premier élément de ce mot comp. correspond au gotique *sinista* « aîné »), attesté par *siniscalcus* de la loi des Alamans, cf. aussi l'a. pr. *senescal(c)*. L'all. *Seneschall* vient du fr., l'it. *siniscalco* du lat. médiéval.

SÉNEÇON, vers 1200 *(senechiun)*. Empr. du lat. *senecio*, dér. de *senex* « vieillard » sur le modèle du grec *hêrigerôn*, littéral. « vieillard du printemps », ainsi nommé parce qu'il devient tout blanc au printemps.

SÉNÉGALIEN, fin XIXe. Se dit en parlant de chaleurs excessives. Dér. de *Sénégal*, nom d'une région de l'Afrique; Th. Gautier (en 1843) dit au même sens *sénégambien*.

SENESTRE, v. **gauche.**

SÉNEVÉ, v. **sanve.**

SÉNILE, 1812, une première fois vers 1500. Empr. du lat. *senilis* (de *senex* « vieillard ») en vue d'un sens spécial. Déjà empr. au XVIe s. au sens général de « qui a le caractère du vieillard ». — Dér. : **sénilité,** 1836.

SENIOR, vers 1890. Empr. de l'angl. *senior* « le plus âgé ».

SENS, vers 1080 *(Roland)*. Empr. du lat. *sensus* « fait de sentir, organe des sens, sensation, manière de sentir, de voir, de penser, etc. » (de *sentire* « sentir »). La prononciation de l'*s* finale, d'après celle du mot lat., s'est établie au XVIIe s. A absorbé l'a. fr. *sen*, empr. du francique **sin*, v. **asséner.** *Sens commun*, 1534 (Rab.) est calqué sur le lat. *sensus communis; bon sens* est déjà du XIVe s. *Sens* au sens de « direction », propre au fr., apparaît dès le XIIe s. dans des expressions telles que *en mal sens*, *en tuz sens;* il est dû au mot d'origine germ. *sen* « chemin, direction », v. **asséner**; le mot germ., d'où est issu l'all. *Sinn*, doit probabl. à son tour son sens intellectuel au lat. *sensus*. — Dér. et Comp. : **sensé,** 1629 (Corneille), peut-être d'après le lat. eccl. *sensatus;* on ne peut pas dire que *sensé* se soit substitué à l'a. fr. *sené* (dér. de *sen*, v. ci-dessus), adj. qui ne paraît pas avoir dépassé le XIVe s.; **insensé,** 1488, d'après le lat. eccl. *insensatus;* **contre-sens,** 1560 (Pasquier), **sens-devant-derrière, sens-dessus-dessous,** XVIIe (dès 1607, chez Maupas); altérations, par fausse étymologie, des anc. formes *cen dessus dessous*, *cen devant derrière*, où *cen* est un composé (encore usité au XVe s.) de *ce* et de l'adverbe *en*, d'où aussi, au XVIe s., *s'en* et même *sans*, qui a été défendu au XVIIe s.; on a dit aussi *ce dessus dessous* et *ce devant derrière* depuis le XIIIe s. V. **forcené.** V. encore **non-sens.**

SENSATION, XIVe (Oresme). Empr. du lat. de basse ép. *sensatio* « fait de comprendre » en vue d'un sens spécial. — Dér. : **sensationnel,** fin XIXe, d'après l'expression *faire sensation*, qui apparaît dès 1762.

SENSIBLE, XIIIe, comme terme didactique (signifie parfois « sensé », comme **insensible** « insensé », au XIVe et au XVe s.); des sens plus étendus de « qui ressent une impression morale », d'où « facilement ému » se sont développés au XVIIe s.; a pris une valeur particulière de « qui a des sentiments humains » au XVIIIe s.; **sensibilité,** 1671, une 1re fois en 1314; développement sémantique parallèle à celui de l'adj. Empr des mots du lat. philosophique *sensibilis* (de *sentire* « sentir »), *sensibilitas* (créé à basse ép.). — Dér. de *sensible* : **sensiblerie,** 1782; **supra-sensible,** 1872; **désensibiliser,** 1929.

SENSITIF, terme didactique, XIIIe. Empr. du lat. médiéval *sensitivus*, v. les préc. — Dér. : **sensitive,** 1665 (*herbe sensitive* dès 1639); ainsi nommée parce que ses feuilles se replient dès qu'on les touche.

SENSORIUM, 1720. Empr. du lat. philosophique de basse ép. *sensorium* (de *sentire*, v. les préc.); on dit quelquefois en lat. moderne *sensorium commune*. — Dér. : **sensorial,** 1830; **sensoriel,** 1871.

SENSUALISME, 1803; **sensualiste,** 1812. Termes philosophiques, dér. du lat. eccl. *sensualis* « qui concerne les sens », v. les préc.

SENSUEL, XVe (attesté indirectement par l'adv. **-ellement**), propr. « qui concerne les sens »; a pris vers le XVIe s. le sens de « qui recherche les plaisirs des sens »; **sensualité,** XIIe; propr. « faculté de percevoir les sensations »; développement sémantique parallèle à celui de l'adj. Empr. du lat. eccl. *sensualis*, *sensualitas*.

SENTE. Moins usuel que *sentier*, mais encore bien employé dans la partie septentrionale de la France. Lat. *sēmita*. Esp. *senda*. Le dér. *sentier* peut continuer un dér. du lat. pop. **sēmitārius*, cf. a. pr. *semdier*, esp. *sendero;* le lat. class. *sēmitārius* est un adj. qui signifie « qui se tient dans les ruelles ».

SENTENCE, XIIe, au sens jurid.; au sens de « parole renfermant une pensée morale », 1580 (Montaigne); **sentencieux,** XIIIe. Empr. du lat. *sententia* (de *sentire* au sens de « juger »), qui a les deux sens du mot fr., *sententiosus*.

SENTIER, v. **sente.**

SENTIMENTAL, 1769, dans la traduction du *Voyage sentimental* de L. Sterne; cf. ce que dit le traducteur : « Le mot angl. *sentimental* n'a pu se rendre en fr. par aucune expression qui pût y répondre, et on l'a laissé subsister. » Le mot angl., qui était alors récent, se rattache lui-même au fr. *sentiment*. — Dér. : **sentimentalisme,** 1801; **sentimentalité,** 1804.

SENTINE, XIIe, dans un sens fig.; on trouve aussi *sentine* pour désigner une sorte de bateau au XIVe s. Empr. du lat. *sentina* « fond de la cale, sentine », d'où « rebut, lie » (le sens propre du mot lat. n'a été relevé en fr. que vers le XIVe s., mais cela n'a rien de surprenant, puisque nous avons affaire à des emprunts); *sente* « fond de cale » chez Joinville paraît avoir été tiré de *sentine*.

SENTINELLE, 1546 (Rab.). Empr. de l'it. *sentinella*, qui se rattache au verbe *sentire* au sens d' « entendre ».

SENTIR. Lat. *sentīre*. It. *sentire*, esp, *sentir*. Le sens d' « exhaler une odeur ». XIVe (E. Deschamps) est issu facilement de celui de « percevoir une odeur »; l'it. et l'esp. ont également ce sens; *sentir* a éliminé en ce sens l'a. fr. *oloir*, verbe isolé et de conjugaison compliquée, lat. *olēre*, d'où aussi esp. *oler*. — Dér. : **senteur,** 1375; cf. de même it. *sentore;* **sentiment,** 1314, réfection de l'a. fr. *sentement*, XIIe, qui a survécu jusqu'au XVIe s., v. **sentimental; ressentir,** XIIIe, d'où **ressentiment,** 1580; antér. *ressentement*, XIVe.

SEOIR. Propr. « être assis », sens sorti de la langue depuis le début du XVIIe s., v. **asseoir**; le sens de « siéger » au part. **séant** et d' « être situé » au part. **sis** sont des survivances de la langue du palais. S'emploie aussi dans quelques formes au sens d' « être convenable ». Lat. *sedēre*. — Dér. et Comp. : **séance,** 1538, **préséance,** 1580 (Montaigne); **séant,** *adj.*, vers 1180, d'où **bienséant,** vers 1080, **bienséance,** 1538, **malséant,** 1165; on a créé récemment la variante *seyant* (relevé depuis 1871), au sens de « qui va bien à l'extérieur, à la figure de quelqu'un »; **séant,** *subst.*, dans la locution *sur son séant*, XVIIe, auparavant *en son séant*, qui remonte au XIIe s.; **messeoir,** vers 1200; encore usité aujourd'hui à la forme *messied*, de là l'adj. participial **messéant,** XIIe; **surseoir,** vers 1090, seulement terme jurid., à l'imitation du lat.

supersedere, de même sens, d'où **surséance,** 1372, **sursis,** XIIIe s., **sursitaire,** 1923 ; on trouve antér. *sursise*, XIIe, et *sursoy*, début du XVIIe s., de même *sursoyer* au XVIe s.

SÉPALE, 1790. Mot créé par le botaniste allemand Necker avec le mot grec *skepê* « couverture » et le suffixe de *pétale*.

SÉPARATISTE, en 1666 pour désigner une secte anglaise, en 1871 à propos des séparatistes des États-Unis, plus tard de l'Irlande, et, depuis 1914, de séparatistes de divers pays. Empr. de l'angl. *separatist*, dér. du verbe *to separate*, qui est empr. du lat. *separare*.

SÉPARER, 1314 ; **séparable,** 1390 ; **séparation,** 1314. Empr. du lat. *separare*, *separabilis*, *separatio*. V. **sevrer.** — Dér. **séparément,** 1370 (Oresme).

SÉPIA, 1804. Empr. de l'it. *seppia*, v. **seiche.**

SEPT. D'abord *set ;* écrit *sept* par graphie étymologique. Lat. *septem*. — Dér. : **septième,** XIIe s. (sous la forme *settisme*) ; a éliminé l'a. fr. *sedme*, *semme*, usité jusqu'au XIVe s., lat. *septimus*, d'où aussi it. *settimo ;* encore employé au XVIIIe s. dans la langue administrative et signalé par Ménage comme désignant alors dans l'Anjou et le Poitou le service qui se fait pour les morts sept jours après leur enterrement.

SEPTANTE, v. **soixante.**

SEPTEMBRE. D'abord *setembre*, refait en *septembre* par réaction étymologique. Lat. *september*. La prononciation ancienne est rare dans les parlers septentrionaux ; cependant on a encore à Pontoise la forme *la stembre* pour désigner une fête locale. It. *settembre*, esp. *setiembre*. — Dér. : **septembral,** 1534 (Rab., dans *purée septembrale* au sens de « vin », locution qui se dit encore par plaisanterie).

SEPTÉNAIRE, XVe s. Empr. du lat. *septenarius*.

SEPTENNAL, 1723 (une première fois vers 1330). Empr. du lat. de basse ép. *septennalis* (de *septem* « sept » et de *annus* « an », v. **biennal**). — Dér. : **septennat,** 1823, sur le modèle de mots tels que *décanat*, etc.

SEPTENTRION, XIIe ; **septentrional,** XIVe ; rare avant le XVIe s. Empr. du lat. *septemtrio*, sing. tiré du plur. *septemtriones*, littéral. « les sept bœufs » (qui désignait les sept étoiles de la Grande, comme aussi celles de la Petite Ourse) et du dér. *septemtrionalis*.

SEPTIQUE, XVIe (Paré). Empr. du lat. *septicus* (du grec *sêptikos*, de *sêpein* « corrompre, pourrir »). — Dér. : **antiseptique,** 1763 ; **aseptique,** 1890 ; **septicémie,** 1868, dér. de *septique* sur le modèle d'*anémie*, etc.

SEPTUAGÉNAIRE, vers 1380. Empr. du lat. de basse ép. *septuagenarius*, de *septuageni* « soixante-dix ».

SEPTUAGÉSIME, XIIIe. Empr. du lat. eccl. *septuagesima (dies)* « le soixante-dixième (jour) ».

SEPTUOR, 1836. Dér. sav. de *sept* sur le modèle de *quatuor*.

SEPTUPLE, 1484. Empr. du lat. de basse ép. *septuplus*. — Dér. : **septupler,** 1771 (une 1re fois en 1493).

SÉPULCRE, vers 1120 ; **sépulcral,** 1487, au sens de « lugubre » dès le XVIIe s. ; **sépulture,** vers 1110, au moyen âge souvent *sepolture*, *sepouture*, formes plus francisées. Empr, du lat. *sepulcrum*, *sepulcralis*, *sepultura* (de *sepelire* « ensevelir »).

SÉQUELLE, 1369. Empr. du lat. *sequela* « suite » (de *sequi* « suivre »).

SÉQUENCE, 1170, comme terme liturgique ; 1583, comme terme de jeu de cartes. Empr. du lat. de basse ép. *sequentia* « suite » (de *sequi*) en vue de sens spéciaux.

SÉQUESTRE, « personne à qui est confié ce qui est séquestré », 1380 ; « état de ce qui est séquestré », 1281 ; **séquestrer,** 1463 (au part. pass. dès 1260) ; **séquestration,** 1403. Empr. du lat. jurid. *sequester*, propr. « médiateur » d'où « séquestre », *sequestrum*, *sequestrare*, *sequestratio* ; le verbe a pris un sens plus étendu au XVIe s.

SEQUIN, 1598 (*essequin*, 1400 ; *chequin*, 1540 ; *sechin*, 1570). Monnaie d'origine vénitienne, qui s'est répandue dans les pays voisins. Empr. de l'it. *zecchino*, lui-même empr. du vénitien, qui l'a pris à l'arabe *sikki* « pièce de monnaie » ; ce dernier mot dérive de *sekka* « coin à frapper la monnaie » et « monnaie », d'où it. *zecca* « atelier monétaire », esp. *seca* « *id.* ».

SÉRAC, terme de géographie, 1779 (de Saussure). Mot de la Savoie et de la Suisse romande, qui désigne propr. une espèce de fromage blanc et compact et s'est dit par comparaison de masses de glaces plus ou moins compactes sur le Mont Blanc, puis sur d'autres montagnes. *Sérac* est une forme du fr. local (avec un *c* surprenant) à laquelle correspondent *serat* au XVIe s. et *seré* aujourd'hui dans les patois ; ce mot, sous ces différentes formes, représente un dér. du lat. *serum* « petit lait » ; une forme **serāceum* convient à *seré*, mais d'autres formes de la région franc-comtoise et le savoyard *sérat* du XVIe s. ont un suff. qui paraît être autre.

SÉRAIL, XIVe (Christine de Pisan, déjà dans un sens figuré ; écrit souvent *serrail* jusqu'en 1740). Empr. de l'it. *serraglio*, empr. lui-même du mot turco-persan *serāï* « palais, hôtel », v. **caravansérail** ; la forme *serrail* est due à l'it. *serraglio* plutôt qu'à l'influence de *serrer ;* mais la forme de l'it. *serraglio* est bien due à *serraglio*, usuel au sens de « clôture ».

SÉRAN, XIe (d'abord *cerens*) ; **sérancer,** XIIIe (sous la forme *cerencier*). Mots de la technologie du chanvre et du lin, répandus dans les parlers gallo-romans sous deux formes : *séré* (verbe *sérézi*, Wallonie, Lorraine, Franche-Comté, Suisse romande, et jusque dans les parlers rhéto-romans) et *séran*, *sérancer* (dans le reste de la France du Nord). Le radical est sans doute le même, peut-être le gaul. *ker- « cerf » (comparaison des nombreuses pointes de l'instrument avec les cornes du cerf), auquel on a joint le suff. celtique *-entios*.

SÉRAPHIN, XIIe. Empr. du lat. eccl. *seraphin*, *-phim*, transcription de l'hébreu *seraphîm*, forme de plur. (de *saraph* « brûler ») ; ces anges sont apparus à Isaïe pour le consacrer dans sa mission, cf. Isaïe, VI, 2. — Dér. : **séraphique,** 1470 (D.).

SEREIN, *adj.*, XIIIe ; au moyen âge surtout *seri* ; parfois, *serain*, *serin* ou *serrin*. *Seri* est issu, par substitution de suff., du lat. *serēnus*, sur lequel *serein* est refait. It. esp. *sereno*. Partout, le mot a pu être influencé par le latin écrit, notamment au sens moral. *Goutte sereine*, 1611, expression qui vient de ce que l'opinion populaire attribuait la paralysie de la rétine à une goutte d'humeur limpide, *sereine*, la transparence de l'œil n'étant pas troublée dans cette affection. — Dér. : **rasséréner,** 1544.

SEREIN, *subst.*, v. **soir.**

SÉRÉNADE, 1556 (L. Labé). Empr. de l'it. *serenata*, propr. « ciel serein », dér. de *sereno*, v. **serein** ; influencé dans son sens par *sera* « soir », d'où « concert donné le soir », v. le préc.

SÉRÉNISSIME, 1441, dans une traduction de l'it. ; déjà au XIIIe s. dans un texte italianisant. Empr. de l'it. *serenissimo*, superlatif de *sereno*, v. **serein,** adj.

SÉRÉNITÉ, XIIe ; d'abord surtout au sens moral. Empr. du lat. *serenitas*.

SERF. Lat. *servus* « esclave ». A désigné, depuis l'époque de la féodalité, au cours du moyen âge, des personnes sur lesquelles les seigneurs avaient des droits variant selon la coutume ; l'emploi de *serf* au sens antique a été repris dans la langue littéraire au XVIIIe s., mais assez rarement en raison de l'existence du mot *esclave*, v. **servir.** It. *servo*, esp. *siervo*. — Dér. : **servage,** XIIe ; **asservir,** *id.*, **asservissement,** 1443.

SERFOUIR. Terme d'agriculture. Orthographe arbitraire au lieu de *cerfouir*, lat. pop. **circumfodīre*, lat. class. *circumfodere*, déjà usité comme terme d'agriculture « entourer d'un fossé des arbres ». — Dér. : **serfouette,** 1534 (Rab., *cer-*) ; **serfouissage,** 1812 ; d'abord *serfouage*, fin XVIe.

SERGE. D'abord *sarge*, encore usité au XVIIe s., d'où *serge*, depuis 1360. Lat. pop. **sarica*, altération mal expliquée de *sērica*, fém. pris substantiv. de l'adj. *sēricus* « de soie » (du grec *sêrikos*, de *sêr* « ver à soie », de *Sêres* « Sères (peuple de l'Asie) »). **Sarica* est à la base des principales langues romanes : roumain *saricǎ* « bure », esp. a. pr. *sarga* « serge » ; l'it. *sargia* vient du fr. — Dér. : **sergé,** 1820.

SERGENT. Lat. *servientem*, acc. de *serviens*, part. prés. de *servīre* au sens d' « être au service ». A souvent au moyen âge le sens de « serviteur » ; a été pris ensuite pour désigner des hommes d'armes ou des officiers de justice aux attributions diverses ; au XVIIe s. désigne « celui qui met les soldats en rang » (Ménage), d'où le sens moderne au XVIIIe s., seul sens usité aujourd'hui outre celui qu'il a dans *sergent de ville*. A. pr. *sirven*, qui a des sens analogues à ceux de l'a. fr. L'it. *sergente* vient du fr.

SÉRICICOLE, 1836. **Sériciculture,** 1845. parfois altéré aujourd'hui en *sériculture*; Comp. avec le lat. *sericus* « de soie », v. **serge,** et les terminaisons *-cole*, etc., sur le modèle d'*agricole*, etc.

SÉRIE, 1715 (d'abord t. de mathém.). Empr. du lat. *series*. — Dér. : **sérié,** 1815 ; **sérier,** 1871.

SÉRIEUX, vers 1550 (une 1re fois chez Oresme). Empr. du lat. de basse ép. *seriosus*, dér. du lat. class. *serius*.

SERIN, 1478. Écrit parfois *serein* aux XVIIe et XVIIIe s. Pris au sens d' « imbécile » depuis 1821. L'a. pr. *serena* « guêpier » représente le lat. de basse époque *sirena*, nom qui est dû à une comparaison de la rapacité de cet oiseau avec celle des sirènes. Le nom du *serin* de Provence et de celui des Canaries représente le grec *seirēn* « sirène » ; c'est que le plumage bariolé de ces oiseaux rappelle les couleurs dont se sont parées les sirènes. Le mot est un des hellénismes propagés par les Massaliotes. — Dér. : **seriner,** 1812 ; déjà en 1555 et en 1593 « chanter comme un serin » ; **serinette,** 1759.

SERINGA, 1718 (écrit *seringat ;* puis *seringa* au XIXe s. ; en outre *syringa*, 1715-1798). Empr. du lat. des naturalistes *syringa*, tiré de *syringa* « seringue », v. le suiv. ; ainsi nommé parce que le bois, vidé de la moelle, sert à faire des seringues, des flûtes, etc. C'est cet usage qu'on fait de ce bois qui a amené à dire *seringa* d'après *seringue*.

SERINGUE, XIIIe (écrit *ceringue ;* ordinairement *siringue* jusqu'au XVIe s.). Exclusivement médical jusqu'au XVIe s. Empr. du lat. médical *syringa* « seringue à injections », tiré de l'acc. du mot grec *syrinx* « roseau, flûte ». — Dér. : **seringuer,** 1547 (au part. passé *-é*).

SERMENT. D'abord *sagrament*, 842 *(Serments de Strasbourg)*, puis *sairement*, *serement*, enfin *serment* au XVe s. Lat. *sacrāmentum* (de *sacrare* « rendre sacré »), d'abord terme jurid., désignant « un dépôt soumis aux dieux en garantie de sa bonne foi, etc. », puis « serment militaire », enfin « serment (en général) » (au lieu du lat. class. *jusjurandum*) ; cf. aussi **sacrement.** Rare en dehors du gallo-roman : a. pr. *sagramen*. — Dér. : **assermenté,** XIIe.

SERMON, Xe (Saint Léger). Empr. du lat. *sermo*, propr. « conversation », qui a pris en lat. eccl. le sens de « discours prononcé en chaire », cf. it. *sermone*, esp. *sermón*. Le sens familier qu'a *sermon* aujourd'hui doit venir des dér. **sermonner,** XIIe, **sermonneur,** XIIIe, d'abord « faire un sermon », « celui qui fait un sermon », mais pris dans un sens fam. dès le moyen âge. — Dér. : **sermonnaire,** 1584.

SÉRO-, SÉROSITÉ, v. **serum.**

SERPE. D'abord *sarpe ; serpe* date de 1380. Lat. pop. **sarpa*, tiré du verbe *sarpere* « tailler, émonder ». Cf. a. pr. *sarpa*, sarde *sarpa*. — Dér. : **serpette,** XIVe.

SERPENT. Parfois fém. en a. fr., qui dit aussi *serpente*. Lat. *serpentem*, acc. de *serpens*, des deux genres, littéral. « le rampant » ; le mot anc. était *anguis*, des deux genres, qui a laissé peu de traces ; *serpens* a été créé par euphémisme pour éviter de prononcer le nom d'un animal malfaisant ; la même substitution de « rampant » se trouve dans plusieurs langues indo-européennes. *Serpens* est conservé partout, mais les formes d'une grande partie du roman viennent du lat. pop. **serpem* (le nominatif *serps* est attesté à basse ép.) : it. *serpe*, esp. *sierpe*, a. pr. *serp*. A *serpentem* se rattachent *serpent* des parlers septentrionaux, l'it. *serpente*, l'esp. *serpiente*, l'a. pr. *serpen* (rare aujourd'hui). — Dér. : **serpenteau,** XIIe ; **serpenter,** XIVe.

SERPENTAIRE, sorte de plante, XIIIe ; sorte d'oiseau de proie, 1842 ; **serpentin,** XIIe, au moyen âge surtout adj., au XVe et au XVIe s. une sorte de bouche à feu ; en outre sens divers : au fém., sorte de pierre précieuse, XVe, etc. Le premier est empr. du lat. *serpentaria*, ainsi dit à cause de la forme de la plante, le deuxième du lat. des naturalistes *(falco) serpentarius*, Linné, le troisième du lat. *serpentinus*.

SERPILLIÈRE, XIIe *(or et argent et rice sarpillière)* ; pour le flottement de la voyelle de la syllabe initiale, v. **serge, serpe.** Désigne aussi au moyen âge une étoffe de laine ou une saie ; depuis sert à désigner de la toile d'emballage, cf. aussi a. pr. *serpeliera (sar-)* qui a ce dernier sens, cat. *sarpillera* « *id.* », d'où esp. *(h)arpillera*. Le mot, désignant une étoffe, a pu circuler et changer de sens ; mais le premier sens est mal établi, et par suite l'origine du mot est incertaine. Le lat. a *scirpiculus* « de jonc », d'où « nasse, panier » (de *scirpus, sirpus* « jonc »). En lat. pop. **sirpicularia* au sens de « étoffe faite avec un tissu analogue à du jonc » est possible ; à l'appui on peut citer l'esp. *herpil* « sorte de sac grossier » qui rappelle le lat. *scirpiculus*, avec substitution de suff.

SERPOLET, début XVIe. Empr. du prov. *serpolet*, dér. de *serpol*, lat. *serpullum*, d'où aussi port. *serpão*, roum. *şărpunel*. V. aussi **pouliot.**

SERRER. Lat. pop. **serrāre*, altération du lat. de basse ép. *serāre* « fermer avec une barre (*sera* en lat. class.) » peut-être par croisement avec *ferrum* « fer » ; v. **scier.** It. *serrare*, esp. *cerrar*. En fr. et dans les parlers gallo-romans le sens de « tenir fermé » existe encore, mais celui de « tenir à l'étroit, étreindre, presser » est devenu dominant. — Dér. et Comp. : **serre,** XIIe ; au moyen âge a des sens aujourd'hui disparus : « serrure, prison, mors, etc. ». Au sens de « serre (des oiseaux de proie) », 1549 ; au sens d' « endroit où l'on garde des plantes », XVIIe ; **serrement,** 1510 ; **serrure,** vers 1100, d'où **serrurier,** 1237, **serrurerie,** 1304 ; **desserrer,** XIIe s. ; au moyen âge signifie aussi « lancer, laisser partir », etc. ; d'où **desserre,** dans *dur à la desserre*, XVe, d'après l'emploi de *desserre* « détente » en parlant d'une arbalète, vers 1500 ; **enserrer,** XIIe ; **resserrer,** 1287, d'où **resserre** vers 1850, **resserrement,** 1550 ; nombreux composés avec *serre* comme premier élément, p. ex. : **serre-file,** 1680 ; **serre-frein,** 1872 ; **serre-nez,** 1872 ; **serre-tête,** 1573.

SERTIR. Au moyen âge *sartir* « ajuster, joindre (avec des coutures) », en parlant d'armes, cf. aussi *dessartir*, usuel du XIIe au XIVe s. au sens de « défaire, mettre en pièces » ; d'où *sertir*, XIVe ; pour le changement d'*a* en *e*, qui ne devient fréquent que vers le XVIe s., cf. **serge.** Lat. pop. **sartīre*, dér. de *sartus*, part. passé de *sarcire* « raccommoder, mettre en bon état ». Seulement fr. ; mais cf. esp. *sarta* « série de choses enfilées, chapelet, collier, etc. » qui rappelle le lat. *sertum* pour le sens. — Dér. : **sertissage,** 1872 ; **sertisseur,** 1847 ; **sertissure,** 1328 ; **dessertir,** 1798.

SÉRUM, XVIe (Paré). Empr. du lat. *serum*, propr. « petit-lait » ; a reçu des sens nouveaux au XIXe s. dans la langue de la physiologie et de la thérapeutique. — Dér. : **séreux,** *id.*, d'où **sérosité,** 1550. En outre *séro-* dans des comp. sav. de date récente tels que **sérothérapie.**

SERVAL, XVIIIe (Buffon). Empr. du port. *cerval* « cervier » ou de l'esp. *(gato) cerval* « *id.* », dér. du mot qui désigne le cerf, v. **cerf.**

SERVICE, XIe *(Alexis)*, sous la forme *servise*, usuelle jusqu'au XIIIe s. Empr. du lat. *servitium* « état d'esclave, servitude », qui a pris en lat. médiéval à la fois un sens jurid. « devoirs du vassal envers son suzerain » et un sens religieux ; en outre sens nouveaux en relation avec *servir*, surtout à partir du XIVe s., « ce qu'on sert sur la table », etc.

SERVILE, XIVe (Bersuire). Empr. du lat. *servilis* « d'esclave », qui s'employait également au sens fig., v. **serf.** — Dér. : **servilité,** 1542 ; rare avant la deuxième moitié du XVIIIe s.

SERVIR. Lat. *servīre* « être esclave » (de *servus*, v. **serf**), d'où « être assujetti à, obéir à, avoir égard à, etc. » ; dès le lat. class. *servīre* s'emploie avec un sujet de chose au sens d' « être utile à ». Les sens du verbe se sont développés en relation avec *service*. *Servir* au sens d'« être esclave », au XVIIe s., chez Corneille et Racine, est un latinisme. It. *servire*, esp. *servir* ; les emplois en sont, dans les deux langues, assez différents de ceux du fr. — Dér. : **servant,** XIIe, d'où **servante,** 1514, au sens moderne, cf. « La chambriere estoit destinee pour servir sa maistresse en la chambre ; maintenant les damoiselles prendroient a honte d'appeller celles qui les servent chambrieres, ains les appellent servantes, mot beaucoup plus vil que l'autre, que l'on approprie à celles qui servent à la cuisine », Pasquier ; **serveur,** 1829 ; **ser-**

viable, XIIe, réfection d'après *amiable* de *serviçable*, usuel au moyen âge ; **serviette,** 1393, cf. pour une formation analogue *oubliette* et *essuette* « serviette », XVe ; *assiette* n'avait pas alors le sens de « pièce de vaisselle » et ne pouvait donc pas servir de modèle ; *serviette* a remplacé *touaille*, XIIe, « serviette, nappe », encore dans les dict., du germ. occidental **þwahlja*, cf. aussi a. pr. *toalha*, it. *tovaglia ;* l'angl. *towel* du fr. ; **desservir,** « enlever ce qui a été servi sur la table », 1393, d'où **dessert,** 1539, qui a signifié aussi « action de desservir » ; on a dit aussi *desserte* au sens moderne de *dessert* (antér. « ce qu'on dessert », 1393, dans le *Ménagier*) ; **desserte,** sorte de meuble, fin XIXe ; suggéré par le préc. ; **desservir,** « rendre un mauvais service », XVIIe s. (on trouve déjà *desservice* au XVIe s.) ; ce sens s'est développé quand *desservir* « mériter » a disparu ; **resservir,** XIIIe s.

SERVITEUR, XIe *(Alexis).* Empr. du lat. de basse ép. *servitor.*

SERVITUDE, XIIIe s. *(Rose) ;* parfois au sens de « service » au XVIe s. Empr. du lat. *servitudo* (moins class. que *servitus, -tutis*) pour servir de nom abstrait à *servir* dont il a suivi le sens. Le moyen âge dit surtout *servitute,* calqué sur *servitus, -tutis,* et quelquefois *servitune* d'après *servitudinem,* accusatif de *servitudo.*

SÉSAME, vers 1500. Empr. du lat. *sesamum* (du grec *sêsamon*).

SÉSÉLI, nom de plante, 1545. Empr. du lat. *seseli* (pris au grec).

SESQUI-. Premier élément de mots sav., tels que **sesquioxyde,** 1829, tiré du lat. *sesqui,* surtout préf. signifiant « une fois et demie », ou de mots empr., tels que **sesquialtère,** 1377, lat. *sesquialter.*

SESSION, terme politique, 1657 (dans un ouvrage traitant de l'Angleterre) ; appliqué à des assemblées françaises à partir de 1789, puis à des tribunaux non permanents (cour d'assises), au XIXe. Empr. de l'angl. *session* (du lat. *sessio* au sens de « séance ») ; a triomphé de *séance,* encore préconisé par Féraud, en 1788 ; s'emploie depuis le XVIIe s. aussi au sens de « séance de concile » d'après le lat. eccl. du moyen âge *sessio ;* a été parfois pris du XIIe au XVIe s. (Amyot) au sens de « fait d'être assis » d'après le sens propre du mot lat.

SETIER, anc. mesure pour les grains (encore chez Voltaire) ou pour les liquides ; ne s'emploie plus que comme mesure pour le vin, principalement dans le composé *demi-setier.* Lat. *sextārius* « sixième », à la fois mesure de liquides et de solides. It. *staio.*

SÉTON, 1503. Terme médical. Empr. du latin médiéval des médecins *seto,* latinisation de l'a. pr. *sedon, id.,* dér. de *seda* « soie », v. **soie** ; propr. « fil de soie de porc ou de crin » ; a été dit, par suite, de mèches de coton qu'on utilise dans la médecine.

SETTER, 1835. Empr. de l'angl. *setter* « chien qui arrête le gibier ».

SEUIL. En anc. fr. *sueil, soil,* dont la consonne finale était certainement mouillée. Du lat. *solea* « plante des pieds, sandale », à basse époque « plancher », influencé pour le genre et le sens par *solum* « sol ».

SEUL. Lat. *sōlus.* Les parlers de l'Est préfèrent aujourd'hui un tour formé de *tout par* suivi d'un pron. pers. pour rendre *seul* en fonction de prédicat, p. ex. *je suis tout par moi.* La locution *à seule fin* est une altération récente d'*à celle fin,* XVe s. — Dér. : **seulet,** vers 1200 ; **souleur,** « frayeur subite », XIIIe ; aujourd'hui arch. ; **esseulé,** vers 1200 ; aujourd'hui arch.

SÈVE. Lat. *sapa,* attesté seulement au sens de « vin cuit » ; devait signifier propr. « suc », cf. *sapor* chez Pline, au sens de « jus ». It. *sapa.*

SÉVÈRE, XIIe ; rare avant le XVIe s. ; **sévérité,** *id.* Empr. du lat. *severus, severitas. Sévère* a pris le sens de « grave » (en parlant de perte, d'échec) de l'angl. *severe* dont ce sens a été répandu par les communiqués de la guerre de 1914-18.

SÉVIR, 1583 ; **sévices,** terme de palais, 1399 ; rare avant le XVIIe s. Empr. du lat. *sævire* « être furieux », d'où « commettre des cruautés », *sævitia* « violence, cruauté » (de *sævus* « furieux, violent »).

SEVRER. Signifie propr. « séparer », sens usuel au moyen âge ; le sens spécial qu'a pris *sevrer* apparaît au XIIIe s., v. **trier,** et explique en partie l'emprunt de *séparer.* Lat. pop. *sēperāre,* attesté à basse ép., lat. class. *sĕparare.* L'it. *scev(e)rare* et l'a. pr. *sebrar* ne connaissent pas le sens de « sevrer » qui est propre au français. — Dér. : **sevrage,** 1741 ; **sevreuse,** *id.*

SEXAGÉNAIRE, vers 1425. Empr. du lat. *sexagenarius* (de *sexageni* « soixante »).

SEXAGÉSIMAL, 1724. Dér. sav. du lat. *sexagesimus* « soixantième ».

SEXAGÉSIME, vers 1380. Empr. du lat. eccl. *sexagesima(dies)* « le soixantième jour ».

SEX-APPEAL, 1932, de l'angl., propr. « attrait du sexe ».

SEXE, XIIe ; rare avant le XVIe s. ; **sexuel,** 1742. Empr. des mots lat. *sexus, sexualis* (créé à basse ép.). — Dér. de *sexuel :* **sexualité,** 1859.

SEXTANT, terme technique, 1666. Empr. du lat. scientifique *sextans* que l'astronome danois du XVIe s. Tycho Brahé, a tiré du lat. anc. *sextans* « sixième partie » pour désigner l'instrument dit *sextant,* parce que la partie principale est un limbe gradué d'un sixième de circonférence. Repris au lat., au XVIe s., dans un autre sens.

SEXTUOR, 1842. Fait avec le lat. *sex* « six » sur le modèle de *quatuor.*

SEXTUPLE, 1450. Empr. du lat. de basse ép. *sextuplus.* — Dér. : **sextupler,** vers 1750 (une 1re fois en 1493).

SEYANT, v. **seoir.**

SHAKE-HAND, 1840 (Musset), une 1re fois dans les mémoires de Casanova (vers 1798). Musset, qui avait beaucoup lu Casanova, a probablement trouvé le mot dans celui-ci. Formation nominale tirée de la locution verbale angl. *to shake hand ;* le véritable comp. angl. équivalent au sens fr. est *handshake.*

SHAKER, sorte d'appareil pour préparer les boissons, 1895. Empr. de l'angl. *shaker* (de *to shake* « secouer »).

SHAKO, v. **schako.**

SHALL, v. **châle.**

SHAMPOOING, 1877. Empr. de l'angl. *shampooing,* dér. de *to shampoo* « faire un shampooing », empr. lui-même de l'hindoustani *champô,* qui désigne une sorte de massage des muscles dont les voyageurs ont souvent parlé depuis 1616.

SHERIFF, 1680 (*chérif,* 1601). Mot angl. qui ne s'emploie qu'à propos des institutions anglaises.

SHERRY 1819. Empr. de l'angl. *sherry,* propr. « Xérès (ville d'Espagne) ». **Sherry-cobbler,** 1859, contient un deuxième élément d'origine inconnue.

SHILLING, monnaie angl., 1656 ; d'abord *chelin,* 1558. Mot angl.

SHIMMY, 1920. Empr. de l'anglais d'Amérique *shimmy.*

SHIRTING, 1855. Empr. de l'angl. *shirting,* littéral. « toile pour chemise », dér. de *shirt* « chemise ».

SHOCKING, 1842 (Balzac). Empr. de l'angl. *shocking* (de *to shock* « choquer », probabl. d'origine fr.).

SHOOT, terme de sport, 1904. Empr. de l'angl. *shoot,* tiré du verbe *to shoot* « lancer ». — Dér. : **shooter,** 1905.

SHRAPNEL, 1860. Empr. de l'angl. *shrapnel,* tiré du nom de l'inventeur, le général *Shrapnell* (1761-1842) ; parfois écrit *schrapnell,* d'après l'orthographe all. Littré signale que ces obus furent employés pour la première fois au siège de Dunkerque en 1795.

SI, *conjonction.* Lat. *sī,* qui s'employait aussi comme particule d'interrogation indirecte. En a. fr. et jusqu'au XVIe s., la forme prépondérante est *se, s'* devant voyelle, d'où encore aujourd'hui *s'il, s'ils. Si* apparaît cependant de bonne heure, dans les *Serments de Strasbourg* où c'est peut-être un latinisme ; c'est la seule forme en anglo-normand et dans plusieurs régions de l'Ouest. La forme *se* représente un lat. pop. *se,* attesté au VIe s. ; on l'explique comme une altération de *sī* d'après *quid* qui a été employé à basse ép. comme conjonction, cf. à l'appui *sed* « si » dans *Saint Alexis.* Conservé partout suivant les deux formes *sī* et *se :* it. *se,* esp. *si,* a. pr. *si* et *se. Sé* est encore usuel dans quelques patois de l'Est et dans le Midi. — Comp. : **sinon,** XVe (Commynes) ; au moyen âge on trouve ordinairement *se non* avec un ou plusieurs mots intercalés.

SI, *adv.* Usuel au moyen âge en tête de propositions au sens d' « ainsi, pourtant, etc. » ; l'est encore notamment en wallon. Aujourd'hui particule d'affirmation adversative ; cf. *si fait,* aujourd'hui vieilli, et au sens de « tellement » devant un adj. ou un adv., etc. Lat. *sīc* « ainsi », également employé au sens de « tellement » et pour l'affirmation. *Si* en it. et en esp., *sim* en port., ont donné la particule d'affirmation signifiant « oui ». — Comp. : **aussi,** XIIe ; le premier élément est l'anc. pron. *al (el)* « autre chose », lat. pop. **ale,* réfection de *alid,* forme autre de *aliud ;* l'a. fr. *altresi* « également », qui a disparu devant *aussi,* paraît avoir été d'abord plus usuel ; on ne trouve le même comp. que dans le rhétoroman *aschi, ousché.* V. **ainsi.**

SI, septième note de la gamme, v. **gamme.**

SIAMOISE, 1723. Étoffe introduite en France par les ambassadeurs du roi de Siam envoyés auprès de Louis XIV en 1688.

SIBYLLE, 1213 (sous la forme *Sebile*), comme terme d'antiquité ; employé au sens fig. et souvent avec une valeur péjor. dès le XVe s. ; **sibyllin,** XIVe (Bersuire), au sens ancien. Empr. du lat. *sibylla* (mot pris au grec), *sibyllinus.*

SICAIRE, vers 1300. Empr. du lat. *sicarius* (de *sica* « poignard »).

SICCATIF, 1723 ; une première fois en 1495 *(seccitif).* Empr. du lat. médical *siccativus* (de *siccare* « sécher »).

SICLE, terme d'antiquité juive, XIIe. Empr. du lat. eccl. *siclus,* qui vient lui-même, par l'intermédiaire du grec eccl. *siklos,* de l'hébreu *cheqel* « monnaie d'argent ou d'or », proprement « poids », cf. *Lévitique,* XXVII, 3, etc.

SIDE-CAR, 1912. Empr. de l'angl. *side-car* « véhicule accouplé à une motocyclette ».

SIDÉRAL, 1520. Empr. du lat. *sideralis* (de *sidus, sideris,* « astre »).

SIDÉRÉ, 1842. Terme de médecine, qui s'emploie déjà dans un sens plus étendu ; usité aussi comme verbe, mais seulement aux temps comp. Empr., en vue d'un sens spécial, du lat. de basse ép. *sideratus* « frappé d'apoplexie, paralysé », de *siderari* « être atteint d'une influence maligne des astres » ; la médecine et l'astrologie ont employé aussi **sidération,** 1611, empr. du lat. *sideratio.*

SIDI, fin XIXe. Terme pop. servant à désigner les soldats ou les manœuvres originaires de l'Afrique du Nord. Empr. de l'arabe *sidi* « mon seigneur », terme que les indigènes emploient en se parlant entre eux et que les Européens, par ignorance de la valeur du terme, ont compris comme équivalent de notre *monsieur.*

SIÈCLE, XIIIe. Autres formes du haut moyen âge : *seule, siegle, secle.* Empr. du lat. *sæculum.* A pris aussi le sens de « vie mondaine », opposé à vie religieuse (cf. *seule* dans *Sainte Eulalie*), d'après le lat.

eccl., v. **séculier.** A eu aussi au moyen âge les sens disparus aujourd'hui de « époque présente, ensemble des hommes ».

SIÈGE. Il est difficile de reconnaître quel est le premier des deux sens : « lieu où l'on s'établit », « place où l'on s'assied », attesté tous deux dans la *Chanson de Roland ;* en tout cas chacun d'eux a donné naissance à de nouveaux sens. Lat. pop. **sedicum*, qui suppose un verbe disparu **sedicāre*, dér. de *sedēre* « être assis », d'où aussi a. pr. *setge ;* on ne peut pas reconnaître ce verbe dans *siéger*, relevé seulement en 1611 ou dans l'a. pr. *setgar* qui ne signifie qu' « assiéger », par conséquent tous deux dérivés du subst. *Siège*, au sens militaire, est lui-même fort ancien, cf. pour le développement du sens : « Si vous dirons dou roi qui tenoit son siege davant Damiette », XIIIe, et le dér. *assiéger*, déjà attesté dans la *Chanson de Roland* (*asseger* refait en *assiéger* à la fin du moyen âge ; a souvent aussi les sens d' « asseoir, établir »). On n'a pas le moyen de prouver qu'on aurait affaire ici à deux verbes différents et qu'on doive admettre un type **assedicāre* pour *assiéger* « au sens d' « asseoir », d'où le fr. aurait tiré *siège* dans les deux premiers sens donnés plus haut, tandis qu'*assiéger* au sens militaire représenterait un **obsīdiāre* (de *obsidium* « siège »), altéré ensuite d'après **assedicāre.* De toute façon les formes romanes sont difficiles : l'it. *assediare* et l'esp. *asediar* « assiéger » ne sont guère explicables autrement que si on les considère comme empr. du lat. médiéval *assediare* (attesté surtout dans des textes d'Italie), calqué lui-même sur le fr. *asseger*, et les mots de l'esp. *sitiar* « assiéger », *sitio* « siège » ne sont eux-mêmes explicables que comme des empr. au prov. *setiar*, *seti* (cf. aussi *assetiar* « assiéger »), dont le traitement a été influencé par *assetar* « asseoir ». Si ces formes ont ainsi circulé, c'est que nous avons affaire à des termes militaires, qui sont fréquemment empruntés.

SIEN, v. **mon.**

SIESTE, 1700. Empr. de l'esp. *siesta*, lat. *sexta (hora)* « la sixième heure », c'est-à-dire, d'après la manière de compter les heures des Romains, « midi ». Mme de Sévigné emploie encore la forme esp.

SIFFLER, Lat. *sīfilāre*, autre forme du lat. class. *sībilāre* attestée dès le IVe s. *-b-* a peut-être été remplacé par *-f-* parce que cette consonne évoque mieux un bruit de sifflement. Sauf dans les parlers de l'Est qui disent *flûter*, le verbe lat. est conservé presque partout. *Siffler* (souvent avec la voyelle *ü*) est le type des parlers septentrionaux ; l'a. pr. *siular*, *siblar* (d'où les formes modernes) continue le lat. class. *sībilāre* ; cf. aussi dans l'Ouest *sibler*, *subler* et esp. *silbar*, à côté de *chiflar* ; l'it. *zufolare* continue un lat. pop. **sūfilāre.* Ces variations qui remontent en partie au lat. sont dues au caractère expressif du mot que les langues ont cherché à marquer par des modifications phonétiques. — Dér. et Comp. : **sifflement,** XIVe (E. Deschamps), d'abord *ciflement*, vers 1180 ; **sifflet,** vers 1250, en outre *siblet*, XIIIe (Joinville) ; **siffleur,** 1537 ; **persifler,** 1752, d'où **persiflage,** 1735, **persifleur,** 1762.

SIGILLÉ, 1565. Dér. sav. du lat. *sigillum* « sceau ». Empr. du lat. *sigillatus* « orné de figurines, brodé » en vue d'un autre sens.

SIGISBÉE, 1764 (Voltaire). Empr. de l'it. *cicisbeo*, d'origine obscure, cf. à côté le verbe *cicisbeare* « faire la cour à une dame »; on a proposé d'y voir un mot d'origine expressive, ayant signifié d'abord « chuchoter » comme *bisbigliare ;* on signale à l'appui le vénitien *cici* qui désignait au XVIIIe s. le babil des femmes.

SIGLE, terme didactique, 1712. Empr. du lat. des juristes *sigla*, plur. neutre, « signes abréviatifs ».

SIGNAL, vers 1200. Réfection d'après *signe*, de l'a. fr. *seignal*, dont le plur. *seignaulx* est encore attesté au XVe s., lat. pop. *signāle*, neutre pris substantiv. de l'adj. *signālis* « de signe », d'où aussi it. *segnale*, esp. *señal.*

SIGNALER, XVIe, dans *se signaler*. Tiré de *signalé* (d'abord *segnalé*, refait sur *signal*), qui ne s'employait qu'en parlant des personnes, au sens de « remarquable », d'après le premier texte où le mot apparaisse : « Gentilshommes segnalez », 1578 (H. Estienne) ; au XVIIe s. *signaler* ne signifie encore que « rendre remarquable » ; aux sens d' « indiquer par un signal, indiquer à l'attention » dus à l'influence de *signal*, 1680. *Segnalé* est empr. de l'it. *segnalato*, part. passé de *segnalare*, qui ne signifie que « rendre illustre », dér. de *segnale.* — Dér. : **signalement,** 1718 ; **-létique,** 1836 ; **-lisation,** vers 1920 ; **signaleur,** 1890.

SIGNE, XIIe. La prononciation *sine* est attestée au XVIe et au XVIIe s. Empr. du lat. *signum ;* a refoulé la forme pop. *sein(g)* qui, bien qu'usuelle au moyen âge, a même alors des sens moins étendus que *signe. Signe de croix* est un calque du lat. eccl. *signum crucis. Sous le signe de...*, locution récente qui a eu un certain succès dans la langue littéraire, est une extension de la locution *sous le signe de la croix.* — Dér. : **signet,** vers 1300 (écrit *sinet*) au sens d' « anneau servant de seing »; sens moderne, XVIIe (Mme de Sévigné).

SIGNER, XIVe, encore prononcé *siner* au XVIIe s. ; d'abord *seign(i)er*, vers 1080 ; Rabelais, I, 25, dit encore *se seigner* « faire le signe de croix » ; refait sur *signe.* Avait au moyen âge le sens général de « marquer d'un signe », d'où s'est développé le sens de « mettre la signature » ; celui de « faire le signe de croix » apparaît dès la *Chanson de Roland. Seignier* représente le lat. *signāre* « mettre un signe » (de *signum*) ; aussi it. *segnare* « marquer, mettre sa signature, faire le signe de croix », esp. arch. « faire des signes ». — Dér. : **signataire,** 1789 ; **signature,** 1430. — Comp. : **contresigner,** 1415 ; **soussigner,** 1507 (au part. passé), sur le modèle du lat. *subsignare* (*soubsigner* en 1274).

SIGNIFIER, 1119 ; **significatif,** vers 1480 ; **signification,** vers 1120. Empr. des mots lat. *significare*, *-ativus* (créé à basse ép.), *-atio*. — Dér. : **insignifiant,** 1778, d'après **signifiant,** 1553, aujourd'hui hors d'usage, mais encore usité à la fin du XVIIIe s. (Mme de Staël) ; d'où **insignifiance,** 1785.

SILENCE, vers 1190 ; **silencieux,** 1524. Empr. du lat. *silentium*, *silentiosus* (de *silere* « rester silencieux »).

SILÈNE, nom de plante, 1765. Empr. du lat. des botanistes *silene (inflata)*, tiré du nom du dieu romain *Silenus*.

SILEX, 1556. Empr. du lat. *silex* « toute pierre dure, silex ». — Dér. : **silicate,** 1818.

SILHOUETTE, 1801. Tiré de la locution *à la silhouette*, créée par dérision en 1759 avec le nom du contrôleur général *E. de Silhouette*, dont l'arrivée aux affaires (le 4 mars 1759) avait fait sensation, mais qui devint rapidement impopulaire (il tomba le 21 novembre 1759), cf. « Nous avions un contrôleur général que nous ne connaissions que pour avoir traduit en prose quelques vers de Pope. Il passait pour un aigle, mais, en moins de quatre mois, l'aigle s'est changé en oison » (Voltaire). Par suite on appliqua la locution *à la silhouette* à des objets intentionnellement mal faits, incomplets, des tabatières en bois brut, des profils tracés au crayon sur le contour de l'ombre d'une figure ou découpés dans du papier noir, collés ensuite sur un fond blanc, qu'on appela *portraits à la silhouette*, d'où *silhouettes*.

SILICE, 1787 (G. de Morveau) ; **siliceux,** 1780 ; **silicique,** 1818 ; **silicium,** 1810. Dér. sav. du lat. *silex*, *silicis*.

SILLAGE. 1574. Dér. de *siller*, d'abord *seiller*, attesté indirectement au XVe s. par *seillage* « sillage », encore relevé en 1671. *Seiller* se rattache à *sillon*. Les dict. enregistrent un verbe **scier,** 1559 *(scier en arrière)*, terme de marine signifiant « ramer à rebours pour revenir en arrière », aussi it. *sciare*, *siare*, *ziare*, prov. *sia*, *seia*, d'origine obscure.

SILLON. D'abord *seillon*, jusqu'à début XVIIe, et attesté dès le XIIIe s., mais rare avant le XVIe s. *Seillon* est encore très répandu, surtout au sens de « bande de terrain, planche de labour ». A l'origine c'est la bande de terrain qui est laissée à un paysan dans la répartition de la terre arable. Cette bande peut être plus ou moins large ; là où les champs sont labourés en entier, elle n'a plus que la largeur d'un sillon, et ce mot prend ainsi la signification de « sillon ». C'est ainsi qu'il a remplacé dans certaines régions le mot *raie*. *Sillon* est un dér. très ancien d'un verbe, qui est attesté dans l'a. fr. *silier* « labourer » et qui continue très probabl. un gaul. *selj-* « amasser la terre ». Ce radical vit aussi dans le rhéto-roman *saglia* « bande étroite au milieu d'un pré fauché sur laquelle on étend l'herbe du pré entier », parm. *sia* « espace entre les sillons ». — Dér. : **sillonner,** 1538 (sous la forme *seilonner*).

SILO, 1829. Empr. de l'esp. *silo*, lat. *sīrus* (du grec *siros*). — Comp. : **ensiler,** 1873.

SILURE, poisson, 1558. Empr. du lat. *silurus* (du grec *silouros*).

SILURIEN, terme de géologie, 1839. Empr. de l'angl. *silurian*, mot créé en 1835 par Murchison sur le lat. *Silures*, nom des anciens habitants du Shropshire, région du Pays de Galles où il a étudié la nature des terrains siluriens.

SILVAIN, SILVESTRE, v. **sylvain,** etc.

SIMAGRÉE, XIIIe. L'explication d'après laquelle *simagrée* serait issu de l'expression *si m'agrée* « ainsi cela m'agrée » est plus ingénieuse que vraisemblable ; on ne donne pas d'exemple ancien de cette formule dont on ne voit guère l'emploi ; *donne-moi boire, si l'agrée*, dernier vers du fabliau du *Povre Mercier*, n'en est pas une justification suffisante. On propose aussi un comp. de *sime a groe* « singe avec des griffes », qui se serait formé dans le Hainaut (aussi *simagraw* en wallon et *chimagrue* dans Molinet) ; ce serait une ancienne dénomination du diable ; mais le flottement de la voyelle de la 2e partie du mot reste inexpliqué.

SIMARRE, v. **chamarrer.**

SIMIESQUE, 1846. Dér. sav. du lat. *simia* « singe ».

SIMILAIRE, 1539 ; **similitude,** 1225 ; signifie aussi parfois « comparaison ». Le premier est un dér. sav. du lat. *similis* « semblable », le deuxième est empr du lat. *similitudo*. On fait en outre des mots sav. comp. avec **simili-** comme premier élément, tiré du lat. *similis*, tels que **similor,** 1742, **similibronze,** 1877, d'où on a tiré un subst. **simili,** 1881.

SIMONIE, vers 1174 ; **simoniaque,** 1488 Empr. des mots du lat. eccl. du moyen âge *simonia*, *simoniacus*, tirés du nom propre *Simon (le Magicien)*, personnage qui offrit de l'argent à Pierre et à Paul pour recevoir d'eux le don de conférer le Saint-Esprit par l'imposition des mains, cf. *Actes des Apôtres*, VIII, 9-24.

SIMOUN, 1791. Empr. de l'arabe *samoûm*, cf. aussi angl. *simoom*.

SIMPLE, *adj.*, vers 1138 ; **simplicité,** vers 1120 ; **simplifier,** 1406. Empr. du lat. class. *simplex*, propr. « formé d'un seul élément », d'où « pur, sans artifice, ingénu, etc. », de *simplicitas* et du lat. médiéval *simplificare*, francisé comme les nombreux verbes en *-ficare*. — Dér. de *simple* : **simple** « plante médicinale », XVe, tiré de *simple médecine*, attesté dès le XIIIe s. qui s'opposait à *médecine composée*, en lat. médiéval *simplex medicina* ; le masc. de *simple* est dû à *médicament* ; on trouve aussi en lat. médiéval *medicamentum simplex* ; **simplesse,** vers 1200, aujourd'hui archaïque, littéraire ; **simplet,** XIIe ; **simpliste,** 1557 ; rare avant le XIXe s. De *simplifier*, sur le modèle des mots sav. en *-fication*, *-ficateur* : **simplification,** 1470 (D.), 1697 (Bossuet), comme terme de mystique ; sens plus étendu, 1798. **Simplificateur,** 1803.

SIMULACRE, XVIIe, au sens moderne ; antér., depuis le XIIe s., « statue, représentation d'une divinité païenne » ; encore au début du XIXe s. « représentation, image ». Empr. en tous ses sens du lat. *simulacrum*, propr. « représentation figurée », d'où « simulacre », cf. *simulacrum pugnæ* « simulacre de combat » (de *simulare* « reproduire, imiter »).

SIMULER, 1375, avant le XIXe s. surtout au part. passé et comme terme jurid. ; **simulation,** vers 1270 (Rose). Empr. du lat. *simulare* au sens de « feindre », *simulatio*. — Dér. : **simulateur,** 1845, comme terme de médecine mentale ; déjà en 1519 en un sens général, en 1274 au sens de « contrefacteur ».

SIMULTANÉ, 1701. Empr. du lat. médiéval *simultaneus*, dér. du lat. class. *simultas* « compétition », attesté seulement au sens de « simulé », comme si cet adj. venait de *simulare* ; pris d'abord, par les Jésuites de Trévoux, au sens de « compétition », qui correspond au lat. *simultas*, mais influencé ensuite par le lat. *simul* « ensemble », d'où le sens actuel dès 1740. — Dér. : **simultanéité,** 1754.

SINAPISER, 1503 ; **sinapisme,** 1572. Empr. du lat. médical *sinapizare*, *sinapismus* (du grec *sinapizein*, *sinapismos*, de *sinapi*, v. **sanve**).

SINCÈRE, 1475 ; **sincérité,** 1280. Empr. du lat. *sincerus*, *sinceritas*. — Dér. : **insincère,** 1794.

SINCIPUT, 1538. Empr. du lat. *sinciput*, propr. « la moitié de la tête », d'où « devant de la tête ». — Dér. : **sincipital,** 1793, d'après la forme du lat. *sinciput*, *sincipitis*.

SINÉCURE, 1784 (dès 1715 sous la forme latine *sine cura*, dans un ouvrage traitant de l'Angleterre ; depuis 1824, appliqué à des usages fr. Empr. de l'angl. *sine cura*, puis *sinecure*, mot forgé vers 1662 sur le lat. *sine cura* « sans souci », d'abord en parlant de charges eccl. ; en ce sens chez Lesage, 1715 *(Rem. sur l'Angleterre)* et sous la forme lat. qu'employaient, dit-il, les docteurs en théologie.

SINE DIE, 1890. Empr. du lat. *sine die* « sans fixer le jour ».

SINE QUA NON, seulement dans la locution *condition sine qua non*, 1777 (une première fois en 1565). Locution qui vient du lat. des écoles, signifiant littéral. « (condition) sans laquelle non », c'est-à-dire « sans laquelle il n'y a rien à faire ».

SINGE. Lat. *sīmius*, plus rare que *sīmia*. It. *scimmia*. *Payer en monnaie de singe* apparaît en 1552 chez Rabelais ; on explique cette locution comme étant une allusion à l'usage qu'avaient les montreurs de singes de payer le péage en faisant gambader leurs singes, cf. à l'appui le texte de É. Boileau, XIIIe s. : « Si li singes est au joueur, jouer en doit devant le peagier et pour son jeu doit estre quites. » — Dér. : **singer,** 1770, d'où **singeur,** 1775 (Mirabeau) ; **singerie,** vers 1350 ; **singesse,** vers 1180, rare aujourd'hui.

SINGLETON, 1767. Empr. de l'angl. *singleton* (relevé par accident seulement en 1876), dér. de *single* « seul » (de l'a. fr. *sengle*, lat. *singulus*, ou du mot lat. lui-même).

SINGULIER, d'abord *singuler*, XIIe, puis *singulier*, 1295, par substitution de suff. ; au moyen âge terme grammatical ou adj. signifiant « qui concerne un seul », p. ex. dans *combat singulier ;* le sens de « qui se distingue des autres », en bonne part apparaît au XIVe s., mais est devenu usuel seulement au XVIIe ; le sens péjor. apparaît dès le XVe s., mais ne semble pas avoir été usuel avant le XVIIIe ; **singularité,** XIIe. Empr. du lat. *singularis*, qui a les mêmes sens sauf le sens péjor. et du dér. de basse ép. *singularitas* qui signifie seulement « unité, le fait d'être seul ». — Dér. de *singulier :* **singulariser,** 1555, d'après la forme du lat. *singularis*.

SINISTRE, *adj.*, XIIIe s. Empr. du lat. *sinister*, propr. « qui est à gauche », d'où « défavorable » ; ce sens a été donné aussi vers le XVe s. à la forme pop. *senestre*, v. **gauche.**

SINISTRE, *subst.*, 1485. Empr. de l'it. *sinistro* qui est le même mot que le préc. — Dér. : **sinistré,** 1870.

SINOPLE, terme de blason, XIIe (sous la forme *sinopre*). A désigné d'abord la couleur rouge, puis, vers le XIVe s., la couleur verte par un changement de sens inexpliqué. Empr. du lat. *sinopis* « terre de Sinope, sorte de terre rouge ».

SINUEUX, 1539. Empr. du lat. *sinuosus* (de *sinus* « pli », v. **sein**). — Dér. : **sinuosité,** 1549, d'après la forme du mot lat. *sinuosus*.

SINUS, terme d'anatomie, 1539. Empr. du lat. *sinus*. — Dér. : **sinusite,** fin XIXe.

SINUS, terme de géométrie, 1625. Empr. du lat. médiéval *sinus*, traduction de l'arabe *djayb*, proprement « ouverture (pectorale) d'un vêtement », qui s'employait en géométrie pour désigner la demi-corde de l'arc double (en ce sens probablement empr. du sanscrit *djîva* « corde »). La traduction par *sinus* serait donc le résultat d'une confusion. — Comp. : **cosinus,** 1717.

SIPHON, 1546. Empr. du lat. *siphon* (du grec *siphôn*). A eu aussi le sens de « trombe » depuis le XIIIe s.

SIRE, v. **seigneur.**

SIRÈNE, 1377. Du XIIe au XVIe s. *sereine*, forme populaire, qui a été rapprochée ensuite du lat. de basse ép. *sirena*, en lat. class. *siren* (du grec *seirên*), v. **serin.**

SIROCCO, 1575 ; d'abord *siroch*, 1552 (Rab.), *ciroch*, 1538 ; *siroc* est encore dans le *Dict. de l'Académie* de 1835. Empr. de l'it. *scirocco*, empr. lui-même de l'arabe *charqî* « (vent) oriental » par l'intermédiaire d'une forme vulgaire *choroûq*, dont la première voyelle a été dissimilée.

SIROP, 1181. Empr. du lat. de la médecine médiévale *sirupus*, *syrupus*, empr. lui-même de l'arabe *charâb*, proprement « boisson » qui désignait dans la médecine arabe des sirops de toute sorte ; d'où aussi it. *sciroppo ;* l'esp. *jarabe, jarope* est un empr. direct à l'arabe, comme l'a. pr. *eissarop.* V. **sorbet.** — Dér. : **siroter,** 1680 (en 1620 on a *siroper* au sens de « traiter par des sirops »), d'où **siroteur,** 1680 ; **sirupeux,** 1752, d'après *sirupus.*

SIS, v. **seoir.**

SISTRE, 1527. Empr. du lat. *sistruml* (du grec *seistron*).

SITE, 1576 (A. du Cerceau). Terme d'art, empr. de l'it. *silo,* empr. lui-même du lat. *situs* « situation ».

SITUER, 1313. Empr. du lat. médiéval *situare* (de *situs*). — Dér. : **situation,** 1375.

SIX. D'abord *sis.* Lat. *sex.* — Dér. : **sizain,** ou **sixain,** 1299 (écrit *sisain*), au sens de « sorte de petite monnaie » ; aujourd'hui ne s'emploie guère que pour désigner une sorte de poème. **Sixième,** 1213 (sous la forme *seiximes*).

SIXTE, terme de musique, 1611, cf. **quarte.** Tiré de l'a. fr. *sixte,* variante orthographique (d'où est sortie, par suite, la prononciation moderne) de *siste* « sixième », francisation du lat. *sextus* d'après *six,* en a. fr. *sis ;* cet adj. ordinal *siste* paraît avoir été peu pop. et avoir été employé surtout dans la langue jurid.

SKATING, 1875. Empr. de l'angl. *skating* (de *to skate* « patiner »). La piste sur laquelle on patine s'appelle *skating-ring,* 1876 (écrit *-rink*), de l'angl. *skating-rink* (comp. avec *rink,* autre forme de *ring*).

SKETCH, 1903. Empr. de l'angl. *sketch,* propr. « esquisse, croquis », qui remonte lui-même, par l'intermédiaire du holl. *schets,* à l'it. *schizzo,* v. **esquisse.**

SKI, 1841 (sous la forme *skie*). Empr. du norvégien *ski,* peut-être par l'intermédiaire de l'angl. *ski* (écrit aussi *skie*) ; l'empr. a été fait d'après la forme écrite, *ski* se prononce *chi* en norvégien, en angl., en all. ; le fr. a préféré prononcer d'après la graphie, surtout pour éviter les calembours. Les Scandinaves doivent la connaissance des skis aux Lapons ; les Finlandais les ont connus déjà dans leur ancien habitat primitif, l'Oural. L'invention est due aux peuples sibériens. — Dér. : **skieur,** 1905.

SKIFF, 1851. Empr. de l'angl. *skiff* qui vient lui-même du fr. *esquif.*

SKUNKS, fin XIXe. Empr. de l'angl. *skunk* qui vient lui-même de l'algonquin du Canada ; la forme *skunks* est le plur. qui a été pris tel quel dans des catalogues.

SLALOM, 1910. Empr. du norvégien *slalom* (de *sla* « incliné » et *lâm* « trace de ski »).

SLANG, argot anglais, 1856. Mot angl. d'origine obscure.

SLEEPING(-CAR), v. **wagon.**

SLIP, 1885 (au sens de « laisse »), vers 1914 « cache-sexe ». Empr. de l'angl. *slip,* id. (propr. « petit morceau d'étoffe », cf. aussi le verbe *to slip* « glisser, lâcher »).

SLOGAN, 1933 (au sens de « cri de guerre d'une tribu écossaise » dès 1907). Empr. de l'angl. *slogan,* qui a les deux sens.

SLOOP, v. **chaloupe.**

SMALAH, 1843. Empr. de l'arabe algérien *zmâla* (en arabe class. *zamala*) « réunion de tentes (cf. **douar**) qui suit un chef ou sert de demeure à une colonne militaire ». Le mot a été popularisé par la prise de la smalah d'Abd-el-Kader en 1843, par la cavalerie du duc d'Aumale ; le fameux tableau d'H. Vernet a été exécuté la même année.

SMOKING, 1890. Tiré de *smoking-jacket,* 1889, mot angl. qui signifie littéral. « jaquette que l'on endossait après dîner pour fumer *(to smoke)* ».

SNOB, 1857 (dans le titre *Le livre des Snobs,* traduction du roman de Thackeray). Le mot angl. *snob* a été pris par Thackeray dans son fameux roman, paru en 1848, à l'argot des étudiants de Cambridge qui désignaient par ce terme (qui signifiait aussi en angl. « homme de basse naissance ou de basse condition », notamment « garçon cordonnier ») tous ceux qui ne faisaient pas partie de l'Université ; **snobisme,** 1867, vient également du roman de Thackeray. — Dér. de *snob :* **snobinette,** 1898, avec la terminaison de *midinette.*

SNOW-BOOT, 1892. Mot angl. signifiant littéral. « bottine pour la neige ».

SOBRE, vers 1180 ; **sobriété,** *id.* Empr. du lat. *sobrius, sobrietas.*

SOBRIQUET, XVe (sous la forme *soubriquet*). Apparaît au XIVe s. au sens de « coup sous le menton » ; le développement du sens est éclairci par la comparaison du prov. *esqueissa* « rompre la mâchoire », d'où « déchirer, écorner, etc. », et spécial. « donner un sobriquet », d'où le subst. verbal *escais* « sobriquet » ; mais l'origine de *so(u)briquet* est inconnue.

SOC, XIIe. Mot de la France septentrionale qui remonte à un gaul. **soccos* ou **succos* (celui-ci influencé par le lat. *soccus*), qu'on restitue d'après l'irl. *socc.,* gall. *swch.*

SOCIABLE, 1552. Empr. du lat. *sociabilis* (de *sociare* « associer »). — Dér. : **sociabilité,** 1665 ; **insociable,** 1552 ; **insociabilité,** 1721 (Montesquieu).

SOCIAL, 1680 (Bayle), dans l'expression *vie sociale,* que Charron a déjà employée et qu'on trouve même au XIVe s. ; n'est devenu usuel qu'au cours du XVIIIe s., en partie sous l'influence du *Contrat social* de J.-J. Rousseau, 1761. Empr. du lat. *socialis* « fait pour vivre en société » (de *socius* « compagnon ») ; *socialis* avait été aussi employé par les juristes Grotius et Puffendorf dans l'expression *jus naturale sociale. Social* n'a le sens lat. d' « allié » que dans *guerre sociale,* désignant une guerre de Rome contre ses alliés d'Italie. — Dér. : **socialiser,** 1786, dans un sens qui n'est pas le sens moderne ; **socialisme,** 1831 ; **socialiste,** 1830 (les deux formés dès 1822 en anglais) ; *socialistus* existe déjà chez Grotius, mais avec un autre sens, et *socialista* au XVIIIe s. pour désigner les disciples de l'école de ce juriste, *socialiste* en 1798 déjà, mais au sens de « adversaire de la révolution ».

SOCIÉTÉ, 1180. Empr. du lat. *societas* (de *socius* « compagnon, associé ») « association », notamment « association commerciale », d'où l'emploi de *société* pour désigner des compagnies religieuses, commerciales ou autres à partir du XVIIe s. L'a. fr. avait une forme pop. *soistié*, usitée surtout avec la valeur jurid. de « métayage » et dont dérive le verbe *souater* en usage dans les parlers de l'Ouest et de l'Yonne, au sens de « se prêter mutuellement les animaux de labour », etc. — Dér. : **sociétaire,** 1787 ; **sociologie,** créé en 1830 par A. Comte, d'après des mots sav. tels que *géologie*, etc., d'où **sociologue,** fin XIXe, **-gique,** 1871.

SOCLE, 1639. Empr. de l'it. *zoccolo*, propr. « sabot », lat. *socculus* « sorte de brodequin », v. le suiv. ; le *z* initial de l'it. vient de la rencontre de l'*s* initiale avec un mot se terminant par consonne.

SOCQUE, 1611, au sens de « chaussure de bois » ; désignait principalement une sorte de sabots portés par des religieux. Empr. du pr. *soca*, fém. de *soc* « sabot », qui représente le lat. *soccus* « espèce de soulier bas » ; aussi cat. *soc*, esp. *zueco*. — Dér. : **socquette,** sorte de chausson, vers 1930. Dér. hybride, tiré de l'angl. *sock* « bas », sur le modèle de *chaussette*.

SODA, 1837. Abréviation de l'angl. *soda-water*, empr. en 1820, propr. « eau de soude ».

SODIUM, 1807 (Davy). Davy, qui découvrit ce corps, en a tiré le nom de l'angl. *soda*, empr. du lat. médiéval *soda*, v. **soude.**

SODOMIE, 1150 ; **sodomite,** vers 1165. Le premier est dér. de *Sodome*, nom d'une ville de Palestine, où régnait la luxure, cf. Genèse, XIII, 12, XVIII et XIX ; le deuxième est empr. du lat. eccl. *sodomita*. — Dér. : **sodomiser,** 1872 (déjà 1587).

SŒUR. Lat. *soror*. L'a. fr. a eu aussi une forme *sorour*, *serour*, etc., lat. *sorōrem*, forme d'acc., qui a disparu de bonne heure devant *sœur*, cas sujet. Italie mérid. *suoro*, it. *sorella*. — Dér. : **sœurette,** 1458 (pour désigner des religieuses).

SOFA, 1560, au sens d' « estrade élevée couverte de coussins »; 1657 au sens moderne. Empr. de l'arabe *suffa* « coussin », d'où « estrade à coussins », probabl. par l'intermédiaire du turc *sofa*.

SOFFITE, 1676, terme d'architecture. Empr. de l'it. *soffitto*, lat. pop. **suffīctus*, lat. class. *suffīxus*, part. passé pris de *suffigere* « suspendre » ; le fém. *soffitta* signifie « mansarde, soupente ».

SOIE. Lat. pop. *sēta*, lat. class. *sæta* « poil rude », d'où « poil de porc » ; le sens de « matière filée par le ver à soie » a dû se développer à basse ép. au détriment de *bombyx*, *sericum*, v. **serge.** It. *seta*, esp. *seda*. Le sens de « poil de porc » explique les expressions ironiques de *marquis*, et semblables, répandues dans les patois au sens de « porc » ; elles datent d'une époque où les vêtements de soie étaient réservés à la noblesse. — Dér. : **soierie,** 1328 ; **soyeux,** 1380.

SOIF. Altération de *soi*, lat. *sitim*, acc. de *sitis*. L'*f* est dû à l'analogie des mots du type de *nois* « neige » (cas sujet), *noif* (cas régime). La forme en *-f* a triomphé parce qu'elle avait plus de corps. It. *sete*, esp. *sed*. — Dér. : **assoiffé,** fin XIXe (en 1607 *assoifvé*) ; **soiffer,** 1808, d'où **-eur,** 1864, **-ard,** 1844.

SOIGNER, XIIe, s'emploie jusqu'au XVIe s. au sens de « avoir des soucis, être préoccupé ». D'un francique **sunnjōn* « s'occuper de », comme l'a. fr. *soigne* (s. f.) « souci » d'un francique **sunnja*, qu'on restitue d'après l'anc. saxon *sunnea* « soin », cf. **besoin.** L'anc. it. *sogna*, a. pr. *sonh*, *sonha* sont empr. du fr. — Dér. : **soin,** vers 1080 *(Roland)*, subst. verbal ; **soigneux,** XIIe.

SOIR. Lat. *sērō*, adv. signifiant « tard » (cf. dans la péninsule ibérique *tarde* « soir », lat. *tardē*, adv. « lentement, tard »), d'où aussi a. pr. *ser*. Un fém. de basse ép. *sēra*, issu de l'adj. *serus* « tardif » survit dans l'it. *sera* et l'a. pr. *sera*. — Dér. et Comp. : **serein,** XIIe (sous la forme *sierain*), au sens de « soir, tombée de la nuit » ; le sens moderne date du XVIe s. ; la forme médiévale est *serain*, refaite au XVIe s. en *serein* d'après l'adj. *serein*, cf. pour la formation le port. *serão* « veillée » ; du reste la confusion avec l'adj. *serein* était imminente, cf. l'a. pr. *serena* « fraîcheur du soir » et inversement *seran* « serein (adj.) » ; **soirée,** 1564 ; l'a. fr. disait depuis le XIVe s. *serée*, encore usité au XVIe s. ; d'où **soiriste,** fin XIXe, **soireux,** *id.* ; **bonsoir,** XVe.

SOIXANTE. Réfection orthographique. d'après le lat. *sexaginta*, de *soissante*. Lat. pop. *sexantā* (attesté au IVe s.), lat. class. *sexagintā*. It. *sessanta*, esp. *sesenta*. — Comp. : **soixante-dix,** 1276 ; a éliminé l'anc. terme *septante*, encore en 1763 (Voltaire), réfection, d'après le latin, de *setante*, lat. pop. **septantā*, lat. class. *septuagintā*, d'où aussi it. *settanta*, esp. *setenta* ; survit encore dans les îles normandes, et dans l'Est depuis la Wallonie jusqu'à la Provence mais est moins usité dans le Sud-Ouest ; d'où **soixante-dixième,** *id.* — Dér. : **soixantaine,** 1399 ; **soixantième,** vers 1200.

SOL, nom de monnaie, v. **sou.**

SOL, « étendue sur laquelle reposent les corps à la surface de la terre », 1510. Empr. du lat. *solum*, v. **seuil.** — Comp. : **sous-sol,** 1835.

SOL, note de la gamme, v. **gamme.**

SOLACIER, v. **soulager.**

SOLAIRE, vers 1120. Empr. du lat. *solaris* (de *sol* « soleil »). Désigne dans de nombreux parlers le vent du Sud-Est ou du Sud, sens qui remonte au moyen âge.

SOLANÉES, 1787. Dér. sav. du lat. *solanum*, enregistré aussi dans les dictionnaires, XVIe (Paré), nom de la morelle.

SOLDANELLE, nom de plante, XVe. De l'a. pr. *soltz* « viande à la vinaigrette » (empr. de l'a. fr. *souz*, qui est empr. lui-même de l'anc. haut-all. *sulza*, all. mod. *sülze*), on a formé, probabl. dans la région de Montpellier, un dér. **soldana* pour désigner la soldanelle, plante qui pousse sur les plages sablonneuses (appelée aussi *chou de mer*) et qui est employée dans la médecine pour le sel qu'elle contient, d'où le dimin. *soldanelle*. Le nom n'a été étendu à la plante alpestre qu'au XIXe s.

SOLDAT, 1475. Empr. de l'it. *soldato* (de *soldare* « payer une solde »). A remplacé **soudard,** vers 1356 (de là parfois *soldard* au XVIe s. par croisement), réfection de *soudoier*; *soudard* a pris dès lors une valeur péjor. ; l'a. fr. *soldier*, XIIe, *soldoier*, *soudoier* (plus rarement *soldeior*, XIIe), usité jusqu'au XVe s. (c'est de ce mot que vient l'angl. *soldier*) avait été dér. de *sold*, *soud*, forme qui a nécessairement précédé *sou*, d'où aussi a. fr. *soudée* « solde », v. **solde,** et **soudoyer**; le fr. *soldat* s'est à son tour répandu grâce à l'éclat des armées françaises au XVIIe s., d'où all. *Soldat*, russe *soldat*, etc.

SOLDATESQUE. D'abord adj. « qui a le caractère du soldat », 1580 (Montaigne), qui a reçu un sens péjor. d'assez bonne heure; pris comme subst. à partir du XVIIe s., toujours au sens péjor. Empr. de l'it. *soldatesco* « de soldat ».

SOLDE, « paie donnée aux gens de guerre », 1465. Empr. de l'it. *soldo*, propr. « pièce de monnaie », v. **sou** (*soulde*, 1430, paraît être une francisation plus forte du même mot it. d'après le verbe *soudoier*, v. **soldat**) ; devenu fém. à cause de sa forme. Les expressions pejor. *être*, *se mettre à la solde* ont été créées au XIXe s. — Dér. : **solder,** « payer une solde », 1789.

SOLDER, d'abord « arrêter un compte », 1675, d'où « acquitter ce qui reste d'un compte », 1679, puis « vendre des marchandises au rabais », milieu du XIXe s. **Solde,** masc., « règlement d'un compte », 1675, d'où « ce qui reste à payer d'un compte », 1748 (Montesquieu), « vente de marchandises au rabais », milieu XIXe. Empr. au premier sens de l'it. *saldare*, *saldo* (postverbal), et francisés en *solder*, *solde* d'après le précédent ; ce croisement apparaît clairement dans l'emploi de *solde* au fém., notamment chez Quesnay ; mais le mot, plus techn. que *solde*, « paie », a pu garder son genre étymologique. L'it. *saldare* signifie propr. « souder », v. **souder**; l'*a* vient de *saldo* « solide », altéré lui-même par croisement avec *valido* (l'altération date peut-être de l'époque lat., des formes avec *a* existant dans les dialectes). Le sentiment de l'équivalence de l'it. *saldare* et du fr. *souder* s'est traduite par la création de formes *souder*, *soude*, au XVIIIe s. — Dér. : **soldeur,** « marchand de soldes », 1887.

SOLE, « dessous du sabot du cheval, etc. », vers 1200, attesté alors indirectement par le verbe *dessoler* « enlever la semelle d'une chaussure ». Empr. du lat. *solea*, de même sens, propr. « sandale », plutôt que de l'a. pr. *sola*, lat. pop. **sola*, altération de *solea* d'après *solum* « sol », d'où aussi esp. *suela*.

SOLE, terme de charpenterie, 1213. Réfection, d'après les dér. *solin*, *solive*, de l'a. fr. *suele*, *seule*, encore usité dans des patois, lat. pop. **sola*, v. le préc. (*solea* désigne entre autres une sorte de plancher) ; l'esp. *suela* et l'a. pr. *sola* de même origine désignent la pièce de charpenterie appelée en fr. *sablière*. — Dér. : **solin,** 1348, « intervalle entre les solives, les tuiles » ; **solive,** vers 1180 ; avec un suff. rare, d'où **soliveau,** 1296 (sous la forme *souliviau*).

SOLE, terme d'agriculture, 1374. Emploi fig. de *seule*, *sole*, terme de charpenterie, cf. l'emploi de *planche* dans la langue de l'agriculture. — Dér. et Comp. : **assoler,** 1374, d'où **assolement,** 1790 ; **dessoler,** « faire un nouvel assolement », 1357, d'où **dessolement,** 1700.

SOLE, nom de *poisson*, XIIIe. Empr. de l'a. pr. *sola*, lat. pop. **sola*, réfection de *solea* (v. **sole** du sabot), qui a servi à désigner la sole à cause de la forme plate de ce poisson ; de là aussi esp. *suela*. It. *soglia*, port. *solha* d'après le lat. class. *solea*.

SOLÉCISME, 1488 ; une première fois au XIIIe s. (Br. Latini, *soloecisme*). Empr. du lat. *solœcismus* (du grec *soloikismos*, de *Soloi* (en lat. *Soli*) « Soles », nom d'une ville de Cilicie, colonie grecque, dont les habitants passaient pour parler le grec incorrectement.

SOLEIL. Lat. pop. **sōliculus*, élargissement du lat. class. *sōl*. Le traitement de *o* devant *l*, répandu dans les patois, est dû à l'hésitation entre *o* et *ou*, fréquent dans cette position. A. pr. *solelh*. Partout ailleurs lat. *sōl* conservé : it. *sole*, esp. *sol* ; l'a. pr. lui-même a eu *sol* qui survit encore dans l'extrême Sud-Ouest. L'it. *solecchio* « parasol » n'est pas exactement le même mot. — Dér. : **ensoleillé,** 1867 ; on emploie aussi aujourd'hui le verbe *-er*.

SOLENNEL, vers 1200 (écrit *solempnel*) ; **solenniser,** 1309 ; **solennité,** 1120. Empr. des mots lat. *sollemnis*, *sollemnizare* (lat. eccl.), *sollemmnitas*, écrits à basse ép. *solennis*, *solempnis*, etc. Du XIIe au XVIe s. quelquefois aussi *solene* ; le dér. en *-el* a été formé pour faire passer l'adj. dans un important groupe d'adj., tel que *éternel*. — Dér. du verbe : **solennisation,** 1396.

SOLÉN(O)-. Premier élément de mots sav., tels que **solénoïde,** 1842, tiré du grec *sōlēn* « canal, tuyau ».

SOLFATARE, 1757. Tiré de *Solfatare*, nom d'un volcan éteint entre Pouzzoles et Naples (de *solfo* « soufre »).

SOLFÈGE, 1790. Empr. de l'it. *solfeggio*, tiré du verbe *solfeggiare*, dér. lui-même de *solfa* « gamme », v. le suiv. et **gamme.**

SOLFIER, XIIIe. Dér. de *solfa*, formé des deux noms de note *sol* et *fa*, qui s'employait au sens de « gamme » en lat. médiéval, d'où it. a. pr. *solfa* « gamme ».

SOLIDAIRE, 1462. D'abord terme jurid. signifiant « commun à plusieurs de manière que chacun réponde du tout »; dér. de la locution du lat. jurid. *in solidum* « solidairement » (usuelle également dans le lat. jurid. du moyen âge), propr. « pour le tout » (formé du neutre de l'adj. *solidus*), cf. *in solidum deberi* « être dû en totalité ». A pris un sens plus étendu au cours du XVIIIe s. — Dér. du sens nouveau : **solidarité,** 1693, d'abord au sens jurid ; **solidariser,** 1842.

SOLIDE, 1314 ; **solidité,** XVIIe ; une première fois au XIVe s. Empr. du lat. *solidus* « massif », d'où au sens moral, « ferme, sûr », *soliditas* (de la famille d'un adj. *sollus* « tout entier », comme *sollemnis*). Le sens usité dans la langue de la géométrie, d'où on a tiré un subst., 1613, existe déjà en lat. ancien (d'après le grec *stereos*). Au XVIIIe s. *solidité* avait le sens jurid. de « responsabilité de l'un à défaut de l'autre » (comme *solidarité*), d'après le lat. jurid. *soliditas*. — Dér. de *solide* : **solidifier,** XVIIIe (Buffon) ; **-fication,** 1572, rare avant le XIXe s.

SOLILOQUE, vers 1600 (Fr. de Sales). Empr. du lat. de basse ép. *soliloquium* (de *solus* « seul » et de *loqui* « parler »).

SOLIN, v. **sole** « poutre ».

SOLIPÈDE, 1556. Empr. du lat. *solidipes, -pedis* « au pied massif (dont la corne n'est pas fendue) » (de *solidus*) et francisé en *solipède* par fausse étymologie, le mot ayant été compris comme s'il était comp. de *solus* « seul », c'est-à-dire comme s'il signifiait « à une seule corne ».

SOLISTE, v. **solo.**

SOLITAIRE, vers 1155. Empr. du lat. *solitarius* (de *solus* « seul »). L'a. fr. a dit aussi jusqu'au XVe s. *soltain, soutain*, lat. pop. **sōlitānus* (*sōlitāneus* est attesté à basse ép.) (cf. aussi a. pr. *soldan*), et *soltif, soutif*, issu du préc. par substitution de suff., d'après *soutif* « adroit, ingénieux », autre forme de *soutil*, lat. *subtīlis*, v. **subtil** ; il y avait un rapport de sens : une action adroite peut être une action secrète.

SOLITUDE, 1213 ; rare avant le XVIe s. Empr. du lat. *solitudo* (de *solus* « seul »).

SOLIVE, v. **sole** « poutre ».

SOLLICITER, 1332 ; **sollicitation,** 1404 ; **sollicitude,** vers 1265. Empr. du lat. *sollicitare*, propr. « secouer violemment », d'où « inquiéter » puis « exciter, inviter », *sollicitatio* « inquiétude, instigation », *sollicitudo* « trouble moral ». *Solliciter* a signifié parfois au moyen âge « troubler » (« attenter à », au XVIIe s.), d'après le sens du verbe en lat. class., et surtout « s'occuper d'une affaire », encore usité au XVIIIe s., d'où « soigner (une maladie) » du XVe au XVIIIe s. d'après le lat. eccl. qui employait *sollicitare* au sens de « se préoccuper, penser à ». Le sens d' « exciter, inciter » est moins usuel aujourd'hui que celui de « prier instamment ». V. **soucier.** De même *sollicitude* signifie dans l'ancienne langue « souci, inquiétude » sans la nuance moderne. — Dér. du verbe : **solliciteur,** 1347, au sens de « celui qui prend soin des affaires », encore usité au XVIIIe s. dans l'expression *solliciteur de procès* ; développement du sens moderne parallèle à celui du verbe.

SOLO, 1703. Empr. de l'it. *solo*, propr. « seul ». — Dér. : **soliste,** 1836.

SOLSTICE, vers 1280 (J. de Meung) ; rare avant le XVIe. Empr. du lat. *solstitium* (de *sol* « soleil » et de *stare* « s'arrêter » ; au moment du solstice, le soleil paraît être stationnaire pendant quelques jours).

SOLUBLE, 1690 ; une première fois au XIIIe s. (J. de Meung), au sens de « qui peut être détruit ». Empr., comme terme didactique, du lat. de basse ép. *solubilis* (de *solvere* « dissoudre ») ; puis sens plus étendu en rapport avec *solution*. — Dér. : **solubilité,** 1753.

SOLUTION, XIIe. Empr. du lat. *solutio* « action de délier, de dissoudre » (de *solvere*), d'où notamment « action de résoudre une difficulté ». *Solution* (d'un problème, d'une difficulté) est déjà médiéval ; l'acception chimique paraît dater du XVIIIe s. ; *solution de continuité*, proprement terme de chirurgie, dès 1314. — Dér. : **solutionner** (un problème), fin XIXe.

SOLVABLE, 1328 ; usité aussi du XIVe au XVIe s. au sens de « payable » en parlant d'une rente, d'une dette, etc. Dér. sav. du lat. *solvere* au sens de « payer ». — Dér. : **solvabilité,** 1660 ; **insolvable,** 1611, une fois en 1431 au sens de « non payable »), d'où **insolvabilité,** 1612.

SOMBRE, 1433, attesté alors indirectement par l'adv. qui paraît être pris dans un sens fig. : « Lequel nous rechut... un peu plus sombrement » ; cf. en outre *sombre cop* « meurtrissure », 1374, qui appartient au Nord-Est, et, dès 1260, *essombre* « obscurité, lieu obscur », formé avec le préf. *es-*. Très probabl. dér. d'un ancien verbe **sombrer* « faire de l'ombre », lat. de basse ép. *subumbrare*, comme l'esp. *sombra* « ombre » est tiré du verbe *sombrar*, de même sens et de même origine. Comp. encore l'a. pr. *solombrar* « mettre à l'ombre », issu du même verbe sous l'influence de *sol* « soleil ». — Dér. : **sombrer,** 1654. D'abord dans la locution *sombrer sous voiles* ; dès 1611 au sens de « assombrir ». Le sens naval s'explique par le fait qu'un bateau qui coule, disparaît comme une ombre dans les ondes qui l'engloutissent. — Comp. : **assombrir,** XVIIIe (Mirabeau), une première fois en 1597.

SOMBRERO, 1842. Empr. de l'esp. *sombrero* « chapeau espagnol à larges bords » dér. de *sombra* « ombre ».

SOMMAIRE, *subst.*, XIVe. Empr. du lat. *summarium* « abrégé » (de *summa* « somme »). L'adj,, attesté indirectement au XIIIe s. par l'adv. **-ment,** est tiré du subst., malgré le désaccord des dates, qui est sans doute accidentel.

SOMMATION, « action de sommer », v. **sommer.**

SOMMATION, terme de mathém., v. **somme** « quantité ».

SOMME, dans *bête de somme.* A signifié au moyen âge « bât » et jusqu'au XVIe s., « charge d'un animal : cheval, âne, etc. ». Lat. de basse ép. *sagma* « bât » (mot pris au grec), attesté sous la forme *sauma* au VIIe s. (Isidore de Séville). It. *soma* « charge », a. pr. *sauma*, d'où aussi l'all. *saumtier* « bête de somme ».

SOMME, « quantité », XIIIe. Au moyen âge avait aussi les sens de « résumé, achèvement, recueil ». Empr. du lat. *summa*, fém. pris substantiv. de l'adj. *summus* « qui est au point le plus haut », cf. de même it. *somma ;* le sens du mot fait penser que partout nous avons affaire à des empr. plutôt qu'à des mots pop. La locution *en somme,* XIVe (Oresme), est calquée sur le lat. *in summa*, cf. de même it. *in somma. Somme toute,* qui équivaut à *en somme*, est une anc. locution jurid. au sens de « total, général », relevée depuis 1320 environ. — Dér. : **sommer,** « faire une somme », vers 1200 ; d'où **sommation,** XVe.

SOMME, *masc.*, « temps plus ou moins long donné au sommeil », par une restriction de sens qui date du XVIIe s. ; jusqu'alors signifiait simplement « sommeil », comme encore aujourd'hui dans la plupart des parlers gallo-romans. On attendrait *som* plutôt que *somme ; som*, rare dans l'ancienne langue, est encore fréquent dans les patois ; *somme* est refait sur *sommeil.* Lat. *somnus.* It. *sonno*, esp. *sueño.* Le lat. de basse ép. *somniculus* « léger sommeil » n'a été conservé que par le fr. **sommeil** et l'a. pr. *somelh ;* de là **sommeiller,** 1130, qui a d'abord le sens de « dormir », que la nuance moderne a éliminé depuis le XVIIe s. (sauf, parfois, dans la langue écrite), **ensommeillé,** 1870, aussi au XVIe s.

SOMMÉ, v. **sommet.**

SOMMEIL, v. **somme.**

SOMMELIER, vers 1250. Issu d'une forme **sommerier*, dér. fr. de *sommier*, par dissimilation des deux *r* (cf. *sorcellerie*, de *sorcier*). Au moyen âge a signifié « conducteur de bêtes de somme » (XIIIe-XVe s.), et spécial. « officier chargé de divers services concernant les vivres et le matériel », 1316 (sens du lat. médiéval *summularius*), puis « celui qui est chargé, dans une maison, de tout ce qui concerne la table », XIVe, d'où le sens moderne, 1812 ; on disait aussi **sommellerie,** 1504, pour la charge de sommelier et le lieu où le sommelier gardait ce qui lui était confié.

SOMMER, terme jurid., 1283. Empr. du lat. médiéval *summare* qui a dû signifier propr. « dire en résumé », dér. de *summa* au sens de « résumé, conclusion » (ce verbe médiéval est attesté sans doute par hasard à une date plus récente que le fr.). — Dér. : **sommation,** XIVe.

SOMMER, « faire une somme », v. **somme** « quantité ».

SOMMET, XIIe. Dér. de l'a. fr. *som*, lat. *summum*, neutre pris substantiv. de l'adj. *summus ;* de là aussi it. *sommo*, esp. arch. *somo.* L'a. fr. a formé aussi l'adj. **sommé** « garni au sommet », XIVe, comme terme de vénerie, puis de fauconnerie et de blason.

SOMMIER. D'abord « bête de somme » (sens encore usité au XVIIe s.), pris par métaphore pour désigner divers objets : « poutre », XIVe, « sorte de matelas qui soutient les autres matelas », XVIIe, etc. ; *sommier* « gros registre servant aux officiers de finance », 1694, est le même mot employé par plaisanterie, et ne représente pas, comme on l'a proposé, le lat. *summarium* « abrégé ». Pour le sens, v. **poutre.** Lat. de basse ép. *sagmārium* « bête de somme », v. **somme.**

SOMMITÉ, XIIIe. Empr. du lat. de basse ép. *summitas* « sommet, cime » ; a été un terme techn. jusqu'à une date récente où il a pris le sens de « personnage éminent », 1825.

SOMNAMBULE, 1690. Comp. avec le lat. *somnus* « sommeil » et le verbe *ambulare* « marcher » sur le modèle du lat. médiéval *noctambulus*, v. **noctambule.** — Dér. : **somnambulisme,** 1769 ; **somnambulique,** 1786 ; **-esque,** 1870 (Goncourt).

SOMNIFÈRE, vers 1500. Empr. du lat. *somnifer* (de *somnus* « sommeil » et *ferre* « apporter »).

SOMNOLENT, XVe ; rare avant le XIXe ; **somnolence,** 1787 ; auparavant de 1375 à 1530. Empr. du lat. de basse ép. *somnolentus*, *somnolentia* (de *somnus*, v. **sommeil**). On en a tiré au XIXe s. le verbe **somnoler,** 1874 (Goncourt).

SOMPTUAIRE, 1542 (Dolet : *loy sumptuaire*, dans une traduction des *Lettres* de Cicéron). S'emploie surtout dans cette expression qui est faite sur le lat. *lex sumptuaria* « loi qui concerne les dépenses » ; de là des emplois plus étendus.

SOMPTUEUX, XIVe ; **somptuosité,** 1488. Empr. des mots lat. *sumptuosus* (de *sumptus* « dépense »), *sumptuositas* (créé à basse ép.).

SON, v. **mon.**

SON, « ce qui frappe l'ouïe par l'effet des mouvements vibratoires des corps ». Lat. *sonus.* Le traitement de la voyelle *o* n'est pas régulier, on attendrait *suon, suen ;* le mot est refait sur *sonner* ou sur le mot. lat. It. *suono*, esp. arch. *sueno.*

SON. D'abord *saon, seon*, 1197, au sens de « ce qui est rejeté comme étant de qualité insuffisante », empr. de l'anglo-sax. *sēon* « rebut », part. passé du verbe *sēon* « passer, filtrer ». Depuis 1243 apparaît le sens « résidu de la mouture des grains », attesté par le lat. médiéval *panis de seonno* « pain de son ». Le verbe *saonner*, *seonner*, usité surtout comme terme juridi au sens de « récuser des témoins » et auss. au sens de « rebuter, rejeter » est dérdu subst. *Son* appartient à la France septentrionale ; *bren* (ou *bran*), d'origine prélatine, est le terme du Sud et de l'Ouest ; les parlers de l'Est ont des termes d'origine germanique de la famille de l'all. *Grütze* « gruau ».

SONATE, 1695. Empr. de l'it. *sonata* (de *sonare*, v. **sonner**). De même **sonatine,** 1836, de l'it. *sonatina*.

SONDE, vers 1220 ; pris comme terme de chirurgie, 1596 ; **sonder,** 1382 ; au sens fig., 1570. Le verbe peut être antér. au subst. De l'anglo-sax. *sund-* « mer » contenu dans *sundgyrd* « perche pour sonder », *sundrap* « corde employée pour sonder ». En empruntant le mot de l'anglo-sax. les marins français ont concentré leur attention sur l'élément *sund-* commun à tous ces mots et ont vu dans celui-ci le porteur de la signification commune. — Dér. : **sondage,** 1769 ; **sondeur,** 1572 ; **insondable,** 1578.

SONGE, SONGER. *Songer* a signifié d'abord « faire un songe, rêver » jusqu'au XVIIe s. ; se dit encore au sens de « s'abandonner à la rêverie » ; le sens moderne s'est développé surtout à partir du XVIe s. Lat. *somnium*, *somniāre* (qui signifiait aussi « s'imaginer »). It. *sogno* « rêve », *sognare* « rêver », esp. *sueño*, *soñar*. — Dér. et Comp. : **songerie,** XVe, fait sur le modèle de *rêverie* ; **songeur,** XIIe ; **songe-creux,** 1527 (dans le titre *Pronostication de Songe-Creux*, surnom de Jehan de L'Espine, dit Jehan du Pont Alais ou Songecreux, fameux joueur de farces, ami de P. Gringore).

SONNER. Lat. *sonāre*. It. *sonare*, esp. *sonar*. — Dér. et Comp. : **sonnaille,** vers 1300, probabl. empr. des parlers francoprov., d'où **sonnailler,** « animal portant une sonnette au cou », vers 1380, cf. esp. *sonaja*, peut-être déjà lat. pop. **sonāculum*, *-a* ; d'où le verbe **sonnailler,** 1762 ; **malsonnant,** XVe ; **sonnerie,** vers 1210 ; **sonnette,** vers 1235 ; **sonneur,** vers 1260. V. **résonner.**

SONNET, 1543. Empr. de l'it. *sonnetto*, empr. lui-même de l'a. pr. *sonet* qui désignait une sorte de chanson, de poème, dér. de *son* au sens de « poème » ; même développement dans l'a. fr. *son* « sorte de chanson (d'amour) », *sonet* « *id.* ». Le sonnet, sous la forme que lui a donnée Pétrarque, a probabl. été introduit en France par Maurice Scève et l'école poétique de Lyon.

SONNEZ, 1666 (Furetière), terme de jeu de tric-trac, issu de la locution *sonnez, le diable est mort*. *Sonnez* est une altération d'un terme antér. *sannes*, encore dans les dict., antér. *senes* chez Rabelais, au moyen âge *sines*, qui remonte au lat. *sēnas*, acc. fém. plur. de *sēni* « six par six », avec altération d'après *six* ; *senes* de Rabelais est refait sur le lat. ou repris à l'a. pr. *senas*. Le coup de trois se disait *terne(s)*, lat. *ternas*, le coup de quatre *carme*, 1640, altération de *carne(s)*, *quarnes* au XIIe s., lat. *quaternas*, le coup de cinq *quine(s)*, lat. *quinas*.

SONORE, 1560 ; **sonorité,** 1770, considéré alors comme un néologisme, déjà relevé au XVe et au XVIe s. Empr. des mots lat. *sonorus*, *sonoritas* (créé à basse ép.). — Dér. : **insonore,** 1801.

SOPHISTE, vers 1236 (sous la forme *soffistre*), au sens de « qui use d'arguments captieux » ; **sophistique,** vers 1265, comme adj. ; récent comme subst. ; **sophistiquer,** 1370 (Oresme) au sens de « tromper » ; le sens moderne apparaît dès le XVe s. ; **sophisme,** vers 1175 (sous la forme *soffime*), au sens de « ruse » ; le sens usuel aujourd'hui a été repris au lat. ou au grec vers 1672. Empr. des mots lat. *sophistes*, *sophisticus*, *sophisticari* (créé à basse ép. au sens de « déployer une fausse habileté »), *sophisma* (des mots grecs *sophistês*, propr. « sage, savant », qui désignait partic. des maîtres d'éloquence et de philosophie, à Athènes, au Ve s., dont les doctrines furent critiquées par Socrate, *sophistikos*, *sophisma*, qui ont pris un sens défavorable d'après *sophistês*). — Dér. du verbe : **sophistication,** XIVe (Oresme), rare avant le XIXe s. ; **sophistiquerie,** 1553 ; **sophistiqueur,** XVe ; rare avant le XVIIIe s.

SOPORIFIQUE, fin XVIe s. Dér. du lat. *sopor* « sommeil » sur le modèle des adj. en *-fique*, tels que *sudorifique*.

SOPRANO, 1768. Empr. de l'it. *soprano*, propr. « qui est au-dessus », v. **souverain.** On disait antér. *dessus*. Le comp. **mezzo-soprano** (où *mezzo* signifie « qui est au milieu, moyen ») est attesté en fr. dp. 1838.

SORBE, XVe. Empr. du pr. *sorba*, qui représente le lat. de basse époque **sorba*, pour *sorbum*. Le nom anc. était *corme*, v. ce mot. — Dér. : **sorbier,** 1544 *(sorbier ou cormier)*.

SORBET, 1553. Empr. du turc *chorbet* ; le mot turc vient de l'arabe vulgaire *chourba*, pour *charbât*, plur., signifiant propr. « boissons », v. **sirop.** S'est répandu dans les langues européennes, cf. all. *Scherbet*. — Dér. : **sorbétière,** 1803.

SORCIER, v. **sort.**

SORDIDE, 1495. Empr. du lat. *sordidus* (de *sordes* « saleté »).

SORET, v. **saur.**

SORGHO, 1553 (*sorgue* en 1542). Empr. de l'it. *sorgo*, attesté dans des textes du XIIIe s. sous des formes latinisées *surgum*, *surcum*, *suricum*, qui représentent le lat. *syricus* « de Syrie ».

SORITE, terme de logique, 1558. Empr. du lat. *sorites* (du grec *sôreitês*, de *sôros* « tas » ; dit ainsi parce que dans le sorite les prémisses sont accumulées).

SORNETTE, vers 1420. Dim. de *sorne* « plaisanterie », de la même époque, d'où aussi le verbe *sorner* « railler », également du XVe s. Se rattache à l'a. pr. *sorn* « obscur », d'où aussi *sorne* « scorie » des parlers de l'Ouest et du Centre, et aussi « sobriquet ». Pour l'étymologie, v. *sournois*.

SORT. Lat. *sortem*, acc. de *sors*, fém., qui désignait divers procédés de tirage au sort, notamment pour consulter les dieux, d'où « oracle » et « destin, lot, part ». *Sort* est devenu masc. en fr. ; le fém. se trouve parfois au moyen âge jusqu'au XVIe s. It. *sorte*, esp. *suerte* sont fém. — Dér. : **sorcier,** VIIIe (attesté alors par *sorcerius* des *Gloses de Reichenau*), formé sur l'anc. plur. *sorts*, d'où **sorcellerie,** vers 1220 pour **sorcererie* ; au moyen âge on a aussi *sorcerie*), **ensorceler,** 1188 (sous la forme participiale *ensorcerés*), **-leur,** 1538, **-cellement,** 1393.

SORTE. Vers 1310. En raison de cette date récente empr. du lat. *sors, sortis* qui a pris dès le lat. class. le sens de « manière, façon » (cf. *nova pugnae sors* chez Virgile, *simili sorte* chez Grégoire de Tours), qui est assez souvent attesté aussi en bas-latin ; l'it. *sorta* est empr. du fr. — Dér. : **assortir,** vers 1380, jusqu'au XVIe s. signifie souvent « disposer, munir » ; d'où **assortiment,** vers 1480, sens parallèle au verbe, **désassortir,** 1629 (Peiresc), **rassortir,** 1808, d'où **-iment,** 1842 ; la formation en *-ir* a été provoquée par la famille de sortir.

SORTILÈGE, 1213. Fait d'après le lat. *sortilegus* « qui dit le sort » ; on a aussi en lat. médiéval *sortilegium*, mais au sens de « tirage au sort ».

SORTIR, XIIe (*S'il doit morir et de la mort puisse sortir*, où *sortir* signifie « échapper »). Rare comme verbe de mouvement avant le XVIe s. où il a remplacé le vieux verbe *issir*, v. **issue** ; mais cf. **ressortir.** Continue probabl. le lat. *sortīrī* « tirer au sort » ; l'évolution sémantique a probabl. comme point de départ le part. passé *sortitus* « qui a été désigné par un tirage au sort ». Au moyen âge *sortir* conserve aussi le sens d' « obtenir par le sort », qui subsiste dans quelques emplois jurid. et même de « prendre, jeter les sorts », d'après le lat. *sortiri* et le fr. *sort ;* a pris aussi le sens de « prédire » et celui de « pourvoir » probabl. d'abord dans *se sortir*, qui est attesté en ce sens. A cause du sens et aussi à cause de *ressortir* qui, au moyen âge, est fréquent au sens de « rebondir », on a proposé de séparer *sortir* « obtenir par le sort » de *sortir* « aller du dedans au dehors » que l'on considère comme dér. d'un part. passé **surctus*, lat. class. *surrectus*, de *surgere* « se dresser » ; cette étymologie convient à l'esp. *surtir* « jaillir » ; mais l'*o* du français *sortir* est en ce cas inexpliqué. Au sens d' « aller du dedans au dehors », *sortir* est propre au fr. — Dér. : **sortable,** 1395 *(estoffes... sortables pour ledit casuble) ;* dér. de *sortir* au sens de « pourvoir », donc au sens de « propre à pourvoir quelqu'un de ce qu'il lui faut », d'où « convenable » ; **sortie,** 1400 ; **ressortir,** vers 1080 (*Roland*, « rebondir » ; fréquent aussi dès le XIIe s. au sens de « se retirer, reculer »), d'où **ressort** « action de rebondir », 1220, puis **ressort** (de métal), XVIe (Paré), pris dans sens moral au XVIe s. ; *ressortir*, terme jurid., vers 1320, vient de *ressort* qui, dès 1265, a signifié « recours », et « compétence d'une juridiction » ; d'où **ressortissant,** 1694.

SOSIE, 1712 (Fénelon). Tiré de *Sosie*, nom de l'esclave d'Amphitryon, dont Mercure prend momentanément la figure. C'est la pièce de Molière, 1668, qui a popularisé le personnage.

SOT, XIIe, *sottus* en lat. médiéval dès 800. Mot expressif qu'on retrouve dans d'autres langues romanes, où la consonne initiale n'est pas *s-*, mais toujours une sifflante : esp. *zote*, it. *zotico*, de même dans des langues slaves (slovène *šutek*, etc.). — Dér. et Comp. : **sottie,** du XIIe au XVIe s. au sens de « sottise » ; a été pris à partir du XVe s. pour désigner un genre de satire dialoguée où figurent des *sots ;* **sot-l'y-laisse,** 1798 ; **sottise,** 1190 ; d'où **sottisier,** 1717 ; **assoter,** XIIe, **rassoter,** *id.*

SOU. Lat. *solidus*, propr. adj., v. **solide,** qui a été pris substantiv. à l'époque impériale pour désigner une monnaie d'or de valeur fixe. *Sou* a désigné des monnaies de valeur différente au cours de l'histoire, entre autres une monnaie de billon ; par suite, a été conservé par la langue courante, lors de l'établissement du système décimal, pour désigner les pièces de cinq et de dix centimes ; une forme archaïque *sol* s'emploie encore par plaisanterie. It. *soldo*, aujourd'hui « pièce de cinq centimes », esp. *sueldo*.

SOUBASSEMENT, v. **bas.**

SOUBRESAUT, vers 1369 (G. de Machaut). Empr., comme terme d'équitation, soit du prov. *sobresaut*, par hasard attesté seulement à l'époque moderne, mot formé comme le fr. *sursaut*, soit de l'esp. *sobresalto* ; le fr. a pris dès cette ép. des termes militaires à l'esp., cf. **jaquette** ; par conséquent l'empr. d'un terme d'équitation n'a rien de surprenant. A signifié aussi « gambade, saut de clown » au XVe et au XVIe s. ; sens moderne depuis le XVIIe.

SOUBRETTE, 1640 (Faret). Empr. du prov. *soubreto*, fém. de l'adj. *soubret* « affecté », propr. « qui fait le difficile », dér. de *soubra* « laisser de côté » ; ce sens est issu du sens anc. « être de trop, être de reste » qu'avait l'a. pr. *sobrar*, lat. *superāre* « être au-dessus » ; de là aussi esp. *sobrar* « être de plus, excéder ».

SOUCHE, 1100 (sous la forme *çoche*, qui se trouve aussi chez Chrétien). Cette forme *çoche* est confirmée par *chouque* du picard et du normand, d'où **chouquet,** 1381, « sorte de billot ». Continue un gaul. **tsukka*, qui correspond à l'all. *Stock* (un ancien *st-* devient *ts-* en celt.). Les parlers de l'Ouest ont une variante *coche* due à une très ancienne métathèse attestée dès le IXe s. On trouve des représentants de **tsukka* en Italie (Monferrat *soc*, *socca*) et en Espagne (arag. *zoque*). Les parlers gallo-romans ont aussi une variante avec la voyelle *u* (norm. *chuque*, berrichon *suche*), qui revient aussi en Italie (piém. *süka*) et en rhéto-roman (Engadine *tschücha*), où la voyelle *ü*, comme du reste dans quelques autres mots d'origine gauloise, a été traitée comme le *ū* lat. — Dér. : **souchet,** nom de plante, 1375, ainsi nommé à cause des rhizomes dont cette plante est pourvue.

SOUCI, nom de plante, 1538. Altération par croisement avec *souci* « chagrin », d'un anc. *soucie*, fém., XIIIe s., cf. en outre *solsicle*, *sousicle*, etc., formes diversement francisées du lat. de basse ép. *solsequia* « tournesol », littéral « qui suit (de *sequi*) le soleil ». Ce mot, propre à la France septentrionale (qui s'est répandu à une date assez récente dans le Midi), est repris au lat. et non transmis par la voie pop. ; c'est ce que prouvent et le peu d'extension du mot et le traitement de la terminaison (*-equia* aurait abouti régulièrement à *-iece*).

SOUCIER. A toujours été usité surtout au pronominal. Lat. pop. **sollicītāre* « inquiéter » (pour ce sens, v. **solliciter**), altération du lat. class. *sollicitāre*, due à une influence de *excītus*, part. passé de *excīre* « exciter », cf. pour une altération de même origine les formes de l'a. pr. *reissidar*, *eissidar* « éveiller », lat. pop. **reexcītāre*, **deexcītāre* (du lat. class. *excītāre*). — Dér. : **souci** « chagrin », 1213, d'où **sans-souci,** 1718, mais on a déjà les *Enfants Sans Souci*, célèbre troupe de sots au XVe s. ; **soucieux,** vers 1300, **insoucieux,** 1787 ; **insouciant,** 1752, **insouciance,** 1752.

SOUDAIN. Lat. pop. **subitānus*, lat. class. *subitāneus* (de *subitus*, de même sens). A. pr. *soptan*. — Dér. : **soudaineté,** XIIIe.

SOUDARD, v. **soldat.**

SOUDE, 1527 (écrit *soulde*). Empr. du lat. médiéval *soda*, it. *soda*. Ces mots viennent de l'arabe *suwwād* « suaeda ». La cendre de cette plante donne une soude excellente, qui a été exportée autrefois par grandes quantités de la Sicile. Cette exportation a porté le nom du produit dans toutes les langues européennes.

SOUDER. Lat. *solidāre*, dér. de *solidus*, v. **solide.** Esp. *soldar*, it. *soldare*, v. **solder.** — Dér. : **soudage,** 1459 ; **soudeur,** 1313 ; **soudure,** vers 1100 ; **dessouder,** 1165 ; **ressouder,** vers 1190.

SOUDOYER, vers 1170. Dér. de *sold*, forme première de *sou*, v. **soldat.**

SOUDRE, v. **soulte.**

SOUE, mot régional qui paraît aujourd'hui généralement connu, *sot*, *sau* au XIIIe s., etc. Déjà dans la Loi Salique sous la forme *sutem*. Représente le gaulois *sūteg-* « toit à porcs ».

SOUFFLER. Lat. *sufflāre* « souffler sur » (de *flāre* « souffler »). It. *soffiare*, esp. *sollar* (moins usité que *soplar*). La plus grande partie des parlers gallo-romans, au sud de la Loire, préfère *bufá*, d'origine onomatopéique, v. **buffet.** — Dér. et Comp. : **soufflage,** 1675 ; **souffle,** XIIe ; **soufflerie,** XIIIe ; **soufflet** « instrument servant à souffler », XIIe ; **soufflet,** 1459 « gifle », d'abord *soufflace*, XIVe s., formation péjorative, refait ensuite sur l'a. fr. *bufet* id., d'origine onomatopéique, d'où **souffleter,** 1525 ; **souffleur,** XIIIe ; **soufflure,** 1701, comme terme techn. ; déjà formé au XVIe s. au sens de « souffle » ; **boursouflé,** 1230 (sous la forme *borsoflez*), usité surtout au part. passé, on emploie peu d'autres formes verbales ; mot pop. aux formes variées dont le premier élément se retrouve dans le type *bourenfler*, attesté depuis le XIIIe s., partic. en Bourgogne, et dans lequel on peut voir le fr. *bourre*, **boursouflure,** 1532 ; **essouffler,** vers 1185, **essoufflement,** 1500.

SOUFFRETEUX, XIIIe. D'abord *sufraitus*, XIIe, propr. « qui est dans le dénuement », seul sens du mot jusqu'au XVIIIe s. ; c'est un dér. de l'a. fr. *soufraite* « disette, privation », encore usité dans des parlers du Centre et de l'Ouest, lat. pop. *suffracta*, fém. pris substantiv. de *suffractus*, part. passé du lat. pop. **suffrangere*, réfection du lat. class. *suffringere* « rompre » (d'où a. fr. *soufraindre* « tourmenter » et intransitivement avec une chose comme sujet « manquer de », a. pr. *sofranher* « manquer, faire défaut »), cf. de même a. pr. *sofracha* « disette », *sofrachos* « nécessiteux ». Le sens moderne de *souffreteux* qui apparaît au début du XIXe s. est dû à une étymologie populaire qui a vu dans cet adj. un dér. de *souffrir*.

SOUFFRIR. Signifie « supporter » jusqu'au XVIe s. ; remplace alors l'anc. *douloir* (du lat. *dolere*). Lat. pop. **sufferīre*, lat. class. *sufferre* (de *ferre* « supporter »). It. *soffrire*, esp. *sufrir*. — Dér. et Comp. : **souffrance,** XIIe, signifie souvent au moyen âge « permission, délai », comme *se souffrir* « s'abstenir, attendre » ; **souffrant,** *id.* ; **souffre-douleur,** 1646.

SOUFRE. Lat. *sulphur*, forme grécisée de *sulpur*, mot probabl. dialectal. It. *zolfo*, esp. *azufre*. *Sulpur* est en outre conservé par l'a. pr. *solpre*. — Dér. : **soufrer,** XIIIe, **soufrage,** 1798 ; **soufrière,** 1529.

SOUHAITER, XIVe (G. de Machaut) ; on trouve d'abord, du XIIe au XVe s. une forme *sohaidier*, altérée. Remonte à un francique **hait* « vœu » (comp. gotique *gahait* « promesse », all. *Verheissung*), avec lequel le gallo-roman du Nord doit avoir formé très tôt un verbe **subtus-haitare* « promettre de façon à ne pas trop s'engager ». A. fr. *sohaidier* est devenu par la suite *souhaiter* sous l'influence du subst. *souhait*. — Dér. : **souhait,** vers 1170, **souhaitable,** vers 1500.

SOUILLER, 1155 (au part. prés. déjà vers 1100). Signifie en anc. fr. aussi « se vautrer dans la boue (du sanglier) ». Ce verbe est dér. de l'anc. fr. *souil*, qui signifie « abîme de l'enfer », ensuite « lieu bourbeux où se vautre le sanglier, lequel représente le lat. *solium* « thrône », mais aussi « baignoire ; baquet de cuisine ». A. pr. *solhar*. — Dér. : **souillard,** 1359, au sens de « souillon », 1676, comme subst. techn. ; **souille,** 1538, comme terme de marine ; désigne aussi une prairie marécageuse, etc., 1413 ; **souillon,** vers 1530 ; **souillure,** vers 1280.

SOUK, fin XIXe. Mot arabe signifiant « marché », qui sert à désigner des magasins réunis dans des ruelles ou des passages, surtout dans des villes de l'Afrique du Nord.

SOÛL; propr. « pleinement repu », sens usuel jusqu'au XVIIe s.; celui d' « ivre », attesté au moins depuis le XVIe s., a rendu le mot vulgaire; mais on l'emploie encore dans les locutions telles que *tout son soûl*, XVe; **soûler,** « rendre soûl »; développement de sens parallèle à celui de l'adj. Lat. *satullus*, *satullāre* (de *satur* « rassasié, gorgé »), termes pop. en face des termes du lat. class. *satur*, *saturāre*, qui ont laissé quelques traces. It. *satollo*, *satollare*. — Dér. et Comp. : **soûlard,** 1433; **soûlaud,** 1802; **soulographie,** 1835 (Balzac : « Si je donne les dix francs aux ouvriers, ils feront de la soulographie, et adieu votre typographie »); **soûlerie,** 1863; **dessoûler,** 1557.

SOULAGER, vers 1210. Antér. *souzlegier*, XIIe, refait en *soulager* d'après *soulas* « consolation », lat. *solācium* et *soulacier*, « consoler », dér. de *soulas*; on admet aussi une influence de l'anc. verbe *assouagier* qui a un sens proche de *soulager*; *souzlegier* représente, avec une substitution de préf., le lat. pop. **subleviāre*, altération du lat. class. *sublevāre*, propr. « soulever », d'après *alleviāre*, v. **alléger.** Esp. *soliviar*. — Dér. : **soulagement,** 1495 (*soubzlegement*, 1384).

SOULEUR, v. **seul.**

SOULIER. D'abord *soller*, devenu *soulier* depuis la fin du XIVe s., par substitution de suff., v. **sanglier.** Lat. de basse ép. *subtēlāris*, VIIe (Isidore de Séville) (sous-entendu *calceus*), dér. du lat. de basse ép. *subtēl* « creux sous la plante du pied »; désignait probabl. une chaussure qui ne couvrait pas le dessus du pied. Seulement gallo-roman; la forme sans substitution de suff. survit surtout en wallon, en lorrain et en franco-provençal.

SOULOIR, v. **habitude.**

SOULTE, terme de droit. Orthographe archaïsante (qui a réagi sur la prononciation au cours du XIXe s.), de *soute*, XIIe, subst. fém. tiré d'un anc. verbe *soudre*; ce verbe, sorti de l'usage depuis le début du XVIIe s., était usuel au moyen âge au sens de « payer », outre ceux de « résoudre » et même de « dissoudre »; il continuait le lat. *solvere*, propr. « délier », d'où aussi esp. *solver* « résoudre ».

SOUMETTRE. Lat. *submittere*; le préf. lat. a été remplacé en fr., avant les premiers textes, par la préposition correspondante *sous*; mais au moyen âge on trouve aussi *submettre*. It. *sommettere*, esp. *someter*. — Comp. : **insoumis,** 1798, une première fois en 1564.

SOUMISSION, 1349. On a dit aussi *submission*, 1312, encore dans *Le Cid*, II, 6. Empr. du lat. *submissio* « action d'abaisser », dér. de *submittere*, v. le préc., pour servir de nom abstrait à *soumettre*, d'après lequel le préf. a été francisé. — Dér. de *soumission*, terme d'administration, XVIIIe (pour ce sens, cf. *soumettre une proposition*) : **soumissionnaire,** 1687; **soumissionner,** 1798 (se trouve d'abord au sens de « soumettre », 1629, chez Peiresc); **insoumission,** 1827.

SOUPAPE, 1547. Emploi fig., plaisant, de *sou(s)pape*, XIIe, « coup sous le menton (qui fait fermer brusquement la bouche) », la soupape se ferme en effet brusquement; *sous-barbe*, attesté en 1611 au sens de « coup sous le menton » et qui a reçu aussi des sens techn., n'est pas exactement comparable, car les sens « pièce du licol, cordage, etc. » qui se ramènent tous au sens d' « objet qui passe sous la barbe », sous le menton » sont peut-être antérieurs à « coup sous le menton ». *Souspape* est formé de la prép. *sous* et d'un élément *pape*, tiré de l'anc. verbe *paper* « manger » (v. **papelard**), qui a pu signifier « mâchoire » (il n'est pas surprenant qu'un tel mot, qui appartenait à la langue pop. et qui, de plus, a pu ne pas être longtemps employé, ne se trouve pas dans les textes); les mots esp. *papar* « manger » et *papo* « jabot, goitre, etc. », *papada* « double menton », *sopapo* « coup sous le menton », confirment l'étymologie.

SOUPÇON. Lat. *suspectiōnem*, acc. de *suspectiō*, mot de l'époque impériale, dér. du verbe *suspicere* « regarder », d'où « présumer, soupçonner »; le lat. class. disait *suspicio*, v. **suspicion**; *soupçon*, d'abord *souspeçon*, a été fém. comme le mot lat. jusqu'à la fin du XVIe s. A. pr. *sospeisso*; ailleurs autres types : it. *sospetto*, du lat. *suspectus*. On admet aussi *suspiciōnem* comme type étymologique des formes gallo-romanes; pour le fr. on ne peut pas se prononcer; mais l'a. pr. aurait eu ce cas *sospesso*, sans *i*. — Dér. : **soupçonner,** 1225; d'où **insoupçonné,** 1840, **insoupçonnable,** 1840 (signalé alors comme un néologisme); **soupçonneux,** XIIe, aussi « suspect » au moyen âge.

SOUPE, vers 1180. Signifie d'abord « tranche de pain mince sur laquelle on verse le bouillon », de là les expressions encore usuelles *tailler*, *tremper la soupe*, *trempé comme une soupe*; a pris le sens de « potage », plus spécialement de « bouillon avec du pain » au XIVe s. Du germ. occidental **suppa* (on a déjà *suppa* au VIe s. chez Oribase) (de la famille du gotique *supôn* « assaisonner », néerl. *sopen* « tremper », angl. *sop* « tranche de pain, etc. », *to sop* « tremper »), d'où aussi it. *zuppa*, esp. *sopa*; le sens propre est partout « tranche de pain qu'on fait tremper dans le bouillon »; le sens de « mélange de bouillon et de pain ou d'autres aliments » paraît être dû au fr., d'où il a été pris par l'all. *Suppe* et l'angl. *soup*. V. **brouet.** — Dér. : **souper,** *verbe*, vers 1138; a désigné d'abord le repas du soir, qui a pris à Paris le nom de *dîner* au cours du XIXe s., v. **déjeuner**; vers 1860, le dîner a été reculé vers la fin de l'après-midi; *souper* a été dès lors réservé à un repas qu'on prend après la sortie du théâtre ou au cours d'une soirée. Mais, sauf dans la Suisse romande qui a d'autres termes, tous les parlers gallo-romans conservent encore *souper* au sens ancien; d'où **souper,** *subst.*, vers 980, sens parallèle à celui du verbe ; on a écrit aussi *soupé* du XVIIe au XIXe s., **après-souper,** 1671, d'abord *après-soupée*, au XVIe et jusqu'au XIXe s. ; **soupière,** 1729.

SOUPENTE, 1338 ; on disait aussi *souspendue*, usuel au XVe et au XVIe s. ; *soupente* a plusieurs sens techn., entre autres désigne diverses sortes de courroies. Tiré (sur le modèle de *pente*, v. *pendre*) de l'anc. verbe *souspendre*, lat. *suspendere*, d'où aussi it. *sospendere*, v. **suspendre.**

SOUPIRAIL, 1332 (écrit *sous-*) ; au XIIe-XIIIe s., on a déjà *suspiral* (en 1100 *sospiriel*) ; attesté en 1372 dans un autre sens : *L'air... c'est le souppirail de toutes bestes* (par une extension d'emploi hardie). Mot techn. qui paraît avoir été tiré de *soupirer* (qui a quelquefois le sens d' « exhaler ») sur le modèle du lat. *spiraculum ;* l'a. pr. a aussi *sospiralh*, réfection, d'après *sospirar* « soupirer », de *espiralh*, lat. *spīrāculum* « soupirail » (de *spīrāre* « souffler, respirer ») ; *espirail* n'est attesté en fr. qu'au XVIe s., où il est rare et suspect d'être empr.

SOUPIRER. Lat. *suspīrāre.* — Dér. : **soupir,** XIIe ; **soupirant,** XIIIe.

SOUPLE. Au moyen âge signifie « abattu, humble, triste » ; le sens moderne apparaît dans le dér. *souplesse* dès le XIIIe s. (Br. Latini) ; du sens d' « humble » on passe à celui de « qui se plie facilement », qui a été dit ensuite du corps, puis des choses. Pour le passage d'un adj. de sens moral à une acception physique, v. *large.* Lat. *supplex* « suppliant », propr. « qui plie les genoux pour supplier ». En dehors du fr. on n'a signalé que *sopse* « mou », lat. *supplicem*, à Imola. — Dér. : **souplesse,** XIIIe ; **assouplir,** XIIe, sens parallèle à celui du verbe, **assouplissement,** fin XIXe.

SOUQUENILLE, XIIe, sous la forme *soschanie*, en outre *sousquenie*, *sorquenie*, etc. ; *sequenie*, en 1534 chez Rabelais ; *siquenille* et *souquenille* au XVIIe s. *souq-* et *soug-* au XVIIe et au XVIIIe s. Empr. du moyen haut all. *sukenie*, qui vient lui-même d'une langue slave, cf. polonais *suknia*, tchèque *sukne*, etc.

SOUQUER, terme de marine, 1687. Empr. du prov. *souca* qui signifie aussi « serrer fortement un nœud, raidir un amarrage, bûcher, peiner », peut-être dér. de *soc.*

SOURCE, v. **sourdre.**

SOURCIL. Lat. *supercilium.* A. pr. *sobrecelh*, port. *sobrancelha.* — Dér. : **sourciller,** vers 1230 ; **sourcillier,** 1580.

SOURCILLEUX, 1548. D'abord et jusqu'au XVIIIe s. « arrogant, orgueilleux ». Empr. du lat. *superciliosus*, même sens (d'abord *supercilieux*, 1477). Sens moderne depuis le XVIIe s., sous l'influence de *sourcil.*

SOURD. Lat. *surdus.* It. esp. *sordo*, mais lorrain *sourdeau*, franc-comtois *lourdeau*, *lourdaud.* — Dér. : **sourdaud,** 1534 ; **assourdir,** XIIe, **assourdissement,** 1611.

SOURDINE, 1568. Empr. de l'it. *sordina*, dér. de *sordo.*

SOURDRE. Ne s'emploie plus qu'à l'inf. et dans un style élevé. Lat. *surgere* « s'élever, jaillir » ; v. **surgir.** It. *sorgere.* — Dér. : **source,** vers 1170 (écrit *sourse* : la graphie *source* est du XVIe s.), issu du fém. de l'anc. part. passé *sors*, usuel au moyen âge ; d'où **sourcier,** 1781, v. **ressource ; surgeon,** XVe ; d'abord *sorjon*, du XIIIe au XVIe s., peut-être altéré en *surgeon* d'après le lat. *surgere* prononcé avec *ü* dans les écoles, mais il est difficile d'admettre que le latin des écoles ait pu exercer pareille influence dans ce domaine sémantique ; le *j* vient de certaines formes verbales, notamment du part. prés. *sourjant* ; a signifié « source » jusqu'au XVIe s. ; le sens de « branche qui naît de la souche ou du collet de l'arbre » date de cette ép.

SOURIRE. Lat. pop. **subrīdēre*, lat. class. *subrīdēre*, v. **rire.** It. *sorridere*, esp. *sonreir.* — Dér. : **sourire,** *subst.*, 1454 (écrit *sourir*) ; jusqu'au XIXe s. on a dit aussi *souris* (fait sur le modèle de *ris*) ; **souriant,** 1871.

SOURIS. Lat. pop. **sōrīcem*, acc. de **sōrīx*, lat. class. *sōrex*, *sōricis*, masc. ; a. pr. *soritz.* Attesté au sens de « mollet », au XIVe s. ; depuis XVIIIe s. désigne aussi le muscle qui tient à l'os du gigot. N'est usuel que dans la partie septentrionale du domaine gallo-roman ; au Sud de la ligne allant de l'embouchure de la Gironde au Nord de la Lorraine, on a surtout les types *rat*, *rate ;* il y a en outre un type *mūrica* au Sud-Ouest (dér. de *mūs*, *mūris*), v. **rat.** — Dér. **souriceau,** vers 1500 ; **souricière,** 1491. — Comp. : **chauve-souris,** XIIe ; déjà *calvas sorices* au VIIIe s. dans les *Gloses de Reichenau* ; l'a. fr. dit aussi *souris chauve*, encore chez La Fontaine, XII, 7 ; le lat. class. *vespertīliō* n'a survécu qu'en Italie sous des formes extrêmement variées : it. *pipistrello*, etc. ; l'a. pr. dit *soritz penada*, littéral. « souris ailée », d'où le type d'aujourd'hui *rato penado ;* parmi les noms variés de cet animal dans les parlers gallo-romans un des plus répandus est *chaude souris* ou *souris chaude*, altération de *chauve souris.*

SOURNOIS, 1640. Probabl. mot d'origine méridionale, de la famille de l'a. pr. *sorn* « sombre, obscur » ; le rapport des sens apparaît dans le prov. moderne qui dit à la fois *sourne* « sombre » et l'adv. *sournamen* « sournoisement », cf. aussi les dér. *sournacho*, *sournaras*, *sournaru*, *sournet*, tous au sens de « sournois ». Ce groupe de mots est très probabl. le résultat d'un croisement de *sourd* avec le fr. *morne*, a. pr. *morn.*

SOUS. Lat. *subtus*, adv. signifiant « dessous », attesté à basse ép. comme prép. ; la prép. du lat. class. *sub* n'a laissé que peu de traces. It. *sotto*, prép. et adv., esp. *soto*, aujourd'hui moins usité que *(de)bajo*, propr. « en bas ». Concurrencé dans de nombreux parlers gallo-romans par *dessous.* Sert aussi de préf., v. les comp. sous le simple. — Comp. : **dessous,** vers 980 *(Passion)* ; aussi prép. jusqu'au XVIIe s. ; se prend aussi comme subst. depuis 1393 ; *être dans le troisième dessous*, 1864, est une locution qui vient de la langue du théâtre ; en effet les dessous qui se trouvent sous la scène forment ou formaient trois étages.

SOUSCRIRE, 1506 ; souvent écrit *soubscrire* au XVIe s., cf. aussi *subscrire* en 1356 ; on a en outre *sousécrire*, forme plus francisée, au XIVe et au XVe s. ; **souscripteur,** 1679 ; on a aussi essayé *souscriveur*, 1675 ; **souscription,** 1389 ; d'abord *subscription*, XIIIe. Empr. du lat. *subscribere* (francisé d'après *écrire*), *subscriptor*, *subscriptio*.

SOUS-JACENT, terme techn., 1812. Comp. de *sous* et du lat. *jacens*, part. prés. de *jacere* « être étendu » (la langue du droit dit aussi **jacent,** relevé depuis 1762), sur le modèle d'*adjacent*.

SOUSTRAIRE, vers 1120 ; signifie aussi au moyen âge simplement « retirer » ; sens mathématique, XIIIe ; **soustraction,** 1484 ; d'abord *subtraction*, depuis le XIIe s. (souvent comme terme jurid.) ; sens parallèle à celui du verbe. Empr. des mots lat. *subtrahere*, *subtractio* (créé à basse ép.), qu'employait aussi Boèce comme termes de mathém. ; le préf. est refait d'après des mots tels que *souscrire*, etc.

SOUTACHE, 1842. Désignait propr. une tresse de galon, qui s'attachait au schako du hussard. Empr. du hongrois *sujtás*, v. **schako.**

SOUTANE, 1550 (sous la forme *sottane*). Empr. de l'it. *sottana*, propr. « jupe, vêtement de dessous », dér. de *sotto* « dessous » ; francisé en *soutane* d'après *sous*.

SOUTE, vers 1300 (Joinville). Empr. de l'a. pr. *sota*, de même sens, tiré de la prép. adverbiale *sota*, cf. pour le sens l'emploi de *dessous* en fr. ; *sota* continue une forme du lat. pop. **subta*, transformation de *sŭbtus* (v. **sous**) d'après *supra* « sur » ; d'où aussi notamment cat. *sota* et sarde *sutta*. — Dér. : **soutier,** fin XIXe.

SOUTENIR. Lat. pop. **sustenīre*, lat. class. *sustinēre*, refait sur **tenīre*, v. **tenir** ; cf. de même a. pr. cat. *sostenir* ; it. *sostenere*, esp. *sostener* continuent le latin classique. — Dér. : **soutenable,** vers 1390, d'où **insoutenable,** 1460 ; **soutenance,** 1856, au sens d' « action de soutenir une thèse », d'après *soutenant* « qui soutient une thèse » (dès 1660) ; *soutenance* a été usuel au moyen âge et jusqu'au XVIe s. au sens de « soutien » ; **soutènement,** vers 1170 ; usuel jusqu'au XVIe s. au sens général de « soutien », spécialisé depuis ; **souteneur,** vers 1180, propr. « celui qui soutient, qui protège » ; aux sens péjor. de « celui qui soutient les mauvais lieux » et de « celui qui se fait entretenir par une fille publique », 1743 ; **soutien,** vers 1260 ; **soutien-gorge,** 1923.

SOUTERRAIN, v. **terre**

SOUVENIR. D'abord impersonnel dans le tour *il me souvient*, etc., aujourd'hui archaïque, ou construit avec une chose comme sujet ; le tour personnel *se souvenir*, fait sur le modèle de *se rappeler*, apparaît au XIVe s., mais ne devient usuel qu'au XVIe s. Lat. *subvenīre* au sens de « venir à l'esprit », en construction impersonnelle, propr. « venir au secours » (sens attesté du XIIIe au XVIe s.) v. **subvenir** ; *succurrere* « secourir » a aussi en lat. class. le sens de « se présenter à l'esprit ». It. *sovvenirsi*. — Dér. : **souvenir,** *subst.*, XIIIe ; **souvenance,** XIIe, vieilli depuis le XVIIe s., mais répandu dans les patois ; aujourd'hui terme poétique ; **ressouvenir,** XIIe.

SOUVENT. Lat. *subinde*, propr. « immédiatement après, aussitôt », d'où « successivement », puis « souvent » à l'époque impériale ; le lat. class. *sæpe* a disparu de tout le roman. Aussi a. pr. *soven*, cat. *sovent*. Ailleurs termes nouveaux : it. *spesso*, v. **épais.** L'it. *sovente* est emprunté. — Comp. : **souventefois,** XIIe ; aujourd'hui provincial.

SOUVERAIN, XIIe. D'un lat. de basse époque **superanus* (non attesté, mais qui doit avoir existé et qu'on trouve en latin médiéval), dér. de *super* (v. **sur**). Esp. *soberano*, it. *soprano*. V. **suzerain.** *Souverain*, nom d'une monnaie anglaise, 1829, est un calque de l'angl. *sovereign* (qui vient lui-même du fr.). — Dér. : **souveraineté,** XIIe.

SOYA, 1842 ; mot mandchou, empr. par l'intermédiaire de l'all. *Soja*.

SPACIEUX, vers 1120. Empr. du lat. *spatiosus* (de *spatium* « espace »).

SPADASSIN, 1532 (Rab.). Empr. de l'it. *spadaccino*, littéral. « homme qui manie l'épée », terme péjor., dér. de *spada* « épée ».

SPAGHETTI, 1923. Empr. de l'it. *spaghetti*, dimin. de *spago* « cordelette ».

SPAHI, 1538, dans le récit de voyage de d'Aramon, ambassadeur de France à Constantinople, au sens de « cavalier turc au service du sultan » ; pris en 1831 pour désigner des cavaliers indigènes de l'Afrique du Nord au service de la France. Empr. du turc *sipâhi*, lui-même d'origine persane, v. **cipaye** ; on trouve parfois *sipahi* dans des textes français.

SPARADRAP, 1314 (sous la forme *speradrapu*). Empr. du lat. médiéval *sparadrapum*, d'origine obscure.

SPARDECK, terme de marine, 1813. Empr. de l'angl. *spardeck* (de *spar* « barre de bois » et de *deck* « pont »).

SPARTE, nom de plante, 1532. Empr. du lat. *spartum* (du grec *sparton*). — Dér. : **sparterie,** 1775 ; **spartéine,** 1875.

SPASME, 1314 ; au XIIIe s. *espame* ; **spasmodique,** 1721. Le premier est empr. du lat. *spasmus* (du grec *spasmos*, de *spân* « tirer » ; v. **pâmer**), le deuxième est empr. de l'angl. *spasmodic*, dér. sav. du grec médical *spasmôdês* « qui a le caractère du spasme ». — Comp. de l'adjectif : **anti-,** 1740.

SPATH, 1753 (d'Holbach). Empr. de l'all. *Spath*.

SPATIAL, 1890. Dér. du lat. *spatium*, pour servir d'adj. à **espace.**

SPATULE, 1377 ; en outre *espatule*, XIVe, encore attesté en 1680. Empr. du lat. *spatula* « sorte de cuiller », dér. de *spatha* « morceau de bois large et plat pour remuer les médicaments ». — Dér. : **spatulé,** 1778.

SPEAKER, 1649, « président de la Chambre des Communes » ; au sens d' « orateur (en général) », 1866 ; spécialement dans la langue des sports, « celui qui annonce le résultat des épreuves », 1904, d'où, dans la langue de la radiophonie, « annonceur », 1947 (l'angl. dit en ce sens *announcer*). Empr. de l'angl. *speaker* (de *to speak* « parler »).

SPÉCIAL, 1150 ; au moyen âge souvent *especial*, notamment dans la formule jurid. *par especial* ; **spécialité,** vers 1250 ; en outre forme plus francisée *especiaute*, 1283 (Beaumanoir). Empr., comme termes didactiques, des mots lat. *specialis*, propr. « relatif à l'espèce, particulier » (par opposition au général), *specialitas* (créé à basse ép.). *Spécialité* a pris un sens plus étendu au XIXe s. — Dér. de *spécial* : **spécialiser,** 1823 (une première fois en 1547), d'où **spécialisation,** 1830 ; **spécialiste,** 1832.

SPÉCIEUX, vers 1370, au sens de « qui a une belle apparence », usuel encore au XVIIe s. ; le sens moderne apparaît alors. Empr. du lat. *speciosus* (de *species* au sens d' « aspect (brillant ») qui a les deux sens du fr.

SPÉCIFIQUE, 1503 ; **spécifier,** 1260 (sous la forme *especefier*) ; **spécification,** 1341. Empr. du lat. de basse ép. *specificus*, *specificare* et du médiéval *-catio* (tirés de *species* au sens d' « espèce »). — Dér. de *spécifique* : **spécificité,** 1836.

SPÉCIMEN, vers 1700 (Saint-Évremont) Empr. de l'angl. *specimen* « échantillon, modèle » (du lat. *specimen*) comme t. de commerce.

SPECTACLE, vers 1200 ; **spectateur,** 1375. Empr. du lat. *spectaculum*, *spectator* (qui se disait spécialement de « celui qui assiste à une représentation théâtrale », de *spectare* « regarder »). — Dér. du premier : **spectaculaire,** vers 1925, d'après la forme du mot lat. *spectaculum*.

SPECTRE, 1586, « apparition d'un fantôme, etc. ». Empr. du lat. *spectrum* (de *specere* « regarder »). Comme terme d'optique, 1720, doit ce sens à l'angl. *spectrum*, lui-même pris au lat. par Newton en vue de ce sens spécial. — Dér. : **spectral,** 1862.

SPÉCULER, 1345, au sens d' « observer (surtout les astres) », encore chez Calvin ; en outre, au moyen âge et jusqu'au XVIIIe s., « faire des recherches théoriques » ; terme de bourse, 1798. **Spéculateur,** 1355 ; *spéculateur* se trouve au XIVe s. (Raoul de Presles) et chez Calvin au sens de « bourreau » ; c'est un autre mot, empr. du lat. *speculator*, forme fautive de *spiculator*, usité surtout dans le lat. eccl. ; le texte de R. de P. : « Je requerrai son sang de la main du spéculateur, c'est-à-dire de celluy qui est ordonné à juger les gens » montre que l'auteur a rapproché aussi le mot de *speculator* « observateur, celui qui surveille » ; sens parallèle à celui du verbe ; mais comme terme de bourse, apparaît dès 1745 ; **spéculatif,** 1268 ; a été employé aussi dans la langue de la bourse, dès 1740 ; **spéculation,** vers 1350 ; d'abord « art d'observer », encore chez Fénelon ; puis « recherche théorique », XIVe (Oresme) ; terme de bourse, 1776. Empr. des mots lat. *speculari* « observer », *speculator* (qui signifiait aussi « soldat éclaireur », sens repris au XVIIe et au XVIIIe s.), *speculativus* (créé à basse ép.), *speculatio (id.)*.

SPECULUM, terme médical, 1534. Jusqu'au milieu du XIXe s., *speculum*, mot lat. signifiant « miroir », est presque toujours accompagné d'un autre mot lat. qui le détermine : *speculum oris*, *ani*, *uteri*, *oculi*, etc. « miroir de la bouche, de l'anus, de l'utérus, de l'œil, etc. ».

SPEECH, 1836. Empr. de l'angl. *speech* (de la famille de *to speak* « parler »).

SPÉLÉOLOGUE, 1907. Dér. du grec *spelaion* « caverne » à l'aide du suffixe *-logue* (*philologue*, etc.), de même **spéléologie,** 1894.

SPENCER, 1797. Empr. de l'angl. *spencer*, tiré lui-même du nom de *Lord Spencer* (1758-1834), qui mit ce vêtement à la mode.

SPERGULE, nom de plante, 1752. Empr. du lat. médiéval *spergula*, d'origine incertaine. Les dialectes offrent des formes variées dont les rapports sont mal déterminés : *espargoule*, *espargoute*, *pergoute*, etc.

SPERME, XIIIe (aussi *sparme*, XIVe), au sens moderne ; **spermatique,** 1314. Empr. du lat. de basse ép. *sperma*, *spermaticus* (du grec *sperma*, *spermatikos*, de *speirein* « semer »). *Sperme de baleine*, XIIIe (sous la forme *esperme*...) est une traduction du lat. médiéval *sperma ceti* ; cette matière utilisée pour faire des bougies de luxe, du cold-cream, etc., est en réalité extraite d'une huile qui remplit les cavités de la tête du cachalot et qui a reçu ce nom à cause de son aspect. — Dér. : **spermatologie,** fait d'après le grec *sperma*, *-atos*, 1741 ; **spermatozoïde,** 1855, fait d'après **-zoaire,** 1847.

SPHÈRE, 1532 (Rab.) ; antér. *espère*, depuis env. 1165 ; **sphérique,** XIVe (Oresme). Empr. des mots lat. *sphæra*, *sphæricus* (créé à basse ép. ; du grec *sphaira*, propr. « balle à jouer », *sphairikos*). *Sphère*, seulement techn. jusqu'à la fin du XVIIe s., a pris alors un sens plus étendu : « étendue de pouvoir, de connaissance, etc. » (relevé depuis 1683, chez Pierre Bayle). — Dér. de *sphérique* ; **sphéricité,** 1671. — Comp. : **planisphère,** 1555, comp. avec le lat. *planus* « plat » sur le modèle d'*hémisphère* ; **strastophère,** vers 1898, créé par le météorologiste Teisserenc de Bort avec le lat. *stratum* « couverture », sur le modèle d'**atmosphère.**

SPHINCTER, 1548 (Rab.). Empr. du lat. médical *sphincter* (du grec *sphinktêr*, de *sphingein* « serrer »).

SPHINX, 1552 (Rab. ; d'abord *sphinge*, 1546, à propos de statues égyptiennes).

Empr. du lat. *sphinx* (mot pris au grec ; parfois fém. comme dans les langues anciennes).

SPIC, XIIe. Empr. du lat. *spicum* « épi ».

SPINAL, 1541 (dans l'expression *spinalle medulle*). Empr. du lat. *spinalis* dans *spinalis medulla* « moelle de l'épine dorsale » (de *spina* « proprement épine », d'où spécialement « épine dorsale »).

SPIRE, 1567 ; **spiral,** 1534 (Rab.). Empr. du lat. anc. *spira* (du grec *speira*) et du lat. médiéval *spiralis*. — Dér. de *spiral :* **spirale,** XVIe. Sert en outre à faire sous la forme *spiro-* le premier élément de mots sav. tels que **spirochète,** fin XIXe (où *-chète* est empr. du grec *khaitê* « chevelure longue »).

SPIRITE, 1858. Abréviation de l'angl. *spirit-rapper* « esprit frappeur », d'où « spirite », comp. de *spirit* (du lat. *spiritus*) et de *rapper* (de *to rap* « frapper sur les doigts ») ; pour cet empr., v. **médium.** — Dér. : **spiritisme,** 1859.

SPIRITUEL, vers 1200 *(-iel Saint Léger) ;* terme de théologie et de philosophie ; au moyen âge souvent *espirituel ;* **spiritualité,** 1283 (Beaumanoir, sous la forme *espiritualite*, forme usuelle au moyen âge ; en outre *esperituaulté* chez Christine de Pisan). Empr. du lat. eccl. *spiritualis, -litas* (de *spiritus* « esprit »). *Concert spirituel* se dit, depuis 1728, des concerts de musique religieuse qui se donnent pendant la semaine sainte. *Spirituel* a pris le sens de « qui montre de la finesse d'esprit » au XVIIe s., d'après le rapport qu'on a senti entre cet adj. et *esprit*. — Dér. de *spirituel,* d'après la forme du mot latin : **spiritualiser,** 1521 ; **spiritualisme,** 1831, dès 1718 comme terme de théologie ; **spiritualiste,** 1771.

SPIRITUEUX, 1687, au sens moderne ; au XVIe (1503 et chez Paré), à propos du sang. Dér. sav. du lat. *spiritus* au sens qu'avait ce mot dans le lat. médiéval de la médecine et de l'alchimie ; l'adj. a été créé pour ne pas donner à *spirituel* un excès de sens.

SPLEEN, 1745 (écrit *splene ;* Diderot et Voltaire écrivent aussi *spline*) ; **splénétique,** 1776 (écrit aussi *spleen-*). Empr. de l'angl. *spleen*, propr. « rate », d'où « humeur noire », *splenetic* (du lat. *splen, spleneticus*, créé à basse ép., du grec *splên* « rate, hypocondrie » ; cet emploi vient de ce que la médecine plaçait autrefois dans la rate la cause de la mélancolie).

SPLENDEUR, vers 1190 ; **splendide,** 1491. Empr. du lat. *splendor, splendidus* (du verbe *splendere* « briller »).

SPOLIER, 1452 ; **spoliateur,** 1488 ; **spoliation,** 1425. Empr. du lat. *spoliare, spoliator, spoliatio* (de *spolium* « dépouille (d'un animal) », *spolia*, plur., « dépouilles (d'un ennemi) »).

SPONGIEUX, 1314. Empr. du lat. *spongiosus* (de *spongia* « éponge ») pour servir d'adj. à *éponge*.

SPONTANÉ, XIVe ; devenu usuel seulement au XVIIe s. Empr. du lat. de basse ép. *spontaneus* (de *spons* « volonté libre, initiative », usité surtout à l'ablatif *sponte*). — Dér. : **spontanéité,** 1695 (Leibniz).

SPORADIQUE, 1669, d'abord terme de médecine ; sens plus étendu au XIXe s. Empr. du grec *sporadikos*, étymologiquement « dispersé » (de la famille de *speirein* « semer »).

SPORE, 1817. Empr. du grec *spora* « semence, rejeton » (de *speirein* « semer »), en vue d'un sens spécial. Sert aussi à faire sous la forme *sporo-* le premier élément de mots sav. comp. tels que **sporophore,** 1859.

SPORT, 1828 ; « Le mot de sports, dont l'équivalent n'existe pas dans notre langue » *(Journal des Haras) ;* **sportsman,** 1823 ; au plur. *sportsmen*, encore usité. Empr. de l'angl. *sport, sportsman ; sport* est dû à une aphérèse de *disport* « amusement, jeu », archaïque aujourd'hui, de l'a. fr. *desport*, autre forme de *deport* « amusement, jeu, etc. », subst. verbal de l'anc. verbe *(se) déporter* « (s')amuser », v. **déporter.** Le mot angl. *sport* qui date du XVe s. n'a pris lui-même le sens moderne qu'au XVIIIe s. — Dér. : **sportif,** 1862.

SPORTULE, comme terme d'antiquité romaine, 1564. Empr. du lat. *sportula* (dim. de *sporta* « panier ») qui désignait le panier de provisions dans lequel les clients emportaient les présents que leurs patrons leur avaient donnés. Sens plus étendu, 1871 (Th. Gautier). A désigné autrefois des présents offerts aux juges, 1566 (déjà en 1560 dans un sens plus étendu), d'après le sens que *sportula* avait pris dans le lat. jurid.

SPOUTNIK, 1957. — Empr. du russe *sputnik*, qui signifie d'abord « compagnon ».

SPRAT, 1775. Empr. de l'angl. *sprat*.

SPRINT, 1895 ; **sprinter,** *subst.*, 1889. Termes de sport, empr. de l'angl. *sprint, sprinter*. — Dér. de *sprint :* **sprinter,** *verbe*, fin XIXe.

SPUMEUX, 1380. Empr. du lat. *spumosus* (de *spuma* « écume ») pour un sens techn.

SQUALE, 1754. Empr. du lat. *squalus*.

SQUAME, 1809 ; au XIIIe s. et chez Rab. *esquame ;* **squameux,** 1529 (au XVe s. *scamous*). Empr. du lat. *squama* « écaille », *squamosus* pour des sens techn. On fait aussi avec *squami-* comme premier élément, des comp. sav. tels que **squamiforme,** 1812, etc.

SQUARE, 1725, dans un texte traitant de Londres ; dit à propos de la France, 1836. Empr., avec l'usage de faire des jardins sur les places, de l'angl. *square*, propr. « carré », lui-même de l'a. fr. *esquarre*, autre forme d'*esquerre*, v. **équerre.**

SQUATTER, 1835. Empr. de l'anglais d'Amérique *squatter*.

SQUELETTE, 1552 ; écrit aussi *scelete* au XVIe s. Empr. du grec *skeletos*, propr. « desséché », d'où aussi « momie » (la graphie *scelete* est une autre transcription du mot grec). Sens plus étendu depuis le XVIIIe s. — Dér. : **squelettique,** 1834.

SQUIRRE, 1545 (écrit *scirrhe ;* Paré écrit aussi *scirre ;* v. le préc.). Terme médical, empr. du grec médical *skirrhos.* — Dér. : **squirreux,** *id.* (écrit *scyrrheuse* fém.).

STABAT, 1762 (Diderot : *Le stabat de Pergolèse*). Tiré du mot lat. qui commence la prose chantée dans les églises pendant la semaine sainte : *Stabat mater dolorosa Juxta crucem lacrimosa, Dum pendebat filius :* « Elle se tenait, la mère pleine de douleur, pleurant près de la croix, où son fils pendait. »

STABLE, 1440, forme qui remplace l'a. fr. *estable,* vers 1120, en le rapprochant du mot latin ; **stabilité,** vers 1190. Empr. du lat. *stabilis, stabilitas* (de *stare* « se tenir debout, rester »), v. **établir.** — Dér. de *stable* d'après la forme du lat. *stabilis* : **stabiliser,** terme d'économie politique, vers 1780 ; sens plus étendu au XIXe s. ; d'où **stabilisation,** *id.,* sens correspondants, aux mêmes dates que le verbe, **stabilisateur,** 1877.

STADE, 1530 ; antér. *estade,* pour désigner une mesure grecque, 1265 (Br. Latini), qu'Oresme fait fém. ; Molière a employé *stade* au même sens et au fém. dans *Mélicerte,* I, 3. Empr. du lat. *stadium* (du grec *stadion*). A été pris dès 1810 comme terme médical.

STAFF, fin du XIXe s. Empr. de l'angl. *staff,* d'origine inconnue.

STAGE, vers 1630. Empr., pour désigner le stage d'un chanoine ou celui d'un avocat, du lat. médiéval *stagium* (fait sur l'a. fr. *estage,* v. **étage**), qui désignait de même le stage d'un chanoine ; c'était en outre un terme de droit féodal signifiant « devoir du vassal à l'égard de son seigneur, qui consistait à venir demeurer pendant un temps indéterminé dans le château de celui-ci, notamment en temps de guerre, pour contribuer à la défense » ; ce vassal s'appelait *estagier.* Sens plus étendu depuis 1782. — Dér. : **stagiaire,** 1823.

STAGNER, 1788, rare ; **stagnant,** 1546 ; **stagnation,** 1741. Le premier est empr. du lat. *stagnare* « être stagnant » (de *stagnum* « étang »), le deuxième du part. prés. *stagnans,* le troisième est un dér. sav. du verbe lat. Sens plus étendu à partir du XVIIIe s.

STAKHANOVISME, 1949. Dér. du nom de *Stakhanov,* qui a, le premier, organisé méthodiquement le travail dans les mines russes.

STALACTITE, 1644 ; **stalagmite,** 1644. Empr. du latin des géologues *stalactites* (dp. 1609, pour remplacer le lat. *stillaticius lapis*), *stalagmites* (dp. 1565), formés, le premier, du grec *stalaktos* « qui coule goutte à goutte », le deuxième, du grec *stalagmos* « écoulement qui se produit goutte à goutte » (tous deux du verbe *stalazein*) en vue de sens spéciaux.

STALLE, 1568 (écrit *stal*). En a. fr. *estal,* v. **étal** ; *estal* fut latinisé au moyen âge sous la forme *stallum* et celle-ci a été de nouveau empr. par le fr. ; les sens de « stalle de théâtre, d'écurie » sont attestés depuis 1826 et 1872.

STANCE, 1550 (Héroët). Empr. de l'it. *stanza,* propr. « demeure, logis », dér. de *stare* « se tenir, être », v. **ester** et **être** ; *stanza* a été pris dans un sens analogue à celui de *strophe,* parce que, formant un sens complet, elle comporte un repos qui la caractérise.

STAND, 1854, « tribune des spectateurs de courses » ; 1883, « emplacement réservé dans les expositions à chaque exposant ». Empr. de l'angl. *stand,* tiré du verbe *to stand* « se dresser » ; 1875, « emplacement où l'on s'exerce au tir », dans ce sens il a été empr., au moins en Suisse romande (où il est attesté dès 1542), du suisse all. *Stand,* à cause des exercices de tir obligatoires pour tout milicien.

STANDARD, 1857, « étalon, type, valeur-unité d'un produit » ; une première fois en 1702 dans un ouvrage sur l'Angleterre. Empr. de l'angl. *standard,* qui vient de l'a. fr. *estandard,* v. **étendard** ; du sens propre, encore usité, se sont développés en angl. les sens nouveaux de « signe distinctif, étalon, etc. ». Pris aussi aujourd'hui, au sens de « sorte d'appareil téléphonique », 1897. — Dér. : **standardiser,** 1915 ; **-isation,** 1904.

STANNI-. Premier élément de mots sav., tels que **stannifère,** 1829, tiré du lat. *stannum* « étain ».

STAPHISAIGRE, nom de plante, 1685 (du XIIIe au XVIIe s. de nombreuses déformations telles que *taffisagre, estafiacre,* etc.). Empr. du lat. de basse ép. *staphis agria* (mot pris au grec, où il signifie littéral. « raisin sauvage »).

STAPHYL(O)-. Premier élément de mots sav., tels que **staphylocoque,** fin XIXe s., tiré du grec *staphylê* « grappe, grain de raisin » ; certains termes médicaux, tels que **staphyloplastie,** 1872, sont faits avec *staphylê* au sens de « luette » que ce mot grec avait aussi.

STAR, 1933 ; emprunté de l'anglais *star* « étoile » employé pour désigner les vedettes de cinéma.

STARTER, 1862, dans un ouvrage traitant de l'Angleterre. Empr. de l'angl. *starter,* dér. du verbe *to start* au sens de « faire partir dans une course », proprement « faire tressaillir », d'où « faire lever du gibier, etc. ».

STATÈRE, nom d'une monnaie grecque, 1376. Empr. du lat. de basse ép. *stater* (du grec *statêr*). On trouve aussi dès le XVe s. *statere,* fém., au sens de « balance », empr. du lat. *statera* « peson, balance » (de l'acc. *statêra* du même mot grec *statêr*).

STATHOUDER, XVIIe. Empr. du néerl. *stadhouder* (avec un *t* qu'on trouve aussi en néerl. au XVIIe s.), formé comme l'all. *Statthalter* « gouverneur ».

STATION, XIIe ; mais paraît peu usité au moyen âge et a alors d'autres sens que ceux du fr. moderne ; **stationnaire,** 1350, rare jusqu'au XVIIe s. Empr. des mots lat. *statio*, propr. « état de ce qui se tient arrêté, debout » (de *stare* « se tenir debout, etc. »), d'où différents sens : « arrêt, situation, sentinelle, garde, etc. » (sens pris au moyen âge), *stationarius* (créé à basse ép.). Le sens astronomique est également latin. D'autres sens, notamment le sens liturgique dans *station de la croix* (assez récent, issu de l'emploi de *station* au XVIIe s. « autel marqué et ordonné pour y faire des prières », 1552 ; en lat. médiéval *statio* a un sens analogue), ont été développés en français. *Station navale*, XVIe, cf. l'angl. *naval station* ; *station*, 1839, comme terme de chemin de fer, est peut-être aussi un anglicisme, bien que *station* au sens d' « endroit où s'arrêtent les voitures » ait existé dès 1761. — Dér. et Comp. : **stationner,** 1596, d'où **stationnement,** XVIIIe (Turgot) ; **sous-station** (électrique), 1923.

STATIQUE, 1634. Empr. du grec scientifique *statikos* « qui concerne l'équilibre des corps » (de la famille de *'istanai* « placer, faire tenir »).

STATISTIQUE, 1771. Empr. de l'all. *Statistik*, 1749, fait lui-même sur le lat. moderne *collegium statisticum* « (collège) qui s'occupe de statistique » ; c'est Schmeitzel, professeur à Iéna, qui a créé cette expression et Achenwall qui l'a introduite en all., mais *statistica* est employé en italien dès 1633, au sens de « science de l'État » ; *statisticum* est un dér. moderne du lat. *status* « état » avec une terminaison *-isticum* d'un type assez rare ; le mot qui a servi de modèle est peut-être *phlogisticum*, créé alors et qui eut beaucoup de succès, v. **phlogistique.** — Dér. : **statisticien,** 1834.

STATUE, vers 1120 ; **statuaire,** 1495. Empr. du lat. *statua*, *statuarius* (de la famille de *stare* « se tenir debout »). — Dér. : **statuette,** 1800.

STATUER, 1474 (une 1re fois vers 1280) ; on trouve aussi en 1427 *fu estalué*. Terme jurid., empr. du lat. *statuere* « placer, établir », également usité dans la langue jurid.

STATU QUO, 1777 (dès 1764 *in statu quo*). Terme de diplomatie, aujourd'hui pris dans un sens plus étendu, tiré de la locution du lat. de la diplomatie *in statu quo ante* « dans l'état où (les choses étaient, auparavant ».

STATURE, XVe ; d'abord *estature*, vers 1155. Empr. du lat. *statura*.

STATUT, 1282 ; en 1250 *estatut*. Empr. du lat. de basse ép. *statutum* (du verbe *statuere*). — Dér. : **statuaire,** 1582.

STAYER, 1895. Terme de sport, empr. de l'angl. *stayer*, dér. du verbe *to stay* « montrer de l'endurance dans une course », propr. « soutenir », lui-même de l'a. fr. *estayer*, v. **étai.**

STEAMER, 1829. Empr. de l'angl. *steamer*, dér. de *steam* « vapeur ».

STÉARINE, 1814 ; **stéarique,** 1819. Dér. sav. du grec *stear* « graisse ».

STEEPLE-CHASE, 1828, dans un article traitant de l'Angleterre. Empr. de l'angl. *steeple-chase* (comp. de *steeple* « clocher » et de *chase*, lui-même du fr. *chasse*, littéral. « course au clocher ») ; on dit aussi par abréviation **steeple,** 1885.

STÈLE, 1752. Empr. du lat. *stela* (du grec *stêlê*).

STELLAIRE, 1778. Empr. du lat. de basse ép. *stellaris* (de *stella* « étoile »).

STENCIL, papier paraffiné servant de pochoir pour la reproduction, 1910. Empr. de l'angl. *stencil*, lui-même dér. du verbe *stencil* « orner de couleurs étincelantes », qui continue l'a. fr. *estinceler*, id.

STÉNOGRAPHE, 1792 ; **-phie,** 1771 (une première fois 1572 au sens de « reproduction résumée », D.). Formés avec le grec *stenos* « étroit, resserré » et les suff. d'origine grecque *-graphe*, *-graphie*. — Dér. : **-phier,** 1792 ; **-phique,** 1812.

STENTOR, 1610 (*à voix de Stentor ; cris de Stentor*, 1576). Tiré de *Stentor*, nom d'un guerrier grec dont il est dit dans l'*Iliade*, 5, 785, que la voix était aussi puissante que celles de cent hommes réunis.

STEPPE, 1679 (écrit *step*). Terme de géographie, empr. du russe *step* dont le genre fém. est parfois remplacé en fr. par le masc.

STEPPER, *verbe*, 1873 ; **stepper,** *subst.*, 1858. Empr. de l'angl. *to step* « trotter vivement », *stepper*.

STERCORAIRE, 1752. Empr. du lat. *stercorarius* (de *stercus*, *stercoris* « excréments, fumier »).

STÈRE, 1795. Empr. du grec *stereos* « solide », lors de l'établissement du système métrique.

STÉRÉO-. Premier élément de mots sav., tels que **stéréotype,** 1800, d'où **-typé,** 1845, **-ie,** 1798, tiré du grec *stereos* « solide ».

STÉRÉOSCOPE, v. **télescope.**

STÉRILE, 1370 (Oresme) ; **stérilité,** 1332. Empr. du lat. *sterilis*, *sterilitas*. — Dér. : **stériliser,** XVIIIe (de Boufflers) ; une première fois en 1495 ; d'où **stérilisation,** 1869, **-ateur,** fin XIXe.

STERLET, « sorte d'esturgeon qui se pêche en Russie », 1575 ; en outre *strelet* (1752-1949). Empr. du russe *sterlyadi* (d'où l'angl. *sterledey*, 1591) ; l'angl. dit aussi *sterlet*, attesté depuis 1698 ; il est difficile de reconnaître si le fr. vient de l'angl. ou inversement.

STERLING, dans *livre sterling*, monnaie de compte anglaise, 1677. Mot angl. déjà empr. au moyen âge sous les formes *(e)sterlin*, *(e)strelin*.

STERNUM, 1555 (alors et jusqu'au XVIIIe s. *sternon*). Empr. du grec *sternon*, remplacé par Paré et dp. le XVIIIe s. par la forme latinisée *sternum*.

STERNUTATOIRE, 1429 ; une première fois *esternuatore* au XIIIe s. Dér. sav. du verbe lat. *sternutare* « éternuer ».

STEWARD, 1833. Empr. de l'angl. *steward*. Le fém. *stewardess* a de même passé en franç. dès 1906, mais a été remplacé plus tard par **hôtesse.**

STICK, « sorte de canne mince et souple », 1795. Empr. de l'angl. *stick*.

STIGMATE, 1406, comme terme religieux *(Les stigmates de la Passion)* ; au XVIe s. « marque au fer chaud », d'où sens plus étendus, notamment dans les langues techn. Empr. du lat. *stigmata*, plur. neutre de *stigma* « marque de flétrissure, faite au fer chaud » (mot pris au grec qui signifie proprement « piqûre », de *stizein* « piquer »). — Dér. au sens propre du mot lat. : **stigmatisé,** 1532, les autres formes verbales sont moins usitées.

STIMULER, 1356 (Bersuire), déjà au sens général ; mais, au XVIe s. (Paré) et depuis le début du XIXe s., particulièrement usité comme terme médical. Empr. du lat. *stimulare* « aiguillonner » (de *stimulus* « aiguillon »). — Dér. : **stimulant,** *adj.*, avant 1752 ; pris substantiv. depuis 1765 surtout comme terme de médecine ; développement de sens parallèle à celui du verbe.

STIPE, terme de botanique, 1778 ; **stipule,** *id.*, 1749. Empr. du lat. *stipes* au sens de « tige », *stipula* « petite tige ».

STIPENDIÉ, 1460 *(Paiement des stipendiés)* ; **stipendiaire,** XIVe s. Empr. des mots lat. *stipendiatus* « qui est à la solde » (du verbe *stipendiari*), *stipendiarius* (de *stipendium* « solde militaire ») ; tous deux ont été pris rapidement dans un sens péjor. ; *stipendier* a pris en outre, dès 1479, le sens de « prendre à sa solde », d'après le part. passé qui est plus usuel que les autres formes du verbe.

STIPULER, 1289 ; rare avant le XVIe s. ; **stipulation,** 1231. Termes jurid., empr. du lat. *stipulari*, *stipulatio*.

STOCK, terme de commerce, 1844 ; une première fois en 1656. Empr. de l'angl. *stock*, propr. « souche, tronc », d'où se sont développés de nombreux sens dér. (c'est le même mot que celui d'où vient le fr. *étau*). Pris aussi comme terme de Bourse, 1769, cf. *Stock-Exchange* « bourse des valeurs à Londres ». — Dér. : **stocker,** fin XIXe, d'où **stockage,** *id.*

STOCKFISCH, sorte de morue salée et séchée à l'air, 1387 ; aussi *stofix*, 1393 ; autres formes : *stockvis*, *stockfisse*, *stocphis*, XVIe (Paré), etc. Empr. du moyen néerl. *stocvisch* (aujourd'hui *stokvis*), littéral. « poisson de bâton » (soit « séché sur des bâtons », soit « raide comme un bâton ») ; l'angl. *stockfish* et l'all. *Stockfisch*, de même origine, ont pu influencer la forme du mot fr.

STOÏQUE, 1488 ; **stoïcien,** XIVe (Oresme). Le premier est empr. du lat. *stoicus* (du grec *stoikos*, dér. de *stoa* « portique » ; ainsi nommé, parce que le fondateur de l'école, Zénon, IVe s., donnait son enseignement à Athènes sous un portique), le deuxième est un dér. sav. de ce mot lat. *Stoïque*, qui avait d'abord le même sens que *stoïcien*, et qui a été encore employé en ce sens par A. Chénier, a pris dès le XVIIIe s., en fonction d'adj., le sens fig. qui lui est réservé aujourd'hui. — Dér. : **stoïcisme,** 1688 (La Bruyère) ; sert aux deux préc. ; on a aussi dit *stoïcité*, du XVIe au XVIIIe s.

STOMACAL, 1425 ; **stomachique,** XVIe (Paré). Le premier est un dér. sav. du lat. *stomachus*, le deuxième est empr. du lat. *stomachicus* (du grec *stomakhikos*).

STOMATITE, 1836 ; **stomatologie,** 1859. Dér. sav. du grec *stoma*, *stomatos* « bouche ».

STOPPER « faire arrêter un navire, etc. », 1847 ; **stop,** interjection, 1792. Empr. des mots angl. *to stop* « s'arrêter, arrêter », *stop*, impératif de ce verbe. — Dér. : **stoppage,** 1888 ; **auto-stop,** 1960.

STOPPER « refaire une partie d'étoffe maille par maille », fin XIXe, mais dès 1780 dans les patois de l'Ouest, sous la forme *estoper*, et *restauper* dès 1730 en Flandres. Empr. du néerl. *stoppen*, même mot et même sens que l'all. *stopfen*. — Dér. : **stoppage,** *id.* ; **stoppeur,** ou **-euse,** *id.*

STORE, 1664 (*estore* en 1559). Empr. de l'it. *stora*, forme dialectale de l'it. commun *stuoja* « natte, store », lat. *storea* « natte », d'où aussi esp. *estera*.

STRABISME, 1660. Empr. du grec *strabismos* (de *strabos* « louche »).

STRANGULATION, 1549. Empr. du lat. *strangulatio* (de *strangulare* « étrangler ») pour servir de nom d'action à *étrangler*.

STRANGURIE, terme médical, 1314. Empr. du lat. *stranguria* (du grec *strangouria*, de *stranx* « goutte » et de *ourein* « uriner »).

STRAPASSER, terme de peinture, « peindre à la hâte », 1684 ; d'abord *estrapasser*, 1611 « harceler, accabler ». Empr. de l'it. *strapazzare* « malmener, gâcher (la besogne) ».

STRAPONTIN, vers 1570 ; on a dit aussi *strampontin*, vers 1440, et *estrapontin* jusqu'au XVIIIe s. Au XVIe avait les sens de « matelas » ou « hamac », encore début XIXe ; a pris le sens de « siège mobile dans une voiture » au XVIIe s., puis de « strapontin de théâtre » depuis 1764. Empr. de l'it. *strapuntino* « sorte de matelas », dér. de *strapunto* « *id.* », autre forme de *trapunto* (les deux préf. *stra* et *tra* alternent souvent), dér. de l'anc. it. *trapungere* « piquer à l'aiguille » (du lat. *transpungere* « piquer à travers ») ; c'est de Gênes que le mot a probabl. pénétré comme t. de matelot en Provence et de là en fr.

STRASS ou **stras,** 1746. Tiré de *Stras*, nom du joaillier qui mit à la mode ce genre de pierre composée.

STRATAGÈME, XVIe (H. Estienne) ; une première fois *strattegeme*, au XVe s., dans un titre. Empr. du lat. *strategema* « ruse de guerre », d'où « stratagème » (du grec *stratêgêma*). L'*a* de la deuxième syllabe est dû à une assimilation à l'*a* de la syllabe initiale.

STRATE, terme de géol., 1805. Empr. du lat. *stratum* « chose étendue », part. passé substantivé de *sternere*.

STRATÈGE, 1721, terme d'antiquité grecque ; **stratégie,** 1803 ; **stratégique,** 1823. Empr. du grec *stratêgos* « chef d'armée », *stratêgia* « fonction de stratège », *-gikos*. *Stratégie* a été pris pour exprimer une notion spéciale de l'art militaire et a entraîné l'empr. de *stratégique ; stratège* a pris, par suite, un sens nouveau, bien qu'on préfère pour désigner « celui qui connaît la stratégie » le dér. **stratégiste,** 1831.

STRATIFIER, 1675 ; **stratification,** 1620. Termes de chimie, qui servent aujourd'hui plutôt dans d'autres techniques (minéralogie, etc.). Empr. du lat. des alchimistes *stratificare*, *-atio* (de *stratum* qui désigne divers objets étendus : natte, plancher, etc., sur le modèle des nombreux mots en *-ficare*, *-ficatio*).

STRATOSPHÈRE, 1898. Comp. du lat. *stratus* « étendu » et de **sphère.**

STREPTOCOQUE, 1907. Comp. du grec *streptós* « tordu » et de **coque.**

STRICT, 1503 (attesté alors indirectement par l'adv. **-ment**) ; rare avant le XVIIIe s. Empr. du lat. *strictus* « serré, étroit », d'où aussi « strict ».

STRIDENT, vers 1500 ; mais rare avant 1834. Empr. du lat. *stridens*, part. prés. du verbe *stridere* « faire entendre un bruit aigu ». — Dér. : **stridence,** 1907 ; on a dit aussi *strideur*, XVIe (une première fois au XIIe s. sous la forme altérée *strendor*), peu usité aujourd'hui, empr. du lat. *stridor*.

STRIDULATION, 1838 ; **striduleux,** 1778. Dér. sav. du lat. *stridulus* « sifflant », de la famille de *stridere*.

STRIE, 1742 (déjà en 1545 et 1553) ; **strié,** 1534 (Rab.) ; **striure,** 1567. Les deux premiers empr. du lat. *stria*, *striatus* ; le troisième, francisation du lat. *striatura*.

STRIGE, 1534 (Rabelais, sous la forme *stryge*, orthographe encore usitée). Mot littéraire. Empr. du lat. *striga* (moins usité que *strix*, *strigis*, du grec *strinx*) « oiseau de nuit qui passait pour sucer les enfants au berceau », propr. « grand-duc » ; *strige* est fait parfois masc. d'après *vampire*. Une forme *strīga* au sens de « sorcière » a vécu dans le latin parlé et a donné notamment l'a. fr. *estrie*, cf. it. *strega* « sorcière », lat. *striga*.

STRIGILE, terme d'antiquité, 1762 (1727 *strigil*, masc. ; une première fois *strigile*, 1544, Scève). Empr. du lat. *strigilis* « étrille », fém., v. **étrille.**

STRIP-TEASE, 1963. Empr. de l'anglais d'Amérique *strip-tease*, comp. de *strip* « enlever » et *tease* « mystifier ».

STROPHE, 1550 (Ronsard, au sens anc. ; appliqué alors seulement à des odes ; sens moderne au XIXe s., équivalent de *stance*). Empr. du lat. *stropha* (du grec *strophê*, du verbe *strephein* « tourner »). — Dér. : **strophique,** fin XIXe.

STROPIAT, terme pop., fin XIXe. Empr. de l'it. *stroppiato* « estropié ».

STRUCTURE, vers 1500 ; au XIVe s. au sens de « construction ». Empr. du lat. *structura* (de *struere* « construire »). — Comp. : **superstructure,** 1764 (Voltaire), d'après le verbe lat. *superstruere*.

STRYCHNINE, 1818 ; ainsi appelée par Pelletier et Caventou qui découvrirent ce corps en 1818. Dér. sav. du lat. des botanistes *strychnos* « vomiquier » (du grec *strykhnos*, nom de diverses plantes vénéneuses) dont la graine, dite *noix vomique*, contient de la strychnine.

STUC, 1524 ; **stuccateur,** 1641 (Poussin). Empr. de l'it. *stucco*, *stuccatore ; stucco* est lui-même empr. d'un longobard ***stukki*,** qu'on restitue d'après l'anc. haut all. *stucki* « morceau ; croûte, enduit », cf. all. *Stück*.

STUDIEUX, XIIe. Empr. du lat. *studiosus* (de *studium* « zèle, étude ») pour servir d'adj. à *étude*.

STUDIO, 1829. Empr. de l'anglo-américain *studio*, d'abord au sens d' « atelier de peintre, de sculpteur » (d'où « sorte de salon ressemblant à un atelier »), puis d' « atelier de photographie » et enfin « d'atelier de cinématographie » ; le mot anglo-américain est empr. lui-même de l'it. *studio* au sens d'« atelier de peintre, de sculpteur » (du lat. *studium*).

STUPÉFIER, XVIe (Paré) ; **stupéfait,** 1718 ; **stupéfaction,** vers 1500. Empr. des mots lat. *stupefacere* (francisé d'après les verbes en *-fier*), *stupefactus*, *stupefactio* (créé à basse ép.). — Dér. : **stupéfiant,** fin XVIe (Charron : *narcotique*, *stupéfiant*), comme terme médical ; développement de sens parallèle à celui du verbe.

STUPEUR, XIVe, souvent employé comme terme de médecine ; **stupide,** 1377 ; d'abord au sens de « paralysé », ensuite de « frappé de stupeur », encore chez V. Hugo ; sens moderne dès fin XVIe s. ; **stupidité,** 1541 (Calvin), d'abord au sens de « stupeur », encore usité au XVIIe s. ; sens moderne dès le XVIe. Empr. du lat. *stupor*, *stupidus*, *stupiditas* (de *stupere* « être engourdi, frappé de stupeur »). Les sens modernes de *stupide*, *stupidité* existent déjà en lat. class. : *stupor* même signifie aussi « stupidité ».

STYLE, 1548, au sens de « manière d'exprimer sa pensée », d'où sont sortis les sens modernes, notamment en parlant des beaux-arts, au XVIIe s. Empr. du lat. *stilus*, écrit aussi *stylus*, d'où l'orthographe du fr., d'après le grec *stylos* « colonne » par faux rapprochement ; celui-ci signifie propr. « poinçon servant à écrire », sens empr. vers 1380, d'où aussi de nouveaux sens techn. Avait été empr. vers 1280, sous les formes *stile*, *estile*, au sens jurid. de « manière de procéder », d'où « métier », encore usité au XVIIe s. dans la région du Nord-Est, puis « manière de combattre » au XVe s. et « manière d'agir » (en général), encore usuel au XVIIe s., aujourd'hui usité seulement dans des locutions telles que *(faire) changer de style ;* c'est le sens de « manière de procéder » qui explique aussi l'emploi de *style* pour la chronologie du moyen âge. *Clause de style* est une expression de la langue des notaires du XVIIe s. environ. Le sens jurid. du moyen âge et celui de « manière d'agir » ont pénétré dans les langues voisines, cf. it. *stile* « façon », esp. *estilo* « *id.* ». — Dér. : 1° au sens de « manière d'agir » : **stylé,** XIVe *(ignorans* ou *mal stilés) ;* cf. aussi notre *bien stylé* ; d'où **-er,** 1490 ; 2° d'après les emplois modernes : **styliser,** fin XIXe, d'où **-ation,** *id.* ; **styliste,** 1845 ; **stylistique,** 1872, est empr. de l'all. *stylistik* (attesté depuis 1800).

STYLET, 1586 (écrit *stilet*). Empr. de l'it. *stiletto*, dér. de *stilo* « sorte de poignard », lat. *stilus ;* l'*y* est dû à l'influence du mot *stylus.*

STYLITE, 1608. Empr. du grec *stylitês* (de *stylos* « colonne »).

STYLOBATE, 1545. Empr. du lat. *stylobates* (du grec *stylobatês*).

STYLOGRAPHE, fin XIXe. Empr. de l'anglo-américain *stylograph*, comp. du grec *stylos* « poinçon à écrire » et du suff. sav. *-graph*, v. **-graphe.** Abrégé en *stylo*, 1923.

SUAIRE, XIIe s. Francisation, d'après *suer*, du lat. eccl. *sudarium*, linge qui a servi à ensevelir Jésus, en lat. class. « mouchoir (pour s'essuyer le visage) » ; rapidement pris dans un sens plus étendu.

SUAVE, 1503 (attesté alors indirectement par l'adv. **-ment**) ; **suavité,** XIIe. Empr. du lat. *suavis*, *suavitas ; suave* a supplanté *souef*, forme pop. usuelle jusqu'au début du XVIIe s. (encore angevin *souef* « doux au toucher ») et qui avait donné naissance à un dér. *soueveté* (qui a suivi le sort de *souef*).

SUB-. Préf. sav. empr. du lat. *sub* « sous ».

SUBALTERNE, XVe. Empr. du lat. de basse ép. *subalternus.*

SUBDIVISER, 1377 ; en outre *sousdiviser*, 1314, encore dans le *Dict. de l'Académie ;* **subdivision,** 1314 ; en outre *soubzdivision*, XVe, d'où *sous-*, également dans le *Dict. de l'Académie.* Empr. du lat. *subdividere* (francisé d'après *diviser*), *-sio.*

SUBIR, 1481. Empr. du lat. *subire*, propr. « aller sous », d'où « ressortir d'un tribunal », « supporter ». Le verbe a été empr. d'abord au sens juridique.

SUBIT, XIIe (attesté alors indirectement par l'adv. **-ement**). Empr. du lat. *subitus* « qui vient à l'improviste (propr. par dessous) » (de *subire*, v. le préc.). L'a. fr. avait un adj. *soude*, rare et attesté seulement à la forme fém. (il était inutile en effet à côté de *soudain*) et surtout un adv. *soudement*, usuel jusqu'au XVIe s.

SUBITO, 1706. On dit aussi *subito presto.* Terme fam., qui vient des écoles, empr. du lat. *subito*, v. le préc. (*presto* est l'it. *præsto*).

SUBJECTIF, 1801 (déjà rarement du XIVe au XVIe s., d'après le lat. scolastique *subjectivus*, d'où aussi l'adv. **-ivement,** 1495) ; **subjectivité,** 1803. Termes de philosophie, empr. de l'all. de Kant *subjektiv* (fait sur le lat. scolastique), *Subjektivität.* L'adj. a pris des sens plus étendus. — Dér. : **subjectivisme,** 1872.

SUBJONCTIF, XVIIe (*Grammaire de Port-Royal*, dès 1530 comme adj., chez G. Tory). Empr. du lat. grammatical *subjunctivus* « subordonné », qui avait toutefois d'autres emplois ; le subjonctif s'y disait *conjunctivus*, d'où **conjonctif,** du XVe au XIXe s.

SUBJUGUER, XIIe. Empr. du lat. de basse ép. *subjugare* « faire passer sous le joug, subjuguer » (de *jugum* « joug »).

SUBLIME, 1495, au sens moderne ; une première fois vers 1400, comme terme d'alchimie au sens de « sublimé » ; **sublimité,** 1212, d'abord au sens de « caractère de ce qui est placé très haut », encore chez Bossuet ; sens moderne, depuis le XVIe s. Empr. du lat. *sublimis* « haut, élevé dans les airs », d'où « sublime », *sublimitas* « hauteur », d'où « sublimité ».

SUBLIMER, XIVe, comme terme d'alchimie, conservé ensuite dans la langue de la chimie au sens de « soumettre à la chaleur dans un vase clos des corps solides de façon que les éléments volatiles s'élèvent à la partie supérieure du vase, où ils redeviennent solides et se fixent » ; sens figuré dès le XVIIIe s., au part. passé pris substantiv. ; **sublimation,** XVe. Empr. du lat. des alchimistes *sublimare*, *sublimatio*, en lat. anc. « élever, élévation » (de *sublimis*) ; ces sens ont été parfois relevés dans le verbe en 1350 et encore chez Amyot, dans le subst., au XVIe . — Dér. du verbe : **sublimé** (corrosif), XVe (Villon) ; cf. aussi *arsenic sublimé*, 1314.

SUBLUNAIRE, 1548 (Rab.). Empr. du lat. de basse ép. *sublunaris* (de *luna* « lune »).

SUBMERGER, 1393 ; **submersion,** XIIe ; rare avant le XVIIIe s. ; **submersible,** 1798. Les deux premiers sont empr. des mots lat. *submergere*, *submersio* (de basse ép.), le troisième est un dér. sav. de *submersus*, part. passé du verbe lat. — Comp. : **insubmersible,** 1775.

SUBODORER, 1636 (Richelieu), comp. sav. du lat. *sub* et de *odorari* « flairer ».

SUBORDONNER, 1496, rare avant le XVIIe s. ; *subordiner* en 1596 ; cf. l'adv. *subordinément*, en 1578, encore usité au XVIIe s. ; **subordination,** 1610. Empr. du lat. médiéval *subordinare*, *-atio* ; le verbe a été francisé d'après *ordonner*. — Dér. : **subordonné,** *subst.*, début XIXe, d'où **in-,** 1789 ; **insubordination,** 1770.

SUBORNER, 1278 ; **subornation,** 1310. Empr. des mots lat. *subornare*, propr. « équiper », d'où spécial. « dresser en vue d'une mauvaise action », *subornatio* (lat. médiéval). — Dér. : **suborneur,** 1495.

SUBRÉCARGUE, 1704. Empr. de l'esp. *sobrecargo*, tiré du verbe *sobrecargar* « surcharger », littéral. « celui qui est en surcharge » ; Voltaire, en 1764, a employé la forme *supercargue*, où le préf. est latinisé ; l'*u* de *subrécargue* paraît être dû à cette forme.

SUBREPTICE, XIIIe (sous la forme *surr-*, usuelle au moyen âge). Terme de droit, pris de bonne heure avec un sens plus étendu. Empr. du lat. *subrepticius* « clandestin » (de *subrepere* « se glisser dessous »). La langue du droit a un subst. correspondant **subreption,** attesté dès le XIVe s., empr. du lat. jurid. *subreptio*.

SUBROGER, XIVe (Bersuire) ; d'abord *subroguer*, 1332, encore XVIe ; **subrogation,** 1401. Termes jurid. empr. du lat. *subrogare* « proposer un magistrat à la place d'un autre », d'où « nommer cette personne proposée », et du lat. médiéval *subrogatio*. — Dér. : **subrogatoire,** 1842, avec le suff. *-atoire*, fréquent dans les dér. sav.

SUBSÉQUENT, 1370 (Oresme). Empr. du lat. *subsequens*, part. prés. de *subsequi* « suivre de près » ; vers 1260 (É. Boileau) on avait déjà fait un adv. **subséquemment** sur le modèle du lat. de basse ép. *subsequenter*.

SUBSIDE, 1314 (*succide* en 1220). Empr. du lat. *subsidium* « secours, renfort, réserve » (de *subsidere* au sens de « être placé en réserve »).

SUBSIDIAIRE, 1355 (Bersuire). Empr. du lat. *subsidiarius* « de réserve » pour des sens surtout jurid.

SUBSISTER, 1495. Empr. du lat. *subsistere*, propr. « s'arrêter », d'abord « rester, durer », puis « subsister » à basse ép. — Dér. : **subsistance,** 1471 (en 1514 au sens de « fait de subsister » en parlant d'un édifice) ; le plur. au sens de « vivres » devient usuel à la fin du XVIIe s. ; autre mot que *subsistence*, 1541 (Calvin ; déjà 1496, écrit alors *-ance*), qui est le calque du lat. eccl. *subsistentia* « substance, essence ».

SUBSTANCE, vers 1120 ; **substantiel,** vers 1265. Empr. du lat. philosophique *substantia* (de *substare* « se tenir dessous »), qui traduit le grec *hypostasis*, et du dér. *substantialis* (créé à basse ép.). Sens plus étendus depuis le XVe s. *Substance* a souvent un sens proche de *subsistance* au XVIIe et au XVIIIe s. *En substance* « en gros », XVIIe (Pascal) est d'abord un terme de procédure, usité depuis le XIVe s.

SUBSTANTIF, XIVe. Empr. du lat. grammatical *substantivum*, qui ne se disait que du verbe substantif ou verbe être ; a été appliqué aussi par les grammairiens français au nom substantif, opposé à l'adj. — Dér. : **substantiver,** 1380, on a dit aussi **-tifier,** XVIIe (Vaugelas).

SUBSTITUER, 1355 ; **substitut,** 1332, terme jurid. qui a charge d'acception ; **substitution,** XIIIe, employé surtout dans des langues techn. Empr. des mots lat. *substituere* « mettre sous, à la place », *substitutus*, part. passé, *substitutio*.

SUBSTRAT « parler original d'un peuple qui, vaincu, finit par adopter la langue de son vainqueur, souvent plus faible numériquement », vers 1920 (*substratum* en 1882 ; dès 1745 *substratum*, terme de philos. « ce qui existe dans un être indépendamment de ses qualités »). Empr. du lat. *substratum*, part. passé de *substernere* « étendre sous ».

SUBSTRUCTION, 1823 ; une première fois en 1544. Empr. du lat. *substructio* (de *substruere* « construire en dessous »).

SUBTERFUGE, 1316. S'emploie surtout au plur. Empr. du lat. de basse ép. *subterfugium* (de *subterfugere* « fuir secrètement »).

SUBTIL, XIVe ; **subtilité,** XIIe. Empr. du lat. *subtilis* « délié, ténu », d'où « ingénieux, etc. », *subtilitas*. L'a. fr. disait surtout *soutil*, souvent refait en *soutif* et un dér. *soutieulé*, *soutiveté*, tous deux usuels jusqu'au XVe s. *Soutil*, qui survit dans quelques patois, continue le lat. *subtīlis*, comme l'it. *sottile* « menu, fluet, subtil » ; mais l'adj. fr. n'a conservé que le sens intellectuel, ce qui explique qu'il subit de bonne heure l'action du mot latin. — Dér. : **subtiliser,** XVe « rendre subtil, agir d'une manière subtile », d'où, dans la langue fam., « dérober », XVIIIe (signifiait aussi alors « tromper quelqu'un ») ; **subtilisation,** terme de chimie, 1566.

SUBULÉ, terme de botanique, 1749. Dér. sav. du lat. *subula* « alène ».

SUBURBAIN, 1380, rare avant le XIXe s. Empr. du lat. *suburbanus* (de *urbs* « ville »).

SUBVENIR, vers 1380 ; **subvention,** 1214. Empr. des mots lat. *subvenire* « venir au secours de », *subventio* (créé à basse ép.) « aide, secours », sens quelquefois pris au moyen âge ; *subvention*, qui désignait d'abord un secours d'argent, a pris depuis 1770 le sens restreint de « fonds accordé pour subvenir à une entreprise ». — Dér. : **subventionner,** 1832.

SUBVERTIR, 1295, peu usité aujourd'hui ; **subversion,** 1190 ; **subversif,** 1780. Les deux premiers sont empr. des mots lat. *subvertere* « retourner, renverser », *subversio* (créé à basse ép.) ; le troisième est un dér. sav. du part. passé *subversus*.

SUC, 1448. Empr. du lat. *sucus* « sève ».

SUCCÉDANÉ, 1690 (écrit *-née*). Empr. du lat. *succedaneus* (de *succedere* au sens de « remplacer »).

SUCCÉDER, 1355 (Bersuire), au sens moderne ; a eu aussi le sens de « parvenir à », encore chez Montesquieu (mais la construction transitive qu'on rencontre au XIVe s., cf. *ils n'eurent nuls enfans qui succedassent le royaume* n'a pas vécu au-delà du XVe s.), et surtout celui d' « arriver d'une manière favorable ou défavorable », usuel au XVIe et au XVIIe s., v. **succès** ; **successeur,** 1174 ; **successif,** 1372 ; **succession,** 1200. Empr. des mots lat. *succedere*, propr. « s'avancer sous », d'où « venir après, succéder », puis « avoir un heureux succès », *successor*, *successivus* (de l'époque impériale), *successio*. Le verbe fr. a un sens plus large que le lat. — Dér. de *successeur* d'après la forme du lat. *successor* : **successoral,** terme de droit, 1829.

SUCCÈS, 1546 (Rab.), au sens de « suite, succession de temps ou d'actes », encore chez Ronsard et d'Aubigné ; le sens de « ce qui arrive de bon ou de mauvais, résultat bon ou mauvais » apparaît chez Rabelais, est usuel au XVIIe s., moins au XVIIIe (pourtant Voltaire) et tombe en désuétude au XIXe s. Dès La Rochefoucauld, vers 1660, le sens moderne de « réussite » fait son apparition ; il supplantera celui de « résultat » dont il est issu. Empr. du lat. *successus*, propr. « action d'avancer, succession ». Le sens de « résultat » ne vient pas du mot latin, mais de l'influence de **succéder.** Les deux mots étaient plus liés alors qu'aujourd'hui. — Dér. : **insuccès,** 1794.

SUCCIN « ambre jaune », 1663. Empr. du lat. *succinum* (forme moins correcte que *sucinum*).

SUCCINCT, 1491 ; mais l'adv. **-ement** est déjà attesté au XIVe s. Empr. du lat. *succinctus*, propr. « retroussé, court-vêtu » (du verbe *succingere* « retrousser un vêtement »), d'où « serré, bref ».

SUCCION (au lieu de *suction*), 1314. Dér. sav. de *suctus* « succion » (de *sugere* « sucer »).

SUCCOMBER, 1356. Empr. du lat. *succumbere*.

SUCCUBE, XIVe. Empr. du lat. *succuba* « concubine », auquel a été donné un sens spécial ; masc. d'après *incube*.

SUCCULENT, vers 1500. Empr. du lat. *succulentus*. — Dér. : **succulence,** 1769.

SUCCURSALE, 1675 *(église succursale)*. Terme d'administration eccl., pris récemment dans un sens plus étendu, 1835 ; Buffon l'a déjà pris comme adj. au sens de « qui supplée ». Dér. sav. du lat. *succurrere* « secourir » d'après le supin *succursum*.

SUCER. Lat. pop. ***sūctiāre*,** dér. du lat. class. *sūgere* (supin *sūctum*) ; rare en dehors du fr., cf. it. *succiare* (en outre *suggere*, de *sūgere*), a. pr. *sussar*. Par sa structure le verbe fr. a aussi une certaine valeur onomatopéique, cf. it. *ciocciare* et *Cioccia*, « voce colla quale i bambini chiamano la poppa ». — Dér. : **sucette,** fin XIXe ; **suçoir,** 1765 ; **suçon,** 1690 ; **suçoter,** 1550 (Ronsard) ; **resucée,** 1867, par l'intermédiaire d'un verbe **resucer,** 1611.

SUCRE, XIIe. Empr. de l'it. *zucchero*, empr. lui-même de l'arabe *soukkar ;* celui-ci vient de l'Inde (en sanskrit *çarkarâ*, proprement « grain ») par l'intermédiaire de la Perse, où le sucre a été raffiné ; d'où, au Ier s. après J.-Chr., le grec *sákkharon*, le lat. *saccharum*. Employé d'abord uniquement dans la médecine, à cause de sa rareté, le sucre ne devint un article de consommation que depuis que les Arabes se mirent à planter la canne à sucre en Andalousie et en Sicile. La fabrication du sucre fut perfectionnée surtout dans cette île, et Frédéric II en favorisa le développement. L'exportation de Sicile porta le mot arabe dans les pays chrétiens (à l'exception de l'Espagne, qui dépendait de la fabrication andalouse, d'où esp. *azúcar*, port. *açucar*), d'où it. *zucchero*, fr. *sucre*, all. *Zucker*, angl. *sugar*. V. **candi.** — Dér. : **sucrer,** XVIe, le part. passé dès 1375 (sous la forme *chucré*) ; **sucrerie,** 1654 ; **sucrier,** objet, 1596 ; *adj.* ou *subst.* « relatif au sucre », 1555, « confiseur », 1596.

SUD, XIIe. Empr. de l'anc. angl. *sup*, d'où l'angl. *south*.

SUDATION, 1812, une première fois en 1547 ; **sudorifère,** 1735 ; **sudorifique,** XVIe (Paré) ; **sudoripare,** 1870. Mots techn. ; les deux premiers sont empr. des mots lat. *sudatio* (de *sudare* « suer »), *sudorifer* (lat. médical), les deux autres ont été faits avec le lat. *sudor* « sueur », et l'un avec le suff. *-fique*, du lat. *-ficus*, sur le modèle de mots tels que *prolifique*, l'autre avec le verbe lat. *parere* « engendrer », v. **vivipare.**

SUER. Lat. *sūdāre*. It. *sudare*, esp. *sudar*. — Dér. : **suée,** vers 1480 ; **suette,** XVIe (Paré) ; **suint** (1309, au XVe s. aussi *suing*) ; formé avec le suff. collectif *-in*, cf. *crottin* (*-t* d'après *oint*, de *oindre*), d'où **suinter,** 1553, **suintement,** 1722 ; **ressuer,** XIIe.

SUEUR. Lat. *sūdōrem*, acc. de *sūdor*. It. *sudore*, esp. *sudor*.

SUFFÈTE, ancien magistrat de Carthage, XVIIe. Empr. du lat. *suffes*, *-etis* (moins correct que *sufes*), mot d'origine punique, cf. hébreu *schôfet* « juge ».

SUFFIRE, 1495. Réfection, d'après le mot lat., de l'a. fr. *soufire*, XIIe, francisation plus forte du lat. *sufficere*, propr. « mettre sous, fournir, etc. » et spécial., en construction intransitive, « suffire ». — Dér. : **suffisant,** XVe s. (d'abord *soffeisanz*, XIIe), d'où **insuffisant,** 1323 ; en outre *insouff-* avant le XVIe s. ; fait à l'imitation du lat. de basse ép. *insufficiens ;* **suffisance,** XVe (d'abord *souffisanche*, vers 1200), d'où **insuffisance,** 1323 (et *insouff-* avant le XVIe s.) ; fait à l'imitation du lat. de basse ép. *insufficentia*.

SUFFIXE, 1838. Empr. du lat. *suffixus*, part. passé de *suffigere* « fixer sous » en vue de son sens grammatical par opposition à *préfixe*. On a aussi empr. **affixe,** 1838, du lat. *affixus* « fixe à » comme terme de grammaire hébraïque, aujourd'hui de sens plus étendu, puis fait **infixe,** 1877, sur le lat. *infixus* « fixé dans » pour désigner un élément introduit dans le corps d'un mot. — Dér. : **suffixer,** 1876, **-ation,** *id.*

SUFFOQUER, 1360, au sens propre ; sens étendu à la vie psychique à partir du XVIIe s. ; **suffocation,** 1380. Empr. du lat. *suffocare* « étouffer », *suffocatio.*

SUFFRAGANT, vers 1180. Empr. du lat eccl. *suffraganeus,* dér. du verbe du lat. class. *suffragari* « favoriser, seconder » (de *suffragium*) et écrit *suffragant* d'après le part. prés. du verbe lat.

SUFFRAGE, 1289. Empr. du lat. *suffragium,* propr. « tesson avec lequel on vote ».

SUGGÉRER, XVe (*suggerir* en 1380) ; **suggestion,** 1174. Empr. des mots lat. *suggerere,* propr. « porter sous », d'où « procurer » (sens que M. Régnier a repris), puis « inspirer, suggérer », *suggestio* (qui n'a eu le sens de « suggestion » qu'à basse ép.). — Dér. : **suggestionner,** 1838 (une 1re fois chez Chastellain, vers 1460).

SUGGESTIF, 1857 *(Ces écrits... sont très suggestifs, pour nous servir encore d'un mot anglais,* dans la *Revue des Deux-Mondes).* Empr. de l'angl. *suggestive* (du lat. *suggestus,* part. passé de *suggerere*).

SUICIDE (acte). Mot attribué à l'abbé Desfontaines (1685-1745) et fait avec le lat. *sui* « de soi » sur le modèle d'*homicide.* — Dér. : **suicider (se),** 1795.

SUICIDE (personne), 1765. Tiré de *suicide* (acte) sur le modèle des deux sens d'**homicide.**

SUIE, vers 1160. Mot propre au galloroman, aux formes multiples qu'on a de la difficulté à ramener à un seul type étymologique, cf. a. pr. *suja, sueja, suga,* lorrain *seuche.* Continue un gaul. **sudia* (attesté dans des gloses sous la forme *sugia,* avec graphie inverse), dont l'existence est assurée par le vieil irlandais *sūide* « suie ». Le lat. disait *fūlīgō,* d'où it. *fuliggine* (et *fi-*) et esp. *hollin.*

SUIF. D'abord *seu,* XIIe, d'où *siu,* puis, par métathèse, *sui* (cf. *suivre*), et enfin *suif,* XIIIe, pour l'*f,* v. **soif.** Lat. *sēbum.* It. *sego,* esp. *sebo.* — Dér. : **suiffer,** 1643, d'abord *sieuver,* 1537.

SUI GENERIS, 1777. Expression techn., mots latins signifiant « de son espèce ».

SUINT, SUINTER, v. **suer.**

SUISSE, 1668 (Racine), au sens de « portier », vieilli depuis le XVIIIe s. ; aujourd'hui *suisse* (d'une église). Tiré de *Suisse,* nom de peuple ; les Suisses, passant pour très sûrs, furent souvent employés comme portiers, au XVIIe s., de sorte qu'on finissait par donner à *suisse* le sens de « portier ».

SUIVRE. D'abord *sivre,* cf. *sivrat, Roland,* 136, puis *suivre,* vers le XIIIe s., d'après (il) *suit,* d'abord *siut,* devenu *suit* par métathèse, v. **suif.** Lat. pop. *sequere,* lat. class. *sequī.* — Dér. et Comp. : **suite,** d'abord *siwte* (lire *siute*), XIIe, puis *suite.* XIIIe, fém. pris substantiv. d'un part, **sieut,* disparu avant les premiers textes, lat. **sequitus,* d'où **suitée,** dans *jument suitée,* 1872, **ensuite,** 1532, au XVIIe et XVIIIe s. aussi *ensuite de* ; **suivant,** *subst.,* XVIe ; au moyen âge se disait des petits d'un animal (vache, truie, jument) ; **suivant,** *prép.,* 1459, d'où *suivant que,* 1534 ; **suiveur** (de femmes), 1853 ; **ensuivre (s'),** XIIIe (J. de Meung) ; **poursuivre,** XIIe (d'abord *persuir*), d'où **poursuite,** 1247 ; au moyen âge signifie parfois simplement « suite ».

SUJET « soumis à une autorité souveraine », vers 1120 (écrit *sugez*) ; souvent *subject* jusqu'au XVIe s., outre d'autres formes plus francisées; **sujétion,** 1155 (sous la forme *subjection,* usuelle jusqu'au XVIe s.). Empr. du lat. *subjectus, subjectio* (qui n'a pris le sens d' « assujettissement » qu'à basse ép.), de *subjicere* « mettre sous », d'où « soumettre ». — Dér. : **assujettir,** 1493, **assujettissement,** 1572.

SUJET, terme didactique, 1370 (Oresme). Empr. du lat. scolastique *subjectum* « ce qui est subordonné », distinct de *objectum,* v. **objet,** d'où vient en partie l'opposition de *sujet* et *objet* en philosophie. *Sujet* a pris à partir du XVIe s. les sens plus étendus de « matière, cause, motif », puis de « personne qui est motif de quelque chose, etc. », puis de « personne (considérée dans ses aptitudes) ». *Sujet,* terme de grammaire, XVIe, vient du lat. grammatical.

SULFATE, 1787 (G. de Morveau) ; **sulfite,** *id.* ; **sulfure,** *id.* ; **sulfureux,** 1549 (au XVe *-ieux*), une première fois au XIIIe s. (J. de Meung) ; **sulfurique,** 1787 ; une première fois en 1585. Les trois premiers et le cinquième sont des dér. sav. du lat. *sulfur* « soufre » ; le quatrième est empr. du lat. de basse ép. *sulfurosus.* La chimie forme en outre de nombreux comp. avec **sulf(o)-** comme premier élément. — Dér. : 1° de *sulfate* : **sulfaté,** 1802, **-ter,** 1871 ; 2° de *sulfure* : **sulfuré,** 1807 ; a déjà été formé fin XVe d'après le lat. *sulfuratus, -reus.*

SULKY, voiture légère à une place, 1860. Mot angl., d'origine incertaine, propr. « boudeur ».

SULTAN, 1540. Empr. du mot arabo-turc *solṭân.* Du XVe au XVIIIe s. on a employé une forme *soudan* (conservé dans le nom du *Soudan,* pays qui était autrefois soumis au sultan d'Égypte ; cf. aussi it. *soldano*), empr. de l'arabe et qui désignait des princes mahométans, notamment le souverain d'Égypte. — Dér. : **sultane,** 1561 (dans le titre d'une tragédie *La Sultane,* de G. Bounyn).

SUMAC, nom de plante, XIIIe. Empr. de l'arabe *soummâq* par l'intermédiaire du latin des apothicaires. Au moyen âge et aujourd'hui encore la culture de cette plante a été particulièrement intense en Sicile, et c'est de là que son nom se sera répandu dans les pays chrétiens.

SUMMUM, 1806. Mot lat. signifiant « ce qui est au plus haut point », d'abord employé dans des langues techn.

SUNLIGHT, vers 1930, terme de cinématographie ; mot anglo-américain, de *sun* « soleil » et *light* « lumière ».

SUPER, v. **superfin,** sous **fin.**

SUPERBE, *adj.*, XIIe ; d'abord « orgueilleux », jusqu'au XIXe s., prend au XVIe s. le sens de « d'une beauté imposante », puis, vers la fin du XVIIIe s., celui de « très beau » ; **superbe,** *subst.*, « orgueil », XIIe ; vieilli depuis le XVIIe s. Empr. du lat. *superbus* « orgueilleux, fier, etc. », *superbia*.

SUPERCHERIE, 1566 (H. Estienne). Propr. « insulte », d'où est sorti le sens moderne dès le XVIe s., cf. : « Faire une supercherie à un homme quand on lui fait un mauvais tour à l'impourveu », Pasquier. Empr. de l'it. *soperchieria* « excès, affront », dér. de *soperchiare* « surabonder, prédominer » et aussi « tromper » ; celui-ci, à son tour, est un dér. de *soperchio* « surabondant », lat. pop. **superculus*, adj. dér. de *super* « au-dessus ».

SUPERCOQUENTIEUX, 1833 ; antérieurement *superli-*, 1623. Mot burlesque, forgé d'après un mot analogue de Rabelais *supercoquelicantieux* (fait lui-même sur un mot de lat. macaronique, cf. *credo in superlycoustequansio creature*, etc., d'un texte du XVe ou du XVIe s.) ; on dit aussi *superlificoquentieux*.

SUPERFÉTATION, XVIe (Paré). Terme de physiologie « conception d'un second fœtus quand un premier est déjà conçu », encore en ce sens chez Buffon, puis dans un sens plus étendu depuis la fin du XVIIIe s., empr. du lat. médiéval *superfetatio*, dér. du lat. anc. *superfetare* « concevoir de nouveau ».

SUPERFICIE, vers 1200 ; **superficiel,** 1314 ; sens intellectuel depuis 1370, Oresme ; Mme de Sévigné emploie aussi *superficie* au sens intellectuel. Empr. des mots lat. *superficies* « surface », *-cialis* (du lat. impérial ; déjà dans un sens fig. chez Tertullien).

SUPERFIN, v. **fin.**

SUPERFLU, XIIIe ; **superfluité,** 1180. Empr. du lat. de basse ép. *superfluus* « excessif, superflu », *superfluitas* (de *superfluere* « déborder, surabonder »).

SUPÉRIEUR, XIIe ; **supériorité,** XVe. Empr. des mots lat. *superior*, *superioritas* (lat. médiéval).

SUPERLATIF, vers 1170, au sens de « qui est porté au plus haut point », seul sens jusqu'au XVIe s., et qui s'emploie encore familièrement, surtout dans l'adv. *superlativement*, 1564. Comme terme grammatical, 1550 (Meigret). Empr. du lat. de basse ép. *superlativus* qui a les deux sens du mot fr. (du verbe *superferre* « porter audessus », supin *superlatum*).

SUPERPOSER, 1762 (J.-J. Rousseau) ; **superposition,** 1613. Empr. du lat. anc. *superponere* (francisé d'après *poser*) et du lat. médiéval *superpositio* (en lat. anc. ne signifie que « paroxysme d'une maladie »).

SUPERSTITION, 1375 ; **superstitieux,** *id.* Empr. du lat. *superstitio*, *superstitiosus* (de *superstare* « se tenir au-dessus » ; le développement de sens n'est pas clair).

SUPERSTRAT « langue parlée par un peuple de conquérants, considérée du point de vue de l'influence qu'elle exerce sur la langue parlée dans la région et adoptée par les envahisseurs eux-mêmes », 1938. Formé d'après *substrat*, à l'aide de la prép. lat. *super*.

SUPPLANTER, vers 1120, au sens de « renverser », attesté jusqu'au XVIe s. (plus rarement « enlever, dérober ») ; souvent sous une forme plus francisée *sousplanter*. Empr. du lat. *supplantare* « renverser », propr. « faire un croc-en-jambe ». Le sens moderne d' « évincer quelqu'un pour prendre sa place », fin XVIe (peut-être déjà au XIVe s.), vient de ce que le lat. eccl. a eu recours à *supplantare* pour traduire un verbe hébreu signifiant « attraper, tromper » dans le fameux passage de la Genèse (cf. ch. XXVII) où Ésaü s'écrie : « Est-ce parce qu'on l'a appelé Jacob qu'il m'a supplanté deux fois ? », après que Jacob a réussi à se faire bénir à sa place par leur père Isaac. Le lat. eccl. avait créé un dérivé *supplantator* pour parler de Jacob, de là en a. fr. *supplanteur*, cf. « Par droit a non Jacob, car il est sousplantere », vers 1190 (Herman de Valenciennes), en 1488 : « Jacob est interprété supplanteur pour ce qu'en sa nativité il pris la plante du pié de son frère » *(La Mer des Histoires)*, en 1597 : « Jacob en hebrieu signifie supplantateur et donneur de croc ». (J. de Maumont). Il y a dans le texte hébreu un jeu de mots intraduisible sur le verbe et le nom de *Jacob* (*Jacob* est interprété comme signifiant « qui tient le talon » et le verbe comme signifiant « tenir par le talon ») ; la Septante, par suite, a calqué le verbe et fait *pternizein* qui est dérivé de *pterna* « talon » ; a Vulgate ayant eu recours à *supplantare*, le sens nouveau s'est peu à peu développé.

SUPPLÉER, 1377 ; jusqu'au XVIIIe s. s'emploie aussi transitivement au sens de « mettre, fournir en place de ». Réfection, d'après le lat. *supplere*, de l'a. fr. *souploier*, usité du XIIIe au XVIe s., première francisation maladroite du lat. *supplere* « remplir », d'où « compléter, suppléer », qui l'a fait confondre formellement avec *souploier* « supplier », v. **supplier,** de là aussi parfois l'emploi de *supplier* au sens de « suppléer », du XIVe au XVIe s. — Dér. : **suppléant,** 1790, comme terme de droit politique ; sens plus étendu au XIXe s. ; **-ance,** 1791.

SUPPLÉMENT, 1322 ; d'abord *supploiement* (v. **suppléer**), 1313. Empr. du lat. *supplementum*. — Dér. : **supplémentaire,** 1792.

SUPPLÉTIF, terme techn., 1539. Empr. du lat. de basse ép. *suppletivus* (de *supplere*).

SUPPLICATION, XIIe. Empr. du lat. *supplicatio.*

SUPPLICE, 1480. Empr. du lat. *supplicium*, propr. « supplication », d'où « sacrifice offert pour une faute commise », puis, par euphémisme, « châtiment infligé, supplice ». — Dér. d'après la forme du lat. *supplicium :* **supplicier,** XVIe (Montaigne).

SUPPLIER, 1377. Réfection, d'après le mot lat., de *souploier*, XIIe, puis *souplier*, XIIIe, qui peuvent représenter régulièrement le lat. *supplicāre*, d'où aussi a. pr. *soplegar.* L'a. fr. avait en outre un comp. de *ploier*, *sous(s)ploier* « plier, courber » ; *souploier* signifiait donc à la fois « supplier, plier, suppléer » ; c'est une des raisons pour lesquelles le fr. a refait *suppléer*, *supplier*, et abandonné en même temps *souploier* « plier », rare après le XVe s. (Cotgrave encore *souplié*).

SUPPLIQUE, 1578. Empr. de l'it. *supplica*, subst. verbal de *supplicare*, empr. lui-même du lat. *supplicare.* On trouve une fois en 1340 *supplic*, masc., tiré alors directement du lat. *supplicare.*

SUPPORTER, XIVe ; auparavant *sorporter*, XIIe ; cf. encore *surporter*, chez Marot. Empr. du lat. eccl. *supportare* (en lat. class. ne signifie que « porter, transporter »). — Dér. : **support,** 1466 ; d'abord « action de supporter », encore chez Fénelon ; sens moderne dès le XVIe s. ; **supportable,** 1420, **insupportable,** 1312.

SUPPOSER, « faire une hypothèse », XIIIe (J. de Meung) ; **supposition,** 1291. Empr. du verbe lat. *supponere* (francisé d'après *poser*), qui ne signifiait que « mettre sous, à la place de », et du dér. *suppositio* « supposition » (sens développé à basse ép.) ; le sens du verbe fr. lui vient sans doute de *supposition.* — Dér. : **présupposer,** XIVe (Oresme) ; **présupposition,** XVe.

SUPPOSER, terme jurid. « substituer frauduleusement », 1538 ; **supposition,** vers 1620. Empr. du lat. jurid. *supponere*, *suppositio.*

SUPPOSITOIRE, XIIIe. Empr. du bas-lat. des médecins *suppositorium*, même sens, tiré du neutre de l'adj. lat. *suppositorius* « placé dessous » (de *supponere*).

SUPPÔT, vers 1300 *(Supposiz, c'est-à-dire les membres ou parties d'un corps naturel ou civil).* Désignait jusqu'au XVIIIe s. diverses catégories de subordonnés ; ne s'emploie plus que dans des locutions *suppôt de Satan*, etc., dont le sens péjor. s'est développé au XVIIe s. Empr. du lat. *suppositus* « placé au-dessous », en vue de sens spéciaux ; pour la francisation du mot, v. **dépôt.**

SUPPRIMER, vers 1380 ; **suppression,** *id.* Empr. du lat. *supprimere*, *suppressio.*

SUPPURER, XVIe (Paré) ; d'abord *soupurer*, XIIIe ; **suppuration,** 1490. Empr. du lat. *suppurare* (de *pus, puris* « pus »), *suppuratio.*

SUPPUTER, 1570 ; **supputation,** 1532. Empr. des mots lat. *supputare* « calculer », *supputatio* (créé à basse ép.).

SUPRA-. Préf. de mots sav., empr. du lat. *supra* « au-dessus de ».

SUPRÉMATIE, 1651 (en 1688 chez Bossuet, à propos de la *suprématie anglicane* dans l'*Histoire des Variations*, où Bossuet a eu l'occasion de faire d'autres empr. à l'angl., cf. **conformiste**) ; sens plus étendu de « supériorité » au XIXe s. Littré ne le note pas encore et Boiste, en 1823, qualifie ce mot de barbarisme. Empr. de l'angl. *supremacy* (attesté dès le XVIe s. au sens propre et au sens fig.), dér. de *supreme* (du fr. *suprême*), sur le modèle de *primacy* « primatie ».

SUPRÊME, vers 1500. Empr. du lat. *supremus.*

SUR, *prép.* D'abord *sovre* ou *soure (Eulalie)*, *sore (Fragment de Valenciennes)*, devenu ensuite *sur* par croisement avec *sus.* Lat. *super* ou *supra.* It. *sopra*, esp. *sobre*, a. pr. *sobre*, *subre*, *sur.* Sert en outre de préf. (d'abord sous les formes *sore*, *sor*).

SUR, *adj.*, XIIe. Du francique **sûr*, cf. all. *sauer.* — Dér. : **suret,** XIIIe ; **surir,** 1872 (attesté en Normandie depuis début XIXe).

SÛR. Lat. *sēcūrus.* It. *sicuro*, esp. *seguro.* — Dér. : **sûreté,** XVe (Commynes), formé d'après le lat. *securitas.*

SURDITÉ, 1530 (d'abord *sourdité*, au XVe. s.). Empr du lat. *surditas* pour servir de nom d'état à *sourd ;* du XIVe au XVIe s. on a essayé *sourdesse* et *surdesse.* Le fait d'être sourde, non sonore, en parlant d'une consonne, est appelé par les linguistes *sourdité*, 1933, pour éviter la confusion avec le fait de ne pas entendre. Ainsi l'habitude qu'a le fr. de désigner les notions abstraites par des mots sav. peut forcer les savants à recourir au fonds populaire pour désigner leurs notions scientifiques.

SUREAU, 1527. Dér. d'une anc. forme *seür*, XIIIe (d'où *sur* de quelques parlers de la Normandie et de l'Ouest), altération de *seü*, peut-être par croisement avec l'adj. *sur*, à cause du goût sur des feuilles et des baies du sureau. *Seü*, d'abord *saü*, représente le lat. *sabūcus*, autre forme de *sambūcus.* It. *sambuco*, esp. *sauco*, a. pr. *sambuc.*

SURÉROGATION, 1610 ; **surérogatoire,** fin du XVIe s. (d'Aubigné). Empr. du lat. anc. *supererogatio* « action de payer en plus » et du lat. médiéval *supererogatorius* (de *supererogare* « payer en plus »), avec francisation du préf. *super* en *sur ;* au XVIe s. on disait *supererogation.* L'emprunt vient du fait que dans l'évangile de saint Luc le bon samaritain emploie *supererogare* par rapport au paiement de dépenses supplémentaires que le tavernier aura éventuellement à faire pour l'homme blessé que le samaritain a déposé chez lui.

SURGE, dans *laine surge*, 1562. Empr. de l'a. pr. *(lana) surja*, *surge*, qui continue le lat. *(lana) sūcida*, de même sens, avec métathèse de *c* et *d* (comp. it. *sudicio* à côté de *sucido*) et insertion d'un *r* provenant de *sordidus* « sale ».

SURGEON, v. **sourdre.**

SURGIR, 1564. Empr. du lat. *surgere* « s'élever » ; a remplacé en partie *sourdre*. *Surgir* (notamment dans *surgir au port*), au sens de « jeter l'ancre », « aborder », 1497 (d'abord *sourgir*, 1424, cf. aussi *sourgeoit*, chez Rabelais, IV, 36), encore chez Lamartine, est empr. de l'a. pr. *sorgir* « jeter l'ancre » attesté dans ce sens vers 1300 (du lat. *surgere*) plutôt que de l'esp. *surgir*.

SURIN, 1827, aussi *chourin*. Terme d'argot qui vient du romanichel *churi* ; la forme *surin* est née de *chourin* sous l'influence de l'argot *suerie* « action de tuer » (de *suer*). — Dér. : **suriner,** 1827.

SURINTENDANT, 1569, comme nom du titulaire d'une haute fonction ; en 1556, dit d'un ancien Romain. Empr. du lat. médiéval *superintendens*, part. prés. du lat. de basse ép. *superintendere* « veiller sur », dont le préf. *super* a été francisé en *sur ;* depuis la fin du XIVe s. on trouve d'abord *superintendent* pour désigner un chef, de là *-ant*, encore en 1625 chez Malherbe au sens de « surintendant » ; on a tiré de ce mot **intendant,** 1565, qui a servi à désigner des fonctionnaires de diverses administrations, **intendance,** 1537 ; d'où **sous-intendant,** 1834, **-ce,** *id*. — Dér. : **surintendance,** 1556, au sens de « surveillance » ; sens parallèle à *surintendant ;* depuis 1491 et encore au XVIIIe s., *superintendence*, *-ance*, au sens de « surveillance, direction ».

SURNUMÉRAIRE, 1636 ; antér. *supernuméraire*, 1564 (Rab.), encore attesté en 1694. Empr. du lat. de basse ép. *supernumerarius* (de *numerus* « nombre »), dont le préf. *super* a été francisé en *sur*. — Dér. : **surnumérariat,** 1791.

SUROIT, « vent du sud-ouest » et « sorte de vêtement ou de coiffure de marin pour s'abriter du suroit », 1872 (*syroest* 1483). Empr. aux deux sens du norm. *surouet*, forme altérée de *sud-ouest* d'après *noroué* « nord-ouest, vent du nord-ouest », usité dans les parlers de l'Ouest. L'adj. *norois* employé pour désigner les langues scandinaves est dér. de l'anc. nor. *norðr* « nord » (cf. a. fr. *norois* « de race norvégienne »).

SURPLIS, XIIe ; en outre *sorpeliz*, XIIIe, *surpeliz*, *-is* jusqu'au XVIe s. Empr. du lat. médiéval *superpellicium* (fait sur le lat. *pellicia*, v. **pelisse**), dont le préf. *super* a été francisé en *sur*, v. **surintendant,** etc.

SUS. Ne s'emploie plus que dans des locutions : *courir sus*, *en sus*. Adv. et prép. jusqu'au XVIe s. ; au contraire encore très vivace dans les parlers. Lat. pop. *sūsum* (attesté depuis Caton), lat. class. *sūrsum* « en haut, dessus ». It. *su*, adv. et prép., esp. *suso*. Sert aussi de préf. — Comp. : **dessus,** XIIe, **pardessus,** sorte de vêtement, 1810 ; déjà au moyen âge au sens de « supérieur, maître ».

SUSCEPTIBLE, 1564 ; une première fois 1372. Terme didactique ; sens plus étendu au XVIIIe s. ; a pris celui de « facile à offenser », à la fin de ce s. Empr. du lat. de basse ép. *susceptibilis* (de *suscipere* « concevoir, recevoir »). — Dér. : **susceptibilité,** 1752 ; sens parallèle à celui de l'adj.

SUSCITER, vers 980. Empr. du lat. *suscitare*, v. **ressusciter.**

SUSCRIPTION, XVIe (Amyot), une première fois vers 1215. Empr. du lat. de basse ép. *superscriptio* (d'où aussi *superscription* du XIVe au XVIe s.), avec francisation du préf. *super* en *sur*, v. **surintendant,** etc., et chute d'une *r* par dissimilation.

SUSPECT, 1311 ; **suspecter,** 1726, une première fois vers 1500 ; **suspicion,** XIIe. Empr. du lat. *suspectus* (quelquefois plus francisé en *sospit*), *suspectare*, *suspicio*, v. **soupçon.**

SUSPENDRE, vers 1460 ; on dit au moyen âge *souspendre* même au sens d'« interdire momentanément l'exercice d'une fonction » ; **suspens,** 1377, adj., au sens de « qui est suspendu », jusqu'au XVIIe s. ; ne s'emploie plus que dans la locution adverbiale *en suspens*, dès XVe ; **suspenseur,** XVIe (Paré) ; **suspensif,** 1355 (Bersuire) ; **suspension,** 1174 ; au sens de « support de boussole », 1744, puis au sens de « support de lampe suspendue », 1867 ; **suspensoir(e),** « sorte de bandage », 1611 ; antér. terme d'anatomie, 1314. Empr. des mots lat. *suspendere*, *suspensus*, part. passé, *suspensor* (lat. médiéval), *suspensivus (id.)*, *suspensio*, *suspensorius* (mot de basse ép. dont le neutre servait à désigner des objets suspendus).

SUSPENSE, 1963. Empr. de l'angl. *suspense*.

SUSPICION, v. **suspect.**

SUSTENTER, XIIIe ; rare avant le XVIe s. ; **sustentation,** 1798 ; de quelque usage du XIIIe au XVIe s. Empr. du lat. *sustentare* « alimenter », propr. « soulever », *sustentatio*.

SUSURRER, 1801 (une 1re fois en 1527); **susurrement,** 1829 (Chateaubriand). Le premier est empr. du lat. *susurrare* (verbe onomatopéique), le deuxième est formé d'après le verbe lat. ; Chateaubriand a employé aussi *susurration*, empr. du lat. de basse ép. *susurratio* (déjà empr. au XVIe s. au sens de « médisance » qu'a aussi le mot lat.).

SUTURE, 1540. Empr. du lat. médical *sutura*, propr. « couture » (de *suere*).

SUZERAIN (attesté alors indirectement par le dér. *suzeraineté*, 1306, écrit *suserenete*). Dér. de l'adv. *sus* sur le modèle de *souverain*. — Dér. : **suzeraineté,** v. ci-dessus.

SVASTIKA (ou *sw-*), 1842. Empr. du sanscrit *svastika*, propr. « de bon augure » (de *svasti* « salut ! »).

SVELTE, 1642 (Poussin). Empr., comme terme de peinture (sens plus étendu au XVIIIe s.), de l'it. *svelto*, part. passé de *svellere*, *svegliere* « arracher » donc « arraché, allongé, dégagé ». On a aussi supposé un empr. de l'esp. *suelto* « vif, léger », propr. « délié », lat. pop. **solitus*, autre forme du lat. class. *solūtus*, part. passé de *solvere*

« délier », mais les documents manquent pour rendre cet empr. probable. — Dér. : **sveltesse,** d'après l'it. *sveltezza*, 1843 (Th. Gautier) ; une première fois en 1765.

SWEATER, 1910. Empr. de l'angl. *sweater* (de *to sweat* « suer »).

SWEEPSTAKE « sorte de loterie », 1828, vulgarisé vers 1934. Empr. de l'angl. *sweepstake*, comp. de *to sweep* « enlever » et *stake* « enjeu ».

SWING, 1895. Empr. de l'angl. *swing* « coup de poing donné de côté » (de *to swing* « balancer »). Comme terme de danse, 1940 ; de l'angl. *swing*, nom de ce pas de danse, du même verbe.

SYBARITE, 1530. Empr. du lat. *Sybarita* « habitant de Sybaris » ; les habitants de Sybaris, colonie grecque au sud-est de l'Italie, passaient pour mener une vie de luxe et d'extrême mollesse. — Dér. : **sybaritisme,** 1829.

SYCOMORE, 1165. Empr. du lat. *sycomorus* (du grec *sykomoros*).

SYCOPHANTE, XVe (*sicophant, qui est à dire traytre ou calomniateur*, dans une traduction de Térence). Empr. du lat. *sycophanta* (du grec *sykophantês* « celui qui dénonçait ceux qui exportaient des figues par contrebande ou ceux qui volaient les figues des figuiers consacrés ») ; le mot a déjà en grec et en lat. le sens de « délateur », d'où en fr. « coquin, fourbe », p. ex. La Fontaine, *Fables*, III, 3.

SYLLABE, 1160 (écrit *sillabe*) ; **syllabique,** 1529 (G. Tory). Empr. des mots lat. *syllaba*, *syllabicus* (attesté à basse ép.) (du grec *syllabê*, *-ikos*, de *syllambanein* « réunir »). Le français a empr. de même **dissyllabe,** 1529, **monosyllabe,** 1529, **polysyllabe,** 1464, des mots lat. *dissyllabus*, *mono-*, *poly-* (pris au grec). — Dér. : **syllabaire,** 1752 ; **syllaber,** 1834 ; une première fois au XIIe s., d'où **syllabation,** 1872 ; **syllabisme,** 1872.

SYLLABUS, 1877. Terme eccl. qui désigne une liste des erreurs condamnées par le pape, publiée par Pie IX en 1864 ; mot empr. du lat. eccl. *syllabus* « liste » (d'un grec *syllabos*, signalé seulement dans les *Lettres à Atticus* de Cicéron (IV, 5 et 8), altération de *sillyba*, première altération de *sittyba* « bande de parchemin, titre d'ouvrage, table des matières »).

SYLLEPSE, 1660. Terme de rhétorique, empr. du lat. de la rhétorique *syllepsis* (du grec *syllêpsis*, propr. « compréhension »).

SYLLOGISME, XIIIe (J. de Meung : *silogime*) ; **syllogistique,** 1551. Termes de logique empr. du lat. *syllogismus*, *-isticus* (du grec *syllogismos*, *-istikos*).

SYLPHE, 1605 (écrit *sylfe*). Empr. du lat. *sylphus* « génie » qui ne se trouve que sur quelques inscriptions et qui a été repris par Paracelse (1493-1541) au sens de « génie nain de l'air et des bois » ; Paracelse emploie aussi *sylvestres* dans ce sens. — Dér. : **sylphide,** 1670.

SYLVAIN, 1488 (écrit *silvain*). Empr. du lat. *silvanus*, écrit aussi *sylvanus* « dieu des forêts » (de *silva (sylva)* « forêt »).

SYLVESTRE, 1752 ; déjà empr. du XIVe au XVIe s. (souvent écrit *silvestre*). Empr. du lat. *sylvestris*, autre orthographe de *silvestris*.

SYLVICULTURE, 1839. Fait avec le lat. *sylva*, autre orthographe de *silva*, sur le modèle d'*agriculture*, etc.

SYMBIOSE, fin XIXe. Empr. du grec *symbiôsis* « vie en commun » (de *syn* « avec » et *bios* « vie »), en vue d'un sens spécial ; on trouve *symbiosis* en angl. depuis 1877.

SYMBOLE, 1380 ; a pris rapidement des sens plus étendus (dès 1488 au sens de « morceau, portion », donné comme celui du mot grec, cf. « Ceste norme fut en grec appellée symbole qui vault autant en françois comme morseau ou portion », *La Mer des histoires*) ; **symbolique,** 1552, a suivi le sens de *symbole* ; **symboliser,** XIVe, au sens de « avoir du rapport avec, s'accorder avec », seul sens jusqu'au XIXe s. ; au sens moderne, d'après les deux préc., 1796. Empr. du lat. eccl. *symbolum* qui se disait du symbole des apôtres (propr. « signe, marque » en lat. class.), du lat. de basse ép. *symbolicus* « allégorique » (du grec *symbolon* « signe, etc. », *symbolikos*) et du lat. médiéval *symbolizare*. — Dér. : **symbolisme,** 1831 ; a été pris vers 1880 pour désigner l'école poétique (dite par suite *symboliste*) de Mallarmé, Verlaine, etc.

SYMÉTRIE, écrit d'abord *symmétrie*, 1529, graphie conservée jusqu'à la fin du XVIIIe s. Empr. du lat. *symmetria* (mot pris au grec qui signifie « juste proportion », comp. de *syn* « avec, ensemble », et de *metron* « mesure »). On a de même empr. **asymétrie,** 1613, alors comme terme d'arithm., du grec *asymmetria* ; sens développé d'après *symétrie*, d'où **-ique,** 1825. — Dér. : **symétrique,** 1530 (écrit *symm-*).

SYMPATHIE, vers 1420. Empr. comme terme techn. et comme terme de la langue générale à la fois du lat. *sympathia* et du grec *sympatheia* (d'où vient le mot lat.) « fait d'éprouver les mêmes sentiments ». — Dér. : **sympathique,** 1590 ; **sympathiser,** XVIe (Ronsard).

SYMPHONIE, milieu du XVIIIe s. au sens moderne ; la symphonie moderne a été créée en 1754 à la fois par Gossec et Haydn qui se sont servis du mot *symphonie* lequel, au XVIIe et au XVIIIe s., désignait un morceau d'orchestre formant l'ouverture d'un opéra. Auparavant signifiait, conformément au lat. *symphonia* (du grec *symphônia*), « accord de sons », cf. « Symphonie est concorde de plusieurs sons », XIVe (Oresme). Au XIIe s. a été pris au sens d'« instrument de musique » qui se trouve aussi dans le lat. de basse ép. — Dér. : **symphoniste,** 1690.

SYMPTÔME, 1495 (écrit *sinthome ;* Rab. écrit *symptomate*, IV, 63) ; terme médical, pris rapidement dans un sens plus étendu ; **symptomatique,** 1503 (écrit *sinth-*). Empr. du lat. médical *symptoma* (du grec *symptôma*, propr. « coïncidence ») et du grec *symptômatikos*.

SYNAGOGUE, vers 1080 (*Roland : sinagoge* « temple des Juifs » ; a reçu à partir du XIVe s. divers sens se rapportant à la religion juive). Empr. du lat. eccl. *synagoga* (du grec eccl. *synagôgê*, propr. « réunion »).

SYNCHRONISME, 1752. Empr. du grec *synkhronismos* (de *khronos* « temps »). — Dér. : **synchronique,** 1750 ; a remplacé un anc. adj. *synchrone*, 1743, empr. du lat. de basse ép. *synchronus* (du grec *synkhronos*).

SYNCOPE, 1314 (écrit *sincope*). Terme médical, empr. du lat. médical *syncope, -a* (du grec médical *synkopê*, de *synkoptein* « tailler, réduire, briser »). Le sens grammatical, 1380, vient également des langues anciennes, d'où le sens musical, 1631. — Dér. : **syncoper,** 1365, développement de sens parallèle à celui de *syncope ;* au sens de « tomber en syncope », on a dit *syncopiser*, du XIVe au XVIe s.

SYNCRÉTISME, 1611. Empr. du grec *synkrêtismos*, propr. « union de Crétois », d'où « accord de deux partis opposés contre un ennemi commun », etc.

SYNDIC, 1385 (écrit *sindiz*). Empr. du lat. eccl. *syndicus* « représentant et avocat d'une ville » (du grec *syndikos*, propr. « celui qui assiste quelqu'un en justice »). — Dér. : **syndical,** 1561, a suivi le sens du suivant ; Voltaire parle en 1760 de la Chambre syndicale de librairie (au XIVe et XVe s. « procès-verbal », à Lyon) ; d'où, avec les changements de sens de *syndical*, **syndicalisme, -aliste,** fin XIXe ; **syndicat,** 1477 « fonction de syndic », encore au début du XIXe s. ; au XIXe s. a d'abord été un terme de bourse, avant de prendre le sens de « groupement d'ouvriers réunis pour défendre leurs intérêts » (dès 1839), depuis plus étendu ; **syndiquer,** 1768 « former en corps les membres d'une corporation », d'où *se syndiquer*, 1783, développement de sens parallèle à celui du précédent (au XVIe « critiquer, censurer »).

SYNODE, 1511 (au fém.) ; **synodal,** 1315 **synodique,** 1721. Empr. du lat. *synodus*: *synodalis, synodicus* (du grec eccl. *synodos*, propr. « réunion », *synodikos*). *Synodique*, terme d'astronomie, 1556, remonte également aux langues anciennes (du grec *synodos* au sens de « conjonction d'astres »). L'a. fr. a dit jusqu'au XVe s. *senne*.

SYNONYME, vers 1380 ; une première fois XIIe) ; **synonymie,** 1582. Empr. du lat. grammatical *synonymus, -ia* (du grec *synônymos, -ia*, de *onoma* « nom »). — Dér. : **synonymique,** 1791.

SYNOPTIQUE, 1610. Empr. du grec *synoptikos* « qui embrasse tout d'un coup d'œil », v. **optique.**

SYNOVIE, 1694. Empr. du lat. médiéval *synovia* qui se trouve pour la première fois chez Paracelse (v. **sylphe**), mot de formation inexpliquée. — Dér. : **synovial,** 1735.

SYNTAXE, 1572 (Ramus). Empr. du lat. grammatical *syntaxis* (mot pris au grec qui signifie propr. « mise en ordre »). — Dér. : **syntaxique** « qui se rapporte à la syntaxe », 1818 ; du grec *syntaktikos* on a tiré un adj. *syntactique*, relevé depuis 1872, au sens de « qui se rapporte à l'ordre des mots, à la structure de la phrase ».

SYNTHÈSE, XVIIe (Descartes) comme terme de logique ; pris ensuite dans diverses langues techn. ; **synthétique,** 1602, également comme terme de logique ; sens parallèle à celui de *synthèse*. Empr. du grec *synthesis*, également terme de logique, propr. « action de mettre ensemble », *synthetikos*. — Dér. : **synthétiser,** 1833 (Balzac).

SYPHILIS, 1659 ; le dér. *syphilitique* est de 1725 (alors *-idique*) et **anti-** de 1774. Empr. du lat. moderne *syphilis*, créé par l'humaniste Fracastor de Vérone qui a publié en 1530 un poème intitulé *Syphilidis seu morbi gallici libri tres*. La syphilis, d'origine américaine, est apparue tout à la fin du XVe s. et s'est répandue après l'expédition de Charles VIII à Naples ; on remarquera que Fracastor appela dans son titre la syphilis le « mal français » ; en effet chaque peuple a accusé un voisin de lui avoir communiqué cette maladie, en français le *mal de Naples*, en all. *die Franzosen*, en it. *il mal francese*, etc. Dans le troisième livre de son poème, pour célébrer la découverte du remède tiré du guayac, v. **gaïacol,** Fracastor a imaginé une légende d'après laquelle, en Amérique, un berger du nom de Syphilus, ayant entraîné le peuple de l'île d'Ophise à la révolte contre le dieu du soleil, est frappé, ainsi que le peuple, par Apollon de la syphilis dont la nymphe Ammerica leur donnera le remède. Le mythe est imité de celui de Niobé ; *Sipylus* est, chez Ovide, *Métamorphoses*, VI, 231, le nom du fils aîné de Niobé, qui est né près du mont Sipylus en Lydie. La forme *siphylus* d'où Fracastor a tiré *syphilis* se trouve dans un certain nombre de manuscrits d'Ovide ; c'est sur cette forme qu'il a fait *Siphylis*, sur le modèle de *Aeneis*, *Thebais*, pour désigner le poème « poème de *Syphilus* », comme *Aeneis* est le poème d'Énée, puis la maladie elle-même.

SYRINGA, v. **seringa.**

SYSTÈME, 1552 ; terme d'abord techn., qui a pris rapidement un sens plus étendu ; **systématique,** 1552. Empr. du grec *systêma* « système philosophique », propr. « ensemble » (le lat. de basse ép. *systema* n'est que terme musical) et du lat. de basse ép. *systematicus* (du grec *-atikos*). — Dér. : **systématiser,** 1756.

SYSTOLE, 1541 ; **systaltique,** 1734. Empr. des mots grecs *systolê*, propr. « contraction », *systaltikos* (de la même famille). V. **diastole.**

SYZYGIE, 1584. Empr. du lat. de l'époque impériale *syzygia* (mot pris au grec) « assemblage, réunion ».

T

TABAC, 1599 ; au XVIIe s. aussi *tobac*, qu'on trouve encore dans les parlers du Nord. Empr. de l'esp. *tabaco*, empr. lui-même de la langue des Arouaks d'Haïti où *tabaco* ne signifie toutefois pas « tabac », mais désigne ou bien un tuyau recourbé servant à l'inhalation de la fumée de tabac ou bien une sorte de cigare fabriqué par ces sauvages. Mot devenu mondial : it. *tabacco*, all. *Tabak*, angl. *tobacco*, hindoustani *tambâka*, etc. On a emprunté aussi, dès 1555, le port. *petum*, qui vient lui-même du tupi *petyma ;* **petun** vit encore dans les patois de l'Ouest ; v. aussi **nicotine.** — Dér. : **tabatière,** 1666, d'abord *tabaquière*, 1650.

TABAGIE, 1603, mot algonquin désignant d'abord un festin ; a modifié dès 1700 son sens sous l'influence de *tabac.*

TABELLION, anciennement officier faisant fonction de notaire dans les juridictions subalternes, d'où aujourd'hui, par plaisanterie, « notaire », XIIIe (Br. Latini). Empr. du lat. jurid. *tabellio*, sorte de notaire.

TABERNACLE, vers 1110, terme d'antiquité juive ou païenne ; « réceptacle où est enfermé le saint ciboire » (liturgie catholique), 1345. Empr. du lat. *tabernaculum* « tente ».

TABÈS, 1752, au sens de « marasme » (en angl. depuis 1651) ; au sens moderne, 1881, d'après l'expression des médecins allemands *tabes dorsalis* (1827). Terme médical, empr. du lat. *tabes* « consomption ». — Dér. : **tabétique,** 1880 ; **tabescent,** 1873 ; **tabescence,** *id.*

TABIS, XIVe (E. Deschamps), sorte d'étoffe, hors d'usage aujourd'hui. D'abord *atabis*, par exemple chez Christine de Pisan. Empr., par l'intermédiaire du lat. médiéval *attabi*, de l'arabe *'attâbî*, sorte d'étoffe de soie, dite ainsi du nom d'un quartier de Bagdad où elle était fabriquée ; aussi it. *tabì*, esp. *tabí.*

TABLATURE, 1596 (*tabulature* en 1529), anc. terme de musique, qui désignait un tableau de notation servant à déchiffrer ; ne s'emploie plus guère que dans la locution *donner de la tablature à quelqu'un* « lui causer des difficultés », 1669, d'abord « instruire quelqu'un » (d'Aubigné), ensuite « être plus habile que quelqu'un, le redresser » (1643). Formé, en le latinisant, sur l'it. *intavolatura.*

TABLE. Lat. *tabula*, propr. « planche » ; a remplacé dans le lat. pop. de la Gaule et de l'Italie (cf. it. *tavola*) le terme du lat. class. qui signifiait « table », *mē(n)sa ;* celui-ci s'est conservé en Roumanie et dans la péninsule ibérique : roumain *masă*, esp. *mesa ; mē(n)sa* a cependant survécu dans le fr. *moise*, mais seulement comme terme de la charpenterie. Certains emplois de *table : loi des Douze Tables, table de proscription, les tables de la loi*, viennent du lat. anc. ou eccl. ; l'expression *table rase* vient du lat. scolastique, cf. *anima in principio creationis suæ est tanquam tabula rasa in qua nihil depictum est* (dans un comput), formule qui remonte à Aristote (*De l'âme*, III, 4, 14). V. **tôle.** — Dér. : **tableau,** XIIIe, **tableautin,** 1862 (V. Hugo) ; **tablée,** XIIIe ; **tabler,** ne s'emploie plus que dans la locution *tabler sur quelque chose*, XVIIe, issue de la langue du trictrac où *tabler* a le sens de « poser deux dames sur la même ligne », attesté à la même ép. ; **tabletier,** XIIIe, dér. de *table* au sens de « tablier de table à jouer, échiquier », usuel au moyen âge, d'où **tabletterie,** 1429 ; **tablette,** XIIIe ; **tablier,** XIIe (Chrétien) ; **attabler,** 1443 ; **entablement,** XIIe, signifie « plancher » jusqu'au XVIe s. V. **retable.**

TABOU, 1785 (écrit *taboo*, dans une traduction de Cook, cf. aussi « Ce mot que je connaissais d'après les relations anglaises », La Pérouse, 1786), *tabou* depuis 1822. Empr., par l'intermédiaire de l'angl., d'une langue polynésienne où le mot *tabu* signifie « interdit, sacré, personne ou chose déclarée tabou par des prêtres ou des chefs ».

TABOURET, v. **tambour.**

TABULATRICE, 1949. Dér. du lat. *tabula.*

TAC, onomatopée, 1587.

TACHE, vers 1100. A côté du sens « souillure, marque qui salit » il a aussi, du XIVe au XVIIe s., celui de « qualité bonne ou mauvaise d'une personne », conservé au sens religieux de « souillure que l'âme contracte par le péché ». Dans les deux sens on a aussi, du XIe au XVe s., la forme *teche.* Le mot vit aussi dans l'a. pr. *taca* « tache », it. *tacca* « tache ; cran », cat. arag. astur. *taca* « tache », de même it. *tecca* « tache ; défaut, vice ». La palatalisation du *-cc-* ainsi que la large diffusion du mot montrent que celui-ci est entré dans la langue latine à l'époque du Bas-Empire. Il doit être empr. du got. *taikns* « signe » (cf. all. *zeichen*) dont le *-k-* a été redoublé sous l'influence du *-n-* suivant, d'où a résulté une forme **tacca.* C'est un cas analogue à celui du got. **rēps*, qui s'est aussi répandu dans tout l'Empire ; v. **désarroi.** En got. la diphtongue *ai* est devenue *ē* un peu plus tard, ce qui explique la forme *teche.* — Dér. : **tacher,** vers 1100 ; **tacheter,** 1538, issu par changement de suffixe de l'anc. fr. *tachelé* ; **détacher** « ôter les taches », 1501 ; **entacher,** vers 1190 au part. passé, comme verbe dp. 1380, v. **enticher.**

TÂCHE, XIIe (Chrétien). Francisation du lat. médiéval *taxa,* tiré de *taxare,* v. **taxer,** propr. « sorte de prestation rurale », d'où, de bonne heure, le sens moderne ; cf aussi a. pr. *tasca* « champart » (attesté dès 800 dans le latin médiéval du Midi). L'angl. *task* vient d'une forme dialectale *tasque,* attestée en anc. picard. — Dér. : **tâcher,** vers 1460 ; **tâcheron,** 1508.

TACHY-. Premier élément de mots sav. comp., tels que **tachygraphie,** 1721, tiré du grec *takhys* « rapide ».

TACITE, 1466. Empr. du lat. *tacitus* (de *tacere* « (se) taire »).

TACITURNE, vers 1485 ; **taciturnité,** XIVe. Empr. du lat. *taciturnus, taciturnitas.*

TACT, 1375 ; **tactile,** 1541. Empr. du lat. *tactus, tactilis* (de *tangere* « toucher »). Le sens fig. de *tact,* qui date de 1762 est propre au fr.

TAC-TAC, 1583. Onomatopée, cf. aussi **tic-tac.** — Dér. : **tacot,** « locomotive de train local (tortillard) », d'où « le train lui-même », « automobile de mauvaise qualité », XXe ; signalé au XIXe s. comme terme de métier : « outil qui sert à mettre en mouvement la navette dans un métier à tisser », 1803, « battoir des laveuses », 1872 ; ce sont des formations indépendantes l'une de l'autre.

TACTIQUE, 1690. Empr. du grec *taktikê* (sous-entendu *tekhnê* « art ») (de *taltein* « ranger »). L'adj. a été formé postérieurement d'après le subst. — Dér. : **tacticien,** 1788.

TAFFETAS, 1314 (écrit *taphetas*). Empr. de l'it. *taffetà,* empr. lui-même du mot turco-persan *tâfta,* propr. « tressé, tissé » ; de là aussi all. *Taffet,* angl. *taffeta.*

TAFIA, 1722 : « Les sauvages et les nègres l'appellent tafia », dans le récit du voyage aux Antilles du P. Labat. Mot créole, v. **ratafia.**

TAIAUT, 1661 (Molière) ; vers 1300 *taho, taho.* Onomatopée.

TAIE. Souvent *toie* au moyen âge. Lat. *thēca* (du grec *thêkê* « boîte, caisse, etc. ») « étui, fourreau », qui a servi en lat. pop. à désigner diverses sortes d'enveloppes, d'où en fr. notamment « enveloppe de toile qui recouvre un oreiller », puis « taie sur l'œil », XIVe. Ailleurs sens divers : roumain *teacă* « gaine, gousse », a. pr. *teca* « gousse », etc.

TAILLER. Lat. pop. **taliāre,* probabl. dér. de *talea* « bouture, scion », cf. *intertaliāre* « élaguer » à basse ép. ; a donc dû d'abord être employé comme terme rural, mais a pris rapidement le sens général de « tailler ». — Dér. et Comp. : **taille,** XIIe, propr. « action de tailler », d'où acceptions diverses, notamment « dimension en hauteur du corps humain » (acception née dans le milieu des tailleurs d'images), vers 1223 ; a été pris au moyen âge pour désigner une sorte d'impôt, d'où **taillon,** 1552 (Rab.), **taillable,** 1238, v. **mortaillable** ; servait aussi autrefois comme terme de musique vocale, v. **ténor** ; **taillader,** 1540, par l'intermédiaire de *taillade,* 1532 (Rabelais), « coup qui entaille », empr. de l'it. *tagliata* (pour le suff., v. **cavalcade**) ; l'a. pr. *talhada* « tranche de pain, etc. » n'a pas le sens du français ; **taillandier,** 1213, dér. de *taillant,* 1444, avec le suff. *-andier,* qui se trouve dans d'autres noms de métier, cf. *lavandière,* etc. (*taillandier* a déjà été formé au sens de « tailleur d'habits » au XVe s.), **taillanderie,** 1485 ; **taillant,** 1288 ; **taille-crayon,** 1838 ; **taillerie,** 1304 ; **tailleur,** XIIe (Chrétien), déjà au sens de « tailleur d'habits », bien que l'expression *tailleur d'habits* soit encore dans les dictionnaires, comme si *tailleur* ne suffisait pas au sens ; c'est aujourd'hui le terme dominant des parlers gallo-romans ; toutefois l'extrême Ouest et quelques parlers de la Franche-Comté et de la Suisse romande ont encore le type *couturier,* on trouve en outre *parmentier* (de *parement*) en lorrain et en franc-comtois, *cousandier* en Suisse romande, *pelletier* en Franche-Comté et en Suisse romande ; il n'y a de représentants du lat. *sartor* que dans quelques parlers méridionaux, cf. par contre it. *sarto,* esp. *sastre,* a. pr. *sartor, sartre* (en a. fr. quelques traces seulement) ; **taillis,** 1215 ; **tailloir,** 1544, comme terme d'architecture ; désignait au moyen âge une sorte d'assiette sur laquelle on taillait la viande, XIIe (d'où l'all. *Teller*) ; **détailler,** XIIe, d'où **détail,** *id.,* **détaillant** (marchand), 1649, d'abord *détailleur,* 1293 (Beaumanoir) ; **entailler,** XIIe, d'où **entaille,** XIIe ; **retailler,** *id.,* d'où **retaille,** vers 1200.

TAIN, v. **étain.**

TAIRE. Réfection, qui apparaît au XIIe, de *taisir,* encore usité au XVe s. Lat. *tacēre.* Mot usité seulement dans une partie du gallo-roman ; les parlers de l'Est et de la région franco-provençale ont des formes du lat. pop. **quētiāre,* issu de **quiētiāre* (de *quiētus,* v. **coi**), propr. « rester en repos », cf. a. fr. *coisier* « rester coi », et une grande partie des parlers méridionaux et de l'Ouest, entre la Loire et la Garonne, ont des formes de ce verbe (cf. a. pr. *quezar*), croisés avec *taire* (a. pr. *tazer*), c'est-à-dire que les parlers ont cherché un mot plus expressif que le mot ancien. Le Sud-Ouest a des formes qui correspondent à l'esp. *callar,* qui continue un lat. pop. **callare,* variante de *calare* (v. **caler**), empr. du grec *chalān* « abaisser » ; dans un certain nombre de mots grecs empr. par le lat. de basse ép. l'*l* a été rendu tantôt par *-l-,* tantôt par *-ll-* ; pour le sens comp. l'it. *calare* « abaisser la voix ».

TAISSON, v. **tanière.**

TALC, XVIe. Empr. de l'arabe *ṭalq,* d'où aussi it. esp. *talco,* all. *Talk,* angl. *talc.*

TALENT, terme d'antiquité, « poids d'or ou d'argent », XIIe. Empr. du lat. *talentum* (du grec *talanton*).

TALENT « valeur naturelle ou acquise dans quelque activité artistique », 1624. Ce sens vient de la parabole rapportée dans Matthieu, XXV, 14 sq., où l'on voit, de trois serviteurs à qui leur maître a confié des talents (poids d'or) deux faire fructifier les leurs, tandis que le dernier enfouit le sien en terre ; de là dans le lat. scolastique l'emploi de *talentum* au sens de « don naturel, aptitude », cf. *illa litteralis scientiæ talenta*, chez Abélard (1079-1142) ; en fr. toutefois ce sens n'a pris de l'extension qu'à la suite de la Réforme ; un des premiers ex. de *talent* dans *employer son talent* se rapporte au protestant Duplessis-Mornay ; il est donc probable que l'esp. et l'it. ont tiré du fr. l'emploi métaph. de leur *talento*. Au moyen âge et jusqu'au XVIe s. *talent* a signifié « désir, volonté », d'où le comp. *maltalent* « mauvais vouloir », encore chez Voltaire, cf. de même it. *talento* « désir, volonté », a. pr. *talen* « *id.* », d'où aujourd'hui « faim ». Ce sens de « désir » doit être sorti de celui de « ce qu'on a dans l'esprit, état d'âme », lequel se rattache aussi au sens que le mot a dans la parabole de Matthieu. — Dér. : **talentueux,** 1881.

TALER, v. **taloche.**

TALION, XIVe s. Empr. du lat. *talio.*

TALISMAN, 1637. Empr. de l'arabe vulgaire *ṭilsam* (en arabe class. *ṭilasm*), empr. lui-même du grec *telesma* au sens de « rite religieux » (qui est de basse ép.) ; d'où aussi it. *talismano*, esp. *talismán*, etc. Les formes romanes s'expliquent par le dual arabe *ṭilasmṭn*, avec métathèse des deux voyelles *i* et *a*. *Talisman* « docteur de la loi, prêtre musulman », en 1546, remonte, par l'intermédiaire du turc, au persan *dânichmand* « savant », qui désignait spécialement les prêtres musulmans.

TALLE, terme d'agriculture, 1611 ; une première fois en 1488. Empr. du lat. *thallus* (du grec *thallos* « jeune pousse »).

TALOCHE, XVIIe (C. de Bergerac). Dér., avec un suff. argotique, du verbe *taler* « meurtrir » (surtout en parlant de fruits), usité aujourd'hui dans les parlers de l'Est (on le trouve même en lorrain dans l'acception de « donner une taloche »), plus rare dans l'Ouest, peu usité en fr. ; on rapproche l'a. pr. *talar* « endommager, détruire » et l'esp. *talar* « couper ras des arbres, détruire », empr. d'un germanique **tâlôn*, supposé d'après l'anc. haut all. *zâlôn* « piller ». L'a. fr. *taloche* « sorte de bouclier », XIVe, est probabl. un autre mot et va sans doute avec *talevas* qui désigne aussi un bouclier, peut-être d'origine gauloise. — Dér. : **talocher,** 1546 (Rabelais).

TALON. Lat. pop. **tālōnem*, acc. de **tālō*, dér. du lat. class. *tālus*. It. *tallone*, esp. *talón*. — Dér. : **talonner,** vers 1190 ; **talonnière,** 1512 ; **talonnette,** 1836.

TALUS, 1160 (écrit *talu*). D'un gaul. *talutium* « forte inclinaison de terrain » (attesté chez Pline en parlant des mines d'Espagne, au sens spécial de « talus qui révèle la présence d'une mine d'or à peu de profondeur »), dér. du gaul. *talo* « front » (comp. irl. *taul*, breton *tâl*), qui survit encore dans d'autres mots dér. ou comp., comme prov. moderne *tauvero* « lisière d'un champ », dauph. *talapan* « auvent ». — Dér. : **taluter,** 1690 (auparavant **taluer,** 1534, Rab. ; **talusser,** vers 1600.

TAMANOIR, 1763. Empr. de *tamanoa*, mot de la langue des Caraïbes de la Guyane. Une autre espèce de cet animal est appelée en tupi *tamandua*, d'où le fr. *tamandua*, 1640, d'abord *tamandoua*, 1614.

TAMARIN, XVe s. ; d'abord *tamarinde*, XIIIe, *tamarandi*, XIIIe, du lat. médical du moyen âge *tamarindus* (employé comme laxatif), empr. de l'arabe *tamâr hindî* « datte de l'Inde ». — Dér. : **tamarinier,** 1765 (*tamarindier* en 1604).

TAMARIS, XIIIe. Empr. du lat. *tamariscus* (autres formes de dates diverses : *tamarice, -icium* ; *-ix*, chez Pline). Le mot lat. est formé sur un radical *tam-*, probabl. d'origine pré-indo-européenne, qu'on trouve aussi dans d'autres noms de plantes, comme le lat. *tamnus.*

TAMBOUILLE, fin XIXe. Peut-être abréviation de *pot-en-bouille*, comp. dans l'Anjou *potbouille*, *potembouille* et *tambouille*, tous avec la même signification.

TAMBOUR, vers 1300. D'abord *tabour*, vers 1080 *(Roland)*, encore au XVIe et dans quelques patois modernes. Dans tous les textes jusqu'au XIIIe s. cet instrument n'est employé que par les Maures, le mot doit donc être d'origine orientale. On peut rattacher la forme *tabour* au persan *tabīr*, mais on ne voit pas très bien par quelle voie le mot est arrivé en France, puisque la forme sans la nasale ne paraît pas être attestée en Espagne. La forme avec nasale (esp. *tambor*, dans le *Cid atamor*, port. *atambor*, cat. *tambor*, it. *tamburo*) domine partout ailleurs ; la nasale doit avoir été introduite déjà en arabe, peut-être sous l'influence du mot *aṭ-ṭunbur*, nom d'un instrument à cordes ; en tout cas cette forme s'est répandue de l'Espagne dans les autres pays. — Dér. : **tambourin,** XVe, antér. *tabourin*, XVe-XVIIIe : d'où **tambouriner,** 1680, **-age,** *id.*, **-eur,** 1556, antér. *tabouriner*, XVe-XVIe, *-age*, 1558, *-eur*, XVIe. La forme ancienne a donné le dérivé **tabouret,** 1525 (au sens moderne ; en 1442 désigne une pelote où l'on pique les aiguilles, sens conservé jusqu'au début du XVIIe s.), ainsi nommé à cause de sa forme, cf. aussi a. pr. *tabor* au même sens ; mais la comparaison n'ayant plus été sentie, il n'a pas suivi le changement de forme de *tabour* et de ses autres dérivés.

TAMIS, XIIIe. Sans doute d'origine prélatine, probabl. gauloise, bien que les autres langues celtiques n'offrent aucun mot auquel on puisse le rattacher. A. pr. *tamis*. — Dér. : **tamiser,** XIIe, **tamisage,** 1556.

TAMPON, 1430. Variante nasalisée de *tapon*, 1382, « tampon d'étoffe ». Du francique **tappo* (cf. all. *Zapfen* « bonde, soupape, etc. »). Le fr. possède aussi un verbe *taper* « boucher », employé comme terme techn., qui est le verbe francique correspondant **tappôn ;* l'it. *tappare*, cat. esp. port. *tapar* sont probabl. d'origine gotique. — Dér. : **tamponner,** XVe ; a pris récemment le sens de « heurter », en parlant des trains de chemins de fer, 1875, propr. « heurter avec les tampons » ; d'où **tamponnement,** 1771, développement de sens parallèle à celui du verbe, **tamponneur,** fin XIXe.

TAM-TAM, 1773 (B. de Saint-Pierre). Mot onomatopéique, empr. du créole ; cf. l'angl. *tomtom* qui désigne un tambour indien, un gong.

TAN, XIIIe. Très probabl. d'un gaul. **tann-* « chêne » (cf. bret. *tann* « chêne », cornique *glas-tannen* « quercus vel ilex », auc. irl. *teine, tinne*), l'écorce du chêne étant employée très tôt pour la préparation du cuir. Le mot gaulois doit avoir désigné une autre variété du chêne que *cassanus*, v. **chêne.** L'anglo-sax. *tannian* « tanner » est empr. du lat. de la Gaule. A. pr. *tan, tanar*. It. *tanno, tannare* sont empr. du fr. — Dér. de *tan* : **tanin,** 1797 ; **tanner,** 1260 ; **tannage,** 1370 ; **tanne,** 1600 ; **tannerie,** 1216 ; **tanneur,** vers 1226.

TANAISIE, nom de plante, XIIe s. Lat. pop. *tanacita*, mot d'origine inconnue : d'où a. pr. *tenazet ;* ailleurs formes obscures. Le lat. médiéval *tanasia* est calqué sur le fr.

TANCER. Variante graphique, qui apparaît dès le XIIe s., de *tenc(i)er* (vers 1080, *Roland*), cf. le picard *tencher*, que La Fontaine a employé, *Fables*, IV, 16. Lat. pop. **tentiāre*, dér. de *tentus*, part. passé de *tendere* « tendre, faire effort », d'où « combattre, lutter » ; par suite **tentiāre* a pris le sens de « quereller », puis de « réprimander ». On peut considérer aussi **tentiāre* comme issu de *tentāre* « faire effort, attaquer ». Seulement gallo-roman : a. pr. *tensar*. Lat. pop. **tentio* a donné le fr. *tençon* « querelle » et l'a. pr. *tenson* « *id.* ».

TANCHE. D'abord *tenche*. Lat. du IVe s. (Ausone) *tinca*, d'origine gauloise.

TANDEM, d'abord au sens de « cabriolet attelé de deux chevaux en flèche », 1816, puis de « bicyclette pour deux personnes », 1891. Empr. de l'angl. *tandem*, qui est lui-même le lat. *tandem*, « enfin », pris dans un jeu de mots d'origine scolaire, comme équivalent de la locution anglaise *at length* « à la longue », littéral. « en longueur ».

TANDIS. Lat. *tamdiu* « aussi longtemps » employé surtout avec *quamdiu, quam*, etc. De là la conj. *tandis que*, d'où se dégage, dès le XIIe s., un adverbe *tandis* « pendant ce temps », qui vit jusqu'au XVIIe s. L'*s* finale est l'*s* adverbiale, cf. *volontiers*, etc. Parfois écrit *tanz dis* par fausse étymologie d'après l'anc. adj. *tant* « si nombreux » (cf. l'a. fr. *tantes fois*, lat. *tantus*) et *di* « jour ». A. pr. *tandius* « aussi longtemps », forézien *tandio* « pendant ce temps ».

TANGENTE, 1626. **Tangent,** *adj.*, 1705. Empr. du lat. *tangens, -entis*, part. prés. de *tangere* « toucher ». — Dér. : **tangence,** 1815, d'où **tangentiel,** 1816.

TANGIBLE, XIVe. Empr. du lat. de basse ép. *tangibilis* (de *tangere* « toucher »). — Dér. : **tangibilité,** 1803 ; **intangible,** XVe.

TANGO, vers 1912. Empr. de l'esp. d'Amérique *tango*.

TANGON, terme de marine, 1836. L'esp. dit de même *tangón* et le prov. moderne *tangoun ;* mais l'histoire du mot n'est pas faite.

TANGUER, 1643 ; le dér. *tangueur* déjà en 1611. Probabl. dér. de l'anc. fr. *tangre* « extrémité du couteau qui est dans le manche », lequel représente l'anc. nor. *tangi*, du même sens. Le fait que cette extrémité de la lame se plonge profondément dans le manche a pu provoquer une comparaison avec le mouvement de la proue du bateau. La même évolution sémantique s'est produite avec le verbe anglais *to pitch*. — Dér. : **tangage,** 1643.

TANIÈRE. D'abord *taisniere*, vers 1190, *tesniere*, encore au XVIe s. ; *taniere*, du XVe s., est une forme dialectale ; le mot signifie proprement « retraite du blaireau », lat. pop. *taxōnāria*, attesté en 902 comme nom de lieu de la Mayenne (sous la forme *Taxinarie*), dér. de *taxō* « blaireau », v. **blaireau.** Les formes anciennes montrent que *tanière* ne doit pas être rapproché de *tana* « tanière » de l'it. et de l'a. pr., issu probabl. par suppression du suffixe d'un lat. tardif **subtanus* « qui se trouve au-dessous ».

TANK, au sens de « char d'assaut », 1916. Empr. de l'angl. *tank*, propr. « sorte de réservoir, citerne » (empr. aussi en ce sens dès 1857), mot anglo-indien (le port. a aussi. *tanque* « réservoir », qui a aussi passé dans des récits de voyage franç. du XVIIe s. et dont le rapport avec le mot angl. est discuté), qui a été adopté par les inventeurs de cet engin de guerre.

TANT. Lat. *tantum*. It. esp. *tanto*. V. **tandis.** *En tant que*, début XVIIe (cf. *mal en tant comme mal* au XIVe s. chez Oresme), est calqué sur le lat. *in tantum quantum*. *Un tant*, pris substantiv., terme de commerce, XIXe s., est considéré par Littré comme incorrect. Les locutions *tant mieux, tant pis*, signalées depuis le XVIe s. (mais sans doute antérieures) ont été faites à une époque où *tant* s'employait au sens de « d'autant » ; dans *tant bien que mal, tant* signifiait *autant*. — Dér. : **tantet** *(un)*, 1213 ; **tantinet** *(un)*, XVe (Villon) ; **tantième,** 1562. — Comp. : **autant,** vers 1170 ; pour le premier élément, v. **aussi** ; l'a. pr. dit *atretan*, des parlers de l'Est et du Nord-Est disent aujourd'hui *aussi tant* ; **partant,**

vers 1165, peu usité aujourd'hui ; **pourtant,** vers 1160 ; jusqu'au XVIᵉ s. signifie « à cause de cela » ; sens moderne, né de l'emploi de cette expression dans des phrases négatives, depuis fin XVIᵉ.

TANTE, XIIIᵉ. Altération enfantine d'*ante*, qui est encore attesté au XVIᵉ s. dans *belante* (cf. *belle ante*, 1512) et qui a laissé quelques traces en Suisse romande et en poitevin ; continue le lat. *amita* « tante du côté du père », d'où aussi a. pr. *amda ;* survit en outre dans le Nord de l'Italie et le roumain *mătuşă ;* pour l'it. *zia*, esp. *tia*, v. **oncle.** L'a. fr. avait une forme d'acc. *antain*, disparue de bonne heure, v. **nonnain.**

TAON. Lat. de basse ép. *tabōnem*, acc. de *tabō*, altération, par substitution de suff., du lat. class. *tabānus.* Le type *tabō* est en outre conservé par le roumain *tăun* et le port. *tavão ;* le type *tabānus* est conservé par l'a. pr. *tavan* et par l'esp. *tabano ;* l'it. *tafano* représente une forme dialectale **tafānus.*

TAPER, « frapper avec le plat de la main », XIIᵉ. D'origine onomatopéique, cf. l'it. *tappete*, mot imitant le bruit de coups sourds ; v. aussi **toper.** — Dér. et Comp. : **tapage,** 1695, **tapageur,** 1743 ; **tape,** XIVᵉ (Froissart) ; **tapecu,** terme de diverses techniques, 1453 ; **tapée,** 1791 ; **tapette** « sorte de palette », 1562, « petite tape », 1750 ; **tapeur,** vers 1866, d'après *taper* « emprunter », *id.*, en fr. vulg. sens né sans doute d'une allusion plaisante à l'usage de taper dans la main pour conclure un marché ; **tapin,** XVIIIᵉ ; **tapoter,** vers 1270, **-eur,** 1867 ; **retaper,** XVIᵉ, **retape,** terme vulg., 1795.

TAPER, « boucher », v. **tampon.**

TAPINOIS, v. **tapir.**

TAPIOCA, 1798 (une première fois en 1651). Empr. de *tapioca, tipioca* du tupi et du guarani, langues indigènes du Brésil, par l'intermédiaire du port. *tapioca.*

TAPIR (se), XIIᵉ s. Du francique **tappjan* « (en)fermer », cf. anc. scandinave *teppa* « *id.* ». — Dér. : **tapinois (en),** 1470 (Pathelin) ; on a dit aussi *en tapinage* du XIIᵉ au XVIᵉ s., issu de la locution *en tapin*, XIIᵉ (cf. aussi *a tapin*, « *id.* »), tirée elle-même de l'adj. *tapin* « qui se dissimule », tiré probabl. à son tour du part. *tapi ;* expressions de l'a. pr. *tapin* « pauvre, etc. », l'it. *tapino* « malheureux, bas, vil », l'a. pr. *a tapin* « en tapinois » sont empr. du fr.

TAPIR, *subst.*, 1558 (Thevet : « Bestes qu'ils nomment tapihire » dans un récit de voyage dans l'Amérique du Sud). Empr. du tupi.

TAPIS, vers 1100. Empr., au moment des Croisades, du grec byzantin *tapitos* (où *ē* se prononçait *i ;* en grec anc. *tápes, tápetos*, d'où le lat. *tapete, tapetum*), cf. aussi a. pr. *tapi(t).* Mot de civilisation qui a passé d'une langue à l'autre : l'it. *tappeto* est repris au lat. *tapetum*, l'esp. *tapete* « tapis de table » au lat. *tapete*, mais *tapiz* « tapisserie » vient du fr. *tapis*, cf. aussi angl. archaïque *tapis* et all. *Teppich* « tapis » (qui vient du fr.), angl. arch. *tapet* et all. *Tapete* « tapisserie » (qui viennent du lat. ou de l'it.). — Dér. : **tapisser,** XVᵉ ; **tapisserie,** 1347 ; **tapissier,** 1226.

TAPON, 1382. Du francique **tappo*, v. **tampon.** Le sens de *tapon* a beaucoup varié au cours des temps.

TAQUE, « plaque de fer », notamment « plaque de cheminée », 1752. Mot dialectal, usité dans les parlers de l'Est et du Nord-Est, empr. du bas all. *tâk.* Se trouve dès 1568 dans des textes de la région de l'Est.

TAQUET, terme de diverses techniques ; désigne presque toujours une pièce de bois qu'on fixe quelque part, 1382 ; rare avant le XIXᵉ s. Dér. de l'anc. norm. *estaque* (a. fr. *estache*) allégé de la syllabe *es-* qu'on prenait pour le préfixe. *Estaque* représente le francique **stakka* « poteau ». Il pourrait aussi être le subst. verbal de l'a. fr. *estachier* « attacher à un poteau », qui est de la même famille.

TAQUIN, 1442 (Le Franc), au sens d' « homme violent emporté », plus tard « avaricieux », seul sens du mot jusqu'au XVIIᵉ s. (cf. dès 1411 *arlot, tacain... qui veult dire... garçon truant*). Dès le XIIIᵉ (Douai, 1244) les parlers du Nord connaissent un subst. *taquehan, taquehain*, qui désigne un rassemblement tumultueux et illégal des ouvriers. Pour devenir une insulte le mot n'avait qu'à passer de l'emploi collectif à un emploi individuel. Il est évident que le *-h-* était d'abord prononcé ; sa disparition a entraîné la contraction des deux dernières syllabes en une seule. Il s'agit donc d'un emprunt à un mot moyen néerl., qui n'est pas attesté, mais qui a très bien pu être formé comme comp. du verbe *taken* « saisir » et d'une forme *Han* pour *Jean*, donc une sorte d'exclamation excitante avec le sens « saisis, Jean ». — Dér. : **taquiner,** 1790 ; **taquinerie,** 1553, développement de sens parallèle à celui de *taquin.*

TARABISCOTER, 1866, au sens moderne. Propr. terme de menuiserie : « faire une petite cavité, dite *tarabiscot*, qui sépare une moulure d'une autre ou d'une partie lisse », mot de formation obscure.

TARABUSTER, XIVᵉ, attesté alors en wallon par le dér. *tarrabustis.* Mot pop. né du croisement de deux radicaux onomatopéiques, *tar-* (comp. *tarare*) et mfr. *tabust* « bruit » (radical *tabb-*). Comp. aussi anc. fr. *tarabat* « crécelle ».

TARARE, instrument agricole, 1785. D'origine onomatopéique ; v. **tarin.**

TARASQUE, 1721. Empr. du prov. *tarasco*, tiré de *Tarascon*, nom de ville.

TARAUD, v. **tarière.**

TARD. Lat. *tardē* « lentement », d'où « tard ». It. *tardi*, qui a les deux sens du lat., esp. *tarde* « tard », d'où « après-midi, soir ». — Comp. : **attarder,** XIIᵉ s.

TARDER. Lat. *tardāre*. It. *tardare*, esp. *tardar*. L'a. fr. disait de préférence, jusqu'au XVIᵉ s., *targ(i)er*, lat. pop. **tardicāre* ; cf. a. pr. *tarzar*, de **tardiare*.

TARDIF. Lat. de basse ép. *tardīvus*, dér. de *tardē*. It. *tardivo*, esp. *tardío*. — Dér. : **tardiveté,** 1448.

TARDIGRADE, XVIᵉ (dit de la tortue) ; rare avant la fin du XVIIIᵉ s. Empr. du lat. *tardigradus* « qui marche lentement ».

TARE, 1318. Terme de commerce au sens de « déchet dans le poids ou la qualité d'une marchandise », empr., par l'intermédiaire du prov. *tara*, de l'arabe de l'Afrique du Nord *ṭarḥ* « déduction, déchet », subst. verbal de *ṭaraḥa* « enlever, ôter » (voir *magasin*). Le sens secondaire « dommage, défaut, vice » apparaît dès le XVᵉ s. L'it. *tara* est attesté vers la même époque. Le mot s'est répandu au sens commercial : esp. *tara*, all. *Tara*, angl. *tare*. — Dér. : **taré,** vers 1500 ; les autres formes verbales sont rares ; développement de sens parallèle à celui du subst.

TARENTULE, XVIᵉ (Paré) ; en outre *tarentole* (Rab., IV, 64). Empr. de l'it. *tarantola*, dér. de *Taranto* « Tarente » ; ainsi nommé parce que la tarentule est commune dans la Pouille, près de Tarente, d'où *mordu de la tarentule*, XVIIIᵉ (Voltaire), depuis 1900 *piqué de la tarentule* ; le trouble nerveux attribué à la piqûre de la tarentule a été appelé en fr. **tarentisme,** 1741, dér. de *Tarente*. La tarentule se dit aussi en it. *tarentella*, mot qui a servi à désigner, par comparaison avec le tarentisme, caractérisé par une extrême agitation, une danse napolitaine de caractère très animé, d'où le fr. **tarentelle,** 1787.

TARET, v. **tarière.**

TARGE, ancien bouclier, vers 1080 *(Roland)*. Représente un francique **targa*, supposé d'après anc. angl. *targe* et anc. scandinave *targa* « sorte de bouclier », d'où aussi a. pr. *targa*. L'it. *targa* (d'où le fr. *targue* au XVIᵉ s.) vient du prov. — Dér. : **targette,** 1321, au sens de « petite targe » (déjà en 1301 pour désigner un ornement) ; d'où le sens techn. de la serrurerie, 1611.

TARGUER (se), vers 1570. D'abord *se targer de qn*, « se mettre sous la protection de qn » (Froissart), ensuite « s'armer contre (p. ex. contre la médisance) », jusqu'au commencement du XVIIᵉ s., dér. de *targe*. Les parlers occitans ont la forme correspondante *se targá*, laquelle est attestée depuis le commencement du XVIIᵉ s. au sens de « se donner de l'importance ». C'est de l'occitan que le mot a passé au français, par l'intermédiaire d'auteurs comme d'Aubigné. L'it. *targarsi* est postérieur au verbe franç. et en est emprunté.

TARIÈRE. D'abord *tarere*, encore au XVIᵉ s. et aujourd'hui dans un certain nombre de patois ; devenu de bonne heure *tarière* peut-être sous l'influence du verbe afr. *tarier* « exciter, agacer », ce qui a entraîné le genre fém., attesté dès le XIVᵉ s. ; mais *tarière* est encore masc. dans la plupart des parlers gallo-romans. Lat. *taratrum*, VIIᵉ (Isidore de Séville), d'origine gauloise, cf. irl. *tarathar* ; d'où aussi a. pr. *taraire*, esp. *taladro*, port. *trado*. Le lat. de basse ép. *terebellum*, en lat. class. *terebra*, ne subsiste en gallo-roman que dans quelques patois de l'Est et dans l'a. pr. *taravel* (d'où *travel*), *taravela*, d'où les formes du prov. moderne, cf. aussi it. *trivello*. **Taraud,** 1538 (écrit *tarault*), est une altération, par substitution de suff., de **tareau*, autre forme de *tarel*, XIIIᵉ, variante de *tarele*, XIIIᵉ (forme dissimilée de *tarere*), encore usitée en Picardie ; d'où **tarauder,** 1690, **taraudage,** 1842 ; **taret,** 1756, semble également avoir été tiré de *tarère*, *tariere* par substitution de suff.

TARIF, 1572 *(tariffe* au fém. ; puis *tarif* depuis 1641, masc., d'après les mots en *-if)*. Empr. de l'it. *tariffa*, empr. lui-même de l'arabe *ta'rîf* « notification ». — Dér. : **tarifer,** 1762 ; **tarification,** 1856.

TARIN, vers 1382. Appartient à une grande famille de mots formée autour d'une racine onomatopéique, dont la consonne explosive *t* marque le commencement d'un bruit, tandis que l'*r* final, strident, donne l'impression d'une fin indéterminée.

TARIR, XIIIᵉ (G. de Lorris). Empr. du francique **parrjan* « sécher », cf. anc. haut all. *tharrjan* « *id.* » ; d'où aussi a. pr. *tarir*. — Dér. : **tarissable,** XVIᵉ, **intarissable,** XVIᵉ ; **tarissement,** 1614.

TARLATANE, 1752, auparavant *ternadane*, 1699, *tarnatane*, 1701, *tarnantane*, 1723. Aussi, depuis le XVIIIᵉ s., angl. *tarnatan*, *tarlatan*, port. esp. cat. *tarlatana*. On a pensé à une altération irrégulière du port. *tiritana*, lequel est empr. du fr. *tiretaine*. Mais dans le texte où *ternatane* apparaît en 1699, l'auteur rapporte que cette étoffe a été faite d'abord dans les îles de *Ternate*, dans l'Archipel indonésien.

TAROT, XVIᵉ ; en outre *tarau*, 1534 (Rab.). Empr. de l'it. *tarocco*, probabl. dér. de *tara* « déduction », parce que dans ce jeu le joueur doit, dans certaines circonstances, mettre de côté une carte, ordinairement employé au plur. *tarocchi* comme le fr. *tarots*. — Dér. : **taroté,** 1642.

TARSE, XVIᵉ (Paré). Empr. du grec *tarsos*, propr. « claie », d'où « plat du pied, pied », en vue d'un sens spécial. — Dér. : **tarsien,** 1792. **Métatarse,** 1586, d'après *métacarpe*.

TARTAN, 1792. Empr. de l'angl. *tartan*, à rapprocher peut-être du fr. *tirelaine* ou du moyen angl. *tartarin*, primitivement « drap de Tartarie » (de l'a. fr. *tartarin*).

TARTANE, 1595. Mot de la Méditerranée : it. *tartana*, prov. *tartano*, cat. esp. port. *tartana* ; probabl. emploi métaphorique de l'a. pr. *tartana* « buse » (prov. moderne *tartano*, comp. aussi *hirondelle* et d'autres noms d'oiseau qui servent à désigner des types de bateaux) ; le nom de la buse est d'origine onomatopéique ; il est dû au croassement que cet oiseau fait entendre en volant, comp. anc. fr. *tartarelle* « crécelle de lépreux », fr. mod. *tartevelle* « claquet de moulin ».

TARTE, XIIIe ; en outre *tartre* ; a. pr. *tarta, tartra*. Variante de *tourte* due à l'influence du lat. médiéval *tartarum*, cf. **tartre,** ce sédiment croûteux pouvant facilement être comparé avec la croûte d'un mets qui s'est attachée au fond de la poêle. Cf. aussi l'it. *tartara* « tarte aux amandes ». — Dér. : **tartelette,** 1349 ; **tartine,** vers 1500, **tartiner,** vers 1840.

TARTRE, XVIe (Paré, qui dit aussi *tartare ;* d'abord *tartaire*, XIVe, *tartharum*, XIIIe). Empr. du lat. de basse époque *tartarum*, en bas grec *-on* (l'adj. *tartaralis* est attesté dès le Ve s.), d'origine obscure. — Dér. : **tartrate,** 1809 ; **tartrique,** 1824 (*tartarique* en 1787).

TARTUFFE. Tiré de *Tartuffe*, nom du personnage de la fameuse comédie de Molière, 1664, devenu rapidement nom commun ; une première fois avec cette valeur dans un pamphlet de 1609, puis G. Patin, 1669. Molière a pris ce nom à la comédie italienne, dont un personnage avait le surnom de *Tartufo*, propr. « truffe ». — Dér. : **tartufferie,** 1743.

TAS, XIIe. Du francique **tas*, cf. le néerl. *tas* « tas de blé », d'où aussi a. pr. *tas*. — Dér. : **tasser,** XIIe, **tassement,** 1801 ; **entasser,** XIIe, d'où **entassement,** XIIIe.

TASSE, 1180 (rare avant le XIVe s.). Empr. de l'arabe *ṭâssa* (variantes locales : *ṭass, ṭâs, ṭâsa*), grâce à l'importation de produits de poterie orientaux, dans laquelle le port de Tyr a joué un grand rôle. Cf. it. *tazza*, esp. *taza*, a. pr. *tassa*.

TASSEAU. Lat. pop. **tassellus*, altération de *taxillus* « petit dé à jouer » et à basse ép. « petit morceau de bois » par croisement avec *tessella* « dé à jouer, cube » (dim. de *tessera* « tessère, dé à jouer »). L'it. *tassello* « tasseau » peut représenter régulièrement *taxillus*, avec le changement de suff. ordinaire en lat. pop.

TÂTER. Lat. pop. **tastāre*, contraction de lat. vulg. **taxitare*, fréquentatif du lat. *taxare* « toucher ». En a. fr. le verbe a souvent aussi le sens de « goûter » ; de même it. *tastare*, a. pr. *tastar*, anc. esp. *tastar* ont les deux sens. A cause de ce deuxième sens on a proposé aussi une forme hypothétique **tastare*, qui serait née en lat. de basse ép. de *gustare* influencée par *tangere*. Mais le passage sémantique de « tâter » à « goûter » se produisant de la façon la plus naturelle, cette hypothèse a peu de vraisemblance. — Dér. : **tâtillon,** 1695, **tâtillonner,** 1740 ; **tâtonner,** XIIe, d'où **tâtonnement,** 1549 ; **tâtonneur,** 1762 ; **tâtons (à),** XIIe (Chrétien) ; **retâter,** XIIIe.

TATOU, 1553 (P. Belon). Empr. de *tatu* mot du tupi (Brésil).

TATOUER, 1778 (dans une traduction du récit des voyages de Cook). Empr., par l'intermédiaire de l'angl. *to tattoo*, du tahitien *tatau*. — Dér. : **tatouage,** 1778 *(id.)*.

TAUDIS, 1309, au sens d' « abri pour les travailleurs qui faisaient des travaux d'approche d'un siège », d'où « petite pièce » au XVe s. et même « sorte de coffre » au XVIe ; dès 1611 sens moderne par plaisanterie; J. Bouchet, à la fin du XVIe, emploie *taudis* comme terme d'argot au sens de maison ». Dér. de l'anc. verbe *(se) tauder*, XIVe (on a aussi la forme *se taudir*), « (se) protéger, (se) mettre à l'abri ». Les plus anciennes attestations venant de textes anglo-normands, il faut voir dans le subst. *tialz* « tente qu'on dressait sur les navires quand ils étaient au repos » (1185) et dans le verbe *teolder* « établir (une tente) » (1190) le point de départ du subst. ; les deux remontent à l'anc. nor. *tjald* « tente dressée sur un navire ».

TAUPE. Lat. *talpa*, empr. d'une langue prélatine, où ce mot est peut-être le dér. d'un mot **tala* « terre ». En tout cas le type *darbon*, qui est franco-prov. et prov., et qui s'oppose à *talpa* par ses occlusives sonores (comp. *darpus* chez le lexicographe de basse ép. Polemius Silvius) présente le même radical. Le Nord-Est et l'Est ont créé, attesté dès le moyen âge, *fouant*, part. prés. de *fouir*. — Dér. et Comp. , **taupier,** 1690 ; **taupin,** 1521 ; *capitaine des francs topins* ; il s'agit ici des francs archers, propr. « mineur, pionnier » ; d'où l'emploi de ce mot dans l'argot de l'École Polytechnique (d'où sortent les officiers du génie), 1848 ; d'où **taupe** « classe de préparation à cette école », 1888 ; **taupinière,** XIIIe ; on a dit aussi *taupinée*, cf. La Fontaine, *Fables*, XIII, 9 ; **taupe-grillon,** XVIIe, d'après le latin des naturalistes *grillotalpa*.

TAURE, v. **génisse.**

TAUREAU, XIIe. Dér. de l'a. fr. *tor*, lat. *taurus*. It. esp. *toro*, a. pr. *taur* (qui a aussi *taurel*). *Taureau* s'est substitué à *tor*, parce que celui-ci, trop réduit phonétiquement, était menacé d'homonymie. Le simple survit encore dans le Nord-Est et le Sud-Est, et la région provençale a en outre un type *braou*, tiré de l'anc. adj. *brau* « farouche, rude, brave », v. **brave.** Un autre dér. de *taur*, **taurillon,** 1471, est dialectal.

TAUTOLOGIE, 1596. Empr. du lat. de basse ép. *tautologia* (mot pris au grec) ; au XVIe et au XVIIe s. on a dit parfois *taftologie* d'après la prononciation du grec moderne.

TAUX, v. **taxer.**

TAVELÉ, vers 1300 (Joinville) ; d'autres formes verbales s'emploient peu, cf. *se taveler*. Dér. de l'a. fr. *tavel* « carreau (dans une étoffe ou un échiquier) », forme masc. correspondant au fém. *tavelle* « passementerie étroite, ruban », lat. *tabella* « planchette », cf. a. pr. *tavella* « bordure étroite ». *Tavelé* signifie donc étymologiquement remarqué de taches semblables à des car- « aux ». — Dér. : **tavelure,** 1564.

TAVERNE, TAVERNIER. Lat. *taverna*, *tabernārius*. It. *taverna*, *tavernaio*, esp. *taberna*, *tabernero*.

TAXER, 1298 ; jusqu'au XVIe s., on a dit surtout *tausser*, *tauxer* ; **taxation,** 1294 ; d'abord *taussacion*, 1283 (Beaumanoir). Empr. du lat. *taxare* « taxer, évaluer » (mot d'origine grecque), *taxatio*. Les formes *tausser*, *tauxer*, d'où **taux,** 1320 (d'abord *tax*, XIVe), a été tiré, ont une voyelle *au* mal expliquée. La date de *taux* indique que le verbe est antérieur. Et cependant *taux* s'expliquerait facilement comme une graphie de *tax* en *taus*, *taux* sur le modèle des mots tels que *chevax*, *chevaux*. Quant à considérer *taux*, comme on l'a proposé, comme tiré de *tail* (masc. correspondant à *taille*), attesté au sens d' « impôt », sur le modèle de *bail*, *baux*, c'est une explication qui se heurte au fait que *tail* ne s'est employé qu'au sing. et que *taux* lui-même s'emploie rarement au plur. — Dér. et Comp. : **taxe,** 1378, on a déjà *taxa* dans le lat. médiéval ; **taxateur,** 1704 ; **surtaxe,** 1798 ; **surtaxer,** 1559 (Amyot) ; **détaxer,** 1845.

TAXI-. Premier élément de mots sav. comp., tels que **taxilogie,** 1872 (*taxologie* en 1838), tiré du grec *taxis* « ordre, arrangement ».

TAXIMÈTRE. vers 1906. Comp. avec le grec *taxis* au sens de « taxe » (choisi aussi en raison de sa ressemblance avec le fr. *taxe*) et de *mètre* qui sert à faire des noms désignant des objets servant à mesurer. A désigné d'abord un compteur adapté à une voiture ; rapidement abrégé en **taxi** ; désigne aujourd'hui les voitures elles-mêmes. L'inventeur avait d'abord appelé ce compteur *taxamètre* ; sur l'intervention de Th. Reinach, il a corrigé en *taximètre*.

TAYLORISME, vers 1918. Empr. de l'angl. *taylorism*, du nom de l'ingénieur américain Fr. Taylor (1856-1915) qui inventa cette rationalisation du travail. — Dér. : **tayloriser,** vers 1920 ; **taylorisation,** *id.*

TE, v. **me.**

TÉ, 1704. Nom de la lettre *t*, qui sert à désigner différents objets en forme de T.

TEAM, terme de sport, 1892. Empr. de l'angl. *team*, propr. « attelage ».

TEA-ROOM, 1899. Empr. de l'angl. *tea-room* « salon où l'on prend le thé ».

TECHNIQUE, 1684, *adj.* ; pris substantiv. 1744. Empr. du grec *tekhnikos* (de *tekhnê* « art »). Sert de deuxième terme à de nombreux comp., cf. *polytechnique*, etc. — Dér. : **technicien,** 1836, sur le modèle de *physique*, *physicien*, etc. ; **technicité,** 1845.

TECHNOLOGIE, 1750. Empr. du grec *tekhnologia*. — Dér. **technologique,** 1795.

TECK, 1772 ; d'abord *teka*, 1685, *théca*, 1752. Empr., par l'intermédiaire du port. *teca*, de *tēkku* du parler de la côte de Malabar, cf. aussi angl. *teak*. Ce bois était déjà importé en Asie mineure vers le début de l'ère chrétienne.

TECKEL, 1923. Empr. de l'all. *teckel*.

TE DEUM, début XVe. Premiers mots du cantique *Te Deum laudamus*.

TÉGUMENT, 1703. Empr. du lat. *tegumentum*, « couverture » (de *tegere* « couvrir »), en vue d'un sens spécial.

TEIGNE. Lat. *tinea*, attesté seulement pour désigner l'insecte, mais qui a dû prendre dans le lat. pop. le sens de « maladie du cuir chevelu », qui existe partout. It. *tigna*, esp. *tiña*. **Teigneux** doit remonter au lat. *tineōsus* (attesté seulement au sens de « plein de teignes »), cf. it. *tignoso*, esp. *tiñoso*. — Dér. : **tignasse,** 1680, d'abord « mauvaise perruque », puis « chevelure mal peignée » ; en outre *teignasse*, 1762 ; cf. aussi *tignon*, XVIe (Marot), « chignon », aujourd'hui hors d'usage, dér. de *tigne*, forme dialectale de *teigne* ; ces mots ont été faits par comparaison plaisante avec une chevelure de teigneux.

TEILLER, XIVe (Christine de Pisan) ; en outre *tiller*, 1311, plus rare et dialectal. Dér. de *teille* (en outre *tille*, dial.), lat. *tilia*, propr. « tilleul », d'où « écorce de tilleul », qui a servi ensuite à désigner aussi l'écorce du chanvre et du lin.

TEINDRE. Lat. *tingere*, It. *tingere*, esp. *teñir*. Au moyen âge *teindre* signifie souvent « (faire) changer de couleur, sous l'effet d'un sentiment violent », d'où *teint* « pâle » ou « obscurci ». — Dér. et Comp. : **teint,** XIIe ; **teinte,** XIIIe, **teinté,** 1752 (d'où **teinter,** 1835), **demi-teinte,** 1649 (probabl. traduit de l'it. *mezza-tinta*) ; **déteindre,** vers 1210 ; **reteindre,** 1185.

TEINTURE. Lat. *tinctūra*. It. *tintura*. — Dér. : **teinturier,** 1244.

TEL. Lat. *tālis*. It. *tale*, esp. *tal*. — Dér. : **tellement,** XIIIe.

TÉLÉ-. Premier élément de mots sav. comp., tiré de l'adv. grec *têlê* « loin ». **Télégraphe** a été créé par le diplomate Miot (1763-1841), qui a déconseillé aux frères Chappe le terme *tachygraphe* qu'ils avaient d'abord adopté pour leur invention (1792 ; celle-ci consistait en des appareils placés de distance en distance, qui se transmettaient des signaux ; le télégraphe électrique, inventé par Morse, est attesté depuis 1842), d'où **télégraphier,** 1842, sur le modèle de *photographier*, d'où **-ique,** 1796, **-iste,** 1801. Sur le modèle de *télégraphe* a été fait **téléphone,** 1834, employé par Sudre, pour désigner un appareil acoustique, devenu usuel vers 1876, quand Bell a adopté le mot, d'où **-ner,** 1885 ; cf. aussi **télépathie,** par l'intermédiaire de l'angl. *telepathy*, créé par Myers en 1882, d'où **téléphonique,** 1842, **-iste,** fin XIXe. *Téléphérique*, 1923, dér. de *téléphérage*, 1923, réfection, d'après les mots en *télé-*, de *telphérage*, 1887 (Jacquez), empr. lui-même de l'angl. *telpherage* (1883, Fleeming Jenkin) ; **télévision,** 1923, empr. de l'angl. *television* (1909).

TÉLESCOPE, 1611 : *La lunette qu'il* (Galilée) *appelle en un mot telescope* (J. Tarde). Empr. du lat. moderne *telescopium* (attesté pour la 1re fois en 1611, dans un imprimé publié à Rome), comp. avec les mots grecs *têlê* « loin » et *skopein* « examiner ». Galilée a fait le premier grand télescope en 1609, mais on prétend qu'un lunettier de Middelbourg (Hollande) a déjà fait des télescopes vers 1590. Sur le modèle de *télescope* on a fait plus tard **microscope** (avec le grec *mikros* « petit »), 1666 (d'où **-ique,** vers 1700, Fontenelle), puis **stéréoscope,** 1850 (avec le grec *stereos* « solide », par l'intermédiaire de l'anglais, l'instrument ayant été inventé et baptisé par Wheatstone), **stéthoscope** (avec le grec *stêthos* « poitrine »), nom donné à cet instrument en 1819 par Laënnec qui l'avait inventé en 1816, **gyroscope,** 1852 (créé par le physicien L. Foucault), **périscope,** fin XIXe (créé par l'angl. H. Grubb, avec le grec *peri* « autour »), **spectroscope,** 1872. — Dér. : **télescoper,** en parlant d'accident de chemin de fer, d'après l'anglo-américain *to telescope*, cf. le premier texte : « On dit (aux États-Unis) : tel train a été télescopé », en 1873, et un autre de 1885 : « Pour exprimer que deux trains se sont rencontrés et se sont broyés l'un contre l'autre, les Américains ont créé le verbe télescoper », d'où **-age,** fin XIXe.

TELLURE, 1800. Empr. du lat. moderne *tellurium* (de *tellus, telluris*, « terre »), créé en 1798, par opposition à *uranium*, v. ce mot, par le chimiste allemand Klaproth pour désigner le tellure, découvert en 1782 par Müller de Reichenstein dans les mines d'or de Transylvanie.

TELLURIQUE, terme de géologie, 1872 (dès 1836 comme dér. de *tellure*). Dér. sav. du lat. *tellus*.

TÉMÉRAIRE, vers 1361 (Oresme) ; **témérité,** XIVe. Empr. des mots lat. *temerarius, temeritas*, propr. « accidentel », « événement fortuit » (de *temere* « par hasard »), d'où « inconsidéré », « irréflexion », premiers sens du fr., qui y a ajouté au XVe s. l'idée de hardiesse.

TÉMOIN. Lat. *testimōnium* « témoignage » (de *testis* « témoin »), sens fréquent en fr. jusqu'au XVIe s. et qui survit encore dans les locutions *prendre à témoin, en témoin de quoi* (celle-ci seulement jurid.). Le sens de « personne qui témoigne » est attesté dans le lat. de basse ép. — Dér. : **témoigner,** XIIe ; on a souvent au moyen âge *testemonier*, etc., et *testemoigne*, etc., « témoignage », formes faites sur le lat. *testimonium ;* d'où **témoignage,** XIIe, qui a dégagé le sens de *témoin*.

TEMPE. D'abord *temple*, considéré jusqu'au XVIIe s. comme plus correct que *tempe*, qui apparaît en 1530 ; *temple* est encore usité dans les patois. Lat. pop. **tempula*, altération, par modification de la terminaison, du lat. class. *tempora*, plur. de *tempus*, mot neutre. It. *tempia*.

TEMPÉRAMENT, 1537, comme terme médical employé en parlant de la qualité du plantain comme médicament. Empr. du lat. *temperamentum* « juste proportion » (de *temperare*, v. **tempérer**), d'où l'emploi de *tempérament* en parlant de la constitution physique du corps humain et spécialement au sens de « propension à l'amour physique », XVIIIe. Le sens lat. a été également empr. au XVIIe et au XVIIIe s., d'où le sens d' « expédient, adoucissement, arrangement » et l'expression commerciale *payer à tempérament*.

TEMPÉRATURE, 1538 ; a signifié aussi « tempérament » jusqu'au XVIIe s. Empr. du lat. *temperatura* qui a les deux sens du mot fr. (de *temperare*).

TEMPÉRER, XIIe ; **tempérant,** 1553 ; **tempérance,** XIIIe. Empr. du lat. *temperare* « mélanger (par exemple de l'eau chaude avec de l'eau froide) », d'où « adoucir, modérer » (de *tempus* au sens de « température »), *temperans, temperantia. Tempérer* a eu aussi jusqu'au XVIIe s. le sens de « mélanger, doser », d'après le lat. *temperare*. V. **tremper.** — Dér. : **intempéré,** 1516, sur le modèle du lat. *intemperatus*.

TEMPÊTE. Lat. pop. **tempesta* « temps bon ou mauvais » d'où « tempête », fém. pris substantiv. de l'adj. *tempestus* « qui vient à temps ». It. *tempesta ;* l'esp. *tempestad* continue le lat. class. *tempestātem*, acc. de *tempestās*, comme l'a. fr. *tempesté*, qui a disparu devant *tempête*. — Dér. : **tempêter,** XIIe, au sens propre de « faire de la tempête », usuel au moyen âge ; sens moderne depuis le XVIe s.

TEMPÊTUEUX, XIVe (Oresme). Empr. du lat. de basse ép. *tempestuosus*.

TEMPLE, vers 1080 *(Roland)*. Empr. du lat. *templum*. — Dér. : **templier,** nom propre, XIIIe ; l'ordre militaire des Templiers avait été créé à Jérusalem au XIIe s., près de l'emplacement où s'élevait auparavant le temple des Juifs. *Boire comme un templier*, qui se trouve chez Rab. (I, 5, etc.). a été signalé au XVe s.) C'est une allusion aux débauches dont on accusait les Templiers ; ces accusations étaient fondées sur le fait que, comme il est dit dans la règle même du Temple, la nourriture des Templiers était abondante, en raison de leur lourde tâche.

TEMPO, 1771. Empr. de l'it. *tempo*, même sens, propr. « temps ».

TEMPORAIRE, 1556, rare avant le XVIIIe s. Empr. du lat. *temporarius* (de *tempus* « temps »).

TEMPORAL, XVIe (Paré). Empr. du lat. de basse ép. *temporalis* (de *tempus* « tempe »).

TEMPOREL, XIIe ; parfois *temporal*. Empr. du lat. eccl. *temporalis* « du monde, de la vie terrestre », opposé à ce qui est éternel, spirituel, d'où les sens de *temporel* en fr. ; signifiait en lat. class. « temporaire », sens pour lequel on a dû reprendre *temporaire*.

TEMPORISER, XVe (Commynes) au sens moderne ; d'abord « durer, vivre », XIVe (Christine de Pisan) jusqu'au XVIe s. Empr. du lat. médiéval *temporizare* « passer le temps ». — Dér. : **temporisateur,** 1788, a remplacé *temporiseur*, 1552 ; **temporisation,** 1788; a remplacé *temporisement*, 1556.

TEMPS. D'abord *tens, tans ;* puis *temps*, vers le XIVe s. (une 1re fois vers 980), d'après l'orthographe du lat. *tempus*. Lat. *tempus*. It. *tempo*, esp. *tiempo*. — Comp. : **contre-temps,** 1559 (peut-être adapté de l'it. *a contrattempo*); **printemps,** XIIe; comp. de l'anc. adj. *prin* « premier », v. **prime** et *temps ;* peut remonter à l'époque lat., *primum tempus* étant attesté dès l'époque d'Auguste ; n'a éliminé l'anc. mot *primevère* qu'au XVIe s., v. **primevère,** d'où **printanier,** 1503 ; **quatre-temps,** 1340.

TENACE, 1501 ; **ténacité,** 1370. Empr. du lat. *tenax, tenacitas* (de *tenere* « tenir »).

TENAILLE. Lat. pop. *tenācula* (de *tenēre* « tenir ») à l'origine pluriel de *tenāculum*, qui est attesté à basse ép. au sens de « lien, attache » ; le pluriel s'explique par le fait que la tenaille se compose de deux parties ; le lat. *forceps* ne survit nulle part. A. pr. *tenalha* (d'où vient l'it. *tenaglia ;* l'esp. *tenaza* représente un lat. pop. **tenācia*). — Dér. : **tenailler,** 1549.

TENDER, 1840. Empr. de l'angl. *tender*, du verbe *to tend* « servir (quelqu'un)».

TENDON, 1536 (dès le XIVe, chez E. Deschamps, au sens de « bugrane », mais c'est un dér. formé sur le verbe *tendre* indépendamment du terme anatomique). Dér. du verbe **tendre,** comp. *tendant* au même sens vers 1390. Le mot est né au XVIe s. parce qu'à cette époque le mot *nerf*, qui a été jusque-là la seule dénomination des ligaments des muscles, commence à être employé au sens actuel. En anc. prov. *tendon* est attesté dès le début du XIIIe s. C'est peut-être le grec *ténōn, -ontos* « tendon » modifié d'après le verbe *tendre* ; **tendineux,** XVIe (Paré), dér. sav.

TENDRE, *adj.* Lat. *tener*. It. *tenero*, esp. *tierno*. On sait que Mlle de Scudéry, en 1656, dans *Clélie*, imagina un *pays du Tendre* (dont elle fit une carte), et cette locution resta longtemps usuelle et peut encore s'employer. — Dér. : **tendresse,** 1319, rare jusqu'au XVIIe s. ; on a dit *tendreur* surtout au moyen âge et jusqu'au XVIe s., quelquefois *tendreté ;* **attendrir,** XIIIe, d'où **attendrissement,** 1561. V. **tendron.**

TENDRE, *verbe*. Lat. *tendere*. It. *tendere*, esp. *tender*. — Dér. et Comp. : **tendance,** XIIIe, d'où **tendancieux,** fin XIXe ; **tendeur,** 1262 ; **tendoir,** 1765 ; **tente,** tiré du fém. du part. *tentus* ou **tenditus*, cf. a. pr. it. *tenda*, esp. *tienda*, refaits sur le radical du verbe, v. **perte, vente,** etc. ; **tenture,** 1538, réfection d'après *tente*, d'un anc. *tendeüre ;* **détendre,** vers 1150, **détente,** 1386 ; **retendre,** vers 1170.

TENDRON. Au moyen âge signifie « cartilage (en général) », d'où aujourd'hui *tendron* (de veau) ; en outre « bourgeon, rejeton tendre », d'où « jeune fille en âge d'aimer », XIIIe ; par plaisanterie d'après l'adj. *tendre ;* a été relevé aussi au sens de « jeune animal » au XVe s. En a. fr. on trouve aussi *tendrum*, d'où, de bonne heure, *tendron* par substitution de suff., lat. pop. **tenerūmen* (de *tener* « tendre »), cf. it. *tenerume* « cartilage ».

TÉNÈBRES, vers 1080 *(Roland) ;* **ténébreux,** *id.* Empr. du lat. *tenebræ, tenebrosus*.

TÈNEMENT, v. **tenir.**

TENEUR, *subst. fém.*, 1257, au sens moderne. Empr. du lat. jurid. *tenor* « disposition essentielle, teneur, sens », en lat. class. « tenue, continuité » (de *tenere*, v. **tenir**). *Teneur*, fréquent au moyen âge au sens de « possession » est un autre mot, dér. de *tenir*.

TENEUR, *subst. masc.*, v. **tenir.**

TÉNIA, XVe (sous la forme *tynia*). Empr. du lat. *tænia*, propr. « bandelette » (du grec *tainia*, qui a également les deux sens du mot lat.) ; on dit souvent *ver solitaire*.

TENIR. Lat. pop. **tenīre*, lat. class. *tenēre*. It. *tenere*, esp. *tener*, a. pr. *tenir, tener*. — Dér. et Comp. : **tenable,** XIIe s., **in-,** 1627 ; **tenancier,** 1490, par l'intermédiaire de l'a. fr. *tenance* « tenure, propriété » ; d'abord terme de féodalité ; aujourd'hui « celui qui tient un domaine rural, une maison de jeu, de prostitution, etc. » ; **tenant,** *adj.*, usuel au moyen âge au sens de « tenace, ferme, etc. » ; ne se dit plus que dans la locution *séance tenante ;* **tenant,** *subst.*, désignait au moyen âge « celui qui tient des terres en roture » ; aujourd'hui on dit *le tenant de quelqu'un, d'une opinion*, d'après l'emploi de *tenant* dans la langue de la chevalerie, au sens de « celui qui, dans un tournoi, était prêt à tenir contre tout adversaire » ; *tenant*, terme de propriété, se dit dans la locution *d'un seul tenant*, formée comme celle du moyen âge *en un tenant* « sans interruption », cf. *les tenants et aboutissants*, déjà pris au fig. au XIVe s. ; **teneur,** XIIIe, au sens de « celui qui tient, possède » ; sens commercial moderne dans *teneur de livres*, 1670 ; **tenon,** 1280 ; **tènement,** XIIe, terme de féodalité ; **tenue,** XIIe ; **tenure,** *id. ;* **entretenir,** *id.*, propr. « tenir ensemble », sens aujourd'hui rare ; d'où « maintenir, conserver », fréquent au moyen âge, puis les sens modernes ; d'où **entreteneur,** XVe, **entretien,** XVIe (Amyot).

TENNIS, 1836. Empr. de l'angl. *tennis* qui signifiait d'abord « jeu de paume », dit ensuite par abréviation pour *lawn-tennis* qui a été employé aussi en fr., depuis 1880. *Tennis* est lui-même le fr. *tenez*, terme que le serveur employait au moment de lancer la balle. *Tenetz* apparaît en angl. en 1400 ; et dès 1370, une chronique italienne signale que le jeu de *tenes* a été introduit à Florence par des chevaliers français. On sait quelle vogue avait le jeu de paume en France au moyen âge.

TÉNOR, 1750, une 1re fois en 1444. Propr. « la voix d'homme qui va du premier ut de l'alto au deuxième sol du violon », puis, « le chanteur qui a cette voix ». Empr. de l'it. *tenore ;* l'a. fr. *teneur*, terme de plain-chant, désignant la partie de la dsalmodie qui en est comme la dominante, usité du XIVe au XVIe s., est empr. du lat., où *tenor* est attesté au sens musical depuis le Ve s.; le fr. employait aussi au XVe s. *teneur* au masc. pour désigner celui qui chante la teneur. L'it. *tenore* est empr. comme **teneur,** fém., du lat. *tenor;* outre les sens qu'a le mot fr., le mot it. signifie « forme, manière, mode », d'où « concert, harmonie » et l'acception particulière de « voix de ténor ».

TENSION, 1490. Empr. du lat. de basse ép. *tensio* (de *tendere* « tendre »).

TENTACULE, 1767. Dér. sav. du lat. *tentare*, au sens de « tâter ». — Dér. : **tentaculaire,** 1797.

TENTATEUR, 1496 (écrit alors *temptateur*) ; **tentation,** 1120 (écrit alors *temptatiun*). Empr. des mots du lat. eccl. *temptator* (ou *tentator*) qui se disait en parlant du démon, déjà employé en lat. class. au sens de « séducteur », *temptatio* (ou *tentatio*) (en lat. class. « essai, tentative », de *temptare*, v. **tenter**). Le moyen âge avait aussi une forme plus francisée *tempiere(s)* « tentateur ».

TENTATIVE, 1546 (Rab.) au sens d' « épreuve de baccalauréat en théologie »; le sens moderne s'est développé au XVIIe s. d'après le verbe *tenter*. Empr. du lat. scolastique *tentativa* « épreuve universitaire », v. **tenter.**

TENTE, v. **tendre,** verbe.

TENTER. Lat. *temptāre* « toucher, tâter, chercher à atteindre », d'où « essayer, chercher à séduire » (*temptare* est un autre mot que *tentare* « agiter », fréquentatif de *tendere* « tendre »; mais les deux verbes ont été confondus ; de là aussi hésitation dans la graphie des dér., v. **tentateur, tentation**). It. *tentare*, esp. *tentar*, a. pr. *temptar*. L'a. fr. a. fréquemment aussi l'orthographe *tempter*. L'influence du lat. écrit s'est faite en outre sentir dans les sens du verbe, notamment dans la langue religieuse ; *tenter une plaie* « sonder... » qui se disait au moyen âge paraît également repris au lat., cf. de même l'esp. *tentar*, encore usuel au sens de « tâter ».

TENTURE, v. **tendre,** verbe.

TÉNU, 1356 ; **ténuité,** 1377. Empr. du lat. *tenuis, tenuitas;* ont éliminé l'adj. d'origine pop. *tenve*, encore admis par *l'Académie* en 1694 et usité aujourd'hui dans les parlers de l'Ouest et de l'Est (angevin *terve*, etc.) et les dér. *tenvelé, tenvreté*. Le lat. *tenuis* n'avait été conservé sous une forme pop. qu'en fr. et en prov.

TÉORBE, XVIIe (on écrit aussi *théorbe*) ; d'abord *tuorbe*, fin XVIe (d'Aubigné), encore préféré au XVIIe s. ; en outre *tiorbe* à cette même ép. ; on a dit aussi *torbe* au XVIIIe. Empr. de l'it. *tiorba*, d'origine inconnue ; le téorbe a été inventé au début du XVIe s. par un musicien florentin du nom de Bardello.

TÉRATO-. Premier élément de mots sav. tels que **tératologie,** 1836, tiré du grec *teras, teratos*, « prodige, monstre ».

TERCET, vers 1500 (sous la forme *tiercet*, encore dans *les Femmes savantes*, III, 2), d'après *tiers*. Empr. de l'it. *terzetto*, dér. de *terzo* « tiers »; l'it. dit aussi *terza rima* pour les tercets de Dante et de Pétrarque.

TÉRÉBINTHE, XIIIe ; **térébenthine,** XIIe (sous la forme *terbentine*). Empr. du lat. *terebinthus, -thina (resina)* (du grec *terebinthos* (mot égéen), *-thinê*, sous-entendu *rhêtinê* « résine »).

TÉRÉBRANT, 1836 ; **térébration,** début XVIIIe. Empr. du lat. *terebrans* (part. prés. de *terebrare* « percer avec une tarière *(terebrum)* »), *terebratio*.

TERGIVERSER, 1541 (Calvin) ; **tergiversation,** XIIIe s. Empr. du lat. *tergiversari* (littéral. « tourner le dos *(tergum)* »), *tergiversatio*.

TERME « fin dans l'espace ou dans le temps ». Lat. *terminus* « borne ». En parlant de paiement, déjà 1283 (Beaumanoir). A l'imitation des Romains qui avaient un dieu Terminus, représenté sous la forme d'une borne, on a fait, depuis le XVIe s., des figures d'homme ou de femme dont la partie inférieure se termine en gaine, de là l'expression de La Fontaine, *Fables*, IX, 18 : « Ils lui promirent tous De ne bouger non plus qu'un terme » et *être planté là comme un terme*. A. pr. *terme*, mais it. *termine* « terme, borne » d'un lat. pop. **terminem*, fait sur le neutre *termen, terminis* « borne »; v. **tertre.**

TERME « mot, expression », XIVe (Oresme). Empr. du lat. médiéval *terminus* « définition », d'où « expression », emploi figuré du lat. class. *terminus*.

TERMINER, XIIe ; **terminal,** 1763. Empr. du lat. *terminare* (de *terminus*, v. **terme** « fin »), *terminalis*. — Dér. : **terminaison,** XIIe, sur le modèle du lat. *terminatio*.

TERMINOLOGIE, 1801. Comp. sav. du lat. *terminus* au sens « mot » et de l'élément *-logie* (dans *théologie*, etc.).

TERMINUS, « point d'arrêt dans les chemins de fer, etc. », 1842. Empr. de l'angl. *terminus*, empr. lui-même du lat. *terminus*. — Comp. : **hôtel-terminus,** fin XIXe.

TERMITE, 1795. Empr. du lat. de basse ép. *termes, termitis*, autre forme de *tarmes*. On a dit aussi *termès*. — Dér. : **termitière,** 1830, sur le modèle de *fourmilière*.

TERNAIRE, vers 1390. Empr. du lat. *ternarius* (de *terni* « trois »).

TERNE, adj., v. **ternir.**

TERNE, subst., terme de jeu de dés, v. **sonnez.**

TERNIR, fin XIIIe. Probabl. d'origine germ., cf. anc. haut all. *tarnjan* « cacher, obscurcir », moyen haut all. *ternen*. — Dér. : **terne,** *adj.*, XVe.

TERRAIN. Lat. *terrēnum*, neutre pris substantiv. de l'adj. *terrēnus* « formé de terre ». *Terrain*, qui apparaît dès les premiers textes, est dû à une substitution de suff. ; mais it. esp. *terreno*, a. pr. *terren*. On a écrit aussi *terrein* depuis le XVIIe s. pour rapprocher le mot du lat.

TERRAL, dans *vent terral* (ou *terral* seul), 1716. Empr. du prov. *(ven) terral* (de *terra* « terre »).

TERRAQUÉ, 1750 (Voltaire ; d'abord écrit *terraquée* aux deux genres). Empr. du lat. médiéval *terraqueus*, comp. de *terra* et de *aqua* « eau ».

TERRASSE, xve, au sens moderne. En ce sens paraît être empr. de l'a. pr. *terrassa* (de *terra*) ; l'esp. *terraza* vient du galloroman. L'angl. *terrace* et l'all. *Terrasse* viennent du fr. L'a. fr. *terrasse* « torchis », attesté depuis le xiie jusqu'au xvie s., est un autre dér. de *terre*. — Dér. : **terrasser,** 1547, propr. « faire une terrasse » ; le sens de « jeter à terre » apparaît en 1581 ; il est dû partiellement à l'influence de *terre*, mais il a succédé à *terrasser* au sens de « réduire, vaincre », xvie, qui a dû sortir de la langue de la guerre de siège, d'où **terrassement,**. 1547, au sens moderne (au xvie s. a ens outre le sens d' « action de vaincre »), **terrassier,** xvie.

TERRE. Lat. *terra*. It. *terra*, esp. *tierra*. — Dér. et Comp. : **terreau,** 1680, au sen, moderne ; au xvie s. *terreau* « terrai n » n'est qu'une variante graphique de *terrau*, issu de *terral*, usuel au moyen âge ; **terrer,** xiie ; **terrien,** *id.* ; **terrier,** terme de féodalité, dans *papier terrier*, xvie, d'où *terrier*, « *id.* » ; au moyen âge désigne aussi le seigneur ; **terrier,** « trou où se retirent certains animaux », xiie ; **terrier,** sorte de chien, 1690 (dès 1375 *chien terrier*) ; **terri,** xixe, terme de charbonnage du Nord-Est, formé avec le suff. *-is* ; **atterrer** « consterner », xviie s. ; antér. « renverser à terre », xiie, d'où « abattre » ; le sens nouveau a rapproché le verbe de *terreur* ; **atterrer,** terme de marine, 1424, d'où **atterrage,** 1483 ; **atterrir,** 1686, **atterrissage,** 1835, **atterrissement,** au même sens, déjà en 1690 ; au sens d' « amas de terre formé par les alluvions », 1332, *atterrissement* dér. d'un autre verbe *atterrir* « remplir de terre », 1334 ; **déterrer,** xiie ; **enterrer,** vers 1080 *(Roland)*, **enterrement,** xiie, **enterreur,** 1552 ; **parterre,** 1542 ; **souterrain,** xiie ; d'abord adj. et souvent écrit *-in* ; pris substantiv. vers le xviie s. ; formé sur le modèle du lat. *subterraneus* ; **terre-à-terre,** xvie, propr. terme de manège, d'un cheval qui s'enlève par petits bonds, près de terre.

TERRE-PLEIN, 1561. Empr. de l'it. *terrapieno*, tiré du verbe *terrapienare* (de *pieno* « plein ») « remplir de terre, terrasser ».

TERRESTRE, xiie. Empr. du lat. *terrestris* ; v. **lierre.**

TERREUR, xiiie ; **terrible,** 1160 ; **terrifier,** 1794 (*terrifiant* dès 1558). Empr. du lat. *terror*, *terribilis*, *terrificare*. — Dér. de *Terreur*, désignant une époque de la Révolution (1793-94), d'après la forme du lat. *terror* : **terroriser,** 1796 ; pris aujourd'hui dans un sens plus étendu ; **terrorisme,** 1794 ; **terroriste,** 1794 (Babeuf).

TERREUX, Lat. de basse ép. *terrōsus*.

TERRIFIER, v. **terreur.**

TERRINE, 1412. Tiré de l'anc. adj. *terrin* « de terre », lat. pop. **terrīnus* (de *terra* « terre ») ; *terrin* au sens de « pot, marmite » est fréquent au moyen âge dans des textes du Nord-Est. Seulement galloroman.

TERRITOIRE, 1278. Empr. du lat. *territorium*. — Dér. d'après le lat. *territorium* : **territorial,** 1748 (Montesquieu), **exterritorialité,** 1859.

TERROIR. Jusqu'au début du xviie s. (Malherbe) signifie aussi « territoire » ; mais déjà en 1270 au sens moderne. Lat. pop. **terrātōrium*, réfection de *territorium* d'après les mots en *-ātorium* ou d'après *terra*. Seulement gallo-roman.

TERTIAIRE, terme de géologie, 1786 (de Saussure). Empr. du lat. *tertiarius* en vue d'un sens spécial.

TERTIAIRE, 1812 (auparavant *tierçaire*, 1690). Empr. du lat. moderne de l'Église *tertiarius* « membre d'un tiers ordre religieux, c'est-à-dire d'une congrégation laïque affiliée à un ordre religieux ».

TERTRE. Lat. pop. **termitem*, réfection, par substitution de suff. (probabl. d'après *limes*, *limitis* « limite, borne », qui a eu aussi le sens de « monticule, tertre »), de **terminem*, acc. tiré de *termen*, neutre ; c'est à cette forme **terminem* que se rattachent l'a. fr. du Nord-Est *terne* (ainsi chez Froissart), encore usité sous la forme *tierne* en wallon, et l'a. pr. *terme*.

TESSITURE, terme de musique, fin xixe. Empr. de l'it. *tessitura* (de *tessere*).

TESSON, v. **têt.**

TEST, terme de psycho-physiologie, 1895. Empr. de l'angl. *test* « examen, épreuve », lui-même de l'a. fr. *test* « pot de terre (qui servait à des opérations alchimiques, notamment à l'essai de l'or) », lat. *testum*, v. **têt** et **tête.**

TESTACÉ, terme d'histoire naturelle, 1578 ; rare avant le xviiie s. Empr. du lat. *testaceus* (de *testa* au sens de « coquille », v. **tête**).

TESTAMENT, terme jurid., v. **tester.**

TESTAMENT, « Bible », xiie. Empr. du lat. eccl. *testamentum* que Tertullien a choisi pour traduire le grec *diathêkê*, mot qui signifie en grec class. « convention, pacte » et qui a été pris dans le grec de la Septante pour traduire l'hébreu *berîth* « alliance », et spécial. « alliance de Dieu avec Noé, Abraham, Moïse, etc. », d'où, plus tard, « l'Ancien et le Nouveau Testament ».

TESTER, 1406 ; **testateur,** xiiie s. ; **testament,** terme jurid., 1213 ; **testamentaire,** 1435. Empr. du lat. *testari*, *testator*, *testamentum* (ainsi dit parce qu'il se faisait primitivement devant témoins), *testamentarius* (de *testis* « témoin »).

TESTICULE, xve. Empr. du lat. *testiculus* (de *testis*, de même sens).

TESTIMONIAL, 1274. Empr. du lat. de basse ép. *testimonialis* (de *testimonium*, v. **témoin**).

TESTON, XVIe (Rab.). Anc. monnaie d'argent, qui a eu cours, avec des valeurs différentes, depuis le règne de François Ier, en 1513, jusque sous Louis XIII. Empr. de l'it. *testone* (de *testa* « tête »; monnaie ainsi nommée parce qu'elle portait une tête de souverain) ; François Ier fit fabriquer les premiers testons à Milan, ce qui explique l'empr. du mot it. qui désignait aussi des monnaies italiennes ; aussi a. pr. *teston*, nom d'une monnaie.

TESTONNER, v. **tête.**

TÊT. Vieilli aujourd'hui au sens de « tesson »; désignait aussi autrefois le crâne, sens conservé en histoire naturelle ; s'emploie aussi en parlant de la coquille des mollusques. Lat. *testum* « vase de terre », d'où les sens de « coquille, écaille, tesson, crâne ». It. *testo* « sorte de vase », esp. *tiesto* « tesson, crâne ». V. **tête.** — Dér. : **tesson,** 1283, d'après le plur. *tets*, *tes*.

TÉTANOS, 1541 ; **tétanique,** 1554. Empr. du grec *tetanos*, *tetanikos*. — Comp. : **antitétanique,** 1819.

TÉTASSE, v. **tette.**

TÊTE. Lat. *testa*, propr. « vase de terre cuite », d'où « coquille, écaille », puis « crâne » à basse ép. ; a pris par suite dans le lat. pop., par plaisanterie, le sens de « tête », cf. it. a. pr. *testa*. N'a supplanté les représentants de *caput* que peu à peu, v. **chef** ; l'espagnol n'a même encore qu'un dér. de *caput*, *cabeza*, lat. pop. **capitium*. D'autre part *testa* a été conservé avec les sens antérieurs à « tête » dans un grand nombre de parlers romans, cf. roumain *țastă* « crâne », et même a. pr. *testa* « écaille, coquille de noix ». V. **têt.** — Dér. et Comp. : **testonner,** 1515 (Marot) « peigner les cheveux »; l'*s*, d'abord simplement graphique a été ensuite prononcé parce que c'est un mot arch. de la langue marotique ; **têtard,** 1762 ; au moyen âge au sens de « qui a une grosse tête »; **têtière,** XIIIe ; **têtu,** *id.* ; **en-tête,** 1836 ; **entêter,** XIIIe, **entêtement,** 1649 ; au sens de « mal de tête », 1566 ; **étêter,** 1288 ; **tête-bêche,** 1838 ; altération **de béchevet,** XVIe, « la tête de l'un aux pieds de l'autre » (encore usité dans beaucoup de parlers sous des formes diverses), comp. de *chevet* et du préf. *bes* « deux fois », lat. *bis*, cf. *bescuit*, anc. forme de *biscuit* ; l'altération de *béchevet* est due à ce que le mot, n'étant plus compris, a été renforcé au moyen de *tête*, cf. *à teste à teste bechevet*, Rabelais, I, 22, parmi les jeux de Gargantua ; **tête-à-queue,** 1963.

TÉTEBLEU, v. **dieu.**

TÉTER, v. **tette.**

TÉTRA-. Premier élément de mots sav. comp., tels que **tétragramme,** 1842, faits sur le modèle de mots remontant au grec, tels que **tétragone,** XIVe, où *tétra-* est une forme de *tettares* « quatre » en composition.

TÉTRAS, XVIIIe (Buffon) ; d'abord *tetrax*, 1752. Empr. du lat. médiéval *tetrax* (transformation du lat. *tetrao*, pris au grec).

TETTE. Du germ. occidental **titta*, cf. all. *Zitze*, angl. *teat* ; aussi it. *tetta*, esp. a. pr. *teta*. Le mot a été introduit dans le lat. du Bas-Empire par les nourrices qu'on faisait venir en grand nombre des pays germaniques. Le mot lat. était *puppa*, d'où it. *poppa*, a. pr. *popa*, v. **poupard.** — Dér. : **téter,** vers 1190, **tétée,** 1611 ; **tétasse,** 1493 ; **tétin,** XIVe (E. Deschamps) ; **tétine,** vers 1165 ; **téton,** 1493.

TEXTE, vers 1120 (alors *tiste*), au sens de « livre d'évangile », ordinaire au moyen âge ; sens moderne depuis le XIIIe s. (J. de Meung) ; désigne spécial. depuis 1245 le passage de l'Écriture sainte que le prédicateur cite au début de son sermon et qui en fait ordinairement le sujet, d'où « sujet d'entretien, de discours », 1690. Empr. du lat. *textus*, propr. « tissu », d'où, à basse ép., « texte ». — Dér. : **textuel,** 1444. V. **contexte.**

TEXTILE, 1752. Empr. du lat. *textilis* « tissé » (de *texere* « tisser »).

TEXTURE, terme didactique, XVe (parfois « action de tisser », ainsi en 1488). Empr. du lat. *textura*, propr. « tissu »; on trouve quelquefois *tisture* d'après le verbe *tistre*, v. **tisser.**

THALASSO-. Premier élément de mots sav., tels que **thalassocratie,** 1829, tiré du grec *thalassa* « mer ».

THALWEG, XVIIe (terme de diplomatie, v. Jal), ensuite terme de géographie. Empr. de l'all. *Thalweg*, littéral. « chemin *(Weg)* de la vallée *(Thal)* ».

THAPSIA, 1876 ; d'abord *thapsie*, 1573. Empr. du grec *thapsia*.

THAUMATURGE, 1610 (*-urgue*, Guez de Balzac) ; **-gie,** 1836. Empr. du grec *thaumaturgos* « faiseur de miracles *(thauma)* », *-gia*.

THÉ, 1664. Empr. du malais *tēh*, comme l'angl. *tea*, d'où les comp. **tea-room,** de quelque usage depuis la fin du XIXe s., **tea-gown** (de *gown* « robe »), *id.*, etc. C'est par erreur qu'on a donné 1563 comme date de la première citation de *thé* ; le texte en question ne se rapportant pas à François, premier duc de Guise, mais à Henri II, le cinquième duc. Depuis 1607 et jusqu'à la fin du XVIIe s. on appelle le thé *chia* ou *tcha*, ce qui représente le chinois *tcha* (d'où port. *cha*). — Dér. : **théière,** 1723 ; on a dit aussi *thétière*, d'après *cafetière*.

THÉÂTRE, vers 1200 ; **théâtral,** 1520. Empr. du lat. *theatrum* (du grec *theatron*), *theatralis*. — Dér. : **théatrophone,** vers 1900 ; **théâtreuse,** *id.*

THÉBAÏDE, 1674 (Mme de Sévigné), au sens fig. Tiré de *Thébaïde*, nom d'une contrée de l'Égypte, voisine de Thèbes, où se retirèrent des ascètes chrétiens.

THÉISME, 1756 (Voltaire) ; **théiste,** 1705. Dér. du grec *theos* « dieu » (probabl. par l'intermédiaire de l'angl. qui a *theism* depuis 1698) ; *déisme* était déjà créé.

THÈME, XIIIe. Empr. du lat. de la rhétorique *thema* (mot pris au grec qui signifie propr. « ce qu'on pose », d'où « sujet posé »). Au sens de « sujet de composition scolaire », 1580 (Montaigne), d'où le sens moderne, XVIIIe (Rollin).

THÉO-. Premier élément de mots sav. tels que **théocratie,** 1679, empr. du grec (certains par l'intermédiaire du lat.), ou de mots faits sur ce modèle, tels que **théodicée,** créé par Leibniz en 1710 avec le grec *dikê* « justice ». Le premier élément *théo* (de *theos*) signifie « dieu ».

THÉOLOGIE, vers 1240 ; **théologique,** XIVe. Empr. du lat. eccl. *theologia, -gicus* (du grec *theologia, -gikos*). — Dér. : **théologal,** 1375 ; **-gien,** 1370.

THÉORÈME, 1539. Empr. du lat. de basse ép. *theorema* (du grec *theôrêma*, propr. « objet d'étude », d'où « principe », pris spécial. au sens mathématique, de *theôrein*).

THÉORIE, 1380 ; **théorique,** 1380, auparavant (1256) subst. fém., équivalent de *théorie* ; **théorétique,** 1721. Empr du lat. de basse ép. *theoria* (et aussi *theorice*), *theoricus, theoreticus* (du grec philosophique *theôria*, propr. « action d'observer, de contempler », sens empr. en 1584, d'où « méditation, spéculation », *-ikos, -ikê, -êtikos*, de *theorein* « observer, contempler »). L'opposition de la théorie et de la pratique est déjà marquée dans J. de Meung. *Théorie* a été repris au XVIIIe s. au sens de « procession, députation solennelle » qui est un des sens du mot grec *theôria*. — Dér. : **théoricien,** 1550 sur le modèle de *mathématicien*, etc.

THÉOSOPHE, 1704 ; **théosophie,** 1823. Empr. du grec *theósophos* « celui qui connaît les choses divines », *theosophia* « connaissance des choses divines ». Employés au sens moderne, qui se rapproche du bouddhisme, depuis 1880 environ. — Dér. : **théosophique,** vers 1784.

THÉRAPEUTIQUE, 1501. Empr. du grec *therapeutikos* (de *therapeuein* « soigner », partic. en parlant du médecin).

THERMES, 1213, en parlant des Thermes de Julien, à Paris ; sens plus étendu à partir du XIVe s. Empr. du lat. *thermæ* « bains chauds » (du grec *thermos* « chaud »). — Dér. : **thermal,** 1735.

THERMIDOR, 1793. Créé par Fabre d'Églantine avec les mots grecs *thermos* « chaud » et *dôron* « présent », cf. *fructidor, messidor*, d'où vient l'*i* de *thermidor*.

THERMIQUE, 1847. Dér. sav. du grec *thermos* « chaud ».

THERMO-. Premier élément de mots sav., tels que **thermochimie,** 1872, **thermomètre,** 1624, etc., tiré du grec *thermos* « chaud ».

THERMOS, 1914. Empr. du grec *thermos*.

THÉSAURISER, 1350. Empr. du lat. de basse ép. *thesaurizare* (de *thesaurus*, v. **trésor**). — Dér. : **thésaurisation,** 1787 ; **thésauriseur,** 1764.

THÈSE, 1579. Empr. du lat. de la rhétorique *thesis* (mot pris au grec, qui signifie propr. « action de poser »).

THÉURGIE, 1721, auparavant une fois au XIVe s. et en 1486. **Théurgique,** XVIIIe (Voltaire), *id.* Empr. du lat. de basse ép. *theurgia, -icus* (du grec *theourgia*, littéral. « opération de dieu », *-ikos*). — Dér. : **-iste,** XVIIIe (Diderot), ou **-ite,** 1747 (Voltaire).

THLASPI, nom de plante, 1542. Empr. du lat. *thlaspi* (mot pris au grec) ; altéré en *talaspis* (1680), *taraspi(c), téras-*, formes relevées en 1769, et usitées dans des patois.

THOMAS, « vase de nuit », 1837 (argot), aujourd'hui pop. Emploi burlesque du nom de baptême, probabl. jeu de mots sur le passage de l'Évangile Jean XX 27 *Vide, Thomas, manus meas*, où **vide** a été pris pour le verbe *vider*.

THON, 1393 (*Ménagier :* « Thon est un poisson qui est trouvé en la mer ou estans marinaulx des parties de Languedoc »). Empr. de l'a. pr. *ton*, lat. *thunnus, thynnus* (du grec *thynnos*), d'où aussi it. *tonno*. — Dér. : **thonnier,** fin XIXe.

THORAX, XVIe (Paré) ; d'abord *thorace*, fém., 1314 ; **thoracique,** *id.* Empr. du lat. *thorax* (du grec *thôrax*, propr. « cuirasse ») et du grec *thôrakikos*. — Comp. : **pneumothorax,** 1859.

THRÈNE, 1516. Empr. du lat. de basse ép. *threnus* (du grec *thrênos*).

THURIFÉRAIRE, 1690, « clerc qui porte l'encensoir dans les cérémonies de l'Église catholique » ; depuis 1842, au sens d' « encenseur ». Empr. du lat. médiéval *thuriferarius*, dér. du lat. *thurifer* « qui offre de l'encens » (sens de basse ép.), d'abord « qui produit de l'encens » (de *tus, thus, turis, thuris*, « encens » (du grec *thyos*) et du verbe *ferre* « porter »).

THUYA, 1553. Empr. du grec *thyia*.

THYM, XIIIe. Empr. du lat. *thymus* (du grec *thymos*).

THYROÏDE, XVIe (Paré). Empr. du grec *thyroeidês* « qui a la forme d'une porte », pris par confusion, par suite d'une faute de copiste dans Oribase, à la place de *thyreoeidês* « qui a la forme d'un bouclier » (ainsi chez Gallien). Littré a essayé, mais vainement, de rectifier le mot fr. en *thyréoïde*.

THYRSE, vers 1500. Empr. du lat. *thyrsus* (du grec *thyrsos* « bâton de Bacchus et des Bacchantes ») ; sert aussi comme terme de botanique, 1742, d'après le lat.

TIARE, XIVe (écrit *thiaire*). Empr. du lat. *tiara* (d'un mot grec d'origine persane qui désignait la coiffure des Perses).

TIBIA, 1555. Empr. du lat. *tibia*, v. **tige.**

TIC, 1611, au sens vétérinaire ; d'où sens plus étendu depuis 1654. Paraît être d'origine onomatopéique, comme **tic-tac** ; l'it. *ticchio*, qui a pris dans la langue vulgaire le sens de « caprice », peut être empr. du fr. — Dér. : **tiquer,** 1664, au sens vétérinaire *(Il y a des chevaux qui tiquent, dans le Parfait Mareschal)* ; sens plus étendu depuis 1888.

TICKET, 1835 (une 1re fois en 1727). Empr. de l'angl. *ticket* (de l'a. fr. *estiquet, -ete*, v. **étiquette**).

TIC-TAC, 1552. Onomatopée.

TIÈDE. Lat. *tepidus*. It. *tiepido*, esp. *tibio*. — Dér. : **tiédeur,** XIIe ; **tiédir,** 1496 ; **attiédir,** XIIIe ; *atevir* du XIIe s. est une forme dialectale de l'Est.

TIEN, v. **mon.**

TIERCE, v. **tiers.**

TIERCELET, 1316. Dér. de l'a. fr. *terçuel « id. »*, lat. pop. **tertiolus*, dér. de *tertius* « tiers », dit ainsi parce que le tiercelet, mâle du faucon ou de l'épervier, est d'un tiers plus petit que la femelle. It. *terzuolo*, esp. *terzuelo*, a. pr. *tersol*.

TIERS. A signifié « troisième » jusqu'au début du XVIIe s. ; depuis ne survit que dans des locutions, cf. *une tierce personne, le tiers état*, etc. Se trouve comme subst. depuis 1174 ; v. **troisième** sous **trois.** Lat. *tertius*. It. *terzo*. — Dér. et Comp. : **tierce,** 1119 ; **tiers-point,** 1611, comme terme d'architecture ; 1752, au sens de « lime triangulaire ».

TIFFES, v. **attifer.**

TIGE. Lat. *tībia* « flûte », d'où « os (antérieur) de la jambe » ; a pris dans le lat. pop. le sens de « tige ». Seulement fr. et sarde *tiviu*. — Dér. : **tigelle,** 1815.

TIGNASSE, TIGNON, v. **teigne.**

TIGRE, vers 1165. Empr. du lat. *tigris*, des deux genres (comme le mot grec d'où il vient); souvent fém. jusqu'au XVIe s. comme dans les langues anciennes. — Dér. : **tigré,** 1718 ; **tigresse,** 1564.

TILBURY, 1820, dans un ouvrage sur Londres. Empr. de l'angl. *tilbury*, tiré du nom du carrossier qui construisit les premières voitures de ce genre, début XIXe.

TILIACÉE, 1798. Empr. du lat. de basse ép. *tiliaceus*.

TILLAC, 1382. Empr. de l'anc. scandinave *þilja* « planche au fond d'un bateau » cf. all. *Diele* « planche ».

TILLEUL. Lat. pop. **tiliolus*, dér. de **tilius*, lat. class. *tilia*, v. **teiller.** Seulement fr. L'a. fr. avait des formes *til, teil*. It. *tiglio*, roumain *teiu*, formes qui remontent à un lat. pop. **tilius*.

TIMBALE, 1492. Altération, d'après *cymbale*, de *tamballe*, 1471 (cf. encore en 1530 *tamballes d'Espaigne*), altéré lui-même, d'après *tambour*, de l'esp. *atabal* (cf. *atabale* au XVIe s.) ; ce dernier mot est empr. lui-même du mot arabo-persan *aṭṭabal* « tambour », d'où aussi it. *taballo* « timbale ». *Timbale* a pris d'autres sens depuis le XVIIIe s. — Dér. : **timbalier,** 1671.

TIMBRE. D'abord « sorte de tambour », du XIIe au XIVe s., puis « cloche sans battant, qu'on frappe avec un marteau », d'où « timbre de table, d'appartement » et l'expression *avoir le timbre fêlé*, 1624 ; d'autre part « son du timbre », d'où l'acception musicale du mot, XVIIe s. ; *timbre* d'autre part « son du timbre », d'où l'acception musicale du mot, XVIIe s. ; *timbre* a été pris en outre au moyen âge pour désigner une marque d'armoirie, cf. *Un timbre des armes de M. le Dalphin*, XIVe s., de là « marque imprimée sur le papier que l'État rend obligatoire pour la validité de certains actes », XVIIIe, d'où « marque que la poste mettait sur les lettres », 1802, d'où **timbre-poste,** 1848 (date de la loi qui l'introduisit ; cette façon d'affranchir les lettres a été inventée en Angleterre en 1840). Empr. du grec byzantin *tymbanon*, qui a donné les formes successives **timbene, *timbne*, puis *timbre* ; au XIIe s. aussi *tympe*, qui continue, avec l'a. pr. *tempe* et l'it. *timpano*, le lat. *tympanum* « sorte de tambour », lui-même empr. du grec ancien *tympanon*. V. **tympan.** — Dér. et Comp. : **timbrer,** XIIe, au sens de « battre du timbre » ; développement de sens parallèle à celui du nom ; **timbrage,** 1792, au sens moderne, une première fois en 1575, à propos de blason ; **timbré,** « un peu fou », XVIIe, cf. *piqué ;* **timbreur,** 1680 ; **timbre-quittance,** 1907.

TIMIDE, 1528 ; **timidité,** vers 1400. Empr. du lat. *timidus* (de *timere* « craindre »), *timiditas*. — Dér. : **intimider,** 1515 ; **intimidation,** 1552 (Rab.).

TIMON. Lat. pop. *tīmōnem*, acc. de *tīmō*, attesté depuis env. 500, entre autres chez Grégoire de Tours ; altération du lat. class. *tēmō ;* l'origine de l'*i* n'est pas claire ; Si le *ē* de *tēmo* remontait à un *ei* en indoeur., *tēmo* pourrait s'expliquer comme la forme osco-ombrienne du mot, *tīmo* comme la forme latine. Mais les éléments manquent pour décider cette question. A également pris, presque partout où il est conservé, le sens de « gouvernail » ; it. *timone*, esp. *timón*. — Dér. : **timonier,** 1220 ; une première fois XIIe (sous la forme *tomonier*) ; **timonerie,** 1791.

TIMORÉ, 1578. Empr. du lat. eccl. *timoratus* « qui craint Dieu » (de *timor* « crainte ») ; a d'abord eu ce sens qui a été élargi au XIXe s.

TIN, dans **laurier-tin,** 1658. Empr. du lat. *tinus*.

TINCTORIAL, 1796. Dér. sav. du lat. *tinctorius* (de *tinguere* « teindre »).

TINETTE, XIIIe. Dér. de *tine* « sorte de tonne, baquet », aujourd'hui peu usité, lat. *tīna* « vase pour contenir le vin ». It. esp. *tina*.

TINTAMARRE, 1496. Mot expressif, qui se rattache à *tinter*, mais dont la deuxième partie est d'origine obscure. — Dér. : **-resque,** 1856 (Goncourt).

TINTER. Lat. de basse ép. *tinnītāre*, dér. de *tinnīre*, « sonner, tinter ». On attendrait **tenter*, cf. *retentir ;* mais, avant la nasalisation de la voyelle, *i*, voyelle aiguë, a été substituée à *e* pour rendre le mot plus expressif, cf. *cingler*. Seulement fr. — Dér. : **tintement,** 1490 ; **tintouin,** vers 1490, propr. « bourdonnement d'oreille », d'où le sens moderne au XVIIᵉ s. ; altération expressive de *tinton*, XVᵉ, lequel est né par apophonie de *tintin*, XIIIᵉ, « tintement », redoublement onomatopéique de *tint*, id., XIIIᵉ, tiré de *tinter*.

TINTINABULER, 1840 (Balzac). Dér. du lat. *tintinnābulum* « clochette » ; v. le préc.

TIPULE, terme de zoologie, 1611. Empr. du lat. *tippula* « araignée d'eau ».

TIQUE, 1464. On a voulu rattacher le mot au néerl. *teek*, *tiek*, mais le moyen néerl. n'a que des formes avec la voyelle *e*, *teke*, *teecke*. Il vient donc plutôt de l'angl. *tick* apporté en France par les troupes anglaises pendant la Guerre de Cent Ans. L'it. *zecca* vient du longobard.

TIQUER, v. **tic.**

TIQUETÉ, « tacheté », 1680 (écrit *ticté*). Mot dialectal, empr. du picard. Il s'agit d'abord d'un mot en usage chez les fleuristes. Vient du néerl. *tik* « légère piqûre », d'où le hennuyer *tique* « moucheture ». Le suff. *-eté* a été ajouté dans les parlers de l'Extrême-Nord.

TIRADE, XVᵉ. Plutôt qu'empr. de l'it. *tirata* « action de tirer », a été dér. en fr. avec le suff. *-ade* employé dès le XVᵉ pour former de nouveaux mots ; employé d'abord surtout dans la locution *tout d'une tirade* « d'un trait » (cf. aussi au XVIIᵉ s. *tirade d'aile* « vol sans interruption »), d'où des sens comme « développement de lieux communs » ; l'emploi de *tirade* comme terme de théâtre, XVIIᵉ, est sorti facilement des sens préc.

TIRELIRE, XIIIᵉ (J. de Meung). Probabl. le même mot que *tire-lire*, sorte de refrain, usité au moyen âge, qui aura été dit par plaisanterie pour désigner une tirelire, peut-être à cause du bruit que font les pièces de monnaie, quand on la secoue ; pour des dénominations d'origine analogue, cf. **dorloter** et **guéridon.**

TIRER, vers 1080 *(Roland)*. Cf. it. *tirare*, esp. a. pr. *tirar*. Probabl. réduction de l'a. fr. *martirier* « martyriser », aussi « torturer (en général) ». Une des tortures les plus fréquemment infligées était la dislocation des membres. Le nom habituel du bourreau au moyen âge, *tiranz* (du lat. *tyrannus*) ayant la même désinence que les part. prés., on pouvait voir dans le part. prés. de *martirier*, *martirant*, un comp. de ce *tiranz* avec l'adv. *mar* « malheureusement » (du lat. *mala hora* « à la mauvaise heure »). A la suite du part. prés. le verbe entier pouvait être senti ainsi, de sorte qu'un simple *tirer* s'est finalement détaché de ce verbe. *Tirer* a remplacé en grande partie *traire*, v. ce mot. — Dér. et Comp. : **tir,** XIIIᵉ ; **tirage,** 1479 ; **tirailler,** 1542, **tiraillement,** XVIᵉ, **tirailleur,** 1578 ; comme terme militaire, 1740 ; **tirant,** 1320 ; **tire,** dans *à tire d'aile*, 1532 (Rab.) et dans *vol à la tire*, 1837 ; *tire*, usuel au moyen âge au sens de « rang, ordre », est un autre mot (v. **artillerie**), *tout d'une tire*, encore signalé par Littré, y remonte (cf. au moyen âge *a tire*, *de tire*, etc. « de suite, etc. ») ; du reste ce mot a subi dès le début l'influence de *tirer ;* **tiré,** terme de chasse, XVIIIᵉ (Buffon) ; **tirée,** XIXᵉ ; **tiret,** 1544 ; **tirette,** 1812 ; **tireur,** 1471, sens commercial, 1664 ; **tiroir,** 1530 (dès 1380, au sens de « fermoir d'un livre »), concurrencé par *tirant* dans l'Est et le Sud-Est, *tirette* dans l'Ouest et *layette*, disséminé dans les parlers septentrionaux ; **attirer,** vers 1490 ; *attirer* « arranger » de l'a. fr. est un autre mot, v. **attirail ; détirer,** XIIᵉ ; **étirer,** XIIIᵉ ; **retirer,** XIIIᵉ ; **soutirer,** XIIᵉ, **soutirage,** 1732. — Nombreux comp. avec *tire-* comme premier élément : **tire-botte,** 1690 ; **tire-bouchon,** 1688 ; **tire-bouton,** 1680 ; **tire-fond,** 1549 ; **tire-laine,** 1611 ; **tire-ligne,** 1680 ; **tire-pied,** 1635 ; **tire-point,** 1803, dit souvent par altération *tiers-point ;* **tire-sou,** 1800, au sens de « receveur de rentes » ; **tire-tête,** 1734, créé par un inventeur du nom de Dusse. V. **larigot.**

TIRET, v. **tirer.**

TIRETAINE, sorte de drap grossier ; désigne cependant parfois au moyen âge une étoffe de prix, 1245. Très probabl. dér. de l'a. fr. *tiret* « sorte d'étoffe », 1138, qui est dér. à son tour de l'a. fr. *tire* « étoffe de soie », lequel représente le bas lat. *tyrius* (IXᵉ s.) « étoffe importée de Tyr ». Le suffixe *-aine* doit être empr. à *futaine.*

TISANE, XIIIᵉ. Empr. du lat. de basse ép. *tisana*, lat. class. *ptisana* « tisane d'orge », puis « tisane de riz », propr. « orge mondé » (du grec *ptisanê* « *id.* »).

TISON. Lat. *tītiōnem*, acc. de *tītiō*. It. *tizzone*, esp. *tizón*. — Dér. : **tisonner,** XIIIᵉ ; **tisonnier,** XIVᵉ.

TISSER, 1530. Réfection de l'anc. *tistre*, encore *tistre*, en 1694 *(Académie)*, par changement de conjugaison, en raison de la complication des formes de ce verbe. *Tistre*, par les stades successifs ***tieistre*, *tistre*, *tiitre*,** représente le lat. *texere*, cf. it. *tessere*, esp. *tejer*. La forme ancienne survit encore en Wallonie, etc. — Dér. et Comp. : du verbe *tistre*, dont les formes comp. du part. passé *tissu* et d'un auxiliaire sont encore usitées au XVIIᵉ s. (Michelet les emploie aussi par archaïsme) : **tisserand,** 1224, pour *tisserenc*, formé avec le suff. d'origine germ. *-enc*, cf. le nom propre *Teysserenc*. (On a dit aussi au moyen âge *tissier ;* le prov. disait *teissendier ;* de là les noms propres *Tissier*, *Tissandier*) ; **tissu,** XIIIᵉ ; **tissure,** vers 1300, v. **texture** ; de *tisser :* **tissage,** 1812, déjà en 1262 et en 1340 sur *tistre ;* **détisser,** XVIᵉ, a remplacé *destiitre*, encore relevé en 1642.

TITAN, XIVᵉ. Nom propre, empr. du lat. *Titan*, personnage mythologique (mot pris au grec). Sens fig. au XIXᵉ s. — Dér. : **titanique,** 1552 ; **titanesque,** fin XIXᵉ ; **titanisme,** fin XVIIᵉ (Saint-Simon), rare avant le XIXᵉ.

TITI, 1837. Mot pop., de formation enfantine.

TITILLER, 1798, rare auparavant, une première fois au XIIᵉ s. ; **titillation,** 1495. Empr. du lat. *titillare* « chatouiller », *titillatio.*

TITRE, vers 1165 (sous la forme *title ;* d'où *titre*). Empr. du lat. *titulus* « inscription », puis « titre d'honneur » ; le fr. a développé des sens nouveaux ; sens jurid. dès 1283 (Beaumanoir) ; « acte écrit qui établit un droit », XVIe, d'où « titre de rente », XIXe ; terme de monnayage, 1543. — Dér. et Comp. : **titrage,** 1841 ; **titrer,** XIIIe, en parlant d'un rôle de parchemin ; sens parallèles à *titre ;* **attitrer,** XIIe (sous la forme *atitelé*) ; **sous-titre,** 1872.

TÎTRE, v. **tisser.**

TITUBER, 1466, rare avant le XIXe s. ; **titubation,** 1377. Empr. du lat. *titubare, titubatio.*

TITULAIRE, 1502. Dér. sav. du lat. *titulus,* v. **titre.** — Dér. : **titulariat,** 1843, d'après *notariat,* etc. ; **titulariser,** vers 1875, d'où **-isation,** *id.*

TOAST, 1755 (sous la forme *toste*) ; l'orthographe *toast* ne s'est établie qu'au XIXe s. Empr. de l'angl. *toast,* propr. « tranche de pain rôtie » (sens également empr. depuis 1769, mais moins usité et répandu seulement depuis Brillat-Savarin, empr. lui-même de l'a. fr. *tostée, tostée,* part. passé d'un verbe *toster* « griller » (lat. pop. **tostāre*) ; le sens d' « action de boire à la santé de quelqu'un » vient de ce que, en Angleterre, on avait coutume de tremper une rôtie dans son verre avant de porter la santé de quelqu'un. Le verbe **toaster,** 1750 (Montesquieu qui écrit *toster*) vient de même de l'angl. *to toast.*

TOBOGGAN, 1890. Empr. de l'angl. du Canada *toboggan,* mot qui vient lui-même de la langue des Algonquins.

TOC, terme pop., « imitation d'or, etc. ». 1837. Mot expressif de la famille de *toc-toc,*

TOCSIN, 1379 (sous la forme *touquesain*). Empr. de l'a. pr. *tocasenh,* comp. de *toca* (du verbe *tocar,* v. **toucher**) et de *senh* « cloche », lat. *signum,* attesté à basse ép. au sens de « cloche », VIe s. (Grégoire de Tours), v. **seing.**

TOC-TOC, 1697 (Perrault). Onomatopée ; v. **toucher.** — Dér. : **toquante,** 1725, mot pop., d'origine argotique, qui signifie « montre » ; dér. du verbe provincial *toquer* « heurter ».

TOGE, XVIe ; d'abord *togue,* 1213, encore 1611, Empr. du lat. *toga.* La toge a été introduite en France pour des magistrats, etc., par un édit de 1802.

TOHU-BOHU, 1823, au sens moderne. Emploi figuré de *tohu-bohu,* transcription de la locution hébraïque *tohou oubohou,* employée dans la *Genèse,* I, 2, pour désigner le chaos avant la création du monde ; la phrase de la Genèse a été traduite : *La terre était tohu-bohu* par Voltaire en 1764 : cf. déjà Rab., en 1552, *les isles de Thohu et Bohu,* et *toroul boroul* au moyen âge.

TOILE. Lat. *tēla.* It. esp. *tela.* — Dér. : **toilette,** 1352 (sous la forme *tellette*), propr. « petite toile », sens usuel jusqu'au XVIe s. (d'où *marchande à la toilette*), puis spécial. « morceau de linge orné, étendu sur une table, sur laquelle on met les objets qui servent à se laver, à se coiffer, etc. », fin XVIe, d'où le meuble lui-même, XVIIIe, puis « action de s'habiller, de se parer, etc. », début XVIIIe, enfin « ensemble des ajustements dont on se pare pour aller dans le monde (dit spécial. des femmes) », 1798 ; *toilette,* terme de boucherie, a été expliqué comme un dér. de *taie ;* c'est une hypothèse possible, mais non nécessaire ; **toilier,** XIIe (sous la forme *telier*), **toilerie,** 1409 (sous la forme *telerie*) ; **entoiler,** 1611 (une 1re fois au XIIe s.), **entoilage,** 1755, **rentoiler,** 1449, **rentoilage,** 1771.

TOISE, anc. mesure valant six pieds. Lat. pop. *tē(n)sa,* fém. pris substantiv. de *tensus* (part. passé de *tendere* « tendre »), au sens d' « étendue (de chemin) », d'où parfois « espace de temps » ; spécialisé pour désigner une mesure. — Dér. : **toiser,** 1260 (au sens de « examiner qn d'un regard dédaigneux », 1782) ; **toiseur,** 1549.

TOISON. Lat. de basse ép. *to(n)siōnem,* acc. de *to(n)siō* « tonte », qui a pris ensuite le sens de « toison » (de *tondēre* « tondre »). A. pr. *toizon ;* l'it. *tosone* et l'esp. *tusón* viennent du gallo-roman.

TOIT. Lat. *tēctum.* Aujourd'hui concurrencé dans de nombreux parlers gallo-romans par *couvert, couverture,* (cf. **couvreur**) et dans les parlers du Midi par des dér. de *tuile.* It. *tetto,* esp. *techo* « plafond ». — Dér. et Comp. : **toiture,** 1594 ; **avant-toit,** 1397, cf. aussi *advanter,* 1368, dans un texte de Lausanne.

TÔLE, fer en lames, 1642 (Oudin). Forme dialectale de *table,* peut-être de la région de Bordeaux, cf. *fer en taule,* c'est-à-dire « en forme de table », dans un état non daté des droits perçus à Bordeaux (mais encore au XVIIIe) ; *taulo* est la forme gasconne de *table,* ce qui va avec la graphie *fer en taule,* mais *tôle* est aussi la forme des parlers de l'Est, du Nord-Est et de la Bourgogne. — Dér. : **tôlier,** 1836 ; **tôlerie,** 1771-74 (document de Bordeaux).

TÔLE (aussi *taule*) « prison », dans l'argot militaire, « chambre » et spécial. « chambre de passe », dans l'argot des prostituées, d'abord « petite maison » dans l'argot (1800), peut-être issu du préc. par déformation sémantique. — Dér. : **entôler,** 1837 ; **-euse,** fin XIXe.

TOLÉRER, 1393 ; **tolérable,** 1355 ; **tolérance,** XIVe. Empr. du lat. *tolerare, tolerabilis, tolerantia.* — Dér. : **tolérant,** 1544, **tolérantisme,** 1722 ; **intolérance,** 1611 ; **intolérant,** 1612. V. **intolérable.**

TOLET, terme de marine, 1611 (écrit *thollet*). Mot empr. d'un parler des côtes de la Manche, dér. de l'anc. scandinave *þollr* « pin ; tolet » (d'où danois-norvégien *tol* « *id.* »).

TOLLÉ, XVIe (Paré : *On cria tollé après luy*). Transformation graphique de l'a. fr. *tolez,* impératif de *toldre* « ôter » (qui vit encore au XVIe s. et qui se trouve encore chez Hardy), lat. *tollere,* qui était devenu un cri de protestation ; cette transformation a été effectuée sous l'influence du lat. *tolle* « prends, enlève(-le) », que, dans le texte de la Vulgate, les Juifs poussent pour demander à Ponce Pilate de faire mourir Jésus, Jean, XIX, 15.

TOLU, dans *baume, sirop de tolu*, 1598. On dit aussi *baume de Carthagène, d'Amérique, du Pérou*. Tiré de *Tolu*, nom d'une ville de Colombie, sur la mer des Antilles.

TOMAHAWK, 1707. Empr. de l'angl. *tomahawk*, qui vient de la langue des Algonquins *tomahacan*.

TOMATE, 1749, une première fois 1598 ; entre ces deux dates le fr. essaye d'une autre dénomination *(pomme d'amour, pomme dorée)*. Empr. de l'esp. *tomata*, empr. lui-même de l'aztèque *tomatl*.

TOMBE. Lat. eccl. (chez Prudence, IVe) *tumba* (du grec *tymbos* « tumulus élevé pour une tombe », d'où « tombe »). It. *tomba*, esp. *tumba*. *Outre-tombe* paraît avoir été créé par Chateaubriand dans le titre *Mémoires d'outre-tombe*. — Dér. : **tombal,** 1836 ; **tombeau,** XIIe.

TOMBER. Souvent *tumber* au moyen âge et encore dans beaucoup de parlers (normand, berrichon, etc.), d'après *tumer*, v. la suite. Signifie « culbuter » et « faire culbuter » jusqu'au XVIe s., mais aussi, dès le XIIIe s., « tomber à la renverse (d'un objet, d'une personne qui a été debout) ». La signification moderne « tomber du haut en bas » se rencontre depuis la fin du XVe s. ; *tomber* s'est ainsi substitué à *choir ;* dès lors on trouve l'emploi d'aujourd'hui *tomber malade ;* la construction transitive *tomber quelqu'un*, qui s'est développée au XIXe s. d'après la langue des lutteurs, rejoint par l'intermédiaire de la langue du peuple, un usage de la langue écrite qui a été courant jusqu'à la fin du XVIe s. Aussi roumain *tumbă* « culbute », it. *tombolare* « faire la culbute », esp. *tumbar*, id., *tumbo* « culbute », port. *tombo*, id. Il s'agit évidemment d'un terme de jongleur, qui a voyagé d'un pays dans l'autre et qui est très probabl. né en France, comme onomatopée d'une chute ou d'un saut brusque. L'a. fr. *tumer* « gambader, danser » (cf. aussi le dér. *tumbeor* « danseur, sauteur », à côté de *tumeor*), est empr. d'un francique **tûmon*, cf. anc. haut all. *tûmôn* « tournoyer », all. *taumeln* « chanceler », et a disparu du français avant le XVIe s., mais survit encore dans l'Est, p. ex. en wallon et en lorrain, aux sens de « tomber » et de « renverser ». — Dér. : **tombée,** 1477, au sens de « chute, culbute », antér. *tumée*, XIIIe ; **tombereau,** XIVe *(tomberel) ;* antér. *tumeriaus*, XIIIe, encore chez E. Deschamps et aujourd'hui dans des parlers de l'Est ; ainsi nommé parce qu'on fait basculer, culbuter ce genre de véhicule ; devenu *tombereau* d'après *tomber ;* **tombeur,** terme de lutte, 1845 ; **retomber,** 1510 (écrit avec *u*), d'où **retombée,** 1518 *(id.)*.

TOMBOLA, vers 1800. Empr. de l'it. *tombola*, propr. « culbute », d'où, par plaisanterie, « sorte de jeu de loto », tiré du verbe *tombolare*, v. le préc. et **loto ;** introduit d'Italie par les soldats, désigne une sorte de loterie de société où on gagne des lots en nature.

TOME, XVIe (Marot). Empr. du lat. de basse ép. *tomus* (du grec *tomos*, propr. « portion, morceau coupé »). — Dér. : **tomer,** 1801, d'où **tomaison,** 1829.

TOMME, 1581, nom d'un fromage de la région franco-provençale et provençale. Ce mot qu'on trouve déjà dans l'a. pr., le sicilien et le calabrais sous la forme *toma* est d'origine obscure.

TOM-POUCE, 1845, au sens de « homme de petite taille », au sens de « parapluie très court », 1933. *Tom-Pouce* est une traduction de Tom Thumb (= Thomas le poucet), nom que l'imprésario Barnum avait donné à un enfant resté très petit, qu'il exhibait sur la scène.

TON, *adj. poss.*, v. **mon.**

TON, terme de musique, XIIe. Empr. du lat. *tonus*, « intervalle de deux notes, etc. » (du grec *tonos*), d'où, en fr., « ton de la voix », et à partir du XVIIe s. les acceptions modernes : « manière de parler, d'écrire, de se conduire, etc. » et, d'autre part, les acceptions techniques de la musique. La nature du mot ne permet pas de le considérer comme un mot pop., d'autant plus qu'en lat. même c'est surtout un mot sav. *Tonus* a déjà été pris en lat. comme terme de peinture, mais l'emploi de *ton* au même sens depuis le XVIIIe s. en est indépendant. Le sens de « tension, vigueur » qu'a parfois *ton* depuis le XVIIIe s. dans la langue médicale est repris au grec d'après *tonique*, v. ce mot. Cf. **intonation.** — Dér. : 1° au sens musical : **tonal,** 1845 ; **tonalité,** 1836 ; **détonner,** 1611 ; **entonner,** vers 1220 (*entonner* au XIIe s. se rattache à **tonner**) ; 2° au sens médical : **tonifier,** 1876.

TONDRE. Lat. de basse ép. *tondere*, lat. class. *tondēre*. It. *tondere*, esp. *tundir*. — Dér. : **tondeur,** 1247 ; **tondeuse,** 1836 (d'abord machine à tondre le drap) ; **tonte,** 1387, dér. de *tondre*, représente le fém. d'un ancien part. passé **tonditus ;* **retondre,** vers 1200.

TONIQUE, 1538. Empr., comme terme de médecine, au sens de « qui a une tension élastique » en parlant d'un tissu, du grec *tonikos* « qui se tend » ; d'où le sens de « qui fortifie l'organisme » dès le XVIIIe s. Le sens grammatical a été développé au XIXe s. (d'après *ton*).

TONITRUANT, 1876. Empr. du part. prés. du lat. *tonitruare* « tonner » ; **tonitruer,** 1884.

TONNAGE, terme de marine, 1793 ; d'abord « droit payé par un navire d'après sa capacité », 1656. Empr. de l'angl. *tonnage*, lui-même de l'a. fr. *tonnage* « droit payé sur le vin en tonneau », 1300, dér. de *tonne*.

TONNE. Lat. de basse ép. *tunna, tonna*, d'origine celtique ; on a renvoyé au moyen irlandais *tond, tonn* « peau » (du sens de « peau » d'où seraient sortis ceux de « outre, vase », puis de « tonne ») ; mais cette hypothèse reste douteuse. A. pr. *tona*, cat. *tona*. All. *Tonne*, angl. *tun* viennent du roman. — Dér. : **tonneau,** XIIe, **tonnelet,** XVIe,

tonnelier, XIIIe, **tonnellerie,** 1295 ; **tonnelle,** 1340, signifie aussi « tonneau » au XIVe s. ; a pris le sens de « berceau fait de treillage et couvert de verdure » par comparaison de la forme d'une tonnelle avec celle d'un tonneau, dans ce sens déjà *tonne* dès le XIIIe et jusqu'au XVIIIe s. (encore dans les parlers), **entonner,** vers 1200, **entonnoir,** vers 1100.

TONNER. Lat. *tonāre*. It. *tonare*, esp. *tronar*.

TONNERRE. Lat. *tonitrus*. Moins répandu dans les parlers que le verbe, cf. a. pr. *toneire ;* la plupart des langues romanes ont en effet tiré un subst. du verbe : it. *tuono*, esp. *trueno*, cf. a. pr. *tron*, encore en concurrence avec *toneire*.

TONSURE, 1245. Empr. du lat. *tonsura*, propr. « tonte », d'où aussi « action de couper les cheveux » ; a en outre au moyen âge d'autres sens : « tonte, émondage, branches coupées, etc. ». — Dér. : **tonsurer,** 1380.

TONTINE, 1653 (dans un édit de Louis XIV pour la création de la Tontine Royale). Dér. de *Tonti*, nom d'un Napolitain qui inventa ce genre d'opération.

TONUS, 1907. Empr. du lat. *tonus* qui a aussi le sens de « tension (d'une corde, etc.) ».

TOPAZE, vers 1080 *(Roland)*. Empr. du lat. *topazus* (du grec *topazos*).

TOPER, 1165, d'abord « placer en jetant ; appliquer », rare avant le XVIIe s. ; au XVIIe et au XVIIIe s., où on écrit aussi *tôper* et *tauper*. Ces formes sont dues à l'influence d'un subst. *taupe* « grosse patte, grosse main », qui vit dans la Franche-Comté et en fr.-pr. (d'où le verbe *tauper* « frapper qn », répandu aussi dans l'Ouest), en outre en frioulan *talpa* « patte » et all. du Sud-Ouest *talpe* ; ce mot est sûrement d'origine préromane, *toper* est devenu terme de jeu signifiant « accepter l'enjeu de l'adversaire », d'où le sens moderne, dès le XVIIe s. Onomatopée exprimant le bruit bref de deux objets qui se heurtent, de deux personnes qui se frappent dans la main, comme l'esp. et le cat. *topar*. L'expression du XVIIe s. et du XVIIIe s. *tope et tingue* est empr. de l'esp. *topo y tengo* « je tope et je tiens » ; beaucoup de termes de jeux de cartes espagnols ont pénétré en fr. au XVIIe s., v. **hombre.**

TOPINAMBOUR, XVIe (sous la forme *toupinambaux* dans un récit de voyages ; *topinamboux* au XVIIe s. ; forme moderne en 1680). Tiré de *Topinambour*, 1578 (J. de Léry qui écrit *Tououpinambaoults*), nom d'une peuplade du Brésil, dans son parler *Toupinambás*. Scarron et Boileau emploient *topinambou* au sens de « personne grossière, stupide ». La plante vient de l'Amérique du Nord (Canada, Maine). Le nom de la peuplade a probablement été donné à cette plante, parce qu'elle a été connue en France pour la première fois en même temps qu'un groupe de *Toupinambás* figura aux fêtes données à Rouen à l'entrée d'Henri II.

TOPIQUE, 1538, comme terme médical. Empr. du grec médical *topikos* (de *topos* « lieu »). A été pris aussi au lat. de basse ép. *topicus* au sens de « relatif aux lieux communs », XIVe (Oresme), ou de « relatif à un lieu déterminé », XVIIIe, d'où, au XIXe s., « qui se rapporte à la question ».

TOPO-. Premier élément de mots sav. tels que **topographie,** 1544, qui remontent au grec, où *topo-* vient de *topos* « lieu », ou de mots faits sur ce modèle, tels que **toponymie,** fin XIXe, etc.

TOPPETTE, sorte de petite fiole, 1874. Pris au picard *topete*, attesté depuis 1834, de la famille des mots germ. cités sous **toupie.**

TOQUARD, « mauvais cheval », dans l'argot du turf. Fin XIXe. Empr. de *toquart*, « têtu », très répandu dans les parlers depuis le XVIIIe s., dér. de *toquer*, v. **toqué.**

TOQUE, 1462. Empr. de l'esp. *toca*, *id.*, dont l'étymologie est incertaine. — Dér. : **toquet,** fin XVIe (Régnier).

TOQUÉ, 1836. Part. passé d'un verbe *toquer* « heurter, frapper, toucher » attesté dp. le XVe s., fréquent dans les parlers septentrionaux, mot pop., d'origine onomatopéique, v. **toucher ;** comp. *toc* « folie » à Toulouse au XVIIe s., *toqua* « femme sotte » à Fribourg dès le XVe s. Comp. aussi la locution proverbiale *qui toque l'un toque l'autre,* depuis Scarron, d'origine onomatopéique comme le préc., ainsi que l'argot. *tocasson* « absurde stupide », très répandu dans les parlers sous la forme *tocson*. — Dér. : **toquade, 1856 ; toquer (se),** 1853 (Goncourt). V. **toc, toc-toc, toquard.**

TOQUANTE, v. **toc-toc.**

TOQUER, v. **toqué.**

TORCHE. Le sens de « flambeau fait d'une corde tordue enduite de résine ou de cire, ou d'un bâton de bois résineux », XIIIe, aujourd'hui dominant, est issu de celui de « faisceau de choses tordues, notamment de paille, de foin, etc. », sens qui existe encore aujourd'hui. Lat. pop. **torca*, issu de *torqua* (déjà chez Varron), lat. class. *torquēs*, attesté seulement au sens de « collier », mais qui a dû se dire de divers objets faits de choses tordues, d'après le verbe *torquere* « tordre ». Rare en dehors du fr. ; toutefois la forme *torque*, attestée au Nord-Est dès le XVe s., l'esp. *tuerca* « écrou » et le verbe de l'a. pr. *torcar* « torcher » prouvent que le subst. remonte à l'époque latine. L'a. fr. a dit aussi *torse* au sens de « flambeau », tiré de *tordre*, cf. a. pr., de formation analogue, *torta* « *id.* ». — Dér. : 1° de *torche* « flambeau » : **torchère,** 1653 ; 2° de *torche* au sens propre : **torcher,** vers 1150, **torchis,** XIIIe, pour le développement de sens, cf. a. pr. *tortilz* « tordu » et « torche, torchis » ; **torchon,** vers 1200, d'où **-onner,** (1872, une première fois chez Rab., dans un sens légèrement différent).

TORDRE. Lat. pop. **torcere*, lat. class. *torquēre*. It. *torcere*, esp. *torcer*. L'anc. part. *tors* survit encore dans quelques locutions : *du fil tors, des jambes torses*. — Dér. et Comp. : **tordage,** 1723 ; **détordre,** XIIe ; **torcol,** 1555, ou *torcou*, sorte de grimpeur, cf. it. *torcicollo*, esp. *torcecuello ;* **tord-boyaux,** 1867. D'après l'anc. part. *tors* **torsade,** 1818. D'après l'anc. part. *tort* **tortil,** 1582, altération de *tortis*, XIIe, qui était un adj. signifiant « tordu » et a servi à désigner substantiv. divers objets tordus, torche, etc. ; **tortu,** vers 1230. V. **tort, tortiller.**

TORE, terme d'architecture, 1596. Empr. du lat. *torus*, propr. « brin d'une corde », d'où « moulure bombée en forme de corde », puis « tore ». — Dér. : **toron,** 1762.

TORÉADOR, 1659. Mot esp. dér. de *torear* « combattre le taureau *(toro)* ». — Est remplacé souvent par *torero*, 1876, empr. de l'esp. *torero*.

TORGNOLE, 1773. Mot dialectal, répandu dans les parlers septentrionaux, souvent sous la forme *tourniole*, dér. du verbe *tournier*, autre forme de *tournoyer*. *Tourniole*, attesté depuis 1812 au sens de « panaris », a été fait parce que le panaris fait le tour du doigt ; *torgnole* a été fait parce qu'une forte gifle fait tourner sur place celui qui la reçoit.

TORMENTILLE, plante, 1314. Empr. du lat. médiéval *tormentilla* (de *tormentum*), « ainsi dite de ce qu'elle apaise le tourment des dents » (O. de Serres) ; d'après d'autres, parce qu'elle calme les douleurs causées par les poisons, de là son nom de *serpent*, *morsure* ou *racine du diable* en wallon.

TORNADE, 1842, en outre *tournade*, 1873, *tornado*, dès 1715. Empr. de l'esp. *tornado* (de *tornar* « tourner »), également empr. par l'angl. On trouve quelquefois aussi la forme non francisée prise soit de l'esp., soit de l'angl.

TORON, terme d'architecture, v. **tore**

TORON, « assemblage de fils de caret tordus pour faire des cordages, etc. », 1677. Dér. du lat. *torus*, v. **tore.**

TORPÉDO, 1831. Empr. de l'angl. *torpedo* « torpille » (du lat. *torpedo*, v. **torpille**) ; l'automobile de ce nom a été désignée par un mot angl. à cause de sa forme et parce que cette automobile se fabriquait en Angleterre.

TORPEUR, 1470 ; rare avant le XVIIIe s. (Buffon) ; **torpide,** 1829. Empr. du lat. *torpor* (de *torpere* « être engourdi »), *torpidus*.

TORPILLE, 1538, comme nom de poisson. Probabl. empr. du prov. *torpio*, issu, par substitution de suff., du prov. *torpin*, qui représente le lat. *torpedo*, *-pedinis*. Comme nom d'un engin de guerre sous-marin, traduction de l'angl. *torpedo* (v. **torpédo**) ; attesté en 1812 dans la traduction d'un ouvrage de Fulton ; mais la forme angl. a été souvent usitée jusque vers le milieu du XIXe s. — Dér. d'après le deuxième sens : **torpilleur,** 1872, d'abord « marin qui dirige une torpille », **contre-torpilleur,** 1890 ; **torpiller,** 1873, **-age,** fin XIXe.

TORRÉFIER, vers 1520 ; **torréfaction,** 1690. Empr. du lat. anc. *torrefacere* (de *torrere* « sécher, griller ») et du lat. scientifique moderne *torrefactio*.

TORRENT, XIIe, rare avant le XVe. Empr. du lat. *torrens*. — Dér. : **torrentiel,** 1836 ; **torrentueux,** 1823.

TORRIDE, 1496. Empr. du lat. *torridus* (de *torrere* « sécher, griller »).

TORSADE, v. **tordre.**

TORSE, 1676 (Félibien). Empr. de l'it. *torso*, propr. « tige d'une plante garnie de ses feuilles », spécial. en parlant du chou, d'où « trognon de fruit » et, par plaisanterie, « torse », lat. *thyrsus*, v. **thyrse** ; c'est ce mot lat. qui a donné aussi le fr. *trou* (de chou), au moyen âge *tros* « trognon, tronçon », aujourd'hui dialectal.

TORSION, terme de diverses techniques, 1680. Empr. du lat. de basse ép. *torsio* « tor ture » (de *torquere*, v. **tordre,** aussi *tortio*) comme nom d'action de *tordre* en vue de sens spéciaux ; pris du XIIIe au XVIe s. au sens de « colique » d'après un des sens du mot lat.

TORT. Lat. pop. *tortum*, neutre pris substantiv. de *tortus*, part. passé de *torquere* « tordre », propr. « ce qui est tordu », d'où « action contraire au droit », opposé à *directum* « droit », v. ce mot. L'emploi du même mot dans les langues voisines : it. *torto*, esp. *tuerto*, a. pr. *tort*, prouve que ce développement remonte à l'époque latine.

TORTICOLIS, 1562, au sens moderne ; signifie propr. « qui a le cou de travers », ainsi chez Rabelais, II, 30, où le fait d'avoir le cou de travers est l'expression symbolique de l'hypocrisie *(torty colly)*. On considère ordinairement ce mot comme une altération du pluriel de l'it. *torcicollo ;* mais celui-ci désigne proprement le torcol, et le sens de « torticolis » n'y a été signalé qu'au XIXe s. ; il est possible que *torty colly*, est une création plaisante de Rabelais d'après un lat. fictif *tortum collum* (*torcol*, comme nom d'oiseau, v. **tordre,** est récent et n'a pu servir de modèle), cf. *torcoulx*, I, 54, au même sens, et V, 2 en parlant d'oiseaux appelés cagots : « Car tous avoient le col tors » ; de là aussi le sens d' « hypocrite » qu'a eu parfois *torticolis*, encore chez J.-J. Rousseau.

TORTIL, v. **tordre.**

TORTILLER, vers 1400 (une première fois *tortoillier*, vers 1220). Probabl. dér. par réduction de **entortiller,** plutôt que lat. pop. ***tŏrtĭliare*, dont l'existence n'est appuyée par aucune autre forme romane. — Dér. et Comp. : **tortillage,** 1677 (Mme de Sévigné) ; **tortillard,** au sens de « train routier », fin XIXe ; en 1700, adj. au sens de « tordu » ; **tortillement,** 1547 ; **tortillon,** 1402 ; **détortiller,** XIIe ; **retortiller,** 1512 (au part. passé).

TORTIONNAIRE, 1412. Empr. du lat. médiéval *tortionarius*, qui, lui-même, est une latinisation de l'afr. *torçonier*, dér. du lat. *tortio*, v. **torsion.**

TORTIS, TORTU, v. **tordre.**

TORTUE, vers 1190. L'esp. et l'a. pr. ont de même *tortuga ;* ce sont des formes altérées d'un mot attesté par *tartuga* de l'a. pr. et *tartaruga* de l'it. et du port. ; ces dernières formes remontent à un lat. *tartarūca* fém. de l'adj. *tartarūcus* « qui appartient à l'enfer, au Tartare », p. ex. dans *spiritus tartarucus* (du bas grec *tartaroûkhos*, de même sens) ; l'emploi de ce mot pour désigner la tortue, sorti sans doute d'une expression comme **bestia tartaruca*, vient de ce que cet animal a été pris pour symboliser les hérétiques, comme il symbolise dans des représentations figurées l'esprit des ténèbres, du mal en lutte avec le coq, symbole de l'esprit, de la lumière, du bien. *Tartaruga* est devenu *tortuga* par dissimilation des deux syllabes identiques, et sous l'influence de *tort* « tordu », les tortues ayant les pattes tordues, la voyelle *o* s'est substituée à l'*a*. Le lat. class. *testūdō* survit dans l'it. *testuggine* (avec substitution de suff.).

TORTUEUX, 1685 (une 1re fois vers 1200). Empr. du lat. *tortuosus* (de *tortus*).

TORTURE. Lat. de basse ép. *tortūra*, propr. « action de tordre ». It. esp. *tortura*. — Dér. : **torturer,** 1480.

TORVE, « farouche », surtout du regard, 1856 (Flaubert). Empr. du lat. *torvus*, id.

TORY, 1712. Mot angl., empr. du mot irl. *tóraidhe* « criminel », et appliqué d'abord, vers 1680, comme terme politique, aux partisans de Charles II.

TÔT. Lat. pop. *tostum*, neutre pris adverbialement de *tostus* « grillé, rôti, brûlé » (de *torrere*), qui a dû signifier d'abord « chaudement », d'où « promptement ». De même it. *tosto*, a. pr. cat. *tost*. — Comp. : **aussitôt,** XIIIe (*aussi tost com*, vers 1260 ; *aussi tost que*, vers 1330, *aussitôt*, adv., dp. Du Bellay) ; **bientôt,** 1382 ; **plutôt,** XIIIe, au sens moderne, mais encore écrit *plus tost ;* l'orthographe moderne paraît ne dater que du XVIIe s. ; **sitôt,** vers 1165 (*si tost com, si tost que*, vers 1200) *;* **tantôt,** XIIe ; au moyen âge signifie « aussitôt », encore usité au XVIe s. (aujourd'hui dans le français provincial), d'où « bientôt », jusqu'au XVIIe s., d'où « dès lors » et le sens moderne; l'emploi de *tantôt... tantôt* apparaît au XVIe s. ; **tôt-fait,** sorte de gâteau, 1872, très répandu dans les parlers régionaux, où il est attesté plus tôt qu'en fr. même.

TOTAL, XIVe (Oresme). Empr. du lat. médiéval *totalis* (l'adv. *totaliter* est attesté à basse ép.). V. **tout.** — Dér. : **totaliser,** 1829, **totalisation,** 1836 ; **totalisateur,** 1869 ; **totalité,** 1375 ; **totalitaire,** 1949 (s'est dit d'abord du système politique de Hitler).

TOTEM, 1833. Empr. par l'intermédiaire de l'angl., de *totem*, mot d'une langue des indigènes de l'Amérique du Nord. — Dér. : **totémisme,** *id.*, d'après l'angl. *totemism*.

TOTON, 1611 (écrit *totum ;* puis *toton*). Mot lat. *totum* qui signifie « tout entier » ; pour la prononciation, v. **dicton ;** on dit aussi *tonton*. Sur les quatre faces de l'espèce de dé qu'on appelle toton, sont écrites A, D, R, T, initiales de mots lat. ou fr. : *accipe* « reçois (un jeton) », *da* « donne (un jeton) », *rien* (c'est-à-dire rien à donner ni à recevoir), *totum* « tout » (c'est-à-dire tout l'enjeu à prendre).

TOUAILLE, v. **serviette.**

TOUBIB, argot militaire, 1898. Empr. de l'arabe d'Algérie *tbib*, propr. « sorcier ».

TOUCAN, XVIe s. (Paré). Empr., par l'intermédiaire de l'esp. *tucan*, du tupi (Brésil).

TOUCHER. Lat. pop. **toccāre*, mot onomatopéique, propr. « faire toc », conservé par toutes les langues romanes, v. la suite et **toquer.** Un sens très proche du sens étymologique est celui du roumain *toca* « annoncer l'angélus avec une claquette » et de l'esp. *tocar* « sonner le glas, battre aux champs, etc. », cf. aussi a. pr. *tocar* « sonner les cloches », v. **tocsin.** Du sens de « frapper, heurter » s'est développé celui d' « atteindre », puis celui de « toucher », qui ont éliminé le premier sens en fr. avant les premiers textes, cf. de même it. *toccare*, qui a les mêmes sens que *toucher*. — Dér. et Comp. : **touchant,** *prép.*, 1380, par l'intermédiaire de l'adj. participial *touchant ;* **touche,** XIIIe (É. Boileau qui dit *à la touche de Paris*, au sens d' « action de toucher l'or avec la pierre de touche »), puis « action de toucher (en général) », d'où les différents sens du mot au cours du moyen âge et depuis ; **toucher,** *subst.*, vers 1226 ; **toucheur,** 1611 ; **intouchable** (de l'argent), 1873 (dans un autre sens déjà chez Ronsard) ; **attouchement,** XIIe, par l'intermédiaire d'un verbe hors d'usage *attoucher*, XIIe ; **retoucher,** vers 1220, **retouche,** 1507 ; **Sainte-Nitouche,** 1534 (Rab.), formé plaisamment de *sainte* et de *n'y touche*, cf. *faisant... le non y touche*, XVe ; au XVIIe s. on préférait *sainte mitouche*, forme altérée d'après *mite* « chatte » (en anc. fr. et dans les patois) ; **touche-à-tout,** 1841.

TOUER, XIIIe. Empr. de l'anc. francique *togon* « tirer », cf. l'angl. de même famille *to tow* « touer » (le *-g-* de l'anc. norois *toga* ne serait probablement plus tombé). — Dér. : **touage,** XIIIe ; **toue,** vers 1400 ; **touée,** 1415 ; **toueur,** 1836, au sens de « sorte de remorqueur » ; on dit aussi *toueux*, 1639, au sens d' « ancre de toue ».

TOUFFE, vers 1180. Mot d'origine germ. De la même famille que l'all. *Zopf*, francique **top*, v. **toupet.** Doit avoir été empr. d'un dial. all. où la transformation de *p* en *pf* a fait des progrès plus rapides et plus sensibles que celle de *t* en *z*. C'est le cas pour l'alémanique, ce qui autorise à penser que c'est de ce dial. que le fr. a eu *touffe*, par l'intermédiaire des parlers de l'Est. — Dér. : **touffu,** 1438. — V. encore **attifer.**

TOUFFEUR, v. **étouffer.**

TOUILLER, 1842. Mot dialectal, empr. pour des emplois techn. ; usité dans les parlers septentrionaux au sens de « remuer, mêler, salir, etc. » ; ce verbe, qui a été usuel en franç. jusqu'au XVIe s. dans des sens analogues et dont la première forme est *toeillier*, représente le lat. *tudiculāre*, attesté chez Varron au sens de « piler, broyer », dér. de *tudicula* « moulin pour broyer les olives » (de la famille de *tundere* « piler, frapper »).

TOUJOURS, v. **jour.**

TOUNDRA, 1876. Empr. du russe *túndra* « plaine marécageuse, sans arbres ».

TOUPET, XIIe ; a signifié aussi « sommet » ; au sens fam. d' « effronterie », 1808. Dér. de l'a. fr. *top*, de même sens, du francique **top*, cf. all. *Zopf* « tresse de cheveux », v. **touffe.** De l'a. fr. *top* dérive aussi **toupillon,** 1414, « petite touffe de poils, etc. ».

TOUPIE, XIVe (Froissart), *topoie* en 1205 ; cf. le verbe *toupier* dès le XIIIe s., d'où *toupiller*, par changement de suff., en 1548. La forme la plus ancienne est l'anglo-normand *topet*, diminutif de l'angl. *top*, attesté au même sens dès 1060. Ce mot est identique à l'angl. *top* « sommet, pointe », la toupie ayant reçu son nom du fait qu'elle tourne sur sa pointe. Le mot anglo-normand paraît avoir passé en français en subissant un changement de suffixe. Voir aussi **toupet.**

TOUPILLON, v. **toupet.**

TOUR, *fém.* Lat. *turris.* It. esp. *torre.* — Dér. : **tourelle,** XIIe ; on a dit aussi *tournelle*, depuis le XIIIe s., forme altérée par le verbe *tourner*, cf. aussi *tornier*, XIVe, « gardien d'une tour, portier », pour *tourier*, XIIIe, et l'all. *Turm* « tour », en moyen haut all. *turn ;* **tourière,** 1549, fém. de *tourier*, v. ce qui précède.

TOUR, *masc.* D'abord *torn*, devenu rapidement *tor.* Propr. instrument de tourneur. Dans les sens « mouvement circulaire », « action habile », etc. c'est un dér. du verbe *tourner.* It. esp. *torno*, dont les sens sont moins étendus que *tour* et différents (v. le verbe). — Dér. : **touret,** XIIIe (É. Boileau), au lieu de **tournet* qu'on attendrait à cette ép. : **tourillon,** XIIe (écrit *toreillon*), formé comme *tourel.* — Comp. : **autour,** adv., XVe ; **entour,** vers 1080 *(Roland)*, peu usité aujourd'hui sauf dans *à l'entour*, 1396, d'où **alentours,** 1766 (Voltaire), **entourer,** 1538, d'où **entourage,** 1776 ; déjà une fois en 1461 au sens de « personnes qui entourent » ; **demi-tour,** 1536.

TOURBE, « foule » ; le sens péj. apparaît au XVIe s. ; auparavant « foule (en général) ». Lat. *turba.* A. pr. *torba.*

TOURBE « matière combustible formée par la décomposition de débris végétaux », 1200. Du francique **turba*, cf. all. *Torf* et v. **turf.** L'exploitation de la tourbe était inconnue des Romains, mais est déjà attestée pour le littoral de la Mer du Nord par Pline. — Dér. : **tourbeux,** XVIIIe ; **tourbière,** XIIIe.

TOURBILLON, D'abord *torbeillon* (vers 1170 et encore vers 1380), la forme *tourbillon* l'emporte au XVe s. Remonte au lat. class. *turbō, turbinis* auquel on a joint les suff. *-ĭcŭlus* (d'où *torbeil*, dès 1100, a. pr. *torbelh*), et plus tard le suff. *-on.* De même l'esp. *torbellino* et le port. *torvelinho* sont dus à des substitutions de suff. d'après *remolino* de l'esp., *remoinho* du port., qui ont le même sens, v. **remous.** — Dér. : **tourbillonner,** 1529 (au part. pass.), d'où **-onnement,** 1767.

TOURET, v. **tour,** masc.

TOURIE, « sorte de grande bouteille », 1773. Étymologie inconnue.

TOURISME, 1872 ; **touriste,** 1816, en parlant d'Anglais, emploi dominant au XIXe ; *touring*, 1889. Empr. des mots angl. *tourism, -ist, -ing.* dér. de *tour*, pris luimême au fr., v. **tour,** m., au début du XVIIIe s. — Dér. de *touriste :* **touristique,** vers 1830 (Tœpffer).

TOURLOUROU, 1834, comme nom populaire du fantassin. Mot de formation expressive, attesté en prov. au sens de « tapageur » ; déjà relevé en 1640 dans un refrain de chanson : « Bidon don, mon genti tourlourou. » Signalé dès 1667 comme nom d'un crabe terrestre des Antilles.

TOURMALINE, 1771 (*tourmalin* en 1758). Empr. du singalais *toramalli.*

TOURMENT. Lat. *tormentum.* It. *tormento.* — Dér. : **tourmenter,** XIIe ; **tourmente,** 1155, subst. verbal (*tourmente* se disait autrefois et dès le XIIe s. aussi du vent qui agite un navire).

TOURNEBOULER, v. **boyau.**

TOURNER. Lat. *tornāre* « façonner au tour », déjà pris au sens fig. en parlant de versification. It. *tornare*, esp. *tornar* (aujourd'hui plutôt *virar*), a. pr. *tornar.* — Dér. et Comp. : **tour,** aux sens de « mouvement circulaire », etc. ; **demi-tour,** 1536 ; **tournage,** 1558 ; **tournailler,** 1792 (une première fois en 1610) ; **tournant,** subst., 1272 ; **tournée,** 1220 ; **tourneur,** XIIIe, peut continuer le lat. de basse ép. *tornator* ; **tournis,** 1812 (comme adj. dès 1100) ; **tournoyer,** XIIe, au moyen âge notamment « faire un tournoi », d'où **tournoi,** XIIe ; **tournoiement,** XIIe, au moyen âge « tournoi, circuit, tour, etc. », sens moderne depuis le XVIe s. ; **tournure,** déjà *tornatura* au VIIIe s., dans les *Gloses de Reichenau* ; **entour,** vers 1080 *(Roland)*, peu usité aujourd'hui sauf dans *à l'entour*, 1420, d'où **alentours,** 1766 (Voltaire), **entourner,** 1395, encore usité comme terme de marine ; **entournure,** 1538 ; **entourer,** 1538, d'où **entourage,** 1776, déjà une fois en 1461 au sens de « personnes qui entourent » (*entourer* et *entourner* se trouvent dans les deux sens dans les parlers) ; **autour,** adv., 1375 ; **tourniquet,** 1575, dér. de *tourner* avec le suff. *-et* fréquent pour former des noms d'outils et l'infixe *-iq-* qui renforce le sens diminutif (voir dans ce mot un emploi figuré de *tourniquet* « cotte d'armes », XVe s., pour anc. fr. *tuniquet*, dér. de *tunicle*, empr. du lat. *tunicula*, dim. de *tunica*, n'est guère possible, surtout pour des raisons sémantiques) ; **détourner,** vers 1080 *(Roland)*, **détour,** XIIIe, **détournement,** 1493 ; **retourner,** 842 *(Serments de Strasbourg : returnar)*, **retour,** XIIe, **retourne,** 1690 ; **bistourner,** 1680, d'abord *bestorner*, XIIe (Chrétien), avec le préf. *bes*, lat. *bis* « deux fois », pris dans un sens péjor. ;

chantourner, 1611, composé avec *chant* « côté ». Nombreux mots ayant *tourne* comme premier élément : **tourne-à-gauche,** 1690 ; **tournebride,** 1611 ; **tournebroche,** 1500 ; **tournedos,** 1864, comme terme de cuisine, bien antérieur dans d'autres emplois, notamment au sens de « poltron, fuyard », XVIe ; **tournemain,** 1566, dans la locution *en un tournemain* qui se dit aussi *en un tour de main*, XVe ; **tournevis,** 1723. **Tournevirer,** 1571, comp. des deux synonymes *tourner* et *virer* en vue d'un renforcement expressif.

TOURNESOL, 1393 ; déjà 1291 comme nom de matière colorante (sous la forme *tournesot*). Empr. de l'it. *tornasole* ou de l'esp. *tornasol ;* dit ainsi parce que les fleurs se tournent vers le soleil, cf. **héliotrope.** Dit dans la plupart des parlers *tourne-soleil* ou simplement *soleil.*

TOURTE. Lat. *torta* attesté dans la Vulgate au sens de « pain rond » (dans l'expression *torta panis*), sens que *tourte* a encore dans certains dialectes. It. esp. *torta.* Du lat. *torta,* fém. du part. passé de *torquere* ; l'*o* fermé, qui était bref en latin, vient d'une tendance à fermer le *o* ouvert devant *r* suivi d'une autre consonne ; comp. **tourner.** — Dér. : **tourteau,** vers 1100 ; **tourtière,** 1573.

TOURTERELLE. D'abord *tourtrelle,* puis *tourterelle* au XIIIe s. Lat. pop. *turturella* (mot que Sénèque a déjà employé au sens d' « homme efféminé »), dér. de *turtur.* Le simple est plus représenté dans les langues romanes, cf. d'une part it. *tortorella,* d'autre part it. *tortora, tortola,* esp. *tórtora,* fr. arch. *tourtre,* a. pr. *tortre* et *tortora.* De *tourterelle* a été tiré le masc. **tourtereau** (1694, une 1re fois au XIIIe s.).

TOUSSAINT, v. **saint.**

TOUT. Lat. pop. *tottus,* forme à redoublement expressif, attesté à basse ép., au lieu du lat. class. *tōtus,* propr. « tout entier » ; *tottus, totus,* ont pris en lat. pop. les sens du lat. class. *omnis* « tout, chaque », qui n'a été conservé que dans l'it. *ogni.* L'esp. et le port. *todo* continuent *tōtus ;* ailleurs formes issues de *tottus :* it. *tutto,* a. pr. *tot.* — Comp. : **atout,** XVe (« Quand il se virent si assiegez, si jouerent a tout », dans le *Journal de Paris*) ; **partout,** XIIe ; **surtout,** *adv.*, 1490 (au XIe s. *ensuretut*), d'où *surtout* « sorte de pardessus », cf. « Ce mot est nouveau et n'a esté en usage qu'en cette présente année 1684 », Furetière ; grande pièce de vaisselle, 1694.

TOUTEFOIS, v. **fois.**

TOUTE-PUISSANCE, v. **pouvoir.**

TOUTOU, XVIIe (Cyrano de Bergerac). Mot enfantin, de formation onomatopéique.

TOUX. D'abord *tous.* Lat. *tussis.* — Dér. : **tousser,** 1530, a remplacé *toussir,* encore chez Scarron, lat. *tussīre,* cf. it. *tossire,* mais esp. *toser. Tousser* ne s'est établi que dans une partie des parlers septentrionaux ; certains parlers de l'Est ont encore *toussir,* comme ceux du Midi ; d'où **toussailler,** 1821, **toussoter,** 1868 ; **tousserie,** 1404.

TOXIQUE, XIIe, rare avant le XVIe s. Empr. du lat. *toxicum* (du grec *toxikon,* propr. « poison dont on empoisonnait les flèches *(toxon)* »). Du mot grec a été formé en outre le comp. sav. **toxicologie,** 1803. — Dér. : **toxicité,** 1872 ; **toxicomanie,** fin XIXe ; **toxine,** *id.* V. **intoxiquer.**

TRAC « piste », v. **traquer.**

TRAC « sorte de peur », terme fam., 1876. Paraît être d'origine expressive, sans rapport avec le précédent.

TRACASSER, v. **traquer.**

TRACER. Lat. pop. **tractiāre*, dér. de *tractus* « trait » (de *trahere* « tirer »), qui a dû signifier propr. « suivre à la trace » ou « faire une trace » ; *tracer* a fréquemment en a. fr. le sens d' « aller sur une trace, chercher » (encore usité dans de nombreux parlers) et en outre ceux de « parcourir » et de « faire un trait pour rayer » ; l'usage moderne, où l'idée de « trait » domine, ne s'est établi qu'au XVIe s. ; mais l'acception de *tracer* en parlant de racines qui s'étendent à la surface de la terre ou à peu de profondeur rappelle le sens propre : « faire une trace ». It. *tracciare* « suivre une trace », esp. *trazar* « faire un trait ». — Dér. : **trace,** XIIe ; **tracé,** 1792 ; **tracement,** 1476 ; **traceret,** sorte d'outil, 1690 ; **traçoir,** *id.*, 1690 ; **retracer,** 1390.

TRACHÉE-ARTÈRE, 1503 ; *artere traciee* au XIVe s. Empr. du grec *trakheia artêria,* littéral. « artère raboteuse », dite ainsi à cause de ses anneaux ; le grec dit aussi simplement *artêria,* v. **artère ;** on trouve dès le XIVe s. **trachée,** pris au lat. de basse ép. *trachia,* et étendu à la langue de la zoologie depuis le XVIIIe s. — Dér. de *trachée :* **trachéen,** 1838 ; **trachéite,** 1836 ; **trachéotomie,** 1772, sur le modèle de termes chirurgicaux tels que **laryngotomie,** 1620.

TRACHÉLIEN, terme d'anatomie, 1806. Dér. sav. du grec *trakhêlos* « cou ».

TRACT, 1842. Empr. de l'angl. *tract,* abréviation de *tractate* « traité, opuscule » (du lat. *tractatus*).

TRACTATION, vers 1470. Empr. du lat. *tractatio* (de *tractare* « traiter »).

TRACTION, 1503. Empr. du lat. de basse ép. *tractio* « action de tirer » (de *trahere* « tirer ») en vue de sens techn. — Dér. : **tracteur,** 1876, sur le modèle d'*action : acteur,* etc. ; déjà relevé en 1836 comme terme de chirurgie.

TRADITION, 1488, au sens moderne. Empr. du lat. *traditio,* propr. « action de livrer, transmettre », qui a pris notamment dans le lat. eccl. le sens de « tradition ». Est aussi pris au sens propre du lat., en 1291, et s'est conservé jusqu'à nos jours dans la langue jurid. — Dér. : **traditionalisme,** 1851 ; **-iste,** 1849 ; **traditionnel,** 1722.

TRADUIRE « faire passer d'une langue dans une autre », 1534 ; **traducteur,** 1540 (E. Dolet) ; **traduction,** *id.* Empr. des mots lat. *traducere* (ou de l'it. *tradurre ?*), propr. « faire passer », *traductor, traductio ;* les deux derniers n'ont pas le sens du fr. ; ils ont été pris comme subst. de *traducere* pour servir de noms d'agent et d'action à *traduire.* Celui-ci remplace l'a. fr. *translater,* conservé dans l'angl. *to translate.* — Dér. : **traduisible,** 1725, d'où **intraduisible,** 1687.

TRADUIRE, « conduire d'une prison dans une autre, citer en justice », 1668 (dans un autre sens juridique dès 1480). Empr. du lat. *traducere* « faire passer, etc. ».

TRAFIC, 1339 (aussi *trafique,* usité au XVIe s.) ; **trafiquer,** XVe (*Le Jouvencel ;* déjà dans un sens fig.). Empr. de l'it. *traffico, trafficare,* d'origine incertaine. — Dér. : **trafiquant,** 1585 ; d'abord *trafiqueur,* XVe, qui s'est maintenu jusqu'au XVIIIe s.

TRAGACANTHE, v. **adragant.**

TRAGÉDIE, XIVe (Oresme), vers 1320 au sens de « discours fatals ») ; **tragique,** vers 1420 ; **tragi-comédie,** 1527. Empr. des mots lat. *tragœdia, tragicus* (du grec *tragôidia, tragikos*), *tragicomœdia* (pour **tragico-comœdia* par superposition syllabique). — Dér. de *tragédie* : **tragédien,** XVIe, une première fois vers 1300 ; on a dit aussi *-diste* au XVIe s. ; on a établi au XIXe s. entre les deux mots *tragédien* et *tragique* une différence d'emploi qui n'existait pas auparavant ; de *tragi-comédie* : **tragi-comique,** 1624, sur le modèle de *comédie* : *comique.*

TRAHIR. D'abord *traïr,* vers 1080 *(Roland),* jusqu'au XVe s. ; écrit *trahir* pour séparer *a* de *i.* Francisation du lat. *tradere* « livrer, remettre, trahir » sur le modèle des verbes en *-ir, tradere* ne passant pas facilement en fr., cf. de même it. *tradire,* a. pr. *traïr.* Le XVIe s. a repris au lat. le sens de « livrer », encore attesté chez Corneille. — Dér. : **trahison,** vers 1080 *(Roland, traïsun) ;* **haute-trahison,** 1677, calque de l'angl. *high treason,* ne s'est dit d'abord qu'à propos d'événements anglais, étendu à des événements français vers la fin du XVIIIe s. en remplacement de *lèse-majesté.*

TRAÎNER. D'abord *traïner,* jusqu'au XIVe s. Lat. pop. **traginare* « traîner », dér. d'un type assez rare (cf. **cligner**) de **tragere,* v. **traire.** A. pr. *traginar, traïnar.* — Dér. et Comp. : **train,** XIIe, d'abord *traïn,* propr. « action de traîner », puis « ce qu'on traîne » et « manière de traîner, allure », de là les nombreuses acceptions du mot (*train,* terme de la langue des chemins de fer, est probablement dû à l'influence de l'angl., qui doit d'ailleurs le mot *train* au fr.), **arrière-train,** 1827 (Chateaubriand), **avant-train,** 1628, **tringlot,** 1863, soldat du train des équipages, par influence plaisante de *tringle ;* **traînage,** 1531 ; **traînard,** 1611 ; **traînasser,** 1493, d'où **traînasse,** nom de plante, 1680 (*herbe traînasse* en 1635), filet d'oiseleur, 1660 ; **traîne,** 1174, seulement au XIXe s. en parlant de la traîne d'une robe ; **traîneau,** 1227 ; **traînée,** 1406, au sens de « fille des rues » vers 1488 et depuis Rousseau ; **traînerie,** 1555 ; **traîneur,** 1660 (le fém. *traîneresse* dès 1440) ; **entraîner,** vers 1155, d'où **entraînement,** 1724, **entrain,** 1838 ; **entraîner,** dans la langue du turf, 1828, doit son nouveau sens à l'angl. *to train* (d'origine fr.), d'où **entraînement,** 1828, dans la même langue, et **entraîneur,** *id.,* en angl. *training, trainer.*

TRAINTRAIN, v. **trantran.**

TRAIRE. Proprement « tirer », sens du mot jusqu'au XVIe s., conservé seulement dans quelques patois (normand, wallon, parlers de Suisse romande) ; s'est spécialisé au sens de « tirer le lait d'une femelle », attesté depuis 1292 (aussi les Dauphinois qui accompagnèrent Charles d'Anjou dans l'Italie méridionale et y fondèrent des colonies l'y apportèrent-ils déjà ; une première fois vers 1120). Lat. pop. **tragere,* réfection du lat. class. *trahere* (au part. passé *tractus*) sur le modèle de *agere : actus,* qui avait des rapports de sens ; « mener » n'est pas très loin de « tirer ». *Traire* au sens moderne s'est substitué à l'a. fr. *moudre,* lat. *mulgere* « traire », là où il était devenu homonyme de *moudre,* lat. *molere ;* cette substitution a eu lieu également dans la plupart des parlers septentrionaux (*tirer* s'est depuis répandu surtout dans le Centre et l'Ouest), sauf dans une partie du wallon où *mulgere* s'est conservé comme dans le Midi, cf. a. pr. *molzer,* d'où les formes des parlers modernes ; cf. it. *mungere,* mais esp. *ordeñar,* lat. pop. **ordiniāre,* propr. « mettre en ordre », qui existe également ailleurs. — Dér. : **traite,** XIIe, d'après le sens ancien du verbe, d'où développements de sens variés, notamment « chemin parcouru », d'après un sens de *traire* « tirer vers, s'acheminer », spécial. « circulation des marchandises » au XVIe s., d'où *traite des nègres* (ou *des noirs*), 1690, *traite des blanches,* fin XIXe (pour ces sens il y a peut-être l'influence de *traiter, traitant*), et, sous l'ancien régime, « droit levé sur les marchandises qui entraient dans le royaume ou qui en sortaient », d'où le sens du mot dans la langue de la banque, XVIIIe ; **trait** « arme qu'on lance », vers 1150 (autre mot que *trait,* « action de tirer ») ; **trayon,** XVIe ; on a déjà *treon,* au XIIIe s., cf. aussi *traiant,* au XIIe s., au sens de « bout du sein ». V. **portrait, rentraire, retraire, -te,** etc.

TRAIT. Lat. *tractus* « action de tirer » (de *trahere*), d'où « trait de flamme, trait de stylet (pour écrire) », sens conservés ; le fr. a créé en outre des sens nouveaux, en partie parallèles à celui du verbe : « action de tirer (en parlant des chevaux, etc.) », XIIIe, etc. It. *tratto* « action de tirer, distance, espace de temps, manière, etc. », esp. *trecho* « distance, espace de temps ».

TRAITABLE, vers 1170. Empr., avec rancisation d'après *traiter,* du lat. *tractabilis* « maniable, malléable » (de *tractare,*

v. les suiv.). L'a. fr. dit aussi *tractable* d'après le mot latin. — Dér. : **intraitable,** XVe, sur le modèle du lat. *intractabilis*.

TRAITE, v. **traire.**

TRAITÉ « ouvrage où l'on traite d'une matière », 1370 (Oresme). Francisation du lat. *tractatus* d'après le verbe *traiter*.

TRAITÉ « convention entre deux parties », v. **traiter.**

TRAITER. Signifie quelquefois au moyen âge « tirer, toucher ». Lat. *tractāre* (de *trahere*, v. **traire**), propr. « tirer, traîner », d'où « manier, diriger, pratiquer, agir envers quelqu'un de telle ou telle manière, etc. ». It. *trattare* « manier, traiter, quelqu'un, lui donner à manger ». — Dér. et Comp. : **traitant,** « fermier d'impôts », 1628 (Sorel) ; **traité** « convention », 1300, d'après un sens de *traiter* « faire une convention politique », XIIIe ; **traitement,** 1255 (au sens de « convention », usité jusqu'au XVe s.), développement de sens parallèle à ceux du verbe ; celui d' « appointements des fonctionnaires de l'État » est attesté dp. 1582 ; **traiteur,** 1648 au sens moderne ; assez fréquent depuis le XIIIe s. au sens de « négociateur » ; **maltraiter,** vers 1520.

TRAÎTRE, vers 1080 *(Roland)* ; d'abord *traïtre*, encore attesté au XVIe s. Francisation du lat. *traditor* d'après *trahir* ; l'a. fr. a eu aussi un cas complément *traïtor* ; le cas sujet a triomphé parce qu'il était fréquemment employé comme appellatif. — Dér. : **traîtreusement,** XIIIe, par l'intermédiaire d'un adj. *traitreux*, hors d'usage depuis le XVIIIe s. ; **traîtrise,** 1810, mot d'origine provinciale (lyonnaise).

TRAJECTOIRE, 1611. Empr. du lat. médiéval *trajectorius*, dér. de *trajectus*, v. le suiv.

TRAJET, 1553 (écrit *traject*, puis *trajet*, d'après *jet*). Empr. de l'it. *tragetto*, *-itto* « traversée » (de *tragettare* « jeter, faire traverser », d'où « traverser », dont l'équivalent *tregeter* existait aussi en a. fr., et qui représente le lat. de basse ép. *trajectare*).

TRALALA, 1833 (Béranger). Onomatopée.

TRAMAIL, v. **trémail.**

TRAME. D'abord *traime*, usité encore dans presque tous les parlers ; refait au XVIe s. sur *tramer*. Lat. *trāma* « chaîne d'un tissu ». It. esp. *trama*. *Trame* a le sens figuré de « complot, ruse » depuis le XVIe s. (aussi it. et esp.).

TRAMER. Lat. pop. **trāmāre*, dér. de *trāma*, v. le préc. It. *tramare*, esp. *tramar*, qui ont le même emploi fig. de « machiner » que le fr.

TRAMONTANE, 1549 (J. du Bellay) au sens d' « étoile polaire » (XIIIe s. *tresmontaigne*) ; au sens de « vent du Nord », 1549 (R. Estienne sous la forme *transmontane*). Empr. de l'it. *tramontana* (sous-entendu *stella*) « étoile polaire d'au-delà les monts », d'où « vent du Nord » ; l'expression *perdre la tramontane*, XVIIe (Voiture), est faite de même sur l'it. *perdere la tramontana* ; l'a. pr. disait aussi *trasmontana* « étoile polaire, vent du nord ». L'a. fr. *tresmontaine* au sens d' « étoile polaire », déjà chez J. de Meung, usité jusqu'au XVe s., est probabl. une francisation de l'a. pr.

TRAMWAY, 1860 (au sens actuel ; en 1818 au sens de « voie ferrée dans une mine »). Empr. de l'angl. *tramway*, littéral. « chemin *(way)* consistant en rails établis sur une route (*tram*, dont le sens premier est incertain) », d'où, en fr. la voiture elle-même, et, par abréviation, *tram* (qui se dit aussi en angl.).

TRANCE, v. **transe.**

TRANCHER. D'abord *trenchier*, puis *trancher*, vers le XIIIe s. ; cf. de même a. pr. *trencar* et en outre *trincar*. Probabl. lat. pop. **trīnicāre*, propr. « couper en trois » (du lat. *trīni*), cf. *écarter*, *esquinter*. La voyelle *en*, *an*, au lieu d'*in* s'explique probabl. par l'influence du lat. *trēs* « trois » qui peut avoir passé sa voyelle à **trīnicāre* (cf. it. *trina* « dentelle », du fém. du lat. *trīni*, à côté de l'occitan *trena* « chaîne tressée ; tresse », qui doit son *e* à la même influence). — Dér. et Comp. : **tranchant,** *subst.*, XIIe ; **tranche,** 1213 ; **tranchée,** XIIIe, au sens de « colique », 1538 ; **tranchet,** 1364 ; **tranchoir,** 1206 ; **retrancher,** XIIe, **retranchement,** *id.* ; **tranche-lard,** 1463 ; **tranche-montagne,** 1608 ; dès 1389, comme nom propre.

TRANQUILLE, vers 1460 ; **tranquillité,** XIIe. Empr. du lat. *tranquillus*, *tranquillitas*. — Dér. : **tranquilliser,** vers 1420 ; rare avant la fin du XVIIe s.

TRANS-, préf. empr. du lat. *trans* au sens d' « au-delà de » pour former des adj. géographiques tels que **transatlantique,** etc., sur le modèle de *transalpin*, en lat. *transalpinus*.

TRANSACTION, 1298. Empr. du lat. jurid. *transactio* (de *transigere*, v. **transiger**). — Dér. : **transactionnel,** 1823.

TRANSBORDER, v. **bord.**

TRANSCENDANT, 1405 (Christine de Pisan sous la forme *transcendent*, graphie encore usitée au XVIe s.). **Transcendantal,** 1585 ; une première fois en 1503 ; en outre *-tel*, XVIe. Empr. des mots lat. *transcendens* (part. prés. de *transcendere*, « franchir, dépasser »), *-talis* (lat. scolastique). Le moyen âge a eu aussi le verbe *transcender*, *-dre*. — Dér. : **transcendance,** 1640.

TRANSCRIRE, 1234 ; **transcription,** 1518. Empr. des mots lat. *transcribere* (francisé d'après *écrire*), *transcriptio* (jurid.). — Dér. : **transcripteur,** 1538, d'après le rapport du lat. *scriptor* « qui écrit » avec le verbe *scribere* ; **retranscrire,** 1741 (Voltaire).

TRANSE, v. **transir.**

TRANSEPT, 1823. Empr. de l'angl. *transept*, XVIe, fait avec les mots lat. *trans* « au delà » et *sæptum* « enclos », c'est-à-dire littéral. « enclos qui est au-delà (de la nef) ».

TRANSFÉRER, 1355 (Bersuire). Empr. du lat. *transferre*, cf. **translation.** — Dér. : **transférement,** 1704) ; **transférable,** 1829 (une 1re fois en 1596).

TRANSFERT, 1724. Probabl. empr. du lat. *transfert* « il transfère » (v. ce verbe), 3e pers. sing. indic. prés. de *transferre*, employé sur des registres commerciaux.

TRANSFIGURER, XIIe ; **transfiguration,** 1231. Empr. du lat. *transfigurare* « transformer » (v. **figurer**), *-atio*.

TRANSFIXION, 1872. Dér. sav. du lat. *transfixus* « transpercé ».

TRANSFORMER, 1393 ; on trouve aussi, du XIIe au XIVe s., *tresformer*, plus francisé ; **transformation,** 1665, une première fois en 1375. Empr. des mots lat. *transformare*, *-atio* (lat. eccl.). — Dér. : **transformateur,** 1616 (au sens techn. 1890) ; **-atif,** 1861 ; une première fois en 1636 ; **transformisme,** 1867, **-iste,** 1872.

TRANSFUGE, 1647 (Vaugelas, qui le signale comme nouveau) ; une première fois en 1355 (Bersuire). Empr. du lat. *transfuga* (de *transfugere* « fuir, passer à l'ennemi »).

TRANSFUSION, 1307 (sens médical dp. 1665). Empr. du lat. *transfusio* (de *transfundere* « transvaser »). — Dér. : **transfuser,** 1668, d'après *transfusus*, part. passé de *ransfundere*.

TRANSGRESSEUR, XIIIe, **transgression,** 1174. Empr. des mots du lat. eccl. *transgressor*, *transgressio* (qui existe déjà en lat. class., mais seulement au sens d' « action de franchir un lieu ») (de *transgredi* « passer, franchir »). — Dér. : **transgresser,** 1393, d'après le lat. *transgressus*, part. passé de *transgredi*, cf. *transgressa lex* « la loi transgressée » en lat. eccl.

TRANSHUMER, 1823. Empr. de l'esp. *trashumar*, fait lui-même de *tras* « au-delà » et du lat. *humus* « terre ». — Dér. : **-ance,** *id.* ; **-ant,** adj., 1803.

TRANSIGER, 1342. Empr. du lat. jurid. *transigere* (de *agere* « mener »), propr. « mener à bonne fin », v. **transaction, intransigeant.**

TRANSIR. D'abord « passer de vie à trépas », XIIe, jusqu'au XVIe s. ; d'où le sens moderne depuis le XVe s., où on trouve déjà *amoureux transi ;* en outre au moyen âge « passer, partir, s'écouler ». Empr. du lat. *transire* « passer, franchir, s'écouler » ; le sens de « passer de vie à trépas », attesté en lat. comme terme religieux dp. le Ve s., est propre au fr. — Dér. : **transe,** ordinairement au plur., XIe *(Alexis)* au sens de « trépas », encore usité au XVIIe s. ; le sens moderne de « crainte très grande » paraît être du XVe s. C(harles d'Orléans). *Transe*, 1898 (Huysmans) pour désigner l'état d'une personne en sommeil magnétique, écrit d'abord *trance*, 1862, est empr. de l'angl. *trance*, qui remonte lui-même à l'a. fr., cf. *entrer en transes* (en parlant de quelqu'un qui a une vision) au XIVe s.

TRANSIT, 1663 (Colbert). Terme de commerce, empr. de l'it. *transito* (empr. lui-même du lat. *transitus* « passage »). — Dér. : **transitaire,** 1838 ; **transiter,** 1839.

TRANSITIF, terme de grammaire, XVIe (Meigret). Empr. du lat. des grammairiens *transitivum (verbum)* « (verbe) trans. » (de *transire* « passer ») ; a été employé au sens de « passager, changeant » au moyen âge, depuis le XIIIe s., d'après le sens du verbe lat. ; **intransitif,** 1679, est de même empr. du lat. des grammairiens *intransitivum (verbum)*.

TRANSITION, 1521, au sens d' « art de passer d'une idée à une autre », d'où les autres sens. Empr. du lat. de la rhétorique *transitio*, propr. « passage » ; a déjà été empr. au moyen âge, depuis le XIIIe, et a alors reçu le sens de « transe de la mort » d'après *transir*.

TRANSITOIRE, XIIIe. Empr. du lat. eccl. *transitorius* (de *transire*) ; en lat. class. ne signifie que « qui sert de passage » (en parlant d'un lieu).

TRANSLATION, 1330, comme terme jurid. moderne ; 1200, au sens de « action de faire passer (des personnes) dans une autre situation » ; « transport d'un corps », XVIIe. Empr. du lat. *translatio* « transport, transfert », dér. de *translatus*, part. passé de *transferre*. A signifié aussi « traduction », comme en lat., depuis le XIIe s., sens aujourd'hui hors d'usage depuis le XVIe s., cf. aussi *translater*, XIIe, *translateur*, 1212, également hors d'usage, v. **traduire.**

TRANSLUCIDE, 1556 ; rare avant le XIXe s. Empr. du lat. *translucidus*.

TRANSMETTRE, vers 1170 (*trametre* du Xe au XVe s.) ; **transmission,** XIVe. Empr. du lat. *transmittere* (francisé d'après *mettre*), *transmissio*. — Dér. : **transmetteur,** 1872 (une 1re fois vers 1450) ; **transmissible,** 1583, d'après le lat. *transmissus*, part. passé de *transmittere*, d'où **-bilité,** 1789, **intransmissible,** 1788.

TRANSMIGRATION, XIIIe, au sens général ; spécial. dans *t. des âmes*, XVIe. Empr. du lat. de basse ép. *transmigratio* (de *transmigrare* « changer de demeure »).

TRANSMUER, XIIIe (J. de Meung) ; **transmutation,** XIIIe. Empr. des mots lat. *transmutare* (francisé d'après *muer*), *transmutatio*, attesté seulement en un sens grammatical, pris pour servir de nom abstrait à *transmuer*. — Dér. : **transmuable,** XIVe (Oresme), d'où **transmutabilité,** 1721, à la fois d'après *transmutation* et le verbe lat.

TRANSPARENT, XIVe (Oresme), au XIIIe s. *tresparent*. Empr. du lat. médiéval *transparens*, comp. de la prép. *trans* « à travers » et de *parens*, part. prés. de *parere* « apparaître ». — Dér. : **transparence,** 1450, une première fois en 1372, rare avant le XVIIe s. ; **transparaître,** 1823, fait d'après l'adj. sur le modèle de *paraître*.

TRANSPIRER, 1503 ; sens fig., XVIIIe s. ; **transpiration,** *id.* Empr. du lat. médiéval *transpirare* (de *spirare* « souffler, exhaler », v. **respirer**), *-atio*.

TRANSPLANTER, 1528, une première fois en 1373. Empr. du lat. de basse ép. *transplantare* (de *plantare*, v. **planter**). — Dér. : **transplantation,** 1556 ; concurrencé par *transplantement* au XVIIe s.

TRANSPORTER, 1180, aussi *tresporter* du XIIe au XIVe s. Empr. du lat. *transportare* (de *portare*, v. **porter**). — Dér. : **transport,** 1312 ; **transportable,** 1758, d'où **in-,** 1775 (Condillac) ; **transportation,** XVIIIe (Voltaire), une première fois en 1519 ; le lat. *transportatio* ne signifie que « changement de séjour » ; **transporteur,** 1869 ; déjà employé de 1380 au XVIIe s.

TRANSPOSER, XIVe. Empr. du lat. *transponere* « transporter », francisé d'après *poser*. — Dér. : **transposition,** 1428, sur le modèle des noms abstraits tels que *position*, etc., par rapport à *poser*, etc.

TRANSSUBSTANTIER, 1496 ; **transsubstantiation,** *id.* Empr. du lat. médiéval *transsubstantiare*, *-atio* (de *substantia*, v. **substance**).

TRANSSUDER, 1700. Formé du lat. *trans* « à travers » et *sudare* « suer » ; l'a. fr. a formé un comp. *tressuer* qui a été très usuel. — Dér. : **transsudation,** 1763.

TRANSVASER, 1570. Dér. de **vase,** à l'aide de l'adv. lat. *trans*. Ne continue pas l'anc. fr. *transvasé*, qui a un autre sens. — Dér. : **transvasement,** 1611.

TRANSVERSAL, 1496. Dér. sav. du lat. *transversus*, de même sens (de *transvertere*, littéral. « tourner à travers »).

TRANTRAN, XVIe. Onomatopée. Souvent altéré en *train-train*, 1835, d'après *train* dans des locutions telles que *aller bon train*, etc.

TRAPÈZE, 1542. Empr. du lat. de basse ép. *trapezium* (du grec *trapezion*, propr. « petite table *(trapeza)* »).

TRAPPE. Du germ. occidental (plus précisément peut-être du francique) **trappa*, de la famille du moyen néerl. *trappe* « lacet » ; on a déjà *trappa* dans ce sens dans la Loi Salique. De même it. *trappola* (dim. d'un simple disparu), esp. *trampa* (v. **tremplin**), a. pr. *trapa*. — Comp. : **attraper,** XIIe, déjà au sens de « prendre (quelqu'un) », d'où **attrape,** XIVe, **attrapeur,** 1526 (Marot), **attrape-mouche,** 1700, **attrape-nigaud,** 1650, **rattraper,** XIIIe.

TRAPPEUR, 1833. Empr. de l'anglo-américain *trapper*, propr. « homme qui chasse à la trappe » (de *to trap*, v. le préc.).

TRAPPISTE, 1818. Dér. de *(La) Trappe*, fameuse abbaye de l'ordre de Cîteaux, fondée en 1140 près de Mortagne (Orne), rénovée par De Rancé au XVIIe s.

TRAPU, 1584. Dér. d'un anc. adj. *trape*, *trappe*, de même sens, usuel au XVIe s., d'origine obscure.

TRAQUENARD, « sorte de trébuchet », 1680. Empr. du gascon-languedocien *tracanart* « *id.* », qui paraît être un emploi fig. de *tracanart* « trot décousu d'un cheval qui paraît trébucher », dér. de *tracan* « marche », dér. lui-même de *traca*, v. **traquer.** S'emploie depuis 1534 (Rab.) au sens propre du mot méridional et aussi pour désigner le cheval qui a cette allure.

TRAQUER, XVe ; propr. « fouiller un bois pour en faire sortir le gibier ». Dér. de l'anc. mot *trac* (parfois écrit *tract*) « piste des bêtes », XVe, d'où « trace » à la même ép., mot onomatopéique. L'angl. *to track* « suivre la trace » passe pour être empr. du fr. ; on a proposé aussi comme étymologie de *trac* le néerl. *treck* « action de tirer, trait » ; mais le sens ne satisfait pas et, d'autre part, le mot est déjà signalé au XVe s. dans le Midi; or si le mot est d'origine néerl., la forme méridionale doit venir du fr., ce qui ne s'accorde guère avec la chronologie des formes, toutes deux du XVe s. D'autres explications ne sont pas plus convaincantes. Dans *tout à trac* « sans réflexion », *trac* exprime le caractère soudain de l'action. — Dér. : **tracasser,** XVe, d'abord « se donner du mouvement pour des riens », encore chez J.-J. Rousseau, d'où **tracas,** 1611, **tracasserie,** 1580 (Montaigne) ; **traqueur,** 1798.

TRAQUET, « piège ». Formé sur l'onomatopée *trac*, à cause du bruit que fait le piège en se fermant, ou bien dér. du t. de chasse **traquer.**

TRAQUET « pièce du moulin, qui se meut régulièrement pour faire tomber le blé sous la meule », XVe. Paraît être d'origine onomatopéique.

TRAUMATIQUE, 1549. Empr. du lat. *traumaticus* (du grec *traumatikos*, de *trauma* « blessure »). — Dér. : **traumatisme,** 1855.

TRAVAIL « machine où l'on assujettit les bœufs, les chevaux difficiles, etc., pour les ferrer ». Lat. pop. *tripālium*, attesté en 578 sous la forme *trepalium* au sens d' « instrument de torture » dans une décision du Concile d'Auxerre : *Non licet presbytero nec diacono ad trepalium ubi rei torquentur stare ; tripālium* est comp. de *tri*, qui signifie « trois » en composition, et de *pālus* « pieu », littéral. « machine faite de trois pieux ». Seulement français, v. le suiv. On attendrait **trevail ;* cette forme a été altérée en *travail* d'après les dér. e *tref* « poutre », tels que *travetel*, etc., v. **travée.**

TRAVAILLER. D'abord « tourmenter, peiner, souffrir », notamment en parlant d'une femme qui va accoucher, vers 1170, seuls sens du mot jusqu'au XVIe s., encore usuels au XVIIe s., plus rares depuis le XVIIIe ; s'est substitué à *ouvrer* depuis 1507. Lat. pop. **tripāliāre*, propr. « torturer avec le *tripalium* », v. **travail.** Esp. *trabajar*, qui a pris le sens de « travailler » au fr., a. pr. *trebalhar* « tourmenter, peiner », d'où *trebalh* « torture ». — Dér. : **travail** « action de travailler », 1471, au sens moderne, depuis le XIIe s. au sens de « tourment » ; **travailleur,** 1552, au sens moderne, au moyen âge, depuis le XIIe s., « celui qui tourmente, ennemi » ; **retravailler,** XIIe (Chrétien).

TRAVÉE, 1356. Dér. de l'a. fr. *tref* « poutre ».

TRAVERS. Plus fréquent dès les premiers textes dans des locutions adverbiales ou prépositives *en travers*, *de travers*, *à travers*, etc., que comme subst. ; le sens intellectuel « défaut de l'esprit » date du XVIe s. ; au moyen âge signifie « chemin de traverse, sorte de poutre, etc. ». Lat. de basse ép. *trāversum*, lat. class. *transversum*, neutre pris substantiv. de l'adj. participial *transversus* « placé en travers » (de *transvertere*, v. **transversal**), qui formait déjà des locutions adverbiales *in transversum, de transversō*, comme en roman, cf. it. *di, a traverso*, esp. *de travieso*. L'it. *traverso*, l'esp. *travieso* s'emploient en outre comme adj. ; en cet emploi ils continuent le lat. pop. *trāversus*, lat. class. *transversus*, non seulement dans son sens propre de « transversal, oblique », mais dans des sens fig. « contrariant, etc. ». — Dér. : **traversin,** 1368, au sens de « coussin de chevet, s'étendant dans toute la largeur du lit » ; antér. « chemin de traverse », XIIe ; en outre terme de charpenterie ; a absorbé orthographiquement *traversain*, de sens analogues, qui était proprement un adj., usuel jusqu'au XVIe s. Le moyen âge employait beaucoup aussi *traversier*, adj. et subst. (celui-ci au sens de « traversin, coussin de lit »), encore usité dans quelques emplois techn. (cf. *rue, flûte traversière*), qui continue le lat. pop. *trāversārius*, lat. class. *transversārius* « transversal », d'où aussi esp. *traversero* « transversal ».

TRAVERSE, Du XVe au XVIIIe s. aussi *rue traverse* dans le français du Midi ; a aussi le sens d' « obstacle, revers » depuis le XVe s. Lat. pop. *trāversa*, fém. pris substantiv. de *trāversus*, v. le préc.

TRAVERSER. Lat. pop. *trāversāre*, lat. class. *transversāre*, v. les préc. It. *traversare*, esp. *travesar*. — Dér. et Comp. : **traversée,** 1678 ; a remplacé *travers*, qui se disait aussi en ce sens ; **retraverser,** 1866.

TRAVERTIN, 1611. Empr. de l'it. *travertino*, altération de *tivertino*, lat. *Tīburtīnus* « de Tibur (Tivoli) ».

TRAVESTIR, 1580 (Montaigne). Empr. de l'it. *travestire*, du préfixe *tra*, exprimant la transformation, et du verbe *vestire* « vêtir », cf. *tramutare* « changer », *travisare* « se masquer le visage *(viso)* ». — Dér. : **travestissement,** 1694 ; **travesti,** fin XIXe.

TRAYON, v. **traire.**

TRÉBUCHER, XIIe ; pour le développement du sens, v. le dér. Comp. du préf. *tres* (la graphie *tre-* au lieu de *tres*, fréquente au XIIe s., s'explique peut-être par la forme *tra-* qu'on rencontre dès le VIe s. pour *trans-* dans le latin de basse époque) signifiant « au-delà », indiquant par suite le déplacement, et de l'a. fr. *buc* « tronc du corps », du francique *bûk* (cf. all. *Bauch* « ventre » et anc. scandinave *bûkr* « corps »), d'où aussi a. pr. *trabucar ;* pour le sens on peut rapprocher it. *tracollare* « laisser aller la tête en avant, chanceler », *traballare* « chanceler » (de *collo* « cou », *ballare* « danser ») ; l'it. *traboccare*, dû à un croisement avec *bocca* « bouche », et l'esp. *trabucar* viennent du gallo-roman. — Dér. : **trébuchet,** XIIe (Chrétien), « sorte de piège », d'où « petite balance pour peser les monnaies » ; par suite *trébucher* a pris le sens de « peser les monnaies avec le trébuchet », 1329, d'où « faire peser la balance » ou, en parlant de la balance, « pencher d'un côté », de là *monnaie trébuchante*, cf. *pistoles bien trébuchantes*, Molière, *Avare*, V, I.

TRÉFILERIE, XIIIe. Dér. de l'a. fr. *tréfilier* « celui qui tréfile », *id.*, écrit aussi *traifilier* (cf. *trai-filerie* au milieu du XVIIIe s.). Le mot s'explique par le fait que le *tréfileur* fait passer le fil de fer à travers la filière ; *tré-* est le préfixe *tre(s)* « à travers » fréquent en a. fr. Formés sur *tréfilerie* : **tréfiler,** 1800 ; la graphie *traifilier* a fait penser à tort que *tré* est dû à une altération, par substitution de préfixe, de *trai-* qui serait le radical du verbe *traire* « tirer » ; **tréfileur,** 1800.

TRÈFLE. Grec *triphyllon* ; de là cat. esp. *trebol*, port. *trevo*, prov. *treoule*. Le mot est dû aux Grecs de Marseille. Du lat. *trifolium*, calqué sur le mot grec, viennent it. *trifoglio*, a. pr. *trefolh*.

TRÉFONDS, v. **fonds.**

TREILLE. Lat. *trichila* « berceau de verdure ». A. pr. *trelha*. — Dér. : **treillage,** 1600 (O. de Serres).

TREILLIS. D'abord *treliz*, puis *tresliz*, « tissé à mailles », adj., pris substantiv. dès le XIIe s., d'où le sens de « sorte de toile grossière » depuis 1380 ; altéré dès le XIIIe s. en *treillis* d'après *treille*, en même temps que le mot a été pris dans un sens analogue à *treillage*. *Treliz*, d'où *tresliz*, par substitution de préf., continue le lat. pop. **trilīcius*, lat. class. *trilīx*, adj. signifiant « à trois fils » (v. **lice**), d'où aussi it. *traliccio* « sorte de coutil, treillis ». — Dér. : **treillisser,** 1374.

TREIZE. Lat. *trēdecim*. It. *tredici*, esp. *trece*. — Dér. : **treizième,** XIIe (sous la forme *trezime*).

TRÉMA, 1600 (dans *points trematz*). Empr. du grec *trêma* « point (sur un dé) », propr. « trou ».

TRÉMAIL, filet de pêche. On dit aussi *tramail*. Lat. de basse ép. *tremaculum* (Loi Salique), formé de *tri* (de *tres* « trois ») et de *macula* « maille ». Mot propre au fr. auquel les langues voisines l'ont emprunté : t. *tr amaglio*, esp. *trasmallo*, etc.

TREMBLE. Lat. de basse ép. *tremulus*, tiré de l'adj. *tremulus* « tremblant » (de *tremere* « trembler »). — Dér. : **tremblaie,** 1294.

TREMBLER. Lat. pop. **tremulāre*, dér. de *tremulus*, v. le préc., verbe plus expressif que le lat. class. *tremere*. It. *tremolare*, esp. *temblar*. *Tremere* a laissé de nombreuses traces, cf. **craindre** et a. pr. *tremer*. — Dér. : **tremblement,** XIIIe ; **trembleur,** 1657 (Loret ; traduction de l'angl. *quaker*, v. ce mot), a été pris depuis dans un sens plus étendu ; **trembloter,** 1564, **-otement,** 1553.

TRÉMIE, terme de meunerie. Altération de *tremuie*, encore dans une ordonnance de 1680. Lat. pop. *trimodia*, plur. neutre pris comme fém. sing. du lat. class. *trimodium* « vase de la contenance de trois muids ». It. *tramoggia*.

TRÉMIÈRE, dans *rose trémière*, 1581. Aussi vers 1500 *rose de Tremier*, 1665, *rose d'outremer*. Altération de *rose d'outremer*, comme le montre la série des formes.

TRÉMOLO, terme musical, 1830. Empr. de l'it. *tremolo* « tremblement de la voix », tiré de l'adj. *tremolo* « tremblant », lat. *tremulus*, v. **tremble.**

TRÉMOUSSER (se), 1532 (Rab.). Dér. de **mousse,** au sens d' « écume », à l'aide du préf. *tré-* (du lat. *trans*), comp. l'all. *überschäumen*, qui se dit d'une personne animée d'une vitalité exceptionnelle. — Dér. : **trémoussement,** 1573.

TREMPER. D'abord *temprer*, d'où, par métathèse de l'*r*, dès le XIIIe s., *tremper*, qui a rapidement éliminé la première forme. Signifie propr. « mélanger des liquides (p. ex. du vin avec de l'eau) », cf. encore aujourd'hui *tremper du vin*, d'où « imbiber d'un liquide », cf. *tremper la soupe*, et spécial. *tremper l'acier*, dès les premiers textes ; sens figurés surtout depuis le XVIe s. ; au moyen âge signifie aussi « modérer » probabl. d'après le verbe lat. et, en outre, « accorder (une harpe) » ; on disait aussi *tremper un bain*. Lat. *temperare*, v. **tempérer** ; on lit *vinum temperatum* chez Grégoire de Tours. It. *temperare* et *temprare* « tempérer, tremper (l'acier), accorder des instruments de musique », esp. *templar*. — Dér. : **trempe,** 1545 ; **trempage,** 1836 ; **trempée,** 1842 ; **trempette,** 1611 ; **détremper** « détremper l'acier », 1692, **détrempe,** vers 1500 ; **retremper,** XIIe (Chrétien).

TREMPLIN, 1680. Empr. de l'it. *trampolino*, dér. de *trampoli* « échasses », probabl. d'origine germ., cf. all. *trampeln* « trépigner » ; on a à côté un verbe *trimpellare* « hésiter » qui rappelle le gothique *trimpan* « marcher » et dont les rapports avec *trampoli* ne sont pas clairs, v. aussi **trappe.**

TRENCH-COAT, vers 1920. Empr. de l'angl. *trench-coat*.

TRENTE. Lat. pop. **trinta*, lat. class. *triginta*. — Dér. : **trentaine,** XIIe ; **trentenaire,** 1495, fait sur le modèle de *centenaire ;* **trentième,** XIIe (sous la forme *trentisme*).

TRÉPAN, 1490. Empr. du lat. médiéval *trepanum* (du grec *trypanon*, propr. « tarière »). — Dér. : **trépaner,** vers 1490 ; **trépanation,** *id.*

TRÉPAS, v. **passer.**

TRÉPIDATION, 1290. Empr. du lat. *trepidatio* « tremblement, agitation » (de *trepidus* « agité, troublé, etc. »). De même empr. du verbe *trepidare*, l'adj. *trépidant* (du part. prés.).

TRÉPIED. Lat. *tripedem*, acc. de *tripēs* « à trois pieds », d'où « trépied », dont la composition a continué à être sentie, de là le maintien du *p* comme s'il était à l'initiale et l'accentuation sur la deuxième syllabe.

TRÉPIGNER, XIVe (Bersuire), attesté alors indirectement par le dér. *trepignis*. Dér. de l'anc. *treper*, *triper* « frapper du pied, sauter, danser », encore usité dans de nombreux parlers, cf. en outre *tripeler*, *trépiller*, également conservés dans les parlers (*-igner* est une forme altérée de *-iner*, cf. **égratigner**) ; *treper* représente le germanique **trippôn* « sauter », cf. angl. *to trip* « faire un croc-en-jambe, trébucher » et suédois *trippa* « trépigner » ; aussi a. pr. *trepar* « trépigner, sauter, danser », a. it. *trepare*, esp. *trepar* « grimper ». Les formes avec *i* (aussi lombard *tripá*, galic. *tripar*) sont dues à une reprise de contact avec le verbe tel qu'il existait dans les différentes langues germ. après les invasions. V. **tripot.** — Dér. : **trépignement,** 1552.

TRÈS. Lat. *trā(n)s*, prép. « au delà de. à travers ». *Très* est encore parfois prép, en a. fr. au sens de « jusqu'à, auprès, derrière » (d'où *tresqu'à*, *tresqu'en* jusqu'à, jusqu'en), et a formé de nombreuses locutions : *tres puis*, *tres or*, etc. Dès les premiers textes *(Roland)* apparaît avec la valeur d'adverbe superlatif qu'il a exclusivement depuis le XVIe s., valeur qui se rattache au sens propre de la prép. latine « au delà de », que des verbes comp. tels que *trépasser*, *trésaler* « passer, disparaître » (v. la suite), conservaient, cf. pour le développement sémantique la prép. lat. *per* « à travers » dans *permagnus* « très grand », etc. Ce développement ne se retrouve qu'en it. où *tra* sert à former des adj. comp. tels que *trafreddo* « très froid », plus ou moins archaïques, mais sans avoir l'importance que *très* a prise en fr. Ailleurs *tra(n)s* est resté prép. ; esp. *tras* « derrière, depuis ». Aujourd'hui même, *très* n'est pas très pop. dans les parlers. *Très* a servi en outre à former des verbes comp. où il marque une idée de mouvement au delà, de déplacement, cf. *trébucher*, *trépasser*, en a. fr. *trescorre*, *tresgeter*, *treslancer*, ou simplement d'excès. cf. *tressaillir*, en a. fr. *tresbattre*, *trestorner*, *trestrembler*.

TRÉSOR, vers 1080 *(Roland)*. Empr. du lat. *thesaurus* (du grec *thêsauros*), v. **thésauriser** ; l'origine de l'*r* de la syllabe initiale n'est pas élucidée. Le caractère emprunté des formes romanes résulte du sens plus qu'il n'apparaît dans la forme (sauf pour l'it. *tesoro* où la syllabe initiale aurait un *i*, si le mot était populaire). — Dér. : **trésorier,** vers 1080 *(Roland)*, d'après le lat. de basse ép. *thesaurarius ;* d'où **trésorerie,** XIIIe.

TRESSAILLIR, v. **saillir.**

TRESSAUTER, v. **sauter.**

TRESSE, XIIe ; **tresser,** *id.* It. *treccia*, *trecciare*. Du grec *trichia* « bât de palmier », dér. de *thrix* (génitif *trichós*) « cheveu ». En passant en lat. *trichia* est devenu **trichia* (comp. grec *sepia* > lat. *sépia*, etc.). En gallo-roman le mot est probablement dû à l'influence de Marseille. — Dér. : **tresseur,** 1680.

TRÉTEAU. Lat. pop. **trā(n)stellum*, lat. de basse ép. *trā(n)stillum* « poutre, traverse » ; on attendrait **trateau ; tréteau* est probabl. dû à une substitution de préf. d'après les nombreux mots commençant par *très*. Le simple *trā(n)strum* « poutre, banc de rameurs » est représenté par it. *trasto* « partie du milieu d'un bateau où s'asseyent les passagers », esp. *trasto* « meuble, accessoire, de décors, etc. », a. fr. *trastre*, *traste* « tréteau, poutre », conservé dans quelques patois.

TREUIL. Lat. *tŏrcŭlum* « pressoir ». Le sens moderne est attesté depuis le XIVe s. Auparavant et encore aujourd'hui dans beaucoup de parlers le mot désigne le pressoir. Le changement de sens s'explique par le fait que la poutre du pressoir tourne dans une position horizontale comme le treuil. L'it. *torchio* et l'a. pr. *trolh* désignent aussi le pressoir.

TRÊVE, XIIe (sous la forme *trive*, usuelle au moyen âge ; en outre *trieve*, d'où *trève*). Du francique **triuwa*, propr. « sécurité » (cf. all. *Treue* « fidélité, etc. » de la famille des adj. all. *treu* « fidèle », angl. *true* « vrai »), d'où aussi a. pr. *triuba*, *treva* et *treu*, masc. It. esp. *tregua* viennent du gotique *triggwa* « convention ».

TRI-. Préf. signifiant « trois » dans des mots sav. tels que **trièdre,** 1810, **trifolié,** 1817, faits sur le modèle de mots tels que **tricorne,** 1836, **trimètre,** 1797, etc., d'origine latine ou grecque.

TRIADE, 1564. Empr. du lat. de basse ép. *trias*, *triadis* (du grec *trias* « groupe de trois »).

TRIAGE, « canton de forêt », XVIIe. Altération, par croisement avec *triage* « action de trier », de l'a. fr. *triege*, XIIe (Chrestien) « carrefour » (conservé surtout en Franche-Comté et en Bourgogne sous la forme *trèje* « passage »), très probabl. d'un lat. de Gaule **trebiu*, dér. soit lat., soit déjà gaulois d'un gaul. *trebo* « quartier de village » (comp. bret. *treb*, id., irl. « domicile », et le verbe a. pr. *trebar* « habiter, hanter, fréquenter », qui vit encore dans beaucoup de parlers, ainsi que ses dér.).

TRIANGLE, vers 1270 (J. de Meung) ; **triangulaire,** 1377 ; **triangulation,** 1823. Empr. des mots lat. *triangulum*, *-laris*, *-latio* (médiéval).

TRIAS, terme de géologie, 1845. Empr. du lat. *trias* (v. **triade**) ; ainsi nommé parce que ce terrain contient trois formations distinctes : marne, calcaire, grès. Le mot a été formé d'abord en all.

TRIBADE, 1568 (H. Estienne). Empr. du lat. *tribas*, *-badis* (du grec *tribas*, de *tribein* « frotter »).

TRIBORD, 1545 ; *treboil*, fin XVe, *estribord*, 1528. A été empr., en même temps que *bâbord*, qui s'y oppose, du moyen néerl. *stierboord*, comp. de *stier* « gouvernail » (comp. all. *Steuer*) et *boord* « bord du vaisseau ». Les deux dénominations proviennent du fait qu'au moyen âge les bateaux des tribus germaniques qui s'occupaient de navigation se gouvernaient à l'aide de grandes rames latérales. Le côté où se trouvaient ces rames s'appelait « bord de gouvernail » (anc. angl. *stéorbord*, anc. scandinave *stjornbordhi*), l'autre côté, auquel le pilote tournait presque le dos, au moins en temps de grosse mer, « bord de dos » (anc. angl. *baecbord*, anc. scandinave *bakbordhi*). Ces dénominations germ. passèrent au fr. à une époque où la position du gouvernail avait changé depuis longtemps, mais les anciens noms avaient été conservés.

TRIBU, 1355 (Bersuire). Empr. du lat. *tribus*. D'abord terme d'antiquité romaine ; sens plus étendu depuis le XVIIe s. ; *tribu*, en parlant du peuple Juif, vient du lat. eccl.

TRIBULATION, rare au sing., vers 1120. Empr. du lat. eccl. *tribulatio* « tourment, détresse » (de *tribulare* « tourmenter » en lat. eccl., propr. « travailler la terre avec une sorte de herse *(tribulum)* » en lat. class.).

TRIBUN, 1213, d'abord terme d'antiquité romaine, sens plus étendu à partir du XVIIe s. ; **tribunat,** vers 1500 ; **tribunitien,** 1721 ; une première fois 1355 (Bersuire). Les deux premiers sont empr. du lat. *tribunus*, *tribunatus*, le troisième est un dér. sav. de *tribunicius* (écrit *-itius* à basse ép.).

TRIBUNAL, vers 1200. Empr. du lat. *tribunal* (de *tribunus*) ; l'emploi de *tribunal* dans la langue religieuse : *tribunal de Dieu*, *de la pénitence* est propre au fr. et date du XVIIe s. (*tribunal ecclesiæ*, au moyen âge, ne signifie que « sanctuaire, chapelle »).

TRIBUNE, XVe ; une première fois vers 1231. Empr. de l'it. *tribuna* (du lat. *tribunal*) au sens de « galerie réservée dans une église » ou de « chaire d'église » ; sens plus étendu depuis le XVIIe s. Parfois altéré depuis le XVIIe s. en *turbine*, encore relevé par Littré, au sens de « sorte de petit jubé », d'après le lat. *turbo*, *turbinis* « toupie, objet en forme de cône ».

TRIBUT, XIIIe ; **tributaire,** XIIe. Empr. du lat. *tributum*, *tributarius ; tribut* a éliminé une forme pop. *treü*, cf. aussi a. pr. *traüt*, esp. *treudo* « sorte d'impôt foncier ».

TRICEPS, XVIe (Paré). Empr. du lat. *triceps* « à trois têtes » par les anatomistes qui ont ainsi nommé ce muscle parce qu'il a trois attaches à sa partie supérieure, v. **biceps.**

TRICHER, vers 1155 (Wace) ; en outre *trechier* au moyen âge. A. pr. *trichar*, a. it. *treccare*. Lat. du Bas-Empire **triccare*, tiré de *trīcare* « soulever des difficultés » par un redoublement expressif de la consonne finale du radical. L'*ĭ*, qui aurait dû devenir *e*, est resté *i* sous l'influence de *trīcare*, les deux verbes vivant longtemps côte à côte. — Dér. : **triche,** fém., fam., vers 1165 ; **tricherie,** vers 1120 ; **tricheur,** vers 1155.

TRICHINE, 1845. Empr. du lat. moderne *trichina*, dér. du grec *thrix*, *trikhos* « cheveu ».

TRICK, 1773, terme du jeu de whist ou de bridge ; par altération *tri*, 1841. Empr. de l'angl. *trick*, propr. « ruse, stratagème », d'où « tour d'adresse » et, par suite, « levée (au jeu de cartes) », empr. lui-même de l'anc. verbe normand *trikier* qui correspond au fr. *tricher ;* le normand dit encore *trique* « tour, manigance ».

TRICOISES, 1314. On a voulu à tort faire venir ce mot d'un néerl. **trekijser* « fer à tirer », en prétendant qu'il vit seulement dans les patois de l'extrême Nord. Le mot néerl., qui serait un comp. de *trekken* « tirer » et *ijzer* « fer », n'existe pas, et en gallo-roman le mot vit partout ; la forme prov. *turquezas* est aussi ancienne que les formes fr., parmi lesquelles domine au XIVe s., *turquoise*. La forme *tricoises*, qui n'apparaît qu'au siècle suivant, en est une déformation, qui s'explique surtout par la suite de sons un peu difficile (dès le XIVe s. *tre-*). Du XIIe au XVIe s. *turcoise* est le fém. de *turc*. Il est donc à peu près sûr qu'il s'agit d'une réduction d'un ancien **tenailles turcoises* « tenailles telles qu'en emploient les Turcs », encore que la cause de cette dénomination nous échappe.

TRICOLORE, 1789, en parlant du drapeau national français ; on trouve *tricolor* comme adj. en 1696 (Regnard) et au XVIIIe s. comme nom de plante ou d'oiseau. Empr. du lat. de basse ép. *tricolor*.

TRICORNE, 1836. Empr. de l'adj. lat. *tricornis* « à trois cornes » pour désigner un objet à trois cornes à l'imitation de *bicorne*, qui désigne un objet à deux cornes.

TRICOT « petite trique », v. **trique.**

TRICOT « sorte de tissu », v. le suiv.

TRICOTER, vers 1560, au sens moderne ; antér. on disait *brocher*. Emploi fig. de *tricoter*, XVe, « s'agiter, danser », que continue le fr. pop. *tricoter des jambes* ; ce verbe est dér. de *tricot* « bâton court » (XVe), dim. de **trique** « bâton », v. celui-ci. Le flamand *strikken*, qui a le même sens que *tricoter* au sens moderne, est un autre mot, cf. all. *stricken* « tricoter », qui se rattache à *strick* « corde ». — Dér. : **tricot,** 1667 ; **tricotage,** 1680 ; **tricoteur,** 1585 (au fém.).

TRICTRAC, XVe. Onomatopée.

TRIDENT, XIIIe à 1320 ; 1564. Empr. deux fois du lat. *tridens* « harpon à trois dents », propr. adj. signifiant « à trois dents ».

TRIDUUM, 1876. Empr. du lat. *triduum* « espace de trois jours », auquel la langue de l'Église a donné un sens spécial.

TRIÈDRE, v. **-èdre.**

TRIENNAL, 1352. Empr. du lat. de basse ép. *triennalis* (de *annus* « an »). — Dér. : **triennalité,** 1681 (Patru) ; **triennat,** 1752, d'abord *triennal*, 1671, par substantivation de l'adj., ensuite modifié d'après des mots comme *épiscopat*.

TRIER, vers 1170. Doit représenter le lat *trītare* « broyer », dér. attesté au VIe s. du lat. class. *terere*. L'a. pr. *triar* doit remonter à une forme lat. **triare*, qui a perdu son *-t-* par dissimilation. Le sens de *trier* s'explique par le fait qu'on broie le grain pour en séparer les parties inutilisables. *Trier* et les dér. *détrier*, *étrier* ont pris le sens de « sevrer » dans les parlers gallo-romans, situés entre la ligne qui va des Hautes-Alpes à l'embouchure de la Gironde et celle qui va de la Loire à la Suisse romande ; ce sens résulte de celui de « séparer » que *trier* présente parfois, cf. le premier texte où le mot ait été relevé : « Le tort del dreit Trier e conoistre e sevrer » ; *détrier* est déjà chez G. Bouchet (fin XVIe) au sens de « sevrer », antér. il signifie « écarter, séparer ». — Dér. : **tri,** vers 1370, manque au XVIe et au XVIIe s., comme terme de jeu de l'hombre, 1764 ; **triage,** 1370 ; **trieur,** vers 1550.

TRIÈRE, 1872 ; une première fois au XIVe (Oresme). Empr. du grec *triêrês* (Oresme l'a pris par l'intermédiaire des traductions latines d'Aristote, v. **anarchie**).

TRIFOUILLER, v. **fouiller.**

TRIGLYPHE, 1545. Empr. du lat. *triglyphus* (du grec *triglyphos*, v. **glyptique**).

TRIGONOMÉTRIE, 1613. Empr. du lat. scientifique *trigonometria* créé en 1595 par le mathématicien allemand Pitiscus et qui est comp. des mots grecs *trigônos* « triangle », *metron* « mesure » et du suff. *ie*. — Dér. : **trigonométrique,** 1719.

TRILLE, 1753 (J.-J. Rousseau) ; écrit aussi *trill*. Empr. de l'it. *trillo*, subst. verbal de *trillare*, onomatopée. Ce verbe a pris aussi le sens de « secouer quelqu'un, quelque chose avec une très grande vitesse ».

TRILLION, v. **million.**

TRILOBÉ, v. **lobe.**

TRILOGIE, 1765. Empr. du gr. *trilogia*.

TRIMBALER, 1803. Altération, d'après *brimbaler*, de *tribaler*, 1532 (Rab.), mot expressif, de formation incertaine, peut-être altération d'un anc. verbe *tribouler* « s'agiter, carillonner », d'après *baller* « danser » ; *tribouler* paraît être lui-même un emploi fig. de *tribouler*, *tribuler* « tourmenter », empr. du lat. eccl. *tribulare*, v. **tribulation.** *Tribaler* a été altéré aussi en *trinqueballer*, 1534 (Rab.), d'où *brinqueballer*, 1853 (Goncourt), d'après **triqueballe,** XVe, de sens incertain, peut-être « instrument de torture », aujourd'hui « fardier, chariot d'artillerie », lui-même d'origine obscure. — Dér. : **trimbalage,** 1859 ; **-alement,** 1865 (Goncourt).

TRIMER. Mot d'origine argotique, qui signifie aujourd'hui « se donner de la peine », relevé au sens de « marcher, aller, courir » en 1628 dans le *Jargon de l'argot reformé*, encore signalé comme terme de l'argot des gueux en 1823, antér. *trumer* XIVe (E. Deschamps, au sens de « courir »), lequel se rattache à *trumel* « jambe », v. **trumeau** ; le verbe a donc signifié d'abord « jouer des jambes ». — Dér. : **trimard,** fin XVIe, au sens de « grande route », d'où **trimarder,** 1867 (mais dans l'argot dès 1628, en Normandie vers 1625), **trimardeur,** 1888.

TRIMESTRE, 1562. Empr. du lat. *trimestris* « qui dure trois mois ». — Dér. : **trimestriel,** 1831.

TRINGLE, 1459. Altération de *tingle*, 1328 (*tingles à tingler le channel du moulin ;* se trouve encore dans l'*Encyclopédie*, v. plus bas), mot techn. de sens variés, empr. du néerl. *tingel*, *tengel* « cale, pièce de bois qui joint ensemble les coupons d'un train à flotter », cf. dans l'*Encyclopédie* de Diderot : « Tingle, terme de rivière ; pièce de merrain dont on se sert pour étancher l'eau dans les bateaux en mettant de la mousse tout autour de la *tingle*. » — Dér. : **tringlette**, 1676.

TRINGLOT, v. **traîner**.

TRINITÉ, vers 1050 *(Alexis)*. Empr. du lat. eccl. *trinitas* (de *trinus* « répété trois fois, triple »). — Dér. : **trinitarien**, 1541 (Calvin).

TRINOME, v. **binôme**.

TRINQUER, vers 1380, signifie d'abord « boire » ; le sens moderne est attesté dp. 1690. Empr. de l'all. *trinken* ; on trouve aussi au XVIe s. *drinquer* d'après le néerl. *drinken* ; Benoît de Sainte-More, qui a écrit pour Henri II d'Angleterre, au XIIe s., a employé *drinker* qu'il a pris au moyen angl. *drinken*. L'it. *trincare* est empr. de l'all. On notera cette succession d'emprunts du même verbe germanique ; cela correspond évidemment à une manière de boire en société en choquant les verres.

TRINQUET, vers 1500. Esp. *trinquete* (1492, *triquete* en 1440). Origine incertaine. On a proposé d'y voir un empr. de l'it. *trinchetto*, qui apparaît d'abord dans des textes génois, depuis la fin du XVe s., et qui semble désigner d'abord non le mât, mais une voile triangulaire. Mais la forme **trinca* « trinité » manque en it. (le mot *trinca* « forte liure » y est d'origine inconnue). On a aussi proposé de partir du fr., où *trinquet* serait pour un plus ancien **triquet*, qui se rattacherait à la famille de *trique* ; mais **triquet* n'est pas attesté dans ce sens en fr. — Dér. : **trinquette**, vers 1500.

TRIO, fin XVIe (d'Aubigné). Empr. de l'it. *trio*, terme de musique, fait sur le modèle de *duo ;* le sens de « groupe de trois personnes », 1660 (La Fontaine), est une innovation du français.

TRIOLET, 1486 ; en 1538 désigne une sorte de danse. Emploi métaphorique de *triolet* « trèfle rampant » (dér. de *triphyllon*, v. **trèfle**) répandu dans les patois, par une comparaison de la feuille tripartie du trèfle avec le couplet dans lequel trois vers sont répétés.

TRIOMPHE, XIIe ; **triomphal**, *id. ;* **triomphateur**, XIVe ; **triompher**, XIIIe (J. de Meung). Empr. du lat. *triumphus*, *triumphalis*, *-ator*, *-are*.

TRIPATOUILLER, v. **tripoter**.

TRIPE « boyau d'un animal », vers 1280. It. *trippa*, esp. *tripa*. Ne peut guère être empr. de l'arabe *therb* « pli de la panne ». On a proposé aussi le lat. *exstirpare* ; mais les formes fr. et pr. qui viennent de ce verbe ont toujours un *e* comme voyelle du radical. Il s'agit probablement d'un mot expressif né dans le lat. du Bas-Empire. — Dér. : **tripaille**, XVe ; **tripette**, *id.* ; en 1365 comme nom propre ; **tripier**, XIIIe, d'où **triperie**, 1393 ; **étriper**, 1534 (Rab.).

TRIPE « sorte d'étoffe », 1241 ; *trippe de velours* en 1472. Étymologie inconnue.

TRIPHTONGUE, 1550 (Meigret). Fait sur le modèle de *diphtongue*, avec le préf. *tri-*.

TRIPLE. D'abord *treble*, vers 1170, représentant régulièrement le lat. *triplus*, mais transformé successivement sous l'influence de celui-ci, en *trible*, vers 1270, en *triple*, vers 1380. — Dér. : **tripler**, 1363, **triplement**, 1515 ; **détripler**, XVIIIe.

TRIPLICATA, 1784. Empr. du lat. *triplicata*, fém. du part. passé de *triplicare* « tripler » à l'imitation de *duplicata*.

TRIPOLI, 1508. Tiré de *Tripoli*, nom de la ville de Syrie, d'où la terre de ce nom venait autrefois. — Dér. : **tripolir**, 1650, d'après *polir*.

TRIPOT, fin XVIIe, au sens moderne ; d'abord « jeu de paume », XVe (Villon) ; « acte amoureux, manège, intrigue », XIIe ; le sens premier explique que *tripot* ait abouti au sens défavorable de « maison de jeu de mauvais aloi ». Le premier sens permet de voir dans *tripot* un dérivé de *triper*, v. **trépigner**. — Dér. au sens de « manège, intrigue » **tripoter**, 1582, **tripotage**, *id.*, **tripoteur**, 1582, **tripotée**, 1856 ; **tripatouiller**, d'abord *-trouiller*, 1890, est issu d'un croisement de *tripoter* et de *patrouiller*, **patte**.

TRIPTYQUE, 1842. Empr. du grec *triptykhos* « plié en trois, triple », pour désigner un tableau différent du *diptyque*, v. ce mot.

TRIQUE, 1385, attesté alors dans *jouer aux triques* « sorte de jeu (peut-être avec des bâtons) ». Mot dialectal du Nord-Est, autre forme d'*estrique* « bâton que l'on passait sur une mesure pour faire tomber le grain excédant », 1429 (Douai) ; ce mot est tiré d'un verbe *estriquer* (attesté vers 1490 chez Molinet) pour indiquer l'action faite avec l'*estrique*, mais dès 1275 au sens d' « aplagner », dans un texte de Saint-Omer, empr. du moyen néerl. *striken* « passer un objet sur un autre objet ; passer un bâton sur la mesure » ou du francique **strikan*, v. **étriquer**.

TRIQUEBALLE, v. **trimbaler**.

TRIRÈME, 1721 ; une première fois 1355 (Bersuire). Empr. du lat. *triremis* (de *remus* « rame »).

TRISSER, 1872. Fait sur le modèle de *bisser*, au moyen du lat.' *ri-*, élément de composition.

TRISTE, vers 1155 ; **tristesse**, vers 1180. Empr. du lat. *tristis*, *tristitia*. — Comp. : **attrister**, 1356. V. **contrister**.

TRITON, 1512, comme terme de mythologie. Empr. du lat. *Triton* (du grec *Tritôn*). Pris comme terme d'histoire naturelle dp. 1754 d'après le lat. des naturalistes.

TRITON « intervalle de trois tons dans le plain-chant », 1629. Empr. du lat. médiéval *tritonum*, du grec *tritonon* « trois tons ».

TRITURER, 1529, rare avant le XVIIIe s.; **trituration,** XIIIe s. Empr. du lat. de basse ép. *triturare, trituratio.*

TRIUMVIR, 1534; **triumvirat,** 1560. Termes d'histoire romaine, empr. du lat. *triumvir, triumviratus.*

TRIVIAL, 1550 (Rab.). Empr. du lat. *trivialis* « commun, banal, vulgaire » (de *trivium* « carrefour »). — Dér. : **trivialité,** 1611.

TROÈNE. Écrit d'abord *troine*, XIIIe s. (J. de Meung); *troëne*, cf. *troesne*, 1546, a maintenu l'ancienne prononciation de la diphtongue *oi*. Altération d'une forme attestée par le messin *trôy*, du francique **trugil*, cf. anc. haut all. *hart-trugil*, aujourd'hui *Hartriegel*, de même sens.

TROGLODYTE, 1552 (Rab.); une première fois en 1372. Empr. du lat. *troglodyta* (du grec *trôglodytês*, de *trôglê* « trou » et de *dynein* « pénétrer dans »); depuis 1791, désigne aussi une espèce de roitelet, sens repris au grec.

TROGNE, XIVe (Christine de Pisan). Du gaulois **trugna*, qu'on suppose d'après le gallois *trwyn* « nez ». Le caractère populaire du mot explique qu'il apparaisse tardivement dans les textes.

TROGNON, 1393. Dér. du verbe *estrongner* « étronçonner, ébrancher, élaguer », attesté depuis 1377, réfection de *estronner*, 1326, d'après *trogne*, le moignon de l'arbre étêté périodiquement prenant la forme d'une tête humaine. *Estronner* est une forme refaite d'après *tronc* prononcé sans la consonne finale, d'*estronchier* « retrancher », 1276, dér. de l'afr. *tronchier*, lat. *trŭncare*, « *id.* », dér. de *trŭncus*, v. **tronc.**

TROÏKA, 1866. Empr. du russe *trójka.*

TROIS. Lat. *trēs*. On trouve parfois en a. fr. un cas sujet d'origine analogique *trei* et une forme *treie, troie* qui continue le lat. *tria*, plur. neutre, et qui s'est employée au sens de « nombre trois au jeu de dés ». — Dér. : **troisième,** 1539, *troisime* au XIIe, v. **tiers.** — Comp. : **trois-six,** 1836; d'abord écrit 3/6, fin XVIIIe; cette expression remonte à un anc. mode d'évaluation des spiritueux, dont Littré précise le sens.

TRÔLER, d'abord *troller*, XVIe (du Fouilloux), plus anciennement *trailler*, XIVe s. N'a rien à faire avec l'all. *trollen*, qui désigne une certaine façon de courir des bêtes de chasse. La signification est d'abord « chercher la bête avec les chiens sans aucune piste », d'où, par la suite, « courir de-ci de-là ». Lat. pop. **tragŭlare* « suivre à la trace » (v. **tracer**), dér. de *trāhĕre*, parallèlement à **traginare* (v. **traîner**). La forme *troller* s'explique par une forme **tragŭllare* sortie par changement de suff. de **tragŭlare* et attestée aussi par le cat. *trahullar* « se ballader ».

TROLLEY, 1896. Empr. de l'angl. *trolley*, dér. du verbe *to troll* « rouler, rôder » (empr. lui-même du fr. *trôler*).

TROMBE, 1642; on trouve aussi une forme altérée *trompe* (déjà 1643), d'après *trompe*, instrument de musique, v. la suite. Empr. de l'it. *tromba*, propr. « trompe », dit de la trombe d'eau, sans doute à cause de la forme de ce météore. L'esp. *tromba* qui n'a que le sens de « trombe d'eau » vient également de l'it. V. **trompe.**

TROMBINE, 1859 (Flaubert). Terme d'argot, aujourd'hui courant; paraît dér. de l'it. *tromba* « trompe », comme *trompette* s'emploie dans la langue populaire au sens de « visage », v. **trompe.**

TROMBLON, 1803. Empr., avec insertion d'un *l* (en 1669 au sens de « narcisse », lequel est attesté aussi en it.) de l'it. *trombone*, augmentatif de *tromba.*

TROMBONE, 1703. Empr. de l'it. *trombone*; a d'abord été emprunté sous la forme *trombon*, vers 1580 (Baïf). A remplacé l'anc. *saquebute.*

TROMPE, XIIe. Mot d'origine germ., cf. anc. haut. all. *trumpa, trumba* « trompe, trompette », anc. scandinave *trumba* « trompette », qui sont probabl. onomatopéiques; de là aussi it. *tromba*, esp. *trompa*. *Trompe* a eu aussi en a. fr. le sens de « toupie », comme l'esp. *trompa, trompo*; on a comparé pour ce sens le lat. *turbo* « tourbillon » et « toupie », mais le développement des sens n'est pas semblable; *trombe* au sens de « colonne d'eau soulevée par un tourbillon de vent » est plus récent que *trompe* au sens de « toupie », qui ne peut s'expliquer que comme dû à une comparaison du bruit de la toupie avec celui que produisent des trompes de bois. — Dér. : **trompette,** 1339; dès le XVe s. désigne aussi celui qui sonne de la trompette; alors fém. et masc.; d'où **trompeter,** *id.*

TROMPER, vers 1420, attesté vers 1400 par le dér. *trompeur*, cf. aussi : « Ainsy se fussent les seigneurs trouvé trompez et desgarnis de leurs gens », XIVe. *Tromper* au sens moderne est issu de *se tromper de* « se jouer de », 1388 (encore usité au XVe et même au XVIIe s.), emploi fig. de *tromper* « jouer de la trompe », encore usité au XVIe s. — Dér. et Comp. : **tromperie,** vers 1385; **trompeur,** XIIIe; **détromper,** 1611; **trompe-l'œil,** 1803.

TROMPETTE, v. **trompe.**

TRONC. Lat. *truncus*. It. esp. *tronco*. L'a. fr. a une forme fém. **tronche,** qui représente un lat. pop. **trunca*, souvent refaite en *tronse* d'après *tronçon*; les deux formes sont répandues aujourd'hui dans les parlers septentrionaux au sens de « tronc d'arbre ». *Tronc*, dans *tronc des pauvres*, attesté depuis le XIIIe s., désignait propr. un coffre en forme de tronc.

TRONCHE, « tronc », v. le préc.

TRONÇON, 1080. Dér. de l'afr. *trons* « morceau, tronçon », du lat. pop. **trunceus* « tronqué », dér. de l'adj. lat. *truncus* « *id.* »; aussi a. pr. *tronson*. — Dér. : **tronçonner,** XIIe, **étronçonner,** 1570.

TRÔNE, XIIe. Empr. du lat. *thronus* (du grec *thronos*). — Dér. : **trôner,** 1801; **détrôner,** 1584, **détrônement,** 1731 (Voltaire).

TRONQUER, 1495. Empr. du lat. *truncare*, v. **tronc.** L'a. fr. a employé aussi la forme pop. *troncher*, en outre *troncer*, dér. de *trons*, v. **tronçon.**

TROP, vers 1080. A eu aussi en a. fr. les sens de « beaucoup, assez », conservés dans des patois. Du francique **throp* « entassement », qui prend en lat. médiéval le sens de « troupeau » *(troppus)*, anc. angl. *throp* « village », all. *Dorf*. A. pr. *trop*, it. *troppo* viennent du fr. V. **troupe.**

TROPE, 1554. Empr. du lat. de la rhétorique *tropus* (du grec *tropos*, propr. « tour, manière »).

TROPHÉE, 1488. Empr. du lat. de basse ép. *tropheum*, altération hypergrécisante du lat. class. *tropæum* (du grec *tropaion*).

TROPIQUE, 1532 (une 1re fois 1377, Oresme). Empr. du lat. de basse ép. *tropicus* (du grec *tropikos*, de *tropos* « tour ») ; dit ainsi parce que « quand le soleil est venu ou arryvé à chacun, il s'en retourne vers l'équinoxial (« équateur ») », XVIe. — Dér. : **tropical,** 1824, **sub-,** 1876.

TROQUER, 1257, attesté alors par *trocare* dans un document lat. Esp. *trocar*, a. pr. *trucar*. Très probabl. onomatopée d'après la forte poignée de main qu'on se donnait pour affirmer la convention. On a parfois *trocher* au XVe s. — Dér. : **troc,** 1464 (*troche* en 1434) ; **troqueur,** 1586.

TROTTER, XIIe. Empr. de l'anc. francique *trottôn* (comp. all. *trotten*), forme intensive de la famille de *treten* (ne peut dater de l'époque des empr. faits au germ. occidental, le verbe simple ayant eu alors un *d*-, cf. gotique *trudan*, anc. angl. *tredan*) ; a passé dans les langues méridionales : it. *trottare*, esp. *trotar*. — Dér. et Comp. : **trot,** XIIe ; **trotte,** 1680 ; **trotteur,** 1539 ; **trottin,** 1488, comme *galopin* (mais dès 1198 comme surnom, de même que *galopin* ; c'est comme surnoms que les deux mots ont probablement été créés), aujourd'hui ne se dit que des filles ; **trottiner,** 1410, *trotigner*, 1552 (Rab.) ; **trottoir,** 1580 (Montaigne) ; **trotte-menu,** 1488 ; **trottinette,** fin XIXe, fait sur *patinette*.

TROU, attesté au VIIIe s. dans la Loi des Ripuaires sous la forme *traugum ;* **trouer,** XIIe. Mots propres au gallo-roman et au cat. (cf. a. pr. *trauc*, *traucar*, cat. *trau* « boutonnière »), sûrement d'origine prélatine, probabl. gauloise ; toutefois les autres langues celtiques n'offrent pas de forme analogue, de sorte qu'on peut supposer que les Gaulois ont reçu ce mot d'une langue parlée en Gaule avant leur arrivée. Les parlers de l'Est et du Sud-Est emploient plutôt les types *pertuis*, *pertuiser*, v. **percer,** ceux du Sud-Ouest le type *forer* et un dér. de ce verbe pour « trou ». — Dér. : **trouée,** vers 1480. — Comp. : **trou-madame,** 1571.

TROU *(de chou)*, v. **torse.**

TROUBADOUR, 1575. Empr. de l'a. pr. *trobador* propr. « trouveur », v. **trouver.** *Troubade* « soldat, pioupiou », 1860 (dans un titre de chanson) en a été tiré par plaisanterie.

TROUBLE, *adj*. Lat. pop. **turbulus*, réfection de *turbidus* d'après *turbulentus*. Roumain *turbure* et nombreuses formes dialectales d'Italie.

TROUBLER. Lat. pop. *tŭrbulāre*, dér. de **turbulus*, v. le préc. Roumain *turbura*. La métathèse de l'*r* dans *troubler* est ancienne, elle est déjà dans la *Chanson de Roland ;* mais on trouve souvent au moyen âge *tourbler* et de même *tourble*, subst. et adj. — Dér. et Comp. : **trouble,** subst., 1283 (Beaumanoir) ; **trouble-fête,** vers 1300.

TROUFION, fin XIXe. On le regarde comme une altération plaisante de **troupier ;** mais il pourrait aussi être dérivé d'un emprunt de l'it. *truffa* « truffe ; moquerie », cf. it. *truffone* « moquerie ».

TROUILLE, fin XIXe. Mot pop. signifiant « colique » et « peur », d'origine obscure, d'où **trouilloter** « sentir mauvais », 1832 ; **trouillard,** fin XIXe.

TROUPEAU, vers 1160 (alors *tropel*) ; signifie « un groupe de personnes », jusqu'à la fin du XVIe s. ; le sens moderne apparaît vers 1290, mais reste rare jusqu'au XVIe s. Dér. d'un subst. **trop* « troupe de gens », qui doit avoir existé et qui représente un germ. **þorp*, francique **throp*, qui est attesté par le mot *troppus*, dans la Loi des Alamans (*in troppo de jumentis)*. — Dér. par réfection **troupe,** vers 1180 (alors *trope*) ; a aussi le sens de « troupeau » du XIIIe au XVIe s. L'esp. *tropa* et l'it. *truppa* viennent du fr. Dér. et comp. de *troupe* : **troupier,** 1821 ; **attrouper,** vers 1205 ; **attroupement,** XVIe.

TROUSSE, -EAU, v. **trousser.**

TROUSSEQUIN, outil de menuisier, etc., XVIIIe (Buffon). Antér. *trusquin*, 1676, mot wallon, forme sortie par dissimilation consonantique de *crusquin* (encore à Liège), empr. du flamand *kruisken*, propr. « petite croix », ainsi nommé à cause de sa forme ; *troussequin* a lui-même subi l'influence de *trousser*.

TROUSSER, XIIe, parfois *torser*. Au moyen âge « charger des objets » (d'où « charger une bête de somme »), propr. « mettre en paquet », cf. encore *trousser bagage*, d'où « relever en pliant », XIVe. D'un lat. de basse époque **torsare*, dér. de **torsus*, part. passé de *torquēre* « tordre », à côté de *tortus*. Le sens du verbe fr. s'explique par le fait que l'on entoure de cordes la charge d'une bête de somme. — Dér. et Comp. : **trousse,** vers 1210 (sous la forme *torse*), signifie d'abord « paquet, botte de paille (d'herbe) », sens encore conservé ; dès le XIIIe s. « sorte de poche de selle », d'où les différentes acceptions modernes ; *être aux trousses*, vers 1500, vient de l'acception de *trousses* « sorte de haut-de-chausses court et relevé que les pages portaient autrefois » ; **trousseau,** vers 1160, d'abord dans un sens voisin de *trousse*, *trousseau* « vêtements, linge qu'on donne à une fille qui se marie », se trouve déjà vers 1200, mais désignait alors aussi les meubles ; **troussis,** 1611 ; **détrousser,** XIIe, propr. « défaire ce qui est troussé, empaqueté », d'où « dépouiller de ses bagages », XIIe,

détrousseur, 1489 ; **retrousser,** 1211 (au sens actuel 1530), **retroussement,** 1606, **retroussis,** 1680 ; **trousse-galant,** vers 1500, expression plaisante pour dire « maladie foudroyante » ; **trousse-pet,** 1872, tiré de *trousse-pète*, 1798, comp. de deux impér., mot fém., qui se dit d'une petite fille ; **trousse-queue,** 1553.

TROUVER. Probabl. lat. pop. ***tropāre*,** dér. de *tropus* « figure de rhétorique » (cf. *attropare* chez Arnobe le Jeune, ve s., « parler d'une manière figurée » et *contropare*, v. **controuver**), d'où à basse ép., dans la langue de la musique « mélodie, air, chant » (conservé dans le rhéto-roman *dar tröv* « faire entendre un son ») ; **tropāre* aurait donc signifié d'abord « composer, inventer un air », d'où « composer (un poème) », puis « inventer, découvrir » ; le sens de « composer » a été particulièrement usité dans la langue littéraire du moyen âge et l'a pr. *trobar* s'est employé avec cette même valeur, de là les deux dér. *trouvère*, *trobador* ; *trouver* a pris en outre rapidement le sens général de « trouver », éliminant le lat. class. *invenīre* (seulement it. *rinvenire*). Les autres langues romanes ont remplacé *invenire* par *afflare* « souffler sur », ce qui est probabl. un terme de vénerie : roumain *afla*, Sicile *asciá*, esp. *hallar*, port. *achar*, sursilvain *unflá*. L'it. *trovare* « trouver » et l'esp. *trovar* « vérifier, etc. » viennent du gallo-roman. Le rhéto-roman *truar* « siéger en justice » s'explique par un emploi qu'on a fait de ces mots comme terme de droit (*contropatio* « comparaison de textes » dans les Lois des Visigoths). — Dér. : **trouvaille,** XIIe ; **trouvère,** *id.*, anc. cas sujet, dont *troveor* était le cas régime, v. **troubadour** ; **introuvable,** XVIIe (Balzac : « Un Gascon diroit que vous estes introuvable ; pour moi, qui ne suis pas si hardi, je me contente de dire que vous estes impossible à trouver ») ; **trouvable,** XIVe (Christine de Pisan), a toujours été rare ; **trouveur,** peu usité, fin XVIe ; **retrouver,** XIIe.

TRUAND, XIIe. D'un gaul. **trugant-*, qui répond à l'irlandais *trôgán*, dimin. de *truag* « malheureux », *tróg*, gallois *tru*. Empr. par les langues méridionales : cf. esp. *truhán* « bateleur ». — Dér. : **truandaille,** XIIIe ; **truander,** XIIe ; **truanderie,** XIIIe, nom d'un ancien quartier de Paris, conservé dans un nom de rue.

TRUBLE, filet de pêche. Parfois *trouble* depuis le XVIIIe s. d'après *troubler*. Probabl. du grec *trýblion* « écuelle » entré en Gaule par Marseille. Le changement de genre peut être dû à l'influence du lat. *trulla*, v. **truelle.** Le lat. *trībula* « herse » ne peut pas entrer en ligne de compte parce que la forme *trible* est postérieure à *truble* et très rare.

TRUBLION. Mot créé par A. France, vers 1899, dans un texte écrit en langue du XVIe s., à la fois d'après *troubler* et le mot lat. *trublium* « écuelle », par allusion plaisante à *gamelle*, surnom du prétendant au trône de France, dont les *trublions* sont les partisans.

TRUC « manière d'agir habile, secrète », d'où, dans la langue du théâtre, « sorte de machine à manœuvrer les décors », 1800. Empr. du prov. *truc*, subst. verbal de *trucá*, au moyen âge *trucar* « cogner, battre », d'un lat. pop. **trūdicare*, dér. du lat. class. *trūdere* « pousser », qui vit aussi dans des parlers esp. et it. Empr. une première fois par d'Aubigné dans le *Baron de Foeneste*, texte gasconisant, au sens de « coup ». Se trouve au XIIIe s. au sens de « ruse » et au XVe s. dans l'expression argotique *faire le trucq*, probablement aussi par empr. au prov. — Dér. : **truquer,** 1840, **trucage,** 1872, **truqueur,** 1840.

TRUC (ou *truck*) « sorte de wagon », 1843. Empr. de l'angl. *truck*, d'origine incertaine.

TRUCHEMAN, v. **drogman.**

TRUCIDER, 1933. Empr. du lat. *trucidare*.

TRUCULENT, vers 1495, sort d'usage à la fin du XVIe s. ; réapparaît en 1737, mais reste rare jusqu'à Th. Gautier ; redevient général depuis 1867 ; **truculence,** 1853 (Goncourt), une 1re fois en 1629. Empr. du lat. *truculentus*, *truculentia*.

TRUELLE. Lat. de basse ép. *truella*, à côté du lat. class. *trulla*, dér. de *trua* « cuiller à pot » ; la forme correcte en fr. serait *trouelle*, conservé dans des patois septentrionaux ; *truelle* semble être refait sur le mot lat. Seulement fr. Le Sud-Est conserve le mot de l'a. pr. *tibla*, de la même origine que **truble.** L'esp. *trulla* continue le lat. class. *trulla* ; mais le mot usuel est *llana*, lat. *plāna*. — Dér. : **truellée,** 1344.

TRUFFE, 1363. Empr. de l'a. pr. *trufa*, lat. pop. *tūfera*, attesté dans des gloses, issu de **tūfer*, forme osco-ombrienne du lat. class. *tūber*, propr. « tumeur », d'où « tubercule », cf. aussi it. *tartufo*, lat. pop. **terræ tūfer* ; pour cette désignation, cf. *terræ tūber* qui désigne un autre tubercule chez Pline et esp. *turma de tierra* « truffe ». *Truffe* sert en outre à désigner la pomme de terre dans un très grand nombre de parlers gallo-romans au sud de la ligne allant de l'embouchure de la Seine au sud des Vosges ; *tartufe* est le type du Sud-Est. — Dér. : **truffer,** 1798.

TRUIE. Lat. pop. *troia*, VIIIe s. (*Gloses de Cassel*), tiré de *porcus troianus* « porc farci (garni de menu gibier) », ainsi chez Macrobe, *Satires*, II, 9 ; ainsi nommé par allusion plaisante au cheval de Troie. Le mot doit avoir été modifié en **porcus de Troja* et puis transformé en *troja* par omission de *porcus*. Voir dans le type *troia* un mot populaire de création expressive est moins convaincant. It. *troia*, a. pr. *trujassa* « grosse truie ».

TRUISME, 1896. Empr. de l'angl. *truism*, dér. de *true* « vrai ».

TRUITE. Lat. de basse ép. *tructa* (le grec *trôktês*, propr. « vorace », désigne un autre poisson). It. *trota*, esp. *trucha*. On attendrait *troite* en fr., forme attestée en normand et dans des textes anc., cf. *trouette* au XVIe s. ; l'origine de la forme *truite* n'est pas claire. — Dér. : **truité,** 1680.

TRUMEAU, 1624, au sens moderne. Emploi fig. de *trumeau* « gras de la jambe, jambe », XIIe (cf. pour ce développement sémantique *jambage*), usité jusqu'au XVIe s. et encore employé aujourd'hui dans la langue de la boucherie au sens de « jarret de bœuf ». Probabl. dér. d'un francique **prum* « morceau », cf. all. *Trumm* « tronçon », *Trümmer* « décombres », angl. *thrum* « bout de fil ». Si la voyelle n'est pas devenue *ou*, comme dans d'autres mots, cela pourrait faire penser que le mot a passé assez tard du francique au roman, peut-être au VIIIe s. seulement.

TRUST, 1888. Empr. de l'anglo-américain *trust*, tiré de *to trust* « avoir confiance » ; ainsi nommé parce que, en principe, les participants d'un trust confient aux dirigeants tout ou partie de leurs pouvoirs.

TSAR, 1607 ; aussi *tzar*, XVIIIe, *czar*, 1561, *zar* en 1607. *Tsar*, *tzar* est la forme russe, *czar* la forme polonaise ; toutes deux sont empr. du lat. *Cæsar*, comme l'all. *Kaiser*. — Dér. : **tsarine,** 1717 ; formes parallèles à celles de *tsar*, cf. aussi *tsarévitch* « fils du Tsar », d'abord *csarowitz* au XVIIIe s.

TSÉ-TSÉ, 1872. Mot empr. de la langue des Sechuana de l'Afrique australe.

TSIGANE, 1872. Nom de peuple, cf. all. *Zigeuner ;* l'angl. *gipsy* est tiré de *egyptian* « Égyptien », comme l'esp. *gitano* de *egyptano* (de là le fr. **gitane,** fin du XIXe s.) ; on croyait les tsiganes originaires d'Égypte ; v. aussi **bohémien** et **romanichel.**

TU. Lat. *tū*. It. esp. a. pr. *tu ;* partout pron. accentué, sauf dans la France septentrionale où *tu* n'est plus depuis le XVIe s. que préf. de conjugaison servant à indiquer la deuxième personn du singulier. — Dér. : **tutoyer,** 1394 (auparavant aussi *tutoiser*) ; au XVIIe s. on a dit aussi *tutayer* ; **tutoiement,** 1636.

TUB, 1888 ; d'abord *tob*, 1878. Empr. de l'angl. *tub* « cuve, baquet ».

TUBE, 1453. Empr. du lat. *tubus.*

TUBERCULE, XVIe (Paré), au sens de « proéminence anatomique » ; au sens de « tumeur du poumon, etc. », 1740. Empr. du lat. médical *tuberculum* « petite bosse, petite tumeur » (dér. de *tuber*, v. **truffe**). — Dér. : **tuberculeux,** 1765 (déjà 1570, dans un autre sens) ; **tuberculose,** 1855.

TUBÉREUX, XVIe (Paré ; *tubéroux* en 1490) ; d'où **tubéreuse,** nom de plante, 1630. Empr. du lat. *tuberosus* « plein de protubérances ». — Dér. : **tubérosité,** 1503.

TUBULAIRE, 1760 ; **tubulé,** 1743 ; **tubuleux,** 1763 ; **tubulure,** 1762. Termes techn., dont le deuxième est empr. du lat. *tubulatus ;* les trois autres sont des dér. sav. du lat. *tubulus*, dimin. de *tubus.*

TUDIEU, v. **dieu.**

TUER. A d'abord eu le sens d' « éteindre », encore chez Malherbe et usité aujourd'hui depuis la Bretagne jusqu'à la Savoie, d'où « étourdir, abattre, tuer ». Lat. pop. **tūtāre*, lat. class. *tūtārī* « protéger, garantir de », qui a dû prendre à basse ép. le sens d' « éteindre » dans des expressions telles que *tutare famem*, *sitim* (dès le Ier s.), qui se seront substituées à *exstinguere famem*, *sitim* « éteindre la faim, la soif », quand *exstinguere* est devenu défaillant, cf. aussi a. pr. *tudar*, *tuar* « éteindre, tuer », *estudar*, *atudar* « éteindre », dont le dernier survit encore en languedocien ; cf. aussi it. *attutare*, *stutare* « éteindre » et surtout « adoucir, calmer, etc. ». Le sens de « tuer » apparaît dès le XIIIe s. et celui d' « éteindre » seulement au XVe s., mais les régions d'où proviennent la plupart des textes littéraires du moyen âge : Normandie, région Parisienne, Picardie, Champagne, Bourgogne ont conservé *éteindre* (on a du reste en lat. médiéval *tutat lampadem unam*). — Dér. et Comp. : **tuerie,** 1350 ; **tueur,** vers 1205 ; **tue-tête (à),** 1658 (Scarron) ; **entretuer (s'),** vers 1180.

TUF, 1407 (mais le mot *tuffe* est attesté dès la fin du XIVe s. comme nom d'une poire graveleuse comme du tuf) ; désigne d'abord une couche pierreuse sous la couche végétale ; le sens de « pierre blanche » apparaît au XVIe s. Empr. de l'it. *tufo*, qui est lui-même une forme dialectale du Sud, lat. *tōfus* (probabl. passé par l'osque) ; le mot désignait d'abord le tuf volcanique de la région de Naples. — Dér. : **tufeau,** 1433.

TUILE. D'abord *teule*, puis *tiule*, d'où, par métathèse, *tuile*, v. **règle.** Lat. *tēgula* (de la famille de *tegere* « couvrir »). Le Nord-Est a un mot *panne*, probabl. lat. *patina* « écuelle » (l'all. *Pfanne* « plat, tuile creuse » remonte à une forme empr. du lat.). Sens fam. de « désagrément », 1846. — Dér. : **tuileau,** 1327 ; **tuilier,** 1300 ; **tuilerie,** 1239.

TULIPE, 1611, antér. *tulipan*, 1600 (O. de Serres, encore aujourd'hui dans les parlers du Midi). Empr. du turc *tülbend-(lâle)*, nom de la tulipe blanche que Busbeck, ambassadeur de l'empereur Ferdinand Ier auprès de Soliman le Magnifique de 1552 à 1562, a le premier signalé dans la relation de son ambassade : « Per haec loca transeuntibus ingens ubique florum copia offerebatur, narcissorum, hyacinthorum et eorum quos Turcae tulipan vocant » ; le mot turc qui signifie proprement « turban » a été dit de la tulipe par comparaison de la forme de la fleur avec celle d'un turban. La forme première vit encore dans pr. *tulipan*, it. *tulipano*, esp. *tulipán*, alémanique *tulipane.* La forme raccourcie apparaît d'abord en Hollande, où *tulipa* est du XVIe s. ; de là la forme fr., outre all. *tulpe*, angl. *tulip*, port. *tulipa.* L'intense culture de cette fleur en Hollande a probabl. fait passer cette forme, née par apocope de l'élément *-an* pris pour un suff., dans les autres langues. — Dér. : **tulipier,** 1751.

TULLE, 1765, d'abord *point de Tulle* au XVIIIe. Tiré de *Tulle*, nom du chef-lieu de la Corrèze, où cette dentelle était d'abord fabriquée.

TUMEUR, XIVe ; **tuméfier,** XVIe (Paré) ; **tuméfaction,** 1552. Les deux premiers sont empr. du lat. *tumor*, *tumefacere* (*tuméfier* étant francisé d'après les verbes en *-fier*), le troisième est un dér. sav. de ce verbe lat. d'après les subst. en *-faction*, cf. *putréfaction*, etc., pour servir de subst. à *tuméfier*.

TUMULAIRE, 1823. Dér. sav. du lat. *tumulus* « tombeau ».

TUMULTE, vers 1220 (dès 1131 dans la forme *temolte*) ; parfois fém. au XIVe s. ; **tumultuaire,** 1354 (Bersuire) ; **tumultueux,** 1354. Empr. du lat. *tumultus* (qui a eu aussi le sens de « soulèvement, prise d'armes », sens parfois repris, le dernier surtout à propos de faits de l'histoire romaine), *tumultuarius* (qui signifie « levé à la hâte » ou « fait à la hâte », pris pour servir d'adj. à *tumulte*), *tumultuosus*. L'a. fr. a des formes plus francisées *temolte*, *temoute* (parfois féminin au XIVe s.), *toumoute*.

TUNE « pièce de cinq francs », pop., d'abord arg., 1800, en 1628 « aumône » ; souvenir du *roi de Thunes* (= Tunis), un des noms du roi des gueux.

TUNGSTÈNE, 1783. Empr., peut-être par l'intermédiaire de l'all. *Tungstein*, du suédois *tungsten*, littéral. « pierre lourde », mot créé par le chimiste suédois Scheele qui découvrit ce corps en 1780.

TUNIQUE, 1156. Empr. du lat. *tunica*.

TUNNEL, 1829, dans un texte où l'on parle de Liverpool. Empr. de l'angl. *tunnel* qui désigne aussi diverses sortes de galeries souterraines et un tuyau de cheminée, lui-même du fr. *tonnelle ; tonnelle* est attesté en 1551 au sens de « tuyau » à Guernesey, où il est encore usité au sens de « tuyau souterrain ». V. **tonne.**

TURBAN, 1538 ; aussi *turbant*, 1553 (Belon), *tulban*, 1559, *tolliban*, 1490 (Commynes). Empr. du turc *tulbend*, du persan *dulbänd ;* on a déjà *turbante* en it. en 1487. V. **tulipe.** — Dér. : **enturbanné,** XVIe.

TURBINE, 1824 au sens moderne. Empr. du lat. *turbo*, *turbinis*, qui désignait divers objets de forme arrondie « roue de fuseau, etc. », propr. « tourbillon, toupie », v. **tribune.**

TURBINER, 1800, né dans l'argot, n'est pas dér. du préc., puisqu'il est attesté avant l'invention de la turbine. Doit avoir été formé par un membre d'une bande de brigands infestant surtout l'Ouest, à cette époque-là, qui avait quelques notions de latin. — Dér. : **turbin,** 1836.

TURBOT, vers 1130 (sous la forme *turbut*), puis *turbot*, 1215. La deuxième partie contient l'équivalent du néerl. *butte*, all. *Butt*, « barbue », *Steinbutt* « turbot ». Le turbot s'appelle en all. *Dornbutt*, comp. avec *Dorn* « épine », à cause de ses piquants. Les formes fr. correspondent exactement à un anc. scandinave ***þorn-butr***, équivalent de l'all. *Dornbutt*, qui, bien qu'il ne soit pas attesté, peut être supposé ; les termes de mer viennent en grande partie de cette langue par l'intermédiaire du normand. — Dér. : **turbotière,** 1803 ; **turbotin,** 1694.

TURBULENT, 1532, une première fois au XIIe s. ; **turbulence,** 1646 (Poussin), une première fois 1495. Empr. des mots lat. *turbulentus*, *-tia* (créé à basse ép.), de la famille de *turbare* « troubler ».

TURC, vers 1300 (Villehardouin), comme nom de peuple ; sens figuré à partir du XVIe s. ; l'expression récente *tête de turc* vient peut-être du jeu de massacre. Empr. du mot turco-persan *tourk ;* en persan le mot sert à désigner les peuples à peau blanche et œil noir.

TURCO, 1859. Empr. du sabir algérien *turco*, propr. « turc », d'où « algérien », mot de forme italienne ; l'emploi de *turco* au sens d' « algérien » (d'où le sens nouveau de « soldat indigène au service de la France ») s'explique par le fait que l'Algérie a dépendu de la Turquie jusqu'en 1830.

TURELURE ; ne se dit que dans la locution *C'est toujours la même turelure.* D'abord sorte de refrain de chanson, XIIIe s., aussi « cornemuse », XIVe, au XIIe s. aussi *turluete* « flageolet de berger ». Mot onomatopéique ; v. **turlutaine ; luron.**

TURF, 1828. Empr. de l'angl. *turf* « gazon, pelouse ». V. **tourbe.** — Dér. : **turfiste,** 1854.

TURGESCENT, 1812 ; **turgescence,** 1752. Empr. des mots lat. *turgescens* (part. prés. de *turgescere* « se gonfler »), *-centia* (dér. créé en lat. moderne).

TURLUPINADE, 1653 (Molière) ; **turlupiner,** 1615. Dér. de *Turlupin*, surnom pris par Legrand, célèbre auteur de farces, du commencement du XVIIe s., qui l'a tiré du nom d'une secte d'hérétiques du XIVe s., mot d'origine inconnue ; ce mot avait continué à vivre comme terme d'injure, et Rabelais, I, *Prologue*, l'a altéré intentionnellement en *tirelupin*.

TURLUTAINE, 1778, au sens de « serinette » ; en outre équivalent de *turelure*. Mot onomatopéique comme *turelure* et *turlututu*, 1654 (Loret), *turlututaine*, 1872.

TURNE, terme d'argot, qui signifiait d'abord « taudis » ; passé depuis dans l'argot des écoles. Relevé pour la première fois en 1800 au sens de « logis » à l'occasion de l'interrogatoire d'un chef de bande. Empr. de l'alsacien *türn* « prison », forme dialectale de l'all. *Turm* « tour, etc. », qui a aussi le sens de « prison » dans des parlers populaires.

TURNEP, 1755. Empr. de l'angl. *turnep*, *turnip*, dont la deuxième partie remonte à l'anc. angl. *næp* (du lat. *napus* « navet »), et dont la première est peut-être *turn* « tourner », cf. le fr. *racine pivotante*.

TURPITUDE, XIVe. Empr. du lat. *turpitudo* (de *turpis* « honteux »).

TURQUIN « bleu foncé », 1471. Empr. de l'it. *turchino*, id., propr. « de Turquie » ; comp. *azur*, *pers*.

TURQUOISE, XIIIe. Fém. pris substantiv. de l'a. fr. *turquois*, dér. de *turc ;* cette pierre a d'abord été trouvée en Turquie d'Asie.

TUSSILAGE, 1671. Empr. du lat. *tussilago* (dér. de *tussis* « toux ») ; cette plante a été ainsi nommée parce que sa fleur fait partie des quatre fleurs qu'on employait pour faire des tisanes pectorales ; le nom pop. répandu dans tout le territoire galloroman est *pas d'âne.*

TUSSOR(E), 1844. Empr. de l'angl. *tussore*, autre forme de *tussur*, *tusser*, empr. lui-même de l'hindoustani *tasar.*

TUTELLE, 1332 ; **tutélaire,** 1552 (Rab.) ; **tuteur,** vers 1265. Empr. des mots lat. *tutela tutelaris* (créé à basse ép.), *tutor* (de *tueri* « protéger »).

TUTU, fin XIXe. D'abord « caleçon collant de danseuse », puis « jupe de gaze de danseuse ». Emploi plaisant de *tutu*, mot de formation du langage enfantin, tiré de *cul.*

TUYAU, vers 1100. Dér. du francique **thūta* « tuyau », supposé d'après gotique *þūthaúrn* « cor à sonner », frison *tute* « tuyau ». Aussi a. pr. *tudel.* — Dér. : **tuyauter,** 1822 ; au sens de « donner des renseignements », fin XIXe, vient de la langue des courses où *tuyau* signifie « renseignement » (dp. 1887), ce qui se dit dans le tuyau de l'oreille (comp. dès 1798 *dire qch. dans le tuyau de l'oreille*), **tuyautage,** 1872, **-terie,** 1845 ; **tuyère,** 1389.

TWEED, sorte de laine d'Écosse, 1845 (Th. Gautier). Empr. de l'angl. *tweed*, altération, par croisement avec *Tweed*, nom d'une rivière d'Écosse (ou de *Tweedmouth*, ville située sur l'embouchure de cette rivière), de *tweel*, forme écossaise de *twill* « sorte d'étoffe croisée », tiré lui-même du verbe *to twill* « croiser ».

TYMPAN, 1506 (comme terme d'architecture, *tympane* chez B. Palissy) ; une première fois au XIIe s. au sens de « tambour » ; sens anatomique depuis le XVIIe s. Empr. du lat. *tympanum* « sorte de tambour », pris aussi comme terme d'architecture (du grec *tympanon*, v. **timbre**).

TYMPANISER, vers 1520, au sens de « faire connaître à grand bruit », usité jusqu'à la fin du XVIIe s. ; sens moderne depuis le XVIIe s. Empr. du lat. de l'ép. impériale *tympanizare* « jouer du tambour » (du grec *tympanizein*).

TYPE, vers 1380. Empr. du lat. eccl. *typus* « modèle, exemple » (du grec *typos*, proprement « marque laissée par un coup », d'où « marque » et spécial. « caractère d'écriture » et d'autre part « image », puis « modèle, exemple, type » dans le grec de la Septante), de là l'emploi de *type* tout d'abord en parlant de l'Ancien Testament, figure du Nouveau Testament, et des idées platoniciennes jusqu'au XIXe s. ; sens plus étendus depuis ; *type* a pris notamment dans le fr. pop. le sens d' « individu » (vers 1845). — Dér. : **typesse,** fr. pop., 1888 ; **typer,** 1923 ; **typifié,** 1859.

TYPHON, attesté dès 1521 et jusqu'au milieu du XVIe s. sous la forme *tiffon*, empr. du grec, lat. *typhon* « violent orage ». Le mot avait passé en ar. sous la forme *ṭūfān.* Dans leur navigation dans les mers indiennes les Portugais se servaient souvent de pilotes arabes, desquels ils apprirent le mot *tufão* pour désigner particulièrement les dangereux vents tournants de ces mers. Le fr. emprunta le mot port. sous les formes *tufon, tufan* (XVIIe-XVIIIe s.). Dès 1643 pourtant le mot class. fut emprunté de nouveau, mais on lui donnait ce sens spécial.

TYPHUS, 1784 (se trouve déjà dans une lettre adressée à Huet, en 1667, mais sans que le sens du mot résulte clairement du passage). Empr. du lat. scientifique *typhus*, empr. lui-même du grec médical *typhos* « torpeur » (au sens propre « fumée »). — Dér. : **typhique,** 1836 ; **typhoïde,** 1818, proposé par le médecin français Louis, d'où **para-,** 1907.

TYPIQUE, 1496. Empr. du lat. eccl. *typicus* « qui sert de type, de symbole, allégorique » (du grec *typikos* « *id.* ») ; a suivi le développement sémantique de *type* (sauf au sens pop. d' « individu »).

TYPOGRAPHE, 1554 ; **-ie,** 1577. Comp. du grec *typos* au sens de « caractère d'écriture » (v. **type**), et de *-graphe*, *-graphie.* Le fr. pop. dit par abréviation **typo.** — Dér. : **-phique,** 1560.

TYRAN, vers 980 (Saint Léger). Lat. *tyrannus* (du grec *tyrannos*, prop. « maître », qui se disait de *Zeus*, puis « celui qui s'empare du pouvoir », d'où « despote »). — Dér. : **tyranneau,** 1578 ; **tyrannie,** 1155 ; **tyranniser,** 1370 (Oresme).

TYRANNICIDE, 1487. Empr. du lat. *tyrannicida.*

TYRANNIQUE, vers 1370 (Oresme). Empr. du lat. *tyrannicus* (du grec *tyrannikós*).

TYROLIENNE, 1834. Fém. de *Tyrolien* « du Tyrol ».

U

UBAC « versant exposé au nord », début xxe s. Empr. des patois du Sud-Est, v. **adret.** Du lat. *opacus*.

UBIQUITÉ, 1585 (du Fail). D'abord terme de philosophie et de théologie ; sens plus étendu depuis le début du xixe s. Dér. sav. du lat. *ubique* « partout » sur le modèle de mots tels qu'*unité*, *éternité*, etc.

UHLAN, 1748 (écrit *houlan*) ; écrit aussi *hulan*. Empr. de l'all. *Uhlan* lors de l'introduction de cette sorte de cavalerie par le maréchal de Saxe en 1734 ; le mot all. vient lui-même, par l'intermédiaire du polonais, du tatare *oglan*, propr. « jeune homme » ; pour cette dénomination, v. **fantassin, infanterie.**

UKASE, 1775 ; écrit aussi *oukase*. Ne s'emploie qu'en parlant de choses de la Russie, sauf par allusion ; empr. du russe *ukaz* « décret », qui se rattache au verbe *ukazat'* « décréter ».

ULCÈRE, 1314 ; genre d'abord hésitant ; le masc. est fixé depuis le xviie s. ; **ulcérer,** *id.* ; sens fig. depuis le xvie s. ; **ulcération,** 1314 ; **ulcéreux,** 1490. Empr. du lat. *ulcus (ulceris)*, *ulcerare*, *ulceratio*, *ulcerosus*.

ULÉMA, 1765. Empr. de l'arabe *'oulamâ*, plur. de *'âlim* « savant ».

ULSTER, 1872. Empr. de l'angl. *ulster*, abréviation de *Ulster overcoat*, nom de réclame qu'une maison de Belfast avait donné en 1867 à ce genre de manteau d'hiver créé par elle, de *Ulster*, nom de l'Irlande septentrionale.

ULTÉRIEUR, 1531. Empr. du lat. *ulterior*, de la famille de *ultra*.

ULTIMATUM, 1740. Empr. du lat. des diplomates *ultimatum*, dér. de *ultimus* « dernier » sur le modèle de mots tels que *imperatum* « ordre ».

ULTIME, 1834 ; déjà du xiiie au xive s. Empr. du lat. *ultimus* « dernier ».

ULTRA-. Préf. de mots sav., empr. du lat. *ultra* « au-delà » ; de là **ultra** qui a été parfois pris comme subst. dans la langue politique, cf. notamment *les ultras* sous la Restauration.

ULTRAMONTAIN, 1323. Empr. du lat. médiéval *ultramontanus*, formé du lat. *ultra*, et de *mons* « montagne », sur le modèle du lat. anc. *transmontanus* « d'au-delà des monts », *ultramundanus* « de l'autre monde ». Au moyen âge on trouve une forme plus francisée *outremontain*, depuis le xive s. — Dér. : **-tanisme,** 1733.

ULULER, 1842 (auparavant déjà aux xve et xvie s.). Empr. du lat. *ululare*. V. **hurler.**

UMBLE, v. **ombre.**

UN. Lat. *ūnus* « un », nom de nombre cardinal, qui a pris de bonne heure (déjà chez Plaute et Cicéron) une valeur d'art. indéf. *Unus* pouvait déjà s'employer au plur. dans des cas particuliers, de là le fr. *les uns*, cf. *fierent li un, li altre se defendent ; Roland*, 1398 ; l'a. fr. a eu en outre jusqu'au xve s. un curieux emploi de *un* au plur., souvent avec des objets allant par deux, cf. *unes grandes joes... et unes grans narines... et unes grosses levres*, *Aucassin et Nicolette*, XXIV. — Dér. : **unième,** dans les noms de nombre comp., xiiie (dans *vint et unimes*).

UNANIME, 1467, attesté alors indirectement par l'adv. **-ment** (une 1re fois 980) ; **unanimité,** xive (Oresme). Empr. du lat. *unanimus* (de *unus* et de *animus* « âme »), *unanimitas*. — Dér. de l'adj. : **unanimisme,** nom d'une école littéraire, 1910 ; d'où **-iste,** *id.*

UNI-. Premier élément de mots sav., tels qu'**unicellulaire,** 1838, **unilatéral,** 1778, comme terme de botanique, 1804, comme terme de droit, faits sur le modèle de mots empr. tels qu'**uniforme,** v. ce mot, ou de mots lat. de même formation.

UNIFIER, 1838 ; une première fois vers 1400. Empr. du lat. de basse ép. *unificare*, francisé d'après les verbes en *-fier*. — Dér. : **unification,** 1838.

UNIFORME, xive (Oresme) ; devenu subst. au xviiie s. pour désigner un habit fait sur un modèle prescrit à un corps militaire ; on a dit d'abord *habit uniforme*, vers 1700 (Saint-Simon) ; depuis, sens plus étendu ; **uniformité,** *id.* Empr. des mots lat. *uniformis*, *uniformitas*. — Dér. : **uniformiser,** début xviiie.

UNION, vers 1200. Empr. du lat. du ive s. *unio* (de *unus*). — Dér. : **unionisme,** 1836, **-iste,** 1838, à l'imitation de l'angl. *unionisme*, *-ist*.

UNIQUE, vers 1480. Empr. du lat. *unicus* (de *unus* « un »). — Dér. : **unicité,** vers 1730.

UNIR, vers 1180. Empr. du lat. *ūnīre*. Le part. passé lat. est conservé dans l'a. fr. *onni* « uniforme ». — Dér. : **désunir,** 1418, **désunion,** xve, d'après *union* ; **réunir,** 1400, d'où **réunion,** 1468, d'après *union*.

UNISSON, 1375 (Oresme). Terme de musique, empr. du lat. scolastique *unisonus* « d'un seul son »; sens fig., dep. Montaigne.

UNITÉ, vers 1120. Empr. du lat. *unitas* (de *unus* « un »). — Dér. : **unitaire,** 1688 (Bossuet), comme terme d'histoire religieuse ; depuis, sens plus étendu, d'où **-arien,** 1859.

UNIVERS, XVIe (Marot). Empr. du lat. *universum*, neutre pris substantiv. de l'adj. *universus* « tout entier », littéral. « tourné de manière à ne former qu'un tout ». Le fr. a également eu d'après cet adj. lat. un adj. *univers* du XIIe au XVIe s., cf. *l'empire univers*, Rab., I, 33 (d'après le lat. *mundus universus)*.

UNIVERSEL, vers 1200 ; **universalité,** XIVe. Empr. du lat. de basse ép. *universalis, universalitas* (de *universus*) ; le plur. d'*universal* (autre forme d'*universel*), *universaux*, XVIIe (Descartes), a servi comme terme de scolastique. — Dér. : d'*universel* d'après la forme de l'adj. lat. : **universaliser,** 1770.

UNIVERSITÉ, 1218. Empr. du lat. médiéval *universitas* dont le sens est la suite de ceux que le mot avait en lat. jurid. « collège, corporation » (d'où aussi le sens de « commune » au moyen âge) et en lat. philosophique « totalité, généralité » (sens également empr. au moyen âge) ; à la suite du décret de Napoléon Ier, du 1er mars 1808, a servi à désigner l'ensemble du corps enseignant de toute la France, placé sous la direction du ministre de l'Instruction publique, appelé *Grand Maître de l'Université ;* depuis la réforme de L. Liard, vers la fin du XIXe s., il y a en France 17 universités, groupements de facultés d'enseignement supérieur. — Dér. : **universitaire,** 1824.

UPPERCUT, terme de boxe, 1908. Empr. de l'angl. *uppercut*, comp. de *upper* « supérieur » et *cut* « couper ».

URANIUM. Corps découvert en 1841 par le chimiste Péligot, qui a tiré le nom de ce corps d'**urane,** 1790, nom d'un corps découvert en 1789 par le chimiste allemand Klaproth ; celui-ci a tiré *Uran* (d'où le fr. *urane*) d'*Uranus*, nom d'une planète, en hommage à Herschel qui l'a découverte en 1781 et lui a donné le nom du dieu latin *Uranus*, père de Saturne (du grec *Ouranos*, proprement « ciel »).

URBAIN, 1768 (Rousseau ; une 1re fois vers 1354, puis de 1508 à 1638) ; **urbanité,** XIVe au sens moderne, mais établi dans la langue au XVIIe s. par Balzac. Empr. du lat. *urbanus, urbanitas* (de *urbs* « ville ») ; *urbanité* a été employé au XIVe s. avec un sens de « ville, cité » que n'a pas le latin. — Dér. : **urbanisme,** 1842 ; **interurbain,** 1920.

URÉE, 1797. Mot créé par Fourcroy (1755-1809) avec le radical d'*urine*. — Dér. : **urate,** 1798 ; **urique,** 1803 ; **urémie,** employé pour la première fois par le médecin français Piorry en 1847 ; la deuxième partie du mot est faite avec le grec *haima* « sang ».

URETÈRE, 1541. Empr. du grec *ourêtêr* « id. ».

URÈTRE, 1667. Empr. du lat. médical *urethra* (du grec *ourêthra*, de *ourein* « uriner »). — Dér. : **urétral,** 1796.

URGENT, XIVe. Empr. du lat. de basse ép. *urgens* « pressant, urgent », part. prés. pris adjectiv. de *urgere* « presser ». — Dér. : **urgence,** 1789 ; une première fois en 1572.

URINE, XIIe. Réfection, d'après le lat. *urina*, de l'anc. forme *orine*, encore usitée au XVe s., lat. pop. **aurīna*, altération de *ūrīna* par croisement fait par plaisanterie avec *aurum* « or » à cause de la couleur jaune de l'urine ; de là aussi it. esp. *orina*, a. pr. *aurina*. — Dér. : **urinaire,** 1556 ; **uriner,** vers 1300 ; *oriner*, 1375 ; d'où **urinoir,** 1872, au sens moderne ; au XVIIIe s. désigne un vase à col incliné pour uriner ; on disait antér. *orinal*, XIIe (Chrétien), puis **urinal,** depuis le XVe s. (encore usité aujourd'hui), empr. du lat. de basse ép. *urinal* « pot de chambre » ; **urineux,** 1611.

URNE, 1487. Empr. du lat. *urna* qui désignait aussi un vase destiné à recueillir les suffrages ; ce sens a été repris au XIXe s.

URO-. Premier élément de mots sav., tels qu'**uroscopie,** 1765, tiré du grec *ouron* « urine ».

URTICAIRE, 1759. Dér. sav. du lat. *urtica* « ortie ».

US. Vieux mot qui ne s'emploie plus que dans la locution *les us et coutumes*. Lat. *ūsus* « usage ». — Dér. : **usage,** XIIe, **usager,** 1320, **usagé,** 1877 ; *usagé* se trouve déjà au moyen âge et encore à la fin du XVIIIe s., au sens d' « habituel, ponctuel », c'est alors le part. passé, pris adjectiv., d'un verbe *usager* « (s')habituer » ; **non-usage,** 1683.

USER. Lat. pop. **ūsāre*, dér. de *ūsus*, part. passé de *ūtī* « faire usage de ». Propr. « faire usage de, employer », sens conservé dans la construction *user de*, qui apparaît vers le XIIe s. ; de là « consommer (son temps, sa vie, sa jeunesse, etc.) », vers 1080 *(Roland)*, puis « détériorer par l'usage », XVIe. It. *usare*, esp. *usar* « faire usage de ». — Dér. : **usure** « action d'user », 1530 ; **inusable,** 1867 ; le simple **usable,** 1858, est moins usité ; **mésuser,** 1283 (Beaumanoir).

USINE, 1732 (dans un arrêt du Conseil du Roi à propos de Charleville). Mot dialectal du Nord-Est, au sens d'« établissement où l'on travaille le fer ou d'autres métaux avec des machines (mues par l'eau) », par suite se dit aussi alors de moulins ou de machines mues par l'eau (Buffon) ; sens plus étendu au XIXe s. Attesté au moyen âge surtout dans les textes du Nord-Est (Hainaut, Champagne, Lorraine) au sens de « fabrique » ou même de « boutique ». *Usine* qui apparaît déjà au XIVe s. est issu de la forme *uisine* (*wisine*, 1274, à Valenciennes), comme *charcutier* de *charcuitier ; wisine* est une altération, peut-être d'après *cuisine*, d'un mot picard attesté sous diverses formes *oeuchine*, *ouchine*, etc., usitées du XIIIe au XVe s., qui serait en fr. *o(u)cine, lat. *officīna* « atelier » (lequel n'a que peu de représentants en dehors du mot fr., cf. it. *fucina*). — Dér. : **usinier,** 1845, déjà en 1773, dans un texte de Liège, et déjà créé au XIVe s. dans cette région, 1367 (sous la forme *uhenir*).

USITÉ, XIVe (Froissart). Empr. du lat. *usitatus*, de la famille de *usus* « usage ». Le verbe *usiter*, assez fréquent au XVIe s., n'est attesté que dans des dictionnaires avant cette époque et ne peut guère être à la base de l'adj.

USTENSILE, 1439. Altération, d'après *user*, d'*utensile*, XIVe, empr. du lat. *utensilia*, plur. neutre « ustensiles, etc. » (de la famille du verbe *uti* « se servir de », v. **outil**) ; fém. jusqu'au XVIIe s.

USUEL, 1606 ; une première fois en 1298 ; l'adv. *-ellement* a été relevé en 1507. Empr. du lat. de basse ép. *usualis* (de *usus* « usage »).

USUFRUIT, 1276 ; au moyen âge aussi formes plus francisées *usefruis*, XIIIe, *usfruit*, XIVe. Empr. du lat. jurid. *ususfructus*, mot fait de deux mots juxtaposés, signifiant « droit d'usage et jouissance d'un bien dont on n'est pas propriétaire ». — Dér. : **usufruitier,** 1411.

USURAIRE, vers 1320. Empr. du lat. jurid. *usurarius* « relatif aux intérêts » pour servir d'adj. à *usure*.

USURE. A eu aussi le sens « intérêt de l'argent », encore usité au XVIIIe s. dans des ouvrages traitant de l'histoire romaine. Lat. *ūsūra* « intérêt de l'argent ». Jusqu'au XVIe s., l'action de demander des intérêts, désignée par le mot *usure*, était regardée comme immorale ; cette conception ayant disparu, on sentait, à partir du XVIe s., le besoin d'avoir deux termes et on distingua entre les intérêts à un taux normal (qui avait été fixé pour Calvin à 5 %) et ceux à un taux exagéré ; le sens de *usure* fut alors restreint à ces derniers, après une certaine époque d'hésitation (1690). — Dér. : **usurier,** vers 1170.

USURE, v. **user.**

USURPER, 1340 ; **usurpateur,** vers 1430 ; rare avant le XVIIe s. ; **usurpation,** 1550 (une 1re fois en 1374). Empr. des mots du lat. jurid. *usurpare* « *id.* », *usurpator* (créé à basse ép.), *usurpatio*.

UT, v. **gamme.**

UTÉRUS, XVIe (Paré) ; **utérin,** 1455. Empr. des mots lat. *uterus* « matrice », *uterinus* (créé à basse ép.).

UTILE, 1260 ; une première fois *utle* au XIIe s. ; paraît avoir été rare au moyen âge ; **utilité,** vers 1120. Empr. du lat. *utilis*, *utilitas*. — Dér. : 1° d'*utile* : **utiliser,** 1792 (Necker ; v. *influencer*, sous **influence**), d'où **utilisation,** 1798, **utilisable,** 1842, d'où **in-,** 1845, **inutilisé,** 1834 ; 2° d'*utilité* : **utilitaire,** 1831, **-arisme,** 1831, tous deux d'après les mots angl. *utilitarian*, *-ianism*.

UTOPIE, 1532 (Rab.). Empr. du lat. moderne *Utopia*, nom d'un pays imaginaire, mot créé par Th. Morus avec les mots grecs *ou* « non » et *topos* « lieu », c'est-à-dire « lieu qui n'existe nulle part » et donné comme titre à un de ses ouvrages en 1516. Le mot se trouve quelquefois au XVIe s. comme nom de ce pays, mais n'est plus attesté au XVIIe s. En anglais le mot devient subst., dès 1613, pour désigner une conception imaginaire d'un gouvernement idéal, une chimère. Le fr. a emprunté le mot une 2e fois de l'anglais (attesté seulement dp. 1762). — Dér. : **utopiste,** 1792 ; **utopique,** vers 1840 (Proudhon ; dès 1529, dans un autre sens).

UTRICULE, 1726. Empr. comme terme de botanique, pour désigner les petites cavités du tissu cellulaire des plantes, du lat. *utriculus* « petite outre ». Au sens de « cavité du grain de pollen contenant la matière fécondante », c'est une extension de sens ou un empr. au lat. *utriculus* (dimin. de *uterus*) « grain de blé, bourgeon ».

UVAL, 1874, t. de médecine, dér. du lat. *uva*.

V

VACANT, 1205. Empr. du lat. *vacans*, part. prés. de *vacare* « être vacant », propr. « être vide » (de la famille de *vacuus* « vide »). — Dér. : **vacance,** 1596 (en 1531 *vacance de la foy* dans un texte jurid. « manque »).

VACARME, 1288 (dans *Renart le novel* (écrit à Lille par J. Gelée) : « *Flament seut* (« il savait le flamand »), *si cria : Wascarme* »). Empr., par l'intermédiaire des parlers du Nord-Est, de l'interjection du moyen néerl. *wach arme*, « hélas » (qui serait en all. *weh armer* « hélas, pauvre (que je suis) ») ; a été longtemps senti comme un mot étranger, cf. chez G. Guiart, au XIVe s. : « *En criant wacarme, wacarme. Qui vaut autant com dire hélas* », et chez E. Deschamps : « *Et encor me faisoit pis Wacarme et alarme et cris Des Flamens.* »

VACATION, 1390, au sens moderne de « temps occupé à une affaire » (spécialement d'un homme de loi), d'où « honoraires pour ce travail » (au XVIe et au XVIIe s. aussi « profession, métier »). Antér. « vacances », XVIe, encore usité en parlant des tribunaux ; empr. en ce sens du lat. *vacatio*, dér. de *vacare*. L'autre sens est dû à *vaquer* au sens de « s'occuper de ».

VACCIN, 1801 ; **vaccine** « maladie contagieuse, dite aussi cowpox, propre à la vache », 1749, dans la *Bibliothèque britannique* où on lit : « C'est nous qui avons hasardé le nom de *petite vérole des vaches* d'après l'angl. *cow-pox*. Le nom de *p.v.d.v.* est incommode. C'est ce qui nous engage à hasarder un autre nom. En lat., on appellerait cette maladie *variola vaccina*. Ce nom francisé serait la *variole vaccine*. Pour abréger, nous l'appellerons à l'avenir la *vaccine.* » Le premier est tiré de *vaccin*, adj. dans *virus vaccin*, 1807, empr. du lat. *vaccinus* « de vache ». — Dér. : **vacciner,** 1801, d'où **vaccination,** 1801, **vaccine** « action de vacciner », 1800, **revacciner,** 1855.

VACHE. Lat. *vacca.* — Dér. : **vacherie,** XIIe ; peut aussi être rattaché à *vacher ;* **avachir (s'),** XIVe (Christine de Pisan), d'où **avachissement,** 1864 (Goncourt). On a proposé de rattacher ce verbe à un francique ***waikjan* « amollir », cf. all. *weich* « mou » ; mais cette étymologie ne convient ni à la forme ni à la date à laquelle est attesté le verbe français ; **vachette,** sorte de cuir, 1836 ; attesté au sens de « petite vache » au XVIe s. ; **vacherin,** 1907, empr. des parlers de la Suisse Romande, où il est attesté dès le XVe s.

VACHER. Lat. pop. ***vaccārius*, dér. de *vacca.*

VACIET, nom de plante, XVIe. Se rattache d'une façon obscure au lat. *vaccinium.*

VACILLER, vers 1180 ; **vacillation,** 1512. Empr. du lat. *vacillare*, *vacillatio.*

VACUITÉ, 1314. Empr. du lat. *vacuitas* (de *vacuus* « vide »).

VADE-MECUM, 1465. Mots lat. signifiant « va avec moi », qui ont servi de titre à différents manuels.

VADROUILLER, 1881. Mot vulgaire, dér. de *vadrouille* « drôlesse », 1867, terme d'argot, tiré lui-même de *vadrouille* « tampon de laine fixé au bout d'un bâton pour nettoyer le pont d'un bateau », 1678. Celui-ci a été formé probabl. dans la région de Lyon, de *drouilles* « vieilles hardes » et du préf. *va-*, assez courant dans la région pour renforcer le sens d'un mot, surtout d'un adj. (comp. *vadous* « fade », *vadru* « très dru, de l'herbe ») et qui représente le lat. *valde*. L'expansion du mot est due à la navigation fluviale. Du verbe a été tiré un nouveau subst. **vadrouille,** 1892, au sens d' « action d'aller çà et là pour se livrer à la débauche » ; aussi **vadrouilleur,** 1881.

VA-ET-VIENT, v. **aller.**

VAGABOND, 1382, rare avant le XVIe s. Empr. du lat. de basse ép. *vagabundus* (de *vagari* « aller çà et là »). — Dér. : **vagabonder,** vers 1360 (Bersuire), **vagabondage,** 1767.

VAGIN, 1710. Tiré du lat. *vagina* « gaine ». — Dér. : **vaginal,** 1727 ; **invaginer,** 1836, **-ation,** 1773.

VAGIR, 1555 ; rare avant le XIXe s. Empr. du lat. *vagire.* — Dér. : **vagissement,** 1536, usuel depuis le XVIIIe s.

VAGUE, *subst. fém.*, XIIe (sous la forme *wage*). De l'anc. scandinave *vâgr*, id. (cf. all. *Woge*, moyen bas all. *wâge*).

VAGUE, *adj.* « indéterminé », XVIe. Empr. du lat. *vagus*, propr. « errant, vagabond » ; déjà empr. en ce sens au moyen âge, usité jusqu'à la fin du XVe s.

VAGUE, *adj.* « libre, vide », dans *terrains vagues*, vers 1266. Au moyen âge se dit aussi d'un poste (évêché, chancellerie, etc.) vacant ; la langue hésite alors entre les formes *vaque* et *vague ;* cette dernière forme a triomphé par confusion avec le mot précédent. Empr. du lat. *vacuus* « vide ».

VAGUEMESTRE, 1667 *(Vaguemestre de l'équipage du roi).* Empr. de l'all. *Wagenmeister*, littéral. « maître des équipages » ; aujourd'hui sens modifié.

VAGUER, vers 1230. Empr. du lat. *vagari.*

VAILLANCE, VAILLANT, v. **valoir.**

VAIN. Lat. *vānus*, propr. « vide », sens conservé dans *vaine pâture ; vain* a signifié aussi au moyen âge « faible, abattu », sens conservé dans des patois. La locution *en vain*, qui a son correspondant dans les langues voisines : it. *in vano*, remonte probabl. à un lat. pop. *in vanum*, fait sur le modèle du lat. class. *in cassum*, synonyme de *frustra.*

VAINCRE. D'abord *veintre.* Lat. *vincere.* — Dér. : **vainqueur,** XIIe ; **invaincu,** fin XVe, imité du lat. *invictus.*

VAIR. Nom anc. de la fourrure dite *petit-gris.* D'abord adj. signifiant « changeant, variable », qui se disait spécialement des yeux dont l'iris est cerclé de blanc ; hors d'usage depuis le XVe s. Lat. *varius* « tacheté, varié, etc. ». It. *vaio.* — Dér. : **vairon,** vers 1170, comme adj. ; substantiv. « sorte de goujon », 1579 (H. Estienne).

VAISSEAU. Propr. « vase, récipient » sens disparu, d'où « navire (surtout de guerre) », XIIe, qui a fini par éliminer *nef ;* par suite a pris de *nef*, vers le XVIIe s., le sens d' « intérieur d'église » ; sens anatomique, XIVe. Lat. de basse ép. *vascellum*, dimin. de *vas* « vase ». Devenu rare dans les parlers gallo-romans ; conservé au sens de « ruche » en picard et dans la Suisse romande, au sens de « cercueil » en wallon et en lorrain. *Vaisseau de guerre* se disait au XVe s. *vaisseau d'armée.*

VAISSELLE. Lat. pop. *vascella*, plur pris comme fém. sing. de sens collectif, de *vascellum.* Esp. *vajilla.* — Dér. : **vaisselier,** 1568.

VAL, masc. dès l'origine, sauf dans des noms de lieu, tels que *Laval.* Ne s'emploie plus que comme terme de géographie et dans la locution *par monts et par vaux,* XVe. Lat. *vallis*, fém. It. *valle*, esp. *valle.* Le masc. du fr., qui se trouve aussi en a. pr. et dans les langues de la péninsule ibérique, est dû probabl. à *mont*, avec lequel *val* est souvent associé. — Dér. et Comp. : **vallée,** vers 1080 *(Roland) ;* **aval,** contraire d'*amont*, *id. ;* une forme ancienne *avau* s'est conservée dans l'expression *à vau-l'eau*, 1552 (Rab.) ; **avaler,** propr. « faire descendre », 1080 ; sens hors d'usage sauf dans des emplois techn., le sens moderne apparaît dès le XIIe s., d'où **avaloire,** XIIIe, **avaleur,** 1493, **ravaler,** XIIe (Chrétien), propr. « faire descendre », d'où divers sens techn. ; le sens moral est déjà du XIIIe s. ; d'où **ravalement,** 1460, développement de sens parallèle à celui du verbe ; **dévaler,** XIIe.

VALENCE, orange, 1839. Tiré de *Valence* (ville d'Espagne), de la région de laquelle vient cette esp. d'orange.

VALENCE, terme de chimie, fin XIXe. Empr. du lat. de basse ép. *valentia* « valeur » (de *valere*) pour exprimer une notion différente de *valeur.* On a fait d'après ce mot un adj. **polyvalent.**

VALENCIENNES, 1761. Tiré de *Valenciennes*, nom de la ville, où cette sorte de dentelle a été d'abord fabriquée.

VALENTIN, -TINE, 1838, en Normandie 1834, attesté pour la Lorraine dès le XVIIe s., aussi au Canada. Tiré du nom propre *saint Valentin ;* dit ainsi parce que dans certaines provinces, le jour de la fête de ce saint (14 février), les jeunes filles choisissaient un prétendu ; Ménage signale déjà un usage analogue dont il attribue l'institution à Mme Royale, fille de Henri IV, qui l'aurait établie à l'occasion d'une collation qu'elle avait organisée dans une propriété près de Turin, le jour de la Saint-Valentin, cf. ce que dit Ménage : « Cette institution ayant été faite dans cette maison du Valentin (nom que M. R. avait choisi ainsi en l'honneur de ce saint) et le jour de la Saint-Valentin, on a appelé de-là en Piémont un galant, un *Valentin ;* et sa dame, une *Valentine.* Cette façon de parler passa ensuite à la cour de France. » Mais un usage de ce genre se trouve attesté déjà dans les poésies de Christine de Pisan. L'anglais connaît de même *Valentine* au sens de « soupirant choisi le jour de la Saint-Valentin » (empr. au fr.), v. **philippine.**

VALÉRIANE, XIIIe. Empr. du lat. médiéval *valeriana*, du nom de la province *Valeria*, partie de l'ancienne Pannonie, où cette plante était très répandue.

VALET, XIIe ; signifie propr. « jeune noble, écuyer au service d'un seigneur », d'où « jeune garçon », sens fréquent au moyen âge ; le sens moderne s'est développé dès le XIIe s. et a triomphé au XVIIe s., cf. ce que dit Pasquier : « Valet anciennement s'adoptoit fort souvent à titre d'honneur près des rois... et maintenant le mot de valet se donne dans nos familles à ceux qui entre nos serviteurs sont de moindre condition. » On a dit d'abord *vaslet*, d'où une forme *varlet*, conservé dans la langue littéraire au sens premier du mot. D'un type supposé **vassellittus*, double diminutif du mot celtique *vasso-*, qui est également à la base de *vassal.* — Dér. : **valetaille,** 1585.

VALÉTUDINAIRE, 1346, rare avant le XVIIe s. Empr. du lat. *valetudinarius* (de *valetudo* au sens de « mauvais état de santé »).

VALEUR. Lat. *valōrem*, acc. de *valor*, masc. It. *valore*, esp. *valor.* — Dér. et Comp. : **valeureux,** vers 1400 ; **non-valeur,** 1451. D'après la forme du mot lat. : **valorisation,** 1907 ; **revaloriser,** 1925, **-isation,** 1923 ; **dévaloriser,** 1932, **-isation,** *id.*

VALIDE, 1528 ; **valider,** 1411 ; **validité,** 1508. Empr. des mots lat. *validus* « bien portant, fort », *validare, validatio (id.)*, en vue de sens spéciaux. — Dér. de *valider :* **validation,** 1598 ; **revalider,** 1465.

VALISE, 1559. Empr. de l'it. *valigia.* On a *valisia* en lat. médiéval dès le XIIIe s. Le mot a rayonné de l'Italie supérieure, ce qui rend probable une origine gauloise. On propose un dér. d'un radical **val-* « entourer », correspondant au gaélique *fail* « anneau » ; l'all. *Felleisen*, d'abord *velîs*, est une altération de l'it. dialectal (milan. *valis*). — Dér. : **dévaliser,** 1555, **dévaliseur,** 1636.

VALLON, 1529. Empr. de l'it. *vallone* « grande vallée », augmentatif de *valle*, dès 1564 formé en fr. même comme dimin. de *val* d'après la valeur du suff. *-on* en fr. — Dér. : **vallonner,** 1867 ; **vallonnement,** 1869.

VALOIR. Lat. *valēre*, propr. « être bien portant, être fort », d'où « valoir ». It. *valere*, esp. *valer*. — Dér. et Comp. : **vaillant,** XIe *(Alexis)*, anc. part., propr. « valant », encore usité dans les locutions *ne pas avoir un sou vaillant*, etc., d'où **vaillance,** XIIe, d'abord « valeur », sens qui se trouve encore au XVIIe s., sens moderne dès les premiers textes ; **valable,** XIIIe ; **value,** vers 1180, hors d'usage depuis le XVIe s., d'où **évaluer,** 1366 (on a dit aussi *avaluer* du XIIIe au XVIe s.), d'où **évaluable,** 1790, **évaluation,** XIVe (Oresme), **plus-value,** 1457, et sur ce modèle, **moins-value,** 1765, **dévaluation,** 1929, **dévaluer,** 1948 ; **revaloir,** vers 1180 ; **vaurien,** vers 1565.

VALSE, 1800. Empr. de l'all. *Walzer*, lequel est attesté dp. 1781, le verbe *walzen* dp. 1760. — Dér. : **valser,** 1798, **valseur,** 1801.

VALVE, 1611 ; **valvule,** XVIe (Paré). Empr. des mots du lat. moderne *valva, valvula*, tirés du lat. anc. *valva* « battant de porte », *valvula* « gousse », en vue de sens spéciaux. — Dér. : **bivalve,** 1718.

VAMP, femme fatale, vers 1930. Empr. de l'anglo-américain *vamp*, d'abord terme de cinéma, abrégé de *vampire.*

VAMPIRE, 1746 ; pris par Voltaire en 1770 en un sens figuré. Empr. de l'all. *Vampir*, qui est lui-même la forme serbe, cf. *oupir* du russe, du polonais et du tchèque, d'où les formes *oupire, upire* dans Trévoux ; l'histoire de ce mot et des notions qu'il exprime est complexe ; on a beaucoup parlé du vampire au XVIIIe s. et le mot se retrouve dans de nombreuses langues tatares, finnoises, etc. ; c'est Buffon qui a appliqué le mot à la roussette qu'il appelle *vespertilio vampyrus* ou *vampire.* — Dér. : **vampirisme,** 1746.

VAN, VANNER. Lat. *vannus*, **vannāre* (au lieu du lat. class. *vannere*). *Vanner* a reçu dans le fr. pop. le sens de « fatiguer fortement » (depuis 1744) par allusion plaisante aux secousses qu'on imprime au *van. Vanner* est refait en *venter* d'après *vent* dans de nombreux parlers gallo-romans, d'ou un dér. du type *ventadou* dans le Midi. — Dér. : 1° de *van :* **vanneau,** XIIIe, dit ainsi par comparaison du bruit d'un van avec celui qu'un vanneau fait avec ses ailes (explication donnée par Buffon), ou par comparaison de la forme des ailes avec celle d'un van ; en tout cas, c'est d'après cette dernière comparaison que la langue de la fauconnerie a fait le même dér. *vanneau*, 1270, au sens de « plume d'essor des oiseaux », aussi a. pr. *van* au même sens (d'où it. *vanni* « plumes des ailes », usité seulement en poésie ; *vanello, fanello* « vanneau » est également empr.) ; on a aussi proposé un gaulois **vannâlo*, reconstitué d'après irlandais *fannall* « hirondelle », mais l'hirondelle et le vanneau sont trop différents pour qu'on puisse accepter cette étymologie. **Vannier,** 1226 ; **vannerie,** 1642 (déjà 1340) ; **vannette,** 1680 ; 2° de *vanner :* **vannage,** 1293 ; **vanneur,** XIIIe (É. Boileau) ; **vannure,** 1372.

VAN, véhicule pour le transport des chevaux de course, 1904. Empr. de l'angl. *van*, « tapissière, fourgon », d'où le sens spécial de *van*, abréviation de *caravan* qui s'emploie en un sens analogue, en parlant de ménageries, etc., qui forment des convois pour le transport du matériel, etc.

VANDALE, 1732 (Voltaire). Tiré de *Vandale*, nom d'un peuple germ., qui ravagea la Gaule, l'Espagne et le Nord de l'Afrique au début du Ve s. ; de là l'emploi fig. de ce nom. — Dér. : **vandalisme,** vers 1793, mot créé par l'abbé Grégoire pour protester contre la destruction des bibliothèques, monuments, etc., qui rappelaient la royauté, cf. ce qu'il dit : « Je créai le mot pour tuer la chose ».

VANDOISE, XIIIe. D'un gaulois **vindesia*, dér. du celtique *vindos* « blanc ». On trouve au XIIIe s. une forme lat. *vendesia*, cf. **ablette,** all. *Weissfisch*, etc.

VANESSE, espèce de papillon, 1836. Étymologie inconnue.

VANILLE, 1664. Empr. de l'esp. *vainilla*, propr. « petite gaine », dimin. de *vaina* « gaine » ; ce mot esp. a servi à désigner la gousse du vanillier, plante du Mexique, dont le parfum et la saveur sont particulièrement appréciés. — Dér. : **vanillé,** 1872 ; **vanillier,** 1764.

VANITÉ, vers 1120. Empr. du lat. *vanitas*, dér. de *vanus.* — Dér. : **vaniteux,** 1743.

VANNE. Écrit aussi *venne* au moyen âge. Lat. mérovingien *venna*, peut-être d'origine celtique, qui désigne un barrage pratiqué dans un cours d'eau ou un étang pour prendre le poisson.

VANNEAU, v. **van.**

VANTAIL, v. **vent.**

VANTER. Lat. de basse ép. *vānitāre* (attesté indirectement par le part. *vanitans* « vaniteux »), qui a dû signifier « être vain » ; au moyen âge on dit surtout *se vanter ;* l'emploi trans. ne paraît pas être antérieur au XVIe s. — Dér. : **vantard,** 1592, **vantardise,** 1850 ; **vanterie,** vers 1235.

VAPEUR, XIIIe (J. de Meung) ; **vaporeux,** XIVe. Empr. du lat. *vapor, vaporosus ; vapeur* a été fait fém., malgré le genre du mot lat., d'après les autres subst. en *-eur*, mais, quand *vapeur* est abrégé de *bateau à vapeur* (calque de l'angl. *steamboat*, 1803), depuis 1842, il est masc. — Dér. d'après la forme du mot lat. : **vaporiser,** 1771, **-isation,** 1771, **-isateur,** 1829. V. **évaporer.**

VAQUER, XIIIe au sens d' « être vacant » ; au sens de « s'occuper de quelque chose », vers 1300. Empr. du lat. *vacare*, propr. « être vide », d'où sont sortis les deux sens que le français a empr., notamment dans la langue jurid.

VARANGUE, terme de marine, 1382 (écrit *varengue*). Empr. de l'anc. nor. *vrong*, dont la voyelle est née par métaphonie d'un anc. *a*, cf. anc. angl. *wrang (a)*, moyen bas all. *wrange*, néerl. *vrang*. L'esp. *varenga* vient du fr.

VARAPPER, 1899 ; dér. du nom d'un couloir rocheux du Salève, près de Genève. — Dér. : **varappe,** vers 1925.

VAREC, VARECH, 1125 (écrit *warec*,) au sens de « goémon », signifie « épave » du XVIe au XVIIIe s., sauf en normand, où le mot est attesté au sens de « goémon » dès le commencement ; a pris alors le sens moderne qui a éliminé le sens propre. Du norois *vagrek* « épave » (comp. aussi l'anc. angl. *wræc* (d'où angl. *wreck*), cf. aussi all. *Wrack*, tous au sens d' « épave »), v. **vrac.**

VARENNE, v. **garenne.**

VAREUSE, 1793. D'abord « chemise en grosse toile que mettent les matelots pour préserver leurs vêtements quand ils sont occupés à des travaux de gréement, etc. », attesté partic. en Normandie. Probabl. dér. de *varer*, forme normande de *garer* « garer, protéger », donc à peu près **blouse vareuse* « blouse qui protège les habits ».

VARICE, XIVe ; **variqueux,** 1541. Empr. du lat. *varix, -icis, varicosus.*

VARICELLE, v. **variole.**

VARICOCÈLE, 1716. Comp. hybride, fait du lat. *varix* (*-icis*) et du grec *kêlê* « tumeur », fait sur le modèle de **cirsocèle,** terme médical de même sens, 1694 (empr. du grec *kirsokêlê*, de *kirsos* « varice »), qu'il a remplacé comme plus clair.

VARIER, 1155 ; **variable,** fin XIIe ; **variété,** vers 1170 ; **variation,** 1314. Empr. des mots lat. *variare* (de *varius*), *variabilis, varietas, variatio*. L'a. fr. *vairié, vairé*, etc., fréquent comme terme techn. du blason et de l'orfèvrerie, représente le lat. *variatus* (de *variare*) plutôt que d'être dér. de *vair*. — Dér. de *variable* : **variabilité,** XVe ; **invariable,** 1370 (Oresme), **invariabilité,** 1616.

VARIOLE, XIVe. Empr. du lat. du VIe s. *variola*, dér. de *varius* « varié ». Francisé en **vérole,** 1190 (écrit *vairole ;* cf. *vereule* en 1425), qui a d'abord eu le sens de « variole », conservé dans *petite vérole*, aussi it. *vairuole* (plur.), esp. *viruela ;* désigne en outre la syphilis depuis le XVIe s., d'où **vérolé,** 1520. — Dér. : **varicelle,** 1810, avec une formation anormale, on a dit aussi *variolette, id. ;* **varioleux,** 1766 ; **variolique,** 1764.

VARIQUEUX, v. **varice.**

VARLET, v. **valet.**

VARLOPE, fin XVe (écrit *vrelope ; vuarloppe*, en 1564). Empr., par l'intermédiaire des parlers du Nord-Est, du néerl. *voorlooper*, littéral. « qui court devant ». — Dér. : **varloper,** 1546 (Rab., sous la forme d'imparf. *vreloppoit*).

VASCULAIRE, 1721 ; **vasculeux,** 1734. Dér. sav. du lat. *vasculum* « petit vase » pour servir d'adj. à *vaisseau.*

VASE, *masc.*, 1539. Empr. du lat. *vas* « vase ». V. **évaser, extravaser, transvaser.**

VASE, *fém.*, 1484, d'abord *voyze, voyse* en 1396 (texte de Dieppe). Empr. du moyen néerl. *wase* (de la famille de mots d'où vient *gazon*). — Dér. : **vaseux,** 1484 ; **envaser,** fin XVIe, **envasement,** 1792.

VASELINE. Terme créé aux États-Unis en 1877 par R. Chesebrough au moyen de *vas-* (de l'all. *Wasser*), *el-* (du grec *elaion* « huile d'olive ») et du suff. *-ine*, d'abord pour désigner une sorte de gelée de pétrole, puis des préparations contenant ce produit.

VASISTAS, 1784 (écrit *vagislas*, dans *Faublas*, en 1786, avec une note explicative). Empr. de l'all. *was ist das ?* « Qu'y a-t-il là ? », donné par plaisanterie à ce genre d'ouverture par où on peut s'adresser à quelqu'un, etc.

VASQUE, 1826. Empr. de l'it. *vasca*, qui est une adaptation toscane de *vaschia, vasca* des dialectes de l'Italie méridionale, signifiant « cuve du pressoir », du lat. *vascula*, plur. collectif de *vasculum*, v. **vasculaire.**

VASSAL, vers 1080 *(Roland)*. Terme de féodalité, en lat. mérovingien *vassallus*, dér. de *vassus* « serviteur » (Loi des Alamans, etc.), mot d'origine celt., cf. gallois *gwas* « jeune homme », irl. *foss* « serviteur ». Empr. par les langues voisines : it. *vassallo*, etc. **Vavasseur,** vers 1160, autre terme de féodalité, est une francisation du lat. mérovingien *vassus vassorum*. — Dér. : **vassalité,** fin XVIIe (Saint-Simon) ; **vasselage,** vers 1080 *(Roland)*.

VASTE, 1495. Empr. du lat. *vastus.*

VATICINER, 1481 ; rare avant le milieu du XIXe s. Empr. du lat. *vaticinari* (de *vates* « devin, prophète »).

VA-TOUT, v. **aller.**

VAUDEVILLE, 1507 (*Plusieurs chansons, tant de musique que de vaul de ville*, N. de La Chesnaie) ; a signifié d'abord « chanson de circonstance », puis « pièce de théâtre de circonstance » au XVIIIe s., et « pièce de théâtre entremêlée de couplets » au XIXe s. Altération de *vaudevire* (qu'on trouve au XVe s.), tiré de *Vau de Vire*, nom d'une région du Calvados, dont les chansons eurent du succès au XVe s. — Dér. : **vaudevilliste,** 1735.

VAU-L'EAU (à), v. **val.**

VAURIEN, v. **valoir.**

VAUTOUR, XVIe. Forme dialectale, probabl. du sud-ouest, qui correspond à l'anc. franç. *vautour*, *voltour*, vers 1100, du lat. *vultur* ; on a aussi au moyen âge *voultoir*, du lat. *vulturius*.

VAUTRER. Forme dialectale, qui a triomphé au XVIe s., rare auparavant, de *voutrer* ; le même mot que l'it. *voltolare* « rouler », *voltolarsi* « se vautrer » ; représente un lat. pop. **volutulare*, dér. de *volutus*, part. passé de *volvere*, syncopé par la suite en **voltulare*. Au moyen âge des formes comme *viutrer*, *voitrer*, qui sont encore répandues dans les parlers, s'expliquent par une dissimilation des deux voyelles labiales de **voltulare*, qui a abouti à une forme **veltolare*.

VAUVERT, v. **vert.**

VAVASSEUR, v. **vassal.**

VEAU. Lat. *vitellus*, moins usuel que *vitulus*. It. *vitello*. — Dér. d'après l'anc. forme *veel* : **vêler,** 1328 ; **vélin,** XIIIe.

VECTEUR, 1752. Empr. du lat. *vector* « conducteur » (de *vehere* « conduire »).

VEDETTE, 1586. Empr. de l'it. *vedetta* « lieu élevé où l'on place une sentinelle » ; par suite, s'est dit d'une guérite et surtout d'un cavalier posé en sentinelle, d'où les expressions *mettre, être en vedette*, prises au XIXe s. (1855) dans un sens plus étendu ; le sens de « sorte de petit bateau d'observation » est récent et propre au fr. L'it. *vedetta* est une altération, d'après *vedere* « voir », de *veletta*, encore usité aujourd'hui, probabl. diminutif de *vela* « voile », qui désigne une petite voile au haut du grand mât du bâtiment.

VÉGÉTER, 1375 ; **végétal,** XVIe (Paré), **végétalisme,** 1836, **végétalien,** 1914 ; **végétatif,** XIIIe ; **végétation,** 1525. Empr. du lat. de basse ép. *vegetare* « croître » (en lat. class. « vivifier », de *vegetus* « vigoureux »), et des dér. médiévaux *vegetalis*, *vegetativus*, *vegetatio* (en lat. class. ne signifie que « excitation, mouvement »). *Végéter* a pris au XVIIIe s. le sens nouveau de « mener une vie inerte, comparable à celle des végétaux », sens qui a influencé *végétatif*. — Dér. de *végétal*, avec suppression de la terminaison *-al* : **végétarien** (d'après l'angl. *vegetarian*), 1875, d'où **-arianisme,** 1877.

VÉHÉMENT, XIIe ; **véhémence,** 1488. Empr. du lat. *vehemens*, *vehementia*.

VÉHICULE, XVIe (Paré), comme terme de physiologie. Empr. du lat. *vehiculum* « moyen de transport » (de *vehere* « transporter »), d'où spécial. « voiture », sens repris vers 1816 ; auparavant *véhicule* n'est employé que dans des sens techn. ou issus de ces sens. — Dér. : **véhiculer,** 1856.

VEILLE, VEILLER. Lat. *vigilia*, *vigilare*. It. *vegghia*, *vegghiare* (moins usités aujourd'hui que les formes empr. *veglia*, *vegliare*), esp. *vela* (refait sur le verbe), *velar*. Le sens de « jour qui précède un jour déterminé » que *veille* présente de bonne heure est propre au gallo-roman ; il vient du lat. médiéval de l'Église *vigilia*. — Dér. : **veillée,** 1316 ; **veilleur,** 1198, depuis le XIVe s. on employait le fém. *veilleresse* au sens de « garde-malade », d'où **veilleuse,** 1798. — Comp. : **avant-veille,** XIIIe ; **surveille,** vers 1200, rare aujourd'hui ; **surveiller,** 1586 ; **surveillant,** 1535, **surveillance,** 1633.

VEINE. Lat. *vēna*. It. esp. *vena*. Les sens de « filon » et de « veine poétique » existent déjà en latin. Celui de « chance », attesté dès le XIVe s., dér. du sens fig. du lat. ; *être, se sentir en veine*, où *veine* désigne propr. la veine poétique, est attesté dès le moyen âge ; *trouver une bonne veine* « trouver un bon filon », n'apparaît pas avant le XVIIe s. ; d'où **veinard,** 1860, **déveine,** 1854. — Dér. : **veiné,** 1611, **veiner,** 1812 ; **veineux,** 1545 ; **venelle,** XIIe, « ruelle », littéral. « petite veine ».

VEINULE, XVIIe ; écrit d'abord *venule*. Empr. du lat. *venula*, dim. de *vena*.

VÊLER, VÉLIN, v. **veau.**

VÉLITE, XIVe (Bersuire), terme d'histoire romaine. Empr. du lat. *veles*, *velitis* « soldat armé à la légère » ; a servi à désigner un corps de chasseurs à pied sous Napoléon Ier.

VELLÉITÉ, vers 1600 (François de Sales). Empr. du lat. médiéval *velleitas*, formé sur le subj. impf. *vellem* « je voudrais » (comp. dans saint Thomas : *talis voluntas magis est dicenda velleitas quam absoluta voluntas ; quia scilicet homo hoc vellet, si aliud non obsisteret*). — Dér. : **velléitaire,** fin XIXe.

VÉLOCE, 1607 ; **vélocité,** vers 1270. Empr. du lat. *velox*, *velocitas*.

VÉLOCIPÈDE, 1804. Comp. avec les mots lat. *velox*, v. le préc., et *pes*, *pedis* « pied », sur le modèle de *bipède*, etc. ; plus usuel sous la forme abrégée **vélo.** — Dér. : **vélocipédiste,** 1868 ; **vélomoteur,** 1949, comp. de la forme **vélo** avec **moteur.**

VÉLODROME, v. **drome-.**

VELOURS, 1377. Altération de *velous*, XIIe (attesté alors par le dér. *veloset*), par adjonction d'une *r*, qui s'est produite alors que la prononciation de la langue était hésitante dans les mots à *r* finale. *Velous* est empr. de l'a. pr. *velos* « velours », lat. *villōsus* « velu », pris substantiv. — Dér. : **velouté,** vers 1450 ; *velluté*, attesté en 1429, est fait sur le prov. *velut*.

VELU. Lat. de basse ép. *villūtus* (dans des gloses), dér. de *villus* « poil ». It. *velluto* (forme non florentine), esp. *velludo*, a. pr. *velut*, tous trois aussi au sens de « velours ».

VENAISON. Lat. *vēnātiōnem*, acc. de *vēnātiō*, propr. « chasse », d'où « gibier ». A. pr. *venazon*, port. *veação*.

VÉNAL, vers 1200 ; **venalité,** 1573. Empr. des mots lat. *venalis* (de *venum* « vente »), *venalitas* ; ont pris rapidement un sens défavorable.

VENDANGE, VENDANGER, VENDANGEUR. Lat. *vindēmia, vindēmiāre, vindēmiātor.* It. *vendemmia, -are, -atore,* esp. *vendimia, -ar, -ador.*

VENDÉMIAIRE, 1793. Mot créé par Fabre d'Églantine avec le lat. *vindēmia* « vendange ».

VENDETTA, 1803 (*vendette* en 1788) ; vulgarisé surtout par *Colomba* de Mérimée, qui toutefois a employé une forme plus francisée *vendette.* Empr. de l'it. *vendetta* (lat. *vindicta,* v. **vindicte**).

VENDRE. Lat. *vendere.* — Dér. : **vendable,** 1249, **invendable,** 1764 (Voltaire) ; **vendeur,** vers 1200 ; **revendre,** 1190, **revendage,** 1396, **revendeur,** 1190 ; **invendu,** 1706 ; **vente,** abstrait (devenu concret comme terme de sylviculture), fém. pris substantiv. du part. passé *venditus,* disparu avant les premiers textes, cf. a. pr. esp. *venta,* it. *vendita ;* d'où **mévente,** 1675.

VENDREDI. Au moyen âge *vendresdi* et dans les dialectes, notamment dans ceux du Nord et de la Bourgogne, *divenres, divendres.* Lat. *Veneris dies* « jour de Vénus ». *Vendredi* est le type des parlers septentrionaux, *(di)venre(s)* celui des parlers méridionaux. Conservé ailleurs sous les deux types, sauf en portugais : it. *venerdì,* esp. *viernes.*

VENELLE, v. **veine.**

VÉNÉNEUX, 1496. Empr. du lat. de basse ép. *venenosus* (de *venenum*).

VENER, v. **veneur.**

VÉNÉRER, 1413 ; **vénérable,** XIIIe ; **vénération,** XIIe. Rares avant le XVIIe s. Empr. du lat. *venerari, venerabilis, veneratio.*

VÉNÉRIEN, 1464 (au sens médical depuis d'Aubigné). Dér. sav. du lat. *venerius,* adj. de *Venus, Veneris* « Vénus (déesse de l'amour) ».

VÉNERIE, v. **veneur.**

VENETTE, dans *avoir la venette,* 1798. Mot d'origine normande, attesté dans ce patois dès le XVIIe s. (aussi chez Flaubert), passé par la suite en fr. pop. ; dér. de l'anc. verbe *vesner* « vesser » (d'où aussi *vesne* au XVIe s.), lat. pop. **vissināre,* dér. de *vissīre.*

VENEUR. Lat. *vēnātōrem,* acc. de *vēnātor.* Depuis le XVIe s. *veneur* est hors d'usage au sens général de « chasseur » ; ne survit que dans des emplois spéciaux, notamment dans le titre historique *le grand veneur du roi.* De même le verbe correspondant *vener,* lat. *vēnārī,* est sorti de la langue avant le XVIe s. et ne subsiste que dans des emplois techn. peu connus : *vener une bête* (*bœuf, mouton,* etc.) « la faire courir pour que sa chair soit plus tendre » ; d'où **vénerie,** 1267 ; v. aussi **venaison.** V. **chasser.** En fr. la spécialisation de *veneur, vénerie* en en faisant des mots aristocratiques et techn., les a maintenus plus longtemps qu'ailleurs.

VENGER. Lat. *vindicāre* « réclamer en justice, revendiquer », d'où spécial. « chercher à punir, venger », *se vindicare* « se venger. » It. *vendicare,* esp. *vengar.* — Dér. : **vengeance,** vers 1080 *(Roland) ;* **vengeur,** XIIe ; **revancher,** XIIIe (J. de Meung), pour *revencher,* dér. de *vencher,* autre forme de *venger,* a signifié d'abord « venger » jusqu'au XVe s. ; depuis ne s'emploie qu'au pronominal ; d'où **revanche,** vers 1500.

VÉNIEL, 1380 (l'adv. *véniellement* en 1350) ; d'abord *vénial,* XIIIe (J. de Meung). Empr. du lat. eccl. *venialis* (de *venia* « pardon »).

VENIN. D'abord *venim,* d'où *venin* par substitution de suff. ; parfois *velin* au moyen âge et jusqu'au XVIIe s. Lat. pop. **venīmen,* réfection, par substitution de suff. (cf. **regain**), du lat. class. *venēnum,* d'où it. *veleno,* a. pr. *veren.* — Dér. : **venimeux,** XIIe, signifiait aussi « vénéneux », encore chez Voltaire dans ce sens ; **envenimer,** *id.*

VENIR. Lat. *venīre.* — Dér. et Comp. : **venue,** XIIe ; **avenir,** *subst.,* 1486 ; issu de locutions telles que *le temps à venir,* ordinairement écrit *temps advenir* ou *temps avenir,* depuis la fin du XIVe s. ; **bienvenu,** XIIIe, d'où **bienvenue,** *subst.,* vers 1220, **bienvenir,** 1863, seulement dans *se faire bienvenir,* antérieurement déjà au XVIe s. ; **survenir,** XIIe ; **tout-venant,** « houille non triée », 1837. V. **contrevenir, convenir, devenir, intervenir, parvenir, provenir ; revenir.**

VENT. Lat. *ventus.* It. *vento,* esp. *viento.* — Dér. et Comp. : **ventail,** 1144 ; désignait alors une ouverture dans le heaume pour permettre la respiration ; écrit *vantail,* 1762, au sens de « battant d'une porte ou d'une fenêtre » ; au moyen âge on a aussi *ventaille* avec des sens variés ; **venter,** XIIe ; **éventer,** *id.,* **évent,** 1521, **éventail,** 1416 ; **éventaire,** 1690, au lieu d'*éventoire,* XIVe, par substitution de suff. ; *inventaire,* forme altérée par étymologie populaire, que J.-J. Rousseau a employée, est postérieur à ce changement et par conséquent n'y est pour rien ; **éventoir,** 1384 ; **contrevent,** XVe. V. **paravent.**

VENTEUX. Lat. *ventōsus.* It. esp. *ventoso.*

VENTILATEUR, 1744. Empr. de l'angl. *ventilator,* fait par le physicien Hales avec le lat. *ventilator* « vanneur ».

VENTILER « examiner », 1367 ; **ventilation,** 1382 (comme terme de droit civil ; adopté par la langue de l'économie politique au cours du XVIIIe s.). Termes jurid. Empr. du lat. jurid. *ventilare* « examiner une question », propr. « agiter à l'air » (de *ventus* « vent ») et du dér. *ventilatio* « vannage », mais non attesté au sens jurid., pris pour servir de subst. à *ventiler.*

VENTILER « aérer », 1820 (Lamartine) ; **ventilation,** 1819, une première fois au XVIe s. (Paré), au sens d' « action d'aérer ». Empr. du lat. *ventilare, -atio.*

VENTÔSE, 1793. Créé par Fabre d'Églantine au moyen du lat. *ventosus* (v. **venteux**) ; cf. **nivôse, pluviôse.**

VENTOUSE, 1256. Empr. du lat. médical de basse ép. *ventosa*, abréviation de *ventosa cucurbita* (Juvénal, XIV, 57), littéral. « courge pleine de vent » ; on disait aussi *medicinalis cucurbita* et aussi *cucurbitula*. **Ventouser** a été dér. du mot lat. dès le XIIe s.

VENTRE. Lat. *venter*. It. *ventre*, esp. *vientre*. — Dér. et Comp. : **ventrée,** vers 1200 ; **ventrière,** XIIe, **sous-ventrière,** 1370 ; **ventru,** 1236 ; **éventrer,** 1226, **éventration,** 1743, **éventreur,** fin XIXe, répandu d'après le surnom d'un assassin célèbre *Jack l'Éventreur ;* **bas-ventre,** 1636.

VENTRICULE, 1503. Empr. du lat. médical *ventriculus (cordis)*, propr. « petit ventre ».

VENTRILOQUE, 1552 (Rab.). Empr. du lat. de basse ép. *ventriloquus* « qui parle du ventre ». — Dér. : **-quie,** 1823.

VENTRIPOTENT, 1552 (Rab. : *Leur dieu Ventripotent*, IV, 60). Mot plaisamment forgé par Rabelais avec le lat. *venter* « ventre » et *potens* « puissant » sur le modèle d'*omnipotent ;* il s'agit de Gaster, qui est appelé au chapitre 58 du même livre *leur Dieu omnipotens*.

VÉNUSTÉ, vers 1500. Empr. du lat. *venustas*.

VENVOLE (à la), v. **voler.**

VÊPRES, vers 1210. Empr. du lat. eccl. du moyen âge *vesperæ*, d'abord *vespera* à basse ép., tiré du lat. class. *vespera* « soir » et fait plur. sur le modèle de *vigiliæ*, v. **vigile** (ainsi nommé parce que ces prières se disaient le soir) ; *vesperæ* a été francisé d'après *vespre, vêpre* « soir », qui a été usuel en a. fr. jusqu'au XVIIe s., et qui est encore de quelque usage dans les patois, lat. class. *vesper*, d'où aussi a. pr. *vespre*, it. *vespero ;* l'a. fr. a formé en outre un dér. **vesprée,** usuel jusqu'au XVIe s. et encore usité dans les parlers.

VER. Lat. *vermis*. It. *verme ;* toutefois l'esp. *verme*, au lieu de **vierme*, paraît repris du lat. ; c'est un terme médical, le mot pop. est *lombriz*, du lat. *lumbrīcus*. — Dér. et Comp. : **véreux,** 1372 ; **vermine,** XIIe ; **ver-Coquin,** 1538 (Rab., sous la forme *verd coquin*) ; **ver-luisant,** 1599.

VÉRACITÉ, 1644 (Descartes). Dér. sav. du lat. *verax, veracis*, « véridique ».

VÉRANDA, 1758. Empr. du mot anglo-indien *veranda*, qui vient lui-même du port. *varanda*, dér. de *vara* « verge, perche ».

VERBAL, 1337. Empr. du lat. de basse ép. *verbalis* (de *verbum* « parole »). — Dér. : **verbaliser,** XVIe, terme jurid., qui a été réservé depuis le XVIIe s. au sens de « dresser un procès-verbal ».

VERBE « parole » ; ne se dit plus que dans la locution *avoir le verbe haut*, vers 1700 (Saint-Simon). *Verbe*, qui a été de quelque usage au moyen âge, est empr. du lat. *verbum* « parole ».

VERBE, terme de grammaire, XIIe. Empr. du lat. des grammairiens *verbum*, qui a servi à traduire le grec *rhêma* « verbe », propr. « parole », opposé à *onoma* « nom ».

VERBE, terme de théologie, XIIe. Empr. du lat. eccl. *verbum*, traduction du grec ecclésiastique *logos*, cf. Jean, I, 14.

VERBEUX, 1530 ; une première fois vers 1200 ; **verbosité,** 1510. Empr. des mots lat. *verbosus, verbositas* (créé à basse ép.).

VERBIAGE, 1674. Dér. d'un verbe attesté aux XVe et XVIe s. au sens de « gazouiller (des oiseaux) ». Celui-ci remonte à un anc. pic. *verbloier* « chanter en modulant » (aussi *gu-, w-*), qui est dér. de *werbler*, même sens. Les variantes de la consonne initiale dénotent une origine germanique. Cela nous fait remonter à l'anc. francique **werbilan* « tourbillonner », qui correspond à l'all. *wirbeln*.

VERDICT, 1669, dans un ouvrage sur l'Angleterre ; est devenu usuel en fr. depuis l'institution du jury, signalé cependant en 1833 comme « manquant à notre langue judiciaire », v. **jury ;** parfois latinisé en *veredictum*, 1787. Empr. de l'angl. *verdict*, empr. lui-même de l'anc. anglo-normand *verdit, verdict*, terme de coutume, en lat. médiéval d'Angleterre *veredictum* (en France signifiait « certificat »).

VERDUNISATION. Procédé d'assainissement de l'eau inventé par M. Bunau-Varilla, qui a tiré ce nom de *Verdun*, parce qu'il imagina ce procédé en 1916 pendant la bataille de Verdun pour donner aux armées françaises une eau saine qui n'eût pas le goût de chlore que donne la javellisation.

VERGE. Lat. *virga*. V. **vergue.** — Dér. et Comp. : **vergée,** anc. mesure, 1209 ; **verger** « jauger avec la verge », XIVe ; **vergé,** XIIe, au sens de « rayé » en parlant d'étoffes, d'armes, etc. ; peut remonter au lat. *virgātus*, qui se disait également d'étoffes ; **vergette,** XIIe, **vergeté,** « rayé », 1678-9 (La Fontaine), appliqué récemment à une sorte de papier, **vergeter,** XVIIIe, « fouetter », **vergeture,** 1767 ; **vergeure,** 1680 ; **enverger,** verbe techn., 1721 ; **sous-verge,** 1780, « cheval non monté, placé à côté du conducteur qui tient le fouet ».

VERGER, *subst.* Lat. *viridiārium* « lieu planté d'arbres » (de *viridis* « vert »). A. pr. *vergier*, cat. *verger*.

VERGER, *verbe*, v. **verge.**

VERGLAS, fin XIIe (sous la forme *verreglaz*, d'où *verglas*, XVe). Comp. de *glas*, autre forme de *glace*, et de *verre*, au sens de « glace ressemblant à du verre », dit ainsi parce que le verglas est lisse, transparent et cassant comme du verre ; de là en a. fr. un verbe *verreglacier, verglacer*, usité jusqu'au XIXe s. et encore en usage dans beaucoup de patois (normand, etc.). On a la même formation dans la région de Parme : *vederdjats*. Il n'est du reste pas impossible que le subst. soit un dér. du verbe, et que celui-ci soit formé directement sur un rapprochement des deux subst. *verre* et *glace* au sens de « geler en devenant comme du verre ».

VERGNE, VERNE, v. **aune.**

VERGOGNE. Ne s'emploie plus que dans la locution *sans vergogne ;* usuel jusqu'au XVIIe s. Lat. *verēcundia* « crainte respectueuse, réserve, pudeur », d'où le sens de « honte » en roman. It. *vergogna*, esp. *vergüenza.* — Dér. : **dévergondé,** XIIe ; formé avec *vergonde*, autre forme de *vergogne*, usitée au moyen âge, refaite sur le mot lat. ; d'où **dévergonder (se),** 1530.

VERGUE, 1369. Forme dialectale, norm. ou picarde, de *verge.* — Dér. : **envergure,** 1678, propr. terme de marine, par l'intermédiaire d'un verbe *enverguer*, 1690, « attacher une voile à une vergue » ; dit des oiseaux depuis 1771, puis de l'esprit.

VÉRIDIQUE, 1456. Empr. du lat. *veridicus*, littéral. « qui dit la vérité » (de *verus* « vrai »).

VÉRIFIER, 1358. Empr. du lat. de basse ép. *verificare.* — Dér. : **vérificateur,** 1631 ; **vérificatif,** 1608 ; **vérification,** 1368 ; **vérifiable,** 1877 (une première fois au XIVe s. sous la forme *verefiable*), d'où **in-,** 1874.

VÉRIN, terme techn., « sorte de levier formé d'une vis et de deux écrous », 1389. Paraît venir de la région picarde où il désigne encore une vis en fer ou en bois. Masc. formé sur le lat. *veruīna* « broche » (v. **verrou**), qui vit encore dans l'it. *verrina* « machine à forer », *verricello* « vérin » (ces mots doivent leur *-rr-* probabl. à *verres* « verrat », grâce à une image sexuelle).

VÉRITÉ, vers 1120. Empr. du lat. *veritas* (de *verus* « vrai ») ; une forme plus francisée *verté* a été de quelque usage au moyen âge. — Dér. et Comp. : **véritable,** 1188 ; **contre-vérité,** 1413.

VERJUS, v. **jus.**

VERMEIL, *adj. ;* pris substantiv. pour désigner une sorte de métal, depuis le XVIIe s. Lat. *vermiculus* « vermisseau », qui a servi à basse ép. à désigner la cochenille, puis la couleur écarlate qu'elle produit, enfin pris adjectiv. dès le VIe s. *(palla vermicula).* Esp. *bermejo ;* l'it. *vermiglio* vient du gallo-roman. — Dér. : **vermillon,** XIIe, d'où **vermillonné,** 1380 (d'où **-er,** au XVIe).

VERMICELLE, 1553, cf. « Vermicelles ou vermicelli, mot écorché de l'italien », 1680 (Richelet) ; on a prononcé aussi *vermichel.* Empr. de l'it. *vermicelli*, propr. « vermisseaux », dit ainsi par comparaison de la forme des vermicelles avec celle des vermisseaux ; *vermicelli* est le plur. de *vermicello*, lat. pop. ***vermicellus*, dér. du lat. class. *vermiculus.*

VERMICULAIRE, 1559. Terme physiologique, dér. sav. du lat. *vermiculus* « vermisseau ».

VERMICULÉ, 1380. Terme d'architecture, empr. du lat. des architectes *vermiculatus* « marqué comme de piqures de vers », propr. « vermoulu » (de *vermiculus*).

VERMIFORME, 1532 (Rab.). Comp. avec le lat. *vermis* « ver », sur le modèle de *multiforme*, etc.

VERMIFUGE, 1738. Comp. avec le lat. *vermis* « ver », sur le modèle de *fébrifuge.*

VERMILLON, v. **vermeil.**

VERMINE, v. **ver.**

VERMISSEAU. Lat. pop. ***vermiscellus*, dér. du lat. class. *vermiculus.*

VERMOULU, v. **moudre.**

VERMOUT, 1798. Empr. de l'all. *Wermut* « absinthe » (de la famille de l'angl. *wormwood*).

VERNAL, 1634 ; une première fois au XIIe s. Empr. du lat. *vernalis* (de *ver* « printemps »).

VERNIER, 1797. Du nom de l'inventeur, Pierre Vernier (1580-1637).

VERNIS, XIIe (écrit *verniz*). Empr., peut-être par l'intermédiaire de l'it. *vernice*, du lat. médiéval *veronix*, *veronice* « sorte de résine odoriférante, sandaraque », empr. lui-même du bas grec *verenikē* (de *Berenikē*, ville de la Cyrénaïque) ; a servi dès l'époque carolingienne à désigner une sorte de vernis. Mot devenu européen : all. *Firniss*, angl. *varnish*, etc. — Dér. : **vernir,** vers 1180 ; **vernisser,** XIIe, d'où **vernissage,** 1837, **-sseur,** 1596, **-ssure,** XIIe.

VÉROLE, v. **variole.**

VÉRONAL, produit pharmaceutique, 1903. Comp. de *Vérone*, nom d'une ville d'Italie, et de la terminaison chimique *-al ;* ce nom a été arbitrairement choisi par l'inventeur allemand, parce qu'il se trouvait à Vérone quand il a proposé le nom du produit. Postérieurement on a nommé un produit analogue *gardénal* parce que, dans une discussion portant sur la dénomination de ce produit, un des interlocuteurs déclara qu'il fallait *garder nal de véronal* (communication de M. Tiffeneau).

VÉRONIQUE, nom de plante, 1545. Empr. du lat. des botanistes *veronica* tiré de *Veronica*, nom de la sainte qui, d'après la légende, possédait le saint suaire, ainsi que de celui-ci même.

VERRAT (*Gloses de Cassel : ferrat paerfarh*, n° 79). Dér. de l'a. fr. *ver* qui n'a laissé que quelques traces dans les patois, lat. *verres*, d'où aussi it. *verro*, a. pr. *ver*, *verre ;* l'esp. *verraco* dérive également du lat. *verres*, avec un autre suff. que *verrat.*

VERRE. Lat. *vitrum*, qui a donné régulièrement dans le fr. central *voir(r)e*, usuel du XIIe au XVIe s., d'où la prononciation *voarre* signalée à Paris au XVIe s. ; *verre* a été refait sur les dér. ou est dû au flottement de *é*, *wé*, qui s'est produit à Paris à cette ép., cf. *craie*, *croire*, etc. It. *vetro ;* l'esp. *vidrio* suppose un lat. pop. ***vitrium.* — Dér. : **verrée,** XVIe (Ronsard) ; **verrier,**

1230, **verrerie,** XIIIe (J. de Meung, sous la forme *voirrerie*) ; **verrière,** vers 1165 ; **verroterie,** 1657, dér. de *verrot*, même sens (1674).

VERROU. D'abord *verrouil*, éliminé avant le XVIIe s. par *verrou*, forme issue du plur., cf. de même *genou*, *pou*. Lat. pop. **verruculum*, altération de *veruculum*, autre forme de *vericulum* (de *veru* « broche »), d'après *ferrum* « fer » ; ce croisement avec *fer* s'est renouvelé dans l'esp. arch. *herrojo* (aujourd'hui *cerrojo* d'après *cerrar* « serrer ») et dans certains dialectes galloromans, cf. le prov. *ferou*, etc. — Dér. : **verrouiller,** XIIe, **déverrouiller,** XIIIe.

VERRUE. Lat. *verrūca*. It. *verruca*, esp. *verruga*. Aujourd'hui concurrencé par *poireau* ou un type *porion* dans les parlers du Centre, de l'Est et du Nord et par *fi(c)*, lat. *fīcus* « figue », d'où « verrue » dans l'Est, l'Ouest et le Sud-Ouest, cf. le fr. *fic*, « excroissance qui pousse au pied du cheval », et a. fr. *fi* qui désigne des excroissances analogues. — Dér. : **verruqueux,** 1778, fait d'après le lat *verrucosus*.

VERS, *subst.*, XIIe ; signifie d'abord surtout « laisse, strophe ». Empr. du lat. *versus*. — Dér. : **verset,** XIIIe.

VERS, *prép.* Lat. *versus*, d'abord adv. (du verbe *vertere* « tourner »). — Comp. : **devers,** vers 1080 *(Roland)*, d'où *par devers*, XIIe.

VERSATILE, XVe. Empr. du lat. *versatilis* (de *versare*). — Dér. : **versatilité,** 1738 (d'Argenson).

VERSÉ, « rompu dans la pratique d'une science, etc. », XVIe (Amyot). Empr. du lat. *versatus*, part. de *versari* « s'occuper de, s'appliquer à » ; le XVIe s. a employé aussi le verbe *verser* en ce sens sur le modèle du verbe lat.

VERSEAU, signe du zodiaque, 1555. Tiré de *verse-eau*, traduction du grec *hydrokhoeus*, littéral. « qui verse de l'eau », d'où aussi lat. *aquarius*. On a dit aussi *verseur d'eau*, relevé en 1547, et qui se trouve encore chez Voltaire.

VERSER, parfois au moyen âge « (re)-tourner, faire tourner ». Lat. *versāre*. — Dér. et Comp. : **versant,** *subst.*, 1800 ; **verse,** dans *pleuvoir à verse*, 1680, d'abord *pleuvoir à la verse*, 1640, dit ainsi comme si l'on versait de l'eau, d'où **averse,** 1690 ; **versement,** 1695, au sens moderne d' « action de verser de l'argent » ; au moyen âge signifie « action de verser, renverser » ; **verseur,** fin XIXe, « garçon qui verse le café » ; **verseuse,** 1877, « vase pour verser le café » ; **versoir,** 1751, ou *oreille de charrue*, au moyen âge attesté pour désigner une sorte de charrue ; en ce sens remonte peut-être à un lat. pop. **versōrium*, représenté dans des parlers italiens ; **déverser,** 1755, **déversement,** 1801, **déversoir,** 1754 ; **reverser,** 1549, relevé au XIIe au sens de « retourner ». V. **revers, renverser.**

VERSICULET, 1770 (Voltaire). Dér. de *versicule*, XVIe, hors d'usage aujourd'hui, empr. du lat. *versiculus* (de *versus*).

VERSIFIER, XIIIe (à côté de *versefier*) ; **versificateur,** 1488, l'a. fr. disait *versefieur* ; **versification,** 1548. Empr. du lat. *versificare*, *-atio*, *-ator*.

VERSION, « traduction », d'où « manière d'interpréter », 1548. Empr. du lat. moderne *versio* (de *vertere* « tourner »). *Version* a reçu au XIXe s. un sens techn. dans la langue de la chirurgie d'après son sens étymologique et le verbe *verser* ; on a déjà **rétroversion,** 1783, d'après le lat. *retrovertere* « retourner ».

VERSO, v. **recto.**

VERT. Lat. *viridis*. Le fém. *verte* apparaît dès la *Chanson de Roland*, bien que *vert* se soit employé comme fém. jusqu'au XVe s. ; une forme *verde*, soutenue par les dér., a coexisté au moyen âge, et survit dans un grand nombre de parlers du Nord, de l'Est et du Sud-Est. It. esp. *verde* des deux genres comme en lat. Dans l'expression *envoyer quelqu'un au diable au vert* (d'où *au diable vert*), *au vert* est altération de *Vauvert* ; on trouve dès le XVe s. *diable de Vauvert*, et Rabelais emploie l'expression, cf. II, 18 ; mais on ne sait rien de précis sur l'origine de cette locution, ni le lien qu'elle pourrait avoir avec *Vauvert*, nom d'un lieu, près de l'emplacement actuel de l'observatoire de Paris, où il y avait une maison de Chartreux, dès l'époque de saint Louis, cf. « Il se commenda a nostre Dame de Vauvert », Joinville, CXXIX. *Prendre sans vert*, 1546 (Rab.), locution issue d'un terme, aujourd'hui hors d'usage, *jouer au vert* qui désignait un jeu où on devait porter, pendant tout le mois de mai, une feuille verte et où l'on payait une amende quand on était pris sans cette feuille. — Dér. et Comp. : **verdâtre,** vers 1350 ; **verdelet,** 1319 ; **verdeur,** XIIe ; **verdier,** nom d'oiseau, vers 1285, pour le sens d' « officier de l'administration des eaux et forêts », v. **gruyer** ; **verdir,** vers 1180, **reverdir,** vers 1132 ; **verdoyer,** vers 1170 ; **verdure,** vers 1200 ; **vert-de-gris** (1337 ; écrit *verdegris*), altération, d'après *gris*, de *vert-de-Grice*, 1314, littéral. « vert-de-Grèce », dénomination dont l'origine n'est pas connue ; **vert-de-grisé,** 1845.

VERTÈBRE, 1534. Empr. du lat. *vertebra* (de *vertere* « tourner »). — Dér. : **vertébral,** 1674 ; **vertébré,** 1800, **in-,** 1804.

VERTICAL, 1545. Empr. du lat. de basse ép. *verticalis* (de *vertex*, *-ticis*, « sommet »). — Dér. : **verticalité,** fin XVIIIe.

VERTIGE, 1611 ; **vertigineux,** 1495. Empr. du lat. *vertigo* (repris aussi sous cette forme depuis Paré, qui a en outre une forme *vertigine*), *vertiginosus* (de *vertere* « tourner »).

VERTU. Lat. *virtūtem*, accusatif de *virtūs*, proprement « force virile » (de *vir* « homme »), d'où « valeur, courage » ; le sens propre est fréquent au moyen âge et explique le sens moderne de « qualité qui rend propre à produire certains effets », par exemple dans *vertu d'un remède* et la locution *en vertu de ;* le sens moral de *vertu* existe déjà en lat. class., où il s'est surtout développé sous l'influence du grec *aretē ;* il se renforce sous l'influence des idées chrétiennes pendant le moyen âge ; le sens de « chasteté » en parlant d'une femme apparaît au XVIIe s. — Dér. : **vertueux,** vers 1080 *(Roland),* au sens de « vigoureux, puissant » ; développement de sens parallèle à celui de *vertu ;* **évertuer (s'),** *id.*

VERTUGADIN, terme d'ancienne mode, 1611 ; d'où terme de l'art des jardins, 1694. Dér. de *vertugade,* XVIe, encore relevé en 1694, empr. (avec remplacement de *-d-* par *-t-* dû probabl. à un rapprochement plaisant avec *vertu,* le vertugadin pouvant être regardé comme le gardien de la vertu des dames), de l'esp. *verdugado* (d'où *verdugal,* 1532, de quelque usage au XVIe s.), propr. « baguette (dont on faisait le vertugadin) » ; *verdugado* est lui-même dér. de *verdugo* « baguette », premier dér. de *verde* « vert ».

VERVE. A signifié d'abord « fantaisie » jusqu'au début du XVIIe s. ; d'où le sens moderne depuis le XVIIe s. Paraît représenter un lat. pop. **verva,* autre forme de *verba* (le *b* a eu une articulation flottante à basse ép., v. aussi le suiv.), plur. neutre pris comme fém. sing. de *verbum* « parole », qui aura été pris au sens de « parole de fantaisie ». — Dér. : **verveux,** *adj.*, 1831.

VERVEINE. Lat. *verbēna,* dont le *b* a été assimilé au *v* initial. It. esp. *verbena.*

VERVELLE, v. le suiv.

VERVEUX, filet de pêche. Représente, comme l'it. *vertovello,* un lat. pop. **vertibellum* (de *vertere* « tourner »), cf. aussi *vertebolum* de la Loi Salique au même sens ; ainsi nommé à cause de sa forme et des cercles qui le soutiennent ; *verveux,* au lieu de *vervel* qu'on attendrait, est issue du pluriel de *verveil,* forme due à une substitution de suff. (*-iculum*), cf. aussi *vervain,* XVIe, qui a subi d'autres altérations ; la forme italienne n'est pas non plus normale, cf. aussi a. pr. *bertuel, bartuel,* qui est obscur, et en outre les mots techn. *vervelle* « anneau fixé à la patte d'un faucon » ou « charnière », XIIe (Chrétien, sous la forme *verviele*) et la forme altérée *vertevelle,* XIIIe, « anneau, charnière ».

VÉSANIE, 1803 (une fois vers 1490). Empr. du lat. *vesania* (de *vesanus* « insensé).

VESCE. Lat. *vicia,* nom de plante. It. *veccia.*

VÉSICAL, 1835 (déjà en 1575, dans une autre acception). Empr. du lat. de basse ép. *vesicalis* (de *vesica* « vessie »).

VÉSICATOIRE, 1575 (Paré). Dér. du lat. médical de basse ép. *vesicare* « former des ampoules » (de *vesica* « vessie, ampoule ») avec le suff. sav. *-atoire.*

VÉSICULE, 1541. Empr. du lat. *vesicula,* dim. de *vesica* « vessie ».

VESPASIENNE, 1834 (on dit alors aussi *colonnes vespasiennes ;* les premiers urinoirs publics avaient la forme de colonnes creuses). Tiré de *Vespasien,* nom de l'empereur romain (69-78), par allusion aux urinoirs qu'il fit établir à Rome. On a dit aussi vers la même date *rambuteau,* tiré du nom du préfet de la Seine qui fit installer les premiers urinoirs.

VESPÉRAL, 1836 comme adj. Empr. du lat. de basse ép. *vesperalis* (de *vespera* « soir », v. **vêpres**) ; relevé depuis 1812 comme subst. au sens de « livre de l'office du soir ».

VESPRÉE, v. **vêpres.**

VESSER, 1606 (une fois au XIIIe s.), on disait plutôt *vessir* (conservé dans de nombreux patois), lat. *vissīre,* d'où aussi a. pr. *vessir,* roumain *bâşi ;* v. aussi **venette** ; *vesser* est issu de *vessir* par changement de conjugaison, probabl. d'après *péter.* — Dér. : **vesse,** XVe ; **vesse-de-loup,** nom de plante, 1530 ; **vesseur,** 1549.

VESSIE. Lat. pop. **vessīca,* altération du lat. class. *vēsīca.* It. *vescica,* esp. *bejiga* (et *veziga* d'après la forme du lat. class.). La locution *(prendre) des vessies pour des lanternes* remonte au XIIIe s.

VESTALE, XIVe (Bersuire), comme terme d'histoire romaine ; sens fig. depuis le XVIIe s. Empr. du lat. *vestalis* « prêtresse de Vesta », parfois déjà pris au sens de « femme pudique ».

VESTE, 1578. Empr. de l'it. *vesta, veste,* lat. *vestis* « vêtement » pour désigner d'abord un vêtement à quatre pans, qui se portait sous l'habit, puis « vêtement sans basque » depuis 1680 ; aujourd'hui s'emploie surtout pour désigner des vestes de divers métiers. L'expression *remporter une veste,* XIXe, paraît avoir été faite par jeu de mots d'après *capote,* terme de jeu de cartes, « coup par lequel un joueur fait son adversaire capot », d'où on a tiré *faire craindre une capote,* v. **capot.** — Dér. : **veston,** 1769.

VESTIAIRE, vers 1200. Empr. du lat. *vestiarium* « armoire à vêtements ».

VESTIBULE, 1509 (dans une traduction de l'Enéide), cf. en 1553, *vestibule que nous disons avantportail,* dans une traduction de l'it. Empr. du lat. *vestibulum* ou de l'it. *vestibulo* (ou *-bolo*) qui est lui-même empr. du lat.

VESTIGE, 1377. Empr. du lat. *vestigium* « trace, empreinte du pied », d'où « trace, vestige (en général) ».

VESTIMENTAIRE, fin XIXe. Dér. sav. du lat. *vestimentum* « vêtement », pour servir d'adj. à *vêtement.*

VÉTÉRAN, 1554, en parlant d'anciens soldats romains ; sens plus étendu dès le XVIIe s. Empr. du lat. *veteranus,* propr. « ancien » (de *vetus, veteris* « vieux »).

VÉTÉRINAIRE, 1563. Empr. du lat. *veterinarius,* dér. de *veterina,* plur. neutre,

-ae plur. fém., « bêtes de somme ou de trait » (d'un adj. *veterinus* « de bête de somme »).

VÉTILLE, 1528. Tiré du verbe *vétiller* « s'arrêter à des riens », de même époque, qui est lui-même dér. de *vette* « ruban », donc propr. « s'occuper de rubans », en bas-manceau ce verbe signifie encore « faire un lien de paille pour la gerbe » ; *vette*, assez peu usité, est lui-même empr. de l'a. pr. *vetta* « ruban », lat. *vitta* « bandelette ». L'esp. *vetilla* est plus récent et empr. du franç. **Vétilleux,** 1642, est dér. de *vétiller* ou de *vétille*.

VÊTIR. D'un usage plus restreint aujourd'hui qu'*habiller*. Lat. *vestīre*. It. *vestire*, esp. *vestir*. — Dér. : **vêtement,** vers 1080 *(Roland)*, d'après le lat. *vestimentum ;* **vêture,** XIIe, de sens restreint aujourd'hui, mais usuel au moyen âge au sens de « vêtement », et encore usité dans les parlers, peut continuer le lat. pop. *vestītūra* (attesté à basse ép. seulement au sens de « décoration ») ; **dévêtir,** XIIe ; **revêtir,** XIe *(Alexis)*, s'est employé au moyen âge comme terme de féodalité, de là l'emploi du verbe au sens de « revêtir d'une dignité, etc. », d'où **revêtement,** 1508, au sens moderne ; déjà au XIVe s. au sens de « vêtement ».

VÉTIVER, nom de plante ; on écrit aussi *vétyver*, *wetiver*, 1828. Empr. du tamoul *vettiver*.

VETO, 1718. Empr. du lat. *veto* « j'interdis, je m'oppose » pour désigner un droit de refus accordé au roi ; cet empr. est dû à ce fait que, à Rome, les tribuns du peuple se servaient de ce mot pour s'opposer aux décrets du sénat, etc. Depuis, sens plus étendu.

VÉTUSTE, 1842 ; **vétusté,** 1406. Empr. du lat. *vetustus*, *vetustas*.

VEUF, VEUVE. *Veuf* qui ne date que du XVIe s. est refait sur *veuve*, lat. *vidua*. Au moyen âge on trouve surtout le fém. ; à partir du XIVe s. on trouve parfois *veve*, *veuve* au masculin et ordinairement avec *homme* placé devant. La prédominance du genre féminin est due à des causes d'ordre social ; le fait d'avoir perdu son mari constituait au moyen âge pour une femme un état civil à part, ce qui n'était pas le cas pour un homme devenu veuf. De même, en indo-européen, où il y a un nom attesté partout pour la « veuve », mais pas pour le « veuf ». It. *vedovo, -a*, esp. *viudo, -a*. — Dér. **veuvage,** 1374 ; v. **viduité.**

VEULE, VIIe *(Celle ki le cuer a moult vuele)*. Mot anc., qui signifie au moyen âge « léger, volage », sens conservé en picard, mais qui n'est devenu usuel qu'au XVIIe s. comme terme fam. au sens de « mou, faible » ; ce sens paraît s'être développé dans la langue du jardinage en parlant d'un arbre sans force ou d'une terre légère. Probabl. lat. pop. ***volus* « léger, qui vole aisément », tiré de *volāre* « voler ». Seulement français. — Dér. : **veulerie,** 1862 ; **aveulir,** 1876, **-issement,** 1884.

VEXER, XIVe, « tourmenter », d'où le sens fam. de « contrarier », 1788, qui est dû à la façon exagérée de s'exprimer des petits maîtres ; **vexation,** 1261 ; développement de sens parallèle à celui du verbe. Empr. du lat. *vexare* « tourmenter », *vexatio*. — Dér. du verbe : **vexatoire,** XVIIIe (Buffon).

VIABILITÉ, « bon état d'une route », 1845. Dér. sav. du lat. de basse ép. *viabilis* « où l'on peut passer » (de *via* « voie, route »).

VIABILITÉ « aptitude à vivre d'un nouveau-né », v. **vie.**

VIABLE, v. **vie.**

VIADUC, 1838. Empr., comme terme de chemin de fer, de l'angl. *viaduct*, avec francisation d'après *aqueduc ;* l'angl. *viaduct* est lui-même fait avec le lat. *via* « voie » sur le modèle d'*aqueduct*, empr. du lat. *aquæ ductus*, v. **aqueduc.**

VIAGER, v. **vie.**

VIANDE. Jusqu'au XVIIe s. désigne toute espèce d'aliment ; pris aussi au sens de « chair » vers le XVe s. ; spécialisé au sens moderne à partir du XVIIe s. à la place de *chair*. Lat. pop. *vīvenda* « ce qui sert à la vie », dér. de *vīvere* « vivre », devenu *vīvanda* (attesté dans un capitulaire de 803), par substitution de suff. ; le *v* intérieur est tombé par dissimilation. It. *vivanda*, esp. *vianda*, tous au premier sens de *viande*. V. **vivandier.** — Dér. : **viander,** « pâturer », terme de vénerie, 1375, **viandis,** « pâture », 1390.

VIATIQUE, XIVe (E. Deschamps), en un sens fig. issu du sens propre « argent pour un voyage ». Empr. du lat. *viaticum* (de *via* « route »), v. **voyage.** Comme terme de la langue religieuse, 1664, empr. du lat. médiéval (déjà carolingien) *viaticum*, dont le sens est une extension du sens ancien « argent pour le voyage ».

VIBRER, 1752 ; une première fois vers 1500 ; **vibration,** 1632 (en 1508 « action de brandir »), comme terme scientifique. Empr. des mots lat. *vibrare* « agiter, brandir », d'où « vibrer (en parlant de la voix), etc. », *vibratio* (créé à basse ép.). — Dér. du verbe : **vibratile,** 1776 ; **vibratoire,** 1750 ; **vibrion,** 1795.

VICAIRE, XIIe. Empr. du lat. *vicarius* « suppléant, remplaçant » pour désigner des fonctions diverses. V. **viguier** et **voyer.** — Dér. : **vicairie,** 1236 ; **vicarial,** 1570 ; **vicariat,** XVe (A. Chartier).

VICE, *subst.*, 1138 (Gaianar) ; **vicier,** XIIIe ; **vicieux,** XIIe. Empr. des mots lat. *vitium* « défaut, vice », *vitiare* « corrompre, altérer », *vitiosus* « défectueux, vicieux » (écrits avec un *c* à basse ép.). *Vitiosus* a donné en a. fr. un adj. *voisous* « intelligent, rusé », cf. le fr. pop. *un enfant qui a du vice* « malin » (*vitium* a aussi largement survécu dans les langues rom. avec les sens de « ruse, habitude », cf. it. *vezzo* « habitude, divertissement, etc. »).

VICE, *préf.* Empr. du lat. *vice* « à la place de », ablatif qui a déjà servi à basse ép. à former des comp., v. **vidame** ; de là **vice-amiral,** 1339 (écrit *vis-*), **vice-chancelier,** 1259, **vice-consul,** 1653, etc. Cf. **vice-versa.**

VICENNAL, 1721 (quelquefois au XVIe). Empr. du lat. de basse ép. *vicennalis.*

VICÉSIMAL, 1872. Dér. sav. du lat. *vicesimus* « vingtième ».

VICE-VERSA, 1536. Locution lat. signifiant « réciproquement », formée du préf. *vice* et de *versa* (de *vertere* « tourner »), littéral. « la place étant tournée ».

VICINAL, 1775 (Turgot, une fois au XVIe s.). Empr. du lat. *vicinalis,* propr. « de voisin *(vicinus)* », d'où « (chemin) qui sert aux voisins ». — Dér. : **vicinalité,** 1839.

VICISSITUDE, XIVe (Bersuire). Empr. du lat. *vicissitudo* (de *vicis*).

VICOMTE, vers 1080 (*Roland* sous la forme *vezcuntes,* refaite rapidement en *viscomte, vicomte* d'après le mot lat.). Empr. du lat. médiéval *vicecomes,* fait sur le modèle de *vicedominus,* v. **vidame,** et développé parallèlement à *comte.* — Dér. : **vicomté,** 1207, qui a conservé son genre fém., v. **comté** ; **vicomtesse,** XIIe.

VICTIMAIRE, 1556. Terme d'antiquité, empr. du lat. *victimarius.*

VICTIME, 1496. Empr. du lat. *victima.* — Dér. : **victimer,** 1613, rare avant la fin du XVIIIe s.

VICTOIRE, vers 1080 *(Roland)* ; **victorieux,** XIIIe. Empr. des mots lat. *victoria, victoriosus* (de la famille de *vincere,* v. **vaincre**).

VICTORIA, 1845. Nommé ainsi en l'honneur de la reine d'Angleterre *Victoria ;* mais le nom a été créé en France ; les premiers exemples du mot en anglais (1844 et 1870) sont dans des textes où il s'agit de la France ou de Paris.

VICTUAILLES, 1502 (en 1359 *victaille*). Réfection, d'après le mot lat., de l'a. fr. *vituaille,* lat. de basse ép. *vīctuālia* (de *vīctus* « nourriture »), cf. **ravitailler,** d'où aussi it. *vettovaglia.*

VIDAME, vers 1205 (Villehardouin, sous la forme *visdame*). Empr. du lat. eccl. *vicedominus,* littéral. « lieutenant d'un prince », officier qui remplaçait, semble-t-il, les seigneurs ecclésiastiques à titre de juge.

VIDE, VIDER. D'abord *vuide, vuid(i)er,* formes maintenues au moins orthographiquement jusqu'au XVIIe s. ; en outre *voide, voidier,* qui sont des formes dialectales ; *vuide* est une forme fém. qui a éliminé l'anc. masc. *vuit,* usité jusqu'au XVe s. ; cf. **large.** Lat. pop. **vocitus, *vocitāre,* de la famille d'un **voc(u)us* « vide », au lieu du lat. class. *vacuus,* forme qu'on restitue d'après *vocīvus* « vide », qui se trouve chez Térence à côté de *vacīvus.* It. *vuoto, vuotare.* — Dér. et Comp. : **vidange,** 1286, **vidanger,** 1855, **vidangeur,** 1676 ; **dévider,** vers 1100, **dévidage,** 1700, **dévideur,** XVe, **dévidoir,** XIIIe ; **évider,** XIIe, **évidoir,** 1756 ; **revider,** 1656 ; **survider,** 1549 ; **vide-bouteille,** 1752, au sens moderne, attesté en 1560 comme surnom d'un ivrogne ; **vide-poches,** 1823.

VIDIMER, terme de chancellerie, 1463. Tiré de **vidimus,** 1355, terme de pratique, qui est propr. un mot lat. signifiant « nous avons vu », qui s'inscrivait sur les actes qu'on avait collationnés sur l'original.

VIDUITÉ, XIIIe (Br. Lat.). Empr. du lat. *viduitas* (de *viduus* « veuf »).

VIE. Lat. *vīta.* It. *vita,* esp. *vida.* — Dér. et Comp. : **viable,** 1539, **viabilité,** 1808 ; **viager,** 1417, au moyen âge attesté comme subst. au sens d' « usufruitier », dér. de *vie* par l'intermédiaire d'un anc. subst. *viage* « temps de la vie » et spécial. « usufruit à vie, pension viagère » ; **survie,** 1510.

VIEILLARD, etc., v. **vieux.**

VIELLER, vers 1150. Mot formé comme onomatopée, parallèlement à l'anc. prov. *violar,* v. **viole.** — Dér. : **vielle,** vers 1160, **vielleur,** vers 1165 ; on dit et on écrit aussi *vielleux.*

VIERGE, XIIIe ; d'abord *virgine,* XIIe, puis *virgene, virge,* XIIe-XIIIe. Empr. du lat. *virgo, virginis* « jeune fille », surtout comme terme de la langue eccl., d'où sens plus étendu dès le moyen âge.

VIEUX, VIEIL, VIEILLE. Lat. *vetulus, -a,* dim. fam. de *vetus* « vieux », surtout en parlant de personnes, devenu *vetlus,* puis *veclus,* forme signalée comme fautive dans l'*Appendix Probi.* It. *vecchio,* esp. *viejo.* Au XIVe s. encore *vieux* se disait presque exclusivement de personnes, tandis que *viez,* continuateur de *vetus,* se disait de choses, de sentiments, etc. — Dér. : **vieillard,** 1155 ; **vieillerie,** 1680 ; **vieillesse,** 1120 ; **vieillir,** 1160, **vieillissement,** 1596 ; **vieillot,** XIIIe (d'abord seulement au fém.).

VIF, VIVE. Lat. *vīvus, -a.* It. esp. *vivo.* — Dér. et Comp. : **aviver,** 1155 (Wace), **raviver,** vers 1165 ; pour le comp. **vif-argent,** v. **argent** ; **revif,** *subst.,* terme de marine, 1875 ; se prend aussi au sens de « ce qui reprend de la force », 1869 (Flaubert).

VIGIE, 1686. Empr. du port. *vigia,* tiré du verbe *vigiar* « veiller ». Désigne d'abord et jusqu'à la fin du XVIIIe s. des rochers cachés sous l'eau dans les environs des Açores.

VIGILANT, 1488 ; **vigilance,** vers 1380. Empr. du lat. *vigilans, vigilantia* (de *vigilare*).

VIGILE, 1119. Empr. du lat. eccl. *vigilia,* v. **veille.**

VIGNE. Lat. *vīnea,* dér. de *vīnum* « vin ». It. *vigna,* esp. *viña.* — Dér. : **vigneau,** 1838 ; **vigneron,** vers 1200 ; **vignette,** vers 1300 (Joinville), propr. « ornement en forme de branches ou de feuilles de vigne », sens du mot jusqu'au XVIe s. ; puis dit spécial. d'ornements en forme de branches de vigne entrelacées en haut de la première page d'un livre, d'où ont découlé les autres sens.

VIGNOBLE, vers 1200 *(L'Escoufle)*. Empr. de l'a. pr. *vinhobre*, avec substitution de suff. L'a. pr. représente un **vineóporus* du lat. régional, transformation du grec *ampelophóros* « portant des vignes » (comp. de *ámpelos* « cep de vigne » et *-phóros* « qui porte »), par substitution du lat. *vinea* au grec *ámpelos*. La culture de la vigne a été introduite en Gaule par les Massaliotes.

VIGOGNE, 1640, d'abord *vicugne*, 1598, *vicunna*, 1633. Empr. de l'esp. *vicuña*, empr. lui-même de *huik'uña, vicuña* du quechua, langue indigène du Pérou.

VIGUEUR, vers 1080. Empr. du lat. *vigor* (de *vigere* « être plein de force »). — Dér. : **vigoureux,** vers 1120.

VIGUIER, anc. terme d'administration du Midi, XIIIe. Empr. de l'a. pr. *viguier* (on trouve aussi *veguier*), lat. *vicārius*. — Dér. : **viguerie,** 1340.

VIL. Lat. *vīlis* « à bas prix », d'où « commun, méprisable ». — Comp. : **avilir,** vers 1190, **avilissement,** 1587, **ravilir,** 1588.

VILAIN. Propr. « paysan », d'où « roturier », vers le XVIe s. ; pris de bonne heure comme terme de mépris, cf. les dér., de là les diverses acceptions péjoratives du fr. moderne. Lat. de basse ép. *villānus* « habitant d'une ferme *(villa)* ». — Dér. : **vilenie,** XIIIe, d'abord *vilanie*, XIIe, aujourd'hui rapproché de *vil* ; **vilainement,** XIIe ; péjor. dès le début.

VILAYET, 1869. Empr. du turc *vilâyet*, empr. lui-même de l'arabe *wilâya* « province, préfecture », v. *vali*.

VILEBREQUIN, XIVe (sous la forme *wimbelkin* dans un dialogue français-flamand). Empr. du moyen néerl. *wimmelkijn*, dim. de *wimmel* « sorte de tarière », de la famille de l'angl. *wimble*. Le mot a été empr. dans les Flandres, où il a subi l'influence du flam. *boorkin* « tarière » (d'où l'*r* de *vuibrequin*, Tournai, 1427, etc.). En passant des parlers du Nord en fr. même il a été plus ou moins adapté à des mots fr., comme *virer*, *vibrer*, *libre* (la partie du milieu se meut librement), d'où *vilebrequin*, 1450, *virebrequin*, 1485 (encore en Normandie, etc.), *librequin* en Picardie. Cf. **gibelet.**

VILIPENDER, 1375. Empr. du bas lat. *vilipendere*, comp. de *vilis* et *pendere*, attesté dp. le IXe s.

VILLA, 1743. Empr. de l'it. *villa*, v. **ville.**

VILLAGE, v. **ville.**

VILLANELLE, 1586. Empr. de l'it. *villanella* « chanson ou danse villageoise » (de *villano*, v. **vilain**).

VILLE. Lat. *villa* « ferme » et « maison de campagne », qui a pris à basse ép. le sens de « village », encore attesté au moyen âge, cf. aussi le sens d' « agglomération de fermes, domaine rural » à l'époque franque ; mais, dès les premiers textes, *ville* désigne une agglomération urbaine qui s'est formée, le plus souvent autour d'une ancienne cité, sur le terrain d'anciens domaines ruraux *(villæ)* ; la partie la plus ancienne des villes a souvent gardé le nom de *cité*. Ce développement sémantique est propre au gallo-roman. L'anc. sens de « domaine rural » est aussi à la base du dér. *village*, où le suff. a une valeur collective ; *village* désigne donc d'abord un ensemble de fermes. L'it. *villa* a conservé les sens du lat. anc. ; « ville » se dit en it. *città*, en esp. *ciudad*.

VILLÉGIATURE, 1755. Empr. de l'it. *villeggiatura* (de *villeggiare* « aller à la campagne », de *villa*). — Dér. : **-er,** 1877.

VILLEUX, 1742. Une première fois au XIVe s. Empr. du lat. *villosus* (de *villus* « poil »). — Dér. : **villosité,** 1781.

VIN. Lat. *vīnum*, mot d'origine méditerranéenne, comme le grec *(v)oinos*. — Dér. : **vinasse,** 1765 ; **vinée,** XIIIe ; **viner,** 1867, au sens moderne d' « additionner d'alcool certains vins » (au moyen âge a d'autres sens), d'où **vinage,** *id.* (au moyen âge « droit sur le vin »). — Comp. : **aviné,** XIIIe ; *aviner*, attesté dès le XIIe s., est moins usité ; **enviné,** vers 1500 ; **vinaigre,** XIIIe, a remplacé l'a. fr. *aisi(l)*, lat. *acētum* ; d'où **vinaigrette,** 1393, **vinaigré,** 1680 (le verbe est rare), **vinaigrier** « fabricant de vinaigre », 1514 (d'où **vinaigrerie,** 1723), **vinaigrier** « vase à mettre le vinaigre », 1572 ; **épine-vinette,** 1545 (d'abord *vinette*, XIIIe s., ensuite *espinete vinete*, XVe), comp. d'*épine* et *vinette* (dér. de *vin*), qui se dit encore dans le Centre et l'Ouest pour désigner l'oseille, dite ainsi à cause de son jus acide.

VINAIRE, 1823. Empr. du lat. *vinarius* (de *vinum* « vin »).

VINDAS, v. **guinder.**

VINDICATIF, vers 1400. Dér. sav. du lat. *vindicare* au sens de « venger », v. **venger.**

VINDICTE, 1555. Empr. du lat. *vindicta* au sens de « vengeance » (de la famille de *vindicare*).

VINEUX, vers 1200 ; **vinosité,** 1801. Empr. du lat. *vinosus*, *vinositas* (créé à basse ép.).

VINGT. Lat. *vīgintī*, contracté à basse ép. en *vintī*. Le système vigésimal était plus répandu en a. fr. qu'en fr. moderne (*seize vint*, *treis vinz et dis*, etc.) ; il en est resté l'Hôpital des *Quinze-Vingts*, fondé par Louis IX pour trois cents aveugles. L'habitude de compter par vingtaines est particulière aux peuples celtiques (comp. anc. irl. *tri fichit* « soixante », *cóic fichit* « cent », breton *daou ugent* « quarante », *tri-ugent* « soixante », etc.). Il est donc probable que le fr. doit les restes de ce système au gaulois, aussi bien que l'angl. est redevable de son *score* aux parlers celtiques qu'il a supplantés. — Dér. : **vingtaine,** XIIIe ; **vingtième,** XIIe (sous la forme *vintime*). — Comp. : **quatre-vingt,** XIIe (écrit *quatrevins*) ; a remplacé *oitante*, *uitante*, *octante*, etc., disparu vers le XVIe s., lat.

octōgintā (d'où aussi it. *ottanta*, esp. *ochenta*) ; *octōginta* survit encore dans les régions franco-provençale, provençale et du Sud-Ouest ; d'où **quatre-vingtième,** 1530, **quatre-vingt-dix,** fin XIVe, en outre *quatre vingtz et dix*, vers 1215, qui est resté plus usuel jusqu'au XVIIIe s. ; a éliminé *nonante*, lat. *nōnāginta*, qui a plus de représentants que *octoginta* dans les parlers gallo-romans, aussi bien dans ceux du Nord que dans ceux du Midi, d'où **quatre-vingt-dixième,** 1671.

VINICOLE, 1831 ; **viniculture,** 1834. Comp. avec le lat. *vinum* « vin » sur le modèle d'*agricole*, *-culture*, etc.

VINIFICATION, 1799. Comp. avec le lat. *vinum* « vin » sur le modèle de mots tels que *panification*, etc.

VIOLACÉ, 1777 (G. de Morveau). Empr. du lat. *violaceus* (de *viola*).

VIOLÂTRE, v. **violet.**

VIOLE, vers 1200. Empr. de l'a. pr. *viola*, *viula ;* l'it. et l'esp. *viola* viennent probabl. aussi de l'a. pr. On a voulu voir dans ce mot un dér. du lat. *vitulari* « entonner un chant de victoire » ou un emprunt à l'anc. haut all. *fidula* (d'où l'all. *Fiedel*). Mais ni l'une ni l'autre de ces explications n'est satisfaisante. Il faut sans doute voir dans l'anc. prov. *viola* un dér. du verbe *violar* « jouer de la vielle », et celui-ci est né d'une onomatopée reproduisant l'impression acoustique de la vielle. C'est ainsi que le berrichon dit *viouler*, le norm. *vionner* pour exprimer le sifflement d'une pierre lancée. Parallèlement à l'anc. prov. *violar* l'anc. fr. a formé un verbe *vieller*, duquel est dérivé *vielle*. **Viole de gambe,** 1702, empr. de l'it. *viola di gamba*, est un autre nom du violoncelle. — Dér. : **violon,** 1500 ; l'it. *violone* désignait une grosse viole ; aujourd'hui « contrebasse » ; le violon se dit en it. *violino ;* d'où **violoniste,** 1828.

VIOLENT, 1213 ; **violence,** 1215. Empr. du lat. *violentus*, *violentia* (de la famille de *violare*). — Dér. de *violent :* **violenter,** XIVe.

VIOLER, vers 1080 *(Roland) ;* **violateur,** 1360 ; **violation,** XIVe (Bersuire). Empr. du lat. *violare*, *-ator*, *-atio*. — Dér. : **viol,** 1647 (Vaugelas, qui lui préfère *violement*).

VIOLETTE, vers 1140. Dér. de l'a. fr. *viole*, qui a eu très peu de vitalité, empr. du lat. *viola*, d'où **violier,** 1361. De *violette* a été tiré l'adj. **violet,** vers 1200 ; il a été aussi pris substantiv. pour désigner un drap violet, 1359, qui se disait antér. *violette ;* d'où **violâtre,** XVe, rare avant le XVIIIe s.

VIOLONCELLE, 1743 (*-cello*, 1709). Empr. de l'it. *violoncello*, dér. de *violone* v. **viole.** — Dér. : **violoncelliste,** 1842.

VIORNE. Lat. *vīburnum*.

VIPÈRE, 1314. Empr. du lat. *vipera ;* a éliminé une forme pop. *guivre*, v. ce mot et **vive** ; parfois masc. au XVIIe s. (encore dans les patois), probabl. d'après *serpent*. — Dér. : **vipéreau,** 1526 (Marot).

VIPÉRIN, *adj.*, 1553 ; **vipérine,** nom de plante, 1583. Empr. du lat. *viperinus*, *viperina*.

VIRAGO, 1452 (Greban), au XVIe s. *viragine*. Empr. en un sens péjor. du lat. *virago*, *viraginis* « femme qui a le courage d'un homme *(vir)* ».

VIRER. D'un lat. de basse ép. **vīrare*, issu de *vibrare* « faire tournoyer » (encore en a. fr. « lancer en faisant tournoyer »), par dissimilation des deux labiales. En lat. class. *vibrare* a un *ĭ* ; celui-ci est devenu *ī* sous l'influence de *lībrare* qui s'emploie aussi au sens de « lancer une arme en la faisant tournoyer ». — Dér. et Comp. : **virage,** 1773 ; **virement,** 1546 ; **environ,** vers 1000 (Passion) comme adv. puis prép. signifiant « autour de », du XIe au XVIIe s. ; pris substantiv. d'abord au sing. dans *à l'environ*, XIVe (Froissart), puis au plur. vers 1460 ; formé avec l'a. fr. *viron* « tour », usité surtout comme adv. ; d'où **environner,** XIIe, qui a signifié aussi « faire le tour » ; **revirer,** XIIe, **revirement,** 1587. V. **chavirer.**

VIREUX, 1753 (une 1re fois en 1611). Empr. du lat. *virosus* (dér. de *virus*).

VIREVOLTE, 1549. Terme de manège, altéré de *virevoute* (comp. de *virer* et a. fr. *vouter* « tourner », de **volvitare*, v. **voûte**) sous l'influence de l'it. *giravolta* « tour en rond » (de *girare* et *voltare*). Il y a eu aussi un verbe *virevoulter*, *-volter*, 1552, et des formes altérées *virevousie*, vers 1510.

VIRGINAL, vers 1200 ; mais on a l'adv. *virginaument* au XIIe s. ; **virginité,** Xe *(Sainte Eulalie)*. Empr. du lat. *virginalis*, *virginitas* (de *virgo*, *virginis* « jeune fille », v. **vierge**).

VIRGULE, 1534. Empr. du lat. *virgula* « petite verge » ; dit ainsi à cause de la forme de la virgule.

VIRIL, 1496 ; **virilité,** 1482. Empr. du lat. *virilis*, *virilitas* (de *vir* « homme »). — Dér. : **viriliser,** 1801.

VIROLE. Lat. *viriola* « sorte de bracelet » (de *viria*, de même sens, d'origine gauloise ; la voyelle *i*, au lieu de *e*, en fr., est due à l'influence de *virer*). — Dér. **viroler,** XIIe ; **virolet,** 1534.

VIRTUEL, 1660, une première fois en 1503. Empr. du lat. médiéval *virtualis* (de *virtus* au sens de « force »). — Dér. : **virtualité,** 1752.

VIRTUOSE, 1640 (cf. Molière dans *Le Sicilien :* « Signor, je suis un virtuose »). Empr. de l'it. *virtuoso* (de *virtù*, v. **vertu**) ; signifie aussi « personne d'un mérite exceptionnel ». — Dér. : **virtuosité,** 1859.

VIRUS, XVIe (Paré) ; **virulent,** 1490 ; **virulence,** 1534. Empr. du lat. *virus* « poison », propr. « suc des plantes », *virulentus*, *virulentia*.

VIS, *subst. fém.* Lat. *vītis* « vigne » et « vrille de la vigne », qui a dû prendre en lat. pop. le sens de « vis », également attesté par l'a. pr. *vil*, *vilz* et l'it. *vite*, cf. aussi

vrille ; le sens d' « escalier tournant » est propre au gallo-roman. La forme *vis* semble représenter le pluriel, en a. fr. *vitz*, qui aura éliminé le sing. avant les premiers textes. Aujourd'hui *vis* avec *s* prononcée se dit dans tous les parlers gallo-romans ; le mot y est très souvent masc. — Dér. : **visser,** 1762, **vissage,** 1842, **dévisser,** 1768.

VIS « visage », v. **visage.**

VISA, 1554. Mot lat. *visa* « choses vues », « vu », plur. neutre de *visus*, part. passé de *videre* « voir », mot qui se mettait sur des actes vérifiés. — Dér. : **viser** « mettre son visa », 1668 (Colbert).

VISAGE, vers 1080 *(Roland)*. Dér. de l'a. fr. *vis* « visage », usité jusqu'au XVIe s. lat. *vīsus* « apparence, aspect », propr « vue », qui a dû prendre en lat. pop. le sens de « visage », attesté également par *viso* de l'it. et de l'anc. esp. *Vis* a donné en outre le comp. **vis-à-vis,** vers 1212 et le dér. **visière,** 1250. — Dér. : **dévisager,** 1803, au sens de « regarder attentivement en plein visage », antér. « déchirer le visage », 1539, **envisager,** 1560.

VIS-À-VIS, v. le préc.

VISCÈRE, 1478 ; **viscéral,** 1765, d'abord vers 1460 dans un sens fig. qui vient du lat. eccl. Empr. du lat. *viscus (visceris), visceralis ; visceralis* n'est attesté qu'en lat. eccl. au sens de « de chair, du fond de la chair », mais il a été pris vers 1765 pour servir d'adj. à *viscère.*

VISER « regarder attentivement un but qu'on veut atteindre ». Lat. pop. **vīsāre* (intensif de *vidēre* « voir »), au lieu du lat. class. *vīsere*. L'esp. *visar*, seulement terme d'artillerie et de topographie, est emprunté du fr. — Dér. : **visée,** 1219, au sens de « regard » ; sens moderne depuis le XVIe s. ; **viseur,** 1842, une première fois au XVIe s. au sens de « celui qui vise », **rétroviseur,** 1929 ; **superviser,** 1963.

VISER, v. **visa.**

VISIBLE, XIIe ; **visibilité,** XVIe. Empr. du lat. de basse ép. *visibilis* (de la famille de *videre* « voir » ; chez Pline l'Ancien a le sens de « qui peut voir »), *visibilitas*. V. **invisible.**

VISION, XIIe. Empr. du lat. *visio* « action de voir », d'où « image vaine » ; ce deuxième sens a été pris avant le premier, que les langues techn. ont empr. à partir du XVIe s. Au moyen âge on dit aussi au deuxième sens *avision* (d'après *aviser* « regarder, etc. »). — Dér. : **visionnaire,** 1620 ; **télévision,** vers 1934 (en angl. dès 1909).

VISITER, 1130 ; au moyen âge usité surtout dans la langue religieuse et jurid. ; **visitation,** XIIe ; depuis le XVIIe s. ne s'emploie plus que comme nom d'une fête religieuse. Empr. du lat. *visitare, visitatio*. — Dér. et Comp. du verbe : **visite,** 1556, **contre-visite,** 1680 ; **visiteur,** XIIIe ; **revisiter,** vers 1170. L'a. fr. a fait usage d'un verbe plus francisé *revisder* (le simple *visder* est très rare), notamment dans la langue religieuse.

VISQUEUX, 1256 ; **viscosité,** *id.* Empr. du lat. de basse ép. *viscosus* (de *viscum* « gui » et « glu de gui ») et du lat. médiéval *viscositas.*

VISU (de), 1721. Locution lat. de la langue judiciaire, signifiant « d'après la vue, oculairement ».

VISUEL, 1545. Empr. du lat. médiéval *visualis.*

VIT, toujours au sens qu'il a aujourd'hui. Lat. *vectis* « levier, barre (de porte) » ; cf. au sens du fr. l'a. pr. *vech, vieg ;* l'it. *vette* signifie encore « levier ». — Dér. : **vitelotte,** pomme de terre de forme allongée, 1812 ; tiré de *vitelot* « sorte de pâtisserie longue et mince », 1680.

VITAL, XIVe ; **vitalité,** 1765 (une première fois 1587, Cholières). Empr. du lat. anc. *vitalis* et du dér. lat. médiéval *vitalitas.* — Dér. de *vital :* **vitalisme,** 1775 ; **-iste,** 1831.

VITAMINE. Fait avec le lat. *vita* « vie » et le terme chimique *amine* en anglais en 1912 par C. Funk, introduit en franç. en 1913.

VITE. D'abord *viste*, vers 1160, a été adj. jusqu'au XVIIe s. ; surtout adv. depuis ; on trouve aussi *vistement* dès la fin du XIIIe s. Plutôt que d'un at. vulg. **vīsitus*, qui aurait signifié « qui al regardé de près », part. passé de *vīsere* « regarder de près » ce mot est né d'une onomatopée imitant un mouvement imprévu et rapide, comme l'anc. it. *visto*, l'it. mod. *vispo*. — Dér. : **vitesse,** 1538 (une 1re fois vers 1160).

VITICOLE, 1842 ; **viticulture,** 1845. Comp. avec le lat. *vitis* « vigne », sur le modèle d'*agricole, -culture*, etc. Le lat. de basse ép. avait *viticola* « vigneron », parfois repris au début du XIXe s.

VITRE, 1275 ; **vitré,** « transparent comme du verre », XVIe (Paré) ; **vitreux,** XIIIe. Empr. des mots lat. *vitrum* « verre », *vitreus, vitrosus* (médiéval). L'emploi de la vitre pour garnir les fenêtres, inconnu des anciens, s'est développé au moyen âge. — Dér. : **vitrail,** 1493 ; **vitrer,** 1477, **vitrage,** 1611 ; **vitrier,** 1370 ; **vitrerie,** 1338 ; **vitrifier,** 1540, **vitrifiable,** 1734, **vitrification,** XVIe (B. Palissy).

VITRINE, 1836. **Transformation** de *verrine*, qui représente le lat. de basse époque *vitrīnus* « de verre », d'après *vitre.*

VITRIOL, XIIIe. Empr. du lat. médiéval *vitriolum*, dér. de *vitrum*, dit ainsi à cause de l'apparence vitreuse du sulfate appelé *vitriol*. Désigne aujourd'hui dans la langue générale l'acide sulfurique, dit d'abord *huile de vitriol*. — Dér. au dernier sens : **vitrioler,** 1876, d'où **-euse,** 1888.

VITUPÉRER, X^e^ *(Saint Léger)*. Empr. du lat. *vituperare* « blâmer ».

VIVACE, 1496 ; **vivacité,** 1488. Empr. du lat. *vivax* « qui a de la vitalité », *vivacitas* « vitalité, vivacité (à basse ép.) ». Le subst. n'a été pris qu'au deuxième sens, si bien que *vivace* et *vivacité* ne correspondent pas complètement.

VIVANDIER, 1472, au sens moderne. Emploi substantival de l'anc. fr. *vivendier*, *-and-*, fréquent au moyen âge au sens d' « hospitalier, généreux », lequel est une réfection, d'après *vivenda*, de *viandier*, de même sens, dér. de *viande*.

VIVAT, 1546. Mot lat. signifiant « qu'il vive ».

VIVE, nom de poisson, xive. Altération de *wivre*, *vivre* « vipère », autre forme de *guivre* ; la vive a été ainsi nommée parce qu'elle passe pour être dangereuse, de là aussi son nom de *dragon de mer* (qui vient du grec).

VIVIER. Lat. *vīvārium*, qui désignait aussi un parc, une garenne, littéral. « lieu où l'on garde des animaux vivants » (de *vīvus* « vivant »). It. *vivaio*.

VIVIFIER, vers 1120 ; **vivification,** 1380. Empr. du lat. eccl. *vivificare*, *-atio* (de *vivus* « vivant »). — Comp. : **revivifier,** vers 1280, **-fication,** 1676.

VIVIPARE, 1679. Empr. du lat. *viviparus*, littéral. « qui met au monde *(parere)* des petits vivants » (de *vivus*) par opposition à *ovipare*.

VIVISECTION, 1830. Comp. avec le lat. *vivus* « vivant » et *section*, sur le modèle de *dissection*.

VIVRE. Lat. *vīvere*. — Dér. et Comp. : **vivant,** dans les locutions *du vivant de*, *en son vivant*, tirées du gérondif, cf. dès le xie s. dans *Saint Alexis*, *à son vivant*, et aussi *à trestut mun vivant*, dans la *Chanson de Roland* ; **viveur,** 1830 ; **vivoter,** vers 1430 (A. Chartier) ; **vivres,** vers 1165 ; **qui-vive,** xve *(Le Jouvencel)* ; le tour *vive...* est déjà attesté au xiie s. ; **revivre,** vers 980 (déjà lat. *revivere*) ; **survivre,** vers 1080 *(Roland)*, **survivant,** *subst.*, vers 1120, **survivance,** 1510.

VIZIR, 1433. Empr. du turc *vizir*, empr. lui-même du persan *vizir* (en vieux perse *vitchira*) (d'où vient aussi l'arabe *wâzir* « conseiller », v. **alguazil**). — Dér. : **vizirat,** 1664.

VOCABLE, vers 1380, usuel au xvie et au xviie s. ; puis devenu rare avant le xixe s. **Vocabulaire,** 1487 ; a d'abord eu le sens de « dictionnaire ». Empr. du lat. class. *vocabulum* (de *vocare* « appeler ») et du dér. médiéval *vocabularium*.

VOCAL, 1455. Empr. du lat. *vocalis* « doué de la voix *(vox)*, etc. ». V. **voyelle.** — Dér. : **vocaliser,** 1821 (*-izé*, autre sens, déjà en 1611), sans doute à l'imitation de l'it. *vocalizzare*, **-isation,** 1821, **vocalise,** 1833.

VOCATIF, xiiie. Empr. du lat. *(casus) vocativus*.

VOCATION, propr. terme de la langue religieuse indiquant l'action de Dieu sur l'homme pour l'appeler à lui, par exemple dans *la vocation des Gentils*, vers 1200, rare avant le xvie s. ; d'où « mouvement intérieur par lequel on se sent appelé par Dieu », xviie, d'où sens plus étendu dès le xviie s. ; au moyen âge *vocation* a aussi des sens jurid. tels que « appel en justice, nomination, etc. ». Empr. du lat. *vocatio*, propr. « appel », d'où « citation en justice », et, d'autre part, « appel fait par Dieu » dans la langue ecclésiastique (de *vocare* « appeler »).

VOCIFÉRER, vers 1380 ; rare avant la fin du xviiie s. ; **vocifération,** *id.* Empr. du at. *vociferare*, *-atio*.

VODKA, 1829. Mot russe qui signifie propr. « eau » (de la famille du grec *hydôr*, cf. aussi all. *Wasser*).

VOEU. Lat. *vōtum*. It. *voto*. — Dér. : **vouer,** xiie, ou peut-être déjà lat. pop. ***vōtāre*,** cf. it. *votare* ; **dévouer,** 1559 ; **dévouement,** 1508, une 1re fois en 1338.

VOGUER, vers 1210. La première attestation de l'it. *vogare* est postérieure à celle du verbe franç. Celui-ci est un des rares termes nautiques qui ont passé du franç. à l'it. au moyen âge, comme p. ex. *passage* (d'où l'it. *passaggio*), *quille* (it. *chiglia*). Le fr. *voguer* est empr. de l'anc. bas all. *wagon*, même sens, dont le *a* était devenu *o* sous l'influence du *w*-, comme dans *won* « quand » pour *wan*, etc. L'anc. bas all. a donc sans doute déjà connu une forme **wogon*. La locution *vogue la galère* est attestée par le calembour *sus gallans, vaugue la galée !* dans une sottie en 1461. — Dér. : **vogue,** 1466, déjà au sens moderne ; a signifié aussi « action de voguer », xvie (Amyot) ; *vogue* a pris le sens de « fête annuelle de village » dans la région franco-provençale (dès xve s.).

VOICI, v. **voir.**

VOIE. Lat. *via*. It. esp. *via*. *Voie lactée*, 1640, aussi *voie de lait*, 1651 (Pascal), est un calque du lat. *lacteus orbis*, *circulus* ; c'est le terme scientifique ; la plupart des parlers disent *chemin de Saint-Jacques*. *Voie de fait*, terme jurid., 1378. — Dér. et Comp. : **dévoyer,** xiie, **dévoiement,** *id.* ; **fourvoyer,** xiie (v. **fors**), **fourvoiement,** xive ; **voyou,** 1830, mot vulgaire, signifiant propr. « qui court les rues », formé avec le suff. pop. *-ou*, cf. **filou,** etc. ; **contre-voie,** 1929.

VOILÀ, v. **voir.**

VOILE, *fém.* Lat. pop. *vēla*, plur. neutre pris comme subst. fém. de *vēlum*, d'où aussi it. esp. *vela*, au même sens de « voile de navire » que le fr. — Dér. : **voiler** « garnir de voiles », 1611 ; d'où **voiler** (et se **voiler**) « prendre une forme convexe comme celle d'une voile gonflée par le vent », en parlant du métal, etc., 1765 ; **voilier,** 1556 ; **voilure,** 1678 ; au sens d' « état de ce qui est voilé », en parlant du métal, etc., 1845.

VOILE, *masc.*, 1170 (d'abord « grand rideau du temple de Jérusalem », mais dès le xiie « voile de nonne, ensuite de femme », écrit d'abord aussi *voil*). It. esp. *velo* au sens du fr. — Dér. : **voilette,** 1842.

VOILER « garnir d'un voile ». Lat. *vēlāre*, dér. de *vēlum*. It. *velare*, esp. *velar*. — Comp. : **dévoiler**, vers 1460, **dévoilement**, 1606.

VOIR. Lat. *vidēre*. It. *vedere*, esp. *ver*. — Dér. et Comp. : **voici**, XIIIe, l'a. fr. sépare encore les deux éléments et dit aussi *voyez ci*, cf. *veiz me ci* ; **voilà**, XVe (Commynes) ; d'abord *ves la*, XIIIe (Beaumanoir) ; la forme vulgaire *vla* vient de *vela*, attestée dès le XVe s., d'où **revoici**, vers 1530, **revoilà**, 1339 (sous la forme *revela*) ; **voyant**, XVe, comme subst. au sens de « personne douée de seconde vue » ; très ancien comme adj., d'où **clairvoyant**, XIIIe (J. de Meung), **clairvoyance**, 1580 (Montaigne) ; **voyeur**, XVIe, ne s'emploie plus que dans un sens spécial ; **vu** « considérant », prép., XVIIe, *vu que*, XVe ; *sur le vu, au vu*, 1510 ; **vue**, vers 1080 *(Roland)*, d'où **bévue**, 1642 ; **entrevoir**, vers 1080 *(Roland)*, **entrevue**, 1498 ; **revoir**, vers 1080 *(Roland)*, d'où **revoir**, *subst.*, terme de vénerie 1690, **revoyure**, terme pop., 1821 ; **revue**, 1317 ; comme titre de périodiques, 1804, comme titre de pièces de théâtre passant en revue les événements de l'année, 1875, d'où **revuiste**, fin XIXe.

VOIRE. Anc. adv., de peu d'usage aujourd'hui, mais encore répandu parmi les parlers pop. dans des phrases impératives où il se confond avec *voir* p. ex. dans *dis voire, donne voire*, etc. Lat. *vēra*, plur. neutre pris adverbial. de l'adj. *vērus* « vrai », d'où it. *vero*.

VOIRIE, v. **voyer.**

VOISIN. Lat. pop. **vecīnus*, forme dissimilée ou dialectale du lat. class. *vīcīnus* (de *vīcus* « ferme, village »). It. *vicino*, esp. *vecino*. — Dér. : **voisinage**, 1240, l'a. fr. a eu aussi jusqu'au XVIe s. *visnage* d'après *visné*, lat. pop. **vīcīnātus* ; **voisiner**, vers 1200 ; **avoisiner**, 1554.

VOITURE. Propr. « moyen de transport », qui survit dans quelques expressions techn., d'où « véhicule » ; en ce sens a remplacé partiellement *char* depuis le XVIIe s. environ ; encore assez peu usité dans les parlers où il ne sert que pour désigner des voitures de ville, de promenade. Lat. *vectūra* « action de transporter » (de *vehere* « transporter »). It. *vettura*, qui a le même sens que *voiture*. — Dér. : **voiturer**, XIIIe, **-ée**, 1876 ; **-ette**, 1905 ; **voiturier**, 1213, *vecturarius* existe déjà à basse ép.

VOIX. Lat. *vōcem*, acc. de *vōx*.

VOLAGE. Lat. *volāticus* « qui vole, ailé », d'où « fugitif, passager ».

VOLAILLE. D'abord *voleïlle, volille*, puis *volaille* par substitution de suff. Lat. *volātilia*, attesté à basse ép. au sens d' « oiseaux », plur. neutre, pris plus tard comme fém. collectif, de l'adj. *volātilis*, v. **volatil.**

VOLAPÜK. Créé artificiellement en 1879 par J. N. Schleyer de *vol*, altération de l'angl. *world* « monde », *a*, voyelle de liaison, et *puk*, altération de l'angl. *speak* « parler ».

VOLATIL, XIVe, écrit aussi *volatile*. Empr. du lat. *volatilis* « qui vole, léger, éphémère ». — Dér. : **volatiliser**, 1611, **volatilisation**, 1641 ; **volatilité**, 1641.

VOLATILE, « oiseau », vers 1380. Réfection, d'après le lat. *volatilis*, de *volatille*, XIIe (sous la forme *volatilie*), fém. rare aujourd'hui, empr. du lat. de basse ép. *volatilia*, v. **volaille.**

VOL-AU-VENT, v. **voler.**

VOLCAN, 1598 (*vulcan*, en 1356 et jusqu'en 1640), de l'esp. *volcán*, qui était d'abord, au XVIe s., une sorte de nom propre donné par les Espagnols aux volcans qu'ils trouvaient dans l'Amérique centrale ; empr. du lat. *Vulcanus* « Vulcain, dieu du feu » (qui passait pour résider dans l'Etna). — Dér. : **volcanique**, XVIIIe (Buffon) ; **-isé**, *id.*, *id.*

VOLER, des oiseaux, etc. Lat. *volāre*. **Voler** « dérober », 1549, s'est développé dans la langue de la chasse, dans des locutions telles que *ce faucon vole la perdrix*, cf. le développement de *involāre* en lat. sous **emblée.** — Dér. et Comp. de *voler* au sens propre : **vol**, XIIe ; **volant**, *subst.*, 1366 (alors *volant* de moulin), autres emplois depuis le XVIIe ; **vole**, 1534 ; **volée**, vers 1190 ; **volerie**, terme de fauconnerie, 1373 ; **volet**, XIIIe (pour la formation du mot, cf. *foret*) « sorte de voile », usuel jusqu'au XVIe s., d'où **bavolet**, 1556, littéral. « volet descendant en bas de la tête », a désigné aussi une sorte de tamis, d'où l'expression *trier sur le volet*, cf. *triez...* comme *beaulx pois sur le volet*, Rab., II, 30 ; *volet* « panneau de bois servant à protéger les fenêtres » 1611 ; **volette**, XVe ; **voleter**, XIIe ; **volière**, XIVe (E. Deschamps) ; **volige**, 1694, altération de *voliche*, signalé en angevin, mais sûrement forme normande du fr. *volice*, cf. *lattes volices*, 1435, fém. d'un anc. adj. **voleis, *volis*, « qui vole, léger » ; **vol-au-vent**, 1817 ; **envoler (s')**, XIIe, d'où **envolée**, 1875 (A. Daudet), **envolement**, 1873, **envol**, 1904 ; **revoler**, 1138 ; **survoler**, 1911 (déjà au XVIe s.) ; **venvole (à la)** « à la légère », XVIe, par l'intermédiaire d'un anc. subst., pris parfois adjectiv. *venvole* « chose légère, qui vole au vent », XIIe. — Dér. de *voler* « dérober » : **vol**, 1611 ; **volerie**, 1541 ; **voleur**, 1549 (fin XVe et début XVIe s. « chasseur au vol »), **volereau**, 1651.

VOLITION, 1526. Formé sur le radical *vol-* du verbe lat. *velle* « vouloir », cf. *volo* « je veux », cf. de même **nolition**, moins usité, attesté à la même date, fait sur le lat. *nolle* « ne pas vouloir ».

VOLLEY-BALL, 1963. Empr. de l'anglais d'Amérique *volleyball*.

VOLONTAIRE, 1349 ; l'adv. *voluntierment* déjà attesté au XIIIe s. Empr. du lat. *voluntarius*. — Dér. : **volontariat**, 1866, sur le modèle de *notaire : -ariat*, etc.

VOLONTÉ, vers 1400. Réfection, d'après le mot lat., de l'a. fr. *volenté*, encore usité au XVIe s., lat. *voluntas*, d'où aussi it. *volontà*, esp. *voluntad*.

VOLONTIERS. D'abord *volentiers*, *voul-*, refait en *volontiers* (cf. *volonté*), vers le XVIe s. Lat. de basse ép. *voluntāriē*, adv. de *voluntārius* « volontaire », avec *s* adverbiale antérieure aux premiers textes. A. pr. *volentier(s)*, cat. *volenters*, it. *volentieri*. A pris dans l'Ouest, sous des formes altérées *vaontier*, *vantier*, etc., le sens de « peut-être ».

VOLT, 1881 : **voltage,** fin XIXe s. ; **voltaïque,** 1815 ; **voltamètre,** 1843 ; **survolter,** 1907. Mots tirés de *Volta*, nom d'un célèbre physicien italien (1754-1827).

VOLTE, terme de manège, 1435 (écrit *voulste*), XVIe (Ronsard), comme terme de danse ; **volter,** XVe (Charles d'Orléans : *Volte route* « tourne, compagnie », *Rondeau*, 77). Empr. de l'it. *volta*, propr. « tour », mot aux acceptions nombreuses, *voltare* « tourner, etc. », lat. pop. **volvita* (de la famille de *volvere* « tourner »), **volvitāre*. V. **voûte.**

VOLTE-FACE, 1654 ; surtout avec le verbe *faire*. Empr. de l'it. *volta faccia*, littéral. « tourne face », comp. de *volta*, impér. de *voltare* « tourner », et de *faccia* « face ».

VOLTIGER, 1532. Empr. de l'it. *volteggiare* « faire de la voltige », dér. de *volta*. — Dér. : **voltige,** 1544 ; rare avant le XIXe s. ; **voltigeur,** 1534 (Rab.), pris sous Napoléon Ier pour désigner les soldats d'une compagnie d'élite qui, dans chaque bataillon, étaient destinés à se déplacer rapidement, repris en 1917-18.

VOLUBILE, 1812, comme terme de botanique ; se dit aujourd'hui de la parole ; relevé au XVIe s. en parlant de la mer ou de la queue du faucon. **Volubilité,** 1487, au sens de « mouvement facile » ; en 1522, en parlant de l'instabilité de la Fortune ; se dit de la parole, depuis la fin du XVIIe s., d'abord *volubilité de la langue*, 1547 (Bodin), d'après le lat. *volubilitas linguae*. Empr. du lat. *volubilis* « qui tourne aisément », d'où « rapide (en parlant de la parole) », *volubilitas* « mobilité, facilité de la parole » (de *volvere* « tourner »).

VOLUBILIS, XVe. Empr. du lat. des botanistes *volubilis*, tiré de l'adj. *volubilis* pour désigner le liseron.

VOLUME, XIIIe. Empr. du lat. *volumen* « rouleau (de feuilles écrites) » d'où « livre », propr. « repli, etc. » (de *volvere* « tourner ») ; le sens de « développement, ampleur du corps », formé en fr., apparaît à la fin du XIVe s. (Froissart), d'où l'emploi du mot en géométrie. — Dér. : **volumineux,** 1739, d'après le lat. de basse ép. *voluminosus* « qui a de nombreux replis » pour servir d'adj. à *volume* au sens d' « ampleur du corps ».

VOLUPTÉ, XIVe ; **voluptueux,** XIVe. Empr. du lat. *voluptas* « plaisir, volupté », *voluptuosus*.

VOLUTE, 1545. Empr. de l'it. *voluta*, empr. lui-même du lat. des architectes *voluta*, fém. pris substantiv. de *volutus*, part. passé de *volvere* « rouler ».

VOMIQUE, dans *noix vomique*, fin XVe s. ; une première fois au XIIIe s. (écrit alors *noiz vomice*). Empr. du lat. médiéval *vomica (nux)*, dit ainsi parce que cette baie a la propriété de faire vomir. — Dér. : **vomiquier,** 1808.

VOMIR. Lat. pop. **vomīre*, lat. class. *vomere*. Le traitement de l'*o* indique que le mot est resté sous l'influence du lat. écrit, ce qui est naturel pour un mot employé par la médecine. A. pr. *vomir*. — Dér. : **vomissement,** XIIIe (J. de Meung) ; **vomitif,** XIVe, avec le suff. sav. *-itif*, sur le modèle de mots, tels que *définitif*, etc. ; **revomir,** 1538.

VOMITOIRE, 1636, terme d'antiquité. Empr. du lat. *vomitorium* (de *vomere* « vomir », ces larges issues qu'étaient les vomitoires vomissant pour ainsi dire la foule).

VOMITO NEGRO, 1808 ; autre nom de la fièvre jaune. Empr. de l'esp. *vomito negro*, littéral. « vomissement noir ». On sait que cette maladie est particulièrement répandue dans les pays tropicaux de l'Amérique.

VORACE, 1603 ; **voracité,** XIVe. Empr. du lat. *vorax*, *voracitas* (de *vorare* « dévorer »).

VOTE, 1702, devenu usuel à la fin du XVIIIe s. ; **voter,** 1704. Empr. de l'angl. *vote* (du lat. *votum* « vœu »), *to vote*. — Dér. du verbe : **votant,** 1775 ; **votation,** 1762.

VOTIF, 1636, une 1re fois en 1374. Empr. du lat. *votivus* (de *votum* « vœu »).

VOTRE, VÔTRE. Lat. pop. *voster*, attesté à basse ép., réfection du lat. class. *vester*, d'après *noster* « notre », *vos* « vous ».

VOUER, v. **vœu.**

VOULOIR. Lat. pop. **volēre*, réfection du lat. class. *velle* d'après les autres formes à radical *vol- : volo* « je veux », *volui* « je voulus », etc., et d'après le verbe **potēre* « pouvoir » (mais esp. port. *querer*, du lat. *quaerere*). — Dér. et Comp. : **vouloir,** subst., XIIe ; **revouloir,** *id.* ; **bienveillant,** XIIe, **malveillant,** *id.*, d'où **bienveillance,** *id.*, **mal-,** *id.* ; comp. avec l'anc. part. prés. *veuillant*, qui a été maintenu sous cette forme dans ces quatre mots jusqu'au XVIIe s.

VOUS. Lat. *vōs*. *Vous*, forme développée en position inaccentuée, est seule usitée depuis les premiers textes. *Vous* de politesse, qui s'est développé sur le modèle de *nous* de majesté, existe ou a existé partout (sauf peut-être en roumain) ; aujourd'hui il est, dans les autres langues, souvent concurrencé par d'autres tours. — Dér. : **vousoyer,** XIXe ; auparavant *voussoyer*, XIVe (sous la forme *vosier*).

VOUSSOIR, 1213 ; **VOUSSURE,** vers 1150. Lat. pop. **volsōrium*, **volsūra*, dér. d'un part. **volsus*, au lieu du lat. class. *volutus* (de *volvere* « rouler »), v. le suiv.

VOÛTE. Lat. pop. **volvita*, fém. pris substantiv. d'un part. **volvitus*, au lieu du lat. class. *volutus* (de *volvere* « rouler »), v. le préc. Plus spécialisé en fr. que dans les langues voisines où *volvere* a également survécu : it. *volta*, v. **volte,** *volgere* « tourner, etc. », esp. *vuelta* « tour, repli, etc. », *volver* « tourner, etc. », a. pr. *volta* « tour, chant, voûte, etc. », *volver* « tourner » ; au contraire l'a. fr. *voldre* a été peu usité et a rapidement disparu. — Dér. : **voûter,** XIIIe.

VOYAGE. Lat. *viāticum* (de *via* « voie, route »), propr. « argent pour un voyage », puis « provisions de voyage », d'où « chemin à parcourir » dans le lat. de la Gaule. Seulement gallo-roman, l'it. *viaggio* et l'esp. *viaje* étant empr. du prov. Signifie au moyen âge surtout « pèlerinage » et « croisade » (de là aussi « expédition militaire » en général). Les voyages au sens moderne étant très rares au moyen âge le sens actuel ne paraît que vers la fin du XVe s. Au moyen âge encore le sens de « trajet que fait un bateau, course que fait une charrette pour transporter des marchandises ou des matériaux », d'où au XVIe s. « allée et venue d'un endroit à un autre », de là enfin le sens de « fois », encore très vivant en franco-provençal et dans beaucoup de parlers du Midi. — Dér. : **voyager,** 1430 ; **voyageur,** vers 1470.

VOYELLE, XVe s. Tiré de l'adj. a. fr. *voieul* « vocal », XIIIe (J. de Meung), refait d'après le plur. *voieus ;* du lat. *vocalis ;* le subst. *voieul* se trouve dans Br. Latini et à partir de Deschamps ; modifié en *voyel* au XVe s., il devient fém. au XVe, sous l'influence de *consonne.*

VOYER. Lat. *vicārius*, v. **vicaire** et **viguier.** A désigné d'abord un officier de justice, jusqu'au XVIe s., et en outre, de bonne heure, un officier chargé de la police des voies et chemins (ce qui a suggéré la fausse étymologie *viarius* d'après *via* « voie ») ; de là *agent voyer*, nom d'un agent institué en 1836. — Dér. : **voirie ;** d'abord *voierie*, vers 1170, propr. « fonction de voyer », d'où « dépôt où l'on jette les ordures, etc. », XVe, ce qui a rapproché le mot de *voie.*

VOYOU, v. **voie.**

VRAC. S'emploie seulement dans la locution *en vrac*, 1606, qui ne s'appliquait jusqu'au XVIIIe s. qu'à des harengs non rangés dans la caque. Empr. du néerl. *wrac*, *wraec* « mal salé, mauvais », en parlant du hareng, cf. **varech** ; cf. aussi, de 1435 au XVIe s., *hareng waracq* « hareng de mauvaise qualité ».

VRAI. D'abord *verai*, jusqu'au XIIIe s. Un lat. pop. **vērācus*, au lieu du lat. class. *vērāx*, ne convient qu'au fr., l'a. pr. *verai* en est emprunté (les plus anciens textes ne connaissent que *ver*) ; cet empr. est dû à la recherche d'un mot nouveau, plus expressif que *ver*, cf. **voire** ; cette raison explique aussi que *verai* ait remplacé en fr. le représentant du lat. class. *vērus*, *voir*, usuel au moyen âge ; l'esp. a également remplacé *vero* par un nouvel adj. *verdadero.* — Comp. : **vraisemblable,** 1266, calqué sur le lat. *verisimilis*, **invraisemblable,** 1767, **vraisemblance,** 1358, **invraisemblance,** 1763.

VRILLE. D'abord *veïlle*, encore usité au XVIe s., d'où le dér. *villette*, 1376, encore usité aujourd'hui en lorrain. Lat. *vītīcula* « vrille de la vigne », d'où est sorti en fr. le sens de « vrille, outil de fer à vis », dit par comparaison. L'*r* de *vrille* paraît venir de la famille de *virer*, cf. *viron* au sens de « vis » dans de nombreux parlers du Midi ; une forme **virille* a pu disparaître rapidement par dissimilation, mais on ne peut pas faire état de *verilho* de la région limousine, qui est probablement récent. It. *viticchio* « vrille de la vigne, bourgeon », esp. *bedija* « flocon de laine, etc. ».

VROMBIR « bourdonner (d'abord des insectes, ensuite des avions) », fin XIXe, cf. *frombir* dans l'Yonne, *vronder* dans la Moselle ; une de ces nombreuses onomatopées avec voyelle nasale, qui servent à rendre un bourdonnement. — Dér. : **vrombissement,** *id.*

VULCANISER, 1847 ; **-isation,** 1847. Empr. de l'angl. *to vulcanize*, *-ization*, mots tirés du nom du dieu *Vulcain*, en angl. *Vulcan*, par Brockedon, ami du chimiste anglais Hancock qui découvrit le procédé en 1843.

VULGAIRE, 1452, mais l'adv. *vulgairement* est déjà attesté au XIIIe s. (écrit alors *-arement*) ; **vulgarité,** 1800 (Mme de Staël), une première fois 1495. Empr. des mots lat. *vulgaris* (de *vulgus* « le commun des hommes »), *vulgaritas* (créé à basse ép.). — Dér. de *vulgaire*, d'après le lat. *vulgaris :* **vulgariser,** 1512, rare avant le XIXe s. ; **-isateur,** 1836, **-isation,** 1872.

VULGATE, fin XVIe (d'Aubigné : *La version vulgate*). Empr. du lat. eccl. *(versio) vulgata* (de *vulgare* « répandre dans le public »).

VULNÉRAIRE, XVIe (Paré). Empr. du lat. *vulnerarius* « relatif aux blessures », en vue d'un sens spécial.

VULPIN, terme de botanique, 1778. Empr. du lat. *vulpinus* « de renard » pour désigner une plante appelée *queue-de-renard* dans les parlers.

VULVE, 1488. Empr. du lat. *vulva.*

W

WAGON, 1826 ; concurrencé aujourd'hui par *voiture*. Empr. de l'angl. *wagon* « chariot » ; a été pris pour désigner les voitures de chemin de fer parce qu'il avait été empr. antér. pour désigner des chariots pour le transport de la houille, 1780 ; déjà signalé en ce sens au XVIIe s. dans un récit de voyage en Angleterre ; mais l'angl. se sert du mot *car* au sens du fr. *wagon*. — Dér. et Comp. : **wagonnet,** 1872 ; **wagon-lit,** 1875 (traduction de l'angl. **sleeping-car,** qui se dit aussi en français depuis 1872, d'où par abréviation **sleeping,** 1884) ; **wagon-restaurant,** 1873 ; **wagon-salon,** 1868, d'après l'angl. *saloon-car*.

WARRANT, 1671, à propos de choses d'Angleterre ; devenu usuel, comme la pratique elle-même, depuis 1836. Empr. de l'angl. *warrant*, lui-même de l'a. fr. *warrant*, autre forme de *garant*.

WATER-CLOSET, 1816, dans un texte traitant de l'Angleterre ; devenu usuel vers le milieu du siècle ; souvent désigné par l'abréviation *w.-c.*, de là les prononciations *vécé* ou *double vécé*. Empr. de l'angl. *water-closet* (de *water* « eau » et de *closet* « cabinet », empr. lui-même de l'a. fr. *closet*, dim. de *clos*), c'est-à-dire « cabinet à eau » ; abrégé parfois en **water.**

WATER-POLO, 1896. T. de sport, empr. de l'anglais. V. aussi **polo.**

WATERPROOF, 1775. Empr. de l'angl. *waterproof*, littéral. « qui est à l'épreuve *(proof)* de l'eau *(water)* ».

WATT, 1884, v. le suiv.

WATTMAN, 1897. Mot artificiellement formé au sens de « homme de watt », à l'aide de *watt*, unité de puissance, surtout électrique (tiré de *J. Watt*, nom du célèbre physicien écossais, 1736-1819) et de l'angl. *man* « homme » ; *wattman* n'existe pas en anglais.

WEEK-END, 1906. Mot angl. signifiant « fin *(end)* de la semaine *(week)* », popularisé en France à propos des week-ends des ministres anglais ; le week-end des banques, maisons de commerce, etc., a de son côté amené la création du français *semaine anglaise*.

WESTERN, 1919. Empr. de l'angl. *western* « occidental » pour désigner les films qui sont censés montrer la vie mouvementée dans l'Ouest des Etats-Unis.

WHARF, 1833 (sous la forme plurielle *wharves* de l'angl.). Empr. de l'angl. *wharf*, mot d'origine germ.

WHIG, 1704. Mot angl. d'origine historique, cf. *tory*.

WHISKY (aussi *whiskey*), 1770. Empr. de l'angl. *whisky*, *whiskey*, empr. lui-même de l'irl. *uisce*, abréviation de *uisce-beatha* « eau *(uisce)* de vie *(beatha)* », abrégé en *uisce*.

WHIST, 1688 ; on trouve aussi *wisk*, 1758, encore relevé en 1798. Empr. de l'angl. *whist*, d'abord *whisk*. — Dér. : **whister,** fin XIXe ; **whisteur,** 1773.

WIGWAM, 1688. Empr. de l'angl. *wigwam*, lui-même pris à un parler indien de l'Amérique du Nord, cf. l'algonquin *wikiwam*.

X

XÉNOPHOBE, fin XIXe. Fait avec le grec *xenos* « étranger » et *-phobe*, v. **-phobe.** — Dér. : **-ie,** « *id.* ».

XYLO-. Premier élément de mots sav. comp. tels que **xylographie,** 1771, **xylophone,** 1872, du grec *xylon* « bois ».

Y

Y, adverbe de lieu ; a pris au cours de l'histoire des emplois pronominaux. La forme *iv* des *Serments de Strasbourg* représente un lat. pop. *ībī* (en lat. class. *ĭbī*) avec un *ī* dû à l'*ī* final ou à *hīc* « ici », cf. aussi it. *ivi ;* mais *y* continue *hīc*, comme l'a. pr. *i*, l'esp. *y*, le cat. *hi*. La forme *iv* a perdu son *-v* devant consonne et a été absorbée ainsi par *y*.

YACHT, 1572. Empr. du néerl. *jacht* d'où vient aussi l'angl. *yacht* (mot de la famille de l'all. *jagen* « chasser »). On a empr. aussi le comp. **yachtman,** 1859, et le dér. **yachting,** *id*.

YAK, sorte de buffle, 1791. Empr. du tibétain *gyak*, probabl. par l'intermédiaire de l'angl. *yak*.

YANKEE, 1776. Mot anglo-américain, attesté en 1765, dont l'origine est incertaine.

YAOURT, vers 1910. Empr. du bulgare *jaurt ;* une variante bulgare, *jugurt*, apparaît dans des descriptions de voyage franç. sous la forme *yogourt* en 1432, *jocourt* en 1657. Le yaourt a été introduit en France par Metchnikoff.

YATAGAN, 1787. Empr. du turc *yâtâghân*.

YEARLING, 1868. Empr. de l'angl. *yearling* « d'un an *(year)* ».

YEUSE, 1552. Empr. du prov. *euze*, masc., lat. d'origine dialectale *elex*, en lat. class. *īlex*, fém. (d'où aussi it. *elce*).

YOGI, 1842, *yoguïe* dès 1615, *jogui* (de 1699 à 1858). Empr. du sanscrit *yogin* « celui qui pratique le *yoga* »; *yoga* signifie « connexion ».

YOLE, 1713 ; d'abord aussi *iole*, avant 1733 *(iole de Norvège)*, *iol*, 1722. Empr., par l'intermédiaire du néerl. *jol*, bas all. *jolle*, du mot danois-norvégien *jolle ;* aussi angl. *yawl*.

YOUYOU, canot léger, d'abord spécialement chinois, 1831. Etymologie obscure, probabl. d'un dialecte chinois.

YPRÉAU, 1432. Dér. d'*Ypres*, nom d'une ville de Belgique où cette espèce d'orme est partic. abondante et belle.

YUCCA, 1555. Empr. de la langue des Arouaks d'Haïti, par l'intermédiaire de l'esp. *yuca*.

Z

ZAGAIE, v. **sagaie.**

ZANI, 1550 ; *zanni* est plus rare. Empr. du vénitien *zani*, forme familière de l'it. *Giovanni* « Jean » ; v. **arlequin.**

ZANZIBAR, fin XIXe. Nom d'un jeu de dés, tiré de *Zanzibar*, nom d'une région de l'Afrique orientale pour une raison indéterminée, d'où, par abréviation, **zanzi.**

ZAZOU, 1922, surnom donné à un jeune homme d'une certaine mollesse d'esprit et de caractère, après avoir servi à désigner la jeunesse excentrique passionnée de la danse. Mot créé pour dépeindre la mollesse des individus en question, peut-être déformation zézayante de *Jean*.

ZÈBRE, 1610. Empr. de l'esp. *cebra*, port. *zebra*. Cet animal vit dans le Nord et dans le Centre de l'Afrique. En esp. et en port. le mot *zebra* désignait jusqu'au XVIe s. l'âne sauvage, qui disparut vers ce temps. Son nom fut alors appliqué à ce cheval africain. L'esp. *cebra* vient du lat. *equiferus* « cheval sauvage » (de *equus* et *ferus* « sauvage »). — Dér. : **zébré,** 1831 ; **zébrure,** 1845.

ZÉBU, XVIIIe (Buffon : « On le montrait à la foire à Paris en 1752 sous le nom de zébu : nous avons adopté ce nom »). On ne sait pas où les montreurs de cet animal ont pris ce mot.

ZÈLE, XVIe, une première fois au XIIIe s. (écrit *zel*) ; **zélateur,** 1398. Empr. des mots du lat. de basse ép. et surtout eccl. *zelus* « émulation » (du grec *zêlos* « ardeur, zèle, etc. »), *zelator* « qui aime d'un amour jaloux » (du verbe *zelare*). — Dér. de *zèle* : **zélé,** 1521.

ZÉNITH, XIVe (Oresme, sous la forme *cenith*). Altération de l'arabe *samt* « chemin » (prononciation vulgaire *semt*), lu par erreur par les scribes du moyen âge *senit ; samt* au sens de « zénith » s'employait ordinairement dans l'expression *samt arrâs* « chemin (au-dessus) de la tête » opposé au *nadir*. Le même mot arabe sous la forme *as-samt* « le chemin » a donné le terme d'astronomie **azimut,** 1544. — Dér. : **zénithal,** 1842.

ZÉPHYR, 1509 (Marot qui écrit *zephyre*). Empr. du lat. *zephyrus* (du grec *zephyros*).

ZÉRO, 1485 ; déjà en 1512 au sens d' « homme nul ». Empr., quand *chiffre*, qui signifiait d'abord « zéro », a pris le sens moderne, de l'it. *zero*, 1494, d'abord *zefiro*, ancienne transcription de l'arabe *ṣifr*, qui a pu se maintenir à côté de *cifera* (v. **chiffre**) en raison de la différence de sens des deux formes.

ZEST, 1611. Onomatopée. On dit aussi depuis le XVIIIe s. *entre le zist et le zest*.

ZESTE, 1611 (écrit *zest*) ; antér. *zec*, 1530. Si *zec* a été usuel, *zeste* pourrait être une altération d'après *baste* ou le préc., le zeste étant une chose de peu de valeur.

ZÉZAYER, 1832. Onomatopée ; on a dit aussi *susseyer* à la même ép. — Dér. : **zézaiement,** 1838.

ZIBELINE, 1534 (Rab.), cf. déjà 1396 *sibeline*, 1298 *gibaline*, XVe s. *martres zebelines* et *soub-*. Empr. de l'it. *zibellino*, qui est d'origine slave, comme le fr. *sable*, et de même formation que l'a. fr. *sebelin* et l'a. pr. *sebelin*, qui signifient tous deux « zibeline » ; mais le rapport des trois formes n'est pas exactement déterminé.

ZIEUTER, v. **œil.**

ZIG, 1837 (Vidocq) ; on écrit aussi *zigue*. Mot pop., déformation de *gigue* (v. **gigot**) qui avait au XVIIIe s. aussi le sens de « fille enjouée ». La substitution de *zi-* à *gi-* ironise un défaut de prononciation de certains individus. — Dér. : **zigoteau,** fin XIXe.

ZIGOUILLER, 1923. Dér. de la 1re partie du mot **zigzag,** à cause du mouvement de va-et-vient que fait le meurtrier avec le couteau. Comp. angevin *zigailler* « couper mal », saintongeais *zigue-zigue* « mauvais couteau ».

ZIGZAG, 1662. Désigne d'abord une petite machine composée de tringles mobiles et disposées en losange, qui s'allongent ou se resserrent suivant le mouvement qu'on lui donne par deux branches servant à la tenir. Mot expressif du type *tic-tac*, dans lequel la variation de la voyelle avec la conservation des consonnes, dépeint le va-et-vient d'un mouvement identique dans sa répétition. — Dér. : **zigzaguer,** 1842.

ZINC, 1666. Empr. de l'all. *Zink*, identique avec all. *Zinken* « fourchon », parce que ce métal prend, en sortant dans les fourneaux du minerai, la forme de proéminences. — Dér. : **zinguer,** 1839, d'où **zingage,** 1838, **zingueur,** *id.*

ZINZOLIN, « couleur violet rougeâtre tirée de la semence de sésame », 1617, d'abord *zizolin*, 1599 ; en outre *gingeollin*, 1642. Empr. de l'it. *giuggiolino*, *zuzzulino*, empr. lui-même, par l'intermédiaire de l'esp. *ajonjolí*, de l'arabe d'Espagne *djoudjolân* « semence de sésame ».

ZIZANIE, vers 1400. Empr. du lat. eccl. *zizania* (du grec eccl. *zizania*, mot d'origine sémitique, qui signifie « ivraie ») ; a pris le sens de « mésintelligence » dans la locution *semer la zizanie* d'après la parabole de l'ivraie, cf. Matthieu, XIII, 25, et sq.

ZODIAQUE, vers 1240. Empr. du lat. *zodiacus* (du grec *zôdiakos*, de *zôdion* « figure du zodiaque », diminutif de *zôon* « être vivant, figure dans un tableau »). — Dér. : **zodiacal,** vers 1500.

ZOÏLE, 1537. Empr. du lat. *Zoilus* (du grec *Zôilos*, nom d'un critique d'Alexandrie, détracteur d'Homère) ; pris déjà au sens figuré en lat.

ZONA, 1810. Empr. du lat. *zona* « ceinture ».

ZONE, 1119 ; rare avant le XVIe s. Empr. du lat. *zona*, propr. « ceinture » (du grec *zônê* « *id.* ») comme terme d'astronomie ou de géographie ; cette deuxième valeur se trouve également en grec. — Dér. : **zonier,** fin XIXe, de *zone* (militaire) « terrain compris dans les fortifications militaires de (Paris) ».

ZOO-. Premier élément de mots sav. comp., tels que **zoologie,** 1750, tiré du grec *zôon* « être vivant, animal », ou de mots empr., tels que **zoophyte,** 1546 (Rab.).

ZOUAVE, 1830. Empr. de *zwâwa*, nom d'une tribu kabyle, pris pour désigner un corps d'infanterie formé avec des hommes levés en Algérie.

ZOZOTER, fam. « zézayer », fin XIXe. Création onomatopéique.

ZUT, 1833. Exclamation de même origine que *zest*, v. ce mot, avec un *u* qui peut venir de *flûte*, employé au même sens.

ZYGOMA, XVIe (Paré ; parfois sous la forme *zygome*, depuis 1694). Empr. du lat. scientifique *zygoma* (du grec *zygôma*, de même sens, propr. « jonction », de la famille de *zygon* « joug, ce qui sert à joindre »). — Dér. : **zygomatique,** 1654.

COLLECTION « QUADRIGE »

ALAIN	Propos sur des philosophes
ALAIN	Propos sur l'éducation *suivis de* Pédagogie enfantine
ALAIN	Propos sur les Beaux-Arts
ALAIN	Stendhal *et autres textes*
ALLAND D., RIALS S. (dir.)	Dictionnaire de la culture juridique
ALQUIÉ F.	Le désir d'éternité
ALTER N.	L'innovation ordinaire
ALTER N. (dir.)	Sociologie du monde du travail
ALTET M.	Les pédagogies de l'apprentissage
ALTHUSSER L.	Montesquieu, la politique et l'histoire
ALTHUSSER L. *et al.*	Lire *Le Capital*
AMBRIÈRE M. (dir.)	Dictionnaire du XIXe siècle européen
ANDRÉ J.	Aux origines féminines de la sexualité
ANDREAS-SALOMÉ L.	Ma vie
ANDRIANTSIMBAZOVINA J., GAUDIN H., MARGUÉNAUD J.-P., RIALS S., SUDRE F. (dir.)	Dictionnaire des Droits de l'Homme
ANZIEU D., CHABERT C.	Les méthodes projectives
ANZIEU D., MARTIN J.-Y.	La dynamique des groupes restreints
ARABEYRE P., HALPÉRIN J.-L., KRYNEN J. (dir.)	Dictionnaire historique des juristes français
ARENDT H.	La vie de l'esprit
ARON P., SAINT-JACQUES D. et VIALA A. (dir.)	Le dictionnaire du littéraire
ARON R.	Les sociétés modernes
ARON R.	La sociologie allemande contemporaine
ARVON H.	Le bouddhisme
ASSOUN P.-L.	Freud, la philosophie et les philosophes
ASSOUN P.-L.	Freud et Nietzsche
ASSOUN P.-L.	Le freudisme
ASSOUN P.-L.	Psychanalyse
AUBENQUE P.	Le problème de l'être chez Aristote
AUBENQUE P.	La prudence chez Aristote
AUROUX S.	La question de l'origine des langues
AUROUX S., DESCHAMPS J., KOULOUGHLI D.	La philosophie du langage
AYMARD A. et AUBOYER J.	L'Orient et la Grèce antique
AYMARD A. et AUBOYER J.	Rome et son Empire
BACHELARD G.	La philosophie du non
BACHELARD G.	La poétique de l'espace
BACHELARD G.	La poétique de la rêverie
BACHELARD G.	Le nouvel esprit scientifique
BACHELARD G.	La flamme d'une chandelle
BACHELARD G.	Le rationalisme appliqué
BACHELARD G.	La dialectique de la durée
BACHELARD G.	Le matérialisme rationnel
BACHELARD G.	Le droit de rêver
BALANDIER G.	Sens et puissance
BALANDIER G.	Anthropologie politique
BALIBAR É.	Droit de cité
BARDIN L.	L'analyse de contenu
BARJOT D., CHALINE J.-P., ENCREVÉ A.	La France au XIXe siècle
BARLUET S.	Édition de sciences humaines et sociales : le cœur en danger

BAUDUIN A. et COBLENCE F. (dir.)	Marcel Proust, visiteur des psychanalystes
BAUZON S.	La personne biojuridique
BEAUFRET J.	Parménide. Le Poème
BELLEMIN-NOËL J.	Psychanalyse et littérature
BÉLY L. (dir.)	Dictionnaire de l'Ancien Régime
BÉLY L.	La France moderne, 1498-1789
BENCHEIKH J. E. (dir.)	Dictionnaire de littératures de langue arabe et maghrébine francophone
BENOÎT XVI	La théologie de l'Histoire de saint Bonaventure
BERGSON H.	Essai sur les données immédiates de la conscience
BERGSON H.	L'énergie spirituelle
BERGSON H.	L'évolution créatrice
BERGSON H.	Le rire
BERGSON H.	Les deux sources de la morale et de la religion
BERGSON H.	Matière et mémoire
BERGSON H.	La pensée et le mouvant
BERGSON H.	Durée et simultanéité
BERNARD C.	Principes de médecine expérimentale
BERNSTEIN P. L.	Des idées capitales
BERTHELOT J.-M.	La sociologie française contemporaine
BERTHELOT J.-M.	Les vertus de l'incertitude
BIDEAUD J., HOUDÉ O. et PEDINIELLI J.-L.	L'homme en développement
BIDET J., DUMÉNIL G.	Altermarxisme. Un autre marxisme pour un autre monde
BINOCHE B., CLÉRO J.-P.	Bentham contre les droits de l'homme
BLANCHÉ R.	L'axiomatique
BLOCH O. et WARTBURG W. VON	Dictionnaire étymologique de la langue française
BLONDEL M.	L'action (1893)
BODÉÜS R., GAUTHIER-MUZELLEC M.-H., JAULIN A. et WOLFF F.	La philosophie d'Aristote
BONTE P. et IZARD M. (dir.)	Dictionnaire de l'ethnologie et de l'anthropologie
BONY A., MILLET B., WILKINSON R.	Versions et thèmes anglais
BORLANDI M., BOUDON R., CHERKAOUI M., VALADE B. (dir.)	Dictionnaire de la pensée sociologique
BORNE É.	Le problème du mal
BOUDON R.	Effets pervers et ordre social
BOUDON R.	Essais sur la théorie générale de la rationalité
BOUDON R.	La place du désordre
BOUDON R.	Études sur les sociologues classiques I
BOUDON R.	Études sur les sociologues classiques II
BOUDON R.	Le sens des valeurs
BOUDON R. et BOURRICAUD F. (dir.)	Dictionnaire critique de la sociologie
BOUGLÉ C.	Essais sur le régime des castes
BOUHDIBA A.	La sexualité en Islam
BOURIAU C., CLAVIER P., LEQUAN M., RAULET G. et TOSEL A.	La philosophie de Kant
BOUTANG P.	Ontologie du secret
BOUTINET J.-P.	Anthropologie du projet
BOUVIER A., GEORGE M. et LE LIONNAIS F.	Dictionnaire des mathématiques
BRAGUE R.	Du temps chez Platon et Aristote
BRAHAMI F.	Introduction au *Traité de la nature humaine* de David Hume
BRAUDEL F. et LABROUSSE E.	Histoire économique et sociale de la France T. I : 1450-1660 T. III : 1789-années 1880 T. IV, vol. 1-2 : Années 1880-1950 T. IV, vol. 3 : Années 1950-1980

BRÉHIER É.	Histoire de la philosophie
BRISSON L., FRONTEROTTA F. (dir.)	Lire Platon
BRISSON L., PRADEAU J.-F.	Les *Lois* de Platon
CANGUILHEM G.	Le normal et le pathologique
CANGUILHEM G. *et al.*	Du développement à l'évolution au XIXe siècle
CANTO-SPERBER M.	Éthiques grecques
CANTO-SPERBER M.	Dictionnaire d'éthique et de philosophie morale (2 vol. sous coffret)
CARBONNIER J.	Sociologie juridique
CARBONNIER J.	Droit civil (2 vol. sous coffret)
CARMOY H. de	L'euramérique
CARON J.	Précis de psycholinguistique
CASTAGNÈDE B.	La politique sans pouvoir
CAUQUELIN A.	L'invention du paysage
CAUQUELIN A.	Le site et le paysage
CHÂTELET F., DUHAMEL O. et PISIER É. (dir.)	Dictionnaire des œuvres politiques
CHAUVIN R.	Les sociétés animales
CHEBEL M.	Le corps en Islam
CHEBEL M.	L'imaginaire arabo-musulman
CHILAND C. (dir.)	L'entretien clinique
CHOULET P., FOLSCHEID D. et WUNENBURGER J.-J.	Méthodologie philosophique
COBAST É., ROBERT R. (dir.)	Culture générale, 1
COBAST É., ROBERT R. (dir.)	Culture générale, 2
COHEN-TANUGI L.	Le droit sans l'État
COLAS D.	Sociologie politique
COMTE A.	Premiers cours de philosophie positive
COMTE-SPONVILLE A.	Traité du désespoir et de la béatitude
CONCHE M.	Essais sur Homère
CORNU G. (dir.)	Vocabulaire juridique
CORVISIER A. (dir.)	Histoire militaire de la France
	T. I : Des origines à 1715
	T. II : De 1715 à 1871
	T. III : De 1871 à 1940
	T. IV : De 1940 à nos jours
COTTERET J.-M.	Gouverner c'est paraître
COUDERC C.	Le théâtre espagnol du Siècle d'Or (1580-1680)
COURNUT J.	Pourquoi les hommes ont peur des femmes
CRAHAY M.	Psychologie de l'éducation
CRÉPIEUX-JAMIN J.	ABC de la graphologie
CUSIN F. et BENAMOUZIG D.	Économie et sociologie
DAGOGNET F.	Le catalogue de la vie
DAGOGNET F.	Le corps
DAUMAS M. (dir.)	Histoire générale des techniques
	T. 1 : Des origines au XVe siècle
	T. 2 : Les premières étapes du machinisme
	T. 3 : L'Expansion du machinisme
	T. 4 : Énergie et matériaux
	T. 5 : Transformation - Communication - Facteur humain
DAVIS M. et WALLBRIDGE D.	Winnicott. Introduction à son œuvre
DAVY M.-M.	La connaissance de soi
DE KONINCK T.	De la dignité humaine
DELBECQUE É.	Quel patriotisme économique ?
DELEUZE G.	La philosophie critique de Kant
DELEUZE G.	Proust et les signes
DELEUZE G.	Nietzsche et la philosophie
DELEUZE G.	Le bergsonisme
DELMAS-MARTY M.	Le flou du droit

DELON M. (dir.)	Dictionnaire européen des Lumières
DEMEULENAERE P.	*Homo œconomicus.* Enquête sur la constitution d'un paradigme
DENIS H.	Histoire de la pensée économique
DENIS P., JANIN C. (dir.)	Psychothérapie et psychanalyse
DERRIDA J.	La voix et le phénomène
DESANTI J.-T.	Introduction à l'histoire de la philosophie
DESANTI J.-T.	Une pensée captive. Articles de *La Nouvelle Critique* (1948-1956)
DESCARTES R.	La recherche de la vérité par la lumière naturelle
DESCARTES R.	Méditations métaphysiques
DESCOMBES V.	Le platonisme
DESCOMBES V., LARMORE C.	Dernières nouvelles du Moi
DIATKINE R., SIMON J.	La psychanalyse précoce
DORON R., PAROT F. (dir.)	Dictionnaire de psychologie
DOUIN J.-L.	Dictionnaire de la censure au cinéma
DROZ J. (dir.)	Histoire générale du socialisme
	T. 1 : Des origines à 1875
	T. 2 : De 1875 à 1918
	T. 3 : De 1918 à 1945
	T. 4 : De 1945 à nos jours
DUMÉZIL G.	Du mythe au roman
DURAND G.	L'imagination symbolique
DURAND M.	L'enfant et le sport
DURKHEIM É.	Les règles de la méthode sociologique
DURKHEIM É.	Le suicide
DURKHEIM É.	Les formes élémentaires de la vie religieuse
DURKHEIM É.	Éducation et sociologie
DURKHEIM É.	De la division du travail social
DURKHEIM É.	L'évolution pédagogique en France
DURKHEIM É.	Leçons de sociologie
DURKHEIM É.	Le socialisme
DURKHEIM É.	Sociologie et philosophie
DUVIGNAUD J.	Sociologie du théâtre
ECO U.	Sémiotique et philosophie du langage
EINAUDI J.-L.	Un rêve algérien
ELBAUM M.	Économie politique de la protection sociale
ELLUL J.	Histoire des institutions. L'Antiquité
ELLUL J.	Histoire des institutions. Le Moyen Âge
ELLUL J.	Histoire des institutions. XVIe-XVIIIe siècle
ELLUL J.	Histoire des institutions. Le XIXe siècle
ELLUL J.	Islam et judéo-christianisme
ENCKELL P., RÉZEAU P.	Dictionnaire des onomatopées
ESNAULT B., HOARAU C.	Comptabilité financière
ETNER F.	Microéconomie
FAMOSE J.-P., BERTSCH J.	L'estime de soi : une controverse éducative
FEBVRE L.	Martin Luther, un destin
FÉDIDA P.	Crise et contre-transfert
FÉDIDA P.	Le site de l'étranger. La situation psychanalytique
FERRY L. et RENAUT A.	Philosophie politique
FICHTE J. G.	Fondement du droit naturel selon les principes de la doctrine de la science
FILLIOZAT P.-S.	Dictionnaire des littératures de l'Inde
FLOUZAT D.	Japon, éternelle renaissance
FOCILLON H.	Vie des formes
FOUCAULT M.	Maladie mentale et psychologie
FOUCAULT M.	Naissance de la clinique
FOULQUIÉ P.	Dictionnaire de la langue pédagogique
FREUD S.	Cinq psychanalyses
FREUD S.	Dora
FREUD S.	Le petit Hans
FREUD S.	L'Homme aux loups
FREUD S.	L'Homme aux rats

FREUD S.	La première théorie des névroses
FREUD S.	Le Président Schreber
FREUD S.	L'avenir d'une illusion
FREUD S.	Inhibition, symptôme et angoisse
FREUD S.	Le malaise dans la culture
FREUD S.	La technique psychanalytique
FRISON-ROCHE M.-A. et BONFILS S.	Les grandes questions du droit économique.
FROMM E., De Martino R., SUZUKI D. T.	Bouddhisme Zen et psychanalyse
FUMAROLI M., ZUBER R.	Dictionnaire de littérature française du XVIIe siècle
GALLIEN C.-L.	Homo. Histoire plurielle d'un genre très particulier
GANDHI	Autobiographie ou mes expériences de vérité
GARFINKEL H.	Recherches en ethnométhodologie
GAUVARD C.	La France au Moyen Âge, du Ve au XVe siècle
GAUVARD C., LIBERA A. DE et ZINK M. (dir.)	Dictionnaire du Moyen Âge
GÉNETIOT A.	Le classicisme
GEORGE P., VERGER F. (dir.)	Dictionnaire de la géographie
GESELL A., ILG F.L.	Le jeune enfant dans la civilisation moderne
GIDDENS A.	La constitution de la société
GIGANDET A., MOREL P.-M. (dir.)	Lire Épicure et les épicuriens
GISEL P. (dir.)	Encyclopédie du protestantisme
GISEL P.	La théologie
GORCEIX B.	La bible des Rose-Croix
GOURINAT J.-B., BARNES J. (dir.)	Lire les stoïciens
GREEN A.	Le discours vivant
GROSSKURTH P.	Melanie Klein
GROTIUS H.	Le droit de la guerre et de la paix
GUITTON J.	Justification du temps
GURVITCH G.	Traité de sociologie
GUSDORF G.	La parole
GUTTON P.	Le pubertaire
HABERMAS J.	Logique des sciences sociales
HALBWACHS M.	La topographie légendaire des évangiles en Terre sainte
HALPÉRIN J.-L.	Histoire du droit privé français depuis 1804
HAMON P.	Texte et idéologie
HAMSUN K.	Faim
HAROUEL J.-L.	Culture et contre-cultures
HAUSER A.	Histoire sociale de l'art et de la littérature
HAYEK F. A.	Droit, législation et liberté
HAYEK F. A.	La route de la servitude
HEGEL G. W. F.	Principes de la philosophie du droit
HEGEL G. W. F.	Le magnétisme animal
HEIDEGGER M.	Qu'appelle-t-on penser ?
HENRY M.	La barbarie
HENRY M.	Voir l'invisible. Sur Kandinsky
HIRSCHMAN A. O.	Les passions et les intérêts
HOUDÉ O. (dir.)	Vocabulaire de sciences cognitives
HOUDÉ O.	10 leçons de psychologie et pédagogie
HUISMAN D.	Dictionnaire des philosophes
HULIN M.	La mystique sauvage
HYPPOLITE J.	Figures de la pensée philosophique
JANKÉLÉVITCH V.	Henri Bergson
JAQUET C.	L'unité du corps et de l'esprit. Affects, actions et passions chez Spinoza
JARRETY M. (dir.)	La poésie française du Moyen Âge au XXe siècle
JOHNSTON W. M.	L'esprit viennois
JONES E.	La vie et l'œuvre de Sigmund Freud Vol. I : Les jeunes années, 1856-1900 Vol. II : Les années de maturité, 1901-1919

	Vol. III : Les dernières années, 1919-1939
JOHSUA S., DUPIN J.-J.	Introduction à la didactique des sciences et des mathématiques
JOUANNA A.	La France du XVIe siècle, 1483-1598
JULLIEN F.	La valeur allusive
JURANVILLE A.	Lacan et la philosophie
KAMBOUCHNER D.	Les *Méditations métaphysiques* de Descartes, I
KANT E.	Critique de la raison pratique
KANT E.	Critique de la raison pure
KASPI A., HARTER H., DURPAIRE F., LHERM A.	La civilisation américaine
KEPEL G.	Al-Qaida dans le texte
KERVÉGAN J.-F.	Hegel, Carl Schmitt
KLEIN M., HEIMANN P., ISAACS S., RIVIÈRE J.	Développements de la psychanalyse
KLEIN M.	La psychanalyse des enfants
KRIEGEL B. (dir.)	La violence à la télévision
LABRE C., SOLER P.	Études littéraires
LABRUSSE-RIOU C.	Écrits de bioéthique
LABURTHE-TOLRA P. et WARNIER J.-P.	Ethnologie. Anthropologie
LACOSTE J.-Y., RIAUDEL O. (dir.)	Dictionnaire critique de théologie
LACROIX J.-M.	Histoire des États-Unis
LAFON R. (dir.)	Vocabulaire de psychopédagogie et de psychiatrie de l'enfant
LAGACHE D.	La jalousie amoureuse
LAGACHE D.	L'unité de la psychologie
LALANDE A.	Vocabulaire technique et critique de la philosophie
LAPLANCHE J.	Entre séduction et inspiration : l'homme
LAPLANCHE J.	Nouveaux fondements pour la psychanalyse
LAPLANCHE J.	Sexual. La sexualité élargie au sens freudien
LAPLANCHE J.	La révolution copernicienne inachevée
LAPLANCHE J.	Vie et mort en psychanalyse
LAPLANCHE J.	Problématiques
	I : L'angoisse
	II : Castration. Symbolisations
	III : La sublimation
	IV : L'inconscient et le Ça
	V : Le baquet. Transcendance du transfert
	VI : L'après-coup
	VII : Le fourvoiement biologisant de la sexualité chez Freud
LAPLANCHE J. et PONTALIS J.-B.	Vocabulaire de la psychanalyse
LARTHOMAS P.	Le langage dramatique
LEBECQ S.	Histoire des îles Britanniques
LE BON G.	Psychologie des foules
LE BRETON D.	Anthropologie du corps et modernité
LE BRETON D.	Conduites à risque
LE BRETON D.	L'interactionnisme symbolique
LE GLAY M., LE BOHEC Y., VOISIN J.-L.	Histoire romaine
LE RIDER J.	Modernité viennoise et crises de l'identité
LEBOVICI S. SOULÉ M.	La connaissance de l'enfant par la psychanalyse
LEBOVICI S., DIATKINE R. et SOULÉ M. (dir.)	Nouveau Traité de psychiatrie de l'enfant et de l'adolescent (4 volumes sous film)
LECLANT J. (dir.)	Dictionnaire de l'Antiquité
LECOURT D.	L'Amérique entre la Bible et Darwin
LECOURT D.	Contre la peur
LECOURT D. (dir.)	Dictionnaire de la pensée médicale
LECOURT D. (dir.)	Dictionnaire d'histoire et philosophie des sciences
LÉONARD É. G.	Histoire générale du protestantisme
LEROI-GOURHAN A.	Les religions de la préhistoire
LEROI-GOURHAN A. (dir.)	Dictionnaire de la préhistoire

LEVINAS E.	Le temps et l'autre
LÉVI-STRAUSS C. (dir.)	L'identité. Séminaire du Collège de France, 1974-1975
LÉVY-BRUHL L.	Carnets
LIBERA A. DE	La philosophie médiévale
LIÉBERT G.	Nietzsche et la musique
LIGOU D. (dir.)	Dictionnaire de la franc-maçonnerie
LOCKE J.	Lettre sur la tolérance
MACINTYRE A.	Après la vertu
MAÏMONIDE M.	Le livre de la connaissance
MARION J.-L.	Dieu sans l'être
MARION J.-L.	La croisée du visible
MARION J.-L.	Sur la théologie blanche de Descartes
MARION J.-L.	Étant donné
MARSAULT C.	Socio-histoire de l'éducation physique et sportive
MARTIN R.	Comprendre la linguistique
MARTY P., M'UZAN M. DE, DAVID C.	L'investigation psychosomatique
MARX K.	Le capital, livre I
MARX W. (dir.)	Les arrière-gardes au XXe siècle
MARZANO M. (dir.)	Dictionnaire du corps
MATTÉI J.-F.	La barbarie intérieure
MATTÉI J.-F.	Philosopher en français
MATTÉI J.-F.	Platon et le miroir du mythe
MAUSS M.	Essai sur le don
MAUSS M.	Sociologie et anthropologie
MEILLASSOUX C.	Anthropologie de l'esclavage
MERLEAU-PONTY M.	La structure du comportement
MERLIN P., CHOAY F. (dir.)	Dictionnaire de l'urbanisme et de l'aménagement
MESURE S., SAVIDAN P. (dir.)	Le dictionnaire des sciences humaines
MEYER M.	Science et métaphysique chez Kant
MEYER M.	Pour une histoire de l'ontologie
MEYER M.	Le comique et le tragique
MEYER M.	Comment penser la réalité
MEYER M.	Le philosophe et les passions
MEYER M.	Petite métaphysique de la différence
MEYER M.	De la problématologie
MIALARET G.	Sciences de l'éducation
MICHAUD Y.	Hume et la fin de la philosophie
MICHAUD Y.	Locke
MICHAUD Y.	La crise de l'art contemporain
MILL J. S.	L'utilitarisme. Essai sur Bentham
MINKOWSKI E.	Le temps vécu
MIQUEL A.	La littérature arabe
MIOSSEC J.-M.	Géohistoire de la régionalisation en France
MOLINIÉ G.	La stylistique
MONNERET P.	Exercices de linguistique
MONNEYRON F.	La frivolité essentielle
MONTAIGNE M. DE	Les Essais. Livres I, II, III
MONTBRIAL T. DE	L'action et le système du monde
MONTBRIAL T. DE, KLEIN J. (dir.)	Dictionnaire de stratégie
MORENO J. L.	Psychothérapie de groupe et psychodrame
MOSCOVICI S. (dir.)	Psychologie sociale
MOUNIN G. (dir.)	Dictionnaire de la linguistique
MOUNIN G.	Histoire de la linguistique, des origines au XXe siècle
MOURA J.-M.	Littératures francophones et théorie postcoloniale
MOUSNIER R.	Les XVIe et XVIIe siècles
MOUSNIER R.	Les institutions de la France sous la monarchie absolue
NEMO P.	Histoire des idées politiques dans l'Antiquité et au Moyen Âge
NEMO P.	Histoire des idées politiques aux Temps modernes et contemporains
NEMO P.	Qu'est-ce que l'Occident ?

NEMO P., PETITOT J. (dir.)	Histoire du libéralisme en Europe
NIELSBERG J.-A. (dir.)	Violences impériales et lutte de classes
NIETZSCHE F., RÉE P. et SALOMÉ L. von	Correspondance
NISBET R. A.	La tradition sociologique
NIVEAU M., CROZET Y.	Histoire des faits économiques contemporains
NOZICK R.	Anarchie, État et utopie
ORIGAS J.-J. (dir.)	Dictionnaire de littérature japonaise
ORLÉAN A. (dir.)	Analyse économique des conventions
ORRIEUX C., SCHMITT PANTEL P.	Histoire grecque
PALIER B.	Gouverner la sécurité sociale
PARIENTE-BUTTERLIN I.	Le droit, la norme et le réel
PAROT F., RICHELLE M.	Introduction à la psychologie
PAUGAM S.	La disqualification sociale
PAUGAM S.	Le salarié de la précarité
PAUGAM S.	La société française et ses pauvres
PAUGAM S., DUVOUX N.	La régulation des pauvres
PERRIN M.	Les praticiens du rêve
PERROY É.	Le Moyen Âge
PIAGET J.	La représentation du monde chez l'enfant
PIAGET J.	Le structuralisme
PIAGET J., INHELDER B.	La psychologie de l'enfant
PIÉRON H. (dir.)	Vocabulaire de la psychologie
PINÇON M. et PINÇON-CHARLOT M.	Voyage en grande bourgeoisie
PIRENNE H.	Mahomet et Charlemagne
PISIER É., DUHAMEL O. et CHÂTELET F. (dir.)	Histoire des idées politiques
POLITZER G.	Critique des fondements de la psychologie
POTTE-BONNEVILLE M.	Michel Foucault, l'inquiétude de l'histoire
POULAIN J.-P.	Sociologies de l'alimentation
POUPARD P. (dir.)	Dictionnaire des religions (2 vol.)
POUTIGNAT P., STREIFF-FENART J.	Théories de l'ethnicité
PRAIRAT E.	De la déontologie enseignante
PRIGENT M.	Le héros et l'État dans la tragédie de Pierre Corneille
PRIGENT M. (dir.)	Histoire de la France littéraire Vol. 1 : Naissances, Renaissances Vol. 2 : Classicismes Vol. 3 : Modernités
QUINODOZ J.-M.	La solitude apprivoisée
RAWLS J.	Libéralisme politique
RAYNAUD P., RIALS S. (dir.)	Dictionnaire de philosophie politique
REVUE DIOGÈNE	Chamanismes
REVUE DIOGÈNE	Une anthologie de la vie intellectuelle au XXe siècle
REYNIÉ D. (dir.)	L'extrême gauche, moribonde ou renaissante ?
RIALS S.	Villey et les idoles
RIALS S.	Oppressions et résistances
RIEGEL M., PELLAT J.-C. et RIOUL R.	Grammaire méthodique du français
ROBIN L.	Platon
ROCHÉ S.	Sociologie politique de l'insécurité
RODINSON M.	Les Arabes
RODIS-LEWIS G.	La morale de Descartes
ROMILLY J. DE (dir.)	Dictionnaire de littérature grecque ancienne et moderne
ROMILLY J. DE	La tragédie grecque
ROMILLY J. DE	Précis de littérature grecque
ROSOLATO G.	Le sacrifice. Repères psychanalytiques
ROSSET C.	Schopenhauer, philosophe de l'absurde
ROSSET C.	L'anti-nature
ROSSET C.	Logique du pire
ROUSSILLON R.	Paradoxes et situations limites de la psychanalyse
ROUSSILLON R.	Agonie, clivage et symbolisation

RUE DESCARTES	Emmanuel Levinas
RUE DESCARTES	Gilles Deleuze. Immanence et vie
SABOT P.	Lire *Les mots et les choses* de Michel Foucault
SAÏD S., TRÉDÉ M. et LE BOULLUEC A.	Histoire de la littérature grecque
SALA-MOLINS L.	Le Code Noir ou le calvaire de Canaan
SANSOT P.	Les gens de peu
SARTRE J.-P.	L'imagination
SCHAEFFER J.	Le refus du féminin
SCHMITT C.	Le nomos de la Terre
SCHMITT C.	Théorie de la Constitution
SCHNAPPER D.	La compréhension sociologique
SCHNERB R.	Le XIXe siècle
SCHŒLCHER V.	Esclavage et colonisation
SCHOPENHAUER A.	Aphorismes sur la sagesse dans la vie
SCHOPENHAUER A.	Le monde comme volonté et comme représentation
SCHULTZ J. H.	Le training autogène
SCHWARTZ O.	Le monde privé des ouvriers
SEN A.	Éthique et économie
SENGHOR L. S.	Anthologie de la nouvelle poésie nègre et malgache de langue française
SFEZ L.	La politique symbolique
SIMMEL G.	Les pauvres
SIMMEL G.	Philosophie de l'argent
SIMON P.-J.	Histoire de la sociologie
SINGLY F. DE	Fortune et infortune de la femme mariée
SIRINELLI J.-F. (dir.)	La France de 1914 à nos jours
SIRINELLI J.-F. (dir.)	Dictionnaire historique de la vie politique française au XXe siècle
SMITH A.	Théorie des sentiments moraux
SOBOUL A.	La Révolution française
SOBOUL A. (dir.)	Dictionnaire historique de la Révolution française
SOUILLER D. *et al.*	Études théâtrales
SOULEZ P., WORMS F.	Bergson
SOURDEL D.	L'islam médiéval
SOURDEL J., SOURDEL D.	Dictionnaire historique de l'islam
SOURIAU É.	Vocabulaire d'esthétique
SOUTET O.	Linguistique
STRAUSS L., CROPSEY J.	Histoire de la philosophie politique
SUPIOT A.	Critique du droit du travail
SUPIOT A. (dir.)	Pour une politique des sciences de l'Homme et de la société
SUREAU C., LECOURT D., DAVID G. (dir.)	L'erreur médicale
TADIÉ J.-Y.	Le roman d'aventures
TATON R. (dir.)	La science contemporaine Vol. I : Le XIXe siècle Vol. II : Le XXe siècle. Années 1900-1960
TENZER N.	Pour une nouvelle philosophie politique
TEYSSIER P. (dir.)	Dictionnaire de littérature brésilienne
TOLSTOÏ L.	Qu'est-ce que l'art ?
TOUCHARD J.	Histoire des idées politiques, t. I
TOUCHARD J.	Histoire des idées politiques, t. II
TULARD J.	La France de la Révolution et de l'Empire
TURPIN D.	Droit constitutionnel
VAN TIEGHEM P.	Les grandes doctrines littéraires en France
VAN YPERSELE L. (dir.)	Questions d'histoire contemporaine
VAN ZANTEN A. (dir.)	Dictionnaire de l'éducation
VELTZ P.	Mondialisation, villes et territoires
VERGER J.	Les universités au Moyen Âge
VERNANT J.-P.	Les origines de la pensée grecque
VERNETTE J. et MONCELON C. (dir.)	Dictionnaire des groupes religieux aujourd'hui
VIALA A.	Lettre à Rousseau sur l'intérêt littéraire
VIALA A. (dir.)	Le théâtre en France

VILLEY M.	Le droit et les droits de l'homme
VILLEY M.	La formation de la pensée juridique moderne
WALLON H.	Les origines du caractère chez l'enfant
WALLON H.	Les origines de la pensée chez l'enfant
WALTER H., FEUILLARD C. (dir.)	Pour une linguistique des langues
WEBER F.	Manuel de l'ethnographe
WEBER M.	Sociologie du droit
WEIL-BARAIS A. (dir.)	L'homme cognitif
WIDLÖCHER D.	Le psychodrame chez l'enfant
WIDLÖCHER D.	Traité de psychopathologie
WOLFF F.	L'être, l'homme, le disciple
WOLFF F.	Dire le monde
WORMS F.	Bergson ou les deux sens de la vie
WOTLING P.	Nietzsche et le problème de la civilisation
ZARKA Y. C.	Hobbes et la pensée politique moderne
ZARKA Y. C.	Comment écrire l'histoire de la philosophie ?
ZARKA Y. C. (dir.)	L'islam en France
ZARKA Y. C., PINCHARD B. (dir.)	Y a-t-il une histoire de la métaphysique ?
ZAZZO R.	Les jumeaux, le couple et la personne
ZEHNACKER H., FREDOUILLE J.-C.	Littérature latine
ZINK G.	Phonétique historique du français
ZINK M.	Littérature française du Moyen Âge
ZOURABICHVILI F., SAUVAGNARGUES A. et MARRATI P.	La philosophie de Deleuze
ZWEIG S.	Montaigne